COLLECTION

DES

AUTEURS LATINS

AVEC LA TRADUCTION EN FRANÇAIS

PUBLIÉE SOUS LA DIRECTION

DE M. NISARD

DE L'ACADÉMIE FRANÇAISE
INSPECTEUR GÉNÉRAL DE L'ENSEIGNEMENT SUPÉRIEUR

ŒUVRES COMPLÈTES

DE SÉNÈQUE

LE PHILOSOPHE

PARIS. — TYPOGRAPHIE DE FIRMIN DIDOT FRÈRES, FILS ET Cie, RUE JACOB, 56.

ŒUVRES COMPLÈTES
DE SÉNÈQUE
LE PHILOSOPHE

AVEC LA TRADUCTION EN FRANÇAIS

PUBLIÉES SOUS LA DIRECTION

DE M. NISARD

DE L'ACADÉMIE FRANÇAISE
INSPECTEUR GÉNÉRAL DE L'ENSEIGNEMENT SUPÉRIEUR

PARIS
CHEZ FIRMIN DIDOT FRÈRES, FILS ET Cⁱᵉ, LIBRAIRES
IMPRIMEURS DE L'INSTITUT DE FRANCE
RUE JACOB, 56

—

M DCCC LXIX

TABLE DES MATIÈRES.

	Pages.
Avis des éditeurs	vii
Notice sur la vie et les ouvrages de Sénèque	xi
DE LA COLÈRE, traduction nouvelle par M. ÉLIAS REGNAULT	1
Livre I	Ibid.
Livre II	16
Livre III	38
CONSOLATION A HELVIA, traduction nouvelle par le même	65
CONSOLATION A POLYBE, par le même	85
CONSOLATION A MARCIA, par le même	104
DE LA PROVIDENCE, ou pourquoi, s'il y a une providence, les hommes de bien sont-ils sujets au mal, traduction nouvelle par le même	125
DES BIENFAITS, traduction nouvelle par le même	135
Livre I	Ibid.
Livre II	148
Livre III	166
Livre IV	184
Livre V	206
Livre VI	223
Livre VII	245
DE LA CONSTANCE DU SAGE, ou que l'injure n'atteint pas le sage, traduction nouvelle par le même	265
DE LA BRIÈVETÉ DE LA VIE, par le même	284
DU REPOS ET DE LA RETRAITE DU SAGE, par le même	304
DE LA TRANQUILLITÉ DE L'AME, par le même	305
DE LA CLÉMENCE, par le même	327
Livre I	Ibid.
Livre II	348
DE LA VIE HEUREUSE, par le même	353
FACÉTIE SUR LA MORT DE CLAUDE CÉSAR, vulgairement appelée Apokolokyntose, traduction nouvelle	

	Pages.
par M. HAURÉAU, auteur de la traduction de la *Pharsale* de Lucain	375
PETITES PIÈCES DE VERS, traduction nouvelle par M. BAILLARD	385
QUESTIONS NATURELLES, traduction nouvelle par M. BAILLARD	389
Livre I	Ibid.
Livre II	410
Livre III	434
Livre IV	455
Livre V	470
Livre VI	480
Livre VII	502
FRAGMENTS, par le même	521
Fragments tirés de Lactance, par le même	Ibid.
Fragments tirés de saint Jérôme, par le même	523
EPITRES A LUCILIUS, traduites en français par Pintrel, revues et publiées par les soins de Jean La Fontaine	525
EP. I. Que le temps est précieux et qu'il en faut être bon ménager	Ibid.
EP. II. Il ne faut pas lire toute sorte de livres ; il suffit de lire les bons. — Le pauvre n'est pas celui qui a peu de chose, mais celui qui désire plus que ce qu'il a	526
EP. III. Il est bon de délibérer avant que de faire un ami ; mais quand on l'a fait on ne lui doit rien cacher	527
EP. IV. La véritable joie consiste dans le règlement des passions. — La vie ne peut être tranquille sans le mépris de la mort	528
EP. V. Il faut éviter la singularité, et se conformer à la coutume	530
EP. VI. C'est une disposition pour s'amender, que de connaître ses défauts. — La conversation instruit mieux que les préceptes	531

TABLE

Ep. VII. Les compagnies et les spectacles insinuent facilement le vice.................... 532

Ep. VIII. Il ne faut pas demeurer oisif dans la retraite. — Les biens de fortune ne sont pas à nous. 534

Ep. IX. Quoique le sage se suffise à lui-même, il est bien aise d'avoir un ami, sans trop s'affliger quand il le perd................... 536

Ep. X. La solitude n'est propre que pour le sage. — De quelle manière on doit parler à Dieu, et vivre avec tous les hommes. — Il faut se proposer quelque homme d'honneur pour témoin de toutes ses actions................... 539

Ep. XI. Que l'art ne saurait corriger les défauts qui viennent du tempérament, et que les grands personnages sont sujets à rougir.............. 540

Ep. XII. Que la vieillesse a ses avantages. — Qu'il faut être à toute heure disposé à la mort...... 542

Ep. XIII. Que l'on peut connaître ses forces sans s'être éprouvé contre la fortune. — Que notre mal n'est le plus souvent que dans l'opinion.... 543

Ep. XIV. Qu'il faut aimer son corps, mais sans préjudice de son honneur. — Que l'on ne doit point se commettre avec les grands, ni se mêler dans le désordre des affaires................. 546

Ep. XV. Il est plus nécessaire d'exercer l'esprit que le corps. — Les biens de fortune ne sauraient remplir nos amitiés................. 549

Ep. XVI. La sagesse rend l'homme heureux et le dispose à obéir aux ordres de la Providence.... 551

Ep. XVII. Il faut acquérir la sagesse par préférence à tous les autres biens. — Les richesses peuvent bien changer les misères et non les finir...... 553

Ep. XVIII. Il est bon quelquefois de pratiquer la pauvreté volontaire. — Celui qui méprise les richesses est digne de Dieu................ 554

Ep. XIX. Que l'on ne peut acquérir la sagesse qu'il n'en coûte quelque chose. — Pour faire des amis, il faut donner avec discernement et non pas à l'aventure................. 557

Ep. XX. Qu'il faut que nos actions s'accordent avec nos paroles. — Que la plupart des hommes ne savent ce qu'ils veulent, qu'au moment qu'ils le veulent................... 559

Ep. XXI. Que les bons auteurs peuvent immortaliser le nom de leurs amis. — Contre ceux qui interprètent mal la doctrine d'Épicure.......... 564

Ep. XXII. Le sage doit se retirer de l'embarras des affaires. — La plupart sortent de la vie comme s'ils y venaient d'entrer................. 565

Ep. XXIII. En quoi consiste la véritable joie. — La volupté tombe par une pente naturelle dans la douleur................. 565

Ep. XXIV. Qu'il ne faut point se rendre malheureux avant le temps. — On doit séparer les disgrâces de la fortune des circonstances extérieures qui les accompagnent................. 567

Ep. XXV. On se peut toujours amender, tandis qu'on a honte de mal faire. — Pour bien vivre, il faut être censeur de soi-même............. 571

Ep. XXVI. C'est à la mort que la vertu se reconnaît................... 573

Ep. XXVII. Il est honteux à un vieillard d'avoir encore les désirs d'un enfant. — Dans l'étude de la sagesse, on n'agit point par procureur....... 574

Ep. XXVIII. Les voyages ne guérissent point les maladies de l'âme. — C'est déjà quelque amendement que de reconnaître sa faute.......... 575

Ep. XXIX. Il faut reprendre le vice, même quand il est endurci. — Celui qui aime la vertu ne peut être aimé du peuple................. 577

Ep. XXX. La vieillesse n'a point de ressource contre la mort. — Il n'y a que le sage qui sache bien mourir................. 579

Ep. XXXI. La voix du peuple ni les vœux de nos amis ne nous donnent point la sagesse. — Elle vient du travail qui perfectionne la raison et rend l'homme heureux................. 581

Ep. XXXII. Que la vie étant si courte, on doit commencer de bonne heure à la régler............ 583

Ep. XXXIII. Que les livres des Stoïciens sont tous remplis de belles sentences. — Qu'il est honteux de réciter toujours les sentiments d'autrui et de ne produire jamais les siens................ 584

Ep. XXXIV. L'homme de bien est celui duquel les paroles et les actions s'accordent ensemble. ... 586

Ep. XXXV. Il n'y a que le sage qui soit véritablement ami................. 587

Ep. XXXVI. La jeunesse est la saison d'apprendre. — L'exercice du sage est le mépris de la mort — Tout meurt, et rien ne périt dans le monde... Ibid.

Ep. XXXVII. Ce n'est pas un exercice aisé, de se rendre homme de bien. — Tout nous sera soumis, si nous nous soumettons à la raison....... 589

Ep. XXXVIII. La conversation instruit mieux que la dispute................. 590

Ep. XXXIX. Les richesses médiocres sont préférables à celles qui sont excessives. — L'habitude au plaisir rend nécessaires les choses qui étaient superflues................. Ibid.

Ep. XL. Les lettres rendent les amis présents. — Il est plus honnête de parler lentement........ 592

Ep. XLI. Dieu réside au dedans de l'homme. — Les forêts, les fleuves et tous les ouvrages de la nature nous font sentir qu'il y a un Dieu...... 594

Ep. XLII. On ne devient pas subitement homme de bien. — Le manque de pouvoir couvre les vices de beaucoup de gens................. 595

Ep. XLIII. Il faut vivre en particulier, comme l'on ferait en public................. 597

Ep. XLIV. La philosophie ne considère point l'extraction. — La noblesse vient de la vertu...... Ibid.

Ep. XLV. On perd trop de temps dans la chicane de l'école. — Il est plus dangereux d'être trompé par les choses que par les paroles................. 599

Ep. XLVI. Quand on veut écrire, il faut choisir une matière ample et fertile................. 601

Ep. XLVII. Il faut traiter honnêtement vos serviteurs................. Ibid.

DES MATIÈRES.

Ep. XLVIII. Les amis doivent vivre en communauté d'intérêts. — Il ne faut pas s'arrêter aux subtilités des sophistes.................... 604

Ep. XLIX. La vie est courte; le temps passe vite. — Il est honteux d'en consumer une partie en questions inutiles....................... 606

Ep. L. Nous imputons ordinairement nos défauts à des causes étrangères. — La vertu est naturelle à l'homme; il se peut corriger en tout âge...... 608

Ep. LI. La qualité du pays où l'on demeure peut amollir ou affermir le courage................ 610

Ep. LII. L'irrésolution procède d'ignorance. — Tous les vices ont des caractères extérieurs qui les manifestent........................... 612

Ep. LIII. Les maladies de l'âme sont différentes de celles du corps, car plus elles sont grandes, moins on les sent. — La philosophie demande l'homme tout entier, et, l'approchant de Dieu, elle le met au-dessus de la fortune.................... 614

Ep. LIV. Il parle d'une courte haleine à quoi il était sujet, et par un faux raisonnement il tâche de prouver qu'il n'y a nul sentiment après la mort.. 616

Ep. LV. La délicatesse nous interdit enfin l'usage des parties que nous avons laissées longtemps inutiles. — La solitude sert quelquefois de prétexte à la fainéantise..................... 617

Ep. LVI. Le bruit du dehors est facile à supporter quand nos passions n'éclatent point au dedans.. 619

Ep. LVII. Il y a des faiblesses naturelles que la raison ne saurait vaincre...................... 622

Ep. LVIII. De la disette de la langue latine. — La division des êtres avec l'explication des idées de Platon. — Que l'on peut prolonger sa vie par le moyen de tempérance; mais qu'il est permis de retrancher cette même vie quand elle est à charge. 623

Ep. LIX. De la manière que l'on doit écrire. — Que nous demeurons dans l'erreur parce que nous ne cherchons point la vérité, et que nous croyons les flatteurs qui nous donnent des qualités que nous n'avons pas.................. 628

Ep. LX. Que les souhaits de nos parents nous sont contraires. — Que l'on doit mettre au rang des bêtes les hommes qui les surpassent en avidité.. 632

Ep. LXI. Pour jouir de la vie il faut être toujours près de la quitter.—Il est plus nécessaire de faire ses préparatifs pour la mort, que de faire ses provisions pour la vie...................... Ibid.

Ep. LXII. Les affaires n'empêchent point d'étudier. — Le moyen le plus facile d'acquérir des richesses, c'est de les mépriser................ 633

Ep. LXIII. Il est bienséant de donner quelques larmes à la perte d'un ami. — Mais il est ridicule de le pleurer éternellement................ Ibid.

Ep. LXIV. Les bons livres nous animent à la vertu. — Il faut révérer les anciens, comme les précepteurs du genre humain...................... 636

Ep. LXV. Du nombre des causes suivant les anciens philosophes. — Que la contemplation de l'univers élève et contente l'esprit, pourvu que l'on ne la réduise point à des questions vaines et frivoles.. 637

Ep. LXVI. Que l'on voit quelquefois des grands esprits logés dans des corps infirmes. — Que tous les biens sont égaux quoique leur nature et leurs objets soient différents.................... 641

Ep. LXVII. Que la vertu étant un bien désirable, il s'en suit que la patience dans les tourments est un bien que l'on doit désirer.................. 649

Ep. LXVIII. Qu'il ne faut point affecter la solitude par vanité. — Que l'on doit remédier aux imperfections de l'âme avec autant de soin qu'aux infirmités du corps........................ 651

Ep. LXIX. Il n'y a point de vice qui ne promette quelque récompense. — Il faut travailler sérieusement à la réformation de ses mœurs et prendre la mort pour sujet de méditation............ 655

Ep. LXX. Que c'est un avantage non pas de vivre, mais de bien vivre. — De là, suivant l'erreur du paganisme, il conclut qu'il est permis de se procurer la mort quand elle est plus avantageuse que la vie. — Il en rapporte plusieurs exemples..... 654

Ep. LXXI. Le souverain bien consiste en ce qui est honnête. — Il se rencontre même dans les tourments quand la vertu les rend honnêtes........ 658

Ep. LXXII. Que l'étendue de la sagesse doit être préférée à toute autre occupation. — Que la joie du sage se forme au dedans et ne peut être troublée par ce qui vient du dehors................ 664

Ep. LXXIII. Que le sage obéit aux lois et révère les magistrats qui ont soin de la tranquillité publique. — Que l'âme ne peut être bonne si Dieu n'est avec elle............................ 666

Ep. LXXIV. Qu'il n'y a point d'autre bien que ce qui est honnête; et que le bien consistait dans les richesses, dans la bonne chère et dans la compagnie des femmes, l'homme serait plus heureux que Dieu, qui n'a pas l'usage de ces choses-là... 668

Ep. LXXV. Que c'est bien parler que de dire ce que l'on pense. — Que dans l'étude de la sagesse il y a trois classes. — Qu'il y a différence entre les maladies et les affections de l'âme........ 674

Ep. LXXVI. Qu'en tout âge il est saison d'apprendre. — Il prouve encore qu'il n'y a point d'autre bien que ce qui est honnête. — Que pour connaître ce qu'un homme vaut il ne faut considérer que son âme............................. 677

Ep. LXXVII. Que personne ne veut mourir, quoiqu'on sache que c'est une nécessité. — Que l'on ne doit point considérer la durée, mais bien la fin de la vie............................ 682

Ep. LXXVIII. Que le mépris de la mort est un remède à tous les maux.—Que toutes choses dépendent de l'opinion, et quelle est la mesure des biens et des maux...................... 685

Ep. LXXIX. Il prie son ami qui était en Sicile d'aller voir le mont Gibel et de faire la description de cette fameuse montagne. — Que la gloire qui est l'ombre de la vertu accompagne les gens de mérite durant leur vie ou les suit après leur mort. 690

Ep. LXXX. Que l'on a moins de soin d'exercer l'esprit que le corps. — Que la véritable liberté se peut acquérir, mais ne se saurait donner....... 693

Ep. LXXXI. Que l'on ne doit pas s'abstenir de bien faire, de peur de trouver un ingrat. — Que l'on n'est pas quitte pour avoir rendu le bienfait. — Qu'il est dangereux d'obliger extrêmement une personne................................. 695

Ep. LXXXII. Que l'on ne peut conserver le repos sans le secours de la philosophie. — Que la vertu rend glorieuses les choses qui sont indifférentes. — Que les arguments des sophistes sont propres pour surprendre et non pour persuader. 700

Ep. LXXXIII. Que Dieu connaît toutes choses et qu'il est présent dans notre âme. — Description de l'ivrognerie et de ses défauts............. 704

Ep. LXXXIV. Que pour bien étudier il faut lire, puis recueillir, puis nous former un esprit de tout cela. — Il faut digérer ce que nous avons lu, de même que ce que nous avons mangé, si nous voulons qu'il nous profite................... 709

Ep. LXXXV. Il prouve que la vertu seule peut rendre la vie heureuse. — Que le sage doit être exempt de toute sorte de passions........... 714

Ep. LXXXVI. Louange de Scipion, avec la description de sa maison de campagne. — Il compare les bains des anciens avec ceux de son temps. — La manière de transplanter les arbres et la vigne... 717

Ep. LXXXVII. Que l'on doit estimer un homme pour son mérite et non pour sa fortune. — Il prouve encore, par de nouvelles raisons, que le reste suffit pour rendre la vie heureuse....... 721

Ep. LXXXVIII. Que les arts libéraux ne peuvent faire un homme de bien, et que sans eux on ne peut acquérir la sagesse................... 727

Ep. LXXXIX. Quelle différence il y a entre la sagesse et la philosophie. — Plusieurs définitions de la sagesse. — Plusieurs divisions et subdivisions de la philosophie...................... 734

Ep. XC. Que la philosophie a établi la piété et la justice. — Les premiers hommes vivaient en communauté de biens, et les sages étaient les rois de ce temps-là. — Il combat l'opinion de Posidonius, qui attribue à la philosophie l'invention des arts mécaniques............................. 738

Ep. XCI. Il déplore l'incendie de la ville de Lyon. — Qu'il faut se soumettre à la loi du monde.... 746

Ep. XCII. Que la félicité de l'homme consiste dans la raison, quand celle-ci est parfaite. — Que le souverain bonheur est incapable d'accroissement et de déchet......................... 750

Ep. XCIII. Qu'on a toujours assez vécu quand on a acquis la sagesse....................... 756

Ep. XCIV. Si les instructions générales de la philosophie valent mieux que des préceptes particuliers pour la conduite de la vie. — De la force des sentences, et de la nécessité des lois....... 758

Ep. XCV. Que les préceptes seuls, sans les maximes générales de la philosophie, ne peuvent rendre la vie heureuse. — La médecine a multiplié les remèdes à mesure que l'intempérance a multiplié les maladies............................ 770

Ep. XCVI. Il ne faut pas seulement obéir, mais encore consentir à la volonté de Dieu. — La vie de l'homme est une guerre continuelle.......... 782

Ep. XCVII. Que les siècles passés n'étaient pas moins vicieux que ceux qui leur ont succédé. — Le crime peut bien être hors de péril, mais non hors d'appréhension...................... 783

Ep. XCVIII. L'âme est plus puissante que la fortune, et se fait une vie heureuse ou misérable. — On jouit encore des biens que l'on a perdus, quand on se souvient de l'utilité qu'on en a reçue. 786

Ep. XCIX. Il reproche à un de ses amis le peu de constance qu'il a témoignée à la mort de son fils en bas âge, et montre, par de solides raisons, qu'on ne doit point s'affliger en pareilles occasions.................................. 788

Ep. C. Il parle des livres de Fabianus et des différentes manières d'écrire de son temps......... 793

Ep. CI. Qu'il est ridicule de faire de longs projets, vu l'incertitude et la brièveté de notre vie. — Qu'il faut se défaire du fol amour de la vie, et considérer chaque jour comme s'il était une vie entière................................ 795

Ep. CII. Si la réputation qui nous suit après la mort est un bien. — Quelques discours touchant l'immortalité de l'âme........................ 798

Ep. CIII. Qu'un homme à tout moment a sujet de se défier d'un autre homme. — Qu'il ne faut point se prévaloir du nom de la philosophie, ni s'éloigner des coutumes qui sont reçues.......... 805

Ep. CIV. Que c'est une marque de bonté de vouloir bien conserver sa vie pour la considération de ses amis. — Les voyages amusent les hommes et ne les changent pas. — Pour se maintenir en liberté, il faut mépriser les voluptés et les richesses. Ibid.

Ep. CV. Pour vivre en sûreté, il faut éviter l'éclat et ne faire mal à personne................. 809

Ep. CVI. Si le bien est un corps. — Nous avons pour les sciences la même avidité que pour toutes les autres choses............................ 810

Ep. CVII. Les disgrâces prévues sont moins sensibles. — Il faut suivre sans murmure les ordres de Dieu................................ 842

Ep. CVIII. Que la philosophie s'apprend aussi bien dans la conversation que dans les livres. — Qu'il faut reporter toute notre lecture à la vie heureuse. 845

Ep. CIX. Si le sage est utile au sage. — Qu'il faut négliger la subtilité des questions inutiles pour s'attacher à l'étude de la vertu............. 820

Ep. CX. Que le plus grand malheur d'un homme est de n'avoir point la paix avec soi-même. — Que nous craignons, sans examiner ce que nous craignons............................. 822

Ep. CXI. De la différence qui se trouve entre un sophiste et un véritable philosophe........... 826

Ep. CXII. Qu'il est malaisé de redresser et de corriger les longues et les mauvaises habitudes.... Ibid.

Ep. CXIII. Si les vertus sont des êtres animés. — Il faut cultiver la vertu sans en espérer de récompense.................................... 827

Ep. CXIV. Le langage des hommes a d'ordinaire du rapport à leurs mœurs. — Le corps étant affaibli par les délices devient incapable de l'usage des plaisirs.. 832

Ep. CXV. Que le discours est le miroir de l'âme. — Que l'âme d'un homme de bien a des beautés surprenantes. — Que l'on a donné trop de crédit à l'or et à l'argent. 836

Ep. CXVI. S'il vaut mieux avoir des passions faibles que de n'en avoir point du tout.......... 839

Ep. CXVII. Si la sagesse est un bien, et si ce n'est pas un bien d'être sage. — Que l'on a grand tort de perdre la vie en des questions inutiles, vu que la vie est si courte. 844

Ep. CXVIII. Qu'il est plus honnête et plus sûr de ne rien demander à la fortune. — Les définitions du bien, et en quoi il consiste............... 846

Ep. CXIX. Pour devenir bientôt riche il faut emprunter de soi-même. — Le nécessaire est toujours prêt, mais le superflu est difficile à recouvrer...................................... 849

Ep. CXX. Comment nous est venue la première connaissance du bien et de ce qui est honnête. — Que l'homme n'est presque jamais égal et pareil à lui-même. 852

Ep. CXXI. Si tous les animaux ont un sentiment de leur constitution naturelle................ 856

Ep. CXXII. Il raille ces gens qui font du jour la nuit, et marque la cause de ce dérèglement.... 859

Ep. CXXIII. Qu'il n'y a rien de fâcheux quand on le sait prendre avec patience. — Les discours des libertins sont plus dangereux que les chants des sirènes.................................... 865

Ep. CXXIV. Si nous connaissons le bien par sentiment ou par entendement. — Le bien ne se rencontre que dans un sujet qui a de la raison.... 868

AVIS DES ÉDITEURS.

Nous donnons dans ce volume tout ce qui est resté de Sénèque le philosophe, y compris les fragments d'ouvrages perdus qui ont été cités par certains Pères de l'Église. Ce sera la première fois qu'on aura vu les œuvres complètes de cet auteur, texte, traduction, notice biographique, annotations, réunis en un seul volume portatif et d'une lecture très-facile.

Nous avons suivi pour le texte l'édition déjà ancienne de Ruhkopf, mais à notre manière, c'est-à-dire avec indépendance, en prenant ailleurs, pour les très-rares passages qui font doute encore parmi les érudits, les leçons les plus accréditées. Au reste, depuis Ruhkopf, il n'a été publié de Sénèque aucune édition offrant un travail philologique véritablement neuf, et des différences sérieuses avec le texte que nous reproduisons dans ce volume. Les œuvres de notre auteur ont eu le privilége d'être imprimées, dès le commencement, sur de bons manuscrits, et de donner le moins de prise à la sagacité souvent destructive des commentateurs. Ce privilége vient-il de ce que Sénèque a été, de tout temps, très-lu, et que, même au plus fort des ténèbres du moyen âge, alors que Cicéron était inconnu ou négligé, il a eu des admirateurs et a fait des disciples? La place de cette question n'est pas dans un avertissement.

Rien n'a été négligé pour que ce texte eût toute la correction désirable. On sait qu'en fait de correction, la typographie a des limites. La perfection absolue n'y est pas possible, de l'aveu des typographes les plus consommés. Nous avons tâché du moins d'atteindre à ces limites et d'arriver à cette perfection relative où rien ne manque de ce qui peut être demandé raisonnablement de soins, de patience, de sacrifices à des éditeurs.

Quant à la traduction, nous nous en remettons, comme pour les précédents volumes, au jugement des lecteurs compétents. Il ne nous appartient pas d'en faire nous-mêmes l'éloge. Toutefois, qu'il nous soit permis de dire en quoi cette traduction nous paraît différer essentiellement des traductions publiées jusqu'ici. Ce qui la distingue, c'est peut-être que le tour d'esprit particulier de Sénèque, sa subtilité abondante, son goût pour les contrastes qui le fait tomber à son insu des oppositions d'idées dans les antithèses de mots, ces *doux défauts* enfin, qui charmaient la jeunesse contemporaine, ont été serrés de plus près et rendus avec plus d'étude dans cette traduction. Les traducteurs, fidèles à la pensée qui dirige notre collection, ont voulu qu'en lisant leur travail on ne crût pas lire une traduction de Cicéron, et que même aux endroits très-nombreux où les idées de Sénèque sont aussi raisonnables que celles de Cicéron, on reconnût que c'est un esprit moins sain qui a raison, que c'est dans un temps de décadence, que c'est avec une manière particulière qu'il a raison. Il n'est pas besoin de dire que cette fidélité au tour d'esprit de Sénèque n'a pas été poussée jusqu'au néologisme et à la bizarrerie. L'exagération n'est pas permise dans notre langue, même pour traduire un auteur exagéré. Sous ce rapport, l'imperfection d'une traduction est une qualité dans le traducteur.

Au reste, ce jugement ne s'applique qu'à la traduction entièrement nouvelle des traités de Sénèque, du livre des Questions naturelles, de l'Apokolokyntose et des Fragments. Pour celle des Épîtres, nous n'avons pas eu à la demander à une plume contemporaine. Le dix-septième siècle nous offrait de ce chef-d'œuvre de Sénèque une traduction qui est elle-même un chef-d'œuvre de langage. On chercherait vainement le nom de l'auteur dans les biographies les plus complètes. Il s'appelait Pintrel et il était de Reims. Mais ce Pintrel était parent de La Fontaine : mais cet habitant de Reims vivait dans un siècle dont Courier a dit que la moindre femmelette y écrivait en meilleur français que les maîtres du dix-huitième siècle. La première, et à ce que nous croyons, la seule édition de cet ouvrage parut en 1681. Outre le talent très-distingué de Pintrel, cette traduction a un inestimable prix. La Fontaine l'a revue et en a traduit en vers toutes les citations. La plupart de ces vers sont charmants; un grand nombre sont des meilleurs qui soient sortis de cette plume incomparable.

En pensant qu'une réimpression, ou plutôt une exhumation de ce genre, faite par des mains pieuses, serait mieux reçue qu'une traduction nouvelle, nous avons obéi non-seulement à notre goût particulier, mais à des conseils dont l'autorité eût décidé même de moins convaincus que nous de ce qu'il y a de vrai dans la boutade de Courier. M. Villemain, consulté par nous sur la part qu'on pouvait faire dans cette collection aux travaux des deux derniers siècles, avait donné l'avis de réimprimer quelques traductions du dix-septième fort supérieures, disait-il, malgré leurs imperfections et leurs charmantes négligences, non-seulement à tout ce qu'on avait fait depuis, mais à tout ce qu'on pourrait faire ultérieurement. C'est ce précieux conseil qui, en nous confirmant dans notre propre pensée, nous a mis sur la voie de cette traduction à laquelle La Fontaine a coopéré, probablement en bon parent, et en y mettant de l'amour-propre de famille. Nous l'avons réimprimée avec un soin religieux, sans y rien changer, sans y rien ajouter, même aux endroits qui offrent de légères omissions ou des interprétations différentes du sens adopté depuis; nous réservant d'ailleurs de remplir, dans des notes spéciales, les plus graves de ces omissions, et de rétablir la vraie version partout où Pintrel a pu l'altérer, soit par erreur, soit plus souvent, comme nous l'avons vérifié, pour avoir suivi des commentateurs qui ne respectaient pas assez les manuscrits. Quant aux omissions, quelques-unes sont si peu motivées qu'il n'y a nul doute que le texte dont se servait Pintrel ne fût mutilé; pour les autres, serait-ce que le goût de Pintrel, si sûr toutefois et si hardi, a eu peur de traduire certaines choses ou trop crues ou trop subtiles pour la noble langue dans laquelle il écrivait? Nous serions fondés à le croire. Au reste, le tout est insignifiant dans un ouvrage si considérable.

Nous n'avons cru devoir annoter que cette partie des œuvres de Sénèque. Les traités philosophiques ne demandent pas de notes; les allusions historiques y sont rares, et le peu qu'on y en rencontre sont claires pour les moins instruits. Les idées pures remplissent ces traités. L'histoire ne s'y montre que par des anecdotes généralement très-connues. Quant à des notes sur le sens, on sait que, hormis des cas très-rares, nous nous abstenons d'en charger nos volumes. Le vrai sens pour nous c'est celui que nous adoptons. Il en est de même des notes philologiques. Là encore nous décidons. La vraie leçon pour nous est celle que nous reproduisons.

Une notice courte et succincte résume tout ce qui a été établi de plus certain et de plus authentique sur la vie et les ouvrages de Sénèque. Nous avons pu nous applaudir, à l'occasion de Sénèque surtout, de nous être interdit en tête des volumes les morceaux d'éclat et les jugements académiques. C'eût été rouvrir cette lice où ont combattu si inutilement pour la vraie critique tant de champions et d'adversaires de Sénèque. Nous n'avons pas voulu grossir la volumineuse liasse de ce procès d'une pièce de plus à oublier. Qui veut juger Sénèque le doit lire. Ses écrits sont la meilleure histoire de sa vie; ils offrent de quoi le juger par cela seul qu'ils n'offrent jamais de quoi le condamner ni l'absoudre tout-à-fait.

Qu'on nous permette en finissant de nous rendre le témoignage de n'avoir rien omis volontairement pour que ce volume fût à la fois, et dans le meilleur sens qu'on peut donner à ce mot, une nouveauté littéraire et une nouveauté typographique.

VIE DE SÉNÈQUE.

SÉNÈQUE le *Philosophe* (Lucius Annæus Seneca) naquit à Cordoue, la troisième année de l'ère chrétienne, sous le règne d'Auguste. Il eut deux frères, l'un plus âgé, l'autre plus jeune que lui; Marcus Annæus Novatus, qui prit dans la suite le nom de Junius Gallion, son père adoptif, et L. Annæus Méla, père de Lucain. Encore enfant, Sénèque suivit à Rome son père Sénèque le *Rhéteur*, lequel y professa la rhétorique et y ouvrit une école de déclamation. Ces leçons furent les premières qu'il reçut, et il ne les oublia pas. Toutefois sa famille s'occupait plus encore de sa santé que de son instruction. Très-faible de constitution, d'un corps grêle et languissant, il était en outre sujet à de violentes palpitations qui le tourmentèrent toute sa vie. L'excès du travail et les veilles, qu'il s'imposait déjà, achevèrent d'affaiblir une santé si frêle : elle s'améliora toutefois, grâce à de grands soins et à une nourriture frugale.

Il entra, par le conseil de son père, dans la carrière du barreau, et ses débuts eurent tant de retentissement que Caligula, importuné du bruit de cette renommée, parla de le faire mourir. Le jeune Sénèque ne put échapper à ce danger que par une feinte maladie, et par l'intercession d'une concubine du prince. Dès lors il ne chercha plus qu'à se faire oublier, s'adonna tout entier à la philosophie, embrassa la secte du portique, et n'eut plus d'autres auditeurs que des Stoïciens. Il renonça aux plaisirs de la table, à l'usage du vin et des parfums, et ne se nourrit, pendant une année entière, que de végétaux; il le dit du moins dans ses écrits. Son père, craignant qu'il ne se fermât ainsi le chemin de la fortune, le pressa de rentrer dans la vie des affaires :

il brigua dès lors les charges publiques, et parvint bientôt à la questure. Mais cette nouvelle direction d'esprit ne le détourna pas de l'étude et de l'enseignement de la philosophie, et il ouvrit, à Rome, une école où se pressa la jeunesse romaine. Messaline l'arracha bientôt à son nombreux auditoire. Ennemie de Julie, fille de Germanicus, elle accusa cette princesse d'adultère, et lui donna Sénèque pour complice. Julie, d'abord exilée, mourut peu de temps après. Sénèque fut relégué par Claude dans l'île de Corse. Au bout de deux années d'exil, sa constance l'ayant abandonné, il demanda son rappel, à quelque prix que ce fût : dans l'écrit où il implore son pardon, et que depuis il s'efforça, dit-on, de supprimer, il flattait par les plus basses adulations la stupidité de Claude et l'orgueil de l'affranchi Polybe, digne ministre de cet empereur. Cinq ans après, il n'avait pas encore vu finir son exil, lorsqu'il en fut subitement tiré par Agrippine, qui venait d'épouser Claude son oncle, et de se saisir de l'empire. Elle le fit nommer préteur, et lui confia l'éducation de son fils Néron, adopté par Claude.

Sénèque, tant que vécut ce dernier, se montra tout dévoué à l'impératrice, dont il passa même pour être l'amant. On sait ce que fut Néron. Sénèque n'en put faire un orateur, ou peut-être Néron se contenta-t-il d'être poëte. Jusque-là, les empereurs avaient composé eux-mêmes leurs discours; l'élève de Sénèque fut le premier qui recourut à l'éloquence d'autrui : l'éloge funèbre de Claude, qu'il prononça à son avénement à l'empire, fut composé par Sénèque, lequel écrivait en même temps contre ce prince une satire amère, l'*Apokoloquintose*, ou la métamorphose de Claude en citrouille.

Devenu ministre de Néron, Sénèque encourut la haine d'Agrippine, dont il trompa les espérances et voulut gêner les prétentions ambitieuses. Bientôt Burrhus et lui acceptèrent une grande partie des biens de Britannicus, mort empoisonné. Plus tard l'exil de Suilius, son ennemi personnel, acheva de le perdre dans l'opinion publique, au rapport de Tacite. Ce Suilius demandait hautement au ministre « par quelle philosophie, par quelle morale, il avait, en quatre ans de faveur, amassé trois millions de sesterces (Dion Cassius fait Sénèque riche de dix-sept millions cinq cent mille drachmes) ; il disait qu'on le voyait épier, dans Rome, les testaments, et circonvenir les vieillards sans enfants ; qu'il accablait l'Italie et les provinces sous le poids d'usures énormes, etc. » Juilius fut relégué dans les îles Baléares par l'auteur du traité de la Clémence ; mais cette vengeance ne lui suffisant pas, il sollicita, sans l'obtenir, l'exil du fils de son ennemi.

Agrippine venait d'échapper à l'horrible genre de mort inventé par Néron, pour se débarrasser de sa mère. L'empereur était consterné ; aucune ressource ne s'offrait à lui ; il n'espérait plus que dans Sénèque et dans Burrhus. Il les mande sur l'heure. Sénèque, plus fertile en expédients, *hactenus promptior*, dit Tacite, regarde Burrhus, lui demande s'il faut commander le meurtre aux soldats, et celui-ci répond négativement. Un affranchi, Anicétus, fut alors chargé de tuer la mère de l'empereur, et Néron se hâta d'envoyer au sénat, pour justifier le parricide, une lettre qu'avait composée Sénèque.

Délivré de la tutelle d'Agrippine, Néron n'était pas d'humeur à en supporter une autre. L'autorité des deux ministres lui pesait, et dès lors s'affaiblissait tous les jours. La mort de Burrhus vint enlever à Sénèque le peu qui lui en restait. L'empereur s'abandonna à d'ignobles favoris, dont le premier soin fut de rendre le philosophe odieux au prince. Ils le représentèrent cherchant à se faire, au moyen de ses richesses, un parti dans Rome, à effacer Néron par la magnificence de ses maisons et la somptuosité de sa table, à en déprécier les talents comme poëte et comme musicien. Sénèque prévit le danger d'une disgrâce, et, voulant la prévenir, il demanda à Néron la permission de se retirer de la cour, et lui offrit tous ses biens qui, disait-il, l'exposaient à l'envie. Néron refusa tout, et l'embrassa. Sénèque n'en eut que plus de craintes. On le vit renoncer à son fastueux train de vie, et congédier la foule des clients qui composaient son cortège. Il vécut solitaire à la campagne, avec Pauline sa femme, et continua d'écrire sur la philosophie. Toutefois il voyait Néron de temps en temps, et se mêlait encore des affaires de l'état. Tacite, à qui sont empruntés ces détails, nous le montre recevant chez lui l'empereur, et le félicitant de sa réconciliation avec Thraséas.

Sénèque sollicita de nouveau, et encore en vain, la permission de se retirer enfin dans une de ses terres. Il prétexta une maladie (la goutte), pour ne point sortir de chez lui. Il ne put tromper Néron comme il avait trompé Caligula, et l'empereur donna à Cléonicus, un des affranchis de Sénèque, l'ordre d'empoisonner son ancien maître. Mais celui-ci lui en ôta toute occasion, en ne se nourrissant que de fruits, en ne buvant que de l'eau courante. La conspiration de Pison offrit enfin à Néron un prétexte de condamner hautement Sénèque à la mort. Subrius, l'un des conjurés, voulait qu'après avoir tué l'empereur par la main de Pison on tuât Pison lui-même, indigne, disait-il, de l'empire, qu'il fallait donner à Sénèque. Rien ne prouvait que ce dernier eût accepté ces offres insensées et fût entré dans le complot ; il ne l'ignorait pas toutefois, si l'on en croit Tacite, et le jour même où l'on devait l'exécuter, il s'était rapproché de Rome. Une seule déposition, celle de l'affranchi Natalis, lui attribuait avec Pison une conversation qui pouvait le compromettre. Des soldats allèrent cerner la maison de campagne où il venait de s'arrêter avec sa femme. En vain il justifia le sens des paroles rapportées par l'affranchi ; Néron l'avait condamné ; il lui fut ordonné de se faire ouvrir les veines.

Il demanda ses tablettes pour écrire son testament. Sur le refus que lui en firent les soldats, il se tourna vers ses amis : « Eh bien ! leur dit-il, puisqu'on m'empêche de reconnaître vos services, je vous lègue le seul bien qui me reste, l'exemple de ma vie. » Voyant leurs larmes couler, il voulut ranimer leur courage : « Où sont, leur dit-il, ces maximes de sagesse qui, depuis tant d'années, ont dû vous prémunir contre l'adversité ? Ignoriez-vous la cruauté de Néron ? Le meurtrier de sa mère et de son frère pouvait-il épargner son précepteur ? » Il embrassa ensuite sa femme qui sanglottait, et la conjura de modérer sa douleur. Pauline déclara qu'elle voulait mourir avec lui ; il applaudit à cette résolution, et la même fer ouvrit leurs veines. Le sang ne coulant qu'avec lenteur de son corps, exténué par l'âge et l'abstinence, il lui fit donner des issues nouvelles aux jambes et aux jarrets. Comme la vue de ses souffrances pouvait abattre le courage de Pauline, il lui persuada de se faire transporter dans une autre partie de la maison. Entouré alors de ses amis et de ses secrétaires, il dicta un discours que Tacite ne nous a pas transmis, parce que, de son temps, il était entre les mains de tout le monde. Pressé de mourir, Sénèque pria son médecin de lui donner de la ciguë ; il en prit en vain : ses organes épuisés et déjà froids ne pouvaient se prêter à l'activité du poison. Enfin, il se fit porter dans un bain chaud ; il jeta, en y entrant, de l'eau sur ceux de ses esclaves qui étaient le plus près de lui : « J'offre ces libations, dit-il, à *Jupiter libérateur ;* » puis il s'y plongea, et mourut, comme il convenait à l'auteur des *Epîtres à Lucilius*, l'an 68 de J.-C., dans la huitième année du règne de Néron.

Néron, à peine informé de la résolution de Pauline, envoya vers elle des soldats chargés d'arrêter le sang de ses blessures ; mais la pâleur de son visage et son extrême maigreur témoignèrent, tout le reste de sa vie, combien elle avait été près de la perdre.

Outre tous les ouvrages qui sont renfermés dans ce volume, on a longtemps attribué à Sénèque le philosophe *l'Abrégé de l'histoire romaine*, dont Florus est aujourd'hui reconnu l'auteur. Dans ses *Études sur les poëtes latins*, M. Nisard établit, par des comparaisons entre plusieurs passages très-significatifs de ses œuvres en prose et des tirades des tragédies dites de Sénèque, que Sénèque le philosophe est l'auteur d'une partie de ces tragédies, dont le recueil serait un ouvrage de famille, fait en commun, *Senecanum opus*. D'anciennes éditions de Sénèque contiennent quatorze lettres que ce philosophe aurait écrites à saint Paul; mais aujourd'hui ces lettres sont généralement regardées comme apocryphes, quoique saint Augustin et saint Jérôme les aient citées pour être de Sénèque, et qu'on ait prouvé par des raisons ingénieuses la vraisemblance d'un commerce épistolaire entre le philosophe et l'apôtre, lequel comparut devant le tribunal du frère aîné de Sénèque, proconsul d'Achaïe. Quelques écrivains anciens parlent aussi de certains ouvrages de Sénèque, qui ne sont pas parvenus jusqu'à nous.

DE LA COLÈRE.

LIVRE PREMIER.

I. Tu exiges de moi, Novatus, que j'écrive comment on peut dompter la colère : c'est à bon droit que tu me parais redouter principalement cette passion, de toutes la plus hideuse, la plus effrénée. Les autres, en effet, ont en elles quelque chose de calme et de paisible : celle-ci est tout agitation, elle est toute à l'impétuosité de son ressentiment, ivre de guerre, de sang, de supplices, transportée de fureurs surhumaines, sans souci d'elle-même, pourvu qu'elle nuise à d'autres, s'élançant au milieu des glaives, et avide de vengeances, qui, à leur suite, entraînent un vengeur. Aussi, quelques sages ont-ils défini la colère une courte folie. Car non moins impuissante à se maîtriser, elle oublie toute bienséance, méconnaît toute affection; elle est opiniâtre et acharnée à ce qu'elle poursuit, sourde aux conseils de la raison, s'emportant contre des fantômes, inhabile à reconnaître le juste et le vrai, semblable en tout à ces ruines qui se brisent sur ce qu'elles écrasent. Mais, pour te convaincre qu'il n'y a plus de raison chez l'homme dominé par la colère, observe tous ses dehors. Car, de même que la folie a des signes certains, le visage hardi et menaçant; le front triste, le regard farouche, la démarche précipitée, les mains convulsives, le teint changeant, la respiration fréquente et s'échappant avec violence; ainsi l'homme en colère présente les mêmes symptômes. Ses yeux s'enflamment, étincellent; un rouge éclatant couvre son visage, le sang bouillonne dans les cavités de son cœur, ses lèvres tremblent, ses dents se serrent, ses cheveux se dressent et se hérissent, sa respiration est gênée et bruyante, ses articulations craquent en se tordant; il gémit, il rugit; sa parole s'embarrasse de sons entrecoupés; ses mains s'entrechoquent fréquemment; ses pieds battent la terre; tout son corps est agité, tous ses gestes sont des menaces : tel est le portrait hideux et repoussant

LIBER PRIMUS.

Exegisti a me, Novate, ut scriberem quemadmodum posset ira leniri : nec immerito mihi videris hunc præcipue affectum pertimuisse, maxime ex omnibus tetrum ac rabidum. Ceteris enim aliquid quieti placidique inest; hic totus concitatus, et in impetu doloris est, armorum, sanguinis, suppliciorum, minime humana furens cupiditate : dum alteri noceat, sui negligens, in ipsa irruens tela, et ultionis secum ultorem tracturæ avidus. Quidam itaque e sapientibus viris iram dixerunt brevem insaniam; æque enim impotens sui est, decoris oblita, necessitudinum immemor, in quod cœpit, pertinax et intenta, rationi consilisque præclusa, vanis agitata causis, ad dispectum æqui verique inhabilis, ruinis simillima, quæ super id, quod oppressere, franguntur. Ut autem scias, non esse sanos, quos ira possedit, ipsum illorum habitum intuere. Nam ut furentium certa indicia sunt, audax et minax vultus, tristis frons, torva facies, citatus gradus, inquietæ manus, color versus, crebra et vehementius acta suspiria : ita irascentium eadem signa sunt. Flagrant, et micant oculi, multus ore toto rubor, exæstuante ab imis præcordiis sanguine; labia quatiuntur, dentes comprimuntur, horrent ac subriguntur capilli; spiritus coactus ac stridens, articulorum se ipsius torquentium sonus, gemitus, mugitusque, et parum explanatis vocibus sermo præruptus et complosæ sæpius manus, et pulsata humus pedibus, et totum concitum corpus, magnasque minas agens, fœda visu et horrenda facies depravantium

de celui que décompose et gonfle la colère. On ne saurait dire si ce vice est plus odieux que difforme. Les autres peuvent se cacher, se nourrir en secret : la colère se révèle, se produit sur le visage; et plus elle est vive, plus elle éclate à découvert. Ne vois-tu pas chez tous les animaux, dès qu'ils se dressent pour l'attaque, des signes précurseurs? Tous leurs membres sortent du calme de leur attitude ordinaire, et leur férocité s'exalte encore. Le sanglier vomit l'écume; il aiguise sa dent contre les troncs noueux. De ses cornes le taureau frappe le vide; ses pieds font voler le sable; le lion rugit; le cou du serpent irrité se gonfle; le chien, atteint de la rage, a un aspect sinistre. Il n'y a pas d'animal, d'une nature si terrible, si malfaisante, qui ne manifeste, dès que la colère l'a saisi, un surcroît de férocité. Je n'ignore pas que d'autres passions ont aussi peine à se déguiser; l'incontinence, la peur, la témérité portent leurs symptômes, et peuvent être pressenties : car il n'y a nulle pensée intérieure un peu violente qui n'altère en quelque chose le visage. Et quoi donc les distingue? C'est que les autres sont apparentes; celle-ci est saillante.

II. Veux-tu maintenant considérer ses effets et ses ravages? Jamais fléau ne coûta plus au genre humain. Je te montrerai les meurtres, les empoisonnements, les mutuelles accusations des complices, la désolation des villes, la ruine de nations entières, les têtes de leurs chefs vendues à l'encan, la torche incendiaire portée dans les maisons, la flamme franchissant l'enceinte des murailles, et de vastes étendues de pays étincelant de feux ennemis. Vois ces nobles cités dont à peine on reconnaît la place; c'est la colère qui les a renversées. Vois ces vastes solitudes qui s'étendent au loin, désertes et sans habitations, c'est la colère qui a fait ce vide. Vois tous ces hommes puissants transmis à notre mémoire, « comme exemples d'un fatal destin. » La colère frappe l'un dans son lit; la colère égorge l'autre dans le sanctuaire du banquet; elle immole celui-ci devant les tables de la loi, sous les yeux de la foule qui se presse dans le Forum; elle contraint celui-là à livrer son sang à un fils parricide, un roi à présenter la gorge au fer d'un esclave, cet autre à étendre ses membres sur une croix. Et jusqu'ici je n'ai parlé que de victimes isolées. Que sera-ce si, laissant de côté ceux contre qui la colère s'est individuellement déchaînée, tu portes tes regards sur des assemblées détruites par le glaive, sur tout un peuple livré pêle-mêle au fer du soldat, sur des nations entières confondues dans une même ruine, vouées à une même mort........ comme ayant abandonné tout souci de nous, ou renoncé à l'autorité. Dis donc pourquoi le peuple s'irrite contre les gladiateurs si injustement, que c'est pour lui une offense s'ils ne meurent pas de bonne grâce, qu'il se croit méprisé, et, par son air, ses gestes, ses violences, de spectateur devient ennemi. Ce sentiment, quel qu'il soit, n'est certes pas la colère, mais il y ressemble. C'est celui des enfants, qui, s'ils tombent, veulent qu'on batte la terre, et souvent ne savent pas contre quoi ils se fâchent : seulement ils se fâchent sans raison et sans offense, mais non sans quelque apparence d'offense, ni

se, atque intumescentium. Nescias, utrum magis detestabile vitium sit, an deforme. Cetera licet abscondere, et in abdito alere : ira se profert, et in faciem exit, quantoque major est, hoc effervescit manifestius. Non vides, ut omnium animalium, simul ad nocendum insurrexerunt, procurrant notæ, ac tota corpora solitum quietumque egrediantur habitum, et feritatem suam exasperent? Spumant apris ora, dentes acuuntur attritu : taurorum cornua jactantur in vacuum, et arena pulsu pedum spargitur : leones fremunt, inflantur irritatis colla serpentibus, rabidarum canum tristis aspectus est. Nullum est animal tam horrendum, tamque perniciosum natura, ut non appareat in illo, simul ira invasit, nova feritatis accessio. Nec ignoro, ceteros quoque affectus vix occultari; libidinem, metumque, et audaciam dare sui signa, et posse prænosci; neque enim ulla vehementior intra cogitatio est, quæ nihil moveat in vultu. Quid ergo interest? Quod alii affectus apparent, hic eminet.

II. Jam vero si affectus ejus damnaque intueri velis, nulla pestis humano generi pluris stetit. Videbis cædes ac venena, et reorum mutuas sordes, et urbium clades, ac totarum exitia gentium, et principum sub civili hasta capita venalia, et subjectas tectis faces, nec intra mœnia coercitos ignes, sed ingentia spatia regionum hostili flamma relucentia. Aspice nobilissimarum civitatum fundamenta vix notabilia : has ira dejecit; aspice solitudines, per multa millia sine habitatione, desertas has ira exhausit. Aspice tot memoriæ proditos duces — [mali exempla fati :] alium ira in cubili suo confodit; alium inter sacra mensæ ira percussit; alium inter leges celebrisque spectaculum fori lancinavit; alium filii parricidio dare sanguinem jussit; alium servili manu regalem aperire jugulum; alium in cruces membra dividere. Et adhuc singulorum supplicia narro; quid? tibi si libuerit, relictis in quos ira viritim exarsit, aspicere cæsas gladio conciones, et plebem immisso milite contrucidatam, et in perniciem promiscuam totos populos capitis damna passos.... tanquam aut curam nostram deferentibus, aut auctoritatem contemnentibus. Quid? gladiatoribus quare populus irascitur, et tam inique, ut injuriam putet, quod non libenter pereunt? contemni se judicat, et vultu, gestu, ardore, de spectatore in adversarium vertitur. Quidquid est, certo non est ira, sed quasi ira : sicut puerorum, qui si ceciderunt, terram verberari volunt, et sæpe nesciunt quidem, cui irascantur; sed tantum irascuntur sine causa et sine injuria, non tamen sine aliqua injuriæ

sans quelqu'envie de punir. Aussi se laissent-ils tromper à des coups simulés; des prières et des larmes feintes les apaisent, et une douleur fausse disparaît devant une fausse vengeance.

III. « Souvent, dit-on, l'homme s'irrite, non contre ceux qui lui ont fait tort, mais contre ceux qui doivent lui faire tort; preuve que la colère ne naît pas seulement de l'offense. » Il est vrai que nous nous irritons contre ceux qui doivent nous faire tort : mais ils nous font tort par leur pensée même, et celui qui médite une offense déjà la commet. « La preuve, dit-on, que la colère n'est pas le désir de châtier, c'est que souvent les plus faibles s'irritent contre les plus puissants; or ils ne désirent pas un châtiment qu'ils ne peuvent espérer. » D'abord nous avons dit que la colère était le désir et non la faculté de punir; or, on désire même ce qu'on ne peut faire. Ensuite, il n'y a personne de si humble, qu'il ne puisse espérer se venger même de l'homme le plus haut placé : nous sommes puissants à nuire. La définition d'Aristote ne s'éloigne pas beaucoup de la nôtre; car il dit que la colère est le désir de rendre peine pour peine. Il serait trop long d'examiner en détail en quoi cette définition diffère de la nôtre. On objecte à toutes deux que les animaux se mettent en colère, et cela sans être offensés, sans idée de punir ou de causer aucune peine; car, quoi qu'ils fassent, ils ne le méditent pas. Il faut répondre que les animaux, que tout, excepté l'homme, est étranger à la colère. Car, bien qu'ennemie de la raison, elle ne se développe que chez l'être capable de raison. Les animaux ont de la violence, de la rage, de la férocité, de la fougue; mais ils ne connaissent pas plus la colère que la luxure, quoique pour certains plaisirs ils soient plus immodérés que l'homme. Il ne faut pas croire le poète, lorsqu'il dit :

« Le sanglier ne songe plus à se mettre en colère, le cerf ne se fie plus à sa légèreté, les ours n'attaquent plus les troupeaux. »

Quand il dit, se mettre en colère, c'est s'exciter, s'élancer. Car ils ne savent pas plus se mettre en colère, que pardonner. Les animaux muets sont étrangers aux passions humaines, ils n'ont que des impulsions qui y ressemblent. Autrement, si chez eux il y avait de l'amour, il y aurait de la haine; s'il y avait amitié, il y aurait inimitié; s'il y avait discussion, il y aurait concorde; toutes choses dont ils offrent bien quelques traces; mais le bien et le mal sont le propre du cœur humain. A nul autre qu'à l'homme ne furent données la prévoyance, l'observation, la pensée; et non seulement ses vertus, mais encore ses vices sont interdits aux animaux. Leur intérieur, ainsi que toute leur forme extérieure, diffère de l'homme. Ils ont, il est vrai, cette faculté souveraine, ce principe moteur, autrement dit, comme ils ont une voix, mais inarticulée, mais confuse et inhabile à former des mots; comme ils ont une langue, mais enchaînée, mais non déliée pour se mouvoir en tous sens : de même, ce principe moteur a peu de finesse, peu de développement. Il perçoit donc l'image et la forme des choses qui l'entraînent au mouvement; mais cette perception est trouble et obscure. De là la violence de leurs élans, de leurs transports : mais il n'y a chez eux ni crainte, ni

---

specie, nec sine aliqua pœnæ cupiditate. Deluduntur itaque imitatione plagarum, et simulatis deprecantium lacrimis placantur, et falsa ultione falsus dolor tollitur.

III. « Irascimur, inquit, sæpe non illis qui læserunt, » sed his qui læsuri sunt : ut scias iram non tantum ex » injuria nasci. » Verum est, irasci nos læsuris : sed ipsa cogitatione nos lædunt, et injuriam qui facturus est, jam facit. « Ut scias, inquit, non esse iram pœnæ cupiditatem, infirmissimi sæpe potentissimis irascuntur : nec » pœnam concupiscunt, quam non sperant. » Primum diximus, cupiditatem esse pœnæ exigendæ, non facultatem : concupiscunt autem homines et quæ non possunt. Deinde nemo tam humilis est, qui pœnam vel summi hominis sperare non possit; ad nocendum potentes sumus. Aristotelis finitio non multum a nostra abest; ait enim, iram esse cupiditatem doloris reponendi. Quid inter nostram et hanc finitionem intersit, exsequi longum est. Contra utramque dicitur, feras irasci, nec injuria irritatas, nec pœnæ dolorisve alieni causa. Nam etiamsi hoc efficiunt, non hoc petunt. Sed dicendum est, feras ira carere, et omnia præter hominem. Nam quum sit inimica rationi, nusquam tamen nascitur, nisi ubi rationi locus est. Impetus habent feræ, rabiem, feritatem, incursum : iram quidem non magis, quam luxuriam. Et in quasdam voluptates intemperantiores homine sunt. Non est quod credas illi qui dicit :

Non aper irasci meminit, non fidere cursu
Cerva nec armentis incurrere fortibus ursi.

Irasci dicit, incitari, impingi. Irasci quidem non magis sciunt, quam ignoscere. Muta animalia humanis affectibus carent : habent autem similes illis quosdam impulsus. Alioqui si amor in illis esset, et odium esset; si amicitia, et simultas; si dissensio, et concordia; quorum aliqua in illis quoque exstant vestigia : ceterum humanorum pectorum propria bona malaque sunt. Nulli nisi homini concessa providentia est, diligentia, cogitatio : nec tantum virtutibus humanis animalia, sed etiam vitiis prohibita sunt. Tota illorum ut extra, ita intra, forma humanæ dissimilis est. Regium illud et principale aliter dictum, ut vox, est quidem, sed non explanabilis, et perturbata, et verborum inefficax : ut lingua, sed devincta, nec in motus varios soluta; ita ipsum principale parum subtile, parum exactum. Capit ergo visus speciesque rerum, quibus ad impetus evocetur, sed turbidas et confusas. Ex eo procursus illarum tumultusque vehementes sunt : metus autem, sol-

sollicitude, ni tristesse, ni colère; ils n'en ont que les semblants. Aussi, ces impressions tombent bien vite, et font place à des contraires : après les plus violentes fureurs, après les frayeurs les plus vives, les animaux paissent tranquillement; et aux frémissements, aux transports les plus désordonnés succèdent à l'instant le repos et le sommeil.

IV. Il a suffisamment été expliqué ce que c'était que la colère : on voit en quoi elle diffère de l'irascibilité; c'est en quoi l'ivresse diffère de l'ivrognerie, la peur, de la timidité. L'homme en colère peut n'être pas irascible; l'homme irascible peut quelquefois n'être pas en colère. J'omettrai les autres termes sous lesquels les Grecs désignent par des noms variés plusieurs espèces de colère; car ils n'ont pas chez nous leurs équivalents : bien que nous disions un caractère aigre, acerbe, aussi bien que inflammable, emporté, criard, âpre et difficile : ce ne sont là que des nuances de la colère. Tu peux y ajouter le caractère morose, genre d'irascibilité raffinée. Il y a des colères qui se soulagent par des cris; d'autres, non moins opiniâtres que fréquentes; quelques-unes promptes à la violence, avares de paroles; celles-ci se répandent en injures et en amères invectives; celles-là ne vont pas au-delà de la plainte et de l'aversion : quelques autres sont profondes, graves et concentrées. Il existe mille autres formes d'un vice aussi mobile.

V. Nous avons cherché ce qu'était la colère, si elle appartenait à aucun autre animal qu'à l'homme, en quoi elle différait de l'irascibilité, et quelles étaient ses formes. Voyons maintenant si elle est selon la nature, si elle est utile, si, sous quelques rapports, elle doit être maintenue. Il est facile de voir si elle est selon la nature, en jetant les yeux sur l'homme. Quoi de plus doux que lui, tant qu'il reste dans l'habitude ordinaire de son esprit? Quoi de plus cruel que la colère? Quel être plus aimant que l'homme? Quoi de plus haineux que la colère? Les hommes sont nés pour une mutuelle assistance; la colère est née pour la destruction commune. L'homme cherche l'association; la colère, l'isolement : il veut être utile, elle veut nuire : il secourt même les inconnus, elle frappe même les plus chers amis : l'homme est prêt à se sacrifier aux intérêts des autres, la colère se précipite dans le danger, pourvu qu'elle y entraîne autrui. Or, peut-on méconnaître davantage la nature, que d'attribuer à son œuvre la meilleure, la plus parfaite, un vice aussi sauvage, aussi funeste? La colère, avons-nous dit, est avide de vengeance; or, qu'un pareil désir entre dans le cœur paisible de l'homme, ce n'est nullement selon sa nature. Car la vie humaine repose sur les bienfaits et la concorde, et ce n'est pas la terreur, mais la mutuelle affection qui resserre l'alliance commune des services. « Eh quoi! le châtiment n'est-il pas souvent une nécessité? » Sans doute; mais il le faut juste et raisonné. Car il ne nuit pas, mais guérit en paraissant nuire. De même que nous passons au feu, pour les redresser, certains javelots tordus, et que nous les comprimons en y adaptant des coins, non pour les briser, mais pour les étendre; ainsi nous corrigeons par les peines du corps et de l'esprit, les difformités

licitudinesque, et tristitia, et ira non sunt; sed his quædam similia. Ideo cito cadunt, mutantur in contrarium : et quum acerrime sævierunt, expaveruntque, pascuntur, et ex fremitu discursuque vesano statim quies soporque sequitur.

IV. Quid esset ira, satis explicatum est : quo distet ab iracundia, apparet; quo ebrius ab ebrioso, et timens a timido. Iratus potest non esse iracundus : iracundus potest aliquando iratus non esse. Cetera, quæ pluribus apud Græcos nominibus in species iram distinguunt, quia apud nos vocabula sua non habent, præteribo : etiamsi amarum nos acerbumque dicimus, nec minus stomachosum, rabiosum, clamosum, difficilem, asperum : quæ omnia irarum differentiæ sunt. Inter hos morosum ponas licet, delicatum iracundiæ genus. Quædam enim sunt iræ, quæ intra clamorem consistant; quædam non minus pertinaces, quam frequentes, quædam sævæ manu, verbis parciores; quædam in verborum maledictorumque amaritudinem effusæ; quædam ultra querelas et aversationes non exeunt : quædam altæ gravesque sunt, et introrsus versæ. Mille aliæ species sunt mali multiplicis.

V. Quid esset ira, quæsitum est : an in ullum aliud animal, quam in hominem caderet : quo ab iracundia distaret, et quæ ejus species sint; nunc quæramus, an ira secundum naturam sit, et an utilis, atque ex aliqua parte retinenda. An secundum naturam sit, manifestum erit, si hominem inspexerimus : quo quid est mitius, dum in recto animi habitu est? quid autem ira crudelius est? Homine quid aliorum amantius? quid ira infestius? Homo in adjutorium mutuum generatus est : ira in exitium. Hic congregari vult, illa discedere: hic prodesse, illa nocere: hic etiam ignotis succurrere, illa etiam carissimos petere : hic aliorum commodis vel impendere se paratus est, ira in periculum, dummodo deducat, descendere. Quis ergo magis naturam rerum ignorat, quam qui optimo ejus operi, et emendatissimo, hoc ferum ac perniciosum vitium assignat? Ira, ut diximus, avida pœnæ est : cujus cupidinem inesse pacatissimo hominis pectori, minime secundum ejus naturam est. Beneficiis enim humana vita consistit, et concordia : nec terrore, sed mutuo amore, in fœdus auxiliumque commune constringitur. « Quid » ergo? non aliquando castigatio necessaria est? » Quidni? sed hæc sincera, cum ratione, non enim nocet, sed medetur specie nocendi. Quemadmodum quædam hastilia detorta, ut corrigamus, adurimus, et adactis cuneis, non ut frangamus, sed ut explicemus, elidimus : sic ingenia vitio prava, dolore corporis animique corrigimus. Nempe medicus primo in levibus vitiis tentat non multum ex

d'un cœur vicieux. Ainsi, dans les maladies légères, le médecin essaie d'abord de quelque modification peu importante dans le régime ordinaire, règle l'ordre du manger, du boire, des exercices, et cherche à raffermir la santé seulement en changeant la manière de vivre. Ensuite il surveille la nature du régime. Si ni la nature, ni l'ordre du régime ne réussissent, il en supprime, il en retranche quelque chose. Si cela ne répond pas à son attente, il interdit toute nourriture, et soulage le corps par la diète. Si tous ces ménagements sont inutiles, il perce la veine, et porte le fer sur les membres qui pourraient corrompre les parties voisines, et propager la contagion : nul traitement ne paraît dur si le résultat doit être salutaire. Ainsi, le dépositaire des lois, le chef d'une cité devra, le plus longtemps possible, n'employer au traitement des esprits que des paroles, et des paroles ménagées, qui les persuadent de leurs devoirs, gagnent les cœurs à l'amour du juste et de l'honnête, et fassent comprendre l'horreur du vice et le prix de la vertu. Il passera ensuite à un langage plus sévère, qui soit un avertissement et une réprimande : enfin, il aura recours aux punitions, encore seront-elles légères et révocables : les derniers supplices ne s'appliqueront qu'aux crimes désespérés, afin que personne ne meure, que celui qui, en mourant, trouve intérêt même à mourir.

VI. La seule différence qu'il y ait du magistrat au médecin, c'est que celui-ci, quand il ne peut donner la vie aux malades, tâche d'adoucir ses derniers moments; celui-là appelle sur la mort du condamné l'infamie et la publicité : non qu'il se plaise au châtiment de personne (car le sage est loin de cette inhumaine cruauté); mais son but est d'offrir un enseignement à tous ; pour que ceux qui, de leur vivant, ont refusé d'être utiles à la chose publique, lui profitent du moins par leur mort. L'homme n'est donc pas naturellement avide de vengeance ; et par conséquent de ce que la colère est avide de vengeance, il ne s'ensuit pas qu'elle soit dans la nature de l'homme. Je citerai l'argument de Platon ; car qui nous empêche de prendre chez les autres aux endroits où ils se rapprochent de nous ? « L'homme de bien, dit-il, ne blesse personne ; or, la vengeance blesse ; donc la vengeance ne convient pas à l'homme de bien, ni la colère non plus, car la vengeance convient à la colère. » Si l'homme de bien ne se plaît pas à la vengeance, il ne se plaira pas non plus à un sentiment qui met sa joie dans la vengeance : donc la colère n'est pas naturelle.

VII. Doit-on, quoique la colère ne soit pas naturelle, l'accueillir, parce que souvent elle a été utile? Elle exalte, elle excite le cœur ; et, dans la guerre, le courage ne fait rien de grand sans elle, s'il ne lui emprunte de ses feux, s'il n'est entraîné par ce mobile qui lance l'audace à travers les périls. Aussi, quelques-uns pensent qu'il est bon de modérer la colère, mais non de l'étouffer ; de retrancher ce qu'elle a de trop, pour la renfermer dans des limites où elle devienne salutaire, d'en retenir surtout l'énergie, sans laquelle toute action serait languissante, toute vigueur, toute force d'âme s'éteindrait.

D'abord, il est plus facile de proscrire les choses pernicieuses que de les gouverner, de ne pas les admettre que de les régler une fois admises.

---

quotidiana consuetudine inflectere, et cibis, potionibus, exercitationibus ordinem ponere, ac valetudinem tantum mutata vitæ dispositione firmare : proximum est, ut modus proficiat; si modus et ordo non proficit, subducit aliqua, et circumcidit; si ne adhuc quidem respondet, interdicit cibis, et abstinentia corpus exonerat; si frustra molliora cesserunt, ferit venam, membrisque, si adhærentia nocent, et morbum diffundunt, manus affert : nec ulla dura videtur curatio, cujus salutaris effectus est. Ita legum præsidem, civitatisque rectorem decet, quamdiu potest verbis, et his mollioribus, ingenia curare, ut facienda suadeat, cupiditatemque honesti et æqui conciliet animis, faciatque vitiorum odium, pretium virtutum : transeat deinde ad tristiorem orationem, qua moneat adhuc et exprobret : novissime ad pœnas, et has admodum leves et revocabiles decurrat : ultima supplicia sceleribus ultimis ponat, ut nemo pereat, nisi quem perire etiam pereuntis intersit.

VI. Hoc non medentibus erit dissimilis, quod illi, quibus vitam non potuerunt largiri, facilem exitum præstant : hic damnatum cum dedecore et traductione vita exigit : non quia delectetur ullius pœna [procul est enim a sapiente tam inhumana feritas], sed ut documentum omnium sint; et qui vivi noluerunt prodesse, morte certe eorum respublica utatur. Non est ergo natura hominis pœnæ appetens : et ideo nec ira quidem secundum naturam hominis, quia pœnæ appetens est. Et Platonis argumentum afferam : quid enim prohibet alienis uti, ex parte qua nostra sunt? « Vir bonus, inquit, non lædit; » pœna lædit; bono ergo pœna non convenit : ob hoc nec » ira : quia pœna iræ convenit. » Si vir bonus pœna non gaudet, non gaudebit nec ea quidem affectu, cui pœna voluptati est : ergo non est naturalis ira.

VII. Nunquid, quamvis non sit naturalis ira, assumenda est, quia utilis sæpe fuit? Extollit animos, et incitat: nec quidquam sine illa magnificum in bello fortitudo gerit, nisi hinc flamma subdita est, et hinc stimulus peragitavit, misitque in pericula audaces. Optimum itaque quidam putant, temperare iram, non tollere, eoque detracto quod exundat, ad salutarem modum cogere ; id vero retinere, sine quo languebit actio, et vis ac vigor animi resolvetur. Primum, facilius est excludere perniciosa, quam regere, et non admittere, quam admissa moderari. Nam cum se in possessione posuerunt, potentiora rectore sunt, nec recidi se minuive patiuntur. Deinde ratio ipsa, cui freni traduntur, tamdiu potens est, quamdiu

Dès qu'elles ont pris possession, elles sont plus puissantes que la modération, et ne souffrent ni frein, ni restriction. Ensuite la raison elle-même, à qui l'on confie les rênes, n'a de puissance que tant qu'elle est séparée des passions; si elle s'y mêle, si elle se souille de leur contact, elle ne peut plus réprimer ce qu'elle pouvait éloigner. L'âme une fois ébranlée, une fois hors de son assiette, obéit à la main qui la pousse. Il y a certaines choses qui, dans les commencements, dépendent de nous; sont-elles plus avancées, elles nous entraînent par leur propre force, et ne permettent pas de retour. L'homme qui s'élance dans un précipice n'est plus maître de lui, il ne peut ni empêcher ni arrêter sa chute; mais un entraînement irrévocable interdit toute volonté, tout repentir: il ne peut plus ne pas arriver où il pouvait ne pas aller; ainsi, l'esprit qui s'est abandonné à la colère, à l'amour et aux autres passions, ne peut plus retenir son impulsion: il faut qu'il soit entraîné jusqu'au bout, précipité de tout son poids sur la pente rapide du vice.

VIII. Ce qu'il y a de mieux, c'est de repousser sur-le-champ les premières provocations de la colère, de l'étouffer dans son germe, et de prendre soin de ne pas s'y exposer. Car si nous lui prêtons le flanc, il est difficile de se sauver d'elle par la retraite. En effet, il n'y a plus de raison, une fois que nous livrons accès à la passion et que nous lui donnons quelque droit par notre volonté. Elle fera ensuite tout ce qu'elle voudra, et non tout ce qu'on lui permettra. Avant tout, je le répète, c'est de la frontière qu'il faut repousser l'ennemi: lorsqu'il est entré, lorsqu'il a forcé les portes, il ne reçoit plus la loi du vaincu. Car l'âme ne se tient pas à l'écart et ne veille pas au dehors sur les passions, pour les empêcher d'aller plus loin qu'il ne faut; mais elle-même s'identifie avec la passion; et c'est pour cela, qu'elle ne peut plus rappeler à elle cette force utile et salutaire que déjà elle a trahie et paralysée. Car, ainsi que je l'ai dit, chaque chose n'a pas un siége distinct et séparé; mais la passion et la raison ne sont que des modifications de l'âme en bien ou en mal. Comment donc la raison envahie et subjuguée par les vices, se relèvera-t-elle quand elle succombe à la colère? ou comment se délivrera-t-elle d'une anarchie où domine la confusion du mal? « Mais, dit-on, il y a des hommes qui se contiennent dans la colère. » Est-ce donc en ne faisant rien de ce que la colère leur dicte, ou en l'écoutant en quelque chose? S'ils ne font rien, il est clair que la colère n'est pas nécessaire pour nous pousser à agir; tandis que vous l'invoquiez comme si elle avait quelque chose de plus puissant que la raison. Ensuite, je vous le demande: est-elle plus forte que la raison, ou plus faible! Si elle est plus forte, comment la raison peut-elle lui prescrire des bornes, quand il n'y a que l'impuissance qui soit dans l'habitude d'obéir? Si elle est plus faible, la raison peut, sans elle, se suffire, pour arriver à ses fins, et n'a que faire du secours de l'impuissance. « Mais il y a des gens en colère qui se maîtrisent et se contiennent. » Comment? Lorsque déjà la colère s'est éteinte, et se dissipe d'elle-même; non lorsqu'elle est dans son effervescence: car alors elle est souveraine. « Quoi donc? Ne renvoie-t-on pas quelquefois sains et saufs ceux que

---

diducta est ab affectibus: si miscuit se illis et inquinavit, non potest continere, quos submovere potuisset. Commota enim semel et excussa mens ei servit, a quo impellitur. Quarumdam rerum initia in nostra potestate sunt: ulteriora nos sua vi rapiunt, nec regressum relinquunt. Ut in præceps datis corporibus nullum sui arbitrium est, nec resistere morarive dejecta potuerunt, sed consilium omne et pœnitentiam irrevocabilis præcipitatio abscidit, et non licet eo non pervenire, quo non ire licuisset: ita animus si in iram, amorem, aliosque se projecit affectus, non permittitur reprimere impetum; rapiat illum oportet, et ad imum agat suum pondus, et vitiorum natura proclivis.

VIII. Optimum est primum irritamentum iræ protinus spernere, ipsique repugnare seminibus, et dare operam ne incidamus in iram. Nam si cœperit ferre transversos, difficilis ad salutem recursus est. Quoniam nihil rationis est, ubi semel affectus inductus est, jusque illi aliquod voluntate nostra datum est. Faciet de cetero quantum volet, non quantum permiseris. In primis, inquam, finibus hostis arcendus est; nam quum intravit, et portis se intulit, modum a captivis non accipit. Neque enim sepositus est animus, et extrinsecus speculatur affectus, ut illos non patiatur ultra quam oportet procedere, sed in affectum ipse mutatur: ideoque non potest utilem illam vim et salutarem, proditam jam infirmatamque, revocare. Non enim, ut dixi, separatas ista sedes suas diductasque habent: sed affectus et ratio in melius pejusque mutatio animi est. Quomodo ergo ratio occupata et oppressa vitiis resurget, quæ iræ cessit? aut quemadmodum a confusione se liberabit, in qua pejorum mixtura prævaluit? « Sed quidam, inquit, in ira se continent. » Utrum ergo ita, nihil ut faciant eorum quæ ira dictat, an ut aliquid? Si nihil faciunt, apparet non esse ad actiones rerum necessariam iram, quam vos, quasi fortius aliquid ratione haberet, advocastis. Denique interrogo, valentior est quam ratio, an infirmior? Si valentior: quomodo illi modum ratio poterit imponere, cum parere nisi imbecilliora non soleant? Si infirmior est: sine hac per se ad rerum effectus sufficit ratio, nec desiderat imbecillioris auxilium. « At irati quidam constant sibi, et se continent. » Quomodo? Quum jam ira evanescit, et sua sponte decedit, non quum in ipso fervore est: tunc enim potentior est. « Quid ergo? non aliquando in ira quoque et dimittunt
» incolumes intactosque quos oderunt, et a nocendo abs-
» tinent? » Faciunt. Quomodo? quum affectus repercus-

DE LA COLÈRE.

l'on hait? ne s'abstient-on pas de leur faire du mal? » Sans doute : Mais quand? Lorsqu'une passion en combat une autre, et que la peur ou la cupidité obtient quelque chose ; cette modération n'est pas un bienfait de la raison, mais une trêve funeste et inconstante des passions.

IX. Enfin la colère n'a rien en soi d'utile, rien qui excite l'âme aux exploits guerriers. Car jamais la vertu ne s'appuie sur le vice; elle se suffit à elle-même. Toutes les fois qu'elle a besoin de faire effort, elle ne s'irrite pas; elle se lève ; et selon qu'elle le juge nécessaire, elle s'anime ou s'apaise: ainsi, lorsque les traits sont lancés par les machines, leur portée dépend de celui qui les dirige. « La colère, dit Aristote, est nécessaire; on ne triomphe de rien sans elle, si elle ne remplit l'âme, si elle n'échauffe le cœur; elle doit donc nous servir, non comme chef, mais comme soldat. » Ce qui est faux. Car si elle écoute la raison et qu'elle se laisse guider où on la mène, ce n'est déjà plus la colère, dont le propre est la révolte. Si elle résiste, si, emportée par ses caprices et sa présomption, elle ne s'arrête pas quand elle en reçoit l'ordre, elle est pour l'âme un instrument aussi inutile qu'un soldat qui n'obéit pas au signal de la retraite. Si donc elle souffre qu'on lui impose un frein, il faut l'appeler d'un autre nom; elle cesse d'être la colère, que je ne conçois qu'effrénée et indomptable. Si elle ne le souffre pas, elle est dangereuse, et ne doit plus compter comme secours. Ainsi, ou elle n'est pas la colère, ou elle est inutile. Car si quelqu'un punit, non parce qu'il a soif de punir, mais parce qu'il le doit, il ne faut pas le mettre parmi les hommes en colère. Un soldat utile est celui qui sait obéir à un ordre. Mais les passions sont aussi mauvais instruments que mauvais guides. Aussi jamais la raison ne prendra pour auxiliaires des impulsions imprévoyantes et désordonnées, sur qui elle n'aura aucune autorité, qu'elle ne pourra jamais réprimer qu'en leur opposant des impulsions semblables, comme la peur à la colère, la colère à l'inertie, la cupidité à la crainte.

X. Épargnons à la vertu le malheur de voir jamais la raison avoir recours aux vices. Avec eux, l'âme ne peut goûter un repos durable. Il faut qu'elle soit tourmentée, agitée; si elle n'a d'autre abri que ces maux, si elle ne doit son courage qu'à la colère, son activité qu'à la cupidité, son repos qu'à la crainte, il lui faut vivre dans la tyrannie, et devenir l'esclave de chaque passion. N'a-t-on pas honte de mettre les vertus sous le patronage des vices? Ensuite la raison cesse de pouvoir quelque chose, dès qu'elle ne peut rien sans la passion, dès qu'elle devient son égale et sa pareille. Car, quelle différence y a-t-il si des deux parts la passion est aveugle sans la raison, et la raison impuissante sans la passion? Il y a égalité dès que l'une ne peut exister sans l'autre. Or, comment souffrir que la passion soit mise au même rang que la raison? « La colère, dis-tu, est utile si elle est modérée. » Dis plutôt si sa nature est d'être utile; mais si elle est rebelle à l'autorité et à la raison, la seule chose qu'on obtienne en la modérant, c'est que moins elle est puissante, moins elle est nuisible. Ainsi donc une passion modérée n'est autre chose qu'un mal modéré.

---

sit affectum, et aut metus, aut cupiditas aliquid impetravit; non rationis tunc beneficio quievit, sed affectuum infida et mala pace.

IX. Denique nihil habet in se utile, nec acuit animum ad res bellicas. Nunquam enim virtus vitio adjuvanda est, se contenta. Quoties impetu opus est, non irascitur, sed exsurgit, et in quantum putavit opus esse, concitatur remittiturque : non aliter, quam quæ tormentis exprimuntur tela, in potestate mittentis sunt, in quantum torqueantur. « Ira, » inquit Aristoteles, « necessaria est: nec quidquam sine illa expugnari potest, nisi illa impleat animum, et spiritum accendat. Utendum autem illa est, non ut duce, sed ut milite. » Quod est falsum. Nam si exaudit rationem, et sequitur qua ducitur, jam non est ira, cujus proprium est contumacia. Si vero repugnat, et non ubi jussa est quiescit, sed libidine ferociaque provehitur, tam inutilis animi minister est, quam miles, qui signum receptui negligit. Itaque si modum adhibere sibi patitur, alio nomine appellanda est : desinit ira esse, quam effrenatam indomitamque intelligo; si non patitur, perniciosa est, nec inter auxilia numeranda. Ita aut ira non est, aut inutilis est. Nam si quis pœnam exigit, non ipsius pœnæ avidus, sed quia oportet, non est annumerandus iratis. Ille erit utilis miles, qui scit parere consilio. Affectus quidem tam mali ministri, quam duces sunt. Ideo nunquam assumet ratio in adjutorium improvidos et violentos impetus, apud quos nihil ipsa auctoritatis habeat : quos nunquam comprimere possit, nisi pares illis similesque opposuerit : ut iræ metum, inertiæ iram, timori cupiditatem.

X. Absit hoc a virtute malum, ut unquam ratio ad vitia confugiat. Non potest hic animus fidele otium capere : quatiatur necesse est, fluctueturque, qui malis suis tutus est, qui fortis esse, nisi irascitur, non potest; industrius, nisi cupit; quietus, nisi timet : in tyrannide illi vivendum est, in alicujus affectus venienti servitutem. Non pudet virtutes in clientelam vitiorum demittere? Deinde desinit quidquam ratio posse, si nihil potest sine affectu, et incipit par illi similisque esse. Quid enim interest, si æque affectus inconsulta res est sine ratione, quam ratio sine affectu inefficax? par utrumque est, ubi esse alterum sine altero non potest. Quis autem sustineat affectum exæquari rationi? « Ira, inquit, utilis affectus est, si modicus est. » Immo si natura utilis est; sed si impatiens imperii rationisque est, hoc dumtaxat moderatione consequetur, ut quo minor fuerit, minus noceat. Ergo modicus affectus nihil aliud quam malum modicum est.

XI. « Mais contre les ennemis, dit-on, la colère est nécessaire. » Jamais elle ne l'est moins : à la guerre, les mouvements ne doivent pas être déréglés, mais ordonnés et dociles. Quelle autre cause a rendu les Barbares inférieurs à nous, eux dont les corps sont bien plus robustes, bien plus endurcis aux travaux, si ce n'est la colère, toujours nuisible à elle-même? Le gladiateur aussi, c'est l'art qui le protége, c'est la colère qui l'expose. D'ailleurs, qu'est-il besoin de colère, puisque la raison atteint le même but? Crois-tu que le chasseur se mette en colère contre les bêtes féroces : cependant il les attend quand elles viennent à lui ; il les poursuit dans leur fuite, et la raison fait tout cela sans la colère. D'où vient que tant de milliers de Cimbres et de Teutons, répandus sur les Alpes, furent anéantis par un tel massacre, que, faute d'un messager, la renommée seule porta chez eux la nouvelle d'une si grande défaite, si ce n'est que la colère leur tenait lieu de courage? Si quelquefois elle renverse et détruit tous les obstacles, souvent aussi elle se perd elle-même. Quoi de plus intrépide que les Germains? quoi de plus impétueux à l'attaque? quoi de plus passionné pour les armes, au milieu desquelles ils naissent et grandissent, dont ils font leur unique souci, indifférents à tout le reste. Quoi de plus endurci à toute souffrance? eux qui, pour la plupart ne songent pas à couvrir leur corps, à l'abriter contre les rigueurs perpétuelles de leur climat. De tels hommes cependant sont battus, avant même qu'une légion romaine se montre, par des Espagnols, par des Gaulois, par les troupes sans vigueur de l'Asie et de la Syrie : or, nulle autre chose n'en fait une proie facile, que la colère. Mais qu'à ces corps, à ces âmes qui ignorent les délices, le luxe et les richesses, la raison donne la discipline : pour ne rien dire de plus, il nous faudra certainement revenir aux anciennes mœurs romaines. Par quel moyen Fabius ranima-t-il les forces épuisées de l'état? Il sut temporiser, attendre, patienter ; toutes choses que ne sait pas faire l'homme irrité. C'en était fait de l'état, alors sur le penchant de l'abîme, si Fabius eût osé tout ce que lui conseillait la colère. Mais il prit avis de la fortune publique ; et calculant ses ressources, dont il ne pouvait plus risquer une seule sans tout risquer, il éloigna tout ressentiment, toute vengeance. Uniquement attentif à profiter des occasions, il dompta la colère avant de dompter Annibal. Que fit Scipion? s'éloignant d'Annibal, de l'armée punique, de tout ce qui devait l'irriter, il transporta la guerre en Afrique avec une lenteur si réfléchie, que l'envie pût l'accuser de mollesse et d'indolence. Que fit l'autre Scipion? ne se tint-il pas, avec une constance persévérante, autour de Numance, supportant avec calme cette douleur, autant personnelle que publique, de voir Numance plus lente à succomber que Carthage? Et cependant il entoure, il enferme l'ennemi, et le réduit à tomber sous ses propres coups.

XII. La colère n'est donc pas utile même aux combats et à la guerre. Car elle est prompte à la témérité, et ne sait pas éviter le péril où elle veut engager les autres. Le véritable courage est celui qui s'observe beaucoup et longtemps, qui se ga-

---

XI. « Sed adversus hostes, inquit, necessaria est ira. » Nusquam minus : ubi non effusos esse oportet impetus, sed temperatos et obedientes. Quid enim est aliud, quod Barbaros tanto robustiores corporibus, tanto patientiores laborum comminuat, nisi ira infestissima sibi? Gladiatores quoque ars tuetur, ira denudat. Deinde quid opus est ira, quum idem perficiat ratio? An tu putas venatorem irasci feris? Atqui et venientes excipit, et fugientes persequitur : et omnia illa sine ira facit ratio. Quid Cimbrorum, Teutonorumque tot millia superfusa Alpibus ita sustulit, ut tantæ cladis notitiam ad suos non nuntius, sed fama pertulerit, nisi quod erat illis ira pro virtute? quæ ut aliquando perculit stravitque obvia, ita sæpius sibi exitio est. Germanis quid est animosius? quid ad incursum acrius? quid armorum cupidius? quibus innascuntur innutriunturque ; quorum unica illis cura est, in alia negligentibus. Quid induratius ad omnem patientiam? ut quibus magna ex parte non tegumenta corporum provisa sunt, non suffugia adversus perpetuum cœli rigorem. Hos tamen Hispani Gallique, et Asiæ Syriæque molles bello viri, antequam legio visatur, cædunt : ob nullam rem aliam opportunos, quam ob iracundiam. Agedum, illis corporibus, illis animis, delicias, luxum, opes ignorantibus, da rationem, da disciplinam : ut nihil amplius dicam, necesse erit nobis certe mores Romanos repetere. Quo alio Fabius affectas imperii vires recreavit, quam quod cunctari, et trahere, et morari scivit, quæ omnia irati nesciunt? Perierat imperium, quod tunc in extremo stabat, si Fabius tantum ausus esset, quantum ira suadebat. Habuit in consilio fortunam publicam ; et æstimatis viribus, ex quibus jam perire nihil sine universo poterat, dolorem ultionemque seposuit : in unam utilitatem occasionis intentus, iram ante vicit, quam Hannibalem. Quid Scipio? nonne relicto Hannibale, Punico exercitu, omnibusque quibus irascendum erat, bellum in Africam transiulit, tam lentus, ut opinionem luxuriæ segnitiæque malignis daret? Quid alter Scipio? non circa Numantiam multum diuque sedit, et hunc suum publicumque dolorem æquo animo tulit, diutius Numantiam quam Carthaginem vinci? dum circumvallat, et includit hostem, eo compulit, ut ferro ipsi suo caderent.

XII. Non est itaque utilis, nec in prœliis quidem aut in bellis ira. In temeritatem enim prona est, et pericula dum inferre vult, non cavet. Illa certissima est virtus, quæ se diu multumque circumspexit, et texit, et ex lento

DE LA COLÈRE.

rantit et n'avance qu'avec lenteur et réflexion. « Eh quoi! l'homme de bien ne s'emportera pas, s'il voit frapper son père, ravir sa mère? » Il ne s'emportera pas; mais il courra les délivrer, les défendre. Crains-tu donc que la piété filiale ne soit pas un mobile assez puissant, même sans la colère? Tu peux aussi bien dire : Eh quoi! l'homme de bien, s'il voit son père ou son fils sous le fer de l'opérateur, ne pleurera pas, ne tombera pas en syncope! C'est ce que nous voyons arriver aux femmes, chaque fois que les frappe le soupçon de quelque foible danger. L'homme de bien remplit ses devoirs sans trouble, sans effroi ; et, en faisant tout ce qui est digne d'un homme de bien, il ne fera rien qui soit indigne d'un homme. On veut tuer mon père; je le défendrai : on l'a tué, je le vengerai; par devoir, non par ressentiment. Quand tu nous opposes ces arguments, Théophraste[1], tu veux jeter de l'odieux sur nos mâles préceptes; et, laissant là le juge, tu t'adresses à la multitude : parce que chacun s'emporte quand ses parents courent des risques de ce genre, tu crois que tous les hommes décideront que l'on doit faire ce qu'ils font. Car, presque toujours, on justifie un sentiment que l'on reconnaît en soi. Les hommes de bien s'irritent si on outrage leurs proches ; mais ils en font autant si une potion ne leur est pas servie chauffée à point; si on casse un verre, si on éclabousse leur chaussure. Ce n'est pas l'affection qui provoque de pareilles colères, c'est la faiblesse : c'est ainsi que les enfants pleurent la perte de leurs parents comme la perte d'un hochet. S'emporter pour les siens est moins d'un esprit sensible que faible. Ce qui

[1] Disciple d'Aristote.

est beau, ce qui est digne, c'est de se montrer défenseur de ses parents, de ses enfants, de ses amis, de ses concitoyens, à la seule voix du devoir; défenseur volontaire, réfléchi, prévoyant, non aveugle et furieux. Car aucune autre affection n'est, plus que la colère, avide de vengeance, et par cela même, dans sa folle précipitation, plus impuissante à se venger; c'est comme presque toute passion, qui se fait obstacle à elle-même dans tout ce qu'elle poursuit. Ainsi donc jamais la colère n'est bonne, ni dans la paix ni dans la guerre : car elle rend la paix semblable à la guerre; mais, sous les armes, elle oublie que Mars offre des chances communes, et elle tombe au pouvoir d'autrui, parce qu'elle n'a pas de pouvoir sur elle-même. Au reste, de ce que les vices ont parfois fait quelque bien, ce n'est pas une raison pour en adopter l'habitude; car la fièvre guérit certains genres de maladie ; il n'en est pas moins préférable de ne jamais l'avoir eue. C'est un détestable genre de remède, que de devoir la santé à la maladie. De même la colère, eût-elle servi quelquefois par hasard, ainsi que le poison, une chute, un naufrage, ne doit pourtant pas être considérée comme absolument salutaire ; car la peste aussi a quelquefois sauvé.

XIII. Ensuite toute qualité qui est comptée parmi les biens est d'autant meilleure, d'autant plus désirable, qu'elle est plus développée. Si la justice est un bien, personne ne dira qu'elle vaudra mieux si on en sacrifie quelque chose. Si le courage est un bien, personne ne souhaitera qu'on en retranche quelque partie : à ce compte, plus la colère serait grande, mieux elle vaudrait. Qui,

ac destinato provexit. « Quid ergo? inquit, vir bonus non irascetur, si cædi patrem suum viderit, si rapi matrem. » Non irascetur, sed vindicabit, sed tuebitur. Quid autem times, ne parum illi magnus stimulus, etiam sine ira, pietas sit? Aut dic eodem modo : Quid ergo? quum viderit secari patrem suum, filiumve, vir bonus non flebit, nec linquetur animo? quæ accidere feminis videmus, quoties illas levis periculi suspicio perculit. Officia sua vir bonus exsequitur inconfusus, intrepidus : et sic bono viro digna faciet, ut nihil faciat viro indignum. Pater cædetur? defendam ; cæsus est? exsequar, quia oportet, non quia dolet. Quum hoc dicis, Theophraste, quæris invidiam præceptis fortioribus, et, relicto judice, ad coronam venis; quia unusquisque in ejusmodi snorum casu irascitur, putas, judicaturos homines id fieri debere, quod faciunt. Fere enim justum quisque affectum indicat, quem agnoscit. Irascuntur boni viri pro suorum injuriis : sed idem faciunt, si calda non bene præbetur, si vitreum fractum est, si calceus luto sparsus est. Non pietas illam iram, sed infirmitas movet; sicut pueris, qui tam parentibus amissis flebunt, quam nucibus. Irasci pro suis, non est pii animi, sed infirmi. Illud pulchrum dignumque, parentibus, liberis, amicis,

civibus prodire defensorem, ipso officio ducente : volentem, judicantem, providentem, non impulsum et rabidum. Nullus enim affectus vindicandi cupidior est quam ira : et ob id ipsum ad vindicandum inhabilis, præraрida et amens : ut omnis fere cupiditas ipsa sibi in id, in quod properat, opponitur. Itaque nec in pace, nec in bello, unquam bona fuit. Pacem enim similem belli efficit : in armis vero obliviscitur, Martem esse communem, venitque in alienam potestatem, dum in sua non est. Deinde non ideo vitia in usum recipienda sunt, quia aliquando aliquid boni effecerunt; nam et febres quædam genera valetudinis levant: nec ideo non ex toto illis caruisse melius est. Abominandum remedii genus est, sanitatem debere morbo. Simili modo ira, etiamsi aliquando, ut venenum, et præcipitatio, et naufragium, ex inopinato profuit, non ideo salutaris omnino judicanda est; sæpe enim saluti fuere pestifera.

XIII. Deinde quæ habenda sunt in bonis, quo majora, eo meliora et optabiliora sunt. Si justitia bonum est, nemo dicet meliorem futuram, si quid detractum ex ea fuerit; si fortitudo bonum est, nemo illam desiderabit ex aliqua parte deminui : ergo et ira quo major, hoc melior ; quis enim ullius boni accessionem recusaverit? at-

en effet, refuserait l'accroissement d'un bien? Or, l'accroissement de la colère est inutile, donc elle-même est inutile. Cela n'est pas un bien, qui, en se développant, devient un mal.

« La colère, dit-on, est utile, parce qu'elle rend plus hardi dans les combats. » Il faut donc en dire autant de l'ivresse. Car elle nous rend insolents et audacieux ; et bien des hommes ont dû leur valeur à l'intempérance. Il faut dire aussi que la frénésie et le délire sont nécessaires à la force, parce que la folie rend plus vigoureux. Eh quoi! la peur elle-même n'a-t-elle pas quelquefois inspiré l'audace par un sentiment contraire? et la crainte de la mort n'a-t-elle pas précipité les plus lâches au combat? Mais la colère, l'ivresse, la crainte, et tout sentiment de même nature sont des mobiles honteux et précaires ; ils ne fortifient pas la vertu, qui n'a que faire des vices, mais parfois ils relèvent quelque peu un cœur lâche et faible. Nul ne devient plus courageux par la colère, s'il n'était déjà courageux sans elle. Ainsi elle ne vient pas aider le courage, mais le remplacer. Eh quoi! si la colère était un bien, ne la verrait-on pas chez les hommes les plus accomplis? Or, les plus irascibles sont les malades, les vieillards, les enfants ; et tout être faible est naturellement querelleur.

XIV. « Il est impossible, dit Théophraste, que l'homme de bien ne s'irrite pas contre les méchants. » A ce compte, plus on sera homme de bien, plus on sera irascible. Vois, si on n'est pas au contraire plus doux, plus libre de toute passion, de toute haine. Et pourquoi haïr ceux qui font mal, puisque c'est l'erreur qui les y entraîne? Il n'est point d'un homme sage de haïr ceux qui s'égarent : autrement ce serait se haïr lui-même. Qu'il se rappelle combien de choses il a faites contre la loi du devoir, combien de ses actes ont besoin d'indulgence, et bientôt il s'irritera contre lui-même. Car un juge équitable ne porte pas dans sa propre cause une autre sentence que dans une cause étrangère. Non, il ne se trouve personne qui se puisse entièrement absoudre ; et tout homme qui se dit innocent, invoque le témoignage des autres et non sa conscience. N'est-il pas bien plus humain de témoigner à ceux qui pèchent des sentiments doux et paternels, de les ramener, non de les poursuivre? Si un homme s'égare dans les champs, parce qu'il ignore sa route, il vaut mieux le remettre dans le bon chemin, que de le chasser. Il faut donc corriger celui qui pèche, et par les remontrances, et par la force, et par la douceur, et par la sévérité ; et il faut le rendre meilleur, tant pour lui que pour les autres, non sans châtiment, mais sans colère. Quel est, en effet, le médecin qui se fâche contre son malade?

XV. « Mais ils sont incorrigibles ; il n'y a en eux rien de traitable, rien qui laisse un espoir d'amendement. » Eh bien retranchez du nombre des vivants ceux dont les crimes passent la mesure commune, et mettez-les hors d'état de faire le mal, par la seule voie possible, mais toutefois sans haine. Car, pourquoi donc haïrai-je celui à qui je rends le plus grand service, lorsque je l'arrache à lui-même? Y a-t-il quelqu'un qui haïsse ses membres, quand il les fait couper? Ce n'est pas là de la colère, c'est une triste guérison. Nous assommons les chiens enragés, nous tuons

---

qui augeri illam inutile est : ergo et esse. Non est bonum, quod incremento malum fit. « Utilis, inquit, ira est, quia pugnaciores facit. » Isto modo et ebrietas. Facit enim protervos et audaces : multique meliores ad ferrum fuere male sobrii. Isto modo dic et phrenesim et insaniam viribus necessariam : quia sæpe validiores furor reddit. Quid? non aliquoties metus e contrario fecit audacem? et mortis timor etiam inertissimos excitavit in prœlium? Sed ira, ebrietas, timor, aliaque ejusmodi, fœda et caduca irritamenta sunt : nec virtutem instruunt, quæ nihil vitiis eget, sed segnem aliquando animum et ignavum paululum allevant. Nemo irascendo fit fortior, nisi qui fortis sine ira non esset. Ita non in adjutorium virtutis venit, sed in vicem. Quid quod, si bonum esset ira, perfectissimum quemque sequeretur? atqui iracundissimi, infantes, senesque, et ægri sunt ; et invalidum omne natura querulum est.

XIV. « Non potest, inquit Theophrastus, fieri, ut bonus vir non irascatur malis. » Isto modo, quo melior quisque, hoc iracundior erit? Vide ne contra placidior, solutusque affectibus, et cui nemo odio sit. Peccantes vero quid habet cur oderit, quum error illos in hujusmodi delicta compellat? non est autem prudentis, errantes odisse : alioquin ipse sibi odio erit. Cogitet, quam multa contra bonum morem faciat, quam multa ex his, quæ egit, veniam desiderent. Jam irascetur etiam sibi! Neque enim æquus judex aliam de sua, aliam de aliena causa, sententiam fert. Nemo, inquam, invenitur, qui se possit absolvere : et innocentem quisque se dicit, respiciens testem, non conscientiam. Quanto humanius, mitem et patrium animum præstare peccantibus, et illos non persequi, sed revocare! Errantem per agros ignorantia viæ, melius est ad rectum iter admovere, quam expellere. Corrigendus est itaque qui peccat, et admonitione, et vi, et molliter, et aspere : meliorque tam sibi quam aliis faciendus, non sine castigatione, sed sine ira. Quis enim, cui medetur, irascitur?

XV. « At corrigi nequeunt, nihilque in illis lene aut » spei bonæ capax est. » Tollantur e cœtu mortalium, facturi pejora quæ contingunt, et quo uno modo possunt, desinant mali esse : sed hoc sine odio. Quid enim est cur oderim eum, cui tum maxime prosum, quum illum sibi eripio? Num quis membra sua odit, tunc quum abscidit? non est illa ira, sed misera curatio. Rabidos effligimus

les taureaux farouches et indomptables; nous égorgeons les brebis malades, de peur qu'elles n'infectent le troupeau; nous étouffons les enfantements monstrueux; même les enfants, s'ils sont débiles et difformes, nous les noyons. Ce n'est pas de la colère, mais de la raison, que de séparer des parties saines celles qui peuvent les corrompre. Rien ne sied moins que la colère à celui qui punit; puisque le châtiment n'est efficace à corriger, qu'autant qu'il est ordonné avec jugement. C'est pour cela que Socrate dit à son esclave : « Je te battrais, si je n'étais en colère. » Pour corriger son esclave, il remit à un moment plus calme; et en même temps il se corrigeait lui-même. Chez qui la passion serait-elle modérée, puisque Socrate n'osa pas se fier à sa colère? Ainsi donc, pour réprimer l'erreur et le crime, il n'est pas besoin d'un juge irrité. Car, puisque la colère est un délit de l'âme, il ne faut pas qu'un homme qui pèche punisse le péché.

XVI. Quoi! je ne m'emporterai pas contre un voleur; je ne m'emporterai pas contre un empoisonneur. Non, car je ne m'emporte pas contre moi-même, quand je me tire du sang. Toute espèce de châtiment, je l'applique comme remède. Toi, tu n'as encore fait que les premiers pas dans l'erreur; tes chutes ne sont pas graves, mais elles sont fréquentes. J'essaierai de te ramener par des remontrances, d'abord en particulier, ensuite en public. Toi, tu es allé trop loin pour que des paroles puissent te guérir; la flétrissure te retiendra. Toi, il te faut un stigmate plus profond, qui te fasse impression; on t'enverra en exil sur des bords inconnus. Chez toi une méchanceté consommée veut des remèdes plus violents; les fers publics et la prison t'attendent. Toi, ton âme est incurable et ta vie un tissu de crimes; tu n'en es déjà plus à être entraîné par l'occasion, qui ne manque jamais au méchant; mais, pour faire le mal, il ne te faut pas d'autre occasion que le mal. Tu as épuisé l'iniquité; et elle a tellement pénétré tes entrailles, qu'elle ne peut plus s'échapper qu'avec elles. Depuis longtemps, malheureux, tu cherches à mourir : nous allons bien mériter de toi : nous t'arracherons au vertige qui t'obsède; et, après une vie de souillure pour le malheur des autres et pour le tien, nous te montrerons le seul bien qui te reste, la mort. Pourquoi m'irriterai-je contre celui auquel je rends le plus grand service? Dans certains cas, la meilleure preuve de compassion c'est de donner la mort. Si, médecin habile et expérimenté, j'entrais dans une infirmerie ou dans la maison d'un riche, je ne prescrirais pas le même traitement à tous ces malades atteints d'affections différentes. Je suis appelé à la guérison d'un peuple; et dans autant de cœurs je vois autant de vices divers; à chaque maladie je dois chercher son remède. Je sauverai l'un par la honte, l'autre par l'exil, celui-ci par la douleur, celui-là par la pauvreté, cet autre par le glaive. Si je dois revêtir la robe sinistre du juge, si le clairon funèbre doit convoquer la multitude, je monterai au tribunal, non point en furieux ou en ennemi, mais avec le front impassible de la loi; je prononcerai l'arrêt solennel d'une voix plutôt calme et grave qu'emportée; et je comman-

canes, trucem atque immansuetum bovem cædimus, et morbidis pecoribus, ne gregem polluant, ferrum demittimus, portentosos fetus exstinguimus, liberos quoque, si debiles monstrosique editi sunt, mergimus. Non ira, sed ratio est, a sanis inutilia secernere. Nil minus, quam irasci, punientem decet : quum eo magis ad emendationem pœna proficiat, si judicio lata est. Inde est, quod Socrates servo ait : Cæderem te, nisi irascerer; admonitionem servi in tempus sanius distulit, illo tempore se admonuit. Cujus erit temperatus affectus, quum Socrates non sit ausus se iræ committere? Ergo a coërcitionem errantium sceleratorumque irato castigatore non opus est. Nam quum ira delictum animi sit, non oportet peccata corrigere peccantem.

XVI. « Quid ergo? non irascar latroni? non irascar « venefico? » Non. Neque enim mihi irascor, quum sanguinem mitto. Omne pœnæ genus remedii loco admoveo. Tu adhuc in prima parte versaris errorum, nec graviter laberis, sed frequenter. Objurgatio te primum secreta, deinde publica emendare tentabit. Tu longius jam processisti, quam ut possis verbis sanari : ignominia continebris. Tibi fortius aliquid et quod sentias, inurendum est; in exsilium, et loca ignota mitteris. In te duriora remedia jam solida nequitia desiderat : et vincula publica, et carcer adhibebitur. Tibi insanabilis animus est, et sceleribus scelera contexens : et jam non causis, quæ nunquam malo defuturæ sunt, impelleris; sed satis tibi est magna ad peccandum causa, peccare. Perbibisti nequitiam, et ita visceribus immiscuisti, ut nisi cum ipsis exire non possit. Olim miser mori quæris; bene de te merebimur : auferemus tibi istam, qua vexaris, insaniam; et per tua alienaque volutato supplicia, id, quod unum bonum tibi superest repræsentabimus, mortem. Quare irascar, cui quum maxime prosum? Interim optimum misericordiæ genus est, occidere. Si intrassem valetudinarium exercitatus et sciens, aut domum divitis, non idem imperassem omnibus per diversa ægrotantibus. Varia in tot animis vitia video, et civitati curandæ adhibitus sum : pro cujusque morbo medicina quæratur. Hunc sanet verecundia, hunc peregrinatio, hunc dolor, hunc egestas, hunc ferrum. Itaque etsi perversa induenda magistratui vestis, et convocanda classico concio est, procedam in tribunal, non furens, nec infestus, sed vultu legis : et illa solennia verba, leni magis gravique, quam rabida voce concipiam, et agi jubebo non iratus, sed severus. Et quum cervicem noxio præcidi imperabo, et quum parricidam insuam culleo, et quum mittam in supplicium militare

derai l'exécution avec sévérité, mais sans colère ; et lorsque j'ordonnerai de trancher la tête au coupable, et lorsque je ferai coudre le sac du parricide, et lorsque j'enverrai au supplice militaire, et lorsque je ferai conduire à la Roche Tarpéienne un traître ou un ennemi public, je serai sans colère, j'aurai la même tranquillité au front et à l'âme que lorsque je frappe un reptile et un animal venimeux. « On a besoin de colère pour punir. » Eh quoi ! la loi te semble-t-elle en colère contre ceux qu'elle ne connaît pas, qu'elle n'a pas vus, dont elle ne prévoit pas l'existence ? Il faut donc s'animer de son esprit ; elle ne s'irrite point, mais établit des principes. Car, s'il convient à l'homme de bien de s'irriter contre les mauvaises actions, il lui conviendra aussi d'envier les succès des méchants. Quoi de plus révoltant, en effet, que de voir prospérer et abuser des faveurs de la Fortune, des hommes pour qui la Fortune ne saurait inventer assez de maux. Et cependant le regarde leurs richesses sans envie, comme leurs crimes sans colère. Un bon juge condamne ce que la loi réprouve ; il n'a pas de haine. « Quoi donc ! lorsque le sage trouvera sous sa main quelque vice, son âme ne sera pas émue, ne sera pas plus agitée qu'à l'ordinaire ? » J'en conviens. Il sentira quelque légère, quelque faible commotion. Car, ainsi que le dit Zénon, dans l'âme du sage, même quand la plaie est guérie, la cicatrice reste. Il sentira donc des semblants, des ombres de passions ; quant aux passions elles-mêmes, il en sera exempt. Aristote prétend que certaines passions deviennent des armes pour qui en sait bien user. Ce serait vrai si, comme les armes de guerre, elles pouvaient être prises et déposées au gré de celui qui s'en couvre. Mais ces armes qu'Aristote donne à la vertu, frappent d'elles-mêmes, sans attendre l'impulsion de la main : elles gouvernent, et ne sont pas gouvernées. Il n'est nullement besoin d'autres instruments ; la nature nous a assez fortifiés par la raison. Elle nous a donné là une arme solide, durable, docile ; celle-là n'est pas à double tranchant, et ne peut être renvoyée contre son maître. La raison suffit par elle-même, non-seulement pour conseiller, mais pour agir. Quoi de plus insensé, que de vouloir qu'elle invoque le secours de la colère, de subordonner l'immuable à l'incertain, la fidélité à la trahison, la santé à la maladie ? Que serait-ce, si, même dans les seuls actes pour lesquels semble nécessaire l'appui de la colère, la raison était encore beaucoup plus puissante ? En effet, lorsqu'elle a jugé que quelque chose était à faire, elle y persiste, ne pouvant trouver rien de mieux qu'elle-même qui l'engage à changer : aussi elle s'arrête à ce qu'elle a une fois résolu. La colère, au contraire, a souvent reculé devant la pitié ; car sa force n'a rien de solide ; c'est une vaine bouffissure ; elle s'annonce d'abord avec violence, comme ces vents qui s'élèvent de la terre, et qui, sortis des fleuves et des marais, ont une véhémence qui ne dure pas. Elle commence avec une grande fougue, et bientôt elle s'arrête fatiguée avant le temps : cette colère, qui ne respirait que cruauté, que nouveaux genres de supplices, s'affaisse et s'amollit lorsqu'il faut agir.

La passion tombe vite ; la raison est toujours égale. Du reste, même quand la colère a quelque

---

et quum Tarpeio proditorem hostemve publicum imponam ; sine ira, eo vultu animoque ero, quo serpentes et animalia venenata percutio. « Iracundia opus est ad puniendum. » Quid ? tibi videtur lex irasci his, quos non novit, quos non vidit, quos non futuros sperat ? Illius itaque sumendus est animus, quæ non irascitur, sed constituit. Nam si bono viro ob mala facinora irasci convenit, et ob secundas res malorum hominum invidere conveniet. Quid enim est indignius, quam florere quosdam, et eos indulgentia fortunæ abuti, quibus nulla potest satis mala inveniri fortuna ? Sed tam commoda illorum sine invidia videbit, quam scelera sine ira. Bonus judex damnat improbanda ; non odit. « Quid ergo ? non, quum ejusmodi aliquid sapiens habebit in manibus, tangetur animus ejus, eritque solito commotior ? » Fateor. Sentiet levem quemdam, tenuemque motum. Nam, ut dixit Zeno, in sapientis quoque animo, etiam quum vulnus sanatum est, cicatrix manet. Sentiet itaque suspiciones quasdam et umbras affectuum : ipsis quidem carebit. Aristoteles ait, affectus quosdam, si quis illis bene utatur, pro armis esse. Quod verum foret, si velut bellica instrumenta sumi deponique possent induentis arbitrio. Hæc arma, quæ Aristoteles virtuti dat, ipsa per se pugnant, non exspectant manum : habent, et non habentur. Nil aliis instrumentis opus est : satis nos instruxit ratione natura. Hæc dedit telum, firmum, perpetuum ; obsequens, nec anceps, nec quod in dominum remitti posset. Non ad providendum tantum, sed ad res gerendas satis est per se ipsa ratio. Etenim quid est stultius, quam hanc ab iracundia petere præsidium : rem stabilem ab incerta, fidelem ab infida, sanam ab ægra ? Quid, quod ad actiones quoque, in quibus solis opera iracundiæ videtur necessaria, multo per se ratio fortior est ? Nam quum judicavit aliquid faciendum, in eo perseverat ; nihil enim melius inventura est se ipsa, quo mutetur : ideo stat semel constituis. Iram sæpe misericordia retro egit ; habet enim non solidum robur, sed vanum tumorem : violentisque principiis utitur, non aliter quam qui a terra venti surgunt, et fluminibus paludibusque concepti, sine pertinacia vehementes sunt. Incipit magno impetu, deinde deficit ante tempus fatigata : et quæ nihil aliud quam crudelitatem ac nova genera pœnarum versaverat, quum animadvertendum est, ira jam fracta lenisque est. Affectus cito cadit : æqualis est ratio. Ceterum etiam ubi perseveraverit ira, nonnunquam si plures sunt, qui perire meruerunt, post

durée, s'il se trouve plusieurs coupables qui aient mérité la mort, après le supplice de deux ou trois, elle cesse de frapper. Ses premiers coups sont terribles, de même que le venin des serpents est dangereux lorsqu'ils sortent de leur antre : mais leurs dents sont inoffensives lorsque de fréquentes morsures les ont épuisées. Ainsi, ceux qui ont commis les mêmes crimes ne souffrent pas les mêmes peines, et souvent celui qui en a commis le moins, souffre le plus, parce qu'il se trouve exposé à une colère toute fraîche. En tout elle est inégale : tantôt elle va plus loin qu'il ne le faut; tantôt elle s'arrête plus tôt qu'elle ne le doit. Car elle se complaît en elle-même, juge d'après son caprice, ne veut rien écouter, ne laisse pas de place à la défense, s'attache à l'idée dont elle s'est emparée, et ne souffre pas qu'on efface ses décisions, si mauvaises qu'elles soient. La raison assigne aux deux parties le temps et le lieu : elle se prescrit à elle-même un délai, pour avoir le loisir de discuter la vérité : la colère se presse d'agir. La raison veut décider ce qui est juste ; la colère veut qu'on trouve juste ce qu'elle a décidé. La raison ne considère que le sujet en litige ; la colère est entraînée par des circonstances frivoles et hors de la cause. Un air trop assuré, une parole ferme, un discours un peu libre, une mise recherchée, un cortége imposant, la faveur populaire, tout l'exaspère. Souvent, en haine de l'avocat, elle condamne l'accusé : même alors qu'on lui met la vérité sous les yeux, elle aime, elle caresse le mensonge : elle ne veut pas être convaincue ; et, engagée dans une mauvaise route, l'opiniâtreté lui semble plus honorable que le repentir.

Cnéius Pison fut dans ces derniers temps un homme exempt de beaucoup de vices; mais c'était un esprit faux, qui prenait la dureté pour de la fermeté. Dans un moment de colère, il avait ordonné de conduire au supplice un soldat qui était revenu du fourrage sans son compagnon, l'accusant d'avoir tué celui qu'il ne pouvait représenter. Le soldat le conjura de lui accorder quelque temps pour aller aux recherches; il refusa. Le condamné fut donc conduit hors des retranchements, et déjà il tendait la tête, quand soudain reparut celui qu'on le soupçonnait d'avoir tué. Le centurion chargé de l'exécution ordonne au spéculateur[1] de remettre son glaive dans le fourreau, ramène le condamné à Pison, pour rendre au juge son innocence ; car la fortune l'avait déjà rendue à l'accusé. Une foule immense escorte les deux camarades, qui se tiennent l'un l'autre embrassés, à la grande joie de tout le camp. Pison s'élance furieux sur son tribunal, et ordonne de les mener au supplice l'un et l'autre, et celui qui n'avait pas tué, et celui qui n'avait pas été tué. Quoi de plus indigne? parce que l'un se trouvait innocent, tous deux périssaient. Pison ajouta une troisième victime : le centurion lui-même, qui avait ramené le condamné, est envoyé à la mort. Il fut décidé que trois hommes périraient au même endroit à cause de l'innocence d'un seul. Oh ! que la colère est ingénieuse à inventer des prétextes à sa fureur. Toi, dit-il, je te fais mourir parce que tu as été condamné; toi, parce que tu as été cause de la condamnation de ton camarade ; toi

[1] Soldat chargé des exécutions capitales sous la direction du centurion.

duorum triumve sanguinem, occidere desinit. Primi ejus ictus acres sunt, sicut serpentium venena a cubili repentium nocent : innoxii dentes sunt, quum illos frequens morsus exhausit. Ergo non paria patiuntur, qui paria commiserant, et sæpe qui minus commisit, plus patitur, quia recentiori iræ objectus est. Et in totum inæqualis est : modo ultra quam oportet, excurrit, modo citerius debito resistit. Sibi enim indulget, ex libidine judicat, et audire non vult, et patrocinio non relinquit locum, et ea tenet quæ invasit, et eripi sibi judicium suum, etiam si pravum est, non sinit. Ratio utrique parti locum dat, et tempus dat. Deinde advocationem etiam sibi petit, ut excutiendæ spatium veritati habeat: ira festinat. Ratio id judicari vult, quod æquum est : ira id æquum videri vult, quod judicavit. Ratio nihil præter ipsum, de quo agitur, spectat : ira vanis et extra causam obversantibus commovetur. Vultus illum securior, vox clarior, sermo liberior, cultus delicatior, advocatio ambitiosior, favor popularis exasperat. Sæpe infesta patrono, reum damnat : etiamsi ingeritur oculis veritas, amat et tuetur errorem : coargui non vult, et in male cœptis honestior illi pertinacia videtur, quam pœnitentia. Cn. Piso fuit memoria nostra, vir a multis vitiis integer, ed pravus, et cui placebat pro constantia rigor. Is quum iratus duci jussisset eum, qui ex commeatu sine commilitone redierat, quasi interfecisset quem non exhibebat, roganti tempus aliquod ad conquirendum, non dedit; damnatus extra vallum ductus est, et jam cervicem porrigebat, quum subito apparuit ille commilito, qui occisus videbatur. Tunc centurio supplicio præpositus, condere gladium speculatorem jubet : damnatum ad Pisonem reducit, redditurus Pisoni innocentiam ; nam militi fortuna reddiderat. Ingenti concursu deducuntur, complexi alter alterum, cum magno gaudio castrorum, commilitones. Conscendit tribunal furens Piso, ac jubet duci utrumque, et eum militem qui non occiderat, et eum qui non perierat. Quid hoc indignius? quia unus innocens apparuerat, duo peribant. Piso adjecit et tertium. Nam ipsum centurionem, qui damnatum reduxerat, duci jussit. Constituti sunt in eodem loco perituri tres, ob unius innocentiam O quam solers est iracundia ad fingendas causas furoris! Te, inquit, duci jubeo, quia damnatus es : te, quia causa damnationis commilitoni fuisti : te, quia jussus occidere, imperatori non paruisti. Excogitavit quemadmodum tria crimina faceret, quia nullum invenerat. Habet, inquam, iracundia hoc mali,

parce qu'ayant l'ordre de tuer, tu n'as pas obéi à ton général. Il imagina le moyen de créer trois crimes, parce qu'il n'en trouvait pas un.

La colère, ai-je dit, a cela de mal, qu'elle ne veut pas être gouvernée. Elle s'irrite contre la vérité elle-même, si la vérité se manifeste contre sa volonté. C'est avec des cris, des vociférations, des mouvements impétueux de tout le corps, qu'elle s'acharne sur ceux qu'elle frappe; elle y ajoute les outrages et les malédictions. Ainsi n'agit pas la raison : mais, calme et silencieuse, elle ira, s'il le faut, renverser de fond en comble des maisons entières, anéantir des familles dangereuses pour la république, sans épargner femmes ni enfants, détruire même leur demeure, la raser jusqu'au sol, enfin abolir des noms ennemis de la liberté; tout cela sans grincer des dents, sans secouer la tête, sans rien faire d'inconvenant pour un juge, dont le visage doit être calme et impassible, alors surtout qu'il prononce quelque arrêt important. A quoi bon, dit Hiéronyme, quand tu veux frapper quelqu'un, te mordre d'abord les lèvres. Que serait-ce, s'il eût vu un proconsul s'élancer de son tribunal, arracher au licteur ses faisceaux, et déchirer ses vêtements, parce qu'on tardait à déchirer ceux du condamné? Qu'est-il besoin de renverser la table, de briser les verres, de se heurter la tête contre les colonnes, de s'arracher les cheveux, de se frapper la cuisse ou la poitrine? Vois quelle est la violence de cette colère qui, ne pouvant s'exercer sur autrui aussi promptement qu'elle le désire, se tourne contre elle-même. Aussi est-elle retenue par ceux qui l'environnent et qui la conjurent de s'épargner : rien de tout cela n'arrive à l'homme libre de toute colère; il inflige à chacun la peine qu'il mérite. Souvent il acquitte celui qu'il a surpris en faute, si le repentir permet d'en espérer mieux, s'il découvre que le mal ne vient pas du fond de l'âme, mais s'arrête, comme on dit, à la surface. Il accordera l'impunité, lorsqu'elle ne devra nuire ni à ceux qui la reçoivent, ni à ceux qui la donnent. Quelquefois il punira les grands crimes avec moins de rigueur que les fautes plus légères, si dans ceux-là il y a plutôt oubli que scélératesse; si dans celles-ci il y a fourberie cachée, couverte et invétérée. Il n'appliquera pas la même peine à deux crimes dont l'un aura été commis par inadvertance, et l'autre avec le dessein prémédité de nuire. Dans tout châtiment il agira avec la conviction d'un double but à suivre, ou de corriger les méchants, ou de les détruire. Dans les deux cas, ce n'est point le passé, c'est l'avenir qu'il envisage. Car, comme le dit Platon : « Le sage punit, non parce qu'on a péché, mais pour qu'on ne pèche plus : le passé est irrévocable, l'avenir se prévient. Aussi fera-t-il mourir publiquement ceux qu'il veut offrir comme exemples de la méchanceté faisant une mauvaise fin; non pas seulement pour qu'ils périssent eux-mêmes, mais pour empêcher les autres de périr. » Tu vois combien celui auquel il appartient d'apprécier, de peser ces circonstances, doit être libre de toute passion, pour exercer un pouvoir qui exige la plus grande réserve, le droit de vie et de mort. Le glaive est mal placé dans les mains d'un furieux. Ne va pas même t'imaginer que la colère contribue en rien à la grandeur d'âme. Car ce

---

non vult regi. Irascitur veritati ipsi, si contra voluntatem suam apparuerit : clamore, et tumultu, et totius corporis jactatione, quos destinavit, insequitur, adjectis conviciis maledictisque. Hoc non facit ratio : sed si ita opus est, silens quietaque, totas domos funditus tollit, et familias reipublicæ pestilentes cum conjugibus ac liberis perdit, tecta ipsa diruit, et solo exæquat; et inimica libertati nomina exstirpat. Hæc non frendens, nec caput quassans, nec quidquam indecorum judici faciens, cujus tum maxime placidus esse debet et in statu vultus, quum magna pronuntiat. « Quid opus est, inquit Hieronymus, quum velis credere aliquem, prius tua labia mordere ? » Quid si ille vidisset, desilientem de tribunali proconsulem, et fasces lictori auferentem, et sua vestimenta scindentem, quia tardius scindebantur aliena ? Quid opus est mensam evertere ? quid pocula affligere ? quid se in columnas impingere ? quid capillos evellere ? femur pectusque percutere ? Quantam iram putas, quæ quia non tam cito in alium quam vult erumpit, in se revertitur? Tenetur itaque a proximis, et rogatur, ut ipse sibi placetur : quorum nihil facit, quisquis vacuus ira; meritam cuique pœnam injungit. Dimittit sæpe eum, cujus peccatum deprehendit, si pœnitentia facti spem bonam pollicetur, si intelligit non ex alto venire nequitiam, sed summo, quod aiunt, animo inhærere. Dabit impunitatem, nec accipientibus nocituram, nec dantibus. Nonnunquam magna scelera levius quam minora compescet, si illa lapsu, non crudelitate commissa sunt; his inest latens et operta, et inveterata calliditas. Idem delictum in duobus non eodem malo afficiet, si alter per negligentiam admisit, alter curavit ut nocens esset. Hoc semper in omni animadversione servabit, ut sciat, alteram adhiberi, ut emendet malos, alteram, ut tollat. In utroque non præterita, sed futura intuebitur. Nam, ut Plato ait : « Nemo prudens punit, quia peccatum est, sed ne peccetur; revocari enim præterita non possunt, futura prohibentur : et quos volet nequitiæ male cedentis exempla fieri, palam occidet, non tantum ut pereant ipsi, sed ut alios pereundo deterreant. » Hæc cui expendenda æstimandaque sunt, vides quam debeat omni perturbatione liber accedere ad rem summa diligentia tractandam, potestatem vitæ necisque. Male irato ferrum committitur. Ne illud quidem judicandum est, aliquid iram ad magnitudinem animi conferre. Non est enim illa magnitudo; tumor est : nec, corporibus copia vitiosi humoris intensis, morbus incrementum est, sed pestilens abundantia.

n'est pas là de la grandeur ; ce n'est que de l'enflure : ainsi, dans les corps que gonfle une humeur viciée, la maladie n'est pas de l'embonpoint ; c'est une exubérance mortelle. Tous ceux qu'un esprit dépravé emporte au-delà des pensées humaines s'imaginent qu'ils respirent je ne sais quoi de grand et de sublime : mais là-dessous il n'y a rien de solide, et tout édifice sans fondements est prompt à crouler. La colère ne s'appuie sur rien, elle ne s'élève sur rien de ferme et de durable ; elle n'est que vent et fumée, et s'éloigne autant de la grandeur d'âme, que la témérité du courage, la présomption de la confiance, la tristesse de l'austérité, la cruauté de la sévérité. Il y a, je le répète, une grande différence entre une âme élevée et une âme orgueilleuse. La colère n'entreprend rien de généreux, rien de noble. Je vois au contraire dans cette irascibilité habituelle les symptômes d'une âme usée et stérile qui a la conscience de sa faiblesse. Semblable à ces malades couverts d'ulcères, qui gémissent au moindre contact, la colère est surtout un vice de femmes et d'enfants. Cependant les hommes mêmes en sont atteints ; car il y a des hommes qui ont des esprits d'enfants et de femmes. « Mais quoi ! n'y a-t-il pas quelques paroles lancées par la colère, qui, pour ceux qui ignorent la véritable grandeur, semblent émaner d'une grande âme? « Par exemple, ce mot affreux, exécrable : « qu'on me haïsse, pourvu qu'on me craigne.» Il faut que tu saches qu'il date du siècle de Sylla. Je ne sais lequel est le pire des deux souhaits, la haine ou la terreur. Qu'on me haïsse ! Tu vois dans l'avenir les malédictions, les embûches, l'assassinat. Que veux-tu de plus? Que les dieux te punissent d'avoir trouvé à la haine un aussi digne remède! Qu'on me haïsse! Quoi ! pourvu qu'on t'obéisse ? Non. Pourvu qu'on t'estime? Non. Mais quoi donc? Pourvu que l'on tremble. Je ne voudrais pas même être aimé à ce prix. Penses-tu que ce mot parte d'une grande âme? Tu te trompes : ce n'est pas là de la grandeur, mais de la férocité.

Ne va pas te fier aux propos de la colère : elle fait grand bruit, elle menace ; mais au fond son cœur est plein de lâcheté. Et il ne faut pas croire vrai ce qu'on lit dans Tite-Live, écrivain d'ailleurs très-éloquent : « Grand homme, plutôt qu'homme de bien. » On ne saurait séparer ces deux qualités; car ou l'on sera bon, ou l'on ne sera pas grand. En effet, je ne conçois de grandeur d'âme que celle qui est inébranlable, solide à l'intérieur, également ferme dans tout son ensemble, telle enfin qu'elle ne peut se trouver chez les méchants. Car ils peuvent bien être menaçants, impétueux et destructeurs; quant à la grandeur dont la bonté fait le fondement et la force, ils ne l'auront pas. Du reste, leur langage, leurs efforts, tout leur appareil extérieur prend quelquefois un faux air de grandeur : il leur échappera quelque chose d'éloquent, que tu croirais quelque chose de grand. Ainsi, Caïus César, irrité que le ciel tonnât sur ses pantomimes, dont il était encore plus l'émule que le spectateur, et que sa représentation fût troublée par la foudre, qui, ce jour-là, n'était guère bien dirigée, provoqua Jupiter à un combat à outrance, en vociférant ce passage d'Homère · « *Frappe-moi, ou je te frappe.* » Quelle démence! S'imaginer, ou que Jupiter ne pouvait lui nuire, ou qu'il pouvait nuire à Jupiter !

Omnes quos vecors animus supra cogitationes extollit humanas, altum quiddam et sublime spirare se credunt : ceterum nihil solidi subest, sed in ruinam prona sunt, quæ sine fundamentis crevere. Non habet ira cui insistat; non ex firmo mansuroque oritur, sed ventosa et inanis est : tantumque abest a magnitudine animi, quantum a fortitudine audacia, a fiducia insolentia, ab austeritate tristitia, a severitate crudelitas. Multum, inquam, interest inter sublimem animum, et superbum. Iracundia nihil amplum decorumque molitur. Contra, mihi videtur veternosi et infelicis animi, imbecillitatis sibi conscii, sæpe indolescere. Ut exulcerata et ægra corpora ad tactus levissimos gemunt, ita ira muliebre maxime et puerile vitium est. At incidit et in viros; nam viris quoque puerilia ac muliebria ingenia sunt. « Quid ergo? non aliquæ voces ab iratis emittuntur, quæ magno emissæ videantur animo, veram ignorantibus magnitudinem? qualis illa dira et abominanda: « Oderint, dum metuant.» Sullano scias seculo scriptam. Nescio utrum sibi pejus optaverit, ut odio esset, an ut timori. Oderint! Occurrit illi, futurum ut exsecrentur, insidientur, opprimant. Quid adjicit? Dii illi male faciant, adeo reperit dignum odio remedium. Oderint! Quid? dum pareant? non; Dum probent? non : Quid ergo? dum timeant. Sic nec amari quidem vellem. Magno hoc dictum spiritu putas? falleris; nec enim magnitudo ista est, sed immanitas. Non est quod credas irascentium verbis : quorum strepitus magni, minaces sunt, intus mens pavidissima. Non est quod existimes verum esse, quod apud disertissimum virum Livium dicitur : « Vir ingenii magni magis quam boni. » Non potest illud separari : aut et bonum erit, aut nec magnum, quia magnitudinem animi inconcussam intelligo, et introrsus solidam, ab imo parem firmamque, qualis inesse malis ingeniis non potest. Terribilia enim esse, et tumultuosa, et exitiosa possunt : magnitudinem quidem, cujus firmamentum roburque bonitas est, non habebunt; ceterum sermone, conatu, et omni extra paratu facient magnitudinis fidem. Eloquentur aliquid, quod tu magni putes, sicut G. Cæsar, qui iratus cœlo, quod obstreperet pantomimis, quos imitabatur studiosius quam spectabat, quodque commissio sua fulminibus terreretur, prorsus parum certis, ad pug-

Je pense que ces paroles n'ont pas peu contribué à exciter les esprits des conjurés; car ce dût paraître le dernier terme de la patience, de supporter celui qui ne pouvait supporter Jupiter.

Ainsi donc, dans la colère, même quand elle se montre le plus violente, bravant les dieux et les hommes, il n'y a rien de grand, rien de noble : ou si certains esprits veulent y voir quelque grandeur, qu'ils en voient aussi dans le luxe. Le luxe veut marcher sur l'ivoire, se vêtir de pourpre, vivre sous des lambris dorés, transporter les terres, emprisonner les mers, précipiter des fleuves en cascades, suspendre des forêts en l'air. Qu'ils voient de la grandeur dans l'avarice : elle couche sur des monceaux d'or et d'argent, cultive des champs qu'on pourrait appeler des provinces, et donne à chacun de ses fermiers des territoires plus étendus que le sort n'en assignait aux consuls. Qu'ils voient de la grandeur dans la luxure : elle franchit les mers, fait des troupeaux d'eunuques, et, bravant la mort, prostitue l'épouse sous le glaive de l'époux. Qu'ils voient de la grandeur dans l'ambition, qui, peu satisfaite des honneurs d'une année, voudrait, s'il se pouvait, couvrir tous ses fastes d'un seul nom, et étaler ses titres par tout l'univers. Qu'importe jusqu'où ces passions puissent s'exalter et s'étendre? elles n'en sont pas moins étroites, misérables et basses. La vertu seule est élevée, sublime, et il n'y a de grand que ce qui est en même temps calme.

LIVRE DEUXIÈME.

I. Dans le premier livre, Novatus, la matière était féconde; car en suivant le vice sur sa pente rapide, la marche est facile. Maintenant il s'agit d'aborder des questions plus délicates. Nous avons à chercher si la colère est un produit du jugement ou de l'entraînement; c'est-à-dire si elle se meut spontanément, ou si, comme la plupart de nos impulsions, elle surgit en nous à notre insu. Voilà d'abord où doit descendre la discussion, pour s'élever ensuite plus haut. Ainsi, dans notre corps, les os, les nerfs, les articulations qui forment la base de l'ensemble, et les organes vitaux, si peu agréables à voir, se coordonnent d'abord; vient ensuite ce qui fait les charmes de la figure et de l'extérieur; enfin l'œuvre étant complète, c'est en dernier que brille le coloris, si ravissant à l'œil. Que l'apparence seule de l'injure soulève la colère, nul doute : mais suit-elle aussitôt cette apparence, et s'élance-t-elle sans que l'âme s'en mêle, ou lui faut-il pour se mouvoir l'assentiment de l'âme; voilà ce que nous cherchons. Quant à nous, nous soutenons qu'elle n'ose rien par elle-même, et sans la permission de l'âme. Car saisir l'apparence d'une injure, en désirer la vengeance, et allier ces deux idées, qu'on ne doit pas être offensé et qu'on doit punir l'offense, ce n'est pas là une impulsion de ce qui en nous agit indépendamment de la volonté. Le mouvement physique est simple; celui de l'âme

---

nam vocavit Jovem, et quidem sine missione, Homericum illum exclamans versum, ἤ μ' ἀνάειρ', ἤ ἐγὼ σέ. Quanta dementia fuit! putavit, aut sibi noceri ne a Jove quidem posse, aut se nocere etiam Jovi posse. Non puto parum momenti hanc ejus vocem ad incitandas conjuratorum mentes addidisse; ultimæ enim patientiæ visum est, eum ferre, qui Jovem non ferret. Nihil ergo in ira, ne quum videtur quidem vehemens, deos hominesque despiciens, magnum, nihil nobile est : aut si videtur alicui magnum animi ira producere, videatur et luxuria. Ebore sustineri vult, purpura vestiri, auro tegi, terras transferre, maria concludere, flumina præcipitare, nemora suspendere. Videatur et avaritia magni animi; acervis auri argentique incubat, et provinciarum nominibus agros colit, et sub singulis villicis latiores habet fines, quam quos consules sortiebantur. Videatur et libido magni animi; transnatat freta, puerorum greges castrat; sub gladium mariti venit uxor, morte contenta. Videatur et ambitio magni animi; non est contenta honoribus annuis : si fieri potest, uno nomine occupare fastos vult, per omnem orbem titulos disponere. Omnia ista non refert in quantum procedant extendantque se : angusta sunt, misera, depressa. Sola sublimis et excelsa virtus est : nec quidquam magnum est, nisi quod simul et placidum.

LIBER SECUNDUS.

I. Primus liber, Novate, benigniorem habuit materiam : facilis enim in proclivia vitiorum decursus est; nunc ad exiliora veniendum est. Quærimus enim, utrum ira judicio, an impetu incipiat : id est, utrum sua sponte moveatur, an quemadmodum pleraque, quæ intra nos insciis nobis oriuntur. Debet autem in hæc se demittere disputatio, ut ad illa quoque altiora possit exsurgere. Nam et in corpore nostro ossa, nervique et articuli, firmamenta totius, et vitalia, minime speciosa visu, prius ordinantur : deinde hæc, ex quibus omnis in faciem aspectumque decor est : post hæc omnia, qui maxime oculos rapit color, ultimus, perfecto jam corpore, affunditur. Iram quin species oblata injuriæ moveat, non est dubium : sed utrum speciem ipsam statim sequatur, et, non accedente animo, excurrat, an illo assentiente moveatur, quærimus. Nobis placet, nil ipsam per se audere, sed animo approbante. Nam speciem capere acceptæ injuriæ, et ultionem ejus concupiscere, et utrumque conjungere, nec lædi se debuisse, et vindicari debere, non est ejus impetus, qui sine voluntate nostra concitatur. Ille simplex est : hic compositus, et plura continens. Intellexit aliquid, indignatus est, damnavit, ulciscitur :

est complexe et renferme plus d'un élément. On a compris quelque chose, on s'indigne, on condamne, on se venge : tout cela ne peut se faire, si l'âme ne s'associe à l'impression des sens.

II. « A quoi, dis-tu, tend cette question? » A savoir ce que c'est que la colère. Car si elle naît malgré nous, jamais elle n'obéira à la raison. Toutes les impressions qui ne dépendent pas de notre volonté sont invincibles et inévitables, comme le frisson que donne une aspersion d'eau froide, ou le dégoût que produit le contact de certains corps, comme lorsqu'à de mauvaises nouvelles les cheveux se hérissent, que la rougeur nous monte au front à des paroles deshonnêtes, et que le vertige nous saisit à la vue d'un précipice. Aucune de ces impressions n'étant sous notre dépendance, les persuasions de la raison ne peuvent les arrêter. Mais les conseils triomphent de la colère. Car c'est un vice volontaire de l'âme, et non une de ces dispositions qui tiennent aux conditions de la nature humaine et se rencontrent par conséquent chez les plus sages : parmi lesquelles il faut placer ces premières émotions de l'âme qui nous agitent à l'idée d'une injustice. Ces émotions s'éveillent même au spectacle des fables de la scène, à la lecture des histoires de l'antiquité. Souvent nous éprouvons une sorte de colère contre Clodius qui bannit Cicéron, contre Antoine qui le tue. Qui ne se soulève contre les victoires de Marius, contre les proscriptions de Sylla? Qui ne se révolte contre Théodote et Achillas, et même contre cet enfant royal, qui s'élève par le crime au-dessus de l'enfance? Quelquefois le chant et des accents animés nous excitent. Nos âmes sont émues au son des trompettes guerrières, à une peinture sanglante et au triste appareil des supplices les plus mérités. C'est ainsi que nous rions au rire des autres, que nous nous attristons avec la foule qui pleure, que nous nous échauffons devant un combat auquel nous sommes étrangers. Toutes ces émotions sont factices; et ces colères ne sont pas plus réelles que notre douleur quand nous fronçons le sourcil à la représentation théâtrale d'un naufrage, ou que la crainte qui pénètre l'âme du lecteur qui suit Annibal sous nos murs après la bataille de Cannes. Toutes ces impressions remuent l'âme malgré elle : ce ne sont pas des passions, c'est l'origine, c'est le prélude des passions. C'est ainsi que l'homme de guerre, en pleine paix et sous la toge, tressaille au son du clairon, et que le cheval de bataille se dresse au bruit des armes. On dit qu'Alexandre, aux chants de Xénophante, porta la main sur son glaive.

III. Aucune de ces impressions fortuites qui frappent l'âme ne doit s'appeler passion; car l'âme les reçoit plutôt qu'elle n'agit sur elles. Or la passion consiste non à être remué par l'apparence des objets extérieurs, mais à s'y abandonner et à poursuivre la sensation accidentelle. Car si l'on s'imagine que la pâleur, les larmes, les excitations de désirs impurs, un profond soupir, l'éclat soudain des yeux, ou toute autre émotion semblable, soit l'indice d'une passion ou une manifestation de l'âme, on se trompe; on ne comprend pas que ce sont des impulsions toutes corporelles. Ainsi souvent l'homme le plus brave pâlit quand il prend les armes, et au signal du combat le plus audacieux soldat a senti ses genoux trem-

hæc non possunt fieri, nisi animus eis, quibus tangebatur, assensus est.

II. « Quorsus, inquis, hæc quæstio pertinet? » Ut sciamus, quid sit ira. Nam si invitis nobis nascitur, nunquam rationi succumbet. Omnes enim motus, qui non voluntate nostra fiunt, invicti, inevitabiles sunt, ut, horror frigida aspersis, ad quosdam tactus asperuatio, ad pejores nuntios subriguntur pili, et rubor ad improba verba suffunditur, sequiturque vertigo præupta cernentes. Quorum quia nihil in nostra potestate est, nulla, quo minus fiant, ratio persuadet. Ira præceptis fugatur. Est enim voluntarium animi vitium, non ex his, quæ conditione quadam humanæ sortis eveniunt, ideoque etiam sapientissimis accidunt : inter quæ et primus ille ictus animi ponendus est, qui nos post opinionem injuriæ movet. Hic subit etiam inter ludicra scenæ spectacula, et lectiones rerum vetustarum; sæpe Clodio Ciceronem expellenti, et Antonio occidenti, videmur irasci. Quis non contra Marii arma, et contra Sullæ proscriptionem concitatur? Quis non Theodoto, et Achillæ, et ipsi puero, non puerile auso facinus, infestus est? Cantus nos nonnunquam et concitata modulatio instigat, Martius quoque ille tubarum sonus movet mentes, et atrox pictura et justissimorum suppliciorum tristis aspectus. Inde est quod arridemus ridentibus, et contristat nos turba mœrentium, et effervescimus ad aliena certamina : quæ non sunt : et iræ, non magis quam tristitia est, quæ ad conspectum mimici naufragii contrahit frontem : non magis quam timor, qui Hannibale post Cannas mœnia circumsidente, lectoris percuit animum : sed omnia ista motus sunt animorum moveri nolentium, nec affectus, sed principia præludentia affectibus. Sic enim militaris viri, in media pace jam togati, aures tuba suscitat, equosque castrenses erigit crepitus armorum. Alexandrum aiunt, Xenophanto canente, manum ad arma misisse.

III. Nihil ex his quæ animum fortuitu impellunt, affectus vocari debet : ista, ut ita dicam, patitur magis animus, quam facit. Ergo affectus est, non ad oblatas rerum species moveri, sed permittere se illis, et hunc fortuitum motum persequi. Nam si quis pallorem, et lacrymas procidentes, et irritationem humoris obscœni, altumve suspirium, et oculos subito acriores, aut quid his simile, indicium affectus, animique signum putat; fallitur, nec intelligit hos corporis esse pulsus. Itaque et fortissimus plerumque vir, dum armatur, expalluit : et signo pugnæ dato, ferocissimo militi paululum genua tremuerunt : et

bler; le cœur peut battre au plus grand général avant le choc des deux armées; le plus éloquent orateur, lorsqu'il se dispose à parler, sent dresser ses cheveux. Mais la colère ne doit pas seulement être remuée, elle doit se porter en avant; car c'est un élan. Or, il n'y a pas d'élan sans l'assentiment de l'esprit, et il n'est pas possible qu'il s'agisse de vengeance et de châtiment, à l'insu de l'âme. Un homme se croit lésé; il veut se venger; une cause quelconque le dissuade, il s'arrête aussitôt. Je n'appelle point cela de la colère, mais un mouvement de l'âme qui obéit à la raison. Ce qui est colère, c'est ce qui dépasse la raison et l'entraîne avec soi. Donc ce premier trouble de l'âme que provoque l'apparence de l'injure n'est pas plus de la colère que l'apparence elle-même de l'injure; mais cet élan ultérieur, qui non-seulement a perçu l'apparence de l'injure, mais l'a admise, voilà la colère; c'est le soulèvement de l'âme qui marche à la vengeance avec volonté et réflexion. Peut-on douter que la peur ne conseille de fuir, la colère de se porter en avant! Ne va donc pas croire qu'aucune chose puisse être recherchée ou évitée sans l'assentiment de l'esprit.

IV. Veux-tu savoir comment les passions naissent, grandissent et se déploient? La première impulsion est involontaire; c'est comme un prélude à la passion; c'est un certain ébranlement. La seconde se fait avec une volonté facile à dompter; comme lorsque je pense qu'il faut me venger parce que j'ai été lésé, ou qu'il faut punir un tel parce qu'il a commis un crime. La troisième est déjà tyrannique; elle veut se venger, non parce qu'il le faut, mais quand même : elle triomphe de la raison. La première impression de l'âme, nous ne pouvons l'éviter par la raison, pas plus que ces accidents du corps dont nous avons parlé, comme de bâiller en voyant bâiller les autres, de fermer les yeux quand on vous y porte brusquement la main. La raison ne peut rien pour les empêcher; l'habitude peut-être et une constante surveillance en atténueront les effets. Ce second mouvement qui naît de la réflexion, la réflexion en triomphe.....[1]

V. Examinons maintenant cette question : Ceux qui ont l'habitude de la cruauté, qui se plaisent à répandre le sang, sont-ils en colère lorsqu'ils tuent ceux dont ils n'ont reçu aucune injure, dont ils ne croient pas en avoir reçu? ainsi fut Apollodore; ainsi Phalaris. Ce n'est pas là de la colère, c'est de la férocité. Car elle ne fait pas le mal parce qu'elle a reçu une injure; elle est même disposée à en recevoir, pourvu qu'elle puisse faire le mal; et elle frappe, elle déchire, non pour sa vengeance, mais pour sa volupté. Eh bien! la source de ces crimes est la colère : à force de s'exercer et de s'assouvir, elle arrive à l'oubli de la clémence, efface du cœur tout pacte humain, et enfin se transforme en cruauté. Aussi ces hommes, cruels par passe-temps, rient, s'applaudissent, s'enivrent d'une profonde volupté, et leur visage est bien loin de ressembler à la colère. On rapporte qu'Annibal, à la vue d'un fossé plein de sang humain, s'écria : « O le superbe spectacle! » Combien il lui eût semblé plus beau, si le sang avait rempli un fleuve ou un lac? Est-il étonnant qu'un tel spectacle le séduise par-dessus

[1] Lacune.

---

magno imperatori, antequam inter se acies arietarent, cor exsiluit : et oratori eloquentissimo, dum ad dicendum componitur, summa riguerunt. Ira non moveri tantum, sed excurrere debet, est enim impetus; nunquam autem impetus sine assensu mentis est : neque enim fieri potest, ut de ultione et pœna agatur, animo nesciente. Putavit se aliquis læsum, voluit ulcisci : dissuadente aliqua causa, statim resedit. Hanc iram non voco, sed motum animi rationi parentem. Illa est ira, quæ rationem transilit, quæ secum rapit. Ergo illa prima agitatio animi, quam species injuriæ incussit, non magis ira est, quam ipsa injuriæ species; sed ille sequens impetus, qui speciem injuriæ non tantum accepit, sed approbavit, ira est, concitatio animi ad ultionem voluntate et judicio pergentis. Numquid dubium est, quin timor fugam habeat, ira impetum? Vide ergo, an putes, aliquid sine assensu mentis aut peti posse, aut caveri.

IV. Et ut scias, quemadmodum incipiant affectus, aut crescant, aut efferantur, est primus motus non voluntarius quasi præparatio affectus, et quædam commutatio : alter cum voluntate non contumaci, tanquam oportet me vindicari, quum læsus sim, aut oporteat hunc pœnas dare, quum scelus fecerit : tertius motus est jam im- potens, qui non, si oportet, ulcisci vult, sed utique, qui rationem evicit. Primum illum animi ictum effugere ratione non possumus : sicut ne illa quidem, quæ diximus accidere corporibus, ne nos oscitatio aliena sollicitet, ne oculi ad intentationem subitam digitorum comprimantur. Ista non potest ratio vincere : consuetudo fortasse, et assidua observatio extenuat. Alter ille motus, qui judicio nascitur judicio tollitur.....

V. Illud etiamnum quærendum est : hi qui vulgo sæviunt, et sanguine humano gaudent, an irascantur, cum eos occidunt, a quibus nec acceperunt injuriam, nec accepisse se existimant : qualis fuit Apollodorus aut Phalaris. Hæc non est ira : feritas est; non enim quia accepit injuriam, nocet : sed parata est, dum noceat, vel accipere; nec illi verbera lacerationesque in ultionem petuntur, sed in voluptatem. Quid ergo? Origo hujus mali ab ira est : quæ ubi frequenti exercitatione et satietate in oblivionem clementiæ venit, et omne fœdus humanum ejecit animo, novissime in crudelitatem transit. Rident itaque, gaudentque, et voluptate multa perfruuntur, plurimumque ab iratorum vultu absunt, per otium sævi. Hannibalem aiunt dixisse, cum fossam sanguine humano plenam vidisset : O formosum spectaculum! Quanto

tout, toi né dans le sang, et dont l'enfance fut dressée au meurtre? Pendant vingt ans la fortune de ta cruauté t'accompagnera de ses faveurs, et donnera partout à tes yeux ce doux spectacle : tu le verras autour de Trasimène, et autour de Cannes, et enfin autour de Carthage. Naguère, sous le divin Auguste, Volesus, proconsul de l'Asie, après avoir fait en un seul jour frapper de la hache trois cents personnes, se promenant au milieu des cadavres d'un air glorieux, comme s'il eût fait quelque chose de grand et de remarquable, s'écria en grec : « O la royale action ! » Roi, qu'eût-il donc fait? Ce ne fut pas là de la colère, mais un mal plus grand et incurable......[1]

VI. « De même, dit-on, que la vertu réserve ses faveurs aux actions honnêtes, de même elle doit avoir de la colère pour les actions honteuses. » Pourquoi ne dit-on pas que la vertu doit être en même temps basse et sublime? Or c'est là ce que dit celui qui veut en même temps l'exalter et la rabaisser ; car le plaisir de voir une bonne action a quelque chose de grand et d'élevé, la colère pour une faute d'autrui part d'un cœur bas et rétréci. Jamais la vertu ne se compromettra jusqu'à imiter les vices qu'elle combat. Elle s'attachera surtout à réprimer la colère, qui en rien n'est meilleure, qui souvent est pire que les vices qui l'irritent. La joie, la satisfaction sont l'apanage naturel de la vertu : la colère est au-dessous de sa dignité, aussi bien que l'affliction. Or la tristesse est compagne de la colère ; et c'est là qu'elle retombe soit après le repentir, soit après un échec. S'il est du sage de s'irriter contre les fautes, il s'irritera d'autant plus qu'elles seront plus grandes, et il s'irritera souvent : d'où il suit que le sage sera non seulement un homme irrité mais un homme irascible. Or, si nous jugeons que ni une grande colère, ni une colère fréquente ne doit trouver accès dans l'âme du sage, pourquoi ne pas la débarrasser entièrement de cette passion? Car, je le répète, elle ne peut avoir aucune limite, si elle doit se proportionner aux actes de chacun. Le sage devra être ou injuste, s'il s'irrite également contre des délits inégaux, ou très-irascible s'il s'emporte toutes les fois qu'un crime méritera sa colère. Or, quoi de plus indigne que de faire dépendre de la méchanceté d'autrui les sentiments du sage? Socrate lui-même cessera de pouvoir rapporter à la maison le même visage qu'il en avait emporté.

VII. D'ailleurs, si le sage doit s'irriter contre les actions honteuses, s'il doit s'émouvoir et s'attrister de tous les crimes, rien ne serait plus amer que la sagesse. Toute la vie se passerait dans la colère et la douleur. Peut-il y avoir un moment où le sage ne voie des choses blâmables? Chaque fois qu'il sortira de chez lui, il lui faudra traverser une foule de scélérats, d'avares, de prodigues, de débauchés, tous heureux de leurs vices : nulle part ne pourront tomber ses yeux sans rencontrer de quoi les indigner. Il ne pourra y suffire, s'il fait agir sa colère chaque fois que les circonstances l'exigeront. Ces milliers de plaideurs qui, dès le point du jour, courent au forum, quels infâmes procès ils soulèvent, et par quels avocats plus infâmes encore? L'un accuse les

[1] Lacune.

---

pulchrius illi visum esset, si flumen aliquod lacumque complesset? Quid mirum, si hoc maxime spectaculo caperis, innatus sanguini, et ab infante cædibus admotus? sequetur te fortuna crudelitatis tuæ per viginti annos secunda, dabitque oculis tuis gratum ubique spectaculum; videbis istud et circa Trasimenum, et circa Cannas, et novissime circa Carthaginem tuam. Volesus nuper sub divo Augusto proconsul Asiæ, cum trecentos una die securi percussisset, incedens inter cadavera vultu superbo, quasi magnificum quiddam conspiciendumque fecisset, Græce proclamavit: O rem regiam! Quid hic rex fecisset? Non fuit hæc ira, sed majus malum, et insanabile.....

VI. « Virtus, inquit, ut honestis rebus propitia est, ita turpibus irata esse debet. » Quid si dicatur, virtutem et humilem et magnam esse debere? atqui hæc dicit, qui illam extolli vult, et deprimi, quoniam lætitia ob recte factum clara magnificaque est; ira ob alienum peccatum sordida et angusti pectoris est : nec unquam committet virtus, ut vitia, dum compescit, imitetur ; ipsam iram castigandam habet, quæ nihilo melior est, sæpe etiam pejor his delictis, quibus irascitur. Gaudere lætarique, proprium et naturale virtutis est : irasci non est ex dignitate ejus, non magis quam mœrere. Atque iracundiæ tristitia comes est : et in hanc omnis ira vel post pœnitentiam, vel post repulsam revolvitur. Et si sapientis est peccatis irasci, magis irascetur majoribus, et sæpe irascetur ; sequitur, ut non tantum iratus sit sapiens, sed iracundus. Atqui si nec magnam iram, nec frequentem, in animo sapientis locum habere credimus, quid est, quare non ex toto hoc affectu illum liberemus? modus, inquam, esse non potest, si pro facto cujusque irascendum est. Nam aut iniquus erit, si æqualiter irascetur delictis inæqualibus : aut iracundissimus, si toties excanduerit, quoties iram scelera meruerint. Et quid indignius, quam sapientis affectum ex aliena pendere nequitia? desinet ille Socrates posse eumdem vultum domum referre, quem domo extulerat.

VII. Atqui si irasci sapiens debet turpiter factis, et concitari tristarique ob scelera, nihil est ærumnosius sapiente; omnis illi per iracundiam mœroremque vita transibit. Quod enim momentum erit, quo non improbanda videat? quoties processerit domo, per sceleratos illi, avarosque, et prodigos, et impudentes, et ob ista felices, incedendum erit : nusquam oculi ejus flectentur, ut non, quod indignentur, inveniant. Deficiet, si toties a se iram, quoties causa poscet, exegerit. Hæc tot millia ad Forum prima luce properantia, quam turpes lites, quanto turpiores advocatos consciscunt? alius indicia patris

rigueurs du testament paternel, comme si ce n'était pas assez de les avoir méritées : l'autre plaide contre sa mère : celui-ci se fait délateur d'un crime dont il est ouvertement accusé : celui-là, choisi pour juge, condamne les crimes qu'il vient de commettre ; et la foule est gagnée à la mauvaise cause par les belles paroles d'un avocat. Mais pourquoi entrer dans les détails ? Lorsque tu auras vu le forum couvert par la foule, l'enceinte du Champ-de-Mars inondée par la multitude des citoyens, et ce Cirque où s'entasse la plus grande partie du peuple, sache qu'il y a là autant de vices que d'hommes. Au milieu de toutes ces toges, il n'y a pas de paix : l'un est prêt à sacrifier l'autre pour le plus mince intérêt.

VIII. Nul ne fait de profit qu'au détriment des autres : on déteste les heureux, on méprise les malheureux ; ceux que les grands écrasent, écrasent les petits ; tous, des passions diverses les animent : pour un faible plaisir, pour un léger butin on voudrait tout bouleverser. C'est une vie de gladiateurs, qui vivent en commun pour combattre ensemble. C'est une société de bêtes féroces, excepté que celles-ci sont pacifiques entre elles et s'abstiennent de déchirer leurs semblables : l'homme s'abreuve du sang de l'homme. En cela seul il se distingue des animaux muets ; car ceux-ci déposent leur fureur devant ceux qui les nourrissent, tandis que la rage de l'homme dévore ceux qui l'alimentent. Le sage ne cessera jamais de s'irriter, s'il commence une fois. Tout est plein de crimes et de vices ; il s'en commet plus qu'on ne peut en guérir par la contrainte. Une lutte immense de perversité est engagée : tous les jours grandit l'appétit du mal, tous les jours en diminue la honte. Abjurant tout respect de l'honnête et du juste, la passion se précipite au gré de ses caprices. Et déjà les crimes ne se cachent plus à l'ombre ; ils marchent à découvert : la dépravation a pris un tel cours dans le public, elle domine tellement dans tous les cœurs, que l'innocence n'en est plus à être rare, mais nulle. Il ne s'agit pas, en effet, de quelques violations de la loi, individuelles ou peu nombreuses. De toutes parts, comme à un signal donné, tous les hommes se précipitent pour confondre le bien et le mal.

« L'hôte n'est plus en sûreté avec son hôte, le beau-père avec le gendre : l'affection paternelle est une rareté. L'époux tend des embûches à l'épouse, la femme au mari. Les terribles marâtres préparent le livide aconit. Le fils, avant le terme, calcule les années de son père. »

Et ce n'est là qu'une faible portion des crimes. Le poète n'a pas décrit deux camps ennemis formés d'un même peuple, les pères et les fils liés par des serments différents, la patrie livrée aux flammes par la main d'un citoyen, et les troupes de cavaliers fouillant partout avec rage pour découvrir les retraites des proscrits, et les fontaines publiques souillées par le poison, et la peste répandue avec la main, et les fossés creusés par nous autour de nos parents assiégés, les prisons pleines, et l'incendie dévorant des villes entières, et de funestes dominations, et la ruine des états et des royaumes tramée dans le secret des conseils, et la gloire acquise à des actes qui sont des crimes

---

accusat, quæ mereri satis fuit : alius cum matre consistit : alius delator venit ejus criminis, cujus manifestior reus est ; et judex damnaturus quæ fecit, eligitur : et corona pro mala causa, bona patroni voce corrupta. Quid singula persequor ? quum videris Forum multitudine refertum, et Septa concursu omnis frequentiæ plena, et illum circum, in quo maximam sui partem populus ostendit : hoc scito, istic tantumdem esse vitiorum, quantum hominum. Inter istos quos togatos vides, nulla pax est : alter in alterius exitium levi compendio ducitur.

VIII. Nulli nisi ex alterius damno quæstus est : felicem oderunt, infelicem contemnunt : majore gravantur, minori graves sunt : diversis stimulantur cupiditatibus : omnia perdita ob levem voluptatem prædamque cupiunt. Non alia quam in ludo gladiatorio vita est, cum iisdem viventium pugnantiumque. Ferarum iste conventus est : nisi quod illæ inter se placidæ sunt, morsuque similium abstinent, hi mutua laceratione satiantur. Hoc uno ab animalibus mutis differunt, quod illa mansuescunt alentibus, horum rabies ipsos, a quibus est nutrita, depascitur. Nunquam irasci desinet sapiens, si semel cœperit ; omnia sceleribus ac vitiis plena sunt ; plus committitur, quam quod possit coercitione sanari. Certatur ingenti quodam nequitiæ certamine : major quotidie peccandi cupiditas, minor verecundia est. Expulso melioris æquiorisque respectu, quocunque visum est, libido se impingit ; nec furtiva jam scelera sunt : præter oculos eunt ; adeoque in publicum missa nequitia est, et in omnium pectoribus evaluit, ut innocentia non rara, sed nulla sit. Numquid enim singuli aut pauci rupere legem ? undique, velut signo dato, ad fas nefasque, miscendum coorti sunt.

. . . . . . Non hospes ab hospite tutus,
Non socer a genero ; fratrum quoque gratia rara est.
Imminet exitio vir conjugis, illa mariti.
Lurida terribiles miscent aconita novercæ.
Filius ante diem patrios inquirit in annos.

Et quota pars ista scelerum est ? non descripsit castra ex una parte contraria, parentum liberorumque sacramenta diversa, subjectam patriæ civis manu flammam, et agmina infestorum equitum ad conquirendas proscriptorum latebras circumvolitantia, et violatos fontes venenis, et pestilentiam manu factam, et præductam obsessis parentibus fossam, plenos carceres, et incendia totas urbes concremantia, dominationesque funestas, et regnorum publicorumque exitiorum clandestina consilia : et pro gloria habita, quæ, quamdiu opprimi possunt, scelera sunt : raptus ac stupra, et ne os quidem libidini exceptum.

quand on peut les réprimer ; les rapts et les viols, et la débauche n'exceptant pas même la bouche de ses souillures.

IX. Ajoute maintenant les parjures publics des nations, les violations de traités, la force faisant sa proie de tout ce qui ne peut résister, les captations, les vols, les fraudes, les dénégations de dépôts, auxquels ne suffisent pas nos trois Forums. Si tu veux que le sage ait de la colère en proportion de l'énormité des crimes, ce ne sera plus de la colère, ce sera du délire. Crois plutôt qu'il ne faut pas de colère pour les erreurs. Que dirais-tu si on s'irritait contre ceux qui, dans les ténèbres, font des pas mal assurés, contre les sourds qui n'entendent pas un ordre, contre un esclave qui néglige le soin de ses devoirs pour regarder les jeux et les sots amusements de ses égaux ? Que dirais-tu si on voulait s'irriter contre les gens malades, vieux ou fatigués ? Parmi les autres infirmités des mortels, il faut mettre l'obscurcissement de l'esprit ; et il n'y a pas seulement chez nous la nécessité d'errer, mais l'amour de l'erreur. Pour ne pas t'irriter contre quelques-uns, il faut pardonner à tous ; il faut faire grâce au genre humain. Si tu t'irrites contre les jeunes gens et les vieillards, de ce qu'ils pèchent, il faut t'irriter contre les enfants de ce qu'ils doivent pécher. Y a-t-il donc quelqu'un qui s'irrite contre les enfants, dont l'âge ne sait encore rien discerner ? Or, l'excuse est plus valable, plus légitime pour l'homme que pour l'enfant. Il est dans les conditions de notre naissance d'être exposés à autant de maladies de l'âme que du corps : ce n'est point par la faiblesse ou la lenteur de l'intelligence ; mais nous faisons un mauvais usage de ses finesses, et nous devenons l'un pour l'autre des exemples de vice. Chacun suit celui qui le précède engagé dans une mauvaise route ; et comment n'a-t-on pas une excuse lorsqu'on s'égare sur la voie publique ?

X. La sévérité d'un chef d'armée s'exerce contre les individus ; mais l'indulgence est nécessaire lorsque toute l'armée a déserté. Qui désarme la colère du sage ? la foule des coupables. Il comprend combien il est injuste et dangereux de s'irriter contre un vice public. Héraclite, toutes les fois qu'il sortait, et voyait autour de lui tant de gens si mal vivre ou plutôt si mal mourir, pleurait et prenait en pitié tous ceux qu'il rencontrait heureux et contents ; c'était d'un esprit sensible, mais trop faible ; et lui-même était parmi les gens à plaindre. Démocrite, au contraire, dit-on, ne se trouvait jamais en public sans rire, tant il était loin de considérer comme sérieux rien de ce qui se traitait sérieusement. Où y a-t-il ici-bas sujet à colère ? Il faut ou rire ou pleurer de tout. Non, le sage ne s'irritera pas contre les fautes. Pourquoi ? parce qu'il sait que personne ne naît sage, mais qu'on le devient, et que, dans tout un siècle, il ne se produit qu'un petit nombre de sages ; parce qu'il a devant les yeux la condition de la nature humaine : or, aucun esprit sain ne s'irrite contre la nature. Ira-t-il s'étonner que des fruits savoureux ne pendent pas aux buissons des forêts ? S'étonnera-t-il que les épines et les ronces ne soient pas chargées de quelque production utile ? Personne ne s'irrite contre une imperfection qu'excuse la nature. Le sage donc, toujours calme et juste pour les erreurs, n'est pas ennemi, mais censeur

---

IX. Adde nunc publica perjuria gentium, et rupta fœdera, et in prædam validioris, quidquid non resistebat, abductum ; circumscriptiones, furta, fraudes, infitiationes, quibus trina non sufficiunt fora. Si tantum irasci vis sapientem, quantum scelerum indignitas exigit ; non irascendum illi, sed insaniendum est. Illud potius cogitabis, non esse irascendum erroribus ; quid enim si irascatur in tenebris parum vestigia certa ponentibus ? quid si quis surdis, imperia non exaudientibus ? quid si pueris, quod neglecto dispectu officiorum, ad lusus et ineptos æqualium jocos spectent ? quid si illis irasci velis, qui ægrotant, senescunt, fatigantur. Inter cetera mortalitatis incommoda, et hæc est caligo mentium : nec tantum necessitas errandi, sed errorum amor. Ne singulis irascaris, universis ignoscendum : generi humano venia tribuenda est. Si irasceris juvenibus senibusque, quod peccant : irascere infantibus, quod peccaturi sunt. Num quis irascitur pueris, quorum ætas nondum novit rerum discrimina ? major est excusatio et justior, hominem esse, quam puerum. Hac conditione nati sumus animalia obnoxia non paucioribus animi, quam corporis morbis : non quidem obtusa nec tarda, sed acumine nostro male utentia, alter alteri vitiorum exempla. Quisque sequitur priores male iter ingressos ; quidni habeant excusationem quum publica via erraverint ?

X. In singulos severitas imperatoris distringitur : at necessaria venia est, ubi totus deseruit exercitus. Quid tollit iram sapientis ? turba peccantium. Intelligit quam et iniquum sit et periculosum, irasci publico vitio. Heraclitus quoties prodierat, et tantum circa se male viventium, immo male pereuntium viderat, flebat, miserebatur omnium, qui sibi læti felicesque occurrebant, miti animo. sed nimis imbecillo : et ipse inter deplorandos erat. Democritum contra, aiunt, nunquam sine risu in publico fuisse ; adeo nihil illi videbatur serium eorum, quæ serio gerebantur. Ubi istic iræ locus est ? aut ridenda omnia, aut flenda sunt. Non irascetur sapiens peccantibus. Quare ? quia scit neminem nasci sapientem, sed fieri, scit paucissimos omni ævo sapientes evadere, quia conditionem humanæ vitæ perspectam habet : nemo autem naturæ sanus irascitur. Quid enim si mirari velit, non in silvestribus dumis poma pendere ? quid si miretur spineta sentesque non utili aliqua fruge compleri ? nemo irascitur, ubi vitium natura defendit. Placidus itaque sapiens et æquus

de ceux qui péchent; il ne sort jamais sans se dire : « Je rencontrerai beaucoup d'ivrognes, beaucoup de débauchés, beaucoup d'ingrats, beaucoup d'avares, beaucoup de gens agités par les furies de l'ambition. » Et il les regardera tous avec la même bienveillance que le médecin regarde ses malades. Le maître du vaisseau dont la charpente désunie fait eau de toutes parts se met-il en colère contre les matelots ou contre le navire? Ne va-t-il pas plutôt au-devant du danger, en fermant le passage à l'eau extérieure, rejetant celle qui a pénétré, bouchant les ouvertures apparentes, combattant par un travail continu les infiltrations cachées qui remplissent insensiblement la cale : il ne s'interrompt pas, parce que l'eau se renouvelle à mesure qu'on l'épuise. Il faut une assistance persévérante contre des maux continus et renaissants, non pour qu'ils disparaissent, mais pour qu'ils ne triomphent pas.

XI. « La colère est utile, dit-on, parce qu'elle sauve du mépris, parce qu'elle effraie les méchants. » D'abord si la colère est à la hauteur de ses menaces, par cela même elle est terrible, elle est odieuse. Car il est plus dangereux d'être craint que d'être méprisé. Mais si elle est sans force, elle n'en est que plus exposée au mépris, et elle n'évite pas le ridicule. Qu'y a-t-il, en effet, de plus froid que la colère s'escrimant dans le vide? Ensuite, de ce qu'une chose est plus effrayante, elle n'en est pas plus puissante; et je ne voudrais pas que l'on donnât au sage une arme qui est aussi celle de la bête féroce, la terreur. Eh quoi! ne craint-on pas aussi la fièvre, la goutte, un ulcère rongeant? Y a-t-il donc pour cela quelque chose de bon dans ces maux? Au contraire, n'inspirent-ils pas le dégoût, le mépris et l'horreur, précisément parce qu'on les redoute? La colère, par elle-même, est difforme et peu à craindre; mais beaucoup la redoutent, comme l'enfant a peur d'un masque difforme. Et puis l'effroi ne rejaillit-il pas sur celui qui l'inspire? En effet, nul ne peut se faire craindre et rester l'âme tranquille. Rappelle-toi ce vers de Labérius, récité sur le théâtre au milieu de la guerre civile, et qui fut accueilli par tout le peuple, comme si c'eût été la voix du sentiment public.

« Celui que beaucoup de monde craint, doit craindre beaucoup de monde. »

Ainsi l'a établi la nature : ce qui est grand par les craintes des autres n'est pas à l'abri de ses propres craintes. Le cœur du lion s'épouvante au plus léger bruit : les plus fiers animaux sont troublés par une ombre, un son, une odeur inaccoutumée. Tout ce qui effraie tremble à son tour. Il n'y a donc pas de raison pour qu'aucun homme sage désire d'être craint.

XII. Que personne ne pense que la colère soit quelque chose de grand, parce qu'elle fait peur; car on redoute aussi les choses les plus viles, les poisons, les gâteaux homicides, la dent d'un reptile. Et il n'est pas étonnant que des hordes nombreuses de bêtes féroces soient arrêtées et repoussées vers le piége par un cordon de plumes bigarrées, appelé *épouvantail* à cause de ses effets mêmes. Les êtres sans raison s'effraient sans raison. Le mouvement d'un char, l'aspect changeant d'une roue fait rentrer le lion dans sa cage; le cri du porc épouvante l'éléphant. C'est ainsi qu'est redoutée la colère, de même que les ténèbres font

---

erroribus, non hostis, sed corrector peccantium, hoc quotidie procedit animo : Multi mihi occurrent vino dediti, multi libidinosi, multi ingrati, multi avari, multi furiis ambitionis agitati. Omnia ista tam propitius aspiciet, quam ægros suos medicus. Numquid ille, cujus navigium multam, undique laxatis compagibus, aquam trahit, nautis ipsique navigio irascitur? occurrit potius, et aliam excludit undam, aliam egerit, manifesta foramina præcludit, latentibus et ex occulto sentinam ducentibus labore continuo resistit : nec ideo intermittit, quia, quantum exhaustum est, subnascitur. Lento adjutorio opus est contra mala continua et fecunda, non ut desinant, sed ne vincant.

XI. « Utilis est, inquit, ira : quia contemptum effugit, quia malos terret. » Primum, ira si quantum minatur, valet, ob hoc ipsum quod terribilis est, et invisa est. Periculosius est autem timeri, quam despici. Si vero sine viribus est, magis exposita contemtui est, et derisum non effugit; quid enim est iracundia in supervacuum tumultuante frigidius? Deinde non ideo quædam, quia terribiliora, potiora sunt : nec hoc sapientis dici velim, quod feræ quoque telum est, timeri. Quid? non timetur febris, podagra, ulcus malum? numquid ideo quidquam in istis boni est? an contra, omnia despecta et fœda et turpia ipso, quod timentur, sunt? ira per se deformis est, et minime metuenda : at timetur a pluribus, sicut deformis persona ab infantibus. Quid, quod semper in auctores redundat timor, nec quisquam metuitur, ipse securus? Occurrat hoc loco tibi Laberianus ille versus, qui medio civili bello in theatro dictus, totum in se populum non aliter convertit, quam si missa esset vox publici affectus :

Necesse est multos timeat, quem multi timent.

Ita natura constituit, ut quod alieno metu magnum est, a suo non vacet. Leoni quam pavida sunt ad leves sonos pectora : acerrimas feras umbra, vox, et odor insolitus exagitat; quidquid terret, et trepidat. Non est ergo, quare concupiscat quisquam sapiens timeri.

XII. Nec ideo iram magnum quisquam putet, quia formidini est : quoniam quædam etiam contemtissima timentur : venena, et offa mortifera, et morsus. Nec est mirum, quum maximos ferarum greges linea pennis distincta contineat, et in insidias agat, ab ipso effectu dicta formido. Vanis enim vana terrori sunt. Curriculi motus, rotarumque versata facies, leones redigit in caveam;

peur aux enfants, et les plumes rouges aux bêtes féroces. La colère n'a en elle-même aucune fermeté, aucun courage ; mais elle intimide les esprits faibles.

« La méchanceté, dit-on, doit être retranchée de la nature, si tu veux retrancher la colère ; or, ni l'un ni l'autre ne peut se faire. » D'abord on peut se préserver du froid, quoique l'hiver soit dans la nature, et de la chaleur quoiqu'il y ait des mois d'été ; soit que, par les avantages du lieu, on se garantisse des intempéries de la saison ; soit que les habitudes du corps triomphent de l'une et l'autre sensation. Ensuite, retourne la proposition : il faut retrancher la vertu de l'âme avant d'y admettre la colère ; car les vices ne s'allient pas avec les vertus ; et un homme ne peut pas plus être en même temps colère et sage, que malade et bien portant. « Il est impossible, dit-on, de retrancher entièrement de l'âme la colère ; la nature de l'homme ne le permet pas. » Cependant il n'est rien de si difficile, de si pénible que l'esprit humain ne puisse vaincre, avec quoi ne puisse familiariser un constant exercice ; il n'est point de passion si effrénée, si indomptable, qu'elle ne puisse être pliée au joug de la discipline. Tout ce que l'âme se commande, elle l'obtient. Certains hommes sont parvenus à ne jamais rire ; quelques-uns se sont interdit le vin, d'autres les femmes, d'autres enfin toute boisson. L'un se contente d'un court sommeil, et prolonge d'infatigables veilles ; d'autres ont appris à remonter en courant des cordes déliées, à porter des poids énormes, presque au-dessus des forces humaines, à plonger à d'immenses profondeurs, et à parcourir les eaux sans reprendre haleine.

XIII. Il est mille autres choses dans lesquelles la persévérance franchit tout obstacle, et prouve que rien n'est difficile, lorsque l'âme elle-même s'est imposée la patience. Quant aux faits que je viens de citer, le prix était nul ou peu digne d'un travail si opiniâtre. Que gagne, en effet, de si magnifique, celui qui s'est étudié à courir sur la corde tendue ? à charger ses épaules de poids énormes, à ne soumettre pas ses yeux au sommeil, à pénétrer au fond de la mer ? Et cependant, pour un si mince profit, la constance est venue à bout de son œuvre. Et nous, n'appellerons-nous pas à notre aide la patience qui nous réserve une récompense si belle, le calme inaltérable d'une âme heureuse ? Quelle victoire d'échapper à ce mal redoutable, la colère, et en même temps à la rage, à la violence, à la cruauté, à la fureur et aux autres passions qui l'accompagnent !

N'allons pas nous chercher une apologie ni le droit de nous excuser en disant : Ou cela est utile, ou cela est inévitable. Car enfin quel vice a jamais manqué d'avocat ? Il ne faut pas prétendre que la colère ne peut être guérie. Les maux qui nous travaillent ne sont pas incurables, et la nature elle-même, qui nous créa pour le bien, nous vient en aide si nous voulons nous corriger. D'ailleurs le chemin de la vertu n'est pas, comme l'ont cru quelques-uns, difficile et escarpé ; on y va de plainpied. Et je ne viens pas vous raconter des chimères : la route est facile vers une vie heureuse ; commencez seulement sous de bons auspices, et

---

elephantes porcina vox terret. Sic itaque ira metuitur, quomodo umbra ab infantibus, a feris rubens pinna ; non ipsa in se quidquam habet firmum, aut forte, sed vanos animos movet. « Nequitia, inquit, de rerum natura tollenda est, si velis iram tollere : neutrum autem potest fieri. » Primum, potest aliquis non algere, quamvis ex rerum natura hiems sit, et non æstuare, quamvis menses æstivi sint, aut loci beneficio adversus intemperiem anni tutus est, aut patientia corporis sensum utriusque pervincit. Deinde verte istud : necesse est prius virtutem ex animo tollas, quam iracundiam recipias, quoniam cum virtutibus vitia non coeunt. Nec magis quisquam eodem tempore et iratus potest esse, et vir bonus, quam æger et sanus. « Non potest, inquit, omnis ex animo ira tolli : nec hoc hominis natura patitur. » At qui nihil est tam difficile et arduum, quod non humana mens vincat, et in familiaritatem perducat assidua meditatio : nullique sunt tam feri et sui juris affectus, ut non disciplina perdomentur. Quodcunque sibi imperavit animus, obtinuit. Quidam, ne unquam riderent, consecuti sunt : vino quidam, alii Venere, quidam omni humore interdixit corporibus. Alius contentus brevi somno vigiliam indefatigabilem extendit : didicerunt tenuissimis et adversis funibus currere, et ingentia, vixque humanis toleranda viribus onera portare, et in immensam altitudinem mergi, ac sine ulla respirandi vice perpeti maria.

XIII. Mille sunt alia, in quibus pertinacia impedimentum omne transcendit, ostenditque nihil esse difficile, cujus sibi ipsa mens patientiam indiceret. Istis, quos paulo ante retuli, aut nulla tam pertinacis studii, aut non digna merces fuit. Quid enim magnificum consequitur ille, qui meditatus est per intensos funes ire ? qui sarcinæ ingenti cervices supponere ? qui somno non submittere oculos ? qui penetrare in imum mare ? et tamen ad finem operis, non magno auctoramento, labor pervenit. Nos non advocabimus patientiam, quos tantum præmium expectat, felicis animi immota tranquillitas ? quantum est, effugere maximum malum iram, et cum illa rabiem, sævitiam, crudelitatem, furorem, et alios comites ejus affectus ? Non est, quod patrocinium nobis quæramus et excusatam licentiam, dicentes : aut utile id esse, aut inevitabile ; cui enim tandem vitio advocatus defuit ? non est quod dicas excidi non posse : sanabilibus ægrotamus malis, ipsaque nos in rectum genitos natura, si emendari velimus, juvat. Nec, ut quibusdam visum est, arduum in virtutes et asperum iter est : plano adeuntur. Non vanæ vobis auctor rei venio ; facilis est ad beatam vitam via : inite modo bonis auspiciis, ipsisque diis bene juvantibus.

avec l'assistance favorable des dieux. Il est beaucoup plus difficile de faire ce que vous faites. Quoi, en effet, de plus doux que le repos de l'âme? quoi de plus fatigant que la colère? quoi de plus calme que la clémence? quoi de plus affairé que la cruauté? La chasteté est toujours en repos, la débauche est toujours occupée. Enfin, toutes les vertus sont d'une conservation facile; les vices s'entretiennent à grands frais.

Doit-on écarter la colère? c'est même ce qu'avouent en partie ceux qui disent qu'il faut la modérer. Proscrivons-la tout-à-fait : elle ne peut servir à rien. Sans elle, il sera plus facile et plus expédient de triompher du crime, de punir les méchants et de les ramener au bien.

XIV. Tout ce que le sage doit faire, il l'accomplira sans le secours d'aucune chose mauvaise; il n'emploiera pas le mélange d'un principe dont il aurait à surveiller avec inquiétude les écarts. Jamais donc la colère ne doit être admise; quelquefois on peut la simuler quand il s'agit de réveiller l'attention d'esprits paresseux, comme on excite avec le fouet ou la torche les chevaux lents à prendre leur course. Il faut quelquefois faire agir la crainte sur ceux auprès desquels la raison ne peut rien. Mais se mettre en colère n'est pas plus utile que de s'affliger ou de s'effrayer. « Eh quoi ! ne survient-il pas des occasions qui provoquent la colère? » Mais c'est alors surtout qu'il faut lutter contre elle. Il n'est pas difficile de maîtriser son âme, lorsqu'on voit l'athlète, qui s'occupe de la plus grossière partie de lui-même, supporter cependant les coups et la douleur pour épuiser les forces de son adversaire; et quand il frappe ce n'est pas la colère, c'est l'occasion qui l'y invite. On assure que Pyrrhus, ce grand maître d'exercices gymniques, avait coutume de recommander à ses élèves de ne pas se mettre en colère. Car la colère nuit à l'art, et voit où elle doit frapper, non où elle doit parer. Ainsi, souvent la raison conseille la patience ; la colère, la vengeance ; et d'un mal que nous pouvions d'abord éviter, nous retombons dans un plus grand. Il y a des gens qui, pour n'avoir pas su endurer tranquillement une parole outrageante, ont souffert l'exil; il y en a qui, ne voulant pas supporter en silence une légère injure, ont été accablés des maux les plus cruels, et qui, en s'indignant de ce qu'on ôtait quelque chose à la plénitude de leur liberté, ont attiré sur eux le joug de la servitude.

XV. « Pour preuve, dit-on, que la colère a en elle quelque chose de généreux, vous verrez libres les peuples les plus irascibles, comme les Germains et les Scythes. » Cela s'explique, parce que des âmes fortes et naturellement solides, avant d'être disciplinées par la civilisation, sont promptes à la colère. Certains sentiments ne prennent naissance que dans les meilleurs esprits, comme des arbres vigoureux s'élèvent sur un sol heureux quoique négligé : mais les productions de la terre cultivée sont bien autres. Ainsi, ces âmes naturellement puissantes produisent la colère; pleines de sève et de feu, elles ne renferment rien de mesquin, rien de chétif; mais cette énergie est imparfaite, comme tout ce qui croît sans art, par la seule vertu de la nature ; et si on ne les dompte aussitôt, ces germes du vrai courage dégénèrent en audace et en témérité. Mais

---

Multo difficilius est, facere ista quæ facitis; quid enim quiete otiosius animi? quid ira laboriosius? quid clementia remissius?.quid crudelitate negotiosius? Vacat pudicitia, libido occupatissima est, omnium denique virtutum tutela facilior est : vitia magno coluntur. Debet ira removeri? hoc ex parte fatentur etiam, qui dicunt esse minuendam. Tota dimittatur : nihil profutura est; sine illa facilius rectiusque scelera tollentur, mali punientur, et traducentur in melius.

XIV. Omnia, quæ debet sapiens, sine ullius malæ rei ministerio efficiet : nihilque admiscebit, cujus modum sollicitus observet. Nunquam itaque iracundia admittenda est; aliquando simulanda, si segnes audientium animi concitandi sunt, sicut tarde consurgentes ad cursum equos stimulis, facibusque subditis, excitamus. Aliquando incutiendus est his metus, apud quos ratio non proficit. Irasci quidem non magis utile est, quam mœrere, quam metuere. « Quid ergo? non incidunt causæ, quæ iram lacessunt? » Sed tunc maxime illi opponendæ manus sunt : nec est difficile, vincere animum : quum athletæ quoque in vilissima sui parte occupati, tamen ictus doloresque patiantur, ut vires cædentis exhauriant; nec quum ira suadet, feriunt, sed quum occasio. Pyrrhum maximum præceptorem certaminis gymnici, solitum aiunt his, quos exercebat, præcipere, ne irascerentur. Ira enim perturbat artem : et qua noceat tantum, non qua caveat, aspicit. Sæpe itaque ratio patientiam suadet, ira vindictam : et qui primis defungi malis potuimus, in majora devolvimur. Quosdam unius verbi contumelia, non æquo animo lata, in exsilium projecit : et qui levem injuriam silentio ferre noluerant, gravissimis malis obruti sunt, indignatique aliquid ex plenissima libertate deminui, servile in sese attraxerunt jugum.

XV. « Ut scias, inquit, iram habere in se generosi aliquid, liberas videbis gentes quæ iracundissimæ sunt, ut Germanos et Scythas. » Quod evenit, quia fortiora solidaque natura ingenia, antequam disciplina molliantur, prona in iram sunt. Quædam enim non nisi melioribus innascuntur ingeniis, sicut valida arbusta et læta quamvis neglecta tellus creat : alia secundi soli silva est. Itaque et ingenia natura fortia iracundiam ferunt, nihilque tenue et exile capiunt, ignea vel fervida : sed imperfectus ille vigor est, ut omnibus quæ sine arte, ipsius tantum naturæ bono, exsurgunt; sed nisi cito domita sunt, quæ

quoi ! ne voit-on pas a la douceur de caractère s'allier des faiblesses analogues, comme la pitié, l'amour, la pudeur ? Aussi, je te signalerai un bon caractère par ses imperfections mêmes ; mais ce n'en sont pas moins des défauts, quoiqu'ils soient les indices d'un bon naturel. D'ailleurs, tous ces peuples, dans leur liberté sauvage, ressemblent aux lions et aux loups, qui ne peuvent ni obéir, ni commander. Il n'y a pas chez eux la force de caractère de l'homme, mais l'humeur intraitable des animaux féroces : or, nul ne peut gouverner, s'il ne sait être gouverné.

XVI. Aussi, presque toujours l'empire a appartenu aux peuples des régions tempérées : chez ceux qui habitent les glaces du nord, le caractère est sauvage, comme dit le poète, *semblable en tout à leur climat*.

« On regarde, dit-on, comme les plus généreux des animaux ceux qui ont le plus de colère. » C'est une erreur d'offrir les animaux en exemple à l'homme ; au lieu de raison, ils n'ont que la fougue ; chez l'homme, au lieu de la fougue, il y a la raison. Et encore ce n'est pas le même mobile qui leur sert à tous. Le lion a pour auxiliaire la colère ; le cerf, la crainte ; le vautour, l'impétuosité ; la colombe, la fuite. D'ailleurs, cela même n'est pas vrai, que les animaux les plus irascibles vaillent le mieux. J'avouerai que les bêtes féroces, qui vivent de leur proie, sont d'autant plus puissantes qu'elles sont plus furieuses ; mais je louerai dans le bœuf sa patience ; dans le cheval, sa docilité sous le frein. Mais pourquoi rabaisser l'homme à de si malheureuses comparaisons, lorsque tu as devant toi l'univers et Dieu, que seul, de tous les animaux, il comprend, parce que seul il peut l'imiter ?

« Les hommes emportés, dit-on, passent pour les hommes les plus francs. » C'est qu'on les compare aux hommes fourbes et adroits, et ils paraissent francs parce qu'ils se mettent à découvert. Quant à moi, je ne les appellerai pas francs, mais inconsidérés ; et c'est le nom que nous donnons aux sots, aux débauchés, aux prodigues et à tous les vices peu éclairés.

XVII. « Quelquefois, dit-on, l'orateur qui s'emporte en est plus éloquent. » Dis plutôt, qui feint l'emportement, car les histrions, par leur débit, remuent le peuple non parce qu'ils sont en colère, mais parce qu'ils jouent bien la colère. Ainsi, devant les juges, devant l'assemblée du peuple, et partout où il s'agit d'entraîner les esprits à notre impulsion, nous feindrons tantôt la colère, tantôt la crainte, tantôt la pitié, pour l'inspirer aux autres ; et souvent ce qu'une émotion réelle n'eût pas obtenu, une émotion simulée l'obtiendra. « L'âme est faible, dit-on, si elle reste sans colère. » C'est vrai, s'il n'y a en elle rien de plus puissant que la colère. Il ne faut être ni fripon ni dupe, ni compatissant ni cruel ; l'un serait mollesse, l'autre dureté de cœur. Que le sage tienne le milieu ; et, s'il faut agir avec vigueur, qu'il fasse preuve d'énergie et non pas de colère.

XVIII. Puisque nous avons traité la question de la colère, passons maintenant aux remèdes. Ils sont à mon avis de deux espèces : ceux qui nous préservent de la colère, et ceux qui nous garan-

---

fortitudini apta erant, audaciæ temeritatique consuescunt. Quid? non mitioribus animis vitia leniora conjuncta sunt ut misericordia, amor, et verecundia? Itaque tibi sæpe bonam indolem a malis quoque suis ostendam, sed non ideo vitia non sunt, si naturæ melioris indicia sunt. Deinde omnes istæ feritate liberæ gentes, leonum luporumque ritu, ut servire non possunt, ita nec imperare. Non enim humani vim ingenii, sed feri et intractabilis habent : nemo autem regere potest, nisi qui et regi.

XVI. Fere itaque imperia penes fuere populos, qui mitiore cœlo utuntur : in frigora septemtrionemque vergentibus immansueta ingenia sunt, ut ait poeta,

.... Suoque simillima cœlo.

« Animalia, inquit, generosissima habentur, quibus multum inest iræ. » Errat, qui ea in exemplum hominis adducit, quibus pro ratione est impetus : homini pro impetu ratio est. Sed nec illis quidem omnibus idem prodest. Iracundia leones adjuvat, pavor cervos, accipitrem impetus, columbam fuga. Quid quod ne illud quidem verum est, optima animalia esse iracundissima? Feras putem, quibus ex raptu alimenta sunt, meliores, quo iratiores : patientiam laudaverim bonum, et equorum frenos sequentium. Quid autem est, cur hominem ad tam infelicia exempla revoces, quum habeas mundum, Deumque, quem ex omnibus animalibus, ut solus imitetur, solus intelligit? « Simplicissimi, inquit, omnium habentur iracundi. » Fraudulentis enim et versutis comparantur : et simplices videntur, quia expositi sunt : quos quidem non simplices dixerim, sed incautos. Stultis, luxuriosis, nepotibusque hoc nomen imponimus, et omnibus vitiis parum callidis.

XVII. « Orator, inquit, iratus aliquando melior est. » Immo imitatus iratum ; nam et histriones in pronuntiando non irati populum movent, sed iratum bene agentes. Et apud judices itaque, et in concione, et ubicumque alieni animi ad nostrum arbitrium agendi sunt, modo iram, modo metum, modo misericordiam, ut aliis incutiamus, ipsi simulabimus : et sæpe id quod veri affectus non effecissent, effecit imitatio affectuum. « Languidus, inquit, animus est, qui ira caret. » Verum est, si nihil habet ira valentius. Nec latronem oportet esse, nec prædam, nec misericordem, nec crudelem : illius nimis mollis animus, hujus nimis durus est. Temperatus sit sapiens : et ad res fortius agendas non iram, sed vim adhibeat.

XVIII. Quoniam quæ de ira quærantur, tractavimus, accedamus ad remedia ejus. Duo autem, ut opinor, sunt : ne incidamus in iram, et ne in ira peccemus. Ut in cor-

tissent des fautes dans la colère. Comme dans la médecine du corps, il y a des prescriptions pour le maintien de la santé, d'autres pour son rétablissement ; ainsi, pour repousser la colère, les moyens ne sont pas les mêmes que pour la calmer et en triompher. Certains préceptes embrasseront la vie entière, ils se diviseront entre l'éducation, et les âges suivants. L'éducation exige une attention particulière, dont les fruits sont surtout dans l'avenir ; car il est aisé de façonner les esprits encore tendres ; il est difficile de déraciner des vices qui ont grandi avec nous. La nature des âmes ardentes est d'être plus accessibles à la colère. Car, comme il y a quatre éléments : le feu, l'eau, l'air et la terre, il y a quatre puissances correspondantes, la chaleur, l'humidité, la sécheresse et le froid. C'est donc le mélange des éléments qui forme les variétés de lieux, de races, de tempéraments, de mœurs ; et les esprits sont entraînés par chaque penchant, selon que la puissance de chaque élément y domine. C'est pour cela que nous disons que chaque région est humide ou sèche, chaude ou froide. Les mêmes oppositions se rencontrent chez les animaux et chez les hommes.

XIX. Ce qui importe, c'est dans quelle mesure chacun renferme en soi le chaud et l'humide. La proportion dominante de chaque élément déterminera les penchants. L'élément chaud fera l'homme irascible ; car le feu est actif et opiniâtre. L'élément froid fait l'homme timide ; car le froid engourdit et resserre. Aussi, quelques-uns de nos philosophes veulent que la colère surgisse de la poitrine, lorsque le sang bouillonne autour du cœur. Il n'y a pas d'autre raison pour assigner de préférence ce siège à la colère, que parce que la poitrine est la partie la plus chaude de tout le corps. Chez ceux où domine le principe humide, la colère croît par degrés, parce que la chaleur en eux n'est pas toute prête ; elle ne s'acquiert que par le mouvement. Aussi, les colères des enfants et des femmes sont plutôt vives que profondes, et sont faibles à leur début. Dans les âges de sécheresse, la colère est violente et soutenue, mais sans accroissement, et faisant peu de progrès, parce que la chaleur, sur son déclin, est bientôt suivie du froid. Les vieillards sont difficiles et querelleurs, comme les malades et les convalescents, et ceux chez qui la fatigue ou les pertes de sang ont épuisé la chaleur. Les mêmes conditions se rencontrent chez ceux qui sont tourmentés par la faim ou la soif, ceux dont le sang est appauvri, dont le corps est affaibli par une mauvaise nourriture. Le vin enflamme la colère, parce que, suivant le tempérament de chacun, il augmente la chaleur.

XX. Certains hommes s'échauffent dans l'ivresse, d'autres....[1] sont malades. Il n'y a pas d'autre raison pour laquelle les gens les plus irascibles ont les cheveux rouges et le teint animé, eux qui ont naturellement la couleur que la colère a coutume de donner aux autres ; car leur sang a trop de mobilité, trop d'action. Mais, de même que la nature produit des tempéraments disposés à la colère, de même plusieurs causes accidentelles ont le même pouvoir que la nature. Chez les uns cet effet est produit par la maladie ou les souffrances du corps ; chez d'autres, par le travail, les veilles continuelles, les nuits inquiètes, l'am-

[1] Lacune.

porum cura, alia de tuenda valetudine, alia de restituenda, præcepta sunt : ita aliter iram debemus repellere, aliter compescere, ut vincamus. Quædam ad universam vitam pertinentia præcipientur : ea in educationem, et in sequentia tempora dividentur. Educatio maximam diligentiam, plurimumque profuturam desiderat ; facile est enim, teneros adhuc animos componere, difficulter reciduntur vitia, quæ nobiscum creverunt. Opportunissima ad iracundiam fervidi animi natura est ; nam quum elementa sint quatuor, ignis, aqua, aer, et terra ; potestates pares his sunt, frigida, fervida, arida, atque humida. Et locorum itaque, et animalium, et corporum, et morum varietates, mixtura elementorum facit, et proinde in aliquos magis incumbunt ingenia, prout alicujus elementi major vis abundavit. Inde quasdam humidas vocamus, aridasque regiones, et calidas, et frigidas. Eadem animalium et hominum discrimina sunt.

XIX. Refert quantum quisque humidi in se calidique contineat : cujus in illo elementi portio prævalebit, inde mores erunt. Iracundos fervidi mixtura faciet : est enim actuosus et pertinax ignis. Frigidi mixtura timidos facit : pigrum est enim contractumque frigus. Volunt itaque quidam ex nostris iram in pectore moveri, effervescente circa cor sanguine. Causa cur enim potissimum assignetur iræ locus, non alia est, quam quod in toto corpore calidissimum pectus est. Quibus humidi plus inest, eorum paulatim crescit ira, quia non est paratus illis calor, sed motu acquiritur. Itaque puerorum feminarumque iræ acres magis, quam graves sunt, levioresque dum incipiunt : siccis ætatibus vehemens robustaque ira est, sed sine incremento, non multum sibi adjiciens, quia inclinato calorem frigus insequitur. Senes difficiles et queruli sunt, ut ægri et convalescentes, et quorum aut lassitudine, aut detractione sanguinis exhaustus est calor. In eadem causa sunt siti fameque rabidi, et quibus exsangue corpus est, malignaque alitur et deficit. Vinum incendit iram, quia calorem auget pro cujusque natura.

XX. Quidam ebrii effervescunt, quidam... saucii sunt. Neque ulla alia causa est, cur iracundissimi sint flavi rubentesque, quibus talis natura color est, qualis fieri ceteris inter iram solet ; mobilis enim illis agitatusque sanguis est. Sed quemadmodum natura quosdam proclives in iram facit, ita multæ incidunt causæ, quæ idem possint quod natura. Alios morbus aut injuria corporum in hoc perduxit, alios labor, et continua pervigilia, noctesque sollicitæ, et desideria, amoresque : et quidquid aliud

bition, l'amour ; enfin, toute autre chose qui affecte le corps ou l'âme, dispose l'esprit malade à devenir querelleur. Mais il n'y a là que des commencements et des causes ; tout est dans l'habitude qui, si elle est profonde, alimente le vice. Il est sans doute difficile de changer le naturel, et il n'est pas permis de transformer les éléments une fois combinés à la naissance : mais il est bon de savoir qu'aux esprits ardents il faut interdire le vin. Platon pense qu'il faut le refuser aux enfants, et défend d'animer le feu par le feu. Il ne faut pas non plus les surcharger d'aliments, qui distendent le corps ; car l'esprit se gonfle avec le corps. Que le travail les exerce sans les fatiguer, de manière à ce que leur chaleur diminue sans s'éteindre, et que leur trop grande ardeur jette son écume. Les jeux ont aussi leur utilité ; car des plaisirs modérés délassent et adoucissent l'esprit. Les tempéraments humides, secs et froids, ne sont pas exposés à la colère ; mais ils ont à craindre des défauts plus grands, la poltronnerie, l'hésitation, le découragement et la méfiance.

XXI. A de tels caractères il faut donc de la douceur, des caresses qui les amènent à la gaîté. Et comme on doit employer contre la colère des remèdes tout autres que contre la tristesse, et que ces défauts exigent des traitements non seulement dissemblables, mais contraires, nous irons toujours au-devant du défaut le plus saillant. Il est très-important, je le répète, que les enfants aient de bonne heure des principes salutaires. Or, c'est une tâche difficile ; car il faut nous attacher et à ne pas entretenir chez eux la colère, et à ne pas émousser leur esprit. La chose demande une observation attentive. En effet les dispositions qu'il faut cultiver, et celles qu'il faut étouffer se nourrissent d'aliments semblables ; or les semblables trompent aisément même l'attention. L'esprit abuse de la licence ; il s'affaisse dans la servitude : les éloges l'exaltent et lui inspirent une noble confiance en lui-même, mais ils engendrent aussi l'insolence et l'irascibilité. Il faut donc maintenir l'enfant également éloigné des deux excès de manière à employer tantôt le frein, tantôt l'aiguillon : qu'on ne lui impose rien d'humiliant, rien de servile. Qu'il n'ait jamais besoin de demander en suppliant, et qu'il n'y trouve aucun profit. Qu'on ne lui donne rien qu'en considération de lui-même, de sa conduite passée, de ses bonnes promesses pour l'avenir. Dans ses luttes avec ses camarades, ne souffrons pas qu'il se laisse vaincre ou qu'il se mette en colère ; attachons-nous à le rendre ami de ceux avec qui il a coutume de rivaliser, afin que dans ces combats il s'habitue non pas à blesser mais à vaincre. Toutes les fois qu'il l'aura emporté, qu'il aura fait quelquechose de louable, laissons-le s'applaudir, mais non se vanter avec transport ; car la joie mène à l'enivrement, l'enivrement à l'orgueil et à une trop haute idée de soi. Nous lui donnerons quelque relâche ; mais nous ne le laisserons pas amollir dans le désœuvrement et la paresse, et nous le tiendrons loin du contact des voluptés. Car rien ne rend irritable comme une éducation molle et complaisante ; voilà pourquoi plus on a d'indulgence pour un enfant unique, plus on accorde à

---

aut corpori nocuit aut animo, ægram mentem in querelas parat. Sed ista omnia initia causæque sunt, plurimumque potest consuetudo, quæ, si gravis est, alit vitium. Naturam quidem mutare, difficile est, nec licet semel mixta nascentium elementa convertere. Sed in hoc nosse profuit, ut calentibus ingeniis subtrahas vinum, quod pueris Plato negandum putat, et ignem vetat igne incitari. Nec cibis quidem implendi sunt ; distendentur enim corpora, et animi cum corpore tumescent. Labor illos citra lassitudinem exerceat, ut minuatur, non ut consumatur calor, nimiusque ille fervor despumet. Lusus quoque proderunt ; modica enim voluptas laxat animos, et temperat. Humidioribus, siccioribus et frigidis non est ab ira periculum : sed majora vitia metuenda sunt, pavor, difficultas, et desperatio, et suspiciones.

XXI. Mollienda itaque, fovendaque talia ingenia, et in lætitiam evocanda sunt. Et quia aliis contra iram, aliis contra tristitiam remediis utendum est, nec dissimilibus tantum ista, sed contrariis curanda sunt, semper ei occurremus, quod increverit. Plurimum, inquam, proderit pueros statim salubriter institui. Difficile autem regimen est, quia dare debemus operam, ne aut iram in illis nutriamus, aut indolem retundamus. Diligenti observatione res indiget. Utrumque enim et quod extollendum, et quod deprimendum est, similibus alitur : facile autem etiam attendentem similia decipiunt. Crescit licentia spiritus, servitute comminuitur : assurgit, si laudatur, et in spem sui bonam adducitur ; sed eadem ista insolentiam et iracundiam generant. Sic itaque inter utrumque regendus est, ut modo frenis utamur, modo stimulis : nihil humile, nihil servile patiatur. Nunquam illi necesse sit rogare suppliciter, nec prosit rogasse : potius causæ suæ, et prioribus factis, et bonis in futurum promissis donetur. In certaminibus æqualium nec vinci illum patiamur, nec irasci ; demus operam, ut familiaris sit his, cum quibus contendere solet, ut in certamine assuescat non nocere velle, sed vincere. Quoties superaverit, et dignum aliqua laude fecerit, attolli, non gestire patiamur ; gaudium enim exsultatio, exsultationem tumor, et nimia æstimatio sui sequitur. Dabimus aliquod laxamentum ; in desidiam vero otiumque non resolvemus, et procul a contactu deliciarum retinebimus. Nihil enim magis facit iracundos, quam educatio mollis et blanda ; ideo unicis, quo plus indulgetur, pupillisque, quo plus licet, corruptior animus est. Non resistet offensis, cui nihil unquam negatum est, cui lacrimas sollicita semper mater abstersit, cui de pædagogo satisfactum est. Non vides, ut majorem quamque fortunam major ira comitetur ? In divitibus nobili-

un pupille, plus on leur gâte le cœur. Il ne résistera pas à une offense, celui auquel jamais rien n'a été refusé, celui dont une tendre mère a toujours essuyé les larmes, qui a toujours eu raison contre son pédagogue. Ne vois-tu pas que les plus grandes fortunes sont toujours accompagnées des plus grandes colères? La colère se montre surtout chez les riches, chez les nobles, chez les magistrats, lorsque tout ce qu'il y a de vain et de frivole au cœur se gonfle au souffle de la fortune. La prospérité nourrit la colère, lorsque la foule des adulateurs assiége les oreilles du superbe, et lui crie : « Tu ne te mesures pas à ta hauteur, tu te rabaisses toi-même, » et d'autres flatteries auxquelles résisterait à peine un esprit sain et affermi depuis longtemps dans les bons principes.

Il faut donc placer l'enfance loin de toute flatterie; qu'elle entende la vérité; qu'elle connaisse quelquefois la crainte, toujours le respect : qu'elle rende hommage à la vieillesse; qu'elle n'obtienne rien par la colère. Ce qu'on lui a refusé quand elle pleurait, qu'on le lui offre quand elle sera calme; qu'elle ait les richesses paternelles en perspective, non en usage; qu'on lui reproche toute mauvaise action.

XXII. Une chose importante sera de choisir des précepteurs et des pédagogues d'un caractère doux. La tige encore tendre s'attache aux branches voisines et grandit en se modelant sur elles. L'adolescent reproduit bientôt les mœurs des nourrices et des pédagogues. Un enfant élevé chez Platon et ramené chez ses parents, voyait son père s'emporter en criant: — « Jamais, dit-il, je n'ai vu cela chez Platon. » Je ne doute pas qu'il ne fut plus prompt à imiter son père que Platon.

Qu'avant tout la nourriture de l'enfant soit frugale, ses vêtements sans luxe, et sa mise semblable à celle de ses compagnons. Il ne s'irritera pas de se voir comparer à d'autres, si dans le principe tu le fais l'égal du grand nombre. Mais tout cela ne regarde que nos enfants. Pour nous, si le hasard de la naissance et l'éducation ne laissent plus de place ni aux vices, ni aux préceptes, nous devons régler les jours qui nous restent. Il nous faut donc combattre les causes premières. La cause de la colère, c'est l'idée qu'on a reçu un affront : il ne faut pas y croire facilement, ni se laisser aller aux choses mêmes qui nous paraissent les plus évidentes. Car souvent le faux a les dehors du vrai. Il faut donc toujours s'accorder un délai; le temps dévoile la vérité. N'ouvrons point aux incriminations une oreille complaisante : connaissons bien, ayons en défiance ce travers de l'humaine nature, qui est de croire volontiers ce qu'il nous fâche d'apprendre, et de nous emporter avant de juger.

XXIII. Que sera-ce si nous nous laissons entraîner non pas seulement par de faux rapports, mais par le soupçon; si, interprétant en mal un air de visage, un sourire, nous nous irritons contre l'innocence? Il faut donc plaider contre nous-mêmes la cause de l'absent, et tenir notre colère en suspens. Car un châtiment différé peut s'accomplir ; accompli, il ne peut se rappeler. On connaît ce tyrannicide qui, surpris avant d'avoir consommé son acte, et torturé par Hippias, pour qu'il déclarât ses complices, indiqua les amis du tyran qui se trouvaient autour de lui, et qu'il savait mettre le plus grand prix à sa vie. Hippias

---

busque et magistratibus præcipue apparet, quum quidquid leve et inane in animo erat, secunda se aura sustulit. Felicitas iracundiam nutrit, ubi aures superbas assentatorum turba circumstetit. Tibi enim respondeat : non pro fastigio te tuo metiris : ipse te projicis, et alia, quibus vix sanæ et ab initio bene fundatæ mentes restiterint. Longe itaque ab assentatione pueritia removenda est : audiat verum, et timeat interim, vereatur semper; majoribus assurgat, nihil per iracundiam exoret. Quod flenti negatum fuerat, quieto offeratur : et divitias parentum in conspectu habeat, non in usu. Exprobrentur illi perperam facta.

XXII. Pertinebit ad rem, præceptores pædagogosque pueris placidos dari. Proximis applicatur omne quod tenerum est, et in eorum similitudinem crescit : nutricum et pædagogorum retulere mox in adolescentia mores. Apud Platonem educatus puer, quum ad parentes relatus, vociferantem videret patrem, nunquam, inquit, hoc apud Platonem vidi. Non dubito, quin citius patrem imitatus sit, quam Platonem. Tenuis ante omnia victus, et non pretiosa vestis, et similis cultus cum æqualibus Non irascetur aliquem sibi comparari, quem ab initio multis parem feceris. Sed hæc ad liberos nostros pertinent. In nobis siquidem sors nascendi et educatio nec vitii locum, nec jam præcepti habet, sequentia ordinanda sunt. Contra primas itaque causas pugnare debemus. Causa iracundiæ, opinio injuriæ est, cui non facile credendum est, nec apertis quidem manifestisque statim accedendum. Quædam enim falsa veri speciem ferunt. Dandum semper est tempus : veritatem dies aperit. Ne sint aures criminantibus faciles; hoc humanæ naturæ vitium suspectum notumque nobis sit, quod, quæ inviti audimus, libenter credimus, et antequam judicemus, irascimur.

XXIII. Quid, quod non criminationibus tantum ; sed suspicionibus impellimur, et ex vultu risuque alieno pejora interpretati, innocentibus irascimur? Itaque agenda est contra se causa absentis, et in suspenso ira retinenda. Potest enim pœna dilata exigi, non potest exacta revocari. Notus est ille tyrannicida, qui, imperfecto opere comprehensus, et ab Hippia tortus, ut conscios indicaret, circumstantes amicos tyranni nominavit, quibus quam maxime caram salutem ejus sciebat, et quum ille singulos, ut nominati erant, occidi jussisset, interrogavit, ecquis superesset? Tu, inquit, solus : neminem enim alium, cui carus esses, reliqui. Effecit ira, ut tyrannus tyranni-

les ayant fait mourir l'un après l'autre à mesure qu'ils étaient nommés, demanda s'il en restait encore « Toi seul, répondit-il, car je ne t'ai laissé personne d'autre à qui tu fusses cher. » La colère fit que le tyran prêta son bras au tyrannicide, et frappa ses défenseurs de son propre glaive. Qu'Alexandre fut plus magnanime! Ayant reçu une lettre de sa mère qui l'avertissait de prendre garde au poison du médecin Philippe, il but sans crainte la potion qu'il lui offrait, se fiant plutôt à soi-même qu'à sa mère sur un ami, il était digne de le trouver, digne de le rendre innocent. J'admire d'autant plus cela dans Alexandre, que personne ne fut plus prompt à la colère; et plus la modération est rare chez les rois, plus elle doit être applaudie. César en fit autant, lui qui usa avec tant de clémence de la victoire civile. Ayant surpris les portefeuilles contenant les lettres écrites à Pompée par ceux qui paraissaient avoir suivi le parti contraire, ou être restés neutres, il les brûla; quoique d'habitude il fût très-modéré dans sa colère, il aima mieux n'en pas avoir l'occasion, et jugea que la plus noble manière de pardonner est d'ignorer les torts de chacun. La crédulité fait beaucoup de mal : souvent on ne doit pas même écouter; car, dans certaines choses, il vaut mieux être trompé qu'être en défiance.

XXIV. Il faut bannir de l'âme tout soupçon, toute conjecture, sources d'injustes colères. Un tel m'a salué peu poliment, tel autre m'a embrassé avec froideur ; celui-ci a interrompu brusquement une phrase commencée; celui-là ne m'a pas invité à son repas; le visage de cet autre m'a semblé peu gracieux. Jamais les prétextes ne manqueront aux soupçons : voyons plus simplement les choses, et jugeons-les avec bienveillance. Ne croyons que ce qui nous frappe les yeux, ce qui sera évident; et toutes les fois que nous reconnaîtrons nos soupçons mal fondés, gourmandons notre crédulité. Cette sévérité nous donnera l'habitude de ne pas croire facilement.

XXV. Et puis une règle à suivre, c'est de ne pas nous mettre en fureur pour des sujets frivoles et misérables. Mon esclave est peu alerte, mon eau n'est pas assez fraîche, mon lit est mal arrangé, ma table négligemment dressée. S'emporter là-dessus est folie. Il faut être malade ou d'une pauvre santé pour frissonner au vent le plus léger ; avoir la vue bien affectée, pour être ébloui par la blancheur d'une étoffe; être énervé de mollesse, pour que le travail d'autrui donne un point de côté. On raconte que Mindyride, de la ville des Sybarites, voyant un homme qui creusait la terre et levait sa pioche un peu haut, se plaignit que cela le fatiguait et lui défendit de continuer son ouvrage en sa présence. Le même homme se plaignit souvent d'avoir une meurtrissure, pour s'être couché sur des feuilles de roses pliées. Une fois que les voluptés ont corrompu en même temps le corps et l'âme, toutes choses semblent insupportables, non par leur dureté, mais par notre mollesse. D'où viennent en effet ces accès de rage pour entendre tousser ou éternuer quelqu'un, pour une mouche qu'on n'a pas chassée assez vite[1], pour un chien qui se trouve dans notre chemin, pour une clef tombée par mégarde de la main d'un esclave? Supportera-t-il avec calme les clameurs populaires, les

[1] Il y avait des esclaves chargés de cet emploi.

cidæ manus commodaret, et præsidia sua gladio suo cæderet. Quanto animosius Alexander? qui quum legisset epistolam matris, qua admonebatur, ut a veneno Philippi medici caveret, acceptam potionem non deterritus bibit. Plus sibi de amico suo credidit : dignus fuit qui innocentem haberet, dignus qui faceret. Hoc eo magis in Alexandro laudo, quia nemo tam obnoxius iræ fuit : quo rarior autem moderatio in regibus, hoc laudanda magis est. Fecit hoc et C. Cæsar, ille qui victoria civili clementissime usus est. Quum scrinia deprehendisset epistolarum ad Pompeium missarum ab iis, qui videbantur aut in diversis, aut in neutris fuisse partibus, combussit : quamvis moderate soleret irasci, maluit tamen non posse. Gratissimum putavit genus veniæ, nescire quid quisque peccasset. Plurimum mali credulitas facit : sæpe ne audiendum quidem est, quoniam in quibusdam rebus satius est decipi, quam diffidere.

XXIV. Tollenda ex animo suspicio et conjectura, fallacissima irritamenta. Ille me parum humane salutavit, ille osculo meo non adhæsit, ille inchoatum sermonem cito abrupit, ille ad cœnam non vocavit, illius vultus aversior visus est. Non deerit suspicioni argumentatio : simplicitate opus est, et benigna rerum æstimatione. Nihil nisi quod in oculos incurret, manifestumque erit, credamus : et quoties suspicio nostra vana apparuerit, objurgemus credulitatem. Hæc enim castigatio consuetudinem efficiet non facile credendi.

XXV. Inde et illud sequitur, ut minimis sordidisque rebus non exacerbemur. Parum agilis est puer, aut tepidior aqua potui, aut turbatus torus, aut mensa negligentius posita : ad ista concitari, insania est ; æger et infelicis valetudinis est, quem levis aura contraxit : affecti oculi, quos candida vestis obturbat : dissolutus deliciis, cujus latus alieno labore condoluit. Mindyridem aiunt fuisse ex Sybaritarum civitate : qui quum vidisset fodientem, et altius rastrum allevantem, lassum se fieri questus, vetuit illum opus in conspectu suo facere. Idem vibicem habere sæpius questus est, quod foliis rosæ duplicatis incubuisset. Ubi animum simul et corpus voluptates corrupere, nihil tolerabile videtur : non quia dura, sed quia molles patimur. Quid enim est cur tussis alicujus, aut sternutamentum, aut musca parum curiose fugata, nos in rabiem agat, aut obversatus canis, aut clavis negligentis servi manibus elapsa? Feret iste æquo animo ci-

sarcasmes du forum et de la curie, celui dont les oreilles sont blessées par le bruit d'un siège que l'on traîne? Endurera-t-il la faim et la soif pendant une guerre d'été, celui qui s'irrite contre un esclave qui a mal délayé la neige dans le vin?

XXVI. Aussi, rien n'alimente plus la colère que les intempérances et les impatiences de la mollesse. Il faut traiter notre âme durement, pour qu'elle ne sente du moins que les coups qui sont pesants. On se met en colère, ou contre des objets dont on n'a pu recevoir une injure, ou contre ceux dont on a pu en recevoir. Parmi les premiers, il y en a qui sont inanimés, comme un livre, que souvent nous jetons parce qu'il est écrit en caractères trop fins, que nous déchirons parce que nous y trouvons des fautes; comme des vêtements, que nous mettons en pièces parce qu'ils nous déplaisent : n'est-ce pas folie de s'irriter contre des choses qui ne peuvent ni mériter ni sentir notre colère? « Mais, si je me fâche, c'est contre ceux qui les ont faites. » D'abord, souvent nous nous emportons avant d'avoir fait cette distinction; ensuite, peut-être les ouvriers auraient-ils aussi de bonnes excuses à alléguer. L'un n'a pu mieux faire qu'il n'a fait; et ce n'est pas pour toi une injure, s'il n'en sait pas davantage; l'autre n'a pas fait cela pour t'offenser. Après tout, quoi de plus déraisonnable, que de verser sur des choses la bile soulevée par des hommes? Mais, s'il est insensé de s'irriter contre des objets privés de sentiment, il ne l'est pas moins de s'irriter contre des animaux muets, qui ne peuvent nous faire injure, parce qu'ils ne peuvent le vouloir; car il n'y a d'injure que celle qui part de l'intention. Ils peuvent donc nous nuire, ainsi qu'une arme, une pierre; mais ils ne peuvent nous faire injure. Pourtant, il y a des gens qui se croient outragés, si un cheval, docile sous un autre cavalier, est rétif sous eux : comme si c'était la réflexion et non l'habitude et les exercices de l'art qui rendent certaines choses plus maniables à certains hommes.

XXVII. Or, si la colère, dans ce cas, est ridicule, elle l'est aussi vis-à-vis des enfants et de ceux qui ne vont pas beaucoup plus loin que la sagesse des enfants. Car, pour toutes les fautes, auprès d'un juge équitable, l'imprévoyance tient lieu d'innocence.

Il est aussi des êtres qui ne peuvent nuire, qui n'ont qu'une propriété bienfaisante et salutaire, comme les dieux immortels qui n'ont ni la volonté ni le pouvoir du mal. Car leur nature est la douceur et la paix, aussi éloignée de nuire aux autres qu'à elle-même. Il n'y a donc que les insensés, et ceux qui ignorent la vérité, qui leur imputent les fureurs de la mer, la surabondance des pluies, les rigueurs de l'hiver; tandis qu'aucun de ces phénomènes, qui nous nuisent ou nous servent, ne s'adresse directement à nous. Nous ne sommes pas aux yeux de la nature la cause des retours périodiques de l'hiver et de l'été; ils ont leurs lois qui gouvernent toutes les choses divines. Nous avons une trop haute opinion de nous, en nous croyant dignes d'être le principe de si merveilleux monuments. Rien de tout cela n'a été fait à notre préjudice; loin de là, au contraire, il n'est rien qui n'ait été fait à notre avantage.

Nous avons dit qu'il y a des êtres qui ne peuvent nuire; il y en a d'autres qui ne le veulent

---

vile convicium, et ingesta in concione curiave maledicta, cujus aures tracti subsellii stridor offendit? Perpetietur hic famem, et æstivæ expeditionis sitim, qui puero male diluenti nivem, irascitur.

XXVI. Nulla itaque res magis iracundiam alit, quam luxuria intemperans et impatiens. Dure tractandus animus est, ut ictum non sentiat, nisi gravem. Irascimur aut his, a quibus nec accipere injuriam potuimus, aut his a quibus accipere potuimus. Ex prioribus quædam sine sensu sunt : ut, librum, quem minutioribus litteris scriptum sæpe projecimus et mendosum, laceravimus : ut, vestimenta, quæ quia displicebant, scidimus. His irasci quam stultum est, quæ iram nostram nec meruerunt, nec sentiunt? « Sed nos offendunt videlicet, qui illa fecerunt. » Primum, sæpe antequam hoc apud nos distinguamus, irascimur : deinde fortasse ipsi quoque artifices excusationes justas afferent. Alius non potuit melius facere, quam fecit, nec ad tuam contumeliam parum didicit : alius non in hoc, ut te offenderet, fecit. Ad ultimum, quid est dementius, quam bilem in homines collectam in res effundere? Atqui ut his irasci dementis est, quæ anima carent, sic mutis animalibus, quæ nullam injuriam nobis faciunt, quia velle non possunt : non est enim injuria, nisi a consilio profecta. Nocere itaque nobis possunt, ut ferrum, aut lapis; injuriam quidem facere non possunt. Atqui contemni se quidam putant, ubi equi iidem obsequentes alteri equiti, alteri contumaces sunt : tanquam judicio, non consuetudine, et arte tractandi, quædam quibusdam subjectiora sint.

XXVII. Atqui ut his irasci stultum est, ita pueris, et non multum a puerorum prudentia distantibus. Omnia enim ista peccata, apud æquum judicem, pro innocentia habent imprudentiam. Quædam sunt, quæ nocere non possunt, nullamque vim nisi beneficam et salutarem habent : ut dii immortales, qui nec volunt obesse, nec possunt. Natura enim illis mitis et placida est, tam longe remota ab aliena injuria, quam a sua. Dementes itaque et ignari veritatis illis imputant sævitiam maris, immodicos imbres, pertinaciam hiemis : quum interim nihil horum, quæ nobis nocent prosuntve, ad nos proprie dirigatur. Non enim nos causa mundo sumus, hiemem æstatemque referendi; suas ista leges habent, quibus divina exercentur. Nimis nos suspicimus, si digni nobis videmur, propter quos tanta moveantur. Nihil ergo horum in nostram

pas. Parmi ceux-ci seront les bons magistrats, les parents, les précepteurs et les juges : il faut considérer leurs châtiments, comme le scalpel, la diète et les autres choses qui nous font du mal pour notre bien. Subissons-nous quelque punition ; rappelons-nous, non ce que nous souffrons, mais ce que nous avons fait : ouvrons un interrogatoire sur notre conduite. Si nous voulons convenir avec nous-mêmes de la vérité, nous jugerons que notre délit méritait davantage. Si nous voulons apprécier justement toutes choses, nous nous convaincrons d'abord qu'aucun de nous n'est exempt de fautes. Car c'est de là que vient notre plus grande indignation : je n'ai rien à me reprocher ; je n'ai rien fait : c'est-à-dire que tu n'avoues rien. Nous nous révoltons de nous voir soumis à quelque réprimande, à quelque punition ; tandis que, dans ce moment même, nous péchons en ajoutant à nos fautes l'arrogance et la rébellion. Quel est celui qui peut se dire innocent aux yeux de toutes les lois? Et si cela était, quelle pauvre innocence de n'être bon que selon la loi ! La règle de nos devoirs est bien plus étendue que celle du droit. Que de choses nous commandent la piété, l'humanité, la bienfaisance, la justice et la bonne foi, qui ne sont pas inscrites sur les tables d'airain !

XXVIII. Cependant, même cette formule si étroite de l'innocence, nous ne pouvons la suivre. Il y a des choses que nous avons faites, d'autres que nous avons méditées, d'autres que nous avons souhaitées, d'autres auxquelles nous avons aidé; dans quelques-unes nous sommes innocents, parce qu'elles n'ont pas réussi. Cette pensée nous rendra plus indulgents pour les fautes, plus dociles aux réprimandes. Surtout ne nous emportons pas contre nous-mêmes (car, qui épargnerons-nous, si nous ne nous épargnons pas?) et moins encore contre les dieux. Car ce n'est pas leur loi, mais celle de l'humanité qui nous fait subir les déplaisirs qui nous surviennent. Mais les maladies, les douleurs nous assiègent. Ne faut-il donc pas dépouiller de quelque manière cette enveloppe de fange que nous donna le sort?

On te dira que quelqu'un a mal parlé de toi; cherche si tu n'as pas commencé le premier, cherche sur combien de gens tu as parlé. Songe, en un mot, que les uns ne font pas une injure, mais la rendent; que les autres la font par entraînement, d'autres par contrainte, d'autres par ignorance : même celui qui la commet volontairement et sciemment, tout en nous offensant, ne cherche pas à offenser. Ou il a cédé à l'attrait d'un bon mot, ou il a fait quelque chose non pour nous faire mal, mais parce qu'il ne pouvait parvenir, s'il ne nous eût poussé à l'écart. Souvent la flatterie blesse en caressant. Quiconque se rappellera combien de fois il a été exposé à de faux soupçons, combien de services la fortune lui a rendus sous les apparences du mal, combien de gens il a aimés après les avoir haïs, pourra être moins prompt à s'irriter, surtout si à chaque chose qui le blesse, il se dit dans le secret de son cœur : « J'ai fait la même chose. » Mais où trouver un juge aussi équitable? Sera-ce celui qui jamais ne voit la femme d'un autre sans la convoiter, à qui il suffit, pour légitimer son amour, qu'elle soit à

---

injuriam fit; immo contra, nihil non ad salutem. Quædam esse diximus, quæ nocere non possunt : quædam, quæ nolunt. In his erunt boni magistratus, parentesque, et præceptores, et judices : quorum castigatio sic accipienda est, quomodo scalpellum, et abstinentia, et alia quæ profutura torquent. Affecti sumus pœna? succurrat, non tantum quid patiamur, sed quid fecerimus : in consilium de vita nostra mittamur. Si verum ipsi dicere nobis voluerimus, pluris litem nostram æstimabimus. Si volumus æqui omnium rerum judices esse, hoc primum nobis suadeamus, neminem nostrum esse sine culpa. Hinc enim maxima indignatio oritur : Nihil peccavi, nihil feci; immo nihil fateris. Indignamur aliqua admonitione aut coercitione nos castigatos : quum illo ipso tempore peccemus, quo adjicimus maleïactis arrogantiam et contumaciam. Quis est iste, qui se profitetur omnibus legibus innocentem? Ut hoc ita sit, quam angusta innocentia est, ad legem bonum esse? quanto latius officiorum patet quam juris regula? quam multa pietas, humanitas, liberalitas, justitia, fides exigunt : quæ omnia extra publicas tabulas sunt?

XXVIII. Sed ne ad illam quidem arctissimam innocentiæ formulam præstare nos possumus. Alia fecimus, alia cogitavimus, alia optavimus, aliis favimus : in quibusdam innocentes sumus, quia non successit. Hoc cogitantes, æquiores simus delinquentibus, cedamus objurgantibus : utique nobis ne irascamur (cui enim non, si nobis quoque?) minime diis. Non enim illorum, sed lege mortalitatis patimur, quidquid incommodi accidit. At morbi doloresque incurrunt. Utique aliqua fugiendum est domicilium putre sortitis. Dicetur aliquis male de te locutus : cogita an prior feceris, cogita de quam multis loquaris. Cogitemus, inquam, alios non facere injuriam, sed reponere : alios pronos facere, alios coactos facere, alios ignorantes : etiam eos qui volentes scienteque faciunt, ex injuria nostra non ipsam injuriam petere. Aut dulcedine urbanitatis prolapsus est, aut fecit aliquid, non ut nobis obesset, sed quia consequi ipse non poterat nisi nos repulisset. Sæpe adulatio, dum blanditur, offendit. Quisquis ad se retulerit, quotiens ipse in suspicionem falsam inciderit, quam multis officiis suis fortuna speciem injuriæ induerit, quam multos post odium amare cœperit, poterit non statim irasci : utique si sibi tacitus ad singula quibus offenditur, dixerit : hæc et ipse commissi. Sed ubi tam æquum judicem invenies? Is qui nullius non uxorem concupiscit, et satis justam causam putat amandi, quod aliena est, idem uxorem suam aspici non vult : et fidei acerrimus exactor, est perfidus : et men-

autrui, tandis qu'il ne veut pas qu'on regarde la sienne? Sera-ce cet homme sans foi, qui exige impitoyablement l'accomplissement d'une parole donnée, ce parjure qui poursuit le mensonge, ce délateur qui souffre impatiemment qu'on l'appelle en justice? Cet homme ne veut pas qu'on attente à la pudeur de ses jeunes esclaves, et il livre la sienne. Les vices d'autrui sont devant nos yeux ; les nôtres sont derrière nous. C'est ainsi qu'un père gourmande les longs festins d'un fils moins déréglé que lui. Celui qui ne refuse rien à ses passions n'accorde rien à celles des autres : le tyran s'emporte contre l'homicide, et le sacrilége punit le vol. La majorité des hommes s'irrite non contre le délit, mais contre le délinquant. Un retour sur nous-mêmes nous rendra plus indulgents, si nous nous interrogeons. N'avons-nous pas nous-mêmes fait quelque chose de pareil? Ne sommes-nous pas tombés dans les mêmes égarements? Gagnons-nous quelque chose à une condamnation?

Le meilleur remède à la colère, c'est le temps. Et ne lui demande pas, dès l'abord, qu'elle pardonne ; mais qu'elle juge : si elle attend, elle se dissipe. N'essaie pas de la comprimer d'un seul coup ; sa première fougue est trop puissante ; pour la dompter tout entière, il faut des attaques partielles.

XXIX. Des choses qui nous offensent, il y en a qu'on nous rapporte, il y en a que nous entendons, que nous voyons nous-mêmes. Pour celles qui nous sont racontées, il ne faut pas nous presser d'y croire. Beaucoup d'hommes mentent pour tromper, beaucoup d'autres parce qu'ils sont trompés. L'un accuse pour faire sa cour, et suppose l'injure pour avoir l'air de vous plaindre ; l'autre, par méfiance, cherche à désunir d'étroites amitiés ; celui-ci, par malice, se fait un jeu de regarder de loin et sans risque ceux qu'il a mis aux prises.

Si tu avais à juger une contestation sur les plus modiques sommes, sans témoin, rien ne te serait prouvé ; sans serment, le témoin ne ferait pas foi ; aux deux partis tu accorderais une remise, tu accorderais du temps ; tu les entendrais plus d'une fois ; car la vérité brille d'autant plus qu'elle nous a plus souvent passé dans les mains. Un ami, tu le condamnes sur-le-champ, sans l'entendre, sans l'interroger. Avant qu'il puisse connaître son accusateur ou son crime, tu t'emportes contre lui. Connais-tu sitôt la vérité? as-tu entendu le pour et le contre? Mais celui même qui t'a fait le rapport abandonnera son dire, s'il lui faut le prouver. « Ne va pas, dit-il, me nommer ; si tu me mets en avant, je nie tout : assurément je ne te dirai jamais plus rien. » En même temps qu'il t'excite, il se dérobe à la lutte et au combat. Quand on ne veut parler qu'en secret, c'est comme si l'on ne parlait pas. Quoi de plus injuste que de croire tout bas, et de se fâcher tout haut?

XXX. Il y a de certaines choses dont nous sommes nous-mêmes témoins. Dans ce cas, examinons le caractère et l'intention de ceux qui les font. C'est un enfant? on pardonne à son âge ; il ne sait s'il fait mal. C'est un père? ou il nous a fait assez de bien pour avoir acquis le droit d'une offense, ou c'est peut-être encore un service de plus que nous prenons pour une injure. C'est une femme? elle se trompe. C'est par ordre? qui pourrait, sans

---

dacia persequitur, ipse perjurus : et litem sibi inferri ægerrime calumniator patitur. Pudicitiam servulorum suorum attentari non vult, qui non pepercit suæ. Aliena vitia in oculis habemus : a tergo nostra sunt. Inde est, quod tempestiva filii convivia pater deterior filio castigat. Nihil alienæ luxuriæ ignoscit, qui nihil suæ negavit : et homicidæ tyrannus irascitur : et punit furta sacrilegus. Magna pars hominum est, quæ non peccatis irascitur, sed peccantibus. Faciet nos moderatiores respectus nostri, si consuluerimus nos : numquid et ipsi aliquid tale commisimus? Numquid sic erravimus? Expeditne nobis ista damnari? Maximum remedium est iræ, mora. Nec ab illa pete initio, ut ignoscat, sed ut judicet ; desinet, si exspectat ; nec universam illam tentaveris tollere ; graves habet impetus primos ; tota vincetur, dum partibus carpitur.

XXIX. Ex his quæ nos offendunt, alia renuntiantur nobis, alia ipsi audimus aut videmus. His quæ narrata sunt, non debemus cito credere. Multi ementiuntur, ut decipiant : multi, quia decepti sunt. Alius criminatione gratiam captat, et fingit injuriam, ut videatur doluisse factam. Est aliquis malignus, et qui amicitias cohærentes, diducere velit, est suspicax : et qui spectare ludos cupiat, ut ex longinquo tutoque speculetur, quos collisit. De parvula summa judicaturo, tibi res sine teste non probaretur, testis, sine jurejurando non valeret : utrique parti dares advocationem, dares tempus, nec semel audires ; magis enim veritas elucet, quo sæpius ad manum venit. Amicum condemnas de præsentibus, antequam audias, antequam interroges? illi, antequam aut accusatorem suum nosse liceat, aut crimen, irasceris? Jam verum, jam utrimque quid diceretur, audisti? Hic ipse qui ad te detulit, desinet dicere, si probare debuerit. Non est, inquit, quod me pro trahas : ego productus negabo. Alioqui nihil unquam tibi dicam. Eodem tempore et instigat, et ipse se certamini et pugnæ subtrahit. Qui dicere tibi nisi clam non vult, pæne non dicit. Quid est iniquius, quam secreto credere, palam irasci?

XXX. Quorumdam ipsi testes sumus. In his naturam excutiemus voluntatemque facientium. Puer est? ætati donetur : nescit an peccet. Pater est? aut tantum profuit, ut illi etiam injuriæ jus sit ; aut fortassis ipsum hoc meritum ejus est, quo offendimur. Mulier est? errat. Jussus est? necessitati quis, nisi iniquus, succenset? Læsus

DE LA COLÈRE.

injustice, s'irriter contre la nécessité. C'est par représailles? Ce n'est pas être offensé, que de souffrir ce que tu as fait souffrir le premier. C'est un juge? Respecte plus sa décision que la tienne. C'est un roi? S'il te frappe coupable, cède à la justice; si innocent, cède à la fortune. C'est un animal sans raison, ou un être semblable? Tu t'assimiles à lui en t'irritant. C'est une maladie, une calamité? Elle passera plus vite si tu la supportes. C'est un dieu? Tu perds ta peine à t'irriter contre lui, autant qu'à invoquer sa colère contre un autre. C'est un homme de bien qui t'a fait injure? N'en crois rien. C'est un méchant? N'en sois pas étonné: un autre le punira pour ce qu'il t'a fait; et déjà il s'est puni lui-même par la faute qu'il a faite.

Deux circonstances, ai-je dit, excitent la colère : d'abord, lorsqu'il nous semble avoir été outragés : sur ce point, nous en avons dit assez; ensuite, lorsqu'il nous semble l'avoir été injustement; c'est de quoi nous allons nous occuper. Les hommes considèrent comme injustes certaines choses qu'ils ne méritaient pas de souffrir, ou d'autres auxquelles ils ne s'attendaient pas. Nous jugeons inique ce qui est imprévu; aussi, ce qui révolte le plus, c'est ce qui arrive contre l'attente et l'espérance. Ce n'est pas une autre raison qui fait que les moindres choses nous offensent dans notre intérieur; et que, chez un ami, nous appelons la négligence une injure.

XXXI. « Pourquoi donc, dit-on, sommes-nous si sensibles aux outrages d'un ennemi? » C'est qu'ils viennent contre notre attente, ou qu'ils la dépassent. C'est l'effet d'un trop grand amour-propre; nous nous persuadons que, même pour nos ennemis, nous devons être inviolables. Chacun a dans son cœur des prétentions de roi, et veut se donner tout pouvoir sur les autres, sans en accorder aucun sur soi. C'est donc ou l'ignorance des choses, ou la présomption qui nous rend irritables. L'ignorance; car est-il étonnant que les méchants fassent le mal? Qu'y a-t-il d'étrange qu'un ennemi nuise, qu'un ami offense, qu'un fils s'oublie, qu'un esclave se néglige? Fabius trouvait que c'était la plus pitoyable excuse pour un général, que de dire : « Je n'y ai pas pensé. » Moi, je trouve qu'elle est aussi pitoyable pour tout homme. Pense à tout, prévois tout : même dans les meilleurs caractères il existe des aspérités. La nature humaine produit des amis insidieux, elle en produit d'ingrats, elle en produit de cupides, elle en produit d'impies. Dans tes jugements sur les mœurs d'un seul, pense aux mœurs publiques : quand tu te félicites le plus, tu dois le plus craindre : quand tout te semble calme, les orages ne manquent pas, mais ils sommeillent. Songe qu'il y a toujours quelque chose en réserve pour te nuire. Le pilote ne déploie jamais toutes ses voiles avec une sécurité si entière, que ses cordages ne soient disposés pour les replier au besoin.

Rappelle-toi surtout que la passion de nuire est infâme et odieuse, et tout-à-fait étrangère au cœur de l'homme, dont la bonté adoucit même les natures sauvages. Vois l'éléphant courber sa tête sous le joug, le taureau laisser impunément sur son dos des femmes et des enfants, des serpents ramper au milieu de nos coupes et envelopper nos seins de leurs replis innocents, et, dans nos maisons, des lions et des ours ouvrir à

---

est? non est injuria, pati quod prior feceris. Judex est? plus illius credas sententiæ, quam tuæ. Rex est? si nocentem, punit, cede justitiæ: si innocentem, cede fortunæ. Mutum animal est, aut simile muto? imitaris illud, si irasceris. Morbus est, aut calamitas? levius transilict sustinentem. Deus est? tam perdis operam quum illi irasceris, quam quum illum alteri precaris iratum. Bonus vir est, qui injuriam fecit? noli credere. Malus? noli mirari; dabit pœnas alteri, quas debet tibi ; et jam sibi dedit, qui peccavit. Duo sunt, ut dixi, quæ iracundiam concitant: primum, si injuriam videmur accepisse; de hoc satis dictum est. Deinde, si inique accepisse; de hoc dicendum est. Iniqua quædam judicant homines quia pati non debuerint: quædam, quia non speraverint. Indigna putamus, quæ inopinata sunt. Itaque maxime commovent, quæ contra spem expectationemque evencrunt. Nec aliud est, quare in domesticis minima offendant, in amicis, injuriam vocemus negligentiam.

XXXI. « Quomodo ergo, inquit, inimicorum nos injuriæ movent? » Quia non exspectavimus illas, aut certe non tantas. Hoc efficit amor nostri nimius : inviolatos nos etiam inimicis judicamus esse debere. Regis quisque intra se animum habet ut licentiam sibi dari velit, in se nolit. Aut ignorantia nos itaque rerum, aut insolentia iracundos facit. Ignorantia : quid enim mirum est malos mala facinora edere? Quid novi est, si inimicus nocet, amicus offendit, filius labitur, servus peccat? Turpissimam aiebat Fabius imperatori excusationem esse : Non putavi; ego turpissimam homini puto. Omnia puta, expecta : etiam in bonis moribus aliquid exsistet asperius. Fert humana natura insidiosos amicos, fert ingratos, fert cupidos, fert impios. Quum de moribus unius judicabis, de publicis cogita : ubi maxime gaudebis, maxime metues : ubi tranquilla tibi omnia videntur, ibi nocitura non desunt, sed quiescunt; semper futurum aliquid, quod te offendat, existima. Gubernator nunquam ita totos sinus explicuit securus, ut non expedita ad contrahendum armamenta disponeret. Illud ante omnia cogita, fœdam esse et exsecrabilem vim nocendi, et alienissimam homini, cujus beneficio etiam sæva mansuescunt. Aspice elephantorum jugo colla submissa, taurorum pueris pariter ac feminis persultantibus terga impune calcata, et repentes inter pocula sinusque innoxio lapsu dracones, et intra domum ursorum leonumque ora placida tractantibus, adulantesque dominum fe-

nos mains leurs gueules pacifiques, et poursuivre un maître de leurs caresses : tu rougiras d'avoir changé de nature avec les animaux.

C'est un crime de nuire à la patrie; par conséquent à un citoyen, car il fait partie de la patrie. Quand le tout est sacré, la partie a droit au respect; par conséquent l'homme est sacré, car il est ton concitoyen dans la grande cité. Qu'arriverait-il, si les mains voulaient nuire aux pieds, les yeux aux mains? De même que tous les membres doivent s'accorder entre eux, parce que tous sont intéressés à la conservation de chacun, ainsi les hommes doivent s'épargner l'un l'autre, parce qu'ils sont nés pour vivre en commun. Or, il n'y a de salut pour la société, que l'amour et l'appui mutuel de chacune de ses parties. Même les vipères et les serpents d'eau, funestes par leurs coups et leurs morsures, nous ne les écraserions pas, si, comme les autres animaux, nous pouvions les apprivoiser, et les empêcher d'être malfaisants pour nous et les autres. Ainsi, nous ne punirons pas même l'homme parcequ'il a péché, mais pour qu'il ne pèche plus; et la loi, dans ses peines, n'envisage pas le passé, mais l'avenir; car elle n'a pas de colère, mais de la prévoyance. S'il faut punir tout naturel dépravé et disposé au mal, la peine n'exceptera personne.

XXXII. « Mais la colère renferme un certain plaisir, et il est doux de rendre le mal. » Nullement. Car, s'il est beau, dans les bienfaits, de compenser un service par un service, il ne l'est pas de compenser l'injure par l'injure. Là il est honteux d'être vaincu, ici, de vaincre. La vengeance est un mot qui n'a rien d'humain (et pourtant on la confond avec la justice); le talion n'en diffère que parce que c'est une vengeance régulière. Celui qui renvoie l'offense, ne pèche qu'avec un peu plus d'excuse.

Un homme avait, aux bains publics, frappé, par mégarde, M. Caton, qu'il ne connaissait pas (car qui lui aurait sciemment fait injure). Comme ensuite il s'excusait, « je ne me souviens pas », dit Caton, « d'avoir été frappé. » Il pensa qu'il valait mieux ne pas apercevoir l'injure que la venger. « N'est-il donc, dis-tu, résulté aucun mal de cet excès d'insolence ? » Au contraire, beaucoup de bien; cet homme apprit à connaître Caton. Il est d'une grande âme de mépriser l'injure. La vengeance la plus accablante pour l'agresseur, est de ne pas paraître digne de provoquer la vengeance. Beaucoup, en demandant satisfaction d'une légère blessure, n'ont fait que l'approfondir. L'homme grand et généreux imite le lion magnanime, qui entend sans s'émouvoir les aboiements des chiens impuissants. « Nous serons plus respectés, dis-tu, si nous nous vengeons. » Si nous en faisons un remède, que ce soit sans colère, et non parce que la vengeance est douce, mais parce qu'elle est utile. Mais souvent il vaut mieux dissimuler, que se venger.

XXXIII. Les injures des hommes puissants doivent être accueillies non seulement avec patience, mais même d'un air riant; car ils humilieront de nouveau, s'ils se persuadent avoir humilié. Ce qu'il y a de plus odieux dans l'insolence d'une haute fortune, c'est de haïr ceux qu'on a blessés. On connaît partout le mot de cet homme qui avait vieilli au service des rois : comme on lui

---

ras : pudebit cum animalibus permutasse mores. Nefas est nocere patriæ; ergo civi quoque; nam hic pars patriæ est. Sanctæ partes sunt, si universum venerabile est; ergo et homini; nam hic in majore tibi urbe civis est. Quid si nocere velint manus pedibus, manibus oculi! Ut omnia inter se membra consentiunt; quia singula servari totius interest; ita homines singulis parcent, quia ad coetum geniti sumus; salva autem esse societas nisi amore et custodia partium non potest. Ne viperas quidem et natrices, et si qua morsu aut ictu nocent, effligeremus, si ut reliqua mansuefacere possemus, aut efficere, ne nobis aliisve periculo essent. Ergo ne homini quidem nocebimus, quia peccavit, sed ne peccet : nec unquam ad præteritum, sed ad futurum pœna referetur, non enim irascitur, sed cavet. Nam si puniendus est; cuicumque pravum maleficumque ingenium est, pœna neminem excipiet.

XXXII. « At enim ira habet aliquam voluptatem, et dulce est dolorem reddere. Minime; non enim ut in beneficiis honestum est merita repensare, ita injurias injuriis; illic, vinci turpe est; hic, vincere. Inhumanum verbum est (ut quidem pro justo re-

ceptum) ultio; et talio non multum differt nisi ordine. Qui dolorem regerit, tantum excusatius peccat. M. Catonem in balneo ignorans quidam percussit imprudens; quis enim illi sciens faceret injuriam? postea satisfacienti Cato. Non memini, inquit, percussum me. Melius putavit, non agnoscere, quam vindicare. Nihil, inquis, post tantam petulantiam mali factum est? Immo multum boni; cœpit Catonem nosse. Magni animi est injurias despicere; ululuis contumeliosissimum genus est, non esse visum dignum, ex quo peteretur ultio. Multi leves injurias altius sibi demisere, dum vindicant : ille magnus et nobilis est, qui, more magnæ feræ, latratus minutorum canum securus exaudit. « Minus, inquit, contemnemur, si vindicaverimus injuriam. » Si tanquam ad remedium venimus, sine ira veniamus : non quasi dulce sit vindicari, sed quasi utile. Sæpe autem satius fuit dissimulare, quam ulcisci.

XXXIII. Potentiorum injuriæ hilari vultu, non patienter tantum ferendæ sunt; facient iterum, si se fecisse crediderint. Hoc habent pessimum animi magna fortuna insolentes : quos læserunt, et oderunt. Notissima vox est ejus, qui in cultu regum consenuerat. Quum

demandait comment il était parvenu à une chose si rare à la cour, la vieillesse: « En recevant, dit-il, des affronts, et en remerciant. »

Souvent, loin qu'il soit avantageux de venger l'injure, il est, au contraire, avantageux de ne pas la reconnaître. Caius César, choqué de la recherche qu'affectait, dans sa mise et sa coiffure, le fils de Pastor, illustre chevalier romain, l'avait fait mettre en prison. Le père le suppliant de lui accorder la grâce de son fils, César, comme si cette prière était un avertissement pour le supplice, ordonna aussitôt sa mort. Cependant, pour que tout ne fût pas inhumain dans ses rapports avec le père, il l'invita à souper le jour même. Pastor s'y rendit, sans que son visage trahit aucun ressentiment. Après avoir chargé quelqu'un de le surveiller, César lui porte une santé dans une vaste coupe; l'infortuné la vida entièrement, quoique ce fût comme s'il buvait le sang de son fils. Il lui fait passer des parfums et des couronnes, avec ordre d'examiner s'il les accepte; il les accepta. Le jour même qu'il avait enterré son fils, ou plutôt qu'il n'avait pu l'enterrer, il était couché, lui centième, au banquet de César; et le vieillard podagre faisait des libations qu'on se permettrait à peine au jour de naissance d'un enfant. Pendant tout ce temps il ne versa pas une larme, il ne permit à aucun signe de trahir sa douleur. Il soupa comme s'il avait obtenu la grâce de son fils. Tu me demandes pourquoi? Il en avait un autre. Que fit Priam? ne dissimula-t-il pas sa douleur? n'embrassa-t-il pas les genoux du roi thessalien? Il porta à ses lèvres cette main funeste, teinte du sang de son fils, et prit place au banquet; mais sans parfums, sans couronnes: son farouche ennemi l'engageait, à force de consolations, à prendre quelque nourriture, et non à mettre à sec de larges coupes sous l'œil d'un surveillant aposté. Achille eût méprisé le père troyen, s'il eût craint pour lui-même; mais l'amour paternel triompha de la colère. Priam fut digne qu'on lui permît, au sortir du festin, de recueillir les restes de son fils. C'est ce que ne permit pas le jeune tyran, avec son air bienveillant et affable : provoquant le vieillard par de fréquentes santés, il l'invitait à bannir ses chagrins; et lui, en réponse, se montrait joyeux et indifférent à ce qui s'était passé ce jour-là. Le second fils périssait, si le bourreau n'eût été content du convive.

XXXIV. Il faut donc s'abstenir de la colère, soit contre un égal, soit contre un supérieur, soit contre un inférieur. Lutter avec l'égal, c'est chanceux; avec le supérieur, c'est insensé; avec l'inférieur, c'est vil. C'est un lâche, un pauvre homme, celui qui mord lorsqu'il est mordu: la souris et la fourmi menacent la main qui les approche; les êtres faibles se croient blessés aussitôt qu'on les touche. Ce qui doit calmer, c'est de songer aux services rendus autrefois par l'homme contre qui l'on s'emporte, et le bienfait rachètera l'offense. Rappelons-nous aussi quel crédit nous assurera notre réputation de clémence, et combien d'amis utiles l'indulgence procure. N'ayons pas de colère contre les enfants de nos ennemis privés et publics. Un des grands exemples de la cruauté de Sylla, c'est d'avoir écarté des charges civiles les fils des proscrits. Rien n'est plus injuste que de faire peser sur un fils un héritage de haines.

---

illum quidam interrogaret : Quomodo rarissimam rem in aula consecutus esset, senectutem? « Injurias, inquit, accipiendo, et gratias agendo. » Sæpe adeo injuriam vindicari non expedit, ut ne fateri quidem expedit. C. Cæsar Pastoris splendidi equitis romani filium quum in custodia habuisset, munditiis ejus et cultioribus capillis offensus, rogante patre, ut salutem sibi filii concederet, quasi de supplicio ejus admonitus, duci protinus jussit. Ne tamen omnia inhumane civis adversum patrem, ad cœnam illum invitavit eo die; venit Pastor, nihil vultu exprobrante. Propinavit illi Cæsar heminam, et posuit illi custodem; perduravit miser, non aliter quam si filii sanguinem biberet. Unguentum et coronas misit, et observare jussit an sumeret; sumsit. Eo die, quo filium extulerat, immo quo non extulerat, jacebat conviva centesimus, et potiones vix honestas natalibus liberorum, podagricus senex hauriebat: quum interim non lacrymas emisit, non dolorem aliquo signo erumpere passus est. Cœnavit, tanquam pro filio exorasset. Quæris, quare? habebat alterum. Quid ille Priamus? non dissimulavit iram, et regis genua complexus est? funestam perfusamque cruore filii manum ad os suum retulit, et cœnavit; sed tamen sine unguento, sine coronis : et illum hostis sævissimus multis solatiis, ut cibum caperet, hortatus est, non ut pocula ingentia, super caput posito custode, siccaret. Contemsisset trojanum patrem, si sibi timuisset : nunc iram compescuit pietas. Dignus fuit, cui permitteret a convivio ad ossa filii legenda discedere. Ne hoc quidem permisit benignus interim et comis adolescens : propinationibus senem crebris, ut cura leniretur, admovens lacessebat : contra ille se lætum et oblitum quid eo esset actum die, præstitit. Perierat alter filius, si carnifici conviva non placuisset.

XXXIV. Ergo ira abstinendum est, sive par est qui lacessendus est, sive superior, sive inferior. Cum pare contendere, anceps est : cum superiore, furiosum : cum inferiore, sordidum. Pusilli hominis et miseri est, repetere mordentem; mures et formicæ, qua manum admoveris, ora convertunt : imbecilla se lædi putant, si tanguntur. Faciet nos mitiores, si cogitaverimus, quid aliquando nobis profuerit ille, cui irascimur, et meritis offensa redimetur. Illud quoque occurrat, quantum commendationis nobis allatura sit clementiæ fama, et quam multos venia amicos utiles fecerit. Ne irascamur inimicorum et hostium liberis. Inter Syllanæ crudelitatis exempla est, quod a republica liberos proscriptorum sub-

Demandons-nous, quand nous aurons peine à pardonner, s'il nous conviendrait que chacun fût pour nous inexorable. Que de fois il implore sa grâce, celui qui l'a refusée. Que de fois il s'est roulé aux pieds de celui qu'il a repoussé loin des siens? Quoi de plus noble que de transformer sa colère en amitié! Quels alliés plus fidèles a le peuple romain, que ceux qui furent ses plus opiniâtres ennemis? Que serait aujourd'hui l'empire, si une heureuse prévoyance n'avait confondu les vainqueurs et les vaincus. Cet homme s'emporte : toi, au contraire, provoque-le par des bienfaits. La lutte cesse aussitôt que l'un des deux quitte la place : pour combattre il faut être deux. Si le combat s'engage, la colère s'en mêle ; celui qui triomphe est celui qui recule le premier ; le vainqueur, c'est le vaincu. Il t'a frappé ; retire-toi. En lui rendant les coups, tu lui fournis l'occasion de t'en donner de nouveaux et d'avoir une excuse. Tu ne pourras pas te débarrasser quand tu le voudras. Et qui voudrait frapper assez fort son ennemi pour laisser la main dans la plaie, sans pouvoir la dégager? Or, la colère est une arme pareille ; on a peine à l'arracher.

XXXV. Nous choisissons des armes avantageuses, une épée commode et facile à manier : et nous n'éviterons pas les passions de l'âme, bien plus incommodes et qui portent des coups furieux et irrévocables? La vélocité qui plaît dans un coursier est celle qui s'arrête au commandement, qui ne s'élance pas au-delà du but, qu'on peut diriger à volonté et ramener de la course au pas. Nous savons que les nerfs sont malades quand ils s'agitent malgré nous. Il n'y a que le vieillard et l'infirme qui courent lorsqu'ils veulent marcher. Sache de même que les mouvements de l'âme les plus sains et les plus vigoureux, sont ceux qui suivent notre impulsion, non ceux qu'emporte leur élan.

Rien, toutefois, ne sera plus utile que de considérer d'abord la difformité de la colère, ensuite ses dangers. Aucune passion n'a un extérieur plus désordonné : elle enlaidit les plus belles figures, et décompose les physionomies les plus calmes. L'homme en colère perd toute dignité ; que sa toge soit drapée selon les règles, il la laissera traîner et négligera tout soin de sa personne ; que l'art et la nature disposent ses cheveux d'une manière décente, ils se soulèveront avec sa fureur ; ses veines se gonflent ; une respiration pressée agite sa poitrine ; les éclats furieux de sa voix dilatent son cou ; ses membres frissonnent ; ses mains tremblent ; tout son corps se démène. Que penses-tu de l'état intérieur d'une âme dont la représentation extérieure est tellement hideuse? Combien ses traits cachés doivent être plus terribles, sa fermentation plus vive, ses transports plus ardents? c'est un feu qui se dévorerait lui-même, s'il n'éclatait. Représentons-nous les Barbares, les animaux de proie courant au meurtre, ou tout dégoûtants du meurtre, les monstres infernaux qu'ont imaginés les poëtes, avec leur ceinture de serpents et leur souffle de feu, les noires furies d'enfer s'élançant, pour exciter les combats, pour semer la discorde chez les peuples, et déchirer le pacte de la paix ; telle nous pouvons nous figurer la colère, l'œil

movit. Nihil est iniquius, quam aliquem hæredem paterni odii fieri. Cogitemus, quoties ad ignoscendum difficiles erimus, an expediat omnes nobis inexorabiles esse. Quam sæpe veniam, qui negavit, petit? quam sæpe pedibus ejus advolutus est, quem a suis repulit? Quid est gloriosius, quam iram amicitia mutare? Quos populus romanus fideliores habet socios, quam quos habuit pertinacissimos hostes? Quod hodie esset imperium, nisi salubris providentia victos permiscuisset victoribus? Irascetur aliquis? tu contra beneficiis provoca. Cadit statim simultas, ab altera parte deserta : nisi pariter, non pugnant. Si utrimque certabitur, ira concurritur : ille est melior, qui prior pedem retulit : victus est qui vicit. Percussit te? recede; referiendo enim, et occasionem sæpius feriendi dabis, et excusationem : non poteris revelli, cum voles. Nunquid velit quisquam tam graviter hostem ferire, ut relinquat manum in vulnere, et se ab ictu revocare non possit? atqui tale ira telum est; vix retrahitur.

XXXV. Arma nobis expedita prospicimus, gladium commodum et habilem : non vitabimus impetus animi, his graves magis, furiosos et irrevocabiles? Ea demum velocitas placet, quæ ubi jussa est, vestigium sistit, nec ultra destinata procurrit, et quæ flecti, et a cursu ad gradum reduci potest. Ægros scimus nervos esse, ubi invitis nobis moventur. Senex, aut infirmi corporis est, qui quum ambulare vult, currit. Animi motus eos putemus sanissimos validissimosque, qui nostro arbitrio ibunt, non suo ferentur. Nihil tamen æque profuerit, quam primum intueri deformitatem rei, deinde periculum. Non est ullius affectus facies turbatior : pulcherrima ora fœdavit, torvos vultus ex tranquillissimis reddidit. Linquit decor omnis iratos : et sive amictus illis compositus est ad legem, trahent vestem, omnemque curam sui effundent; sive capillorum natura vel arte jacentium non informis est habitus, cum animo inhorrescunt : tumescunt venæ, concutitur crebro spiritu pectus, rabida vocis eruptio colla distendit; tunc artus trepidi, inquietæ manus, totius corporis fluctuatio. Qualem intus putas esse animum, cujus extra imago tam fœda est? quanto illi intra pectus terribilior vultus, acrior spiritus est, intensior impetus, rupturus se nisi eruperit? Quales sunt hostium, vel ferarum cæde madentium, aut ad cædem euntium aspectus; qualia poetæ inferna monstra finxere, succincta serpentibus, et igneo flatu; quales ad bella excitauda, discordiamque in populos dividendam, pacemque lacerandam, teterrimæ inferum exeunt Furiæ : talem nobis iram figuremus, flamma lumina ardentia,

étincelant de flammes, hurlant, sifflant, grinçant et rugissant, rassemblant dans les tempêtes de sa voix les sons les plus sinistres, brandissant des armes dans chaque main; car elle n'a nul souci de se couvrir; farouche, ensanglantée, labourée de cicatrices, et noire de ses propres coups; la démarche égarée, la raison étouffée sous d'épais nuages elle court de côté et d'autre; elle détruit, elle s'acharne sur sa victime; chargée de la haine de tous et, surtout de la sienne; et si elle ne peut autrement nuire, appelant de ses vœux le bouleversement de la terre, des mers et des cieux, maudissant et maudite. Qu'on la voie, si l'on veut encore, telle que nos poëtes nous la dépeignent:

« Bellone secouant dans sa main son fouet sanglant, ou la Discorde qui s'en va joyeuse avec sa robe en lambeaux. »

Qu'on imagine enfin, s'il se peut, des traits encore plus affreux pour cette affreuse passion.

XXXVI. Il y a des gens, dit Sextius, qui se sont bien trouvés d'avoir, dans la colère, regardé un miroir. Épouvantés d'une telle métamorphose, ils croient qu'on les présente devant une réalité, et ne se reconnaissent pas eux-mêmes. Et combien cette image réfléchie par le miroir, et loin encore de leur vraie difformité? Si l'âme pouvait se montrer aux yeux et se réfléchir sur quelque surface, nous serions confondus de la voir livide et souillée, écumante, convulsive, et gonflée. Encore maintenant nous voyons sa difformité percer à travers les os, les chairs et une foule d'obstacles, que serait-ce si elle apparaissait toute nue? « Tu crois donc que personne n'a été détourné de la colère par un miroir. » Mais quoi ! courir au miroir pour se guérir, c'est être guéri déjà. La colère ne se voit jamais plus belle que dans sa plus affreuse laideur, et telle qu'elle est, telle elle veut paraître.

Mais il vaut mieux considérer combien de fois la colère a nui par elle-même. Les uns, dans un transport sans mesure, ont rompu leurs veines; ils ont vomi le sang pour avoir forcé les éclats de leur voix, et l'humeur, se portant avec violence vers les yeux, en a terni les limpides clartés, et les malades ont senti redoubler leurs douleurs : rien ne conduit plus vite à la folie. Aussi, chez beaucoup la démence ne fut qu'une continuation de la colère, et la raison une fois bannie, ils ne l'ont plus retrouvée. La démence pousse Ajax à la mort, la colère l'a poussé à la démence. Ils appellent la mort sur leurs enfants, sur eux l'indigence, sur leur maison la ruine, et ces furieux nient leur colère comme ils nient leur folie. Ennemis de leurs meilleurs amis, dangereux pour ceux qu'ils chérissent le plus, ne connaissant de la loi que ses châtiments, tournant au moindre souffle, ils sont inaccessibles aux paroles comme aux services. Ils n'ont pour guide que la violence, aussi prêts à vous frapper du glaive qu'à se jeter dessus. Car ils sont possédés du mal le plus terrible et qui surpasse tous les vices. Les autres pénètrent l'âme peu à peu; celui-ci l'envahit dès l'abord et tout entière; enfin il domine toutes les autres passions; il triomphe de l'amour le plus ardent. Ainsi les amants percent le cœur qu'ils aiment, et se jettent éperdus dans les bras de

---

sibilo mugituque et gemitu et stridore, et si qua his invisior vox est, perstrepentem, tela manu utraque quatientem; neque enim illi, tegere se, cura est: torvam, cruentamque, et cicatricosam, et verberibus suis lividam, incessibus vesanis, offusam multa caligine, incursitantem, vastantem, fugantemque; et omnium odio laborantem, sui maxime : si aliter nocere non possit, terras, maria, cœlum ruere cupientem, infestam pariter, invisamque. Vel, si videtur, sit qualis apud vates nostros est,

Sanguineum quatiens dextra Bellona flagellum.
Aut scissa gaudens vadit Discordia palla :

aut si qua magis dira facies excogitari diri affectus potest.

XXXVI. Quibusdam, ut ait Sextius, iratis profuit aspexisse speculum; perturbavit illos tanta mutatio sui : velut in rem præsentem adducti non agnoverunt se, et quantulum ex vera deformitate imago illa speculo repercussa reddebat? animus si ostendi, et si in ulla materia perlucere posset, intuentes nos confunderet, ater maculosusque, æstuans, et distortus, et tumidus. Nunc quoque tanta deformitas ejus est per ossa carnesque, et tot impedimenta, effluentis : quid si nudus ostenderetur? « Speculo equidem neminem deterritum ab ira credis. » Quid ergo? Qui ad speculum venerat, ut se mutaret, jam mutaverat. Iratis quidem nulla est formosior effigies, quam atrox et horrida, qualesque esse, etiam videri volunt. Magis illud videndum est, quam multis ira per se nocuerit. Alii nimio fervore rupere venas, et sanguinem supra vires elatus clamor egessit, et luminum suffudit aciem in oculos vehementius humor egestus, et in morbos ægri recidere; nulla celerior ad insaniam via est. Multi itaque continuaverunt iræ furorem; nec quam expulerant mentem, unquam receperunt. Ajacem in mortem egit furor, in furorem ira. Mortem liberis, egestatem sibi, ruinam domui imprecantur, et irasci se negant, non minus quam insaniæ, furiosi. Amicissimis hostes, vitandique carissimis : legum, nisi qua nocent, immemores, ad minima mobiles; non sermone, non officio, aditu faciles. Omnia per vim gerunt, gladiis se et pugnare parati, et incumbere. Maximum enim malum illos cepit, et omnia exsuperans vitia. Alia paulatim intrant : repentina et universa vis hujus est ; omnes denique alios affectus sibi subjicit : amorem ardentissimum vincit. Transfoderunt itaque amata corpora, et in eorum quos occiderant, jacuere complexibus. Avaritiam du-

leurs victimes. L'avarice, ce mal invétéré, ce mal si rebelle, la colère en vient à bout; elle l'entraîne à dissiper ses richesses, à livrer aux flammes sa demeure et tous ses trésors entassés. Eh quoi! l'ambitieux n'a-t-il pas rejeté les insignes qu'il estimait si haut, et répudié les honneurs qu'on lui venait offrir? Il n'est point de passion sur qui la colère ne règne en souveraine.

LIVRE TROISIEME.

I. Maintenant, Novatus, ce que tu désires surtout nous allons essayer de le faire, c'est-à-dire, d'extirper du cœur la colère; au moins de la dompter, et d'en réprimer les transports. Quelquefois il faut l'attaquer en face et à découvert, quand la faiblesse du mal le permet; d'autres fois, par des voies détournées, quand son ardeur trop vive s'exaspère et s'accroît devant tout obstacle. Il importe de savoir si elle a de grandes forces, et si elles sont dans leur plénitude, s'il faut sévir et la faire reculer, ou céder au premier déchaînement de la tempête, qui emporterait la digue avec elle. Il faut prendre conseil du tempérament de chacun. Quelques-uns se laissent vaincre par la prière, d'autres répondent à la soumission par l'insulte et la violence; d'autres s'apaisent devant la terreur : aux uns le reproche, aux autres un aveu, à ceux-ci la honte suffit pour les arrêter, à ceux-là le temps; remède bien lent pour un mal si actif, et auquel il ne faut se résigner qu'en dernier lieu. Car les autres affections admettent le délai, et leur traitement peut se différer; celle-ci, violente, impétueuse et s'excitant elle-même, ne grandit pas insensiblement; elle naît avec toute sa force. Elle n'emploie pas comme les autres vices, la séduction; elle entraîne, elle chasse devant elle l'homme hors de lui, et passionné pour le mal alors même qu'il en souffre. Sa fureur ne tombe pas seulement sur ce qu'elle poursuit, mais sur tout ce qu'elle rencontre en passant. Les autres vices poussent l'âme, la colère la précipite. Bien que les autres ne puissent résister à leurs passions, du moins les passions elles-mêmes peuvent s'arrêter : elle, semblable aux foudres, aux tempêtes, et aux autres fléaux qu'on ne peut retenir, parce qu'ils s'avancent en tombant, ajoute incessamment à ses forces. Les autres vices altèrent la raison; elle, la santé : les autres ont une pente facile et nous déguisent leurs progrès; la colère est le précipice de l'âme. Rien ne nous persécute comme cette passion, qui s'étourdit dans l'entraînement de ses forces, arrogante après le succès, folle après les mécomptes : un échec même ne la décourage pas; si la fortune lui dérobe son adversaire, elle tourne contre elle-même sa dent furieuse. Que fait au reste l'importance de son origine; née de rien, elle se déploie dans un vaste essor.

II. Elle n'épargne aucun âge : elle n'excepte aucun homme. Il est des peuples qui, en vertu de leur pauvreté, ne connaissent pas le luxe; il en est qui, grâce à leur vie errante et active échappent à l'oisiveté; ceux qui ont des mœurs champêtres, une vie simple, ignorent le bornage des champs, la fraude et tous les maux qu'enfante la

---

rissimum malum, minimumque flexibile ira calcavit; adacta opes suas spargere, et domui, rebusque in unum collatis injicere ignem. Quid? non ambitiosus magno æstimata projecit insignia, honoremque delatum repulit? nullus affectus est, in quem non ira dominetur.

LIBER TERTIUS.

I. Quod maxime desiderasti, Novate, nunc facere tentabimus, iram excidere nimis, aut certe refrænare, et impetus ejus inhibere. Id aliquando palam aperteque faciendum est, ubi minor vis mali patitur : aliquando ex occulto, ubi nimium ardet, omnique impedimento exasperatur et crescit. Refert, quantas vires, quamque integras habeat; utrumne verberanda et agenda retro sit, an cedere ei debeamus, dum tempestas prima desævit, ne remedia ipsa secum ferat. Consilium pro moribus cujusque capiendum erit. Quosdam enim preces vincunt : quidam insultant, instantibus submissis. Quosdam terrendo placabimus : alios objurgatio, alios confessio, alios pudor cœpto dejecit, alios mora, lentum præcipitis mali remedium, ad quod novissime descendendum est. Ceteri enim affectus dilationem recipiunt, et curari tardius possunt : hujus incitata, et se ipsam rapiens violentia, non paulatim procedit, sed dum incipit, tota est. Nec aliorum more vitiorum sollicitat animos, sed abducit, et impotentes sui cupidosque vel communis mali exagitat; nec in ea tantum, in quæ destinavit, sed in occurrentia obiter furit. Cetera vitia impellunt animos; ira præcipitat. Ceteris etiamsi resistere contra affectus suos non licet, at certe affectibus ipsis licet stare; hæc non secus quam fulmina procellæque, et si qua alia irrevocabilia sunt, quia non eunt, sed cadunt, vim suam magis ac magis tendit. Alia vitia a ratione, hæc a sanitate descicit; alia accessus lenes habent, et incrementa fallentia; in iram dejectus animorum est. Nulla itaque res urget magis attonita, et in vires suas prona, et, sive successit, superba, sive frustratur, insana; ne repulsa quidem in tædium acta, ubi adversarium fortuna subduxit, in se ipsam morsus suos vertit; nec refert, quantum sit ex quo surrexit; ex levissimis enim in maxima evadit.

II. Nullum transit ætatem : nullum hominum genus excipit. Quædam gentes beneficio egestatis non novere luxuriam; quædam, quia exercitæ et vagæ sunt, effugere pigritiam; quibus incultus mos, agrestis vita est, circumscriptio ignota est, et fraus, et quodcunque in

chicane. Mais il n'est pas de nation que ne tourmente la colère, aussi puissante chez le Grec que chez le Barbare, aussi funeste à ceux qui redoutent la loi, qu'à ceux qui mesurent le droit sur la force. D'ailleurs, les autres passions s'attaquent aux individus : celle-ci est la seule qui parfois s'empare de toute une nation. Jamais un peuple entier ne brûla d'amour pour une femme. Jamais toute une ville ne mit son espérance dans l'argent et le gain ; l'ambition domine dans des cœurs isolés ; l'orgueil n'est pas une maladie publique. Mais souvent la colère fait des levées en masse. Hommes, femmes, vieillards, enfants, chefs et peuple sont unanimes, et toute une multitude agitée par quelques paroles va plus loin que l'agitateur. On court incontinent au fer et à la flamme, on déclare la guerre aux peuples voisins, on la fait à ses concitoyens ; des maisons entières sont brûlées avec toute une famille ; et l'orateur chéri, comblé naguère d'honneurs, tombe sous la colère de l'émeute qu'il a faite : des légions tournent leurs javelots contre leur général : le peuple entier se sépare du sénat ; le sénat, cet oracle des nations, sans attendre les élections, sans nommer un général, improvise les ministres de sa colère, et, poursuivant dans les maisons de nobles citoyens, se fait lui-même exécuteur des supplices. On outrage des ambassadeurs, au mépris du droit des gens, et une rage criminelle transporte la cité ; on ne donne pas le temps au ressentiment public de s'apaiser ; mais sur-le-champ des flottes sont lancées à la mer, et chargées de soldats qu'on y entasse à la hâte. Plus de formalités, plus d'auspices : le peuple se précipite sans autre guide que sa colère, sans autres armes que ce que lui fournit le hasard et le pillage, pour expier ensuite par une sanglante défaite les excès de ses transports téméraires.

III. C'est ce qui arrive aux Barbares, qui s'élancent en aveugles aux combats. Lorsque l'ombre d'une injure a frappé ces esprits mobiles, ils s'emportent aussitôt : partout où le ressentiment les pousse, ils s'abattent sur les nations, comme un ouragan, sans ordre, sans crainte, sans prévoyance ; avides de périls, ils se glorifient d'être frappés, de se jeter sur les glaives, de se heurter contre les javelots, et de se faire jour à travers leurs propres blessures. « Je conviens, dis-tu, que la colère est un fléau puissant et destructeur ; montre-moi donc comment il faut la guérir. » Pourtant Aristote, comme je l'ai dit dans les premiers livres, se proclame le champion de la colère, et nous défend de l'extirper. Elle est, dit-il, l'aiguillon de la vertu ; l'arracher, c'est désarmer l'âme, l'engourdir et la rendre impuissante aux grandes choses. Il est donc nécessaire de la montrer dans toute sa laideur, dans toute sa férocité, et de faire voir aux yeux quelle espèce de monstre est l'homme en fureur contre l'homme, avec quel aveuglement il se déchaîne, funeste à lui-même comme aux autres, et livrant aux abîmes ce qui ne peut s'engloutir qu'en l'engloutissant. Eh quoi! peut-on appeler sensé celui qui, comme enlevé par un tourbillon, est poussé plutôt qu'il ne marche, devient l'esclave d'un délire furieux, et craignant de confier à d'autres sa ven-

---

foro malum nascitur. Nulla gens est, quam non ira instiget, tam inter Graios quam barbaros potens ; non minus perniciosa leges metuentibus, quam quibus jura distinguit modus virium. Denique cetera singulos corripiunt ; hic unus affectus est, qui interdum publice concipitur. Nunquam universus populus feminæ amore flagravit, nec in pecuniam aut lucrum tota civitas spem suam misit. Ambitio viritim singulos occupat. Impotentia non est malum publicum : sæpe in iram uno agmine itum est ; viri, feminæ, senes, pueri, principes, vulgusque consenere, et tota multitudo paucissimis verbis concitata, ipsum concitatorem antecessit. Ad arma protinus ignesque discursum est, et indicta finitimis bella, aut gesta cum civibus. Totæ cum stirpe omni crematæ domus ; et modo eloquio favorabilis, habitus in multo honore, iram suæ concionis excepit ; in imperatorem suum legiones pila torserunt. Dissedit plebs tota cum patribus ; publicum consilium, senatus, non exspectatis dilectibus, nec uno eloquio imperatore, subitos viæ suæ duces legit, ac per tecta urbis nobiles consectatus viros supplicium manu sumsit. Violavit legationes rupto jure gentium, rabiesque infanda civitatem tulit ; nec datum tempus, quo resideret tumor publicus, sed deductæ protinus classes, et oneratæ tumultuario milite. Sine more, sine auspiciis, populus ductu iræ suæ egressus, fortuita raptaque pro armis gessit : deinde magna clade temeritatem audacis iræ luit.

III. Hic Barbaris forte ruentibus in bella exitus est. Quum mobiles animos species injuriæ perculit, aguntur statim ; et qua dolor traxit, ruinæ modo regionibus incidunt incompositi, interriti, incauti, pericula appetentes sua ; gaudent feriri, et instare ferro, et tela corpore urgere, et per suum vulnus exire. « Non est, inquis, dubium, quin magna ista et pestifera sit vis ; ideo quemadmodum sanari debeat, monstra. » Atqui, ut in prioribus libris dixi, stat Aristoteles defensor iræ, et vetat illam nobis exsecari. Calcar, ait, esse virtutis ; hac erepta, inermem animum et ad conatus magnos pigrum, inertemque fieri. Necessarium est itaque fœditatem ejus ac feritatem coarguere, et ante oculos ponere, quantum monstri sit homo in hominem furens, quantoque impetu ruat, non sine pernicie sua perniciosus, et ea deprimens, quæ mergi nisi cum mergente non possunt. Quid ergo? sanum hunc aliquis vocat, qui velut tempestate correptus, non it, sed agitur, et furenti malo servit? nec mandat ultionem suam, sed ipse ejus exactor, animo simul ac manu sævit, carissimorum, eorumque quæ mox amissa fleturus est, carnifex? Hunc aliquis af-

geance, la satisfait lui-même, sévit à la fois de la main et du cœur, bourreau de ce qu'il a de plus cher, de ceux dont il doit bientôt pleurer la perte? Quelqu'un voudrait-il donner pour aide et pour compagne à la vertu cette passion qui obscurcit toute réflexion, sans laquelle la vertu ne fait rien. Les forces que l'ardeur de la fièvre relève chez le malade, sont trompeuses et passagères, et n'ont de puissance que pour accroître le mal. Il ne faut donc pas croire que je perde mon temps en discussions stériles, quand je flétris la colère comme si les opinions étaient partagées sur elle; puisqu'il se trouve un philosophe, et même des plus illustres, qui lui assigne ses fonctions et l'appelle comme un utile auxiliaire du courage dans les combats, de l'activité dans les affaires, et de tout ce qui demande quelque chaleur d'exécution. Afin que personne ne s'y trompe, en s'imaginant qu'elle puisse servir en aucun temps, en aucun lieu, il faut démasquer sa rage folle et sans frein; il faut lui rendre tout son appareil, ses chevalets, ses cordes, ses cachots, ses croix, les feux qu'elle allume autour des corps enterrés vivants, les crocs à traîner les cadavres, les chaînes de toute forme, les supplices de toute espèce, fouets déchirants, brûlants stygmates, cages de bêtes féroces. Au milieu de ce tableau place la colère poussant de rauques et sinistres clameurs, et plus épouvantable encore que tous les instruments de ses tortures.

IV. Quand même on contesterait ses autres caractères, il est certain que nulle passion n'a un aspect plus horrible. Nous avons, dans le premier livre, dépeint ce visage menaçant et farouche, tantôt pâle par le refoulement subit du sang, tantôt rouge et comme ensanglanté, toute chaleur et toute vie se portant à la surface, ces veines gonflées, ces yeux tantôt égarés et convulsifs, tantôt fixes et concentrés dans un seul regard. Les dents s'entrechoquent et cherchent une proie; leur grincement ressemble à celui du sanglier quand il aiguise ses défenses. Ajoute-s-y les craquements des articulations, lorsque les mains se tordent, les battements redoublés du cœur, la respiration pressée, les soupirs arrachés du fond de la poitrine, l'agitation déréglée du corps; des paroles sans suite, des exclamations brusques; les lèvres tremblantes et par instant comprimées, et d'où sort je ne sais quel sifflement sinistre. Certes, la bête fauve qu'irrite la faim, ou le dard resté dans ses flancs, a la face moins hideuse, même quand, à son agonie, elle atteint le chasseur d'une dernière morsure, que l'homme enflammé par la colère. Et maintenant te plait-il d'écouter ses vociférations, ses menaces, quels sont les accents de l'âme qu'elle torture? Chacun ne voudra-t-il pas fuir cette passion, lorsqu'il comprendra qu'elle commence par son propre supplice. Ces hommes qui font pratique de colère au sommet de la puissance, qui voient en elle une preuve de force, qui comptent parmi les plus grands avantages d'une grande fortune d'avoir la vengeance à leurs ordres, ne veux-tu pas que je les avertisse de ne pas appeler puissant ni même libre l'homme possédé par sa colère. Ne veux-tu pas que je les avertisse, afin que chacun soit plus vigilant et s'observe soi-même? Que si d'autres maux sont le

fectum virtuti adjutorem comitemque dat, consilia, sine quibus virtus gerit nihil, obturbantem? Caducæ sinistræque sunt vires, et in malum suum validæ, in quas ægrum morbus et accessio erexit. Non est ergo, quod me putes tempus in supervacuis consumere, quod iram, quasi dubiæ apud homines opinionis sit, infamem : quum aliquis sit, et quidem de illustribus philosophis, qui illi indicat operas, et tanquam utilem ac spiritus subministrantem in prælia, in actus rerum, ad omne quodcunque calore aliquo gerendum est, vocet. Ne quem fallat, tanquam aliquo tempore, aliquo loco profutura, ostendenda ejus rabies ejus effrenata et attonita : apparatusque illi reddendus est suus, equuleí, et fidiculæ, et ergastula, et cruces, et circumdati defossis corporibus ignes, et cadavera quoque trahens uncus, varia vinculorum genera, varia pœnarum, lacerationes membrorum, inscriptiones frontis, et bestiarum immanium caveæ. Inter hæc instrumenta collocetur ira, dirum quiddam atque horridum stridens, omnibus per quæ furit tetrior.

IV. Ut de ceteris dubium sit, nulli certe affectui pejor est vultus, quem in prioribus libris descripsimus asperum et acrem, et, nunc subito retrorsum sanguine fugato, pallentem, nunc in os omni calore ac spiritu verso, subrubicundum, et similem cruento, venis tumentibus, oculis nunc trepidis et exsilientibus, nunc in uno obtutu defixis et hærentibus. Adjice dentium inter se arietatorum, et aliquem esse cupientium, non alium sonum, quam est apris, tela sua attritu acuentibus. Adjice articulorum crepitum, quum se ipsæ manus frangunt, et pulsatum sæpius pectus, anhelitus crebros, tractosque altius gemitus, instabile corpus, incerta verba subitis exclamationibus, trementia labra, interdumque compressa, et dirum quiddam exsibilantia. Ferarum, me hercules, sive illas fames exagitat, sive infixum visceribus ferrum, minus tetra facies est, etiam quum venatorem suum semianimes morsu ultimo petunt, quam hominis ira flagrantis. Age, si exaudire voces ac minas vacet, qualia excarnificati animi verba sunt? nonne revocare se quisque ab ira volet, quum intellexerit illam a suo primum malo incipere? Non vis ergo admoneam eos, qui iram in summa potentia exercent, et argumentum virium existimant, et in magnis magnæ fortunæ bonis ponunt paratam ultionem, quam non potens, immo nec liber quidem dici possit, iræ suæ captus? Non vis admoneam, quo diligentior quisque sit, et ipse se circumspiciat, alia animi mala ad pessimos quosque per-

partage des âmes perverses, la colère se glisse même dans le cœur des hommes éclairés et purs d'ailleurs ; au point que certains philosophes prétendent que la colère est un signe de franchise, et que, dans le vulgaire, on regarde comme les meilleures gens ceux qui y sont sujets.

V. « Mais où, dis-tu, tout cela nous mène-t-il ? » A ce que personne ne se croie à l'abri de ce vice, qui appelle à la violence et à la cruauté même les natures calmes et apathiques. De même que la vigueur du corps et les précautions les plus suivies dans le régime ne préservent pas de la peste, qui attaque indistinctement les faibles et les forts ; de même la colère est également à craindre pour les esprits remuants, comme pour les esprits froids et compassés, auxquels elle prépare d'autant plus de honte et de danger, qu'elle les modifie davantage. Mais comme notre premier devoir est d'éviter la colère, le second de la réprimer, le troisième de la guérir chez les autres, je dirai d'abord comment nous ferons pour ne pas y tomber ; ensuite comment nous nous en délivrerons ; enfin comment nous retiendrons, nous apaiserons l'homme en colère, comment nous le ramènerons au bon sens. Nous arriverons à ne plus nous emporter, si nous nous représentons plus d'une fois tous les vices de la colère ; si nous l'apprécions à sa juste valeur. Il lui faut faire son procès et la condamner ; il faut interroger toutes ses hontes et les traîner au grand jour. Pour qu'elle paraisse telle qu'elle est, il faut la comparer avec les passions les plus mauvaises. L'avarice acquiert et entasse au profit d'un autre qui vaut mieux qu'elle : la colère ne fait que détruire ; il y a peu de gens à qui elle ne coûte quelque chose. Un maître violent force un esclave à la fuite, un autre à la mort : n'a-t-il pas perdu par la colère bien au-delà de ce qui l'avait provoquée ? La colère apporte le deuil aux pères, le divorce aux époux, la haine aux magistrats, aux candidats la disgrâce. Elle est pire que la luxure ; car celle-ci jouit de ses propres plaisirs, celle-là des souffrances d'autrui. Elle surpasse l'envie et la méchanceté ; car celle-ci désire le mal, celle-là le fait ; les premières applaudissent aux malheurs fortuits ; la seconde n'attend pas les coups de la fortune ; elle ne se contente pas de voir souffrir celui qu'elle hait, elle veut le faire souffrir elle-même. Rien n'est plus triste que les inimitiés ; c'est la colère qui les provoque. Rien n'est plus funeste que la guerre ; c'est la colère des grands qui la fait naître. Et ces colères individuelles et de bas étage que sont-elles, que des guerres sans armes et sans soldats ? Même en écartant les fléaux qui doivent la suivre, les embûches et les perpétuelles inquiétudes qu'enfantent des luttes mutuelles, la colère se punit elle-même en punissant ; elle abdique la nature humaine. Celle-ci en effet nous convie à l'amour, celle-là à la haine ; l'une ordonne de faire le bien, l'autre de faire le mal. Ajoute que la colère, quoique son dépit vienne d'une trop haute opinion d'elle-même, et qu'elle ait une apparence de noblesse, est cependant basse et rétrécie ; car il n'est personne qui ne se place au-dessous de l'homme dont il se croit méprisé. Mais un grand cœur, qui sait s'apprécier, ne venge pas une injure, parcequ'il ne la sent pas. De même que les traits rebondissent sur un corps

tinere, iracundiam etiam eruditis hominibus, et in alia sanis, irrepere, adeo ut quidam simplicitatis indicium iracundiam dicant, et vulgo credatur facillimus quisque huic obnoxius ?

V. « Quorsus, inquis, hoc pertinet ? « Ut nemo se judicet tutum ab illa, quum lentos quoque natura et placidos in sævitiam ac violentiam evocet. Quemadmodum adversus pestilentiam nihil prodest firmitas corporis, et diligens valetudinis cura ; promiscue enim imbecilla robustaque invadit : ita ab ira tam inquietis moribus periculum est, quam compositis et remissis, quibus eo turpior ac periculosior est, quo plus in illis mutat. Sed quum primum sit, non irasci ; secundum, detinere ; tertium, alienæ iræ mederi : dicam primum, quemadmodum in iram non incidamus ; deinde, quemadmodum nos ab illa liberemus ; novissime, quemadmodum irascentem retineamus placemusque, et ad sanitatem reducamus. Ne irascamur præstabimus, si omnia vitia iræ nobis subinde proposuerimus, et illam bene æstimaverimus. Accusanda est apud nos, damnanda ; perscrutanda ejus mala, et in medium protrahenda sunt, ut qualis sit appareat, comparanda cum pessimis est. Avaritia acquirit et contrahit, quo aliquis melior utatur : ira incendit ; paucis gratuita est : iracundus dominus quosdam in fugam servos egit, quosdam in mortem : quanto plus irascendo, quam id erat propter quod irascebatur, amisit ? Ira patri luctum, marito divortium attulit, magistratui odium, candidato repulsam. Pejor est etiam, quam luxuria ; quoniam illa sua voluptate fruitur, hæc alieno dolore. Vincit malignitatem et invidiam ; illæ enim infelicem fieri volunt, hæc facere ; illæ fortuitis malis delectantur, hæc non potest expectare fortunam : nocere eo quem odit, non noceri vult. Nihil est simultatibus gravius : has ira conciliat ; nihil est bello funestius : in hoc potentium ira prorumpit ; ceterum etiam illa plebeia ira et privata inerme et sine viribus bellum est. Præterea ira, ut seponamus quæ mox secutura sunt damna, insidias, perpetuam ex certaminibus mutuis sollicitudinem, dat pœnas dum exigit : naturam hominis ejurat. Illa in amorem hortatur, hæc in odium ; illa prodesse jubet, hæc nocere. Adjice, quod quum indignatio ejus a nimio sui suspectu veniat, et animosa videatur, pusilla est et angusta ; nemo enim non eo, a quo se contemptum judicat, minor est. At ille ingens animus et verus æstimator sui non vindicat injuriam, quin non sentit. Ut tela a duro resiliunt, et cum dolore cædentis solida feriuntur ;

dur, et que les coups portés sur une masse solide causent de la douleur à la main qui frappe, ainsi nulle injure ne fait impression sur un grand cœur; elle se brise sur ce qu'elle attaque. Qu'il est beau de se montrer ainsi impénétrable à tous les traits, en dédaignant toute injure, toute offense. Se venger, c'est convenir qu'on est blessé : ce n'est pas une âme forte qui plie sous l'outrage. Celui qui t'offense est ou plus fort ou plus faible que toi; s'il est plus faible, épargne-le; s'il est plus fort, épargne-toi.

VI. Le signe le plus certain de la vraie grandeur, c'est que tout ce qui arrive soit impuissant à nous émouvoir. La région de l'univers la plus élevée et la mieux réglée, celle qui avoisine les astres, ne rassemble point de nuages, n'éclate pas en tempêtes, ne se roule pas en tourbillons; elle est à l'abri de tout orage, c'est plus bas que se promène la foudre. Ainsi un esprit élevé, toujours calme, placé dans une sphère tranquille, étouffe en lui tous les germes de la colère; exemple de modération, d'ordre et de majesté : chez l'homme en colère tu ne trouveras rien de tout cela! Quel est celui qui, livré à son ressentiment et à sa fureur, ne dépouille d'abord toute retenue? qui dans l'entraînement de sa fougue, dans la précipitation de son emportement, n'abjure tout ce qu'il y a en lui de pudeur? qui, une fois animé, se rappelle le nombre, l'ordre de ses devoirs? qui sait modérer sa langue, maîtriser aucune partie de son corps, et se diriger, une fois qu'il a lâché la bride?

Nous nous trouverons bien de ce précepte salutaire de Démocrite : Pour s'assurer la tranquillité, il ne faut, ni en particulier ni en public, entreprendre des affaires multipliées ou au-dessus de nos forces. Celui qui partage sa journée entre une foule d'occupations, ne la passera jamais assez heureusement pour ne pas rencontrer une offense qui lui vienne des hommes ou des choses, et le pousse à la colère. Celui qui se presse dans les quartiers fréquentés de la ville, doit se heurter nécessairement contre bien des gens, ici être jeté par terre, là être arrêté, plus loin être éclaboussé; ainsi, dans cette mobile activité d'une vie aventureuse, il survient bien des obstacles, bien des mécomptes. L'un trompe nos espérances, l'autre les recule, un troisième en intercepte les fruits : les projets ne suivent pas la direction qu'on leur donne. Car il n'y a personne à qui la fortune soit assez dévouée, pour le favoriser dans toutes les choses où il la met à l'épreuve. Il s'ensuit donc que celui qui échoue dans quelques-unes de ses entreprises, s'impatiente contre les hommes et les choses : pour les causes les plus légères, il accuse tantôt les personnes, tantôt les affaires, tantôt les lieux, tantôt la Fortune, tantôt lui-même. Ainsi donc, pour que l'âme soit tranquille, il ne faut pas la ballotter, ni la fatiguer, je le répète, à la poursuite de projets multipliés, importuns et au-dessus de ses forces. Il est facile d'ajuster sur nos épaules de légers fardeaux, et de les faire passer sans accident de l'une à l'autre; mais nous avons peine à supporter ceux que des mains étrangères nous ont imposés; accablés bientôt, nous nous en débarrassons sur le premier venu : tant que nous restons sous le faix, le poids fait chanceler notre impuissance.

---

ita nulla magnum animum injuria ad sensum sui adducit, fragilior eo quod petit. Quanto pulchrius est, velut nulli penetrabilem telo, omnes injurias contumeliasque respuere? Ultio doloris confessio est : non est magnus animus, quem incurvat injuria. Aut potentior te, aut imbecillior læsit; si imbecillior, parce illi; si potentior, tibi.

VI. Nullum est argumentum magnitudinis certius quam nihil posse, quo instigeris, accidere. Pars superior mundi et ordinatior, ac propinqua sideribus, nec in nubem cogitur, nec in tempestatem impellitur, nec versatur in turbinem; omni tumultu caret; inferiora fulminant. Eodem modo sublimis animus, quietus semper, et in statione tranquilla collocatus, intra se premens, quibus ira contrahitur, modestus et venerabilis est et dispositus; quorum nihil invenies in irato. Quis enim traditus dolori et furens non primam rejecit verecundiam? quis impetu turbidus et in aliquem ruens non quidquid in se verecundi habuit, abjecit? cui officiorum numerus aut ordo constitit incitato? quis linguæ temperavit? quis ullam partem corporis tenuit? quis se regere potuit immissum? Proderit nobis illud Democriti salutare præceptum, quo monstratur tranquillitas, si neque privatim, neque publice multa, aut majora viribus nostris egerimus. Nunquam tam feliciter in multa discurrenti negotia dies transit, ut non aut ex homine, aut ex re offensa nascatur, quæ animum in iras paret. Quemadmodum per frequentia urbis loca properanti in multos incursitandum est, et alicubi labi necesse est, alicubi retineri, alicubi respergi : ita in hoc vitæ actu dissipato et vago, multa impedimenta, multæ querelæ incidunt. Alius spem nostram fefellit, alius distulit, alius intercepit: non ex destinato proposita fluxerunt; nulli fortuna tam dedita est, ut multa tentanti ubique respondeat; sequitur ergo, ut is, cui contra quam proposuerat, aliqua cesserunt, impatiens hominum rerumque sit; ex levissimis causis irascatur nunc personæ, nunc negotio, nunc loco, nunc fortunæ, nunc sibi. Itaque ut quietus possit esse animus, non est jactandus, nec multarum, ut dixi, rerum actu fatigandus, nec magnarum, supraque vires appetitarum. Facile est levia aptare cervicibus, et in hanc aut in illam partem transferre sine lapsu : at quæ alienis in nos manibus imposita ægre sustinemus, victi in proximos effundimus, et dum stamus sub sarcina, impares oneri vacillamus.

VII. Sache que la même chose arrive dans les transactions civiles et domestiques. Les affaires simples et expéditives marchent d'elles-mêmes, les affaires graves et au-dessus de notre portée ne se laissent pas aisément atteindre; et si on y arrive, elles surchargent et entraînent celui qui les manie, et qui, croyant déjà les saisir, tombe avec elles. C'est ainsi que, souvent, s'épuise inutilement le zèle, quand, au lieu d'entreprendre des choses faciles, on veut trouver facile ce qu'on a entrepris.

Toutes les fois que tu tenteras quelque chose, interroge tes forces et la nature de ton projet, et la nature de tes moyens. Car le regret d'un essai infructueux te donnera du dépit. Il y a cette différence entre un esprit ardent et un esprit froid et sans élévation, c'est qu'un échec éveille la colère chez l'homme fier, et la tristesse chez l'homme mou et sans énergie. Que nos actions ne soient donc ni mesquines, ni téméraires, ni coupables : que nos espérances ne s'étendent pas au-delà de notre portée : ne poursuivons rien que nous puissions, même après le succès, nous étonner d'avoir atteint.

VIII. Mettons nos soins à ne pas nous exposer à une injure que nous ne pourrions supporter. Entourons-nous de gens doux et complaisants, et le moins possible d'hommes difficiles et moroses. On prend les mœurs de ceux que l'on fréquente : et comme certaines maladies du corps se transmettent par le contact, ainsi l'âme communique ses affections de proche en proche. L'ivrogne entraîne ses familiers à aimer le vin; la compagnie des libertins amollit l'homme fort, et, s'il est possible, le héros ; l'avarice infecte de son venin ceux qui l'approchent. Dans un sens contraire, l'action des vertus est la même ; elles adoucissent tout ce qui les touche ; et un climat favorable, un air salubre, n'ont jamais autant fait pour la santé, que le commerce d'un monde meilleur, pour une âme chancelante. Tu comprendras tout ce que peut cette influence, si tu observes que les bêtes féroces elles-mêmes s'apprivoisent en vivant près de nous, et que le monstre le plus farouche ne conserve rien de son cruel instinct s'il a longtemps habité le toit de l'homme. Toute aspérité s'émousse et s'efface peu à peu au frottement des âmes tranquilles. D'ailleurs, non-seulement l'exemple rend meilleur celui qui vit parmi les hommes pacifiques, mais il ne trouve aucune occasion de colère, et il n'exerce pas son penchant vicieux. Donc il lui faudra fuir tous ceux qu'il sait devoir irriter son irascibilité. « Mais, dis-tu, quelles sont ces gens? » Ils sont partout, et, par des causes diverses, produisent le même effet. L'orgueilleux t'offensera par ses mépris, le riche par ses offenses, l'impertinent par ses injures, l'envieux par sa malignité, le querelleur par ses contradictions, le glorieux par ses mensonges et sa vanité. Tu ne pourras souffrir qu'un soupçonneux te craigne, qu'un entêté l'emporte sur toi, et qu'un fat te rebute. Choisis des gens simples, faciles, modérés, qui n'éveillent pas ta colère, et la supportent. Il leur faut préférer encore ces naturels flexibles, humains et doux, qui, cependant, n'aillent pas jusqu'à l'adulation : car la colère s'offense d'une flatterie sans mesure. Notre ami était, certes, un homme de bien, mais trop prompt à

VII. Idem accidere in rebus civilibus ac domesticis scias. Negotia expedita et habilia sequuntur actorem ; ingentia, et supra mensuram agentis, nec dant se facile, et si occupata sunt, premunt atque adducunt administrantem, tenerique jam visa, cum ipso cadunt. Itaque fit, ut frequenter irrita sit ejus voluntas, qui non quæ facilia sunt aggreditur, sed vult facilia esse, quæ aggressus est. Quoties aliquid conaberis, te simul et ea quæ paras, quibusque pararis, ipse metire. Faciet enim te asperum pœnitentia operis infecti. Hoc interest, utrum quis fervidi sit ingenii, an frigidi atque humilis : generoso repulsa iram exprimet, languido inertique tristitiam. Ergo actiones nostræ nec parvæ sint, nec audaces, nec improbæ; in vicinum spes exeat, nihil conemur, quod mox, adepti quoque, successisse miremur.

VIII. Demus operam, ne accipiamus injuriam, quam ferre nescimus. Cum placidissimo et facillimo et minime obnixo morosoque vivendum est. Sumuntur a conversatibus mores ; et ut quædam in contactos corporis vitia transiliunt, ita animus mala sua proximis tradit. Ebriosus convictores in amorem vini traxit ; impudicorum cœtus fortem quoque, et, si liceat, virum emollivit; avaritia in proximos virus suum transtulit. Eadem ex diverso ratio virtutum est, ut omne quod secum habent, mitigent ; nec tam valetudini profuit utilis regio et salubrius cœlum, quam animis parum firmis in turba meliore versari. Quæ res quantum possit, intelliges, si videris feras quoque convictu nostro mansuescere : nullique etiam immani bestiæ vim suam permanere, si hominis contubernium diu passa est. Retunditur omnis asperitas, paulatimque inter placida dediscitur. Accedit huc, quod non tantum exemplo melior fit, qui cum quietis hominibus vivit, sed quod causas irascendi non invenit, nec vitium suum exercet. Fugere itaque debebit omnes, quos irritaturos iracundiam sciet. « Qui sunt, inquis, isti? » Multi, ex variis causis idem facturi. Offendet te superbus contemtu, dives contumelia, petulans injuria, lividus malignitate, pugnax contentione, ventosus et mendax vanitate. Non feres a suspicioso timeri, a pertinace vinci, a delicato fastidiri. Elige simplices, faciles, moderatos, qui iram tuam nec evocent, et ferant. Magis adhuc proderunt submissi et humani, et dulces, non tamen usque in adulationem ; nam iracundos nimia assentatio offendit. Erat certe amicus noster vir bonus, sed iræ paratioris, cui non magis erat tutum blandiri, quam maledicere. Cœlium oratorem fuisse iracundissimum con-

la colère, et recevant aussi mal la flatterie que l'injure. On sait que l'orateur Cœlius était très-irascible. Un jour, dit-on, il soupait avec un de ses clients, homme d'une patience rare. Mais il était difficile à celui-ci, aventuré dans ce tête-à-tête, d'éviter une dispute avec celui qui était assis à ses côtés. Il jugea donc que le mieux serait d'applaudir à tout ce qu'il dirait, et de jouer le rôle de complaisant. Ennuyé de ses approbations, Cœlius s'écria : « Contredis-moi donc, afin que nous soyons deux. » Mais cet homme, qui s'était mis en colère parce qu'un autre ne s'y mettait pas, s'apaisa bien vite à défaut d'adversaire. Si donc nous avons conscience de notre irascibilité, choisissons de préférence des amis qui s'accommodent à notre humeur et à nos discours; il est vrai qu'ils nous rendront difficiles, qu'ils nous donneront la mauvaise habitude de ne rien entendre qui contrarie nos volontés; mais nous aurons du profit à donner à la passion du relâche et du repos. Une nature, même rebelle et indomptable, se laissera caresser, et rien n'est rude et intraitable pour une main légère. Toutes les fois qu'une discussion se prolonge et s'aigrit, il faut s'arrêter tout d'abord, avant qu'elle se fasse violente. La dispute s'alimente elle-même; une fois lancée, elle nous pousse plus avant. Il est plus facile de s'abstenir du combat que de s'en dégager.

IX. L'homme irascible doit s'abstenir aussi des études trop sérieuses, ou du moins ne pas s'y livrer jusqu'à la fatigue, ne point partager son esprit entre plusieurs choses; mais le consacrer aux arts d'agrément. Qu'il se laisse séduire par la lecture des poëtes, qu'il s'intéresse aux fabuleux récits de l'histoire, qu'il se traite avec douceur et ménagement. Pythagore apaisait, au son de la lyre, les troubles de son âme. Personne, au contraire, n'ignore que le clairon et la trompette sont des excitants, comme certains chants sont des calmants qui reposent l'esprit. La couleur verte convient aux yeux faibles, et il est des nuances qui reposent une vue fatiguée, tandis que d'autres l'éblouissent par leur éclat; ainsi les études gaies charment un esprit malade.

Fuyons le Forum, les procès, les tribunaux, tout ce qui peut ulcérer notre mal ; évitons également la fatigue du corps; car elle détruit tout ce qu'il y a en nous de calme et de traitable, et soulève les principes âcres. Aussi, les gens qui se défient de leur estomac, avant d'aller traiter une affaire de quelqu'importance, tempèrent, par un peu de nourriture, leur bile, que fait fermenter surtout la lassitude, soit que la diète concentre la chaleur, gâte le sang et arrête son cours dans les veines affaiblies, soit que l'épuisement et la débilité du corps appesantissent l'âme. C'est sans doute par la même raison que les hommes exténués par l'âge et la maladie sont plus irascibles. Il faut aussi, d'après les mêmes principes, éviter la faim et la soif, qui aigrissent ou enflamment les esprits.

X. C'est un vieil adage que « gens fatigués cherchent querelle; » on peut le dire de tous ceux que tourmentent la faim, la soif ou toute autre souffrance. Car, ainsi que dans les ulcères, la douleur se réveille au toucher le plus faible, et même à l'idée seule du toucher; de même, un esprit malade s'offense des moindres choses : un salut, une lettre, une question deviennent quelquefois matière à chicane. On ne touche pas une plaie sans provoquer des plaintes. Le mieux donc est de se traiter dès le premier sentiment du mal : alors il faut laisser à notre langue le moins de liberté possible, et en modérer l'intempérance. Or, il est facile de surprendre la passion à l'instant de sa naissance : la maladie a des signes précurseurs. Comme il y a des présages qui annoncent d'avance la tempête et la pluie, il y a de même certains symptômes pour la colère, l'amour et tous ces orages qui bouleversent l'âme. Les personnes sujettes aux attaques d'épilepsie pressentent l'approche du mal, quand la chaleur abandonne les extrémités, quand la vue s'égare, quand les nerfs se contractent, quand la mémoire se trouble, quand la tête tourne. Aussi attaquent-elles le mal à son origine, par les préservatifs ordinaires ; elles opposent des parfums et des potions à la cause mystérieuse qui les pousse au vertige ; elles combattent avec des fomentations le froid et la raideur : ou bien, si la médecine est impuissante, elles évitent la foule et tombent sans témoin. Il est bon de connaître son mal, et de l'étouffer avant que sa force ne se développe : cherchons quelles sont les choses qui nous irritent le plus. Tel s'émeut d'une parole outrageante, tel d'une action : l'un veut qu'on respecte sa noblesse, et l'autre sa beauté ; celui-ci veut passer pour un homme élégant, celui-là pour un savant : l'un se révolte contre l'orgueil, l'autre contre la résistance : celui-ci ne croit pas un esclave digne de sa colère, celui-là, cruel chez lui, est au dehors plein de douceur ; sollicitez, l'un y voit de l'envie ; ne sollicitez pas, l'autre y voit du mépris. Tous ne sont pas vulnérables du même côté.

XI. Il faut donc connaître ton endroit faible, pour le mettre à couvert de préférence. Il n'est pas bon de tout voir, de tout entendre ; que beaucoup d'injures passent inaperçues ; les ignorer, c'est ne pas les recevoir. Tu ne veux pas être colère ? ne sois pas curieux. Celui qui est à l'affût de tout ce qui se dit sur lui, qui s'en va déterrer les propos méchants même les plus secrets, se persécute lui-même. Souvent l'interprétation conduit à voir des injures imaginaires. Il y a certaines choses qu'il faut remettre, d'autres qu'il faut mépriser, d'autres qu'il faut pardonner. On doit, par tous les moyens, restreindre la colère. le plus souvent on peut tourner la chose en raillerie et en badinage. On rapporte de Socrate, qu'ayant reçu un soufflet, il se contenta de dire : « Qu'il était fâcheux d'ignorer quand il fallait sortir avec un casque. » L'important n'est pas dans la manière dont l'injure est faite, mais dans la manière dont elle est reçue. Or, je ne sais pourquoi la modération serait difficile, quand je vois des tyrans, enflés de leur fortune et de leur puissance, réprimer leur violence habituelle. Voici du moins ce qu'on raconte de Pisistrate, tyran des Athéniens : un de ses convives, dans l'ivresse, se répandit en reproches sur sa cruauté ; il ne manquait pas de complaisants disposés à lui prêter main-forte ; et, qui d'un côté, qui de l'autre, lui soufflaient la vengeance. Mais lui, supportant l'ou-

salutatio, epistola, oratio, et interrogatio in litem evocent. Nunquam sine querela ægra tanguntur. Optimum est itaque, ad primum mali sensum mederi sibi ; tum verbis quoque suis minimum libertatis dare, et inhibere impetum. Facile est autem, affectus suos, quum primum oriuntur, deprehendere : morbum signa præcurrunt. Quemadmodum tempestatis ac pluviæ ante ipsas notæ veniunt ; ita iræ, amoris, omniumque istarum procellarum animos vexantium sunt quædam prænuntia. Qui comitiali vitio solent corripi, jam adventare valetudinem intelligunt, si calor summa deserit, si incertum lumen, nervorumque trepidatio est, si memoria sublabitur, caputque versatur. Solitis itaque remediis incipientem causam occupant, et odore gustuque, quidquid est quod alienat animos, repellitur ; aut fomentis contra frigus rigoremque pugnatur ; aut si parum medicina profecit, vitaverunt turbam, et sine teste ceciderunt. Prodest morbum suum nosse, et vires ejus antequam spatientur, opprimere. Videamus quid sit, quod nos maxime concitet. Alium verborum, alium rerum contumeliæ movent ; hic vult nobilitati suæ, hic formæ suæ parci ; ille elegantissimus haberi cupit, ille doctissimus ; hic superbiæ impatiens est, hic contumaciæ ; ille servos non putat dignos quibus irascatur ; hic intra domum sævus est, foris mitis ; ille rogari, invidiam judicat ; hic, non rogari, contumeliam. Non omnes ab eadem parte feriuntur.

XI. Scire itaque oportet, quid in te imbecillum sit, ut id maxime protegas. Non expedit omnia videre, omnia audire : multæ nos injuriæ transeant, ex quibus plerasque non accipit, qui nescit. Non vis esse iracundus ? ne sis curiosus. Qui inquirit, quid in se dictum sit, qui malignos sermones, etiamsi secreto habiti sint, eruit, se ipse inquietat. Quædam interpretatio eo perducit, ut videantur injuriæ. Itaque alia differenda sunt, alia deridenda, alia donanda. Circumscribenda multis modis ira est : pleraque in lusum jocumque vertantur. Socratem, aiunt, colapho percussum nihil amplius dixisse, quam : « Molestum esse, quod nescirent homines, quando cum galea prodire deberent. » Non quemadmodum facta sit injuria refert, sed quemadmodum lata. Nec video quare difficilis sit moderatio, quum sciam tyrannorum quoque tumida et fortunæ et licentia ingenia, familiarem sibi sævitiam repressisse. Pisistratum certe, Atheniensium tyrannum, memoriæ proditur, quum multa in crudelitatem ejus ebrius conviva dixisset, nec deessent qui vellent manus ei commodare, et alius hinc, alius illinc faces subderent, placido animo tulisse, et

trage de sang-froid, répondit à ces provocateurs : « Qu'il n'était pas plus ému que si quelqu'un se fût jeté sur lui les yeux bandés. » Que d'hommes se font eux-mêmes des querelles, ou sur de faux soupçons, ou sur des torts légers qu'ils s'exagèrent.

XII. Souvent la colère vient à nous, plus souvent nous allons à elle. Et cependant, loin de l'attirer jamais, il faut, quand elle survient, la repousser. Personne ne se dit : la chose pour laquelle je m'irrite, ou je l'ai faite, ou j'ai pu la faire! Personne ne juge l'intention, mais l'acte seul; cependant il faut en tenir compte : y a-t-il eu volonté ou hasard, contrainte ou erreur, haine ou intérêt? a-t-on suivi sa propre impulsion, ou bien a-t-on prêté la main à la passion d'un autre? Il faut avoir quelqu'égard à l'âge et à la fortune du délinquant, afin d'apprendre à tolérer par humanité, ou à souffrir par humilité. Mettons-nous à la place de celui contre qui nous nous fâchons : parfois notre emportement vient d'une fausse appréciation de nous-mêmes; et nous ne pouvons supporter ce que nous voudrions faire.

Personne ne veut s'imposer un délai; et cependant le plus grand remède de la colère, c'est le temps; il refroidit la première ardeur, et dissipe ou du moins éclaircit le nuage qui obscurcit l'âme. Il suffit, je ne dis pas d'un jour, mais d'une heure, pour adoucir ces transports qui entraînent, ou pour les maîtriser entièrement. Si on n'obtient rien par le délai, on paraîtra cependant céder à la réflexion, non à la colère. Tout ce que tu veux bien apprécier, abandonne-le au temps; rien ne se voit nettement dans la première agitation. Platon,

irrité contre son esclave, ne put prendre sur lui de différer; lui ordonnant d'ôter sur-le-champ sa tunique, et de tendre le dos aux verges, il allait le battre de sa propre main. Cependant, s'apercevant qu'il était en colère, il tenait son bras suspendu, et restait dans la position d'un homme qui va frapper. Un ami, qui survint par hasard, lui ayant demandé ce qu'il faisait. Je punis, dit-il, un homme en colère. Il demeurait comme stupéfait dans cette attitude d'un homme qui frappe, si déplacée pour un sage; déjà il avait oublié l'esclave, parce qu'il en avait trouvé un autre à punir de préférence. Il abdiqua donc ses droits de maître, et, se sentant trop ému pour une faute légère : « Je te prie, dit-il, Speusippe, de corriger ce misérable, car pour moi je suis en colère. » Il s'abstint de frapper, par la raison même pour laquelle un autre eût frappé. « Je suis en colère, dit-il, je ferais plus qu'il ne faudrait, je le ferais avec passion : que cet esclave ne soit pas aux mains d'un maître qui n'est pas maître de lui-même. » Qui voudrait confier sa vengeance à la colère, lorsque Platon lui-même s'en interdit le droit? Ne te permets rien, tant que tu seras irrité : pourquoi? Parce que tu voudrais tout te permettre. Combats-toi, toi-même. Si tu ne peux vaincre la colère, elle commence à te vaincre. Si elle est encore renfermée, si on ne lui donne pas issue, on doit en voiler toutes les apparences, et la tenir, autant qu'il se peut, secrète et cachée.

XIII. Il en coûtera de grands efforts. Car la colère cherche à se faire jour, à enflammer les yeux, à bouleverser la face : or, dès qu'il lui est

---

hoc irritantibus respondisse : « Non magis illi se succensere, quam si quis obligatis oculis in se incurrisset. » Magna pars querelas manu fecit, aut falsa suspicando, aut levia aggravando.

XII. Sæpe ad nos ira venit, sæpius nos ad illam, quæ nunquam arcessenda est : etiam quum incidit, rejiciatur. Nemo dicit sibi : Hoc, propter quod irascor, aut feci, aut fecisse potui! Nemo animum facientis, sed ipsum æstimat factum : atqui illa intuendus est; voluerit, an inciderit; coactus sit, an deceptus; odium secutus sit, an præmium; sibi morem gesserit, an manum alteri commodaverit. Aliquid peccantis ætas facit, aliquid fortuna; ut ferre ac pati, aut humanum, aut humile sit. Eo loco nos constituamus, quo ille est, cui irascimur : nunc facit iracundos iniqua nostri æstimatio, et quæ facere vellemus, pati nolumus. Nemo se differt : atqui maximum remedium iræ dilatio est, ut primus ejus fervor relanguescat, et caligo quæ premit mentem, aut resideat, aut minus densa sit. Quædam ex his quæ te præcipitem ferebant, hora, non tantum dies, molliet; quædam ex toto evanescent. Si nihil erit petita advocatio, apparebit tamen judicium esse, non iram. Quidquid voles quale sit scire, tempori trade; nihil diligenter in fluctu cernitur. Non potuit impetrare Plato a se tempus,

quum servo suo irasceretur, sed ponere illum statim tunicam, et præbere scapulas verberibus jussit, sua manu ipse cæsurus. Postquam intellexit irasci se, sicut sustulerat, manum suspensam detinebat, et stabat percussuro similis. Interrogatus deinde ab amico, qui forte intervenerat, quid ageret? « Exigo, inquit, pœnas ab homine iracundo. » Velut stupens, gestum illum sævituri deformem sapienti viro servabat, oblitus jam servi, quia alium quem potius castigaret, invenerat. Itaque abstulit sibi in suos potestatem, et ob peccatum quoddam commotior, « Tu, inquit, Speusippe, servulum istum verberibus objurga : nam ego irascor. » Ob hoc non cecidit, propter quod alius cecidisset. « Irascor, inquit; plus faciam quam oportet : libentius faciam : non sit iste servus in ejus potestate, qui in sua non est. » Aliquis vult irato committi ultionem, quum Plato sibi ipse imperium abrogaverit? Nihil tibi liceat, dum irasceris; quare? quia vis omnia licere. Pugna tecum ipse! si iram vincere non potes, illa te incipit vincere. Si absconditur, si illi exitus non datur, signa ejus obruamus, et illam, quantum fieri potest, occultam secretamque teneamus.

XIII. Cum magna id nostra molestia fiet. Cupit enim exsilire, et incendere oculos, et mutare faciem : sed si

permis de s'élancer hors de nous, elle est au-dessus de nous. Qu'elle soit ensevelie dans les profondeurs de notre âme : qu'elle soit maîtrisée, et non maîtresse : ou plutôt faisons plier en sens contraire tous les signes extérieurs. Que notre visage soit moins sévère, notre voix plus douce, notre démarche plus calme; peu à peu le dedans se formera sur le dehors. Chez Socrate, c'était un symptôme de colère, de baisser la voix, d'être sobre de paroles : on voyait alors qu'il se faisait violence à lui-même. Aussi ses amis le devinaient et le reprenaient; et ces reproches, pour une colère même cachée, ne le blessaient pas. Ne devait-il pas s'applaudir de ce que tous s'apercevaient de sa colère, sans que personne la ressentît? Or, on l'eût ressentie, s'il n'eût donné à ses amis le droit de blâme qu'il prenait sur eux. Ne devons-nous pas à plus forte raison en faire autant? Prions nos meilleurs amis d'user de toute liberté envers nous alors surtout que nous sommes le moins disposés à la souffrir; qu'ils n'aient pas de complaisance pour notre colère; et, contre un mal puissant, qui a toujours des charmes pour nous, invoquons leur patronage, tandis que nous y voyons encore, et que nous sommes à nous.

XIV. Ceux qui supportent mal le vin, et craignent les imprudences et les emportements de leur ivresse, recommandent à leurs gens de les enlever de la salle du festin; ceux qui ont souffert de leur intempérance dans la maladie, défendent qu'on leur obéisse, lorsque leur santé est affectée. Le mieux est de poser d'avance une barrière aux vices signalés, et, avant tout, de disposer son âme de manière à ce que, même à des ébranlements subits et violents, elle n'éprouve pas de colère; ou que, si elle est prise au dépourvu par une injure grave, elle refoule au plus profond d'elle-même la passion soulevée, et empêche son ressentiment de se révéler. Tu verras que cela se peut faire, si, parmi un grand nombre d'exemples, je t'en cite quelques-uns qui te serviront à apprendre deux choses : d'abord, quels maux renferme la colère, lorsqu'elle a pour instrument toute la puissance d'un pouvoir sans bornes; ensuite, combien elle peut se commander à elle-même, lorsqu'elle est comprimée par une crainte plus grande.

Le roi Cambyse était fort adonné au vin. Prexaspe, un de ses favoris, l'engageait à boire plus modérément, lui représentant que l'ivresse était honteuse chez un roi, qui attirait l'attention de tous les yeux, de toutes les oreilles. A quoi celui-ci répondit : « Pour te convaincre que je ne suis jamais hors de moi, et que, même après le vin, mes yeux et mes mains remplissent bien leurs fonctions, je vais t'en donner la preuve. » Il but ensuite plus largement et dans de plus grandes coupes qu'à l'ordinaire; puis, déjà gorgé de vin, et trébuchant, il ordonna au fils de son censeur de se placer à la porte de la salle, debout et la main gauche levée au-dessus de la tête. Alors il banda son arc, et traversa, comme il l'avait annoncé d'avance, le cœur du jeune homme; puis, ouvrant la poitrine, il montra la flèche enfoncée dans le milieu du cœur; et, regardant le père : « Ai-je la main assez sûre, » demanda-t-il? Celui-ci assura qu'Apollon n'eût pas visé plus juste. Que la malédiction des dieux soit sur cet homme, plus esclave encore de cœur que de condition ! Il loua

eminere illi extra nos licuit, supra nos est. In imo pectoris secessu recondatur, feraturque, non ferat : immo in contrarium omnia ejus indicia flectamus. Vultus remittatur, vox lenior sit, gradus lentior; paulatim cum exterioribus interiora formentur. In Socrate iræ signum erat, vocem submittere, loqui parcius; apparebat tunc illum sibi obstare. Deprehendebatur itaque a familiaribus, et coarguebatur; nec erat illi exprobratio latitantis iræ ingrata. Quid ni gauderet, quod iram suam multi intelligerent, nemo sentiret? sensisset autem, nisi jus amicis objurgandi se dedisset, sicut ipse sibi in amicos sumserat. Quanto magis hoc nobis faciendum est? rogemus amicissimum quemque, ut tunc maxime adversus nos libertate utatur, quum minime illam pati poterimus, nec assentiatur iræ nostræ : contra potens malum, et apud nos gratiosum, dum conspicimus, dum nostri sumus, advocemus.

XIV. Qui vinum male ferunt, et ebrietatis suæ temeritatem ac petulantiam metuunt, mandant suis, ut e convivio auferantur : intemperantiam in morbo suam experti, parere sibi in adversa valetudine vetant. Optimum est, notis vitiis impedimenta prospicere, et ante omnia ita componere animum, ut etiam gravissimis rebus subitisque concussus iram aut non sentiat aut magnitudine inopinatæ injuriæ exortam in altum retrahat, nec dolorem suum profiteatur. Id fieri posse apparebit, si pauca ex ingenti turba exempla protulero, ex quibus utrumque discere licet : quantum mali habeat ira, ubi hominum præpotentum potestate tota utitur : quantum sibi imperare possit, ubi metu majore compressa est. Cambysen regem nimis deditum vino Præxaspes unus ex carissimis monebat, ut parcius biberet, turpem esse dicens ebrietatem in rege, quem oculi omnium auresque sequerentur. Ad hoc ille, « ut scias, inquit, quemadmodum nunquam excidam mihi, approbabo jam, et oculos post vinum in officio esse, et manus. » Bibit deinde liberalius quam alias capacioribus scyphis, et jam gravis, et temulentus, objurgatoris sui filium procedere ultra limen jubet, allevataque super caput sinistra manu stare. Tunc intendit arcum, et ipsum cor adolescentis (id enim se petere dixerat) figit, recisoque pectore hærens in ipso corde spiculum ostendit ; ac respiciens patrem, satisne certam haberet manum? interrogavit. At ille negavit Apollinem potuisse certius dimittere. Dii illum male perdant, animo

une chose que c'était trop d'avoir vue. Il trouva une occasion de flatterie, dans cette poitrine d'un fils ouverte en deux, dans ce cœur palpitant sous le fer. Il fallait lui contester sa gloire et recommencer l'épreuve, pour que le roi pût, sur le père, montrer une main encore plus assurée. O roi sanguinaire! vraiment digne de voir les flèches de tous ses sujets se tourner contre lui! Cependant, tout en exécrant celui qui couronnait ses orgies par les supplices et le meurtre, avouons qu'il y eut plus de crime à louer ce trait qu'à le lancer. Nous ne chercherons pas quelle devait être la conduite du père, en face du cadavre de son fils, en présence de ce meurtre dont il avait été le témoin et la cause ; ce dont il s'agit maintenant est démontré, c'est que la colère peut être étouffée. Prexaspe ne proféra pas une injure contre le roi, pas une de ces paroles qu'arrache le malheur, lui qui se sentait le cœur percé du même coup que celui de son fils. On peut soutenir qu'il eut raison de dévorer ses paroles; car, s'il eût dit quelque chose, comme homme outragé, il n'eût pu rien faire plus tard comme père. Il peut, je le répète, paraître, dans ce cas, avoir agi plus sagement que lorsqu'il donnait des leçons contre les excès de l'ivresse; car il valait mieux laisser ce roi boire du vin que du sang; tant que sa main tenait la coupe, c'était une trêve au crime. Aussi, Prexaspe augmentera le nombre de ceux qui témoignent, par de terribles malheurs, combien un bon conseil coûte aux amis des rois.

XV. Je ne doute pas que ce ne fût quelque conseil semblable qui fut donné par Harpagus à son maître, aussi roi de Perse. Celui-ci, offensé, lui fit servir à table la chair de ses enfants, et lui demanda plus d'une fois, si l'assaisonnement lui en plaisait. Puis, lorsqu'il le vit rassasié de ce mets de douleur, il fit apporter les têtes, et lui demanda s'il était content de son accueil. Le malheureux ne perdit pas la parole ; sa bouche ne resta pas close. « Chez un roi, dit-il, tout mets est agréable. » Que gagna-t-il à cette flatterie? de n'être pas invité à manger les restes. Je n'empêche pas un père de condamner l'action de son roi, je ne l'empêche pas de chercher la vengeance que mérite une si atroce monstruosité; mais, en attendant, j'en tire cette conséquence, qu'on peut dissimuler une colère qui naît de malheurs affreux, et la forcer à un langage contraire à sa nature. S'il est nécessaire de maîtriser son ressentiment, c'est surtout aux hommes qui suivent la vie des cours, et qui sont admis à la table des rois. C'est ainsi qu'on mange chez eux, c'est ainsi qu'on y boit, c'est ainsi qu'on y répond : il faut sourire à ses funérailles. Doit-on payer la vie si cher? c'est ce que nous verrons : c'est là une autre question. Nous n'apporterons pas de consolations dans une si triste prison; nous ne les exhorterons pas à subir les volontés de leurs bourreaux : nous leur montrerons dans toute servitude une voie ouverte à la liberté. Si l'âme est malade et souffre de ses propres vices, elle a en elle de quoi terminer ses souffrances. Je dirai à celui que le sort fit tomber aux mains d'un tyran, qui, de ses flèches, ajuste le cœur de ses amis ; à celui dont le maître rassasie un père des entrailles de ses enfants : pourquoi

---

magis quam conditione mancipium! Ejus rei laudator fuit, cujus nimis erat spectatorem fuisse; occasionem blanditiarum putavit, pectus filii in duas partes diductum, et cor sub vulnere palpitans. Controversiam illi facere de gloria debuit, et revocare jactum, ut regi liberet in ipso patre certiorem manum ostendere. O regem cruentum! o dignum in quem omnium suorum arcus verterentur! Quum exsecrati fuerimus illum, convivia suppliciis funeribusque solventem, tamen sceleratius telum illud laudatum est, quam missum. Videbimus quomodo se pater gerere debuerit, stans super cadaver filii sui, cædemque illam, cujus et testis fuerat et causa : id de quo nunc agitur, apparet, iram supprimi posse. Non maledixit regi, nullum emisit ne calamitosi quidem verbum, quum æque cor suum, quam filii, transfixum videret. Potest dici, merito devorasse verba : nam si quid tanquam iratus dixisset, nihil tanquam pater facere potuisset. Potest, inquam, videri sapientius se in illo casu gessisse, quam quum de potandi modo præciperet : quem satius erat vinum quam sanguinem bibere, cujus manus poculis occupari pax erat. Accessit itaque ad numerum eorum, qui magnis cladibus ostenderunt, quanti constarent regum amicis bona consilia.

XV. Non dubito, quin Harpagus quoque tale aliquid regi suo Persarumque suaserit, quo offensus, liberos ejus epulandos apposuit, et subinde quæsiit, an placeret conditura. Deinde ut satis illum plenum malis suis vidit, afferri capita illorum jussit, et, quomodo esset acceptus, interrogavit. Non defuerunt misero verba, non os concurrit : « Apud regem, inquit, omnis cœna jucunda est. » Quid hac adulatione profecit? ne ad reliquias invitaretur. Non veto patrem damnare regis sui factum, non veto quærere dignam tam truci portento pœnam ; hoc interim colligo, posse etiam ex ingentibus malis nascentem iram abscondi, et ad verba contraria sibi cogi. Necessaria est ista doloris refrenatio, utique hoc sortitis vitæ genus, et ad regiam adhibitis mensam. Sic editur apud illos, sic bibitur, sic respondetur : funeribus suis arridendum est. An tanti sit vita, videbimus : alia ista quæstio est. Non consolabimur tam triste ergastulum, non adhortabimur ferre imperia carnificum, ostendemus in omni servitute apertam libertati viam. Si æger animus, et suo vitio miser est, huic miserias finire secum licet. Dicam et illi, qui in regem incidit, sagittis pectora amicorum petentem, et illi cujus dominus liberorum visceribus patres saturat ; Quid gemis, demens, quid exspectas, ut te au-

gémir, insensé ! pourquoi attendre que quelque ennemi vienne te venger par la ruine de ton pays, ou qu'un roi puissant accoure de contrées lointaines? Quelque part que tes yeux se tournent, tu trouveras une fin à tes maux. Vois ce lieu escarpé : on y descend à la liberté. Vois cette mer, ce fleuve, ce puits : au fond de leurs eaux est assise la liberté. Vois cet arbre petit, rabougri, sinistre : la liberté y est suspendue. Vois ton cou, ta gorge, ton cœur : ce sont autant d'issues pour fuir l'esclavage. Mais nous te montrons des chemins trop pénibles, et qui exigent trop de cœur et de force. Tu cherches une voie facile vers la liberté? elle est dans chaque veine de ton corps.

XVI. Tant que rien ne nous semble assez intolérable pour nous faire répudier la vie, dans quelque position que nous soyons, écartons la colère : elle est fatale à ceux qui sont dans la dépendance; car l'indignation ne fait qu'ajouter aux tourments, et la domination est d'autant plus pesante, qu'on la supporte avec plus d'impatience. Ainsi, la bête fauve qui se débat resserre le piége; ainsi, l'oiseau qui s'agite et se démène ne fait qu'étendre la glu sur son plumage. Il n'y a pas de joug si étroit, qu'il ne blesse moins la tête qui le traîne que celle qui le repousse. Le seul soulagement aux grands maux, c'est la patience et la soumission aux nécessités.

Mais, s'il est utile à ceux qui obéissent de contenir leurs passions, et surtout cette passion furieuse et effrénée, c'est encore plus utile aux rois. Tout est perdu, quand la fortune permet tout ce que conseille la colère; et un pouvoir qui s'exerce au détriment du grand nombre ne peut durer longtemps; il court des risques, dès que ceux qui souffrent séparément sont ralliés par une commune terreur. Aussi, combien de tyrans immolés, soit par un seul homme, soit par un peuple entier, que la douleur publique forçait à se faire une arme de toutes les colères. Et combien pourtant ont usé de la colère comme d'un privilége de leur royauté ! Témoin Darius, qui, après que l'empire eut été enlevé au Mage, fut le premier appelé au trône de la Perse et d'une grande partie de l'Orient. Comme il avait déclaré la guerre aux Scythes qui, vers le Levant, lui formaient une ceinture d'ennemis, Œbasus, noble vieillard, le supplia de lui laisser un de ses trois fils pour consoler sa paternité, et d'en conserver les deux autres à son service. Le roi, promettant plus qu'il ne lui était demandé, répondit qu'il les rendrait tous; et les ayant fait tuer sous les yeux du père, il les lui livra : il eût été bien cruel sans doute, s'il les eût tous emmenés !

XVII. Mais combien Xerxès fut plus humain ! Pythius, père de cinq fils, lui demandant l'exemption de l'un d'entre eux, il lui permit de choisir celui qu'il voudrait : le choix fait, le fils désigné fut, par ses ordres, coupé en deux, et une moitié placée sur chaque côté de la route. Ce fut la victime lustrale de son armée. Aussi eut-il le sort qu'il méritait : vaincu et accablé de toutes parts, il vit se disperser au loin les débris de sa puissance, et revint à travers les cadavres des siens. Cette férocité dans la colère appartient à des rois barbares chez qui n'avait pénétré ni l'instruction,

hostis aliquis per exitium gentis tuæ vindicet, aut rex a longinquo potens advolet? Quocumque respexeris, ibi malorum finis est. Vides illum præcipitem locum? illac ad libertatem descenditur. Vides illud mare, illud flumen, illum puteum? libertas illic in imo sedet. Vides illam arborem, brevem, retorridam, infelicem? pendet inde libertas. Vides jugulum tuum, guttur tuum, cor tuum? effugia servitutis sunt. Nimis tibi operosos exitus monstramus, et multum animi ac roboris exigentes. Quæris, quod sit ad libertatem iter? quælibet in corpore tuo vena.

XVI. Quamdiu quidem nihil tam intolerabile nobis videtur, ut nos expellat e vita, iram, in quocumque erimus statu, removeamus. Perniciosa est servientibus : omnis enim indignatio in tormentum suum proficit, et imperia graviora sentit, quo contumacius patitur. Sic laqueos fera dum jactat, adstringit; sic aves viscum, dum trepidantes excutiunt, plumis omnibus illinunt. Nullum tam arctum est jugum, quod non minus lædat ducentem, quam repugnantem. Unum est levamentum malorum ingentium, pati, et necessitatibus suis obsequi. Sed quum utilis sit servientibus, affectuum suorum, et hujus præcipue rabidi atque effrenis continentia, utilior est regibus. Perierunt omnia, ubi quantum suadet ira, fortuna permittit; nec diu potest, quæ multorum malo exercetur, potentia stare : periclitatur enim, ubi eos qui separatim gemunt, communis metus junxit. Plerosque itaque modo singuli mactaverunt, modo universi, quum illos conferre in unum iras publicus dolor coegisset. Atqui plerique sic iram, quasi insigne regium, exercuerunt. Sicut Darius, qui primus, post ablatum Mago imperium, Persas et magnam partem Orientis obtinuit. Nam quum bellum Scythis indixisset, Orientem cingentibus, rogatus ab Œbazo nobili sene, ut ex tribus liberis unum in solatium patri relinqueret, duorum opera uteretur; quam rogabatur pollicitus, omnes se illi dixit remissurum, et occisos in conspectu parentis abjecit. crudelis futurus, si omnes abduxisset !

XVII. At quanto Xerxes facilior? qui Pythio, quinque filiorum patri, unius vacationem petenti, quem vellet, eligere permisit; deinde quem elegerat, in partes duas distractum ab utroque viæ latere posuit, et hac victima lustravit exercitum. Habuit itaque quem debuit exitum: victus, et late longeque fusus, ac stratam ubique ruinam suam cernens, medius inter suorum cadavera incessit. Hæc barbaris regibus feritas in ira fuit, quos nulla eru-

ni la culture des lettres. Mais je te montrerai, sorti des mains d'Aristote, Alexandre tuant de sa propre main, au milieu d'un banquet, son cher Clitus, son compagnon d'enfance, qui se montrait peu disposé à le flatter, et à passer de la liberté macédonienne à la servitude asiatique. Lysimaque, qui lui était également cher, fut exposé à la fureur d'un lion. Et ce Lysimaque, qui, par un heureux hasard, échappa à la dent du lion, en devint-il lui-même plus doux, lorsqu'il régna? Il mutila Télesphore de Rhodes, son ami, en lui faisant couper le nez et les oreilles; et le nourrit longtemps dans une cage, comme quelque animal nouveau et extraordinaire : cette tête en lambeaux, ce tronc informe n'avait plus rien de la face humaine. Ajoute à cela les tourments de la faim et la hideuse saleté de ce corps, se traînant dans sa fange, sur ses genoux; et ses mains calleuses, que son étroite prison forçait à lui servir de pieds; et ses flancs ulcérés par le frottement : spectacle affreux et terrible à voir! Le supplice avait fait de cet homme un monstre qui repoussait même la pitié! Cependant, s'il ne ressemblait en rien à l'homme celui qui souffrait ces tortures, il lui ressemblait encore moins celui qui les commandait.

XVIII. Plût aux dieux que ces exemples ne se trouvassent que chez les nations étrangères, et que leur cruauté n'eût point passé dans les mœurs romaines, avec la barbarie des supplices et des vengeances! M. Marius, à qui le peuple avait élevé, dans tous les carrefours, des statues auxquelles on adressait des prières avec le vin et l'encens, eut les cuisses rompues, les yeux arrachés, les mains coupées par ordre de L. Sylla, et, comme s'il devait subir autant de morts que de blessures, il fut déchiré lentement et dans chacun de ses membres. Et quel était l'exécuteur de ces ordres, qui, sinon Catilina, qui dès lors exerçait sa main à tous les crimes? Cet homme mettait en pièces Marius devant le tombeau de Q. Catulus, outrageant ainsi le plus doux des hommes dans ses cendres, sur lesquelles coula goutte à goutte le sang d'un homme de funeste exemple, mais populaire toutefois, et qui fut trop aimé, plutôt qu'indigne de l'être. Marius méritait sans doute de subir ce supplice, Sylla de le commander, Catilina de l'appliquer; mais la république ne méritait pas de se voir percer le sein également par le glaive de ses ennemis et celui de ses vengeurs.

Mais pourquoi chercher des exemples anciens? Naguère C. César fit, dans une seule journée, livrer au fouet Sextus Papinius, fils de consulaire, Betilicnus Bassus, son questeur, et fils de son intendant, et plusieurs autres, chevaliers romains ou sénateurs; puis il les mit à la torture, non pour les interroger, mais pour s'en amuser. Ensuite, impatient de tout ce qui faisait trêve à ses voluptés, que les exigences de sa cruauté demandaient sans répit, ce fut en se promenant dans les allées du jardin de sa mère, qui s'étendent entre le portique et le fleuve, qu'il fit venir quelques-unes des victimes avec des matrones et d'autres sénateurs pour les décapiter aux flambeaux. Qui le pressait? De quel danger personnel ou public le menaçait une

---

ditio, nullus litterarum cultus imbuerat! Dabo tibi ex Aristotelis sinu regem Alexandrum, qui Clitum carissimum sibi et una educatum inter epulas transfodit, et manu quidem sua, parum adulantem, et pigre ex Macedone ac libero in Persicam servitutem transeuntem. Nam Lysimachum, æque familiarem sibi, leoni objecit. Numquid ergo hic Lysimachus, felicitate quadam dentibus leonis elapsus, ob hoc quum ipse regnaret, mitior fuit? Nam Telesphorum Rhodium amicum suum undique decurtatum, quum aures illi nasumque abcidisset, in cavea velut novum animal aliquod et inusitatum diu pavit : quum oris detruncati mutilatique deformitas humanam faciem perdidisset. Accedente fames et squalor et illuvies corporis, in stercore suo destituti, callosis super hæc genibus manibusque, quas in usum pedum angustiæ loci cogebant; lateribus vero attritu exulceratis, non minus fœda quam terribilis erat forma ejus visentibus; factusque pœna sua monstrum, misericordiam quoque amiserat: tamen quum dissimillimus esset homini, qui illa patiebatur, dissimilior erat, qui faciebat.

XVIII. Utinam ista sævitia intra peregrina mansisset exempla, nec in Romanos mores cum aliis adventitiis vitiis, et suppliciorum irarumque barbaria transisset! M. Mario, cui vicatim populus statuas posuerat, cui thure et vino supplicabat, L. Sylla perfringi crura, erui oculos, amputari manus jussit; et quasi totiens occideret, quotiens vulneraret, paulatim et per singulos artus laceravit. Quis erat hujus imperii minister? quis, nisi Catilina, jam in omne facinus manus exercens? hic illum ante bustum Q. Catuli carpebat, gravissimus mitissimi viri cineribus : supra quos vir mali exempli, popularis tamen, et non tam immerito quam nimis amatus, per stillicidia sanguinem dabat. Dignus erat Marius qui illa pateretur, Sylla qui juberet, Catilina qui faceret; sed indigna respublica quæ in corpus suum pariter et hostium et vindicum gladios reciperet. Quid antiqua perscrutor? modo C. Cæsar Sextum Papinium, cui pater erat consularis, Betilienum Bassum quæstorem suum procuratoris sui filium, aliosque et equites romanos et senatores uno die flagellis cecidit, torsit, non quæstionis, sed animi causa. Deinde adeo impatiens fuit differendæ voluptatis, quam ingens crudelitas ejus sine dilatione poscebat, ut in xysto maternorum hortorum, qui porticum a ripa separat, inambulans, quosdam ex illis cum matronis atque aliis senatoribus ad lucernam decollaret. Quid instabat? quod periculum, aut privatum, aut publicum una nox minabatur? quantulum fuit, lucem exspectare denique, ne senatores populi Romani soleatus occideret?

seule nuit? Que lui coûtait-il enfin d'attendre le jour, pour ne pas tuer en pantoufles les sénateurs du peuple romain?

XIX. Quelle fut l'insolence de sa cruauté; il appartient à notre sujet de le faire connaître, quoique peut-être nous puissions sembler nous en écarter, et nous égarer dans des digressions; mais ces folies de l'orgueil dépendent de la colère quand elle se déchaîne sans mesure. En le voyant livrer au fouet les sénateurs, on put dire, grâces à lui : « C'est d'usage. » Il avait épuisé, pour les supplices, les plus horribles ressources de la torture, les cordes, les brodequins, les chevalets, le feu, son visage. Mais ici l'on me répondra : qu'y a-t-il de merveilleux, qu'il ait fait passer par les lanières et les flammes, comme de méchants esclaves, trois sénateurs, lui qui méditait d'égorger tout le sénat, qui souhaitait que le peuple romain n'eût qu'une seule tête, pour pouvoir consommer en un seul jour et d'un seul coup tous les crimes qu'il avait multipliés à tant de reprises et en tant de lieux. Quoi de plus inouï qu'un supplice de nuit? Le voleur, pour assassiner, se cache dans les ténèbres; mais le châtiment légal, plus il a de publicité, plus il sert à l'exemple et à la répression. On me répondra encore : ces forfaits, qui te surprennent tant, font l'occupation journalière de ce monstre; c'est pour cela qu'il vit; ce sont les travaux de ses jours, les élucubrations de ses nuits. Certes, nul après lui ne se rencontrera, qui ordonne de tamponner avec une éponge la bouche de ceux qu'il faisait exécuter, pour que leur voix ne pût se faire jour. A quel malheureux, près de mourir, a-t-il été jamais interdit de gémir? Il craignit sans doute que les douleurs suprêmes n'exhalassent quelque parole trop libre; il craignit d'entendre ce qu'il ne voulait pas entendre. Car il savait qu'il y avait une foule de choses que personne qu'un mourant n'eût osé lui reprocher. Comme on ne trouvait pas d'éponge, il ordonna de déchirer les vêtements de ces malheureux, et de leur remplir la bouche avec ces lambeaux. Quel est ce raffinement de barbarie? Qu'il leur soit au moins permis de rendre le dernier soupir : donne passage à leur âme prête à s'échapper; qu'elle puisse s'exhaler autrement que par les blessures!

XX. Il serait trop long d'ajouter que la même nuit, les pères des victimes furent égorgés par des centurions envoyés à domicile : sans doute, cet homme miséricordieux voulait épargner leur douleur paternelle.

Mais ce n'est pas la cruauté de Caïus, ce sont les maux de la colère que je me suis proposé de décrire, de la colère qui ne se déchaîne pas seulement contre des individus, mais déchire des nations entières, mais frappe des villes, des fleuves et des objets dénués de tout sentiment de douleur. Ainsi, un roi de Perse fait couper le nez à tout un peuple dans la Syrie; de là le nom de Rhinocolure, qui fut donné à la contrée. Crois-tu qu'il fut indulgent, pour n'avoir pas coupé autant de têtes? Il s'amusa d'un nouveau genre de supplice.

Quelque chose de pareil menaçait les Éthiopiens, que leur longévité a fait nommer Macrobiens. Cambyse, en fureur, s'avançait contre eux, parce qu'ils n'avaient pas humblement tendu leurs mains à la servitude, et qu'ils avaient répondu à ses envoyés avec une liberté que les rois appellent

---

XIX. Quam superbæ fuerit crudelitatis, ad rem pertinet scire, quamquam aberrare alio possumus videri, et in devium exire : sed hoc ipsum pars erit iræ super solita sævientis. Ceciderat flagellis senatores : ipse effecit, ut dici possit : Solet fieri; torserat per omnia, quæ in rerum natura tristissima sunt, fidiculis, tabularibus, equuleo, igne, vultu suo. Et hoc loco respondebitur, magnam rem si tres senatores, quasi nequam mancipia, inter verbera et flammas divisit, homo qui de toto senatu trucidando cogitabat, qui optabat, ut populus Romanus unam cervicem haberet, ut scelera sua tot locis ac temporibus diducta, in unum ictum et unum diem cogeret? Quid tam inauditum quam nocturnum supplicium? quum latrocinia tenebris abscondi soleant; animadversiones, quo notiores sunt, plus ad exemplum emendationemque proficiunt. Et hoc loco respondebitur mihi : Quod tantopere admiraris, isti belluæ quotidianum est, hoc vivit, ad hoc vigilat, ad hoc lucubrat. Nemo certe invenietur alius, qui imperaverit his, in quos animadverti jubebat, hos inserta spongia includi, ne vocis emittendæ haberent facultatem. Cui unquam morituro non est relictum, qua gemeret? timuit, ne quam liberiorem vocem extremus dolor mitteret, ne quid, quod nollet, audiret; sciebat autem innumerabilia esse, quæ objicere illi nemo, nisi periturus, auderet. Quum spongiæ non invenirentur, scindi vestimenta miserorum, et in os sarciri pannos imperavit. Quæ ista sævitia est? liceat ultimum spiritum trahere : da exituræ animæ locum : liceat illam non per vulnus emittere.

XX. Adjicere his longum est, quod patres quoque occisorum eadem nocte, dimissis per domos centurionibus, confecit : id est, homo misericors luctu liberavit. Non enim Caii sævitiam, sed iræ malum propositum est describere, quæ non tantum viritim furit, sed gentes totas lancinat, sed urbes, sed flumina, et tuta ab omni sensu doloris converberat. Sicut rex Persarum totius populi nares recidit in Syria : inde *Rhinocolura* loci nomen est. Pepercisse illum judicas, quod non tota capita præcidit? novo genere pœnæ delectatus est. Tale aliquid passi forent Æthiopes, qui ob longissimum vitæ spatium Macrobii appellantur. In hos enim, quia non supinis manibus exceperant servitutem, missisque legatis libera responsa

insolence. Mais, sans provisions, sans vivres, sans avoir fait reconnaître les chemins, il traînait après lui, à travers des solitudes impraticables et arides, tout le matériel d'une armée. Dès la première journée, on manqua du nécessaire, et nulle ressource ne se présentait dans une région stérile, inculte, que n'avait jamais foulé le pied de l'homme. D'abord, on combattit la faim avec les feuilles les plus tendres et les bourgeons des arbres; ensuite avec du cuir ramolli au feu, et tout ce dont le besoin faisait un aliment. Puis, lorsqu'au milieu des sables, les racines et les herbes vinrent aussi à manquer, et qu'apparut une immense solitude dépourvue même d'animaux, les soldats se décimèrent pour avoir une nourriture plus horrible que la faim. Cependant la colère poussait encore le roi en avant, lorsqu'une partie de son armée était perdue, une partie mangée, jusqu'à ce qu'il craignît d'être appelé à son tour à tirer au sort : alors enfin, il donna le signal de la retraite. Pendant tout ce temps, on réservait pour lui des oiseaux délicats; et des chameaux portaient tout l'attirail de ses cuisines, tandis que ses soldats demandaient au sort à qui appartiendrait une mort misérable, une vie plus misérable encore.

XXI. Cambyse se déchaîna contre une nation inconnue et innocente, mais qui avait le sentiment de sa colère; Cyrus s'emporta contre un fleuve. Comme il courait au siége de Babylone en toute hâte, parce qu'à la guerre l'occasion fait les succès, il tenta de traverser à gué le Gynde, alors fortement débordé; ce qui est à peine praticable quand le fleuve, desséché par les feux de l'été, est réduit à ses eaux les plus basses. Un des chevaux blancs qui traînaient le char royal, ayant été emporté par le courant, Cyrus en fut vivement courroucé. Il jura donc que ce fleuve, qui entraînait les coursiers du roi, serait réduit au point que des femmes pussent le traverser et s'y promener. Il y transporta, en effet, tout son appareil de guerre, et fit mettre ses soldats à l'œuvre, jusqu'à ce que chaque rive fut coupée par cent quatre-vingts canaux, et que les eaux éparses, se dispersant à travers trois cent soixante ruisseaux, laissassent le lit à sec. Il laissa donc échapper le temps, perte bien grande dans de grandes entreprises, et l'ardeur de ses soldats, qu'épuisa un travail inutile, et l'occasion de surprendre Babylone au dépourvu, pendant qu'il faisait contre ce fleuve une guerre déclarée à l'ennemi.

XXII. Cette folie (car quel autre nom lui donner?) a gagné aussi les Romains. Caïus César détruisit, près d'Herculanum, une magnifique villa, parce que sa mère y avait été quelque temps détenue. Il éternisa par là cette disgrâce. Car, tant qu'elle fut debout, on passait à côté; maintenant on demande la cause de sa ruine.

Il faut méditer ces exemples pour les fuir; ceux, au contraire, de la modération et de la douceur, il faut les suivre. Je vais t'en citer d'hommes qui ne manquaient ni de sujet de colère, ni de puissance pour se venger. Qu'y avait-il, en effet, de plus facile pour Antigone, que d'envoyer au supplice deux soldats qui, appuyés contre la tente royale, faisaient ce qu'on fait très-volontiers, quoique ce soit très-dangereux : ils médisaient du roi. Antigone avait tout entendu ; car les interlo-

---

dederant, quæ contumeliosa reges vocant, Cambyses fremebat : et non provisis commeatibus, non exploratis itineribus, per invia, per arentia trahebat omnem bello utilem turbam: cui intra primum iter deerant necessaria, nec quidquam subministrabat sterilis et inculta homanoque ignota vestigio regio : sustinebant famem primo tenerrima frondium, et cacumina arborum, tum coria igne mollita, et quidquid necessitas cibum fecerat : postquam inter arenas radices quoque et herbæ defecerant, apparuitque inops etiam animalium solitudo, decimum quemque sortiti, alimentum habuerunt fame sævius. Agebat adhuc ira regem præcipitem, quum partem exercitus amisisset, partem comedisset, donec timuit, ne et ipse vocaretur ad sortem : tum demum signum receptui dedit. Servabantur interim illi generosæ aves, et instrumenta epularum camelis vehebantur : quum sortirentur milites ejus, quis male periret, quis pejus viveret.

XXI. Hic iratus fuit genti, et ignotæ, et immeritæ, sensuræ tamen; Cyrus flumini. Nam quum Babylonem oppugnaturus festinaret ad bellum, cujus maxima momenta in occasionibus sunt, Gynden late fusum amnem vado transire tentavit : quod vix tutum est etiam quum sensit æstatem, et ad minimum deductus est. Ibi unus ex his equis, qui trahere regium currum albi solebant, abreptus, vehementer commovit regem; juravit itaque, amnem illum regis commeatus auferentem, eo se redacturum, ut transiri calcarique etiam a feminis posset. Huc deinde omnem transtulit belli apparatum, et tamdiu as sedit operi, donec C et LXXX cuniculis divisum alveum in CCC et LX rivos dispergeret, et siccum relinqueret in diversum fluentibus aquis. Periit itaque et tempus, magna in magnis rebus jactura, et militum ardor, quem inutilis labor fregit, et occasio aggrediendi imparatos, dum ille bellum indictum hosti cum flumine gerit.

XXII. Hic furor (quid enim aliud voces?) Romanos quoque contigit. C. enim Cæsar villam in Herculanensi pulcherrimam, quia mater sua aliquando in illa custodita erat, diruit, fecitque ejus per hoc notabilem fortunam; stantem enim prænavigabamus : nunc causa dirutæ quæritur. Et hæc cogitanda sunt exempla, quæ vites; et illa e contrario, quæ sequaris, moderata, lenia, quibus nec ad irascendum causa defuit, nec ad ulciscendum potestas. Quid enim facilius fuit Antigono, quam duos manipulares duci jubere, qui incumbentes regio tabernaculo

cuteurs n'étaient séparés de l'auditeur que par une simple toile. Il l'agita doucement, et leur dit : « Retirez-vous plus loin, de peur que le roi ne vous entende. » Le même, dans une marche de nuit, ayant entendu quelques soldats charger le roi de malédictions, pour les avoir engagés dans un chemin bourbeux et inextricable, s'approcha des plus embarrassés, et après les avoir, sans se faire connaître, aidés à se dégager : « Maintenant, dit-il, maudissez Antigone qui vous a fait tomber dans ce mauvais pas ; mais priez aussi les dieux pour celui qui vous a retirés du bourbier. »

Il supporta avec autant de douceur les imprécations de ses ennemis que celles de ses sujets. Au siège de je ne sais quel petit château, les Grecs, qui le défendaient, se fiant à la force de la place, insultaient aux assaillants, faisaient de nombreuses plaisanteries sur la laideur d'Antigone, et s'amusaient, tantôt de sa petite taille, tantôt de son nez épaté. « Je me félicite, dit-il, et j'ai bon espoir, puisque j'ai Silène dans mon camp. » Ayant réduit ces railleurs par la famine, voici comment il en usa avec les prisonniers : ceux qui étaient propres au service furent répartis dans ses cohortes ; les autres furent vendus à l'enchère : ce qu'il n'eût pas même fait, assurait-il, s'il n'eût été utile de donner un maître à des hommes qui avaient si mauvaise langue. Le petit-fils de ce roi fut Alexandre, qui lançait son javelot contre ses convives ; qui, de ses deux amis que j'ai cités plus haut, livra l'un à la fureur d'un lion, l'autre à la sienne.

Des deux, cependant, celui qui fut jeté au lion survécut.

XXIII. Alexandre ne tenait ce vice ni de son aïeul, ni même de son père. Car, s'il y eut en Philippe quelque autre vertu, il y eut aussi la patience à souffrir les injures, moyen puissant pour protéger un empire. Démocharès, surnommé Parrhésiaste à cause de la trop grande intempérance de sa langue, avait été député vers lui avec d'autres Athéniens. Philippe, après les avoir écoutés avec bienveillance, ajouta : « Dites-moi ce que je puis faire qui soit agréable aux Athéniens ? — Te pendre, interrompit Démocharès. » Comme les assistants manifestaient leur indignation à une réponse si brutale, Philippe les fit taire, et ordonna de laisser aller ce Thersite sans lui faire de mal. « Pour vous, dit-il aux autres députés, allez dire aux Athéniens, que ceux qui tiennent de pareils propos sont bien plus intraitables que celui qui les entend sans punir. »

Le divin Auguste a fait et dit bien des choses dignes d'être rapportées, et qui prouvent que sa colère n'avait pas d'empire sur lui. L'historien Timagène avait tenu sur l'empereur, sur sa femme et sur toute sa famille, certains discours qui ne furent pas perdus ; car la hardiesse d'un bon mot le fait circuler davantage et le met dans toutes les bouches. Souvent César l'avertit d'user plus modérément de sa langue : comme il persistait, le palais lui fut interdit. Depuis lors Timagène passa ses vieux jours dans la maison d'Asinius Pollion, et toute la ville se l'arrachait. L'interdiction du

---

faciebant, quod homines et periculosissime et libentissime faciunt, de rege suo male existimabant? Audierat omnia Antigonus, utpote quum inter dicentes et audientem palla interesset ; quam ille leviter commovit, et, « Longius, inquit, discedite, ne vos rex audiat. » Idem quadam nocte, quum quosdam ex militibus suis exaudisset, omnia mala imprecantes regi, qui ipsos in illud iter et inextricabile lutum deduxisset, accessit ad eos qui maxime laborabant ; et quum ignorantes a quo adjuvarentur, explicuisset : « nunc, inquit, maledicite Antigono, cujus vitio in has miserias incidistis; ei autem bene optate, qui vos ex hac voragine eduxit. » Idem tam miti animo hostium suorum maledicta, quam civium tulit. Itaque quum in parvulo quodam castello Græci obsiderentur, et fiducia loci contemnentes hostem multa in deformitatem Antigoni iocarentur, et nunc staturam humilem, et nunc collisum nasum deriderent : « Gaudeo, inquit, et aliquid boni spero si in castris meis Silenum habeo. » Quum hos dicaces fame domuisset, captis sic usus est, ut eos qui militiæ utiles erant, in cohortes describeret, cæteros præconi subjiceret: id quoque se negavit facturum fuisse, nisi expediret his dominum habere, qui tam malam haberent linguam. Hujus nepos fuit Alexander, qui lanceam in convivas suos torquebat, qui ex duobus amicis quos paulo ante retuli, alterum feræ objecit, alterum sibi. Ex his duobus tamen, qui leoni objectus est, vixit.

XXIII. Non habuit hoc avitum ille vitium, ne paternum quidem. Nam si qua alia in Philippo virtus fuit, et contumeliarum patientia, ingens instrumentum ad tutelam regni. Demochares ad illum, Parrhesiastes ob nimiam et procacem linguam appellatus, inter alios Atheniensium legatos venerat ; audita benigne legatione, Philippus, « Dicite, inquit, mihi, facere quid possum, quod sit Atheniensibus gratum ? » Excepit Demochares : « Te, inquit, suspendere. » Indignatio circumstantium ad tam inhumanum responsum exorta est : quos Philippus conticescere jussit et Thersitam illum salvum incolumemque dimittere. « At vos, inquit, ceteri legati, nuntiate Atheniensibus, multo superbiores esse, qui ista dicunt, quam qui impune dicta audiunt. » Multa et divus Augustus digna memoria fecit, dixitque : ex quibus apparet illi iram non imperasse. Timagenes, historiarum scriptor, quædam in ipsum, quædam in uxorem ejus, et in totam domum dixerat, nec perdiderat dicta ; magis enim circumfertur, et in ore hominum est temeraria urbanitas. Sæpe illum Cæsar monuit, ut moderatius lingua uteretur ; perseveranti domo sua interdixit. Postea Timagenes in contubernio Pollionis Asinii consenuit, ac

palais de César ne lui ferma aucune porte. Dans la suite, il récita et brûla les histoires qu'il avait écrites, et livra au feu les livres qui contenaient les actes de César Auguste. Il était l'ennemi de César, et personne ne redouta son amitié; personne ne s'en éloigna comme d'un homme frappé de la foudre ; et il se trouva un citoyen qui lui ouvrit les bras lorsqu'il tombait de si haut. César, ai-je dit, le souffrit patiemment, et ne s'émut pas même de ce qu'il avait détruit les annales de sa gloire et de ses belles actions. Jamais il ne fit des reproches à l'hôte de son ennemi : seulement il dit une fois à Pollion θηριοτροφεῖς (tu nourris un serpent). Puis, comme celui-ci s'apprêtait à faire des excuses, il l'interrompit : « Jouis, mon cher Pollion , jouis de ton hospitalité. » Et comme Pollion répliquait : « Si tu l'ordonnes, César, je lui interdirai ma maison. — Crois-tu, dit-il, que je le fasse , quand c'est moi qui vous ai réconciliés. » En effet, Pollion avait été quelque temps brouillé avec Timagène, et il n'eut pas d'autre raison de mettre fin à son ressentiment, si ce n'est que celui de César commença.

XXIV. Que chacun donc se dise, toutes les fois qu'on l'offense : suis-je plus puissant que Philippe? on l'a pourtant outragé impunément? Puis-je plus, dans ma maison, que ne pouvait le divin Auguste dans le monde entier? Il se contenta cependant de s'éloigner de son détracteur. Pourquoi donc irai-je punir du fouet et des fers une réponse trop libre de mon esclave, un air récalcitrant, un murmure qui n'arrive pas jusqu'à moi? Qui suis-je, pour que ce soit un crime de blesser mes oreilles ? Bien des gens ont pardonné à leurs ennemis ; et moi je ne pardonnerais pas à un esclave paresseux , négligent ou bavard? Que l'enfant ait pour excuse son âge, la femme son sexe, l'étranger sa liberté, le domestique l'habitude de nous voir. Est-ce la première fois qu'il nous mécontente ? rappelons-nous combien de fois il nous a satisfait. Nous a-t-il déjà souvent manqué ? supportons ce que nous avons supporté longtemps. Est-ce un ami qui nous offense ? il a fait ce qu'il ne voulait pas. Est-ce un ennemi ? il a fait ce qu'il devait. Cédons au sage, pardonnons à l'insensé. Pour tous, enfin, disons-nous bien que les hommes les plus sages tombent dans beaucoup de fautes, qu'il n'y a personne de si circonspect, dont la pudeur ne s'oublie quelquefois ; personne de si composé, dont la gravité ne soit entraînée par l'occasion à quelque acte de vivacité ; personne de si précautionné contre l'outrage, qu'il ne tombe dans le défaut qu'il veut éviter.

XXV. De même que l'homme obscur trouve à voir chanceler la fortune des grands une consolation dans ses maux, et que celui-là pleure dans sa retraite la perte d'un fils avec moins d'amertume à l'aspect des cruelles funérailles qui sortent d'un palais; de même chacun supportera avec plus de résignation quelques offenses, quelques mépris, en songeant qu'il n'est pas de si grande puissance qui soit à l'abri de l'outrage. Que si même les plus sages sont sujets à faillir, quelle erreur n'a pas une légitime excuse? Rappelons-nous combien de fois notre jeunesse s'est montrée peu empressée à ses devoirs, peu retenue dans ses discours, peu sobre dans le vin.

tota civitate direptus est ; nullum illi limen præclusa Cæsaris domus abstulit. Historias postea quas scripserat, recitavit, et combussit, et libros acta Cæsaris Augusti continentes in ignem posuit. Inimicitias gessit cum Cæsare, nemo amicitiam ejus extimuit, nemo quasi fulgore ictum refugit : fuit qui præberet tam alte cadenti sinum. Tulit hoc, ut dixi, Cæsar patienter, ne eo quidem motus quod laudibus suis rebusque gestis manus attulerat. Nunquam cum hospite inimici sui questus est : hoc dumtaxat Pollioni Asinio dixit, θηριοτροφεῖς. Paranti deinde excusationem obstitit, « et, fruere, inquit, mi Pollio, fruere ! » Et quum Pollio diceret : « Si jubes, Cæsar, statim illi domo mea interdicam. » — « Hoc me, inquit, putas facturum, quum ego vos in gratiam reduxerim? » Fuerat enim aliquando Timageni Pollio iratus , nec ullam aliam habuerat causam desinendi, quam quod Cæsar cœperat.

XXIV. Dicat itaque quisque sibi, quoties lacessitur : Numquid potentior sum Philippo? illi tamen impune maledictum est. Numquid in domo mea plus possum , quam toto orbe terrarum divus Augustus potuit? ille tamen contentus fuit a conviciatore suo secedere. Quid est? quare ego servi mei clarius responsum, et contumaciorem vultum, et non pervenientem usque ad me murmurationem flagellis et compedibus expiem? quis sum, cujus aures lædi nefas sit? ignoverunt multi hostibus ; ego non ignoscam pigris, negligentibus, garrulis? Puerum ætas excuset, feminam sexus, extraneum libertas, domesticum familiaritas. Nunc primum offendit? cogitemus quam diu placuerit. Sæpe et alias offendit? feramus quod diu tulimus. Amicus est? fecit quod noluit. Inimicus? fecit quod debuit. Prudentiori cedamus ; stultiori remittamus ; pro quocumque illud respondeamus nobis : sapientissimos quoque viros multa delinquere, neminem tam circumspectum, cujus non diligentia aliquando sibi ipsi excidat, neminem tam maturum, cujus non gravitatem in aliquod fervidius factum casus impingat, neminem tam timidum offensarum, qui non in illas, dum vitat, incidat.

XXV. Quomodo homini pusillo solatium in malis fuit, etiam magnorum virorum titubare fortunam, et æquiore animo filium in angulo flevit, qui vidit acerba funera etiam ex regia duci : sic animo æquiore feret ab aliquo lædi, ab aliquo contemni, cuicumque venit in mentem, nullam esse tantam potentiam, in quam non incurrat injuria. Quodsi etiam prudentissimi peccant, cujus non error bonam causam habet? Respiciamus, quoties adolescentia nostra in officio parum diligens fuerit , in sermone parum modesta , in vino parum temperans. Si iratus

Cet homme est en colère : donnons-lui le temps de reconnaître ce qu'il a fait ; il se corrigera lui-même. Il n'échappera pas au châtiment : nous n'avons que faire de régler nos comptes avec lui. Il est incontestable que l'homme qui dédaigne ceux qui l'attaquent sort de la foule, et prend position au-dessus d'elle : c'est le propre de la vraie grandeur de ne pas se sentir frappé. Ainsi, aux aboiements des chiens, le lion se retourne lentement ; ainsi un immense rocher brave les assauts de la vague impuissante. Celui qui ne s'irrite point demeure inaccessible à l'injure ; celui qui s'irrite est ébranlé. Mais celui que je viens de représenter supérieur à toutes les atteintes tient pour ainsi dire dans ses embrassements le souverain bien, et répond non-seulement à l'homme, mais même à la fortune : Quoi que tu fasses, tu es trop faible pour troubler ma sérénité. Cela m'est défendu par la raison, à qui j'ai confié la direction de ma vie. La colère me ferait plus de mal que l'injure. Et, en effet, je connais les bornes de l'une ; l'autre, jusqu'où m'entraînera-t-elle ? je l'ignore.

XXVI. « Je ne puis, dis-tu, m'y résigner ; il est trop pénible de souffrir une injure. » Tu mens : car, quel homme ne peut supporter une injure, lorsqu'il supporte la colère ? Ajoute qu'en agissant ainsi, tu supportes et la colère et l'injure. Pourquoi supportes-tu les transports d'un malade, les propos d'un frénétique, les coups d'un enfant ? c'est qu'ils te paraissent ne savoir ce qu'ils font. Qu'importe quelle maladie fait déraisonner ? La déraison est une excuse égale pour tous. « Quoi donc ! dis-tu, l'offense sera impunie ? » Suppose que tu le veuilles ; elle ne le sera pourtant pas. La plus grande punition du mal, c'est de l'avoir fait ; et le plus rigoureux châtiment est d'être livré au supplice du repentir. Enfin, il faut avoir égard à la condition des choses humaines, pour être juge équitable de tous les accidents : or, c'est être injuste que de reprocher à un seul le vice de tous. Le teint noir n'est pas remarqué chez les Éthiopiens, ni chez les Germains une chevelure rousse et relevée en tresse. Chacun est suivant sa nature. Tu ne trouveras jamais étrange ou repoussant chez un homme, ce qui est commun à toute sa nation. Or, chacun de ces exemples n'a pour lui que la manière d'être d'un seul pays, d'un coin de terre : vois, maintenant, si l'indulgence n'est pas mieux placée, pour des vices répandus parmi tout le genre humain. Nous sommes tous inconsidérés et imprévoyants, tous irrésolus, querelleurs, ambitieux : pourquoi voiler, sous des termes adoucis, la plaie publique ? Nous sommes tous méchants. Ainsi, tout ce qu'on blâme dans un autre, chacun le retrouve dans son propre cœur. Pourquoi signales-tu la pâleur de l'un, la maigreur de l'autre ? La peste est chez tous. Soyons donc entre nous plus tolérants : méchants, nous vivons parmi des méchants. Une seule chose peut nous rendre le calme : c'est un traité d'indulgence mutuelle. Cet homme m'a offensé ; je ne le lui ai pas rendu ; mais déjà peut-être tu as blessé quelqu'un, ou tu blesseras.

XXVII. Ne va pas te juger sur une heure ou un jour : considère la disposition habituelle de

---

est, demus illi spatium, quo dispicere, quid fecerit, possit; se ipse castigabit. Denique dabit pœnas; non est quod cum illo paria faciamus. Illud non venit in dubium, quin se exemerit turbæ, et altius steterit, quisquis despexit lacessentes : proprium est magnitudinis veræ, non se sentire percussum. Sic immanis fera ad latratum canum lenta respexit; sic irritus ingenti scopulo fluctus assultat. Qui non irascitur, inconcussus injuria perstitit; qui irascitur, motus est. At ille quem modo altiorem omni incommodo posui, tenet quodam amplexu summum bonum, nec homini tantum, sed ipsi fortunæ respondet : Omnia licet facias, minor es, quam ut serenitatem meam obducas. Vetat hoc ratio, cui vitam regendam dedi; plus mihi nocitura est ira, quam injuria. Quid ni plus? illius modus certus est : ista quousque me latura sit, incertum est.

XXVI. « Non possum, inquis, pati : grave est, injuriam sustinere. » Mentiris : quis enim injuriam non potest ferre, qui potest iram? Adjice nunc, quod id agis, ut et iram feras, et injuriam. Quare fers ægri rabiem, et phrenetici verba? puerorum protervas manus? nempe quia videntur nescire, quid faciant. Quid interest, quo quisque vitio fiat imprudens? imprudentia par in omnibus patrocinium est. « Quid ergo? inquis, impune illi erit? » Puta, te velle : tamen non erit. Maxima est enim factæ injuriæ pœna, fecisse; nec quisquam gravius afficitur, quam qui ad supplicium pœnitentiæ traditur. Denique ad conditionem rerum humanarum respiciendum est, ut omnium accidentium æqui judices simus; iniquus autem est, qui commune vitium singulis objecit. Non est Æthiopis inter suos insignitus color, nec rufus crinis et coactus in nodum apud Germanos. Utrumque decet. Nihil in uno judicabis notabile aut fœdum, quod genti suæ publicum est. At ista quæ retuli, unius regionis atque anguli consuetudo defendit : vide nunc quanto in his justior venia sit, quæ per totum genus humanum vulgata sunt. Omnes inconsulti et improvidi sumus, omnes incerti, queruli, ambitiosi. Quid lenioribus verbis ulcus publicum abscondo? omnes mali sumus. Quidquid itaque in alio reprehenditur, id unusquisque in suo sinu inveniet. Quid illius pallorem, illius maciem notas? pestilentia est. Placidiores itaque invicem simus : mali inter malos vivimus. Una res nos facere potest quietos, mutuæ facilitatis conventio. Ille mihi jam nocuit; ego illi nondum : sed jam aliquem fortasse læsisti; sed lædes.

XXVII. Noli æstimare hanc horam, aut hunc diem;

ton âme. Quand même tu n'aurais rien fait de mal, tu peux en faire. Ne vaut-il donc pas mieux guérir une blessure que la venger? La vengeance absorbe beaucoup de temps, et nous expose à une foule d'offenses pour une seule qui nous afflige. Chez nous tous la colère dure bien plus longtemps que l'injure. N'est-il pas bien mieux de suivre une tout autre voie, et de ne pas mettre aux prises vices contre vices? Te semblerait-il dans son bon sens, celui qui rendrait un coup de pied à une mule, à un chien un coup de dent? « Mais, dis-tu, ces animaux ne savent pas qu'ils font mal. » D'abord, il est bien injuste celui pour qui le nom d'homme est un être qui exclut l'indulgence : ensuite, si les autres animaux se dérobent à ta colère, parce qu'ils manquent de raison, tu dois mettre sur la même ligne tout homme qui manque de raison. Qu'importe, en effet, qu'il diffère en tout le reste des animaux muets, s'il leur ressemble par ce seul côté, qui fait excuser leurs torts, l'aveuglement d'esprit? Il a offensé : est-ce la première fois, est-ce la dernière? Ne va pas le croire, quand même il dirait : Je ne le ferai plus. Il offensera encore, et un autre l'offensera, et toute la vie tournera dans un cercle de fautes. Traitons avec douceur ce qui est intraitable. Ce qu'on a coutume de dire dans la douleur peut très-utilement se dire dans la colère : Cessera-t-elle un jour ou jamais? Si elle doit cesser, ne vaut-il pas mieux quitter la colère, que d'être quitté par elle? Si elle doit durer toujours, vois quelle vie orageuse tu t'apprêtes! Vois les souffrances d'un cœur toujours gonflé de fiel!

XXVIII. Ajoute qu'à moins d'allumer toi-même le feu de ta colère, et de renouveler sans cesse les aliments qui doivent l'attiser, elle s'éteindra d'elle-même, et perdra tous les jours de sa violence : or, ne vaut-il pas mieux qu'elle soit vaincue par toi, que par elle-même? Tu t'emportes contre celui-ci, puis contre celui-là, contre tes esclaves, puis contre tes affranchis; contre tes parents, puis contre tes enfants; contre tes connaissances, puis contre des inconnus. Partout, en effet, surabondent les prétextes, si le cœur ne vient pas intercéder. La fureur t'entraînera d'ici là, de là plus loin; et, de nouveaux stimulants surgissant à chaque pas, ta rage sera permanente. Allons, malheureux! quand donc aimeras-tu? O quel bon temps tu perds à de mauvaises choses! Qu'il serait doux, dès à présent, de s'assurer des amis, d'apaiser ses ennemis, de servir l'état, de donner ses soins à ses affaires domestiques, plutôt que d'aller chercher de tous côtés ce que tu peux faire de mal à quelqu'un pour le blesser, soit dans sa dignité, ou son patrimoine, ou sa personne; car tu ne peux y arriver sans combat et sans péril, quand tu lutterais avec un inférieur. Suppose même qu'on te l'apporte garrotté, et livré à l'arbitraire de tes supplices; souvent celui qui frappe avec trop de violence se désarticule le bras, ou se déchire la main sur les dents qu'il a brisées. La colère a fait bien des manchots, bien des infirmes, même lorsqu'elle a rencontré une matière passive. D'ailleurs, il n'est point d'être si impuissant, qu'on puisse l'écraser sans risque. Parfois la douleur, parfois le hasard fait les plus faibles

totum inspice mentis tuæ habitum; etiamsi nihil mali fecisti, potes facere. Quanto satius est, sanari injuriam, quam ulcisci? Multum temporis ultio absumit : multis se injuriis objicit, dum una dolet. Diutius irascimur omnes, quam lædimur; quanto melius est, abire in diversum, nec vitia vitiis componere? Num quis satis constare sibi videatur, si mulam calcibus repetat, et canem morsu? « Ista, inquis, peccare se nesciunt. » Primum, quam iniquus est, apud quem, hominem esse, ad impetrandam veniam nocet? deinde, si cetera animalia iræ tuæ subducit, quod consilio carent; eo loco tibi sit, quisquis consilio caret. Quid enim refert, an alia mutis dissimilia habeat, si hoc, quod in omni peccato muta defendit, simile habet, caliginem mentis? Peccavit : hoc enim primum, hoc enim extremum. Non est quod illi credas, etiamsi dixit : Iterum non faciam. Et iste peccabit, et in istum alius, et tota vita inter errores volutabitur. Mansuete immansueta tractanda sunt. Quod in luctu dici solet, efficacissime et in ira dicetur : Utrum aliquando desines, an nunquam? si aliquando, quanto satius est iram relinquere, quam ab ira relinqui? Sin semper hæc cogitatio durabit, vides quam impacatam tibi denuncies vitam; qualis enim erit semper tumentis?

XXVIII. Adjice nunc, quod nisi bene te ipse succenderis, et subinde causas, quibus stimuleris, renovaveris, sua sponte ira discedet, et vires illi dies subtrahet : quanto satius est a te illam vinci, quam a se? Huic irasceris, deinde illi; servis, deinde libertis; parentibus, deinde liberis; notis, deinde ignotis. Ubique enim causæ supersunt, nisi deprecator animus accessit. Hinc te illo furor rapiet, illinc alio; et novis subinde irritamentis orientibus, continuabitur rabies. Age, infelix, et quando amabis? O quam bonum tempus in re mala perdis! Quanto nunc satius erat, amicos parare, inimicos mitigare, Rempublicam administrare, transferre in res domesticas operam, quam circumspicere, quid alicui possis facere mali, quod aut dignitati ejus, aut patrimonio, aut corpori vulnus infligas? quum id tibi contingere sine certamine ac periculo non possit, etiamsi cum inferiore concurras. Vinctum licet accipias, et ad arbitrium tuum omni patientiæ expositum; sæpe nimia vis cædentis aut articulum loco movit, aut nervum in his, quos fregerat, dentibus fixit. Multos iracundia mancos, multos debiles fecit, etiam ubi patientiæ est nacta materiam. Adjice nunc, quod nihil tam imbecille natum est, ut sine evidentis periculo pereat : imbecillos valentissimis alias do-

égaux aux plus forts. Et puis, la plupart des choses pour lesquelles nous nous irritons, nous contrarient plutôt qu'elles ne nous blessent. Or, il y a une grande différence entre faire obstacle à notre volonté et ne pas la servir, entre nous arracher quelque chose et ne pas nous donner. Pourtant nous mettons au même niveau celui qui prend ou refuse, qui détruit nos espérances ou les recule, qui agit contre nous ou pour lui, qui a de l'affection pour un autre ou de la haine contre nous. Bien des gens cependant ont, pour s'opposer à nous, des motifs non-seulement légitimes, mais honnêtes. L'un défend son père, l'autre son frère, celui-ci son oncle, celui-là son ami : et pourtant nous ne leur pardonnons pas de le faire ; nous les blâmerions de ne l'avoir pas fait : ou plutôt, ce qui est incroyable, nous estimons l'acte, nous accusons celui qui l'accomplit.

XXIX. Mais, par Hercule, l'homme grand et juste admire même chez ses ennemis celui dont le courage s'opiniâtre à défendre le salut et la liberté de sa patrie ; il voudrait avoir un tel soldat, un tel concitoyen. Il est honteux de haïr celui qu'on estime : combien n'est-il pas plus honteux de le haïr pour cela même qui lui mérite notre compassion. Cet homme, par exemple, réduit tout à coup à la servitude, conserve encore quelques restes de sa liberté ; il ne court pas, esclave empressé, au devant de fonctions viles et pénibles ; allangui par l'oisiveté, il ne peut suivre à la course le cheval ou le char de son maître ; fatigué de veilles continuelles, il succombe au sommeil ; il se refuse aux travaux de la campagne, ou ne s'en acquitte qu'avec mollesse, contraint de changer la douce servitude des villes pour de rudes fonctions. Sachons distinguer l'impuissance de la mauvaise volonté. Nous pardonnerons souvent, si nous examinons avant de nous fâcher. Loin de là, nous suivons notre première impulsion ; puis, malgré la puérilité de nos emportements, nous y persistons, pour ne paraître pas nous enflammer sans cause ; et ce qu'il y a de plus injuste, c'est que l'injustice de la colère la rend plus opiniâtre. Car nous la conservons, nous l'exaltons, comme si l'excès de colère était une preuve de sa justice. Ah! que nous ferions bien mieux de considérer ses premiers motifs dans toute leur frivolité et leur insignifiance! Ce que l'on remarque dans la brute, on le découvre chez l'homme : un fantôme, un rien le bouleverse.

XXX. La couleur rouge irrite le taureau ; l'aspic se dresse à la vue d'une ombre : une étoffe blanche excite les ours et les lions. Tout ce qui est naturellement cruel et irritable s'effarouche à des chimères. Il en est de même des esprits inquiets et faibles : ils s'alarment, sur des conjectures, à un tel point, que souvent ils voient un outrage dans de légers services, qui deviennent pour leur colère la source la plus féconde ou du moins la plus amère. Car nous nous emportons contre nos plus chers amis, de ce qu'ils ont moins fait pour nous que nous ne l'avions imaginé, moins que d'autres n'ont reçu ; tandis que, dans les deux cas, le remède est bien simple. Il a plus accordé à un autre? Jouissons de ce que nous avons, sans faire de comparaison. Il n'y aura jamais de bonheur

lor, alias casus exæquat. Quid, quod pleraque eorum, propter quæ irascimur, offendunt nos magis, quam lædunt? multum autem interest, utrum aliquis voluntati meæ obstet, an desit; eripiat, an non det. Atqui in æquo ponimus, utrum aliquis auferat, an neget ; utrum spem nostram præcidat, an differat ; utrum contra nos faciat, an pro se; amore alterius, an odio nostri. Quidam vero non tantum justas causas standi contra nos, sed etiam honestas habent. Alius patrem tuetur, alius fratrem, alius patruum, alius amicum; his tamen non ignoscimus id facientibus : quod nisi fecerent, improbaremus ; immo, quod est incredibile, sæpe de facto bene existimamus, de faciente male.

XXIX. At mehercules vir magnus ac justus, fortissimum quemque ex hostibus suis, et pro libertate ac salute patriæ pertinacissimum suspicit, et talem sibi civem, talem militem contingere optat. Turpe est odisse quem laudes : quanto vero turpius, ob id aliquem odisse, propter quod misericordia dignus est. Si captivus in servitutem subito depressus reliquias libertatis tenet, nec ad sordida ac laboriosa ministeria agilis occurrit ; si ex otio piger equum vehiculumque domini cursu non exæquat ; si inter quotidianas vigilias fessum somnus oppressit ; si rusticum laborem recusat, aut non fortiter obit, a servitute urbana et feriata translatus ad durum opus? Distinguamus, utrum aliquis non possit, an nolit; multos absolvemus, si cœperimus ante judicare, quam irasci. Nunc autem primum impetum sequimur ; deinde quamvis vana nos concitaverint, perseveramus, ne videamur cœpisse sine causa, et quod iniquissimum est, pertinaciores nos facit iniquitas iræ. Retinemus enim illam, et augemus ; quasi argumentum sit juste irascentis, graviter irasci. Quanto melius est, initia ipsa perspicere, quam levia sint, quam innoxia? Quod accidere vides in animalibus mutis, idem in homine deprehendes : frivolis turbamur, et inanibus.

XXX. Taurum color rubicundus excitat, ad umbram aspis exsurgit, ursos leonesque mappa proritat. Omnia quæ natura fera ac rabida sunt, consternantur ad vana. Idem inquietis et stolidis ingeniis evenit : rerum suspicione feriuntur ; adeo quidem, ut interdum injurias vocent modica beneficia, in quibus frequentissima, certe acerbissima iracundiæ materia est. Carissimis enim irascimur, quod minora nobis præstiterint, quam mente concepimus, quam quæ alii tulerint; quum utriusque rei paratum remedium sit. Magis alteri indulsit? nostra nos sine comparatione delectent ; nunquam erit felix, quem torquebit felicior. Minus habeo quam speravi? sed

pour celui que tourmente un bonheur plus grand. J'ai moins que je n'espérais ; mais peut-être ai-je espéré plus que je ne devais. C'est ce point qui est le plus à craindre : c'est de là que naissent les colères les plus dangereuses, et qui s'attaquent à ce qu'il y a de plus sacré. Pour tuer le divin Jule, il se trouva moins d'ennemis, que d'amis dont il n'avait pas satisfait les espérances insatiables. Il l'eût voulu sans doute ; car jamais personne n'usa plus généreusement de la victoire, dont il ne se réserva rien, que le droit d'en partager les fruits. Mais comment pouvait-il suffire à tant de prétentions immodérées, quand tous demandaient pour eux autant qu'un seul pouvait donner ? Aussi vit-il s'agiter autour de sa chaise curule le glaive de ses compagnons d'armes, et à leur tête Tullius Cimber, naguère son plus chaud partisan, et tant d'autres devenus enfin Pompéiens après la mort de Pompée.

XXXI. C'est là ce qui a tourné les armes des sujets contre les rois, qui a poussé les plus fidèles à conspirer la mort de ceux pour lesquels et avant lesquels ils avaient fait vœu de mourir. Nul n'est content de sa fortune, lorsqu'il regarde celle des autres. Aussi nous emportons-nous, même contre les dieux, de ce qu'un autre nous devance, oubliant combien d'hommes sont derrière nous, et enviant au petit nombre l'envie qui se traîne à leur suite. Telle est pourtant l'exigence des hommes : bien qu'ils aient beaucoup reçu, c'est pour eux une offense d'avoir pu recevoir davantage. Il m'a donné la préture ; mais j'espérais le consulat. Il m'a donné les douze faisceaux ; mais il ne m'a pas fait consul ordinaire[1]. Il a voulu que l'année fût datée de mon nom ; mais il me refuse sa voix pour le sacerdoce. J'ai été admis dans un collège de pontifes ; mais pourquoi dans un seul. Il a mis le comble à ma grandeur ; mais il n'a rien ajouté à mon patrimoine ; ces choses qu'il m'a données, il devait les donner à quelqu'un : il n'a rien mis du sien. Ah ! plutôt, rends-lui grâce de ce que tu as reçu : attends le reste, et réjouis-toi de n'être pas encore comblé. C'est un des bonheurs de l'homme, qu'il lui reste encore à espérer. As-tu surpassé tout le monde ; sois heureux d'avoir la première place dans le cœur de ton ami. Beaucoup te surpassent-ils ; considère combien sont plus nombreux ceux qui te suivent, que ceux qui te précèdent.

XXXII. Veux-tu savoir quel est ton plus grand tort ? Tu fais de faux calculs : tu estimes trop ce que tu donnes, trop peu ce que tu reçois. Gardons-nous d'agir avec l'un comme avec l'autre. Devant ceux-ci, que notre colère soit retenue par la crainte, devant ceux-là par la réserve, devant d'autres par le dédain. Le bel exploit, n'est-ce pas, de jeter au cachot un malheureux esclave ! Pourquoi se hâter de le fouetter à l'instant, et de lui rompre tout d'abord les cuisses ? Ton droit ne sera pas perdu, pour en différer l'usage. Laisse venir l'heure où tu ordonneras de toi-même ; car maintenant tes paroles sont commandées par la colère. Quand elle sera passée, nous verrons à

[1] Institution de César, conservée par Auguste. Les consuls nommés aux calendes de janvier donnaient leur nom à l'année. Il y en avait d'autres, les *Substitués* (*Suffecti*), qui n'avaient point cet honneur.

---

fortasse plus speravi, quam debui. Hæc pars maxime metuenda est : hinc perniciosissimæ iræ nascuntur, et sanctissima quæque invasuræ. Divum Julium plures amici confecerunt, quam inimici, quorum non expleverat spes inexplebiles. Voluit quidem ille ; neque enim quisquam liberalius victoria usus est, ex qua nihil sibi vindicavit, nisi dispensandi potestatem : sed quemadmodum sufficere tam improbis desideriis posset, quum tantum omnes concupiscerent, quantum poterat unus ? Vidit itaque strictis circa sellam suam gladiis commilitones suos, Cimbrum Tullium, acerrimum paulo ante suarum partium defensorem, aliosque post Pompeium demum Pompeianos.

XXXI. Hæc res sua in reges arma convertit, fidissimosque eo compulit, ut de morte eorum cogitarent, pro quibus et ante quos mori votum habuerant. Nulli ad aliena respicienti sua placent. Inde diis quoque irascimur, quod aliquis nos antecedat, obliti quantum hominum retro sit, et paucis invidentes quantum sequatur a tergo ingentis invidiæ. Tanta tamen importunitas hominum est, ut quamvis multum acceperint, injuriæ loco sit, plus accipere potuisse. Dedit mihi præturam ? sed consulatum speraveram. Dedit duodecim fasces ? sed non fecit ordinarium consulem. A me numerari voluit annum ? sed deest mihi ad sacerdotium. Cooptatus in collegium sum ? sed cur in unum ? Consummavit dignitatem meam ? sed patrimonio nihil contulit. Ea dedit mihi, quæ debebat alicui dare ; de suo nihil protulit. Age potius gratias pro his quæ accepisti ; reliqua exspecta, et nondum plenum te esse gaude. Inter voluptates est, superesse quod speres. Omnes vicisti ? primum te esse in animo amici tui lætare ; multi te vincunt ? considera, quanto antecedas plures, quam sequaris.

XXXII. Quod sit in te maximum vitium, quæris ? falsas rationes conficis : data magno æstimas, accepta parvo. Aliud in alio nos deterreat : quibusdam timeamus irasci, quibusdam vereamur, quibusdam fastidiamus. Magnam rem sine dubio fecerimus, si servulum infelicem in ergastulum miserimus ! Quid properamus verberare statim, crura protinus frangere ? non peribit potestas ista, si differetur. Sine id tempus veniat, quo ipsi jubeamus : nunc ex imperio iræ loquimur ; quum illa abierit, tunc videbimus, quanti sit ista lis æstimanda. in hoc enim præcipue fallimur ; ad ferrum venimus, ad capitalia supplicia, et vinculis, carcere, fame vindicamus rem, castigandam flagris levioribus. « Quomodo ,

quel taux estimer ce délit. Car c'est là surtout ce qui nous égare. Nous en venons au fer, aux peines capitales ; nous punissons par les chaînes, la prison, la faim, une faute qui ne méritait qu'une correction légère. « Pourquoi, dis-tu, nous ordonner de considérer combien sont frivoles, misérables, puériles, toutes les choses qui nous semblent des offenses ? » Quant à moi, je n'ai point de meilleur conseil à te donner, que de t'élever à de nobles sentiments, et de voir dans toute leur petitesse et leur abjection, ces vanités pour lesquelles nous plaidons, nous courons, nous nous essoufflons, et qui ne valent pas un regard d'une âme haute et généreuse. C'est autour de l'argent qu'est le plus grand tumulte ; c'est lui qui fatigue les forums, qui met aux mains les pères et les fils, qui fabrique les poisons, qui livre le glaive aux assassins comme aux légions ; toujours il est arrosé de notre sang : pour l'argent, les nuits des épouses et des maris sont bruyantes de chicanes, la foule assiège les tribunaux des magistrats, les rois sévissent et ravissent, et renversent des cités élevées par le long travail des siècles, pour fouiller leurs cendres à la recherche de l'or et de l'argent.

XXXIII. Jette les yeux sur ces paniers [1] relégués dans un coin. C'est pour cela que l'on crie à faire sortir les yeux de la tête, que nos basiliques retentissent des frémissements de la chicane, que des juges, évoqués de régions lointaines, s'asseoient pour juger de quel côté l'avarice a le plus de droits. Que dire, si non pas pour un panier d'argent, mais pour une poignée de cuivre, pour un denier qui manque au compte d'un esclave, un vieillard, près de mourir sans héritiers, s'époumonne de colère ; si, pour moins d'une millième partie d'intérêt, un usurier infirme, dont les pieds et les mains tordus de goutte l'empêchent de comparaître, jette les hauts cris, et au milieu des accès de la maladie, presse, par ses mandataires, la rentrée de ses as. Quand tu étalerais tout l'argent de tous les métaux que nous serrons si soigneusement, quand tu produirais au jour tout ce qu'il y a de trésors cachés par l'avarice, lorsqu'elle rapporte à la terre ce qu'elle en avait méchamment tiré, je ne croirais pas tout cet amas digne de faire sourciller un homme de bien. De quelles risées il faudrait accueillir tout ce qui nous arrache des larmes !

XXXIV. Je te laisse maintenant parcourir les autres causes de la colère, le manger, le boire, et jusque dans ces choses des rivalités d'ambition, la parure, les mots, les reproches, les gestes peu mesurés, les soupçons, les entêtements d'une bête de somme, la paresse d'un esclave, les interprétations malicieuses des propos d'autrui, qui feraient mettre le don de la parole parmi les torts de la nature. Crois-moi, ce sont raisons légères qui excitent de si graves emportements, ce n'est pas autre chose qui provoque les disputes et les querelles d'enfants. Dans tout ce que nous faisons avec tant de solennité, il n'y a rien de sérieux, rien de grand. Encore une fois, ta colère, ta folie vient de ce que tu fais trop grand cas des petites choses. Celui-ci m'a voulu enlever un héritage : celui-là m'accuse après m'avoir longuement fait la cour dans l'espérance de ma mort : cet autre a

---

[1] Les Romains avaient coutume d'y mettre leur argent.

---

inquis, nos jubes intueri, quam omnia, per quæ lædi videmur, exigua, misera, puerilia sint? » Ego vero nihil magis suaserim, quam sumere ingentem animum, et hæc propter quæ litigamus, discurrimus, anhelamus, videre quam humilia et abjecta sint, nulli qui altum quiddam aut magnificum cogitat, respicienda. Circa pecuniam plurimum vociferationis est : hæc fora defatigat, patres liberosque committit, venena miscet, gladios tam percussoribus quam legionibus tradit; hæc est sanguine nostro delibuta ; propter hanc uxorum maritorumque noctes strepunt litibus, et tribunalia magistratuum premit turba, reges sæviunt, rapiuntque, et civitates longo seculorum labore constructas evertunt, ut aurum argentumque in cinere urbium scrutentur.

XXXIII. Libet intueri fiscos in angulo jacentes. Hi sunt, propter quos oculi clamore exprimuntur, fremitu judiciorum basilicæ resonant, evocati ex longinquis regionibus judices sedent, judicaturi, utrius justior avaritia sit. Quid si ne propter fiscum quidem, sed pugnum æris, aut imputatum a servo denarium, senex sine herede moriturus stomacho dirumpitur? Quid si propter usuram haud millesimam, valetudinarius fænerator distortis pedibus, et manibus ad comparendum non relictis, clamat, ac per vadimonia asses suos in ipsis morbi accessionibus vindicat? Si totam mihi ex omnibus metallis, quæ quum maxime deprimimus, pecuniam proferas, si in medium projicias quidquid thesauri tegunt, avaritia iterum sub terras referente quæ male egesserat; omnem istam congeriem dignam non putem, quæ frontem viri boni contrahat. Quanto risu prosequenda sunt, quæ nobis lacrymas educunt?

XXXIV. Cedo nunc, persequere cetera, cibos, potiones, horumque causa paratam ambitionem, munditias, verba, contumelias, et motus corporum parum honorificos, et suspiciones, et contumacia jumenta, et pigra mancipia, interpretationes malignas vocis alienæ : quibus efficitur, ut inter injurias naturæ numeretur sermo homini datus. Crede mihi, levia sunt, propter quæ non leviter excandescimus, qualia quæ pueros in rixam et jurgium concitant. Nihil ex his, quæ tam tristes agimus, serium est, nihil magnum. Inde, inquam, vobis ira et insania est, quod exigua magno æstimatis. Auferre hic mihi hæreditatem voluit : hic me diu spe suprema captatum criminatus est : hic scortum meum

convoité ma concubine. Ce qui devait être un lien d'affection, la communauté de vouloir, est une cause de discorde et de haine.

XXXV. Une rue étroite amène des rixes entre les passants : dans une route large et spacieuse, des populations même ne se heurtent pas. Ces choses modiques, que tu désires, ne pouvant passer dans une main sans être retirées à une autre, deviennent une source de disputes et de combats pour ceux qui, ensemble, y prétendent. Tu t'indignes que ton esclave, ton affranchi, ta femme, ton client te répondent, et puis tu te plains que la liberté soit bannie de la république, quand tu l'as bannie de chez toi. Ensuite, qu'on ne réponde pas à tes questions, on sera traité de rebelle. Laisse-les donc parler, se taire, rire. Quoi ! devant un maître ? Mieux que cela, devant un père de famille. Pourquoi crier ? Pourquoi vociférer ? Pourquoi demander des fouets au milieu du repas ? parce que tes esclaves ont parlé, parce qu'il n'y a pas, en un même lieu, le tumulte d'une assemblée et le silence du désert. N'as-tu donc des oreilles que pour écouter des chants doucement modulés, des sons qui se traînent en une molle harmonie ? Il faut t'accoutumer aux rires et aux pleurs, aux compliments et aux querelles, aux nouvelles agréables et tristes, aux voix des hommes comme aux mugissements et aux aboiements des animaux. Pourquoi tressaillir, misérable, au cri d'un esclave, au tintement d'une cloche, à l'ébranlement d'une porte ? Tu as beau être délicat, il te faudra bien entendre le tonnerre.

Ce que je dis des oreilles, tu peux le rapporter aux yeux, qui ne sont ni moins affectés, ni moins capricieux, s'ils ont de mauvaises habitudes. Ils sont blessés d'une tache, d'une immondice, d'une pièce d'argenterie qui n'est pas assez brillante, d'un vase qui ne reluit pas au soleil. Ces yeux, qui ne peuvent supporter que des marbres bigarrés et fraîchement polis, que des tables nuancées de veines ondoyantes ; qui, à la maison, ne veulent se reposer que sur des tapis enrichis d'or, se résignent pourtant à voir au dehors des ruelles mal pavées et fangeuses, des passants la plupart salement vêtus, les murailles des maisons du pauvre[1], rongées, inégales et tombant en ruines.

XXXVI. Quelle est donc la raison qui fait qu'en public on ne s'offense pas de ce qui choque au logis ? C'est qu'on porte là des habitudes douces et tolérantes ; chez soi, chagrines et querelleuses. Il faut diriger, il faut fortifier tous nos sens. Leur nature est d'être patients : si l'âme cherche à les corrompre, il faut tous les jours l'appeler à rendre compte. Ainsi faisait Sextius : sa journée terminée, au moment de se livrer au repos de la nuit, il interrogeait son âme : De quel défaut t'es-tu, aujourd'hui, guérie ? quel vice as-tu combattu ? En quoi es-tu devenue meilleure ? La colère s'apaisera et deviendra plus modérée quand elle saura qu'elle devra tous les jours comparaître devant un juge. Quoi de plus beau que cette habitude de faire l'enquête de toute sa journée ? Quel sommeil que celui qui succède à cette revue de ses actions ! Qu'il est calme, profond et libre,

[1] On appelait *insulæ* les maisons habitées par plusieurs familles, parce qu'elles étaient séparées des autres habitations.

concupivit. Quod vinculum amoris esse debebat, seditionis atque odii causa est, idem velle.

XXXV. Iter angustum rixas transeuntium concitat ; diffusa et late patens via ne populos quidem collidit. Ista quæ appetitis, quia exigua sunt, nec possunt ad alterum, nisi alteri erepta, transferri : eadem affectantibus pugnam et jurgia excitant. Respondisse tibi servum indignaris libertumque et uxorem, et clientem : deinde idem de republica libertatem sublatam quereris, quam domi sustulisti. Rursus si tacuit interrogatus, contumaciam vocas. Et loquatur, et taceat, et rideat ! Coram domino ? inquis ; immo coram patrefamilias. Quid clamas ? quid vociferaris ? quid flagella media cœna petis, quod servi loquuntur, quod non eodem loco turba concionis est, et silentium solitudinis ? In hoc habes aures, ut non nisi modulata cantuum et mollia, et ex dulci tracta compositaque accipiant ? Et risum audias oportet, et fletum ; et blanditias, et lites ; et prospera, et tristia ; et hominum voces, et fremitus animalium latratusque. Quid miser expavescis ad clamorem servi, ad tinnitum æris, ad januæ impulsum ? quum tam delicatus fueris, tonitrua audienda sunt. Hoc quod de auribus dictum est, transfer ad oculos, qui non minus fastidio laborant, si male instituti sunt : macula offenduntur et sordibus, et argento parum splendido, et stanno non ad solem perlucente. Hi nempe oculi, qui non ferunt nisi varium ac recenti cura nitens marmor, qui mensam nisi crebris distinctam venis, qui nolunt domi nisi auro pretiosa calcare, æquissimo animo foris et scabras lutosasque semitas spectant, et majorem partem occurrentium squalidam, parietes insularum exesos, ruinosos, inæquales.

XXXVI. Quid ergo aliud est quod illos in publico non offendat, domi moveat, quam opinio illic æqua et patiens, domi morosa et querula ? Omnes sensus perducendi sunt ad firmitatem : natura patientes sunt, si animus illos destinat corrumpere, qui quotidie ad rationem reddendam vocandus est. Faciebat hoc Sextius, ut consummato die, quum se ad nocturnam quietem recepisset, interrogaret animum suum : Quod hodie malum tuum sanasti ? cui vitio obstitisti ? qua parte melior es ? Desinet ira, et erit moderatior, quæ sciet sibi quotidie ad judicem esse veniendum. Quid ergo pulchrius hac consuetudine excutiendi totum diem ? qualis ille somnus post recognitionem sui sequitur ? quam tranquillus, altus ac liber, quum aut laudatus est animus, aut admonitus, et speculator sui censorque secretus cognoscit de moribus suis ? Utor hac potestate, et quotidie apud me causam dico ; quum sublatum e conspectu lumen est, et

lorsque l'âme a reçu sa portion d'éloge ou de blâme, et que, soumise à son propre contrôle, à sa propre censure, elle a fait secrètement le procès de sa conduite ! J'ai pris cette autorité sur moi, et, tous les jours, je me cite devant moi-même. Dès que la lumière est retirée de devant mes yeux, et que ma femme, déjà au courant de cette habitude, a fait silence, je discute en moi-même ma journée entière, et je pèse de nouveau mes actes et mes paroles. Je ne me dissimule rien, je ne passe rien; pourquoi, en effet, craindrais-je d'envisager une seule de mes fautes, quand je puis me dire : Vois à ne plus faire cela; pour aujourd'hui je te pardonne : dans telle discussion, tu as parlé avec trop d'aigreur : ne va pas désormais te compromettre avec des ignorants : ceux qui n'ont rien appris ne veulent rien apprendre : tu as fait tel reproche plus librement qu'il ne convenait ; aussi tu n'as pas corrigé, mais offensé : vois à l'avenir non seulement si ce que tu dis est vrai, mais si celui à qui tu le dis peut endurer le vrai.

XXXVII. L'homme de bien est heureux d'être repris : tout méchant souffre impatiemment un censeur. Dans une réunion de convives, tu te sens piquer par des saillies, par des traits lancés pour te tourmenter ; souviens-toi d'éviter les tables trop nombreuses : après le vin, la licence est plus effrénée ; car les sobres mêmes perdent leur retenue. Tu as vu ton ami en colère contre le portier de quelque avocat, de quelque riche, pour n'avoir pas été reçu, et toi-même tu as pris feu pour lui contre le dernier des esclaves. Te fâcheras-tu donc contre un chien à l'attache? Et encore, après avoir bien aboyé, il s'apaise pour un morceau qu'on lui jette. Retire-toi, et ne fais qu'en rire. Ce misérable se croit quelqu'un, parce qu'il garde une porte assiégée par la foule des plaideurs ; et son maître, qui repose au-dedans, heureux et fortuné, regarde comme un signe de grandeur et de puissance une porte bien gardée. Il ne songe pas que le seuil d'une prison est ce qu'il y a de plus difficile à franchir. Mets-toi dans l'esprit qu'il te faut de la patience pour bien des choses. Qui s'étonne d'avoir froid en hiver, d'éprouver des nausées sur mer, des cahots en voyage? L'âme est forte contre les disgrâces lorsqu'elle y marche préparée. On t'assigne à table une place inférieure, et te voilà en colère contre l'hôte, contre l'esclave qui fait l'appel des convives, contre celui qu'on t'a préféré. Que t'importe, insensé, quelle partie du lit tu foules? Est-ce un coussin qui peut te donner plus d'honneur ou d'abaissement? Tu as regardé quelqu'un de mauvais œil, parce qu'il a mal parlé de ton esprit. Acceptes-tu cette loi ? Alors Ennius pourrait te haïr, parce qu'il ne te charme pas ; Hortensius, te chercher querelle ; Cicéron, se déclarer ton ennemi, parce que tu te moques de ses vers.

XXXVIII. Candidat, ne peux-tu supporter avec calme le résultat des suffrages? Quelqu'un t'a fait injure : moins cependant qu'à Diogène, philosophe stoïcien. Au milieu d'une longue dissertation qu'il faisait sur la colère, un jeune insolent cracha sur lui : il endura cet outrage avec douceur et sagesse : « Je ne me fâche point, dit-il ; mais je doute cependant si je dois me fâcher. » Notre Caton dit mieux encore. Un jour qu'il plaidait une cause, Lentulus, cet homme de violente et fac-

---

conticuit uxor moris jam mei conscia, totum diem mecum scrutor, facta ac dicta mea remetior. Nihil mihi ipse abscondo, nihil transeo : quare enim quidquam ex erroribus meis timeam, quum possim dicere : Vide ne istud amplius facias, nunc tibi ignosco. In illa disputatione pugnacius locutus es : noli postea congredi cum imperitis; nolunt discere, qui nunquam didicerunt. Illum liberius admonuisti, quam debebas; itaque non emendasti, sed offendisti : de cetero vide, non tantum, an verum sit quod dicis, sed an ille, cui dicitur, veri patiens sit.

XXXVII. Admoneri bonus gaudet : pessimus quisque correptorem asperrime patitur. In convivio quorumdam te sales, et in dolorem tuum jacta verba tetigerunt ? vitare vulgares convictus memento : solutior est post vinum licentia, quia ne sobriis quidem pudor est. Iratum vidisti amicum tuum ostiario causidici alicujus, aut divitis, quod intrantem submoverat : et ipse pro illo iratus extremo mancipio fuisti. Irasceris ergo catenario cani ? et hic quum multum latravit, objecto cibo mansuescit; recede longius, et ride. Nunc iste aliquem se putat, quod custodit litigatorum turba limen obsessum, nunc ille qui intra jacet, felix fortunatusque est, et beati hominis judicat ac potentis indicium, difficilem januam; nescit durissimum esse ostium carceris. Praesume animo, multa esse tibi patienda. Numquis se hieme algere miratur? numquis in mari nauseare, in via concuti? Fortis est animus, ad quae praeparatus venit. Minus honorato loco positus, irasci coepisti convivatori, vocatori, ipsi qui tibi praeferebatur. Demens, quid interest, quam lecti premas partem? honestiorem te aut turpiorem potest facere pulvinus ? Non aequis quemdam oculis vidisti, quia de ingenio tuo male locutus est. Recipis hanc legem? ergo te Ennius, quo non delectaris, odisset ; et Hortensius simultates tibi indiceret; et Cicero, si derideres carmina ejus, inimicus esset.

XXXVIII. Vis tu aequo animo pati candidatus suffragia? Contumeliam tibi fecit aliquis : numquid majorem quam Diogeni, philosopho stoico? cui de ira quam maxime disserenti, adolescens protervus inspuit : tulit hoc ille leniter ac sapienter. « Non quidem, inquit, irascor, sed dubito tamen, an irasci oporteat. » Cato noster melius : cui quum causam agenti, in frontem mediam quantum poterat attracta pingui saliva, inspuisset

tieuse mémoire, lui cracha au milieu du visage tout ce qu'il put détacher d'épaisse salive. Caton s'essuya la face en disant : « Je suis prêt à témoigner qu'ils se trompent bien, ceux qui prétendent que tu n'as pas de bouche. »

XXXIX. Jusqu'ici, Novatus, nous avons enseigné à l'âme à se modérer, à ne pas sentir la colère, ou à s'y montrer supérieure. Voyons maintenant comment nous devrons apaiser la colère chez les autres : car nous ne voulons pas seulement être guéris, mais guérir. Nous nous garderons de vouloir la calmer par des discours, dans ses premiers transports ; alors elle est aveugle et folle : nous lui donnerons du temps ; les remèdes sont plus efficaces au déclin du mal : nous n'exciterons pas les yeux au fort de la fluxion, pour y appeler toute l'ardeur de l'inflammation ; ni les autres maux, dans les moments de crise. Les maladies naissantes se traitent par le repos. « Le grand service que rend ton remède, s'il apaise la colère, quand elle cesse d'elle-même ! » D'abord, il fait qu'elle cesse plus tôt ; ensuite il prévient les rechutes ; enfin, ces premiers transports qu'on n'oserait calmer, on les trompe. On éloigne tous les instruments de vengeance ; on feint soi-même la colère, afin que, se montrant l'auxiliaire, le complice des ressentiments, les conseils aient plus d'autorité ; on gagne du temps, et, sous prétexte de chercher une punition plus forte, on recule la peine présente ; à force d'adresse, on donne du répit à la fureur. Si elle est trop violente, on l'attaquera ou par des sentiments de honte, auxquels elle ne résistera pas, ou bien par la crainte. Si elle est plus faible, on l'amusera de propos agréables, on lui racontera des nouvelles, et on la distraira par la curiosité d'apprendre. On dit qu'un médecin ayant à guérir la fille d'un roi, et ne le pouvant sans employer le fer, pendant qu'il fomentait légèrement un abcès à la mamelle, y introduisit une lancette, qu'il avait cachée sous l'éponge. La jeune fille eût refusé l'opération, si on l'eût ouvertement proposée ; elle supporta la douleur parce qu'elle ne s'y attendait pas.

XL. Il y des malades qu'on ne guérit qu'en les trompant. A l'un on dira : « Prends garde que ta colère ne réjouisse tes ennemis. » A l'autre : « Prends garde de perdre cette réputation de fermeté, de grandeur d'âme que tous te reconnaissent. Par Hercule ! je m'indigne avec toi ; mon ressentiment ne connaît pas de bornes ; mais il faut attendre le moment : la vengeance viendra. Renferme ton chagrin dans ton cœur, et quand tu seras en mesure, il ne perdra rien à attendre. »

Mais gourmander la colère, la heurter de front, c'est l'exciter. Il faut l'attaquer sur différents points, et avec ménagement. A moins, par hasard, que tu ne sois un personnage assez puissant pour la briser d'autorité, comme fit le divin Auguste, un jour qu'il soupait chez Vedius Pollion. Un esclave cassa un verre de cristal ; Vedius ordonne de le saisir et de le livrer à une mort peu commune assurément ; il voulait qu'on le jetât aux énormes murènes qui peuplaient son vivier. Qui ne croirait qu'il ne les entretînt que par gourmandise ? c'était par cruauté. L'esclave s'échappe, se réfugie aux pieds de César, et demande pour toute grâce de périr d'une autre mort, et de ne pas devenir un morceau à manger. César s'émut

---

Lentulus, ille patrum nostrorum memoria factiosus et impotens, abstersit faciem, et, « affirmabo, inquit, omnibus, Lentule, falli eos, qui te negant os habere. »

XXXIX. Contigit jam nobis, Novate, bene componere animum, si aut non sentit iracundiam, aut superior est. Videamus quomodo alienam iram leniamus : nec enim sani esse tantum volumus, sed sanare. Primam iram non audebimus oratione mulcere, surda est et amens : dabimus illi spatium ; remedia in remissionibus prosunt ; nec oculos tumentes tentabimus, iram rigentem movendo incitaturi, nec cetera vitia, dum fervent. Initia morborum quies curat. « Quantulum, inquis, prodest remedium tuum, si sua sponte desinentem iram placat ? » Primum, ut citius desinat, efficit : deinde custodiet, ne recidat : ipsum quoque impetum, quem non audet lenire, fallet. Removebit omnia ultionis instrumenta : simulabit iram, ut tanquam adjutor, et doloris comes plus auctoritatis in consiliis habeat : moras nectet, et dum majorem quaerit poenam, praesentem differet : omni arte requiem furori dabit. Si vehementior erit ; aut pudorem illi cui non resistat, incutiet, aut metum. Si infirmior ; sermones inferet, vel gratos, vel novos, et cupiditate cognoscendi avocabit. Medicum, aiunt, quum regis filiam curare deberet, nec sine ferro posset, dum tumentem mammam leniter fovet, scalpellum spongia tectum induxisse. Repugnasset puella remedio palam admoto : cadem, quia non exspectavit, dolorem tulit.

XL. Quaedam non nisi decepta sanantur. Alteri dices, « Vide ne inimicis iracundia tua voluptati sit : » Alteri, « Vide ne magnitudo animi tui, creditumque apud plerosque robur, cadat. » Indignor mehercule, et non invenio dolendi modum, sed exspectandum est : dabit poenas. Serva istud in animo tuo ; quum potueris, et pro mora reddes. Castigare vero irascentem, et ultro obviam ire ei, incitare est. Varie aggredieris, blandeque : nisi forte tanta persona eris, ut possis iram comminuere, quemadmodum fecit divus Augustus, quum cœnaret apud Vedium Pollionem. Fregerat unus ex servis ejus crystallinum ; rapi eum Vedius jussit, nec vulgari quidem periturum morte : muraenis objici jubebatur, quas ingentes in piscina continebat. Quis non hoc illum putaret luxuriae causa facere ? saevitia erat. Evasit e manibus puer, et confugit ad Caesaris pedes, nihil aliud petiturus, quam ut aliter periret, nec esca fieret.

de cette cruelle nouveauté; il fit relâcher l'esclave, ordonna que tous les cristaux fussent brisés sous ses yeux, et que le vivier fut comblé. C'est ainsi que César devait corriger son ami; c'était bien user de sa puissance. Du milieu des festins, tu fais traîner des hommes à la mort, pour être déchirés par des supplices d'un nouveau genre! pour un vase brisé, tu veux mettre en pièces les entrailles d'un homme! tu t'écoutes toi-même jusqu'à ordonner une mort en présence de César!

XLI. Si quelqu'un est assez puissant pour pouvoir attaquer la colère du haut de sa position, qu'il la traite sans pitié; mais seulement quand elle est, comme je l'ai montrée tout à l'heure, féroce, impitoyable, sanguinaire; elle est alors incurable, si elle ne craint quelque chose de supérieur à elle. Assurons la paix de notre âme; nous l'obtiendrons par la méditation constante des enseignements salutaires, par la pratique des bonnes actions, par la direction de l'âme vers la seule passion de l'honnête. Il faut satisfaire à la conscience, sans jamais travailler pour la renommée. Acceptons-la, même mauvaise, pourvu que nous la méritions bonne. « Mais le public admire les passions énergiques; l'audace est un honneur; la douceur passe pour faiblesse. » Peut-être au premier aspect; mais dès qu'une vie toujours égale a témoigné que ce n'est pas indolence, mais paix de l'âme, ce même peuple vous aime et vous respecte. Ainsi donc, cette passion, cruelle ennemie, n'a rien en soi d'utile : elle traîne au contraire avec elle tous les maux, le fer et le feu : foulant aux pieds toute pudeur, elle souille ses mains de carnage, disperse les membres de ses enfants : rien n'est à l'abri de ses crimes; sans souvenir de la gloire, sans crainte de l'infamie, elle devient incorrigible, lorsque la colère s'est endurcie jusqu'à la haine.

XLII Fuyons donc ce mal, purgeons-en notre âme, extirpons ce vice jusque dans ses racines, qui, d'où qu'elles sortent et quelque faibles qu'elles soient, renaîtront toujours. Ne cherchons pas à tempérer la colère, mais à la bannir entièrement; car quel tempérament y a-t-il à une chose mauvaise? Or, nous y réussirons, pourvu que nous y fassions quelques efforts. Et rien ne nous servira davantage que la pensée de la mort. Que chacun se dise, comme s'il parlait à un autre : Que sert de proclamer sa colère, comme si on était né pour l'éternité, et de gaspiller sa courte existence? Que sert de convertir en douleurs et en tourments d'autrui des jours que l'on peut dépenser en plaisirs honnêtes. Ces biens ne permettent pas de prodigalité; nous n'avons pas loisir de perdre le temps. Pourquoi nous précipiter au combat? pourquoi provoquer le péril? pourquoi, oublieux de notre faiblesse, nous charger de grandes inimitiés, et, fragiles que nous sommes, nous dresser pour briser les autres? Bientôt ces haines que nous portons dans un cœur implacable, la fièvre ou toute autre maladie du corps en interdira les violences; bientôt, au milieu du combat, la mort séparera les rivaux les plus acharnés. Pourquoi tout ce tumulte? pourquoi tourmenter notre vie par des discordes? Le destin plane sur notre tête, enregistre les jours perdus, et, d'heure en heure, arrive plus proche. Ce moment, que tu destines à la mort d'autrui, est peut-être voisin de la tienne.

Motus est novitate crudelitatis Cæsar, et illum quidem mitti, crystallina autem omnia coram se frangi jussit, complerique piscinam. Fuit Cæsari sic castigandus amicus : bene usus est viribus suis. E convivio rapi homines imperas, et novi generis poenis lanciniari? si calix tuus fractus est, viscera hominis distrahentur? tantum tibi placebis, ut ibi aliquem duci jubeas, ubi Cæsar est?

XLI. Si cui tantum potentiæ est, ut iram ex superiori loco aggredi possit, male tractet : at talem dumtaxat, qualem modo retuli, feram, immanem, sanguinariam, quæ jam insanabilis est, nisi majus aliquid extimuit. Pacem demus animo, quam dabit præceptorum solutarium assidua meditatio, actusque rerum boni, et intenta mens ad unius honesti cupiditatem. Conscientiæ satis fiat : nil in famam laboremus : sequatur vel mala, dum bene merentes. « At vulgus animosa miratur, et audaces in honore sunt. » Placidi pro inertibus habentur. » Primo forsitan aspectu : sed simul ac æqualitas vitæ fidem fecit, non segnitiem illam animi esse, sed pacem, veneratur idem illos populus colitque. Nihil ergo habet in se utile teter ille et hostilis affectus; at omnia e contrario mala, ferrum, ignes : pudore calcato, cædibus inquinavit manus, membra liberorum dispersit. Nihil vacuum reliquit a scelere, non gloriæ memor, non infamiæ metuens, inemendabilis quum ex ira in odium occalluit.

XLII. Careamus hoc malo, purgemusque mentem, et exstirpemus radicitus ea vitia, quæ quamvis tenuia undecunque exierint, renascentur : et iram non temperemus, sed ex toto removemus : quod enim malæ rei temperamentum est? poterimus autem, adnitamur modo. Nec ulla res magis proderit, quam cogitatio mortalitatis; sibi quisque, ut alteri, dicat : « Quid juvat, tanquam in æternum genitos iras indicere, et brevissimam ætatem dissipare? quid juvat, dies quos in voluptatem honestam impendere licet, in dolorem alicujus tormentumque transferre? » Non capiunt res istæ jacturam, nec tempus vacat perdere. Quid ruimus in pugnam? quid certamina nobis arcessimus? quid imbecillitatis obliti, ingentia odia suscipimus, et ad frangendum fragiles consurgimus? Jam istas inimicitias, quas implacabili gerimus animo, febris aut aliud malum corporis vetabit geri : jam par acerrimum media mors dirimet. Quid tumultuamur, et vitam seditiosi conturbamus? stat super caput fatum, et pereuntes dies imputat, propiusque ac

XLIII. Pourquoi ne pas plutôt ramasser toutes les heures de ta courte existence, et te la faire paisible pour toi et pour les autres? Pourquoi ne pas plutôt te faire aimer pendant ta vie et regretter après ta mort? Pourquoi vouloir renverser cet homme qui te traite de trop haut? Pourquoi chercher à effrayer de tes forces cet autre qui aboie après toi, qui, vil et méprisé, importune, harcèle ses supérieurs. Pourquoi t'emporter contre ton esclave, contre ton maître, contre ton patron, contre ton client? Patiente un moment : voici venir la mort qui nous fait tous égaux.

Souvent, dans les représentations matinales de l'arène, nous nous amusons aux combats de l'ours et du taureau, enchaînés ensemble : ils se déchirent l'un l'autre, et celui qui doit les achever est là qui les attend. Ainsi faisons-nous : nous tourmentons celui qui partage notre chaîne, tandis qu'une même fin menace et vainqueurs et vaincus, peut-être au premier matin. Ah! plutôt, passons dans le repos et la paix le peu de jours qui nous restent. Que personne ne jette un regard de haine sur notre cadavre. Plus d'une querelle s'est interrompue aux cris des incendiés du voisinage, et l'apparition d'une bête féroce a séparé le voyageur et le brigand. On n'a pas le loisir de lutter contre un moindre mal, lorsque domine une terreur plus grande. Qu'as-tu à faire de combats et d'embûches? Ta colère peut-elle souhaiter à un ennemi rien de plus que la mort? Reste tranquille; il mourra toujours : tu perds ta peine à vouloir faire ce qui doit arriver. « Je ne veux pas, dis-tu, précisément le tuer, mais le condamner à l'exil, au déshonneur, à la ruine. » Je pardonne plutôt de désirer à la mort d'un ennemi, que la déportation; car c'est non-seulement d'un cœur méchant, mais lâche. Soit que tu songes aux derniers supplices, ou à des peines plus légères, vois combien sont courtes les heures où lui il souffrira de sa douleur, où toi tu trouveras un plaisir coupable dans la douleur d'autrui. Notre souffle s'exhale à mesure que nous respirons. Tant que nous nous trouvons parmi les hommes, respectons l'humanité : ne soyons pour personne une cause de crainte ni de péril; méprisons les pertes, les injures, les outrages, les médisances, et supportons avec grandeur d'âme des ennuis passagers. Nous n'avons pas regardé derrière nous, et, comme on dit, tourné la tête, que déjà la mort est là.

---

propius accedit. Istud tempus, quod alienæ destinas morti, fortasse circa tuam est.

XLIII. Quin potius vitam brevem colligis, placidamque et tibi et ceteris præstas? quin potius amabilem te, dum vivis, omnibus, desiderabilem, quum excesseris, reddis? Et quid illum, nimis ex alto tecum agentem, detrahere cupis? quid illum oblatrantem tibi, humilem quidem et contemtum, sed superioribus acidum ac molestum, exterrere viribus tuis tentas? Quid servo, quid domino, quid regi, quid clienti tuo irasceris? sustine paulum; venit ecce mors, quæ nos pares faciat. Ridere solemus inter matutina arenæ spectacula, tauri et ursi pugnam inter se colligatorum : quos, quum alter alterum vexarit, suus confector exspectat. Idem facimus; aliquem nobiscum alligatum lacessimus : quum victo victorique finis, et quidem matutinus, immineat. Quieti potius, pacatique, quantulumcunque superest, exigamus; nulli cadaver nostrum jaceat invisum. Sæpe rixam conclamatum in vicino incendium solvit, et interventus feræ latronem viatoremque diducit. Colluctari cum minoribus malis non vacat, ubi metus major apparuit. Quid nobis cum dimicatione et insidiis? numquid amplius isti, cui irasceris, quam mortem optas? etiam te quiescente morietur; perdis operam : facere vis, quod futurum est. « Nolo, inquis, utique occidere, sed exsilio, sed ignominia, sed damno afficere. » Magis ignosco ei, qui vulnus inimici, quam qui insulam concupiscit; hic enim non tantum mali animi est, sed pusilli. Sive de ultimis suppliciis cogitas, sive de levioribus, quantulum est temporis, quo aut ille pœna sua torqueatur, aut tu malum gaudium ex aliena percipias? Jam ipsum spiritum exspuimus, interim dum trahimus. Dum inter homines sumus, colamus humanitatem ; non timori cuiquam, non periculo simus : detrimenta, injurias, convicia, vellicationes contemnamus, et magno animo brevia feramus incommoda. Dum respicimus, quod aiunt, versamusque nos, jam mortalitas aderit.

CONSOLATION A HELVIA.

I. Souvent déjà, ma bonne mère, je me suis pris du zèle de te consoler, souvent je me suis retenu. Bien des choses m'encourageaient à l'oser. D'abord il me semblait que je devais me décharger de tous mes ennuis, si je pouvais, sinon arrêter le cours de tes larmes, du moins les essuyer un instant : ensuite, je ne faisais point de doute que j'aurais plus de droits à réveiller ton âme, si, le premier, je secouais ma léthargie; enfin je craignais que, ne triomphant pas de la fortune, elle ne triomphât de quelqu'un des miens. Aussi, je voulais de toutes mes forces, mettant la main sur mes plaies, me traîner jusqu'aux tiennes pour les fermer. Mais d'autres choses venaient m'arrêter dans mon projet. Je savais qu'il ne fallait pas heurter de front ta douleur dans la violence de son premier accès ; les consolations n'eussent fait que l'irriter et l'accroître : de même , pour les maladies du corps, rien n'est plus dangereux qu'un remède prématuré. J'attendais donc que ta douleur épuisât ses forces elle-même, et que, préparée par le retard à supporter un traitement, elle permît de palper et soigner sa blessure. D'ailleurs, en relisant les grandes leçons que nous ont léguées les plus illustres génies sur les moyens de maîtriser et de corriger la tristesse, je ne trouvais pas l'exemple d'un homme qui eût consolé les siens, lui-même étant pour eux une cause de larmes. Dans cette alternative nouvelle, j'hésitais, je craignais que ce ne fût moins consoler que déchirer ton âme. Quoi donc? ne fallait-il pas des expressions neuves, et qui n'eussent rien de commun avec les propos journaliers du vulgaire, à celui qui, pour consoler les siens, soulevait sa tête de dessus le bûcher? Or, il est bien naturel que la grandeur d'une peine qui dépasse la mesure interdise le choix des paroles, lorsque souvent même elle étouffe la voix. Je vais essayer de mon mieux de me faire ton consolateur, non pas que j'aie confiance dans mes talents, mais parce que je puis

CONSOLATIO AD HELVIAM.

I. Sæpe jam, mater optima, impetum cepi consolandi te, sæpe continui. Ut auderem, multa me impellebant : primum, videbar depositurus omnia incommoda, quum lacrymas tuas, etiamsi supprimere non potuissem, interim certe abstersissem ; deinde, plus habiturum me auctoritatis non dubitabam ad excitandam te, si prior ipse consurrexissem ; præterea timebam, ne a me non victa Fortuna aliquem meorum vinceret. Itaque utcumque conabar, manu super plagam meam imposita, ad obliganda vulnera vestra reptare. Hoc propositum meum erant rursus quæ retardarent. Dolori tuo, dum recens sæviret, sciebam occurrendum non esse, ne illum ipsa solatia irritarent, et accenderent : nam in morbis quoque nihil est perniciosius, quam immatura medicina. Exspectabam itaque dum ipse vires suas frangeret, et ad sustinenda remedia mora mitigatus, tangi se ac tractari pateretur. Præterea, quum omnia clarissimorum ingeniorum monumenta ad compescendos moderandosque luctus composita evolverem, non inveniebam exemplum ejus, qui consolatus suos esset, quum ipse ab illis comploraretur. Ita in re nova hæsitabam, verebarque, ne hæc non consolatio, sed exulceratio esset. Quid quod novis verbis, nec ex vulgari et quotidiana sumtis allocutione, opus erat homini ad consolandos suos ex ipso rogo caput allevanti? Omnis autem magnitudo doloris modum excedentis necesse est dilectum verborum eripiat, quum sæpe vocem quoque ipsam intercludat. Utcumque conitar, non fidu-

SÉNÈQUE.

être pour toi la consolation la plus efficace. O toi, qui ne sais rien me refuser, tu ne me refuseras pas, je l'espère (bien que tout chagrin soit rebelle), d'imposer un terme à tes regrets!

II. Vois combien je me promets de ta bonté. Je n'hésite pas à me croire plus puissant sur toi que la douleur, qui est toute puissante sur les malheureux. Aussi, loin d'entrer brusquement en lice avec elle, je veux d'abord plaider pour elle, et lui fournir un aliment : je révélerai toutes ses causes, je rouvrirai toutes ses cicatrices. « Étrange manière de consoler, dira-t-on, que de rappeler les peines oubliées; que de placer le cœur en présence de toutes ses amertumes, quand il sait à peine en supporter une seule! » Mais que l'on réfléchisse que des maux, assez dangereux pour s'accroître malgré les remèdes, se guérissent souvent par des remèdes contraires. Je vais donc environner ta douleur de tout son deuil, de tout son appareil lugubre; ce ne sera pas traiter avec des calmants, mais avec le fer et le feu. Qu'y gagnerai-je? Que tu rougisses, après avoir triomphé de tant de misères, de ne savoir endurer une seule plaie sur un corps tout couvert de cicatrices. Laissons les pleurs et les éternels gémissements à ceux dont les âmes faibles, et énervées par une longue félicité, s'abattent à la moindre secousse qui vient les atteindre : mais que ceux dont toutes les années se sont écoulées dans les calamités supportent les plus grandes peines avec une constance ferme et inébranlable. La continuité de l'infortune a cela de bon que, tourmentant sans relâche, elle finit par endurcir. Le destin ne te donna pas un jour sur lequel il n'ait fait peser le malheur : il n'excepta pas même celui de ta naissance. Tu perdis ta mère, à peine venue, ou plutôt venant au monde, et tu fus en quelque sorte jetée dans la vie. Tu grandis sous une marâtre; et par toutes les complaisances, toute la tendresse qu'on peut rencontrer dans sa propre fille, tu la forças à devenir mère : cependant il n'est personne qui n'ait payé cher même une bonne marâtre. Ton oncle, qui te chérissait tant, homme plein de vertu et de courage, à l'heure où tu attendais sa venue, tu le perdis. Et, comme si la fortune eût craint de te frapper moins fort en divisant ses coups, trente jours après tu portais à la tombe un époux tendrement aimé, qui t'avait rendue mère de trois enfants. Pleurante, on vint t'annoncer un nouveau sujet de pleurs, dans l'absence de tous tes fils : il semblait que tous les maux eussent conjuré de fondre ensemble sur toi, pour ne te pas laisser où reposer ta douleur. Je passe tant de dangers, tant de craintes dont tu supportas les assauts qui se succédaient sans intervalles. Naguère, sur le même sein que tes trois petits-fils venaient de quitter, tu recueillais les ossements de tes trois petits-fils. Vingt jours après avoir enseveli mon enfant, mort dans tes bras et sous tes baisers, tu apprends que je te suis ravi. Hélas, il te manquait encore de porter le deuil des vivants!

III. La plus grave de toutes les blessures qui jamais aient frappé ton sein, c'est la dernière, je l'avoue : elle n'a pas seulement déchiré l'épiderme; elle a plongé au milieu de ton cœur et de

---

cia ingenii, sed quia possum instar efficacissimæ consolationis esse consolator. Cui nihil negaras, huic hoc utique te non esse negaturam (licet omnis mœror contumax sit) spero, ut desiderio tuo velis a me modum statui.

II. Vide quantum de indulgentia tua promiserim mihi : potentiorem me futurum apud te non dubito, quam dolorem tuum, quo nihil est apud miseros potentius. Itaque ne statim cum eo concurram, adeo prius illi, et quibus excitetur, ingeram; omnia proferam, et rescindam quæ jam obducta sunt. Dicet aliquis : « Quod hoc genus est consolandi, obliterata mala revocare, et animum in omnium ærumnarum suarum conspectu collocare, vix unius patientem? » Sed is cogitet, quæcumque usque eo perniciosa sunt, ut contra remedium convaluerint, plerumque contrariis curari. Omnes itaque luctus illi suos, omnia lugubria admovebo : hoc erit, non molli via mederi, sed urere ac secare. Quid consequar? ut pudeat animum, tot miseriarum victorem, ægre ferre unum vulnus in corpore tam cicatricoso. Fleant itaque diutius et gemant, quorum delicatas mentes enervavit longa felicitas, et ad levissimarum injuriarum motus collabantur : at quorum omnes anni per calamitates transierunt, gravissima quoque forti et immobili constantia perferant. Unum habet assidua infelicitas bonum, quod quos sæpe vexat, novissime indurat. Nullam tibi fortuna vacationem dedit a gravissimis luctibus; ne natalem quidem tuum excepit. Amisisti matrem statim nata, immo dum nascereris, et ad vitam quodammodo exposita es. Crevisti sub noverca, quam tu quidem omni obsequio et pietate, quanta vel in filia conspici potest, matrem fieri coegisti; nulli tamen non magno constitit et bona noverca. Avunculum indulgentissimum, optimum ac fortissimum virum, quum adventum ejus exspectares, amisisti. Et ne sævitiam suam fortuna leviorem diducendo faceret, intra tricesimum diem, carissimum virum tuum, ex quo mater trium liberorum eras, extulisti. Lugenti tibi luctus nuntiatus est, omnibus quidem absentibus liberis; quasi de industria in id tempus conjectis malis tuis, ut nihil esset ubi se dolor tuus reclinaret. Transeo tot pericula, tot metus, quos sine intervallo in te incursantes pertulisti : modo in eumdem sinum, ex quo tres nepotes emiseras, ossa trium nepotum recepisti. Intra vicesimum diem, quam filium meum in manibus tuis et in osculis tuis mortuum funeraveras, raptum me audisti : hoc adhuc defuerat tibi, lugere vivos.

III. Gravissimum est ex omnibus, quæ unquam in

tes entrailles. Mais de même que des soldats novices jettent les hauts cris à la plus légère blessure, redoutant moins le glaive que la main du médecin, tandis que des vétérans, bien que traversés de part en part, s'offrent patiemment et sans gémir au tranchant du fer, comme s'il s'agissait du corps d'un autre : ainsi tu dois aujourd'hui te prêter avec courage à l'opération. Loin de toi les sanglots, les lamentations, toutes les clameurs tumultueuses que d'ordinaire fait éclater la douleur d'une femme. Car tu as perdu tout le profit de tant de maux, si tu n'as pas appris encore à être malheureuse. Eh bien! trouves-tu que je te traite d'une main timide? Je n'ai rien retranché de tes maux, je les ai tous accumulés sous tes yeux : je l'ai fait bravement, résolument; car je prétends triompher de ta douleur, et non la circonscrire.

IV. Et j'en triompherai, je l'espère, si d'abord je te montre que je ne souffre rien qui puisse me faire tenir pour malheureux, loin que je doive rendre malheureux ceux qui me touchent de près ; si, parlant ensuite de toi, je te prouve que ton sort n'est pas non plus déplorable, puisqu'il dépend entièrement du mien. Je te dirai d'abord ce que ton amour est empressé d'entendre, que je n'éprouve aucun mal. Si je ne puis t'en convaincre, je te démontrerai jusqu'à l'évidence que les peines dont tu me crois accablé ne sont pas intolérables. Que si tu ne peux le croire, j'aurai d'autant plus sujet de m'applaudir, moi qui trouverai le bonheur au milieu des choses qui font d'ordinaire le malheur des hommes. Ne crois pas ce que les autres te diront de moi : c'est moi qui, pour t'épargner d'être troublée par des opinions incertaines, te déclare que je ne suis point malheureux. J'ajouterai, pour te tranquilliser plus encore, que je ne peux pas même devenir malheureux.

V. Tous nous sommes nés pour le bonheur, si nous ne sortons pas de notre condition. La nature a voulu que, pour vivre heureusement, il ne soit pas besoin d'un grand appareil : chacun peut se faire sa félicité. Les choses du hasard ont peu de poids, et ne sauraient réagir puissamment dans l'un ou l'autre sens : la prospérité n'élève pas le sage, l'adversité ne peut l'abattre. Car il a travaillé sans cesse à entasser le plus qu'il pouvait en lui-même, à chercher en lui-même toute sa joie. Eh quoi ! Veux-je dire que je sois sage? Non sans doute. Si je pouvais m'en vanter, non-seulement je nierais que je sois malheureux, mais je me proclamerais le plus fortuné des hommes ; je serais presque l'égal des dieux. Jusqu'à présent, et cela suffit pour adoucir tous mes ennuis, je n'ai rien fait que me remettre aux mains des sages : encore trop faible pour me défendre moi-même, j'ai cherché refuge dans un camp de soldats aguerris, protégeant sans peine leur personne et leurs biens. Ce sont eux qui m'ont ordonné d'être sans cesse debout, comme en sentinelle, et de prévoir de loin toutes les entreprises, tous les assauts de la fortune, longtemps avant ses attaques. Elle accable ceux pour qui elle est imprévue : celui qui veille toujours lui résiste sans peine. Ainsi, la venue de l'ennemi renverse ceux qu'il prend au

---

corpus tuum descenderunt, recens vulnus ; fateor; non summam cutem rupit, pectus et viscera ipsa divisit. Sed quemadmodum tirones leviter saucii tamen vociferantur, et manus medicorum magis, quam ferrum horrent, at veterani quamvis confossi patienter ac sine gemitu, velut aliena corpora, exsecari patiuntur; ita tu nunc debes te fortiter præbere curationi. Lamentationes quidem et ululatus, et alia per quæ fere muliebris dolor tumultuatur, amove : perdidisti enim tot mala, si nondum misera esse didicisti. Ecquid videor tecum timide egisse? nil tibi subduxi ex malis tuis, sed omnia coacervata ante te posui. Magno id animo feci ; constitui enim vincere dolorem tuum, non circumscribere.

IV. Vincam autem, puto : primum, si ostendero nihil me pati, propter quod possim dici miser, nedum propter quod miseros etiam, quos contingo, faciam ; deinde, si ad te transiero, et probavero, ne tuam quidem gravem esse fortunam, quæ tota ex mea pendet. Hoc prius aggrediar, quod pietas tua audire gestit, nihil mali esse mihi : si potero, ipsas res quibus me putas premi, non esse intolerabiles, faciam manifestum. Sin id credi non potuerit, at ego mihi ipse magis placebo, quod inter eas res beatus ero, quæ miseros solent facere. Non est quod de me aliis credas : ipse tibi, ne quid incertis opinionibus perturberis, indico me non esse miserum. Adjiciam, quo securior sis, nec fieri quidem posse miserum.

V. Bona conditione geniti sumus, si eam non descruerimus. Id egit rerum natura, ut ad bene vivendum non magno apparatu opus esset : unus quisque facere se beatum potest. Leve momentum in adventitiis rebus est, et quod in neutram partem magnas vires habeat; nec secunda sapientem evehunt, nec adversa demittunt. Laboravit enim semper, ut in se plurimum poneret, intra se omne gaudium peteret. Quid ergo? sapientem me esse dico? minime ; nam id quidem si profiteri possem, non tantum negarem miserum me esse, sed omnium fortunatissimum, et in vicinum Deo perductum prædicarem. Nunc, quod satis est ad omnes miserias leniendas, sapientibus viris me dedi, et nondum in auxilium mei validus, in aliena castra confugi, eorum scilicet, qui facile se et sua tuentur. Illi me jusserunt stare assidue velut in præsidio positum, et omnes conatus fortunæ, et omnes impetus prospicere multo ante quam incurrant. Illis gravis est, quibus est repentina; facile eam sustinet, qui semper exspectat. Nam et hostium adventus eos prosternit, quos inopinate occupavit ; at qui futuro se bello ante

5.

dépourvu : mais ceux qui se sont préparés, avant la guerre, à la guerre prochaine, prêts et rangés pour la bataille, soutiennent sans peine le premier choc, qui est le plus furieux. Jamais je ne me suis fié à la fortune, encore qu'elle parût faire la paix avec moi. Toutes les faveurs dont elle me comblait, richesses, honneurs, gloire, je les ai placées dans un lieu où, sans m'ébranler, elle peut les reprendre. Entre ces choses et moi j'ai mis un grand intervalle. Aussi, me les a-t-elle ravies sans me les arracher. Les revers n'abattent qu'une âme abusée par les succès. Ceux qui s'attachèrent aux dons de la fortune comme à des biens personnels et durables, et qui pour cela voulurent qu'on leur fît hommage, tombent dans l'abattement et l'affliction, quand leur âme vaine et frivole, et qui ne connaît pas les plaisirs solides, est privée de ces jouets trompeurs et périssables. Mais celui que n'enfla pas le sort prospère n'est pas consterné par ses retours : à l'une et l'autre fortune il oppose un cœur invincible, d'une constance éprouvée. Car, dans le bonheur, il essaya ses forces contre le malheur.

Aussi, j'ai toujours pensé qu'il n'y avait rien du véritable bien dans ces choses auxquelles tous les hommes aspirent ; je les ai trouvées vides, fardées par des dehors séduisants et mensongers, et n'ayant rien au fond qui répondît aux apparences. Dans ce qu'on appelle mal, je ne vois pas tout l'affreux, tout le terrible dont me menaçait l'opinion du vulgaire. Le mot lui-même, tel est le préjugé sur lequel tous sont d'accord, blesse l'oreille qu'il a frappée : c'est quelque chose de lugubre qu'on n'entend pas sans horreur : ainsi l'a voulu le peuple : mais le plus souvent les décisions du peuple sont abrogées par les sages.

VI. Donc, mettant de côté les jugements de la foule, qui se laisse entraîner à la première vue des choses, comme elles se rencontrent, voyons ce que c'est que l'exil : à tout prendre, ce n'est qu'un changement de lieu. Il semblerait que j'affaiblisse ses angoisses et que je lui ôte tout ce qu'il a de plus poignant ; car ce changement est suivi de choses fâcheuses, la pauvreté, l'opprobre, le mépris. Plus tard, je contesterai ces prétendus maux ; en attendant, je veux d'abord examiner ce qu'apporte d'amertume en soi ce changement de lieu. « Être loin de sa patrie est chose insupportable. » Vois un peu cette multitude, à qui suffisent à peine les vastes maisons de la ville. Plus de la moitié de cette foule est loin de sa patrie. De leurs municipes, de leurs colonies, de tous les coins du monde, ils viennent affluer ici. Les uns y sont amenés par l'ambition, les autres par l'obligation d'une fonction publique, les autres par leur charge d'ambassadeur ; les autres par la débauche, qui cherche une opulente cité, commode pour leurs vices ; ceux-ci par l'amour pour les études libérales, ceux-là par les spectacles ; quelques-uns y sont attirés par l'amitié, quelques autres par leur activité, qui trouve un vaste théâtre pour montrer ce qu'elle vaut ; quelques-uns y apportent leur beauté vénale, quelques autres leur vénale éloquence. Il n'y a pas une seule espèce d'hommes qui n'accoure dans cette ville, où l'on taxe si haut les vertus et les vices. Ordonne que

bellum paraverunt, compositi et aptati, primum, qui tumultuosissimus est, ictum facile excipiunt. Nunquam ego fortunæ credidi, etiamsi videretur pacem agere : omnia illa, quæ in me indulgentissime conferebat, pecuniam, honores, gloriam, eo loco posui, unde posset ea sine motu meo repetere. Intervallum inter illa et me magnum habui ; itaque abstulit illa, non avulsit. Neminem adversa fortuna comminuit, nisi quem secunda decepit. Illi qui munera ejus velut sua et perpetua amaverunt, qui se propter illa suspici voluerunt, jacent et mœrent, quum vanos et pueriles animos, omnis solidæ voluptatis ignaros, falsa et mobilia oblectamenta destituunt. At ille qui se lætis rebus non inflavit, nec mutatis contrahit, adversus utrumque statum invictum animum tenet, exploratæ jam firmitatis ; nam in ipsa felicitate, quid contra infelicitatem valeret, expertus est. Itaque ego in illis quæ omnes optant, existimavi semper, nihil veri boni inesse ; quin inania et speciosa ac deceptoro fuco circumlita inveni, intra nihil habentia fronti suæ similia. Nam in illis quæ mala vocantur, nihil tam terribile ac durum invenio, quam opinio vulgi minabatur ; verbum quidem ipsum, persuasione quadam et consensu jam asperius ad aures venit, et audientes tanquam triste et execrabile ferit : ita enim populus jussit : sed populi scita ex magna parte sapientes abrogant.

VI. Remoto igitur judicio plurium, quos prima rerum facies, utcumque credita est, aufert, videamus quid sit exsilium ; nempe loci commutatio est. Angustare videor vim ejus, et quidquid pessimum in se habet, subtrahere : hanc commutationem loci sequuntur incommoda, paupertas, ignominia, contemtus. Adversus ista postea confligam ; interim primum illud intueri volo, quid acerbi afferat ipsa loci commutatio. « Carere patria, intolerabile est. » Aspice agedum hanc frequentiam, cui vix urbis immensa tecta sufficiunt. Maxima pars illius turbæ patria caret ; ex municipiis et coloniis suis, ex toto denique orbe terrarum confluxerunt. Alios adducit ambitio, alios necessitas officii publici, alios imposita legatio, alios luxuria, opulentum et opportunum vitiis locum quærens : alios liberalium studiorum cupiditas, alios spectacula : quosdam traxit amicitia, quosdam industria, latam ostendendæ virtuti nacta materiam : quidam venalem formam attulerunt, quidam venalem eloquentiam. Nullum non hominum genus concurrit in urbem, et virtutibus et vitiis magna pretia ponentem. Jube omnes istos ad nomen citari, et, unde domo quisque sit, quære : videbis majorem partem esse,

tous ces gens soient appelés par leur nom, et demande à chacun de quelle famille il sort : tu verras que la plupart ont délaissé leur demeure pour venir dans la cité, la plus grande et la plus belle sans doute, mais qui, cependant, n'est pas leur cité. Maintenant, quitte cette ville, qui peut en quelque sorte être nommée la patrie commune : parcours toutes les autres cités ; il n'en est pas une dont les habitants ne soient pour la plupart une multitude étrangère. Et puis va loin de ces bords, dont le site enchanteur et commode invite la foule ; viens sur ces rives désertes, dans ces îles sauvages, Sciathos et Sériphe, Gyare et la Corse : tu ne verras aucune terre d'exil où quelqu'un ne demeure pour son plaisir. Où trouver un lieu plus désolé, plus inaccessible de toutes parts que ce rocher? plus dépourvu de ressources, habité par des hordes plus barbares, hérissé d'aspérités plus menaçantes, et sous un ciel plus funeste? Et cependant on y rencontre plus d'étrangers que de citoyens.

Il est si vrai que le changement de lieu n'a en soi rien de pénible, qu'on s'arrache à sa patrie pour venir dans cette île. J'en ai entendu qui prétendaient qu'il y a chez l'homme un certain besoin naturel de changer de demeure et de transporter ses pénates. Et de fait, il a été donné à l'homme une âme inquiète et remuante ; jamais elle ne se tient en place; elle se répand et promène sa pensée en tous lieux connus et inconnus, vagabonde, impatiente de repos, amoureuse de la nouveauté. Ce qui ne doit pas t'émerveiller, si tu considères le principe de son origine. Elle n'est pas formée de ce corps terrestre et pesant; c'est une émanation de l'esprit céleste : or, la nature des choses célestes est d'être toujours en mouvement, et de fuir emportées par une course agile. Contemple les astres qui éclairent le monde : il n'en est pas un qui s'arrête ; sans cesse ils marchent et passent d'un lieu dans un autre : bien qu'ils roulent avec l'univers, toutefois ils gravitent en sens contraire; ils traversent successivement tous les signes, et toujours ils se meuvent, et toujours ils voyagent. Tous les astres sont dans une révolution, dans un passage continuels, et, comme l'a commandé l'impérieuse loi de la nature, dans un continuel mouvement de translation. Quand ils auront parcouru leurs sphères, après le nombre d'années qu'elle a fixé, ils reprendront la route qu'ils ont déjà suivie. Eh bien! maintenant, crois-tu que l'âme humaine, formée de la même substance que les choses divines, supporte à regret les voyages et les émigrations, tandis que la divine nature trouve dans un changement perpétuel et rapide, son plaisir et sa conservation.

Mais quitte un peu le ciel, et reviens sur la terre; tu verras que les peuples, que les nations ont changé de patrie. Que veulent dire ces villes grecques au milieu des pays barbares, et cette langue de Macédoine, parlée entre l'Inde et la Perse? La Scythie et toute cette contrée de nations farouches et indomptées nous montrent des cités achéennes bâties sur les rivages du Pont. Ni les rigueurs d'un éternel hiver, ni les mœurs des habitants, aussi sauvages que leur climat, n'ont empêché qu'on y transportât sa demeure. L'Asie est pleine

---

quæ relictis sedibus suis, venerit in maximam quidem ac pulcherrimam urbem, non tamen suam. Deinde ab hac civitate discede, quæ velut communis patria potest dici : omnes urbes circumi; nulla non magnam partem peregrinæ multitudinis habet. Nunc transi ab iis, quarum amœna positio, et opportunitas regionis plures allicit: deserta loca, et asperrimas insulas, Sciathum et Seriphum, Gyarum, et Corsicam pete; nullum invenies exsilium, in quo non aliquis animi causa moretur. Quid tam nudum inveniri potest, quid tam abruptum undique, quam hoc saxum? quid ad copias respicienti jejunius? quid ad homines immansuetius? quid ad ipsum loci situm horribilius? quid ad cœli naturam intemperantius? plures tamen hic peregrini, quam cives consistunt. Usque eo ergo commutatio ipsa locorum gravis non est, ut hic quoque locus a patria quosdam abduxerit. Invenio qui dicant, inesse naturalem quamdam animis irritationem commutandi sedes, et transferendi domicilia. Mobilis enim et inquieta mens homini data est : nunquam se tenet; spargitur, et cogitationes suas in omnia nota atque ignota dimittit, vaga, et quietis impatiens, et novitate rerum lætissima. Quod non miraberis, si primam ejus originem adspexeris. Non ex terreno et gravi concreta corpore; ex illo cœlesti spiritu descendit; cœlestium autem natura semper in motu est : fugit, et velocissimo cursu agitur. Adspice sidera mundum illustrantia : nullum eorum perstat; labitur assidue, et locum ex loco mutat : quamvis cum universo vertatur, in contrarium nihilominus ipsi mundo refertur ; per omnes signorum partes discurrit; perpetua ejus agitatio, et aliunde alio commigratio est. Omnia volvuntur semper, in transitu sunt, et ut lex et naturæ necessitas ordinavit, aliunde alio deferuntur. Quum per certa annorum spatia orbes suos explicuerint, iterum ibunt per quæ venerant. I nunc, et animum humanum, ex iisdem quibus divina constant compositum seminibus, moleste ferre puta transitum ac migrationem ; quum Dei natura assidua et citatissima commutatione, vel delectet se, vel conservet. A cœlestibus, agedum, te ad humana converte! Videbis gentes populosque mutasse sedem. Quid sibi volunt in medis Barbarorum regionibus Græcæ urbes? quid inter Indos Persasque Macedonicus sermo? Scythia et totus ille ferarum indomitarumque gentium tractus civitates Achaiæ Ponticis impositas litoribus ostentat. Non perpetuæ hiemis sævitia, non hominum ingenia, ad similitudinem cœli sui horrentia, transferentibus domus suas obstite-

d'Athéniens : Milet a distribué des citoyens à soixante-quinze villes diverses. Toute la côte de l'Italie, baignée par la mer inférieure, fut la Grande-Grèce. L'Asie revendique les Toscans; les Tyriens habitent l'Afrique; les Carthaginois, l'Espagne; les Grecs se sont introduits dans la Gaule, les Gaulois dans la Grèce; les Pyrénées ne fermèrent pas la route aux Germains : la mobilité humaine fut promenée au travers de solitudes impraticables et inconnues. Ces nations traînaient après elles leurs enfants, leurs femmes, leurs pères appesantis par l'âge. Les unes, après s'être égarées dans de longs détours, ne décidèrent pas le choix de leurs demeures; mais s'arrêtèrent par lassitude au plus prochain rivage; d'autres se sont rendues maîtresses, par les armes, d'une plage étrangère; quelques peuples, naviguant vers des terres inconnues, furent engloutis par l'abîme; quelques autres se fixèrent sur les bords où les déposa le manque du nécessaire. Tous n'avaient pas non plus les mêmes raisons d'abandonner et de chercher une patrie. Les uns, après la ruine de leurs cités, échappés au fer de l'ennemi, furent jetés sur la rive étrangère, dépouillés de leurs domaines; d'autres se virent éloignés par des séditions domestiques; d'autres émigrèrent pour soulager leurs villes chargées d'une population exubérante; d'autres furent chassés par la peste, par les fréquents déchirements du sol, par quelque insupportable fléau d'une région malheureuse; d'autres furent séduits par le renom d'une plage fertile et trop vantée; tous enfin ont été poussés hors de chez eux par des causes diverses. Il est manifeste que rien ne reste à la place où il a vu la lumière : le genre humain va et vient sans cesse · chaque jour voit changer quelque chose dans ce vaste univers. On jette les fondements de villes nouvelles; de nouvelles nations apparaissent, quand les anciennes meurent ou changent de nom, incorporées à des peuples vainqueurs. Toutes ces translations de peuples sont-elles autre chose que des exils publics?

VII. Mais pourquoi te mener par un si long détour? Faut-il te citer Anténor, qui bâtit Patavium; Évandre, qui, sur la rive du Tibre, plaça le royaume des Arcadiens; et Diomède, et tous les autres que la guerre de Troie, vainqueurs et vaincus, dispersait à la fois sur des contrées étrangères? L'empire romain a pour fondateur un exilé, qui, fuyant sa patrie conquise et traînant après lui quelques faibles débris, à la recherche d'un lointain asile, fut poussé par la nécessité et la crainte du vainqueur sur les côtes de l'Italie. Et plus tard, combien de colonies ce peuple n'envoya-t-il pas dans toutes les provinces? Partout où Rome a vaincu, elle a pris domicile : ses fils s'enrôlaient volontiers pour ces changements de patrie, et, quittant ses autels domestiques, le vieillard, devenu colon, suivait ses fils au-delà des mers.

VIII. Mon sujet ne demande pas plus d'exemples; il en est un cependant que j'ajouterai, parce qu'il se présente sous mes yeux. Cette île même a déjà souvent changé d'habitants. Pour ne pas remonter aux âges que le temps couvre de son voile, quittant la Phocide, les Grecs qui maintenant habitent Marseille s'établirent d'abord dans cette île. Qui les en a chassés? on l'ignore : est-ce

---

runt. Atheniensis in Asia turba est : Miletus LXXV urbium populum in diversa effudit : totum Italiæ latus, quod infero mari alluitur, major Græcia fuit. Tuscos Asia sibi vindicat: Tyrii Africam incolunt : Hispaniam Pœni : Græci se in Galliam immiserunt, in Græciam Galli: Pyrenæus Germanorum transitus non inhibuit: per invia, per incognita versavit se humana levitas. Liberos conjugesque, et graves senio parentes traxerunt. Alii longo errore jactati, non judicio elegerunt locum, sed lassitudine proximum occupaverunt; alii armis sibi jus in aliena terra fecerunt; quasdam gentes, quum ignota peterent, mare hausit; quædam ibi consederunt, ubi illas rerum inopia deposuit. Nec omnibus eadem causa relinquendi quærendique patriam fuit. Alios excidia urbium suarum, hostilibus armis elapsos, in aliena, spoliatos suis, expulerunt : alios domestica seditio submovit : alios nimia superfluentis populi frequentia, ad exonerandas vires, emisit : alios pestilentia, aut frequens terrarum hiatus, aut aliqua intoleranda infelicis soli vitia ejecerunt; quosdam fertilis oræ, et in majus laudatæ fama corrupit : alios alia causa excivit domibus suis. Illud itaque est manifestum, nihil eodem loco mansisse, quo genitum est : assiduus humani generis discursus est : quotidie aliquid in tam magno orbe mutatur. Nova urbium fundamenta jaciuntur : nova gentium nomina, exstinctis prioribus, aut in accessionem validioris conversis, oriuntur. Omnes autem istæ populorum transportationes, quid aliud, quam publica exsilia sunt?

VII. Quid tam longo te circuitu traho? quid interest enumerare Antenorem Patavii conditorem, et Evandrum in ripa Tiberis regna Arcadum collocantem? quid Diomedem, aliosque quos Trojanum bellum, victos simul victoresque, per alienas terras dissipavit? Romanum imperium nempe auctorem exsulem respicit, quem profugum, capta patria, exiguas reliquias trahentem, necessitas et victoris metus, longinqua quærentem, in Italiam detulit. Hic deinde populus quot colonias in omnes provincias misit? ubicumque vicit Romanus, habitat. Ad hanc commutationem locorum libentes nomina dabant, et relictis aris suis trans maria sequebatur colonus senex.

VIII. Res quidem non desiderat plurium enumerationem : unum tamen adjiciam, quod in oculos se ingerit. Hæc ipsa insula sæpe jam cultores mutavit. Ut antiquiora quæ vetustas obduxit, transeam, Phocide relicta, Graii qui nunc Massiliam colunt, prius in hac insula consederunt. Ex qua quid eos fugaverit, incertum est : utrum

un air insalubre, l'aspect formidable de l'Italie, ou la violence d'une mer sans rade? On doit croire que la cause de leur départ ne fut pas la férocité des indigènes, puisqu'ils vinrent se mêler aux peuples alors les plus barbares et les plus sauvages de la Gaule. Ensuite les Ligures descendirent dans cette île; les Espagnols y descendirent après eux, comme l'atteste la ressemblance des usages. Les Corses ont du Cantabre le bonnet dont il couvre sa tête, sa chaussure et quelques mots de sa langue; car tout leur idiome primitif s'est altéré dans le commerce des Grecs et des Ligures. Ensuite, deux colonies de citoyens romains y furent amenées, l'une par Marius, l'autre par Sylla. Tant de fois on vit changer le peuple de cette roche épineuse et inféconde! Enfin, c'est à grand peine que tu trouveras une terre encore habitée par ses indigènes. Toutes choses ont été mêlées, entées l'une sur l'autre; tous les peuples se sont succédé. L'un a convoité ce que dédaignait l'autre: celui-ci fut banni d'où il avait chassé celui-là. Ainsi le destin a voulu que rien sur la terre ne pût fixer à jamais la fortune. Pour endurer ces changements de lieu, faisant abstraction des autres disgrâces attachées à l'exil, Varron, le plus docte des Romains, pense qu'il nous suffit de jouir, partout où nous allons, de la même nature. Il suffit, suivant M. Brutus, à ceux qui partent pour l'exil, de pouvoir emporter avec eux leurs vertus. Si l'on estime que chacun de ces remèdes, pris à part, n'est pas une consolation souveraine contre l'exil, il faut avouer qu'employés ensemble ils ont une vertu puissante. En effet, combien ce que nous avons perdu est peu de chose! Deux choses, les plus précieuses de toutes, nous suivront partout où nous porterons nos pas, la nature qui est commune à tous, et la vertu qui nous est propre. Ainsi l'a voulu, crois-moi, celui, quel qu'il soit, qui donna la forme à l'univers; soit un Dieu, maître de toutes choses, soit une raison incorporelle, architecte de ces éclatantes merveilles, soit un esprit divin répandu avec une égale énergie dans les corps les plus grands et les plus petits, soit un destin et un enchaînement immuable des choses liées entre elles; ainsi, dis-je, l'a-t-il voulu, pour ne laisser tomber au pouvoir d'autrui que les plus vils de nos biens. Ce que l'homme a de plus excellent est placé en dehors de la puissance humaine; on ne peut ni le donner ni le ravir; je parle de ce monde, la plus belle, la plus brillante création de la nature; de cette âme faite pour contempler, pour admirer le monde, dont elle-même est le plus magnifique chef-d'œuvre; cette âme qui nous appartient en propre et pour toujours, qui doit durer aussi longtemps que nous durerons nous-mêmes. Allons donc gaîment la tête haute, le pas ferme, partout où nous enverra la fortune.

IX. Parcourons tous les pays, nous n'en trouverons pas un seul dans l'univers qui soit étranger à l'homme. Partout notre regard s'élève de la même distance vers le ciel, et le même intervalle sépare les choses divines des choses humaines. Pourvu que mes yeux ne soient pas arrachés à ce spectacle dont ils ne se peuvent rassasier, pourvu qu'il me soit permis de regarder la lune et le soleil, de plonger ma vue dans les autres astres, d'interro-

---

cœli gravitas, an præpotentis Italiæ conspectus, an natura importuosi maris; nam in causa non fuisse feritatem accolarum, eo apparet, quod maxime tunc trucibus et inconditis Galliæ populis se interposuerunt. Transierunt deinde Ligures in eam, transierunt et Hispani, quod ex similitudine ritus apparet: eadem enim tegumenta capitum, idemque genus calceamenti, quod Cantabris est, et verba quædam; nam totus sermo, conversatione Græcorum Ligurumque, a patrio descivit. Deductæ deinde sunt duæ civium Romanorum coloniæ, altera a Mario, altera a Sylla. Toties hujus aridi et spinosi saxi mutatus est populus. Vix denique invenies ullam terram, quam etiam nunc indigenæ colant; permixta omnia et insititia sunt: alius alii successit. Hic concupivit, quod alii fastidio fuit: ille unde expulerat, ejectus est. Ita fato placuit, nullius rei eodem semper loco stare fortunam. Adversus ipsam mutationem locorum, detractis ceteris incommodis quæ exsilio adhærent, satis hoc remedii putat Varro, doctissimus Romanorum, quod quocumque venimus, eadem rerum natura utendum est. M. Brutus satis hoc putat, quod licet in exsilium euntibus virtutes suas ferre secum. Hæc etiamsi quis singula parum judicat efficacia ad consolandum exsulem, utraque in unum collata fatebitur plurimum posse. Quantulum enim est, quod perdidimus? duo, quæ pulcherrima sunt, quocumque nos moverimus, sequentur: natura communis, et propria virtus. Id actum est, mihi crede, ab illo, quisquis formator universi fuit, sive ille Deus est potens omnium, sive incorporalis ratio, ingentium operum artifex, sive divinus spiritus, per omnia maxima minima, æquali intentione diffusus, sive fatum et immutabilis causarum inter se cohærentium series, id, inquam, actum est, ut in alienum arbitrium, nisi vilissima quæque, non caderent. Quidquid optimum homini est, id extra humanam potentiam jacet, nec dari, nec eripi potest: mundus hic, quo nihil neque majus, neque ornatius, rerum natura genuit; animus contemplator, admiratorque mundi, pars ejus magnificentissima, propria nobis et perpetua, tamdiu nobiscum mansura, quamdiu ipsi manebimus. Alacres itaque et erecti, quocumque res tulerit, intrepido gradu properemus.

IX. Emetiamur quascumque terras, nullum inventuri solum intra mundum, quod alienum homini sit; undecumque ex æquo ad cœlum erigitur acies, paribus intervallis omnia divina ab omnibus humanis distant. Proinde dum oculi mei ab illo spectaculo, cujus insatiabiles sunt,

ger leur lever, leur coucher, leur distance et les causes de leur marche tantôt plus prompte, tantôt plus lente, d'admirer, durant les nuits, ces innombrables et brillantes étoiles, dont celles-ci sont immobiles, dont celles-là s'écartent par une déviation légère, mais se roulent toujours dans la voie qu'elles ont déjà tracée ; tandis que d'autres s'élancent soudainement, d'autres nous éblouissent avec un sillon de lumière, comme si elles allaient tomber, ou volent traînant après elles une longue chevelure de flamme; pourvu que je vive en cette compagnie, et que je me mêle, autant qu'il est permis à l'homme, aux choses du ciel; pourvu que mon âme, aspirant à contempler les mondes qui participent de son essence, se tienne toujours dans leurs régions sublimes, que m'importe à moi ce que je foule sous mes pieds? Et pourtant la terre où je suis a peu d'arbres qui donnent des fruits ou de l'ombrage; elle n'est pas arrosée par des fleuves larges et navigables; elle ne produit rien que viennent lui demander les autres nations, suffisant à peine à faire vivre ses habitants : on n'y taille pas la pierre précieuse ; on n'y fouille pas des veines d'or et d'argent. C'est une âme rétrécie que charment les objets de la terre : tournons-nous vers ceux qui partout se laissent voir également, qui brillent également partout, et persuadons-nous que les autres, avec les erreurs et les préjugés qu'ils enfantent, sont un obstacle au vrai bonheur. Plus nous aurons allongé nos portiques, plus nous aurons élevé nos tours, plus nous aurons étendu nos domaines, plus nous aurons creusé nos grottes d'été, plus audacieuse sera la masse qui couronnera le faîte de nos salles de festins; plus nous aurons fait pour nous cacher le ciel. Le sort t'a jeté dans un pays où l'édifice le plus vaste est une cabane. Que tu as faute de cœur et que tu cherches bas les consolations, si tu ne vis courageusement dans cet asile qu'en songeant à la cabane de Romulus! Ah! dis plutôt : cet humble toit est l'asile des vertus; il sera plus magnifique que tous les temples quand on y verra la justice avec la continence, la sagesse avec la piété, la droite pratique de tous les devoirs avec la science des choses divines et humaines. Un lieu n'est jamais étroit quand il peut contenir cette foule de grandes vertus : un exil n'est jamais pénible quand on peut s'y rendre avec ce cortège.

Brutus, dans le livre qu'il écrivit sur la *Vertu*, dit qu'il vit Marcellus en exil à Mytilène, vivant avec autant de bonheur que le comporte la nature de l'homme, et alors plus ardent que jamais aux nobles études. Aussi il ajoute que, sur le point de le quitter, il lui semblait partir lui-même pour l'exil, plutôt que le laisser en exil. Plus heureux, ô Marcellus! lorsque ton exil eut les hommages de Brutus, que lorsque ton consulat eut ceux de la république! Qu'il fut grand cet homme qu'on ne pouvait abandonner à l'exil sans se croire exilé soi-même; qui se fit admirer d'un homme admiré même de Caton, son beau-père! Brutus raconte aussi que C. César ne voulut pas s'arrêter à Mytilène, ne pouvant soutenir la présence de cette noble infortune. Le sénat sollicita le retour de Marcellus par des prières publiques : à voir son

---

non abducantur, dum mihi lunam solemque intueri liceat, dum ceteris inhærere sideribus, dum ortus eorum, occasus, intervallaque, et causas investigare velocius meandi, vel tardius; spectare tot per noctem stellas micantes, et alias immobiles, alias non in magnum spatium exeuntes, sed intra suum se circumagentes vestigium, quasdam subito erumpentes, quasdam igne fuso perstringentes aciem, quasi decidant, vel longo tractu cum luce multa prætervolantes; dum cum his sim, et cœlestibus, qua homini fas est, immiscear; dum animum, ad cognatarum rerum conspectum tendentem, in sublimi semper habeam : quantum refert mea, quid calcem? Atqui non est hæc terra frugiferarum aut lætarum arborum ferax : non magnis et navigabilibus fluminum alveis irrigatur : nihil gignit, quod aliæ gentes petant, vix ad tutelam incolentium fertilis : non pretiosus hic lapis cæditur, non auri argentique venæ eruuntur. Angustus animus est, quem terrena delectant : ad illa abducendus est, quæ ubique æque apparent, ubique æque splendent, et hoc cogitandum est, ista veris bonis per falsa et prave credita obstare. Quo longiores porticus expedierint, quo altius turres sustulerint, quo latius vicos porrexerint, quo depressius æstivos specus foderint, quo majori mole fastigia cœnationum subvexerint, hoc plus erit, quod illis cœlum abscondat. In eam te regionem casus ejecit, in qua latissimum receptaculum casa est. Næ tu pusilli animi es, et sordide se consolantis, si ideo id fortiter pateris, quia Romuli casam nosti. Dic illud potius : Istud humile tugurium nempe virtutes recepit. Jam omnibus templis formosius erit, quum illic justitia conspecta fuerit, quum continentia, quum prudentia, pietas, omnium officiorum recte dispensandorum ratio, humanorumque divinorumque scientia. Nullus angustus est locus, qui hanc tam magnarum virtutum turbam capit; nullum exsilium grave est, in quo licet cum hoc ire comitatu. Brutus eo libro quem de virtute composuit, ait, se vidisse Marcellum Mitylenis exsulantem, et, quantum modo natura hominis pateretur, beatissime viventem, neque unquam bonarum artium cupidiorem, quam illo tempore. Itaque adjicit, visum sibi se magis in exsilium ire, qui sine illo rediturus esset, quam illum in exsilio relinqui. O fortunatiorem Marcellum, eo tempore, quo exsilium suum Bruto approbavit, quam quo reipublicæ consulatum ! Quantus vir ille fuit, qui effecit, ut aliquis exsul sibi videretur, quod ab exsule recederet? qui in admirationem sui adduxit hominem, etiam Catoni suo mirandum! Idem Brutus ait, C. Cæsarem Mitylenas prætervectum, quia non sustineret videre deformatum virum. Illi quidem reditum impe-

deuil et sa tristesse, on eût dit que, dans ce jour, tous partageaient le sentiment de Brutus, et suppliaient non pour Marcellus, mais pour eux-mêmes, exilés s'ils devaient vivre loin de lui; et pourtant le jour le plus beau, le plus grand de sa vie, fut quand Brutus ne put le quitter, quand César ne put le voir en exil. Alors tous deux témoignèrent pour lui. Brutus s'affligea, César rougit de revenir sans Marcellus. Fais-tu doute qu'un si grand homme se soit encouragé par ces mots à supporter avec calme son exil : « Etre loin de sa patrie, ce n'est pas une calamité; tu t'es assez nourri des préceptes de l'école pour savoir que le sage trouve en tous lieux sa patrie. Mais quoi? celui qui t'a banni n'a-t-il pas lui-même été, pendant dix années, privé de sa patrie? Il est vrai que ce fut pour agrandir l'empire; mais toujours est-il qu'il fut privé de sa patrie. Maintenant le voilà loin de Rome, entraîné par l'Afrique, qui nous menace d'une guerre renaissante; entraîné par l'Espagne qui ranime les partis vaincus et terrassés; entraîné par l'Égypte perfide; entraîné par le monde entier attentif à profiter de nos secousses. A quoi d'abord fera-t-il tête? A quel parti s'opposera-t-il? La victoire le promènera par toute la terre. Que les nations se prosternent pour l'adorer : toi, vis content de l'admiration de Brutus. »

Marcellus supporta donc sagement son exil, et le changement de lieu ne changea rien dans son âme, quoiqu'il eût pour compagne la pauvreté, dans laquelle on ne voit rien de malheureux quand on n'est point aveuglé par l'avarice et le luxe,
folie qui bouleverse tout. Que c'est peu de chose, en effet, ce qu'il faut pour la conservation de l'homme! Et que peut-il manquer à qui possède la moindre vertu? Quant à moi, je m'aperçois que j'ai perdu non des richesses, mais des embarras. Les désirs du corps sont bornés; il veut se garantir du froid, éteindre sa faim et sa soif par des aliments : tout ce que l'on convoite au-delà, c'est une peine qu'on prend pour ses vices et non pour ses besoins. Il n'est pas nécessaire de fouiller toutes les mers, de charger son ventre d'un immense carnage d'animaux, ni d'arracher des coquillages aux bords inconnus des plus lointains océans. Que les dieux et les déesses confondent ces gens dont la débauche va franchir les bornes d'un empire qui donne au monde tant d'envie. Ils veulent qu'on aille chasser au-delà du Phase pour fournir leur ambitieuse cuisine : ils osent aller chercher des oiseaux jusque chez les Parthes, dont nous n'avons pas encore tiré vengeance. De tous côtés on fait venir de quoi satisfaire les exigences de leur palais dédaigneux : des extrémités de l'Océan on apporte des aliments qui doivent séjourner à peine dans leur estomac usé par les délices. Ils vomissent pour manger; ils mangent pour vomir : et les mets qu'ils ont demandés à toute la terre, ils ne daignent pas les digérer. Celui qui méprise ces choses, quel mal lui fait sa pauvreté? Celui qui les désire, la pauvreté lui sert encore. Car il guérit malgré lui : et s'il n'accepte pas les remèdes qu'il est forcé de prendre, du moins, pendant ce temps, ce qu'il ne peut pas faire, c'est comme s'il ne le voulait pas. C. César, que la na-

travit Senatus, publicis precibus, tam sollicitus ac mœstus, ut omnes illo die Bruti habere animum viderentur, et non pro Marcello, sed pro se deprecari, ne exsules essent, si sine illo fuissent : sed plus multo consecutus est, quo die illum exsulem Brutus reliquere non potuit, Cæsar videre. Contigit enim illi testimonium utriusque. Brutus sine Marcello reverti se doluit, Cæsar erubuit. Num dubitas, quin ille tantus vir, sic ad tolerandum æquo animo exsilium se ipse adhortatus sit : quod patria cares, non est miserum : ita te disciplinis imbuisti, ut scires omnem locum sapienti viro patriam esse. Quid porro? hic qui te expulit, non ipse per annos decem continuos patria caruit? propagandi sine dubio imperii causa : sed nempe caruit; nunc ecce trahit illum ad se Africa resurgentis belli minis plena, trahit Hispania, quæ fractas et afflictas partes refovet; trahit Ægyptus infida, totus denique orbis, qui ad occasionem concussi imperii intentus est. Cui primum rei occurret? cui parti se opponet? Aget illum per omnes terras victoria sua. Illum suspiciant et colant gentes : tu vive Bruto miratore contentus. Bene ergo exsilium tulit Marcellus; nec quidquam in animo ejus mutavit loci mutatio, quamvis eam paupertas sequeretur, in qua nihil mali esse, quisquis modo nondum pervenit in insaniam omnia subvertentis avaritiæ atque luxuriæ, intelligit. Quantulum est enim, quod in tutelam homini necessarium sit, et cui deesse hoc potest, ullam modo virtutem habenti? Quod ad me quidem pertinet, intelligo me non opes, sed occupationes perdidisse; corporis exigua desideria sunt : frigus submovere vult, alimentis famem ac sitim exstinguere : quidquid extra concupiscitur, vitiis, non usibus laboratur. Non est necesse omne perscrutari profundum, nec strage animalium ventrem onerare, nec conchylia ultimi maris ex ignoto litore eruere. Dii istos deæque perdant, quorum luxuria tam invidiosi imperii fines transcendit. Ultra Phasim capi volunt quod ambitiosam popinam instruat; nec piget a Parthis, a quibus nondum pœnas repetiimus, aves petere. Undique convehunt omnia vota fastidienti gulæ. Quod dissolutus deliciis stomachus vix admittat, ab ultimo portatur Oceano. Vomunt ut edant, edunt ut vomant; et epulas, quas toto orbe conquirunt, nec concoquere dignantur. Ista si quis despicit, quid illi paupertas nocet? si quis concupiscit, illi paupertas etiam prodest. Invitus enim sanatur : et si remedia ne coactus quidem recipit, interim certe, dum non potest, nolenti similis est. C. Cæsar, quem mihi videtur rerum natura edidisse, ut osten-

ture me semble avoir produit pour montrer ce que peuvent les grands vices dans la grande fortune, mangea, dans un seul souper, dix millions de sesterces; et malgré le secours de tant de génies inventifs, à peine trouva-t-il le moyen de dépenser en un repas le revenu de trois provinces! O malheureux ceux dont le goût n'est réveillé que par des mets précieux! Or, ce qui les fait précieux, ce n'est ni leur saveur exquise, ni rien de ce qui flatte le palais, mais leur rareté et la difficulté de les acquérir. Que s'ils voulaient revenir à la saine raison, qu'auraient-ils besoin de tant d'industries au service de leur ventre? Pourquoi ce commerce? Pourquoi ce ravage des forêts? Pourquoi ces fouilles dans l'abîme? A chaque pas on rencontre des aliments, que la nature a semés en tous lieux; mais, comme des aveugles, ils passent à côté; ils s'en vont errants par toutes les contrées; ils traversent les mers, et quand ils peuvent apaiser leur faim avec si peu de chose, ils l'irritent à grands frais.

X. Je prétends leur dire : Pourquoi lancer des navires? pourquoi armer vos mains, et contre les bêtes fauves, et contre les hommes? pourquoi courir çà et là en tumulte? pourquoi entasser richesses sur richesses? Ne voulez-vous pas songer combien est petit votre corps? N'est-ce pas le comble de l'égarement et de la folie, lorsque tu as si peu de capacité, d'avoir tant de cupidité? Ainsi donc, augmentez votre cens, reculez vos limites; jamais cependant vous ne grandirez vos corps. Que votre commerce ait réussi, que la guerre vous ait rapporté beaucoup; que les mets empruntés à tous les pays s'entassent sur votre table, vous n'aurez pas de quoi loger tout cet appareil. Pourquoi courir après tant de choses? Sans doute nos ancêtres, dont la vertu fait encore la force de nos vices, étaient bien infortunés, eux qui, de leurs mains, apprêtaient leurs aliments; qui pour couche avaient la terre; dont les toits n'étaient pas encore étincelants d'or, dont les temples ne brillaient pas encore de pierreries! Mais alors on respectait les serments faits devant des dieux d'argile: pour ne pas manquer à sa foi, celui qui les avait invoqués retournait mourir chez l'ennemi. Sans doute il vivait moins heureux, notre dictateur qui prêtait l'oreille aux envoyés des Samnites, tournant lui-même dans son âtre un aliment grossier, de cette main qui, plus d'une fois, avait déjà terrassé l'ennemi et posé le laurier triomphal sur le giron de Jupiter Capitolin; moins heureux que n'a vécu de nos jours cet Apicius qui, dans une ville d'où l'on chassait autrefois les philosophes, comme corrupteurs de la jeunesse, vint tenir école de gloutonnerie, et infecter son siècle de ses honteuses doctrines! Mais sa fin mérite d'être rapportée. Comme il avait dépensé en cuisine un million de sesterces, et absorbé dans chacun de ses repas et les largesses des princes et l'immense revenu du Capitole, accablé de dettes, forcé de vérifier ses comptes, il le fit pour la première fois : il calcula qu'il ne lui restait plus que dix millions de sesterces, et pensant que c'était vivre dans l'extrême famine que de vivre avec dix millions de sesterces, il finit sa vie par le poison. Quel dérèglement que celui de cet homme pour qui dix millions de sesterces étaient la misère! Crois donc, maintenant,

---

deret quid summa vitia in summa fortuna possent, centies sestertio cœnavit uno die : et in hoc omnium adjutus ingenio, vix tamen invenit, quomodo trium provinciarum tributum una cœna fieret. O miserabiles, quorum palatum nisi ad pretiosos cibos non excitatur! pretiosos autem, non eximius sapor aut aliqua faucium dulcedo, sed raritas et difficultas parandi facit. Alioquin si ad sanam illis mentem placeat reverti, quid opus est tot artibus ventri servientibus? quid mercaturis? quid vastatione silvarum? quid profundi perscrutatione? passim jacent alimenta, quæ rerum natura omnibus locis deposuit : sed hæc velut cæci transeunt, et omnes regiones pervagantur, maria trajiciunt, et cum famem exiguo possint sedare, magno irritant.

X. Libet dicere : Quid deducitis naves? quid manus et adversus feras et adversus homines armatis? quid tanto tumultu discurritis? quid opes opibus aggeritis? non vultis cogitare, quam parva vobis corpora sint? Nonne furor et ultimus mentium error est, quum tam exiguum capias, cupere multum? Licet itaque augeatis census, promoveatis fines, nunquam tamen corpora vestra laxabitis. Quum bene cesserit negotiatio, multum militia retulerit; quum indagati undique cibi coierint, non habebitis ubi istos apparatus vestros collocetis. Quid tam multa conquiritis? Scilicet majores nostri, quorum virtus etiam nunc vitia nostra sustentat, infelices erant, qui sibi manu sua parabant cibum, quibus terra cubile erat, quorum tecta nondum auro fulgebant, quorum templa nondum gemmis nitebant! Itaque tunc per fictiles deos religiose jurabatur : qui illos invocaverant, ad hostem morituri, ne fallerent, redibant. Scilicet minus beate vivebat dictator noster, qui Samnitum legatos audiit, quum vilissimum cibum in foco ipse manu sua versaret, illa, qua jam sæpe hostem percusserat, laureamque in Capitolini Jovis gremio reposuerat, quam Apicius nostra memoria vixit! qui in ea urbe, ex qua aliquando philosophi, velut corruptores juventutis, abire jussi sunt, scientiam popinæ professus, disciplina sua seculum infecit: cujus exitum nosse operæ pretium est. Quum sestertium millies in culinam congessisset, quum tot congiaria principum, et ingens Capitolii vectigal singulis comessationibus exsorpsisset, ære alieno oppressus, rationes suas tunc primum coactus inspexit; superfuturum sibi sestertium centies computavit, et velut in ultima fame victurus, si in sestertio centies vixisset, veneno vitam finivit. Quanta luxuria erat, cui sestertium

que c'est l'état de notre épargne et non de notre âme qui importe au bonheur.

XI. Un homme s'est rencontré qui a eu peur de dix millions de sesterces; et ce que les autres appellent de *tous leurs vœux*, il l'a fui par le poison. Certes, ce dernier breuvage fut le plus salutaire qu'ait pris cet homme à l'âme si dépravée. C'était alors qu'il mangeait, qu'il buvait le poison, quand non-seulement il se plaisait à ces énormes festins, mais s'en glorifiait, mais faisait montre de ses désordres, mais attirait toute la ville au spectacle de ses débauches, mais invitait à l'imiter une jeunesse assez naturellement portée au vice sans avoir besoin de mauvais exemples. Cela arrive à ceux qui ne règlent pas la richesse sur la raison, qui a des bornes fixes, mais sur une perverse habitude, dont les caprices sont immenses et infinis. Rien ne suffit à la cupidité : peu de chose suffit à la nature. Ce n'est donc pas une disgrâce que la pauvreté dans l'exil; car il n'est pas un lieu si stérile qu'il ne fournisse abondamment à la subsistance d'un banni. « Mais, dira-t-on, il désirera une robe, une maison. » S'il ne les désire que pour son usage, il trouvera certes un vêtement et un domicile; car il en coûte aussi peu pour le couvrir que pour le nourrir. En imposant à l'homme des nécessités, la nature ne les imposa pas laborieuses : s'il désire une étoffe saturée de pourpre, tissée d'or, émaillée de diverses couleurs, travaillée de diverses façons, ce n'est pas la fortune, c'est lui-même qu'il doit accuser de sa pauvreté. Quand tu lui rendrais ce qu'il a perdu, tu n'y gagnerais rien. Après cette restitution, il aura plus faute encore de ce qu'il désire, qu'il n'a eu faute dans l'exil de ce qu'il possédait. S'il désire un buffet étincelant de vases d'or, d'une argenterie ennoblie par le coin d'un antique ouvrier, de ces plats d'airain, rendus précieux par la manie de quelques gens; un troupeau d'esclaves, capable de rétrécir le plus vaste palais; des bêtes de somme chargées d'un embonpoint factice; des pierreries de toutes les nations : vainement tu entasseras tout cela pour lui; tout cela ne saura jamais rassasier son âme insatiable. De même aucune boisson ne suffirait pour étancher un désir qui ne vient pas d'un besoin, mais d'un feu qui brûle les entrailles; car ce n'est plus une soif, c'est une maladie.

Et cela n'est pas dit seulement de l'argent et des aliments : telle est la nature de tous les désirs qui viennent non du besoin, mais du vice : quelque pâture que vous leur jetiez, vous ne donnez pas un terme à la cupidité, mais un degré de plus. Quand on se contient dans les bornes de la nature, on ignore la pauvreté; quand on les franchit, la pauvreté nous suit au faîte de l'opulence. L'exil même suffit à notre nécessaire; des empires ne suffiraient pas à notre superflu. C'est l'âme qui fait la richesse : c'est elle qui suit l'homme en exil, et qui, dans les plus âpres déserts, tant qu'elle trouve de quoi soutenir le corps, jouit elle-même de ses biens et nage dans l'abondance. La richesse n'importe en rien à l'âme, non plus qu'aux dieux immortels, ces objets admirés par des esprits aveu-

---

centies egestas fuit? I nunc, et puta pecuniæ modum ad rem pertinere, non animi.

XL. Sestertium centies aliquis extimuit, et quod alii volo petunt, veneno fugit; illi vero tam pravæ mentis homini ultima potio saluberrima fuit. Tunc venena edebat bibebatque, quum immensis epulis non delectaretur tantum, sed gloriaretur, quum vitia sua ostentaret, quum civitatem in luxuriam suam converteret, quum juventutem ad imitationem sui sollicitaret, etiam sine malis exemplis per se docilem. Hæc accidunt divitias non ad rationem revocantibus, cujus certi sunt fines, sed ad vitiosam consuetudinem, cujus immensum et incomprehensibile arbitrium est. Cupiditati nihil satis est; naturæ satis est etiam parum. Nullum ergo paupertas exsulis incommodum habet : nullum enim tam inops exsilium est, quod non alendo homini abunde fertile sit. « At vestem, an domum desideratus est exsul. » Si hæc quoque ad usum tantum desiderabit, neque tectum ei deerit, neque velamen; æque enim exiguo tegitur corpus, quam alitur; nihil homini natura, quod necessarium faciebat, fecit operosum. Si desiderat saturatam multo conchylio purpuram, intextam auro, variisque coloribus distinctam et artibus, non fortunæ iste vitio, sed suo pauper est; etiamsi illi, quidquid amisit, restitueris, nihil ages; plus enim restituto deerit ex eo quod cupit, quam exsuli ex eo quod habuit. Si desiderat aureis fulgentem vasis supellectilem, et antiquis nominibus artificum argentum nobile, æs paucorum insania pretiosum, et servorum turbam, quæ quamvis magnam domum angustet, jumentorum corpora differta et coacta pinguescere, et nationum omnium lapides : ista congerantur licet, nunquam explebunt inexplebilem animum; non magis, quam ullus sufficiet humor ad satiandum eum, cujus desiderium non ex inopia, sed ex æstu ardentium viscerum oritur; non enim sitis illa, sed morbus est. Nec hoc in pecunia tantum, aut alimentis evenit : eadem natura est in omni desiderio, quod non ex inopia, sed ex vitio nascitur; quidquid illi congesseris, non finis erit cupiditatis, sed gradus. Qui continebit itaque se intra naturalem modum, paupertatem non sentiet : qui naturalem modum excedet, eum in summis opibus quoque paupertas sequetur. Necessariis rebus et exsilia sufficiunt : supervacuis nec regna. Animus est qui divites facit : hic in exsilia sequitur, et in solitudinibus asperrimis, quum quantum satis est sustinendo corpori invenit, ipse bonis suis abundat et fruitur. Pecunia nihil ad animum pertinet, non magis, quam ad deos immortales omnia ista, quæ imperita ingenia, et

gles et trop esclaves de leur corps. Ces pierres, cet or, cet argent, ces tables polies aux vastes contours, sont des produits de la terre, auxquels ne peut s'attacher une âme pure et qui n'a pas oublié son origine : légère, libre de tout soin, et prête à s'envoler aux sublimes demeures dès qu'elle verra tomber ses chaînes : en attendant, malgré la pesanteur de ses membres et la lourde enveloppe qui l'enserre, elle parcourt le ciel sur les ailes rapides de la pensée. Ainsi, jamais on ne peut condamner à l'exil cette âme libre, formée de divine essence, qui embrasse et les mondes et les âges. Sa pensée se promène dans tout l'espace du ciel, dans les temps accomplis, dans les temps à venir. Ce vil corps, prison et lien de l'âme, est ballotté dans tous les sens : sur lui s'exercent et les supplices, et les brigandages, et les maladies ; mais l'âme est sacrée, l'âme est éternelle ; sur elle on ne peut porter la main.

XII. Et ne crois pas que pour diminuer les ennuis de la pauvreté, pénible à ceux-là seulement qui se l'imaginent, je n'aie recours qu'aux préceptes des sages. Considère d'abord combien sont en majorité ces pauvres que tu ne verras en rien plus tristes et plus inquiets que les riches. Encore, je ne sais s'ils ne sont pas d'autant plus gais que leur esprit est tourmenté par moins de soucis. Mais laissons les pauvres et passons aux riches. Que de fois, dans leur vie, ressemblent-ils aux pauvres ! En voyage, ils retranchent à leur sac, et quand ils sont forcés de presser la route, ils congédient leur suite nombreuse. A la guerre, qu'ont-ils avec eux de ce qu'ils possèdent ? La discipline des camps interdit toute pompe. Et non-seulement le hasard des circonstances ou la stérilité des lieux les met au niveau des pauvres ; ils se réservent quelques jours où, fatigués de leurs richesses, ils viennent dîner sur la dure, manger dans l'argile, sans vaisselle d'or ni d'argent. Insensés ! ce qu'ils désirent pour quelques jours, ils le craignent pour toujours. Quel est leur aveuglement ! quelle est leur ignorance de la vérité ! Ils fuient ce qu'ils imitent par plaisir. Pour moi, quand je me rappelle les exemples de l'antiquité, j'ai honte de chercher des consolations contre la pauvreté : car, dans notre temps, on a poussé si loin l'excès du luxe, qu'aujourd'hui le bagage d'un exilé est plus lourd qu'autrefois le patrimoine d'un grand. On ne connaît à Homère qu'un esclave, trois à Platon ; pas un à Zénon, de qui procède la virile et rigide sagesse des Stoïciens : et pourtant quelqu'un osera-t-il dire qu'ils vécurent misérablement, sans se faire regarder lui-même comme le dernier des misérables ? Ménénius Agrippa, ce médiateur de la paix entre le sénat et le peuple, fut enterré aux frais du public ; Attilius Régulus, tandis qu'il battait les Carthaginois en Afrique, écrivit au sénat que son esclave avait pris la fuite, laissant ses terres à l'abandon : et le sénat, en l'absence de Régulus, les fit cultiver aux dépens de l'état. La perte d'un esclave lui valut d'avoir le peuple romain pour fermier. Les filles de Scipion reçurent leur dot du trésor public, parce que leur père ne leur avait rien laissé. Il était

nimis corporibus suis addicta, suspiciunt. Lapides, aurum et argentum, et magni lævatique mensarum orbes, terrena sunt pondera : quæ non potest amare sincerus animus, ac naturæ suæ memor : levis ipse, et expers curæ et quandoque emissus fuerit, ad summa emicaturus, interim, quantum per moras membrorum, et hanc circumfusam gravem sarcinam licet, celeri et volucri cogitatione divina perlustrat. Ideoque nec exulare unquam potest liber, et diis cognatus, et omni mundo omnique ævo par. Nam cogitatio ejus circa omne cœlum, et in omne præteritum futurumque tempus immittitur. Corpusculum hoc, custodia et vinculum animi, huc atque illuc jactatur : in hoc supplicia, in hoc latrocinia, in hoc morbi exercentur ; animus quidem ipse sacer et æternus est, et cui non possunt injici manus.

XII. Nec me putes ad elevanda incommoda paupertatis, quam nemo gravem sentit nisi qui putat, uti tantum præceptis sapientum. Primum aspice, quanto major pars sit pauperum, quos nihilo notabis tristiores sollicitioresque divitibus : immo nescio an eo lætiores sint, quo animus eorum in pauciora distringitur. Transeamus a pauperibus : veniamus ad locupletes ; quam multa sunt tempora, quibus pauperibus similes sunt ? Circumcisæ sunt peregrinantium sarcinæ : et quotiescumque festinationem necessitas itineris exigit, comitum turba dimittitur. Militantes quotam partem rerum suarum secum habent, quum omnem apparatum castrensis disciplina submoveat ? Nec tantum conditio illos temporum, aut locorum inopia, pauperibus exæquat : sumunt quosdam dies, quum jam illos divitiarum tædium cepit, quibus humi cœnent, et remoto auro argentoque, fictilibus utantur. Dementes ! hoc quod aliquando concupiscunt, semper timent. O quanta illos caligo mentium, quanta ignorantia veritatis exercet, qui fugiunt quod voluptatis causa imitantur ! Me quidem, quoties antiqua exempla respexi, paupertatis uti solatiis pudet : quoniam quidem eo temporum luxuria prolapsa est, ut majus viaticum exsulum sit, quam olim patrimonium principum fuit. Unum fuisse Homero servum, tres Platoni, nullum Zenoni, a quo cœpit Stoicorum rigida ac virilis sapientia, satis constat : num ergo quisquam eos miseros vixisse dicet, ut non ipse miserrimus ob hoc omnibus videatur ? Menenius Agrippa, qui inter patres ac plebem publicæ gratiæ sequester fuit, ære collato funeratus est. Attilius Regulus, quum Pœnos in Africa funderet, ad Senatum scripsit, mercenarium suum discessisse, et ab eo deserium esse rus ; quod Senatui publice curari, dum abesset Regulus, placuit. Fuit næ tanti, servum non habere, ut colonus ejus populus Romanus esset. Scipionis filiæ ex ærario dotem acceperunt, quia nihil illis reli-

certes bien juste que le peuple romain payât une fois tribut à Scipion, quand il recevait chaque année le tribut de Carthage. Heureux les époux de ces filles, auxquels le peuple romain tint lieu de beau-père! Estimes-tu plus fortunés ces hommes qui marient leurs comédiennes avec un million de sesterces, que Scipion, dont les filles reçurent en dot du sénat, leur tuteur, une pesante monnaie de cuivre? Dédaignera-t-on une pauvreté dont on a de si illustres exemples? S'indignera-t-on de partir pour l'exil, manquant de quelque chose, quand à Scipion il manque une dot, à Régulus un mercenaire, à Ménénius l'argent de ses funérailles; quand les dons faits à l'indigence de grands hommes sont d'autant plus glorieux, que cette indigence était réelle? Voilà les défenseurs qui, non-seulement font respecter, mais aimer la pauvreté.

XIII. On peut me répondre : « Quel est cet artifice de séparer des disgrâces qui, prises à part, sont supportables, réunies, ne le sont plus? Le changement de lieu est tolérable, si l'on ne change en effet que de lieu : la pauvreté est tolérable, si elle n'est point jointe à l'ignominie, qui seule peut abattre le cœur. » Que si l'on cherche à m'épouvanter par la multitude des maux, ainsi je réplique : si tu as assez de force en toi pour repousser une attaque de la fortune, autant tu dois en avoir pour les repousser toutes : quand une fois la vertu a cuirassé ton âme, elle l'a rendue invulnérable de tous côtés. Qu'elle soit affranchie de l'avarice, la plus terrible plaie du genre humain, et l'ambition ne tardera pas à quitter la place. Si tu ne regardes pas le dernier jour comme un châtiment, mais comme une loi de la nature, quand tu auras chassé de ton cœur la crainte de la mort, aucune terreur n'osera y pénétrer. Si tu penses que les plaisirs de l'amour n'ont pas été donnés à l'homme pour la volupté, mais pour la propagation de l'espèce, celui que n'aura pas souillé ce mal rongeur, enté profondément dans nos entrailles mêmes, verra toutes les autres passions glisser devant lui sans l'atteindre. La raison ne terrasse pas séparément chacun des vices, mais tous à la fois; d'un seul coup son triomphe est complet. Penses-tu que le sage puisse être sensible à l'ignominie, lui qui, renfermant tout en lui-même, s'est séparé des opinions du vulgaire? Une mort ignominieuse est plus encore que l'ignominie. Et cependant, vois Socrate, avec ce noble visage, qui jadis fit pâlir l'insolence des trente tyrans : il entre dans sa prison, qu'il doit elle-même purger d'ignominie; car on ne pouvait plus voir une prison là où était Socrate. De qui les yeux sont-ils assez fermés à la lumière de la vérité, pour qu'il trouve ignominieux à M. Caton d'avoir été refusé deux fois, demandant la préture et le consulat? L'ignominie ne fut que pour le consulat et la préture, auxquels Caton aurait fait honneur. On n'est méprisé des autres que lorsqu'on se méprise soi-même. Une âme vile et rampante donne seule prise à cet affront. Mais quand on s'élève au-dessus des plus terribles coups du sort, quand on surmonte les disgrâces qui abattent le vulgaire, les misères elles-mêmes nous protégent, comme des bandelettes sacrées. Puisque nous sommes ainsi faits, que rien ne s'empare

querat pater. Æquum mehercules erat populum Romanum tributum Scipioni semel conferre, quum a Carthagine semper exigeret. O felices viros puellarum, quibus populus Romanus loco soceri fuit! Beatioresne istos putas, quorum pantomimæ decies sestertio nubunt, quam Scipionem, cujus liberi a senatu, tutore suo, in dotem æs grave acceperunt? Dedignatur aliquis paupertatem, cujus tam claræ imagines sunt? indignatur exsul aliquid sibi deesse, quum defuerit Scipioni dos, Regulo mercenarius, Menenio funus? quum omnibus illis, id quod deerat, ideo honestius suppletum sit, quia defuerat? His ergo advocatis non tantum tuta est, sed etiam gratiosa paupertas.

XIII. Responderi potest : « Quid artificiose ista diducis, quæ singula sustineri possunt, collata non possunt. Commutatio loci tolerabilis est, si tantum locum mutes : paupertas tolerabilis est, si ignominia absit, quæ vel sola opprimere animos solet. » Adversus hunc, quisquis me malorum turba terrebit, his verbis utendum erit : Si contra unamquamlibet partem fortunæ satis tibi roboris est, idem adversus omnes erit : quum semel animum virtus induravit, undique invulnerabilem præstat. Si avaritia dimisit, vehementissima generis humani pestis, moram tibi ambitio non faciet. Si ultimum diem non quasi pœnam, sed quasi naturæ legem adspicis, ex quo pectore mortis metum ejeceris, in id nullius rei timor audebit intrare. Si cogitas, libidinem non voluptatis causa homini datam, sed propagandi generis, quem non violaverit hoc secretum et infixum visceribus ipsis exitium, omnis alia cupiditas intactum præteribit. Non singula vitia ratio, sed pariter omnia prosternit : in universum semel vincit. Ignominia tu putas quemquam sapientem moveri posse, qui omnia in se reposuit, qui ab opinionibus vulgi secessit. Plus etiam quam ignominia est mors ignominiosa. Socrates tamen eodem illo vultu, quo aliquando solus triginta tyrannos in ordinem redegerat, carcerem intravit, ignominiam ipsi loco detracturus; neque enim poterat carcer videri, in quo Socrates erat. Quis usque eo ad conspiciendam veritatem excæcatus est, ut ignominiam putet M. Catonis fuisse, duplicem in petitione præturæ et consulatus repulsam ? Ignominia illa præturæ et consulatus fuit, quibus ex Catone honor habebatur. Nemo ab alio contemnitur, nisi a se ante contemtus est. Humilis et projectus animus fit isti contumeliæ opportunus : qui vero adversus sævissimos casus se extollit, et ea mala quibus alii opprimuntur, evertit, ipsas miserias infularum loco habet : quando ita affecti sumus, ut nihil æque magnam apud

plus vivement de notre admiration qu'un homme malheureux avec courage. On menait dans Athènes Aristide au supplice : tous ceux qui le rencontraient baissaient les yeux, gémissaient, comme si l'on allait sévir, non pas tant contre un homme juste, que contre la justice elle-même. Quelqu'un se trouva cependant qui vint lui cracher à la face; Aristide pouvait s'en indigner, car il savait bien qu'une bouche pure ne l'eût pas osé ; mais il essuya son visage, et dit en souriant au magistrat qui l'accompagnait : « Avertissez cet homme de bâiller désormais avec moins d'impudeur. » C'était faire affront à l'affront lui-même. Il en est, je le sais, qui ne connaissent rien de pire que le mépris, et qui trouvent la mort préférable. Je leur répondrai que l'exil même est souvent à couvert de tous les mépris. Un grand homme, s'il tombe, est encore grand par terre : ne le crois pas plus méprisé que ces débris des temples saints qu'on foule aux pieds, mais que la piété vénère autant que s'ils étaient encore debout.

XIV. Ainsi donc, très-chère mère, comme en ce qui me concerne, il n'est rien qui doive te condamner à d'éternelles larmes, il en résulte que ce sont des raisons personnelles qui font ta douleur. Or, elles peuvent se réduire à deux : car tu t'affliges, ou parce que tu crois avoir perdu en moi un appui, ou parce que tu ne peux supporter en eux-mêmes les regrets de l'absence. Le premier point ne demande qu'à être effleuré : je connais ton cœur : tu n'aimes les tiens que pour eux-mêmes. Loin ces mères qui exercent la puissance de leurs fils avec leur capricieuse impuissance de femme, qui, exclues par leur sexe de la voie des honneurs, sont ambitieuses sous le manteau de leurs enfants, dont elles épuisent et captent le patrimoine, dont elles fatiguent l'éloquence au service des autres. Pour toi, tu t'es grandement réjouie de la fortune de tes enfants, tu en as faiblement usé; toi, toujours tu mis des bornes à notre libéralité, quand tu n'en mettais pas à la tienne; toi, encore fille de famille, tu apportais ta contribution à tes fils déjà riches; toi, tu t'es montrée, dans l'administration de notre patrimoine, active comme s'il eût été à toi, ménagère comme s'il eût été à d'autres; toi, tu as été avare de notre crédit, comme si c'eût été le bien d'autrui ; et de tous nos honneurs il ne t'est rien revenu que de la joie et de la dépense ; jamais ta tendresse n'a songé à l'intérêt. Tu ne peux donc pas, en l'absence de ton fils, regretter ce qu'en sa présence tu ne regretterais pas comme un bien qui t'appartînt.

XV. Toutes mes consolations doivent donc se tourner vers ce côté, d'où découle, dans toute sa vivacité, la douleur maternelle. « Je suis privée des embrassements d'un fils bien-aimé. Je ne jouis plus de sa présence ; je ne jouis plus de sa parole. Où est-il, celui dont la vue chassait la tristesse de mon visage, sur qui je me déchargeais de tous mes ennuis? Où sont ces entretiens dont j'étais insatiable? Ces études auxquelles j'assistais plus volontiers qu'une femme, plus familièrement qu'une mère? Où ces rencontres? et cette gaîté toujours enfantine à la vue d'une mère. » Tu te représentes encore les lieux de nos joies et de nos épanchements, et tu ne peux te défendre des impressions

nos admirationem occupet, quam homo fortiter miser. Ducebatur Athenis ad supplicium Aristides : cui quisquis occurrerat, dejiciebat oculos, et ingemiscebat, non tanquam in hominem justum, sed tanquam in ipsam justitiam animadverteretur. Inventus est tamen, qui in faciem ejus inspueret : poterat ob hoc moleste ferre, quod sciebat neminem id ausurum puri oris. At ille abstersit faciem, et subridens ait comitanti se magistratui : Admone istum, ne postea tam improbe oscitet. Hoc fuit contumeliæ ipsi contumeliam facere. Scio quosdam dicere, contemni nihil esse gravius, mortem ipsis potiorem videri. His ego respondebo, et exsilium sæpe contemtione omni carere. Si magnus vir cecidit, magnus jacuit, non magis illum putes contemni, quam quum ædium sacrarum ruinæ calcantur, quas religiosi æque ac stantes adorant.

XIV. Quoniam meo nomine nihil habes, mater carissima, quod te in infinitas lacrimas agat, sequitur ut causæ tuæ te stimulent. Sunt autem duæ, nam aut illud te movet, quod præsidium aliquod videris amisisse, aut quod desiderium ipsum per se pati non potes. Prior pars mihi leviter perstringenda est : novi enim animum tuum, nihil in suis præter ipsos amantem. Viderint illæ matres, quæ potentiam liberorum muliebri impotentia exercent, quæ, quia feminis honores non licet gerere, per illos ambitiosæ sunt, quæ patrimonia filiorum et exhauriunt, et captant, quæ eloquentiam commodando aliis fatigant! Tu liberorum tuorum bonis plurimum gavisa es, minimum usa : tu liberalitati nostræ semper imposuisti modum, quum tuæ non imponeres : tu filiafamilias, locupletibus filiis ultro contulisti : tu patrimonia nostra sic administrasti, ut tanquam in tuis laborares, tanquam alienis abstineres : tu gratiæ nostræ, tanquam alienis rebus utereris, pepercisti, et ex honoribus nostris nihil ad te nisi voluptas et impensa pertinuit : nunquam indulgentia ad utilitatem respexit. Non potes itaque erepto filio desiderare, quæ incolumi nunquam ad te pertinere duxisti.

XV. Illo omnis consolatio mihi vertenda est, unde vera vis materni doloris oritur. « Ego complexu filii carissimi careo, non conspectu ejus, non sermone fruor! ubi est ille, quo viso tristem vultum relaxavi, in quo omnes sollicitudines meas deposui? ubi colloquia, quorum inexplebilis eram? ubi studia, quibus libentius quam femina, familiarius quam mater, intereram? ubi ille occursus? ubi matre visa semper puerilis hilaritas ? » Adjicis istis loca ipsa gratulationum et convictuum , et, ut necesse est, efficacissimas ad vexandos animos re-

de notre récente entrevue, si faites pour déchirer ton âme. Car la fortune te réservait encore cette peine cruelle, de te ramener tranquille et ne soupçonnant pas ton malheur, trois jours avant le coup qui m'a frappé. C'était bien à propos que nous avait séparés la distance des lieux ; c'était bien à propos qu'une absence de plusieurs années t'avait préparée à cette infortune : tu es revenue non pour trouver quelque joie près de ton fils, mais pour ne pas perdre l'habitude des regrets. Si tu étais partie longtemps avant, tu eusses moins souffert ; l'intervalle lui-même eût adouci le regret : si tu n'étais pas partie, tu aurais eu du moins pour consolation dernière le plaisir de voir ton fils deux jours de plus. Aujourd'hui, grâce à la cruauté du destin, tu n'as pas été présente à mon malheur, et tu n'as pas pu t'accoutumer à mon absence. Mais plus cette disgrâce est terrible, plus il faut rappeler à toi tout ton courage, plus il faut combattre avec ardeur, comme en face d'un ennemi connu et déjà vaincu souvent. Ce n'est pas d'une première blessure que coule ce sang là ; c'est dans tes cicatrices qu'a porté le coup.

XVI. Tu n'as pas besoin de chercher une excuse dans les priviléges de ton sexe, à qui les larmes ont été permises, pour ainsi dire, comme un droit, étendu, il est vrai, mais non pas illimité. Aussi, nos ancêtres ont accordé dix mois pour pleurer les époux, afin de transiger par un décret solennel avec l'opiniâtreté des chagrins de femmes : ils n'ont pas interdit le deuil, ils y ont mis un terme. Car se laisser abattre par une douleur sans fin, quand on perd quelqu'un de chéri, c'est une folle tendresse ; n'en ressentir aucune, c'est une dureté qui n'est pas humaine. La plus sage proportion entre l'amour et la raison est de sentir le regret et de le faire taire. Ne va pas prendre exemple sur certaines femmes, dont la tristesse, une fois qu'elle a pris naissance, ne finit que par la mort ; tu en as connu quelques-unes qui, après la perte de leur fils, n'ont jamais dépouillé leurs vêtements de deuil. Mais, une vie signalée dès le berceau par tant de courage exige plus de toi. Celle-là ne peut faire valoir des excuses comme femme, qui fut exempte de tous les défauts d'une femme. Ce n'est pas toi que l'impudicité, ce vice dominant du siècle, a confondu dans la foule des femmes ; ce n'est pas toi qu'ont séduite des perles et des diamants ; ce n'est pas à tes yeux que les richesses ont brillé comme le bien le plus précieux de l'homme. Soigneusement élevée dans une maison antique et sévère, ce n'est pas toi qu'a pu détourner l'exemple des méchants, funeste même à la vertu. Jamais tu n'as rougi de ta fécondité, comme si elle te reprochait ton âge. Jamais, ainsi que les autres femmes, qui ne cherchent pas d'autre mérite que celui de la beauté, jamais tu n'as dissimulé l'ampleur de ton ventre, comme un fardeau disgracieux, ni étouffé dans tes entrailles les espérances déjà conçues de ta postérité. Jamais tu n'as souillé ton visage du fard des prostituées ; jamais tu n'aimas ces accoutrements qui ne sont ajustés que pour tout laisser voir. Ton unique parure fut la plus belle de toutes, celle à qui le temps ne fait pas outrage, ton plus glorieux ornement fut la chasteté.

Tu ne peux donc, pour autoriser ta douleur,

centis conversationis notas. Nam hoc quoque adversus te crudeliter fortuna molita est, quod te ante tertium demum diem quam percussus sum, securam, nec quidquam tale metuentem, regredi voluit. Bene nos longinquitas locorum diviserat : bene aliquot annorum absentia huic to malo præparaverat : redisti, non ut voluptatem ex filio perciperes, sed ne consuetudinem desiderii perderes. Si multo ante abfuisses, fortius tulisses, ipso intervallo desiderium molliente : si non recessisses, ultimum certe fructum biduo diutius videndi filium tulisses. Nunc crudele fatum ita composuit, ut nec fortunæ meæ interesses, nec absentiæ assuesceres. Sed quanto ista duriora sunt, tanto major tibi virtus advocanda est, et velut cum hoste noto, ac sæpe jam victo, acrius est congrediendum. Non ex intacto corpore tuo sanguis hic fluxit, per ipsas cicatrices percussa es.

XVI. Non est quod utaris excusatione nominis muliebris, cui pæne concessum est immoderatum in lacrimas jus, non immensum tamen : et ideo majores decem mensium spatium lugentibus viros dederunt, ut cum pertinacia muliebris mœroris publica constitutione deciderent ; non prohibuerunt luctus, sed finierunt. Nam et infinito dolore, quum aliquem ex carissimis amiseris, affici, stulta indulgentia est : et nullo, inhumana duritia. Optimum inter pietatem et rationem temperamentum est, et sentire desiderium, et opprimere. Non est quod ad quasdam feminas respicias, quarum tristitiam semel sumtam mors finivit ; nosti quasdam, quæ, amissis filiis, imposita lugubria nunquam exuerunt : a te plus exigit vita ab initio fortior ; non potest muliebris excusatio contingere ei, a qua omnia vitia muliebria abfuerunt. Non te maximum sæculi malum, impudicitia, in numerum plurium adduxit, non gemmæ te, non margaritæ flexerunt : non tibi divitiæ velut maximum generis humani bonum refulserunt : non te bene in antiqua et severa institutam domo periculosa etiam probis pejorum detorsit imitatio. Nunquam te fecunditatis tuæ, quasi exprobraret ætatem, puduit : nunquam more aliarum, quibus omnis commendatio ex forma petitur, tumescentem uterum abscondisti, quasi indecens onus ; nec intra viscera tua conceptas spes liberorum elisisti. Non faciem lenociniis ac coloribus polluisti ; nunquam tibi placuit vestis, quæ ad nihil aliud quam ut nudaret, componeretur : unicum tibi ornamentum, pulcherrima et nulli obnoxia ætati forma, maximum decus, visa est pudicitia. Non potes itaque, ad obtinendum dolorem, muliebre

mettre en avant le titre de femme : tes vertus l'ont placée plus haut ; et tu dois autant t'éloigner des faiblesses que des vices de ton sexe. Les femmes elles-mêmes ne te permettront pas de te consumer sur ta blessure. Mais à peine auras-tu satisfait au premier élan d'une douleur légitime, qu'elles t'ordonneront de relever la tête, si du moins tu veux contempler ces femmes qu'une éminente vertu a placées parmi les grands hommes. Cornélie était mère de douze enfants ; la fortune les réduisit à deux. Si tu veux faire le compte des morts, Cornélie a perdu dix enfants ; si tu veux en faire estime, ce sont des Gracches qu'elle a perdus. Cependant, comme ses amis, en pleurs autour d'elle, maudissaient son destin, elle leur défendit d'accuser la fortune qui lui avait donné pour fils les Gracches. Il méritait de naître d'une telle femme, celui qui, en pleine assemblée, s'écria : Oses-tu donc insulter ma mère, celle qui m'a donné le jour ? Les paroles de la mère me semblent beaucoup plus nobles. Le fils mettait un haut prix à la naissance des Gracches, la mère à leur trépas. Rutilia suivit son fils Cotta dans l'exil; sa tendresse était un lien si puissant, qu'elle aima mieux supporter l'exil que la séparation, et ne voulut revoir sa patrie qu'avec son fils. Après son retour, devenu l'un des ornements de la république, elle le perdit avec le même courage qu'elle l'avait suivi ; et depuis les funérailles de son fils, personne ne lui surprit une larme. Auprès de l'exilé se déploya son courage ; auprès du mort, sa sagesse. Car rien n'effraya sa pieuse tendresse, rien ne put la faire persister dans une folle et inutile tristesse. C'est au nombre de ces femmes que je veux te voir placée ; et puisque tu as toujours vécu comme elles, tu feras bien de suivre leur exemple pour modérer et comprimer ton chagrin. Je sais que la chose n'est pas en notre pouvoir, que nul sentiment ne se laisse dominer, et surtout celui qui naît de la douleur ; car elle est intraitable et rebelle contre tout remède. Quelquefois nous voulons l'étouffer et dévorer nos soupirs. Cependant, sur ce visage factice et composé, l'on voit couler des larmes. Quelquefois nous occupons notre âme aux jeux et aux combats du cirque ; mais, au milieu de ces spectacles mêmes, qui devraient la distraire, elle se sent abattre par je ne sais quelle vague impression de tristesse. Il vaut donc mieux vaincre la douleur que la tromper : car, abusée par les plaisirs, détournée par les occupations, bientôt elle se réveille, après avoir pris dans le repos des forces pour se déchaîner : mais celui qui obéit à la raison s'assure une paix éternelle. Je ne t'indiquerai donc pas les moyens auxquels je sais qu'on a souvent recours; comme de chercher l'éloignement dans la durée d'un voyage, ou la distraction dans ses agréments; de donner beaucoup de temps à recevoir tes comptes avec soin, et à gérer ton patrimoine ; enfin de te mêler sans cesse de nouvelles affaires : toutes ces choses ne servent qu'un instant bien court, ce ne sont pas des remèdes, ce sont des retards à la douleur : pour moi j'aime mieux mettre un terme à l'affliction que de lui donner le change. Voilà pourquoi je te conduis vers le refuge de tous ceux qui fuient la fortune, les études

---

nomen prætendere, ex quo te virtutes tuæ seduxerunt : tantum debes a feminarum lacrimis abesse, quantum a vitiis. Ne feminæ quidem te sinent intabescere vulneri tuo, sed leviori necessario mœrore cito defunctam jubebunt exsurgere ; si modo illas intueri voles feminas, quas conspecta virtus inter magnos viros posuit. Corneliam ex duodecim liberis ad duos fortuna redegerat. Si numerare funera Corneliæ velles, amiserat decem : si æstimare, amiserat Gracchos. Flentibus tamen circa se, et fatum ejus exsecrantibus interdixit : « Ne fortunam accusarent, quæ sibi filios Gracchos dedisset. » Ex hac femina debuit nasci, qui diceret in concione : « Tu matri meæ maledicas, quæ me peperit ? » Multo mihi videtur animosior vox matris. Filius magno æstimabat Gracchorum natales ; mater et funera. Rutilia Cottam filium secuta est in exsilium, et usque eo fuit indulgentia constricta, ut mallet exsilium pati, quam desiderium : nec ante in patriam, quam cum filio rediit. Eumdem jam reducem, et in Republica florentem tam fortiter amisit, quam secuta est ; nec quisquam lacrimas ejus post elatum filium notavit. In expulso virtutem ostendit, in amisso prudentiam : nam et nihil illam a pietate deterruit, et nihil in tristitia supervacua stultaque detinuit. Cum his te numerari feminis volo : quarum vitam semper imitata es, earum in coercendo comprimendaque ægritudine optime sequeris exemplum. Scio rem non esse in nostra potestate, nec ullum affectum servire, minime vero eum, qui ex dolore nascitur : ferox enim, et adversus omne remedium contumax est. Volumus eum interim obruere, et devorare gemitus : per ipsum tamen composito fictumque vultum lacrimæ profunduntur. Ludis interim aut gladiatoribus animum occupamus : at illum inter ipsa, quibus avocatur, spectacula, levis aliqua desiderii nota subruit. Ideo melius est, illum vincere, quam fallere. Nam qui aut delusus voluptatibus, aut occupationibus abductus est, resurgit , et ipsa quiete impetum ad sæviendum colligit : at quisquis rationi cessit, in perpetuum componitur. Non sum itaque tibi monstraturus illa, quibus usos multos esse scio, ut peregrinatione te vel longa delineas, vel amœna delectes, ut rationum accipiendarum diligentia, patrimonii administratione multum occupes temporis ; ut semper novo te aliquo negotio implices : omnia ista ad exiguum momentum prosunt, nec remedia doloris, sed impedimenta sunt : ego autem malo illum desinere, quam decipi. Itaque illo te duco, quo omnibus qui fortunam fugiunt, confugiendum est, ad liberalia studia : illa sanabunt vulnus tuum, illa omnem tristitiam tibi evellent.

libérales : elles guériront ta plaie ; elles te délivreront de toute tristesse. Quand même tu n'en aurais jamais eu l'habitude, il faudrait y recourir aujourd'hui ; mais toi, autant que l'a permis l'antique sévérité de mon père, tu as, sinon possédé, du moins abordé toutes les nobles connaissances. Plût au ciel que moins attaché aux usages de ses ancêtres, mon père, le meilleur des époux, t'eût laissée approfondir plutôt qu'effleurer les doctrines des sages ! tu n'aurais pas maintenant à chercher des armes contre la fortune, tu te servirais des tiennes. Ce fut à cause de ces femmes pour qui les lettres ne sont pas un moyen de sagesse, mais un instrument de corruption, que mon père encouragea si peu ton goût pour les études. Cependant, à la faveur d'un génie dévorant, tu as puisé au-delà de ce que les circonstances semblaient permettre. Tu as jeté dans ton âme les fondements de toutes les sciences. Retourne maintenant vers elles ; elles feront ta sûreté, ta consolation, ta joie : si elles ont véritablement pénétré dans ton âme, jamais plus n'y entrera la douleur, jamais l'inquiétude, jamais l'inutile tourmente d'une vaine affliction : à nulle de ces impressions ne s'ouvrira ton cœur ; car depuis longtemps il est fermé à tous les autres vices.

Voilà sans doute de sûrs auxiliaires, les seuls qui puissent te mettre à l'abri de la fortune, mais, comme avant d'arriver au port que te promet l'étude, il te faut des appuis sur lesquels tu te reposes, je veux, en attendant, te montrer des consolations qui te sont propres. Tourne tes yeux vers mes frères ; tant qu'ils sont en sûreté, tu n'as pas le droit d'accuser la fortune : tu trouves dans l'un et l'autre de quoi te charmer par des vertus diverses. L'un, par ses talents, est parvenu aux honneurs ; l'autre, par sa sagesse, les a dédaignés. Jouis de la grandeur de l'un, de la paix de l'autre, de l'amour de tous deux. Je connais les sentiments intimes de mes frères ; l'un a recherché les dignités, pour t'en faire gloire : l'autre s'est retranché dans une vie de calme et de repos, pour être tout à toi. La fortune a merveilleusement arrangé ta famille, pour t'y faire trouver un soutien et une distraction : tu peux t'appuyer sur le crédit de l'un, jouir des loisirs de l'autre. Ils rivaliseront de zèle auprès de toi ; et la piété de deux fils compensera la perte d'un seul. Je puis hardiment l'assurer ; il ne te manquera rien que le nombre. Détourne ensuite tes regards sur tes petits-fils ; vois Marcus, cet aimable enfant, à l'aspect duquel nulle tristesse ne peut durer ; il n'est dans aucune poitrine de blessure si profonde, il n'en est point de si récente que ne puissent adoucir ses caresses. Quelles larmes sa gaieté n'arrêterait-elle pas? Quel cœur resserré par les angoisses, ne s'épanouirait à ses saillies? Sur quel front ses gentillesses n'appelleraient-elles pas l'enjouement? Quel esprit ne serait pas arraché aux pensées qui le dominent, pour écouter ce babil charmant qui ne saurait lasser? J'implore les dieux pour qu'ils lui accordent de nous survivre. Que la cruauté du destin s'épuise et s'arrête sur moi ! Que sur moi frappent toutes les douleurs de la mère ! Sur moi toutes les douleurs de l'aïeule ! Que le reste de la famille

---

His etsi, nunquam assuesses, nunc utendum erat : sed quantum tibi patris mei antiquus rigor permisit, omnes bonas artes non quidem comprehendisti, attigisti tamen. Utinam quidem virorum optimus, pater meus, nimis majorum consuetudini deditus, voluisset te sapientum præceptis erudiri potius, quam imbui! non parandum tibi nunc contra fortunam esset auxilium, sed proferendum. Propter istas quæ litteris non ad sapientiam utuntur, sed ad luxuriam instruuntur, minus est indulgere studiis passus ; beneficio tamen rapacis ingenii plus quam pro tempore hausisti, jacta sunt disciplinarum omnium fundamenta. Nunc ad illas revertere : tutam te præstabunt ; illæ consolabuntur, illæ delectabunt, illæ si bona fide animum tuum intraverunt, nunquam amplius intrabit dolor, nunquam sollicitudo, nunquam afflictionis irritæ supervacua vexatio ; nulli horum patebit pectus tuum ; nam ceteris vitiis jampridem clusum est. Hæc quidem certissima præsidia sunt, et quæ sola te fortunæ eripere possint ; sed quia, dum in illum portum, quem studia promittunt, perveneris, adminiculis, quibus innitaris, opus est, volo interim solatia tua tibi ostendere. Respice fratres meos : quibus salvis, fas tibi non est accusare fortunam ; in utroque habes quod te diversa virtute delectet : alter honores industria consecutus est, alter sapienter contemsit. Acquiesce alterius filii dignitate, alterius quiete, utriusque pietate ; novi fratrum meorum intimos affectus ; alter in hoc dignitatem excolit, ut tibi ornamento sit ; alter in hoc se ad tranquillam quietamque vitam recepit, ut tibi vacet. Bene liberos tuos et in auxilium, et in oblectamentum, fortuna disposuit ; potes alterius dignitate defendi, alterius otio frui. Certabunt in te officiis ; et unius desiderium duorum pietate supplebitur. Audacter possum promittere : nihil tibi deerit, præter numerum. Ab his ad nepotes quoque respice ; Marcum, blandissimum puerum, ad cujus conspectum nulla potest durare tristitia ; nihil tam magnum, nihil tam recens in cujusquam pectore fuerit, quod non circumfusus ille permulceat. Cujus non lacrimas illius hilaritas supprimat? cujus non contractum sollicitudine animum illius argutiæ solvant? quem non in jocos vocabit illa lascivia? quem non in se convertet, et abducet influxum cogitationibus, illa neminem satiatura garrulitas? Deos oro, contingat hunc habere nobis superstitem. In me omnis fatorum crudelitas lassata consistat ; quidquid matri dolendum fuit, in me transierit ; quidquid aviæ, in me. Floreat reliqua in suo statu turba : nihil de or-

soit heureux chacun dans sa condition, et je ne me plaindrai ni de ma solitude, ni de mon sort. Que seul je sois la victime expiatoire de la maison, qui désormais n'aura plus à gémir.

Presse bien contre ton sein Novatilla, qui doit bientôt te donner des arrière-petits-fils ; je me l'étais si bien appropriée, je l'avais unie si intimement à moi, qu'elle peut, après m'avoir perdu, quoiqu'il lui reste un père, passer pour orpheline. Aime-la encore pour moi. La fortune lui a depuis peu ravi sa mère ; ta tendresse peut faire, sinon qu'elle ne s'afflige pas de cette perte, du moins qu'elle ne la sente pas. Veille tantôt sur ses mœurs, tantôt sur sa beauté ; les préceptes pénètrent plus avant, lorsqu'ils sont imprimés dans un âge tendre. Qu'elle soit nourrie de tes discours ; qu'elle se forme sur ton modèle. Tu lui donneras beaucoup, même en ne lui donnant que l'exemple. Ce devoir sacré servira déjà de remède à tes maux ; car il n'y a que la raison ou une occupation honnête qui puisse arracher l'âme aux amertumes d'une pieuse douleur. Parmi tes grandes consolations, je compterais encore ton père, s'il n'était absent. Maintenant, néanmoins, juge d'après ton cœur ce qui lui importe davantage, et tu comprendras combien il est plus juste de te conserver pour lui que de te sacrifier pour moi. Chaque fois que, dans ses accès de violence, la douleur s'emparera de toi, et voudra t'entraîner, songe à ton père : sans doute, en lui donnant des petits-fils et des arrière-petits-fils, tu as cessé d'être son enfant unique ; mais à toi seule appartient de poser la dernière couronne sur cette existence écoulée dans le bonheur. Lui vivant, c'est un crime de te plaindre d'avoir trop vécu.

XVII. Je n'ai pas encore parlé de ta plus grande consolation ; ta sœur, ce cœur si fidèle, dans lequel tu épanches tous tes ennuis comme dans une autre toi-même ; cette âme qui, pour nous tous, est une âme de mère. C'est avec elle que tu as confondu tes larmes ; c'est sur son cœur que tu as retrouvé la vie. Sans doute elle s'inspire toujours de tes sentiments ; mais, quand il s'agit de moi, ce n'est pas seulement pour toi qu'elle s'afflige. C'est dans ses bras que je fus apporté à Rome ; c'est, bercé par sa tendresse, par ses soins maternels que je passai ma convalescence au sortir d'une longue maladie ; c'est elle qui fit agir son crédit pour m'obtenir la questure. Elle qu'intimidait même une conversation, ou un salut à voix haute, sa tendresse pour moi triompha de sa modestie. Ni sa vie retirée, ni sa réserve, qu'on pourrait appeler villageoise, si l'on considère l'effronterie des autres femmes, ni son repos, ni le calme de ses mœurs paisibles et solitaires ne l'empêchèrent de se montrer même ambitieuse pour moi.

Voilà, très-chère mère, la consolation qui doit te remettre : attache-toi le plus que tu peux à cette sœur ; retiens-la dans d'étroits embrassements. L'on a coutume, dans l'affliction, de fuir ce qu'on aime le plus, pour que rien ne gêne la douleur. Toi, va te livrer à elle, avec toutes tes pensées ; soit que tu préfères conserver le deuil de ton âme, soit que tu préfères le déposer, tu

---

nitate, nihil de conditione mea querar. Fuerim tantum nihil amplius doliturae domus pigmentum. Tene in gremio tuo cito tibi daturam pronepotes Novatillam ; quam sic in me transtuleram, sic mihi adscripseram, ut possit videri, quod me amisit, quamvis salvo patre, pupilla ; hanc et pro me dilige. Abstulit illi nuper fortuna matrem : tua potest efficere pietas, ut perdidisse se matrem doleat tantum, non et sentiat. Nunc mores ejus compone, nunc formam : altius praecepta descendunt, quae teneris imprimuntur aetatibus. Tuis assuescat sermonibus ; ad tuum fingatur arbitrium ; multum illi dabis, etiamsi nihil dederis praeter exemplum. Hoc jam tibi solemne officium pro remedio erit : non potest animum pie dolentem a sollicitudine avertere, nisi aut ratio, aut honesta occupatio. Numerarem inter magna solatia patrem quoque tuum, nisi abesset ; nunc tamen ex affectu tuo, quid illius intersit, cogita ; intelliges, quanto justius sit, te illi servari, quam mihi impendi. Quoties te immodica vis doloris invaserit, et sequi se jubebit, patrem cogita, cui tu quidem tot nepotes pronepotesque dando effecisti ne unica esses ; consummatio tamen aetatis actae feliciter in te vertitur. Illo vivo, nefas est, te, quod vixeris, queri.

XVII. Maximum adhuc solatium tuum tacueram, sororem tuam ; illud fidelissimum pectus tibi, in quod omnes curae tuae pro indiviso transferuntur ; illum animum omnibus nobis maternum. Cum hac tu lacrimas tuas miscuisti, in hac tu primum respirasti. Illa quidem affectus tuos semper sequitur ; in mea tamen persona, non tantum pro te dolet. Illius manibus in urbem perlatus sum ; illius pio maternoque nutricio per longum tempus aeger convalui ; illa pro quaestura mea gratiam suam extendit ; et quae ne sermonis quidem, aut clarae salutationis sustinuit audaciam, pro me vicit indulgentia verecundiam. Nihil illi seductum vitae genus, nihil modestia, in tanta feminarum petulantia, rustica, nihil quies, nihil secreti et ad otium reposti mores obstiterunt quo minus pro me etiam ambitiosa fieret. Haec est, mater carissima, solatium, quo reficiaris ; illi quantum potes te junge, illius arctissimis amplexibus alliga. Solent moerentes, ea quae maxime diligunt, fugere, et libertatem dolori suo quaerere : tu ad illam te, et quidquid cogitaveris, confer ; sive servare habitum istum voles, sive deponere, apud illam invenies vel finem doloris tui, vel comitem. Sed si prudentiam perfectissimae feminae nori, non patietur te nihil profuturo moerore

trouveras auprès d'elle une fin ou une compagne à ta douleur. Mais si je connais bien la sagesse de cette femme accomplie, elle ne souffrira pas que tu te consumes en un chagrin sans profit; elle te citera son propre exemple, dont moi-même je fus le témoin. Elle avait perdu son époux chéri, notre oncle, auquel elle s'était unie, vierge encore; et c'était au milieu d'une navigation périlleuse : cependant, elle put supporter à la fois la douleur et la crainte; et, triomphant de la tempête, courageuse naufragée, elle emporta son corps. Oh! combien de femmes dont les belles actions sont perdues dans l'obscurité! Si elle eût vécu dans ces âges antiques dont la simplicité savait admirer les vertus, combien de beaux génies se seraient disputé la gloire de célébrer une épouse qui, oubliant sa faiblesse, oubliant la mer, si redoutable même aux plus intrépides, livre sa tête aux dangers pour une sépulture, et tout, occupée des funérailles de son époux, ne pense pas aux siennes? Les chants de tous les poëtes ont immortalisé celle qui s'offrit à la mort en place de son époux [1]. Pourtant, il y a plus de mérite à lui chercher un sépulchre au péril de la vie : l'amour est plus grand, lorsqu'au prix des mêmes dangers, il rachète bien moins.

Nul ne s'étonne après cela que, pendant seize ans que son mari gouverna l'Égypte, jamais elle ne parut en public, jamais elle ne reçut chez elle personne de la province, jamais elle ne sollicita rien de son époux, et ne souffrit qu'on la sollicitât elle-même. Aussi, cette province babillarde et ingénieuse à outrager ses préfets, où ceux même

[1] Alceste, femme du roi Admète.

qui évitèrent les fautes ne purent échapper à la diffamation, cette province l'admira comme un modèle unique de perfection ; et, ce qui était encore plus difficile pour des hommes qui se plaisent aux sarcasmes, même au péril de leurs jours, les Égyptiens réprimèrent l'intempérance de leur langue; et, aujourd'hui encore, ils appellent de leurs vœux quelqu'un qui lui ressemble, quoiqu'ils n'osent l'espérer. C'eût été beaucoup d'avoir, pendant seize ans, l'approbation de cette province; c'est plus encore d'en avoir été ignorée. Je ne rapporte pas ces détails pour célébrer tous ses mérites, ce serait les amoindrir que d'en faire une si pauvre esquisse; mais pour te faire sentir la grandeur d'âme d'une femme que ni l'ambition, ni l'avarice, compagnes et fléaux de toute puissance, n'ont pu corrompre; d'une femme que la crainte de la mort, lorsqu'elle attendait le naufrage sur son vaisseau désarmé, n'empêcha pas de s'attacher au cadavre de son époux, et de chercher non comment elle le sauverait, mais comment elle l'emporterait au tombeau. Il te faut montrer un courage égal au sien, arracher ton âme à la douleur, et faire en sorte que personne ne te suppose un repentir pour ta maternité. Néanmoins, comme il faut, quoi que tu fasses, que ta pensée revienne toujours vers moi, et que maintenant aucun de tes enfants ne s'offre plus fréquemment à toi, non qu'ils te soient moins chers, mais parce qu'il est naturel de porter plus souvent la main sur la partie souffrante, voici l'idée que tu dois te faire de moi : Je suis content et joyeux comme dans les meilleurs jours ; or, ce sont les meilleurs de nos jours, ceux où l'esprit, libre de tout souci,

consumi, et exemplum tibi suum, cujus ego etiam spectator fui, narrabit. Carissimum virum amiserat, avunculum nostrum, cui virgo nupserat, in ipsa navigatione: tulit tamen eodem tempore et luctum, et metum, evictisque tempestatibus corpus ejus naufraga evexit. O quam multarum egregia opera in obscuro jacent! Si huic illa simplex admirandis virtutibus contigisset antiquitas, quanto ingeniorum certamine celebraretur uxor, quæ oblita imbecillitatis, oblita etiam firmissimis metuendi maris, caput suum periculis pro sepultura objecit, et dum cogitat de viri funere, nihil de suo timuit! Nobilitatur carminibus omnium, quæ se pro conjuge vicariam dedit; hoc amplius est, discrimine vitæ sepulcrum viro quærere : major est amor, qui pari periculo minus redimit. Post hoc nemo miratur, quod per sedecim annos, quibus maritus ejus Ægyptum obtinuit, nunquam in publico conspecta est; neminem provincialem domum suam admisit; nihil a viro petiit, nihil se peti passa est. Itaque loquax, et ingeniosa in contumelias præfectorum provincia, in qua etiam qui vitaverunt culpam, non effugerunt infamiam, velut unicum sanctitatis exemplum suspexit; et quod illi difficillimum est, cui etiam periculosi sales placent, omnem verborum licentiam continuit, et hodie similem illi, quamvis nunquam speret, semper optat. Multum erat, si per sedecim annos illam provincia probasset ; plus est, quod ignoravit. Hæc non ideo refero, ut ejus laudes exsequar, quas circumscribere est, tam parce transcurrere ; sed ut intelligas, magni animi esse feminam, quam non ambitio, non avaritia, comites omnis potentiæ et pestes, vicerunt : non metus mortis eam, exarmata navi naufragium suum spectantem, deterruit, quo minus exanimi viro hærens, quæreret, non quemadmodum inde exiret, sed quemadmodum efferret. Huic parem virtutem exhibeas oportet, et animum a luctu recipias, et id agas, ne quis te putet partus tui pœnitere. Ceterum quia necesse est, quum omnia feceris, cogitationes tamen tuas subinde ad me recurrere, nec quemquam nunc ex liberis tuis frequentius tibi obversari : non quia illi minus cari sint, sed quia naturale est, manum sæpius ad id referre quod doleat, qualem me cogites, accipe : lætum et alacrem velut optimis rebus; sunt autem optimæ, quum animus omnis cogitationis expers operibus suis vacat; et modo se levioribus studiis oblectat, modo ad considerandam suam nat-

reprend à loisir ses travaux, et tantôt trouve plaisir à des études plus légères, tantôt, avide de vérité, s'élève pour contempler sa nature et celle de l'univers. D'abord il examine les terres et leur position, ensuite les lois de la mer répandue à l'entour, ses flux et ses reflux alternés; et puis il considère cet intervalle entre le ciel et la terre, asile de l'épouvante, et cet espace où roulent avec fracas les tonnerres, les foudres, le souffle des autans, et les nuages qui lancent et la neige et la grêle : alors, après s'être promené aux régions inférieures, il s'élance au plus haut des cieux, jouit du magnifique spectacle des choses divines; et, se rappelant son éternité, il marche au milieu de tout ce qui fut et de tout ce qui sera dans tous les siècles

versique naturam, veri avidus insurgit. Terras primum, situmque earum quærit; deinde conditionem circumfusi maris, cursusque ejus alternos et recursus; tunc quidquid inter cœlum terrasque plenum formidinis interjacet, perspicit, et hoc tonitribus, fulminibus, ventorum flatibus, ac nimborum nivisque et grandinis jactu tumultuosum spatium; tum peragratis humilioribus ad summa prorumpit, et pulcherrimo divinorum spectaculo fruitur, æternitatisque suæ memor, in omne quod fuit, futurumque est omnibus seculis, vadit.

CONSOLATION A POLYBE.

XX. ...... comparés à notre corps, ils sont solides; si tu les ramènes à la condition de la nature qui détruit tout, qui rappelle tout au sein d'où elle l'a tiré, ils sont fragiles. En effet, quoi d'immortel pouvait être l'œuvre d'une main mortelle? Les sept merveilles du monde, et avec elles ce qu'a pu bâtir de plus merveilleux l'orgueil des âges suivants, un jour on verra tout cela couché au niveau du sol. C'est le destin : rien d'éternel; peu de choses durables. Chaque chose est fragile à sa manière : on arrive au torrent par des voies différentes; mais tout ce qui commence doit finir. Par quelques-uns ce monde est menacé de mort : cet univers, qui embrasse toutes les choses divines et humaines, s'il est permis de le croire, un jour fatal viendra le dissoudre et le replonger dans la nuit de son antique chaos. Qu'on aille maintenant, qu'on aille se lamenter sur chaque tombe; qu'on aille gémir sur les cendres de Carthage, et de Numance, et de Corinthe, et de ce qui peut-être est tombé de plus haut, lorsque doit périr ce monde qui n'a pas où tomber! Allez donc; et plaignez-vous, si les destins, qui doivent un jour oser un si grand crime, ne vous épargnent pas !

XXI. Quel homme d'une arrogance assez superbe, assez effrénée pour vouloir, devant cette loi fatale de la nature qui ramène tout à la même fin, mettre en réserve lui seul et les siens, et dérober une maison à la ruine qui menace le monde. C'est donc une puissante consolation de songer que ce qui nous arrive, tous l'ont souffert avant nous, tous le souffriront après ; et la nature me semble avoir fait commun ce qu'elle a fait de plus cruel, pour que l'égalité du sort nous consolât de ses rigueurs. Ce ne sera pas non plus pour toi un médiocre allégement, de songer que ta douleur ne servira de rien ni à celui que tu regrettes ni à toi-même : car tu ne voudras pas prolonger une chose inutile. Si

CONSOLATIO AD POLYBIUM.

XX...... nostra corpora compares, firma sunt : si redigas ad conditionem naturæ omnia destruentis, et unde edidit eodem revocantis, caduca sunt. Quid enim immortale manus mortales fecerint? Septem illa miracula, et si qua his multo mirabiliora sequentium annorum exstruxit ambitio, aliquando solo æquata visentur. Ita est : nihil perpetuum, pauca diuturna sunt; aliud alio modo fragile est : rerum exitus variantur : ceterum quidquid cœpit, et desinit. Mundo quidam minantur interitum, et hoc universum, quod omnia divina humanaque complectitur, si fas putas credere, dies aliquis dissipabit, et in confusionem veterem tenebrasque demerget. Eat nunc aliquis, et singulas comploret animas ; Carthaginis ac Numantiæ Corinthique cinerem, et si quid altius cecidit, lamentetur ; quum etiam hoc, quod non habet quo cadat, sit interiturum. Eat aliquis, et fata tantum aliquando nefas ausura, sibi non pepercisse conqueratur.

XXI. Quis tam superbæ impotentisque arrogantiæ est, ut in hac naturæ necessitate, omnia ad eundem finem revocantis, se unum ac suos seponi velit; ruinæque, etiam ipsi mundo imminenti, aliquam domum subtrahat? Maximum ergo solatium est, cogitare id sibi accidisse, quod ante se passi sunt omnes, omnesque passuri ; et ideo mihi videtur rerum natura, quod gravissimum fecit, commune fecisse, ut crudelitatem fati consolaretur æqualitas. Illud quoque te non minimum adjuverit, si cogitaveris nihil profuturum dolorem tuum, nec illi quem de-

nous pouvons gagner quelque chose à ta tristesse, je ne refuse pas de verser sur ton malheur tout ce que le mien m'a laissé de larmes. Je trouverais même encore quelques pleurs dans ces yeux épuisés par mes douleurs domestiques, si peu que cela puisse t'être profitable. Que tardes-tu? Plaignons-nous; et ta cause deviendra la mienne. « O fortune, si inique au jugement de tous! jusqu'ici tu semblais avoir respecté un homme élevé par ta faveur à une si haute estime, que sa félicité, chose rare, échappait à l'envie. Voici que tu l'accables de la plus grande douleur qui puisse le frapper tant que vivra César : après avoir rôdé longtemps autour de lui, tu as compris qu'il n'y avait que cette brèche ouverte à tes assauts. Et que pouvais-tu lui faire autre chose? Lui aurais-tu ravi ses richesses? Jamais il n'en a dépendu. Aujourd'hui même, autant qu'il peut, il les rejette loin de lui; et lui, qui savait les gagner avec tant de bonheur, il n'y cherche pas de plus précieux avantage que de les mépriser. Lui aurais-tu ravi ses amis? Tu le savais si digne d'être aimé, qu'il eût aisément remplacé ceux qu'il aurait perdus. Car, de tous ceux que j'ai vus puissants dans la maison du prince, c'est le seul que j'aie connu, dont l'amitié, bien qu'elle pût être profitable à tous, fût encore plus recherchée par sentiment. Lui aurais-tu ravi sa bonne renommée? Elle est trop solidement assise pour qu'elle puisse être ébranlée même par toi. Lui aurais-tu ravi la santé? Tu savais que son âme n'était pas seulement nourrie, mais née dans les doctrines libérales, et par elles affermie de telle sorte, qu'elle dominait toutes les souffrances du corps. Lui aurais-tu ravi l'existence? Combien peu tu lui eusses fait tort! la gloire de son génie lui a promis l'éternité dans les âges. Lui-même il a gagné de se survivre dans la meilleure partie de son être, et les belles œuvres de son éloquence l'ont affranchi de la mort. Tant qu'il restera quelque honneur aux lettres, tant que dureront la majesté de la langue latine et le charme de la langue grecque, il brillera parmi ces grands hommes desquels il égala le génie, ou, si sa modestie refuse cet éloge, desquels il approcha.

XXII. « Tu n'as donc cherché que par où tu pouvais lui faire le plus de tort. En effet, plus un homme a l'âme haut placée, plus tu lui fais une habitude de tes rigueurs : tu sévis sans choix ; et même dans tes bienfaits il faut te craindre. Qu'il t'eût peu coûté d'épargner cet outrage à un homme sur qui tes faveurs semblaient s'être reposées avec dessein et discernement, et non tombées au hasard, comme c'est ta coutume. »

Ajoutons, si tu veux, à ces plaintes, la mort de ce noble jeune homme que tu perdis à son entrée dans le monde. Il était digne de t'avoir pour frère; et toi, certes, tu étais bien digne de n'avoir pas un frère indigne de ta douleur. Tous rendent de lui un pareil témoignage : on le regrette pour ta gloire, on le célèbre pour la sienne : il n'y avait rien en lui que tu ne fusses fier d'avouer. Il est vrai que pour un frère moins bon ta bonté n'eût pas été moindre; mais, trouvant en lui un sujet convenable, ta tendresse s'y est plus complaisamment

sideras, nec tibi; noles enim longum esse, quod irritum est. Nam si quidquam tristitia profecturi sumus, non recuso, quidquid lacrimarum fortunæ meæ superfuit, tuæ fundere; inveniam etiamnunc per hos exhaustos jam fletibus domesticis oculos quod effluat, si modo id tibi futurum bono est. Quid cessas? conqueramur, atque adeo ipse hanc litem meam faciam : Iniquissima omnium judicio fortuna, adhuc videbaris ab eo homine te continuisse, qui munere tuo tantam venerationem receperat, ut, quod raro ulli contingit, felicitas ejus effugeret invidiam. Ecce eum dolorem illi, quem salvo Cæsare accipere maximum poterat, impressisti ; et quum bene illum undique circumisses, intellexisti hanc partem tantummodo patere ictibus tuis. Quid enim illi aliud faceres ? pecuniam eriperes? nunquam illi obnoxius fuit; nunc quoque quantum potest, illam a se abjicit, et in tanta felicitate acquirendi, nullum majorem ex ea fructum, quam contentum ejus petit. Eriperes illi amicos? sciebas tam amabilem esse, ut facile in locum amissorum posset alios substituere. Unum enim hunc ex iis, quos in principali domo potentes vidi, cognovisse videor, quem omnibus amicum habere quum expediat, magis tamen etiam libet. Eriperes illi bonam opinionem? solidior est hæc apud eum, quam ut a te quoque ipsa concuti posset. Eriperes bonam valetudinem? sciebas animum ejus liberalibus disciplinis, quibus non innutritus tantum, sed innatus est, sic esse fundatum, ut supra omnes corporis dolores emineret. Eriperes spiritum? quantulum nocuisses? longissimum illi ævum ingenii fama promisit. Id egit ipse, ut meliore sui parte duraret, et compositis eloquentiæ præclaris operibus, a mortalitate se vindicaret. Quamdiu fuerit ullus litteris honor, quamdiu steterit aut latinæ linguæ potentia, aut græcæ gratia, vigebit cum maximis viris, quorum se ingeniis vel contulit, vel, si hoc verecundia ejus recusat, applicuit.

XXII. Hoc ergo unum excogitasti, quomodo illi maxime posses nocere. Quo melior enim est quisque, hoc sæpius ferre te consuevit, sine ullo delectu furentem, et inter ipsa beneficia metuendum. Quantulum erat, tibi immunem ab hac injuria præstare eum hominem, in quem videbatur indulgentia tua ratione certa pervenisse, et non ex tuo more temere incidisse? Adjiciamus, si vis, ad has querelas, ipsius adolescentis interceptam inter prima incrementa indolem. Dignus fuit ille te fratre : tu certe eras dignissimus, qui nec ex indigno quidem quidquam dolores fratre. Redditur illi testimonium æquale omnium hominum; desideratur in tuum honorem, laudatur in suum; nihil in illo fuit, quod non libenter agnosceres. Tu quidem etiam minus bono fratri fuisses bonus : sed in illo pietas tua idoneam nacta mate-

déployée. Il ne fit à personne sentir sa puissance par un outrage ; jamais il ne menaça personne de son frère. Il s'était formé sur l'exemple de ta modération : quel ornement et quel fardeau tu étais pour les tiens, il le comprenait, et put suffire au poids de ton nom. Impitoyable destinée, que ne désarme aucune vertu ! Avant que ton frère pût connaître tout son bonheur, elle l'a moissonné. Je ne m'indigne que faiblement, je le sais : il est si difficile de trouver des paroles qui égalent une grande douleur ! Plaignons-nous encore une fois si nous pouvons y gagner quelque chose. « Qu'espérais-tu, Fortune, par tant d'injustices et de violences? T'es-tu si tôt repentie de tes faveurs? Cruelle ! pourquoi te jeter entre deux frères, et ravir une proie sanglante au sein d'une famille si bien unie; pourquoi, dans une maison si noblement remplie par ces vertueux jeunes hommes, frères tous dignes l'un de l'autre, venir jeter le trouble et faire brèche sans motif? Eh ! que sert donc une pureté fidèle à toutes les saintes lois, une antique frugalité, une âme supérieure à la plus haute fortune, une merveilleuse et constante tempérance, un amour des lettres sincère et inviolable, un cœur vierge de toute souillure? Polybe est dans les pleurs ; et, averti par la perte d'un frère, de ce que tu peux sur les frères qui lui restent, il tremble même pour ceux qui le consolent dans son affliction. Indigne sacrilége! Polybe est dans les pleurs et gémit de quelque chose, quand il a les bonnes grâces de César. Sans doute, Fortune insolente, tu épiais cette occasion de montrer que personne ne peut être protégé contre toi, pas même par César. »

XXIII. Nous pouvons plus longtemps accuser la destinée, nous ne pouvons la changer : elle demeure insensible et inexorable. On ne saurait l'émouvoir ni par des reproches, ni par des pleurs, ni par des raisons. Elle n'épargne rien, elle ne fait grâce de rien à personne. Ainsi donc, épargnons-nous des larmes qui ne sont d'aucun profit; car cette douleur aurait plutôt fait de nous joindre à celui que nous regrettons, que de le rappeler à nous. Si elle nous tourmente, elle ne nous aide en rien. Il faut y renoncer même dès le premier jour, et défendre notre âme contre de puérils soulagements, contre ce je ne sais quoi d'amer qui charme dans les douleurs. Si la raison ne met un terme à tes larmes, la fortune n'en mettra point. Promène tes regards sur la foule des mortels : partout un abondant et inépuisable sujet d'affliction. Celui-ci c'est une besogneuse indigence qui l'appelle à son labeur de tous les jours; celui-là, c'est une ambition toujours inquiète qui le travaille; l'un craint les richesses qu'il a désirées, et ses vœux accomplis sont devenus son supplice; un autre est tourmenté par les soucis, un autre par les affaires, un autre par la foule qui assiége son vestibule. Celui-ci se plaint d'avoir des enfants, celui-là de n'en avoir plus. Les larmes nous manquent avant les causes d'affliction. Ne vois-tu pas quelle existence nous a présagée la nature, en voulant que les pleurs fussent à notre naissance le premier augure? C'est ainsi que nous faisons notre entrée dans la vie, et toutes les années qui vont s'enchaîner et se suivre s'y accordent; c'est ainsi que nous coulons nos jours : aussi bien nous devons sobrement user de

---

riam, multo se liberius exercuit. Nemo potentiam ejus injuria sensit, nunquam ille te fratrem ulli minatus est. Ad exemplum se modestiæ tuæ formaverat, cogitabatque quantum tu et ornamentum tuorum esses, et onus. Suffecit ille huic sarcinæ. O dura fata, et nullis æqua virtutibus! Antequam felicitatem suam nosset frater tuus, exemtus est. Parum autem me indignari scio : nihil est enim difficilius, quam magno dolori paria verba reperire. Jam nunc tamen si quid proficere possumus, conqueramur. « Quid tibi voluisti, tam injusta, et tam violenta Fortuna? Tam cito indulgentiæ tuæ te pœnituit? quæ ista crudelitas est? in medios fratres impetum facere, et tam cruenta rapina concordissimam turbam imminuere, tam bene stipatam optimorum adolescentium domum, in nullo fratre degenerantem, turbare, et sine ulla causa delibare voluisti? Nihil ergo prodest innocentia ad omnem legem exacta, nihil antiqua frugalitas, nihil felicitatis summæ potentia, summa conservata abstinentia, nihil sincerus et tutus litterarum amor, nihil ab omni labe mens vacans? Luget Polybius, et in uno fratre, quid de reliquis possis, admonitus, etiam de ipsis doloris sui solatiis timet; facinus indignum ! luget Polybius, et aliquid propitio dolet Cæsare ! hoc sine dubio impotens Fortuna captasti, ut ostenderes neminem contra te, ne a Cæsare quidem, posse defendi. »

XXIII. Diutius accusare fata possumus, mutare non possumus : stant dura et inexorabilia ; nemo illa convicio, nemo fletu, nemo causa movet; nihil unquam parcunt ulli, nec remittunt. Proinde parcamus lacrimis nihil proficientibus; facilius enim nos illi dolor iste adjiciet, quam illum nobis reducet. Qui si nos torquet, non adjuvat; primo quoque tempore deponendus est, et ab inanibus solatiis, atque amara quadam libidine dolendi animus recipiendus. Nam lacrimis nostris, ni ratio finem fecerit, fortuna non faciet. Omnes agedum mortales circumspice : larga ubique flendi, et assidua materia. Alium ad quotidianum opus laboriosa egestas vocat : alium ambitio nunquam quieta sollicitat : alius divitias, quas optaverat, metuit, et voto laborat suo : alium sollicitudo, alium labor torquet, alium semper vestibulum obsidens turba : hic habere se dolet liberos, hic perdidisse. Lacrimæ nobis deerunt, ante quam causæ dolendi. Non vides, qualem vitam nobis rerum natura promiserit, quæ primum nascentium omen fletum esse voluit? Hoc principio edimur, huic omnis sequentium annorum ordo consentit; sic vitam agimus : ideoque

ce dont il nous faut user souvent; et, tournant la tête pour voir combien d'afflictions se pressent sur nos pas, si nous ne pouvons empêcher nos larmes, sachons du moins les mettre en réserve. Il ne faut rien épargner davantage que ce qui exige un fréquent emploi. Ce ne sera pas non plus pour toi un médiocre allégement de songer que nul n'est moins flatté de ta douleur, que celui à qui tu sembles en faire offrande. Ou il ne veut pas que tu te tourmentes, ou il ne le sait pas. Il n'y a donc pas de motif raisonnable à cet hommage; car si celui auquel il s'adresse ne le sent pas, il est superflu; s'il le sent, il lui est déplaisant.

XXIV. Il n'est personne dans tout l'univers qui prenne plaisir à tes larmes; je le dis hardiment. Eh quoi? lorsque personne n'est ainsi disposé contre toi, penses-tu que ton frère puisse l'être? qu'il veuille te faire un supplice de ta douleur, et t'enlever à tes occupations, c'est-à-dire à l'étude et à César? Cela n'est pas vraisemblable. Il t'a toujours aimé comme un frère, vénéré comme un père, honoré comme un supérieur; il veut bien te causer des regrets, mais non pas des tourments. Pourquoi te plais-tu donc à te consumer dans une douleur que ton frère, s'il est quelque sentiment après la mort, désire voir finir. Si je parlais d'un frère autre que celui-là, dont le cœur fût moins sûr, j'emploierais le langage du doute, et je dirais : Ou ton frère veut de toi des tourments et des larmes sans fin; alors il est indigne de ton affection : ou bien, il ne les veut pas; alors écarte une douleur sans profit pour l'un et pour l'autre. Un frère qui n'aime pas ne mérite pas ces regrets; aimant, il les refuse. Mais celui dont je parle, tu avais éprouvé sa tendresse : sois donc assuré que rien nepeut lui être plus pénible que de te voir en peine de sa mort, que de te causer aucun tourment, que de mouiller de larmes sans fin, et d'épuiser tour à tour tes yeux si peu faits pour cette souffrance.

Mais, ce qui peut avant tout arracher ta tendresse à cet inutile désespoir, c'est de songer que ton exemple doit enseigner à tes frères comment il faut supporter avec force ce coup de la fortune. Les grands capitaines, après un échec, se composent à dessein un visage joyeux, et déguisent leurs revers sous un faux semblant de gaîté, de peur que les soldats, voyant le cœur de leur chef abattu, n'en viennent eux-mêmes à perdre courage. C'est là ce que tu dois faire aujourd'hui. Prends un visage qui ne ressemble pas à ton âme, et, si tu le peux, bannis entièrement la douleur; sinon, enfouis-la profondément et contiens-la, dans la crainte qu'elle ne paraisse, et prends soin que tes frères t'imitent : tout ce qu'ils te verront faire, ils le croiront honnête, et régleront leur âme sur ton visage. Tu dois être et leur consolation et leur consolateur : or, tu ne pourras pas retenir leur affliction, si tu t'abandonnes à la tienne.

XXV. Une autre chose, qui peut encore te défendre contre une affliction immodérée, c'est de bien te convaincre que rien de ce que tu fais ne peut rester secret. Un grand rôle t'a été imposé par le suffrage des hommes; il faut t'y maintenir. Toute cette foule de consolateurs qui se presse autour de toi, vient aussi épier ton âme et tâcher de surprendre tout ce qu'elle a de force contre la dou-

---

moderate id fieri debet a nobis, quod sæpe faciendum est : et respicientes, quantum a tergo rerum tristium immineat, si non finire lacrimas, at certe reservare debemus. Nulli parcendum est rei magis quam huic, cujus tam frequens usus est. Illud quoque te non minimum adjuverit, si cogitaveris, nulli minus gratum esse dolorem tuum, quam ei cui præstari videtur. Torqueri ille te aut non vult, aut non intelligit; nulla itaque ejus officii ratio est, quod ei cui præstatur, si nihil sentit, supervacuum est, si sentit, ingratum.

XXIV. Neminem toto orbe terrarum esse, qui delectetur lacrimis tuis, audacter dixerim. Quid ergo? quem nemo adversus te animum gerit, eum esse tu credis fratris tui, ut cruciatu tuo noceat tibi; ut te velit abducere ab occupationibus tuis, id est, a studio, et a Cæsare? Non est hoc simile veri. Ille enim indulgentiam tibi tanquam fratri præstitit, venerationem tanquam parenti, cultum tanquam superiori, ille desiderio tibi esse vult, tormento esse non vult. Quid itaque juvat dolore intabescere, quem, si quis defunctis sensus est, finiri frater tuus cupit ! De alio fratre, cujus incerta posset voluntas videri, omnia hæc dubie ponerem, et dicerem : Sive te torqueri lacrimis nunquam desinentibus frater tuus cupit, indignus hoc affectu tuo est : sive non vult, utrique vestrum inertem dolorem dimitte; nec impius frater sic desiderari debet, nec pius sic velit. In hoc vero, cujus tam explorata pietas, pro certo habendum est, nihil esse illi posse acerbius, quam hic si tibi casus ejus acerbus est, si te ullo modo torquet; ut oculos tuos, indignissimos hoc malo, sine ullo flendi fine et conturbat idem et exhaurit. Pietatem tuam tamen nihil æque a lacrimis tam inutilibus abducet, quam si cogitaveris, fratribus te tuis exemplo esse debere, fortiter hanc fortunæ injuriam sustinendi. Quod duces magni faciunt, rebus affectis, ut hilaritatem de industria simulent, et adversas res adumbrata lætitia abscondant, ne militum animi, si fractam ducis sui mentem viderint, et ipsi collabantur ; id nunc tibi quoque faciendum est. Indue dissimilem animo tuo vultum, et, si potes, projice omnem ex toto dolorem : sin minus, introrsus abde et contine, ne appareat, et da operam, ut fratres tui te imitentur : qui honestum putabunt, quodcunque facientem viderint, animumque ex vultu tuo sument. Et solatium debes esse, et consolator illorum : non poteris autem horum mœrori obstare, si tuo indulseris.

XXV. Potest et illa res a luctu te prohibere nimio, si tibi ipse renuntiaveris, nihil horum quæ facis posse subduci. Magnam tibi partem hominum consensus imposuit : hæc tibi tuenda est. Circumstat te omnis ista consolan-

leur ; elle se demande si tu n'es habile qu'à user de la bonne fortune, ou si tu peux supporter en homme l'adversité ; on cherche à lire dans tes yeux. Celui-là jouit de sa pleine liberté, qui peut cacher ses sentiments : aucun mystère ne t'est permis ; la fortune t'a placé au grand jour. Tout le monde saura comment tu te seras comporté en recevant cette blessure ; si, te sentant frappé, tu as mis bas les armes, ou si tu es demeuré debout. Il y a longtemps que l'amitié de César t'éleva au plus haut rang, et que tes études t'y appelèrent : rien de vulgaire, rien de bas ne te convient. Or, quoi de plus bas, quoi de moins viril que de se livrer en proie à la douleur ? Dans une affliction égale, il t'est moins permis qu'à tes frères. Bien des choses te sont défendues par l'opinion qu'on s'est faite de ton savoir et de tes mœurs : on exige beaucoup, on attend beaucoup de toi. Si tu voulais que tout te fût permis, pourquoi appeler sur toi les regards de tous ? Maintenant il te faut tenir autant que tu as promis à tous ceux qui admirent les œuvres de ton génie, à ceux qui les publient, à ceux qui, s'ils n'ont pas besoin de ta faveur, ont besoin de ton génie. Ce sont les dépositaires de ta pensée : tu ne peux donc rien faire qui soit indigne de ta renommée de science et de vertu, sans qu'une foule d'hommes aient à se repentir de leur admiration pour toi. Il ne t'est pas permis de pleurer sans mesure : et ce n'est pas cela seulement qui ne t'est pas permis ; mais il ne t'est pas permis de prolonger ton sommeil bien avant dans le jour, de fuir le tourbillon des affaires pour le loisir et la paix des champs, ou de délasser, dans un voyage d'agrément, ton corps fatigué par les assidus travaux d'un poste laborieux, ou de charmer ton esprit par des spectacles variés, ou d'arranger tes jours suivant ta fantaisie

XXVI. Bien des choses ne te sont pas permises, que l'on permet à l'humble mortel qui vit obscurément dans son coin. Une grande fortune est une grande servitude. Il ne t'est permis de rien faire à ta guise : tu as tant de milliers d'hommes à entendre, tant de requêtes à mettre en ordre ! De tous les points du monde il t'arrive une telle multitude d'affaires, que, pour les offrir dans leur rang à l'esprit d'un grand prince, il te faut d'abord relever le tien. Il ne t'est pas permis, te dis-je, de pleurer. Pour pouvoir entendre la foule de ceux qui pleurent, pour pouvoir sécher les larmes de ceux qui, sous le coup du châtiment, désirent parvenir jusqu'à la miséricorde du très-clément César, d'abord il te faut sécher les tiennes. Je vais te dire enfin le remède qui ne sera pas le moins propre à te soulager : quand tu voudras oublier tout, songe à César ; pense quel dévouement, quels services tu dois à sa bonté ; et tu comprendras que ployer sous le faix n'est pas chose plus permise à toi, qu'à celui qui, si l'on en croit la fable, porte le monde sur ses épaules. César lui-même a tout en son pouvoir, et c'est pour cela qu'il n'a pas le pouvoir de faire bien des choses. Il veille pour défendre les maisons de tous; il travaille pour le repos de tous; il se fatigue pour les délices de tous ; il s'occupe pour le loisir

tium frequentia, et in animum tuum inquirit, ac perspicit quantum roboris ille adversus dolorem habeat, et utrumne tu tantum rebus secundis dexter uti scias, an et adversas possis viriliter ferre ; observantur oculi tui. Liberiora omnia sunt iis, quorum affectus tegi possunt : tibi nullum secretum liberum est ; in multa luce fortuna te posuit ; omnes scient, quomodo te in isto tuo gesseris vulnere ; utrumne statim percussus arma submiseris, an in gradu steteris. Olim te in altiorem ordinem et amor Cæsaris extulit, et tua studia deduxerunt : nihil te plebeium decet, nihil humile. Quid autem tam humile ac muliebre est, quam consumendum se dolori committere ! Non idem tibi in luctu pari, quod tuis fratribus licet ; multa tibi non permittit opinio de studiis ac moribus tuis recepta ; multum a te homines exigunt, multum expectant. Si volebas tibi omnia licere, ne convertisses in te ora omnium ! nunc autem tibi præstandum est quantum promisisti omnibus illis, qui opera ingenii tui laudant, qui describunt, quibus, quum fortuna tua opus non sit, ingenio opus est. Custodes animi tui sunt ; nihil unquam itaque potes indignum facere perfecti et eruditi viri professione, ut non multos admirationis de te suæ pœniteat. Non licet tibi flere immodice ; nec hoc tantummodo non licet, nec somnum quidem extendere in partem diei licet, aut a tumultu rerum in otium ruris

quieti confugere, aut assidua laboriosi officii statione fatigatum corpus voluptaria peregrinatione recreare, aut spectaculorum varietate animum detinere, aut tuo arbitrio diem disponere.

XXVI. Multa tibi non licent, quæ humillimis et in angulo jacentibus licent. Magna servitus est magna fortuna. Non licet tibi quidquam arbitrio tuo facere : audienda sunt tot hominum millia, tot disponendi libelli, tantus rerum ex orbe toto coeuntium congestus, ut possit per ordinem suum principis maximi animo subjici, erigendus tuus est. Non licet tibi, inquam, flere ; ut multos flentes audire possis, ut periclitantium, et ad misericordiam mitissimi Cæsaris pervenire cupientium lacrimæ, sic tibi tuæ assiccandæ sunt. Hoc tamen etiam non in levioribus remediis adjuvabit : quum voles omnium rerum oblivisci, cogita Cæsarem ; vide quantam hujus in te indulgentiæ fidem, quantam industriam debeas ; intelliges non magis tibi incurvari licere, quam illi, si quis modo est fabulis traditus, cujus humeris mundus innititur. Cæsari quoque ipsi, cui omnia licent, propter hoc ipsum multa non licent. Omnium domos illius vigilia defendit, omnium otium illius labor, omnium delicias illius industria, omnium vacationem illius occupatio. Ex quo se Cæsar orbi terrarum dedicavit, sibi eripuit ; et siderum modo, quæ irrequieta semper cursus suos ex-

de tous. Depuis que César s'est consacré à l'univers, il s'est ravi à lui-même, et, comme ces astres qui, sans relâche, fournissent incessamment leur carrière, jamais il ne lui est permis de s'arrêter et de rien faire pour soi. Aussi bien tu es en quelque façon esclave de la même nécessité : il ne t'est pas permis à toi d'avoir égard à tes affaires, à tes études. Tant que César possède l'empire du monde, tu ne peux donner ton temps ni au plaisir, ni à la douleur, ni à aucune autre chose ; tout entier tu te dois à César. Et que dis-je ? Toi qui déclares sans cesse que César t'est plus cher que l'existence, il n'est pas juste que, du vivant de César, tu te plaignes de la fortune. Lui vivant, tous les tiens respirent : tu n'as rien perdu ; tu ne dois pas seulement avoir les yeux secs, mais riants : en lui tu trouves tout ; il te tient lieu de tout. Chose pourtant bien éloignée de la sagesse et de la droiture de ton âme, tu serais peu reconnaissant envers ta bonne fortune, si tu te laissais aller à pleurer quelque chose, du vivant de César. Maintenant je vais t'enseigner un remède non plus puissant, mais plus familier. Lorsque tu rentreras dans ta demeure, il te faudra craindre la tristesse. Car tant que tu seras en contemplation devant ton dieu, elle ne saura se faire accès jusqu'à toi ; César remplira toute ton âme. Mais aussitôt que tu l'auras quitté, soudain, comme si l'occasion s'offrait pour elle, la douleur dressera des embûches à ta solitude, et lentement se glissera dans ton esprit inoccupé. Ne permets donc pas qu'un seul de tes instants échappe à l'étude : que les lettres, auxquelles tu voues longtemps un si fidèle amour, s'acquittent alors avec toi de leur reconnaissance ; qu'elles te réclament alors, toi leur adorateur, toi le ministre de leurs autels : Homère, Virgile, ô vous! qui avez aussi bien mérité du genre humain que Polybe mérita de vous et de nous tous, en vous faisant connaître à tant de gens pour qui vous n'avez pas écrit, venez alors en sa compagnie passer de longues heures ! Tout le temps que tu mettras sous leur sauvegarde, tu ne saurais le perdre. Alors mets tous tes soins à rassembler les hauts faits de ton César, afin qu'un éloge domestique les raconte à tous les siècles : pour bien ordonner et composer une histoire, lui-même il t'offre à la fois la matière et l'exemple.

XXVII. Je n'ose pas aller jusqu'à te donner le conseil d'arranger, avec cette grâce qui t'est propre, des fables et des apologues à la manière d'Ésope, genre que n'a pas essayé le génie romain. Car il est difficile à une âme si rudement frappée d'aborder sitôt ces compositions trop enjouées : néanmoins, qu'il te soit prouvé qu'elle a repris ses forces et se possède elle-même, si elle peut descendre de plus graves écrits à cette littérature plus facile. Car ceux-là sauront distraire ton âme quoique malade encore, encore en lutte avec elle-même, par la sévérité des sujets qu'elle traitera ; quant à celle-ci, qui demande à l'écrivain un front déridé, ton esprit ne pourra s'y faire avant qu'il se soit de tout point rétabli. Aussi devras-tu d'abord l'exercer sur une matière plus grave, et le reposer ensuite sur une plus enjouée. Ce qui ne sera pas non plus pour toi un médiocre soulagement, ce sera de te demander souvent : est-ce sur

---

plicant, nunquam illi licet nec subsistere, nec quidquam suum facere. Ad quemdam itaque modum tibi quoque eadem necessitas injungitur : non licet tibi ad utilitates tuas, ut studia tua respicere. Cæsare orbem terrarum possidente, impartiri te nec voluptati, nec dolori, nec ulli alii rei potes ; totum te Cæsari debes. Adjice nunc, quod, quum semper prædices cariorem tibi spiritu tuo Cæsarem esse, fas tibi non est, salvo Cæsare, de fortuna queri. Hoc incolumi, salvi tibi sunt tui : nihil perdidisti : non tantum siccos oculos tuos esse, sed etiam lætos oportet ; in hoc tibi omnia sunt, hic pro omnibus est. Quod longe a sensibus tuis prudentissimis piissimisque abest, adversus felicitatem tuam parum gratus es, si tibi quidquam, hoc salvo, flere permittis. Monstrabo etiamnunc non quidem firmius remedium, sed familiarius. Si quando te domum receperis, tunc erit tibi metuenda tristitia ; nam quamdiu numen tuum intueberis, nullum illa ad te inveniet accessum : omnia in te Cæsar tenebit ; quum ab illo discesseris, tunc, velut occasione data, insidiabitur solitudini tuæ dolor, et requiescenti animo tuo paulatim irrepet. Itaque non est, quod ullum tempus vacare patiaris a studiis ; tunc tibi litteræ tuæ, tam diu ac tam fideliter amatæ, gratiam referant ; tunc te illæ antistitem et cultorem suum vindicent ; tunc Homerus et Virgilius, tam bene de humano genere meriti, quam tu de omnibus et de illis meruisti, quos pluribus notos esse voluisti quam scripserant, multum tecum morentur ; tutum id erit omne tempus, quod illis tuendum commiseris. Tunc Cæsaris tui opera, ut per omnia secula domestico narrentur præconio, quantum potes compone : nam ipse tibi optime formandi condendique res gestas, et materiam dabit, et exemplum.

XXVII. Non audeo te usque eo producere, ut fabellas quoque et Æsopeos logos, intentatum Romanis ingeniis opus, solita tibi venustate connectas ; difficile est quidem, ut ad hæc hilariora studia tam vehementer perculsus animus tam cito possit accedere : hoc tamen argumentum habeto jam corroborati ejus, et redditi sibi, si poterit se a severioribus scriptis ad hæc solutiora producere. In illis enim quamvis ægrum eum adhuc, et secum reluctantem, avocabit ipsa rerum quas tractabit austeritas ; hæc quæ remissa fronte commentanda sunt, non feret, nisi quum jam sibi ab omni parte constiterit. Itaque debebis eum severiore materia primum exercere, deinde hilariore temperare. Illud quoque magno tibi erit levamento, si sæpe te sic interrogaveris : Utrumne meo no-

moi que je pleure, ou sur celui qui est mort? Si je pleure sur moi, je n'ai plus à faire étalage de ma tendresse; et désormais ma douleur, à qui des motifs honnêtes peuvent seuls donner une excuse, n'ayant pour but que mon profit, n'a plus rien de commun avec la piété. Or, quoi de plus malséant pour un homme de bien, que de faire profit de la mort d'un frère! Si c'est sur lui que je pleure, il faut que je me décide pour l'une de ces deux croyances. S'il ne reste après la mort aucun sentiment, mon frère est échappé à toutes les amertumes de la vie; il se retrouve au lieu où il était avant de naître; exempt de tout mal, il ne craint rien, ne désire rien, ne souffre de rien. Quelle est cette folie de ne pas cesser de s'affliger sur celui qui ne s'affligera jamais? S'il reste après la mort quelque sentiment, l'âme de mon frère, comme délivrée d'une longue prison, s'applaudit d'être enfin libre et maîtresse d'elle-même; jouit du spectacle de la nature; des hauteurs où elle est placée, voit à ses pieds toutes les choses humaines, et contemple de près les choses divines, dont elle avait longtemps, en vain, interrogé les causes. Pourquoi donc me consumer à regretter un être auquel appartient la béatitude ou le néant? Gémir sur la béatitude, c'est envie; c'est folie de gémir sur le néant.

XXVIII. La cause de ton chagrin, est-ce que ton frère te semble dépouillé des biens immenses qui s'étendaient au loin autour de lui? Mais quand tu te seras persuadé qu'il a perdu bien des choses, persuade-toi qu'il en est davantage qu'il n'a plus à craindre. Il n'aura plus ni les tourments de la colère, ni les abattements de la maladie, ni les angoisses du soupçon, ni les persécutions de l'envie rongeuse et toujours hostile aux succès d'autrui, ni les inquiétudes de la crainte, ni les soucis dont nous assiége l'infidèle fortune, si prompte à déplacer ses faveurs. Si tu comptes bien, la mort lui fait grâce plutôt que dommage. Il ne jouira plus de la richesse, ni de ton crédit ni du sien; il ne recevra plus, il ne rendra plus de bienfaits. L'estimes-tu malheureux de ce qu'il a perdu toutes ces choses, ou bienheureux de ce qu'il ne les désire plus? Crois-moi : plus heureux est celui qui n'a pas affaire de la fortune, que celui qui l'a sous la main. Tous ces biens, qui nous charment par des attraits séduisants, mais trompeurs, l'or, la dignité, la puissance, et tant d'autres qui transportent l'aveugle cupidité de l'espèce humaine, on ne les possède qu'avec labeur, on ne les regarde qu'avec envie. Ceux-là même qu'ils décorent, ils les accablent; ils menacent plus qu'ils ne servent. Glissants et fugitifs, on ne peut jamais bien les tenir. Car, lors même qu'on n'a rien à craindre de l'avenir, il y a toujours bien des soucis dans la tutelle d'une grande fortune. Si tu veux en croire ceux qui sondent plus avant la vérité, toute vie est un supplice. Jetés sur cette mer profonde et mouvante balancée, par des lames contraires, qui tantôt nous élève à des hauteurs soudaines, tantôt nous précipite dans un gouffre plus profond, dans cette fluctuation incessante, jamais nous ne trouvons où nous arrêter et nous fixer. Nous flottons suspendus aux vagues; nous nous heurtons

mine doleo, an ejus qui decessit? Si meo, perit meæ indulgentiæ jactatio, et incipit dolor, hoc uno excusatus quod honestus est, quum ad utilitatem respiciat a pietate descisceus. Nihil autem minus bono viro convenit, quam in fratris luctu calculos ponere. Si illius nomine doleo, necesse est alterutrum ex his duobus esse judicem. Nam si nullus defunctis sensus superest, evasit omnia frater meus vitæ incommoda, et in eum restitutus est locum, in quo fuerat, antequam nasceretur, et expers omnis mali, nihil timet, nihil cupit, nihil patitur. Quis iste est furor, pro eo me nunquam dolere desinere, qui nunquam doliturus est? Si est aliquis defunctis sensus, nunc animus fratris mei, velut ex diutino carcere emissus, tandem sui juris et arbitrii gestit, et rerum naturæ spectaculo fruitur, et humana omnia ex superiore loco despicit; divina vero, quorum rationem tamdiu frustra quæsierat, propius intuetur. Quid itaque ejus desiderio maceror, qui aut beatus, aut nullus est! beatum deflere invidia est : nullum, dementia.

XXVIII. An hoc te movet, quod videtur ingentibus et quum maxime circumfusis bonis caruisse! quum cogitaveris multa esse quæ perdidit, cogita plura esse quæ non timet. Non ira eum torquebit, non morbus affliget, non suspicio lacesset, non edax et inimica semper alienis processibus invidia consectabitur, non metus sollicitabit, non levitas fortunæ cito munera sua transferentis inquietabit. Si bene computes, plus illi remissum, quam ereptum est. Non opibus fruetur, non tua simul ac sua gratia; non accipiet beneficia, non dabit. Miserum putas quod ista amisit, an beatum quod non desiderat! mihi crede, is beatior est, cui fortuna supervacua est, quam is cui parata est. Omnia ista bona, quæ nos speciosa, sed fallaci voluptate delectant, pecunia, dignitas, potentia, aliaque complura, ad quæ generis humani cæca cupiditas obstupescit, cum labore possidentur, cum invidia conspiciuntur; eosque ipsos quos exornant, et premunt; plus minantur, quam prosunt; lubrica et incerta sunt; nunquam bene tenentur; nam ut nihil de tempore futuro timeatur, ipsa tamen magnæ felicitatis tutela sollicita est. Si velis credere altius veritatem intuentibus, omnis vita supplicium est. In hoc profundum inquietumque projecti mare, alternis æstibus reciprocum, et modo allevans nos subitis incrementis, modo majoribus damnis deferens, assidueque jactans, nunquam stabili consistimus loco : pendemus et fluctuamur, et alter in alterum illidimur, et aliquando naufragium facimus, semper timemus. In hoc tam procelloso, et in omnes tempestates exposito mari navigantibus, nullus portus nisi mortis

l'un contre l'autre; quelquefois faisant naufrage, redoutant le naufrage toujours. Quand on navigue sur cette mer orageuse, ouverte à toutes les tempêtes, on n'a pas d'autre port que le trépas. Ne sois donc pas ennemi du bonheur de ton frère; il repose : il est enfin libre, enfin tranquille, enfin éternel : César lui survit, et avec César toute sa race ; tu lui survis, et avec toi tous tes frères. Avant que la fortune ait changé quelque chose à sa destinée, il l'a quittée encore devant lui, et lui versant ses dons à pleines mains. Il jouit maintenant d'un ciel pur et sans nuage. De cette humble et basse région, il s'est élancé vers ce lieu, quel qu'il soit, où, pour les âmes dégagées de leurs chaînes, s'ouvre le sanctuaire des bienheureux : et maintenant il erre en liberté; il découvre avec un suprême ravissement tous les trésors de la nature. Tu te trompes. Ton frère n'a point perdu la lumière; mais il en contemple une qui est impérissable. Tous nous devons suivre cette même route. Pourquoi pleurer son destin? Il ne nous a pas quittés; il a pris les devants.

XXIX. Il y a, crois-moi, une grande félicité à mourir au sein de la félicité. Rien n'est assuré, pas même pour un jour entier; qui pourrait soulever le voile de cette vérité mystérieuse, et décider si la mort fut pour ton frère une disgrâce ou un bienfait. Ce qui doit encore nécessairement te consoler, c'est de penser, avec ce sentiment de justice que tu portes en toutes choses, non pas au tort que te fait la perte d'un tel frère, mais à la faveur que tu as reçue, lorsqu'il t'a été permis d'user et de jouir si longtemps de sa tendresse.

C'est être injuste, que de ne pas permettre à celui qui donne, de rester l'arbitre de ses dons; c'est être avide, que de ne pas compter comme profit ce qu'on a reçu, mais comme perte ce qu'on a rendu; c'est être ingrat, que d'appeler disgrâce le terme du plaisir; c'est être insensé, que de ne voir de jouissance que dans les biens présents, au lieu de se reposer aussi sur les fruits du passé, et de trouver plus assurées les choses qui ne sont plus; car pour elles du moins il n'y a pas à craindre qu'elles vous échappent. C'est trop limiter ses joies de ne croire jouir que de ce que l'on a, de ce que l'on voit, et de ne compter pour rien ce que l'on a eu. Car tout plaisir est prompt à nous quitter ; il s'écoule, il s'enfuit, et, presque avant d'arriver, il est déjà passé. Il faut donc reporter notre esprit vers le temps qui n'est plus, et ramener à nous tout ce qui nous charmait autrefois, et sans cesse y plonger notre pensée. Le souvenir de la jouissance est beaucoup plus durable, plus fidèle que la réalité. Ainsi donc, compte parmi tes plus grands biens d'avoir eu un excellent frère. Il ne faut pas songer combien de temps encore tu pouvais l'avoir, mais combien de temps tu l'as eu. La nature te l'avait, comme aux autres frères, non pas donné en propriété, mais prêté; lorsque ensuite il lui a plu de le redemander, elle n'a pas consulté en cela ta satiété, mais sa loi. Si quelqu'un s'indigne de rembourser une somme qu'il a reçue, et surtout lorsqu'elle lui a été prêtée sans intérêt, ne passera-t-il pas pour injuste? La nature a donné la vie à ton frère, elle te l'a donnée à toi ; usant de son droit, elle a exigé sa dette de qui elle l'a

est. Ne itaque invideris fratri tuo : quiescit; tandem liber, tandem tutus, tandem æternus est : superstitem Cæsarem omnemque ejus prolem, superstitem te cum omnibus habet fratribus. Antequam quidquam ex suo favore fortuna mutaret, stantem adhuc illam, et munera plena manu congerentem reliquit. Fruitur nunc aperto et libero cœlo ; ex humili atque depresso in eum emicuit locum, quisquis ille est, qui solutas vinculis animas beato recipit sinu; et nunc libere vagatur, omniaque rerum naturæ bona cum summa voluptate perspicit. Erras; non perdidit lucem frater tuus, sed securiorem sortitus est; omnibus illo nobis commune est iter. Quid fata deflemus! non reliquit ille nos, sed antecessit.

XXIX. Est, mihi crede, magna felicitas in ipsa felicitate moriendi. Nihil ne in totum quidem diem certi est; quis in tam obscura et involuta veritate divinat, utrumne fratri tuo mors inviderit, an consuluerit ! Illud quoque, qua justitia in omnibus rebus es, necesse est te adjuvet cogitantem, non injuriam tibi factam, quod talem fratrem amisisti, sed beneficium datum, quod tamdiu pietate ejus uti fruique licuit. Iniquus est, qui muneris sui arbitrium danti non relinquit; avidus, qui non lucri loco habet quod accepit, sed damni, quod reddidit. In-

gratus est, qui injuriam vocat finem voluptatis : stultus, qui nullum fructum esse putat bonorum, nisi præsentium, qui non et in præteritis acquiescit, et ea judicat certiora quæ abierunt, quia de illis, ne desinant, non est timendum. Nimis angustat gaudia sua, qui eis tantummodo quæ habet ac videt, frui se putat, et habuisse eadem pro nihilo ducit : cito enim nos omnis voluptas relinquit, quæ fluit et transit, et pæne antequam veniat, aufertur. Itaque in præteritum tempus animus mittendus est, et quidquid nos unquam delectavit, reducendum, ac frequenti cogitatione pertractandum est. Longior fideliorque est memoria voluptatum, quam præsentia. Quod habuisti ergo optimum fratrem, in summis bonis pone. Non est quod cogites, quanto diutius habere potueris, sed quamdiu habueris. Rerum natura illum tibi, sicut ceteris fratribus, non mancipio dedit, sed commodavit; quum visum est deinde, repetiit, nec tuam in eo satietatem secuta est, sed suam legem. Si quis pecuniam creditam solvisse se moleste ferat, eam præsertim cujus usum gratuitum acceperit, nonne injustus habebitur? Dedit natura fratri tuo vitam, dedit et tibi ; quæ suo jure usa, a quo voluit debitum suum citius exegit : non illa in culpa est, cujus nota erat conditio, sed mortalis animi

voulu le plus tôt : la faute n'en est pas à elle, dont les conditions étaient connues d'avance, mais à l'esprit humain, si avide dans ses espérances, si vite oublieux de la nature des choses, et ne se rappelant jamais ce qu'il est, qu'alors que la mort l'avertit. Félicite-toi donc d'avoir eu un si bon frère, et sache apprécier la jouissance d'un tel bien, quoique trop peu durable selon tes vœux. Songe à la douceur de ce que tu as possédé, à la mortalité de ce que tu as perdu. Il n'y a rien de si contradictoire que de s'affliger d'avoir pour si peu de temps obtenu du destin un tel frère, et de ne pas se réjouir de l'avoir obtenu. « Mais sa perte fut si imprévue. » Chacun est le jouet de son illusion ; et dans ceux qu'il chérit, il oublie trop volontiers la condition mortelle. Il n'est personne envers qui la nature ait pris l'engagement de suspendre sa loi fatale. Tous les jours passent sous nos yeux les funérailles de gens connus et inconnus ; et nous, cependant, nous pensons à autre chose, et nous regardons comme un malheur soudain ce que tous les jours nous annoncent. Il n'y a donc pas là injustice du sort, mais dépravation de l'esprit humain, qui ne peut se rassasier en rien, et qui s'indigne de sortir d'un lieu où il ne fut admis qu'à titre précaire.

XXX. Combien était plus juste celui qui, apprenant la mort de son fils, fit entendre cette parole digne d'une grande âme : « Du jour que je l'engendrai, j'ai su qu'il mourrait. » Certes, il n'est pas étonnant qu'il naisse d'un tel père un homme sachant mourir avec courage. Il n'apprit pas, comme chose nouvelle, la mort de son fils ; car qu'y a-t-il de nouveau qu'un homme meure ? lui dont toute la vie n'est qu'un acheminement vers la mort ? « Du jour que je l'engendrai, j'ai su qu'il mourrait. » Puis il ajouta avec plus de sagesse encore et de fermeté : « C'est pour cela que je l'élevai. »

Tous, c'est pour cela que nous sommes élevés : quiconque arrive à la vie, est destiné à la mort. Applaudissons-nous donc tous de ce qui nous a été donné, et rendons-le quand on nous le redemandera. Le sort atteint chacun à des heures différentes : il n'oublie personne. Que l'âme se tienne donc disposée ; qu'elle ne craigne jamais ce qui est inévitable ; qu'elle attende toujours ce qui est incertain. Rappellerai-je ces héros, ces fils de héros, signalés par tant de consulats ou de triomphes, tombant sous les coups du sort inexorable ; et ces rois et ces royaumes, ces peuples et ces nations qui subirent leur destin. Tout homme, que dis-je, toute chose marche à son dernier jour ; mais tous n'ont pas même fin ; l'un, c'est au milieu de sa course que la vie l'abandonne ; l'autre, c'est dès le premier pas qu'elle lui échappe ; tandis qu'un autre, accablé de son extrême vieillesse, et désireux d'en finir, obtient à peine son affranchissement. Chacun, sans doute, a son heure ; mais tous nous faisons route vers le même terme. Je ne sais s'il y a plus de folie à méconnaître la loi de la mort, que d'impudence à y résister.

Prends donc, prends en main les œuvres de ces deux poètes, rendus célèbres par le puissant travail de ton génie ; ces vers que tu as transformés avec tant de bonheur, qu'en perdant leur

---

spes avida, quæ subinde quid rerum natura sit obliviscitur, nec unquam sortis suæ meminit, nisi quum admonetur. Gaude itaque habuisse te tam bonum fratrem, et usumfructum ejus, quamvis brevior voto tuo fuerit, boni consule. Cogita jucundissimum esse, quod habuisti; humanum, quod perdidisti. Nec enim quidquam minus inter se consentaneum est, quam aliquem moveri, quod sibi talis frater parum diu contigerit, non gaudere, quod tamen contigerit. At inopinanti ereptus est. Sua quemque credulitas decipit ; et in eis quæ diligit, voluntaria mortalitatis oblivio. Natura nulli se necessitatis suæ gratiam facturam esse testata est. Quotidie præter oculos nostros transeunt notorum ignotorumque funera : nos tamen aliud agimus, et subitum id putamus esse, quod nobis tota vita denuntiatur futurum. Non est itaque ista fatorum iniquitas, sed mentis humanæ pravitas, insatiabilis rerum omnium; quæ indignatur inde se exire, quo admissa est precario.

XXX. Quanto ille justior, qui nuntiata filii morte, dignam magno viro vocem emisit : Ego quum genui, tum moriturum scivi. Prorsus non mireris ex hoc natum esse, qui fortiter mori posset. Non accepit tanquam novum nuntium, filii mortem ; quid est enim novi, hominem mori, cujus tota vita nihil aliud quam ad mortem iter est ? Ego quum genui, tum moriturum scivi. Deinde adjecit rem majoris et prudentiæ et animi : Huic rei sustuli. Omnes huic rei tollimur : quisquis ad vitam editur, ad mortem destinatur. Gaudeamus ergo omnes eo quod datur, reddamusque id quum reposcemur ; alium alio tempore fata comprehendent, neminem præteribunt. In procinctu stet animus ; et id quod necesse est, nunquam timeat ; quod incertum est, semper exspectet. Quid dicam duces, ducumque progenies, et multis aut consulatibus conspicuos, aut triumphis, sorte defunctos inexorabili ! tota cum regibus regna, populique cum gentibus tulere fatum suum. Omnes, immo omnia in ultimum diem spectant ; non idem universis finis est. Alium in medio cursu vita deserit, alium in ipso aditu relinquit, alium in extrema senectute fatigatum jam et exire cupientem vix emittit : alio quidem atque alio tempore, omnes tamen in eumdem locum tendimus. Utrumne stultius sit nescio, mortalitatis legem ignorare, an impudentius, recusare. Agedum illa quæ multo ingenii tui labore celebrata sunt, in manus sume, utriuslibet auctoris carmina ; quæ tu ita resolvisti, ut quamvis structura illorum recesserit, permaneat tamen gratia. Sic

mesure, ils ont conservé toute leur grâce. Car tu les as si bien fait passer d'une langue dans une autre, que, chose difficile ! toutes leurs beautés leur sont restées sous une forme étrangère. Il n'est pas un seul chant de ces poëmes qui ne te fournisse de nombreux exemples des vicissitudes humaines, des hasards imprévus, et des larmes arrachées par tant de causes diverses. Lis ces graves écrits où s'est déployé le tonnerre de la parole ; tu rougiras de faiblir si tôt, et de déchoir d'une telle hauteur d'éloquence. Garde-toi que ceux qui naguère admiraient, qui admirent encore tes écrits, se demandent comment un esprit si débile a enfanté la grandeur et la force. Ah ! plutôt, détourne ton esprit de ces pensées douloureuses, et reporte-le sur tant et de si grandes consolations ; contemple tes excellents frères, contemple ta femme, contemple ton fils. Pour le salut de tous, la fortune a composé avec toi au prix d'un seul. Il te reste plus d'un asile où reposer ta douleur.

XXXI. Épargne-toi la honte de paraître aux yeux de la foule plus touché d'une seule douleur que de toutes ces consolations. Tu vois tous les tiens frappés avec toi, sans pouvoir te venir en aide ; que dis-je, c'est de toi qu'ils attendent leur soulagement : ainsi donc, moins il y a en eux de sagesse et de génie, plus il te faut résister au mal commun. Et c'est déjà une sorte d'allégement, que de faire entre beaucoup le partage de sa peine ; divisée entre plusieurs, il en doit rester dans ton âme une moindre part. Je ne me lasserai jamais de te mettre César devant les yeux : tant qu'il gouverne le monde, et qu'il prouve que l'empire se conserve mieux par les bienfaits que par les armes, tant qu'il préside aux destinées humaines, il n'y a pas crainte que tu t'aperçoives que tu as perdu quelque chose : en lui tu trouves un soutien suffisant, une suffisante consolation. Relève-toi, et toutes les fois que des larmes viendront mouiller tes yeux, chaque fois attache-les sur César ; elles se tariront au radieux aspect de cette puissante divinité. Éblouis de son éclat, tes regards ne pourront se porter sur rien autre ; il les tiendra fixés sur lui. C'est lui, lui que tu contemples et les jours et les nuits ; lui, dont jamais ne tu distrais ton âme, qui doit occuper ta pensée ; c'est lui que tu dois appeler à ton aide contre la fortune : je ne doute pas que ce prince si débonnaire, si bienveillant à l'égard de tous les siens, n'ait déjà, par des consolations nombreuses, cicatrisé ta plaie, et ne t'ait prodigué des remèdes pour charmer ta douleur. Que dis-je ? n'en eût-il rien fait, la vue seule, la seule pensée de César ne suffirait-elle pas pour te donner aussitôt la plus grande des consolations ? Que les dieux et les déesses le prêtent longtemps à la terre ; qu'il égale les hauts faits du divin Auguste ; qu'il dépasse ses années ; tant qu'il sera parmi les mortels, qu'il ne s'aperçoive pas qu'il y ait rien de mortel dans sa maison. Qu'il voie son fils gouverner l'empire romain ; qu'il s'assure de lui par une longue épreuve ; qu'il le prenne pour l'associé de sa puissance, avant de l'avoir pour successeur. Qu'il vienne bien tard, qu'il ne soit connu que de nos derniers neveux, le jour où sa grande famille le placera dans le ciel.

---

enim illa ex alia lingua in aliam transtulisti, ut (quod difficillimum erat) omnes virtutes in alienam te orationem secutæ sint. Nullus erit in illis scriptis liber, qui non plurima varietatis humanæ incertorumque casuum et lacrimarum, ex alia atque alia causa fluentium, exempla tibi suggerat. Lege quanto spiritu ingentibus intonueris rebus : pudebit te subito deficere, et ex tanta orationis magnitudine decidere. Ne commiseris, ut quisquis extemplo ac modo scripta tua mirabatur, quærat quomodo tam grandia tamque solida tam fragilis animus conceperit. Potius ab istis quæ te torquent, ad hæc tot et tanta quæ consolantur, converte, ac respice optimos fratres, respice uxorem, filium respice. Pro omnium horum salute, hac tecum portione fortuna decidit. Multos habes in quibus acquiescas.

XXXI. Ab hac te infamia vindica, ne videatur omnibus plus apud te valere unus dolor, quam hæc tam multa solatia. Omnes istos una tecum perculsos vides, nec posse tibi subvenire ; immo etiam ultro exspectare, ut a te subleventur, intelligis : et ideo quanto minus in illis doctrinæ minusque ingenii est, tanto magis resistere te necesse est communi malo. Est autem hoc ipsum solatii loco, inter multos dolorem suum dividere, qui, quia dispensatur inter plures, exigua debet apud te parte subsidere. Non desinam totiens tibi offerre Cæsarem ; illo moderante terras, et ostendente, quanto melius beneficiis imperium custodiatur, quam armis, illo rebus humanis præside, non est periculum, ne quid perdidisse te sentias ; in hoc uno tibi satis præsidii, satis solatii est. Attolle te, et quotiens lacrymæ suboriuntur oculis tuis, totiens illos in Cæsarem dirige ; siccabuntur, maximi et clarissimi conspectu numinis. Fulgor ejus illos, ut nihil aliud possint adspicere, præstringet, in se hærentes detinebit. Hic tibi, quem tu diebus intueris ac noctibus, a quo nunquam dejicis animum, cogitandus est, hic contra fortunam advocandus : nec dubito, quum tanta illi adversus omnes suos sit mansuetudo, tantaque indulgentia, quin multis jam solatiis tuum istud vulnus obduxerit, nonnulla quæ dolori obstarent tuo, congesserit. Quid porro ? ut nihil horum fecerit, nonne protinus ipse conspectus per se tantummodo cogitatusque Cæsar maximo solatio tibi est ? Dii illum Deæque omnes terris diu commodent, acta hic divi Augusti æquet, annos vincat, ac, quamdiu inter mortales erit, nihil ex domo sua mortale esse sentiat. Rectorem Romano imperio filium longa fide approbet, et ante illum consortem patris, quam successorem accipiat. Sera, et nepotibus demum nostris dies nota sit, qua illum gens sua cœlo asserat.

XXXII. O fortune! détourne de lui ta main cruelle, et ne signale sur lui ta puissance que par tes bienfaits : permets qu'il guérisse les plaies du genre humain, depuis longtemps déjà malade et souffrant; permets qu'il rétablisse, qu'il remette en place tout ce qu'ébranlèrent les fureurs du prince qui l'a précédé. Que cet astre, qui vint briller sur un monde plongé dans l'abîme, englouti dans les ténèbres, rayonne d'un éternel éclat! Que César pacifie la Germanie, nous ouvre la Bretagne, qu'il obtienne les triomphes paternels et d'autres encore : et moi aussi j'en serai le témoin; j'en ai pour gage sa clémence qui tient le premier rang parmi ses vertus. Car il ne m'a pas tellement abattu qu'il ne voulût pas me relever. Que dis-je? il ne m'a pas même abattu; mais quand je tombais, précipité par la fortune, il m'a soutenu; comme je roulais dans l'abîme, sa main divine, guidée par l'indulgence, me déposa doucement sur ces bords. En ma faveur il a supplié le sénat, et ne m'a pas seulement accordé la vie, mais encore il l'a demandée pour moi. C'est à lui de voir comment il lui plaira de juger ma cause : ou sa justice la reconnaîtra bonne, ou sa clémence la fera telle; dans les deux cas, il y aura pour moi un égal bienfait, soit qu'il me voie, soit qu'il veuille me voir innocent. Cependant ce m'est une grande consolation dans mes misères, de voir sa miséricorde faisant le tour du monde : elle qui, dans ce coin où je suis enterré, est venu trouver tant de malheureux, ensevelis sous les débris des ans amoncelés, pour les déterrer et les rendre à la lumière. Je ne crains pas que pour moi seul elle passe en m'oubliant. Mais le prince, mieux que tout autre, sait l'instant auquel il doit secourir chacun. Pour moi, je mettrai tous mes soins à ce qu'il ne rougisse pas de descendre jusqu'à moi. Heureuse ta clémence, ô César! elle par qui les exilés vivent sous ton règne avec moins d'alarmes que naguère les princes ne vivaient sous Caius. Ils ne tremblent pas, ils n'attendent pas le glaive à toutes les heures, ils ne pâlissent pas à la vue de tout vaisseau. Grâce à toi, leur fortune est limitée dans ses rigueurs, ils ont l'espérance d'un meilleur avenir et le repos du présent. Tu peux reconnaître que la foudre tombe avec justice, quand ceux même qu'elle a frappés l'adorent.

XXXIII. Ainsi donc, ce prince, consolateur public de tous les hommes, a déjà, sans doute, si tout ce que je vois ne m'abuse, retrempé ton âme, et appliqué sur une si grande plaie de plus grands remèdes. Déjà il t'a ravivé par tous les moyens : déjà tous les exemples propres à te contraindre à la résignation, sa mémoire si fidèle, te les a rapportés : déjà les préceptes de tous les sages, avec cette éloquence qui lui est si familière, il te les a développés. Aussi n'y a-t-il personne qui, mieux que lui, puisse remplir ce rôle de persuasion. Les paroles auront un tout autre poids dans sa bouche, d'où elles tomberont comme autant d'oracles : toute la violence de ta douleur viendra se briser devant sa divine autorité. Figure-toi donc l'entendre te dire : « Tu n'es pas le seul qu'ait choisi la fortune, pour l'accabler d'une si rude disgrâce : il n'y a pas dans tout l'univers, il n'y eut jamais une seule maison qui n'ait eu quelque sujet de

XXXII. Abstine ab hoc manus tuas, fortuna, nec in isto potentiam tuam, nisi ea parte qua prodes, ostenderis; patere illum generi humano jam diu ægro et affecto mederi; patere, quidquid prioris principis furor concussit, in locum suum restituere ac reponere. Sidus hoc, quod præcipitato in profundum, ac demerso in tenebras orbi refulsit, semper luceat. Hic Germaniam pacet, Britanniam aperiat, et patrios triumphos ducat, et novos : quorum me quoque spectatorem futurum, quæ primum obtinet locum ex virtutibus ejus, promittit clementia; nec enim sic me dejecit, ut nollet erigere : immo ne dejecit quidem, sed impulsum a fortuna et cadentem sustinuit, et in præceps euntem leniter divinæ manus usus moderatione deposuit. Deprecatus est pro me senatum, et vitam mihi non tantum dedit, sed etiam petit. Viderit, qualem volet æstimari causam meam : vel justitia ejus bonam perspiciet, vel clementia faciet, utrumque in æquo mihi ejus beneficium erit, sive innocentem me scierit esse, sive voluerit. Interim magnum miserarum mearum solatium est, videre misericordiam ejus totum orbem pervagantem : quæ quum ex ipso angulo, in quo ego defossus sum, complures multorum jam annorum ruina obrutos effoderit, et in lucem reduxerit, non vereor ne me unum transeat. Ipse autem optime novit tempus, quo cuique debeat succurrere : ego omnem operam dabo ne pervenire ad me erubescat. O felicem clementiam tuam, Cæsar! quæ efficit, ut quietiorem sub te agant vitam exsules, quam nuper sub Caio egere principes. Non trepidant, nec per singulas horas gladium exspectant, nec ad omnem navium conspectum pavent. Per te habent, ut fortunæ sævientis modum, ita spem quoque melioris ejusdem, ac præsentis quietem. Scias licet ea demum fulmina esse justissima, quæ etiam percussi colunt.

XXXIII. Hic itaque princeps, qui publicum omnium hominum solatium est, aut me omnia fallunt, aut jam recreavit animum tuum, et tam magno vulneri majora adhibuit remedia : jam te omni confirmavit modo; jam omnia exempla, quibus ad animi æquitatem compellereris, tenacissima memoria retulit; jam omnium præcepta sapientum assueta sibi facundia explicuit. Nullus itaque melius has alloquendi partes occupaverit; aliud habebunt hoc dicente pondus verba, velut ab oraculo missa; omnem vim doloris tui divina ejus contundet auctoritas. Hunc itaque tibi puta dicere : non te solum fortuna desumsit sibi, quem tam gravi afficeret injuria; nulla domus in toto orbe terrarum aut est, aut fuit sine aliqua comploratione. Transibo

larmes. Je passe les exemples vulgaires, qui, bien que plus obscurs, n'en sont pas moins frappants; c'est devant nos fastes, devant nos annales publiques, que je veux te placer. Vois-tu toutes ces images qui remplissent le vestibule des Césars? Il n'y en a pas une qui ne soit fameuse par quelque peine domestique : il n'est aucun de ces héros, qui brillent dans les siècles dont ils sont l'ornement, qui n'ait eu à déplorer la perte des siens, ou qui n'ait été pour les siens un sujet déplorable des plus cuisantes douleurs. Te rappellerai-je Scipion l'Africain, qui apprit dans l'exil la mort de son frère. Celui qui put arracher un frère à la prison ne put l'arracher à la mort; tout le monde pourtant avait vu combien la tendresse de l'Africain souffrait impatiemment même les droits les plus justes : car le même jour qu'il enleva ce frère aux mains du viator [1], il osa, homme privé, s'opposer aussi au tribun du peuple. Cependant il supporta la mort de son frère avec autant de courage qu'il l'avait défendu. Rappellerai-je Scipion Émilien, qui vit, presqu'en un seul et même instant, le triomphe d'un père et les funérailles de deux frères? Toutefois, à peine adolescent, touchant presqu'à l'enfance, quand sa famille tombait au milieu des triomphes mêmes de Paulus, il supporta cet isolement soudain avec la fermeté d'un héros envoyé sur la terre pour qu'un Scipion ne manquât pas à Rome, pour que Carthage ne lui survécût pas.

XXXIV. « Rappelerai-je l'union des deux Lucullus, rompue par la mort? Et les Pompées? à qui la cruelle fortune ne permit pas même de tomber sous le même coup. Sextus Pompée survécut d'abord à sa sœur, dont la mort brisa les liens si solidement formés de la paix romaine. Il survécut à son digne frère, que la fortune n'avait tant élevé que pour le précipiter d'aussi haut qu'elle avait précipité son père : et toutefois, après cette épreuve, il put suffire non seulement à la douleur, mais encore à la guerre. De toutes parts se présentent d'innombrables exemples de frères séparés par la mort. Je dirai plus : jamais à peine un seul couple de frères n'a été vu vieillissant ensemble : mais je me contenterai des exemples de notre maison. Nul homme, sans doute, ne sera assez dépourvu de sens et de raison, pour se plaindre que la fortune lui envoie quelqu'affliction, lorsqu'il saura qu'elle a voulu voir couler les larmes des Césars. Le divin Auguste perdit Octavia, sa sœur chérie, et la nature n'affranchit pas de la nécessité de pleurer même celui qu'elle destinait au ciel. Bien plus encore, déchiré par tous les genres d'affliction, il vit périr le fils de sa sœur, celui qu'il préparait pour sa succession. Enfin, pour ne pas énumérer chacune de ses douleurs, il perdit et ses gendres, et ses enfants, et ses petits-enfants : de tous les mortels, nul, plus que lui, ne sentit qu'il était homme, tant qu'il fut parmi les hommes. Néanmoins, tant et de si grandes afflictions furent supportées par cette âme qui suffisait à tout; et le divin Auguste triompha non seulement des nations étrangères, mais encore de ses douleurs.

« Caius César, fils adoptif et petit-fils du divin

---

[1] Esclaves qui servaient de licteurs aux tribuns.

---

exempla vulgaria, quæ etiamsi minora, tamen mira sunt : ad fastos te, et annales perducam publicos. Vides omnes has imagines, quæ implevere Cæsareum atrium? nulla non harum aliquo suorum incommodo insignis est. nemo non ex istis in ornamentum seculorum refulgentibus viris, aut desiderio suorum tortus est, aut a suis cum maximo animi cruciatu desideratus est. Quid tibi referam Scipionem Africanum, cui mors fratris in exilio nuntiata est? Is frater qui eripuit fratrem carcere, non potuit eripere fato : et quam juris æqui impatiens pietas Africani fuerit, cunctis apparuit; eodem enim die, quo viatoris manibus fratrem abstulerat, tribuno quoque plebis privatus intercessit; tam magno tamen fratrem desideravit hic animo, quam defenderat. Quid referam Æmilianum Scipionem, qui uno pæne eodemque tempore spectavit patris triumphum, duorumque fratrum funera? adolescentulus tamen, ac prope modum puer, tanto animo tulit illam familiæ suæ, super ipsum Pauli triumphum coincidentis, subitam vastitatem, quanto debuit ferre vir in hoc natus, ne urbi Romanæ aut Scipio deesset, aut Carthago superesset.

XXXIV. Quid referam duorum Lucullorum direptam morte concordiam? Quid Pompeios? quibus ne hoc quidem sæviens reliquit fortuna, ut una denique conciderent ruina. Vixit Sextus Pompeius, primum sorori superstes, cujus morte optime cohærentis Romanæ pacis vincula resoluta sunt. Idemque vixit superstes optimo fratri ; quem fortuna in hoc erexerat, ne minus alte eum dejiceret. quam patrem dejecerat : et post hunc tamen casum non tantum dolori, sed bello suffecit. Innumerabilia uodique exempla separatorum morte fratrum succurrunt; immo contra, vix ulla unquam horum paria conspecta sunt una senescentia : sed contentus nostræ domus exemplis ero. Nemo enim tam expers erit sensus ac sanitatis, ut fortunam ulli queratur luctum intulisse, quam sciet etiam Cæsarum lacrimas concupisse. Divus Augustus amisit Octaviam sororem carissimam, et ne ei quidem rerum natura lugendi necessitatem abstulit, cui cœlum destinaverat : immo vero idem omni genere orbitatis vexatus, sororis filium successioni præparatum suæ perdidit. Denique ne singulos ejus luctus enumerem, et generos ille amisit, et liberos, et nepotes; ac nemo magis ex omnibus mortalibus hominem esse se, dum inter homines erat, sensit. Tamen tot tantosque luctus cepit rerum omnium capacissimum ejus pectus, victorque divus Augustus non gentium tantummodo externarum, sed etiam dolorum fuit.

Auguste, mon oncle, prince de la jeunesse, perdit, au sortir de l'adolescence, un autre prince de la jeunesse comme lui, dans son frère chéri Lucius. C'était pendant les apprêts de la guerre Parthique : cette blessure fut plus terrible pour son âme que celle qu'il reçut ensuite ne le fut pour son corps, et il les endura toutes deux avec la même résignation et le même courage. César Tibère, mon oncle, vit mourir dans ses bras et au milieu de ses baisers, mon père, Drusus Germanicus, son frère puîné, qui avait pénétré au cœur de la Germanie, et soumis à l'empire romain les nations les plus indomptables : il mit pourtant un frein non seulement à son désespoir, mais à celui des autres; et l'armée entière, triste, stupéfaite, et réclamant les restes de son Drusus, fut rappelée par lui dans les bornes d'une affliction romaine : il jugea que non seulement la guerre, mais aussi la douleur avait sa discipline. Il n'eût pu commander aux larmes des autres, si d'abord il n'eût réprimé les siennes.»

XXXV. « M. Antoine, mon aïeul, qui ne fut inférieur à personne, si ce n'est à celui qui le vainquit, alors qu'il gouvernait la république, et que, chargé du pouvoir triumviral, il ne voyait rien au-dessus, et tout au-dessous de lui, à l'exception de ses deux collègues, apprit que son frère était tué. O fortune capricieuse! combien tu te fais un jeu du malheur des humains ! Dans le même temps que Marc-Antoine siégeait arbitre de la vie et de la mort de ses concitoyens, le frère de Marc-Antoine était traîné au supplice. Le triumvir endura cependant cette cruelle blessure avec la même grandeur d'âme qui lui avait fait supporter ses autres adversités; et ses pleurs, à lui, ce fut le sang de vingt légions immolées aux mânes fraternels. Mais sans rappeler tous les autres exemples, sans parler des autres coups qui m'ont aussi moi-même atteint, deux fois la fortune m'a frappé dans mes affections fraternelles, et deux fois elle a compris qu'elle pouvait me blesser, qu'elle ne pouvait me vaincre. J'ai perdu mon frère Germanicus : combien je l'aimais, c'est ce que comprendra, sans doute, tout homme qui sait combien un tendre frère aime son frère. Et pourtant j'ai si bien réglé ma douleur, que, sans rien omettre de ce qui devait être exigé d'un bon frère, je n'ai rien fait de ce qui pouvait être blâmé dans un prince. »

Suppose donc que le père de tous te rappelle ces exemples; que ce même prince te montre qu'il n'est rien de sacré, rien d'inviolable pour la fortune, puisqu'elle ose aller choisir ses victimes dans ces pénates où elle va chercher des dieux. Que personne donc ne s'étonne de la trouver quelquefois ou cruelle ou injuste. Peut-elle, en effet, faire preuve, envers des maisons privées, d'aucune équité, d'aucun ménagement, elle dont l'implacable fureur a tant de fois souillé, par le meurtre, la couche des Césars? Nous avons beau l'accabler d'invectives; ce n'est ni notre voix, ni même la voix publique qui peut la faire changer : sourde à toute prière, à toute expiation, ce que fut la fortune dans les choses humaines, elle le sera toujours; elle ose tout, elle touche à tout. Sa violence se déployant partout, selon sa coutume de

«Caius Cæsar, divi Augusti avunculi mei filius ac nepos, circa primos juventæ suæ annos Lucium fratrem carissimum sibi, princeps juventutis principem ejusdem juventutis amisit, in apparatu Parthici belli, et graviore multo animi vulnere, quam postea corporis, ictus est; quum utrumque piissime idem, et fortissime tulit. Cæsar patruus meus, Drusum Germanicum patrem meum, minorem natu quam ipse erat fratrem, intima Germaniæ recludentem, et gentes ferocissimas Romano subjicientem imperio, in complexu et osculis suis amisit : modum tamen lugendi non sibi tantum, sed etiam aliis fecit; ac totum exercitum, non solum mæstum, sed etiam attonitum, corpus Drusi sui sibi vindicantem, ad morem Romani luctus redegit ; judicavitque non militandi tantum disciplinam esse servandam, sed etiam dolendi. Non potuisset ille lacrymas alienas compescere, nisi prius pressisset suas.

XXXV. « M. Antonius avus meus, nullo minor nisi eo a quo victus est, tunc quum rempublicam constitueret, et triumvirali potestate præditus, nihil supra se, exceptis vero duobus collegis omnia infra se cerneret, fratrem interfectum audivit. Fortuna impotens, quales ex humanis malis tibi ipsa ludos facis! eo ipso tempore, quo M. Antonius civium suorum vitæ sedebat mortisque arbiter, M. Antonii frater duci jubebatur ad supplicium. Tulit hoc tamen tam triste vulnus eadem magnitudine animi, qua omnia alia adversa toleraverat; et hoc fuit ei lugubre, viginti legionum sanguine fratri parentare. Sed ut omnia alia exempla prætereant, ut in me quoque ipso alia taceam funera, bis me fraterno luctu fortuna aggressa est ; bis intellexit lædi me posse, vinci non posse. Amisi Germanicum fratrem; quem quomodo amaverim, intelligit profecto, quisquis cogitat, quomodo suos fratres pii fratres ament. Sic tamen affectum meum rexi, ut nec relinquerem quidquam quod exigi deberet a bono fratre, nec facerem quod reprehendi posset in principe.»

Hæc ergo puta tibi parentem publicum referre exempla, eumdem ostendere quam nihil sacrum intactumque sit fortunæ, quæ ex his penatibus ausa est funera ducere, ex quibus erat deos petitura. Nemo itaque miretur aliquid ab illa aut crudeliter fieri, aut inique. Potest enim hæc adversus privatas domos ullam æquitatem nosse, aut ullam modestiam, cujus implacabilis sævitia toties ipsa funestavit pulvinaria? Faciamus licet illi convicium, non nostro tantum ore, sed etiam publico, non tamen mutabitur; adversus omnes se preces, omnesque ceremonias eriget. Hoc fuit in rebus humanis fortuna, hoc erit, nihil inausum sibi reliquit ; nihil intactum relinquet. Ibit via-

tous les temps, elle ira, pour le plaisir du mal, frapper aux maisons qui ont des temples pour avenues, et apportera des vêtements de deuil sous les portiques couronnés de lauriers.

XXXVI. Puissent seulement nos vœux, puissent les prières publiques, obtenir d'elle, si elle n'a pas encore résolu d'anéantir le genre humain, si elle regarde encore le nom romain d'un œil favorable, que ce prince, accordé aux destinées chancelantes de l'humanité, soit aussi sacré pour elle qu'il l'est pour tous les mortels. Qu'elle apprenne de lui la clémence ; qu'elle soit douce envers le plus doux des princes. Il te faut donc considérer tous les grands hommes que je viens de citer, soit ceux qui sont déjà reçus dans le ciel, soit ceux qui s'en rapprochent, et souffrir avec résignation que la fortune étende jusqu'à toi cette main qui n'épargne pas même ceux par qui nous vivons. Il te faut imiter leur courage à soutenir, à vaincre la douleur, et, autant qu'il l'est permis à l'homme, marcher sur leurs traces divines. Quoiqu'en toute autre chose, les dignités et la noblesse opposent leurs distances, du moins la vertu est accessible à tous : elle ne dédaigne personne, pourvu qu'on se juge digne d'elle. Il est beau, sans doute, d'imiter ceux qui, pouvant s'indigner de n'être pas exempts du malheur, ont accepté, non comme une injure, mais comme une condition de l'humanité, de se voir, en cela seul, mis au niveau des autres mortels ; qui ont subi tous les accidents, sans aigreur et sans amertume, comme sans mollesse et sans lâcheté. Car ne pas sentir ses maux, c'est n'être pas homme ;

ne pas les supporter, c'est n'être pas un homme.

Après avoir passé en revue tous les Césars auxquels la fortune enleva des frères et des sœurs, je ne puis toutefois omettre celui qu'il faudrait retrancher du nombre des Césars, celui que la nature enfanta pour la ruine et l'opprobre du genre humain, pour renverser de fond en comble un empire que relève la clémence du plus sage des princes. Caius César, cet homme aussi incapable de s'affliger que de se réjouir en prince, ayant perdu sa sœur Drusilla, se déroba à la vue et au commerce de ses concitoyens, n'assista pas aux obsèques de sa sœur : ne rendit pas les derniers devoirs à sa sœur, mais retiré dans sa maison d'Albe, c'est aux dés, à la table de jeu, et aux autres occupations de même genre qu'il demande une distraction à de si cruelles funérailles. O honte de l'empire ! un prince romain pleure une sœur, et la consolation de son âme, c'est un dé. Ce même Caius, dans les caprices de son délire, tantôt laisse croître sa barbe et ses cheveux, tantôt parcourt en insensé les rives de l'Italie et de la Sicile, n'étant jamais bien sûr s'il veut pour Drusilla des pleurs ou des autels. Car dans le moment même où il lui vouait des temples et des honneurs divins, il poursuivait des plus cruels châtiments ceux qui ne montraient pas une assez grand affliction.

C'était le même dérèglement d'esprit lorsqu'il recevait les coups de la mauvaise fortune, que lorsque, transporté par les faveurs de la prospérité, on le voyait gonflé d'un orgueil plus qu'humain. Loin de toute âme romaine cet exemple

---

lentior per omnia, sicut semper est solita, eas quoque domos suas injuriæ causa intrare, in quas per templa aditur, et atram laureatis foribus induet vestem.

XXXVI. Hoc unum obtineamus ab illa votis ac precibus publicis, si nondum illi genus humanum placuit consumere, si Romanum adhuc nomen propitia respicit, hunc principem, lapsis hominum rebus datum, sicut omnibus mortalibus, sibi esse sacrosanctum velit ; discat ab illo clementiam, atque sit mitissimo omnium principum mitis. Debes itaque omnes intueri eos, quos paulo ante retuli, aut adscitos cœlo, aut proximos, et ferre æquo animo fortunam, ad te quoque porrigentem manus, quas ne ab eis quidem, per quos vivimus, abstinet. Debes illorum imitari firmitatem et perferendis et evincendis doloribus, et in quantum modo homini fas est, per divina ire vestigia. Quamvis in aliis rebus dignitatum ac nobilitatum magna discrimina sint, virtus in medio posita est : neminem dedignatur, qui modo dignum se illa judicat. Optime certe illos imitaberis, qui quum indignari possent non esse ipsos expertes hujus mali, tamen in hoc uno se ceteris exæquari hominibus, non injuriam, sed jus mortalitatis judicaverunt ; tuleruntque nec nimis acerbe et super quod acciderat, nec molliter et effeminate. Nam

et non sentire mala sua, non est hominis, et non ferre, non est viri.

Non possum tamen, quum omnes circumiverim Cæsares, quibus fortuna fratres et sorores eripuit, hunc præterire ex omni Cæsarum numero excerpendum ; quem rerum natura in exitium opprobriumque humani generis edidit, a quo imperium eversum funditus, principis piissimi recreat clementia. C. Cæsar, amissa sorore Drusilla, is homo qui non magis dolere quam gaudere principaliter posset, conspectum conversationemque civium suorum profugit, exequiisque sororis suæ non interfuit, justa sorori non præstitit, sed in Albano suo tesseris ac foro, et provocatis hujus modi aliis occupationibus acerbissimi funeris levabat mala. Pro pudor imperii! principis Romani lugentis sororem alea solatium animi fuit. Idem ille Caius furiosa inconstantia, modo barbam capillumque submittens, modo Italiæ ac Siciliæ oras errabundus permetiens, et nunquam satis certus utrum lugeri vellet, an coli sororem. Eodem enim tempore, quo templa illi constituebat ac pulvinaria, eos qui parum mœsti fuerant, crudelissima afficiebat animadversione. Eadem enim intemperie animi adversarum rerum ictus ferebat, qua secundarum elatus eventu, supra humanum

d'un insensé, qui veut distraire sa douleur par des jeux déplacés, ou l'irriter par le spectacle repoussant de la négligence et de la malpropreté, ou la charmer par les maux d'autrui, consolation indigne d'un homme. Quant à toi, tu n'as rien à changer de tes habitudes; car tu t'es attaché à choisir ces études qui ajoutent si grandement à la prospérité et allègent si aisément l'infortune, qui sont pour l'homme le plus bel ornement, en même temps que la plus douce consolation.

XXXVII. Maintenant donc plonge-toi plus avant dans les études : fais-en comme un rempart qui environne si bien ton âme, que la douleur ne puisse d'aucun côté y trouver accès. Tu dois aussi à ton frère de faire vivre sa mémoire, en lui élevant dans tes écrits un monument durable. Car voilà les seules œuvres de l'homme que n'outrage nulle tempête, que nul âge ne dévore : toutes les autres, qui ne s'appuient que sur des constructions de pierre, sur des monceaux de marbre, sur des entassements de terre élevée à d'immenses hauteurs, ne promettent pas un long avenir; car il faut que tout cela périsse à son tour. Il n'y a d'immortel que les souvenirs du génie; c'est là ce qu'il te faut accorder à ton frère, c'est là le temple où tu dois le placer : mieux vaut l'immortaliser par ton génie, fait pour vivre à jamais, que le poursuivre de stériles regrets.

Quant à ce qui concerne la fortune elle-même, sa cause, il est vrai, ne saurait maintenant se plaider devant toi; car toutes les choses qu'elle nous a données nous deviennent odieuses, par cela qu'elle nous en a ôté une seule ; cependant alors que le temps aura fait de toi un juge plus équitable, il sera permis de prendre sa défense, car alors tu pourras te réconcilier avec elle. En effet, elle t'a d'avance offert beaucoup de choses pour compenser ce dommage; elle te donnera encore beaucoup pour le racheter; enfin, ce qu'elle t'a ravi, ce fut elle-même qui te le donna. Ne va donc pas te servir de ton génie contre toi-même, ne va pas prêter des forces à ta douleur. Sans doute, ton éloquence a le pouvoir d'agrandir les petites choses, comme d'amoindrir les grandes et de les ramener aux plus petites proportions ; mais il faut qu'elle réserve ses forces pour d'autres besoins, et que maintenant elle s'emploie tout entière à te consoler. Considère cependant si déjà cela même n'est pas inutile. Car la nature exige bien quelque chose de nous ; mais la vanité demande encore davantage. Or, jamais je n'exigerai de toi que tu t'abstiennes de toute affliction. Je sais qu'il se trouve des hommes dont la philosophie, plutôt cruelle que courageuse, nie que le sage puisse connaître la douleur. Mais ceux-là semblent n'être jamais tombés dans des afflictions de ce genre : autrement la fortune les eût fait renoncer à cette superbe sagesse, et les eût contraints, en dépit d'eux-mêmes, à confesser la vérité. La raison aura fait assez, si elle retranche de la douleur ce qu'elle a de trop, ce qu'elle a de superflu; mais qu'elle l'étouffe entièrement, c'est ce qu'il ne faut ni espérer, ni souhaiter. Qu'elle s'en tienne plutôt à cette mesure qui ne ressemble ni à l'insensibilité ni au délire;

---

intumescebat modum. Procul istud exemplum ab Romano viro, luctum suum aut intempestivis avocare lusibus, aut sordium ac squaloris fœditate irritare, aut alienis malis oblectare, minime humano solatio. Tibi vero nihil ex consuetudine mutandum tua, quoniam quidem ea instituisti amare studia, quæ et optime felicitatem extollunt, et facillime minuunt calamitatem ; eademque et ornamenta hominum maxima sunt, et solatia.

XXXVII. Nunc itaque te studiis tuis immerge altius, nunc illa tibi velut munimenta animi circumda, nec ex ulla tui parte inveniat introitum dolor. Fratris quoque tui produc memoriam aliquo scriptorum monumento tuorum : hoc enim unum est rebus humanis opus, cui nulla tempestas noceat, quod nulla consumat vetustas : cetera quæ per constructionem lapidum, et marmoreas moles, aut terrenos tumulos in magnam eductos altitudinem constant, non propagabunt longam diem, quippe et ipsa intereunt. Immortalis est ingenii memoria : hanc tuo fratri largire, in hac eum colloca; melius illum duraturo semper consecrabis ingenio, quam irrito dolore lugebis.

Quod ad ipsam fortunam pertinet, etiamsi nunc agi apud te causa ejus non potest : omnia enim illa quæ nobis dedit, ob hoc ipsum, quod aliquid eripuit, invisa sunt : tunc tamen erit agenda, quum primum æquiorem te illi judicem dies fecerit; tunc enim poteris in gratiam cum illa redire. Nam multa providit, quibus hanc emendaret injuriam ; multa etiam nunc dabit quibus redimat; denique ipsum quod abstulit, ipsa dederat tibi. Noli ergo contra te ingenio uti tuo, noli adesse dolori tuo. Potest quidem eloquentia tua, quæ parva sunt approbare pro magnis, rursus magna attenuare, et ad minima deducere: sed alio ista vires servet suas, nunc tota se in solatium tuum conferat. Sed tamen dispice, ne hoc jam quoque ipsum sit supervacuum ; aliquid enim a nobis natura exigitur; plus vanitate contrahitur. Nunquam autem ego a te, ne ex toto mœreas, exigam. Et scio inveniri quosdam duræ magis quam fortis prudentiæ viros, qui negent doliturum esse sapientem. Hi vero videntur nunquam in hujusmodi casum incidisse : alioquin excussisset illis fortuna superbam sapientiam, et ad confessionem eos veri etiam invitos compulisset. Satis præstiterit ratio, si id unum ex dolore, quod et superest et abundat, exciderit; ut quidem nullum omnino esse eum patiatur, nec sperandum ulli, nec concupiscendum est. Hunc potius modum servet, qui nec impietatem imitetur, nec insaniam: et nos in eo teneat habitu, qui et piæ mentis est, nec

7.

qu'elle nous place dans une condition qui appartienne à une âme sensible, mais non dérangée. Laissons couler nos larmes; mais qu'elles s'arrêtent bientôt; que des gémissements s'échappent du fond de notre poitrine; mais qu'ils aient aussi leur terme. Gouverne si bien ton âme que tu mérites l'estime et des sages et des frères. Que souvent tu te plaises à faire revivre en toi la mémoire de ton frère; célèbre-le dans tes discours, et que de fidèles souvenirs te le représentent sans cesse. C'est à quoi tu ne peux arriver que si tu rends ces souvenirs plutôt aimables que chagrins. Car il est naturel que l'esprit s'éloigne toujours des pensées auxquelles il ne revient qu'avec tristesse. Rappelle-toi sa modestie; rappelle-toi son aptitude à entreprendre, son habileté à exécuter, sa fidélité à tenir ce qu'il avait promis. Raconte aux autres toutes ses actions, toutes ses paroles, et redis-toi-les à toi-même. Pense à ce qu'il fut, à ce qu'il promettait d'être. Car que ne pouvait-on pas garantir hardiment d'un tel frère?

Voilà, telles que j'ai pu les présenter, les réflexions d'un esprit affaibli et rouillé par une longue inertie. Si elles te semblent peu dignes de satisfaire ton génie, ou peu propres à guérir ta douleur, songe qu'il n'a guère de loisir pour consoler les autres, celui que ses maux personnels absorbent tout entier; songe combien les mots latins arrivent difficilement à un homme dont les oreilles sont déchirées par le grossier jargon des Barbares, choquant même pour les Barbares plus civilisés.

motæ. Fluant lacrymæ, sed eædem desinant; trahantur ex imo pectore gemitus, sed iidem et finiantur. Sic rege animum tuum, ut et sapientibus te approbare possis, et fratribus. Effice, ut frequenter fratris tui memoriam tibi velis occurrere, ut illum et sermonibus celebres, et assidua recordatione repræsentes tibi. Quod ita denique consequi poteris, si tibi memoriam ejus jucundam magis, quam flebilem feceris; naturale est enim, ut semper animus ab eo refugiat, ad quod cum tristitia revertitur. Cogita modestiam ejus, cogita in rebus agendis solertiam, in exsequendis industriam, in promissis constantiam.

Omnia dicta ejus ac facta et aliis expone, et tibimet ipse commemora. Qualis fuerit cogita, qualisque sperari potuerit : quid enim de illo non tuto sponderi frater posset? Hæc, utcumque potui, longo jam situ obsoleto et hebetato animo composui : quæ si aut parum respondere ingenio tuo, aut parum mederi dolori videbuntur, cogita quam non possit is alienæ vacare consolationi, quem sua mala occupatum tenent, quam non facile latina ei verba homini succurrant, quem Barbarorum inconditus et Barbaris quoque humanioribus gravis fremitus circumsonat.

CONSOLATION A MARCIA.

I. Si je ne savais, Marcia, que ton âme ne s'est pas moins retranchée contre les faiblesses d'une femme que contre les autres vices, et que l'on t'admire dans tes mœurs comme un antique exemple, je n'oserais pas aller au-devant de ta douleur, quand les hommes mêmes s'abandonnent à la leur, s'y attachent et la caressent; et je ne me serais pas flatté, dans un moment si défavorable, près d'un juge si prévenu, devant une si grave accusation, de pouvoir réussir à te faire absoudre ta fortune. Ce qui m'a donné confiance, c'est la vigueur éprouvée de ton âme, c'est ta vertu signalée déjà par un si éclatant témoignage. On n'a pas oublié ta conduite à l'égard de ton père, lui que tu ne chérissais pas moins que tes enfants, à cela près, que tu n'espérais pas le voir te survivre ; et je ne sais même si tu ne l'as pas espéré : car les grandes affections se permettent certaines choses au-delà des sentiments les plus légitimes. Autant que tu le pus, tu empêchas Crémutius Cordus, ton père, de se donner la mort. Quand il te montra qu'entouré par les satellites de Séjan, il ne lui restait que cette voie pour finir la servitude, sans encourager son dessein, vaincue, tu lui rendis les armes et versas des pleurs : en public, il est vrai, tu dévorais ta peine, mais pourtant tu ne la cachas pas sous un front joyeux; et cela dans un siècle où c'était une grande preuve de piété filiale, de ne pas faire parade d'impiété. Mais aussitôt que les temps changèrent, saisissant l'occasion, tu remis en circulation le génie de ton père, ce génie qui avait été condamné aux flammes; tu le rappelas d'une mort véritable; tu rendis aux monuments publics les livres qu'avait écrits de son sang cet homme d'un sublime courage. Que ne te doivent pas les lettres latines? Le bûcher en avait dévoré le plus bel honneur. Que ne te doit pas la postérité, à qui parviendront purs de tout mensonge ces fidèles écrits qu'on fit payer si cher à leur au-

CONSOLATIO AD MARCIAM.

I. Nisi te, Marcia, scirem tam longe ab infirmitate muliebris animi, quam a ceteris vitiis recessisse, et mores tuos velut antiquum aliquod exemplar aspici; non auderem obviam ire dolori tuo, cui viri quoque libenter hærent et incubant, nec spem concepissem, tam iniquo tempore, tam inimico judice, tam invidioso crimine, posse me efficere, ut fortunam tuam absolveres. Fiduciam mihi dedit exploratum jam robur animi, et magno experimento approbata virtus tua. Non est ignotum, qualem te in personam patris tui gesseris, quem non minus quam liberos dilexisti, excepto eo, quod non optabas superstitem ; nec scio an et optaveris. Permittit enim sibi quædam et contra bonum morem magna pietas. Mortem A. Cremutii Cordi, parentis tui, quantum poteras, inhibuisti. Postquam tibi aperuit, inter Sejanianos satellites illam unam patere servitutis fugam, non favisti consilio ejus; sed dedisti manus victa, fudistique lacrymas; palam et gemitus devorasti quidem, non tamen hilari fronte texisti; et hoc illo seculo, quo magna pietas erat, nihil impie facere. Ut vero aliquam occasionem mutatio temporum dedit, ingenium patris tui, de quo sumtum erat supplicium, in usum hominum reduxisti; et a vera illum vindicasti morte, ac restituisti in publica monumenta libros, quos vir ille fortissimus sanguine suo scripserat. Optime meruisti de Romanis studiis; magna illorum pars arserat : optime de posteris, ad quos veniet incorrupta rerum fides, auctori suo magno imputata : optime de ipso, cujus viget vige-

teur? Que ne te doit-il pas lui-même, lui dont la mémoire vit et vivra tant qu'on mettra du prix à connaître les choses romaines, tant qu'il se trouvera un seul homme jaloux d'imiter les actions de nos ancêtres ; un seul, curieux de savoir ce que c'est qu'un Romain, ce que c'est qu'un homme indomptable, un génie, une âme, un bras libre, alors que toutes les têtes s'inclinent et s'attellent au joug de Séjan. Certes, c'eût été une perte immense pour la république, si tu n'eusses déterré cette gloire condamnée à l'oubli pour ses deux plus beaux titres, l'éloquence et la liberté. On lit ton père, on l'admire ; et nos mains et nos cœurs l'ont accueilli ; il n'a plus rien à craindre du temps. Mais bientôt on aura tout oublié de ses bourreaux, même leurs crimes, qui seuls leur valurent un nom.

Cette grandeur de ton âme ne m'a plus permis d'avoir égard à ton sexe, d'avoir égard à ton visage où se conserve encore la première empreinte d'une tristesse qui dure depuis tant d'années. Et vois combien peu je cherche à te surprendre, à faire illusion à ton cœur. Je rappelle à ton souvenir tes malheurs d'autrefois. Tu veux savoir si ta plaie nouvelle peut se guérir ? Et je t'ai montré la cicatrice d'une blessure non moins profonde. Que d'autres te traitent mollement, caressent ta douleur : pour moi j'ai résolu de lutter avec elle. Ces larmes que dans tes yeux épuisés et malades, l'habitude, excuse ma franchise, fait déjà couler plutôt que le regret, je veux en arrêter le cours, toi-même, s'il se peut, aidant ta guérison ; sinon, même malgré toi, quand tu retiendrais dans une forte étreinte la douleur, que tu as fait survivre à ton fils pour le remplacer. Car enfin, quel en sera le terme? On a tout essayé vainement ; et les remontrances de tes amis, dont tu as fatigué le zèle, et l'autorité des hommes considérables, qui sont tes proches, et les belles-lettres, ce précieux héritage de ton père, ne sont que des consolations vaines, à peine capables d'occuper ton âme un seul instant ; ton oreille est sourde : elles passent sans t'éveiller. Le temps lui-même, ce remède naturel, qui apaise les plus grandes afflictions, sur toi seule a perdu toute sa force. Déjà trois ans se sont écoulés, et ta douleur n'a rien diminué de sa première violence. Chaque jour elle se renouvelle et se fortifie ; elle s'est fait un droit de sa durée, et elle en est venue au point qu'elle aurait honte de cesser.

De même que tous les vices s'enracinent plus profondément, si l'on ne les étouffe aussitôt qu'ils germent : ainsi dans une âme triste et malheureuse, la douleur, armée contre elle-même, finit par se repaître de ses propres amertumes, et l'infortune trouve dans le chagrin une jouissance dépravée. Aussi voudrais-je avoir entrepris ton traitement dans les premiers jours : un plus léger remède eût suffi pour dompter la violence du mal à son origine : il faut l'attaquer avec plus d'énergie lorsqu'il est invétéré. On guérit facilement une plaie d'où le sang vient de couler : alors on la brûle, on la sonde profondément ; elle souffre le doigt qui l'interroge : mais, une fois corrompue et devenue avec le temps un ulcère malin, sa cure est plus difficile. Désormais ce n'est pas avec des ménagements et d'une main timide que je

---

bitque memoria, quamdiu fuerit in pretio, Romana cognosci, quamdiu quisquam erit, qui reverti velit ad acta majorum, quamdiu quisquam, qui velit scire, quid scit vir Romanus, quid subactis jam cervicibus omnium, et ad Sejanianum jugum adactis, indomitus sit homo, ingenio, animo, manu liber. Magnum mehercule detrimentum respublica ceperat, si illum ob duas partes pulcherrimas in oblivionem conjectum, eloquentiam et libertatem, non eruisses. Legitur, floret ; in manus hominum, in pectora receptus, vetustatem nullam timet. At illorum carnificum cito scelera quoque, quibus solis memoriam meruerunt, tacebunt. Hæc magnitudo animi tui vetuit me ad sexum tuum respicere, vetuit ad vultum, quem tot annorum continua tristitia, ut semel obduxit, tenet. Et vide quam non surrepam tibi, nec fucum facere affectibus tuis cogitem. Antiqua mala in memoriam reduxi ; et vis scire hanc quoque plagam esse sanandam ? ostendi tibi æque magni vulneris cicatricem. Alii itaque molliter agant, et blandiantur : ego confligere cum tuo mœrore constitui, et defessos exhaustosque oculos, si verum audire vis, magis jam ex consuetudine. quam ex desiderio fluentes, continebo, si fieri potuerit, te favente remediis tuis ; sin minus, vel invita ; teneas licet et amplexeris dolorem tuum, quem tibi in filii locum superstitem fecisti. Quis enim erit finis? omnia in supervacuum tentata sunt : fatigatæ allocutiones amicorum ; auctoritates magnorum et affinium tibi virorum ; studia, hereditarium et paternum bonum, surdas aures, irrito ac vix ad brevem occupationem proficiente solatio, transeunt ; illud ipsum naturale remedium temporis, quod maximas ærumnas quoque componit, in te una vim suam perdidit. Tertius jam præteriit annus, quum interim nihil ex primo illo impetu cecidit : renovat se, et corroborat quotidie luctus, et jam sibi jus mora fecit, eoque adductus est, ut putet turpe desinere. Quemadmodum omnia vitia penitus insident, nisi, dum surgunt, oppressa sint, ita quoque hæc tristia et misera, et in se sævientia, ipsa novissime acerbitate pascuntur, et fit infelicis animi prava voluptas dolor. Cupissem itaque primis temporibus ad istam curationem accedere ; leviore medicina fuisset oriens adhuc restinguenda vis ; vehementius contra inveterata pugnandum est. Nam vulnerum quoque sanitas facilis est, dum a sanguine recentia sunt : tunc et uruntur, et in altum revocantur, et digitos scrutantium recipiunt ; ubi corrupta in malum ulcus veterarunt, difficilius curantur. Non possum nunc per ob-

pourrais atteindre une si profonde douleur : il faut y plonger le fer.

II. Je sais que d'ordinaire les remontrances commencent par des préceptes et finissent par des exemples : il est bon quelquefois de changer cette méthode; à chacun il faut son traitement. Quelques-uns cèdent à la raison ; à d'autres il faut opposer de grands noms, dont l'autorité captive leur âme, dont l'éclat les éblouisse. Je vais mettre sous tes yeux deux exemples fameux, et de ton sexe, et de ton siècle : de ces deux femmes, l'une se livre à tout l'entraînement de sa douleur ; l'autre, affligée par une semblable disgrâce, mais perdant plus, ne laisse pas toutefois à son malheur un long pouvoir sur son âme, et l'a bientôt rendue à son calme habituel. Octavie et Livie, l'une sœur, l'autre femme d'Auguste, perdirent deux fils à la fleur de l'âge, auxquels était assuré l'espoir de régner un jour. Octavie perdit Marcellus, gendre et neveu d'un prince qui commençait à se reposer sur lui, et devait le charger du fardeau de l'empire; jeune homme d'un esprit vif, d'un vigoureux génie, d'une sobriété, d'une continence trèsmerveilleuse pour son âge ou son rang, infatigable à la peine, ennemi des plaisirs, capable de porter tout ce que son oncle eût voulu placer, et pour ainsi dire, bâtir sur ses épaules. Il avait su choisir une base qui ne devait céder sous aucun poids. Tant que la mère survécut à son fils, elle ne mit pas de fin à ses larmes et à ses plaintes ; elle n'accueillit pas une parole qui lui apportât quelque soulagement ; elle ne souffrit pas même une distraction à sa douleur. Attachée à l'unique pensée qui occupait son âme entière, elle fut toute sa vie telle qu'aux funérailles. Elle n'osait pas se relever de son abattement ; je dis plus, elle repoussait la main qui l'eût secourue, croyant que c'était perdre son fils une seconde fois que de renoncer aux larmes. Elle ne voulut avoir aucune image de son cher Marcellus, ni jamais entendre parler de lui. Détestant toutes les mères, elle avait surtout de la rage contre Livie, parce qu'il lui semblait que le fils de Livie héritait du bonheur promis au sien. N'aimant que les ténèbres et la solitude, ne regardant pas même son frère, elle refusa les vers faits pour célébrer la mémoire de Marcellus, avec les autres hommages des arts, et ferma ses oreilles à toute consolation. Elle a fui les cérémonies solennelles; elle a même pris en haine la trop vive splendeur, dont rayonnait de toutes parts la fortune fraternelle, pour se faire un tombeau de sa retraite. Entourée de ses fils et de ses petits-fils, jamais elle ne quitta sa robe de deuil, outrage pour tous les siens, quand, eux vivants, elle se croyait restée seule dans le monde.

III. Livie avait perdu son fils Drusus, qui devait être un grand prince, déjà grand capitaine. Il avait pénétré jusqu'au fond de la Germanie, et planté les aigles romaines où l'on savait à peine qu'il existât des Romains. Mort vainqueur dans cette campagne, durant sa maladie ses ennemis mêmes l'environnent de respect et consentent à une suspension d'armes, n'osant pas souhaiter ce qui leur eût été si profitable. A la gloire de cette mort, reçue pour la république, se joignait le regret immense des citoyens, des provinces, de l'Italie

---

sequium, nec molliter assequi tam durum dolorem : frangendus est.

II. Scio a præceptis incipere omnes qui monere aliquem volunt, et in exempla desinere. Mutari hunc interim morem expedit. Aliter enim cum alio agendum est. Quosdam ratio ducit ; quibusdam nomina clara opponenda sunt, et auctoritas, quæ liberum non relinquat animum ad speciosa stupentem. Duo tibi ponam ante oculos maxima, et sexus et seculi tui exempla : alterius, feminæ, quæ se tradidit ferendam dolori : alterius, quæ pari affecta casu, majore damno, non tamen dedit longum in se malis suis dominium, sed cito animum in sedem suam reposuit. Octavia et Livia, altera soror Augusti, altera uxor, amiserunt filios juvenes, utraque spe futuri principis certa. Octavia Marcellum, cui et avunculus et socer incumbere cœperat, in quem onus imperii reclinaret, adolescentem animo alacrem, ingenio potentem; sed et frugalitatis continentiæque in illis aut annis aut opibus non mediocriter admirandum : patientem laboris, voluptatibus alienum ; quantumcumque imponere illi avunculus, et (ut ita dicam) inædificare voluisset, laturum. Bene legerat nulli cessura ponderi fundamenta. Nullum finem, per omne vitæ suæ tempus, flendi gemendique fecit, nec ullas admisit voces salutare aliquid afferentes. Ne avocari quidem se passa est. Intenta in unam rem et toto animo affixa talis per omnem vitam fuit, qualis in funere; non dico, non ausa consurgere, sed allevari recusans, secundam orbitatem judicans, lacrymas mittere. Nullam habere imaginem filii carissimi voluit, nullam sibi fieri de illo mentionem. Oderat omnes matres, et in Liviam maxime furebat, quia videbatur ab illius filium transisse sibi promissa felicitas. Tenebris et solitudini familiarissima, ne ad fratrem quidem respiciens, carmina celebrandæ Marcelli memoriæ composita aliosque studiorum honores rejecit, et aures suas adversus omne solatium clausit : a solemnibus officiis seducta, et ipsam magnitudinis fraternæ nimis circumlucentem fortunam exosa, defodit se, et abdidit. Assidentibus liberis, nepotibus, lugubrem vestem non deposuit, non sine contumelia omnium suorum, quibus salvis orba sibi videbatur.

III. Livia amiserat filium Drusum, magnum futurum principem, jam magnum ducem. Intraverat penitus Germaniam, et ibi signa Romana fixerat, ubi vix ullos esse Romanos notum erat. In expeditione victor decesserat, ipsis illum hostibus ægrum cum veneratione et pace mutua prosequentibus, nec optare quod expediebat auden-

tout entière, au travers de laquelle les colonies, les municipes accourus de toutes parts à la cérémonie lugubre, conduisirent jusqu'à Rome ces funérailles qu'on eût dit plutôt un triomphe. La mère n'avait pu s'enivrer des derniers baisers de son fils et des douces paroles tombées de sa bouche mourante. Elle qui, suivant ces tristes restes durant le long trajet du cortége, avait vu fumer dans toute l'Italie ces bûchers sans nombre, dont s'irritait sa douleur, comme si tant de fois elle eût perdu son Drusus, aussitôt qu'elle l'eut déposé dans la tombe, elle enveloppe dans le même linceul et son fils et son chagrin. Sa douleur fut telle qu'il convenait à la fille des Césars, telle qu'elle était légitime pour une mère: aussi ne cessa-t-elle pas de célébrer le nom de son Drusus, de se représenter partout son image en public et en particulier, et de prendre plaisir à entendre parler de lui: au contraire, personne ne pouvait garder et entretenir le souvenir de Marcellus, sans se faire un ennemi de sa mère.

Choisis donc celui de ces deux modèles que tu penses le plus louable. Si tu préfères suivre le premier, tu te retranches du nombre des vivants, tu prends en aversion et les enfants des autres et les tiens, et celui même que tu pleures; ta rencontre est pour les mères un sinistre augure; tu repousses tout plaisir honnête et licite comme messéant à ton infortune; tu maudis le jour; ton âge, qui ne s'achève pas assez vite pour te jeter dans la tombe, tu l'as en horreur; enfin, ce qui est le comble de la honte, ce qui répugne à ton âme distinguée par tant de beaux côtés, tu avoues que tu ne veux pas vivre et que tu n'oses pas mourir.

Mais si tu t'appliques à imiter la magnanime Livie, plus retenue, plus calme dans la douleur, tu ne te laisseras pas sécher dans les tourments. En effet, quelle est cette démence que de se châtier soi-même de ses infortunes, et d'augmenter la somme de ses maux? Cette pureté de mœurs, cette réserve dont jamais tu ne t'es écartée dans ta vie, se signaleront encore dans ta disgrâce: car la douleur elle-même a sa modestie. Tu mériteras à ton fils un glorieux repos en le nommant, en le rappelant sans cesse, et tu le placeras dans une plus haute région, si, comme de son vivant, il se présente encore à sa mère sous les traits du bonheur et de la sérénité.

IV. Je ne te soumets pas à des préceptes plus que rigides; je ne te commande pas de supporter inhumainement des disgrâces humaines, et je ne viens pas sécher les yeux d'une mère le jour même des funérailles. Nous prendrons un arbitre. Entre nous deux il s'agit de savoir si la douleur doit être grande ou éternelle. Je ne doute pas que tu ne préfères l'exemple de Livie Augusta, dont tu as cultivé l'amitié. Elle t'appelle dans son conseil. Dans le premier transport de sa douleur, alors que l'affliction est plus impatiente et plus rebelle, Livie chargea de la consoler Aréus, le philosophe de son mari[1], et confessa que cet homme avait beaucoup fait pour elle, plus que le peuple romain, qu'elle ne voulait pas attrister de sa tristesse; plus qu'Auguste, qui chancelait privé de l'un de ses

[1] Les grands avaient des philosophes attachés à leur personne.

tibus. Accedebat ad hanc mortem, quam ille pro republica obierat, ingens civium provinciarumque, et totius Italiæ desiderium, per quam, effusis in officium lugubre municipiis coloniisque, usque in Urbem ductum erat funus triumpho simillimum. Non licuerat matri, ultima filii oscula gratumque extremi sermonem oris haurire. Longo itinere reliquias Drusi sui prosecuta, tot per omnem Italiam ardentibus rogis, quasi totiens illum amitteret, irritata, ut primum tamen intulit tumulo, simul et illum et dolorem suum posuit; nec plus doluit quam aut honestum erat Cæsari, aut æquum matri. Non desiit itaque Drusi sui celebrare nomen, ubique illum sibi privatim publiceque repræsentare, et libentissime de illo loqui, de illo audire: quum memoriam alterius nemo posset retinere ac frequentare, quin illam tristem sibi redderet. Elige itaque, utrum exemplum putas probabilius; si illud prius sequi vis, eximis te numero vivorum: aversaberis et alienos liberos et tuos ipsumque, desiderans; triste matribus omen occurres; voluptates honestas, permissas, tanquam parum decoras fortunæ tuæ rejicies, invisam habebis lucem, et ætati tuæ, quod non præcipitet te quamprimum et finiat, infestissima eris: quod turpissimum alienissimumque est animo tuo, in meliorem noto partem, ostendes te vivere nolle, mori non posse. Si ad hoc maximæ feminæ te exemplum applicueris, moderatius ac mitius eris in ærumnis, nec te tormentis macerabis. Quæ enim, malum, amentia est, pœnas a se infelicitatis exigere, et mala sua augere! Quam in omni vita servasti morum probitatem et verecundiam, in hac quoque re præstabis; est enim quædam et dolendi modestia. Illum ipsum juvenem dignissime quietum semper nominans cogitansque facies, et meliore pones loco, si mortis suæ, qualis vivus solebat, hilaris et cum gaudio occurrat.

IV. Nec te ad fortiora ducam præcepta, ut inhumano ferre humana jubeam modo, ut ipso funebri die oculos matris exsiccem: ad arbitrum tecum veniam: hoc inter nos quæretur, « utrum magnus esse debeat, an perpetuus dolor. » Non dubito, quin Liviæ Augustæ, quam familiariter coluisti, magis tibi placeat exemplum. Illa te ad suum consilium vocat: illa in primo fervore, quum maxime impatientes ferocesque sunt miseriæ, se consolandam Areo philosopho viri sui præbuit, et multum eam rem profuisse sibi confessa est, plus quam populum Romanum, quem nolebat tristem tristitia sua facere, plus quam Augustum, qui subducto altero adminiculo titubabat, nec luctu suorum inclinandus erat; plus quam Tiberium filium, cujus pietas efficiebat, ut in illo acerbo et defleto

appuis [1], et n'avait pas besoin d'être accablé par le deuil des siens ; plus que Tibère son fils, dont la tendresse lui fit éprouver, après cette perte cruelle et déplorée des nations, qu'il ne lui manquait rien de ses enfants, si ce n'est le nombre. J'imagine que près d'une femme si jalouse de maintenir sa renommée, Aréus dut entrer en matière et débuter de la sorte :

« Jusqu'à ce jour, Livie (autant du moins que je le puis savoir, moi, l'assidu compagnon de ton époux, initié par lui non-seulement à ce qui doit être divulgué devant la foule, mais aux plus secrets mouvements de vos âmes), tu as pris garde à ce qu'il n'y eût rien en toi qu'on pût reprendre. Non-seulement dans les plus graves, mais dans les moindres affaires, tu t'es gardée de ne faire aucune chose pour laquelle tu voulusses que la renommée, ce juge indépendant des princes, te donnât son pardon. Et moi aussi, je n'estime rien de plus beau, quand on siége au rang suprême, que d'accorder beaucoup de grâces et de n'en recevoir de personne. Sois donc, en cette occasion, fidèle à tes principes : ne te hasarde pas où tu voudrais un jour t'être engagée moins ou autrement.

V. « Ensuite, je te prie, je te conjure de ne pas te faire difficile et intraitable pour tes amis. Car tu ne peux ignorer que pas un d'eux ne sait comment se comporter avec toi. Doivent-ils parler quelquefois de Drusus en ta présence, ou n'en rien dire, lorsque oublier son nom c'est un outrage pour cet illustre jeune homme, lorsque le prononcer c'en est un pour toi ? Quand, après l'avoir quittée, nous nous retrouvons ensemble, nous donnons à ses actions et à ses paroles mémorables les hommages qui leur sont dus : devant toi nous gardons sur lui un profond silence. Aussi te manque-t-il le plus grand des bonheurs, l'éloge de ton fils, dont, s'il était possible, je ne doute pas que tu ne voulusses, au prix de tes jours, prolonger la gloire dans les siècles. Donc permets, provoque même les entretiens qui te parleront de lui : prête une oreille attentive au nom, à la mémoire de ton Drusus ; que cela ne te pèse pas comme à tant d'autres qui croient, dans ces disgrâces, que c'est une partie du malheur que de s'en entendre consoler. Jusqu'ici tu t'es appuyée de tout ton poids sur ton côté souffrant, oubliant ce qu'elle a de meilleur, tu n'as vu de la fortune que la face la plus triste. Au lieu de te reporter aux jours passés avec ton fils, au charme de ses épanchements, à la douceur de ses caresses enfantines, à ses progrès dans les lettres, tu te complais à voir les choses sous leur dernier aspect : et, comme si elles n'étaient pas assez horribles d'elles-mêmes, tu les assombris autant que tu peux. Ah ! je t'en supplie, n'aie pas l'ambition dépravée de passer pour la plus malheureuse des femmes. En même temps, songe bien qu'il n'y a rien de grand à montrer du courage dans la prospérité, quand la vie s'achemine sur une route heureuse. Une mer tranquille, un vent favorable n'indiquent pas l'adresse du pilote : il faut un assaut de l'adversité pour mettre l'âme à l'épreuve. Ne fléchis donc pas ; bien plus, résiste ferme et sans reculer : quel que soit le fardeau tombé sur ta tête, porte-le ; que le premier bruit t'ait seul effrayée. Rien ne chagrine plus la fortune qu'une âme égale. »

[1] Drusus, frère de Tibère, seul survivant.

---

gentibus funere, nihil sibi nisi numerum deesse sentiret. Hic, ut opinor, aditus illi fuit, hoc principium apud feminam opinionis suæ custodem diligentissimam : « Usque in hunc diem Livia (quantum quidem ego sciam, assiduus viri tui comes, cui non tantum quæ in publicum emittuntur, nota sunt, sed omnes quoque secretiores animorum vestrorum motus) dedisti operam ne quid esset, quod in te quisquam reprehenderet. Nec id in minoribus modo observasti, sed in minimis, ne quid faceres, cui famam, liberrimam principum judicem, velles ignoscere. Nec quidquam pulchrius existimo in fastigio collocatis, quam multarum rerum veniam dare, nullius petere. Servandus itaque tibi in hac re tuus mos est, ne quid committas, quod minus aliterve factum velis. »

V. « Deinde oro atque obsecro, ne te difficilem amicis et intractabilem præstes. Non est enim quod ignores, omnes hos nescire quemadmodum se gerant : loquantur aliquid coram te de Druso, an nihil, ne aut oblivio clarissimi juvenis illi faciat injuriam, aut mentio tibi. Quum secessimus, et in unum convenimus, facta ejus dictaque, quanto meruit suspectu, celebramus : coram te altum nobis de illo silentium est. Cares itaque maxima voluptate, filii tui laudibus, quas non dubito quin vel impendio vitæ, si potestas detur, in ævum omne sis prorogatura. Quare patere, immo arcesse sermones, quibus ille narretur, et apertas aures præbe ad nomen memoriamque filii tui ; nec hoc grave duxeris, ceterorum more, qui in ejusmodi casibus partem mali putant, audire solatia. Nunc incubuisti tota in alteram partem, et oblita meliorum, fortunam tuam, qua deterior est, aspicis. Non convertis te ad convictus filii tui, occursusque jucundos, non ad pueriles dulcesque blanditias, non ad incrementa studiorum : ultimam illam faciem rerum premis. Illi, tanquam parum ipsa per se horrida sit, quidquid potes congeris. Ne, obsecro te, concupieris perversissimam gloriam, infelicissimam videri. Simul cogita, non esse magnum, se rebus prosperis fortem gerere, ubi secundo cursu vita procedit ; nec gubernatoris quidem artem tranquillum mare et obsequens ventus ostendit ; adversi aliquid incurrat oportet, quod animum probet. Proinde ne submiseris te, immo contra fige stabilem gradum ; et quidquid onerum supra ceciderit, sustine, primo dumtaxat strepitu conterrita. Nulla re major invidia fortunæ fit, quam æquo animo »

Ensuite, il lui montra qu'il restait un de ses fils, et que l'autre, en mourant, lui laissait des petits-fils.

VI. Ta cause est plaidée, Marcia; Aréus t'a défendue : change les noms; c'est toi qu'il a consolée. Mais supposons, Marcia, que le sort t'ait plus ravi que ne perdit jamais aucune mère. Certes, je ne te flatte pas, je n'atténue pas ton malheur. Si les destins se laissent vaincre par les larmes, pleurons ensemble. Que tous nos jours s'écoulent dans le deuil; que la tristesse occupe nos nuits sans sommeil; déchirons de nos mains notre poitrine sanglante, attaquons même notre visage; que ce profitable désespoir s'exerce par toutes sortes de cruautés. Mais s'il n'est pas de larmes qui puissent nous rendre ce qui n'est plus; si le destin, irrévocablement fixé pour l'éternité, reste immuable devant toute affliction; si la mort retient tout ce qu'elle a ravi : que notre douleur cesse, puisqu'elle est vaine. Il faut donc nous gouverner de telle sorte, que cette bourrasque ne nous jette pas sur le flanc. Le pilote est déshonoré quand les vagues lui ont arraché le gouvernail, quand il abandonne les voiles flottantes, et livre la barque à la tempête : au contraire, il faut louer, même dans le naufrage, celui que la mer engloutit tenant la barre et luttant encore.

VII. « Mais il est naturel de regretter les siens. » Qui le nie, tant qu'on le fait modérément? L'absence, à plus forte raison la mort de ceux qui nous sont le plus chers, est nécessairement une atteinte cruelle, et serre l'âme la plus solide; toutefois le préjugé nous entraîne plus loin que ne

commande la nature. Vois comme chez les animaux muets les regrets sont véhéments, et pourtant comme ils sont courts. On n'entend qu'un jour ou deux le mugissement des vaches : la course errante et folle des cavales ne dure pas plus longtemps. Quand la bête fauve, maintes fois revenue dans son gîte pillé par le chasseur, a suivi la trace de ses petits et parcouru les forêts, en peu de temps elle fait taire sa rage. Les oiseaux poussent des cris aigus autour de leurs nids dépeuplés : et puis en peu d'instants ils sont apaisés et reprennent leur vol. Aucun d'entre les animaux ne regrette longtemps sa race, si ce n'est l'homme : l'homme aide sa douleur, et son affliction n'est pas telle qu'il l'éprouve, mais telle qu'il se la propose. Ce qui te prouve combien il est peu naturel de succomber au chagrin, c'est que la même perte blesse les femmes plus que les hommes, les barbares plus que les nations aux mœurs douces et polies, les ignorants plus que les gens éclairés. Or, ce qui doit ses propriétés à la nature, les conserve identiques dans tous les êtres. Il suit que ce qui n'est pas uniforme n'est pas naturel. Le feu brûlera les citoyens, et de tous les âges, et de toutes les villes, tant les hommes que les femmes : le fer exercera sur tous les corps sa propriété de trancher. Pourquoi? parce qu'il la tient de la nature, qui ne fait acception de personne. Mais la pauvreté, le deuil, l'ambition affectent diversement les hommes, suivant qu'ils sont influencés par l'opinion : ce qui nous rend faibles et sans cœur, c'est d'avoir cru terrible, par avance, ce qui ne devait pas nous épouvanter.

Post hoc ostendit ille filium incolumem, ostendit ex amisso nepotes.

VI. Tuum illic, Marcia, negotium actum, tibi Areus assedit; te mutata persona consolatus est. Sed puta, Marcia, ereptum tibi amplius, quam ulla unquam mater amiserit (non permulceo te, nec extenuo calamitatem tuam); si fletibus fata vincuntur, conferamus : eat omnis inter luctus dies : noctem sine somno tristitia consumat : ingerantur lacerato pectori manus, et in ipsam faciem impetus fiat : atque omni se genere sævitiæ profecturus mæror exerceat. Sed si nullis planctibus defuncta revocantur; si sors immota, et in æternum fixa, nulla miseria mutatur, et mors tenet quidquid abstulit; desinat dolor, qui perit. Quare regamus : nec nos ista vis transversos auferat. Turpis est navigii rector, cui gubernacula fluctus eripuit, qui fluctuantia vela deseruit, permisit tempestati ratem : at ille vel in naufragio laudandus, quem obruit mare clavum tenentem et obnixum.

VII. « At enim naturale desiderium suorum est. » Quis negat, quamdiu modicum est? nam ex discessu, non solum amissione carissimorum necessarius morsus est, et firmissimorum quoque animorum contractio. Sed plus est, quod opinio adjicit, quam quod natura imperavit.

Adspice mutorum animalium quam concitata sint desideria, et tamen quam brevia. Vaccarum uno die alterove mugitus auditur; nec diutius equarum vagus ille amensque discursus est. Feræ quum vestigia catulorum consectatæ sunt, et silvas pervagatæ, quum sæpe ad cubilia expilata redierint, rabiem intra exiguum tempus extinguunt. Aves cum stridore magno inanes uidos circumfremunt; intra momentum tamen quietæ, volatus suos repetunt. Nec ulli animalium longum fetus sui desiderium est, nisi homini, qui adest dolori suo, nec tantum quantum sentit, sed quantum constituit, afficitur. Ut scias autem non esse hoc naturale, luctibus frangi, primum magis feminas quam viros, magis Barbaros quam placidos eruditæque gentis homines, magis indoctos quam doctos eadem orbitas vulnerat. Atqui ea, quæ a natura vim acceperunt, eamdem in omnibus servant. Apparet non esse naturale, quod varium est. Ignis omnes ætates, omnium urbium cives, tam viros quam feminas, uret; ferrum in omni corpore exhibebit secandi potentiam; quare? quia vires illi a natura datæ sunt, quæ nihil in personam constituit. Paupertatem, luctum, ambitionem alius aliter sentit, prout illum consuetudo infecit : et imbecillum impatientemque reddit præsumta opinio de non timendis terribilis.

VIII. En outre, ce qui est naturel ne peut décroître par la durée : le temps use la douleur. Qu'elle soit opiniâtre, qu'elle grandisse de jour en jour, et se révolte contre tout remède, le temps, si habile à dompter les plus farouches instincts, saura bientôt l'amortir. Il te reste, Marcia, un chagrin encore profond, qui semble avoir déjà fait calus dans ton âme ; en perdant sa première fougue, il est devenu tenace et obstiné : tel qu'il est, pourtant, les années te l'arracheront peu à peu : chaque fois que d'autres soins occuperont ton âme, elle prendra du répit ; maintenant tu veilles encore sur toi-même. Or, il est bien différent de se permettre ou de s'imposer le chagrin. Qu'il conviendrait mieux à la délicatesse de tes sentiments de prescrire plutôt que d'attendre le terme de ton deuil, et le faire durer jusqu'à ce jour où malgré toi cessera ta douleur ! sois la première à y renoncer.

IX. « D'où nous vient donc une telle obstination à gémir sur nous-mêmes, si ce n'est une loi de la nature ? » De ce que, ne prévoyant jamais le mal avant qu'il nous arrive, comme si nous avions le privilége d'entrer dans une vie différente et plus sûre, nous ne sommes pas avertis par les disgrâces d'autrui, qu'elles sont communes à tous les hommes. Tant de funérailles passent devant notre seuil, et nous ne songeons pas à la mort ; nous voyons tant de trépas prématurés, et notre pensée ne s'inquiète que de la toge de nos jeunes enfants, de leur service dans les camps, du patrimoine que nous leur laisserons en héritage ; la misère soudaine de tant de riches frappe nos regards, et jamais il ne nous vient à l'esprit que nos biens reposent de même sur une pente glissante. Nécessairement nous tombons de plus haut, si nous sommes frappés comme à l'improviste ; quand un malheur est dès longtemps prévu, ses coups arrivent amortis. Sache donc que tu es là, debout, exposée à toutes les atteintes, et que les traits qui ont frappé les autres vibrent autour de toi. Suppose que tu gravis sans armes une muraille, un fort occupé par d'épais bataillons et rude à la montée ; attends la mort et pense que ces pierres, ces flèches, ces javelots, qui volent sur ta tête, sont lancés contre toi, chaque fois qu'ils tombent à tes côtés ou derrière toi : dis à voix haute : Tu ne m'abuseras pas, fortune ; tu ne m'accableras pas dans l'indifférence ou la sécurité. Je sais ce que tu me prépares : tu frappes un autre ; c'est moi que tu visais. Qui jamais a considéré ses biens en homme qui doit mourir ? Qui de nous a osé jamais songer à l'exil, au deuil, à l'indigence ? qui de nous, averti d'y songer, n'a pas repoussé bien loin cet augure sinistre et souhaité qu'il retombât sur la tête de ses ennemis ou de ce conseiller importun ? Je ne pensais pas que cela serait ! Et pourquoi penses-tu que cela ne sera pas, quand tu sais que cela peut souvent être, quand tu vois que c'est advenu souvent ? Écoute une belle sentence de Publius, qui mérite d'être conservée :

« Ce qui peut arriver à quelqu'un peut arriver à chacun. »

Cet homme a perdu ses enfants ; et toi aussi tu peux les perdre. Cet autre a été condamné ; et toi, innocent, tu es sous le même coup. Telle est l'erreur qui nous aveugle, qui nous énerve : nous souffrons ce que nous n'avions jamais prévu devoir souffrir. C'est ôter leur force aux maux présents, que d'avoir en regard les maux futurs.

X. Toutes les choses, Marcia, qui nous environnent d'un éclat fortuit, les enfants, les honneurs, la richesse, les vastes portiques, les vestibules encombrés par la tourbe des clients que l'on repousse, une femme illustre, noble et belle, et tous les autres biens qui relèvent de l'incertaine et inconstante fortune, ne sont qu'un étalage étranger qu'elle nous prête; il n'en est aucun dont elle nous ait fait don. la scène est ornée de décorations empruntées, qui doivent revenir à leurs maîtres. Les unes nous seront reprises aujourd'hui, les autres demain; peu resteront jusqu'au dénouement. Ainsi ne faisons pas les vains, comme si nous étions au milieu de nos possessions : nous ne les tenons que par bail. L'usufruit seul est à nous; la fortune limite à sa discrétion la durée de son bienfait : nous devons être toujours prêts à rendre ce qui nous fut commis pour un temps incertain, et restituer sans murmure à la première sommation. C'est un misérable débiteur, celui qui insulte son créancier. Ainsi tous nos proches, et ceux que l'ordre de la nature nous fait souhaiter de laisser après nous, et ceux dont le vœu légitime est de nous précéder dans la tombe, doivent nous être chers à ce compte, que rien ne nous assure l'éternité, pas même la durée de leurs vies. Habituez votre cœur à les aimer comme des choses qui vous échapperont, bien plus, qui vous échappent; à posséder les dons de la fortune comme des biens sur lesquels un maître s'est réservé des droits. Pressez-vous de jouir de vos enfants; en retour, faites que vos enfants jouissent de vous-mêmes; épuisez sans retard tout votre bonheur. Rien ne vous assure de ce jour : que dis-je? le terme est trop long; de cette heure. Il faut se hâter : la mort presse vos talons; bientôt se dispersera tout cet entourage; bientôt au premier cri d'alerte, on pliera la tente où vous dormez. Tout, ici-bas, n'est que proie. Malheureux! Vous ne savez pas vivre en courant.

Quand tu pleures la mort de ton fils, tu accuses le jour de sa naissance, car en naissant, sa mort lui fut signifiée. A cette condition il te fut donné : c'est la destinée qui le poursuit depuis qu'il fut engendré dans ton sein. Nous sommes les sujets de la fortune, reine cruelle, inexorable, qui doit nous imposer à son caprice et le juste et l'injuste. Nos corps seront le jouet de sa tyrannie, de ses outrages, de ses cruautés. Les uns, elle les brûlera dans les flammes, ou comme châtiment, ou comme remède; elle enchaînera les autres et les livrera soit aux ennemis, soit à leurs concitoyens. Ceux-ci, nus et roulant sur l'océan mobile, après avoir lutté contre les flots, ne seront pas même jetés par elle ou sur le sable ou sur la plage; elle les plongera dans le ventre de quelque immense bête : ceux-là, quand elle les aura maigris par toutes sortes de maladies, longtemps elle les tiendra suspendus entre la vie et la mort. Capricieuse, changeante, maîtresse peu occupée de ses esclaves, elle distribuera à l'aventure les châtiments et les récompenses. Pourquoi ces pleurs sur un instant de la vie? C'est la vie tout entière qu'il faut pleurer. De nouvelles disgrâces seront venues fondre sur toi avant que tu aies satisfait aux anciennes.

hic effeminat, dum patimur, quæ nunquam pati nos posse prævidimus. Aufert vim præsentibus malis, qui futura prospexit.

X. Quidquid est hoc, Marcia, quod circa nos ex adventitio fulget, liberi, honores, opes, ampla atria, et exclusorum clientium turba referta vestibula, clara, nobilis, aut formosa conjux, ceteraque ex incerta et mobili sorte pendentia, alieni commodatique apparatus sunt; nihil horum dono datur : collatitiis et ad dominos redituris instrumentis scena adornatur. Alia ex his primo die, alia secundo referentur; pauca usque ad finem perseverabunt. Ita non est quod nos suspiciamus, tanquam inter nostra positi; mutuo accepimus. Ususfructus noster est, cujus tempus ille arbiter muneris sui temperat : nos oportet in promtu habere, quæ in incertum diem data sunt, et appellatos sine querela reddere. Pessimi est debitoris, creditori facere convicium. Omnes ergo nostros, et quos superstites lege nascendi optamus, et quos præcedere justissimum ipsorum votum est, sic amare debemus, tanquam nihil nobis de perpetuitate, immo nihil de diuturnitate corum promissum sit. Sæpe admonendus est animus, amet ut recessura, immo tanquam recedentia; quidquid a fortuna datum est, tanquam exceptum auctori possideat. Rapite ex liberis voluptates, fruendos vos invicem liberis date, et sine dilatione omne gaudium haurite; nihil de hodierna die promittitur; nimis magnam advocationem dedi; nihil de hac hora. Festinandum est; instat a tergo mors : jam disjicietur iste comitatus : jam contubernia ista sublato clamore solventur. Rapina rerum omnium est. Miseri, nescitis in fugam vivere!

Si mortuum tibi filium doles, ejus temporis, quo natus est, crimen est; mors enim illi nascenti denuntiata est. In hanc legem datus; hoc fatum ab utero statim prosequebatur. In regnum fortunæ, et quidem durum atque invictum pervenimus, illius arbitrio digna atque indigna passuri; corporibus nostris impotenter, contumeliose, crudeliter abutetur : alios ignibus peruret, vel in pœnam admotis, vel in remedium : alios vinciet : id nunc hosti licebit, nunc civi : alios per incerta nudos maria jactabit, et luctatos cum fluctibus, ne in arenam quidem aut littus explodet, sed in alicujus ventrem immensæ belluæ decondet : alios morborum variis generibus emaceratos, diu inter vitam mortemque medios detinebit. Ut varia et libidinosa, mancipiorumque suorum negligens domina, et pœnis et muneribus errabit. Quid opus est partes deflere? tota vita flebilis est. Urgebunt nova incommoda,

Modérez donc votre affliction, vous surtout, femmes, affligées par tant de maux : il faut partager le cœur humain entre bien des craintes et bien des souffrances.

XI. Mais enfin, quel est donc cet oubli de ta condition et de celle de tous? Née mortelle, tu as enfanté des mortels. Etre corruptible et périssable, soumis à tant d'accidents et de maladies, avais-tu donc espéré que ta frêle substance avait engendré la force et l'immortalité? Ton fils est mort; c'est-à-dire, il a touché le terme vers lequel sont entraînées les choses, selon toi, plus heureuses que le fruit de ton sein. Là, toute la foule que tu vois plaider dans le forum, s'asseoir dans les théâtres, et prier dans les temples, s'achemine d'un pas inégal. Et ceux que tu adores et ceux que tu méprises ne seront qu'une même cendre. Telle est la leçon gravée sur le seuil de l'oracle pythien : Connais-toi. Qu'est-ce que l'homme? Je ne sais quel vase fêlé, je ne sais quoi de fragile. Il ne faut pas une grande tempête, mais une lame pour le mettre en pièces : au premier choc il sera brisé. Qu'est-ce que l'homme? Un corps frêle, débile, nu, sans défense naturelle, qui mendie l'aide étrangère, en butte à tous les outrages du sort; qui, malgré l'effort de ses bras, est la pâture de la première bête, la victime du moindre ennemi; pétri de matière molle et fluide, et qui n'a de brillant que les dehors; incapable contre le froid, le chaud, la peine, et en qui l'inertie engendre la corruption; craignant ses aliments dont le manque ou l'excès le tuent; d'une conservation pénible et pleine d'alarmes; d'un souffle précaire, qui ne tient à rien, qu'étouffe une frayeur soudaine ou un grand bruit qui éclate; enfin, qui, pour se nourrir, se détruit, se dévore lui-même. Nous étonnerons-nous de la mort d'un homme, quand il faut que tous meurent? Eh quoi! pour abattre un homme, est-il besoin d'un si grand effort? Une odeur, une saveur, la lassitude, la veille, l'humeur, le manger, tout ce dont il ne peut se passer pour vivre, lui est mortel. Il ne saurait faire un pas sans avoir aussitôt conscience de sa faiblesse : tous les climats ne lui vont point; l'haleine, un changement d'eau, un vent dont il n'a pas l'habitude, la plus mince des causes, un rien, et il est malade; être de fange et de corruption, il fit avec des larmes son entrée dans la vie; et pourtant quel tumulte ne fait pas ce méprisable animal? à quelles ambitieuses pensées ne le pousse pas l'oubli de sa condition? L'infini, l'immortel occupent son âme, il arrange l'avenir de ses neveux et de ses arrière-neveux : au milieu de ses projets pour l'éternité, la mort le frappe, et ce qu'on appelle vieillesse n'est qu'une révolution de quelques années.

XII. Ta douleur, Marcia, si toutefois elle raisonne, a-t-elle pour objet ton malheur ou celui de ton fils qui n'est plus? Ce qui t'afflige dans cette perte, est-ce que tu n'as pas joui de ton fils, ou bien est-ce que tu pouvais en jouir davantage, s'il eût plus longtemps vécu? Si tu dis n'avoir reçu de lui aucun contentement, tu rends ta disgrâce plus supportable : on regrette moins ce qui n'a procuré ni bonheur, ni plaisir. Que si tu con-

---

priusquam veteribus satisfeceris. Moderandum est itaque, vobis maxime quæ immoderate fertis ; et in metus, et in dolores humanum pectus dispensandum.

XI. Quæ demum ista tuæ publicæque conditionis oblivio est! Mortalis nata es, mortales peperisti : putre ipsa fluidumque corpus, et causis morbisque repetita, sperasti tam imbecilla materia solida et æterna gestasse! Decessit filius tuus, id est, decucurrit ad hunc finem, ad quem, quæ feliciora partu tuo putas, properant. Huc omnis ista quæ in foro litigat, in theatris desidet, in templis precatur turba, dispari gradu vadit. Et quæ veneraris, et quæ despicis, unus exæquabit cinis. Hoc jubet illa Pythicis oraculis adscripta vox : Nosce te. Quid est homo? quodlibet quassum vas, et quodlibet fragile : jactatu, non tempestate magna, ut dissiperis, est opus. Ubicunque arietaveris, solveris. Quid est homo? imbecillum corpus, et fragile, nudum, suapte natura inerme, alienæ opis indigens, ad omnem fortunæ contumeliam projectum : quum bene lacertos exercuit, cujuslibet feræ pabulum, cujuslibet victima; ex infirmis fluidisque contextum, et lineamentis exterioribus nitidum ; frigoris, æstus, laboris impatiens; ipso rursus situ et otio iturum in tabem ; alimenta metuens sua, quorum modo inopia, modo copia rumpitur : anxiæ sollicitæque tutelæ, precarii spiritus, et male hærentis, quem pavor repentinus adjectusve ex improviso sonus auribus gravis excutit : soli semper sibi nutrimentum vitiosum et inutile. Miramur in hoc mortem unius, qua singulis opus est? Numquid enim ut concidat, res magni molimenti est? Odor illi saporque, et lassitudo, et vigilia, et humor, et cibus, et sine quibus vivere non potest, mortifera sunt. Quocunque se movet, infirmitatis suæ statim conscius, non omne cœlum ferens, aquarum novitatibus, flatuque non familiaris auræ, et tenuissimis causis atque offensionibus morbidum, putre, causarium, fletu vitam auspicatum ; quum interim quantos tumultus hoc tam contemtum animal movet? in quantas cogitationes oblitum conditionis suæ venit? Immortalia, æterna volutat animo, et in nepotes pronepotesque disponit; quum interim longa conantem eum mors opprimit; et hoc quod senectus vocatur, pauci sunt circuitus annorum.

XII. Dolor tuus, o Marcia, si modo illi ulla ratio est, utrum sua spectat incommoda, an ejus qui decessit? Utrumne amisso filio movet, quod nullas ex illo voluptates cepisti : an quod majores, si diutius vixisset, percipere potuisti? Si nullas te percepisse dixeris, tolerabilius efficies detrimentum tuum ; minus enim homines desiderant ea, ex quibus nihil gaudii lætitiæque perceperunt.

fesses en avoir reçu un grand contentement, tu ne dois pas te plaindre de ce qu'on t'a ravi, mais remercier de ce que tu as recueilli. Son éducation même t'a dignement payée de tes peines : si ces gens qui nourrissent avec tant de soin des chiens, des oiseaux, ou tout autre animal dont s'engouent leurs frivoles esprits, éprouvent un certain plaisir à les voir, à les toucher, à sentir les flatteries caressantes de ces bêtes muettes, sans aucun doute, pour ceux qui élèvent des enfants, l'éducation a sa récompense dans l'éducation même. Ainsi, quand ses talents ne t'auraient rien rapporté, quand son zèle ne t'aurait rien conservé, quand son intelligence ne t'aurait rien acquis, l'avoir possédé, l'avoir aimé, c'est assez pour ta récompense. « Mais elle pouvait être et plus durable et plus grande! » Toujours fus-tu mieux traitée que si tu n'avais eu rien du tout ; car si l'on nous donne le choix ou de n'être pas longtemps heureux ou de ne l'être jamais, certes nous préférerons un bonheur passager à la privation du bonheur. Aurais-tu souhaité quelque rejeton indigne, qui n'eût rempli que la place d'un fils, qui n'en eût porté que le nom, au lieu d'un noble enfant comme fut le tien? Si jeune, et déjà tant de sagesse, tant d'amour filial ; sitôt époux, sitôt père, sitôt empressé pour tous ses devoirs, sitôt revêtu du sacerdoce ; toutes les gloires si vite acquises!

Il ne se voit guère qu'on obtienne des biens à la fois grands et durables : le bonheur qui dure et persévère jusqu'à la fin est celui qui vient lentement. Les dieux immortels, qui te donnaient ton fils pour un instant, te l'ont sur-le-champ donné tel que l'eussent pu former de longues années. Et tu ne peux pas même dire que les dieux t'aient choisie, toi de préférence, pour te priver des joies maternelles. Promène tes regards sur la multitude des hommes connus et inconnus : partout s'offrent à toi de plus cruelles afflictions. Elles ont frappé les grands capitaines ; elles ont frappé les princes ; la fable elle-même n'en a pas affranchi ses divinités, afin sans doute que ce fût un soulagement à nos pertes, de voir succomber jusqu'aux enfants des dieux. Regarde bien, te dis-je, de tous côtés : tu ne me citeras pas de maison si malheureuse qui ne trouve dans une maison plus malheureuse encore de quoi la consoler. Non pas certes que j'aie assez mauvaise opinion de tes sentiments, pour croire que tu doives supporter plus patiemment ton infortune, si je te présente un grand nombre d'affligés : il est d'une âme peu généreuse de chercher des consolations dans la foule des misérables. Je rappellerai pourtant quelques exemples, non pour t'apprendre que le deuil est habituel chez les hommes, car il serait ridicule de rassembler des preuves de la mortalité ; mais pour t'apprendre qu'il y eut bien des hommes qui adoucirent leurs amertumes en les souffrant avec calme. Je commencerai par le plus heureux. L. Sylla perdit son fils, et cette perte n'abattit ni son ardeur guerrière, ni la cruelle énergie qu'il déploya contre les ennemis et les citoyens, et ne donna pas à supposer qu'il eût adopté ce surnom d'heureux, du vivant de son fils plutôt qu'après sa mort. Il ne craignit ni la haine des hommes, dont tous les maux venaient de sa trop haute fortune ; ni la colère des dieux, pour qui

---

Si confessa fueris percepisse magnas voluptates, oportet te non de eo quod detractum est queri, sed de eo gratias agere quod collegisti. Provenerunt enim satis magni fructus laborum tuorum ex ipsa educatione. nisi forte hi, qui catulos avesque, et frivola animorum oblectamenta, summa diligentia nutriunt, fruuntur aliqua voluptate ex visu tactuque et blanda adulatione mutorum ; liberos nutrientibus, non fructus educationis ipsa educatio est. Licet itaque tibi nihil industria ejus contulerit, nihil diligentia custodierit, nihil prudentia quæsierit, ipsum quod habuisti, quod amasti, fructus est. « At potuit longior esse, et major. » Melius tamen tecum actum est, quam si omnino non contigisset, quoniam, si ponatur electio, utrum satius sit, non diu felicem esse, an nunquam, melius est discessura nobis bona, quam nulla contingere. Utrumne malles degenerem aliquem, et numerum tantum nomenque filii expleturum habuisse, an tantæ indolis, quantæ tuus fuit? Juvenis cito prudens, cito pius, cito maritus, cito pater, cito omnis officii curiosus, cito sacerdos : omnia tam propera.

Nulli fere et magna bona, et diuturna contingunt : non durat, nec ad ultimum exit, nisi lenta felicitas. Filium tibi dii immortales non diu daturi, statim talem dederunt, qualis diu effici potest. Ne illud quidem dicere potes, electam te a diis, cui frui non liceret filio. Circui per omnem notorum et ignotorum frequentiam oculi : occurrent tibi passi ubique majora. Senserunt ista magni duces, senserunt principes : ne deos quidem fabulæ immunes reliquerunt, puto, ut nostrorum funerum levamentum esset, etiam divina concidere. Circumspice, inquam, omnes : nullam tam miseram nominabis domum, quæ non inveniat in miseriore solatium. Non, mehercule, tam male de moribus tuis sentio, ut putem posse te levius pati casum tuum, si tibi ingentem numerum lugentium produxero : malivoli solatii genus est, turba miserorum. Quosdam tamen referam, non ut scias, hoc solere hominibus accidere : ridiculum est enim mortalitatis exempla colligere : sed ut scias fuisse multos, qui lenierunt aspera ferendo placide. A felicissimo incipiam. L. Sylla filium amisit ; nec ea res aut militiam ejus, et acerrimam virtutem in hostes civesque contudit, aut effecit, ut cognomen illud usurpasse salvo videretur, quod amisso filio assumsit ; nec odia hominum veritus, quorum malis illius, nimis secundæ res constabant ; nec invidiam deo-

c'était un crime d'avoir fait l'heureux Sylla. Mais laissons parmi les choses non encore jugées, quel homme fut Sylla : ses ennemis mêmes avoueront qu'il prit à propos les armes, et les déposa à propos ; du moins, ce qu'il s'agit de prouver, reste constant, que ce n'est pas un grand malheur celui qui arrive aux plus heureux.

XIII. Que la Grèce n'accorde pas trop d'admiration à ce père qui, au milieu d'un sacrifice, apprenant la mort de son fils, ordonna seulement au joueur de flûte de se taire, et détachant la couronne de son front, acheva le reste de la cérémonie. Ainsi fit le pontife Pulvillus, quand, le pied sur le seuil du Capitole qu'il consacrait, il apprit la mort de son fils. Feignant de n'avoir pas entendu, il prononça les mots solennels de la formule pontificale, sans qu'un seul gémissement interrompit sa prière : il entendait le nom de son enfant et il célébrait Jupiter propice. Tu penses bien que ce deuil dut avoir un terme, puisque le premier moment, le premier transport de la douleur ne put arracher ce père aux autels publics, à cette invocation au dieu tutélaire. Certes, il était bien digne de cette mémorable dédicace, digne de ce suprême sacerdoce, cet homme qui ne cessa pas d'adorer les dieux même irrités contre lui. Et puis de retour dans sa maison, ses yeux se remplirent de larmes, il exhala quelques sanglots ; et après avoir accompli tous les devoirs pratiqués envers les morts, il reprit le visage qu'il avait au Capitole.

Paulus, vers ces jours du glorieux triomphe où il conduisit, enchaîné derrière son char, Persée, ce roi de grande renommée, donna deux de ses fils en adoption, et vit mourir ceux qu'il s'était réservés. Juge ce que valaient les enfants qu'il avait gardés, quand parmi ceux qu'il avait cédés était Scipion ! Ce ne fut pas sans émotion que le peuple romain vit le char de Paulus vide. Et pourtant Paulus harangua la foule et rendit grâces aux dieux de ce qu'ils avaient couronné ses vœux. Car il avait prié le ciel que si la fortune jalouse réclamait quelque chose pour une si éclatante victoire, elle fut payée plutôt à ses dépens qu'à ceux de Rome. Vois combien son âme fut grande devant cette perte ; il s'applaudit de n'avoir plus de fils. Et qui avait plus droit d'être affecté d'un tel changement? Ses consolateurs et ses appuis, il les perd à la fois, et cependant Persée n'a pas la joie de voir Paulus dans la tristesse.

XIV. Irai-je maintenant te promener d'exemples en exemples parmi tant de grands hommes, pour chercher des infortunés, comme s'il n'était pas plus difficile de trouver des heureux? Combien de maisons se sont-elles conservées jusqu'à la fin intactes dans toutes leurs parties et sans un seul dommage? Prends l'année que tu veux ; cites-en les consuls : choisis-tu M. Bibulus et C. César? Entre deux collègues divisés par la haine, tu vois une même fortune. Bibulus, homme plus honnête que brave, a ses deux fils tués à la fois, après avoir servi de proie aux brutalités des soldats égyptiens, afin sans doute qu'il n'eût pas moins à gémir sur de tels meurtriers que sur une telle perte. Et pourtant ce Bibulus, qui durant toute l'année de son consulat, pour rendre odieux son collègue, s'était tenu caché dans sa maison, en sortit le lendemain du jour où lui fut annoncé ce double

---

rum, quorum illud crimen erat, Sylla tam felix. Sed istud inter res nondum judicatas habeatur, qualis Sylla fuerit : etiam inimici fatebuntur, bene illum arma sumsisse, bene posuisse ; hoc, de quo agitur, constabit, non esse maximum malum, quod etiam ad felicissimos pervenit.

XIII. Ne nimis admiretur Græcia illum patrem, qui in ipso sacrificio nuntiata filii morte, tibicinem tantum tacere jussit, et coronam capiti detraxit, cetera rite perfecit. Pulvillus effecit pontifex, cui postem tenenti, et Capitolium dedicanti, mors filii nuntiata est : quam ille exaudisse dissimulans, et sollemnia pontificalis carminis verba concepit, gemitu non interrumpente precationem, et ad filii sui nomen, Jove propitiato. Putasses ejus luctus aliquem finem esse debere, cujus primus dies, primus impetus ab altaribus publicis, et fausta nuncupatione non abduxit patrem. Dignus, mehercule, fuit memorabili dedicatione, dignus amplissimo sacerdotio, qui colere deos ne iratos quidem destitit. Idem tamen, ut rediit domum, et implevit oculos, et aliquas voces flebiles misit, et peractis, quæ mos erat præstare defunctis, ad Capitolinum illum rediit vultum. Paullus circa illos nobilissimi triumphi dies, quo vinctum ante currum egit Persen, inclyti regis nomen, duos filios in adoptionem dedit ; quos sibi servaverat, extulit. Quales retentos putas, quum inter commodatos Scipio fuisset? Non sine motu vacuum Paulli currum populus Romanus aspexit ; concionatus est tamen, et egit diis gratias, quod compos voti factus esset. Precatum enim se, ut si quid ob ingentem victoriam invidiæ dandum esset, id suo potius, quam publico damno solveretur. Vides quam magno animo tulerit : orbitati suæ gratulatus est. Ecquem magis poterat movere tanta mutatio ? solatia simul atque auxilia perdidit : non contigit tamen tristem Paullum Persi videre.

XIV. Quid nunc te per innumerabilia magnorum virorum exempla ducam, et quæram miseros, quasi non difficilius sit invenire felices! Quota quæque domus usque ad exitum omnibus partibus suis constitit, in qua non aliquid turbatum sit ! Unum quemlibet annum occupa, et ex eo magistratus cita. Marcum, si vis, Bibulum, et C. Cæsarem : videbis inter collegas inimicissimos concordem fortunam. M. Bibuli, melioris quam fortioris viri, duo simul filii interfecti sunt, Ægypto quidem militi ludibrio habiti, ut non minus ipsa orbitate,

trépas, pour aller remplir comme à l'ordinaire ses fonctions publiques Pouvait-il moins donner qu'un jour à ses deux fils? Il eut sitôt fini de pleurer ses enfants, celui qui pendant une année pleura son consulat. Dans le temps où C. César parcourait la Bretagne, et ne pouvait plus borner sa fortune par l'Océan, il apprit la mort de sa fille, qui dans sa tombe entraînait la destinée de Rome. A ses regards s'offrait déjà Cneius Pompée, souffrant avec peine dans la république un rival de sa grandeur, et déjà voulant mettre un terme à des succès qui lui pèsaient alors même qu'il en partageait les profits : cependant, après trois jours, il reprit les soins du commandement, et triompha de sa douleur aussi vite qu'il triomphait de tout.

XV. Te citerai-je les autres morts dans la famille des Césars, que la fortune me semble outrager de temps en temps, pour que dans le malheur ils soient encore utiles au genre humain, en lui montrant qu'eux-mêmes, réputés fils des dieux et bientôt pères de dieux nouveaux, ils n'ont pas en leur puissance leur propre sort comme celui du monde? Le divin Auguste, ayant perdu ses fils et ses petits-fils, voyant la foule des Césars épuisée, étaya par l'adoption sa maison désolée. Cependant il supporta ces revers avec courage, comme s'il se trouvait déjà mis en cause, lui qui était si intéressé à ce que personne ne se plaignît des dieux. Tibère César perdit et son propre fils [1] et son fils d'adoption [2]. Lui-même cependant il fit dans les rostres l'éloge du second, et debout, en face du cadavre dont il n'était séparé que

[1] Drusus. — [2] Germanicus.

par le voile qui doit cacher aux yeux du pontife l'image de la mort; tandis que le peuple romain pleurait, Tibère ne détourna pas son visage. Ainsi témoigna-t-il à Séjan, debout à ses côtés, avec quelle résignation il pouvait perdre les siens.

Vois-tu combien elle est nombreuse la foule des grands hommes que ne respecta pas le sort devant qui tout succombe, malgré toutes les qualités de leur âme, malgré tout l'éclat de tant de grandeurs publiques et privées? Ainsi l'ouragan se promène dans le monde, ravage, bouleverse tout sans choix, comme dans son domaine. Commande à chacun de t'apporter ses comptes : aucun n'a reçu le jour impunément.

XVI. Je sais que tu vas me dire : « Tu as oublié que tu consoles une femme : tu me cites des hommes pour exemple. » Mais qui donc osera dire que la nature ait traité peu généreusement le cœur des femmes, et limité pour elles les vertus? Elles sont, crois-moi, aussi fortes que nous, et, quand il leur plaît, aussi capables d'actions honnêtes ; avec l'habitude elles supportent aussi bien que nous le travail et la douleur. En quelle ville, bons dieux! viens-je tenir ce langage? dans une ville où Lucrèce et Brutus renversèrent les rois qui pesaient sur nos têtes : Brutus, à qui nous devons la liberté, Lucrèce, à qui nous devons Brutus; dans une ville où Clélie, bravant le fleuve et l'ennemi, mérita par son insigne audace d'être placée même au-dessus des hommes. Assise sur son coursier d'airain, dans cette voie sacrée où se presse la foule, Clélie reproche à nos jeunes gens qui montent dans leur litière, de franchir ainsi les portes d'une ville qui fit honneur

auctor ejus, digna res lacrymis esset. Bibulus tamen, qui, toto honoris sui anno, ob invidiam collegæ, domi latuerat, postero die quam geminum funus renuntiatum est, processit ad solita et publica officia. Quid minus poterat, quam unum diem duobus filiis dare! tam cito liberorum luctum finivit, qui consulatum anno luxerat. C. Cæsar quum Britanniam peragraret, nec Oceano felicitatem suam continere posset, audivit decessisse filiam publica secum fata ducentem. In oculis erat jam Cn. Pompeius, non æquo laturus animo quemquam alium esse in Republica magnum, et modum impositurus incrementis, quæ gravia illi videbantur, etiam quum in commune crescerent : tamen intra tertium diem imperatoria obiit munia, et tam cito dolorem vicit, quam omnia solebat.

XV. Quid aliorum tibi funera Cæsarum referam! quos in hoc mihi interim videtur violare fortuna, ut sic quoque generi humano prosint, ostendentes, ne eos quidem, qui diis geniti deosque genituri dicantur, sic suam fortunam in potestate habere, quemadmodum alienam. Divus Augustus amissis liberis, nepotibus, exhausta Cæsarum turba, adoptione desertam domum fulsit. Tulit tamen fortiter, tanquam ejus jam res ageretur, cujus quum maxime intererat, de diis neminem queri. Tib. Cæsar et quem genuerat, et quem adoptaverat, amisit : ipse tamen pro rostris laudavit filium, stetitque in conspectu posito corpore, interjecto tantummodo velamento, quod pontificis oculos a funere arceret, et flente populo Romano non flexit vultum : experiundum se dedit Sejano ad latus stanti, quam patienter posset suos perdere.

Videsne quanta copia virorum maximorum sit, quos non excepit hic omnia prosternens casus; in quos tot animi bona, tot ornamenta publice privatimque congesta erant. Sed videlicet it in orbem ista tempestas, et sine delectu vastat omnia, agitque ut sua. Jube singulos conferre rationem : nulli contigit impune nasci.

XVI. Scio quid dicas : « Oblitus es feminam te consolari ; virorum refers exempla. » Quis autem dixerit naturam maligne cum mulieribus ingeniis egisse, et virtutes illarum in arctum retraxisse? Par illis, mihi crede, vigor, par ad honesta (libeat!) facultas est : laborem doloremque ex æquo, si consuevere, patiuntur. In qua istud urbe, dii boni, loquimur? In qua regem Romanis capitibus Lucretia et Brutus dejecerunt. Bruto libertatem debemus, Lucretiæ Brutum. In qua Clœliam, contempto hoste et flumine, ob insignem audaciam tantum non in viros transcripsimus. Equestri insidens statuæ, in sacra

de la statue équestre même à des femmes. Si tu veux que je te produise des exemples de femmes courageuses dans le deuil, je n'irai pas en quêter de porte en porte : dans une seule famille, je te montrerai les deux Cornélie : la première, fille de Scipion, mère des Gracche, eut douze enfants, et vit passer douze funérailles. Encore n'eut-elle pas de peine à faire preuve de force pour ceux dont ni la naissance ni la mort ne furent sensibles à la république ; mais elle vit Tibérius et Caïus Gracchus, à qui l'on ne contestera pas d'avoir été de grands hommes, si l'on n'accepte pas qu'ils furent hommes de bien, massacrés et privés de sépulture. Et cependant, à ceux qui la consolaient et plaignaient son malheur, elle répondit : « Jamais je ne cesserai de me dire heureuse, moi qui portai les Gracche dans mon sein. » Cornélie, femme de Livius Drusus, avait perdu son fils, illustre jeune homme, d'un noble génie, qui marchait sur les traces des Gracche, et qui, laissant en instance tant de lois proposées, fut tué dans ses pénates sans que l'on ait su l'auteur du crime. Elle opposa cependant à cette mort précoce et imprévue autant d'énergie qu'en avait eu son fils en proposant des lois.

Te voilà, Marcia, réconciliée avec la fortune, puisqu'elle a frappé les Scipion, et les mères et les fils des Scipion, puisqu'elle a dirigé même contre les Césars les traits dont elle ne t'a pas fait grâce. La vie est pleine et infestée de mille maux : avec eux point de longue paix, je dirai presque point de trêve. Tu étais mère de quatre enfants, Marcia : toute flèche porte, dit-on, quand on l'a-dresse sur des rangs épais. Est-il donc étrange qu'une si nombreuse famille n'ait pu traverser la vie sans provoquer les coups envieux du sort ? — Mais la fortune est d'autant plus injuste, qu'elle n'a pas seulement enlevé, mais choisi mes fils ! — Non, jamais tu ne trouveras injuste que le plus fort fasse part égale avec le plus faible : or, elle te laisse deux filles, et de ces filles deux petits-enfants ; et ce fils même que tu pleures si tendrement, oublieuse du premier, elle ne te l'a pas ravi tout entier. Il te reste de lui deux filles : fardeau pesant si tu faiblis; sinon, grande consolation. La fortune te les a données, pour qu'en les contemplant tu te rappellasses ton fils, non ta douleur. Le laboureur, voyant coucher par terre ses arbres déracinés par les vents, ou brisés sous le choc soudain de la trombe tournoyante, soigne précieusement les rejetons qui survivent ; aussitôt, par des plants ou des semences, il remplace les arbres qu'il a perdus ; et, dans un moment (car le temps n'est pas moins empressé, moins agile pour relever que pour détruire), ces pousses grandissent plus verdoyantes que les premières. Remplace ton Métilius par ces filles, et comble ainsi le vide de ta maison. Allége une seule douleur par cette double consolation. Je sais qu'il est naturel à l'homme de ne rien trouver qui le charme plus que ce qu'il a perdu, et que le regret de ce qu'il n'a plus le rend injuste envers ce qui lui reste : mais, si tu veux calculer combien la fortune t'épargne, même en te maltraitant, tu verras que tu possèdes encore plus que des consolations. Regarde à tes côtés tant de petits-fils et deux filles.

---

via, celeberrimo loco, Clœlia exprobrat juvenibus nostris pulvinum ascendentibus, in ea illos urbe sic ingredi, in quam etiam feminas equo donavimus. Quod tibi si vis exempla referri feminarum, quæ suos fortiter desideraverunt, non ostiatim quæram : ex una tibi familia duas Cornelias dabo. Primam Scipionis filiam, Gracchorum matrem ; duodecim illa partus, totidem funeribus recognovit ; et de ceteris facile est, quos nec editos, nec amissos civitas sensit. Tib. Gracchum, et Caium, quos etiam qui bonos viros negaverit, magnos fatebitur, et occisos vidit et insepultos; consolantibus tamen miseramque dicentibus : Nunquam, inquit, non felicem me dicam, quæ Gracchos peperi. Cornelia Livii Drusi, clarissimum juvenem, illustris ingenii, vadentem per Gracchana vestigia, imperfectis tot rogationibus, intra penates interemtum suos amiserat, incerto cædis auctore : tamen et acerbam mortem filii, et inultam, tam magno animo tulit, quam ipse leges tulerat.

Jam cum fortuna in gratiam, Marcia, reverteris, si tela, quæ in Scipiones, Scipionumque matres ac filios exegit, quibus Cæsares petiit, ne a te quidem continuit. Plena et infesta variis casibus vita est, a quibus nulli longa pax, vix induciæ sunt. Quatuor liberos sustuleras, Marcia : nullum aiunt frustra cadere telum, quod in confertum agmen immissum est. Mirum est, tantam turbam non potuisse sine invidia damnove prætervehi ? At hoc iniquior fortuna fuit, quod non tantum filios eripuit, sed elegit. Nunquam tamen injuriam dixeris, ex æquo cum potentiore dividere : duas tibi reliquit filias, et harum nepotes ; et ipsum quem maxime luges, prioris oblita, non ex toto abstulit. Habes ex illo duas filias ; si male fers, magna onera, si bene, magna solatia. In hoc te perduxit, ut illas quum videris, admonearis filii, non doloris. Agricola, eversis arboribus, quas aut ventus radicitus evulsit, aut contortus repentino impetu turbo perfregit, sobolem et illis residuam fovet, et amissarum semina statim plantasque disponit : et momento (nam ut in damna, ita ad incrementa rapidum veloxque tempus est) adolescunt amissis lætiora. Has nunc Metilii tui filias in ejus vicem substitue, et vacantem locum exple. Unum dolorem geminato solatio leva. Hæc quidem natura mortalium est, ut nihil magis placeat, quam quod amissum est ; iniquiores sumus adversus relicta, ereptorum desiderio : sed si æstimare volueris, quam tibi valde fortuna, etiam quum sævierit, pepercerit, scies te habere plus quam solatia. Respice tot nepotes, duas filias.

8

XVII. Dis encore ceci, Marcia : « Je me laisserais fléchir, si le sort de chacun était suivant ses mœurs : si jamais le mal ne poursuivait les bons : mais je vois que les bons et les méchants sont indifféremment le jouet des mêmes orages. Pourtant, il est cruel de perdre un jeune homme qu'on a élevé, qui déjà, pour sa mère, pour son père, était un soutien et un honneur. » C'est une disgrâce cruelle, qui le nie? mais humaine. Tu es née pour perdre, pour périr, pour espérer, pour craindre, pour tourmenter les autres et toi-même, pour redouter et souhaiter la mort, et, ce qui est pis, pour ne jamais savoir quelle est ta vraie condition.

Si l'on disait à un homme partant pour Syracuse : « Je vais premièrement te faire connaître tous les ennuis et tous les agréments de ton prochain voyage ; avec ces instructions, embarque-toi. Voici donc ce que tu pourras admirer. Tu verras d'abord cette île, qu'un détroit resserré sépare de l'Italie. Il paraît certain qu'autrefois elle faisait partie du continent ; mais une soudaine irruption de la mer « arrache la Sicile des flancs de l'Hespérie[1]. » Et puis (car il t'est permis de raser les bords du gouffre insatiable) tu verras la fabuleuse Charybde aplanie tant qu'elle n'est pas occupée par les vents du midi, mais, au premier vent violent qui souffle de ces régions, engloutissant les navires dans ses abîmes béants et profonds. Tu verras cette fontaine si célèbre chez les poëtes, Aréthuse, si limpide et si transparente, épanchant de son urne des ondes si fraîches ; soit qu'elle les trouve là naissantes et primitives, soit qu'elle revomisse un fleuve, qui, s'engouffrant sous le lit des mers, reparaît ensuite sans avoir rien perdu, sans avoir rien altéré de ses eaux par leur mélange avec des flots impurs. Tu verras un port, le plus tranquille de tous ceux que la nature ait formés, ou qu'ait façonnés la main de l'homme pour protéger les flottes, et si bien abrité que la furie des plus violentes tempêtes n'y a pas accès. Tu verras où se brisa la puissance d'Athènes ; où, sous des roches creusées jusqu'à des profondeurs infinies, plusieurs milliers de captifs eurent des carrières pour prison ; tu verras cette vaste cité, dont les tours s'étendent plus loin que le territoire de bien des villes ; où les hivers sont si tièdes, que pas un jour ne s'écoule sans avoir son soleil. Mais quand tu auras passé en revue toutes ces merveilles, un été lourd et malsain empoisonnera les bienfaits du ciel d'hiver. Là tu trouveras Denys le tyran, bourreau de la liberté, de la justice, des lois, avide du pouvoir même après les leçons de Platon, de la vie même après l'exil : il livrera les uns aux flammes, les autres aux verges : il fera décapiter ceux-là pour la moindre offense ; il appellera dans sa couche et les hommes et les femmes, et, au milieu du sale troupeau parqué pour les royales orgies, ce lui sera peu de jouer deux rôles à la fois.

» Tu sais ce qui peut t'attirer, ce qui peut te retenir, maintenant pars ou reste. » Après cet avertissement, s'il disait vouloir aller à Syracuse, de quel autre que de lui-même aurait-il droit de se plaindre, quand il ne serait pas tombé dans cette ville, mais qu'il y serait venu sciemment et volontairement?

[1] Virg. Æneid., lib. III, v. 48.

XVII. Dic illud quoque, Marcia : « Moveret me, si esset cuique pro moribus fortuna, nunquam mala bonos sequerentur : nunc video, exemto discrimine, et eodem modo malos bonosque jactari. Grave est tamen, quem educaveris juvenem, jam matri, jam patri præsidium ac decus, amittere. » Quis negat grave esse, sed humanum est. Ad hoc genita es ut perderes, ut perires, ut sperares, metueres, alios teque inquietares, mortem et timeres et optares, et, quod est pessimum, nunquam scires cujus esses status.

Si quis Syracusas petenti diceret : omnia incommoda, omnes voluptates futuræ peregrinationis tuæ ante cognosce, deinde ita naviga. Hæc sunt quæ mirari possis ; videbis primum ipsam insulam ab Italia angusto intercisam freto, quam continenti quondam cohæsisse constat : subitum illo mare irrupit, et

Hesperium Siculo latus abscidit :

deinde videbis (licet enim tibi avidissimum maris vorticem stringere) stratam illam fabulosam Charybdim, quamdiu ab austro vacat ; at si quid inde vehementius spiravit, magno hiatu profundoque navigia sorbentem. Videbis celebratissimum carminibus fontem Arethusam nitidissimi ac perlucidi innam stagni, gelidissimas aquas profundentem ; sive illas ibi primum nascentes invenit, sive immersum terris flumen integrum subter tot maria, et a confusione pejoris undæ servatum, reddidit. Videbis portum quietissimum omnium, quos aut natura posuit in tutelam classium, aut adjuvit manus, sic tutum ut ne maximarum quidem tempestatum furori locus sit. Videbis ubi Athenarum potentia fracta : ubi tot millia captivorum, ille excisis in infinitam altitudinem saxis lautumiis carcer incluserat : ipsam ingentem civitatem, et latius turritam, quam multarum urbium fines sint : tepidissima hiberna, et nullum diem sine interventu solis. Sed quum omnia ista cognoveris, gravis et insalubris æstas hiberni cœli beneficia corrumpet. Erit Dionysius illic tyrannus, libertatis, justitiæ, legum exitium, dominationis cupidus etiam post Platonem, vitæ etiam post exsilium : alios uret, alios verberabit, alios ob levem offensam jubebit detruncari : arcesset ad libidinem mares feminasque, et inter fœdos regiæ intemperantiæ greges parum erit simul binis coire.

Audisti quid te invitare possit, quid absterrere : proinde aut naviga, aut resiste. Post hanc denuntiationem, si quis dixisset intrare se Syracusas velle, satisne justam querelam de ullo, nisi de se, habere posset, qui non incidisset in illa, sed prudens sciensque venisset ?

CONSOLATION A MARCIA.

De même la nature dit à tous : « Je ne trompe personne : toi, si tu portes des enfants dans ton sein, tu pourras les avoir beaux, mais aussi bien les avoir laids ; et, si par hasard il t'en naît plusieurs, l'un d'eux pourra sauver la patrie, et l'autre la livrer. Ne désespère pas de les voir un jour dans un tel crédit que personne, à cause d'eux, n'ose t'outrager ; mais songe aussi qu'ils peuvent tellement se couvrir de honte, que leur nom même soit un outrage. Rien n'empêche qu'ils ne te rendent les derniers devoirs et que tes enfants ne prononcent ton éloge ; et cependant tiens-toi prête à les déposer sur le bûcher, soit enfants, soit hommes, soit vieillards, car les années n'y font rien ; car il n'est pas de funérailles qui ne soient prématurées quand une mère les accompagne. » Après ces conditions arrêtées d'avance, si tu engendres des enfants tu décharges de tout reproche les dieux qui ne t'ont rien garanti.

XVIII. Voyons, rapprochons de cette image l'entrée de l'homme dans la vie. Tu délibérais d'aller à Syracuse, je t'ai montré les charmes et les déplaisirs du voyage. Suppose qu'au jour de ta naissance je sois appelé pour te donner des conseils. Tu vas entrer dans la cité commune des dieux et des hommes, qui embrasse tout, qu'entraînent des lois fixes, éternelles ; où, dans leurs révolutions, les astres accomplissent leur infatigable ministère. Tu verras là d'innombrables étoiles, et cet astre merveilleux qui remplit tout à lui seul, ce soleil dont le cours diurne marque les intervalles du jour et de la nuit et dont le cours annuel partage également les étés et les hivers. Tu verras la lune lui succéder avec les ténèbres, empruntant aux rayons fraternels une lumière douce et tempérée, tantôt cachée, tantôt dévoilant au monde sa face tout entière, croissant et décroissant tour à tour, toujours différente de ce qu'elle était la veille. Tu verras cinq planètes suivant des routes diverses, et, dans leur marche contraire, résistant à la force qui emporte le monde : de leurs moindres mouvements dépend la fortune des peuples : c'est là que se décident les plus grandes et les plus petites choses, suivant l'apparition d'un astre propice ou malfaisant. Tu admireras les nuages amoncelés, les eaux qui tombent, le vol oblique de la foudre et le fracas du ciel.

Quand, rassasiés de ces grands spectacles, tes yeux s'abaisseront sur la terre, ils y trouveront un autre ordre de choses et d'autres merveilles. Ici de vastes plaines se prolongent dans des lointains infinis ; là, sur la croupe neigeuse des montagnes superbes, leurs crêtes élevées se dressent jusqu'à la nue : les rivières s'épanchent dans les campagnes : des fleuves, partis d'une même source, vont arroser l'orient et l'occident. Sur les plus hautes cimes se balancent des forêts, des bois s'étendent avec leurs hôtes sauvages, avec le concert varié de leurs oiseaux. Là sont des villes diversement situées ; des nations séparées entre elles par des abords impraticables ; les unes retirées sur de hautes montagnes, les autres emprisonnées par des fleuves, des lacs, des vallées, des marais ; là sont des champs fécondés par la main de l'homme ; des arbustes fertiles sans culture ; des ruisseaux qui serpentent mollement dans les prairies ; des gol-

---

Dicit omnibus nobis, natura : Neminem decipio ; tu si filios sustuleris, poteris habere formosos, poteris et deformes ; et si fortasse tibi multi nascentur, esse ex illis aliquis tam servator patriæ, quam proditor poterit. Non est quod desperes tantæ dignationis futuros, ut nemo tibi propter illos maledicere audeat ; propone tamen et tantæ futuros turpitudinis, ut ipsi maledictum sint. Nihil vetat illos tibi suprema præstare, et laudari te a liberis tuis ; sed sic te para, tanquam in ignem positura, vel puerum, vel juvenem, vel senem. Nil enim ad rem pertinent anni ; quoniam nullum non acerbum funus est, quod parens sequitur. Post has leges propositas, si liberos tollis, omni deos invidia liberas, qui tibi nihil spoponderunt.

XVIII. Ad hanc imaginem agedum totius vitæ introitum referamus. Syracusas visere deliberanti tibi, quidquid delectare poterat, quidquid offendere, exposui : puta nascenti me tibi venire in consilium. Intratura es urbem diis hominibusque communem, omnia complexam, certis legibus æternisque devinctam, indefatigata cœlestium officia volventem. Videbis illic innumerabiles stellas, miraberis uno sidere omnia impleri, solem quotidiano cursu diei noctisque spatia signantem, annuo æstates hiemesque æqualiter dividentem. Videbis nocturnam lunæ successionem, a fraternis occursibus lene remissumque lumen mutuantem, et modo occultam, modo toto ore terris imminentem, accessionibus damnisque mutabilem, semper proximæ dissimilem. Videbis quinque sidera diversas agentia vias, et in contrarium præcipiti mundo nitentia ; ex horum levissimis motibus fortunæ populorum dependent, et maxima ac minima perinde formantur, prout æquum iniquumve sidus incessit. Miraberis collecta nubila, et cadentes aquas, et obliqua fulmina, et cœli fragorem.

Quum satiatos spectaculo supernorum in terram oculos dejeceris, excipiet te alia fortuna rerum, aliterque mirabilis. Hinc camporum in infinitum patentium fusa planities ; hinc montium magnis et nivalibus surgentium jugis erecti in sublime vertices ; dejectus fluminum, et ex uno fonte in Orientem Occidentemque defusi amnes ; et summis cacuminibus nemora nutantia, et tantum silvarum cum suis animalibus, aviumque concentu dissono. Varii urbium situs et seclusæ nationes locorum difficultate, quarum aliæ æ in erectos subtrahunt montes, aliæ ripis, lacu, vallibus, palude circumfunduntur ; adjuta cultu seges, et arbusta sine cultore fertilia, et rivorum lenis inter prata discursus, et amœni sinus, et littora in portum recedentia, sparsæ tot per vastum insulæ quæ interventu suo maria distinguunt. Quid lapidum gemma-

8.

les gracieux, des rivages qui se creusent pour devenir des ports : des îles sans nombre éparses, semées sur les mers, dont elles émaillent la vaste plaine. Là sont les pierres, les perles resplendissantes ; les torrents qui, dans leur course impétueuse, roulent des paillettes d'or mêlées à leur gravier; et ces colonnes flamboyantes qui jaillissent du sein de la terre même au milieu des flots[1] ; et l'Océan, ce lien du monde, qui se divise en trois mers pour partager les nations, et bondit sur sa couche, sans frein et sans mesure. Là sont des vagues toujours mobiles, ondoyantes dans le silence des vents. Tu verras des animaux énormes, qui surpassent en grandeur ceux de la terre ; les uns, dont la masse pesante a besoin d'un guide pour la conduire ; les autres, agiles et plus rapides qu'une galère poussée à force de rames ; d'autres aspirant et soufflant l'onde amère, au grand péril des matelots. Là tu verras des navires allant chercher des terres qu'ils ne connaissent pas. Tu ne verras rien que n'ait tenté l'audace humaine, à la fois témoin et laborieuse associée de ces grands efforts. Tu apprendras, tu enseigneras les arts, et ceux qui entretiennent, et ceux qui embellissent, et ceux qui gouvernent la vie.

Mais là seront aussi mille fléaux du corps et de l'âme, et les guerres, et les brigandages, et les empoisonnements, et les naufrages, et les intempéries de l'air, et les maladies, et la perte prématurée de nos proches, et la mort, douce peut-être, peut-être pleine de douleurs et de tortures. Délibère avec toi-même, et pèse bien ce que tu veux ; une fois entrée dans cette vie de merveilles, c'est par là qu'il faut en sortir. Répondras-tu que tu veux vivre ? — Pourquoi non ? — Pour moi, je pense que tu ne consens pas à la vie, puisque tu te plains qu'on t'en ôte quelque chose. C'est à toi de l'accepter avec ses conditions. — Mais personne ne nous a consultés. — Nos parents se sont consultés pour nous ; ils connaissaient les lois de la vie, ils nous ont engendrés pour la subir.

XIX. Mais, pour en venir aux consolations, voyons d'abord quels maux il faut guérir, ensuite par quels moyens. Ce qui te fait verser des larmes, c'est le regret d'un fils que tu chérissais. Mais de soi-même cette perte semble tolérable. Car, loin des absents, nous ne les pleurons pas tant qu'ils vivent, bien que nous soyons entièrement privés de leur commerce et de leur présence. C'est donc l'opinion qui fait notre tourment, et nos maux ne s'élèvent qu'à la mesure que nous leur donnons. Le remède est en notre puissance. Regardons les morts comme des absents, et ce ne sera pas nous abuser nous-mêmes : nous les avons laissés partir; que dis-je, nous les avons fait partir devant pour les suivre. Tu verses encore des larmes quand tu dis: « Qui me reste pour me protéger, pour me défendre du mépris ? » Console-toi ; car s'il est honteux, il n'est que trop vrai que, dans notre cité, on gagne à voir mourir ses enfants plus de crédit que l'on n'en perd. Autrefois, c'était la ruine d'un vieillard que de rester seul ; maintenant, c'est un si beau titre à la puissance, que l'on en voit feindre de la haine contre leurs fils, désavouer leurs enfants, et vider leurs maisons par le crime. Je sais que tu vas me dire : « Ce qui me touche, ce n'est pas mon propre dommage ; car on ne mérite pas d'être consolé quand on regrette la mort d'un fils, comme celle d'un esclave : quand on a le

[1] Les volcans des îles Lipari.

rumque fulgor, et inter rapidorum cursum torrentium aurum arenis interfluens, et in mediis terris, medioque rursus mari nitentes ignium faces, et vinculum terrarum Oceanus, continuatione gentium triplici sinu scindens, et ingenti licentia exæstuans? Videbis his inquietis, et sine vento fluctuantibus aquis immani et excedenti terrestria magnitudine animalia, quædam gravia et alieno se magisterio moventia, quædam velocia, concitatis perniciora remigiis, quædam haurientia undas, et magno prænavigantium periculo efflantia. Videbis hic navigia, quas non novere terras quærentia. Videbis nihil humanæ audaciæ intentatum, erisque et spectatrix, et ipsa pars magna conantium; disces docebisque artes, alias quæ vitam instruant, alias quæ ornent, alias quæ regant.

Sed istic erunt mille corporum et animorum pestes, et bella, et latrocinia, et venena, et naufragia, et intemperies cœli corporisque, et carissimorum acerba desideria, et mors, incertum, facilis, an per pœnam cruciatumque. Delibera tecum, et perpende quid velis ; ut in illa venias, per ista exeundum est. Respondebis, velle te vivere? quidni? Immo, puto, ad id non accedes, ex quo tibi aliquid detrahi doles. Vive ergo ut convenit. Nemo, inquis, nos consuluit. Consulti sunt de nobis parentes nostri ; qui quum conditionem vitæ nossent, in hanc nos sustulerunt.

XIX. Sed ut ad solatia veniam, videamus primum quid curandum sit, deinde quemadmodum. Movet lugentem desiderium ejus, quem dilexit. Id per se tolerabile apparet. Absentes enim abfuturos, dum viverent, non flemus, quamvis omnis usus illorum nobis et conspectus ereptus sit. Opinio est ergo quæ nos cruciat ; et tanti quodque malum est, quanti illud taxavimus. In nostra potestate remedium habemus. Judicemus illos abesse, et nosmetipsi non fallamus ; dimisimus illos ; immo consecuturi præmisimus. Movet et illud lugentem : « Non erit qui me defendat, qui a contemtu vindicet! » Ut minime probabili, sed vero solatio utar, in civitate nostra plus gratiæ orbitas confert, quam eripit. Adeoque senectutem solitudo, quæ solebat destruere, ad potentiam ducit, ut quidam odia filiorum simulent, et liberos ejurent, et orbitatem manu faciant.

Scio quid dicas : « Non movent me detrimenta mea;

cœur de considérer dans un fils autre chose que lui-même. » Pourquoi donc pleures-tu, Marcia? parce que ton fils est mort, ou parce qu'il n'a pas assez longtemps vécu? Si c'est parce qu'il est mort, tu as dû pleurer toujours ; car toujours tu as su qu'il devait mourir. Persuade-toi bien que les morts n'éprouvent aucune douleur. Cet enfer, qu'on nous a donné pour si terrible, n'est qu'une fable : les morts n'ont à craindre ni les ténèbres, ni les prisons, ni les torrents qui roulent la flamme, ni le fleuve de l'oubli : dans cet asile d'une pleine liberté, point de tribunaux, point d'accusés, point de nouveaux tyrans. Ce sont là jeux de poëtes, qui nous ont poursuivis de vaines terreurs. La mort est la délivrance, la fin de toutes nos peines ; nos malheurs ne la franchissent pas : c'est elle qui nous rend au sommeil tranquille dont nous jouissions avant de naître. Si vous pleurez les morts, pleurez aussi ceux qui ne sont pas nés. La mort n'est ni un bien ni un mal. Car, pour être soit un bien soit un mal, il faut être quelque chose ; mais ce qui n'est rien, ce qui réduit tout à rien, ne nous impose ni l'une ni l'autre de ces conditions. Aux biens et aux maux, il faut un sujet quelconque sur lequel ils s'exercent. La fortune ne peut retenir ce que la nature abandonne, et l'on ne saurait être malheureux quand on n'est pas. Ton fils a dépassé les limites entre lesquelles on est esclave. Dans le sein d'une paix profonde, éternelle, il n'est plus tourmenté par la crainte de la pauvreté, par le souci des richesses, par les passions qui harcèlent notre âme avec l'aiguillon de la volupté ; il n'est pas envieux du bonheur des autres, ni envié dans le sien ; jamais la calomnie ne blesse ses chastes oreilles ; il n'a plus à prévoir ni calamités publiques ni privées ; jamais sa pensée inquiète ne s'attache à l'avenir plein de plus tristes inquiétudes. Enfin, il est dans un asile d'où rien ne peut le bannir, où rien ne saurait l'effrayer.

XX. Oh! qu'ils s'aveuglent sur leurs maux, ceux qui ne célèbrent pas la mort comme la plus belle invention de la nature ! Soit qu'elle achève notre bonheur, qu'elle écarte l'infortune, qu'elle éteigne un vieillard las et dégoûté de vivre, soit qu'elle nous moissonne au printemps de nos jeunes années, et bercés d'un espoir meilleur, soit qu'elle rappelle l'enfance, avant que la route devienne plus difficile, la mort est un terme pour tous, pour beaucoup un remède, un vœu pour quelques-uns, et ne mérite mieux de personne que de ceux qu'elle vient trouver avant qu'ils d'invoquent. La mort affranchit l'esclave malgré le maître ; elle brise la chaîne du captif ; elle ouvre les prisons aux malheureux qu'y tenait enchaînés une délirante tyrannie : à l'exilé, qui sans cesse tourne vers la patrie et ses yeux et sa pensée, elle montre qu'il n'importe guère près de quelles cendres reposeront les siennes. Si la Fortune a mal distribué les biens communs à tous ; si, tous naissant avec des droits égaux, elle a voulu que l'un fût possédé par l'autre, la mort rétablit partout l'égalité. C'est elle qui jamais n'a rien fait suivant le caprice d'un autre ; elle auprès de qui jamais

etenim non est dignus solatio, qui filium sibi decessisse, sicut mancipium, moleste fert; cui quidquam in filio respicere, præter ipsum, vacat. » Quid igitur te, Marcia, movet? utrum, quod filius tuus decessit, an, quod non diu vixit? Si, quod decessit, semper debuisti dolere ; semper enim scisti mori. Cogita nullis defunctum malis affici : illa quæ nobis inferos faciunt terribiles, fabulam esse, nullas imminere mortuis tenebras, nec carcerem, nec flumina flagrantia igne, nec oblivionis amnem, nec tribunalia, et reos, et in illa libertate tam laxa ullos iterum tyrannos. Luserunt ista poetæ, et vanis nos agitavere terroribus. Mors omnium dolorum et solutio est et finis ; ultra quam mala nostra non exeunt, quæ nos in illam tranquillitatem, in qua, antequam nasceremur, jacuimus, reponit. Si mortuorum aliquis miseretur, et non natorum misereatur. Mors nec bonum nec malum est. Id enim potest aut bonum aut malum esse, quod aliquid est : quod vero ipsum nihil est, et omnia in nihilum redigit, nulli nos fortunæ tradit. Mala enim bonaque circa aliquam versantur materiam. Non potest id fortuna tenere, quod natura dimisit; nec potest miser esse, qui nullus est. Excessit filius tuus terminos, intra quos servitur. Excepit illum magna et æterna pax : non paupertatis metu, non divitiarum cura, non libidinis per voluptatem animos carpentis stimulis incessitur, non invidia felicitatis alienæ tangitur, nec suæ premitur, nec conviciis quidem ullis verecundæ aures verberantur : nulla publica clades prospicitur, nulla privata : non sollicitus futuri pendet ex eventu, semper in deteriora dependenti. Tandem ibi constitit, unde nil eum pellat, ubi nil terreat.

XX. O ignaros malorum suorum, quibus non mors ut optimum inventum naturæ laudatur ! quæ sive felicitatem includit, sive calamitatem repellit, sive satietatem aut lassitudinem senis terminat, sive juvenile ævum, dum meliora sperantur, in flore deducit, sive pueritiam ante duriores gradus revocat, omnibus finis, multis remedium, quibusdam votum, de nullis melius merita, quam de his ad quos venit antequam invocaretur. Hæc servitutem invito domino remittit; hæc captivorum catenas levat ; hæc e carcere deducit, quos exire imperium impotens vetuerat; hæc exsulibus in patriam semper animum oculosque tendentibus, ostendit, nihil interesse inter quos quisque jaceat ; hæc, ubi res communes fortuna male divisit, et æquo jure genitos alium alii donavit, exæquat omnia ; hæc est, quæ nihil quidquam alieno fecit arbitrio; hæc est, in qua nemo humilitatem suam sensit ; hæc est, quæ nulli paruit ; hæc est, Marcia, quam pater tuus concupivit. Hæc est, inquam, quæ efficit, ut nasci non sit supplicium : quæ efficit, ut non

on n'a rougi de sa condition; elle qui n'a jamais obéi à personne; elle qu'appelèrent les vœux de ton père, ô Marcia! C'est elle, dis-je, qui fait que ce n'est pas un supplice de naître; elle qui fait que je ne succombe pas sous les menaces du sort, et que je conserve mon âme intacte et maîtresse d'elle-même. Je sais où prendre terre. Là bas, je vois des croix de mille formes, variées suivant la fantaisie des tyrans. Celui-ci tourne vers la terre la tête des suppliciés pour les pendre; celui-là les empale; un autre leur étend les bras sur une potence. Je vois les chevalets, je vois les verges, et pour chaque membre, chaque muscle, un instrument de torture; mais je vois aussi la mort. Là-bas sont des ennemis sanglants, des citoyens superbes; mais là-bas aussi je vois la mort. La servitude n'est pas chose pénible, quand, las de votre maître, vous allez d'un seul pas trouver la liberté. Contre les outrages de la vie, j'ai le bienfait de la mort.

Songe combien il est heureux de mourir à propos, à combien d'hommes il en a coûté d'avoir trop vécu. Si Cn. Pompée, la gloire et le soutien de cet empire, avait été, à Naples, enlevé par la maladie, il mourait, sans contredit, le premier des Romains: quelques jours de plus le précipitèrent du faîte de sa grandeur. Il vit ses légions massacrées en sa présence; et, d'une bataille où le sénat formait la première ligne, tristes restes! le chef lui-même a survécu. Il vit le bourreau égyptien; il offrit à un satellite cette tête sacrée pour les vainqueurs. Au reste, épargné par le glaive, il aurait eu à regretter son salut. Car quoi de plus honteux que Pompée vivant par le bienfait d'un roi! M. Cicéron, s'il était mort au moment où il échappait au poignard dont Catilina le menaça en même temps que la patrie, expirait sauveur de la république qu'il venait d'affranchir; si même il eût suivi de près les funérailles de sa fille, alors encore il pouvait mourir heureux. Il n'eût pas vu briller les glaives nus sur la tête des citoyens, partager entre leurs égorgeurs les biens des victimes, pour qu'elles fissent les frais de leur mort; il n'eût pas vu les dépouilles des consuls vendues à l'encan, les meurtres, le marché public des brigandages, la guerre, le pillage, et tant de Catilinas. Si Marcus Caton, revenant de Chypre, où il était allé régler la succession d'un roi¹, avait été englouti par la mer, même avec cet argent qu'il apportait pour soudoyer la guerre civile, n'eût-ce pas été un bonheur pour lui? Du moins alors emportait-il avec lui cette pensée, que personne n'eût osé le crime devant Caton. Quelques années de plus, et cet homme, né pour être libre, né pour la liberté publique, sera forcé de fuir César et de suivre Pompée.

Un trépas prématuré n'a donc fait aucun tort à ton Métilius: bien plus, il lui a fait remise de tous les maux. — Mais il mourut trop tôt et avant le temps. — Et d'abord suppose qu'il a survécu; imagine la vie la plus longue qui soit accordée à l'homme. Que c'est peu de chose! nés pour de très-courts instants, nous préparons cette hôtellerie, que nous devons quitter bientôt, pour d'autres qui viendront l'occuper aux mêmes con-

¹ Ptolomée, qui avait fait le peuple romain son héritier.

concidam adversus minas casuum, ut servare animum salvum ac potentem sui possim. Habeo quo appellam. Video istic cruces non unius quidem generis, sed aliter ab aliis fabricatas; capite quidam conversos in terram suspendere, alii per obscœna stipitem egerunt, alii brachia patibulo explicuerunt. Video fidiculas, video verbera, et membris et singulis articulis singula machinamenta; sed video et mortem. Sunt istic hostes cruenti, cives superbi; sed video istic et mortem. Non est molestum servire, ubi, si domini pertæsum est, licet uno gradu ad libertatem transire contra injurias vitæ, beneficium mortis habeo.

Cogita, quantum boni opportuna mors habeat: quam multis diutius vixisse nocuerit. Si Cn. Pompeium, decus istius firmamentumque imperii, Neapoli valetudo abstulisset, indubitatus populi Romani princeps excesserat. At nunc exigui temporis adjectio fastigio illum suo depulit. Vidit legiones in conspectu suo cæsas; et ex illo prælio, in quo prima acies senatus fuit, quam infelices reliquiæ sunt, imperatorem ipsum superfuisse! vidit Ægyptium carnificem, et sacrosanctum victoribus corpus satelliti præstitit, etiamsi incolumis fuisset pœnitentiam alutis acturus. Quid enim erat turpius, quam Pompeium vivere beneficio regis? M. Cicero si eo tempore, quo Catilinæ sicas devitavit, quibus pariter cum patria petitus est, concidisset, liberata republica conservator ejus; si denique filiæ suæ funus secutus fuisset, etiam tunc felix mori potuit. Non vidisset strictos in civilia capita mucrones, nec divisa percussoribus occisorum bona, ut etiam de suo perirent, non hastam consularia spolia vendentem, nec cædes, nec locata publice latrocinia, bella, rapinas, tantum Catilinarum. Marcum Catonem si a Cypro et hereditatis regiæ dispensatione redeuntem mare devorasset, vel cum illa pecunia, quam afferebat civili bello stipendium, nonne illo bene actum foret? hoc certe secum tulisset, neminem ausurum coram Catone peccare. Nunc annorum adjectio paucissimorum virum libertati non suæ tantum sed publicæ natum coegit, Cæsarem fugere, Pompeium sequi.

Nihil ergo mali immatura mors attulit illi: omnium etiam malorum remisit patientiam. « Nimis tamen cito perit, et immaturus. » Primum, puta illum superfuisse: comprehende quantum plurimum procedere homini licet: quantulum est? Ad brevissimum tempus editi, cito cessuri loco, venienti in pactum hoc, prospicimus hospitium. De nostris ætatibus loquor, quas incredibili cele-

ditions. Je parle de la vie humaine que nous voyons se dérouler avec une incroyable vitesse. Compte les siècles des cités; tu verras qu'elles n'ont pas été bien longtemps debout, celles-là même qui se glorifient de leur antiquité. Toutes les choses humaines sont éphémères, périssables, et ne tiennent aucune place dans l'infini des temps. Cette terre, avec tous ses peuples, ses villes, ses fleuves, sa ceinture de mers, n'est qu'un point pour nous, si nous la comparons à l'univers : notre vie est quelque chose de moins qu'un point, en regard de tous les temps. La mesure du temps est plus grande que celle du monde, puisqu'on peut compter tant de révolutions du monde accomplies dans le temps. Ainsi donc, à quoi bon étendre une chose qui, dans son prolongement, quel qu'il soit, n'est guère plus que rien? Le seul moyen d'avoir vécu beaucoup, c'est d'avoir assez vécu. Cite-moi, si tu veux, ces vieillards, dont la tradition nous raconte la longévité; mène-les jusqu'à cent dix ans : quand ton âme se reportera vers l'éternité, tu ne verras plus de différence entre l'existence la plus longue et la plus courte, si, considérant tout le temps que chacun a vécu, tu le compares à tout le temps qu'il n'a pas vécu.

Ensuite, ton fils n'est pas mort avant le temps; il a vécu autant qu'il devait vivre. Il ne lui restait plus rien au-delà. Les hommes n'ont pas tous la même vieillesse; les animaux mêmes ne l'ont pas. Quelques-uns épuisent toute leur vie dans l'espace de quatorze années : pour eux c'est l'âge le plus long, quand c'est le premier âge pour l'homme. Tous nous avons reçu des droits iné-

gaux à l'existence : on ne saurait mourir trop tôt, puisqu'on ne devait pas vivre plus longtemps que l'on n'a vécu. Chacun a sa borne fixée : et cette borne restera toujours où d'abord elle fut établie ; il n'est pas de soins ni de faveurs qui puissent la reculer ; et ton fils n'eût pas voulu perdre à ce vain labeur et ses soins et ses calculs. Il a fait sa tâche.

« Il a touché la limite des jours qui lui furent donnés. » Ainsi, loin de toi cette accablante pensée : « Il eût pu vivre plus longtemps! » Sa vie n'a pas été interrompue ; jamais le hasard n'intervient dans le cours de nos années : ce qui fut promis à chacun lui est payé. Les destins suivent leur propre impulsion ; ils n'ajoutent rien, ils ne retranchent rien à leurs promesses : nos vœux, nos regrets n'y font rien. Chacun aura tout ce qui lui fut assigné le premier jour : dès l'instant qu'il a vu pour la première fois la lumière, il est entré dans le chemin du trépas, il s'est avancé d'un pas vers la mort ; et ces mêmes années, dont s'enrichissaient sa jeunesse, appauvrissaient sa vie. L'erreur qui nous égare, c'est de penser que nous ne penchons vers la tombe que vieux et cassés, quand tout d'abord l'enfance et la jeunesse, et tout âge nous y pousse. Les destins, qui poursuivent leur tâche, nous ôtent le sentiment de notre destruction ; et, pour mieux dérober sa marche, la mort se cache sous le nom de la vie. Le premier âge devient l'enfance, l'enfance est absorbée par la puberté, la puberté par la jeunesse, la jeunesse par la vieillesse. Chaque progrès, à le bien prendre, est une décadence.

---

ritate convolvi constat; computa urbium secula; videbis quam non diu steterint, etiam quæ vetuste gloriantur. Omnia humana brevia et caduca sunt, infiniti temporis nullam partem occupantia. Terram hanc cum populis, urbibusque, et fluminibus, et ambitu maris, puncti loco ponimus, ad universa referentes : minorem portionem ætas nostra quam puncti habet, si tempori comparetur omni; cujus major est mensura quam mundi; utpote quum ille se intra hujus spatium toties remetiatur. Quid ergo interest id extendere, cujus quantumcunque fuerit incrementum, non multum aberit a nihilo? Uno modo multum est quod vivimus, si satis est. Licet mihi vivaces et in memoriam traditæ senectutis viros nomines, centenos denosque percenseas annos : quum ad omne tempus dimiseris animum, nulla erit illa brevissimi longissimique ævi differentia, si, inspecto quanto quis vixerit spatio, comparaveris quanto non vixerit.

Deinde non immaturus decessit ; vixit enim quantum debuit vivere. Nihil enim illi jam ultra supererat. Non una hominibus senectus est, ut ne animalibus quidem ; intra quatuordecim quædam annos defatigantur ; et hæc illis longissima ætas est, quæ homini prima; dispar cuique vivendi facultas data est : nemo nimis cito moritur,

qui victurus diutius quam vixit, non fuit. Fixus est cuique terminus ; manebit semper ubi positus est; nec illum ulterius diligentia aut gratia promovebit : scit libenter ullum ulteriorem diligentiam ex consilio perdidisse. Tulit suum.

Metasque dati pervenit ad ævi.

Non est itaque quod sic te oneres : Potuit diutius vivere. Non est interrupta ejus vita, nec unquam se annis casus interjecit ; solvitur quod cuique promissum est : eunt vi sua fata, nec adjiciunt quidquam, nec ex promisso semel demunt : frustra vota ac studia sunt. Habebit quisque, quantum illi dies primus adscripsit; ex illo, quo primum lucem vidit, iter mortis ingressus est, accessitque fato propior : et illi ipsi, qui adjiciebantur adolescentiæ anni, vitæ detrahebantur. In hoc omnes errore versamur, ut non putemus ad mortem, nisi senes inclinatosque jam vergere : quum illo infantia statim, et juventa, omnisque ætas ferat. Actura enim sua fata nobis sensum nostræ necis auferunt : quoque facilius obrepat mors, sub ipso vitæ nomine latet. Infantem in se pueritia convertit, pueritiam pubertas, pubertatem juventus, juventutem senectus abstulit. Incrementa ipsa, si bene computes, damna sunt.

XXI. Tu te plains, Marcia, que ton fils n'ait pas vécu aussi longtemps qu'il l'aurait pu. Mais d'où sais-tu qu'il lui fût profitable de vivre plus longtemps? ou que la mort n'ait pas été bien prévoyante pour lui? Qui pourras-tu trouver aujourd'hui dont les affaires soient établies sur une si forte base, qu'il n'ait rien à craindre de la marche du temps? Les choses humaines tombent et s'écoulent; et aucun côté de notre vie n'est si à découvert, si fragile, que celui qui nous plaît davantage. C'est donc aux plus heureux à souhaiter la mort; car, dans la vicissitude et la confusion des choses, rien n'est certain que ce qui est passé. Qui t'assurait que ce beau corps de ton fils, qui, sous la tutelle d'une sévère pudeur, s'est conservé pur au milieu des regards lubriques d'une ville débordée, aurait échappé aux maladies, et porté, sans outrage, jusqu'à la vieillesse, l'honneur de sa beauté?

XXII. Songe aux mille souillures de l'âme; car les esprits les mieux faits ne se sont pas conservés jusqu'à la vieillesse comme le promettait leur adolescence : souvent ils se sont dépravés. Ou bien c'est une luxure tardive, et d'autant plus honteuse, qui les gagne et les force à déshonorer de nobles débuts; ou bien, voués jeunes encore à la taverne et à leur ventre, leur plus grande inquiétude est de savoir ce qu'ils vont manger et ce qu'ils vont boire. Ajoute les incendies, les ruines, les naufrages; le fer sanglant du médecin, qui va chercher des os sous des chairs vivantes, qui plonge ses mains tout entières dans nos entrailles, et multiplie les douleurs pour guérir de honteuses maladies. Vient ensuite l'exil; ton fils ne fut pas plus innocent que Rutilius : la prison; il ne fut pas plus sage que Socrate : la mort volontaire qui déchire la poitrine; il ne fut pas plus vertueux que Caton. En présence de ces grands enseignements, tu conviendras que la nature s'est montrée généreuse de mettre promptement en lieu sûr ceux à qui la vie réservait un pareil salaire. Rien n'est si trompeur que la vie humaine, rien n'est si perfide. Personne assurément ne l'accepterait; mais on nous la donne à notre insu. Si donc le plus grand bonheur est de ne pas naître, estime comme le second d'être bientôt affranchi de la vie, pour rentrer dans la plénitude de son être. Rappelle-toi les temps cruels où Séjan livra ton père, comme une largesse, à son client Satrius Secundus. Il était irrité d'un ou deux mots hardis que Crémutius n'avait pu contenir dans le secret de son âme, comme celui-ci : « on ne place pas Séjan sur nos têtes, il y monte. » On avait décrété d'élever à Séjan une statue dans le théâtre de Pompée, dont César[1] réparait l'incendie. Cordus s'écria : « C'est bien aujourd'hui que le théâtre tombe. » Et qui n'eût éclaté de voir ériger un Séjan sur les cendres de Pompée, et le nom d'un soldat sans foi consacré sur le monument de cet illustre capitaine? Toutefois, il est consacré par une inscription; et ces chiens dévorants, qu'il engraissait de sang humain, afin de les rendre traitables pour lui seul et farouches pour tous les autres, poursuivent à ses ordres, le condamné de leurs aboiements. Que faire? S'il voulait vivre, il fallait sup-

[1] Tibère.

XXI. Quereris, Marcia, non tam diu vixisse filium tuum, quam potuisset? Unde enim scis, an diutius illi expedierit? an illi hac morte consultum sit? Quem invenire hodie potes, cujus res tam bene positæ sunt et fundatæ, ut nihil illi, procedenti tempore, timendum sit? Labuntur humana, ac fluunt; neque pars vitæ nostræ tam obnoxia aut tenera est, quam quæ maxime placet. Ideoque felicissimis optanda mors est, quia in tanta inconstantia turbaque rerum, nihil nisi quod præteriit, certum est. Quis tibi recepit, illud pulcherrimum filii tui corpus, et summa pudoris custodia inter luxuriosæ urbis oculos conservatum, potuisse ita morbos evadere, ut ad senectutem formæ illæsum perferret decus?

XXII. Cogita animi mille labes; neque enim recta ingenia, qualem in adolescentia spem sui fecerant, usque in senectutem pertulerunt : sed interversa plerumque sunt. Aut sera eoque fœdior luxuria invasit, et coegit de honestare speciosa principia, aut in popinam ventremque præcoquis summa illis curarum fuit, quid essent, quid biberent. Adjice incendia, ruinas, naufragia, lacerationes medicorum ossa vivis legentium, et totas in viscera manus demittentium, et non simplici dolore pudenda curantium. Post hæc exsilium : non fuit innocentior filius tuus, quam Rutilius. Carcerem : non fuit sapientior, quam Socrates. Voluntario vulnere transfixum pectus : non fuit sanctior quam Cato. Quum ista perspexeris, scies optime cum his agi, quos natura, quia illos hoc manebat vitæ stipendium, cito in tutum recepit. Nihil est tam fallax, quam vita humana; nihil tam insidiosum; non mehercule quisquam accepisset, nisi daretur insciis; itaque si felicissimum est, non nasci, proximum puta, brevitate vitæ defunctos, cito in integrum restitui. Propone illud acerbissimum tibi tempus, quo Sejanus patrem tuum clienti suo Satrio Secundo congiarium dedit. Irascebatur illi ob unum aut alterum liberius dictum, quod tacitus ferre non potuerat, Sejanum in cervices nostras nec imponi quidem, sed ascendere. Decernebatur illi statua in Pompeii theatro ponenda, quod exustum Cæsar reficiebat. Exclamavit Cordus : « Tunc vere theatrum perire. » Quis ergo non rumperetur, supra cineres Cn. Pompeii constitui Sejanum, et in monumentis maximi imperatoris consecrari perfidum militem? consecratur subscriptione : et acerrimi canes, quos ille, ut sibi uni mansuetos, omnibus feros haberet, sanguine humano pascebat, circumlatrare hominem, et illum imperatum. incipiunt. Quid faceret?

plier Séjan; mourir, il fallait supplier sa fille. Tous deux sont inflexibles : il a choisi de tromper sa fille. Ayant donc pris un bain pour s'affaiblir davantage, il se retira dans sa chambre comme pour faire une collation, et, renvoyant ses esclaves, il jeta par la fenêtre une partie des mets, pour faire croire qu'il avait mangé. Ensuite il s'abstint de souper, comme si déjà il eût assez mangé dans sa chambre. Le second et le troisième jour il en fit autant : le quatrième, la faiblesse de son corps le trahissait. Alors t'embrassant : « Ma chère fille, dit-il, apprends la seule chose que je t'aie jamais cachée; je suis entré dans le chemin de la mort, et déjà le passage est à demi franchi. Ne me retiens pas; tu ne le dois ni ne le peux. » Puis il ordonne qu'on ferme tout accès à la lumière, et s'ensevelit dans les ténèbres. Sa résolution connue, ce fut une joie publique de voir arracher cette proie à la gorge altérée de ces loups avides. Des accusateurs, excités par Séjan, se présentent au tribunal des consuls. Ils se plaignent que Cordus se laisse mourir, l'accusant d'un acte auquel ils le contraignent; tant ils craignaient que Cordus ne leur échappât! C'était une grande affaire, de savoir si la mort de l'accusé les privait de leurs droits. Pendant qu'on délibérait, pendant que les accusateurs reviennent à la charge, il s'était mis lui-même hors de cause. Vois-tu, Marcia, combien de vicissitudes fondent à l'improviste sur nous dans ces temps d'iniquité? Tu pleures la mort d'un fils qui fut une nécessité cruelle; et celle de ton père fut un droit disputé!

XXIII. Outre que tout avenir est incertain, ou n'offre de certain que des maux plus grands, la route vers les régions supérieures est bien plus facile aux âmes retirées de bonne heure du commerce des humains; car elles traînent après elles moins de fange, moins de fardeaux : affranchies avant d'être souillées, avant de se mêler trop intimement aux choses terrestres, elles remontent plus légères vers les lieux de leur origine, et se dégagent plus vite de leur élément impur et grossier. Aussi, jamais un long séjour dans le corps n'est-il cher aux grandes âmes; elles brûlent de sortir, de se faire jour; elles souffrent avec peine cette étroite prison, accoutumées qu'elles sont à s'égarer dans de sublimes essors, et à regarder d'en haut les choses humaines. Voilà pourquoi Platon s'écrie que l'âme du sage se porte tout entière vers la mort, que c'est là ce qu'elle veut, là ce qu'elle songe, là ce qui l'entraîne dans sa passion constante de s'élancer au dehors. Et toi, Marcia, lorsque tu voyais dans un jeune homme la prudence d'un vieillard, une âme victorieuse de toutes les voluptés, purifiée et affranchie du vice, cherchant les richesses sans avarice, les honneurs sans ambition, les plaisirs sans mollesse, pensais-tu qu'il pouvait longtemps se conserver? Tout ce qui atteint le sommet, est près de la chute. Une vertu achevée s'efface et se dérobe aux yeux; et le fruit qui mûrit de bonne heure n'attend pas l'arrière-saison. Plus un feu a d'éclat, plus vite il s'éteint; il est plus durable lorsque, luttant contre des matières dures et lentes à s'enflammer, sa lueur, d'abord éclipsée par la fumée, sort comme d'un nuage : car la même cause qui nour-

---

si vivere vellet, Sejanus rogandus erat; si mori, filia; uterque inexorabilis : constituit filiam fallere. Usus itaque balneo, et quo plus virium poneret, in cubiculum se quasi gustaturus contulit; et dimissis pueris, quædam per fenestram, ut videretur edisse, projecit : a cœna deinde, quasi jam satis in cubiculo edisset, abstinuit : alteroque die, et tertio idem fecit. Quarto, ipsa infirmitate corporis faciebat indicium. Complexus itaque te, « Carissima, inquit, filia, et hoc unum, tota celata vita, iter mortis ingressus sum, et jam medium fere teneo. Revocare me nec debes, nec potes. » Atque hoc lumen omne præcludi jussit, et se in tenebris condidit. Cognito consilio ejus, publica voluptas erat, quod e faucibus avidissimorum luporum educeretur præda. Accusatores, Sejano auctore, adeunt consulum tribunalia : querauntur mori Cordum, interpellantes quod coegerant; adeo illis Cordus videbatur effugere. Magna res erat in quæstione, an morte rei prohiberentur; dum deliberatur, dum accusatores iterum aderant, ille se absolverat. Videsne, Marcia, quantæ iniquorum temporum vices ex inopinato ingruant? fles quod alicui tuorum mori necesse fuit? pæne non licuit.

XXIII. Præter hoc, quod omne futurum incertum est, et ad deteriora certius, facilius ad superos iter est animis cito ab humana conversatione dimissis; minus enim fæcis ponderisque traxerunt : antequam obducerent, et altius terrena conciperent, liberati, leviores ad originem suam revolant, et facilius, quidquid est illud obsoleti illitique, eluunt. Nec unquam magnis ingeniis cara in corpore mora est; exire atque erumpere gestiunt, ægre has angustias ferunt, vagi per omne sublime, et ex alto assueti humana despicere. Inde est quod Plato clamat : Sapientis animum totum in mortem prominere, hoc velle, hoc meditari, hac semper cupidine ferri in exteriora tendentem. Qui tu, Marcia, quum videres senilem in juvene prudentiam, victorem omnium voluptatum animum, emendatum, carentem vitio, divitias sine avaritia, honores sine ambitione, voluptates sine luxuria appetentem, diu tibi putabas illum sospitem posse contingere? Quidquid ad summum pervenit, ad exitum prope est. Eripit se aufertque ex oculis perfecta virtus : nec ultimum tempus exspectant, quæ in primo maturuerunt. Ignis quo clarior fulsit, citius exstinguitur : vivacior est, qui cum lenta difficilique materia commissus, fumoque demersus, ex sordido lucet; eadem enim detinet causa, quæ maligne alit; sic ingenia quo illustriora, eo bre-

rit pauvrement la flamme, la fait vivre longtemps. De même, les génies qui brillent le plus, passent le plus vite. Car dès que la place manque au progrès, on touche à la décadence. Fabianus rapporte un phénomène dont furent témoins nos pères : c'était un enfant de Rome qui avait atteint la stature d'un homme de haute taille; mais il vécut peu de temps; et il n'y avait personne de sage qui ne lui eût prédit une mort prochaine; car il ne pouvait parvenir à un âge qu'il avait anticipé. Ainsi la maturité est l'indice d'une prompte décomposition; et la fin approche, quand tous les développements sont accomplis.

XXIV. Estime désormais ton fils par ses vertus et non par ses années; et il aura bien assez vécu. Resté orphelin, il demeura sous la surveillance de ses tuteurs jusqu'à sa quatorzième année, sous la tutelle de sa mère, toute sa vie : quoiqu'il eût ses pénates, il ne voulut pas quitter les tiens. Jeune homme que sa taille, sa beauté, et tous les autres avantages d'un corps robuste semblaient destiner aux camps, il renonça aux armes pour ne pas s'éloigner de toi. Calcule, Marcia, combien il est rare pour les mères de voir leurs enfants, lorsqu'elles vivent dans des maisons séparées; calcule combien d'années s'échappent, et sont passées dans l'anxiété, lorsqu'elles ont leurs fils dans les armées; tu verras quel espace occupe le temps, dont tu n'as rien perdu. Jamais ton fils ne s'est éloigné de tes regards; c'est sous tes yeux que se forma aux études cet esprit supérieur qui eût égalé son aïeul, s'il n'eût été retenu par la modestie qui a si souvent enseveli dans le silence les progrès du génie. Jeune, d'une beauté peu commune, jeté au milieu de toutes ces femmes qui s'étudient à corrompre les hommes, il ne se prêta aux espérances d'aucune : et lorsque l'impudeur de quelques-unes alla jusqu'à le provoquer, il rougit d'avoir plu, comme s'il eût péché. Cette pureté de mœurs lui valut d'être, à peine sorti de l'enfance, jugé digne du sacerdoce : le suffrage maternel l'appuyait sans doute; mais sa mère elle-même ne pouvait réussir que pour un candidat méritant.

Dans la contemplation de ses vertus, rappelle à toi ton fils, comme si maintenant il t'appartenait davantage. Maintenant rien ne peut le détourner de toi; jamais il ne te sera une cause d'inquiétude, jamais de chagrin. Tu as pleuré toutes les larmes que tu devais à un si digne fils : l'avenir, à l'abri des hasards, est désormais plein de charmes, pourvu que tu saches jouir de ton fils, pourvu que tu comprennes ce qu'il y avait en lui de plus précieux. Tu n'as perdu que l'image de ton fils, et encore d'une ressemblance bien imparfaite. Mais lui, désormais éternel, en possession d'un état meilleur, débarrassé de liens étrangers, il est tout à lui-même. Ces os, que tu vois entourés de muscles, cette peau qui les recouvre, ce visage, ces mains, ministres du corps, et toute cette enveloppe extérieure, ne sont pour l'âme qu'entraves et ténèbres. Elle en est accablée, obscurcie, souillée : voilà ce qui l'entraîne loin du vrai, loin d'elle-même, pour la plonger dans le faux : toutes ces luttes sont contre cette chair qui lui pèse, qui voudrait l'enchaîner et l'abattre : elle aspire aux régions d'où elle est sortie; c'est là que l'attend le repos éternel, c'est là qu'après

---

viora sunt. Nam ubi incremento locus non est, vicinus occasus est. Fabianus ait, quod nostri quoque parentes videre, puerum Romæ fuisse, statura ingentis viri : sed hic cito decessit; et moriturum brevi nemo non prudens dixit; non poterat enim ad illam ætatem pervenire, quam præceperat. Ita est indicium imminentis exitii maturitas, et appetit finis, ubi incrementa consumta sunt.

XXIV. Incipe virtutibus illum, non annis æstimare : satis diu vixit; pupillus relictus, sub tutorum cura usque ad decimum quartum annum fuit, sub matris tutela semper; quum haberet suos penates, relinquere tuos noluit. Adolescens statura, pulchritudine, cetero corporis robore castris natus, militiam recusavit, ne a te discederet. Computa, Marcia, quam raro liberos videant, quæ in diversis domibus habitant : cogita, tot illos perire annos matribus, et per sollicitudinem exigi, quibus filios in exercitu habent : scies multum patuisse hoc tempus, ex quo nihil perdidisti. Nunquam a conspectu tuo recessit; sub oculis tuis studia formavit, excellentis ingenii, et æquaturi avum, nisi obstitisset verecundia, quæ multorum profectus silentio pressit. Adolescens rarissimæ formæ, tu tam magna mulierum turba viros corrumpentium, nullius spei se præbuit, et quum quarumdam usque ad tentandum pervenisset improbitas, erubuit, quasi peccasset, quod placuerat. Hac sanctitate morum effecit, ut puer admodum dignus sacerdotio videretur, materna sine dubio suffragatione : sed ne mater quidem nisi pro bono candidato valuisset. Harum in contemplatione virtutum filium gere, tanquam si nunc ille tibi magis vacet. Nunc nihil habet quo avocetur; nunquam tibi sollicitudini, nunquam mœrori erit. Quod unum ex tam bono filio poteras dolere, doluisti; cetera exempta casibus, plena voluptatis sunt, si modo uti filio scis, si modo quid in illo pretiosissimum fuerit, intelligis. Imago dumtaxat filii tui periit, et effigies non simillima : ipse quidem æternus, meliorisque nunc status est, despoliatus oneribus alienis, et sibi relictus. Hæc quæ vides ossa circumvoluta nervis, et obductam cutem, vultumque et ministras manus, et cetera quibus involuti sumus, vincula animorum tenebræque sunt. Obruitur his animus, offuscatur, inficitur, arcetur a veris et suis, in falsa conjectus : omne illi cum hac carne gravi certamen est, ne abstrahatur et sidat : nititur illo, unde dimissus est; ibi illum æterna requies manet, e confusis crassisque pura et liquida visentem.

avoir triomphé du chaos et de la nuit, elle ira contempler les célestes clartés.

XXV. Ainsi donc, il ne s'agit pas de courir au tombeau de ton fils. Là, tu ne trouveras qu'une dépouille grossière et gênante, qui ne faisait pas plus partie de lui que sa toge ou tout autre vêtement du corps. Sans rien perdre, sans rien laisser de lui sur la terre, il a pris son vol, il s'est dérobé tout entier; et, après avoir quelque temps séjourné sur nos têtes, pour se purifier, pour se laver de la souillure des vices inhérents à toute vie mortelle, il s'est élancé au plus haut des cieux, où il plane au milieu des âmes heureuses, admis dans la troupe sacrée des Scipion et des Caton, héros dédaigneux de la vie, et affranchis par le bienfait de la mort. Là, ton père, Marcia, quoique chacun y soit le parent de tous, se consacre à son petit-fils, tout ravi de ces clartés nouvelles: il lui enseigne la marche des astres qui l'entourent, et se plaît à l'initier aux mystères de la nature, non d'après des conjectures, mais d'après une science de toutes choses, puisée aux sources du vrai. Et de même que c'est un charme pour l'étranger, de parcourir avec son hôte les merveilles d'une ville inconnue, c'en est un pour ton fils d'interroger sur les causes célestes un interprète de famille. Il aime à plonger sa vue dans les profondeurs de la terre; il se plaît à regarder d'en haut les choses qu'il a quittées. Ainsi donc, Marcia, conduis-toi comme devant un père et devant un fils qui te contemplent; non pas ceux que tu connaissais, mais des êtres plus parfaits, habitants de sublimes demeures: rougis de toute pensée basse et vulgaire, rougis de pleurer les tiens dans leur bienheureuse métamorphose. Lancés dans l'éternité des choses, à travers les libres domaines de l'espace, ils ne sont arrêtés ni par les barrières des flots, ni par les hauteurs des montagnes, ni par les profondeurs des vallées, ni par les mobiles écueils des Syrtes: partout les voies leur sont aplanies; dans leur facile et rapide essor, leurs âmes se traversent l'une l'autre, et vont s'entre-mêler aux astres.

XXVI. Figure-toi donc, ô Marcia! entendre tomber de cette voûte céleste la voix de ton père, qui eut sur toi toute l'autorité que tu avais sur ton fils; ce n'est plus ce triste génie qui déplorait les guerres civiles, et condamnait lui-même ses proscripteurs à une éternelle proscription; son langage est d'autant plus sublime qu'il parle de plus haut: « Pourquoi, ma fille, t'enchaîner à de si longs ennuis? Pourquoi, si obstinément, fermer tes yeux à la vérité, et croire ton fils injustement traité, parce que, s'étant pris de dégoût pour la vie, de lui-même il s'est retiré vers ses ancêtres. Ignores-tu par quels orages la fortune bouleverse toutes choses? Qu'elle ne se montre pour personne bienveillante et facile, si ce n'est pour ceux qui avaient le moins d'engagements avec elle. Te citerai-je les rois qui eussent été les plus heureux de la terre, si la mort était venue plus tôt les soustraire aux malheurs qui les menaçaient? Et ces généraux romains à la grandeur desquels rien n'eût manqué, si tu retranches quelques années à leur vie; et ces nobles, ces illustres héros destinés à courber la tête sous le glaive d'un vil soldat? Regarde ton père et ton aïeul. Celui-ci fut livré à la merci d'une main étrangère.

XXV. Proinde non est, quod ad sepulchrum filii tui curras; pessima ejus et ipsi molestissima istic jacent ossa cineresque; non magis illius partes quam vestes aliaque tegumenta corporum. Integer ille nihilque in terris relinquens fugit, et totus excessit: paulumque supra nos commoratus, dum expurgatur, et inhærentia vitia situmque omnis mortalis ævi excutit; deinde ad excelsa sublatus, inter felices currit animas, excipitque illum cœtus sacer, Scipiones, Catonesque, utique contemtores vitæ, et mortis beneficio liberi. Parens tuus, Marcia, illic nepotem suum, quamquam illic omnibus omne cognatum est, applicat sibi, nova luce gaudentem, et vicinorum siderum meatus docet, nec ex conjecturis, sed omnium ex vero peritus, in arcana naturæ libens ducit. Utque ignotarum urbium monstratas hospiti gratus est, ita sciscitanti cœlestium causas domesticus interpres. In profunda terrarum permittere aciem juvat; delectat enim ex alto relicta respicere. Sic itaque, Marcia, te gere, tanquam sub oculis patris filiique posita, non illorum quos noveras, sed tanto excellentiorum, et in summo locatorum: erubesce quidquam humile aut vulgare, et mutatos in melius tuos flere. In æterna rerum per vasta et libera spatia dimissos, non illos interfusa maria discludunt, nec altitudo montium, aut imæ valles, aut incerta vada Syrtium; tramites omnia plani, et ex facili mobiles, et expediti, et invicem pervii sunt, intermixtique sideribus.

XXVI. Puta itaque ex illa arce cœlesti patrem tuum, Marcia, cui tantum apud te auctoritatis erat, quantum tibi apud filium tuum; non illo ingenio, quo civilia bella deflevit, quo proscribentes in æternum ipse proscripsit, sed tanto elatiore, quanto est ipse sublimior, dicere: cur te, filia, tam longa tenet ægritudo? Cur in tanta veri ignorantia versaris, ut inique actum judices cum filio tuo, quod in tædium versus vitæ, ipse ad majores se recepit suos? Nescis quantis fortuna procellis disturbet omnia? quam nullis benignam facilemque se præstiterit, nisi qui minimum cum illa contraxerant? Regesne tibi nominem felicissimos futuros, si maturius illos mors instantibus subtraxisset malis? An romanos duces, quorum nihil magnitudini decrit, si aliquid ætati detraxeris? an nobilissimos viros clarissimosque ad ictum militaris gladii composita cervice formatos? Respice patrem atque avum tuum. Ille in alieni percussoris venit arbitrium. Ego nihil in me cuiquam permisi, et cibo prohibitus, ostendi quam

Moi je n'ai donné sur ma vie aucun droit à personne, et, m'abstenant de toute nourriture, j'ai montré combien j'étais fier du courage qui dicta mes écrits. Pourquoi, dans notre famille, pleure-t-on le plus longtemps celui qui meurt le plus heureux? Ici nous ne formons qu'une seule âme; et, loin des épaisses ténèbres qui nous environnent, nous voyons que rien chez vous n'est, comme vous le pensez, désirable, rien n'est grand, rien n'est splendide; mais tout y est bassesse, misère, anxiété; et vos yeux ne reçoivent qu'un faible rayon de notre lumière. Faut-il ajouter qu'ici nous n'avons pas d'armées qui s'entre-choquent avec de mutuelles fureurs, de flottes qui viennent se briser contre des flottes; qu'ici l'on ne trame pas, l'on ne rêve pas le parricide; que des forums ne retentissent pas des procès pendant des jours sans fin : ici rien n'est caché, toutes les âmes sont ouvertes, tous les cœurs sont à nu; on vit en public et devant tous; on voit et l'avenir et le passé des âges. Je me faisais gloire de retracer les faits d'un seul siècle, accomplis par une poignée d'hommes dans un coin retiré du monde; maintenant il m'est donné de contempler tous les siècles, la suite et l'enchaînement de tous les âges, et toute la somme des années; il m'est donné de prévoir la naissance, la ruine des empires, la chute des grandes cités, et les nouvelles incursions de la mer. Car si tu peux trouver à tes regrets une consolation dans la commune destinée, sache que rien ne restera debout à sa place. Le temps doit tout abattre, tout emporter avec lui ; et non-seulement il se jouera des hommes, misérables atomes dans le domaine du hasard, mais il se jouera et des lieux, et des contrées, et des parties du monde ; il effacera les montagnes ; ailleurs il fera jaillir en haut des roches nouvelles ; il absorbera les mers, il détournera les fleuves ; et, rompant le commerce des nations, il dispersera les sociétés et la grande famille du genre humain. Ailleurs, il engloutira les villes dans des gouffres béants il les renversera par des ébranlements ; et, du sein de la terre, il vomira des vapeurs empoisonnées, et couvrira, par l'inondation, toute la terre habitable ; dans le monde submergé périra tout être vivant, et, dans un vaste incendie, toutes les choses mortelles brûleront dévorées. Et quand les temps seront venus, où le monde s'éteindra pour renaître, toute force se brisera par sa propre impulsion ; les astres viendront heurter les astres ; toute matière s'enflammera, et tout ce qui maintenant brille dans une si belle harmonie, se consumera dans un même brasier. Pour nous, âmes bienheureuses, en possession de l'éternité, quand Dieu trouvera bon d'accomplir ces nouvelles révolutions, au milieu de l'universel ébranlement, nous-mêmes, débris chétifs de cette grande ruine, nous irons nous confondre dans les antiques éléments. Heureux ton fils, ô Marcia! qui déjà connaît ces mystères !

magno me juvat animo scripsisse! Cur in domo nostra diutissime lugetur, qui felicissime moritur? Coimus in unum omnes, videmusque non alta nocte circumdati, nil apud vos, ut putatis, optabile, nil excelsum, nil splendidum; sed humilia cuncta, et gravia, et anxia, et quotam partem luminis nostri cernentia? Quid dicam, nulla hic arma mutuis furere concursibus, nec classes classibus frangi, nec parricidia aut fingi, aut cogitari, nec fora litibus strepere dies perpetuos : nihil in obscuro, detectas mentes, et aperta præcordia, et in publico medioque vitam, et omnis ævi prospectum, eventumque? Juvabat unius seculi me facta componere, in parte ultima mundi, et inter paucissimos gesta : tot secula, tot ætatum contextum et seriem, quidquid annorum est, licet visere; licet surrectura, licet ruitura regna prospicere, et magnarum urbium lapsus, et maris novos cursus. Nam si potest tibi solatio esse desiderii tui commune fatum, nihil quo stat loco stabit; omnia sternet, abducetque secum vetustas : nec hominibus solum (quota enim ista fortuitæ potentiæ portio est,) sed locis, sed regionibus, sed mundi partibus ludet; tot supprimet montes, et alibi rupes in altum novas exprimet ; maria sorbebit, flumina avertet ; et commercio gentium rupto, societatem generis humani cœtusque dissolvet. Alibi hiatibus vastis subducet urbes, tremoribus quatiet, et ex infimo pestilentiæ halitus mittet, et inundationibus, quidquid habitatur, obducet : necabitque omne animal orbe submerso, et ignibus vastis torrebit incendetque mortalia. Et quum tempus advenerit, quo se mundus renovaturus exstinguat; viribus ista se suis cædent, et sidera sideribus incurrent, et omni flagrante materia, uno igne, quidquid nunc ex disposito lucet, ardebit. Nos quoque felices animæ, et æterna sortitæ, quum Deo visum erit iterum ista moliri, labentibus cunctis, et ipsæ parva ruinæ ingentis accessio, in antiqua elementa vertemur. Felicem filium tuum, Marcia, qui ista jam novit. »

DE LA PROVIDENCE,

ou

POURQUOI, S'IL Y A UNE PROVIDENCE, LES HOMMES DE BIEN SONT-ILS SUJETS AU MAL.

I. Tu me demandes, Lucilius, comment il se fait, si le monde est gouverné par une Providence, que tant de maux arrivent aux hommes de bien. J'aurais plus d'avantage à répondre dans le corps d'un ouvrage, où je prouverais que la Providence préside à toutes choses, et que Dieu est au milieu de nous; mais puisque tu veux que je détache une portion du tout, et que je discute cet incident, la question principale restant toujours entière, je le ferai, et sans difficulté, car je plaide la cause des dieux. Il est inutile, pour le moment, de démontrer que cette machine immense ne se maintiendrait point sans quelque soutien; que cette course réglée des astres ne vient pas d'une impulsion fortuite; que les choses poussées par le hasard se dérangent souvent et se heurtent bientôt; que c'est sous l'empire d'une loi éternelle que s'accomplissent sans accidents ces mouvements rapides qui entraînent toute l'immensité des terres et des mers, et tous ces brillants flambeaux dont la symétrie nous éclaire; que cet ordre n'appartient pas à la matière errante; que des aggrégations fortuites ne peuvent conserver ce parfait équilibre qui fait demeurer immobile la pesante masse de la terre, pendant qu'elle voit les cieux fuir rapidement autour d'elle; qui fait épandre la mer dans les vallées pour ramollir les terres, sans qu'elle-même se sente grossie par les fleuves; qui fait des plus petites semences naître les plus grands végétaux: même les phénomènes qui semblent irréguliers et désordonnés, je veux dire les pluies et les neiges, les traits éclatants de la foudre, les feux lancés du sommet entr'ouvert des montagnes, les tremblements de la terre ébranlée; enfin, tous les autres mouvements que la partie orageuse de la nature

DE PROVIDENTIA,

SIVE

QUARE BONIS VIRIS MALA ACCIDANT QUUM SIT PROVIDENTIA.

I. Quæsisti a me, Lucili, quid ita, si providentia mundus ageretur, multa bonis viris acciderent mala? Hoc commodius in contextu operis redderetur, quum præesse universis providentiam probaremus, et interesse nobis Deum : sed quoniam a toto particulam revelli placet, et unam contradictionem, manente lite integra, solvere; faciam rem non difficilem, causam deorum agam. Supervacuum est in præsentia ostendere, non sine aliquo custode tantum opus stare, nec hunc siderum certum discursum fortuiti impetus esse, et quæ casus incitat, sæpe turbari et cito arietare : hanc in offensam velocitatem procedere æternæ legis imperio, tantum rerum terra marique gestantem, tantum clarissimorum luminum et ex dispositione lucentium : non esse materiæ errantis hunc ordinem, neque quæ temere coierunt, tanta arte pendere, ut terrarum gravissimum pondus sedeat immotum, et circa se properantis cœli fugam spectet; ut in fusa vallibus maria molliant terras, nec ullum incrementum fluminum sentiant; ut ex minimis seminibus nascantur ingentia. Ne illa quidem quæ videntur confusa et incerta, pluvias dico nubesque, et elisorum fulminum jactus, et incendia ruptis montium verticibus effusa, tremores labantis soli, et alia quæ tumultuosa pars rerum circa terras movet, sine ratione, quamvis subita sint, accidunt;

soulève autour de nous, si soudains qu'ils soient, n'arrivent pas sans raison : ils ont leurs causes non moins que ces productions que l'on regarde comme miraculeuses parce qu'elles ne sont pas à leur place, telles que les eaux chaudes au milieu des flots, les îles nouvelles qui jaillissent et s'étendent à la surface de la mer. Quoi donc ! celui qui verra l'Océan mettre à nu ses rivages en se retirant sur lui-même, et les recouvrir ensuite dans un court espace de temps, croira-t-il que c'est par quelque révolution aveugle que les ondes tantôt se resserrent et se replient, tantôt se développent et se précipitent pour regagner leur place ? tandis qu'elles ne croissent que par degrés, soumises à des périodes d'heure et de jour, plus hautes ou plus basses, selon que les attire l'astre lunaire qui règle à son gré leurs inondations.

Ces considérations trouveront ailleurs leur place ; d'autant mieux que tu ne doutes pas de la Providence, mais tu l'accuses. Je veux te réconcilier avec les dieux, toujours excellents pour les âmes excellentes. Car la nature ne comporte pas que le bien nuise aux bons. Il y a entre les hommes de bien et Dieu une amitié dont le lien est la vertu. Que dis-je, une amitié ? C'est plutôt une parenté, une ressemblance : car l'homme de bien ne diffère de Dieu que par la durée ; il est son disciple, son émule, son véritable enfant. Mais cet auguste père l'élève durement et, comme les parents sévères, lui demande un compte rigoureux des vertus qu'il lui a confiées.

Lors donc que tu verras les hommes de bien, les favoris de la divinité, travailler, suer, gravir les routes escarpées de la vie ; et les méchants, au contraire, se reposer dans les délices, se baigner dans les voluptés, songe que nous aimons la modestie chez nos enfants, l'effronterie chez ceux des esclaves ; les premiers sont maintenus par une austère discipline, les seconds sont élevés à l'impudence. Il est évident que Dieu fait de même : il ne nourrit pas l'homme de bien dans les délices ; il l'éprouve, il l'endurcit, il se le prépare.

II. « Pourquoi donc tant de malheurs surviennent-ils aux gens de bien? » Rien de mal ne peut arriver à l'homme de bien. Les contraires ne se confondent point. De même que tous ces fleuves, toutes ces pluies qu'épanchent les cieux, toutes ces sources d'eaux médicinales, ne changent pas la saveur de la mer, ne l'affaiblissent même pas ; de même, le choc de l'adversité n'altère pas l'âme des hommes forts. Elle reste ce qu'elle était, et donne à chaque événement sa propre couleur. Car elle est plus puissante que tout ce qui est hors d'elle. Je ne veux pas dire qu'elle y soit insensible ; mais elle en triomphe, et, toujours calme et paisible, elle s'élève au-dessus des atteintes. Elle considère l'adversité comme un exercice. Qui de nous, pourvu qu'il soit homme, et d'un cœur élevé et généreux, n'aspire à un travail honorable, et ne s'élance au devoir à travers les périls ? Pour quelle âme active l'oisiveté n'est-elle pas un supplice ? Nous voyons les athlètes qui veulent entretenir leurs forces, se choisir les adversaires les plus robustes, et exiger de ceux qui les préparent au combat qu'ils usent de toute leur vigueur : ils se laissent frapper, maltraiter, et s'ils ne trouvent personne qui les égale, ils en provoquent

---

sed suas et illa causas habent non minus, quam quæ alienis locis conspecta miracula sunt, ut in mediis fluctibus calentes aquæ, et nova insularum in vasto exsilientium mari spatia. Jam vero si quis observaverit nudari litora pelago in se recedente, eademque intra exiguum tempus operiri, credet cæca quadam volutatione modo contrahi undas, et introrsum agi, modo erumpere, et magno cursu repetere sedem suam : quum illæ interim portionibus crescunt, et ad horam ac diem subeunt, ampliores minoresque, prout illas lunare sidus elicuit, ad cujus arbitrium oceanus exundat? Suo quidem tempori reservantur, eo quidem magis, quod tu non dubitas de providentia, sed quereris. In gratiam te reducam cum diis, adversus optimos optimis. Neque enim rerum natura patitur, ut uoquam bona bonis noceant. Inter bonos viros ac Deum amicitia est, conciliante virtute ; amicitiam dico? immo etiam necessitudo et similitudo : quoniam quidem bonus ipse tempore tantum a Deo differt, discipulus ejus, æmulatorque, et vera progenies ; quem parens ille magnificus, virtutum non lenis exactor, sicut severi patres, durius educat. Itaque quum videris bonos viros acceptosque diis, laborare, sudare, per arduum ascendere, malos autem lascivire, et voluptatibus fluere ; cogita filiorum nos modestia delectari, vernularum licentia : illos disciplina tristiori contineri, horum ali audaciam. Idem tibi de Deo liqueat : bonum virum in deliciis non habet ; experitur, indurat, sibi illum præparat.

II. « Quare multa bonis viris adversa eveniunt ? » Nihil accidere bono viro mali potest. Non miscentur contraria. Quemadmodum tot amnes, tantum superne dejectorum imbrium, tanta medicatorum vis fontium, non mutant saporem maris, nec remittunt quidem, ita adversarum impetus rerum viri fortis non vertit animum. Manet in statu, et quidquid evenit, in suum colorem trahit. Est enim omnibus externis potentior : nec hoc dico, non sentit illa, sed vincit, et alioquin quietus placidusque contra incurrentia attollitur. Omnia adversa, exercitationes putat. Quis autem, vir modo, et erectus ad honesta, non est laboris appetens justi, et ad officia cum periculo promtus ? cui non industrioso otium pœna est ? Athletas videmus, quibus virium cura est, cum fortissimis quibusque confligere, et exigere ab his, per quos certamini præparantur, ut totis contra ipsos viribus utantur ; cædi se vexarique patiuntur, et si non inveniunt singulos pares,

plusieurs à la fois. La vertu sans combat s'allanguit. Elle ne fait paraître tout ce qu'elle est, tout ce qu'elle vaut, tout ce qu'elle a de puissance, que lorsqu'elle montre tout ce qu'elle peut souffrir.

Sache donc que l'homme de bien doit en faire de même : qu'il ne craigne ni les malheurs ni les difficultés ; qu'il ne se plaigne pas du sort ; que tout ce qui lui arrive, il le prenne en bonne part, et le tourne à son profit. L'important n'est pas ce que tu souffres, mais comment tu le souffres. Ne vois-tu pas quelle différence il y a entre l'amour d'un père et celui d'une mère ? Le premier fait de bon matin réveiller les enfants pour qu'ils se livrent à l'étude ; même les jours fériés il ne les laisse pas oisifs ; il fait couler leur sueur et quelquefois leurs larmes ; mais la mère les tient sous son aile, à l'ombre du foyer ; elle ne veut pas de larmes, pas de chagrins, pas de travail. Dieu a pour les hommes de bien un cœur paternel ; il les aime sans faiblesse. « Qu'ils soient, dit-il, exposés aux fatigues, aux douleurs, aux infortunes, afin de recueillir la véritable force. » Les corps engraissés s'énervent dans l'inaction ; et, incapables non seulement de travail, mais de tout mouvement, ils s'affaissent sous leur propre poids. Une félicité non éprouvée ne résiste pas à la première atteinte. Mais lorsqu'elle a lutté constamment avec l'adversité, elle se fait un bouclier de ses souffrances, et ne se rend jamais au mal ; quand même elle serait abattue, elle combat encore à genoux.

Tu t'étonnes que Dieu, qui chérit les bons, qui veut les rendre meilleurs, et les élever à la perfection, les livre, pour les exercer, aux coups de la fortune. Et moi, je ne m'étonne pas que parfois il prenne fantaisie aux dieux de voir de grands hommes aux prises avec quelque malheur. Nous prenons bien plaisir à regarder un jeune homme de cœur qui reçoit sur son épieu une bête furieuse qui s'élance, qui soutient, sans trembler, la furieuse attaque du lion ; et le spectacle est d'autant plus agréable, que le combattant est plus illustre. Ce ne sont point ces puérilités, ces amusements de la frivolité humaine, qui peuvent attirer les regards de la divinité. Mais voici un spectacle qui mérite que Dieu se détourne des soins de son œuvre ; voici deux champions dignes de Dieu, l'homme fort aux prises avec la mauvaise fortune, surtout si c'est lui qui l'a provoquée. Non, je ne sache pas que Jupiter trouve rien de plus beau sur la terre, s'il daigne y abaisser ses regards, que de voir Caton, après les désastres répétés de son parti, debout et inébranlable au milieu des ruines publiques. « Que toutes choses, dit-il, tombent en la puissance d'un seul ; que les terres soient gardées par ses légions, les mers par ses flottes ; que le soldat césarien assiége les portes, Caton a une issue pour s'échapper. Il suffit d'une seule main pour frayer une large route à la liberté. Ce fer pur et innocent, même dans la guerre civile, va remplir enfin un rôle utile et glorieux ; il donnera à Caton la liberté qu'il n'a pu donner à la patrie. Exécute, ô mon âme ! un projet dès longtemps médité ; dérobe-toi aux choses humaines. Déjà Pétréius et Juba se sont frappés l'un l'autre ; ils gisent étendus sous leurs coups mutuels. Noble et généreux accord pour mourir, mais qui serait malséant à notre gran-

---

pluribus simul objiciuntur. Marcet sine adversario virtus; tunc apparet quanta sit, quantum valeat, quantumque polleat, quum quid possit, patientia ostendit. Scias licet, idem viris bonis esse faciendum, ut dura ac difficilia non reformident, nec de fato querantur; quidquid accidit, boni consulant, in bonum vertant. Non quid, sed quemadmodum feras, interest. Non vides quanto aliter patres, aliter matres indulgeant? illi excitari jubent liberos ad studia obeunda mature; feriatis quoque diebus non patiuntur esse otiosos, et sudorem illis, et interdum lacrymas, excutiunt : at matres fovere in sinu, continere in umbra volunt; nunquam flere, nunquam tristari, nunquam laborare. Patrium habet Deus adversus bonos viros animum, et illos fortiter amat, et, «operibus, inquit, doloribus, ac damnis exagitentur, ut verum colligant robur! » Languent per inertiam saginata, nec labore tantum, sed motu, et ipso sui onere deficiunt. Non fert ullum ictum illæsa felicitas; at ubi assidua fuit cum incommodis suis rixa, callum per injurias ducit, nec ulli malo cedit; sed etiamsi occiderit, de genu pugnat. Miraris tu, si Deus ille bonorum amantissimus, qui illos quam optimos esse atque excellentissimos vult, fortunam illis cum qua exerceantur assignat? Ego vero non miror, si quando impetum capiunt dii spectandi magnos viros, colluctantes cum aliqua calamitate. Nobis interdum voluptati est, si adolescens constantis animi irruentem feram venabulo excepit, si leonis incursum interritus pertulit; tantoque spectaculum est gratius, quanto id honestior fecit. Non sunt ista, quæ possunt deorum in se vultum convertere, sed puerilia, et humanæ oblectamenta levitatis. Ecce spectaculum dignum, ad quod respiciat intentus operi suo Deus; ecce par Deo dignum, vir fortis cum mala fortuna compositus, utique si et provocavit. Non video, inquam, quid habeat in terris Jupiter pulchrius, si convertere animum velit, quam ut spectet Catonem, jam partibus non semel fractis, stantem nihilominus inter ruinas publicas rectum. Licet, inquit, omnia in unius ditionem concesserint, custodiantur legionibus terræ, classibus maria, Cæsarianus portas miles obsideat; Cato, qua exeat, habet. Una manu latam libertati viam faciet; ferrum istud, etiam civili bello purum et innoxium, bonas tandem ac nobiles edet operas; libertatem quam patriæ non potuit, Catoni dabit. Aggredere, anime, diu meditatum opus ; eripe te rebus humanis. Jam Petreius et Juba concurrerunt, jacentque alter alterius manu cæsi. Fortis et egregia fati conventio, sed quæ non deceat mag-

deur! il serait également honteux pour Caton de demander à quelqu'un ou la mort ou la vie. »

Oui, j'en suis certain, les dieux contemplèrent avec une vive joie ce héros, lorsque, déjà libérateur intrépide de lui-même, il s'occupait du salut des autres, et préparait la retraite de ceux qui fuyaient; lorsqu'il consacrait à l'étude même cette dernière nuit; lorsqu'il plongeait le fer dans sa poitrine sacrée; lorsqu'il dispersait ses entrailles, et arrachait de sa main cette âme sainte qui s'indignait d'être souillée par le fer. Voilà sans doute pourquoi le coup fut mal assuré et impuissant. Ce n'était pas assez pour les dieux immortels de contempler Caton une fois seulement; sa vertu fut redemandée, ramenée dans l'arène, afin de se montrer dans un rôle plus difficile. Car il y a moins de courage à se donner le premier coup de la mort, qu'à le redoubler. Pourquoi n'eussent-ils pas pris plaisir à regarder leur élève se sauver par une voie si noble et si mémorable? La mort est une consécration pour l'homme dont la fin est admirée par ceux mêmes qui la redoutent.

III. Dans la suite du discours, je montrerai combien il s'en faut que ce qui semble être un mal, le soit réellement. Maintenant je me borne à dire que ces accidents, que tu appelles malheureux, cruels, effroyables, sont d'abord profitables à ceux auxquels ils arrivent; puis à la généralité des hommes, dont les dieux ont plus de souci que des individus; enfin, qu'ils plaisent à qui les éprouve, ou qu'on mérite d'en souffrir s'ils déplaisent. J'ajouterai à cela que c'est dans l'ordre du destin, et qu'il est juste qu'ils atteignent les gens de bien en vertu de la même loi qui les a faits bons. Je te prouverai ensuite qu'il ne faut jamais plaindre l'homme de bien; car si on peut le dire malheureux, il ne peut pas l'être.

De toutes ces propositions, la plus difficile à démontrer semble être la première, savoir : que les accidents qui nous font frémir d'épouvante sont profitables à ceux qu'ils atteignent. Est-ce un profit, dis-tu, d'être relégué en exil, de voir réduire ses enfants à la misère, de porter sa femme au tombeau, d'être taché d'infamie, d'être mutilé? Si tu t'étonnes que cela puisse profiter à quelqu'un, étonne-toi aussi que l'on guérisse certaines maladies par le fer et le feu, comme aussi par la faim et la soif. Mais si tu songes que, comme remède, on a quelquefois ou dénudé ou extrait des os, retranché des veines, amputé des membres qui ne pouvaient rester unis au corps sans causer sa destruction, tu te laisseras aussi convaincre que certains maux sont profitables à ceux qui les souffrent, non moins, assurément, que certaines choses, que l'on vante et que l'on recherche, sont nuisibles à ceux qu'elles charment, comme l'ivresse, l'indigestion et les autres excès qui tuent par le plaisir.

Parmi plusieurs belles maximes de notre Démétrius, en voici une dont l'impression sur moi est toute récente; elle retentit encore et vibre à mon oreille : « Nul, dit-il, ne me semble plus infortuné que l'homme à qui il n'est jamais arrivé rien de malheureux. » En effet, il ne lui a pas été donné de s'éprouver. Quand tout lui réussirait à souhait, ou même avant ses souhaits, le jugement des dieux ne lui en est pas moins défavorable; il n'a pas été estimé digne de vaincre quel-

---

nitudinem nostram! tam turpe est Catoni, mortem ab ullo petere, quam vitam. Liquet mihi, cum magno spectasse gaudio deos, quum jam ille vir, acerrimus sui vindex, alienæ saluti consulit, et instruit discedentium fugam : dum etiam studia nocte ultima tractat, dum gladium sacro pectori infigit, dum viscera spargit, et illam sanctissimam animam, indignamque quæ ferro contaminaretur, manu educit. Inde crediderim fuisse parum certum et efficax vulnus; non fuit diis immortalibus satis, spectare Catonem semel; retenta ac revocata virtus est, ut in difficiliori parte se ostenderet. Non enim tam magno animo mors initur, quam repetitur. Quidni libenter spectarent alumnum suum, tam claro ac memorabili exitu evadentem? Mors illos consecrat, quorum exitum et qui timent, laudant.

III. Sed jam procedente oratione ostendam, quam non sint, quæ videntur, mala. Nunc illud dico, ista quæ tu vocas aspera, quæ adversa et abominanda, primum pro ipsis esse, quibus accidunt; deinde pro universis, quorum major diis cura est, quam singulorum; post hæc, volentibus accidere; ac dignos malo esse, si nolint. His adjiciam, fato ista fieri, et recte eadem lege bonis evenire, qua sunt boni; persuadebo inde tibi, ne unquam boni viri miserearis; potest enim miser dici, non potest esse. Difficillimum, ex omnibus quæ proposui, videtur quod primum dixi; pro ipsis esse quibus eveniunt ista, quæ horremus ac tremimus. Pro ipsis est, inquis, in exsilium projici, in egestatem deduci liberos, conjugem efferre, ignominia affici, debilitari? Si miraris, hoc pro aliquo esse, miraberis quosdam ferro et igne curari, nec minus fame ac siti. Sed cogitaveris tecum, remedii causa quibusdam et radi ossa et legi, et extrahi venas, et quædam amputari membra, quæ sine totius pernicie corporis hærere non poterant: hoc quoque patieris probari tibi, quædam incommoda pro his esse, quibus accidunt, tam mehercules, quam quædam quæ laudantur atque appetuntur, contra eos esse, quos delectaverunt, simillima cruditatibus ebrietatibusque et ceteris, quæ necant per voluptatem. Inter multa magnifica Demetrii nostri, et hæc vox est, a qua recens sum; sonat adhuc, et vibrat in auribus meis. « Nihil, inquit, mihi videtur infelicius eo, cui nihil unquam evenit adversi. » Non licuit enim illi se experiri. Ut ex voto illi fluxerint omnia, ut ante votum, male tamen de illo dii judicaverunt; indignus visus est,

quefois la fortune. Elle aussi se détourne des lâches, comme si elle disait : Qu'ai-je affaire de choisir un adversaire pareil? dès l'abord il mettra bas les armes ; je n'ai pas besoin contre lui de toute ma puissance ; à la moindre menace il tournera le dos ; il n'ose me regarder en face. Allons chercher quelque autre qui puisse lutter avec nous. Il y aurait honte à combattre un homme prêt à se rendre.

Un gladiateur regarde comme un déshonneur d'être opposé à des adversaires trop au-dessous de lui; il sait qu'il n'y a pas de gloire à vaincre celui qu'on vaincra sans péril. Ainsi fait la fortune; elle se choisit les plus braves champions et passe avec dédain devant les autres. Elle attaque les plus fiers et les plus solides, contre qui elle puisse déployer toutes ses forces. Elle essaie le feu contre Mucius, la pauvreté contre Fabricius, l'exil contre Rutilius, la torture contre Régulus, le poison contre Socrate, la mort contre Caton.

Ce n'est que dans la mauvaise fortune que se rencontrent les grands exemples. Est-il malheureux Mucius, lorsqu'il saisit le feu sur l'autel et se punit lui-même de son erreur, lorsque sa main brûlée triomphe du roi que n'avait pu vaincre sa main armée? Quoi donc! eût-il été plus heureux, s'il eût échauffé sa main dans le sein d'une maîtresse? Est-il malheureux Fabricius, lorsqu'il bêche son champ dans les moments de loisir que lui laisse la république? lorsqu'il fait la guerre autant contre l'or que contre Pyrrhus? lorsqu'assis à son foyer, il mange ces racines et ces herbes qu'arracha de son champ sa vieillesse triomphale? Quoi donc! eût-il été plus heureux s'il eût farci son ventre de poissons pris sur de lointains rivages,
et d'oiseaux étrangers? s'il eût, avec des coquillages de la mer Inférieure et de la mer Supérieure, réveillé la paresse d'un estomac dédaigneux ? s'il eût flanqué de monceaux de fruits du gibier de première taille, dont la prise eût coûté bien du sang aux chasseurs? Est-il malheureux Rutilius, parce que ceux qui l'ont condamné seront accusés devant tous les siècles? parce qu'il souffrit plus volontiers d'être arraché à la patrie qu'à son exil? parce que seul il refusa quelque chose au dictateur Sylla, et que non-seulement il recula devant un rappel, mais s'enfuit encore plus loin? Qu'ils s'arrangent, dit-il, ceux que ton bonheur a surpris à Rome. Qu'ils voient le sang inonder le forum, et au-dessus du lac Servilius, ce charnier[1] des proscriptions de Sylla, flotter les têtes des sénateurs, et les hordes d'assassins errants dans la ville, et des milliers de citoyens romains, égorgés au même endroit, après la parole donnée, ou plutôt au moyen de la parole donnée. Qu'ils voient tout cela, les hommes qui ne peuvent s'exiler.

Quoi donc? est-il heureux Sylla, parce qu'à sa descente au forum le glaive écarte la foule; parce qu'il suspend au gibet les têtes des consulaires, parce qu'il fait payer par un questeur, et inscrire aux tables publiques, le prix du meurtre? Et l'homme qui fait tout cela est l'auteur de la loi Cornélia[2]!

Venons à Régulus. Quel mal lui a fait la fortune en le montrant comme un monument de bonne foi, un monument de patience? Les clous traver-

[1] *Spoliarium*, endroit du cirque où l'on dépouillait les gladiateurs égorgés, et où l'on achevait ceux qui étaient mourants. — [2] Loi contre les meurtriers.

a quo vinceretur aliquando fortuna, quæ ignavissimum quemque refugit, quasi dicat : quid ego istum mihi adversarium assumam? statim arma submittet; non opus est in illum tota potentia mea ; levi comminatione pelletur; non potest sustinere vultum meum. Alius circumspiciatur, cum quo conferre possimus manum; pudet congredi cum homine vinci parato. Ignominiam judicat gladiator, cum inferiore componi, et scit eum sine gloria vinci, qui sine periculo vincitur. Idem facit fortuna, fortissimos sibi pares quærit, quosdam fastidio transit. Contumacissimum quemque et rectissimum aggreditur, adversus quem vim suam intendat. Ignem experitur in Mucio, paupertatem in Fabricio, exsilium in Rutilio, tormenta in Regulo, venenum in Socrate, mortem in Catone. Magnum exemplum, nisi mala fortuna, non invenit. Infelix est Mucius, quod dextera ignes hostium premit, et ipse a se exigit erroris sui pœnas? quod regem, quem armata manu non potuit, exusta fugat? Quid ergo? felicior esset, si in sinu amicæ foveret manum? infelix est Fabricius, quod rus suum, quantum a re publica vacavit, fodit? quod bellum tam cum Pyrrho, quam cum divitiis gerit ? quod ad focum cœnat illas ipsas radices, et herbas, quas in agro triumphalis senex vulsit? Quid ergo?
felicior esset, si in ventrem suum longinqui litoris pisces, et peregrina aucupia congereret? si conchyliis superi atque inferi maris, pigritiam stomachi nauseantis erigeret? si ingenti pomorum strue cingeret primæ formæ feras, captas multa cæde venantium? Infelix est Rutilius, quod qui illum damnaverunt, causam dicent omnibus seculis? quod æquiore animo passus est se patriæ eripi, quam sibi exsilium, quod Sullæ dictatori solus aliquid negavit, et revocatus non tantum retro cessit, sed longius fugit? Viderint, inquit, isti quos Romæ deprehendit felicitas tua. Videant largum in foro sanguinem, et supra Servilium lacum (id enim proscriptionis Sullanæ spoliarium est) senatorum capita, et passim vagantes per urbem percussorum greges, et multa millia civium Romanorum, uno loco post fidem, immo per ipsam fidem trucidata. Videant ista, qui exsulare non possunt! Quid ergo? felix est L. Sulla, quod illi descendenti ad forum gladio submovetur, quod capita consularium virorum patitur appendi, et pretium cædis per quæstorem ac tabulas publicas numerat? et hæc omnia facit ille, qui legem Corneliam tulit? Veniamus ad Regulum! quid illi fortuna nocuit, quod illum documentum fidei, documentum patientiæ fecit? Figunt cutem clavi, et quocunque fatigatum corpus recli-

sent ses chairs, et de quelque côté qu'il appuie son corps fatigué, il pèse sur une blessure; ses paupières mutilées sont condamnées à des veilles sans repos. Plus il a de tourments, plus il a de gloire. Veux-tu savoir combien il se repent d'avoir mis ce prix à la vertu? Guéris ses plaies, renvoie-le au sénat, il répétera son avis.

Est-il donc plus heureux selon toi, ce Mécène, qui, passionné d'amour et pleurant les infidélités quotidiennes d'une femme capricieuse, demande le sommeil aux doux accents d'une symphonie lointaine? Il a beau s'assoupir dans le vin, se distraire au murmure des cascades, et tromper par mille voluptés son âme inquiète, il demeurera éveillé sur la plume, comme Régulus sur la croix. Mais celui-ci a pour consolation d'endurer le supplice pour la vertu, et au milieu des souffrances, il remonte à la cause; celui-là, énervé de voluptés, flétri par l'excès du bonheur, est plus tourmenté par la cause qui le fait souffrir, que par ses souffrances mêmes. Le vice n'a pas tellement pris possession du genre humain, qu'il soit douteux que, si l'on avait le choix de sa destinée, beaucoup d'hommes voulussent naître plutôt des Régulus que des Mécènes. Ou s'il s'en trouvait un qui osât dire qu'il aimerait mieux être Mécène que Régulus, le même aussi, quoiqu'il ne le dise pas, aimerait mieux être Térentia¹.

Penses-tu que la fortune maltraita Socrate, lorsqu'il vida cette coupe qui avait été remplie publiquement, comme s'il prenait un breuvage d'immortalité, et qu'il disserta sur la mort jusqu'à la mort même? Était-ce un malheur pour lui, lorsque son sang se figeait, et que le froid s'insinuant peu à peu, arrêtait la circulation dans ses veines? Combien lui doit-on porter plus d'envie qu'à ceux qui boivent dans des vases précieux, et pour qui un jeune prostitué, instruit à tout permettre, d'une virilité effacée ou équivoque, délaie dans une coupe d'or la neige dont les flocons surnagent sur l'eau. Tout ce qu'ils ont bu, ils vont le rejeter avec les dégoûts du vomissement, avec l'amertume de la bile qui reflue · Socrate avale le poison avec joie et de grand cœur.

Pour ce qui regarde Caton, nous en avons dit assez : tous les hommes reconnaîtront, d'un commun accord, qu'il atteignit le comble de la félicité. C'est lui que choisit la nature pour combattre tout ce qu'il y a de plus terrible. « Les inimitiés des grands sont cruelles; qu'il soit opposé en même temps à Pompée, César et Crassus. Il est cruel de se voir devancé par un rival sans mérite; qu'il soit sacrifié à Vatinius. Il est cruel d'être engagé dans les guerres civiles; qu'il aille par toute la terre défendre la bonne cause, avec autant de malheur que de constance. Il est cruel d'attenter à ses jours; qu'il le fasse. Qu'aurai-je gagné par là? que tout le monde sache que ce ne sont pas là des maux, puisque Caton m'a paru les mériter. »

IV. Les prospérités descendent sur le vulgaire, sur les âmes communes; mais dompter le malheur et les faiblesses de la crainte, est le propre du grand homme. Etre toujours heureux, et passer sa vie sans aucune blessure de l'âme, c'est ignorer une moitié de la nature humaine. Tu es

¹ Femme de Mécène, célèbre par ses nombreuses infidélités.

---

navit', vulneri incumbit, et in perpetuam vigiliam suspensa sunt lumina. Quanto plus tormenti, tanto plus erit gloriæ. Vis scire, quam non pœniteat hoc pretio æstimasse virtutem? Refice tu illum, et mitte in senatum: eamdem sententiam dicet. Feliciorem ergo tu Mæcenatem putas, cui amoribus anxio, et morosæ uxoris quotidiana repudia deflenti, somnus per symphoniarum cantum, ex longinquo lene resonantium, quæritur? Mero se licet sopiat, et aquarum fragoribus avocet, et mille voluptatibus mentem anxiam fallat, tam vigilabit in pluma, quam ille in cruce. Sed illi solatium est, pro honesto dura tolerare, et ad causam a patientia respicit : huic voluptatibus marcidum, et felicitate nimia laborantem, magis his quæ patitur vexat causa patiendi. Non usque eo in possessionem generis humani vitia venerunt, ut dubium sit, an electione fati data, plures Reguli nasci, quam Mæcenates velint. Aut si quis fuerit, qui audeat dicere, Mæcenatem se quam Regulum nasci maluisse, idem iste, taceat licet, nasci se Terentiam maluit. Male tractatum Socratem judicas, quod illam potionem publice mixtam, non aliter quam medicamentum immortalitatis obduxit, et de morte disputavit usque ad ipsam? male cum illo actum est, quod gelatus est sanguis, ac paulatim frigore inducto venarum vigor constitit? Quanto magis huic invidendum est, quam illis quibus gemma ministratur, quibus exoletus omnia pati doctus, exsectæ virilitatis, aut dubiæ, suspensam auro nivem diluit? Hi quidquid biberint, vomitu remetientur tristes, et bilem suam regustantes : at ille venenum lætus et libens hauriet. Quod ad Catonem pertinet, satis dictum est; summamque illi felicitatem contigisse, consensus hominum fatebitur; quem sibi rerum natura delegit, cum quo metuenda collideret. « Inimicitiæ potentum graves sunt? opponatur simul Pompeio, Cæsari, Crasso. Grave est a deterioribus honore anteiri? Vatinio postferatur. Grave est, civilibus bellis interesse? toto terrarum orbe pro causa bona tam infeliciter, quam pertinaciter, militet. Grave est, sibi manus afferre? faciat. Quid per hoc consequar? ut omnes sciant, non esse hæc mala, quibus ego dignum Catonem putavi. »

IV. Prospera in plebem ac vilia ingenia deveniunt : calamitates terroresque mortalium sub jugum mittere, proprium magni viri est. Semper vero esse felicem, et sine morsu animi transire vitam, ignorare est rerum naturæ alteram partem. Magnus es vir : sed unde scio, si tibi fortuna non dat facultatem exhibendæ virtutis? Descendisti ad Olympia : si nemo præter te, coronam habes, victoriam non habes. Non gratulor tanquam viro

un homme de cœur; mais d'où le saurais-je, si la fortune ne t'a pas donné l'occasion de montrer ta vertu? Tu es descendu dans la carrière olympique; si personne ne s'y présente que toi, tu gagnes la couronne, mais non pas la victoire. Je ne te félicite pas comme homme courageux, mais comme celui qui, obtenant le consulat ou la préture, doit sa grandeur à sa dignité. J'en puis dire autant à l'homme de bien, si l'adversité ne lui a donné nulle occasion où il pût, au moins une fois, faire paraître sa force d'âme. Je t'estime malheureux de n'avoir jamais été malheureux; tu as passé ta vie sans combat. Personne ne saura ce que tu valais, tu ne le sauras pas toi-même; car pour se connaître, on a besoin de s'éprouver. Nul ne sait ce qu'il peut, qu'après s'être essayé. Aussi a-t-on vu des hommes s'offrir d'eux-mêmes à l'adversité qui les épargnait, et chercher à leur vertu, qui se perdait dans l'obscurité, une occasion de briller. Oui, le malheur a parfois des charmes pour les grands hommes, non moins que les guerres pour les soldats courageux. Sous le règne de Caïus César j'ai entendu Triumphus, le mirmillon, se plaindre de la rareté des jeux : « Que de bon temps perdu, disait-il ! »

Le courage est avide de périls, et regarde où il tend, non ce qu'il doit souffrir; car ce qu'il doit souffrir fait une partie de sa gloire. Les guerriers se glorifient de leurs blessures, et, tout joyeux, ils montrent comme une faveur de la fortune leur sang qui s'écoule. Et encore que ceux qui reviennent du combat sans blessures aient fait tout autant, on regarde davantage celui qui revient blessé. Oui, la Divinité favorise ceux dont elle désire la perfection, toutes les fois qu'elle leur offre l'occasion de faire quelque chose de grand et de courageux : pour cela, il leur faut des conjonctures difficiles. On apprécie le pilote dans la tempête, le soldat dans la mêlée. D'où puis-je savoir combien tu as d'énergie dans la pauvreté, si tu regorges de richesses? D'où puis-je savoir combien tu opposeras de constance à l'ignominie, au déshonneur, aux haines populaires, si tu vieillis au milieu des applaudissements, si tu t'appuyes sur une faveur inaltérable qui suit un certain entraînement des esprits? D'où saurai-je de quel cœur tu supporteras la perte d'un enfant, si tu vois autour de toi tous ceux que tu as élevés? Je t'ai entendu quand tu consolais les autres; mais je t'aurais vu, si tu te fusses consolé toi-même, si toi-même tu te fusses interdit la douleur. N'allez donc pas, je vous en supplie, vous épouvanter de ces aiguillons dont les dieux immortels se servent pour réveiller les courages! Le malheur est une occasion pour la vertu.

Les hommes qu'on peut à bon droit appeler infortunés, sont ceux qui s'engourdissent dans l'excès du bonheur, qui sont comme enchaînés par un calme plat sur une mer immobile. Tout ce qui leur arrive est pour eux une nouveauté. Le chagrin est plus amer à ceux qui ne l'ont pas goûté; le joug est plus pesant à une tête novice. L'idée seule d'une blessure fait pâlir les recrues; le vétéran voit d'un œil intrépide saigner ses plaies. Il sait que souvent la victoire a suivi le sang. Ainsi donc ceux que la Divinité favorise, qu'elle aime, elle les fortifie, les reconnaît, les exerce. Ceux, au contraire, qu'elle semble traiter avec douceur, avec ménagement, elle réserve leur faiblesse pour des maux à venir. Car tu te trompes si tu crois

---

forti, sed tanquam consulatum præturamve adepto; honore auctus es. Idem dicere et bono viro possum, si illi nullam occasionem difficilior casus dedit, in qua una vim sui animi ostenderet : miserum te judico, quod nunquam fuisti miser; transisti sine adversario vitam. Nemo sciet, quid potueris; ne tu quidem ipse. Opus est enim ad notitiam sui experimento; quod quisque posset, nisi tentando non didicit. Itaque quidam ultro se cessantibus malis obtulerunt, et virtuti ituræ in obscurum, occasionem, per quam enitesceret, quæsierunt. Gaudent, inquam, magni viri aliquando rebus adversis, non aliter quam fortes milites bellis. Triumphum ego mirmillonem sub C. Cæsare de raritate munerum audivi querentem : « Quam bella, inquit, ætas perit ! » Avida est periculi virtus, et quo tendat, non quid passura sit, cogitat; quoniam et quod passura est, gloriæ pars est. Militares viri gloriantur vulneribus, læti fluentem meliori casu sanguinem ostentant. Idem licet fecerint, integri revertuntur ex acie, magis spectatur qui saucius redit. Ipsis, inquam, Deus consulit, quos esse quam honestissimos cupit, quoties illis materiam præbet, aliquid animose fortiterque faciendi : ad quam rem opus est aliqua rerum difficultate. Gubernatorem in tempestate, in acie militem intelligas. Unde possum scire quantum adversus paupertatem tibi animi sit, si divitiis diffluis? Unde possum scire quantum adversus ignominiam et infamiam animi, odiumque populare, constantiæ habeas, si inter plausus senescis? si te inexpugnabilis, et inclinatione quadam mentium pronus favor sequitur? Unde scio quam æquo animo laturus sis orbitatem, si quoscunque sustulisti, vides? Audivi te quum alios consolareris : tunc conspexissem, si te ipse consolatus esses, si te ipse dolere vetuisses. Nolite, obsecro vos, expavescere ista, quæ Dii immortales, velut stimulos, admovent animis ! Calamitas virtutis occasio est. Illos merito quis dixerit miseros, qui nimia felicitate torpescunt, quos velut in mari lento tranquillitas iners detinet. Quidquid illis inciderit, novum veniet; magis urgent sæva inexpertos; grave est teneræ cervici jugum. Ad suspicionem vulneris tiro pallescit : audaciter veteranus cruorem suum spectat, qui scit se sæpe vicisse post sanguinem. Hos itaque Deus, quos probat, quos amat, indurat, re-

9.

qu'il y ait quelqu'un d'exempté. Cet homme longtemps heureux verra venir son tour. Quiconque paraît oublié, n'est que retardé.

« Mais pourquoi Dieu envoie-t-il aux plus honnêtes gens des maladies, ou d'autres afflictions? » Pourquoi, dans les camps, les expéditions périlleuses sont-elles confiées aux plus braves? Ce sont des hommes d'élite qu'envoie le chef, pour surprendre l'ennemi dans une embûche de nuit, pour reconnaître le pays, pour enlever un poste. Nul d'entre ceux qui partent ne dit : « Le général n'a pas eu confiance en moi; » mais plutôt : « Il m'a bien jugé. » De même, tous ceux qui reçoivent l'ordre de souffrir des maux qui font pleurer les timides et les lâches, doivent se dire : « Dieu nous a jugés assez méritants pour éprouver sur nous jusqu'où peut aller la patience de l'homme. »

Fuyez les délices, fuyez un bonheur énervant, qui flétrit les âmes, qui les endort dans une ivresse perpétuelle, s'il ne survient quelque accident pour vous rappeler à la condition humaine. Celui que des vitraux garantissent toujours contre le vent, dont les pieds sont chauffés par des fomentations incessamment renouvelées, dont les salles à manger conservent une molle température par la chaleur qui circule sous le plancher et dans l'épaisseur des murailles, celui-là ne peut sans danger être effleuré par le plus léger zéphyr. L'excès en tout est nuisible; mais rien n'est plus funeste que l'excès du bonheur. Il trouble le cerveau, évoque dans l'esprit de vains fantômes, et fait planer d'épais nuages entre le faux et le vrai. Ne vaut-il pas mieux supporter de continuelles infortunes qui nous rappellent à la vertu, que de succomber sous le poids énorme de richesses démesurées? On meurt doucement par le jeûne, on crève par l'indigestion. Les dieux suivent la même méthode avec les hommes de bien que les précepteurs avec leurs disciples. Ils exigent plus d'efforts de ceux dont ils ont meilleure espérance. Crois-tu que les Lacédémoniens soient ennemis de leurs enfants, parce qu'ils éprouvent leur caractère par des flagellations publiques? Les pères eux-mêmes exhortent leurs fils à souffrir courageusement les coups de fouet; et, quand ils sont tout déchirés, demi-morts, ils les conjurent de présenter avec constance leurs blessures à des blessures nouvelles. Faut-il s'étonner que Dieu traite durement les esprits généreux? Les enseignements de la vertu ne sont jamais faciles. La fortune nous frappe et nous déchire? Souffrons. Ce n'est pas une persécution, c'est une lutte : plus souvent nous l'aurons engagée, plus nous serons forts. La partie du corps la plus robuste est celle que l'exercice a souvent mise en jeu. Nous devons nous offrir aux coups de la fortune, afin de nous fortifier par elle contre elle. Peu à peu elle fera de nous ses dignes rivaux. L'habitude des périls nous en inspirera le mépris. Ainsi le nautonier endurcit son corps aux fatigues de la mer; le laboureur a la main calleuse; le bras du guerrier est habile à lancer les javelots; le coureur a les membres déliés. Le côté fort de chacun est celui qu'il a exercé. L'âme arrive par la souffrance à braver la puissance du mal; et tu sauras ce qu'elle peut faire en nous, si tu considères ce que

cognoscit, exercet; eos autem quibus indulgere videtur, quibus parcere, molles venturis malis servat. Erratis enim, si quem judicatis exceptum : veniet ad illum diu felicem sua portio. Quisquis videtur dimissus esse, dilatus est. Quare Deus optimum quemque ant mala valetudine, aut aliis incommodis, afficit? Quare in castris quoque periculosa fortissimis imperantur? Dux lectissimos mittit, qui nocturnis hostes aggrediantur insidiis, aut explorent iter, aut præsidium loco dejiciant. Nemo eorum qui exeunt, dicit, « Male de me imperator meruit; » sed, « Bene judicavit. » Idem dicant quicumque jubentur pati timidis ignavisque flebilia : Digni visi sumus Deo, in quibus experiretur quantum humana natura posset pati. Fugite delicias; fugite enervatam felicitatem, qua animi permadescunt, nisi aliquid intervenit, quod humanæ sortis admoneat, velut perpetua ebrietate sopiti. Quem specularia semper ab adflatu vindicarunt, cujus pedes inter fomenta subinde mutata tepuerunt, cujus cœnationes subditus et parietibus circumfusus calor temperavit, hunc levis aura non sine periculo stringet. Quum omnia, quæ excesserunt modum, noceant, periculosissima felicitatis intemperantia est. Movet cerebrum, in vanas mentem imagines evocat, multum inter falsum ac verum mediæ caliginis fundit. Quidni satius sit, perpetuam infelicitatem quæ advocat ad virtutem sustinere, quam infinitis atque immodicis bonis rumpi? Levior jejunio mors est : cruditate dissiliunt. Hanc itaque rationem Dii sequuntur in bonis viris, quam in discipulis suis præceptores, qui plus laboris ab his exigunt, in quibus certior spes est. Numquid tu invisos esse Lacedæmoniis liberos suos credis, quorum experiuntur indolem publice verberibus admotis? Ipsi illos patres adhortantur, ut ictus flagellorum fortiter perferant, et laceros ac semianimes rogant, perseverent vulnera præbere vulneribus. Quid mirum, si dure generosos spiritus Deus tentat? Nunquam virtutis molle documentum est. Verberat nos et lacerat fortuna? patiamur; non est sævitia : certamen est; quo sæpius adierimus, fortiores erimus. Solidissima pars est corporis, quam frequens usus agitavit. Præbendi fortunæ sumus, ut contra ipsam ab ipsa duremur. Paulatim nos sibi pares faciat; contemptum periculorum assiduitas periclitandi dabit. Sic sunt nauticis corpora ferendo mari dura; agricolis manus tritæ : ad excutienda tela militares lacerti valent : agilia sunt membra cursoribus. Id in quoque solidissimum est, quod exercuit. Ad contemnendam malorum potentiam, animus patientia pervenit; quæ quid in nobis efficere possit, scies, si adspexeris, quan-

rapporte le travail à des peuples tout nus et forts de leurs besoins. Vois ces pays où s'arrête la paix du monde romain ; je parle des Germains et de toutes ces nations errantes que l'on rencontre sur les bords de l'Ister. Sous le poids d'un hiver éternel, d'un ciel sauvage, sur un sol stérile qui les nourrit à regret, sans autre protection contre les pluies qu'un toit de chaume ou de feuillage, ils courent sur les marais durcis par les frimas, et vivent de la chair des bêtes fauves. Te semblent-ils malheureux? Il n'y a point de malheur dans ce qui est devenu naturel par l'habitude; et ce qui d'abord fut nécessité, devient insensiblement plaisir. Ils n'ont point de domicile, point de demeure, que celle que leur assigne chaque jour le besoin du repos. Leur grossière nourriture est le prix du combat, et leurs corps sans vêtements sont exposés aux rigueurs d'un climat horrible. Eh bien! ce qui te semble un malheur, est la vie d'une foule de peuples. Pourquoi donc t'étonner que les hommes de bien, pour être affermis, reçoivent des secousses? Il n'y a pas d'arbre plus fort, plus solide que celui qui est souvent battu par l'aquilon; les assauts de la tempête en resserrent les fibres, en fortifient les racines. Ceux qui croissent dans les vallons abrités sont fragiles. Il est donc de l'intérêt des hommes de bien, pour qu'ils soient au-dessus de la crainte, de se mêler souvent aux plus effrayants dangers, et de souffrir d'une âme impassible ces accidents qui ne sont des maux que pour celui qui les supporte mal.

V. Ajoute à cela qu'il est dans l'intérêt de tous que les plus honnêtes gens soient, pour ainsi dire, toujours sous les armes, toujours en activité. C'est l'intention de Dieu, comme celle de l'homme sage, de montrer que toutes ces choses que le vulgaire recherche, qu'il redoute, ne sont ni des biens ni des maux : or, elles paraîtraient des biens, s'il ne les accordait qu'aux bons; et des maux, s'il ne les infligeait qu'aux méchants. La cécité serait une chose affreuse, si personne ne perdait la vue, que ceux qui méritent d'avoir les yeux arrachés. Qu'Appius et Métellus soient donc privés de la lumière. Les richesses ne sont pas un bien : qu'elles soient données à Ellius l'entremetteur, afin que cet argent, que les hommes consacrent dans les temples, ils le voient aussi dans les maisons de prostitution. Dieu ne pouvait mieux avilir les objets de notre cupidité, qu'en les ôtant aux honnêtes gens, pour les transporter aux infâmes.

« Mais il est injuste que l'homme de bien soit mutilé, mis en croix, chargé de chaînes, tandis que les méchants conservent leurs membres intacts, marchent en liberté et vivent dans les délices. » Eh quoi! il est donc injuste que les plus braves guerriers prennent les armes, veillent la nuit dans les camps, debout sur la tranchée, avec l'appareil sur leurs blessures, tandis que, dans la ville, les eunuques et les débauchés de profession jouissent de la sécurité? Eh quoi! il est donc injuste que les plus nobles vierges soient réveillées au milieu des nuits pour la célébration des sacrifices, tandis que les prostituées dorment d'un profond sommeil? Le travail réclame les hommes forts. Le sénat donne souvent des journées entières à ses délibérations; et, pendant ce temps, les plus vils citoyens amusent leurs loisirs dans le Champ-de-Mars, ou s'enferment dans une taverne, ou

---

tum nationibus nudis et inopia fortioribus, labor præstet. Omnes considera gentes, in quibus Romana pax desinit: Germanos dico, et quidquid circa Istrum vagarum gentium occursat. Perpetua illos hiems, triste cœlum premit, maligne solum sterile sustentat, imbrem culmo aut fronde defendunt, super durata glacie stagna persultant, in alimentum feras captant. Miseri tibi videntur? nihil miserum est, quod in naturam consuetudo perduxit; paulatim enim voluptati sunt, quæ necessitate cœperunt. Nulla illis domicilia, nullæ sedes sunt, nisi quas lassitudo in diem posuit; vilis, et hic quærendus manu, victus; horrenda iniquitas cœli, intecta corpora : hoc quod tibi calamitas videtur, tot gentium vita est. Quid miraris bonos viros, ut confirmentur, concuti? Non est arbor solida, nec fortis, nisi in quam frequens ventus incursat : ipsa enim vexatione constringitur, et radices certius figit. Fragiles sunt, quæ in aprica valle creverunt. Pro ipsis ergo bonis viris est, ut esse interriti possint, multum inter formidolosa versari, et æquo animo ferre quæ non sunt mala, nisi male sustinenti.

V. Adjice nunc, quod pro omnibus est, optimum quemque, ut ita dicam, militare, et edere operas. Hoc est propositum Deo, quod sapienti viro, ostendere hæc quæ vulgus appetit, quæ reformidat, nec bona esse nec mala : apparebunt autem bona esse, si illa non nisi bonis viris tribuerit; et mala esse, si malis tantum irrogaverit. Detestabilis erit cæcitas, si nemo oculos perdiderit, nisi cui eruendi sunt. Itaque careant luce Appius et Metellus. Non sunt divitiæ bonum. Itaque habeat illas et Ellius leno; ut homines pecuniam quum in templis consecraverint, videant et in fornice. Nullo modo magis potest Deus concupita traducere, quam si illa ad turpissimos defert, ab optimis abigit. « At iniquum est bonum virum debilitari, aut configi, aut alligari; malos integris corporibus solutos ac delicatos incedere. » Quid porro? non est iniquum fortes viros arma sumere, et in castris pernoctare, et pro vallo obligatis stare vulneribus; interim in urbe securos esse, percisos et professos impudicitiam? Quid porro? non est iniquum nobilissimas virgines ad sacra facienda noctibus excitari, altissimo somno inquinatas frui? Labor optimos citat. Senatus per totum diem sæpe consulitur, quum illo tempore vilissimus quisque, aut in campo otium suum oblectet, aut in popina lateat, aut tempus in aliquo circulo terat. Idem in

perdent leur temps dans quelque cercle d'oisifs. Tout va de même dans la grande république : les hommes de bien travaillent, se sacrifient, sont sacrifiés, et encore de grand cœur : ils ne sont pas entraînés par la fortune; ils la suivent, et d'un pas égal : et s'ils avaient été mieux informés, ils eussent pris les devants.

Je me souviens encore d'avoir entendu ces paroles magnanimes de cet homme de cœur, Démétrius : « Je n'ai qu'un reproche à vous faire, ô dieux immortels! c'est de ne m'avoir pas plus tôt fait connaître votre volonté. J'aurais de moi-même été au-devant de ces malheurs, au lieu de m'y offrir aujourd'hui à votre appel. Voulez-vous prendre mes enfants? C'est pour vous que je les ai élevés. Voulez-vous quelque partie de mon corps? Disposez-en. Je n'offre pas grand'chose; bientôt je m'en séparerai tout entier. Voulez-vous ma vie? Pourquoi non? Je ne ferai pas difficulté de vous laisser reprendre ce que vous m'avez donné. C'est de mon plein gré que vous emporterez tout ce que vous demanderez. Oui, sans doute, j'aurais mieux aimé offrir qu'abandonner. Qu'est-il besoin d'enlever ce que vous pouvez recevoir? Cependant, même aujourd'hui, vous ne m'enlevez rien; car on n'arrache qu'à celui qui retient. Je ne suis en rien contraint, je n'endure rien malgré moi ; je n'obéis point à Dieu, je suis d'accord avec lui; et cela d'autant mieux que je sais que tout est décidé par une loi immuable, écrite de toute éternité. » Les destins nous conduisent, et ce qui reste de temps à chacun est réglé dès la première heure de la naissance. Une cause naît d'une autre cause, et le long enchaînement des destinées gouverne les choses publiques et particulières. Il faut donc tout souffrir avec courage, parce que tout arrive non par aventure, mais par ordre. Il y a longtemps qu'a été réglé ce qui doit faire ta joie, ce qui doit faire ta peine, et quelle que soit la variété d'événements qui semble distinguer la vie de chacun, le tout se résume en une seule chose : périssables, nous avons reçu des biens périssables. Pourquoi tant nous indigner? Pourquoi nous plaindre? C'est la loi de notre existence. Que la nature dispose comme elle l'entend de corps qui lui appartiennent : nous, pleins de joie et de courage, quoi qu'il arrive, songeons que rien de ce qui périt n'est à nous. Quel est le devoir de l'homme de bien? De s'abandonner au sort : c'est une grande consolation que de tomber avec l'univers. Quelle que soit la puissance qui nous ordonne ainsi de vivre, ainsi de mourir, elle enchaîne aussi les dieux à une même nécessité. Une marche irrévocable entraîne également et les dieux et les hommes. Le Créateur lui-même, l'arbitre de toutes choses, a pu écrire la loi du destin, mais il y est soumis : il obéit toujours, il n'a ordonné qu'une fois.

« Mais pourquoi, dans le partage des destinées, Dieu a-t-il été assez injuste pour assigner aux hommes de bien la pauvreté, les souffrances, les morts cruelles. » L'ouvrier ne peut changer la matière; elle est passive. Il y a certaines choses qui ne peuvent être disjointes; elles sont liées entre elles et indivisibles. Les natures languissantes, engourdies dans le sommeil ou dans une veille qui y ressemble, sont formées d'éléments inertes : mais pour faire un homme dont on parle avec gloire, il faut un destin plus puissant. Il ne s'avance pas sur une route unie; il lui faut monter, descendre, être ballotté par les flots, et conduire

---

hac magna republica fit : boni viri laborant, impendunt, impenduntur, et volentes quidem : non trahuntur a fortuna, sequuntur illam, et æquant gradus; si scissent, antecessissent. Hanc quoque animosam Demetrii fortissimi viri vocem audisse me memini : « Hoc unum, inquit, Dii immortales, de vobis queri possum, quod non ante mihi voluntatem vestram notam fecistis. Prior enim ad ista venissem, ad quæ nunc vocatus adsum. Vultis liberos sumere? illos vobis sustuli. Vultis aliquam partem corporis? sumite. Non magnam rem promitto; cito totum relinquam. Vultis spiritum? Quid ni? nullam moram faciam, quo minus recipiatis, quod dedistis ; a volente feretis, quidquid petieritis. Quid ergo est? maluissem offerre, quam tradere. Quid opus fuit auferre? accipere potuistis. Sed ne nunc quidem auferetis ; quia nihil eripitur, nisi retinenti. Nihil cogor, nihil patior, invitus, nec servio Deo, sed assentio, eo quidem magis, quod scio omnia certa et in æternum dicta lege decurrere. « Fata nos ducunt, et quantum cuique restet, prima nascentium hora disposuit. Causa pendet ex causa, privata ac publica longus ordo rerum trahit. Ideo fortiter omne ferendum est : quia non, ut putamus, incidunt cuncta, sed veniunt. Olim constitutum est, quid gaudeas, quid fleas : et quamvis magna videatur varietate singulorum vita distingui, summa in unum venit : accepimus peritura perituri. Quid ita indignamur? quid querimur? ad hoc parati sumus. Utatur, ut vult, suis natura corporibus: nos læti ad omnia et fortes cogitemus nihil perire de nostro. Quid est boni viri? præbere se fato. Grande solatium est cum universo rapi. Quidquid quod nos sic vivere jussit, sic mori : eadem necessitate et Deos alligat ; irrevocabilis humana pariter ac divina cursus vehit. Ille ipse omnium conditor ac rector scripsit quidem fata, sed sequitur : semper paret, semel jussit. « Quare tamen Deus tam iniquus in distributione fati fuit, ut bonis viris paupertatem, vulnera, et acerba funera adscriberet? • Non potest artifex mutare materiem: hæc passa est. Quædam separari a quibusdam non possunt, cohærent, individua sunt. Languida ingenia et in somnum itura, aut in vigiliam somno simillimam, inertibus nectuntur elementis : ut efficiatur vir cum cura dicendus, fortiore fato opus est. Non erit illi planum iter : sursum oportet ac deorsum eat, fluctuetur, ac navigium in turbido regat; contra fortunam illi tenendus est cur-

son navire à travers la tempête, et diriger sa marche contre le souffle de la fortune. Il trouvera bien des passages rudes et dangereux ; mais il les aplanira, les surmontera de lui-même. L'or est éprouvé par le feu, l'homme fort par le malheur. Vois à quelle hauteur la vertu doit s'élever : tu comprendras qu'elle ne peut pas se frayer un chemin sûr et facile.

« La première montée est rude ; et à peine au matin, mes chevaux, encore frais, peuvent-ils la gravir : le plus haut point est au milieu du ciel, d'où moi-même souvent je n'ose regarder et la terre et les mers ; et ma poitrine frémit de crainte et de terreur : la descente est rapide, et demande une main sûre. Quelquefois même alors Tethys, qui me reçoit dans ses eaux profondes, tremble de me voir rouler dans l'abîme. »

A ce discours, le généreux jeune homme répond : « L'entreprise me séduit, je monte ; c'est quelque chose même de succomber en ce chemin. » Son père cherche encore à faire reculer devant la crainte cette âme énergique.

« Quand même tu tiendrais la route sans t'égarer, il te faudra marcher à l'encontre des cornes du Taureau, des flèches du Sagittaire, de la gueule furieuse du Lion. »

Il réplique de nouveau : «Attelle tes coursiers : en pensant me détourner, tu excites mon courage ; j'ai hâte de me voir debout à l'endroit où tremble le soleil lui-même. Les cœurs faibles et lâches cherchent les routes sûres, la vertu s'élance sur les hauteurs. »

VI. Pourquoi cependant Dieu souffre-t-il qu'il arrive malheur aux gens de bien? » Non, il ne le souffre pas. Il a éloigné d'eux tous les maux, les crimes, les forfaits, les pensées coupables, les desseins ambitieux, les aveugles désirs, et l'avarice qui convoite le bien d'autrui ; il veille sur eux et les protége. Ne faut-il pas aussi exiger de Dieu qu'il garde leur bagage? ils l'exemptent eux-mêmes de ce soin, en méprisant les choses extérieures.

Démocrite jeta ses richesses, estimant que c'était un fardeau pour une âme honnête. Pourquoi s'étonner que Dieu permette qu'il advienne à l'homme de bien, ce que l'homme de bien lui-même désire qu'il lui advienne? « Les bons perdent leurs enfants. » Pourquoi non, puisqu'eux-mêmes, parfois, ils les font mourir? «Ils sont envoyés en exil. » Pourquoi non, puisqu'eux-mêmes, parfois, quittent leur patrie pour n'y jamais revenir? « Ils sont tués. » Pourquoi non, puisqu'eux-mêmes parfois se donnent la mort? « Pourquoi souffrent-ils certaines adversités? » Pour enseigner aux autres à souffrir. Ils sont nés pour l'exemple. Suppose donc que Dieu leur dise : « Qu'avez-vous à vous plaindre de moi, vous qui aimez la vertu? j'ai entouré les autres de faux biens ; j'ai amusé leur esprit frivole par les longues déceptions d'un songe ; je les ai parés d'or, d'argent et d'ivoire ; mais au dedans ils n'ont pas un seul bien. Ces hommes que tu prends pour des heureux, juge-les non par ce qu'ils montrent, mais par ce qu'ils cachent : ce sont des malheureux souillés d'ordure et d'infamie, reluisant seulement à la surface comme les murs de leurs palais. Ce n'est pas là le bonheur solide et véritable ; ce n'en est que l'écorce, et encore bien mince. Aussi, tant qu'ils peuvent rester debout et

---

sus. Multa accident dura, aspera ; sed quæ molliat et complanet ipse. Ignis aurum probat, miseria fortes viros. Vide quam alte ascendere debeat virtus : scies illi non per secura vadendum esse.

 Ardua prima via est, et qua vix mane recentes
 Enitantur equi ; medio est altissima cœlo ;
 Unde mare et terras ipsi mihi sæpe videre
 Fit timor, et pavida trepidat formidine pectus.
 Ultima prona via est, et eget moderamine certo.
 Tunc etiam, quæ me subjectis excipit undis,
 Ne ferar in præceps, Tethys solet ipsa vereri.

Hæc quum audisset ille generosus adolescens, « Placet, inquit, via. Escendo ; est tanti per ista ire casuro. » Non desinit acrem animum metu territare.

 Utque viam teneas, nulloque errore trabaris,
 Per tamen adversi gradieris cornua Tauri,
 Æmoniosque arcus, violentique ora Leonis.

Post hæc ait : « Junge datos currus ! his quibus deterreri me putas, incitor ; libet illic stare, ubi ipse sol trepidat ; humilis et inertis est, tuta sectari : per alta virtus it.»

VI. « Quare tamen bonis viris patitur aliquid mali Deus fieri? » Ille vero non patitur. Omnia mala ab illis remo- vit, scelera et flagitia, et cogitationes improbas, et avida consilia, et libidinem cæcam, et alieno imminentem avaritiam : ipsos tuetur ac vindicat. Numquid hoc quoque a Deo aliquis exigit, ut bonorum virorum etiam sarcinas servet? remittunt ipsi hanc Deo curam : externa contemnunt. Democritus divitias projecit, onus illas bonæ mentis existimans : quid ergo miraris, si id Deus bono accidere patitur, quod vir bonus aliquando sibi vult accidere? « Filios amittunt viri boni. » quid ni, quum aliquando et ipsi occidant? « In exsilium mittuntur » quidni, quum aliquando ipsi patriam non repetituri relinquant? « Occiduntur ; » quid ni, quum aliquando ipsi sibi manus afferant? « Quare quædam dura patiuntur? » ut alios pati doceant ; nati sunt in exemplar. Puta itaque Deum dicere : « Quid habetis, quod de me queri possitis vos, quibus recta placuerunt? Aliis bona falsa circumdedi, et animos inanes velut longo fallacique somnio lusi ; auro illos, argento et ebore ornavi ; intus boni nihil est. Isti, quos pro felicibus aspicitis, si non, qua occurrunt, sed qua latent, videritis, miseri sunt, sordidi, turpes, ad similitudinem parietum suorum extrinsecus culti. Non est ista solida et sincera felicitas ; crusta est, et quidem tenuis. Itaque dum illis licet stare, et ad arbitrium suum os-

se montrer sous leur point de vue, ils brillent, ils en imposent; mais arrive quelque chose qui les dérange, qui les démasque; alors se découvre dans toute sa nudité la profonde souillure que cachait cet éclat emprunté. Les biens que je vous ai donnés sont réels et durables. Plus vous les examinerez, plus vous les retournerez sous toutes leurs faces, plus vous les trouverez grands et précieux. Je vous ai accordé de mépriser ce qu'on redoute, de ne pas tenir compte de ce qu'on désire. Votre éclat n'est pas extérieur : tous vos biens sont renfermés au fond de l'âme. Ainsi le monde dédaigne ce qui est hors de lui, heureux de se contempler lui-même. J'ai placé tous vos biens au-dedans de vous; votre bonheur est de n'avoir pas besoin de bonheur. » Mais il survient des afflictions, d'affreux revers, de rudes épreuves. « Comme je ne pouvais vous y soustraire, j'ai armé vos cœurs : souffrez courageusement; c'est par là que vous pouvez surpasser Dieu même. Il est hors des atteintes du mal, vous au-dessus de ses atteintes. Méprisez la pauvreté; nul ne vit aussi pauvre qu'il est né : méprisez la douleur; elle finira, ou vous finirez : méprisez la fortune; je ne lui ai donné aucun trait qui porte à l'âme : méprisez la mort; ce n'est qu'une fin ou une transformation. J'ai surtout pris garde à ce que nul ne pût vous retenir malgré vous; la porte est ouverte : si vous ne voulez combattre, vous pouvez fuir. Aussi entre toutes les nécessités auxquelles je vous ai soumis, il n'en est pas que j'aie rendue plus facile que la mort; j'ai placé la vie sur une pente rapide; elle se précipite. Regardez un peu, et vous verrez combien est courte et facile la voie qui conduit à la liberté. Je ne vous ai pas créé autant de difficultés pour sortir de la vie que pour y entrer; autrement la fortune aurait eu sur vous un grand empire, s'il fallait à l'homme le même temps pour mourir que pour naître. Que tous les âges, que tous les lieux vous enseignent combien il est facile de divorcer avec la nature, et de lui renvoyer son présent. Au pied même des autels, au milieu des solennels sacrifices, dans les prières pour la vie, étudiez la mort. Les corps vigoureux des taureaux succombent à une petite blessure; et la force de ces animaux puissants est abattue d'un coup de la main de l'homme. Un fer mince sépare les articulations des vertèbres, et lorsque ces liens qui unissent le cou à la tête ont été tranchés, ces masses énormes tombent. La vie ne se cache pas profondément; il n'est pas même besoin du glaive pour la faire sortir; il n'est pas besoin de fouiller loin dans les entrailles, par de larges blessures. La mort est sous la main; je n'ai point fixé pour frapper un endroit circonscrit : toutes les voies sont ouvertes. Ce qu'on appelle mourir, cet instant où l'âme se sépare du corps, est trop court pour qu'un mouvement si rapide puisse se sentir : soit qu'un nœud vous étrangle, soit que l'eau vous suffoque, soit que la dureté du sol vous brise le crâne, quand vous vous précipitez, soit que le feu que vous avalez [1] interrompe le cours de votre respiration refoulée, quoi que ce soit, cela passe vite. Eh quoi! balancez-vous? craindrez-vous si longtemps ce qui dure si peu? »

[1] Allusion à la mort de Porcia.

---

tendi, nitent et imponunt : quum aliquid incidit, quod disturbet ac detegat, tunc apparet, quantum altæ ac veræ fœditatis alienus splendor absconderit. Vobis dedi bona certa, mansura ; quanto magis versaveritis, et undique inspexeritis, meliora majoraque. Permisi vobis, metuenda contemnere, cupiditates fastidire; non fulgetis extrinsecus; bona vestra introrsus obversa sunt. Sic mundus exteriora contempsit, spectaculo sui lætus. Intus omne posui bonum ; non egere felicitate, felicitas vestra est. « At multa incidunt tristia, horrenda, dura toleratu! « Quia non poteram vos istis subducere, animos vestros adversus omnia armavi. Ferte fortiter ; hoc est, quo Deum antecedatis ; ille extra patientiam malorum est, vos supra patientiam. Contemnite paupertatem; nemo tam pauper vivit, quam natus est. Contemnite dolorem; aut solvetur, aut solvet. Contemnite fortunam; nullum illi telum quo feriret animum, dedi. Contemnite mortem; quæ vos aut finit, aut transfert. Ante omnia cavi, ne quis vos teneret invitos; patet exitus. Si pugnare non vultis, licet fugere. Ideoque ex omnibus rebus, quas esse vobis necessarias volui, nihil feci facilius, quam mori. Prono animam loco posui; trahitur. Attendite modo, et videbitis, quam brevis ad libertatem, et quam expedita ducat via. Non tam longas in exitu vobis, quam intrantibus, moras posui; alioqui magnum in vos regnum fortuna tenuisset, si homo tam tarde moreretur, quam nascitur. Omne tempus, omnis vos locus doceat, quam facile sit renuntiare naturæ, et munus suum illi impingere. Inter ipsa altaria et solemnes sacrificantium ritus, dum optatur vita, mortem condiscite. Corpora opima taurorum exiguo concidunt vulnere, et magnarum virium animalia humanæ manus ictus impellit; tenui ferro commissura cervicis abrumpitur; et quum articulus ille, qui caput collumque connectit, incisus est, tanta illa moles corruit. Non in alto latet spiritus, nec utique ferro eruendus est; non sunt vulnere impresso penitus scrutanda præcordia; in proximo mors est. Non certum ad hos ictus destinavi locum ; quacunque pervium est. Ipsum illud quod vocatur mori, quo anima discedit a corpore, brevius est, quam ut sentiri tanta velocitas possit. Sive fauces nodus elisit; sive spiramentum aqua præclusit; sive in caput lapsos subjacentis soli duritia comminuit; sive haustus ignis cursum animæ remeantis interscidit; quidquid est, properat. Ecquid erubescitis? quod tam cito fit, timetis diu? »

DES BIENFAITS.

LIVRE PREMIER.

I. Dans la foule des erreurs diverses où nous entraîne une vie d'irréflexion et de hasard, nulle n'est peut-être plus fâcheuse, mon cher Libéralis, que de ne savoir ni donner, ni recevoir. En effet des services mal placés sont nécessairement mal payés. S'ils sont méconnus, il sera toujours trop tard pour nous en plaindre; car ils étaient perdus à l'instant qu'ils étaient rendus.

Il n'est donc pas étonnant qu'au nombre des plus grands vices, l'ingratitude soit le plus commun. J'en vois plusieurs causes. D'abord, en donnant, nous ne faisons pas un digne choix; mais, en dressant l'état de nos bienfaits, nous recherchons avec soin le patrimoine et le mobilier de l'obligé; pour ne pas répandre nos largesses sur un sol usé et stérile, nous les gaspillons au hasard, plutôt que nous ne les semons.

Il me serait difficile de dire s'il est plus honteux le nier que de rappeler un bienfait; car c'est une créance de telle nature, qu'il n'en faut retirer que ce que le débiteur veut en rendre de son gré : y manquer, est d'autant plus vil que, pour se libérer, à défaut de fortune, l'intention suffit. Car celui qui avoue sa dette l'a déjà acquittée. Mais s'il y a des torts chez celui dont la reconnaissance ne va pas même jusqu'à l'aveu, il y en a aussi de notre côté. Nous rencontrons beaucoup d'ingrats, nous en faisons davantage. On nous sommes des importuns qui reprochons le bienfait et en exigeons l'usure, ou des hommes légers qui nous repentons bientôt de nos largesses, ou des chicaneurs qui calomnions les moindres choses. Ainsi nous corrompons toute reconnaissance, non seulement après avoir donné, mais pendant que nous donnons.

Qui de nous, en effet, s'est contenté d'une prière discrète et d'un premier appel? Qui de nous, lorsqu'il prévoyait qu'on allait lui demander quelque chose, n'a pas assombri son visage, détourné

LIBER PRIMUS.

I. Inter multos ac varios errores temere viventium inconsulteque, nihil propemodum indignius, optime Liberalis, dixerim, quam quod beneficia nec dare scimus, nec accipere. Sequitur enim, ut male collata, male debeantur. De quibus non redditis, sero querimur : ista enim perierant, quum darentur. Nec mirum est, inter plurima maximaque vitia nullum esse frequentius, quam ingrati animi. Id evenire ex pluribus causis video; prima, quod non eligimus dignos, quibus tribuamus; sed nomina facturi, diligenter in patrimonium et vasa debitoris inquirimus ; semina in solum effœtum et sterile non spargimus ; beneficia sine ullo delectu magis projicimus, quam damus. Nec facile dixerim, utrum turpius sit inficiari, an repetere beneficium; id enim genus hujus crediti est, ex quo tantum recipiendum sit, quantum ultro referatur : de quo queri vere fœdissimum ob hoc ipsum, quia non opus est ad liberandum fidem facultatibus, sed animo; reddit enim beneficium, qui libenter debet. Sed quum sit in ipsis crimen, qui ne confessione quidem grati sunt, in nobis quoque est. Multos experimur ingratos, plures facimus : quia alias graves exprobratores exactoresque sumus, alias leves, et quos paulo post muneris sui pœnitet, alias queruli, et minima momenta calumniantes. Ita gratiam omnem corrumpimus; non tantum postquam dedimus beneficia, sed dum damus. Quis enim nostrum contentus fuit, aut eviter rogari, aut semel? quis non, quum ali-

ses yeux, prétexté des occupations, mis en avant des discours sans fin, prolongés à dessein pour ôter l'occasion de demander; enfin, employé mille ruses pour esquiver l'indigence qui accourait à lui? Cependant, serrés de près, nous cherchons des délais qui ne sont que des refus timides, ou nous promettons, mais de mauvaise grâce, les sourcils froncés, avec des paroles ambiguës et qui s'échappent avec peine.

Or, personne ne se sent obligé pour ce qu'il n'a pas reçu, mais arraché. Peut-on être reconnaissant envers celui qui laisse fastueusement tomber un bienfait, qui le jette avec colère, ou l'accorde de guerre lasse, pour s'épargner des ennuis? C'est se tromper que d'attendre un retour de celui qu'on a fatigué par des lenteurs et torturé par l'attente. La reconnaissance n'est obligée que dans la mesure de la bienveillance. Il ne faut donc pas donner légèrement; car on n'est débiteur qu'envers soi-même de ce qu'on a reçu d'un indifférent. Il ne faut pas donner tardivement; car, comme dans tout bienfait on met un grand prix à la volonté du bienfaiteur, accorder trop tard, c'est avoir refusé longtemps. Il ne faut pas donner avec insolence; car, comme il est dans la nature de l'homme que les injures se gravent plus profondément en lui que les services, et que le bien s'efface vite de sa mémoire opiniâtre à retenir le mal, que peut attendre celui qui offense en obligeant? C'est assez de reconnaissance que de lui pardonner son bienfait.

Au reste, notre zèle à bien faire ne doit pas être ralenti par la multitude des ingrats. Car d'abord, comme je l'ai dit, nous l'augmentons nous-mêmes. Ensuite, même les dieux immortels ne se laissent pas rebuter dans leur inépuisable bienveillance, parce qu'il y a des hommes qui les outragent ou les oublient. Ils suivent leur nature, et donnent à tous leur appui, même aux interprètes pervers de leur bienfaisance. Suivons leur exemple, autant que le permet la faiblesse humaine. Rendons des services, ne les prêtons pas à intérêt. On mérite d'être trompé, quand, en donnant, on songe à recevoir. « Mais le bienfait a mal tourné. » Et nos femmes et nos enfants trompent souvent notre espoir : cependant nous nous marions, nous élevons des enfants. Nous sommes si obstinés contre l'expérience, que nous retournons aux combats après la défaite, sur les mers après le naufrage. Combien n'est-il pas mieux de persister dans la bienfaisance! Qui ne donne plus, parce qu'il n'a pas reçu, a donné pour recevoir, et fait bonne la cause des ingrats, pour qui il est surtout honteux de ne pas rendre, s'ils le doivent. Combien sont indignes de la lumière! cependant le jour se lève. Combien se plaignent d'être nés! cependant la nature enfante des générations nouvelles, et permet d'être à ceux qui voudraient n'avoir pas été. C'est le propre d'un esprit grand et généreux de ne pas poursuivre le fruit du bienfait, mais le bienfait même, et de chercher encore l'homme de bien, quoiqu'il n'ait rencontré que des méchants. Où serait le mérite d'obliger beaucoup de gens, si personne ne trompait? La vertu consiste à donner : l'homme de bien ne calcule pas sur le retour, il en a aussitôt recueilli le fruit. L'ingra-

---

quid a se peti suspicatus est, frontem adduxit, vultum avertit, occupationes simulavit, longis sermonibus, et de industria non invenientibus exitum, occasionem petendi abstulit, et variis artibus properantes necessitates elusit? In angusto vero comprehensus, aut distulit, id est, timide negavit, aut promisit, sed difficulter, sed subductis superciliis, sed malignis et vix exeuntibus verbis? Nemo autem libenter debet, quod non accipit, sed expressit. Gratus esse adversus eum quisquam potest, qui beneficium aut superbe abjecit, aut iratus impegit, aut fatigatus ut molestia careret, dedit? Errat, si quis sperat responsurum sibi, quem dilatione lassavit, exspectatione torsit. Eodem animo beneficium debetur, quo datur; et ideo non est negligenter dandum. Sibi enim quisque debet, quod a nesciente accepit. Nec tarde quidem; quia, quum in omni officio magni æstimetur dantis voluntas, qui tarde fecit, diu noluit. Utique non contumeliose. Nam quum ita natura comparatum sit, ut altius injuriæ quam merita descendant, et illa cito defluant, has tenax memoria custodiat : quid exspectat qui offendit, dum obligat? Satis adversus illum gratus est, qui beneficio ejus ignoscit. Non est autem quod tardiores faciat ad bene merendum turba ingratorum. Nam primum, ut dixi, nos illam augemus; deinde ne deos quidem immortales ab hac tam effusa necessitate sacrilegi, negligentesque eorum, deterrent. Utuntur natura sua, et cuncta, interque illa ipsos munerum suorum malos interpretes, juvant. Hos sequamur duces, quantum humana imbecillitas patitur : demus beneficia, non fœneremur. Dignus est decipi, qui de recipiendo cogitavit, quum daret. At si male cessit, et liberi, et conjuges spem fefellerunt; tamen et educamus, et ducimus, adeoque adversus experimenta pertinaces sumus, ut bella victi, et naufragi maria repetamus. Quanto magis permanere in dandis beneficiis decet! quæ si quis non dat quia non recipit, dedit ut reciperet, bonamque ingratorum facit causam, quibus turpe est non reddere, si licet. Quam multi indigni luce sunt! et tamen dies oritur. Quam multi, quod nati sunt, queruntur! tamen natura sobolem novam gignit, ipsosque qui non fuisse mallent, esse patitur. Hoc et magni animi et boni proprium est, non fructum beneficiorum sequi, sed ipsa; et post malos quoque bonum quærere. Quid magnifici erat multis prodesse, si nemo deciperet? nunc est virtus, dare beneficia, non utique reditura, quorum a viro egregio statim fructus perceptus est. Adeo quidem ista res fugare nos, et pigriores ad rem pulcher-

titude doit si peu nous faire reculer et nous rendre plus froids pour une belle action, que si l'on m'ôtait l'espoir de rencontrer jamais un homme reconnaissant, j'aimerais mieux ne pas recevoir que de ne pas donner. Car le tort de qui ne donne pas vient avant le tort de l'ingrat. Je dirai ce que je pense. Méconnaître le don, c'est être plus coupable; ne pas donner, c'est l'être plus tôt.

II. Si tu veux prodiguer tes bienfaits à la foule, pour en bien placer un, il en faut beaucoup perdre.

Dans le premier vers tout est à reprendre : d'abord les bienfaits ne doivent pas être répandus dans la foule; ensuite, on ne doit rien prodiguer, encore moins des bienfaits. Donnés sans discernement, ce ne sont plus des bienfaits, ils peuvent prendre tout autre nom.

Le sens du second est admirable en ce qu'il console de la perte de plusieurs dons par la réussite d'un seul. Mais vois, je te prie, s'il ne serait pas plus vrai, plus convenable à la dignité de l'homme généreux, de l'encourager aux bienfaits, quand pas un ne devrait être bien placé. Car il est faux de dire : *Il en faut beaucoup perdre.* Aucun ne périt : qui croit perdre, avait compté gagner. Dans les bienfaits le calcul est simple. Ce n'est qu'une mise de fonds : s'il me rentre quelque chose, c'est profit; s'il ne me rentre rien, ce n'est pas une perte. J'avais donné pour donner. Personne ne tient registre de ses bienfaits, pour aller, exacteur avare, assigner au jour et à l'heure. Jamais l'homme de bien n'y songe, que lorsqu'ils lui sont rappelés par celui qui les rend. Autrement le don prend la forme du prêt. C'est une usure honteuse, que de porter ses bienfaits en dépense.

Quel que soit le sort de tes premières largesses, persiste à en faire d'autres : elles seront mieux placées chez des ingrats, que la honte, l'occasion, l'exemple pourront un jour faire reconnaissants. Ne te lasse pas : poursuis ton œuvre, remplis ton rôle d'homme de bien. Viens en aide à tous, de ta fortune, de ton crédit, de ton renom, de tes conseils, de tes préceptes salutaires.

III. Les bêtes mêmes sentent ce qu'on fait pour elles; et il n'y a pas d'animal si sauvage que nos soins ne puissent dompter et conduire à nous aimer. Le lion laisse manier sa gueule par son maître; le farouche éléphant se fait l'esclave obéissant de l'Indien qui le nourrit; tant une bonté assidue et persévérante triomphe même des natures qui ne peuvent avoir l'intelligence et la conscience du bienfait. Cet homme est ingrat devant un service; devant deux il ne le sera pas. A-t-il oublié les deux? un troisième va rappeler à sa mémoire ceux mêmes qui lui sont échappés. On perd quand on pense trop tôt avoir perdu. Mais redouble, accumule présents sur présents, et tu arracheras la reconnaissance au cœur le plus dur et le plus oublieux. Il n'osera pas lever les yeux devant tant de largesses : de quelque côté qu'il se tourne pour échapper à ses souvenirs, qu'il te voie. Assiége-le de tes bienfaits. Je dirai quelle en est la puissance, et la nature, si tu me permets de franchir d'abord ce qui n'appartient pas au sujet. Dirai-je pourquoi les Grâces sont trois, pour-

---

rimam facere non debet, ut si spes mihi præcidatur gratum hominem reperiendi, malim non recipere beneficia, quam non dare, quia qui non dat, vitium ingrati antecedit. Dicam quod sentio : qui beneficium non reddit, magis peccat, qui non dat, citius.

II. Beneficia in vulgus quum largiri institueris, Perdenda sunt multa, ut semel ponas bene.

In priore versu utrumque reprehendas; nam nec in vulgus effundenda sunt; et nullius rei, minime beneficiorum, honesta largitio est, quibus si detraxeris judicium, desinunt esse beneficia : in aliud quodlibet incidunt nomen. Sequens sensus mirificus est, qui uno bene posito beneficio multorum amissorum damna solatur. Vide, oro te, ne hoc et verius sit, et magnitudini bene facientis aptius, ut illum hortemur ad danda, etiamsi nullum bene positurus est. Illud enim falsum est, perdenda sunt multa. Nullum perit; quia qui perdit, computaverat. Beneficiorum simplex ratio est : tantum erogatur; si redit aliquid, lucrum est : si non redit, damnum non est. Ego illud dedi, ut darem; nemo beneficia in kalendario scribit, nec, avarus exactor, ad horam et diem appellat. Nunquam illa vir bonus cogitat, nisi admonitus a reddente : alioquin in formam crediti transeunt. Turpis fœneratio est, beneficium expensum ferre. Qualiscunque priorum eventus est, persevera in alios conferre; melius apud ingratos jacebunt, quos aut pudor, aut occasio, aut imitatio aliquando gratos poterit efficere. Ne cessaveris : opus tuum perage, et partes boni viri exsequere. Alium re, alium fide, alium gratia, alium consilio, alium præceptis salubribus adjuva.

III. Officia etiam feræ sentiunt : nec ullum tam immansuetum animal est, quod non cura mitiget, et in amorem sui vertat. Leonum ora a magistris impune tractantur : elephantorum feritatem usque in servile obsequium demeretur cibus. Adeo etiam quæ extra intellectum atque æstimationem beneficii sunt posita, assiduitas tamen meriti pertinacis evincit. Ingratus est adversus unum beneficium? adversus alterum non erit; duorum oblitus est? tertium etiam eorum quæ exciderunt, memoriam reducet. Is perdit beneficia, qui cito se perdidisse credit. At qui instat, et onerat priora sequentibus, etiam ex duro et immemori pectore gratiam extundit. Non audebit adversus multa oculos attollere; quocunque se convertit, memoriam suam fugiens, ibi te videat; beneficiis tuis illum cinge. Quorum quæ vis, quæve proprietas sit, dicam, si prius illa, quæ ad rem non pertinent, transilire mihi permiseris, quare tres Gratiæ, et quare sorores

quoi elles sont sœurs, pourquoi leurs mains sont entrelacées, pourquoi elles sont riantes, jeunes et vierges, avec leurs robes détachées et transparentes? Les uns prétendent qu'elles figurent, l'une, le bienfait donné; l'autre, le bienfait reçu; la troisième, le bienfait rendu. D'autres, qu'elles représentent trois sortes de bienfaits : le bienfait de ceux qui donnent, de ceux qui rendent, et de ceux qui à la fois reçoivent et rendent. Mais quelqu'opinion que je suive, que me sert cette vaine science? Que signifient ces mains entrelacées, ce cercle de jeunes filles qui se replient sur elles-mêmes? C'est qu'il y a enchaînement dans les bienfaits qui, passant de main en main, reviennent toujours à celui qui donne. Le prestige est détruit lorsqu'il y a solution : tout le charme est dans la liaison et la continuité. Elles sont riantes, parce que c'est le dehors de ceux qui rendent service, parce que tels se montrent d'ordinaire ceux qui donnent et ceux qui reçoivent. Elles sont jeunes, parce que la mémoire des bienfaits ne doit pas vieillir. Elles sont vierges, parce que les bienfaits sont purs, sincères et sacrés pour tout le monde : ils doivent être libres de toute contrainte, de tout lien; voilà pourquoi les robes sont détachées; elles sont transparentes, parce que les bienfaits veulent être aperçus. S'il est quelqu'un assez esclave des poëtes grecs pour juger ces allégories nécessaires, au moins n'y aura-t-il personne qui attache un sens sérieux aux noms qu'Hésiode a donnés aux Grâces. Il appelle l'aînée Aglaé, la seconde Euphrosine, la troisième Thalie. Chacun interprète ces noms, les plie à son système et se tourmente à leur trouver un sens; tandis que le poëte a donné à sa création le nom qu'il a voulu. Aussi Homère l'a-t-il changé pour une qu'il appelle Pasithéa, et il l'a mariée, afin que nous sachions que ce ne sont pas des Vestales. Je trouverai un autre poëte qui attachera leur ceinture et brodera d'or leurs robes phrygiennes. Quelquefois Mercure est avec elles, non parce que la parole donne du prix au bienfait, mais parce que tel a été le caprice du peintre. Chrysippe lui-même, cet esprit subtil qui perce jusqu'aux dernières profondeurs de la vérité, dont les paroles sont toujours pleines de choses, et qui n'emploie jamais que les mots nécessaires pour être compris, a cependant rempli tout son livre de ces inepties; en sorte qu'il dit fort peu de chose sur la manière de donner, de recevoir ou de rendre, et entremêle non des fables à ses préceptes, mais des préceptes à ses fables. Car, outre celles que transcrit Hécaton, Chrysippe ajoute que les trois Grâces sont filles de Jupiter et d'Eurynome; moins âgées que les Heures, mais plus belles; et c'est la raison qui les a fait donner pour compagnes à Vénus. Il juge aussi que le nom de la mère importe au sujet. On l'appelle Eurynome, parce que c'est le fait d'une maternité féconde de distribuer ses bienfaits; comme si c'était l'usage de nommer les mères après les filles, comme si les poëtes rappelaient les véritables noms. De même qu'aux nomenclateurs l'effronterie tient lieu de mémoire, et qu'ils forgent les noms qu'ils ne retiennent pas, de même les poëtes ne se croient pas obligés à dire vrai;

sint, et quare manibus implexis, quare ridentes, juvenes, et virgines, solutaque ac pellucida veste. Alii quidem videri volunt unam esse, quæ det beneficium; alteram, quæ accipiat; tertiam, quæ reddat. Alii tria beneficiorum genera, promerentium, reddentium, simul et accipientium reddentiumque. Sed utrumlibet ex istis judicaverim : quid ista nos juvat scientia? Quid ille consertis manibus in se redeuntium chorus? Ob hoc, quia ordo beneficii per manus transeuntis nihilominus ad dantem revertitur, et totius speciem perdit, si usquam interruptus est : pulcherrimus, si cohæsit, et vices servat. Ideo ridentes; est aliqua tamen majoris dignatio, sicut promerentium. Vultus hilares sunt, quales solent esse qui dant, vel accipiunt beneficia. Juvenes : quia non debet beneficiorum memoria senescere. Virgines : quia incorrupta sunt, et sincera, et omnibus sancta, in quibus nihil esse alligati decet, nec adscripti; solutis itaque tunicis utuntur; pellucidis autem, quia beneficia conspici volunt. Sit aliquis usque eo Græcis emancipatus, ut hæc dicat necessaria : nemo tamen erit, qui etiam illud ad rem judicet pertinere, quæ nomina illis Hesiodus imposuerit. Aglaian maximam natu appellavit, mediam Euphrosynen, tertiam Thalian. Horum nominum interpretationem, et prout cuique visum est, deflectit, et ad rationem aliquam conatur perducere; quum Hesiodus puellis suis, quod voluit, nomen imposuerit. Itaque Homerus uni mutavit, Pasithean appellavit, et in matrimonium produxit, ut scias illas Vestales non esse. Inveniam alium poetam, apud quem præcingantur, et spissis auro Phrygianis prodeant. Ergo et Mercurius una stat : non quia beneficia ratio commendat vel oratio, sed quia pictori ita visum est. Chrysippus quoque, penes quem subtile illud acumen est, et in imam penetrans veritatem, qui rei agendæ causa loquitur, et verbis non ultra, quam ad intellectum satis est, utitur, totum librum suum his ineptiis replet; ita ut de ratione dandi, accipiendi, reddendique beneficii pauca admodum dicat, nec his fabulas, sed hæc fabulis inserit. Nam præter ista quæ Hecaton transcribit, tres Chrysippus Gratias ait Jovis et Eurynomes filias esse; ætate autem minores quam Horas, sed meliuscula facie, et ideo Veneri datas comites. Matris quoque nomen ad rem judicat pertinere. Eurynomen enim dictam, quia late patentis matrimonii sit, beneficia dividere; tanquam matri post filias soleat nomen imponi, aut poetæ vera nomina reddant. Quemadmodum nomenclatori memoriæ loco audacia est, et cuicumque nomen non potest reddere, imponit; ita poetæ non putant ad rem pertinere, verum dicere, sed aut necessitate coacti, aut decore corrupti, id quæque

mais entravés par la mesure, séduits par l'harmonie, ils imposent à tout le nom qui va le mieux à leur vers. Et on ne leur fait pas un crime d'ajouter un nouveau nom à la liste. Car le premier poëte venu après eux peut y substituer ceux que bon lui semble. Cela est si vrai, que voilà Thalie, dont on parle tant, qui est une Grâce dans Hésiode, dans Homère une Muse.

IV. Mais, pour ne pas faire ce que je blâme, j'abandonne des discussions qui sont tellement hors du sujet, qu'elles ne le touchent même pas. Défends-moi néanmoins, si on me reproche d'avoir rappelé à l'ordre Chrysippe, grand homme, certes, mais Grec pourtant, dont le trait trop acéré s'émousse, ploie souvent sur lui-même, et, lorsqu'il paraît frapper, pique et ne pénètre pas. Or, à quoi bon tant de finesse? Il s'agit des bienfaits; il s'agit de régler la chose qui fait le lien le plus solide de la société; de donner des lois à la conduite, afin que, sous les dehors de la bonté, nous ne soyons pas séduits par une facilité irréfléchie, et que la méthode ne dessèche pas, en la modérant, cette libéralité qui ne doit ni tarir, ni déborder; il s'agit d'enseigner aux hommes à rendre volontiers ce qu'ils ont reçu volontiers, et de leur proposer un généreux combat où ils puissent non-seulement égaler leurs bienfaiteurs, de cœur et d'action, mais les surpasser encore. Car, en fait de reconnaissance, qui ne dépasse pas n'atteint pas. Enfin il faut enseigner aux uns à ne rien faire valoir, aux autres à devoir plus qu'ils n'ont reçu. Pour nous exhorter à cette noble rivalité, à cette victoire des bienfaits sur les bienfaits, Chrysippe nous dit que, comme les Grâces sont nées de Jupiter, il faut craindre que l'ingratitude ne soit un sacrilége et un outrage pour de si belles filles. Apprends-moi donc un peu comment je puis devenir plus bienfaisant, plus reconnaissant des bienfaits, comment luttent les cœurs de l'obligé et de celui qui oblige, l'un pour oublier qu'il a donné, l'autre pour se souvenir toujours qu'il a reçu. Quant à ces inepties, laissons les aux poëtes, qui ne veulent que charmer l'oreille et nouer une fable riante. Mais, pour guérir les âmes, pour maintenir la confiance dans les transactions humaines, pour graver dans les cœurs la mémoire des bienfaits, il faut parler sérieusement et rassembler ses forces, à moins d'imaginer que des contes frivoles et allégoriques, des arguments de vieilles femmes, puissent empêcher la chose la plus funeste, qui serait de faire banqueroute aux bienfaits.

V. Mais, puisque je néglige les superfluités, je dois montrer qu'avant tout il nous faut apprendre ce que nous devons en retour d'un bienfait. L'un dit qu'il doit l'argent qu'il a reçu, un autre le consulat, celui-ci le sacerdoce, celui-là une province. Et, toutefois, ce ne sont pas là des services, ce n'en sont que les signes. On ne peut toucher de la main un bienfait, on le porte dans le cœur. Il y a bien de la différence entre la matière du bienfait et le bienfait lui-même. Aussi le bienfait n'est pas l'or, ni l'argent, ni rien de ce que nous recevons du dehors; c'est la volonté du bienfaiteur. Le vulgaire remarque seulement ce qui se

vocari jubent, quod belle facit ad versum. Nec illis fraudi est, si aliud quid in censum detulerunt; proximus enim poeta suum illa ferre nomen jubet. Hoc ut scias ita esse, ecce Thalia, de qua quum maxime agitatur, apud Hesiodum Charis est, apud Homerum Musa.

IV. Sed ne faciam, quod reprehendo, omnia ista, quæ ita extra rem sunt, ut nec circa rem quidem sint, relinquam. Tu modo nos tuere, si quis mihi objiciet, quod Chrysippum in ordinem coegerim, magnum mehercule virum, sed tamen Græcum, cujus acumen nimis tenue retunditur, et in se sæpe replicatur : etiam quum agere aliquid videtur, pungit, non perforat. Hoc vero quod acumen est? De beneficiis dicendum est, et ordinanda res, quæ maxime societatem humanam alligat : danda lex vitæ, ne sub specie benignitatis inconsulta facilitas placeat; ne liberalitatem, quam nec deesse oportet, nec superfluere, hæc ipsa observatio restringat, dum temperat : docendi sunt libenter accipere, libenter reddere, et magnum ipsis certamen proponere, eos quibus obligati sunt, re animoque non tantum æquare, sed vincere : quia, qui referre gratiam debet, nunquam consequitur, nisi præcessit, hi docendi sunt nihil imputare : illi plus debere. Ad hanc honestissimam contentionem, beneficiis beneficia vincendi, sic nos adhortatur Chrysippus, ut dicat, verendum esse, ne, qui Charites Jovis filiæ sunt, parum se grote gerere, sacrilegium sit, et tam bellis puellis fiat injuria. Tu me aliquid eorum doce, per quæ beneficentior, gratiorque adversus bene merentes fiam, per quæ obligantium, obligatorumque animi certent, ut qui præstiterint, obliviscantur, pertinax sit memoria debentium. Istæ vero ineptiæ poetis relinquantur, quibus aures oblectare propositum est, et dulcem fabulam nectere. At qui ingenia sanare, et fidem in rebus humanis retinere, memoriam officiorum ingerere animis volunt, serio loquantur, et magnis viribus agant : nisi forte existimas, levi ac fabuloso sermone, et anilibus argumentis, prohiberi posse rem perniciosissimam, beneficiorum novas tabulas.

V. Sed quemadmodum supervacua transcurram, ita exponam necesse est, hoc primum nobis esse discendum quid accepto beneficio debeamus. Debere enim dicit se alius pecuniam quam accepit, alius consulatum, alius sacerdotium, alius provinciam. Ista autem sunt meritorum signa, non merita. Non potest beneficium manu tangi; res animo geritur. Multum interest inter materiam beneficii, et beneficium ; itaque nec aurum, nec argentum, nec quidquam eorum quæ a proximis accipiuntur, beneficium est, sed ipsa tribuentis voluntas; imperiti autem id, quod oculis incurrit, et quod traditur possideturque, solum notant; contra, illud quod in re

voit, ce qui se manie, ce qui se possède : au contraire, ce qui a du prix, de la valeur en soi, il en fait peu de cas. Les objets que nous touchons, que nous voyons, auxquels s'acharne notre cupidité, sont périssables ; le sort ou l'injustice peut nous les enlever. La bonne action survit au don. Une chose bien faite est une chose qu'aucune puissance ne peut anéantir. J'ai racheté mon ami des pirates ; un autre ennemi le prend et le jette en prison ; il n'a pas détruit mon bienfait ; il en a empêché la jouissance. J'en ai arraché au naufrage, j'en ai sauvé du feu, qui depuis ont été enlevés par la maladie ou quelque funeste hasard. Ce que j'ai fait pour eux subsiste même sans eux. Ainsi toutes ces choses, qui usurpent faussement le nom de bienfait, ne sont que des moyens par lesquels se montre une volonté amie. Il arrive en bien d'autres occasions que la chose soit ici et l'apparence ailleurs. Un chef d'armée donne un collier, une couronne murale ou civique. Qu'a donc cette couronne de précieux en soi ? Que sont la prétexte, les faisceaux, le tribunat et le char de triomphe ? Rien de tout cela n'est l'honneur ; ce n'en est que la marque. De même ce qui tombe sous les sens n'est pas le bienfait, ce n'en est que le signe, ce n'en est que l'empreinte.

VI. Qu'est-ce donc que le bienfait ? Un acte de bienveillance qui procure de la joie à celui qui en est l'objet et à celui qui en est l'auteur : c'est un acte volontaire et spontané. Ce qui importe donc n'est pas ce qui est fait, ce qui est donné, c'est l'intention ; parce que le bienfait ne consiste pas dans la chose faite ou donnée, mais dans la pensée même de celui qui la donne ou la fait.

La grande différence de ces deux choses se fait comprendre en ce que le bienfait est toujours bien : or, ce qui est donné ou fait n'est ni bien ni mal. C'est l'intention, qui grandit les petites choses, donne un lustre aux plus communes, rabaisse les plus grandes, les plus évaluées. Les objets que l'on poursuit ont une nature neutre, sans caractère de bien ni de mal : tout dépend de l'intention qui les règle, les dirige, et leur impose une forme. Le bienfait n'est donc rien de ce qui se touche ; ainsi la piété n'est pas dans la graisse des victimes ou l'or dont on les charge, mais dans la droiture et la pureté du cœur. Une simple écuelle, un gâteau de froment signale la religion de l'homme de bien ; et le méchant n'échappe pas à l'impiété, quoiqu'il baigne l'autel dans des flots de sang.

VII. Si le bienfait consistait dans la chose et non dans la volonté de faire bien, la valeur de la chose fixerait toujours la valeur du bienfait ; ce qui est faux : car souvent j'ai beaucoup d'obligation à celui qui me donne peu, mais avec noblesse, qui égale dans son cœur les richesses des rois, qui m'offre un faible don, mais de bon cœur ; qui oublie sa pauvreté en voyant la mienne ; qui a non-seulement la volonté, mais la passion de me servir ; qui croit recevoir lorsqu'il donne ; qui donne comme s'il était assuré de recevoir ; qui reçoit comme s'il n'avait pas donné ; qui saisit, qui poursuit l'occasion d'être utile.

Au contraire, le don est sans mérite, comme je

carum atque pretiosum est, parvi pendunt. Hæc quæ tenemus, quæ adspicimus, in quibus cupiditas nostra hæret, caduca sunt ; auferre ea nobis et fortuna, et injuria potest : beneficium vero, etiam amisso eo quod datum est, durat. Est enim recte factum, quod irritum nulla vis efficit. Amicum a piratis redemi : hunc alius hostis excepit, et in carcerem condidit ; non beneficium, sed usum beneficii mei sustulit. Ex naufragio alicui raptos, vel ex incendio liberos reddidi : hos vel morbus, vel aliqua fortuita injuria eripuit : manet etiam sine illis, quod in illis datum est. Omnia itaque, quæ falsum beneficii nomen usurpant, ministeria sunt, per quæ se voluntas amica explicat. Hoc quoque in aliis rebus evenit, ut alibi sit species rei, alibi ipsa res. Imperator aliquem torquibus, murali, et civica donat ; quid habet per se corona pretiosum ? quid prætexta ? quid fasces ? quid tribunal, et currus ? nihil horum honor est, sed honoris insigne. Sic non est beneficium id, quod sub oculos venit, sed beneficii vestigium et nota.

VI. Quid est ergo beneficium ? Benevola actio tribuens gaudium, capiensque tribuendo, in id quod facit prona, et sponte sua parata. Itaque non quid fiat, aut quid detur, refert, sed qua mente : quia beneficium non in eo quod fit aut datur, consistit, sed in ipso dantis aut facientis animo. Magnum autem esse inter ista discrimen vel ex hoc intelligas licet, quod beneficium utique bonum est ; id autem quod fit aut datur, nec bonum nec malum est. Animus est, qui parva extollit, sordida illustrat, magna et in pretio habita dehonestat : ipsa, quæ appetuntur, neutram naturam habent, nec boni, nec mali ; refert, quo ille rector impellat, a quo forma datur rebus. Non est ergo beneficium ipsum, quod numeratur, aut traditur ; sicut nec in victimis quidem, licet opimæ sint, auroque præfulgeant, Deorum est bonos, sed pia ac recta voluntate venerantium. Itaque boni etiam farre ac fitilla religiosi sunt ; mali rursus non effugiunt impietatem, quamvis aras sanguine multo cruentaverint.

VII. Si beneficia in rebus, non in ipsa benefaciendi voluntate consisterent, eo majora essent, quo majora sunt, quæ accipimus. Id autem falsum est ; nonnumquam magis nos obligat, qui dedit parva magnifice, qui regum æquavit opes animo, qui exiguum tribuit, sed libenter, qui paupertatis suæ oblitus est, dum meam respicit, qui non voluntatem tantum juvandi habuit, sed cupiditatem, qui accipere se putavit beneficium, quum daret, qui dedit tanquam recepturus, recepit tanquam non dedisset, qui occasionem, qua prodesset, et occupavit et quæsivit. Contra ingrata sunt, ut dixi, licet re ac

l'ai dit, quelque grand qu'il paraisse matériellement, s'il est dû à l'importunité ou à l'indifférence. On accueille avec plus de reconnaissance ce qui est donné à mains ouvertes qu'à mains pleines. Ce que l'un me donne est peu ; mais il ne pouvait davantage. Ce que me donne l'autre est beaucoup; mais il a hésité, mais il a reculé, mais il gémissait de donner, mais il a donné avec faste, mais il a publié son bienfait, et sans chercher à plaire à celui qui recevait; ce n'est pas à moi qu'il donnait, c'est à sa vanité.

VIII. Beaucoup d'amis offrant à Socrate beaucoup de présents, chacun selon ses moyens, Eschine, disciple pauvre, lui dit :

« Je n'ai rien à t'offrir qui soit digne de toi, et c'est en cela seulement que je me sens pauvre. Je t'offre donc la seule chose que je possède : moi-même. Accueille avec bienveillance ce présent quel qu'il soit, et songe que les autres, en te donnant beaucoup, se sont réservé plus encore. Penses-tu donc, répondit Socrate, ne m'avoir pas fait un beau présent ; ou, par hasard, l'estimes-tu peu de chose ? J'aurai donc soin de te rendre à toi-même meilleur que je ne t'ai reçu. » Eschine, par ce don, l'emporta sur Alcibiade, dont le cœur égalait les richesses, et sur la munificence de toute l'opulente jeunesse.

IX. Vois-tu comment le cœur trouve matière à libéralité, même au sein du besoin ? Eschine me semble dire : Tu n'as rien gagné, fortune, à vouloir que je fusse pauvre. Je trouverai néanmoins un présent digne de ce grand homme, et puisque ce ne peut être du tien, ce sera du mien. Et il n'y a pas de quoi penser qu'il se rabaisse, parce qu'il se donne lui-même en paiement. L'ingénieux disciple trouve ainsi le moyen de se gagner Socrate. Il ne faut pas considérer la valeur de la chose, mais la valeur de celui qui donne. L'homme adroit offre un accès facile à ceux dont les désirs sont immodérés, et nourrit, par ses discours, de coupables espérances que ses actes doivent trahir. Mais j'estime encore moins cet homme aux paroles tranchantes, à l'air méprisant, qui provoque l'envie par l'étalage de sa fortune. Car on le courtise dans son bonheur, et on le déteste; et ceux qui, s'ils pouvaient, feraient comme lui, le haïssent pour l'avoir fait. Celui-ci se fait un jouet des femmes d'autrui, non pas en cachette, mais en public, et abandonne la sienne aux autres. Tel est un rustre, un brutal, un homme de mauvaise compagnie, perdu d'honneur chez les matrones, quand il défend à sa femme de s'afficher dans sa chaise et de se faire promener partout en évidence, invitant la multitude au spectacle de ses charmes. Si quelqu'un ne s'est pas distingué par une maîtresse, et ne fait pas de rentes à la femme d'un autre, les matrones l'appellent un homme de rien, de goûts communs, un coureur de servantes. Aussi, la plus décente espèce de fiançailles est l'adultère; et, dans le célibat du veuvage qu'on s'est fait, nul ne se donne une épouse, s'il ne l'enlève. Ce qu'on a pris on le dissipe avec ardeur, ce qu'on a dissipé on le reprend, on le ramasse avec la même avarice; on ne tient compte de rien ; on méprise la pauvreté dans autrui, on la redoute pour soi plus que tout autre mal ; on trouble, on violente les gens pacifiques;

specie magna videantur, quæ danti aut extorquentur, aut excidunt, multoque gravius venit, quod facili, quam quod plena manu datur; exiguum est quod in me contulit, sed amplius non potuit. At hic quod dedit, magnum est : sed dubitavit, sed distulit, sed quum daret, gemuit, sed superbe dedit, sed circumtulit, et placere ei, cui præstabat, noluit; ambitioni dedit, non mihi.

VIII. Socrati quum multa multi pro quisque facultatibus offerrent, Æschines pauper auditor : « Nihil, inquit, dignum te, quod dare tibi possim, invenio, et hoc uno modo pauperem me esse sentio. Itaque dono tibi quod unum habeo, me ipsum. Hoc munus rogo qualecunque est, boni consulas, cogitesque alios, quum multum tibi darent, plus sibi reliquisse. » Cui Socrates : « Quidni tu, inquit, mihi magnum munus dederis, nisi forte parvo te æstimas? Habebo itaque curæ, ut te meliorem tibi reddam quam accepi. » Vicit Æschines hoc munere Alcibiadis parem divitiis animum, et omnem juvenum opulentorum munificentiam.

IX. Vides quomodo animus inveniat liberalitatis materiam, etiam inter angustias? Videtur mihi dixisse : Nihil egisti fortuna, quod me pauperem esse voluisti; expediam nihilominus dignum huic viro munus; et quia de tuo non possum, de meo dabo. «Neque est quod existimes, illum vilem sibi fuisse, qui pretium se sui fecit : ingeniosus adolescens invenit, quemadmodum Socratem sibi daret. — Non quanti quæque sint, sed a quali dentur, perspiciendum. — Callidus non difficilem aditum præbet immodica cupientibus; spesque improbas, nihil re adjuturus, verbis fovet. At pejor, opinor, qui lingua asper, vultu gravis, cum invidia fortunam suam explicavit. — Colunt enim, detestanturque felicem, et, si potuerint, eadem facturi odere facientem. — Conjugibus alienis nec clam quidem, sed aperte ludibrio habitis, suas aliis permiserе. Rusticus, inurbanus, no mali moris, et inter matronas abominanda conditio est, si quis conjugem in sella prostare vetuit, et vulgo admissis inspectoribus vehi undique perspicuam. Si quis nulla se amica fecit insignem, nec alienæ uxori annua præstat, hunc matronæ humilem, et sordidæ libidinis, et ancillariolum vocant. Inde decentissimum sponsaliorum genus, adulterium; et in consensu vidui coelibatus, nemo uxorem duxit, nisi qui abduxit. Jam rapta spargere, sparsa rapaci avaritia recolligere certant; nihil pensi habere, paupertatem alienam contemnere, suam quam ullum aliud vereri malum; pacem injuriis perturbare, imbe-

on écrase les faibles par la force et la crainte. Car de ruiner les provinces, et, juge vénal, d'écouter pour la forme les deux parties quand on est gagné à l'une, n'est pas chose étrange, puisque c'est le droit des gens, de vendre ce qu'on achète.

X. Mais, entraîné par le sujet, mon ardeur me mène trop loin. Je termine donc, en ajoutant que ces torts ne sont pas particuliers à notre siècle. C'est le cri de nos pères, c'est le cri de nos jours, ce sera le cri de nos enfants, que les mœurs sont perdues, que la méchanceté triomphe, que toute vertu disparaît, et que les affaires humaines tombent en décadence. Cependant elles restent en place et resteront longtemps, agitées seulement un peu çà et là comme les flots que la marée montante fait déborder, et enferme, en se retirant, dans l'enceinte intérieure du rivage. Tantôt l'adultère est le vice dominant, et la pudeur brise tout frein; tantôt règne la fureur des festins et le plus honteux fléau des patrimoines, la cuisine; tantôt le luxe des vêtements et le culte de la beauté qui accuse la laideur de l'âme; tantôt la liberté mal gouvernée dégénère en licence et anarchie; tantôt on se jette dans les tyrannies publiques et privées, dans la frénésie des guerres civiles qui profanent les lois les plus saintes. Un jour l'ivresse sera un titre, et bien boire une vertu. Les vices ne demeurent pas ensemble; mais, mobiles et discordants, ils se soulèvent, se détrônent et se chassent tour à tour. Du reste, nous aurons de tout temps à prononcer le même jugement sur nous. Nous sommes méchants, nous l'avons toujours été, et j'ajoute à regret, nous le serons toujours. Toujours il y aura des homicides, des tyrans, des voleurs, des adultères, des ravisseurs, des sacrilèges, des traîtres : au-dessous d'eux tous, je placerais l'ingrat, si tous ces vices n'étaient un signe d'ingratitude, sans laquelle ne se développe aucun grand forfait. Fuyons-la comme le plus odieux des crimes, pour ne pas y tomber; pardonnons-la comme l'offense la plus légère, si elle est commise. Car le pis qui nous en arrive, c'est d'avoir perdu notre bienfait. Mais le meilleur nous en reste : nous avons donné. Or, de même qu'il nous faut avoir soin d'obliger de préférence ceux dont la reconnaissance nous est assurée, de même il nous faut faire quelque chose pour ceux dont nous suspectons la reconnaissance, non-seulement si nous pensons qu'ils sont ingrats, mais encore si nous savons qu'ils l'ont déjà été. C'est ainsi que si je puis rendre des enfants à leur père, en les délivrant d'un grand danger, mais sans en courir aucun, je ne balancerai pas. Je défendrai un homme digne, même au prix de mon sang, et je prendrai ma part du danger; pour un indigne, si je puis l'arracher aux mains des voleurs, en les effrayant de mes cris, je ne regretterai pas d'avoir ouvert la bouche pour le salut d'un homme.

XI. Il nous reste à dire quels bienfaits il faut répandre et comment. Donnons d'abord le nécessaire, puis l'utile, ensuite l'agréable, et toujours des choses durables. Commençons par le nécessaire; car l'esprit accueille ce qui renferme la vie tout autrement que ce qui la meuble et la décore.

cilliores vi ac metu premere. Nam provincias spoliari, et nummarium tribunal, audita utrimque licitatione, alteri addici, non mirum, quando quæ emeris, vendere gentium jus est.

X. Sed longius nos impetus evehit, provocante materia. Itaque sic finiamus, ne in nostro seculo culpa subsidat. Hoc majores nostri questi sunt, hoc nos querimur; hoc posteri nostri querentur, eversos esse mores, regnare nequitiam, in deterius res humanas et omne fas labi. At ista stant loco eodem, stabuntque, paululum dumtaxat ultro aut citro mota, ut fluctus, quos æstus accedens longius extulit, recedens interiore litorum vestigio tenuit. Nunc in adulteria magis, quam in alia peccabitur, abrumpetque fræcos pudicitia; nunc conviviorum vigebit furor, et fœdissimum patrimoniorum exitium, culina ; nunc cultus corporum nimius et formæ cura, præ se ferens animi deformitatem; nunc in petulantiam et audaciam erumpet male dispensata libertas; nunc in crudelitatem privatam ac publicam ibitur, bellorumque civilium insania, qua omne sanctum ac sacrum profanetur. Habebitur aliquando ebrietati honor, et plurimum meri cepisse virtus erit. Non exspectant uno loco vitia; sed mobilia et inter se dissentientia tumultuantur, pelluntque invicem, fuganturque. Ceterum idem semper de nobis pronuntiare debebimus, malos esse nos, malos fuisse, invitus adjiciam, et futuros esse. Erunt homicidæ, tyranni, fures, adulteri, raptores, sacrilegi, proditores : infra ista omnia ingratus est, nisi quod omnia ista ab ingrato animo sunt, sine quo vix ullum magnum facinus accrevit. Hoc tu cave, tanquam maximum crimen, ne admittas; ignosce tanquam levissimo, si admissum est. Hæc est enim injuriæ summa : Beneficium perdidisti. Salvum est tibi ex illo, quod est optimum : dedisti. Quemadmodum autem curandum, ut in eos potissimum beneficia conferamus, qui grate responsuri erunt ; ita quædam, etiamsi de illis male sperabitur, faciemus, tribuemusque, non solum si judicabimus ingratos fore, sed si sciemus fuisse. Tanquam si filios alicui restituere potero, magno periculo liberatos, sine ullo meo, ne dubitabo. Dignum, etiam impendio sanguinis mei tuebor, et in partem discriminis veniam : indignum, si eripere latronibus potero clamore sublato, salutarem vocem homini non pigebit emittere.

XI. Sequitur ut dicamus, quæ beneficia danda sint, et quemadmodum. Primo demus necessaria, deinde utilia, deinde jucunda, utique mansura. Incipiendum est autem a necessariis ; aliter enim ad animum pervenit, quod vitam continet, aliter, quod exornat, aut instruit.

On peut faire le dédaigneux sur un bien dont on se passerait facilement, dont on peut dire : Reprends, je n'en ai pas besoin ; ce que j'ai me suffit : dans ce cas, ce qu'on rend, on le rejetterait avec indifférence. Des choses nécessaires, les unes tiennent le premier rang, celles sans lesquelles nous ne pouvons pas vivre ; les autres, le second, sans lesquelles nous ne devons pas vivre ; quelques-unes, le troisième, sans lesquelles nous ne voulons pas vivre. Parmi les premières, il faut ranger le bonheur d'être arraché aux mains de l'ennemi, aux colères des tyrans, à la proscription et aux autres périls, si imprévus et si divers qui assiègent la vie humaine. Plus le malheur que nous aurons détourné d'un homme sera cruel et terrible, plus nous aurons engagé sa reconnaissance. Car on se rappelle la grandeur du mal dont on a été délivré ; et la crainte passée fait le charme du bienfait. Cependant nous ne devons pas différer le salut d'un homme, pour que la crainte donne plus de prix à notre service. Viennent ensuite les biens sans lesquels, il est vrai, nous pouvons vivre ; mais d'une vie pire que la mort ; comme la liberté, l'honneur, la bonne conscience. Au troisième rang nous placerons les objets que l'affection, la parenté, l'usage et une longue habitude nous ont rendus chers, comme nos enfants, nos épouses, nos pénates et autres biens auxquels l'esprit s'est tellement identifié, que la séparation lui paraît plus cruelle que la mort.

Suivent les choses utiles dont la matière est abondante et variée. Ainsi, une fortune raisonnable, suffisante à des désirs modérés ; ainsi les titres et les promotions à de beaux emplois. Car ce qu'il y a de plus utile, c'est d'être utile à soi-même. Quant aux autres choses, elles sont de surcroît et ne font que rendre sensuel. Nous devons, en offrant celles-là, leur donner le mérite de l'à-propos : par exemple, que ce ne soient pas choses communes ; mais qu'elles aient toujours été rares ou qu'elles le soient de notre temps : si elles n'ont point de valeur par elles-mêmes, qu'elles en empruntent aux lieux et aux circonstances. Cherchons quelles offres peuvent le mieux plaire, quels présents devront frapper le plus souvent la vue du possesseur, afin que celui qui les a reçus croie toujours nous voir en les voyant. Craignons dans tous les cas d'envoyer des cadeaux inutiles, comme des armes de chasse à une femme, à un vieillard, des livres à un paysan, des filets à un homme d'étude et de lettres. D'un autre côté, prenons également garde qu'en voulant flatter le goût, nous ne semblions faire allusion à quelque défaut ; en envoyant, par exemple, des vins à un buveur, des médicaments à un valétudinaire. Toute chose qui porte la marque des faiblesses de celui qui la reçoit, devient une épigramme, et n'est plus un présent.

XII. Si nous avons le choix, donnons de préférence des choses de durée, afin que nos dons soient le moins qu'il se peut périssables. Car il n'est guère d'hommes assez reconnaissants pour songer à ce qu'ils ont reçu, quand ils ne le voient plus : au lieu que même les ingrats retrouvent la mémoire avec le don : tant qu'il est sous les yeux, il ne se laisse pas oublier ; mais sans cesse il rappelle et représente son auteur. Il est

---

Potest in eo aliquis fastidiosus esse æstimator, quo facile cariturus est, de quo dicere licet : Recipe, non desidero ; meo contentus sum. Interim non reddere tantum libet quod acceperis, sed abjicere. Ex his quæ necessaria sunt, quædam primum obtinent locum, sine quibus non possumus vivere ; quædam secundum, sine quibus non debemus ; quædam tertium, sine quibus nolumus. Prima hujus notæ sunt, hostium manibus eripi, et tyrannicæ iræ, et proscriptioni, et aliis periculis, quæ varia et incerta humanam vitam obsident. Quidquid horum discusserimus, quo majus ac terribilius erit, hoc majorem inibimus gratiam. Subit enim cogitatio, quantis sint liberati malis ; et lenocinium est muneris, antecedens metus. Nec tamen ideo debemus tardius quemquam servare, quia possumus, ut muneri nostro timor imponat pondus. Proxima ab his sunt, sine quibus possumus quidem vivere, sed ut mors potior sit : tanquam libertas, et pudicitia, et mens bona. Post hæc habebimus conjunctione, ac sanguine, usuque, et consuetudine longa, cara : ut liberos, conjuges, penates, ceteraque, quæ usque eo animus sibi applicuit, ut ab illis, quam a vita divelli gravius existimet. Subsequotur utilia, quorum varia et lata materia est. Hic erit pecunia non superflueus, sed ad sanum modum habendi parata : hic erit honor, et processus ad altiora tendentium ; nec enim utilius quidquam est, quam sibi utilem fieri. Jam cetera ex abundanti veniunt, delicatos factura. In his sequemur, ut opportunitate grata sint, ut non vulgaria, quæque aut pauci habuerint, aut pauci intra hanc ætatem, aut hoc modo ; quæ etiamsi natura pretiosa non sunt, tempore aut loco fiant. Videamus quid oblatum maxime voluptati futurum sit, quid frequenter occursurum habenti ; ut toties nobiscum, quoties cum illo sit. Utique cavebimus, ne munera supervacua mittamus : ut feminæ aut seni arma venatoria, aut rustico libros, aut studiis ac litteris dedito retia. Æque ex contrario circumspiciemus, ne, dum grata mittere volumus, suum cuique morbum exprobratura mittamus : sicut ebrioso vina, et valetudinario medicamentis. Maledictum enim incipit esse, non munus, in quo vitium accipientis agnoscitur.

XII. Si arbitrium dandi penes nos est, præcipue mansura quæremus, ut quam minime mortale munus sit. Pauci enim sunt tam grati, ut quod acceperint, etiamsi non vident, cogitent. Ingratis quoque memoria cum ipso munere incurrit, ubi ante oculos est, et oblivisci sui non sinit, sed auctorem suum ingerit et inculcat. Eo quidem

d'autant plus important de choisir des présents durables, qu'on ne doit jamais avertir la reconnaissance : il faut que les choses elles-mêmes réveillent sa mémoire qui s'éteint. Je donnerai plus volontiers de l'argenterie que de l'argent, des statues que des étoffes, et tout ce qui bientôt se détériore à l'user. Chez fort peu d'hommes la reconnaissance survit au présent. Il y en a bien davantage qui mesurent la durée de la reconnaissance sur la durée de la chose. C'est pourquoi je ne veux pas, autant que faire se peut, que mon présent se consomme; qu'il subsiste, qu'il fasse corps avec mon ami, et qu'ils vivent ensemble.

Personne n'est si irréfléchi qu'il le faille avertir de n'envoyer ni des gladiateurs ni des animaux après le spectacle; non plus que des vêtements d'été au cœur de l'hiver, des vêtements d'hiver à la canicule. Que le bon sens dirige nos largesses; ayons égard aux temps, aux lieux, aux personnes; car les circonstances font ou détruisent tout le charme d'un bienfait. Je serai bien mieux agréé si je donne à quelqu'un ce qu'il n'a point, que ce dont il regorge; ce qu'il a cherché *longtemps* sans le trouver, que ce qu'il voit partout.

Dans un présent ce n'est pas tant la magnificence que l'on considère, que la rareté ou une certaine recherche qui le fasse trouver à sa place même chez le riche. Ainsi les fruits les plus ordinaires, dédaignés quelques jours plus tard, flatteront dans leur primeur.

Nous verrons aussi recevoir avec plaisir ce que nul autre n'aura donné, ou ce que nous n'aurons donné à nul autre.

XIII. Lorsqu'Alexandre de Macédoine, vainqueur de l'Orient, se plaçait, dans son orgueil, au-dessus de l'humanité, les Corinthiens lui envoyèrent des députés pour le complimenter, et lui offrir chez eux le droit de cité. Alexandre riant de ce genre d'hommage, « Nous n'avons jamais, reprit l'un d'eux, accordé la cité qu'à Hercule et à toi. » Alors il reçut volontiers un honneur qui n'était pas avili, et comblant les députés d'invitations et d'autres marques d'égards, ne songea plus à ceux qui lui donnaient le droit de cité, mais à qui ils l'avaient donné. Un homme passionné pour la gloire, sans en connaître ni la nature, ni les limites, marchant sur les traces d'Hercule et de Bacchus, et ne s'arrêtant pas même où il ne les trouvait plus, oublia les auteurs du don pour le Dieu avec lequel il le partageait, comme si, parce qu'on le plaçait près d'Hercule, il occupait déjà le ciel, auquel aspirait son âme orgueilleuse. Qu'avait-il donc de commun avec lui, ce jeune insensé, qui n'eut d'autre mérite qu'une heureuse témérité? Hercule ne vainquit jamais pour lui-même. Il fit le tour du monde, non pour le conquérir, mais pour l'affranchir. Et qu'avait-il besoin de conquêtes, cet ennemi des méchants, ce protecteur des bons, ce pacificateur de la terre et de la mer? Mais lui, brigand dès l'enfance, destructeur des nations, fléau de ses amis autant que de ses ennemis, estimait comme souverain bien d'être la terreur des hommes, oubliant que non-seulement les monstres les plus fiers, mais les animaux les plus lâches se font craindre par leur venin.

XIV. Mais revenons à notre sujet. Le bien que

magis duratura quæramus, quia nunquam admonere debemus : ipsæ res evanescentem memoriam excitent. Libentius donabo argentum factum, quam signatum ; libentius statuas, quam vestem, et quod usus brevis deterat. Apud paucos post rem manet gratia : plures sunt, apud quos non diutius in animo sunt donata, quam in usu. Ergo si fieri potest, consumi munus meum nolo ; exstet, hæreat amico meo, convivat. Nemo tam stultus est, ut monendus sit, ne cui gladiatores aut venationem jam munere edito mittat, et vestimenta æstiva bruma, hiberna solstitio. Sit in beneficio sensus communis ; tempus, locum, personas observet ; quia momentis quamdam grata et ingrata sunt. Quanto acceptius est, si id damus, quod quis non habet, quam cujus copia abundat ? quod diu quærit, nec invenit, quam quod ubique visurus est? Munera non tam pretiosa, quam rara et exquisita sint, quæ etiam apud divitem sui locum faciant : sicut gregalia quoque poma, etiam post paucos dies itura in fastidium, delectant, si provenere maturius. Illa quoque non erunt sine honore, quæ aut nemo illis alius dedit aut nos nulli alii.

XIII. Alexandro Macedoni, quum victor Orientis animos supra humana tolleret, Corinthii per legatos gratulati sunt, et civitate illum sua donaverunt. Quum risisset Alexander hoc officii genus, unus ex legatis, Nulli, inquit, civitatem unquam dedimus alii, quam tibi et Herculi. Libens accepit delatum honorem, et legatos invitatione aliaque humanitate prosecutus, cogitavit, non qui sibi civitatem darent, sed cui dedissent. Et homo gloriæ deditus, cujus nec naturam nec modum noverat, Herculis Liberique vestigia sequens, ac ne ibi quidem resistens, ubi illa defecerant, ad socium honoris sui respexit a dantibus; tanquam cœlum, quod mente vanissima complectebatur, teneret, quia Herculi æquabatur. Quid enim illi simile habebat vesanus adolescens, cui pro virtute erat felix temeritas ? Hercules nihil sibi vicit; orbem terrarum transivit, non concupiscendo, sed vindicando. Quid vinceret malorum hostis, bonorum vindex, terrarum marisque pacator ? At hic a pueritia latro, gentiumque vastator, tam hostium perniciei, quam amicorum, qui summum bonum duceret, terrori esse cunctis mortalibus, oblitus, non ferocissima tantum, sed ignavissima quoque animalia timeri, ob virus malum.

XIV. Ad propositum nunc revertamur. Beneficium

on offre à tout venant ne flatte personne. Nul ne se croit l'hôte d'un aubergiste, d'un cabaretier, ou le convive de celui qui donne un repas public : car on peut dire : Qu'a-t-il fait pour moi? ce qu'il fait pour tout autre, pour un inconnu, un bateleur, un infâme. Est-ce par estime qu'il me convie? nullement : c'est pour obéir à sa manie. Si tu désires que je prise tes dons, ne les prodigue pas. Qui voudrait, pour des choses banales, se charger d'une obligation?

Qu'on n'aille pas en conclure que je veuille enchaîner la libéralité, et l'emprisonner dans des liens trop étroits. Qu'elle soit donc libre dans ses mouvements : qu'elle marche; mais qu'elle ne s'égare pas.

On peut donner de manière que celui qui reçoit, même avec beaucoup d'autres, ne se croie pas confondu dans la foule. Qu'il n'y ait personne qui ne croie, à quelque marque distinctive, qu'on lui a fait une faveur spéciale. Qu'il puisse dire : Il m'a donné de même qu'à un tel; mais spontanément : il m'a donné de même; mais sans me faire attendre; tandis que cet autre a été longtemps à le gagner. D'autres ont obtenu les mêmes choses; mais pas avec le même ton, avec la même grâce. Un tel a reçu en sollicitant; moi, après avoir été sollicité. Un tel a reçu; mais il lui était facile de rendre, mais sa vieillesse sans enfants donnait beaucoup à espérer; pour moi il m'a plus donné en me donnant autant, puisqu'il m'a donné sans espoir de retour.

Comme une coquette sait se partager entre plusieurs amants, de façon qu'il n'en soit pas un qui ne porte quelque gage de sa tendresse; de même, pour donner de l'agrément à nos bienfaits, il faut imaginer le moyen d'obliger beaucoup de monde, et cependant que chacun ait quelque chose qui le fasse croire à une préférence.

Pour moi, je ne mettrai pas d'entraves aux bienfaits, dont le mérite doit augmenter en raison de leur nombre et de leur prix. Mais j'y veux du discernement; car en donnant au hasard et sans réflexion, on ne gagne le cœur de personne.

Si donc quelqu'un s'imagine que nous voulions, par nos préceptes, resserrer les limites de la bienveillance et rétrécir sa carrière, certes, il comprend mal nos avis. En effet, quelle vertu honorons-nous davantage? à laquelle donnons-nous plus d'encouragement? et à qui convient-il mieux d'y exhorter les hommes qu'à nous qui voulons raffermir la société?

XV. Voici donc ma pensée. Comme nul mouvement de l'âme, quand même il part d'une volonté droite, n'est honnête, si la modération n'en a fait une vertu, je m'oppose à ce que la libéralité se tourne en dissipation. Il y a contentement à recevoir un bienfait, même à lui tendre les mains, lorsque la sagesse le dirige sur le mérite; mais non quand le hasard ou une aveugle effervescence le jette au premier venu : il faut pouvoir le publier et s'en faire honneur. Appelles-tu bienfaits les présents dont tu n'oses avouer l'auteur? Mais combien ils sont plus précieux, combien ils descendent plus avant dans les profondeurs du cœur, pour n'en sortir jamais, lorsqu'ils nous charment moins par l'idée du bienfait que par celle du

---

quod quibuslibet datur, nulli gratum est. Nemo se stabularii aut cauponis hospitem judicat, nec convivam dantis epulum, ubi dici potest : Quid enim in me contulit? Nempe hoc quod in illum, et vix bene notum sibi, et in illum etiam mimicum ac turpissimum hominem. Numquid enim me dignum judicavit? minime; morbo suo morem gessit. Quod voles gratum esse, rarum effice; quis patitur sibi imputari? Nemo hæc ita interpretetur, tanquam reducam liberalitatem, et frænis arctioribus reprimam. Illa vero, in quantum libet, exeat : sed eat, non erret. Licet ita largiri, ut unusquisque, etiam si cum multis accepit, in populo se esse non putet; nemo non habeat aliquam familiarem notam, per quam speret se propius admissum. Dicat : Accepi idem quod ille, sed ultro. Accepi quod ille : sed ego intra breve tempus, quum ille diu meruisset. Sunt, qui idem habeant, sed non eisdem verbis datum, non eadem comitate tribuentis. Ille accepit, quum rogasset : ego, quum rogarer. Ille accepit : sed facile redditurus, sed cujus senectus et libera orbitas magna promittebat : mihi plus dedit, quamvis idem dederit, quia sine spe recipiendi dedit. Quemadmodum meretrix ita inter multos se dividit, ut nemo non aliquod signum familiaris animi ferat; ita qui beneficia sua amabilia vult esse, excogitet, quomodo et multi obligentur, et tamen singuli habeant aliquid, quo se ceteris præferant. Ego vero beneficiis non objiciam moras; quæ quo plura majoraque fuerint, plus afferent laudis. Adsit tamen indicium; neque enim cordi esse cuiquam possunt forte ac temere data. Quare si quis existimat nos, quum ista præcipimus, benignitatis fines introrsus referre, et illi minus laxum limitem aperire; næ perperam monitiones nostras exaudiat. Quam enim virtutem veneramur? cui magis stimulos addimus? quibusve tam convenit hæc adhortatio, quam nobis, societatem humani generis sancientibus?

XV. Quid ergo est? Quum sit nulla honesta vis animi, etiamsi a recta voluntate incepit, nisi quam virtutem modus fecit, veto liberalitatem nepotari. Tunc juvat accepisse beneficium, et supinis quidem manibus, ubi illud ratio ad dignos perducit : non quo libet casus et consilii indigens impetus differt; quod ostentare libet, et inscribere sibi. Beneficia tu vocas, quorum auctorem fateri pudet? At illa quanto gratiora sunt, quantoque in partem interiorem animi nunquam exitura descendunt, quum delectant cogitantem magis, a quo, quam quid acceperis? Crispus Passienus solebat dicere, quorumdam

bienfaiteur. Crispus Passiénus disait souvent qu'il y avait des gens dont il préférait l'estime au bienfait; d'autres, dont il préférait le bienfait à l'estime. Il s'appuyait d'exemples : « Du divin Auguste, disait-il, je préfère l'estime ; de Claude, je préfère le bienfait. » Pour moi, je pense qu'on ne doit rechercher le bienfait d'aucun homme dont on méprise l'estime. Quoi donc? fallait-il rejeter le présent de Claude? non ; mais le recevoir comme de la Fortune que l'on sait pouvoir demain nous devenir contraire. Pourquoi donc séparer des choses inséparables? Ce n'est pas un bienfait que le don auquel manque son plus beau côté, le discernement de celui qui donne. Autrement une grande somme d'argent, donnée sans jugement, sans une volonté éclairée, n'est pas plus un bienfait qu'un trésor trouvé. Or, il est beaucoup de choses qu'on peut recevoir, et qui n'obligent pas.

LIVRE SECOND.

I. Maintenant, mon cher Libéralis, examinons, ce que j'ai omis dans le premier livre, comment il faut donner. Je crois pouvoir en indiquer une méthode très-simple. Donnons comme nous voudrions qu'on nous donnât, surtout de bon cœur, promptement, sans marchander.

Un bienfait est stérile, lorsqu'on l'a retenu longtemps dans sa main, qu'on semble ne l'avoir sacrifié qu'avec peine, et comme si l'on se faisait violence à soi-même. S'il survient des retards, évitons de toute manière de paraître délibérer. L'irrésolution est tout près du refus et n'engage à aucune reconnaissance : car, comme le charme du bienfait se trouve dans la volonté du bienfaiteur, celui qui trahit son mauvais vouloir par son hésitation, n'a pas donné, mais n'a pu retenir ce qu'on lui arrachait. Bien des hommes ne sont généreux, que pour manquer de front.

Les bienfaits plaisent d'autant mieux qu'ils sont réfléchis, qu'ils s'offrent d'eux-mêmes et sont retardés seulement par la discrétion de celui qui reçoit. Le premier mérite est de devancer le désir ; le second, de le suivre. Il vaut encore mieux prévenir la demande. Comme, en effet, l'honnête homme en demandant, a la parole embarrassée et la rougeur sur le front, celui qui lui épargne ce supplice multiplie ses bienfaits. Un don sollicité n'est pas un don gratuit; car, ainsi que le pensaient nos ancêtres si pleins de sagesse, rien ne coûte plus cher que ce qu'on achète par des prières. Les hommes seraient plus économes de vœux, s'ils devaient les faire en public ; et même en adressant aux dieux les supplications les plus honorables, nous préférons prier dans le silence et le secret de nos cœurs.

II. C'est un mot humiliant, qui pèse et qu'on ne prononce que le front baissé : *Je vous prie*. Il faut en faire grâce à ton ami et à tout homme dont tu dois gagner l'amitié par tes bienfaits. Quel que soit ton empressement, ils viendront trop tard, s'ils viennent après la prière. Il faut donc deviner les désirs et, lorsqu'ils sont compris, affranchir de la triste nécessité de prier. Rappelletoi que les bienfaits les plus agréables et qui vi-

---

se judicium malle, quam beneficium ; quorundam beneficium malle, quam judicium ; et subjiciebat exempla : Malo, aiebat, divi Augusti judicium ; malo Claudii beneficium. Ego vero nullius puto expetendum esse beneficium, cujus vile judicium est. Quid ergo? Non erat accipiendum a Claudio quod dabatur? Erat ; sed sicut a Fortuna, quam scires statim posse malam fieri. Quid ergo ista inter se mixta dividimus? Non est beneficium, cui deest pars optima, datum esse judicio. Alioquin pecunia ingens si non ratione, nec recta voluntate donata est, non magis beneficium est, quam thesaurus. Multa sunt autem, quæ oportet accipere, nec debere.

LIBER SECUNDUS.

I. Inspiciamus, Liberalis, virorum optime, id quod ex priore parte adhuc superest, quemadmodum dandum sit beneficium : cujus rei expeditissimam videor monstraturus viam. Sic demus, quomodo vellemus accipere : ante omnia libenter, cito, sine ulla dubitatione. Ingratum est beneficium, quod diu inter manus dantis hæsit, quod quis ægre dimittere visus est, et sic, tanquam sibi eriperet. Etiamsi quid moræ intervenit, evitemus omni modo, ne deliberasse videamur. Proximus est a negante, qui dubitavit, nullamque iniit gratiam. Nam quum in beneficio jucundissima sit tribuentis voluntas ; qui nolentem se tribuisse ipsa cunctatione testatus est, non dedit, sed adversus ducentem male retinuit. Multi autem sunt, quos liberales facit frontis infirmitas. Gratissima sunt beneficia parata, facilia et occurrentia, ubi nulla mora fuit, nisi in accipientis verecundia. Optimum est, antecedere desiderium cujusque ; proximum, sequi. Illud melius, occupare antequam rogemur : quia quum homini probo ad rogandum os concurrat, et suffundatur rubor, qui hoc tormentum remittit, multiplicat munus suum. Non tulit gratis, qui quum rogasset, accepit. Quoniam quidem, ut majoribus nostris, gravissimis viris, visum est, nulla res carius constat, quam quæ precibus emta est. Vota homines parcius facerent, si palam facienda essent ; adeo etiam deos, quibus honestissime supplicamus, tacite malumus et intra nosmetipsos precari.

II. Molestum verbum est, onerosum, et demisso vultu dicendum, Rogo. Hujus facienda est gratia amico et cuicumque, quem amicum sis promerendo facturus. Properet licet, sero beneficium dedit, qui roganti dedit. Ideo divinanda cujusque voluntas, et quum intellecta est, necessitate gravissima rogandi liberanda est. Illud beneficium jucundum, victurumque in animo scies, quod ob-

vent le plus dans les cœurs, sont ceux qui viennent au-devant de nous.

Si nous nous sommes laissés prévenir, coupons court aux paroles du solliciteur, pour ne pas paraître sollicités : mais à peine avertis, promettons aussitôt, et prouvons par notre empressement que nous eussions donné même avant qu'on nous demandât.

De même que pour un malade la nourriture est salutaire par son à-propos, et qu'un peu d'eau donnée à temps peut servir de remède; ainsi quelque léger, quelque vulgaire que soit un service, s'il est prompt, s'il a été rendu sans perte d'un seul instant, il augmente de valeur et l'emporte en mérite sur un bien plus précieux qui ne serait que le produit tardif d'une longue réflexion. Celui qui oblige avec empressement ne laisse pas douter qu'il oblige de bon cœur : aussi il oblige avec joie, et son front devient l'image de son âme.

III. Quelquefois le silence ou la lenteur des paroles, qui contrefont la gravité et la mélancolie, gâtent les services les plus importants, puisque l'on promet de l'air dont on refuse. Combien n'est-il pas mieux d'ajouter de bonnes paroles à de bonnes choses, et de faire valoir ce que tu donnes, par des témoignages d'humanité et de bienveillance. Pour corriger quelqu'un de son hésitation à demander, tu peux ajouter quelque reproche amical : « Je t'en veux, quand tu avais besoin, de me l'avoir laissé ignorer si longtemps, d'avoir eu recours à un intermédiaire. Pour moi, je me félicite de voir mettre mon cœur à l'épreuve : dorénavant, ce que tu désireras réclame-le comme un droit. Pour cette fois, je pardonne à ton impolitesse. » Ainsi tu feras estimer plus ton cœur que le service, quel qu'il soit, qu'on était venu demander. C'est alors qu'il y a un grand mérite dans le don, c'est alors qu'il y a bienfaisance, quand celui qui se retire se dit en lui-même : « Ce jour est pour moi une bonne fortune ; j'aime mieux avoir rencontré un tel homme, que si ces biens multipliés m'étaient arrivés par une autre voie. Jamais ma reconnaissance ne pourra égaler la bonté de son âme. »

IV. Il y a bien des hommes qui, par leur hauteur et la dureté de leurs paroles, font prendre en aversion leurs bienfaits, les accompagnant de propos et de manières superbes, qui font repentir de les avoir reçus. Ensuite viennent d'autres retards entre la promesse et l'exécution : or, rien n'est plus pénible que d'être obligé de demander ce qu'on a déjà obtenu. Les bienfaits doivent être payés d'avance : il y a pourtant des gens de qui il est plus difficile de recevoir que d'obtenir. Il faut prier l'un de faire souvenir, l'autre de faire exécuter. C'est ainsi qu'un seul présent s'use dans beaucoup de mains, et l'auteur de la promesse perd beaucoup du mérite, qui se partage entre tous ceux qu'il faut solliciter après lui. Donc, si tu veux qu'on attache du prix à tes bienfaits, prends soin qu'ils arrivent à ceux qui en ont la promesse, vierges, et, comme on dit, sans déchet. Point d'intermédiaire, point de dépositaire ; car nul ne peut en faisant le don en ton nom, en tirer un mérite qui ne diminue le tien.

---

viam venit. Si non contingit prævenire, plura rogantis verba intercidamus, ne rogati videamur : sed certiores facti, statim promittamus, facturosque nos etiam antequam interpellaremur, ipsa festinatione approbemus. Quemadmodum in ægris opportunitas cibi salutaris est, et aqua tempestive data remedii locum obtinuit ; ita quamvis leve et vulgare beneficium sit, si præsto fuit, si proximam quamque horam non perdidit, multum sibi adjicit, gratiamque pretiosi, sed lenti et diu cogitati muneris vincit. Qui tam parate facit, non est dubium, quin libenter faciat. Itaque lætus facit, et induit sibi animi sui vultum.

III. Ingentia quorumdam beneficia, silentium aut loquendi tarditas, imitata gravitatem et tristitiam, corrupit, quum promitterent vultu negantium. Quanto melius adjicere bona verba rebus bonis, et prædicatione humana benignaque commendare quæ præstes? Ut ille se castiget, quod tardior in rogando fuit, adjicias licet familiarem querelam : « Irascor tibi, quod quum aliquid desiderasses, non olim scire me voluisti, quod tam diligenter rogasti, quod quemquam adhibuisti. Ego vero gratulor mihi, quod experiri animum meum libuit ; postea quidquid desiderabis, tuo jure exiges. Semel rusticitati tuæ ignoscitur. » Sic efficies, ut animum tuum pluris æstimet, quam illud quidquid est, ad quod petendum venerat. Tunc est summa virtus tribuentis, tunc benignitas, ubi ille qui discessit, dicet sibi : « Magnum hodie lucrum fecit malo quod illum talem inveni, quam si multiplicatum hoc ad me alia via pervenisset. Huic ejus animo nunquam parem referam gratiam. »

IV. At plerique sunt, qui beneficia asperitate verborum et supercilio in odium adducunt, eo sermone usi, ea superbia, ut impetrasse pœniteat. Aliæ deinde post promissam sequuntur moræ ; nihil autem est acerbius, quam ubi quoque, quod impetrasti, rogandum est. Repræsentanda sunt beneficia ; quæ a quibusdam accipere difficilius est, quam impetrare. Hic rogandus est, ut admoneat; ille, ut consummet. Sic unum munus per multorum teritur manus : ex quo gratiæ minimum apud promittentem remanet ; quia auctori detrahit, quisquis post illum rogandus est. Hæc itaque curæ habeas, si grate æstimari quæ præstabis voles, ut beneficia tua illibata, ut integra ad eos, quibus promissa sunt, perveniant, sine ulla, quod aiunt, deductione. Nemo illa intercipiat, nemo detineat ; nemo in eo quod daturus es, gratiam suam facere potest, ut non tuam minuat.

V. Rien n'est si cruel qu'une longue incertitude. On supporte bien mieux de voir avorter ses espérances, que de les voir languir. Or, c'est un défaut commun que de différer l'exécution des promesses, par une étroite ambition, pour ne point diminuer la foule des solliciteurs. Ainsi l'on voit les ministres de la puissance royale se plaire à faire durer le spectacle de leur orgueil : ils croiraient moins pouvoir, s'ils ne faisaient sentir à chacun, longtemps et fortement, tout ce qu'ils peuvent. Ils ne font rien sur-le-champ, rien en une fois : leurs outrages se précipitent, et leurs bienfaits se traînent.

Aussi pèse bien dans toute sa vérité ce passage du comique :

« Quoi ! tu ne comprends pas que tu enlèves à la reconnaissance tout ce qui s'ajoute au retard ? »

Et de là ces paroles qu'arrache un dépit naturel : « Donne, si tu veux donner : et : Ce n'est rien de si merveilleux : J'aime mieux un prompt refus. » Dès que l'esprit est amené au dégoût du bienfait par l'ennui de l'attente, peut-il en être reconnaissant ? De même que c'est le comble de la cruauté de faire suspendre le supplice, et qu'il y a une sorte de pitié à tuer promptement (parce que la dernière douleur porte avec elle sa fin, et que le temps qui précède fait la plus grande partie du châtiment qui s'approche); de même le mérite d'un service est d'autant plus grand, qu'il s'est fait moins attendre. Car on n'attend pas sans inquiétude même le bien qu'on espère ; et comme la plupart des bienfaits portent remède à quelque mal, si tu me laisses longtemps dans la souffrance, quand tu peux m'en affranchir aussitôt ; si tu retardes mon bonheur, tu mutiles ton bienfait.

La bienfaisance se hâte, et l'on fait promptement ce qu'on fait volontiers. Celui qui tarde et remet de jour en jour ses services, n'oblige pas de bon cœur. Il perd ainsi deux choses essentielles, et le temps et la preuve de sa bonne volonté. Vouloir tard, c'est ne pas vouloir.

VI. En toute chose, Libéralis, la façon de parler ou d'agir n'est pas ce qui importe le moins ; la diligence fait beaucoup gagner, la lenteur fait beaucoup perdre. Ainsi, dans un javelot le fer est toujours de même nature ; mais la différence est grande, s'il est lancé à bras tendu, ou s'il s'échappe d'une main languissante. Le même glaive égratigne ou transperce, suivant la tension du muscle qui le dirige. De même quand on donne, la différence est dans la manière de donner.

Qu'un bienfait a de charme et de prix, si le bienfaiteur ne souffre pas les remercîments ; si en donnant il oublie déjà qu'il a donné ! Au contraire, c'est une folie de gourmander celui auquel on rend les plus grands services, et de confondre ensemble l'outrage et le don. Il ne faut donc pas aigrir un bienfait, et le mêler d'amertume. Si tu as quelque remontrance à faire, choisis un autre moment.

VII. Fabius Verrucosus comparait un présent donné avec rudesse, par un homme brutal, à des pains pierreux, que la faim force à prendre, et qu'on mange avec répugnance.

Tibérius César, sollicité par M. Allius Nepos, prétorien, de payer ses dettes, lui ordonna de présenter la liste de ses créanciers. Cela n'est pas

---

V. Nihil æque amarum, quam diu pendere. Æquiore quidam animo ferunt præcidi spem suam, quam trahi. Plerisque autem hoc vitium est, ambitione prava differendi promissa, ne minor sit rogantium turba. Quales regiæ potentiæ ministri sunt, quos delectat superbiæ suæ longum spectaculum ; minusque se judicant posse, nisi diu multumque singulis, quid possint, ostenderint. Nihil confestim, nihil semel faciunt ; injuriæ illorum præcipites, lenta beneficia sunt. Quare verissimum existima, quod ille comicus dixit :

. . . . Quid ? tu non intelligis,
Tantum te gratiæ demere, quantum moræ adjicis ?

Inde illæ voces, quas ingenuus dolor exprimit : Fac, si quid facis ; et, Nihil est tanti : Malo mihi jam neges. Ubi in tædium adductus animus incipit beneficium odisse, dum exspectat, potest ob id gratus esse ? Quemadmodum acerbissima crudelitas est, quæ trahit pœnam ; et misericordiæ genus est, cito occidere, quia tormentum ultimum finem sui secum affert ; quod antecedit tempus, maxima venturi supplicii pars est : ita major est muneris gratia, quo minus diu pependit. Est enim bonarum etiam rerum sollicitis exspectatio gravis ; et quum plurima beneficia remedium alicujus rei afferant ; qui aut diutius torqueri patitur, quem protinus potest liberare, aut gaudere tardius, beneficio suo manus affert. Omnis benignitas properat ; et proprium est libenter facientis, cito facere. Qui tarde, et diem de die extrahens profuit, non ex animo fecit. Ita duas res maximas perdidit, et tempus, et argumentum amicæ voluntatis ; tarde velle, nolentis est.

VI. In omni negotio, Liberalis, non minima portio est, quomodo quidque aut dicatur, aut fiat ; multum celeritas fecit, multum abstulit mora. Sicut in telis eadem ferri vis est ; sed infinitum inter est, utrum excusso lacerto torqueatur, an remissa manu effluant. Gladius idem et stringit, et transforat ; quam presso articulo venerit, refert. Idem est quod datur ; sed interest, quomodo detur. Quam dulce, quam pretiosum est, si gratias sibi agi non est passus, qui dedit ; si dedisse, dum dat, oblitus est ! nam corripere eum, cui quummaxime aliquod præstes, dementia est, et inserere contumeliam meritis. Itaque non sunt exasperanda beneficia, nec quidquam illis triste miscendum. Etiam si quid erit, de quo velis admonere, aliud tempus eligito.

VII. Fabius Verrucosus beneficium ab homine duro aspere datum, panem lapidosum vocabat, quem esurienti accipere necessarium sit, esse, acerbum. Tiberius Cæsar rogatus a Nepote M. Ælio prætorio, ut æri alieno

un don, mais une convocation de créanciers. Quand César eut les noms, il écrivit qu'il avait ordonné de compter la somme à un débauché; (*nepoti*) et ajoutant une outrageuse réprimande, il s'ensuivit que les dettes furent payées, et que ce ne fut pas un bienfait. Il le délivra de ses créanciers, mais il n'en fit pas son obligé.

Tibère avait en cela un but. Peut-être voulait-il empêcher que d'autres accourussent lui faire la même prière. C'était là sans doute un moyen efficace pour réprimer par la honte les mauvaises passions des hommes; mais, quand on offre un bienfait, il faut suivre une tout autre voie.

VIII. En général, quelque don que vous fassiez, il faut l'embellir pour le mieux faire agréer. Or, Tibère n'obligeait pas, mais châtiait. Et pour dire en passant ce que je pense là-dessus, il me semble peu convenable, même à un prince, de ne donner que pour flétrir. Encore Tibère ne put-il pas échapper aux ennuis qu'il croyait s'épargner de cette façon : car il se trouva bientôt des gens qui firent la même demande : tous reçurent ordre de rendre compte de leurs dettes en plein sénat, et à ce prix il leur donna la somme. Ce n'est pas là une libéralité; c'est une censure : ce n'est pas un secours; c'est une aumône de prince : ce que je ne puis me rappeler sans rougir n'est pas un bienfait. J'ai été envoyé devant un juge; j'ai plaidé pour obtenir.

IX. C'est pourquoi les maîtres de la sagesse enseignent que certains bienfaits doivent être publics, les autres cachés. Ils doivent être publics, lorsqu'il y a gloire à les mériter, comme les dons militaires, les honneurs et tout ce qui augmente de prix par la renommée. Mais ce qui ne procure ni honneur ni considération, ce qui est donné à l'infirmité, à l'indigence, à la pauvreté honteuse, doit être donné en secret, et n'être connu que de ceux qui en profitent. Quelquefois même il faut tromper ceux que l'on aide, de manière qu'ils reçoivent sans savoir de quelle main

X. On raconte qu'Arcésilas avait un ami pauvre et qui dissimulait sa pauvreté, ne voulant pas même, étant malade, avouer qu'il manquait de quoi se procurer les choses les plus nécessaires : il résolut donc de l'aider en cachette, et plaça, à son insu, un sac d'argent sous son chevet, afin que cet homme, inutilement discret, parût trouver ce dont il avait besoin, plutôt que le recevoir.

Quoi donc! laisserai-je ignorer que c'est de moi qu'il a reçu? sans doute : si d'abord cela même est une partie du bienfait; ensuite, je ferai bien d'autres choses, j'en donnerai bien d'autres qui lui feront deviner l'auteur du premier. Enfin, qu'il ne sache pas qu'il a reçu, que je sache que j'ai donné. C'est peu, diras-tu : c'est peu, si tu veux placer à intérêt; mais si tu veux donner de la manière la plus profitable pour celui qui reçoit, tu auras assez de ton témoignage. Autrement, ce n'est pas de faire le bien qui te charme, mais de paraître le faire. Je veux, dis-tu, qu'il le sache : tu cherches donc un débiteur. Je veux absolument qu'il le sache : quoi! s'il lui est plus utile de l'ignorer, plus honorable, plus agréable? ne changeras-tu pas d'avis? Je veux qu'il le sache : ainsi tu ne sauverais pas un homme dans les ténèbres.

---

ejus succurreret, edere illum sibi nomina creditorum jussit. Hoc non est donare, sed creditores convocare. Quum edita essent, scripsit, Nepoti jussisse se pecuniam solvi, adjecta contumeliosa admonitione, effecit, ut nec æs alienum haberet, nec beneficium. Liberavit illum a creditoribus, sibi non obligavit. Aliquid Tiberius secutus est; puto, noluit plures esse, qui idem rogaturi concurrerent. Ita forsitan efficax ratio fuerit, ad hominum improbas cupiditates pudore reprimendas : beneficium vero danti tota alia sequenda est via.

VIII. Omni genere quod des, quo sit acceptius, adornandum est. Hoc vero non est beneficium dare, deprehendere est. Et ut in transitu de hac quoque parte dicam quid sentiam, ne principi quidem satis decorum est, donare ignominiæ causa. Tametsi inquietudinem effugere Tiberius ne hoc quidem modo, quo vitabat, potuit. Nam aliquot postea, qui idem rogarent, inventi sunt; quos omnes jussit reddere in senatu æris alieni causas, et ita illis certas summas dedit. Non est illud liberalitas; censura est; auxilium est; principale tributum est. Beneficium non est, cujus sine rubore meminisse non possum. Ad judicem missus sum : ut impetrarem, causam dixi !

IX. Præcipiunt itaque omnes auctores sapientiæ, quædam beneficia palam danda, quædam secreto. Palam, quæ consequi gloriosum est : ut militaria dona, et honores, et quidquid aliud notitia pulchrius fit. Rursus quæ non producunt, nec honestiorem faciunt, sed succurrunt infirmitati, egestati, ignominiæ, tacite danda sunt, ut nota sint solis, quibus prosunt. Interdum et ipse qui juvatur, fallendus est, ut habeat, nec a quo acceperit, sciat.

X. Arcesilaus, ut aiunt, amico pauperi, et paupertatem suam dissimulanti; ægro autem, et ne hoc quidem confitenti, deesse sibi in sumtum ad necessarios usus, quum clam succurrendum judicasset, pulvino ejus ignorantis sacculum subjecit, ut homo inutiliter verecundus, quod desiderabat, inveniret potius quam acciperet. Quid ergo? ille nesciet a quo acceperit? Primum nesciat, si hoc ipsum beneficii pars est, deinde multa alia faciam, multa tribuam, per quæ intelligat et illius auctorem. Denique ille nesciat accepisse se : ego sciam me dedisse. Parum est, inquis. Parum, si fœnerare cogitas; sed si dare quo genere accipienti maxime profuturum erit, dabis, contentus eris te teste. Alioquin non benefacere delectat, sed videri benefacere. Volo, inquis, sciat : debitorem quæris. Volo utique sciat : quid, si illi utilius est nescire? si honestius, si gratius? non in aliam partem abibis? Volo sciat! ita tu hominem non servabis in tenebris? Non nego, quoties patitur res, percipiendum gaudium

Je ne m'oppose pas, quand l'occasion le permet, à ce qu'on recueille quelque joie du plaisir de celui qui accepte; mais s'il a besoin et honte de mes secours; si mes dons l'offensent, à moins que je ne les cache, je n'irai pas enregistrer mon bienfait. Pourquoi? c'est que je ne dois pas lui faire connaître que c'est moi qui ai donné; puisqu'un des premiers préceptes, un des plus importants, est de ne jamais reprocher, et même de ne jamais rappeler un service. Car telle est la loi du bienfait entre deux hommes : l'un doit aussitôt oublier qu'il a donné; l'autre ne doit jamais oublier qu'il a reçu; c'est déchirer le cœur, c'est l'accabler, que de rappeler sans cesse vos services.

XI. On s'écrierait volontiers comme cet homme sauvé par un des amis de César de la proscription des triumvirs, et qui, ne pouvant plus supporter sa fatuité, s'écria : « Rends-moi à César. » Jusqu'à quand diras-tu : « C'est moi qui t'ai sauvé la vie, c'est moi qui t'ai arraché à la mort? » Oui, c'est la vie pour moi, si tu me laisses m'en souvenir; si tu m'y forces, c'est la mort. Je ne te dois rien si tu m'as sauvé pour avoir quelqu'un dont tu fasses parade. Jusqu'à quand me traîneras-tu partout? jusqu'à quand m'empêcheras-tu d'oublier mon malheur? Un triomphateur ne m'eût promené qu'une fois.

Ne disons point ce que nous donnons; rappeler c'est redemander. Il ne faut pas insister sur un bienfait; il ne faut pas en provoquer le souvenir, à moins que les anciens bienfaits ne soient rappelés par de nouveaux. On ne doit pas même en parler aux autres : que celui qui donne se taise; que celui qui reçoit parle. Sinon on vous dira ce qu'on dit à un homme qui prônait partout son bienfait : « Tu ne nieras pas que tu l'aies repris? — Quand donc? — Mais souvent, et en beaucoup d'endroits, c'està-dire toutes les fois et partout où tu l'as raconté. »

Qu'as-tu besoin de parler? Pourquoi te charger de fonctions qui ne t'appartiennent pas? Il y en a d'autres qui s'en acquitteront plus honorablement; et en parlant, ils te loueront surtout de n'avoir pas parlé. Tu me prends pour un ingrat, si tu crois que personne ne saura ton bienfait, à moins que tu ne le révèles. Il faut si bien t'en garder, que même si quelqu'un le raconte devant toi, tu devras répondre : « Certes, il est très-digne qu'on fasse davantage; mais moi, je sais que jusqu'ici j'ai plutôt eu l'intention de le servir que je ne l'ai servi en effet. » Et ces mots doivent être dits sans affectation, et sans prendre cet air avec lequel certaines gens repoussent ce qu'ils veulent le plus attirer à eux.

Ensuite il faut y mettre tous les égards dont tu es capable. Le laboureur perdra ce qu'il a confié à la terre, s'il abandonne ses travaux après les semailles; ce n'est qu'à force de soins que le blé monte en épis; rien ne peut fructifier que par une surveillance constante et une culture toujours égale du premier au dernier jour. Les bienfaits ont le même sort. En peut-il être de plus grands que ceux des pères à l'égard de leurs enfants? Cependant ils ne seraient pas assurés s'ils s'arrêtaient à l'enfance, si une tendresse constante ne cultivait son ouvrage. Tous les autres bienfaits ont le même sort : tu les perds si tu n'y aides; c'est peu d'avoir donné, il faut entretenir. Si tu

---

ex accipientis voluntate : sin adjuvari illum et oportet, et pudet; si quod præstamus, offendit, nisi absconditur; beneficium in acta non mitto. Quidni? ego illi non sum judicaturus me dedisse, quum inter prima præcepta ac maxime necessaria sit, ne unquam exprobrem, immo ne admoneam quidem. Hæc enim beneficii inter duos lex est; alter statim oblivisci debet dati, alter accepti nunquam. Lacerat animum et premit frequens meritorum commemoratio.

XI. Libet exclamare, quod ille triumvirali proscriptione servatus a quodam Cæsaris amico exclamavit, quum superbiam ejus ferre non posset : « Redde me Cæsari. Quousque dices : Ego te servavi, ego te eripui morti? istud, si meo arbitrio memini, vita est; si tuo, mors est. Nihil tibi debeo, si me servasti, ut haberes, quem ostenderes. Quousque me circumducis? quousque oblivisci fortunæ meæ non sinis? semel in triumpho ductus essem. » Non est dicendum, quid tribuerimus; qui admonet, repetit. Non est instandum, non est memoria revocanda; nisi ut aliud dando, priorîs admoneas. Ne aliis quidem narrare debemus; qui dedit beneficium, taceat; narret, qui accipit. Dicetur enim, quod illi ubique jactanti beneficium suum : Num negabis, inquit, te recepisse? et quum respondisset, Quando? Sæpe quidem, inquit, et multis locis; id est, quoties et ubicunque narrasti. Quid opus est te loqui? quid alienum occupare officium? Est qui istud facere honestius possit; per quem narrante et hoc laudabitur, quod ipse non narras. Ingratum me judicas, si istud te tacente, nemo sciturus est? Quod adeo non est committendum, ut etiamsi quis coram nobis narrabit, ei respondendum sit : Dignissimus quidem ille est majoribus beneficiis, sed ego magis velle me scio omnia illi præstare, quam adhuc præstitisse. Et hæc ipsa non venaliter, nec ea figura, qua quidam rejiciunt, quæ magis ad se vultum attrahere. Deinde adjicienda omnis humanitas. Perdet agricola quod sparsit, si labores suos destituet in semine. Multa cura sata perducuntur ad segetem; nihil in fructum pervenit, quod non a primo usque ad extremum æqualis cultura prosequitur; eadem beneficiorum est conditio. Numquid ulla majora possunt esse, quam quæ in liberos patres conferunt? Hæc tamen irrita sunt, si in infantia deserantur, nisi longa pietas munus suum nutriat. Eadem ceterorum beneficiorum conditio est; nisi illa adjuveris, perdes; parum est dedisse, fovenda sunt. Si gratos vis habere quos obligas, non tantum des oportet beneficia, sed et ames. Præcipue,

veux voir reconnaissants ceux que tu obliges, il faut non-seulement donner, il faut aimer ses bienfaits.

Surtout, comme je l'ai dit, épargnons leurs oreilles. Rappeler nos services, provoque l'ennui; les reprocher, provoque la haine. Rien, quand on oblige, n'est à éviter comme l'orgueil. A quoi bon l'arrogance de ton visage, l'enflure de tes paroles? La chose elle-même te grandit assez. Dépose toute vaine jactance : les actions parlent quand la bouche se tait. Un présent fait avec orgueil est non-seulement désagréable, mais odieux.

XII. Caïus César donna la vie à Pompéius Pennus, si c'est donner que de ne point ôter. Ensuite, comme celui-ci le remerciait de cette grâce, il lui présenta à baiser son pied gauche. Ceux qui l'excusent et nient qu'il l'ait fait par insolence, prétendent qu'il ne voulait que lui montrer sa pantoufle dorée, ou plutôt d'or, enrichie de perles. D'accord. Et d'ailleurs, qu'y a-t-il de humiliant pour un consulaire d'embrasser de l'or et des perles, surtout ne pouvant choisir sur le corps de Caïus un seul endroit plus pur à embrasser? Cet homme, né pour faire plier à la servitude asiatique les mœurs d'une cité libre, jugea que c'était peu de voir un vieux sénateur, abaissant toutes ses dignités, suppliant en présence des principaux citoyens, et prosterné devant lui, comme se prosterne un vaincu devant un ennemi victorieux : il trouva quelque chose plus bas que les genoux, pour y faire descendre la liberté. N'était-ce pas là fouler la république, et (pourrait-on ajouter, car cela n'est pas indifférent) la fouler du pied gauche? Car il n'eût pas été assez loin dans cette nouveauté d'insolence et de folie, cet empereur qui venait en pantoufles entendre un consulaire plaider pour sa vie, s'il n'eût porté sa cheville au visage d'un sénateur.

XIII. O arrogance d'une haute fortune! maladie des sots! qu'il est doux de ne rien recevoir de toi! Comme tu sais convertir un bienfait en outrage! Comme tu te plais à tout ce qui est excessif! Comme tout a mauvaise grâce en toi! Plus tu te rehausses, plus tu tombes bas, et tu montres que tu ne connais pas les biens dont tu es si gonflée. Tu corromps tout ce que tu donnes. Nous pouvons donc te demander ce qui te fait porter la tête si haute, et changer d'air et de figure, au point que tu préfères avoir un masque plutôt qu'un visage.

Les bienfaits plaisent lorsqu'ils sont offerts avec des dehors humains, ou du moins doux et affables; lorsqu'un supérieur me donne sans se dresser au-dessus de moi, mais avec toute la bonté qu'il a pu, descendant à mon niveau, ôtant tout faste à son bienfait, saisissant l'occasion propre, afin que je paraisse obligé, plutôt par circonstance que par besoin. Il y a un moyen d'empêcher ces importants de perdre leurs bienfaits par leur insolence, c'est de leur persuader que les dons ne paraissent pas plus grands pour être offerts avec plus de fracas; qu'eux-mêmes ne peuvent pas pour cela paraître plus grands; que c'est une fausse grandeur que celle de l'orgueil, et qu'elle fait prendre en aversion même ce qui est aimable.

XIV. Il y a des choses qui doivent nuire à ceux

---

ut dixi, parcamus auribus; admonitio tædium facit, exprobratio odium. Nihil æque in beneficio dando vitandum est, quam superbia. Quid opus arrogantia vultus? quid tumore verborum? ipsa res te extollit. Detrahenda est inanis jactatio; res loquentur, nobis tacentibus. Non tantum ingratum, sed invisum est beneficium superbe datum.

XII. C. Cæsar dedit vitam Pompeio Penno, si dat, qui non aufert; deinde absoluto, et agenti gratias, porrexit osculandum sinistrum pedem. Qui excusant, et negant id insolentiæ causa factum, aiunt socculum auratum, immo aureum margaritis distinctum, ostendere eum voluisse. Ita prorsus: quid hic contumeliosum est, si vir consularis aurum et margaritas osculatus est; et alioquin nullam partem in corpore ejus electurus, quam purius oscularetur? Homo natus in hoc, ut mores liberæ civitatis Persica servitute mutaret, parum judicavit, si senator senex, summissis honoribus, in conspectu principum supplex sibi, eo more jacuisset, quo victi hostes hostibus jacuere : invenit aliquid infra genua, quo libertatem detruderet. Non hoc est rempublicam calcare? et quidem (dicet aliquis, nam potest ad rem pertinere) sinistro pede? Parum enim fœde furioseque insolens fuerat, qui de capite consularis viri soccatus audiebat, nisi in os senatoris ingessisset imperator epigros suos.

XIII. O superbia magnæ fortunæ! O stultissimum malum! ut a te nihil accipere juvat! ut omne beneficium in injuriam convertis! ut te omnia nimia delectant! ut te omnia dedecent! quoque altius te sublevasti, hoc depressior es, ostendisque te non agnoscere ista bona, quibus tantum inflaris. Quidquid das, corrumpis. Libet itaque interrogare, quid tantopere te resupinet, quid vultum habitumque oris pervertat, ut malis habere personam, quam faciem? Jucunda sunt, quæ humana fronte, certe leni, placidaque tribuuntur; quæ quum daret mihi superior, non exsultavit supra me, sed quam potuit, benignissimus fuit, descenditque in æquum, et detraxit muneri suo pompam; sic observavit idoneum tempus, ut in occasione potius, quam in necessitate succurreret. Uno modo istis persuadebimus, ne beneficia sua insolentia perdant, si ostenderimus non ideo videri majora, quo tumultuosius data sunt; ne ipsos quidem ob id cuiquam posse majores videri; vanam esse superbiæ magnitudinem, et quæ in odium etiam amanda perducat.

XIV. Sunt quædam nocitura impetrantibus, quæ non

qui les obtiennent; pour celles-là, ce n'est pas le don, mais le refus qui est un bienfait : c'est pourquoi nous consulterons l'intérêt de celui qui demande, plutôt que sa volonté. Car souvent nous désirons des choses nuisibles, et nous ne pouvons voir combien elles sont pernicieuses, parce que la convoitise obscurcit le jugement; mais lorsque l'ardeur s'est calmée, lorsque tombe la fougue d'une âme ardente qui repousse tout conseil, nous détestons les pernicieux auteurs de ces funestes présents. Comme nous refusons l'eau froide à un malade, le fer à la douleur et au désespoir, et aux amants tout ce que leur ardeur tournerait à leur préjudice; de même nous persisterons à ne pas donner des choses nuisibles, quand elles nous seraient demandées avec humilité et soumission, et même avec larmes. Il faut considérer autant la fin des bienfaits que le commencement, et donner non seulement ce qu'on sera charmé de recevoir, mais ce qu'on sera charmé d'avoir reçu.

Il y a bien des gens qui disent : « Je sais que cela ne lui profitera pas; mais que faire? Il m'en prie, je ne puis résister à ses instances. C'est son affaire; il n'aura à se plaindre que de lui, non de moi. » Tu te trompes; c'est de toi, et avec justice, lorsqu'il sera revenu de son délire, et que ce transport, qui enflamme son cœur, sera calmé. Et pourquoi ne haïrait-il pas le complice de sa perte et de sa ruine?

C'est une bonté cruelle que de se laisser fléchir aux prières que les gens nous font à leur détriment. De même que c'est une très-belle action de sauver quelqu'un malgré lui et contre sa volonté; de même c'est de la haine caressante et affable de lui accorder à des dons empoisonnés.

Donnons des choses qui deviennent de plus en plus agréables par l'usage, qui ne se changent jamais en mal. Je ne donnerai point l'argent que je saurai devoir être compté à l'adultère, afin de ne pas me trouver mêlé à une mauvaise pensée ou à une mauvaise action. Si je puis, je dissuaderai le crime, sinon je n'y aiderai point. Soit que la colère entraîne son âme dans une fausse route, soit que l'ardeur de l'ambition le précipite dans une voie peu sûre, je ne m'exposerai pas à ce qu'il puisse dire un jour : « Celui-là m'a tué par son amitié. » Souvent il n'y a pas de différence entre les présents des amis et les vœux des ennemis. Tout ce que les uns nous souhaitent de maux, l'indulgence intempestive des autres le prépare et le précipite. Or, qu'y a-t-il de plus honteux (ce qui n'arrive que trop souvent), que de ne mettre aucune différence entre la haine et le bienfait?

XV. Jamais ne donnons des choses qui doivent tourner à notre déshonneur. Comme la première loi de l'amitié est l'égalité entre amis, il faut consulter l'intérêt de chacun. Je donnerai à l'indigent, mais non pour me réduire à l'indigence : je secourrai celui qui va périr, mais non pour périr moi-même, à moins que je ne me dévoue à un grand homme ou à une grande action. Je ne donnerai rien, qu'il me serait honteux de demander.

Je ne veux ni enfler un faible service, ni permettre que l'on reçoive comme peu ce qui est beaucoup. Car de même que celui qui met en compte ce qu'il a donné, en détruit le mérite, de même celui qui montre combien il donne, fait

---

dare, sed negare, beneficium est. Æstimabimus itaque utilitatem potius, quam voluntatem petentium. Sæpe enim noxia concupiscimus, nec dispicere quam perniciosa sint licet, quia judicium interpellat affectus; sed quum subsedit cupiditas, quum impetus ille flagrantis animi, qui consilium fugat, cecidit, detestamur perniciosos malorum munerum auctores. Ut frigidam ægris negamus, ut lugentibus ac sibi iratis ferrum, aut amantibus quidquid contra se usurus ardor petit; sic ea, quæ nocitura sunt, impense ac submisse, nonnunquam etiam miserabiliter rogantibus, perseverabimus non dare. Tum initia beneficiorum suorum spectare, tum etiam exitus decet; et ea dare quæ non tantum accipere, sed etiam accepisse delectet. Multi sunt qui dicant : Scio hoc illi non profuturum; sed quid faciam? rogat, resistere precibus ejus non possum. Viderit; de se, non de me, queretur. Falsum est; immo de te, et merito quidem, quum ad mentem bonam redierit, quum accessio illa, quæ animum inflammabat, remiserit. Quidni eum oderit, a quo in damnum ac periculum suum adjutus est? Exorari in perniciem rogantium, sæva bonitas est. Quemadmodum pulcherrimum opus est, etiam invitos nolentesque servare; ita rogantibus pestifera largiri, blandum et affabile odium est. Beneficium demus, quod usu magis ac magis placeat, quod nunquam in malum vertat. Pecuniam non dabo, quam numeraturum adulteræ sciam, ne in societate turpis facti ac consilii inveniar. Si potero, revocabo; sin minus, non adjuvabo scelus. Sive illum ira, quo non debebat, impellit, sive ambitionis calor abducit a tutis; non a semet ipso vim sibi inferri patiar; non committam, ut possit quandoque dicere: ille amando me occidit. Sæpe nihil interest inter amicorum munera, et hostium vota. Quidquid illi accidere optant; in id horum intempestiva indulgentia impellit, atque instruit. Quid autem turpius, quam, quod evenit frequentissime, ut nihil intersit inter odium, et beneficium?

XV. Nunquam in turpitudinem nostram reditura tribuamus. Quum summa amicitiæ sit, amicum sibi æquare, utrique simul consulendum est. Dabo egenti, sed ut ipse non egeam; succurram perituro, sed ut ipse non peream; nisi si futurus ero magni hominis, aut magnæ rei merces. Nullum beneficium dabo, quod turpiter peterem; nec exiguum dilatabo, nec magna pro parvis accipi patiar. Nam ut qui quod dedit, imputat, gratiam destruit; ita qui quantum det, ostendit, munus suum commendat, non exprobrat. Respiciendæ sunt cuique facultates suæ,

valoir son bienfait, ne le reproche pas. On doit consulter ses facultés et ses forces pour ne faire ni plus ni moins qu'on ne peut. Il faut apprécier aussi ceux à qui nous donnons; car certaines choses sont trop modiques pour sortir de la main d'un homme puissant, d'autres sont trop grandes pour la main qui reçoit. Mettons donc en parallèle les personnes qui donnent et qui reçoivent, et comparons avec elles ce que nous donnons, afin que le don ne soit pour celui qui offre ni un fardeau ni une bagatelle, afin que celui à qui il est offert ne puisse le dédaigner ou le refuser.

XVI. Alexandre, cet insensé dont l'âme ne concevait rien que de gigantesque, offrait à quelqu'un une ville en présent. Celui-ci, qui connaissait sa mesure, craignant l'envie que lui attirerait un don si considérable, lui fit observer qu'il ne convenait pas à sa fortune : « Je ne cherche pas, répondit le roi, ce qu'il te convient de prendre, mais ce qu'il me convient de donner. »

Ce mot paraît sublime et royal, tandis qu'il n'est que ridicule. Car rien en soi-même ne convient à qui que ce soit : tout dépend de la chose, de la personne à qui elle est donnée, du moment, du motif, du lieu, et de bien d'autres choses qui, seules, déterminent le caractère de chaque action. Monstre gonflé d'orgueil ! s'il ne lui est pas convenable de recevoir, il ne l'est pas à toi de donner. Il faut une juste proportion entre les personnes et les dignités; et comme en tout, la vertu a des limites, il y a autant de mal à les dépasser qu'à ne pas les atteindre. Sans doute c'était permis à toi, sans doute la fortune t'avait élevé assez haut, pour que tes cadeaux fussent des villes mais combien il eût été plus beau de ne pas les prendre que d'en faire largesse ! Cependant il peut se trouver quelqu'un de trop petit, pour que tu puisses le gorger du don d'une cité.

XVII. Un cynique demanda un talent à Antigone : il lui répondit que c'était plus qu'un cynique ne devait demander. A ce refus, il demanda un denier. Antigone répliqua que c'était au-dessous de ce qu'un roi devait donner. Une telle subtilité est honteuse. Il trouva le moyen de ne rien donner. Dans le denier, il considéra le roi, le cynique dans le talent; tandis qu'il pouvait donner le denier comme à un cynique, le talent comme roi. Quand même il y aurait quelque chose au-dessus de ce qu'un cynique pût accepter, il n'est rien de si petit que la bienveillance d'un roi ne puisse honorablement accorder.

Si tu me demandes mon avis, j'approuve Antigone : car rien n'est moins excusable que de demander de l'argent et de le mépriser. Tu as dit : haine à l'argent; c'est là ta profession de foi; tu as pris ce rôle; il faut le jouer. C'est outrager toute morale, que d'acquérir des richesses en faisant gloire de pauvreté. Chacun doit donc considérer non moins sa propre personne, que celle des gens qu'il pense à obliger.

Je veux me servir de la comparaison que notre Chrysippe emprunta au jeu de balle : la balle tombe nécessairement par la faute ou de celui qui l'envoie ou de celui qui la reçoit. Elle ne conserve sa direction que lorsqu'elle vole d'une main à l'autre, lancée et reçue habilement par les deux joueurs : mais il faut que le joueur soit adroit, que son jet soit différent lorsque son adversaire

viresque; ne aut plus præstemus, quam possumus, aut minus. Æstimanda est ejus persona, cui damus; quædam enim minora sunt, quam ut exire a magnis viris debeant; quædam accipiente majora sunt. Utriusque itaque personam confer; et ipsum, inter illas, quod donabis, examina, numquid aut danti grave sit, aut paucum; numquid rursus qui accepturus est, aut fastidiat, aut non capiat.

XVI. Urbem cuidam Alexander donabat vesanus, et qui nihil animo non grande conciperet. Quum ille cui donabatur, se ipse mensus, tanti muneris invidiam refugisset, dicens non convenire fortunæ suæ : Non quæro, inquit, quid te accipere deceat, sed quid me dare. Animosa vox videtur et regia, quum sit stultissima. Nihil enim per se quemquam decet; refert quid, cui, quando, quare, ubi, et cetera, sine quibus facti ratio non constabit. Tumidissimum animal! si illum accipere hoc non decet, nec te dare. Habeatur personarum ac dignitatum proportio, et ipse mensus ut ubique virtutis modus, æque peccat quod excedit, quam quod deficit. Liceat istud sane tibi, et te in tantum fortuna sustulerit, ut congiaria tua urbes sint; quas quanto majoris animi fuit non capere, quam spargere? est tamen aliquis minor, quam ut in sinu ejus condenda sit civitas.

XVII. Ab Antigono Cynicus petiit talentum. Respondit, plus esse, quam quod Cynicus petere deberet. Repulsus petit denarium. Respondit, minus esse, quam quod regem deceret dare. Turpissima est ejusmodi cavillatio. Invenit quomodo neutrum daret; in denario regem, in talento Cynicum respexit, quum posset et denarium tanquam Cynico dare, et talentum tanquam rex. Ut sit aliquid majus, quam quod Cynicus accipiat, nihil tam exiguum est, quod non honeste regis humanitas tribuat. Si me interrogas, probo; est enim intolerabilis res, poscere nummos, et contemnere. Indixisti pecuniæ odium, hoc professus es; hanc personam induisti; agenda est. Iniquissimum est, te pecuniam sub gloria egestatis acquirere. Aspicienda ergo non minus sua cuique persona est, quam ejus, de quo juvando quis cogitat. Volo Chrysippi nostri uti similitudine de pilæ lusu; quam cadere non est dubium, aut mittentis vitio, aut accipientis. Tunc cursum suum servat, ubi inter manus utriusque apte ab utroque et jactata et excepta versatur; necesse est autem lusor bonus, aliter illam collu-

est éloigné, ou lorsqu'il est rapproché. Il en est de même du bienfait : s'il n'est proportionné aux deux personnes qui donnent et qui reçoivent, il ne sortira pas comme il faut de la main de l'un, il n'arrivera pas jusqu'à l'autre. Si nous avons affaire à un joueur habile et exercé, nous lancerons la balle avec assurance, car de quelque manière qu'elle se présente, elle sera relevée par une main souple et agile. Si nous avons affaire à un novice et à un maladroit, nous ne la jetterons pas avec tant de raideur et de force, mais mollement et terre-à-terre, en la dirigeant jusque dans sa main. On doit en agir de même pour les bienfaits. Il faut instruire certains cœurs; et soyons contents, s'ils font des efforts, s'ils se risquent, s'ils ont bonne volonté. Mais nous faisons beaucoup d'ingrats, et nous les encourageons à l'être, comme si nos bienfaits ne devaient avoir de valeur qu'autant qu'on ne pourrait les reconnaître : semblables à ces joueurs malins qui cherchent à embarrasser leur adversaire, au détriment du jeu, qui ne peut durer que lorsqu'on s'entend bien.

Il y a des gens d'une si mauvaise nature, qu'ils aiment mieux perdre ce qu'ils ont donné, que de paraître l'avoir repris, hommes d'orgueil et de reproches. Combien n'est-il pas plus juste, plus humain de laisser son rôle à l'obligé et de l'encourager, de tout interpréter avec bonté pour aider la reconnaissance, de considérer les remercîments comme le paiement de la dette, de se montrer facile et de désirer même l'acquittement de celui qu'on a obligé? On reçoit avec la même mauvaise grâce le prêteur lorsqu'il exige avec rigueur le remboursement et lorsque, par des difficultés et des lenteurs, il y oppose des délais. Il faut aussi bien savoir reprendre le bienfait que ne pas l'exiger. Le plus honnête est celui qui a donné facilement, n'a jamais exigé, s'est réjoui quand on lui a rendu, et, oubliant franchement ce qu'il a donné, reprend du même cœur que s'il recevait.

XVIII. Il y a des gens qui, non-seulement donnent, mais reçoivent avec hauteur : ce qu'il faut bien éviter. Car nous voici déjà arrivés à une autre partie de notre sujet, où nous indiquerons comment on doit se comporter en recevant des bienfaits. Tout devoir qui s'accomplit à deux, exige également de l'un et de l'autre. Lorsque tu auras établi comment doit être le père, il te reste encore autant à faire pour examiner comment doit être le fils : s'il est des lois pour le mari, il n'en est pas moins pour la femme. Ce sont des devoirs qui rapportent en proportion de ce qu'ils imposent, et qui veulent une règle commune, laquelle, comme dit Hécaton, est délicate. Car l'honnête est toujours d'un difficile accès, et même ce qui approche de l'honnête. Car il ne s'agit pas seulement de faire, mais, en faisant, de consulter la raison. C'est le guide qui doit nous conduire toute notre vie : c'est le conseil qui doit diriger les plus petites comme les plus grandes choses. Il faut donner ainsi qu'elle l'aura voulu. Ce qu'elle nous dira d'abord, c'est de ne pas recevoir de tout le monde. De qui donc recevrons-nous? Je te répondrai en peu de mots : de ceux à qui nous puissions paraître avoir donné.

Et ne faut-il pas choisir avec plus de précaution encore ceux à qui nous devrons que ceux à qui nous donnerons? Car, pour ne point parler

sori longo, aliter brevi mittat. Eadem beneficii ratio est; nisi utrique personæ, dantis et accipientis, aptatur nec ab hoc exibit, nec ad illum perveniet, ut debet. Si cum exercitato et docto negotium est, audacius pilam mittemus; utcunque enim venerit, manus illam expedita et agilis repercutiet. Si cum tirone et indocto non tam rigide, nec tam excusse, sed languidius, et in ipsam ejus dirigentes manum, remisse occurremus. Idem faciendum est in beneficiis. Quosdam doceamus, et satis judicemus, si conantur, si audent, si volunt. Facimus autem plerumque ingratos, et ut sint, favemus; tanquam ita demum magna sint beneficia nostra, si gratia illis referri non potuit; ut malignis lusoribus propositum est, collusorem traducere, cum damno scilicet ipsius lusus, qui non potest, nisi consentitur, extendi. Multi sunt tam pravæ naturæ, ut malint perdere quæ præstiterunt, quam videri recepisse, superbi et imputatores. Quanto melius, quantoque humanius id agere, ut illi quoque partes suæ constent; et favere, ut gratia sibi referri possit? benigne omnia interpretari, gratias agentem, non aliter quam si referat, audire, præbere se facilem, ad hoc, ut quem obligavit, etiam exsolvi velit? Male audire solet fœnerator, si acerbe exigit; æque si in recipiendo tardus ac difficilis moras quærit; beneficium tam recipiendum est, quam non exigendum. Optimus ille, qui dedit facile, nunquam exegit; reddi gavisus est, bona fide quid præstitisset, oblitus, qui accipientis animo recepit.

XVIII. Quidam non tantum dant beneficium superbe, sed etiam accipiunt; quod non est committendum. Jam enim transeamus ad alteram partem, tractaturi quomodo se gerere homines in accipiendis beneficiis debeant. Quodcunque ex duobus constat officium, tantundem ab utroque exigit. Qualis pater esse debeat, quum inspexeris, scies non minus operis illic superesse, ut dispicias, qualem esse oporteat filium. Sunt aliquæ partes mariti, sed non minores uxoris. Invicem ista quantum exigunt, præstant, et parem desiderant regulam; quæ, ut ait Hecaton, difficilis est. Omne enim honestum in arduo est, etiam quod vicinum honesto est; non enim tantum fieri debet, sed ratione fieri. Hac duce per totam vitam eundum est; minima maximaque ex hujus consilio gerenda sunt; quomodo hæc suaserit, dandum. Hæc autem hoc primum censebit, non ab omnibus accipiendum. A quibus ergo accipiemus? Ut breviter tibi respondeam : ab his

des autres inconvénients (et ils sont en grand nombre), c'est déjà un cruel supplice que de devoir à quelqu'un qui te répugne. Rien, au contraire, n'est si doux que d'avoir reçu un bienfait de celui que l'on pourrait aimer, même après des torts. la douceur de l'amitié se trouve alors légitimée. Mais c'est le comble du malheur pour un homme probe et réservé, s'il lui faut aimer celui qui lui déplaît.

Il est bon d'avertir encore une fois que je ne parle pas des sages, qui se plaisent à tout ce qu'il leur faut faire; qui, maîtres absolus de leur âme, s'imposent la loi qu'ils veulent, et observent celle qu'ils imposent; mais de ces hommes moins parfaits, qui désirent marcher au bien, et dont les passions n'obéissent souvent qu'à regret. Il me faut donc choisir celui de qui je veux recevoir.

On doit même choisir avec plus de soin son créancier pour les dettes de reconnaissance, que pour les dettes d'argent. Car il suffit pour celles-ci de rendre ce que j'ai reçu, et, en le rendant, je suis quitte et libéré ; mais pour les autres, il faut payer au-delà, et même après avoir restitué, je reste lié. Car lorsque je me suis acquitté, je dois m'acquitter encore.

L'amitié nous avertit de ne pas nous attacher à un homme indigne. Il en est de même du lien sacré de la bienfaisance, d'où naît l'amitié.

Mais, dis-tu, il n'est pas toujours en mon pouvoir de dire : Je ne veux pas : quelquefois il me faut accepter malgré moi. Un tyran cruel et emporté me donne : si je dédaigne son présent, il prendra mon refus pour un outrage : pourrai-je ne pas recevoir ? Mets sur la même ligne le brigand et le pirate, avec ce roi qui a une âme de brigand et de pirate. Que faire ? et cependant il mérite peu que je lui sois redevable.

Lorsque je dis qu'il faut faire un choix, j'excepte la force et la crainte; quand on les emploie, il n'y a plus de choix. Mais si vous êtes libre, si vous êtes le maître de vouloir, ou non, c'est alors qu'il faut bien peser vos raisons. Si la violence vous ôte le libre arbitre, vous saurez que vous n'acceptez pas, mais que vous obéissez. Personne ne s'oblige en acceptant ce qu'il ne lui a pas été permis de refuser. Veux-tu savoir si je veux ? fais que je puisse ne pas vouloir.

Cependant il t'a donné la vie : qu'importe ce qui est donné, s'il n'y a bonne volonté ni chez celui qui donne, ni chez celui qui reçoit. Si tu m'as sauvé, tu n'es pas pour cela mon sauveur. Le poison est quelquefois un remède : il n'est pas pour cela compté au nombre des choses salutaires. Il est des choses qui servent, et n'obligent point.

XIX. Un homme voulant tuer un tyran, lui ouvrit un abcès avec son glaive : le tyran ne dut pas le remercier de ce que, voulant lui nuire, il le guérit d'un mal qu'avait redouté l'art des médecins. Vois-tu que la chose en elle-même n'a pas une grande importance ? parce que celui qui a fait du bien en voulant du mal, ne peut passer pour un bienfaiteur. Car le bien vient du hasard, le mal vient de l'homme.

Nous avons vu dans l'amphithéâtre un lion qui, reconnaissant son ancien maître dans une des victimes qu'on livrait aux bêtes, le protégea con-

---

quibus dedisse vellemus. Nam etiam majore dilectu quærendus est, cui debeamus, quam cui præstemus; nam, ut non sequantur ulla incommoda, sequuntur autem plurima, grave tamen tormentum est debere, cui nolis. Contra, jucundissimum est ab eo accepisse beneficium, quem amare etiam post injuriam possis, ubi amicitiam, alioqui jucundam, causa fecit et justam. Illud vero homini verecundo et probo miserrimum est, si eum amare oportet, quem non juvat. Toties admoneam necesse est, non loqui me de sapientibus, quos quidquid oportet, et juvat; qui animum in potestate habent, et legem sibi, quam volunt, dicunt, et quam dixerunt, servant; sed de imperfectis hominibus, honesta sequi volentibus, quorum affectus sæpe contumaciter parent. Itaque eligendus est, a quo beneficium accipiam. Et quidem diligentius quærendus beneficii quam pecuniæ creditor. Huic enim reddendum est, quantum accepi; et si reddidi, solutus sum ac liber. At illi plus solvendum est; et nihilominus etiam, relata gratia, cohæremus; debeo enim, quum reddidi, rursus incipere. Monetque amicitia non recipere indignum; sic est beneficiorum quidem sacratissimum jus, ex quo amicitia oritur. Non semper, inquit, mihi licet dicere, Nolo : aliquando beneficium accipiendum est et invito. Dat tyrannus crudelis et iracundus, qui munus suum fastidire te injuriam judicaturus est. Non accipiam? Eodem loco pono latronem et piratam, quo regem, animum latronis ac piratæ habentem. Quid faciam? parum dignus est, cui debeam. Quum eligendum dico cui debeas, vim majorem et metum excipio; quibus adhibitis, electio perit. Si liberum est tibi, si arbitrii tui est, utrum velis, an non, id apud te ipse perpendes; si necessitas tollit arbitrium, scies te non accipere, sed parere. Nemo in id accipiendo obligatur, quod illi repudiare non licuit. Si vis scire, an velim; effice, ut possim nolle. Vitam tamen tibi dedit; non refert quid sit, quod datur, nisi a volente volenti detur. Si servasti me, non ideo servator es. Venenum aliquando pro remedio fuit; non ideo numeratur inter salubria. Quædam prosunt, nec obligant.

XIX. Tuber quidam tyranni gladio divisit, qui ad eum occidendum venerat; non ideo illi tyrannus gratias egit, quod rem quam medicorum manus reformidaverant, nocendo sanavit. Vides non esse magnum in ipsa re momentum, quoniam non videtur dedisse beneficium, qui malo animo profuit. Casus enim beneficium est, hominis injuria. Leonem in amphitheatro spectavimus, qui unum e bestiariis agnitum, quum quondam ejus fuisset magister, protexit ab impetu bestiarum. Num ergo est

tre leur fureur. Est-ce donc un bienfait que le secours d'un animal? Non, sans doute : parce qu'il n'avait ni la volonté ni l'intelligence du bienfait. A la place du lion, suppose le tyran. L'un et l'autre donnent la vie : ni l'un ni l'autre ne fut bienfaiteur ; car il n'y a pas bienfait quand on est forcé de recevoir : il n'y a pas bienfait quand on doit à qui l'on ne veut pas devoir. Avant de me donner, il me faut mon libre arbitre : ensuite vient le bienfait.

XX. On a mis souvent en question si M. Brutus devait recevoir la vie de César, lorsqu'il avait le projet de le tuer. Nous examinerons ailleurs les raisons qui le décidèrent à ce meurtre. Car, en reconnaissant qu'il se montra grand homme dans toutes les autres circonstances, il me semble que dans celle-ci il s'abusa étrangement et ne se conduisit pas d'après le principe des stoïciens, en redoutant le nom de roi, quand le meilleur gouvernement est celui d'un roi juste; en espérant que la liberté pouvait revenir, quand il y avait tant de profit à commander et à servir ; en croyant que la cité pouvait être rendue à son ancienne forme, quand elle avait perdu ses anciennes mœurs, et que l'égalité des citoyens, la stabilité des lois étaient possibles, quand il voyait tant de milliers d'hommes combattant non pour savoir s'ils serviraient, mais qui ils serviraient. Quel fut son oubli de la nature des choses et de la condition particulière de sa ville, lorsqu'il s'imaginait qu'après la mort d'un homme, il ne s'en présenterait pas un autre qui voulût la même chose; tandis qu'on trouva un Tarquin après tant de rois tués par le fer ou la foudre. Mais il devait accepter la vie, sans pour cela regarder César comme un père, puisque celui-ci n'avait acquis le droit de lui offrir ce bienfait que par la violation du droit. Car ce n'était pas le sauver, que de ne pas le tuer. Il ne lui accorda pas un bienfait ; mais il l'affranchit de la mort.

XXI. Voici qui peut davantage être mis en discussion : Que doit faire un prisonnier qui se voit offrir le prix de sa rançon par un homme qui a prostitué son corps et sa bouche à l'infamie ? Accepterai-je mon salut d'un homme impur? Et, sauvé par lui, quelle reconnaissance pourrai-je lui témoigner? Vivrai-je avec un homme obscène? Ne vivrai-je pas avec mon libérateur? Ce qu'il faut faire, je vais te le dire.

Même d'un tel homme je recevrai de l'argent, quand ma tête en dépend : mais je recevrai comme un prêt, et non comme un bienfait. Je lui restituerai son argent ; et si l'occasion de le servir se présente, je le sauverai dans le danger ; je ne descendrai pas jusqu'à l'amitié, qui est un lien entre semblables ; et je ne le considérerai pas comme un sauveur, mais comme un prêteur, auquel je saurai qu'il faudra rendre ce que j'ai reçu.

Un autre homme peut être digne que j'accepte de lui ; mais son bienfait lui serait funeste. Je n'accepterai donc pas, parce qu'il est prêt à me servir à son préjudice, ou même à son péril. Il doit me défendre dans une accusation ; mais par ce patronage il se fera du prince un ennemi. Je serai moi-même son ennemi, si, lorsqu'il veut s'exposer pour moi, je ne préfère pas, ce qui est bien plus facile, être exposé sans lui.

C'est un exemple ridicule et frivole que rap-

---

beneficium, feræ auxilium? Minime; quia nec voluit facere, nec benefaciendi animo fecit. Quo loco feram posui, tyrannum pone. Et hic vitam dedit, et illa ; nec hic, nec illa beneficium; quia non est beneficium, accipere cogi ; non est beneficium, debere, cui nolis. Ante des oportet mihi arbitrium mei ; deinde beneficium.

XX. Disputari de M. Bruto solet, an debuerit accipere a D. Julio vitam, quum occidendum eum judicaret. Quam rationem in occidendo secutus sit, alias tractabimus. Mihi enim, quum vir magnus fuerit in aliis, in hac re videtur vehementer errasse, nec ex institutione Stoica se egisse, qui aut regis nomen extimuit, quum optimus civitatis status sub rege justo sit; aut ibi speravit libertatem futuram, ubi tam magnum præmium erat et imperandi, et serviendi; aut existimavit civitatem in priorem formam posse revocari, amissis pristinis moribus ; futuramque ibi æqualitatem civilis juris, et staturas suo loco leges, ubi viderat tot millia hominum pugnantia, non an servirent, sed utri. Quanta vero illum aut rerum naturæ, aut urbis suæ tenuit oblivio, qui, uno interempto, defuturum credidit alium, qui idem vellet ; quum Tarquinius esset inventus, post tot reges ferro ac fulminibus occisos ! Sed vitam accipere debuit : ob hoc tamen non habere illum parentis loco, qui in jus dandi beneficii injuria venerat. Non enim servavit is, qui non interfecit ; nec beneficium dedit, sed missionem.

XXI. Illud magis venire in disputationem potest aliquam, quid faciendum sit captivo, cui redemtionis pretium homo prostituti corporis et infamis ore promiserit. Patiar me ab impuro servari? servatus deinde, quam illi gratiam referam? Vivam cum obsceno? non vivam cum redemtore? Quid ergo placeat, dicam. Etiam ab aliquo tali accipiam pecuniam, quam pro capite dependam : accipiam autem tanquam creditum, non tanquam beneficium. Solvam illi pecuniam, et si occasio fuerit servandi periclitantem servabo : in amicitiam, quæ similes jungit, non descendam ; nec servatoris illum loco numerabo, sed fœneratoris, cui sciam reddendum quod accepi. Est aliquis dignus, a quo beneficium accipiam : sed danti nociturum est ; ideo non accipiam, quia ille paratus est mihi cum incommodo, aut etiam periculo suo prodesse. Defensurus est me reum : sed illo patrocinio regem sibi est facturus inimicum. Inimicus sim, si, quum ille pro me periclitari velit, ego, quod facilius est, non facio, ut

porte Hécaton, lorsqu'il cite Arcésilas, qui refusa de l'argent offert par un fils de famille, pour ne pas offenser un père avare. Que fit-il de si louable? il n'a pas voulu prendre une chose dérobée; il a mieux aimé ne pas recevoir que rendre. Où est donc le désintéressement de ne pas accepter le bien d'autrui?

S'il nous faut l'exemple d'une belle âme, rappelons Græcinus Julius, ce grand citoyen que Caïus fit mourir uniquement parce qu'il était plus homme de bien qu'il ne convient à un tyran d'en rencontrer. Ses amis lui apportant tous de l'argent pour la dépense des jeux publics, il refusa une somme considérable envoyée par Fabius Persicus. Ceux-ci, qui considéraient plutôt l'offrande que celui qui offrait, le blâmant de son refus : moi, répondit-il, que j'aille accepter un bienfait d'un homme dont je n'accepterais pas à table une santé! Et comme le consulaire Rebilus, homme non moins décrié, lui envoyait une somme encore plus forte, et insistait pour qu'il l'acceptât : «Je te prie, lui dit-il, de m'excuser; j'ai refusé Persicus. » Mettrait-on plus de scrupule dans le choix d'un sénateur, que cet homme dans le choix d'un bienfaiteur?

XXII. Lorsque nous aurons jugé convenable d'accepter, acceptons de bon cœur; avouons ouvertement notre joie et qu'elle soit si manifeste pour notre bienfaiteur, qu'il y trouve une récompense immédiate. Car c'est une cause légitime de joie, de voir un ami joyeux; plus légitime encore d'avoir fait sa joie. Montrons par d'affectueux épanchements, que nous avons reçu avec reconnaissance; proclamons-la non seulement en présence du bienfaiteur, mais aux yeux de tous. Celui qui a reçu avec reconnaissance, a déjà fait son premier paiement.

XXIII. Il y en a qui ne veulent recevoir qu'en secret : ils évitent les témoins et les confidents d'un bienfait : ceux-là ont une arrière-pensée. De même que celui qui oblige ne doit divulguer son bienfait qu'autant que cela plaît à l'obligé; de même celui qui reçoit doit convoquer la foule. N'accepte point ce que tu as honte de devoir. Il y en a qui remercient furtivement, dans un coin, à l'oreille. Ce n'est pas là de la modestie, c'est une manière de désavouer. Il est ingrat celui qui, pour remercier, fuit les témoins.

Il y a des gens qui, en affaires, ne souffrent pas l'inscription de leur dette, ne veulent pas de courtiers, n'appellent pas de témoins à la signature, et refusent tout acte écrit. C'est ainsi qu'agissent ceux qui s'efforcent de dissimuler à tous, les services qui leur sont rendus. Ils craignent de les avouer, afin de paraître tout devoir à leur mérite plutôt qu'à l'appui des autres. Ils sont surtout sobres d'hommages pour ceux auxquels ils doivent la vie ou la fortune : et, en craignant de descendre au rôle de client, ils se rabaissent à celui d'ingrat.

XXIV. D'autres disent le plus de mal de ceux qui leur ont fait le plus de bien. Il est moins dangereux d'offenser certains hommes que de les obliger; ils cherchent dans la haine la preuve qu'ils ne vous doivent rien. Or, rien ne doit nous occuper davantage, que de fixer en nous le souvenir de nos

---

sine illo pericliter. Ineptum et frivolum hoc Hecaton ponit exemplum Arcesilai, quem ait a filio familias oblatam pecuniam non accepisse, ne ille patrem sordidum offenderet. Quid fecit laude dignum? quod furtum non recepit? quod maluit non accipere, quam reddere? quæ est enim alienam rem non accipere moderatio? Si exemplo magni animi opus est, utamur Græcini Julii viri egregii, quem C. Cæsar occidit ob hoc unum, quod melior vir erat, quam esse quemquam tyranno expediret. Is quum ab amicis conferentibus ad impensam ludorum pecunias acciperet, magnam pecuniam a Fabio Persico missam non accepit. Et objurgantibus his, qui non æstimabant mittentes, sed missa, quod repudiasset : Ego, inquit, ab eo beneficium accipiam, a quo propinationem accepturus non sim? Quumque illi Rebilus consularis, homo ejusdem infamiæ, majorem summam misisset instaretque, ut accipi juberet : Rogo, inquit, ignoscas, nam et a Persico non accepi. Utrum hoc munera accipere est? an senatum legere?

XXII. Quum accipiendum judicaverimus, hilares accipiamus, profitentes gaudium ; et id danti manifestum sit, ut fructum præsentem capiat. Justa enim causa lætitiæ est, lætum amicum videre ; justior, fecisse. Grate ad nos pervenisse indicemus effusis affectibus; quod non ipso tantum audiente, sed ubique testemur. Qui grate beneficium accepit, primam ejus pensionem solvit.

XXIII. Sunt quidam, qui nolunt nisi secreto accipere: testem beneficii et conscium vitant; quos scias licet male cogitare. Quomodo danti in tantum producenda notitia est muneris sui, in quantum delectatura est eum, cui datur ; ita accipienti adhibenda concio est. Quod pudet debere, ne acceperis. Quidam furtive agunt gratias, et in angulo, et ad aurem. Non est ista verecundia, sed inficiandi genus. Ingratus est, qui, remotis arbitris, agit gratias. Quidam nolunt nomina secum fieri, nec interponi pararios, nec signatores advocari, nec chirographum dare : idem faciunt, qui dant operam, ut beneficium in ipsos collatum, quam ignotissimum sit. Verentur palam ferre, ut sua potius virtute, quam alieno adjutorio consecuti dicantur. Rariores in eorum officiis sunt, quibus aut vitam aut dignitatem debent , et dum opinionem clientium timent, graviorem subeunt ingratorum.

XXIV. Alii pessime loquuntur de optime meritis. Tutius est quosdam offendere, quam demeruisse : argumentum nihil debentium odio quærunt. Atqui nihil magis præstandum est, quam ut memoria nobis meritorum hæ-

obligations, et plus d'une fois il faut le renouveler ; car celui qui se souvient peut seul reconnaître, et c'est déjà reconnaître que de se souvenir.

N'accepte point dédaigneusement, ni à voix basse, ni d'un air nonchalant. Car celui qui reçoit avec indifférence, alors qu'un bienfait récent charme toujours, que fera-t-il lorsque son premier plaisir sera refroidi? L'un reçoit d'un air ennuyé, comme s'il disait : « Je n'en ai pas besoin; mais puisque tu me presses avec tant d'ardeur, je me mets à ta discrétion. » Un autre se renverse en arrière, et laisse douter à celui qui l'oblige qu'il s'en soit aperçu : un troisième ouvre à peine les lèvres, et se montre plus ingrat que s'il se taisait.

Il faut parler avec d'autant plus de chaleur, que le don est plus important. On peut ajouter ces mots : « Tu fais plus d'heureux que tu ne penses. » Car il n'est personne qui ne se réjouisse de l'extension de ses bienfaits. « Tu ne sais pas tout ce que tu m'as donné; mais il faut que tu saches combien c'est au-dessus de ce que tu l'estimes. » C'est déjà de la reconnaissance que d'ajouter au poids de ses obligations. « Jamais je ne pourrai m'acquitter avec toi : mais du moins je ne cesserai de proclamer partout que je ne puis m'acquitter. »

XXV. Rien ne mérita mieux à Furnius les bonnes grâces d'Auguste, rien ne rendit facile le succès de ses autres demandes, comme ces paroles lorsqu'il obtint la grâce de son père qui avait suivi le parti d'Antoine. « J'ai, dit-il, un seul tort à te reprocher, César ; tu me contrains de vivre et de mourir ingrat. » Qu'y a-t-il de plus digne d'un cœur reconnaissant, que de ne pouvoir jamais se contenter ; que de n'arriver pas même à l'espérance de jamais égaler un bienfait?

Par de telles paroles et d'autres semblables, nous ferons que notre bonne volonté ne reste pas cachée, mais se fasse jour et brille au dehors. A défaut de paroles, si nous sentons combien nous devons, notre conscience éclatera sur notre visage.

Celui qui doit être reconnaissant pense à rendre dès qu'il reçoit. Il ressemble, dit Chrysippe, au coureur qui, prêt à disputer le prix, et renfermé dans la barrière, doit attendre son tour pour s'élancer comme à un signal donné. Il lui faut une grande agilité, de grands efforts, pour atteindre celui qui l'a devancé.

XXVI. Voyons maintenant ce qui surtout fait les ingrats. Une trop haute opinion de soi, et le défaut naturel à l'humanité, de n'admirer que soi et ce qui est sien ; ou l'avidité, ou l'envie : voilà les principales causes. Commençons par la première :

Tout homme est pour lui-même un juge indulgent : de là vient qu'il pense avoir tout mérité, et ne recevoir que ce qui lui est dû ; et il ne se croit jamais apprécié à sa juste valeur. « Il m'a donné cela ; mais après combien de temps? après combien d'efforts? J'aurais eu bien davantage, si j'avais eu recours à un tel ou à un tel, ou même à moi seul. Je ne m'attendais pas à cela : j'ai été confondu dans la foule ; puisqu'il m'a jugé digne de si peu, il eût été plus honnête de me passer. »

XXVII. L'augure Cn. Lentulus, qu'on citait

reat, quæ subinde reficienda est : quia nec referre potest gratiam, nisi qui meminit ; et qui meminit, jam refert. Nec delicate accipiendum est, nec submisse et humiliter. Nam qui negligens est in accipiendo, quum omne beneficium recens placeat, quid faciet, quum prima ejus voluptas refrixerit? alius accepit fastidiose, tamquam qui dicat : « Non quidem mihi opus est; sed quia tam valde vis, faciam tibi mei potestatem. » Alius supine, ut dubium præstanti reliquat, an senserit : alius vix labra diduxit, et ingratior, quam si tacuisset, fuit. Loquendum pro magnitudine rei impensius, et illa adjicienda : « Plures quam putas, obligasti. » Nemo enim non gaudet beneficium suum latius patere. « Nescis quid mihi præstiteris ; sed scire te oportet, quanto plus sit quam æstimas. » Statim gratus est, qui se onerat : « Nunquam tibi gratiam referre potero; illud certe non desinam ubique confiteri, me referre non posse. »

XXV. Nullo magis Cæsarem Augustum demeruit, et ad alia impetranda facilem sibi reddidit Furnius, quam quod, quum patri Antonianas partes secuto veniam impetrasset, dixit : Hanc unam, Cæsar, habeo injuriam tuam; effecisti ut viverem et morerer ingratus. Quid est tam grati animi, quam nullo modo sibi satisfacere, quam nec ad spem quidem exæquandi unquam beneficii accedere? His atque ejusmodi vocibus id agamus, ut voluntas non lateat, sed aperiatur, et luceat. Verba cessent licet, si quemadmodum debemus affecti sumus, conscientia eminebit in vultu. Qui gratus futurus est, statim dum accepit, de reddendo cogitat. Chrysippus quidem dicit, illum velut in certamen cursus compositum, et carceribus inclusum, opperiri debere suum tempus, ad quod velut dato signo prosiliat. Et quidem magna illi celeritate opus est, magna contentione, ut consequatur antecedentem.

XXVI. Videndum est nunc, quid maxime faciat ingratos. Aut nimius sui suspectus, et insitum mortalitati vitium, se suaque mirandi : aut aviditas, aut invidia. Incipiamus a primo. Nemo non benignus est sui judex ; inde est, ut omnia meruisse se existimet, et in solutum accipiat ; nec satis suo pretio se æstimatum putet. Hoc mihi dedit ; sed quam sero, sed post quot labores? quando consequi plura potuissem, si illum, aut illum, aut me colere maluissem? Non hoc speraveram. In turbam conjectus sum, tam exiguo dignum me judicavit, honestius præteriri fuit.

XXVII. Cn. Lentulus augur, divitiarum maximum

comme le plus grand exemple de fortune, avant que le luxe des affranchis l'eût fait paraître pauvre (il vit dans ses coffres quatre cents millions de sesterces; ceci est à la lettre, car il ne fit que les voir), avait un esprit aussi mince que stérile. Car, quoiqu'il fût très-avare, on en tirait plutôt de l'argent que des paroles, tant il était pauvre de langage. Il devait toutes ses richesses à Auguste, auquel il s'était présenté avec son indigence surchargée du poids d'un grand nom. Devenu le premier de la ville en richesse et en crédit, souvent il se plaignait d'Auguste, disant « qu'il l'avait arraché à ses études; que tous les biens accumulés sur lui n'égalaient pas ce qu'il avait perdu en renonçant à l'éloquence. » Et cependant c'était parmi toutes les autres, une faveur de plus, de l'avoir sauvé du ridicule et d'un travail inutile.

L'avidité ne permet à personne d'être reconnaissant; jamais ce qu'on donne ne semble assez à une espérance sans mesure. Plus on obtient, plus on désire, et l'avarice assise sur des monceaux de richesses n'en est que plus ardente; telle la flamme s'élance d'autant plus haut, qu'elle jaillit d'un plus vaste embrasement.

L'ambition ne permet pas plus qu'on s'arrête à une mesure d'honneurs à laquelle il eût d'abord semblé téméraire d'aspirer. Personne ne se contente du tribunat; mais on se plaint de n'être pas arrivé à la préture; celle-ci n'a pas de charmes, si l'on n'obtient le consulat; et le consulat ne satisfait point s'il vient seul. La cupidité se dépasse elle-même, et n'a pas le sentiment de son bonheur, parce qu'elle ne regarde pas d'où elle vient, mais où elle va. Un mal plus violent et plus tyrannique que tous ceux-là, c'est l'envie, qui nous tourmente par ses comparaisons.

XXVIII. « Il m'a donné; mais il a donné plus à celui-ci, et plus tôt à celui-là. » L'envie ne plaide pour personne; elle se fait valoir contre tout le monde. N'est-il pas bien plus simple, bien plus honnête de relever le bienfait reçu, et de se persuader que nul ne peut être autant estimé des autres que de soi-même? Je devais recevoir davantage; mais il ne lui était pas facile de donner plus; il lui fallait partager sa libéralité entre plusieurs. C'est un commencement. Acceptons de bonne grâce, et par la reconnaissance appelons de nouveau ses bontés. Il a fait peu; mais il fera plus souvent : il m'a préféré un tel, mais il m'a préféré à beaucoup d'autres : un tel ne se recommande pas comme moi par son mérite ou ses bons offices; mais le dé de Vénus a été pour lui [1]. En me plaignant, je ne me rendrai pas digne d'avoir plus, mais indigne de ce que j'ai eu. Des hommes décriés ont eu davantage. Qu'importe? Combien il est rare que la fortune délibère! Tous les jours nous nous plaignons que les méchants soient heureux : souvent la grêle passe sur l'enclos du plus malhonnête homme, et va tomber sur la maison du juste. Il faut subir son sort en amitié comme dans tout le reste.

Aucun bienfait n'est si complet, qu'il ne puisse être critiqué par la malveillance; aucun n'est si mesquin qu'un bon esprit ne le grandisse en l'in-

[1] *Venus* ou *jactus venereus* était le coup le plus heureux au jeu de dés.

terprétant. Jamais les sujets de plainte ne manqueront, si l'on regarde les bienfaits du mauvais côté.

XXIX. Vois avec quelle injustice sont appréciés les présents des dieux, même par ceux qui font profession de sagesse. Ils se plaignent de ce que nous n'avons pas la grandeur de l'éléphant, l'agilité du cerf, la légèreté de l'oiseau, la vigueur du taureau; de ce que notre peau n'est pas solide comme celle des animaux de proie, élégante comme celle du daim, épaisse comme celle de l'ours, souple comme celle du castor; de ce que le chien nous surpasse par la finesse de son odorat, l'aigle par la force du regard, le corbeau par la durée de sa vie, et beaucoup d'animaux par leur aptitude à nager. Et tandis qu'il y a des choses auxquelles la nature ne permet pas d'aller ensemble, comme la masse et la vitesse, ils crient à l'injustice de ce que l'homme n'est pas un assemblage de qualités opposées, qui s'excluent mutuellement; ils querellent les dieux d'avoir négligé de nous donner une santé inaltérable, un courage invincible, et la science de l'avenir. A peine sont-ils assez maîtres d'eux-mêmes pour ne pas porter leur témérité jusqu'à maudire la nature, de ce que nous sommes au-dessous des dieux et non pas à leur niveau. Qu'il vaut bien mieux revenir à la contemplation de tant et de si grands bienfaits, et les remercier de ce que dans cette magnifique demeure de l'univers ils nous ont laissé la seconde place et l'empire de la terre. Qui peut nous comparer les animaux dont nous sommes les maîtres? Tout ce qui nous a été refusé ne pouvait nous être donné. Ainsi donc, qui que tu sois, injuste appréciateur de la condition humaine, rappelle-toi combien de choses nous a données le père des hommes, combien d'animaux plus forts que nous ont passé sous notre joug, combien de plus agiles nous atteignons; songe qu'il n'y a rien de mortel qui ne soit placé sous nos coups. Combien n'avons-nous pas reçu de vertus, combien d'arts, outre ce génie pour qui tout s'ouvre au moment qu'il y veut pénétrer, et qui, plus rapide que les astres, devance leur marche future dans les révolutions des siècles, enfin, combien de productions et de richesses, combien de trésors accumulés! Tu interroges tous les êtres, et parce que tu n'en trouves pas un dont l'ensemble te paraisse préférable à toi, tu voudrais détacher de tous chaque partie que tu voudrais avoir! Pèse bien la bonté de la nature, et tu avoueras que tu es son enfant chéri. Oui, nous avons été les favoris des dieux immortels, et nous le sommes encore; et le plus grand honneur qu'ils pussent nous faire, était de nous placer après eux. Nous avons beaucoup obtenu, nous ne pouvions tenir davantage.

XXX. J'ai cru, mon cher Libéralis, cette digression nécessaire, et parce qu'il fallait dire quelque chose des grands bienfaits, en parlant des moins importants, et parce que de la même source provient, dans tout le reste, l'audace de ce détestable vice, l'ingratitude. A qui répondra-t-il avec reconnaissance, quel don estimera-t-il grand et digne d'être rendu, celui qui méprise les bienfaits venus d'en haut? A qui croira-t-il devoir son salut ou son existence, celui qui nie avoir reçu des dieux la vie

---

deerunt causæ querendi, si beneficia a deteriore parte spectaveris.

XXIX. Vide quam iniqui sint divinorum munerum æstimatores, etiam quidam professi sapientiam. Queruntur, quod non magnitudine corporis æquemus elephantos, velocitate cervos, levitate aves, impetu tauros : quod solidior sit cutis belluis, decentior damis, densior ursis, mollior fibris: quod sagacitate nos narium canes vincant, quod acie luminum aquilæ, spatio ætatis corvi, multa animalia nandi felicitate. Et quum quædam ne coire quidem in idem natura patiatur, ut velocitatem corporum et vires; ex diversis ac dissidentibus bonis hominem non esse compositum, injuriam vocant; et in negligentes nostri deos querimoniam jaciunt, quod non bona valetudo et virtus inexpugnabilis data sit, quod non futuri scientia. Vix sibi temperant, quin eousque impudentiæ provehantur, ut naturam oderint, quod infra deos sumus, quod non in æquo illis stetimus. Quanto satius est ad contemplationem tot tantorumque beneficiorum reverti, et agere gratias, quod nos in hoc pulcherrimo domicilio voluerunt secundas sortiri, quod terrenis præfecerunt. Aliquis ea animalia comparat nobis, quorum potestas penes nos est? Quidquid nobis negatum est, dari non potuit. Proinde quisquis es iniquus æstimator sortis humanæ, cogita quanta nobis tribuerit parens noster, quanto valentiora animalia sub jugum miserimus, quanto velociora consequamur : quam nihil sit mortale, non sub ictu nostro positum. Tot virtutes accepimus, tot artes, animum denique, cui nihil non eodem quo intendit momento pervium est, sideribus velociorem, quorum post multa secula futuros cursus antecedit; tantum deinde frugum, tantum opum, tantum rerum aliarum super alias acervatarum. Circumeas licet cuncta : et quia nihil totum invenies, quod esse te malles, ex omnibus singula excerpas, quæ tibi dari velles. Bene æstimata naturæ indulgentia, confitearis necesse est, in deliciis te illi fuisse. Ita est: carissimos nos habuerunt dii immortales, habentque. Et qui maximus tribui honos potuit, ab ipsis proximos collocaverunt. Magna accepimus, majora non cepimus.

XXX. Hæc, mi Liberalis, necessaria credidi, ut dicerem, et quia loquendum aliquid de magnis beneficiis erat, quum de minutis loqueremur; et quia inde manat etiam in cetera hujus detestabilis vitii audacia. Cui enim respondebit grate, quod munus existimabit aut magnum, aut reddendum, qui summa beneficia spernit? Cui salu-

que tous les jours il leur demande? Ainsi quiconque enseigne la reconnaissance, plaide la cause des hommes et des dieux.

Car nous pouvons témoigner notre reconnaissance même à ceux qui n'ont besoin de rien et qui sont placés au-delà du désir. Il n'y a pas lieu de chercher une excuse à l'ingratitude dans notre faiblesse et notre misère, et de dire : « Que faire, et comment? Quand pourrai-je rendre aux puissances supérieures, aux maîtres de toutes choses? » Tu le peux facilement, et si tu es avare, sans dépense ; si tu es paresseux, sans effort. Au moment même où tu es obligé, tu es quitte, si tu le veux, avec tout bienfaiteur ; parce que celui qui a reçu de bon cœur, a rendu.

XXXI. De tous les paradoxes de la secte stoïcienne, celui-ci est, selon moi, le moins étrange, le moins contestable : celui qui a reçu de bon cœur a rendu. Car, comme nous rapportons tout à l'intention, chacun a fait tout ce qu'il a voulu faire ; et de même que la piété, la bonne foi, la justice, et enfin toute vertu est parfaite en soi, encore qu'elle n'ait pu faire voir une main qui donne, de même un homme peut être reconnaissant par sa seule volonté.

Toutes les fois qu'on parvient à ce qu'on s'est proposé, on a recueilli le fruit de ses soins. Or, que se propose celui qui donne? d'être utile à celui qui reçoit, et de se contenter lui-même. Si son but est rempli, si son cœur s'est mis en rapport avec le mien, s'il m'a fait partager sa satisfaction, il a obtenu ce qu'il désirait. Car il n'a pas voulu qu'à mon tour je lui rendisse quelque chose : autrement ce n'eût pas été un bienfait, mais un trafic.

Une navigation est heureuse, lorsqu'on a touché le port où l'on tendait ; le trait qui frappe où l'on vise a répondu à l'impulsion d'une main adroite : celui qui donne veut qu'on reçoive avec reconnaissance ; il a ce qu'il a voulu, si on a bien reçu. Mais il espérait quelque profit : alors ce n'est pas un bienfait, dont le caractère est de ne jamais songer au retour. Si, en recevant, j'ai reçu du même cœur qu'on me donnait, j'ai rendu. Autrement, la meilleure des choses aurait le pire sort ; pour être reconnaissant on me renvoie à la fortune. Si, par suite de ses rigueurs, je ne puis répondre, le cœur doit suffire au cœur.

Quoi donc ! tout ce que je pourrai ne le ferai-je pas, ne le rendrai-je pas? Ne saisirai-je pas l'occasion, le temps, les circonstances ; ne désirerai-je pas combler celui dont j'ai reçu quelque chose? Sans doute : mais un bienfait vient de mauvaise source, si on ne peut en être reconnaissant, même les mains vides.

XXXII. Mais, dit-on, celui qui a reçu un bienfait, quoiqu'il l'ait reçu de grand cœur, n'a pas encore rempli toute sa tâche ; car il reste le chapitre de la restitution. De même au jeu, c'est quelque chose que de recevoir la balle avec art et habileté ; mais on n'est pas appelé bon joueur, si après l'avoir reçue, on ne la renvoie avec adresse et vigueur. La comparaison n'est pas juste. Pourquoi? parce que tout le mérite du jeu consiste dans la souplesse et l'agilité du corps, et nullement dans l'esprit. C'est pourquoi ce qui se juge par les yeux doit se développer dans tout son ensemble. Et ce-

tem, cui spiritum debebit, qui vitam accepisse se a diis negat, quam quotidie ab illis petit? Quicumque ergo gratos esse docet, et hominum causam agit, et deorum; quibus nullius rei indigentibus, positis extra desiderium, referre nihilominus gratiam possumus. Non est quod quisquam excusationem mentis ingratæ ab infirmitate atque inopia petat, et dicat : quid enim faciam, et quomodo? quando superioribus, dominisque rerum omnium gratiam referam? Referre facile est, si avarus es, sine impendio, si iners, sine opera. Eodem quidem momento, quo obligatus es, si vis, cum quolibet paria fecisti; quoniam qui libenter beneficium accepit, reddidit.

XXXI. Hoc ex paradoxis Stoicæ sectæ minime mirabile, ut mea fert opinio, aut incredibile est, eum qui libenter accipit beneficium, reddidisse. Nam quum omnia ad animum referamus, fecit quisque, quantum voluit ; et quum pietas, fides, justitia, omnis denique virtus intra se perfecta sit, etiamsi illi manum exserere non licuit ; gratus quoque potest esse homo voluntate. Quoties quod proposuit quis consequitur, capit operis sui fructum. Qui beneficium dat, quid proponit? prodesse ei cui dat, et voluptati sibi esse. Si quod voluit, effecit, pervenitque ad me munus ejus, ac mutuo gaudio afferit, tulit quod petiit. Non enim sibi invicem aliquid reddi voluit ; aut non fuit beneficium, sed negotiatio. Bene navigavit, qui quem destinavit portum, tenuit ; teli jactus certæ manus peregit officium, si petita percussit ; beneficium qui dat, vult excipi grate ; habet quod voluit, si bene acceptum est. Sed speravit emolumentum aliquod : non fuit hoc beneficium, cujus proprium est, nihil de reditu cogitare. Quod accipiebam, si eo animo accepi quo dabatur, reddidi. Alioquin pessima optimæ rei conditio est : ut gratus sim, ad fortunam mittor. Si illa invita respondere non possum, sufficit animus animo. Quid ergo? non quidquid potero, et faciam, ut reddam? temporum rerumque occasionem sequar, et ejus replere sinum cu piam, a quo aliquid accepi? sed malo loco beneficium est, nisi et excussis manibus esse grato licet.

XXXII. Qui accepit, inquit, beneficium, licet animo benignissimo acceperit, non consummavit officium suum ; restat enim pars reddendi. Sicut in lusu est aliquid, pilam scite ac diligenter excipere ; sed non dicitur bonus lusor, nisi qui apte et expedite remisit, quam exceperat. Exemplum hoc dissimile est ; quare? quia hujus rei laus in corporis motu est, et in agilitate, non in animo ; explicari itaque totum debet, de quo oculis judicatur Nec

pendant je n'appellerai pas mauvais joueur celui qui a reçu la balle comme il fallait, si, quand elle n'est pas renvoyée, la faute ne vient pas de lui. Mais, ajoute-t-on, quoiqu'il ne manque rien à l'habileté du joueur qui n'a fait qu'une partie de ce qu'il devait faire, lorsqu'il pouvait faire tout; cependant il manque quelque chose au jeu, qui n'est complet que par les alternatives de l'allée et du retour. Je ne veux pas réfuter plus longuement. Supposons que cela soit : qu'il manque quelque chose au jeu et non au joueur. Il en est de même dans le sujet qui nous occupe : il manque une partie à la chose donnée; c'est le retour qui lui est dû. Il ne manque rien au cœur qui a rencontré son pareil. En voulant, il a fait tout ce qu'il pouvait faire.

XXXIII. Il m'a donné : je n'ai pas accepté autrement qu'il ne voulait lui-même que j'acceptasse. Il a ce qu'il demandait, et tout ce qu'il demandait ; je suis donc reconnaissant. Après cela il lui reste le droit d'user de moi, et quelque profit à trouver un homme reconnaissant. Ceci n'est pas le reste d'un devoir incomplet; c'est l'accessoire du devoir accompli. Phidias fait une statue : la récompense de l'artiste est autre que celle de l'artisan ; celle de l'artiste est d'avoir fait ce qu'il voulait ; celle de l'artisan, de l'avoir fait avec profit. Phidias a accompli son œuvre, bien qu'il ne l'ait pas vendue. Pour lui sa récompense est triple. L'une est dans sa conscience; il l'obtient dès que son œuvre est terminée; la seconde est dans la renommée, la troisième dans le profit que doit lui assurer ou la faveur, ou la vente, ou quelqu'autre avantage. De même la première récompense du bienfait est dans la conscience. Elle est obtenue par celui qui a placé son don où il le désirait. La seconde est dans la renommée ; la troisième se trouve dans toutes ces choses qui peuvent se donner de l'un à l'autre. Ainsi, lorsqu'un bienfait a été accepté avec reconnaissance, celui qui a donné en a déjà reçu la valeur, mais non la récompense. Je reste donc débiteur pour ce qui est hors du bienfait; car j'ai payé le bienfait en recevant de bon cœur.

XXXIV. Mais quoi! dit-on, celui qui n'a rien fait peut-il avoir rendu? D'abord il a fait quelque chose : il a offert cœur pour cœur, et, ce qui est le propre de l'amitié, il a maintenu l'égalité. Ensuite, un bienfait se paie autrement qu'une créance. N'attends pas que je te fasse voir le paiement, c'est une affaire qui se traite entre cœurs.

Ce que je dis ne te paraîtra pas trop fort, quoique cela contrarie ton opinion, si tu veux t'y prêter, et te rappeler qu'il y a plus de choses que de mots. Il y a une foule de choses sans nom, que nous ne désignons point par des termes qui leur soient propres, mais par des dénominations étrangères et empruntées. Nous disons notre pied, le pied d'un lit, d'une voile, d'un vers; le mot chien désigne le chien de chasse, le chien de mer, une constellation. Tous les mots ne suffisant pas à toutes les idées, ils se font au besoin de mutuels emprunts. Le courage est la vertu qui méprise un danger nécessaire, ou l'art de repousser, de soutenir, de provoquer les périls : cependant nous appelons courageux le gladiateur et le miséra-

tamen ideo non bonum lusorem dicam, qui pilam, ut oportebat, excepit, si per ipsum mora, quo minus remitteret, non fuit. Sed quamvis, inquit, arti ludentis nihil desit, quia partem quidem fecit, sed et partem quam non fecit, potest facere; ludus tamen ipse imperfectus est, qui consummatur vicibus mittendi ac remittendi. Nolo diutius hoc refellere; existimemus ita esse; desit aliquid lusui, non lusori; sic et in hoc de quo disputamus, deest aliquid rei datæ, cui pars altera debetur, non animo, qui animum parem sibi nactus est; quantum in illo est, quod voluit, effecit.

XXXIII. Beneficium mihi dedit : accepi non aliter, quam ipse accipi voluit. Jam habet quod petit, et quod unum petit; ergo gratus sum. Post hæc usus mei restat, et aliquod ex homine grato commodum : hæc non imperfecti officii reliqua pars est, sed perfecti accessio. Facit Phidias statuam : alius est fructus artis, alius artificii ; artis est, fecisse quod voluit; artificii, fecisse cum fructu. Perfecit opus suum Phidias, etiamsi non vendidit. Triplex est illi fructus operis sui; unus conscientiæ : hunc absoluto opere percepit; alter famæ; tertius utilitatis, quem allatura est, aut gratia, aut venditio, aut aliqua commoditas. Sic beneficii fructus primus ille est, conscientiæ. Hunc percepit, qui quo voluit, munus suum pertulit. Secundus est famæ : tertius eorum, quæ præstari invicem possunt. Itaque quum benigne acceptum est beneficium, is qui dedit, gratiam quidem jam recepit, mercedem nondum. Debeo itaque quod extra beneficium est, ipsum quidem bene accipiendo persolvi.

XXXIV. Quid ergo? inquit. Retulit gratiam, qui nihil fecit? Primum fecit; bono animo bonum obtulit; et, quod est amicitiæ, ex æquo. Post divide; aliter beneficium, aliter creditum solvitur. Non est quod exspectes, ut solutionem tibi ostendam ; res inter animos geritur. Quod dico, non videbitur durum, quamvis primo contra opinionem pugnet tuam, si te commodaveris mihi, et cogitaveris res esse plures, quam verba. Ingens copia est rerum sine nomine, quas non propriis appellationibus notamus, sed alienis commodatisque. Pedem et nostrum dicimus, et lecti, et veli, et carminis; canem, et venaticum, et marinum, et sidus. Quia non sufficimus, ut singulis singula assignemus; quoties opus est, mutuamur. Fortitudo est virtus, pericula justa contemnens, aut scientia periculorum repellendorum, excipiendorum, provocandorum. Dicimus tamen et gladiatorem fortem virum, et servum nequam, quem in contemptum mortis

le esclave que la témérité précipite à la mort.

La parcimonie est l'art d'éviter les dépenses superflues, ou d'user modérément de son patrimoine : cependant nous appelons parcimonieux l'homme d'un esprit mesquin et rétréci, tandis qu'il y a une distance infinie entre le milieu et l'extrême. Leur nature est différente : mais la pauvreté de la langue a fait qu'ils sont appelés tous deux parcimonieux ; ainsi qu'on nomme courageux celui dont la raison méprise les dangers imprévus, et celui qui, sans raison, s'élance au-devant ; de même la bienfaisance est, comme nous l'avons dit, l'acte ; le bienfait est ce qui est donné par cet acte, comme l'argent, une maison, la prétexte. Il n'y a pourtant qu'un nom pour les deux choses : mais leur essence et leur action sont bien différentes.

XXXV. Écoute-moi donc attentivement, et tu comprendras que je ne dis rien qui s'éloigne de ton opinion. Le bienfait qui est accompli par l'acte est rendu si je l'ai reçu avec bienveillance ; celui qui est contenu dans la chose donnée, nous ne l'avons pas rendu, mais nous avons la volonté de le rendre. Nous avons satisfait à l'intention par l'intention ; nous devons la chose pour la chose. Aussi, quoique nous disions que recevoir avec plaisir un bienfait c'est le rendre, nous imposons toujours l'obligation de rendre quelque chose de pareil à ce qu'on a reçu. Quelques-unes de nos opinions semblent s'écarter de la coutume ; elles y reviennent lorsqu'on les considère sous une autre face. Nous disons qu'il n'y a pas d'injures pour le sage ; et cependant, si quelqu'un le frappe du poing, il est condamné pour injure. Nous disons que le fou ne possède rien ; et cependant celui qui dérobe quelque chose à un fou, est condamné pour vol. Nous disons que tous les fous déraisonnent ; et cependant nous ne leur donnons pas à tous l'ellébore ; et ceux mêmes auxquels nous contestons la raison, nous leur donnons encore le droit de suffrage et de juridiction. De même nous disons que celui qui a reçu de bon cœur un bienfait s'est acquitté ; néanmoins nous lui laissons toujours une dette, afin qu'il s'acquitte de nouveau, après s'être acquitté déjà. Ce n'est pas là un désaveu du bienfait, c'est un encouragement à la reconnaissance.

Ne soyons donc pas effrayés, et ne nous laissons pas abattre sous ce fardeau comme s'il était trop lourd. Il m'a comblé de biens, il a défendu ma réputation, il m'a sauvé du déshonneur, il m'a assuré la vie, et la liberté préférable à la vie : comment pourrai-je lui prouver ma reconnaissance ? Quand viendra le jour où je lui témoignerai mes sentiments ? Ce jour est venu : c'est lorsqu'il t'a témoigné les siens. Saisis donc le bienfait, chéris-le, et réjouis-toi, non de ce que tu reçois, mais de ce que tu rends en restant débiteur. Nul danger assez grand ne pourra plus désormais t'exposer à ce que le sort te fasse ingrat. Je ne te proposerai pas des choses difficiles ; tu pourrais perdre courage, et la perspective de tes charges et d'une longue redevance pourrait te faire renoncer : je ne te renvoie pas à l'avenir : parlons du présent. Tu ne seras jamais reconnaissant, si tu ne l'es sur-le-champ. Que feras-tu donc ? Il ne s'agit pas de prendre les armes ; mais plus tard, peut-être, il le faudra : il ne s'agit pas de parcou-

---

temeritas impulit. Parcimonia est scientia vitandi sumtus supervacuos, aut ars re familiari moderate utendi ; parcissimum tamen hominem vocamus pusilli animi et contracti ; quum infinitum intersit inter modum et angustias. Hæc alia sunt natura ; sed effecit inopia sermonis, ut et hunc et illum parcum vocemus ; ut ille fortis dicatur eum ratione fortuita despiciens, et hic sine ratione in pericula excurrens. Sic beneficium est et actio, ut diximus, benefica, et ipsum quod datur per illam actionem : ut pecunia, ut domus, ut prætexta. Unum utrique nomen est : vis quidem ac potestas longe alia.

XXXV. Itaque attende ; jam intelliges nihil me, quod opinio tua refugiat, dicere. Illi beneficio quod actio perficit, relata gratia est, si illud benevole excipimus : illud alterum quod re continetur, nondum reddidimus, sed volumus reddere. Voluntati voluntate satisfecimus, rei rem debemus. Itaque quamvis retulisse illum gratiam dicamus, qui beneficium libenter accepit ; jubemus tamen aliquid simile ei quod accepit, reddere. A consuetudine quædam quæ dicimus, abhorrent ; deinde de alia via ad consuetudinem redeunt. Negamus injuriam accipere sapientem ; et tamen qui illum pugno percusserit, injuria- rum damnabitur. Negamus rem stulti esse : et tamen eum qui rem aliquam stulto surripuerit, furti condemnabimus. Insanire omnes dicimus : nec tamen omnes curamus elleboro ; his ipsis quos vocamus insanos, et suffragium et jurisdictionem committimus. Sic dicimus eum, qui beneficium bono animo accepit, gratiam retulisse : nihilominus illum in ære alieno relinquimus, gratiam relaturum, etiam quum retulerit. Exhortatio est illa, non inficiatio beneficii. Ne timeamus, neve intolerabili sarcina depressi deficiamus animo. Bona mihi donata sunt, et fama defensa, detractæ sordes, spiritus, et libertas potior spiritu ; et quomodo referre gratiam potero ? quando ille veniet dies, quo illi animum meum ostendam ? hic ipse est, quo ille suum ostendit. Excipe beneficium, amplexare : gaude, non quod accipias, sed quod reddas, debiturusque sis. Non adibis tam magnæ rei periculum, ut casus ingratum facere te possit. Nullas tibi proponam difficultates, ne despondeas animo, ne laborum ac longæ servitutis exspectatione deficias ; non differo te ; de præsentibus fiat. Nunquam eris gratus, nisi statim sis. Quid ergo facies ? non arma sumenda sunt ; et fortasse erunt. Non maria emetienda ; fortasse etiam ventis minantibus

rir les mers; mais plus tard, peut-être, tu mettras à la voile, au souffle des vents menaçants. Veux-tu rendre un bienfait? reçois de bon cœur ; tu as rendu : non pourtant que tu sois libéré ; mais tu peux devoir en paix.

LIVRE TROISIÈME.

I. L'ingratitude, Ébutius, est honteuse, et tout le monde l'avoue. Aussi, même les ingrats, se plaignent des ingrats; tandis que ce vice, qui déplaît à tous, est dans le cœur de tous; et nous marchons tellement à rebours, que certains hommes sont nos plus grands ennemis non-seulement après le bienfait, mais à cause du bienfait.

J'avoue que chez quelques-uns cela vient de la dépravation naturelle ; chez beaucoup, c'est la marche du temps qui ôte la mémoire. Car des impressions, qui dans l'origine ont été très-vives, s'effacent par l'intervalle des années.

Je sais que là-dessus je n'étais pas d'accord avec toi, parce que tu prétendais que ce n'était pas de l'ingratitude, mais de l'oubli; comme si ce qui fait les ingrats devait les excuser ; comme si celui qui oublie n'était pas un ingrat, tandis qu'il n'y a que l'ingrat qui oublie.

Il y a plusieurs espèces d'ingrats, comme de voleurs et d'homicides : leur crime, à tous, est le même ; toutefois, dans les détails, ils diffèrent grandement. L'ingrat est celui qui nie le bienfait qu'il a reçu ; l'ingrat est celui qui le dissimule ; l'ingrat est celui qui ne le rend pas ; le plus ingrat de tous est celui qui oublie.

En effet, si les autres ne paient pas, ils savent au moins qu'ils doivent; et il reste chez eux quelque trace du bienfait, cachée dans les replis d'une mauvaise conscience : un jour, peut-être, quelque cause pourra les convertir à la reconnaissance, soit qu'ils se laissent ramener par la honte, ou par un retour soudain à l'honnête, comme on le voit quelquefois, même dans des cœurs pervers; soit qu'une occasion facile les entraîne. Mais on ne peut jamais devenir reconnaissant lorsque le bienfait est complètement effacé.

Et lequel appelles-tu le plus coupable, ou celui qui manque de reconnaissance, ou celui qui manque de mémoire? Les yeux qui craignent la lumière sont de mauvais yeux; ceux qui ne la voient pas sont aveugles : c'est une impiété de ne pas aimer ses parents; ne pas les reconnaître, c'est de la démence. Quelle plus grande ingratitude que d'écarter, de rejeter du cœur ce qui devrait y tenir le premier rang et s'y représenter sans cesse, que d'arriver jusqu'à l'ignorance totale du bienfait? Celui qui se laisse gagner par l'oubli ne paraît pas avoir souvent pensé à rendre.

II. Enfin, pour rendre il faut du courage, du temps, des moyens et l'aide de la fortune. Avec la mémoire, sans frais, on est reconnaissant. Celui qui ne fait pas ce qui n'exige ni efforts, ni richesses, ni bonheur, n'a aucune excuse qui plaide en sa faveur. Car jamais il n'a voulu être reconnaissant celui qui a rejeté si loin de lui le bienfait, qu'il l'a placé hors de sa vue. De même que les objets qui servent constamment, et qui, tous les jours, passent dans les mains, ne courent pas risque de se rouiller, tandis que ceux qui ne

solves. Vis reddere beneficium? benigne accipe, retulisti gratiam; non ut solvisse te putes, sed ut securior debeas.

LIBER TERTIUS.

I. Non referre beneficiis gratiam, et est turpe, et apud omnes habetur, Æbuti Liberalis. Ideo de ingratis etiam ingrati queruntur, quum interim hoc omnibus hæreat, quod omnibus displicet : adeoque in contrarium itur, ut quosdam habeamus infestissimos non post beneficia tantum, sed propter beneficia. Hoc pravitate naturæ accidere quibusdam non negaverim ; pluribus, quia memoriam tempus interpositum subduxit. Nam quæ recentia apud illos viguerunt, ea interjecto spatio obsolescunt. De quibus fuisse mihi tecum disputationem scio, quum tu illos non ingratos vocares, sed oblitos. Tanquam ea res ingratum excuset, quæ facit, aut, quia hoc accidit alicui, non sit ingratus, quum hoc non accidat, nisi ingrato. Multa sunt genera ingratorum, ut furum, ut homicidarum; quorum una culpa est, ceterum in partibus varietas magna. Ingratus est, qui beneficium accepisse se negat, quod accepit; ingratus est, qui dissimulat; ingratus qui non reddit; ingratissimus omnium, qui oblitus est. Illi enim si non solvunt, tamen debent, et exstat apud illos vestigium certe meritorum intra malam conscientiam conclusorum; et aliquando ad referendam gratiam converti ex aliqua causa possunt, si illos pudor admonuerit, si subita honestæ rei cupiditas, qualis solet ad tempus etiam in malis pectoribus exsurgere, si invitaverit facilis occasio : hic nunquam fieri gratus potest, cui totum beneficium elapsum est. Et utrum tu pejorem vocas, apud quem gratia beneficii intercidit, an apud quem etiam memoria? vitiosi oculi sunt qui lucem reformidant, cæci, qui non vident. Et parentes suos non amare, impietas est ; non agnoscere, insania. Quis tam ingratus est, quam qui quod in prima parte animi positum esse debuit, et semper occurrere, ita seposuit et abjecit, ut in ignorantiam verteret? apparet illum non sæpe de reddendo cogitasse, cui obrepsit oblivio.

II. Denique ad reddendam gratiam, et virtute opus est, et tempore, et facultate, et adspirante fortuna. Qui meminit, sine impendio gratus est. Hoc, quod non operam exigit, non opes, non felicitatem, qui non præstat, nullum habet, quo lateat, patrocinium. Nunquam enim voluit gratus esse, qui beneficium tam longe projecit, ut extra conspectum suum poneret. Quemadmodum quæ

tombent pas sous les yeux, mais sont relégués comme inutiles loin du service journalier, se chargent des souillures que leur apporte le temps; de même les sentiments qu'une pensée habituelle entretient et renouvelle, n'échappent jamais à la mémoire qui ne perd que ce qu'elle ne regarde pas souvent.

III. Outre cette cause, il en est encore d'autres qui nous dérobent quelquefois les services les plus importants. La première de toutes et la plus puissante, c'est que, toujours tourmentés de nouveaux désirs, nous ne regardons pas ce que nous avons, mais ce que nous poursuivons, occupés, non de ce qui est obtenu, mais de ce qui est souhaité : car tout ce qu'on a chez soi, perd son prix. Il en résulte que, dès que le bienfait reçu s'est affaibli par le désir de choses nouvelles, le bienfaiteur se trouve aussi déprécié. Nous l'avons aimé, révéré, proclamé le fondateur de notre fortune, tant que nous avons été contents de ce que nous avions obtenu. Ensuite, notre âme est saisie d'enthousiasme pour d'autres choses ; c'est vers elles que nous nous élançons, selon l'habitude des mortels, que les grandes choses font aspirer à de plus grandes. Aussitôt disparaît tout ce qu'auparavant nous appelions bienfait ; et nous ne voyons plus ce qui nous a mis au-dessus des autres, mais seulement ce que nous étale la fortune de ceux qui marchent devant nous. Or, on ne peut être en même temps envieux et reconnaissant, parce que l'envie est triste et chagrine ; la reconnaissance est joyeuse.

Ensuite, comme chacun de nous ne connaît que le temps présent, qui passe si vite, peu de gens reportent leur esprit vers le passé. C'est ainsi que périt le souvenir de nos maîtres et de leurs bienfaits, parce que nous avons laissé derriere nous notre enfance; c'est ainsi que s'effacent les biens accumulés sur notre jeunesse, parce qu'elle-même ne peut jamais revenir. Tout ce qui a été, nous le plaçons, non dans le passé, mais dans le néant. De là vient l'inconstance de la mémoire chez ceux qui ne s'attachent qu'à l'avenir.

IV. Ici je dois rendre un juste témoignage à Épicure, qui se plaint sans cesse que nous soyons ingrats envers le passé, que nous ne rapprochions pas de nous les biens que nous avons reçus, que nous ne les comptions pas parmi nos jouissances; comme s'il y avait une jouissance plus assurée que celle qui ne peut plus se perdre. Les biens présents ne sont pas encore d'une entière solidité; quelque revers peut les détruire : l'avenir est chanceux et incertain : le passé seul ne court pas de risques. Comment donc peut-on être reconnaissant lorsqu'on franchit toute sa vie passée, pour ne regarder que le présent et l'avenir? La mémoire fait la reconnaissance : or, c'est donner peu à la mémoire que de donner beaucoup à l'espérance.

V. Il y a des choses, mon cher Libéralis, qui, une fois conçues, se fixent dans l'esprit ; d'autres, pour être sues, n'exigent pas seulement qu'on les apprenne ; car leur connaissance se perd, si elle n'est cultivée : par exemple, la géométrie, l'astronomie et les autres sciences que leur subtilité rend fugitives. De même, il y a des bienfaits dont la grandeur empêche l'oubli ; d'autres,

usu sunt, et manum quotidie tactumque patiuntur, nunquam periculum situs adeunt; illa quæ ad oculos non revocantur, sed extra conversationem, ut supervacua jacuerunt, sordes ipsa colligunt vetustate : ita quidquid frequens cogitatio exercet ac renovat, memoriæ nunquam subducitur, quæ nihil perdit, nisi ad quod non sæpe respexit.

III. Præter hanc causam, aliæ quoque sunt, quæ nobis merita nonnunquam maxima velant. Prima omnium ac potissima, quod novis semper cupiditatibus occupati, non quid habeamus, sed quid petamus, inspicimus, non in id quod est, sed quod appetitur, intenti. Quidquid domi est, vile est. Sequitur autem, ut ubi quod acceperis, leve novorum cupiditas fecit, auctor quoque eorum non sit in pretio. Amavimus aliquem et suspeximus, et fundatum ab illo statum nostrum professi sumus, quamdiu nobis placebant ea quæ consecuti sumus ; deinde irrumpit animum aliorum admiratio, et ad ea impetus factus est, uti mortalibus mos est ex magnis majora cupiendi; protinus excidit, quidquid ante apud nos beneficium vocabatur. Nec ea intuemur, quæ nos aliis præposuerunt, sed ea sola quæ fortuna præcedentium ostentat. Non potest autem quisquam et invidere, et gratias agere; quia invidere, querentis et mœsti est; gratias agere, gaudentis. Deinde quia nemo nostrum novit, nisi id tempus, quod quum maxime transit; ad præterita rari animum retorquent. Sic fit, ut præceptores eorumque beneficia intercidant, quia totam pueritiam relinquimus; sic fit, ut in adolescentiam nostram collata pereant, quia ipsa nunquam retractatur. Nemo quod fuit, tanquam in præterito, sed tanquam in perdito ponit; ideoque caduca memoria est futuro imminentium.

IV. Hoc loco reddendum est Epicuro testimonium, qui assidue queritur, quod adversus præterita simus ingrati, quod quæcumque percepimus bona, non reducamus, nec inter voluptates numeremus; quum certior nulla sit voluptas, quam quæ jam eripi non potest. Præsentia bona nondum tota in solido sunt; potest illa casus aliquis incidere : futura pendent, et incerta sunt : quod præteriit, inter tuta sepositum est. Quomodo ergo gratus quisquam esse adversus beneficia potest, qui omnem vitam suam transilit præsentium intuitu ac futurorum? Memoria gratum facit; memoriæ minimum tribuit, quisquis spei plurimum.

V. Quemadmodum, mi Liberalis, quædam res semel perceptæ hærent; quædam, ut scias, non est satis didicisse : intercidit enim eorum scientia, nisi continuetur : geometriam dico, et sublimium cursum, et si qua alia propter subtilitatem lubrica sunt : ita beneficia quædam

moins importants, mais plus nombreux, et de différentes époques, s'enfuient de la mémoire. Parce que, comme je l'ai dit, nous n'y revenons pas de temps à autre, et que nous ne faisons pas volontiers le relevé de ce que nous devons.

Écoutez les solliciteurs : il n'y en a aucun qui ne dise que le souvenir du service vivra éternellement dans son cœur, aucun qui ne se proclame un esclave dévoué, et qui ne trouve le mot le plus humble pour cautionner la reconnaissance. Peu de temps après, ces mêmes hommes évitent leurs premières paroles, comme basses et serviles; et arrivent ensuite à l'oubli, qui est, à mon avis, le dernier terme de l'ingratitude. Car on est si ingrat d'oublier, qu'il suffit de se souvenir pour être reconnaissant.

VI. On demande si ce vice odieux doit rester impuni, et si cette loi qui, traitée dans les écoles, admet l'action contre l'ingrat, ne pourrait pas être introduite dans la cité. Chacun trouve cela juste. Pourquoi non? disent-ils; puisque les villes redemandent aux villes ce qu'elles ont donné, et exigent même des descendants ce que les ancêtres ont reçu.

Nos pères, ces grands citoyens, n'ont jamais rien réclamé que de leurs ennemis : ils donnaient de grand cœur et perdaient de même. Excepté la Macédoine, il n'y a point de nation qui ait accordé une action contre l'ingrat. C'est déjà une grande preuve qu'il ne fallait pas en accorder. Car, contre tous les autres crimes, on est d'accord : l'homicide, l'empoisonnement, le parricide, le sacrilége subissent, selon les lieux, une peine différente ; mais partout il y en a une. Ce crime, au contraire, le plus commun de tous, n'est puni nulle part, est condamné partout. Ce n'est pas que nous voulions l'absoudre ; mais comme il était difficile d'apprécier l'ingratitude d'une manière certaine, nous l'avons seulement condamnée à la haine, en la laissant au nombre de ces crimes que nous renvoyons au jugement des dieux.

VII. Je trouve une foule de raisons pour que ce crime ne tombe pas sous l'autorité de la loi. La première de toutes, c'est que le plus beau côté du bienfait disparaît, si on admet une action comme pour une somme fixe, ou un fermage, ou une location. Car, ce qu'il y a de plus remarquable dans le bienfait, c'est de donner, même au risque de perdre, et de tout laisser à la discrétion de l'obligé. Si je l'assigne, si je l'appelle devant le juge, le bienfait commence à n'être plus un bienfait, mais une créance.

Ensuite, comme la reconnaissance est une très-belle qualité, elle perd ce titre, si elle est forcée; et il n'y aura pas plus de mérite à être reconnaissant qu'à rendre un dépôt, ou à payer une dette sans plaider. Ainsi, nous gâterons à la fois les deux plus belles choses qu'il y ait dans la vie humaine, la bienfaisance et la reconnaissance. Car où sera la gloire de l'une, si elle ne donne pas, mais prête ; et de l'autre, si elle rend non par sa volonté, mais par contrainte? Il n'y a pas d'honneur à être reconnaissant, s'il n'y a pas de sûreté à être ingrat.

Ajoute à cela que tous les tribunaux suffiraient à peine à l'application de cette seule loi. Qui n'ac-

---

magnitudo non patitur excidere, quædam minora, sed numero plurima, et temporibus diversa, effluunt. Quia, ut dixi, non subinde illa tractamus, nec libenter, quid cuique debeamus, recognoscimus. Audi voces petentium! Nemo non victuram semper in animo suo memoriam dixit; nemo non deditum se et devotum professus est, et si quod aliud humilius verbum, quo se oppigneraret, invenit. Post exiguum tempus, iidem illi verba priora, quasi sordida et parum libera, evitant : perveniunt deinde eo, quo, ut ego existimo, pessimus quisque atque ingratissimus pervenit, ut obliviscantur. Adeo enim ingratus est qui oblitus est, ut gratus sit cui beneficium in mentem venit.

VI. Hoc tam invisum vitium, an impunitum esse debeat, quæritur ; et an hæc lex, quæ in scholis exercetur, etiam in civitate ponenda sit, qua ingrati datur actio, quæ videtur æqua omnibus. Quidni? quum urbes quoque urbibus, quæ præstitere, exprobrent, et in majores collata a posteris exigant. Nostri majores, maximi scilicet viri, ab hostibus tantum res repetierunt : beneficia magno animo dabant, magno perdebant. Excepta Medorum gente, non est in ulla data adversus ingratum actio. Magnumque hoc argumentum, dandam non fuisse; quia adversus maleficium omne consensimus; et homicidii, veneficii, parricidii, violatarum religionum, alibi atque alibi diversa pœna est : sed ubique aliqua. Hoc frequentissimum crimen nusquam punitur, ubique improbatur. Neque absolvimus illud ; sed quum difficilis esset incertæ rei æstimatio, tantum odio damnavimus, et inter ea reliquimus, quæ ad judices deos mittimus.

VII. Rationes autem multæ mihi occurrunt, propter quas crimen hoc in legem cadere non debeat. Primum omnium, pars optima beneficii periit, si actio, sicut certæ pecuniæ, aut ex conducto et locato, datur. Hoc enim in illo speciosissimum est, quod dedimus vel perdituri, quod totum permisimus accipientium arbitrio. Si appello, si ad judicem voco, incipit non beneficium esse, sed creditum. Deinde quum res honestissima sit, referre gratiam, desinit esse honesta, si necessaria est ; non enim magis laudabit quisquam gratum hominem, quam eum qui depositum reddidit, aut, quod debebat, citra judicem solvit. Ita duas res, quibus in vita humana nihil pulchrius est, corrumpimus, gratum hominem et beneficum. Quid enim aut in hoc magnificum est, si beneficium non dat, sed commodat? aut in illo qui reddit, non quia vult, sed quia necesse est? Non est gloriosa res, gratum esse

tionnera pas? qui ne sera pas actionné? Tous les hommes grandissent leurs actions, tous exagèrent les moindres choses qu'ils ont faites pour autrui.

D'ailleurs, tous les objets qui peuvent faire la matière d'un procès sont compris dans la loi, et ne laissent pas au juge une latitude sans bornes. C'est pourquoi le succès d'une bonne cause paraît toujours plus sûr, quand elle est renvoyée devant le juge, que devant l'arbitre; parce que le juge se renferme dans la formule qui pose des limites certaines, qu'il ne peut dépasser : l'arbitre, dont la conscience est libre et dégagée de toute entrave, peut retrancher, peut ajouter et régler sa sentence, non sur les décisions de la loi et de la justice, mais d'après les impulsions de l'humanité et de la compassion. L'action contre l'ingrat n'enchaînerait pas le juge, mais lui ouvrirait une carrière sans limites; car on n'est pas d'accord sur la nature du bienfait, et son importance dépendrait de l'interprétation plus ou moins bienveillante du juge. Aucune loi ne définit ce que c'est que l'ingrat. Souvent celui qui a rendu ce qu'il a reçu est ingrat, celui qui n'a pas rendu est reconnaissant. Il y a des choses sur lesquelles même un juge ignorant peut porter une sentence, lorsqu'il s'agit de prononcer si un fait existe ou n'existe pas, lorsque des preuves matérielles suffisent pour trancher la question. Mais, lorsque c'est à la raison à fixer les droits des parties, il faut prendre avis des conjectures : lorsque la question à décider est du ressort de l'intelligence seule, on ne peut aller chercher, pour de telles causes, un juge dans la foule des éligibles que le cens ou l'hérédité de la chevalerie a fait inscrire au tableau.

VIII. Ainsi la chose a bien paru propre à être portée devant un juge; mais on n'a pas trouvé de juge propre à décider la chose. Tu n'en seras pas étonné, si tu considères toutes les difficultés qui doivent arrêter celui qui rencontrera un accusé de cette sorte. Un homme a donné beaucoup d'argent; mais il était riche et ne devait pas se ressentir de cette largesse. Un autre en a donné autant; mais il se séparait de son patrimoine. La somme est la même; le bienfait n'est pas le même. Ajoute encore ceci : L'un a payé pour délivrer un débiteur de la contrainte; mais il avait l'argent chez lui. L'autre a donné la même somme; mais il l'a emprunté, il l'a quêtée, et il a eu le grand mérite de se charger d'une obligation. Places-tu sur la même ligne celui qui a pu à son aise laisser tomber un bienfait, et celui qui a reçu pour donner?

C'est l'à-propos qui donne du prix à certains dons, et non la somme. C'est un bienfait de donner une propriété dont la fertilité puisse faire baisser le prix des vivres; c'est un bienfait qu'un seul pain dans la famine. C'est un bienfait de donner des terres qu'arrosent des fleuves nombreux et navigables; c'est un bienfait d'indiquer une source à un homme brûlant de soif, et aspirant avec peine un souffle d'air dans son gosier desséché. Qui peut comparer ces choses entre elles? Qui peut les peser? Il est difficile de se prononcer lorsqu'il ne s'agit pas de la chose, mais du mérite de la chose.

Les objets, quoiqu'ils soient les mêmes, donnés autrement, n'ont pas le même poids. Cet homme

---

nisi tutum est, ingratum fuisse. Adjice nunc, quod huic uni legi omnia fora vix sufficient. Quis erit, qui non agat? quis, cum quo non agatur? omnes sua extollunt, omnes etiam minima, quæ in alios contulere, dilatant. Præterea quæcumque in cognitionem cadunt, comprehendi possunt, et non dare infinitam licentiam judici. Ideo melior videtur conditio causæ bonæ, si ad judicem, quam si ad arbitrum mittitur; quia illum formula includit, et certos, quos non excedat, terminos ponit; hujus libera, et nullis astricta vinculis religio, et detrahere aliquid potest, et adjicere, et sententiam suam, non prout lex aut justitia suadet, sed prout humanitas et misericordia impulit, regere. Ingrati actio non erat judicem alligatura, sed regno liberrimo positura. Quid sit enim beneficium, non constat; deinde quantumcumque sit, refert, quam benigne illud interpretetur judex. Quid sit ingratus, nulla lex monstrat. Sæpe et qui reddidit quod accepit, ingratus est; et qui non reddidit, gratus. De quibusdam etiam imperitus judex dimittere tabellam potest : ubi fecisse, aut non fecisse, pronuntiandum est, ibi prolatis cautionibus, controversia tollitur. Ubi vero inter disputantes ratio jus dicit, ibi animi conjectura capienda est; ubi id, de quo sola sapientia decernit, in controversiam incidit, non potest ad hæc sumi judex ex turba selectorum, quem census in album, et equestris hereditas misit.

VIII. Itaque non hæc parum idonea res visa est, quæ deduceretur ad judicem. Sed nemo huic rei satis idoneus judex inventus est : quod non admiraberis, si excusseris, quid habiturus fuerit difficultatis, quisquis in ejusmodi reum exisset. Donavit aliquis magnam pecuniam, sed dives, sed non sensurus impendium. Donavit alius, sed toto patrimonio cessurus. Summa eadem est; beneficium idem non est. Etiam nunc adjice. Hic pecuniam pro addicto dependit, sed quum illam domo protulisset; ille dedit eamdem, sed mutuam sumsit, aut rogavit, et se obligari ingenti merito passus est. Eodem existimas loco esse illum, qui beneficium ex facili largitus est, et hunc, qui accepit, ut daret? Tempore quædam magna fiunt, non summa. Beneficium est donata possessio, cujus fertilitas laxare possit annonam : beneficium est unus in fame panis. Beneficium est donare regiones, per quas multa flumina et navigabilia decurrant : beneficium est, arentibus siti, et vix spiritum per siccas fauces ducentibus, monstrare fontem. Quis inter se ista comparabit? quis expendet? difficilis est sententia, quæ non rem, sed vim rei quærit. Eadem licet sint, aliter data non idem pendent. Dedit

m'a donné; mais à regret; mais il s'est plaint de donner; mais il m'a regardé avec plus d'arrogance que de coutume; mais il m'a donné si tard, qu'il m'aurait plus obligé par un refus immédiat. Comment le juge fera-t-il son estimation, quand le ton, l'hésitation et l'air détruisent la reconnaissance?

IX. D'ailleurs, on donne à certaines choses le nom de bienfait, parce qu'on les désire avec trop d'ardeur : certaines autres ne portent pas cette étiquette vulgaire, quoiqu'elles aient plus de prix, mais moins d'éclat. C'est un bienfait, selon toi, de donner le droit de cité chez un peuple puissant, d'accorder au théâtre le banc des chevaliers, de défendre d'une accusation capitale : mais donner de bons conseils, empêcher de tomber dans le crime, arracher le glaive à un homme prêt à se tuer, apporter à la douleur des remèdes efficaces, et lorsqu'elle voulait suivre ceux qu'elle pleurait, la décider à la vie, veiller au lit d'un malade, et lorsque sa santé et son existence dépendent des instants, épier le moment favorable pour lui faire prendre quelque nourriture, ranimer par le vin ses artères défaillantes, et amener le médecin au mourant. Qui appréciera toutes ces choses? Qui pourra ordonner de compenser ces bienfaits par des bienfaits d'une autre nature? Celui-là t'a donné une maison; mais moi je t'ai averti que la tienne allait tomber sur toi. Il t'a donné un patrimoine; et moi une planche dans le naufrage. Il a combattu, il a été blessé pour toi; mais moi je t'ai donné la vie par mon silence. Comme le bien est donné de tout autre manière qu'il n'est rendu, il est difficile d'appareiller les deux choses.

X. En outre, pour la restitution d'un bienfait, on ne fixe pas un jour d'échéance, comme pour de l'argent prêté. Aussi celui qui n'a pas encore rendu, peut rendre. Dis, en effet, dans quel intervalle on peut être déclaré ingrat.

Les plus grands bienfaits ne peuvent se prouver : souvent ils sont cachés dans le silence de deux cœurs. Ordonnerons-nous qu'on ne fasse le bien que devant témoin? Ensuite, quelle peine infliger aux ingrats? Sera-t-elle semblable pour tous, lorsque les bienfaits sont dissemblables? Sera-t-elle différente et proportionnée au bienfait de chacun? Soit; la compensation roulera sur une somme d'argent : mais si le bienfait est la vie ou plus que la vie? Quelle peine sera prononcée? Moindre que le bienfait, c'est injuste : aussi grande, et par conséquent capitale? Mais quoi de plus inhumain que d'ensanglanter les bienfaits?

XI. Mais, dit-on, certains priviléges ont été accordés aux pères; et puisqu'on en a tenu compte pour en faire des exceptions, ne pourrait-on en faire autant pour les autres bienfaits?

Nous avons consacré la qualité des parents, parcequ'il importait que les enfants fussent élevés : il fallait exciter les pères à des travaux dont le succès est incertain. On ne pouvait leur dire comme aux bienfaiteurs : « Choisis qui tu veux aider. Si tu es trompé, ne t'en prends qu'à toi-même. Oblige qui le mérite. » Dans l'éducation des enfants rien n'est laissé au choix : il n'y a que des vœux à faire. Aussi, pour qu'ils courussent cette chance avec plus de courage, il a fallu leur donner quelque pouvoir.

D'ailleurs, il y a cette différence, que les pères qui ont fait du bien à leurs enfants, le font encore et

---

mihi hic beneficium, sed non libenter, sed dedisse se questus est, sed superbius me quam solebat, aspexit; sed tam tarde dedit, ut plus præstiturus fuerit, si cito negasset. Horum quomodo judex inibit æstimationem, quum sermo, et dubitatio, et vultus meriti gratiam destruant?

IX. Quid, quod quædam beneficia vocantur quia nimis concupiscuntur; quædam non sunt ex hac vulgari nota, sed majora, etiamsi minus apparent? Beneficium vocas, dedisse potentis populi civitatem, in quatuordecim deduxisse, et defendisse capitis reum : quid utilia suasisse? quid retinuisse, ne in scelus rueret? quid gladium excussisse morituro? quid efficacibus remediis refocillasse lugentem, et quos desiderabat volentem sequi, ad vitæ consilium reduxisse? quid assedisse ægro, et quum valetudo ejus ac salus momentis constaret, excepisse idonea cibo tempora, et cadentes venas vino refecisse, et medicum adduxisse morienti? Hæc quis æstimabit? quis dissimilibus beneficiis jubebit beneficia pensari? Donavit tibi domum; sed ego tuam supra te ruere prædixi. Dedit tibi patrimonium : sed ego naufrago tabulam. Pugnavit pro te, et vulnera excepit; at ego vitam tibi silentio dedi. Quum aliter beneficium detur, aliter reddatur, paria facere difficile est.

X. Dies præterea beneficio reddendo non dicitur, sicut pecuniæ creditæ. Itaque potest, qui nondum reddidit, reddere. Dic enim, intra quod tempus deprehendetur ingratus? maxima beneficia probationem non habent; sæpe intra tacitam duorum conscientiam latent. An hoc inducimus, ut non demus beneficia sine teste? Quam deinde pœnam ingratis constituamus? unam omnibus, quum disparia beneficia sint? an inæqualem, et pro cujusque beneficio majorem, aut minorem? Age, intra pecuniam versabitur taxatio; quid quod quædam beneficia vitæ sunt, et majora vita? His quæ pronuntiabitur pœna? Minor beneficio? iniqua est. Par et capitalis? quid inhumanius, quam cruentos esse beneficiorum exitus?

XI. Quædam, inquit, privilegia parentibus data sunt. Quomodo horum extra ordinem habita ratio est, sic aliorum quoque beneficiorum haberi debet. Parentum conditionem sacravimus, quia expediebat liberos tolli : sollicitandi ad hunc laborem erant, incertam adituri fortunam. Non poterat illis dici, quod beneficia dantibus dicitur : Cui des, elige; ipse tecum, si deceptus es, querere; dignum adjuva. In liberis tollendis nihil judicio tollentium licet : tota res voti est. Itaque ut æquiore animo adirent aleam, danda illis aliqua potestas fuit. Deinde alia con-

le feront toujours : il n'y a pas de danger qu'ils en imposent en se disant leurs bienfaiteurs. Pour les autres, il faut chercher non-seulement si l'on a reçu, mais encore si l'on a donné. Les bienfaits paternels sont à découvert; et comme il est utile à la jeunesse d'être gouvernée, nous lui avons imposé comme des magistrats domestiques pour la maintenir sous leur surveillance.

Ensuite les bienfaits de tous parents, étant partout les mêmes, ont pu être appréciés une fois pour toutes : les autres, qui sont variés, dissemblables, séparés par des intervalles immenses, n'ont pu être assujettis à aucune règle; car il était plus juste de tout omettre que de tout niveler.

XII. Il y a des choses qui coûtent beaucoup à ceux qui les donnent; d'autres qui ne leur coûtent rien, mais sont d'un grand prix pour l'obligé. Quelquefois on donne à un ami, quelquefois à un inconnu. Tu donnes davantage en donnant la même chose, si tu fais connaissance avec quelqu'un par un bienfait. L'un offre des secours, l'autre des honneurs, un troisième des consolations. Tel homme pense que rien n'est plus doux, rien n'est plus important que d'avoir un cœur ami pour y reposer son infortune : tel autre aime mieux que l'on songe à sa dignité qu'à sa sécurité : un troisième croira devoir à celui qui lui assure la vie, plus qu'à celui qui l'a fait homme de bien. Toutes ces choses deviendront donc plus ou moins importantes, selon que le penchant du juge l'entraînera vers l'une ou vers l'autre.

D'ailleurs, c'est moi-même qui choisis mon créancier : je reçois souvent un bienfait de qui je ne voudrais pas le recevoir ; et quelquefois je suis obligé sans le savoir. Que feras-tu? Appelleras-tu ingrat celui auquel un bienfait a été imposé à son insu, et qui, s'il l'eût connu, ne l'eût pas accepté? N'appelleras-tu pas ingrat celui qui, de quelque façon qu'il ait reçu, ne rend pas?

XIII. Un homme m'a fait du bien, et puis après il me fait un outrage. Suis-je astreint par un seul don, à souffrir tous les outrages? ou serai-je quitte de ma reconnaissance, parce qu'il aura lui-même annulé son bienfait par l'injure qui l'a suivi? Comment estimeras-tu ensuite si le bien que j'ai reçu équivaut au mal qu'on m'a fait?

Le temps me manquerait, si j'essayais d'énumérer toutes les difficultés. On ralentit, dit-on, le zèle des bienfaiteurs, en n'assurant pas la restitution des bienfaits, en ne punissant pas ceux qui les désavouent. C'est, au contraire, toi qui arrives à ce résultat, en rendant beaucoup plus circonspect à recevoir, s'il faut courir les chances d'un procès et risquer son innocence dans une position dangereuse. Ensuite nous serons nous-mêmes, par cela, plus lents à donner; car personne n'aime à obliger un homme malgré lui : mais celui qui est invité à la bienfaisance par sa bonté, et par le charme de cette vertu, donnera même de plus grand cœur à qui ne sera débiteur que par sa volonté. Car tout le mérite d'un bienfait s'affaiblit, lorsqu'on a soigneusement pris ses garanties.

XIV. Je l'accorde, les bienfaits seront plus rares; mais ils seront plus vrais. Or, quel mal y a-t-il à empêcher la profanation des bienfaits? C'est le but que se proposaient ceux qui n'ont pas voulu

---

ditio est parentum, qui beneficia, quibus dederunt, dant nihilominus daturique sunt; nec est periculum, ne dedisse se illis mentiantur. In ceteris quæri debet, non tantum an receperint, sed an dederint. Horum in confesso merita sunt ; et quia utile est juventuti regi, imposuimus illi quasi domesticos magistratus, sub quorum custodia contineretur. Deinde omnium parentum unum erat beneficium ; itaque æstimari semel potuit : alia diversa sunt, dissimilia, infinitis inter se intervallis distantia : itaque sub nullam regulam cadere potuerunt, quum æquius esset omnia relinqui, quam omnia æquari.

XII. Quædam magno dantibus constant, quædam accipientibus magna sunt, sed gratuita tribuentibus : quædam amicis data sunt, quædam ignotis. Plus est, quamvis idem detur, si ei detur, quem nosse a tuo beneficio incipis. Hic auxilia tribuit, ille ornamenta, ille solatia. Invenies, qui nihil putet esse jucundius, nihil majus, quam habere in quo calamitas acquiescat : invenies rursus, qui dignitati suæ, quam securitati, consuli malit : est qui plus ei debere se judicet, per quem tutior est, quam ei per quem honestior. Proinde ista majora aut minora erunt, prout fuerit judex, aut ad hæc, aut ad illa inclinatus animo. Præterea creditorem mihi ipse eligo; beneficium sæpe ab eo accipio, a quo nolo et aliquando ignorans obligor. Quid facies? ingratum vocabis eum, cui beneficium inscio, et, si scivisset, non accepturo, impositum est : non vocabis eum, qui utcumque acceptum non reddidit?

XIII. Aliquis dedit mihi beneficium, sed idem postea fecit injuriam. Utrum uno munere ad patientiam omnium injuriarum adstringor ; an perinde erit, ac si gratiam retulerim, quia beneficium suum ipse insequenti injuria rescidit? Quomodo deinde æstimabis, utrum plus sit quod accepit, an in quo læsus est? Dies me deficiet, omnes difficultates persequi tentantem. Tardiores, inquit, ad beneficia danda facimus, non vindicando data, nec inficiatores eorum afficiendo pœna. Sed illud quoque tibi e contrario occurrat; multo tardiores futuros ad accipienda beneficia, si periculum causæ dicendæ adituri erunt, et innocentiam sollicitore habituri loco. Deinde, erimus per hoc ipsi quoque ad danda tardiores ; nemo enim libenter dat invitis : sed quicumque ad benefaciendum bonitate invitatus est, et ipsa pulchritudine rei, etiam libentius dabit, nihil debituris nisi quod volent. Minuitur enim gloria ejus officii, cui diligenter cautum est.

XIV. Deinde, pauciora erunt beneficia, sed veriora; quid autem mali est, inhiberi beneficiorum temeritatem? Hoc enim ipsum secuti sunt, qui nullam legem huic con-

les soumettre à la loi ; afin que nous donnions avec réserve, que nous choisissions avec réserve ceux à qui nous offrons nos services. Considère avec le plus grand soin qui tu obliges ; n'espère ni action, ni répétition. Tu te trompes si tu crois que le juge viendra à ton secours. Aucune loi ne se chargera de tes recouvrements. Compte seulement sur la bonne foi de l'obligé.

De cette manière les bienfaits conservent leur dignité et leur éclat : tu les avilis, si tu en fais une matière à procès.

Rien de plus juste que ces mots, rien de plus conforme au droit des gens. « Rends ce que tu dois. » Mais rien de plus honteux que ce mot dans un bienfait : Rends. Que rendra-t-il? La vie qu'il doit, la dignité, le repos, la santé! Les choses les plus importantes ne peuvent se rendre. Au moins, dit-on, qu'on donne quelque chose d'équivalent. Eh! voilà ce que je disais, c'est tuer la dignité d'un acte aussi noble, que de faire du bienfait une marchandise. Il ne faut pas exciter le cœur à l'avarice, aux querelles, à la discorde : il y est assez porté de lui-même. Résistons-lui plutôt autant que nous le pouvons ; éloignons de lui les occasions qu'il cherche.

XV. Plût aux dieux que nous pussions même persuader aux hommes de ne recevoir l'argent prêté que de la bonne volonté! Plût aux dieux qu'aucune stipulation ne liât l'acheteur au vendeur! que les pactes et les conventions ne fussent pas protégés par des sceaux! que la bonne foi et une conscience honnête en fussent les seuls dépositaires! Mais la nécessité l'a emporté sur le bien, et on a mieux aimé contraindre la bonne foi que de compter sur elle. De part et d'autre on appelle des témoins : celui-ci emploie l'intermédiaire des courtiers et engage dans un acte plusieurs signatures : celui-là ne se contente pas d'une enquête, il lui faut dans les mains un titre pour accuser. O confession honteuse pour le genre humain, de la fraude et de la perversité publiques! On croit plus à nos cachets qu'à nos consciences. Pourquoi ces personnages sont-ils convoqués? Pourquoi impriment-ils leurs sceaux? C'est pour que cet homme ne nie pas avoir reçu ce qu'il a reçu. Les estimes-tu des hommes incorruptibles, des garants sûrs de la vérité? Mais, sur l'heure même, on ne leur confierait à eux de l'argent qu'avec les mêmes formalités. N'est-il donc pas plus honorable d'être trompé par quelques hommes, que de craindre la perfidie de tous? La seule chose qui manque à notre avarice, c'est de ne plus accorder de bienfaits sans répondant. Il est d'un cœur généreux et magnanime d'aider et d'être utile : celui qui donne imite les dieux ; celui qui redemande imite les usuriers. Devons-nous, en donnant des garanties aux bienfaiteurs, les reléguer dans cette vile classe des usuriers?

XVI. Il y aura, dit-on, plus d'ingrats si aucune action n'est donnée contre l'ingrat. Au contraire, il y en aura moins, parce qu'on mettra plus de discernement dans les bienfaits. D'ailleurs il ne convient pas de faire connaître à tous la multitude des ingrats : le nombre des coupables ôterait la honte du crime, et un vice général cesserait d'être un opprobre.

Quelle femme rougit aujourd'hui d'être répudiée, depuis qu'il se trouve des matrones nobles et

---

stituerunt : ut circumspectius donaremus, circumspectius eligeremus eos, in quos merita conferrentur. Etiam atque etiam cui des, considera ; nulla actio erit, nulla repetitio. Erras, si existimas succursurum tibi judicem. Nulla lex te in integrum restituet ; solam accipientis fidem specta. Hoc modo beneficia auctoritatem suam tenent, et magnifica sunt : polluis illa, si materiam litium feceris. Æquissima vox est et jus gentium præ se ferens, Redde quod debes. Hæc turpissima est in beneficio, Redde. Quid reddet? Vitam, quam debet, dignitatem, securitatem, sanitatem? reddi maxima quæque non possunt. Aut pro his, inquit, aliquid quod tanti sit. Hoc est quod dicebam, interituram tantæ rei dignitatem, si beneficium mercem facimus. Non est irritandus animus ad avaritiam, ad querelas, ad discordiam ; sua sponte in ista fertur. Quantum possumus resistamus, et quærenti occasiones amputemus.

XV. Utinam quidem persuadere possemus, ut pecunias creditas tantum a volentibus acciperent! utinam nulla stipulatio emtorem venditori obligaret! nec pacta conventaque impressis signis custodirentur! fides potius illa servaret, et æquum colens animus! Sed necessaria optima prætulerunt, et cogere fidem, quam spectare, malunt. Adhibentur ab utraque parte testes ; ille per tabulas plurium nomina, interpositis parariis, facit ; ille non est interrogatione contentus, nisi reum manu sua tenuit. O turpem humano generi fraudis ac nequitiæ publicæ confessionem! annulis nostris plus, quam animis creditur. In quid isti viri ornati adhibiti sunt? in quid imprimunt signa? nempe ne ille neget accepisse se quod accepit. Hos incorruptos viros, et vindices veritatis existimas? at his ipsis statim non aliter pecuniæ committetur. Ita non honestius erat a quibusdam fidem falli, quam ab omnibus perfidiam timeri? Hoc unum deest avaritiæ, ut beneficio sine sponsore non demus. Generosi animi et magnifici est, juvare et prodesse ; qui dat beneficia, deos imitatur : qui repetit, fœneratores. Quid illos, dum vindicamus, in turbam sordidissimam redigimus?

XVI. Plures, inquit, ingrati erunt, si nulla adversus ingratum datur actio. Immo potius, pauciores ; quia majore delectu dabuntur beneficia. Deinde, non expedit notum omnibus fieri, quam multi ingrati sint ; pudorem enim rei tollet multitudo peccantium ; et desinet esse probri loco commune maledictum. Numquid jam ulla repu-

illustres qui comptent leurs années non par le nombre des consuls, mais par celui de leurs maris, qui divorcent pour se marier, se marient pour divorcer? On a redouté ce scandale, aussi longtemps qu'il a été rare. Mais depuis qu'aucune de nos audiences ne se passe sans un divorce, à force d'en entendre parler, on a appris à en user.

Qui aurait aujourd'hui aucune honte de l'adultère, depuis qu'on en est venu au point que nulle femme ne prend un mari que pour piquer un amant? La chasteté n'est plus qu'une preuve de laideur. Quelle est la femme assez misérable, assez repoussante pour se contenter d'une seule paire d'amants, qui n'ait ses heures pour chacun, sans que le jour lui suffise pour tous, qu'on ne voie en litière chez l'un, au lit chez l'autre? Il n'y a qu'une niaise et une femme du vieux temps, qui ne sache pas que l'adultère avec un seul est appelé mariage. De même que la honte de ces crimes s'est effacée depuis qu'ils se sont propagés partout, de même tu rendras les ingrats plus nombreux et plus hardis, lorsqu'ils auront commencé à se compter.

XVII. Mais quoi? l'ingratitude sera donc impunie? Mais quoi? l'impiété sera donc impunie? et la méchanceté? et l'avarice? et l'emportement? et la cruauté? Ce qui est abhorré, le crois-tu impuni? ou estimes-tu quelque supplice plus rigoureux que la haine publique? Le châtiment de l'ingrat, c'est de n'oser ni recevoir de personne, ni donner à personne, d'être ou de se croire montré au doigt par tout le monde, d'avoir perdu le sentiment de l'affection la plus honnête, la plus douce. Tu appelles infortuné celui qui a perdu la vue, que la maladie a privé de l'ouïe; et tu n'appelles pas malheureux celui qui a perdu l'intelligence des bienfaits! Il redoute les dieux, témoins de toutes les ingratitudes; la conscience du bienfait qu'il a dérobé le ronge et le dévore; enfin, et cette peine est déjà seule assez forte, il ne goûte pas, comme je le disais, le fruit du sentiment le plus doux.

Mais celui qui a reçu avec plaisir, jouit d'une volupté toujours égale et toujours la même; plus occupé du cœur de celui qui a donné que de l'objet donné, il en fait sa joie. L'homme reconnaissant est toujours charmé d'un bienfait, l'ingrat ne l'est qu'une fois.

Tu peux comparer la vie de tous deux: l'un, triste, inquiet, comme tout homme fourbe qui renie une dette, ne sent pas les égards dus ni à ses parents, ni à ses gouverneurs, ni à ses maîtres: l'autre, gai, content, attendant l'occasion de prouver sa reconnaissance, et trouvant son bonheur dans ce sentiment même. Loin de se soustraire au paiement, il cherche les moyens de rendre pleinement et avec profusion, non-seulement à ses parents et à ses amis, mais aussi aux plus humbles personnes. Car, même s'il reçoit un bienfait de son esclave, il considère ce qu'il a reçu, et non de qui il a reçu.

XVIII. Toutefois, on demande, et entre autres Hécaton, si un esclave peut être le bienfaiteur de son maître. Car il y en a qui font la distinction suivante. Certaines choses sont des bienfaits, certaines autres des devoirs, d'autres enfin des fonctions. Il y a bienfait dans le don reçu d'un

---

dio erubescit, postquam illustres quædam ac nobiles feminæ, non consulum numero, sed maritorum, annos suos computant? et exeunt matrimonii causa, nubunt repudii? Tam diu aliquid timebatur, quam diu rarum erat; quia vero nulla sine divortio acta sunt, quod sæpe audiebant, facere didicerunt. Numquid jam ullus adulterii pudor est, postquam eo ventum est, ut nulla virum habeat, nisi ut adulterum irritet? argumentum est deformitatis pudicitia. Quam invenies tam miseram, tam sordidam, ut illi satis sit unum adulterorum par? nisi singulis divisit horas? et non sufficit dies omnibus? nisi aliud alium gestata est, apud alium mansit? Infrunita et antiqua est, quæ nesciat, matrimonium vocari, unum adulterium. Quemadmodum horum delictorum jam evanuit pudor, postquam res latius evagata est; ita ingratos plures efficies, et audaciores, si numerare se cœperint.

XVII. Quid ergo? impunitus erit ingratus? Quid ergo? impunitus erit impius? quid malignus? quid avarus? quid impotens? quid crudelis? Impunita tu credis esse, quæ invisa sunt? aut ullum supplicium gravius existimas publico odio? Pœna est, quod non audet ab ullo beneficium accipere, quod non audet ulli dare, quod omnium designatur oculis, aut designari se judicat: quod intellectum optimæ rei ac dulcissimæ amisit. An tu infelicem vocas, qui caret acie oculorum, cujus aures morbus obstruxit; non vocas miserum eum, qui sensum beneficiorum amisit? Testes ingratorum omnium deos metuit, urit illum et angit intercepti beneficii conscientia; denique satis hæc ipsa pœna magna est, quod rei, ut dicebam, jucundissimæ fructum non percipit. At quem juvat accepisse, æquali perpetuaque voluptate fruitur; et animum ejus a quo accepit, non rem intuens, gaudet. Gratum hominem semper beneficium delectat, ingratum semel; comparari autem potest utriusque vita, quum alter tristis sit et sollicitus, qualis esse inficiator ac fraudulentus solet; apud quem non parentum dus debet, honor est, non educatoris, non præceptorum: alter lætus, hilaris occasionem referendæ gratiæ exspectans, et ex hoc ipso affectu gaudium grande percipiens; nec quærens quomodo decoquat, sed quemadmodum plenius uberiusque respondeat; non solum parentibus et amicis, sed humilioribus quoque personis. Nam etiam si a servo suo beneficium accipit, æstimat non a quo, sed quid acceperit.

XVIII. Quamquam quæritur a quibusdam, sicut ab Hecatone, an beneficium dare servus domino possit? Sunt enim qui ita distinguunt, quædam beneficia esse, quædam officia, quædam ministeria. Beneficium esse, quod alienus det; alienus est, qui potuit sine reprehen-

étranger; l'étranger est celui qui peut s'abstenir sans blâme. Le devoir appartient aux enfants, à l'épouse, et à tous ceux que la parenté excite et force à s'entr'aider. Pour l'esclave, c'est sa fonction; et son état le place dans une telle position, qu'il ne peut faire valoir auprès de son maître rien de ce qu'il fait pour lui.

D'ailleurs, ceux qui n'admettent pas le bienfait de l'esclave envers son maître, méconnaissent les droits de l'humanité : car il importe de considérer les sentiments de celui qui donne, et non sa condition. La vertu n'est interdite à personne, elle est accessible à tous; elle accueille, elle invite tout le monde, les hommes libres, les affranchis, les esclaves, les rois, les bannis; elle ne choisit ni la noblesse, ni le cens, elle se contente de l'homme dans sa nudité. Quelle protection y aurait-il contre les revers imprévus? à quoi de grand pourrait aspirer l'âme, si la fortune devait changer une vertu éprouvée?

Si l'esclave ne peut offrir un bienfait à son maître, le sujet ne peut l'offrir à son roi, ni le soldat à son chef. Qu'importe, en effet, le pouvoir qui nous domine, s'il est également absolu? Car si la nécessité, et la crainte des derniers châtiments ne permettent pas que les actions de l'esclave méritent le nom de bienfait, le même obstacle existe pour celui qui a un roi, pour celui qui a un chef; parce que, bien que sous des titres différents, la même autorité pèse sur eux. Or, le sujet peut être bienfaiteur de son roi, le soldat de son général, et, par conséquent, l'esclave de son maître.

Un esclave peut être juste, courageux, magnanime : donc il peut être bienfaisant. Car c'est aussi de la vertu : et il est si vrai qu'un esclave peut accorder un bienfait à son maître, que souvent sa vie est le bienfait de son esclave. Il n'est pas douteux qu'un esclave ne puisse être le bienfaiteur de tout autre : pourquoi donc pas de son maître?

XIX. Parce que, répond-on, il ne peut devenir le créancier de son maître, s'il lui donne de l'argent. Autrement il en ferait tous les jours son obligé : il le suit dans ses voyages, l'assiste dans ses maladies, et consacre tous ses efforts à le servir. Cependant tous ces soins, qui de la part d'un autre seraient appelés bienfaits, ne sont, de la part de l'esclave, qu'une suite de ses fonctions. Car un bienfait est ce qu'on donne, en étant libre de ne pas donner. Mais l'esclave n'a pas le pouvoir de refuser; ainsi il ne donne pas, mais obéit, et ne peut pas se glorifier de faire ce qu'il n'a pas le droit de ne pas faire.

Même avec ces restrictions, je gagnerai ma cause, et je te ferai voir que l'esclave est libre pour beaucoup de choses. Dis-moi, en attendant, si je te montre un esclave combattant pour la vie de son maître, sans égard pour la sienne, et tout percé de blessures, épuisant ce qui lui reste de sang enfin, par sa mort, lui créant des délais pour qu'il ait le temps de fuir, nieras-tu qu'il soit son bienfaiteur, parce qu'il est son esclave? Si je t'en montre un autre, à qui l'on veut arracher les secrets de son maître, et que nulle promesse du tyran ne peut corrompre, nulle menace effrayer, nulle torture vaincre, détournant, autant qu'il est en lui, les soupçons de son bourreau, et sacrifiant sa vie à sa fidélité, nieras-tu qu'il soit le

---

sione cessare. Officium esse filii, uxoris, et earum personarum, quas necessitudo suscitat, et ferre opem jubet. Ministerium esse servi, quem conditio sua eo loco'posuit, ut nihil eorum quæ præstat, imputet superiori. Præterea servos qui negat dare aliquando domino beneficium, ignarus est juris humani; refert enim cujus animi sit, qui præstat, non cujus status. Nulli præclusa virtus est, omnibus patet, omnes admittit, omnes invitat, ingenuos, libertinos, servos, reges, et exsules; non eligit domum, nec censum; nudo homine contenta est. Quid enim erat tuti adversus repentina; quid animus magnum promitteret sibi, si certam virtutem fortuna mutaret? Si non dat beneficium servus domino, nec regi quisquam suo, nec duci suo miles. Quid enim interest, quali quis teneatur imperio, si summo tenetur? Nam si servo, quo minus in nomen meriti perveniat, necessitas obest, et patiendi ultima timor, idem istud obstabit, et ei qui regem habet, et ei qui ducem; quoniam, sub dispari titulo, paria in illos licent. Atqui dant regibus suis, dant imperatoribus beneficia; ergo et dominis. Potest servus justus esse, potest fortis, potest magnanimus : ergo et beneficium dare potest. Nam et hoc virtutis est; adeoque dominis servi beneficia possunt dare, ut ipsos sæpe beneficii sui fecerint. Non est dubium, an servus beneficium dare possit cuilibet, quare ergo non et domino suo possit?

XIX. Quia non potest, inquit, creditor domini sui fieri, si pecuniam illi dederit. Alioqui quotidie dominum suum obligat : peregrinantem sequitur, ægro ministrat, et labore summo colit. Omnia tamen ista, quæ alio præstante beneficia dicerentur, præstante servo ministeria sunt. Beneficium enim id est, quod quis dedit, quum illi liceret et non dare : servus autem non habet negandi potestatem : non jam præstat, sed paret; nec, id se fecisse, jactat, quod non facere non potuit. Etiam sub ista lege vincam, et eo perducam servum, ut in multa liber sit. Interim dic mihi, si tibi ostendero aliquem servum pro salute domini sui, sine respectu sui dimicantem et confossum vulneribus, reliquias tenuem sanguinis ab ipsis vitalibus fundentem, et ut ille effugiendi tempus habeat, moram sua morte quærentem : hunc tu negabis beneficium dedisse, quia servus est? Si tibi ostendero aliquem, ut secreta domini prodat, nulla tyranni pollicitatione corruptum, nullis territum minis, nullis cruciatibus victum, avertisse, quantum potuerit, suspiciones quærentis, et

bienfaiteur de son maître, parce qu'il est son esclave? Prends garde que l'obligation ne soit d'autant plus grande, que l'exemple de la vertu chez les esclaves est plus rare; qu'elle mérite d'autant plus la reconnaissance, que, quoique la domination soit presque toujours odieuse, et toute contrainte pesante, l'attachement à un maître a triomphé de la haine ordinaire pour la servitude. Ainsi, loin de n'être pas un bienfait pour être venu d'un esclave, c'est quelque chose de plus, puisque la servitude même n'a pu en détourner.

XX. C'est une erreur de croire que la servitude descend dans l'homme tout entier : la plus noble partie de lui-même en est exempte. Le corps seul est l'esclave et la propriété du maître : l'âme s'appartient à elle-même : elle est si libre, si indépendante, que, même dans cette prison qui l'enferme, elle ne peut être empêchée de prendre tout son essor, pour s'élever aux plus grandes choses, et s'élancer dans l'infini, compagne des célestes intelligences. C'est donc le corps que la fortune a livré au maître : c'est le corps qu'il achète, c'est le corps qu'il vend. L'âme ne peut être traînée au marché; tout ce qui vient d'elle est libre. Car nous ne pouvons pas tout ordonner; les esclaves ne sont pas forcés d'obéir à tout; ils ne feront pas ce qu'on leur commandera contre la république; ils ne prêteront la main à aucun crime.

XXI. Il y a des choses que les lois ne commandent ni ne défendent; c'est dans elles que l'esclave trouve matière au bienfait. Tant qu'on n'obtient de l'esclave que ce qu'on a coutume d'exiger de lui, c'est une fonction; dès qu'il donne plus que le devoir ne commande, c'est un bienfait; dès qu'il passe à des sentiments d'ami, ce n'est plus une fonction. Il y a des choses que le maître doit fournir à l'esclave, comme la nourriture, le vêtement : personne n'appelle cela bienfait. Mais il a eu des égards, il lui a donné une éducation supérieure, il l'a initié aux arts qu'on enseigne aux hommes libres ; c'est un bienfait. Et réciproquement il en est de même pour l'esclave. Tout ce qui dépasse la règle de son devoir d'esclave, ce qu'il fait, non par ordre, mais par volonté, est un bienfait : pourvu toutefois que, venant de tout autre, il méritât ce nom par son importance.

XXII. L'esclave, dit Chrysippe, est un mercenaire à vie. De même que celui-ci va jusqu'au bienfait dès qu'il dépasse les engagements qu'il a contractés, de même lorsque l'esclave, par sa bienveillance envers son maître, est allé au-delà des obligations de sa classe, lorsqu'il a eu le courage de s'élever à des actions qui honoreraient même une naissance illustre, et qu'il a surpassé les espérances de son maître, on a trouvé un bienfaiteur dans sa maison. Te semble-t-il juste que ceux que l'on maltraite, s'ils font moins qu'ils ne doivent, ne rencontrent pas de reconnaissance, s'ils font plus qu'ils ne doivent, plus qu'ils n'ont coutume de faire?

Veux-tu savoir quand il n'y a pas bienfait? Lorsqu'on peut dire : Mais s'il n'avait pas voulu! Or, dès qu'il a donné ce qu'il lui était permis de ne pas vouloir, il y a du mérite à avoir voulu.

Le bienfait et l'outrage sont deux contraires. L'esclave peut accorder un bienfait à son maître,

---

impendisse spiritum fidei; hunc tu negabis beneficium domino dedisse, quia servus est? Vide ne eo majus sit, quo rarius est exemplum virtutis in servis; eoque gratius, quod, quum fere invisa imperia sint, et omnis necessitas gravis, commune servitutis odium in aliquo domini caritas vicit. Ita non ideo beneficium non est, quia a servo profectum est; sed ideo majus, quia deterrere ab illo nec servitus quidem potuit?

XX. Errat, si quis existimat servitutem in totum hominem descendere : pars melior ejus excepta est. Corpora obnoxia sunt, et adscripta dominis : mens quidem sui juris; quæ adeo libera et vaga est, ut ne ab hoc quidem carcere cui inclusa est, teneri queat, quo minus impetu suo utatur, et ingentia agat, et in infinitum comes cœlestibus exeat. Corpus itaque est, quod domino fortuna tradidit. Hoc emit, hoc vendit : interior illa pars mancipio dari non potest. Ab hac quidquid venit, liberum est; non enim aut nos omnia jubere possumus, aut in omnia servi parere coguntur : contra rempublicam imperata non facient, nulli sceleri manus commodabunt.

XXI. Quædam sunt quæ leges nec jubent, nec vetant facere : in his servus materiam beneficii habet. Quamdiu præstatur, quod a servis exigi solet, ministerium est : ubi plus quam quod servo necesse est, beneficium. Ubi in affectum amici transit, desinit vocari ministerium. Est aliquid, quod dominus præstare servo debeat, ut cibaria, ut vestiarium; nemo hoc dixit beneficium. At indulsit, liberalius educavit, artes quibus erudiuntur ingenui, tradidit : beneficium est. Idem e contrario fit in persona servi. Quidquid est quod servilis officii formulam excedit, quod non ex imperio, sed ex voluntate præstatur, beneficium est : si modo tantum est, ut hoc vocari potuerit, quolibet alio præstante.

XXII. Servus, ut placet Chrysippo, perpetuus mercenarius est. Quemadmodum ille beneficium dat, ubi plus præstat, quam quod operas locavit; sic servus ubi benevolentia erga dominum fortunæ suæ modum transiit, et altius aliquid ausus, quod etiam felicius nato decori esset, et spem domini antecessit, beneficium est intra domum inventum. An æquum tibi videtur, quibus, si minus debito faciant, irascimur, non haberi gratiam, si plus debito solitoque fecerint? vis scire, quando non sit beneficium? ubi dici potest, Quid si nollet? Ubi vero id præstitit, quod nolle licuit, voluisse laudandum est. Inter se contraria sunt, beneficium et injuria. Potest dare beneficium domino, si a domino injuriam accipere alicui de

s'il peut recevoir un outrage : or, il y a un magistrat établi pour connaître des outrages des maîtres contre les esclaves, pour réprimer la cruauté, la débauche, et l'avarice qui leur dispute la chose nécessaire à la vie.

Quoi donc! Le maître peut recevoir un bienfait de l'esclave? Non; c'est l'homme qui reçoit de l'homme. Enfin, il a fait ce qui était en son pouvoir ; il a offert le bienfait à son maître : il dépend de toi de ne pas recevoir de l'esclave. Mais quel est l'homme si haut placé, que la fortune ne puisse le réduire à avoir besoin même des gens les plus obscurs ? Je te citerai plusieurs exemples de bienfaits différents et même opposés. L'un fait don à son maître de la vie ; l'autre de la mort : un troisième le sauve au moment où il périssait, et, s'il le faut, périt en le sauvant. L'un favorise la mort, l'autre la trompe.

XXIII. Claudius Quadrigarius raconte au dix-huitième livre de ses Annales, qu'au siége de Grumentum, la place étant réduite aux dernières extrémités, deux esclaves passèrent à l'ennemi, et en obtinrent la récompense. Ensuite, la ville prise, et le vainqueur courant déjà de tous côtés, ils prirent les devants par des chemins connus, arrivèrent à la maison où ils avaient servi, et firent marcher leur maîtresse devant eux. A ceux qui les questionnaient, ils disaient que c'était leur maîtresse et une maîtresse très-cruelle qu'ils conduisaient eux mêmes au supplice. Sortie des murs, ils la cachèrent avec le plus grand soin, jusqu'à ce que la fureur de l'ennemi fût calmée. Ensuite, dès que le soldat, bientôt rassasié, fut redevenu Romain, ils redevinrent esclaves et se donnèrent eux-mêmes à leur maîtresse. Celle-ci les affranchit sur-le-champ tous deux, et ne rougit pas d'avoir reçu la vie de ceux sur qui elle avait eu le droit de vie et de mort. Elle dut même s'en féliciter d'autant plus que, sauvée de toute autre manière, elle eût joui du fruit d'une clémence vulgaire et de tous les jours ; tandis que, sauvée ainsi, elle devint un exemple mémorable et l'entretien de deux villes. Dans l'horrible confusion d'une cité prise, chacun ne songeant qu'à soi, tous l'abandonnèrent excepté les transfuges. Mais eux, pour montrer quelle avait été leur intention en fuyant la première fois, passèrent, transfuges de nouveau, des vainqueurs à la captive, en prenant le rôle de parricides. Car, ce qu'il y eut de plus noble dans ce bienfait, c'est qu'ils ne craignirent point, pour empêcher le meurtre de leur maîtresse, de paraître ses meurtriers. Non ; crois-moi ; non, te dis-je, ce n'est point d'une âme servile d'acheter une belle action par la réputation d'un crime.

C. Vettius, préteur des Marses, était entraîné prisonnier chez les Romains. Son esclave arracha le glaive du soldat même qui le conduisait, et tua d'abord son maître. Et puis : « Il est temps, dit-il, de songer à moi ; déjà j'ai affranchi mon maître ; » et il se perça lui-même d'un seul coup. Trouve-moi quelqu'un qui eût plus noblement sauvé son maître.

XXIV. César assiégeait Corfinium : Domitius y était tenu enfermé. Il commanda à son médecin, qui était aussi son esclave, de lui donner du poison. Le voyant hésiter : « Que tardes-tu, lui dit-

---

injuriis dominorum in servos qui audiat positus est, qui et sævitiam et libidinem, et in præbendis ad victum necessariis avaritiam compescat. Quid ergo? beneficium dominus a servo accipit? immo homo ab homine. Deinde quod in illius potestate fuit, fecit : beneficium domino dedit : ne a servo acceperis, in tua potestate est. Quis autem tantus est, quem non fortuna indigere etiam infimis cogat? Multa jam beneficiorum exempla referam, et dissimilia, et quædam inter se contraria. Dedit aliquis domino suo vitam, dedit mortem, servavit periturum ; et hoc si parum est, pereundo servavit ; alius mortem domini adjuvit, alius decepit.

XXIII. Claudius Quadrigarius in duodevicesimo annalium tradidit, cum obsideretur Grumentum, et jam ad summam desperationem ventum esset, duos servos ad hostem transfugisse, et operæ pretium fecisse. Deinde urbe capta, passim discurrente victore, illos per nota itinera ad domum in qua servierant, præcucurrisse, et dominam suam ante se egisse ; et quærentibus quænam esset, dominam, et quidem crudelissimam ad supplicium ab ipsis duci, professos esse. Eductam deinde extra muros, summa cura celasse, donec hostilis ira consideret ; Deinde, ut satiatus miles cito ad Romanos mores rediit, illos quoque ad suos redisse, et dominam sibi ipsos dedisse. Manumisit utrumque e vestigio illa ; nec indignata est ab his se vitam accepisse, in quos vitæ necisque potestatem habuisset. Potuit sibi hoc vel magis gratulari. Aliter enim servata, munus notæ et vulgaris clementiæ habuisset : sic servata, nobilis fabula, et exemplum duarum urbium fuit. In tanta confusione captæ civitatis, quum sibi quisque consuleret, omnes ab illa præter transfugas fugerunt. At hi, ut ostenderent quo animo facta esset prior illa transitio, a victoribus ad captivam transfugerunt, personam parricidarum ferentes. Quod in illo beneficio maximum fuit, tanti judicaverunt, ne domina occideretur, videri dominam occidisse. Non est, mihi crede, non, dico, servilis animi, egregium factum fama sceleris emisse. C. Vettius, prætor Marsorum, ducebatur ad Romanum imperatorem. Servus ejus gladium militi ipsi, a quo trahebatur, eduxit, et primum dominum occidit : deinde, Tempus est, inquit, me et mihi consulere : jam dominum manumisi; atque ita se uno ictu transjecit. Da mihi quemquam, qui magnificentius dominum servarit.

XXIV. Corfinium Cæsar obsidebat : tenebatur inclusus Domitius. Imperavit medico eidemque servo suo

il, comme si tout dépendait de toi? Je te demande la mort les armes à la main. » Alors il promit; et lui donnant un breuvage innocent, qui ne fit que l'assoupir, il alla trouver son fils, et lui dit : « Fais-moi garder à vue jusqu'à ce que l'événement t'apprenne si c'est du poison que j'ai donné à ton père. » Domitius ne mourut pas, et César lui sauva la vie : mais son premier sauveur avait été l'esclave.

XXV. Dans la guerre civile, un esclave cacha son maître proscrit; se parant ensuite de ses anneaux, couvert de ses vêtements, il vint se présenter à ceux qui le cherchaient, leur dit qu'il les priait pour toute grâce d'exécuter leurs ordres, et tendit le cou au glaive. Quelle grandeur d'âme! de vouloir mourir pour son maître, dans un temps où c'était une rareté de ne pas vouloir la mort de son maître; de rencontrer un trait d'humanité dans la cruauté publique; un trait de fidélité dans la publique perfidie; et, lorsque de grandes récompenses sont offertes à la trahison, de chercher la mort pour récompense de sa fidélité!

XXVI. Je n'oublierai pas les exemples de notre siècle. Sous Tibère César, les accusations étaient comme une rage presque générale, qui enleva plus de citoyens à la ville, en pleine paix, que toutes les guerres civiles. On épiait les paroles de l'ivresse, les naïvetés de la plaisanterie : tout était danger; tout prétexte de sévir était bon. On ne s'informait plus du résultat des accusations parce qu'il n'y en avait qu'un. Le prétorien Paulus se trouvait à un souper, portait à son doigt une pierre sur laquelle ressortait en relief l'image de Tibère César. Je serais très-ridicule si je cherchais des mots pour dire qu'il prit un pot de chambre. Le fait fut aussitôt remarqué par Maron, un des plus fameux délateurs du temps. Mais l'esclave de Paulus, comprenant que son maître allait tomber dans un piége, profita de son ivresse pour lui ôter son anneau; et comme Maro prenait les convives à témoin que l'image de l'empereur avait été mise en contact avec un objet obscène, et libellait déjà sa dénonciation, l'esclave lui montra l'anneau à son doigt. Si quelqu'un appelle cet homme un esclave, il appellera aussi Maro un convive.

XXVII. Sous le divin Auguste les paroles n'étaient pas encore une cause de péril, mais déjà d'inquiétude. Le sénateur Rufus avait, au milieu d'un souper, exprimé le vœu que César ne revînt pas d'un voyage qu'il méditait, ajoutant que son vœu était aussi celui de tous les taureaux et les veaux. Il y eut des gens qui recueillirent soigneusement ses paroles. Dès qu'il fit jour, son esclave, qui, pendant le souper, s'était tenu à ses pieds, lui raconte ce qu'il avait dit dans son ivresse; il l'engage à se présenter à César, et à se dénoncer lui-même. Rufus suit ce conseil, et court à la rencontre de César, descendant du palais; il jure que la veille il n'était pas dans son bon sens, et, faisant des vœux pour que sa faute retombe sur lui et ses enfants, il prie César de lui pardonner et de lui rendre ses bonnes grâces. César disant qu'il y consentait : Personne, continua Rufus, ne croira que tu m'aies rendu tes bonnes grâces, si tu ne me donnes quelque chose; et il lui demanda et obtint

ut sibi venenum daret. Quum tergiversantem videret : Quid cunctaris, inquit, tanquam tua in potestate totum istud sit? mortem rogo armatus. Tum ille promisit, et medicamentum innoxium bibendum illi dedit: quo quum sopitus esset, accessit ad filium ejus : Jube me, inquit, asservari, dum ex eventu intelligas, an venenum patri tuo dederim. Vixit Domitius, et servatus a Cæsare est : prior tamen illum servus servaverat.

XXV. Bello civili, proscriptum dominum servus abscondit; et quum annulos ejus sibi aptasset, ac vestem induisset, speculatoribus occurrit : nihil se deprecari, quo minus imperata peragerent, dixit; et deinde cervicem porrexit. Quanti viri est, pro domino eo tempore mori velle, quo erat rara fides, dominum mori nolle? in publica crudelitate mitem inveniri, in publica perfidia fidelem? quum præmia proditionis ingentia ostendantur, præmium fidei, mortem concupiscere?

XXVI. Nostri seculi exempla non præteribo. Sub Tiberio Cæsare fuit accusandi frequens et pene publica rabies, quæ omni civili bello gravius togatam civitatem confecit. Excipiebatur ebriorum sermo, simplicitas jocantium; nihil erat tutum; omnis sæviendi placebat occasio. Nec jam reorum exspectabatur eventus, quum esset unus. Cœnabat Paulus prætorius in convivio quodam, imagi-
nem Tiberii Cæsaris habens, ectypam, et eminente gemma. Rem ineptissimam fecero, si nunc verba quæsiero, quemadmodum dicam illum matellam sumsisse. Quod factum simul et Maro ex notis illius temporis vestigatoribus notavit. At servus ejus cui nectebantur insidiæ, ebrio annulum extraxit; et quum Maro convivas testaretur, admotam esse imaginem obscœnis, et jam subscriptionem componeret, ostendit in manu sua servus annulum. Si quis hunc servum vocat, et illum convivam vocabit.

XXVII. Sub divo Augusto nondum hominibus verba sua periculosa erant, jam molesta. Rufus, vir ordinis senatorii, inter cœnam optaverat, ne Cæsar salvus rediret ex ea peregrinatione quam parabat; et adjecerat, Idem omnes et tauros et vitulos optare. Fuerunt qui illa diligenter audirent. Ut primum diluxit, servus, qui cœnanti ad pedes steterat, narrat quæ inter cœnam ebrius dixisset; hortatur, ut Cæsarem occupet, atque ipse se deferat. Usus consilio, descendenti Cæsari occurrit. Et quum malam mentem habuisse se pridie jurasset, id ut in se et filios suos recideret, optavit, et Cæsarem, ut ignosceret sibi, rediretque in gratiam secum, rogavit. Quum dixisset se Cæsar facere : Nemo, inquit, credet te mecum in gratiam redisse, nisi aliquid mihi donave-

une somme que n'eût pas dédaignée même un homme en faveur. César ajouta : « Dans mon intérêt, je prendrai soin de ne pas me fâcher avec toi. » César fit bien sans doute de pardonner, d'ajouter la libéralité à la clémence. Ceux qui connaîtront cet exemple de générosité seront forcés de louer César ; mais il faut auparavant louer l'esclave. Est-il besoin de raconter qu'il fut affranchi: mais ce ne fut pas un don gratuit : César avait payé le prix de sa liberté.

XXVIII. Après tant d'exemples, est-il encore douteux qu'un maître puisse quelquefois recevoir un bienfait de son esclave ? Pourquoi l'action serait-elle rabaissée par la personne, plutôt que la personne annoblie par l'action ? Notre commencement à tous est le même; notre origine est la même. Nul n'est plus noble qu'un autre, si ce n'est celui dont l'esprit est plus droit et plus disposé a de belles œuvres. Ceux qui exposent des images dans leur vestibule et placent sur la façade de leur maison, en longue rangée, les noms de leurs ancêtres, enchaînés l'un à l'autre dans les rameaux d'un arbre généalogique, sont plutôt des gens connus que des gens nobles. Tous ont un père commun, le ciel : soit par des degrés brillants, soit par des degrés obscurs, l'origine de chacun y remonte. Les grands te trompent moins que tu ne penses, lorsque, dans le dénombrement de leurs aïeux, partout où manque un nom célèbre, ils y posent un Dieu. Ne méprise aucun homme, quand même il serait entouré de noms obscurs et peu favorisés par la fortune. Soit que vous comptiez devant vous des affranchis, des esclaves ou des hommes de race étrangère, relevez fièrement la tête, et franchissez d'un saut hardi cet intervalle humiliant : au terme vous attend une haute noblesse. Pourquoi, dans notre orgueil, nous laissons-nous emporter à un tel degré de vanité, que nous nous indignions de recevoir des bienfaits d'un esclave, et qu'oubliant son mérite, nous ne songions qu'à sa condition ? Tu appelles quelqu'un esclave, toi l'esclave de ta luxure, de ton ventre, d'une prostituée, ou plutôt la propriété commune de toutes les prostituées ! Tu appelles quelqu'un esclave, toi ! Mais où donc t'entraînent ces porteurs qui promènent partout ta litière ? Ces esclaves en manteau, équipés comme des soldats, et même avec luxe, où, dis-moi, te mènent-ils ? A la porte de quelque portier, aux jardins de quelque esclave inférieur, qui n'a pas même de fonctions réglées. Et puis tu contestes les bienfaits de ton esclave, quand c'est un bienfait pour toi que le baiser d'un esclave étranger ! Quelle est donc cette contradiction de ton esprit ? Au même instant tu méprises les esclaves, et tu leur fais la cour ! Impérieux et emporté chez toi, rampant au-dehors, et aussi méprisé que méprisant. Car nul ne s'abaisse plus facilement que celui qui se grandit sans droit; nul n'est plus disposé à fouler les autres, que celui qui s'est appris à répandre des outrages, à force d'en recevoir.

XXIX. J'ai dû dire ces choses, pour rabattre l'insolence des hommes qui ne s'attachent qu'à la fortune, et pour revendiquer le droit de bienfait pour les esclaves, afin de le revendiquer aussi pour les fils. Car on demande si quelquefois les

ris. petique non fastidiendam a propitio summam, et impetravit. Cæsar ait : Mea causa dabo operam, ne unquam tibi irascar. Honeste Cæsar, quod ignovit, quod liberalitatem clementiæ adjecit. Quicunque hoc audiverit exemplum, necesse est Cæsarem laudet, sed quum servum ante laudaverit. Num exspectas, ut tibi narrem manumissum, qui hoc fecerat ? nec tamen gratis ; pecuniam pro libertate ejus Cæsar numeraverat.

XXVIII. Post tot exempla num est dubium, quin beneficium aliquando a servo dominus accipiat ? Quare potius persona rem minuat, quam personam res ipsa cohonestet ? Eadem omnibus principia, eademque origo : nemo altero nobilior, nisi cui rectius ingenium, et artibus bonis aptius. Qui imagines in atrio exponunt, et nomina familiæ suæ longo ordine, ac multis stemmatum illigata flexuris, in parte prima ædium collocant, noti magis, quam nobiles sunt. Unus omnium parens mundus est : sive per splendidos, sive per sordidos gradus, ad hunc prima cujusque origo perducitur. Non est, quod te isti decipiant, qui quum majores suos recensent, ubicunque illustre nomen defecit, illo deum infulciunt. Neminem despexeris, etiamsi circa illum obsoleta sunt nomina, et parum indulgente adjuta fortuna. Sive libertini ante vos habentur, sive servi, sive exterarum gentium homines. Erigite audacter animos, et quidquid in medio sordidi jacet, transilite : exspectat vos in summo magna nobilitas. Quid superbia in tantam vanitatem attollimur, ut beneficia a servis indignemur accipere, et sortem eorum spectemus, obliti meritorum ? Servum tu quemquam vocas, libidinis et gulæ servus, et adulteræ, immo adulterarum commune mancipium ? Servum vocas quemquam tu ? Quo tandem ab istis gerulis raperis cubile istud tuum circumferentibus ? quo te pænulati isti in militum et quidem non vulgarem cultum subornati ? quo, inquam, te isti efferunt ? ad ostium alicujus ostiarii, an hortos alicujus ne ordinarium quidem habentis officium. Et deinde negas tibi beneficium a servo tuo posse dari, cui osculum alieni servi beneficium est. Quæ est tanta animi discordia ? eodem tempore servos despicis, et colis. Imperiosus intra limen atque impotens, humilis foris, et tam contemtus, quam contemnens. Neque enim ulli magis abjiciunt animos, quam qui improbe tollunt : nullique ad calcandos alios paratiores, quam qui contumelias facere accipiendo didicerunt.

XXIX. Dicenda hæc fuerunt, ad confundendam insolentiam hominum ex fortuna pendentium, vindicandum

enfants peuvent accorder à leurs parents des bienfaits plus grands qu'ils n'en ont reçu. On reconnaît que beaucoup de fils ont été plus grands et plus puissants que leurs pères, et aussi qu'ils ont été meilleurs. Si on l'admet, il peut se faire qu'ils donnent mieux qu'ils n'ont reçu, puisque leur fortune est plus haute, et leur volonté meilleure. Quelque chose, dit-on, que le fils donne au père, il reste toujours au-dessous, parce que c'est au père qu'il doit le moyen de donner. Celui-ci ne peut donc jamais être surpassé en bienfaits, puisque c'est de lui que vient le bienfait par lequel il est surpassé. D'abord, certaines choses doivent leur origine à d'autres, et cependant deviennent plus grandes que leur origine : et ce n'est pas à dire qu'une chose ne soit plus grande que celle par où elle a commencé, parce qu'elle n'aurait pu devenir si grande, si elle n'eût commencé. Il n'y a rien qui n'aille bien au-delà de son principe. Les semences sont la cause de toutes choses, et cependant elles sont la plus petite partie de ce qui est venu d'elles. Vois le Rhin, vois l'Euphrate, enfin tous les fleuves célèbres : que sont-ils, si tu les juges par les sources d'où ils sortent? Tout ce qui les fait craindre, tout ce qui les fait citer, ils l'ont gagné dans leur marche. Ote les racines; les forêts ne s'élèveront plus, les hautes montagnes seront dépouillées de leurs vêtements. Vois ces arbres si élevés, si tu mesures leur hauteur, si spacieux, si tu regardes l'épaisseur et l'ampleur de leur feuillage; combien est petit en comparaison l'espace qu'occupent les fibres déliées des racines? Les temples, les murailles des villes se dressent appuyés sur leur base; et pourtant les fondements, qui sont toute la force de l'édifice, sont cachés aux regards. C'est ce qui arrive en toutes choses : la grandeur qui s'élève ensevelit toujours son principe. Je n'aurais pu rien acquérir, si le bienfait de mes parents n'eût précédé : il ne s'ensuit pas que ce que j'ai acquis soit moins que la chose sans quoi je n'eusse rien acquis. Si une nourrice n'eût allaité mon enfance, je n'aurais pu faire rien de ce que je porte dans mon cœur et ma main, je n'aurais pu m'élever à cette hauteur de gloire que m'ont valu mes talents civils et militaires : mettras-tu donc les fonctions de la nourrice au-dessus des plus grandes actions? Or, quelle différence y a-t-il entre les bienfaits de mon père et les caresses de ma nourrice, si sans l'un, comme sans l'autre, je n'aurais pu aller plus loin?

XXX. Que si tout ce que je puis je le dois à mon commencement, songe que mon commencement n'est ni mon père, ni même mon grand-père. Car il y aura toujours quelque chose au-delà, d'où découle l'origine de notre origine la plus prochaine. Or, personne ne dira que je dois moins à mon père qu'à des inconnus, à des ancêtres auxquels ne peut remonter ma mémoire : et pourtant je leur dois plus, si mon père doit à ses ancêtres d'avoir pu me donner la vie. Tout ce que j'ai donné à mon père, dites-vous, quelque grand que ce soit, est au-dessous de la valeur de son présent; car je ne serais pas, s'il ne m'avait pas engendré. De cette façon, si quelqu'un avait guéri mon père malade et près de la mort, je ne pourrais rien lui donner qui ne fût moins que son

que ejus beneficii dandi a servis, ut a filiis quoque vindicaretur. Quæritur enim, an aliquando liberi majora beneficia dare parentibus suis possint, quam acceperint? Illud conceditur, multos filios majores potentioresque exstitisse, quam parentes suos ; æque et illud, meliores fuisse. Quod si constat, potest fieri, ut meliora tribuerint, quum et fortuna illis major esset, et melior voluntas. Quidquid, inquit, est, quod dat patri filius, utique minus est, quia hanc ipsam dandi facultatem patri debet. Ita nunquam beneficio ejus vincitur, cujus beneficium est ipsum, quod vincitur. Primum, quædam initium ab aliis trahunt, et tamen initiis suis majora sunt. Nec ideo aliquid non est majus eo quo cœpit, quia non potuisset in tantum procedere, nisi cœpisset. Nulla non res principia sua magno gradu transit. Semina omnium rerum causa sunt : et tamen minimæ partes sunt eorum quæ gignunt. Adspice Rhenum, adspice Euphratem, omnes denique inclytos amnes : quid sunt, si illos illic unde effluunt, æstimes? Quidquid est quo timentur, quo nominantur, in processu paraverunt. Tolle radicem, nemora non surgent; nec tanti montes vestientur. Adspice trabes, sive proceritatem æstimes, altissimas ; sive crassitudinem spatiumque ramorum, latissime fusas : quantulum est his comparatum illud, quod radix tenui fibra complectitur? Innituntur fundamentis suis templa, et illa urbis mœnia : tamen quæ in firmamentum totius operis jacta sunt, latent. Idem in ceteris evenit : principia sua semper sequens magnitudo obruit. Non potuissem quidquam consequi, nisi parentum beneficium antecessisset : sed non ideo quidquid consecutus sum, minus est eo, sine quo consecutus non essem. Nisi me nutrix aluisset infantem, nihil eorum, quæ consilio ac manu gero, facere potuissem, nec in hanc emergere nominis claritatem, quam civili ac militari industria merui : numquid tamen ideo maximis operibus præferes nutricis officium? At quid interest, quum æque sine patris beneficio, quam sine nutricis fomento, non potuerim ad ulteriora procedere?

XXX. Quod si initio meo, quidquid jam possum, debeo, cogita non esse initium mei patrem, ne avum quidem. Semper enim erit ulterius aliquid, ex quo originis proximæ origo descendat. Atqui nemo dicet me plus debere ignotis, et ultra memoriam positis majoribus, quam patri : plus autem debeo, si hoc ipsum quod genuit me pater meus majoribus debet. Quidquid præstiti patri, etiamsi magnum est, infra æstimationem paterni muneris est, quia non essem, si non genuisset? Isto modo, etiamsi quis patrem meum ægrum ac moriturum sanaverit, ni-

12.

bienfait; car mon père n'aurait pu m'engendrer, s'il n'eût été guéri. Mais voyons, ne serait-ce pas mieux apprécier les choses que de considérer ce que j'ai pu, ce que j'ai fait, comme mon œuvre, l'œuvre de mes forces, l'œuvre de ma volonté. Considère en toi ce que c'est que m'avoir donné l'être : tu verras que c'est bien peu, un je ne sais quoi, matière de bien et de mal; sans doute le premier pas vers toutes choses, mais non plus grand que toutes choses, parce qu'il est le premier. J'ai sauvé mon père, je l'ai élevé au faîte des honneurs, je l'ai fait le premier de sa ville : et non-seulement je l'ai grandi par mes actions, mais je lui ai ouvert un chemin large et facile, non moins sûr que glorieux, pour se distinguer par lui-même. Honneurs, richesses, tout ce qu'ambitionne le cœur humain, je l'ai entassé sur sa tête : placé au-dessus de tous, je me suis placé au-dessous de lui. Dis-moi maintenant que si j'ai pu ces choses, c'est précisément par le bienfait de mon père. Je te répondrai : sans doute, si, pour les faire, il suffit de naître. Mais, si vivre est la moindre partie de ce qu'il faut pour bien vivre, si tu ne m'as donné que ce que j'ai de commun avec les bêtes sauvages, avec les moindres animaux et même les plus ignobles, ne va pas t'approprier ce qui ne vient pas de tes bienfaits, quoiqu'il l'ait fallu d'abord. Suppose que je t'aie rendu la vie pour la vie. J'ai encore dépassé ton bienfait, puisqu'en donnant je savais que je donnais, tu savais que tu recevais; puisque je t'ai donné la vie non pour ma jouissance, ou du moins par ma jouissance; puisque conserver la vie est plus important que la recevoir, au lieu que ce n'est rien de mourir avant la crainte de la mort.

XXXI. Je t'ai donné la vie, quand tu devais en jouir aussitôt : tu l'as donnée à un être qui ne savait s'il vivrait : je t'ai donné la vie, quand tu redoutais la mort ; tu m'as donné la vie pour que je pusse mourir : je t'ai donné une vie achevée, complète; tu m'as engendré dénué de raison, à charge aux autres. Veux-tu savoir pourquoi c'est si peu chose que donner la vie de cette façon? tu n'avais qu'à m'exposer ; c'eût été pour lors un mauvais service de m'avoir engendré. D'où je conclus que c'est un mince bienfait que le rapprochement du père et de la mère, s'il ne s'y ajoute d'autres biens pour développer ce premier don, et le ratifier par d'autres services. Le bien n'est pas de vivre, mais de bien vivre. J'ai bien vécu : mais je pouvais mal vivre. Ainsi, la seule chose que je tienne de toi, c'est de vivre. Si tu me reproches la vie en soi, toute nue et dépourvue de raison, et que tu me la vantes comme un grand bien, songe que tu me reproches un bien qui appartient aux mouches et aux vers. Ensuite, pour ne parler que des beaux-arts dont l'étude a dirigé ma vie dans le bon chemin, tu as reçu dans ton bienfait même, plus que tu n'as donné. Car tu m'as donné à moi-même brut et ignorant; moi, je t'ai donné un fils tel que tu serais charmé de l'avoir engendré.

XXXII. Mon père m'a nourri. Si j'en fais autant, je lui rends davantage : car, non-seulement il a le plaisir d'être nourri, mais d'être nourri par son fils; et il jouit encore plus de mes sentiments

hil præstare ei potero, quod non beneficio ejus minus sit; non enim genuisset me pater, ni sanatus esset. Sed vide, ne illud verius sit æstimari, an id quod potui, et id quod feci, meum sit, mearum virium, meæ voluntatis. Illud quod natus sum, per se intuere quale sit : animadvertes exiguum et incertum, et bon. malique communem materiam, sine dubio primum ad omnia gradum : sed non ideo majorem omnibus, quia primum. Servavi patrem, et ad summam provexi dignitatem, et principem urbis suæ feci; nec tantum rebus a me gestis nobilitavi, sed ipsi quoque gerendarum ingentem ac facilem, nec tutam minus, quam gloriosam dedi materiam. Honores, opes, quidquid humanos ab se animos rapit, congessi, et quum supra omnes starem, infra illum steti. Dic nunc, hoc ipsum, quod ista potuisti, patris munus est. Respondebo tibi, et prorsus, si ad ista facienda nasci satis est; sed si ad bene vivendum minima portio est vivere, et id tribuisti, quod cum feris mihi et animalibus quibusdam minimis, quibusdam etiam fœdissimis commune est; noli tibi asserere, quod non ex tuis beneficiis, etiamsi non sine tuis, oritur. Puta me vitam pro vita reddidisse. Sic quoque munus tuum vici, quum ego dederim sentienti, quum sentiens me dare; quum vitam tibi non voluptatis meæ causa, aut certe per voluptatem dederim;

quum tanto majus sit retinere spiritam, quam accipere, quanto levius mori ante mortis metum.

XXXI. Ego vitam dedi statim illa usuro : tu nescituro, an viveret : ego vitam dedi, mortem timenti : tu vitam dedisti, ut mori possem : ego vitam tibi dedi consummatam, perfectam : tu me expertem rationis genuisti, onus alienum. Vis scire, quam non sit magnum beneficium, vitam sic dare? exposuisses; nempe injuria erat genuisse. Quo quidem colligo minimum esse beneficium, patris matrisque concubitum, nisi accesserint alia, quæ prosequerentur hoc initium muneris, et aliis officiis ratum facerent. Non est bonum vivere, sed bene vivere. At bene vivo : sed potui et male : ita hoc tantum est tuum, quod vivo. Si vitam imputas mihi per se, nudam, egentem consilii, et id ut magnum bonum jactas, cogita te mihi imputare muscarum ac vermium bonum. Deinde, ut nihil aliud dicam, quam bonis artibus me studuisse, ut cursum ad rectum iter vitæ dirigerem : in ipso beneficio tuo, majus quam quod dederas, recepisti. Tu enim me mihi rudem et imperitum dedisti ; ego tibi filium, qualem genuisse gauderes.

XXXII. Aluit me pater. Si idem præsto, plus reddo; quia non tantum ali se, sed a filio ali gaudet, et majorem ex animo meo, quam ex ipsa re, percipit voluptatem.

que de la chose même : au lieu que les aliments qu'il m'a donnés n'ont pénétré que mon corps. Quoi ! si un homme s'est élevé si haut, qu'il brille chez les nations par son éloquence, sa justice ou ses exploits guerriers, qu'il entoure aussi son père d'une grande gloire, qu'il dissipe par son éclat l'obscurité de son berceau, il n'aura pas répandu sur ses parents des bienfaits inestimables! Qui connaîtrait Ariston et Gryllus, sans leurs fils Xénophon et Platon? Sophronisque est devenu impérissable par Socrate. Il serait trop long d'énumérer tous les autres dont la mémoire n'est vivante que parce que la vertu supérieure de leurs enfants l'a transmise à la postérité. Qui a le plus reçu de l'autre, ou Agrippa de son père, lequel n'est pas même connu après Agrippa, ou celui-ci d'Agrippa, lequel fut décoré d'une couronne navale, seul exemple de cette glorieuse récompense militaire ; d'Agrippa qui, par la multitude d'édifices dont il embellit la ville, surpassa la magnificence des siècles précédents, sans pouvoir être surpassé dans la suite? Qui apporta le plus grand bienfait à l'autre, ou d'Octave à son fils, ou du divin Auguste à son père, quoique celui-ci fût caché dans l'ombre du père adoptif? Quelle jouissance il eût goûtée, s'il eût vu ce fils, après l'extinction des guerres civiles, présider à l'établissement d'une paix solide? Sans doute il n'aurait pas reconnu son ouvrage; et, en se regardant lui-même, il n'aurait pu croire qu'un tel homme fût né dans sa famille.

Pourquoi parlerai-je encore des autres, que l'oubli eût déjà dévorés, si la gloire de leurs fils ne les eût arrachés aux ténèbres, et ne les retenait encore au grand jour? D'ailleurs, nous n'examinons pas si quelque fils a rendu à son père plus qu'il n'avait reçu ; mais s'il est possible de rendre plus. Quand même les exemples que j'ai rapportés ne satisferaient pas, et que les bienfaits des parents ne seraient pas éclipsés, la nature peut enfanter ce qu'aucun siècle n'a encore produit. Si des mérites isolés n'ont pu surpasser la grandeur des bienfaits paternels, plusieurs, réunis en un seul, les surpasseront.

XXXIII. Scipion sauva son père dans un combat : encore revêtu de la prétexte, il poussa son cheval au milieu des ennemis. C'est peu d'avoir affronté, pour arriver jusqu'à son père, tous les périls qui assiègent les plus grands capitaines, et triomphé de tant d'obstacles, d'avoir, soldat d'un jour, passé sur le corps aux vétérans, pour courir à la première ligne, d'avoir devancé son âge : suppose qu'il défende aussi son père accusé, qu'il l'arrache aux complots d'ennemis puissants, qu'il accumule sur lui un second, un troisième consulat, et les autres dignités qu'ambitionnent même les consulaires ; qu'il offre à sa pauvreté des richesses acquises par la victoire; enfin, ce qui a le plus de prix pour un guerrier, qu'il le fasse riche avec les dépouilles des ennemis. Si ce n'est pas encore assez, ajoute cette suite de commandements dans les provinces, de charges extraordinaires ; ajoute qu'après la destruction des villes les plus puissantes, devenu le défenseur et le fondateur de l'empire romain, qui devait désormais, sans rival, s'étendre de l'Orient à

Illius alimenta ad corpus tantum meum pervenerunt. Quid si quis in tantum processit, ut aut eloquentia per gentes enotesceret, aut justitia, aut bellicis rebus, et patri quoque ingentem circumfunderet famam, tenebrasque natalium suorum clara luce discuteret ; non inæstimabile in parentes suos beneficium contulit? An quisquam Aristonem et Gryllum, nisi propter Xenophontem ac Platonem filios nosset? Sophroniscum Socrates expirare non patitur. Ceteros enumerare longum est, qui vivunt ob nullam causam aliam, quam quod illos liberorum virtus tradidit posteris. Utrum majus beneficium dedit M. Agrippæ pater, ne post Agrippam quidem notus, an patri dedit Agrippa, navali corona insignis, unicum adeptus inter dona militaria decus? qui tot in urbe maxima opera excitavit, quæ et priorem magnificentiam vincerent, et nulla postea vincerentur? Utrum Octavius majus ullum beneficium dedit filio, an patri divus Augustus, quamvis illum umbra adoptivi patris abscondit? Quantam cepisset voluptatem, si illum, post debellata arma civilia, vidisset securæ paci præsidentem, non agnoscens bonum suum, nec satis credens, quoties respexisset ad se, potuisse illum virum in domo sua nasci? Quid nunc ceteros persequar, quos jam consumpsisset oblivio, nisi illos filiorum gloria e tenebris eruisset, et adhuc in luce retineret? Deinde quum quæramus, non , quis filius patri majora beneficia reddiderit, quam a patre acceperat, sed an possit aliquis majora reddere : etiamsi quæ retuli exempla, nondum satisfaciunt, nec beneficia parentum suorum supermicant ; capit tamen hoc natura, quod nondum ulla ætas tulit. Si singula paternorum meritorum magnitudinem exsuperare non possunt, plura in unum congesta superabunt.

XXXIII. Servavit in prælio patrem Scipio, et prætextatus in hostes equum concitavit: parum est, quod, ut perveniret ad patrem, tot pericula maximos duces quum maxime prementia contemsit, tot oppositas difficultates ; quod ad primam pugnam exiturus tiro per veteranorum corpora cucurrit; quod annos suos transilivit. Adjice, ut idem patrem reum defendat, et conspirationi inimicorum potentium eripiat; ut alterum illi consulatum, ac tertium, aliosque honores etiam consularibus concupiscendos congerat; ut pauperi raptas belli jure opes tradat; et quod est militaribus viris speciosissimum, divitem illum spoliis etiam hostilibus faciat. Si adhuc parum est, adjice ut provincias et extraordinaria imperia continuet : adjice ut dirutis maximis urbibus, Romani imperii sine æmulo,

l'Occident; il ennoblit encore la noblesse de son père. Oppose à cela la paternité. Est-il à douter que le bienfait vulgaire de la génération n'ait été surpassé par cette piété filiale et cette vertu si grande, que je ne saurais décider si elle apporta à la ville plus d'appui que de gloire.

XXXIV. Et, si ce n'est pas encore assez, suppose qu'un fils arrache son père à la torture, et la subisse à sa place. Car tu peux, autant que tu le veux, étendre les bienfaits du fils, au lieu que le mérite du père est simple et facile : d'ailleurs, c'est un bienfait voluptueux et nécessairement accordé à beaucoup d'autres auxquels il en a fait part sans le savoir; bienfait dans lequel sa femme est de moitié, dans lequel il considérait les lois de son pays, les récompenses attachées à la paternité, la gloire de perpétuer son nom et sa famille, tout enfin, excepté celui auquel il donnait. Mais si un fils s'est élevé jusqu'à la sagesse, et l'a communiquée à son père, douterons-nous encore qu'il ait plus donné que reçu, puisqu'il rend à son père une vie heureuse, quand il n'a reçu que la vie? Mais, dit-on, tout ce que tu fais, tout ce que tu peux donner, tu le dois au bienfait de ton père. C'est aussi à mon précepteur que je dois d'avoir réussi dans les sciences. Cependant nous dépassons ceux qui nous les ont enseignées, surtout ceux qui nous ont appris les premiers éléments : quoiqu'on ne puisse rien sans eux, il ne s'ensuit pas que celui qui s'est élevé aussi haut qu'on peut atteindre, reste néanmoins au-dessous d'eux. Il y a beaucoup de différence entre les premières choses et les choses les plus grandes; et de ce que les plus grandes ne peuvent exister sans les premières, les premières ne sont pas pour cela au niveau des plus grandes.

XXXV. Il est temps enfin de présenter, si je puis dire ainsi, quelque chose de notre monnaie. Celui qui accorde un bienfait au-dessus duquel il y a quelque chose, peut toujours être surpassé. Un père a donné la vie à son fils : or, il y a quelque chose au-dessus de la vie; donc le père peut être surpassé, puisqu'il a accordé un bienfait au-dessus duquel il y a quelque chose. De plus, celui qui a donné la vie, s'il a été lui-même une et deux fois délivré du péril de la mort, a reçu plus qu'il n'a donné. Or, un père a donné la vie : donc, s'il a été plusieurs fois délivré par son fils du péril de la mort, il peut recevoir plus qu'il n'a donné. Celui qui reçoit un bienfait, le reçoit d'autant plus grand, qu'il en a plus besoin. Or, celui qui vit déjà, a plus besoin de la vie que celui qui n'est pas encore né, et qui ne peut même avoir aucune espèce de besoin. Donc, le père qui reçoit la vie de son fils, reçoit un plus grand bienfait que fils ne le reçoit du père en naissant.

Les bienfaits du père ne peuvent être surpassés par les bienfaits du fils. Pourquoi? parce qu'il a reçu la vie de son père, et, s'il ne l'avait reçue, il n'aurait pu répandre des bienfaits. Mais ce mérite du père lui est commun avec tous ceux qui ont donné la vie à quelqu'un; car on n'aurait pu leur témoigner sa reconnaissance, si l'on n'eût point reçu la vie. On ne peut donc, par la reconnaissance, surpasser le bienfait du médecin; car le médecin donne aussi la vie; ni celui du matelot

---

ad ortus occasusque venturi defensor et conditor, majorem nobilitatem nobili viro adjiciat. Dic Scipionis patrem : dubium est, quin generandi vulgare beneficium vicerit eximia pietas et virtus, ipsi urbi nescio utrum majus præsidium afferens, an decus?

XXXIV. Deinde, si hoc parum est, finge aliquem tormenta patris discussisse, finge in se transtulisse. Licet tibi in quantum velis extendere beneficia filii, quum paternum munus et simplex sit, et facile; sed et danti voluptarium, quod necesse est, ille multis dederit etiam, quibus dedisse se nescit; in quo consortem habet, in quo spectavit legem patriam, præmia patrum, domus ac familiæ perpetuitatem, omnia potius quam eum cui dabat. Quid si quis sapientiam consecutus, hanc patri tradiderit, etiam nunc disputabimus, an majus aliquid dederit, quam acceperat; quum vitam beatam patri reddiderit, acceperit tantum vitam? Sed patris, inquit, beneficium est, quidquid facis, quidquid præstare illi potes. Et præceptoris mei, quod institutis liberalibus profeci. Ipsos tamen, qui tradiderunt illa, transcendimus, utique eos, qui prima elementa docuerunt. Et quamvis sine illis nemo quidquam assequi posset, non tamen quantumcunque qui assecutus est, infra illos est; multum inter prima ac maxima interest. Nec ideo prima maximorum instar sunt, quia sine primis maxima esse non possunt.

XXXV. Jam tempus est quædam ex nostra, ut ita dicam, moneta proferri. Qui id beneficium dedit, quo est aliud melius, potest vinci : pater dedit filio vitam; est autem aliquid vita melius : ita pater vinci potest, quia dedit beneficium, quo est aliquid melius. Etiamnunc, qui dedit alicui vitam, si semel et iterum liberatus est mortis periculo, majus accepit beneficium, quam dedit : pater autem vitam dedit : potest ergo, si sæpius periculo mortis liberatus a filio fuerit, majus beneficium accipere, quam dedit. Qui beneficium accepit, majus accepit, quo magis eo indiget; magis autem indiget vita qui vivit, quam qui natus non est: ut qui ne indigere quidem omnino possit : majus ergo beneficium accipit pater, vitam a filio accepit, quam filius a patre, quod natus est. Patris beneficia vinci a filii beneficiis non possunt; quare? quia vitam accepit a patre ; quam nisi accepisset, nulla dare beneficia potuisset. Hoc commune est patri cum omnibus, qui vitam dederunt alicui; non potuissent enim referre gratiam, nisi vitam accepissent. Ergo nec medico in majus gratia referri potest; solet enim et medicus vitam dare; nec nautæ, si naufragum sustulit. Atqui

qui nous a sauvés du naufrage. Cependant il est possible de surpasser les bienfaits de l'un et de l'autre, et généralement de tous ceux qui nous ont donné la vie de quelque manière ; donc c'est possible par rapport au père. Si quelqu'un m'accorde un bienfait qui ait besoin d'être soutenu des bienfaits de beaucoup d'autres, et que moi, au contraire, je lui aie offert un bienfait qui n'avait besoin de l'appui de personne, j'ai plus donné que je n'ai reçu. Or, le père a donné à son fils une vie qui devait s'éteindre, si une foule de soins n'étaient venus la protéger ; celle que le fils donne au père n'a besoin, pour se maintenir, d'aucun secours étranger. Donc, le père qui reçoit de son fils la vie qu'il lui avait donnée, reçoit un plus grand bienfait.

XXXVI. Cette doctrine ne porte pas atteinte au respect dû aux parents : loin de pervertir les enfants, elle ne peut que les rendre meilleurs. Car la vertu est naturellement ambitieuse et brûle de dépasser ce qui la devance. La piété filiale sera plus empressée, si elle vient à rendre des bienfaits avec l'espoir de vaincre. Les pères eux-mêmes s'y prêteront volontiers et avec joie : car il y a bien des circonstances où nous avons à gagner par une défaite. Heureuse concurrence, désirable félicité pour les pères, de se reconnaître vaincus par les bienfaits de leurs enfants! L'opinion contraire fournit une excuse aux enfants, et ralentit leur reconnaissance. Nous devons plutôt les stimuler et leur dire : « Allons, vertueuse jeunesse, un louable défi est ouvert entre les parents et les enfants, pour savoir qui donnera ou recevra davantage. Ils ne sont pas vainqueurs, pour vous avoir prévenus. Inspirez-vous donc de sentiments convenables, et vous triompherez, si vous n'abandonnez pas ceux qui désirent votre triomphe. Dans ce noble combat les chefs ne vous manqueront pas pour vous exciter par leur exemple, et pour vous ordonner de marcher sur leurs traces à une victoire déjà souvent remportée sur les parents. »

XXXVII. Énée a vaincu son père : il n'avait été pour lui qu'un fardeau léger et sans danger ; au lieu qu'il se chargea d'Anchise, appesanti par l'âge, au milieu des bataillons ennemis, des ruines de la ville qui s'écroulait autour de lui ; quand le religieux vieillard, tenant dans ses bras les vases sacrés et les dieux pénates, surchargeait sa marche d'un double poids, il le porta, que dis-je, et que ne peut la piété ! il le transporta à travers les flammes, et vint l'offrir à nos adorations parmi les fondateurs de l'empire romain.

Les jeunes Siciliens vainquirent, lorsqu'au milieu des secousses de l'Etna ébranlé, au milieu des torrents de feu qui inondaient les villes, les campagnes et la plus grande partie de l'île, ils emportèrent leurs pères sur leurs épaules. On raconte que les flammes se retirèrent devant eux, et que, s'écartant des deux côtés, elles ouvrirent un libre chemin à la fuite de ces jeunes gens, si dignes d'achever en sûreté cette noble entreprise. Antigone vainquit, lorsqu'après avoir défait l'ennemi dans un grand combat, il abandonna à son père le prix de son triomphe, et lui céda le trône de Chypre. C'est être vraiment roi, que de ne vouloir pas régner quand on le peut.

Titus Manlius vainquit son père, tout impérieux qu'il était. Auparavant relégué par lui à la

---

et horum et aliorum, qui aliquo modo nobis vitam dederunt, beneficia vinci possunt : ergo et patrum possunt. Si quis mihi beneficium dedit, quod multorum beneficiis adjuvandum esset, ego autem beneficium illi dedi, quod nullius adjutorio egeret, majus dedi quam accepi : pater filio vitam dedit perituram, nisi multa accessissent, quæ illam tuerentur : filius patri si dedit vitam, dedit eam, quæ nullius desideraret auxilium, in hoc, ut permaneret ; ergo majus beneficium accepit a filio pater, qui vitam accepit, quam ipse illi dederat.

XXXVI. Hæc non destruunt parentum venerationem, nec deteriores illis liberos faciunt, immo etiam meliores; natura enim gloriosa est virtus, et anteire priores cupit. Alacrior erit pietas, si ad reddenda beneficia cum vincendi spe venerit. Ipsis patribus id volentibus lætisque contigerit ; quoniam pleraque sunt, in quibus nostro bono vincimur. Unde certamen tam optabile, unde tantam felicitatem parentibus, ut fateantur se ipsos filiorum beneficiis impares ? Nisi hoc ita judicamus, excusationem damus liberis ; et illos segniores ad referendam gratiam facimus, quibus stimulos adjicere debemus, et dicere, Hoc agite, optimi juvenes? proposita est inter parentes ac liberos honesta contentio, dederint majora, an receperint. Non ideo vicerunt, quia occupaverunt. Sumite modo animum, qualem decet, et deficere nolite, ut vincatis, optantes. Nec desunt tam pulchro certamini duces, qui ad similia vos cohortentur, ac per vestigia sua ire ad victoriam, sæpe jam partam ex parentibus, jubeant.

XXXVII. Vicit Æneas patrem, ipse ejus in infantia leve tutumque gestamen, gravem senio, per media hostium agmina, et per cadentis circa se urbis ruinas ferens, quum complexus sacra ac penates deos religiosus senex non simplici vadentem sarcina premeret : tulit illum per ignes, et, quid non pietas potest ? pertulit, colendumque inter conditores Romani imperii posuit. Vicere Siculi juvenes, quum Ætna majore vi peragitata, in urbes, in agros, in magnam insulæ partem effudisset incendium, vexerunt parentes suos. Discessisse creditum est ignes, et utrimque flamma recedente limitem adapertum, per quem transcurrerent juvenes dignissimi, qui magna tuto auderent. Vicit Antigonus, qui quum ingenti prælio superasset hostem, præmium belli ad patrem transtulit, et imperium illi Cypri tradidit. Hoc est regnum, nolle regnare, quum possis ! Vicit patrem, imperiosum quidem,

campagne, à cause de l'inaptitude et de la stupidité de sa jeunesse, il alla trouver un tribun du peuple qui avait mis son père en accusation, lui demanda une entrevue, et l'obtint. Le tribun espérait qu'il se ferait le délateur d'un père odieux; et pensait avoir bien mérité du jeune homme, dont l'exil était un des plus grands griefs de l'accusation. Titus, l'ayant trouvé seul, retira un glaive caché sous sa robe : « Si tu ne jures, lui dit-il, de te désister, je te perce de ce fer. Tu peux choisir de quelle manière mon père sera délivré d'un accusateur. » Le tribun jura : il tint parole, et rendit compte à l'assemblée du motif de son désistement. Jamais nul autre ne tenta impunément de faire rentrer dans l'ordre un tribun.

XXXVIII. De tous côtés se pressent les exemples de ceux qui ont arraché leurs pères au danger, qui de l'état le plus bas les ont élevés au plus haut, qui les ont tirés des rangs les plus obscurs de la foule, pour les transmettre, impérissables, à la voix des siècles. Nulle énergie de langage, nulle richesse d'éloquence ne sauraient exprimer tout ce qu'il y a de mérite, tout ce qu'il y a de gloire à jamais assurée dans la mémoire des hommes, à pouvoir se dire : J'ai obéi à mes parents, je leur ai cédé : je me suis montré soumis et complaisant à tous leurs ordres, soit justes, soit injustes et rigides ; je n'ai été rebelle qu'en une seule chose, je n'ai pas voulu être vaincu en bienfaits. Entrez donc en lice, je vous en conjure ; et si vous êtes battus, renouvelez le combat. Heureux les vainqueurs! heureux encore les vaincus! Quoi de plus beau, pour ce jeune homme, que de pouvoir se dire ; car il ne lui est pas permis de le dire aux autres ; « J'ai surpassé mon père en bienfaits. » Quoi de plus heureux pour ce vieillard, que d'aller publier partout que les bienfaits de son fils ont triomphé des siens! Quoi de plus doux que d'avoir créé soi-même sa défaite!

LIVRE QUATRIÈME.

I. De toutes les questions que nous avons examinées, Ébutius Libéralis, il n'en est pas de plus importante, il n'en est pas qui veuille, selon l'expression de Salluste, être traitée avec plus de soin que celle qui nous occupe : la bienfaisance et la reconnaissance doivent-elles être recherchées seulement pour elles-mêmes? Il y a des gens qui, dans l'honnête, ne voient que l'utile, qui ne trouvent aucun charme dans la vertu sans profit, tandis qu'il ne reste plus en elle rien de grand, s'il y a quelque chose de vénal. En effet, quoi de plus honteux que de calculer le taux de la probité! La vertu n'invite pas par le gain, ne détourne pas par la perte; et loin de séduire par l'espoir et les promesses, elle ordonne, au contraire, de faire des sacrifices pour elle, et, le plus souvent, elle est elle-même un tribut volontaire. Foule aux pieds l'intérêt pour marcher à elle partout où elle t'appelle, partout où elle t'envoie, sans égard pour tes biens; quelquefois aussi il faut aller sans épargner sa vie, et jamais il ne faut être rebelle à ses commandements. Que gagnerais-je, dis-tu, à faire

---

T. Manlius; qui quum ante id tempus relegatus esset a patre, ob adolescentiam brutam ac hebetem, ad tribunum plebis, qui patri suo dixerat diem, venit; petitoque tempore, quod ille dederat, sperans fore proditorem parentis invisi, et bene meruisse se de juvene credebat, cujus exsilium pro gravissimo crimine inter alia Manlio objiciebat, nactus adolescens secretum, stringit occultatum sinu ferrum, et, nisi juras, inquit, te diem patri remissurum, hoc te gladio transfodiam. In tua potestate est, utro modo pater meus accusatorem non habeat. Juravit tribunus; nec fefellit, et causam actionis remissæ concioni reddidit. Nulli alii licuit impune tribunum in ordinem redigere.

XXXVIII. Alia ex aliis exempla sunt eorum, qui parentes suos periculis eripuerunt, qui ex infimo ad summum protulerunt, et e plebe acervoque ignobili nunquam tacendos seculis dederunt. Nulla vi verborum, nulla ingenii facultate exprimi potest, quantum opus sit, quam laudabile, quamque nunquam a memoria hominum exiturum, posse hoc dicere : Parentibus meis parui, cessi : imperio eorum, sive æquum, sive iniquum ac durum fuit, obsequentem submissumque me præbui : ad hoc unum contumax fui, ne beneficiis vincerer. Certate, obsecro vos, et fusi quoque restituite aciem. Felices, qui vicerint : felices, qui vincentur. Quid eo adolescente præclarius, qui sibi ipsi dicere poterit : neque enim fas est alteri dicere : Patrem meum beneficiis vici? Quid eo fortunatius sene, qui omnibus ubique prædicabit, a filio se suo beneficiis victum? Quid autem est felicius, quam sibi cedere?

LIBER QUARTUS.

I. Ex omnibus quæ tractavimus, Æbuti Liberalis, potest videri nihil tam necessarium, aut magis, ut ait Sallustius, cum cura dicendum, quam quod in manibus est : An beneficium dare, et invicem gratiam referre, per se res expetendæ sint? Inveniuntur qui honesta in mercedem colant, quibusque non placeat virtus gratuita : quæ nihil habet in se magnificum, si quidquam venale. Quid enim est turpius, quam aliquem computare quanti vir bonus sit; quum virtus nec lucro invitet, nec absterreat damno, adeoque neminem spe ac pollicitatione corrumpat, ut contra in se impendere jubeat, ac sæpius in ultro tributis sit? Calcatis utilitatibus ad illam eundum est, quocunque vocavit, quocunque misit, sine respectu rei familiaris : interdum etiam, sine ulla sanguinis sui parcimonia vadendum, nec unquam imperium ejus detrec-

le bien courageusement et avec plaisir? Tu gagneras de l'avoir fait. On ne te promet rien de plus : s'il survient au-delà quelque avantage, regarde-le comme un accessoire. La récompense des choses honnêtes est en elles-mêmes. Si la vertu doit être recherchée pour elle-même, et que la bienfaisance soit une vertu, son sort ne peut être différent, puisque sa nature est la même. Or, nous avons prouvé souvent et longuement que la vertu devait être recherchée pour elle-même.

II. Ici nous avons à combattre les Épicuriens, ces philosophes de table et de bosquets, qui font de la sagesse au milieu des festins. Pour eux, la vertu est l'instrument des plaisirs. Elle leur obéit, les sert et se place au-dessous d'eux. Il n'y a pas, disent-ils, de plaisir sans la vertu. Pourquoi donc places-tu le plaisir avant la vertu? Penses-tu que ce ne soit qu'une dispute de préséance? Il s'agit de la chose tout entière, de son essence même. Il n'y a plus de vertu, si elle vient en second. Le premier rôle lui appartient : c'est à elle à conduire, à commander, à tenir la place d'honneur, et tu lui ordonnes d'attendre le signal. « Que l'importe, dit-il, puisque je prétends, comme toi, qu'il ne peut y avoir de bonheur sans la vertu. Ce plaisir que je recherche, auquel je me suis asservi, je le réprouve, je le condamne, s'il n'est accompagné de la vertu. Le seul point qui nous divise, est de savoir si la vertu est le principe du souverain bien, ou si elle est elle-même ce souverain bien. » Quand ce serait notre seule contestation, penses-tu que ce ne soit qu'un changement de rang. Mais c'est un bouleversement, un aveuglement manifeste, de placer les dernières choses avant les premières. Je ne m'indigne pas seulement que la vertu soit mise après le plaisir, mais qu'elle soit en aucune façon rapprochée du plaisir. Elle le méprise, elle en est l'ennemie, et, s'écartant bien loin de lui, elle s'associe au travail, à la douleur, aux mâles épreuves, plutôt qu'à ce bonheur efféminé.

III. J'ai dû faire ces réflexions, mon cher Libéralis, parce que le bienfait, dont nous traitons ici, étant une vertu, il est très-honteux de donner pour toute autre chose que pour donner. Car si nous offrons avec l'espoir de recouvrer, nous donnerons au plus riche et non au plus digne : tandis qu'aujourd'hui nous préférons le pauvre au riche insolent. La bienfaisance n'a point égard à la fortune. D'ailleurs, si l'intérêt seul devait nous inviter à être utile, ceux qui devraient répandre le moins de bienfaits seraient ceux qui le peuvent le plus, les riches, les puissants et les rois, qui n'ont pas besoin de l'aide des autres. Les dieux mêmes ne nous donneraient pas tous ces présents qu'ils versent jour et nuit sans relâche; car leur nature leur suffit en tout, et leur procure la plénitude de biens assurés et inaltérables. Personne ne fera de bien, si on ne donne sans autre cause que sa propre considération et son intérêt. Ce n'est pas un bienfait, c'est de l'usure, que de regarder autour de soi, non pour placer honnêtement, mais pour trouver du profit et pour recueillir plus facilement. C'est parce que les dieux sont très-éloignés de cette pensée, qu'ils sont bienfaisants. Car, si le seul motif de donner était l'utilité de celui qui donne, Dieu n'ayant rien d'utile

tandum. Quid consequar, inquit, si hoc fortiter, si hoc grate fecero? Quod feceris. Nihil tibi extra promittitur : si quid forte obvenerit commodi, inter accessiones numerabis. Rerum honestarum pretium in ipsis est. Si honestum per se expetendum est, beneficium autem honestum est, non potest alia ejus conditio esse, quum eadem natura sit. Per se autem expetendum esse honestum, sæpe et abunde probatum est.

II. In hac parte nobis pugna est cum Epicureorum delicata et umbratica turba, in convivio suo philosophantium; apud quos virtus voluptatum ministra est. Illis paret, illis id servit, illas supra se videt. Non est, inquit, voluptas sine virtute. Sed quare ante virtutem est? De ordine putas disputationem esse? De re tota, et de potestate ejus ambigitur; non est virtus, si sequi possit. Primæ partes ejus sunt; ducere debet, imperare, summo loco stare; tu illam jubes signum petere. Quid, inquit, tua refert? et ego sine virtute nego beatam vitam posse constare. Ipsam voluptatem, quam sequor, cui me mancipavi, remota illa, improbo et damno; de hoc uno disputatur, utrum virtus summi boni causa sit, an ipsa summum bonum. Ut hoc unum quæratur, ordinis tantum existimas mutationem? ista vero confusio est et manifesta cæcitas, primis postrema præferre. Non indignor, quod post voluptatem ponitur virtus, sed quod omnino cum voluptate confertur. Contemptrix ejus et hostis est, et longissime ab illa resiliens, labori ac dolori familiarior, virilibus incommodis, quam isti effeminato bono.

III. Inserenda hæc, mi Liberalis, fuerunt, quia beneficium, de quo nunc agitur, dare, virtutis est, et turpissimum, id causa ullius alterius rei dare, quam ut datum sit. Nam si recipiendi spe tribueremus, locupletissimo cuique, non dignissimo, daremus; nunc vero diviti importuno pauperem præferamus : non est beneficium, quod fortunam spectat. Præterea, si ut prodessemus, sola nos invitaret utilitas, minime beneficia distribuere deberent, qui facillime possent, locupletes, et potentes, et reges, aliena ope non indigentes. Dii vero tot munera, quæ sine intermissione diebus ac noctibus fundunt, non darent; in omnia enim illis natura sua sufficit, plenosque et tutos, et inviolabiles præstat. Nulli ergo beneficium dabunt; si una dandi causa est, se intueri ac commodum suum. Istud non beneficium, sed fœnus est, circumspicere, non ubi optime ponas, sed ubi quæstuosissime habeas, unde facillime tollas Quod quum longe a diis remotum sit, sequitur ut illi liberales

à espérer de nous, Dieu n'a aucune raison de nous donner.

IV. Je sais ce qu'on répond à cela. Aussi Dieu n'accorde pas de bienfaits; mais, calme et indifférent à notre sort, ne songeant pas au monde, il fait tout autre chose; ou plutôt, ce qui semble à Épicure le suprême bonheur, il ne fait rien; et les bienfaits ne le touchent pas plus que les injures. Celui qui raisonne ainsi n'entend donc pas les voix des suppliants, il ne voit pas de toutes parts étendues vers le ciel les mains de ceux qui lui adressent tous ces vœux publics et particuliers. Certes, cela n'arriverait pas, tous les mortels ne se seraient pas accordés dans cette folie d'invoquer des divinités sourdes, des dieux impuissants, s'ils n'avaient éprouvé leurs bienfaits, tantôt offerts spontanément, tantôt accordés aux prières; toujours grands, toujours opportuns, et détruisant, par leur intervention, l'effet de quelque terrible menace. Quel est l'homme assez malheureux, assez abandonné, assez maltraité du sort et voué à la souffrance, qui n'ait jamais ressenti cette munificence des dieux? Cherche même ces hommes chagrins, qui sans cesse se plaignent de leur destinée, tu n'en trouveras pas qui soient entièrement déshérités des présents du ciel, tu n'en verras pas un qui n'ait quelquefois puisé à cette source bienfaisante. Est-ce donc si peu de chose que ce qui nous est également distribué à notre naissance? Sans parler des biens qui suivent, dont la mesure est inégalement répartie, la nature nous a-t-elle donné si peu de chose, en se donnant elle-même?

V. Dieu ne t'a fait aucun bien! D'où vient donc ce que tu possèdes, ce que tu donnes, ce que tu refuses, ce que tu gardes, ce que tu ravis? d'où viennent ces objets innombrables qui flattent tes yeux, tes oreilles, ton esprit? d'où vient cette abondance qui va jusqu'à la profusion? Car ce n'est pas seulement à nos besoins que les dieux ont pourvu : leur amour se révèle jusque dans nos délices. Vois tous ces arbres si variés dans leurs fruits, ces végétaux salutaires, cette répartition de tant d'aliments sur toutes les saisons de l'année, de manière à faire jaillir de la terre, même sans culture, une nourriture imprévue; ces animaux de toute espèce, dont les uns naissent sur le sol sec et solide; les autres, dans les gouffres humides; d'autres enfin, dans les plaines de l'air, afin que chaque partie de la nature nous paie quelque tribut! Et ces fleuves qui enveloppent nos champs de leurs agréables contours; et ceux qui, promenant leur cours immense, ouvrent aux navires les routes du commerce, et ceux qui, à des jours marqués, prennent un accroissement miraculeux, pour apporter tout à coup à une terre aride et brûlée des feux du ciel, la fraîcheur de leurs vastes arrosements! Parlerai-je de ces veines d'eaux médicinales, de ces sources bouillantes qui jaillissent sur les rivages mêmes de la mer?

Toi, vaste Larius, et toi, Benacus, qui t'élèves sur tes flots en grondant comme la mer.

VI. Si l'on te donnait quelques arpents de terre, tu dirais que tu as reçu un bienfait; et ce n'est pas un bienfait pour toi que cet espace immense de terres étendues sans limites? Si quel-

---

sint; nam si una beneficii dandi causa sit dantis utilitas, nulla autem ex nobis utilitas Deo speranda est, nulla Deo dandi beneficii causa est.

IV. Scio quid hoc loco respondeatur. Itaque non dat Deus beneficia, sed securus et negligens nostri, aversus a mundo, aliud agit, aut, quae maxima Epicuro felicitas videtur, nihil agit, nec magis illum beneficia, quam injuriae tangunt. Hoc qui dicit, non exaudit precantium voces, et undique sublatis in cœlum manibus vota facientium, privata ac publica. Quod profecto non fieret, nec in hunc furorem omnes mortales consensissent alloquendi surda numina et inefficaces deos, nisi nossent illorum beneficia nunc ultro oblata, nunc orantibus data, magna, tempestiva, ingentes minas interventu suo solventia. Quis est autem tam miser, tam neglectus, quis tam duro fato, et in pœnam genitus, ut non tantam deorum munificentiam senserit? Ipsos illos complorantes sortem suam, et querulos circumspice; invenies non ex toto beneficiorum cœlestium expertes : neminem esse, ad quem non aliquid ex illo benignissimo fonte manaverit. Parum est autem id, quod nascentibus ex æquo distribuitur? Ut quæ sequuntur, inæquali dispensata mensura, transeamus, parum dedit natura, quum se dedit?

V. Non dat Deus beneficia! Unde ergo ista quæ possides? quæ das? quæ negas? quæ servas? quæ rapis? unde hæc innumerabilia, oculos, aures, animum mulcentia? unde illa luxuriam quoque instruens copia? Neque enim necessitatibus tantummodo nostris provisum est; usque in delicias amamur. Tot arbusta, non uno modo frugifera, tot herbæ salutares, tot varietates ciborum per totum annum digestæ, ut inerti quoque fortuita terræ alimenta præberent! Jam animalia omnis generis, alia in sicco solidoque, alia in humido innascentia, alia per sublime dimissa; ut omnis rerum naturæ pars tributum aliquod nobis conferret! Flumina hæc amœnissimis flexibus campos cingentia, illa præbitura commerciis viam, vasto et navigabili cursu vadeantia, ex quibus quædam statis diebus mirabile incrementum trahunt, ut arida et ferventi subjecta cœlo loca subita vis æstivi torrentis irriget! quid medicatorum torrentium venæ? quid in ipsis litoribus aquarum calentium exundatio?

. . . . Te Lari maxime, teque
Fluctibus, et fremitu assurgens Benace marino?

VI. Si pauca quis tibi donasset jugera, accepisse te diceres beneficium; immensa terrarum late patentium

qu'un te donnait de l'argent et remplissait ton coffre, puisque c'est là ce qui te semble grand, tu y verrais un bienfait; et lorsque Dieu a enfoui pour toi tant de métaux, fait jaillir de la terre tant de fleuves qui roulent leurs sables chargés d'or, accumulé en tous lieux d'immenses amas d'argent, d'airain, de fer, qu'il livre à tes industrieuses recherches, en disposant sur la surface de la terre des signes qui te révèlent les trésors cachés, tu dis que tu n'as pas reçu de bienfait? Si l'on te donnait une maison où brille un peu de marbre, où resplendisse un lambris diapré d'or et de couleurs, dirais-tu que c'est un médiocre présent? Dieu t'a construit un immense palais, qui ne craint les ravages ni du feu, ni du temps, où tu ne vois pas des couches légères plus minces que le tranchant du fer qui les travailla, mais des blocs entiers des pierres les plus précieuses, des masses énormes de ces matières si variées, dont tu admires les moindres fragments, un lambris qui, la nuit et le jour, brille de nouvelles splendeurs; et tu diras que tu n'as pas reçu de bienfait! Et ces choses que tu estimes si haut, dans ton ingratitude, tu penses ne les devoir à personne! D'où te vient cet air que tu respires? cette lumière qui te sert à régler et à ordonner les actes de ta vie? ce sang, dont le cours entretient la chaleur vitale? d'où te viennent ces saveurs exquises qui provoquent ton palais au-delà de la satiété? d'où tous ces excitants de la volupté déjà lassée? d'où ce repos dans lequel tu te corromps et te flétris. Si tu es reconnaissant, ne diras-tu pas :

« C'est un Dieu qui nous a fait ces loisirs : car il sera toujours un Dieu pour moi; sur ses autels j'immolerai souvent un tendre agneau de mes bergeries. C'est lui qui laisse errer mes génisses comme tu vois; c'est lui qui me laisse librement chanter mes chansons sur mes pipeaux rustiques. »

Oui, c'est ce Dieu, qui a envoyé non pas quelques génisses, mais d'immenses troupeaux sur toute la terre; qui offre des aliments à ces hordes partout vagabondes; qui substitue les pâturages de l'été à ceux de l'hiver; qui ne nous enseigne pas seulement à chanter sur des pipeaux, et à moduler, non sans quelque charme, des airs grossiers et rustiques; mais qui a créé tous les arts, toute cette diversité de voix, tous ces sons qui empruntent leurs accents tantôt à notre souffle, tantôt à une haleine étrangère. Car ne dis pas que nos inventions nous appartiennent; elles ne sont pas à nous plus que notre croissance, pas plus que l'ordre des fonctions de notre corps à des périodes déterminées. Aujourd'hui, c'est la chute des dents de l'enfance, puis les signes de la puberté, lorsque apparaît l'adolescence et que l'homme passe à un âge plus robuste; enfin, cette dernière dent, qui pose une limite au développement de la jeunesse. Nous avons en nous les germes de tout âge et de toute science; Dieu est le grand maître qui fait sortir les génies de leur obscurité.

VII. C'est la nature, dis-tu, qui me donne tous ces biens. Ne vois-tu pas qu'en parlant ainsi tu ne fais que changer le nom de Dieu? La nature est-elle autre chose que Dieu, et la raison divine

---

spatia negas esse beneficium? Si pecuniam tibi aliquis donaverit, et arcam tuam, quoniam id tibi magnum videtur, impleverit, beneficium vocabis : tot metalla defodit, tot flumina emisit terra, super quæ decurrunt sola aurum vehentia; argenti, æris, ferri immane pondus omnibus locis obrutum, cujus investigandi tibi facultatem dedit, ac latentium divitiarum in summa terra signa disposuit : negas te accepisse beneficium? Si domus tibi donetur, in qua marmoris aliquid resplendeat, et tectum nitidius, auro aut coloribus sparsum, num mediocre munus vocabis? ingens tibi domicilium, sine ullo incendii aut ruinæ metu struxit, in quo vides non tenues crustas, et ipsa qua secantur lamina graciliores, sed integras lapidis pretiosissimi moles, sed totas variæ distinctæque materiæ, cujus tu parvula frusta miraris, tectum vero aliter nocte, aliter interdiu fulgens : negas te ullum munus accepisse? Et quum ista quæ habes magno æstimes, quod est ingrati hominis, nulli debere te judicas? Unde tibi istum, quem trahis, spiritum? unde istam, per quam actus vitæ tuæ disponis atque ordinas, lucem? unde sanguinem, cujus cursu vitalis continetur calor? unde ista palatum tuum saporibus exquisitis ultra satietatem lacessentia? unde hæc irritamenta jam lassæ voluptatis? unde ista quies, in qua putrescis, ac marces? Nonne, si gratus es, dices,

.... Deus nobis hæc otia fecit :
Namque erit ille mihi semper Deus, illius aram
Sæpe tener nostris ab ovilibus imbuet agnus
Ille meas errare boves, ut cernis, et ipsum
Ludere quæ vellem calamo permisit agresti.

Ille Deus est, non qui paucas boves, sed qui per totum orbem armenta demisit, qui gregibus ubique passim vagantibus pabulum præstat, qui pascua hibernis æstiva substituit, qui non calamo tantum caniare, et agreste atque inconditum carmen ad aliquam tamen oblectationem modulari docuit, sed tot artes, tot vocum varietates, tot sonos, alios spiritu nostro, alios externo, cantus edituros, commentus est. Neque enim nostra ista, quæ invenimus, dixeris; non magis, quam quod crescimus, quam quod ad constitutum tempus sua corpori officia respondent. Nunc puerilium dentium lapsus, nunc ad surgentem jam ætatem, et in robustiorem gradum transeuntem pubertas, et ultimus ille dens surgenti juventæ terminum ponens. Insita sunt nobis omnium ætatum, omniumque artium semina, magisterque ex occulto Deus producit ingenia.

VII. Natura, inquit, hæc mihi præstat. Non intelligis te, quum hoc dicis, mutare nomen Deo? Quid enim aliud est natura, quam Deus, et divina ratio, toti mundo et partibus ejus inserta? Quoties voles, tibi licet aliter

incorporée au monde entier et à chacune de ses parties? Tu peux, autant que tu le veux, donner d'autres noms à l'auteur des choses. Ainsi tu peux appeler avec raison Jupiter le très-bon et très-grand, et le Tonnant, et le Stator, non parce qu'il arrêta, suivant les historiens, après le vœu de Romulus, l'armée fugitive des Romains, mais parce que tout s'appuie sur sa bienfaisance : et que de lui vient toute force, toute stabilité. Appelle-le encore le destin, tu ne te tromperas pas. Car, puisque le destin n'est que la succession des causes enchaînées l'une à l'autre, Dieu est la première de toutes les causes, d'où les autres découlent. Tous les noms que tu lui donneras seront convenables, s'ils caractérisent quelqu'une de ses propriétés, quelque effet de sa nature céleste. Chacun de ses bienfaits peut lui servir de titre.

VIII. Nos philosophes pensent que c'est lui qui est le père Liber, et Hercule et Mercure : le père Liber, parce qu'il est le père de toutes choses, le véritable créateur de ces semences fécondes qui nous reproduisent par la volupté : Hercule, parce que sa force est invincible, et qu'après l'accomplissement de ses travaux, il ira se reposer de ses fatigues au sein de la flamme : Mercure, parce qu'il est le principe de la raison, de l'harmonie, de l'ordre et de la science. De quelque côté que tu te tournes, tu le rencontreras devant toi ; rien n'est vide de lui : il remplit lui-même tout son ouvrage. Ainsi, tu ne gagnes rien, ô le plus ingrat des êtres ! à dire que tu ne dois rien à Dieu, mais à la nature; parce que la nature n'est pas sans Dieu, ni Dieu sans la nature; l'un et l'autre ne font qu'un ; leurs fonctions sont les mêmes. Si tu avais reçu quelque chose de Sénèque, dirais-tu que tu dois à Annæus ou à Lucius : tu ne changerais que le nom, mais pas le créancier, puisqu'il serait toujours le même, que tu l'appelles par son nom, son prénom ou son surnom. De même la nature, le destin, la fortune sont tous les noms du même dieu, dans les différentes fonctions de sa puissance. Ainsi, la justice, la probité, la prudence, la force, la tempérance sont toutes qualités d'une même âme : si tu aimes l'une d'elles, c'est l'âme que tu aimes.

IX. Mais, pour ne pas nous égarer dans une discussion étrangère au sujet, je le répète, tous ces nombreux, ces importants bienfaits, nous sont accordés par Dieu, sans espoir de retour ; car il n'a pas besoin de ce qu'il donne, et nous ne pouvons rien lui donner. Donc, le bienfait doit être recherché pour lui-même : il ne faut avoir égard qu'à l'intérêt de celui qui reçoit; c'est à cela qu'il faut songer, sans consulter notre propre avantage.

« Mais, répliquera-t-on, vous dites qu'il faut choisir avec soin ceux à qui nous donnons, parce que le laboureur ne confie pas ses semences aux sables. Si cela est vrai, nous consultons notre intérêt en donnant, de même qu'en labourant et en semant ; car semer n'est pas une chose que l'on recherche pour elle-même. D'ailleurs, vous faites un choix pour le placement de vos bienfaits; ce qui ne devrait pas être, si le bienfait devait être recherché pour lui-même; car, quelque personne que l'on oblige, et de quelque manière, c'est toujours un bienfait. »

Nous ne recherchons la vertu pour aucune autre cause que pour elle-même. Cependant, quoi-

---

hunc auctorem rerum nostrarum compellare; et Jovem illum optimum ac maximum rite dices, et tonantem, et statorem : qui non, ut historici tradiderunt, ex eo quod post votum susceptum acies Romanorum fugientium stetit, sed quod stant beneficio ejus omnia, stator, stabilitorque est : hunc eumdem et fatum si dixeris, non mentieris; nam quum fatum nihil aliud sit, quam series implexa causarum, ille est prima omnium causa, ex qua ceteræ pendent. Quæcumque voles illi nomina proprie aptabis, vim aliquam effectumque cœlestium rerum continentia. Tot appellationes ejus possunt esse, quot munera.

VIII. Hunc et Liberum patrem, et Herculem, ac Mercurium nostri putant. Liberum patrem ; quia omnium parens sit, quod ab eo primum inventa seminum vis est, consultura per voluptatem. Herculem ; quia vis ejus invicta sit, quandoque lassata fuerit operibus editis, in ignem recessura. Mercurium; quia ratio penes illum est, numerusque, et ordo, et scientia. Quocumque te flexeris, ibi illum videbis occurrentem tibi; nihil ab illo vacat : opus suum ipse implet. Ergo nihil agis, ingratissime mortalium, qui te negas Deo debere, sed naturæ; qui nec natura sine Deo est, nec Deus sine natura; sed idem est utrumque, nec distat officio. Si quid a Seneca accepisses, Annæo te diceres debere, vel Lucio : non creditorem mutares sed nomen ; quoniam sive prænomen ejus, sive nomen dixisses, sive cognomen, idem tamen ille esset. Sic tunc naturam vocas, fatum, fortunam : omnia ejusdem Dei nomina sunt, varie utentis sua potestate. Et justitia, probitas, prudentia, fortitudo, frugalitas, unius animi bona sunt; quidquid horum tibi placuit, animus placet.

IX. Sed ne aliam disputationem ex obliquo habeam, plurima beneficia ac maxima in nos Deus confert sine spe recipiendi : quoniam nec ille collato eget, nec nos ei quidquam conferre possumus. Ergo beneficium per se expetenda res est, una spectatur in eo accipientis utilitas : ad hanc accedamus, sepositis commodis nostris. Dicitis, inquit, diligenter eligendos quibus beneficia demus, quia nec agricolæ quidem semina arenis committant. Quod si verum est, nostrum utilitatem in beneficiis dandis sequimur, quemadmodum in arando serendoque : neque enim serere, per se res expetenda est. Præterea quæritis, cui detis beneficium; quod non esset facien-

que nous ne devions rechercher autre chose, nous examinons ce que nous faisons, quand nous devons faire, et comment : car tout dépend de là. C'est pourquoi, lorsque je choisis celui à qui je donne, je me comporte ainsi, pour qu'il y ait bienfait : car, si je donne à un infâme, il ne peut y avoir ni vertu, ni bienfait.

X. La restitution d'un dépôt est une chose qui doit être recherchée pour elle-même : cependant je ne rendrai pas toujours, ni en tous lieux, ni en tout temps. Quelquefois il n'y aura pas de différence entre nier un dépôt et le rendre publiquement. Je considérerai l'intérêt de celui à qui je dois rendre, et je lui refuserai son dépôt, s'il peut lui nuire. J'en agirai de même pour le bienfait : j'examinerai quand je dois donner, à qui, comment et pourquoi. Car rien ne doit se faire sans l'aveu de la raison ; or, il n'y a de bienfaits que ceux qui sont avoués par la raison, parce que la raison est la compagne de toute vertu. Que de fois entendons-nous ces paroles, de ceux qui se reprochent leur don inconsidéré : J'aimerais mieux l'avoir perdu, que de l'avoir donné à un tel homme ? La perte la plus humiliante est une largesse inconsidérée ; et il est beaucoup plus fâcheux de mal placer un bienfait, que de ne pas le recouvrer. Car c'est la faute d'un autre, si on ne nous rend pas : c'est la nôtre, si nous ne choisissons pas pour donner. Dans le choix, il n'y a rien qui m'occupe moins, ainsi que tu te l'imagines, que de rechercher de qui je pourrai recevoir : car je choisis celui qui sera reconnaissant, non celui qui rendra. Or, souvent celui qui ne rendra pas est reconnaissant, celui qui a rendu est ingrat. C'est sur le cœur que porte mon estimation. Aussi, je me détournerai de l'homme riche, mais indigne ; je donnerai au pauvre honnête, car, dans la plus profonde misère, il sera reconnaissant, et, si tout lui manque, le cœur lui restera. Dans le bienfait, je n'ambitionne ni profit, ni plaisir, ni gloire. Satisfait de plaire à un seul, je donnerai pour faire mon devoir. Or, le devoir ne se fait pas sans choix. Ce choix, quel sera-t-il ? le voici :

XI. Je chercherai un homme intègre, simple, qui ait de la mémoire et de la reconnaissance, qui respecte le bien d'autrui, sans être sordidement économe du sien ; un homme bienveillant. Mais, lorsque je l'aurai choisi, quand même la fortune ne lui donnerait rien qui pût l'aider à s'acquitter, mes vœux seront remplis. Si l'intérêt et un vil calcul me font généreux, si je ne suis utile qu'à celui qui pourra m'être utile à son tour, je ne donnerai pas à celui qui part pour des régions écartées et lointaines ; je ne donnerai pas à celui qui s'en va pour toujours ; je ne donnerai pas au malade qui n'a nul espoir de guérison ; je ne donnerai pas quand je serai moi-même mourant, parce que je n'ai pas le temps de recueillir.

Mais ce qui te prouve que le bienfait est une chose recherchée pour elle-même, c'est qu'aux étrangers qui, pour quelques instants, sont poussés dans nos ports, qu'ils vont quitter aussitôt, nous offrons nos secours. Pour le naufragé inconnu, nous fournissons, nous équipons un vaisseau qui le reconduise. Il part, connaissant à peine celui qui l'a sauvé ; et, destiné désormais à

dum, si per se beneficium dare, expetenda res esset ; quæ quocumque loco, et quocumque modo daretur, beneficium erat. Honestum propter nullam aliam causam, quam propter ipsum, sequimur. Tamen etsi nihil aliud sequendum est, quærimus quid faciamus, et quando, et quemadmodum : per hæc enim constat. Itaque quum eligo cui dem beneficium, id ago, ut beneficium sit, quia si turpi datur, nec honestum esse potest, nec beneficium.

X. Depositum reddere, per se res expetenda est : non tamen semper reddam, nec quolibet loco, nec quolibet tempore. Aliquando nihil interest, utrum infitier, an palam reddam. Intuebor utilitatem ejus, cui depositurus sum, et nociturum illi depositum negabo. Idem in beneficio faciam ; videbo quando dem, cui dem, quemadmodum, quare. Nihil enim sine ratione faciendum est ; non est autem beneficium, nisi quod ratione datur : quoniam ratio omnis honesti comes est. Quam sæpe hominum, donationem suam inconsultam objurgantium, hanc audimus vocem, Mallem perdidisse, quam illi dedisse? Turpissimum genus damni est inconsulta donatio, multoque gravius, male dedisse beneficium, quam non recepisse. Aliena enim culpa est, quod non recipimus ; quod cui daremus non eligimus, nostra. In electione nihil minus, quam hoc quod tu existimas, spectabo, a quo recepturus sim ; eligo enim eum qui gratus, non qui redditurus sit. Sæpe autem et non redditurus gratus est ; et ingratus, qui reddidit. Ad animum tendit æstimatio mea. Ideo locupletem, sed indignum, præteribo ; pauperi viro bono dabo. Erit enim in summa inopia gratus, et quum omnia illi deerunt, supererit animus. Non lucrum ex beneficio capto, non voluptatem, non gloriam. Uni placere contentus, in hoc dabo, ut quod oportet, faciam. Quod oportet autem, non est sine electione ; quæ qualis futura sit, interrogas ?

XI. Eligam virum integrum, simplicem, memorem, gratum, alieni abstinentem, sui non avare tenacem, benevolum. Hunc vero quum elegero, licet nihil illi fortuna tribuat, quo referre gratiam possit, ex sententia res gesta erit. Si utilitas me et sordida computatio liberalem facit, si nulli prosum, nisi ut invicem ille mihi prosit ; non dabo beneficium proficiscenti in diversas longinquasque regiones, non dabo abfuturo semper, non dabo sic affecto ut spes ei nulla sit convalescendi, non dabo ipse deficiens, non enim habeo tempus recipiendi. Atqui ut scias, rem per se expetendam esse, benefacere, advenis modo in nostrum delatis portum, et statim abituris, succurrimus. Ignoto naufrago navem, qua reveha-

ne plus nous revoir, il fait sur les dieux la délégation de sa dette, et les prie de payer pour lui : en attendant, la conscience d'un bienfait stérile suffit pour nous charmer.

Lorsque nous touchons aux bornes de la vie, lorsque nous ordonnons notre testament, ne répandons-nous pas des bienfaits qui ne nous profiteront nullement? Avec quelle sage lenteur nous combinons, dans le secret de notre âme, combien et à qui nous donnerons? Et cependant qu'importe à qui nous donnerons, quand nous ne devons rien attendre de personne? Or, jamais nous n'y mettons plus de soin, jamais nous ne pesons davantage nos jugements, que lorsque, dépouillés de tout intérêt personnel, la vertu se présente seule à nos yeux. Nous sommes, au contraire, de mauvais juges de nos devoirs, tant qu'ils sont faussés par l'espérance, la crainte et le plus lâche des vices, la volupté. Mais, lorsque la mort nous isole de tout, lorsqu'elle envoie, pour prononcer, un juge incorruptible, nous choisissons les plus dignes pour leur transmettre nos biens; et nous ne réglons rien avec un soin plus religieux, que ce qui ne nous appartient plus.

XII. Et, par Hercule! c'est un grand contentement de pouvoir alors se dire : « Je rendrai celui-ci plus riche; j'ajouterai quelque splendeur à la dignité de celui-là, en ajoutant à ses richesses. » Si nous ne donnons que pour reprendre, il nous faudra mourir intestats. Vous appelez, nous dit-on, le bienfait une créance qui ne se peut acquitter; or, une créance n'est pas une chose qui doive être recherchée pour elle-même. Lorsque nous disons que c'est une créance, c'est dans un sens figuré et métaphorique. Ainsi, nous disons que la loi est la règle du juste et de l'injuste, et pourtant une règle n'est pas une chose qui doive être recherchée pour elle-même. Nous descendons à ces expressions pour démontrer plus clairement la chose. Lorsque je dis que le bienfait est une créance, il faut entendre que c'est comme une créance. Veux-tu t'en convaincre? J'ajoute qu'il ne peut s'acquitter, lorsque toute créance peut et doit être acquittée.

Il faut si peu faire le bien pour son utilité, que souvent, comme je l'ai dit, il faut le faire, à ses risques et à ses périls. Ainsi, je défends un homme entouré de voleurs, pour qu'il puisse continuer sa route en sûreté. Je protège un accusé succombant sous le crédit; et, la cabale des hommes puissants se tournant contre moi-même, je serai peut-être obligé de prendre, sous le coup des mêmes accusations, les tristes vêtements [1] que je lui aurai fait quitter; lorsque je pouvais suivre un autre parti, et regarder en sûreté des débats étrangers. Je cautionne un débiteur condamné, et, en m'engageant envers ses créanciers, je fais tomber les affiches déjà suspendues pour la vente des biens d'un ami : pour sauver un homme dont les biens sont en vente, je m'expose moi-même à voir vendre les miens.

Personne, en songeant à acheter Tusculum ou Tibur, pour y trouver un air salubre et une retraite pendant l'été, ne pense à disputer sur le rapport annuel : lorsqu'il aura acheté, il lui faudra entretenir. Il en est de même des bienfaits; car, lorsque tu demanderas ce que rapporte un

[1] *Sordes*, vêtement que portaient les accusés pendant le jugement.

---

tur, et damus et instruimus. Discedit ille, vix satis noto salutis auctore, et nunquam amplius in conspectum nostrum reversurus, debitores nobis deos delegat, precaturque illi pro se gratiam referant : interim nos juvat sterilis beneficii conscientia. Quid quum in ipso vitæ fine constitimus, quum testamentum ordinamus, non beneficia nobis nihil profutura dividimus? quantum temporis consumitur, quamdiu secreto agitur, quantum et quibus demus? Quid enim interest, quibus demus, a nullo recepturi? Atqui nunquam diligentius damus, nunquam magis judicia nostra torquemus, quam ubi, remotis utilitatibus, solum ante oculos honestum stetit : tamdiu officiorum mali judices, quamdiu illa depravat spes ac metus, ac inertissimum vitium, voluptas. Ubi mors interclusit omnia, et ad ferendam sententiam incorruptum judicem misit, quærimus dignissimos, quibus nostra tradamus; nec quidquam cura sanctiore componimus, quam quod ad nos non pertinet.

XII. Et, mehercule, tunc magna voluptas subit cogitantem, hunc ego locupletiorem faciam, hujus dignitati, adjectis opibus, aliquid splendoris affundam. Si non damus beneficia, nisi recepturi, intestatis moriendum sit. Dicitis, inquit, beneficium creditum insolubile esse : creditum autem non est res per se expetenda. Quum creditum dicimus, imagine et translatione utimur. Sic et legem, justi injustique regulam esse : et regula non est res per se expetenda. Ad hæc verba demonstrandæ rei causa descendimus. Quum dico creditum, intelligitur tanquam creditum. Vis scire? adjicio insolubile, quum creditum nullum non solvi aut possit, aut debeat.

Adeo beneficium utilitatis causa dandum non est, ut sæpe, quemadmodum dixi, cum damno ac periculo dandum sit. Sic latronibus circumventum defendo, ut tuto transire permittatur : reum gratia laborantem tueor, et hominum potentium factionem in me converto, quas illi detraxero sordes, sub accusatoribus iisdem fortasse sumturus, quum abire in partem alteram possim, et securus spectare aliena certamina : spondeo pro judicato, et suspensum amici bonis libellum dejicio, creditoribus ejus me obligaturus : ut possim servare proscriptum, ipse proscriptionis periculum adeo. Nemo Tusculanum aut Tiburtinum comparaturus, salubritatis causa, et æstivi secessus, quoto anno emturus sit disputat : quum emerit, tuendum est. Eadem in beneficiis ratio est; nam quum

bienfait, je te répondrai : une bonne conscience. Que rapporte un bienfait? Dis-moi, que rapporte la justice, l'innocence, la grandeur d'âme, la chasteté, la tempérance? Si tu cherches autre chose qu'elles, ce n'est plus elles que tu cherches.

XIII. Pourquoi l'univers accomplit-il ses révolutions? Pourquoi le soleil ramène-t-il les jours dans leur inégale durée? Toutes ces choses sont des bienfaits; car elles se font pour notre bien. De même que la fonction de l'univers est de faire mouvoir les corps célestes dans leurs sphères harmonieuses; celle du soleil, de changer tous les jours le lieu de son lever et de son coucher, et de verser gratuitement sur nous ses faveurs salutaires; de même la fonction de l'homme est, entre autres choses, de répandre des bienfaits. Pourquoi donc donne-t-il? pour ne pas être sans donner, pour ne pas perdre l'occasion de bien faire. Votre plaisir à vous, Épicuriens, est d'abandonner à une lâche oisiveté votre corps délicat, de vous assoupir dans un repos semblable au sommeil, de vous réfugier sous l'épaisseur de l'ombre, et dans de molles pensées que vous appelez le calme; de caresser la langueur de vos âmes énervées; et, sous la charmille des jardins, d'engraisser de mets et de boissons vos corps pâles d'indolence. Notre plaisir à nous est de répandre des bienfaits, soit pénibles, pourvu qu'ils soulagent la peine des autres, soit périlleux, pourvu qu'ils délivrent les autres du péril; soit onéreux pour notre patrimoine, pourvu qu'ils adoucissent les besoins et la gêne d'autrui. Que m'importe que mes bienfaits me reviennent? Et quand bien même ils ne me reviendraient pas, il faut donner. La fin des bienfaits est l'avantage de celui qu'on oblige, et non pas le nôtre : autrement ce serait donner à nous-mêmes. Aussi, bien des choses qui rendent aux autres les plus grands services perdent leur mérite par la récompense. Le commerçant est utile aux cités, le médecin aux malades, le marchand d'esclaves à ceux qu'il vend : mais, comme tous ces gens ne servent l'intérêt d'autrui que pour le leur, ils n'obligent pas ceux auxquels ils sont utiles.

XIV. Il n'y a pas de bienfait quand on place pour son profit. Je donne tant, je recevrai tant : c'est un marché. Je n'appellerai point chaste la femme qui ne repousse un amant que pour l'enflammer; qui craint ou la loi ou son mari; car, comme dit Ovide :

« Celle qui n'a pas accordé parce que cela ne lui était pas permis, a réellement accordé. »

C'est avec raison qu'on met au nombre des coupables celle qui ne doit sa chasteté qu'à la crainte, et non à elle-même. De même, ce n'est point donner que donner pour recevoir. Sommes-nous donc les bienfaiteurs des animaux que nous élevons pour notre usage ou pour notre nourriture? Sommes-nous les bienfaiteurs des arbres que nous cultivons, pour qu'ils ne souffrent pas de la sécheresse et de la dureté d'une terre négligée et non remuée? Ce n'est point par un sentiment d'équité ou de vertu qu'on se livre à la culture d'un champ, ou à tout autre acte dont le fruit est en dehors de lui-même. Le bienfait n'est pas l'expression d'une pensée avare ou sordide, mais humaine et généreuse; c'est le désir de donner, même quand on a déjà donné, d'ajouter aux anciens bienfaits des bienfaits nouveaux et répétés,

---

interrogaveris, quid reddat, respondebo, bonam conscientiam. Quid reddit beneficium? dic tu mihi, quid reddat justitia, quid innocentia, quid magnitudo animi, quid pudicitia, quid temperantia? si quidquam præter ipsas. ipsas non petis.

XIII. Mundus in quid vices suas absolvit? in quid sol diem extendit et contrahit? Omnia ista beneficia sunt; fiunt enim nobis profutura. Quomodo mundi officium est, circumagere rerum ordinem; quomodo solis, loca mutare, ex quibus oriatur, in quæ cedat, et hæc salutaria nobis facere sine præmio : ita viri officium est inter alia, et beneficium dare. Quare ergo dat? ne non det, ne occasionem benefaciendi perdat. Vobis voluptas est, inertis otii facere corpusculum, et securitatem sopitis simillimam appetere, et sub densa umbra latitare, tenerrimisque cogitationibus, quas tranquillitatem vocatis, animi marcentis oblectare torporem, et cibis potionibusque intra hortorum latebram corpora ignavia pallentia saginare : nobis voluptas est, dare beneficia vel laboriosa, dum aliorum labores levent; vel periculosa, dum alios a periculis extrahant; vel rationes nostras aggravantia, dum aliorum necessitates et angustias laxent. Quid mea interest, an recipiam beneficia? etiam quum non recepero, danda sunt. Beneficium ejus commodum spectat, cui præstatur, non nostrum; alioquin nobis illud damus. Itaque multa, quæ summam utilitatem aliis afferunt, pretio gratiam perdunt. Mercator urbibus prodest, medicus ægris, mango venalibus; sed omnes isti, quia ad alienum commodum pro suo veniunt, nec obligant eos quibus prosunt.

XIV. Non est beneficium quod in quæstum mittitur. Hoc dabo, hoc recipiam; auctio est. Non dicam pudicam, quæ amatorem ut incenderet repulit; quæ aut legem, aut virum timuit, ut ait Ovidius :

Quæ, quia non licuit, non dedit, illa dedit.

Non immerito in numerum peccantium referatur, quæ pudicitiam timori præstitit, non sibi. Eodem modo qui beneficium ut reciperet dedit, non dedit. Ergo et nos beneficii damus animalibus, quæ aut usui, aut alimento futura nutrimus? beneficium damus arbustis quæ colimus, ne siccitate, aut immoti et neglecti soli duritia laborent? Nemo ad agrum colendum ex æquo et bono venit, nec ad ullam rem, cujus extra ipsam fructus est. Ad beneficium dandum non adducit cogitatio avara, nec sordida, sed humana, liberalis, cupiens dare etiam quum

de n'avoir pour but que la somme des avantages qui reviennent à celui qui reçoit. Autrement c'est une action basse, sans mérite, sans gloire, que d'être utile, parce que cela profite. Qu'y a-t il de beau à s'aimer, à se ménager, à acquérir pour soi? Toutes ces considérations sont interdites par un véritable désir de bienfaisance : la bienfaisance, de sa main puissante, nous entraîne même à la ruine, laisse là l'intérêt, trop heureuse de l'œuvre même du bienfait.

XV. Est-il douteux que le dommage ne soit le contraire du bienfait? Or, de même que faire tort est une chose qu'on doit éviter et fuir pour elle-même, ainsi le bienfait doit être recherché pour lui-même. D'un côté, la honte prévaut sur toutes les récompenses qui invitent au crime ; de l'autre, nous attirent les charmes de l'honnêteté, tout-puissants par eux-mêmes. Non, je ne mentirai pas si je dis qu'il n'est personne qui n'aime ses bienfaits; personne dont l'âme ne soit disposée à voir avec plus de plaisir celui qu'il a comblé de biens ; pour qui ce ne soit une raison de donner encore que d'avoir donné déjà ; ce qui n'aurait pas lieu, si nos bienfaits ne nous charmaient par eux-mêmes. Combien de fois n'entends-tu pas dire : « Je n'ai pas le cœur d'abandonner l'homme à qui j'ai donné la vie, que j'ai arraché du péril. Il me prie de plaider sa cause contre des adversaires puissants. Cela me coûte : mais que faire? Je l'ai déjà servi tant de fois. » Ne vois-tu pas qu'il y a là-dessous un ressort particulier qui nous pousse au bienfait? D'abord parce que c'est notre devoir, ensuite parce que nous avons donné ?

Celui auquel nous n'avions d'abord aucune raison d'accorder, nous lui accordons ensuite, parce que nous lui avons accordé déjà. C'est si peu l'utile qui nous décide au bienfait, que nous persévérons à maintenir, à alimenter des services inutiles, par amour seul pour notre bienfait; et même, lorsqu'il a mal réussi, l'indulgence est aussi naturelle que pour un enfant dépravé.

XVI. Les mêmes philosophes avouent qu'ils sont reconnaissants, non parce que c'est honnête, mais parce que c'est utile. Pour démontrer cette erreur, les preuves seront plus faciles ; parce que les mêmes arguments par lesquels nous avons établi que le bienfait était une chose à rechercher pour elle-même, nous serviront aussi pour la reconnaissance. Nous avons posé pour base de tous nos autres raisonnements, que la vertu ne doit être cultivée que parce qu'elle est vertu. Or, qui osera mettre en question si la reconnaissance est une vertu? Qui ne déteste l'ingrat inutile à lui-même? Eh quoi ! lorsqu'on te parle d'un homme ingrat envers les services les plus signalés d'un ami, comment te sens-tu affecté? Regardes-tu son action comme infâme, ou comme l'omission d'une chose utile et qui devait lui profiter? Sans doute tu le considères comme un méchant, auquel il faut un châtiment et non un curateur; or, tu ne penserais pas cela, si la reconnaissance ne devait pas être recherchée pour elle-même, si elle n'était une vertu.

D'autres vertus, peut-être, portent moins avec elles leur dignité ; et, pour prouver leur noblesse, il leur faut des commentaires. La reconnaissance

dederit, et augere novis ac recentibus vetera, unum habens propositum, quanto ei, cui præstat, bono futura sit; alioquin humile est, sine laude, sine gloria, prodesse, quia expedit. Quid magnifici est se amare, sibi parcere, sibi acquirere? ab omnibus istis vera beneficii dandi cupido avocat : ad detrimentum, injecta manu, trahit, et utilitates relinquit, ipso benefaciendi opere lætissima.

XV. Numquid dubium est, quin contraria sit beneficio injuria? Quomodo injuriam facere, per se vitanda ac fugienda res est, sic beneficium dare, per se expetenda. Illic turpitudo contra omnia præmia in scelus hortantia valet ; ad hoc invitat honesti per se efficax species. Non mentiar, si dixero, neminem non amare beneficia sua, neminem non ita compositum animo, ut libentius eum videat, in quem multa congessit ; cui non causa sit iterum dandi beneficii, semel dedisse; quod non accideret, nisi nos ipsa delectarent beneficia. Quam sæpe dicentem audias : Non sustineo illum deserere, cui dedi vitam, quem e periculo eripui! Rogat me, ut causam suam contra homines gratiosos agam. Nolo : sed quid faciam ? jam illi semel, iterumque affui. Non vides inesse isti rei propriam quamdam vim, quæ nos beneficia dare cogit? primum

quia oportet, deinde quia dedimus. Cui initio ratio non fuisset præstandi, aliquid ei præstamus ob hoc, quia præstitimus. Adeoque nos ad beneficia non impellit utilitas, ut et inutilia tueri ac fovere perseveremus, sola beneficii caritate : cui etiam infeliciter dato, indulgere, tam naturale est, quam liberis pravis.

XVI. Iidem isti gratiam referre ipsos fatentur, non quia honestum est, sed quia utile; quod non esse ita, minore opera probandum est. Quia quibus argumentis collegimus (beneficium dare, per se rem expetendam esse, iisdem etiam hoc colligemus. Fixum est illud, a quo in cetera probationes nostræ exeunt, honestum ob nullam aliam causam, quam quia honestum sit, coli. Quis ergo controversiam facere audebit, an gratum esse, honestum sit? Quis non ingratum detestetur hominem, sibi ipsi inutilem? Quid autem? quum tibi narratur de eo, qui adversus summa beneficia amici sui ingratus est, quomodo id fers? utrum tanquam rem turpem fecerit, an tanquam utilem rem sibi et profuturam omiserit? Puto, nequam hominem existimas ; cui pœna, non cui curatore opus sit : quod non accideret, nisi gratum esse per se expetendum, honestumque esset. Alia fortasse minus dignitatem suam præferunt, et an sint honesta, interprete

est mise en vue, et sa place est trop belle, pour qu'elle brille d'un éclat faible et douteux. Quoi de plus louable, quoi de plus universellement gravé dans les cœurs que la reconnaissance envers ceux qui ont bien mérité de nous?

XVII. Or, dis-moi quel motif nous y pousse? L'intérêt? Mais on est ingrat quand on ne le méprise pas. La vanité? Mais quelle gloire y a-t-il à payer ce qu'on doit? La crainte? Il n'y en a pas pour l'ingrat. C'est la seule chose pour laquelle nous n'ayons pas de lois, comme si la nature y avait assez pourvu. Comme il n'y a point de loi qui ordonne l'affection pour les parents, la tendresse pour les enfants; car il est inutile de nous pousser où nous allons; comme il n'est besoin d'exhorter personne à l'amour de soi, qui nous possède dès notre naissance; ainsi n'avons-nous pas besoin qu'on nous exhorte à rechercher la vertu de nous-mêmes. Elle plaît par sa nature, elle a tellement de charmes, que le méchant même, dans son cœur, applaudit aux belles actions. Quel est l'homme qui ne veuille paraître bienfaisant? qui, au milieu des crimes et des injustices, n'ambitionne la réputation de bonté? qui ne colore de quelque ombre d'honnêteté les actes les plus coupables, et ne cherche à paraître le bienfaiteur de ceux mêmes auxquels il a fait tort? Aussi les méchants souffrent-ils des remercîments de ceux qu'ils ont outragés, et feignent-ils la bienveillance et la générosité qu'ils ne peuvent avoir. C'est ce qu'ils ne feraient pas si l'amour de la vertu, qui se fait rechercher pour elle-même, ne les forçait à poursuivre une réputation contraire à leurs mœurs, et à voiler l'iniquité dont ils convoitent les fruits, tandis qu'elle-même ils la détestent et en rougissent. Personne ne s'est assez écarté de la loi naturelle, personne n'a assez dépouillé l'homme, pour être méchant par goût. Demandez à ces gens qui vivent de rapine, s'ils ne préféreraient pas obtenir par des voies honnêtes ce qu'ils doivent au vol et au brigandage. Celui dont le métier est d'arrêter et d'assassiner les passants aimerait bien mieux trouver ce qu'il ravit. Tu ne rencontreras personne qui ne désirât jouir des fruits de son crime, sans le crime même. Un des plus grands bienfaits de la nature, c'est que la vertu répand sa lumière sur tous les cœurs : ceux même qui ne la suivent pas, la voient encore.

XVIII. Une preuve que l'affection d'un cœur reconnaissant doit être recherchée pour elle-même, c'est que l'ingratitude doit être évitée pour elle-même. Car rien ne dissout ou ne détruit l'accord du genre humain, comme ce vice. D'où vient notre sûreté, si ce n'est de la réciprocité des services? La seule garantie de notre vie, son seul rempart contre les attaques subites, c'est ce commerce de bienfaits. Suppose-nous isolés : que sommes-nous? la proie des animaux, la victime la plus faible, le sang le plus facile à couler. Les autres animaux ont assez de leur force pour se défendre : ceux qui naissent pour errer, pour mener une vie solitaire, sont armés. L'homme n'est entouré que de sa faiblesse : ni ongles tranchants, ni dents puissantes ne le font redouter : nu et infirme, c'est la société qui le protége. Dieu lui a donné deux puissances, qui d'un être

précaire en ont fait le plus fort, la raison et la société : et celui qui, pris à part, serait inférieur à tous, est le maître du monde. C'est la société qui lui a donné la propriété de tous les animaux : né sur la terre, c'est la société qui a étendu son empire sur un élément étranger, et a voulu qu'il dominât même la mer. C'est elle qui repousse les assauts des maladies, prépare des appuis pour la vieillesse, apporte des consolations contre la douleur ; c'est elle qui nous rend courageux et nous permet d'invoquer son patronage contre la fortune. Détruis la société, et tu romps l'unité du genre humain, sur laquelle repose la vie. Or, tu la détruiras, si tu soutiens que l'ingratitude ne doit pas être évitée pour elle-même, mais par la crainte de quelque chose d'extérieur. Combien de gens, en effet, peuvent être ingrats impunément? Enfin, j'appelle ingrat quiconque est reconnaissant par crainte.

XIX. Aucun esprit sain ne craint les dieux. Car il y a folie à redouter ce qui fait du bien, et la crainte exclut l'amour. Et toi-même, Épicure, tu imagines un dieu sans armes : tu lui ôtes toutes ses foudres, toute sa puissance, et, afin qu'il ne soit à craindre pour personne, tu le rejettes hors de la sphère du monde. A l'abri de je ne sais quel mur immense et impénétrable, séparé du contact et de la vue des mortels, il n'a pas de quoi se faire redouter ; il manque de matière pour le bien comme pour le mal. Solitaire, dans ces vastes intervalles d'un ciel à l'autre, loin des animaux, loin de l'homme, loin de tout, il se dérobe aux ruines des mondes qui s'écroulent au-dessus et autour de lui, sourd à tous les vœux, indifférent à notre sort. Et tu veux paraître l'honorer comme un père ; apparemment, c'est par reconnaissance : ou si tu ne veux pas paraître reconnaissant parce que tu ne tiens rien de ses bienfaits, mais que tes atomes et tes particules t'ont seuls formé par leur aggrégation fortuite, pourquoi l'honorer? A cause, dis-tu, de sa sublime majesté, de sa nature souveraine. Je te l'accorde : dès lors, tu le fais sans espoir, sans idée de récompense. Il y a donc quelque chose qui doit être recherché pour soi, et dont la beauté t'entraîne d'elle-même : voilà précisément la vertu. Or, quoi de plus vertueux que d'être reconnaissant? L'objet de cette vertu s'étend aussi loin que la vie.

XX. Mais, dis-tu, il y a dans cette vertu quelque utilité. Et dans quelle vertu n'y en a-t-il pas? Mais on dit qu'une chose est recherchée pour elle-même, lorsque, malgré les avantages extérieurs qu'elle présente, elle plaît indépendamment d'eux et sans eux. Il y a du profit à être reconnaissant : je le serai quand même il y aurait de la perte. Que se propose l'homme reconnaissant? est-ce de se faire de nouveaux amis, de se concilier de nouveaux bienfaits? Mais que sera-ce, si l'on doit s'attirer des ennemis? Et si, loin de retirer de la reconnaissance de nouveaux avantages, on reconnaît qu'on va perdre même ceux qu'on avait obtenus et mis en réserve, descendra-t-on volontiers à ces sacrifices? C'est être ingrat que d'envisager un second bienfait dans l'acquit du premier ; que d'espérer en restituant. J'appelle ingrat l'homme qui assiste un malade parce que celui-ci

---

societatem. Itaque qui par esse nulli posset, si seduceretur, rerum potitur. Societas illi dominium omnium animalium dedit ; societas terris genitum, in alienæ naturæ transmisit imperium, et dominari etiam in mari jussit. Hæc morborum impetus arcuit, senectuti adminicula prospexit, solatia contra dolores dedit : hæc fortes nos facit, quod licet contra fortunam advocare. Hanc tolle : et unitatem generis humani, qua vita sustinetur, scindes ; tolletur autem, si efficies ut ingratus animus non per se vitandus sit, sed quia aliud illi timendum est. Quam multi sunt enim, quibus ingratis esse tuto licet? Denique ingratum voco, quisquis metu gratus est.

XIX. Deos nemo sanus timet. Furor est enim metuere salutaria ; nec quisquam amat, quos timet. Tu denique, Epicure, Deum inermem facis : omnia illi tela, omnem detraxisti potentiam ; et ne cuiquam metuendus esset, projecisti illum extra mundum. Hunc igitur inseptum ingenti quodam et inexplicabili muro, divisumque a contactu et a conspectu mortalium, non habes quare verearis : nulla illi nec tribuendi, nec nocendi materia est. In medio intervallo hujus et alterius cœli desertus, sine animali, sine homine, sine re, ruinas mundorum supra se circaque se cadentium evitat, non exaudiens vota, nec nostri curiosus. Atqui hunc vis videri colere, non aliter quam parentem, grato, ut opinor, animo : aut si non vis videri gratus, quia nullum habes illius beneficium, sed te atomi et istæ micæ tuæ forte ac temere conglobaverunt, cur colis? Propter majestatem, inquis, ejus eximiam, singularemque naturam. Ut concedam tibi : nempe hoc facis nulla spe, nullo pretio inductus. Est ergo aliquid per se expetendum, cujus te ipsa dignitas ducit : id est honestum. Quid est autem honestius, quam gratum esse? hujus virtutis materia tam late patet, quam vita.

XX. Sed inest, inquit, huic bono etiam utilitas aliqua ; cui enim virtuti non inest? sed id propter se expeti dicitur, quod quamvis habeat aliqua extra se commoda, sepositis quoque illis ac remotis placet. Prodest gratum esse ; ero tamen gratus, etiam si noceat. Qui gratus est, quid sequitur? ut hæc res illi alios amicos, alia beneficia conciliet? Quid ergo, si quis sibi offensas concitaturus est? si quis intelligit, adeo per hoc se nihil consecuturum, ut multa etiam ex reposito acquisitoque perdenda sint, num libens in detrimenta descendet? Ingratus est, qui in referenda gratia secundum datum videt, qui sperat quum reddit. Ingratum voco, qui ægro assidet, quin testamentum facturus est, cui de hereditate, aut de le-

doit faire son testament ; qui a le loisir de s'occuper alors d'héritage et de legs. Il a beau faire tout ce que fait un ami vertueux et reconnaissant, si l'espérance se présente à son cœur, s'il court après le gain, si ses soins sont une amorce, il ressemble à ces oiseaux qui, se nourrissant de cadavres, épient, dans le voisinage, les troupeaux épuisés qui vont succomber à la contagion : de même il guette la mort, et rôde autour d'un cadavre.

XXI. Un cœur reconnaissant n'est séduit que par la droiture même de son intention. Veux-tu te convaincre qu'il en est ainsi, et qu'il ne se laisse pas souiller par des pensées d'intérêt? Il y a deux espèces de reconnaissance. On appelle reconnaissant celui qui rend quelque chose pour ce qu'il a reçu. Celui-là, peut-être, peut faire de l'ostentation : il a quelque chose à étaler dont il peut faire parade. On appelle reconnaissant celui qui reçoit de bon cœur, qui de bon cœur avoue sa dette. Ce sentiment est renfermé dans la conscience : or, quel profit peut résulter d'une affection cachée? Cependant il est reconnaissant, quand même il ne pourrait rien faire de plus. Il aime, avoue qu'il doit, et désire se montrer reconnaissant. Si tu lui demandes quelque chose de plus, la faute ne vient pas de lui. Tel n'en est pas moins bon artisan pour être privé des instruments propres à exercer son art, ni moins habile chanteur, parce que sa voix est couverte par les frémissements et le tumulte. Je désire payer de retour : après cela il me reste quelque chose, non pour être reconnaissant, mais pour m'acquitter. Souvent, en effet, celui qui a rendu est ingrat, et celui qui n'a pas rendu est reconnaissant. Car il en est de cette vertu comme de toutes les autres : tout son prix est dans le sentiment. Cet homme a-t-il fait son devoir? tout ce qui manque doit être imputé à la fortune. On peut être éloquent et se taire ; vaillant, et les bras croisés ou même enchaînés ; pilote, et sur terre, parce qu'une science consommée ne perd rien lors même qu'un obstacle l'empêche de s'exercer; ainsi on est reconnaissant seulement en voulant l'être, et sans avoir d'autre témoin de cette volonté que soi-même.

Je vais plus loin. On est quelquefois reconnaissant même en paraissant ingrat, lorsque l'opinion, interprète menteuse, dénature nos sentimens. Alors quel autre guide suit-on que sa conscience, qui, même lorsqu'on l'accable, vous donne le contentement; qui oppose sa voix aux cris de la foule et de la renommée, place tout en elle-même, et voyant contre elle la multitude des opinions qui la condamnent, ne compte pas les voix, mais triomphe par son seul suffrage. Que si elle voit la probité livrée au châtiment de la perfidie, elle ne descend pas de la hauteur où elle s'est placée, mais s'élève au-dessus de son supplice.

XXII. « J'ai, dit-elle, ce que je voulais, ce que je demandais. Je ne me repens pas : je ne me repentirai pas, et jamais les injustices de la fortune ne m'abaisseront jusqu'à me faire dire : « Qu'ai-je voulu ? que me sert aujourd'hui ma bonne volonté? » Elle sert sur le chevalet, elle sert sur le bûcher : quand on promènerait la flamme sur tous mes membres; quand elle circulerait lentement autour de mon corps vivant ; quand ce corps, plein

---

gato vacat cogitare : faciat licet omnia, quæ facere bonus amicus et memor officii debet, si animo ejus obversatur spes, si lucri captator est, et hamum jacit. Ut aves, quæ laceratione corporum aluntur, lassa morbo pecora et casura, e proximo speculantur; ita hic imminet morti, et circa cadaver volat.

XXI. Gratus animus ipsa virtute propositi sui capitur. Vis scire hoc ita esse, nec illum utilitate corrumpi? Duo sunt genera grati hominis. Dicitur gratus, qui aliquid pro eo quod acceperat, reddit. Hic fortasse ostentare se potest: habet quod jactet, quod proferat. Dicitur gratus, qui bono animo accepit beneficium, bono debet. Hic intra conscientiam clusus est; quæ illi contingere potest utilitas ex affectu latenti? Atqui hic, etiam si ultra facere nihil potest, gratus est : amat, debet, referre gratiam cupit. Quidquid ultra desideras, non ipsi deest. Artifex est etiam, cui ad exercendam artem instrumenta non suppetant, nec minus canendi peritus, cujus vocem exaudiri fremitus obstrepentium non sinit. Volo referre gratiam ; post hoc aliquid superest mihi, non ut gratus, sed ut solutus sim. Sæpe enim et qui gratiam retulit, ingratus est ; et, qui non retulit, gratus. Nam ut omnium aliarum virtutum, ita hujus ad animum tota æstimatio redit.

Hic si in officio est, quidquid defuit, fortuna peccat. Quomodo est disertus etiam qui tacet, fortis etiam qui compressis manibus, vel et alligatis : quomodo gubernator etiam qui in sicco est, quia consummatæ scientiæ nihil deest, etiam si quid obstat quo minus se utatur : ita gratus est, etiam qui vult tantum, nec habet hujus voluntatis suæ ullum alium, quam se, testem. Immo amplius adjiciam : est aliquando gratus, etiam qui ingratus videtur, quem mala interpres opinio contrarium traducit. Hic quid aliud sequitur, quam ipsam conscientiam? quæ etiam obruta delectat, quæ concioni ac famæ reclamat, et in se omnia reponit, et quum ingentem ex altera parte turbam contra sentientium adspexit, non numerat suffragia, sed una sententia vincit. Si vero bonam fidem perfidiæ suppliciis affici videt, non descendit e fastigio, sed supra pœnam suam consistit.

XXII. Habeo, inquit, quod volui, quod petii. Non pœnitet, nec pœnitebit, nec ulla iniquitate me eo fortuna perducet, ut hanc vocem audiam, Quid mihi volui? quid mihi nunc prodest bona voluntas? Prodest et in equuleo, prodest et in igne, qui si singulis membris admoveatur, et paulatim vivum corpus circumeat; licet ipsum corpus plenum bona conscientia stillet; placebit illi ignis, per

d'une bonne conscience, répandrait tout son sang goutte à goutte, je bénirai les feux qui feront briller mon innocence. »

Revenons maintenant à cet argument que déjà nous avons employé. Pourquoi voulons-nous être reconnaissants à l'heure de la mort? Pourquoi pesons-nous les services de chacun? Pourquoi reportons-nous notre mémoire sur toute notre vie passée, dans la crainte d'oublier un seul service? Il ne reste plus rien où puisse tendre l'espérance; et cependant, placés aux dernières limites de la vie, nous voulons quitter les choses humaines le plus reconnaissants qu'il nous est possible. Car à ce sentiment lui-même est attachée une haute récompense : il est dans la vertu une grande puissance de séduction sur le cœur humain : sa beauté inonde les âmes, et les ravit, éblouies de sa lumière et charmées de ses splendeurs.

Mais la reconnaissance procure aussi de grands avantages. Les jours de l'homme probe sont plus assurés; il est heureux de l'amour et de l'estime des bons; sa vie est plus tranquille, lorsqu'elle a pour compagnes l'innocence et la gratitude. Car la nature eût été essentiellement injuste en condamnant une si noble vertu à n'être que misérable, inquiète et impuissante. Mais, bien que souvent on puisse l'aborder sans péril et sans peine, vois si tu consens à la poursuivre à travers les rochers et les précipices, sur un chemin que te disputent les serpents et les bêtes fauves.

XXIII. Il ne faut pas croire qu'une chose ne doive pas être recherchée pour elle-même parce qu'elle présente des avantages extérieurs. Car presque toujours les plus belles choses sont accompagnées de qualités nombreuses et accessoires. Mais celles-ci viennent à la suite, les autres précèdent. Peut-on douter que les révolutions circulaires du soleil et de la lune n'aient une influence sur ce séjour qu'habite le genre humain? que l'un, par sa chaleur, n'alimente les corps, n'ouvre le sein de la terre, ne dissipe l'humidité surabondante, ne brise les tristes entraves de l'hiver; que l'autre, par ses rosées tièdes et pénétrantes, ne mûrisse les fruits, et ne règle, par son cours, la fécondité humaine? que l'un ne trace dans son orbe le cercle de l'année? que l'autre ne décrive les mois dans une sphère plus étroite? Cependant, à part tous ces bienfaits, le soleil ne serait-il pas un spectacle assez beau pour nos yeux, ne serait-il pas digne de nos adorations, quand il ne ferait que passer? La lune ne mériterait-elle pas nos regards, quand elle ne serait qu'un astre inutile, roulant sur nos têtes? L'univers même, lorsqu'à travers la nuit il a versé tous ses feux, lorsqu'il resplendit de ses innombrables étoiles, n'élève-t-il pas chacun à la contemplation? Toutefois, en l'admirant, qui songe à son utilité? Vois les astres qui se poursuivent dans leur marche silencieuse, et déguisent leurs rapides mouvements, sous l'apparence de l'inaction et de l'immobilité. Que de choses se passent dans cette nuit que tu n'observes que pour distinguer et calculer tes jours! Quelle multitude de révolutions s'accomplit dans ce silence! Quel vaste enchaînement de destinées se déploient dans les limites d'une seule zone! Chacun de ces mondes, que tu crois semés

quem bona fides collucebit. Nunc quoque illud argumentum, quamvis dictum jam, reducatur. Quid est quare grati velimus esse, quum morimur? quare singulorum perpendamus officia? quare id agamus in omnem vitam nostram memoria decernente, ne cujus officii videamur obliti? Nihil jam superest, quo spes porrigatur; in illo tamen cardine positi, abire e rebus humanis quam gratissimi volumus. Est videlicet magna in ipso opere merces rei, et ad alliciendas mentes hominum ingens honesti potentia : cujus pulchritudo animos circumfundit, et delinitos admiratione luminis ac fulgoris sui rapit. At multa hinc commoda oriuntur. Et tutior est vita melioribus, amorque et secundum bonorum judicium, ætasque securior, quam innocentia, quam grata mens prosequitur. Fuisset enim iniquissima rerum natura, si hoc tantum bonum miserum, et anceps, et sterile fecisset. Sed illud intuere, an ad istam virtutem, quæ sæpe e tuto ac facili aditur, etiam per saxa, et rupes, et feris ac serpentibus obsessum iter, fueris iturus.

XXIII. Non ideo per se non est expetendum, cui aliquid extra quoque emolumenti adhæret: fere enim pulcherrima quæque, multis et adventitiis comitata sunt dotibus; sed illas trahunt, ipsa præcedunt. Num dubium est, quin hoc humani generis domicilium circuitus solis ac lunæ vicibus suis temperet? quin alterius calore alantur corpora, terræ relaxentur, immodici humores comprimantur, alligantis omnia hiemis tristitia frangatur; alterius tepore efficaci et penetrabili rigetur maturitas frugum? quin ad hujus cursum fecunditas humana respondeat? quin ille annum observabilem fecerit circumactu suo; hæc mensem, minoribus se spatiis flectens? Ut tamen detrahas ista, non erat ipse sol idoneum oculis spectaculum, dignusque adorari, si tantum præteriret? non erat digna suspectu luna, etiamsi otiosum sidus transcurreret? ipse mundus quoties per noctem ignes suos fudit et tantum stellarum innumerabilium refulsit, quem non intentum in se tenet? quis sibi illa, tunc quum miratur, prodesse cogitat? Adspice ista tacito succentu labentia, quemadmodum velocitatem suam sub specie stantis atque immoti operis abscondant! Quantum ista nocte, quam tu in numerum ac discrimen dierum observas, agitur? quanta rerum turba sub hoc silentio evolvitur? quantam fatorum seriem certus limes educit? Ista quæ tu non aliter, quam in decorem sparsa consideras, singula in opere sunt. Nec enim est, quod existimes septem sola discurrere, cætera hærere; paucorum motus comprehendimus :

là comme des ornements, fait son travail. Car ne pense pas qu'il n'y en ait que sept qui marchent, et que les autres se reposent : nous ne pouvons saisir que les mouvements d'un petit nombre ; mais dans les profondeurs où ne peuvent plonger nos regards, se cache tout un peuple de dieux qui vont et reviennent sans cesse. Et, parmi ceux qui se laissent atteindre par nos regards, la plupart s'avancent à pas obscurs, et nous dérobent leur course mystérieuse. Quoi donc! tu ne serais pas frappé de l'éclat de ces masses, quand même elles ne serviraient pas à te gouverner, à te conserver, à te féconder, à te produire, à t'animer de leur vie?

XXIV. Ainsi, quoique ces corps célestes soient de première utilité, et d'une nécessité vitale, cependant leur seule majesté remplit toute notre âme : de même toute vertu, et en particulier la reconnaissance, procure beaucoup d'avantages; mais ce n'est pas pour cela qu'elle veut être aimée : elle a quelque chose de plus en elle, et n'est pas suffisamment comprise par celui qui la met au nombre des choses utiles. Tu es reconnaissant, parce que cela te rapporte : donc tu ne le seras pas au-delà du rapport. La vertu ne veut pas un amant sordide : il faut venir à elle les mains ouvertes. L'ingrat se dit à lui-même : « Je voudrais être reconnaissant; mais je crains la dépense, je crains les risques, je redoute la disgrâce. J'aime mieux faire ce qui m'est utile. » La même raison ne peut pas faire un ingrat et un homme reconnaissant. Leurs intentions doivent différer comme leurs actions. L'un est ingrat par intérêt, contre son devoir : l'autre est reconnaissant par devoir, contre son intérêt.

XXV. Nous nous proposons de vivre selon la nature, de suivre l'exemple des dieux. Or, dans tout ce que font les dieux, ils ne suivent que la raison qu'ils ont de le faire ; à moins que tu n'imagines qu'ils recueillent le fruit de leurs œuvres dans la vapeur des entrailles, et les parfums de l'encens. Vois tout ce qu'ils élaborent chaque jour pour nous, tous les dons qu'ils nous distribuent, tous les fruits dont ils couvrent la terre, tous ces vents favorables qui font mouvoir la mer en soufflant sur tous les rivages, et toutes ces pluies abondantes et subites, qui amollissent les plaines, raniment les veines taries des sources, et, par de secrets conduits, leur versent de nouveaux aliments. Tous ces bienfaits, les dieux nous les accordent sans récompense, sans qu'il leur en revienne aucun avantage. Voilà ce qu'observera notre raison, si elle ne s'écarte pas de son modèle ; elle ne doit pas offrir à la vertu un service à gages. Honte à tout bienfait vénal! Les dieux donnent gratuitement.

XXVI. Si tu imites les dieux, nous dit-on, donne aussi aux ingrats. Car le soleil se lève pour les criminels, et les mers s'ouvrent pour les pirates. Ici l'on demande si l'homme de bien doit donner à un ingrat, sachant qu'il est ingrat. Qu'on me permette d'abord quelques réflexions, pour n'être pas surpris par des questions insidieuses. L'école stoïcienne distingue deux sortes d'ingrats. L'un est ingrat parce qu'il est insensé. L'insensé est aussi méchant : le méchant a tous les vices ; donc il est ingrat. Ainsi nous appelons tous les méchants intempérants, avares, luxurieux, perfides, non parce que tous ces vices sont

innumerabiles vero, longiusque a conspectu nostro seducti dii eunt, redeuntque. Et ex his qui oculos nostros patiuntur, plerique obscuro gradu pergunt, et per occultum aguntur. Quid ergo? non caperis tantæ molis adspectu, etiam si te non regat, non custodiat, non foveat, generetque, ac spiritu suo riget?

XXIV. Quemadmodum hæc quum primum usum habeant, et necessaria vitalique sint, majestas tamen eorum totam mentem occupat : ita omnis virtus, et in primis grati animi, multum quidem præstat, sed non vult ob hoc diligi : amplius quiddam in se habet, nec satis ab eo intelligitur, a quo inter utilia numeratur. Gratus est, quia expedit? ergo et quantum expedit. Non recipit sordidum virtus amatorem; soluto ad illam sinu veniendum est. Ingratus hoc cogitat : volebam gratiam referre, sed timeo impensam, timeo periculum, vereor offensam : faciam potius quod expedit. Non potest eadem ratio et gratum facere, et ingratum. Ut diversa illorum opera, ita inter se diversa proposita sunt. Ille ingratus est, quamvis non oporteat, quia expedit : hic gratus est, quamvis non expediat, quia oportet.

XXV. Propositum est nobis secundum rerum naturam vivere, et deorum exemplum sequi; dii autem quodcumque faciunt, in eo quid præter ipsam faciendi rationem sequuntur? nisi forte existimas illos fructum operum suorum ex fumo extorum, et thuris odore percipere. Vide quanta quotidie moliantur, quanta distribuant, quantis terras fructibus impleant, quam opportunis et in omnes oras ferentibus ventis maria permoveant, quantis imbribus repente dejectis solum molliant, venasque fontium arentes redintegrent, et infuso per occulta nutrimento novent. Omnia ista sine mercede, sine ullo ad ipsos perveniente commodo, faciunt. Hæc quoque nostra ratio, si ab exemplari suo non aberrat, servet, ne ad res honestas conducta veniat. Pudeat ullum venale esse beneficium : gratuitos habemus deos.

XXVI. Si deos, inquit, imitaris, da et ingratis beneficia. Nam et sceleratis sol oritur, et piratis patent maria. Hoc loco interrogant, an vir bonus daturus sit beneficium ingrato, sciens ingratum esse? Permitte mihi aliquid interloqui, ne interrogatione insidiosa capiamur. Duos ex constitutione Stoica accipe ingratos; alter ingratus, quia stultus est. Stultus etiam malus est; qui malus est, nullo vitio caret ; ergo et ingratus est. Sic omnes malos

développés et notoires chez chacun d'eux, mais parce qu'ils peuvent les avoir; et ils les ont en effet, quoiqu'ils soient cachés.

L'autre ingrat, dans l'acception vulgaire, est celui qui incline vers le vice par un penchant naturel. L'homme de bien donnera à l'ingrat, qui n'a ce vice que comme il a tous les autres; car s'il excluait cette classe d'hommes, il ne donnerait à personne. Quant à cet ingrat, qui s'est fait fraudeur de bienfaits, et qui s'est plongé tout entier dans ce vice, on ne lui accordera pas plus un bienfait qu'on ne prêterait de l'argent à un banqueroutier, qu'on ne confierait un dépôt à celui qui en a déjà nié plusieurs. On dit qu'un homme est peureux parce qu'il est insensé : le même raisonnement s'applique aux méchants, qui sont environnés de tous les vices, sans distinction. On appelle proprement peureux celui qui, par nature, tremble au moindre bruit. L'insensé a tous les vices; mais il n'est point par nature porté à tous : l'un penche vers l'avarice, l'autre vers la débauche, l'autre vers la violence.

XXVII. C'est donc mal à propos qu'on adresse aux stoïciens ces questions : « Quoi donc! Achille est peureux? Quoi donc! Aristide, à qui la justice a donné son nom, est injuste? Quoi donc! Fabius, qui par ses lenteurs prudentes a relevé la chose romaine, est téméraire? Quoi donc! Décius craint la mort? Marius est un traître? Camille un déserteur? Nous ne disons pas que tous les vices soient chez tous aussi saillants que certains vices chez quelques-uns; mais que le méchant et l'insensé ne sont exempts d'aucun. Nous n'affranchissons même pas l'audacieux de la crainte, et nous n'absolvons pas le prodigue de l'avarice. De même qu'un homme a tous les sens, et que cependant tous les hommes n'ont pas la finesse des yeux du lynx; de même l'insensé n'a pas tous les vices aussi énergiquement développés que certains vices chez certains hommes. Tous les vices sont chez tous : mais tous n'existent pas chez chacun. L'un, par sa nature, est poussé à l'avarice; l'autre est livré aux femmes ou au vin; ou, s'il n'y est pas encore livré, il est constitué de manière à ce que son naturel l'y entraîne.

Ainsi, pour revenir à ma proposition, tout méchant est ingrat; car il porte en lui les germes de tout mal; cependant on appelle proprement ingrat celui qui penche vers ce vice : à celui-là donc je n'accorderai pas de bienfait. De même que c'est mal pourvoir sa fille que de lui donner pour époux un homme brutal et souvent divorcé déjà; de même que ce serait passer pour mauvais père de famille que de confier le soin de son patrimoine à un homme condamné pour gestion infidèle; de même qu'un testateur serait insensé de donner à son fils un tuteur accoutumé à dépouiller ses pupilles; ainsi c'est très-mal placer ses bienfaits que de choisir des ingrats, dans le sein desquels ils seront étouffés.

XXVIII. « Les dieux aussi, dit-on, accordent beaucoup aux ingrats. » Mais leurs bienfaits étaient destinés aux bons : ils descendent quelquefois sur les méchants, parce qu'on ne pouvait les mettre à

---

dicimus, intemperantes, avaros, luxuriosos, malignos : non quia ista omnia singulis magna et nota vitia sint, sed quia esse possint : et sunt, etiamsi latent. Alter est ingratus, qui a vulgo dicitur, in hoc vitium natura pronus et propensus. Illi ingrato, qui sic hac culpa non caret, quomodo nulla caret, dabit beneficium vir bonus; nulli enim dare poterit, si tales homines submoverit. Huic ingrato, qui beneficiorum fraudator est, et in hanc partem procubuit animo, non magis dabit beneficium, quam decoctori pecuniam credet, aut depositum committet ei, qui jam pluribus abnegavit. Timidus dicitur aliquis, quia stultus est : et hoc quidem malos sequitur, quos indiscreta et universa vitia circumstant; dicitur timidus proprie, natura etiam ad inanes sonos pavidus. Stultus omnia vitia habet, sed non in omnia natura pronus est; alius in avaritiam, alius in luxuriam, alius in petulantiam inclinatur.

XXVII. Itaque errant illi, qui interrogant Stoicos : Quid ergo? Achilles timidus est? Quid ergo? Aristides, cui justitia nomen dedit, injustus est? Quid ergo? et Fabius, qui cunctando restituit rem, temerarius est? Quid ergo? Decius mortem timet? Mucius proditor est? Camillus desertor? Non hoc dicimus, sic omnia vitia esse in omnibus, quomodo in quibusdam singula eminent; sed malum ac stultum nullo vitio vacare; nec audacem quidem timoris absolvimus; ne prodigum quidem avaritia liberamus. Quomodo homo omnes sensus habet, nec ideo tamen omnes homines aciem habent Lynceo similem : sic qui stultus est, non tam acria et concitata habet omnia, quam quidam quædam. Omnia in omnibus vitia sunt : sed non omnia in singulis exstant. Hunc natura ad avaritiam impellit : hic libidini, hic vino deditus est : aut si nondum deditus, ita formatus, ut in hoc illum mores sui ferant. Itaque ut ad propositum revertar, nemo non ingratus est, qui malus est : habet enim omnia nequitiæ semina : tamen proprie ingratus appellatur, qui ad hoc vitium vergit; huic ergo beneficium non dabo. Quomodo male filiæ consulit, qui illam contumelioso et sæpe repudiato collocavit : quomodo malus paterfamilias habebitur, qui negotiorum gestorum damnato, patrimonii sui curam mandaverit : quomodo dementissime testabitur, qui tutorem filio reliquerit. pupillorum spoliatorem : sic pessime beneficia dare dicetur, quicunque ingratos eligit, in quos peritura conferat.

XXVIII. Dii quoque, inquit, multa ingratis tribuunt. Sed illa bonis paraverant : contingunt autem etiam malis quia separari non possunt. Satius est autem, prodesse

part. Or, il vaut mieux faire du bien aux méchants à cause des bons, que de manquer aux bons à cause des méchants. Ainsi, le jour, le soleil, les révolutions de l'hiver et de l'été, les températures intermédiaires du printemps et de l'automne, les pluies, les sources d'eaux, les vents alisés; tous ces biens que tu cites, ont été créés pour tout le monde : il était impossible de faire des préférences. Les rois offrent des honneurs à ceux qui en sont dignes; ils font des distributions même à une foule indigne. Le blé des greniers publics tombe aux mains du voleur, du parjure, de l'adultère, enfin de tous ceux qui sont inscrits sur les tablettes, sans distinction de moralité. Enfin, tout ce qui est donné à titre de citoyen et non à titre d'homme de bien, les bons et les méchants le reçoivent également. Ainsi il y a des dons que Dieu a versés en bloc sur tout le genre humain : il n'y a d'exclusion pour personne. En effet, il ne pouvait se faire que le vent fût favorable aux bons et contraire aux méchants : il était de l'intérêt général que le commerce des mers fût ouvert, que l'empire du genre humain étendît ses limites. On ne pouvait soumettre à une loi la chute des pluies, pour qu'elles n'arrosassent pas les champs des vicieux et des méchants.

Il y a des choses faites pour tout le monde. Les villes sont bâties pour les méchants comme pour les bons : les monuments du génie, publiés et répandus, tombent dans des mains indignes; la médecine apporte ses secours même aux scélérats; personne n'a supprimé les recettes salutaires pour empêcher les méchants d'être guéris. Exige un contrôle et une estimation des personnes, pour les dons qui se font séparément et en récompense du mérite, et non pour ceux qui sont indistinctement jetés à la multitude. Car il y a bien de la différence entre choisir et ne pas exclure. On fait droit même aux voleurs : les homicides eux-mêmes jouissent de la paix ; même celui qui a ravi le bien des autres, peut réclamer le sien. Les assassins et les meurtriers domestiques sont défendus contre l'ennemi par les murailles de la ville : le rempart des lois protége celui qui les a le plus outragées. Certains biens ne pourraient échoir à quelques-uns, s'ils n'étaient donnés à tous. Il ne faut donc pas argumenter de ces choses auxquelles nous sommes tous invités sans distinction : mais le bienfait qui doit aller trouver quelqu'un de mon choix, je ne l'accorderai pas à un homme que je sais ingrat.

XXIX. « Par conséquent, dit-on, vous ne donnerez pas un conseil à un ingrat qui vous consulte, vous ne lui permettrez pas de puiser de l'eau, vous ne lui montrerez pas son chemin lorsqu'il sera égaré? Ou bien, ferez-vous toutes ces choses, sans vouloir rien donner? » Distinguons, ou du moins tâchons de distinguer. Un bienfait est une œuvre utile ; mais toute œuvre utile n'est pas un bienfait; car il en est de si petites qu'elles ne méritent pas le nom de bienfait. Deux conditions doivent se trouver réunies pour caractériser le bienfait. D'abord la grandeur de la chose; car certains services ne sont pas à la hauteur de ce nom. Qui a jamais appelé bienfait un quartier de pain, une aumône de vile monnaie, ou la permission d'allumer du feu? Quelquefois cependant ces services sont plus utiles que les plus grands ;

etiam malis propter bonos, quam bonis deesse propter malos. Ita, quæ refers, diem, solem, hiemis æstatisque cursus, et media veris autumnique temperamina, imbres, et fontium haustus, ventorum statos flatus pro universis invenerunt : excerpere singulos non potuerunt. Rex honores dignis dat, congiarium et indignis. Frumentum publicum tam fur quam perjurus et adulter accipiunt, et, sine delectu morum, quisquis incisus est ; quidquid aliud est, quod tanquam civi, non tanquam bono datur, ex æquo boni ac mali ferunt. Deus quoque quædam munera in universum humano generi dedit, a quibus excluditur nemo ; nec enim poterat fieri, ut ventus bonis viris secundus esset, contrarius malis : commune autem bonum erat, patere commercium maris, et regnum humani generis relaxari. Nec poterat lex casuris imbribus dici, ne in malorum improborumque rura defluerent. Quædam in medio ponuntur. Tam bonis quam malis conduntur urbes : monumenta ingeniorum et ad indignos pervenerunt publicavit editio : medicina etiam sceleratis opem monstrat. Compositiones remediorum salutarium nemo suppressit, ne sanarentur indigni. In his exige censuram, et personarum æstimationem, quæ separatim tanquam digno dantur : non in his, quæ promiscue turbam admittunt. Multum enim refert, utrum aliquem non excludas, an eligas. Jus et furi dicitur : pace etiam homicidæ fruuntur : sua repetunt, etiam qui aliena rapuerunt. Percussores et domi ferrum exercentes murus ab hoste defendit : legum præsidio, qui plurimum in illas peccaverunt, proteguntur. Quædam non poterant cæteris contingere, nisi universis darentur. Non est itaque quod de istis disputes, ad quæ publice invitati sumus : illud quod judicio meo ad aliquem pervenire debet, ei ingratum sciam, non dabo.

XXIX. Ergo, inquit, nec consilium deliberanti dabis ingrato, nec aquam haurire permittes, nec viam erranti monstrabis? an, hæc quidem facies, sed nihil donabis? Distinguam istud ; certe tentabo distinguere. Beneficium est opera utilis ; sed non omnis opera utilis beneficium est. Quædam enim tam exigua sunt, ut beneficii nomen non occupent. Duæ res coire debent, quæ beneficium efficiant. Primum, rei magnitudo, quædam enim sunt infra hujus nominis mensuram. Quis beneficium dixit quadram panis, aut stipem æris abjecti, aut ignis accendendi factam potestatem? et interdum ista plus pro

mais leur modicité en ôte le prix, lors même que la circonstance les a rendus nécessaires.

Ensuite, ce qui est très-important, il faut qu'en voulant offrir un bienfait à quelqu'un, je le fasse à son intention, que je l'en juge digne, que je donne de bon cœur, et que j'éprouve de la jouissance dans mon présent. Rien de tout cela ne se trouve dans les choses dont il est question. Car nous ne les donnons pas comme récompense au mérite, mais indifféremment, comme chose peu importante : ce n'est pas à l'homme, c'est à l'humanité que nous donnons.

XXX. Je conviens que, quelquefois, je donnerais certaines choses à des hommes indignes, en considération d'autres ; de même que, dans la carrière des honneurs, des gens infâmes l'ont emporté, à cause de leur noblesse, sur des hommes habiles, mais nouveaux. Ce n'est pas sans raison que la mémoire des grandes vertus est sacrée, et plus de gens sont heureux de bien faire, quand le mérite du bien ne meurt pas avec eux. Qui a fait consul le fils de Cicéron, sinon son père? Qui naguère a conduit Cinna du camp des ennemis au consulat? et Sextus Pompée et les autres Pompée? sinon la grandeur d'un seul homme, assez considérable autrefois pour élever, même sur sa ruine, tous les siens aussi haut? Quel titre a valu le sacerdoce, dans plus d'un collège, à un Fabius Persicus, dont les baisers rendraient stériles même les prières de l'homme de bien, sinon le souvenir des Verrucosus, des Allobrogicus et de ces trois cents qui, pour la république, avaient opposé une seule famille à l'invasion des ennemis? C'est un hommage que nous devons aux vertus, de les honorer non-seulement quand elles sont présentes, mais aussi lorsqu'elles ont disparu de nos yeux. De même que ceux qui ont fait les grandes actions n'ont pas voulu en restreindre l'utilité à un seul âge, mais ont transmis leurs bienfaits pour vivre après eux ; ainsi notre reconnaissance ne doit pas se restreindre à une seule génération. Celui-ci a donné le jour à de grands hommes : quel qu'il soit, il est digne de nos bienfaits; celui-là est né d'illustres aïeux, quel qu'il soit, que l'ombre de ses pères le protége. Comme les lieux les plus sales rayonnent sous les reflets du soleil, ainsi des hommes impuissants brillent de l'éclat de leurs ancêtres.

XXXI. Je veux ici, mon cher Libéralis, justifier les dieux. Nous répétons sans cesse : A quoi songeait la Providence, de placer sur le trône un Aridæus? Est-ce à lui, penses-tu, que le trône fut donné? c'est à son père et à son frère. Pourquoi livra-t-elle l'empire du monde à Caïus César, cet homme si altéré du sang humain qu'il ordonnait de le faire couler en sa présence, comme s'il eût voulu s'en abreuver? Quoi! penses-tu donc que c'est à lui qu'il fut donné? c'est à son père Germanicus, à son aïeul, à son bisaïeul, et à d'autres non moins illustres avant eux, quoiqu'ils aient passé leurs jours dans l'égalité de la vie privée. Quoi! lorsque tu vis monter au consulat Mamercus Scaurus, ignorais-tu qu'il avait coutume de recueillir dans sa bouche béante le flux menstruel de ses servantes? En faisait-il mystère lui-même? Se souciait-il de paraître pur? Je te rapporterai un mot de lui sur lui-même, que je me souviens

---

sunt, quam maxima : sed tamen vilitas sua illis, etiam ubi tempore facta sunt necessaria, detrahit pretium. Deinde quod potissimum est, oportet accedat, ut ejus causa faciam, ad quem volam pervenire beneficium; dignumque eum judicem, et libens id tribuam, percipiensque ex munere meo gaudium. Quorum nihil est in istis, de quibus loquebamur. Non enim tanquam dignis illa tribuimus, sed negligenter tanquam parva ; et non homini damus, sed humanitati.

XXX. Aliquando daturum me etiam indignis quædam non negaverim, in honorem aliorum : sicut in petendis honoribus quosdam turpissimos nobilitas industriis, sed novis, prætulit. Non sine ratione sacra est magnarum virtutum memoria, et esse plures bonos juvat, si gratia bonorum non cum ipsis cadat. Ciceronem filium quæ res consulem fecit, nisi pater? Cinnam nuper quæ res ad consulatum recepit ex hostium castris? quæ Sextum Pompeium, aliosque Pompeios, nisi unius viri magnitudo? tanta quondam, ut satis alte omnes suos etiam ruina ejus attolleret. Quid nuper Fabium Persicum, cujus osculum etiam impediret viri vota boni, sacerdotem non in uno collegio fecit, nisi Verrucosi, et Allobrogici, et illi trecenti, qui hostium incursioni pro republica unam domum objecerant? Hoc debemus virtutibus, ut non præsentes solum illas, sed etiam ablatas e conspectu colamus. Quo modo illi id egerunt, ut non in unam ætatem prodessent, sed beneficia sua etiam post ipsos reliquerent : ita et nos non una ætate grati simus. Hic magnos viros genuit, dignus est beneficiis, qualiscumque est ; dignos dedit. Hic egregiis majoribus ortus est ; qualiscumque est, sub umbra suorum lateat. Ut loca sordida repercussu solis illustrantur, ita inertes majorum suorum luce resplendeant.

XXXI. Excusare hoc loco, mi Liberalis, deos volo. Interdum enim solemus dicere : Quid sibi voluit Providentia, quæ Aridæum regno imposuit? Illi putas hoc datum? patri ejus datum est, et fratri. Quare C. Cæsarem orbi terrarum præfecit, hominem humani sanguinis avidissimum, quem non aliter fluere in conspectu suo jubebat, quam si ore excepturus esset? Quid? ergo tu illi hoc datum existimas? patri ejus Germanico datum, datum avo, proavoque, et ante hos aliis non minus claris viris, etiam si privati paresque aliis vitam exegerunt. Quid? Tu, quum Mamercum Scaurum Cos. faceret, ignorabas ancillarum suarum menstruum ore illum hiante exceptare? Numquid enim ipse dissimulabat ? numquid purus videri volebat? Referam dictum tibi ejus in se, quod circumferri memini, et ipso præsente laudari. Pot-

d'avoir entendu colporter et louer en sa présence. Un jour, trouvant Asinius Pollion couché, il lui dit, en termes obscènes, qu'il allait lui faire ce qu'il préférait qu'on lui fît; et voyant Pollion froncer le sourcil : « Si j'ai dit quelque chose de mal, reprit-il, eh bien! que ce mal me soit fait à moi. » Il racontait lui-même son bon mot. Et tu as livré les faisceaux, le tribunal, à un homme aussi ouvertement obscène! Non, mais en te rappelant le vieux Scaurus, prince du sénat, tu aurais souffert avec peine que sa race se traînât dans l'obscurité.

XXXII. Il est probable que les dieux traitent avec plus de faveur les uns à cause de leurs pères, de leurs aïeux, les autres à cause des mérites futurs de leurs neveux, de leurs arrière-neveux et de leur dernière postérité. Car ils connaissent la chaîne des destinées de leur œuvre : la science de toutes les choses qui doivent leur passer par les mains se dévoile incessamment à eux. Pour nous elle sort d'une source cachée ; et les choses que nous croyons soudaines sont pour eux prévues et familières. Que ceux-ci soient rois; car leurs ancêtre ne l'ont pas été: ils n'avaient pour trône que la justice et la tempérance, et n'ont pas sacrifié la république à eux-mêmes, mais eux-mêmes à la république. Que ceux-là règnent; car ils ont eu pour ancêtres un homme de bien, qui a porté son cœur au-dessus de sa fortune, qui, dans une lutte civile, ne consultant que l'intérêt de la chose publique, a mieux aimé être vaincu que vainqueur. Après tant d'années, il ne peut lui-même en recevoir la récompense : qu'en souvenir de lui, cet homme gouverne le peuple, non parce qu'il est instruit ou capable, mais parce qu'un autre a mérité pour lui. Celui-là est difforme de corps, hideux d'aspect et doit livrer la pourpre à la risée : déjà je me vois accuser d'être un aveugle, un téméraire qui ne sait où placer les faveurs dues aux plus dignes et aux plus vertueux. Mais moi, je sais que c'est à un autre que je donne, à un autre que je paie une dette ancienne. D'où connaît-on cet homme nouveau, si ardent à fuir la gloire qui le poursuit, qui court au danger du même air que les autres en viennent, cet homme qui ne distingue jamais son bien du bien public? Où est-il, dis-tu? qui est-il? d'où vient-il? tu l'ignores. Pour moi je tiens registre fidèle des recettes et des dépenses : je sais ce que je dois, et à qui : les uns, je les remets à longue date; les autres, je les paie d'avance, suivant l'occasion et l'état de mon épargne.

XXXIII. Je donnerai donc quelquefois à l'ingrat ; mais non à cause de lui. « Alors que feras-tu, dit-on, lorsque tu ne sauras pas s'il est ingrat ou non? Attendras-tu que tu le saches? Et ne perdras-tu pas l'occasion de bien faire? » Attendre, c'est long : car, comme dit Platon, il est difficile de deviner le cœur humain; ne pas attendre, c'est imprudent. Je répondrai donc que nous n'attendons jamais une certitude complète, parce que la recherche du vrai est un abîme; mais nous allons où nous conduit le vraisemblable. Telle est la marche de tous les devoirs ; c'est d'après cette règle que nous semons, que nous naviguons, que nous combattons, que nous nous marions, que nous élevons des enfants; tandis que, pour tous ces actes, le résultat est incertain. Nous entreprenons

---

lioni Asinio jacenti, obscœno verbo usus, dixerat se facturum id quod pati malebat; et quum Pollionis attractiorem vidisset frontem : Quidquid, inquit, mali dixi, mihi et capiti meo. Hoc dictum suum ipse narrabat. Hominem tam palam obscœnum, ad fasces, et ad tribunal admisisti? nempe dum veterem illum Scaurum, senatus principem cogitas, indigne fers sobolem ejus jacere.

XXXII. Deos verisimile est, ut alios indulgentius tractent, propter parentes avosque, alios propter futuram nepotum pronepotumque, ac longe sequentium posterorum indolem. Nota est enim illis operis sui series : omniumque illis rerum per manus suas iturarum scientia in aperto semper est : nobis ex abdito subit; et quæ repentina putamus, illis provisa veniunt ac familiaria. Sint hi reges, quia majores eorum non fuerunt, quia pro summo imperio habuerunt justitiam, abstinentiam, quia non rempublicam sibi, sed se reipublicæ dicaverunt. Regnent hi, quia vir bonus quidam proavus eorum fuit, qui animum supra fortunam gessit, qui in dissensione civili, quoniam ita expediebat reipublicæ, vinci quam vincere maluit. Referri illi gratia tam longo spatio non potuit, in illius respectum iste populo præsideat; non quia scit aut potest, sed quia alius pro eo meruit. Hic corpore deformis est, adspectu fœdus, et ornamenta sua traducturus; jam me homines accusabunt, cæcum et temerarium dicent, nescientem quo loco, quæ summis ac excellentissimis debentur, ponam. At ego scio, alii me istud dare, alii olim debitum solvere. Unde isti norunt illum quemdam, gloriæ sequentis fugacissimum, eo vultu ad pericula euntem, quo alii ex periculo redeunt? nunquam bonum suum a publico distinguentem? Ubi, inquis, iste, aut quis est? unde? nescitis; apud me istæ expensorum acceptorumque rationes dispunguntur. Ego quid cui debeam, scio ; aliis post longam diem repono, aliis in antecessum, ac prout occasio, et reipublicæ meæ facultas tulit.

XXXIII. Ingrato ergo aliquando quædam, sed non propter ipsum dabo. Quid si, inquit, nescis, utrum gratus sit, an ingratus? exspectabis donec scias, an dandi beneficii tempus non amittes? Exspectare longum est: nam, ut Plato ait, difficilis humani animi conjectura est; non exspectare, temerarium est. Huic respondebimus, nunquam exspectare nos certissimam rerum comprehensionem : quoniam in arduo est veri exploratio; sed ea ire, qua ducit veri similitudo. Omne hac via procedit officium ; sic serimus, sic navigamus, sic militamus, sic uxores ducimus, sic liberos tollimus ; quum omnium horum incertus sit eventus. Ad ea accedimus, de quibus

tout ce dont nous avons bon espoir. Qui, en effet, garantirait au cultivateur une bonne récolte, au marin le port, au soldat la victoire, au mari la chasteté d'une épouse, au père l'amour de ses enfants? C'est notre raison qui nous guide plutôt que la vérité. Si, pour faire, tu attends une réussite assurée, si tu n'agis que d'après une certitude absolue, toute ta vie s'arrête dans l'immobilité. Mais moi, qui toujours me laisse entraîner d'un côté ou de l'autre, non par le vrai, mais par le vraisemblable, je donnerai à celui dont la reconnaissance sera vraisemblable.

XXXIV. Mais il peut survenir bien des circonstances, à la faveur desquelles le méchant se glisse à la place du bon, et où le bon soit repoussé comme méchant : car les apparences, d'après lesquelles nous jugeons, sont trompeuses. Qui le conteste? Mais je ne trouve point d'autre règle pour me décider. Ce sont mes seuls guides pour me conduire à la vérité : je n'en ai pas de plus sûrs ; je mettrai tous mes soins à les apprécier le plus scrupuleusement possible et ne me rendrai pas trop promptement. Car il peut aussi m'arriver dans un combat que ma main, qui s'abuse et s'égare, dirige un trait sur mon concitoyen, et que j'épargne un ennemi le croyant mon ami. Mais c'est ce qui arrive rarement, et nullement par ma faute, puisque mon intention est de frapper l'ennemi, de défendre mon concitoyen. Si je sais qu'un homme est ingrat, je ne lui accorderai pas de bienfait. Mais il m'a surpris; il m'en a imposé. Ici, il n'y a pas de ma faute; car je comptais donner à un homme reconnaissant.

Si tu promets, dit-on, à quelqu'un un bienfait, et que tu découvres ensuite qu'il est ingrat, donneras-tu, ou non? Si tu le fais, tu pèches sciemment ; car tu donnes à qui tu ne dois pas ; si tu refuses, tu pèches encore, en ne donnant pas à qui tu as promis. Ici chancelle votre constance, stoïciens, et cette prétention superbe de vos sages, de ne jamais se repentir de ce qu'ils ont fait, de ne jamais revenir sur ce qu'ils auront fait, de ne point changer de décision.

Le sage ne change pas sa décision, toutes choses restant ce qu'elles étaient au moment où il l'a prise. Ainsi le repentir ne lui vient jamais ; car il ne pouvait alors mieux faire qu'il n'a résolu. Du reste, il ne s'engagera à quelque chose qu'avec cette restriction : S'il ne survient rien qui fasse obstacle. Voilà pourquoi nous disons que tout lui réussit, que rien ne lui arrive d'inopiné, parce qu'en son âme il a présumé qu'il pourrait survenir quelque chose qui arrêtât l'exécution de ses projets. C'est une fausse assurance que de répondre de la fortune pour soi : le sage la voit toujours sous ses deux faces. Il sait quel pouvoir a l'erreur, quelle incertitude ont les choses humaines, combien d'obstacles s'opposent à tout projet. Il s'avance avec précaution sur une route glissante et périlleuse du sort, guidé par une résolution certaine au milieu d'événements incertains. Or, cette restriction, sans laquelle il ne projette, il n'entreprend rien, sert encore ici à le garantir.

XXXV. J'ai promis un bienfait, à moins qu'il ne m'arrive quelque chose qui m'empêche de donner. En effet, que sera-ce si la patrie me demande

bene sperandum esse credimus. Quis enim pollicetur serenti proventum, naviganti portum, militanti victoriam, marito pudicam uxorem, patri filios liberos? Sequimur qua ratio, non qua veritas trahit. Exspecta, ut nisi bene cessura non facias, et nisi comperta veritate, nihil moveris : relicto omni actu vita consistit. Dum verisimilia me in hoc aut in illud impellant, non vera; ei beneficium dabo, quem verisimile erit gratum esse.

XXXIV. Multa, inquit, intervenient, per quæ et malus pro bono surrepat, et bonus pro malo displiceat; fallaces enim sunt rerum species, quibus credimus. Quis negat? sed nihil aliud invenio, per quod cogitationem regam. His veritas mihi vestigiis sequenda est; certiora non habeo. Hæc ut quam diligentissime æstimem, operam dabo, nec cito illis assentiar. Sic enim in prælio potest accidere, ut telum meum in commilitonem manus dirigat, aliquo errore decepta; et hosti, tanquam meo, parcam. Sed hoc et raro accidet, et non vitio meo; cui propositum est hostem ferire, civem defendere. Si sciam ingratum esse, non dabo beneficium. At obrepsit, at imposuit. Nulla hic culpa tribuentis est, quia tanquam grato dedi. Si promiseris, inquit, te daturum beneficium, et postea ingratum esse scieris, dabis, an non? Si facis,

sciens peccas; das enim cui non debes; si negas, et hoc modo peccas, quia non das ei, cui promisisti. Constantia vestra hoc loco titubat, et illud superbum promissum, nunquam sapientem facti sui pœnitere, nec unquam emendare quod fecerit, nec mutare consilium. Non mutat sapiens consilium, omnibus his manentibus quæ erant, quum sumeret. Ideo nunquam illum pœnitentia subit, quia nihil melius illo tempore fieri potuit, quam quod factum est ; nihil melius constitui, quam quod constitutum est. Cæterum ad omnia cum exceptione veniet ; si nihil inciderit, quod impediat. Ideo omnia illi succedere dicimus, et nihil contra opinionem accidere, quia præsumit animo, posse aliquid intervenire, quod destinata prohibeat. Imprudentium ista fiducia est, fortunam sibi spondere ; sapiens utramque partem ejus cogitat; scit quantum liceat errori, quam incerta sint humana, quam multa consiliis obstent; ancipitem rerum ac lubricam sortem suspensus sequitur, et consiliis certis incertos eventus. Exceptio autem, sine qua nihil destinat, nihil ingreditur, et hic illum tuetur.

XXXV. Promisi beneficium, nisi si quid incidisset, quare non deberem dare. Quid enim, si quod illi pollicitus sum, patria sibi me dare jusserit? Si lex lata erit,

pour elle ce que j'ai promis à un autre? si une loi vient défendre à tout homme de faire ce que j'ai promis de faire pour mon ami? Je t'ai promis ma fille en mariage : depuis, j'ai découvert que tu étais étranger : il n'y a pas pour un étranger droit d'alliance avec moi. Ce qui est un empêchement devient mon excuse. Alors seulement j'aurai manqué à ma parole, alors on pourra m'accuser d'inconstance, quand, toutes choses étant les mêmes qu'au moment de ma promesse, je refuserai de l'exécuter; mais tout changement me rend libre de délibérer de nouveau, et me dégage de ma parole. J'ai promis de plaider pour toi; mais, depuis, j'ai découvert que, par ce procès, tu cherchais à nuire à mon père. J'ai promis de t'accompagner en voyage; mais on m'annonce que les chemins sont infestés de voleurs. Je devais t'assister en personne; mais mon fils est malade; mais ma femme est en couches. Toutes les circonstances doivent être les mêmes qu'elles étaient lorsque je promettais, pour que tu aies un droit acquis sur ma promesse. Or, quel plus grand changement peut survenir, que de découvrir que tu es un méchant, un ingrat? Ce que je donnais à un homme digne, je le refuserai à un indigne; et j'aurai encore le droit de m'irriter contre toi, pour m'avoir abusé.

XXXVI. J'aurai cependant égard à l'importance de l'objet dont il s'agit : la valeur de la chose promise portera conseil. Si elle est modique, je donnerai; non parce que tu le mérites, mais parce que j'ai promis. Et je ne la donnerai pas comme un présent, mais pour racheter ma parole; sauf à m'en tirer l'oreille. La perte sera le châtiment de mon imprudente promesse. Voilà, me dirai-je, de quoi te punir; te faire parler avec plus de réserve. Je paierai, comme on dit, les frais de ma langue. Si la chose est importante, je ne m'exposerai pas du moins à ce que, selon ces paroles de Mécène, cent mille sesterces m'en fassent le reproche. Car je comparerai entre elles l'une et l'autre circonstance. C'est quelque chose que de persévérer à ne pas donner à un homme indigne. Il faut cependant considérer la grandeur du service. S'il est léger, fermons les yeux; mais s'il doit tourner à mon détriment ou à ma honte, j'aime mieux avoir à m'accuser une fois pour refuser, que toujours pour avoir donné. Le tout dépend, ai-je dit, du prix que j'attache aux termes de ma promesse. Non-seulement je retiendrai ce que j'ai imprudemment promis, mais encore je redemanderai ce que j'aurai mal à propos donné. Il y a folie à croire sa foi engagée par une erreur.

XXXVII. Philippe, roi de Macédoine, avait un soldat plein de valeur, qui lui avait rendu de grands services dans plusieurs expéditions : souvent il lui accordait une part du butin en récompense de son courage, et, par des gratifications fréquentes, encourageait l'ardeur de cette âme vénale. Cet homme fut un jour poussé par le naufrage sur les terres d'un Macédonien : à cette nouvelle, celui-ci accourut, le rappela à la vie, le transporta dans sa maison de campagne, lui céda son lit, le ranima faible et mourant, le soigna trente jours à ses frais, le rétablit, et le fournit de tout pour son voyage. Plus d'une fois le soldat

---

ne id quisquam faciat, quod ego me amico meo facturum promiseram? Promisi tibi filiam in matrimonium; postea peregrinus apparuisti; non est mihi cum externo connubium. Eadem res me defendit, quæ vetat. Tunc fidem fallam, tunc inconstantiæ crimen audiam, si, quum omnia eadem sint, quæ erant promittente me, non præstitero promissum; alioquin quidquid mutatur, libertatem facit de integro consulendi, et me fide liberat. Promisi advocationem; postea apparuit, per illam causam præjudicium in patrem meum quæri; promisi me peregre una exiturum; sed iter infestari latrociniis nuntiatur: in rem præsentem venturus fui; sed æger filius, sed puerpera uxor tenet. Omnia esse debent eadem, quæ fuerunt quum promitterem, ut promittentis fidem teneas. Quæ autem major fieri mutatio potest, quam si te malum virum et ingratum comperi? quod tanquam digno dabam, indigno negabo, et irascendi quoque causam habebo deceptus.

XXXVI. Inspiciam tamen, et quantum sit de quo agitur: dabit mihi consilium promissæ rei modus. Si exiguum est, dabo; non quia dignus es, sed quia promisi; nec tanquam munus dabo, sed verba mea redimam, et aurem mihi pervellam; damno castigabo promittentis temeritatem. Ecce ut doleat, ut postea consideratius loquaris; quod dicere solemus, linguarium dabo. Si majus erit, non committam, quemadmodum Mæcenas ait, ut sestertio centies objurgandus sim. Inter sese enim utrumque comparabo. Est aliquid, in eo quod promiseris, perseverare : est rursus multum in eo, ne indigno beneficium des. Hoc tamen quantum sit, attendendum; si leve, conniveamus; si vero magno mihi aut detrimento, aut rubori futurum, malo semel excusare, quare negaverim, quam semper, quare dederim. Totum, inquam, in eo est, quanti promissi mei verba taxentur. Non tantum quod temere promisi, retinebo, sed quod non recte dedi, repetam. Demens est, qui fidem præstat errori.

XXXVII. Philippus Macedonum rex habebat militem manu fortem, cujus in multis expeditionibus utilem expertus operam, subinde ex præda aliquid illi virtutis causa donaverat, et hominem venalis animæ crebris auctoramentis accendebat. Hic naufragus in possessiones cujusdam Macedonis expulsus est; qui, ut nuntiatum est, accucurrit, spiritum ejus recollegit; in villam illum suam transtulit, lectulo suo cessit, affectum semianimemque recreavit, diebus triginta impensa sua curavit, refecit, viatico instruxit, subinde dicentem : Gratiam tibi refe-

avait répété : « Compte sur ma reconnaissance : que je puisse seulement voir mon général. » Il raconta à Philippe son naufrage, ne parla pas du service reçu ; et, sur-le-champ, demanda qu'il lui fût donné la propriété d'un certain homme qu'il désigna. Or, ce certain homme était son hôte lui-même, qui l'avait accueilli, qui l'avait guéri. Il arrive souvent aux rois, surtout en temps de guerre, de donner les yeux fermés. Un seul homme juste ne suffit pas contre tant de passions armées. On ne peut être en même temps homme de bien et bon général. Comment rassasier tant de milliers d'hommes insatiables? Que leur reviendra-t-il si chacun conserve son bien? Voilà ce que se dit Philippe en envoyant le soldat en possession de la propriété qu'il demandait. Mais le Macédonien, chassé de son héritage, ne souffrit pas cette injustice en silence, comme un pauvre paysan qui se serait cru trop heureux de n'être pas lui-même compris dans la donation. Il écrivit donc à Philippe une lettre ferme et pleine de liberté, dont la lecture mit ce prince dans une telle colère, qu'il manda sur-le-champ à Pausanias de rétablir le premier possesseur dans ses biens, et, en outre, de faire imprimer sur le front de ce soldat pervers, de cet hôte ingrat, de cet avide naufragé, des stigmates qui devaient publier son ingratitude envers son hôte. Il méritait sans doute que ces lettres flétrissantes fussent non-seulement inscrites, mais gravées profondément, lui qui avait expulsé son hôte, le jetant nu et semblable à un naufragé, sur ce même rivage d'où il avait été relevé gisant. Nous verrons plus tard à quel degré aurait dû s'arrêter le châtiment. Cependant il fallait, avant tout, lui ôter ce qu'il avait envahi par le plus grand des crimes. Mais qui serait touché du châtiment d'un homme qui avait commis un acte après lequel personne n'aurait osé secourir les malheureux?

XXXVIII. Philippe devait-il donner parce qu'il avait promis, quoiqu'il ne le dût pas, quoiqu'il commît une injustice, un crime; quoique, par cette seule action, il fermât les rivages aux naufragés? Il n'y a pas légèreté à revenir d'une erreur que l'on a reconnue et condamnée. Il faut savoir naïvement avouer qu'on n'a pas bien vu, qu'on s'est trompé. Il n'y a que l'obstination d'un sot orgueil qui puisse s'écrier : « Ce que j'ai dit une fois, quoi que ce puisse être, doit être fixe et irrévocable. » Il n'y a pas de honte à changer d'avis avec les circonstances. Si Philippe eût laissé le soldat en possession du rivage dont il s'était emparé par son naufrage, n'était-ce pas interdire l'eau et le feu à tous les malheureux? Il vaut mieux, dit-il, que tu ailles dans l'intérieur de mon empire, promener sur ton front maudit ces lettres, qui auraient dû être imprimées dans tes yeux. Montre quelle chose sacrée ce doit être que la table de l'hospitalité. Fais lire sur ta face cet arrêt qui enseigne à tous que ce n'est plus un danger capital d'offrir à des malheureux l'asile de son toit. Ce décret sera ainsi plus authentique que si je l'eusse gravé sur l'airain.

XXXIX. Pourquoi donc, dis-tu, votre Zénon, ayant promis à quelqu'un de lui prêter cinq cents deniers, et apprenant qu'il n'en était pas digne, persévéra-t-il à donner, malgré les conseils de ses amis, parce qu'il avait promis?

---

ram ; videre tantum mihi imperatorem meum contingat! Narravit Philippo naufragium suum, auxilium tacuit, et protinus petiit, ut sibi prædia cujusdam donaret. Ille quidam erat hospes ejus, is ipse, a quo receptus erat, a quo sanatus. Multa interim reges, in bello præsertim, opertis oculis donant; non sufficit homo justus unus tot armatis cupiditatibus ; non potest quisquam eodem tempore et bonum virum, et bonum ducem agere. Quomodo tot millia hominum insatiabilia satiabuntur ? quid habebunt, si suum quisque habuerit? hoc Philippus sibi dixit, quum illum induci in bona quæ petebat jussit. Expulsus bonis suis ille, non ut rusticus injuriam tacitus tulit, contentus quod non et ipse donatus esset; sed Philippo epistolam strictam ac liberam scripsit ; qua accepta ita exarsit, ut statim Pausaniæ mandaret, bona priori domino restitueret : cæterum improbissimo militi, ingratissimo hospiti, avidissimo naufrago, stigmata inscriberet, ingratum hospitem testantia. Dignus quidem fuit, cui non inscriberentur illæ litteræ, sed insculperentur, qui hospitem suum, nudo et naufrago similem, in id in quo jacuerat ipse litus expulerat. Sed videbimus, quis modus pœnæ servandus fuerit; auferendum utique fuit, quod summo scelere invaserat. Quis autem pœna ejus moveretur, qui id commiserat, propter quod nemo miserari miseros posset ?

XXXVIII. Dabit tibi Philippus quia promisit, etiamsi non debet, etiamsi injuriam, etiamsi scelus facturus est, etiamsi uno facto præclusurus est naufragiis littora ? Non est levitas, a cognito et damnato errore discedere; et ingenue fatendum est : « Aliud putavi ; deceptus sum. » Hæc vero superbæ stultitiæ perseverantia est : « Quod semel dixi, qualecumque est, fixum ratumque sit. » Non est turpe, cum re mutare consilium. Age, si Philippus possessorem illum eorum littorum reliquisset, quæ naufragio ceperat, nonne omnibus miseris aqua et igni interdixerat? Potius est, inquit, intra fines regni mei, te litteras istas oculis inscribendas, durissima fronte circumferre : ostende quam sacra res sit mensa hospitalis; præbe in facie tua legendum istud decretum, quo cavetur, ne miseros tecto juvare capitale sit. Magis ista constitutio sic erit rata, quam si illam in æs incidissem.

XXXIX. Quare ergo, inquit, Zeno vester, quum quingentos denarios mutuos cuidam promisisset, et illum parum idoneum comperisset, amicis suadentibus ne da-

Observons d'abord que autre chose est un prêt, autre chose un bienfait. On a un recours même pour un prêt mal placé. Je puis assigner le débiteur, et, s'il fait banqueroute, j'en tirerai un dividende. Le bienfait périt tout entier et sur-le-champ. D'ailleurs l'un suppose un méchant homme; l'autre un mauvais père de famille. Ensuite Zénon lui-même, si la somme eût été plus forte, n'aurait pas persisté à prêter. Cinq cents deniers, ce n'est, comme on dit, que le prix d'un caprice; cela ne valait pas de rétracter sa parole. Je me suis engagé pour un souper; j'irai, même par le froid; mais non pas s'il tombe de la neige. Je me lèverai pour aller à vos fiançailles, parce que j'ai promis, bien que j'aie une indigestion; mais non pas si j'ai la fièvre. J'irai au Forum te cautionner, parce que je l'ai promis; mais non pas s'il faut te cautionner pour une somme indéterminée, et si tu m'obliges envers le fisc. Il y a toujours, ai-je dit, cette restriction tacite, si je puis, si je dois, s'il en est ainsi. Fais que les choses soient dans le même état, lorsque tu réclames, que lorsque j'ai promis. Il n'y aura pas de légèreté à te manquer, s'il est survenu du nouveau. Pourquoi s'étonner? La condition de ma promesse est changée, j'ai changé d'avis. Fais-moi la position pareille, et je suis le même. J'ai promis de comparaître pour toi. — Cependant tu m'as fait défaut. — Il n'y a pas d'action contre tous ceux qui font défaut; la force majeure est une excuse.

XL. On peut faire la même réponse à cette question : faut-il, de toute façon, être reconnaissant et toujours rendre un bienfait? Je dois montrer un cœur reconnaissant; mais quelquefois ma misère, quelquefois la prospérité de celui qui m'oblige, ne me permettent pas de rendre. Pauvre, que rendrai-je à un riche, à un roi, lorsqu'il y a des gens, surtout, qui sont blessés qu'on leur rende leurs bienfaits, et qui ne cessent de les accumuler? Que puis-je offrir de plus à de tels personnages, que ma bonne volonté? Car je ne dois pas rejeter un bienfait nouveau, parce que je n'ai pas encore rendu le premier. Je recevrai d'aussi bon cœur qu'on me donnera, et je fournirai à mon ami ample matière à exercer sa bienfaisance. Celui qui refuse de nouveaux bienfaits semble s'offenser des premiers. Je ne rends pas la pareille. Qu'importe? La faute ne vient pas de moi, s'il me manque l'occasion ou le moyen. Celui-là m'a obligé : c'est qu'il en a eu l'occasion, le moyen. Est-il homme de bien ou méchant? S'il est homme de bien, j'ai gagné ma cause : s'il est méchant, je ne la plaide point. Je ne pense même pas qu'on doive s'empresser de payer de retour, malgré eux, ceux à qui l'on offre le paiement, ni les poursuivre de sa reconnaissance lorsqu'ils s'y dérobent. Ce n'est pas les payer de retour, que de leur rendre contre leur gré ce que tu as reçu de bon gré. Il y a des gens qui, lorsqu'ils reçoivent quelque faible cadeau, en renvoient aussitôt un autre, maladroitement, et pensent s'être acquittés. C'est une manière de refuser, que d'envoyer de suite quelque chose d'équivalent, et d'effacer un présent par un présent.

Quelquefois aussi, je ne rendrai pas un bienfait, quoique j'en aie le pouvoir. Dans quel cas?

---

ret, perseveravit credere, quia promiserat? Primum alia conditio est in credito, alia in beneficio. Pecuniæ etiam male creditæ exactio est; appellare debitorem ad diem possum; et si foro cesserit, portionem feram; beneficium et totum perit, et statim. Præterea hoc mali v ri est, illud mali patris familiæ. Deinde ne Zeno quidem, si major fuisset summa, credere perseverasset. Quingenti donarii sunt, illud, quod dici solet, in morbo consumat; fuit tanti, non revocare promissum suum. Ad cœnam quia promisi, ibo, etiamsi frigus erit; non quidem, si nives cadent. Surgam ad sponsalia, quia promisi, quamvis non concoxerim; sed non, si febricitavero. Sponsum descendam, quia promisi; sed non si spondere in incertum jubebis, si fisco obligabis. Subest, inquam, tacita exceptio, si potero, si debebo, si hæc ita erunt. Effice, ut idem status sit, quum exigitur, qui fuit, quum promitterem. Destituere levitas non erit, si aliquid intervenit novi; quid miraris, quum conditio promittentis mutata sit, mutatum esse consilium? eadem mihi omnia præsta; et idem sum. Vadimonium promittimus; tamen deseris; non in omnes datur actio deserentes; vis major excusat.

XL. Idem etiam illa in quæstione responsum existima, an omnimodo referenda sit gratia, et an beneficium utique reddendum sit. Animum præstare gratum debeo; cæterum aliquando me referre gratiam non patitur mea infelicitas, aliquando felicitas ejus, cui debeo. Quid enim regi, quid pauper diviti reddam? utique quum quidam recipere beneficium, injuriam judicent, et beneficia subinde aliis beneficiis onerent. Quid amplius in horum personam possum, quam velle? nec enim ideo beneficium novum rejicere debeo, quia nondum prius reddidi. Accipiam tam libenter, quam dabitur; et præbebo me amico meo exercendæ bonitatis suæ capacem materiam. Qui nova accipere non vult, acceptis offenditur. Non refero gratiam; quid ad rem? non est per me mora, si aut occasio mihi deest, aut facultas. Ille præstitit mihi, nempe quum occasionem haberet, quum facultatem. Utrum bonus vir est, an malus? apud bonum virum bonam causam habeo; apud malum non ago. Ne illud quidem existimo faciendum, ut referre gratiam, etiam invitis his quibus refertur, properemus, et instemus recedentibus. Non est referre gratiam, quod volens acceperis, nolenti reddere. Quidam, quum aliquid illis missum est munusculum, subinde aliud intempestive remittunt, et nihil se debere testantur. Rejiciendi genus est, protinus aliud

lorsque je dois m'ôter à moi plus que je ne donnerai à mon ami ; s'il ne doit tirer aucun avantage d'une restitution qui doit beaucoup me priver. Ainsi donc, celui qui se dépêche de rendre n'a pas le cœur d'un homme reconnaissant, mais d'un débiteur. En deux mots, celui qui est trop pressé de payer, doit à contre-cœur : celui qui doit à contre-cœur est un ingrat.

LIVRE CINQUIÈME.

I. Dans les premiers livres, je croyais avoir épuisé la matière, en examinant comment il faut donner, comment il faut recevoir ; car c'est à quoi se borne le bienfait. Si je vais au-delà, c'est moins obéir au sujet, que m'y complaire ; or, il faut marcher plutôt où il nous mène, qu'où il nous convie. Car souvent il se présente des questions qui séduisent l'esprit par quelque charme, et qui, sans être inutiles, ne sont pas nécessaires. Mais, puisque tu le veux, poursuivons ; et, après avoir traité ce qui appartenait au sujet même, entrons maintenant dans les questions qui, à vrai dire, y sont plutôt connexes qu'inhérentes, et dont l'examen scrupuleux, sans être un travail indispensable, n'est pourtant pas un travail sans fruit. Mais pour toi, Libéralis Æbutius, pour ta nature noble et disposée à la bienfaisance, il n'y a jamais assez d'éloges donnés aux bienfaits. Je n'ai jamais vu personne apprécier avec autant de bienveillance même les plus légers services. Dans les doux épanchements de ta bonté, tu te regarderais presque comme le débiteur de tous les bienfaits qui se distribuent ; et, afin que personne ne se repente de son bienfait, tu es prêt à payer pour les ingrats. Tu es si loin de toute ostentation, si empressé de décharger ceux que tu obliges, que, dans toutes tes libéralités, tu sembles vouloir ne pas donner, mais rendre. Aussi, ce que tu répands de la sorte te revient avec plus d'abondance : car les bienfaits accourent en quelque sorte sur les traces de ceux qui ne les rappellent pas. Et de même que la gloire suit de préférence ceux qui la fuient, ainsi le bienfait récompense de fruits plus abondants ceux qui souffrent l'ingratitude. Il ne tient pas à toi qu'on ne te redemande des bienfaits, après en avoir déjà reçu ; tu ne refuseras pas d'en accorder d'autres ; qu'on les oublie, qu'on les dissimule, tu en augmentes le nombre et l'importance. Le but de ton âme grande et généreuse, est de tolérer l'ingrat jusqu'à ce que tu l'aies fait reconnaissant. En suivant cette conduite, tu ne seras jamais trompé. Car les vices cèdent aux vertus, si tu ne te hâtes pas trop de les haïr.

II. Une maxime qui te plaît singulièrement, et que tu regardes comme sublime, c'est qu'il est honteux d'être vaincu en bienfaisance. Mais ce n'est pas sans raison qu'on a mis en doute si c'est une vérité, et la chose est tout autre que ton esprit ne la conçoit. Car jamais il n'est honteux d'être surpassé dans les combats de vertu, pourvu que tu ne jettes pas les armes, et que, même vaincu, tu cherches encore à vaincre. Tous n'appor-

---

invicem mittere, et munus munere expungere. Aliquando et non reddam beneficium, quum possim ; quando ? si plus mihi detracturus ero, quam illi collaturus ; si ille non erit sensurus ullam accessionem recepto eo, quo reddito, mihi multum abscessurum erit. Qui festinat utique reddere, non habet animum grati hominis, sed debitoris. Et ut breviter, qui nimis cito cupit solvere, invitus debet ; qui invitus debet, ingratus est.

LIBER QUINTUS.

I. In prioribus libris videbar consummasse propositum, quum tractassem, quemadmodum dandum esset beneficium, et quemadmodum accipiendum ; hi enim sunt hujus officii fines. Quidquid ultra moror, non servio materiæ, sed indulgeo ; quæ quo ducit, sequendum est, non quo invitat. Subinde enim nascetur, quod lacessat aliqua dulcedine animum, magis non supervacuum, quam necessarium. Verum quia ita vis, perseveremus, peractis quæ rem continebant, scrutari etiam ea, quæ, si vis verum, connexa sunt, non cohærentia ; quæ quisquis diligenter inspicit, nec facit operæ pretium, nec tamen perdit operam. Tibi autem homini natura optimo, et ad beneficia propenso, Liberalis Æbuti, nulla eorum laudatio satisfacit. Neminem unquam vidi tam benignum etiam levissimorum officiorum æstimatorem. Jam bonitas tua eo usque prolapsa est, ut tibi dari putes beneficium, quod ulli datur ; paratus es, ne quem beneficii pœniteat, pro ingratis dependere. Ipse usque eo abes ab omni jactatione, usque eo statim vis exonerare quos obligas, ut quidquid in aliquem confers, velis videri non præstare, sed reddere. Ideoque plenius ad te sic data revertuntur ; nam fere sequuntur beneficia non reposcentem ; et ut gloria fugientes magis sequitur, ita fructus beneficiorum gratius respondet illis, per quos etiam esse ingratis licet. Per te vero non est mora, quo minus beneficia qui acceperunt, ultro repetant ; nec recusabis conferre alia, et suppressis dissimulatisque plura ac majora adjicere. Propositum optimi viri, et ingentis animi est, tam diu ferre ingratum, donec feceris gratum. Nec te ista ratio decipiet ; succumbunt vitia virtutibus, si illa non cito odisse properaveris.

II. Illud utique unice tibi placet, velut magnifice dictum : Turpe est beneficiis vinci. Quod an sit verum, non immerito quæri solet ; longeque aliud est, quam mente concipis. Nunquam enim in rerum honestarum certamine superari turpe est, dummodo arma non projicias, et vio-

tent pas les mêmes forces, les mêmes moyens, le même bonheur, à l'exécution d'une bonne œuvre, et c'est le bonheur qui règle au moins le succès des plus vertueuses entreprises. La seule volonté de se diriger vers le bien est louable, quoiqu'un autre principe plus agile ait pu la devancer. Ce n'est pas comme dans les combats dont on offre au peuple le spectacle, où la palme annonce le plus habile; quoique là même le sort favorise souvent le plus faible. Lorsqu'il s'agit du devoir que chacun de son côté désire remplir le plus pleinement, si l'un a pu davantage, s'il a eu sous la main des ressources suffisantes à son intention, si la fortune a secondé tous ses efforts; si l'autre, avec une volonté égale, a cependant rendu moins qu'il n'a reçu, ou s'il n'a rien rendu du tout, pourvu qu'il veuille rendre, et qu'il s'y applique de toutes les facultés de son âme, il ne sera pas plus vaincu que celui qui meurt les armes à la main, parce qu'il a été plus facile à l'ennemi de le tuer que de le faire reculer. Cette défaite que tu regardes comme honteuse, l'homme de bien n'y est pas exposé; car jamais il ne succombera, jamais il ne renoncera : jusqu'au dernier jour de sa vie, il se tiendra prêt à combattre; et il mourra à son poste, avec la conscience d'avoir beaucoup reçu et beaucoup voulu rendre.

III. Les Lacédémoniens défendent chez eux les combats du pancrace et du ceste, où la seule marque d'infériorité est l'aveu de la défaite. A la course, celui qui atteint le premier la borne a surpassé les autres en vitesse, mais non en volonté. Le lutteur trois fois terrassé perd la palme, mais ne la livre pas. Comme les Lacédémoniens avaient à cœur que leurs citoyens ne fussent pas vaincus, ils leur interdirent les combats où la victoire n'est décidée ni par un juge, ni par l'événement même, mais par la voix du vaincu, qui proclame sa défaite. Ce principe, qu'ils maintenaient chez leurs concitoyens, de ne jamais s'avouer vaincus, la vertu et une volonté ferme le garantissent à tous les hommes; car l'âme est toujours invincible, même dans la défaite. Aussi l'on ne dit pas que les trois cents Fabius ont été vaincus, mais tués. Régulus a été pris par les Carthaginois, mais non vaincu. Ainsi en est-il de tout homme qui, accablé sous les coups d'une cruelle fortune, n'a pas laissé fléchir son âme. Il en est de même pour les bienfaits : on en a reçu de plus grands, de plus nombreux, de plus fréquents, on n'est pourtant pas vaincu. Peut-être certains bienfaits peuvent-ils être surpassés par d'autres, si tu mets en balance les choses données et reçues; mais si tu compares celui qui donne et celui qui reçoit, en ne tenant compte que de l'intention, la palme n'appartiendra ni à l'un ni à l'autre. Car il arrive souvent que deux combattants, dont l'un est tout percé de coups, et l'autre légèrement blessé, se retirent, laissant la victoire indécise, quoique l'un paraisse avoir été inférieur.

IV. Nul ne peut donc être vaincu en bienfaits, s'il reconnaît qu'il doit, s'il veut s'acquitter, si, par ses sentiments, il balance les choses qu'il ne peut rendre. Tant qu'il persiste dans cette disposition, tant qu'il se maintient dans cette volonté, sa reconnaissance se témoigne par des signes ex-

tus quoque velis vincere. Non omnes ad bonum propositum easdem afferunt vires, easdem facultates, eamdem fortunam, quæ optimorum quoque consiliorum duntaxat exitus temperat. Voluntas ipsa rectum petens, laudanda est, etiamsi illam alius gradu velociori antecessit; non, ut in certaminibus ad spectaculum editis, meliorem palma declarat, quamquam in illis quoque sæpe deteriorem prætulit casus. Ubi de officio agitur, quod uterque a sua parte esse quam plenissimum cupit, si alter plus potuit, et ad manum habuit materiam sufficientem animo suo, si illi, quantum conatus est, fortuna permisit; alter autem voluntate par est, etiamsi minora quam accepit reddidit, aut omnino non reddidit, sed vult reddere, et toto in hoc intentus est animo; hic non magis victus est, quam qui in armis moritur; quem occidere facilius hostis potuit, quam avertere. Quod turpe existimas, id accidere viro bono non potest, ut vincatur : nunquam enim succumbet, nunquam renuntiabit; ad ultimum usque diem vitæ stabit paratus, et in hac statione morietur; magna se accepisse præ se ferens, paria voluisse.

III. Lacedæmonii vetant suos pancratio aut cestu decernere, ubi inferiorem ostendit victi confessio. Cursor cretam prior contingit : velocitate alium, non animo, antecessit. Luctator ter abjectus perdidit palmam, non tradidit. Quum invictos esse Lacedæmonii cives suos magno æstimarent, ab his certaminibus removerunt, in quibus victorem facit non judex, non per se ipse exitus, sed vox cedentis, et tradere jubentis. Hoc quod illi in civibus suis custodiunt, virtus ac bona voluntas omnibus præstat, ne unquam vincantur, quoniam quidem etiam inter superantia animus invictus est. Ideo nemo trecentos Fabios victos dicit, sed occisos. Et Regulus captus est a Pœnis, non victus; et quisquis alius sævientis fortunæ vi ac pondere oppressus, non submittit animum. In beneficiis idem est : plura aliquis accepit, majora, frequentiora; non tamen victus est. Beneficia fortasse beneficiis victa sunt, si inter se data et accepta computes; si dantem et accipientem comparaveris, quorum animi et per se æstimandi sunt, penes neutrum erit palma. Solet enim fieri, ut etiam quum alter multis vulneribus confossus est, alter leviter quidem saucius, pares exisse dicantur, quamvis alter videatur inferior.

IV. Ergo nemo vinci potest beneficiis, si scit debere si vult referre, si quod rebus non potest, animo æquat. Hic, quam diu in hoc permanet, quam diu tenet volun-

térieurs : qu'importe de quel côté l'on compte le plus de cadeaux? Tu peux donner beaucoup; mais moi, je ne puis que recevoir : tu as pour toi la fortune, j'ai pour moi ma bonne volonté. Tu n'as donc pas d'autre supériorité sur moi que celle de l'homme armé de toutes pièces sur un homme nu ou armé à la légère. Ainsi, personne n'est vaincu en bienfaisance, parce que la reconnaissance va aussi loin que la volonté. Car, si c'est une honte d'être surpassé en bienfaits, il ne faut pas recevoir des hommes puissants à qui l'on ne peut rendre la pareille; par exemple, des princes, des rois, que la fortune a placés à une hauteur d'où ils peuvent verser à profusion des largesses dont ils ne recevront qu'un prix nécessairement faible et inférieur. Je parle de princes et de rois auxquels on peut cependant rendre des services, et dont la haute puissance ne repose que sur l'accord et l'appui des inférieurs. Mais il est des hommes qui sont à l'abri de tout désir, qui peuvent à peine être atteints par les besoins de l'humanité, auxquels la fortune elle-même ne peut rien donner. Je dois nécessairement être vaincu en bienfaisance par Socrate. Je dois nécessairement être vaincu par Diogène, qui marche nu au milieu des trésors de la Macédoine, et foule aux pieds les richesses des rois. Ah ! certes alors, à ses propres yeux et à ceux des hommes auxquels un nuage ne voilait pas la vérité, ne paraissait-il pas bien au-dessus de celui qui faisait tout ployer devant lui? Il était plus puissant, plus riche qu'Alexandre, alors maître du monde; car il pouvait refuser beaucoup plus que le roi ne pouvait donner.

V. Il n'y a pas de honte à être vaincu par de tels hommes ; car je ne suis pas moins fort si tu me mets aux prises avec un adversaire invulnérable : le feu n'en est pas moins brûlant parce qu'il rencontre une matière incombustible, et le fer n'a pas perdu sa qualité tranchante, pour avoir à diviser une pierre solide que n'entament point ses coups, et qui résiste aux corps les plus durs. J'en dis autant d'un homme reconnaissant. Il n'y a pas de honte pour lui à être vaincu en bienfaisance, si ceux qui l'obligent ferment tout accès à l'espoir de restituer, soit par la grandeur de leur fortune, soit par la supériorité de leur vertu. Presque toujours nous sommes vaincus par nos parents. Car nous ne les avons que dans un temps où nous les jugeons incommodes, où nous n'avons pas l'intelligence de leurs bienfaits. Lorsque l'âge nous a donné quelque sagesse, et que nous commençons à comprendre que nous devons les aimer pour les choses mêmes qui nous éloignaient d'eux, c'est-à-dire les reprimandes, la sévérité, et leur soin à veiller sur une jeunesse imprudente, ils nous sont ravis. Peu d'entre eux parviennent à l'âge où l'on recueille les véritables fruits de la paternité : les autres n'en connaissent que le fardeau. Il n'y a cependant pas de honte à être surpassé en bienfaits par un père. Et comment y aurait-il de la honte vis-à-vis de lui, quand il n'y en a vis-à-vis de personne? Car, égaux sous certains rapports, nous sommes inférieurs sous d'autres : égaux par les sentiments du cœur, la seule chose qu'on exige, la seule chose que nous promettions; inférieurs par la fortune, qui, si elle

---

tatem, gratum animum signis approbat : quid interest, ab utra parte munuscula plura numerentur? Tu multa dare potes; at ego tantum accipere possum : tecum stat fortuna, mecum bona voluntas; tamen tam par tibi sum, quam multis armatissimis nudi, aut leviter armati. Nemo itaque beneficiis vincitur : quia tam gratus est quisque, quam voluit. Nam si turpe est beneficiis vinci, non oportet a praepotentibus viris accipere beneficium, quibus gratiam referre non possis. A principibus dico, a regibus; quos eo loco fortuna posuit, ex quo largiri multa possent, pauca admodum et imparia datis recepturi. Reges et principes dixi, quibus tamen potest opera navari, et quorum illa excellens potentia por minorum consensum ministeriumque constat. Sunt quidam extra omnem subduci cupiditatem, qui vix ullis humanis desideriis continguntur; quibus nihil potest praestare ipsa fortuna. Necesse est a Socrate beneficio vincar ; necesse est a Diogene, qui per medias Macedonum gazas nudus incessit, calcatis regiis opibus. O næ ille tunc merito et sibi et ceteris, quibus ad dispiciendam veritatem non erat offusa caligo, supra eum eminere visus est, infra quem omnia jacebant! Multo potentior, multo locupletior fuit omnia tunc possidente Alexandro; plus enim erat, quod hic nollet accipere, quam quod ille posset dare.

V. Non est turpe, ab his vinci; neque enim minus fortis sum, si cum invulnerabili me hoste committis : nec ideo ignis minus urere potest, si in materiam incidit inviolabilem flammis; nec ideo ferrum secandi vim perdidit, si non recipiens ictum lapis solidus, invictaeque adversus dura naturae, dividendus est. Idem tibi de homine grato respondeo. Non turpiter vincitur beneficiis, si ab his obligatus est, ad quos aut fortunae magnitudo, aut eximia virtus aditum redituris ad se beneficiis clausit. A parentibus fere vincimur; nam tam diu illos habemus, quam diu graves judicamus, et quam diu beneficia illorum non intelligimus. Quum jam aetas aliquid prudentiae collegit, et apparere coepit, propter illa ipsa eos amari a nobis debere, propter quae non amabantur, admonitiones, severitatem, et inconsultae adolescentiae diligentem custodiam, rapiuntur nobis. Paucos usque ad verum fructum a liberis percipiendum perduxit aetas : caeteri liberos onere senserunt. Non est tamen turpe, vinci beneficiis a parente; quidni non sit turpe, quum a nullo turpe sit? Quibusdam enim et pares, et impares sumus; pares animo, quem solum illi exigunt, quem nos solum promittimus; impares fortuna, quae si cui obstitit quo minus referret gratiam, non ideo illi tanquam victo erubescendum est. Non est turpe, non consequi, dummodo sequaris. Saepe necesse est, ante

nous empêche de payer de retour, ne doit pas nous en faire rougir comme si nous étions vaincus. Il n'y a pas de honte à ne pas atteindre, pourvu qu'on poursuive sa route. Souvent il est nécessaire de solliciter de nouveaux bienfaits avant d'avoir acquitté les premiers. Il ne faut pas s'interdire la demande, ou la regarder comme honteuse, parce qu'on prévoit qu'on devra sans pouvoir rendre; car il ne dépendra pas de nous de n'avoir pas toute la reconnaissance possible. Il peut survenir du dehors quelque chose qui fasse obstacle. Mais nous ne serons pas vaincus en bonne volonté; et il n'y a pas de honte à l'être par ce qui échappe à notre pouvoir.

VI. Alexandre, roi de Macédoine, se glorifiait souvent de n'avoir jamais été vaincu en bienfaits. Cet esprit superbe comptait-il pour rien les Macédoniens, et les Grecs, et les Cariens, et les Perses, et tant d'autres nations soumises sans combat. Pouvait-il ne leur pas devoir cet empire qui s'étendait depuis un coin de la Thrace jusqu'aux rivages des mers inconnues? C'était Socrate qui pouvait se glorifier de cet avantage; c'était Diogène, par qui surtout il fut vaincu. Oui, sans doute, il fut vaincu, cet homme qui dépassait la mesure de l'orgueil humain, le jour où il rencontra quelqu'un à qui il ne pouvait rien donner, ni rien prendre.

Le roi Archélaüs pria Socrate de venir à sa cour. On raconte que Socrate répondit qu'il ne voulait pas aller chez un homme dont il recevrait des bienfaits sans pouvoir lui rendre la pareille. D'abord, il dépendait de lui de ne pas accepter; ensuite, c'est de lui que serait parti le premier bienfait. Car il venait après avoir été prié, et il donnait ce que le roi n'eût jamais pu rendre à Socrate. Enfin, Archélaüs eût donné de l'or et de l'argent, pour recevoir en échange le mépris de l'or et de l'argent. Quoi! Socrate n'aurait pu s'acquitter envers Archélaüs? Que pouvait-il recevoir d'aussi grand que ce qu'il donnait, s'il lui eût fait voir un homme qui savait les secrets de la vie et de la mort, placé sur les limites de l'une et de l'autre; si, éclairant ce prince aveugle en plein jour, il l'eût initié aux mystères de la nature, qu'il ignorait tellement, qu'un jour d'éclipse de soleil, il fit fermer son palais et raser son fils, comme c'était la coutume dans les temps de deuil et de calamité? Quel bienfait, si, l'arrachant de la retraite où se cachait sa peur, il lui eût ordonné de reprendre courage, en disant : « Ce n'est point ici une extinction du soleil, ce n'est que la rencontre de deux astres, au moment où la lune, qui décrit une route moins élevée que le soleil, passe au-dessous de lui, couvre de son disque, et nous le dérobe par son interposition. Tantôt elle n'en cache qu'une faible partie, si elle ne fait que l'effleurer à son passage; tantôt elle en couvre davantage, si elle interpose une plus grande partie de son orbe; tantôt elle l'intercepte entièrement, si, par un équilibre parfait, elle occupe le point intermédiaire entre la terre et le soleil. Mais bientôt ces deux astres vont, par leur vitesse, être emportés en sens contraire : déjà le jour est rendu à la terre; et cet ordre subsistera pendant la durée des siècles, lesquels ont certains jours fixes et prévus où l'interposition de la lune empêchera le soleil de verser tous ses rayons. Encore un moment, et l'émersion va se faire; le soleil va se dégager de cette

alia beneficia petamus, quam priora reddidimus. Nec ideo non petimus, aut turpiter petimus, quia non reddituri debebimus : quia non per nos erit mora, quo minus gratissimi simus. Sed interveniet aliquid extrinsecus, quod prohibeat; nos tamen nec vincemur animo, nec turpiter his rebus superabimur, quæ non sunt in nostra potestate.

VI. Alexander Macedonum rex gloriari solebat, a nullo se beneficiis victum. Non est quod nimius animi Macedonas, et Græcos, et Caras, et Persas, et nationes districtas sine exercitu suspiciat! ne hoc sibi præstitisse regnum a Thraciæ angulo porrectum usque ad litus incogniti maris judicet! Eadem re gloriari Socrates potuit, eadem Diogenes, a quo utique victus est. Quidni victus sit illo die, quo homo supra mensuram humanæ superbiæ tumens, vidit aliquem, cui nec dare quidquam posset, nec eripere? Archelaus rex Socratem rogavit, ut ad se veniret; dixisse Socrates traditur, Nolle se ad eum venire, a quo acciperet beneficia, quum reddere illi paria non posset. Primum, in ipsius potestate erat non accipere; deinde ipse dare beneficium prior incipiebat. Veniebat enim rogatus, et id dabat, quod utique ille non erat Socrati redditurus. Etiamnunc Archelaus daturus erat aurum et argentum, recepturus contemtum auri et argenti. Non poterat ergo Archelao referre Socrates gratiam? et quid tantum erat accepturus, quantum dabat, si ostendisset hominem vitæ ac mortis peritum, utriusque fines tenentem? Si regem, in luce media errantem, ad rerum naturam admisisset, usque eo hujus ignarum, ut quo die solis defectio fuit, regiam cluderet, et filium, quod in luctu ac rebus adversis moris est, tonderet? Quantum fuisset beneficium, si timentem e latebris suis extraxisset, et bonum animum habere jussisset, dicens : Non est ista solis defectio, sed duorum siderum coitus, quum luna humiliore currens via, infra ipsum solem orbem suum posuit, et illum objectu sui abscondit; quæ modo partes ejus exiguas, si in transcursu strinxit, obducit; modo plus tegit, si majorem partem sui objecit; modo excludit totius aspectum, si recto libramento inter solem terrasque media successit? Sed jam ista sidera huc et illo diducet velocitas sua; jam recipiet diem terræ, et hic ibit ordo per secula, quæ dispositos ac prædictos dies habent, quibus sol intercursu lunæ vetetur omnes radios effundere. Paulum exspecta; jam emerget, jam istam ve-

espèce de nuage, et délivré de tout obstacle, va répandre librement sa lumière. » Quoi! Socrate n'aurait pu s'acquitter envers Archélaüs, s'il lui eût appris à régner? C'était déjà recevoir un grand bienfait de Socrate, que d'être mis à même de donner quelque chose à Socrate. Que voulait donc dire le philosophe? Esprit caustique, il avait coutume de s'exprimer en métaphores ; raillant tout le monde et surtout les puissants, il aima mieux refuser avec finesse qu'avec orgueil et arrogance. Il dit qu'il ne voulait pas recevoir de bienfaits d'un homme auquel il ne pouvait rendre la pareille. Il craignait peut-être d'être obligé d'accepter ce qu'il ne voulait pas : il craignit d'accepter quelque chose d'indigne de Socrate. On dira qu'il eût refusé si cela ne lui eût pas convenu. Mais il eût irrité contre lui un monarque arrogant, qui voulait qu'on attachât un grand prix à tout ce qu'il offrait. Il n'y a guère de différence entre refuser de donner à un roi, ou d'accepter de lui : il met sur la même ligne l'un et l'autre refus; et il est plus insupportable à l'orgueil d'être dédaigné que de n'être pas craint. Veux-tu savoir ce que Socrate refusa réellement? Il refusa d'aller chercher une servitude volontaire, lui dont une ville libre ne put supporter la liberté.

VII. Nous avons, je pense, suffisamment examiné cette question, s'il est honteux d'être vaincu en bienfaisance. Ceux qui la font, savent bien que les hommes n'ont pas l'habitude de s'offrir des bienfaits à eux-mêmes; car il eût été manifeste, alors, qu'il n'y aurait pas de honte à être vaincu par soi-même. Cependant quelques stoïciens ont mis en doute si quelqu'un pouvait être son propre bienfaiteur, et si l'on se doit de la reconnaissance. Ce qui faisait leur incertitude, c'était cette manière habituelle de s'exprimer : *Je me sais bon gré; et, je me puis m'en prendre qu'à moi-même; je m'en veux; je m'en punirai; je me hais*, et d'autres locutions semblables par lesquelles on parle de soi, comme s'il s'agissait de tout autre. Si je puis, disent-ils, me faire du mal, pourquoi ne pourrais-je pas me faire du bien? D'ailleurs, si les services que je rends à d'autres, sont appelés des bienfaits, pourquoi ceux que je me rends à moi-même n'en seraient-ils pas? Si j'avais reçu d'un autre, je devrais; pourquoi, si je me donne à moi-même, ne devrais-je pas? Pourquoi serais-je ingrat envers moi-même? N'est-ce pas moins honteux que d'être avare, dur, cruel ou négligent envers soi? Il y a autant de honte à prostituer son corps que celui des autres. On blâme le complaisant qui se fait l'écho des paroles d'autrui, le louangeur toujours prêt au mensonge ; mais on ne blâme pas moins celui qui se caresse, s'admire lui-même, et se fait pour ainsi dire son propre complaisant. Les vices ne sont pas seulement odieux lorsqu'ils se montrent au dehors, mais encore lorsqu'ils se replient sur eux mêmes. Qui admires-tu plus que celui qui sait se commander, qui est maître de soi? Il est plus facile de gouverner des nations barbares, indociles au joug étranger, que de contenir son âme et de la faire son esclave. Platon remercie Socrate pour ce qu'il a appris de lui : pourquoi Socrate ne se remercierait-il pas pour ce qu'il s'est appris à lui-même? M. Caton a dit : Ce qui te manque, em-

---

lut nubem relinquet, jam exsolutus impedimentis, lucem suam libere mittet. Socrates parem gratiam Archelao referre non posset, si illum docuisset regnare? parum scilicet magnum beneficium a Socrate accipiebat, si ullum dare potuisset Socrati. Quare ergo hoc Socrates dixit? Vir facetus, et cujus per figuras sermo procedere solitus erat, derisor omnium, maxime potentium, maluit illi nasute negare, quam contumaciter ac superbe. Dixit, se nolle beneficia ab eo accipere, cui non posset paria reddere. Timuit fortasse, ne cogeretur accipere quæ nollet : timuit, ne quid indignum Socrate acciperet. Dicet aliquis : Negasset, si nollet. Sed instigasset in se regem insolentem, et omnia sua magno æstimari volentem. Nihil ad rem pertinet', utrum dare aliquid regi nolis, an accipere a rege : in æquo utramque ponit repulsam; et superbo fastidiri acerbius est, quam non timeri. Vis scire, quid vere noluerit? Noluit ire ad voluntariam servitutem is, cujus libertatem civitas libera ferre non potuit.

VII. Satis, ut existimo, hanc partem tractavimus, an turpe esset beneficiis vinci. quod qui quærit, scit non solere homines sibi ipsos beneficium dare; manifestum enim fuisset, non esse turpe a se ipso vinci. Atqui apud stoicos quosdam et de hoc ambigitur, an possit aliquis sibi beneficium dare? an debeat referre sibi gratiam? Quod ut videretur quærendum, illa fecerunt : solemus dicere, Gratias mihi ago, et, De nullo queri possum alio, quam de me. Ego mihi irascor, et, Ego a me pœnas exigam, et, Odi me, multa præterea hujusmodi, per quæ unusquisque de se tanquam de altero loquitur. Si nocere, inquit, mihi possum, quare non et beneficia mihi dare possum? Præterea quæ, si in alium contulissem, beneficia vocarentur, quare, si in me contuli, non sint? Quod, si ab altero accepissem, deberem ; quare, si mihi ipse dedi, non debeam? Quare sim adversus me ingratus? quod, non minus turpe est, quam in se sordidum esse, et in se durum ac sævum, et sui negligentem? Tam alieni corporis leno male audit quam sui. Nempe reprehenditur assentator, et aliena subsequens verba, paratus ad falsa laudator; non minus placens sibi, et se suspiciens, et, ut ita dicam, assentator suus. Vitia non tantum quum foris peccant, invisa sunt, sed quum in se retorquentur. Quem magis admiraberis, quam qui imperat sibi, quam qui se habet in potestate? Gentes facilius est barbaras, impatientesque alieni arbitrii, regere, quam animum suum continere, et tradere sibi. Plato, inquit, agit Socrati gratias, quod ab illo didicit; quare Socrates sibi non

prunte-le à toi-même. Pourquoi ne puis-je me donner, si je puis me prêter? Il est une infinité de circonstances où l'usage fait de nous deux hommes différens. Nous avons coutume de dire : « Laisse-moi me consulter; » ou « Je m'en tirerai l'oreille. » Si ces expressions sont justes, de même que l'on peut s'irriter contre soi, l'on peut aussi se remercier; de même que l'on peut se faire des reproches, on peut aussi s'adresser des éloges; de même que l'on peut se faire du tort, on peut aussi se faire du bien. Le tort et le bienfait sont contraires. Or, si nous disons de quelqu'un : il s'est fait tort, nous pourrons dire : il s'est accordé un bienfait.

VIII. Est-il naturel de se devoir à soi-même? Il est naturel que l'on doive d'abord, et qu'ensuite vienne la reconnaissance. Il n'y a pas de débiteur sans créancier, pas plus que de mari sans femme, ou de père sans fils. Il faut que quelqu'un donne pour que quelqu'un reçoive : ce n'est donner ni recevoir, que de faire passer une chose de la main gauche dans la main droite. De même qu'on ne se porte pas soi-même, quoiqu'on remue son corps et qu'on le déplace : de même que personne, quoique plaidant pour soi, ne s'appelle son conseil, et ne s'élève une statue comme à un patron; de même qu'un malade, qui se guérit par ses propres soins, n'exige aucun salaire de soi-même; ainsi, en toutes choses, celui qui a su se rendre utile à soi-même, ne se devra cependant pas de reconnaissance, parce qu'il n'aura personne envers qui la témoigner. Quand j'accorderais qu'on puisse être bienfaisant envers soi-même, dès qu'on donne, on reçoit : quand j'accorderais qu'on peut recevoir de soi un bienfait, dès qu'on reçoit, on rend. Le transfert se fait, comme on dit, à la maison, et cette dette illusoire est aussitôt effacée. Car celui qui donne n'est pas autre que celui qui reçoit, c'est un seul et même homme. Ce mot *devoir*, suppose toujours deux personnes : comment pourrait-il s'appliquer à un seul qui se libère en s'obligeant? Dans un globe ou une balle, il n'y a ni haut ni bas, ni commencement ni fin, parce que le mouvement fait changer la position, met devant ce qui était derrière, dessus ce qui était dessous : toutes choses, de quelque côté qu'elles se tournent, reviennent toujours au même point. Il en est ainsi d'un homme, remuez-le dans tous les sens, il est toujours un. Il s'est frappé : il n'a personne à actionner pour dommage : il s'est garrotté, il s'est emprisonné : il ne peut être poursuivi pour voies de fait. Il s'est donné quelque chose : aussitôt il a rendu à celui qui avait donné. On dit que la nature ne perd rien, parce que tout ce qui lui est ôté lui revient; et que rien ne peut périr, parce que rien n'a d'issue pour s'échapper, parce que toute chose est ramenée à la source d'où elle émane. Quel rapport, dis-tu, entre cet exemple et la question dont il s'agit? Je vais te le dire. Suppose que tu sois ingrat; le bienfait n'est pas pour cela perdu : celui qui l'a offert, en jouit. Suppose que tu refuses de reprendre : la chose est dans tes mains avant d'être rendue. Tu ne peux rien perdre; car ce qui t'est enlevé, t'est néanmoins acquis. Tu tournes dans un cercle : tu donnes en recevant; tu reçois en donnant.

agat, quod ipse se docuit? M. Cato ait : Quod tibi deest, a te ipso mutuare; quare donare mihi non possum, si commodare possum? Innumerabilia sunt, in quibus consuetudo nos dividit. Dicere solemus : Sine loquar mecum; et, Ego mihi aurem pervellam. Quæ si vera sunt, quemadmodum aliquis sibi irasci debet, sic et gratias agere; quomodo objurgare se, sic et laudare; quomodo damno sibi esse, sic et lucro potest. Injuria et beneficium contraria sunt; si de aliquo dicimus : Injuriam sibi fecit; poterimus dicere : Beneficium sibi dedit.

VIII. Natura sibi debet? Natura prius est, ut quis debeat, deinde ut gratiam referat; debitor non est sine creditore, non magis quam maritus sine uxore, aut sine filio pater. Aliquis dare debet, ut aliquis accipiat; non est dare, nec recipere, in dexteram manum de sinistra transferre. Quomodo nemo se portat, quamvis corpus suum moveat et transferat; quomodo nemo, quamvis pro se dixerit, affuisse sibi dicitur, nec statuam sibi tanquam patrono ponit; quomodo, si æger cum cura sua convaluit, mercedem a se non exigit; sic in omni negotio, qui quum aliquid prodesse sibi fecerit, non tamen debebit referre gratiam sibi, quia non habebit, cui referat. Ut concedam aliquem dare sibi beneficium, dum dat, et recipit; ut concedam aliquem a se accipere beneficium, dum accipit, reddit. Domi, quod aiunt, versura sit, et velut lusorium nomen statim transit. Neque enim alius dat quam qui accipit, sed unus atque idem. Hoc verbum : Debere, non habet nisi inter duos locum; quomodo ergo in uno consistit, qui se obligando liberat? Ut in orbe ac pila nihil est imum, nihil summum, nihil extremum, nihil primum, quia motu ordo mutatur, et quæ sequebantur præcedunt, et quæ occidebant oriuntur, omnia quomodocumque ierunt, in idem revertuntur; ita in homine existima fieri; non peribit beneficium, habet illud qui dedit; puta te recipere nolle; apud te est, antequam redditur. Non potes quidquam amittere, quia quod detrahitur, nihilominus tibi acquiritur. Intra te ipsum orbis agitur : accipiendo das : dando accipis.

14.

IX. On doit, dit-on, être bienfaisant envers soi-même; donc on doit être reconnaissant. D'abord le principe est faux, et les conséquences y répondent. On n'est pas bienfaisant envers soi-même; mais on obéit à sa nature qui commande l'amour de soi. De là vient cette sollicitude à éviter ce qui est nuisible, à rechercher ce qui est utile. Aussi n'y a-t-il pas de générosité à se faire des dons, de clémence à se pardonner, de pitié à être touché de ses maux. Ce qui, appliqué aux autres, serait générosité, clémence, pitié, appliqué à soi, n'est qu'une impulsion naturelle. Le bienfait est une chose volontaire; mais l'utile pour soi est une chose nécessaire. Aussi, plus on répand de bienfaits, plus on est bienfaisant. Mais qui jamais a obtenu des éloges pour s'être protégé soi-même? pour s'être délivré des voleurs? On ne s'accorde pas plus un bienfait que l'hospitalité. On ne peut pas plus se donner à soi-même que se prêter. Si l'on s'accorde des bienfaits, on s'en accorde toujours, sans relâche; on ne peut en compter le nombre. Comment donc pouvoir être reconnaissant, puisque c'est encore un bienfait de plus que d'être reconnaissant. Comment distinguer si l'on se donne, ou si l'on se rend, puisque tout se passe chez le même homme? Je me suis préservé d'un danger : c'est un bienfait. Je m'en préserve une seconde fois; est-ce un bienfait ou une restitution? Ensuite, quand j'admettrais cette première proposition, que nous pouvons nous-même nous accorder un bienfait, je n'admettrais pas les conséquences. Car, même quand nous donnons, nous ne devons pas. Pourquoi? parce que nous recevons aussitôt. Dans tout bienfait, il faut recevoir, ensuite devoir, ensuite rendre. Or, il n'y a pas lieu à devoir, puisque nous recevons sans aucun délai. Nul ne peut donner qu'à un autre; nul ne peut devoir qu'à un autre; nul ne peut rendre qu'à un autre. Ainsi, un acte qui exige toujours qu'on soit deux, ne peut se passer chez un seul.

X. Un bienfait consiste à accorder quelque chose d'utile : or, ce mot accorder est relatif à d'autres. Ne prendrait-on pas pour un fou celui qui dirait qu'il s'est vendu quelque chose? car une vente est une aliénation, le transport fait à un autre de sa chose et du droit sur sa chose. Or, lorsqu'on donne, c'est, comme lorsqu'on vend, se défaire d'une chose, et livrer aux mains d'un autre ce que l'on tient. Si cela est, personne ne peut être bienfaisant envers soi-même, parce que personne ne se doit à soi-même. Autrement ce serait faire en une seule chose l'accord de deux contraires, en considérant comme un même acte de donner et de recevoir. Et cependant il y a une très-grande différence entre donner et recevoir. Pourquoi? c'est que ces deux mots sont opposés. Or, si l'on pouvait être son propre bienfaiteur, il n'y aurait pas de différence entre donner et recevoir.

Je disais tout à l'heure qu'il y avait des mots relatifs aux autres, et formés de telle manière, que toute leur signification repoussait l'idée de notre seule personne. Je suis frère, mais d'un autre; car personne n'est son propre frère. Je suis l'égal, mais de quelqu'un; car qui est l'égal de soi-même? Ce qui se compare, ne peut se concevoir sans un

---

IX. Beneficium, inquit, sibi dare oportet; ergo et referre gratiam oportet. Primum illud falsum est, ex quo pendent sequentia. Nemo enim sibi beneficium dat, sed naturæ suæ paret, a qua ad caritatem sui compositus est; unde illi summa cura est nocitura vitandi, profutura appetendi. Itaque nec liberalis est, qui sibi donat; nec clemens, qui sibi ignoscit; nec misericors, qui malis suis tangitur. Quod aliis præstare liberalitas est, clementia, misericordia; sibi præstare, natura est. Beneficium res voluntaria est; at prodesse sibi, necessarium est. Quo quis plura beneficia dedit, beneficentior est. Quis unquam laudatus est, quod sibi ipse fuisset auxilio? quod se eripuisset latronibus? nemo sibi beneficium dat, non magis quam hospitium; nemo sibi donat, non magis quam credit. Si dat sibi quisque beneficium, semper dat, sine intermissione dat; inire beneficiorum suorum non potest numerum. Quando ergo gratiam referet, quum per hoc ipsum, quo gratiam refert, beneficium det? Quomodo enim discernere poterit, utrum det sibi beneficium, an reddat, quum intra eundem hominem res geratur? Liberavi me periculo; beneficium mihi dedi; iterum me periculo libero : utrum do beneficium, an reddo? Deinde ut primum illud concedam, dare nos beneficium nobis; quod sequitur, non concedam; nam etiamsi damus, non debemus; quare? quia statim recipimus. Accipere beneficium nos oportet, deinde debere, deinde referre. Debendi locus non est, quia sine ulla mora recipimus. Dat nemo, nisi alteri; debet nemo, nisi alteri; reddit nemo, nisi alteri. Id intra unum non potest fieri, quod toties duos exigit.

X. Beneficium est, præstitisse aliquid utiliter; verbum autem præstitisse, ad alios spectat. Numquid non demens videbitur, qui aliquid vendidisse sibi dicet? quia venditio alienatio est, et rei suæ jurisque in ea sui in alium translatio. Atqui quemadmodum vendere, sic dare aliquid, a se dimittere est, et id quod tenueris, habendum alteri tradere. Quod si est, beneficium nemo sibi dedit, quia nemo se sibi. Alioqui duo contraria in uno coeunt, ut idem sit dare, et accipere. Etiamnunc multum interest inter dare et accipere : quidni? quum ex diverso ista verba posita sint; atqui si quis sibi beneficium dat, nihil interest inter dare et accipere. Paullo ante dicebam, quædam ad alios pertinere, et sic esse formata, ut tota significatio illorum discedat a nobis. Frater sum, sed alterius, nemo est enim suus frater. Par sum, sed alicui; quis est enim par sibi? Quod compa-

autre objet; ce qui se réunit, suppose un autre objet. De même ce qui se donne, se donne à autrui; il n'y a pas de bienfait sans autrui. Cela ressort du terme lui-même qui signifie faire du bien. Or, on ne se fait pas du bien, pas plus qu'on ne se favorise, pas plus qu'on ne prend son parti. Je pourrais étendre ce principe, et le fortifier de plusieurs exemples. En effet, le bienfait s'exerce sur des choses qui exigent une seconde personne. Il y a des choses honnêtes, belles, d'une haute vertu, qui n'ont lieu que vis-à-vis d'un autre. On loue, on estime la bonne foi comme une des grandes perfections de la nature humaine : or, dit-on jamais qu'un homme a été de bonne foi envers lui-même?

XI. Je passe maintenant à la seconde partie : Pour l'acquit d'un bienfait, il faut dépenser quelque chose, comme pour le paiement d'une dette. Or, celui qui s'acquitte envers lui-même, ne dépense rien, pas plus qu'il ne gagne en recevant de lui-même un bienfait. Le bienfait et le retour doivent aller et venir : il n'y a pas de réciprocité chez un seul individu. Celui qui s'acquitte est utile à son tour à la personne de qui il a reçu; mais celui qui s'acquitte envers lui-même, à qui est-il utile? à lui-même. Et qui donc viendra nier que la reconnaissance se place ailleurs que le bienfait? Celui qui s'acquitte envers lui-même est utile à lui-même. Et quel est donc l'ingrat qui refuserait d'en faire autant? ou plutôt qui n'est pas devenu ingrat, pour en avoir fait autant? Si, dit-on, nous nous devons des remerciements, nous nous devons aussi de la reconnaissance. Or, nous disons . Je me rends grâces de n'avoir pas voulu épouser telle femme, de ne m'être point lié avec tel homme. Lorsque nous parlons ainsi, c'est un éloge que nous nous donnons; et, pour approuver notre action, nous abusons des termes du remerciement. Un bienfait est une chose qui peut, lorsqu'elle a été accordée, ne jamais être rendue : celui qui s'accorde un bienfait, ne peut pas ne pas recevoir ce qu'il a donné : donc il n'y a pas de bienfait. Un bienfait est reçu dans un moment, est rendu dans un autre. Dans un bienfait ce qu'il faut louer, ce qu'il faut admirer, c'est que, pour être utile à un autre, on a oublié son propre intérêt; que pour donner à un autre, on s'est dépouillé soi-même; c'est ce que ne fait pas celui qui se donne à lui-même. Un bienfait est une chose sociale : il nous concilie les uns, il oblige les autres : se donner à soi n'est pas un lien social, ne concilie personne, n'oblige personne, ne fait naître chez personne cette espérance qui fait dire : « Cet homme est bon à cultiver : il a donné à un tel; il pourra me donner à moi. » Il y a bienfait, lorsqu'on donne, non dans son intérêt, mais dans l'intérêt de celui auquel on donne. Or, l'homme bienfaisant envers lui-même, donne dans son propre intérêt. Donc il n'y a pas bienfait.

XII. Trouves-tu que je manque à ce que je t'avais promis au commencement de ce livre? Diras-tu que je m'écarte de tout ce qui fait l'importance du sujet, ou plutôt que je prends de bonne foi une peine perdue? Attends : tu le diras avec plus de raison quand je t'aurai conduit à travers ce labyrinthe; et, lorsque tu en seras sorti, tu

ratur, sine altero non intelligitur; quod jungitur, sine altero non est. Sic et quod datur, sine altero non est, et beneficium sine altero non est. Id ex ipso vocabulo apparet, in quo hoc continetur, benefecisse. Nemo autem sibi benefacit, non magis quam sibi favet, quam suarum partium est. Diutius hoc et pluribus exemplis licet prosequi; quidni? quum inter ea sit habendum beneficium, quæ secundam personam desiderant. Quædam quum sint honesta, pulcherrima, summæ virtutis, nisi cum altero non habent locum. Laudatur, et inter maxima humani generis bona fides colitur; num quis ergo dicitur sibi fidem præstitisse?

XI. Venio nunc ad ultimam partem. Qui gratiam refert, aliquid debet impendere, sicut qui solvit pecuniam : nihil autem impendit, qui gratiam sibi refert, non magis quam consequitur, qui beneficium a se accepit. Beneficium et gratiæ relatio ultro citroque ire debent; intra unum hominem non est vicissitudo. Qui ergo gratiam refert, invicem prodest ei, a quo consecutus est aliquid ; qui sibi gratiam refert, cui prodest? sibi. Et quis non alio loco relationem gratiæ, alio beneficium cogitat? Qui gratiam sibi refert, sibi prodest; et quis unquam ingratus hoc noluit facere? immo quis non ingratus fuit, ut hoc faceret? Si gratias, inquit, nobis agere debemus, et gratiam referre debemus. Dicimus autem : Ago gratias mihi, quod illam uxorem nolui ducere, et cum illo non contraxi societatem. Quum hoc dicimus, laudamus nos; et ut factum nostrum comprobemus, gratias agentium verbis abutimur. Beneficium est quod potest, et quum datum est, non reddi : qui sibi beneficium dat, non potest non recipere, quod dedit; ergo non est beneficium. Alio tempore beneficium accipitur, alio redditur. In beneficio hoc est probabile, et suspiciendum, quod alteri ut aliquis prodesset, utilitatis interim suæ oblitus est; quod alteri dedit, ablaturus sibi; hoc non facit, qui beneficium sibi dat. Beneficium dare, socialis res est, aliquem conciliat, aliquem obligat; sibi dare, non est socialis res, neminem conciliat, neminem obligat, neminem in spem inducit, ut dicat: Hic homo colendus est : illi beneficium dedit; dabit et mihi. Beneficium est, quod quis non sua causa dat, sed ejus, cui dat. Is qui sibi beneficium dat, sua causa dat; non est ergo beneficium.

XII. Videor tibi jam illud, quod in principio dixeram, mentitus? Dicis me abesse ab eo qui operæ pretium facit: immo totam operam bona fide perdere? Exspecta; etiam hoc verius dices, simul ac te ad has latebras perduxero, a

n'auras rien gagné, que d'échapper à des difficultés où tu étais maître de ne pas t'engager. Quel avantage y a-t-il à défaire péniblement des nœuds que tu as attachés pour le plaisir de les défaire? Mais de même qu'on s'amuse quelquefois à les entrelacer par passe-temps, et pour donner à une main inhabile l'embarras de les dénouer, ce que fait sans peine celui qui les a formés, parce qu'il en connaît les complications et les obstacles, et de même que ces difficultés ont un certain charme, parce qu'elles exercent la finesse de l'esprit et réveillent l'attention : de même ces arguments, qui ne paraissent que subtils et captieux, chassent de l'esprit l'indolence et le sommeil. Car, tantôt il faut lui ouvrir de vastes champs où il se promène, tantôt il faut lui opposer des sentiers difficiles et raboteux, où il grimpe et se fasse laborieusement un passage.

On dit que personne n'est ingrat. Voici comme on le prouve. Le bienfait est ce qui est utile : or, selon les stoïciens, personne ne peut être utile au méchant; donc le méchant ne reçoit pas de bienfaits, donc il n'est pas ingrat. En outre, le bienfait est une chose honnête et louable. Or, pour une chose honnête ou louable, il n'y a pas place chez le méchant : donc, non plus pour le bienfait; s'il ne peut en recevoir, il n'est pas tenu de rendre; par conséquent, il ne peut être ingrat. En outre, vous dites que l'homme de bien fait tout avec droiture : s'il fait tout avec droiture, il ne peut être ingrat. Ainsi, l'homme de bien rend le bienfait; le méchant n'en reçoit pas : si cela est, personne n'est ingrat, ni le bon, ni le méchant ; par conséquent, l'ingrat n'existe pas dans la nature.

Tout cela est vide de sens. Nous n'admettons qu'un seul bien; c'est l'honnête : or, l'honnête ne peut atteindre le méchant; car il cessera d'être méchant, dès que la vertu aura pénétré jusqu'à lui. Mais, tant qu'il reste méchant, il ne peut y avoir de bienfait pour lui; car le bien et le mal sont incompatibles, et ne peuvent se rencontrer au même lieu. Aussi, personne ne peut lui être utile, parce que tout ce qui lui tombe entre les mains, il le corrompt par un mauvais usage. De même qu'un estomac altéré par la maladie, et surchargé de bile, dénature tous les aliments qu'il reçoit, et fait de toute nourriture une cause de douleur; de même vous ne confierez rien à un esprit aveugle, qui ne devienne pour lui un fardeau, qui ne tourne à sa perte et à son malheur. C'est ainsi que les hommes les plus heureux et les plus opulents rencontrent le plus d'orages; et ils se retrouvent d'autant moins qu'ils sont soulevés par les flots d'une mer plus vaste. Rien d'utile ne peut donc arriver jusqu'au méchant : ou plutôt rien que de nuisible ne peut lui arriver. Tout ce qui lui convient, il l'assimile à sa propre nature, et les avantages extérieurs qui seraient utiles en de meilleures mains, lui deviennent pernicieux. C'est pourquoi il ne peut accorder de bienfaits, parce que nul ne peut accorder ce qu'il n'a pas : il manque même de la volonté de bien faire.

XIII. Quoi qu'il en soit cependant, le méchant peut recevoir des dons qui ressemblent à des bienfaits; et s'il ne les rend, il est ingrat. Il y a des

---

quibus quum evaseris, nihil amplius assecutus eris, quam ut eas difficultates effugeris, in quas licuit non descendere. Quid enim boni est nodos operose solvere, quos ipse ut solveres feceris? Sed quemadmodum quædam in oblectamentum ac jocum sic illigantur, ut eorum solutio imperito difficilis sit, quæ ille qui implicuit, sine ullo negotio separat, quia commissuras eorum et moras novit; et nihilominus illa habent aliquam voluptatem, tentant enim acumen animorum et intentionem excitant : ita hæc quæ videntur callida et insidiosa, securitatem, ac segnitiem ingenii auferunt; quibus modo campus in quo vagentur, sternendus est, modo experiri aliquid et confragosi objiciendum, per quod erepant, et sollicite vestigium faciant. Dicitur nemo ingratus esse ; id sic colligitur. Beneficium est quod prodest; prodesse autem nemo homini malo potest, ut dicitis Stoici; ergo beneficium non accipit malus ; itaque nec ingratus est. Etiamnunc beneficium honesta et probabilis res est. Apud malum nulli honestæ rei aut probabili locus est; ergo nec beneficio; quod si accipere non potest, nec reddere quidem debet; et ideo non sit ingratus. Etiamnunc, ut dicitis, bonus vir omnia recte facit; si omnia recte facit, ingratus esse non potest. Bonus beneficium reddit ; malus non accipit; quod si est, nec bonus quisquam ingratus est, nec malus; ita ingratus in rerum natura est nemo. At hoc inane. Unum est apud nos bonum, honestum; id pervenire ad malum non potest; desinet enim malus esse, si ad illum virtus intraverit. Quamdiu autem malus est, nemo illi dare beneficium potest; quia bona malaque dissentiunt, nec in unum eunt. Ideo nemo illi prodest, quia quidquid ad illum pervenit, id pravo usu corrumpit. Quemadmodum stomachus morbo vitiatus, et colligens bilem, quoscumque accepit cibos, mutat, et omne alimentum in causam doloris trahit; ita animus cæcus, quidquid illi commiseris, id onus suum, et perniciem et occasionem miseriæ facit. Felicissimis itaque opulentissimisque plurimum æstus subest, minusque se inveniunt, quo in majorem materiam inciderunt, qua fluctuarentur. Ergo nihil potest ad malos pervenire, quod prosit; imo nihil quod non noceat. Quæcumque enim illis contigerunt, in naturam suam vertunt; et extra speciosa, profuturaque si melioribus darentur, illis pestifera sunt. Ideo nec beneficium dare possunt, quoniam nemo potest quod non habet, dare; hic beneficiendi voluntate caret.

XIII. Sed quamvis hæc ita sint, accipere tamen malus potest, quæ beneficiis similia sint; quibus non reddi-

biens de l'âme, du corps, de la fortune. Les biens de l'âme sont interdits aux sots et aux méchants; mais ceux-là y sont admis, qui peuvent les recevoir, et qui doivent les rendre; s'ils ne les rendent pas, ils sont ingrats. Et cela ne résulte pas de notre doctrine seulement. Les péripatéticiens eux-mêmes, qui reculent bien plus loin que nous les limites de la félicité humaine, assurent que les méchants peuvent recevoir de légers bienfaits, et que celui qui ne les rend pas est un ingrat. Nous qui ne considérons pas comme bienfaits les choses qui ne doivent pas rendre l'âme meilleure, nous ne refusons cependant pas de les mettre au rang des avantages qu'on peut rechercher. Ces choses, le méchant peut les donner au bon, et les recevoir de lui; par exemple, de l'argent, des vêtements, des honneurs et la vie ; et s'il ne sait pas les reconnaître, il mérite le nom d'ingrat.

Mais, dit-on, comment y a-t-il ingratitude à ne pas rendre ce que vous ne voulez pas regarder comme bienfait. Il y a des objets qui, sans être identiques, sont néanmoins, à cause de leur ressemblance, compris sous la même dénomination. Ainsi, une boite, qu'elle soit d'or ou d'argent, a toujours le même nom : ainsi, nous appelons illettré, non celui qui est totalement ignorant, mais celui qui ne s'est pas élevé à la haute littérature : ainsi, en voyant un homme mal vêtu et couvert de haillons, on dit qu'on a vu un homme tout nu. De même, les choses dont nous parlons ne sont pas des bienfaits, mais elles en ont l'apparence. Alors, nous dit-on, si elles n'en ont que l'apparence, le méchant n'a que l'apparence d'un ingrat, il n'est pas ingrat. Erreur : car ces choses sont appelées bienfaits et par celui qui donne et par celui qui reçoit. Ainsi donc, celui qui trompe sous l'apparence d'un véritable bienfait, est aussi bien un ingrat, que celui qui donne un soporifique, en croyant que c'est du poison, est un empoisonneur.

XIV. Cléanthe va bien plus loin. « Quoique, dit-il, ce ne soit pas un bienfait que reçoit le méchant, il n'en est pas moins ingrat, parce qu'il n'eût pas rendu quand même il eût reçu. Ainsi, un voleur est déjà tel, même avant de souiller ses mains, parce qu'il est armé pour le meurtre, parce qu'il a la volonté de dépouiller et de tuer. La méchanceté s'exerce, se manifeste, mais ne commence pas à l'œuvre. Ce qu'il a reçu n'était pas un bienfait, mais en avait le nom. Les sacrilèges sont punis, quoique personne ne puisse porter la main jusque sur les dieux. » Mais, dit-on, comment peut-on être ingrat envers un méchant, puisqu'il est incapable d'un bienfait? Par la raison qu'on a reçu de lui quelqu'une de ces choses que les ignorants regardent comme des biens. Si les méchants les possèdent en abondance, il faut que la reconnaissance s'exerce sur la même matière, et quelle que soit la qualité des choses, dès qu'on les a reçues comme des biens, il faut les rendre comme des biens. On est également débiteur, soit qu'on doive des pièces d'or ou des morceaux de cuir frappés au coin public, tels qu'il y en eut à Lacédémone, et qui figurent l'argent comptant. La reconnaissance doit être du même genre que l'obligation.

XV. Il ne vous appartient pas de demander ce que c'est que le bienfait, et si la grandeur de ce beau nom peut descendre jusqu'à s'appliquer à une ma-

---

tis, ingratus erit. Sunt animi bona, sunt corporis, sunt fortunæ. Illa animi bona a stulto ac malo submoventur; ad hæc admittitur, quæ et accipere potest, et debet reddere; et si non reddit, ingratus est. Nec hoc ex nostra constitutione tantum. Peripatetici quoque, qui felicitatis humanæ longe lateque terminos ponunt, aiunt minuta beneficia perventura ad malos; hæc qui non reddit, ingratus est. Nobis itaque beneficia esse non placet, quæ non sunt animum factura meliorem; commoda tamen illa esse, et expetenda, non negamus. Hæc et viro bono dare malus potest, et accipere a bono; ut pecuniam, vestem, honores, et vitam; quæ si non reddet, in ingrati nomen incidet. At quomodo ingratum vocas, eo non reddito, quod negas esse beneficium? Quædam etiamsi vera non sint, propter similitudinem eodem vocabulo comprehensa sunt. Sic pyxidem, et argenteam et auream dicimus; sic illiteratum, non ex toto rudem, sed ad literas altiores non perductum; sic qui male vestitum et pannosum vidit, nudum se vidisse dicit. Beneficia ista non sunt; habent tamen beneficii speciem. «Quomodo ista sunt tanquam beneficia, sic et ille tanquam ingratus est, non ingratus. » Falsum est; quia illa beneficia, et qui dat appellat, et qui accipit. Ita et qui veri beneficii specie fefellit, tam ingratus est, quam veneficus, qui soporem, quum venenum crederet, miscuit.

XIV. Cleanthes vehementius agit. « Licet, inquit, beneficium non sit quod accipit, ipse tamen ingratus est; quia non fuit redditurus, etiam si accepisset. Sic latro est, etiam antequam manus inquinet; quia ad occidendum jam armatus est, et habet spoliandi atque interficiendi voluntatem. Exercetur et aperitur opere nequitia, non incipit. Ipsum quod accepit, beneficium non erat, sed vocabatur. Sacrilegi dant pœnas, quamvis nemo usque ad deos manum porrigat. » Quomodo, inquit, adversus malum ingratus est quisquam, quum malo dari beneficium non possit? Ea scilicet ratione, quia accepit ab illo aliquid ex his, quæ apud imperitos bona sunt; quorum si malis copia est, ipse quoque in simili materia gratus esse debebit, et illa qualiacumque sunt, quum pro bonis acceperit, pro bonis reddere. Æs alienum habere dicitur, et qui aureos debet, et qui corium forma publica percussum, quale apud Lacedæmonios fuit, quod usumnumeratæ pecuniæ præstat. Quo genere obligatus es, hoc fidem exsolve.

XV. Quid sint beneficia, an et in hanc sordidam humilemque materiam deduci magnitudo nominis clari debeat,

tière basse et sordide : c'est à d'autres à chercher le vrai. Vous, réglez votre âme sur l'apparence du vrai, et puisque vous parlez de vertu, adorez quoi que ce puisse être qu'on décore du nom de vertu. Mais, dit-on, puisque, selon vous, personne n'est ingrat, de cette manière tout le monde est ingrat. Car, comme vous le dites, tous les sots sont méchants ; or, celui qui a un vice les a tous; or, tous les hommes sont sots et méchants ; donc, tous les hommes sont ingrats. Eh! quoi donc? ne le sont-ils pas? N'est-ce pas l'accusation soulevée de toutes parts contre le genre humain? N'est-ce pas le cri général, que les bienfaits se perdent; qu'il y a très-peu d'hommes qui ne répondent par des offenses aux plus grands bienfaits. Et ne crois pas que nous seuls nous fassions entendre ces murmures, et mettions au rang du mal et du vice tout ce qui n'atteint pas la règle de l'honnête. Voici je ne sais quelle voix qui sort, non de l'école des philosophes, mais qui éclate du milieu de la foule, pour condamner les peuples et les nations :

« L'hôte n'est pas en sûreté avec son hôte; le beau-père avec son gendre : l'accord des frères est aussi une rareté : le mari menace la vie de sa femme, la femme celle de son mari. »

On va bien plus loin aujourd'hui : les bienfaits sont convertis en crimes, et l'on n'épargne pas le sang de ceux pour qui on devrait verser le sien. C'est avec le glaive et le poison que nous reconnaissons les bienfaits : porter la main sur sa patrie, l'écraser sous ses propres faisceaux, c'est là la puissance, c'est là la grandeur. Tout homme se croit dans une situation obscure, et humiliante, s'il n'est placé au-dessus de la république. Les armes reçues d'elle sont tournées contre elle, et voici la harangue du général : Combattez contre vos femmes, combattez contre vos enfants : attaquez, le fer à la main, vos autels, vos foyers, vos pénates. Vous qui, même pour triompher, ne deviez pas entrer dans la ville sans l'ordre du sénat, vous qui, ramenant une armée victorieuse, ne receviez audience que hors des murs; aujourd'hui, après le meurtre de vos concitoyens, souillés du sang de vos proches, entrez dans Rome, enseignes déployées! Que la liberté se taise au milieu de l'appareil militaire; que ce peuple vainqueur et pacificateur des nations, qui a repoussé si loin la guerre, qui a dissipé toutes les terreurs, assiégé maintenant dans ses murs, pâlisse devant ses propres aigles.

XVI. L'ingrat c'est Coriolan : sa piété tardive ne vint qu'après le repentir du crime. Il posa les armes, mais au milieu de son parricide. L'ingrat c'est Catilina : pour lui c'est peu de s'emparer de la patrie, s'il ne la ruine, s'il ne déchaîne contre elle les cohortes des Allobroges, si un ennemi appelé d'au-delà des Alpes n'assouvit des haines antiques et innées, si le sang des chefs romains ne satisfait les expiations dues si longtemps aux mânes des Gaulois. L'ingrat c'est C. Marius; parvenu du rang de soldat à celui de consul, cet homme, s'il n'eût égalé les funérailles romaines aux massacres cimbriques, s'il n'eût donné le signal, ou pour mieux dire, s'il n'eût été lui-même le signal de la persécution et du meurtre civil, n'eût pas assez senti le châtiment que les revers

---

ad vos non pertinet : in alios quæritur verum. Vos ad speciem veri composite animum; et dum honestum dicitis, quidquid est id, quod nomine honesti jactatur, id colite. Quomodo, inquit, nemo per vos ingratus est, sic rursus omnes ingrati sunt. Nam, ut dicitis, omnes stulti mali sunt; qui autem habet vitium unum, habet omnia ; omnes autem stulti et mali sunt; omnes ergo ingrati sunt. Quid ergo? non sunt? non undique humano generi convicium fit? non publica querela est, beneficia perisse, et paucissimos esse, qui de benemerentibus non invicem pessime mereantur ? Nec est quod hanc tantum nostram murmurationem putes, pro pessimo pravoque numerantium, quidquid citra recti formulam cecidit. Ecce nescio qui non ex philosophorum domo clamat ; ex medio conventu populos gentesque damnatura vox mittitur,

. . . . Non hospes ab hospite tutus,
Non socer a genero ; fratrum quoque gratia rara est :
Imminet exitio vir conjugis, illa mariti.

Hoc jam amplius est ; beneficia in scelus versa sunt ; et sanguini eorum non parcitur, pro quibus sanguis fundendus est. Gladio, ac venenis beneficia sequimur ; ipsi patriæ manus afferre, et fascibus suis illam premere, potentia ac dignitas est. Humili se ac depresso loco putat stare, quisquis non supra rempublicam stetit. Accepti ab illa exercitus in ipsam convertuntur, et imperatoria concio est : Pugnate contra conjuges, pugnate contra liberos; aras, focos, penates, armis incessite. Qui ne triumphaturi quidem intrare urbem injussu senatus deberetis, quibusque exercitum victorem reducentibus curia extra muros præberetur; nunc civibus cæsis, perfusi cruore cognato, urbem subrectis intrate vexillis. Obmutescat inter militaria signa libertas; et ille victor pacatorque gentium populus, remotis procul bellis, omni terrore compresso, intra muros obsessus, aquilas suas horreat.

XVI. Ingratus est Coriolanus; sero et post sceleris poenitentiam pius posuit arma, sed in medio parricidio posuit. Ingratus Catilina ; parum est illi capere patriam, nisi verterit, nisi Allobrogum in illam cohortes immiserit, et trans Alpes accitus hostis vetera et ingenita odia satiaverit, ac diu debitas inferias Gallicis bustis duces Romani persolverint. Ingratus C. Marius, ad consulatum a caliga perductus; qui nisi Cimbricis cædibus Romana funera æquaverit, nisi civilis exitii et trucidationis non tantum dederit signum, sed ipse signum fuerit, parum multatam ac repositam in priorem locum fortunam suam sentiet. Ingratus L. Sulla; qui patriam durioribus remediis,

DES BIENFAITS.

infligèrent à sa fortune ramenée à son premier état. L'ingrat c'est L. Sylla ; lui qui guérit sa patrie avec des remèdes plus cruels que le danger. Après avoir marché dans le sang humain, depuis la citadelle de Préneste jusqu'à la porte Colline, il livra la ville à d'autres combats, à d'autres massacres. Il égorgea deux légions entassées dans une étroite enceinte, ce qui était une cruauté après la victoire, un crime après sa parole donnée ! Il fut l'inventeur des proscriptions. Grands dieux ! celui qui tuait un citoyen romain, recevait l'impunité et de l'argent : il ne lui manquait que la couronne civique. L'ingrat c'est Cn. Pompée ; pour trois consulats, pour trois triomphes, pour tant de dignités, presque toutes envahies avant l'âge, la reconnaissance qu'il témoigne à la république, c'est de la partager avec d'autres ambitieux, comme s'il eût dû diminuer l'odieux de sa puissance en donnant à plusieurs un droit qui n'appartenait à personne. Il est ingrat, lorsqu'il ambitionne des commandements extraordinaires, lorsqu'il distribue les provinces pour y faire son choix, lorsqu'il partage la république en trois, de manière à en retenir deux parts dans sa maison, lorsqu'il réduit le peuple romain à ne pouvoir plus se sauver que par le bienfait de la servitude. Ingrat fut aussi l'ennemi et le vainqueur de Pompée. De la Gaule et de la Germanie, il transporta la guerre jusque dans Rome ; et ce flatteur de la multitude, cet homme populaire, campa dans le cirque de Flaminius, plus près que Porsena. Sans doute il tempéra les droits cruels de la victoire : il fit ce qu'il disait souvent ; il ne tua personne qui ne fût armé.

Qu'importe ! les autres ont rougi le glaive de plus de meurtres ; mais, une fois rassasiés, ils l'ont déposé : César remit bientôt le glaive dans le fourreau, mais il ne le quitta jamais. Antoine fut ingrat envers son dictateur, lorsqu'il proclama qu'il avait été légitimement tué, lorsqu'il livra des provinces et des commandements à ses meurtriers ; tandis que sa patrie, déchirée par les proscriptions, les invasions et les guerres, recevait de lui, après tant de maux, des maîtres qui n'étaient pas même Romains ; elle qui avait rendu aux Achéens, aux Rhodiens, et à plusieurs villes célèbres, l'intégrité de leurs droits, et la liberté avec leurs immunités, fut réduite à payer tribut à des eunuques.

XVII. Le jour entier ne suffirait pas pour énumérer tous ceux qui ont été ingrats, jusqu'à vouloir ruiner la patrie dans ses fondements. Ce serait une tâche moindre, si j'entreprenais d'examiner combien la république, à son tour, a été ingrate envers ses citoyens les meilleurs et les plus dévoués, et de prouver qu'elle n'a pas failli moins souvent, qu'on n'a failli envers elle. Elle a envoyé Camille en exil ; elle a relégué Scipion. Après Catilina, Cicéron fut exilé ; ses pénates furent détruits, ses biens pillés ; on lui fit tout ce qu'eût fait Catilina vainqueur. Rutilius, pour prix de sa vertu, fut contraint de se cacher en Asie. Caton se vit refuser une fois la préture et toujours le consulat. Nous sommes un peuple d'ingrats. Que chacun s'interroge : il n'y a personne qui n'ait à se plaindre d'un ingrat. Or, il ne peut se faire que tout le monde se plaigne, sans qu'on soit en droit de se plaindre de tout le monde. Donc nous

quam pericula erant, sanavit ; qui quum a Praenestina arce, usque ad Collinam portam, per sanguinem humanum incessisset, alia edidit in urbe proelia, alias caedes ; legiones duas, quod crudele est, post victoriam, quod nefas, post fidem, in angulo congestas contrucidavit, et proscriptionum commentus est : dii magni ! ut qui civem Romanum occidisset, impunitatem, et pecuniam, tantum non civicam acciperet. Ingratus Cn. Pompeius ; qui pro tribus consulatibus, pro triumphis tribus, pro honoribus, quos ex maxima parte immaturus invaserat, hanc gratiam reipublicae reddidit, ut in possessionem ejus alios quoque induceret, quasi potentiae suae detracturus invidiam, si quod nulli licere debebat, pluribus licuisset : dum extraordinaria concupiscit imperia, dum provincias, ut eligat, distribuit ; dum ita cum tertio rempublicam dividit, ut tamen in sua domo duae partes essent, eo redegit populum Romanum, ut salvus esse non posset, nisi beneficio servitutis. Ingratus ipse Pompeii hostis ac victor a Gallia Germaniaque bellum in urbem circumegit, et ille plebicola, ille popularis, castra in circo Flaminio posuit, propius quam Porsennae fuerant. Temperavit quidem jus crudelitatemque victoriae ; quod dicere solebat, praestitit · neminem occidit nisi armatum. Quid ergo

est? Ceteri arma cruentius exercuerunt, satiati tamen aliquando abjecerunt ; hic gladium cito condidit, nunquam posuit. Ingratus Antonius in dictatorem suum, quem jure caesum pronuntiavit, interfectores ejus in provincias et imperia dimisit, patriam vero proscriptionibus, incursionibus, bellis laceratam, post tot mala destinavit ne Romanis quidem regibus : ut quae Achaeis, Rhodiis, et plerisque urbibus claris jus integrum, libertatemque cum immunitate reddiderat, ipsa tributum spadonibus penderet.

XVII. Deficiet dies enumerantem ingratos usque in ultima patriae exitia. Aeque immensum erit, si percurrere coepero ipsa respublica quam ingrata in optimos ac devotissimos sibi fuerit ; quamque non minus saepe peccaverit, quam in ipsam peccatum est. Camillum in exsilium misit ; Scipionem dimisit ; exsulavit post Catilinam Cicero, diruti ejus penates, bona direpta, factum quidquid victor Catilina fecisset. Rutilius innocentiae pretium tulit in Asia latere ; Catoni populus Romanus praeturam negavit, consulatum pernegavit. Ingrati publice sumus. Se quisque interroget ; venio non aliquem queritur ingratum. Atqui non potest fieri, ut omnes querantur, nisi querendum est de omnibus. Omnes ergo ingrati sunt.

sommes tous ingrats. Est-ce là tout? Nous sommes aussi tous cupides, tous envieux, tous lâches, et surtout ceux qui paraissent braves. Ajoute que tous les hommes sont ambitieux, tous impies. Mais il n'y a pas de quoi leur en vouloir. Pardonne-leur : ce sont tous des fous. Je ne veux pas te rappeler des choses équivoques, en te disant : Vois combien la jeunesse est ingrate. Quel est le fils assez simple pour ne pas souhaiter la mort de son père? assez modéré pour ne pas l'attendre? assez pieux, pour ne pas y songer? Où est le mari qui craigne la mort d'une excellente épouse, qui ne calcule pas dessus? Où, je te le demande, où est le plaideur qui, après avoir été défendu, conserve le souvenir d'un si grand bienfait au-delà des soucis du moment? Cela, chacun l'avoue. Quel est l'homme qui meurt sans se plaindre, qui ose dire, à son dernier jour : J'ai vécu; j'ai fourni la carrière que le destin m'avait tracée. Qui ne sort de la vie en luttant et en gémissant? Or, c'est de l'ingratitude de ne pas se contenter du passé. Tes années seront toujours trop courtes, si tu les comptes. Songe que le bien suprême ne consiste pas dans le temps; tel qu'il est, il faut en profiter. Il importe peu au bonheur que le jour de ta mort soit prorogé; car le délai ne rendra pas ta vie plus heureuse, mais seulement plus longue. Combien ne vaut-il pas mieux se montrer reconnaissant des plaisirs déjà goûtés; et, au lieu de supputer les années des autres, bien apprécier les siennes, et en faire son profit? Dieu a jugé que je méritais cela! cela me suffit. Il pouvait davantage; mais c'est déjà un bienfait. Soyons reconnaissants envers les dieux, reconnaissants envers les hommes, reconnaissants envers ceux qui nous ont donné quelque chose; reconnaissants même envers ceux qui ont donné aux nôtres

XVIII. Arrêtez : vous m'engagez indéfiniment, lorsque vous ajoutez ces mots *aux nôtres*. Mettez-y quelque borne. Celui, dites-vous, qui rend un service au fils, le rend aussi au père. Je vous demande d'abord d'où vient ce service, et jusqu'où il va. Ensuite, je voudrais bien être fixé sur cette question : si le service retombe sur le père, retombe-t-il aussi sur le frère, et sur l'oncle, et sur l'aïeul, et sur l'épouse, et sur le beau-père. Dites-moi où je dois m'arrêter, jusqu'à quel point je dois suivre cette série de personnages. Si je cultive ton champ, ce sera un bienfait; si j'éteins la flamme qui consume ta maison, si j'étaie celle-ci pour l'empêcher de tomber, ne sera-ce pas un bienfait? Si je sauve ton esclave, je ferai valoir ce service; et si je sauve ton fils. tu ne seras pas lié par mon bienfait?

XIX. Vous citez des exemples qui n'ont pas de rapport. Celui qui cultive mon champ, ne rend pas service à mon champ, mais à moi. Celui qui étaie ma maison pour l'empêcher de crouler, n'oblige que moi; car ma maison n'a point de sentiment. C'est moi seul qui suis son débiteur, puisqu'il n'en a pas d'autre. D'ailleurs, celui qui cultive mon champ ne prétend pas faire plaisir à mon champ, mais à moi. J'en dis autant de l'esclave; c'est une portion de ma propriété; c'est pour moi qu'on le sauve; c'est donc moi qui dois pour lui. Mais mon fils est susceptible d'être obligé : c'est

---

Tantum? et cupidi omnes, et maligni omnes, et timidi omnes, illi in primis qui videntur audaces. Adjice et ambitiosi omnes sunt, et impii omnes. Sed non est quod irascaris. Ignosce illis, omnes insaniunt. Nolo te ad incerta revocare, ut dicam, vide, quam ingrata sit juventus. Quis non patri suo supremum diem, ut innocens sit, optat? ut moderatus, exspectat? ut pius, cogitat? Quotus quisque uxoris optimæ mortem timet, ut non et computet? Cui, rogo, cui litigatori defenso tam magni beneficii ultra res proximas memoria duravit? Illud in confesso est; quis sine querela moritur? quis extremo die dicere audet :

    Vixi, et quem dederat cursum fortuna, peregi?

quis non recusans, quis non gemens exit? Atqui hoc ingrati est, non esse contentum præterito tempore. Semper pauci dies erunt, si illos numeraveris. Cogita non esse summum bonum in tempore; quantumcumque est, boni consule. Ut prorogetur tibi dies mortis, nihil proficit ad felicitatem; quoniam mora non sit beatior vita, sed longior. Quanto satius est, gratum adversus perceptas voluptates, non aliorum annos computare, sed suos benigne æstimare, et in lucro ponere? Hoc me dignum judicavit Deus! hoc satis est. Potuit plus! sed hoc quoque beneficium est. Grati simus adversus deos, grati adversus homines, grati adversus eos, qui nobis aliquid præstiterunt; grati etiam adversus eos, qui nostris præstiterunt.

XVIII. In infinitum, heus, inquit, me obligas, quum dicis, et nostris; itaque pone aliquem finem. Qui filio beneficium dat, ut dicis, et patri ejus dat. Primum unde, quo, quæro. Deinde illud utique mihi determinari volo, si et patri beneficium datur, numquid et fratri? numquid et patruo? numquid avo? numquid uxori, et socero? Dic mihi, ubi debeam desinere quousque personarum seriem sequar. Si agrum tuum coluero, tibi beneficium dedero : si domum tuam ardentem restinxero, aut ne concidat excepero, tibi beneficium non dabo? si servum tuum servavero, tibi imputabo; si filium tuum servavero, non habebis beneficium meum?

XIX. Dissimilia ponis exempla; quia qui agrum meum colit, agro beneficium non dat, sed mihi; et qui domum meam, quo minus ruat, fulcit, præstat mihi; ipsa enim domus sine sensu est. Debitorem me habet, quia nullum habet. Et qui agrum meum colit, non illum, sed me demereri vult. Idem de servo dicam; mei mancipii res est, mihi servatur; ideo ego pro illo debeo. Filius ipse beneficii capax est; itaque ille accipit; ego beneficio lætor;

donc lui qui reçoit le bienfait : moi, je m'en réjouis, j'en suis touché; mais je ne suis pas obligé. Je voudrais cependant, toi qui penses ne rien devoir, que tu me répondisses : La santé du fils, son bonheur, son patrimoine concernent-ils le père? Sera-t-il plus heureux, s'il conserve son fils; plus malheureux, s'il le perd? Quoi donc! Celui qui, par moi, devient plus heureux, et que je mets à l'abri du plus grand des malheurs, ne reçoit pas de bienfait? Non, répondez-vous; car les avantages procurés à d'autres, peuvent bien s'étendre jusqu'à nous; mais on ne peut les mettre sur le compte que de ceux auxquels ils sont procurés. De même l'argent n'est redemandé qu'à celui auquel il fut prêté, de quelque manière qu'il puisse m'être parvenu. Il n'y a point de bienfaits dont les fruits ne se fassent sentir à ceux qui vous environnent, quelquefois même à ceux qui sont placés loin de vous. Il ne s'agit pas de savoir où va le bienfait, à partir de celui qui l'a reçu, mais où d'abord il a été placé. Tu n'as d'action que contre un coupable, et cette action est toute personnelle. Mais, je te prie, ne dis-tu pas : Vous m'avez rendu mon fils; s'il eût péri, je ne lui aurais pas survécu. Ne me seras-tu pas redevable pour sa vie, que tu préfères à la tienne? Cependant, lorsque j'ai sauvé ton fils, tu es tombé à genoux, tu as remercié les dieux, comme si tu étais sauvé toi-même. Tu as laissé échapper ces paroles : Il n'y a pas de différence entre me sauver et sauver les miens : vous avez sauvé deux personnes; que dis-je? vous m'avez sauvé plus que moi. Pourquoi ces paroles, si tu ne reçois pas de bienfait? Parce que, si mon fils emprunte de l'argent, je paierai son créancier, et cependant je ne devrai pas moi-même; parce que, si mon fils est surpris en adultère, j'en rougirai, sans être moi-même adultère. Je dis que je vous suis obligé pour mon fils, non parce que je le suis, mais parce que je veux m'offrir à vous comme débiteur volontaire. Toutefois, de sa conservation résulte pour moi un grand contentement, une grande utilité ; elle m'épargne la cruelle blessure que m'eût causé sa perte. Il ne s'agit pas ici de savoir si vous m'avez été utile, mais si vous avez été mon bienfaiteur. Car, on retire de l'utilité des animaux, et des pierres, et des plantes ; on n'en reçoit pas cependant de bienfait, car le bienfait ne peut venir que de la volonté. Or, vous avez voulu donner, non au père, mais au fils ; quelquefois vous ne connaissiez pas le père. Ainsi, à cette question : N'ai-je donc pas été le bienfaiteur du père, en sauvant son fils? opposez cette autre : Ai-je donc été le bienfaiteur du père, que je ne connais pas, auquel je n'ai pas songé? Que sera-ce si, ce qui arrive quelquefois, vous haïssez le père, et vous sauvez le fils? Vous présenterez-vous comme le bienfaiteur de celui dont vous étiez le plus cruel ennemi, lorsque vous l'obligiez? Mais, renonçant à la discussion dialoguée, je déciderai en jurisconsulte, qu'il faut regarder l'intention de celui qui donne. Il a donné à celui à qui il voulait donner. S'il l'a fait en considération du père, c'est le père qui reçoit le bienfait; mais le père n'est pas lié par le bienfait accordé au fils, quand même il en profite. Si cependant il en trouve l'occasion, il voudra aussi faire

---

contingor, non obligor. Velim tamen, tu qui debere non putas, respondeas mihi : Filii bona valetudo, felicitas, patrimonium, pertinet ad patrem? felicior futurus est, si salvum habuerit filium, infelicior, si amiserit? Quid ergo? qui et felicior sit a me, et infelicitatis maximæ periculo liberatur, non accipit beneficium? Non, inquit; quædam enim in alios conferuntur, sed ad nos usque permanant; ab eo autem exigi quidque debet, in quem confertur; sicut pecunia ab eo petitur, cui credita est, quamvis ad me illa aliquo modo venerit. Nullum beneficium est, cujus commodum non et proximos tangat, nonnunquam etiam longius positos. Non quæritur, quo beneficium ab eo cui datum est, transferatur, sed ubi primo collocetur; a reo tibi ipso et a capite repetitio est. Quid ergo? oro te, non dicis, Filium mihi donasti, et si hic perisset, victurus non fui? pro ejus vita beneficium non debes, cujus vitam tuæ præfers? Etiamnunc quum filium tuum servavi, ad genua procumbis, diis vota solvis, tanquam ipse servatus. Illæ voces exeunt tibi; nihil interest, mea an me servaveris; duos servasti; immo me magis. Quare ista dicis, si non accipis beneficium? quia et si filius meus pecuniam mutuam sumserit, creditori numerabo, non tamen ideo ego debuero; quia et si filius meus in adulterio deprehensus erit, erubescam, non ideo ego ero adulter. Dico me tibi obligatum pro filio, non quia sum, sed quia volo me offerre tibi debitorem voluntarium. At pervenit ad me summa ex incolumitate ejus voluptas, summa utilitas, et orbitatis gravissimum vulnus effugi. Non quæritur nunc, an profueris mihi, sed an beneficium dederis; prodest enim et animal, et lapis, et herba; nec tamen beneficium dant, quod nunquam datur, nisi a volente. Tu autem non vis patri, sed filio dare; et interim ne nosti quidem patrem. Itaque quum dixeris, Patri ergo beneficium non dedi, filium ejus servando? contra oppone, Patri ergo beneficium dedi, quem non novi, quem non cogitavi? Et quid quod aliquando evenit, ut patrem oderis, filium serves? beneficium ei videberis dedisse, cui tunc inimicissimus eras, quum dares? Sed ut, dialogorum altercatione seposita, tanquam jurisconsultus respondeam, mens spectanda est dantis. Beneficium ei dedit, cui datum voluit. Sicut si in patris honorem fecit, pater accepit beneficium; sed pater beneficio in filium collato non obligatur, etiam si fruitur. Si tamen occasionem habuerit, volet et ipse præstare aliquid; non tanquam solvendi necessitatem habeat; sed tanquam incipiendi causam. Repeti a patre benefi-

quelque chose, non qu'il se croie dans la nécessité de s'acquitter, mais parce qu'il aura un motif pour commencer. On ne peut exiger nul retour du père : s'il rend quelque service en considération de celui-là, c'est de la justice, non de la reconnaissance. Car ce serait à n'en pas finir : si j'oblige le père, j'oblige aussi la mère, et l'aïeul, et l'oncle, et les enfants, et les alliés, et les amis, et les esclaves, et la patrie. Où donc le bienfait commence-t-il à s'arrêter? On tomberait dans cet insoluble sorite, auquel il est difficile de fixer un terme, parce que, se traînant pas à pas, il ne cesse de gagner du terrain. On pose souvent cette question : Deux frères sont ennemis; si j'en sauve un, suis-je le bienfaiteur de l'autre, qui verra avec peine qu'on n'ait pas laissé périr un frère qui lui est odieux? Il n'est pas douteux que ce ne soit un bienfait d'être utile à un homme, même malgré lui; de même que ce n'est pas un bienfait de lui être utile malgré soi.

XX. Quoi ! dit-on, vous appelez bienfait une action qui afflige, qui tourmente? Beaucoup de bienfaits ont des dehors tristes et rigoureux : ainsi, le médecin coupe, brûle, attache pour guérir. Il ne faut pas considérer si on se plaint en recevant un bienfait, mais s'il doit réjouir par la suite. Un denier n'est pas mauvais, parce qu'un Barbare, qui ne connaît pas le coin public, l'aura refusé. Un bienfait a déplu, et cependant il a été accepté : pourvu qu'il soit utile, pourvu que celui qui donnait ait voulu qu'il fût utile, il importe peu qu'une bonne chose soit reçue de mauvais cœur. Retourne la proposition. Cet homme hait son frère; mais il lui est utile de l'avoir. Je tue ce frère; ce n'est pas un bienfait, quoiqu'il le regarde comme tel, et qu'il s'en réjouisse. C'est nuire en traître que de se faire remercier du mal que l'on fait. Je comprends. Une chose est utile : alors il y a bienfait : elle est nuisible, alors il n'y a pas bienfait. Mais voici qui n'est ni utile, ni nuisible, et qui cependant est bienfait. Je trouve mort le père de quelqu'un, dans un endroit écarté; je l'ensevelis : je n'ai rien rien fait d'utile pour lui; car peu lui importait de quelle manière il devait se dissoudre; ni pour le fils; car quel avantage en résultait pour lui? Je vais te dire ce qui en résultait. Il s'est acquitté par mes mains d'un devoir solennel et nécessaire. J'ai fait pour son père ce qu'il aurait voulu, ce qu'il aurait dû faire lui-même. Cependant, pour que ce soit un bienfait, il ne faut pas qu'il soit accordé à la compassion, à l'humanité qui m'engage à recouvrir un cadavre quelconque : il faut que j'aie reconnu le corps, que j'aie songé que je faisais cela pour le fils. Mais si j'ai jeté de la terre sur un mort inconnu, je ne lie personne par ce service; j'accomplis un devoir envers le public.

Mais pourquoi, dira-t-on, tant de soins pour savoir à qui tu donnes, comme si tu devais un jour redemander? Il y a des philosophes qui pensent qu'il ne faut jamais redemander; voici leurs raisons. L'homme indigne du bienfait ne rendra pas même quand on lui redemanderai : l'homme qui en est digne rapportera de lui-même. Dailleurs, si tu as donné à un homme de bien, attends; ne lui fais pas l'injure de réclamer, comme s'il ne devait pas rendre spontanément : si tu as donné à un méchant, portes-en la peine. Ne déshonores pas ton

cium non debet; si quid pro hoc benigne facit, justus, non gratus est. Nam illud finiri non potest ; si patri do beneficium, et matri, et avo, et avunculo, et liberis, et affinibus, et amicis, et servis, et patriæ. Ubi ergo beneficium incipit stare? Sorites enim ille inexplicabilis subit, cui difficile est modum imponere, quia paulatim surrepit, et non desinit serpere. Illud solet quæri : Fratres duo dissident; si alterum servo, an dem beneficium ei, qui fratrem invisum non perire moleste laturus est? Non est dubium, quin beneficium sit etiam invito prodesse ; sicut non dedit beneficium, qui invitus profuit.

XX. Beneficium, inquit, vocas, quo ille offenditur, quo torquetur? Multa beneficia tristem frontem et asperam habent, quemadmodum secare et urere ut sanes, et vinculis coercere. Non est spectandum, an doleat quis beneficio accepto, sed an gaudere debeat. Non est malus denarius, quem barbarus et ignarus formæ publicæ rejecit. Beneficium et odit, et accipit; si modo id prodest, si is qui dabat, ut prodesset dedit, nihil refert an bonam rem malo animo quis accipiat. Agedum, hoc in contrarium verte. Odit fratrem suum, quem illi expedit habere; hunc ego occidi; non est beneficium, quamvis ille dicat esse, et gaudeat. Insidiosissime nocet, cui gratiæ aguntur pro injuria. Video. Prodest aliqua res, et ideo beneficium est; nocet, et ideo non est beneficium. Ecce quod nec prosit, nec noceat, dabo; et tamen beneficium est. Patrem alicujus in solitudine exanimem inveni, corpus ejus sepelivi; nec ipsi profui, quid enim illius intererat, quo genere dilaberetur? nec filio, quid enim per hoc commodi accessit illi? Dicam quid consecutus sit : officio solemni et necessario per me functus est. Præstiti patri ejus, quod ipse præstare voluisset, non et debuisset. Hoc tamen ita beneficium est, si non misericordiæ et humanitati dedi, ut quodlibet cadaver absconderem; sed si corpus agnovi, si filio tunc hoc præstare me cogitavi. At si terram ignoto mortuo injeci, nullum habeo hujus officii debitorem, in publicum humanus. Dicet aliquis, quid tantopere quæris, cui dederis beneficium, tanquam repetiturus aliquando? Sunt qui nunquam judicant esse repetendum, et has causas afferunt. Indignus etiam repetenti non reddet, dignus ipse per se referet. Præterea si bono viro dedisti, expecta; ne injuriam illi facias appellando, tanquam non fuisset sua sponte redditurus; si malo viro dedisti, plectere. Beneficium verba

bienfait par un autre nom, en en faisant une dette. D'ailleurs, quand la loi n'ordonne pas de redemander, elle le défend. Tout cela est vrai : tant que rien ne me presse, tant que la fortune ne m'y oblige pas, je demanderai plutôt un bienfait que je ne le redemanderai ; mais s'il s'agit de la vie de mes enfants, si ma femme est exposée à quelque péril, si le salut et la liberté de la patrie me forcent d'aller où je ne voudrais pas, je commanderai à ma répugnance, et je prouverai que j'ai tout fait pour me passer des secours d'un ingrat. A la fin, la nécessité de recouvrer mon bienfait surmontera la honte de le redemander. Ensuite, lorsque je donne à un homme de bien, je lui donne comme si je ne devais jamais lui redemander, à moins d'y être contraint.

XXI. Mais la loi, dit-on, en ne permettant pas d'exiger la restitution, le défend. Beaucoup de choses n'ont pour elles ni loi, ni action, et l'usage, plus puissant que toute loi, les a consacrées. Aucune loi n'ordonne de garder les secrets d'un ami. Aucune loi ne prescrit d'être fidèle à sa parole, même envers un ennemi. Quelle loi nous oblige de donner à quelqu'un ce que nous lui avons promis? Cependant je me plaindrai de celui qui n'aura pas respecté une confidence secrète, et je m'indignerai de voir manquer à une parole donnée. Mais, dit-on, c'est faire du bienfait une créance. Point : car je n'exige pas ; je redemande ; et même je ne redemande pas, je ne fais qu'avertir. La dernière nécessité ne me poussera pas à recourir à un homme avec lequel il me faudra longtemps lutter. s'il est assez ingrat pour qu'un avertissement ne lui suffise point, je passerai outre, et je ne le jugerai pas digne d'être contraint à la reconnaissance. De même qu'un créancier n'assigne pas certains débiteurs qu'il sait avoir fait banqueroute, et chez lesquels il ne reste plus d'honneur à perdre ; de même je laisserai de côté certains ingrats affichés et endurcis, et je ne redemanderai jamais un bienfait à celui dont il me faut l'arracher, non le recevoir.

XXII. Il y a beaucoup d'hommes qui ne savent ni désavouer ce qu'ils ont reçu, ni le rendre ; qui ne sont ni assez bons pour être reconnaissants, ni assez méchants pour être ingrats ; indolents et engourdis, payeurs tardifs, mais non insolvables. Ceux-là je ne les sommerai point ; mais je les avertirai, et je les ramènerai de leurs autres affaires à leur devoir : ils me répondront aussitôt : « Pardonne, je ne savais assurément pas que tu en eusses besoin, autrement je te l'eusse offert de moi-même. Je te prie de ne pas me croire un ingrat ; je me souviens de ce que tu as fait pour moi. » Ceux-là, pourquoi balancerai-je à les rendre meilleurs et pour eux et pour moi? J'empêcherai tout homme, autant que je le pourrai, de faire une faute ; à plus forte raison j'empêcherai un ami de faire une faute, et surtout vis-à-vis de moi. C'est un nouveau bienfait de ma part, de le sauver de l'ingratitude. Et je ne lui reprocherai pas avec dureté ce que j'ai fait ; mais, le plus doucement possible, je lui en renouvellerai le souvenir ; je demanderai, il comprendra de lui-même que je redemande. Quelquefois je me servirai de paroles plus dures, si j'espère pouvoir le corriger.

---

ne corruperis, creditum faciendo. Præterea, lex quod non jussit repeti, vetuit. Vera sunt ista; quamdiu me nihil urget, quamdiu fortuna nihil cogit, petam potius beneficium quam repetam; sed si de salute liberorum agitur, si in periculum uxor deducitur, si patriæ salus ac libertas mittit me etiam quo ire nollem, imperabo pudori meo, et testabor omnia me fecisse, ne opus esset mihi auxilio hominis ingrati; novissime recipiendi beneficii necessitas repetendi verecundiam vincet. Deinde, quum bono viro beneficium do, sic do, tanquam nunquam repetiturus, nisi necesse fuerit.

XXI. Sed lex, inquit, non permittendo exigere, vetuit. Multa legem non habent, nec actionem; ad quæ consuetudo vitæ humanæ, lege omni valentior, dat aditum. Nulla lex jubet amicorum secreta non eloqui; nulla lex fidem etiam inimico præstare. Quæ lex ad id præstandum nos quod alicui promisimus, alligat? Querar tamen cum eo qui arcanum sermonem non continuerit, et fidem datam, nec servatam, indignabor. Sed ex beneficio, inquit, creditum facis. Minime; non enim exigo, sed repeto; et ne repeto quidem, sed admoneo. Ne ultima quidem necessitas in hoc aget, ut ad eum veniam, cum quo diu mihi luctandum sit. Qui tam ingratus est, ut illi non sit satis admoneri, eum transibo, nec dignum judicabo, qui gratus esse cogatur. Quomodo fœnerator quosdam debitores non appellat, quos scit decoxisse, et in quorum pudorem nihil superest, quod pereat; sic ego quosdam ingratos palam ac pertinaciter præteribo, nec ab ullo beneficium repetam, nisi a quo non ablaturus ero, sed recepturus.

XXII. Multi sunt, qui nec negare sciunt, quod acceperunt, nec referre; qui nec tam boni sunt quam grati, nec tam mali quam ingrati, segnes et tardi, lenta nomina, non mala. Hos ego non appellabo, sed commonefaciam, et ad officium aliud agentes educam, qui statim mihi sic respondebunt : ignosce, non mehercule scivi hoc te desiderare, alioquin ultro obtulissem. Rogo ne me ingratum existimes; memini quid mihi præstiteris. Hos ego quare dubitem et sibi meliores et mihi facere? Quemcumque potuero, peccare prohibebo, multo magis amicum, et ne peccet, et ne in me potissimum peccet. Alterum illi beneficium do, si illum ingratum esse non patior; nec dure illi exprobrabo quæ præstiti, sed quam potero mollissime, ut potestatem referendæ gratiæ faciam, renovabo memoriam ejus, et petam beneficium; ipse me repetere intelliget. Aliquando utar verbis durio-

Car, s'il est désespéré, je ne le tourmenterai pas pour cela, de peur que son inimitié ne vienne s'ajouter à son ingratitude. Que si nous épargnons aux ingrats l'affront des avis, nous les faisons plus nonchalants à rendre. Mais ceux qui peuvent être guéris, qui peuvent devenir bons, si quelque chose les pique, les laisserons-nous périr faute de ces avis, par lesquels un père a quelquefois réformé un fils, une épouse ramené un mari égaré, un ami ranimé l'affection languissante de son ami?

XXIII. Pour réveiller certaines gens, il n'est pas besoin de les frapper, mais de les secouer : de même, dans certaines âmes, les souvenirs de la reconnaissance ne sont pas éteints, mais assoupis : réveillons-les. Ne vas pas changer ton bienfait en injure. Car c'est une injure, si tu ne redemandes pas afin de me faire ingrat. Ne puis-je ignorer ce que tu désires? Ne puis-je être engagé par d'autres occupations, détourné par d'autres objets, et perdre ainsi l'occasion de rendre? Montre-moi ce que je puis, ce que tu veux. Pourquoi désespères-tu avant de m'éprouver? Pourquoi t'empressser de perdre un bienfait et un ami? d'où sais-tu que c'est refus ou ignorance, mauvaise volonté ou impuissance? Mets-moi à l'épreuve.

J'avertirai donc, sans amertume, en secret, sans invective, de manière à ce qu'il croie rentrer dans ses souvenirs, non y être rappelé.

XXIV. Un certain vétéran, accusé pour quelques violences exercées contre ses voisins, plaidait sa cause devant le divin Jules, et son procès tournait mal. — « Vous souvenez-vous, général, dit-il, d'une entorse au talon que vous vous donnâtes en Espagne, près du Sucron. » César dit qu'il s'en souvenait. — » Vous souvenez-vous encore, continua-t-il, que voulant vous reposer, par un soleil très-ardent, sous un arbre qui ne donnait que très-peu d'ombre, le seul qui eût pu croître parmi les rochers arides dont le sol était hérissé, un de vos compagnons de guerre étendit sous vous son manteau? » — « Comment ne pas m'en souvenir, répondit César. Je me souviens même que, dévoré de soif, et ne pouvant me transporter jusqu'à une source voisine, j'allais m'y traîner sur les mains, lorsque le soldat, homme fort et vigoureux, m'apporta de l'eau dans son casque. » — « Pourriez-vous donc, général, reconnaître l'homme ou le casque? » César dit qu'il ne pourrait reconnaître le casque, mais que pour l'homme il le reconnaîtrait très-bien : et il ajouta, un peu piqué, je pense, de le voir interrompre l'information par une vieille histoire : « A coup sûr tu n'es pas cet homme-là. » — « Vous avez raison, César, dit-il, de ne pas me reconnaître ; car à cette époque j'avais tous mes membres. Depuis, j'ai perdu un œil à Munda, et on m'a retiré quelques os de la tête. Vous ne reconnaîtriez pas davantage le casque, si vous le voyiez, car il a été fendu en deux par un glaive espagnol. » César défendit que l'affaire allât plus loin, et fit don à son soldat des champs que traversait le chemin vicinal, cause de la querelle et du procès.

XXV. Et pourquoi donc n'aurait-il pas rappelé ce bienfait à son général, dont les souvenirs étaient confus au milieu de tant d'événements, et au-

---

ribus, si emendari illum speravero posse ; nam deploratum propter hoc quoque non exagitabo, ne ex ingrato inimicum faciam. Quodsi admonitionis quoque suggillationem ingratis remittimus, segniores ad reddenda beneficia faciemus. Quosdam vero sanabiles et qui fieri boni possunt, si quid illos momorderit, perire patiemur, admonitione sublata, qua et pater filium aliquando correxit, et uxor maritum aberrantem ad se reduxit, et amicus languentem amici fidem erexit?

XXIII. Quidam ut expergiscantur, non feriendi, sed commovendi sunt ; eodem modo quorumdam ad referendam gratiam fides non cessat, sed languet ; hanc pervellamus. Noli munus tuum in injuriam vertere. Injuria est enim, si in hoc non repetis, ut ingratus sim. Quid si ignoro, quid desideres? quid si occupationibus districtus, et in alia vocatus, occasionem non observavi? ostende mihi quid possim, quid velis. Quare desperas, antequam tentas? Quare properas et beneficium, et amicum, perdere? Unde scis, nolim, an ignorem ; animus, an facultas desit mihi? experire. Admonebo ergo, non amare, non palam, sine convicio ; sic, ut se redisse in memoriam, non reduci putet.

XXIV. Causam dicebat apud divum Julium ex veteranis quidam paulo violentior adversus vicinos suos, et causa premebatur. Meministi, inquit, imperator, in Hispania talum te torsisse circa Sucronem? Quum Cæsar meminisse se dixisset : Meministi quidem, inquit, sub quadam arbore minimum umbræ spargente, quum velles residere ferventissimo sole, et esset asperrimus locus, in quo ex rupibus acutis unica illa arbor eruperat, quemdam ex commilitonibus penulam suam substravisse. Quum dixisset Cæsar : Quidni meminerim? et quidem siti confectus, quia impeditus ire ad fontem proximum non poteram, repere manibus volebam, nisi commilito, homo fortis ac strenuus, aquam mihi in galea sua attulisset. Potes ergo, inquit, imperator, agnoscere illum hominem, aut illam galeam? Cæsar ait, se non posse galeam agnoscere, hominem pulchre posse ; et adjecit, puto ob hoc iratus, quod ae a cognitione media ad veterem fabulam adduceret : Tu utique ille non es. Merito, inquit, Cæsar, me non agnoscis : nam quum hoc factum est, integer eram, postea ad Mundam in acie oculus mihi effossus est, et in capite lecta ossa. Nec galeam illam si videres agnosceres : machæra enim Hispana divisa est. Vetuit illi exhibere negotium Cæsar ; et agellos, in quibus vicinalis via, causa rixæ ac litium fuerat, militi suo donavit.

XXV. Quid ergo? non repeteret beneficium ab imperatore, cujus memoriam multitudo rerum confuderat? quem fortuna ingens, exercitus disponentem, non patie-

quel sa haute fortune et toutes les armées dont il disposait, ne permettaient pas de songer à chacun de ses soldats? Ce n'est pas là redemander un bienfait, mais le reprendre après l'avoir placé en lieu sûr et disposé pour l'occasion : mais cependant pour le prendre, il faut étendre la main. Je redemanderai donc, soit que je le fasse par nécessité, soit dans l'intérêt de celui auquel je redemande.

Quelqu'un parlant à Tibère César, lui dit au commencement de son discours : « Vous souvenez-vous » et il allait lui raconter quelques traits de leur ancienne amitié : « Je ne me souviens pas, dit Tibère, de ce que j'ai été. » Pourquoi, à un tel homme, rappeler des bienfaits? C'est l'oubli qu'il fallait souhaiter. Il fuyait les souvenirs de tous ses amis, de tous ceux de son âge; il voulait que l'on ne considérât que sa fortune présente, qu'elle seule occupât, qu'elle seule fût racontée. Un vieil ami était pour lui un espion.

Il faut plus d'à-propos pour redemander un bienfait, que pour le demander. Les mots doivent être si mesurés, que même l'ingrat ne puisse dissimuler. Si nous vivions au milieu de sages, il faudrait se taire et attendre : et cependant, même aux sages, il vaudrait mieux exposer ce qu'exige l'état de nos affaires. Nous prions les dieux, à la connaissance desquels nulle chose n'échappe, et nos vœux les fléchissent moins qu'ils ne les avertissent. Le prêtre d'Homère rappelle aux dieux le mérite de ses fonctions, et le soin religieux qu'il a de leurs autels.

Aimer les avis, en profiter, et obéir pour mériter de la complaisance est une vertu secondaire. Ils sont rares, ceux en qui l'âme est son meilleur guide, et qui n'ont besoin que d'un léger mouvement du frein pour être dirigés de côté et d'autre. Après eux viennent ceux qui, avertis, rentrent dans la voie. Ceux-là, il ne faut pas les priver de guide. Même dans les yeux fermés, la vue subsiste; mais elle ne s'exerce pas : c'est la lumière envoyée par les dieux, qui rappelle l'organe à ses fonctions. Les outils sont inutiles, si l'artisan ne les applique à son ouvrage. De même la bonne volonté subsiste dans les âmes : mais elle sommeille soit dans la mollesse et l'oisiveté, soit dans l'ignorance du devoir. Il faut l'utiliser : et, au lieu de l'abandonner par humeur au vice, supporter avec indulgence les fautes d'une mémoire fugitive, comme les maîtres qui enseignent aux enfants. Et de même que, souvent, l'aide d'un mot ou deux ramène tout le fil du discours à réciter, ainsi un avertissement suffit pour réveiller la reconnaissance.

LIVRE SIXIEME.

I. Certaines questions, mon cher Libéralis, ne sont propres qu'à exercer l'esprit, et sortent des faits ordinaires de la vie. Il en est encore d'autres qui plaisent quand on les recherche, et profitent quand on les a résolues. Je vais t'en présenter une foule de toutes sortes. C'est à toi, selon qu'elles te conviennent, à m'ordonner de les traiter à fond, ou de les faire paraître sur la scène pour en montrer l'étendue. Celles même que tu me diras d'écarter aussitôt, ne seront pas sans profit : car il est bon de connaître même ce

---

batur singulis militibus occurrere? Non est hoc repetere beneficium, sed resumere bono loco positum, et paratum; ad quod tamen ut sumatur, manus porrigenda est. Repetam itaque, quia hoc aut necessitate facturus ero, aut illius causa, a quo repetam. Tiberius Cæsar inter initia dicenti cuidam, Meministi, antequam plures notas familiaritatis veteris proferret : Non memini, inquit, quid fuerim. Ab hoc quidni non esset repetendum beneficium? optanda erat oblivio. Aversabatur omnium amicorum et æqualium notitiam, et illam solam præsentem fortunam suam adspici, illam solam cogitari ac narrari volebat; inquisitorem habebat veterem amicum. Magis tempestive repetendum est beneficium, quam petendum. Adhibenda verborum moderatio, ut nec ingratus possit dissimulare. Tacendum et exspectandum, si inter sapientes viveremus; et tamen sapientibus quoque indicare melius fuisset, quid rerum nostrarum status posceret. Deos, quorum notitiam nulla res effugit, rogamus; et illos vota non exorant, sed admonent. Diis quoque, inquam, Homericus ille sacerdos allegat officia, et aras religiose cultas. Moneri velle ac posse, secunda virtus est, et quo obsequentes facias, parere. Huc illuc frænis! eviter motis flectendus est paucis animus, sui rector optimus. Proximi sunt, qui admoniti in viam redeunt. His non est dux detrahendus. Opertis oculis inest acies, sed sine usu, quam lumen a diis immissum ad ministeria sua evocat. Instrumenta cessant, nisi illa in opus suum artifex moverit. Inest interim animis voluntas bona; sed torpet, modo deliciis ac situ, modo officii inscitia. Hanc utilem facere debemus; nec irati relinquere in vitio, sed ut magistri puerorum discentium, patienter ferre offensationes memoriæ labentis. Quæ, quemadmodum sæpe subjecto uno aut altero verbo, ad contextum reddendæ orationis adducta est, sic ad referendam gratiam admonitione revocanda est.

LIBER SEXTUS.

I. Quædam, Liberalis, virorum optime, exercendi tantum ingenii causa quæruntur, et semper extra vitam jacent; quædam et dum quæruntur, oblectamento sunt, et quæsita usui. Omnium tibi copiam faciam; tu illa utcunque tibi visum erit, aut peragi jubeto, aut ad explicandum ludorum ordinem induci. Hi quoque, si abire

qu'il est inutile d'apprendre. Je vais donc me guider sur ton visage, et selon ce qu'il m'aura conseillé, je m'arrêterai plus longtemps sur certaines questions, j'en rejetterai d'autres, et les mettrai au néant.

II. On demande s'il est possible de reprendre un bienfait. Quelques philosophes le nient, parce que le bienfait n'est pas une chose, mais un acte; de même que le don n'est pas la donation, le navigateur n'est pas la navigation : et quoiqu'il n'y ait pas de malade sans maladie, cependant le malade n'est pas la même chose que la maladie : ainsi autre chose est le bienfait, autre chose l'objet qui nous est acquis par le bienfait. Le bienfait est incorporel et ne peut être annulé; mais la matière du bienfait se transporte de côté et d'autre, et change de maître. Aussi, quoique tu reprennes, la nature ne peut pas révoquer ce qu'elle a donné. Elle interrompt ses bienfaits, mais ne les anéantit pas. Celui qui meurt a cependant vécu; celui qui a perdu les yeux a cependant vu. On peut faire que les choses qui nous parviennent ne soient pas; on ne peut faire qu'elles n'aient pas été. Or, une portion du bienfait, et même la plus essentielle, est ce qui en a été. Quelquefois on peut empêcher une plus longue jouissance des bienfaits, on ne peut effacer le bienfait lui-même. Quand la nature soulèverait toutes ses forces, elle ne saurait revenir en arrière. On peut reprendre une maison, de l'argent, un esclave, enfin tout ce qui a porté le nom de bienfait; mais lui demeure constant et immuable. Nulle puissance ne peut faire que l'un n'ait pas donné, que l'autre n'ait pas reçu.

III. C'est un beau mot, selon moi, que le poëte Rabirius fait dire à M. Antoine, lorsque voyant que sa fortune se porte ailleurs, et qu'il ne lui reste plus que le droit de mourir (et encore fallait-il qu'il se hâtât d'en user), il s'écrie : « Je n'ai plus que ce que j'ai donné. » O que de choses il pouvait avoir, s'il eût voulu ! Voilà les richesses assurées qui, malgré toute l'inconstance des destinées humaines, restent toujours dans les mêmes mains; et plus elles seront accumulées, moins elles exciteront d'envie. Pourquoi les ménager comme si elles t'appartenaient? tu n'en es que le régisseur. Tous ces biens qui vous gonflent d'orgueil, qui vous transportent au-dessus des choses humaines, vous font oublier votre faiblesse, ces biens que, les armes à la main, vous gardez sous des portes de fer, ces biens ravis avec le sang d'autrui, défendus par le vôtre, pour lesquels vous lancez les flottes qui vont ensanglanter les mers, pour lesquels vous ébranlez les villes, sans savoir combien de traits la fortune amasse contre ceux qu'elle va trahir; pour lesquels les liens qui vous unissaient à un allié, à un ami, à un collègue, ont été tant de fois brisés; pour lesquels le monde entier a été broyé dans le choc de deux rivaux; tous ces biens ne sont pas à vous. Ils vous ont été remis en dépôt, et déjà ils attendent un autre maître, déjà ils sont la proie d'un ennemi, ou des sentiments ennemis d'un successeur. Sais-tu comment tu peux te les assurer? En les donnant en don. Consulte donc ton intérêt, et prépare toi une possession certaine et inattaquable de ces richesses, que tu vas rendre non-seulement plus honorable, mais

---

protinus jusseris, nonnihil actum erit : nam etiam quod discere supervacuum est, prodest cognoscere. Ex vultu igitur tuo pendebo, prout ille suaserit mihi : alia detinebo diutius, alia expellam, et capite agam.

II. An beneficium eripi possit, quæsitum est. Quidam negant posse; non enim res est, sed actio : quomodo aliud est munus, aliud ipsa donatio, aliud qui navigat, aliud navigatio. Et quamvis æger non sit sine morbo, non tamen idem est æger et morbus : ita aliud est beneficium ipsum, aliud, quod ad unumquemque nostrum beneficio pervenit. Illud incorporale est, irritum non sit; materia vero ejus huc et illuc jactatur, et dominum mutat. Itaque quum eripis, ipsa rerum natura revocare quod dedit non potest. Beneficia sua interrumpit, non rescindit. Qui moritur, tamen vixit : qui amisit oculos, tamen vidit. Quæ ad nos pervenerint, ne sint, effici potest; ne fuerint, non potest; pars autem beneficii et quidem certissima est, quæ fuit. Nonnunquam usu beneficii longiore prohibemur, beneficium quidem ipsum non eraditur. Licet omnes in hoc suas vires natura advocet, retro illi agere se non licet. Potest eripi domus, et pecunia, et mancipium, et quidquid est, in quo hæsit beneficii nomen; ipsum vero stabile et immotum est. Nulla vis efficiet, ne hic dederit, ne ille acceperit.

III. Egregie mihi videtur M. Antonius apud Rabirium poetam, quum fortunam suam transeuntem alio videat, et sibi nihil relictum, præter jus mortis, id quoque si cito occupaverit, exclamare : Hoc habeo, quodcunque dedi! O quantum habere potuit, si voluisset! Hæ sunt divitiæ certæ, in quacunque sortis humanæ levitate uno loco permansuræ ; quæ quo majores fuerint, hoc minorem habebunt invidiam. Quid tanquam tuo parcis? Procurator es. Omnia ista quæ vos tumidos, et supra humana elatos oblivisci cogunt vestræ fragilitatis, quæ ferreis claustris custoditis armati, quæ ex alieno sanguine rapta vestro defenditis; propter quæ classes cruentaturas maria deducitis, propter quæ quassatis urbes, ignari, quantum telorum in adversos fortuna comparet ; propter quæ ruptis vestris affinitatis, amicitiæ, collegii fœderibus, inter contendentes duos terrarum orbis elisus est ; non sunt vestra ; in deposili causa sunt, jam jamque ad alium dominum spectantia, aut hostis ista, aut hostilis animi successor, invadet. Quæris quomodo illa tua facias ? dono dando. Consule ergo rebus tuis, et certam tibi earum atque inexpugnabilem possessionem para, honestiores illas non solum, sed tutiores facturus; illud quod suspi-

plus sûres. Ce que tu admires, ce qui te fait croire à ta richesse et à ta puissance, est flétri, tant que tu le gardes, par des noms grossiers. Cela s'appelle maison, esclave, argent : quand tu l'as donné, c'est un bienfait.

IV. « Vous admettez, dit-on, que quelquefois nous ne devons pas à celui de qui nous avons reçu; donc le bienfait a été repris. Il y a beaucoup de cas où nous cessons de devoir, non parce que le bienfait nous a été ravi, mais parce qu'il a été corrompu. Un homme m'a défendu en justice; mais il a outragé, violé, souillé mon épouse. Il ne m'a pas repris son bienfait; mais, en y opposant une injure égale, il me fait quitte de ma dette; et, s'il m'a plus lésé qu'auparavant il ne m'avait aidé, non-seulement la reconnaissance est éteinte, mais j'ai le droit de me venger et de me plaindre, aussitôt que, dans la balance, l'injure l'emporte sur le bienfait : ainsi le bienfait n'est pas ravi, mais surpassé. Eh quoi! n'y a-t-il pas des pères si cruels, si infâmes, qu'il soit légitime et permis de les haïr et de les renier? Ont-ils donc repris ce qu'ils avaient donné? Nullement : mais l'impiété des derniers moments a détruit le mérite des premiers services. Ce n'est pas le bienfait qui périt, mais la reconnaissance du bienfait, et je ne cesse pas d'avoir, mais je cesse de devoir. Ainsi un homme m'a prêté de l'argent; mais il a brûlé ma maison : la dette est compensée par le dommage : je ne lui ai rien rendu, et cependant je ne lui dois rien. De même, un homme fait quelque chose pour moi avec bienveillance, avec générosité; mais ensuite il me donne beaucoup de preuves d'orgueil, d'insolence, de cruauté ; il me met en position d'être aussi libre envers lui que si je n'avais rien reçu : il a violé ses bienfaits. On n'a pas d'action contre son fermier, quoique le contrat subsiste encore, si on a foulé aux pieds ses moissons, si on a coupé ses arbres, non parce qu'il a payé ce qu'il avait promis, mais parce qu'on a fait qu'il ne pouvait payer. Ainsi, le créancier est souvent condamné envers son débiteur, s'il lui a enlevé, sous un autre titre, plus qu'il ne peut réclamer en vertu du prêt. Ce n'est pas seulement entre un créancier et un débiteur que s'établit un juge pour dire : tu as prêté de l'argent à cet homme; mais quoi? tu as emmené ses troupeaux, tu as tué son esclave, tu possèdes son champ, sans l'avoir acheté : estimation faite, tu t'en retourneras débiteur, après être venu comme créancier. La même compensation se fait entre les bienfaits et les torts. Souvent, ai-je dit, le bienfait reste, mais n'oblige plus, lorsque le don a été suivi du repentir, lorsque le bienfaiteur s'est trouvé malheureux d'avoir donné, lorsqu'en donnant il a soupiré, froncé le sourcil, lorsqu'il a cru perdre plutôt que donner, lorsqu'il a donné pour lui ou du moins non pas pour moi; lorsqu'il n'a cessé d'insulter, de se glorifier, de se vanter partout, de rendre son bienfait amer. Le bienfait reste donc, quoiqu'il ne soit pas dû ; de même que certaines sommes, pour lesquelles le créancier n'a pas d'action en droit, sont dues, sans pouvoir être exigées.

V. « Tu as accordé un bienfait ; ensuite tu as fait tort : il t'est dû reconnaissance pour le bien-

---

cis, quo te divitem ac potentem putas, quamdiu possides, sub nomine sordido jacet. Domus est, servus est, nummi sunt : quum donasti, beneficium est.

IV. Fateris, inquit, nos aliquando beneficium non debere ei, a quo accepimus : ergo ereptum est. Multa sunt, propter quæ beneficium debere desinimus : non quia ablatum, sed quia corruptum est. Aliquis reum me defendit : sed uxorem meam per vim stupro violavit. Non abstulit beneficium, sed opponendo illi parem injuriam, solvit me debito : et si plus læsit, quam ante profuerat, non tantum gratia exstinguitur, sed ulciscendi querendique libertas est, ubi in comparatione beneficii præponderavit injuria ; ita non aufertur beneficium, sed vincitur. Quid? non tam duri quidam, et tam scelerati patres sunt, ut illos aversari et ejurare jus fasque sit? Numquid ergo illi abstulerunt, quæ dederant? minime : sed impietas sequentium temporum, commendationem omnis prioris officii sustulit. Non beneficium tollitur, sed beneficii gratia : et efficitur, non ne habeam, sed ne debeam. Tanquam pecuniam aliquis mihi credidit : sed domum meam incendit : pensatum est creditum damno : nec reddidi illi, nec tamen debeo. Eodem modo et hic, qui aliquid benigne adversus me fecit, aliquid liberaliter, sed postea multa superbe, contumeliose, crudeliter : eo loco me posuit, ut perinde liber adversus eum essem, quasi non accepissem ; vim beneficiis suis attulit. Colonum suum non tenet, quamvis tabellis manentibus, qui segetem ejus proculcavit, qui succidit arbusta : non quia recepit quod pepigerat, sed quia ne reciperet, effecit. Sic debitori suo creditor sæpe damnatur, ubi plus ex alia causa abstulit, quam ex crediti petit. Non tantum inter creditorem et debitorem judex sedet qui dicat : Pecuniam credidisti; quid ergo? pecus abegisti, servum ejus occidisti, agellum, quem non emeras, possides : æstimatione facta, debitor discede, qui creditor veneras. Inter beneficia quoque et injurias ratio confertur. Sæpe, inquam, beneficium manet, nec debetur, si sequuta est dantem pœnitentia, si miserum se dixit, quod dedisset, si quum daret, suspiravit, vultum adduxit, perdere se credidit, non donare : si sua causa, aut certe non mea dedit : si non desiit insultare, gloriari, et ubique jactare, et acerbum munus suum facere. Manet itaque beneficium, quamvis non debeatur ; sicuti quædam pecuniæ, de quibus jus creditori non dicitur, debentur, sed non exiguntur.

V. Dedisti beneficium : injuriam postea fecisti : et beneficio gratia debetur, et injuriæ ultio. Nec ego illi gratiam

fait, vengeance pour le tort. Non : je ne lui dois pas de reconnaissance, il ne me doit pas de châtiment : l'un et l'autre se détruisent. Lorsque nous disons : Je lui ai rendu son bienfait; ce n'est pas dire que nous avons rendu la chose que nous avions reçue, mais un équivalent. Car rendre, c'est donner une chose pour une autre. Et en effet, dans tout paiement, on ne rend pas la même chose, mais autant. On dit que nous avons restitué une somme, quoique nous ayons compté de l'or pour de l'argent; et quand même nous ne donnerions pas des espèces, mais seulement une délégation ou une promesse, le paiement n'en est pas moins parfait.

Il me semble t'entendre dire : « Que de peines perdues ! Que m'importe de savoir que le bienfait subsiste, s'il n'est pas dû ? Ce sont là de ridicules subtilités de jurisconsultes qui prétendent qu'il n'y a pas d'usucapion pour l'héritage, mais seulement pour les choses qui se trouvent dans l'héritage, comme s'il y avait une différence entre l'héritage et les choses qui se trouvent dans l'héritage. Décide plutôt ce qui peut rentrer dans la question, si, lorsque le même homme qui m'a accordé un bienfait m'a depuis fait tort, je dois lui rendre son bienfait, et néanmoins me venger de lui; si ce sont comme deux dettes différentes auxquelles il faut répondre séparément ; ou bien s'il faut compenser l'une par l'autre, et n'avoir plus affaire ensemble, parce que le bienfait est effacé par le dommage, le dommage par le bienfait. Car je vois que cela se pratique ainsi dans le forum : quelle est la jurisprudence de vos écoles ? C'est à vous à le savoir. On sépare les actions, et pendant que nous poursuivons pour une chose, nous sommes poursuivis de notre côté. Les formules ne se confondent pas, et si quelqu'un dépose chez moi de l'argent, et vient ensuite à me voler, j'aurai contre lui l'action de vol; il aura contre moi l'action de dépôt.

VI. Les exemples que tu me proposes, mon cher Libéralis, sont assujettis à des lois fixes qu'il est nécessaire de suivre : une loi ne se confond pas avec une autre. Chacune a sa marche : il y a une action spéciale pour le vol aussi bien que pour le dépôt. Mais le bienfait n'est soumis à aucune loi ; j'en suis l'unique arbitre. J'ai le droit de comparer entre eux les services qu'un homme m'a rendus et les torts qu'il m'a faits, et de prononcer ensuite s'il m'est dû plus que je ne dois. Dans les exemples cités, rien n'est à notre discrétion : il faut aller où l'on nous mène. Dans le bienfait, tout est à ma discrétion : c'est donc moi qui juge le tout : je ne sépare point, je ne divise point ; mais je traduis au même tribunal le tort et le bienfait. Autrement, c'est m'ordonner en même temps d'aimer et de haïr, de me plaindre et de remercier; ce que la nature n'admet point. Il vaut mieux, comparaison faite du bienfait et du tort, que je voie s'il ne m'est pas encore dû quelque chose. De même, si quelqu'un, sur nos tablettes, écrit des vers par-dessus les nôtres, il n'efface pas les premiers caractères, mais ne fait que les recouvrir ; de même le tort qui suit le bienfait l'empêche de paraître.

VII. Mais je vois ton visage, que je me suis imposé pour guide, se contracter, et ton front se charger de rides, comme si je m'écartais trop loin.

debeo, nec ille mihi pœnam : alter ab altero absolvitur. Quum dicimus, beneficium illi reddidi : non hoc dicimus, illud nos quod acceperamus reddidisse : sed aliud pro illo. Reddere enim est, rem pro re dare. Quidni ? quum omnis solutio non idem reddat, sed tantumdem. Nam et pecuniam dicimur reddidisse, quamvis numeravimus pro argenteis aureos, quamvis non intervenerint nummi, sed delegatione et verbis perfecta solutio sit. Videris mihi dicere : Perdis operam. Quorsum enim pertinet scire me, an maneat quod non debetur ? Jurisconsultorum istæ acutæ ineptiæ sunt, qui hereditatem negant usucapi posse, sed ea quæ in hereditate sunt : tanquam quidquam aliud sit hereditas, quam ea quæ in hereditate sunt. Illud mihi potius distingue, quod potest ad rem pertinere, quum idem homo beneficium mihi dedit, et postea fecit injuriam, utrum et beneficium illi reddere debeam, et me ab illo nihilominus vindicare, ac veluti duobus nominibus separatim respondere : an alteri alteri contribuere, et beneficium istud habere, ut beneficium injuria tollatur, beneficio injuria. Illud enim video in hoc foro fieri; quid in vestra schola juris sit, vos sciatis. Separantur actiones, et de eo quod agimus, de eodem nobiscum agitur. Non confunditur formula, si qui apud me pecuniam deposuerit, idem mihi postea furtum fecerit, et ego cum illo furti agam, et ille mecum deposili.

VI. Quæ proposuisti, mi Liberalis, exempla, certis legibus continentur, quas necesse est sequi : lex legi non miscetur. Utraque sua via it: depositum habet actionem propriam, tam mehercule quam furtum. Beneficium nulli legi subjectum est : me arbitro utitur; licet, me comparare inter se quantum profuerit mihi quisque, aut quantum nocuerit ; tum pronuntiare, utrum plus debeatur mihi, an debeam. In illis nihil est nostræ potestatis : eundum est, qua ducimur. In beneficio tota potestas mea est : ego itaque judico illa ; non separo, nec diduco, sed injurias ac beneficia ad eundem judicem mitto. Alioquin jubes me eodem tempore amare et odisse, queri et gratias agere : quod natura non recipit. Potius comparatione facta inter se beneficii et injuriæ, videbo an etiam ultro mihi debeatur. Quomodo si quis scriptis nostris, alios superne imprimit versus, priores literas non tollit, sed abscondit : sic beneficium superveniens injuria apparere non patitur.

VII. Vultus tuus, cui regendum me tradidi, colligit rugas, et trahit frontem, quasi longius exeam. Videris mihi dicere :

Il me semble que tu dis : « Pourquoi donc aller tant à droite : dirige ta course par ici ; préfère le rivage. » Je ne puis mieux faire. C'est pourquoi, si tu penses que nous ayons assez discouru sur cette question, passons à celle-ci : « Devons-nous quelque chose à celui qui nous a été utile contre son gré? » J'aurais pu m'exprimer plus clairement, si l'argument ne devait être un peu général, afin de montrer, en établissant immédiatement après une distinction, qu'il s'agit de cette double question : « Devons-nous à celui qui nous a été utile sans le vouloir, devons-nous à celui qui nous a été utile sans le savoir? » Car, si quelqu'un nous a fait du bien par contrainte, il est trop évident qu'il ne nous oblige pas, pour dépenser des paroles à le prouver. Cette question est facile à résoudre, ainsi que toutes les questions semblables que l'on pourrait soulever, si chaque fois nous reportons notre pensée vers ce point : Il n'y a de bienfait que pour ce qui nous est offert d'abord avec intention, ensuite avec une intention amie et bienveillante. Ainsi nous ne remercions pas les fleuves, quoiqu'ils portent de grands navires, quoique, dans leur cours abondant et perpétuel, ils se promènent pour le transport de nos richesses, quoique leurs eaux riantes et poissonneuses arrosent et fertilisent nos campagnes. Personne ne croit devoir de la reconnaissance au Nil, pas plus que de la haine, si ses débordements ont été excessifs ou sa retraite trop tardive. On ne reçoit pas de bienfaits du vent, même lorsque son souffle est doux et favorable, ni des aliments, quoique utiles et sains. Car, pour m'accorder un bienfait, il faut non-seulement être utile, mais vouloir l'être. Ainsi l'on ne doit pas de reconnaissance aux animaux muets, et cependant combien d'hommes arrachés au danger par la vitesse de leurs chevaux ! ni aux arbres; et combien d'hommes accablés de chaleur ont été protégés par l'épaisseur de leur ombre ! Or, quelle différence y a-t-il entre me servir sans le savoir ou sans pouvoir le savoir, puisque, dans les deux cas, la volonté manque? Quelle différence y a-t-il entre me prescrire de la reconnaissance pour un vaisseau, un char, une lance, ou pour un homme qui n'a pas eu plus que ces choses l'intention du bienfait, mais qui m'a servi par hasard?

VIII. On peut recevoir un bienfait à son insu, jamais à l'insu de celui qui donne. Ainsi, certaines choses fortuites sauvent, sans être pour cela des remèdes. On a vu des malades tomber dans un fleuve et se trouver guéris par le saisissement du froid; d'autres chez qui la fièvre quarte a été dissipée par la flagellation; souvent une peur soudaine, en détournant l'esprit vers d'autres inquiétudes, a trompé les heures de crise; et cependant rien de tout cela n'est salutaire, bien que tout cela soit cause de salut. De même, certains hommes peuvent nous être utiles, quoiqu'ils ne le veuillent pas, ou même parce qu'ils ne le veulent pas. Nous ne leur devons cependant pas de reconnaissance parce que la fortune a fait tourner en bien leurs mauvais desseins. Penses-tu que je doive quelque chose à celui dont la main, en me visant, a frappé mon ennemi, et qui m'eût blessé s'il ne s'était trompé? Souvent un ennemi, en se parjurant ouvertement, empêche qu'on ajoute foi même à des témoins véridiques, et appelle la pitié sur un accusé qui semble victime d'un complot. Quelquefois ou

Quo tantum mihi dexter abis? huc dirige cursum.
Litus ama.

Non possum magis. Itaque si huic satisfactum existimas, illo transeamus, *an ei debeatur aliquid, qui nobis invitus profuit.* Hoc apertius potui dicere, nisi propositio deberet esse confusior, ut distinctio statim subsequuta ostenderet utrumque quæri, an ei deberemus, qui nobis, dum non vult, profuit; et an ei, qui dum nescit, profuit. Si quis coactus aliquid boni fecit, quin nos non obliget, manifestius est, quam ut ulla in hoc verba impendenda sint. Et hæc quæstio facile expedietur, et si qua similis huic moveri potest, si toties illo cogitationem nostram converterimus : beneficium nullum est, nisi quod ad nos primum aliqua cogitatio defert, deinde amica et benigna. Itaque nec fluminibus gratias agimus, quamvis aut magna navigia patiantur, et ad subvehendas copias largo ac perenni alveo currant, aut piscosa et amœna pinguibus arvis interfluant : nec quisquam Nilo beneficium debere se judicat, non magis quam odium, si immodicus superfluxit, tardeque recessit : nec ventus beneficium dat, licet lenis et secundus aspiret, nec utilis et salubris cibus. Nam qui beneficium mihi daturus est, debet non tantum prodesse, sed velle. Ideo nec mutis animalibus quidquam debetur : et quam multos e periculo velocitas equi rapuit? nec arboribus : et quam multos æstu laborantes, ramorum opacitas texit? Quid autem interest, utrum mihi qui nescit, profuerit, an qui scire non potuit? quum utrique velle defuerit. Quid autem interest, utrum me jubeas navi, aut vehiculo, aut lanceæ debere beneficium: an ei qui æque quam ista propositum beneficiendi nullum habuit, sed profuit casu?

VIII. Beneficium aliquis nesciens accipit, nemo a nesciente. Quomodo multos fortuita sanant, nec ideo remedia sunt, et in flumen alicui cecidisse frigore magno causa sanitatis fuit : quomodo quorumdam flagellis quartana discussa est, et metus repentinus animum in aliam curam avertendo suspectas horas fefellit : nec ideo quidquam horum, etiamsi saluti fuit, salutare est : sic quidam nobis prosunt, dum nolunt, immo quia nolunt; non tamen ideo illis beneficium debemus, quod perniciosa illorum consilia fortuna deflexit in melius. An existimas me debere ei quidquam, cujus manus, quum me peteret, percussit hostem meum, qui nocuisset, nisi errasset? Sæpe hostis dum aperte pejerat, etiam veris testibus ab-

a été sauvé par la puissance même qui opprimait, et les juges ont refusé à la faveur une condamnation que méritait la cause. Cependant il n'y a pas de bienfait pour l'accusé de la part du faux témoin et de l'oppresseur, quoiqu'ils lui aient été utiles ; parce que l'on considère où a été dirigé le trait, non pas où il a frappé ; le bienfait se distingue de l'injure non par l'événement, mais par la volonté. Mon adversaire, en se contredisant, en offensant les juges par son orgueil, et en réduisant l'accusation à son seul témoignage, a rendu ma cause meilleure ; je ne cherche pas si son erreur m'a profité : sa volonté était contre moi.

IX. Car, pour être reconnaissant, je dois avoir la même volonté de faire, qu'a dû avoir mon bienfaiteur en m'obligeant. Y a-t-il rien de plus injuste que de haïr un homme parce que, dans la foule, il vous a marché sur le pied ; parce qu'il vous a éclaboussé ; parce qu'il vous a poussé un peu hors de votre chemin ? Or, qu'est-ce qui vous empêche de lui chercher querelle, lorsque la chose est une injure en soi, si ce n'est qu'il l'a faite à son insu ? La même raison qui fait qu'il n'y a pas bienfait, fait aussi qu'il n'y a pas injure : c'est l'intention qui fait les amis et les ennemis. Combien d'hommes la maladie dérobe-t-elle à la guerre ? Il y en a qui, retenus par l'assignation d'un ennemi, ont évité d'être écrasés par la chute de leur maison ; quelques-uns ont dû au naufrage de ne pas tomber dans les mains des pirates. Cependant nous ne sommes pas redevables dans tous ces cas, parce que le hasard n'a pas la conscience de l'obligation : nous ne devons pas davantage à notre ennemi dont le procès nous a sauvé la vie, pendant qu'il nous tourmentait et nous arrêtait. Il n'y a de bienfait que ce qui émane d'une bonne volonté, que ce qui est dans l'intention de celui qui donne. On m'a servi sans le savoir ; je ne dois rien : on m'a servi en voulant me nuire ; j'en ferai autant.

X. Revenons au premier. Pour me montrer reconnaissant, tu veux que je fasse quelque chose · il n'a rien fait pour m'obliger. Pour passer au second, tu veux que je montre ma reconnaissance par ma volonté de rendre, quand il n'a pas eu la volonté de donner. Car pourquoi parlerai-je du troisième, qui est tombé de l'outrage dans le bienfait ? Pour que je te doive un bienfait, il ne suffit pas que tu aies voulu donner ; pour que je ne te doive pas, il suffit que tu n'aies pas voulu. Car la volonté seule ne constitue pas un bienfait : mais ce qui ne serait pas un bienfait, si l'événement manquait à la volonté la meilleure et la plus entière, n'est pas non plus un bienfait, si la volonté n'a précédé l'événement. Il ne suffit pas de m'être utile pour que je te sois obligé, il faut aussi l'intention de m'être utile.

XI. Cléanthe cite cet exemple. « J'envoie, dit-il, deux esclaves pour chercher Platon à l'Académie et me l'amener. L'un le cherche dans tous les coins du Portique, parcourt tous les autres lieux où il espérait le trouver, et revient à la maison après des courses aussi fatigantes qu'inutiles. L'autre s'asseoit près du premier joueur de gobelets qu'il rencontre ; vagabond et flâneur, il s'arrête à jouer avec d'autres esclaves[1], et voit passer Platon qu'il ne cher-

[1] *Vernaculis*, esclave né dans la maison du maître.

---

rogavit fidem, et reum velut factione circumventum miserabilem reddidit. Quosdam ipsa quæ premebat, potentia eripuit : et judices quem damnaturi erant causa, damnare gratia noluerunt. Non tamen hi reo beneficium dederunt, quamvis profuerint : quia telum quo missum sit, non quo pervenerit, quæritur, et beneficium ab injuria distinguit non eventus, sed animus. Adversarius meus dum contraria dicit, et judicem superbia offendit, et in unum testem de me rem demittit, causam meam erexit. Non quæro an pro me erraverit, contra me voluit.

IX. Nempe ut gratus sim, velle debeo idem facere, quod ille, ut beneficium daret, debuit. Numquid est iniquius homine, qui eum odit, a quo in turba calcatus, aut respersus, aut quo nollet, impulsus est ? Atqui quid est aliud, quod illum querelæ eximat, quum in re sit injuria, quam nescisse, quid faceret ? Eadem res efficit, ne hic beneficium dederit, ne ille injuriam fecerit ; et amicum et inimicum voluntas facit. Quam multos militiæ morbus eripuit ? quosdam ne ad ruinam domus suæ occurrerent, inimicus vadimonio tenuit ; ne in piratarum manus pervenirent, quidam naufragio consecuti sunt. Nec his tamen beneficium debemus : quoniam extra sensum officii casus est ; nec inimico cujus nos lis servavit, dum vexat ac detinet. Non est beneficium, nisi quod a bona voluntate proficiscitur, nisi illud agnoscit, qui dedit. Profuit aliquis mihi dum nescit ; nihil illi debeo : profuit quum vellet nocere ; imitabor ipsum.

X. Ad primum illum revertamur. Ut gratiam referam, aliquid facere me vis ; ipse ut beneficium mihi daret, nihil fecit. Ut ad alterum transeamus, vis me huic gratiam referre, ut quod a nolente accepi, volens reddam. Nam quid de tertio loquar, qui ab injuria in beneficium delapsus est ? Ut beneficium tibi debeam, parum est voluisse te dare ; ut non debeam, satis est noluisse. Beneficium enim voluntas nuda non efficit : sed quod beneficium non esset, si optimæ ac plenissimæ voluntati fortuna deesset, id æque beneficium non est, nisi fortunam voluntas antecessit. Non enim profuisse te mihi oportet, ut ob hoc tibi obliger, sed ex destinato profuisse.

XI. Cleanthes exemplo ejusmodi utitur : « Ad quærendum, inquit, et arcessendum ex academia Platonem, duos pueros misi ; alter totam porticum perscrutatus est, alia quoque loca in quibus illum invenire posse sperabat, percucurrit, et domum non minus lassus quam irritus rediit ; alter apud proximum circulatorem resedit, et dum vagus atque erro vernaculis congregatur et ludit, transeuntem Platonem, quem non quæsierat, invenit. Illum, inquit, laudabimus puerum, qui, quantum in se erat,

chait pas. Nous louerons le premier esclave, qui a fait, autant qu'il était en lui, ce qu'on lui avait ordonné; nous châtierons l'autre si heureux dans sa négligence. »

C'est la volonté qui est à nos yeux la règle du devoir, vois quelles conditions elle doit réunir pour me rendre redevable. C'est peu de vouloir, si l'on ne m'a été utile : c'est peu de m'être utile, si on ne l'a voulu. Car suppose qu'on ait voulu me faire un présent et qu'on ne l'ait pas fait; je jouis de l'intention, mais je ne jouis pas du bienfait : pour qu'il soit complet, il faut l'intention et la chose. De même que je ne dois rien à celui qui a bien voulu me prêter de l'argent, mais qui ne l'a pas fait, de même je puis être l'ami, mais non pas l'obligé de celui qui a voulu me rendre service, et ne l'a pas pu. Je voudrais aussi faire quelque chose pour lui ; car il l'a voulu pour moi. Mais si, plus favorisé de la fortune, je lui fais quelque don, ce sera offrir un bienfait, non rendre par reconnaissance. C'est à lui maintenant à me payer de retour : c'est de là que commencent nos comptes : mon nom se trouve en tête.

XII. Je comprends déjà ce que tu veux demander : tu n'as pas besoin de parler ; ton visage en dit assez. « Si quelqu'un, dis-tu, nous oblige pour son propre intérêt, lui devons-nous quelque chose? Souvent, en effet, je t'entends te plaindre que les hommes se rendent à eux-mêmes certains services, et les portent au compte des autres. Je te répondrai, mon cher Libéralis ; mais auparavant, je veux scinder cette petite question, et séparer le juste de l'injuste. Car il y a bien de la différence entre considérer si quelqu'un nous oblige pour soi ou pour nous, ou s'il nous oblige et pour soi et pour nous. L'homme qui ne voit que lui, lui tout seul, et ne nous sert que parce qu'il ne peut autrement se servir, est à mes yeux au même rang que celui qui donne à ses troupeaux le fourrage d'hiver et d'été, qui nourrit bien ses captifs pour qu'ils se vendent mieux, qui engraisse et étrille des bœufs choisis ; au même rang que le maître d'escrime qui dresse et équipe avec le plus grand soin sa troupe de gladiateurs. Il y a, comme le dit Cléanthe, bien loin d'un bienfait à une spéculation.

XIII. Néanmoins je ne suis pas assez injuste pour penser ne rien devoir à celui qui, en m'étant utile, l'a été à lui-même. Car je n'exige pas qu'il s'occupe de moi, sans égard pour lui : je souhaite, au contraire, que le bienfait qu'il m'accorde lui profite encore plus qu'à moi, pourvu qu'en donnant il ait eu en vue deux personnes, et qu'il ait partagé entre lui et moi. Quand même il aurait la meilleure part, pourvu qu'il m'admette au partage, pourvu qu'il pense à deux, je serais non-seulement injuste, mais ingrat, si je ne me réjouissais pas de voir que ce qui m'a profité, lui profite aussi. C'est le comble de l'exigence de n'appeler bienfait que ce qui doit causer quelque préjudice à celui qui donne.

Quant à celui qui ne donne que dans son propre intérêt, je répondrai : Tu te sers de moi ; pourquoi donc dis-tu que tu m'es utile plutôt que je ne te l'ai été à toi-même? Je suppose, dis-tu, que je ne puisse obtenir une magistrature qu'à condition de racheter dix citoyens, sur un grand nombre

---

quod jussus est fecit : hunc feliciter inertem castigabimus. » Voluntas est, quæ apud nos ponit officium : cujus vide quæ conditio sit, ut me debito obstringat. Parum est illi velle, nisi profuit : parum est profuisse, nisi voluit. Puta enim aliquem donare voluisse, nec donasse ; animum quidem ejus habeo, sed beneficium non habeo : quod consummat et res, et animus. Quemadmodum ei qui voluit mihi quidem pecuniam credere, sed non dedit, nihil debeo : ita ei qui voluit mihi beneficium dare, sed non potuit, amicus quidem ero, sed non obligatus. Et volam illi aliquid præstare : nam et ille voluit mihi ; ceterum si benigniore fortuna usus præstitero, beneficium dedero, non gratiam retulero. Ille mihi gratiam debebit referre : hinc initium fiet : a me numeratur.

XII. Intelligo jam quid velis quærere ; non opus est te dicere : vultus tuus loquitur. Si quis sua causa nobis profuit, eine, inquis, debetur aliquid ? hoc enim sæpe te conquerentem audio, quod quædam homines sibi præstant, aliis imputant. Dicam, mi Liberalis : sed prius hanc quæstiunculam dividam, et rem æquam ab iniqua separabo. Multum enim interest, utrum aliquis beneficium nobis det sua causa, an nostra : an sua et nostra. Ille qui totus ad se spectat, et nobis prodest, quia aliter sibi prodesse non potest ; eo loco mihi est, quo qui pecori suo hibernum et æstivum pabulum prospicit ; eo loco, quo qui captivos suos, ut commodius væneant, pascit, et opimos boves saginat ac defricat ; quo lanista, qui familiam suam summa cura exercet, atque ornat. Multum, ut ait Cleanthes, a beneficio distat negotiatio.

XIII. Rursus non sum tam iniquus, ut nihil ei debeam, qui quum mihi utilis esset, fuit et sibi. Non enim exigo, ut sine respectu sui mihi consulat : immo etiam opto, ut beneficium mihi datum, vel magis danti profuerit : dummodo id qui dabat, duos intuens dederit, et inter me seque diviserit. Licet id ipse ex majore parte possideat, si modo me in consortium admisit, si duos cogitavit : ingratus sum, non solum injustus, nisi gaudeo hoc illi profuisse, quod proderat mihi. Summæ malignitatis est, non vocare beneficium, nisi quod dantem aliquo incommodo afficit. Aliter illi, qui beneficium dat sua causa, respondebo. Usus me, quare potius te mihi profuisse dices, quam me tibi? Puta, inquit, aliter fieri non posse me magistratum, quam si decem captos cives ex magno captivorum numero redemero : nihil debebis mihi, quum te servitute ac vinculis liberavero? atqui mea id causa faciam. Adversus hoc respondeo. Aliquid istic

de captifs; ne me devras-tu rien si je te délivre de la servitude et des chaînes? et cependant je ne l'aurai fait que pour moi. A cela je réponds : Tu fais là quelque chose dans ton intérêt, quelque chose dans le mien; dans le tien, lorsque tu rachètes; car il te suffirait, pour ton utilité, de racheter les premiers venus. Ainsi, je te dois non pas de m'avoir racheté, mais de m'avoir choisi; car tu pouvais arriver au même but par le rachat de tout autre, comme par le mien. Tu partages avec moi le profit de ton action, et tu m'admets à un bienfait qui doit servir à deux. Tu me préfères aux autres : cela, tu le fais entièrement pour moi. Mais si le rachat de dix captifs doit te conduire à la préture, et que nous ne soyons que dix, aucun de nous ne te devra rien, parce que tu n'auras rien, eu dehors de ton intérêt, à mettre sur le compte de quelqu'un. Je ne veux pas dénigrer les bienfaits, je ne veux pas les concentrer sur moi seul; prends-en ta part.

XIV. Mais quoi, dis-tu, si j'avais tiré vos noms au sort, et que le tien se fût trouvé parmi ceux à racheter, ne me devrais-tu rien? Si, je devrais; mais peu de chose; et je te dirai quoi. Tu fais quelque chose pour moi en m'associant à la chance du rachat; et si mon nom est sorti, je le dois au hasard; qu'il ait pu sortir, c'est à toi que je le dois. Tu m'as donné accès à ton bienfait; et j'en dois la plus grande part à la fortune; mais je te dois à toi d'avoir pu devoir à la fortune. Je ne m'occuperai nullement de ceux dont le bienfait attend son salaire; ceux-là ne calculent pas à qui, mais pour combien ils donneront; ils ne tiennent compte que d'eux-mêmes. Quelqu'un me vend du blé; je ne puis vivre si je ne l'achète; mais je ne lui dois pas la vie parce que je l'ai acheté. Je ne considère pas combien ce blé m'était nécessaire, puisque sans cela je n'aurais pas pu vivre; mais combien mérite peu de reconnaissance ce que je n'aurais pas eu sans l'acheter ! Eu me l'apportant, le marchand ne songeait pas de quel secours il serait pour moi, mais de quel profit pour lui. Ce que j'ai acheté, je ne le dois pas.

XV. A ce compte, tu diras que tu ne dois rien à ton médecin que ses faibles honoraires; ni à ton précepteur, dès que tu lui auras donné quelque argent; et cependant ce sont gens à qui nous accordons une grande affection, une grande estime. On répond à cela, qu'il y a des choses qui valent plus qu'on ne les achète. Tu achètes d'un médecin une chose sans prix, la vie et la santé; d'un maître de belles-lettres, les arts libéraux et la culture de l'âme. Ceux-là reçoivent non la valeur de la chose, mais la récompense de leur peine; ils se consacrent à nous : pour venir à nous, ils se détournent de leurs affaires : on leur paie le prix non de leur mérite, mais de leur temps. On peut cependant dire autre chose de plus vrai, que j'établirai, dès que je t'aurai montré comment il faut réfuter l'objection suivante. Il y a des objets qui valent plus qu'ils ne sont vendus, et à cause de cela tu me dois quelque chose en sus de ces objets, quoiqu'ils aient été achetés. D'abord, qu'importe ce qu'ils valent, si le prix est convenu entre l'acheteur et le vendeur? Ensuite, je n'ai pas acheté la chose son prix, mais le tien.

---

tua causa facis, aliquid mea. Tua, quod redimis; tibi enim ad utilitatem tuam satis est quoslibet redemisse. Itaque debeo, non quod redimis me, sed quod eligis : poteras enim et alterius redemptione idem consequi, quod mea. Utilitatem rei partiris mecum, et me in beneficium recipis, duobus profuturum. Præfers me aliis : hoc totum mea causa facis. Itaque si prætorem te factura esset decem captivorum redemptio, decem autem soli captivi essemus, nemo quidquam tibi deberet ex nobis : quia nihil haberes, quod cuiquam imputares, a tua utilitate seductum. Non sum invidus beneficii interpres, nec desidero illud mihi tantum dari, sed et tibi.

XIV. Quid ergo, inquit, si in sortem nomina vestra conjici jussisses, et tuum nomen inter redimendos exisset, nihil deberes mihi? immo deberem, sed exiguum. Quid sit hoc, dicam. Aliquid istic mea causa facis, quod me ad fortunam redemptionis admittis; quod nomen meum exiit, sorti debeo : quod exire potuit, tibi. Aditum mihi ad beneficium tuum dedisti, cujus majorem partem fortunæ debeo : sed hoc ipsum tibi, quod fortunæ debere potui. Illos ex toto prætereo, quorum mercenarium beneficium est : quod qui dat, non computat cui, sed quanti daturus sit; quod undique in se conversum est. Vendit mihi aliquis frumentum : vivere non possum, nisi emero; sed non debeo vitam, quia emi. Nec quam necessarium fuerit, æstimo, sine quo victurus non fui : sed quam ingratum, quod non habuissem, nisi emissem; in quo invehendo mercator non cogitavit quantum auxilii allaturus esset mihi, sed quantum lucri sibi. Quod emi, non debeo.

XV. Isto modo, inquit, ne medico quidquam debere te, nisi mercedulam, dices : nec præceptori, quia aliquid numeraveris; atqui omnium horum apud nos magna caritas, magna reverentia est. Adversus hoc respondetur, quædam pluris esse, quam emuntur. Emis a medico rem inæstimabilem, vitam ac valetudinem bonam : a bonarum artium præceptore studia liberalia, et animi cultum. Itaque his non rei pretium, sed operæ solvitur, quod deserviunt, quod a rebus suis avocati nobis vacant; mercedem non meriti, sed occupationis suæ ferunt. Aliud tamen dici potest verius, quod statim ponam, si prius quomodo istud refelli possit, ostendero. Quædam, inquit, pluris sunt quam vænierunt, et ob hoc aliquid mihi extra pro illis, quamvis emta sint, debes. Primum, quid interest quanti sint, quum de pretio inter ementem et vendentem convenerit? Deinde non emi illud suo pretio, sed tuo. Pluris est, inquit, quam vænit. Sed pluris vænire non potuit : pretium autem cujusque rei pro tem-

Elle vaut, dis-tu, plus qu'elle n'a été vendue. Mais elle n'a pu se vendre plus cher : le prix de chaque chose dépend de la circonstance. Quand tu me vanterais ces objets, ils ne valent que ce qu'ils ont pu être vendus. D'ailleurs, celui qui achète à bon compte ne doit rien au vendeur. Ensuite, quand même ils vaudraient beaucoup plus, il n'y a aucune faveur de ta part, puisque l'estimation ne se règle pas sur l'avantage et l'utilité réelle, mais sur l'usage et le prix courant. Quel prix assigneras-tu aux services du pilote qui traverse les mers, qui, après avoir perdu de vue la terre, nous fraie une route assurée à travers les flots, prévoit les tempêtes à venir, et, au milieu de la sécurité commune, ordonne tout à coup de plier les voiles, de baisser les agrès, de se tenir prêt au choc de l'orage, et sait résister à sa fureur soudaine? Cependant le prix du passage nous acquitte d'un si grand bienfait. Comment apprécieras-tu un abri dans le désert, un toit pendant la pluie, un bain ou du feu pendant le froid? Cependant je sais à quel prix je trouverai tout cela dans une auberge. Combien fait pour nous celui qui étaie notre maison chancelante, et tient suspendu avec un art incroyable un bâtiment isolé que les crevasses lézardent du haut en bas? Cependant les étais se paient un prix fixe et modéré. Les murs nous garantissent contre les attaques des ennemis et les incursions subites des brigands; cependant ces tours, ces remparts qui s'élèvent pour la sécurité publique, on sait combien gagne par jour le manœuvre qui les bâtit.

XVI. Ce serait à n'en pas finir si je voulais chercher plus loin tous les exemples qui prouvent que souvent de grands services coûtent peu. Pourquoi donc dois-je quelque chose de plus au médecin et au précepteur? Pourquoi leurs honoraires ne suffisent-ils pas à m'acquitter? Parce que de médecin et de précepteur, ils se changent en amis, et nous obligent moins par l'art qu'ils nous vendent, que par leur intention bienveillante et amicale. Si donc le médecin ne fait que me tâter le pouls, m'inscrit sur la liste de ses clients, m'ordonne sans affection ce qu'il faut faire, ce qu'il faut éviter, je ne lui dois plus rien ; parce qu'il ne m'est pas venu voir comme un ami, mais comme un client qui le mande. Je ne suis non plus tenu à aucun respect envers mon précepteur, s'il m'a confondu dans la foule de ses disciples, s'il ne m'a pas jugé digne de soins personnels et particuliers, s'il n'a jamais arrêté sur moi son attention : lorsqu'il laissait tomber sa science pour tout le monde, je l'ai plutôt ramassée que reçue. Pourquoi donc devons-nous beaucoup à l'un et à l'autre? Ce n'est pas que ce qu'ils ont vendu, valût plus que ce que nous l'avons acheté ; c'est qu'ils ont fait quelque chose pour nous-mêmes. L'un a donné plus qu'on n'exige d'un médecin : il a craint pour moi, non pour sa réputation d'habileté : il ne s'est pas contenté d'indiquer les remèdes, il les a lui-même administrés. Il a pris place au milieu de mes amis affligés; il est accouru dans tous les moments de crise : aucune fonction ne lui a semblé pénible, aucune ne l'a rebuté. Mes gémissements ne l'ont pas trouvé insouciant : dans la foule des malades qui l'invoquaient, j'ai été son malade de prédilection; il n'a donné aux autres que le temps que lui laissait mon état. Ce n'est donc pas

---

pore est. Quum bene ista laudaveris, tanti sunt, quanto pluris vænire non possunt; præterea nihil venditori debet, qui bene emit. Deinde etiam si pluris ista sunt, non tamen ullum istic tuum munus est, ut non ex usu effectura, sed ex consuetudine et annona æstimetur. Quod tu pretium ponis trajicienti maria, et per medios fluctus, quum e terræ conspectu recessit, certam secanti viam, et prospicienti futuras tempestates, et, securis omnibus, jubenti subito vela stringi, armamenta demitti, paratos ad incursum procellæ, et repentinum impetum stare? huic tamen tantæ rei præmium vectura persolvit. Quanti æstimas in solitudine hospitium, in imbre tectum, in frigore balneum, aut ignem? Scio tamen quanti ista consecuturus diversorium subeam. Quantum nobis præstat, qui labentem domum suscipit? et agentem ex imo rimas insulam incredibili arte suspendit? certo tamen et levi pretio futura conducitur. Murus nos ab hostibus tutos, et a subitis latronum incursionibus præstat : notum est tamen, illas turres, pro securitate publica propugnacula habituras, excitaturus faber quid in diem mereat.

XVI. Infinitum erit, si latius exempla conquiram, quibus appareat, parvo magna constare. Quid ergo ? quare et medico et præceptori plus quiddam debeo, nec adversus illos mercede defungor? Quia ex medico ac præceptore in amicum transeunt, et nos non arte quam vendunt, obligant, sed benigna et familiari voluntate. Itaque medico, si nihil amplius quam manum tangit, et me inter eos, quos perambulat, ponit, sine ullo affectu facienda vitandave præcipiens, nihil amplius debeo : quia me non tanquam amicum vidit, sed tanquam imperatorem. Ne præceptorem quidem habeo cur venerer, si me in grege discipulorum habuit, si non putavit dignum propria et peculiari cura, si nunquam in me direxit animum : et quum in medium effunderet, quæ sciebat, non didici, sed excepi. Quid ergo est, quare istis debeamus multum ? non quia pluris est quod vendiderunt quam emimus, sed quia nobis ipsis aliquid præstiterunt. Ille magis pependit, quam medico necesse est : pro me, non pro fama artis, extimuit : non fuit contentus remedia monstrare, sed admovit. Inter sollicitos assedit, ad suspecta tempora occurrit : nullum ministerium oneri illi, nullum fastidio fuit. Gemitus meos non securus audivit ; in turba multorum invocantium ego illi potissima curatio fui; tantum aliis vacavit, quantum mea valetudo permiserat.

comme à un médecin, c'est comme à un ami que je suis obligé. L'autre, pour m'instruire, a supporté les fatigues et l'ennui : outre les leçons que le professeur donne en commun, il m'a transmis, il a infiltré en moi d'autres principes ; par ses exhortations, il a développé mes bonnes dispositions ; tantôt ses éloges ont relevé mon cœur, tantôt ses avis ont secoué ma paresse. Il a forcé à sortir mon esprit lent et tardif, en le pressant de la main, si je puis dire ainsi : il ne m'a pas communiqué ce qu'il savait avec parcimonie et pour se rendre plus long-temps nécessaire ; mais il aurait voulu, s'il l'avait pu, verser en moi tout à la fois. Je serais un ingrat si ma reconnaissance ne le mettait parmi mes plus chers amis.

XVII. Les courtiers, dans le commerce le moins élevé, reçoivent de nous au-delà du prix convenu, si leur zèle nous paraît plus actif ; et nous ajoutons à la gratification du pilote, du plus vil artisan, de l'homme de journée. Mais, dans les arts libéraux qui sont le soutien ou l'ornement de la vie, celui qui croit ne pas devoir plus qu'il n'a promis, est un ingrat. Ajoute que la communication de cette sorte d'études est un lien d'amitié. Dans ce cas, on paie au précepteur comme au médecin, le prix de la peine ; on lui doit celui du cœur.

XVIII. Platon passant un fleuve dans une barque, sans que le batelier lui demandât rien, crut que c'était par égard pour lui, et dit que ce service engageait la reconnaissance de Platon. Quelque temps après, le voyant transporter plusieurs autres personnes gratuitement, avec le même zèle, il dit que Platon n'était engagé à aucune reconnaissance. Car pour que je te sois obligé de ce que tu fais, il faut non-seulement me le faire à moi, mais à cause de moi. Tu ne peux imputer à personne un bien que tu répands sur tout un peuple. Quoi donc? ne devras-tu rien pour cela? rien personnellement : je paierai avec tout le monde ce que j'ai reçu avec tout le monde.

XIX. Nieras-tu, dit-on, que je reçoive un bienfait de celui qui me fait, sur sa barque, passer gratuitement le Pô? Je le nie. Il me fait quelque bien ; ce n'est pas un bienfait ; car il le fait pour lui, ou au moins non pas pour moi. En somme, lui-même ne croit pas m'accorder un bienfait ; mais il travaille ou pour la république, ou pour le voisinage, ou pour sa vanité, et il attend de ce service tout autre avantage que ce qu'il doit recevoir de chacun en particulier. Mais quoi? dit-on, si le prince accordait le droit de cité à tous les Gaulois, l'exemption d'impôts à tous les Espagnols, chaque individu ne devrait donc rien à ce titre? Pourquoi non? Ils devraient non pour un bienfait personnel, mais pour leur part d'un bienfait public. Cependant, dites-vous, il n'a pas songé à moi. Au moment où il rendait service à tous, il n'a pas voulu me donner la cité à moi personnellement ; sa pensée ne se dirigeait pas sur moi. Pourquoi donc lui serai-je redevable, puisqu'il ne m'avait nullement en vue lorsqu'il allait faire ce qu'il a fait? D'abord, lorsqu'il se proposait de servir tous les Gaulois, il se proposait aussi de me servir ; car j'étais Gaulois, et s'il ne m'a pas signalé particulièrement, il m'a compris sous la

---

Huic ego non tanquam medico, sed tanquam amico, obligatus sum. Alter rursus docendo et laborem et tædium tulit, præter illa quæ a præcipientibus in commune dicuntur, aliqua instillavit ac tradidit, hortando bonam indolem erexit, et modo laudibus fecit animum, modo admonitionibus discussit desidiam. Tum ingenium latens et pigrum, injecta, ut ita dicam, manu, extraxit : nec quæ sciebat, maligne dispensavit, quo diutius esset necessarius, sed cupiit, si posset, universa transfundere. Ingratus sum, nisi illum inter gratissimas necessitudines diligo.

XVII. Sordidissimorum quoque artificiorum institoribus supra constitutum aliquid adjecimus, si nobis opera illorum enixior visa est : et gubernatori, et opifici vilissimæ mercis, et in diem se locanti corollarium aspersimus. In optimis vero artibus quæ vitam aut conservant, aut excolunt, qui nihil se plus existimat debere quam pepigit, ingratus est. Adjice, quod talium studiorum traditio miscet amicos ; hoc quum factum est, tam medico quam præceptori pretium operæ solvitur, animi debetur.

XVIII. Plato quum flumen nave transisset, nec ab illo quidquam portitor exegisset, honori hoc suo datum credens, dixit positum illi esse apud Platonem officium. Deinde paulo post, quum alium atque alium gratis eadem transveheret sedulitate, negavit illi jam apud Platonem positum officium. Nam ut tibi debeam aliquid, pro eo quod præstas, debes non tantum mihi præstare, sed tanquam mihi ; non potes ob id quemquam appellare, quod spargis in populum. Quid ergo? nihil tibi debebitur pro hoc? tanquam ab uno, nihil ; cum omnibus solvam, quod tibi cum omnibus debeo.

XIX. Negas, inquit, ullum dare beneficium eum, qui me gratuita nave per flumen Padum tulit? nego. Aliquid boni facit, beneficium non dat ; facit enim sua causa, aut utique non mea. Ad summam, ne ipse quidem se mihi beneficium judicat dare : sed aut reipublicæ aut viciniæ, aut ambitioni suæ præstat, et pro hoc aliud quoddam commodum exspectat, quam quod a singulis recepturus est. Quid ergo, inquit, si Princeps civitatem dederit omnibus Gallis, si immunitatem Hispanis, nihil hoc nomine singuli debebunt? Quidni debeant? debebunt autem non tanquam proprium beneficium, sed tanquam publici partem. Nullam, inquit, habuit cogitationem mei. Illo tempore, quo universis proderat, noluit mihi proprie civitatem dare ; nec in me direxit animum. Ita quare ei debeam qui me sibi non subsistituit, quum facturus esset quod fecit? Primum, quum cogitavit Gallis omnibus prodesse, et mihi cogitavit prodesse ; eram enim Gallus : et

dénomination générale. Ensuite je ne suis pas redevable d'un bienfait personnel, mais commun : citoyen de la nation, je ne paierai pas pour mon compte; je contribuerai pour celui de la patrie.

XX. Si quelqu'un prête de l'argent à ma patrie, je ne me dirai pas son débiteur; soit candidat, soit accusé, je ne reconnaîtrai pas cette dette : cependant, pour l'acquitter, je donnerai ma part. De même je me récuse comme débiteur pour un présent donné à tous; parce qu'on m'a donné, il est vrai, mais non pour moi ; et même en me donnant, on ne savait pas qu'on me donnait : néanmoins je sais que j'ai quelque chose à rendre, parce qu'il m'est revenu quelque chose, bien que par un long détour. Pour qu'une chose m'oblige, il faut qu'elle soit faite à cause de moi. D'après ce principe, dit-on, tu ne dois rien à la lune ou au soleil ; car ils ne se meuvent pas pour toi. Mais, comme ils se meuvent pour la conservation de tous, ils se meuvent pour moi; car je fais partie du tout. Ajoute encore que notre condition et la leur est bien différente. Car l'homme qui m'est utile pour se l'être aussi à lui-même, ne m'accorde pas de bienfait, parce qu'il me fait l'instrument de son utilité. Mais le soleil et la lune, quoiqu'ils nous soient utiles pour eux-mêmes, ne le sont pourtant pas dans le but de l'être pour eux ; car que pourrions-nous faire pour eux ?

XXI. Je saurais, dis-tu, que le soleil et la lune veulent nous être utiles, s'ils pouvaient ne le vouloir pas : or, il ne leur est pas libre de ne pas se mouvoir. D'ailleurs, qu'ils s'arrêtent, qu'ils suspendent leurs révolutions ! Vois par combien de raisons ceci se réfute. On ne veut pas moins, parce qu'on ne peut pas ne pas vouloir : au contraire, c'est la plus grande preuve d'une volonté ferme, de ne pouvoir pas changer. L'homme de bien ne peut pas ne pas faire ce qu'il fait, car il ne serait pas homme de bien, s'il ne le faisait. Donc l'homme de bien n'accorde pas de bienfait, parce qu'il fait ce qu'il doit : car il ne peut pas ne pas faire ce qu'il doit. D'ailleurs, il y a une grande différence entre dire : Il ne peut pas ne faire cela puis qu'il y est forcé, ou, il ne peut pas ne pas vouloir. Car, s'il est contraint de le faire, ce n'est pas à lui que je suis redevable du bienfait, mais à celui qui le contraint. Mais, s'il est contraint de vouloir parce qu'il n'a rien de mieux à vouloir, c'est lui-même qui se contraint. Ainsi, ce que je ne lui devrai pas quand il est contraint, je le lui devrai quand il se contraint. Qu'ils cessent, dis-tu, de vouloir! Ici je te prie de réfléchir. Quel est l'homme assez insensé pour ne pas reconnaître comme volonté celle qui n'est pas en danger de périr, de se trouver jamais en opposition avec elle-même; tandis qu'au contraire personne ne peut paraître vouloir aussi fortement, que ce qui a une volonté constante au point d'être éternelle. Si nous accordons la volonté à celui qui peut aussitôt ne pas vouloir, ne la reconnaîtrons-nous pas à celui dans la nature duquel il n'entre pas de ne pas vouloir.

XXII. Eh bien ! dis-tu, s'ils le peuvent, qu'ils s'arrêtent ! C'est comme si tu disais : Que tous ces corps séparés par d'immenses intervalles, coordonnés pour le maintien de l'univers, abandon-

---

me, etiam si non mea, publica tamen nota comprehendit. Deinde ego quoque illi non tanquam proprium debebo, sed commune : unus e populo, non tanquam pro me solvam, sed tanquam pro patria conferam.

XX. Si quis patriæ meæ pecuniam credat, non dicam me illius debitorem, nec hoc æs alienum profitebor aut candidatus, aut reus : ad exsolvendum tamen hoc portionem meam dabo. Sic istius muneris quod universis datur, debitorem me nego : quia mihi dedit quidem, sed non propter me : et mihi quidem, sed nescires an mihi daret : nihilominus aliquid mihi dependendum sciam, quia ad me quoque circuitu longo pervenit. Propter me factum debet esse, quod me obliget. Isto, inquit, modo, nec lunæ nec soli quidquam debes : non enim propter te moventur. Sed quum in hoc moveantur, et universa conservent, et pro me moventur : universorum enim pars sum. Adjice nunc, quod nostra et horum conditio dissimilis est. Nam qui mihi prodest, ut per me prosit et sibi, non dedit beneficium : quia me instrumentum utilitatis suæ fecit. Sol autem et Luna etiam si nobis prosunt sua causa, non in hoc tamen prosunt, ut per nos prosint sibi ; quid enim nos illis conferre possumus ?

XXI. Sciam, inquit, solem ac lunam nobis velle prodesse, si nolle potuerint : illis autem non licet non moveri; ad summam, consistant, et opus suum intermittant ! Hoc vide quot modis refellatur. Non ideo minus vult, qui non potest nolle : immo maximum argumentum est firmæ voluntatis, ne mutari quidem posse. Vir bonus non potest non facere, quod facit : non enim erit bonus, nisi fecerit ; ergo nec bonus vir beneficium dat, quia facit quod debet ; non potest autem non facere, quod debet. Præterea multum interest, utrum dicas, Non potest hoc non facere, quia cogitur ; an, Non potest nolle. Nam si necesse est illi facere, non debeo ipsi beneficium, sed cogenti. Si necesse est illi velle ob hoc, quia nihil habet melius quod velit, ipse se cogit. Ita quod tanquam coacto non deberem, tanquam cogenti debeo. Desinant, inquit, velle! Hoc loco tibi illud occurrat. Quis tam demens est, ut eam neget voluntatem esse, cui non est periculum desinendi, vertendique se in contrarium ; quum ex diverso nemo æque videri debeat velle, quam cujus voluntas usque eo certa est, ut æterna sit? An si is quoque vult, qui potest statim nolle, is non videbitur velle in cujus naturam non cadit nolle ?

XXII. Agedum, inquit, si possunt, resistant ! Hoc dicis, Omnia ista ingentibus intervallis diduct, et in custodiam universi disposita, stationes suas deserant, subita confusione rerum sidera sideribus incurrant, et

nent leurs postes, que, dans le désordre subit des éléments, les astres se heurtent aux astres, que l'harmonie de la nature soit détruite, que les cieux tombent en ruine, que ces corps, d'une vitesse si prodigieuse, arrêtent au milieu de leur course leurs vicissitudes déterminées pour tant de siècles ; que ces astres, qui vont et reviennent alternativement, et dont les heureux contrepoids balancent l'équilibre du monde, s'embrasent d'un soudain incendie ; que toutes ces substances diverses se confondent et se mêlent en une seule ruine ! Que le feu s'empare de tout, qu'une nuit stérile lui succède, et qu'un abîme sans fond dévore tous ces dieux ! Faut-il donc, pour te convaincre, cette chute universelle ? Mais ces astres te servent malgré toi ; c'est pour toi qu'ils marchent, quoiqu'ils aient une cause première et supérieure.

XXIII. Ajoute maintenant que les choses extérieures n'agissent pas sur les dieux ; mais leur éternelle volonté fait leur loi. Ils ont établi un ordre pour ne le changer jamais. Ils ne peuvent donc paraître faire quelque chose sans le vouloir ; parce qu'ils ont voulu faire durer ce qu'ils ne peuvent interrompre. Jamais les dieux ne se repentent de leur premier dessein. Sans doute il ne leur est pas libre de s'arrêter ou de marcher en sens contraire ; mais ce n'est que parce que leur propre force les maintient dans ce qu'ils ont résolu ; ce n'est point de leur faiblesse que vient leur constance, mais de ce qu'ils ne peuvent pas s'écarter de la voie qui est la meilleure : leur marche est tracée par leurs immuables décrets. Toutefois, dans leur constitution primitive, lorsqu'ils coordonnaient toutes choses, ils ont pensé aussi à nous, et ils ont tenu compte de l'homme. Ainsi donc ils ne peuvent paraître se mouvoir seulement pour eux-mêmes, pour étaler leur ouvrage, puisque nous aussi nous sommes une partie de cet ouvrage. Nous devons donc de la reconnaissance au soleil et à la lune et aux autres divinités ; car, quoique leurs révolutions s'opèrent dans un but plus important, cependant ils nous servent, tout en marchant, à de plus hautes destinées. D'ailleurs, ils nous servent volontairement : nous leur sommes donc obligés, puisque ce n'est pas à leur insu que leurs bienfaits tombent sur nous, et ce que nous avons reçu, ils savaient que nous devions le recevoir. Quoique leurs pensées s'élèvent plus haut, quoique leurs travaux aient un plus noble but que la conservation de choses périssables ; cependant, dès l'origine du monde, leur prévoyance a pourvu aussi à nos besoins, et cet ordre a été donné à l'univers, afin qu'il paraisse que nous n'avons pas été un de leurs derniers soins. Nous devons de l'amour à nos parents ; et pourtant beaucoup ne se sont pas unis pour engendrer. Mais on ne peut accuser les dieux d'avoir ignoré ce qu'ils faisaient, puisqu'ils ont au même instant fourni à tous des aliments et des appuis ; ils n'ont pas produit avec imprévoyance des êtres pour lesquels ils produisaient tant de choses. La nature nous a médités avant de nous créer ; et nous ne sommes pas si peu de chose que nous ayons pu lui tomber des mains. Vois combien elle nous a donné ; l'empire de l'homme ne se borne pas à l'homme seul ! Vois jusqu'où nos corps peuvent se porter ; les limites des terres ne sauraient nous arrêter ; nous plongeons dans toutes les parties de la nature ! Vois jusqu'où peuvent s'élever nos esprits ; seuls ils connaissent, ils interrogent les dieux, et, par un

rupta rerum concordia in ruinam divina labantur, contextusque velocitatis citatissimæ, in tot secula promissas vices, in medio itinere destituat ; et quæ nunc eunt alternis redeuntque opportunis libramentis, mundum ex æquo temperantia, repentino concrementur incendio, et ex tanta varietate solvantur, atque eant in unum omnia ! Ignis cuncta possideat, quem deinde pigra nox occupet, et profunda vorago tot deos sorbeat ! Est tanti, ut tu coarguaris, ista concidere ? Prosunt tibi etiam invito, eunique ista tua causa ; etiamsi major illis alia, ac prior causa est.

XXIII. Adjice nunc, quod non externa cogunt deos, sed sua illis in legem æterna voluntas est ; statuerunt quæ non mutarent. Itaque non possunt videri facturi aliquid, quamvis nolint ; quia quidquid desinere non possunt, perseverare voluerunt ; nec unquam primi consilii deos pœnitet. Sine dubio stare illis et desciscere in contrarium, non licet ; sed non ob aliud, quam quia vis sua illos in proposito tenet ; nec imbecillitate permanent, sed quia non libet ab optimis aberrare ; et sic ire decretum est. In prima autem illa constitutione, quum universa disponerent, etiam nostra viderunt, rationemque hominis habuerunt. Itaque non possunt videri sua tantum causa decurrere, et explicare opus suum, quia pars operis sumus et nos. Debemus ergo et soli, et lunæ, et ceteris cœlestibus beneficium, quia, etiamsi potiora illis sunt, in quæ oriuntur, nos tamen in majora ituri juvant. Adjice, quod ex destinato juvant ; ideoque obligati sumus, qui non in beneficium ignorantium incidimus, sed hæc quæ accipimus, accepturos scierunt : et quanquam majus illis propositum sit, majorque actus sui fructus, quam servere mortalia, tamen in nostras quoque utilitates a principio rerum præmissa mens est, et is ordo mundo datus, ut appareat curam nostri non inter ultima habitam. Debemus parentibus nostris pietatem, et multi non ut gignerent, coierunt. Dii non possunt videri nescisse, quid effecturi essent, quum omnibus alimenta protinus, et auxilia providerunt ; nec eos per negligentiam genuere, quibus tam multa generabant. Cogitavit enim nos ante natura, quam fecit ; nec tam leve opus sumus, ut illi potuerimus excidere. Vide quantum nobis permiserit, quam non intra homines humani imperii conditio sit ? vide in quantum

sublime enthousiasme, vont siéger auprès des intelligences divines! Sache donc que l'homme n'est pas une œuvre de désordre et d'irréflexion. Parmi ses plus nobles productions, il n'y en a pas dont la nature se fasse plus gloire, ou du moins à qui elle fasse plus de gloire. Quel est donc ce délire, d'entrer avec les dieux en controverse sur leurs bienfaits? Comment serait-on reconnaissant envers les hommes avec qui on ne s'acquitte pas sans frais, lorsqu'on nie avoir rien reçu de ceux dont on a tout reçu, qui doivent toujours donner et ne jamais reprendre? Mais quelle perversité, de ne pas se croire redevable envers quelqu'un, par cela seul qu'il est bienveillant, même envers ceux qui le renient, et de considérer la suite et l'enchaînement de ses bienfaits comme une preuve de leur nécessité. Je n'en veux pas! Qu'il les garde! Qui les lui demande? A ces paroles, ajoute toutes les autres expressions de l'effronterie. Il n'en aura pas moins bien mérité de toi, puisque sa libéralité te poursuit même quand tu la méconnais, puisque le plus grand de ses bienfaits est de te donner encore en dépit de tes plaintes.

XXIV. Ne vois-tu pas comment les parents contraignent leurs enfants, dès leurs plus tendres années, à souffrir des contrariétés salutaires? Malgré leurs pleurs, malgré leurs répugnances, ils environnent leurs corps de soins empressés. De peur qu'une liberté précoce ne contrefasse leurs membres, ils les contraignent pour qu'ils se développent dans une bonne direction. Bientôt ils leur inculquent les arts et les sciences, et triomphent de leur mauvaise volonté par la crainte. Enfin ils plient leur jeunesse impétueuse à la frugalité, à la pudeur, aux bonnes mœurs, et, s'ils sont indociles, ils les y obligent. Même dans leur adolescence, lorsqu'ils sont déjà maîtres d'eux-mêmes, s'ils repoussent par crainte ou déraison les remèdes salutaires, ils sont domptés par la contrainte et la servitude. Ainsi les plus grands bienfaits sont ceux que nous recevons de nos parents, sans le savoir, ou sans le vouloir.

XXV. A ces ingrats qui repoussent les bienfaits, non parce qu'ils n'en veulent pas, mais parce qu'ils craignent de devoir, ressemblent, dans un genre opposé, ceux qui, par excès de gratitude, font des vœux pour qu'il arrive aux hommes qui les ont obligés quelque contrariété, quelque malheur, qui leur soit une occasion de prouver leurs sentiments de reconnaissance pour le bienfait reçu. On demande si c'est bien agir, s'il y a de la piété dans ce zèle. Je les comparerais volontiers à ceux qui, brûlant d'un amour aveugle, souhaitent à leur ami l'exil pour l'accompagner dans sa fuite et sa solitude; la pauvreté, pour prévenir ses besoins par des présents; la maladie, pour s'asseoir à son chevet; et qui le dévouent à tous les maux qu'un ennemi pourrait appeler sur lui. Aussi un fol amour a presque toujours les conséquences de la haine. La même chose arrive à ceux qui souhaitent à leurs amis des infortunes pour les soulager, et marchent au bienfait par le mal : tandis qu'il vaudrait bien mieux s'abstenir, que de chercher par le crime une occasion de remplir un devoir. Que serait-ce si un pilote demandait aux dieux des orages et d'effroyables tempêtes, pour

---

corporibus vagari liceat, quæ non coercuit fine terrarum, sed omnem in partem sui misit! vide, animi quantum audeant, quemadmodum soli aut noverint deos, aut quærant, et mente in altum data divina comitentur! Scias, non esse hominem tumultuarium et incogitatum opus. Inter maxima rerum suarum, natura nihil habet quo magis glorietur, aut certe cui glorietur. Quantus iste furor est, controversiam diis muneris sui facere? Quomodo adversus eos hic erit gratus, quibus gratia referri sine impendio non potest; qui negat ab his accepisse se, a quibus quum maxime accipit; qui et semper daturi sunt, et nunquam recepturi? Quanta autem perversitas, ob hoc alicui non debere, quia etiam inflitanti benignus est, et continuationem ipsam, seriemque beneficiorum, argumentum vocare necessario dantis? Nolo! sibi habeat! quis illum rogat? et omnes alias impudentis animi voces his adstrue. Non ideo de te minus meretur is, cujus liberalitas ad te, etiam dum negas, pervenit; cujusque beneficiorum vel hoc maximum, quod etiam querenti daturus est.

XXIV. Non vides, quemadmodum teneram liberorum infantiam parentes ad salubrium rerum patientiam cogant? Flentium corpora, ac repugnantium, diligenti cura fovent: et, ne membra libertas immatura detorqueat, in rectum exitura constringunt; et mox liberalia studia inculcant, adhibito timore nolentibus. Ad ultimum, audacem juventam frugalitati, pudori, moribus bonis, si parum sequitur, coactam applicant. Adolescentibus quoque, ac jam potentibus sui, si remedia metu aut intemperantia rejiciunt, vis adhibetur ac servitus. Itaque beneficiorum maxima sunt, quæ a parentibus accipimus, dum aut nescimus, aut nolumus.

XXV. His ingratis, et repudiantibus beneficia, non quia nolunt, sed ne debeant, similes sunt ex diverso nimis grati, qui aliquid incommodi precari solent his quibus obligati sunt, aliquid adversi, in quo affectum memorem accepti beneficii approbent. An hoc recte faciant, et pia voluntate, quæritur; quorum animis simillimus est pravo amore flagrantibus, qui amicæ suæ optant exsilium, ut desertam fugientemque comitentur; optant inopiam, ut magis desideranti donent; optant morbum, ut assideant; et quidquid inimicus optaret, amantes vovent. Fere idem itaque exitus est odii, et amoris insani. Tale quiddam et his accidit, qui amicis incommoda optant, quæ detrahant, et ad beneficium injuria veniunt; quum satius sit vel cessare, quam per scelus officio locum quærere. Quid si gubernator a diis tempestates infestissimas, et procellas petat, ut gratior ars sua periculo fiat?

donner, par le péril, plus de mérite à son habileté! Que serait-ce si un général implorait les dieux, pour qu'une troupe nombreuse d'ennemis environnât son camp, franchît ses fossés dans son attaque soudaine, arrachât ses retranchements devant son armée tremblante, et plantât ses drapeaux vainqueurs aux portes mêmes du camp, afin de relever avec plus de gloire les affaires compromises et chancelantes? Tous ces gens-là font prendre à leurs bienfaits une route détestable, qui invoquent les dieux contre celui qu'ils veulent secourir, et qui veulent le voir renversé avant de le voir relevé. Il y a inhumanité, il y a perversité dans la reconnaissance, lorsqu'on forme des vœux contre celui qu'on ne pourrait abandonner sans déshonneur.

XXVI. Mon vœu, dis-tu, ne lui fait aucun tort, puisque j'appelle en même temps le mal et le remède. C'est avouer que tu es coupable; mais moins que si tu appelais le mal sans le remède. Il y a méchanceté à me jeter à l'eau pour m'en tirer; à me pousser par terre pour me relever; à me mettre en prison pour me délivrer. Ce n'est pas un bienfait que de mettre un terme à l'outrage, et il n'y a jamais de mérite à détourner un malheur qu'avait provoqué celui qui le détourne. J'aime mieux n'être pas blessé que d'être guéri. Tu peux mériter ma reconnaissance en me guérissant quand je suis blessé, mais non en me blessant pour me guérir. La cicatrice ne plaît jamais que par comparaison avec la blessure; mais si aises que nous soyons de la voir se former, nous aimerions mieux qu'elle n'eût jamais été. Si tu souhaitais un pareil malheur à celui dont tu n'aurais reçu aucun bienfait, ton vœu serait inhumain: ne l'est-il pas bien davantage lorsque tu le souhaites à ton bienfaiteur?

XXVII. Mais, dis-tu, je demande en même temps à pouvoir lui porter secours. D'abord, si je t'arrête au milieu de ton vœu, déjà tu es un ingrat. Je n'ai pas encore entendu ce que tu veux faire pour lui; je sais ce que tu veux qu'il souffre. Tu appelles sur lui les soucis, la crainte, et quelque chose de plus encore: tu souhaites qu'il ait besoin de secours; voilà qui est contre lui: tu souhaites qu'il ait besoin de ton secours; voilà qui est pour toi: tu ne veux pas le secourir, mais t'acquitter. Celui qui se presse tant, veut être dégagé, et non dégager. Ainsi la seule chose qui, dans ton vœu, pourrait paraître honorable, est justement une honteuse ingratitude; c'est la crainte de devoir. Car tu demandes non d'avoir le moyen de témoigner à ton bienfaiteur ta reconnaissance, mais qu'il soit dans la nécessité de l'implorer. Tu te donnes la supériorité, et, ce qui est un crime, tu mets ton bienfaiteur à tes genoux. Combien ne serait-il pas préférable de lui devoir avec bonne volonté, que de le payer par de mauvais moyens? Si tu niais ta dette, tu serais moins coupable, car il ne perdrait alors que ce qu'il avait donné. Maintenant tu veux l'assujettir à toi par la perte de sa fortune, et, par le changement de son état, le réduire au point qu'il soit rabaissé au-dessous de son bienfait: puis-je te croire reconnaissant? Forme tes souhaits en présence de celui à qui tu veux être utile. Appelles-tu un vœu favorable celui qui peut appartenir à la fois à la haine et à la reconnaissance, et qu'on jugerait indubitablement venu d'un adversaire et

---

quid si imperator deos oret, ut magna vis hostium circumfusa castris, fossas subito impetu compleat, et vallum trepidante exercitu convellat, et in ipsis portis infesta signa constituat, quo majore cum gloria rebus lapsis profligatisque succurrat? Omnes isti beneficia sua detestabili via ducuut, qui deos contra eum advocant, cui ipsi affuturi sunt, et ante illos sterni, quam erigi volunt. Inhumana ista perverse grati animi natura est, contra eum optare, cui honeste deesse non possis.

XXVI. Non nocet illi votum meum, inquit, quia simul opto et periculum, et remedium. Hoc dicis, nonnihil te peccare, sed minus quam si sine remedio periculum optares. Nequitia est, ut extrahas, mergere; evertere, ut suscites; ut emittas, includere. Non est beneficium, injuriæ finis; nec unquam id detraxisse meritum est, quod ipse, qui detraxit, intulerat. Non vulneres me malo, quam sanes; potes inire gratiam, si, quia vulneratus sum, sanas; non, si vulneras, ut sanandus sim. Nunquam cicatrix, nisi collata vulneri placuit; quod ita coisse gaudemus, ut non fuisse mallemus. Si hoc ei optares, cujus nullum beneficium haberes, inhumanum erat votum; quanto inhumanius ei optas, cui beneficium debes?

XXVII. Simul, inquit, ut possim ferre illi opem, precor. Primum, ut te in media parte voti tui occupem, jam ingratus es; nondum audio quid illi velis præstare; scio quid illum velis pati. Sollicitudinem illi et metum, et majus aliquod imprecaris malum; optas, ut ope indigeat; hoc contra illum est; optas ut tua indigeat ope; hoc pro te est; non succurrere vis illi, sed solvere. Qui sic properat, ipse solvi vult, non solvere. Ita quod unum in voto tuo honestum videri poterat, ipsum turpe et ingratum est, nolle debere; optas enim, non ut tu facultatem habeas referendæ gratiæ, sed ut ille necessitatem implorandæ. Superiorem te facis, et quod nefas est, bene meritum ad pedes tuos mittis: quanto satius est, honesta voluntate debere, quam per malam rationem solvere? Si inficiareris quod acceperas, minus peccares; nibil enim nisi quod dederat, amitteret; nunc vis illum subjici tibi jactura rerum suarum, et status mutatione in id devocari, ut infra beneficia sua jaceat. Gratum te putabo? coram eo, cui prodesse vis, opta. Votum tu istud vocas, quod inter gratum et inimicum potest dividi? quod non dubites adversarium et hostem fecisse, si extrema taceantur? Hostes quoque optaverunt capere quasdam urbes,

d'un ennemi, si l'on supprimait les derniers mots? Des ennemis aussi ont souhaité prendre certaines villes pour les conserver, vaincre certains adversaires pour leur pardonner. Ces vœux n'en sont pas moins hostiles; car tout ce qu'il y a d'indulgence ne vient qu'après la cruauté. Enfin, quel caractère attacher à ces vœux, dont personne ne désirerait moins le succès que celui pour qui tu les fais? C'est mal agir envers lui que d'appeler sur sa tête les colères des dieux afin de les détourner, c'est être injuste envers les dieux; car tu leur imposes le rôle le plus fâcheux, tu te réserves le plus beau. Pour que tu fasses le bien, les dieux feront-ils le mal? Si tu excitais contre lui un accusateur, pour l'écarter après; si tu l'engageais dans quelque procès, pour ensuite le dégager, personne ne douterait de ton crime. Quelle différence y a-t-il entre provoquer ce résultat par la fraude, ou par tes vœux, sinon, que tu vas lui chercher des adversaires plus puissants? Tu as beau dire : Quel tort lui ai-je fait? Tes vœux sont ou superflus ou coupables, ou plutôt coupables quand même ils seraient vains. Tout ce que tu n'obtiens pas est une grâce de Dieu; tout ce que tu souhaites est un crime. Cela suffit : nous ne devons pas moins nous indigner contre toi que si tu avais réussi.

XXVIII. Si mes vœux, dis-tu, se fussent accomplis, ils se fussent aussi accomplis pour ce qui regarde ta sûreté. D'abord, le péril que tu me souhaites est certain, le secours incertain : ensuite, en supposant l'un et l'autre certains, c'est le mal qui vient en premier. D'ailleurs, toi seul connais la condition de ton vœu; moi je suis surpris par la tempête, et j'ignore si j'aurai du secours, si j'atteindrai le port. Et ne crois-tu pas que ce soit un grand tourment d'avoir eu besoin, quand même j'aurais reçu; d'avoir eu peur, quand même je serais sauvé; d'avoir été accusé, quand même je serais absous? Jamais la fin des craintes n'est si douce qu'une sécurité solide et inébranlable ne le soit plus encore. Souhaite de pouvoir me rendre mon bienfait quand j'en aurai besoin; ne souhaite pas que j'en aie besoin. Si c'eût été en ton pouvoir, le mal que tu me souhaites, tu me l'eusses fait toi-même.

XXIX. Combien ton vœu serait plus honnête, si tu disais : « Puisse-t-il être en état de répandre toujours des bienfaits sans jamais en avoir besoin! Que toujours la fortune le suive, cette fortune dont il use si largement pour distribuer et secourir : que jamais il ne connaisse la disette pour donner, le repentir pour avoir donné. Que son naturel, disposé de lui-même à l'humanité, à la compassion, à la clémence, soit réveillé et excité par la multitude des gens reconnaissants : qu'il ait le bonheur de les rencontrer, sans avoir besoin de les mettre à l'épreuve. Qu'il se laisse toucher par tout le monde, sans être obligé de toucher personne. Que la fortune, toujours constante, lui continue ses faveurs, de manière à ce que personne ne soit dans le cas de lui prouver sa reconnaissance autrement que de cœur. Ces vœux ne sont-ils pas beaucoup plus justes, puisqu'ils ne te remettent pas à une occasion, mais te font de suite reconnaissant? Qui empêche, en effet, de payer de retour même la prospérité? Combien de moyens de rendre tout ce que nous devons, même aux heureux! Un avis sincère, un commerce assidu, une conversation

---

ut servarent; et vincere quosdam, ut ignoscerent; nec ideo non hostilia vota; in quibus, quod mitissimum est, post crudelitatem venit. Denique qualia esse judicas vota, quæ nemo tibi minus volet, quam is pro quo fiunt, succedere? Pessime cum eo agis, cui vis a diis noceri, a te succurri; inique cum ipsis diis. Illis enim durissimas partes imponis, tibi humanas : ut tu prosis, dii nocebunt? Si accusatorem submitteres, quem deinde removeres, si aliqua illum lite implicares, quam subinde discuteres, nemo de tuo scelere dubitaret; quid interest, utrum istud fraude tentetur, an voto? nisi quod potentiores illi adversarios quæris. Non est quod dicas : Quam enim illi injuriam facio? Votum tuum aut supervacuum est, aut injuriosum; immo injuriosum, etiamsi irritum. Quidquid non efficis, Dei munus est; injuria vero, quidquid optas. Sat est; tibi non aliter debemus irasci, quam si feceris.

XXVIII. Si vota, inquit, valuissent, et in hoc valuissent, ut tutus esses. Primum, certum mihi optas periculum sub incerto auxilio; deinde utrumque certum puta; quod nocet, prius est. Præterea, tu conditionem voti tui nosti; me tempestas occupavit, portus ac præsidii dubium. Quantum existimas tormentum, etiamsi accepero, eguisse? etiamsi servatus fuero, trepidasse? etiamsi absolutus fuero, causam dixisse? Nullius metus tam gratus est finis, ut non gratior sit solida et inconcussa securitas. Opta, ut reddere mihi beneficium possis, quum opus erit, non ut opus sit. Si esset in tua potestate quod optas, ipse fecisses.

XXIX. Quanto hoc honestius votum est : Opto in eo statu sit, quo semper beneficia distribuat, nunquam desideret! Sequatur illum materia, qua tam longe utatur largiendo juvandoque, ut nunquam illi sit dandorum beneficiorum inopia, datorum pœnitentia. Naturam per se pronam ad humanitatem, ad misericordiam, et clementiam, irritet ac provocet turba gratorum : quos illi et habere contingat, nec experiri necesse sit. Ipse nulli implacabilis sit, ipsi nemo placandus; tam æquali in eum fortuna indulgentia perseveret, ut nemo in illum possit esse nisi conscientia gratus. Quanto hæc justiora vota sunt, quæ te in nullam occasionem differunt, sed gratum statim faciunt? Quid enim prohibet referre gratiam prosperis rebus? quam multa sunt, per quæ quidquid debemus, reddere etiam felicibus possumus? Fidele consi-

douce et agréable, sans flatterie, des oreilles attentives dans les délibérations, discrètes dans les confidences, enfin l'intimité de l'affection. Personne n'est placé assez haut par la fortune pour n'avoir pas d'autant plus besoin d'un ami qu'il a moins besoin de tout le reste.

XXX. Une si triste occasion, tu dois la repousser de tous tes vœux, l'écarter bien loin. Pour pouvoir être reconnaissant te faut-il donc la colère des dieux? Ne comprends-tu pas que tu fais une faute par cela même qu'il en va mieux pour l'homme envers qui tu es ingrat? Figure-toi la prison, les chaînes, les accusations, la servitude, la guerre, la pauvreté ; voilà les occasions que tu implores : si quelqu'un a traité avec toi, voilà les moyens qui doivent t'acquitter. Pourquoi donc ne pas souhaiter plutôt la puissance et le bonheur à l'homme à qui tu dois tout? Car, qu'est-ce qui t'empêche, comme je le disais, de te montrer reconnaissant, même envers les hommes qui ont atteint le faîte du bonheur? Tu en trouveras la matière abondante et variée. Quoi! ne sais-tu pas que l'on paie ses dettes même aux riches? Mais je ne veux pas t'enchaîner malgré toi ; supposons que l'opulence et la richesse ferment toutes les autres voies à la reconnaissance ; je vais t'indiquer quelque chose dont le besoin se fait sentir aux plus hautes fortunes, et qui manque à ceux qui ont tout. C'est un ami qui dise la vérité, qui arrache au concert unanime des flatteries un homme enivré de mensonges, et conduit à l'ignorance du vrai par l'habitude d'entendre toujours des paroles complaisantes au lieu de paroles honnêtes. Ne vois-tu pas dans quel précipice l'entraîne cette absence de toute franchise, cette amitié dégénérée en servile soumission : pas un ne cherche à persuader ou à dissuader d'après la conviction de son cœur ; mais, dans ce combat d'adulations, le seul soin de tous les amis, leur seule émulation est de chercher à qui caressera le mieux ses passions. Aussi les grands s'abusent sur leurs forces, et, comme ils se croient aussi puissants qu'on le leur dit, ils courent à la conquête du superflu ; ils se jettent dans des guerres inutiles qui doivent mettre toutes choses en question, et troublent une paix utile et nécessaire. Emportés par des colères que personne ne contredit, ils ont épuisé le sang des peuples, et finissent par verser le leur, tandis qu'abandonnant le certain, ils poursuivent l'inconnu, voient autant de honte à se laisser fléchir qu'à se laisser vaincre, et croient à l'éternité d'une puissance, qui n'est jamais plus chancelante que lorsqu'elle est à son apogée. Ils ont fait écrouler sur eux et sur les leurs de vastes empires, sans comprendre que, sur ce théâtre éblouissant de grandeurs si vaines et si fragiles, il n'y a pas d'infortunes qu'ils n'aient dû attendre, du jour où ils n'ont pu entendre aucune vérité.

XXXI. Quand Xerxès déclara la guerre à la Grèce, il n'y eut personne qui n'excitât cette âme gonflée d'orgueil, qui oubliait combien était périssable cette grandeur qui faisait sa confiance. L'un disait que l'ennemi ne tiendrait pas contre le bruit de la guerre, et tournerait le dos à la première nouvelle de sa venue : un autre, qu'il n'y avait pas à douter que la Grèce ne fût non-seulement vaincue, mais écrasée par cette masse formidable ; que la seule crainte devait être de

---

lium, assidua conversatio, sermo comis, et sine adulatione jucundus ; aures, si deliberare velit, diligentes ; tutæ, si credere ; convictus familiaritas. Neminem tam alte secunda posuerunt, ut non illi eo magis amicus desit, quia nihil absit.

XXX. Ista tristis, et omni voto submovenda occasio, ac procul repellenda : ut gratus esse possis, iratis diis opus est? Nec ex hoc quidem peccare te intelligis, quod melius cum eo agitur, cui ingratus es? Propone animo tuo carcerem, vincula, sordes, servitutem, bellum, egestatem ; hæc sunt occasiones tui voti ; si quis tecum contraxit, per ista dimittitur. Quin potius eum potentem esse velis, cui plurimum debes, et beatum? Quid enim, ut dixi, vetat, te referre etiam summa felicitate præditis gratiam, cujus plena tibi occurret et varia materia? Quid? tu nescis debitum etiam locupletibus solvi? Nec te invitum distringam. Omnia sane excluserit opulentu felicitas : monstrabo tibi, cujus rei inopia laborent magna fastigia, quid omnia possidentibus desit. Scilicet ille, qui verum dicat, et hominem inter mentientes stupentem, ipsaque consuetudine pro rectis blanda audiendi, ad ignorantiam veri perductum, vindicet a consensu concentuque falsorum. Non vides, quemadmodum illos in præceps agat exstincta libertas, et fides in obsequium servile submissa, dum nemo ex animi sui sententia suadet, dissuadetque, sed adulandi certamen est, et unum amicorum omnium officium, una contentio, quis blandissime fallat? Ignoravere vires suas, et dum se tam magnos, quam audiunt, credunt, attraxere supervacua, et in discrimen rerum omnium perventura bella ; utilem et necessariam rupere concordiam ; secuti iram, quam nemo revocabat, multorum sanguinem hauserunt, fusuri novissime suum, dum vindicant inexplorata pro certis, flectique non minus existimant turpe quam vinci, et perpetua credunt, quæ in tumultum perducta maxime mutant. Ingentia super se ac suos regna fregerunt, nec intellexerunt, in illa scena, et vanis et cito diffluentibus bonis refulgente, ex eo tempore ipsos nihil non adversi exspectare debuisse, ex quo nihil veri audire potuerunt.

XXXI. Quum bellum Græciæ indiceret Xerxes, animum tumentem, oblitumque quam caducis confideret, nemo non impulit. Alius aiebat, non laturos nuntium belli, et ad primam adventus famam terga versuros ; alius, nihil esse dubii, quin illa mole non vinci solum Græcia, sed obrui posset ; magis verendum, ne vacuas desertasque urbes invenirent, et profugis hostibus vastæ solitudi-

trouver les villes désertes et vides, de vastes solitudes où la fuite des ennemis ne permit pas d'essayer de si grandes forces : un autre, que la nature elle-même lui suffirait à peine, que les mers seraient trop étroites pour ses flottes, les camps pour ses soldats, les plaines pour le déploiement de sa cavalerie ; qu'à peine les airs offriraient assez d'espace pour contenir les traits lancés de tant de mains. Pendant que ces bravades, retentissant de toutes parts sur le même ton, exaltaient le délire de sa présomption, le seul Démarate, de Lacédémone, osa dire : Que cette multitude, qui faisait son orgueil, informe et désordonnée, n'était redoutable que pour son chef ; que ce n'était pas là de la force, mais de la masse ; que ce qui n'a pas de mesure ne peut avoir de règle ; que ce qui n'a pas de règle ne peut avoir de durée. « A la première montagne, dit-il, tu trouveras les Lacédémoniens qui te donneront la preuve de ce qu'ils sont. Tant de milliers de peuples s'arrêteront devant trois cents hommes, que tu verras fixés immobiles à leur poste, défendre les défilés qui leur sont confiés, et murer le passage avec leurs corps. L'Asie entière ne les déplacera pas. Tout ce menaçant appareil, ces efforts impétueux de presque tout le genre humain, iront se briser contre quelques hommes. Lorsque la nature, par le bouleversement de ses lois, t'aura laissé franchir les mers, tu t'arrêteras devant un sentier, et tu calculeras tes pertes futures, quand tu compteras ce que t'aura coûté le défilé des Thermopyles. Tu sauras que tu peux être mis en fuite, quand tu auras su que tu peux être arrêté. Ils reculeront sur plusieurs points, comme devant un torrent nouvellement débordé, dont la première irruption cause un grand effroi; bientôt il se rassembleront de différents côtés, et t'accableront de tes propres forces. On a raison de dire que ce déploiement de troupes est trop grand pour pouvoir être contenu par le pays que tu te proposes d'envahir. Mais cela même est contre nous : la Grèce aura de quoi te vaincre, parce qu'elle n'aura pas de quoi te loger : tu ne peux t'y mouvoir tout entier. D'abord, ce qui est la principale ressource, tu ne pourras remédier aux premiers revers, ni porter secours à tes troupes chancelantes, ni appuyer ou raffermir tes soldats en désordre. Tu seras vaincu, bien avant que de te savoir vaincu. Au reste, il ne faut pas croire que tout doive céder à tes troupes, parce que leur chef lui-même en ignore le nombre. Il n'y a rien de si grand qui ne puisse périr ; et, pour le repos des autres, toute grandeur renferme en elle-même sa cause de ruine. » Il arriva ce que Démarate avait prédit. Ce prince, qui s'attaquait aux dieux et aux hommes, qui renversait tout ce qui lui faisait obstacle, trois cents guerriers lui ordonnèrent de s'arrêter : ce Xerxès, qui couvrait toutes les plaines de la Grèce, comprit la différence d'une foule à une armée. Plus malheureux de sa honte que de sa perte, Xerxès remercia Démarate d'avoir été le seul à lui dire la vérité, et lui permit de demander ce qu'il voulait. Celui-ci demanda d'entrer à Sardes, ville principale de l'Asie, monté sur un char, ayant la tiare droite sur la tête; ce qui n'était permis qu'aux rois seuls. Il était digne de cette récompense, avant de la demander ; mais quelle misérable nation, que celle où il ne se trouve

---

nes relinquerentur, non habituris, ubi tantas vires exercere possent. Alius, illi vix rerum naturam sufficere, angusta esse classibus maria, militi castra, explicandis equestribus copiis campestria, vix patere coelum satis ad emittenda omni manu tela. Quum in hunc modum multa undique jactarentur, quæ hominem nimia æstimatione sui furentem concitarent, Demaratus Lacedæmonius solus dixit : « Ipsam illam qua sibi placeret multitudinem, indigestam et gravem, metuendam esse ducenti : non enim vires, sed pondus habere ; immodica nunquam regi posse; nec diu durare, quidquid regi non potest. » In primo, inquit, statim monte Lacones objecti, dabunt tibi sui experimentum. Tot ista gentium millia trecenti morabuntur; hærebunt in vestigio fixi, et commissas sibi angustias tuebuntur, et corporibus obstruent; tota illos Asia non movebit loco ; tantas minas belli, et pæne totius generis humani ruentis impetum, paucissimi sistent. Quum te mutatis legibus suis natura transmiserit, in semita hærebis, et æstimabis futura damna, quum putaveris quanti Thermopylarum angusta constiterint. Scies te fugari posse, quum scieris posse retineri. Cedent quidem tibi pluribus locis, velut torrentis modo ablati, cujus cum magno terrore prima vis defluit ; deinde hinc atque illinc coorientur, et tuis te viribus prement. Verum est quod dicitur, majorem belli apparatum esse, quam qui recipi ab his regionibus possit, quas oppugnare constituis. Sed hæc res contra nos est ; ob hoc ipsum te Græcia vincet, quia non capit ; uti toto te non potes. Præterea, quæ una rebus salus est, occurrere ad primos rerum impetus, et inclinatis opem ferre non poteris, nec fulcire ac firmare labantia. Multo ante vinceris, quam victum esse te senties. Ceterum non est quod exercitum tuum ob hoc sustineri putes non posse, quia numerus ejus duci quoque ignotus est. Nihil tam magnum est, quod perire non possit ; cui nascitur in perniciem, ut alia quiescant, ex ipsa magnitudine sua causa. » Acciderunt quæ Demaratus prædixerat. Divina atque humana impellentem, et mutantem quidquid obstiterat, trecenti stare jusserunt ; stratusque per totam passim Græciam Xerxes intellexit, quantum ab exercitu turba distaret. Itaque Xerxes pudore, quam damno miserior, Demarato gratias egit, quod solus sibi verum dixisset, et permisit petere quod vellet ; petit ille, ut Sardes, maximam Asiæ civitatem, curru vectus intraret, rectam capite tiaram gerens ; id solis da-

pour dire aux rois la vérité qu'un homme qui ne se la disait pas à lui-même !

XXXII. Le divin Auguste relégua sa fille, impudique, au-delà des bornes connues de l'impudicité, et initia le public aux scandales de la maison impériale : ses amants admis par troupes, ses promenades et ses festins nocturnes, le forum et les rostres, d'où le père avait publié sa loi contre l'adultère, préférés par la fille pour ses prostitutions, les attroupements de tous les jours près de la statue de Marsyas [1], lorsque d'adultère devenue fille publique, elle se ménageait, dans des amours inconnus, le droit de tout faire ; toutes ces infamies furent publiées par un père peu maître de son courroux, tandis que le prince aurait dû les punir et les taire, parce que la honte de certaines choses retombe même sur celui qui les punit. Ensuite, lorsqu'à quelque temps de là, la honte eut fait place à la colère, il gémit de n'avoir pas enseveli dans le silence des débauches qu'il avait ignorées jusqu'au moment où il n'avait pu en parler sans rougir, et s'écria souvent : « Rien de cela ne me serait arrivé, si Agrippa ou Mécène eussent encore vécu. » Tant il est difficile, avec des milliers d'hommes, d'en remplacer deux ! Ses légions furent battues ; d'autres furent levées sur-le-champ. Sa flotte fut détruite, et sous peu de jours une nouvelle flotte parcourait les mers. La flamme dévora les monuments publics ; de plus beaux s'élevèrent sur leurs ruines ; mais pendant toute sa vie la place d'Agrippa et de Mécène resta vide. Qu'en dois-je conclure ? que leurs pareils ne purent se retrouver, ou que ce fut la faute d'Auguste, qui aimait mieux qu'on vînt au-devant de lui, qu'aller au-devant des autres ? Ce n'est pas qu'il faille croire qu'Agrippa et Mécène fussent dans l'habitude de lui dire la vérité : s'ils eussent vécu, ils eussent dissimulé comme les autres. Mais il entre dans le caractère des rois de louer ceux qu'ils ont perdu, pour faire injure à ceux qui restent, et d'attribuer le mérite de dire la vérité à ceux de qui ils ne courent plus risque de l'entendre.

XXXIII. Mais, pour revenir à mon sujet, tu vois combien il est facile de s'acquitter envers les heureux, envers ceux qui se trouvent placés au faîte de la puissance humaine. Dis-leur non ce qu'ils veulent entendre, mais ce qu'ils voudront avoir toujours entendu : qu'à leurs oreilles pleines d'adulations vienne quelquefois retentir une parole sincère : donne un conseil utile. Tu cherches ce que tu peux faire pour un homme heureux ? fais qu'il ne se fie pas à son bonheur ; qu'il sache qu'il lui faut un grand nombre de bras fidèles pour le maintenir. Est-ce faire peu de chose pour lui que de lui ôter une fois la folle confiance dans l'éternelle durée de sa grandeur, que de lui apprendre que les biens donnés par le hasard sont fugitifs, et s'en vont plus vite qu'ils ne viennent, que l'on ne redescend pas par les degrés qu'on a franchis pour monter au faîte ; mais que, souvent, il n'y a pas d'intervalle entre la plus haute fortune et la plus basse ? Tu ignores tout le prix de l'amitié, si tu ne comprends pas que tu donneras beaucoup à celui auquel tu donneras un ami, chose rare

[1] Elle était dans le Forum. Tous ceux qui avaient gagné leur procès étaient dans l'usage de mettre une couronne sur cette statue. Pline nous apprend que Julie y mettait aussi les siennes pour des succès d'un autre genre.

---

tum regium. Dignus fuerat præmio, antequam peteret, sed quam miserabilis gens, in qua nemo fuit, qui verum diceret regi, nisi qui non dicebat sibi ?

XXXII. Divus Augustus filiam ultra impudicitiæ maledictum impudicam relegavit, et flagitia Principalis domus in publicum emisit ; admissos gregatim adulteros ; pererratam nocturnis comessationibus civitatem ; forum ipsum ac rostra, in quibus pater legem de adulteriis tulerat, filiæ in stupra placuisse, quotidianum ad Marsyam concursum : quum, ex adultera in quæstuariam versa, jus omnis licentiæ sub ignoto adultero peteret. Hæc tam vindicanda Principi tacenda, quia quarumdam rerum turpitudo etiam ad vindicantem redit, parum potens iræ publicaverat. Deinde quum, interposito tempore, in locum iræ subisset verecundia, gemens, quod non illa silentio pressisset, quæ tamdiu nescierat, donec loqui turpe esset, sæpe exclamavit : « horum mihi nihil accidisset, si aut Agrippa, aut Mæcenas vixisset. » Adeo tot habenti millia hominum, duos reparare difficile est ! Cæsæ sunt legiones, et protinus scriptæ ; fracta classis, et intra paucos dies natavit nova ; sævitum est in opera publica ignibus ; surrexerunt meliora consumtis : tota vita, Agrippæ et Mæcenatis vacavit locus. Quid putem ? defuisse similes qui assumerentur, an ipsius vitium fuisse, qui maluit quæri, quam quærere ? Non est quod existimemus, Agrippam et Mæcenatem solitos illi vera dicere ; qui si vixissent, inter dissimulantes fuissent. Regalis ingenii mos est, in præsentium contumeliam amissa laudare, et his virtutem dare vera dicendi, a quibus jam audiendi periculum non est.

XXXIII. Sed ut me ad propositum reducam, vides quam facile sit, gratiam referre felicibus, et in summo humanarum opum positis. Dic illis non quod volunt audire, sed quod audisse semper volent ; plenas aures adulationibus aliquando vera vox intret : da consilium utile. Quæris, quid felici præstare possis ? effice, ne felicitati suæ credat ; ut sciat illam multis et fidis manibus continendam. Parum in illum coulueris, si illi semel stultum fiduciam permansuræ semper potentiæ excusseris, docuerisque mobilia esse quæ dedit casus, et majore cursu fugere quam veniunt : nec his portionibus, quibus ad summa perventum est, retro iri, sed sæpe inter fortunam maximam et ultimam nihil interesse ? Nescis quantum sit pretium amicitiæ, si non intelligis multum te ei

non-seulement dans les familles, mais dans les siècles; et dont il n'y a jamais plus disette qu'aux lieux où l'on croit qu'ils abondent. Quoi! tu t'imagines que ce sont des amis qui sont inscrits sur ces registres qui fatiguent la mémoire et la main des nomenclateurs? Ce ne sont pas des amis, ceux qui viennent par gros bataillons frapper à ta porte, et qui sont classés pour la première et la seconde audience. C'est un vieil usage des rois et de ceux qui copient les rois, d'enregistrer tout un peuple d'amis. C'est le propre de l'orgueil de considérer comme une faveur de te laisser entrer, et toucher le seuil de sa porte, de te réserver comme un honneur le droit de t'asseoir le plus près du portique, de mettre le pied avant les autres dans une maison où l'on trouve ensuite une multitude d'autres portes qui laissent encore dehors ceux qui sont dedans.

XXXIV. Ce furent, parmi nous, C. Gracchus, et, peu après, Livius Drusus, qui établirent une classification pour leurs visiteurs : les uns étaient admis dans l'intimité, les autres en société, les autres tous pêle-mêle. Ils eurent donc ainsi, ces hommes, des amis de première et de seconde classe, jamais de vrais amis. Appelles-tu ami celui dont le salut est réglé d'avance? Et penses-tu qu'il puisse t'ouvrir son âme, celui à qui tu ouvres ta porte avec tant de précaution, qu'il se glisse chez toi plutôt qu'il n'y entre? Comment lui sera-t-il permis de s'élever jusqu'à s'armer de franchise, celui qui doit attendre son tour pour offrir un compliment vulgaire et banal, un bonjour donné à tout venant. Aussi, lorsque tu rencontreras n'importe lequel de ces hommes dont le lever met la ville en rumeur, quand même tu verrais les rues assiégées d'une foule immense, les places resserrées par les flots pressés de ces adulateurs qui se heurtent en sens contraire, sache que tu es arrivé dans un lieu plein d'hommes et vide d'amis. C'est dans le cœur qu'il faut chercher un ami, non sous le portique : c'est là qu'il faut le recevoir, c'est là qu'il faut le retenir, c'est dans le sentiment qu'il faut le renfermer. Enseigne cela aux grands, tu seras reconnaissant. C'est avoir mauvaise opinion de toi, que de te croire utile seulement aux affligés, superflu dans la prospérité. De même que, dans les circonstances périlleuses, malheureuses et heureuses, tu te conduis avec sagesse, en faisant preuve de prudence dans le péril, de courage dans l'adversité, et de modération dans le bonheur; de même, en tout événement, tu peux te montrer utile à un ami. Ne l'abandonne pas dans l'adversité; mais ne la lui souhaite pas; car, dans de si grandes vicissitudes, il surviendra indépendamment de tes vœux, beaucoup d'incidents qui te fourniront matière à exercer ta bonne volonté. Celui qui souhaite des richesses à quelqu'un pour en avoir sa part, ne pense qu'à lui-même, quoiqu'il paraisse faire des vœux pour un autre : il en est de même de l'homme qui souhaite à son ami quelque malheur pour l'en délivrer par son aide et son affection. C'est de l'ingratitude; il se préfère à lui, et n'a tant à cœur de le voir malheureux, que pour se montrer reconnaissant; et par conséqu nt il est ingrat. Car il veut se débarrasser, se soulager d'un fardeau qui lui pèse. Il y a bien de la différence entre s'empresser à payer de retour pour rendre un bien-

daturum, cui dederis amicum, rem non domibus tantum, sed seculis raram; quæ non aliubi magis deest, quam ubi creditur abundare. Quid? istos tu liberos, quos vix nomenclatorum complectitur aut memoria, aut manus, amicorum existimas esse? Non sunt isti amici, qui agmine magno januam pulsant, qui in primas et secundas admissiones diseruntur. Consuetudo ista vetus est regibus, regesque simulantibus, populum amicorum describere. Est proprium superbiæ, magno æstimare introitum ac tactum sui liminis, et pro honore dare, ut ostio suo propius assideas, ut gradum prior intra domum ponas in qua deinceps multa sunt ostia, quæ receptos quoque excludunt.

XXXIV. Apud nos primi omnium C. Gracchus, et mox Livius Drusus instituerunt segregare turbam suam, et alios in secretum recipere, alios cum pluribus, alios universos. Habuerunt itaque isti amicos primos, habuerunt secundos, nunquam veros. Amicum vocas, cujus disponitur salutatio? aut potest hujus tibi patere fides, qui per fores maligne apertas non intrat, sed illabitur? Huic pervenire usque ad distringendam libertatem licet, cujus vulgare et publicum verbum et promiscuum ignotis, Ave, non nisi suo ordine emittitur? Ad quemcumque itaque istorum veneris, quorum salutatio urbem concutit, scito, etiam si animadverteris obsessos ingenti frequentia vicos, et commeantium in utramque partem catervis itinera compressa, tamen venire te in locum hominibus plenum, amicis vacuum. In pectore amicus, non in atrio quæritur; illo recipiendus est, illic retinendus, et in sensus recondendus. Hoc doce gratus es. Male de te existimas, si inutilis es, nisi afflicto; si rebus bonis supervacuus. Quemadmodum te et in dubiis, et in adversis, et in lætis sapienter geris, ut dubia prudenter tractes, adversa fortiter, læta moderate : ita in omnia utilem te amico exhibere potes. Adversa ejus si nec deserueris, nec optaveris, multa nihilominus, ut non optes, in tanta varietate, quæ tibi materiam exercendæ fidei præbeant, incident. Quemadmodum qui optat divitias alicui in hoc, ut illarum partem ipse serat, quamvis pro illo videatur optare, sibi prospicit : sic qui optat amico aliquam necessitatem, quam adjutorio suo fideque discutiat, quod est ingrati, se illi præfert, et tanti æstimat illum miserum esse, ut ipse gratus sit, ob hoc ipsum ingratus. Exonerare enim se vult, et ut gravi sarcina liberare. Multum

fait, ou pour ne plus être redevable. Celui qui veut rendre, se conformera aux intérêts de son bienfaiteur, et voudra attendre le moment favorable; celui qui ne veut que se libérer, désirera y arriver par tous les moyens; ce qui est faire preuve d'une coupable disposition.

XXXV. Je l'ai dit, cette ardeur empressée est une marque d'ingratitude : je ne puis le montrer plus clairement qu'en répétant ce que j'ai déjà dit. Tu ne veux pas rendre un bienfait reçu, mais t'y soustraire. Tu sembles dire : Quand serai-je délivré de cet homme? Employons tous les moyens pour ne plus lui être obligé. Si tu souhaitais de le payer de son propre fonds, tu serais loin de paraître reconnaissant : ce que tu souhaites est encore plus coupable. Car tu le détestes, et tu dévoues cette tête sacrée par les plus sinistres imprécations. Nul homme, que je pense, ne douterait de la monstruosité de ton âme, si tes malédictions appelaient ouvertement sur lui la pauvreté et la captivité, la faim et la terreur. Qu'importe que ces paroles ne soient pas exprimées dans ton vœu? Il serait plus rationnel de souhaiter quelqu'un de ces maux. Va donc, et regarde comme un acte de reconnaissance ce que ne ferait pas même un ingrat qui ne se laisse pas aller jusqu'à la haine, mais seulement jusqu'au désaveu du bienfait.

XXXVI. Qui donnerait à Énée le nom de pieux, si, pour arracher son père à la captivité, il eût désiré que sa patrie fût prise? Qui le donnerait aux jeunes Siciliens, si, pour donner un bon exemple aux enfants, ils eussent souhaité que l'Etna, plus ardent et plus enflammé que de coutume, se répandit en torrents de feu, et leur fournit l'occasion de déployer leur piété filiale, en arrachant leurs pères à l'incendie? Rome ne doit rien à Scipion, si pour finir la guerre Punique, il l'a alimentée; rien aux Décius, pour avoir sauvé la patrie par leur mort, s'ils ont souhaité auparavant que la triste nécessité des choses donnât lieu à leur glorieux dévouement. La plus grande infamie d'un médecin, serait de chercher de la besogne. Il s'en est vu plusieurs qui, après avoir provoqué et développé la maladie, pour avoir plus de gloire à la guérir, n'ont pu la combattre, ou n'en ont triomphé qu'à force de tourmenter le malheureux patient.

XXXVII. Callistrate, dit-on, du moins Hécaton le raconte ainsi, partait pour l'exil, accompagné de plusieurs citoyens qu'une ville tumultueuse et livrée à la licence bannissait avec lui : un d'entre eux souhaitant que la nécessité forçât les Athéniens de rappeler les exilés, Callistrate repoussa avec indignation l'idée d'un tel retour. Notre Rutilius fut encore plus énergique. Quelqu'un lui disant, pour le consoler, que la guerre civile était imminente, et qu'il arriverait bientôt que tous les exilés reviendraient : Quel mal t'ai-je fait, lui dit-il, pour me souhaiter un retour plus affreux que mon départ? J'aime mieux que ma patrie ait à rougir de mon exil qu'à gémir de mon retour. Cela n'est pas un exil, qui fait plus de honte à tout le monde qu'au condamné. De même que ces hommes illustres conservaient un juste sentiment de leur devoir de citoyens, en

---

interest, utrum properes referre gratiam, ut reddas beneficium, an ne debeas. Qui reddere vult, illius se commodo aptabit, et idoneum illi venire tempus volet : qui nihil aliud quam ipse liberari vult, quomodocumque ad hoc cupiet pervenire : quod est pessimæ voluntatis.

XXXV. Ista, inquam, nimia festinatio ingrati est ; id apertius exprimere non possum, quam si repetivero quod dixi. Non vis reddere acceptum beneficium, sed effugere. Hoc dicere videris, quando isto carebo? quocumque modo mihi laborandum est, ne isti obligatus sim. Si optares ut illi solveres de suo, multum abesse videreris a grato : hoc quod optas, iniquius est. Exsecraris enim illum, et caput sanctum tibi dira imprecatione defigis. Nemo, ut existimo, de immanitate animi tui dubitaret, si aperte illi paupertatem, si captivitatem, si famem ac metum imprecareris. Aliquid interest, utrum vox ista voti sit tui? Sanius aliquid enim horum optas! I nunc, et hoc esse grati puta, quod ne ingratus quidem faceret, qui modo non usque in odium, sed tantum ad inficiationem beneficii perveniret.

XXXVI. Quis pium dicet Æneam, si patriam capi voluerit, ut captivitate patrem eripiat? Quis Siculos juvenes, ut bona liberis exempla monstrarent, si optaverunt ut Ætna immensa ignium vi supra solitum ardens et incensa præcipitet, datura ipsis occasionem exhibendæ pietatis, ex medio parentibus incendio raptis? Nihil debet Scipioni Roma, si Punicum bellum ut finiret, aluit : nihil Deciis, quod morte patriam servaverunt, si prius optaverunt, ut devotioni fortissimæ locum ultima rerum necessitas faceret. Gravissima infamia est medici, opus quærere. Multi quos auxerant morbos, et incitaverant, ut majore gloria sanarent, non potuerunt discutere, aut cum magna miserorum vexatione vicerunt.

XXXVII. Callistratum aiunt, ita certe Hecaton auctor est, quum in exsilium iret, in quod multos simul cum illo seditiosa civitas et intemperanter libera expulerat, optante quodam, ut Atheniensibus necessitas restituendi exsules esset, abominatum talem reditum. Rutilius noster animosius : quum quidam illum consolaretur, et diceret instare arma civilia, brevi futurum, ut omnes exsules reverterentur : Quid tibi, inquit, mali feci, ut mihi pejorem reditum, quam exitum optares? Malo, ut patria exsilio meo erubescat, quam reditu mœret. Non est istud exsilium, cujus neminem non magis, quam damnatum pudet. Quemadmodum illi servaverunt bonorum civium officium, qui reddi sibi penates suos noluerunt clade com-

ne voulant pas rentrer dans leurs pénates au prix d'une calamité publique, parce qu'il valait mieux que deux hommes fussent frappés d'un mal injuste, que tous d'un mal commun; de même celui-là ne conserve pas un sentiment de reconnaissance, qui veut que son bienfaiteur soit accablé d'adversités pour les écarter de lui : quand sa pensée serait honnête, ses vœux seraient coupables. Ce n'est point une faveur, encore moins une gloire, d'éteindre l'incendie que tu aurais allumé.

XXXVIII. Dans quelques villes, un vœu impie a été considéré comme un crime. Il est du moins certain qu'à Athènes, Demades fit condamner un homme qui vendait des choses nécessaires aux funérailles : il prouva qu'il avait souhaité de faire un gain considérable, ce qui ne pouvait lui arriver que par la mort d'un grand nombre de citoyens. Cependant on a mis en question s'il était juste de le condamner. Peut-être désira-t-il, non de vendre beaucoup, mais cher, et d'acheter à bon marché ce qu'il voulait vendre. Puisque le commerce consiste dans l'achat et la vente, pourquoi n'interpréter son vœu que sous un rapport, tandis que le gain se trouve dans les deux? D'ailleurs il faudrait condamner tous ceux qui sont dans le même commerce; car tous veulent la même chose, c'est-à-dire qu'ils le souhaitent intérieurement. Ce serait condamner la plus grande partie des hommes. Lequel, en effet, ne fonde pas son profit sur le dommage des autres? Le soldat qui souhaite la gloire, souhaite la guerre : la cherté des vivres est l'espoir du laboureur : la multitude des procès fait le prix de l'éloquence : une année malsaine fait le profit du médecin. Ceux qui débitent les marchandises de luxe s'enrichissent par la corruption de la jeunesse. Qu'aucun orage, qu'aucun incendie n'endommage les maisons, les ouvriers seront sans travail. Le vœu d'un seul homme a été puni, et c'est le vœu de tout le monde. Crois-tu qu'un Aruntius, un Atérius et les autres qui s'exercent à l'art de capter les testaments, ne forment pas les mêmes vœux que les désignateurs et les libitinaires [1]? Encore ceux-ci ne connaissent pas ceux dont ils souhaitent la mort; au lieu que ceux-là désirent la mort de leurs plus intimes amis, dont ils espèrent le plus, en vertu de cette amitié même. Personne ne vit au préjudice des premiers: ceux qui diffèrent de mourir, ruinent les derniers. Car ceux-ci souhaitent non-seulement de recevoir ce qu'ils ont mérité par une honteuse servilité, mais encore de se voir délivrés d'un impôt onéreux. Il n'y a donc pas à douter qu'ils ne forment, à plus forte raison, le vœu que l'on n'a puni qu'en un seul homme : quand la mort de quelqu'un doit leur être profitable, sa vie doit leur être nuisible. Cependant les vœux de ces gens-là sont aussi notoires qu'impunis. Enfin, que chacun s'interroge, pénètre les secrets de son cœur, et examine ce qu'il a souhaité en silence : combien de vœux qu'on n'oserait pas s'avouer à soi-même! combien peu qu'on puisse faire devant témoins!

XXXIX. Néanmoins, tout ce qui est répréhensible n'est pas pour cela punissable : témoin ce vœu dont il est question entre nous, d'un ami qui, usant mal de sa bonne volonté, tombe dans le vice qu'il veut éviter; car, en se pressant de té-

[1] Directeurs et employés des cérémonies funèbres

---

muni, quia satius erat duos iniquo malo affici, quam omnes publico : ita non servat grati hominis affectum, qui bene de se merentem difficultatibus vult opprimi, quas ipse submoveat; qui etiamsi bene cogitat, male precatur. Ne in patrocinium quidem, nedum in gloriam est, incendium exstinxisse, quod feceris.

XXXVIII. In quibusdam civitatibus impium votum sceleris vicem tenuit. Demades certe Athenis eum, qui necessaria funeribus venditabat, damnavit, quum probasset magnum lucrum optasse : quod contingere illi sine multorum morte non poterat. Quæri tamen solet, an merito damnatus sit. Fortasse optavit, non ut multis venderet, sed ut care : ut parvo sibi constaret, quæ venditurus esset. Quum constet negotiatio ex emto et vendito, quare votum ejus in unam partem trahis, quum lucrum ex utraque sit? Præterea omnes licet, qui in ista negotiatione sunt, damnes : omnes enim idem volunt, id est, intra se optant. Magnam hominum partem damnabis; cui enim non ex alieno incommodo lucrum? Miles bellum optat, si gloriam; agricolam annonæ caritas erigit; eloquentiæ exceptat pretium litium numerus; medicis gravis annus in quæstu est; institores delicatarum mercium juventus corrupta locupletat; nulla tempestate, nullo igne lædantur tecta, jacebit opera fabrilis. Unius votum deprehensum est, omnium simile est. An tu Aruntium et Aterium, et ceteros qui captandorum testamentorum artem professi sunt, non putas eadem habere, quæ designatores et libitinarios, vota? illi tamen quorum mortes optent, nesciunt; hi familiarissimum quemque, ex quo propter amicitiam rei plurimum est, mori cupiunt. Illorum damno nemo vivit : hos quisquis differt, exhaurit. Optant ergo, non tantum ut accipiant, quod turpi servitute meruerunt, sed etiam ut tributo gravi liberentur. Non est itaque dubium, quin hi magis quod damnatum est in uno, optent; quibus quisquis morte profuturus est, vita nocet. Omnium tamen istorum tam nota sunt vota, quam impunita. Denique se quisque consulat, et in secretum pectoris sui redeat, et inspiciat quid tacitus optaverit; quam multa sunt vota, quæ etiam sibi fateri pudet! quam pauca, quæ facere coram teste possimus.

XXXIX. Sed non, quidquid reprehendendum, etiam damnandum est : sicut hoc votum amici, quod in manibus est, male utentis bona voluntate, et in id vitium incidentis, quod evitat; nam dum gratum animum festinat

moigner sa reconnaissance, il devient ingrat. C'est dire : Que mon bienfaiteur soit à ma discrétion! qu'il ait besoin de ma reconnaissance : que sans moi il ne puisse compter sur sa vie, son honneur, sa sûreté : qu'il soit si malheureux que tout ce que je lui rendrais lui tienne lieu de bienfait. Voilà ce qu'entendent les dieux! Qu'il soit environné de piéges domestiques, dont, seul, je puisse le délivrer. Qu'il soit poursuivi par un ennemi puissant et acharné, par une foule menaçante et armée : qu'il soit pressé par un créancier ou un accusateur!

XL. Vois comme tu es juste! Tu ne lui souhaiterais rien de tout cela, s'il ne t'eût pas accordé de bienfait. Pour passer sous silence les autres torts plus graves que tu commets, en rendant le mal pour le bien, tu es au moins coupable en ceci, que tu n'attends pas le moment convenable pour chaque chose : or, il y a autant de mal à le devancer qu'à rester en arrière. De même que le bienfait ne peut pas être recouvré à tout moment, de même il ne peut pas être à tout moment rendu. Si tu me rendais sans que j'eusse besoin, tu serais ingrat : ne l'es-tu pas bien davantage en me forçant d'avoir besoin? Attends : pourquoi ne veux-tu pas que mon présent reste chez toi? Pourquoi supportes-tu si impatiemment une obligation? Pourquoi, comme si tu avais affaire à un usurier impitoyable, te presser de solder nos comptes? Pourquoi me chercher des difficultés? Pourquoi exciter les dieux contre moi? Comment donc exigerais-tu un paiement, toi qui t'acquittes de la sorte?

XLI. Ainsi donc, Libéralis, apprenons avant tout à devoir tranquillement les bienfaits à saisir les occasions de rendre, sans les amener de force : souvenons-nous qu'il y a de l'ingratitude dans cette impatience même de se libérer au premier moment. Car nul homme ne rend de bon cœur ce qu'il doit contre son gré; et ce qu'il ne veut pas garder chez lui, il le considère comme un fardeau, non comme un présent. Combien n'est-il pas plus honnête et plus juste d'avoir toujours sous les yeux les bienfaits des amis; d'offrir le retour, non de le faire accepter de force; enfin de ne jamais se croire pressé d'une dette? Car un bienfait est un lien commun qui enchaîne deux cœurs. Dis : Il ne tient pas à moi que ton bienfait ne te revienne : je désire que tu le reçoives avec joie. Si le sort menace l'un de nous deux, si les destins ont décidé que tu sois obligé de reprendre ton bienfait, ou moi d'en recevoir un nouveau, que celui-là donne plutôt qui en a l'habitude. Je suis tout prêt. « Turnus ne restera pas en arrière ! » Je te ferai connaître mon cœur à la première occasion : en attendant, j'ai pour témoins les dieux.

XLII. Souvent, mon cher Libéralis, j'ai remarqué en toi, et pour ainsi dire touché du doigt, cette disposition qui te fait t'alarmer et t'impatienter de peur d'être en retard dans tes devoirs. Cette inquiétude ne convient pas à un cœur reconnaissant, qui se doit au contraire une entière confiance, et tous ces scrupules tombent devant la conscience d'une véritable affection. C'est presque un outrage de dire : Reprends ce que je te dois. Que le premier droit du bienfait soit de laisser celui qui a donné, choisir le moment pour recevoir.—Mais je crains que les autres ne parlent mal de moi.—Ce n'est pas bien agir que d'être re-

---

ostendere, ingratus est. Hic, ait, in potestatem meam recidat, gratiam meam desideret, sine me salvus, honestus, tutus esse non possit; tam miser sit, ut illi beneficii loco sit, quidquid redditur. Hæc diis audientibus! Circumveniant illum domesticæ insidiæ, quas ego possim solus opprimere; instet potens inimicus et gravis, infesta turba nec inermis, et creditor urgeat et accusator.

XL. Vide quam sis æquus! horum optares nihil, si tibi beneficium non dedisset. Ut alia taceam, quæ graviora committis, pessima pro optimis referendo, hoc certe delinquis, quod non exspectas suum cujusque rei tempus: quod æque peccat, qui non sequitur, quam qui antecedit. Quomodo non semper beneficium recipiendum est, sic non utique reddendum. Si mihi non desideranti redderes, ingratus esses : quanto ingratior es, qui desiderare me cogis? Exspecta ; subsidere apud te munus meum non vis? quare obligatum moleste fers? quare, quasi cum acerbo fœneratore, signare parem properas? Quid mihi negotium quæris? quid in me deos immittis? quomodo exigeres, qui sic reddis?

XLI. Ante omnia ergo, Liberalis, hoc discamus, beneficia secure debere, et occasiones reddendorum observare, non manu facere: hanc ipsam cupiditatem primo quoque tempore liberandi se, meminerimus ingrati esse. Nemo enim libenter reddit, quod invitus debet : et quod apud se non vult esse, onus judicat esse, non munus. Quanto melius ac justius, in promtu habere merita amicorum et offerre, non ingerere; nec obæratum se judicare? quoniam beneficium commune vinculum est, et inter se duos alligat. Dic, nihil moror, quo minus tuum revertatur ad te ; opto hilaris accipias; si necessitas alterutri nostrum imminet, fatoque quodam datum est, ut aut tu cogaris beneficium recipere, aut ego accipere, det potius qui solet. Ego paratus sum. « Nulla mora in Turno!» ostendam hunc animum, quum primum tempus advenerit: interim dii testes sunt.

XLII. Soleo, mi Liberalis, notare hunc in te affectum, et quasi manu prendere, verentis et æstuantis, ne in ullo officio sis tardior. Non decet gratum animum sollicitatum, contra summa fiducia sui, et ex conscientia veri amoris dimissa omnis anxietas. Tanquam convicium est. Recipe, quod debeo : hoc primum beneficii dati sit jus, ut recipiendi tempus eligat, qui dedit. At vereor, ne homines de me segnius loquantur. Male agit, qui famæ, non con-

connaissant pour le public et non pour sa conscience. Tu as deux juges de ton action : toi-même, que tu ne peux tromper; le public, que tu peux décevoir. Mais quoi! si aucune occasion ne se présente, serai-je toujours redevable? Tu le seras, mais tu le seras ouvertement, mais tu le seras de bon cœur, mais tu verras toujours avec grand plaisir le dépôt qui reste chez toi. On se repent d'avoir reçu lorsqu'on s'afflige de n'avoir pas encore rendu. Pourquoi celui qui t'a paru digne que tu reçusses de lui, te paraît-il indigne que tu lui doives?

XLIII. C'est une grave erreur de croire qu'il y ait de la grandeur d'âme à beaucoup offrir, à beaucoup donner, à verser des bienfaits dans le sein de beaucoup, à remplir des maisons : tout cela ne prouve pas une grande âme, mais une grande fortune. On ignore combien, souvent, il est plus difficile, plus méritant de réserver ses dons que de les répandre. Car, sans déprécier ni l'une ni l'autre conduite, y ayant parité de mérite entre deux actions que la vertu inspire, il ne faut pas une âme moins élevée pour devoir que pour donner. Et même l'un est d'autant plus difficile que l'autre, qu'il faut plus de soins pour garder ce qu'on a reçu, que pour le donner. Il ne faut donc pas s'agiter pour rapporter promptement, ni se presser mal à propos; parce que c'est une faute égale de manquer l'occasion de la reconnaissance, et de la brusquer hors de saison. Il a fait un placement sur moi : je ne crains ni pour lui ni pour moi. Toutes ces sûretés sont prises : il ne peut perdre son bienfait qu'avec moi : il ne le perdrait pas même avec moi. Je lui en ai su gré ; c'est-à-dire que je l'ai payé. Celui qui s'occupe trop de rendre un bienfait suppose qu'un autre s'occupe trop de le recevoir : montrons-nous disposés à tout : s'il veut recouvrer son bienfait, supportons-le, rendons-le avec joie. S'il aime mieux que nous le gardions, pourquoi déterrer son trésor? pourquoi en refuser la garde? Il mérite de pouvoir faire son choix. Quant à l'opinion et à la renommée, mettons-les à leur place, qui est de nous suivre et non de nous guider.

LIVRE SEPTIÈME.

I. Bon courage, mon cher Libéralis : « Tu touches au rivage. J'abrégerai mon discours et ne te retiendrai plus dans les détours d'un long préambule. » Ce livre renferme le reste du sujet ; et, la matière étant épuisée, je cherche de tous côtés, non ce que je dois dire, mais ce que je n'ai pas dit. Donne toutefois ton approbation à ce qui reste, quand même ce serait superflu pour toi. Si j'eusse voulu me faire valoir, j'aurais dû faire grandir mon œuvre par degrés, et réserver pour la fin les morceaux capables de réveiller la satiété. Mais j'ai accumulé d'abord tout ce qui était le plus important. Maintenant je ne fais que recueillir ce qui m'est échappé. Et assurément, si tu m'interroges, je ne pense pas qu'il importe beaucoup au sujet, après avoir exposé les principes qui règlent la conduite, de poursuivre des détails moins propres à guérir l'âme qu'à exercer l'esprit. Car c'est avec raison que Démétrius le Cynique,

---

scientiæ gratus est. Duos istius rei judices habes : te, quem non potes fallere ; et illum, quem potes. Quid ergo, si nulla intervenerit occasio? semper debebo? Debebis; sed palam debebis, sed libenter debebis, sed cum magna voluptate apud te depositum intueberis. Pœnitet accepti beneficii, quem nondum reddidit piget; quare qui tibi dignus visus est, a quo acciperes, indignus videatur, cui debeas?

XLIII. In magnis erroribus sunt, qui ingentis animi credunt, proferre, donare, plurium sinum ac domum replere : quum ista interdum non magnus animus faciat, sed magna fortuna. Nesciunt, quanto interim majus ac difficilius sit capere, quam fundere. Nam ut nihil alteri detraham, quoniam utrumque ubi ex virtute fit, par est; non minoris est animi beneficium debere, quam dare ; eo quidem operosius hoc quam illud, quo majore diligentia custodiuntur accepta, quam dantur. Itaque non est trepidandum, quam cito reponamus, nec procurrendum intempestive, quia æque delinquit, qui ad referendam gratiam suo tempore cessat, quam qui alieno properat. Positum est illi apud me : nec illius nomine, nec meo timeo. Bene illi cautum est : non potest hoc beneficium perdere, nisi mecum, immo ne mecum quidem. Egi illi gratias, id est, retuli. Qui nimis de beneficio reddendo cogitat, nimis cogitare alterum de recipiendo putat : præstet se in utrumque facilem; si vult recipere beneficium, referamus, reddamusque læti. Illud apud nos custodiri mavult : quid thesaurum ejus eruimus? quid custodiam recusamus? dignus est, cui utrum volet, liceat. Opinionem quidem et famam eo loco habeamus, tanquam non ducere, sed sequi debeat.

LIBER SEPTIMUS.

1. Bonum, mi Liberalis, habeas animum volo :
In manibus terræ. Non hic te carmine longo,
Atque per ambages et longa exorsa tenebo.

Reliqua hic liber cogit, et exhausta materia, circumspicio, non quid dicam, sed quid non dixerim. Boni tamen consules quidquid superest, quum tibi superfuerit. Si voluissem lenocinari mihi, debuit paulatim opus crescere, et ea pars in finem reservari, quam quilibet, etiam satiatus appeteret. Sed quidquid maxime necessarium erat, in primum congessi : nunc si quid effugit, recolligo. Nec, mehercule, si me interrogas, nimis ad rem existimo pertinere, ubi dicta sint quæ regunt mores, persequi cetera, non in remedium animi, sed in exercitationem ingenii inventa. Egregie enim hoc dicere Demetrius Cyni-

grand homme à mon avis, même par comparaison avec les plus grands, a coutume de dire : « Qu'il est plus profitable de connaître un petit nombre de sages préceptes à sa portée et à son usage, que d'en apprendre beaucoup qu'on n'a pas sous la main. » « De même, dit-il, qu'un habile lutteur n'est pas celui qui a appris à fond toutes les poses et toutes les complications de mouvemens dont l'usage est rare dans le combat ; mais celui qui, après s'être exercé longuement et avec soin à une ou deux d'entre elles, épie attentivement l'occasion de les appliquer ; car il ne lui importe pas de savoir beaucoup, pourvu qu'il sache assez pour vaincre ; de même, dans cette étude, il y a beaucoup de choses qui plaisent, peu qui assurent la victoire. Tu peux ignorer quelle cause soulève l'Océan et le rappelle dans son lit, pourquoi chaque septième année imprime un nouveau caractère à la vie de l'homme ; pourquoi, vue de loin, la largeur d'un portique ne conserve pas ses proportions, les extrémités se rapprochant et se resserrant, et les colonnes se touchant dans leurs derniers intervalles ; pourquoi les jumeaux, séparés dans la conception, sont réunis dans l'enfantement, si une conception se se partage en deux êtres, ou s'il y a eu double conception ; pourquoi, nés en même temps, leurs destins sont si divers ; pourquoi les événements mettent entre eux de si grandes distances, lorsque leur naissance était si rapprochée. Tu ne perdras rien à négliger des choses dont la connaissance nous est interdite et inutile. L'obscure vérité se cache dans un abime. Et nous ne pouvons accuser la malveillance de la nature ; car il n'y a de difficile à découvrir que les choses dont la découverte ne rapporte d'autres fruits que la découverte même. Tout ce qui peut nous faire meilleurs ou heureux, elle l'a placé sous nos yeux, à notre portée. Si l'homme s'est fortifié contre les hasards, s'il s'est élevé au-dessus de la crainte, si, dans l'avidité de son espoir, il n'embrasse pas l'infini, mais apprend à chercher ses richesses en lui-même ; s'il a borné la terreur des dieux et des hommes, persuadé qu'il a peu à craindre de l'homme, et rien à craindre de Dieu ; si, méprisant toutes les frivolités qui sont aussi bien le tourment que l'ornement de la vie, il est parvenu à comprendre que la mort ne produit aucuns maux et en termine beaucoup ; s'il a dévoué son âme à la vertu, et trouve le chemin facile partout où elle l'appelle ; s'il se regarde comme un être social né pour vivre en communauté ; s'il voit le monde comme la demeure commune de tous, s'il a ouvert sa conscience aux dieux et vit toujours comme en public ; alors, se respectant plus que les autres, échappé aux tempêtes, il s'est fixé dans un calme inaltérable ; alors il a rassemblé en lui toute la science vraiment utile et nécessaire : le reste n'est que l'amusement du loisir. Car il est permis à une âme déjà retirée à l'abri de s'égarer quelquefois dans ces spéculations qui servent à orner l'esprit plutôt qu'à le fortifier. »

II. Ces préceptes, notre Démétrius ordonne au disciple de la sagesse de les tenir à deux mains, de ne jamais s'en dessaisir, mais de se les identifier, de se les incorporer, afin d'obtenir, par des méditations de tous les jours, que les pensées salutaires se présentent d'elles-mêmes, que par-

---

eus, vir meo judicio magnus, etiamsi maximis comparetur, solet : « Plus prodesse, si pauca præcepta sapientiæ teneas, sed illa in promptu tibi et in usu sint, quam si multa quidem didiceris, sed illa non habeas ad manum. Quemadmodum, inquit, magnus luctator est, non qui omnes numeros nexusque perdidicit, quorum usus sub adversario rarus est, sed qui in uno se aut altero bene et diligenter exercuit, et eorum occasiones intentus exspectat : nec enim refert, quam multa sciat, si id quantum victoriæ satis est ; sic in hoc studio multa delectant, pauca vincunt. Licet nescias, quæ ratio Oceanum effundat ac revocet ; quare septimus quisque annus ætati signum imprimat ; quare latitudo porticus ex remoto spectantibus, non servet proportionem suam, sed ultima in angustias coeant, et columnarum novissima intervalla jungantur ; quid sit, quod geminorum conceptum separet, partum jungat ; utrum unus concubitus spargatur in duos, an toties concepti sint : cur pariter natis fata diversa sint, maximisque rerum spatiis distent, quorum inter ortus minimum interest. Non multum tibi nocebit transisse, quæ nec licet scire, nec prodest. Involuta veritas in alto latet. Nec de malignitate naturæ queri possumus : quia nullius rei difficilis inventio est, nisi cujus hic unus inventæ fructus est, invenisse. Quidquid nos meliores beatosque facturum est, aut in aperto, aut in proximo posuit. Si animus fortuita contempsit, si se supra metum sustulit, nec avida spe infinita complectitur, sed didicit a se petere divitias ; si deorum hominumque formidinem ejecit, et scit non multum esse ab homine timendum, a Deo nihil ; si contemptor omnium, quibus torquetur vita, dum ornatur, eo perductus est, ut illi liqueat, mortem nullius mali esse materiam, multorum finem ; si animum virtuti consecravit, et, quacumque vocat illa, planum putat ; si, sociale animal et in commune genitus, mundum ut unam omnium domum spectat, et conscientiam suam diis aperit, semperque tanquam in publico vivit, se magis veritus quam alios, subductus ille tempestatibus, in solido ac sereno stetit, consummavitque scientiam utilem, atque necessariam ; reliqua oblectamenta otii sunt. Licet enim jam in tutum retracto animo, ad hæc quoque excurrere, cultum, non robur, ingeniis afferentia. »

II. Hæc Demetrius noster utraque manu tenere proficientem jubet ; hæc nusquam dimittere, immo affigere et partem sui facere, eoque quotidiana meditatione perduci,

tout, et dès qu'il en a besoin, elles soient à sa disposition, qu'elles lui reproduisent sur-le-champ la distinction de l'honnête et du déshonnête, et lui apprennent qu'il n'y a pas d'autre mal que le déshonnête, pas d'autre bien que l'honnête. Que sur cette règle, il distribue tous les actes de sa vie, que, d'après cette loi, il fasse tout, il exige tout : qu'il considère comme les plus malheureux des mortels, quel que soit l'éclat de leur fortune, les esclaves de leur ventre et de leurs plaisirs, ceux dont l'âme s'engourdit dans une lâche oisiveté. Qu'il se dise à lui-même : La volupté est fragile, passagère et sujette au dégoût : plus on s'en abreuve, plus elle se transforme tantôt en un sentiment contraire, que suit toujours le repentir ou la honte. En elle rien n'est beau, rien n'est conforme à la nature de l'homme, de tous les êtres le plus près de la divinité : c'est une chose basse qui emprunte le ministère des membres les plus vils et les plus honteux, et qui se termine par je ne sais quoi d'abject. La volupté digne d'un homme, d'un héros, n'est pas de remplir, d'engraisser son corps, d'irriter ses désirs, dont le repos est notre plus grande sûreté ; mais de se mettre à l'abri de toute inquiétude, et de celle qui réveille l'ambition des hommes, en guerre les uns avec les autres, et de celle dont les amertumes ont une origine céleste, quand nous croyons des dieux ce que raconte la fable, quand nous les jugeons d'après nos propres vices. C'est cette volupté toujours égale, toujours libre de crainte, jamais ennuyée d'elle-même, que goûte le sage dont nous traçons le portrait. Instruit des lois divines et humaines, il jouit du présent, sans dépendre de l'avenir. Car rien n'est solide pour qui se porte vers l'incertain. Exempt des soucis rongeurs qui déchirent l'âme, il n'espère rien, ne désire rien, ne remet rien au hasard, content de ce qu'il a. Et ne crois pas qu'il soit content de peu de chose : tout lui appartient ; non comme tout appartenait à Alexandre, qui, lorsqu'il s'arrêta sur les bords de la mer Rouge, possédait moins qu'il n'avait acquis. Il n'était pas même maître des régions qu'il occupait, qu'il avait conquises, puisque Onésicrite errait sur l'Océan qu'il avait mission d'explorer, et cherchait de nouvelles guerres sur une mer inconnue. N'était-ce pas assez découvrir son indigence, que de porter ses armes au-delà des bornes de la nature? que de se jeter avec une aveugle avidité dans des espaces profonds, inconnus, immenses? Qu'importe combien de royaumes il ravit, il donna, combien de terres il accabla de tributs? Il lui manque tout ce qu'il désire.

III. Et ce ne fut pas le défaut d'Alexandre seulement, qu'une heureuse témérité conduisit sur les traces de Liber et d'Hercule, mais de tous ceux que la fortune altéra en les abreuvant. Vois Cyrus et Cambyse, parcours toute la galerie des monarques persans, en trouves-tu un seul qui, rassasié, arrête les bornes de son empire? un seul que la mort n'ait surpris au milieu de quelque pensée d'agrandissement? Cela n'est pas étonnant. Tout ce qu'obtient la cupidité est aussitôt absorbé, englouti. Peu importe ce qu'on accumule ; c'est un abîme sans fond. Le sage seul est maître de toutes

---

ut sua sponte occurrant salutaria, et ubique ac statim desiderata præsto sint, et sine ulla veniat illa turpis honestique distinctio, sciatque nec malum esse ullum nisi turpe, nec bonum nisi honestum. Hac regula vitæ opera distribuat : ad hanc legem et agat cuncta, et exigat : miserrimosque mortalium judicet, in quantumcumque opibus refulgebunt, ventri ac libidini deditos, quorum animus inerti otio torpet. Dicat ipse sibi : Voluptas fragilis est, brevis, fastidio objecta : quo avidius hausta est, citius in contrarium recidens, cujus subinde necesse est aut pœniteat, aut pudeat. In qua nihil est magnificum, aut quod naturam hominis, diis proximi, deceat : res humilis, membrorum turpium ac vilium ministerio veniens, exitu fœda. Ista est voluptas et homine et viro digna, non implere corpus, nec saginare, nec cupiditates irritare, quarum tutissima est quies : sed perturbatione carere, et ea quam hominum inter se rixantium ambitus concutit, et ea quæ intolerabilis ex alto venit, ubi de diis famæ creditum est, vitiisque illos nostris æstimavimus. Hanc voluptatem æqualem, intrepidam, nunquam sensuram sui tædium, percipit hic quem deformamus quam maxime : qui, ut ita dicam, divini juris atque humani peritus, præsentibus gaudet, ex futuro non pendet ; nihil enim firmi habet, qui in incerta propensus est. Magnis itaque curis exemptus, et distorquentibus mentem, nihil sperat, aut cupit, nec se mittit in dubium, suo contentus. Nec illum existimes parvo esse contentum ; omnia illius sunt, non sic, quemadmodum Alexandri fuerunt ; cui, quamquam in litore maris Rubri steterat, plus deerat quam qua venerat ; illius ne ea quidem erant, quæ tenebat, aut vicerat, quum in Oceano Onesicritus præmissus explorator erraret, et bella in ignoto mari quæreret. Non satis apparebat inopem esse, qui extra naturæ terminos arma proferret ? qui se in profundum, inexploratum et immensum, aviditate cæca prorsus immitteret? Quid interest, quot eripuerit regna, quot dederit, quantum terrarum tributo premat? tantum illi deest, quantum cupit.

III. Nec hoc Alexandri tantum vitium fuit, quem per Liberi Herculisque vestigia felix temeritas egit, sed omnium quos fortuna irritavit implendo. Cyrum et Cambysen, et totum regni Persici stemma percense ; quem invenies ; cui modum imperii satietas fecerit? qui non vitam in aliqua ulterius procedendi cogitatione finierit? Nec id mirum est ; quidquid cupiditati contingit, penitus hauritur et conditur ; nec interest, quantum quo quod inexplebile est, congeras. Unus est sapiens, cujus omnia sunt, nec ex difficili tuenda. Non habet mittendos

choses, et n'a point de peine à les garder. Il n'a pas de lieutenants à envoyer à travers les mers, pas de camps à tracer sur les rives ennemies, pas de garnisons à distribuer dans des positions avantageuses : il ne lui faut ni légions ni corps de cavalerie. De même que les dieux immortels gouvernent sans armes leur empire, et veillent sur leur œuvre dans le calme de leur sublime séjour, de même le sage remplit sans trouble ses devoirs, quelque étendus qu'ils soient, et, le plus puissant et le plus vertueux parmi les hommes, il voit tous les autres au-dessous de lui. Tu peux rire : mais quand dans ton âme, qui franchit les distances et les profondeurs des solitudes, tu parcours l'Orient et l'Occident, quand tu vois cette multitude d'animaux, cette abondance de biens que la nature a répandus pour notre bonheur, il y a quelque chose de vraiment digne d'un grand cœur à faire entendre cette parole de Dieu : Tout cela est à moi. C'est ainsi qu'on n'a plus rien à désirer ; car rien n'est au-delà du tout.

IV. Voilà, dis-tu, ce que je voulais : je te tiens : il faut voir comment tu te dégageras de ces filets où toi-même tu t'es enlacé. Dis-moi comment on peut donner quelque chose au sage, si tout lui appartient. Car ce qu'on lui donne est aussi à lui. Ainsi donc on ne peut accorder un bienfait au sage, puisque tout ce qu'on donne, on le donne du sien : pourtant vous prétendez qu'on peut donner au sage. Mais apprends que je te fais la même question au sujet des amis : vous prétendez que tout est commun entre eux : donc personne ne peut donner à un ami, car ce serait donner sur le bien commun. Rien n'empêche que la même chose n'appartienne au sage et à celui qui la possède, à qui elle a été donnée et adjugée. Par le droit civil, tout est au souverain ; et cependant toutes ces choses, dont le souverain a la possession universelle, sont distribuées entre plusieurs maîtres, et chaque chose a son possesseur. Ainsi nous pouvons donner au souverain une maison, un esclave, de l'argent, sans qu'on dise que nous lui donnons du sien. Car la puissance sur tout est au souverain, la propriété est à chacun. Nous appelons limites des Athéniens et des Campaniens, des plaines qu'ensuite les voisins entre eux distinguent par des délimitations particulières. Tout le territoire appartient à l'une ou à l'autre république, et porte ensuite le nom de son maître particulier. Ainsi nous pouvons donner nos champs à la république, quoiqu'on dise qu'ils sont à elle ; parce qu'ils lui appartiennent d'une autre façon qu'à moi. Met-on en doute que l'esclave avec son pécule n'appartienne à son maître ? Cependant il fait des présents à son maître. Car il ne résulte pas que l'esclave n'ait rien de ce qu'il n'aurait rien si son maître n'y consentait point ; et ce qu'il donne de plein gré n'en est pas moins un présent, quoiqu'on pût le lui ravir même contre son gré. Comme nous avons prouvé que tout appartenait au sage (car désormais c'est un point convenu entre nous), il s'agit maintenant d'établir par des exemples la question qui nous occupe, c'est-à-dire comment il peut rester matière à libéralité envers celui que nous reconnaissons comme maître de tout. Tout ce qui est dans la

---

trans maria legatos, nec metanda in ripis hostilibus castra, non opportunis castellis disponenda præsidia ; non opus est legione, nec equestribus turmis. Quemadmodum dii immortales regnum inermes regunt, et illis rerum suarum ex edito tranquilloque tutela est ; ita hic officia sua, quamvis latissime pateant, sine tumultu obit : et omne humanum genus, potentissimus ejus optimusque, infra se videt. Derideas licet ; ingentis spiritus res est, quum Orientem Occidentemque lustraveris animo, quo etiam remota et solitudinibus interclusa penetrantur, quum tot animalia, tantam copiam rerum, quas natura beatissime fundit, aspexeris, emittere hanc Dei vocem : Hæc omnia mea sunt. Sic fit, ut nihil cupiat ; quia nihil est extra omnia.

IV. Hoc ipsum, inquis, volui ; teneo te : volo videre, quomodo ex his laqueis, in quos tua sponte decidisti, expliceris. Dic mihi, quemadmodum potest aliquis donare sapienti, si omnia sapienti sunt ? nam id quoque quod illi donat, ipsius est. Itaque non potest dari beneficium sapienti ; cui quidquid datur, de suo datur ; atqui dicitis, sapienti posse donari. Idem autem me scito et de amicis interrogare. Omnia dicitis illis esse communia ; ergo nemo quidquam amico donare potest : donat enim illi communia. Nihil prohibet aliquid et sapientis esse, et ejus qui possidet, cui datum et assignatum est. Jure civili omnia regis sunt : et tamen illa quorum ad regem pertinet universa possessio, in singulos dominos descripta sunt, et unaquæque res habet possessorem suum. Itaque dare regi et domum, et mancipium, et pecuniam possumus : nec dare illi de suo dicimur. Ad reges enim potestas omnium pertinet, ad singulos proprietas. Fines Atheniensium aut Campanorum vocamus, quos deinde inter se vicini privata terminatione distinguunt ; et totus ager hujus aut illius reipublicæ est : pars deinde suo domino quoque censetur ; ideoque donare agros nostros reipublicæ possumus, quamvis illius esse dicantur : quia aliter illius sunt, aliter mei. Numquid dubium est, quin servus cum peculio domini sit ? dat tamen domino suo munus. Non ideo nihil habet servus, quia non est habiturus, si dominus illum habere noluerit ; nec ideo non est munus, quum volens dedit, quia potuit eripi, etiamsi noluisset. Quemadmodum probemus omnia, nunc enim omnia sapientis esse, inter nos convenit, illud quod quæritur colligendum est, quomodo liberalitatis materia adversus eum supersit, cujus universa esse concessimus. Omnia patris sunt, quæ in liberorum manu sunt ; quis tamen nescit,

possession des enfants appartient au père : qui ne sait toutefois que le fils peut donner au père? Toutes choses appartiennent aux dieux : cependant nous leur faisons des offrandes, nous leur jetons une pièce de monnaie. Si ce que je possède est à toi, il ne s'ensuit pas que ce ne soit pas à moi; car la même chose peut être à toi et à moi. Celui, dis-tu, à qui appartiennent des prostituées est un entremetteur : or, tout appartient au sage ; mais dans le tout sont comprises les prostituées ; donc les prostituées appartiennent au sage : or, celui auquel appartiennent les prostituées est un entremetteur, donc le sage est un entremetteur. C'est d'après le même raisonnement qu'ils veulent que le sage ne puisse rien acheter : Personne, disent-ils, n'achète ce qui est à lui : or, tout est au sage ; donc le sage n'achète rien. De même ils ne veulent pas qu'il emprunte, parce que personne ne paie d'intérêt pour son propre argent. C'est ainsi que l'on nous oppose des subtilités sans nombre, quoique l'on comprenne très-clairement ce que nous disons.

V. En effet, je dis que tout appartient au sage ; mais de manière néanmoins à ce que chacun ait son droit personnel sur ses biens, de même qu'un bon roi possède tout par droit de souveraineté, quand chacun possède par droit de propriété. Le temps viendra de prouver cette vérité. En attendant, il suffit pour notre question que je puisse donner au sage ce qui appartient au sage d'une façon, à moi d'une autre. Et il n'y a rien d'étonnant que je puisse donner quelque chose à celui qui possède tout. J'ai loué ta maison. Il y a là quelque chose à toi, quelque chose à moi : la chose est à toi, l'usage de la chose est à moi. Ainsi tu ne peux toucher aux fruits de ton champ malgré ton fermier, quoiqu'ils naissent sur ta propriété; et s'il y avait cherté ou disette de vivres. « Hélas ! tu regarderais en vain les vastes provisions d'un autre, » nées sur ton terrain, placées dans ton fonds, accumulées dans tes greniers. Quoique maître, tu n'entreras pas dans la maison que j'ai louée ; tu n'emmèneras pas ton esclave, s'il est à mes gages; et lorsque je t'aurai loué un chariot, ce sera de ma part un bienfait si je te permets de t'asseoir dans ta propre voiture. Tu vois donc qu'il peut se faire que quelqu'un, en recevant ce qui lui appartient, reçoive un présent.

VI. Dans tous ces exemples que je viens de citer, la même chose a deux maîtres. Comment? c'est que l'un est maître de la chose, l'autre de l'usufruit. Nous disons les livres de Cicéron, et le libraire Dorus les appelle aussi ses livres; et il y a vérité des deux parts. L'un les appelle les siens comme auteur, l'autre comme acquéreur ; et l'un et l'autre disent bien. Car ils sont à l'un et à l'autre; mais pas de la même manière. Ainsi Tite-Live peut recevoir ses livres de Dorus, ou les lui acheter. Je puis donner au sage ce qui est personnellement à moi, quoique tout soit à lui. Car, quoique, à la manière des rois, il possède tout par sa conscience, tandis que la propriété de chaque chose est répartie sur chacun, il peut recevoir et devoir, acheter et emprunter. Tout appartient à César ; mais le fisc renferme ses biens personnels et particuliers : sa propriété universelle est dans l'empire, sa propriété personnelle dans son patrimoine. On peut, sans diminuer son autorité,

---

donare aliquid et filium patri? Omnia deorum sunt : tamen et diis posuimus donum, et stipem jecimus. Non ideo quod habeo, meum non est, si tuum est : potest enim idem esse meum et tuum. Is, inquit, cujus prostitutæ sunt, leno est : omnia autem sapientis sunt; inter omnia autem et prostitutæ sunt : ergo et prostitutæ sapientis sunt : leno autem est, cujus prostitutæ sunt : ergo sapiens est leno. Sic illum vetant emere ; dicunt enim : Nemo rem suam emit : omnia autem sapientis sunt : ergo sapiens nihil emit. Sic vetant et mutuum sumere, quia nemo usuram pro pecunia sua pendat. Innumerabilia sunt, per quæ cavillantur, quum pulcherrime, quid a nobis dicatur, intelligant.

V. Enim sic omnia sapientis esse dico, ut nihilominus proprium quisque in rebus suis dominium habeat; quemadmodum sub optimo rege omnia rex imperio possidet, singuli dominio. Tempus istius probandæ rei veniet; interim hoc huic quæstioni sat est, id quod aliter sapientis, aliter meum est, me posse donare sapienti. Nec mirum est, aliquid ei, cujus est totum, posse donari. Conduxi domum a te : in hac aliquid tuum, aliquid meum ; res tua est : usus rei tuæ, meus est. Itaque nec fructus tanges, colono tuo prohibente, quamvis tua in possessione nascantur : et si annona carior fuerit, aut fames,

Heu frustra magnum alterius spectabis acervum.

in tuo natum, in tuo positum, in horrea iturum tua. Nec conductum meum, quanquam sis dominus, intrahis : nec servum tuum, mercenarium meum abduces; et quum abs te rhedam conduxero, beneficium accipies, si tibi in vehiculo tuo sedere permisero. Vides ergo posse fieri, ut aliquis accipiendo quod suum est, munus accipiat.

VI. In omnibus istis quæ modo retuli, uterque ejusdem rei dominus est ; quomodo? quia alter rei dominus est, alter usus. Libros dicimus esse Ciceronis : eosdem Dorus librarius suos vocat : et utrumque verum est ; alter illos tanquam auctor sibi, alter tanquam emptor asserit : ac recte utriusque dicuntur esse. Utriusque enim sunt; sed non eodem modo; sic potest T. Livius a Doro accipere, aut emere libros suos. Possum donare sapienti, quod viritim meum est, licet illius sint omnia. Nam quum regio more cuncta conscientia possideat, singularum autem rerum in unumquemque proprietas sit sparsa; et accipere muuus, et debere : et emere, et conducere potest.

demander ce qui est à lui, ce qui n'est pas à lui : car la chose même dont il est dépossédé, comme appartenant à un autre, est à lui sous un autre rapport. Ainsi, la propriété universelle est dans l'âme du sage, sa propriété personnelle est dans son droit et son patrimoine.

VII. Bion rassemble des arguments pour prouver tantôt que tous les hommes sont sacriléges, tantôt que personne ne l'est. Veut-il jeter tout le monde de la roche Tarpéienne, il dit : « Quiconque enlève, dissipe, applique à son usage ce qui appartient aux dieux, est sacrilége : or, toutes choses appartiennent aux dieux ; donc tout ce que l'on prend, on le prend aux dieux, puisque tout leur appartient; donc, quiconque prend quelque chose, est sacrilége. » Veut-il ensuite qu'on puisse impunément briser les temples et piller le Capitole, il dit qu'il n'y a pas de sacrilége. Car tout ce qui est enlevé d'un lieu qui appartient aux dieux est transféré dans un lieu qui appartient aux dieux. On répond à cela que tout, sans doute, appartient aux dieux, mais que tout ne leur est pas consacré; que le sacrilége s'applique aux choses que la religion a vouées à la divinité. Ainsi le monde entier est le temple des dieux immortels; il est même le seul digne de leur grandeur et de leur magnificence; et cependant on distingue le sacré du profane, et l'on ne permet pas, dans ce petit espace qu'on a consacré par le nom de temple, tout ce qui est permis à la face du ciel et des étoiles. Sans doute le sacrilége ne peut faire injure aux dieux, que leur divinité met hors de sa portée; mais il est puni comme s'il avait cet effet. C'est notre opinion et la sienne qui le condamnent au châtiment. Ainsi donc, de même que l'on considère comme sacrilége celui qui enlève un objet consacré, quoique, partout où il le puisse transporter, son larcin doive rester dans les limites du monde, de même on peut faire un vol au sage. Car on lui enlève non une des choses qu'il possède dans l'universalité, mais une des choses sur lesquelles il a une propriété reconnue, et qui lui servent personnellement. Mais il ne reconnaît que la première possession ; l'autre il ne voudrait pas l'avoir, quand même il le pourrait : il fera entendre les paroles de ce général romain auquel, en récompense de son courage et de ses services, avaient été décernées autant de terres qu'il pouvait en comprendre dans le labourage d'un jour : « Vous n'avez pas besoin, dit-il, d'un citoyen qui aurait besoin de plus qu'il ne faut à un citoyen. » Ne penses-tu pas qu'il y a plus de grandeur à refuser ce présent, qu'à le mériter? Beaucoup, en effet, ont entrepris sur les autres, personne ne s'est imposé des limites soi-même.

VIII. Lors donc que nous considérons l'âme du sage, maîtresse de toutes choses, embrassant l'espace universel, nous disons que tout lui appartient, quoique, dans le droit ordinaire, il ne dût, s'il y avait lieu, figurer que comme une tête au livre des censeurs. Il y a une grande différence à estimer ses possessions par la grandeur de son âme, ou par le cens. Le sage aurait horreur de posséder tous ces objets dont tu parles. Je ne te rappellerai pas Socrate, Chrysippe, Zénon et d'autres, grands hommes à la vérité, mais plus grands sans doute parce que l'envie ne cherche plus à obscurcir les

---

Cæsar omnia habet, fiscus ejus privata tantum, ac sua : et universa in imperio ejus sunt, in patrimonio propria. Quid ejus sit, quid non sit, sine diminutione imperii quæritur ; nam id quoque quod tanquam alienum abjudicatur, aliter illius est. Sic sapiens universa animo possidet, jure ac dominio sua.

VII. Bion modo omnes sacrilegos argumentis esse colligit, modo neminem. Quum omnes de saxo dejecturus est, dicit : Quisquis id quod deorum est, sustulit et consumpsit, atque in usum suum vertit, sacrilegus est : omnia autem deorum sunt : quod quisque ergo tollit, deorum tollit, quorum omnia sunt : ergo quisquis tollit aliquid, sacrilegus est. Deinde quum effringi templa, et expilari impune Capitolium jubet, dicit : Nullum sacrilegium esse; quia quidquid sublatum est ex eo loco qui deorum erat, in eum transfertur locum, qui deorum est. Hic respondetur : Omnia quidem deorum esse, sed non omnia diis dicata. In his observari sacrilegium, quæ religio numini adscripsit. Sic et totum mundum deorum esse immortalium templum, solum quidem amplitudine illorum ac magnificentia dignum : et tamen a sacris profana discerni, et non omnia licere in angulo, cui nomen fani impositum est, quæ sub cœlo et conspectu siderum licent. Injuriam sacrilegus Deo quidem non potest facere; quem extra ictum sua divinitas posuit : sed punitur, quia tanquam Deo fecit. Opinio illum nostra ac sua obligat pœnæ. Quomodo ergo sacrilegus videtur, qui aliquid aufert sacri, etiamsi quocumque transtulit, quod surripuerat, intra terminos est mundi: sic et sapienti furtum potest fieri. Aufertur enim illi non ex his quæ universa habet, sed ex his quibus dominus inscriptus est, quæ viritim ei serviunt. Illam alteram possessionem agnoscet, hanc nolet habere, etsi poterit : emittetque illam vocem, quam romanus imperator emisit, quum illi ob virtutem et bene gestam rempublicam tantum agri decerneretur, quantum arando uno die circuire potuisset : Non est, inquit, vobis eo opus cive, cui plus opus sit, quam uni civi. Quanto majoris viri putas, respuisse hoc munus quam meruisse ? multi enim fines aliis abstulerunt, sibi nemo constituit.

VIII. Ergo quum animum sapientis intuemur potentem omnium, et per universa dimissum, omnia illius esse dicimus, quum ad hoc jus quotidianum, si ita res tulerit, capite censebitur. Multum interest, possessio ejus animi magnitudine æstimetur, an censu : hæc universa habere, de quibus loqueris, abominabitur. Non referam tibi Socratem, Chrysippum, Zenonem, et ceteros magnos quidem viros, majores quidem, quia in laudem ve-

gloires anciennes. Tout à l'heure je te citais Démétrius, que la nature me semble avoir fait naître de nos jours, pour montrer qu'il ne pouvait être changé par nous, ni nous changés par lui; homme d'une sagesse achevée, quoiqu'il ne l'avoue pas lui-même, d'une constance inébranlable dans ce qu'il a résolu, avec cette éloquence qui convient à de graves matières, sans apprêt, sans expressions tourmentées, mais d'une nature élevée, et, partout où l'emporte le mouvement de l'esprit, suivant toujours son objet. Je ne doute pas que la Providence ne lui ait donné une telle vertu et une telle éloquence, pour qu'il ne manquât à notre siècle ni un exemple, ni un sujet de reproche.

IX. Si quelqu'un des dieux voulait livrer à Démétrius la possession de nos richesses, à la condition expresse qu'il ne pourrait en rien donner, j'ose affirmer qu'il les rejetterait en disant : « Quant à moi, je ne m'enchaîne pas à ce fardeau insupportable, et je ne vais pas jeter un homme libre dans cette fange profonde. Pourquoi m'offrir les maux réunis de tous les peuples. Je n'accepterais même pas ces choses, quand je pourrais les donner; car j'en vois beaucoup qu'il ne me conviendrait pas de donner. Je veux passer en revue ces trésors qui éblouissent les yeux des nations et des rois. Je veux examiner ce qui est le prix de votre sang et de vos âmes. Montre-moi d'abord les dépouilles du luxe, soit que tu veuilles me les déployer une à une, soit, ce qui vaut mieux, que tu me les présentes en un seul monceau. Je vois l'écaille travaillée en lames finement déliées, et l'enveloppe des animaux les plus difformes et les plus lents, achetée des sommes immenses, et cette bigarrure, qui en fait le charme, empruntant à des couleurs étrangères les apparences du vrai. Je vois là des tables, du bois estimé la fortune d'un sénateur, et d'autant plus précieux que la difformité de l'arbre l'a tordu à un grand nombre de nœuds. Je vois là des vases de cristal, dont la fragilité augmente le prix; car en toutes choses la jouissance s'accroît pour les insensés en raison des risques qui devraient la faire éviter. Je vois des coupes murrines; car on n'eût pas assez fait pour le luxe si les convives n'eussent fait circuler dans d'immenses pierreries les boissons qu'ils vont bientôt vomir. Je vois des perles, non pas une attachée à chaque oreille; car les oreilles sont exercées à porter des fardeaux; mais ces perles sont accouplées et superposées les unes au-dessus des autres. Le délire des femmes n'aurait pas suffisamment asservi les hommes, si deux ou trois patrimoines ne leur pendaient à chaque oreille. Je vois des vêtements de soie, si l'on peut appeler vêtement ce qui ne protége ni le corps, ni la pudeur, et avec lequel une femme ne pourrait en toute assurance jurer qu'elle n'est pas nue. Nous faisons venir à grands frais ces étoffes de pays ignorés même du commerce, afin que nos matrones ne puissent montrer à leurs amants dans la chambre à coucher, plus qu'elles ne montrent au public. »

X. « Que fais-tu donc, avarice? Par combien de choses précieuses ton or est-il vaincu? Tous ces objets que je viens de citer sont plus honorés et

---

tustorum invidia non obstat. Paulo ante Demetrium retuli, quem mihi videtur rerum natura nostris tulisse temporibus, ut ostenderet, nec illum a nobis corrumpi, nec nos ab illo corripi posse : virum exactæ, licet neget ipse, sapientiæ; firmæque in his, quæ proposuit, constantiæ; eloquentiæ vero ejus, quæ res fortissimas deceat, non concinnatæ, nec in verba sollicitæ, sed ingenti animo, prout impetus tulit, res suas prosequentis. Huic non dubito, quin Providentia et talem vitam, et talem dicendi facultatem dederit, ne aut exemplum seculo nostro, aut convicium deesset.

IX. Demetrio si res nostras aliquis deorum possidendas velit tradere sub lege certa, ne liceat donare, affirmaverim repudiaturum, dicturumve : « Ego vero me ad istud inextricabile pondus non alligo, nec in altam fæcem rerum hunc expeditum hominem demitto. Quid ad me defers populorum omnium mala! quæ nec daturus quidem acciperem : quoniam multa video, quæ me donare non deceat. Volo sub conspectu meo ponere, quæ gentium oculos regumque præstringunt! volo intueri pretia sanguinis, animarumque vestrarum? Prima mihi luxuriæ spolia propone; sive illa vis per ordinem expandere, sive, ut est melius, in unum acervum dare. Video elaboratam scrupulosa distinctione testudinem, et fœ-dissimorum pigerrimorumque animalium testas, ingentibus pretiis emptas, in quibus ipsa illa quæ placet varietas, subditis medicamentis, in similitudinem veri coloratur. Video istic mensas, et æstimatum lignum senatorio censu, eo pretiosius, quo illud in plures nodos, arboris infelicitas torsit. Video istic crystallina, quorum accendit fragilitas pretium; omnium enim rerum voluptas apud imperitos, ipso quo fugare debet periculo, crescit. Video murrhina pocula; parum scilicet luxuria magno fuerit, nisi quod vomant, capacibus gemmis inter se pronuntiaverint. Video uniones, non singulis singulis auribus comparatos : jam enim exercitatæ aures oneri ferendo sunt : junguntur inter se, et insuper alii binis superponuntur : non satis muliebris insania viros subjecerat, nisi bina ac terna patrimonia auribus singulis pependissent. Video sericas vestes, si vestes vocandæ sunt, in quibus nihil est quo defendi aut corpus, aut denique pudor possit : quibus sumptis, mulier parum liquido, nudam se non esse jurabit. Hæc ingenti summa, ab ignotis etiam ad commercium gentibus arcessuntur, ut matronæ nostræ, ne adulteris quidem, plus sui in cubiculo, quam in publico ostendant.

X. « Quid agis avaritia? quot rerum caritate aurum tuum victum est? omnia ista quæ retuli in majore honore

plus estimés. Je veux maintenant interroger tes richesses, ces lames de l'un et de l'autre métal, qui éblouissent notre cupidité. Mais, par Hercule, la terre qui a exposé à sa surface tout ce qui pouvait nous être utile, a caché, a enfoui ces dangereux trésors qui ne devaient sortir de son sein que pour le malheur des nations, et a pesé dessus de tout son poids. Je vois le fer sortir des mêmes abîmes que l'or et l'argent, afin qu'il ne manquât au meurtre ni son instrument ni sa récompense. Et encore ces métaux ont-ils quelque chose de matériel, quelque chose où l'esprit peut être entraîné par l'illusion des yeux. Mais je vois là des diplômes, des contrats, des billets, vains simulacres de la propriété, vains fantômes de l'avarice en délire, faits pour tromper les esprits avides de chimères. Que sont en effet toutes ces choses? Que sont les intérêts, les calendaires, l'usure, sinon des noms nouveaux cherchés hors de la nature à la cupidité humaine? J'ai droit de me plaindre de la nature, pour n'avoir pas caché plus profondément l'or et l'argent, pour ne les avoir pas surchargés d'un poids si grand qu'il eût été impossible de les déterrer. Mais que sont ces tablettes, ces calculs, cette vente du temps, et ces sanglantes usures. Maux volontaires, nés de notre propre constitution, où l'on ne trouve rien qui puisse être soumis aux yeux, être touché de la main, vains rêves de l'avarice! Malheur à celui qui se réjouit en voyant le registre immense de ses domaines, et les vastes plaines cultivées par des esclaves, et ces hordes de troupeaux qui ont pour pâturages des provinces et des royaumes, et tout ce domestique plus nombreux que ces nations belliqueuses, et ces édifices particuliers, qui surpassent l'étendue des grandes villes! Lorsqu'il aura bien contemplé tous ces objets sur lesquels il a placé et dispersé ses richesses, lorsqu'il aura bien caressé son orgueil, qu'il compare ce qu'il possède avec ce qu'il désire, il sera pauvre. Laisse-moi, rends-moi à mes richesses. Moi je possède l'empire de la sagesse, empire immense et paisible. C'est ainsi que je suis maître de toutes choses, en les abandonnant à tous. »

XI. Aussi Caïus César offrant à Démétrius deux cents sesterces, il les rejeta en souriant, ne jugeant pas même la somme assez forte pour se glorifier de son refus. Dieux et déesses, avec quels pauvres moyens il voulut ou honorer ou corrompre une telle âme! Je dois rendre témoignage à ce grand homme. Je lui ai entendu dire un mot sublime, lorsqu'il s'étonnait de la folie de César qui avait pensé le gagner à si bon marché. « S'il se proposait, dit-il, de me tenter, il fallait en faire l'épreuve avec tout son empire. »

XII. On peut donc donner quelque chose au sage, quoique tout lui appartienne. Rien n'empêche non plus que l'on ne puisse donner à un ami, bien que nous disions que tout est commun entre amis. Car la communauté entre amis ne ressemble pas à la communauté entre associés, où une part est à l'un, une part à l'autre; mais à la communauté du père et de la mère dans leurs droits sur leurs enfants; s'ils en ont deux, ils n'ont pas chacun le leur, mais ils en ont deux chacun. Avant

---

pretioque sunt. Nunc volo tuas opes recognoscere, laminas utriusque materiæ, ad quas cupiditas nostra caligat. At mehercule terra, quæ quidquid utile futurum nobis erat protulit, ista defodit et mersit, et ut noxiosis rebus ac malo gentium in medium prodituris, toto pondere incubuit. Video ferrum ex iisdem tenebris esse prolatum, quibus aurum et argentum : ne aut instrumentum in cædes mutuas deesset, aut pretium. Et adhuc ista aliquam materiam habent; est in quo errorem oculorum animus subsequi possit : video istic diplomata, et syngraphas, et cautiones, vacua habendi simulacra, umbras quasdam avaritiæ laborantis, per quas decipiant animum, inanum opinione gaudentem. Quid enim ista sunt? quid fœnus, et kalendarium, et usura, nisi humanæ cupiditatis extra naturam quæsita nomina? Possum de rerum natura queri, quod aurum argentumque non interius abscouderit, quod non illis majus, quam quod detrahi posset, pondus injecerit. Quid sunt istæ tabulæ, quid computationes, et vænale tempus, et sanguinolentæ centesimæ? Voluntaria mala ex constitutione nostra pendentia, in quibus nihil est, quod subjici oculis, quod teneri manu possit, inanis avaritiæ somnia. O miserum! si quem delectat sui patrimonii liber magnus, et vasta spatia terrarum colenda per vinctos, et immensi greges pecorum per provincias ac regna pascendi et familia bellicosis nationibus major, et ædificia privata laxitatem urbium magnarum vincentia! quum bene ista, per quæ divitias suas disposuit ac fudit, circumspexerit, superbumque se fecerit, si quidquid habet, ei quod cupit comparet, pauper est. Dimitte me, et illis divitiis meis redde. Ego regnum sapientiæ novi, magnum, securum; ego sic omnia habeo, ut omnium sint. »

XI. Itaque quum C. Cæsar illi ducenta donaret, ridens rejecit, ne dignam quidem summam judicans, qua non accepta gloriaretur. Dii deæque, quam pusillo illum animum aut honorare voluit, aut corrumpere! Reddendum egregio viro testimonium est. Ingentem rem ab illo dici audivi, quum miraretur Caii dementiam, quod se putasset tanti posse mutari. Si tentare, inquit, me constituerat, toto illi fui experiendus imperio.

XII. Sapienti ergo donari aliquid potest, etiam si sapientis omnia sunt. Æque nihil prohibet, quum omnia amicis dicamus esse communia; aliquid amico donari. Non enim mihi sic cum amico communia sunt, quomodo cum socio, ut pars mea sit, pars illius; sed quomodo patri matrique communes liberi sunt : quibus quum duo

DES BIENFAITS.

tout, je ferai en sorte que celui, quel qu'il soit, qui m'associe avec lui, sache qu'il n'a rien de commun avec moi. Pourquoi? parce que ce lien n'existe qu'entre les sages, qui seuls connaissent l'amitié : les autres ne sont pas plus des amis que des associés. Ensuite il peut y avoir communauté de différentes manières. Ainsi, les quatorze bancs¹ appartiennent à tous les chevaliers romains : néanmoins la place que j'y prends me devient propre; si je la cède à quelqu'un, quoique je lui cède une chose qui nous est commune, je suis pourtant censé lui donner quelque chose. Il y a des choses que l'on ne possède que sous certaines conditions. J'ai une place sur les bancs équestres, non pour la vendre, non pour la louer, non pour l'habiter, mais pour voir le spectacle. Je ne mentirai donc pas si je dis que j'ai une place sur les bancs équestres : mais, lorsque je viens au théâtre, si tous les bancs sont pleins, j'y ai légalement une place, parce que j'ai droit de m'y asseoir, et je n'en ai pas, parce que ceux qui ont ce droit en commun avec moi les occupent toutes. Sache qu'il en est de même entre amis. Tout ce qu'a notre ami nous est commun avec lui : mais il a en propre ce qu'il possède, et je ne puis en user sans son aveu. Tu te moques de moi, diras-tu. Si ce qui est à mon ami est à moi, n'ai-je pas droit de le vendre. Non sans doute, pas plus que les places au théâtre, et cependant elles te sont communes avec les autres chevaliers. Ce n'est pas une preuve que quelque chose ne soit pas à toi parce que tu ne peux ni la vendre, ni la consommer, ni la modifier en bien ou en mal. Car elle est à toi-même, quoiqu'elle soit à toi sous certaine condition. J'ai reçu, mais tous ont reçu de même.

XIII. Pour ne pas te retenir plus longtemps, un bienfait ne peut être plus grand qu'un autre; mais les choses qui font la matière du bienfait peuvent être plus grandes; elles peuvent être plus multipliées, lorsque la bienveillance se livre à ses effusions et se complaît en elle-même, à la manière des amants, dont les baisers multipliés et les étroits embrassements n'accroissent pas l'amour, mais l'exercent. La question qui se présente ensuite a été déjà épuisée dans les livres précédents : aussi nous ne ferons que l'effleurer légèrement. Car les arguments qui ont servi peuvent se transporter ici. On demande si celui qui a tout fait pour rendre un bienfait, l'a rendu. La preuve, dit-on, qu'il n'a pas rendu, c'est qu'il a tout fait pour rendre. Il est donc évident qu'il n'a pas fait ce qu'il n'a pas eu occasion de faire. Ainsi, un débiteur n'a pas remboursé son créancier, si, ayant cherché de quoi le rembourser, il ne l'a pas trouvé. Il entre dans les conditions de certaines choses d'exiger que l'intention soit suivie de l'effet ; dans d'autres, l'intention tient lieu de l'effet, si on a tout essayé pour y arriver. Si un médecin a tout fait pour guérir, il a rempli son rôle. Malgré la condamnation d'un accusé, l'orateur conserve tout le mérite de son éloquence, s'il a usé de toutes les ressources du droit. Les honneurs du commandement sont rendus même au général vaincu, s'il a rempli ses fonctions avec

---

¹ Dans les amphithéâtres, les chevaliers romains avaient quatorze bancs réservés.

---

sunt, non singuli singulos habent, sed singuli binos. Primum omnium jam efficiam, ut quisquis est iste, qui me in societatem vocat, sciat se nihil mecum habere commune. Quare? quia hoc consortium solum inter sapientes est, inter quos amicitia est ; ceteri non magis amici sunt, quam socii. Deinde pluribus modis communia sunt. Equestria omnium equitum Romanorum sunt : in illis tamen locus meus fit proprius, quem occupavi ; hoc si cui cessi, quamvis illi communi re cesserim, tamen aliquid dedisse videor. Quædam quorumdam sub certa conditione sunt; habeo in equestribus locum, non ut vendam, non ut locem, non ut habitem ; in hoc tantum, ut spectem. Propterea non mentiar, si dicam me habere in equestribus locum : sed quum in theatrum veni, si plena sunt equestria, et jure habeo locum illic, quia sedere mihi licet; et non habeo, quia ab his, cum quibus jus mihi loci commune est, occupatus est. Idem inter amicos puta fieri. Quidquid habet amicus, commune est nobis : sed illius proprium est, qui tenet ; uti his, illo nolente, non possum. Derides me, inquis. Si quod amici est, meum est, liceat mihi vendere. Non licet; nam nec equestria, et tamen communia tibi cum cēteris equitibus sunt. Non est argumentum, ideo aliquid tuum non esse, quia vendere non potes, quia consumere, quia mutare in deterius aut melius non potes. Tuum enim est, etiam quod sub lege certa tuum est. Accepi, sed cuncti non minus.

XIII. Ne te traham longius, beneficium majus esse non potest ; ea per quæ beneficium datur, possunt esse majora : et plura, in quæ se undique benevolentia effundat, et sic sibi indulgeat, quemadmodum amantes solent ; quorum plura oscula, et complexus arctiores, non augent amorem, sed exercent. Hæc quoque, quæ venit quæstio, profligata est in prioribus : itaque breviter perstringetur. Possunt enim in hanc, quæ data sunt aliis, argumenta transferri. Quæritur, an qui omnia fecit, ut beneficium redderet, reddiderit. Ut scias, inquit, illum non reddidisse, omnia fecit, ut redderet. Apparet ergo, non esse id factum, cujus faciendi occasionem non habuit. Ut creditori suo pecuniam non solvit is, qui ut solveret, ubique quæsivit, nec invenit. Quædam ejus conditionis sunt, ut effectum præstare debeant : quibusdam pro effectu est, omnia attentasse, ut efficerent. Si omnia fecit medicus, peregit medicus partes suas; etiam damnato reo, oratori constat eloquentiæ officium, si omni jure usus est. Laus imperatoria etiam victo duci redditur, si et prudentia, et industria, et fortitudo muneribus suis functa est. Omnia fecit, ut beneficium redde-

prudence, avec habileté, avec courage. Ton obligé a tout fait pour te rendre : ton bonheur y a mis obstacle. Il ne t'est rien arrivé de fâcheux, pour mettre à l'épreuve la sincérité de son amitié. Tu es riche, il n'a pu te donner; tu te portes bien, il n'a pu s'asseoir à ton chevet; tu es heureux, il n'a pu te secourir : il t'a payé de retour, quoique ton bienfait ne te soit pas rentré. Du reste, celui qui, toujours attentif à épier l'occasion de la reconnaissance, y a consacré tous ses soins, toute son activité, a plus fait que l'homme à qui il arrive de s'acquitter sur-le-champ.

XIV. La comparaison du débiteur est fausse : il ne lui suffit pas d'avoir cherché de l'argent, s'il ne paie. Car d'un côté l'on a toujours sur les épaules un créancier impitoyable, qui ne laisse tomber aucun jour sans intérêt; de l'autre, un homme bienveillant qui, en voyant tes démarches, ton empressement, ton inquiétude, te dit : Bannis ces soucis de ton cœur. Cesse de te poursuivre de tes propres importunités. J'ai assez reçu de toi. Tu me fais injure, si tu crois que j'exige quelque chose de plus. Je suis pleinement convaincu de tes sentiments. Mais voyons, dit-on : Tu prétends que celui qui a ainsi témoigné sa reconnaissance a rendu le bienfait. Donc celui qui a rendu et celui qui n'a pas rendu sont au même niveau. A cela oppose le raisonnement contraire : s'il eût oublié le bienfait reçu, s'il n'eût pas même essayé d'être reconnaissant, dirais-tu qu'il s'est acquitté? Mias celui-ci s'est fatigué jour et nuit; il a renoncé à tout autre devoir, toujours dévoué à celui-là seul, toujours aux aguets pour ne pas laisser fuir l'occasion. Seront-ils donc au même niveau, celui qui a rejeté loin de lui tous les soucis de la reconnaissance, et celui qui n'en a jamais été libre un moment? Tu es injuste, si tu exiges de moi des effets, quand tu vois que l'intention ne m'a pas manqué. En résumé, suppose que tu sois pris par des pirates; j'emprunte de l'argent, je livre mes biens pour la garantie du créancier, je m'embarque au milieu des rigueurs de l'hiver, je parcours des rivages infestés de brigands, j'affronte tous les dangers que peut offrir même une mer tranquille : après avoir traversé de vastes solitudes pour chercher des hommes que tout le monde fuyait, j'arrive enfin jusqu'aux pirates : déjà un autre t'avait racheté. Nieras-tu que je me sois acquitté? Même si, dans cette navigation, le naufrage m'a fait perdre l'argent que j'avais amassé pour ta délivrance; même si je tombe dans les fers que je voulais t'ôter ; nieras-tu que je me sois acquitté? Mais, par Hercule, les Athéniens donnent à Armodius et à Aristogiton le nom de tyrannicides; et la main de Mucius, laissée dans le brasier d'un ennemi, passa pour avoir tué Porsenna; et la vertu luttant avec la fortune conserve son éclat, même sans atteindre le but qu'elle se proposait. Il a plus fait, celui qui a poursuivi les occasions fugitives, qui a épié tous les moyens de témoigner sa gratitude, que celui que la première occasion a fait, sans aucune fatigue, reconnaissant.

XV. Mais, dit-on, le bienfaiteur t'a apporté deux choses, sa bonne volonté et le don : tu lui dois donc aussi deux choses. Tu aurais raison de tenir ce langage à celui qui ne te rapporterait

---

ret; obstitit illi felicitas tua. Nihil incidit durius, quod veram amicitiam experiretur. Locupleti donare non potuit, sano assidere, felici succurrere : gratiam retulit, etiam si tu beneficium non recepisti. Præterea, huic intentus semper, et hujus rei tempus opperiens, qui in hoc multum curæ, multum sedulitatis impendit, plus laboravit, quam cui cito referre gratiam contigit.

XIV. Debitoris exemplum dissimile est : cui parum est pecuniam quæsisse, nisi solvit. Illic enim stat acerbus super caput creditor, qui nullum diem gratis occidere patiatur; hic benignissimus, qui quum te viderit cursantem et sollicitum atque anxium, dicat : Mitte hanc de pectore curam. Desine tibi molestus instare; omnia a te habeo. Injuriam mihi facis, si me quidquam amplius desiderare judicas. Plenissime ad me pervenit animus tuus. Dic, inquit, mihi; reddidisse beneficium diceres illum, qui sic gratiam retulit? Eodem ergo loco est, qui reddidit, et qui non reddidit. Contra, nunc illud pone, si oblitus esset accepti beneficii, si ne tentasset quidem gratus esse, negares illum gratiam retulisse. At hic diebus noctibusque se lassavit, et omnibus aliis renuntiavit officiis, huic uni imminens, et operatus, ne qua se fugeret occasio. Eodem ergo loco erunt, ille qui curam referendæ gratiæ abjecit, et hic qui nunquam ab illa recessit? Iniquus es, si rem a me exigis, quum videas animum non defuisse. Ad summam, puta, quum captus esses, me pecuniam mutuatum, rebus meis in securitatem creditoris oppositis, navigasse hieme jam sæva, per infesta latrociniis litora, emensum quidquid periculi afferre potest etiam pacatum mare : peragratis omnibus solitudinibus, quum quos nemo non fugiebat ego quærerem, tandem ad piratas perveni : et jam te alius redemerat; negabis me gratiam retulisse? etiamne si in illa navigatione pecuniam, quam saluti tuæ contraxeram, naufragus perdidi? etiamne si in vincula quæ detrahere tibi volui, ipse incidi? Negabis me retulisse gratiam? At mehercle Athenienses, Harmodium et Aristogitonem, tyrannicidas vocant; et Mucii manus in hostili ara relicta, instar occisi Porsenæ fuit : et semper contra fortunam luctata virtus, etiam citra effectum propositi operis, enituit. Plus præstitit, qui fugientes occasiones secutus est, et alia atque alia captavit, per quæ referre gratiam posset, quam quem sine ullo sudore gratum prima fecit occasio.

XV. Duas, inquit, res ille tibi præstitit, voluntatem, et rem; tu quoque illi duas debes. Merito istud diceres ei, qui tibi reddidit voluntatem otiosam; huic vero, qui

qu'une volonté oisive, mais non à celui dont la volonté s'épuise en efforts et ne néglige aucun moyen : car il donne les deux choses, autant qu'il est en lui. D'ailleurs il ne faut pas toujours calculer d'après le nombre. Quelquefois une chose en vaut deux. Ainsi le don se trouve remplacé par cette volonté si active, si avide de rendre. Si le cœur sans la chose ne suffit pas pour être reconnaissant, personne n'est reconnaissant envers les dieux, auxquels on n'offre que la seule volonté. Mais, si je ne puis donner davantage à celui que je dois payer de retour, pourquoi donc ne serai-je pas reconnaissant envers un homme au même prix qu'envers les dieux?

XVI. Si pourtant tu me demandes mon opinion, si tu veux que je te signifie ma réponse, je te dirai : Que l'un se croie remboursé, que l'autre sache qu'il n'a pas rendu : que l'un affranchisse, que l'autre reste enchaîné ; que l'un dise : j'ai reçu, que l'autre réponde : je dois. Dans toute question ayons pour but le bien général. Il faut interdire aux ingrats toute excuse où ils puissent se retrancher, qui leur serve à déguiser leur mauvaise volonté. J'ai tout fait! eh bien! fais encore. Quoi! Penses-tu que nos ancêtres fussent assez insensés pour ne pas comprendre combien il est injuste de mettre au même rang celui qui a dépensé au jeu ou aux plaisirs l'argent reçu d'un créancier, et celui qui, par suite de vol, d'incendie ou de quelque accident plus fâcheux, a perdu le bien d'autrui avec le sien? Cependant ils n'ont admis aucune excuse, afin d'apprendre aux hommes qu'il faut, avant tout, remplir ses engagements. Car il valait mieux refuser au petit nombre même une excuse légitime, pour que tout le monde ne fût pas tenté d'en chercher une frivole. Tu as tout fait pour rendre : cela suffit pour lui ; c'est trop peu pour toi. Car, de même que lui, s'il comptait pour rien la constance et les efforts de ton zèle, serait indigne de ta reconnaissance ; de même, toi, tu es ingrat, si, lorsqu'il prend en paiement ta bonne volonté, tu ne restais son débiteur d'autant plus volontiers qu'il te tient quitte. Mais ne va pas t'emparer de cette quittance, ni faire venir de témoins : n'en poursuis pas moins les occasions de rendre. Rends à l'un, parce qu'il redemande ; à l'autre, parce qu'il te fait remise ; à l'un, parce qu'il est méchant ; à l'autre, parce qu'il ne l'est pas. Et ne crois pas qu'il t'appartienne de juger la question suivante : Si on a reçu un bienfait d'un sage, est-on tenu de rendre lorsqu'il a cessé d'être sage, pour se tourner au mal? Car tu lui rendrais un dépôt qu'il t'aurait confié étant sage ; tu lui paierais sa créance même quand il deviendrait méchant. D'où vient qu'il n'en serait pas de même du bienfait? Parce qu'il est changé, te change-t-il? Quoi ! Si tu recevais quelque chose d'un homme bien portant, tu ne lui rendrais pas s'il était malade : tandis que nos obligations s'accroissent toujours envers un ami en raison de sa faiblesse. Or, celui-ci est malade d'esprit : il faut l'assister, il faut le supporter. La sottise est une maladie de l'esprit. Ici, pour être mieux compris, je crois qu'il faut distinguer.

XVII. Les bienfaits sont de deux espèces : les uns, que le sage seul peut offrir au sage : ceux-là

et vult, et conatur, et nihil intentatum relinquit, non potes dicere ; utrumque enim præstat, quantum in se est. Deinde, non semper numero numerus æquandus est ; aliquando una res pro duabus valet. Itaque in locum rei succedit tam propensa voluntas, et cupida reddendi. Quodsi animus sine re, ad referendam gratiam non valet, nemo adversus deos gratus est, in quos voluntas sola confertur. Diis, inquit, nihil aliud præstare possumus. Sed si huic quoque, cui referre gratiam debeo, nihil aliud præstare possum, quid est, quare non eo adversus hominem gratus sim, quo nihil amplius in deos confero?

XVI. Si tamen quid sentiam quæris, et vis signare responsum ; hic beneficium recepisse se judicet ; ille se sciat non reddidisse. Hic illum dimittat : ille se teneat ; hic dicat, habeo ; ille respondeat, debeo. In omni quæstione propositum sit nobis bonum publicum. Præcludendæ sunt excusationes ingratis, ad quas refugere possint, et sub quibus infitiationem suam tegere. Omnia feci! fac etiam nunc. Quid? tu tam imprudentes judicas majores nostros fuisse, ut non intelligerent iniquissimum esse, eodem loco haberi eum qui pecuniam, quam a creditore acceperat, libidine aut alea absumsit, et eum qui incendio, aut latrocinio, aut aliquo casu tristiore, aliena cum suis perdidit? nullam excusationem receperunt, ut homines scirent fidem utique præstandam. Satius enim erat a paucis etiam justam excusationem non accipi, quam ab omnibus aliquam tentari. Omnia fecisti ut redderes. Hoc illi satis sit ; tibi parum. Nam quemadmodum ille, si enixam et sedulam operam transire pro irrita patitur, cui gratia referatur indignus est : ita tu ingratus es, nisi ei, qui voluntatem bonam in solutum accepit, eo libentius debes, quia dimitteris. Non rapias hoc, nec testeris ; occasiones reddendi nihilominus quæras. Redde illi, quia repetit ; huic, quia remittit : illi, quia malus ; huic, quia non malus. Ideoque non est, quod ad te hanc quæstionem judices pertinere ; an, quod beneficium quis a sapiente acceperit, reddere debeat, si ille desiit esse sapiens, et in malum versus est. Redderes enim et depositum, quod a sapiente accepisses ; et etiam malo redderes creditum : quid est, cur non et beneficium? Quia mutatus est ille, te mutat? Quid? si quid a sano accepisses, ægro non redderes ; quum plus semper imbecillo amico debeamus! Et hic æger est animo : adjuvetur, feratur ; stultitia morbus est animi. Distinguendum hoc, quo magis intelligatur, existimo.

XVII. Duo sunt beneficia ; unum, quod dare nisi sa-

sont parfaits et véritables. Les autres, vulgaires et inférieurs, dont nous autres hommes grossiers nous faisons l'échange. Nul doute que ceux-ci ne doivent être rendus à qui que ce soit, qu'on devienne homicide, ou voleur, ou adultère. Les crimes sont soumis aux lois : le juge les punira mieux que l'ingrat. Que nul homme ne te fasse méchant parce qu'il l'est. Je jetterai son bienfait au méchant, je le rendrai à l'homme de bien ; à celui-ci parce que je lui dois, à celui-là pour ne pas lui devoir.

XVIII. Quant à l'autre espece de bienfaits, il y a doute : si je n'ai pu les recevoir qu'en raison de ma sagesse, je ne puis les rendre qu'à un sage. Suppose en effet que je rende : lui ne peut recevoir : car il n'en est plus susceptible ; il a perdu la faculté d'en user. C'est m'ordonner de renvoyer la balle à un manchot. Il y a folie à donner à quelqu'un ce qu'il ne peut recevoir. Pour commencer à répondre par où tu finis, je ne lui donnerai pas ce qu'il ne pourra recevoir ; je lui rendrai même ce qu'il ne pourra reprendre. Car je ne puis obliger que l'homme qui reçoit : je puis me libérer seulement si je rends. Il ne pourra en faire usage ? C'est son affaire. La faute en est à lui, non pas à moi.

XIX. Rendre, dit-on, c'est remettre à qui peut recevoir. Car si tu dois du vin à un homme, et qu'il t'ordonne de le verser dans un filet ou un crible, diras-tu que tu as rendu, ou voudras-tu rendre une chose qui, au moment où tu la rends, est perdue pour tous deux ? Rendre, c'est donner ce que tu dois à celui qui en est le maître, avec sa volonté. Voilà tout ce que j'ai à faire. Que ce qu'il reçoit de moi lui reste, c'est un soin qui ne me regarde pas. Je ne lui dois pas la tutelle, mais ma parole ; et il vaut beaucoup mieux pour moi qu'il n'ait pas, que de ne pas lui rendre. Dût mon créancier porter immédiatement au marché ce qu'il aura reçu, je n'en rendrai pas moins. Même s'il fait une délégation à une femme adultère, à laquelle je devrai compter l'argent, je paierai, et si sa robe est détachée, lorsqu'il verse dans ses plis l'argent qu'il reçoit, je donnerai encore. Car je suis tenu de rendre, non de conserver ou de surveiller ce que j'aurai rendu. J'ai sous ma garde le bienfait reçu, non le bienfait rendu. Tant qu'il est avec moi, qu'il reste intact : mais, dût-il glisser des mains de celui qui reçoit, je dois rendre à qui redemande. Je rendrai à l'homme de bien, quand il conviendra ; au méchant, quand il demandera. Tu ne peux, dit-on, lui rendre le bienfait tel que tu l'as reçu. Car tu as reçu d'un sage, tu rends à un fou. Non. Je le lui rends à lui, tel qu'il peut maintenant le recevoir ; ce n'est point par mon fait qu'il a perdu sa valeur, mais par le sien ; je rendrai ce que j'ai reçu. S'il revient à la sagesse, je le lui rendrai tel que je l'ai reçu ; tant qu'il est parmi les méchants, je le lui rends tel qu'il peut le recevoir. Mais, dit-on, si non-seulement il est devenu méchant, mais féroce et monstrueux comme Apollodore ou Phalaris, lui rendras-tu le bienfait que tu en avais reçu ? La nature ne comporte pas chez le sage un aussi grand changement. Car, de la plus haute vertu tombé au plus profond du vice, il doit nécessairement conserver même dans

piens sapienti non potest : hoc est absolutum et verum beneficium ; alterum, vulgare, plebeium, cujus inter nos imperitos commercium est. De hoc non est dubium, quin illi, qualiscumque est, debeam reddere, sive homicida, sive fur, sive adulter evasit. Habent scelera leges suas : melius istos judex, quam ingratus, emendat ; nemo te malum, quia est, faciat. Malo beneficium projiciam, bono reddam ; huic, quia debeo ; illi, ne debeam.

XVIII. De altero beneficii genere dubitatur, quod si accipere non potui nisi sapiens, ne reddere quidem nisi sapienti possum. Puta enim me accipere ; ille non potest recipere ; non est jam hujus rei capax ; scientiam utendi perdidit. Quid si me remittere manco pilam jubeas ? stultum est dare alicui, quod accipere non possit. Ut respondere ab ultimo incipiam : Non dabo illi, quod accipere non poterit ; reddam, etiam si recipere non poterit. Obligare enim non possum, nisi accipientem ; liberari tantum, si reddo, possum. Ille uti illo non poterit ? viderit ; penes illum erit culpa, non penes me.

XIX. Reddere est, inquit, accepturo tradidisse. Quid enim si cui vinum debeas, et hoc ille infundere reticulo jubeat, aut cribro ; reddidisse te dices, aut reddere voles, quod dum redditur, inter duos pereat ? reddere, est id quod debeas, ei cujus est, volenti dare ; hoc unum mihi præstandum est Ut quidem habeat quod a me accepit, jam ulterioris est curæ. Non tutelam illi, sed fidem debeo ; multoque satius est, illum non habere, quam me non reddere. Et creditori statim in macellum laturo, quod acceperit, reddam ; etiam si mihi adulteram, cui numerem, delegaverit, solvam ; et si nummos quos accipiet, in sinum suum discinctus fundet, dabo. Reddendum enim mihi est, non servandum, quum reddidero, aut tuendum. Beneficii accepti, non redditi custodiam debeo. Dum apud me est, salvum sit ; ceterum licet accipientis manibus effluat, dandum est et reposcenti. Reddam bono, quum expediet ; malo, quum petet. Tale, inquit, beneficium, quale accepisti, non illi potes reddere. Accepisti enim a sapiente ; stulto reddis. Non ; reddo illi, quale nunc potest accipere, sed ferus, sed inmanis, qualis Apollodorus, aut Phalaris ; et huic beneficium, quod acceperas, reddes ? Mutationem sapientis tantam natura non patitur ; nam in pessima ab optimis lapsus, necesse

le mal quelques vestiges du bien. Jamais la vertu ne s'éteint si complétement, qu'elle ne laisse dans l'âme des empreintes trop profondes, pour qu'aucun changement puisse les effacer. Les bêtes fauves élevées au milieu de nous, si elles s'échappent dans les bois, conservent quelque chose de leur première éducation ; elles tiennent le milieu entre les animaux les plus doux et les bêtes vraiment féroces qui n'ont pas subi la main de l'homme. On ne tombe jamais au dernier degré de la méchanceté, lorsqu'une fois on s'est attaché à la sagesse. La teinte est trop vive pour pouvoir disparaître entièrement, et se changer en une autre couleur. D'ailleurs, je te demanderai si cet homme n'est que féroce dans l'âme, ou s'il se déchaîne pour devenir une calamité publique. Tu m'as cité Apollodore et le tyran Phalaris : si le méchant leur ressemble intérieurement, pourquoi ne lui rendrais-je pas son bienfait, afin de n'avoir plus rien de commun avec lui? Mais, s'il se plaît dans le sang humain, s'il s'en abreuve, si sa cruauté s'exerce au supplice sur des êtres de tout âge, s'il s'emporte non par colère, mais par je ne sais quelle fureur de détruire, s'il égorge les fils sous les yeux de leurs pères, si, non content d'une simple mort, il a recours aux tortures; et non-seulement fait brûler, mais rôtir ses victimes; si son palais est toujours baigné d'un sang nouveau, c'est peu de chose de ne pas lui rendre son bienfait. Tous les liens qui m'unissaient à lui, il les a brisés en violant les droits de la société humaine. Si, après m'avoir rendu service, il portait les armes contre ma patrie, tout son mérite serait effacé, et ce serait un crime de lui témoigner de la reconnaissance. Si, sans attaquer ma patrie, il est un fléau pour la sienne ; si, loin de mon pays, c'est le sien qu'il opprime, sa dépravation l'a néanmoins séparé de moi. Même s'il ne devient pas pour moi un ennemi, il me devient odieux ; ma première règle, que je mets avant ses services, est de me rappeler ce que je dois au genre humain, plutôt que ce que je dois à un homme.

XX. Mais, quoi qu'il en soit, quoique je sois en tout libre envers lui, du moment où, violant toute justice, il a fait que rien ne pouvait être entrepris injustement contre lui, voici la règle que je croirai devoir observer à son égard. Si mon bienfait ne doit pas ajouter aux forces qu'il applique à la ruine commune, ni raffermir celles qu'il a ; si c'est une chose de nature à pouvoir être rendue sans qu'il en résulte aucun malheur public, je la rendrai. Je sauverai son fils en bas âge. En quoi nuit ce bienfait à aucun de ceux que déchire sa cruauté? Mais je ne lui donnerai pas d'argent pour soudoyer ses satellites. S'il désire du marbre et des étoffes, ces fantaisies de luxe ne feront de mal à personne ; mais je ne lui fournirai ni soldats, ni armes. S'il demande comme un beau présent des comédiens, des concubines et autres choses qui puissent amollir sa férocité, je les offrirai volontiers. Je ne lui enverrai ni trirèmes ni galères couvertes d'airain ; mais je lui enverrai des vaisseaux de parade, des gondoles et autres fantaisies de rois folâtrant sur la mer, mais si sa santé est entièrement désespérée, de la même main que j'offrirai un bienfait à tout le monde, je le rendrai à lui ; car

---

est etiam in malo vestigia boni teneat. Nunquam tantum virtus exstinguitur, ut non certiores animo notas imprimat, quam ut illas eradat ulla mutatio. Feræ inter nos educatæ, quum in silvas eruperunt, aliquid mansuetudinis pristinæ retinent : tantumque a placidissimis absunt, quantum a veris feris et nunquam humanam manum passis. Nemo in summam nequitiam incidit, qui unquam hæsit sapientiæ : altius infectus est, quam ut ex toto elui, et transire in colorem alium possit. Deinde interrogo, utrum iste ferus sit animo tantum, an et in perniciem publicam excurrat? Proposuisti enim mihi Apollodorum et Phalarin tyrannum, quorum si naturam habet intra se malus, quidni ego isti beneficium suum reddam, ne quid mihi cum eo sit juris amplius? Si vero sanguine humano non tantum gaudet et pascitur, sed et suppliciis omnium ætatum crudelitatem insatiabilem exercet, nec ira, sed aviditate quadam sæviendi furit, si in ore parentum filios jugulat, si non contentus simplici morte, distorquet, nec urit solum perituros, sed excoquit, si arx ejus cruore semper recenti madet ; parum est huic beneficium non reddere. Quidquid erat, quo mihi cohæreret, interscissa juris humani societas abscidit. Si præstitisset quidem mihi aliquid, sed arma patriæ meæ inferret ; quidquid meruerat, perdidisset, et referre illi gratiam scelus haberetur : si non patriam meam impugnat, sed suæ gravis est, et sepositus a mea gente, suam exagitat ; abscidit nihilominus illum tanta pravitas animi : etiam si non inimicum, invisum mihi efficit : priorque mihi ac potior ejus officii ratio est, quod humano generi, quam quod uni homini debeo.

XX. Sed quamvis hoc ita sit, et ex eo tempore omnia mihi in illum sint libera, ex quo, corrumpendo fas omne, ut nihil in eum nefas esset, effecerit : illum mihi servandum modum credam, ut si beneficium illi meum neque vires majores daturum est in exitium commune, nec confirmaturum quas habet, id autem erit, quod illi reddi sine pernicie publica possit; reddam. Servabo filium ejus infantem; quid hoc beneficium obest cuiquam eorum, quos crudelitas ejus lacerat? pecuniam quæ satellitem stipendio teneat, non subministrabo. Si marmora et vestes desideraverit, nihil oberit cuiquam id quo luxuria ejus instruitur : militem et arma non suggeram. Si pro magno petet munere artifices scenæ, et scorta, et quæ feritatem ejus emolliant, libens offeram. Cui triremes et æratas non mitterem, lusorias et cubiculatas, et alia ludibria regum in mari lascivientium mittam. Et si ex toto

à de tels caractères, il n'y a de remède que le trépas, et c'est un bonheur de mourir, pour celui qui ne doit jamais revenir à lui. Mais cette perversité est rare, et on la compte au nombre des prodiges, comme un tremblement de terre, ou l'éruption des feux qui jaillissent des cavités de la mer. Écartons-nous-en donc, et parlons de ces vices qui appellent la haine mais non l'horreur. A ce méchant, que je puis rencontrer dans chaque carrefour, que redoute un chacun, je rendrai le bienfait que j'en ai reçu. Il ne faut pas que sa méchanceté me profite : que ce qui n'est pas à moi retourne à son maître, bon ou méchant. Avec quel soin j'examinerais cette dernière alternative, s'il ne s'agissait pas de rendre mais de donner? A ce propos je me rappelle une anecdote.

XXI. Un certain pythagoricien avait acheté d'un cordonnier des chaussures grecques, objet important, quand on n'a pas d'argent comptant. Quelques jours après il revient à la boutique pour payer : il la trouve fermée; il frappe à plusieurs reprises. — «Pourquoi perdre ton temps, lui dit un voisin; ce cordonnier, que tu cherches, est mort et réduit en cendres. Ce qui peut-être est cruel pour nous, qui perdons nos amis pour toujours, doit l'être fort peu pour toi, qui sais qu'il doit renaître. » Il raillait le pythagoricien. Notre philosophe remporta sans regret ses trois ou quatre deniers, les faisant de temps en temps sonner. Bientôt se reprochant ce plaisir secret qu'il avait eu de ne pas rendre, et se rappelant combien ce faible gain lui avait souri, il retourna à la même boutique, en disant : « Cet homme est vivant pour toi; rends ce que tu dois.» Ensuite, à travers la porte, à l'endroit où s'entr'ouvrait la jointure, il introduisit ses quatre deniers et les jeta dans la boutique, pour se punir de sa coupable cupidité, et pour ne pas s'accoutumer au bien d'autrui.

XXII. Ce que tu dois, cherche à qui le rendre; et si personne ne demande, fais sommation à toi-même. Qu'il soit bon ou méchant, cela ne te regarde pas. Paie-le, et accuse-le; et songe que chacun de vous a des devoirs différents : il lui est ordonné d'oublier, il t'est prescrit de te souvenir. Ce serait une erreur cependant de croire, lorsque nous disons que le bienfaiteur doit oublier, que nous voulions effacer de son âme le souvenir d'une action des plus honnêtes. Nos préceptes sont quelquefois outrés à dessein, pour qu'on les ramène à leur véritable mesure. Lorsque nous disons : Il doit oublier, nous entendons qu'il ne doit pas publier, se vanter, ni se rendre importun. Car il y a des gens qui s'en vont raconter dans tous les cercles le bien qu'ils ont fait. Ils en parlent à jeun; ils en parlent dans l'ivresse; ils le jettent aux inconnus; ils le confient aux amis. C'est pour affaiblir cette mémoire exagérée et accusatrice, que nous avons prescrit l'oubli au bienfaiteur, et en lui commandant plus qu'il ne pouvait accorder, nous lui avons conseillé le silence.

XXIII. Toutes les fois qu'on a peu de confiance dans ceux que l'on commande, on exige plus qu'il ne faut, afin d'obtenir tout ce qu'il faut. Si l'hyperbole exagère, c'est pour arriver au vrai

---

ejus sanitas desperata fuerit, eadem manu beneficium omnibus dabo, illi reddam; quando ingeniis talibus vitæ exitus remedium est; optimumque est obire ei, qui ad se nunquam rediturus est. Sed hæc rara nequitia est, et semper portenti loco habita, sicut hiatus terræ, et de cavernis maris iguium eruptio. Itaque ab illa recedamus; de his loquamur vitiis, quæ detestamur sine horrore. Huic homini malo, quem invenire in quolibet foro possum, quem singuli timent, reddam beneficium quod accepi. Non oportet mihi nequitiam ejus prodesse : quod meum non est, redeat ad dominum, bonus sit an malus. Quam diligenter istud excuterem, si non redderem, sed darem? Hic locus fabulam poscit.

XXI. Pythagoricus quidam emerat a sutore phæcasia, rem magnam, non præsentibus nummis. Post aliquot dies venit ad tabernam, redditurus; et quum clausam diu pulsaret, fuit qui diceret : quid perdis operam tuam? sutor ille quem quæris, elatus, combustus est. Quod nobis fortasse molestum est, qui in æternum nostros amittimus, tibi minime, qui scis futurum, ut renascatur; jocatus in Pythagoricum. At philosophus noster tres aut quatuor denarios, non invita manu, domum retulit, subinde concutiens. Deinde quum reprehendisset hanc suam non reddendi tacitam voluptatem, intelligens arrisisse sibi illud lucellum, redit ad eamdem tabernam, et ait : Ille tibi vivit : redde, quod debes. Deinde per claustrum, qua se commissura laxaverat, quatuor denarios in tabernam inseruit, ac misit, pœnas a se exigens improbæ cupiditatis, ne alieno assuesceret.

XXII. Quod debes, quære cui reddas : etsi nemo poscet, ipse te appella. Malus an bonus sit, ad te non pertinet. Redde, et accusa, non oblitus, quemadmodum inter vos officia divisa sunt; illi oblivio imperata est, tibi meminisse mandavimus. Errat tamen, si quis existimat, quum dicimus eum qui beneficium dedit, oblivisci oportere, excutere nos illi memoriam rei præsertim honestissimæ; quædam præcipimus ultra modum, ut ad verum et suum redeant. Quum dicimus, meminisse non debet; hoc volumus intelligi, prædicare non debet, nec jactare, nec gravis esse. Quidam enim beneficium quod dederunt, omnibus circulis narrant; hoc sobrii loquuntur, hoc ebrii non continent : hoc ignotis ingerunt, hoc amicis committunt. Ut hæc nimia et exprobratrix memoria subsideret, oblicsivi eum qui dedit, jussimus; et plus imperando quam præstari poterat, silentium suasimus.

XXIII. Quoties parum fiduciæ est in his quibus imperas, amplius est exigendum quam satis est, ut præstetur quantum satis est. In hoc omni hyperbole extenditur, ut ad verum mendacio veniat. Itaque qui dixit,

Qui candore nives anteirent, cursibus auras :

par le mensonge. Ainsi, le poëte, en disant : « Plus blanc que la neige, plus léger que les vents, » a dit ce qui ne pouvait être, afin qu'on en crût le plus possible ; et celui qui a dit : « Plus ferme qu'un rocher, plus rapide qu'un torrent, » n'a pas imaginé qu'il persuaderait qu'un homme fût plus ferme qu'un rocher ; jamais l'hyperbole n'espère tout ce qu'elle ose : mais elle affirme l'incroyable pour arriver au croyable. Lorsque nous disons : Que celui qui a donné oublie, nous disons qu'il paraisse oublier : que le souvenir ne se montre pas, ne s'affiche pas. Lorsque nous disons qu'il ne faut pas réclamer un bienfait, nous ne proscrivons pas entièrement le droit de réclamation ; car souvent il faut aux méchants une assignation, aux bons un avertissement. Eh quoi ? n'indiquerai-je pas l'occasion à celui qui l'ignore ? Ne lui dévoilerai-je pas mes besoins ? Pourquoi lui laisser dans son ignorance un motif de mentir ou de se plaindre ? De temps à autre, il faut un avertissement, mais discret ; que ce ne soit pas une demande, encore moins une sommation.

XXIV. Socrate disait un jour tout haut, en présence de ses amis : « J'aurais acheté un manteau, si j'avais eu de l'argent. » C'était ne demander à personne, en avertissant tout le monde. Ils se disputèrent tous le droit de le lui offrir. Cela devait être. Que c'était peu de chose, en effet, que recevait Socrate ! Mais c'était beaucoup d'être celui de qui Socrate recevait. Pouvait-il les réprimander plus doucement ? « J'aurais acheté un manteau, si j'avais eu de l'argent. » Après cela, celui qui se hâta le plus, donna trop tard. Déjà Socrate avait eu besoin. C'est en vue des sommations rigoureuses, que nous défendons de redemander : non afin qu'on ne le fasse jamais, mais afin qu'on le fasse avec discrétion.

XXV. Aristippe, prenant un jour plaisir à respirer des parfums : « Maudits soient, dit-il, les efféminés qui ont compromis une aussi douce chose ! » On peut dire de même : Maudits soient les méchants et importuns délateurs de leurs bienfaits, qui ont fait proscrire une aussi douce chose que les avertissements entre amis ! Pour moi, j'userai de ce droit de l'amitié, et je redemanderai un bienfait à celui de qui je l'aurais demandé : il regardera comme un second bienfait le pouvoir de me le rendre. Jamais, même au milieu de mes plaintes, je ne dirai : « Je l'ai accueilli jeté par la mer tout nu sur le rivage ; insensé, je l'ai admis au partage de l'empire. » Ce n'est pas là un avertissement ; c'est un reproche : c'est appeler la haine sur le bienfait ; c'est faire que l'ingratitude soit permise ou qu'on s'y plaise. Il suffit de réveiller les souvenirs par des paroles modestes et affectueuses : « Si j'ai bien mérité de toi, si quelque douceur t'est venue de moi. » Alors, à son tour, il dira : « Comment n'as-tu pas bien mérité de moi ? Tu m'as accueilli jeté tout nu sur le rivage. »

XXVI. Mais, dis-tu, nous n'y gagnerons rien : cet ingrat désavoue ; il a tout oublié ; que dois-je faire ? Tu me demandes une chose très-importante, et par laquelle il convient de couronner ce traité :

quod non poterat fieri, dixit : ut crederetur quantum plurimum posset. Et qui dixit,

His immobilior scopulis, violentior amne

nemini hoc quidem se persuasurum putavit, aliquem tam immobilem, esse, quam scopulum. Nunquam tantum sperat hyperbola, quantum audet ; sed incredibilia affirmat, ut ad credibilia perveniat. Quum dicimus, qui beneficium dedit, obliviscatur : hoc dicimus, similis sit oblito ; memoria ejus non appareat, nec incurrat. Quum dicimus, beneficium repeti non oportere, non ex toto repetitionibus tollimus ; sæpe enim opus est malis exactore, etiam bonis admonitione. Quid ergo ? occasionem ignoranti non ostendam ? necessitates illi meas non detegam ? quare nesciat se aut mentiatur, aut doleat ? Interveniat aliquando admonitio, sed verecunda, quæ non poscat, nec in jus vocet.

XXIV. Socrates amicis audientibus : « Emissem, inquit, pallium, si nummos haberem. » Neminem poposcit, omnes admonuit ; a quo acciperet, ambitus fuit. Quidni esset ? Quantulum enim erat, quod Socrates accipiebat ? at multum erat, eum fuisse, a quo Socrates acciperet. Num illos castigare mollius potuit ? « Emissem, inquit, pallium, si nummos haberem. » Post hoc quisquis properaverit, sero dat ; jam Socrati defuit. Propter acerbos exactores repetere prohibemus ; non ut nunquam fiat, sed ut parce.

XXV. Aristippus aliquando delectatus unguento : « male, inquit, istis effeminatis eveniat, qui rem tam bellam infamaverunt ! » Idem dicendum est : male istis improbis et importunis beneficiorum suorum quadruplatoribus eveniat, qui tam bellam rem, admonitionem inter amicos, sustulerunt ! Ego tamen utar hoc jure amicitiæ, et beneficium ab eo repetam, a quo petissem : qui alterius beneficii loco accepturus est, potuisse reddere. Nunquam, ne querens quidem, dicam :

. . . . . . Ejectum littore egentem
Excepi, et regni demens in parte locavi.

Non est ista admonitio ; convicium est. Hoc est in odium beneficia perducere ; hoc est efficere, ut ingratum esse, aut liceat, aut juvet. Satis abundeque est, submissis et familiaribus verbis, memoriam revocare :

Si bene quid de te merui, fuit aut tibi quidquam
Dulce meum.

Ille invicem dicat : quidni merueris ? ejectum littore egentem excepisti.

XXVI. Sed nihil, inquit, proficimus : dissimulat, oblitus est ; quid facere debeam ? Quæris rem maxime necessariam, et in qua hanc materiam consummari decet,

comment faut-il supporter l'ingratitude? Avec calme, douceur et magnanimité. Jamais l'insensibilité, l'oubli de l'ingrat ne te blessera au point qu'il ne te reste plus de plaisir pour avoir donné. Que jamais une injustice ne t'arrache ces paroles. « Je voudrais n'en avoir rien fait ! » Que même l'insuccès de ton bienfait te plaise encore. L'ingrat se repentira toujours, si, même à présent, tu ne te repens pas. Il n'y a pas de quoi t'indigner, comme s'il arrivait quelque chose de nouveau : tu devrais t'étonner davantage, si cela n'arrivait pas. L'un recule devant la peine, l'autre devant la dépense; l'un devant le danger, l'autre devant une fausse honte, de crainte qu'en rendant il n'avoue qu'il a reçu; celui-ci pèche par ignorance du devoir, celui-là par paresse, un troisième par trop d'occupations. Vois comme les passions des hommes, toujours insatiables, désirent et mendient toujours ; tu ne seras pas surpris que personne ne rende, quand personne ne croit avoir assez reçu. Chez tous ces hommes, quelle est l'âme assez sûre, assez robuste pour que tu y déposes en sécurité un bienfait? L'un est fou de débauches, l'autre est l'esclave de son ventre; celui-ci, dévoré de la soif du gain, ne calcule que la somme, et jamais les moyens ; celui-là est travaillé par l'envie, ce dernier, par une aveugle ambition qui se rue sur les glaives. Ajoutes-y la léthargie d'une âme décrépite, et l'état contraire d'un cœur agité et inquiet que troublent de perpétuels orages. Ajoutes-y la folle estime de soi-même et cet orgueil insolent qui s'applaudit de ce qui fait sa honte. Que dirai-je de l'opiniâtreté qui s'obstine au mal, de la légèreté qui passe incessamment d'un objet à l'autre? Joins-y l'impétueuse témérité, la peur, qui ne donne jamais un bon conseil, et les mille erreurs qui nous entraînent, l'audace des plus lâches, la discorde des plus unis, et cette maladie universelle de poursuivre l'incertain, de se dégoûter de ce qu'on possède, de convoiter ce qu'on n'espéra jamais d'obtenir.

XXVII. Au milieu de tant de passions tumultueuses, tu cherches la vertu la plus calme, la bonne foi ! Si tu te représentes le tableau véritable de notre vie, il te semblera voir l'image d'une ville prise d'assaut, où, comme à un signal donné pour tout bouleverser, on met de côté toute considération de retenue ou d'honneur, pour ne prendre conseil que de la force. On n'épargne ni la flamme ni le fer : les crimes s'affranchissent des lois : la religion même, qui au milieu des armes ennemies a protégé des suppliants, n'est pas un rempart contre l'ardeur de la proie. L'un pille le particulier, l'autre le public; l'un le profane, l'autre le sacré. Celui-ci brise, celui-là escalade; cet autre, que gêne un passage trop étroit, renverse ce qui l'arrête, et marche au lucre par la destruction. L'un dérobe sans meurtre; l'autre charge sa main de sanglantes dépouilles : il n'y a personne qui n'emporte quelque chose à autrui. Dans cette cupidité de la race humaine, certes, tu oublies trop la condition commune, si tu cherches un homme qui rende parmi tant de ravisseurs. Si tu te plains qu'il y ait des ingrats, plains-toi des débauchés, plains-toi des avares, plains-toi des impudiques, plains-toi des malades hideux,

---

quemadmodum ingrati ferendi sint ? Placido animo, mansueto, magno. Nunquam te tam inhumanus, et immemor, et ingratus offendat, ut non tamen dedisse delectet. Nunquam in has voces injuria impellat : vellem non fecisse! Beneficii tui tibi etiam infelicitas placeat. Semper illum pœnitebit, si te ne nunc quidem pœnitet. Non est, quod indigneris tanquam aliquid novi acciderit; magis mirari deberes, si non accidisset. Alium labor, alium impensa deterret ; alium periculum, alium turpis verecundia, ne, dum reddit, fateatur accepisse; alium ignorantia officii, alium pigritia, alium occupatio. Adspice, quemadmodum immensæ hominum cupiditates hient semper, et poscant; non miraberis ibi neminem reddere, ubi nemo satis accipit. Quis est istorum tam firmæ mentis ac solidæ, ut tuto apud eum beneficia deponas? Alius libidine insanit, alius abdomini servit, alius lucri totus est, cujus summam non vias spectet; alius invidia laborat, alius cæca ambitione, et in gladios irruente. Adjice torporem mentis ac senium, et huic contrariam inquieti pectoris agitationem, tumultusque perpetuos; adjice æstimationem sui nimiam et tumorem, ob quæ contemnendus est, insolentem. Quid contumaciam in perversa nitentium, quid levitatem semper alio transilientem loquar? Huc accedat temeritas præceps, et nunquam fidele consilium daturus timor, et mille errores, quibus volvimur; audacia timidissimorum, discordia familiarissimorum, et publicum malum, incertissimis fidere, fastidire possessa, optare quæ consequi posse spes non fuit.

XXVII. Inter affectus inquietissimos, rem quietissimam, fidem, quæris? Si tibi vitæ nostræ vera imago succurret, videberis tibi videre captæ quum maxime civitatis faciem, in qua, omisso pudoris rectique respectu, vires in consilio sunt, velut signo ad permiscenda omnia dato. Non igni, non ferro abstinetur; soluta legibus scelera sunt; nec religio quidem, quæ inter arma hostilia supplices texit, ullum impedimentum est ruentium in prædam. Hic ex privato, hic ex publico, hic ex profano, hic sacra rapit; hic effringit, hic transilit, hic non contentus angusto itinere, ipsa quibus arcetur, evertit, et in lucrum ruina venit. Hic sine cæde populatur, hic spolia cruenta manu gestat; nemo non fert aliquid ex altero. In hac aviditate generis humani, næ tu nimis fortunæ communis oblitus es, qui quæris inter rapientes referentem. Si indignaris ingratos esse, indignare luxuriosos, indignare avaros, indignare impudicos, indignare ægros deformes, senes pallidos. Est istud grave vitium, est into-

plains-toi des vieillards pâles. Sans doute c'est un vice affreux, intolérable, qui désunit la société, qui sape et ruine la concorde, unique soutien de notre faiblesse; mais c'est un vice si commun, que celui qui s'en plaint n'y peut échapper.

XXVIII. Examine en toi-même si tu t'es acquitté envers tous tes bienfaiteurs, si jamais entre tes mains aucun service ne s'est perdu, si le souvenir de tous les bienfaits t'accompagne sans cesse. Tu verras ceux qui furent accordés à ton enfance oubliés avant ta jeunesse, ceux qui furent versés sur ton adolescence corrompus avant ta vieillesse. Les uns nous les perdons, les autres nous les jetons ; ceux-ci ont disparu insensiblement de notre vue, ceux-là, nous en avons détourné les yeux. Pour excuser à tes yeux ta faiblesse, je te dirai d'abord que la mémoire est fragile et ne suffit pas à la multitude des choses. Il est nécessaire qu'elle perde à mesure qu'elle reçoit, et que le présent étouffe le passé. De là vient le peu d'influence que ta nourrice conserve sur toi : c'est que le progrès de l'âge a éloigné de toi son bienfait. De là vient que tu n'as plus de respect pour ton précepteur. Ainsi, il arrive qu'occupé des comices consulaires, ou devenu candidat du sacerdoce, tu as oublié les suffrages qui t'ont donné la questure. Ce vice, dont tu te plains, peut-être en fouillant avec soin, tu le trouveras caché dans quelque repli de ton cœur. Il y a injustice à t'irriter contre le crime commun, il y a sottise à t'irriter contre le tien. Pardonne pour être absous. Tu peux rendre l'ingrat meilleur par l'indulgence; mais à coup sûr tu le rendrais pire par la sévérité. Ne vas pas endurcir son front : s'il lui reste quelque pudeur, souffre qu'il la conserve. Souvent la voix trop éclatante du reproche a fait tomber le masque à l'ingratitude encore timide. Nul ne craint d'être ce qu'il paraît déjà : la pudeur surprise se perd.

XXIX. J'ai perdu mon bienfait! Disons-nous donc que nous avons perdu les offrandes consacrées aux Dieux? Le bienfait est parmi les choses consacrées; quand il réussirait mal, il est bien placé. Cet homme n'est pas tel que nous l'avions espéré. Soyons tels que nous avons été; ne lui ressemblons pas. La perte remonte au jour du bienfait : elle ne se découvre que maintenant. Ce n'est pas sans quelque honte pour nous que nous dénonçons l'ingrat : car se plaindre qu'on a perdu un bienfait, c'est avouer qu'on a mal donné. Autant que nous le pouvons, plaidons la cause de l'ingrat au dedans de nous-mêmes : peut-être n'a-t-il pas pu ; peut-être n'a-t-il pas su ; peut-être rendra-t-il. Certaines mauvaises dettes sont devenues bonnes par la patience et la sagesse du créancier qui les a soutenues, et assurées par des délais. Il nous faut faire de même. Réchauffons une foi languissante.

XXX. J'ai perdu mon bienfait! Insensé, tu ne connais pas la date de la perte. Tu as perdu, mais au moment que tu donnais; aujourd'hui seulement tu t'en aperçois. Même dans les choses qui sont comptées comme perdues, la modération profite grandement. Les maladies de l'âme, comme celles du corps, veulent être traitées avec précaution. Les fils qu'on eût démêlés avec le temps, se rompent si on les tire brusquement. A quoi bon les impré-

---

lerabile, et quod dissociet homines, quod concordiam, qua imbecillitas nostra fulcitur, scindat ac dissipet : sed usque eo vulgare est, ut illud ne qui queritur quidem effugerit.

XXVIII. Cogita tecum, an quibuscumque debuisti, gratiam retuleris, an nullum umquam apud te perierit officium, an omnium te beneficiorum memoria comitetur. Videbis quæ puero data sunt, ante adolescentiam elapsa; quæ in juvenem collata sunt, non perdurasse in senectutem. Quædam perdidimus, quædam projecimus; quibusdam a conspectu nostro paulatim exierunt; a quibusdam oculos avertimus. Ut excusem tibi imbecillitatem tuam, imprimis fragilis est memoria, et rerum turbæ non sufficit; necesse est quantum recipit, emittat, et antiquissima recentissimis obruat. Sic factum est, ut minima apud te nutricis esset auctoritas; quia beneficium ejus longius ætas sequens posuit; sic factum est, ut præceptoris tibi non esset ulla veneratio ; sic evenit, ut circa consularia occupato comitia, aut sacerdotiorum candidato, quæsturæ suffragator excideret. Fortasse vitium, de quo quereris, si te diligenter excusseris, in sinu invenies. Inique publico irasceris crimini : stulte, tuo; ut absolvaris, ignosce. Meliorem illum facies ferendo, utique pejorem exprobrando; non est quod frontem ejus indures; sine, si quid est pudoris residui, servet. Sæpe dubiam verecundiam vox conviciantis clarior rupit; nemo id esse, quod jam videtur, timet; deprehensus pudor amittitur.

XXIX. Perdidi beneficium. Numquid quæ consecravimus, perdidisse non dicimus! Inter consecrata beneficium est, etiam si male respondit, bene collatum. Non est ille, qualem speravimus. Simus quales fuimus nos, ei dissimiles; damnum tunc factum, nunc apparuit. Ingratus non sine nostro pudore protrahitur, quoniam quidem querela amissi beneficii, non bene dati signum est. Quantum possumus, causam ejus apud nos agamus : fortasse non potuit, fortasse ignoravit; fortasse facturus est. Quædam nomina bona lentus ac sapiens creditor fecit, qui sustinuit, ac mora fovit. Idem nobis faciendum; nutrimus fidem languidam.

XXX. Perdidi beneficium! Stulte, non nosti detrimenti tui tempora ; perdidisti, sed quum dares ; nunc palam factum est. Etiam in his quæ videntur in perdito, moderatio plurimum profuit. Ut corporum, ita animorum molliter vitia tractanda sunt : sæpe quod explicavit mora, pertinacia trahentis abruptum est. Quid opus est maledictis? quid querelis? quid insectatione? quare illum li-

cations, les plaintes, les outrages? Pourquoi le libérer toi-même? Pourquoi l'affranchir? Dès que tu le déclares ingrat, il ne doit plus rien. Quelle raison y-a-t-il d'exaspérer l'homme auquel tu as rendu de grands services, pour, d'un ami douteux, en faire un ennemi déclaré, pour qu'il se cherche un défenseur dans notre propre honte? Et il ne manquera pas de gens qui diront : « Je ne conçois pas comment il ne peut supporter celui auquel il doit tant : il y a quelque chose là-dessous. Il n'y a personne qui, par ses plaintes, ne jette quelque tache sur la dignité d'un supérieur, quand même il ne pourrait la souiller : et nul ne se contente d'inventer des fautes légères; car l'exagération de la calomnie provoque la crédulité. »

XXXI. Tu suivras une bien meilleure route, en conservant avec l'ingrat l'apparence de l'amitié, ou même l'amitié s'il revient à la vertu. Une bonté opiniâtre triomphe des méchants : et il n'y a pas de cœur assez dur, assez ennemi de tout ce qui doit être aimé, pour ne pas être entraîné vers les gens de bien, auxquels il va devoir cette obligation de plus, qu'il sera impunément insolvable. Dirige d'abord tes pensées de ce côté. On n'a pas reconnu mes services : que ferai-je? Ce que font les dieux, généreux auteurs de toutes choses : ils commencent par verser leurs bienfaits sur l'homme à son insu; ils les continuent à l'homme ingrat. L'un les accuse de négligence, l'autre d'injustice; celui-ci les bannit de son univers et les suppose relégués dans les ténèbres, oisifs, indolents, inoccupés. Pour un autre, le soleil, à qui nous devons la division du temps entre le travail et le repos, qui nous empêche d'être plongés dans l'obscurité et la confusion d'une éternelle nuit; qui règle l'année par son cours, nourrit les corps, fait germer les semences et mûrir les fruits; le soleil est quelque pierre, quelque globe de feux fortuitement agglomerés, enfin tout autre chose qu'un dieu. Néanmoins, semblables à de bons pères qui sourient aux colères de leurs petits enfants, les dieux ne cessent pas d'accumuler leurs bienfaits sur ceux qui doutent de l'auteur des bienfaits : d'une main toujours égale, ils répartissent leurs dons sur tous les peuples, n'ayant reçu en partage qu'un seul pouvoir, celui de faire le bien. Ils arrosent les terres de pluies opportunes, ils agitent les mers par le souffle des vents, marquent les heures par le cours des astres; ils tempèrent les hivers et les étés par l'haleine bienfaisante des zéphirs caressants, ils supportent avec calme et bonté les erreurs des âmes déchues. Imitons-les. Donnons, même si nous avons donné beaucoup en vain : donnons à d'autres, donnons à ceux mêmes qui nous ont fait perdre. La destruction d'une maison n'empêche personne de la rebâtir; et quand la flamme a consumé nos pénates, nous jetons de nouveaux fondements sur la terre encore chaude; souvent nous élevons des villes sur le même sol qui les a englouties : tant l'âme est opiniâtre à conserver bon espoir. Le travail de l'homme cesserait sur la terre et sur la mer, si les mauvais succès n'étaient suivis de nouvelles tentatives.

XXXII. Il est ingrat : ce n'est pas à moi qu'il a fait tort, c'est à lui-même. Moi, j'ai joui de mon bienfait en l'accordant. Je ne donnerai pas avec moins de cœur, mais avec plus de soin. Ce que j'ai

beras? quare dimittis? Si ingratus est, jam nihil debet. Quæ ratio est exacerbare eum, in quem magna contuleris, ut ex amico dubio fiat non dubius inimicus, et patrocinium sibi nostra infamia quærat? Nec desit : nescio quid est, quod eum, cui tantum debuit, ferre non potuit : subest aliquid. Nemo non superioris dignitatem querendo, etiam si non inquinavit, aspersit : nec quisquam fingere contentus est levia, quum magnitudine mendacii fidem quærat.

XXXI. Quanto illa melior via, qua servatur illi species amicitiæ, et, si reverti ad sanitatem velit, etiam amicitia? Vincit malos pertinax bonitas; nec quisquam tam duri infestique adversus diligenda animi est, ut etiam in tractus bonos non amet : quibus hoc quoque cœpit debere, quod impune non solvit. Ad illa itaque cogitationes tuas flecte. Non est mihi relata gratia; quid faciam? quod dii omnium rerum optimi auctores; qui beneficia ignorantibus dare incipiunt, ingratis perseverant. Alius illis objicit negligentiam nostri, alius iniquitatem, alius illos extra mundum suum projicit, et ignavos, hebetesque sine luce, sine ullo opere destituit. Ahas solem, cui debemus, quod inter laborem quietemque tempus divisimus, quod, non tenebris immersi, confusionem æternæ noctis effugimus, quod annum cursu suo temperat, et corpora alit, evocat, percoquit fructus, saxum aliquod, aut fortuitorum ignium globum, et quidvis potius quam deum appellat. Nihilominus tamen more optimorum parentum, qui maledictis suorum infantium arrident, non cessant dii beneficia congerere, de beneficiorum auctore dubitantibus; sed æquali tenore bona sua per gentes populosque distribuunt, unam potentiam sortiti, prodesse. Spargunt opportunis imbribus terras, maria flatu movent, siderum cursu notant tempora, hiemes æstatesque interventu lenioris spiritus molliunt; errorem labentium animorum placidi ac propitii ferunt. Imitemur illos; demus, etiam si multa in irritum data sint; demus nihilominus aliis, demus ipsis, apud quos jactura facta est. Neminem ab excitanda domo ruina deterruit, et quum penates ignis absumsit, fundamenta tepente adhuc area ponimus, et urbes hanstas sæpius eodem solo condimus. Adeo ad bonas spes pertinax animus est. Terra marique humana opera cessarent, nisi male cadentia iterum tentare libuisset.

XXXII. Ingratus est; non mihi fecit injuriam, sed sibi; ego beneficio meo, quum darem, usus sum, nec ideo pi-

perdu avec celui-là, je le gagnerai avec d'autres. A celui-là même je donnerai encore; et semblable au bon laboureur, à force de soins et de culture, je triompherai de la stérilité du sol. Mon bienfait est perdu pour moi; lui, il est perdu pour tout le monde. Il n'y a pas de grandeur d'âme à donner et à perdre; de la grandeur d'âme, c'est de perdre et de donner.

grius dabo, sed diligentius; quod in hoc perdidi, ab aliis recipiam. Sed huic ipsi beneficium dabo iterum, et tanquam bonus agricola, cura cultuque sterilitatem soli vincam. Periit mihi beneficium; iste omnibus. Non est magni animi, dare et perdere; hoc est magni animi, perdere et dare.

DE LA CONSTANCE DU SAGE,

ou

QUE L'INJURE N'ATTEINT PAS LE SAGE.

LIVRE UNIQUE.

A ANNÆUS SÉRÉNUS.

I. Je puis dire à bon droit, Sérénus, qu'il y a entre les stoïciens et les autres sectes qui font profession de sagesse, autant de différence qu'entre l'homme et la femme : bien que l'un et l'autre sexe contribuent également au bonheur de la vie commune : l'un semble né pour commander, l'autre pour obéir. Les autres philosophes agissent avec mollesse et complaisance, à peu près comme ces médecins domestiques et de famille, qui prescrivent à leurs malades non les remèdes les meilleurs et les plus actifs, mais ceux qu'on veut bien accepter. Les stoïciens, au contraire, marchant dans la route des vrais hommes, s'occupent moins de la faire paraître agréable à ceux qui s'y engagent, que de nous sauver au plus tôt, et de nous transporter dans ces régions élevées qui sont tellement hors de la portée des traits, qu'elles dominent la fortune. — Mais la voie où ils nous appellent est escarpée et raboteuse. — Est-ce donc par la plaine qu'on gagne les hauteurs ? Et même cette route n'est pas si malaisée que quelques-uns se l'imaginent. C'est la première partie seulement qui a des pierres et des rochers, et semble sans issue ; souvent ainsi la plupart des objets vus de loin paraissent escarpés et liés entre eux tant que la distance trompe les regards. Ensuite, quand on s'en approche, ces mêmes objets, dont l'illusion des yeux avait fait une seule masse, se dégagent insensiblement, et ceux qui, dans l'éloignement, semblaient taillés à pic, reprennent la forme d'une douce pente. Dernièrement, lorsque nous vînmes à parler de M. Caton, tu t'indignais, toi qui ne peux souffrir l'injustice, que son siècle l'eût assez mal compris pour mettre au-dessous des Vatinius cet homme qui s'élevait au dessus des Pompée, des César ; tu trouvais révoltant que, lorsqu'il com-

DE CONSTANTIA SAPIENTIS.

I. Tantum inter Stoicos, Serene, et ceteros sapientiam professos interesse, quantum inter feminas et mares, non immerito dixerim ; quum utraque turba ad vitæ societatem tantumdem conferat, sed altera pars ad obsequendum, altera imperio nata sit. Ceteri sapientes molliter et blande, ut fere domestici et familiares medici ægris corporibus, non qua optimum et celerrimum est, medentur, sed qua licet : Stoici virilem ingressi viam, non ut amœna ineuntibus videatur curæ habent, sed ut quamprimum nos eripiant, et in illum editum verticem educant, qui adeo extra omnem teli jactum surrexit, ut supra fortunam emineat. At ardua per quæ vocamur et confragosa sunt. Quid enim plano aditur excelsum ? Sed ne tam abrupta quidem sunt, quam quidam putant ; prima tantum pars saxa rupesque habet, et invii speciem, sicut pleraque ex longinquo speculantibus abscisa et connexa videri solent, quum aciem longinquitas fallat. Deinde propius adeuntibus eadem illa, quæ in unum congesserat error oculorum, paulatim adaperiuntur ; tum illis, quæ præcipitia ex intervallo apparebant, redit lene fastigium. Nuper quum incidisset mentio M. Catonis, indigne ferebas (sicut es iniquitatis impatiens) quod Catonem ætas

battait une loi, on lui eût arraché sa toge en plein forum ; que, depuis les Rostres jusqu'à l'arc de Fabius, traîné par les mains d'une faction séditieuse, il eût subi les propos insultants, les crachats et tous les autres outrages d'une multitude en délire. Je te répondis alors que si tu avais sujet de t'offenser, ce devait être pour la république qu'un Clodius, d'une part, de l'autre, un Vatinius, et les plus méchants citoyens mettaient à l'enchère, sans comprendre, dans l'emportement de leur aveugle cupidité, qu'en vendant l'état ils se vendaient eux-mêmes.

II. Pour ce qui est de Caton, je te disais de te rassurer ; que nul sage ne pouvait recevoir d'injure ni d'offense, et que Caton nous avait été donné par les dieux immortels comme un modèle de sagesse, encore plus sûr qu'Ulysse et Hercule dans les âges anciens. Nos stoïciens les ont proclamés des sages invincibles aux travaux, contempteurs de la volupté, vainqueurs de toutes les craintes. Mais Caton n'eut pas à combattre des bêtes féroces ; c'est une lutte qui convient à un chasseur et à un paysan ; il ne poursuivit pas de monstres avec le fer et la flamme, et ne vécut pas dans un temps où l'on croyait que le ciel se reposait sur les épaules d'un homme ; depuis longtemps on était revenu de l'antique crédulité, et le siècle s'était élevé aux plus hautes connaissances. Caton fit la guerre à la brigue, ce vice aux mille formes, à l'insatiable soif du pouvoir, que n'avait pu satisfaire le partage du monde entier entre trois hommes, aux vices d'une cité dégénérée qui s'affaissait sous sa propre grandeur : Seul resté debout, il étaya la république chancelante, autant que le pouvait faire la main d'un seul homme, jusqu'à ce qu'enfin entraîné, précipité lui-même, il s'offrit à partager la ruine qu'il avait si longtemps retardée. Alors on vit s'anéantir en même temps ce qu'il était criminel de séparer : Caton ne survécut pas à la liberté, ni la liberté à Caton. Crois-tu donc que le peuple ait pu lui faire injure, parce qu'il le dépouilla de sa préture ou de sa toge, parce qu'il arrosa cette tête sacrée des ordures de sa bouche? Non : le sage est partout en sûreté ; il ne peut être atteint ni par l'injure, ni par l'offense.

III. Il me semble voir ton âme s'échauffer et s'enflammer ; tu es prêt à t'écrier : « Voilà ce qui compromet l'autorité de vos enseignements ! Vous promettez de belles choses, que l'on n'ose pas même espérer, bien loin qu'on y puisse croire ; ensuite, lorsque faisant sonner de grands mots, vous niez que le sage soit pauvre, vous ne niez pas que souvent il n'ait ni esclave, ni vêtement, ni toit, ni aliment ; lorsque vous niez que le sage puisse déraisonner, vous ne niez pas qu'il puisse être aliéné et tenir des discours extravagants, et oser tous les actes où l'entraîne la force de la maladie ; lorsque vous niez que le sage soit esclave, vous convenez qu'il peut être vendu, qu'il peut exécuter les ordres d'un maître, et remplir auprès de lui toutes les fonctions serviles. Ainsi, après que votre orgueil s'est dressé de toute sa hauteur, vous descendez aussi bas que les autres, en changeant seulement le nom des choses. Je soupçonne qu'il y a quelque chose de pareil dans

---

sua parum intellexisset, quod supra Pompeios et Cæsares surgentem infra Vatinios posuisset, et tibi indignum videbatur, quod illi dissuasuro legem, toga in Foro esset erepta, quodque a Rostris usque ad arcum Fabianum per seditiosæ factionis manus tractus, voces improbas, et sputa, et omnes alias insanæ multitudinis contumelias pertulisset. Tunc ego respondi te quod reipublicæ nomine movereris, quam hinc P. Clodius, hinc Vatinius, ac pessimus quisque venundabat, et cæca cupiditate corrupti, non intelligebant, se, dum vendunt, et venire.

II. Pro ipso quidem Catone securum te esse jussi ; nullum enim sapientem nec injuriam accipere, nec contumeliam posse ; Catonem autem certius exemplar sapientis viri nobis deos immortales dedisse, quam Ulyssem et Herculem prioribus seculis. Hos enim Stoici nostri sapientes pronuntiaverunt, invictos laboribus, contemtores voluptatis, et victores omnium terrarum. Cato cum feris manus non contulit, quas consectari venatoris agrestisque est ; nec monstra igne ac ferro persecutus est, nec in ea tempora incidit, quibus credi posset cœlum unius humeris inniti ; excussa jam antiqua credulitate, et seculo ad summam perducto solertiam. Cum ambitu congressus, multiformi malo, et cum potentiæ immensa cupiditate, quam totus orbis in tres divisus satiare non poterat, adversus vitia civitatis degenerantis, et pessum sua mole sidentis, stetit solus, et cadentem rempublicam, quantum modo una retrahi manu poterat, retinuit ; donec vel abreptus, vel abstractus, comitem se diu sustentatæ ruinæ dedit ; simulque exstincta sunt, quæ nefas erat dividi. Neque enim Cato post libertatem vixit, nec libertas post Catonem. Hinc tu putas injuriam fieri potuisse a populo, quod aut præturam illi detraxit, aut togam? quod sacrum illud caput purgamentis oris aspersit? Tutus est sapiens, nec ulla affici aut injuria, aut contumelia potest.

III. Videor mihi intueri animum tuum incensum, et effervescentem ; paras acclamare : « Hæc sunt quæ auctoritatem præceptis vestris detrahant! Magna promittis, et quæ ne optari quidem, nedum credi possint ; deinde ingentia locuti, quum pauperem negastis esse sapientem, non negatis solere illi et servum, et vestem, et tectum, et cibum deesse ; quum sapientem negastis insanire, non negatis et alienari, et parum sana verba emittere, et quidquid vis morbi cogit, audere ; quum sapientem negastis servum esse, iidem non itis infitias, et venum iturum, et imperata facturum, et domino suo servilia præstiturum ministeria. Ita, sublato alte supercilio, in eadem quæ ceteri, descenditis, mutatis rerum nominibus. Tale

DE LA CONSTANCE DU SAGE.

cette maxime qui, au premier abord, est belle et magnifique; que le sage ne recevra ni injure, ni offense. Or, il y a une grande différence entre placer le sage au-dessus de l'indignation, et le placer au-dessus de l'injure. Car si vous dites qu'il souffrira avec courage, il n'a aucun privilége : il lui arrive une chose vulgaire, et qui s'apprend par l'habitude de l'injure, la patience. Si vous dites qu'il ne reçoit pas d'injures, c'est-à-dire que personne ne tentera de lui en faire, je laisse là toute affaire, et je me fais stoïcien. » Quant à moi, je n'ai pas prétendu parer le sage de l'éclat d'un titre imaginaire, mais le placer en un lieu où nulle injure ne puisse l'atteindre. « Eh quoi ! il n'y aura personne qui le provoque, personne qui l'éprouve ? » Il n'y a dans la nature rien de sacré qui échappe au sacrilége ; mais les choses divines n'en sont pas moins dans une sphère sublime, quoiqu'il se trouve des gens qui adressent leurs coups impuissants à une grandeur bien au-dessus de leur portée. Nous appelons invulnérable non pas ce que rien ne frappe, mais ce que rien ne blesse. A ce signe, reconnais le sage. N'est-il pas constant que la force qui n'est pas vaincue, est plus assurée que celle qui n'est pas attaquée ? On peut douter d'une puissance non éprouvée ; mais on peut à bon droit regarder comme la fermeté la plus assurée celle qui a repoussé tous les assauts. Ainsi, persuade-toi bien que le sage est d'une nature meilleure quand aucune injure ne lui nuit, que quand il ne lui en est fait aucune. J'appellerai brave celui que les guerres ne domptent point, que l'approche des forces ennemies n'effraie point, et non celui qui s'engraisse dans l'oisiveté, au milieu de peuples indolents. C'est ainsi que j'entends que le sage n'est exposé à aucune injure. Peu importe donc combien on lui lance de traits, puisqu'il est impénétrable à tous. De même que la dureté de certaines pierres les met à l'épreuve du fer, et que le diamant, qui ne peut être ni taillé, ni brisé, ni usé, émousse au contraire tout ce qui s'y attaque ; de même qu'il y a des matières qui ne peuvent être consumées par le feu, mais qui, au milieu des flammes conservent leur forme et leur consistance ; de même que les rochers qui s'avancent dans la mer, brisent la fureur des flots, et ne portent aucune trace des orages qui les battent depuis tant de siècles ; ainsi est ferme l'âme du sage : elle a tant ramassé de forces, qu'elle est aussi assurée contre l'injure que les choses dont je viens de parler.

IV. Eh quoi ! n'y aura-t-il personne qui tente de l'outrager ? On le tentera ; mais l'injure n'arrivera pas jusqu'à lui. Car une trop grande distance l'éloigne du contact des choses inférieures, pour qu'une force nuisible puisse s'étendre jusqu'à lui. Alors même que les grands nés pour l'empire, et qui tirent leur force de l'asservissement volontaire de la foule, tâcheraient de lui nuire, tous leurs traits tomberaient avant d'atteindre le sage, comme ceux qui, chassés dans les airs par l'arc ou la baliste, s'élancent au-delà de notre vue, et cependant décrivent leur courbe bien en-deçà du ciel. Quoi donc ! alors que ce roi stupide obscurcissait le jour par une nuée

---

itaque aliquid et in hoc esse suspicor, quod prima specie pulchrum atque magnificum est; nec injuriam nec contumeliam accepturum esse sapientem. Multum autem interest, utrum sapientem extra indignationem, an extra injuriam ponas. Nam si dicis, illum æquo animo laturum, nullum habet privilegium ; contigit illi res vulgaris, et quæ discitur ipsa injuriarum assiduitate, patientia. Si negas accepturum injuriam, id est, neminem illi tentaturum facere ; omnibus relictis negotiis, Stoicus fio. » Ego vero sapientem non imaginario honore verborum exornare constitui, sed eo loco ponere, quo nulla permittatur injuria. « Quid ergo ? nemo eri lacessat, qui tentet? » Nihil in rerum natura tam sacrum est, quod sacrilegum non inveniat; sed non ideo divina minus in sublimi sunt, si existunt, qui magnitudinem, multum ultra se positam, non icturi appetant. Invulnerabile est, non quod non feritur, sed quod non læditur. Ex hac tibi nota sapientem exhibeo. Numquid dubium est, quin certius robur sit, quod non vincitur, quam quod non lacessitur ? quod dubiæ sint vires inexpertæ ; ac merito certissima firmitas habeatur, quæ omnes incursus respuit. Sic tu sapientem melioris scito esse naturæ, si nullius illi injuria nocet, quam si nulla sit. Et illum fortem virum dicam, quem bella non subigunt, nec admota vis hostilis exterret; non cui pingue otium est, inter desides populos. Hujusmodi igitur sapientem nulli esse injuriæ obnoxium. Itaque non refert, quam multa in illum conjiciuntur tela, quum sit nulli penetrabilis. Quomodo quorumdam lapidum inexpugnabilis ferro duritia est, nec secari adamas, aut cædi, vel deteri potest, sed incurrentia ultro retundit; quemadmodum quædam non possunt igne consumi, sed flamma circumfusa rigorem suum habitumque conservant ; quemadmodum projecti in altum scopuli mare frangunt, nec ipsi ulla sævitiæ vestigia, tot verberati seculis, ostentant; ita sapientis animus solidus est, et id roboris collegit, ut tam tutus sit ab injuria, quam illa quæ retuli.

IV. « Quid igitur ? non erit aliquis qui sapienti facere tentet injuriam ? » Tentabit, sed non perventuram ad eum. Majore enim intervallo a contactu inferiorum abductus est, quam ut ulla vis noxia usque ad illum vires suas perferat. Etiam quum potentes, et imperio editi, et consensu servientium validi, nocere ei intendent; tam citra sapientem omnes eorum impetus deficient, quam quæ nervo tormentorum in altum exprimuntur, quum extra visum exsilierunt, citra cœlum tamen flectuntur. Quid? tu putas, quum stolidus ille rex multitudine telorum diem obscurasset, ullam sagittam in solem inci-

de flèches, crois-tu qu'une seule ait frappé le soleil? Crois-tu que les chaînes qu'il plongeait dans l'abîme aient pu toucher Neptune? Comme les choses divines échappent à la main de l'homme, comme ceux qui détruisent les temples, ou fondent les statues, ne font pas tort au ciel; ainsi, tout ce que l'audace, l'arrogance et l'orgueil tentent contre le sage, demeure sans effet. — « Mais il eût mieux valu que personne n'eût la pensée de lui faire outrage. » — Tu souhaites au genre humain une chose difficile, des mœurs inoffensives. Que l'outrage ne soit pas fait, c'est l'intérêt de celui qui doit le faire, non de celui qui ne peut en souffrir, quand même il serait fait. Je ne sais pas même si le sage ne témoignerait pas mieux combien est forte sa tranquillité au milieu des assauts : Ainsi un chef d'armée ne prouve jamais mieux la puissance de ses armes et de ses troupes que par une sécurité calme sur la terre ennemie. Distinguons, si tu le veux bien, Sérénus, l'injure de l'offense. La première est de sa nature plus grave; celle-ci est plus légère, et grave seulement pour les gens susceptibles; elle ne blesse pas, elle froisse. Telle est cependant la faiblesse et la vanité des esprits, que, pour la plupart, rien n'est si cruel. Ainsi, tu trouveras un esclave qui aimera mieux être battu de verges que recevoir un soufflet, et qui supportera plus volontiers la mort et les coups que des paroles offensantes. Nous en sommes venus à ce point de déraison, que non-seulement la douleur, mais l'idée que nous nous en faisons est un supplice pour nous; ainsi l'enfant s'effraie d'une ombre, d'un masque difforme, d'un visage contrefait, se met à pleurer aux noms désagréables à son oreille, aux signes qu'on lui fait avec les doigts, et à toute autre chose, dont la brusque illusion le surprend et le fait fuir.

V. L'injure a pour but de faire du mal à quelqu'un; or, la sagesse ne laisse pas de place au mal. Car elle ne connaît qu'un seul mal, la honte, qui ne peut pénétrer où sont déjà l'honneur et la vertu : donc l'injure n'arrive pas jusqu'au sage. Car si l'injure est un mal dont on souffre, comme le sage ne souffre d'aucun mal, aucune injure n'atteint le sage. Toute injure ôte quelque chose à celui qu'elle attaque, et nul ne peut recevoir une injure sans quelque préjudice de sa dignité, de sa personne, ou des choses extérieures : or, le sage ne peut rien perdre; il a tout renfermé en lui; il n'a rien commis à la fortune; tous ses biens sont des biens solides; il se contente de la vertu, qui n'a pas besoin des dons du hasard. C'est pourquoi son trésor ne peut ni augmenter, ni diminuer; car ce qui est parvenu à son comble, n'a plus de place pour s'accroître. La fortune n'enlève que ce qu'elle a donné; or, elle ne donne pas la vertu, donc elle ne l'ôte pas. C'est une chose libre, inviolable, que rien n'émeut, que rien n'ébranle, tellement endurcie contre le sort, qu'on ne saurait même la fléchir, loin de la vaincre. Les plus menaçants spectacles, elle les regarde d'un œil fixe : son visage ne change pas, qu'on lui présente la disgrâce ou le bonheur. Donc le sage ne perdra rien dont il puisse ressentir la perte. Il n'a qu'un patrimoine, la vertu dont on ne pourra

---

disse? aut demissis in profundum catenis Neptunum potuisse contingi? Ut cœlestia humanas manus effugiunt, et ab his qui templa diruunt, aut simulacra confiant, nihil divinitati nocetur; ita quidquid fit in sapientem proterve, petulanter, superbe, frustra tentatur. « At latius erat, neminem esse qui facere vellet ! » Rem difficilem optas humano generi, innocentiam. Et non fieri eorum interest qui facturi sunt, non ejus qui pati, ne si fiat quidem, non potest. Immo nescio, an magis vires sapientia ostendat tranquillitatis inter lacessentia; sicut maximum argumentum est imperatoris, armis virisque pollentis, tuta securitas et in hostium terra. Dividamus, si tibi videtur, Serene, injuriam a contumelia; prior illa natura gravior est; hæc levior, et tantum delicatis gravis : qua non læduntur, sed offenduntur. Tanta est tamen animorum dissolutio et vanitas, ut quidam nihil acerbius putent. Sic invenies servum, qui flagellis quam colaphis cædi malit, et qui mortem ac verbera tolerabiliora credat, quam contumeliosa verba. Ad tantas ineptias perventum est, ut non dolore tantum, sed doloris opinione vexemur : more puerorum, quibus metus incutit umbra, et personarum deformitas, et depravata facies; lacrymas vero evocant nomina parum grata auribus, et digitorum motus, et alia, quæ impetu quodam erroris improvidi refugiunt.

V. Injuria propositum hoc habet, aliquem malo afficere; malo autem sapientia non relinquit locum. Unum enim malum illi est turpitudo; quæ intrare eo, ubi jam virtus honestumque est, non potest; injuria ergo ad sapientem non pervenit. Nam si injuria alicujus mali patientia est, sapiens au em nullius mali est patiens, nulla ad sapientem injuria pertinet. Omnis injuria deminutio ejus est, in quem incurrit, nec potest quisquam injuriam accipere sine aliquo detrimento vel dignitatis, vel corporis, vel rerum extra nos positarum; sapiens autem nihil potest perdere potest; omnia in se reposuit, nihil fortunæ credit, bona sua in solido habet, contentus virtute, quæ fortuitis non indiget. Ideoque nec augeri, nec minui potest; nam in summum perducta incremento non habent locum. Nihil eripit fortuna, nisi quod dedit; virtutem autem non dat; ideo nec detrahit. Libera est, inviolabilis, immota, inconcussa; sic contra casus indurat, ut nec inclinari quidem, nedum vinci possit. Adversus apparatus terribilium rectos oculos tenet, nihil ex vultu mutat, sive illi dura, sive secunda ostentantur. Itaque nihil perdet, quod perire sensurus sit. Unius enim in possessione

jamais le déposséder ; de tout le reste, il n'use qu'à titre d'emprunt : or, qui s'afflige de perdre ce qui n'est pas à lui ? Que si l'injure ne peut rien endommager des choses qui sont personnelles au sage, parce qu'elles sont garanties par leur propre vertu, on ne peut faire injure au sage. Démétrius, surnommé Poliorcètes, avait pris Mégare. Comme il demandait au philosophe Stilpon, s'il n'avait rien perdu. « Rien, répondit celui-ci, car tous mes biens sont avec moi. » Et cependant son patrimoine avait été livré au pillage, ses filles avaient été ravies, sa patrie était tombée au pouvoir de l'étranger, un roi, qu'entourait une armée victorieuse, l'interrogeait lui-même du haut de sa grandeur. Stilpon lui ravit ainsi son triomphe, et au sein d'une ville esclave, il témoigna qu'il était non-seulement à l'abri de la victoire, mais à l'abri du dommage ; car il avait avec lui les vrais biens qui sont insaisissables. Mais ceux qu'il voyait disperser, piller, emporter, il ne les considérait pas comme siens, mais comme accidentels, et soumis aux caprices de la fortune : aussi ne les aimait-il pas comme des choses qui lui fussent propres. Car tout ce qui arrive du dehors est d'une possession incertaine et fragile. Vois maintenant si un voleur, un calomniateur, un voisin puissant, ou quelque riche exerçant cet empire que donne une vieillesse sans enfants, peut faire du mal à cet homme à qui la guerre et ce terrible ennemi qui professait le bel art de renverser des villes, ne put rien enlever. Parmi les glaives étincelants de toutes parts, au milieu du pillage, du tumulte de la guerre, au milieu des flammes, du sang, des ruines d'une cité croulante, au milieu du fracas des temples qui s'abîment sur les dieux, un seul homme est en paix.

VI. Ne juge donc pas témérité l'engagement que j'ai pris, et si tu as peu de confiance en moi, je t'en donnerai un garant. Car à peine peux-tu croire que tant de constance, tant de grandeur d'âme puisse se rencontrer dans un mortel. Mais si lui-même s'avançait et te disait : « Il n'y a pas à douter qu'un simple mortel ne puisse s'élever au-dessus des choses humaines, envisager sans crainte les douleurs, les pertes, les amertumes, les blessures, les violentes tempêtes qui grondent autour de lui ; supporter avec calme les disgrâces, et le bonheur avec modération, sans ployer sous les unes, sans se fier à l'autre, se montrer toujours égal, toujours le même dans les fortunes diverses, persuadé que rien n'est à lui, que lui-même, et encore la plus noble partie de lui-même. Me voici pour vous en donner la preuve : que, devant ce destructeur de tant de villes, les murailles tombent en poussière sous le choc du bélier ; que les tours les plus élevées s'affaissent subitement, minées par de secrètes tranchées ; qu'une chaussée monte au niveau des plus hautes citadelles ; non, il ne saurait pas inventer de machines qui puissent ébranler une âme bien assise. Tout à l'heure je m'échappais des ruines de ma maison, à la lueur d'un immense incendie, et je fuyais la flamme à travers le sang. Mes filles, quel est leur sort ? est-il pire que le sort de tous ? je l'ignore. Seul et vieux, ne voyant autour de moi que des visages ennemis, je déclare cependant mes biens sont intacts et

---

virtutis est, ex qua depelli nunquam potest ; ceteris precario utitur ; quis autem jactura movetur alieni ? Quodsi injuria nihil lædere potest ex his, quæ propria sapientis sunt, quia virtute sua salva sunt, injuria sapienti non potest fieri. Megaram Demetrius ceperat, cui cognomen Poliorcetes fuit ; ab hoc Stilpon philosophus interrogatus, numquid perdidisset, « Nihil, inquit ; omnia namque mea mecum sunt. » Atqui et patrimonium ejus in prædam cesserat, et filias rapuerat hostis, et patria in alienam ditionem venerat, et ipsum rex circumfusus victoris exercitus armis ex superiore loco rogitabat. Ille victoriam illi excussit, et se, urbe capta, non invictum tantum, sed indemnem esse testatus est ; habebat enim secum vera bona, in quæ non est manus injectio. At ea quæ dissipata et direpta ferebantur, non judicabat sua, sed adventitia, et nutum fortunæ sequentia ; ideo non ut propria dilexerat. Omnium enim extrinsecus affluentium lubrica et incerta possessio est. Cogita nunc, an huic fur, aut calumniator, aut vicinus potens, aut dives aliquis regnum orbæ senectutis exercens, facere injuriam possit, cui bellum et hostis ille egregiam artem quassandarum urbium professus, eripere nihil potuit. Inter micantes ubique gladios, et militarem in rapina tumultum, inter flammas et sanguinem stragemque impulsæ civitatis, inter fragorem templorum super deos suos cadentium, uni homini pax fuit.

VI. Non est itaque quod audax judices promissum ; cujus tibi, si parum fidei habeo, sponsorem dabo. Vix enim credis tantum firmitatis in hominem, aut tantam animi magnitudinem cadere, sed si prodit in medium, qui dicat : « Non est, quod dubites, an tollere se homo natus supra humana possit, an dolores, damna, ulcerationes, vulnera, magnos motus rerum circa se frementium securus aspiciat, et dura placide ferat, et secunda moderate ; nec illis cedens, nec his fretus, unus idemque inter diversa sit, nec quidquam suum, nisi se, putet esse, enque parte qua melior est. En adsum hoc vobis probaturus, sub isto tot civitatum eversore, munimenta incussu arietis labefieri, et turrium altitudinem cuniculis ac latentibus fossis repente residere, et æquaturum editissimas arces aggerem crescere ; at nulla machinamenta posse reperiri, quæ bene fundatum animum agitent. Erepsi modo e ruinis domus, et incendiis undique relucentibus, flammas per sanguinem fugi. Filias meas qui casus habeat, an pejor publico, nescio. Solus, et senior, et hostilia circa me omnia videns, tamen in-

sauvés ; je conserve, j'ai encore tout ce que j'avais à moi. Tu n'as pas lieu, Démétrius, de me croire le vaincu, toi le vainqueur : ta fortune a vaincu ma fortune. Ces choses périssables et qui changent de maître, où sont-elles? je ne sais. Quant à mon véritable avoir, il est avec moi, il sera toujours avec moi. Ces riches ont perdu leur patrimoine, ces libertins leurs amours, et leurs courtisanes aimées publiquement, au grand scandale de la pudeur; ces ambitieux, la curie, le forum, et les lieux affectés à l'exercice public de tous les vices; ces usuriers ont perdu leurs tablettes, où l'avarice, dans l'illusion de ses joies, calcule d'imaginaires richesses; et moi j'emporte les miennes entières et sans dommage. Et maintenant interroge ceux qui pleurent, ceux qui se lamentent, ceux qui, pour leurs trésors, opposent leur poitrine nue aux glaives menaçants; ceux qui fuient l'ennemi, courbés sous le poids de l'or. » Reconnais donc, Sérénus, que cet homme accompli, tout plein des vertus humaines et divines, ne saurait rien perdre. Ses biens sont environnés de solides et imprenables remparts. Ne vas pas y comparer les murs de Babylone, où sut pénétrer Alexandre, ni ceux de Carthage et de Numance, que détruisit un seul bras; ni le Capitole ou sa citadelle : là l'ennemi a laissé sa trace. Les murailles qui protégent le sage sont à l'abri de la flamme et de tout assaut : elles n'offrent aucun accès; elles sont hautes, insurmontables, égales aux cieux.

VII. Il ne s'agit pas de dire, selon la coutume, que notre sage ne se trouve nulle part. Ce n'est pas un vain portrait forgé pour honorer la nature humaine, ni l'image grandiose d'un être mensonger. Tel nous affirmons qu'est le sage, tel nous l'avons montré et le montrerons. C'est une rareté sans doute, qui ne se rencontre dans les siècles qu'à des intervalles lointains ; car les choses grandes, qui excèdent la mesure ordinaire et commune, n'apparaissent que rarement. Au surplus, je crains bien que ce M. Caton, dont le nom servit d'argument à cette controverse, ne soit même au-dessus de notre modèle. Enfin, ce qui blesse est plus puissant que ce qui est blessé. Or, la méchanceté n'est pas plus forte que la vertu, donc le sage ne peut être blessé. L'injure n'est essayée que par les méchants contre les bons ; entre eux les bons sont en paix ; les méchants ne sont pas moins hostiles entre eux qu'aux bons. Que s'il n'y a que le faible qui puisse être blessé, comme le méchant est plus faible que le bon, et que les bons n'ont à craindre l'injure que de ceux qui ne sont point leurs pareils, l'injure n'atteint pas le sage. Car il n'est plus besoin de te rappeler qu'il n'y a de bon que l'homme sage. « Si, dis-tu, Socrate a été condamné injustement, il a reçu une injure. » Il faut ici bien nous entendre : il peut arriver que quelqu'un me fasse une injure, et que moi je ne la reçoive pas ; si quelqu'un, par exemple, me dérobe quelque chose dans ma métairie, et le dépose dans ma maison, il aura fait un vol, je n'aurai rien perdu. Un homme peut être malfaiteur, sans avoir fait le mal. Celui qui couche avec sa femme, la prenant pour celle d'autrui, est adultère, quoique sa femme ne le soit pas. On m'a donné du poison ; mais il a perdu sa force en se

tegrum incolumemque esse censum meum profiteor ; teneo, habeo quidquid mei habui. Non est quod me victum, victoremque te credas; vicit fortuna tua fortunam meam ! Caduca illa, et dominum mutantia, ubi sint nescio ; quod ad res meas pertinet, mecum sunt, mecum erunt. Perdiderunt isti divites patrimonia, libidinosi amores suos, et magno pudoris impendio dilecta scorta, ambitiosi curiam, et forum, et loco exercendis in publico vitiis destinata; feneratores perdiderunt tabellas suas, quibus avaritia falso læta divitias imaginatur; ego quidem omnia integra illibataque habeo. Proinde istos interroga qui flent, qui lamentantur, strictis gladiis nuda pro pecunia corpora opponunt, qui hostem onerato sinu fugiunt. » Ergo ita bene, Serene, perfectum illum virum, humanis divinisque virtutibus plenum, nihil perdere. Bona ejus solidis et inexsuperabilibus munimentis præcincta sunt. Non Babylonios illi muros contuleris, quos Alexander intravit; non Carthaginis aut Numantiæ mœnia, una manu capta; non Capitolium, arcemve; habent ista hostile vestigium. Illa quæ sapientem tuentur, a flamma et ab incursu tuta sunt ; nullum introitum præbent, excelsa, inexpugnabilia, diis æqua.

VII. Non est quod dicas, ita ut soles, hunc sapientem nostrum nusquam inveniri. Non fingimus istud humani ingenii vanum decus, nec ingentem imaginem falsæ rei concipimus; sed qualem confirmamus, exhibuimus, et exhibebimus. Raro forsitan, magnisque ætatum intervallis invenitur; neque enim magna, et excedentia solitum ac vulgarem medum, crebro gignuntur; ceterum hic ipse M. Cato, a cujus mentione hæc disputatio processit, vereor ne supra nostrum exemplar sit. Denique validius debet esse quod lædit, eo quod læditur ; non est autem fortior nequitia virtute; non potest ergo lædi sapiens. Injuria in bonos nisi a malis non tentatur; bonis inter se pax est; mali tam bonis perniciosi quam inter se. Quod si lædi nisi infirmior non potest, malus autem bono infirmior est, nec injuria bonis, nisi a dispari, verenda est, injuria in sapientem virum non cadit. Illud enim jam non es admonendus, neminem bonum esse nisi sapientem « Si injuste, inquis, Socrates damnatus est, injuriam accepit. » Hoc loco intelligere nos oportet, posse evenire, ut faciat aliquis injuriam mihi, et ego non accipiam; tanquam si quis rem quam e villa mea surripuit, in domo mea ponat; ille furtum fecerit, ego nihil perdiderim. Potest aliquis nocens fieri, quamvis non nocuerit. Si quis cum uxore sua tanquam aliena concumbat, adulter erit, quamvis illa adultera non sit. Aliquis mihi venenum dedit, sed vim suam remixtum cibo perdidit; venenum illud

mêlant avec les aliments ; en me donnant ce poison, on s'est chargé d'un crime, encore qu'on ne m'ait pas fait de mal. Il n'en est pas moins un assassin, celui dont j'ai trompé le fer en lui opposant ma toge. Tout crime, même avant l'exécution, est, quant à ce qui suffit à la culpabilité, déjà consommé. Certaines choses sont dans un tel état de connexion et de réciprocité, que l'une peut être sans l'autre ; et qu'au contraire celle-ci ne peut être sans celle-là. Ce que je dis, je vais tâcher de le rendre clair. Je puis mouvoir les pieds sans courir ; je ne puis courir sans mouvoir les pieds. Je puis, quoique dans l'eau, ne pas nager ; si je nage, je ne puis pas n'être pas dans l'eau. Il en est ainsi dans la question qui nous occupe. Si j'ai reçu une injure, il est nécessaire qu'elle ait été faite ; si elle est faite, il n'est pas nécessaire que je l'aie reçue. Car il peut survenir bien des choses qui détournent l'injure. Le hasard peut abattre la main qui me menace, et détourner le trait qu'on m'a lancé : de même l'injure, quelle qu'elle soit, peut être repoussée, arrêtée en chemin par un obstacle quelconque ; en sorte qu'elle aura été faite et non reçue.

VIII. D'ailleurs, la justice ne peut rien souffrir d'injuste ; car les contraires ne s'allient pas : or, l'injure ne peut être faite qu'injustement ; donc l'injure ne peut être faite au sage. Et il n'y a pas lieu de t'émerveiller que personne ne puisse lui faire injure ; car personne ne peut non plus lui faire du bien. Il ne manque au sage rien qu'il puisse accepter en don ; et le méchant ne peut rien donner au sage. Car il doit avoir avant que de donner ; or, il n'a rien qu'un sage soit flatté de recevoir.

Il n'y a donc personne qui puisse, soit nuire, soit être utile au sage ; c'est ainsi que les divinités n'ont besoin d'aucune aide, et sont au-dessus de toute offense. Or, le sage est placé le plus près des dieux ; il est leur voisin ; et, à la mortalité près, il est semblable à la divinité. Il s'élance, il monte vers ces hauteurs, au sein de l'ordre, de la paix, où tout marche d'un pas égal et harmonieux, dans une bienfaisante sécurité ; né pour le bonheur public, utile à lui-même et aux autres, rien d'abject ne souille ses désirs, rien ne le fait pleurer, lui qui, appuyé sur la raison, traverse avec un courage divin les vicissitudes humaines. Et quand je dis que l'injure n'a pas de prise sur lui, ne crois pas qu'il s'agisse seulement de celle qui lui vient de l'homme ; la fortune même est impuissante ; elle qui, toutes les fois qu'elle engage une lutte avec la vertu, n'en sort jamais son égale. Si ce dernier terme, au-delà duquel sont impuissantes les colères de la loi, comme les menaces des plus cruels tyrans, où vient se briser l'empire de la fortune, est accepté par nous d'une âme égale et tranquille ; si nous savons que la mort n'est pas un mal, encore moins une injure, nous supporterons bien plus facilement tout le reste, et les dommages, et les souffrances, et les ignominies, et les déplacements, et la perte de nos enfants, et les violentes séparations; quand même toutes ces calamités environneraient le sage, elles ne l'engloutiraient pas ; encore moins peut-il être ébranlé par des secousses isolées. Et s'il endure avec constance les injures de la fortune, que pourront contre lui celles des hommes puissants, qu'il sait n'être que les instruments de la fortune ?

IX. Il souffre donc tout, comme il souffre

---

dando, scelere se obligavit, etiamsi non nocuit. Non minus latro est, cujus telum opposita veste elusum est. Omnia scelera etiam ante effectum operis, quantum culpæ satis est, perfecta sunt. Quædam ejus conditionis sunt, et hac vice copulantur, ut alterum sine altero esse possit, alterum sine altero non possit. Quod dico, conabor facere manifestum. Possum pedes movere, ut non curram ; currere non possum, ut pedes non moveam ; possum, quamvis in aqua sim, non natare ; si nato, non possum in aqua non esse. Ex hac sorte et hoc est, de quo agitur; si injuriam accepi, necesse est factam esse ; si est facta, non est necesse accepisse me. Multa enim incidere possunt, quæ submoveant injuriam. Ut intentam manum dejicere casus potest, et emissa tela declinare ; ita injurias qualescunque potest aliqua res depellere, et in medio intercipere, ut et factæ sint, nec acceptæ.

VIII. Præterea nihil injustum justitia pati potest, quia non coeunt contraria ; injuria autem non potest fieri, nisi injuste ; ergo sapienti injuria non potest fieri. Nec est quod miraris, si nemo potest illi injuriam facere, nec prodesse quidem quisquam potest ; et sapienti nihil deest, quod accipere possit loco muneris ; et malus nihil potest tribuere sapienti. Habere enim prius debet, quam dare ; nihil autem habet, quod ad se transferri sapiens gavisurus sit. Non potest ergo quisquam aut nocere sapienti, aut prodesse ; quemadmodum divina nec juvari desiderant, nec lædi possunt ; sapiens autem vicinus proximusque diis consistit, excepta mortalitate, similis Deo. Ad illa nitens pergensque excelsa, ordinata, intrepida, æquali et concordi cursu fluentia, secura, benigna, bono publico natus, et sibi et aliis salutaris, nihil humile concupiscet, nihil flebit, qui rationi innixus, per humanos casus divino incedet animo. Num habet ubi accipiat injuriam ; ab homine ne tantum dicere putas ? nec a fortuna quidem ; quæ quotiens cum virtute congressa est, nunquam par recessit. Si maximum illud, ultra quod nihil habent iratæ leges, aut sævissimi domini minantur, in quo imperium suum fortuna consumit, æquo placidoque animo accipimus, et scimus mortem malum non esse, ob hoc ne injuriam quidem ; multo facilius alia tolerabilius, damna, dolores, ignominias, locorum commutationes, orbitates, discidia ; quæ sapientem, etiamsi universa circumveniant, non mergunt ; nedum ad singulorum impulsus mœreat. Et si fortunæ injurias moderate fert, quanto magis hominum potentium, quos scit fortunæ manus esse ?

les rigueurs de l'hiver et l'intempérie du ciel, et les ardeurs de l'été, et les maladies, et tous les autres accidents du hasard. Il n'a d'aucun homme assez bonne opinion pour croire qu'il fasse quelque chose par réflexion; cela n'appartient qu'au sage : il y a chez tous les autres absence de raison; ce ne sont que fraudes, trahisons, mouvements désordonnés de l'âme, mis par le sage au nombre des accidents. Or, nous sommes hors de la portée des coups et des outrages de tout ce qui est fortuit. Le sage considère aussi quelle latitude offre à l'injure tout ce qui peut nous jeter dans quelque péril; par exemple, un accusateur suborné, de fausses imputations, les fougueuses colères des grands, et tous les autres brigandages qui s'exercent sous la toge. Une autre injure fréquente, c'est de dérober à quelqu'un, soit les profits d'une affaire, soit une récompense longtemps poursuivie; c'est d'enlever une succession à qui l'avait captée à force de soins, de ravir la faveur d'une maison opulente. Le sage échappe à tout cela, lui qui ne sait pas ce que c'est que de vivre dans l'espoir ou dans la crainte. Ajoute encore que personne ne reçoit une injure sans en être ébranlé : dès qu'elle se fait sentir, on s'émeut. L'homme fort, au contraire, ne connaît pas l'émotion; maître de lui-même, il jouit d'une paix profonde et inaltérable. Il est clair que si l'injure le touche, elle le trouble et lui ôte sa liberté. Mais le sage est étranger à la colère, qui provoque l'idée de l'injure; comment donc serait-il étranger à la colère, s'il ne l'était à l'injure, qu'il sait ne pouvoir lui être faite? De là cette assurance, ce contentement; de là cette joie continuelle qui le transporte ; de là cette sérénité qu'il oppose aux chocs qui lui viennent des choses ou des hommes; tellement que l'injure même lui profite, en lui servant à s'éprouver lui-même, à souder sa vertu. Faites silence, je vous en conjure; prêtez à cette vérité une âme et une oreille attentives; le sage est exempté de l'injure. Et pour cela rien n'est retranché à vos emportements, rien à vos avides passions, rien à votre aveugle témérité, rien à votre orgueil. C'est en vous laissant tous vos vices que nous cherchons l'indépendance du sage; nous ne prétendons pas qu'il ne vous est plus permis de faire injure, mais que le sage repousse au loin toute injure et se défend par la patience et la grandeur d'âme. Ainsi, dans les jeux sacrés, beaucoup n'ont triomphé qu'en fatiguant, par une opiniâtre patience, les bras qui les frappaient. Il faut placer le sage au rang de ceux qui, par de longs et constants exercices, ont acquis la force de supporter et de lasser tous les assauts.

X. Maintenant que nous avons achevé la première partie de notre tâche, passons à la seconde, où, par des arguments, dont quelques-uns nous sont propres, mais dont la plupart appartiennent à tous, nous combattrons la réalité de l'offense. C'est quelque chose de moins que l'injure, dont on peut se plaindre plutôt que se venger, et que la loi ne juge digne d'aucune réparation. Cette disposition naît de la faiblesse d'une âme qui se révolte d'un manque d'égards, soit en action, soit en parole. Cet homme ne m'a pas reçu quand il en recevait d'autres; quand je parlais il détournait

IX. Omnia itaque sic patitur, ut hiemis rigorem, ut intemperantiam cœli, ut fervores morbosque, et cetera forte accidentia. Nec de quoquam tam bene judicat, ut illum quidquam putet consilio fecisse, quod in uno sapiente est; aliorum omnium non consilia, sed fraudes, et insidiæ, et motus animorum inconditi sunt, quos casibus adnumerat. Omne autem fortuitum citra nos sævit, et injuriatur. Illud quoque cogitat, injuriarum latissime patere materiam illis, per quæ periculum nobis quæsitum est; ut, accusatore submisso, aut criminatione falsa, aut irritatis in nos potentiorum motibus, quæque alia inter togatos latrocinia sunt. Est et illa injuria frequens, si lucrum alicui excussum est, aut præmium diu captatum; si magno labore affectata hereditas aversa est, et quæstuosæ domus gratia erepta; hæc effugit sapiens, qui nescit nec in spe, nec in metu vivere. Adjice nunc, quod injuriam nemo immota mente accipit, sed ad sensum ejus perturbatur ; caret autem perturbatione vir erectus, moderator sui, altæ quietis et placidæ. Nam si illum tangit injuria, et movet, et impedit; caret autem ira sapiens, quam excitat injuriæ species; nec aliter careret ira, nisi et injuria, quam scit sibi non posse fieri. Inde tam erectus lætusque est, inde continuo gaudio elatus, adeo ad offensiones rerum hominumque non contrahitur , ut ipsa illi injuria usui sit, per quam experimentum sui capit, et virtutem tentat. Faveamus, obsecro vos, huic proposito, æquisque et animis et auribus assimus, dum sapiens njuriæ excipitur ; nec quidquam ideo petulantiæ nostræ, aut rapacissimis cupiditatibus, aut cæcæ temeritati superbiæque detrahitur. Salvis vitiis vestris , hæc sapienti libertas quæritur ; non , ut vobis facere non liceat injuriam , agimus , sed ut ille omnes injurias in altum dimittat, patientiaque se ac magnitudine animi defendat. Sic in certaminibus sacris plerique vicere; cædentium manus obstinata patientia fatigando. Ex hoc puta genere sapientem eorum , qui exercitatione longa ac fideli , robur perpetiendi lassandique omnem inimicam vim consecuti sunt.

X. Quoniam priorem partem percurrimus, ad alteram transeamus ; qua jam quibusdam propriis, plerisque vero communibus contumeliam refutabimus. Est minor injuria, quam queri magis quam exsequi possumus , quam leges quoque nulla dignam vindicta putaverunt. Hunc affectum movet humilitas animi contrahentis se ob factum dictumque inhonorificum. Ille me hodie non admisit , quum alios admitteret; sermonem meum aut su-

dédaigneusement la tête, ou me riait au nez; ce n'est pas au milieu du lit, c'est au bout qu'il m'a placé; et autres griefs de même force. Quel nom leur donnerai-je? Ce sont les plaintes d'une âme dégoûtée, auxquelles s'abandonnent volontiers la mollesse et la prospérité; car on n'a pas le loisir d'y songer quand on est menacé de maux plus sérieux. Les esprits inoccupés, naturellement infirmes et efféminés, qui, à défaut d'injures véritables, s'irritent par caprice, s'émeuvent de ces riens, dont toute l'importance vient d'être mal interprétés. Ce n'est donc montrer ni sagesse, ni confiance en soi-même, que d'être touché d'une offense. Car, à coup sûr, on se croit méprisé; et cette blessure ne saurait atteindre qu'une âme qui, en quelque manière, se rapetisse et s'humilie. Mais le sage n'est méprisé par personne; il a conscience de sa grandeur; il se dit à lui-même que nul n'a tant de droits sur lui; et toutes ces misères, que je n'appellerai pas des infortunes, mais des ennuis de l'âme, je ne dirai pas qu'il les surmonte: il ne les sent même pas. Il est d'autres disgrâces qui frappent le sage, mais sans l'abattre; comme la douleur du corps, les infirmités; la perte des amis, des enfants; les malheurs de la patrie déchirée par la guerre. Je conviens que le sage est sensible à tout cela; car nous ne lui attribuons pas la dureté de la pierre ou du fer. Il n'y a pas de vertu à endurer ce qu'on ne sent pas.

XI. Que fait-il donc? Il reçoit certaines blessures; mais il les reçoit pour en triompher, pour les guérir, pour les fermer. Quant à ces autres plus légères, il ne les sent même pas; il n'use pas contre elles de la force qu'il déploie ordinairement contre le mal; mais, ou il n'y prend pas garde, ou il croit ne devoir qu'en rire. D'ailleurs, comme la plupart des offenses viennent des gens superbes, insolents, et qui soutiennent mal la prospérité, le sage a pour dédaigner cette enflure du cœur la plus belle de toutes les vertus, la santé de l'âme, sa grandeur. Devant elle passent toutes ces vanités, comme les images mensongères de nos rêves, comme les apparitions nocturnes, qui n'ont rien de solide, ni de réel. Il songe en même temps que tous ces hommes sont placés trop bas, pour oser regarder avec dédain ce qui est tant au-dessus d'eux. Le mot offense (contumelia) vient de mépris (contemptus), parce qu'on n'imprime cette sorte d'outrage qu'à celui qu'on méprise. Or, on ne méprise jamais plus grand, ni meilleur que soi, alors même qu'on se donne des airs de mépris. L'enfant frappe au visage son père, défait et arrache les cheveux de sa mère, la couvre de crachats, étale aux yeux des siens ce qu'on doit tenir caché, et ne se fait pas faute de paroles obscènes; et cependant nulle de ces choses ne s'appelle offense: pourquoi? parce que celui qui les fait ne peut mépriser. Par la même raison nous nous amusons des bons mots de nos esclaves, bien qu'offensants pour les maîtres, et de cette hardiesse qui s'assure bientôt des droits sur tous les convives, quand elle a commencé par le maître de la maison. Plus un homme est méprisé, plus il sert de jouet, plus sa langue est sans frein. On achète même pour cela de jeunes escla-

perbe aversatus est, aut palam risit; et non in medio me lecto, sed imo collocavit; et alia hujus notæ. Quæ quid vocem, nisi querelas nauseantis animi, in quas fere delicati et felices incidunt? non vacat enim hæc notare, cui pejora instant. Nimio otio ingenia natura infirma et muliebria, et inopia veræ injuriæ lascivientia, his commoventur, quorum pars major constat vitio interpretantis. Itaque nec prudentiæ quidquam in se esse, nec fiduciæ ostendit, qui contumelia afficitur; non dubie enim contemptum se judicat; et hic morsus non sine quadam humilitate animi evenit, supprimentis se ac descendentis. Sapiens autem a nullo contemnitur, magnitudinem suam novit; nullique tantum de se licere renuntiat sibi; et omnes has quas non miserias animorum, sed molestias dixerim, non vincit, sed ne sentit quidem. Alia sunt quæ sapientem feriunt, etiamsi non pervertunt; ut dolor corporis, et debilitas, aut amicorum liberorumque amissio, et patriæ bello flagrantis calamitas. Hæc non nego sentire sapientem; nec enim lapidis illi duritiam ferrive asserimus; nulla virtus est, quam non sentias, perpeti.

XI. Quid ergo est? Quosdam ictus recipit; sed receptos evincit, sanat, et comprimit; hæc vero minora ne sentit quidem, nec adversus ea solita illa virtute utitur dura tolerandi: sed aut non annotat, aut digna risu putat. Præterea, quum magnam partem contumeliarum superbi insolentesque faciant, et male felicitatem ferentes; habet quo istum affectum inflatum respuat, pulcherrimam virtutem omnium, animi sanitatem, magnitudinemque. Illa, quidquid hujusmodi est, transcurrit, ut vanas somniorum species, visusque nocturnos, nihil habentes solidi atque veri.—Simul illud cogitat, omnes inferiores esse, quam ut illis audacia sit tanto excelsiora despicere. Contumelia a contemtu dicta est; quia nemo, nisi quem contemsit, tali injuria notat; nemo autem majorem melioremque contemnit, etiamsi facit aliquid quod contemnentes solent. Nam et pueri os parentum feriunt, et crines matris turbavit laceravitque infans, et sputo aspersit, aut nudavit in conspectu suorum tegenda, et verbis obscœnioribus non pepercit: et nihil horum contumeliam dicimus; quare? quia qui fecit, contemnere non potest. Eadem causa est, cur nos mancipiorum nostrorum urbanitas, in dominos contumeliosa, delectet; quorum audacia ita demum sibi in convivas jus facit, si cœpit a domino. Ut quisque contemtissimus et ludibrio est, ita solutissimæ linguæ est. Pueros quidem in hoc mercantur procaces, et eorum impudentiam acuunt, et

ves effrontés, on aiguillonne leur impudence, on les tient sous un maître pour qu'ils pratiquent l'insolence avec art; ce ne sont plus là pour nous des offenses, mais des jeux d'esprit.

XII. Or, quelle folie d'être tantôt charmé, tantôt offensé d'une même chose, et d'appeler impertinence, dans la bouche d'un ami, une parole qui, dans celle d'un esclave, est un aimable sarcasme! Ce que nous sommes avec les enfants, le sage l'est avec tous les hommes, enfants encore après leur jeunesse et sous leurs cheveux blancs. Ont-ils gagné quelque chose avec l'âge, ces hommes dont les âmes sont malades, chez qui l'erreur seule a grandi, qui ne se distinguent des enfants que par la taille et la forme du corps; d'ailleurs, aussi légers, aussi volages, poursuivant les voluptés sans discernement, peureux, pacifiques, non par caractère, mais par crainte? Qu'on ne dise pas qu'il y ait quelque différence entre eux et les enfants, parce que ceux-ci sont avides d'osselets, de noix et de jetons, et que ceux-là le sont d'or, d'argent, de villes; parce que les premiers jouent entre eux à la magistrature, contrefont la prétexte, les faisceaux et le tribunal, tandis que les seconds, au Champ-de-Mars, au Forum, au Sénat, jouent sérieusement les mêmes jeux; parce que les uns, amoncelant le sable du rivage, élèvent des simulacres de maisons, et que les autres, pensant faire de grandes choses en s'occupant à entasser des pierres, des murailles et des toits, ont rendu périlleuses des choses inventées pour la sûreté. Ainsi, dans l'enfance et dans l'âge avancé, les erreurs sont pareilles; seulement les unes tombent sur des faits différents et d'une plus grande importance. Ce n'est donc pas sans raison que le sage accepte les offenses des hommes comme des enfantillages. Quelquefois, comme à des enfants, il leur inflige une punition qui soit pour eux une douloureuse leçon; mais ce n'est pas qu'il ait reçu l'injure, c'est parce qu'ils l'ont faite, et pour qu'ils ne la fassent plus. Ainsi nous domptons les animaux par les coups; et, sans nous mettre en colère quand ils refusent le cavalier, nous leur imposons le frein, pour que la douleur triomphe de leur résistance. De la sorte se trouve aussi résolue cette objection qu'on nous oppose : Pourquoi le sage, s'il ne reçoit ni injure ni offense, en punit-il les auteurs? Il ne se venge pas, mais il les corrige.

XIII. Et pour quelle raison croirais-tu donc que cette fermeté d'âme ne se rencontre pas chez le sage, puisque tu peux la signaler chez d'autres hommes, guidés, il est vrai, par des motifs différents? Quel médecin se met en colère contre un frénétique? Lequel prend en mauvaise part les imprécations d'un fiévreux auquel il interdit l'eau froide? Le sage est dans les mêmes dispositions envers tous, que le médecin envers les malades, dont il ne craint pas de toucher les parties honteuses, si elles ont besoin d'être pansées, ni d'examiner les déjections et les sécrétions, ni d'essuyer les invectives quand le délire les transporte. Le sage sait que tous ceux qui marchent sous la toge et la pourpre, bien portants et colorés, ont l'âme peu saine : il ne voit en eux que des malades hors d'eux-mêmes. Aussi ne se fâche-t-il même pas contre eux, si, dans leurs accès, ils se permettent quelque violence contre leur médecin;

sub magistro habent, qui probra meditata effundant; nec has contumelias vocamus, sed argutias.

XII. Quanta autem dementia est, iisdem modo delectari, modo offendi; et rem ab amico dictam maledictum vocare, a servulo, joculare convicium? Quem animum nos adversus pueros habemus, hunc sapiens adversus omnes, quibus etiam post juventam canosque puerilitas est. An quidquam isti profecerunt, quibus animi mala sunt, auctique in majus errores; qui a pueris magnitudine tantum formaque corporum differunt; ceterum non minus vagi incertique, voluptatem sine dilectu appetentes, trepidi, et non ingenio, sed formidine quieti? Non ideo quidquam inter illos puerosque interesse quis dixerit, quod illis talorum nucumque et æris minuti avaritia est, his auri argentique et urbium; quod illi inter ipsos magistratus gerunt, et prætextam fascesque ac tribunal imitantur, hi eadem in campo foroque et in curia serio ludunt : illi in littoribus arenæ congestu simulacra domuum excitant, hi, ut magnum aliquid agentes, in lapidibus ac parietibus, et tectis moliendis occupati, ad tutelam corporum inventa in periculum verterunt? Ergo par pueris, longiusque progressis, sed in alia majoraque error est. Non immerito itaque horum contumelias sapiens ut jocos accipit; et aliquando illos, tanquam pueros, malo pœnaque admonet et afficit : non quia accepit injuriam, sed quia fecerunt, et ut desinant facere. Sic enim et pecora verbere domantur; nec irascimur illis, quum sessorem recusaverint, sed compescimus, ut dolor contumaciam vincat. Ergo et illud solutum scies, quod nobis opponitur. Quare si non accepit injuriam nec contumeliam sapiens, punit eos qui fecerunt? non enim se ulciscitur, sed illos emendat.

XIII. Quid est autem, quare hanc animi firmitatem non credas in virum sapientem cadere, quum tibi in aliis idem notare, sed non ex eadem causa liceat? Quis enim phrenetico medicus irascitur? quis febricitantis et a frigida prohibiti maledicta in malam partem accipit? Hunc affectum adversus omnes habet sapiens, quem adversus ægros suos medicus, quorum nec obscœna, si remedio contrectare, nec reliquias et effusa intueri dedignatur, nec per furorem sævientium excipere convicia. Scit sapiens, omnes hos, qui togati purpuratique incedunt, valentes coloratosque male sanos esse; quos non aliter videt, quam ægros intemperantes. Itaque ne suc-

et la même indifférence qu'il oppose à leurs hommages, il l'oppose à leurs insultes. Comme il ne se croit pas honoré, si un mendiant lui fait sa cour; ni offensé, si un homme des derniers rangs de la plèbe ne lui rend pas son salut; ainsi ne se prise-t-il pas davantage, parce qu'il sera prisé par une foule de riches. En effet, il sait qu'ils ne diffèrent en rien des mendiants, ou plutôt qu'ils sont bien plus malheureux; car les mendiants ont besoin de bien peu, les riches de beaucoup. Et puis il ne se chagrinera pas si un roi des Mèdes ou un Attale d'Asie, qu'il aura salué, passe fièrement et sans dire mot. Il sait que leur condition n'est en rien plus digne d'envie que celle de l'esclave auquel échoit, dans un nombreux domestique, le soin de traiter les malades et les fous. Irai-je m'indigner de ne pas me voir rendre une politesse par un de ces marchands qui, près du temple de Castor, vendent et achètent de méchants esclaves, dont le rebut encombre leur boutique? Je ne le pense pas. Que peut-il, en effet, y avoir de bon dans celui qui ne possède rien qui ne soit mauvais? Ainsi donc le sage tient aussi peu de compte de l'honnêteté ou de la malhonnêteté de cet homme que de celle d'un roi. Tu as sous toi des Parthes, des Mèdes, des Bactriens; mais tu ne les contiens que par la crainte; mais ils ne te permettent pas de détendre ton arc; mais ce sont les derniers des esclaves, mais ils sont à vendre au plus offrant, mais ils ne soupirent qu'après un nouveau maître. Le sage ne peut donc s'émouvoir d'aucune offense; car si les hommes diffèrent entre eux, le sage les estime tous semblables, en ce que leur folie est égale. Si une fois il se rabaissait jusqu'à s'émouvoir d'une injure ou d'une offense, son âme ne pourrait jamais être en repos; or, ce repos est le bien propre du sage. Et il ne se risquera pas, en se vengeant d'une insulte, à faire honneur à l'homme qui l'a commise. Car s'il est un homme dont le mépris nous chagrine, nécessairement son estime nous réjouit.

XIV. Il y a des gens assez fous pour croire qu'une femme peut leur faire outrage. Qu'importent ses richesses, le nombre de ses porteurs, le poids des bijoux qui chargent ses oreilles, l'ampleur de sa litière? Ce n'en est pas moins un animal sans raison, féroce et esclave de ses passions, si toutefois de saines doctrines, de laborieuses études, ne l'ont pas corrigée. Il y en a qui trouvent mauvais d'être coudoyés par un friseur, qui appellent offenses les rebuts d'un portier, la morgue d'un nomenclateur, les hauteurs d'un chambrier. Oh! quel rire tout cela doit soulever, quelles voluptés doivent remplir l'âme, quand, en dehors des erreurs tumultueuses de la foule, on contemple sa propre tranquillité! — Quoi donc! le sage ne s'approchera pas d'une porte que défend un gardien brutal? — Pourquoi non? si une affaire indispensable l'appelle, il en tentera l'accès; et cet homme, quel qu'il soit, il l'adoucira en lui jetant de la pâture comme à un chien hargneux. Il ne s'indignera pas de dépenser quelque chose pour franchir le seuil d'une maison, en songeant qu'il y a des ponts où l'on paie le passage. Il donnera donc aussi à cet autre, quel qu'il soit, qui lève des contributions sur les visites : il sait ache-

censet quidem, si quid in morbo petulantius ausi sunt adversus medentem, et quo animo honores eorum nihilo æstimat, eodem parum honorifice facta. Quemadmodum non placet sibi, si illum mendicus coluerit, nec contumeliam judicabit, si illi homo plebis ultimæ salutanti mutuam salutationem non reddiderit ; sic nec se suspiciet quidem, si illum multi divites suspexerint; scit enim illos nihil a mendicis differre, immo miseriores esse; illi enim exiguo, hi multo egent. Et rursum non tangetur, si illum rex Medorum, Attalusve Asiæ, salutantem silentio ac vultu arroganti transierit; scit statum ejus non magis habere quidquam invidendum, quam ejus cui in magna familia cura obligit ægros insanosque compescere. Num moleste feram, si mihi non reddiderit nomen aliquis ex his qui ad Castoris negotiantur, nequam mancipia ementes vendentesque, quorum taberæ pessimorum servorum turba refertæ sunt? non, ut puto; quid enim is boni habet, sub quo nemo nisi malus est? Ergo ut hujus humanitatem inhumanitatemque negligit, ita et regis. Habes sub te Parthos, Medos, et Bactrianos; sed quos metu contines, sed propter quos remittere arcum tibi non contingit, sed postremos, sed venales, sed novum aucupantes dominium. Nullius ergo movebitur contumelia; omnes enim inter se differunt; sapiens quidem pares illos, ob æqua-

lem stultitiam, omnes putat. Nam si semel se dimiserit eo, ut aut injuria moveatur, aut contumelia, non poterit unquam esse securus; securitas autem proprium bonum sapientis est. Nec committet, ut vindicando sibi contumeliam factam, honorem habeat ei qui fecit; necesse est enim, a quo quisque contemni moleste fert, suspici gaudeat.

XIV. Tanta quosdam dementia tenet, ut contumeliam sibi posse fieri putent a muliere. Quid refert, quantum habeat, quot lecticarios, quam oneratas aures, quam laxam sellam? æque imprudens animal est, et nisi scientia accessit ac multa eruditio, ferum, cupiditatum incontinens. Quidam se a cinerario impulsos moleste ferunt, et contumeliam vocant ostiarii difficultatem, nomenclatoris superbiam, cubicularii supercilium. O quantus inter ista risus tollendus est, quanta voluptate implendus animus, ex alienorum errorum tumultu, contemplanti quietem suam! «Quid ergo? sapiens non accedet ad fores, quas durus janitor obsidet?» Ille vero, si res necessaria vocabit, experietur, et illum, quisquis erit, tanquam canem acrem, objecto cibo leniet, nec indignabitur aliquid impendere, ut limen transeat. cogitans et in pontibus quibusdam pro transitu dari. Itaque illi quoque, quisquis erit, qui hoc salutationum publicum exercet, donabit; scit emere venalia. Ille pusilli animi est, qui sibi placet,

18.

ter ce qui se vend. Il n'y a qu'un petit esprit qui s'applaudisse d'avoir répondu vertement à un portier, d'avoir brisé sa baguette, d'être allé trouver le maître, et solliciter un châtiment. Celui qui lutte se pose comme adversaire, et, pour vaincre, il accepte l'égalité. — Mais le sage qui reçoit un soufflet, que fera-t-il? — Ce que fit Caton quand il fut frappé au visage; il ne prit pas feu, il ne vengea pas son injure; il ne la pardonna même pas, mais il nia qu'elle eût été commise. Il y avait plus de grandeur d'âme à désavouer qu'à pardonner. Nous n'insisterons pas longtemps sur ce point. Car personne n'ignore que nulle de ces choses, qui sont estimées des biens ou des maux, n'apparaît au sage sous la même face qu'aux autres hommes. Il ne s'occupe pas de ce que c'est que les hommes jugent honteux ou misérable; il ne va pas où va la foule; mais ainsi que les astres s'avancent en sens contraire du ciel, il remonte le courant des opinions communes.

XV. Cessez donc de dire : « Le sage ne recevra-t-il pas d'injure, s'il est battu, si on lui arrache un œil? Ne recevra-t-il pas d'offense, s'il est poursuivi sur le Forum par les méchants propos d'hommes obscènes; si, au festin d'un roi, on lui ordonne de s'asseoir au bas de la table, de manger avec les esclaves chargés des plus vils emplois; s'il est contraint de subir ce qu'on peut imaginer de plus humiliant pour la fierté d'un homme libre? » Quelque nombreuses, quelque graves, quelque répétées que soient ces insultes, elles seront toujours de même nature. Si elles ne le touchent pas quand elles sont petites, plus grandes elles ne le toucheront pas; si elles ne le touchent pas quand elles sont rares, fréquentes elles ne le toucheront pas. C'est sur votre faiblesse que vous prenez la mesure d'une âme forte; et lorsque vous avez calculé jusqu'où pouvait, selon vous, aller votre patience, vous placez quelque peu plus loin la limite de la patience du sage. Mais lui, transporté par sa vertu dans d'autres régions du monde, n'a rien de commun avec vous. Aussi, quelque terribles, quelque pénibles à supporter, quelque effrayants pour les yeux et les oreilles que soient tous ces maux, il ne sera pas accablé de leur choc commun; mais tel il résisterait à chacun, tel il résiste à tous. Prétendre que telle chose soit supportable pour le sage, et que telle autre ne le soit pas, et restreindre ainsi la grandeur d'âme dans un cercle déterminé, c'est mal raisonner. La fortune triomphe de nous, si nous ne triomphons d'elle entièrement. Et ne crois pas que ce soit ici de la sévérité stoïcienne. Épicure, que vous adoptez comme patron de votre lâcheté, qui selon vous ne prêche que la mollesse, l'indolence et tout ce qui mène aux voluptés, Épicure a dit : « Rarement la fortune surprend le sage. » Que c'est là presque parler en homme! Élève un peu plus la voix, et chasse-la tout à fait. Cette maison du sage, petite, sans ornements, sans fracas, sans appareil, n'est surveillée par aucun de ces portiers dont la vénalité fait ses choix dans la foule : mais ce seuil libre, qui n'est pas encombré de gardiens, la fortune ne le franchit pas : elle sait qu'il n'y a pas place pour elle où il n'y a rien à elle. Que si Épicure lui-même, qui a tant accordé

quod ostiario libere respondit, quod virgam ejus fregit; quod ad dominum accessit, et petiit corium. Fecit se adversarium qui contendit, et ut vincat, par fuit. « At sapiens colaphis percussus, quid faciet? » quod Cato, quum illi os percussum esset : non excanduit, non vindicavit injuriam; nec remisit quidem, sed factam negavit. Majore animo non agnovit, quam ignovisset. Non diu in hoc hærebimus; quis enim nescit, nihil ex his quæ creduntur bona aut mala, ita videri sapienti ut omnibus? Non respicit quid homines turpe judicent, aut miserum; non it qua populus : sed ut sidera contrarium mundo iter intendunt, ita hic adversus opinionem omnium vadit.

XV. Desinite itaque dicere : « Non accipiet ergo sapiens injuriam si cædetur? si oculus illi eruetur? non accipiet contumeliam, si obscœnorum vocibus improbis per forum agetur? si in convivio regis, recumbere infra mensam, vescique cum servis ignominiosa officia sortitis jubebitur? si quid aliud ferre cogetur eorum, quæ excogitari pudori ingenuo molesta possunt? » In quantumcumque ista vel numero, vel magnitudine creverint, ejusdem naturæ erunt. Si non tangent illum parva, ne majora quidem : si non tangent pauca, ne plura quidem. Sed ex imbecillitate vestra conjecturam capitis ingentis animi; et quum cogitastis, quantum putetis vos pati posse, sapientis patientiæ paulo ulteriorem terminum ponitis. At illum in aliis mundi finibus sua virtus collocavit, nihil vobiscum commune habentem. Quare etsi aspera, et quantumcumque tolerata gravia sint, audituque et visu refugienda, non obruetur eorum cœtu, et qualis singulis, talis universis obsistet. Qui dicit, illud tolerabile sapienti, illud intolerabile, et animi magnitudinem intra certos fines tenet, male agit; vincit nos fortuna, nisi tota vincatur. Nec putes istam Stoicam esse duritiem. Epicurus, quem vos patronum inertiæ vestræ assumitis, putatisque mollia ac desidiosa præcipere, et ad voluptates ducentia, « Raro, inquit, sapienti intervenit fortuna. » Quam pæne emisit viri vocem! Vis tu fortius loqui, et illam ex toto submovere? Domus hæc sapientis angusta, sine cultu, sine strepitu, sine apparatu, nullis observatur janitoribus, turbam venali fastidio digerentibus : sed per hoc limen vacuum, et ab ostiariis liberum, fortuna non transit, scit non esse illic sibi locum, ubi sui nihil est. Quodsi Epicurus quoque, qui corpori plurimum indulsit, adversus injurias exsurgit : quid apud nos incredibile videri

à la matière, se met au-dessus de l'injure, qu'y a-t-il, dans ce que nous prétendons, qui doive sembler incroyable, ou au-dessus de la mesure des forces humaines? Lui soutient que les injures sont supportables au sage, nous qu'il n'y a pas d'injure pour le sage.

XVI. Il ne s'agit pas de dire que cela répugne à la nature. Nous ne contestons pas qu'il ne soit fâcheux d'être battu, d'être mal mené, de perdre quelque membre ; mais nous contestons que dans toutes ces choses il y ait injure : nous ne leur disputons pas la puissance de faire souffrir, mais le nom d'injure, qui ne peut être admis sans blesser la vertu. Qui de nous deux est plus dans le vrai, nous le verrons : quant au mépris de l'injure, l'un et l'autre nous sommes d'accord. Tu demandes quelle est la différence qu'il y a entre les deux écoles? La même qu'entre ces deux braves gladiateurs, dont l'un presse de la main sa blessure, et se tient encore debout, tandis que l'autre, se tournant vers le peuple frémissant, lui fait signe que ce n'est rien, et ne lui permet pas d'intervenir. Il ne faut pas croire que notre dissentiment soit grave. Car la maxime dont il s'agit, et qui appartient à notre école seule, est également contenue dans les deux exemples qui enseignent à mépriser les injures et les offenses, lesquelles j'appellerai des ombres et des soupçons d'injure. Pour les dédaigner, il n'est pas besoin du sage, mais seulement d'un homme clairvoyant qui puisse se dire : « Ai-je mérité ce qui m'arrive, ou ne l'ai-je pas mérité? Si je l'ai mérité, ce n'est pas offense, c'est justice : si je ne l'ai pas mérité, c'est à celui-là de rougir, qui a commis l'injustice. Et qu'est-ce donc qu'on appelle offense ? Il s'est raillé de ma tête chauve, de mes yeux malades, de mes jambes grêles, de ma petite taille. Est-ce une offense que de s'entendre dire ce que tout le monde voit ? Un mot qui nous fait rire devant un témoin, nous indigne devant plusieurs ; et nous ne laissons point aux autres la liberté de dire ce que nous nous disons tous les jours. La raillerie modérée nous amuse ; immodérée, elle nous irrite. »

XVII. Chrysippe rapporte qu'un homme se fâcha pour avoir été appelé mouton de mer. Au sénat, nous avons vu pleurer Fidus Cornélius, gendre de Nason, parce que Corbulon l'avait appelé autruche pelée. Contre d'autres reproches qui déchiraient ses mœurs et sa vie, il était resté le front impassible ; contre cette absurde invective, il ne retint pas ses larmes. Tant l'âme est faible quand la raison l'abandonne ! Que dirai-je de notre indignation, quand on imite notre voix, notre démarche, quand on contrefait quelque défaut de notre corps ou de notre langue, comme s'ils étaient plus apparents dans ceux qui les imitent que dans nous qui les avons ! Quelques-uns ne veulent pas entendre parler de vieillesse, de cheveux blancs, de cet âge enfin où tous demandent à parvenir. Il y en a d'autres qu'enflamme le reproche de pauvreté : et pourtant la cacher, c'est soi-même s'en faire un crime. Aussi, pour ôter toute ressource aux impertinents, à ceux dont tout l'esprit est dans le sarcasme, il faut être le premier à entamer le sujet : nul ne prête à rire aux autres, quand il commence de lui-même. Vatinius, cet homme né pour être un objet de risée et de haine, nous est donné comme

potest, aut supra humanæ naturæ mensuram? Ille ait injurias tolerabiles esse sapienti, nos injurias non esse.

XVI. Nec est quod dicas, hoc naturæ repugnare. Non negamus rem incommodam esse, verberari et impelli, et aliquo membro carere, sed omnia ista negamus injurias esse ; non sensum illis doloris detrahimus, sed nomen injuriæ, quod non potest recipi virtute salva. Uter verius dicat, videbimus ; ad contemtum quidem injuriæ uterque consentit. Quæris quid inter duos intersit ? Quod inter gladiatores fortissimos ; quorum alter premit vulnus, et stat in gradu, alter respiciens ad clamantem populum significat nihil esse, et intercedi non patitur. Non est quod putes magnum quo dissidemus. Illud, de quo agitur, quod unum ad nos pertinet, utraque exempla hortantur : contemnere injurias, et, quas injuriarum umbras ac suspiciones dixerim, contumelias, ad quas despiciendas non sapienti opus est viro, sed tantum conspiciente, qui sibi possit dicere : « utrum merito mihi ista accidunt, an immerito ? Si merito, non est contumelia, judicium est; si immerito, illi qui injusta facit, erubescendum est. Et quid est illud, quod contumelia dicitur? in capitis mei levitatem jocatus est, et in oculorum valetudinem, et in crurum gracilitatem, et in staturam. Quæ contumelia est, quod apparet, audire ? Coram uno aliquid dictum ridemus, coram pluribus indignamur ; et eorum aliis libertatem non relinquimus, quæ ipsi in nos dicere assuevimus. Jocis temperatis delectamur, immodicis irascimur. »

XVII. Chrysippus ait quemdam indignatum, quod illum aliquis Vervecem marinum dixerat. In senatu flentem vidimus Fidum Cornelium, Nasonis generum, quum illum Corbulo Struthiocamelum depilatum dixisset. Adversus alia maledicta, mores et vitam convulnerantia, frontis illi firmitas constitit : adversus hoc tam absurdum lacrymæ prociderunt. Tanta animorum imbecillitas est, ubi ratio discessit ! Quid, quod offendimur, si quis sermonem nostrum imitatur, si quis incessum, si quis vitium aliquod corporis aut linguæ exprimit ? quasi notiora illa fiant alio imitante, quam nobis facientibus. Senectutem quidam inviti audiunt, et canos, et alia, ad quæ voto pervenitur. Paupertatis maledictum quosdam perussit, quam sibi objecit, quisquis abscondit. Itaque materia petulantibus et per contumeliam urbanis detrahitur, si ultro illam et prior occupes ; nemo aliis risum præbuit, qui ex se cepit. Vatinium hominem natum ad risum, et ad odium, scurram fuisse venustum ac dicacem, memoriæ proditum est. In pedes suos ipse plurima dicebat, et in

un railleur agréable et facétieux. Il disait lui-même force bons mots sur ses pieds goutteux, sur les incisions de sa gorge : c'est ainsi qu'il échappait aux brocards de ses ennemis, plus nombreux encore que ses infirmités, et surtout à ceux de Cicéron. Ce que put obtenir de soi, en se faisant un front d'airain, cet homme à qui les outrages répétés avaient désappris la honte, pourquoi ne l'obtiendrait pas celui en qui les études libérales et le culte de la sagesse auraient porté leurs fruits? Ajoute que c'est une sorte de vengeance d'enlever à l'offenseur le plaisir de l'offense. On l'entend dire : Quel malheur ! je crois qu'il n'a pas compris! tant il est vrai que tout le succès de l'offense est dans le sentiment et l'indignation de l'offensé. Ensuite l'offenseur ne manquera pas de trouver son pareil, qui saura bien le venger.

XVIII. Caïus César, parmi les autres vices dont il regorgeait, avait un merveilleux penchant à lancer le sarcasme partout où quelque défaut lui donnait prise, lui qui offrait une si féconde matière à la risée. Qu'on se figure cette hideuse pâleur qui décèle la folie, ces yeux louches, cachés sous un front de vieille, la laideur de ce crâne pelé et parsemé de cheveux d'emprunt; vois le derrière de cette tête hérissée de soies rudes, et ces jambes grêles, et ces pieds énormes. Je ne finirais pas, si je voulais raconter en détail les outrages qu'il vomissait contre ses parents et ses aïeux, et tous les ordres de l'état ; je raconterai seulement ceux qui causèrent sa mort. Parmi ses intimes était Asiaticus Valérius, homme fier et à peine capable de supporter patiemment une injure faite à un autre. C'est à lui qu'en plein banquet, c'est presque dire en assemblée publique, il reprocha, d'une voix éclatante, les habitudes galantes de sa femme au lit. Justes dieux ! un mari entendre cela, un prince le savoir, et pousser assez loin l'impudence pour raconter à un consulaire et à un ami, que dis-je, à un époux, et son adultère et ses dégoûts de prince! Chéréas, tribun militaire, dont le cœur était plus haut que la parole, avait une voix languissante et cassée, qui faisait de lui quelque chose de suspect. Lorsqu'il venait prendre le mot d'ordre, Caïus lui donnait tantôt Vénus, tantôt Priape ; reprochant à ce guerrier, d'une façon ou de l'autre, sa nature efféminée ; et lui-même il se montrait en robe transparente, en pantoufles, en bracelets. Chéréas fut donc contraint de recourir au glaive pour ne plus demander le mot d'ordre. Ce fut lui qui, parmi les conjurés, frappa le premier ; ce fut lui qui fendit d'un seul coup la tête de l'empereur : puis vinrent, de tous côtés, se plonger dans le sang de César des poignards vengeurs des injures publiques et privées. Mais le premier qui agit en homme fut celui qui paraissait le moins homme. Le même Caïus ne voyait dans tout que des offenses, non moins incapable de les supporter que prompt à les faire. Il s'emporta contre Hérennius Macer, qui l'avait salué du nom de Caïus ; et ce ne fut pas impunément qu'un premier centurion l'appela Caligula. Né dans les camps, c'était une coutume de lui donner ce nom et celui d'Enfant des Légions ; il n'était pas autrement connu des soldats ; mais Caligula lui semble un sarcasme outrageant, dès qu'il a chaussé le cothurne. Cela même sera donc pour nous une consolation, quand notre humeur accommodante dédaignera la vengeance, de savoir qu'il se trouvera quelqu'un pour châtier

fauces concisas : sic inimicorum, quos plures habebat quammorbos, et in primis Ciceronis urbanitatem effugit. Si ille hoc potuit duritia oris, qui assiduis conviciis depudere didicerat, cur is non possit, qui studiis liberalibus, et sapientiæ cultu, ad aliquem profectum pervenerit? Adjice, quod genus ultionis est, eripere ei qui fecit, contumeliæ voluptatem. Solent dicere : miserum me, puto non intellexit! adeo fructus contumeliæ in sensu et indignatione patientis est. Deinde non deerit illi aliquando parem invenire qui ex quoque vindicet.

XVIII. C. Cæsar inter cetera vitia, quibus abundabat, contumeliosus mirabiliter ferebatur omnibus aliqua nota feriendis, ipse materia risus benignissima. Tanta illi palloris insaniam testantis fœditas erat, tanta oculorum sub fronte anili latentium torvitas, tanta capitis destituti, et emendicatis capillis aspersi deformitas ; adjice obsessam setis cervicem, et exilitatem crurum, et enormitatem pedum. Immensum est, si velim singula referre, per quæ in vestros, avosque suos contumeliosus fuit, per quæ in universos ordines : ea referam, quæ illum exitio dederunt. Asiaticum Valerium in primis amicis habebat, ferocem virum, et vix æquo animo alienas contumelias laturum.

Huic in convivio, id est, in concione, voce clarissima, qualis in concubitu esset uxor ejus, objecit. Dii boni ! hoc virum audire, principem scire, et usque eo licentiam pervenisse, ut non dico consulari, non dico amico, sed tantum marito princeps et adulterium suum narret, et fastidium? Chæreæ, tribuno militum, sermo non pro manu erat, languidus sono, et infracta voce suspectior. Huic Caius signum petenti modo Veneris, modo Priapi dabat : aliter atque aliter exprobrans armato mollitiam. Hæc ipse per lucidus, crepidatus, auratus. Coegit itaque illum uti ferro, ne sæpius signum peteret. Ille primus inter conjuratos manum sustulit ; ille cervicem mediam uno ictu discidit : plurimum deinde undique publicas ac privatas injurias ulciscentium gladiorum ingestum est ; sed primus vir fuit, qui minime visus est. At idem Caius omnia contumelias putabat, et sicut ferendarum impatiens, faciendarum cupidissimus. Iratus fuit Herennio Macro, quod illum Caium salutaverat ; nec impune cessit primipilario, quod Caligulam dixerat. Hoc enim in castris natus, et alumnus legionum vocari solebat, nullo nomine militibus familiarior unquam factus ; sed jam Caligulam convicium et probrum judicabat cothurnatus.

l'insolence, l'orgueil et l'outrage ; car ces vices ne s'épuisent jamais sur un seul homme et dans une seule offense. Interrogeons les exemples de ceux dont nous louons la patience : voyons Socrate assister aux comédies qui lui prodiguent publiquement les sarcasmes, les recevoir de bonne grâce, et n'en rire pas moins que le jour où sa femme Xanthippe l'arrosa d'une eau immonde. On reprochait à Antisthène d'être né d'une mère barbare et thrace : il répondit que la mère des dieux était du mont Ida.

XIX. Il ne faut jamais en venir aux rixes et aux coups : reculons bien loin, et quelque outrage que nous fasse un insensé (car l'insensé peut seul outrager), n'en tenons pas compte. Il faut voir du même œil les hommages et les affronts du vulgaire, sans se chagriner des uns, sans se réjouir des autres. Autrement la crainte ou le déplaisir des offenses nous fera négliger beaucoup d'affaires essentielles ; nous ne nous empresserons pas à nos devoirs publics et privés, même dans les circonstances capitales, si, dans notre angoisse, nous tremblons comme des femmes de rien entendre qui nous désoblige. Quelquefois aussi, courroucés contre les puissants, nous trahirons nos rancunes par l'intempérance de notre liberté. Or, la liberté n'est pas de ne rien supporter. Détrompons-nous. La liberté consiste à mettre son âme au-dessus de l'injure, à se rendre tel, qu'on trouve en soi-même toutes ses joies, à se détacher des choses extérieures, pour ne pas mener une vie inquiète, qui redoute tous les rires, toutes les langues. En effet, qui ne pourra nous offenser, si un seul le peut ? Mais le sage et le disciple de la sagesse n'useront pas du même remède. A l'homme imparfait et qui se dirige encore par les jugements de la foule, nous devons représenter qu'il lui faut vivre au milieu des injures et des offenses. Les accidents prévus sont toujours plus légers. Plus vous êtes élevé par votre naissance, votre renommée, votre patrimoine, plus vous devez montrer de cœur : et vous rappelant que les soldats les plus grands se tiennent en première ligne, supportez les offenses, les paroles outrageantes, les diffamations et les autres opprobres, comme ils supportent les clameurs de l'ennemi, les dards lancés de loin et les pierres qui, sans blesser, tombent en retentissant sur les casques. Quant aux injures plus graves, sachez les endurer comme des traits qui percent tantôt vos armes, tantôt vos poitrines, sans qu'ils puissent vous abattre, ni même vous faire reculer. Quelque danger, quelque force ennemie qui vous presse et vous assiége, il est toujours honteux de céder. Défendez le poste que vous assigne la nature. Vous demandez quel est ce poste? celui d'homme. Le sage a d'autres ressources tout opposées ; car vous, vous combattez encore ; pour lui la victoire est acquise. Ne soyez pas rebelle à votre bonheur, et pendant que vous marchez à la vérité, nourrissez à votre tour l'espérance du triomphe ; recevez avec amour des doctrines meilleures, et aidez-en l'effet par vos discours et vos suffrages. Qu'il se rencontre un homme invincible, un homme contre lequel la fortune ne puisse rien, c'est là ce qui importe à la république du genre humain.

Ergo hoc ipsum solatio erit, etiamsi nostra facilitas ultionem omiserit, futurum aliquem, qui pœnas exigat a procace, et superbo, et injurioso : quæ vitia nunquam in uno homine, et in una contumelia consumuntur. Respiciamus eorum exempla, quorum laudamus patientiam; ut Socratis, qui comœdiarum publicatos in se et spectatos sales in partem bonam accepit, risitque non minus, quam quum ab uxore Xanthippe immunda aqua perfunderetur. Antistheni mater barbara et Thressa objiciebatur; respondit, et deorum matrem Idæam esse.

XIX. Non est in rixam colluctationemque veniendum : procul auferendi pedes sunt, et quidquid horum ab imprudentioribus fiet (fieri autem nisi ab imprudentibus non potest), negligendum. Et honores et injuriæ vulgi, in promiscuo habendi sunt ; nec his dolendum, nec illis gaudendum. Alioquin multa, timore contumeliarum aut tædio, necessaria omittemus ; et publicis privatisque officiis, aliquando etiam salutaribus, non occurremus, dum muliebris nos cura angit, aliquid contra animum audiendi. Aliquando etiam obirati potentibus, detegemus hunc affectum intemperanti libertate. Non est autem libertas, nihil pati. Fallimur ; libertas est, animum supponere injuriis, et eum facere se, ex quo solo sibi gaudenda veniant ; exteriora deducere a se, ne inquieta agenda sit vita, omnium risus, omnium linguas timenti. Quis enim, qui non possit contumeliam facere, si quisquam potest? Diverso autem remedio utetur sapiens, assectatorque sapientiæ. Imperfectis enim, et adhuc ad publicum se judicium dirigentibus, hoc proponendum est, inter injurias ipsos contumeliasque debere versari. Omnia leviora accident exspectantibus ; quo quisque honestior genere, fama, patrimonio est, hoc se fortius gerat ; memor, in prima acie altos ordines stare, contumelias et verba probrosa, et ignominias, et cetera dehonestamenta, velut clamorem hostium ferat, et longinqua tela, et saxa sine vulnere circa galeas crepitantia. Injurias vero, ut vulnera, alia armis, alia pectori infixa, non dejectus, ne motus quidem gradu, sustineat. Etiamsi premeris et infesta vi urgeris, cedere tamen turpe est ; assignatum a natura locum tuere. Quæris quis hic sit locus? viri. Sapienti aliud auxilium est huic contrarium. Vos enim rem geritis ; illi parta victoria est. Ne repugnate vestro bono, et hanc spem, dum ad verum pervenitis, alite in animis ; libentesque meliora excipite, et opinione ac voto juvate. Esse aliquem invictum, esse aliquem in quem nihil fortuna possit, e republica humani generis est.

DE LA BRIÉVETÉ DE LA VIE.

I. La plupart des mortels, Paulinus, accusent l'avarice de la nature, qui nous fait naître pour si peu d'années, qui nous donne à parcourir un espace où nos jours fuient si tôt, si vite, qu'à l'exception d'un très-petit nombre, tous les hommes se voient délaissés par la vie, au moment même où ils s'apprêtent à vivre. Et ce n'est pas seulement la foule, le vulgaire ignorant qui gémit sur ce qu'on appelle un mal commun : même à des hommes célèbres ce sentiment arracha des plaintes. De là cette exclamation du plus grand des médecins : « La vie est courte, l'art est long. » De là, prenant à partie la nature, Aristote lui intente un procès peu digne d'un sage. Il l'accuse de n'avoir de faveurs que pour les animaux, dont l'existence se prolonge pendant cinq ou dix siècles; tandis que l'homme, né pour des destinées si grandes et si diverses, se trouve arrêté bien en-deçà de ces limites. Non, nous n'avons pas trop peu de temps, mais nous en perdons beaucoup. La vie est assez longue; et il nous a été donné une latitude suffisante pour mener à fin les plus grandes choses, si tous nos jours sont bien occupés. Mais, après qu'ils se sont écoulés dans les plaisirs et l'indolence, après qu'ils ont été dépensés à tout autre chose qu'au bien, le terme fatal vient enfin nous surprendre; et cette vie que nous n'avions pas vue marcher, nous apprenons qu'elle est passée. Il en est pourtant ainsi : nous n'avons pas reçu la vie courte, mais nous la faisons courte. nous ne sommes pas pauvres d'années, mais nous en sommes prodigues. De même que d'immenses, de royales richesses entre les mains d'un mauvais maître sont dissipées en un instant, tandis que des biens même médiocres, confiés à une direction habile, s'accroissent par un bon emploi; ainsi la vie ouvre une vaste carrière à qui sait bien l'ordonner.

II. Pourquoi nous plaindre de la nature? Ce n'est pas elle qui manque de générosité : la vie

DE BREVITATE VITÆ.

I. Major pars mortalium, Paulline, de naturæ malignitate conqueritur, quod in exiguum ævi gignimur, quod hæc tam velociter, tam rapide dati nobis temporis spatia decurrant; adeo ut, exceptis admodum paucis, ceteros in ipso vitæ apparatu vita destituat. Nec huic publico, ut opinantur, malo, turba tantum et imprudens vulgus ingemuit; clarorum quoque virorum hic affectus querelas evocavit. Inde illa maximi medicorum exclamatio est : « Vitam brevem esse, longam artem. » Inde Aristoteli, cum rerum natura exigenti, minime conveniens sapienti viro lis est; illam animalibus tantum indulsisse, ut quina aut dena secula educerent, homini in tam multa ac magna genito, tanto citeriorem terminum stare. Non exiguum temporis habemus; sed multum perdimus. Satis longa vita, et in maximarum rerum consummationem large data est, si tota bene collocaretur. Sed ubi per luxum ac negligentiam defluit, ubi nulli rei bonæ impenditur; ultima demum necessitate cogente, quam non intelleximus, transisse sentimus. Ita est : non accepimus brevem vitam, sed fecimus; nec inopes ejus, sed prodigi sumus. Sicut amplæ et regiæ opes, ubi ad malum dominum pervenerunt, momento dissipantur, at quamvis modicæ, si bono custodi traditæ sunt, usu crescunt; ita ætas nostra bene disponenti multum patet.

II. Quid de rerum natura querimur? illa se benigne

est assez longue pour qui sait en user. Mais l'un est dominé par une insatiable avarice; l'autre s'applique laborieusement à d'inutiles travaux; un autre se noie dans le vice; un autre croupit dans l'inertie; un autre est agité d'une ambition toujours dépendante du jugement d'autrui; un autre, dans l'entraînement d'une passion mercantile, est poussé, par l'espoir du gain, sur toutes les terres, sur toutes les mers. Quelques-uns sont tourmentés de l'ardeur des combats; toujours rêvant à mettre les autres en péril, ou craignant d'y tomber eux-mêmes : il en est qui, faisant à des supérieurs une cour sans profit, se dévouent à une servitude volontaire. Plusieurs ne s'occupent qu'à envier la fortune d'autrui, ou à maudire la leur. Beaucoup d'autres, sans aucun but certain, cèdent à une légèreté irrésolue, inconstante, importune à elle-même, qui les jette sans cesse en de nouveaux projets. Quelques-uns ne trouvent à rien assez d'attraits pour exciter leur activité; et c'est engourdis et bâillants que la mort vient les surprendre. De sorte que je tiens pour vraie cette sentence échappée comme un oracle au plus grand des poëtes : « La plus petite partie de notre vie est celle que nous vivons. »

Car tout le reste de la carrière n'appartient pas à la vie, mais au temps. De tous côtés les vices nous assiégent, nous accablent : ils ne nous permettent ni de nous remettre sur pied, ni de relever nos yeux vers la contemplation du vrai; mais ils nous tiennent plongés dans l'abîme des passions. Jamais il ne nous est donné de revenir à nous, même lorsque le hasard amène quelque relâche : nous flottons comme sur une mer profonde où, même après la chute du vent, il reste encore des ondulations; et jamais nos passions ne nous laissent un instant de calme. Tu crois peut être que je parle de ceux dont les misères sont étalées au grand jour. Regarde ceux dont le bonheur attire la foule empressée : leurs biens les étouffent. Que d'hommes pour qui les richesses sont un fardeau! Que d'hommes qui, dans la carrière de l'éloquence, où chaque jour ils s'efforcent de déployer leur génie, vomissent le sang de leur poitrine épuisée! Que d'hommes pâlis par de continuelles voluptés! Que d'hommes à qui le peuple de clients qui les assiège ne laisse aucune liberté! Parcours enfin tous les rangs, depuis les plus humbles jusqu'aux plus élevés. Celui-ci fait plaider pour lui, celui-là plaide pour un autre; l'un voit sa vie en péril, l'autre le défend, un troisième est juge. Personne ne s'appartient; chacun s'use au profit d'un autre. Informe-toi de tous ceux dont les noms s'apprennent par cœur : voici à quels signes tu verras qu'on les reconnaît : « Celui-ci cultive tel personnage, celui-là tel autre; nul ne se cultive soi-même. » Ensuite, rien de plus extravagant que la colère de quelques-uns; ils se plaignent de la hauteur des grands qui, lorsqu'ils voulaient les aborder, n'ont pas trouvé un moment pour eux. Comment ose-t-il se plaindre de l'orgueil d'un autre, celui qui jamais ne trouve un moment pour lui-même? Et pourtant cet homme, quel qu'il soit, qui t'a regardé, j'en conviens, d'un air insolent, t'a regardé du moins; il a prêté l'oreille à tes discours; il t'a fait place à ses côtés; et toi, jamais tu n'as daigné ni te regarder, ni t'écouter toi-même.

gessit : vita, si scias uti, longa est. Alium insatiabilis tenet avaritia ; alium in supervacuis laboribus operosa sedulitas; alius vino madet; alius inertia torpet; alium defatigat ex alienis judiciis suspensa semper ambitio; alium mercandi præceps cupiditas circa omnes terras, omnia maria, spe lucri, ducit. Quosdam torquet cupido militiæ, nunquam non aut alienis periculis intentos, aut suis anxios, sunt quos ingratus superiorum cultus voluntaria servitute consumat. Multos aut affectatio alienæ fortunæ, aut suæ odium detinuit; plerosque nihil certum sequentes, vaga et inconstans, et sibi displicens levitas, per nova consilia jactavit. Quibusdam nihil quo cursum dirigant, placet, sed marcentes oscitantesque fata deprehendunt; adeo ut quod apud maximum poetarum more oraculi dictum est, verum esse non dubitem :

Exigua pars est vitæ, quam nos vivimus.

Ceterum quidem omne spatium, non vita, sed tempus est. Urgentia circumstant vitia undique; nec resurgere, aut in dispectum veri attollere oculos sinunt, sed mersos, et in cupiditatibus infixos premunt. Nunquam illis recurrere ad se licet, si quando aliqua quies fortuito contigit; velut in profundo mari, in quo post ventum quoque volutatio est, fluctuantur, nec unquam illis a cupiditatibus suis otium instat. De istis me putas disserere, quorum in confesso mala sunt? aspice illos, ad quorum felicitatem concurritur : bonis suis effocantur. Quam multis graves sunt divitiæ? quam multorum eloquentia, quotidiano ostentandi ingenii spatio, sanguinem educit? quam multi continuis voluptatibus pallent? quam multis nihil liberi relinquit circumfusus clientium populus? Omnes denique istos, ab infimis usque ad summos, pererra ; hic advocat, hic adest; ille periclitatur, ille defendit, ille judicat. Nemo se sibi vindicat; alius in alium consumitur. Interroga de istis, quorum nomina ediscuntur; his illos dignosci videbis notis : « Hic illius cultor est, ille illius, suus nemo. » Deinde dementissima quorumdam indignatio est; queruntur de superiorum fastidio, quod ipsis adire volentibus non vacaverint. Audet quisquam de alterius superbia queri, qui sibi ipse nunquam vacat? Ille tamen, quisquis est, insolenti quidem vultu, sed aliquando respexit; ille aures suas ad tua verba demisit; ille te ad latus suum recepit; tu non inspicere te unquam, non audire dignatus es.

III. Il n'y a donc pas à faire valoir, auprès de qui que ce soit, ces bons offices; car, lorsque tu les rendais, c'était moins par le désir d'être avec un autre, que par impuissance de rester avec toi-même. Quand tous les génies qui ont jamais brillé mettraient en commun leurs méditations sur ce sujet, jamais ils ne pourraient assez s'émerveiller de cet aveuglement de l'esprit humain. Nul ne laisse usurper son champ; et, pour la plus petite discussion sur le bornage, on fait voler les pierres et les javelots; et chacun souffre qu'on empiète sur sa vie; bien plus, c'est nous-mêmes qui y introduisons le nouveau possesseur. On ne trouve personne qui veuille partager son argent; et chacun distribue sa vie à tous venants. Tous s'attachent à ménager leur patrimoine; mais, dès qu'il s'agit de la perte du temps, ils sont prodigues à l'excès du seul bien dont il serait beau d'être avare. Qu'il me soit donc permis d'apostropher quelqu'un dans cette foule de vieillards: « Te voilà parvenu, je le vois, au terme le plus reculé de la vie humaine : tu as cent ans ou plus sur la tête; hé bien! récapitule ta vie. Dis, sur ce temps, combien t'a ravi un créancier, combien une maîtresse, combien un accusé, combien un client, combien tes querelles de ménage, combien la correction de tes esclaves, combien tes courses officieuses à travers la ville. Ajoute les maladies que nos excès ont faites; ajoute les moments restés sans emploi; tu verras que tu as beaucoup moins d'années que tu n'en comptes. Tâche de te rappeler combien de fois tu as été constant dans une résolution; combien de jours ont eu la destination que tu leur promettais; quel avantage tu as retiré de toi-même; combien de fois ton visage a été calme, ton cœur intrépide; combien tu as fait de besogne en de si longues années; combien de gens ont pillé ta vie, sans que tu comprisses ce que tu perdais; combien t'ont dérobé de temps les vaines douleurs, les folles joies, les convoitises avides, les doux entretiens; combien peu il t'est resté du tien; tu reconnaîtras alors que ta mort est prématurée. »

IV. Quelle en est donc la cause? Hommes, vous vivez comme si vous deviez vivre toujours : jamais il ne vous souvient de votre fragilité; vous ne remarquez pas combien de temps a déjà passé : vous le perdez comme s'il y avait plénitude, surabondance; tandis que ce jour même, que vous sacrifiez à un homme, à une chose, sera peut-être le dernier. Comme mortels, vous craignez tout; vous désirez tout, comme si vous étiez immortels. Tu entendras dire à plusieurs : « A cinquante ans, j'irai vivre dans la retraite : à soixante ans, je renoncerai aux emplois. » Et de qui donc as-tu reçu caution pour la durée de ta vie? Qui permettra que tout se passe comme tu l'arranges? N'as-tu pas honte de garder pour toi les restes de la vie, et de ne destiner à la sagesse que le temps qui n'est plus bon à rien? Qu'il est tard de commencer à vivre au moment même où il faut cesser! Quel fol oubli de la condition mortelle, de remettre à cinquante ou soixante ans les résolutions sensées, et de vouloir débuter dans la vie à un âge où peu d'hommes parviennent. Entends les paroles qui échappent aux personnages les plus

---

III. Non est itaque, quod ista officia cuiquam imputes; quoniam quidem quum illa faceres, non esse cum alio volebas, sed tecum esse non poteras. Omnia licet, quæ unquam ingenia fulserunt, in hoc unum consentiant, nunquam satis hanc humanarum mentium caliginem mirabuntur. Prædia sua occupari a nullo patiuntur, et si exigua contentio est de modo finium, ad lapides et arma discurrunt; in vitam suam incedere alios sinunt, immo vero ipsi etiam possessores ejus futuros inducunt. Nemo invenitur, qui pecuniam suam dividere velit; vitam unusquisque quam multis distribuit! Adstricti sunt in continendo patrimonio; simul ad temporis jacturam ventum est, profusissimi in eo, cujus unius honesta avaritia est. Libet itaque ex seniorum turba comprehendere aliquem! « Pervenisse te ad ultimum ætatis humanæ videmus; centesimus tibi, vel supra, premitur annus; agedum, ad computationem ætatem tuam revoca! Die, quantum ex isto tempore creditor, quantum amica, quantum reus, quantum cliens abstulerit; quantum lis uxoria, quantum servorum coercitio, quantum officiosa per urbem discursatio. Adjice morbos, quos manu fecimus; adjice, quod et sine usu jacuit; videbis te pauciores annos habere, quam numeras. Repete memoria tecum, quando certi consilii fueris, quotus quisque dies, ut destinaveras, recesserit; qui tibi usus tui fuerit; quando in statu suo vultus, quando animus intrepidus; quid tibi in tam longo ævo facti operis sit; quam multi vitam tuam diripuerint, te non sentiente quid perderes; quantum vanus dolor, stulta lætitia, avida cupiditas, blanda conversatio abstulerit; quam exiguum tibi de tuo relictum sit; intelliges, te immaturum mori! »

IV. Quid ergo est in causa? tanquam semper victuri vivitis; nunquam vobis fragilitas vestra succurrit. Non observatis quantum jam temporis transierit; velut ex pleno et abundanti perditis, quum interim fortasse ille ipse, alicui vel homini vel rei donatus, ultimus dies sit. Omnia, tanquam mortales, timetis; omnia, tanquam immortales, concupiscitis. Audies plerosque dicentes : « A quinquagesimo in otium secedam; sexagesimus annus ab officiis me demittet. » Et quem tandem longioris vitæ prædem accipis? quis ista, sicuti disposis, ire patietur? Non pudet te reliquias vitæ tibi reservare, et id solum tempus bonæ menti destinare, quod in nullam rem conferri possit? Quam serum est, tunc vivere incipere, quum desinendum est? quæ tam stulta mortalitatis oblivio, in quinquagesimum et sexagesimum annum differre sana consilia; et inde velle vitam inchoare, quo pauci perduxerunt? Potentissimis, et in altum sublatis homini-

puissants, les plus haut placés; ils désirent, ils vantent le repos, ils le préfèrent à tous leurs biens. Ils aspirent à descendre de leur faîte, pourvu qu'ils le puissent sans danger. Car, bien que rien au dehors ne les menace ou les ébranle, la fortune toutefois peut s'écrouler sur elle-même.

V. Le divin Auguste, à qui les dieux accordèrent plus qu'à tout autre mortel, ne cessa d'invoquer le repos, de réclamer quelque relâche aux soins de son gouvernement. Tous ses discours le ramenaient sans cesse vers les vœux qu'il faisait pour obtenir du loisir. C'est par cette consolation douce, quoique illusoire, qu'il charmait ses travaux, en répétant « qu'un jour il vivrait pour lui. » Dans une de ses lettres, adressée au Sénat, où il promettait que son repos ne manquerait point de dignité, et ne démentirait point sa gloire précédente, se trouvent ces mots : « Mais de tels projets seraient encore plus beaux à réaliser qu'à concevoir. Toutefois, dans mon impatience de voir arriver un moment tant désiré, j'ai pu me permettre, puisque ce bien se fait encore attendre, d'en goûter par avance la douceur par le seul plaisir d'en parler. » Le repos lui semblait chose si précieuse, qu'à défaut de la réalité, il l'anticipait par la pensée! Celui qui voyait tout dépendre de lui, qui disposait de la fortune des hommes et des nations, pensait avec bonheur au jour où il dépouillerait sa grandeur. Il avait éprouvé combien ces honneurs, dont l'éclat éblouissait toute la terre, coûtaient de sueurs; combien ils cachaient de secrètes inquiétudes. Forcé de combattre à main armée d'abord ses concitoyens, ensuite ses collègues, puis enfin ses parents, il versa des flots de sang et sur terre et sur mer. Entraîné par la guerre en Macédoine, en Sicile, en Égypte, en Syrie, en Asie, sur presque tous les rivages, il dirigea contre les étrangers ses armées fatiguées du meurtre des Romains. Tandis qu'il pacifie les Alpes, qu'il dompte les ennemis incorporés à l'empire dont ils troublaient la paix ; tandis qu'il recule les limites du monde romain au-delà du Rhin, de l'Euphrate et du Danube, au sein même de la ville s'aiguisaient contre lui les poignards des Muréna, des Cépion, des Lépidus, des Egnatius. A peine a-t-il échappé à leurs embûches, que sa fille et une foule de jeunes nobles, liés par l'adultère comme par un serment, épouvantent sa vieillesse fatiguée, et lui font craindre pis qu'une nouvelle Cléopâtre avec un autre Antoine. Il retranche ses ulcères avec ses propres membres; d'autres renaissent aussitôt. Comme un corps trop chargé de sang, il y avait toujours rupture de quelque côté. Aussi, appelait-il le repos : c'était dans cet espoir, dans cette pensée qu'il trouvait un allégement à ses travaux. C'était là le vœu de celui qui pouvait combler les vœux de tous. Ce Marcus Cicéron, dont la vie s'agitait entre les Catilina et les Claudius, les Pompée et les Crassus, les uns ses ennemis avoués, les autres ses amis douteux; qui, ballotté avec la république, la gouverna au milieu des écueils, et prit enfin sa retraite : qui n'eut ni repos dans la bonne fortune, ni courage dans l'adversité, combien de fois ne maudit-il pas son même consulat qu'il avait loué non sans sujet, mais sans fin?

---

bus excidere voces videbis, quibus otium optent, laudent, omnibus bonis suis præferant. Cupiunt interim ex illo fastigio suo, si tuto liceat, descendere. Nam ut nihil extra lacessat, aut quatiat, in se ipsa fortuna ruit.

V. Divus Augustus, cui dii plura quam ulli præstiterunt, non desiit quietem sibi precari, vacationem a republica petere. Omnis ejus sermo ad hoc semper revolutus est, ut sibi speraret otium. Hoc labores suos, etiamsi falso, dulci tamen oblectabat solatio : « Aliquando se victurum sibi. » In quadam ad senatum missa epistola, quum requiem suam non vacuam fore dignitatis, nec a priore gloria discrepantem, pollicitus esset, hæc verba inveni : « Sed ista fieri speciosius, quam promitti possunt; me tamen cupido temporis optatissimi mihi provexit, ut quoniam rerum lætitia moratur adhuc, præciperem aliquid voluptatis ex verborum dulcedine. » Tanta visa est res otium, ut illam, quia usu non poterat, cogitatione præsumeret ! Qui omnia videbat ex se uno pendentia, qui hominibus gentibusque fortunam dabat, illum diem lætissimus cogitabat, quo magnitudinem suam exueret. Expertus erat, quantum illa bona, per omnes extras fulgentia, sudoris exprimerent, quantum occultarum sollicitudinum tegerent ; cum civibus primum, deinde cum collegis, novissime cum affinibus, coactus armis decernere, mari terraque sanguinem fudit; per Macedoniam, Siciliam, Ægyptum, Syriam, Asiamque, et omnes prope oras bello circumactus, Romana cæde lassos exercitus ad externa bella convertit. Dum Alpes pacat, immixtosque mediæ paci et imperio hostes perdomat, dum ultra Rhenum, Euphratem et Danubium terminos movet, in ipsa urbe, Murenæ, Cæpionis, Lepidi, Egnatiorum in eum mucrones acuebantur. Nondum horum effugerat insidias ; filia, et tot nobiles juvenes adulterio velut sacramento adacti, jam infractam ætatem territabant; plusque et iterum timenda cum Antonio mulier. Hæc ulcera cum ipsis membris absciderat ; alia subnascebantur ; velut grave multo sanguine corpus, parte semper aliqua rumpebatur. Itaque otium optabat ; in hujus spe et cogitatione labores ejus residebant ; hoc votum erat ejus, qui voti compotes facere poterat.

Marcus Cicero inter Catilinas Clodiosque jactatus, Pompeiosque et Crassos, partim manifestos inimicos, partim dubios amicos, dum fluctuatur cum republica, et illam pessum euntem tenet, novissime abductus, nec secundis rebus quietus, nec adversarum patiens, quoties illum ipsum consulatum suum non sine causa, sed sine

DE LA BRIÉVETÉ DE LA VIE.

A quelles tristes lamentations ne se livre-t-il pas dans certaine lettre adressée à Atticus, au moment où Pompée le père étant déjà vaincu, le fils ranime encore en Espagne son parti abattu! « Tu me demandes, dit-il, ce que je fais ici. Je vis à moitié libre dans mon champ de Tusculum. » Puis il ajoute d'autres réflexions, où il déplore le passé, se plaint du présent, et désespère de l'avenir. Cicéron se dit à moitié libre! Jamais, par Hercule, un sage n'acceptera un nom si humiliant; jamais il ne sera à moitié libre : toujours il jouira d'une liberté entière et solide, affranchi de toute chaîne, dans la plénitude de ses droits, supérieur à tous les autres. Qui pourrait, en effet, être au-dessus de celui qui est au-dessus de la fortune?

VI. Livius Drusus, homme hardi et violent, qui renouvela par ses lois la funeste époque des Gracques, ayant toute l'Italie pour son immense cortége, hors d'état de prévoir l'issue des choses, qu'il n'avait ni le pouvoir de mener à fin, ni la liberté d'abandonner, une fois qu'il y fut engagé, maudissait, dit-on, sa vie agitée dès son berceau, et disait : « Que lui seul, même dès son enfance, n'avait jamais connu de jours de fête. » En effet, encore en tutelle et revêtu de la prétexte, il osa recommander des accusés aux juges, et interposer dans le Forum son crédit avec tant d'efficacité, qu'il demeure constant que plusieurs jugements furent arrachés par lui. Jusqu'où ne devait pas se pousser une ambition si prématurée? On pouvait déjà calculer la somme des maux publics et particuliers que préparait une audace aussi précoce. C'est donc tardivement qu'il se plaignait « de n'avoir pas connu de jours de fête; » lui, dès son enfance, séditieux et tyran du Forum. On est incertain si lui-même se donna la mort : car il tomba tout à coup frappé d'une blessure à l'aine : quelques-uns doutèrent que sa mort fût volontaire, nul, qu'elle ne fût opportune. Il serait superflu de rappeler l'exemple de tant d'autres hommes qui, lorsqu'ils paraissaient les plus heureux d'entre tous, rendaient contre eux-mêmes un témoignage sincère, en confessant tous les actes de leur vie. Mais ces plaintes ne changeaient ni les autres, ni eux-mêmes. Car à peine ces paroles étaient échappées de leur bouche, que leurs passions les ramenaient à leurs habitudes. Oui, certes, votre vie, se prolongeât-elle au-delà de mille ans, serait encore trop bornée; car il n'y a pas de durée que ces vices ne dévorent. Aussi, cet espace que la nature traverse en courant, mais que la raison peut étendre, doit nécessairement bientôt vous échapper; car vous ne saisissez pas, vous ne retenez pas, vous ne retardez pas dans sa course la chose de toutes la plus rapide; mais vous la laissez fuir comme chose superflue et réparable. Je mets en première ligne ceux qui n'ont d'autre passe-temps que le vin et la débauche; car il n'en est pas de plus honteusement occupés. Les autres, quoique séduits par les illusions d'une vaine gloire, ne sont pas sans grandeur dans leurs égarements. Tu peux passer en revue les avares, les hommes colères, ceux qu'entraînent des inimitiés ou des guerres injustes; il y a dans tous ces défauts quelque chose de viril; mais être l'esclave de son ventre et de la débauche, c'est une tache infamante.

fine laudatum, detestatur? Quam flebiles voces exprimit in quadam ad Atticum epistola, jam victo patre Pompeio, adhuc filio in Hispania fracta arma refovente? « Quid agam, inquit, hic quæris? moror in Tusculano meo semiliber. » Alia deinceps adjicit, quibus et priorem ætatem complorat, et de præsenti queritur, et de futura desperat. Semiliberum se dixit Cicero! mehercules, nunquam sapiens in tam humile nomen procedet, nunquam semiliber erit; integræ semper libertatis et solidæ, solutus, et sui juris, altior ceteris. Quid enim supra eum potest esse, qui supra fortunam est?

VI. Livius Drusus, vir acer et vehemens, quum leges novas et mala Gracchana movisset, stipatus ingenti totius Italiæ cœtu, exitum rerum non providens, quas nec agere licebat, nec jam liberum erat semel inchoatas relinquere, exsecratus inquietam a primordiis vitam, dicitur dixisse : « Uni sibi, nec puero quidem, unquam ferias contigisse. » Ausus enim et pupillus adhuc et prætextatus, judicibus reos commendare, et gratiam suam foro interponere tam efficaciter, ut quædam iudicia constet ab illo rapta. Quo non irrumperet tam immatura ambitio? scires in malum ingens, et privatum et publicum, evasuram illam tam præcocem audaciam! Sero itaque querebatur, « nullas sibi ferias contigisse, » a puero seditiosus, et foro gravis. Disputatur, an ipse sibi manus attulerit; subito enim vulnere per inguen accepto collapsus est; aliquo dubitante, an mors voluntaria esset; nullo, an tempestiva. Supervacuum est commemorare plures, qui quum aliis felicissimi viderentur, ipsi in se verum testimonium dixerunt, prodentes omnem actum annorum suorum. Sed his querelis nec alios mutaverunt, nec se ipsos. Nam quum verba eruperunt, affectus ad consuetudinem relabuntur. Vestra mehercule vita, licet supra mille annos exeat, in arctissimum contrahetur; ista vitia nullum non seculum devorabunt; hoc vero spatium, quod, quamvis natura currit, ratio dilatat, cito vos effugiat necesse est. Non enim apprehenditis, nec retinetis, nec velocissimæ omnium rei moram facitis, sed abire ut rem supervacuam ac reparabilem sinitis. In primis autem et illos numero, qui nulli rei, nisi vino ac libidini vacant; nulli enim turpius occupati sunt; ceteri, etiamsi vana gloriæ imagine teneantur, speciose tamen errant. Licet avaros mihi, licet vel iracundos enumeres, vel odia exercentes injusta, vel bella; omnes isti virilius peccant; in ventrem ac libidinem projectorum inhonesta labes est. Omnia istorum tempora excute; adspice quam-

Examine maintenant l'emploi que ces gens-là font de leurs jours; vois quel temps ils passent à compter leur or, quel temps à dresser des embûches, quel temps à trembler, quel temps à courtiser, quel temps à être courtisés, quel temps à offrir ou à recevoir caution, quel temps à donner des repas qui sont maintenant des fonctions publiques; tu verras que ni leurs maux ni leurs biens ne les laissent respirer. Enfin tout le monde tombe d'accord que rien de bien ne peut être fait par un homme trop occupé; il ne peut cultiver ni l'éloquence, ni les sciences libérales; car un esprit surchargé ne reçoit rien profondément, mais rejette tout comme un fardeau qu'on lui impose. L'homme occupé ne songe à rien moins qu'à vivre; aucune chose pourtant n'est plus difficile à savoir.

VII. Pour les autres sciences, des professeurs se trouvent partout et en grand nombre : on a même vu des enfants en comprendre si vite quelques-unes, qu'ils auraient pu les enseigner aux autres. Mais c'est toute la vie qu'il faut apprendre à vivre; et, ce qui te surprendra peut-être davantage, toute la vie il faut apprendre à mourir. Bien des hommes illustres, mettant de côté tout soin embarrassant, renonçant aux richesses, aux emplois, aux plaisirs, ne se sont occupés, jusqu'au terme de leur carrière, que d'une seule chose, de savoir vivre; et plusieurs cependant ont avoué, en quittant la vie, qu'ils ne le savaient pas encore. Tant s'en faut que ceux dont nous parlons puissent le savoir. Il est, crois-moi, d'un grand homme, élevé bien au-dessus des erreurs humaines, de ne rien laisser échapper de son temps; aussi, la vie est-elle très-longue pour celui qui, tant qu'elle a duré, s'est voué tout entier à elle. Il ne s'en est rien trouvé de stérile ou d'inoccupé; il n'en a rien mis à la disposition d'un autre; car il n'a rien rencontré qui fût digne d'être échangé contre son temps, dont il a été l'économe dépositaire. Aussi, son temps lui a suffi; au lieu que, nécessairement, le temps a dû manquer à ceux dont la vie fut livrée en proie à tout un peuple. Et ne va pas croire qu'ils n'ont pas le sentiment de leur perte. La plupart de ceux qu'une grande prospérité accable, tu les entendras souvent s'écrier au milieu de leurs troupeaux de clients, du conflit des procès, ou autres honorables misères : « Je n'ai pas le temps de vivre ! » Pourquoi non ? parce que tous ceux qui t'attirent à eux, t'enlèvent à toi-même. Combien de jours t'a ravis cet accusé ! combien ce candidat ! combien cette vieille, fatiguée d'enterrer ses héritiers ! combien ce riche, qui fait le malade pour irriter l'avarice des captateurs ! combien ce puissant ami qui te donne une place, non dans son amitié, mais dans son cortége ! Vérifie, dis-je, un à un, et passe en revue tous les jours de ta vie : tu verras qu'il n'en est resté pour toi qu'un fort petit nombre, et encore des plus inutiles. Celui qui a obtenu les faisceaux tant souhaités, n'aspire qu'à les déposer, et s'écrie souvent : « Quand cette année sera-t-elle passée ? » Celui-là qui préside aux jeux, et qui avait considéré comme une grande faveur du sort, que leur célébration lui fût échue : « Quand, dit-il, serai-je débarrassé ? » On s'arrache cet avocat dans tout le Forum ; la place est encombrée d'un si grand concours d'auditeurs, que tous ne peuvent l'entendre. Il s'écrie pourtant : « Quand les fêtes viendront-

---

diu computent, quamdiu insidientur, quamdiu timeant, quamdiu colant, quamdiu colantur, quantum vadimonia sua atque aliena occupent, quantum convivia, quæ jam ipsa officia sunt; videbis, quemadmodum illos respirare non sinant vel mala sua, vel bona. Denique inter omnes convenit, nullam rem bene exerceri posse ab homine occupato; non eloquentiam; non liberales disciplinas; quando districtus animus nihil altius recipit, sed omnia velut inculcata respuit. Nihil minus est hominis occupati quam vivere; nullius rei difficilior est scientia.

VII. Professores aliarum artium vulgo multique sunt; quasdam vero ex his pueri admodum ita percepisse visi sunt, ut etiam præcipere possent; vivere tota vita discendum est; et quod magis fortasse mirabere, tota vita discendum est mori. Tot maximi viri, relictis omnibus impedimentis, quum divitiis, officiis, voluptatibus renuntiassent, hoc unum in extremam usque ætatem egerunt, ut vivere scirent; plures tamen ex his nondum se scire confessi e vita abierunt; nedum ut isti sciant.

Magni, mihi crede, et supra humanos errores eminentis viri est, nihil ex suo tempore delibari sinere; et ideo vita ejus longissima est, cui quantumcumque patuit, totum ipsi vacavit. Nihil inde incultum otiosumque jacuit; nihil sub alio fuit; neque enim quidquam reperit dignum, quod cum tempore suo permutaret custos ejus parcissimus. Itaque satis illi fuit; his vero necesse est defuisse, ex quorum vita multum populus tulit. Nec est quod putes, hinc illos non intelligere damnum suum; plerosque certe audies ex his quos magna felicitas gravat, inter clientium greges, aut causarum actiones, aut ceteras honestas miserias exclamare interdum : « Mihi vivere non licet ! » Quid ni non liceat ? omnes illi quos tibi advocant, tibi abducunt. Ille reus quot dies abstulit ? quot ille candidatus ? quot illa anus, efferendis heredibus lassa ? quot ille ad irritandam avaritiam captantium simulatus æger ? quot ille potentior amicus, qui vos non in amicitia, sed in apparatu habet ? Dispunge, inquam, ac recense vitæ tuæ dies ; videbis paucos admodum et ridiculos apud te resedisse. Assecutus ille quos optaverat fasces, cupit ponere, et subinde dicit : « Quando hic annus præteribit ? » Facit ille ludos, quorum sortem sibi obtingere magno æstimavit : « Quando, inquit, istos effugiam ? » Diripitur ille toto foro patronus, et magno concursu omnia, ultra quam audiri potest, complet : « Quando, in-

DE LA BRIEVETE DE LA VIE.

elles suspendre les affaires? » Chacun précipite sa vie ; et, fatigué du présent, on est travaillé des impatiences de l'avenir. Mais celui qui a consacré tout son temps à son profit personnel, qui règle chacune de ses journées comme sa vie entière, ne désire ni ne redoute le lendemain. Y a-t-il, en effet, une seule heure qui puisse lui apporter un plaisir nouveau? Il a tout connu, tout goûté jusqu'à satiété. Quant au reste, que l'aveugle fortune en décide comme elle l'entendra; sa vie est déjà en sûreté. Il peut y être ajouté, il ne peut en être rien retranché; et encore il peut y être ajouté de la même manière qu'un homme dont l'estomac est rassasié, mais non rempli, prend encore quelques aliments, mais sans aucun appétit.

VIII. Ainsi donc, parce qu'un homme a des cheveux blancs et des rides, ne va pas croire qu'il ait longtemps vécu ; il n'a pas longtemps vécu , mais il a longtemps duré. Quoi donc! penses-tu qu'il a beaucoup navigué celui qui , surpris dès le port par une tempête cruelle, se trouve battu çà et là, et tourne toujours dans un même espace sous le souffle changeant des vents déchaînés? Il n'a pas beaucoup navigué; mais il a beaucoup flotté. Je m'étonne toujours quand je vois certaines gens demander aux autres leur temps, et ceux que l'on supplie si faciles à l'accorder. Chacun considère l'affaire pour laquelle on lui demande son temps; mais le temps même, aucun n'y songe. Comme si c'était un rien que l'on demande, un rien que l'on accorde, on se joue de la chose la plus précieuse de toutes. Ce qui les abuse, c'est que c'est une chose incorporelle, qui ne saute pas aux yeux : c'est pour cela qu'on l'estime si peu, ou que plutôt on lui reconnaît à peine une valeur quelconque. Les hommes les plus nobles reçoivent des libéralités annuelles, et donnent en échange leurs travaux, leurs services, leurs soins : personne ne met un prix à son temps; chacun en fait profusion, comme s'il ne coûtait rien. Mais regarde les mêmes hommes quand ils sont malades; s'ils voient d'un peu près la mort qui les menace, ils embrassent les genoux du médecin; s'ils redoutent le supplice capital, ils sont prêts, pour vivre, à donner tout ce qu'ils ont : tant il y a de désaccord dans leurs sentiments. Que si l'on pouvait faire connaître à chacun le nombre de ses années à venir, aussi bien que celui des années écoulées, quel serait l'effroi de ceux qui verraient le peu qui leur en reste! Comme ils en deviendraient économes! Or, il est facile de ménager un bien, si petit qu'il soit, lorsqu'il est assuré ; mais il faut conserver avec plus de soin encore celui qui peut manquer sans qu'on sache à quel moment. Ne crois pas, toutefois, que ces gens ignorent combien le temps est chose précieuse. Ils ont coutume de dire à ceux qu'ils aiment fort qu'ils sont prêts à leur donner une partie de leurs années. Ils donnent en effet, mais sans intelligence; ils donnent de façon à se dépouiller eux-mêmes, sans profit pour les autres; ils ne savent même pas qu'ils se dépouillent : aussi supportent-ils facilement le dommage d'une perte cachée. Personne ne te restituera tes années; personne ne te rendra à toi-même. La vie suivra le chemin qu'elle a commencé; sa marche ne sera ni ramenée en arrière, ni suspendue; elle ne fera pas de bruit; elle ne fera rien qui t'avertisse de sa rapidité, mais elle glissera

---

quit, res proferentur? » Præcipitat quisque vitam suam, et futuri desiderio laborat, præsentium tædio. At ille, qui nullum non tempus in usus suos confert , qui omnes dies tanquam vitam ordinat, nec optat crastinum, nec timet. Quid enim est, quod jam ulla hora novæ voluptatis possit afferre? Omnia nota, omnia ad satietatem percepta sunt; de cetero fors fortuna, ut volet, ordinet ; vita jam in tuto est. Huic adjici potest, detrahi nihil ; et adjici sic, quemadmodum aliquis ventre saturo jam, non pleno, aliquid cibi, quod non desiderat, capit.

VIII. Non est itaque, quod quemquam propter canos aut rugas putes diu vixisse; non ille diu vixit, sed diu fuit. Quid enim? si illum multum putes navigavisse, quem sæva tempestas a portu exceptum huc et illuc tulit, ac viribus ventorum ex diverso furentium per eadem spatia in orbem egit? non ille multum navigavit, sed multum jactatus est. Mirari soleo, quum video aliquos tempus petere, et eos, qui rogantur, facillimos. Illud uterque spectat, propter quod tempus petitum est; ipsum tempus quidem neuter. Quasi nihil petitur, quasi nihil datur; re omnium pretiosissima luditur. Fallit autem illos ; quia res incorporalis est, quia sub oculos non venit ; ideoque vilissima æstimatur, immo pæne nullum pretium ejus est. Annua congiaria homines clarissimi accipiunt , et his aut laborem , aut operam , aut diligentiam suam locant; nemo æstimat tempus; utuntur illo laxius, quasi gratuito. At eosdem ægros vide, si mortis periculum admotum est propius, medicorum genua tangentes : si metuunt capitale supplicium, omnia sua, ut vivant, paratos impendere ; tanta in illis discordia affectuum est. Quod si posset, quemadmodum præteritorum annorum cujusque numerus proponi, sic futurorum; quomodo illi, qui paucos viderent superesse, trepidarent, quomodo illis parcerent? Atqui facile est quamvis exiguum dispensare quod certum est; id debet servari diligentius quod nescias quando deficiat. Nec est tamen, quod ignorare putes illos, quam cara res sit. Dicere solent iis, quos validissime diligunt, paratos se partem annorum suorum dare. Dant, nec intelligunt; dant autem ita , ut sine illorum incremento sibi detrahant; sed hoc ipsum an detrahant, nesciunt; ideo tolerabilis est illis jactura detrimenti latentis. Nemo restituet annos, nemo iterum te tibi reddet. Ibi qua cœpit ætas, nec cursum suum aut revocabit aut supprimet; nihil tumultuabitur, nihil a..-

en silence. Ni les ordres des rois, ni la faveur du peuple ne la feront aller plus loin : elle remplira la carrière qui lui fut assignée le premier jour : nulle part elle ne se détournera ; elle ne s'arrêtera nulle part. Qu'arrivera-t-il? Tu es occupé, la vie se hâte ; la mort cependant arrivera, et bon gré mal gré il faudra te livrer à elle.

IX. Or, comment pourrait être prêt, je le demande, aucun de ces hommes qui font étalage de sagesse, et sont trop laborieusement occupés pour être capables de mieux vivre ? Ils arrangent leur vie aux dépens de leur vie, et font des dispositions pour un avenir éloigné : à quoi perd-on la plus grande partie de la vie? à différer. Tout ajournement nous arrache le premier jour ; il dérobe le présent, en nous promettant l'avenir. Le plus grand empêchement de la vie, c'est l'attente qui dépend du lendemain. Tu perds la journée d'aujourd'hui : ce qui est encore dans les mains du hasard, tu en disposes ; ce qui est dans les tiennes, tu le jettes. Quel est ton but? Jusqu'où s'étendent tes espérances? Tout ce qui est à venir repose sur l'incertain : vis dès cette heure. Voici ce que proclame un très-grand poëte, voici les utiles leçons que chante sa muse inspirée par le souffle divin : « Le jour le plus précieux pour les malheureux mortels, est celui qui s'enfuit le premier. » Pourquoi tarder, dit-il, pourquoi remettre? Si tu ne t'empares de ce jour, il s'échappe ; et quand tu t'en seras emparé, il s'échappera encore. Il faut donc combattre la rapidité du temps par la promptitude à en user. Il faut se hâter d'y puiser comme dans un torrent impétueux dont le cours doit cesser. Et remarque que pour mieux te reprocher l'infini de tes pensées, le poëte ne dit point la vie la plus précieuse, mais le jour. Comment oses-tu dans ta sécurité, dans les lenteurs, en présence du temps dont la fuite est si prompte, prolonger au gré de ton avidité et les mois et les années, et la longue suite des âges? On te parle d'un jour, et d'un jour qui s'enfuit. Il ne faut donc pas en douter : le jour le plus précieux est celui qui le premier échappe aux mortels malheureux, c'est-à-dire occupés : leurs esprits, encore dans l'enfance, sont accablés par la vieillesse, qui les surprend dépourvus et désarmés. En effet, ils n'ont rien prévu ; ils sont tombés dans la vieillesse à l'improviste et sans y penser : ils ne sentaient pas que tous les jours elle s'approchait. De même qu'un récit, une lecture, ou quelque pensée intérieure trompent le voyageur sur la longueur du chemin, et qu'il s'aperçoit de son arrivée avant d'avoir su qu'il approchait ; ainsi, ce chemin de la vie continuel et rapide, qu'éveillés ou endormis nous parcourons du même pas, les hommes occupés ne le mesurent que lorsqu'ils sont au bout.

X. Ces principes que j'ai posés, si je voulais les diviser et les déduire en forme d'arguments, je ne manquerais pas de preuves pour établir que la vie des hommes occupés est extrêmement courte. Fabianus, qui n'était pas un de ces philosophes de parade, mais un vrai sage à la manière antique, avait coutume de dire : « C'est à force ouverte et non par des subtilités qu'il faut combattre les passions; et ce n'est pas par des atteintes légères, mais

---

monebit velocitatis suæ ; tacita labetur. Non illa se regis imperio, non favore populi longius proferet; sicut missa est a primo, decurret; nusquam divertet, usquam remorabitur. Quid fiet ? tu occupatus es, vita festinat ; mors interim aderit, cui, velis nolis, vacandum est.

IX. Potesne quisquam, dico, hominum eorum, qui prudentiam jactant, et operosius occupati sunt, quam ut melius possint vivere ? Impendio vitæ vitam instruunt, cogitationes suas in longum ordinant; maxima porro vitæ jactura dilatio est. Illa primum quemque extrahit diem, illa eripit præsentia, dum ulteriora promittit. Maximum vivendi impedimentum est exspectatio, quæ pendet ex crastino. Perdis hodiernum ; quod in manu fortunæ positum est, disponis ; quod in tua, dimittis. Quo spectas, quo te extendis ? omnia quæ ventura sunt, in incerto jacent ; protinus vive. Clamat ecce maximus vates, et velut divino ore instinctus salutare carmen canit :

Optima quæque dies miseris mortalibus ævi
Prima fugit. . . . .

Quid cunctaris, inquit, quid cessas? Nisi occupas, fugit; quum occupaveris, tamen fugiet. Itaque cum celeritate temporis utendi velocitate certandum est ; velut ex torrente rapido, nec semper casuro, cito hauriendum est. Hoc quoque pulcherrime ad exprobrandam infinitam cogitationem, quod non optimam quamque ætatem, sed diem dicit. Quid securus, et in tanta temporum fuga lentus, menses tibi et annos, et longam seriem, utcumque aviditati tuæ visum est, exporrigis? De die tecum loquitur, et de hoc ipso fugiente. Non dubium est ergo, quin prima quæque optima dies fugiat mortalibus miseris, id est, occupatis ; quorum pueriles adhuc animos senectus opprimit, ad quam imparati inermesque veniunt. Nihil enim provisum est; subito in illam, nec opinantes inciderunt ; accedere eam quotidie non sentiebant. Quemadmodum aut sermo, aut lectio, aut aliqua interior cogitatio iter facientes decipit; pervenisse se ante sciunt, quam appropinquasse ; ita hoc iter vitæ assiduum et citatissimum, quod dormientes vigilantesque eodem gradu facimus, occupatis non apparet, nisi in fine.

X. Quod proposui, si in partes velim et argumenta diducere, multa mihi occurrent, per quæ probem brevissimam esse occupatorum vitam. Solebat dicere Fabianus, non ex his cathedrariis philosophis, sed ex veris et antiquis : « Contra affectus impetu, non subtilitate pugnandum, nec minutis vulneribus, sed incursu avertendam

par une impétueuse attaque, qu'il faut détourner une pointe traîtresse : car il faut émousser l'arme du sophisme, et non jouer avec. » Cependant, en reprochant aux hommes leurs erreurs, il ne faut pas seulement les plaindre, mais les éclairer.

La vie se divise en trois époques : celle qui est, celle qui fut, celle qui doit être. De ces trois époques, celle que nous possédons est courte; celle que nous posséderons est incertaine; celle que nous avons possédée est assurée : car sur elle la fortune a perdu tous ses droits; et il n'est au pouvoir de personne de la ressaisir. C'est là ce que perdent les hommes occupés; car ils n'ont pas le loisir de porter un regard en arrière; et quand ils l'auraient, il n'y a rien d'agréable dans le souvenir de choses que l'on regrette. C'est avec déplaisir qu'ils retracent à leur esprit le temps mal employé, et ils n'osent se rappeler ces jours où le vice, que voilaient alors les séductions d'un plaisir présent, se montre à nu dans les souvenirs. Nul homme ne se reporte volontiers vers le passé, si ce n'est celui qui a toujours soumis ses actions à sa propre censure, laquelle ne s'égare jamais. Mais celui que dévora une ambition sans frein, qui promena partout ses superbes mépris, qui fit abus de la victoire, qui vécut de fraudes et de trahisons, qui fut un déprédateur avare, un dissipateur insensé, doit nécessairement craindre sa mémoire. Et pourtant cette portion de notre vie est sacrée, inviolable, échappée aux hasards de l'humanité, et hors du domaine de la fortune : ni la pauvreté, ni la crainte, ni l'invasion des maladies ne peuvent la troubler : elle ne saurait être ni agitée ni ravie : on la possède sans interruption et sans alarmes. Le présent ne s'obtient que jour par jour, ou plutôt moment par moment : mais tous les jours du passé se représenteront à toi, quand tu l'ordonneras; ils se laisseront passer en revue et retenir à ton gré. C'est ce que les hommes occupés n'ont pas le loisir de faire. Il est d'une âme paisible et calme de revenir sur toutes les époques de la vie; mais l'esprit des hommes occupés est comme sous le joug; ils ne peuvent se retourner et regarder en arrière. Leur vie s'est donc perdue dans un abîme; et de même que la quantité n'y fait rien, quand on verse quelque chose dans un vase sans fond et qui ne peut rien contenir, ni garder; de même, il n'importe guère combien il est accordé de temps, s'il n'est retenu par rien : il s'échappe à travers ces âmes brisées et percées à jour. Le présent est très-court, si court que quelques hommes l'ont nié. En effet, il est toujours en marche; il court et se précipite : il a cessé d'être avant que d'arriver; et ne s'arrête pas plus que le monde et les astres, qui, dans leurs continuelles révolutions, ne connaissent pas le repos, et ne restent jamais à la même place. Ainsi donc, le présent seul appartient aux hommes occupés; et toutefois ce temps si court, qu'il est insaisissable, leur échappe encore, distraits qu'ils sont par mille affaires.

XI. Enfin, veux-tu savoir combien peu longtemps ils vivent? Vois combien ils désirent de vivre longtemps. Des vieillards décrépits mendient dans leurs prières un supplément de quelques années. Ils se façonnent en jeunes gens, ils se bercent de

aciem non probam; cavillationem enim retundi debere, non vellicari. » Tamen ut illis error exprobretur suus, docendi, non tantum deplorandi sunt.

In tria tempora vita dividitur: quod est, quod fuit, et quod futurum est. Ex his quod agimus, breve est; quod acturi sumus, dubium; quod egimus, certum. Hoc est enim, in quo fortuna jus perdidit, quod in nullius arbitrium reduci potest. Hoc amittunt occupati; nec enim illis vacat præterita respicere, et si vacet, injucunda est pœnitendæ rei recordatio. Inviti namque ad tempora male exacta animum revocant, nec audent ea retentare, quorum vitia etiam quæ aliquo præsentis voluptatis lenocinio subripiebantur, retractando patescunt. Nemo, nisi a quo omnia acta sunt sub censura sua, quæ nunquam fallitur, libenter se in præteritum retorquet. Ille qui multa ambitiose concupiit, superbe contempsit, impotenter vicit, insidiose decepit, avare rapuit, prodige effudit, necesse est memoriam suam timeat. Atqui hæc est pars temporis nostri sacra ac dedicata, omnes humanos casus supergressa, extra regnum fortunæ subducta; quam non inopia, non metus, non morborum incursus exagitat. Hæc nec turbari, nec eripi potest; perpetua ejus et intrepida possessio est. Singuli tantum dies, et hi per momenta præsentes sunt; at præteriti temporis omnes, quum jusseris, aderunt; ad arbitrium tuum se inspici ac detineri patientur; quod facere occupatis non vacat. Securæ et quietæ mentis, in omnes vitæ suæ partes discurrere: occupatorum animi velut sub jugo sunt; flectere se ac respicere non possunt. Abiit igitur vita eorum in profundum, et ut nihil prodest, quantumlibet ingeras, si non subest quod excipiat, ac servet; sic nihil refert, quantum temporis detur, si non est ubi subsidat; per quassos foratosque animos transmittitur. Præsens tempus brevissimum est, adeo quidem, ut quibusdam nullum videatur; in cursu enim semper est, fluit et præcipitatur; ante desinit esse, quam venit; nec magis moram patitur, quam mundus, aut sidera, quorum irrequieta semper agitatio, nunquam in eodem vestigio manet. Solum igitur ad occupatos præsens pertinet tempus; quod tam breve est, ut arripi non possit, et id ipsum illis, districtis in multa, subducitur.

XI. Denique vis scire, quam non diu vivant? vide quam cupiant diu vivere. Decrepiti senes paucorum annorum accessionem votis mendicant; minores natu se ipsos esse fingunt, mendacio sibi blandiuntur, et tam libenter fallunt, quam si fata una decipiant. Jam vero quum illos

mensonges, et s'abusent avec autant de confiance que s'ils pouvaient en même temps tromper le destin. Mais si quelque infirmité vient les avertir de leur condition mortelle, avec quel effroi ils se voient mourir! Ils ne sortent pas de la vie, ils en sont arrachés. Ils s'écrient qu'ils ont été des insensés de n'avoir pas vécu; qu'ils échappent seulement à cette maladie, et ils vivront dans le repos. Alors ils reconnaissent combien il était inutile d'amasser des biens dont ils ne devaient pas jouir, combien tous leurs travaux furent impuissants et stériles. Mais ceux dont la vie s'est passée loin de toute affaire, pourquoi ne la trouveraient-ils pas assez longue? Rien n'en est sacrifié, rien n'en est gaspillé pour l'un ou pour l'autre, rien n'en est livré à la fortune, rien ne s'en perd par négligence, rien n'en est retranché pour en faire largesse, rien n'en reste sans emploi. Tous les moments sont, pour ainsi dire, placés à intérêt. Aussi, quelque courte qu'elle soit, elle leur suffit grandement : c'est pourquoi le sage n'hésitera pas à marcher vers la mort d'un pas assuré. Tu me demanderas peut-être quels sont les hommes que j'appelle occupés. Ne va pas croire que je réserve ce nom seulement pour ceux qui n'abandonnent les basiliques que lorsque les chiens viennent leur donner la chasse; pour ceux que tu vois magnifiquement étouffés dans la foule de leurs clients, ou heurtés avec mépris par les clients des autres; pour ceux que d'obséquieux devoirs arrachent de leurs maisons pour aller se presser à la porte des grands; pour ceux à qui le préteur adjuge à l'encan un profit infâme qui sera pour eux quelque jour une plaie dévorante. Il y a des gens dont le loisir même est affairé : dans leur villa, dans leur lit, au sein de la solitude, quoique éloignés de tous, ils sont insupportables à eux-mêmes : la vie de certains hommes peut être appelée non une vie de loisir, mais une oisive occupation.

XII. Appelles-tu homme de loisir celui qui range avec une méticuleuse symétrie des vases de Corinthe, qui n'ont de valeur que par la manie de quelques fous, et passe la plus grande partie de ses jours à polir des lances rouillées? et celui qui, au gymnase (car, ô dépravation! les vices dont nous sommes souillés ne sont pas même romains), va, pour contempler les jeunes combattants, s'installer dans le lieu même où ils se frottent d'huile? et celui qui accouple, par âge et par couleur, ses troupeaux de lutteurs? et celui qui nourrit la voracité des athlètes les plus renommés? Appelles-tu hommes de loisir ceux qui passent plusieurs heures chez un barbier, pour se faire arracher le moindre poil qui leur sera poussé pendant la nuit, pour tenir conseil sur chaque cheveu, pour qu'on rétablisse leur coiffure dérangée, ou que de chaque côté l'on ramène les cheveux sur leur front dégarni? Comme ils s'emportent si le barbier, croyant raser des hommes, y met un peu de négligence! Comme ils s'enflamment, si l'on coupe quelque chose de leur crinière, si quelques cheveux dépassent les autres, si tous ne tombent pas en boucles bien égales! Quel est celui d'entre eux qui ne préférât voir sa patrie en désordre plutôt que sa coiffure? qui ne soit plus inquiet de l'ajustement de sa tête que du soin de sa vie? qui n'aimât mieux être bien coiffé que vertueux? Appelles-tu hommes de loisir ceux dont le temps est par-

aliqua imbecillitas mortalitatis admonuit, quemadmodum paveotes moriuntur, non tanquam excant de vita, sed tanquam extrahantur! Stultos se fuisse, quod non vixerint, clamitant, et, si modo evaserint ex illa valetudine, in otio victuros. Tunc, quam frustra paraverint, quibus non fruerentur, quam incassum omnis labor ceciderit, cogitant. At quibus vita procul ab omni negotio agitur, quidni spatiosa sit? Nihil ex illa delegatur, nihil alio atque alio spargitur, nihil inde fortunæ traditur, nihil negligentia interit, nihil largitione detrahitur, nihil supervacuum est : tota (ut ita dicam) in reditu est. Quantulacumque itaque abunde sufficit : et ideo quandocumque ultimus dies venerit, non cunctabitur vir sapiens ire ad mortem certo gradu.

Quæris forte, quos occupatos vocem? non est quod me solos putes dicere, quos a basilica immissi demum canes ejiciunt; quos aut in sua vides turba speciosius elidi, aut in aliena contemtius; quos officia domibus suis evocant, ut alienis foribus illidant; quos basta prætoris infami lucro, et quandoque suppuraturo, exercet. Quorumdam etiam occupatum est; in villa, aut in lecto suo, in media solitudine, quamvis ab omnibus recesserunt, sibi ipsi molesti sunt; quorumdam non otiosa vita est dicenda, sed desidiosa occupatio.

XII. Illum tu otiosum vocas, qui Corinthia paucorum furore pretiosa, anxia subtilitate concinnat, et majorem dierum partem in æruginosis lamellis consumit? qui in ceromate (nam, proh facinus, ne romanis quidem vitiis laboramus!) spectator puerorum rixantium sedet? qui victorum suorum greges in ætatum et colorum paria diducit? qui athletas notissimos pascit? Quid? illos otiosos vocas, quibus apud tonsorem multæ horæ transmittuntur, dum decerpitur, si quid proxima nocte succrevit, dum de singulis capillis in consilium itur, dum aut disjecta coma restituitur, aut deficiens hinc atque illinc in frontem compellitur? Quomodo irascuntur, si tonsor paulo negligentior fuit, tanquam virum tonderet! Quomodo excandescunt, si quid ex juba sua decisum est, si quid extra ordinem jacuit, nisi omnia in annulos suos reciderunt! Quis est istorum, qui non malit rempublicam suam turbari, quam comam? qui non sollicitior sit de capitis sui decore, quam de salute? qui non comtior esse malit, quam honestior? Hos tu otiosos vocas, inter pectinem speculumque occupatos? Quid illi, qui in componendis,

DE LA BRIÈVETÉ DE LA VIE.

tagé entre le peigne et le miroir? Et que dire de ceux qui sont toujours appliqués à composer, à écouter, à réciter des chansons; qui, forçant leur voix, formée par la nature à rendre des sons faciles, simples et agréables, la plient à dé languissantes modulations; dont les doigts sonores marquent toujours en cadence la mesure de quelque mélodie; qui, même au milieu de circonstances sérieuses, et souvent tristes, s'amusent à fredonner entre leurs dents? Ces gens-là n'ont pas de loisir; ils ont des affaires sans portée. Quant à leurs festins, par Hercule, je ne les compterai point parmi les moments de repos, quand je vois avec quelle sollicitude ils rangent leur vaisselle, avec quelle recherche ils retroussent les tuniques de leurs eunuques, avec quelle anxiété ils suivent un sanglier de la cuisine à la table, avec quelle célérité, au signal donné, leurs esclaves sans poil s'empressent à leurs fonctions, avec quel art les oiseaux sont découpés en fines aiguillettes, avec quel soin de malheureux petits esclaves essuient les matières vomies par l'ivresse. C'est avec cela qu'ils se font une réputation de magnificence et de délicatesse, et leurs vices les accompagnent si constamment dans toutes les périodes de leur vie, qu'ils ne peuvent ni boire, ni manger sans ostentation. Tu ne compteras pas sans doute parmi les hommes de loisir ceux qui se font porter çà et là en chaise et en litière, et qui ne manquent jamais l'heure de leur promenade, comme s'il ne leur était pas permis de s'en abstenir; et ceux qui ont besoin qu'on les avertisse quand ils doivent se laver, quand ils doivent se baigner, quand ils doivent souper : leur âme allanguie est tellement énervée par la mollesse, qu'ils ne sauraient dire par eux-mêmes s'ils ont faim. J'ai ouï dire qu'un de ces voluptueux (si pourtant on peut nommer volupté cet oubli de la vie et des habitudes humaines), au moment où plusieurs bras l'enlevaient du bain et le plaçaient sur un siége, demanda : « Suis-je assis ? » Et cet homme qui ignore s'il est assis, penses-tu qu'il sache s'il vit, s'il voit, s'il est en repos? Il me serait difficile de dire s'il mérite plus de pitié pour l'avoir ignoré, ou pour avoir feint de l'ignorer. Ces gens, sans doute, oublient beaucoup de choses; mais il y en a beaucoup où ils simulent l'oubli : certains vices les charment, comme des preuves de prospérité. Ce serait passer pour un homme obscur et méprisable que de savoir ce que l'on fait. Va croire maintenant que nos mimes outrent la vérité, quand ils tournent en ridicule notre luxe. Par Hercule, ils en passent beaucoup plus qu'ils n'en inventent; et cette foule de vices qui passent toute croyance a pris un tel essor, qu'aujourd'hui nous pouvons accuser les mimes d'être au-dessous du vrai. Il se rencontre un homme tellement enseveli dans la mollesse, que, pour savoir s'il est assis, il lui faut consulter quelqu'un !

XIII. Celui-là n'est donc pas un homme de loisir; donne-lui un autre nom : il est malade, ou plutôt il est mort. L'homme qui a du loisir a le sentiment de son loisir; mais cet autre est à peine vivant, qui a besoin d'un aide pour comprendre la position de son corps : comment pourrait-il être maître de quelque portion de son temps? Il serait trop long de suivre tous ceux qui ont usé leur vie aux échecs, à la paume, ou à se griller

---

audiendis, dicendis canticis operati sunt; dum vocem, cujus rectum cursum natura et optimum et simplicissimum fecit, inflexu modulationis inertissimæ torquent? quorum digiti aliquod inter se carmen metientes semper sonant; quorum quum ad res serias, sæpe et tristes, adhibiti sunt, exauditur tacita modulatio? Non habent isti otium, sed iners negotium. Convivia mehercule horum non posuerim inter vacantia tempora, quum videam, quam solliciti argentum ordinent, quam diligenter exoletorum suorum tunicas succingant, quam suspensi sint, quomodo aper a coquo exeat : quanta celeritate, signo dato, glabri ad ministeria discurrant : quanta arte scindantur aves in frusta non enormia : quam curiose infelices pueruli ebriorum sputa detergeant. Ex his elegantiæ lautitiæque fama captatur, et usque eo in omnes vitæ successus mala sua illos sequuntur, ut nec bibant sine ambitione, nec edant. Nec illos quidem inter otiosos numeraveris, qui sella se et lectica huc et illuc ferunt, et ad gestationum suarum, quasi deserere illas non liceat, horas occurrunt: quos, quando lavari debeant, quando natare, quando cœnare, alius admonet : et usque eo nimio delicati animi languore solvuntur, ut per se scire non possint an esuriant. Audio quemdam ex delicatis (si modo deliciæ vocandæ sunt vitam et consuetudinem humanam dediscere!), quum ex balneo inter manus elatus, et in sella positus esset, dixisse interrogando : « Jam sedeo? » Hunc tu ignorantem an sedeat, putas scire an vivat, an videat, an otiosus sit? non facile dixerim, utrum magis miserear, si hoc ignoravit, an si se ignorare finxit. Multarum quidem rerum oblivionem sentiunt, sed multarum et imitantur; quædam vitia illos, quasi felicitatis argumenta, delectant. Nimis humilis et contemti hominis esse videtur, scire quid faciat. I nunc, et mimos multa mentiri ad exprobrandam luxuriam puta. Plura mehercule prætereunt quam fingunt, et tanta incredibilium vitiorum copia, ingenioso in hoc unum sæculo, processit, ut jam mimorum arguere possimus negligentiam. Esse aliquem, qui usque eo deliciis interierit, ut an sedeat, alteri credat !

XIII. Non est ergo otiosus hic; aliud nomen imponas: æger est; immo mortuus est. Ille otius est, cui otii sui sensus est : hic vero semivivus, qui ad intelligendos corporis sui habitus indice opus est; quomodo potest hic alicujus temporis dominus esse? Persequi singulos longum est, quorum aut latrunculi, aut pila, aut excoquendi in

19.

le corps au soleil. Ce ne sont pas des hommes de loisir, ceux pour qui les plaisirs deviennent une grande affaire. Car pour ceux qui, dans les lettres, s'appliquent à d'inutiles études, personne ne doute qu'avec toutes leurs peines ils ne font rien : et déjà chez les Romains aussi le nombre en est assez grand. Ce fut la maladie des Grecs de chercher quel nombre de rameurs accompagnait Ulysse, lequel fut écrit le premier, de l'Iliade ou de l'Odyssée, si ces deux poëmes étaient du même auteur, et autres questions de même importance, qui, à les garder pour soi, ne peuvent procurer aucune satisfaction intérieure, et à les communiquer aux autres, font paraître non plus savant, mais plus ennuyeux. Voici que les Romains, à leur tour, sont envahis par ce goût frivole des études sans profit. J'entendais ces jours derniers un certain philosophe rapporter ce que chacun des généraux romains avait fait le premier. Duillius avait le premier vaincu sur mer; Curius Dentatus avait le premier montré des éléphants à son triomphe. Encore, quoique ces connaissances ne mènent pas à la vraie gloire, elles s'exercent sur des exemples empruntés aux belles actions de nos concitoyens. Une telle science n'est guère profitable : toutefois il y a même dans ces choses vaines un certain éclat de souvenir qui nous flatte. Nous pardonnons aussi à ceux qui cherchent lequel fut le premier à conseiller aux Romains de monter sur un vaisseau : ce fut Claudius, surnommé pour cette raison Caudex, nom que les anciens donnaient à un assemblage de plusieurs planches ; d'où les tables publiques sont appelées Codes; et de nos jours encore, les navires qui, de temps immémorial, apportent les provisions sur le Tibre, s'appellent Caudicaires. Sans doute il n'est pas sans importance de savoir que Valérius Corvinus s'empara le premier de la ville de Messana, et que le premier de la maison Valéria, empruntant son nom à une ville prise, fut appelé Messana, puis vulgairement Messala, au moyen d'un changement de lettre. Nous pouvons encore permettre à quelqu'un de se mettre en peine de savoir que L. Sylla, le premier, introduisit, dans le cirque, des lions déchaînés, tandis qu'auparavant ils étaient attachés, et que le roi Bocchus envoya des archers pour les tuer. Cela peut encore se pardonner. Mais que Pompée, le premier, ait présenté dans le cirque dix-huit éléphants pour les faire combattre contre des condamnés, à quel bon résultat cela mène-t-il ? Le premier de Rome, que son extrême bonté fit comparer, dit-on, à ceux qui furent les premiers chez nos ancêtres, crut que c'était un genre de spectacle mémorable, d'inventer une méthode nouvelle pour faire périr les hommes. Ils combattent : ce n'est pas assez ; ils sont mis en pièces : ce n'est pas assez ; il faut qu'ils soient écrasés par l'énorme masse des éléphants. Il valait mieux laisser de pareilles choses dans l'oubli, de peur que plus tard quelque homme puissant ne les connût, et ne voulût encore enchérir sur ces actes inhumains.

XIV. O quel épais nuage répand sur l'esprit humain une haute fortune ! Sans doute il se croyait au-dessus de la nature, lorsqu'il livrait des troupes d'infortunés à des bêtes féroces, nées sous un autre ciel; lorsqu'il engageait le combat entre des animaux si disproportionnés ; lorsqu'il versait des flots de sang en présence du peuple romain, qu'il devait bientôt contraindre à en verser à son tour davantage. Mais lui-même, plus tard, victime de la perfidie des Alexandrins, présenta sa tête au dernier des esclaves, et comprit alors enfin toute la vanité de son orgueilleux surnom. Mais, pour revenir au sujet dont je me suis écarté, et pour montrer sur d'autres points les inutiles travaux de certains hommes, le même savant racontait que Métellus, après avoir vaincu les Carthaginois en Sicile, fut le seul Romain qui, devant son char de triomphe, fit marcher cent vingt éléphants captifs; que Sylla fut le dernier des Romains qui agrandit le Pomœrium, tandis que nos ancêtres n'avaient pour coutume de l'agrandir qu'après une conquête sur l'Italie, mais non sur les provinces. Encore est-il plus utile de savoir cela que d'apprendre, comme il l'affirmait, que le mont Aventin est en dehors du Pomœrium, pour l'une ou l'autre de ces deux causes : soit parce que les plébéiens s'y retirèrent, soit parce que Rémus, interrogeant les oiseaux sur cette colline, ne les trouva pas favorables ! et mille autres choses encore qui sont ou controuvées ou semblables à des mensonges. Car, quand tu leur accorderais qu'ils disent tout cela de bonne foi, quand ils garantiraient ce qu'ils écrivent, de qui ces vains travaux corrigeront-ils les travers, de qui réprimeront-ils les passions, qui feront-ils plus brave, plus juste, plus libéral? Notre Fabianus disait souvent qu'il ne savait s'il ne valait pas mieux ne s'appliquer à aucune étude, que se perdre dans celles-là. Les seuls hommes qui aient du loisir sont ceux qui se reposent dans la sagesse : seuls ils vivent; car non-seulement ils veillent soigneusement sur leurs jours, mais à leurs années ils ajoutent les siècles. Tous les âges qui se sont écoulés avant eux leur sont acquis. Oui, si nous n'étions pas tous pleins d'ingratitude, nous reconnaîtrions qu'ils sont nés pour nous, ces illustres fondateurs des saintes doctrines, que pour nous ils ont préparé la vie. A ces éclatantes merveilles qui, tirées des ténèbres, rayonnent au grand jour, nous initie le labeur d'autrui : aucun siècle ne nous est interdit; dans tous nous sommes admis; et si, dans la puissance de notre âme, nous voulons franchir les limites étroites de l'humaine faiblesse, il est vaste l'espace où le temps nous permet de nous développer. Nous sommes libres de discuter avec Socrate, de douter avec Carnéade, de nous reposer avec Épicure, de vaincre la nature humaine avec les Stoïciens, de l'outrepasser avec les Cyniques, et de marcher d'un pas égal avec la nature, contemporains de tous les siècles. Pourquoi, durant ces instants si passagers, si courts, si périssables, ne me livrerais-je pas de toute mon âme à ces conceptions immenses, éternelles, qui m'associent aux plus grands des mortels? Tous ces gens qui s'empressent à de frivoles devoirs, qui se tourmentent, eux et les autres, lorsqu'ils auront bien satisfait leur manie, lorsqu'ils auront, chaque jour, frappé à toutes les portes, lorsqu'ils n'en auront passé aucune qu'ils aient trouvée ouverte, lorsqu'ils auront colporté dans les différentes maisons leurs salutations intéressées, combien de monde auront-ils pu voir dans cette ville immense et agitée de tant de passions diverses? Combien s'en trouvera-t-il dont le sommeil, les débauches

---

Romani multum sanguinis funderet, mox plus ipsum fundere coacturus. At idem postea Alexandrina perfidia deceptus, ultimo mancipio transfodiendum se præbuit, tum demum intellecta inani jactatione cognominis sui. Sed ut illo revertar unde decessi, et in alia materia ostendam supervacuam quorumdam diligentiam, idem narrabat, Metellum, victis in Sicilia Pœnis, triumphantem, unum omnium Romanorum ante currum centum et viginti captivos elephantos duxisse ; Sullam ultimum Romanorum protulisse Pomœrium, quod nunquam provinciali, sed Italico agro acquisito mos proferre apud antiquos fuit. Hoc scire magis prodest, quam Aventinum montem extra Pomœrium esse, ut ille affirmabat, propter alteram ex duabus causis ; aut quod plebs eo secessisset, aut quod Remo auspicante illo loco aves non addixissent! Alia deinceps innumerabilia, quæ aut ficta sunt, aut mendacii similia. Nam ut concedas omnia eos fide bona dicere, ut ad præstationem scribant, tamen cujus ista errores minuent? cujus cupiditates prement? quem fortiorem, quem justiorem, quem liberaliorem facient? Dubitare se interim Fabianus noster aiebat, an satius esset nullis studiis admoveri, quam his implicari. Soli omnium otiosi sunt, qui sapientiæ vacant : soli vivunt; nec enim suam tantum ætatem bene tuentur : omne ævum suo adjiciunt. Quidquid annorum ante illos actum est, illis acquisitum est. Nisi ingratissimi simus, illi clarissimi sacrarum opinionum conditores, nobis nati sunt, nobis vitam præparaverunt. Ad res pulcherrimas, ex tenebris ad lucem erutas, alieno labore deducimur; nullo nobis seculo interdictum est : in omnia admittimur ; et si magnitudine animi egredi humanæ imbecillitatis angustias libet, multum per quod spatiemur temporis est. Disputare cum Socrate licet, dubitare cum Carneade, cum Epicuro quiescere, hominis naturam cum Stoicis vincere, cum Cynicis excedere, cum rerum natura in consortium omnis ævi pariter incedere. Quidni ab hoc exiguo et caduco temporis transitu, in alia nos toto demus animo, quæ immensa, quæ æterna sunt, quæ cum melioribus communia? Isti qui per officia discursant, qui se aliosque inquietant, quum bene insanierint, quum omnium limina quotidie perambulaverint, nec ullas apertas fores prætererint, quum per diversas domos meritoriam salutationem circumtulerint : quotum quemque ex tam immensa, et variis cupiditatibus districta, urbe poterunt

ou la dureté les auront éconduits? Combien qui, après leur avoir fait subir les tourments d'une longue attente, leur échapperont, sous le prétexte d'une affaire pressée? Combien éviteront de sortir par leur vestibule encombré de clients, et s'enfuiront par quelque secrète issue? comme s'il n'était pas plus cruel de tromper que de refuser sa porte! Combien, à moitié endormis et alourdis encore des orgies de la veille, entr'ouvriront à peine les lèvres pour balbutier avec un dédaigneux bâillement le nom mille fois annoncé de ces misérables qui ont hâté leur réveil pour attendre celui d'un autre! Mais ceux-là, disons-le, peuvent se complaire dans leurs véritables devoirs, qui, tous les jours, vivent dans l'intimité des Zénon, des Pythagore, des Démocrite, des Aristote, des Théophraste, et des autres grands maîtres de la science morale. Il n'est aucun de ces sages qui n'ait du loisir pour eux, aucun qui ne renvoie ceux qui viennent à lui plus heureux et plus aimants, aucun qui souffre qu'on se retire les mains vides. Et la nuit, et le jour, tout mortel peut les aborder. Aucun d'eux ne te forcera, tous t'apprendront à mourir; aucun d'eux ne dissipera tes années; chacun t'offrira le tribut des siennes : nul ne te compromettra par ses discours ; nul ne te mettra en danger par son amitié; nul ne te fera chèrement acheter sa faveur.

XV. Tu retireras d'eux tout ce que tu voudras : il ne tiendra pas à eux que plus tu auras pris, plus tu ne puises encore. Quelle félicité, quelle belle vieillesse attendent celui qui s'est mis sous leur patronage! Il aura des amis avec qui délibérer sur les plus grandes comme sur les plus petites choses; avec qui, tous les jours, il prendra conseil sur lui-même, de qui il entendra la vérité sans outrage, la louange sans flatterie, à l'image desquels il pourra se former. Souvent nous disons qu'il ne fut pas en notre pouvoir de choisir nos parents, que le hasard nous les a donnés. Et pourtant il nous est permis de naître à notre gré. Il y a des familles de nobles génies : choisis celle où tu veux être admis : l'adoption ne te donnera pas seulement l'héritage du nom, mais des biens eux-mêmes; ces biens, tu n'auras pas à les garder avec une sordide parcimonie : ils s'accroîtront d'autant plus que tu en feras part à plus de gens. Ces sages t'ouvriront le chemin de l'éternité; ils t'élèveront à une place d'où personne ne te renversera : voilà le seul moyen de prolonger une vie mortelle, bien plus, de la convertir en immortalité. Les honneurs, les monuments, tout ce que l'ambition a commandé par ses décrets, tout ce qu'elle a élevé par ses efforts, s'écroule bien vite : il n'est rien que ne démolisse une longue durée, et elle frappe de préférence ce qu'elle a consacré. Mais la sagesse est à l'abri de toute atteinte; aucun âge ne peut la détruire, aucun âge l'affaiblir. Le siècle suivant, et tous les autres à mesure qu'ils s'accumuleront, viendront ajouter quelque chose aux respects qu'elle inspire : car l'envie s'attache à ce qui est proche, et nous admirons plus facilement ce qui est placé au loin. La vie du sage est donc fort étendue : elle n'est pas renfermée dans les limites assignées aux autres. Seul il est affranchi des lois du genre humain. Tous les siècles lui sont soumis

videre? quam multi erunt, quorum illos aut somnus, aut luxuria, aut inhumanitas submoveat? quam multi, qui illos, quum diu torserint, simulata festinatione transcurrant ? quam multi per refertum clientibus atrium prodire vitabunt, et per obscuros aedium aditus profugient? quasi non inhumanius sit decipere, quam excludere ! quam multi hesterna crapula semisomnes et graves, illis miseris somnum suum rumpentibus, ut alienum exspectent, vix allevatis labiis insusurratum millies nomen, oscitatione superbissima reddent? Hos in veris officiis morari licet dicamus, qui Zenonem, qui Pythagoram quotidie, et Democritum, ceterosque antistites bonarum artium, qui Aristotelem et Theophrastum volent habere quam familiarissimos ! nemo horum non vacabit, nemo non venientem ad se beatiorem amantioremque sui dimittet, nemo quemquam vacuis a se manibus abire patietur. Nocte conveniri et interdiu ab omnibus mortalibus possunt. Horum te mori nemo coget, omnes docebunt : horum nemo annos tuos conteret, suos tibi contribuet : nullius ex his sermo periculosus erit, nullius amicitia capitalis, nullius sumtuosa observatio.

XV. Feres ex his quidquid voles : per illos non stabit, quo minus, quantum plurimum ceperis, haurias. Quae illum felicitas, quam pulchra senectus manet, qui se in horum clientelam contulit ! Habebit cum quibus de minimis maximisque rebus deliberet, quos de se quotidie consulat, a quibus audiat verum sine contumelia, laudetur sine adulatione, ad quorum se similitudinem effingat. Solemus dicere, non fuisse in nostra potestate, quos sortiremur parentes ; sorte nobis datos; nobis vero ad nostrum arbitrium nasci licet. Nobilissimorum ingeniorum familiae sunt; elige in quam adscisci velis; non in nomen tantum adoptaberis, sed in ipsa bona, quae non erunt sordide nec maligne custodienda : majora fient, quo illa pluribus diviseris. Hi tibi dabunt ad aeternitatem iter, et te in illum locum, ex quo nemo ejicit, sublevabunt: haec una ratio est extendendae mortalitatis, immo in immortalitatem vertendae. Honores, monumenta, quidquid aut decretis ambitio jussit, aut operibus exstruxit, cito subruitur; nihil non longa demolitur vetustas, et movet ocius, quod consecravit. Sapientiae noceri non potest, nulla delebit aetas, nulla diminuet; sequens ac deinde semper ulterior aliquid ad venerationem conferet, quoniam quidem in vicino versatur invidia : simplicius longe posita miramur. Sapientis ergo multum patet vita : non idem illum, qui ceteros, terminus includit; solus generis humani legibus solvitur; omnia illi secula, ut Deo, serviunt. Transiit tempus aliquod ? hoc recordatione com-

comme à Dieu. Le temps passé, il le ressaisit par le souvenir ; le présent, il sait en user ; l'avenir, il en jouit d'avance. Tous les temps, réunis en un seul, lui font une longue vie. Mais qu'elle est courte et inquiète l'existence de ceux qui oublient le passé, négligent le présent et redoutent l'avenir! Ce n'est qu'arrivés au dernier moment, qu'ils comprennent trop tard, les malheureux, qu'ils ont été si longtemps occupés à ne rien faire.

XVI. Et de ce que parfois ils invoquent la mort, ne va pas t'en faire un argument pour prouver qu'ils mènent une longue vie. Leur folie les agite de passions aveugles qui les poussent vers ce qu'ils craignent : souvent aussi ils ne désirent la mort que parce qu'ils la redoutent. Ne va pas non plus regarder comme une preuve qu'ils vivent longtemps, de ce que souvent le jour leur paraît long, de ce qu'en attendant le moment fixé pour leur souper, ils se plaignent que les heures marchent lentement. Car, si quelquefois leurs occupations les abandonnent, ils se consument dans le repos où elles les laissent, et ne savent ni comment l'employer, ni comment s'en débarrasser. Aussi, cherchent-ils une occupation quelconque; et, dans l'intervalle, toutes les heures leur sont à charge : c'est ainsi que, lorsqu'on a annoncé le jour d'un combat de gladiateurs, lorsqu'on attend l'époque fixée pour tout autre spectacle ou divertissement, on voudrait franchir les jours intermédiaires. Quand ils désirent une chose, tout retard leur paraît long. Mais ces heures qu'ils aiment sont rapides et fugitives, et d'autant plus rapides qu'elles sont plus souillées. Car ils fuient une chose pour une autre, et ne peuvent se fixer longtemps à une seule passion : les jours ne leur sont pas longs, mais odieux. Combien, au contraire, leur semblent courtes ces nuits qu'ils passent dans les bras des courtisanes et dans le vin? Aussi, les poëtes qui, dans leur délire, entretiennent par des fictions les égarements des hommes, ont-ils imaginé que Jupiter, enivré des voluptés d'une nuit amoureuse, en doubla la durée. N'est-ce pas enflammer nos vices que de les consacrer par l'autorité des dieux, et d'offrir une excuse aux déportements du mal dans l'exemple de la divinité? Peuvent-elles ne pas leur sembler si courtes, ces nuits qu'ils achètent si cher? Ils perdent le jour dans l'attente de la nuit, la nuit dans la crainte du jour. Leurs plaisirs mêmes sont inquiets, agités par des terreurs diverses, et, au milieu de leurs plus vives allégresses vient les surprendre cette soucieuse pensée : « Combien cela durera-t-il? » Cette réflexion a fait pleurer sur leur puissance les rois, moins séduits par la grandeur de leur fortune, qu'effrayés du terme qu'ils voyaient dans l'avenir. Lorsqu'il déployait sur les vastes espaces des campagnes ses bataillons, dont il ne calculait pas le nombre, mais l'étendue, cet insolent roi de Perse versa des larmes, à l'idée que dans cent ans personne ne devait survivre d'une si belle jeunesse. Mais lui-même, qui pleurait, il allait, pour eux, hâter l'heure fatale; il allait perdre les uns sur la terre, les autres sur la mer, les autres dans le combat, les autres dans la fuite; il allait dévorer en peu d'instants toutes ces existences, pour lesquelles il redoutait la centième année.

---

prehendit; instat? hoc utitur; venturum est? hoc præcipit. Longam illi vitam facit omnium temporum in unum collatio; illorum brevissima ac sollicitissima ætas est, qui præteritorum obliviscuntur, præsentia negligunt, de futuro timent; quum ad extrema venerint, sero intelligunt miseri, tamdiu se, dum nihil agunt, occupatos fuisse.

XVI. Nec est, quod hoc argumento probari putes, « longam illos agere vitam, quia interdum mortem invocant. » Vexat illos imprudentia incertis affectibus, et incurrentibus in ipsa quæ metuunt; mortem sæpe ideo optant, quia timent. Illud quoque argumentum non est, quod putes, diu viventium, « quod sæpe illis longus videtur dies : quod dum veniant ad condictum tempus cœnæ, tarde ire horas queruntur; » nam si quando illos deserunt occupationes, in otio relicti æstuant, nec quomodo id disponant, aut extrahant, sciunt. Itaque ad occupationem aliquam tendunt, et quod interjacet, omne tempus grave est: tam hercule, quam quum dies muneris gladiatorii edictus est, aut quum alicujus alterius vel spectaculi vel voluptatis exspectatur constitutum, transilire medios dies volunt. Omnis illis speratæ rei longa dilatio est. At illud tempus, quod amant, breve est, et præceps, breviusque multo fit suo vitio; aliunde enim alio transfugiunt, et consistere in una cupiditate non possunt; non sunt illis longi dies, sed invisi. At contra, quam exiguæ noctes videntur, quas in complexu scortorum, aut vino exigunt? Inde etiam poetarum furor, fabulis humanos errores alentium, quibus visus est Jupiter, voluptate concubitus delinitus, duplicasse noctem. Quid aliud est vitia nostra incendere, quam auctores illis inscribere deos, et dare morbo, exemplo divinitatis, excusatam licentiam? Possunt istis non brevissimæ videri noctes, quas tam care mercantur? diem noctis exspectatione perdunt, noctem lucis metu ipsæ voluptates eorum trepidæ, et variis terroribus inquietæ sunt, subitque quum maxime exsultantes sollicita cogitatio : « Hæc quam diu? » Ab hoc affectu reges suam flevere potentiam, nec illos magnitudo fortunæ suæ delectavit, sed venturus aliquando finis exterruit. Quum per magna camporum spatia porrigeret exercitum, nec numerum ejus, sed mensuram comprehenderet Persarum rex insolentissimus, lacrymas profudit, quod intra centum annos nemo ex tanta juventute superfuturus esset. At illis erat admoturus fatum ipse, qui flebat, perditurusque alios in terra, alios in mari, alios in prælio, alios in fuga, et intra exiguum tempus consumturus illos, quibus centesimum annum timebat!

XVII. Et d'où vient que leurs joies sont inquiètes ? C'est qu'elles ne reposent pas sur des principes solides, et sont troublées par ces riens qui les font naître. Et que penses-tu que soient les instants dont ils avouent eux-mêmes les misères, quand ceux pour lesquels ils se glorifient et se placent au-dessus de l'humanité, ne sont pas sans orage? Les plus grands biens sont tous pleins de sollicitudes, et nulle fortune n'est moins assurée que la plus haute. Pour conserver notre bonheur, il nous faut un nouveau bonheur, et pour les vœux accomplis, il faut encore faire d'autres vœux. Car tout ce que nous tenons du sort est peu solide; plus on est élevé, plus la chute est facile : or personne n'est séduit par ce qui menace ruine. Elle est donc non-seulement très-courte, mais nécessairement très-malheureuse et la vie de ceux qui gagnent avec de grands efforts ce dont la possession leur en coûtera de plus grands : ils acquièrent à grand'peine les biens qu'ils désirent, ils conservent avec inquiétude les biens qu'ils ont acquis. Et cependant on ne tient nul compte du temps qui ne doit jamais plus revenir. De nouvelles occupations remplacent les anciennes ; l'espérance nourrit l'espérance ; l'ambition nourrit l'ambition. On ne cherche pas la fin des misères, on en change le sujet. Nos honneurs ont-ils tourmenté notre vie? Ceux d'autrui nous ont pris plus de temps. Candidats, sommes-nous à la fin de nos brigues? nous allons quêter des suffrages pour les autres. Déposons-nous, fatigués, le rôle d'accusateur? nous prenons celui de juge. A-t-on cessé de juger? on veut présider le tribunal. A-t-on vieilli gérant mercenaire des biens d'autrui ? on est tenu par ses propres richesses. Marius a quitté la chaussure de soldat, il s'est chargé des soucis du consulat. Quintius s'empresse-t-il d'achever sa dictature? bientôt on le rappellera de la charrue. Scipion marchera contre les Carthaginois, avant l'âge voulu pour une si grande entreprise : vainqueur d'Annibal, vainqueur d'Antiochus, ornement de son propre consulat, caution du consulat de son frère, si lui-même il n'y met obstacle, il sera placé près de Jupiter. Oui ; mais sauveur de la patrie, les séditions civiles le poursuivront : jeune homme, il aura dédaigné des hommages qui l'égalaient aux dieux; vieillard, il se complaira dans l'ambition d'un exil obstiné. Jamais ni le bonheur, ni l'infortune ne nous épargneront les inquiétudes : les affaires nous interdiront le repos. On n'en jouira jamais, toujours on le désirera.

XVIII. Arrache-toi donc à la foule, mon cher Paulinus, et après plus de traverses que n'en comporte le nombre de tes jours, retire-toi dans un port plus tranquille. Songe combien de bourrasques tu as essuyées, combien d'orages domestiques tu as affrontés, combien de tempêtes publiques tu as appelées sur toi. Assez déjà ta vertu s'est témoignée par des épreuves laborieuses et pleines d'alarmes; essaie ce qu'elle pourra dans le repos. Que la plus grande part de ta vie, et certes la meilleure, ait été dévouée à la république; prends maintenant pour toi quelque chose de ton temps. Et je ne t'invite pas à un repos lâche et indolent, je ne t'invite pas à ensevelir dans le sommeil, dans les voluptés chères à la foule, tout ce qui te reste de vie dans le cœur. Ce n'est pas là se reposer. Tu trouveras encore de plus graves affaires

---

XVII. Quid, quod gaudia quoque eorum trepida sunt? non enim solidis causis innituntur, sed eadem, qua oriuntur, vanitate turbantur. Qualia autem putes tempora esse etiam ipsorum confessione misera, quum hæc quoque, quibus se attollunt, et supra hominem efferunt, parum sincera sint? Maxima quæque bona sollicita sunt : nec ulli fortunæ minus bene, quam optimæ, creditur. Alia felicitate ad tuendam felicitatem opus est, et pro ipsis, quæ successerunt votis, vota facienda sunt. Omne enim, quod fortuito evenit, instabile est; quo altius surrexerit, opportunius est in occasum ; neminem porro casura delectant. Miserrimam ergo necesse est, non tantum brevissimam, vitam eorum esse, qui magno parant labore quod majore possideant : operose assequuntur quæ volunt, anxii tenent quæ assecuti sunt. Nulla interim nunquam amplius redituri temporis est ratio. Novæ occupationes veteribus substituuntur, spes spem excitat, ambitionem ambitio; miseriarum non finis quæritur, sed materia mutatur. Nostri nos honores torserunt? plus temporis alieni auferunt. Candidati laborare desivimus? suffragatores incipimus. Accusandi deposuimus molestiam? judicandi nanciscimur. Judex desiit esse? quæsitor est. Alienorum bonorum mercenaria procuratione consenuit? suis opibus detinetur. Marium caliga dimisit? consulatus exercet. Quintius dictaturam properat pervadere? ab aratro revocabitur. Ibit in Pœnos nondum tantæ maturus rei Scipio, victor Hannibalis, victor Antiochi, sui consulatus decus, fraterni sponsor ; ni per ipsum mora sit, cum Jove reponetur? civiles servatorem agitabunt seditiones, et post fastiditos a juvene diis æquos honores, jam senem contumacis exsilii delectabit ambitio. Nunquam deerunt vel felices, vel miseræ sollicitudinis causæ; per occupationes intercludetur otium : nunquam agetur, semper optabitur.

XVIII. Excerpe itaque te vulgo, Paulline carissime, et in tranquilliorem portum, non pro ætatis spatio jactatus, tandem recede. Cogita quot fluctus subieris, quot tempestates partim privatas sustinueris, partim publicas in te converteris. Satis jam per laboriosa et inquieta documenta exhibita virtus est: expertre, quid in otio faciat. Major pars ætatis, certe melior, Reipublicæ data sit; aliquid temporis tui sume etiam tibi. Nec te ad segnem aut inertem quietem voco; non ut somno, et caris turbæ voluptatibus, quidquid est in te indolis vivæ, demergas. Non est istud acquiescere : invenies majora omnibus ad-

que celles dont tu t'es jusqu'ici si noblement acquitté, et tu les traiteras avec loisir et sécurité. Tu administres, il est vrai, les revenus de l'univers avec réserve, comme étant ceux d'autrui : avec zèle, comme s'ils étaient les tiens ; avec respect, comme étant ceux de l'État. Tu te concilies l'amour des peuples, dans une fonction où il est difficile d'éviter la haine : et cependant, crois-moi, mieux vaut régler les comptes de sa vie que ceux des subsistances publiques. Cette force d'âme capable des plus grandes choses, retire-la d'un ministère honorable sans doute, mais peu propre à rendre la vie heureuse, pour l'appliquer à toi-même. Songe que si dès ta première jeunesse tu t'es donné de tout cœur aux études libérales, ce n'était pas pour devenir l'honnête dépositaire de plusieurs mille mesures de froment ; tu avais fait espérer de toi quelque chose de plus grand et de plus élevé. On ne manquera pas d'hommes qui joignent à une laborieuse activité une intégrité scrupuleuse. Les chevaux pesants sont plus propres à porter des fardeaux que les coursiers de noble race : et qui jamais accable leur généreuse ardeur sous un lourd bagage? Songe d'ailleurs à combien de sollicitudes t'expose une si pénible charge. C'est au ventre des hommes que tu as affaire ; un peuple affamé n'entend aucune raison, ne se calme devant aucune justice, ne fléchit devant aucune prière. Naguère, dans les jours où périt Caïus César, sans doute avec le triste regret (s'il est encore quelque sentiment dans les enfers) de voir, en mourant, le peuple romain lui survivre, il ne restait de subsistances tout au plus que pour sept ou huit jours. Tandis qu'il enchaîne des navires pour construire ses ponts, qu'il joue avec les forces de l'empire, on en était venu à ce dernier de tous les maux, même pour des assiégés, la disette de vivres. La mort, la famine et tous les ébranlements publics qui suivent la famine, voilà ce que faillit nous attirer cette contrefaçon d'un roi insensé, d'un roi étranger, si malencontreux dans son orgueil. Quels durent être alors les sentiments des magistrats chargés des approvisionnements publics? Menacés du fer, des pierres, du feu, du glaive, ils voilaient du plus grand mystère un mal encore caché dans les entrailles. Ce fut sage, sans doute ; car certaines maladies doivent être traitées sans que les malades aient conscience de leur état : beaucoup d'hommes sont morts d'avoir connu leur mal.

XIX. Rentre donc dans une pensée plus calme, plus sûre, plus grande. Crois-tu que veiller à ce que le blé entre dans les magasins, sans que, dans le transport, il soit altéré par la fraude ou la négligence, à ce que l'humidité ne puisse le gâter ou l'échauffer, à ce que rien n'y manque sur le poids ou la mesure; crois-tu, dis-je, que ces soins puissent être comparés à ces études saintes et sublimes qui te révéleront et la nature des dieux, et leurs joies, et leur condition, et leur forme ; quel sort attend ton âme, dans quel lieu nous dépose la nature, lorsque nous sommes affranchis de notre corps? quelle puissance soutient au milieu de l'espace les corps les plus pesants de cet univers, balance dans les hauteurs les corps les plus légers, porte au sommet de l'éther la matière enflammée, imprime aux astres leurs révolutions,

---

huc strenue tractatis operibus, quæ repositus et securus agites. Tu quidem orbis terrarum rationes administras, tam abstinenter quam alienas, tam diligenter quam tuas, tam religiose quam publicas ; in officio amorem consequeris, in quo odium vitare difficile est : sed tamen, mihi crede, satius est vitæ suæ rationes, quam frumenti publici nosse. Istum animi vigorem, rerum maximarum capacissimum, a ministerio honorifico quidem, sed parum ad beatam vitam apto, ad te revoca ; et cogita, non id egisse te ab ætate prima, omni cultu studiorum liberalium, ut tibi multa millia frumenti bene committerentur : majus quiddam et altius de te promiseras. Non deerunt et frugalitatis exactæ homines, et laboriosæ operæ. Tanto aptiora exportandis oneribus tarda jumenta sunt, quam nobiles equi ; quorum generosam pernicitatem quis unquam gravi sarcina pressit? Cogita præterea, quantum sollicitudinis sit, ad tantam te molem objicere ; cum ventre humano tibi negotium est ; nec rationem patitur, nec æquitate mitigatur, nec ulla prece flectitur populus esuriens. Modo intra paucos illos dies, quibus C. Cæsar periit (si quis inferis sensus est, hoc gravissime ferens, quod decedebat populo Romano superstite), septem aut octo certe dierum cibaria superesse ! dum ille pontes navibus jungit, et viribus imperii ludit, aderat ultimum malorum obsessis quoque, alimentorum egestas. Exitio pæne ac fame constitit, et, quæ famem sequitur, rerum omnium ruina, furiosi, et externi, et infeliciter superbi regis imitatio. Quem tunc animum habuerunt illi, quibus erat mandata frumenti publici cura? ferrum, saxa, ignes, gladium excepturi summa dissimulatione tantum inter viscera latentis mali tegebant : cum ratione scilicet. Quædam enim ignorantibus ægris curanda sunt; causa multis moriendi fuit, morbum suum nosse.

XIX. Recipe te ad hæc tranquilliora, tutiora, majora. Simile tu putas esse, utrum cures, ut incorruptum a fraude advehentium et negligentia frumentum transfundatur in horrea, ne concepto humore vitietur et concalescat, ut ad mensuram pondusque respondeat ; an ad hæc sacra et sublimia accedas, sciturus quæ materia sit diis, quæ voluptas, quæ conditio, quæ forma? quis animum tuum casus exspectet? ubi nos a corporibus dimissos natura componat? quid sit, quod hujus mundi gravissima quæque in medio sustineat, supra levia suspendat, in summum ignem ferat, sidera cursibus suis exci-

et tant d'autres phénomènes si merveilleux? Veux-tu, renonçant à la terre, t'élever en esprit vers ces régions? C'est maintenant, quand ton sang bout encore, quand ton corps est dans sa vigueur, qu'il faut t'élancer vers des pensées meilleures. Tu rencontreras dans cette nouvelle route de la vie le cortége des bonnes sciences, l'amour et la pratique de la vertu, l'oubli des passions, l'art de vivre et de mourir, le calme profond de la retraite. La condition de tous les gens occupés est malheureuse; mais la plus malheureuse est celle des hommes qui s'occupent sans même travailler pour leur compte : ils règlent leur sommeil sur celui d'autrui; ils marchent au pas d'autrui; ils mangent à l'appétit d'autrui; pour aimer et haïr, deux choses de toutes les plus libres, ils attendent des ordres. Ceux-là, s'ils veulent savoir combien leur vie est courte, qu'ils se demandent quelle part leur en revient. Quand donc tu verras la prétexte souvent prise, quand tu verras un nom célèbre dans le Forum, n'en sois pas jaloux. Tout cela s'achète aux dépens de la vie : pour attacher son nom à une seule année, on use toutes ses années. Quelques-uns prennent leur essor ambitieux vers les plus hauts emplois, et, dès les premiers efforts de cette lutte, la vie les abandonne; d'autres, après s'être fait jour par mille indignités, jusqu'au faite des honneurs, sont poursuivis de la triste pensée qu'ils n'ont travaillé que pour une épitaphe : il en est dont la vieillesse décrépite fait des plans pour des espérances nouvelles qui n'appartiennent qu'au jeune âge, et, au milieu de ses efforts pénibles et impuissants, succombe d'épuisement.

XX. Honte à celui qui, accablé d'années, s'en va, dans un procès pour d'obscurs plaideurs, mendier les applaudissements d'un auditoire ignorant, perd haleine et s'éteint! Honte à celui qui, plus tôt lassé de vivre que de travailler, expire au milieu des occupations! Honte à celui qui meurt en recevant ses comptes, et devient la risée de l'héritier qu'il a longtemps fait attendre! Je ne puis passer sous silence un exemple qui se présente à mon esprit. Le vieillard Turannius fut un administrateur économe et actif : après sa quatre-vingt-dixième année, ayant été destitué par Caïus César de ses fonctions de préfet des subsistances, il se fit dans son lit envelopper du drap mortuaire, et ordonna à tous ses esclaves, qui l'environnaient, de le pleurer comme mort. Toute la maison déplorait le loisir de son vieux maître, et les lamentations ne cessèrent que lorsqu'on lui rendit les travaux de sa charge. Est-il donc si doux de mourir occupé? La plupart des hommes ont la même manie : le désir du travail survit au pouvoir de travailler; ils combattent contre la faiblesse de leur corps; ils n'estiment la vieillesse fâcheuse que pour cette seule cause; elle les éloigne des affaires. Après la cinquantième année, la loi n'appelle plus le soldat; après la soixantième, elle dispense le sénateur des fonctions de la curie. Les hommes obtiennent plus difficilement le repos d'eux-mêmes que de la loi. Cependant, tandis qu'ils entraînent, et sont entraînés; tandis que l'un trouble la paix de l'autre, qu'ils se rendent mutuellement malheureux, la vie passe sans fruit, sans plaisir, sans aucun profit pour l'âme. Il n'y a personne qui se mette la mort devant les yeux; il

tet? Cetera deinceps ingentibus plena miraculis. Vis tu, relicto solo, mente ad ista respicere? nunc, dum calet sanguis, vigentibus ad meliora eundum est. Exspectat te in hoc genere vitæ multum bonarum artium, amor virtutum atque usus, cupiditatum oblivio, vivendi atque moriendi scientia, alta rerum quies. Omnium quidem occupatorum conditio misera est; eorum tamen miserrima, qui ne suis quidem occupationibus laborant; ad alienum dormiunt somnum, ad alienum ambulant gradum, ad alienum comedunt appetitum; amare et odisse, res omnium liberrimas, jubentur. Hi si velint scire quam brevis ipsorum vita sit, cogitent ex quota parte sua sit. Quum videris itaque prætextam sæpe jam sumtam, quum celebre in foro nomen, non invideris. Ista vitæ damno parantur : ut unus ab illis numeretur annus, omnes annos suos conterent. Quosdam autem quum in summum ambitionis eniterentur, inter prima luctantes, ætas reliquit; quosdam quum in consummationem dignitatis per mille indignitates irrupissent, misera subit cogitatio, ipsos laborasse in titulum sepulcri : quorumdam ultima senectus, dum in novas spes, ut juventa, disponitur, inter conatus magnos et improbos invalida defecit.

XX. Fœdus ille, quem in judicio pro ignotissimis litigatoribus grandem natu, et imperitæ coronæ assentationes captantem, spiritus liquit! turpis ille, qui vivendo lassus citius, quam laborando, inter ipsa officia collapsus est! turpis, quem accipiendis immorientem rationibus diu tractus risit heres! Præterire, quod mihi occurrit exemplum, non possum. Turannius fuit exactæ diligentiæ senex : qui post annum nonagesimum, quum vacationem procurationis a C. Cæsare ultro accepisset, componi se in lecto, et velut exanimum a circumstante familia plangi jussit. Lugebat domus otium domini senis, nec finivit ante tristitiam, quam labor illi suus restitutus est. Adeone juvat occupatum mori? Idem plerisque animus est; diutius cupiditas illis laboris, quam facultas est : cum imbecillitate corporis pugnant; senectutem ipsam nullo alio nomine gravem judicant, quam quod illos seponit. Lex a quinquagesimo anno militem non cogit, a sexagesimo senatorem non citat: difficilius homines a se otium impetrant, quam a lege. Interim dum rapiuntur et rapiunt, dum alter alterius quietem rumpit, dum mutuo sunt miseri, vita est sine fructu, sine voluptate, sine ullo profectu animi : nemo in conspicuo mortem habet, nemo

n'y a personne qui n'étende bien loin ses espérances. Quelques-uns encore règlent d'avance ce qui est au-delà de leur vie, des sépulcres d'une grandeur démesurée, des dédicaces de monuments publics, les jeux funèbres de leur bûcher, et d'ambitieuses obsèques. Mais, par Hercule, les funérailles de ces gens-là devraient, comme s'ils n'avaient guère vécu, se faire aux torches et aux flambeaux [1].

[1] On enterrait ainsi les enfants.

non procul spes intendit. Quidam vero disponunt etiam illa quæ ultra vitam sunt, moles magnas sepulcrorum, et operum publicorum dedicationes, et ad rogum munera, et ambitiosas exsequias. At, mehercule, istorum funera, tanquam minimum vixerint, ad faces et ad cereos ducenda sunt.

DU REPOS

ET

DE LA RETRAITE DU SAGE.

....XXVIII. Dans les cirques, la foule est d'accord pour nous recommander les vices. Quand nous n'aurions jamais recours qu'à des remèdes salutaires, toujours est-il que par elle-même la retraite nous fera profit : isolés, nous deviendrons meilleurs. Dira-t-on qu'il est permis de chercher cette retraite auprès des hommes les plus vertueux, et de choisir quelque modèle sur lequel on règle sa vie? Cela ne se fait pas ailleurs que dans le repos. Alors on peut atteindre le but qu'on s'est une fois proposé, quand il n'intervient personne qui, secondé par la multitude, détourne notre jugement encore mal affermi : alors marche d'un pas égal, et tout d'une tenue, cette vie, que brisent et dispersent les projets les plus contraires. Car, entre tous nos maux, le pire c'est que nous changeons de vices : ainsi, nous n'avons pas même l'avantage de persévérer dans un mal qui nous était familier. L'un nous plaît après l'autre; et, pour ajouter à notre tourment, nos jugements ne sont pas seulement dépravés, ils sont encore capricieux. Toujours flottants, nous embrassons une chose et puis une autre : ce que nous avons cherché, nous l'abandonnons; nous cherchons le nouveau ce que nous avons abandonné : le désir, le regret se succèdent tour à tour dans notre âme. En effet, nous dépendons tout entiers des jugements d'autrui, et ce qui nous semble le meilleur est ce qui est recherché, vanté par le grand nombre, non ce qu'on doit vanter et rechercher. Nous jugeons la route bonne ou mauvaise, non par elle-même, mais par ces mille traces dont il n'est aucune de gens qui reviennent. Tu me diras : « Que fais-tu, Sénèque? Tu désertes ton parti. Assurément vos Stoïciens disent : Jusqu'au dernier terme de la vie nous serons à l'œuvre; nous ne cesserons de consacrer nos travaux au bien commun, d'assister les misères particulières,

DE OTIO SAPIENTIS.

.... XXVIII. Circi nobis magno consensu vitia commendant. Licet nihil aliud quam quod sit salutare tentemus, proderit tamen per se ipsum secedere; meliores erimus singuli. Quid, quod secedere ad optimos viros, et aliquod exemplum eligere, ad quod vitam dirigamus, licet? quod nisi in otio non fit. Tunc potest obtinere quod semel placuit, ubi nemo intervenit, qui judicium adhuc imbecillum, populo adjutore, detorqueat; tunc potest vita æquali et uno tenore procedere, quam propositis diversissimis scindimus. Nam inter cetera mala illud pessimum est, quod vitia ipsa mutamus; sic ne hoc quidem nobis contingit permanere in malo jam familiari. Aliud ex alio placet; vexatque nos hoc quoque, quod judicia nostra non tantum prava, sed etiam levia sunt. Fluctuamus, aliudque ex alio comprehendimus; petita relinquimus, relicta repetimus; alternæ inter cupiditatem nostram et pœnitentiam vices sunt. Pendemus enim toti ex alienis judiciis, et id optimum nobis videtur, quod petitores laudatoresque multos habet, non id quod laudandum petendumque est. Nec viam bonam se malam per se æstimamus, sed turba vestigiorum, in quibus nulla sunt redeuntium. Dices mihi : « Quid agis Seneca? deseris partes. Certe Stoici vestri dicunt: Usque ad ultimum vitæ finem in actu erimus; non desinemus communi bono operam dare, adjuvare singulos, opem ferre

et d'offrir à nos ennemis le secours d'une main bienveillante. C'est nous qui n'accordons d'exemption à aucun âge; et, comme disait cet éloquent guerrier : « Nous pressons sous le casque notre blanche chevelure. » C'est nous qui permettons si peu de loisir avant la mort, que, s'il est possible, pour nous la mort elle-même n'est pas oisive. Que viens-tu nous citer les préceptes d'Épicure dans le camp même de Zénon? Si tu te déplais sous ton drapeau, fais mieux que le trahir; passe vite sous le nôtre. » Pour le moment, je te répondrai ceci : « Me demandes-tu quelque chose de plus que de me rendre semblable à mes chefs? Eh bien! j'irai, non pas où ils m'auront envoyé, mais où ils m'auront conduit. »

XXIX. Maintenant je te prouverai que je ne déserte pas plus les préceptes des Stoïciens qu'eux-mêmes, qui les ont établis, ne les ont désertés; et pourtant je serais très-excusable quand je suivrais, non leurs préceptes, mais leurs exemples. Je diviserai mon discours en deux parties. D'abord, j'établirai que l'on peut, même dès la première jeunesse, se livrer tout entier à la contemplation de la vérité, chercher un système de conduite, et le pratiquer en restant à l'écart : ensuite, qu'après avoir fait son temps de service et déjà dans l'âge de la décrépitude, l'homme est plus que jamais en droit d'agir ainsi, et d'appliquer son âme à des œuvres nouvelles; comme ces vierges de Vesta, qui, partageant leurs années entre les fonctions diverses, apprennent à célébrer les cérémonies, et, quand elles l'ont appris, l'enseignent aux autres.

XXX. Je montrerai que les Stoïciens aiment aussi cette façon d'agir : non pas que je me sois fait une loi de ne rien hasarder contre le dire de Zénon ou de Chrysippe; mais la chose même permet que je me range à leur opinion : suivre toujours l'opinion d'un seul n'est pas d'un sénat, mais d'une faction. Ah! sans doute, plût au ciel que déjà l'on connût tout, et que la vérité fût sans voile et sans contradiction! Nous ne changerions rien à ce qui est arrêté : aujourd'hui nous cherchons la vérité avec ceux-là mêmes qui l'enseignent. Deux sectes, les premières de toutes, se disputent sur ce point, celle des Epicuriens et celle des Stoïciens : mais l'une et l'autre envoient au repos par des chemins différents. Épicure dit : « Le sage ne s'engagera pas dans les affaires publiques, à moins qu'il ne survienne quelque chose. » Zénon dit : « Il s'engagera dans les affaires publiques, à moins que quelque chose ne l'en empêche. » L'un se livre au repos de son propre mouvement, l'autre par une cause extérieure; mais cette cause s'étend loin. Si la république est trop corrompue pour qu'on puisse la secourir; si elle est envahie par les méchants, le sage ne s'épuisera pas en efforts superflus; il ne voudra pas se sacrifier pour ne servir à rien, s'il a peu de crédit ou de puissance : et la république non plus ne l'acceptera pas, si sa santé doit être un obstacle. Comme il ne livrerait pas à la mer un vaisseau fracassé, comme il ne se ferait pas inscrire pour la milice, étant débile, ainsi ne s'engagera-t-il pas dans une vie qu'il saura devoir être impuissante. Aussi bien, celui dont tout l'avoir est encore intact peut-il, avant de subir aucune tempête, se tenir en lieu sûr, se consacrer, dès l'abord,

---

etiam inimicis miti manu. Nos sumus, qui nullis annis vacationem damus, et, quod ait ille vir dissertissimus :

Canitiem galea premimus.

Nos sumus, apud quos usque eo nihil ante mortem otiosum est, ut, si res patitur, non sit ipsa mors otiosa. Quid nobis Epicuri præcepta in ipsis Zenonis principiis loqueris? Quin tu bene naviter, si partium piget, transfugis potius, quam prodis! » Hoc tibi in præsentia respondebo : Numquid vis amplius, quam ut me similem ducibus meis præstem? Quid ergo est? non quo miserint me illi, sed quo duxerint, ibo.

XXIX. Nunc probabo tibi, nec desciscere me a præceptis Stoicorum; nam ne ipsi quidem a suis desciverunt; et tamen excusatissimus essem, etiamsi non præcepta illorum sequerer, sed exempla. Hoc quod dico, in duas dividam partes. Primum, ut possit aliquis, vel a prima ætate, contemplationi veritatis totum se tradere, rationem vivendi quærere, atque exercere, secreto. Deinde, ut possit hoc aliquis emeritis jam stipendiis, profligatæ ætatis, jure optimo facere, et ad alios actus animum referre; virginum Vestalium more, quæ, annis inter officia divisis, discunt facere sacra, et quum didicerunt, docent.

XXX. Hæc Stoicis quoque placere ostendam; non, quia legem dixerim mihi, nihil contra dictum Zenonis Chrysippive committere; sed quia res ipsa patitur me ire in illorum sententiam; quam si quis semper unius sequitur, non id curiæ, sed jam factionis est. Utinam quidem jam tenerentur omnia, et inoperta ac confessa veritas esset! nihil ex decretis mutaremus : nunc veritatem, cum iis ipsis qui docent, quærimus. Duæ maximæ in hac re dissident sectæ, Epicureorum et Stoicorum; sed utraque ad otium diversa via mittit. Epicurus ait : « Non accedet ad rempublicam sapiens, nisi si quid intervenerit. » Zenon ait : « Accedet ad rempublicam, nisi si quid impedierit. » Alter otium ex proposito petit, alter ex causa. Causa autem illa late patet. Si respublica corruptior est, quam ut adjuvari possit, si occupata est malis, non nitetur sapiens in supervacuum, nec se nihil profuturus impendet, si parum habebit auctoritatis aut virium; nec illum erit admissura respublica, si valetudo illum impediet. Quomodo navem quassam non deduceret in mare, quomodo nomen in militiam non daret debilis, sic ad vitam, quam inhabilem sciet, non accedet. Potest ergo et ille, cui omnia adhuc in integro sunt, antequam ullas experiatur tempestates, in tuto subsistere, et protinus

DU REPOS DU SAGE.

à de nouvelles études, et traverser la vie dans ce bienheureux repos, cultivant les vertus, dont la pratique est permise même au sein de la plus absolue quiétude. Car voici les obligations de l'homme : être utile, si faire se peut, à beaucoup d'hommes; s'il se peut moins, à quelques-uns; si moins, aux plus proches; si moins encore, à lui-même. Et en effet, lorsqu'il se rend propre à servir les autres, il s'occupe de l'affaire commune. Comme celui qui se corrompt ne fait pas tort seulement à lui, mais à tous ceux auxquels, devenu meilleur, il pouvait être utile : ainsi, quand on mérite bien de soi-même, on se rend utile aux autres, en cela qu'on se prépare à leur être utile.

XXXI. Embrassons par la pensée deux républiques : l'une, grande et vraiment publique, qui renferme et les dieux et les hommes, où nous n'adoptons pas tel ou tel coin, mais où nous mesurons notre cité par le cours entier du soleil; l'autre, à laquelle nous attacha la condition de notre naissance. Cette dernière sera celle d'Athènes, ou de Carthage, ce sera toute autre ville qui n'est pas propre à tous les hommes, mais à certains d'entre eux. Quelques-uns travaillent en même temps pour l'une et l'autre république, pour la grande et la petite; quelques-uns, seulement pour la petite; quelques-uns, seulement pour la grande. Cette grande république, nous pouvons la servir même dans le repos; bien plus, je ne sais si le repos n'est pas préférable pour agiter ces questions : Qu'est-ce que la vertu? en est-il une seule, ou plusieurs? Est-ce la nature ou l'art qui fait les gens de bien? Est-elle unique, cette substance qui embrasse et les mers et les terres, et tout ce que contiennent et la mer et aux terres; ou bien Dieu a-t-il semé dans l'espace beaucoup de corps semblables? Est-elle, dans son entier, pleine et continue, cette matière où s'engendrent toutes choses; ou bien est-elle divisée de sorte que le vide s'entremêle au solide? Du haut de son siége, Dieu contemple-t-il ou meut-il son œuvre? Est-il errant alentour, au dehors du monde, ou l'occupe-t-il tout entier? Le monde est-il immortel; ou bien, est-ce parmi les choses caduques et nées pour un temps qu'il faut le compter? Mais que servent à Dieu ces contemplations? à ce que les œuvres de sa magnificence ne soient pas sans témoin. Nous avons coutume de dire que le souverain bien est de vivre suivant la nature : or, la nature nous a engendrés tout à la fois et pour la contemplation des choses, et pour l'action.

XXXII. Maintenant prouvons ce que nous avons dit d'abord. Eh quoi ! ne sera-ce pas prouvé si chacun s'interroge, s'il s'avoue quelle ardeur il a de connaître l'inconnu, quel charme il trouve à toutes les fables? Il est des gens qui naviguent, qui supportent les fatigues des courses les plus longues, sans autre profit que de connaître une chose cachée et lointaine. C'est là ce qui appelle en foule les peuples aux spectacles, ce qui excite à percer toutes les barrières, à fouiller les réduits les plus secrets, à dérouler les antiquités, à écouter tant de récits sur les mœurs des nations barbares. La nature nous fit donc d'un esprit curieux : dans la conscience de son adresse et de sa beauté, elle nous engendra pour assister en spectateurs au spectacle de tant de merveilles, sachant bien

---

commendare se novis artibus; et illud beatum otium exigere, virtutum cultor, quæ exerceri etiam a quietissimis possunt. Hoc nempe ab homine exigitur, ut prosit hominibus, si fieri potest, multis; si minus, paucis; si minus, proximis; si minus, sibi. Nam quum se utilem ceteris efficit, commune agit negotium. Quomodo qui se deteriorem facit, non sibi tantummodo nocet, sed etiam omnibus iis, quibus melior factus prodesse potuisset; sic si quis bene de se meretur, hoc ipso aliis prodest, quod illis profuturum parat.

XXXI. Duas respublicas animo complectamur, alteram magnam, et vere publicam, qua dii atque homines continentur, in qua non ad hunc angulum respicimus, aut ad illum, sed terminos civitatis nostræ cum sole metimur; alteram, cui nos adscripsit conditio nascendi. Hæc aut Atheniensium erit, aut Carthaginiensium, aut alterius alicujus urbis, quæ non ad omnes pertineat homines, sed ad certos. Quidam eodem tempore utrique reipublicæ dant operam, majori minorique; quidam tantum minori: quidam tantum majori. Huic majori reipublicæ et in otio deservire possumus; imo vero nescio, an in otio melius, ut quæramus, quid sit virtus, una pluresve sint? natura au ars bonos viros faciat? unum sit hoc, quod maria terrasque, et mari ac terris inserta complectitur, an multa ejusmodi corpora Deus sparserit? continua sit omnis et plena materia, ex qua cuncta gignuntur, an diducta, et solidis inane permixtum sit? Deus sedens opus suum spectet, an tractet? utrumne extrinsecus illi circumfusus sit, an toti inditus? immortalis sit mundus, an inter caduca, et ad tempus nata, numerandus? Hæc qui contemplatur, quid Deo præstat? ne tanta ejus opera sine teste sint. Solemus dicere, summum bonum esse, secundum naturam vivere : natura nos ad utrumque genuit, et contemplationi rerum, et actioni.

XXXII. Nunc probemus quod prius diximus. Quid porro? hoc non erit probatum, si se unusquisque consuluerit, quantam cupiditatem habeat ignota noscendi, quam ad omnes fabulas excitetur? Navigant quidam, et labores peregrinationis longissimæ una mercede perpetiuntur, cognoscendi aliquid abditum remotumque. Hæc res ad spectacula populos contrahit, hæc cogit præclusa rimari, secretiora exquirere, antiquitates evolvere, mores barbararum audire gentium. Curiosum nobis natura ingenium dedit; et artis sibi ac pulchritudinis suæ conscia, spectatores nos tantis rerum spectaculis genuit, perditura fructum sui, si tam magna, tam clara, tam

qu'elle perdrait tout le fruit d'elle-même, si des ouvrages si grands, si splendides, si habilement conduits, si achevés et beaux sous tant de formes, n'étaient montrés qu'à la solitude. Afin que tu n'ignores pas qu'elle veut être contemplée, et non point seulement aperçue, vois quelle place elle nous a marquée. En nous établissant au milieu d'elle-même, elle nous a donné de promener nos regards sur toutes choses, et non-seulement elle a formé l'homme droit, mais, comme elle le destinait encore à la contemplation, pour qu'il pût suivre le déclin des astres depuis le levant jusqu'au couchant, et tourner son visage à mesure que tourne le monde, elle l'a fait avec une tête haute, posée sur un cou flexible. Ensuite elle a produit sur la scène six planètes de jour et six planètes de nuit, et s'est déployée dans toutes ses parties, voulant que le spectacle offert à la vue de l'homme lui fît désirer de connaître le reste. Car nous ne voyons pas les objets aussi nombreux, aussi grands qu'ils sont; mais notre regard se fraie un chemin par sa propre curiosité et jette les fondements du vrai, de telle sorte que dans cette recherche arrive à travers les clartés jusqu'aux ténèbres, et trouve quelque chose d'antérieur au monde lui-même. D'où les astres sont-ils sortis? Quel fut l'état de l'univers, avant que chacune des parties se séparât du tout? Quelle raison démêla les choses dans ce gouffre de confusion? Qui leur assigna des places? Est-ce de leur propre nature que les corps pesants descendirent, que les corps légers prirent leur vol en haut? Ou bien, malgré la résistance et le poids des corps, quelque force souveraine leur a-t-elle à chacun imposé la loi? Ou bien encore, est-il vrai, ce qui est la meilleure preuve que l'homme est formé d'esprit divin, est-il vrai qu'une part et comme une étincelle des feux sacrés, tombant sur la terre, se soit fixée dans ces lieux étrangers? Notre pensée force les remparts du ciel, et ne se contente pas de savoir ce qui lui est montré. Ce que je sonde, dit-elle, c'est ce qui s'étend au-delà du monde : l'espace est-il sans fond, a-t-il aussi ses limites? Quel aspect ont les choses qui n'y sont pas comprises? Sont-elles informes, confuses; occupent-elles un même espace dans toutes leurs dimensions; sont-elles aussi disposées avec une certaine élégance? Tiennent-elles à cet univers? en sont-elles à de grandes distances, et roulent-elles dans le vide? Sont-ce des corps indivisibles, qui forment tout ce qui est et tout ce qui sera; ou bien, la substance des corps est-elle continue et muable dans son entier? Les éléments sont-ils opposés entre eux, ou bien, sans se combattre, tendent-ils à une seule fin par des moyens divers? L'homme étant fait pour de telles recherches, juge combien peu de chose est le temps qui lui a été donné, encore qu'il se le réserve tout entier. Dût-il n'en laisser rien dérober par sa complaisance ni rien perdre par sa négligence, dût-il ménager ses heures avec la plus grande avarice et atteindre les dernières limites de l'existence humaine; dût-il ne rien déranger à l'ordre que la nature avait établi en lui pour obtenir la connaissance des choses immortelles, toujours l'homme sera trop mortel. Donc, je vis suivant la nature, si je me livre à elle tout entier, si je l'admire, si je l'adore. Or, la nature a voulu que je fisse deux choses : agir et vaquer à la contempla-

---

subtiliter ducta, tam nitida, et non uno genere formosa, solitudini ostenderet. Ut scias illam spectari voluisse, non tantum aspici, vide quem nobis locum dederit. In media nos sui parte constituit, et circumspectum omnium nobis dedit : nec erexit tantummodo hominem, sed etiam ad contemplationem factum, ut ab ortu sidera in occasum labentia prosequi posset, et vultum suum circumferre cum toto, sublime fecit illi caput, et collo flexibili imposuit. Deinde sena per diem, sena per noctem signa produxit; nullam non partem sui explicuit; ut per hæc quæ obtulerat ejus oculis, cupiditatem faceret etiam ceterorum. Nec enim omnia, nec tanta visimus, quanta sunt : sed acies nostra aperit sibi investigando viam, et fundamenta veri jacit, ut inquisitio transeat ex apertis in obscura, et aliquid ipso mundo inveniat antiquius. Unde ista sidera exierint? quis fuerit universi status, antequam singula in partes discederint? quæ ratio mersa et confusa diduxerit? quis loca rebus assignaverit? suapte natura gravia descenderint, evolaverint levia; an præter nisum pondusque corporum altior aliqua vis legem singulis dixerit? an illud verum sit, quo maxime probatur, hominem divini spiritus esse, partem ac veluti scintillas quasdam sacrorum in terras desiluisse, atque alieno loco hæsisse? Cogitatio nostra cœli munimenta perrumpit, nec contenta est, id quod ostenditur scire. Illud, inquit, scrutor, quod ultra mundum jacet : utrumne profunda vastitas sit, an et hoc ipsum terminis suis cludatur? qualis sit habitus exclusis : informia et confusa sint, an in omnem partem tantumdem loci obtinentia, an et illa in aliquem cultum descripta sint? huic cohæreant mundo, an longe ab hoc secesserint, et in vacuo voluten'ur? individua sint, per quæ struitur omne id quod natum futurumque est, an continua eorum materia sit, et per totum mutabilis? utrum contraria inter se elementa sint, an non pugnent, sed per diversa conspirent. Ad hæc quærenda natus, æstima, quam non multum acceperit temporis, etiam si illud totum sibi vindicet. Cui licet nihil facilitate eripi, nihil negligentia patiatur excidere, licet horas avarissime servet, et usque in ultimam ætatis humanæ terminos procedat, nec quidquam illi ex eo quod natura constituit, fortuna concutiat; tamen homo ad immortalium cognitionem nimis mortalis erit.

Ergo secundum naturam vivo, si totum me illi dedi; si illius admirator cultorque sum. Natura autem utrum-

tion. Je les fais toutes deux, car la contemplation même ne saurait être sans l'action. « Mais, me dis-tu, il importe de savoir si on la recherche pour son plaisir, ne lui demandant rien, qu'une contemplation assidue, sans résultat : en effet, elle est douce, elle a des charmes qui lui sont propres. » A cela je te réponds : Il n'importe pas moins de savoir dans quelle intention tu embrasses la vie civile. Est-ce donc pour toujours vivre agité, sans jamais prendre le temps de lever tes regards des choses humaines sur les choses divines? De même que pour s'adonner aux affaires, sans aucun amour de la vertu, sans culture de l'esprit, et ne produire que des œuvres nues, on ne mérite pas l'approbation (car tout cela doit s'allier et se mêler ensemble); de même c'est un bien imparfait, languissant, que cette vertu qui s'abandonne à un repos inactif, et jamais ne revise ce qu'elle apprend. Oserait-on nier qu'elle doive essayer d'avancer dans la pratique, et non-seulement rêver à ce qu'il faut faire, mais parfois encore mettre la main à l'œuvre, et conduire ses méditations jusqu'à la réalité? Mais quoi! si ce n'est pas du sage que vient le retard, s'il n'y a point faute d'ouvrier, mais d'ouvrage, ne lui permettras-tu pas de rester avec lui-même? Dans quelle intention le sage se retranche-t-il dans le repos? N'est-ce pas pour savoir que, seul avec lui-même, il peut encore faire des actes qui profiteront à la postérité? Oui, nous affirmons que Zénon et Chrysippe ont accompli de plus grandes choses que s'ils eussent conduit des armées, géré des fonctions et fait des lois; ils en ont fait non pour une seule ville, mais pour le genre humain tout entier. Pourquoi ne conviendrait-il pas à un homme de bien, ce repos dans lequel il gouvernera les siècles futurs, et portera la parole, non pas devant un petit nombre, mais devant tous les hommes de toutes les nations, et qui sont, et qui seront? En somme, je le demande, n'est-ce pas suivant leurs préceptes que vécurent Cléanthe, et Chrysippe, et Zénon? Certes, tu répondras qu'ils ont vécu comme ils avaient dit qu'il fallait vivre. Or, aucun d'eux n'administra la république. — « Ils n'eurent, dis-tu, ni la fortune, ni le rang où l'on prend d'ordinaire ceux qui sont appelés au maniement des affaires. » — Toujours est-il qu'ils ne menèrent pas une vie paresseuse, et trouvèrent moyen de rendre leur tranquillité plus utile aux hommes, que les courses et la sueur des autres. Aussi n'en ont-ils pas moins passé pour avoir beaucoup fait, bien qu'ils n'eussent rien fait dans la république.

Au surplus, il y a trois genres de vie, entre lesquels on a coutume de chercher le meilleur : l'un est tout à la volupté, l'autre à la contemplation, le troisième à l'action. Et d'abord, mettant de côté le débat et cette haine implacable que nous avons jurée aux sectateurs des autres écoles, voyons si toutes ces choses n'arrivent pas à la même fin sous des noms différents. Ni celui qui tient pour la volupté n'est sans contemplation; ni celui qui se consacre à la contemplation n'est sans volupté; ni celui dont la vie est destinée à l'action n'est sans contemplation. « Il est bien différent, dis-tu, qu'une chose soit le

que facere me voluit, et agere, et contemplationi vacare. Utrumque facio, quoniam ne contemplatio quidem sine actione est. « Sed refert, inquis, an ad hanc voluptatis causa accesserit, nihil aliud ex illa petens, quam assiduam contemplationem, sine exitu; est enim dulcis, et habet illecebras suas. » Adversus hoc tibi respondeo : æque refert, quo animo civilem agas vitam, an ut semper inquietus sis, nec unquam sumas ullum tempus, quo ab humanis ad divina respicias. Quomodo sine ullo virtutum amore, et sine cultu ingenii, ac nudas edere operas, minime probabile est (misceri enim inter se ista, et conseri debent); sic imperfectum ac languidum bonum est, in otium sine actu projecta virtus, nunquam id quod dedicit ostendens. Quis negat illam debere profectus suos in opere tentare, nec tantum, quid faciendum sit, cogitare, sed etiam aliquando manum exercere, et, ea quæ meditata sunt, ad verum perducere? Quid? si per ipsum sapientem non est mora, si non actor deest, sed agenda desunt; ecquid illi secum esse permittes? Quo animo ad otium sapiens secedit? ut sciat secum quoque se acturum, per quæ posteris prosit. Nos certe sumus, qui dicimus, et Zenonem et Chrysippum majora egisse, quam si duxissent exercitus, gessissent honores, leges tulissent, quas non uni civitati, sed toti humano generi tulerunt. Quid ergo est, quare tale otium non conveniat bono viro, per quod futura secula ordinet, nec apud paucos concionetur, sed apud omnes omnium gentium homines, quique sunt, quique erunt? Ad summam quæro, an ex præceptis suis vixerint Cleanthes, et Chrysippus, et Zenon? Non dubie respondebis, sic illos vixisse, quemadmodum dixerant esse vivendum. Atqui nemo illorum rempublicam administravit. « Non fuit illis, inquis, aut fortuna, aut dignitas, quæ admitti ad publicarum rerum tractationem solet. » Sed iidem nihilominus non segnem egere vitam; invenerunt, quemadmodum plus quies illorum hominibus prodesset, quam aliorum discursus et sudor. Ergo nihilominus hi multum egisse visi sunt, quamvis nihil publice agerent.

Præterea tria genera sunt vitæ, inter quæ, quod sit optimum, quæri solet; unum voluptati vacat, alterum contemplationi, tertium actioni. Primum, deposita contentione depositoque odio, quod implacabile diversa sequentibus indiximus, videamus, an hæc omnia ad idem sub alio titulo perveniant. Nec ille, qui voluptatem probat, sine contemplatione est; nec ille, qui contemplationi inservit, sine voluptate est; nec ille, cujus vita actioni destinata est, sine contemplatione est. « Plurimum, inquis, discriminis est, utrum aliqua res propositum, an

but ou l'accessoire d'un but qui n'est pas elle-même. » Sans doute la différence est grande : toutefois l'un n'est pas sans l'autre. Cet homme ne contemple pas sans action ; celui-là n'agit pas sans contemplation. Celui même que nous nous accordons à réprouver, le troisième, ce n'est pas une volupté inerte qu'il estime, mais une volupté qu'il rend solide par sa raison. — « Ainsi donc cette secte de voluptueux est elle-même en action ! » — Pourquoi ne serait-elle pas en action, quand Épicure lui-même dit que parfois il quittera la volupté et désirera la douleur, soit quand le repentir planera sur la volupté, soit quand il faudra éviter une douleur moindre par une douleur plus forte? — « A quoi tend ce propos? » — A rendre évident que la contemplation plaît à tous les hommes. D'autres y aspirent : pour nous c'est un lieu de relâche, non un port. Ajoute à cela que, d'après la loi de Chrysippe, il est permis de vivre dans le repos : je ne dis pas par résignation, mais par choix. Ceux de notre école disent que le sage ne doit prendre emploi dans aucune république. Mais qu'importe que le sage arrive au repos soit parce que la république lui manque, soit parce qu'il manque lui-même à la république? Si la république doit manquer à tous (or, toujours elle doit manquer à ceux qui la cherchent avec dédain), je demande dans quelle république le sage ira prendre emploi. Dans celle d'Athènes? Là, Socrate est condamné; Aristote s'enfuit pour ne l'être pas; là, l'envie opprime les vertus. Tu ne me diras pas que le sage puisse prendre emploi dans cette république. Sera-ce dans celle de Carthage? Là, règne éternellement la sédition ; là, la liberté est mortelle à tous les gens de bien ; le juste, l'honnête sont au plus bas taux; contre les ennemis s'exerce une cruauté sauvage, qui traite en ennemis même les citoyens. Le sage devra fuir encore cette république. Si je les veux passer toutes en revue, je n'en trouverai aucune qui puisse tolérer le sage, ou que le sage puisse tolérer. Aussi bien, si je ne trouve pas une république comme celle que nous imaginons, dès lors le repos devient une nécessité pour tous, puisque la seule chose qu'on pouvait préférer au repos n'existe nulle part. Qu'un homme dise qu'il est fort bon de naviguer, et ensuite nie qu'il faille naviguer sur cette mer où l'on voit tant de naufrages, où s'élèvent souvent de subites tempêtes qui emportent le pilote à l'opposé de sa route; cet homme, je crois, me défend de lever l'ancre, bien qu'il me prône la navigation.

---

propositi alterius accessio sit. » Sane grande discrimen; tamen alterum sine altero non est. Nec ille sine actione contemplatur, nec hic sine contemplatione agit. Nec ille tertius, de quo male existimare consensimus, voluptatem inertem probat, sed eam, quam ratione efficit firmam sibi. « Ita et hæc ipsa voluptaria secta in actu est ! » Quidni in actu sit, quum ipse dicat Epicurus, aliquando se recessurum a voluptate, dolorem etiam appetiturum, si aut voluptati imminebit pœnitentia, aut dolor minor pro graviore sumetur? « Quo pertinet hoc dicere? » Ut appareat, contemplationem placere omnibus. Alii petunt illam ; nobis hæc statio est, non portus. Adjice nunc huc, quod e lege Chrysippi vivere otioso licet; non dico, ut otium patiatur, sed ut eligat. Negant nostri sapientem ad quamlibet rempublicam accessurum. Quid autem interest, quomodo sapiens ad otium veniat; utrum quia respublica illi deest, an quia ipse reipublicæ? Si omnibus defutura respublica est (semper autem deerit fastidiose quærentibus), interrogo, ad quam rempublicam sapiens accessurus sit? Ad Atheniensium, in qua Socrates damnatur, Aristoteles, ne damnaretur, fugit? in qua opprimit invidia virtutes? Negabis mihi accessurum ad hanc rempublicam sapientem. Ad Carthaginiensium ergo rempublicam sapiens accedet, in qua assidua seditio, et optimo cuique infesta libertas est, summa æqui ac boni vilitas, adversus hostes inhumana crudelitas, etiam adversus suos hostilis? Et hanc fugiet. Si percensere singulas voluero, nullam inveniam, quæ sapientem, aut quam sapiens pati possit. Quod si non invenitur illa respublica, quam nobis fingimus, incipit omnibus esse otium necessarium, quia, quod unum præferri poterat otio, nusquam est. Si quis dicit optimum esse navigare, deinde negat navigandum in eo mari, in quo naufragia fieri soleant, et frequenter subitæ tempestates sint, quæ rectorem in contrarium rapiant; puto, hic me vetat navem solvere, quamquam laudat navigationem.....

DE LA TRANQUILLITÉ DE L'AME.

I. En interrogeant mon âme, Sénèque, j'y ai trouvé quelques vices apparents et manifestes, et que je pouvais toucher au doigt ; d'autres plus voilés et cachés dans ses profondeurs ; d'autres qui, sans être continuels, reparaissent par intervalles : ceux-là je les appellerai les plus fâcheux de tous, ennemis nomades, épiant toujours le moment de nous assaillir, et avec lesquels on ne sait jamais s'il faut se préparer à la guerre ou se reposer dans la paix. Toutefois, l'état habituel que je surprends chez moi (car pourquoi ne te dirais-je pas la vérité, comme à un médecin?), c'est de n'être ni franchement délivré de ceux que je crains et que je hais, ni de nouveau leur esclave. Sans être au plus mal, je me trouve dans un état douloureux et pénible, ni malade, ni bien portant. Et ne va pas me dire qu'à leur naissance toutes les vertus sont faibles, et qu'avec le temps elles prennent de la consistance et de la force. Je n'ignore pas que le mérite qui s'adresse aux yeux, comme l'éclat d'une dignité, la gloire de l'éloquence, et tout ce qui tient aux suffrages d'autrui, grandit avec le temps : les vertus qui assurent la véritable force, et les qualités qui, pour plaire, se couvrent d'un certain vernis extérieur, attendent leur effet des années, dont l'action graduelle consolide leurs couleurs. Cependant je crains que l'habitude qui raffermit toutes choses n'enracine plus profondément chez moi ce défaut dont je t'ai parlé. Un long commerce avec le bien comme avec le mal devient un attachement ; mais il m'est moins facile de te faire connaître en résumé qu'en détail cette infirmité de mon âme, qui, incertaine entre les deux, ne se penche fortement ni vers l'honnête ni vers le déshonnête. Je te dirai les accidents que j'éprouve : c'est à toi de trouver un nom à la maladie. J'ai un goût prononcé pour l'économie, je l'avoue : ce qui me plaît, ce n'est pas

DE TRANQUILLITATE ANIMI.

I. Inquirenti mihi in me quædam vitia apparebant, Seneca, in aperto posita, quæ manu prenderem ; quædam obscuriora, et in recessu ; quædam non continua ; sed ex intervallis redeuntia, quæ vel molestissima dixerim, ut hostes vagos, et ex occasionibus assilientes, per quos neutrum licet, nec tanquam in bello paratum esse, nec tanquam in pace securum. Illum tamen habitum in me maxime deprehendo (quare enim non verum, ut medico, fatear?), nec bona fide liberatum iis, quæ timebam et oderam, nec rursus obnoxium. In statu ut non pessimo, ita maxime querulo et moroso positus sum ; nec ægroto, nec valeo. Non est quod dicas, omnium virtutum tenera esse principia, tempore ipsis duramentum et robur accedere. Non ignoro, etiam quæ in speciem laborant, dignitatem dico, et eloquentiæ famam, et quidquid ad alienum suffragium venit, mora convalescere, et quæ veras vires parant, et quæ ad placendum fuco quodam subornantur, exspectant annos, donec paulatim colorem diuturnitas ducat ; sed ego vereor ne consuetudo, quæ rebus affert constantiam, hoc vitium in me altius figat. Tam bonorum quam malorum longa conversatio amorem induit. Hæc animi inter utrumque dubii, nec ad recta fortiter, nec ad prava vergentis, infirmitas qualis sit, non tam semel tibi possum quam per partes ostendere. Dicam quæ accidant mihi ; tu morbo nomen invenies. Tenet me summus amor parcimoniæ, fateor ; placet non in ambitionem cubile compositum, non ex

un lit à draperies ambitieuses, ce n'est pas un vêtement que l'on retire du fond d'un coffre, que l'on presse à force de poids et de machines pour lui donner du lustre ; mais c'est une robe commune, à bon marché, que l'on garde et que l'on porte sans inquiétude. J'aime une nourriture que n'apprête point, que ne surveille point une troupe d'esclaves ; qui n'ait point été commandée plusieurs jours d'avance, et ne soit pas servie par une multitude de bras ; mais facile à préparer et à disposer ; qui n'ait rien d'exotique ni de rare, qui puisse se trouver partout, qui ne soit à charge ni à la bourse ni à l'estomac, et qu'il ne faille pas rendre par où elle est entrée. J'aime un échanson simplement vêtu et un esclave sans prétention ; l'argenterie massive de mon père, homme de campagne, sans ciselure, sans nom d'ouvrier ; j'aime une table qui ne soit ni remarquable par la variété de ses nuances, ni célèbre dans la ville par les maîtres élégants qui l'ont successivement possédée, mais qui serve à mon usage, sans que les yeux des convives soient distraits par l'admiration, ou enflammés par l'envie. Mais, tout en aimant cette simplicité, mon esprit se laisse éblouir par l'appareil de quelque pédagogium, par ces esclaves plus richement vêtus, plus couverts d'or que dans une pompe publique, par des légions de serviteurs resplendissants. J'ai plaisir à voir cette maison où les pieds ne foulent que des matières précieuses, où les richesses sont dispersées dans tous les coins, où brillent même les toits, où se presse une foule avide, accompagnement ordinaire des patrimoines qui tombent. Que dirai-je de ces eaux limpides jusque dans leurs profondeurs, qui s'épanchent en nappes autour des salles de festin, et de ces banquets dignes du théâtre où on les dresse ? Moi qui sors tout rouillé de ma longue frugalité, sitôt que je me vois entouré de ce luxe splendide, et que j'entends retentir tout cet appareil, ma vue chancelle, et mon esprit résiste plus facilement que mes yeux. Je me retire donc, non plus mauvais, mais plus triste : et, dans mon étroite demeure, je ne marche plus la tête si haute ; un chagrin secret me travaille, et je doute si je ne dois pas préférer ce que je viens de voir : de tout cela il n'y a rien qui me change, mais rien qui ne m'ébranle. Il me plaît de suivre les mâles leçons de nos maîtres, et de me jeter au milieu des affaires publiques : il me plaît d'aspirer aux honneurs et aux faisceaux, non par goût pour la pourpre ou les haches, mais pour être plus en mesure de servir mes amis, mes proches, mes concitoyens, tous les hommes enfin. Formé par eux, je suis de plus près Zénon, Cléanthe et Chrysippe ; car, si aucun d'eux ne s'est mêlé aux affaires, il n'est aucun d'eux qui n'y ait envoyé ses disciples. Survient-il quelque choc à mon esprit inaccoutumé à combattre de front, ou quelque humiliation, comme il y en a tant dans la vie humaine, ou quelque obstacle difficile à vaincre ; des choses peu importantes demandent-elles beaucoup de temps ; je retourne à mon loisir, et, comme les chevaux, même fatigués, je double le pas en regagnant la maison. J'aime à renfermer ma vie dans son intérieur. Que pas un seul jour ne me soit enlevé ; rien ne pourrait me dédommager d'une si grande dépense. Que mon âme s'attache à elle-même, qu'elle s'en-

---

arcula prolata vestis, non mille ponderibus aut tormentis splendere cogentibus pressa ; sed domestica et vilis, nec servata, nec sumenda sollicite. Placet cibus, quem nec parent familiæ, nec spectent ; non ante multos imperatus dies, nec multorum manibus ministratus, sed parabilis facilisque ; nihil habens accessiti pretiosive, ubilibet non defuturus, nec patrimonio gravis, nec corpori, nec rediturus qua intraverat. Placet minister incultus et rudis vernula ; argentum grave rustici patris, sine ullo opere et nomine artificis ; et mensa non varietate macularum conspicua, nec per multas elegantium dominorum successiones civitati nota ; sed in usum posita, quæ nullius convivæ oculos nec voluptate moretur, nec accendat invidia. Quum bene ista placuerunt, præstringit animum apparatus alicujus pædagogii, diligentius quam in tralatu vestita et auro culta mancipia, et agmen servorum nitentium. Jam domus, etiam qua calcatur, pretiosa, et divitiis per omnes angulos dissipatis, tecta ipsa fulgentia, et assectator comesque patrimoniorum pereuntium populus. Quid perlucentes ad imum aquas, et circumfluentes ipsa convivia, quid epulas loquar scena sua dignas ? Circumfudit me ex longo frugalitatis situ venientem multo splendore luxuria, et undique circumsonuit. Paulum titubat acies ; facilius adversus illam animum quam oculos attollo. Recedo itaque non pejor, sed tristior ; nec inter illa frivola mea tam altus incedo, taciturque morsus subit, et dubitatio, numquid illa meliora sint ; nihil horum me mutat, nihil tamen non concutit. Placet vim præceptorum sequi, et in mediam ire rempublicam ; placet honores fascesque, non purpura aut virgis adductam capessere, sed ut amicis propinquisque, et omnibus civibus, omnibus deinde mortalibus paratior utiliorque sim. Propius compositus sequor Zenonem, Cleanthem, Chrysippum ; quorum tamen nemo ad rempublicam accessit, nemo non misit. Ubi aliquid animum, insolitum arietari, percussit, ubi aliquid occurrit, aut indignum (ut in omni vita humana multa sunt), aut parum ex facili fluens, aut multum temporis res non magno æstimandæ poposcerunt, ad otium convertor, et quemadmodum pecoribus, fatigatis quoque, velocior domum gradus est ; placet intra parietes suos vitam coercere. Nemo ullum auferat diem, nihil dignum tanto impendio redditurus ; sibi ipse animus hæreat, se colat, nihil alieni agat, nihil quod ad judicem spectet ; ametur expers publicæ privatæque

tretienne, qu'elle ne se mêle à rien d'étranger, à rien qui la soumette au jugement d'autrui. Que sans aucun souci des affaires publiques et particulières, elle se complaise dans sa tranquillité. Mais lorsqu'une lecture plus forte a exalté mon âme, que je me sens aiguillonné par de nobles exemples, je veux m'élancer dans le Forum, prêter à l'un le secours de ma voix, à l'autre celui de mon travail ; et, quand même je n'y réussirais pas, m'efforcer au moins d'être utile ; je veux rabattre en plein Forum l'orgueil de cet homme qu'une prospérité inique rend insolent. Dans l'art oratoire, je pense assurément qu'il vaut mieux considérer les choses en elles-mêmes, ne parler que pour elles, du reste y subordonner les mots, afin que le discours suive sans effort la pensée partout où elle le mène. Qu'est-il besoin de composer pour la durée des siècles ? Tu veux travailler aujourd'hui pour que la postérité ne se taise pas sur toi ? Tu es né pour mourir. Les funérailles sans bruit sont les moins douloureuses. Ainsi donc, compose quelque écrit simple, pour occuper le temps, pour ton utilité, non pour les applaudissements. Il faut moins de travail à ceux qui n'étudient que pour le moment présent. Oui ; mais sitôt que ma pensée agrandit mon esprit, il cherche des paroles ambitieuses, il veut que les mots s'enflent comme les choses, et mon discours s'élève avec la majesté du sujet : oubliant alors les entraves d'un goût trop étroit, je prends un sublime essor, et ma voix ne m'appartient plus. Sans m'arrêter aux détails, cette même faiblesse de bonne intention m'accompagne partout ; je crains d'y succomber insensiblement, ou, ce qui est plus inquiétant,

de rester comme suspendu sur l'abîme, toujours prêt à y tomber ; je crains qu'il n'y ait peut-être plus de mal que je n'en prévois ; car nous nous familiarisons avec les choses de tous les jours, et la complaisance obscurcit le jugement. Je crois que beaucoup d'hommes auraient pu parvenir à la sagesse, s'ils n'avaient pensé y être parvenus, s'ils ne s'étaient dissimulé certains défauts qui étaient en eux, s'ils n'avaient passé, les yeux ouverts, devant d'autres. Ne crois pas que l'adulation d'autrui nous soit plus mortelle que la nôtre. Quel homme a osé se dire la vérité ? Quel homme, entouré d'un troupeau de flatteurs et de panégyristes, ne s'est pas plus encore applaudi à lui-même ? Je t'en conjure donc, si tu connais quelque remède pour fixer mes incertitudes, ne me crois pas indigne de te devoir la tranquillité. Ces mouvements de l'âme ne sont pas dangereux, ils n'entraînent pas d'orages avec eux, je le sais. Pour t'exprimer par une comparaison juste ce dont je me plains, ce n'est pas la tempête qui me tourmente, c'est le mal de mer. Guéris-moi donc de ce mal, quel qu'il soit, et secours un malheureux qui souffre en vue du rivage.

II. Il y a bien longtemps, Sérénus, que moi-même je cherche en secret à quoi peut ressembler une telle situation de l'âme. Je ne saurais mieux la comparer qu'à l'état de ceux qui, délivrés d'une longue et sérieuse maladie, s'inquiètent pour des frissons, pour de légers malaises. Échappés à tout le reste, ils se tourmentent de maux imaginaires, et, déjà bien portants, ils tendent le pouls au médecin, et interprètent en mal la moindre chaleur du corps. Ces gens-là, Sérénus, ne sont pas mal

---

curæ tranquillitas. Sed ubi lectio fortior erexit animum, et aculeos subdiderunt exempla nobilia ; prosilire libet in forum, commodare alteri vocem, alteri operam, etsi nihil profuturam, tamen conaturam prodesse ; alicujus coercere in foro superbiam, male secundis rebus elati. In studiis, puto, mehercule, melius esse, res ipsas intueri et harum causa loqui, ceterum verba rebus permittere, ut qua duxerint, hac inelaborata sequatur oratio. Quid opus est seculis duratura componere ? Vis tu nunc id agere, ne te posteri taceant ? morti natus es ; minus molestiarum habet funus tacitum. Itaque occupandi temporis causa, in usum tuum, non in præconium, aliquid simplici stylo scribe ; minore labore opus est studentibus in diem. Rursus, ubi se animus cogitationis magnitudine levavit, ambitiosus in verba est, altiusque ut spirare, ita eloqui gestit, et ad dignitatem rerum exit oratio ; oblitus tum legis pressiorisque judicii, sublimis feror, et ore jam non meo. Ne singula diutius persequar, in omnibus rebus hæc me sequitur bonæ mentis infirmitas ; cui ne paulatim defluam vereor, aut quod est sollicitius, ne semper casuro similis pendeam, et plus fortasse sit, quam quod ipse provideo ; familiariter enim domestica aspicimus,

et semper judicio favor officit. Puto, multos potuisse ad sapientiam pervenire, nisi putassent se pervenisse, nisi quædam in se dissimulassent, quædam apertis oculis transiluissent. Non est enim, quod nos magis aliena judices adulatione perire, quam nostra. Quis sibi verum dicere ausus est ? quis non inter laudantium blandientiumque positus greges, plurimum tamen sibi ipse assentatus est ? Rogo itaque, si quod habes remedium, quo hanc fluctuationem meam sistas, dignum putes me, qui tibi tranquillitatem debeam. Non esse periculosos motus animi, nec quidquam tumultuosi afferentes, scio : ut vera tibi similitudine id de quo queror exprimam, non tempestate vexor, sed nausea. Detrahe ergo quidquid hoc est mali, et succurre in conspectu terrarum laboranti.

II. Quæro, mehercule, jamdudum, Serene, ipse tacitus, cui talem affectum animi similem putem ; nec ullius propius admoverim exemplo, quam eorum qui ex longa et gravi valetudine expliciti, motiunculis levibusque interim offensis perstringuntur ; et quum omnium reliquias effugerint, suspicionibus tamen inquietantur, medicisque jam sani manum porrigunt, et omnem calorem corporis sui calumniantur. Horum, Serene, non parum sanum est cor-

guéris; mais ils ne sont pas encore accoutumés à la santé : ainsi frémit encore une mer calme, un lac qui se repose de la tempête. Tu n'as pas besoin de ces remèdes violents, par lesquels nous aussi nous avons passé, et qui consistent, tantôt à faire effort sur toi-même, tantôt à te gourmander, tantôt à insister plus vivement. Il ne te faut plus que ces soins qui viennent en dernier, comme d'avoir confiance en toi-même, de te persuader que tu marches dans le droit chemin sans te laisser détourner par les traces de cette foule errante qui croise ta route, ou qui s'égare aux alentours même de la bonne voie. Ce que tu demandes est quelque chose de grand, de sublime, et qui te rapproche de Dieu, c'est d'être inébranlable. Cette constante stabilité de l'âme, appelée chez les Grecs θυμίαν et sur laquelle Démocrite a fait un excellent traité, moi je l'appelle *tranquillité*; car il n'est pas nécessaire de copier les Grecs et de calquer les mots sur une forme étrangère : la chose dont il est question doit être désignée par quelque mot ayant la force de l'expression grecque et non sa physionomie. Nous cherchons donc comment l'âme peut marcher d'un pas toujours égal et sûr, d'accord avec elle-même, contempler avec bonheur ses propres biens, sans interrompre ce contentement, et se maintenir dans un état paisible, sans jamais s'élever ou s'abaisser. Ce sera là la tranquillité. Comment y parvenir? Cherchons-le d'une manière générale : tu prendras du remède commun autant que tu en voudras. Nous allons donc montrer au grand jour le mal tout entier, afin que chacun y reconnaisse sa part : et tu comprendras aussitôt combien tu as moins à faire avec ce dégoût de toi-même que ces hommes enchaînés à de spécieux principes de conduite, et dont la maladie s'est décorée d'un titre imposant, lesquels s'obstinent dans leur rôle menteur, plutôt par honte que volontairement. Tous sont dans les mêmes conditions; et ceux qui sont tourmentés par leur mobilité, par l'ennui, par l'inconstance, qui aiment toujours ce qu'ils ont abandonné; et ceux qui sont énervés et engourdis. Ajoute ceux qui, semblables aux hommes qui ont le sommeil difficile, se tournent sans cesse, et s'arrangent tantôt d'un côté, tantôt de l'autre, jusqu'à ce qu'ils trouvent le repos par la fatigue : à force de refaire de jour en jour leur façon de vivre, ils s'arrêtent enfin à celle où les surprend non le dégoût du changement, mais la vieillesse, trop paresseuse pour innover. Ajoute ceux qui sont immobiles dans la vie, non par constance, mais par inertie. Ils vivent non comme ils veulent, mais comme ils ont commencé. Les variétés du vice sont innombrables; mais toutes ont un même résultat, le déplaisir de soi-même. Cela vient de la mauvaise disposition de l'âme, et de l'irrésolution ou du peu de succès des désirs : ou bien l'on n'ose pas, ou bien l'on n'obtient pas tout ce que l'on ambitionne; et, appuyé tout entier sur l'espérance, on est comme elle variable et inconstant : c'est ce qui arrive nécessairement à ceux qui restent suspendus entre des vœux contradictoires. Toute leur vie est indécise; ils s'instruisent et se forcent à des actions honteuses et difficiles; et, lorsque leur peine est sans récompense, ils maudissent un déshonneur

pus, sed sanitati parum assuevit; sicut est quidam tremor etiam tranquilli maris, aut lacus, quum ex tempestate requievit. Opus est itaque non illis durioribus, quæ etiam transcurrimus, ut alicubi obstes tibi, alicubi irascaris, alicubi instes gravius; sed illud, quod ultimum venit, ut fidem tibi habeas, et recta ire via te credas, nihil avocatus transversis multorum vestigiis, passim discurrentium, quorumdam circa ipsam errantium viam. Quod desideras autem, magnum et summum est Deoque vicinum, non concuti. Hanc stabilem animi sedem Græci θυμίαν vocant, de qua Democriti volumen egregium est; ego tranquillitatem voco; nec enim imitari, et transferre verba ad illorum formam necesse est; res ipsa, de qua agitur, aliquo signanda nomine est, quod appellationis græcæ vim debet habere, non faciem. Ergo quærimus : quomodo animus semper æquali secundoque cursu eat, propitiusque sibi sit, et sua lætus aspiciat; et hoc gaudium non interrumpat, sed placido statu maneat, nec attollens se unquam, nec deprimens. Id tranquillitas erit. Quomodo ad hanc perveniri possit, in universum quæramus; sumes tu ex publico remedio, quantum voles. Totum interim vitium in medium protrahendum est, ex quo cognoscet quisque partem suam; simul tu intelliges, quanto minus negotii habeas cum fastidio tui, quam hi quos ad professionem speciosam alligatos, et sub ingenti titulo laborantes, in sua simulatione pudor magis, quam voluntas tenet. Omnes in eadem causa sunt, et hi qui levitate vexantur, ac tædio, assiduaque mutatione propositi, quibus semper magis placet quod reliquerunt; et illi, qui marcent et oscitantur. Adjice illos, qui non aliter, quam quibus difficilis somnus est, versant se, et hoc atque illo modo componunt, donec quietem lassitudine inveniant; statum vitæ suæ formando subinde, in eo novissime manent, in quo illos non mutandi odium, sed senectus ad novandum pigra deprehendit. Adjice et illos, qui non constantia in vita parum leves sunt, sed inertia. Vivunt, non quomodo volunt, sed quomodo cœperunt. Innumerabiles deinceps proprietates sunt, sed unus effectus vitii, displicere sibi. Hoc oritur ab intemperie animi, et cupiditatibus timidis, aut parum prosperis, ubi aut non audent, quantum concupiscunt, aut non consequuntur, et in spem toti prominent, semper instabiles mobilesque; quod necesse est accidere pendentibus ad vota sua. Omni vita pendent, et inhonesta se ac difficilia docent, coguntque; et ubi sine præmio labor est, torquet illos irritum dedecus, nec dolent, prava sed frustra voluisse. Tunc

DE LA TRANQUILLITÉ DE L'AME.   311

inutile, et regrettent non d'avoir voulu le mal, mais de l'avoir voulu en vain. Alors ils se partagent entre le repentir d'avoir commencé, et la crainte de recommencer; également incapables de commander à leurs désirs et d'y céder, ils se laissent insensiblement gagner à ces doutes de l'esprit, à ces incertitudes d'une vie qui ne peut suivre son cours, à ce honteux sommeil d'une âme abusée dans tous ses vœux. Tout cela est encore plus grave lorsque, en haine d'un malheur si chèrement acheté, ils cherchent un asile dans le repos, dans les études solitaires, dont ne peut s'accommoder un esprit qui ambitionne les emplois publics, qui se tourmente du besoin d'agir, et, naturellement inquiet, ne peut trouver en lui-même que peu de consolation. Aussi, privé de ces distractions que les affaires mêmes apportent aux hommes actifs, on ne peut supporter sa maison, sa solitude, son intérieur; et l'âme, livrée à elle-même, se regarde avec dégoût. De là cet ennui, ce déplaisir de soi-même, cette agitation de l'âme, qui ne se repose sur rien, et cette inquiète et chagrine impatience de l'inaction. Alors, comme on rougit d'avouer la cause de son mal, la honte refoule à l'intérieur toutes les angoisses; et les désirs, renfermés à l'étroit dans un lieu sans issue, s'étouffent eux-mêmes. De là la mélancolie et l'engourdissement, et les mille fluctuations d'une âme incertaine, toujours en suspens pour les entreprises commencées, toujours aux regrets pour celles qu'elle a manquées. De là cette disposition à maudire son repos, à se plaindre de n'avoir rien à faire; de là cette jalousie, ennemie jurée de l'agrandissement d'autrui. Car l'aliment de l'envie, c'est l'oisiveté mécontente; on voudrait voir tomber tout le monde, parce qu'on n'a pu s'élever. Bientôt dépitée des succès des autres, désespérant des siens, l'âme s'irrite contre le sort, se plaint du siècle; et, retirée dans ses profondeurs, elle y couve son chagrin, par ennui, par dégoût d'elle-même. En effet, l'esprit humain est naturellement actif et porté au mouvement : toute occasion de s'exciter et de se distraire semble agréable, surtout aux méchantes âmes, qui s'usent volontiers, dans les occupations. Comme certains ulcères provoquent la main qui les envenime, et se plaisent à l'attouchement, comme dans la gale hideuse tout ce qui irrite le mal est une jouissance, ainsi dans ces esprits où les passions sont en éruption, comme des ulcères malins, le travail et la peine ont aussi leur bonheur. Il est encore des mouvements qui, même avec une certaine douleur, charment notre corps; comme de se retourner dans son lit, de changer de côté avant même qu'on soit las, et de se rafraîchir par la diversité des positions. Tel l'Achille d'Homère, se couchant tantôt sur le ventre, tantôt sur le dos, épuise toutes les positions; ce qui est le propre des malades, qui ne peuvent longtemps supporter la même chose, et cherchent un remède dans le changement. De là ces voyages sans suite, ces courses errantes sur les rivages, cette mobilité qui essaie tantôt de la mer, tantôt de la terre, toujours ennemie du présent. Maintenant allons en Campanie ! Bientôt on se dégoûte des belles campagnes; il faut voir des pays incultes : parcourons les forêts du Bruttium et de la Lucanie ! Cependant au milieu de ces déserts il faut encore

---

illos et pœnitentia cœpti tenet, et incipiendi timor, subrepitque illa jactatio animi, non invenientis exitum, quia nec cupiditatibus suis imperare, nec obsequi possunt; et cunctatio vitæ parum se explicantis, et inter destituta vota torpentis animi situs. Quæ omnia graviora sunt, ubi odio infelicitatis operosæ ad otium perfugerunt, et ad secreta studia quæ pati non potest animus ad civilia erectus, agendique cupidus, et natura inquietus, parum scilicet in se solatiorum habens; ideoque detractis oblectationibus, quas ipsæ occupationes discurrentibus præbent, domum, solitudinem, parietes non fert, invitus adspicit se sibi relictus. Hinc illud est tædium, et displicentia sui, et nusquam residentis animi volutatio, et otii sui tristis atque ægra patientia; utique ubi causas fateri pudet, tormenta introrsus egit verecundia, in angusto inclusæ cupiditates, sine exitu, se ipsæ strangulant. Inde mœror marcorque, et mille fluctus mentis incertæ, quam inchoata habent suspensam, deplorata tristem; inde ille affectus otium suum detestantium, querentiumque nihil ipsos habere quod agant, et alienis incrementis inimicissima invidia. Alit enim livorem infelix inertia; et omnes destrui cupiunt, quia se non potuerunt provehere; et ex hac deinde aversatione alienorum processuum, et suorum desperatione, obirascens fortunæ animus, et de seculo querens, et in angulos se retrahens, et pœnæ incubans suæ, dum tædet sui, pigetque. Natura enim humanus animus agilis est, et pronus ad motus; grata omnis illi excitandi se abstrahendique materia est, gratior pessimis quibusque ingeniis, quæ occupationibus libenter deteruntur. Ut ulcera quædam nocituras manus appetunt et tactu gaudent, et fœdam corporum scabiem delectat, quidquid exasperat; non aliter dixerim his mentibus, in quas cupiditates velut mala ulcera eruperunt, voluptati esse laborem vexationemque. Sunt enim quædam, quæ corpus quoque nostrum cum quodam dolore delectant; ut, versare se, et mutare nondum fessum latus et alio atque alio positu ventilari. Qualis ille Homericus Achilles est, modo pronus, modo supinus, in varios habitus se ipse componens; quod proprium ægri est, nihil diu pati, et mutationibus ut remediis uti. Inde peregrinationes suscipiuntur vagæ, et litora pererrantur, et modo mari se, modo terra experitur semper præsentibus infesta levitas. Nunc Campaniam petamus! jam delicata fastidio sunt; inculta videantur; Bruttios et Luca-

quelque chose où reposer nos yeux délicats, après la continuelle aspérité de ces lieux effroyables. Allons voir Tarente, et ce port renommé, et ce beau ciel d'hiver, et ces maisons dont la magnificence ne serait pas indigne même de leurs anciens habitants. Le moment est venu de diriger nos pas vers Rome : trop longtemps nos oreilles se sont reposées loin du bruit et du tumulte : il nous tarde de goûter le plaisir de voir couler le sang humain. Un voyage succède à l'autre, un spectacle remplace un autre spectacle ; et, comme dit Lucrèce :

C'est ainsi que chacun se fuit toujours soi-même.

Mais à quoi bon, s'il ne peut s'échapper ? Il se suit lui-même, compagnon incommode qui ne se quitte pas. Sachons donc bien que ce qui nous tourmente ne tient pas aux défauts des lieux, mais aux nôtres. Trop faibles pour rien supporter, nous ne pouvons endurer ni la peine, ni le plaisir, ni ce qui vient de nous, ni ce qui vient d'ailleurs. Aussi, certains hommes ont-ils été poussés à se donner la mort, parce que, changeant toujours de projets, ils retombaient dans le même cercle, sans espoir de trouver rien de nouveau. Alors commença le dégoût de la vie et du monde même ; et, dans son délire furieux, le voluptueux s'écria : « Jusques à quand la même chose ! »

III. Contre cet ennui tu me demandes quel est, à mon avis, le remède à employer. « Le meilleur serait, comme dit Athénodore, de s'occuper du maniement des affaires, de l'administration de la république, de fonctions civiles. Car, comme il est des hommes qui passent leur journée en plein soleil, à prendre de l'exercice pour fortifier leur corps, et que, pour les athlètes, il est essentiel de donner la plus grande partie de leur temps à l'entretien de leurs bras et de cette force dont ils font profession ; de même pour nous, qui préparons notre esprit aux luttes civiles, n'est-il pas bien plus beau d'être toujours en haleine? Car, si l'on se propose d'être utile à ses concitoyens et aux hommes, on s'exerce et on profite en même temps, lorsqu'on se place au centre des affaires, et qu'on administre, selon ses facultés, les intérêts publics et particuliers. » — « Mais, ajoute-t-il, comme dans cette folle ambition des hommes, dans cette foule de calomniateurs qui tournent en mal les actions les plus droites, l'innocence n'est guère en sûreté, comme elle doit rencontrer plus d'obstacles que de succès, il faut s'éloigner du Forum et des affaires publiques. Même dans le foyer domestique, une grande âme a l'occasion de se déployer. Car, si la vigueur des lions et des autres animaux est comprimée dans leurs cages, il n'en est pas de même de l'homme, dont l'activité grandit dans la retraite. Cependant il se renfermera de manière qu'en quelque lieu qu'il ait caché sa solitude, il puisse être utile à tous et à chacun, par ses talents, ses paroles et ses conseils. Car celui-là n'est pas seul utile à la république, qui produit les candidats, défend les accusés, et décide de la paix et de la guerre ; mais celui qui instruit la jeunesse, qui, dans une si grande disette de bons précepteurs, forme les âmes à la vertu, arrête dans leur fougue, et ramène ceux qui se précipitent vers le luxe et les richesses, ou, s'il ne fait autre chose,

nos saltus persequamur! Aliquid tamen inter deserta amœni requiratur, in quo luxuriosi oculi longo locorum horrentium squalore relevantur. Tarentum petatur, laudatusque portus, et hiberna cœli mitioris, et tecta vel antiquæ satis opulenta turbæ. Jam flectamus cursum ad Urbem; nimis diu a plausu et fragore aures vacaverunt; juvat jam et humano sanguine frui. Aliud ex alio iter suscipitur, et spectacula spectaculis mutantur ; ut ait Lucretius,

Hoc se quisque modo semper fugit.

Sed quid prodest, si non effugit? sequitur se ipse, et urget gravissimus comes. Itaque scire debemus, non locorum vitium esse quo laboramus, sed nostrum. Infirmi sumus ad omne tolerandum, nec laboris patientes, nec voluptatis, nec nostræ, nec ullius rei diutius. Hoc quosdam egit ad mortem, quod proposita sæpe mutando, in eadem revolvebantur, et non reliquerant novitati locum. Fastidio illis esse cœpit vita, et ipse mundus; et subit illud rabidarum deliciarum : Quousque eadem?

III. Adversus hoc tædium quo auxilio putem utendum, quæris. « Optimum erat, ut ait Athenodorus, actione rerum et reipublicæ tractatione, et officiis civilibus se detinere ; nam ut quidam sole, et exercitatione, et cura corporis, diem educunt, athletisque utilissimum est, lacertos suos, roburque cui se uni dicaverunt, majore temporis parte nutrire ; ita nobis animum ad rerum civilium certamen parantibus, in opere esse, non longe pulcherrimum est? Nam quum utilem se efficere civibus mortalibusque propositum habeat, simul et exercetur et proficit, qui in mediisse officiis posuit, communia privataque pro facultate administrans. »—« Sed quia in hac, inquit, tam insana hominum ambitione, tot calumniatoribus in deterius recta torquentibus, parum tuta simplicitas est, et plus futurum semper est quod obstet, quam quod succedat, a foro quidem et publico recedendum est : sed habet, uti se etiam in privato lare explicet magnus animus ; nec, ut leonum animaliumque impetus caveis coercetur, sic hominum, quorum maxime in seducto actiones sunt. Ita tamen delituerit, ut, ubicumque otium suum absconderit, prodesse velit et singulis et universis, ingenio, voce, consilio. Nec enim is solus reipublicæ prodest, qui candidatos extrahit, et tuetur reos, et de pace belloque censet; sed qui juventutem exhortatur, qui in tanta bonorum præceptorum inopia, virtute instruit animos, qui ad pecuniam luxuriamque cursu ruentes prensat ac retrahit, et si nihil aliud, certe moratur, in privato publicum negotium agit. An ille plus præstat, qui inter peregrinos et

au moins les retarde ; celui-là remplit en son particulier une fonction publique. Le magistrat qui prononce entre les étrangers et les citoyens, ou le préteur urbain, qui répète à tous venants la formule de l'assesseur, fait-il davantage que celui qui enseigne ce que c'est que la justice, la piété, la patience, le courage, le mépris de la mort, la connaissance des dieux, et quel bien gratuit c'est qu'une bonne conscience? Ainsi donc, si tu consacres à l'étude le temps que tu dérobes aux fonctions publiques, ce n'est pas déserter, ce n'est pas manquer à tes devoirs. Car on ne considère pas comme soldats seulement ceux qui combattent sur le champ de bataille, et défendent l'aile droite ou l'aile gauche, mais aussi ceux qui protégent les portes, qui occupent un poste moins dangereux, mais non inutile, qui font les veilles de nuit, qui gardent le dépôt d'armes : toutes ces fonctions, quoiqu'elles ne coûtent pas de sang, comptent cependant comme services. Si tu te recueilles dans l'étude, tu éviteras tous les dégoûts de la vie; tu n'invoqueras pas la nuit par ennui du jour; tu ne seras ni à charge à toi-même, ni inutile aux autres. Beaucoup rechercheront ton amitié, et il y aura autour de toi affluence de gens de bien. Car jamais la vertu, quoique obscure, ne demeure inconnue; elle laisse voir des signes qui lui sont propres, et quiconque en est digne peut la suivre à la trace. Si nous brisons tous les liens qui nous unissent à la société, si nous renonçons au genre humain, si nous vivons uniquement concentrés en nous-mêmes, cette solitude, vide de toute occupation, amènera bientôt l'absence de toute affaire. Nous commencerons à faire des constructions, à jeter bas des maisons, à déplacer la mer, à conduire des eaux à travers tous les obstacles des lieux, et à mal employer le temps que la nature nous a donné pour en bien user. Quelques-uns en sont avares, d'autres en sont prodigues ; ceux-ci le dépensent de manière à pouvoir en rendre compte, ceux-là de façon à ce qu'il n'en reste rien. Aussi rien n'est plus révoltant qu'un vieillard d'un grand âge qui n'a d'autre preuve, pour témoigner qu'il a longtemps vécu, que le nombre de ses années. » Quant à moi, très-cher Sérénus, il me semble qu'Athénodore se soumet trop aux circonstances, et fait retraite trop promptement. Non que je conteste qu'il ne faille quelquefois reculer; mais ce doit être insensiblement, à pas lents, les drapeaux saufs, et avec les honneurs de la guerre. Il y a plus de gloire et de sûreté auprès des ennemis, à se rendre les armes à la main. Voilà, selon moi, ce que doivent faire la vertu et le disciple de la vertu : si la fortune prévaut et lui enlève les moyens d'agir, il n'ira pas aussitôt tourner le dos, et fuir sans armes, cherchant un asile, comme s'il y avait un seul lieu où la fortune ne pût l'atteindre : mais il faut qu'il se mêle aux affaires avec plus de réserve, et qu'il cherche avec discernement en quoi il peut être utile à la patrie. Ne peut-il faire la guerre? qu'il aspire aux charges civiles. Est-il réduit à la vie privée? qu'il se fasse orateur. Le silence lui est-il prescrit? qu'il aide ses concitoyens de ses consultations particulières. Ne peut-il, sans danger, se présenter au Forum ? que dans les maisons, dans les spectacles, dans les repas, il se montre bon compagnon, ami fidèle, convive tempérant. S'il a perdu les droits du ci-

---

cives, aut urbanus prætor adeuntibus assessoris verba pronuntiat, quam qui docet quid sit justitia, quid pietas, quid patientia, quid fortitudo, quid mortis contemtus, quid deorum intellectus, quam gratuitum bonum sit bona conscientia? Ergo si tempus in studia conferas, quod subduxeris officiis, non deserueris, nec munus detrectaveris. Neque enim ille solus militat, qui in acie stat, et cornu dextrum lævumque defendit; sed et qui portas tuetur, et statione minus periculosa, non otiosa tamen fungitur, vigiliasque servat, et armamentarii præest: quæ ministeria quamvis incruenta sint, in numerum stipendiorum veniunt. Si te ad studia revocaveris, omne vitæ fastidium effugeris; nec noctem fieri optabis tædio lucis, nec tibi gravis eris, nec aliis supervacuus : multos in amicitiam attrahes, affluetque ad te optimus quisque. Nunquam enim quamvis obscura virtus latet, sed mittit sui signa; quisque dignus fuerit, vestigiis illam colliget. Nam si omnem conversationem tollimus, et generi humano renuntiamus, vivimusque in nos tantum conversi, sequetur hanc solitudinem, omni studio carentem, inopia rerum agendarum. Incipiemus ædificia alia ponere, alia subvertere, et mare submovere, et aquas contra difficultates locorum ducere, et male dispensare tempus, quod nobis natura consumendum dedit. Alii parce illo utimur, alii prodige ; alii sic impendimus, ut possimus rationem reddere, alii, ut nullas habeamus reliquias. Quare nihil turpius spectet, quam grandis natu senex, qui nullum aliud habet argumentum, quo se probet diu vixisse, præter ætatem. » Mihi, carissime Serene, nimis videtur submisisse temporibus se Athenodorus, nimis cito refugisse. Nec ego negaverim, aliquando cedendum : sed sensim relato gradu, et salvis signis, salva militari dignitate. Sanctiores tutioresque sunt hostibus suis, qui in fidem cum armis veniunt. Hoc puto virtuti faciendum, studiosoque virtutis : si prævalebit fortuna, et præcidet agendi facultatem, non statim aversus inermisque fugiat, latebras quærens, quasi ullus locus sit in quo non possit fortuna persequi : sed parcius se inferat officiis, et cum dilectu inveniat aliquid, in quo utilis civitati sit. Militare non licet? honores spectet : privato vivendum est? sit orator : silentium indictum est? tacita advocatione cives juvet : periculosum etiam ingressu forum est? in domibus, in spectaculis, in conviviis, bonum contubernalem, amicum fidelem, temperantem convivam agat. Officia si civis

toyen, qu'il exerce ceux de l'homme. C'est pourquoi, nous autres stoïciens, dans la hauteur de notre philosophie, nous ne nous renfermons pas dans les murs d'une cité; mais nous entrons en communication avec le monde entier, et nous adoptons l'univers pour notre patrie, afin d'ouvrir à la vertu une plus vaste carrière. Le tribunal t'est-il fermé, les rostres et les comices te sont-ils interdits? regarde derrière toi quelle immense étendue de régions se déploie, quelle infinité de peuples! Jamais tu ne seras exclu d'une si grande partie de la terre, qu'il ne t'en reste pas une plus grande encore. Mais prends garde que cela ne provienne entièrement de ta faute. Tu ne veux, en effet, te mêler aux affaires publiques, que si tu es consul, ou prytane, ou céryx, ou suffète. Eh quoi! ne veux-tu faire la guerre que comme général ou tribun? Mais, quand même d'autres tiendraient le premier rang, le sort t'a placé parmi les triaires; là tu peux combattre de la voix, du cœur, par tes encouragements, par ton exemple. Même les mains coupées, il y a moyen de servir son parti, en gardant son rang, en excitant les autres par ses cris. Tu peux en faire autant, si la fortune t'éloigne des premiers rangs de l'État; reste debout et assiste-le de ta voix; si l'on te serre la gorge, reste debout encore et assiste-le de ton silence. Jamais les efforts d'un bon citoyen ne sont inutiles. Ses oreilles, ses yeux, son visage, ses gestes, sa muette persévérance, sa démarche même, tout peut servir. De même que certains remèdes salutaires opèrent sans qu'on les goûte, ou qu'on y touche, par le seul odorat; ainsi la vertu, quoique cachée et dans l'éloignement, répand son utile influence : soit qu'elle puisse se déployer et user de ses droits, soit qu'on ne lui laisse qu'un accès difficile qui la force de replier ses voiles, inactive ou muette, renfermée à l'étroit ou en toute liberté, en quelque état qu'elle soit, elle sert toujours. Quoi donc! penses-tu qu'il n'y ait pas quelque chose d'utile dans l'exemple d'un vertueux loisir? Ce qu'il y a de plus sage, c'est de mêler le repos aux affaires, toutes les fois que des empêchements fortuits ou l'état de la cité nous défendent la vie active. Car jamais la carrière n'est tellement fermée à la vertu, qu'il n'y ait place pour quelque action honnête. Trouve-moi une ville plus malheureuse que celle d'Athènes déchirée par ses trente tyrans. Ils avaient immolé treize cents citoyens, les plus hommes de bien de la ville : et encore leur cruauté, loin de s'éteindre, s'irritait par ses excès. Dans cette ville était l'Aréopage, tribunal sacré, où s'assemblaient le sénat et un peuple semblable au sénat: tous les jours siégeait le triste collége des bourreaux, et sa sombre curie était trop étroite pour les tyrans. Pouvait-il y avoir du repos pour cette ville, dans laquelle il y avait autant de tyrans que de satellites? Nul espoir de recouvrer la liberté ne pouvait même s'offrir aux âmes. On ne voyait pas où porter le remède contre tant de maux réunis. Car où cette malheureuse cité pouvait-elle trouver assez d'Harmodius? Et pourtant Socrate était là qui consolait les sénateurs éplorés, relevait ceux qui désespéraient de la république, reprochait aux riches, qui craignaient pour leurs trésors, le repentir tar-

---

amiserit, hominis exerceat. Ideo magno animo nos non unius urbis mœnibus clausimus, sed in totius orbis commercium emisimus, patriamque nobis mundum professi sumus, ut liceret latiorem virtuti campum dare. Præclusum tibi tribunal est, et rostris prohiberis, aut comitiis? respice post te, quantum latissimarum regionum pateat, quantum populorum! Nunquam tibi ita magna pars obstruetur, ut non major relinquatur! Sed vide, ne totum istud vitium tuum sit : non vis enim nisi consul, aut prytanes, aut ceryx, aut suffes administrare rempublicam. Quid si militare nolis, nisi imperator, aut tribunus? Etiamsi alii primam frontem tenebunt, te sors inter triarios posuit: inde voce, adhortatione, exemplo, animo milita. Præcisis quoque manibus ille in prælio invenit, quod partibus conferat : qui stat tantum, et clamore juvat. Tale quiddam facies, si a prima te reipublicæ parte fortuna submoverit; stes tamen, clamore juves; si quis fauces oppresserit, stes tamen, et silentio juves. Nunquam inutilis est opera civis boni: auditu enim, visu, vultu, nutu, obstinatione tacita, incessuque ipso prodest. Ut salutaria quædam, citra gustum tactumque, odore proficiunt; ita virtus utilitatem etiam ex longinquo et latens fundit, sive spatiatur et se utitur suo jure; sive precarios habet accessus, cogiturque vela contrahere; sive otiosa mutaque est, et angusto circumscripta, sive adaperta, in quocumque habitu est, prodest. Quid tu parum utile putas exemplum bene quiescentis? Longe itaque optimum est miscere otium rebus, quoties actuosa vita impedimentis fortuitis, aut civitatis conditione prohibetur. Nunquam enim usque eo interclusa sunt omnia, ut nulli actioni honestæ locus sit. Numquid potes invenire miseriorem, quam Atheniensium fuit, quam illam triginta tyranni divellerent? Mille trecentos cives, optimum quemque, occiderant : nec finem ideo faciebat, sed irritabat ipsa sævitia. In qua civitate erat Ariopagos, religiosissimum judicium, in qua senatus populusque senatui similis : coibat quotidie carnificum triste collegium, et infelix curia tyrannis angusta. Poteratne illa civitas conquiescere, in qua tot tyranni erant quot satellites essent? Ne spes quidem ulla recipiendæ libertatis animis poterat offerri : nec ulli remedio locus apparebat, contra tantam vim malorum; unde enim miseræ civitati tot Harmodios? Socrates tamen in medio erat, et lugentes patres consolabatur, et desperantes de republica exhortabatur, et divitibus, opes suas metuentibus, exprobrabat seram periculosæ avaritiæ pœnitentiam; et imi-

DE LA TRANQUILLITÉ DE L'AME.

dif de leur funeste avarice, et donnait à ceux qui voulaient l'imiter un grand exemple, en marchant libre au milieu de trente maîtres. Cependant cette même Athènes le tua dans sa prison; et cet homme, qui avait impunément bravé toute une troupe de tyrans, la liberté publique ne put endurer la sienne. Tu vois donc que, dans une république opprimée, le sage trouve encore l'occasion de se montrer; et que, dans une république heureuse, florissante, règnent l'argent, l'envie et mille autres vices, tyrans sans armes. Ainsi, selon l'état de la république, selon que nous le permettra la fortune, il faut nous déployer ou nous replier sur nous-mêmes : dans tous les cas, nous nous remuerons, et nous ne resterons pas engourdis dans les liens de la crainte. Au contraire, celui-là sera vraiment homme, qui, menacé de tous côtés par le péril, environné du tumulte des armes et des chaînes, ne voudra ni briser, ni cacher sa vertu. Car il ne le doit pas; il voudra se conserver et non pas s'enfouir. Si je ne me trompe, c'est Curius Dentatus qui disait qu'il aimait mieux être mort que vivre mort. C'est le pire de tous les maux, d'être effacé du nombre des vivants avant que de mourir. Mais si tu es venu à une époque difficile, il faut donner davantage au repos et à l'étude, et, comme dans une navigation périlleuse, regagner au plus vite le port : n'attends pas que les affaires te quittent, mais fais toi-même divorce avec elles.

IV. Nous devons d'abord nous considérer nous-mêmes, puis les affaires que nous entreprenons, enfin ceux pour qui ou avec qui nous agissons.

Avant tout, il faut savoir s'apprécier, parce que souvent nous croyons pouvoir plus que nous ne pouvons. L'un succombe pour trop se fier à son éloquence : l'autre charge son patrimoine de plus de dépenses qu'il n'en peut supporter; un troisième accable son faible corps de fonctions trop pénibles. La timidité de ceux-ci les rend peu propres aux affaires civiles, lesquelles exigent un front assuré ; la fierté de ceux-là n'est pas de mise à la cour. Quelques hommes ne sont pas maîtres de leur colère, et, au moindre dépit, ils éclatent en propos téméraires. D'autres ne peuvent retenir leurs saillies, ni s'abstenir de bons mots dangereux. A tous ceux-là le repos convient mieux que les affaires. Une nature altière et impatiente doit éviter les excitations d'une liberté périlleuse.

V. Il faut ensuite peser ce que nous entreprenons, et comparer nos forces avec les choses que nous voulons tenter. Car il doit toujours y avoir plus de puissance dans le porteur que dans le fardeau, et nécessairement le fardeau accable lorsqu'il est plus fort que celui qui le soulève. Et puis il est des affaires qui sont moins importantes que fécondes et qui deviennent le germe de beaucoup d'autres ; or il faut fuir toute affaire d'où il naît des occupations nouvelles et compliquées. On ne doit pas s'engager dans un lieu d'où l'on ne puisse librement revenir. Mets la main aux affaires dont tu dois voir, ou du moins espérer de voir la fin ; abandonne celles qui se prolongent à mesure qu'on y travaille, et qui ne s'arrêtent pas aux limites que tu leur avais fixées.

VI. Il faut également bien choisir les hommes,

tari volentibus magnum circumferebat exemplar, quum inter triginta dominos liber incederet. Hunc tamen Athenæ ipsæ in carcere occiderunt; et qui tuto insultaverat agmini tyrannorum, ejus libertatem libertas non tulit : ut scias et in afflicta republica esse occasionem sapienti viro ad se proferendum, et in florenti ac beata, pecuniam, invidiam, mille alia vitia inermia regnare. Utcumque ergo se respublica dabit, utcumque fortuna permittet, ita aut explicabimus nos, aut contrahemus : utique movebimus, nec alligati metu torpebimus. Immo ille vir fuerit, qui periculis undique imminentibus, armis circa et catenis frementibus, non aliserit virtutem, nec absconderit. Non enim debet; servare se voluit, nec obruere. Ut opinor, Curius Dentatus aiebat, malle esse se mortuum, quam vivere. Ultimum malorum est, ex vivorum numero exire, antequam moriaris. Sed faciendum erit, si in reipublicæ tempus minus tractabile incideris, ut plus otio ac literis vindices; nec aliter quam in periculosa navigatione, subinde portum petas : nec exspectes donec res te dimittant, sed ab illis te ipse disjungas.

IV. Inspicere autem debemus primum nosmetipsos, deinde quæ aggredimur negotia, deinde eos quorum causa, aut cum quibus agendum est. Ante omnia necesse est se ipsum æstimare, quia fere plus nobis videmur posse quam possumus. Alius eloquentiæ fiducia prolabitur : alius patrimonio suo plus imperavit, quam ferre possit : alius infirmum corpus laborioso oppressit officio. Quorumdam parum idonea est verecundia rebus civilibus, quæ firmam frontem desiderant : quorumdam contumacia non facit ad aulam; quidam non habent iram in potestate ; et illos ad temeraria verba quælibet indignatio effert; quidam urbanitatem nesciunt continere, nec periculosis abstinent salibus. Omnibus his utilior negotio quies est; ferox impatiensque natura irritamenta nociturae libertatis evitet.

V. Æstimanda sunt deinde ipsa, quæ aggredimur, et vires nostræ cum rebus, quas tentaturi sumus, comparandæ. Debet enim semper plus esse virium in actore, quam in onere; necesse est opprimant onera, quæ se rente majora sunt. Quædam præterea non tam magna sunt negotia, quam fecunda, multumque negotiorum ferunt; et hæc refugienda sunt, ex quibus nova occupatio multiplexque nascetur. Nec accedendum eo, unde liber regressus non sit : his admovenda manus est, quorum finem aut facere, aut certe sperare possis. Relinquenda, quæ latius actu procedunt, nec ubi proposueris desinunt.

VI. Hominum utique delectus habendus est, an digni

voir s'ils sont dignes que nous leur consacrions une partie de notre vie, ou si la perte de notre temps doit leur profiter. Car il y a des gens qui nous imputent à dette les services que nous leur rendons. Athénodore dit qu'il n'irait pas même souper chez un homme qui ne lui en aurait aucune obligation. Tu comprends bien, je pense, qu'il irait encore moins chez ceux qui compensent par leurs dîners les services de leurs amis, et font de leur table une distribution de rations, comme s'ils étaient intempérants pour faire honneur aux autres. Éloigne d'eux les témoins et les spectateurs; ils ne se plairont pas à une orgie secrète. Il faut encore considérer à quoi ta nature est le plus propre, à l'activité des affaires, ou aux loisirs de l'étude et de la contemplation, et te porter du côté où t'appelle ton penchant. Isocrate ne craignit pas d'user de violence pour arracher Éphorus au barreau, le jugeant plus apte à écrire l'histoire. Car un esprit contraint réussit mal, et tout travail est inutile en opposition avec la nature.....

VII. Mais rien ne charme autant l'âme qu'une amitié douce et fidèle. Quel bonheur de rencontrer des cœurs bien préparés, où tout secret puisse s'épancher en sûreté, dont la conscience te soit moins à craindre que la tienne, dont les entretiens calment tes inquiétudes, dont la sagesse te conseille, dont la gaieté dissipe ta tristesse, dont la vue seule te réjouisse! Ces amis, nous les choisirons, autant que possible, exempts de passions. Car les vices s'insinuent, se communiquent de proche en proche, et corrompent par le contact. Aussi, de même que, dans la peste, il faut bien se garder de s'asseoir au lit de ceux que l'atteinte brûlante du mal a déjà touchés, car ce serait appeler le danger et respirer le mal; de même, dans le choix d'un ami, nous mettrons nos soins à nous attacher les cœurs les moins corrompus. C'est un commencement d'épidémie que le mélange des gens sains et des malades. Ce n'est pas que je te recommande de ne suivre, de n'attirer personne que le sage : où, en effet, trouverais-tu celui que nous cherchons dans tant de siècles? Le meilleur, c'est le moins mauvais. A peine pourrais-tu te flatter d'un choix plus heureux, si parmi les Platon, les Xénophon, et toute cette génération enfantée par Socrate, tu cherchais des hommes de bien; ou si tu avais à ta discrétion ce siècle de Caton, qui produisit bien des hommes dignes de naître au temps de Caton, et aussi beaucoup d'autres, les plus méchants qu'on eût jamais vus, les plus grands artisans de crimes. Il fallait, en effet, beaucoup d'hommes de l'une et l'autre sorte, pour que Caton pût être bien compris : il devait rencontrer et des gens de bien pour mériter leur approbation, et des méchants pour éprouver sa vertu. Mais aujourd'hui, dans une si grande disette d'hommes de bien, nous devons être moins difficiles dans nos choix. Évitons surtout les gens tristes, qui se plaignent de tout, qui se plaisent à chercher partout des sujets de chagrin. Fût-il bienveillant et fidèle, un compagnon toujours inquiet, toujours gémissant, est le plus grand ennemi de ton repos.

VIII. Passons maintenant aux richesses, la source la plus féconde des misères humaines. Car

---

sint, quibus partem vitæ nostræ impendamus, an ad illos temporis nostri jactura perveniat. Quidam enim ultro officia nostra nobis imputant. Athenodorus ait : « ne ad cœnam quidem se iturum ad eum, qui sibi nil pro hoc debiturus sit. » Puto intelligis, multo minus ad eos iturum, qui cum amicorum officiis parem mensam faciunt, quod fercula pro congiariis numerant : quasi in alienum honorem intemperantes sint. Deme illis testes spectatoresque, non delectabit popina secreta. Considerandum est, utrum natura tua agendis rebus, an otioso studio contemplationique aptior sit ; et eo inclinandum, quo te vis ingenii defert. Isocrates Ephorum injecta manu a foro subduxit, utiliorem componendis monumentis historiarum ratus. Male enim respondent coacta ingenia ; reluctante natura irritus labor est.....

VII. Nil tamen æque oblectaverit animum, quam amicitia fidelis et dulcis. Quantum bonum est, ubi sunt præparata pectora, in quæ tuto secretum omne descendat, quorum conscientiam minus quam tuam timeas, quorum sermo sollicitudinem leniat, sententia consilium expediat, hilaritas tristitiam dissipet, conspectus ipse delectet? Quos scilicet vacuos, quantum fieri poterit, a cupiditatibus, eligemus. Serpunt enim vitia, et in proximum quemque transiliunt, et contactu nocent. Itaque, ut in pestilentia curandum est, ne corruptis jam corporibus et morbo flagrantibus assideamus, quia pericula trahemus, afflatuque ipso laborabimus ; ita in amicorum legendis ingeniis dabimus operam, ut quam minime inquinatos assumamus. Initium morbi est, ægris sana miscere. Nec hoc præceperim tibi, ut neminem nisi sapientem sequaris, aut attrahas; ubi enim istum invenies, quem tot seculis quærimus? Pro optimo est minime malus. Vix tibi esset facultas delectus felicioris, si inter Platonas et Xenophontas, et illum Socratici fetus proventum bonos quæreres, aut si tibi potestas Catonianæ fleret ætatis, quæ plerosque dignos tulit, qui Catonis seculo nascerentur, sicut multos pejores, quam unquam alias, maximorumque molitores scelerum. Utraque enim turba opus erat, ut Cato posset intelligi : habere debuit et bonos, quibus se approbaret, et malos, in quibus vim suam experiretur. Nunc vero in tanta bonorum egestate, minus fastidiosa fiat electio. Præcipue tamen vitentur tristes, et omnia deplorantes, quibus nulla non causa in querelas placet. Constet illi licet fides et benevolentia, tranquillitati tamen inimicus est comes perturbatus, et omnia gemens.

VIII. Transeamus ad patrimonia, maximam humanarum ærumnarum materiam. Nam si omnia alia, quibus

si tu compares tous les autres maux qui nous tourmentent, la mort, la maladie, la crainte, le regret, le poids des travaux et des douleurs, avec les maux que nous attire notre argent, c'est de ce côté que l'emportera la balance. Il faut donc songer combien est plus léger le chagrin de ne pas avoir, que celui de perdre ; et nous comprendrons que nous aurons d'autant moins à souffrir de la pauvreté, que nous aurons moins à perdre. Car tu t'abuserais en croyant que les riches supportent les pertes avec plus de courage. La souffrance d'une blessure est aussi vive pour les grands corps que pour les petits. Bion a dit avec esprit : « Qu'il y avait une égale douleur pour les chauves comme pour les chevelus à s'arracher les cheveux. » Il faut que tu saches qu'il en est ainsi des pauvres et des riches ; leurs regrets sont égaux ; car aux uns comme aux autres l'argent tient si fort à l'âme, qu'il ne peut en être arraché sans douleur. Il est donc plus supportable, comme je l'ai dit, et plus facile de ne pas acquérir que de perdre ; aussi, verras-tu plus de contentement chez ceux que la fortune n'a jamais favorisés, que chez ceux qu'elle a abandonnés. Diogène, homme d'une grande âme, le comprenait bien ; et il fit en sorte que rien ne pût lui être ôté. Appelle cela pauvreté, dénuement, misère, donne à cette sécurité tel nom avilissant que tu voudras, je consens à ne pas croire Diogène heureux, si, parmi les autres hommes, tu m'en trouves un seul qui ne puisse rien perdre. Ou je me trompe, ou c'est être roi, que d'être, au milieu des avares, des fourbes, des larrons, des receleurs d'esclaves, le seul à qui l'on ne puisse nuire. Celui qui met en doute la félicité de Diogène, peut aussi mettre en doute si dans leur état les dieux immortels peuvent vivre heureux, n'ayant ni métairies, ni jardins, ni champs fertilisés par un colon étranger, ni capitaux rapportant gros intérêts sur la place. N'as-tu pas honte de t'émerveiller devant des richesses ? Contemple donc l'univers ; tu verras les dieux tout nus, donnant tout, n'ayant rien. Est-il pauvre à ton avis, ou semblable aux dieux immortels, celui qui s'est dépouillé de tout ce qui dépend du hasard ? Appelles-tu plus heureux ce Démétrius, affranchi de Pompée, qui n'eut pas honte d'être plus riche que son maître? Chaque jour on lui présentait la liste de ses esclaves, comme à un général celle de son armée, lui qui aurait dû se trouver riche avec deux *vicaires* et une cellule un peu large. Mais Diogène, dont l'esclave unique s'échappa, ne jugea pas que ce fût la peine de le reprendre lorsqu'on le découvrit. « Il serait honteux, dit-il, que Manès pût vivre sans Diogène, et que Diogène ne pût vivre sans Manès. » Il me semble l'entendre dire : « Fais tes affaires, fortune : il n'y a rien chez Diogène qui soit à toi ! mon esclave s'est enfui : que dis-je ? Il s'en est allé libre. » Une suite d'esclaves exige le vêtement, la nourriture ; il faut soigner le ventre de tous ces animaux affamés ; il faut acheter des habits ; il faut surveiller toutes ces mains rapaces ; il faut recourir aux services de tous ces êtres qui déplorent et détestent leur condition. Combien est plus heureux l'homme qui ne doit rien qu'à celui auquel il peut hardiment refuser, c'est-à-dire, à lui-

---

angimur, compares, mortes, ægrotationes, metus, desideria, dolorum laborumque patientiam, cum iis quæ nobis mala pecunia nostra exhibet ; hæc pars multum prægravabit. Itaque cogitandum est, quanto levior dolor sit, non habere, quam perdere ; et intelligemus, paupertati eo minorem tormentorum, quo minorem damnorum esse materiam. Erras enim, si putas animosius detrimenta divites ferre ; maximis minimisque corporibus par est dolor vulneris. Bion eleganter ait : « Non minus molestum esse calvis, quam comatis, pilos velli. » Idem scias licet de pauperibus locupletibusque, par illis esse tormentum ; utrisque enim pecunia sua obhæsit, nec sine sensu revelli potest. Tolerabilius autem est, ut dixi, facilliusque, non acquirere, quam amittere : ideoque lætiores videbis, quos nunquam fortuna respexit, quam quos deseruit. Vidit hoc Diogenes, vir ingentis animi, et effecit ne quid sibi eripi posset. Tu istud paupertatem, inopiam, egestatem voca, et quod voles ignominiosum securitati nomen impone ; putabo hunc non esse felicem, si quem mihi alium inveneris, cui nihil pereat. Aut ego fallor, aut regnum est, inter avaros, circumscriptores, latrones, plagiarios, unum esse cui noceri non possit. Si quis de felicitate Diogenis dubitat, potest idem dubitare et de deorum immortalium statu, an parum beate degant, quod illis non prædia, nec horti sint, nec alieno colono rura pretiosa, nec grande in foro fœnus. Non te pudet, quisquis divitiis adstupes? Respice agedum mundum : nudos videbis deos, omnia dantes, nihil habentes. Hunc tu pauperem putas, an diis immortalibus similem, qui se fortuitis omnibus exuit? Feliciorem tu Demetrium Pompeianum vocas, quem non puduit locupletiorem esse Pompeio? Numerus illi quotidie servorum, velut imperatori exercitus, referebatur, cui jam dudum divitiæ esse debuerant duo vicarii, et cella laxior. At Diogeni servus unicus fugit, nec eum reducere, quum monstraretur, tanti putavit. « Turpe est, inquit, Manem sine Diogene posse vivere, Diogenem sine Mane non posse. » Videtur mihi dixisse : Age tuum negotium, fortuna ; nihil apud Diogenem jam tuum est! Fugit mihi servus? immo liber abiit. Familia vestiarium petit, victumque ; tot ventres avidissimorum animalium tuendi sunt; emenda vestis, et custodiendæ rapacissimæ manus, et flentium detestantiumque ministeriis utendum. Quanto ille felicior, qui nihil ulli debet, nisi qui facillime negat, sibi? Sed quoniam non est tantum roboris nobis, angustanda certe sunt patrimonia, ut minus ad injurias fortunæ simus expositi.

même! Mais puisque nous n'avons pas assez de force en nous, il faut borner notre patrimoine, pour être moins exposés aux coups du sort. Les hommes petits qui peuvent s'envelopper de leurs armes sont de plus de services que ces grands corps qui débordent les rangs, et que leur vaste surface offre de tous les côtés aux blessures. La meilleure mesure de fortune est celle qui, sans tomber dans la pauvreté, ne s'en éloigne pas beaucoup.

IX. Or, cette mesure nous conviendra, si d'abord nous aimons l'économie, sans laquelle aucun patrimoine ne suffit, aucun n'est assez vaste. Elle nous conviendra d'autant mieux que le remède est toujours à notre portée, et que la pauvreté même peut se convertir en richesse, avec le secours de la frugalité. Habituons-nous à repousser le faste, et en toutes choses consultons l'utilité et non l'éclat. Mangeons pour apaiser la faim, buvons pour la soif; que nos appétits n'aillent pas au-delà du besoin. Apprenons à faire usage de nos membres, à ne pas disposer nos vêtements et nos repas suivant les modes nouvelles, mais suivant les mœurs de nos pères. Apprenons à redoubler de continence, à réprimer le luxe, à modérer la gourmandise, à adoucir la colère, à regarder la pauvreté d'un œil calme, à pratiquer la frugalité, dussions-nous rougir d'opposer à des besoins naturels des remèdes peu coûteux; enfin, à enchaîner les espérances effrénées, les ambitions de l'âme qui s'élance vers l'avenir, et à faire en sorte que nous devions nos richesses plutôt à nous-mêmes qu'à la fortune. Il est impossible, je le répète, au milieu des coups si multipliés, si aveugles du sort, de s'en garder si bien que de nombreux orages ne viennent pas assaillir ceux qui déploient au vent de larges voiles : il faut nous resserrer sur un espace étroit, pour que les traits de la fortune frappent dans le vide. Aussi, parfois l'exil et les disgrâces sont devenus des préservatifs, et de grands maux ont été guéris par des maux plus légers, alors qu'un esprit, rebelle aux enseignements, n'admettait pas un traitement plus doux. Pourquoi ces adversités ne lui seraient-elles pas profitables, si la pauvreté, l'ignominie, une ruine totale le menacent? Un mal s'oppose à l'autre. Accoutumons-nous donc à souper sans être entourés de tout un peuple, à nous faire servir par un petit nombre d'esclaves, à ne porter des vêtements que pour l'usage qui les a fait inventer, à nous loger plus à l'étroit. Ce n'est pas seulement dans les courses, dans les luttes du cirque, mais aussi dans cette carrière de la vie qu'il faut se replier sur soi-même. Même les dépenses pour les études, quoique les plus honorables, ne me semblent raisonnables qu'autant qu'elles sont mesurées. Que me font ces bibliothèques, ces livres innombrables dont le maître pourrait à peine lire les titres, s'il y consacrait toute sa vie? La quantité accable l'esprit et ne l'instruit pas : il vaut beaucoup mieux s'attacher à un petit nombre d'auteurs, que s'égarer avec des milliers. Alexandrie vit brûler quatre cent mille volumes, superbe monument de l'opulence des rois. Que d'autres le vantent avec Tite-Live, qui dit que ce fut une œuvre de goût et de sollicitude royale. Pour moi, je n'y vois ni goût, ni sollicitude, mais un luxe scientifique : que dis-je, scientifique? ce n'était pas pour la science, c'était pour

---

Habiliora sunt corpora pusilla, quæ in arma sua contrahi possunt, quam quæ superfunduntur, et undique magnitudo sua vulneribus objecit. Optimus pecuniæ modus est, qui nec in paupertatem cadit, nec procul a paupertate discedit.

IX. Placebit autem hæc nobis mensura, si prius parcimonia placuerit, sine qua nec ullæ opes sufficiunt, nec ullæ non satis patent: præsertim quum in vicino remedium sit, et possit ipsa paupertas in divitias se, advocata frugalitate, convertere. Assuescamus a nobis removere pompam, et usus rerum, non ornamenta metiri. Cibus famem domet, potio sitim, libido qua necesse est fluat. Discamus membris nostris inniti; cultum victumque non ad nova exempla componere, sed ut majorum suadent mores. Discamus continentiam augere, luxuriam coercere, gulam temperare, iracundiam lenire, paupertatem æquis oculis adspicere, frugalitatem colere (etiamsi nos pudebit desideriis naturalibus parvo parata remedia adhibere), et animum in futura eminentem velut sub vinculis habere; id agere, ut divitias a nobis potius quam a fortuna petamus. Non potest, inuam, tanta varietas et iniquitas casuum ita depelli, ut non multum procellarum irruat magna armamenta pandentibus: cogendæ in arctum res sunt, ut tela in vanum cadant. Ideoque exsilia interim calamitatesque in remedium cessere, et levioribus incommodis graviora sanata sunt, ubi parum audit præcepta animus, nec curari mollius potest. Quid ni consulitur, si et paupertas, et ignominia, et rerum eversio adhibetur? malo malum opponitur. Assuescamus ergo cœnare posse sine populo, et servis paucioribus scrviri, et vestes parare in quod inventæ sunt, habitare contractius. Non in cursu tantum circique certamine, sed in his spatiis vitæ interius flectendum est. Studiorum quoque, quæ liberalissima impensa est, tamdiu rationem habebo, quamdiu modum. Quo mihi innumerabiles libros et bibliothecas, quarum domious vix tota vita sua indices perlegit? Onerat discentem turba, non instruit; multoque satius est paucis te auctoribus tradere, quam errare per multos. Quadringenta millia librorum Alexandriæ arserunt, pulcherrimum regiæ opulentiæ monumentum; alius laudaverit, sicut Livius, qui elegantiæ regum curæque egregium id opus ait fuisse. Non fuit elegantia illud, aut cura, sed studiosa luxuria; immo ne studiosa quidem, quoniam non in studium, sed

en faire parade qu'on rassembla ces collections. C'est ainsi que bien des gens qui n'ont pas même autant de littérature que les esclaves, ont des livres non comme objets d'études, mais pour en orner leurs salles à manger. Qu'on n'achète pas de livres plus qu'il n'en faut, jamais par ostentation. « Mon argent, dis-tu, sera plus utilement employé à ces dépenses qu'en vases de Corinthe ou en tableaux. » En toutes choses, l'excès est un vice. Qu'y a-t-il donc qui te rende si indulgent pour un homme qui s'attache aux armoires de cèdre et d'ivoire, qui fait des collections d'auteurs inconnus ou méprisés, bâille au milieu de cette foule de livres, et n'apprécie dans tous ses volumes que le dos et les titres? Ainsi, c'est chez les hommes les plus paresseux que tu trouveras tout ce qu'il y a d'orateurs et d'historiens, et des rayons élevés jusqu'aux toits. Car aujourd'hui même dans les bains, dans les thermes, on trouve une bibliothèque, ornement obligé de toute maison. Je le pardonnerais sans peine, si cela venait d'un excès de zèle pour l'étude. Mais à présent on ne recherche ces beaux génies, on n'achète leurs œuvres admirables, ornées de leurs portraits, que pour la décoration et l'embellissement des murailles.

X. Mais tu es tombé dans une position difficile; et à ton insu des malheurs publics ou personnels t'ont imposé des liens que tu ne peux ni délier ni briser. Songe alors que ceux qui sont enchaînés endurent d'abord avec peine le poids et la gêne des fers; ensuite, dès qu'ils se sont résolus à ne plus se révolter, mais à souffrir patiemment, la nécessité leur apprend à les supporter avec courage, l'habitude avec facilité. Dans toute situation de la vie, tu trouveras des charmes, des adoucissements et des plaisirs, à moins que tu ne t'obstines à croire ta vie malheureuse, plutôt qu'à la rendre digne d'envie. A aucun autre titre, la nature n'a mieux mérité de nous, que lorsque sachant à combien de disgrâces nous étions destinés, elle inventa, comme soulagement à nos peines, l'habitude, qui insensiblement nous familiarise avec les plus grandes douleurs. Personne ne pourrait y résister, si les adversités avaient dans toute leur durée la même puissance qu'au premier choc. Nous sommes tous accouplés à la fortune, les uns à l'aise avec une chaîne d'or, les autres à l'étroit avec une chaîne de fer. Mais qu'importe? la même prison renferme tous les hommes : ceux qui nous enchaînent sont enchaînés eux-mêmes, à moins que tu ne trouves les fers moins pesants sur le bras gauche. Les uns sont attachés aux honneurs, les autres aux richesses; celui-ci est accablé de sa noblesse, celui-là de son obscurité; quelques-uns sont asservis à la tyrannie d'autrui, quelques autres à leur propre tyrannie. Ceux-ci sont enchaînés au même endroit par l'exil, ceux-là par le sacerdoce. Toute vie est un esclavage. Il faut donc s'accommoder de sa condition, s'en plaindre le moins possible, et s'emparer de tous les avantages qu'on y rencontre. Il n'en est point de si dure où un esprit raisonnable ne puisse trouver quelque soulagement. Souvent un espace étroit a pu, par le talent de l'architecte, s'étendre à plusieurs usages, et une habile disposition a rendu habitable la plus petite surface. Aux diffi-

in spectaculum comparaverunt : sicut plerisque, ignaris etiam servilium literarum, libri non studiorum instrumenta, sed cœnationum ornamenta sunt. Paretur itaque librorum quantum satis sit, nihil in apparatum. Honestius, inquis, in hos impensas, quam in Corinthia pictasque tabulas effuderim. Vitiosum est ubique, quod nimium est. Quid habes cur ignoscas homini armarium cedro atque ebore captanti, corpora conquirenti aut ignotorum auctorum, aut improbatorum, et inter tot millia librorum oscitanti, cui voluminum suorum frontes maxime placent, titulique? Apud desidiosissimos ergo videbis, quidquid orationum historiarumque est, et tecto tenus exstructa loculamenta; jam enim inter balnearia et thermas bibliotheca quoque, ut necessarium domus ornamentum, expolitur. Ignoscerem plane, si e studiorum nimia cupidine oriretur; nunc ista exquisita, et cum imaginibus suis descripta sacrorum opera ingeniorum, in speciem et cultum parietum comparantur.

X. At in aliquod genus vitæ difficile incidisti, et tibi ignoranti vel publica fortuna vel privata laqueum impegit, quem nec solvere possis, nec abrumpere. Cogita compeditos primo ægre ferre onera et impedimenta crurum; deinde, ubi non indignari illa, sed pati proposuerunt, necessitas fortiter ferre docet, consuetudo facile. Invenies in quolibet genere vitæ oblectamenta, et remissiones, et voluptates, si nolueris malam putare vitam potius, quam invidiosam facere. Nullo melius nomine de nobis natura meruit, quam quod quum sciret, quibus ærumnis nasceremur, calamitatum mollimentum, consuetudinem, invenit, cito in familiaritatem gravissima adducens. Nemo duraret si rerum adversarum eamdem vim assiduitas haberet, quam primus ictus. Omnes cum fortuna copulati sumus; aliorum aurea catena est et laxa, aliorum arcta et sordida. Sed quid refert? eadem custodia universos circumdedit; alligatique sunt etiam qui alligaverunt, nisi tu forte leviorem in sinistra catenam putas. Alium honores, alium opes vinciunt; quosdam nobilitas, quosdam humilitas premit; quibusdam aliena supra caput imperia sunt, quibusdam sua; quosdam exsilia uno loco tenent, quosdam sacerdotia. Omnis vita servitium est. Assuescendum itaque conditioni suæ, et quam minimum de illa querendum, et quidquid habet circa se commodi, apprehendendum est. Nihil tam acerbum est, in quo non æquus animus solatium inveniat. Exiguæ sæpe areæ in multos usus, describentis arte, patuere, et quamvis angustum pedem dispositio fecit habitabilem. Adhibe

cultés, oppose la raison ; ce qui est dur peut s'amollir, ce qui est étroit s'élargir, ce qui est pesant s'alléger si on sait le porter. Il ne faut pas d'ailleurs laisser nos désirs s'égarer sur des objets lointains, mais seulement leur permettre des excursions à notre portée, puisque nous ne pouvons entièrement les renfermer en nous-mêmes. Renonçant donc à ce qui ne peut se faire, ou à ce qui se fait difficilement, attachons-nous à ce qui est placé près de nous, et qui nous convie à l'espérance ; mais sachons bien que toutes choses sont également frivoles, et que, malgré la diversité de leur apparence, elles ont au fond même vanité. Et ne portons pas envie à ceux qui sont placés au-dessus de nous : ce qui nous semble hauteur, n'est qu'un précipice escarpé. Au contraire, ceux qu'une fortune perfide a placés sur ce terrain glissant, seront plus en sûreté, si, dépouillant l'orgueil d'une grandeur naturellement orgueilleuse, ils abaissent, autant qu'ils le peuvent, leur fortune à un plus humble niveau. Il en est beaucoup qui, par nécessité, sont enchaînés à leur élévation, et qui ne peuvent descendre qu'en tombant ; mais ceux-là mêmes témoignent que leur plus pesant fardeau est de se voir contraints d'être à charge aux autres, au-dessus desquels ils ne sont pas élevés, mais attachés. Que par leur justice, leur douceur, l'humanité de leurs lois, la bienveillance de leur autorité, ils se préparent des ressources qui rendent leur chute moins pesante ; et cet espoir les consolera des dangers de leur position. Rien toutefois ne les assurera mieux contre ces orages de l'âme, que de fixer toujours quelque limite à leur grandeur, de ne pas laisser la fortune se retirer à sa discrétion ; mais de prendre conseil d'eux-mêmes pour s'arrêter, et bien en-deçà du terme. Quelques désirs viendront encore peut-être irriter l'âme ; mais ils seront bornés, et ne l'entraîneront pas dans les incertitudes de l'infini.

XI. C'est aux esprits incomplets, médiocres et malades, que mon discours s'adresse, et non pas au sage. Pour lui, ce n'est point avec timidité ni pas à pas qu'il doit marcher ; car telle est sa confiance en lui-même, qu'il n'hésitera pas d'aller au-devant de la fortune, et que jamais il ne reculera devant elle. Et en effet, il n'a pas lieu de la craindre, puisqu'il compte comme choses précaires non-seulement ses esclaves, ses biens, ses dignités, mais aussi son corps, et, ses yeux et ses mains, et tout ce qui peut lui rendre la vie plus chère, et même sa personne. Il vit comme si sa vie était un emprunt, préparé à la rendre sans regret à la première sommation. Et il n'est pas dégradé à ses yeux, parce qu'il sait qu'il ne s'appartient pas ; mais il met à toutes choses autant de soin et de prudence qu'en met un homme probe et religieux à surveiller un dépôt qui lui est confié. Quand il lui sera ordonné de rendre, il ne se querellera pas avec la fortune ; mais il dira : « Je te remercie pour tout ce que j'ai eu et possédé. Il m'en a coûté beaucoup, c'est vrai, pour administrer tes biens ; mais puisque tu l'ordonnes, je te les rends avec reconnaissance et de grand cœur. Si tu veux me laisser quelque chose de toi, je consens encore à le garder ; si tu en décides autrement, voici l'argent monnayé et ciselé, ma maison, mes esclaves, prends, je te remets tout. »

---

rationem difficultatibus ; possunt et dura molliri, et angusta laxari, et gravia scite ferentes minus premere. Non sunt præterea cupiditates in longinquum mittendæ, sed in vicinum illis egredi permittamus, quoniam includi ex toto non patiuntur. Relictis his, quæ aut non possunt fieri, aut difficulter possunt, prope posita speique nostræ alludentia sequamur ; sed sciamus, omnia æque levia esse extrinsecus diversas facies habentia, introrsus pariter vana. Nec invideamus altius stantibus ; quæ excelsa videbantur, prærupta sunt. Illi rursus, quos sors iniqua in ancipiti posuit, tutiores erunt superbiam detrahendo rebus per se superbis, et fortunam suam, quam maxime poterunt, in planum deferendo. Multi quidem sunt, quibus necessario hærendum sit in fastigio suo, ex quo non possunt nisi cadendo descendere ; sed hoc ipsum testentur, maximum onus suum esse, quod aliis graves esse cogantur, nec sublevatos se, sed suffixos : justitia, mansuetudine, humana lege, et benigna manu præparent multa ad secundos casus præsidia, quorum spe securius pendeant. Nihil tamen æque hos ab his animi fluctibus vindicaverit, quam semper aliquem incrementis terminum figere ; nec fortunæ arbitrium desinendi dare, sed se ipsos, multo quidem citra extrema, hortentur consistere. Sic et aliquæ cupiditates animum acuent, sed finitæ ; non in immensum incertumque producent.

XI. Ad imperfectos et mediocres et male sanos hic meus sermo pertinet, non ad sapientem. Huic non timide, nec pedetentim ambulandum est ; tanta enim fiducia sui est, ut obviam fortunæ ire non dubitet, nec unquam loco illi cessurus sit ; nec habet ubi illam timeat, quia non mancipia tantum possessionesque et dignitatem, sed corpus quoque suum, et oculos, et manum, et quidquid est cariorem vitam facturum, seque ipsum, inter precaria numerat, vivitque ut commodatus sibi, et reposcentibus sine tristitia redditurus. Nec ideo est vilis sibi, quia scit se suum non esse ; sed omnia tam diligenter faciet, tam circumspecte, quam religiosus homo sanctusque solet tueri fidei commissa. Quandocunque autem reddere jubebitur, non queretur cum fortuna, sed dicet : « Gratias ago pro eo quod possedi, habuique. Magna quidem res tua mercede colui, sed quia imperas, cedo gratus libensque : si quid habere me tui volueris, etiamnunc servabo ; si aliud placet, ego vero factum signatumque argentum, domum, familiamque meam reddo, restituo. »

DE LA TRANQUILLITÉ DE L'AME.

Sommes-nous appelés par la nature qui fut notre premier créancier, nous lui dirons : « Reprends une âme meilleure que tu ne me l'as donnée : je n'hésite, je ne recule pas. Je te rends librement un bien que tu m'as donné à mon insu : emporte-le. » Retourner d'où l'on est venu, qu'y a-t-il là de si pénible? On vit mal quand on ne sait pas bien mourir. Il faut donc, avant tout, rabaisser le prix de l'existence, et compter la vie au nombre des servitudes. Parmi les gladiateurs, dit Cicéron, nous prenons en haine ceux qui par tous les moyens cherchent à conserver la vie; nous favorisons ceux qui portent sur leur visage le mépris de la mort. Rappelle-toi qu'il en est ainsi pour nous; car souvent la peur de mourir est une cause de mort. La fortune, qui se donne à elle-même des jeux, s'écrie : « Pourquoi t'épargnerai-je, animal méchant et poltron? Puisque tu ne sais pas tendre la gorge, tes blessures n'en seront que plus nombreuses et plus profondes. Mais toi, tu vivras plus longtemps, et tu mourras d'une mort plus prompte, toi qui as envisagé courageusement le glaive sans détourner la tête, sans opposer les mains. Celui qui craint la mort ne fera jamais acte d'homme vivant. Mais celui qui sait que cet arrêt lui fut signifié, au moment même qu'il fut conçu, vivra selon les termes de l'arrêt, et puisera ainsi une force d'âme suffisante pour que rien de ce qui arrive ne soit imprévu. Car en regardant de loin, comme devant arriver, tout ce qui est possible, il amortira tous les malheurs. Pour l'homme préparé, pour l'homme qui s'y attend, le mal n'offre rien de nouveau; il n'est accablant que pour celui qui vit sans inquiétude dans la perspective du bonheur. La maladie, la captivité, la ruine, l'incendie, rien de tout cela n'est inattendu. Je savais dans quelle demeure orageuse la nature m'avait renfermé. Combien de fois, dans mon voisinage, ai-je entendu les derniers adieux adressés aux morts! Combien de fois, devant ma porte, ai-je vu les torches et les flambeaux précéder des funérailles prématurées! Souvent a retenti à mes oreilles le fracas d'un édifice s'écroulant. Bien des gens que le forum, la curie, la conversation avaient rassemblés autour de moi, la nuit les enlevait. Combien de mains réunies dans une étreinte amicale ont-elles été séparées! M'étonnerai-je de voir un jour arriver jusqu'à moi des dangers qui sans cesse planent sur moi? Pourtant, la plupart des hommes, quand ils se mettent en mer, ne songent pas à la tempête. Jamais, pour une bonne chose, je ne rougirai de citer un mauvais auteur. Publius, le plus élevé des poëtes tragiques et comiques, toutes les fois qu'il renonçait aux bouffonneries déplacées et aux quolibets qui s'adressaient aux derniers bancs de l'amphithéâtre, a dit entre autres mots au-dessus du style non-seulement de la comédie, mais encore du cothurne: «Ce qui arrive à l'un peut arriver à tous.» Celui qui ne se pénétrerait pas de cette vérité, et qui en voyant les maux qui, tous les jours et en si grand nombre, assiégent les autres, songerait que le chemin leur est ouvert pour venir jusqu'à lui, celui-là s'armerait longtemps avant que d'être assailli. Il est trop tard, après le péril, d'instruire l'âme à braver le péril. « Je ne croyais pas que cela dût être; je n'aurais jamais pensé que cela arriverait. » Pourquoi non? Où sont les richesses à la suite

Appellaverit natura, quæ prior nobis credidit; et huic dicemus : « Recipe animum meliorem quam dedisti; non tergiversor, nec refugio; paratum habes a volente, quod non sentienti dedisti : aufer! » Reverti unde veneris, quid grave est? male vivet quisquis nesciet bene mori. Huic itaque primum rei pretium detrahendum est, et spiritus inter servilia numerandus. Gladiatores, ait Cicero, invisos habemus, si omni modo vitam impetrare cupiunt; favemus, si contemptum ejus præ se ferunt; idem evenire nobis scias; sæpe enim causa moriendi est timide mori. Fortuna illa quæ ludos sibi facit : « Quo, inquit, te reservem, malum et trepidum animal? eo magis convulneraberis et confodieris, quia nescis præbere jugulum. At tu et vives diutius, et morieris expeditius, qui ferrum non subducta cervice, nec manibus oppositis, sed animose recipis! » Qui mortem timebit, nihil unquam pro homine vivo faciet; at qui scit hoc sibi, quum conciperetur, statim condictum, vivet ad formulam et simul illud quoque eodem animi robore præstabit, ne quid ex his quæ eveniunt, subitum sit. Quidquid enim fieri potest quasi futurum prospiciendo, malorum omnium impetus molliet; qui præparatos exspectantesque nihil afferunt novi, securis et beata tantum spec- tantibus graves eveniunt. Morbus enim, captivitas, ruina, ignis, nihil horum repentinum est. Sciebam in quam tumultuosum me contubernium natura clusisset. Totiens in vicinia mea conclamatum est; totiens præter limen immaturas exsequias fax cereusque præcessit; sæpe altius ruentis ædificii fragor sonuit; multos ex his quos forum, curia, sermo mecum contraxerat, nox abstulit, et vinctas ad sodalitium manus copulatas intercidit. Mirer aliquando ad me pericula accessisse, quæ circa me semper erraverunt? Magna pars hominum est, quæ navigatura de tempestate non cogitat. Nunquam me in bona re mali pudebit auctoris. Publius tragicis comicisque vehementior ingenii, quotiens mimicas ineptias, et verba ad summam caveam spectantia reliquit, inter multa alia cothurno, non tantum sipario, fortiora et hoc ait :

Cuivis potest accidere, quod cuiquam potest.

Hoc si quis in medullas demiserit, et omnia aliena mala, quorum ingens quotidie copia est, sic adspexerit, tanquam illis liberum et ad se iter sit, multo ante se armabit, quam petatur. Sero animus ad periculorum patientiam post pericula instruitur. « Non putavi hoc futurum; nunquam hoc eventurum credidissem? » Quare autem

desquelles ne cheminent pas la pauvreté, la faim, la mendicité? Où est la dignité dont la robe prétexte, le bâton augural et la chaussure patricienne ne se voient accompagnés par les accusations, et l'exil, et l'infamie, et mille flétrissures, et le dernier mépris? Où est le roi que n'attendent pas une chute, une dégradation, un maître, un bourreau? et ces événements n'arrivent pas à de grands intervalles. Il n'y a qu'une heure de distance entre le trône et les genoux du vainqueur. Sache donc que toute condition est changeante; ce qui tombe sur l'autrui peut tomber sur toi. Tu es riche : es-tu plus opulent que Pompée? Eh bien! lorsque Caïus son parent, par une hospitalité étrange, lui ouvrait le palais des Césars, pour lui fermer sa propre maison, il manqua de pain et d'eau. Lui, qui possédait des fleuves ayant dans ses domaines leur source et leur embouchure, mendia l'eau des gouttières, et mourut de faim et de soif dans le palais de son parent, tandis que son héritier faisait prix pour les funérailles publiques de ce pauvre affamé. Tu as été chargé des plus hautes dignités : en as-tu d'aussi grandes, d'aussi inespérées, d'aussi accumulées que Séjan? Le jour même que le sénat lui avait fait cortége, le peuple le mit en pièces: de ce corps, sur lequel les dieux et les hommes avaient amoncelé tout ce qui se peut réunir d'honneurs, il ne resta rien pour le croc du bourreau. Tu es roi? Je ne te renverrai pas à Crésus, qui par ordre du vainqueur monta sur le bûcher, et le vit s'éteindre, survivant non-seulement à sa royauté, mais aussi à sa mort; ni à Jugurtha, qui, dans la même année, fit trembler le peuple romain et lui fut donné en spectacle. Nous avons vu Ptolémée roi d'Afrique, Mithridate roi d'Arménie, dans les fers de Caïus. L'un fut conduit en exil; l'autre souhaitait qu'on l'y conduisît avec plus de bonne foi. Dans ces alternatives de fortunes qui s'élèvent et s'abaissent, si tu ne regardes pas tout ce qui peut être fait comme devant se faire, tu donnes contre toi des forces à l'adversité que surmonte celui qui l'a prévue. Ce qui importe ensuite, c'est de ne pas se tourmenter pour des choses vaines, ou vainement, c'est-à-dire, ou de ne pas convoiter ce que nous ne pouvons acquérir, ou, l'ayant obtenu, de ne pas reconnaître trop tard, et après beaucoup de honte, la frivolité de nos désirs; c'est-à-dire, enfin, que nos efforts ne soient pas stériles et sans effet, ou que les effets ne soient pas indignes de nos efforts. Car on a presque un égal déplaisir à ne réussir pas, ou à rougir de la réussite.

XII. Il faut renoncer à courir çà et là, comme la plupart des hommes que l'on voit se promener des maisons aux théâtres, des théâtres au Forum. Faisant toujours offre de leurs services, ils ont toujours l'air affairé: demande à l'un d'eux, quand il sort de chez lui : « Où vas-tu? quels sont tes projets? » Il te répondra : « Par Hercule! je n'en sais rien; mais je verrai du monde, je trouverai à m'occuper. » Ils vont et viennent sans but, cherchant des affaires; et ils ne font pas celles qu'ils projetaient, mais celles qu'ils rencontrent. Ce sont des courses aveugles, inconsidérées, comme celles des fourmis, qui s'agitent à travers les arbustes; elles montent jusqu'au sommet; elles descendent

---

non? Quæ sunt divitiæ, quas non egestas, et fames, et mendicitas a tergo sequatur? Quæ dignitas, cujus non prætextam et augurale et lora patricia et sordes comitentur, et exportatio, et notæ, et mille maculæ, et extrema contemtio? Quod regnum est, cui non parata sit ruina, et proculcatio, et dominus, et carnifex? nec magnis ista intervallis divisa, sed horæ momentis interest inter solium et aliena genua. Scito ergo, omnem conditionem versabilem esse; et quidquid in ullum incurrit, posse in te quoque incurrere. Locuples es : numquid ditior Pompeio? cui quum Caius vetus cognatus, hospes novus, aperuisset Cæsaris domum, ut suam cluderet, defuit panis et aqua; quum tot flumina possideret in suo orientia, et suo cadentia, mendicavit stillicidia; fame ac siti periit, in palatio cognati, dum illi heres publicum funus esurienti locat. Honoribus summis functus es : numquid aut tam magnis, aut tam insperatis, aut tam universis, quam Sejanus? Quo die illum senatus deduxerat, populus in frusta divisit; in quem quidquid congeri poterat, dii hominesque contulerant, ex eo nihil superfuit, quod carnifex traheret. Rex es? non ad Cræsum te mittam, qui rogum suum et ascendit jussus, et exstingui vidit, factus non regno tantum, sed etiam morti suæ superstes; non ad Jugurtham, quem populus romanus intra annum quam timuerat, spectavit. Ptolemæum Africæ regem, Armeniæ Mithridatem, inter Caianas custodias vidimus; alter in exsilium missus est; alter ut meliori fide mitteretur, optabat. In tanta rerum sursum ac deorsum euntium versatione, si non quidquid fieri potest pro futuro habes, das in te vires rebus adversis, quas infregit, quisquis prior vidit. Proximum ab his erit, ne aut in supervacuis, aut ex supervacuo laboremus; id est, ne aut quæ non possumus consequi, concupiscamus; aut adepti, cupiditatum vanitatem nostrarum sero, post multum pudorem, intelligamus; id est, ne aut labor irritus sine effectu sit, aut effectus labore indignus. Fere enim ex his tristitia sequitur, si aut non successit, aut successus pudet.

XII. Circumcidenda est concursatio, qualis est magnæ parti hominum, domos, et theatra, et fora pererrantium. Alienis se negotiis offerunt, semper aliquid agentibus similes. Horum si aliquem exeuntem de domo interrogaveris : Quo tu? quid cogitas? respondebit tibi : « Non, mehercule scio, sed aliquos videbo, aliquid agam. » Sine proposito vagantur, quærentes negotia; nec quæ destinaverunt, agunt, sed quæ incurrerunt. Inconsultus illis vanusque cursus est, qualis formicis, per arbusta repentibus; quæ in summum cacumen, deinde in imum

jusqu'aux racines, et toujours à vide. C'est une vie semblable que mènent la plupart de ces hommes; et on pourrait à bon droit l'appeler une remuante oisiveté. Quelques-uns, courant comme à un incendie, font pitié à voir : c'est au point qu'ils heurtent les passants, les font tomber par terre et tombent avec eux. Cependant, après avoir bien couru, soit pour saluer quelqu'un qui ne leur rendra pas leur salut, soit pour suivre les funérailles d'un inconnu, ou le procès d'un plaideur de profession, ou les fiançailles d'un homme qui change souvent de femme, soit pour escorter une litière que de temps à autre ils portent eux-mêmes; ils rentrent enfin chez eux, accablés d'une inutile fatigue; ils jurent qu'ils ne savent pas eux-mêmes pourquoi ils sont sortis, où ils sont allés, et le lendemain ils iront recommencer les mêmes courses. Toute peine doit donc rapporter quelque chose, doit tendre à quelque but : or, ce n'est pas le travail, ce sont des chimères qui occupent ces esprits remuants, non moins que les fous. Car ceux-ci même ne s'agitent pas sans un certain espoir; ils sont excités par quelque image, dont leur esprit malade ne comprend pas la fausseté. Il en est de même pour ceux qui ne sortent que pour grossir la foule : des causes vaines et frivoles les promènent à travers la ville, et, sans qu'ils aient rien à faire, l'aurore les chasse de chez eux : après avoir en vain frappé à plusieurs portes, après avoir salué tous les nomenclateurs, après avoir été repoussés de plus d'une maison, il n'y a encore personne qu'ils trouvent plus difficilement au logis qu'eux-mêmes. De cette manie résulte un vice des plus odieux, l'habitude de se mettre aux écoutes, de s'enquérir des secrets publics et privés, d'apprendre une foule de choses qu'on ne peut, sans péril, ni raconter ni entendre. C'est à cela, je pense, que Démocrite faisait allusion en disant : « Celui qui veut vivre tranquille ne doit entreprendre que peu d'affaires, soit publiques, soit privées. » Cela se rapportait sans doute aux affaires inutiles. Car, pour celles qui sont nécessaires, on doit non-seulement entreprendre beaucoup, mais même n'en pas fixer le nombre; si toutefois nul devoir important ne nous appelle, il faut nous abstenir.

XIII. Car celui qui fait beaucoup donne à la fortune beaucoup de prise sur lui. Le plus sûr est de la mettre rarement à l'épreuve; du reste, de penser toujours à elle, et de ne rien se promettre de sa loyauté. Je m'embarquerai, si quelque accident ne m'arrête; je serai préteur, si quelque obstacle ne s'y oppose; cette affaire me réussira, si quelque malheur ne s'en mêle. Voilà comment nous disons que rien n'arrive au sage contre son attente; nous ne l'avons pas exempté des accidents, mais des erreurs de l'homme : toutes choses ne tournent pas comme il l'a voulu, mais comme il l'a prévu; or, il a prévu avant tout que quelque chose pouvait contrarier ses projets. Il est certain que la douleur d'une passion déçue touchera bien plus légèrement ton âme, lorsque tu ne te seras pas flatté d'avance du succès.

XIV. Nous devons aussi nous rendre souples et faciles, pour ne pas trop nous attacher à nos projets. Passons dans le chemin où nous mènera le sort, et ne craignons pas les changements de dessein ou de condition, pourvu que ce ne soit pas la lé-

inanes aguntur. His plerique similem vitam agunt, quorum non immerito quis inquietam inertiam dixerit. Quorumdam, quasi ad incendium currentium, misereris; usque eo impellunt obvios, et se aliosque præcipitant; quum interim cucurrerint, aut salutaturi aliquem non resalutaturum, aut funus ignoti hominis prosecuturi, aut judicium sæpe litigantis, aut sponsalia sæpe nubentis, et lecticam affectati quibusdam locis et ipsi tulerint; deinde domum cum supervacua redeuntes lassitudine, jurant nescisse se ipsos, quare exierint, ubi fuerint, postero die erraturi per eadem illa vestigia. Omnis itaque labor aliquo referatur, aliquo respiciat. Non industria inquietos et insanos, falsæ rerum imagines agitant; nam ne illi quidem sine aliqua spe moventur; proritat illos alicujus rei species, cujus vanitatem capta mens non coarguit. Eodem modo unumquemque ex his, qui ad augendam turbam exeunt, inanes et leves causæ per urbem circumducunt, nihilque habentem in quo laboret lux orta expellit; et quum multorum frustra liminibus illisus nomenclatores persalutavit, a multis exclusus, neminem ex omnibus difficilius domi, quam se, convenit. Ex hoc malo dependet illud teterrimum vitium, auscultatio, et publicorum secretorumque inquisitio, et multarum rerum scientia, quæ nec tuto narrantur, nec tuto audiuntur. Hoc secutum puto Democritum ita cœpisse : « Qui tranquille volet vivere, nec privatim agat multa, nec publice! » ad supervacua scilicet referentem. Nam si necessaria sunt, et privatim et publice non tantum multa, sed innumerabilia agenda sunt; ubi vero nullum officium solemne nos citat, inhibendæ actiones sunt.

XIII. Nam qui multa agit, sæpe fortunæ potestatem sui facit; quam tutissimum est raro experiri, ceterum semper de illa cogitare, et sibi nihil de fide ejus promittere. Navigabo, nisi si quid inciderit; et prætor fiam, nisi si quid obstiterit; et negotiatio mihi respondebit, nisi si quid intervenerit. Hoc est quare sapienti nihil contra opinionem dicamus accidere; non illum casibus hominum excepimus, sed erroribus; nec illi omnia, ut voluit, cedunt, sed ut cogitavit; inprimis autem cogitavit, aliud posse propositis suis resistere. Necesse est autem levius ad animum pervenire destitutæ cupiditatis dolorem, cui successum non utique promiseris.

XIV. Faciles etiam nos facere debemus, ne nimis destinatis rebus indulgeamus; transeamus in ea, in quæ nos casus deduxerit; nec mutationes aut consilii aut status pertimescamus; dummodo nos levitas, inimicissimum

gèreté, le vice le plus ennemi du repos, qui nous entraîne. Car l'obstination est nécessairement inquiète et malheureuse, la fortune lui enlevant toujours quelque chose; plus fâcheuse encore est la légèreté, qui ne peut s'arrêter à rien. Ce sont deux excès également contraires à la tranquillité, de ne pouvoir rien changer, ni rien souffrir. Il faut donc que l'âme, rentrant en elle-même, se détache de tous les objets extérieurs, qu'elle ait confiance, qu'elle se réjouisse en soi, qu'elle estime ses propres biens, et se retire autant qu'elle peut de ceux d'autrui; qu'elle s'appuie sur elle-même, insensible aux pertes, et prenant en bonne part jusqu'à l'adversité. Notre Zénon, apprenant que tous ses biens venaient de périr dans un naufrage: « La fortune, dit-il, m'ordonne de philosopher mieux à mon aise. » Un tyran menaçait de la mort le philosophe Théodore, et d'une mort sans sépulture. « Tu as, dit-il, de quoi te satisfaire; j'ai une pinte de sang à ton service : quant à la sépulture, quelle ineptie de penser que je m'inquiète de pourrir sur la terre ou dessous? » Canus Julius, homme des plus remarquables, qui n'a rien perdu de sa gloire, même pour être né dans notre siècle, ayant eu avec Caïus une longue altercation, ce Phalaris lui dit, au moment où il s'en allait : « Ne te flatte pas au moins d'une folle espérance; j'ai ordonné ton supplice. » — « Je te remercie, reprit-il, excellent prince ! » Quelle était sa pensée? je l'ignore; car il se présente à moi plusieurs conjectures. Voulait-il le braver et lui montrer toute l'étendue d'une cruauté qui faisait de la mort un bienfait? ou lui reprochait-il cette démence de tous les jours, qui obligeait à lui rendre grâces ceux dont il tuait les enfants, et dont il ravissait les biens : ou bien, recevait-il avec plaisir la mort comme un affranchissement? Quoi qu'il en soit, sa réponse partait d'un grand cœur. « Mais, dira-t-on, Caïus aurait pu le laisser vivre. » Canus n'avait pas cette crainte : pour de tels ordres on connaissait l'exactitude de Caïus. Croiras-tu que Canus passa dans la plus parfaite tranquillité les dix jours d'intervalle qui devaient s'écouler entre sa condamnation et son supplice? Les discours, les actions, le calme profond de ce grand homme dépassent la vraisemblance. Il jouait aux échecs lorsque le centurion trainant une troupe de condamnés, vint l'avertir. Canus compta ses points, et dit à son adversaire : « Ne va pas, après ma mort, dire faussement que tu m'as gagné. » Puis, se tournant vers le centurion : « Tu seras témoin que je le dépasse d'un point. » Penses-tu que Canus jouait sur ce damier? Non; il se jouait. Ses amis étaient consternés de perdre un tel homme. « Pourquoi vous affliger, dit-il : vous vous demandez si les âmes sont immortelles; moi je le saurai toutà l'heure. » Et il ne cessa pas, jusqu'au dernier moment, de chercher la vérité, et de demander à sa mort une solution. Son philosophe l'accompagnait; et déjà on approchait de l'éminence où tous les jours on faisait des sacrifices à César notre dieu : « A quoi penses-tu, Canus? dit-il, et quelle idée t'occupe? » — « Je me propose, répondit Canus, d'observer, dans ce moment si rapide, si l'âme se sent en aller. » Et il promit, s'il découvrait quelque

---

quieti vitium, non excipiat. Nam et pertinacia necesse est anxia et misera sit, cui fortuna sæpe aliquid extorquet; et levitas multo gravior, nusquam se continens. Utrumque infestum est tranquillitati, et nihil mutare posse, et nihil pati. Utique animus ab omnibus externis in se revocandus est; sibi confidat, se gaudeat, sua suspiciat, recedat, quantum potest, ab alienis, et se sibi applicet, damna non sentiat, etiam adversa benigne interpretetur. Nuntiato naufragio, Zeno noster, quum omnia sua audiret submersa, jubet, inquit, me fortuna expeditius philosophari. Minabatur Theodoro philosopho tyrannus mortem, et quidem insepultam. »Habes, inquit, cur tibi placeas; hemina sanguinis in tua potestate est; nam quod ad sepulturam pertinet, o te ineptum, si putas interesse, supra terram, an infra putrescam.» Canus Julius, vir inprimis magnus, cujus admirationi ne hoc quidem obstat, quod nostro seculo natus est, cum Caio diu altercatus, postquam abeunti Phalaris ille dixit : « Ne forte inepta spe tibi blandiaris, duci te jussi ! » « Gratias, inquit, ago, optime princeps ! » Quid senserit, dubito; multa enim occurrunt mihi. Contumeliosus esse voluit, et ostendere quanta crudelitas esset, in qua mors beneficium erat? An exprobravit illi quotidianam dementiam? agebant enim gratias, et quorum liberi occisi, et quorum bona ablata erant. An tanquam libertatem libenter accepit? Quidquid est, magno animo respondit. Dicet aliquis : Potuit post hæc jubere illum Caius vivere. Non timuit hoc Canus; nota erat Caii in talibus imperiis fides. Credisne illum decem medios usque ad supplicium dies sine ulla sollicitudine exegisse? verisimile non est, quæ vir ille dixerit, quæ fecerit, quam in tranquillo fuerit? Ludebat latrunculis, quum centurio, agmen periturorum trahens, illum quoque excitari jubet. Vocatus numeravit calculos, et sodali suo : « Vide, inquit, ne post mortem meam mentiaris te vicisse ! » Tum annuens centurioni, « Testis, inquit, eris, uno me antecedere. » Lusisse tu Canum illa tabula putas? illusit. Tristes erant amici talem amissuri virum. « Quid mœsti, inquit, estis? Vos quæritis, an immortales animæ sint; ego jam sciam; » nec desiit in ipso veritatem fine scrutari, et ex morte sua quæstionem habere. Prosequebatur illum philosophus suus, nec jam procul erat tumulus, in quo Cæsari Deo nostro fiebat quotidianum sacrum. « Quid, inquit, Cane, nunc cogitas? aut quæ tibi mens est? » « Observare, inquit, Canus, proposui illo velocissimo momento, an sensurus sit animus exire se ? promisique, si quid explorasset, circumiturum amicos et indicaturum quis esset animarum status. Ecce in me

chose, de revenir trouver ses amis, pour leur dévoiler la condition des âmes. Voilà de la tranquillité au milieu de la tempête! Voilà un homme digne de l'éternité! lui qui appelle le trépas en témoignage de la vérité; qui, placé aux dernières limites de la vie, interroge son âme qui s'échappe; et qui non-seulement veut apprendre jusqu'à la mort, mais encore apprendre quelque chose de la mort elle-même. Personne n'a philosophé plus longtemps! Mais il ne faut pas quitter brusquement un si grand homme, dont on ne doit parler qu'avec vénération. Oui, nous transmettrons ton nom à tous les siècles, illustre victime, qui tiens une si grande place dans les forfaits de Caïus!

XV. Il ne suffit pas d'éloigner les causes personnelles de tristesse: quelquefois nous sommes atteints de misanthropie, et nous nous représentons toute la foule des crimes heureux, et l'honnêteté si rare, et l'innocence si obscure, et la bonne foi négligée quand on n'y trouve rien à gagner, et les profits et les prodigalités également odieuses de la débauche, et l'ambition dépassant même ses propres bornes, jusqu'à chercher l'éclat dans la turpitude. Alors l'âme se perd dans les ténèbres; et, comme si c'en était fait des vertus, lesquelles il ne lui est ni permis d'espérer chez les autres, ni profitable d'avoir en elle, une sombre nuit l'environne. Il faut donc nous accoutumer à regarder les vices des hommes non comme odieux, mais comme ridicules; imitons Démocrite plutôt qu'Héraclite. Car celui-ci pleurait toutes les fois qu'il sortait en public; celui-là riait. L'un, dans tout ce que nous faisons, ne voyait que misère, l'autre que folie. Il faut donc attacher à tout peu d'importance, et tout supporter avec calme; il est plus dans l'humanité de se moquer de la vie, que de la déplorer. D'ailleurs, on mérite mieux du genre humain à en rire qu'à en pleurer. Dans le premier cas, on laisse quelque place à l'espérance; dans le second, il y a sottise à gémir sur ce qu'on désespère de pouvoir corriger. Enfin, à tout bien considérer, celui qui ne peut s'empêcher de rire a plus de caractère que celui qui ne peut retenir ses larmes; car il ne remue en lui que l'affection la plus légère de l'âme, et, dans tout cet appareil de la vie, il ne voit rien de grand, rien de sévère, rien même de sérieux. Que chacun se représente toutes les causes qui peuvent nous réjouir ou nous attrister, et il reconnaîtra la vérité de ce que disait Bion: « Toutes les affaires des hommes ressemblent à des comédies, et leur vie n'est pas plus respectable, ni plus sérieuse que des desseins ébauchés. » Mais il vaut mieux accepter tranquillement les mœurs communes et les vices des hommes, sans se laisser aller ni aux rires ni aux larmes. Car, se tourmenter des maux d'autrui serait un supplice éternel; et se réjouir des maux d'autrui, c'est un plaisir inhumain: comme aussi c'est une compassion inutile, que de pleurer et de composer son visage, parce qu'un homme va mettre son fils en terre. Il faut de même, dans tes malheurs privés, accorder à la douleur, non ce qu'exige l'usage, mais la raison. Car bien des gens versent des larmes seulement pour les faire voir, et ils ont toujours les yeux secs dès qu'il n'y a point de témoin: ils pensent qu'il y a de la honte à ne pas pleurer quand tout le monde le fait. Ce tra-

---

dia tempestate tranquillitas! ecce animus æternitate dignus, qui fatum suum in argumentum veri vocat, qui in ultimo illo gradu positus exeuntem animam percontatur, nec usque ad mortem tantum, sed aliquid etiam ex ipsa morte discit! Nemo diutius philosophatus! sed non raptim relinquetur magnus vir, et cum cura dicendus; dabimus te in omnem memoriam, clarissimum caput, Caianæ cladis magna portio?

XV. Sed nihil prodest privatæ tristitiæ causas abjecisse. Occupat enim nonnunquam odium generis humani, et occurrit ei scelerum felicium turba, quum cogitaveris quam sit rara simplicitas, quam ignota innocentia, et vix unquam, nisi quum expedit, fides, et libidinis lucra damnaque pariter invisa, et ambitio usque eo jam se suis non continens terminis, ut per turpitudinem splendeat. Agitur animus in noctem, et velut eversis virtutibus, quas nec sperare licet, nec habere prodest, tenebræ oboriuntur. In hoc itaque flectendi sumus, ut omnia vulgi vitia non invisa nobis, sed ridicula videantur, et Democritum potius imitemur, quam Heraclitum. Hic enim quoties in publicum processerat, flebat; ille ridebat; huic omnia quæ agimus, miseriæ; illi ineptiæ videbantur. Elevanda ergo omnia, et facili animo ferenda; humanius est deridere vitam, quam deplorare. Adjice, quod de humano quoque genere melius meretur qui ridet illud, quam qui luget. Ille et spei bonæ aliquid relinquit; hic tamen stulte deflet, quæ corrigi posse desperat; et universa contemplatus, majoris animi est, qui risum non tenet, quam qui lacrimas, quando levissimum affectum animi movet, et nihil magnum, nihil severum, nec serium quidem, ex tanto apparatu putat. Singula, propter quæ læti ac tristes sumus, sibi quisque proponat, et sciat verum esse, quod Bion dixit: « Omnia hominum negotia similia mimicis esse, nec vitam illorum magis sanctam aut severam esse, quam conceptus inchoatos. » Sed satius est, publicos mores et humana vitia placide accipere, nec in risum, nec in lacrimas excidere. Nam alienis malis torqueri, æterna miseria est; alienis delectari malis, voluptas inhumana; sicut illa inutilis humanitas, flere, quia aliquis filium efferat, et frontem suam fingere. In tuis quoque malis id agere te oportet ut dolori tantum des quantum poscit ratio, non quantum consuetudo. Plerique enim lacrimas fundunt, ut ostendant, et toties siccos oculos habent, quoties spectator defuit, turpe judicantes non flere, quum omnes faciant. Adeo penitus hoc se malum fixit, ex aliena opinione pendere,

vers, de dépendre de l'opinion d'autrui, a pris de si profondes racines, que le sentiment le plus naïf, la douleur, s'est appris à feindre. Vient ensuite une considération qui, d'ordinaire, et non sans raison nous attriste et nous jette dans le découragement, c'est la mauvaise fortune des hommes de bien. Ainsi, Socrate est obligé de mourir en prison; Rutilius, de vivre dans l'exil; Pompée et Cicéron, de tendre la gorge à leurs clients; et ce Caton, la vivante image de la vertu, de témoigner, en se jetant sur son glaive, que la république périt avec lui. On doit nécessairement s'affliger quand la fortune distribue de si injustes récompenses : et chacun de nous, que peut-il espérer en voyant ce qu'il y a de meilleur souffrir ce qu'il y a de pire? Que faire donc? Voir comment chacun d'eux a supporté l'infortune, et, si c'est avec fermeté, envier leur grand cœur : s'ils sont morts lâchement et comme des femmes, en les perdant on n'a rien perdu. Ou bien leur fermeté les rend dignes de ton admiration, ou bien leur lâcheté les rend indignes que tu les plaignes. Quoi de plus honteux pour nous, si la mort courageuse des grands hommes nous rendait timides? Louons ce héros digne de tant de louanges, et disons : D'autant plus heureux, que tu as été plus brave, tu as échappé aux misères humaines, à l'envie, à la maladie ; te voilà sorti de prison : tu n'as pas, devant les dieux, mérité la mauvaise fortune, mais que désormais la fortune ne pût rien contre toi. Mais, pour ceux qui reculent et qui, sous le coup de la mort, ramènent leurs regards vers la vie, il faut les livrer au bourreau.

Je ne pleurerai ni l'homme qui se réjouit, ni l'homme qui pleure. L'un a déjà essuyé mes larmes ; l'autre a fait, par ses larmes, qu'il n'est plus digne des miennes. Moi je pleurerai Hercule qui se brûle vivant ; Régulus, percé de mille pointes; Caton, supportant ses blessures avec tant de courage? Tous ces hommes, au prix de quelques instants, ont gagné de devenir éternels : c'est par la mort qu'ils sont parvenus à l'immortalité. Ce n'est pas un médiocre travail que de se composer laborieusement, de ne jamais se montrer simple, ainsi que tant de gens dont la vie n'est qu'un déguisement, une parure d'ostentation. Quel tourment que cette surveillance assidue de soi-même, que cette crainte d'être surpris hors de ses habitudes ! Nous ne sommes jamais libres de souci, quand nous croyons qu'on nous juge toutes les fois qu'on nous aperçoit. Car bien des choses adviennent, qui nous dévoilent malgré nous ; et si bien que réussisse cette attention sur soi-même, cependant la vie n'est pas plus douce, plus tranquille pour ceux qui vivent toujours sous le masque. Mais quel contentement renferme cette simplicité franche, qui n'a d'autre ornement qu'elle-même, qui ne jette pas un manteau sur ses mœurs? Toutefois cette vie même s'expose au mépris, si elle se révèle tout entière à tous. Car il y en a qui dédaignent ce qu'ils voient de trop près ; mais ce n'est pas la vertu qui risque de se déprécier en s'offrant aux regards, et il vaut mieux être méprisé pour sa simplicité, que d'être tourmenté par une dissimulation perpétuelle. Il faut toutefois en cela une juste mesure. Car il y

ut in simulationem etiam simplicissima res, dolor, veniat! Sequitur pars, quæ solet non immerito contristare, et in solicitudinem adducere, ubi bonorum exitus mali sunt. Ut Socrates cogitur in carcere mori, Rutilius in exsilio vivere, Pompeius et Cicero clientibus suis præbere cervicem; Cato ille, virtutum viva imago, incumbens gladio, simul de se ac de republica palam facere. Necesse est torqueri, tam iniqua præmia fortunam persolvere; et quid sibi quisque nunc speret, quum videat pessima optimos pati? Quid ergo est? vide quomodo quisque illorum tulerit; et si fortes fuerunt, ipsorum illos animos desidera; si muliebriter et ignave periere, nihil periit. Aut digni sunt, quorum virtus tibi placeat; aut indigni, quorum desideretur ignavia. Quid enim est turpius, quam si maximi viri timidos fortiter moriendo faciunt? Laudemus toties dignum laudibus, et dicamus : Tanto fortior, tanto felicior! humanos effugisti casus, livorem, morbum; existi ex custodia; non tu dignus mala fortuna diis visus es, sed indignus in quem jam aliquid fortuna posset! Subducentibus vero se, et in ipsa morte ad vitam respectantibus manus injiciendæ sunt. Neminem flebo lætum, neminem flentem; ille lacrimas meas ipse absterit; hic suis lacrimis effecit, ne ullis dignus sit. Ego Herculem fleam, quod vivus uritur, aut Regulum, quod tot clavis configitur, aut Catonem, quod vulnera sua fortiter tulit? Omnes isti levi temporis impensa invenerunt, quomodo æterni fierent; ad immortalitatem moriendo venerunt. Est et illa solicitudinis non mediocris materia, si te anxie componas, nec ulli simplicitatem ostendas; qualis multorum vita est, ficta, et ostentationi parata. Torquet enim assidua observatio sui, et deprehendi aliter, ac solet, metuit; nec unquam cura solvimur, ubi toties nos æstimari putamus, quoties aspici. Nam et multa incidunt, quæ invitos denudent; et ut bene cedat tanta sui diligentia, non tamen jucunda vita, aut secura est, semper sub persona viventium. At illa quantum habet voluptatis sincera et per se ornata simplicitas, nihil obtendens moribus suis? Subit tamen et hæc vita contemtus periculum, si omnia omnibus patent; sunt enim qui fastidiant, quidquid propius adierunt. Sed nec virtuti periculum est, ne admota oculis revilescat; et satius est simplicitate contemni, quam perpetua simulatione torqueri. Modum tamen rei adhibeamus; multum interest, simpliciter vivas, an negligenter. Multum etiam se recedendum est; conversatio enim dissimilium bene composita disturbat, et renovat affectus, et quidquid imbecillum in animo, nec

a bien de la différence entre vivre simplement ou avec trop d'abandon. Il faut souvent se retirer en soi-même ; car la société de ceux qui ne nous ressemblent pas trouble l'harmonie de notre âme, réveille les passions, irrite toutes les plaies du cœur qui ne sont pas bien fermées. Il faut néanmoins entremêler, alterner ces deux choses, la solitude et le monde. La solitude nous fera désirer les hommes, et le monde nous-mêmes ; l'une sera le remède de l'autre. La solitude nous guérira de l'aversion pour la foule ; la foule, des ennuis de la solitude. Il ne faut pas toujours tenir l'esprit tendu vers la même chose ; il faut quelquefois le ramener au plaisir. Socrate ne rougissait pas de jouer avec des enfants ; Caton réjouissait par le vin son esprit fatigué des affaires publiques ; et Scipion, ce héros, ce triomphateur, s'exerçait à la danse, non pas en se déhanchant avec mollesse, comme font aujourd'hui ceux qui, même en marchant, se laissent aller à des poses plus molles que celles des femmes ; mais à la manière de nos anciens héros, lorsque, dans les jeux et les fêtes, ils s'abandonnaient à une danse virile où ils n'eussent rien perdu de leur honneur à être vus, même des ennemis de la patrie. Il faut donner du relâche à l'esprit ; après le repos il se relève plus fort, plus ardent. De même qu'il ne faut pas trop exiger d'un champ fertile, car une fécondité toujours active l'épuiserait bientôt ; de même un travail assidu brise la vigueur de l'âme. Un instant de repos et de distraction lui rend ses forces. L'assiduité du travail produit dans les âmes l'affaissement et la langueur. Les hommes ne seraient pas entraînés avec tant d'ardeur vers les jeux et les divertissements, s'ils n'y trouvaient naturellement un certain plaisir, dont le trop grand abus ferait perdre à l'esprit toute solidité et toute vigueur. Car le sommeil aussi est nécessaire à la réparation des forces ; cependant, le prolonger jour et nuit serait une mort. Il y a une grande différence entre relâcher les choses, ou les délier. Les législateurs ont institué des jours de fête pour réunir les hommes dans des réjouissances publiques ; ils jugeaient nécessaire d'interrompre leurs fatigues par ces délassements. Et de grands hommes, m'a-t-on dit, se donnaient chaque mois certains jours de congé : d'autres partageaient chaque journée entre le repos et les affaires. C'est ainsi, je m'en souviens, qu'Asinius Pollion, ce grand orateur, ne se laissait retenir par aucune affaire, passé la dixième heure ; de ce moment, il ne lisait pas même ses lettres, de peur qu'elles ne fissent naître quelque soin nouveau ; mais pendant ces deux heures, il se reposait des fatigues de toute la journée. D'autres s'arrêtent au milieu du jour, et remettent à l'après-midi les affaires de moindre importance. Nos ancêtres défendaient d'ouvrir, dans le sénat, une délibération nouvelle après la dixième heure. Les soldats se partagent les veilles, et ceux qui reviennent d'une expédition ont la nuit franche. Il faut ménager l'esprit et lui accorder de temps à autre un repos qui soit comme un aliment à ses forces : la promenade dans des lieux découverts, sous un ciel libre et au grand air, élève et agrandit l'âme. De temps à autre un voyage en litière, un changement de lieu redonneront de la vigueur, ainsi qu'un bon repas, quelques coupes bues au-delà du nécessaire : par-

---

percuratum est, exulcerat. Miscenda tamen ista, et alternanda sunt, solitudo et frequentia. Illa nobis faciet hominum desiderium, hæc nostri; et erit altera alterius remedium ; odium turbæ sanabit solitudo, tædium solitudinis turba. Nec in eadem intentione æqualiter retinenda mens est, sed ad jocos revocanda. Cum pueris Socrates ludere non erubescebat; et Cato vino laxabat animum, curis publicis fatigatum; et Scipio triumphale illud et militare corpus movit ad numeros, non molliter se infringens, ut nunc mos est etiam incessu ipso ultra muliebrem mollitiem fluentibus; sed ut illi antiqui viri solebant, inter lusum ac festa tempora, virilem in modum tripudiare, non facturi detrimentum, etiam si ab hostibus suis spectarentur. Danda est remissio animis ; meliores acrioresque requieti surgent. Ut fertilibus agris non est imperandum, cito enim exhauriet illos nunquam intermissa fecunditas; ita animorum impetus assiduus labor frangit. Vires recipient paulum resoluti et remissi. Nascitur ex assiduitate laborum animorum hebetatio quædam, et languor. Nec ad hoc tanta hominum cupiditas tenderet, nisi naturalem quamdam voluptatem haberet lusus jocusque, quorum frequens usus, omne animis pondus omnemque vim eripiet. Nam et somnus refectioni necessarius est ; hunc tamen si per diem noctemque continues, mors erit. Multum interest, remittas aliquid, an solvas. Legum conditores festos instituerunt dies, ut ad hilaritatem homines publice cogerentur ; tanquam necessarium laboribus interponentes temperamentum. Et magni, ut didici, viri quidam sibi menstruas certis diebus ferias dabant; quidam nullum non diem inter et otium et curas dividebant; qualem Pollionem Asinium, oratorem magnum, meminimus, quem nulla res ultra decimam retinuit; ne epistolas quidem post eam horam legebat, ne quid novæ curæ nasceretur ; sed totius diei lassitudinem duabus illis horis ponebat. Quidam medio die interjunxerunt, et in postmeridianas horas aliquid levioris operæ distulerunt. Majores quoque nostri novam relationem, post horam decimam, in senatu fieri vetabant. Miles vigilias dividit, et nox immunis est ab expeditione redeuntim. Indulgendum et animo; dandumque subinde otium, quod alimenti ac virium loco sit ; et in ambulationibus apertis vagandum, ut cœlo libero et multo spiritu augeat attollatque se animus. Aliquando vectatio iterque et mutata regio vigorem dabunt, convictusque et li-

fois même on peut aller jusqu'à l'ivresse, non pour s'y noyer, mais pour s'y distraire. Car elle chasse les soucis, remue l'âme jusque dans ses profondeurs, et, entre autres maladies, guérit la tristesse. L'inventeur du vin a été appelé *Liber*, non parce qu'il provoque la licence des paroles, mais parce qu'il *libère* l'âme de la servitude du chagrin, la soutient, la fortifie et l'enhardit à toutes sortes d'efforts. Mais, dans le vin comme dans la liberté, la modération est nécessaire. On assure que Solon et Arcésilaüs se livrèrent au plaisir du vin. On a reproché à Caton l'ivrognerie : ceux qui lui adressent ce reproche me feront plus facilement voir une vertu dans ce défaut, qu'un vice chez Caton. Néanmoins, quoiqu'il ne faille pas en user trop souvent, de peur d'en contracter la mauvaise habitude, on peut quelquefois appeler l'âme au plaisir et à la liberté, et s'écarter pour un temps d'une sobriété trop austère. Car si l'on s'en rapporte au poëte grec : « Il est doux quelquefois de perdre la raison. »

Platon a dit : « Vainement un homme de sang-froid frappe aux portes des Muses; » et Aristote : « Il n'y eut jamais de grand génie sans un grain de folie. » Il n'y a qu'une âme émue qui puisse parler dans un langage au-dessus du vulgaire. Lorsque, dédaignant les pensées de tous les hommes et de tous les jours, elle s'élève dans ses inspirations sacrées, alors elle fait entendre des accents surhumains. Tant qu'elle se renferme en elle-même, elle ne peut atteindre rien de sublime et aucune cime escarpée. Il faut qu'elle s'écarte des routes battues, qu'elle prenne son essor, et que, mordant son frein, elle entraîne son guide et le transporte en des lieux qu'il n'aurait osé de lui-même escalader. Voilà, cher Sérénus, par quels moyens on peut conserver la tranquillité de l'âme, la regagner, et résister aux insinuations du vice. Mais n'oublie pas qu'aucun d'eux n'est assez fort pour garder un bien si fragile, si notre âme chancelante n'est environnée de soins constants et assidus.

---

beralior potio ; nonnunquam et usque ad ebrietatem veniendum, non ut mergat nos, sed ut deprimat. Eluit enim curas, et ab imo animum movet ; et ut morbis quibusdam, ita tristitiæ medetur : Liberque non ob licentiam linguæ dictus est inventor vini, sed quia liberat servitio curarum animum, et asserit, vegetatque et audaciorem in omnes conatus facit. Sed ut libertatis, ita vini salubris moderatio est. Et Solonem, Arcesilaumque indulsisse vino credunt. Catoni ebrietas objecta est; facilius efficiet, quisquis objecerit, hoc crimen honestum, quam turpem Catonem. Sed nec sæpe faciendum est, ne animus malam consuetudinem ducat; et aliquando tamen in exultationem libertatemque extrahendus, tristisque sobrietas removenda paulisper. Nam, sive Græco poetæ credimus, « Aliquando et insanire jucundum est : » sive Platoni,

« Frustra poeticas fores compos sui pepulit : » sive Aristoteli, « Nullum magnum ingenium sine mixtura dementiæ fuit. » Non potest grande aliquid et supra ceteros loqui nisi mota mens. Quum vulgaria et solita contemsit, instinctuque sacro surrexit excelsior, tunc demum aliquid cecinit grandius ore mortali. Non potest sublime quidquam et in arduo positum contingere, quamdiu apud se est. Desciscat oportet a solito, et efferatur, et mordeat frenos, et rectorem rapiat suum; eoque ferat quo per se timuisset ascendere. Habes, Serene carissime, quæ possint tranquillitatem tueri, quæ restituere, quæ surrepentibus vitiis resistant. Illud tamen scito, nihil horum satis esse validum, rem imbecillam servantibus, nisi intenta et assidua cura circumeat animum labentem.

DE LA CLÉMENCE.

LIVRE PREMIER.

I. Je me suis proposé, Néron César, d'écrire sur la clémence, pour te servir en quelque sorte de miroir, et, en te montrant à toi-même, te faire arriver à la première de toutes les joies. En effet, quoique le véritable fruit des bonnes actions soit de les avoir faites, et qu'aucun prix digne de la vertu ne se trouve en dehors d'elle-même, il est doux pourtant de contempler, de parcourir une bonne conscience; puis de jeter les yeux sur cette foule immense, discordante, séditieuse, effrénée, prête à s'élancer également à la perte des autres et à la sienne, si elle vient à briser son joug; il est doux de pouvoir se dire : « C'est moi qui suis le préféré entre tous les mortels, choisi pour remplir sur la terre les fonctions des dieux; c'est moi qui suis parmi les nations l'arbitre de la vie et de la mort. Le sort et la condition de chacun sont dans ma main. Ce que veut donner la fortune à chacun des hommes, elle le déclare par ma bouche : c'est de notre réponse que dépend la joie des peuples et des villes. Nulle partie du monde ne fleurit que par ma volonté et ma faveur. Tous ces milliers de glaives que ma paix retient dans le fourreau, vont en sortir à mon signal. Quelles nations seront anéanties, lesquelles seront transportées, lesquelles recevront la liberté, lesquelles la perdront, quels rois deviendront esclaves, quels fronts seront ornés du diadème royal, quelles villes tomberont, lesquelles seront fondées, tout cela est de mon ressort. Avec ce pouvoir de tout faire, je n'ai été entraîné à ordonner d'injustes supplices ni par la colère, ni par la fougue de la jeunesse, ni par la témérité et l'obstination des hommes, qui souvent chassent la patience des cœurs les plus calmes, ni par cette gloire cruelle fréquemment

LIBER PRIMUS.

I. Scribere de clementia, Nero Cæsar, institui, ut quodammodo speculi vice fungerer, et te tibi ostenderem perventurum ad voluptatem maximam omnium. Quamvis enim recte factorum verus fructus sit fecisse, nec ullum virtutum pretium dignum illis extra ipsas sit, juvat inspicere et circuire bonam conscientiam, tum immittere oculos in hanc immensam multitudinem, discordem, seditiosam, impotentem, in perniciem alienam suamque pariter exsultaturam, si hoc jugum fregerit, et ita loqui secum : « Ego ex omnibus mortalibus placui, electusque sum, qui in terris deorum vice fungerer; ego vitæ necisque gentibus arbiter qualem quisque sortem statum- que habeat, in manu mea positum est. Quid cuique mortalium fortuna datum velit, meo ore pronuntiat : ex nostro responso lætitiæ causas populi urbesque concipiunt. Nulla pars usquam, nisi volente propitioque me, floret. Hæc tot millia gladiorum, quæ pax mea comprimit, ad nutum meum stringentur : quas nationes funditus excindi, quas transportari, quibus libertatem dari, quibus eripi, quos reges mancipia fieri, quorumque capiti regium circumdari decus oporteat, quæ ruant urbes, quæ oriantur, mea jurisdictio est. In hac tanta facultate rerum, non ira me ad iniqua supplicia compulit, non juvenilis impetus, non temeritas hominum et contumacia, quæ sæpe tranquillissimis pectoribus quoque patientiam extorsit : non ipsa ostentandæ per terrores potentiæ dira, sed frequens

ambitionnée par les maîtres des empires, de faire éclater ma puissance par la terreur. Chez moi, le glaive est renfermé ou plutôt captif, tant je suis avare du sang même le plus vil. Il n'est personne à qui le titre d'homme, à défaut de tout autre, ne fasse trouver faveur auprès de moi. Je tiens la sévérité cachée, la clémence toujours en exercice. Je m'observe, comme si je devais rendre compte aux lois que j'ai tirées de la poussière, que j'ai évoquées des ténèbres pour les mettre au grand jour. Je me suis laissé toucher par les jeunes années de celui-ci, par les vieux jours de celui-là. J'ai fait grâce à la grandeur de l'un, à la petitesse de l'autre; et quand je ne trouvais aucune cause d'indulgence, je pardonnais pour moi-même. Aujourd'hui, si les dieux immortels m'appelaient à rendre compte, je suis prêt à leur rendre compte du genre humain. » Oui, César, tu peux hardiment proclamer que de toutes les choses confiées à ta foi, à ta tutelle, tu n'as rien enlevé à la république, soit en secret, soit par violence. Tu as ambitionné une gloire bien rare et que n'obtint jamais aucun prince, celle de ne point faire de tort. Tu n'as pas perdu ta peine, et cette bonté singulière n'a pas rencontré des appréciateurs ingrats ou malveillants. Tu as acquis la reconnaissance. Jamais un homme ne fut aussi cher à un autre homme que tu l'es au peuple romain, toi, son bien suprême et durable! Mais c'est un grand fardeau que tu t'es imposé. Personne ne cite plus le divin Auguste, ni les premiers temps de Tibère César; personne ne cherche hors de toi-même un exemple qu'on désire te voir imiter. Ce qu'on demande, c'est que tout ton règne réponde à cet avant-goût de la première année. Ce serait chose difficile, si cette bonté qui t'appartient n'était pas naturelle, si tu ne l'avais empruntée que pour un temps; car personne ne peut longtemps porter le masque. Tout ce qui est déguisé reprend bientôt sa nature; tout ce qui repose sur la vérité, tout ce qui, pour ainsi dire, a des racines solides, ne fait que croître et s'améliorer avec le temps. C'était une grande chance que courait le peuple romain, lorsqu'on ignorait encore quelle direction prendrait ton naturel généreux. Maintenant, les espérances publiques sont assurées de leur accomplissement; car il n'est plus à craindre que tu tombes tout-à-coup dans l'oubli de toi-même. Il est vrai que l'excès du bonheur rend exigeant; et jamais les désirs ne sont assez modérés, pour s'arrêter à ce qu'ils ont atteint. Pour nous, un grand bien n'est qu'un pas vers un plus grand, et les plus folles espérances naissent d'un bonheur inespéré. Aujourd'hui, cependant, tu forces tes sujets d'avouer qu'ils sont heureux, et qu'il ne manque à leur félicité que de durer toujours. Bien des motifs leur arrachent cet aveu, le plus tardif que fasse l'homme : leur sécurité profonde, source abondante de biens, leurs droits placés au-dessus de toute atteinte. Les yeux s'arrêtent sur cette heureuse forme de gouvernement, à laquelle rien ne manque pour parvenir à la plus haute liberté, que la licence qui se détruit elle-même. Mais ce qui surtout pénètre également les plus grands comme les plus petits, c'est l'admiration de ta clémence. Car tous tes autres avantages, chacun les éprouve ou les désire plus grands ou plus petits, en proportion de sa fortune; ta clémence

magnis imperiis gloria. Conditum, immo constrictum apud me ferrum est summa parcimonia etiam vilissimi sanguinis; nemo non, cui alia desint, hominis nomine apud me gratiosus est. Severitatem abditam, clementiam in procinctu habeo; sic me custodio, tanquam legibus, quas ex situ ac tenebris in lucem evocavi, rationem redditurus sim. Alterius ætate prima motus sum, alterius ultima : alium dignitati donavi, alium humilitati; quotiens nullam inveneram misericordiæ causam, mihi peperci. Hodie diis immortalibus, si a me rationem repetant, annumerare genus humanum paratus sum. » Potes hoc, Cæsar, prædicare audacter, omnium, quæ in fidem tutelamque tuam venerunt, nihil per te, neque vi, neque clam reipublicæ ereptum. Rarissimam laudem, et nulli adhuc principum concessam concupisti, innocentiam. Non perdis operam; nec bonitas ista tua singularis ingratos aut malignos æstimatores nacta est; refertur tibi gratia. Nemo unus homo uni homini tam carus unquam fuit, quam tu populo romano, magnum longumque ejus bonum! Sed ingens tibi onus imposuisti; nemo jam divum Augustum, nec Tiberii Cæsaris prima tempora loquitur; nemo quod te imitari velit exemplar extra te quærit. Principatus tuus ad anni gustum exigitur. Difficile hoc fuisset, si non naturalis tibi ista bonitas esset, sed ad tempus sumta; nemo enim potest personam diu ferre. Ficta cito in naturam suam recidunt; quibus veritas subest, quæque (ut ita dicam) ex solido enascuntur, tempore ipso in majus meliusque procedunt. Magnam adibat aleam populus romanus, quum incertum esset, quo se statim nobilis indoles daret. Jam vota publica in tuto sunt; nec enim periculum est, ne te subita tui capiat oblivio. Facit quidem avidos nimia felicitas; nec tam temperatæ cupiditates sunt unquam, ut in eo, quod contingit, desinant; gradus a magnis ad majora fit, et spes improbissimas complectuntur insperata assecuti. Omnibus tamen nunc civibus tuis et hæc confessio exprimitur, esse felices : et illa, nihil jam his accedere bonis posse, nisi ut perpetua sint. Multa illos cogunt ad hanc confessionem, qua nulla in homine tardior est : securitas alta, affluens; jus supra omnem injuriam positum. Obversatur oculis lætissima forma reipublicæ, cui ad summam libertatem nihil deest, nisi pereundi licentia. Præcipuam tamen æqualis ad maximos immosque pervenit clementiæ tuæ admiratio. Cetera enim bona pro portione fortunæ suæ quisque sentit aut

offre à tous le même espoir. Et il n'est personne qui s'applaudisse assez de son innocence, pour ne pas se réjouir d'avoir sous les yeux la clémence prête à tendre la main aux humaines erreurs.

II. Il en est, je le sais, qui pensent que la clémence est un encouragement à la méchanceté; car sans le crime elle est superflue, et c'est la seule vertu qui reste oisive parmi les gens de bien. Mais d'abord, de même que la médecine, qui ne sert qu'aux malades, est néanmoins en honneur auprès des gens bien portants, de même la clémence, bien qu'elle ne soit invoquée que par les coupables, est pourtant révérée par les innocents. Ensuite elle trouve à s'appliquer même en la personne des innocents, parce que la fortune quelquefois tient lieu de crime : et la clémence vient en aide non-seulement à l'innocence, mais souvent encore à la vertu, lorsqu'il arrive, selon la condition des temps, que des actions louables sont exposées à être punies. Ajoute qu'une grande partie des hommes peut revenir à l'innocence. Il ne faut pas cependant pardonner au hasard. Car, lorsque toute différence est effacée entre les bons et les méchants, la confusion survient et le vice fait irruption. Il faut donc user de réserve, et savoir distinguer les caractères guérissables de ceux qui sont désespérés. La clémence ne doit être ni aveugle, ni banale, ni restreinte; car il y a autant de cruauté à pardonner à tous, qu'à ne pardonner à personne. Il faut un terme moyen ; mais comme un juste équilibre est difficile, si la balance doit pencher d'un côté, que ce soit du côté de l'humanité.

III. Mais ces choses se diront mieux en leur place. Maintenant je diviserai mon sujet en trois parties. La première servira d'introduction. Dans la seconde, je démontrerai la nature et les attributs de la clémence. Car, comme certains vices imitent la vertu, on ne peut les en distinguer qu'en marquant la vertu de signes qui la fassent reconnaître. En troisième lieu, nous rechercherons comment l'âme arrive à cette vertu, comment elle s'y affermit, et se l'approprie par l'usage. Or, il faut tenir pour constant que de toutes les vertus, nulle ne convient plus à l'homme, parce que nulle n'est plus humaine : et cette vérité est reconnue non-seulement par nous, qui voulons que l'homme soit considéré comme un animal sociable, né pour le bien commun de tous, mais encore par ces philosophes qui abandonnent l'homme à la volupté, et qui rapportent toutes leurs paroles, toutes leurs actions à leur utilité. Car, si l'homme cherche le calme et le repos, la vertu la plus appropriée à sa nature est celle qui chérit la paix et qui retient son bras. Cependant, de tous les hommes, ceux à qui la clémence convient le plus sont les princes et les rois. Car une grande force n'est honorable et glorieuse qu'autant qu'elle a le pouvoir d'être utile ; et c'est un fléau qu'une puissance qui n'est capable que de nuire. Enfin, la grandeur n'est stable et bien assurée que lorsque tous savent qu'elle existe moins au-dessus d'eux que pour eux; lorsque tous les jours on éprouve que la sollicitude du prince veille au salut de chacun et de tous ; lorsqu'à son approche on ne s'enfuit pas comme devant un animal méchant et dangereux

---

exspectat majora minoraque : ex clementia omnes idem sperant. Nec est quisquam, cui tam valde innocentia sua placeat, ut non stare in conspectu clementium, paratam humanis erroribus, gaudeat.

II. Esse autem aliquos scio, qui clementia pessimum quemque putent sustineri, quoniam nisi post crimen supervacua est, et sola hæc virtus inter innocentes cessat. Sed primum omnium, sicut medicinæ apud ægros usus, etiam apud sanos honor est ; ita clementiam quamvis pœna digni invocent, etiam innocentes colunt. Deinde habet hæc in persona quoque innocentium locum, quia interim fortuna pro culpa est : nec innocentiæ tantum clementia succurrit, sed sæpe virtuti, quoniam quidem conditione temporum incidunt quædam, quæ possint laudata puniri. Adjice, quod magna pars hominum est, quæ reverti ad innocentiam possit. Sed non tamen vulgo ignoscere decet ; nam ubi discrimen inter malos bonosque sublatum est, confusio sequitur, et vitiorum eruptio. Itaque adhibenda est moderatio, quæ sanabilia ingenia distinguere a deploratis sciat. Nec promiscuam habere ac vulgarem clementiam oportet, nec abscisam; nam tam omnibus ignoscere crudelitas est, quam nulli. Modum tenere debemus; sed quia difficile est temperamentum, quidquid æquo plus futurum est, in partem humaniorem præponderet.

III. Sed hæc suo loco melius dicentur. Nunc in tres partes omnem hanc materiam dividam. Prima erit manumissionis : secunda, quæ naturam clementiæ habitumque demonstret ; nam quum sint vitia quædam virtutes imitantia, non possunt secerni, nisi signa quibus dignoscantur impresseris ; tertio loco quæremus, quomodo ad hanc virtutem perducatur animus, quomodo confirmet eam, et usu suam faciat. Nullam vero ex omnibus virtutibus magis homini convenire, quum sit nulla humanior, constet necesse est : non solum inter nos, qui hominem, sociale animal, communi bono genitum videri volumus ; sed etiam inter illos, qui hominem voluptati donant, quorum omnia dicta factaque ad utilitatem suam spectant ; nam si quietem petit et otium, hanc virtutem naturæ suæ nactus est, quæ pacem amat, et manus retinet. Nullam tamen clementia ex omnibus magis, quam regem aut principem decet. Ita enim magnæ vires decori gloriæque sunt, si illis salutaris potentia est ; nam pestifera vis est, valere ad nocendum. Illius demum magnitudo stabilis fundataque est, quem omnes non tam supra se esse, quam pro se, sciunt ; cujus curam excubare

qui s'élance de son antre, mais que de toutes parts, au contraire, on vole vers lui comme vers un astre lumineux et bienfaisant; lorsque pour lui on est prêt à s'exposer aux glaives des conspirateurs, à lui faire un rempart de cadavres, et, si le soin de sa vie l'exige, à joncher sa route de victimes humaines. Les veilles des sujets protègent son sommeil : pressés autour de lui, leurs poitrines défendent sa poitrine; ils forment une muraille contre les dangers qui le menacent. Ce n'est pas sans raison que les peuples et les villes s'accordent ainsi pour protéger et chérir leurs rois, pour se sacrifier, avec tout ce qui leur appartient, toutes les fois que l'exige le salut du chef de l'empire. Et ce n'est ni faire trop bon marché de soi, ni faire acte de folie que de livrer au fer tant de milliers de têtes pour une seule, de racheter par tant de morts une seule vie, et quelquefois celle d'un vieillard infirme. De même que le corps entier est au service de l'âme, bien qu'il soit beaucoup plus étendu, beaucoup plus apparent, tandis que l'âme subtile se dérobe aux regards, et ne connait pas même la retraite où elle se cache; cependant c'est pour elle que travaillent les mains, les pieds, les yeux ; c'est elle que protège notre enveloppe extérieure; à son ordre, nous nous reposons; à son ordre, nous courons empressés. Quand ce maître commande, s'il est avare, nous labourons la mer pour gagner des richesses; s'il a du cœur, nous n'hésitons pas à livrer notre main aux flammes, à nous précipiter volontairement dans le gouffre; ainsi cette immense multitude, groupée autour d'une seule âme, est gouvernée par son souffle et modérée par sa raison; tandis qu'elle succomberait sous le poids de ses propres forces, si elle ne s'appuyait sur la sagesse d'un chef.

IV. C'est donc leur propre sûreté qu'aiment les peuples, lorsque pour un seul homme dix légions se rangent en bataille, lorsque le soldat s'élance au premier rang, lorsqu'il présente sa poitrine aux blessures, pour que les drapeaux de son empereur ne reculent pas. Car c'est lui qui est le lien d'union de la république; c'est lui qui est le souffle vital que respirent tant de milliers d'hommes qui ne seraient par eux mêmes qu'un inutile fardeau et une proie facile, si cette âme de l'empire en était détachée.

« Le roi vit, tous ont une même pensée; il meurt, tout lien est brisé. »

Ce malheur serait la destruction de la paix romaine, et ruinerait la fortune d'un si grand peuple. Il sera à l'abri de ce danger tant qu'il saura supporter le frein : si une fois il le brisait, ou si, quelque révolution l'en ayant dégagé, il refusait de le reprendre, cette unité, ce faisceau d'un grand empire se briserait en mille éclats : Rome cessera de dominer du jour où elle cessera d'obéir. Aussi, n'est-il pas étonnant que les princes, les rois, ou, quelque nom qu'on leur donne, ces gardiens de la fortune publique, soient aimés au-delà des affections privées. Car, si pour les hommes sages l'intérêt public est préférable à l'intérêt particulier, il en résulte qu'ils doivent encore plus chérir celui en qui la république s'est transformée. Depuis longtemps le César s'est tellement incorporé avec la république, qu'on ne peut retrancher l'un sans

pro salute singulorum atque universorum quotidie experiuntur; quo procedente, non, tanquam malum aliquod aut noxium animal e cubili prosilierit, diffugiunt, sed tanquam ad clarum ac beneficum sidus certatim advolant, objicere se pro illo mucronibus insidiantium paratissimi, et substernere corpora sua, si per stragem illi humanam iter ad salutem struendum sit. Somnum ejus nocturnis excubiis muniunt, latera objecti circumfusique defendunt ; incurrentibus periculis se opponunt. Non hic est s ne ratione populis urbibusque consensus, sic protegendi amandique reges, et se suaque jactandi, quocumque desideraverit imperantis salus. Nec hæc vilitas est, aut dementia, pro uno capite tot millia excipere ferrum, ac multis mortibus unam animam redimere, nonnunquam senis et invalidi. Quemadmodum totum corpus animo deservit, et quum hoc tanto majus tantoque speciosius sit, ille in occulto maneat tenuis, et in qua sede latitet incertus ; tamen manus, pedes, oculi negotium illi gerunt: illum hæc cutis munit ; illius jussu jacemus, aut inquiet discurrimus; quum ille imperavit, sive avarus dominus est, mare lucri causa scrutamur, sive ambitiosus, jamdudum dexteram flammis objecimus, aut voluntarie subsiluimus; sic hæc immensa multitudo, unius animæ circumdata, illius spiritu regitur, illius ratione flectitur, pressura se ac fractura viribus suis, nisi consilio sustineretur.

IV. Suam itaque incolumitatem amant, quum pro uno homine denas legiones in aciem deducunt, quum in prima fronte procurrunt, et adversa vulneribus pectora ferunt, ne imperatoris suis signa vertantur. Ille est enim vinculum, per quod respublica cohæret ; ille spiritus vitalis, quem hæc tot millia trahunt, nihil per ipsa se futura nisi onus et præda, si mens illa imperii subtrahatur.

Rege incolumi mens omnibus una:
Amisso rupere fidem.

Hic casus romanæ pacis exitium erit, hic tanti fortunam populi in ruinas aget. Tamdiu ab isto periculo aberit hic populus, quamdiu sciet ferre frenos; quos si quando abruperit, vel aliquo casu discussos reponi sibi passus non erit, hæc unitas et hic maximi imperii contextus in partes multas dissiliet : idemque huic urbi dominandi finis erit, qui parendi fuerit. Ideo principes regesque et quocumque alio nomine sunt, tutores status publici, non est mirum amari ultra privatas etiam necessitudines. Nam si sanis hominibus publica privatis potiora sunt, sequitur, ut is quoque carior sit, in quem se respublica convertit. Olim enim ita se induit reipublicæ Cæ-

les perdre tous deux. Car il faut à l'un des bras, comme à l'autre une tête.

V. Il semblerait que mon discours s'écarte loin du but; mais, par Hercule! il pénètre au fond du sujet; car si, comme je viens de l'établir, tu es l'âme de la république, elle est ton corps : tu vois, je pense, combien la clémence est nécessaire; car c'est toi-même que tu épargnes lorsque tu sembles épargner un autre. Il faut donc épargner les citoyens même coupables, ainsi que tu en agirais avec un membre malade; et si parfois il faut tirer du sang, retiens ta main, de peur de faire une incision plus forte qu'il n'est besoin. Donc, comme je le disais, la clémence est sans doute dans la nature de tous les hommes; mais c'est surtout chez les souverains qu'elle est glorieuse, parce que par eux elle trouve plus à conserver, elle trouve pour se déployer une plus ample matière. Quel faible mal, en effet, produit la cruauté privée! mais la fureur des princes est une guerre. Bien qu'il y ait accord entre toutes les vertus, et que l'une ne soit ni meilleure, ni plus honorable que l'autre, quelques-unes cependant conviennent davantage à certaines personnes. La grandeur d'âme sied à tout mortel, même à celui qui n'a rien au-dessous de lui. Qu'y a-t-il, en effet, de plus grand, de plus noble, que de vaincre la mauvaise fortune? Cependant, cette grandeur d'âme est plus au large dans la prospérité, et se fait mieux voir sur le tribunal que sur la place. La clémence, quelque demeure qu'elle pénètre, la rend heureuse et paisible; mais, dans celle des rois, plus elle est rare, plus elle est admirable. Qu'y a-t-il, en effet, de plus remarquable que de voir celui dont la colère ne rencontre pas d'obstacle, dont les sentences les plus rigoureuses reçoivent la sanction de ceux même qui périssent, qui ne doit de compte à personne, même de ses plus violents emportements, et que personne ne tenterait de fléchir, se mettre à lui-même un frein, et faire de sa puissance un usage meilleur et plus doux? Il se dit à lui-même : « Malgré la loi, il n'y a personne qui ne puisse tuer; il n'y a personne qui puisse sauver, excepté moi. » Une grande fortune exige un grand cœur; car si on ne s'élève jusqu'à elle, si on ne se place plus haut, on la ravale elle-même plus bas que la terre. Or, c'est le propre d'une grande âme d'être calme et tranquille, de regarder du haut de son mépris les injures et les offenses. C'est aux femmes qu'appartiennent les emportements de la colère; c'est aux bêtes féroces, et encore aux moins généreuses, à redoubler leurs morsures et leurs attaques sur un ennemi terrassé. Les éléphants et les lions abandonnent celui qu'ils ont renversé; l'acharnement ne convient qu'aux animaux ignobles. Une colère cruelle et inexorable ne sied pas à un roi; car il ne se montre guère supérieur à l'homme vers lequel il se rabaisse en s'irritant contre lui : mais s'il donne la vie à ceux que menace la mort, s'il donne les dignités à ceux qui méritent de les perdre, il fait ce qui n'est possible qu'à celui qui peut tout. Car la vie peut être arrachée même à un supérieur, jamais elle ne peut être donnée qu'à un inférieur. Sauver, c'est le privilège d'une haute fortune : et jamais elle ne doit être tant admirée que lorsqu'il lui arrive de pouvoir ce que peuvent

---

sar, ut seduci alterum non possit sine utriusque pernicie; nam ut illi viribus opus est, ita et huic capite.

V. Longius videtur recessisse a proposito oratio mea : at mehercules rem ipsam premit. Nam si, quod adhuc colligitur, animus reipublicæ tu es, illa corpus tuum : vides, ut puto, quam necessaria clementia sit; tibi enim parcis, quem videris alteri parcere. Parcendum itaque est etiam improbandis civibus, non aliter quam membris languentibus; et si quando misso sanguine opus est, sustinendum est, ne ultra, quam necesse sit, incidas. Est ergo, ut dicebam, clementia omnibus quidem hominibus secundum naturam, maxime tamen decora imperatoribus : quanto plus habet apud illos quod servet, quantoque in majore materia apparet. Quantulum enim nocet privata crudelitas? Principum sævitia, bellum est. Quum autem virtutibus inter se sit concordia, nec ulla altera melior aut honestior sit, quædam tamen quibusdam personis aptior est. Decet magnanimitas quemlibet mortalem, etiam illum infra quem nihil est. Quid enim majus, aut fortius, quam malam fortunam retundere? Hæc tamen magnanimitas in bona fortuna laxiorem locum habet, meliusque in tribunali, quam in plano conspicitur. Clementia in quamcumque domum pervenerit, eam felicem tranquillamque præstabit; sed in regia quo rarior, eo mirabilior. Quid enim est memorabilius, quam eum, cujus iræ nihil obstat, cujus graviori sententiæ ipsi qui pereunt assentiuntur, quem nemo interrogaturus est, immo si vehementius excanduit, nec deprecaturus quidem, ipsum sibi manum injicere, et potestate sua in melius placidiusque uti? hoc ipsum cogitantem : occidere contra legem nemo non potest; servare nemo, præter me. Magnam fortunam magnus animus decet, qui nisi se ad illam extulit, et altior stetit, illam quoque infra terram deducit. Magni autem animi est proprium, placidum esse, tranquillumque, et injurias atque offensiones superne despicere. Muliebre est, furere in ira; ferarum vero, nec generosarum quidem, præmordere et urgere projectos. Elephanti leonesque transeunt, quæ impulerunt; ignobilis bestiæ pertinacia est. Non decet regem sæva et inexorabilis ira; non multum enim supra eum eminet, cui se irascendo exæquat; at si dat vitam, si dat dignitatem periclitantibus et meritis amittere, facit quod nulli nisi rerum potenti licet. Vita enim etiam superiori eripitur, nunquam nisi inferiori datur. Servare proprium est excellentis fortunæ; quæ nunquam magis suspici debet, quam quum illi contingit idem posse quod diis.

les dieux, au bienfait desquels, tous, bons et méchants, nous devons la lumière. Que le prince donc s'inspire des sentiments de la divinité ; que, parmi ses sujets, il en voie avec amour quelques-uns, parce qu'ils sont utiles et bons ; qu'il laisse le reste dans la foule ; qu'il se félicite de l'existence de ceux-ci, qu'il tolère ceux-là.

VI. Songe que tu es dans cette ville où la multitude, dont les flots se pressent sans relâche à travers de larges rues, étouffe dès qu'un obstacle interrompt le cours de ce rapide torrent ; où le peuple se fait jour vers trois théâtres à la fois, où l'on consomme toutes les moissons du monde entier : en quelle solitude, en quel désert se changerait-elle, s'il n'y restait que ceux qu'absoudrait un juge sévère ! Quel est le magistrat interrogateur qui ne soit repréhensible devant la loi même au nom de laquelle il interroge ? Quel est l'accusateur qui soit exempt de faute ? Je ne sais même s'il est quelqu'un qui se montre plus difficile à accorder le pardon que l'homme qui, le plus souvent, a eu besoin de l'implorer. Tous nous avons commis des fautes, les uns de plus graves, les autres de plus légères ; les uns de propos délibéré, les autres par l'impulsion du hasard, ou par l'entraînement d'une perversité étrangère ; quelques-uns n'ont pas su persister fortement dans de bonnes résolutions, et perdent leur innocence à regret et à leur corps défendant. Non-seulement nous avons failli, mais jusqu'à la fin de la vie nous continuerons à faillir. Quand même il serait quelqu'un qui eût si bien purifié son âme, que rien ne pourrait plus ni la troubler, ni l'égarer, cependant il n'est arrivé à l'innocence qu'à travers le péché.

VII. Puisque j'ai parlé des dieux, je proposerai au prince le plus bel exemple sur lequel il puisse se former, en se montrant envers ses sujets ce qu'il voudrait que les dieux fussent envers lui. Lui conviendrait-il de trouver les divinités inexorables pour ses fautes et ses erreurs ? Lui conviendrait-il qu'elles le poursuivissent jusqu'au dernier châtiment ? Qui d'entre les rois peut être assuré que les aruspices ne recueilleront pas ses restes ? Que si les dieux, dans leur indulgence et leur justice, ne punissent pas aussitôt par la foudre les crimes des puissants, combien n'est-il pas plus juste qu'un homme établi au-dessus des hommes exerce son empire avec douceur, et se demande si l'aspect du monde n'a pas plus d'agréments et de charmes pour les yeux, durant un jour pur et serein, qu'au milieu des éclats répétés du tonnerre qui ébranlent l'espace, et des feux qui brillent de toutes parts ? Or, le spectacle d'une autorité paisible et modérée n'est pas autre que celui d'un ciel pur et sans nuage. Un règne cruel est tumultueux et voilé de ténèbres ; les peuples tremblent et s'épouvantent à des bruits soudains, et celui-là même qui trouble tout n'est pas à l'abri des secousses. On excuse plus volontiers chez les hommes privés l'opiniâtreté de la vengeance ; car ils peuvent être blessés, et leur ressentiment vient de l'injure : ils craignent d'ailleurs le mépris ; et ne pas rendre la pareille à l'offenseur semble de la faiblesse, non de la clémence. Mais celui à qui la vengeance est facile, s'il y renonce, obtient sûrement un renom de bonté. Dans une condition ob-

quorum beneficio in lucem edimur, tam boni quam mali. Deorum itaque sibi animum asserens princeps, alios ex civibus suis, quia utiles bonique sunt, libens videat, alios in numerum relinquat : quosdam esse gaudeat, quosdam patiatur.

VI. Cogita te in hac civitate, in qua turba per latissima itinera sine intermissione defluens eliditur, quotiens aliquid obstitit, quod cursum ejus velut torrentis rapidi moraretur ; in qua tribus eodem tempore theatris viæ postulantur ; in qua consumitur, quidquid terris omnibus aratur : quanta solitudo et vastitas futura sit, si nihil relinquitur, nisi quod judex severus absolverit ! Quotus quisque ex quæstoribus est, qui non ea ipsa lege teneatur, qua quærit ? Quotus quisque accusator vacat culpa ? et nescio, an nemo ad dandam veniam difficilior sit, quam qui illam petere sæpius meruit. Peccavimus omnes : alii gravia, alii leviora, alii ex destinato, alii forte impulsi, aut aliena nequitia ablati ; alii in bonis consiliis parum fortiter stetimus, et innocentiam inviti et renitentes perdidimus. Nec delinquimus tantum, sed usque ad extremum ævi delinquemus. Etiamsi quis tam bene purgavit animum, ut nihil obturbare eum amplius possit ac fallere, ad innocentiam tamen peccando pervenit.

VII. Quoniam deorum feci mentionem, optime hoc exemplum principi constituam, ad quod formetur, ut se talem esse civibus, quales sibi deos velit. Expedit ergo habere inexorabilia peccatis atque erroribus numina ? expedit usque ad ultimam infesta perniciem ? Ecquis regum erit tutus, cujus non membra aruspices colligant ? quodsi dii placabiles et æqui delicta potentium non statim fulminibus persequuntur, quanto æquius est, hominem hominibus præpositum miti animo exercere imperium, et cogitare, utrum mundi status gratior oculis pulchriorque sit sereno et puro die, an quum fragoribus crebris omnia quatiuntur, et ignes hinc atque illinc micant ? Atqui non alia facies est quieti moderatique imperii, quam sereni cœli et nitentis. Crudele regnum, turbidum, tenebrisque obscurum est, inter trementes et ad repentinum sonitum expavescentes, nec eo quidem qui omnia turbat inconcusso. Facilius privatis ignoscitur pertinaciter se vindicantibus ; possunt enim lædi, dolorque eorum ab injuria venit ; timent præterea contemptum ; et non retulisse lædentibus gratiam, infirmitas videtur, non clementia. At cui ultio in facili est, is omissa ea, certam laudem mansuetudinis consequitur. Humili loco positis exercere manum, litigare, in rixam procurrere,

scure, on est plus libre de menacer de la main, de se disputer, d'engager une querelle et de suivre les penchants de sa colère. Entre pareils, les coups sont légers. Dans un roi, même les cris et l'intempérance de paroles dérogent à la majesté.

VIII. Tu trouves pénible pour les rois de se voir arracher la liberté de parler, qui appartient aux plus humbles. « C'est, dit-on, une servitude, et non un empire. » Eh quoi! ne sens-tu pas en effet que c'est à nous l'empire, à toi la servitude? Elle est tout autre, la condition de ceux qui sont cachés dans une foule qu'ils ne dépassent pas; leurs vertus, pour se faire jour, ont longtemps à lutter, et leurs vices sont enveloppés d'obscurité. Mais toi, la renommée recueille tes actes et tes paroles, et nul ne doit davantage s'inquiéter de la réputation qu'il aura, que celui qui doit en avoir une grande, par quelques actions qu'il la mérite. Combien de choses ne te sont pas permises, qui, grâce à toi, le sont pour nous? Je puis, dans tous les quartiers de la ville, me promener seul et sans crainte, quoique nulle suite ne m'accompagne, que nul glaive ne soit chez moi, ni à mon côté : toi, dans ta paix, il te faut vivre armé. Tu ne peux t'écarter de ta fortune; elle t'assiége, et n'importe où tu veux descendre, elle te poursuit de son imposant appareil. C'est là la servitude de la grandeur suprême, de ne pouvoir s'amoindrir : mais cette nécessité t'est commune avec les dieux; car le ciel les retient aussi captifs, et descendre leur est aussi peu permis, qu'il serait pour toi peu sûr. Tu es enchaîné à ta grandeur. Peu de personnes sentent nos mouvements : nous pouvons aller, revenir, changer nos allures, sans que le public en ait conscience : toi, il ne l'est pas plus qu'au soleil donné de te cacher. Une éclatante lumière t'environne, et tous les yeux sont tournés vers elle. Tu crois sortir, et tu t'élèves sur l'horizon. Tu ne peux parler sans que ta voix retentisse chez toutes les nations de la terre : tu ne peux être en colère, sans que tout tremble : de même tu ne peux frapper un homme, sans ébranler tout ce qui l'entoure. De même que la foudre tombe au péril d'un petit nombre, au grand effroi de tous, de même les emportements du pouvoir suprême répandent la terreur bien plus loin que le mal ; et ce n'est pas sans raison. Car, dans celui qui peut tout, on envisage moins ce qu'il fait que ce qu'il pourrait faire. D'ailleurs, dans la condition privée, la patience après les injures reçues expose à en recevoir de nouvelles : la clémence garantit la sécurité des rois. De fréquentes rigueurs répriment la haine d'un petit nombre, irritent celle de tous; il faut que la volonté de sévir cesse avant le motif. Autrement, ainsi que les arbres taillés se reproduisent par de nombreux rameaux, et que certaines plantes repoussent plus touffues quand on les a coupées; ainsi la cruauté des rois augmente le nombre de leurs ennemis, en les détruisant. Car les parents et les enfants de ceux qui furent tués, et leurs proches, et leurs amis, se lèvent à la place de chacune des victimes.

IX. Je veux te prouver la vérité de cette assertion par un exemple pris dans ta famille. Le divin Auguste fut un empereur clément, si l'on ne commence à le juger qu'à dater de son empire.

ac morem iræ suæ gerere, liberius est; leves inter paria ictus sunt; regi vociferatio quoque, verborumque intemperantia non ex majestate est.

VIII. Grave putas, eripi loquendi arbitrium regibus, quod humillimi habent? « Ista, inquit, servitus est, non imperium. » Quid tu? non experiris istud nobis esse, tibi servitutem? Alia conditio est eorum qui in turba, quam non excedunt, latent : quorum et virtutes ut appareant, diu luctantur, et vitia tenebras habent. Vestra facta dictaque rumor excipit : et ideo nullis magis curandum est, qualem famam habeant, quam qui qualemcumque meruerint, magnam habituri sunt. Quam multa tibi non licent, quæ nobis beneficio tuo licent! Possum in qualibet parte urbis solus incedere sine timore, quamvis nullus sequatur comes, nullus sit domi, nullus ad latus gladius : tibi in tua pace armato vivendum est. Aberrare a fortuna tua non potes; obsidet te, et quocumque descendis, magno apparatu sequitur. Est hæc summæ magnitudinis servitus, non posse fieri minorem : sed cum diis tibi communis ista necessitas est; nam illos quoque cœlum alligatos tenet : nec magis illis descendere datum est, quam tibi tutum. Fastigio tuo affixus es. Nostros motus pauci sentiunt; prodire nobis, ac recedere, et mutare habitum sine sensu publico licet : tibi non magis, quam soli, latere contingit. Multa contra te lux est : omnium in istam conversi oculi sunt. Prodire te putas? oriris : loqui non potes, nisi ut vocem tuam, quæ ubique sunt gentes, excipiant; irasci non potes, nisi ut omnia tremant; sic neminem potes affligere, nisi ut quidquid circa fuerit, quatiatur. Ut fulmina paucorum periculo cadunt, omnium metu ; sic animadversiones magnarum potestatum terrent latius, quam nocent : non sine causa. Non enim quantum fecerit, sed quantum facturus sit, cogitatur in eo, qui omnia potest. Adjice nunc, quod privatos homines ad accipiendas injurias opportuniores acceptarum patientia facit : regibus certior est ex mansuetudine securitas. Quia frequens vindicta paucorum odium reprimit, omnium irritat : voluntas oportet ante sæviendi, quam causa, deficiat. Alioquin quemadmodum præcisæ arbores plurimis ramis repullulant, et multa satorum genera, ut densiora surgant, reciduntur; ita regia crudelitas auget inimicorum numerum tollendo. Parentes enim liberique eorum, qui interfecti sunt, et propinqui, et amici, in locum singulorum succedent.

IX. Hoc quam verum sit, admonere te exemplo domestico volo. Divus Augustus fuit mitis princeps, si quis

Mais, quand la république avait plusieurs maîtres, sa main usa du glaive. A l'âge que tu as maintenant, à peine sorti de sa dix-huitième année, déjà il avait plongé son poignard dans le sein de ses amis ; déjà il avait, par des embuches, menacé la poitrine du consul M. Antoine ; il avait été le collègue des proscripteurs. Mais, lorsqu'il eut dépassé sa quarantième année, pendant son séjour dans les Gaules, il lui fut donné avis que Lucius Cinna, homme d'un esprit étroit, lui dressait des embuches. On lui dit où, quand et comment il devait frapper ; un des complices était le dénonciateur. Auguste, résolu de se venger de lui, fit réunir ses amis en conseil. Sa nuit fut agitée : car il songeait qu'il allait condamner un jeune homme noble, et à cela près irréprochable, petit-fils de Cn. Pompée. Il ne pouvait déjà plus se résoudre à la mort d'un seul homme ; et pourtant, avec M. Antoine, il avait dicté l'édit de proscription au milieu d'un souper. Il gémissait, et faisait entendre des paroles entrecoupées et contradictoires : « Quoi donc ! souffrirai-je que mon assassin s'en aille libre et tranquille, quand je suis en alarmes ? Il ne serait pas puni, celui qui, menaçant une tête tant de fois épargnée par les guerres civiles, échappée à tant de combats maritimes et terrestres, après que les terres et les mers sont pacifiées, entreprend, non de me tuer, mais de m'immoler ? » Car il voulait le frapper pendant le sacrifice. Puis, après un intervalle de silence, élevant la voix, il s'emportait beaucoup plus violemment contre lui-même que contre Cinna : « Pourquoi vis-tu, si tant d'hommes ont intérêt à ta mort ? Quand s'arrêteront les supplices ? Quand s'arrêtera le sang ? Je suis pour les jeunes nobles une tête dévouée, contre laquelle ils aiguisent leurs poignards. La vie n'est pas si précieuse que, pour ne pas périr moi-même, il faille perdre tant de monde ! » Enfin sa femme Livie l'interrompit : « En croiras-tu, dit-elle, les conseils d'une femme ? Fais ce que font les médecins ; lorsque les remèdes ordinaires ne réussissent pas, ils emploient les contraires. La sévérité ne t'a pas encore profité : après Salvidienus est venu Lépidus; après Lépidus, Muréna ; après Muréna, Cæpion ; après Cæpion, Egnatius ; je ne nomme pas les autres qui rougissent d'avoir tant osé : essaie maintenant du moyen de la clémence. Pardonne à L. Cinna ; il est découvert : il ne peut déjà plus te nuire ; il peut encore être utile à ta gloire. » Heureux d'avoir trouvé un avocat dans sa cause, Auguste remercie son épouse, donne aussitôt contre-ordre aux amis qu'il avait convoqués en conseil, et mande Cinna tout seul. Renvoyant alors tout le monde de sa chambre, après avoir fait placer un second siége pour Cinna : « Ce que je te demande avant tout, lui dit-il, c'est de ne pas m'interrompre, c'est de ne pas t'écrier au milieu de mon discours : il te sera donné ensuite le loisir de parler. Je t'ai trouvé, Cinna, dans le camp de mes adversaires, non pas devenu, mais né mon ennemi : je t'ai donné la vie, je t'ai rendu tout ton patrimoine. Aujourd'hui tu es si heureux, si riche, que le vaincu fait envie aux vainqueurs. Tu demandes le sacerdoce ; et repoussant de nombreux

illum a principatu suo æstimare incipiat. In communi quidem republica gladium movit ; quum hoc ætatis esset quod tu nunc es, duodevicesimum egressus annum, jam pugiones in sinum amicorum absconderat, jam insidiis M. Antonii consulis latus petierat, jam fuerat collega proscriptionis : sed quum annum quadragesimum transisset, et in Gallia moraretur, delatum est ad cum indicium, L. Cinnam, stolidi ingenii virum, insidias ei struere. Dictum est et ubi, et quando, et quemadmodum aggredi vellet : unus ex consciis deferebat. Constituit se ab eo vindicare ; consilium amicorum advocari jussit. Nox illi inquieta erat, quum cogitaret adolescentem nobilem, hoc detracto, integrum, Cn. Pompeii nepotem damnandum. Jam unum hominem occidere non poterat, cum M. Antonio proscriptionis edictum inter cœnam dictarat. Gemeus subinde voces emittebat varias, et inter se contrarias. « Quid ergo ? ego percussorem meum securum ambulare patiar, me sollicito ? Ergo non dabit pœnas, qui tot civilibus bellis frustra petitum caput, tot navalibus, tot pedestribus præliis incolume, postquam terra marique pax parta est, non occidere constituit, sed immolare ? » nam sacrificantem placuerat adoriri. Rursus silentio interposito majore multo voce, sibi, quam Cinnæ, irascebatur. « Quid vivis, si perire te tam multorum interest ? quis finis erit suppliciorum ? quis sanguinis ? Ego sum nobilibus adolescentulis expositum caput, in quod mucrones acuant. Non est tanti vita, si, ut ego non peream, tam multa perdenda sunt. » Interpellavit tandem illum Livia uxor : et, « Admittis, inquit, muliebre consilium ? Fac quod medici solent ; qui ubi usitata remedia non procedunt, tentant contraria. Severitate nihil adhuc profecisti : Salvidienum Lepidus secutus est, Lepidum Muræna, Murænam Cæpio, Cæpionem Egnatius, ut alios taceam, quos tantum ausos pudet : nunc tenta quomodo tibi cedat clementia. Ignosce L. Cinnæ ; deprehensus est : jam nocere tibi non potest, prodesse famæ tuæ potest. » Gavisus, sibi quod advocatum invenerat, uxori quidem gratias egit : renuntiari autem exemplo amicis, quos in consilium rogaverat, imperavit, et Cinnam unum ad se accessit : dimississque omnibus e cubiculo, quum alteram Cinnæ poni cathedram jussisset : « Hoc, inquit, primum a te peto, ne me loquentem interpelles, ne medio sermone meo proclames : dabitur tibi loquendi liberum tempus. Ego te, Cinna, quum in hostium castris invenissem, non factum tantum mihi inimicum, sed natum servavi, patrimonium tibi omne concessi. Hodie tam felix

compétiteurs dont les pères avaient combattu près de moi, c'est à toi que je le donnai. Après avoir si bien mérité de toi, tu as décidé de m'assassiner. » A ces mots, Cinna s'écriant qu'un tel égarement était bien loin de lui : « Tu tiens mal ta promesse, Cinna, reprit-il ; il était convenu que tu ne m'interromprais pas. Tu veux, je le répète, m'assassiner. » Puis il indiqua le lieu, les complices, le jour, le plan de la conspiration, le bras auquel le fer devait être confié. Ensuite, le voyant les yeux baissés et gardant le silence moins par respect pour la convention faite que par la conscience de son crime : « Quel est ton but? lui dit-il. Est-ce pour régner toi-même? Par Hercule! le peuple romain est à plaindre, si entre toi et l'empire je suis le seul obstacle. Tu ne peux même défendre ta maison ; ces jours derniers, dans une contestation privée, tu as succombé sous le crédit d'un affranchi. En es-tu donc à ne trouver rien de plus facile que de choisir César pour adversaire? Soit ; si je suis le seul empêchement à tes espérances. Mais s'accommoderont-ils de toi, les Paulus, les Fabius Maximus, les Cossus, les Servilius, et cette longue suite de nobles, non de ceux qui portent de vains titres, mais de ceux qui honorent les images de leurs aïeux ? » Je ne reproduirai pas tout son discours, qui remplirait la plus grande partie de cet écrit : car il est certain qu'il parla plus de deux heures, voulant prolonger ce supplice, le seul qu'il lui préparât. « Cinna, continua-t-il, je te donne la vie une seconde fois ; la première, c'était à un ennemi ; maintenant, c'est à un traître et à un parricide. Qu'à dater de ce jour notre amitié commence : luttons désormais à qui mettra le plus de loyauté, moi en te donnant la vie, toi en me la devant. » Depuis, il lui offrit de lui-même le consulat, en lui reprochant de n'avoir pas osé le demander. Auguste n'eut pas d'ami plus fidèle, et fut son seul héritier. Il n'y eut plus personne qui formât de complot contre lui.

X. Ton aïeul pardonna aux vaincus ; car, s'il n'eût pardonné, sur qui eût-il régné? Ce fut dans le camp ennemi qu'il recruta Salluste, et les Cocceius, et les Dellius, et toute la cohorte de ceux qui avaient les premières entrées. Déjà, par sa clémence, il avait conquis les Domitius, les Messala, les Asinius, les Cicéron, et toute la fleur de Rome. Et Lépidus lui-même, comme il lui permit de mourir tard! Pendant un grand nombre d'années, il le laissa conserver les insignes de la principauté, et ce ne fut qu'après sa mort, qu'il consentit à ce qu'on lui transférât à lui-même le souverain pontificat. Il aima mieux qu'on l'appelât un honneur qu'une dépouille. Cette clémence lui assura le salut et le repos : c'est elle qui le rendit cher et agréable, quoiqu'il eût imposé son joug à des têtes qui n'y étaient pas encore façonnées ; c'est elle qui, aujourd'hui, lui vaut une renommée qui accompagne rarement les princes, même de leur vivant. Nous croyons qu'Auguste est un dieu, mais sans qu'on nous l'ordonne. Nous reconnaissons qu'il fut un bon prince et mérita le nom de père ; et la seule raison, c'est que même les outrages, qui d'ordinaire sont pour les princes plus sensibles que les crimes, ne provo-

es, et tam dives, ut victo victores invideant. Sacerdotium tibi petenti, præteritis compluribus, quorum parentes mecum militaverant, dedi. Quum sic de te meruerim, occidere me constituisti. » Quum ad hanc vocem exclamasset, procul hanc ab se abesse dementiam : « Non præstas, inquit, fidem, Cinna ; convenerat ne interloquereris. Occidere, inquam, me paras ; » adjecit locum, socios, diem, ordinem insidiarum, cui commissum esset ferrum. Et quum defixum videret, nec ex conventione jam, sed ex conscientia tacentem : « Quo, inquit, hoc animo facis? Ut ipse sis princeps? male, mehercule, cum populo romano agitur, si tibi ad imperandum nihil præter me obstat. Domum tueri tuam non potes ; nuper libertini hominis gratia in privato judicio superatus es : adeo nihil facilius potes, quam contra Cæsarem advocare! Cedo, si spes tuas solus impedio, Paullusne te, et Fabius Maximus, et Cossi, et Servilii ferent, tantumque agmen nobilium, non inania nomina præferentium, sed eorum qui imaginibus suis decori sunt? » Ne totam ejus orationem repetendo, magnam partem voluminis occupem ; diutius enim quam duabus horis locutum esse constat, quum hanc pœnam, qua sola erat contentus futurus, extenderet. « Vitam tibi, inquit, Cinna, iterum do, prius hosti, nunc insidiatori ac parricidæ. Ex hodierno die inter nos amicitia incipiat : contendamus, utrum ego meliore fide vitam tibi dederim, an tu debeas. » Post hæc detulit ultro consulatum, questus, quod non auderet petere : amicissimum fidelissimumque habuit : heres solus fuit illi, nullis amplius insidiis ab ullo petitus est.

X. Ignovit abavus tuus victis ; nam si non ignovisset, quibus imperasset? Sallustium, et Cocceios, et Dellios, et totam cohortem primæ admissionis, ex adversariorum castris conscripsit. Jam Domitios, Messalas, Asinios, Cicerones, et quidquid floris in civitate erat, clementiæ suæ debebat. Ipsum Lepidum quamdiu mori passus est ! Per multos annos tulit ornamenta principis retinentem ; et pontificatum maximum, non nisi mortuo illo, transferri in se passus est ; maluit enim illum honorem vocari, quam spolium. Hæc eum clementia ad salutem securitatemque perduxit ; hæc gratum ac favorabilem reddidit, quamvis nondum subactis reipublicæ cervicibus manum imposuisset ; hæc hodieque præstat illi famam, quæ vix vivis principibus servit. Deum esse, non tanquam jussi, credimus. Bonum principem Augustum, et bene illi convenisse parentis nomen, fatemur ; ob nullam aliam causam, quam quod contumelias quoque suas, quæ acer-

quèrent jamais chez lui la cruauté; c'est qu'aux paroles offensantes il se contenta de rire; c'est qu'il semblait être puni quand il punissait; c'est qu'après avoir condamné les complices des adultères de sa fille, bien loin de les faire mourir, il les relégua, et leur délivra des ordres écrits pour garantir leur sûreté. Or, si l'on considère combien il y a d'hommes tout prêts à se charger des colères du prince et à lui offrir en don le sang d'autrui, c'est là pardonner, que de faire plus que sauver la vie, c'est à savoir la garantir.

XI. Voilà ce que fit Auguste vieillard, ou du moins quand ses années inclinaient vers la vieillesse. Sa jeunesse fut emportée, ardente de colère, coupable de bien des actes sur lesquels il reportait ses yeux avec regret. Personne n'oserait comparer à ta clémence celle du divin Auguste, quand même on mettrait en balance sa vieillesse plus que mûre contre tes jeunes années. Sans doute il fut clément et modéré, mais après avoir souillé de sang romain les flots d'Actium, mais après avoir brisé sur les rives de Sicile ses flottes et celles des ennemis, mais après les sacrifices de Pérouse et les proscriptions. Mais moi, je n'appelle pas clémence la cruauté lassée. La vraie clémence, César, consiste, comme celle dont tu fais preuve, à ne pas commencer par le repentir des rigueurs passées, à n'avoir aucune tache, à ne verser jamais le sang des citoyens. La véritable modération d'esprit dans le pouvoir suprême, celle qui mérite l'amour du genre humain, de la commune patrie, qui t'est maintenant consacrée, se reconnaît à ce que loin de se laisser ni enflammer par les passions, ni entraîner par la témérité, ni corrompre par les exemples des princes ses prédécesseurs, jusqu'à faire des expériences pour essayer combien on peut abuser de ses sujets, on émousse le glaive du pouvoir. Tu as fait, César, que notre ville est pure de sang; et cette gloire, dont s'est vantée ton âme généreuse, « de n'avoir pas versé dans le monde entier une seule goutte de sang, » est d'autant plus grande, d'autant plus étonnante, que jamais le glaive ne fut confié à de plus jeunes mains. La clémence apporte, non-seulement plus d'honneur, mais plus de sûreté, elle est en même temps l'ornement des empires, et leur appui le plus assuré. Pourquoi donc, en effet, les rois vieillissent-ils sur le trône, pour le transmettre ensuite à leurs fils et à leurs petits-fils, tandis que le règne des tyrans est court et détesté? Et quelle est la différence entre un tyran et un roi (car en apparence leur fortune et leur puissance est la même), si ce n'est que les tyrans sévissent par plaisir, les rois par raison et nécessité?

XII. « Mais quoi! les rois eux-mêmes ne font-ils pas mourir? » Oui, toutes les fois que l'utilité publique commande de le faire : mais la sévérité est dans le cœur des tyrans. Aussi ce n'est pas le nom, mais les actions qui distinguent le tyran du roi. Car Denis l'Ancien peut, à juste titre, être préféré à bien des rois; et L. Sylla, rien n'empêche de l'appeler tyran, lui qui ne cessa d'égorger que faute de victimes. Qu'importe qu'il soit descendu de la dictature, qu'il ait repris la toge? Quel tyran s'abreuva jamais plus avidement du sang humain, que celui qui fit massa-

---

biores principibus solent esse, quam injuriæ, nulla crudelitate exsequebatur; quod probrosis in se dictis arrisit; quod dare illum pœnas apparebat, quum exigeret; quod quoscumque ob adulterium filiæ suæ damnaverat, adeo non occidit, ut dimissis, quo tutiores essent, diplomata daret. Hoc est ignoscere, quum scias multos futuros, qui pro te irascantur, et tibi alieno sanguine gratificentur, non dare tantum salutem, sed præstare.

XI. Hæc Augustus senex, aut jam in senectutem annis vergentibus. In adolescentia caluit, arsit ira, multa fecit, ad quæ invitus oculos retorquebat. Comparare nemo mansuetudini tuæ audebit divum Augustum, etiamsi in certamen juvenilium annorum deduxerit senectutem plus quam maturam. Fuerit moderatus et clemens; nempe post mare Actiacum Romano cruore infectum, nempe post fractas in Sicilia classes, et suas et alienas; nempe post Perusinas aras, et proscriptiones. Ego vero clementiam non voco lassam crudelitatem. Hæc est, Cæsar, clementia vera, quam tu præstas, quæ non sævitiæ pœnitentia cœpit: nullam habere maculam, nunquam civilem sanguinem fudisse. Hæc est in maxima potestate verissima animi temperantia, et humani generis, communis patriæ, nunc dicatæ tibi, amor, non cupiditate aliqua, non temeritate incendi, non priorum principum exemplis corruptum, quantum in cives suos liceat, experiendo tentare; sed hebetare aciem imperii sui. Præstitisti, Cæsar, civitatem incruentam, et hoc, quod magno animo gloriatus es, « Nullam te toto orbe stillam cruoris humani misisse, » eo majus est mirabiliusque, quod nulli unquam citius gladius commissus est. Clementia ergo non tantum honestiores, sed tutiores præstat; ornamentumque imperiorum est simul certissima salus. Quid enim est, cur reges consenuerint, liberisque ac nepotibus tradiderint regna, tyrannorum exsecrabilis ac brevis potestas est? Quid interest inter tyrannum et regem? species enim ipsa fortunæ ac licentia par est, nisi quod tyranni in voluptate sæviunt, reges non nisi ex causa ac necessitate.

XII. « Quid ergo! non reges quoque occidere solent? » Sed quoties id fieri publica utilitas persuadet; tyrannis sævitia cordi est. Tyrannus autem a rege distat factis, non nomine. Nam et Dionysius major jure meritoque præferri multis regibus potest; et L. Sullam appellari tyrannum quid prohibet, cui occidendi finem fecit inopia hostium? Descenderit licet dictatura sua, et se togæ reddiderit, quis tamen unquam tyrannus tam avide huma-

crer à la fois sept mille citoyens romains? Et lorsque, près du théâtre de cette boucherie, siégeant dans le temple de Bellone, il entendit les cris de tant de milliers d'hommes qui se débattaient sous le glaive, il dit au sénat épouvanté : « Continuons, Pères conscrits, c'est un petit nombre de séditieux qu'on exécute par mon ordre. » En cela il ne mentait pas ; c'était pour Sylla un petit nombre. Mais bientôt on entendit encore ce même Sylla s'écrier : « Sachons, par la manière dont on doit s'irriter contre des ennemis, comment il convient de traiter des citoyens qui ont pris le nom d'ennemis et se sont détachés du corps de la république. » Au reste, la clémence fait, ce que je disais, qu'il y a une grande différence entre un roi et un tyran. Quoique l'un et l'autre soient entourés des mêmes armes, le premier les a pour s'en servir à fortifier la paix, l'autre pour comprimer de grandes haines par une grande terreur. Ces bras mêmes auxquels il s'est confié, il ne les regarde pas sans effroi ; les excès le poussent dans des excès contraires. Car il est haï, parce qu'il est craint ; et il veut être craint, parce qu'il est haï. Il cite ce vers exécrable qui a précipité tant de princes : « Qu'on me haïsse, pourvu qu'on me craigne ! » Malheureux, qui ne sait pas jusqu'où la rage éclate, quand les haines ont comblé la mesure ! En effet, une crainte modérée contient les esprits ; mais lorsqu'elle est continuelle et violente, lorsqu'elle reproduit sans cesse l'image des derniers supplices, elle relève l'audace dans les âmes abattues, et pousse à tout oser. Ainsi l'on retient les bêtes fauves dans une enceinte de cordes et de plumes ; mais si, le fer à la main, le chasseur vient les presser par derrière, elles tenteront la fuite à travers ce qu'elles fuyaient, et fouleront aux pieds l'épouvantail. Le courage le plus terrible est celui que fait éclater l'extrême nécessité. Il faut que la crainte laisse quelque sécurité, et fasse envisager plus d'espoir que de péril ; autrement, si l'homme tranquille n'en a pas moins à trembler, il aime mieux se jeter dans le danger, et prendre la vie d'un autre. Un roi doux et modéré a des appuis sûrs dans ceux qu'il emploie pour le salut de tous ; et le soldat, glorieux de voir consacrer ses services à la sécurité publique, supporte avec joie tous ses travaux : car c'est un père qu'il garde. Quant à ce tyran farouche et sanguinaire, il est inévitable que ses satellites le prennent en dégoût.

XIII. Nul ne peut avoir des ministres fidèles et de bonne volonté, quand il s'en sert comme de machines à torture, de chevalets, d'instruments de mort, quand il leur jette des hommes comme à des bêtes féroces. De plus en plus coupable dans ses actes, plus ombrageux parce qu'on redoute les hommes et les dieux témoins et vengeurs de ses forfaits, on en arrive au point de ne pouvoir plus changer de mœurs. Car, parmi ses autres maux, la cruauté a cela de pire, qu'il faut qu'on y persévère, et que le retour vers le bien est interdit. Les crimes doivent être appuyés par d'autres crimes : or, qu'y a-t-il de plus malheureux que celui auquel il est nécessaire d'être méchant ? Oh ! qu'il est à plaindre, du moins à ses yeux, car ce serait un crime pour les autres de le plaindre, celui qui a signalé son pouvoir par le meurtre et les rapines,

num sanguinem bibit, quam ille, qui septem millia civium romanorum contrucidari jussit ? Et quum in vicino, ad ædem Bellonæ sedens, exaudisset conclamationem tot millium sub gladio gementium, exterrito senatu : « Hoc agamus, inquit, P. C.! seditiosi pauculi meo jussu occiduntur. » Hoc non est mentitus ; pauci Sullæ videbantur. Sed mox ille Sulla : « Consequamur, quomodo hostibus irascendum sit, utique si in hostile nomen cives, et ex eodem corpore abrupti, transierint. » Interim hoc quod dicebam, clementia efficit, ut magnum inter regem tyrannumque discrimen sit ; uterque licet non minus armis valletur ; sed alter arma habet, quibus in munimentum pacis utitur ; alter ut magno timore magna odia compescat. Nec illas ipsas manus, quibus se commisit, securus adspicit ; contrariis in contraria agitur ; nam et invisus est, quia timetur, et timeri vult, quia invisus est ; et illo exsecrabili versu, qui multos dedit præcipites, utitur :

Oderint dum metuant. . . . .

Ignarus quanta rabies oriatur, ubi supra modum odia creverunt ! Temperatus enim timor cohibet animos ; assiduus vero et acer, et extrema admovens, in audaciam jacentes excitat, et omnia experiri suadet. Sic feras lineis et pinna clusas contineas ; easdem a tergo eques telis incessat : tentabunt fugam per ipsa quæ fugerant, proculcabuntque formidinem. Acerrima virtus est, quam ultima necessitas extundit. Relinquat oportet securi aliquid metus, multoque plus spei quam periculorum ostentet : alioquin ubi quiescenti paria metuuntur, incurrere in pericula juvat, et aliena anima abuti. Placido tranquilloque regi fida sunt auxilia sua, quibus ad communem salutem utatur : gloriosusque miles (publicæ enim securitati dare operam videtur) omnem laborem libens patitur, ut parentis custos. At illum acerbum et sanguinarium necesse est graventur stipatores sui.

XIII. Non potest habere quisquam bonæ ac fidæ voluntatis ministros, quibus in tormentis, et in equuleo, et ferramentis ad mortem paratis utitur, quibus non aliter quam bestiis homines objectat : omnibus rebus noxior ac sollicitior, ut qui homines deosque testes ac vindices facinorum timeat, eo perductus, ut non liceat illi mutare mores. Hoc enim inter cetera vel pessimum habet crudelitas, quod perseverandum est, nec ad meliora patet regressus. Scelera enim sceleribus tuenda sunt ; quid autem eo infelicius, cui jam esse malo necesse est? O miserabilem illum, sibi certe ! nam ceteris misereri nefas sit

22.

pour qui tout est devenu suspect autour de lui, au dedans et au dehors; qui redoute les armes, et a recours aux armes; qui ne croit, ni à la fidélité de ses amis, ni à la piété de ses enfants. Lorsqu'il envisage tout ce qu'il a fait, tout ce qu'il doit faire, lorsqu'il découvre sa conscience pleine de crimes et de tourments, souvent il redoute la mort; plus souvent il la souhaite, odieux à lui-même encore plus qu'à ses esclaves.

Le prince, au contraire, qui prend soin de toutes choses, quoiqu'il surveille les unes plus, les autres moins; qui alimente toutes les parties de la république, comme si elles faisaient corps avec lui; qui enclin à la douceur, même quand il est utile de sévir, montre avec quelle répugnance il a recours à de cruels remèdes; qui n'a dans l'âme rien d'hostile, rien de farouche; qui exerce paisiblement un pouvoir salutaire; qui veut faire aimer son empire aux citoyens; qui se croit trop heureux, s'il peut faire part de sa fortune; ce prince, aux paroles affables, à l'abord facile, au visage aimable et fait pour gagner les peuples; qui accueille avec faveur les demandes justes, et repousse sans aigreur les prétentions iniques, est chéri, défendu et révéré par toute la république. La même chose qu'on dit de lui en public, on la dit dans le particulier. On désire des enfants, et la stérilité, signe du malheur public, disparaît : chacun croit bien mériter de ses enfants, en leur montrant un si beau siècle. Un tel prince, protégé par ses bienfaits, n'a pas besoin de gardes : les armes ne sont pour lui qu'un ornement.

XIV. Quel est donc son devoir? celui des bons pères, qui ont coutume de réprimander leurs enfants, tantôt avec douceur, tantôt avec menaces, et quelquefois même de les corriger en les frappant. Y a-t-il un homme de bon sens qui déshérite son fils à la première offense? Il faut que des torts graves et répétés aient vaincu sa patience; il faut que les fautes qu'il redoute soient plus grandes que celles qu'il punit, pour qu'il se détermine à une sentence irrévocable. Il tente auparavant tous les moyens pour ramener un caractère indécis, déjà placé sur le penchant de l'abîme, et ce n'est qu'alors que tout est désespéré, qu'il a recours aux voies extrêmes. On n'en vient aux derniers châtiments qu'après avoir épuisé les remèdes. Ce que fait le père doit être fait par le prince que nous avons appelé le père de la patrie, sans y être conduits par une frivole adulation; car les autres surnoms ne sont qu'honorifiques. Il en est que nous avons appelés grands, heureux, augustes, et nous avons entassé tout ce que nous pouvions de titres sur leur ambitieuse majesté : ce tribut ne s'adressait qu'à leurs personnes. Mais lui, nous l'avons nommé père de la patrie, pour qu'il sût bien qu'on lui confiait une puissance paternelle, c'est-à-dire, tempérée, toujours prévoyante pour ses enfants, et plaçant leurs intérêts avant les siens. Que le père se décide tard à retrancher un de ses membres : que, même lorsqu'il l'aura retranché, il désire de le remettre en sa place; qu'il gémisse en le tranchant, après avoir beaucoup et longtemps hésité. Qui condamne vite, est près de condamner avec plaisir; qui punit trop, est près de punir injustement. Il nous sou-

---

qui cædibus ac rapinis potentiam exercuit, qui suspecta sibi cuncta reddidit, tam externa quam domestica; quum arma metuat, ad arma confugiens; non amicorum fidei credens, non liberorum pietati. Qui ubi circumspexit quæque fecit, quæque facturus est, et conscientiam suam plenam sceleribus ac tormentis adaperuit, sæpe mortem timet, sæpius optat, invisior sibi quam servientibus. E contrario is cui curæ sunt universa, quanquam alia magis, alia minus tuetur, nullam non reipublicæ partem tanquam sui nutrit, inclinatus ad mitiora, etiamsi ex usu est animadvertere, ostendens quam invitus aspero remedio manus admoveat; in cujus animo nihil hostile, nihil efferum est; qui potentiam suam placide ac salutariter exercet, approbare imperia sua civibus cupiens; felix abunde sibi visus, si fortunam suam publicaverit; sermone affabilis, accessuque facilis; vultu, qui maxime populos demereretur, amabilis, æquis desideriis propensus, nec iniquis acerbus, a tota civitate amatur, defenditur, colitur. Eadem de illo homines secreto loquuntur, quæ palam. Tollere filios cupiunt, et publicis malis sterilitas indicta recluditur; bene se meritum de liberis suis quisque non dubitat, quibus tale seculum ostenderit. Hic princeps suo beneficio tutus, nihil præsidiis eget; arma ornamenti causa habet.

XIV. Quod ergo officium ejus est? quod bonorum parentum, qui objurgare liberos nonnunquam blande, nonnunquam minaciter solent, aliquando admonere etiam verberibus. Numquid aliquis sanus filium a prima offensa exheredat? nisi magnæ et multæ injuriæ patientiam evicerint nisi plus est quod timet, quam quod damnat, non accedit ad decretorium stilum. Multa ante tentat, quibus dubiam indolem et pejore loco jam positam revocet; simul deplorata est, ultima experitur. Nemo ad supplicia exigenda pervenit, nisi qui remedia consumsit. Hoc quod parenti, etiam principi faciendum est, quem appellavimus patrem patriæ, non adulatione vana adducti. Cetera enim cognomina honori data sunt. Magnos et Felices et Augustos diximus, et ambitiosæ majestati quidquid potuimus titulorum congessimus, illis hoc tribuentes : Patrem quidem patriæ appellavimus, ut sciret datam sibi potestatem patriam, quæ est temperatissima, liberis consulens, suaque post illos reponens. Tarde sibi pater membra sua abscidat; etiam quum absciderit, reponere cupiat; et in abscidendo gemat, cunctatus multum diuque. Prope enim est, ut libenter damnet, qui cito; prope, ut inique puniat, qui nimis. Erixonem equitem romanum memoria nostra, quia filium suum flagellis occiderat, populus in foro graphiis confodit. Vix illum Augusti Cæsaris aucto-

vient qu'Erixon, chevalier romain, pour avoir fait périr son fils sous le fouet, fut, dans le Forum, percé par le peuple à coups de stylets. L'autorité d'Auguste César ne l'arracha qu'avec peine aux mains des pères et des fils irrités.

XV. T. Arius, ayant surpris son fils en flagrant délit de parricide, lui fit son procès et le condamna à l'exil : il n'y eut personne qui ne l'admirât de ce qu'il s'était contenté de l'exil, et d'un exil bien doux ; car il relégua le parricide à Marseille, et lui accorda une pension annuelle égale à celle qu'il lui accordait avant son crime. Il fit par cette générosité que, dans une ville où les plus méchants trouvent toujours des défenseurs, personne ne mit en doute que le condamné ne fût réellement coupable, lui que condamnait un père qui ne pouvait haïr. Ce même exemple nous donnera l'occasion de comparer un bon prince à un bon père. Quand il jugea son fils, T. Arius invita César Auguste à son conseil. César se rendit dans des pénates privés, prit place et s'assit au conseil d'une famille étrangère. Il ne dit pas : « Qu'il vienne dans mon palais. » S'il l'eût fait, le juge eût été César et non le père. La cause entendue, et toutes les preuves discutées, tant celles que fit valoir le jeune homme, que celles qu'on invoquait contre lui, Auguste demanda que chacun donnât son opinion par écrit, de peur que l'avis de César ne devînt celui de tout le monde. Ensuite, avant qu'on ouvrît les tablettes, il jura qu'il n'accepterait pas la succession d'Arius, homme très-riche. On dira qu'il y avait de la faiblesse d'âme dans cette crainte de paraître vouloir, par la condamnation du fils, ouvrir un accès à ses propres espérances. Pour moi, je pense le contraire. Chacun de nous aurait pu avoir, contre les interprétations malveillantes, assez de confiance dans le témoignage d'une bonne conscience; mais les princes doivent accorder beaucoup, même à l'opinion. Il jura donc qu'il n'accepterait pas la succession. Arius, il est vrai, perdit ainsi dans le même jour un second héritier ; mais César acheta la liberté de son suffrage ; et après avoir prouvé que sa sévérité était désintéressée, ce qu'un prince doit toujours avoir à cœur, il dit : « Que le coupable soit relégué dans le lieu que désignera le père. » Il ne vota ni pour le sac, ni pour les serpents, ni pour la prison, songeant non à celui qu'il jugeait, mais au juge qu'il assistait. Il pensa qu'un père devait se contenter du genre de supplice le moins sévère envers un fils encore jeune, qui avait été excité au crime, et qui l'avait tenté avec une timidité voisine de l'innocence ; il lui parut qu'il suffisait de l'éloigner de la ville et des regards paternels.

XVI. O prince digne d'être appelé au conseil des pères ! digne d'être institué cohéritier des fils vertueux ! Voilà la clémence qui convient à un prince ; c'est celle qui apporte la modération partout où il se montre. Que nul homme n'ait assez peu de valeur, pour que le roi ne sente pas sa perte ; quel qu'il soit, il fait partie de l'empire. Demandons à une autorité inférieure des exemples pour l'autorité souveraine. Il y a plus d'une manière de commander : le prince commande à ses sujets, le père à ses enfants, le précepteur à ses

---

toritas infestis tam patrum quam filiorum manibus eripuit.

XV. T. Arium, qui filium deprehensum in parricidio exsilio damnavit, causa cognita, nemo non suspexit, quod contentus exsilio, et exsilio delicato, Massiliæ parricidam continuit, et annua illi præstitit, quanta præstare integro solebat. Hæc liberalitas effecit, ut, in qua civitate nunquam deest patronus pejoribus, nemo dubitaret, quin reus merito damnatus esset, quem is pater damnare potuisset, qui odisse non poterat. Hoc ipso exemplo dabo, quem compares bono patri bonum principem. Cogniturus de filio T. Arius advocavit in consilium Cæsarem Augustum; venit in privatos penates, assedit; pars alieni consilii fuit. Non dixit : « Immo in meam domum veniat. » Quod si factum esset, Cæsaris futura erat cognitio, non patris. Audita causa, excussisque omnibus, et his quæ adolescens pro se dixerat, et his quibus arguebatur, petit, ut sententiam suam quisque scriberet, ne ea omnium fieret, quæ Cæsaris fuisset. Deinde, priusquam aperirentur codicilli, juravit se T. Arii hominis locupletis hereditatem non aditurum. Dicet aliquis, pusillo animo; timuit ne videretur locum spei suæ aperire velle filii damnatione. Ego contra sentio. Quilibet nostrum debuisset adversus opiniones malignas satis fiduciæ habere in bona conscientia : principes multa debent etiam famæ dare. Juravit se non aditurum hereditatem. Arius quidem eodem die et alterum heredem perdidit; sed Cæsar libertatem sententiæ suæ redemit ; et postquam approbavit gratuitam esse severitatem suam, quod principi semper curandum est, dixit : Relegandum quo patri videretur. Non culleum, non serpentes, non carcerem decrevit, memor non de quo censeret, sed cui in consilio esset. Mollissimo genere pœnæ contentum esse debere patrem dixit in filio adolescentulo, impulso in id scelus, in quo se, quod proximum erat ab innocentia, timide gessisset : debere illum ab urbe et a parentis oculis submoveri.

XVI. O dignum, quem in consilium patres advocarent ! o dignum, quem coheredem innocentibus liberis scriberent ! Hæc clementia principem decet, et quocunque venerit, mansuetiora omnia faciat. Nemo regi tam vilis sit, ut illum perire non sentiat ; qualiscunque, pars imperii est. In magna imperia ex minoribus petamus exemplum. Non est unum imperandi genus ; imperat princeps civibus suis, pater liberis, præceptor discentibus, tribunus vel centurio militibus. Nonne pessimus pater videbitur, qui assiduis plagis liberos etiam ex le-

élèves, le tribun ou le centurion à ses soldats. Ne regarderait-on pas comme le plus mauvais des pères celui qui sans cesse accablerait ses enfants de coups, même pour la cause la plus légère? Quel est le précepteur le plus digne d'enseigner les sciences libérales, de celui qui se fera le bourreau de ses disciples, si leur mémoire est en défaut, si leur coup-d'œil n'est pas assez rapide pour lire sans hésiter, ou de celui qui, pour les instruire et les corriger, aime mieux les reprendre et les faire rougir. Donne-moi un tribun ou un centurion cruel: il fera des déserteurs, et ils mériteront l'indulgence. Est-il donc juste de commander aux hommes avec plus de rigueur et de dureté qu'aux animaux muets? Cependant l'écuyer habile n'effarouche pas le cheval par des coups redoublés. L'animal deviendrait ombrageux et rétif, si une main caressante ne le flattait. Le chasseur en fait autant, lorsqu'il dresse de jeunes chiens à suivre la piste, ou lorsque, après les avoir exercés, il s'en sert pour lancer ou pour suivre le gibier. Il n'est pas sans cesse à les menacer; car il refroidirait leur ardeur, et tout ce qu'ils ont de feu s'éteindrait sous l'influence décourageante de la crainte; mais il ne leur laisse pas non plus la liberté de s'écarter et de courir au hasard. Ajoute à ces exemples celui des bêtes de somme même les plus paresseuses: quoiqu'elles semblent nées pour les outrages et les mauvais traitements, une excessive cruauté les contraint à secouer le joug.

XVII. De tous les animaux le plus intraitable est l'homme; aucun n'a besoin d'être conduit avec plus d'art, aucun n'exige plus d'indulgence. Qu'y a-t-il, en effet, de plus insensé que d'avoir honte de se mettre en colère contre des bêtes de somme et des chiens, et de faire que la pire condition soit celle de l'homme soumis à l'homme? Nous traitons les maladies sans nous irriter contre elles; or, le vice est une maladie de l'âme, qui exige un traitement doux et un médecin sans rudesse pour le malade. Il est d'un mauvais médecin de désespérer, pour se dispenser de guérir. Il en est de même pour le traitement des âmes malades: celui auquel est confié le salut de tous ne doit pas premièrement rejeter tout espoir, ni déclarer les symptômes mortels. Qu'il lutte contre les vices, qu'il résiste; qu'aux uns il reproche leur maladie; qu'il trompe les autres par un régime doux, et les guérisse plus vite et plus sûrement par des remèdes déguisés. Que le prince mette ses soins non-seulement à sauver, mais encore à ne laisser que des cicatrices honorables. Il n'y a, pour un roi, nulle gloire dans un châtiment cruel. Qui doute, en effet, de son pouvoir? Il y a, au contraire, une très-grande gloire, s'il commande à sa violence, s'il arrache beaucoup de victimes à la colère des autres, et n'en immole aucune à la sienne.

XVIII. Commander aux esclaves avec modération est un mérite; et il te faut songer non combien tu peux les faire souffrir avec impunité, mais ce que te permet sur eux la loi du bien et de l'équité; or, elle commande d'épargner même les captifs et les hommes achetés à prix d'argent. N'est-elle pas bien plus juste encore, quand elle ordonne de ne pas abuser, comme d'un esclave, de l'homme libre, noble et honnête, mais de le traiter comme un citoyen que tu domines par ton rang, dont tu es le tuteur et non pas le maître? Les esclaves trouvent un asile près de la statue du prince: quoiqu'on puisse tout contre eux, il y a

---

vissimis causis, compescet? Uter autem præceptor liberalibus studiis dignior, qui excarnificabit discipulos, si memoria illis non constiterit, aut si parum agilis in legendo oculus hæserit; an qui monitionibus et verecundia emendare ac docere malit? Tribunum centurionemque da sævum; desertores faciet, quibus tamen ignoscitur. Numquidnam æquum est, gravius homini et durius imperari, quam imperatur animalibus mutis? Atqui equum non crebris verberibus exterret domandi peritus magister. Fiet enim formidolosus et contumax, nisi eum tactu blandiente permulseris. Idem facit venator, qui instituit catulos vestigia sequi, quique jam exercitatus utitur ad excitandas vel persequendas feras. Nec crebro illis minatur; contundet enim animos, et quidquid est indolis comminuetur trepidatione degeneri; nec licentiam vagandi errandique passim concedit. Adjicias his licet tardiora agentes jumenta, quæ quum ad contumelias et miserias nata sint, nimia sævitia coguntur jugum detrectare.

XVII. Nullum animal morosius est, nullum majore arte tractandum, quam homo; nulli magis parcendum. Quid enim stultius, quam in jumentis et canibus erubescere iram exercere, pessima autem conditione sub homine hominem esse? Morbis medemur, nec irascimur: atqui et hic morbus est animi; mollem medicinam desiderat, ipsumque medentem minime infestum ægro. Mali medici est, desperare, ne curet. Idem in his, quorum animus affectus est, facere debebit, cui credita salus omnium est; non cito spem projicere, nec mortifera signa pronuntiare. Luctetur cum vitiis, resistat; aliis morbum suum exprobret; quosdam molli curatione decipiat, citius meliusque sanaturus remediis fallentibus. Agat princeps curam, non tantum salutis, sed etiam honestæ cicatricis. Nulla regi gloria est ex sæva animadversione; quis enim dubitat posse? at contra maxima, si vim suam continet, si multos iræ alienæ eripuit, neminem suæ impendit.

XVIII. Servis imperare moderate, laus est; et in mancipio cogitandum est, non quantum illud impune pati possit, sed quantum tibi permittat æqui bonique natura, quæ parcere etiam captivis et pretio paratis jubet. Quanto justius jubet, hominibus liberis, ingenuis, honestis, non ut mancipiis abuti, sed his quos gradu antecedas, quorumque tibi non tradita servitus sit, sed tutela? Servis

des choses qu'interdit contre l'homme le droit commun des êtres; car tout homme est de la même nature que toi. A qui Védius Pollion n'était-il pas encore plus odieux qu'à ses esclaves, lui qui engraissait ses murènes de sang humain, et faisait jeter ceux qui l'offensaient dans un vivier rempli de véritables serpents? O homme digne de mille morts! soit qu'il réservât pour sa table les murènes auxquelles il donnait à dévorer ses esclaves, soit qu'il ne les nourrît que pour les nourrir de cette manière. De même que les maîtres cruels sont signalés dans toute la ville comme des objets de haine et d'exécration, de même l'injustice et l'infamie des rois se déploient sur un vaste théâtre, et leur nom est livré à la malédiction des siècles. Combien eût mieux valu ne naître jamais, que de compter parmi les hommes nés pour le malheur des autres!

XIX. On ne peut rien imaginer, pour un souverain, de plus beau que la clémence, de quelque manière et à quelque titre qu'il ait été placé au-dessus des autres. Nous avouerons toutefois qu'elle a d'autant plus d'éclat et de grandeur, qu'elle s'exerce dans la souveraine puissance, laquelle ne saurait être nuisible, si elle suit les lois de la nature. C'est la nature, en effet, qui inventa la royauté : on peut s'en convaincre en observant les autres animaux, entre autres les abeilles, dont le roi occupe la demeure la plus spacieuse, la plus centrale et la plus sûre. En outre, exempt lui-même de toute charge, il fait rendre aux autres compte de leur travail : à sa mort tout l'essaim se disperse. Jamais les abeilles n'en souffrent plus d'un, et elles cherchent le plus vaillant aux combats. Du reste, ce roi se fait remarquer par sa forme, diffère des autres en grandeur et en éclat. Voici surtout ce qui le distingue : les abeilles sont très-irascibles, et, eu égard à leur petitesse, très-ardentes au combat : toujours elles laissent leur aiguillon dans la plaie; le roi, au contraire, est sans aiguillon. La nature n'a pas voulu qu'il fût cruel, ni qu'il exerçât une vengeance qui eût coûté trop cher; elle lui a donc refusé un dard, et a laissé sa colère désarmée. C'est là un puissant exemple pour les grands rois. Car la nature a pour habitude de se dévoiler dans les petits détails, et d'offrir, dans ses moindres ouvrages, des leçons pour les grandes choses. Rougissons donc de ne pas atteindre à la sagesse de ces faibles insectes, nous pour qui la modération est d'autant plus nécessaire, que notre violence est plus désastreuse. Plût aux dieux que l'homme fût soumis à la même loi, que ses armes se brisassent avec sa colère, qu'il ne lui fût permis de frapper qu'un seul coup, et que sa haine ne pût s'exercer à l'aide de forces étrangères! car la fureur se lasserait aisément si elle se satisfaisait d'elle-même, et si elle ne dépensait sa force qu'au péril de la vie. Cependant, même avec ses moyens actuels, elle ne peut se donner carrière en toute sécurité. Car on doit nécessairement craindre autant qu'on a voulu être craint; on doit surveiller toutes les mains, se croire menacé même alors qu'il n'y a pas de complots, et n'avoir aucun instant libre de terreur. Est-il un homme qui consente à supporter une si misérable existence, lorsqu'il est possible, sans faire de mal aux

---

ad statuam licet confugere; quum in servum omnia liceant, est aliquid, quod in hominem licere commune jus animantium vetet; quia ejusdem naturæ est, cujus tu. Quis non Vedium Pollionem pejus oderat, quam servi sui, quod murænas sanguine humano saginabat, et eos qui se aliquid offenderant, in vivarium, quid aliud, quam serpentium, abjici jubebat? O hominem mille mortibus dignum! sive devorandos servos objiciebat murænis, quas esurus erat, sive in hoc tantum illas alebat, ut sic aleret. Quemadmodum domini crudeles tota civitate commonstrantur, invisique et detestabiles sunt; ita regum et injuria latius patet et infamia, atque odium seculis traditur. Quanto autem non nasci fuit, quam numerari inter publico malo natos!

XIX. Excogitare nemo quidquam poterit, quod magis decorum regenti sit, quam clementia, quocunque modo is, et quocunque jure præpositus ceteris erit. Eo scilicet formosius id esse magnificentiusque fatebimur, quo in majori præstabitur potestate, quam non oportet noxiam esse, si ad naturæ legem componitur. Natura enim commenta est regem; quod et ex aliis animalibus licet cognoscere, et ex apibus, quarum regi amplissimum cubile est, medioque ac tutissimo loco. Præterea onere vacat, exactor alienorum operum; et amisso rege totum dilabitur examen; nec unquam plus unum patiuntur, melioremque pugna quærunt. Præterea insignis regi forma est, dissimilisque ceteris, tum magnitudine, tum nitore; hoc tamen maxime distinguitur. Iracundissimæ, ac pro corporis captu pugnacissimæ sunt apes, et aculeos in vulnere relinquunt; rex ipse sine aculeo est. Noluit illum natura nec sævum esse, nec ultionem magno constaturam petere; telumque detraxit, et iram ejus inermem reliquit. Exemplar hoc magnis regibus ingens est. Est enim illi mos exserere se in parvis, et ingentium rerum documenta minima agere. Pudeat ab exiguis animalibus non trahere mores; quum tanto hominum moderatior esse animus debeat, quanto vehementius nocet. Utinam quidem eadem homini lex esset, et ira cum telo suo frangeretur, nec sæpius liceret nocere quam semel, nec alienis viribus exercere odia! Facile enim lassaretur furor, si per se sibi satisfaceret, et si mortis periculo vim suam effunderet. Sed ne nunc quidem illi cursus tutus est. Tantum enim necesse est timeat, quantum timeri voluit, et manus omnium observet, et eo quoque tempore, quo non captatur, peti se judicet, nullumque momentum immune a metu habeat. Hanc aliquis ægram vitam sustinet, quum

autres, et par conséquent sans en craindre, d'exercer à la satisfaction de tous les droits tutélaires de la puissance? Car il se trompe celui qui croit qu'il y ait sûreté pour un roi, quand rien n'est en sûreté contre lui. La sécurité ne s'achète que par une sécurité réciproque. Il n'est pas besoin de construire dans les airs de hautes citadelles, ni de fortifier les rudes escarpements des collines, ni de couper à pic les flancs des montagnes, ou de s'enfermer dans les enceintes multipliées des tours et des murailles. La clémence garantit la sûreté des rois en champ découvert. Il n'y a qu'un seul rempart inexpugnable, l'amour des citoyens. Quoi de plus beau que de vivre entouré des vœux de tout un peuple, qui n'adresse pas aux dieux sa prière sous la surveillance des satellites! quand, au moindre soupçon de maladie, s'éveille non l'espoir, mais la crainte; quand personne n'a rien de si précieux qu'il ne voulût l'échanger contre le salut du chef; quand chacun se persuade que ce qui arrive au prince vient aussi le toucher! Ces témoignages quotidiens de sa bonté, voilà ce qui prouve que la république n'est pas à lui, mais qu'il est lui à la république. Qui oserait, contre un tel roi, dresser des embuches? Qui même ne voudrait pas, s'il le pouvait, détourner les coups du sort de celui sous lequel règnent la justice, la paix, la chasteté, l'ordre et la dignité publique; sous lequel l'État enrichi possède tous les biens en abondance? A la vue de leur souverain, les citoyens sont animés des mêmes sentiments que nous le serions à la vue des dieux immortels, s'ils daignaient se montrer à nous pour recevoir nos hommages et nos adorations. N'occupe-t-il pas, en effet, une place auprès des dieux, celui qui, dans sa conduite, se conforme à leur nature, bienfaisant, généreux et puissant pour faire le bien? Voilà où il faut aspirer, voilà l'exemple à suivre : n'être le plus grand que pour être le meilleur.

XX. Il y a deux motifs qui portent le prince à punir : ou il se venge, ou il venge autrui. Je discourrai d'abord sur la partie qui le concerne; car il est plus difficile de se modérer quand on se venge par colère, que quand on se venge pour l'exemple. Il est ici superflu de lui recommander de ne pas croire facilement, d'approfondir la vérité, de protéger l'innocence, et de prouver qu'à ses yeux l'affaire dont il s'agit n'a pas moins d'importance pour le juge que pour l'accusé. Ceci appartient à la justice, plutôt qu'à la clémence. Maintenant nous exhortons le prince, lorsque l'offense est manifeste, à se rendre maître de son âme, à remettre la peine, s'il le peut sans danger, sinon, à la modérer; enfin, à se montrer plus indulgent pour ses propres injures, que pour celles des autres. Car, de même que l'homme généreux n'est pas celui qui fait des libéralités avec le bien d'autrui, mais celui qui prend du sien pour donner à un autre; de même j'appelle clément, non le prince qui pardonne facilement les injures faites aux autres, mais celui qui, lorsqu'il souffre de ses propres blessures, ne se laisse pas emporter, qui comprend qu'il est d'une grande âme de supporter les injures au faîte de la puissance, et qu'il n'est pas de gloire égale à celle d'un prince impunément offensé.

XXI. La vengeance conduit ordinairement à deux résultats : elle offre à celui qui a reçu l'in-

---

liceat innoxium aliis et ob hoc securum, salutare potentiæ jus lætis omnibus tractare? Errat enim, si quis existimat tutum esse ibi regem, ubi nihil a rege tutum est. Securitas securitate mutua paciscenda est. Non opus est instruere in altum editas arces nec in adscensum arduos colles emunire, nec latera montium abscidere, multiplicibus se muris turribusque sepire ; salvum regem in aperto clementia præstabit. Unum est inexpugnabile munimentum, amor civium. Quid pulchrius est, quam vivere optantibus cunctis, et vota non sub custode nuncupantibus! si paulum valetudo titubavit, non spem hominum excitari, sed metum! nihil esse cuiquam tam pretiosum, quod non pro salute præsidii sui commutatum velit! omne quod illi contingit, sibi quoque evenire deputet! In hoc assiduis bonitatis argumentis probavit, non rempublicam suam esse, sed se reipublicæ. Quis huic audeat struere aliquod periculum? quis ab hoc non, si possit, fortunam quoque avertere velit, sub quo justitia, pax, pudicitia, securitas, dignitas florent, sub quo opulenta civitas copia bonorum omnium abundat? Nec alio animo rectorem suum intuetur, quam, si dii immortales potestatem visendi sui faciant, intueamur venerantes colentesque. Quid autem? non proximum illis locum tenet is, qui se ex deorum natura gerit, beneficus ac largus, et in melius potens? Hæc affectare, hæc imitari decet; maximum ita haberi, ut optimus simul habeatur.

XX. A duabus causis punire princeps solet, si aut se vindicat, aut alium. Prius de ea parte disseram, quæ ipsum contingit; difficilius est enim moderari, ubi dolori debetur ultio, quam ubi exemplo. Supervacuum est hoc loco admonere, ne facile credat, ut verum excutiat, ut innocentiæ faveat, et appareat, ut non minorem agi rem periclitantis, quam judicis, sciat; hoc ad justitiam, non ad clementiam pertinet. Nunc illum hortamur, ut manifeste læsus animum in potestate habeat, et pœnam, si tuto poterit, donet; sin minus, temperet; longeque sit in suis, quam in alienis exorabilior injuriis. Nam quemadmodum non est magni animi, qui de alieno liberalis est, sed ille qui quod alteri donat, sibi detrahit; ita clementem vocabo, non in alieno dolore facilem, sed eum qui, quum suis stimulis exagitetur, non prosilit; qui intelligit magni animi esse, injurias in summa potentia pati, nec quidquam esse gloriosius principe impune læso.

XXI. Ultio duas res præstare solet; aut solatium affert

DE LA CLÉMENCE.

jure soit une consolation passagère, soit la sécurité pour l'avenir. Or, la condition du prince est trop élevée pour qu'il ait besoin de consolation ; et sa puissance est trop manifeste pour qu'elle cherche à faire preuve de force par le malheur d'autrui. Je ne parle que dans le cas où il a été attaqué et insulté par des inférieurs ; car, s'il voit au-dessous de lui ceux qui autrefois étaient ses égaux, il est assez vengé. Un esclave, un serpent, une flèche tuent un roi ; mais, pour sauver quelqu'un, il faut être plus puissant que celui que l'on sauve. L'homme qui a le pouvoir de donner et d'ôter la vie doit donc noblement user de ce magnifique présent des dieux, surtout envers ceux qu'il sait avoir occupé le même rang que lui : dès qu'il est l'arbitre de leur sort, sa vengeance est remplie, et il leur a suffisamment infligé un véritable châtiment. Car c'est avoir perdu la vie, que de la devoir ; et tout homme qui, jeté du haut des grandeurs aux pieds d'un ennemi, a dû attendre la sentence d'un autre sur sa tête et sa couronne, ne vit plus que pour la gloire de son sauveur, et lui vaut plus de réputation en vivant, que si on l'eût fait disparaître. Tous les jours il sert de trophée à la vertu d'un autre : conduit en triomphe, il n'eût fait que passer. Mais, si le vainqueur a pu sans danger lui laisser aussi son royaume, et le replacer sur le trône d'où il était tombé, à quelle immense hauteur s'élève la renommée de celui qui, sur un roi vaincu, ne peut prendre que la gloire ! C'est là triompher même de sa victoire, et témoigner qu'il n'a rien trouvé chez les vaincus qui fût digne du vainqueur. Quant aux citoyens, aux inconnus, aux humbles, il faut les traiter avec d'autant plus de modération, qu'il y a moins de mérite à les avoir terrassés. Aux uns, fais-toi un plaisir de pardonner ; des autres, dédaigne de te venger, et retire ta main comme on fait pour ces faibles insectes qui souillent celui qui les écrase. Mais pour ceux dont la punition ou la grâce seront proclamées par toutes les bouches, attends, pour user de la clémence, une occasion qui la fasse connaître.

XXII. Passons aux offenses commises envers les autres : la loi, en les punissant, s'est proposé un triple but, que doit aussi se proposer le prince, c'est-à-dire, ou de corriger celui qu'elle châtie, ou de rendre les autres meilleurs par l'exemple du châtiment, ou d'assurer la sécurité des bons, en retranchant les mauvais. Quant aux coupables, tu les corrigeras mieux par des peines modérées ; car on prend plus de soin de sa réputation, quand il en reste encore quelque chose d'intact. Mais personne ne ménage un nom déjà perdu ; c'est une sorte d'impunité que de ne pas donner prise à la punition. Quant aux mœurs publiques, on les corrige mieux en étant sobre de châtiments ; car la multitude des délinquants crée l'habitude du délit : la flétrissure est moins sensible quand la foule des condamnés l'atténue ; et la sévérité, en se prodiguant, perd cette autorité qui fait la force du remède. Le prince assure les bonnes mœurs dans un État, il en extirpe le vice, lorsqu'il se montre tolérant, non en homme qui l'approuve, mais en homme qui n'en vient au châtiment qu'à regret et avec une vive douleur. La clémence

---

ei qui accepit injuriam, aut in reliquum securitatem. Principis major est fortuna, quam ut solatio egeat ; manifestiorque vis, quam ut alieno malo opinionem sibi virium quærat. Hoc dico, quum ab inferioribus petitus violatusque est ; nam si, quos pares aliquando habuit, infra se videt, satis vindicatus est. Regem et servus occidit, et serpens, et sagitta ; servavit quidem nemo, nisi major eo quem servavit. Uti itaque animose debet tanto munere deorum dandi-auferendique vitam potens, eo, ut præsertim, quos scit aliquando simile fastigium obtinuisse : hoc arbitrium adeptus, ultionem implevit, perfecitque quantum veræ pœnæ satis erat. Perdidit enim vitam, qui debet ; et quisquis ex alto ad inimici pedes abjectus alienam de capite regnoque sententiam exspectavit, in servatoris sui gloriam vivit, plusque nomini ejus confert incolumis, quam si ex oculis oblatus esset. Assiduum enim spectaculum alienæ virtutis est ; in triumpho cito transisset. Si vero regnum quoque suum tuto relinqui apud eum potuit, reponique eo unde deciderat, ingenti incremento surgit laus ejus, qui contentus fuit ex rege victo nihil præter gloriam sumere. Hoc est etiam ex victoria sua triumphare, testarique, nihil se quod dignum esset victore, apud victos invenisse. Cum civibus, et ignotis, atque humilibus eo moderatius agendum est, quo minoris est afflixisse eos. Quibusdam libenter parcas ; a quibusdam te vindicare fastidias ; et non aliter, quam ab animalibus parvis et obterentem inquinantibus reducenda manus est ; at in iis, qui in ore civitatis servati punitique erunt, occasione notæ clementiæ utendum est.

XXII. Transeamus ad alienas injurias, in quibus vindicandis hæc tria lex secuta est, quæ princeps quoque sequi debet ; aut ut eum, quem punit, emendet ; aut ut pœna ejus ceteros meliores reddat ; aut ut sublatis malis securiores ceteri vivant. Ipsos facilius emendabis minore pœna ; diligentius enim vivit, cui aliquid integri superest. Nemo dignitati perditæ parcit ; impunitatis genus est, jam non habere pœnæ locum. Civitatis autem mores magis corrigit parcitas animadversionum ; facit enim consuetudinem peccandi multitudo peccantium ; et minus gravis nota est, quam turba damnatorum levat ; et severitas, quod maximum remedium habet, assiduitate amittit auctoritatem. Constituit bonos mores civitati princeps, et vitia eruit, si patiens eorum est, non tanquam probet, sed tanquam invitus, et cum magno tormento ad castigandum veniat. Verecundiam peccandi facit ipsa clementia regentis. Gravior multo pœna videtur, quæ a miti viro constituitur.

même du souverain fait la honte du crime. La peine semble d'autant plus sévère, qu'elle est prononcée par un juge indulgent.

XXIII. Tu verras d'ailleurs que les fautes qui se commettent souvent sont celles qui sont souvent punies. Ton père, en cinq ans, a fait coudre dans le sac plus de parricides qu'on n'en avait cousu dans tous les siècles précédents. Les enfants se montrèrent moins hardis à commettre le plus odieux des crimes, tant qu'il n'y eut pas de loi contre ce forfait. Ce fut par l'effet d'une haute sagesse et d'une connaissance approfondie de la nature des choses, que d'illustres législateurs aimèrent mieux le passer sous silence, comme un crime impossible et dépassant les limites de l'audace, plutôt que de montrer, en le punissant, qu'il pouvait être commis. Ainsi les parricides ont commencé avec la loi, et la peine enseigna le forfait. La piété filiale fut bien compromise, alors que nous avons vu plus de sacs que de croix. Dans une cité où l'on punit rarement, il s'établit un contrat d'innocence; on cultive cette vertu comme une propriété publique. Qu'une cité se croie innocente, elle le sera. On s'indigne davantage contre ceux qui s'écartent de la probité commune, lorsqu'ils sont en petit nombre. Il est dangereux, crois-moi, de montrer à une cité en quelle majorité sont les méchants.

XXIV. Une sentence du Sénat avait jadis ordonné qu'un vêtement particulier distinguerait les esclaves des hommes libres : bientôt on comprit quels dangers nous menaceraient, si nos esclaves commençaient à nous compter. Sache que la même chose est à craindre, si l'on ne pardonne à personne : on verra bientôt combien l'emporte la portion la plus mauvaise de la cité. La multitude des supplices n'est pas moins déshonorante pour le prince, que la multitude des funérailles pour le médecin. On obéit de meilleur gré à celui qui commande avec douceur. L'esprit humain est naturellement rebelle; et luttant contre les obstacles et la contrainte, il suit plus volontiers qu'il ne se laisse conduire. De même que le coursier fier et généreux est plus facile à diriger lorsque son mors est doux, de même l'innocence marche par une impulsion volontaire et spontanée à la suite de la clémence; et la cité la regarde comme un trésor digne d'être conservé. On obtient donc davantage par cette voie. La cruauté est un vice qui n'a rien d'humain, et qui répugne à la douceur de notre nature. C'est une rage de bête fauve, que de prendre plaisir au sang et aux blessures ; c'est abdiquer l'homme pour se transformer en animal des bois.

XXV. Je te le demande, Alexandre, quelle différence y a-t-il entre jeter Lysimaque à un lion, et le déchirer de tes propres dents? Ces lèvres sanglantes sont les tiennes; la bête féroce, c'est toi. Oh! que tu voudrais bien mieux avoir toi-même ces griffes, avoir toi-même cette gueule assez large pour engloutir des hommes! Nous ne te demandons pas que cette main, qui porte à tes amis une mort assurée, soit secourable pour aucun, que cette âme cruelle, insatiable fléau des nations, se rassasie sans meurtre et sans carnage; nous dirons que c'est de la clémence, si pour tuer un ami tu choisis un bourreau parmi les hommes. Voilà ce qui rend la cruauté surtout exécrable, c'est qu'elle dépasse d'abord les limites ordinaires, ensuite les limites humaines. Elle re-

---

XXIII. Præterea videbis ea sæpe committi, quæ sæpe vindicantur. Pater tuus plures intra quinquennium culleo insuit, quam omnibus seculis insutos accepimus; multo minus audebant liberi nefas ultimum admittere, quamdiu sine lege crimen fuit. Summa enim prudentia altissimi viri et rerum naturæ peritissimi maluerunt, velut incredibile scelus, et ultra audaciam positum præterire, quam, dum vindicant, ostendere posse fieri. Itaque parricidæ cum lege cœperunt, et illis facinus pœna monstravit; pessimo vero loco pietas fuit, postquam sæpius culleos vidimus, quam cruces. In qua civitate raro homines puniuntur, in ea consensus fit innocentiæ, et indulgetur velut publico bono. Putet se innocentem esse civitas; erit; magis irascitur a communi frugalitate desciscentibus, si paucos eos esse viderit. Periculosum est, mihi crede, ostendere civitati quanto plures mali sint.

XXIV. Indicta est aliquando a Senatu sententia, ut servos a liberis cultus distingueret; deinde apparuit, quantum periculi immineret, si servi nostri numerare nos cœpissent. Idem scito metuendum esse, si nulli ignoscitur; cito apparebit, pars civitatis deterior quanto prægravet. Non minus principi turpia sunt multa supplicia, quam medico multa funera. Remissius imperanti melius paretur. Natura contumax est humanus animus, et in contrarium atque arduum nitens, sequiturque facilius quam ducitur. Et ut generosi atque nobiles equi melius facili freno reguntur; ita clementiam voluntaria innocentia impetu suo sequitur, et dignam putat civitas, quam servet sibi; plus itaque hac via proficitur. Crudelitas minime humanum malum est, indignum tam miti animo. Ferina ista rabies est, sanguine gaudere ac vulneribus, et, abjecto homine, in silvestre animal transire.

XXV. Quid enim interest, oro te, Alexander, leoni Lysimachum objicias, an ipse laceres dentibus tuis? tuum illud os est, tua illa feritas. O quam cuperes tibi potius ungues esse, tibi rictum illum edendorum hominum capacem! Non exigimus a te, ut manus ista, exitium familiarium certissimum, alli salutaris sit; ut iste animus ferox, insatiabile gentium malum, citra sanguinem cædemque satietur; clementia vocatur, si ad occidendum amicum carnifex inter homines eligitur! Hoc est, quare vel maxime abominanda sit sævitia, quod excedit fines, pri-

cherche de nouveaux supplices, elle appelle à son aide l'imagination, elle invente des instruments pour varier et prolonger la douleur; elle fait ses délices des souffrances de l'homme. Cette horrible maladie de l'âme arrive au comble de la démence, alors que la cruauté s'est convertie en volupté, et que c'est une jouissance de tuer un homme. Un tel monstre est poursuivi par la ruine, la haine, le poison et le poignard. Aussi grand est le nombre des dangers qui le menacent, que le nombre de ceux pour qui lui-même est un danger. Tantôt il est assiégé par des complots privés, tantôt par l'indignation publique : car une injure légère et individuelle ne soulève pas des villes entières; mais celle qui étend au loin ses ravages, et blesse tout le monde, appelle les traits de toutes parts. Les petits serpents s'échappent, et l'on ne se rassemble pas pour les tuer; mais si un reptile passe la mesure ordinaire, si sa grandeur en fait un monstre, s'il infecte les sources où il s'abreuve, s'il brûle de son haleine, s'il broie tout ce qu'il rencontre, on l'attaque avec des balistes. Les petits maux peuvent s'excuser et passer inaperçus; quand le mal est extrême, on court à l'encontre. Ainsi un seul malade ne trouble pas même une maison : mais quand la peste s'est annoncée par des morts fréquentes, toute la cité gémit dans le deuil; on fuit, on porte la main sur les dieux eux-mêmes. La flamme a-t-elle brillé sur le toit d'une seule maison, la famille et les voisins l'éteignent et y jettent de l'eau; mais que l'incendie soit vaste, qu'il ait déjà dévoré beaucoup de maisons, on sacrifie, pour l'étouffer, une partie de la ville.

XXVI. Pour venger des cruautés privées, il a quelquefois suffi du bras d'un esclave, malgré le péril assuré de la croix; mais pour celles des tyrans, les nations et les peuples, et tous ceux dont ils étaient le fléau, et tous ceux dont ils menaçaient de le devenir, se sont soulevés pour y mettre fin. Quelquefois leurs propres gardes se sont révoltés contre eux, et ont pratiqué sur eux les leçons de perfidie, d'impiété, de férocité qu'ils en avaient reçues. Que peut-on espérer en effet de celui que l'on a instruit à être méchant? La méchanceté n'obéit pas longtemps, et ne s'emporte pas aussi loin qu'on le lui ordonne. Mais, supposons que la cruauté ne coure aucun danger : quel règne que le sien! C'est l'image d'une ville prise d'assaut; c'est l'effrayant tableau de la terreur publique. Ce n'est que tristesse, alarmes, confusion : on redoute jusqu'au plaisir. Nulle sécurité, ni dans les festins, où l'ivresse même est obligée de surveiller avec soin ses discours, ni dans les spectacles, où l'on cherche des prétextes aux accusations et aux supplices. Qu'importe qu'ils étalent à grands frais les pompes royales, et les noms illustres des artistes! Quel homme peut se plaire aux jeux publics dans une prison? Quel délire, bons dieux, que de tuer, de sévir, d'aimer le bruit des chaînes, de trancher les têtes des citoyens, de verser partout où l'on passe des flots de sang, de voir à son aspect tout trembler, tout fuir! Quelle autre vie mènerait-on, si les lions et les ours régnaient, si les serpents et les animaux les plus nuisibles avaient l'empire sur nous? Et encore ces êtres privés de raison, et con-

mum solitos, deinde humanos. Nova supplicia conquirit, ingenium advocat, instrumenta excogitat, per quæ varietur atque extendatur dolor; et delectatur malis hominum. Tunc ille dirus animi morbus ad insaniam pervenit ultimam, quum crudelitas versa est in voluptatem, et jam occidere hominem juvat. Nam talem virum a tergo sequitur eversio, odia, venena, gladii; tam multis periculis petitur, quam multorum ipse periculum est; privatisque nonnunquam consiliis, alias vero consternatione publica circumvenitur. Levis enim et privata pernicies non totas urbes movet; quod late furere incessit, et omnes appetit, undique configitur. Serpentes parvulæ fallunt, nec publice conficiuntur; ubi aliqua solitam mensuram transiit, et in monstrum excrevit, ubi fontes potu inficit, et si afflavit, deurit obteritque quacunque incessit, ballistis petitur. Possunt verba dare, et evadere pusilla mala; ingentibus obviam itur. Sic unus æger nec domum quidem perturbat; at ubi crebris mortibus pestilentiam esse apparuit, conclamatio civitatis, ac fuga est, et diis ipsis manus intentantur. Sub uno aliquo tecto flamma apparuit; familia vicinique aquam ingerunt; at incendium vastum, et multas jam domos depastum, parte urbis obruitur.

XXVI. Crudelitatem privatorum serviles quoque manus sub certo crucis periculo ultæ sunt; tyrannorum, gentes populique, et quorum erat malum, et hi quibus imminebat, exscindere aggressi sunt. Aliquando sua præsidia in ipsos consurrexerunt, perfidiamque, et impietatem, et feritatem, et quidquid ab illis didicerant, in ipsos exercuerunt. Quid enim potest ab eo quisquam sperare, quem malum esse docuit? Non diu apparet nequitia, nec quantum jubetur, peccat. Sed puta tutam esse crudelitatem; quale ejus regnum est? non aliud, quam captarum urbium forma, et terribiles facies publici metus. Omnia mœsta, trepida, confusa; voluptates ipsæ timentur. Non convivia secura ineunt, in quibus lingua sollicite etiam ebriis custodienda est; non spectacula, ex quibus materia criminis ac periculi quæritur. Apparentur licet magna impensa, et regiis opibus, et artificum exquisitis nominibus; quem tamen ludi in carcere juvent? Quod istud, di boni, malum est, occidere, sævire, delectari sono catenarum, et civium capita decidere, quocunque ventum est multum sanguinis fundere, aspectu suo terrere ac fugare? Quæ alia vita esset, si leones ursique regnarent? si serpentibus in nos, ac noxiosissimo cuique animali daretur potestas? Illa rationis expertia et a nobis im

damnés par nous comme coupables de cruauté, épargnent leur espèce : chez les bêtes féroces la ressemblance est une sauvegarde. Mais la rage du tyran ne s'abstient pas même des siens : étrangers et parens sont pour lui sur une ligne égale : le meurtre des individus est un exercice qui le prépare au massacre des nations. Lancer la torche sur les maisons, faire passer sa charrue sur les villes antiques, voilà ce qu'il appelle la puissance; ordonner la mort d'un homme ou de deux lui semble peu royal, et si un troupeau d'infortunés ne tend la gorge tout à la fois, il se figure qu'on tyrannise sa cruauté. Le vrai bonheur est d'assurer le salut de beaucoup d'hommes, de les rappeler de la mort à la vie, et, par la clémence, de mériter la couronne civique. Il n'y a pas d'ornement plus digne de la majesté du prince, que cette couronne accordée pour avoir sauvé des citoyens; il n'y en a pas de plus beau, ni les trophées d'armes enlevées aux ennemis vaincus, ni les chars arrosés du sang des Barbares, ni les dépouilles conquises par la valeur. Sauver en masse des populations entières, c'est un pouvoir divin; faire périr au hasard des multitudes, c'est le pouvoir de l'incendie et de la destruction.

LIVRE SECOND.

I. Ce qui, surtout, m'a engagé à écrire sur la Clémence, c'est une parole de toi, Néron César, que je n'ai pu sans admiration ni t'entendre proférer, ni raconter moi-même aux autres : parole généreuse inspirée à une grande âme par une grande douceur, qui ne fut ni étudiée, ni prononcée pour des oreilles étrangères, mais qui s'échappa soudain, et mit au grand jour ta bonté en lutte avec les devoirs de ton rang. Burrhus, ton préfet, homme illustre et honoré de ton amitié, forcé de sévir contre deux voleurs, te priait d'écrire les noms des coupables et le motif de leur condamnation. Après plusieurs délais, il insistait pour qu'enfin justice fût faite. Lorsqu'à regret il te présenta la sentence, et qu'à regret tu la pris, tu t'écrias : « Je voudrais ne pas savoir écrire! » O parole digne d'être entendue de tous les peuples qui habitent l'empire romain, et de tous ceux qui, sur nos frontières, n'ont qu'une liberté douteuse, et de tous ceux qui ont assez de force et de courage pour se lever contre nous! O parole faite pour être transmise à l'assemblée de tous les mortels, pour devenir la formule du serment des princes et des rois! O parole digne de l'innocence primitive du genre humain, digne de faire revivre ces âges antiques! C'est maintenant, sans doute, qu'il convient de marcher d'accord vers le bien et le juste, de bannir la convoitise du bien d'autrui, source de tous les maux de l'âme; de réveiller la piété, la droiture, en même temps que la bonne foi et la modération; c'est maintenant qu'après les abus d'un trop long règne, les vices vont faire place à un siècle de bonheur et de pureté.

II. Cet avenir, César, il nous est permis d'espérer et de prédire qu'il nous est en grande partie réservé. Cette douceur de ton âme se communiquera; elle pénétrera peu à peu tous les mem-

---

manitatis crimine damnata, abstinent suis; et tuta est etiam inter feras similitudo. Horum ne a necessariis quidem rabies temperat sibi; sed externa suaque in æquo habet, quo possit exercitatior a singulorum cædibus deinde in exitia gentium serpere. Et injicere tectis ignem, aratrum vetustis urbibus inducere, potentiam putat; et unum occidi jubere aut alterum, parum imperatorium credit; nisi eodem tempore grex miserorum subjectus stetit, crudelitatem suam in ordinem coactam putat. Felicitas illa, multis salutem dare, et ad vitam ab ipsa morte revocare, et mereri clementia civicam. Nullum ornamentum principis fastigio dignius pulchriusque est, quam illa corona ob cives servatos; non hostilia arma detracta victis, non currus Barbarorum sanguine cruenti, non parta bello spolia. Hæc divina potentia est, gregatim ac publice servare; multos autem occidere, et indiscretos, incendii ac ruinæ potentia est.

LIBER SECUNDUS.

I. Ut de Clementia scriberem, Nero Cæsar, tua me vox tua maxime compulit; quam ego non sine admiratione, et, quum diceretur, audisse memini, et deinde aliis narrasse. Vocem generosam, magni animi, magnæ lenitatis, quæ non composita, nec alienis auribus data, subito erupit, et bonitatem tuam cum fortuna tua litigantem in medium adduxit! Animadversurus in latrones duos Burrhus præfectus tuus, vir egregius, et tibi principi notus, exigebat a te, scriberes, in quos et ex qua causa animadverti velles; hoc sæpe dilatum, ut aliquando fieret, instabat. Invitus invito quum chartam protulisset, traderetque, exclamasti : « Vellem nescire literas! » O dignam vocem, quam audirent omnes gentes, quæ romanum imperium incolunt, quæque juxta jacent dubiæ libertatis, quæque se contra viribus aut animis attollunt! O vocem, in concionem omnium mortalium mittendam, in cujus verba principes regesque jurarent! O vocem publica generis humani innocentia dignam, cui redderetur antiquum illud seculum! Nunc profecto consentire decebat ad æquum bonumque, expulsa alieni cupidine, ex qua omne animi malum oritur; pietatem integritatemque cum fi ie ac modestia resurgere; et vitia diuturno abusa regno tandem felici ac puro seculo dare locum.

II. Futurum hoc, Cæsar, ex magna parte sperare et confiteri libet; traducetur ista animi tui mansuetudo diffundeturque paulatim per omne imperii corpus, et cuncta

bres de l'empire, et tous se formeront à ton image. C'est dans la tête qu'est le principe de la santé : de là vient que tout est actif et vigoureux, tout est faible et languissant, selon que l'âme est saine ou malade. Et les citoyens, et les alliés seront dignes de cette bonté, et dans tout l'univers renaîtront les bonnes mœurs; partout disparaîtra la violence. Souffre qu'en parlant de toi j'insiste encore, non pour flatter ton oreille, car ce n'est pas mon habitude : j'aimerais mieux te blesser par la vérité que de te plaire par l'adulation. Quel est donc mon but? Je n'en ai pas d'autre que le désir de te familiariser le plus possible avec ce que tu as fait, ce que tu as dit de bien, afin de convertir en principe réfléchi ce qui n'est encore que l'élan d'un heureux naturel. Je me dis à moi-même qu'il s'est introduit parmi les hommes des maximes hardies, mais détestables, et dont la célébrité se colporte partout, comme celle-ci : « Qu'on me haïsse, pourvu qu'on me craigne, » à laquelle ressemble ce vers grec : « Qu'après ma mort la terre soit livrée au feu; » et d'autres de même sorte. Pour moi, je ne sais comment des esprits monstrueux et exécrables ont pu créer, quand la matière s'y prêtait tant, des termes aussi violents, aussi énergiques; tandis que je n'avais entendu jusqu'à ce jour aucune parole passionnée venir d'un prince doux et humain. Eh bien! ces sentences qui t'ont rendu l'écriture odieuse, et que tu ne signes que rarement, à regret, et après une longue hésitation, il faut pourtant les signer quelquefois; mais il le faut, ainsi que tu le fais, après une longue hésitation, après de longs délais.

III. Dans la crainte que, par hasard, le nom séduisant de clémence ne nous abuse et ne nous entraîne dans un défaut contraire, voyons ce qu'est la clémence, comment elle se comporte, et quelles sont ses limites. La clémence est la modération d'une âme qui a le pouvoir de venger; ou bien c'est l'indulgence d'un supérieur envers son inférieur dans l'application des peines. Il est plus sûr de proposer plusieurs définitions, de peur qu'une seule n'embrasse pas tout le sujet, et que nous ne péchions, pour ainsi parler, par un vice de formule. Ainsi l'on dit encore que la clémence est un penchant de l'âme vers la douceur, lorsqu'il s'agit de punir. Il est une autre définition qui trouvera des contradicteurs, quoiqu'elle approche beaucoup de la vérité. Si nous disons, par exemple, que la clémence est cette modération qui remet quelque chose de la peine due et méritée, on se récriera en soutenant qu'il n'y a aucune vertu qui fasse moins que ce qui est dû. Cependant tout le monde comprend que la clémence consiste à se tenir en-deçà du châtiment qui pourrait être à bon droit infligé. Les ignorants s'imaginent que son contraire est la sévérité; mais il n'y a pas de vertu qui soit le contraire d'une autre vertu.

IV. Quel est donc l'opposé de la clémence? C'est la cruauté, qui n'est autre chose que la dureté de l'âme dans l'application des peines. Cependant il y a des gens qui, sans appliquer des peines, sont néanmoins cruels : ainsi ceux qui tuent des inconnus et des passants, non en vue d'un profit, mais pour le plaisir de tuer. Souvent ils ne se contentent pas de faire mourir, mais ils

---

in similitudinem tui formabuntur. A capite bona valetudo; inde omnia vegeta sunt atque erecta, aut languore demissa, prout animus eorum viget, aut marcet. Et erunt cives, erunt socii digni hac bonitate, et in totum orbem recti mores revertentur; parcetur ubique manibus. Tuis diutius me morari hic patere, non ut blandum auribus tuis; nec enim mihi hic mos est; maluerim veris offendere, quam placere adulando; quid ergo est? præter id, quod bene factis dictisque tuis quam familiarissimum esse cupio, ut, quod nunc natura et impetus est, fiat judicium. Illud mecum considero, multas voces magnas, sed detestabiles, in vitam humanam pervenisse, celebresque vulgo ferri, ut illam : « Oderint, dum metuant! » Cui græcus versus similis est, « qui se mortuo terram misceri ignibus jubet » et alia hujus notæ. Ac nescio, quomodo ingenia immania et invisa materia secundiori expresserunt sensus vehementes et concitatos. Nullam adhuc vocem audivi ex bono lenique animosam. Quid ergo est? ut raro, invitus, et cum magna cunctatione, ita aliquando scribas necesse est illud, quod tibi in odium literas adduxit; sed, sicut facis, cum magna cunctatione, cum multis dilationibus.

III. Et ne forte decipiat nos speciosum clementiæ nomen, aliquando et in contrarium abducat, videamus quid sit clementia, qualisque sit, et quos fines habeat. Clementia est temperantia animi, in potestate ulciscendi, vel lenitas superioris adversus inferiorem in constituendis pœnis. Plura proponere est tutius, ne una definitio parum rem comprehendat, et, ut ita dicam, formula excidat : itaque dici potest et inclinatio animi ad lenitatem in pœna exigenda. Illa finitio contradictiones inveniet, quamvis maxime ad verum accedat. Si dixerimus clementiam esse moderationem aliquid ex merita ac debita pœna remittentem, reclamabitur nullam virtutem quidquam minus debito facere. Atqui hoc omnes intelligunt clementiam esse, quæ se flectit citra id quod merito constitui posset. Huic contrariam imperiti putant severitatem; sed nulla virtus virtuti contraria est.

IV. Quid ergo opponitur clementiæ? Crudelitas, quæ nihil aliud est, quam atrocitas animi in exigendis pœnis. Sed quidam non exigunt pœnas, crudeles tamen sunt : tanquam qui ignotos homines et obvios non in compendium, sed occidendi causa occidunt. Nec interficere contenti sæviunt, ut Sinis ille et Procustes, et piratæ, qui

veulent torturer : comme Sinis, comme Procuste, comme les pirates, qui accablent de coups leurs prisonniers, et les mettent vivants sur le bûcher. C'est là sans doute de la cruauté : mais comme elle n'est pas une suite de la vengeance (car il n'y a pas eu d'offense), comme elle ne s'exerce pas contre un coupable (car elle n'est précédée d'aucun crime), elle est en dehors de notre définition, laquelle ne comprend que l'excessive rigueur dans l'application des peines. Nous pouvons dire qu'il n'y a pas cruauté, mais férocité à chercher des jouissances dans les tourments des autres. Nous pouvons dire que c'est de la folie ; car la folie est de diverses espèces, et aucune n'est plus caractérisée que celle qui va jusqu'au meurtre et aux tortures. J'appelle donc cruels ceux qui, avec de justes motifs pour punir, ne gardent pas de mesure. Tel était Phalaris auquel on reproche, non à la vérité d'avoir puni des innocents, mais d'avoir été dans ses supplices au-delà des bornes de l'humanité et de la justice. Pour échapper aux mauvaises plaisanteries, nous pouvons définir la cruauté un penchant de l'âme vers la rigueur. C'est ce que la clémence repousse loin de soi; car il est certain qu'elle peut s'accorder avec la sévérité. Il entre dans notre sujet d'examiner ici ce que c'est que la compassion. Car en général on la vante comme une vertu, et l'on appelle bon l'homme compatissant. Et pourtant elle est un des vices de l'âme. La cruauté et la compassion sont sur les limites, l'une de la sévérité, l'autre de la clémence. Nous devons donc les éviter, de peur que, sous une apparence de sévérité, nous ne tombions dans la cruauté, et, sous une apparence de clémence, dans la compassion. Dans ce dernier cas, l'erreur est moins dangereuse; mais en tout cas elle est égale dès que l'on s'écarte de la vérité.

V. De même donc que la religion honore les dieux, et que les superstitions les outragent, de même les gens de bien feront preuve de clémence et de douceur, mais éviteront la compassion. C'est le vice d'une âme faible qui succombe à l'aspect du mal d'autrui. Aussi est-il très-commun, même chez les méchants. On voit des vieilles femmes qui s'attendrissent aux larmes des plus grands coupables, et qui, si elles le pouvaient, briseraient les portes des prisons. La compassion ne considère pas la cause, mais seulement l'infortune; la clémence s'attache à la raison. Je sais que la secte des Stoïciens est mal venue auprès des ignorants, comme trop dure, comme incapable de donner aux princes et aux rois de bons conseils. On lui reproche de refuser au sage le droit de compatir, le droit de pardonner. La doctrine ainsi posée serait odieuse; car elle semble ne laisser aucun espoir aux erreurs humaines, et envoyer au supplice tous les délits. S'il en était ainsi, que serait donc cette philosophie qui ordonnerait d'oublier l'humanité, et qui, nous interdisant de nous entr'aider, nous fermerait le port le plus sûr contre l'adversité ? Mais nulle secte, au contraire, n'est plus bienveillante, plus douce; nulle n'est plus amie des hommes, plus occupée du bien général; car elle enseigne non pas seulement à être secourable, à être utile à soi-même, mais à surveiller les intérêts de tous et de chacun. La compassion est une douleur de

captos verberant, et in ignem vivos imponunt. Hæc crudelitas quidem; sed quia nec ultionem sequitur (non enim læsa est), nec peccato alicui irascitur (nullum enim antecessit crimen) extra finitionem nostram cadit; quæ finitio continebat in exigendis pœnis intemperantiam animi. Possumus dicere, non esse hanc crudelitatem, sed feritatem, cui voluptati sævitia est : possumus insaniam vocare; nam varia sunt genera ejus, et nullum certius, quam quod in cædes hominum et laniationes pervenit. Illos ergo crudeles vocabo, qui puniendi causam habent, modum non habent. Sicut in Phalari, quem aiunt non quidem in homines innocentes, sed super humanum ac probabilem modum sævisse. Possumus effugere cavillationem, et ita finire, ut sit crudelitas inclinatio animi ad asperiora. Hanc clementia repellit longius a se : nam severitatem illi convenire certum est. Ad rem pertinet, quærere hoc loco, quid sit misericordia. Plerique enim ut virtutem eam laudant, et bonum hominem vocant misericordem. At hæc vitium animi est. Utraque circa severitatem, circaque clementiam posita sunt; quæ vitare debemus, ne per speciem severitatis in crudelitatem, neve per speciem clementiæ in misericordiam incidamus. In hoc, leviore periculo erratur, sed par error est a vero recedentium.

V. Ergo quemadmodum religio deos colit, superstitio violat; ita clementiam mansuetudinemque omnes boni præstabunt, misericordiam autem vitabunt. Est enim vitium pusilli animi, ad speciem alienorum malorum succedentis. Itaque pessimo cuique familiarissima est. Anus et mulierculæ sunt, quæ lacrymis nocentissimorum moventur, quæ, si liceret, carcerem effringerent. Misericordia non causam, sed fortunam spectat; clementia rationi accedit. Scio male audire apud imperitos sectam Stoicorum, tanquam nimis duram, et minime principibus regibusque bonum daturam consilium. Objicitur enim illi, quod sapientem negat misereri, negat ignoscere. Hæc si per se ponantur, invisa sunt; videntur enim nullam spem relinquere humanis erroribus, sed omnia delicta ad pœnam deducere. Quod si est, quidni hæc scientia, quæ dediscere humanitatem jubet, portumque adversus fortunam certissimum mutuo auxilio cludit? Sed nulla secta benignior leniorque est, nulla amantior hominum, et communibus bonis attentior : ut propositum sit usui esse aut auxilio, nec sibi tantum, sed universis

DE LA CLÉMENCE.

l'âme, occasionée par la vue des misères d'autrui ; ou bien une tristesse produite par les maux d'autrui, que l'on s'imagine n'être pas mérités. Or, la douleur n'atteint pas le sage : son esprit est toujours sans nuages, et aucun événement ne peut l'obscurcir. Rien ne lui sied mieux qu'une âme forte ; or, elle ne peut être forte, si la crainte et l'affliction l'amollissent, l'obscurcissent et la resserrent. C'est ce qui n'arrivera pas au sage, même dans ses propres malheurs : mais il repoussera et verra se briser à ses pieds tout le courroux du sort. Il conservera toujours le même visage, calme et impassible ; ce qu'il ne pourrait faire, s'il se laissait atteindre par la tristesse. Ajoute que le sage est prévoyant et tient sa raison toujours en éveil. Or, jamais ce qui est limpide et pur ne provient de ce qui est trouble. Car la tristesse est inhabile à discerner les objets, à calculer l'utile, à éviter les périls, à apprécier le juste. Ainsi donc il ne compatira pas aux misères d'autrui, parce qu'il lui faudrait rendre son âme misérable : pour toutes les autres choses que font d'ordinaire les gens compatissants, il les fera volontiers, mais dans un autre sentiment.

VI. Il essuiera les larmes des autres, il n'y mêlera pas les siennes. Il offrira la main au naufragé ; à l'exilé, l'hospitalité ; à l'indigent, l'aumône ; non cette aumône humiliante, que la plupart de ceux qui veulent passer pour compatissants jettent avec dédain au malheureux qu'ils secourent, et dont le contact les dégoûte ; mais il donnera comme un homme à un homme, sur le patrimoine commun. Il rendra le fils aux larmes d'une mère, il fera tomber les chaînes de l'esclave, il retirera de l'arène le gladiateur, il ensevelira même le cadavre du criminel. Mais il fera tout cela dans le calme de son esprit, et d'un visage inaltérable. Ainsi donc le sage ne sera pas compatissant ; mais il sera secourable, il sera utile aux autres ; car il est né pour servir d'appui à tous, pour contribuer au bien public, dont il offre une part à chacun. Même pour les méchants, que selon l'occasion il réprimande et corrige, sa bonté est toujours accessible. Mais quant aux malheureux et à ceux qui souffrent avec constance, il leur viendra en aide avec bien plus de cœur. Toutes les fois qu'il le pourra, il s'interposera entre eux et la fortune. Quel meilleur usage, en effet, ferait-il de ses richesses et de son pouvoir, que de rétablir ce que le sort a détruit ! Sans doute, ni son visage, ni son âme ne seront abattus, en voyant la maigreur et les haillons du mendiant décharné, et sa vieillesse qui se traîne appuyée sur un bâton. Mais il obligera tous ceux qui le mériteront, et, ainsi que les dieux, il fera tomber sur l'infortune un regard favorable. La compassion est voisine de la misère ; elle en tient, elle en emprunte quelque chose. On s'aperçoit que des yeux sont faibles, lorsqu'ils coulent eux-mêmes en voyant couler les autres ; de même c'est un signe d'infirmité et non de gaîté, que de rire toujours au rire des autres, comme d'ouvrir la bouche chaque fois que quelqu'un bâille. La compassion est l'infirmité des âmes trop sensibles à la misère : l'exiger du sage, c'est presque exiger de lui des lamentations et

---

singulisque consulere. Misericordia est ægritudo animi, ob alienarum miseriarum speciem, aut tristitia ex alienis malis contracta, quæ accidere immerentibus credit. Ægritudo autem in sapientem virum non cadit ; serena ejus mens est, nec quidquam incidere potest, quod illam obducat. Nihilque, quam magnus animus decet, non potest autem magnus esse idem, si metus et mœror contundit, si mentem obducit et contrahit. Hoc sapienti ne in suis quidem accidet calamitatibus, sed omnem fortunæ iram reverberabit, et ante se franget : eamdem semper faciem servabit, placidam, inconcussam ; quod facere non posset, si tristitiam reciperet. Adjice, quod sapiens providet, et in expedito consilium habet ; nunquam autem liquidum sincerumque ex turbido venit. Tristitia enim inhabilis est ad despiciendas res, utilia excogitanda, periculosa vitanda, æqua æstimanda. Ergo non miseretur, quia et sine miseria animi non fit ; cetera omnia, quæ qui miserentur solent facere, hic libens et alius animo faciet.

VI. Succurret alienis lacrymis, non accedet ; dabit manum naufrago, exsuli hospitium, egenti stipem, non hanc contumeliosam, qua pars major horum, qui se misericordes videri volunt, abjicit et fastidit quos adjuvat, contingique ab his timet : sed ut homo homini, ex communi dabit. Donabit lacrymis materuis filium, et catenas solvi jubebit, et ludo eximet, et cadaver etiam noxium sepeliet. At faciet ista tranquilla mente, vultu suo. Ergo non miserebitur sapiens, sed succurret, sed proderit, in commune auxilium natus ac publicum bonum, ex quo dabit cuique partem : etiam ad calamitosos pro portione improbandos et emendandos bonitatem suam permittet. Afflictis vero, et fortius laborantibus, multo libentius subveniet. Quoties poterit, fortunæ intercedet ; ubi enim opibus potius utetur, aut viribus, quam ad restituenda, quæ casus impulit ! vultum quidem non dejiciet, nec animum ob æruscantis civis aridam ac pannosam maciem, et inixam baculo senectutem : ceterum omnibus dignis proderit, et deorum more calamitosis propitius respiciet. Misericordia vicina est miseriæ : habet enim aliquid, trahitque ex ea. Imbecilles oculos esse scias, qui ad alienam lippitudinem et ipsi suffunduntur ; tam mehercule, quam morbum esse, non hilaritatem, semper arridere ridentibus, et ad omnium oscitationem ipsum quoque os diducere. Misericordia vitium est animorum, nimis miseriæ faventium : quam si quis a sapiente exigit, prope est ut lamentationem exigat, et in alienis funeribus gemitus

des gémissements aux funérailles d'un étranger. VII. Mais pourquoi ne pardonne-t-il pas? Je vais le dire. Commençons par établir ce que c'est que le pardon, afin de nous convaincre que le sage ne doit pas l'accorder. Le pardon est la remise d'une peine méritée. Pourquoi le sage ne doit-il pas l'accorder? On en trouve les raisons longuement développées chez ceux qui ont traité cette matière. Pour moi, je les dirai en peu de mots, comme rendant compte de l'opinion d'autrui. On pardonne à celui qui aurait dû être puni. Or, le sage ne fait rien de ce qu'il ne doit pas, n'omet rien de ce qu'il doit faire. Il ne remet donc pas la peine qu'il doit infliger ; mais ce qu'on veut obtenir par le pardon, il l'accorde par une voie bien plus honorable; car le sage épargne, conseille et corrige. Il fait la même chose que s'il pardonnait, et pourtant il ne pardonne pas, parce que pardonner c'est avouer qu'on omet quelque chose que l'on devait faire. A l'un, il adressera des réprimandes, mais il ne le punira pas, en considération de son âge qui lui permet de s'amender : à l'autre, que son crime expose à la haine publique, il assurera son salut, parce qu'il a failli par la séduction, ou par l'ivresse. Les ennemis, il les renverra avec la vie sauve, quelquefois même avec éloge, s'ils ont pris les armes pour des motifs honorables, pour la foi du serment, pour une alliance, pour la liberté. Ce ne sont pas là des œuvres de pardon, mais de clémence. La clémence a son libre arbitre : elle ne prononce pas d'après des formules, mais d'après le bien et l'équité. Il lui est permis d'absoudre, et de taxer la peine au prix qui lui convient. Et en agissant ainsi, elle ne prétend pas déroger à la justice, mais que ses arrêts soient ce qu'il y a de plus juste. Or, pardonner, c'est ne pas punir ce que l'on juge pardonnable. Le pardon est la remise d'une peine due : la clémence a pour premier effet de déclarer que ceux qu'elle épargne ne devaient subir rien de plus. Elle est donc plus complète et plus honorable que le pardon. C'est à mon sens une dispute de mots : mais on est d'accord sur les choses. Le sage remettra un grand nombre de peines ; il conservera un grand nombre d'hommes d'un esprit peu sain, mais qu'on peut rendre à la santé. Il imitera l'habile agriculteur, qui ne cultive pas seulement les arbres droits et élevés, mais adapte des appuis, pour les redresser, à ceux qu'un accident quelconque a tordus. Il émonde les uns pour que leurs rameaux n'arrêtent pas leur essor ; il alimente ceux qui languissent sur un sol paresseux ; à d'autres, sur qui pèse une ombre étrangère, il découvre les cieux. Suivant ces principes, le sage parfait examinera quel traitement particulier convient à chaque esprit, pour fléchir et redresser ceux qui ne sont pas droits.

VII. At quare non ignoscat, dicam. Constituamus nunc quoque quid sit venia, ut sciamus dari illam a sapiente non debere. Venia est pœnæ meritæ remissio. Hanc sapiens quare non debeat dare, reddunt rationem diutius, quibus hoc propositum est. Ego ut breviter, tanquam in alieno judicio, dicam ; ei ignoscitur, qui puniri debuit ; sapiens autem nihil facit, quod non debet, nihil prætermittit quod debet ; itaque pœnam, quam exigere debet, non donat ; sed illud, quod ex venia consequi vis, honestiore tibi via tribuit : parcit enim sapiens, consulit, et corrigit. Idem facit, quod si ignosceret, nec ignoscit : quoniam qui ignoscit, fatetur aliquid se, quod fieri debuit, omisisse. Aliquem verbis tantum admonebit, pœna non afficiet, ætatem ejus emendabilem intuens : aliquem invidia criminis manifeste laborantem jubebit incolumem esse, quia deceptus est, quia per vinum lapsus. Hostes dimittet salvos, aliquando etiam laudatos, si honestis causis pro fide, pro fœdere, pro libertate in bellum accincti sunt. Hæc omnia non veniæ, sed clementiæ opera sunt. Clementia liberum arbitrium habet ; non sub formula, sed ex æquo et bono judicat. Et absolvere illi licet, et quanti vult, taxare litem. Nihil ex his facit, tanquam justo minus fecerit, sed tanquam id quod constituit, justissimum sit. Ignoscere autem est, quæ judicas punienda, non punire. Venia debitæ pœnæ remissio est ; clementia hoc primum præstat, ut quos dimittit, nihil aliud illos pati debuisse pronuntiet. Plenior est ergo quam venia, et honestior. De verbo (ut mea fert opinio) controversia est ; de re quidem convenit. Sapiens multa remittet, multos parum sani, sed sanabilis ingenii, servabit. Agricolas bonos imitabitur, qui non tantum rectas proceraque arbores colunt, sed illis quoque, quas aliqua depravavit causa, adminicula quibus regantur, applicant. Alias circumcidunt, ne proceritatem rami premant, quasdam, infirmas vitio loci, nutriunt, quibusdam, aliena umbra laborantibus, cœlum aperiunt. Secundum hæc videbit perfectus sapiens, quod ingenium qua ratione tractandum sit, quomodo in rectum prava flectantur.

DE LA VIE HEUREUSE.

I. Vivre heureux, voilà, mon frère Gallien, ce que veulent tous les hommes. Mais s'agit-il de distinguer clairement ce qu'il faut pour rendre la vie heureuse, leur vue s'obscurcit. Et il est si peu facile d'atteindre la vie heureuse, que, si une fois on s'est trompé de chemin, chacun s'en éloigne d'autant plus que sa course est plus rapide; car, dès qu'on marche en sens contraire, la vitesse elle-même augmente la distance. Il faut donc d'abord déterminer ce que c'est que nous cherchons, ensuite regarder de tous côtés par où nous pouvons y arriver avec le plus de célérité : dans la route même, pourvu que ce soit la bonne, nous saurons combien chaque jour nous aurons gagné, de combien nous serons plus près du but vers lequel nous pousse un désir naturel. Tant que nous errons au hasard, sans suivre aucun guide, mais abusés par des sons confus, par des cris discordants qui nous appellent sur des points opposés, notre vie s'use en égarements, cette vie si courte, quand même jour et nuit nous travaillerions à rendre notre âme meilleure. Il faut donc décider où nous allons, et par où; mais non sans l'assistance de quelque homme habile qui ait exploré les chemins que nous devons parcourir; car ici les circonstances ne sont pas les mêmes que dans les autres voyages. Dans ces derniers il y a quelque sentier tracé, et les habitants auxquels on s'adresse ne vous laissent pas égarer; mais ici le chemin le plus battu, le plus fréquenté, est celui qui trompe le plus. Il faut donc nous attacher, avant tout, à ne pas suivre, comme des moutons, le troupeau qui nous précède, en passant, non par où il faut aller, mais par où l'on va. Or, rien ne nous entraîne dans de plus grands maux, que de nous régler sur l'opinion, en croyant que le mieux est ce que la foule applaudit, et ce dont il y a beaucoup d'exemples; c'est vivre non suivant la raison, mais par imitation. De là cet énorme entassement de gens qui tombent les uns sur les au-

DE VITA BEATA.

I. Vivere. Gallio frater, omnes beate volunt, sed ad pervidendum, quid sit quod beatam vitam efficiat, caligant. Adeoque non est facile consequi beatam vitam, ut ab ea quisque eo longius recedat, quo ad illam concitatius fertur, si via lapsus est : quæ ubi in contrarium ducit, ipsa velocitas majoris intervalli causa sit. Proponendum est itaque primum quid sit quod appetamus : tunc circumspiciendum est, qua contendere illo celerrime possimus; intellecturi in ipso itinere, si modo rectum erit, quantum quotidie profligetur, quantoque propius ab eo simus, ad quod nos cupiditas naturalis impellit. Quamdiu quidem passim vagamur, non ducem secuti, sed fremitum et clamorem dissonum in diversa vocantium, conteritur vita inter errores, brevis, etiamsi dies noctesque bonæ menti laboremus. Decernatur itaque et quo tendamus, et qua ; non sine perito aliquo, cui explorata sint ea, in quæ procedimus; quoniam quidem non eadem hic, quæ in ceteris peregrinationibus, conditio est. In illis comprehensus aliquis limes, et interrogati incolæ, non patiuntur errare; at hic tristissima quæque via, et celeberrima, maxime decepit. Nihil ergo magis præstandum est, quam ne, pecorum ritu, sequamur antecedentium gregem, pergentes non qua eundum est, sed qua itur. Atqui nulla res nos majoribus malis implicat, quam quod ad rumorem componimur optima rati ea, quæ magno assensu recepta sunt, quorumque exempla nobis multa sunt; nec ad rationem, sed ad similitudinem vivimus. Inde ista tanta

tres. C'est là ce qui se passe dans un grand carnage d'hommes ; lorsque la multitude se refoule sur elle-même, nul ne tombe sans entraîner sur lui quelque autre ; les premiers font trébucher ceux qui les suivent : voilà ce que, dans toute vie, tu peux voir arriver. Personne ne s'égare tout seul ; mais on devient la cause et l'auteur de l'égarement d'autrui. Car ce qui nuit, c'est de s'appuyer sur ceux qui marchent devant ; et comme chacun aime mieux croire que juger, la vie est livrée non au jugement, mais à la crédulité. Ainsi nous ébranle et nous abat l'erreur transmise de main en main, et nous périssons victimes de l'exemple. Nous serons guéris, si une fois nous nous séparons de la foule ; mais aujourd'hui le peuple, défenseur de ses maux, s'est retranché contre la raison. Aussi arrive-t-il ce qui a lieu dans les comices, où les mêmes hommes qui ont nommé les préteurs s'étonnent qu'ils aient été nommés, lorsque change le vent de l'inconstante faveur. Les mêmes choses, nous les approuvons, nous les blâmons. Tel est le résultat de tout jugement où c'est la majorité qui prononce.

II. Lorsqu'il s'agit de la vie heureuse, il n'y a pas lieu, comme pour le partage des voix, de me répondre : «Ce côté paraît le plus nombreux.» Car c'est pour cela qu'il est le plus mauvais. Les choses humaines ne vont pas si bien, que ce qui est le mieux plaise au plus grand nombre : l'argument du pire, c'est l'autorité de la foule. Cherchons ce qui est le meilleur, non ce qui est le plus ordinaire ; ce qui nous met en possession d'une éternelle félicité, non ce qui a l'approbation du vulgaire, le plus mauvais interprète de la vérité. Or, j'entends par vulgaire, et les gens en chlamyde, et les personnages couronnés. Car je ne regarde pas aux couleurs des vêtements qui enveloppent le corps : pour juger un homme, je n'en crois pas mes yeux. J'ai une lumière meilleure et plus sûre pour discerner le vrai du faux. Que l'âme trouve le bien de l'âme. Si jamais elle a le temps de respirer, de rentrer en elle-même, et de se mettre à la question, oh ! comme elle savoure la vérité ! « Tout ce que j'ai fait jusqu'ici, se dira-t-on, j'aimerais mieux que ce ne fût pas fait : lorsque je me rappelle tout ce que j'ai dit, je porte envie aux êtres muets : tout ce que j'ai souhaité a été d'accord, je pense, avec les imprécations de mes ennemis : tout ce que j'ai craint, grands dieux ! combien c'était meilleur que ce que j'ai désiré ! J'ai été l'ennemi d'un grand nombre, et de la haine je suis revenu à la bonne intelligence, si toutefois il peut y avoir bonne intelligence entre les méchants ; je suis le seul dont je ne me sois pas encore fait aimer. J'ai mis tous mes soins à sortir de la foule, à me faire remarquer par quelque grande qualité : qu'ai-je gagné, que de m'exposer aux traits, que de montrer à la malveillance où ses dents avaient prise ? » Tu vois tous ces gens qui vantent l'éloquence, qui escortent la richesse, qui flattent la faveur, qui exaltent le pouvoir : tous sont des ennemis, ou, ce qui revient au même, peuvent le devenir. La multitude des envieux est égale à la multitude des admirateurs.

III. Pourquoi plutôt ne chercherais-je pas quelque chose qui soit bon à l'user, quelque chose que

---

coacervatio aliorum super alios ruentium. Quod in strage hominum magna evenit ; quum ipse se populus premit, nemo ita cadit, ut non alium in se attrahat : primi exitio sequentibus sunt : hoc in omni vita accidere videas licet : nemo sibi tantummodo errat, sed alieni erroris et causa et auctor est. Nocet enim applicari antecedentibus ; et dum unusquisque mavult credere, quam judicare, nunquam de vita judicatur, semper creditur ; versatque nos et præcipitat traditus per manus error, alienisque perimus exemplis. Sanabimur, si modo separemur a cœtu ; nunc vero stat contra rationem, defensor mali sui, populus. Itaque id evenit, quod in comitiis, in quibus eos factos prætores iidem qui fecere mirantur, quum se mobilis favor circumegit. Eadem probamus, eadem reprehendimus ; hic exitus est omnis judicii, in quo secundum plures datur.

II. Quum de beata vita agitur, non est quod mihi illud discessionum more respondeas : « Hæc pars major esse videtur. » Ideo enim pejor est. Non tam bene cum rebus humanis agitur, ut meliora pluribus placeant : argumentum pessimi, turba est. Quæramus, quid optimum factum sit, non quid usitatissimum, et quid nos in possessione felicitatis æternæ constituat, non quid vulgo, veritatis pessimo interpreti, probatum sit. Vulgum autem tam chlamydatos, quam coronatos voco. Non enim colorem vestium, quibus prætexta corpora sunt, adspicio ; oculis de homine non credo ; habeo melius certiusque lumen, quo a falsis vera dijudicem. Animi bonum animus inveniet. Hic, si unquam illi respirare et recedere in se vacaverit, o quam sibi ipse verum, tortus a se, fatebitur, ac dicet : «Quidquid feci adhuc, infectum esse mallem ; quidquid dixi quum recogito, mutis invideo ; quidquid optavi, inimicorum exsecrationibus puto ; quidquid timui, dii boni, quanto melius fuit, quam quod concupivi ? Cum multis inimicitias gessi, et in gratiam ex odio (si modo ulla inter malos gratia est) redii ; mihi ipsi nondum amicus sum. Omnem operam dedi, ut me multitudini educerem, et aliqua dote notabilem facerem ; quid aliud quam telis me opposui, et malevolentiæ, quod morderet, ostendi ? » Vides istos, qui eloquentiam laudant, qui opes sequuntur, qui gratiæ adulantur, qui potentiam extollunt ? Omnes aut sunt hostes, aut (quod in æquo est) esse possunt. Quam magnus mirantium, tam magnus invidentium populus est.

III. Quin potius quæro aliquid usu bonum, quod sentiam, non quod ostendam ? Ista quæ spectantur, ad quæ consistitur, quæ alter alteri stupens monstrat, foris ni-

Je sente, et non point dont je fasse parade? Tous ces objets, qui attirent les regards, devant lesquels on s'arrête, que, tout ébahi, l'on se montre l'un à l'autre, sont brillants au dehors ; mais au dedans ils sont misérables. Cherchons quelque chose qui ne soit pas seulement bon en apparence, mais qui soit constamment solide, et toujours plus beau dans ses replis les plus cachés. Voilà le bien qu'il faut découvrir, et il n'est pas loin ; il se trouvera ; il faut seulement savoir où porter la main. Maintenant, comme dans les ténèbres, nous passons à côté des choses, nous heurtant contre celles mêmes que nous désirons. Mais, pour ne pas te faire faire trop de détours, je passerai sous silence les opinions des autres ; car il serait long de les énumérer et de les réfuter : écoute la nôtre. Quand je dis la nôtre, je ne m'asservis pas à tel ou tel des maîtres du stoïcisme : j'ai le droit de donner mon avis. En conséquence, je me rangerai du côté de l'un, j'exigerai de l'autre la division de la question : peut-être même que, consulté après tous, je ne désapprouverai rien de ce que les premiers auront décidé, et je dirai : « Voici ce que je propose encore. » Cependant, d'accord en cela avec tous les stoïciens, je me prononce pour la nature des choses : ne pas s'en écarter, se former sur sa loi et sur son exemple, voilà la sagesse. La vie heureuse est donc celle qui est en accord avec sa nature ; or, on ne peut l'obtenir que si d'abord l'âme est saine et en possession constante de son état sain ; ensuite, si elle est courageuse et ardente, belle et patiente, propre à toutes circonstances, soigneuse du corps et de tout ce qui s'y rapporte, non toutefois jusqu'à s'en tourmenter ; attentive aux autres choses qui pourvoient à la vie, sans en admirer aucune ; usant des dons de la fortune, sans en être l'esclave. Tu comprends, quand même je ne l'ajouterais pas, que de là résulte une continuelle tranquillité, et la liberté, puisqu'on s'est affranchi de tout ce qui peut irriter ou effrayer. Car, au lieu des voluptés, au lieu de ces jouissances petites et fragiles, funestes même au sein du désordre, une joie grande, inébranlable et assurée nous vient. Alors nous viennent la paix et l'harmonie, et la grandeur avec la bienveillance. Car toute cruauté procède de faiblesse.

IV. Le bien, selon nous, peut encore être défini autrement, c'est-à-dire, être compris dans le même sens, mais non dans les mêmes termes. De même qu'une armée peut tantôt se déployer au large, tantôt se resserrer à l'étroit, quelquefois, se recourbant vers les ailes, disposer le centre en croissant, ou bien se développer en ligne droite, et cependant, quelle que soit sa disposition, avoir toujours la même force, la même volonté de combattre pour la même cause ; ainsi la définition du souverain bien peut tantôt s'étendre et se développer, tantôt se réduire et se replier en soi Ce sera donc tout un, si je dis : Le souverain bien est une âme qui méprise le hasard, et fait sa joie de la vertu ; ou si je dis : C'est une invincible force d'âme qui a l'expérience des choses, calme dans l'action, pleine de bienveillance pour les hommes, de soins pour ceux qui nous entourent. Je veux encore le définir, en disant que l'homme heureux est celui pour qui n'existe rien de bon, rien de mauvais, qu'une bonne ou une mauvaise

---

tent, introrsus misera sunt. Quæramus aliquid non in speciem bonum, sed solidum et æquabile, et a secretiore parte formosius. Hoc eruamus ; nec longe positum est ; invenietur ; scire tantum opus est, quo manum porrigas. Nunc velut in tenebris vicina transimus, offensantes in ipsa quæ desideramus. Sed ne te per circuitus traham, aliorum quidem opiniones præteribo ; nam et enumerare illas longum est, et coarguere ; nostram accipe. Nostram vero quum dico, non alligo me ad unum aliquem ex stoicis proceribus ; est et mihi censendi jus. Itaque aliquem sequar, aliquem jubebo sententiam dividere ; fortasse et post omnes citatus, nihil improbabo ex his quæ priores decreverint, et dicam : « Hoc amplius censeo. » Interim, quod inter omnes stoicos convenit, rerum naturæ assentior ; ab illa non deerrare, et ad illius legem exemplumque formari, sapientia est. Beata est ergo vita, conveniens naturæ suæ ; quæ non aliter contingere potest, quam si primum sana mens est, et in perpetua possessione sanitatis suæ. Deinde, si fortis ac vehemens, tum pulcherrima et patiens, apta temporibus, corporis sui pertinentiumque ad id curiosa, non anxie tamen, aliarum rerum quæ vitam instruunt, diligens, sine admiratione cujusquam ; usura fortunæ muneribus, non servitura. Intelligis, etiam si non adjiciam, sequi perpetuam tranquillitatem, libertatem, depulsis his, quæ aut irritant nos, aut territant. Nam pro voluptatibus, et pro illis quæ parva ac fragilia sunt, et in ipsis flagitiis noxia, ingens gaudium subit, inconcussum, et æquabile ; tum pax et concordia animi, et magnitudo cum mansuetudine. Omnis enim ex infirmitate feritas est.

IV. Potest aliter quoque definiri bonum nostrum ; id est, eadem sententia, non iisdem comprehendi verbis. Quemadmodum idem exercitus modo latius panditur, modo in angustum coarctatur, et aut in cornua, sinuata media parte, curvatur, aut recta fronte explicatur ; vis illi, utcunque ordinatus est, eadem est, et voluntas pro iisdem partibus standi : ita definitio summi boni alias diffundi potest et exporrigi, alias colligi et in se cogi. Idem utique erit, si dixero : Summum bonum est, animus fortuita despiciens, virtute lætus ; aut, invicta vis animi, perita rerum, placida in actu, cum humanitate multa, et conversantium cura. Libet et ita definire, ut beatum dicamus hominem eum, cui nullum bonum malumque sit, nisi bonus malusque animus, honesti cultor, virtute con-

âme, qui pratique l'honnête, qui se contente de la vertu, que le hasard ne saurait ni élever ni abattre, qui ne connaît pas de plus grand bien que celui qu'il peut se donner lui-même, pour qui la vraie volupté sera le mépris des voluptés. Permis à toi, si tu aimes les digressions, de présenter la même chose sous telle ou telle autre face, pourvu que tu ne portes pas atteinte à la vérité de la signification. Qui nous empêche, en effet, de dire que ce qui fait la vie heureuse, c'est une âme libre, élevée, intrépide et inébranlable, placée au-dessus de toute crainte, de tout désir, pour qui le seul bien est l'honnête, le seul mal le déshonnête? Tout le reste n'est qu'un vil ramas de choses, qui n'ôte rien à la vie heureuse, n'y ajoute rien, vient et s'en va, sans accroître ni diminuer le souverain bien. L'homme qui appuie sa vie sur de telles bases, doit nécessairement, bon gré, mal gré, la voir accompagnée de joies continuelles, d'un haut contentement, et qui lui vient de haut, puisqu'il se complaît dans ce qui lui est propre, et n'aspire à rien de plus grand que ses biens domestiques. Pourquoi n'opposerait-il pas avec succès ce contre-poids aux mouvements chétifs, frivoles et inconstants de ce misérable corps? Le jour où il aura été dominé par le plaisir, il sera aussi dominé par la douleur.

V. Or, tu vois à quelle triste et cruelle servitude sera asservi celui que posséderont tour à tour les plaisirs et les douleurs, ces maîtres les plus capricieux et les plus tyranniques de tous. Il faut donc se retirer vers la liberté; et rien autre chose ne la donne que l'indifférence pour la fortune. Alors naîtra cet inestimable bien, le calme et l'élévation de l'âme placée dans un asile sûr. Toute terreur étant bannie, de la connaissance du vrai naîtra une grande et immuable joie; puis viendront les douceurs et les épanchements de l'âme, laquelle y trouvera des charmes, non comme à des biens, mais comme à des fruits de son propre bien. Puisque j'ai commencé à me donner une grande latitude, je puis encore dire heureux celui qui, grâce à la raison, ne désire, ne craint rien. Bien que les pierres soient insensibles à la crainte et à la tristesse, et qu'il en soit de même des bêtes, il n'y a cependant personne qui les appelle heureuses, parce qu'elles n'ont pas l'intelligence du bonheur. Il faut mettre sur la même ligne les hommes qu'ont réduits au rang des bêtes et des animaux une nature abrutie et l'ignorance de soi-même. Il n'y a aucune différence entre les premiers et les derniers; car chez ceux-ci la raison est nulle, chez ceux-là elle est dépravée, ingénieuse seulement à leur nuire et à les pervertir. On ne peut appeler heureux l'homme qui est jeté hors de la vérité. La vie heureuse est donc celle qui a pour base immuable un jugement droit et sûr. Alors, en effet, l'âme est sereine et affranchie de tous maux, quand elle a évité non-seulement les déchirements, mais aussi les blessures légères, toujours ferme au point où elle s'est arrêtée, prête à défendre son poste même contre les attaques et les colères de la fortune. A l'égard du plaisir, encore qu'il s'épanche tout autour de nous, qu'il nous pénètre par tous les sens, qu'il charme l'âme par des caresses qui s'irritent l'une par l'autre pour solliciter notre être tout entier, et chaque partie de notre être,

tentus, quem nec extollant fortuita, nec frangant; qui nullum majus bonum eo, quod sibi ipse dare potest, noverit; cui vera voluptas erit, voluptatum contemtio. Licet, si evagari velis, idem in aliam atque aliam faciem, salva et integra potestate, transferre. Quid enim probibet nos beatam vitam dicere, liberum animum, et erectum, et interritum ac stabilem, extra metum, extra cupiditatem positum? cui unum bonum honestas, unum malum turpitudo? Cetera vilis turba rerum, nec detrahens quidquam beatæ vitæ, nec adjiciens, sine auctu ac detrimento summi boni veniens ac recedens. Hunc ita fundatum necesse est, velit nolit, sequatur hilaritas continua, et lætitia alta atque ex alto veniens, ut quæ suis gaudeat, nec majora domesticis cupiat. Quidni ista penset bene cum minutis, et frivolis, et non perseverantibus corpusculi motibus? Quo die infra voluptatem fuerit, et infra dolorem erit.

V. Vides autem, quam malam et noxiam servitutem serviturus sit, quem voluptates doloresque, incertissima dominia, impotentissimaque, alternis possidebunt. Ergo exeundum ad libertatem est; hanc non alia res tribuit, quam fortunæ negligentia. Tum illud orietur inæstimabile bonum, quies mentis in tuto collocatæ, et sublimitas. expulsisque terroribus, ex cognitione veri gaudium grande et immotum, comitasque et diffusio animi, quibus delectabitur non ut bonis, sed ut ex bono suo ortis. Quoniam liberaliter agere cœpi, potest beatus dici, qui nec cupit, nec timet, beneficio rationis. Quoniam et saxa timore et tristitia carent, nec minus pecudes, non ideo tamen quisquam felicia dixerit, quibus non est felicitatis intellectus. Eodem loco pone homines, quos in numerum pecorum et animalium redegit hebes natura, et ignoratio sui. Nihil interest inter hos, et illa; quoniam illis nulla ratio est, his prava, et malo suo atque in perversum solers. Beatus enim nemo dici potest, extra veritatem projectus; beata ergo vita est, in recto certoque judicio stabilita, et immutabilis. Tunc enim pura mens est, et soluta omnibus malis, quum non tantum lacerationes, sed etiam vellicationes effugerit; statura semper ubi constitit, ac sedem suam, etiam irata et infestante fortuna, vindicatura. Nam quod ad voluptatem pertinet, licet circumfundatur undique, per omnes vias influat, animumque blandimentis suis leniat, aliaque ex aliis admoveat, quibus totos partesque nostri sollicitet; quis mortalium, cui ullum superest ho-

quel mortel cependant, s'il reste en lui quelque vestige d'homme, voudrait se laisser chatouiller nuit et jour, et, déserteur de son âme, donner tous ses soins à son corps?

VI. « Mais l'âme aussi, dit l'épicurien, aura ses plaisirs. » Soit; qu'elle les ait, qu'elle cède à la débauche, qu'arbitre des voluptés, elle se gorge de tout ce qui peut charmer les sens; qu'ensuite elle se reporte vers le passé, qu'en souvenir de ses plaisirs dissolus, elle retourne à ses passions premières, et anticipe sur des passions nouvelles; qu'elle dispose ses espérances, et, tandis que le corps s'engraisse dans la fange du présent, qu'elle dépêche ses pensées vers les jouissances de l'avenir! En cela elle ne me semble que plus misérable; car prendre le mal pour le bien, c'est folie. Or, sans la saine raison, nul n'est heureux; et nul n'est sain d'esprit, si, au lieu des choses les meilleures, il aspire aux choses nuisibles. L'homme heureux est donc celui qui a le jugement droit; l'homme heureux est celui qui se contente du présent, quel qu'il soit, et qui est ami de son propre bien ; l'homme heureux est celui que la raison approuve et recommande en toute situation. Ils voient, ceux-là mêmes qui ont dit que la volupté était le souverain bien, quelle place honteuse ils ont réservée à celui-ci. Aussi nient-ils que le plaisir puisse être détaché de la vertu; et ils prétendent qu'aucun homme ne peut vivre honnêtement qu'il ne vive joyeusement, ni vivre joyeusement qu'il ne vive aussi honnêtement. Je ne vois pas comment ces deux contrastes peuvent être conciliés. Qu'y a-t-il, je vous prie, qui empêche de séparer le plaisir de la vertu? Sans doute, c'est que tout bien a son principe dans la vertu ; c'est de ses racines que surgissent ces choses mêmes que vous aimez, que vous recherchez. Mais si le plaisir et la vertu étaient inséparables, nous ne verrions pas certaines choses être agréables et non honnêtes, certaines autres être très-honnêtes, mais pénibles et ne s'obtenant que par la douleur.

VII. Ajoute encore que le plaisir accompagne même la vie la plus honteuse, tandis que la vertu n'admet pas une mauvaise vie. D'ailleurs, certains hommes sont malheureux, non par défaut de plaisir, mais à cause même du plaisir; ce qui n'arriverait pas si à la vertu était lié le plaisir, dont la vertu manque souvent, dont elle n'a jamais besoin. Pourquoi vouloir réunir des choses dissemblables, ou plutôt contraires? La vertu est quelque chose de grand, d'élevé, de souverain, d'invincible, d'infatigable; le plaisir, quelque chose de bas, de servile, de faible, de périssable, dont le séjour et l'asile sont les lieux de prostitution et les tavernes. Tu trouveras la vertu dans le temple, le forum, la curie, debout sur les remparts, couverte de poussière, le visage hâlé, les mains calleuses : le plaisir, tu le trouveras le plus souvent caché, cherchant les ténèbres, rôdant autour des bains, des étuves, des lieux qui redoutent l'édile, mort, énervé, humecté de vin et de parfums, pâle ou fardé, et souillé de cosmétiques. Le souverain bien est immortel, et ne saurait disparaître; il ne connaît ni la satiété ni le repentir, car jamais une âme droite ne dévie : aussi jamais elle ne se prend en haine; jamais elle n'a changé en rien, parce qu'elle a tou-

---

minis vestigium, per diem noctemque titillari velit, deserto animo, corpori operam dare?

VI. « Sed et animus quoque, inquit, voluptates habebit suas. » Habeat sane, cedatque luxuriæ, et voluptatum arbiter, impleat se omnibus iis, quæ oblectare sensus solent ; deinde præterita respiciat, et exoletarum voluptatum memor exsultet prioribus, futurisque jam immineat, ac spes ordinet suas, et dum corpus in præsenti sagina jacet, cogitationes ad futura præmittat! hoc mihi videtur miserior, quoniam mala pro bonis legere dementia est. Nec sine sanitate quisquam beatus est; nec sanus, cui offutura pro optimis appetuntur. Beatus est ergo judicii rectus; beatus est præsentibus, qualiacumque sunt, contentus, amicusque rebus suis; beatus is, cui omnem habitum rerum suarum ratio commendat. Vident et illi, qui summum bonum voluptatem dixerunt, quam turpi illud loco posuerint. Itaque negant posse voluptatem a virtute diduci, et aiunt, nec honeste quemquam vivere, ut non jucunde vivat, nec jucunde, ut non honeste quoque. Non video, quomodo ista diversa in eamdem copulam conjiciantur. Quid est, oro vos, cur separari voluptas virtute non possit? videlicet, quod omne boni ex virtute principium est ; ex hujus radicibus etiam ea, quæ vos et amatis et expetitis, oriuntur. Sed si ista indiscreta essent, non videremus quædam jucunda, sed non honesta, quædam vero honestissima, sed aspera, et per dolores exigenda.

VII. Adjice nunc, quod voluptas etiam ad vitam turpissimam venit; at virtus malam vitam non admittit; et infelices quidam non sine voluptate, immo ob ipsam voluptatem sunt: quod non eveniret, si virtuti se voluptas immiscuisset, qua virtus sæpe caret, nunquam indiget. Quid dissimilia, immo diversa componitis? altum quiddam est virtus, excelsum, regale, invictum, infatigabile : voluptas humile, servile, imbecillum, caducum, cujus statio ac domicilium fornices et popinæ sunt. Virtutem in templo invenies, in foro, in curia, pro muris stantem, pulverulentam, coloratam, callosas habentem manus : voluptatem latitantem sæpius, ac tenebras captantem, circa balnea ac sudatoria, ac loca ædilem metuentia; mollem, enervem, mero atque unguento madentem, pallidam aut fucatam, et medicamentis pollutam. Summum bonum immortale est, nescit exire; nec satietatem habet, nec pœnitentiam ; nunquam enim recta mens ver-

jours suivi la bonne route. Le plaisir, au contraire, alors qu'il charme le plus, s'éteint; il n'a pas devant lui un grand espace; aussi le remplit-il bientôt; il amène l'ennui, et, après son premier essor, s'alanguit. D'ailleurs, ce n'est jamais une chose certaine que celle dont la nature consiste dans le mouvement : ainsi il ne peut même y avoir aucune réalité dans ce qui vient, pour passer au plus vite, pour périr dans l'usage même de son être. Car le plaisir ne parvient qu'au point où il cesse, et, au moment où il commence, il voit déjà sa fin.

VIII. Qu'importe que le plaisir existe également et chez les bons et chez les méchants; que les hommes infâmes se plaisent autant à leur turpitude que les gens honnêtes aux belles actions ? C'est pour cela que les anciens nous prescrivent de suivre la vie la meilleure, et non la plus agréable, afin que le plaisir soit le compagnon, non le guide d'une volonté saine et droite. Car c'est la nature qui doit être notre guide; c'est elle qu'observe, c'est elle que consulte la raison. C'est donc une même chose que vivre heureux et vivre selon la nature. Qu'est-ce que vivre selon la nature? Je vais te l'expliquer. C'est conserver soigneusement et sans crainte, comme choses fugitives et données pour un jour, les avantages du corps et ce qui est approprié à notre nature; c'est ne pas nous y soumettre en esclaves, et ne pas nous laisser maîtriser par les objets extérieurs; c'est tenir compte de tout ce qui plaît au corps, de tout ce qui survient accidentellement, comme on fait des auxiliaires et des troupes légères dans les camps. Que toutes ces choses servent et ne commandent pas; c'est ainsi seulement qu'elles sont utiles à l'esprit. Que l'homme soit incorruptible aux choses extérieures, invincible, admirateur seulement de lui-même, confiant dans son âme, préparé à l'une et à l'autre fortune, seul artisan de sa vie. Que sa confiance ne soit pas sans intelligence, son intelligence sans fermeté; qu'une fois prises, ses résolutions tiennent, et que dans ses décrets il n'y ait pas de rature. On comprend, sans que j'aie besoin de l'ajouter, qu'un tel homme sera posé, rangé, et qu'il fera tout avec grandeur, en même temps qu'avec aménité. Chez lui, la véritable raison sera greffée sur les sens; elle y trouvera son point de départ; car elle n'a rien autre où s'appuyer, pour prendre son essor, pour s'élancer vers la vérité, et ensuite revenir en elle-même. En effet, le monde aussi qui embrasse tout, ce Dieu qui régit l'univers, se mêle aux choses extérieures, et cependant de toutes parts et tout entier il revient en soi. Que notre esprit fasse de même : lorsqu'en suivant les sens qui lui sont propres il se sera, par leur moyen, étendu vers les objets extérieurs, qu'il soit maître d'eux et de lui-même; qu'il enchaîne, pour ainsi dire, le souverain bien. De là résultera une unité de force et de puissance, en harmonie avec elle-même; de là naîtra cette certitude de raison qui n'admet ni dissidence, ni hésitation dans ses opinions et dans ses conceptions, non plus que dans sa persuasion. Cette raison, lorsqu'elle s'est arrangée, coordonnée dans toutes ses parties, et, pour ainsi parler, mise à l'unisson, a touché le souverain bien. Il ne reste plus en elle rien d'inégal, rien de glissant, rien qui la fasse broncher ou chan-

titur; nec sibi odio est, nec quidquam mutavit, quia semper secuta est optima; at voluptas tunc, quum maxime delectat, exstinguitur. Nec multum loci habet; itaque cito implet; et tædio est, et post primum impetum marcet. Nec id unquam certum est, cujus in motu natura est; ita ne potest quidem ulla ejus esse substantia, quod venit transitu celerrime, in ipso usu sui periturum. Ec enim pervenit, ubi desinat; et dum incipit, spectat ad finem.

VIII. Quid, quod tam bonis, quam malis, voluptas inest? nec minus turpes dedecus suum, quam honestos egregia delectant. Ideoque præceperunt veteres, optimam sequi vitam, non jucundissimam; ut rectæ ac bonæ voluntatis non dux, sed comes voluptas sit. Natura enim duce utendum est : hanc ratio observat, hanc consulit. Idem est ergo beate vivere, et secundum naturam. Hoc quid sit, jam aperiam. Si corporis dotes, et apta naturæ, conservabimus diligenter et impavide, tanquam in diem data et fugacia; si non subierimus eorum servitutem, nec nos aliena possederint; si corpori grata et adventitia eo nobis loco fuerint, quo sunt in castris auxilia, et armaturæ leves. Servient ista, non imperent; ita demum utilia sunt menti. Incorruptus vir sit externis, et insuperabilis, miratorque tantum sui, fidens animi, atque in utrumque paratus, artifex vitæ. Fiducia ejus non sine scientia sit, scientia non sine constantia; maneant illi semel placita, nec ulla in decretis ejus litura sit. Intelligitur, etiamsi non adjecero, compositum ordinatumque fore talem virum, et in his quæ aget cum comitate, magnificum. Erit vera ratio sensibus insita, et capiens inde principia, nec enim habet aliud unde conetur, aut unde ad verum impetum capiat, et in se revertatur. Nam mundus quoque cuncta complectens, rectorque universi Deus, in exteriora quidem tendit, sed tamen in totum undique in se redit. Idem nostra mens faciat; quum secuta sensus suos, per illos se ad externa porrexerit, et illorum et sui potens sit, et (ut ita dicam) devinciat summum bonum. Hoc modo una efficietur vis ac potestas, concors sibi; et ratio illa certa nascetur, non dissidens nec hæsitans in opinionibus comprehensionibusque, nec in sua persuasione. Quæ quum se disposuit, et partibus suis consensit, et (ut ita dicam) concinuit, summum bonum tetigit. Nihil enim pravi, nihil lubrici superest, nihil in quo arietet, aut labet. Omnia faciet ex imperio suo, nihilque

celer. Elle fera tout de sa propre autorité : pour elle point d'accident imprévu ; mais toutes ses actions arriveront à bien, facilement et promptement, sans qu'en agissant elle tergiverse. Car la lenteur et l'hésitation indiquent la lutte et l'inconstance. Ainsi tu peux avouer hardiment que le souverain bien est l'harmonie de l'âme. Car les vertus seront nécessairement là où sera l'accord et l'unité : le désaccord est avec les vices.

IX. « Mais toi aussi, dit l'épicurien, tu ne cultives la vertu que parce que tu en espères quelque plaisir. » D'abord, si la vertu doit procurer le plaisir, il n'en résulte pas que ce soit à cause de lui qu'on la recherche ; car ce n'est pas le plaisir seul qu'elle procure, c'est le plaisir outre d'autres biens : ensuite ce n'est pas pour lui qu'elle travaille ; mais son travail, quoiqu'il ait un autre but, atteindra encore celui-là. Dans un champ qui a été labouré pour la moisson, quelques fleurs naissent parmi les grains ; cependant, quoique ces brins d'herbe réjouissent la vue, ce n'est pas pour eux que l'on a pris tant de peine : c'est une autre chose que voulait le semeur ; celle-là est venue de surcroît. Ainsi le plaisir n'est pas la récompense, le but de la vertu, mais l'accessoire ; et ce n'est point parce qu'il a des charmes qu'il lui plaît, c'est parce qu'il lui plaît qu'il a des charmes. Le souverain bien est dans le jugement même et dans la disposition d'une âme parfaite ; lorsqu'elle s'est déployée dans toute sa sphère, lorsqu'elle s'est retranchée dans ses propres limites, pour elle le souverain bien est complet ; elle ne désire rien de plus. Car il n'y a rien au-delà du tout, pas plus qu'au-delà des limites. C'est donc une folie de me demander quelle est la chose pour laquelle je poursuis la vertu ; car c'est chercher quelque chose au-delà de ce qui est tout. Tu me demandes ce que je poursuis dans la vertu ? elle-même : car elle n'a rien de meilleur ; elle-même elle est son prix. Est-ce là une chose peu considérable ? Quand je te dis que le souverain bien est la fermeté d'une âme inflexible, et sa prévoyance, et son discernement, et son bon sens, et sa liberté, et son harmonie, et sa beauté, veux-tu donc exiger encore quelque chose de plus grand qui soit le but de tout cela ? Que me parles-tu de plaisir ? Je cherche le bien de l'homme, non du ventre, qui est plus ample chez les bêtes de somme et les animaux sauvages.

X. « Tu feins, reprend-il, de ne pas entendre ce que je dis. Car moi je nie qu'on puisse vivre agréablement, si tout à la fois on ne vit honnêtement, ce qui ne peut appartenir aux animaux muets, ni aux hommes qui mesurent leur bien sur les plaisirs du ventre. Oui, je le déclare hautement, publiquement, cette vie, que j'appelle agréable, on ne peut l'obtenir sans l'alliance de la vertu. » Mais qui ne sait que même les plus insensés regorgent de vos plaisirs, que la méchanceté abonde en jouissances, et que l'âme même en suggère non-seulement de dépravées, mais de nombreuses ? D'abord, l'insolence, l'estime outrée de soi-même, cette bouffissure qui nous élève au-dessus des autres, un amour aveugle et inconsidéré de ce que l'on possède ; puis de molles délices, des transports pour des objets mesquins et puérils ; enfin la causticité et l'orgueil qui se plaît aux outrages, et la paresse, le

---

inopinatum accidet ; sed quidquid aget, in bonum exibit, facile et parate, et sine tergiversatione agentis. Nam pigritia et hæsitatio pugnam et inconstantiam ostendit. Quare audacter licet profitearis, summum bonum esse animi concordiam. Virtutes enim ibi esse debebunt, ubi consensus atque unitas erit ; dissident vitia.

IX. « Sed tu quoque, inquit, virtutem non ob aliud colis, quam quia aliquam ex illa speras voluptatem. » Primum, non, si voluptatem præstatura virtus est, ideo propter hanc petitur ; non enim hanc præstat, sed et hanc ; nec huic laborat, sed labor ejus, quamvis aliud petat, hoc quoque assequetur. Sicut in arvo, quod segeti proscissum est, aliqui flores internascuntur, non tamen huic herbulæ, quamvis delectet oculos, tantum operis insumtum est : aliud fuit serenti propositum, hoc supervenit : sic et voluptas non est merces, nec causa virtutis, sed accessio ; nec quia delectat, placet ; sed quia placet, delectat. Summum bonum in ipso judicio est, et habitu optimæ mentis : quæ quum suum ambitum implevit, et finibus se suis cinxit, consummatum est summum bonum, nec quidquam amplius desiderat. Nihil enim extra totum est ; non magis quam ultra finem. Itaque erras, quum interrogas, quid sit illud propter quod virtutem petam ? quæris enim aliquid supra summum. Interrogas, quid petam ex virtute ? ipsam. Nihil enim habet melius, ipsa pretium sui. An hoc parum magnum est ? Quum tibi dicam, summum bonum est infragilis animi rigor et providentia, et subtilitas, et sanitas, et libertas, et concordia, et decor ; aliquid etiamnunc exigis majus, ad quod ista referantur ? Quid mihi voluptatem nominas ? Hominis bonum quæro, non ventris, qui pecudibus ac belluis laxior est.

X. « Dissimulas, inquit, quid a me dicatur : ego enim nego quemquam posse jucunde vivere, nisi simul et honeste vivat ; quod non potest mutis contingere animalibus, nec bonum suum cibo metientibus. Clare, inquam, ac palam testor, hanc vitam, quam ego jucundam voco, non sine adjecta virtute contingere. » At quis ignorat, plenissimos esse voluptatibus vestris stultissimos quosque, et nequitiam abundare jucundis ; animumque ipsum non tantum genera voluptatis prava, sed multa suggerere ? In primis insolentiam et nimiam æstimationem sui, tumoremque elatum supra ceteros, et amorem rerum suarum cæcum et improvidum ; delicias fluentes, ex minimis ac puerilibus causis exsultationem ; jam dicacitatem, et su-

laisser-aller d'une âme lâche qui s'endort sur elle-même : toutes ces choses, la vertu les écarte ; elle nous réveille, nous secoue, et pèse les plaisirs avant de les accepter : ceux qu'elle approuve, elle n'en fait pas grand prix (car elle les accepte seulement), et ce n'est pas d'en user, c'est de les tempérer qu'elle fait sa joie. Or, la tempérance, en tant qu'elle diminue le plaisir, est une atteinte à ton souverain bien. Tu embrasses le plaisir, moi je l'enchaîne ; tu jouis du plaisir, moi j'en use. Tu penses qu'il est le souverain bien, moi, qu'il n'est pas même un bien ; tu fais tout pour le plaisir, moi rien. Quand je dis que je ne fais rien pour le plaisir, je veux parler de ce sage, auquel seul tu accordes le plaisir.

XI. Mais je n'appelle pas sage l'homme au-dessus duquel est placé quoi que ce soit, encore moins le plaisir. Une fois qu'il y est soumis, comment résistera-t-il au travail, au danger, à l'indigence, à tant de menaces qui grondent autour de la vie humaine ? Comment soutiendra-t-il l'aspect de la mort, et l'aspect de la douleur, et les tempêtes du monde, et les cris de tant d'ennemis acharnés, lui vaincu par un si faible adversaire ? Tout ce que le plaisir lui aura conseillé, il le fera. Eh ! ne vois-tu pas combien de choses il lui doit conseiller. « Il ne pourra, dis-tu, rien lui conseiller de honteux, parce qu'il est associé à la vertu. » Ne vois-tu pas, à ton tour, quel serait ce souverain bien, qui, pour être un bien, a besoin d'un surveillant ? Or, la vertu comment régira-t-elle le plaisir qu'elle suit, puisque suivre c'est obéir, régir c'est commander ? Tu mets en arrière ce qui commande. Le bel emploi, en vérité, que vous donnez à la vertu, de faire l'essai des plaisirs ! Mais nous verrons si, chez ceux qui traitent si outrageusement la vertu, elle est encore vertu : car elle ne peut garder son nom, si elle a quitté sa place. En attendant, je montrerai, et c'est ce dont il s'agit, beaucoup d'hommes assiégés par les plaisirs, sur lesquels la fortune a versé tous ses dons, et que tu seras forcé d'avouer méchants. Regarde Nomentanus et Apicius poursuivant les biens (comme ils les appellent) de la terre et de la mer, et passant en revue, sur leur table, les animaux de toutes les contrées. Vois ces gens attendre du haut de leur lit de roses les produits de leur cuisine, charmer leurs oreilles par le son des voix, leurs yeux par des spectacles, leur palais par des mets savoureux. Tout leur corps est chatouillé de douces et molles frictions ; et, de peur que, pendant ce temps, les narines n'aient point leur part de voluptés, on parfume d'odeurs variées le lieu même où l'on fait les funérailles de la débauche. Voilà des gens que tu diras être dans les plaisirs ; et cependant ils ne s'en trouveront pas bien ; car ce dont ils jouissent n'est pas un bien.

XII. « Ils s'en trouveront mal, dit-il, parce qu'il survient beaucoup de choses qui troublent l'âme, et les opinions opposées entre elles agiteront l'esprit. » Qu'il en soit ainsi, je l'accorde : mais toutefois ces insensés eux-mêmes, bien que d'humeur inégale, bien que placés sous le coup du repentir, n'en éprouvent pas moins de grands plaisirs. En sorte qu'il faut avouer qu'ils sont alors

---

perbiam contumeliis gaudentem, desidiam, dissolutionemque segnis animi indormientis sibi. Haec omnia virtus discutit, et aurem pervellit, et voluptates aestimat, antequam admittat ; nec quas probavit, magni pendit (utique enim admittit), nec usu earum, sed temperantia laeta est. Temperantia autem quum voluptates minuat, summi boni injuria est. Tu voluptatem complecteris ; ego compesco ; tu voluptate frueris ; ego utor ; tu illam summum bonum putas ; ego nec bonum ; tu omnia voluptatis causa facis : ego nihil. Quum dico, me nihil voluptatis causa facere, de illo loquor sapiente, cui soli concedis voluptatem.

XI. Non voco autem sapientem, supra quem quidquam est, nedum voluptas. Atqui ab hac occupatus quomodo resistet labori, ac periculo, egestati, et tot humanam vitam circumstrepentibus minis ? quomodo conspectum mortis, quomodo doloris feret ? quomodo mundi fragores, et tantum acerrimorum hostium, a tam molli adversario victus ? Quidquid voluptas suaserit faciet. Age, non vides quam multa suasura sit ? « Nihil, inquis, poterit suadere turpiter, quia adjuncta virtuti est. » Non tu vides iterum, quale sit summum bonum, cui custode opus est, ut bonum sit ? Virtus autem quomodo voluptatem reget, quam sequitur, quum sequi parentis sit, regere imperantis ? a tergo ponitis, quod imperat. Egregium autem virtutis apud vos officium, voluptates praegustare ! Sed videbimus, an apud quos tam contumeliose tractata virtus est, adhuc virtus sit : quae habere nomen suum non potest, si loco cessit ; interim de quo agitur, multos ostendam voluptatibus obsessos, in quos fortuna omnia munera sua effudit, quos fatearis necesse est malos. Adspice Nomentanum et Apicium, terrarum ac maris (ut isti vocant) bona conquirentes, et super mensam recognoscentes omnium gentium animalia. Vide hos eosdem e suggestu rosae exspectantes popinam suam, aures vocum sono, spectaculis oculos, saporibus palatum suum delectantes. Mollibus lenibusque fomentis totum lacessitur eorum corpus ; et ne nares interim cessent, odoribus variis inficitur locus ipse, in quo luxuriae parentatur. Hos esse in voluptatibus dices ; nec tamen illis bene erit, quia non bono gaudent.

XII. « Male, inquit, illis erit, quia multa intervenient, quae perturbant animum, et opiniones inter se contrariae mentem inquietabunt. » Quod ita esse concedo ; sed nihilominus illi ipsi stulti, et inaequales et sub ictu poenitentiae positi, magnas percipiunt voluptates : ut fatendum sit,

aussi loin de tout chagrin que du bon sens ; et, ainsi qu'il arrive souvent, ils sont fous d'une folie gaie, et délirent en riant. Au contraire, les plaisirs des sages sont calmes, modérés et presque languissants, concentrés et à peine apparents : c'est que d'abord ils viennent sans être provoqués ; ensuite, lorsqu'ils se présentent d'eux-mêmes, on ne leur rend pas honneur, et ils sont reçus sans enthousiasme par ceux qui les goûtent. Car ils les mêlent à leur vie, ils les y interposent comme un jeu et un délassement parmi les affaires sérieuses. Que l'on cesse donc de joindre des choses sans rapport entre elles, d'accoupler le plaisir avec la vertu, et, par ce vicieux assemblage, de flatter les hommes les plus méchants. Celui-là qui s'use dans les plaisirs, qui, toujours ivre, se vautre toujours, sachant qu'il vit avec le plaisir, croit aussi vivre avec la vertu ; car il entend dire que le plaisir ne peut être séparé de la vertu ; ensuite il donne à ces vices le titre de sagesse, et met en vue ce qu'il devrait cacher. Ainsi donc, ce n'est pas l'enseignement d'Épicure qui les fait débauchés ; mais, livrés aux vices, ils cachent leur débauche dans le sein de la philosophie, et ils accourent au lieu où ils ont appris qu'on louait le plaisir. Ce n'est pas non plus le plaisir d'Épicure qu'ils apprécient, puisque ce plaisir (c'est ainsi du moins que je le comprends) est sobre et tempéré ; mais ils se rangent avec empressement sous ce nom, cherchant à leurs orgies quelque patronage, quelque voile. C'est ainsi qu'ils perdent le seul bien qu'ils avaient dans leurs maux, la honte de pécher. Ils louent, en effet, ce qui les faisait rougir, et font gloire du vice. D'où il résulte qu'il n'est plus loisible, même à la jeunesse, de se relever, une fois qu'un titre honnête se rattache à une honteuse oisiveté.

XIII. Voilà pourquoi cet éloge du plaisir est pernicieux : les préceptes honnêtes se cachent sous un voile ; ce qui corrompt est à découvert. Moi-même aussi, et je le dirai en dépit des hommes de notre école, je suis d'avis que les préceptes d'Épicure sont pleins de sainteté, de rectitude, et si on les considère de plus près, pleins de tristesse ; car son plaisir à lui est réduit à quelque chose d'assez étroit, d'assez maigre. La loi que nous imposons à la vertu, il l'impose au plaisir : il lui ordonne d'obéir à la nature ; mais ce qui est assez pour la nature est peu pour la débauche. Qu'arrive-t-il ? C'est que celui qui nomme bonheur une lâche oisiveté et les jouissances alternatives de la gourmandise et de la luxure, cherche un bon garant pour une mauvaise cause ; et, en se dirigeant du côté où l'attire un nom séduisant, il suit le plaisir, non tel qu'on le lui enseigne, mais tel qu'il l'apporte avec lui ; et dès qu'il commence à croire ces vices conformes aux préceptes, il s'y abandonne, mais non avec timidité ou en cachette ; il fait de la débauche à visage découvert. Ainsi, je ne dis pas, comme la plupart des nôtres, que la secte d'Épicure soit une école de désordres, mais je dis ceci : Elle a mauvaise réputation ; elle est diffamée, et elle ne le mérite pas. Qui peut le savoir, s'il n'a été admis à l'intérieur ? C'est le frontispice qui donne lieu aux bruits qui se répandent, et invite à de coupables espérances.

---

tam longe tum illos ab omni molestia abesse, quam a bona mente, et (quod plerisque contingit) hilarem insaniam insanire, ac per risum furere. At contra, sapientium remissæ voluptates et modestæ, ac pæne languidæ sunt, compressæque, et vix notabiles ; ut quæ neque arcessitæ veniant, nec, quamvis per se accesserint, in honore sint, neque ullo gaudio percipientium exceptæ. Miscent enim illas, et interponunt vitæ, ut ludum jocumque inter seria. Desinant ergo inconvenientia jungere, et virtuti voluptatem implicare, per quod vitium pessimis quibusque adulantur. Ille effusus in voluptates, reptabundus semper atque ebrius, quia scit se cum voluptate vivere, credit et cum virtute ; audit enim voluptatem virtute separari non posse : deinde vitiis suis sapientiam inscribit, et abscondenda profitetur. Ita non ab Epicuro impulsi luxuriantur ; sed vitiis dediti luxuriam suam in philosophiæ sinu abscondunt, et eo concurrunt, ubi audiunt laudari voluptatem. Nec æstimatur voluptas illa Epicuri (ita enim mehercules sentio), quum sobria et sicca sit ; sed ad nomen ipsum advolant, quærentes libidinibus suis patrocinium aliquod ac velamentum. Itaque quod unum habebant in malis bonum, perdunt, peccandi verecundiam. Laudant enim ea quibus erubescebant, et vitio gloriantur : ideoque ne resurgere quidem adolescentiæ licet ; quum honestus turpi desidiæ titulus accessit.

XIII. Hoc est, cur ista voluptatis laudatio perniciosa sit, quia honesta præcepta intra latent ; quod corrumpit, apparet. In ea quidem ipse sententia sum (invitis hoc nostris popularibus dicam), sancta Epicurum et recta præcipere, et, si propius accesseris, tristia : voluptas enim illa ad parvum et exile revocatur ; et quam nos virtuti legem dicimus, eam ille dicit voluptati. Jubet illam parere naturæ ; parum est autem luxuriæ, quod naturæ satis est. Quid ergo est ? ille quisquis desidiosum otium, et gulæ ac libidinis vices felicitatem vocat, bonum malæ rei quærit auctorem ; et dum illo venit, blando nomine inductus, sequitur voluptatem, non quam audit, sed quam attulit ; et vitia sua quum cœpit putare similia præceptis, indulget illis, non timide nec obscure ; luxuriatur etiam inoperto capite. Itaque non dico, quod plerique nostrorum, sectam Epicuri flagitiorum magistram esse : sed illud dico, male audit, infamis est, et immerito. Hoc scire quis potest, nisi interius admissus ? frons ipsa dat locum fabulæ, et ad malam spem invitat. Hoc tale est, quale vir fortis stolam indutus. Constante tibi pudicitia veritas salva est ; nulli corpus tuum patientiæ vacat, sed in

C'est comme si un homme de cœur était vêtu d'une robe de femme. Fidèle à la pudeur, tu sais respecter la vérité; ton corps ne se prête à aucune souillure; mais à la main tu tiens un tambourin. Que l'on choisisse donc un titre honnête, et une enseigne qui, d'elle-même, excite l'âme à repousser les vices qui l'énervent aussitôt qu'ils y ont accès. Quiconque s'est approché de la vertu a donné l'espoir d'un généreux caractère; celui qui poursuit le plaisir paraît déjà énervé, accablé, déchu de la dignité d'homme, voué à de honteux excès; à moins que quelqu'un ne lui ait appris à faire la distinction des plaisirs, de manière à ce qu'il sache lesquels s'arrêtent dans les limites des désirs naturels, lesquels sont emportés vers l'abîme, sont sans bornes, et deviennent, à mesure qu'on les rassasie, d'autant plus insatiables. Eh bien! que la vertu marche devant; partout sur sa trace il y aura sûreté. Trop de plaisir nuit : dans la vertu il n'y a pas à craindre qu'il y ait rien de trop; car en elle-même est sa mesure. Ce n'est pas un bien, ce qui souffre de sa propre grandeur.

XIV. D'ailleurs tu es doué d'une nature raisonnable ; qu'y a-t-il de mieux à te proposer que la raison? Si pourtant l'on tient à cette union, si l'on tient à cette compagnie pour aller à la vie heureuse, que la vertu marche devant, que le plaisir l'accompagne, et qu'autour du corps il s'agite comme une ombre. Mais la vertu, de toutes les choses la plus excellente, en faire la servante du plaisir, c'est d'un esprit qui ne conçoit rien de grand. Que la vertu soit la première, que ce soit elle qui porte l'étendard : nous n'en aurons pas moins le plaisir; mais nous en serons les maîtres et les modérateurs : elle nous demandera quelque chose; elle ne nous imposera rien. Mais ceux qui ont livré au plaisir le premier rang sont privés de l'un et de l'autre : car ils perdent la vertu ; et d'ailleurs, ce ne sont pas eux qui possèdent le plaisir, c'est le plaisir qui les possède. S'il manque, ils sont dans les tortures; s'il abonde, ils étouffent. Malheureux s'ils en sont délaissés, plus malheureux encore s'ils en sont accablés! semblables à ces navigateurs qui, surpris dans la mer des Syrtes, sont tantôt laissés à sec, tantôt ballottés par des torrents impétueux. Or, cela n'arrive que par une trop grande intempérance, par un amour aveugle des richesses; car, pour celui qui recherche le mal au lieu du bien, il est dangereux de réussir. De même que nous chassons les bêtes sauvages avec fatigue et danger, et que, lorsqu'elles sont prises, c'est une possession qui inquiète; car souvent elles déchirent leurs maîtres : de même ceux qui ont de grands plaisirs, sont tombés dans un grand mal, et ce qu'ils ont pris finit par les prendre. Plus les plaisirs sont nombreux et grands, plus il est petit, plus il a de maîtres, celui que le vulgaire appelle heureux. Je veux encore insister sur la même métaphore. Celui qui fouille les tanières des bêtes, qui met une grande importance à prendre le gibier dans ses filets, à cerner de ses chiens les vastes forêts, abandonne, pour se précipiter sur leurs traces, des soins préférables, et renonce à de nombreux devoirs : ainsi, celui qui poursuit le plaisir met toutes choses en arrière : ce qu'il néglige d'abord, c'est sa liberté; elle paie pour son ventre; et il n'achète pas les plaisirs pour lui, mais il se vend lui-même aux plaisirs.

---

manu tympanum est. Titulus itaque honestus eligatur, et inscripto ipso excitans animum ad ea repellenda, quæ statim enervant, quum venerint, vitia. Quisquis ad virtutem accessit, dedit generosæ indolis spem ; qui voluptatem sequitur, videtur enervis, fractus, degenerans a viro, perventurus in turpia; nisi aliquis distinxerit illi voluptates, ut sciat, quæ ex iis intra naturale desiderium sistant, quæ in præceps ferantur, infinitæque sint, et quo magis implentur, eo magis inexplebiles. Agedum, virtus antecedat ; tutum erit omne vestigium. Voluptas nocet nimia : in virtute non est verendum, ne quid nimium sit; quia in ipsa est modus. Non est bonum, quod magnitudine laborat sua.

XIV. Rationabilem porro sortiris naturam : quæ melius res quam ratio proponitur? et si placet illa junctura, si hoc placet ad beatam vitam ire comitatu, virtus antecedat, comitetur voluptas, et circa corpus, ut umbra, versetur. Virtutem quidem, excellentissimam omnium, voluptati tradere ancillam, nihil magnum animo capientis est. Prima virtus sit, hæc ferat signa; habebimus nihilominus voluptatem, sed domini ejus et temperatores erimus; aliquid nos exorabit, nihil coget. At hi qui voluptati tradidere principia, utroque caruere, virtutem enim amittunt; ceterum non ipsi voluptatem, sed ipsos voluptas habet ; cujus aut inopia torquentur, aut copia strangulantur. Miseri, si deserentur ab illa ; miseriores, si obruuntur ! sicut deprehensi mari Syrtico, modo in sicco relinquuntur, modo torrente unda fluctuantur. Evenit autem hoc nimia intemperantia, et amore cæco rei; nam mala pro bonis petenti, periculosum est assequi. Ut feras cum labore periculoque venamur, et captarum quoque illarum sollicita possessio est : sæpe enim laniant dominos ; ita habentes magnas voluptates in magnum malum evasere, captæque cepere. Quæ quo plures majoresque sunt, eo ille minor ac plurium servus est, quem felicem vulgus appellat. Permanere libet in hac etiam nunc hujus rei imagine. Quemadmodum qui bestiarum cubilia indigat, et — laqueo captare feras magno æstimat, et — magnos canibus circumdare saltus, ut illarum vestigia premat, potiora deserit, multisque officiis renuntiat : ita qui sectatur voluptatem, omnia postponit, et primam libertatem negligit, ac pro ventre dependit ; nec voluptates sibi emit, sed se voluptatibus vendit.

XV. « Cependant, dit-il, qui empêche de réunir en un seul tout la vertu et le plaisir, et d'arranger le souverain bien de telle manière, qu'il soit à la fois l'honnête et l'agréable? » C'est qu'il ne peut exister une partie de l'honnête qui ne soit l'honnête; et que le souverain bien n'aura pas toute sa pureté, s'il voit en lui quelque chose qui diffère de ce qui est le meilleur. Le contentement même qui naît de la vertu, quoiqu'il soit un bien, n'est cependant pas une partie du bien absolu, pas plus que la joie et la tranquillité, encore qu'elles proviennent des sources les plus pures. En effet, ce sont des biens, mais des conséquences et non des compléments du souverain bien. Mais celui qui fait une société entre le plaisir et la vertu, et encore sans les mettre de pair, affaiblit par la fragilité de l'un des biens toute la vigueur de l'autre, et met sous le joug cette liberté qui n'est invincible qu'autant qu'elle ne connaît rien de plus précieux qu'elle-même. Car (ce qui est la plus dure servitude) il commence à avoir besoin de la fortune. Il en résulte une vie inquiète, soupçonneuse, pleine d'alarmes, craignant les vicissitudes, suspendue à la balance du hasard. Tu ne donnes pas à la vertu une base solide, inébranlable; mais tu lui ordonnes de se tenir ferme sur un point mobile. Or, qu'y a-t-il de si mobile que le désir des choses fortuites, que la variabilité du corps et des objets qui affectent le corps? Comment peut-il obéir à Dieu et supporter avec grand cœur tout ce qui arrive, ne pas se plaindre du destin, prendre en bonne part ses mésaventures, celui qui s'agite aux plus petites piqûres des plaisirs et des douleurs? Mais il ne sera même pas pour sa patrie un bon défenseur ou un vengeur, ni un protecteur pour ses amis, s'il penche vers les plaisirs. Que le souverain bien s'élève donc à une hauteur d'où nulle force ne puisse l'arracher, où il n'y ait accès ni pour la douleur, ni pour l'espérance, ni pour la crainte, ni pour aucune chose qui puisse altérer le droit du souverain bien. Or, c'est la vertu seule qui peut s'y élever; c'est de son pas qu'il faut gravir cet escarpement; c'est elle qui se tiendra ferme et supportera tout événement, non-seulement avec patience, mais avec volonté; elle saura que toute difficulté des temps est une loi de la nature. Comme un bon soldat supportera ses blessures, comptera ses cicatrices, et, transpercé de traits, aimera encore en mourant le chef pour lequel il tombe; de même la vertu aura dans l'âme cet antique précepte : Suis Dieu. Mais quiconque se plaint, et pleure, et gémit, est contraint par force à faire ce qui est commandé, et, en dépit des répugnances, se trouve néanmoins entraîné à obéir. Or, quelle démence de se faire pousser plutôt que de suivre? elle n'est pas moindre assurément que si par déraison ou ignorance de notre condition, tu allais t'affliger de ce qu'il t'arrive quelque chose de fâcheux, ou t'étonner, ou t'indigner de ces accidents qui frappent les bons comme les méchants, je veux dire les maladies, les morts, les infirmités et les autres misères qui viennent se jeter à la traverse de la vie humaine. Qu'un grand effort obtienne de notre âme la patience pour tout ce qu'il faut endurer d'après la constitution de l'univers. Voici l'obligation par laquelle nous sommes liés : supporter les condi-

---

XV. Quid tamen, inquit, prohibet in unum virtutem voluptatemque confundi, et effici summum bonum, ut idem et honestum et jucundum sit? Quia pars honesti non potest esse, nisi honestum; nec summum bonum habebit sinceritatem suam, si aliquid in se viderit dissimile meliori. Nec gaudium quidem quod ex virtute oritur, quamvis bonum sit, absoluti tamen boni pars est; non magis quam lætitia et tranquillitas, quamvis ex pulcherrimis causis nascantur. Sunt enim ista bona, sed consequentia summum bonum, non consummantia. Qui vero voluptatis virtutisque societatem facit, et ne ex æquo quidem, fragilitate alterius boni, quidquid in altero vigoris est, hebetat, libertatemque illam ita demum, si nihil se pretiosius novit, invictam, sub jugum mittit. Nam (quæ maxima servitus est) incipit illi opus esse fortuna; sequitur vita anxia, suspiciosa, trepida, casuum pavens, temporum suspensa momentis. Non das virtuti fundamentum grave, immobile; sed jubes illam in loco volubili stare. Quid autem tam volubile est, quam fortuitorum exspectatio, et corporis, rerumque corpus afficientium varietas? Quomodo hic potest Deo parere, et quidquid evenit, bono animo excipere, nec de fato queri, casuum suorum benignus interpres, si ad voluptatum dolorumque punctiunculas concitatur? Sed nec patriæ quidem bonus tutor aut vindex est, nec amicorum propugnator, si ad voluptates vergit. Illo ergo summum bonum ascendat, unde nulla vi detrahatur, quo neque dolori, neque spei, neque timori sit aditus, nec ulli rei quæ deterius summi boni jus faciat. Ascendere autem illo sola virtus potest; illius gradu clivus iste frangendus est : illa fortiter stabit, et quidquid evenerit, feret: non patiens tantum, sed etiam volens : omnemque temporum difficultatem sciet legem esse naturæ. Et ut bonus miles feret vulnera, enumerabit cicatrices, et transverheratus telis, moriens amabit eum, pro quo cadet, imperatorem : habebit in animo illud vetus præceptum : Deum sequere. Quisquis autem queritur, et plorat, et gemit, imperata facere vi cogitur, et invitus rapitur ad jussa nihilominus. Quæ autem dementia est, potius trahi quam sequi? tam mehercule, quam stultitia et ignorantia conditionis suæ, dolere, quod aliquid tibi inciderit durius, aut mirari, aut indigne ferre ea, quæ tam bonis accidunt quam malis : morbos dico, funera, debilitates, et cetera ex transverso in vitam humanam incurrentia. Quidquid ex universi constitutione patiendum est, magno nisu eripiatur animo; ad hoc sacramentum adacti sumus, ferre mortalia, nec pertur-

tions de la mortalité, et ne pas nous laisser troubler par les choses qu'il n'est pas en notre pouvoir d'éviter. C'est dans un royaume que nous sommes nés : obéir à Dieu, voilà la liberté.

XVI. Donc c'est dans la vertu qu'est placé le vrai bonheur. Or, que te conseillera-t-elle? De ne pas estimer bien ou mal ce qui ne résulte ni de la vertu, ni de la méchanceté ; ensuite d'être inébranlable même contre un mal provenant du bien ; enfin, d'être, autant qu'il t'est permis, l'image de Dieu. Et pour une telle entreprise que t'est-il promis? de grandes faveurs, égales à celles de la divinité. Tu ne seras forcé à rien ; tu ne manqueras de rien ; tu seras libre, en sûreté, à l'abri de tout dommage ; tu ne tenteras rien en vain ; tu ne seras empêché de rien ; tout réussira selon ta pensée ; il ne t'arrivera rien de fâcheux, rien contre ton opinion, rien contre ta volonté. « Quoi donc! la vertu suffit-elle pour vivre heureux? » Parfaite et divine, pourquoi n'y suffirait-elle pas? Je dis mieux : elle est plus que suffisante. En effet, que peut-il manquer à l'homme placé hors du désir de toutes choses ? Qu'a-t-il besoin de ce qui est extérieur, celui qui a rassemblé tous ses biens en lui-même? Mais celui qui est dans le chemin de la vertu, lors même qu'il s'y est beaucoup avancé, a cependant besoin de quelque indulgence de la fortune, tandis qu'il se débat encore au milieu des choses humaines, tandis qu'il détache ce nœud et tout lien mortel. Quelle différence y a-t-il donc? C'est que les uns sont attachés, les autres enchaînés, d'autres même garrottés. Celui qui s'est transporté vers la région supérieure, qui s'est élevé dans les hauteurs, traine une chaîne lâche, et, sans être encore libre, il respire déjà la liberté.

XVII. Si donc quelqu'un de ces aboyeurs qui attaquent la philosophie, s'en vient dire selon leur coutume : « Pourquoi donc parles-tu mieux que tu ne vis? Pourquoi baisses-tu le ton devant un supérieur ; et regardes-tu l'argent comme un meuble nécessaire pour toi, et te troubles-tu pour un dommage, et verses-tu des larmes en apprenant la mort d'une épouse ou d'un ami, et tiens-tu compte de la réputation, et te montres-tu sensible aux méchants propos? Pourquoi as-tu une maison de campagne plus ornée que ne l'exige l'usage prescrit par la nature? Pourquoi n'est-ce pas selon tes préceptes que tu soupes? Pourquoi as-tu ce mobilier si brillant? Pourquoi, chez toi, boit-on du vin qui a plus d'années que toi? Pourquoi ta maison est-elle si bien disposée? Pourquoi sont plantés ces arbres qui ne doivent rien donner que de l'ombre? Pourquoi ta femme suspend-elle à ses oreilles le revenu d'une opulente famille? Pourquoi tes jeunes esclaves portent-ils retroussées des tuniques d'une étoffe précieuse? Pourquoi est-ce un art chez toi que de servir à table? Car l'argenterie n'est pas mise en place au hasard et comme elle se rencontre ; mais elle est habilement disposée. Pourquoi y a-t-il un maître à découper la viande? » Ajoute, si tu veux, « pourquoi possèdes-tu au-delà des mers? Pourquoi plus de propriétés que tu n'en connais? C'est une honte que tu sois assez négligent pour ne pas connaître un petit nombre d'esclaves, ou assez fastueux pour en avoir plus que ta mémoire ne peut suffire à en connaître. » Je t'aiderai tout à l'heure : des repro-

bari his, quæ vitare nostræ potestatis non est. In regno nati sumus : Deo parere libertas est.

XVI. Ergo in virtute posita est vera felicitas. Quid hæc tibi suadebit? ne quid aut bonum, aut malum existimes, quod nec virtute, nec malitia continget ; deinde, ut sis immobilis et contra malum ex bono, ut, qua fas est, Deum effingas. Quid tibi pro hac expeditione promittitur? ingentia et æqua divinis. Nihil cogeris; nullo indigebis; liber eris, tutus, indemnis; nihil frustra tentabis, nihil prohibeberis. Omnia tibi ex sententia cedent; nihil adversum accidet, nihil contra opinionem ac voluntatem. Quid ergo? virtus ad vivendum beate sufficit? perfecta illa et divina quidni sufficiat? immo superfluit. Quid enim deesse potest extra desiderium omnium posito? quid extrinsecus opus est ei, qui omnia sua in se collegit? Sed ei qui ad virtutem tendit, etiamsi multum processit, opus est tamen aliqua fortunæ indulgentia, adhuc inter humana luctanti, dum nodum illum exsolvit, et omne vinculum mortale. Quid ergo interest? quod alii alligati sunt, alii adstricti, alii districti quoque. Hic qui ad superiora progressus est, et se altius extulit, laxam catenam trahit, nondum liber, jam tamen pro libero.

XVII. Si quis itaque ex istis qui philosophiam conlatrant, quod solent, dixerit : « Quare ergo tu fortius loqueris quam vivis? quare superiori verba summittis, et pecuniam necessarium tibi instrumentum existimas, et damno moveris, et lacrymas, audita conjugis aut amici morte, demittis, et respicis famam, et malignis sermonibus tangeris? Quare cultius rus tibi est, quam naturalis usus desiderat? cur non ad præscriptum tuum cœnas? cur tibi nitidior supellex est? cur apud te vinum ætate tua vetustius bibitur? cur autem domus disponitur? cur arbores præter umbram nihil daturæ conseruntur? quare uxor tua locupletis domus censum auribus gerit? quare pædagogium pretiosa veste succingitur? quare ars est apud te ministrare, (nec temere, et ut libet, collocatur argentum, sed perite servatur) et est aliquis scindendi obsonii magister? » Adjice, si vis, cur trans mare possides? cur plura, quam nosti? Turpiter aut tam negligens es, ut non noveris pauculos servos ; aut tam luxuriosus, ut plures habeas, quam quorum notitiæ memoria sufficiat. Adjuvabo postmodum convicia ; et plura mihi quam putas, objiciam ; nunc hoc respondebo tibi : non, sum sapiens, et, ut malevolentiam tuam pascam,

ches, je m'en adresserai plus que tu n'imagines ; pour l'instant, voici ce que je te répondrai : Je ne suis pas sage, et, pour donner pâture à ta malveillance, je ne le serai pas. Ce que j'exige donc de moi, ce n'est pas d'être égal aux hommes les meilleurs, mais d'être meilleur que les mauvais ; il me suffit de retrancher chaque jour quelque chose à mes vices, et de gourmander mes erreurs. Je ne suis point arrivé à la santé, je n'y arriverai même pas : ce sont des calmants plutôt que des remèdes que j'applique sur ma goutte, satisfait si elle revient plus rarement, si elle ronge moins fort. Mais si l'on compare mes jambes aux vôtres, impotents, je suis un coureur.

XVIII. Ces choses, je ne les dis pas pour moi ; car moi, je suis plongé au plus profond des vices ; mais c'est pour celui qui a quelque chose d'acquis. « Tu parles, dit-on, d'une manière, tu vis d'une autre. » Cette objection, ô têtes pleines de malignité et de haine pour tout homme vertueux, fut faite à Platon, faite à Épicure, faite à Zénon. Car tous ils disaient, non comment ils vivaient eux-mêmes, mais comment il fallait vivre. C'est de la vertu, non de moi, que je parle ; et lorsque je m'emporte contre les vices, c'est d'abord contre les miens. Quand je le pourrai, je vivrai comme je le dois. Et cette malignité, qui se pare de couleurs empoisonnées, ne me détournera pas du mieux ; ce venin même, dont vous arrosez les autres, et avec lequel vous vous tuez vous-mêmes, ne m'empêchera pas de persister à vanter la vie, non pas que je mène, mais que je sais qu'il faut mener ; d'adorer la vertu et de la suivre, dussé-je ne me traîner que de loin sur ses traces. Attendrai-je donc qu'il y ait quelque chose d'inviolable pour cette malveillance qui ne respecta ni Rutilius, ni Caton ? Pourquoi n'y aurait-il pas aussi quelqu'un de trop riche aux yeux de ceux pour qui Démétrius le Cynique n'est pas assez pauvre ? Ces gens-là nient qu'il soit assez indigent, cet homme énergique qui lutte contre tous les besoins de la nature, plus pauvre que les autres cyniques, en ce que ceux-ci s'étant interdit de rien avoir, lui s'est interdit même de demander ! Car, voyez-vous, ce n'est pas la doctrine de la vertu, c'est la doctrine de l'indigence qu'il a professée.

XIX. Diodore, philosophe épicurien, qui, ces jours derniers, a terminé sa vie de sa propre main, ils nient encore qu'il ait agi suivant les décrets d'Épicure, en se coupant la gorge : les uns veulent, dans cette action, voir de la démence, les autres de la témérité. Lui, cependant, heureux et plein du sentiment d'une bonne conscience, il s'est rendu témoignage en sortant de la vie ; il a vanté le calme de ses jours passés dans le port et à l'ancre, et il a dit (et pourquoi vous autres l'avez-vous entendu à regret, comme s'il vous en fallait faire autant ?) : « J'ai vécu, et la carrière que m'avait donnée la fortune, je l'ai remplie. » Vous disputez sur la vie de l'un, sur la mort de l'autre ; et au seul nom d'hommes grands par quelque éclatant mérite, vous aboyez comme de petits chiens à la rencontre de gens qu'ils ne connaissent pas. Il vous convient, en effet, que personne ne paraisse bon ; comme si la vertu d'autrui était la censure de vos méfaits. Vous comparez malgré vous ce qui a de l'éclat,

nec ero. Exigo itaque a me, non ut optimis par sim, sed ut malis melior ; hoc mihi satis est, quotidie aliquid ex vitiis meis demere, et errores meos objurgare. Non perveni ad sanitatem, ne perveniam quidem : deliniamenta magis quam remedia podagræ meæ compono, contentus si rarius accedit, et si minus verminatur. Vestris quidem pedibus comparatus, debiles, cursor sum.

XVIII. Hæc non pro me loquor : ego enim in alto vitiorum omnium sum : sed pro illo, cui aliquid acti est. «Aliter, inquit, loqueris, aliter vivis. » Hoc, malignissima capita et optimo cuique inimicissima, Platoni objectum est, objectum Epicuro, objectum Zenoni. Omnes enim isti dicebant, non quemadmodum ipsi viverent, sed quemadmodum vivendum esset. De virtute, non de me loquor ; et quum vitiis convicium facio, in primis meis facio ; quum potuero, vivam quomodo oportet. Nec malignitas me ista multo veneno tincta deterrebit ab optimis, ne virus quidem istud, quo alios spargitis, vos necatis, me impediet, quo minus perseverem laudare vitam, non quam ago, sed quam agendam scio, quo minus virtutem adorem, et ex intervallo ingenti reptabundus sequar. Exspectabo scilicet, ut quidquam malevolentiæ inviolatum sit, cui sacer nec Rutilius fuit, nec Cato ? Cur et aliquis non istis dives nimis videatur, quibus Demetrius Cynicus parum pauper est ? Virum acerrimum, et contra omnia naturæ desideria pugnantem, hoc pauperiorem, quam ceteri cynici, quod quum sibi interdixerint habere, interdixit et poscere, negant satis egere ! Vides enim ? non virtutis scientiam, sed egestatis professus est.

XIX. Diodorum epicureum philosophum, qui intra paucos dies finem vitæ suæ manu sua imposuit, negant ex decreto Epicuri fecisse, quod istud gulam præsecuit ; alii dementiam videri volunt factum hoc ejus, alii temeritatem. Ille interim beatus, ac plenus bona conscientia, reddidit sibi testimonium vita excedens, laudavitque ætatis in portu et ad ancoram actæ quietem, et dixit : (quid vos inviti audistis, quasi vobis quoque faciendum sit ?)

Vixi, et quem dederat cursum fortuna, peregi.

De alterius vita, de alterius morte disputatis, et ad nomen magnorum ob aliquam eximiam laudem virorum, sicut ad occursum ignotorum hominum minuti canes, latratis. Expedit enim vobis, neminem videri bonum ; quasi aliena virtus exprobratio delictorum vestrorum sit.

avec vos souillures, sans comprendre combien cette audace tourne à votre détriment. Car si ceux qui suivent la vertu sont avares, débauchés et ambitieux, qu'êtes-vous donc, vous à qui le nom même de la vertu est odieux? Vous niez qu'aucun d'eux fasse ce qu'il dit, et règle sa vie sur ses discours. Qu'y a-t-il d'étonnant, puisqu'ils disent des choses fortes, grandes et qui échappent à toutes les tempêtes de l'humanité; puisqu'ils s'efforcent de s'arracher à des croix dans lesquelles chacun de vous enfonce lui-même ses clous? Condamnés pourtant au supplice, ils restent suspendus chacun à un seul poteau. Mais ceux qui se punissent eux mêmes sont disloqués par autant de croix qu'ils ont de passions; et toujours médisants, ils se donnent des grâces en outrageant les autres. Je croirais que pour eux c'est un loisir, s'il n'y avait des gens qui du haut du gibet crachent sur ceux qui les regardent.

XX. Les philosophes ne font pas ce qu'ils disent? Ils font cependant beaucoup, en ce qu'ils le disent, en ce que leur esprit conçoit l'honnête. Car si leurs actions étaient d'accord avec leurs discours, qu'y aurait-il de plus heureux que les philosophes? En attendant, il n'y a pas lieu de mépriser de bonnes paroles, et des cœurs pleins de bonnes pensées. Poursuivre de salutaires études, dût-on même rester en-deçà du but, est digne d'éloges. Est-il surprenant qu'ils ne montent pas jusqu'au sommet, ceux qui gravissent des pentes escarpées? Admire plutôt, même lorsqu'ils tombent, des hommes qui s'efforcent à de grandes choses. C'est une noble tâche, que de vouloir, en consultant, non pas ses forces, mais celles de sa nature, se porter vers les hauteurs, s'y essayer; que de concevoir en son esprit des projets supérieurs à ce que pourraient exécuter ceux-là mêmes qu'ennoblit une grande âme. L'homme qui a pris cette résolution, voici sa pensée : « Moi, j'entendrai mon arrêt de mort du même air que je prononcerai, que je contemplerai la mort d'un criminel; moi, je me soumettrai au travail, quelque rude qu'il puisse être; l'âme étaiera le corps; moi, j'aurai un égal mépris pour les richesses et présentes et absentes, sans être plus triste, si quelque part elles gisent inutiles, ni plus présomptueux, si elles brillent autour de moi; moi, je ne serai sensible à la fortune, ni quand elle viendra, ni quand elle s'en ira; moi, je regarderai toutes les terres comme étant à moi, les miennes comme étant à tous; moi, je vivrai comme sachant que je suis né pour les autres, et, à ce titre, je rendrai grâces à la nature des choses. Comment, en effet, pouvait-elle mieux arranger mes affaires? Elle m'a donné moi seul à tous, et tous à moi seul. Ce que j'aurai, je ne veux ni le garder en avare, ni le répandre en prodigue. Rien ne sera mieux en ma possession que ce que j'aurai bien donné. Je n'évaluerai les bienfaits ni par le nombre, ni par le poids, ni par aucun autre mérite, que le mérite de celui qui reçoit. Jamais je ne croirai donner beaucoup quand un homme digne recevra. Dans ce que je ferai, rien pour l'opinion, tout pour ma conscience : je croirai avoir le peuple pour témoin de tout ce que je ferai avec le témoignage de ma conscience. En mangeant et en buvant, mon but sera d'apaiser les besoins de la nature, non de remplir le ventre et de le vider. Moi, gracieux

---

Inviti splendida cum sordibus vestris confertis, nec intelligitis, quanto id vestro detrimento audeatis. Nam si illi qui virtutem sequuntur, avari, libidinosi, ambitiosique sunt ; quid vos estis, quibus ipsum nomen virtutis odio est? Negatis quemquam præstare quæ loquitur, nec ad exemplar orationis suæ vivere. Quid mirum, quum loquantur fortia, ingentia, omnes humanas tempestates evadentia? quum refigere se crucibus conentur, in quas unusquisque vestrum clavos suos ipse adigit? ad supplicium tamen acti stipitibus singulis pendent. Hi qui in se ipsi animadvertunt, quot cupiditatibus, tot crucibus distrahuntur ; et maledici, in alienam contumeliam venusti sunt. Crederem illis hoc vacare, nisi quidam ex patibulo suos spectatores conspuerent.

XX. Non præstant philosophi quæ loquuntur ? multum tamen præstant, quod loquuntur, quod honesta mente concipiunt. Nam si et paria dictis agerent, quid esset illis beatius ? interim non est quod contemnas bona verba, et bonis cogitationibus plena præcordia. Studiorum salutarium, etiam citra effectum, laudanda tractatio est. Quid mirum, si non ascendunt in altum ardua aggressi? sed viros suspice, etiamsi decidunt, magna conantes. Generosa res est, respicientem non ad suas, sed ad naturæ suæ vires, conari alta, tentare, et mente majora concipere, quam quæ etiam ingenti animo adornatis effici possint. Qui sibi hoc proposuit : « Ego mortem eodem vultu audiam, quo jubebo et videbo; ego laboribus, quanticumque illi erunt, parebo, animo fulciens corpus; ego divitias et præsentes et absentes æque contemnam ; nec, si alicubi jacebunt, tristior; nec, si circa me fulgebunt, animosior; ego fortunam nec venientem sentiam, nec recedentem; ego terras omnes tanquam meas videbo, meas tanquam omnium ; ego sic vivam, quasi sciam aliis me natum, et naturæ rerum hoc nomine gratias agam : quo enim melius genere negotium meum agere potuit? unum me donavit omnibus, uni mihi omnes. Quidquid habebo, nec sordide custodiam, nec prodige spargam; nihil magis possidere me credam, quam bene donata ; non numero, nec pondere beneficia, nec ulla, nisi accipientis æstimatione, pendam. Nunquam id mihi multum erit quod dignus accipiet. Nihil opinionis causa, omnia conscientiæ faciam, populo teste fieri credam, quidquid me conscio faciam. Edendi erit bibendique finis, desideria naturæ restinguere, non implere alvum, et exina-

pour mes amis, doux et facile pour mes ennemis, je serai fléchi avant d'être prié; j'irai au-devant des demandes honnêtes. Je saurai que ma patrie c'est le monde auquel président les dieux, que ceux-ci se tiennent au-dessus de moi, autour de moi, censeurs de mes actions et de mes paroles. En quelque moment que la nature rappelle mon âme, ou que ma raison la délivre, je m'en irai en prouvant que j'aimais la bonne conscience et les bonnes études, que je n'ôtai rien à la liberté de personne, que personne n'osa rien sur la mienne. »

XXI. Celui qui se proposera d'agir ainsi, qui le voudra, qui le tentera, entrera dans la voie de Dieu; et certes, quand même il ne s'y tiendrait pas, il ne tombera pourtant qu'après avoir osé de grandes choses. Mais vous, qui haïssez la vertu et son adorateur, vous ne faites rien de nouveau; car les yeux malades redoutent le soleil, et les oiseaux de nuit fuient l'éclat du jour; éblouis par ses premiers rayons, de tous côtés ils gagnent leur retraite, et se cachent dans quelque trou, loin de cette lumière qui les épouvante. Criez, exercez votre malheureuse langue à outrager les gens de bien; poursuivez-les, mordez tous à la fois; vous briserez vos dents bien avant que d'en laisser la marque! « Pourquoi celui-là est-il plein d'ardeur pour la philosophie, et mène-t-il une existence si opulente? Pourquoi dit-il qu'on doit mépriser les richesses, et en a-t-il? La vie, selon lui, doit être méprisée, et il vit! La santé doit être méprisée, et cependant il la ménage avec le plus grand soin, et il la voudrait parfaite. Il pense que l'exil est un vain mot, et il dit : Quel mal, en effet, y a-t-il à changer de contrée? Et pourtant, si faire se peut, il vieillit dans sa patrie. Il décide qu'entre un temps plus long et un temps plus court, il n'y a nulle différence : cependant, si rien ne l'en empêche, il prolonge ses jours, et, dans une vieillesse avancée, il jouit paisiblement de sa verdeur. » Oui, sans doute, il dit que ces choses-là doivent être méprisées; non pour ne pas les avoir, mais pour n'en être pas tourmenté quand il les a; il ne les chasse pas loin de lui, mais lorsqu'elles s'en vont, il les suit par derrière avec sécurité. Où, d'ailleurs, la fortune déposera-t-elle plus sûrement les richesses, que dans un lieu où elle peut les reprendre sans aucune plainte de celui qui les rend? M. Caton, lorsqu'il vantait Curius et Coruncanius, et ce siècle où c'était un crime aux yeux des censeurs que d'avoir quelques petites lames d'argent, possédait lui-même quarante millions de sesterces. C'était moins sans doute que Crassus, mais plus que Caton le Censeur. Si on fait la comparaison, il avait dépassé son bisaïeul de bien plus loin qu'il ne fut dépassé par Crassus. Et si de plus grands biens lui étaient échus, il ne les eût pas dédaignés; car le sage ne se croit indigne d'aucun présent de la fortune. Il n'aime pas les richesses, mais il les préfère; ce n'est pas dans son âme, c'est dans sa maison qu'il les reçoit : il ne rejette pas celles qu'il possède, mais il les domine, et veut qu'une matière plus ample soit fournie à sa vertu.

XXII. Or, comment mettre en doute que pour l'homme sage il y ait plus ample matière à déployer son âme dans les richesses que dans la pauvreté? Dans celle-ci, en effet, il n'y a qu'un seul

---

nire. Ego amicis jucundus, inimicis mitis et facilis, exorabor antequam roger, honestis precibus occurram. Patriam meam esse mundum sciam, et præsides deos : hos supra me, circaque me stare, factorum dictorumque censores. Quandocumque autem natura spiritum repetet, aut ratio dimittet, testatus exibo, bonam me conscientiam amasse, bona studia; nullius per me libertatem diminutam, a nemine meam. »

XXI. Qui hoc facere proponet, volet, tentabit, ad deos iter faciet : næ ille, etiamsi non tenuerit, magnis tamen excidet ausis. Vos quidem, qui virtutem cultoremque ejus odistis, nihil novi facitis; nam et solem lumina ægra formidant, et aversantur diem splendidum nocturna animalia, quæ ad primum ejus ortum stupent, et latibula sua passim petunt, abduntur in aliquas rimas timida lucis. Gemite, et infelicem linguam bonorum exercete convicio : instate, commordete : citius multo frangetis dentes, quam imprimetis! « Quare ille philosophiæ studiosus est, et tam dives vitam agit? quare opes contemnendas dicit, et habet? vitam contemnendam putat, et tamen vivit? valetudinem contemnendam, et tamen illam diligentissime tuetur, atque optimam mavult. Et exsilium nomen vanum putat, et ait : Quid est enim mali, mutare regiones? et tamen, si licet, senescit in patria. Et inter longius tempus et brevius nihil interesse judicat : tamen si nihil prohibet, extendit ætatem, et in multa senectute placidus viret? » Ait ista debere contemni : non ne habeat, sed ne sollicitus habeat; non abigit illa a se, sed abeuntia securus prosequitur. Divitias quidem ubi tutius fortuna deponet, quam ibi, unde sine querela reddentis receptura est? M. Cato quum laudaret Curium et Coruncanium, et seculum illud in quo censorium crimen erat, paucæ argenti lamellæ, possidebat ipse quadragenties sestertium; minus sine dubio quam Crassus, plus tamen quam censorius Cato. Majore spatio, si comparentur, proavum vicerat, quam a Crasso vinceretur. Et si majores illi obvenissent opes, non sprevisset; nec enim se sapiens indignum ullis muneribus fortuitis putat. Non amat divitias, sed mavult; non in animum illas, sed in domum recipit; nec respuit possessas, sed continet, et majorem virtuti suæ materiam subministrari vult.

XXII. Quid autem dubii est, quin major materia sapienti viro sit, animum explicandi suum in divitiis, quam in paupertate? quum in hac unum genus virtutis sit, non

genre de vertu, qui est de ne pas plier, de ne pas être abattu : dans les richesses, au contraire, la tempérance, la libéralité, le discernement, l'économie, la magnificence, ont toutes une carrière ouverte. Le sage ne se mépriserait pas quand même il serait de la plus petite taille ; il voudrait cependant être grand ; quoiqu'il ait le corps grêle, quoique privé d'un œil, il se portera bien ; il aimerait cependant mieux avoir la force de corps. Et il pense ainsi, tout en sachant qu'il y a en lui autre chose plus robuste ; il supportera la mauvaise santé, il préférera la bonne. Car bien que certains accessoires soient si peu importants, relativement à l'ensemble, qu'on pourrait les retrancher sans détruire le bien principal, ils ajoutent cependant quelque chose à cette joie continuelle qui naît de la vertu. Les richesses agissent sur le sage et le réjouissent, comme sur le navigateur un bon vent qui le pousse, comme un beau jour, comme en hiver et durant le froid un lieu exposé au soleil. Or, qui d'entre les sages, je veux parler des nôtres, pour lesquels l'unique bien est la vertu, prétend nier que ces choses mêmes que nous appelons indifférentes, aient en elles quelque prix, et que les unes soient préférables aux autres? A certaines d'entre elles on accorde un peu d'estime ; à certaines autres beaucoup. Ne vous y trompez donc pas : parmi les choses préférables sont les richesses. « Pourquoi donc, dis-tu, me tourner en ridicule, puisque chez toi les richesses sont placées au même rang que chez moi? » Veux-tu savoir combien peu elles occupent le même rang? A moi, les richesses, si elles m'échappent des mains, ne m'ôteront rien qu'elles-mêmes ; toi tu seras stupéfait, et tu paraîtras te manquer à toi-même, si elles se retirent de toi : chez moi les richesses occupent un rang quelconque : chez toi, le premier ; enfin les richesses m'appartiennent ; toi, tu appartiens aux richesses.

XXIII. Cesse donc d'interdire l'argent aux philosophes ; personne n'a condamné la sagesse à la pauvreté. Oui, le philosophe a d'amples richesses, mais elles ne seront ni dérobées, ni souillées du sang d'autrui ; elles seront acquises sans faire tort à qui que ce soit, sans honteux profits ; elles sortiront de chez lui aussi honnêtement qu'elles y seront entrées ; elles ne feront gémir personne, si ce n'est l'envieux. Exagère-les tant que tu voudras ; elles sont honnêtes ; et, quoiqu'il s'y trouve bien des choses que chacun voudrait pouvoir dire siennes, il ne s'y rencontre rien que personne puisse dire à soi. Lui cependant ne repoussera pas les faveurs de la fortune ; et, maître d'un patrimoine acquis par des moyens honnêtes, il ne voudra ni s'en glorifier ni en rougir. Il aura toutefois de quoi se glorifier, si, ouvrant sa maison et admettant toute la ville dans son intérieur, il peut dire : « Ce que chacun reconnaîtrait à lui, qu'il l'emporte. » Oh ! le grand homme, le riche par excellence, si le fait s'accorde avec cette parole, si, après cette parole, il possède encore autant ! je veux dire s'il a pu, sans crainte et sans danger, offrir au public de fouiller sa maison ; si personne n'a rien trouvé chez lui sur quoi mettre la main ! C'est hardiment, ouvertement qu'il sera riche. De même que le sage n'admettra pas chez lui un seul denier qui y entrerait par une mauvaise porte, de même de grandes richesses, présent de la for-

---

inclinari, nec deprimi : in divitiis, et temperantia, et liberalitas, et diligentia, et depositio, et magnificentia, campum habeat patentem. Non contemnet se sapiens, etiamsi fuerit minimæ staturæ : esse tamen se procerum volet ; et exilis corpore, ac amisso oculo valebit : malet tamen sibi esse corporis robur. Et hæc ita, ut sciat esse aliud in se valentius ; malam valetudinem tolerabit, bonam optabit. Quædam enim, etiamsi in summam rei parva sunt, ut subduci sine ruina principalis boni possint, adjiciunt tamen aliquid ad perpetuam lætitiam, et ex virtute nascentem. Sic illum afficiunt divitiæ, et exhilarant, ut navigantem secundus et ferens ventus, ut dies bonus, et in bruma ac frigore apricus locus. Quis porro sapientum, nostrorum dico, quibus unum est bonum virtus, negat etiam hæc quæ indifferentia vocamus, habere in se aliquid pretii, et alia aliis esse potiora? Quibusdam ex his tribuitur aliquid honoris, quibusdam multum. Ne erres itaque, inter potiora divitiæ sunt. « Quid ergo, inquis, me derides, quum eumdem apud te locum habeant, quem apud me ? » Vis scire, quam non habeant eumdem locum? mihi divitiæ si effluxerint, nihil auferent, nisi semetipsas ; tu stupebis, et videberis tibi sine te relictus, si illæ a te recesserint : apud me divitiæ aliquem locum habent ; apud te, summum ; ad postremum, divitiæ meæ sunt ; tu divitiarum es.

XXIII. Desine ergo philosophis pecunia interdicere ; nemo sapientiam paupertate damnavit. Habebit philosophus amplas opes, sed nulli detractas, nec alieno sanguine cruentas, sine cujusquam injuria partas, sine sordidis quæstibus, quarum tam honestus sit exitus quam introitus, quibus nemo ingemiscat, nisi malignus. In quantum vis, exaggera illas ; honestæ sunt : in quibus quum multa sint quæ quisque sua dicere velit, nihil est quod quisquam suum possit dicere. Ille vero fortunæ benignitatem a se non submovebit, et patrimonio per honesta quæsito nec gloriabitur, nec erubescet. Habebit tamen etiam quo glorietur, si aperta domo, et admissa in eam suas civitate, poterit dicere : Quod quisque suum agnoverit, tollat ! O magnum virum, optime divitem, si opus ad hanc vocem consonet, si post hanc vocem tantumdem habuerit ! ita dico, si tutus et securus scrutationem populo præbuerit ; si nihil quisquam apud illum invenerit, quo manus injiciat ; audacter et propalam erit dives. Sicut sapiens nullum denarium intra limen suum admittet, male

tunc et fruit de la vertu, ne seront par lui ni répudiées, ni exclues. Quel motif, en effet, aurait-il de leur refuser une bonne place? Qu'elles viennent, qu'elles reçoivent l'hospitalité. Il n'en fera ni parade, ni mystère; le premier est d'un esprit étroit; le second, d'un homme craintif et pusillanime, agissant comme s'il tenait un grand bien renfermé dans son sein. Et le sage, comme je l'ai dit, ne les chassera pas non plus de sa maison. Que dira-t-il, en effet? Sera-ce: Vous êtes inutile? Ou bien : Je ne sais point user des richesses? De même que, pouvant faire une route à pied, il aime cependant mieux monter en voiture; de même, s'il peut être riche, il le voudra, et il aura sans doute des biens, mais comme choses légères et fugitives, et sans vouloir qu'ils soient un fardeau, ni pour aucun autre, ni pour lui-même. Il donnera......... Pourquoi as-tu dressé les oreilles? Pourquoi tends-tu le pan de ta robe? Il donnera, oui, soit aux gens de bien, soit à ceux qu'il pourra rendre bons. Il donnera avec une extrême circonspection, faisant choix des plus dignes, en homme qui se rappelle qu'il faut rendre compte aussi bien de la dépense que de la recette. Il donnera d'après des motifs justes et plausibles; car, au nombre des gaspillages honteux, il faut mettre un présent mal placé. Il aura une bourse facile à ouvrir, mais non percée, d'où beaucoup sort, d'où rien ne tombe.

XXIV. Il se trompe celui qui croit que donner soit chose facile. C'est une affaire qui présente beaucoup de difficultés, si toutefois on veut donner avec réflexion, et non prodiguer au hasard et par boutade. J'oblige l'un, je m'acquitte envers l'autre; celui-ci je le secours; celui-là je le plains; cet autre je l'équipe; car il ne mérite pas d'être courbé sous la pauvreté, d'être tenu sous sa domination. Il en est à qui je ne donnerai pas, quoiqu'ils aient besoin; car, lors même que je leur aurai donné, ils auront encore besoin. Il en est à qui j'offrirai; il en est même à qui j'imposerai. Je ne puis, dans cette affaire, mettre de la négligence; jamais je ne fais de meilleurs placements que quand je donne. Eh quoi! dis-tu, c'est donc pour recouvrer que tu donnes? Bien mieux, c'est pour ne pas perdre. Qu'un don soit déposé en un lieu d'où il ne doive pas être repris, d'où il puisse être rendu. Qu'un bienfait soit placé comme un trésor, profondément enfoui, que l'on ne doit pas déterrer, à moins qu'il n'y ait nécessité. Mais quoi! la maison seule de l'homme riche n'offre-t-elle pas une ample matière à la bienfaisance? Qui voudrait, en effet, ne réserver le nom de libéralité qu'à celle qui s'adresse aux citoyens en toge? C'est aux hommes que la nature nous ordonne d'être utiles; qu'ils soient esclaves ou libres, ingénus ou affranchis; qu'ils aient reçu la liberté, suivant les formes, ou dans une réunion d'amis, qu'importe? Partout où il y a un homme, il y a place pour un bienfait. Le riche peut donc, en répandant l'argent même dans l'intérieur de sa maison, exercer sa libéralité, qui est ainsi nommée, non parce qu'on la doit à des hommes libres, mais parce qu'elle part d'une âme libre. Chez le sage on ne la voit ni se jeter à la tête des gens malhonnêtes et indignes, ni jamais errer tellement épuisée, qu'elle ne puisse, chaque fois qu'elle rencontre un homme digne, couler

---

intrantem : ita et magnas opes, munus fortunæ, fructumque virtutis, non repudiabit, nec excludet. Quid enim est, quare illis bonum locum invideat? veniant, hospitentur. Nec jactabit illas, nec abscondet; alterum infruniti animi est; alterum timidi et pusilli, velut magnum bonum intra sinum continentis. Nec, ut dixi, ejiciet illas e domo. Quid enim dicet? utrumne, inutiles estis? an, ego uti divitiis nescio? Quemadmodum etiam si pedibus suis poterit iter conficere, escendere tamen vehiculum malet; sic si poterit esse dives, volet, et habebit utique opes, sed tanquam leves et avolaturas; nec ulli alii, nec sibi graves esse patietur. Donabit... Quid erexisti aures? quid expeditis sinum? Donabit, aut bonis, aut iis quos facere poterit bonos. Donabit cum summo consilio, dignissimos eligens, ut qui meminerit, tam expensorum quam acceptorum rationem esse reddendam. Donabit ex recta et probabili causa; nam inter turpes jacturas malum munus est. Habebit sinum facilem, non perforatum; ex quo multa exeant, nihil excidat.

XXIV. Errat, si quis existimat facilem rem esse donare. Plurimum ista res habet difficultatis, si modo consilio tribuitur, non casu et impetu spargitur. Hunc promereor, illi reddo: huic succurro, hujus misereor. Illum instruo, dignum quem non deducat paupertas, nec occupatum teneat. Quibusdam non dabo, quamvis desit; quia etiamsi dedero, erit defuturum; quibusdam offeram, quibusdam etiam inculcabo. Non possum in hac re esse negligens; nunquam magis nomina facio, quam quum dono. « Quid? tu, inquis, recepturus donas? » immo non perditurus. Eo loco sit donatio, unde repeti non debeat, reddi possit. Beneficium collocetur, quemadmodum thesaurus alte obrutus, quem non eruas, nisi fuerit necesse. Quid? domus ipsa divitis viri, quantam habet benefaciendi materiam? Quis enim liberalitatem tantum ad togatos vocat? hominibus prodesse natura jubet: servi liberine sint, ingenui an libertini, justæ libertatis, an inter amicos datæ, quid refert? ubicumque homo est, ibi beneficio locus est. Potest itaque pecuniam etiam intra limen suum diffundere, et liberalitatem exercere; quæ non quia liberis debetur, sed quia a libero animo proficiscitur, ita nominata est. Hæc apud sapientem nec unquam in turpes indignosque impingitur, nec unquam ita defatigata errat, ut non, quotiens dignum evenerit, quasi ex pleno fluat. Non est ergo quod perperam exaudiatis, quæ honeste, fortiter, animose

24

comme à pleins bords. Il n'y a donc pas de quoi si mal interpréter ce que disent d'honnête, de courageux, de magnanime, ceux qui étudient la sagesse. Et d'abord, faites attention à ceci : autre est celui qui étudie la sagesse, autre est celui qui déjà la possède. Le premier te dira : « Je parle très-bien ; mais je me vautre encore dans beaucoup de vices. Il n'y a pas lieu de t'emparer de ma formule pour me poursuivre, puisque je m'applique à me faire, à me former, à m'élever jusqu'à devenir un grand exemple. Si j'atteins le but que je me suis proposé, exige alors que les actions répondent aux paroles. » Mais celui qui est parvenu à la plus haute perfection humaine dans le bien, en agira autrement avec toi, et dira : « D'abord, tu ne dois pas te permettre de donner un avis sur ceux qui sont meilleurs que toi. C'est déjà une bonne fortune pour moi et une preuve de droiture, que de déplaire aux méchants. Mais, pour que je te rende un compte que je ne refuse à aucun mortel, écoute ce que je stipule, et le prix que je mets à chaque chose. Je nie que les richesses soient un bien ; car, si elles en étaient un, elles feraient des gens de bien : or, puisqu'on les rencontre chez les méchants, je leur refuse ce nom. Du reste, qu'il faille les avoir, qu'elles soient utiles, qu'elles apportent à la vie de grands avantages, je l'accorde. »

XXV. Qu'est-ce donc? pourquoi ne les compté-je point parmi les biens, et en quoi, au milieu d'elles, me comporté-je autrement que vous, puisque, des deux côtés, il est convenu qu'il en faut avoir? Écoutez. Qu'on me place dans la maison la plus opulente, où l'or et l'argent soient d'un usage commun ; je ne m'estimerai pas davantage à cause de ces objets, qui, bien que chez moi, sont cependant hors de moi. Que l'on me transporte sur le pont Sublicius, et que l'on me jette parmi les indigents; je ne me mépriserai pas pour être assis au nombre de ces gens qui tendent la main pour une pièce de monnaie. Qu'importe, en effet, qu'il manque un morceau de pain à celui auquel ne manque pas le pouvoir de mourir? Qu'est-ce donc? cette maison splendide, je l'aime mieux que le pont. Que l'on me place dans un attirail resplendissant, au milieu d'un appareil recherché, je ne me croirai nullement plus heureux, parce que j'aurai un petit manteau moelleux, parce que dans mes festins la pourpre s'étalera sous mes pieds. Je ne serai nullement plus malheureux, si ma tête fatiguée se repose sur une botte de foin, si je couche sur la bourre qui, des matelas du cirque, s'échappe à travers les reprises d'une vieille toile. Qu'est-ce donc? j'aime mieux montrer tout ce qu'il y a d'âme en moi, étant vêtu de la prétexte ou de la chlamyde, qu'ayant les épaules nues ou à moitié couvertes. Que pour moi tous les jours s'écoulent à souhait ; que des félicitations nouvelles s'unissent aux précédentes, ce ne sera pas pour cela que je me plairai à moi-même. Que l'on change, au contraire, cette indulgence des temps ; que de tous côtés mon âme soit frappée par des pertes, des afflictions, des assauts divers ; qu'une seule heure ne s'écoule pas sans quelque sujet de plainte ; pour cela, je ne me dirai pas malheureux, au milieu même des plus grands malheurs ; pour cela je ne maudirai pas un seul jour ; car j'ai pourvu à ce que pour moi aucun jour ne fût néfaste. Qu'est-ce donc? j'aime mieux modérer

---

a studiosis sapientiæ dicuntur : et hoc primum attendite. Aliud est, studiosus sapientiæ, aliud, jam adeptus sapientiam. Ille tibi dicet : « Optime loquor, sed adhuc inter mala volutor plurima. Non est, quod me ad formulam meam exigas, quum maxime facio me et formo, et ad exemplar ingens attollo ; si processero, quantum proposui, exige ut dictis facta respondeant. » Assecutus vero humani boni summam, aliter tecum aget, et dicet : « Primum, non est quod tibi permittas de melioribus ferre sententiam ; mihi jam, quod argumentum est recti, contigit, malis displicere. Sed ut tibi rationem reddam, quam nulli mortalium invideo, audi quid promittam, et quanti quæque æstimem. Divitias nego bonum esse : nam si essent, bonos facerent ; nunc quoniam quod apud malos deprehenditur, dici bonum non potest, hoc illis nomen nego ; ceterum et habendas esse, et utiles, et magna commoda vitæ afferentes fateor. »

XXV. Quid ergo est? quare illas non in bonis numerem, et quid in illis præstem aliud, quam vos, quoniam inter utrosque convenit habendas, audite. Pone in opulentissima me domo, pone ubi aurum argentumque in promiscuo usu sit ; non suspiciam me ob ista, quæ, etiam si apud me, extra me tamen sunt. In Sublicium pontem me transfer, et inter egentes abjice ; non ideo tamen me despiciam, quod in illorum numero consideo, qui manum ad stipitem porrigunt ; quid enim ad rem, an frustum panis desit, cui non deest mori posse? Quid ergo est? domum illam splendidam malo, quam pontem. Pone in instrumentis splendentibus, et delicato apparatu ; nihilo me feliciorem credam, quod mihi molle erit amiculum, quod purpura in conviviis meis substernetur. Nihilo miserior ero, si lassa cervix mea in manipulo fœni acquiescet, si super Circense tomentum, per sarturas veteris lintei effluens, incubabo. Quid ergo est? malo quid mihi animi sit ostendere, prætextatus et chlamydatus, quam nudis scapulis aut semitectis. Ut omnes mihi dies ex voto cedant, novæ gratulationes prioribus subtexantur ; non ob hoc mihi placebo. Muta in contrarium hanc indulgentiam temporis ; hinc illinc percutiatur animus, damno, luctu, incursionibus variis, nulla omnino hora sine aliqua querela sit ; non ideo me dicam inter miserrima miserum, non ideo aliquem exsecrabor diem ; pro-

des joies qu'apaiser des douleurs. Voici ce que te dira le grand Socrate : « Suppose-moi vainqueur de toutes les nations; que le magnifique char de Liber me porte triomphant depuis les lieux où se lève le soleil jusqu'à Thèbes; que les rois des Perses me demandent des lois ; c'est alors surtout que je penserai être homme, quand de tous côtés je serai salué dieu. Par une brusque métamorphose, fais-moi tomber du haut de cette grandeur; que je sois placé sur un brancard étranger, pour orner la pompe d'un vainqueur superbe et farouche ; traîné sous le char d'un autre, je ne serai pas plus bas que debout sur le mien. Qu'est-ce donc ? Cependant j'aime mieux être vainqueur que prisonnier. Je mépriserai tout l'empire de la fortune ; mais dans cet empire, si le choix m'est donné, je prendrai ce qu'il y a de plus doux. Tout ce qui m'arrivera deviendra bon ; mais j'aime mieux qu'il m'arrive des choses plus faciles, plus agréables, et qui donneront moins de peine à celui qui les maniera. Ne va pas croire, en effet, qu'il y ait aucune vertu sans travail ; mais à quelques vertus il faut l'aiguillon, à d'autres le frein. De même que le corps a besoin d'être retenu dans une descente et poussé dans une montée, de même certaines vertus suivent la pente, d'autres gravissent la côte. Est-il douteux qu'il y ait à monter, à faire effort, à lutter pour la patience, le courage, la persévérance et toute autre vertu qui fait tête aux adversités, et dompte la fortune? Eh quoi! n'est-il pas également manifeste que c'est par une pente naturelle que marchent la libéralité, la tempérance, la douceur? Dans celles-ci nous retenons l'âme, de peur qu'elle ne tombe; dans celles-là nous l'exhortons, nous l'excitons. Ainsi donc, à la pauvreté, nous opposerons les vertus les plus ardentes, celles dont le courage grandit avec l'attaque ; aux richesses, nous opposerons les plus soigneuses, celles qui marchent d'un pas grave et conservent leur équilibre.

XXVI. Cette division ainsi établie, j'aime mieux avoir pour mon usage celles qui peuvent se pratiquer plus tranquillement, que celles dont l'exercice veut du sang et des sueurs. Ce n'est donc pas moi, dit le sage, qui vis autrement que je ne parle ; c'est vous qui entendez tout de travers. Le son des paroles est seul parvenu à vos oreilles ; ce qu'il signifie, vous ne le cherchez pas. « En quoi donc différons-nous, moi le fou, et toi le sage, si nous voulons tous deux posséder? » En beaucoup de choses. Chez le sage, en effet, les richesses sont dans la servitude ; chez le fou, elles ont l'empire : le sage ne donne aucun droit aux richesses ; à vous, les richesses les donnent tous. Vous, comme si quelqu'un vous en avait garanti la possession éternelle, vous vous y accoutumez, vous vous incorporez à elles : le sage se prépare à la pauvreté, alors surtout qu'il est placé au milieu des richesses. Jamais un général ne croit tellement à la paix, qu'il ne s'apprête pour la guerre ; quoiqu'elle ne se fasse pas, elle peut être déclarée. Ce qui vous ébahit vous, c'est une belle maison, comme si elle ne pouvait ni brûler, ni s'écrouler ; c'est une opulence inaccoutumée, comme si elle était placée au-dessus de tout péril, comme si elle était trop grande pour que la for-

---

visum est enim a me, ne quis mihi ater dies esset. Quid ergo est? malo gaudia temperare, quam dolores compescere. Hoc tibi ille Socrates dicet : « Fac me victorem universarum gentium; delicatus ille Liberi currus triumphantem usque ad Thebas a solis ortu vehat; jura reges Persarum petant; me hominem esse tum maxime cogitabo, quum Deus undique consalutabor. Huic tam sublimi fastigio conjunge protinus præcipitem mutationem; in alienum imponar ferculum, exornaturus victoris superbi ac feri pompam; non humilior sub alieno curru agar, quam in meo steteram. » Quid ergo est? vincere tamen, quam capi malo. Totum fortunæ regnum despiciam; sed ex illo, si dabitur electio, molliora sumam. Quidquid ad me venerit, bonum fiet; sed malo faciliora ac jucundiora veniant, et minus vexatura tractantem. Non est enim quod ullam existimes esse sine labore virtutem, sed quædam virtutes stimulis, quædam frænis egent. Quemadmodum corpus in proclivo retineri debet, in ardua impelli; ita quædam virtutes in proclivi sunt, quædam clivum subeunt. An dubium sit, quin escendat, nitatur, obluctetur patientia, fortitudo, perseverantia, et quæcunque alia duris opposita virtus est, et fortunam subigit? Quid ergo? non æque manifestum est per devexum ire liberalitatem, temperantiam, mansuetudinem? In his continemus animum, ne prolabatur; in illis exhortamur, incitamusque. Acerrimas ergo paupertati adhibebimus, illas, quæ impugnatæ fiunt fortiores; divitiis illas diligentiores, quæ suspensum gradum ponunt, et pondus suum sustinent.

XXVI. Quum hoc ita divisum sit, malo has in usu mihi esse, quæ exercendæ tranquillius sint, quam eas, quarum experimentum sanguis et sudor est. Ergo non ego, inquit sapiens, aliter vivo quam loquor, sed vos aliter auditis. Sonus tantummodo verborum ad aures vestras pervenit; quid significet, non quæritis. « Quid ergo inter me stultum, et te sapientem interest, si uterque habere volumus? » Plurimum. Divitiæ enim apud sapientem virum in servitute sunt ; apud stultum in imperio: sapiens divitiis nihil permittit ; vobis divitiæ omnia. Vos, tanquam aliquis vobis æternam possessionem earum promiserit, assuescitis illis, et cohæretis; sapiens tunc maxime paupertatem meditatur, quum in mediis divitiis constitit. Nunquam imperator ita paci credit, ut non se præparet bello; quod etiamsi non geritur, indictum est. Vos domus formosa, tanquam nec ardere nec ruere possit, insolentes vos opes, tanquam periculum omne transcen-

tune eût assez de force pour l'anéantir! Sans nul souci, vous jouez aux richesses, et vous n'en prévoyez pas tout le danger. Ainsi, le plus souvent, les Barbares qui sont bloqués et qui ne connaissent pas les machines, regardent avec indifférence les travaux des assiégeants, et ne comprennent pas à quoi tendent ces ouvrages qui s'élèvent au loin. La même chose vous arrive : vous croupissez au milieu de vos biens, sans songer combien de malheurs vous menacent de tous côtés, prêts à emporter de précieuses dépouilles. Quiconque enlève au sage ses richesses, lui laisse encore tous ses biens; car il vit satisfait du présent, tranquille sur l'avenir. « Il n'est rien, dit Socrate ou quelque autre qui a le même droit et le même pouvoir sur les choses humaines, il n'est rien que je me sois autant promis que de ne pas faire plier à vos opinions la conduite de ma vie. Rassemblez de toutes parts vos propos habituels : ce ne seront pas des invectives que je croirai entendre, mais des vagissements comme en poussent les enfants les plus misérables. » Voilà ce que dira celui qui a la sagesse en partage; celui auquel une âme affranchie de vices ordonne de gourmander les autres, non par haine, mais pour apporter remède. Il ajoutera encore ceci : « Votre opinion me touche, non pour ma part, mais pour la vôtre : haïr et attaquer la vertu, c'est abjurer tout espoir du bien. Vous ne me faites aucun tort, pas plus que n'en font aux dieux mêmes ceux qui renversent leurs autels; mais l'intention coupable se montre à découvert, et le projet est coupable, alors même qu'il n'a pu nuire. Vos hallucinations, je les supporte, comme le grand Jupiter supporte les extravagances des poëtes : l'un d'eux lui a donné des ailes; un autre, des cornes; tel autre le représente adultère et découchant; celui-ci le montre cruel envers les dieux ; celui-là, injuste envers les hommes ; cet autre, ravisseur infâme d'adolescens, jusque dans sa famille; un dernier, parricide et usurpateur du trône paternel : ce qui n'avait d'autre résultat que d'ôter aux hommes la honte du péché, s'ils eussent cru cela des dieux. Mais, quoique toutes ces choses ne me blessent en rien, c'est cependant dans votre propre intérêt que je vous avertis : honorez la vertu. Croyez-en ceux qui, après l'avoir suivie longtemps, crient à haute voix qu'ils suivent quelque chose de grand, et qui, de jour en jour, leur apparaît plus grand encore. Offrez-lui donc vos hommages à elle, comme aux dieux ; à ceux qui la professent, comme à des pontifes ; et chaque fois qu'il sera fait mention solennelle des livres sacrés, faites silence! Cette formule ne vient pas, comme bien des gens le pensent, du mot *faveur;* mais on commande le silence, afin que le sacrifice puisse être accompli régulièrement, sans que le bruit d'aucune mauvaise parole vienne l'interrompre.

XXVII. C'est-ce qu'il est beaucoup plus nécessaire de vous commander à vous, pour que toutes les fois que cet oracle prononcera quelque chose, vous écoutiez attentivement et sans mot dire. Lorsqu'un de ces hommes qui agitent le sistre [1], vient mentir par ordre; lorsqu'un de ceux qui font métier de déchirer leurs muscles [2], ensanglante ses bras et ses épaules d'une main légère; lorsqu'un autre, se traînant sur ses genoux à travers la voie

[1] Les prêtres d'Isis. — [2] les prêtres de Bellone.

publique, pousse des hurlements; lorsqu'un vieillard, vêtu de lin[1], portant devant lui un laurier et une lanterne en plein midi, s'en va criant que quelqu'un des dieux est irrité, vous accourez tous, vous écoutez, et, alimentant à l'envi votre stupéfaction réciproque, vous affirmez qu'il est inspiré. Voici que Socrate vous crie du fond de cette prison qu'il purifia en y entrant, et qu'il rendit plus honnête que pas une curie : « Quelle est cette nature ennemie des dieux et des hommes? Vouloir diffamer les vertus, et, par de méchants discours, violer les choses saintes! Si vous le pouvez, louez les gens de bien; sinon, passez votre chemin. Que si vous tenez à donner carrière à cette infâme licence, ruez-vous les uns sur les autres; car, lorsque votre rage s'exerce contre le ciel, je ne dis pas que vous commettez un sacrilége, mais vous perdez votre peine. Moi, j'ai fourni jadis à Aristophane un texte de raillerie : toute cette bande de poëtes burlesques a répandu sur moi le venin de ses sarcasmes. Ma vertu fut illustrée par les traits qu'on lui lançait; car il lui convient d'être produite au grand jour, d'être soumise à des épreuves; et nul ne comprend mieux combien elle est grande, que ceux qui ont senti ses forces en la combattant. La dureté du caillou n'est connue de personne mieux que de ceux qui le frappent. Je me présente tout ainsi qu'un rocher isolé au milieu d'une mer semée d'écueils; de quelque côté que soient poussés les flots, ils ne cessent de le battre; mais pour cela ils ne peuvent ni le déplacer, ni l'ébranler, ni, par leurs assauts répétés pendant tant de siècles, le miner. Attaquez,

[1] Les prêtres égyptiens.

donnez l'assaut; c'est en vous supportant que je triompherai. Tout ce qui vient assaillir les choses qui sont fermes et insurmontables n'emploie sa force qu'à son détriment. Cherchez donc quelque matière molle et sans consistance, dans laquelle vos traits puissent pénétrer. Mais avez-vous bien le loisir de fouiller les misères d'autrui, et de prononcer un jugement sur quelqu'un? Pourquoi ce philosophe est-il logé au large? Pourquoi celui-là soupe-t-il fastueusement? Chez les autres vous remarquez une petite rougeur, et vous êtes vous-mêmes tout couverts d'ulcères. C'est comme si l'on voyait plaisanter sur les taches et les verrues des plus beaux corps, celui que dévore une lèpre hideuse. Reprochez à Platon d'avoir demandé de l'argent, à Aristote d'en avoir reçu, à Démocrite d'en avoir fait peu de cas, à Épicure d'en avoir dissipé ; à moi-même reprochez sans cesse Alcibiade et Phèdre. Oh! vous serez trop heureux dans votre apprentissage, quand, pour la première fois, il vous sera donné d'imiter nos vices ! Que n'envisagez-vous plutôt vos propres maux, qui, de toutes parts, vous poignardent? les uns vous assiégent du dehors, les autres consument vos entrailles. Non, les choses humaines n'en sont pas à ce point, bien encore que vous connaissiez, par votre situation, qu'il vous reste tant de loisir, et que, pour accuser des gens meilleurs que vous, vous ayez le temps de remuer votre langue.

XXVIII. » Voilà ce que vous ne comprenez pas, et vous prenez des airs malséants à votre fortune : semblables à tant de gens qui tuent le temps au cirque ou au théâtre, lorsque déjà leur maison est en deuil, et qu'ils n'ont pas encore reçu la nouvelle du

præferens, conclamat iratum aliquem deorum; concurritis et auditis, et divinum esse eum, invicem mutuum alentes stuporem, affirmatis. Ecce Socrates ex illo carcere, quem intrando purgavit, omnique honestiorem curia reddidit, proclamat : « Quis iste furor? quæ ista inimica diis hominibusque natura est? infamare virtutes, et malignis sermonibus sancta violare? Si potestis, bonos laudate ; si minus transite. Quod si vobis exercere tetram istam licentiam placet, alter in alterum incursitate; nam quum in cœlum insanitis, non dico sacrilegium facitis, sed operam perditis. Præbui ego aliquando Aristophani materiam jocorum; tota illa mimicorum poetarum manus in me venenatos sales suos effudit. Illustrata est virtus mea, per ea ipsa, per quæ petebatur; produci enim illi et tentari expedit; nec ulli magis intelligunt quanta sit, quam qui vires ejus lacessendo senserunt. Duritia silicis nulli magis, quam ferientibus, nota est. Præbeo me non aliter, quam rupes aliqua in vadoso mari destituta, quam fluctus non desinunt undecunque moti sunt verberare; nec ideo aut loco eam movent, aut per tot ætates crebro incursu suo consumunt. Assilite, facile impetum; ferendo vos vincam. In ea, quæ firma et insuperabilia sunt, quidquid incurrit, malo suo vim suam exercet. Proinde quærite aliquam mollem cedentemque materiam, in quam tela vestra figantur. Vobis autem vacat aliena scrutari mala, et sententias ferre de quoquam? Quare hic philosophus laxius habitat quare hic lautius cœnat? Papulas observatis alienas, ipsi obsiti plurimis ulceribus. Hoc tale est, quale si quis pulcherrimorum corporum nævos aut verrucas derideat, quem fœda scabies depascitur. Objicite Platoni, quod petierit pecuniam; Aristoteli, quod acceperit; Democrito, quod neglexerit; Epicuro, quod consumserit; mihi ipsi Alcibiadem et Phædrum objectate. O vos usu maxime felices, quum primum vobis imitari vitia nostra contigerit ! Quin potius mala vestra circumspicitis, quæ vos ab omni parte confodiunt, alia grassantia extrinsecus, alia in visceribus ipsis ardentia? Non eo loco res humanæ sunt, etiamsi statum vestrum parum nostis, ut vobis tantum otii supersit, ut in probra meliorum agitare linguam vacet.

XXVIII. «Hoc vos non intelligitis, et alienum fortunæ vestræ vultum geritis; sicut plurimi quibus in circo aut in theatro desidentibus jam funesta domus est, nec annuntiatum malum. At ego ex alto prospiciens, video quæ

malheur. Mais pour moi, qui d'en haut porte mes regards au loin, je vois quelles tempêtes vous menacent, et doivent un peu plus tard déchirer leur nuage, ou lesquelles, déjà tout proches et sur le point de vous emporter, vous et vos biens, s'avancent plus vite encore. Eh quoi donc ! à cette heure même (quoique vous le sentiez peu), un tourbillon ne roule-t-il pas vos âmes dans ses replis! Tandis qu'elles fuient et recherchent les mêmes choses, ne les entraîne-t-il pas avec rapidité, tantôt les élevant au plus haut, tantôt les brisant dans les profondeurs !...... »

tempestates aut immineant vobis, paulo tardius rupturæ nimbum suum, aut jam vicinæ vos ac vestra rapturæ, propius accesscrint. Quid porro? nonne nunc quoque (etiamsi parum sentitis) turbo quidem animos vestros rotat, et involvit, fugientes petentesque eadem, et nunc in sublime allevatos, nunc in infima allisos rapit!........»

FACÉTIE
SUR LA MORT DE CLAUDE CÉSAR,
VULGAIREMENT APPELÉE
APOKOLOKYNTOSE.

I. Ce qui se fit au ciel, avant le troisième jour des ides d'octobre, Asinius Marcellus, Acilius Aviola étant consuls, nouvel an, à l'aurore de ce bienheureux siècle, je veux l'apprendre à nos neveux. Je ne dirai rien par rancune ou par reconnaissance. Que si l'on s'enquiert d'où je tiens cette si véridique histoire, premièrement, s'il ne me plaît, je ne répondrai pas. Qui pourrait m'y forcer? Je n'ignore pas que j'ai gagné ma liberté le jour où mourut celui qui justifia ce proverbe : « Il faut naître ou roi ou fou. » S'il me convient de répondre, je dirai ce qui me viendra dans la bouche. A-t-on jamais exigé d'un historien des témoins assermentés? Cependant, s'il faut te produire mon auteur, demande à celui qui vit Drusilla monter au ciel. Il te dira qu'il a vu Claude prendre le même chemin, *d'un pas inégal*. Bon gré, mal gré, il lui faudra bien voir tout ce qui se fait au ciel. Il est inspecteur de la voie Appienne, par où l'on sait que le divin Auguste et Tibère César sont allés chez les dieux. Si tu l'interroges, il t'en causera seul à seul; en présence de plusieurs, jamais il n'en dira mot. Car depuis qu'il a juré devant le sénat avoir vu Drusilla graviter vers les cieux, et que, pour le payer d'une si bonne nouvelle, personne n'a voulu croire à ce qu'il avait vu, il a déclaré, suivant la formule, qu'il ne révélerait plus rien, même quand il verrait tuer un homme en plein forum. Ce que je tiens de lui, je te le présente comme certain, comme positif : les dieux lui donnent et bonheur et santé!

II. Par un plus court chemin l'astre qui nous éclaire
Dirigeait à nos yeux sa course journalière;
Le dieu fantasque et brun qui préside au repos
A de plus longues nuits prodiguait ses pavots;

I. Quid actum sit in cœlo ante diem tertium idus octobris, Asinio Marcello, Acilio Aviola Coss. anno novo, initio seculi felicissimi, volo memoriæ tradere. Nihil offensæ nec gratiæ dabitur. Hæc ita vera si quis quæsierit unde sciam, primum, si noluero, non respondebo. Quis coacturus est? Ego scio me liberum factum, ex quo suum diem obiit ille, qui verum proverbium fecerat. « Aut regem, aut fatuum nasci oportere. » Si libuerit respondere, dicam quod mihi in buccam venerit. Quis unquam ab historico juratores exegit? Tamen si necesse fuerit auctorem producere, quærite ab eo qui Drusillam euntem in cœlum vidit. Idem Claudium vidisse se dicet iter facientem, non passibus æquis. Velit, nolit, necesse est illi omnia videre, quæ in cœlo agantur. Appiæ viæ curator est; qua scis et divum Augustum, et Tiberium Cæsarem, ad deos isse. Hunc si interrogaveris, soli narrabit; coram pluribus nunquam verbum faciet. Nam ex quo in senatu juravit se Drusillam vidisse cœlum adscendentem, et illi pro tam bono nuntio nemo crediderit quod viderit; verbis conceptis affirmavit, se non indicaturum, etiamsi in medio foro hominem vidisset occisum. Ab hoc ego quæcumque audivi, certa claraque affero : ita illum salvum et felicem habeam.

II. Jam Phœbus breviore via contraxerat ortum
Lucis, et obscuri crescebant cornua somni;
Jamque suum victrix augebat Cynthia regnum,

La blafarde Cynthie, aux dépens de son frère,
De sa triste lueur éclairait l'hémisphère,
Et le difforme Hiver obtenait les honneurs
De la saison des fruits et du dieu des buveurs;
Le voyageur tardif, d'une main engourdie,
Otait encore du cep quelque grappe flétrie.

Je pense que tu comprendras mieux, si je te dis qu'on était au mois d'octobre, et au troisième jour des ides d'octobre. Je ne saurais te dire précisément l'heure. On mettrait plus facilement d'accord les philosophes que les horloges. Toutefois, c'était entre six et sept. Rustre que je suis! C'est peu pour les poëtes de décrire le lever et le coucher du soleil, ils entreprennent volontiers de fatiguer de leurs chants même le milieu du jour; et moi je laisserais passer une si belle heure!

Déjà du haut des cieux le dieu de la lumière
Avait en deux moitiés partagé l'hémisphère,
Et pressant de la main ses coursiers déjà las
Vers l'hespérique bord accélérait leurs pas.

III. Claude commence à pousser son âme au dehors, mais il ne peut lui trouver une issue. Alors Mercure, qui s'était toujours fort amusé de cette facétieuse nature, appelle une des trois Parques et lui dit : « Pourquoi, femme cruelle, permets-tu qu'on tourmente ce pauvre homme? Il ne fallait pas le torturer si longtemps; voici soixante-quatre années qu'il lutte avec son âme. Pourquoi lui en veux-tu? Laisse une fois dire vrai les astrologues, qui, depuis qu'il est devenu prince, l'enterrent tous les ans, tous les mois. Du reste, ce n'est pas merveille s'ils se trompent; personne n'a jamais su l'heure de sa naissance. En effet, personne n'a jamais cru qu'il fût né. Allons, fais ta besogne :

Laisse, lui mort, régner un plus digne à sa place.

« Par Hercule ! répondit Clotho, je voulais ajouter quelques jours à sa vie, pour qu'il fît citoyens ce peu de gens qui restent à l'être. Car il s'était promis de voir en toge tous les Grecs, les Gaulois, les Espagnols et les Bretons. Mais, puisqu'il te convient de laisser pour la graine quelques étrangers, et qu'ainsi tu l'ordonnes, ainsi soit-il. » Et puis, ouvrant son coffre, elle en sort trois fuseaux. L'un était celui d'Augurinus, l'autre de Baba, le troisième de Claude. « Tous trois, dit-elle, je les ferai mourir dans la même année, à peu d'intervalle l'un de l'autre : je ne renverrai pas celui-là sans compagnie. Lui qui voyait naguère tant de milliers d'hommes le suivre, et le précéder, et l'entourer de leur cortège, je ne puis pas tout à coup le laisser seul. Il faudra bien qu'il se contente de ces deux convives. »

IV. Elle dit, et d'un tour fait sur un vil fuseau,
Du stupide mortel abrégeant l'agonie,
Elle tranche le cours de sa royale vie.
A l'instant Lachésis, une de ses deux sœurs,
Dans un habit paré de festons et de fleurs,
Et le front couronné des lauriers du Permesse,
D'une toison d'argent tire une longue tresse,
Dont son adroite main forme un fil délicat.
Le fil sur le fuseau prend un nouvel éclat :
De sa rare beauté les sœurs sont étonnées;
Et toutes à l'envi, de guirlandes ornées,
Voyant briller leur laine et s'enrichir encor,
Avec un fil doré tissent le siècle d'or.
De la blanche toison la laine détachée,
Et de leurs doigts légers rapidement touchée,

Et deformis Hiems gratos carpebat honores
Divitis Autumni, visoque senescere Baccho
Carpebat raras serus vindemitor uvas.

Puto magis intelligi, si dixero, mensis erat october, dies tertius idus octobris. Horam non possum tibi certam dicere. Facilius inter philosophos, quam inter horologia conveniet. Tamen inter sextam et septimam erat. Nimis rustice! acquiescunt oneri poetæ, non contenti ortus et occasus describere, ut etiam medium diem inquietent : tu sic transibis horam tam bonam?

Jam medium curru Phœbus diviserat orbem,
Et propior nocti fessas quatiebat habenas,
Obliquo flexam deducens tramite lucem.

III. Claudius animam agere cœpit, nec invenire exitum poterat. Tum Mercurius, qui semper ingenio ejus delectatus esset, unam e tribus Parcis educit, et ait : « Quid, femina crudelissima, hominem miserum torqueri pateris? nec unquam tamdiu cruciandus esset; annus sexagesimus et quartus est, ex quo cum anima luctatur. Quid huic invides? Patere mathematicos aliquando verum dicere, qui illum, ex quo princeps factus est, omnibus annis, omnibus mensibus efferunt. Et tamen non est mirum si errant; horam ejus nemo novit. Nemo enim illum unquam natum putavit. Fac quod faciendum est :

Dede neci; melior vacua sine regnet in aula.

Sed Clotho : « Ego, mehercule, inquit, pusillum temporis adjicere illi volebam, dum hos pauculos, qui supersunt, civitate donaret. Constituerat enim omnes Græcos, Gallos, Hispanos, Britannos, togatos videre. Sed quoniam placet aliquos peregrinos in semen relinqui, et tu ita jubes fieri, fiat. » Aperit tum capsulam, et tres fusos profert. Unus erat Augurini, alter Babæ, tertius Claudii. « Hos, inquit, tres uno anno exiguis intervallis temporum divisos mori jubebo, nec illum incomitatum dimittam. Non oportet enim eum, qui modo se tot millia hominum sequentia videbat, tot præcedentia, tot circumfusa, subito solum destitui. Contentus erit his interim convictoribus. »

IV. Hæc ait, et turpi convolvens stamina fuso,
Abrupit stolidæ regalia tempora vitæ.
Et Lachesis redimita comas, ornata capillos,
Pieria crinem lauro frontemque coronans,
Candida de niveo subtemina vellere fudit.
Felici moderanda manu; quæ ducta colorem,
Assumsere novum; mirantur pensa sorores.
Mutatur vilis pretioso lana metallo :
Aurea formoso descendunt secula filo.
Nec modus est illis; felicia vellera ducunt,
Et gaudent implere manus; sunt dulcia pensa,
Sponte sua festinat opus, nulloque labore

Coule à l'instant sans peine, et file, et s'embellit :
De mille et mille tours le fuseau se remplit.
Qu'il passe les longs jours et la trame fertile
Du rival de Céphale et du vieux roi de Pyle.
Phébus, d'un chant de joie, annonçant l'avenir,
De fuseaux toujours neufs s'empresse à les servir,
Et cherchant sur sa lyre un ton qui les séduise,
Les trompe heureusement sur le temps qui s'épuise.
Puisse un si doux travail, dit-il, être éternel !
Les jours que vous filez ne sont pas d'un mortel :
Il me sera semblable et d'air et de visage,
De la voix et des chants il aura l'avantage,
Des siècles plus heureux renaîtront à sa voix ;
Sa loi fera cesser le silence des rois.
Comme on voit du matin l'étoile radieuse
Annoncer le départ de la nuit ténébreuse,
Ou tel que le Soleil, dissipant les vapeurs,
Rend la lumière au monde et l'allégresse aux cœurs :
Tel César va paraître, et la terre éblouie
A ses premiers rayons est déjà réjouie. »

Ainsi dit Apollon. Lachésis, pour faire sa cour à un si bel homme, obéit, file à pleines mains, et prend sur elle d'accorder à Néron de nombreuses années. Pour Claude tous décident,

Riant, se gaudissant, de le mettre dehors :

et Claude vomit son âme et cessa de paraître en vie. Il expira comme il écoutait des comédiens : tu le vois donc bien, ce n'est pas sans cause que je crains ces gens-là. Les derniers mots qu'il fit entendre parmi les hommes, ce fut quand il rendit un bruit sonore par l'endroit d'où il parlait plus facilement : « Pouah ! dit-il, je me suis tout conchié. » — Ce qu'il fit, je l'ignore : il est bien sûr que depuis longtemps il avait tout conchié.

V. Te dire ce qui s'est ensuite passé sur la terre, c'est peine perdue : tu le sais du reste. Il n'y a pas de danger que tu oublies ce que l'allégresse publique a si bien gravé dans ta mémoire. Personne ne perd le souvenir de son bonheur. Pour ce qui s'est fait au ciel, j'en laisse à mon auteur la responsabilité. On fait savoir à Jupiter qu'il vient d'arriver un quidam d'une taille honnête, à la tête blanche, qui murmure je ne sais quelle menace, branle incessamment son chef, et traîne son pied droit : interrogé de quel pays il était, il a répondu je ne sais quoi avec des sons confus et d'une voix inarticulée : on ne comprenait pas son idiome ; il n'était ni Grec, ni Romain, ni d'aucune nation connue. Alors Jupiter appelle Hercule, qui, s'étant promené par tout le monde, devait connaître toutes les nations, et il lui commande d'aller examiner quelle espèce d'homme c'était. Hercule, à la première vue, fut naturellement interdit, encore qu'il n'eût pas tremblé devant les monstres de Junon. Quand il vit cette face d'un genre nouveau, cette démarche insolite ; quand il entendit cette voix qui n'était celle d'aucun animal terrestre, mais dont les sons rauques et embarrassés semblaient appartenir à quelque monstre marin, il crut qu'il lui tombait sur les bras un treizième travail. Après un examen plus attentif, il crut reconnaître une façon d'homme : il s'approcha donc, et, chose facile à comprendre pour un amateur de grec, il lui dit :

Quel es-tu ? d'où viens-tu ? quels remparts t'ont vu naître ?

Mollia contorto distendunt stamina fuso :
Vincunt Tithoni, vincunt et Nestoris annos.
Phœbus adest, cantuque juvat, gaudetque futuris ;
Et lætus nunc plectra movet, nunc pensa ministrat ;
Detinet intentas cantu, fallitque laborem.
Dumque nimis citharam, fraternaque carmina laudant,
Plus solito nevere manus : humanaque fata
Laudatum transcendit opus. Ne demite, Parcæ,
Phœbus ait : vincat mortalis tempora vitæ,
Ille mihi similis vultu, similisque decore,
Nec cantu, nec voce minor : felicia lassis
Secula præstabit, legumque silentia rumpet.
Qualis discutiens fugientia lucifer astra,
Aut qualis surgit redeuntibus hesperus astris,
Qualis cum primum tenebris Aurora solutis
Induxit rubicunda diem. Sol adspicit orbem
Lucidus, et primos e carcere concitat axes :
Talis Cæsar adest, talem jam Roma Nerouem
Adspiciet ; flagrat nitidus fulgore remisso
Vultus, et effuso cervix formosa capillo. »

Hæc Apollo. At Lachesis, quæ et ipsa homini formosissimo faveret, fecit, et plena orditur manu, et Neroni multos annos de suo donat. Claudium autem jubent omnes, χαίροντας, εὐφημοῦντας ἐκπέμπειν δόμων. Et ille quidem animam ebulliit, et eo desiit vivere videri. Expiravit autem dum comœdos audit, ut scias me non sine causa illos timere. Ultima vox ejus hæc inter homines audita est, quum majorem sonitum emisisset illa parte, qua facilius loquebatur : « Væ ! me, puto, concacavi me. » Quid autem fecerit, nescio ; omnia certe concacavit.

V. Quæ in terris postea sint acta, supervacuum est referre. Scitis enim optime, nec periculum est, ne excidant, quæ memoriæ publicum gaudium impressit. Nemo felicitatis suæ obliviscitur. In cœlo quæ acta sint, audito : fides penes auctorem erit. Nuntiatur Jovi, venisse quemdam bonæ staturæ, bene canum, nescio quid illum minari ; assidue enim caput movere, pedem dextrum trahere : quæsisse se cujus nationis esset, respondisse nescio quid perturbato sono, et voce confusa ; non intelligere se linguam ejus ; nec Græcum esse, nec Romanum, nec ullius gentis notæ. Tum Jupiter Herculem, quia totum orbem terrarum pererraverat, et nosse videbatur omnes nationes, jubet ire et explorare, quorum hominum esset. Tum Hercules primo adspectu sane perturbatus est, ut qui etiam non Junonia monstra timuerit. Ut vidit novi generis faciem, insolitum incessum, vocem nullius terrestris animalis, sed (qualis esse marinis belluis solet) raucam et implicatam, putavit sibi tertium decimum laborem venisse. Diligentius intuenti, visus est quasi homo. Accessit itaque, et, quod facillimum fuit Græculo, ait : Τίς πόθεν εἰς ἀνδρῶν, πόθι τοι πόλις. Ubi hæc Claudius, gaudet esse illic philologos homines ; sperat futurum

A ces mots, Claude est tout joyeux de rencontrer là des philologues ; il espère qu'il va trouver à placer ses histoires. Et lui aussi, à son tour, avec un vers d'Homère, fait entendre qu'il est César :

Des bords troyens le vent me pousse en Ciconie.

Or, le vers qui suit eût été plus vrai, et de même pris à Homère :

Dont j'ai détruit les murs, tué les citoyens.

VI. Et peu s'en fallut qu'il ne fît croire son conte à Hercule, n'eût été la Fièvre qui, laissant ses autels, était venue avec lui ; tous les autres dieux étaient restés à Rome. — « Cet homme, dit-elle, te conte de pures menteries : je te le dis, moi qui vécus tant d'années avec lui. C'est à Lyon qu'il est né. Tu vois un municipe de Munatius : comme je te le raconte, il est né à seize bornes de Vienne ; c'est un franc Gaulois. Aussi, comme devait faire un Gaulois, il a pris Rome. Je te le donne pour né à Lyon, où Licinius régna tant d'années. Toi qui as couru plus de pays que le plus infatigable muletier, tu dois connaître les Lyonnais, et savoir que bien des milles séparent le Xanthe du Rhône. » — Là-dessus, Claude devient tout blême, et crie aussi haut qu'il peut faire gronder son courroux. Ce qu'il disait, personne ne le comprit. Il ordonnait de conduire la Fièvre au supplice, avec ce geste par lequel ses mains énervées, assez fortes seulement pour cela, commandaient d'ordinaire qu'on décollât des hommes. Il avait ordonné qu'on lui coupât le cou. Vous eussiez dit que tous étaient ses affranchis, à voir comme ils s'inquiétaient peu de lui.

VII. Alors Hercule : « Écoute-moi, dit-il, toi, et cesse de faire le sot : tu es ici dans un pays où les rats rongent le fer. Vite, dis-moi la vérité, sinon je rabats ton impertinence. » Et pour se rendre plus terrible, il fait le tragique, et dit :

Nomme, à l'instant, les lieux où tu reçus le jour,
Ou ta race avec toi va périr sans retour.
De grands rois ont senti cette lourde massue,
Et ma main dans ses coups ne s'est jamais déçue
Tremble de l'éprouver encore à tes dépens.
Quels murmures confus entends-je entre tes dents?
Parle, et ne me tiens pas plus longtemps en attente.
Quels climats ont produit cette tête branlante?
Jadis, dans l'Hespérie, au triple Géryon
J'allai porter la guerre, et par occasion
De ces nobles troupeaux ravis dans son étable,
Ramenai dans Argos le trophée honorable.
En route, au pied d'un mont doré par l'orient,
Je vis se réunir, dans un séjour riant,
Le rapide courant de l'impétueux Rhône,
Et le cours incertain de la paisible Saône.
Est-ce là le pays où tu reçus le jour ?

Ce qu'il débita non sans chaleur et sans forfanterie. Toutefois, le dieu, qui n'avait pas l'âme bien rassurée, craignait le soufflet d'un fou. Claude, voyant devant lui ce vaillant héros, ne songea plus à badiner : il comprit bien que si personne à Rome n'était son pareil, il n'avait pas en ces lieux même puissance, et que le coq est toujours maître sur son fumier. Alors, autant qu'on put le comprendre, il parut dire : — « O toi ! le plus brave des dieux, Hercule, j'espérais que tu me serais

---

aliquem historiis suis locum. Itaque et ipse Homerico versu Cæsarem se esse significans, ait :

Ἰλιόθεν με φέρων ἄνεμος Κικόνεσσι πέλασσεν.

Erat autem sequens versus verior, æque Homericus :

Ἔνθα δ᾽ ἐγὼν πόλιν ἔπραθον, ὤλεσα δ᾽ αὐτούς.

VI. Et imposuerat Herculi minimo discrimine fabulam, nisi fuisset illic Febris, quæ, fano suo relicto, sola cum illo venerat; ceteros omnes deos Romæ reliquerat. « Iste, inquit, mera mendacia narrat. Ego tibi dico, quæ cum ipso tot annos vixi : Lugduni natus est. Munatii municipem vides; quod tibi narro, ad sextum decimum lapidem a Vienna natus est, Gallus germanus. Itaque, quod Gallum facere oportebat, Romam cepit. Hunc ego reddo tibi Lugduni natum, ubi Licinius multos annos regnavit. Tu autem, qui plura loca calcasti, quam ullus mulio perpetuarius, Lugdunenses scire debes, et multa millia inter Xanthum et Rhodanum interesse. » Excandescit hoc loco Claudius, et quanto potest murmure irascitur. Quid diceret, nemo intelligebat. Ille autem Febrim duci jubebat, illo gestu solutæ manus, sed ad hoc unum satis firmæ, quo decollare homines solebat. Jusserat illi collum præcidi. Putares omnes illius esse libertos, adeo illum nemo curabat.

VII. Tum Hercules : «Audi me, inquit, tu, et desine fatuari : venisti huc, ubi mures ferrum rodunt. Citius mihi verum, ne tibi alogias excutiam, dicito. Et quo terribilior esset, tragicus fit, et ait :

Exprome propere, sede qua genitus cluas,
Hoc ne peremtus stipite, ad terram accidas.
Hæc clava reges sæpe mactavit feros.
Quid nunc profata vocis incerto sonas ?
Quæ patria, quæ gens mobile eduxit caput,
Edissere. Equidem regna tergemini petens
Longinqua regis, unde ab Hesperio mari
Inachiam ad urbem nobile adveni pecus,
Vidi duobus imminens fluviis jugum,
Quod Phœbus ortu semper obverso videt
Ubi Rhodanus ingens amne præerapido fluit,
Ararque dubitans, quo suos cursus agat,
Tacitas quietus alluit ripas vadis,
Estne illa tellus spiritus altrix tui ?

Hæc satis animose et fortiter. Nihilominus mentis suæ non est, et timet μωροῦ πληγήν. Claudius ut vidit virum valentem, oblitus nugarum, intellexit neminem parem sibi Romæ fuisse, illic non habere se idem gratiæ; Gallum in suo sterquilinio plurimum posse. Itaque quantum intelligi potuit, hæc visus est dicere : « Ego te, fortissime deorum, Hercules, speravi mihi affuturum apud alios; et

en aide auprès des autres ; et, si on m'eût demandé un répondant, c'est toi que j'aurais nommé, comme me connaissant à merveille. Car si tu rappelles tes souvenirs, je suis celui qui, devant ton temple, rendait la justice dans les mois de Jules et d'Auguste. Tu sais combien j'ai subi là de déboires à écouter les avocats et le jour et la nuit : si, comme moi, tu avais eu affaire à eux, si brave que tu te croies, tu eusses mieux aimé nettoyer les écuries d'Augias : pour moi, j'ai avalé bien plus d'ordures.

VIII. « [1] Mais puisque je veux..... il n'est pas étonnant que tu aies fait irruption dans notre sénat : rien n'est fermé pour toi. Voyons, dis nous quel dieu tu veux qu'on fasse de cet homme ; ce ne peut être le dieu d'Épicure, *le dieu qui n'a rien à faire et ne fait rien pour les autres* : celui des stoïciens ? Comment peut-il être rond, et comme dit Varron, sans tête et sans prépuce ? Au fait, il y a quelque chose en lui du dieu stoïcien ; oui, je le vois, il n'a ni cœur, ni tête. Si, mon cher Hercule, il eût sollicité un bienfait de Saturne pour qui, pendant son règne, il célébrait toute l'année le mois des Saturnales, même avec un tel patronage, il n'eût pas obtenu sa divinité de Jupiter, qu'il avait, autant qu'il fut en lui, condamné pour inceste. Car il tua L. Silanus son gendre. Pourquoi ? je vous le demande ; parce que Silanus avait une sœur, la plus attrayante de toutes les jeunes filles, que tout le monde nommait Vénus, et qu'il aima mieux nommer Junon. — Pourquoi, je vous prie, dit Claude, sottement courtiser sa sœur? — Mais à Athènes c'est à moitié permis, et tout-à-fait à Alexandrie. — Parce qu'à Rome, dit le dieu, les rats lèchent les gâteaux sacrés, cet homme veut-il redresser ce qui est tortu chez nous? Ce qu'il fait dans sa chambre, je l'ignore : mais le voilà qui sonde les régions du ciel et veut devenir dieu. Il ne lui suffit pas d'avoir un temple dans la Bretagne, d'être adoré par les Barbares et prié comme un dieu. »

IX. Enfin il vint à l'esprit à Jupiter qu'en présence d'un étranger dans la curie, il ne convenait ni de dire son avis, ni de discuter. « Pères Conscrits, dit-il, je vous avais permis d'interroger, et vous avez fait de la pauvre besogne. Je veux que vous observiez la discipline de la curie. Celui-là, quel qu'il soit, que pensera-t-il de nous? » Quand on l'eut mis dehors, le premier à qui on demanda son avis, fut le père Janus ; il avait été désigné consul postméridien, pour les calendes de juillet, homme passablement jovial, qui toujours regarde par devant et par derrière. En habitué du forum, il dit avec faconde bien des choses que le greffier ne put pas suivre ; c'est pour cela que je ne les rapporte pas, pour ne pas donner son discours en termes dont il n'usa pas. Il parla copieusement de la grandeur des dieux, opinant qu'il ne fallait pas accorder un tel honneur au vulgaire. « Autrefois, dit-il, c'était une grande affaire de devenir dieu : en éparpillant ce titre, vous en avez fait la moindre des choses. Aussi, pour ne pas paraître donner avis sur la personne et non sur la chose, je vote pour qu'à dater de ce jour nul ne soit fait dieu parmi ceux qui mangent les fruits de la terre, parmi ceux que nourrit la terre qui donne la

---

[1] Tout ce chapitre est inintelligible à cause des lacunes ; nous n'assaierons pas de l'interpréter.

---

si quis a me notorem petisset, te fui nominaturus, qui me optime nosti. Nam si memoria repetis, ego eram, qui tibi ante templum tuum jus dicebam totis diebus, mense Julio et Augusto. Tu scis, quantum illic miseriarum pertulerim, quum causidicos audirem, et diem et noctem ; in quos si incidisses, valde fortis licet tibi videaris, maluisses cloacas Augiæ purgare ; multo plus ego stercoris exhausi.

VIII. » Sed quoniam volo... non mirum, quod impetum in curiam fecisti ; nihil tibi clusi est. Modo dic nobis, qualem deum istum fieri velis : ἐπικούρειος θεός non potest esse, ὃς οὔτε αὐτός πρᾶγμα ἔχει, οὔτε ἄλλοις παρέχει. Stoicus? quomodo potest rotundus esse (ut ait Varro), sine capite, sine præputio? Est aliquid in eo Stoici Dei, (jam video) nec cor, nec caput habet. — Si, mi Hercules, a Saturno petisset hoc beneficium, cujus mensem toto anno celebravit [Saturnalia ejus] princeps, non tulisset illum Deum ab Jove, quem, quantum quidem in illo fuit, damnavit incesti. L. Silanum enim generum suum occidit. Oro, propter quid? sororem suam, festivissimam omnium puellarum, quam omnes Venerem vocarent, maluit Junonem vocare. Quare, inquit, quæro enim, sororem suam stulte studere? Athenis dimidium licet, Alexandriæ totum. Quia Romæ, inquit, mures molas lingunt, hic nobis curva corrigit. Quid in cubiculo suo faciat, nescio ; etiam cœli scrutatur plagas, deus fieri vult. Parum est quod templum in Britannia habet, quod hunc Barbari colunt, et ut Deum orant. Ἀλώπου φιλάτου χήτν. »

IX. Tandem Jovi venit in mentem, privatis intra curiam morantibus sententiam dicere, nec disputare. « Ego inquit, P. C. interrogare vobis permiseram ; vos mera mapalia fecistis. Volo servetis disciplinam curiæ. Hic qualiscumque est, quid de nobis existimabit? » Illo dimisso, primus interrogare sententiam Janus pater est ; designatus erat in kal. Julias postmeridianus Cos., homo quantumvis vafer, qui semper videt ἅμα πρόσσω καὶ ὀπίσσω. Is multa diserte, quod in foro vivat, dixit, quæ notarius persequi non potuit ; et ideo non refero, ne aliis verbis ponam, quæ ab illo dicta sunt. Multa dixit de magnitudine deorum : non debere hunc vulgo dari honorem. « Olim, inquit, magna res erat, deum fieri ; jam fama minimum fecistis. Itaque ne videar in personam, non in rem sententiam dicere, censeo, ne quis post hunc diem deus fiat ex his, qui ἀρούρης καρπὸν ἔδουσιν, aut ex his,

vie. Quiconque, au mépris de ce sénatus-consulte, sera fabriqué dieu par la brosse ou le ciseau, je le voue aux larves, et la première fois que nous aurons spectacle, je veux qu'il soit battu de verges avec les apprentis gladiateurs. » Après lui, celui dont on demanda l'avis fut Diespiter, le fils de Vica Pota, aussi désigné consul, consul de la petite banque. Celui là vivait de sa boutique, où chaque jour il débitait quelques petits droits de cité. Hercule l'aborda galamment et lui toucha le bout de l'oreille. Aussitôt Diespiter parla ainsi : « Puisque le divin Claude touche par le sang le divin Auguste, et aussi bien la divine Augusta, son aïeule, à qui lui-même il commanda d'être déesse; puisqu'il surpasse de bien loin tous les mortels en sagesse ; puisqu'il importe à notre république que Romulus ne soit pas seul à dévorer ses raves bouillantes ; je vote pour qu'à dater de ce jour le divin Claude soit fait dieu, tout aussi bien que ceux qui le méritèrent le plus avant lui, et que cette merveille soit ajoutée aux *Métamorphoses* d'Ovide. » Les opinions étaient diverses, et Claude semblait devoir l'emporter. Car Hercule, voyant que son fer était au feu, courait par-ci, courait par-là, disant : « Voyons, ne me faites pas tort : c'est mon affaire; plus tard, si vous voulez quelque chose de moi, je vous rendrai la pareille : une main lave l'autre main. »

X. Alors le divin Auguste se lève, son tour étant venu de donner son avis, et parle avec une noble faconde. « Pères Conscrits, vous m'êtes témoins que depuis l'heure où j'ai été fait dieu, je n'ai pas dit un seul mot. Jamais je ne m'occupe que de mes affaires. Mais je ne puis dissimuler plus longtemps et contenir une douleur que la honte rend encore plus cruelle. Est-ce pour cela que j'ai purifié la terre et la mer? pour cela que j'ai comprimé les guerres civiles? pour cela que j'ai fondé Rome par des lois, que je l'ai décorée de mes ouvrages? Je ne trouve pas de termes pour m'exprimer, Pères Conscrits ; les mots sont au-dessous de mon indignation. Il me faut donc répéter cette belle parole de l'éloquent Messala Corvinus : « Il a châtré l'autorité de l'empire! » Cet être-là, Pères Conscrits, qui ne semble pas capable de mettre une mouche dehors, tuait aussi facilement les hommes, que le chien tombe au jeu de dés. Mais que dirai-je de tous les méfaits de sa justice? Je n'ai pas le loisir de pleurer les calamités publiques, quand je contemple les misères de ma famille. Aussi, j'oublierai les unes pour raconter les autres... (*Phrase inexplicable*). Quoique Phorméa ne sache pas le grec, moi je le sais. Il se fait vieux..... Cet homme que vous voyez, qui, tant d'années se cacha sous mon nom, m'en a témoigné sa reconnaissance en tuant deux Julies, mes petites-filles; l'une par le fer, l'autre par la faim; puis un de mes petits-fils, Silanus. Fais attention, Jupiter ; si cette cause est mauvaise, certes, elle sera la tienne, quand il sera reçu parmi nous. Mais, dis-moi, pourquoi condamnais-tu, divin Claude, ceux et celles que tu faisais mourir, avant de les entendre, avant d'avoir pris connaissance de leur cause? Est-ce l'usage? Cela ne se fait pas au ciel.

XI. « Voici Jupiter qui règne depuis tant d'an-

---

quos alit ζείδωρος ἄρουρα. Qui contra hoc S.-C. Deus factus, fictus, pictusve erit, eum dedi larvis, et proximo munere, inter novos auctoratos, ferulis vapulare placet.» Proximus interrogatur sententiam Diespiter, Vicæ Potæ filius, et ipse designatus Cos. nummulariolus. Hic quæstu se sustinebat, vendere civitatulas solebat. Ad huncce belle accessit Hercules, et auriculam ei tetigit. Itaque in hæc verba censet : « Quum Divus Claudius Divum Augustum sanguine contingat, nec minus Divam Augustam aviam suam, quam ipse Deam esse jussit, longeque omnes mortales sapientia antecellat, sitque e republica esse aliquem, qui cum Romulo possit

. . . . Ferventia rapa vorare ;

censeo, ut D. Claudius ex hac die deus fiat, ita uti ante eum quis optimo jure factus sit; eamque rem et μεταμορφώσεις Ovidii adjiciendam.» Variæ erant sententiæ, et videbatur Claudius sententia vincere. Hercules enim, qui videret ferrum suum in igne esse, modo huc, modo illuc cursabat, et aiebat : « Noli mihi invidere, mea res agitur; deinde si quid volueris invicem, faciam : Manus manum lavat. »

X. Tunc Divus Augustus surrexit sententiæ suo loco dicendæ, et summa facundia disseruit. « P. C., vos testes habeo, ex quo deus factus sum, nullum verbum me fecisse. Semper meum negotium ago. Sed non possum amplius dissimulare, et dolorem, quem graviorem pudor facit, continere. In hoc terra marique pacem peperi? ideo civilia bella compescui? ideo legibus Urbem fundavi, operibus ornavi? Et quid dicam, P. C., non invenio; omnia infra indignationem verba sunt. Confugiendum est itaque a me ad Messalæ Corvini disertissimi viri illam sententiam : Præcidit jus imperii ! Hic, P. C., qui nobis non posse videtur muscam excitare, tam facile homines occidebat, quam canis excidit. Sed quid ego de tot actibus juris dicam? Non vacat deflere publicas clades, intuenti domestica mala. Itaque illa omittam, hæc referam. Etiamsi Phormea græce nescit, ego scio. ΕΝΤΙΚΟΝΤΟΝΥΚΗΝΔΛΗΣ, senescit. Iste, quem videtis, per tot annos sub meo nomine latens, hanc mihi gratiam retulit, ut duas Julias proneptes meas occideret, alteram ferro, a'teram fame, unum abnepotem L. Silanum. Videris Jupiter, an in causa mala, certe in tua, si hic inter nos futurus est. Dic mihi, Dive Claudi, quare quemquam ex his, quos, quasque occidisti, antequam de causa cognosceres, antequam audires, damnasti? hoc fieri solet? in cœlo non fit.

nées ; il ne brisa la cuisse qu'au seul Vulcain, lequel

Il prit par le talon, et lança de l'Olympe.

Irrité contre sa femme, il la suspendit par les pieds. A-t-il tué quelqu'un? Toi, n'as-tu pas tué Messaline, dont j'étais le grand-oncle, aussi bien que le tien? — Je l'ignore, dis-tu. — Que les dieux te maudissent! tant il est plus honteux d'ignorer que d'avoir fait ce meurtre! Cet homme n'a cessé de suivre l'exemple de C. César après sa mort. Celui-ci tua son beau-père; Claude son gendre. C. César défendit que le fils de Crassus s'appelât *le Grand* : Claude lui rendit ce nom, mais lui prit sa tête. Dans une seule famille, il tua Crassus-le-Grand, Scribonia, Tristionia, Assarion, quoique de noble maison; C. Crassus, entre autres, était assez sot pour mériter aussi le trône. Songez, Pères Conscrits, quel est le monstre qui veut être admis au nombre des dieux! Voulez-vous maintenant en faire une divinité? Voyez ce corps formé par la colère des immortels. Au reste, qu'il prononce vite trois mots, et je veux qu'il m'emmène pour son esclave. Qui l'adorera, qui le reconnaîtra comme un dieu? Et vous-mêmes, si vous faites des dieux pareils, qui voudra reconnaître que vous êtes des dieux? En somme, Pères Conscrits, si je me suis honnêtement conduit parmi vous, si je n'ai répondu durement à personne, vengez mes injures. Pour moi, voici mon vote ainsi motivé. » Et puis il lut sur ses tablettes : « Attendu que le divin Claude a tué son beau-père Appius Silanus; ses deux gendres, Pompée le Grand, et Luc. Silanus; le beau-père de sa fille, Crassus le Frugal, cet homme qui lui ressemblait autant qu'un œuf à un œuf; Scribonia, belle-mère de sa fille ; Messaline, sa femme, et tant d'autres dont on ne pourrait faire le compte ; je vote pour qu'il soit sévèrement châtié, condamné à juger des procès sans fin et sans vacation, tout d'abord exporté, avec ordre de sortir du ciel avant trente jours, et de l'Olympe avant trois. » Tous les dieux vinrent se ranger auprès d'Auguste. Aussitôt, le messager de Cyllène saisit Claude par la nuque et le traîna aux enfers,

D'où nul, dit-on, ne retourna jamais.

XII. Tandis qu'ils descendent par la voie Sacrée, Mercure demande ce que veut dire tout ce concours de gens, si ce ne sont pas les funérailles de Claude? En effet, le cortége était des plus magnifiques, et comme on n'avait rien épargné pour la dépense, il était aisé de voir qu'on enterrait un dieu : des gens avec flûtes, cornets, trompettes de mille formes, il y en avait une telle foule, une telle cohue, que Claude lui-même eût pu les entendre. Tous étaient pleins de joie, pleins d'allégresse. Le peuple romain se promenait comme en liberté. Agathon et quelques autres avocats pleuraient, mais de tout cœur. Les jurisconsultes sortaient de leurs tombes, pâles et maigres, ayant à peine un souffle, comme des malheureux qui revenaient à la vie. Un d'eux, voyant les avocats qui se groupaient et déploraient leur fortune, s'approcha d'eux et leur dit : « Je vous disais bien que les Saturnales ne dureraient pas tou-

---

XI. «Ecce Jupiter, qui tot annos regnat, uni Vulcano crus fregit, quem

'Ρίψε ποδὸς τεταγὼν ἀπὸ βηλοῦ θεσπεσίοιο.

Et iratus fuit uxori, et suspendit illam; numquid occidit? Tu Messalinam, cujus æque avunculus major eram, quam tuus, occidisti. Nescio, inquis? Dii tibi malefaciant! adeo istud turpius est, quod nescis, quam quod occidisti. Iste C. Cæsarem non desiit mortuum persequi. Occiderat ille socerum; hic et generum. Caius Cæsar Crassi filium vetuit Magnum vocari; hic nomen illi reddidit, caput tulit. Occidit in una domo Crassum Magnum, Scriboniam, Tristioniam, Assarionem, nobiles tamen; Crassum vero tam fatuum, ut etiam regnare posset. Cogitate, P. C., quale portentum in numerum deorum se recipi cupiat. Hunc nunc deum facere vultis? Videte corpus ejus, diis iratis natum. Ad summam, tria verba cito dicat, et servum me ducat. Hunc deum quis colet? quis credet? denique dum tales deos facitis, nemo vos deos esse credet. Summa rei, P. C., si honeste inter vos gessi, si nulli durius respondi, vindicate injurias meas. Ego pro sententia mea hoc censeo. Atque ita ex tabella recitavit » : « Quandoquidem Divus Claudius occidit socerum suum Appium Silanum, generos duos, Pompeium Magnum et L. Silanum, socerum filiæ suæ Crassum Frugi, hominem tam similem sibi, quam ovo ovum, Scriboniam socrum filiæ suæ, Messalinam uxorem suam, et ceteros, quorum numerus iniri non potuit; placet mihi in eum severe animadverti, nec illi rerum judicandarum vacationem dari, eumque quamprimum exportari, et cœlo intra dies xxx excedere, Olympo intra diem tertium. » Pedibus in hanc sententiam itum est. Nec mora, Cyllenius illum collo obtorto trahit ad inferos,

Illuc unde negant redire quemquam.

XII. Dum descendunt per viam sacram, interrogat Mercurius, quid sibi velit ille concursus hominum, num Claudii funus esset? Et erat omnium formosissimum, et impensa cura plenum, ut scires deum efferri; tibicinum, cornicinum, omnisque generis æneatorum tanta turba, tantus conventus, ut etiam Claudius audire posset. Omnes læti, hilares : P. R. ambulabat tanquam liber. Agatho et pauci causidici plorabant, sed plane ex animo. Jurisconsulti e tenebris procedebant, pallidi, graciles, vix habentes animam, tanquam qui cummaxime reviviscerent. Ex his unus quum vidisset capita conferentes, et fortunas suas deplorantes causidicos, accedit, et ait : « Dicebam vobis. Non semper Saturnalia erunt. »

jours. » Claude, voyant ses funérailles, comprit qu'il était mort. Car on chantait à tue-tête cette hymne de deuil, en vers anapestes.

    O cris! ô perte! ô douleurs!
De nos funèbres clameurs
Faisons retentir la place :
Que chacun se contrefasse;
Crions d'un commun accord :
Ciel! ce grand homme est donc mort!
Il est donc mort ce grand homme!
Hélas! vous savez tous comme
Sous la force de son bras
Il mit tout le monde à bas.
Fallait-il vaincre à la course;
Fallait-il, jusque sous l'Ourse,
Des Bretons presque ignorés,
Du Cauce aux cheveux dorés
Mettre l'orgueil à la chaîne,
Et sous la hache romaine
Faire trembler l'Océan?
Fallait-il en moins d'un an
Dompter le Parthe rebelle?
Fallait-il d'un bras fidèle
Bander l'arc, lancer des traits
Sur des ennemis défaits,
Et d'une audace guerrière
Blesser le Mède au derrière?
Notre homme était prêt à tout,
De tout il venait à bout.
Pleurons ce nouvel oracle,
Ce grand prononceur d'arrêts,
Ce Minos, que par miracle
Le ciel forma tout exprès.
Ce phénix des beaux génies
N'épuisait point les parties
En plaidoyers superflus ;
Pour juger sans se méprendre
Il lui suffisait d'entendre
Une des deux tout au plus.
Quel autre toute l'année
Voudra siéger désormais,
Et n'avoir, dans sa journée,
De plaisir que les procès?
Minos, cédez-lui la place,
Déjà son ombre vous chasse,
Et va juger aux enfers.
Pleurez, avocats à vendre,
Vos cabinets sont déserts.
Rimeurs, qu'il daignait entendre,
A qui lirez-vous vos vers?
Et vous qui comptiez d'avance
Des cornets et de la chance
Tirer immense trésor,
Pleurez, brelandier célèbre,
Bientôt un bûcher funèbre
Va consumer tout votre or.

XIII. Claude était fort ravi d'entendre sa louange, et désirait jouir plus longtemps de ce spectacle. Mais le Talthybius des dieux mit la main sur notre homme, et lui enveloppant la tête de peur qu'on ne le reconnût, l'entraîna par le Champ-de-Mars : puis, entre le Tibre et la Voie-Couverte, il descendit aux enfers. Déjà, par un chemin plus

Claudius ut vidit funus suum, intellexit se mortuum esse. Ingenti enim μεγαληγορία nænia cantabatur anapæstis :

    Fundite fletus,
Edite planctus,
Fingite luctus ;
Resonet tristi
Clamore forum ;
Cecidit pulchre
Cordatus homo,
Quo non alius
Fuit in toto
Fortior orbe.
Ille citato
Vincere cursu
Poterat celeres,
Ille rebelles
Fundere Parthos,
Levibusque sequi
Perfida telis.
Certaque manu
Tendere nervum ;
Qui præcipites
Vulnere parvo
Figeret hostes,
Pictaque Medi
Terga fugacis.
Ille Britannos
Ultra noti
Litora ponti,
Et cæruleos
Scuta Brigantas
Dare Romuleis
Colla catenis
Jussit, et ipsum
Nova Romanæ
Jura securis
Tremere Oceanum.
Deflete virum,
Quo non alius
Potuit citius
Discere causas,
Una tantum
Parte audita,
Sæpe et neutra.
Quis nunc judex
Toto lites
Audiet anno?
Tibi jam cedet
Sede relicta,
Qui dat populo
Jura silenti,
Cretæa tenens
Oppida centum.
Cædite mæstis
Pectora palmis,
O causidici,
Venale genus.
Vosque Poetæ
Lugete novi ;
Vosque in primis
Qui concusso
Magna parastis
Lucra fritillo.

XIII. Delectabatur laudibus suis Claudius, et cupiebat diutius spectare. Injicit illi manum Talthybius deorum, et trahit capite obvoluto, ne quis eum possit agnoscere, per campum Martium ; et inter Tiberim et viam Tectam des-

APOKOLOKYNTOSE.

court, Narcisse, son affranchi, l'avait précédé pour faire les honneurs à son patron : il se présente au-devant de lui, tout frais et brillant, comme un homme qui sort du bain, et s'écrie : « En quoi les dieux ont-ils donc affaire aux hommes? — Va plus vite, lui dit Mercure, et annonce notre venue. » Mais l'autre faisait plus de caresses à son patron. Une seconde fois Mercure lui commande de se presser, et, comme il tardait, il le pousse avec son caducée. Narcisse s'envole plus prompt que la parole. La pente est rapide et la descente facile. Aussi, bien que podagre, en un moment il arrive au seuil de Pluton. Là, était couché Cerbère, ou, comme dit Horace, *le monstre aux cent têtes* s'agitant et secouant ses crins hideux. Narcisse, qui avait fui Sydélius, qui n'était qu'une chienne blanche, fut un instant troublé quand il vit ce chien noir à long poil, tel que certes tu ne voudrais pas en rencontrer dans les ténèbres. Puis il dit à haute voix : « Claude César arrive. » Aussitôt accoururent, en battant des mains, des gens qui chantaient : « Nous l'avons trouvé, réjouissons-nous! » C'étaient C. Silius, consul désigné ; Juncus, ancien préteur ; Sextus Trallus, M. Helvius, Trogus, Cotta, Vectius Valens, Fabius, tous chevaliers romains, que Narcisse avait fait conduire au supplice. Au milieu de cette multitude chantante, était Mnester le pantomime, que, pour lui donner plus de grâce, Claude avait raccourci. Bientôt aussi parvient jusqu'à Messaline la nouvelle de la venue de Claude. Les premiers de tous volent auprès de lui les affranchis Polybe, Myron, Harpocras, Amphæus et Phéronacte que Claude avait envoyés devant lui, pour n'être en aucun lieu pris au dépourvu. Suivent les deux préfets, Justus Catonius et Rufus, fils de Pompée ; puis ses amis, Saturnius Luscius, et Pedo Pompéius, et Lupus, et Céler Asinius, consulaires. En dernier lieu, la fille de son frère, la fille de sa sœur, son gendre, son beau-père, sa belle-mère, tous bien ses parents. Tout ce bataillon accourt vers Claude. Claude, dès qu'il les voit, s'écrie : « Tout est plein de mes amis. Par quel hasard êtes-vous ici. » Alors Pedo Pompéius : « Que dis-tu, le plus cruel des hommes? Tu demandes par quel hasard? Quel autre nous a envoyés ici que toi, l'assassin de tous tes amis? Allons devant les juges : je vais te montrer où ils siégent. »

XIV. Il le conduit au tribunal d'Éaque. Éaque informait suivant la loi Cornélia, portée contre les meurtriers. Pompéius requiert que le nom de Claude soit inscrit, il signe au-dessous : « Sénateurs tués, XXX; chevaliers romains, CCCXV et plus; simples citoyens, autant que de sable et de poussière. » Effrayé, Claude promène ses regards de tous côtés ; il cherche quelque défenseur pour le charger de sa défense. Il ne trouve aucun avocat. Enfin s'avance P. Petronius, son ancien convive, homme éloquent à la manière de Claude, qui requiert d'être entendu. Refusé. Pedo Pompéius l'accuse à grands cris. Petronius commence à vouloir répondre. Éaque, en homme plein de justice, le lui défend. Après n'avoir entendu que l'une des parties, il le condamne :

Souffre ce que tu fis : c'est de toute justice.

Il se fit un grand silence. Tous étonnés, stu-

---

cendit ad inferos. Antecesserat jam compendiaria via Narcissus libertus, ad patronum excipiendum, et venienti nitidus ut erat a balneo, occurrit, et ait : « Quid dii ad homines? — Celerius i, inquit Mercurius, et venire nos nuntia. » Ille autem patrono plura blandiri volebat; quem Mercurius iterum festinare jussit, et virga morantem impulit. Dicto citius Narcissus evolat. Omnia procliva sunt, facile descenditur. Itaque quamvis podagricus esset, momento temporis pervenit ad januam Ditis, ubi jacebat Cerberus, vel, ut ait Horatius, *bellua centiceps*, sese movens, villosque horrendos excutiens. Pusillum subperturbatur (albam canem in deliciis habere consueverat) ut illum vidit canem nigrum villosum; sane quem non velis tibi in tenebris occurrere. Et magna inquit voce : « Claudius Cæsar venit. » Ecce exemplo cum plausu procedunt cautantes : Εὑρήκαμεν, συγχαίρωμεν. Hic erat C. Silius Cos. desig. Juncus Prætorius. Sex. Trallus, M. Helvius, Trogus, Cotta, Vectius Valens, Fabius, Equ. Rom. quos Narcissus duci jusserat. Medius erat in hac cantantium turba Mnester pantomimus, quem Claudius decoris causa minorem fecerat. Nec non ad Messalinam cito rumor percrebuit, Claudium venisse. Convolarunt primum omnium liberti, Polybius, Myron, Harpocras, Amphæus et Pheronactes, quos omnes, necubi imparatus esset, præmiserat. Deinde præfecti duo, Justus Catonius, et Rufus Pompeii F. Deinde amici, Saturnius Luscius, et Pedo Pompeius, et Lupus, et Celer Asinius, consulares. Novissime fratris filia, sororis filia, gener, socer, socrus, omnes plane consanguinei. Et agmine facto Claudio occurrunt. Quos quum vidisset Claudius, exlamat : « Πάντα φίλων πλήρη! Quomodo vos huc venistis? » Tum Pedo Pompeius : « Quid dicis, homo crudelissime? Quæris, quomodo? Quis enim nos alius hoc misit quam tu, omnium amicorum interfector? In jus eamus; ego tibi hic sellas ostendam.

XIV. Ducit illum ad tribunal Æaci. Is lege Cornelia, quæ de sicariis lata est, quærebat; postulat nomen ejus recipi, edit subscriptionem : « Occisos Senatores XXX, Equites Rom. CCCXV, atque plures; ceteros cives ὅσα ψάμαθός τε κόνις τε. » Exterritus Claudius oculos undecunque circumfert, vestigat aliquem patronum, qui se defenderet. Advocatum non invenit. Tandem procedit P. Petronius, vetus convictor ejus, homo Claudiana lingua disertus, et postulat advocationem. Non datur. Accusat Pedo Pompeius magnis clamoribus. Incipit Petronius velle respondere : Æacus, homo justissimus, vetat. Illum

péfaits de ces formes nouvelles, niaient que jamais cela se fût pratiqué. Pour Claude, il trouvait cela plutôt injuste que nouveau. Longtemps on discuta sur le genre de peine qu'il lui fallait infliger. Il y en eut qui dirent que, si l'on perdait un seul jour, Tantale mourrait de soif si l'on ne le secourait ; que Sisyphe ne soulèverait jamais son fardeau ; que bientôt on verrait s'embraser la roue du malheureux Ixion. Cependant Éaque ne fut pas d'avis de faire grâce à ces vétérans, de peur que Claude n'en espérât quelque jour autant pour lui. Il lui plut d'imaginer un nouveau supplice, d'inventer pour lui un travail inutile, une sorte d'illusion à son âme cupide, qui serait sans fin comme sans résultat. Alors Éaque lui commanda de jouer aux dés dans un cornet percé. Et le voici qui déjà commence à chercher ses dés toujours fugitifs, sans rien gagner.

XV. Car à peine agitant le mobile cornet ,
    Aux dés prêts à sortir il demande sonnet ,
    Que malgré tous ses soins entre ses doigt avides
    Du cornet défoncé , tonneau des Danaïdes ,
    Il sent couler les dés; ils tombent, et souvent
    Sur la table , entraîné par ses gestes rapides ,
    Son bras avec effort jette un cornet de vent.
    Ainsi pour terrasser son adroit adversaire ,
    Sur l'arène un athlète, enflammé de colère ,
    Du geste qu'il élève espère le frapper ;
    L'autre gauchit, esquive , a le temps d'échapper ,
    Et le coup , frappant l'air avec toute sa force
    Au bras qui l'a porté donne une rude entorse.

Aussitôt apparut C. César, qui vint le réclamer pour son esclave. Il produisit des témoins qui l'avaient vu de sa main chargé d'étrivières, de férules et de soufflets. Il est adjugé à C. César. Éaque le lui abandonne. Celui-ci le livre à Ménandre son affranchi, pour en faire un débrouilleur de procès.

---

tantum altera parte audita condemnat, et ait : Εἶκε πάθοι τά κ᾿ ἔοεξε, δίκη κ᾿ ἰθεῖα γένοιτο. Ingens silentium factum est. Stupebant omnes, novitate rei attoniti; negabant hoc unquam factum. Claudio iniquum magis videbatur, quam novum. De genere pœnæ diu disputatum est, quid illum pati oporteret. Erant qui dicerent, si uni diei laturam fecissent, Tantalum siti periturum, nisi illi succurreretur; non unquam Sisyphum onere relevari; aliquando Ixionis miseri rotam sufflaminandam. Non placuit illi ex veteranis missionem dari, ne vel Claudius unquam simile speraret. Placuit novam pœnam excogitari debere, instituendum illi laborem irritum, et alicujus cupiditatis species sine fine et effectu. Tum Æacus jubet illum alea ludere pertuso fritillo. Et jam cœperat fugientes semper tesseras quærere , et nihil proficere.

XV. Nam quoties missurus erat resonante fritillo,
    Utraque subducto fugiebat tessera fundo ;
    Cumque recollectos auderet mittere talos ,
    Lusuro similis semper, semperque petenti ,
    Decepere fidem ; refugit, digitosque per ipsos
    Fallax assiduo dilabitur alea furto.
    Sic quum jam summi tanguntur culmina montis,
    Irrita Sisyphio volvuntur pondera collo.

Apparuit subito C. Cæsar , et petere illum in servitutem cœpit; producit testes , qui illum viderant ab illo flagris, ferulis, colaphis vapulantem. Adjudicatur C. Cæsari ; illum Æacus donat. Is Menandro liberto suo tradidit, ut a cognitionibus ei esset.

PETITES PIÈCES DE VERS.

I. — A LA CORSE.

Corse, antique Cyrnos, qu'autrefois cultiva
   L'aventurier des bords de la Phocide ;
Moindre que la Sardaigne, et plus grande qu'Ilva,
Corse, horrible séjour, quand sur ta plage aride
Le soleil des étés darde ses traits brûlants,
   Quand Sirius en feu dessèche tes torrents ;
Corse inhospitalière, où l'étranger succombe,
   Épargne un exilé : car l'exil c'est la tombe ;
O terre! sois légère aux cendres des vivants!

II. — SUR LA MÊME.

Parmi d'affreux rochers ces bords nus et sauvages
N'offrent partout à l'œil que déserts sans abris.
Le printemps n'y voit point naître ses doux ombrages,
   Ni l'été ses moissons, ni l'automne ses fruits ;
Jamais, quand l'hiver sombre au loin blanchit ses plaines,
   La liqueur de Pallas sous mon toit n'a brûlé ;
Point de pain, point de feu, point de fraîches fontaines :
   Qu'y trouver ? un exil ; qu'y voir ? un exilé.

III. — PLAINTE CONTRE UN ENNEMI.

Toi dont le fer sanglant fouille encor ma blessure,
Épargne un malheureux brisé par la douleur :
Souvent un bras glacé, que ranimait l'injure,
Plongea la mort au sein d'un odieux vainqueur.

IV. — CONTRE LE MÊME.

Cruel!... (dois-je nommer? la douleur fait tout dire)
Que cherche ton poignard dans mon sein qu'il déchire ?
Tu vis ma chute horrible, et souris de mes maux.
Le trépas a passé sur ma tête blanchie,
Et de ma cendre encor tu troubles le repos!
Mais va, si rien n'a pu, sombre et fatale envie,
Éteindre dans ton cœur la soif de m'outrager,
Les ombres ont des droits : elles savent venger
L'asile de la mort profané par l'impie.
Entends les dieux ; entends mon ombre qui te crie :
La tombe a repoussé de sacriléges mains ;
Le malheur est sacré! respecte mes destins.

Hic sola hæc duo sunt, exsul, et exsilium.

I. — AD CORSICAM.

Corsica Phocaico tellus habitata colono,
   Corsica, quæ patrio nomine Cyrnus eras,
Corsica Sardinia brevior, porrectior Ilva,
   Corsica piscosis pervia fluminibus,
Corsica terribilis, quum primum incanduit æstas,
   Sævior, ostendit quum ferus ora Canis,
Parce relegatis, hoc est, jam parce sepultis ;
   Vivorum cineri sit tua terra levis.

II. — DE EADEM.

Barbara præruptis inclusa est Corsica saxis,
   Horrida, desertis undique vasta locis.
Non poma Autumnus, segetes non educat Æstas ;
   Canaque Palladio munere Bruma caret ;
Umbrarum nullo Ver est lætabile fetu,
   Nullaque in infausto nascitur herba solo ;
Non panis, non haustus aquæ, non ultimus ignis ;

III. — QUERELA.

Occisi jugulum quisquis scrutaris, amice,
   Tu miserum necdum me satis esse putas ?
Desere confossum ; victori vulnus iniquo
   Mortiferum impressit mortua sæpe manus.

IV. — ITEM.

Quisquis es; (et nomen dicam, dolor omnia cogit)
   Qui nostrum cinerem nunc, inimice, premis,
Et non contentus tantis, subitisque ruinis,
   Stringis in exstinctum tela cruenta caput,
Crede mihi, vires aliquas natura sepulcris
   Attribuit ; tumulos vindicat umbra suos.
Ipsos crede Deos hoc nunc tibi dicere, Livor,
   Hoc tibi nunc Manes dicere crede meos.
Res est sacra miser. Noli mea tangere fata,
   Sacrilegæ bustis abstinuere manus.

V. — AUTRE.

Tes vers sont pleins de fiel, de sarcasmes amers,
Et ton âme est encor plus noire que tes vers.
Hommes, femmes, enfants, tout ressent ta morsure,
Tout, même le vieillard, que respecte l'injure.
De tes traits au hasard le public est percé :
Tel, lançant des cailloux, s'agite l'insensé ;
Mais la foule plus sage, aussitôt se rallie ;
On te fait payer cher une courte folie.
Car la muse publique à ta rage répond,
Et plus d'un vers brûlant stigmatise ton front.

. . . .

Quand de ma chute encore à peine raffermi,
Je ne puis, vieux soldat, recevoir l'ennemi,
Un plaisant m'assassine, et de ses traits perfides
Distille avec gaîté les venins homicides.
— Mais à table... en riant ? — Que t'importe en effet
Si de mes pleurs amers ton rire est le sujet ?
Ah ! doit-on se jouer de ceux que l'on déchire ?
Des jeux qui sont mortels ne font jamais sourire.

VI. — A UN AMI.

Crispus, mon noble appui, l'ancre de ma détresse,
Toi, dont l'ancien forum eût vanté la sagesse,
Toi qui ne fus puissant que pour sauver autrui,
Qui sers à mon naufrage et de port et d'abri ;
Dont l'amitié m'honore, et dont l'heureuse égide
Dans mon affliction me rassure et me guide ;
D'un ami trop paisible intrépide vengeur,
Oui, du miel le plus pur ton âme a la douceur ;
Oui, lorsque le banni gémit dans sa retraite,
C'est toi par-dessus tout, c'est toi seul qu'il regrette ;
Et de l'exil en vain il a subi la loi ;
Par delà ses rochers son cœur est avec toi.

VII. — PUISSANCE DU TEMPS.

Il n'est rien qu'il ne ronge, il n'est rien qu'il n'outrage ;
Sous ses pas destructeurs tout change et se flétrit :
L'Océan laisse à nu son antique rivage,
Le mont altier s'écroule, et le fleuve tarit.
Et que dis-je ? des dieux l'éclatante demeure
Doit s'embraser aux feux des astres confondus.
Est-ce un châtiment ? Non, c'est la loi que tout meure :
Et le monde et les cieux un jour ne seront plus.

VIII. — UN VŒU.

Puissiez-vous me survivre, ô frères que j'adore !
Et n'avoir à pleurer de moi que mon trépas !
Rivalisons d'amour : ici la lutte honore ;
Vaincre ou céder est doux dans ces nobles combats.
Que la voix de mon fils, aujourd'hui bégayante,
Puisse un jour défier votre voix éloquente.

IX. — A LA VILLE DE CORDOUE.

Prends le deuil, ô Cordoue ! étale tes douleurs ;
Ma cendre attend ici le tribut de tes pleurs :
Tes pleurs sont dus à ton poète.
Tu dus en verser moins, lorsque sur tes remparts
Rome et le monde entier fondaient de toutes parts,
Quand, de terreur longtemps muette,
Et d'un double fléau seule attirant le poids,
Sous Pompée et César tu périssais deux fois.
Tu versas moins de pleurs dans cette nuit funeste
Où, de tant de héros noble et précieux reste,
Succombaient trois cents de tes fils,
Et quand l'affreux brigand de la Lusitanie
Lançait contre tes murs une flèche impunie.
Oui, moi qui fus l'amour, l'orgueil de mon pays,
Sur ce roc enchaîné je sens finir ma vie.
Prends le deuil, ô Cordoue ! à ton éloignement

V. — ITEM.

Carmina mortifero tua sunt suffusa veneno,
Et sunt carminibus pectora nigra magis.
Nemo tuos fugit, non vir, non femina, dentes,
Haud puer, haud ætas undique tuta senis.
Utque furens totas immittit saxa per urbes,
In populum sic tu verba maligna jacis.
Sed solet insanos populus compescere sanus;
Et repetunt motum saxa remissa caput.
In te nunc stringit nullus non carmina vates ;
Inque tuam rabiem publica Musa furit.
Dum sua compositus nondum bene concutit arma
Miles, it e nostra lancea torta manu.
Bellus homo valide capitala carmina ludis ;
Deque tuis manant atra venena jocis.
Sed tu perque jocum dicis vinumque. Quid ad rem.
Si plorem, risus si tuus ista facit ?
Quare tolle jocos ; non est jocus, esse malignum :
Nunquam sunt grati, qui nocuere sales.

VI. — AD AMICUM.

Crispe, meæ vires, lassarumque ancora rerum ;
Crispo vel antiqua conspicienda foro ;
Crispe potens nunquam, nisi quum prodesse volebas ;
Naufragio litus tutaque terra meo.
Solus honor nobis, arx et tutissima nobis,
Et nunc afflicto sola quies animo.
Crispe, fides dulcis, placidique acerrima virtus,
Cujus Cecropio pectora melle madent ;
Maxima facundo vel avo, vel agenda patri ;
Quo solo careat si quis, in exsilio est.
An tua, qui jaceo saxis telluris adhærens,
Mens mecum est, nulla quæ cohibetur humo.

VII. — DE QUALITATE TEMPORIS.

Omnia tempus edax depascitur, omnia carpit,
Omnia sede movet, nil sinit esse diu.
Flumina deficiunt, profugum mare litora siccat ;
Subsidunt montes, et juga celsa ruunt.
Qui tam parva loquor ? moles pulcherrima cœli
Ardebit flammis tota repente suis.
Omnia mors poscit. Lex est, non pœna, perire.
Hic aliquo mundus tempore nullus erit.

VIII. — VOTUM.

Sic mihi sit frater, majorque, minorque, superstes,
Et de me doleant nil, nisi morte mea.
Sic illos vincam, sic vincar rursus amando ;
Mutuus inter nos sic bene certet amor.
Sic dulci Marcus qui nunc sermone fritinnit ;
Facundo patruos provocet ore duos.

IX. — AD CORDUAM.

Corduba, solve comas, et tristes indue vultus ;
Inlacrymans cineri munera mitte meo.
Nunc longinqua tuum deplora, Corduba, vatem,
Corduba non alio tempore mœsta magis.
Tempore non illo, quo versis viribus Orbis,
Incubuit belli tota ruina tibi ;
Quum geminis oppressa malis utrinque peribas,
Et tibi Pompeius, Cæsar et hostis erat ;
Tempore non illo, quo ter tibi funera centum
Heu nox una dedit, quæ tibi summa fuit ;
Non, Lusitanus quateret quum mœnia latro,
Figeret et portas lancea torta tua.
Ille tuus quondam magnus, tua gloria, civis
Infigar scopulo. Corduba, solve comas ;

Du moins devras-tu quelque chose :
De l'exil homicide où languit ton enfant
  Tu sauras moins vite la cause.

ÉPITAPHE DE SÉNÈQUE, ÉCRITE PAR LUI-MÊME, D'APRÈS
  L'ÉDITION DE MURET.

Soins, travaux, dignités, honneurs dus à l'emploi
Que j'occupai naguère et qu'un autre possède,
Allez, vous n'avez plus aucun charme pour moi :
A de nouveaux acteurs sans regret je vous cède.
Loin de vous Dieu m'appelle à l'éternel repos ;
Adieu monde, séjour où tout est périssable.
Toi, terre, couvre-moi de quelques grains de sable :
Je rends mon âme au ciel et te laisse mes os.

Et gratare tibi, quod te natura supremo
  Adluit Oceano ; tardius ista doles.

X. — EPITAPHIUM SENECÆ AB IPSO CONSCRIPTUM.

Cura, labor, meritum, sumpti pro munere honores,
  Ite, alias posthac sollicitate animas.
Me procul a vobis Deus avocat ; ilicet actis
  Rebus terrenis, hospita terra, vale.
Corpus avara tamen solemnibus excipe saxis ;
  Namque animam cœlo, reddimus ossa tibi.

QUESTIONS NATURELLES

A LUCILIUS.

LIVRE PREMIER.

PRÉFACE.

Autant il y a de distance, vertueux Lucilius, entre la philosophie et le reste des sciences humaines, autant j'en trouve, dans la philosophie même, entre la partie qui s'occupe de l'homme et celle qui a les dieux pour objet. Celle-ci plus relevée, plus aventureuse, s'est permis davantage : elle ne s'est point contentée de ce qui s'offre à notre vue ; elle a pressenti que la nature avait placé au-delà du monde visible quelque chose de plus grand et de plus beau. En un mot, il y a de l'une à l'autre philosophie tout l'intervalle de Dieu à l'homme. La première enseigne ce qu'il faut faire ici-bas ; la seconde, ce qui se fait dans le ciel. L'une dissipe nos erreurs, et porte le flambeau qui éclaire les voies trompeuses de la vie ; l'autre plane fort au-dessus du brouillard épais où l'homme s'agite en aveugle : elle l'arrache aux ténèbres pour le conduire à la source de la lumière. Oui, je rends surtout grâce à la nature, lorsque, non content de ce qu'elle montre à tous les yeux, je pénètre dans ses plus secrets mystères ; lorsque je m'enquiers de quels éléments l'univers se compose ; quel en est l'architecte ou le conservateur ; ce que c'est que Dieu ; s'il est absorbé dans sa propre contemplation, ou s'il abaisse parfois sur nous ses regards ; s'il crée tous les jours, ou s'il n'a créé qu'une fois ; s'il fait partie du monde, ou s'il est le monde même ; si aujourd'hui encore il peut rendre de nouveaux décrets et modifier les lois du destin, ou s'il lui est impossible de retoucher son œuvre sans descendre de sa majesté et reconnaître qu'il s'est trompé. Il doit en effet aimer toujours les mêmes

LIBER PRIMUS.

PRÆFATIO.

Quantum inter philosophiam interest, Lucili virorum optime, et ceteras artes; tantum interesse existimo in ipsa philosophia, inter illam partem quæ ad homines, et hanc quæ ad deos spectat. Altior est hæc, et animosior; multum permisit sibi; non fuit oculis contenta; majus esse quiddam suspicata est, ac pulchrius, quod extra conspectum natura posuisset. Denique tantum inter duas interest, quantum inter Deum et hominem. Altera docet quid in terris agendum sit; altera, quid agatur in cœlo. Altera errores nostros discutit, et lumen admovet, quo discernantur ambigua vitæ; altera multo supra hanc caliginem in qua volutamur excedit, et e tenebris ereptos illo perducit, unde lucet. Equidem tunc naturæ rerum gratias ago, quum illam non ab hac parte video, quæ publica est, sed quum secretiora ejus intravi; quum disco, quæ universi materia sit, quis auctor sit, aut custos; quid sit Deus; totus in se intendat, an ad nos aliquando respiciat; faciat quotidie aliquid, an semel fecerit; pars mundi sit, an mundus; liceat illi hodieque decernere, et ex lege fatorum aliquid derogare; an majestatis diminutio sit, et confessio erroris, mutanda fecisse; necesse es

choses celui qui ne saurait aimer que les choses parfaites; et il n'est pas pour cela moins libre ni moins puissant ; car il est à lui-même sa nécessité. Si l'accès de ces mystères m'était interdit, à quoi m'eût servi de naître? Pourquoi alors me féliciterais-je d'être au nombre des vivants? Pour filtrer des breuvages et digérer des aliments? Pour soigner ce débile et misérable corps qui périt dès que je cesse de le remplir? Pour jouer toute ma vie le rôle de garde-malade, et craindre la mort, pour laquelle nous naissons tous? Otez-moi cette inestimable jouissance, l'existence vaut-elle que je m'épuise pour elle de fatigues et de sueurs? Oh ! que l'homme est petit, tant qu'il ne s'élève pas au-dessus des choses de la terre! Tout le temps qu'il lutte contre ses passions, que fait-il de si admirable? Sa victoire même, s'il l'obtient, a-t-elle rien de surnaturel? A-t-il le droit de s'admirer lui-même, parce qu'il ne ressemble pas aux êtres les plus dépravés? Je ne vois pas qu'on doive s'applaudir d'être plus robuste qu'un malade. Il y a loin de cet état à la santé parfaite. Vous vous êtes soustrait aux faiblesses de l'âme ; votre front ne sait point mentir ; la volonté d'autrui ne vous fait ni composer votre langage, ni déguiser vos sentiments; vous fuyez l'avarice, qui ravit tout aux autres pour tout se refuser; la débauche, qui prodigue honteusement l'argent qu'elle regagne par des voies plus honteuses encore ; l'ambition, qui ne mène aux dignités que par d'indignes bassesses. Jusqu'ici pourtant, vous n'avez rien fait : sauvé de tant d'écueils, vous n'avez pas échappé à vous-même. Si cette vertu à laquelle nous aspirons est digne d'envie , ce n'est pas que ce soit proprement un bien d'être exempt de tout vice, mais c'est que cela agrandit l'âme, la prépare à la connaissance des choses célestes, et la rend digne d'être associée à Dieu même.

La plénitude et le comble du bonheur pour l'homme, c'est de fouler aux pieds tout mauvais désir, de s'élancer dans les cieux, et de pénétrer les replis les plus cachés de la nature. Avec quelle satisfaction, du milieu de ces astres où vole sa pensée, il se rit des mosaïques de nos riches, et de notre terre avec tout son or, non pas seulement de celui qu'elle a rejeté de son sein et livre aux empreintes de notre monnaie, mais de celui qu'elle garde en ses flancs pour la cupidité des âges futurs. Pour dédaigner ces portiques, ces plafonds éclatants d'ivoire, ces forêts taillées en jardins, ces fleuves contraints de traverser des palais, il faut avoir embrassé le cercle de l'univers, et laissé tomber d'en haut un regard sur ce globe étroit, dont la plus grande partie est submergée, tandis que celle qui surnage, brûlante ou glacée, présente au loin d'affreuses solitudes. Voilà donc, se dit le sage, le point que tant de nations se partagent le fer et la flamme à la main ! Voilà les mortels avec leurs risibles frontières ! Le Dace ne franchira pas l'Ister; le Strymon devra borner la Thrace, et l'Euphrate arrêter les Parthes ; le Danube séparera la Sarmatie de l'empire romain ; le Rhin sera la limite de la Germanie; entre les Gaules et les Espagnes , s'élèveront les cimes des Pyrénées ; d'immenses déserts de sables

---

enim ei eadem placere , cui nisi optima placere non possunt; nec ob hoc minus liber et potens est. Ipse enim est necessitas sua. Nisi ad hæc admitterer, non fuerat nasci. Quid enim erat, cur in numero viventium me positum esse gauderem? An ut cibos et potiones percolarem? ut hoc corpus causarium ac fluidum, periturumque nisi subinde impleatur, sarcirem, et viverem ægri minister? ut mortem timerem, cui omnes nascimur? Detrahe hoc inæstimabile bonum, non est vita tanti , ut sudem, ut æstuem. O quam contempta res est homo, nisi supra humana surrexerit! Quamdiu cum affectibus colluctamur, quid magnifici facimus? etiamsi superiores sumus, portenta vincimus? Quid est, cur suspiciamus nosmetipsos, quia dissimiles deterrimis sumus? non video quare sibi placeat, qui robustior est valetudinario. Multum interest inter vires et bonam valetudinem. Effugisti vitia animi; non est tibi frons ficta, nec in alienam voluntatem sermo compositus, nec cor involutum, nec avaritia, quæ quidquid omnibus abstulit, sibi ipsi negat; nec luxuria pecuniam turpiter amittens, quam turpius reparet; nec ambitio, quæ te ad dignitates nisi per indigna non ducet: Nihil adhuc consecutus es; multa effugisti , te nondum. Virtus enim ista quam affectamus, magnifica est; non quia per se beatum est malo caruisse, sed quia animum laxat, ac præparat ad cognitionem cœlestium, dignumque efficit, qui in consortium Dei veniat. Tunc consummatum habet plenumque bonum sortis humanæ, quum, calcato omni malo, petit altum, et in interiorem naturæ sinum venit. Tunc juvat inter sidera ipsa vagantem, divitum pavimenta ridere, et totam cum auro suo terram; non illo tantum, dico , quod egessit, et signandum monetæ dedit, sed et illo, quod in occulto servat posterorum avaritiæ. Nec potest ante contemnere porticus, et lacunaria ebore fulgentia, et tonsiles silvas, et derivata in domos flumina, quam totum circumeat mundum, et terrarum orbem super ne despiciens, angustum, et magna ex parte opertum mari, etiam qua exstat, late squalidum, et aut ustum aut rigentem. Sibi ipse ait : hoc est illud punctum , quod inter tot gentes ferro et igni dividitur ! O quam ridiculi sunt mortalium termini ! Ultra Istrum Dacus non exeat; Strymo Thracas includat; Parthis obstet Euphrates; Danubius Sarmatica ac Romana disterminet; Rhenus Germaniæ modum faciat; Pyrenæus medium inter Gallias et Hispanias jugum extollat; inter Ægyptum et Æthiopias arenarum inculta vastitas jaceat ! Si quis formicis det intellectum hominis, nonne et illæ

s'étendront de l'Égypte à l'Éthiopie! Si l'on donnait aux fourmis l'intelligence de l'homme, ne feraient-elles pas comme lui plusieurs provinces de l'aire d'une grange? Quand vous vous serez élevé à ces choses vraiment grandes, dont je parle, chaque fois que vous verrez des armées marcher enseignes déployées, et comme si tout cela était chose sérieuse, des cavaliers tantôt voler à la découverte, tantôt se développer sur les ailes, vous serez tenté de dire :

La noire légion sous les herbes chemine.

Ce sont là des évolutions de fourmis, qui se donnent beaucoup de mouvement sur peu d'espace. Quelle autre chose les distingue de nous, que l'exiguité de leur corps? C'est sur un point que vous naviguez, que vous guerroyez, que vous distribuez des empires, imperceptibles à l'œil, n'eussent-ils de barrière que les deux Océans. Il est là-haut des régions sans bornes, que notre âme est admise à posséder, pourvu qu'elle n'emporte avec elle que la moindre partie possible de son enveloppe matérielle, et que, purifiée de toute souillure, libre d'entraves, elle soit assez légère et assez sobre en ses désirs pour voler jusque-là. Dès qu'elle y touche, elle s'y nourrit et s'y développe : elle est comme délivrée de ses fers et rendue à son origine. Elle reconnaît sa divinité à l'attrait qui l'emporte vers le ciel ; loin qu'il soit pour elle un monde étranger, elle y reconnaît sa patrie. Elle voit avec sécurité le coucher, le lever des astres, les routes si diverses qu'ils suivent sans désordre. Elle observe le point d'où chaque planète commence à nous luire, son plus haut degré d'élévation, le cercle qu'elle parcourt, la ligne jusqu'où elle s'abaisse. Avide spectatrice, il n'est rien qu'elle n'examine et n'interroge. Eh! qui l'en empêcherait? Ne sait-elle pas que tout cela est son domaine? Combien alors elle juge mesquines les proportions de son séjour terrestre! Qu'est-ce en effet que l'espace qui s'étend des rivages les plus reculés de l'Espagne jusqu'aux Indes? Une traversée de quelques jours, lorsqu'un bon vent enfle la voile. Et les plaines du ciel ouvrent une carrière de trente années à la plus rapide de toutes les planètes, qui, sans jamais s'arrêter, va constamment de la même vitesse! Là enfin l'homme apprend ce qu'il a si longtemps cherché ; là il apprend à connaître Dieu? Qu'est-ce que Dieu? L'âme de l'univers. Qu'est-ce que Dieu? Tout ce que vous voyez et tout ce que vous ne voyez pas. Si l'on rend enfin à l'être suprême sa grandeur, qui passe toute imagination, si seul il est tout, au dedans comme au dehors, son œuvre est pleine de lui. Quelle est donc la différence entre la nature de Dieu et la nôtre? C'est que dans l'homme la plus noble partie est l'âme, et qu'il n'y a rien en Dieu qui ne soit âme. Il est tout raison ; tel est, au contraire, l'aveuglement des mortels, qu'à leurs yeux cet univers si beau, si régulier, si constant dans ses lois, n'est que l'œuvre et le jouet du hasard, qui se laisse rouler au milieu des tonnerres, des nuées, des tempêtes et des autres météores qui tourmentent le globe et son atmosphère. Et ce délire ne s'arrête pas au vulgaire ; il a gagné jusqu'à des hommes qui se donnent pour sages. Il en est qui, tout en reconnaissant en eux une âme prévoyante,

---

unam aream in multas provincias divident? Quum te in illa vere magna sustuleris ; quoties videbis exercitus subrectis ire vexillis, et, quasi magnum aliquid agatur, equitem modo ulteriora explorantem, modo a lateribus affusum, libebit dicere :

It nigrum campis agmen. . . . .

Formicarum iste discursus est in angusto laborantium. Quid illis et nobis interest, nisi exigui mensura corpusculi? Punctum est istud in quo navigatis, in quo bellatis, in quo regna disponitis; minima, etiam quum illis utrique Oceanus occurrit. Sursum ingentia spatia sunt, in quorum possessionem animus admittitur; at ita, si minimum secum ex corpore tulit, si sordidum omne detersit, et expeditus levisque ac contentus modico emicuit. Quum illa tetigit, alitur, crescit; ac velut vinculis liberatus, in originem redit. Et hoc habet argumentum divinitatis suæ, quod illum divina delectant; nec ut alienis interest, sed ut suis. Secure spectat occasus siderum atque ortus, et tam diversas concordantium vias. Observat, ubi quæque stella primum terris lumen ostendat, ubi culmen ejus summum, qua cursus sit, quousque descendat. Curiosus spectator excutit singula, et quærit. Quidni quærat? Scit illa ad se pertinere. Tunc contemnit domicilii prioris angustias. Quantum enim est, quod ab ultimis litoribus Hispaniæ usque ad Indos jacet? Paucissimorum dierum spatium, si navem suus ventus implevit. At illa regio cœlestis per triginta annos velocissimo sideri viam præstat, nusquam resistenti, sed æqualiter cito. Illic demum discit, quod diu quæsivit ; illic incipit Deum nosse. Quid est Deus? Mens universi. Quid est Deus? Quod vides totum, et quod non vides totum. Sic demum magnitudo sua illi redditur, qua nihil majus excogitari potest, si solus est omnia, opus suum et extra et intra tenet. Quid ergo interest inter naturam Dei et nostram? Nostri melior pars animus est ; in illo nulla pars extra animum. Totus ratio est, quum interim tantus error mortalia teneat, ut hoc, quo neque formosius est quidquam, nec dispositius, nec in proposito constantius, existiment homines fortuitum et casu volubile, ideoque tumultuosum inter fulmina, nubes, tempestates, et cetera quibus terræ ac terris vicina pulsantur. Nec hæc intra vulgum dementia est, sapientiam quoque professos contigit. Sunt qui putent, sibi ipsis animum esse, et quidem providum

capable d'embrasser dans ses moindres détails ce qui les touche eux et les autres, refusent au grand tout, dont ils font partie, toute espèce d'intelligence, et le supposent emporté par je ne sais quelle force aveugle, ou par une nature ignorante de ce qu'elle fait. Combien, dites-moi, n'importe-t-il pas d'être éclairé sur toutes ces choses, et d'en bien déterminer les limites? Jusqu'où va la puissance de Dieu; forme-t-il la matière dont il a besoin, ou ne fait-il que la mettre en œuvre; l'idée est-elle préexistante à la matière, ou la matière à l'idée; Dieu accomplit-il tout ce qu'il veut, ou trop souvent le sujet ne manque-t-il pas à l'exécution; et des mains du suprême artisan ne sort-il pas maintes fois des ouvrages défectueux, non point faute d'art, mais parce que les éléments qu'il emploie sont rebelles à l'art? Admirer, étudier, méditer ces grands problèmes, n'est-ce point franchir la sphère de sa mortalité et s'inscrire citoyen d'un monde meilleur? Mais, direz-vous, à quoi vous serviront ces études? Quand je n'en tirerais pas d'autre avantage, je saurai du moins que tout est borné, lorsque j'aurai voulu mesurer Dieu. Mais ces réflexions viendront plus tard.

I. J'aborde maintenant mon sujet. Écoutez ce que les philosophes veulent qu'on pense de ces feux que l'air fait mouvoir transversalement. Ce qui prouve avec quelle force ils sont lancés, c'est l'obliquité de leur course, et leur extrême vitesse; on voit qu'il y a là, non un mouvement propre, mais une impulsion étrangère. Ils sont aussi nombreux que variés dans leurs formes. Il y en a une espèce qu'Aristote désigne sous le nom de *Chèvre*. Si vous m'en demandez la raison, je vous prierai de m'expliquer d'abord pourquoi on les appelle aussi *Boucs*. Si, au contraire, ce qui est mieux, nous convenons entre nous de nous épargner ces questions sur le dire des auteurs, nous gagnerons plus à rechercher la cause du phénomène qu'à nous étonner de ce qu'Aristote appelle *Chèvre* un globe de feu. Telle fut la forme de celui qui, pendant la guerre de Paul Émile contre Persée, apparut grand comme le disque de la lune. Nous-mêmes avons vu plus d'une fois des flammes qui offraient l'aspect d'un ballon énorme, mais qui se dissipaient dans leur course. Vers le temps où Auguste quitta la vie, pareil prodige se renouvela; nous le revîmes lors de la catastrophe de Séjan, et le trépas de Germanicus fut annoncé par un semblable présage. Quoi! me direz-vous, seriez-vous enfoncé dans l'erreur au point de croire que les dieux envoient des signes avant-coureurs de la mort, et qu'il soit rien d'assez grand sur la terre pour que la chute en retentisse dans l'univers? Je traiterai ce point dans un autre temps. Nous verrons si les événements se déroulent tous dans un ordre fatal; s'ils sont tellement liés les uns aux autres, que ce qui précède devienne la cause ou le présage de ce qui suit. Nous verrons si les dieux prennent souci des choses humaines, si la série même des causes révèle par des signes certains quels seront les effets. En attendant, j'estime que les feux dont nous parlons naissent d'une violente compression de l'air qui s'est rejeté d'un côté, mais sans se dissiper, et en réagissant sur lui-même. Cette réaction fait jaillir

---

ac dispensantem singula, et sua, et aliena; hoc autem universum, in quo nos quoque sumus, expers esse consilii, et aut ferri temeritate quadam, aut natura nesciente quid faciat. Quam utile existimas ista cognoscere, et rebus terminos ponere? quantum Deus possit? materiam ipse sibi formet, an data utatur? utrum idea materiæ prius superveniat, an materia ideæ? Deus quidquid vult efficiat, an in multis rebus illum tractanda destituant; et a magno artifice prave formentur multa, non quia cessat ars, sed quia id in quo exercetur, sæpe inobsequens arti est? — Hæc inspicere, hæc discere, his incubare, nonne transilire est mortalitatem suam, et in meliorem transcribi sortem? Quid tibi, inquis, ista proderunt? Si nihil aliud, hoc certe sciam, omnia angusta esse, mensus Deum. Sed hæc deinde.

I. Nunc ad propositum veniam opus. Audi quid de ignibus philosophia velit, quos aer transversos agit. Magna vi illos excuti argumentum est, quod obliqui feruntur, et præapida celeritate. Apparet illos non ira, sed projici. Ignium multæ variæque facies sunt. Aristoteles quoddam genus illorum Capram vocat. Si me interrogaveris, quare? prior mihi rationem reddas oportet, quare Hœdi vocentur. Si autem, quod commodissimum est: convenerit inter nos, ne alter alterum interroget; quid dicit ille? responde; satius erit de re ipsa quærere, quam mirari, quid ita Aristoteles globum ignis appellaverit Capram. Talis fuit forma ejus, qui, bellum adversus Perseum Paullo gerente, lunari magnitudine, apparuit. Nos quoque vidimus non semel flammam ingentis pilæ specie, quæ tamen in ipso cursu suo dissipata est. Vidimus circa divi Augusti excessum simile prodigium; vidimus quum de Sejano actum est; nec Germanici mors sine denuntiatione tali fuit Dices mihi: Ergo tu in tantis erroribus es, ut existimes Deos mortium signa præmittere, et quidquam esse in terris tam magnum, quod perire mundus sciat? Erit aliud isti rei tempus. Videbimus, an certus omnium rerum ordo ducatur, et alia aliis ita complexa sint, ut quod antecedit, aut causa sit sequentium, aut signum. Videbimus, an diis humana sint curæ; an series ipsa, quid factura sit, certis rerum notis nuntiet. Interim illud existimo, hujusmodi ignes exsistere, ac vehementius trito, quum inclinatio ejus in alteram partem facta est, et non cessit, sed intro se pugnavit. Ex hac

des poutres, des globes, des torches, des incendies. Si la collision est plus faible, si l'air n'est, pour ainsi dire, qu'effleuré, l'éruption lumineuse est moindre,

Et l'étoile, en filant, traîne sa chevelure :

Alors de minces étincelles tracent dans le ciel un sillon imperceptible et prolongé. Aussi n'y a-t-il point de nuit qui n'offre ce spectacle : car il n'est pas besoin pour cela d'une grande commotion de l'air. Pour tout dire, en un mot, ces feux ont la même cause que les foudres, mais moins énergique : ainsi, un léger choc des nuages produit l'éclair ; un choc plus violent, la foudre. Voici l'explication d'Aristote : « Le globe terrestre exhale quantité de vapeurs de tout genre, les unes sèches, les autres humides, quelques-unes glacées, d'autres inflammables. » Il n'est pas étonnant que les émanations de la terre soient de nature si multiple et si variée, puisque les corps célestes mêmes ne se montrent pas tous sous la même couleur. La canicule est d'un rouge plus vif que Mars, et Jupiter n'a d'autre éclat que la netteté d'une lumière pure. Il faut donc que de cette infinité de molécules que la terre rejette de son sein et envoie vers la région supérieure, les nuages en attirent des parties ignifères, susceptibles de s'allumer par leur choc mutuel, et même par la simple inhalation des rayons solaires ; comme il arrive sous nos yeux que la paille enduite de soufre s'allume même à distance du feu. Il est donc vraisemblable qu'une matière analogue, concentrée dans les nuages, s'enflamme aisément et produit des feux plus ou moins considérables, suivant qu'ils ont plus ou moins d'énergie. Car rien de plus absurde que de croire que ce sont des étoiles qui tombent, ou qui traversent le ciel, ou des parcelles qui s'enlèvent et se séparent des étoiles ; si cela était, depuis longtemps il n'y aurait plus d'étoiles : car il n'y a pas de nuit où l'on ne voie plusieurs de ces feux courir, entraînés en sens divers. Or, chaque étoile se retrouve à sa place, et leur grandeur ne varie point. Il suit de là que ces feux naissent au-dessous d'elles, et ne s'évanouissent sitôt dans leur chute que parce qu'ils n'ont ni foyer, ni siége assuré. — Mais pourquoi ne traversent-ils pas aussi l'atmosphère pendant le jour ? — Que répondrait-on, si je disais que de jour il n'y a pas d'étoiles parce qu'on ne les voit pas ? Elles disparaissent, effacées par l'éclat du soleil : de même alors des feux parcourent le ciel, mais la clarté du jour absorbe leur lumière. Si pourtant il en est parfois dont l'explosion soit assez distincte pour ressortir au milieu même de l'éclat du jour, ceux-là sont visibles. Il est certain que l'âge présent en a vu plusieurs de cette sorte se dirigeant les uns d'orient en occident, les autres dans le sens contraire. Les gens de mer voient un signe de gros temps dans le grand nombre des étoiles filantes : si elles annoncent des vents, il faut qu'elles se forment dans la région des vents, c'est-à-dire dans l'air, entre la terre et la lune. Dans les grandes tempêtes, il en est qui semblent de vraies étoiles posées sur les voiles des vaisseaux. Le matelot en péril se croit alors sous la protection de Castor et de Pollux.

---

vexatione nascuntur trabes, et globi, et faces, et ardores. At quum levius collisus, et, ut ita dicam, strictus est, minora lumina excutiuntur, crinemque volantia sidera ducunt. Tunc ignes tenuissimi iter exile designant, et coelo producunt. Ideo nulla sine hujusmodi spectaculi nox est; non enim opus est ad efficienda ista magno aeris motu. Denique, ut breviter dicam, eadem ratione fiunt ista, qua fulmina, sed vi minore. Quemadmodum nubes mediocriter collisae, fulgurationes effic:unt; majore impetu pulsae, fulmina. Aristoteles ejusmodi rationem reddit : « Varia et multa terrarum orbis exspirat, quaedam humida, quaedam sicca, quaedam algentia, quaedam concipiendis ignibus idonea. » Nec mirum est, si terrae omnis generis et varia evaporatio est; quum in coelo quoque non unus appareat color rerum, sed acrior sit caniculae rubor, Martis remissior, Jovis nullus, in lucem puram nitore perducto. Necesse est ergo in magna copia corpusculorum, quae terrae ejectant, et in superiorem agunt partem, aliqua in nubes pervenire alimenta ignium, quae non tantum collisa possint ardere, sed etiam afflata radiis solis. Nam apud nos quoque, stramenta sulphure aspersa, ignem ex intervallo trahunt. Veri ergo simile est, talem materiam intra nubes congregatam facile succendi, et majores minoresve ignes exsistere, prout illis fuit plus aut minus virium. Illud enim stultissimum est existimare, aut stellas decidere, aut transilire, aut aliquid illis auferri et abradi; nam si hoc fuisset, jam defuissent. Nulla enim nox est, qua non plurimae ire, et in diversum videantur abduci. Atqui, quo solent, quaeque inveniuntur loco ; magnitudo sua singulis constat. Sequitur ergo ut infra illas ista nascantur, et cito intercidant, quia sine fundamento sunt et sede certa. Quare ergo etiam non interdiu transferuntur ? Quid, si dicam stellas interdiu non esse, quia non apparent ? Quemadmodum illae latent, et solis fulgore obumbrantur; sic faces quoque transcurrunt etiam interdiu, sed abscondit eas diurni luminis claritas. Si quando tamen tanta vis emicuit, ut etiam adversus diei vindicare sibi suum fulgorem possint, apparent. Nostra certe aetas non semel vidit diurnas faces, alias ab oriente in occidentem versas, alias ab occasu in ortum. Argumentum tempestatis nautae putant, quum multae transvolant stellae. quod si signum ventorum est, ibi est, ubi venti sunt, id est, in aere, qui medius inter lunam et terram est. In magna tempestate apparent quasi stellae velo insidentes. Adjuvari se tunc periclitantes existimant Pollucis et Castoris numine. Causa

Mais la seule cause qui doit le rassurer, c'est qu'elles se montrent quand l'ouragan faiblit et que le vent tombe. Quelquefois ces feux voltigent sans se fixer. Gylippe, voguant vers Syracuse, en vit un s'arrêter sur le fer même de sa lance. Dans les camps romains, des faisceaux d'armes parurent s'enflammer de ces étincelles qui venaient les effleurer, et qui souvent frappent comme la foudre les animaux et les arbustes. Lancées avec moins de force, elles ne font que glisser et tomber mollement, sans frapper, ni blesser. Elles jaillissent tantôt d'entre les nuages, tantôt du sein de l'air le plus pur, s'il contient assez de principes inflammables. Et même ne tonne-t-il pas quelquefois dans le ciel le plus serein, comme par un temps couvert, par suite d'une même collision atmosphérique? L'air, si transparent, si sec qu'il puisse être, est pourtant compressible; il peut former des corps analogues aux nuages, et qui, choqués, fassent explosion. De là les poutres, les boucliers ardents, les cieux qui semblent tout en feu, lorsque des causes semblables, mais plus actives, agissent sur les mêmes éléments.

II. Voyons maintenant comment se forment les cercles lumineux qui entourent quelquefois les astres. On rapporte que le jour où Auguste revint d'Apollonie à Rome, on vit autour du soleil un cercle empreint des couleurs variées de l'arc-en-ciel. C'est ce que les Grecs nomment *Halo* et que nous pouvons très-justement appeler Couronne. Voici comme on en explique la formation : qu'on jette une pierre dans un étang, on voit l'eau s'écarter en formant plusieurs cercles, dont le premier, fort rétréci, est successivement environné d'autres de plus en plus larges, jusqu'à ce que l'impulsion se perde et meure dans la surface unie et immobile des eaux. Il faut supposer dans l'air des effets analogues. Quand ce fluide condensé est susceptible de percussion, les rayons du soleil, de la lune, d'un astre quelconque le forcent, par leur action, à s'écarter circulairement. L'air, en effet, comme l'eau, comme tout ce qui reçoit une forme d'un choc quelconque, prend celle du corps qui la frappe. Or, tout corps lumineux est sphérique; donc l'air qui en sera frappé prendra la forme ronde. De là le nom d'Aires donné par les Grecs à ces météores, parce que les lieux destinés à battre le grain sont ronds généralement. Du reste, il n'y a pas la moindre raison de croire que ces cercles, quelque nom qu'on leur donne, se forment dans le voisinage des astres. Ils en sont fort éloignés, bien qu'ils paraissent les ceindre et leur servir de couronne. C'est près de la terre que se dessinent ces apparitions; et l'œil de l'homme, toujours faible et trompé, les place autour des astres mêmes. Rien de pareil ne peut se former dans le voisinage du soleil et des étoiles, où règne l'éther le plus subtil. Car les formes ne peuvent absolument s'imprimer que sur une matière dense et compacte; sur des corps subtils elles n'auraient ni prise ni consistance. Dans nos bains mêmes, on observe un effet semblable autour des lampes, au milieu de cet air dense et obscur, surtout par le vent du midi, qui rend l'atmosphère lourde et épaisse. Ces cercles parfois se dissolvent et s'effacent insensiblement, parfois se rompent sur un

---

autem melioris spei est, quod jam apparet frangi tempestatem, et desinere ventos. Aliquando feruntur ignes, non sedent. Gylippo Syracusas petenti visa est stella super ipsam lanceam constitisse. In Romanorum castris visa sunt ardere pila, ignibus scilicet in illa delapsis; qui sæpe, fulminum more, animalia ferire solent et arbusta. Sed si minore vi mittuntur, defluunt tantum et insident, non feriunt, nec vulnerant. Alii inter nubes elliduntur, alii sereno, si aer ad exprimendum ignem aptus fuit. Nam sereno quoque cœlo aliquando tonat, ex eadem causa, qua nubilo, aere inter se colliso. Qui etiamsi est lucidior ac siccior, coire tamen et facere corpora quædam similia nubibus potest, quæ percussa reddant sonum. Quandoque igitur fiunt trabes, quandoque clypei, et vastorum imagines ignium, ubi in talem materiam incidit similis causa, sed major.

II. Videamus nunc quemadmodum fiat is fulgor, qui sidera circumnectit. Memoriæ proditum est, quo die divus Augustus urbem, ex Apollonia reversus, intravit, circa solem visum coloris varii circulum, qualis esse in arcu solet : hunc Græci *Halo* vocant, nos dicere Coronam aptissime possumus. Quemadmodum fieri dicatur, exponam. Quum in piscinam lapis missus est, videmus in multos orbes aquam discedere, et fieri primum angustissimum orbem, deinde latiorem, ac deinde alios majores, donec evanescat impetus, et in planitiem immotarum aquarum solvatur. Tale quiddam cogitemus fieri etiam in aere, quum spissior factus, plagam sentire potest; lux solis aut lunæ vel cujuslibet sideris incurrens recedere illum in circulos cogit. Nam humor, et aer, et omne quod ex ictu formam accipit, in talem habitum impellitur, qualis est ejus quod impellit. Omne autem lumen rotundum est : ergo et aer in hunc modum, percussus lumine, exibit. Ob hoc tales splendores Græci Areas vocavere, quia fere terendis frugibus loca destinata sunt rotunda. Non est autem quod existimemus, istas, sive areæ, sive coronæ sint, in vicinia siderum fieri. Plurimum enim absunt, quamvis tangere ea et coronare videantur. Non longe a terra sit talis effigies, quam visus noster solita imbecillitate deceptus, circa ipsum sidus putat positam. In vicinia autem solis et stellarum nihil tale potest fieri, quia illic æther tenuis est. Nam formæ crassis demum spissisque corporibus imprimi solent; in subtilibus non habent ubi consistant, aut hæreant. In balneis quoque circa lucernam tale quiddam adspici solet, ob aeris densi obscuritatem; frequentissime autem austro, quum cœlum maxime grave et spissum est. Nonnunquam paulatim diluuntur et desinunt, nonnunquam ab aliqua

point, et les marins attendent le vent du côté du ciel où la rupture s'est faite : l'aquilon, si c'est au nord ; si c'est au couchant, le zéphyre. C'est une preuve que ces couronnes prennent naissance dans la même région que les vents. Au-delà, les vents ne se forment plus, ni par conséquent les couronnes. A ces preuves ajoutez que jamais ces météores ne s'engendrent que dans un air immobile et stagnant : le contraire ne se voit pas. En effet, un air tranquille peut recevoir une impulsion, prendre une figure quelconque ; un air agité se dérobe à l'action même de la lumière : car il n'a ni forme ni consistance ; les molécules qui sont frappées les premières sont aussitôt disséminées. Ces cercles donc qui couronnent les astres n'auront jamais lieu qu'au sein d'une atmosphère dense et sans mouvement, et par là propre à retenir la ligne de la lumière qui la frappe circulairement. Et en effet, revenez à l'exemple que je citais tout à l'heure. Une pierre jetée dans un bassin, dans un lac, dans toute eau dormante, y produit des cercles sans nombre ; ce qu'elle ne fait pas dans une eau courante. Pourquoi ? Parce que l'eau qui fuit empêche toute figure de se former. Il en est de même pour l'air : tranquille, il peut recevoir une forme ; impétueux et agité, il ne laisse plus de prise et brouille toutes les empreintes qui viennent s'y appliquer. Quand les couronnes se dissolvent également sur tous les points, et s'évaporent sans déplacement, c'est une marque que l'air est tranquille ; et ce calme universel annonce de l'eau. Se rompent-elles d'un côté seulement, le vent soufflera du côté de la rupture ; se déchirent-elles en plusieurs endroits, il y aura tempête. Tous ces accidents s'expliquent par ce que j'ai exposé plus haut. Car, que l'ensemble du phénomène se décompose à la fois, cela démontre l'équilibre, et, partant, le calme de l'air. Si la fracture est unique, c'est que l'air pèse de ce côté, et que de là doit venir le vent. Mais si le cercle est déchiré et morcelé de toutes parts, évidemment il subit le choc de plusieurs courants qui tourmentent et assaillent l'air dans tous les sens. Cette agitation de l'atmosphère, cette lutte et ces efforts en tous sens, signalent la tempête et la lutte imminente des vents. Les couronnes ne paraissent guère que la nuit autour de la lune et des autres astres ; de jour elles sont si rares, que quelques philosophes grecs prétendent qu'on n'en voit jamais ; et pourtant il y en a des preuves dans l'histoire. La cause de cette rareté, c'est que le soleil, ayant trop de force, agite, échauffe et volatilise trop l'air : l'action de la lune, moins vive, est plus aisément soutenue par l'air ambiant ; il en est de même des autres astres, également incapables de le diviser. Dès lors leur figure s'imprime et peut s'arrêter sur cette vapeur plus consistante et moins fugace. En un mot, l'air ne doit être ni tellement compacte qu'il éloigne ou repousse l'immersion de la lumière, ni tellement subtil et délié, qu'il n'en retienne aucun rayon. Telle est la température des nuits, alors que les astres, dont la lumière dense ne vient plus heurter l'air brusquement, se peignent dans ce fluide, plus con-

---

parte rumpuntur ; et inde ventum nautici exspectant, unde contextus coronæ perit. Si enim a septemtrione discesserit, Aquilo erit ; si ab occidente, Favonius. Quod argumentum est, intra eam partem cœli has fieri coronas, intra quam venti quoque solent. Superiora autem non habent coronas, quia ne ventos quidem. His argumentis et illud adjice, nunquam coronam colligi, nisi stabili aere et pigro vento. Aliter non solet adspici : nam qui stat aer, impelli et deduci, et in aliquam faciem fingi potest : is autem qui fluit, ne feritur quidem lumine. Non enim formatur, nec resistit ; quia prima quæque pars ejus dissipatur. Nunquam ergo ullum sidus talem sibi effigiem circumdabit, nisi quum aer erit densus atque immotus, et ob hoc custodiens incidentem in se rotundi lineam luminis ; nec sine causa. Repete enim exemplum, quod paulo ante proposui. Lapillus in piscinam aut lacum et aliquam alligatam aquam missus, circulos facit innumerabiles ; at hoc idem non facit in flumine. Quare ? quia omnem figuram fugiens aqua disturbat. Idem ergo in aere evenit, ut ille qui manet, possit figurari, at ille qui rapitur et currit, non del sui potestatem, et omnem ictum venientemque formam exturbet. Hæ, de quibus dixi, coronæ quum dilapsæ sunt æqualiter, et in semetipsis evanuerint, significatur aeris quies ; est omnium tranquillitas, et tunc aquam exspecta. Quum ab una parte cesserunt, illinc ventus est unde finduntur. Si ruptæ pluribus locis sunt, tempestas sit. Quare id accidat, ex his quæ jam exposui, intelligi potest. Nam si facies universa subsedit, apparet temperatum esse aera, et sic placidum. Si ab una parte intercisa est, apparet inde aera incumbere, et ideo illa regio ventum dabit. At quum undique et concerpta et lacerata est, manifestum est a pluribus partibus in illam impetum fieri, et inquietum aera hinc atque illinc assilire. Itaque ex hac inconstantia cœli tam multa tentantis, et undique laborantis, futura tempestas ventorum plurium apparet. Hæ coronæ noctibus fere circa lunam et alias stellas notantur, interdiu raro ; adeo ut quidam ex Græcis negaverint eas omnino fieri, quum illos historiæ coarguant. Causa autem raritatis hæc est, quod solis fortius lumen est, et aer ipse agitatus ab illo, calefactusque, solutior est ; lunæ autem inertior vis est, et ideo quia facilis a circumposito aere facilius sustinetur ; æque sidera cetera infirma sunt, nec perrumpere aera vi sua possunt. Excipitur itaque illorum imago, et in materia solidiore ac minus cedente versatur. Debet enim aer nec tam spissus esse, ut excludat ac submoveat a se lumen immissum, nec tam tenuis et solutus, ut nullam venientibus radiis moram præbeat. Hæc noctibus tempe-

densé qu'il ne l'est d'ordinaire pendant le jour.

III. L'arc-en-ciel, au contraire, n'a pas lieu de nuit, si ce n'est très-rarement, parce que la lune n'a pas assez de force pour pénétrer les nuages et y répandre ces teintes qu'ils reçoivent quand le soleil les frappe. Cette forme d'arc et cette diversité de teintes viennent de ce qu'il y a dans les nuages des parties plus saillantes et d'autres plus enfoncées; des parties trop denses pour laisser passer les rayons, et d'autres trop inconsistantes pour leur fermer accès. De ces inégalités résultent ces nuances alternatives d'ombre et de lumière, et cette admirable variété de l'arc-en-ciel. On l'explique encore autrement. Quand un tuyau vient à se percer, on voit l'eau qui jaillit par une étroite ouverture offrir à l'œil les couleurs de l'iris, si elle est frappée obliquement par le soleil. Pareille chose peut se remarquer dans le travail du foulon, lorsque la bouche, remplie d'eau, fait pleuvoir sur l'étoffe étendue sur le châssis une rosée fine et comme un nuage humide, où paraissent toutes les couleurs de l'arc-en-ciel. Nul doute que la cause de ce phénomène ne réside dans l'eau; car il ne se forme jamais que dans un ciel chargé de pluies. Mais examinons comment il se forme. Suivant quelques philosophes, il y a dans les nuages des gouttes d'eau perméables aux rayons du soleil, et d'autres, plus denses, qu'ils ne peuvent traverser : les premières renvoient la lumière, les autres restent dans l'ombre; et de leur interposition se forme un arc, dont une partie brille et reçoit la lumière, tandis que l'autre la repousse et couvre de son obscurité les points adjacents. D'autres auteurs nient qu'il en soit ainsi. L'ombre et la lumière, disent-ils, pourraient ici passer pour causes uniques, si l'arc n'avait que deux couleurs, s'il n'était composé que de lumière et d'ombre.

Mais ses mille couleurs, abusant l'œil séduit,
Mêlent le ton qui cesse à la teinte qui suit :
La nuance n'est plus, et semble encor la même.

Ce n'est qu'aux deux bords qu'est le contraste. L'iris présente du rouge, du jaune, du bleu, et d'autres teintes si finement nuancées, comme sur la palette du peintre, que, comme dit le poète, pour discerner entre elles les couleurs, il faut comparer les premières aux dernières. Car la transition échappe, et l'art de la nature est tellement merveilleux, que des couleurs qui commencent par se confondre, finissent par contraster. Que font donc ici vos deux seuls éléments d'ombre et de lumière pour expliquer des effets sans nombre? D'autres donnent de ces mêmes effets la raison suivante : dans la région où il pleut, toutes les gouttes sont autant de miroirs, toutes peuvent réfléchir l'image du soleil. Ces images, multipliées à l'infini, se confondent dans leur chute précipitée, et l'arc-en-ciel naît de la multitude confuse de ces images du soleil. Voici sur quoi on base cette conclusion. Exposez au soleil des milliers de bassins, tous renverront l'image de cet astre; supposez une goutte de rosée sur chaque feuille d'un arbre, il y paraîtra autant de soleils qu'il y aura de gouttes, tandis que dans le plus vaste

---

ratura contingit, quum sidera collectum aera luce levi non pugnaciter nec aspere feriunt, spissioremque, quam solet esse interdiu, inficiunt.

III. At contra arcus in nocte non sit, nisi admodum raro, quia luna non habet tantum virium, ut nubes transeat, et illis colorem suffundat, qualem accipiunt sole perstrictæ. Sic enim formam arcus discoloris efficiunt, quia aliæ partes in nubibus tumidiores sunt, aliæ submissiores; quædam crassiores, quam ut solem transmittant; aliæ imbecilliores, quam ut excludant. Hæc inæquali as alternis lucem umbramque permiscet, et exprimit illam mirabilem arcus varietatem. Altera causa ejuscemodi arcus redditur. Videmus, quum fistula aliquo loco rupta est, aquam per tenue foramen elidi; quæ sparsa contra solem oblique positum, faciem arcus repræsentat. Idem videbis accidere, si quando volueris observare fullonem : quum os aqua impleveris, et vestimenta ridiculis diducta leviter aspergit, apparent varios edi colores in illo aere asperso, quales in arcu fulgere solent. Hujus rei causam in humore esse ne dubitaveris Non sit enim unquam arcus, nisi nubilo. Sed quæramus quomodo fiat. Quidam aiunt esse aliqua stillicidia, quæ solem transmittant, quædam magis coacta, quam ut transluceant; itaque ab illis fulgorem reddi, ab his umbram, et sic utriusque intercursu effici arcum, in quo pars fulgeat, quæ solem recipit, pars obscurior sit, quæ exclusit, et ex se umbram proximis fecit. Hoc ita esse quidam negant. Poterat enim umbra et lux causa videri, si arcus duos tantum haberet colores, et sic ex lumine umbraque constaret.

Sed nunc diversi niteant quam mille colores,
Transitus ipse tamen spectantia lumina fallit ;
Usque adeo quod tangit idem est, tamen ultima distant.

Videmus in eo aliquid flammei, aliquid lutei, aliquid cærulei, et alia in picturæ modum subtilibus lineis ducta, ut ait poeta, ut an dissimiles colores sint, scire non possis, nisi cum primis extrema contuleris. Nam commissura decipit; usque adeo mira arte naturæ, quod a simillimis cœpit, in dissimilia desinit. Quid ergo istic duo colores faciunt luminis atque umbræ, quum innumerabilium ratio reddenda sit? Quidam ita exi-timant arcum fieri : dicunt in ea parte, in qua pluit, singula stillicidia pluviæ cadentis singula specula esse ; a singulis ergo imaginem reddi solis: deinde multas imagines, immo innumerabiles, et devexas, et in præceps transeuntes confundi : Itaque et arcum esse multarum imaginum solis confusionem. Hoc sic colligunt. Pelves, inquiunt, mille die sereno pone, et omnes habebunt imaginem solis; in singulis foliis dispone singulas guttas; singulæ habebunt imaginem solis. At contra ingens stagnum non habebit nisi imagi-

étang on n'en verra qu'un seul. Pourquoi? Parce que toute surface luisante, circonscrite, si étendues que soient ses limites, n'est qu'un seul miroir. Supposez cet étang immense coupé par des murs en plusieurs bassins, il s'y formera autant d'images du soleil qu'il y aura de bassins. Laissez l'étang dans son entier, il répétera toujours une image unique. Il n'importe que ce soit un pouce d'eau ou un lac ; dès qu'il est circonscrit, c'est un miroir. Ainsi, ces gouttes innombrables, qui se précipitent en pluie, sont autant de miroirs, autant d'images du soleil. L'œil placé en face n'y voit qu'un confus assemblage, et l'intervalle de l'une à l'autre s'efface par le lointain. De là, au lieu de gouttes distinctes, on n'aperçoit qu'un brouillard formé de toutes les gouttes. Aristote porte le même jugement. Toute surface lisse, dit-il, renvoie les rayons qui la frappent. Or, quoi de plus lisse que l'eau et l'air? L'air condensé renvoie donc vers nos yeux les rayons qui en sont partis. Nos yeux sont-ils faibles et souffrants, la moindre répercussion de l'air les trouble. Il est des malades dont l'affection consiste à se figurer que partout c'est en face d'eux-mêmes qu'ils arrivent, et qui voient partout leur image. Pourquoi? Parce que leur rayon visuel, trop faible pour pénétrer l'air le plus voisin, se replie sur lui-même. Ainsi, ce que l'air dense fait sur les autres, un air quelconque le fait sur eux, puisque le moins opaque l'est assez pour repousser leur vue débile. Mais une vue ordinaire est repoussée par l'air, s'il est assez dense, assez impénétrable pour arrêter et refouler le rayon visuel sur son point de départ. Les gouttes de pluie sont donc autant de miroirs, mais tellement petits qu'ils réfléchissent seulement la couleur et non la figure du soleil. Or, ces gouttes innombrables et qui tombent sans interstice, réfléchissant toutes la même couleur, doivent produire non pas une multitude d'images distinctes, mais une seule image longue et continue. Comment, direz-vous, supposer des millions d'images où je n'en vois aucune? Et pourquoi, quand le soleil n'a qu'une couleur, ses images ont-elles des teintes si diverses? Pour répondre à votre objection, ainsi qu'à d'autres qu'il n'est pas moins nécessaire de réfuter, je dois dire que la vue est le juge le plus faux, non-seulement des objets dont l'éloignement s'oppose à la netteté de ses perceptions, mais de ceux même qui sont le plus à sa portée. Dans une eau transparente la rame la plus droite semble brisée. Les fruits vus sous le verre paraissent bien plus gros. L'intervalle des colonnes entre elles semble nul à l'extrémité d'un long portique ; et, pour revenir à mon texte, le soleil même, que la raison nous prouve être plus grand que toute la terre, est tellement rapetissé par nos yeux, que des philosophes ne lui ont pas donné plus d'un pied de diamètre. La planète que nous savons la plus rapide de toutes, aucun de nous ne la voit se mouvoir ; et l'on ne croirait pas qu'elle avance, si l'on ne voyait les progrès de sa course. Ce monde qui tourne, incliné sur lui-même, avec tant de vitesse, qui roule en un moment de l'orient à l'occident, nul de nous ne le sent marcher. Qu'on ne s'étonne donc pas si notre œil n'aperçoit point les

---

nem unam. Quare? quia omnis circumscripta lævitas et circumdata suis finibus, speculum est. Itaque piscinam ingentis magnitudinis, insertis parietibus, in plures divide ; totidem illa habet imagines solis, quot lacus habuerit. Relinque illam sicut est diffusa ; semel tibi imaginem reddet. Nihil refert, quam exiguus sit humor aut lacus. Si circumseptus est, speculum est. Ergo stillicidia illa infinita, quæ imber cadens defert, totidem specula sunt, totidem solis facies habent. Hæc contra intuenti perturbatæ apparent : nec dispiciuntur intervalla, quibus singula distant, spatio prohibente discerni. Deinde pro singulis apparet una facies turbida ex omnibus. Aristoteles idem judicat. « Ab omni, inquit, lævitate acies radios suos replicat. Nihil autem lævius aqua et aere. Ergo etiam ab aere spisso visus noster in nos redit. Ubi vero hebes et infirma est acies, quolibet aeris ictu deficit. Quidam hoc genere valetudinis laborant, ut ipsi sibi videantur occurrere, ut ubique imaginem suam cernant. Quare? quia infirma vis oculorum non potest ne proximum quidem sibi aerem perrumpere, sed resistit. Itaque quod in aliis efficit densus aer, in his facit omnis. Satis enim valet qualiscumque ad imbecillem aciem repellendam : longe autem magis visum nostrum nobis remittit, qui crassior est, et pervinci non potest, sed radios luminum nostrorum moratur, et eo unde exierint, reflectit. Ergo quum multa stillicidia sint, totidem specula sunt. Sed quia parva sunt, solis colorem sine figura exprimunt. Deinde quum in stillicidiis innumerabilibus, et sine intervallo cadentibus, reddatur idem color, incipit facies esse non multarum imaginum intermissarum, sed unius longæ atque continuæ. Quomodo, inquis, tu mihi multa millia istic imaginum esse dicis, ubi nullam video? Et quare quum solis color unus sit, imaginum diversus est? ut et hæc quæ proposuisti, refellam, et alia quæ non minus refellenda sunt, illud dicam oportet : nihil acie nostra fallacius, non tantum in his, a quibus subtiliter pervidendis illam colorum diversitas summovet, sed et in bis quoque, quæ ad manum cernit. Remus integer in tenui aqua fracti speciem reddit. Poma per vitrum adspicientibus multo majora sunt. Columnarum intervalla porticus longiores jungunt. Ad ipsum solem revertere : hunc quem toto orbe terrarum majorem probat ratio, acies nostra sic contraxit, ut sapientes viri pedalem esse contenderint. Quem velocissimum omnium esse scimus, nemo nostrum videt moveri ; nec ire crederemus, nisi appareret isse. Mundum ipsum præcipiti velocitate labentem, et ortus occasusque intra momentum temporis revolventem, nemo nostrum sentit procedere. Quid ergo

intervalles des gouttes de pluie, et ne peut distinguer à une telle distance cette infinité d'images si ténues. Il est hors de doute que l'arc-en-ciel est l'image du soleil, reçue dans une nuée concave et gonflée de pluie. La preuve en est qu'il se montre toujours à l'opposite du soleil, au haut du ciel ou à l'horizon, suivant que l'astre s'abaisse ou s'élève, et alternativement. Souvent le nuage se trouve latéral au soleil; mais, ne recevant pas directement son empreinte, il ne forme point d'arc. Quant à la variété des teintes, elle vient uniquement de ce que les unes sont empruntées au soleil, les autres au nuage même. Ce nuage offre des bandes bleues, vertes, purpurines, jaunes et couleur de feu, variété produite par deux seules teintes, l'une claire, l'autre foncée. Ainsi, le même coquillage ne donne pas toujours à la pourpre le même aspect. Les différences proviennent d'une macération plus ou moins longue, des ingrédients plus épais ou plus liquides dont on a saturé l'étoffe, du nombre d'immersions et de coctions qu'elle a subies, si enfin on l'a teinte une ou plusieurs fois. Il n'est donc pas étrange que le soleil et un nuage, c'est-à-dire un corps et un miroir, se trouvant en présence l'un de l'autre, il se reflète une si grande variété de couleurs qui peuvent se diversifier en mille nuances plus fortes ou plus douces. Car, autre est la couleur que produit un rayon igné, autre est celle d'un rayon pâle et effacé. Partout ailleurs nous tâtonnons dans nos recherches, quand nous n'avons rien que la main puisse saisir, et nos conjectures doivent être plus aventurées : ici on voit clairement deux causes, le soleil et lo nuage; l'iris n'ayant jamais lieu par un ciel tout à fait pur ou assez couvert pour cacher le soleil, il est donc l'effet de ces deux causes, puisque l'une manquant, il n'existe pas.

IV. Il suit de là, chose non moins évidente, qu'ici l'image est renvoyée comme par un miroir, car elle ne l'est jamais que par opposition, c'est-à-dire, lorsque en face de l'objet visible se trouve l'objet répercutant. Des motifs non de persuasion, mais de conviction forcée, en sont donnés par les géomètres; et il ne reste douteux pour personne que si l'iris reproduit mal l'image du soleil, c'est la faute du miroir et de sa configuration. A notre tour, essayons d'autres raisonnements qu'on puisse saisir sans difficulté. Je compte, entre autres preuves du développement défectueux de l'iris, la soudaineté de ce développement : un moment déploie dans l'espace ce vaste corps, ce tissu de nuances magnifiques; un moment le détruit. Or, rien n'est aussi vite renvoyé qu'une image l'est par un miroir ; en effet, le miroir ne fait pas l'objet, il le montre. Artémidore de Paros va même jusqu'à déterminer quelle doit être la forme du nuage pour reproduire ainsi l'image du soleil. « Si vous faites, dit-il, un miroir concave d'une boule de verre coupée en deux, en vous tenant hors du foyer, vous y verrez tous ceux qui seront à vos côtés, plus près de vous que du miroir. Même chose arrive quand nous voyons par le flanc un nuage rond et concave : l'image du soleil s'en détache, se rapproche de nous et se tourne de notre côté. La couleur de

miraris, si oculi nostri imbrium stillicidia non separant, et ingenti spatio intuentibus minutarum imaginum discrimen interit! Illud esse dubium nulli potest, quin arcus imago solis sit, roscida et cava nube concepta. Quod ex hoc tibi apparet. Nunquam non adversa soli est, sublimis aut humilis, prout ille se submisit, aut sustulit, contrario motu. Illo enim descendente altior est, alto depressior. Sæpe talis nubes a latere solis est, nec arcum efficit, quia non ex recto imaginem trahit. Varietas autem non ob aliam causam sit, quam quia pars coloris a sole est, pars a nube illa; humor autem modo cæruleas lineas, modo virides, modo purpuræ similes, et luteas aut igneas ducit, duobus coloribus hanc varietatem efficientibus, remisso et intento. Sic enim et purpura eodem conchylio non in unum modum exit. Interest, quamdiu macerata sit, crassius medicamentum, an aquatius traxerit; sæpius mersa sit et excocta, an semel tincta. Non est ergo mirum, quum duæ res sint, sol et nubes, id est, corpus et speculum, si tam multa genera colorum exprimuntur, quæ in multis generibus possunt aut incitari, aut relanguescere. Alius enim est color ex igneo lumine, alius ex obtuso et leniore. In aliis rebus vaga inquisitio est, ubi non habemus quod manu tenere possimus, et late conjectura mittenda est : hic apparet duas causas esse arcus, solem, nubemque, quia nec sereno unquam sit, nec ita nubilo, ut sol lateat. Ergo utique ex his est, quorum sine altero non est.

IV. Jam nunc illud accedit, quod æque manifestum est, speculi ratione imaginem reddi, quia nunquam nisi e contrario redditur; id est, nisi ex altera parte steterit quod apparet, ex altera quod ostendit. Rationes, quæ non persuadent, sed cogunt, a geometris afferuntur. Nec dubium cuiquam relinquitur, quin arcus imago solis male expressi sit, ob vitium figuramque speculi. Nos interim repetamus alias probationes, quæ de plano legi possint. Inter argumenta sic nascentis arcus pono, quod celerrime nascitur : ingens enim variumque corpus cœlo intra momentum subtexitur, et æque celeriter aboletur; nihil autem tam cito redditur, quam a speculo imago; non enim facit quidquam, sed ostendit. Parianus Artemidorus adjicit, et quale genus nubis esse debeat, quod talem solis imaginem reddit. «Si speculum, inquit, concavum feceris, quod sit sectæ pilæ pars, si extra medium constiteris, quicumque juxta te steterint, universi a te videbuntur, propiores tibi quam speculo. Idem, inquit, evenit, quum rotundam et cavam nubem intuemur a latere, ut solis imago a nube discedat, propiorque nobis sit, et in nos magis conversa. Color igitur igneus a sole

feu vient donc du soleil, et celle d'azur du nuage ; le mélange de l'une et de l'autre produit toutes les autres. »

V. A ces raisonnements on répond : Il y a sur les miroirs deux opinions ; ce qu'on y voit, d'après les uns, ce sont des simulacres, c'est-à-dire les figures de nos corps, émanées et distinctes de ces mêmes corps ; selon d'autres, l'image n'est pas dans le miroir, ce sont les corps mêmes qu'on voit par la réflexion du rayon visuel qui revient sur lui-même. Or, ici l'essentiel n'est pas de savoir comment nous voyons ce que nous voyons, mais comment l'image renvoyée devrait être semblable à l'objet, comme elle l'est dans un miroir. Qu'y a-t-il de si peu ressemblant que le soleil et un arc où, ni la couleur, ni la figure, ni la grandeur du soleil ne sont représentées? L'arc est plus long, plus large, la partie rayonnante est d'un rouge plus foncé que le soleil, et le reste présente des couleurs tout autres que celles de l'astre. Et pour comparer l'air à un miroir, il faudrait me montrer une surface aussi lisse, aussi plane, aussi brillante. Mais aucun nuage ne ressemble à un miroir ; nous traversons souvent les nues, et n'y voyons pas notre image. Quand on gravit le sommet des montagnes, on a sous les yeux des nuages, et cependant on ne peut s'y voir. Que chaque goutte d'eau soit un miroir, je l'accorde ; mais je nie que le nuage soit composé de gouttes. Il renferme bien de quoi les produire, mais elles n'y sont pas toutes produites ; ce n'est point la pluie qui compose le nuage, c'est la matière de ce qui sera pluie. Je vous concéderai même qu'il y a dans un nuage d'innombrables gouttes, et qu'elles réfléchissent quelque objet ; mais toutes ne réfléchissent pas le même, chacune a le sien. Rapprochez plusieurs miroirs, ils ne confondront pas leurs reflets en un seul ; mais chaque miroir partiel renfermera en soi l'image de l'objet opposé. Souvent, d'une quantité de petits miroirs, on en forme un seul : placez un homme vis-à-vis, il vous semble voir tout un peuple, parce que chaque fragment renvoie une figure distincte. On a eu beau joindre et adapter ensemble ces fragments, ils n'en reproduisent pas moins à part leurs tableaux, et font d'un seul homme une multitude. Mais ce n'est pas un entassement confus ; les figures sont réparties une à une entre les diverses facettes. Or, l'arc-en-ciel est un cercle unique, continu ; il n'offre en tout qu'une seule figure. Mais, dira-t-on, l'eau qui jaillit d'un tuyau qui s'est rompu, ou sous les coups de la rame, ne présente-t-elle pas quelque chose de pareil aux couleurs de l'arc-en-ciel? — Cela est vrai ; mais non par le motif qu'on prétend faire admettre, savoir que chaque goutte d'eau reçoit l'image du soleil. Elles tombent trop vite pour pouvoir s'empreindre de cette image. Il faut qu'elles s'arrêtent, pour saisir la forme à reproduire. Qu'arrive-t-il donc? Elles retracent la couleur, non l'image. D'ailleurs, comme l'a dit fort élégamment l'empereur Néron :

Le cou des oiseaux de Cypris
Brille en se balançant des couleurs de l'iris :

de même le cou du paon, au moindre mouve-

---

est, cæruleus a nube ; ceteri utriusque mixturæ. »

V. Contra hæc illa dicuntur : De speculis duæ opiniones sunt : alii enim in his simulacra cerni putant, id est corporum nostrorum figuras, a nostris corporibus emissas ac separatas, alii imagines aiunt non esse in speculo ; sed ipsa adspici corpora, retorta oculorum acie, et in se rursus reflexa. Nunc nihil ad rem pertinet, quomodo videamus quodcumque videmus, sed quomodo imago similis debeat, ut speculo, reddi. Quidnam est tam dissimile, quam sol, et arcus, in quo neque color, neque figura solis, neque magnitudo apparet? arcus enim longior ampliorque est, longeque ea parte, qua fulget, rubicundior quam sol ; ceteris vero coloribus diversus. Deinde quum velis speculum aeri comparare, des oportet mihi eamdem lævitatem corporis, eamdem æqualitatem, eumdem nitorem. Atqui nullæ nubes habent similitudinem speculi : per medias sæpe transimus, nec in illis nos cernimus. Qui montium summa conscendunt, spectant nubem, nec tamen imaginem suam in illa cernunt. — Singula stillicidia singula specula sunt. — Concedo : sed illud nego, ex stillicidiis constare nubem. Habet enim quædam, ex quibus fieri stillicidia possunt, non ipsa. Nec aquam quidem habent nubes, sed materiam futuræ aquæ. Concedam etiam tibi et guttas innumerabiles in nubibus esse, et illas faciem reddere ; non tamen omnes unam reddunt, sed singulæ singulas. Deinde inter se specula conjunge : in unam imaginem non coibunt ; sed quæque particula in se rei similitudinem claudet. Sunt quædam specula ex multis minutisque composita ; quibus si unum ostenderis hominem, populus apparet, unaquaque parte faciem suam exprimente. Hæc quum sint conjuncta et simul collocata, nihilominus seducunt imagines suas, et ex uno turbam efficiunt. Ceterum catervam illam non confundunt, sed diremtam in facies singulas distrahunt : arcus uno circumscriptus est ductu ; una totius est facies. Quid ergo? inquit, non et aqua, rupta fistula, sparsa, et remo excussa, habere quiddam simile his quos videmus in arcu coloribus solet? Verum est ; sed non ex hac causa, ex qua tu videri vis, quia unaquæque stilla recipit imaginem solis. Citius enim cadunt stillæ, quam ut concipere imaginem possint. Standum est, ut id quod imitantur excipiant. Quid ergo sit? Colorem, non imaginem ducunt. Alioquin, ut ait Nero Cæsar disertissime,

Colla Cytheriacæ splendent agitata columbæ :

et variis coloribus pavonum cervix, quoties aliquo de-

ment qu'il lui imprime, resplendit de teintes diaprées. Faudra-t-il donc appeler miroirs, des plumes dont la nature est telle, qu'à chaque inclinaison nouvelle elles développent de nouveaux reflets? Eh bien! les nuages, par leur nature, diffèrent autant des miroirs que les oiseaux dont je parle, que les caméléons et autres animaux qui changent de couleur, soit d'eux-mêmes, quand la colère ou le désir les enflamme, et que l'humeur, répandue sous la peau, les couvre de taches; soit par la direction de la lumière, qui modifie la couleur, et qui les frappe de face ou obliquement. En quoi des nuages ressemblent-ils à des miroirs, ceux-ci n'étant pas diaphanes, et ceux-là laissant passer la lumière? Les miroirs sont denses et compactes, les nuages vaporeux ; les miroirs sont formés tout entiers de la même matière ; les nuages, d'éléments hétérogènes assemblés au hasard, et par là même sans accord et sans cohésion durable. Et puis, nous voyons au lever du soleil une partie du ciel rougir; nous voyons des nuages parfois couleur de feu. Qui donc empêche, s'ils doivent cette couleur unique à l'apparition du soleil, qu'ils ne lui en empruntent pareillement plusieurs, bien qu'ils n'aient pas la propriété d'un miroir? Tout à l'heure, dira-t-on, un de vos arguments pour prouver que toujours l'arc-en-ciel surgit en face du soleil, était qu'un miroir même ne réfléchit que les objets qu'il a devant lui; ce principe est aussi le nôtre. Car, comme il faut opposer au miroir ce dont on veut qu'il reçoive l'image, de même, pour que le nuage soit coloré, il faut que le soleil soit dans une position convenable : l'effet n'aurait pas lieu, si la lumière brillait sur tous les points; il faut, pour le produire, une direction propre des rayons solaires. Ainsi parlent ceux qui veulent qu'on admette la coloration du nuage. Posidonius, et les auteurs qui jugent que le phénomène s'opère comme sur un miroir, répondent : S'il y avait dans l'iris une couleur quelconque, elle serait persistante, et paraîtrait d'autant plus vive qu'on en serait plus près. Mais la lueur de l'arc, vive dans le lointain, meurt à mesure qu'on s'en approche. Je n'admets pas cette réponse, tout en approuvant le fond de l'idée, et voici pourquoi. Le nuage, il est vrai, se colore, mais de telle sorte que la couleur n'est pas visible de tous côtés, pas plus que ne l'est le nuage lui-même ; ceux qui sont dedans ne le voient pas. Est-il donc étrange que la couleur soit inaperçue de ceux pour qui le nuage même n'est pas visible? Cependant, quoique inaperçu, il existe; par conséquent la couleur aussi. Ne concluons donc pas qu'elle est imaginaire, de ce qu'elle ne paraît plus la même quand on en approche ; car cela arrive même pour les nuages, qui n'en sont pas moins réels pour n'être pas vus. Quand on vous dit aussi qu'un nuage est teint du soleil, ce n'est pas vous dire que cette teinte le pénètre comme corps résistant, immobile et qui dure, mais comme corps fluide et volatil, qui ne reçoit autre chose qu'une très-passagère empreinte. Il y a, au surplus, telles couleurs dont l'effet ne frappe les regards qu'à distance. Plus la pourpre de Tyr est belle et richement saturée, plus il la faut tenir haut, pour qu'elle déploie tout son éclat. Est-ce à dire qu'elle soit sans reflet, parce que l'excel-

---

flectitur, nitet. Numquid ergo dicemus specula ejusmodi plumas, quarum omnis inclinatio in colores novos transit? Non minus nubes diversam speculis naturam habent, quam aves quas retuli, et chamæleontes, et reliqua animalia, quorum color aut ex ipsis mutatur, quum ira vel cupidine accensa cutem suam variant humore suffuso, aut positione lucis, quam prout rectam vel obliquam receperint, ita colorantur. Quid enim simile speculis habent nubes, quum illa non perluceant, hæ transmittant lucem? Illa densa et coacta, hæ raræ sint? illa ejusdem materiæ tota, hæ e diversis temere compositæ, et ob hoc discordes, nec diu cohæsuræ? Præterea videmus ortu solis partem quamdam cœli rubere; videmus nubes aliquando ignei coloris. Quid ergo prohibet, quomodo hunc colorem unum accipiunt solis occursu, sic multos ab illis trahi, quamvis non habeant speculi potentiam? Modo, inquit, inter argumenta ponebas, semper arcum contra solem excitari, quia nec a speculo quidem imago redderetur, nisi adverso. Hoc, inquit, commune nobis est. Nam quemadmodum opponendum est speculo id, cujus imaginem in se transferat; sic, ut nubes infici possint, ita sol ad hoc apte ponendus : non enim idem facit, si undique effulsit, et ad hoc opus est radiorum idonea locatio. Hæc dicuntur ab iis qui videri volunt nubem colorari. Posidonius, et hi qui speculari ratione effici judicant visum, hoc respondent : Si ullus esset in arcu color, permaneret, et visceretur eo manifestius, quo propius. Nunc imago arcus ex longinquo clara est; interit, quum e vicino est ventura. Huic contradictioni non consentio, quum ipsam sententiam probem. Quare? dicam. Quia coloratur quidem nubes; sed ita, ut color ejus non undique appareat. Nam ne ipsa quidem undique apparet. Nubem enim nemo qui in ipsa est, videt. Quid ergo mirum, si color ejus non videtur ab eo, a quo ipsa non visitur? Atqui, quamvis ipsa non videatur, est; ergo et color. Ita non est argumentum falsi coloris, quia idem apparere accedentibus desinit. Idem enim in ipsis evenit nubibus; nec ideo falsæ sunt, quia non videntur. Præterea quum dicitur tibi, nubem sole esse suffectam non colorem illum immixtum esse velut duro corpori ac stabili et manenti; sed ut fluido et vago, et nihil amplius quam perbrevem speciem recipienti. Sunt etiam quidam colores, qui ex intervallo vim suam ostendunt. Purpuram Tyriam, quo melior saturiorque est, eo opor-

lence de sa teinte ne se fait pas voir sous quelque jour qu'on l'étale. Je suis du même sentiment que Posidonius : j'estime que l'arc-en-ciel se forme sur un nuage qui figure un miroir concave et rond, ayant l'aspect demi-sphérique. Le démontrer, sans l'aide des géomètres, est impossible : ceux-ci enseignent, par des arguments qui ne laissent pas de doute, que c'est l'image du soleil, non ressemblante. Tous les miroirs, en effet, ne sont pas fidèles. Il en est où l'on craint de jeter les yeux, tant ils déforment et altèrent le visage de ceux qui s'y regardent; la ressemblance s'y retrouve en laid. On pourrait, à voir certains autres, prendre une haute idée de ses forces, tant ils grossissent les muscles et amplifient outre nature les proportions de tout le corps. D'autres placent à droite les objets qui sont à gauche; d'autres les contournent ou les renversent. Faut-il s'étonner qu'un miroir de ce genre, qui ne reproduit qu'une image imparfaite du soleil, puisse se former aussi dans un nuage?

VI. A toutes ces preuves, ajoutons que jamais l'iris ne forme plus d'un demi-cercle, lequel est d'autant moindre que le soleil est plus haut. Si Virgile a dit :

. . . . Et l'arc-en-ciel immense
Plonge et boit l'eau des mers,

c'est quand la pluie est imminente; mais il n'apporte pas les mêmes pronostics, sur quelque point qu'il se montre. Au midi, il annonce des pluies abondantes, qui n'ont pu être dissipées par le soleil dans toute sa force, parce qu'elles étaient trop considérables. S'il brille au couchant, il faut s'attendre à de la rosée, à une pluie fine. Paraît-il à l'orient ou à peu de distance de l'orient, il promet un temps serein. Mais pourquoi, si l'iris est un reflet du soleil, se montre-t-il beaucoup plus grand que cet astre ? Parce qu'il y a tel miroir dont la propriété est de rendre les objets bien plus considérables qu'il ne les voit, et de donner aux formes un prodigieux développement, tandis que tel autre les rapetisse. A votre tour, dites-moi pourquoi l'iris se courbe en demi-cercle, si ce n'est pas à un cercle qu'il répond? Vous expliquerez peut-être d'où vient cette variété de couleurs; mais cette forme de l'iris, vous ne l'expliquerez pas, si vous n'indiquez un modèle sur lequel il se dessine. Or, il n'en est pas d'autre que le soleil, auquel vous avouez qu'il doit sa couleur; donc il lui doit aussi sa forme. Enfin, vous convenez avec moi que ces teintes, dont une partie du ciel se colore, viennent du soleil. Un seul point nous divise : vous croyez ces teintes réelles, je les crois apparentes. Réelles ou apparentes, elles viennent du soleil ; et vous n'expliquerez point pourquoi elles s'effacent tout d'un coup, quand toutes les couleurs ne s'effacent qu'insensiblement. J'ai pour moi cette apparition subite et cette subite disparition. Car le propre d'un miroir est de réfléchir l'objet non par la reproduction successive des détails, mais par un calque instantané du tout. Et l'objet n'est pas moins

tet altius teneas, ut fulgorem suum ostendat. Non tamen ideo non habet illa colorem; quia quem optimum habet, non quomodocumque explicetur, ostendit. In eadem sententia sum, qua Posidonius, ut arcum judicem fieri nube formata in modum concavi speculi et rotundi, cui forma sit partis e pila sectæ. Hoc probari, nisi geometræ adjuverint, non potest; qui argumentis nihil dubii relinquentibus docent, solis illam esse effigiem, non similem. Neque enim omnia adversus specula respondent. Sunt quæ videre extimescas: tanta deformitate corruptam faciem visentium reddunt, servata similitudine in pejus. Sunt quæ quum videris, placere tibi vires tuæ possint; in tantum lacerti crescunt, et totius corporis supra humanam magnitudinem habitus augetur. Sunt quæ dextras facies ostendant, sunt quæ sinistras, sunt quæ torqueant vel evertant. Quid ergo mirum est, ejuscemodi speculum, quo solis species vitiosa reddatur, in nube quoque fieri?

VI. Inter cetera argumenta et hoc erit; quod nunquam major arcus dimidio circulo apparet; et quod eo minor est, quo altior est sol. Ut ait Virgilius noster,

. . . . . Et bibit ingens
Arcus,

quum adventat imber; sed non easdem, undecumque apparuit, minas affert. A meridie ortus magnam vim aquarum vehet: vinci enim non potuerunt valentissimo sole; tantum est illis virium. Si circa occasum refulsit, rorabit, et leviter impluet. Si ab ortu circave surrexit, serena promittit. Quare tamen, si imago solis est arcus, longe ipso sole major apparet? Quia est alicujus speculi natura talis, ut majora multo quam videat, ostendat, et in portentosam magnitudinem augeat formas; alicujus invicem talis est, ut minuat. Illud mihi dic, quare in orbem eat facies, nisi orbi redditur? Dices fortasse, unde sit illi color varius; unde talis figura sit, non dices, nisi aliquod exemplar, ad quod formetur, ostenderis. Nullum autem aliud quam solis est, a quo quum fatearis illi colorem dari; sequitur ut figura et forma. Denique inter me et te convenit, colores illos quibus regio cœli depingitur, a sole esse. Illud unum inter nos non convenit : tu dicis illum colorem esse, ego videri. Qui sive est, sive videtur, a sole est; tu non expedies, quare color ille subito desinat, quum omnes fulgores paulatim discutiantur. Pro me est et repentina ejus facies, et repentinus interitus. Proprium enim est speculi hoc, quod non per partes struitur, quod apparet, sed statim totum sit. Æque cito omnis imago in illo aboletur, quam ponitur. Nihil enim aliud ad ista efficienda vel removenda opus est, quam ostendi et abduci. Non est propria in ista nube substantia, nec corpus; sed mendacium, et sine re similitudo. Vis scire hoc ita esse? Desinet arcus, si obtexeris solem. Oppone, inquam, soli

prompt à s'éclipser qu'à se dessiner : car, pour qu'il paraisse ou s'évanouisse, il ne faut que le montrer ou l'ôter. L'iris n'est pas une substance, un corps essentiel du nuage; c'est une illusion, une apparence sans réalité. En voulez-vous la preuve? L'arc s'effacera, si le soleil se voile. Qu'un second nuage, par exemple, intercepte le soleil, adieu les couleurs du premier. — Mais l'iris est quelque peu plus grand que le soleil. — Je viens de dire qu'on fait des miroirs qui grossissent tout ce qu'ils représentent. J'ajouterai que tous les objets, vus à travers l'eau, semblent bien plus considérables. Des caractères menus et embrouillés, lus au travers d'un globe de verre plein d'eau, sont plus gros à l'œil et plus distincts. Les fruits qui nagent dans le cristal paraissent plus beaux qu'ils ne sont; les astres, plus grands à travers un nuage; parce que les rayons visuels, flottant dans un fluide, ne peuvent saisir exactement la figure des objets. Cela devient manifeste si vous remplissez d'eau une coupe, et que vous y jetiez un anneau ; l'anneau a beau demeurer au fond, son image est répercutée à la surface. Tout ce qu'on voit à travers un liquide quelconque est beaucoup plus gros que nature. Est-il étonnant que l'image du soleil grossisse de même, vue dans l'humidité d'un nuage, puisque deux causes y concourent à la fois, la transparence en quelque sorte vitrée du nuage et sa nature aqueuse? Car, s'il ne contient pas l'eau toute formée, du moins le nuage offre-t-il les principes de ce fluide, et c'est en eau qu'il doit se convertir.

VII. Puisque, va-t-on me dire, vous avez parlé de verre, je prends texte de là même pour argumenter contre vous. On fabrique des baguettes de verre cannelées ou à plusieurs angles saillants, comme ceux d'une massue, lesquelles, si elles reçoivent transversalement les rayons du soleil, présentent les teintes de l'iris, preuve que ce n'est pas là l'image du soleil, mais l'imitation de ses couleurs par répercussion. Cet argument milite en grande partie pour moi. D'abord il démontre qu'il faut un corps poli et analogue au miroir, pour répercuter le soleil; ensuite, que ce ne sont nullement des couleurs qui se forment alors, mais de faux semblants comme ceux qui, je l'ai dit, paraissent ou s'effacent sur le cou des pigeons, selon qu'ils se tournent dans tel ou tel sens. Or, il en est de même du miroir, qui, on le voit, n'a pas de couleur à lui, mais ne fait que simuler en quelque sorte une couleur étrangère. Un seul fait pourtant reste à expliquer; c'est qu'on ne voit pas dans cette baguette l'image du soleil, parce qu'elle n'est pas disposée pour la bien reproduire. Il est vrai qu'elle tend à le faire, vu qu'elle est d'une matière polie et propre à cet effet; mais elle ne le peut, parce qu'elle est irrégulièrement faite. Convenablement fabriquée, elle réfléchirait autant de soleils qu'elle aurait de faces. Ces faces n'étant pas assez détachées les unes des autres, et n'ayant pas assez d'éclat pour faire l'effet d'un miroir, elles ébauchent la ressemblance, elles ne la rendent point; ces images trop rapprochées se confondent et n'offrent plus qu'une seule bande colorée.

VIII. Mais pourquoi l'iris n'est-il pas un cercle complet, et n'en laisse-t-il voir que moitié dans le prolongement le plus étendu de sa courbe? Sui-

alteram nubem; hujus varietas peribit. At major est aliquanto arcus, quam sol. Dixi modo, fieri specula, quæ multiplicent omne corpus quod imitantur. Illud adjiciam omnia per aquam videntibus longe esse majora. Literæ quamvis minutæ et obscuræ, per vitream pilam aqua plenam majores clarioresque cernuntur. Poma formosiora quam sint videntur, si innatant vitro. Sidera ampliora per nubem adspicienti videntur, quia acies nostra in humido labitur, nec apprehendere, quod vult, fideliter potest. Quod manifestum fiet, si poculum impleveris aqua, et in id conjeceris annulum. Nam quum in ipso fundo jaceat annulus, facies ejus in summo aquæ redditur. Quidquid videtur per humorem, longe amplius vero est. Quid mirum, majorem reddi imaginem solis, quæ in nube humida visitur, quum de causis duabus hoc accidat? quia in nube est aliquid vitro simile, quod potest perlucere; est aliquid et aquæ, quam si nondum habet, tamen jam apparet ejus natura, in quam ex sua vertatur.

VII. Quoniam, inquit, vitri fecisti mentionem, ex hoc ipso contra te argumentum sumam. Virgula solet fieri vitrea, striata, vel pluribus angulis in modum clavæ tortuosa ; hæc si ex transverso solem accipit, colorem talem, qualis in arcu videri solet, reddit ; ut scias hic non imaginem solis esse, sed coloris imitationem ex repercussu. In hoc argumento multa sunt pro me. Primum, quod apparet quiddam læve esse debere, simile speculo, quod solem repercutiat; deinde, quod apparet non fieri ullum colorem, sed speciem falsi coloris, qualem, ut dixi, columbarum cervix et sumit et ponit, utcumque deflectitur; hoc autem et in speculo est, cujus nullus videtur color, sed simulatio quædam coloris alieni. Unum tamen hoc solvendum est, quod non visitur in illa virgula solis imago, cujus bene exprimendæ capax non est. Ita conatur quidem reddere imaginem, qu'a lævis est materia, et ad hoc habilis; sed non potest, quia enormiter facta est. Si apte fabricata foret, totidem redderet soles, quot habuisset inspectationes. Quæ quia non discernuntur inter se, nec satis in viginem speculi nitent, inchoant tantum imagines, nec exprimunt, et ob ipsam viciniam turbant, et in speciem coloris unius adducunt.

VIII. At quare arcus non implet orbem, sed dimidia pars ejus videtur, quum plurimum porrigitur, incurvaturque? Quidam ita opinantur. Sol quum sit multo altior nubibus, a superiore tantum illas percutit parte; sequi-

vant l'opinion de quelques-uns, le soleil, bien plus élevé que les nuages, et ne les frappant qu'à la partie supérieure, la partie inférieure n'est pas atteinte par ses rayons. Et comme ils ne reçoivent le soleil que d'un côté, ils n'en réfléchissent qu'une partie, qui n'excède jamais la moitié. Cette raison est peu concluante; en effet, le soleil a beau être plus élevé, il n'en frappe pas moins tout le nuage, et par conséquent le colore, puisque ses feux le traversent et le pénètrent dans toute son épaisseur. Ces mêmes auteurs disent une chose qui va contre leur proposition. Car, si le soleil donne d'en haut, et, partant, ne colore que la partie supérieure des nuages, l'arc ne descendra jamais jusqu'à terre. Or, il s'abaisse jusque-là. De plus, l'arc est toujours opposé au soleil; peu importe qu'il soit plus bas ou plus haut; car tout le côté qui est en face se trouve frappé. Ensuite le soleil couchant produit quelquefois des arcs, et certes c'est le bas du nuage qui est frappé, l'astre touchant presqu'à terre. Et pourtant alors il n'y a qu'un demi-cercle, quoique le nuage reçoive le soleil dans sa partie la plus basse et la plus impure. Nos stoïciens, qui veulent que la lumière soit renvoyée par le nuage comme par un miroir, supposent la nue concave et semblable à un segment de sphère, qui ne peut reproduire le cercle entier, puisqu'il n'est lui-même qu'une partie de cercle. J'admets les prémisses, sans approuver la conclusion. Car, si un miroir concave peut représenter toute la circonférence d'un cercle, rien n'empêche que la moitié de ce miroir ne reproduise un globe entier. Nous avons déjà parlé de cercles qui paraissent autour du soleil et de la lune en forme d'arcs : pourquoi ces cercles sont-ils complets, et ceux de l'iris ne le sont-ils jamais? Ensuite, pourquoi sont-ce toujours des nuages concaves qui reçoivent le soleil, et non des nuages plans ou convexes? Aristote dit qu'après l'équinoxe d'automne, l'arc-en-ciel peut se former à toute heure du jour, mais qu'en été il ne se forme qu'au commencement ou au déclin de la journée. La raison en est manifeste. D'abord, c'est qu'au milieu du jour, le soleil, dans toute sa chaleur, dissipe les nuages dont les éléments qu'il divise ne peuvent renvoyer son image. Le matin, au contraire, et lorsqu'il penche vers son couchant, il a moins de force, et ainsi les nuages peuvent résister et le répercuter. Ensuite, l'iris ne se formant d'ordinaire que quand le soleil est face au nuage, dans les jours courts, l'astre est toujours oblique. Ainsi, à toute heure de la journée, il trouve, même au plus haut de son cours, d'autres nuages qu'il frappe directement. En été, il est vertical par rapport à nous, et à midi surtout il est trop élevé et trop perpendiculaire, pour qu'aucun nuage puisse se trouver en face ; ils sont tous au-dessous.

IX. Parlons maintenant de ces *verges* lumineuses qui brillent, comme l'iris, de teintes variées, et que nous regardons aussi comme pronostics de pluie. Elles ne sont pas difficiles à expliquer, n'étant autre chose que des arcs-en-ciel imparfaits : elles sont colorées, mais ne prennent point la forme demi-circulaire; c'est en ligne droite qu'elles s'allongent. Communément elles se for-

tur ut inferior pars earum non tangatur lumine. Ergo quum ab una parte solem accipiant, unam partem ejus tantum imitantur, quæ nunquam dimidia major est. Hoc argumentum parum potens est. Quare? quia, quamvis sol a superiori parte sit, totam tamen percutit nubem. Ergo et tingit. Quidni? quum radios transmittere soleat, et omnem densitatem perrumpere. Deinde contrariam rem proposito suo dicunt. Nam si superior est sol, et ideo tantum superiori parte nubium affunditur, nunquam terra tenus descendit arcus. Atqui usque in humum demittitur. Præterea nunquam non contra solem est arcus. Nihil ad rem pertinet, supra infrave sit; quia totum, quod contra est, latus verberatur. Deinde aliquando arcum et occidens facit, quum certe ex inferiore parte nubes ferit, terris propinquas. Atqui et tunc dimidia pars est, quamvis solem nubes ex humili et sordido accipiant. Nostri qui sic in nube, quomodo in speculo, lumen reddi volunt, nubem cavam faciunt, et sectæ pilæ partem ; quæ non potest totum orbem reddere, quia ipsa est pars orbis. Proposito accedo, argumento non consentio. Nam si in concavo speculo tota facies oppositi orbis exprimitur, et in semiorbe nihil prohibet adspici totam pilam. Etiamnunc diximus circulos apparere soli lunæque in similitudinem arcus circumdatos; quare in illis circulus jungitur, in arcu nunquam ? Deinde quare semper concavæ nubes solem accipiant, nec aliquando planæ et tumentes? Aristoteles ait, post autumnale æquinoctium qualibet hora diei arcum fieri, æstate non fieri, nisi aut incipiente aut inclinato jam die. Cujus rei causa manifesta est. Primum, quia medio die sol calidissimus nubes evincit, nec potest ab his imaginem suam recipere, quas scindit. At matutino tempore, et vergens ad occasum, minus virium habet; et ideo a nubibus et sustineri et repercuti potest. Deinde quum arcum facere non soleat, nisi adversus his, in quibus facit, nubibus; quum breviores dies sunt, semper obliquus est. Itaque qualibet diei parte, etiam quum altissimus est, habet aliquas nubes, quas ex adverso ferire potest. At temporibus æstivis supra nostrum verticem fertur. Itaque medio die excelsissimus terras rectiore adspicit linea, quam ut illis nubibus possit occurri ; omnes enim tunc sub se habet.

IX. Nunc dicendum est de *virgis*, quas non minus pictas variasque, et æque pluviarum signa solemus accipere. In quibus non multum operæ consumendum est, quia virgæ nihil aliud quam imperfecti arcus sunt. Nam facies quidem illis est picta, sed nihil curvati habent. In

26.

ment près du soleil dans un nuage humide, qui commence à se résoudre en pluie. Elles ont par conséquent les mêmes teintes que l'arc-en-ciel; leur figure seule diffère, parce que celle des nuages où elles s'impriment est différente.

X. La même variété de couleurs existe dans les *couronnes*; seulement les couronnes se forment partout, autour de tous les astres; l'iris ne brille qu'à l'opposite du soleil, et les verges lumineuses dans son voisinage. On peut encore marquer ainsi les différences : la couronne, partagée en deux, sera un arc; ramenée à la ligne droite, c'est une verge. Les couleurs variées de ces trois météores sont des combinaisons de l'azur et du jaune. La verge avoisine toujours le soleil ; l'arc-en-ciel est nécessairement solaire ou lunaire ; la couronne peut se développer autour de tout astre.

XI. Il y a encore une autre espèce de verges : ce sont des rayons déliés qui traversent les nues par les étroits intervalles qui les séparent, et s'échappent en lignes droites et divergentes; ils présagent pareillement la pluie. Or, ici, quel parti prendre ? Comment les appellerai-je ? Images du soleil ? Les historiens les nomment des soleils, et rapportent qu'on en a vu jusqu'à deux et trois à la fois. Les Grecs les appellent *parélies*, parce que d'ordinaire ils se montrent dans le voisinage du soleil, ou qu'ils ont avec cet astre une sorte de ressemblance. Car elle n'est pas complète ; elle se borne à l'image et à la figure. Du reste, ils n'ont rien de sa chaleur ; ce sont des rayons émoussés et languissants. Comment donc les qualifier? Faut-il faire comme Virgile qui, balançant sur le choix d'un nom, finit par adopter ce nom sur lequel il hésitait d'abord :

Et quel nom te donner, ô nectar de Rhétie ?
Au Falerne pourtant ne porte pas envie.

Ainsi rien n'empêche de leur conserver la qualification de parélies. Ce sont des images du soleil qui se peignent dans un nuage dense, voisin de cet astre, et disposé en miroir. Quelques-uns définissent le parélie un nuage circulaire, brillant et semblable au soleil; il suit cet astre à une certaine distance, qui est toujours la même qu'au moment de son apparition. Sommes-nous surpris de voir l'image du soleil dans une fontaine, dans un lac paisible? Non, ce me semble. Eh bien! son image peut être réfléchie dans l'air aussi bien que sur la terre, quand il s'y trouve une matière propre à produire cet effet.

XII. Pour observer une éclipse de soleil, on pose à terre des bassins remplis d'huile ou de poix, parce qu'un liquide onctueux se trouble moins facilement et retient mieux les images qu'il réfléchit. Or, une image ne peut se laisser voir que dans un liquide reposé. Alors nous remarquons comment la lune s'interpose entre nous et le soleil; comment ce globe, beaucoup plus petit que le soleil, venant à lui faire face, le cache tantôt partiellement, s'il ne lui oppose qu'un côté de son disque, et parfois en totalité. On appelle éclipse totale celle qui fait paraître les étoiles en interceptant le jour; elle a lieu quand le centre des deux astres se trouve sur le même axe par rapport à nous. Comme l'image de ces grands corps s'aperçoit sur la terre, elle peut de même

rectum jacent. Fiunt autem juxta solem fere in nube humida, et jam se spargente. Itaque idem est in illis qui in arcu color, tantum figura mutatur; quia nubium quoque, in quibus extenduntur, alia est.

X. Similis varietas in *coronis* est; sed hoc differunt, quod coronæ ubique fiunt, ubicunque sidus est; arcus non nisi contra solem; virgæ non nisi in vicinia solis. Possum et hoc modo differentiam omnium reddere. Coronam si diviseris, arcus erit; si direxeris, virga. In omnibus color multiplex est, ex cæruleo fulvoque varius. Virgæ soli tantum adjacent. Arcus solares lunaresque omnes sunt. Coronæ omnium siderum.

XI. Aliud quoque virgarum genus apparet, quum radii per angusta foramina nubium tenues, intenti distantesque inter se diriguntur; et ipsæ signa imbrium sunt. Quomodo nunc me hoc loco geram? Quid eas vocem? imagines solis? Historici soles vocant, et binos ternosque apparuisse memoriæ tradunt. Græci *parelia* appellant, quia in propinquo fere a sole visuntur, aut quia accedunt ad aliquam similitudinem solis. Non enim totum imitantur, sed imaginem ejus, figuramque. Ceterum nihil habent ardoris, hebetes ac languidi. His quod nomen imponimus? An facio quod Virgilius, qui dubitavit de nomine, deinde id de quo dubitaverat, posuit?

. . . et quo te nomine dicam,
Rhetica? nec cellis ideo contende Falernis.

Nihil ergo prohibet illas parelia vocari. Sunt autem imagines solis in nube spissa et vicina, in modum speculi. Quidam parelion ita definiunt. Nubes rotunda, et splendida, similisque soli. Sequitur enim illum, nec unquam longius relinquitur, quam fuit, quum apparuerit. Numquis nostrum miratur, si solis effigiem in aliquo fonte aut placido lacu vidit? Non, ut puto. Atqui tam in sublimi facies ejus potest, quam inter nos, reddi, si modo idonea est materia, quæ reddat.

XII. Quoties defectionem solis volumus deprehendere, ponimus pelves, quas aut oleo aut pice implemus; quia pinguis humor minus facile turbatur, et ideo quas recipit imagines, servat. Apparere autem imagines non possunt, nisi in liquido et immoto. Tunc solemus notare, quemadmodum se luna soli opponat, ut illum tanto majorem subjecto corpore abscondat, modo ex parte, si ita contigit, ut latus occurrerit, modo totum. Hæc dicitur perfecta defectio, quæ stellas quoque ostendit, et inter-

s'apercevoir dans l'air, quand il est assez dense, assez transparent pour recevoir cette image que tout autre nuage reçoit aussi, mais qu'il laisse échapper s'il est trop mobile, ou trop raréfié, ou trop noir : mobile, il disperse les traits de l'image ; raréfié, il la laisse passer ; chargé de vapeurs impures et grossières, il n'en reçoit pas l'empreinte, comme nous voyons que les miroirs ternis ne renvoient plus les objets.

XIII. Souvent deux parélies se montrent simultanément ; ce qui s'explique de même. Rien n'empêche en effet qu'il ne s'en forme autant qu'il se trouve de nuages propres à réfléchir l'image du soleil. Suivant quelques auteurs, de deux parélies simultanés, l'un est produit par le soleil et l'autre par l'image. Ainsi plusieurs miroirs opposés les uns aux autres nous offrent tous des images dont une seule pourtant reproduit l'objet réel ; les autres ne sont que des copies de ces images. Peu importe en effet ce qu'on met en présence du miroir ; il répète tout ce qu'on lui montre. De même, dans la haute région de l'air, lorsque le hasard dispose deux nuages de telle sorte qu'ils se regardent l'un l'autre, celui-ci reflète l'image du soleil, et celui-là l'image de l'image. Mais il faut, pour produire cet effet, des nuages denses, lisses, brillants, d'une nature analogue à celle du soleil. Tous ces météores sont de couleur blanche et ressemblent au disque de la lune, parce qu'ils reluisent des rayons que le soleil leur darde obliquement. Si le nuage est près de l'astre et au-dessous, la chaleur le dissipe ; s'il est trop loin, il ne renvoie pas les rayons, et l'image n'est pas produite. Il en est de même de nos miroirs : trop éloignés, ils ne nous rendent pas nos traits, le rayon visuel n'ayant plus la force de répercussion. Ces soleils, pour parler comme les historiens, annoncent aussi la pluie, surtout s'ils paraissent au midi, d'où viennent les nuages les plus gros et les plus chargés. Quand ils se montrent à droite et à gauche du soleil, si l'on en croit Aratus, on est menacé d'une tempête.

XIV. Il est temps de passer en revue les autres météores, si variés dans leurs formes. Quelquefois ce sont des étoiles qui brillent soudainement, quelquefois des flammes ardentes, les unes fixes et stationnaires, les autres qui roulent dans l'espace. On en remarque de plusieurs genres. Les bothynes sont des cavités ignées du ciel, entourées intérieurement d'une espèce de couronne, et semblables à l'entrée d'une caverne creusée circulairement. Les pithites ont la forme d'un immense tonneau de feu, tantôt mobile, tantôt se consumant sur place. On appelle chasmata ces flammes que le ciel en s'entr'ouvrant laisse apercevoir dans ses profondeurs. Les couleurs de ces feux sont aussi variées que leurs formes. C'est, par exemple, un rouge étincelant, ou une flamme légère prompte à s'évanouir ; quelquefois une lumière blanchâtre, quelquefois un éclat éblouissant, d'autres fois une lueur jaunâtre et uniforme qui ne scintille, ni ne rayonne. Ainsi nous voyons

Fuir en longs traits d'argent l'étoile pâlissante.

cipit lucem, tunc scilicet, quum uterque orbis sub eodem libramento stetit. Quemadmodum ergo utriusque imago in terris adspici potest ; ita in aere, quum sic coactus aer et limpidus constitit, ut faciem solis acciperet, quam et aliæ nubes accipiunt, sed transmittunt, si aut mobiles sunt, aut raræ, aut sordidæ. Mobiles enim spargunt illam, raræ emittunt, sordidæ turpesque non sentiunt, sicut apud nos imaginem maculosa non reddunt.

XIII. Solent et bina fieri parelia, eadem ratione. Quid enim impedit, quo minus tot sint, quot nubes fuerunt aptæ ad exhibendam imaginem solis? Quidam in illa sententia sunt, quoties duo simulacra talia existunt, ut judicent, unum esse solis, alterum imaginis. Nam apud nos quoque quum plura specula disposita sunt ita, ut alteri sit conspectus alterius, omnia implentur, et una imago a vero est, ceteræ imaginum effigies sunt. Nihil enim refert, quid sit, quod speculo ostendatur. Quidquid enim videt, reddit. Ita illic quoque in sublimi, si nubes fors aliqua disposuit, ut inter se adspiciant, altera nubes solis imaginem, altera imaginis reddit. Debent autem hæ nubes, quæ hoc præstant, densæ esse, læves, splendidæ, plane naturæ solis. Ob hoc omnia quæ hujusmodi sunt simulacra, candida sunt, et similia lunaribus circulis ; quia ex percussu oblique accepto sole resplendent. Nam si infra solem nubes fuerit, et propior, ab eo dissipa- tur ; longe autem posita radios non remittit, nec imaginem efficit. Quia apud nos quoque specula, quum a nobis procul abducta sunt, faciem non reddunt, quia acies nostra non habet usque ad nos recursum. Pluviarum autem et hi soles, utar enim historica lingua, indicia sunt ; utique si a parte Austri constiterunt, unde maximæ nubes ingravescunt ; quum utrinque solem cinxit talis effigies, si Arato credimus, tempestas surgit.

XIV. Tempus est, alios quoque ignes percurrere, quorum diversæ figuræ sunt. Aliquando emicat stella, aliquando ardores sunt, aliquando fixi et hærentes, nonnunquam volubiles. Horum plura genera conspiciuntur. Sunt Bothynoe, quum velut corona cingente introrsus igneus cœli recessus est, similis effossæ in orbem speluncæ. Sunt Pithitæ, quum magnitudo vasti rotundique ignis dolio similis, vel fertur, vel in uno loco flagrat. Sunt Chasmata, quum aliquod cœli spatium desedit et flammam dehiscens velut in abdito ostentat. Colores quoque horum omnium plurimi sunt. Quidam ruboris acerrimi, quidam evanidæ ac levis flammæ, quidam candidæ lucis, quidam micantes, quidam æqualiter et sine eruptionibus aut radiis fulvi. Videmus ergo,

Stellarum longos a tergo albescere tractus.

Hæ velut stellæ exsiliunt et transvolant, videnturque

Ces prétendues étoiles s'élancent, traversent le ciel, et semblent, à cause de leur vitesse incalculable, laisser après elles une longue traînée de feu; notre vue, trop faible pour distinguer chaque point de leur passage, nous fait croire que toute la ligne parcourue est une ligne de feu. Car la rapidité de leurs mouvements est telle, qu'on ne peut en suivre la succession; on n'en saisit que l'ensemble. On voit plutôt l'apparition que la marche du météore; et il semble marquer toute sa route d'un seul trait de feu, parce que notre œil trop lent ne peut suivre les divers points de sa course; nous voyons du même coup d'où il part et où il est arrivé. Telle nous paraît la foudre : nous croyons qu'elle trace une longue ligne de flamme, parce qu'elle fournit sa course en un clin d'œil, et que nos regards sont frappés à la fois de tout l'espace qu'elle parcourt dans sa chute. Mais ce corps igné n'occupe pas toute la ligne qu'il décrit; une flamme si allongée et si ténue n'a pas dans son élan tant de consistance. Mais comment jaillissent ces étoiles? C'est le frottement de l'air qui les allume, et le vent accélère leur chute; cependant elles ne proviennent pas toujours de ces deux causes. Les régions supérieures abondent en molécules sèches, chaudes, terreuses, parmi lesquelles ces feux prennent naissance; c'est en courant après les substances qui les alimentent qu'ils se précipitent avec tant de rapidité. Mais pourquoi sont-ils de diverses couleurs? Cela tient à la nature de la matière inflammable et à l'énergie du principe qui enflamme. Ces météores présagent le vent, et il vient de la région d'où ils partent.

XV. Vous demandez comment se forment les feux que nous appelons, nous, *fulgores*, et les Grecs, *sela*. De plus d'une manière, comme on dit. La violence des vents peut les produire, comme aussi la chaleur de la région éthérée. Car ces feux, qui de là se disséminent au loin, peuvent se porter en bas, s'ils y trouvent des aliments. Le mouvement des astres dans leur cours peut réveiller les principes inflammables et propager l'incendie au-dessous de leur sphère. En un mot, ne peut-il pas arriver que l'atmosphère lance jusque dans l'éther des molécules ignées qui produisent cet éclat, cette flamme ou cette sorte d'étoile excentrique? De ces *fulgores*, les uns se précipitent comme des étoiles volantes; les autres, fixes et immobiles, jettent assez de lumière pour dissiper les ténèbres et donner une sorte de jour, jusqu'à ce que, faute d'aliments, ils s'obscurcissent, et, comme une flamme qui s'éteint d'elle-même, finissent après une constante déperdition par se réduire à rien. Quelquefois ces feux apparaissent dans les nuages, d'autres fois au-dessus : ce sont alors des corpuscules ignés, couvés près de la terre par un air condensé qui les fait jaillir jusqu'à la région des astres. Il en est qui ne peuvent durer; ils passent, ils s'éteignent à l'instant presque où ils s'allument. Voilà les *fulgores* proprement dits, parce que leur apparition est courte et fugitive, et qu'ils sont dangereux dans leur chute, aussi désastreuse parfois que celle de la foudre. Ils frappent des maisons, que les Grecs désignent alors sous le nom d'*astrapoplecta*. Ceux dont la flamme a le plus de force et de durée, qui suivent, ou le mouvement du ciel, ou une marche

longum ignem porrigere, propter immensam celeritatem; quum acies nostra non discernat transitum earum, sed quacunque cucurrerunt, id totum igneum credat. Tanta enim est velocitas motus, ut partes ejus non dispiciantur, sed tantum summa prendatur. Intelligimus magis, qua appareat stella, quam qua est. Itaque velut igne continuo totum iter signat, quia visus nostri tarditas non subsequitur momenta currentis, sed videt simul et unde exsilierit, et quo pervenerit. Quod sit in fulmine, longus nobis videtur ignis ejus, quia cito spatium suum transilit, et oculis nostris occurrit universum, per quod dejectus est. At ille non est extenti corporis per omne qua venit. Neque tam longa et extenuata in impetum valent. Quomodo ergo prosiliunt? Attritu aeris ignis incensus, vento præceps impellitur; non semper tamen vento attritue sit. Nonnunquam ex aliqua opportunitate aeris nascitur. Multa enim sunt in sublimi sicca, calida, terrena, inter quæ oritur, et pabulum suum subsequens defluit, ideoque velociter rapitur. At quare color diversus est? Quia refert, quale sit id quod incenditur, et quam vehemens quo incenditur. Ventum autem significat ejusmodi lapsus, et quidem ab ea parte qua erumpit.

XV. Fulgores, inquis, quomodo fiunt, quos Græci Sela appellant? Multis, ut aiunt, modis. Potest illos ventorum vis edere, potest superioris cœli fervor. Nam quum late fusus sit ignis, inferiora aliquando, si sunt idonea accendi, corripit. Potest stellarum motus cursu suo excitare ignem, et in subjecta transmittere. Quid porro? non potest fieri, ut aer vim igneam usque in æthera elidat, ex qua fulgor ardorve sit, vel stellæ similis excursus? Ex his fulgoribus quædam in præceps eunt, similia prosilientibus stellis; quædam certo loco permanent, et tantum lucis emittunt, ut fugent tenebras, et diem repræsentent, donec consumpto alimento, primum obscuriora sint, deinde flammæ modo, quæ in se cadit, per assiduam diminutionem redigantur in nihilum. Ex his quædam in nubibus apparent, quædam supra nubes, quum aer spissus ignem, quem propior terris diu paverat, usque in sidera expressit. Horum aliqua non patiuntur moram, sed transcurrunt aut exstinguuntur subinde qua reluxerunt. Hi fulgores dicuntur, quia brevis facies illorum et caduca est, nec sine injuria decidens; sæpe enim fulminum noxas ediderunt. Ab his tecta videmus icta, quæ aspersa Græci plecta vocant. At quibus longior

qui leur est propre, sont regardés par nos stoïciens comme des comètes; nous en parlerons plus tard. De ce genre sont les pogonies, les lampes, les cyparisses, et tout météore dont le corps se termine par une flamme éparse. On doute si l'on doit ranger dans cette classe les poutres et les pithites, dont l'apparition est fort rare, et qui exigent une grande agglomération de feux pour former un globe souvent plus gros que n'est le disque du soleil levant. On peut rapporter au même genre ces phénomènes fréquemment cités dans l'histoire, tels qu'un ciel tout en feu, où l'embrasement parfois s'élève si haut qu'il semble se confondre avec les astres, et parfois s'abaisse tellement qu'il offre l'aspect d'un incendie lointain. Sous Tibère, des cohortes coururent au secours de la colonie d'Ostie, qu'elles croyaient en feu, trompées par un météore de cette sorte qui, pendant une grande partie de la nuit, jeta la lueur sombre d'une flamme épaisse et fuligineuse. Personne ne met en doute la réalité des flammes qu'on aperçoit alors; bien certainement ce sont des flammes. Il y a contestation pour les météores dont j'ai parlé plus haut, je veux dire l'arc-en-ciel et les couronnes. Sont-ce des illusions d'optique et de fausses apparences, ou doit-on y voir des réalités ? A notre avis, les arcs et les couronnes n'ont effectivement point de corps, tout comme en un miroir nous ne voyons rien que simulacre et mensonge dans les représentations de l'objet extérieur. Car le miroir ne renferme pas ce qu'il nous montre ; autrement cette image n'en sortirait point, et ne serait pas effacée à l'instant par une autre; ou ne verrait pas des formes innombrables paraître et s'évanouir tour à tour. Que conclure de là? Que ce sont des représentations, des imitations vaines d'objets réels. Ajoutez que certains miroirs sont construits de manière à défigurer ces objets : quelques-uns, comme je l'ai dit ci-dessus, représentent de travers la face du spectateur ; d'autres le grandissent hors de toute mesure, et prêtent à sa personne des proportions surhumaines.

XVI. Je veux ici vous conter une histoire, où vous verrez combien la débauche est peu dédaigneuse de tout artifice qui provoque au plaisir, et combien elle est ingénieuse à stimuler encore ses propres fureurs. Hostius Quadra était d'une impudicité qui fut même traduite sur la scène. C'est ce riche avare, cet esclave de cent millions de sesterces, qui fut tué par ses esclaves, et dont Auguste jugea la mort indigne de vengeance, en s'abstenant toutefois de déclarer qu'elle lui parût légitime. Il ne bornait pas aux femmes ses jouissances contre nature ; il était avide de l'un comme de l'autre sexe. Il avait fait faire des miroirs comme ceux dont je viens de parler, lesquels reproduisaient les objets bien plus grands qu'ils n'étaient, et où le doigt paraissait plus long et plus gros que le bras. Il disposait ces miroirs de telle sorte que, quand il se livrait à un homme, il voyait sans tourner la tête tous les mouvements de ce dernier ; et les énormes proportions que figurait le métal trompeur, il en jouissait comme d'une réalité. Il allait dans tous les bains recruter ses hommes, et il les choisissait à sa mesure ; et

mora et fortior ignis est, motumque cœli sequens, aut qui proprios cursus agunt, Cometas nostri putant; de quibus dein. Horum genera sunt pogoniæ, lampades, et cyparissiæ, et alia omnia, quorum ignis in exitu sparsus est. Dubium, an inter hos ponantur trabes, et pithitæ; raro sunt visi. Multa enim conglobatione ignium indigent, quum ingens illorum orbis aliquanto matutini amplitudinem solis exsuperet. Inter hæc ponas licet et quod frequenter in historiis legimus, cœlum ardere visum ; cujus nonnunquam tam sublimis ardor est, ut inter ipsa sidera videatur; nonnunquam tam humilis, ut speciem longinqui incendii præbeat. Sub Tiberio Cæsare cohortes in auxilium Ostiensis coloniæ cucurrerunt, tanquam conflagrantis, quum cœli ardor fuisset per magnam partem noctis, parum lucidus, crassi fumidique ignis. De his nemo dubitat, quin habeant flammam quæ ostendunt ; certa illis substantia est. De prioribus quæritur, de arcu dico et coronis, an decipiant aciem ; et mendacio constent; an illis quoque verum sit quod apparet. Nobis non placet, in arcu aut coronis subesse aliquid corporis certi; nihil enim judicamus in speculis, nisi fallaciam esse, nihil aliud quam alienum corpus mentientibus. Non enim est in speculo, quod ostenditur. Alioquin non exiret, nec alia protinus imagine obduceretur, nec innumerabiles modo interirent, modo exciperentur formæ. Quid ergo ? Simulacra ista sunt, et inanis verorum corporum imitatio ; suntque ista a quibusdam ita composita, ut et hæc possent detorquere in pravum. Nam, ut dixi, sunt specula, quæ faciem prospicientium obliquent; sunt, quæ in infinitum augeant, et humanum habitum excedant, modumque nostrorum corporum.

XVI. Hoc loco volo tibi narrare fabellam, ut intelligas, quam nullum instrumentum irritandæ voluptatis libido contemnat, et ingeniosa sit ad incitandum furorem suum. Hostius Quadra fuit obscœnitatis usque in scenam productæ. Hunc divitem avarum, sestertii millies servum, divus Augustus indignum vindicta judicavit, quum a servis occisus esset, et tantum non pronuntiavit jure cæsum videri. Non erat ille tantummodo ab uno sexu impurus, sed tam virorum quam feminarum avidus fuit ; fecitque specula ejus notæ, cujus modo retuli, imagines longe majores reddentia, et quibus digitus brachii mensuram et longitudine in crassitudine excederet. Hæc autem ita disponebat, ut quum virum ipse pateretur, aversus omnes admissarii sui motus in speculo videret, ac deinde falsa magnitudine ipsius membri tanquam vera gauderet

cependant il lui fallait encore recourir à l'illusion pour assouvir son insatiable lubricité. Qu'on dise maintenant que c'est au goût de la parure qu'est due l'invention du miroir! On ne peut rappeler sans horreur ce que ce monstre, digne d'être déchiré de sa bouche impure, osait dire et exécuter, alors qu'entouré de tous ses miroirs, il se faisait spectateur de ses turpitudes; oui, ce qui, même demeuré secret, pèse sur la conscience; ce que tout accusé nie, il en souillait sa bouche, il le touchait de ses yeux. Et pourtant, ô dieux ! le crime recule devant son propre aspect; les hommes perdus d'honneur et voués à toutes les humiliations, gardent comme un dernier scrupule la pudeur des yeux. Mais lui, comme si c'était peu d'endurer des choses inouïes, inconnues, il conviait ses yeux à les voir; et non content d'envisager toute sa dégradation, il avait ses miroirs pour multiplier ces sales images et les grouper autour de lui; et comme il ne pouvait tout voir aussi bien quand il se livrait aux brutales étreintes de l'un, et que, la tête baissée, sa bouche s'appliquait aux plaisirs d'un autre, il s'offrait à lui-même, à l'aide de ses miroirs, le tableau de son double rôle. Il contemplait l'œuvre infâme de cette bouche; il se voyait possédant tout ce qu'il pouvait admettre d'hommes. Partagé quelquefois entre un homme et une femme, et passif de toute sa personne, que d'abominations ne voyait-il pas? Que restait-il que cet être immonde eût pu réserver pour les ténèbres? Loin que le jour lui fît peur, il s'étalait à lui-même ses monstrueux accouplements, il se les faisait admirer. Que dis-je? Doutez-vous qu'il n'eût souhaité d'être peint dans ces attitudes? Les prostituées même ont encore quelque retenue, et ces créatures, livrées à la brutalité publique, tendent à leur porte quelque voile qui cache leur triste docilité : tant il est vrai qu'il n'est pas jusqu'aux repaires du vice qui n'aient pour ainsi dire leur pudeur. Mais ce monstre avait érigé son ignominie en spectacle; il se mirait dans ces actes que la plus profonde nuit ne voile pas assez. « Oui, se dit-il, homme et femme m'exploitent à la fois ; et de ces lèvres qui me restent libres j'imprime une flétrissure pire encore que celles que j'accepte. Tous mes membres sont pollués et envahis : que mes yeux aussi aient part à l'orgie, qu'ils en soient les témoins, les appréciateurs ; et ce que la position de mon corps m'empêche de voir, que l'art me le montre; qu'on ne croie pas que j'ignore ce que je fais. Vainement la nature n'a donné à l'homme que de chétifs moyens de jouir, elle qui a si richement pourvu d'autres races. Je trouverai le secret d'étonner même ma frénésie, et de la satisfaire. Que me sert mon coupable génie, s'il ne va pas outre nature? Je placerai autour de moi de ces miroirs qui grossissent à un point incroyable la représentation des objets. Si je le pouvais, j'en ferais des réalités; ne le pouvant pas, repaissons-nous du simulacre. Que mes appétits obscènes s'imaginent tenir plus qu'ils n'ont saisi, et s'émerveillent de leur capacité. » Lâcheté indigne! C'est à l'improviste peut-être, et sans la voir venir, que cet homme a reçu la mort. C'était devant ses miroirs qu'il fallait l'immoler.

In omnibus quidem balneis agebat ille dilectum, et apta mensura legebat viros ; sed nihilominus mendaciis quoque insatiabile malum delectabat. I nunc, et dic, speculum munditiarum causa repertum! Fœda dictu sunt, quæ portentum illud, ore suo lacerandum, dixerit, feceritque, quum illi specula ab omni parte opponerentur, ut ipse flagitiorum suorum spectator esset, et, quæ secreta quoque conscientiam premunt, et quæ accusatus quisque fecisse se negat, non in os tantum, sed in oculos suos ingereret. At hercules scelera conspectum suum reformidant! In perditis quoque, et ad omne dedecus expositis, tenerrima est oculorum verecundia. Ille autem, quasi parum esset, inaudita et incognita pati, oculos suos ad illa advocavit, nec quantum peccabat videre contentus, specula sibi, per quæ flagitia sua divideret disponeretque, circumdedit; et quia non tam diligenter intueri poterat, quum compressus erat, et caput merserat, inguinibusque alienis obhæserat, opus sibi suum per imagines offerebat. Speculabatur illam libidinem oris sui, spectabat sibi admissos pariter in omnia viros. Nonnunquam inter marem et feminam distributus, et toto corpore patientiæ expositus, spectabat nefanda. Quidnam homo impurus reliquit, quod in tenebris faceret? Non pertimuit diem, sed ipsos concubitus portentosos sibi ipse ostendit, sibi ipse approbavit! Quid? Non putas in ipso habitu voluisse pingi? Est aliqua etiam prostitutis modestia; et illa corpora, publico objecta ludibrio, aliquid, quo infelix patientia lateat, obtendunt; adeo quodammodo lupanar quoque verecundum est. At illud monstrum obscœnitatem suam spectaculum fecerat, et ea sibi ostentabat, quibus abscondendis nulla satis alta nox est. « Simul, inquit, et virum et feminam patior; nihilominus illa quoque supervacua mihi parte alicujus contumeliam majorem exerceo. Omnia membra stupris occupata sunt, oculi quoque in partem libidinis veniant, et testes ejus exactoresque sint! Etiam ea quæ ab adspectu corporis nostri positio submovit, arte visantur, ne quis me putet nescire quid faciam! Nihil egit natura, quod humanæ libidini ministeria tam maligna dedit, quod aliorum animalium concubitus melius instruxit. Inveniam, quemadmodum morbo meo et potiar et satisfaciam. Quo nequitiam meam, si ad naturæ modum pecco? Id genus speculorum circumponam mihi, quod incredibilem imaginum magnitudinem reddat. Si liceret mihi, ad verum ista perducerem ; quia non licet, mendacio pascar. Obscœnitas mea, plus quam capit, videat, et patientiam suam ipsa miretur.» Facinus indignum! Hic fortasse cito, et antequam videret, occisus est. Ad speculum suum immolandus fuit.

XVII. Qu'on rie maintenant des philosophes qui dissertent sur les propriétés du miroir, qui cherchent pourquoi notre figure s'y représente ainsi retournée vers nous ; dans quel but la nature, tout en créant des corps réels, a voulu que nous en vissions encore les simulacres ; pourquoi, enfin, elle a préparé des matières propres à recevoir l'image des objets. Ce n'était pas certes pour que nous vinssions devant un miroir nous épiler la barbe et la face, et lisser notre visage d'hommes. En rien elle n'a voulu faire les affaires de notre mollesse ; mais ici, que s'est-elle proposé d'abord ? Comme nos yeux, trop faibles pour soutenir la vue directe du soleil, auraient ignoré sa vraie forme, elle a, pour nous le montrer, amorti son éclat. Bien qu'en effet il soit possible de le contempler alors qu'il se lève ou se couche, cependant la figure de l'astre lui-même, tel qu'il est, non d'un rouge vif, mais d'un blanc qui éblouit, nous serait inconnue, si à travers un liquide il ne se laissait voir plus net et plus facile à observer. De plus, cette rencontre de la lune et du soleil, qui parfois intercepte le jour, ne serait pour nous ni perceptible, ni explicable, si en nous baissant vers la terre nous ne voyions plus commodément l'image des deux astres. Les miroirs furent inventés pour que l'homme se vît lui-même. De là plusieurs avantages ; d'abord la connaissance de sa personne, puis quelquefois d'utiles conseils. La beauté fut prévenue d'éviter ce qui déshonore ; la laideur, qu'il faut racheter par le mérite les attraits qui lui manquent ; la jeunesse, que le printemps de l'âge est le moment des études fortes et des énergiques entreprises ; la vieillesse, qu'elle doit renoncer à ce qui messied aux cheveux blancs, et songer quelquefois à la mort. Voilà dans quel but la nature nous a fourni les moyens de nous voir nous-mêmes. Le cristal d'une fontaine, la surface polie d'une pierre réfléchit à chacun son image.

J'ai vu mes traits naguère au bord de l'onde,
Quand la mer et les vents sommeillaient.....

Dites - moi quelle était la toilette quand on se parait devant de tels miroirs ? A cet âge de simplicité, contents de ce que leur offrait le hasard, les hommes ne détournaient pas encore les bienfaits de la nature au profit du vice. Le hasard leur présenta d'abord la reproduction de leurs traits ; puis, comme l'amour-propre, inné chez tous, leur rendait ce spectacle agréable, ils revinrent souvent aux objets dans lesquels ils s'étaient vus pour la première fois. Lorsqu'une génération plus corrompue s'enfonça dans les entrailles de la terre, pour en tirer ce qu'il faudrait y ensevelir, le fer fut le premier métal dont on se servit ; et on l'aurait impunément tiré des mines, s'il en avait été tiré seul. Les autres fléaux de la terre le suivirent : le poli des métaux offrit à l'homme son image, qu'il ne cherchait pas ; l'un la vit sur une coupe, l'autre sur l'airain préparé dans tout autre but. Bientôt après on façonna des miroirs circulaires ; mais, au lieu du poli de l'argent, ce n'était encore qu'une matière fragile et sans valeur. Alors aussi, durant la vie grossière de ces anciens peuples, on croyait avoir

XVII. Derideantur nunc philosophi, quod de speculi natura disserant, quod inquirant, quid ita facies nostra nobis, et quidem in nos obversa, reddatur ; quid sibi rerum natura voluerit, quod quum vera corpora dedisset, etiam simulacra eorum adspici voluit ; quorsus pertinuerit, hanc comparare materiam, excipiendarum imaginum capacem. Non in hoc scilicet, ut ad speculum barbam faciemque velleremus, aut ut faciem viri poliremus. In nulla re illa negotium luxuriæ concessit ; sed primum omnium, quia imbecilli oculi ad sustinendum cominus solem ignoraturi erant formam ejus, hebetato illum lumine ostendit. Quamvis enim eum orientem occidentemque contemplari liceat ; tamen habitum ejus, ipsum qui verus est, non rubentis, sed candida luce fulgentis, nesciremus, nisi in aliquo nobis humore lævior et adspici facilior occurreret. Præterea duorum siderum occursum, quo interpellari dies solet, non videremus, nec scire possemus, quid esset, nisi liberius humi solis lunæque imagines videremus. Inventa sunt specula, ut homo ipse se nosceret. Multa ex hoc consequuta : primo sui notitia, deinde et ad quædam consilium. Formosus, ut vitaret infamiam ; deformis, ut sciret redimendum esse virtutibus, quidquid corpori deesset ; juvenis, ut flore ætatis admoneretur, illud tempus esse discendi, et fortia audendi ; senex, ut indecora canis deponeret, et de morte aliquid cogitaret. Ad hoc rerum natura facultatem nobis dedit nosmetipsos videndi. Fons cuique perlucidus aut læve saxum imaginem reddit.

..... Nuper me in litore vidi,
Quum placidum ventis staret mare.

Qualem fuisse cultum putas ad hoc speculum se cernentium ? Ætas illa simplicior, et fortuitis contenta, nondum in vitium beneficium detorquebat, nec inventum naturæ in libidinem luxumque rapiebat. Primo faciem suam cuique casus ostendit ; deinde quum insitus sui mortalibus amor dulcem adspectum formæ suæ faceret, sæpius ea despexere, in quibus prius effigies suas viderant. Postquam deterior populus subiit in ipsas terras, effossurus obruenda, ferrum primo in usu fuit, et id homines impune eruerant, si solum eruissent. Tunc demum alia terræ mala, quorum lævitas aliud agentibus speciem suam obtulit, quam hic in poculo, ille in ære ad aliquos usus comparato vidit ; et mox proprius huic ministerio præparatus est orbis, nondum argenti nitor, sed fragilis vilisque materia. Tunc quoque quum antiqui illi

assez fait pour la propreté quand on avait lavé au courant d'un fleuve les souillures contractées par le travail, quand on avait peigné sa chevelure et réparé le désordre d'une longue barbe ; tous soins que l'on prenait soi-même ou qu'on se rendait réciproquement. C'était la main d'une épouse qui démêlait cette épaisse chevelure qu'on avait coutume de laisser flottante, et que ces hommes, assez beaux à leurs yeux sans le secours de l'art, secouaient comme les nobles animaux secouent leur crinière. Par la suite, le luxe ayant tout envahi, on fit des miroirs de toute la hauteur du corps ; on les cisela d'or et d'argent, on les orna même de pierreries ; et le prix auquel une femme acheta un seul de ces meubles, excéda la dot qu'anciennement le trésor public donnait aux filles des généraux pauvres. Vous figurez-vous un miroir étincelant d'or chez les filles de Scipion, dont la dot fut une pesante monnaie d'airain? heureuse pauvreté, qui leur valut une pareille distinction! Elles ne l'eussent pas reçue du sénat, si leur père les avait dotées. Or, quel que fut celui à qui le sénat servit ainsi de beau-père, il dut comprendre qu'une telle dot n'était pas de celles qu'on peut rendre. Aujourd'hui, de simples filles d'affranchis n'auraient pas assez pour un seul miroir de ce que le peuple romain donna à Scipion. Le luxe a poussé plus loin l'exigence, encouragé qu'il était par le progrès même des richesses : tous les vices ont reçu d'immenses développements, et toutes choses ont été tellement confondues par nos raffinements criminels, que l'attirail des femmes, comme on le nommait, a passé tout entier dans le bagage des hommes, c'est trop peu dire, dans celui du soldat. Aujourd'hui, le miroir, appelé dans l'origine au seul service de la toilette, est devenu nécessaire à tous les genres de vices.

LIVRE DEUXIÈME.

I. L'étude complète de l'univers peut se diviser en trois parties : le ciel, la région météorique et la terre. La première considère la nature des astres, leur grandeur, la forme des feux qui circonscrivent le monde ; si le ciel est un corps solide, une matière ferme et compacte, ou un tissu de molécules subtiles et ténues ; s'il reçoit ou donne le mouvement ; s'il a les astres au-dessous de lui, ou adhérents à sa propre substance ; comment le soleil règle le retour des saisons ; s'il revient sur ses pas ; et bien d'autres questions semblables. La seconde partie traite des phénomènes qui se passent entre le ciel et la terre. Tels sont les nuages, les pluies, les neiges, et « *la foudre aux humains apportant l'épouvante* », et tout ce que l'air subit ou opère de révolutions. Nous appelons cette région météorique, parce qu'elle est plus élevée que le globe. La troisième partie s'occupe des champs, des terres, des arbres, des plantes, et, pour parler comme les jurisconsultes, de tout ce qui tient au sol. Pourquoi, direz-vous, placer la question des tremblements de terre à l'endroit où vous parlerez des tonnerres et des éclairs? Parce que les tremblements de terre étant produits par le vent, qui n'est que l'air agité, quoique cet air circule souterrainement, ce n'est

---

viri incondite viverent, satis nitidi, si squalorem opere collectum adverso flumine eluerent, cura comere capillum fuit, ac prominentem barbam depectere ; et in hac re quisque sibi, alterique operam dabat invicem. Conjugum quidem manu crini ille, quem effundere olim mos viris fuit, attrectabatur ; sed illum sibi sine ullo artificio formosi quatiebant, non aliter quam jubam generosa animalia. Postea rerum jam potiente luxuria, specula totis paria corporibus auro argentoque cælata sunt, denique gemmis adornata ; et pluris unum ex his feminæ constitit, quam antiquarum dos fuit illa, quæ publice dabatur imperatorum pauperum filiabus. An tu existimas, ex auro nitidum habuisse Scipionis filias speculum, quum illis dos fuisset as grave? O paupertas felix, quæ tanto titulo locum fecit! Non fecisset illis senatus dotem, si habuissent. At quisquis ille fuit, cui soceri loco senatus fuit, intellexit se accepisse dotem, quam fas non esset reddere. Jam libertinorum virgunculis in unum speculum non sufficit illa dos, quam dedit P. Ro. Scipioni. Processit enim molestius, paulatim opibus ipsis invitata, luxuria ; et incrementum ingens vitia acceperunt. Adeoque omnia indiscreta sunt perversissimis artibus, ut quid-quid mundus muliebris vocabatur, sarcinæ viriles sint ; minus dico, etiam militares. Jam speculum ornatus tantum causa adhibitum, nulli non vitio necessarium factum est.

LIBER SECUNDUS.

I. Omnis de universo quæstio in cœlestia, sublimia, et terrena dividitur. Prima pars naturam siderum scrutatur, et magnitudinem, et formam ignium, quibus mundus includitur ; solidumne sit cœlum, ac firmæ concretæque materiæ, an ex subtili tenuique nexum ; agatur, an agat ; et infra se sidera habeat, an in contextu sui fixa ; quemadmodum sol anni vices servet ; an retro flectat ; cetera deinceps his similia. Secunda pars tractat inter cœlum terramque versantia. Hæc sunt nubila, imbres, nives, et «humanas motura tonitrua mentes» ; «quæcunque aer facit patiturve. Hæc sublimia dicimus, quia editiora imis sunt. Tertia illa pars de agris, terris, arbustis, satis quærit, et, ut jurisconsultorum verbo utar, de omnibus quæ solo continentur. Quomodo, inquis, de terrarum motu quæstionem eo posuisti loco, quo de tonitruis fulgoribusque dicturus? Quia, quum motus terræ flat spi-

pas là qu'il faut le considérer. Il faut le voir par la pensée en la place où la nature l'a mis. Je dirai même, ce qui semblera plus étrange, qu'à propos du ciel on devra parler aussi de la terre. Vous demandez pourquoi? Le voici : quand nous examinons en leur lieu les questions propres à la terre, si elle est un plan large, inégal et indéfini, ou si elle affecte la forme d'une boule et ramène toutes ses parties à la sphère; si elle sert de lien aux eaux, ou si elle est assujettie par elles; si c'est un être vivant, ou une masse inerte et insensible, pleine d'air, mais d'un air étranger; quand tous ces points et d'autres semblables viennent à leur tour de discussion, ils rentrent dans l'histoire de la terre, et sont rejetés à la troisième partie. Mais quand on se demande quelle est la situation de la terre; en quel endroit de l'univers elle s'est fixée; comment elle s'est mise en regard des astres et du ciel; cette question remonte à la première partie, et mérite, pour ainsi parler, une place plus honorable.

II. Maintenant que j'ai parlé des divisions dans lesquelles se classe l'ensemble de ce qui compose la nature, je dois avancer quelques faits généraux, et tout d'abord ce principe, que l'air est du nombre des corps doués d'unité. Que veut dire ce mot, et pourquoi ai-je dû débuter par cet axiome? Vous le saurez, quand, reprenant les choses de plus haut, j'aurai distingué les corps continus des corps connexes. La continuité est l'union non interrompue des parties entre elles. L'unité est la continuité sans connexion, le contact de deux corps juxtaposés. N'est-il pas vrai que parmi les corps que l'on voit et que l'on touche, doués de sensations ou agissant sur les nôtres, il en est de composés? Or, ils le sont par contexture ou par coacervation; par exemple, une corde, un tas de blé, un navire. Il en est de non composés, comme un arbre, une pierre. Il faut donc accorder que des corps même qui échappent à nos sens et ne se laissent saisir que par la pensée, quelques-uns sont doués de l'unité. Voyez combien je ménage votre oreille; je pouvais me tirer d'affaire en employant le terme philosophique *corps un;* puisque je vous en fais grâce, payez-moi de retour. Qu'est-ce à dire? Que si je me sers du mot *un*, vous vous rappeliez que je le rapporte non pas au nombre, mais à la nature du corps qui, sans aucune aide extérieure, est cohérent par sa propre unité. L'air est un corps de cette espèce.

III. Le monde comprend tous les corps qui sont ou peuvent devenir l'objet de nos connaissances. Parmi ces corps, les uns font partie du monde, les autres sont des matériaux mis en réserve. Toute la nature a besoin de matériaux, de même que tout art manuel. Ainsi, pour éclaircir ma pensée, j'appelle parties de notre corps les mains, les os, les nerfs, les yeux; et matériaux, les sucs des aliments qui se distribuent dans ces parties, et s'y assimilent. Le sang à son tour est comme partie de nous-mêmes, bien qu'il soit compté parmi les matériaux, comme servant à former les autres parties, et n'en est pas moins l'une des substances dont le corps entier se compose.

IV. C'est ainsi que l'air est une partie du monde et une partie nécessaire. Car c'est l'air qui

joint la terre et le ciel. Il sépare les hautes régions des régions inférieures, mais en les unissant; il les sépare comme intermédiaire; il les unit, puisque par son secours tous deux se communiquent. Il transmet plus haut tout ce qu'il reçoit de la terre, et réciproquement rend à la terre les émanations des astres. Je dis que l'air est partie du monde, de même que les animaux et les plantes, lesquels font partie de l'univers, puisqu'ils entrent comme compléments dans le grand tout, et que l'univers n'existe pas sans eux. Mais un seul animal, un seul arbre, n'est pour ainsi dire qu'une quasi-partie; car il a beau périr, l'espèce, malgré cette perte, est encore entière. L'air, comme je le disais, touche au ciel ainsi qu'à la terre : il a été créé pour tous deux. Or, l'unité appartient à tout ce qui fut créé partie essentielle d'une chose ; car rien ne reçoit l'être sans unité.

V. La terre est l'une des parties du monde, ainsi que l'un de ses matériaux. Pourquoi en est-elle une partie? C'est, je pense, ce que vous ne demanderez pas; autant vaudrait demander pourquoi le ciel en est une. C'est qu'en effet l'univers n'existerait pas plus sans l'une que sans l'autre; l'univers existant au moyen des choses qui, comme le ciel et la terre, fournissent les aliments que tous les animaux, toutes les plantes et tous les astres se partagent, c'est de là que tous les individus tirent leur force, et le monde de quoi satisfaire à ses innombrables besoins; de là provient ce qui nourrit ces astres si nombreux, si actifs, si avides, qui, nuit et jour à l'œuvre, ont des pertes continuelles à réparer; c'est là que la nature puise ce qu'exige l'entretien de toutes ses parties. Le monde s'est fait sa provision pour l'éternité. Je vais vous donner en petit l'analogue de cet immense phénomène : un œuf renferme autant de liquide qu'il en faut pour la formation de l'animal qui doit éclore.

VI. L'air est contigu à la terre : la juxta-position est telle, qu'il occupe à l'instant l'espace qu'elle a quitté. Il est une des parties du monde; et néanmoins tout ce que la terre transmet d'aliments, il le reçoit, et sous ce rapport doit être compté comme l'un des matériaux, et non comme partie du grand tout. De là son extrême inconstance et ses bruyantes agitations. Quelques-uns le disent composé de molécules distinctes, comme la poussière, ce qui s'éloigne infiniment du vrai. Car jamais un corps composé ne peut faire effort que pour l'unité de ses parties, qui toutes doivent concourir à lui donner du ressort en mettant leur force en commun. Mais l'air, s'il était morcelé en atomes, demeurerait épars, et, comme toute chose disséminée, ne pourrait faire corps. Le ressort de l'air se démontre par le ballon qui se gonfle et résiste aux coups; il se démontre par ces objets pesants transportés au loin sans autre véhicule que le vent; il se démontre par la voix, qui faiblit ou s'élève proportionnellement à l'impulsion de l'air. Qu'est-ce, en effet, que la voix, sinon l'air, mis en jeu par la percussion de la langue pour produire un son? Mais la faculté de courir, de se mouvoir, l'homme ne la doit-il pas à l'action de l'air respiré avec plus ou moins de force? C'est l'air qui donne aux nerfs leur vigueur,

---

summa sic separat, ut tamen jungat. Separat, quia medius intervenit; jungit, quia utrique per hoc inter se consensus est. Supra se dat, quidquid accipit a terris ; rursus vim siderum in terrena transfundit. Quam sic partem mundi voco, ut animalia et arbusta. Nam genus animalium arbustorumque pars est universi, quia in consummationem totius assumtum, et quia non est sine hoc universum. Unum autem animal, et una arbor, quasi pars est; quia quamvis perierit, tamen id ex quo perit, totum est. Aer autem, ut dicebam, et cœlo et terris cohæret. Utrique innatus est. Habet autem unitatem, quidquid alicujus rei nativa pars est. Nihil enim nascitur sine unitate.

V. Terra et pars est mundi et materia. Pars quare sit, non puto te interrogaturum, aut æque interroges, quare cœlum pars sit; quia scilicet non magis sine hoc, quam sine illa universum esse potest, quod cum his universum est, ex quibus, id est, tam ex illo, quam ex ista, alimenta omnibus animalibus, omnibus satis, omnibus stellis dividuntur. Hinc quidquid est virium singulis, hinc ipsi mundo tam multa poscenti subministratur; hinc profertur quo sustineantur tot sidera, tam exercitata, tam avida, per diem noctemque, ut in opere, ita et in pastu; et omnium quidem rerum natura, quantum in nutrimentum sui satis sit, apprehendit. Mundus autem, quantum in æternum desiderabat, invasit: Pusillum tibi exemplum magnæ rei ponam ; ova tantum complectuntur humoris, quantum ad effectum animalis exituri satis est.

VI. Aer continuus terræ est, et sic appositus, ut statim illi futurus sit, unde illa discessit. Pars est totius mundi; sed idem tamen, quidquid terra in alimentum misit, recipit, ut scilicet materia, non pars intelligi debeat. Ex hoc omnis inconstantia ejus tumultusque est. Hunc quidam ex distantibus corpusculis, ut pulverem, ferunt, plurimumque a vero recedunt. Nunquam enim contexti nisi per unitatem corporis nisus est, quum partes consentire ad intensionem debeant, et conferre vires. Aer autem, si in atomos dividitur, sparsus est. Teneri vero disjecta non possunt. Intensionem aeris ostendent tibi inflata, nec ad ictum cedentia. Ostendent pondera, per magnum spatium ablata, gestante vento. Ostendent voces, quæ remissæ elatæque sunt, prout aer se concitavit. Quid enim est vox, nisi intensio aeris, ut audiatur, linguæ formata percussu? Quid cursus et motus omnis, nonne intenti spiritus opera sunt? Hic facit vim nervis, et velocitatem currentibus. Hic quum vehementer conci-

et aux coureurs leur agilité. Quand il s'agite et tourbillonne avec violence, il arrache les arbres et les forêts, il emporte et détruit des édifices entiers. La mer immobile et stagnante par elle-même, c'est l'air qui la soulève. Passons à de moindres effets ; que serait le chant sans la compression de l'air ? Les cors, les trompettes, et ces instruments qui, grâce à l'introduction de l'eau, rendent un son plus fort que ne peut faire notre bouche, n'est-ce pas à l'air comprimé qu'ils doivent leurs effets ? Considérons quelle force immense et inaperçue déploient des graines presque imperceptibles, et qui, par leur ténuité, ont trouvé place dans les jointures des pierres · elles viennent à bout de séparer des roches énormes et de détruire des monuments ; les racines les plus menues, les plus déliées fendent des blocs massifs de rochers. Quelle autre cause serait-ce, sinon l'élasticité de l'air, sans laquelle il n'est point de force, et contre laquelle nulle force n'est assez puissante ? Quant à l'unité de l'air, elle peut se déduire suffisamment de la cohésion de toutes les parties du corps humain. Qui les maintient de la sorte, si ce n'est l'air ? Qui donne le mouvement, chez l'homme, au principe vital ? Comment y a-t-il mouvement s'il n'y a ressort ? D'où vient ce ressort, si ce n'est de l'unité ; et cette unité, si ce n'est de l'air lui-même ? Enfin, qui pousse hors du sol les récoltes, l'épi si faible à sa naissance ; qui fait grandir ces arbres verdoyants ; qui étend leurs branches ou les élance vers le ciel, si ce n'est le ressort et l'unité de l'air ?

VII. Certains auteurs veulent que l'air se divise et se partage en molécules, entre lesquelles ils supposent le vide. Ce qui prouve, selon eux, que ce n'est pas un corps plein, mais qu'il s'y trouve beaucoup de vide, c'est la facilité qu'ont les oiseaux à s'y mouvoir et à le parcourir, les plus grands comme les plus petits. L'argument est faux ; car l'eau offre la même facilité, et il n'y a point de doute sur l'unité de ce liquide qui ne reçoit les corps qu'en refluant toujours en sens contraire de l'immersion. Ce déplacement circulaire, *circumstantia* chez nous, et chez les Grecs *péristase*, s'opère dans l'air aussi bien que dans l'eau. L'air entoure tous les corps qui le pressent, et l'existence du vide n'est point nécessaire. Mais nous reprendrons ailleurs ce sujet.

VIII. De tout ceci il faut conclure qu'il y a dans la nature un principe d'activité de la plus grande force. En effet, il n'est point de corps dont l'élasticité n'augmente l'énergie. Ce qui n'est pas moins vrai, c'est qu'un corps ne saurait développer dans un autre une élasticité qui ne serait pas naturelle à celui-ci ; tout comme nous disons que rien ne saurait être mu par une action étrangère sans avoir en soi une tendance à la mobilité. Or, jugerons-nous plus essentiellement élastique que l'air ? Qui lui refusera cette propriété en voyant comme il bouleverse la terre et les montagnes, les maisons, les murailles, les tours, de grandes cités et leurs habitants, les mers et toute l'étendue de leurs rivages. Son élasticité se prouve par sa rapidité et sa grande expansion. L'œil plonge instantanément à plusieurs milles de distance ; un seul son retentit à la fois dans des villes entières ; la lumière ne

talus ipse se torsit, arbusta silvasque convellit, et ædificia tota corripiens in altum frangit. Hic mare per se languidum et jacens incitat. Ad minora veniamus. Quis enim sine intensione spiritus cantus est? cornua et tubæ, et quæ aquarum pressura majorem sonitum formant, quam qui ore reddi potest, nonne aeris intensione partes suas explicant? Consideremus quam ingentem vim per occultum agant parvula admodum semina, et quorum exilitas in commissura lapidum locum invenit ; in tantum convalescunt, ut ingentia saxa distrahant, et monumenta dissolvant ; scopulos rupesque findunt radices minutissimæ, ac tenuissimæ. Hoc quid est aliud, quam intensio spiritus, sine qua nil validum, et contra quam nil validius est? Esse autem unitatem in aere, vel ex hoc intelligi potest, quod corpora nostra inter se cohærent. Quid enim aliud est quod tenet ea, quam spiritus? Quid est aliud quo animus noster agitetur? Quis est ille motus, nisi intensio? Quæ intensio, nisi ex unitate? Quæ unitas, nisi hæc esset in aere? quid autem aliud producit fruges et segetem imbecillam, ac virentes erigit arbores, ac distendit in ramos, aut in altum erigit, quam spiritus intensio et unitas?

VII. Quidam aera discerpunt, et in particulas diducunt, ita ut illi inane permisceant. Argumentum autem existimant non pleni corporis, sed multum vacui habentis, quod avibus in illo tam facilis motus, quod maximis minimisque per illum transcursus est. Sed falluntur. Nam aquarum quoque similis facilitas est ; nec de unitate illarum dubium est, quæ sic corpora accipiunt, ut semper in contrarium acceptis refluant. Hanc nostri circumstantiam, Græci autem περίστασιν appellant, quæ in aere quoque sicut in aqua sit. Circumstat enim omne corpus a quo impellitur. Nihil autem opus erit inani admixto. Sed hoc alias.

VIII. Nunc autem esse quamdam in rerum natura vehementiam, magni impetus, est colligendum. Nihil enim non intensione vehementius est ; et tam hercule quam nihil intendi ab alio poterit, nisi per semetipsum fuerit intentum. Dicimus enim, eodem modo non posse quidquam ab alio moveri, nisi aliquid fuerit mobile ex semetipso. Quid autem est, quod magis credatur ex semetipso habere intensionem, quam spiritus? Hunc intendit quis negabit, quum viderit jactari terram cum montibus, tecta, murosque, et turres, et magnas cum populis urbes, cum totis maria litoribus? Ostendit intensionem spiritus, velocitas ejus et diductio. Oculus statim per multa millia aciem suam intendit : vox una totas urbes

s'infiltre pas graduellement, elle inonde d'un jet toute la nature.

IX. L'eau, à son tour, quel ressort pourrait-elle avoir sans le secours de l'air? Doutez-vous que ces jets, qui du fond et du centre de l'arène s'élancent en colonnes jusqu'au faîte de l'amphithéâtre, soient produits par le ressort de l'eau? Or, il n'est ni pompe ni machine qui puisse lancer ou faire jaillir l'eau plus fort que ne le fait l'air. L'air se prête à tous les mouvements de l'eau qui, par le mélange et la pression de ce fluide, se soulève, lutte en cent façons contre sa propre nature, et monte, en dépit de sa tendance à descendre. Par exemple : un navire qui s'enfonce à mesure qu'on le charge ne fait-il pas voir que ce n'est point l'eau qui l'empêche d'être submergé, mais l'air? Car l'eau céderait, et ne pourrait soutenir un poids quelconque, si elle-même n'était soutenue. Un disque qu'on jette de haut dans un bassin d'eau ne s'enfonce pas, il rejaillit; comment cela, si ce n'est l'air qui le repousse? Et la voix, par quel moyen passerait-elle à travers l'épaisseur des murs, si dans les matières solides mêmes il ne se trouvait de l'air pour recevoir et transmettre le son qui frappe du dehors? Oui, l'air n'agit pas seulement sur les surfaces, il pénètre l'intérieur des corps, ce qui lui est facile, parce que ses parties ne sont jamais séparées, et qu'à travers tout ce qui semble le diviser il conserve sa cohérence. L'interposition des murailles, des montagnes les plus hautes, est un obstacle entre l'air et nous, mais non entre ses molécules; elle ne nous ferme que les voies par où nous aurions pu le suivre.

X. L'air traverse les corps mêmes qui le divisent, et non-seulement il se répand et reflue autour des milieux solides, mais ces milieux sont même perméables pour lui : il s'étend depuis l'éther le plus diaphane jusqu'à notre globe, plus mobile, plus délié, plus élevé que la terre et que l'eau; il est plus dense et plus pesant que l'éther. Froid par lui-même et sans clarté, la chaleur et la lumière lui viennent d'ailleurs. Mais il n'est pas le même dans tout l'espace qu'il occupe; il est modifié par ce qui l'avoisine. Sa partie supérieure est d'une sécheresse et d'une chaleur extrêmes, et par cette raison raréfiée au dernier point, à cause de la proximité des feux éternels, et de ces mouvements si multipliés des astres, et de l'incessante circonvolution du ciel. La partie de l'air la plus basse et la plus proche du globe est dense et nébuleuse, parce qu'elle reçoit les émanations de la terre. La région moyenne tient le milieu, si on la compare aux deux autres, pour la sécheresse et la ténuité; mais elle est la plus froide des trois. Car la région supérieure se ressent de la chaleur et du voisinage des astres; la région basse aussi est attiédie d'abord par les exhalaisons terrestres, qui lui apportent beaucoup d'éléments chauds, puis par la réflexion des rayons solaires qui, aussi haut qu'ils peuvent remonter, adoucissent sa température doublement réchauffée; enfin, au moyen de l'air même expiré par les animaux et les végétaux de toute espèce, lequel est empreint de chaleur, puisque sans chaleur rien ne saurait vivre. Joignez à cela les feux artificiels que nous voyons, et ceux qui, couvant sous la terre, font

---

simul percutit; lumen non paulatim prorepit, sed simul universis infunditur rebus.

IX. Aqua autem sine spiritu quemadmodum posset intendi? Numquid dubitas, quin sparsio illa quæ ex fundamentis mediæ arenæ crescens in summam altitudinem amphitheatri pervenit, cum intensione aquæ fiat? Atqui vero nec manus, nec ullum aliud tormentum aquam poterit mittere, aut agere, quam spiritus. Huic se commodat; hoc inserto et cogente attollitur, et contra naturam suam multa conatur, et ascendit, nata defluere. Quid? navigia sarcina depressa, parum ostendunt, non aquam sibi resistere quo minus mergantur, sed spiritum? Aqua enim cederet, nec posset pondera sustinere, nisi ipsa sustineretur. Discus ex loco superiore in piscinam missus, non descendit, sed resilit; quemadmodum, nisi spiritu referente? Vox autem qua ratione per parietum munimenta transmittitur, nisi quod solido quoque aer inest, qui sonum extrinsecus missum et accipit et remittit? scilicet spiritu non aperta tantum intendens, sed etiam abdita et inclusa. Quod illi facere expeditum est, quia nusquam divisus, sed per ipsa quibus separari videtur, coit secum. Interponas licet muros et mediam altitudinem montium, per omnia ista prohibetur nobis esse pervius,

non sibi; id enim intercluditur tantum, per quod illum nos sequi possumus.

X. Ipse quidem transit per ipsum quo scinditur, et media non circumfundit tantum, et utrinque cingit, sed permeat, ab æthere lucidissimo aer in terram usque diffusus : agilior quidem, tenuiorque et altior terris, nec minus aquis; ceterum æthere spissior graviorque, frigidus per se et obscurus; lumen illi calorque aliunde sunt; sed per omne spatium sui similis non est; mutatur enim a proximis. Summa pars ejus est siccissima calidissimaque, et ob hoc etiam tenuissima, propter viciniam æternorum ignium, et illos tot motus siderum, assiduumque cœli circumactum. Illa pars ima et vicinia terris densa et caliginosa est, quia terrenas exhalationes receptat. Media pars temperatior, si summis imisque conferas, quantum ad siccit·m tenuitat·mque pertinet; ceterum utraque parte frigidior. Nam superiora ejus calorem vicinorum siderum sentiunt; inferiora quoque tepent, primum terrarum halitu, qui multum secum calidi affert, deinde quia radii solis replicantur, et quousque redire potuerunt, duplicato calore benignius fovent; deinde etiam illo spiritu, qui omnibus animalibus, arbustisque ac satis calidus est. Nihil enim viveret sine calore. Adjice nunc ignes,

éruption en certains lieux, ou brûlent incessamment loin de tout regard dans leurs innombrables et invisibles foyers. Ajoutez les émanations de tant de pays fertiles, qui doivent avoir une certaine chaleur, le froid étant un principe de stérilité, et la chaleur de reproduction. Il s'ensuit que la moyenne partie de l'air, soustraite à ces influences, garde la température froide, puisque, de sa nature, l'air est froid.

XI. De ces trois régions de l'air, l'inférieure est la plus variable, la plus inconstante, la plus capricieuse. C'est dans le voisinage du globe que l'air est le plus agissant, comme aussi le plus passif, qu'il cause et éprouve le plus d'agitation, sans toutefois qu'il soit affecté partout de la même manière : son état change selon les lieux ; l'oscillation et le désordre ne sont que partiels. Les causes de ces changements et de cette inconstance sont dues quelquefois à la terre, dont les diverses positions influent puissamment sur la température de l'air ; quelquefois au cours des astres, et au soleil plus qu'à tout autre ; car il règle les saisons, et amène, par sa proximité ou son éloignement, les étés et les hivers. Après le soleil, c'est la lune qui a le plus d'influence. De leur côté, les étoiles n'influent pas moins sur la terre que sur l'air qui l'environne ; leur lever ou leur coucher contrariés occasionnent les froids, les pluies et les autres intempéries d'ici-bas. Ces préliminaires étaient indispensables avant de parler du tonnerre, de la foudre et des éclairs ; puisque c'est dans l'air que se passent ces phénomènes, il fallait expliquer la nature de cet élément pour faire concevoir plus aisément le rôle actif ou passif qu'il joue dans leur formation.

XII. Maintenant donc, il s'agit d'un triple phénomène, l'éclair, la foudre et le tonnerre, lequel, bien que simultané dans sa formation, ne le paraît pas à nos sens. L'éclair montre le feu, la foudre le lance. L'un n'est, pour ainsi dire, qu'une menace, qu'une tentative sans effet ; l'autre est un coup qui frappe. Sur certains points de leur origine tout le monde est d'accord ; sur d'autres, les opinions sont diverses. Chacun convient que ces trois phénomènes sont formés dans les nuages et par les nuages, et en outre que l'éclair et la foudre sont ou semblent être du feu. Passons aux points sur lesquels on dispute. Le feu, disent les uns, réside dans les nuages ; selon d'autres, il s'y forme au moment de l'explosion, et n'existe pas auparavant. Les premiers se partagent encore sur la cause productrice du feu ; celui-ci le fait venir de la lumière ; celui-là, des rayons du soleil qui, par leurs entrecroisements et leurs retours rapides et multipliés sur eux-mêmes, font jaillir la flamme. Anaxagore prétend que ce feu émane de l'éther, et que de ses hautes régions embrasées il tombe une infinité de particules ignées qui couvent longtemps au sein des nuages. Aristote croit, non pas que le feu s'amasse longtemps d'avance, mais qu'il éclate au moment même où il se forme ; sa pensée peut se résumer ainsi : Deux parties du monde, la terre et l'eau, occupent la partie inférieure de l'espace ; chacune a ses émanations. Les vapeurs de la terre sont sèches et de même nature que la fumée : de là les vents, le tonnerre, la

non tantum manu factos et certos, sed opertos terris, quorum aliqui eruperunt, innumerabiles in abscondito flagrant et obscuro semper. Etiamnunc tot partes ejus fertiles rerum habent aliquid teporis, quoniam sterile est frigidum ; calor autem gignit. Media ergo pars aeris ab his submota in frigore suo manet. Natura enim aeris gelida est.

XI. Qui quum sic divisus sit, ima sui parte maxime varius et inconstans et mutabilis est. Circa terram plurimum audet, plurimum patitur, exagitat et exagitatur ; nec tamen eodem modo totus afficitur, sed aliter alibi, ac partibus inquietus est ac turbidus. Causas autem illius mutationis et inconstantiæ alias terra præbet, cujus positiones huc aut illo versæ, magna ad aeris temperi-m momenta sunt ; alias siderum cursus. Ex quibus soli plurimum imputes. Illum sequitur annus ; ad illius flexum hiemes æstatesque vertuntur. Lunæ proximum jus est. Sed et ceteræ quoque stellæ non minus terrena quam incumbentem spiritum terris afficiunt, et ortu suo occasuve contrario, modo frigora, modo imbres, aliasque terrarum injurias turbidæ movent. Hoc necessarium fuit præloqui, dicturo de tonitruo ac fulminibus et fulgurationibus. Nam quia in aere fiunt, naturam ejus explicare oportebat, quo facilius appareret, quid facere aut pati posset.

XII. Tria sunt ergo quæ accidunt, fulgurationes, fulmina, et tonitrua ; quæ una facta serius audiuntur. Fulguratio ostendit ignem ; fulminatio emittit. Illa, ut ita dicam, comminatio est, et conatro sine ictu ; ista, jaculatio cum ictu. Quædam sunt ex his, de quibus inter omnes convenit ; quædam, in quibus diversæ sententiæ sunt. Convenit illis, omnia ista in nubibus et e nubibus fieri ; etiamnunc convenit, et fulgurationes et fulminationes, aut igneas esse, aut ignea specie. Ad illa nunc transeamus, in quibus lis est. Quidam putant ignem esse in nubibus, quidam ad tempus fieri ; nec prius esse, quam mitti. Nec inter illos quidem quid proferat ignem, convenit. Alius enim a lumine illum colligit ; quidam autem radios solis intercurrentis recurrentisque, sæpius in se relatos, ignem excitare dicit. Anaxagoras vero ait illum ex æthere distillari, et ex tanto ardore cœli multa decidere, quæ nubes diu inclusa custodiant. Aristoteles multo ante ignem colligi non putat, sed eodem momento exsilire, quo fiat. Cujus sententia talis est : Duæ mundi partes in imo jacent, terra et aqua ; utraque ex se reddit aliquid. Terrenus vapor siccus est, et fumo similis, qui ventos,

foudre ; l'eau n'exhale que de l'humide ; elle produit les pluies et les neiges. Ces vapeurs sèches de la terre, dont l'accumulation engendre les vents, s'échappent latéralement par suite de la violente compression des nuages, puis vont de là frapper sur un large espace les nuages voisins ; et cette percussion produit un bruit analogue à celui que fait entendre dans nos foyers la flamme qui pétille en dévorant du bois trop vert. Dans le bois vert, ce sont les bulles d'un air chargé de principes humides qui crèvent par l'action de la flamme ; dans l'atmosphère, les vapeurs qui s'échappent, comme je viens de le dire, des nuages comprimés, vont frapper d'autres nuages, et ne sauraient faire explosion ni jaillir sans beaucoup de bruit. Le bruit diffère selon la différence du choc. Pourquoi? Parce que les nuages présentent un flanc plus large les uns que les autres. Du reste, c'est l'explosion des vapeurs comprimées qui est le feu : on l'appelle éclair ; il est plus ou moins vif, et s'embrase par un choc léger. Nous voyons l'éclair avant d'entendre le son, parce que le sens de la vue, plus prompt, devance beaucoup celui de l'ouïe.

XIII. Quant à l'opinion de ceux qui veulent que le feu soit en dépôt dans les nuages, beaucoup de raisons en prouvent la fausseté. Si ce feu tombe du ciel, comment n'en tombe-t-il pas tous les jours, puisque la température y est constamment embrasée ? D'ailleurs les partisans de cette opinion n'expliquent pas la chute du feu qui, par sa nature, tend toujours à monter. Car ce feu éthéré est bien différent de celui que nous allumons, d'où il tombe des étincelles, dont le poids peut être apprécié. Aussi, ces étincelles ne descendent pas ; elles sont plutôt entraînées et précipitées. Rien de semblable n'arrive pour ce feu si pur de l'éther : il ne contient rien qui le porte en bas ; s'il s'en détachait la moindre parcelle, le tout serait en péril ; car ce qui tombe en détail peut bien aussi crouler en masse. Et puis, cet élément, que sa légèreté empêche tous les jours de tomber, comment, s'il recelait des particules pesantes, eût-il pu séjourner à cette hauteur d'où il devait naturellement tomber ? — Mais quoi ! ne voit-on pas tous les jours des feux se porter en bas, ne fût-ce que la foudre même dont il est ici question ? — J'en conviens ; ces feux, en effet, ne se meuvent pas d'eux-mêmes ; ils sont emportés. La puissance qui les entraîne n'est point dans l'éther : car là, point de violence qui comprime ou qui brise ; rien d'inaccoutumé ne s'y produit. Un ordre parfait y règne, et ce feu épuré, placé à la région supérieure du monde pour sa conservation, circule magnifiquement autour de la création ; et ce poste, il ne saurait le quitter ni en être chassé par une force étrangère, parce que dans l'éther il n'y a place pour aucun corps hétérogène ; ce qui est ordre et fixité n'admet point la lutte.

XIV. On objecte que nous disons, pour expliquer la formation des étoiles filantes, que peut-être quelques parties de l'air attirent à elles le feu des régions supérieures, et s'enflamment ainsi par le contact. Mais bien autre chose est de dire que le feu tombe de l'éther contre sa tendance naturelle, ou de vouloir que de la région ignée la chaleur passe aux régions inférieures et y excite

tonitrua, et fulmina facit ; aquarum halitus humidus est, et imbres et nives creat. Sed siccus ille terrarum vapor, unde ventis origo est, quia coacervatus est, cum coitu nubium vehementer a latere eliditur ; deinde, ubi latius ferit nubes proximas, hæc plaga cum sono incutitur, qualis in nostris ignibus redditur, quum flamma vitio lignorum virentium crepat. Et ille spiritus habens aliquid humidi secum, quum est conglobatus, rumpitur flamma : eodem modo spiritus ille, quem paulo ante exprimi collisis nubibus dixi, impactus aliis, nec rumpi nec exsilire silentio potest. Dissimilis autem crepitus sit, ob dissimilem impactionem nubium. Quare aliæ majorem sinum habent, aliæ minorem. Ceterum illa vis expressi spiritus ignis est, qui fulgurationis nomen habet, levi impetu accensus et varius. Ante autem videmus fulgurationem, quam sonum audiamus ; quia oculorum velocior est sensus, et multum aures antecedit.

XIII. Falsam autem esse opinionem eorum, qui ignem in nubibus servant, per multa colligi potest. Si de cœlo cadit, quomodo non quotidie sit, quum tantumdem illic semper ardeat ? Deinde nullam rationem reddiderunt, quare ignis, quem natura sursum vocat, defluat. Alia enim conditio nostrorum ignium est, ex quibus favillæ cadunt, quæ ponderis secum aliquid habent. Ita non descendit ignis, sed præcipitatur et deducitur. Huic simile nihil accidit in illo igne purissimo, in quo nihil est quod deprimatur : aut si ulla pars ejus deciderit, in periculo totus est ; quia totum potest excidere, quod potest carpi. Deinde illud quod quotidie levitas cadere prohibet, si in abdito suo tenet grave, quomodo illic esse potuit, unde caderet ? Quid ergo ? Non aliqui ignes in inferiora ferri solent, sicut hæc ipsa de quibus quærimus fulmina ? Fateor. Non enim eunt, sed feruntur. Aliqua illos potentia deprimit, quæ non est in æthere. Nihil enim injuria illic cogitur, nihil rumpitur, nihil præter solitum evenit. Ordo rerum est, et expurgatus ignis in custodia mundi, summas sortitus oras, operas pulcherrime circumit ; hinc discedere non potest, sed ne ab externo quidem exprimi, quia in æthere nulli incerto corpori locus est. Certa enim et ordinata non pugnant.

XIV. Vos, inquit, dicitis, quum causas stellarum transvolantium redditis, posse aliquas partes aeris ad se trahere ignem, ex his locis superioribus et hoc ardore accendi. Sed plurimum interest, utrum aliquis dicat ignem ex æthere decidere, quod natura non patitur ; an dicat, ex ignea vi calorem in ea, quæ subjecta sunt, transilire,

un embrasement : car le feu ne tombe pas de l'éther, chose impossible, il se forme dans l'air même. Ne voyons-nous pas dans nos villes, lorsqu'un incendie se propage au loin, des bâtiments isolés, longtemps échauffés, prendre feu d'eux-mêmes ? Il est donc vraisemblable que la région supérieure de l'air, qui a la propriété d'attirer le feu à elle, s'allume sur quelque point par la chaleur de l'éther placé au-dessus ; nécessairement entre la couche inférieure de l'éther et la couche supérieure de l'air, il existe quelque analogie, et de l'un à l'autre il n'y a pas dissemblance, parce qu'il ne s'opère point de transition brusque dans la nature. Au point de contact le mélange des deux qualités se fait insensiblement, de sorte qu'on ne saurait dire où l'air commence et où l'éther finit.

XV. Quelques stoïciens estiment que l'air, pouvant se convertir en feu et en eau, ne tire point d'une source étrangère de nouveaux éléments d'inflammation, vu qu'il s'allume par son propre mouvement ; et lorsqu'il brise les parois épaisses et compactes des nuages, il faut bien que l'explosion de ces grands corps soit accompagnée d'un bruit qui s'entende au loin. Or, cette résistance des nuages, qui cèdent difficilement, contribue à rendre le feu plus énergique, tout comme la main aide le fer à couper, quoique ce soit le fer qui coupe.

XVI. Mais quelle différence y a-t-il entre l'éclair et la foudre ? La voici : l'éclair est un feu largement développé ; la foudre, un feu concentré et lancé impétueusement. S'il nous arrive de remplir d'eau le creux de nos mains réunies, puis de les serrer vivement, le fluide en jaillit comme d'un siphon. Quelque chose de semblable se produit dans l'atmosphère. Figurez-vous que des nuages étroitement comprimés entre eux l'air interposé s'échappe et s'enflamme par le choc, chassé qu'il est comme par une machine de guerre. Nos balistes mêmes et nos scorpions ne lancent les traits qu'avec bruit.

XVII. Quelques-uns pensent que c'est l'air qui, en traversant des nuages froids et humides, rend un son, comme le fer rouge qui siffle quand on le plonge dans l'eau. De même donc que le métal incandescent ne s'éteint qu'avec un long frémissement ; ainsi, dit Anaximène, l'air qui s'engouffre dans la nue produit le tonnerre, et dans sa lutte contre les nuages déchirés qui l'arrêtent, il allume l'incendie par sa fuite même.

XVIII. Anaximandre attribue tout au vent. Le tonnerre, dit-il, est le son produit par le choc d'un nuage. Pourquoi ce son est-il plus ou moins fort ? Parce que le choc a plus ou moins de force. Pourquoi tonne-t-il même par un ciel serein ? Parce qu'alors aussi le vent traverse l'air, qu'il agite et déchire. Mais pourquoi tonne-t-il quelquefois sans éclair ? C'est que le vent, trop ténu et trop faible pour produire la flamme, a pu du moins produire le son. Qu'est-ce donc proprement que l'éclair ? Un ébranlement de l'air qui se sépare, qui s'affaisse sur lui-même et ouvre les voies à une flamme peu active qui ne serait pas sortie toute seule. Qu'est-ce que la foudre ? Le brusque élan d'un vent plus vif et plus dense.

XIX. Anaxagore prétend que tout s'opère ainsi, quand l'éther envoie quelque principe actif dans

---

ac hic accendi. Non enim illinc ignis cadit, quod non potest fieri, sed hic nascitur. Videmus certe, apud nos late incendio pervagante, quasdam insulas, quæ diu concaluerant, ex se concipere flammam. Itaque verisimile est, in aere summo, qui naturam rapiendi ignis habet, aliquid accendi calore ætheris superpositi. Necesse est enim ut et imus æther habeat aliquid aeri simile, et summus aer non sit dissimilis imo ætheri ; quia non fit statim ex diverso in diversum transitus. Paulatim ista confinio vim suam miscent, ita ut dubitare possis an aer, an hic jam æther sit.

XV. Quidam ex nostris existimant, aera, quum in ignem et aquam mutabilis sit, non trahere aliunde causas flammarum novas : ipse enim se movendo accendit, et quum densos compactosque nubium sinus dissipat, necessario vastum in tam magnorum corporum diruptione reddit sonum. Illa porro nubium difficulter cedentium pugna aliquid confert ad concitandum ignem : sic, quemadmodum ferro aliquid manus ad secandum confert ; sed secare, ferri est.

XVI. Quid ergo inter fulgurationem et fulmen interest ? dicam. Fulguratio, est late ignis explicitus ; fulmen, est coactus ignis, et impetu jactus. Solemus duabus manibus inter se junctis aquam concipere, et compressa utrimque palma in modum siphonis exprimere. Simile quiddam et illic fieri puta. Nubium inter se compressarum angustiæ medium spiritum emittunt, et hoc ipso inflammant, et tormenti modo ejiciunt. Nam balistæ quoque et scorpiones tela cum sono expellunt.

XVII. Quidam existimant, ipsum spiritum per frigida atque humida euntem, sonum reddere. Nam ne ferrum quidem ardens silentio tingitur. Sed quemadmodum, si in aquam fervens massa descendit, cum multo murmure exstinguitur ; ita, ut Anaximenes ait, spiritus incidens nubibus tonitrua edit, et dum luctatur, per obstantia et intercisa vadens, ipsa ignem fuga accendit.

XVIII. Anaximander omnia ad spiritum retulit. Tonitrua, inquit, sunt nubis ictæ sonus. Quare inæqualia sunt ? quia et ipse ictus inæqualis est. Quare et sereno tonat ? quia nunc quoque per quassum et scissum aera spiritus prosilit. At quare aliquando non fulgurat et tonat ? quia tenuior et infirmior spiritus, qui in flammam non valuit, in sonum valuit. Quid est ergo ipsa fulguratio ? aeris diducentis se, corruentisque jactatio, languidum ignem, nec exiturum aperiens. Quid est fulmen ? acrioris densiorisque spiritus cursus.

XIX. Anaxagoras ait, omnia ista sic fieri, ut ex æthere aliqua vis in inferiora descendit. Ita ignis impactus nu-

les régions inférieures ; qu'alors le feu étant poussé contre un nuage froid, on entend le tonnerre. S'il déchire la nue, l'éclair brille ; du plus ou moins d'énergie de ce feu naît la foudre ou l'éclair.

XX. Selon Diogène d'Apollonie, certains tonnerres se forment du feu, d'autres sont dus au vent. Ceux qui naissent du feu, le feu les précède et les annonce ; le vent produit ceux qui retentissent sans trace de flamme. J'accorde que l'un des deux phénomènes peut avoir lieu sans l'autre, sans pourtant qu'il y ait deux forces distinctes, l'une et l'autre pouvant produire les mêmes effets. Car qui niera qu'une impulsion violente de l'air puisse produire la flamme comme elle produit le son? Qui ne conviendra en outre que le feu quelquefois, tout en brisant les nuages, peut ne pas en jaillir, si, quand il en a déchiré quelques-uns, un trop grand amas d'autres nues vient à l'étouffer? Ainsi alors le feu se dissipe sous forme de vent, et perd l'éclat qui le décèle, tandis qu'il enflamme ce qu'il a pu rompre dans l'intérieur de sa prison. Ajoutez que, nécessairement, la foudre, dans son essor, chasse l'air devant elle, et que le vent la précède et la suit, quand elle fend l'air avec tant de violence. Voilà pourquoi tous les corps, avant d'être atteints par la foudre, sont ébranlés par la vibration du vent que le feu pousse devant lui.

XXI. Congédions ici nos guides, et commençons à marcher par nous-mêmes, à passer des faits avoués aux faits problématiques. Or, qu'y a-t-il d'avoué? Que la foudre est du feu, aussi bien que l'éclair, lequel n'est autre chose qu'une flamme qui serait foudre, si elle avait plus d'énergie. Ce n'est point la nature de ces deux météores qui diffère, c'est leur degré d'impétuosité. La foudre est du feu; c'est ce que prouve la chaleur qui l'accompagne ; et, à défaut de chaleur, c'est ce que prouveraient ses effets; car souvent la foudre a causé de vastes incendies. Elle a consumé des forêts, des rues entières dans nos villes; quelquefois même ce qu'elle n'a pas frappé n'en porte pas moins une empreinte de feu ; d'autres fois, c'est comme une teinte de suie. Que dirai-je de l'odeur sulfureuse qu'exhalent tous les corps foudroyés ? Il est donc constant que la foudre et l'éclair sont du feu, et qu'ils ne diffèrent l'un de l'autre que par le chemin qu'ils parcourent. L'éclair est la foudre qui ne descend pas jusqu'au globe; et réciproquement on peut dire : La foudre est l'éclair qui vient toucher le globe. Ce n'est pas comme vain exercice de mots que je prolonge cette distinction, c'est pour mieux prouver l'affinité, la parité de caractère et de nature des deux phénomènes. La foudre est quelque chose de plus que l'éclair; retournons la phrase : l'éclair est à peu de chose près la foudre.

XXII. Puisqu'il est établi que tous deux sont des substances ignées, voyons comment le feu s'engendre parmi nous : car il s'engendre de même dans les régions célestes. Le feu, sur la terre, naît de plusieurs façons : d'abord par la percussion, comme quand on le fait jaillir de la pierre ; ensuite par le frottement, tel que celui qui s'opère avec deux morceaux de bois. Toute espèce de bois pourtant n'est pas propre à donner ainsi du feu : c'est une vertu qui appartient à quelques-unes, comme au laurier, au lierre, et à certaines

---

bibus frigidis sonat. At quum illas interscindit, fulget ; et minor vis ignium fulgurationes facit, major fulmina.

XX. Diogenes Apolloniates ait, quaedam tonitrua igne, quaedam spiritu fieri. Illa ignis facit, quae ipse antecedit et nuntiat : illa spiritus, quae sine splendore crepuerunt. Utrumque sine altero fieri et esse aliquando, concedo; ita tamen, ut non discreta illis potestas sit, sed utrumque ab utroque effici possit. Quis enim negabit spiritum magno impetu latum, quum efficit sonum, effecturum et ignem? Quis et hoc non concedet, aliquando ignem quoque rumpere posse nubes, et non exsilire, si plurimarum acervo nubium, quum paucas perscidisset, oppressus est ? Ergo et ignis ibit in spiritum, perdetque fulgorem et speciem, dum secta intra incendit. Adjice nunc, quod necesse est, ut impetus fulminis et praemittat spiritus, et agat ante se, et a tergo trahat ventum, quum tam vasto ictu aera inciderit. Itaque omnia, antequam feriantur, intremiscunt vibrata vento, quem ignis ante se pressit.

XXI. Dimissis nunc praeceptoribus, incipiamus per nos moveri, et a confessis transeamus ad dubia. Quid enim confessi est? Fulmen ignem esse; aeque fulgurationem, quae nihil aliud est quam flamma futura fulmen, si plus virium habuisset. Non natura ista, sed impetu distant. Esse illum ignem calor ostendit; qui si non esset, ostendit effectus. Magnorum enim saepe incendiorum causa fulmen fuit. Silvae illo crematae, et urbium partes: etiam quae non percussa sunt, tamen adusta cernuntur; quaedam vero velut fuligine colorantur. Quid quod omnibus fulguratis odor sulphureus est? Ergo et utramque rem ignem esse constat, et utramque rem inter se meando distare. Fulguratio est fulmen, non in terras usque perlatum. Et rursus licet dicas, fulmen esse fulgurationem usque in terras perductam. Non ad exercendum verba haec diutius pertracto, sed ut ista cognata esse, et ejusdem notae ac naturae, probem. Fulmen est quiddam plus, quam fulguratio. Vertamus istud. Fulguratio est paene fulmen.

XXII. Quoniam constat esse utramque rem ignem, videamus quemadmodum apud nos fieri soleat ignis. Eadem enim ratione et supra fit. Duobus modis: uno, si excitatur sicut ex lapide; altero, si attritu invenitur, sicut quum duo ligna inter se diutius trita sunt. Non omnis hoc tibi materia praestabit, sed idonea eliciendis ignibus; sicut laurus, hederae, et alia in hunc usum nota

autres connues des bergers pour cet usage. Il peut donc se faire que les nuages s'enflamment de même, ou par percussion, ou par frottement. Voyez avec quelle force s'élancent les tempêtes, avec quelle impétuosité se roulent les tourbillons. Tout ce qu'ils trouvent sur leur passage est fracassé, emporté, dispersé au loin. Faut-il s'étonner qu'avec une telle force ils fassent jaillir du feu, ou de matières étrangères, ou de leur propre substance? On conçoit quelle intensité de chaleur doivent éprouver les corps qu'ils froissent dans leur course. Toutefois, on ne saurait attribuer à ces météores une action aussi énergique qu'aux astres, dont la puissance est aussi grande qu'incontestée.

XXIII. Peut-être aussi des nuages poussés contre d'autres nuages par l'impulsion légère d'un vent qui fraîchit doucement, produisent un feu qui luit sans éclater; car il faut moins de force pour former l'éclair que pour engendrer la foudre. Tout à l'heure nous avons reconnu à quel haut degré de chaleur certains corps s'élevaient au moyen du frottement. Or, lorsque l'air, qui peut se convertir en feu, agit sur lui-même de toute sa force par le frottement, on peut admettre avec vraisemblance qu'il en jaillisse une flamme passagère et prompte à s'évaporer, comme ne sortant pas d'une matière solide où elle puisse prendre de la consistance. Elle ne fait donc que passer, elle n'a de durée que celle du trajet qu'elle parcourt, jetée dans l'espace sans aliments.

XXIV. On me demandera comment, lorsque nous attribuons au feu une tendance vers les régions supérieures, la foudre néanmoins se dirige vers la terre. Y a-t-il erreur dans notre énoncé? On voit en effet le feu monter aussi bien que descendre. — Ces deux mouvements sont possibles : car le feu naturellement surgit en pyramide, et, sauf obstacle, il tend à monter, comme naturellement aussi l'eau se porte en bas; si pourtant une force étrangère intervient qui la refoule en sens contraire, elle s'élève vers le lieu même d'où elle est tombée en pluie. Ce qui fait que la foudre tombe, c'est la même puissance irrésistible qui l'a lancée. Le feu éprouve alors ce qui arrive aux arbres dont la cime encore souple peut être courbée jusqu'à toucher le sol, mais qui, abandonnée à elle-même, reprend sa place tout d'un élan. Il ne faut pas considérer les choses dans un état contraire à la loi de leur nature. Laissez au feu sa direction libre, il regagnera le ciel, séjour des corps les plus légers; si quelque chose vient à l'entraîner et à faire dévier son essor, il ne suit plus sa nature, il devient passif.

XXV. Vous dites, objecte-t-on encore, que le frottement des nuées produit la flamme, lorsqu'elles sont humides ou même chargées d'eau : mais comment la flamme peut-elle se développer dans ces nuées, qui semblent aussi incapables que l'eau même de la produire?

XXVI. Je réponds d'abord que les nuages qui produisent le feu ne sont pas de l'eau; c'est un air condensé, disposé à former de l'eau; la transformation n'est pas faite, mais elle est prochaine et toute prête. Il ne faut pas croire que l'eau se rassemble dans les nuages pour s'en épancher ensuite; sa formation, sa chute sont simultanées. Je réponds en outre que quand j'accorderais qu'un nuage est

pastoribus. Potest ergo fieri, ut nubes quoque ignem eodem modo vel percussæ reddant, vel attritæ. Videamus quantis procellæ viribus ruant, quanto vertantur impetu turbines. In id quod tormentum obvium fit, dissipatur, et rapitur, et longe a loco suo projicitur. Quid ergo mirum, si tanta vis ignem excutit, vel aliunde, vel sibi? Vides enim quantum fervorem sensura corpora sunt horum transitu trita. Nihil tamen tantum in his debet credi, ac in vi siderum, quorum ingens et confessa potentia est.

XXIII. Sed fortasse nubes quoque in nubes incitatæ, frementi vento et leviter urgente, ignem evocabunt, qui explendescat, nec exsiliat. Minore enim vi ad fulgurandum opus est, quam ad fulminandum. Superioribus collegimus, in quantum fervorem quædam attrita perducerentur. Quum autem aer mutabilis in ignem, maximis viribus suis in ignem conversus, alteratur, credibile est et verisimile, ignem caducum excuti, et cito interiturum, quia non ex solida materia oritur, nec in qua possit consistere. Transit itaque, tantumque habet moræ, quantum itineris et cursus; sine alimento conjectus est.

XXIV. « Quomodo, inquis, quum dicatis hanc ignis esse naturam, ut petat superiora, fulmen tamen terram petit? an falsum est, quod de igne dixistis? Est enim illi æque sursum iter, atque deorsum. » Utrumque verum potest esse. Ignis enim natura in verticem surgit, et si nihil illum prohibet, ascendit. Sicut aqua natura defertur; si tamen aliqua vis accessit, quæ illam in contrarium circumageret, illo intenditur, unde imbre dejecta est. Fulmen autem cadit eadem necessitate, qua excutitur. His ignibus accidit quod arboribus; quarum cacmina si tenera sunt, ita deorsum trahi possunt, ut etiam terram attingant, sed quum permiseris, in locum suum exsiliunt. Itaque non est quod eum species cujusque rei habitum, qui illi non ex voluntate est. Si ignem permittis ire quo velit, cœlum, id est, levissimi cujusque sedem repetet; ubi est aliquid, quod eum ferat, et ab impetu suo avertat, id non natura, sed servitus ejus fit.

XXV. Dicitis, inquit, nubes attritas edere ignem, quum sint humidæ, immo udæ : quomodo ergo possunt gignere ignem, quem non magis verisimile est ex nube, quam ex aqua generari?

XXVI. Ignis qui nascitur, primum in nubibus non est aqua, sed aer spissus, ad gignendam aquam præparatus, nondum in illam mutatus, sed jam pronus et vergens.

humide et plein d'eau toute formée, rien n'empêcherait que le feu sortît de l'humide et même, chose plus étonnante, du principe de l'humide, de l'eau. Des philosophes ont soutenu que rien ne peut se convertir en feu sans s'être d'abord converti en eau. Il se peut donc qu'un nuage, sans que l'eau qu'il contient change de nature, lance du feu de quelqu'une de ses parties, comme le bois qui, souvent, brûle d'un côté et sue de l'autre. Je ne dis pas que les deux éléments soient incompatibles et que l'un détruise l'autre; mais où le feu est plus fort que l'eau, il l'emporte, comme aussi quand c'est l'eau qui relativement surabonde, le feu demeure sans effet. Voilà pourquoi le bois vert ne brûle point. Ce qui importe, c'est donc la quantité de l'eau qui, trop faible, ne résiste pas et n'empêche point l'action du feu. Comment n'en serait-il pas ainsi? Du temps de nos pères, au rapport de Posidonius, tandis qu'une île surgissait dans la mer Égée, la mer écumait pendant le jour, et de la fumée s'élevait du sein de l'onde; ce qui trahissait l'existence d'un feu qui ne se montra pas continu, mais qui éclatait par intervalles, comme la foudre, chaque fois que l'ardeur du foyer sous-marin soulevait le poids des eaux qui le couvraient. Ensuite il vomit des pierres, des rocs entiers, les uns intacts et chassés par l'air avant leur calcination, les autres rongés et réduits à la légèreté de la pierre-ponce; enfin, la crête d'une montagne brûlée parut au-dessus de la mer. Peu à peu sa hauteur s'accrut, et ce rocher s'agrandit au point de former une île. De notre temps, sous le consulat de Valérius Asiaticus, le même fait s'est renouvelé. Pourquoi rapporté-je ces exemples? Pour faire voir que ni la mer n'a pu éteindre le feu sur lequel elle passait, ni cette énorme masse d'eaux l'empêcher de se faire jour. C'est de deux cents brasses de profondeur, au dire d'Asclépiodote, disciple de Posidonius, que, fendant l'obstacle des flots, le feu a fait éruption. Si cet immense volume d'eau n'a pu étouffer une colonne de flamme qui jaillissait du fond de la mer, combien moins la subtile vapeur, les gouttelettes des nuées éteindraient-elles le feu dans l'atmosphère? Elles apportent si peu d'empêchement à la formation des feux, qu'on ne voit luire la foudre que dans un ciel chargé d'eau; elle n'a pas lieu par un temps serein. Un jour pur n'a pas à la redouter, non plus que les nuits qui ne sont pas obscurcies de nuages. — Mais quoi? Dans un ciel illuminé d'étoiles, et par la nuit la plus calme, ne voit-on pas quelquefois des éclairs? — Oui; mais soyez sûr qu'un nuage se trouve au point d'où part l'éclair, nuage que la forme sphérique de la terre ne nous laisse pas voir. Ajoutez qu'il se peut que des nuages bas et voisins du sol fassent jaillir de leur choc un feu qui, poussé plus haut, se montre dans la partie pure et sereine du ciel; mais toujours naît-il dans une région plus grossière.

XXVII. On a distingué plusieurs espèces de tonnerres. Il en est qui s'annoncent par un murmure sourd comme celui qui précède les tremblements de terre, et que produit le vent captif et frémissant. Comment pense-t-on que se forme ce phénomène? le voici. Quand l'air se trouve en-

Non est quod eam existimes tunc colligi, dein effundi. Simul et fit, et cadit. Deinde si concessero humidam esse nubem conceptis aquis plenam, nihil tamen prohibet, ignem ex humido quoque educi, immo ex ipso, quod magis mireris, humore. Quidam negaverunt in ignem quidquam posse mutari, priusquam mutatum esset in aquam. Potest ergo nubes, salva, quam continet, aqua, ignem parte aliqua sui reddere; ut sæpe alia pars ligni ardet, alia sudat. Nec hoc dico, non contraria inter se ista esse, et alterum altero perimi : sed ubi valentior ignis quam humor est, vincit; rursus ubi copia humoris exsuperat, tunc ignis sine effectu est. Itaque non ardent virentia. Refert ergo, quantum aquæ sit. Exigua enim resistit, nec ignem impedit. Quidni? Majorum nostrorum memoria, ut Posidonius tradit, quum insula in Ægeo mari surgeret, spumabat ante diu mare, et fumus ex alto ferebatur. Nam demum prodebat ignem, non continuum, sed ex intervallis emicantem, fulminum more, quoties ardor inferius jacentis superum pondus evicerat. Deinde saxa revoluta, rupesque partim illæsæ, quas spiritus, antequam verterentur, expulerat, partim exesæ, et in levitatem pumicis versæ; novissime cacumen exusti montis emicuit. Postea altitudini adjectum, et saxum illud in magnitudinem insulæ crevit. Idem nostra memoria, Valerio Asiatico consule, iterum accidit. Quorsum hæc retuli? ut appareret, nec exstinctum ignem mari superfuso, nec impetum ejus, gravitate ingentis undæ prohibitum exire. Ducentorum passuum fuisse altitudinem Asclepiodotus Posidonii auditor tradidit, per quam, diruptis aquis, ignis emersit. Quod si immensa aquarum vis subeuntem ex imo flammarum vim non potuit opprimere, quanto minus in aere exstinguere ignem poterit nubium tenuis humor et roscidus? Adeo res ista non habet ullam moram, quæ contra causas ignium sit, quos non videmus emicare, nisi impendente cœlo. Serenum sine fulmine est. Non habet istos metus dies purus, nec nox quidem, nisi obscura nubibus. Quid ergo? Quandoquidem etiam apparentibus stellis, et nocte tranquilla fulgurat? Sed scias licet nubes illic esse, unde splendor effertur, quas videri a nobis terrarum tumor non sinit. Adjice nunc, quod fieri potest, ut nubes imæ et humiles attritu suo ignem reddant; qui in superiora expressus, in parte sincera puraque cœli visatur; sed fit in sordida.

XXVII. Tonitrua distinxere quidam ita, ut dicerent, unum esse genus, cujus sit grave murmur, quale terrarum motum antecedit, clauso vento et fremente. Hoc quomodo illis videatur fieri, dicam. Quum spiritum intra

fermé dans un amas de nuages où il se roule de cavités en cavités, il fait entendre une sorte de mugissement rauque, uniforme et continu. Et comme, si elles sont chargées d'éléments humides, les régions basses du ciel lui ferment passage, les tonnerres de cette espèce sont les préludes d'une pluie imminente. Il est une autre espèce de tonnerre dont le son est aigu, aigre même, pour mieux dire, tel que l'éclat d'une vessie que l'on brise sur la tête de quelqu'un. Ces tonnerres ont lieu lorsqu'un nuage roulé en tourbillons crève et laisse échapper l'air qui le distendait. Ce bruit se nomme proprement fracas : aussi soudain qu'éclatant, il terrasse et tue les hommes ; quelques-uns, sans perdre la vie, demeurent étourdis et sont tout-à-fait hors d'eux-mêmes, *attoniti;* ainsi appelle-t-on ceux que l'explosion du feu céleste a jetés dans l'aliénation. Cette explosion peut venir aussi d'un air enfermé dans le creux d'un nuage et qui, raréfié par son mouvement même, se dilate, puis, cherchant à se faire une plus large place, résonne contre les parois qui l'enveloppent. Car enfin, si nos deux mains frappées l'une contre l'autre retentissent avec force, la collision de deux nuées ne doit-elle pas produire un bruit d'autant plus grand que ce sont de plus grandes masses qui s'entrechoquent ?

XXVIII. On voit, me dira-t-on, des nuages heurter des montagnes, sans qu'il en résulte de retentissement. Mais d'abord toute collision de nuages ne produit pas de bruit ; il faut pour cela une aptitude et une disposition spéciale. Ce n'est pas en battant des mains sur le revers qu'on peut applaudir, c'est en frappant paume contre paume ; il y a même une grande différence selon qu'on frappe du creux ou du plat des mains. Ensuite, il ne suffit pas que les nuages se meuvent, il faut qu'ils soient poussés violemment par une sorte de tourmente. D'ailleurs, la montagne ne fend pas la nue ; elle en change seulement la direction, et en émousse tout au plus les parties saillantes. Il ne suffit pas que l'air sorte d'une vessie gonflée, pour rendre un son ; si c'est le fer qui la divise, l'air s'échappe sans bruit ; pour qu'il y ait explosion, il faut la rompre et non la couper. J'en dis autant des nuages ; sans un choc brusque et violent, ils ne retentissent pas. Ajoutez que les nuages poussés contre une montagne ne se brisent point ; ils se moulent autour de certaines parties de la montagne, autour des arbres, des arbustes, des roches escarpées et saillantes ; c'est ainsi qu'ils se disséminent et laissent fuir sur mille points l'air qu'ils peuvent contenir, lequel, à moins qu'il n'éclate sous un grand volume, ne fait pas explosion. Ce qui le prouve, c'est que le vent qui se divise en traversant les branches des arbres, siffle et ne tonne pas. Il faut un coup qui frappe au loin et qui disperse simultanément le nuage tout entier, pour produire le son éclatant que fait entendre le tonnerre.

XXIX. De plus, l'air est de sa nature propre à transmettre les sons. Qu'est-ce, en effet, que le son ? Rien autre chose que la percussion de l'air. Il faut donc que les nuages qui viennent à être déchirés soient creux et distendus ; car vous voyez qu'il y a bien plus de sonorité dans un espace vide que dans un espace plein, dans un corps distendu que dans celui qui ne l'est pas. Ainsi, les tam-

---

se clausere nubes, in concavis partibus earum volutatus aer, similem agit mugitibus sonum, raucum et æqualem, et continuum. Itaque etiam ubi illa regio humida est, exitum claudit. Ideo hujusmodi tonitrua venturi prænuntia imbris sunt. Aliud genus est acre, quod acerbum magis dixerim, quam sonorum; qualem audire solemus, quum super caput alicujus dirupta vesica est. Talia eduntur tonitrua, quum globata dissolvitur nubes, et spiritum, quo distenta fuerat, emittit. Hoc proprie fragor dicitur, subitus et vehemens; quo edito concidunt homines, et exanimantur, quidam vero viri stupent, et in totum sibi excidunt, quos vocamus attonitos, quorum mentes sonus ille cœlestis loco pepulit. Hic fieri illo quoque modo potest, ut inclusus aer cava nube et motu ipso extenuatus diffundatur. Deinde quum majorem sibi locum quærit, a quibus involutus est, sonum patitur. Quid autem? non quemadmodum illisæ manus inter se plausum edunt, sic illisarum inter se nubium sonus potest esse magnus, quia magna concurrunt inter se?

XXVIII. Videmus, inquit, nubes impingi montibus, nec sonum fieri. Primum omnium non quocumque modo illisæ sunt, sonant, sed si apte sunt compositæ ad sonum edendum. Aversæ inter se manus collisæ non plaudunt, sed palma cum palma collata plausum facit. Et plurimum interest, utrum cavæ concutiantur, an planæ et extentæ. Deinde non tantum nubes ire oportet, sed agi magna vi, et procellosa. Etiam mons non scindit nubem, sed digerit, et primam quamque partem ejus solvit. Ne vesica quidem, quocumque modo spiritum emisit, sonat. Si ferro divisa est, sine ullo aurium sensu exit. Rumpi illam oportet, ut sonet, non secari. Idem de nubibus dico : nisi multo impetu dissolutæ, non sonant. Adjice nunc, quod nubes in montem actæ non franguntur, sed circumfunduntur in aliquas partes montis, arboris ramos, frutices, aspera saxa et eminentia. Et ita discutiuntur, et si quem habent spiritum, multifariam emittunt; qui nisi universus erumpit, nec crepat. Hoc ut scias, ventus qui circa arborem funditur, sibilat, non tonat. Lato, ut ita dicam, ictu, et totum globum semel dissipante opus est, ut sonitus erumpat, qualis auditur quum tonat.

XXIX. Præter hæc natura aptus est aer ad voces. Quidni? quum vox nihil aliud sit, quam ictus aer. Debent ergo nubes utrimque dissecari, et cavæ et intentæ.

bours ne résonnent que parce que l'air qui résiste est repoussé contre leurs parois intérieures; et le bruit aigu des cymbales n'est dû qu'à la compression de l'air dans leurs cavités.

XXX. Quelques philosophes, et entre autres Asclépiodote, pensent que le tonnerre et la foudre peuvent être produits par la rencontre de corps quelconques. Jadis l'Etna, dans une de ses grandes éruptions, vomit une immense quantité de sables brûlants. Un nuage de poussière voila le jour, et une nuit soudaine épouvanta les peuples. En même temps, dit-on, il y eut quantité de tonnerres et de foudres formés du concours de corps arides, et non par les nuages, qui vraisemblablement avaient tous disparu de cette atmosphère enflammée. Cambyse envoya contre le temple de Jupiter Ammon une armée, qui fut d'abord couverte, puis ensevelie sous des sables que l'Auster soulevait et laissait retomber comme une neige. Alors aussi, probablement, il jaillit des foudres et des tonnerres du frottement des sables entrechoqués. Cette opinion ne répugne pas à notre théorie; car nous avons dit que la terre exhale des corpuscules de deux espèces, secs et humides, qui circulent dans toute l'atmosphère. Dans les cas dont il est ici question, il se forme des nuages plus compactes et plus denses que s'ils n'étaient qu'un simple tissu de vapeurs. Ceux-ci peuvent se briser avec retentissement; mais les autres assemblages qui remplissent l'air de matières enflammées ou de vents qui ont balayé la surface de la terre, nécessairement produisent le nuage avant le son. Or, le nuage peut se former d'éléments secs comme d'é-léments humides, puisqu'il n'est, avons-nous dit, que la condensation d'un air épais.

XXXI. Au reste, pour l'observateur, les effets de la foudre sont merveilleux, et ne permettent pas de douter qu'il n'y ait dans ce météore une énergie surnaturelle, inappréciable à nos sens. Elle fond l'argent dans une bourse qu'elle laisse intacte et sans l'endommager; l'épée se liquéfie dans le fourreau qui demeure entier, et le fer du javelot coule en fusion le long du bois qui n'est pas touché. Les tonneaux se brisent sans que le vin s'écoule; mais cette consistance du liquide ne dure que trois jours. Un fait à remarquer encore, c'est que les hommes et les animaux que la foudre a frappés ont la tête tournée du côté où elle est sortie, et que les rameaux des arbres qu'elle a renversés se tiennent droits, dirigés dans le même sens. Enfin, les serpents et les autres animaux, dont le venin est mortel, une fois atteints par la foudre, perdent toute propriété malfaisante. D'où le savez-vous? me dira-t-on. C'est que dans les cadavres venimeux il ne naît pas de vers, et qu'au cas dont je parle, les vers pullulent au bout de quelques jours.

XXXII. Que dirons-nous de la vertu qu'a la foudre d'annoncer l'avenir, je ne dis pas un ou deux faits, mais souvent l'ordre et la série entière des destins, et cela en caractères non équivoques et plus frappants que s'ils étaient écrits! Or, voici en quoi nous ne sommes pas d'accord avec les Toscans, consommés dans l'interprétation de ces phénomènes. Selon nous, c'est parce qu'il y a collision de nuages, que la foudre fait explosion; se-

---

Vides enim quanto vocaliora sunt vacua quam plena, quanto intenta quam remissa. Ita tempana et cymbala sonant, quia illa repugnantem ex ulteriore parte spiritum pulsant, hæc ad ipsum aerem acta, nisi concavo, non tinniunt.

XXX. « Quidam, inter quos Asclepiodotus est, judicant sic, quorumdam quoque corporum concursu tonitrua et fulmina excuti posse. Ætna aliquando multo igne abundavit; ingentem vim arenæ urentis effudit. Involutus est dies pulvere, populosque subita nox terruit. Illo tempore aiunt plurima fuisse tonitrua et fulmina, quæ concursu aridorum corporum facta sunt, non nubium; quas verisimile est, in tanto fervore aeris, nullas fuisse. Aliquando Cambyses ad Ammonem misit exercitum; quem arena Austro mota, et more nivis incidens, texit, deinde obruit. Tunc quoque verisimile est fuisse tonitrua fulminaque, attritu arenæ sese affricantis. » Non repugnat proposito nostro ista opinio. Diximus enim, utriusque naturæ corpora efflare terras, et sicci aliquid et humidi in toto aere vagari. Itaque si quid tale intervenit, nubem facit solidiorem crassioremque, quam si tantum simplici spiritu intexeretur. Illa frangi potest, et edere sonum; ista quæ dixi, sive incendiis vaporantibus aera repleverunt, sive ventis terras verrentibus, necesse est nubem faciant antequam sonum. Nubem autem tam arida quam humida conferunt. Est autem nubes, ut diximus, spissitudo aeris crassi.

XXXI. Ceterum mira fulminis, si intueri velis, opera sunt, nec quidquam dubii relinquentia, quin divina insit illis et subtilis potentia. Loculis integris ac illæsis conflatur argentum. Manente vagina, gladius liquescit. Et inviolato ligno, circa pila ferrum omne distillat. Stat fracto dolio vinum, nec ultra triduum rigor ille durat. Illud æque inter annotanda ponas licet, quod et hominum, et ceterorum animalium quæ icta sunt, caput spectat ad exitum fulminis; quod omnium percussarum arborum contra fulmina hastulæ surgunt. Quid, quod malorum serpentium, et aliorum animalium, quibus mortifera vis inest, cum fulmine icta sunt, venenum omne consumitur? Unde, inquit, scis? in venenatis corporibus vermis non nascitur. Fulmine icta intra paucos dies verminant.

XXXII. Quid, quod futura portendunt; nec unius tantum aut alterius rei signa dant, sed sæpe totum fatorum sequentium ordinem nuntiant, et quidem decretis evidentibus, longeque clarioribus, quam si scriberentur? Hoc autem inter nos et Tuscos, quibus summa persequendorum fulminum est scientia, interest. Nos putamus, quod nubes collisæ sunt, ideo fulmina emitti. Ipsi existimant, nubes collidi, ut fulmina emittantur. Nam quum omnia

lon eux, il n'y a collision que pour que l'explosion se fasse. Comme ils rapportent tout à Dieu, ils sont persuadés, non pas que les foudres annoncent l'avenir parce qu'elles sont formées, mais qu'elles sont formées parce qu'elles doivent annoncer l'avenir. Au reste, elles se produisent de la même manière, que le pronostic en soit la cause ou la conséquence. Mais comment la foudre présage-t-elle l'avenir, si ce n'est pas Dieu qui l'envoie? Comment des oiseaux, qui n'ont pas pris tout exprès leur vol pour s'offrir à nos yeux, donnent-ils des auspices favorables ou contraires? C'est encore Dieu, disent les Toscans, qui a dirigé leur vol. — On lui suppose trop de loisir et on l'occupe de bien chétifs détails, si l'on croit qu'il arrange des songes pour tel homme, des entrailles de victimes pour tel autre. Sans doute l'intervention divine a lieu dans nos destinées; mais ce n'est pas Dieu qui dirige les ailes de l'oiseau, et qui façonne les entrailles des animaux sous le couteau du sacrificateur. Le destin se déroule d'une tout autre manière : il envoie d'avance et partout des indices précurseurs, dont les uns nous sont familiers, les autres nous sont inconnus. Tout événement devient le pronostic d'un autre; les choses fortuites seules et qui s'opèrent en dehors de toute règle, ne donnent point prise à la divination. Ce qui procède d'un certain ordre peut dès lors se prédire. On demandera pourquoi l'aigle a le privilége d'annoncer les grands événements; le corbeau de même, et d'autres oiseaux en fort petit nombre, tandis que la voix des autres n'a rien de prophétique? C'est qu'il y a des faits qui ne sont pas encore entrés dans le corps de la science, et d'autres qui ne peuvent même y entrer, parce qu'ils se passent trop loin de nous. Du reste, il n'est aucun être dont les mouvements et la rencontre ne présagent quelque chose. Si tous les indices ne sont pas remarqués, quelques-uns le sont. L'auspice a besoin de l'observateur; il est déterminé par l'homme qui y dirige son attention; ceux qui passent inaperçus n'en avaient pas moins leur valeur. L'influence des cinq planètes est consignée dans les observations des Chaldéens. Mais, dites-moi, tant de milliers d'astres luiraient-ils en vain dans le ciel? Qu'est-ce qui égare les tireurs d'horoscopes, sinon leur système de ne rattacher notre sort qu'à cinq astres seulement, quand pas un de tous ceux qui brillent sur nos têtes n'est sans quelque influence sur notre avenir? Les astres les plus rapprochés de l'homme agissent peut-être plus immédiatement sur lui, ainsi que ceux qui, par la fréquence de leurs mouvements, le frappent, lui et les autres êtres, sous des aspects plus variés. Mais ceux mêmes qui sont immobiles, ou que leur rapidité, égale à celle du monde, fait paraître tels, ne laissent pas d'avoir droit et empire sur nous : considérez autre chose encore que les planètes; tenez compte de tout, et l'horoscope sera complet. Mais il n'est pas plus facile d'apprécier le pouvoir des autres, qu'il n'est permis de le mettre en doute.

XXXIII. Revenons aux foudres, dont la science forme trois parties : l'observation, l'interprétation, la conjuration. La première suppose une règle, une formule particulière; la seconde constitue la divination; la troisième a pour but de rendre les dieux propices, en leur demandant d'envoyer

---

ad Deum referant, in ea sunt opinione, tanquam, non quia facta sunt, significent; sed quia significatura sunt, fiant. Eadem tamen ratione fiunt, sive illis significare propositum est, sive consequens. Quomodo ergo significant, nisi a Deo mittantur? Quomodo aves non in hoc motæ, ut nobis occurrerent, dextrum auspicium sinistrumve fecerunt. Et illas, inquit, Deus movit. Nimis illum otiosum, et pusillæ rei ministrum facis, si aliis somnia, aliis exta disponit. Ista nihilominus divina ope geruntur; sed non a Deo pennæ avium reguntur, nec pecudum viscera sub ipsa securi formantur. Alia ratione fatorum series explicatur, indicia venturi ubique præmittens, ex quibus nobis quædam familiaria, quædam ignota sunt. Quidquid fit, alicujus rei futuræ signum est; fortuita, et sine ratione vaga, divinationem non recipiunt. Cujus rei ordo est, etiam prædictio est. Cur ergo aquilæ hic honor datus est, ut magnarum rerum faceret auspicia, aut corvo, aut paucissimis avibus; ceterarum sine præsagio vox est? Quia quædam in artem nondum redacta sunt, quædam vero ne redigi quidem possunt, ob nimium remotam conversationem. Ceterum nullum animal est, quod non motu et occursu suo prædicat aliquid. Non omnia scilicet, sed quædam notantur. Auspicium est observantis. Ad eum itaque pertinet, qui in ea direxerit animum. Ceterum et illa quæ pereunt. Quinque stellarum potestatem Chaldæorum observatio excepit. Quid tu? tot millia siderum judicas otiosa lucere? Quid est porro aliud, quod errorem incutiat peritis natalium, quam quod paucis nos sideribus assignant; quum omnia quæ supra nos sunt, partem sibi nostri vindicent? Submissiora forsitan in nos propius vim suam dirigunt; et ea quæ frequentius mota, aliter nos, aliter cetera animalia prospiciunt. Ceterum et illa quæ aut immota sunt, aut propter velocitatem universo mundo parem immotis similia, non extra jus dominiumque nostri sunt. Aliud aspice, et distributis rem officiis, tractas. Non magis autem facile est scire quid possint, quam dubitari debet, an possint.

XXXIII. Nunc ad fulmina revertamur, quorum ars in tria dividitur; quemadmodum exploremus, quemadmodum interpretemur, quemadmodum exoremus. Prima pars ad formulam spectat; secunda, ad divinationem; tertia, ad propitiandos deos, quos bona rogare oportet; mala deprecari. Rogare, ut promissa firment; deprecari, ut remittant minas.

les biens, d'écarter les maux, c'est-à-dire de confirmer leurs promesses ou de retirer leurs menaces.

XXXIV. On attribue à la foudre une vertu souveraine, parce que tout autre présage est annulé dès qu'elle intervient. Tous ceux qu'elle donne sont irrévocables, et ne peuvent être modifiés par aucun autre signe. Tout ce qu'on peut voir de menaçant dans les entrailles des victimes, dans le vol des oiseaux, la foudre propice l'efface; tandis que rien de ce que la foudre annonce ne saurait être démenti ni par le vol des oiseaux, ni par les entrailles des victimes. Ici la théorie me semble en défaut. Pourquoi? Parce qu'il n'y a rien de plus vrai que le vrai. Si les oiseaux ont prédit l'avenir, il est impossible que cet auspice soit neutralisé par la foudre; ou, s'il peut l'être, c'est qu'ils n'ont pas prédit l'avenir. Car ici ce n'est pas l'oiseau et la foudre, ce sont deux signes de vérité que je compare; s'ils prophétisent vrai tous les deux, l'un vaut l'autre. Si donc l'intervention de la foudre ruine les indications du sacrificateur ou de l'augure, c'est qu'on a mal inspecté les entrailles, mal observé le vol des oiseaux. Le point n'est pas de savoir lequel de ces deux signes a le plus de force et de vertu; si tous deux ont dit vrai, sous ce rapport ils sont égaux. Que l'on dise : La flamme a plus de force que la fumée, on aura raison; mais, comme indice du feu, la fumée vaut la flamme. Si donc on entend que chaque fois que les victimes annonceront une chose et la foudre une autre, la foudre doive obtenir plus de créance, peut-être en demeurerai-je d'accord; mais si l'on veut que, les premiers signes ayant prédit la vérité, un coup de foudre réduise tout au néant et obtienne exclusivement foi, on a tort. Pourquoi? Parce que peu importe le nombre des auspices : le destin est un; s'il a été bien interprété par un premier auspice, un second ne peut rien détruire, puisque c'est la même chose. Encore une fois, il est indifférent que ce soit le même présage ou un autre qu'on interroge, dès qu'on l'interroge sur la même chose.

XXXV. La foudre ne peut changer le destin. Comment cela? C'est qu'elle-même fait partie du destin. A quoi donc servent les expiations et les sacrifices, si les destins sont immuables? Permettez-moi de défendre la secte rigide des philosophes qui excluent ces cérémonies, et ne voient, dans les vœux qu'on adresse au ciel, que la consolation d'un esprit malade. La loi du destin s'exécute selon d'autres voies; nulle prière ne le touche, il n'est pitié ni recommandation qui le fléchisse. Il maintient irrévocablement son cours; l'impulsion première continue jusqu'au terme assigné. Comme l'eau rapide des torrents ne revient point sur elle-même, ne s'arrête jamais, parce que les flots qui suivent précipitent les premiers; ainsi la chaîne des événements obéit à une rotation éternelle, et la première loi du destin c'est de rester fidèle à ses décrets.

XXXVI. Que comprenez-vous, en effet, sous ce mot destin? C'est, selon moi, l'universelle nécessité des choses et des faits, que nulle puissance ne saurait briser. Croire que des sacrifices, que l'immolation d'une brebis blanche le désarment, c'est méconnaître les lois divines. Il n'y a pas jusqu'au sage dont la décision, vous le dites, ne soit

---

XXXIV. Summam esse vim fulminum judicant, quia quidquid alia portendunt, interventus fulminis tollit. Quidquid ab hoc portenditur, fixum est, nec alterius ostenti significatione minuitur. Quidquid exta, quidquid aves minabuntur, secundo fulmine abolebitur. Quidquid fulmine denuntiatum est, nec extis, nec ave contraria refellitur. In quo mihi falli videntur. Quare? quia vero verius nihil est. Si aves futura cecinerunt, non potest hoc auspicium fulmine irritum fieri; aut, si potest, non futura cecinere. Non enim nunc avem comparo et fulmen, sed duo veri signa; quæ si verum significant, paria sunt. Itaque si fulminis interventus submovet extorum vel augurum judicia, male inspecta exta, male observata auguria sunt. Non enim refert, utrius rei major potentiorve natura sit; si utraque res veri attulit signum, quantum ad hoc, par est. Si dicas, flammam vim majorem esse, quam fumi, non mentieris; sed ad indicandum ignem, idem valet flamma, quod fumus. Itaque si hoc dicunt, quoties exta aliud significabunt, aliud fulmina, fulminum erit auctoritas major, fortasse consentiam; sed si hoc dicunt, quamvis altera signa verum prædixerint, fulminis ictus priora delevit, et ad se fidem traxit, falsum est.

Quare? quia nihil interest, quam multa auspicia sint; fatum unum est; quod si bene primo auspicio intellectum est, secundo non interit; idem est. Ita dico, non refert, idem an aliud sit, per quod quærimus; quoniam, de quo quærimus, idem est.

XXXV. Fatum fulmine mutari non potest. Quidni? Nam fulmen ipsum fati pars est. Quid ergo? expiationes procurationesque quo pertinent, si immutabilia sunt fata? Permitte mihi illam rigidam sectam tueri eorum, qui excipiunt ista, et nihil aliud esse existimant vota, quam ægræ mentis solatia. Aliter jus suum peragunt, nec ulla commoventur prece, non misericordia flectuntur, non gratia. Servant cursum irrevocabilem; ingesta ex destinato fluunt. Quemadmodum rapidorum aqua torrentium in se non recurrit, nec moratur quidem, quia priorem superveniens præcipitat; sic ordinem rerum fati æterna series rotat, cujus hæc prima lex est, stare decreto.

XXXVI. Quid enim intelligis fatum? Existimo necessitatem rerum omnium actionumque, quam nulla vis rumpat. Hanc si sacrificiis, et capite niveæ agnæ exorari judicas, divina non nosti. Sapientis quoque viri senten-

immuable ; que sera-ce de Dieu? Le sage ne sait ce qui vaut le mieux qu'à l'instant présent ; mais tout est présent pour la divinité. Néanmoins je veux bien ici plaider la cause de ceux qui estiment que l'on peut conjurer la foudre, et qui ne doutent point que les expiations n'aient quelquefois la vertu d'écarter les périls, ou de les diminuer, ou de les suspendre.

XXXVII. Quant aux conséquences de ces principes, je les suivrai plus tard. Pour le moment, un point commun entre les Étrusques et nous, c'est que nous aussi nous pensons que les vœux sont utiles, sans que le destin perde rien de son action et de sa puissance. Car il est des chances que les dieux immortels ont laissées indécises, de telle sorte que pour les rendre heureuses, quelques prières, quelques vœux suffisent. Ces vœux alors ne vont pas à l'encontre du destin, ils entraînent dans le destin même. La chose, dites-vous, doit ou ne doit pas arriver. Si elle doit arriver, quand même vous ne formeriez point de vœux, elle aura lieu. Si elle ne doit pas arriver, vous auriez beau en former, elle n'aura pas lieu. Ce dilemme est faux ; car voici, entre ces deux termes, un milieu que vous oubliez, savoir, que la chose peut arriver si l'on forme des vœux. Mais, dit-on encore, il est aussi dans la destinée que des vœux soient ou ne soient pas formés.

XXXVIII. Quand je donnerais les mains à ce raisonnement et confesserais que les vœux eux-mêmes sont compris dans l'ordre du destin, il s'ensuivrait que ces vœux sont inévitables. Le destin de tel homme est qu'il sera savant, s'il étudie ; mais ce même destin veut qu'il étudie · donc il étudiera. Un tel sera riche, s'il court la mer ; mais cette destinée, qui lui promet des trésors, veut aussi qu'il coure la mer : donc il la courra. J'en dis autant des expiations. Cet homme échappera au péril, s'il détourne par des sacrifices les menaces du ciel ; mais il est aussi dans sa destinée de faire ces actes expiatoires ; aussi les fera-t-il. Voilà, d'ordinaire, par quelles objections on veut nous prouver que rien n'est laissé à la volonté humaine, que tout est remis à la discrétion du destin. Quand cette question s'agitera, j'expliquerai comment, sans déroger au destin, l'homme a aussi son libre arbitre. Pour le présent, j'ai résolu le problème de savoir comment, le cours du destin restant invariable, les expiations et les sacrifices peuvent conjurer les pronostics sinistres, puisque, sans combattre le destin, tout cela rentre dans l'accomplissement de ses lois. Mais, direz-vous, à quoi bon l'aruspice, dès que, indépendamment de ses conseils, l'expiation est inévitable? L'aruspice vous sert comme ministre du destin. Ainsi la guérison, quoique annoncée par le destin, n'en est pas moins due au médecin, parce que c'est par ses mains que le bienfait du destin nous arrive?

XXXIX. Il y a trois espèces de foudres, au dire de Cæcinna : les foudres de conseil, d'autorité, et les foudres de station. La première vient avant l'événement, mais après le projet formé ; ainsi, lorsque nous méditons une action quelconque, nous sommes déterminés ou détournés par un coup de foudre. La seconde suit le fait accompli, et indique

---

tiam negatis posse mutari. Quanto magis Dei? quum sapiens quid sit optimum in præsentia sciat, illius divinitati omne præsens sit. Agere tamen nunc eorum volo causam, qui procuranda existimant fulmina, et expiationes non dubitant prodesse, aliquando ad submovenda pericula, aliquando ad levanda, aliquando ad differenda.

XXXVII. Quid sit quod sequitur, paulo post prosequar. Interim hoc habent commune nobiscum, quod nos quoque existimamus vota proficere, salva vi ac potestate fatorum ; quædam enim a diis immortalibus ita suspensa relicta sunt, ut in bonum vertant, si admotæ diis preces fuerint, si vota suscepta. Ita non est hoc contra fatum, sed ipsum quoque in fato est. Aut futurum, inquit, est, aut non. Si futurum est, etiamsi non susceperis vota, fiet. Si non est futurum, etiamsi susceperis vota, non fiet. Falsa est ista interrogatio ; quia illam mediam inter ista exceptionem præteris. Futurum, inquam, hoc est, sed si vota suscepta fuerint. Hoc quoque necesse, inquit, est, fato comprehensum sit, aut suscipias vota, aut non.

XXXVIII. Puta me tibi manus dare, et fateri hoc quoque fato esse comprehensum, ut utique fiant vota : ideo fient. Fatum est, ut hic disertus sit, sed si literas didicerit ; ab eodem fato continetur, ut literas discat ; ideo discet. Hic dives erit, sed si navigaverit. At in illo fati ordine, quo patrimonium illi grande promittitur, hoc quoque protinus ad fatum est, ut navigct ; ideo navigabit. Idem dico tibi de expiationibus. Effugiet pericula, si expiaverit prædictas divinitus minas. At hoc quoque in fato est, ut expiet ; ideo expiabit. Ista nobis opponi solent, ut probetur nihil voluntati nostræ relictum, et omne jus fato traditum. Quum de ista re agetur, dicam quemadmodum, manente fato, aliquid sit in hominis arbitrio. Nunc vero id de quo agitur, explicavi, quomodo, si fati certus est ordo, expiationes procurationesque prodigiorum, pericula avertant ; quia cum fato non pugnant, sed ipsa lege fati fiunt. Quid ergo, inquis, aruspex mihi prodest? Utique enim expiare, etiam non suadente illo, mihi necesse est. Hoc prodest, quod fati minister est. Sic quum sanitas videatur esse de fato, debetur et medico, quia ad nos beneficium fati per hujus manus venit.

XXXIX. Genera fulminum tria esse ait Cæcinna : consiliarium, auctoritatis, et quod status dicitur. Consiliarium ante fit, sed post cogitationem ; quum aliquid in animo versantibus, aut suadetur fulminis ictu, aut dissuadetur. Auctoritatis est, ubi post rem factam venit ; quam bonam fortunam malamve significat. Status est, ubi

s'il est propice ou funeste. La troisième survient à l'homme en plein repos, qui n'agit ni ne projette aucune action ; celle-ci menace, ou promet, ou avertit. On l'appelle admonitrice ; mais je ne vois pas pourquoi ce ne serait pas la même que la foudre de conseil. C'est un conseil aussi que l'admonition ; toutefois il y a quelque nuance, et c'est pourquoi on les distingue. Le conseil engage ou dissuade ; l'admonition se borne à faire éviter un péril qui s'avance, quand, par exemple, nous avons à craindre un incendie, une trahison de nos proches, un complot de nos esclaves. J'y vois encore une autre distinction : le conseil est pour l'homme qui projette ; l'admonition pour celui qui n'a nul projet. Les deux faits ont leur caractère propre. On conseille celui qui déjà délibère, on avertit spontanément.

XL. Disons tout d'abord que les foudres ne diffèrent point par leur nature, mais par leurs significations. Il y a la foudre qui perce, celle qui renverse, celle qui brûle. La première est une flamme pénétrante, qui s'échappe par la moindre issue, grâce à la pureté et à la ténuité de ses éléments. La seconde est roulée en globe et renferme un mélange d'air condensé et orageux. Aussi, la première s'échappe et revient par le trou par où elle est entrée. La force de la seconde, s'étendant au large, brise au lieu de percer. Enfin, la foudre qui brûle contient beaucoup de particules terrestres ; c'est un feu plutôt qu'une flamme : c'est pourquoi elle laisse de fortes traces de feu empreintes sur les corps qu'elle frappe. Sans doute le feu est toujours inséparable de la foudre ; mais on appelle proprement ignée celle qui imprime des vestiges manifestes d'embrasement. Ou elle brûle, ou elle noircit. Or, elle brûle de trois manières : soit par inhalation, alors elle lèse ou endommage bien légèrement ; soit par combustion, soit par inflammation. Ces trois modes de brûler ne diffèrent que par le degré ou la manière. Toute combustion suppose ustion ; mais toute ustion ne suppose pas combustion, non plus que toute inflammation ; car le feu peut n'avoir agi qu'en passant. Qui ne sait que des objets brûlent sans s'enflammer, tandis que rien ne s'enflamme sans brûler ? J'ajouterai un seul mot : il peut y avoir combustion sans inflammation, tout comme l'inflammation peut s'opérer sans combustion.

XLI. Je passe à cette sorte de foudre qui noircit les objets qu'elle frappe. Par là elle les décolore ou les colore. Pour préciser la différence, je dirai : Décolorer, c'est altérer la teinte sans la changer : colorer, c'est donner une autre couleur ; c'est, par exemple, azurer, noircir ou pâlir. Jusqu'ici les Étrusques et les philosophes pensent de même ; mais voici le dissentiment : les Étrusques disent que la foudre est lancée par Jupiter, qu'ils arment de trois sortes de carreaux. La première, selon eux, est la foudre d'avis et de paix ; elle part du seul gré de Jupiter. C'est lui aussi qui envoie la seconde, mais sur l'avis de son conseil, les douze grands dieux convoqués. Cette foudre salutaire, ne l'est pas sans faire quelque mal. La troisième est lancée par le même Jupiter, mais après qu'il a consulté les dieux qu'on nomme supérieurs et enveloppés. Cette foudre ravage, en-

---

quietis, nec agentibus quidquam, nec cogitantibus quidem, fulmen intervenit. Hoc aut minatur, aut promittit, aut monet. Hoc monitorium vocat; sed nescio quare non idem sit, quod consiliarium. Nam et qui monet, consilium dat; sed habet aliquam distinctionem. Ideoque separatur a consiliario, quia illud suadet dissuadetque, hoc solum impendentis periculi evitationem continet; ut, quum timemus ignem aut fraudem a proximis, aut insidias a servis. Etiamnunc tamen aliam distinctionem utriusque video; consiliarium est, quod cogitanti factum est; monitorium, quod nihil cogitanti. Habet autem utraque res suam proprietatem. Suadetur deliberantibus; at ultro monentur.

XL. Primo omnium non sunt fulminum genera, sed significationum. Nam fulminum genera sunt illa, quod terebrat, quod discutit, quod urit. Quod terebrat, subtile est et flammeum, cui per angustissimum fuga est, ob sinceram et puram flammæ tenuitatem. Quod dissipat, conglobatum est, et habet admixtam vim spiritus coacti et procellosi. Itaque illud fulmen per id foramen, quod ingressum est, redit et evadit. Hujus late sparsa vis rumpit icta, non perforat. Tertium illud genus, quod urit, multum terreni habet, et igneum magis est quam flammeum. Itaque relinquit magnas ignium notas, quæ percussis inhæreant. Nullum quidem sine igni fulmen venit; sed hoc proprie igneum dicimus, quod manifesta ardoris vestigia imprimit. Quod aut urit, aut fuscat. Tribus modis urit; aut enim afflat, et leni injuria lædit, aut comburit, aut accendit. Omnia ista urunt, sed genere et modo differunt. Quodcunque combustum est, utique et ustum est. At non omne quod ustum, utique et combustum est. Item quod accensum est; potest enim illud ipso transitu ignis ussisse. Quis nescit uri quid, nec ardere, nihil autem ardere, quod non uratur? Unum hoc adjiciam. Potest aliquid esse combustum, quod non sit accensum ; potest accensum esse, nec combustum.

XLI. Nunc ad id transeo genus fulminis, quo icta fuscantur. Hoc aut decolorat, aut colorat. Utrique distinctionem suam reddam. Decoloratur id, cujus color vitiatur, non mutatur. Coloratur id, cujus alia fit quam fuit facies ; tanquam cærulea, vel nigra, vel pallida. Hæc adhuc Etruscis et philosophis communia sunt. In illo dissentiunt, quod fulmina dicunt a Jove mitti, et tres illi manubias dant. Prima, ut aiunt, monet, et placata est, et ipsius consilio Jovis mittitur. Secundam mittit quidem Jupiter, sed ex consilii sententia ; duodecim in deos advocat ; quæ prodest quidem ; sed non impune. Tertiam manubiam idem Jupiter mittit ; sed adhibitis in consilium

globe et dénature impitoyablement tout ce qu'elle rencontre, choses publiques ou privées. C'est un feu qui ne laisse rien subsister dans son premier état.

XLII. Ici, si l'on ne veut point considérer le fond des choses, l'antiquité se serait trompée. Car quoi de plus absurde que de se figurer Jupiter, du sein des nuages, foudroyant des colonnes, des arbres, ses propres statues quelquefois; laissant les sacriléges impunis, pour frapper des moutons, incendier des autels, tuer des troupeaux inoffensifs, et enfin prenant conseil des autres dieux, comme incapable de se consulter lui-même? Croirai-je que la foudre sera propice et pacifique, lancée par Jupiter seul, et funeste, quand c'est l'assemblée des dieux qui l'envoie? Si vous me demandez mon avis, je ne pense pas que nos ancêtres aient été assez stupides pour supposer Jupiter injuste, ou, pour le moins, impuissant. Car de deux choses l'une : en lançant ces traits qui doivent frapper des têtes innocentes, et ne point toucher aux coupables, ou il n'a point voulu mieux diriger ses coups, ou il n'y a pas réussi. D'après quel principe ont-ils donc émis cette doctrine? C'était comme frein à l'ignorance, que ces sages mortels ont jugé la crainte nécessaire; ils voulurent que l'homme redoutât un être supérieur à lui. Il était utile, quand le crime porte si haut son audace, qu'il y eût une force contre laquelle chacun trouvât la sienne impuissante. C'est donc pour effrayer ceux qui ne consentent à s'abstenir du mal que par crainte, qu'ils ont fait planer sur leur tête un Dieu vengeur et toujours armé.

XLIII. Mais ces foudres qu'envoie Jupiter de son seul mouvement, pourquoi peut-on les conjurer, tandis que les seules funestes sont celles qu'ordonne le conseil des dieux délibérant avec lui? Parce que si Jupiter, c'est-à-dire le roi du monde, doit à lui seul faire le bien, il ne doit pas faire le mal sans que l'avis de plusieurs ne l'ait décidé. Apprenez, qui que vous soyez, puissants de la terre, que ce n'est pas inconsidérément que le ciel lance ses feux; consultez, pesez les opinions diverses, tempérez la rigueur des sentences, et n'oubliez pas que, pour frapper légitimement, Jupiter lui-même n'a point assez de son autorité propre.

XLIV. Nos ancêtres n'étaient pas non plus assez simples pour s'imaginer que Jupiter changeât de foudres. C'est là une idée qu'un poëte peut se permettre :

Il est un foudre encor, plus léger et plus doux,
Mêlé de moins de flamme et de moins de courroux :
Les dieux l'ont appelé le foudre favorable.

Mais la profonde sagesse de ces hommes n'est point tombée dans l'erreur qui se persuade que parfois Jupiter s'escrime avec des foudres de légère portée : ils ont voulu avertir ceux qui sont chargés de lancer la foudre sur les coupables, que le même châtiment ne doit pas frapper toutes les fautes; qu'il y a des foudres pour détruire, d'autres pour toucher et effleurer, d'autres pour avertir par leur apparition.

XLV. Ils n'ont pas même cru que le Jupiter adoré par nous au Capitole et dans les autres temples, fût celui qui lançait la foudre. Ils ont re-

---

diis, quos superiores et involutos vocant. Quæ vastat et includit, et inique mutat statum privatum et publicum, quem invenit. Ignis enim nihil esse, quod sit, patitur.

XLII. In his, prima specie si intueri velis, errat antiquitas. Quid enim tam imperitum est, quam credere fulmina e nubibus Jovem mittere, columnas, arbores, statuas suas nonnunquam petere, ut, impunitis sacrilegis, percussis ovibus, incensis aris, pecudes innoxias feriat, et ad suum consilium a Jove deos, quasi in ipso parum consilii sit, advocari; illa læta et placata esse fulmina, quæ solus excutiat; perniciosa, quibus mittendis major numinum turba interfuit? Si quæris a me, quid sentiam, non existimo tam hebetes fuisse, ut crederent Jovem, aut non æquæ voluntatis, aut certe minus paratum esse. Utrum enim, vel tunc quum emisit ignes, quibus innoxia capita percuteret, scelerata transiret, aut noluit justius mittere, aut non successit? Quid ergo secuti sunt, quum hoc dicerent? Ad coercendos animos imperitorum sapientissimi viri judicaverunt inevitabilem metum, ut supra nos aliquid timeremus. Utile erat in tanta audacia scelerum aliquid esse, adversum quod nemo sibi satis potens videretur. Ad conterrendos itaque eos, quibus innocentia nisi metu non placet, posuere super caput vindicem, et quidem armatum.

XLIII. Quare ergo id fulmen quod solus Jupiter mittit, placabile est; perniciosum id, de quo deliberavit, et quod aliis quoque diis auctoribus misit? Quia Jovem, id est, regem, prodesse etiam solum oportet, nocere non, nisi quum pluribus visum est. Discant ii, quicunque magnam potentiam inter homines adepti sunt, sine consilio nec fulmen quidem mitti; advocent, considerent multorum sententias, placita temperent, et hoc sibi proponant, ubi aliquid percuti debet, ne Jovi quidem suum satis esse consilium.

XLIV. In hoc quoque tam imperiti non fuere, ut Jovem existimarent tela mutare; poeticam ista licentiam decet.

Est aliud levius fulmen, cui dextra Cyclopum
Sævitiæ flammæque minus, minus addidit iræ :
Tela secunda vocant superi.

Illos vero altissimos viros error iste non tenuit, ut existimarent, Jovem modo levioribus fulminibus et lusoriis telis uti; sed voluerunt admonere eos quibus adversus peccata hominum fulminandum est, non eodem modo omnia esse percutienda; quædam frangi debere, quædam allidi et destringi, quædam admoveri.

XLV. Ne hoc quidem crediderunt, Jovem, qualem in Capitolio et in ceteris ædibus colimus, mittere manu ful-

connu le même Jupiter que nous, le gardien et le modérateur de l'univers dont il est l'âme et l'esprit, le maître et l'architecte de cette création, celui enfin auquel tout nom peut convenir. Voulez-vous l'appeler Destin? Vous ne vous tromperez pas; de lui procèdent tous les événements, en lui sont les causes des causes. Le nommerez-vous Providence? Vous aurez encore raison. C'est sa prévoyance qui veille aux besoins de ce monde, à ce que rien n'en trouble la marche, et qu'il accomplisse sa tâche ordonnée. Aimez-vous mieux l'appeler la Nature? Le mot sera juste; c'est de lui que tout a pris naissance; il est le souffle qui nous anime. Voulez-vous voir en lui le monde lui-même? Vous n'aurez pas tort; il est tout ce que vous voyez, tout entier dans chacune de ses parties, et se soutenant par sa propre puissance. Voilà ce que pensaient, comme nous, les Étrusques; et s'ils disaient que la foudre nous vient de Jupiter, c'est que rien ne se fait sans lui.

XLVI. Et pourquoi Jupiter épargne-t-il parfois le coupable, pour frapper l'innocent? Vous me jetez là dans une question trop importante; ce n'est ni le lieu, ni le moment de l'examiner. Je réponds seulement que la foudre ne part point de la main de Jupiter, mais qu'il a tout disposé de telle sorte que les choses mêmes qui ne se font point par lui, ne se font pourtant pas sans raison, et que cette raison vient de lui. Les causes secondes agissent, mais par sa permission; bien que les faits s'accomplissent sans lui, c'est lui qui a voulu qu'ils s'accomplissent. Il ne préside pas aux détails; mais il a donné le signal, l'énergie et l'impulsion à l'ensemble.

XLVII. Je n'adopte pas la classification de ceux qui divisent les foudres en perpétuelles, déterminées ou prorogées. Les perpétuelles sont celles dont les pronostics concernent toute une existence, et, au lieu d'annoncer un fait partiel, embrassent la chaîne entière des événements qui se succéderont dans la vie. Telles sont les foudres qui apparaissent le jour où l'on entre en possession d'un patrimoine, et sitôt qu'un homme ou une ville vient à changer d'état. Les foudres déterminées ne se rapportent qu'à un jour marqué. Les prorogées sont celles dont on peut reculer, mais non conjurer ou détruire les effets menaçants.

XLVIII. Je vais dire pourquoi cette division ne me satisfait pas. La foudre qu'on nomme perpétuelle est également déterminée; elle répond aussi à un jour marqué; elle ne cesse pas d'être déterminée par cela seul qu'elle s'applique à un temps plus long. Celle qui semble prorogée est déterminée tout de même; car, du propre aveu de ceux que je combats, on sait jusqu'où on peut obtenir d'en reculer l'effet. Le délai, selon eux, est de dix ans seulement pour les foudres particulières, et de trente ans pour les foudres publiques. Ces sortes de foudres sont donc déterminées en ce qu'elles portent avec elles le terme de leur prorogation. Ainsi toutes les foudres et tous les événements ont leur jour marqué; car l'incertain ne comporte pas de limites. Quant à l'observation des éclairs, le système est sans liaison et trop vague. On pourrait suivre cependant la division du philosophe Attalus, qui s'était attaché à ce point de doctrine, et noter le lieu de l'apparition,

mina, sed eumdem quem nos Jovem intelligunt, custodem rectoremque universi, animum ac spiritum, mundani hujus operis dominum et artificem, cui nomen omne convenit. Vis illum Fatum vocare? non errabis. Ille est, ex quo suspensa sunt omnia, ex quo sunt omnes causæ causarum. Vis illum Providentiam dicere? recte dices. Est enim, cujus consilio huic mundo providetur, ut inconfusus eat, et actus suos explicet. Vis illum Naturam vocare? non peccabis. Est enim, ex quo nata sunt omnia, cujus spiritu vivimus. Vis illum vocare mundum? non falleris. Ipse enim est, totum quod vides, totus suis partibus inditus, et se sustinens vi sua. Idem Etruscis quoque visum est; et ideo fulmina a Jove mitti dixerunt, quia sine illo nihil geritur.

XLVI. At quare Jupiter aut ferienda transit, aut innoxia ferit? In majorem me quæstionem vocas; cui suus locus, suus dies dandus est. Interim hoc dico, fulmina non mitti a Jove, sed sic omnia disposita, ut ea etiam quæ ab illo non fiunt, tamen sine ratione non fiant, quæ illius est. Vis eorum illius permissio est. Nam etsi Jupiter illa nunc non facit, fecit ut fierent. Singulis non adest; sed signum, et vim, et causam dedit omnibus.

XLVII. Huic illorum divisioni non accedo; aiunt aut perpetua, aut finita esse fulmina, aut prorogativa. Perpetua, quorum significatio in totam vitam pertinet; nec unam rem id enuntiat, sed contextum rerum per omnem deinceps ætatem futurorum complectitur. Hæc sunt fulmina, quæ prima accepto patrimonio, et in novo hominis aut urbis statu fiunt. Finita ad diem utique respondent. Prorogativa sunt, quorum minæ differri possunt, averti tollique non possunt.

XLVIII. Dicam quid sit, quare huic divisioni non consentiam. Nam et quod perpetuum vocant fulmen, finitum est. Æque enim talia ad diem respondent. Nec ideo finita non sunt, quia multum tempus significant. Et quod prorogativum videtur, finitum est. Nam illorum quoque confessione certum est, quousque impetretur dilatio. Privata enim fulmina negant ultra decimum annum, publica ultra tricesimum posse deferri. Hoc modo et ista finita sunt, quia ultra quod non prorogentur, inclusum est. Omnium ergo fulminum et omnis eventus dies stata est. Non potest enim ulla incerti esse comprehensio. Quæ inspicienda sint in fulgure, passim et vage dicunt, quum possint sic dividere, quemadmodum ab Attalo philosopho,

le temps, la personne, la circonstance, la qualité, la quantité. Si je voulais traiter à part chacun de ces détails, je m'engagerais dans une œuvre sans fin.

XLIX. Parlons ici sommairement des noms que Cæcinna donne aux foudres, et énonçons là-dessus notre pensée. Il y a, dit-il, les *postulatoires*, qui exigent qu'un sacrifice interrompu ou fait contre les règles soit recommencé; les *monitoires*, qui indiquent les choses dont il faut se garder; les *pestifères*, qui présagent la mort ou l'exil; les *fallacieuses*, qui font du mal et paraissent de bon augure : elles donneront un consulat funeste à qui doit le gérer, un héritage dont la possession sera chèrement payée; les *déprécatives*, qui annoncent un péril, lequel ne se réalise pas; les *péremptales*, qui neutralisent les menaces d'autres foudres; les *attestantes*, qui confirment des menaces antérieures; les *atterranées*, qui tombent dans un lieu fermé; les *ensevelies*, qui frappent un lieu déjà foudroyé et non purifié par des expiations; les *royales*, qui tombent soit dans les comices, soit dans les lieux où s'exerce la souveraineté d'une cité libre qu'elles menacent de la royauté; les *infernales*, dont les feux s'élancent de la terre; les *hospitalières*, qui appellent, ou, pour me servir de l'expression plus respectueuse qu'on emploie, qui invitent Jupiter à nos sacrifices, lequel Jupiter, s'il est irrité contre celui qui les offre, n'arrive pas, dit Cæcinna, sans grand péril pour les invitants; enfin, les *auxiliaires*, qui portent bonheur à ceux qui les ont invoquées.

L. Combien était plus simple la division d'Attalus, cet homme remarquable, qui à la science des Étrusques avait joint la subtilité grecque! « Parmi les foudres, disait-il, il en est dont les pronostics nous regardent; il en est sans aucun pronostic, ou dont l'intelligence nous est interdite. Les foudres à pronostics sont ou propices ou contraires; quelques-unes ne sont ni contraires, ni propices. Les contraires sont de quatre sortes. Elles présagent des maux inévitables, ou évitables, qui peuvent ou s'atténuer ou se différer. Les foudres propices annoncent des faits ou durables ou passagers. Il y a, dans les foudres qu'il appelle mixtes, du bien et du mal, ou du mal qui se change en bien, ou du bien qui se tourne en mal. Celles qui ne sont ni contraires, ni propices, annoncent quelque entreprise où nous devrons nous engager sans crainte ni joie, telle qu'un voyage dont nous n'aurions rien à redouter, comme aussi rien à espérer. »

LI. Revenons aux foudres à pronostics, mais à pronostics qui ne nous touchent point : telle est celle qui indique si, dans la même année, il y aura une foudre de la même nature. Les foudres sans pronostic, ou dont l'intelligence nous échappe, sont, par exemple, celles qui tombent au loin dans la mer ou dans des déserts, et dont le pronostic est nul ou perdu pour nous.

LII. Ajoutons quelques observations sur la force de la foudre, qui n'agit pas de la même manière sur tous les corps. Les plus solides, ceux qui résistent, sont brisés avec éclat; et parfois elle traverse sans dommage ceux qui cèdent. Elle lutte contre la pierre, le fer et les substances les plus

---

qui se huic disciplinæ dederat, divisa sunt, ut inspiciatur ubi factum sit, quando, cui, in qua re, quale, quantum. Hæc si digerere in partes suas voluero, quid postea faciam, nisi in immensum procedam?

XLIX. Nunc nomina fulminum, quæ a Cæcinna ponuntur, perstringam, et quid de his sentiam, exponam. Ait esse postulatoria, quibus sacrificia intermissa, aut non rite facta repetuntur. Monitoria, quibus docetur, quid cavendum sit. Pestifera, quæ mortem exsiliumque portendunt. Fallacia, quæ per speciem alicujus boni nocent. Dant consulatum malo futurum gerentibus; et hereditatem, cujus compendium magno sit luendum incommodo. Deprecanea, quæ speciem periculi sine periculo afferunt. Peremtalia, quibus tolluntur priorum fulminum minæ. Attestata, quæ prioribus consentiunt. Atterranea, quæ in incluso fiunt. Obruta, quibus jam prius percussa nec procurata feriuntur. Regalia, quorum vi tangitur vel comitium, vel principalia urbis liberæ loca; quorum significatio regnum civitati minatur. Inferna, quum e terra exsiliunt ignes. Hospitalia, quæ sacrificiis ad nos Jovem arcessunt, id, ut verbo eorum molliori utar, invitant; sed si irascentem domino invitant, tunc venire cum magno invitantium periculo affirmat. Auxiliaria, quæ advocata, sed advocantium bono veniunt.

L. Quanto simplicior divisio est, qua utebatur Attalus noster, egregius vir, qui Etruscorum disciplinam græca subtilitate miscuerat! Ex fulminibus quædam sunt, quæ significant id quod ad nos pertinet; quædam aut nihil significant, aut id cujus intellectus ad nos non pervenit. Ex his quæ significant, quædam sunt læta, quædam adversa, quædam nec adversa nec læta. Adversorum hæ species sunt. Aut inevitabilia mala portendunt, aut evitabilia, aut quæ minui possunt, aut quæ prorogari. Læta aut mansura significant, aut caduca. Mixta aut partem habent boni, partem mali; aut mala in bonum, aut bona in malum vertunt. Nec adversa, nec læta, aut aliquam nobis actionem significant, qua nec terreri nec lætari debemus; ut peregrinationem, in qua nec metus nec spei quidquam sit.

LI. Revertar ad ea fulmina, quæ significant quidem aliquid, sed quod ad nos non pertineat; tanquam, utrum eodem anno idem futurum sit fulmen, quod factum est. Nihil significant fulmina, aut id cujus notitia nos effugit; ut illa quæ in altum mare sparguntur, aut in desertas solitudines; quorum significatio vel nulla est, vel perit.

LII. Pauca adhuc adjiciam ad enarrandam vim fulminis, quæ non eodem modo omnem materiam vexat. Valentiora, quia resistunt, vehementius dissipat; cedentia

dures, obligée qu'elle est d'y pénétrer de vive force, et de s'y ouvrir une issue. Quant aux substances tendres et poreuses, elle les épargne, quelqu'inflammables qu'elles paraissent d'ailleurs; le passage étant plus facile, sa violence est moindre. Voilà pourquoi, comme je l'ai dit, sans endommager la bourse, elle fond l'argent qui s'y trouve; ses feux, des plus subtils, traversent des pores même imperceptibles. Mais les parties solides du bois lui opposent une matière rebelle dont elle triomphe. Elle varie, je le répète, dans ses modes de destruction; la nature de l'action se révèle par celle du dommage, mais toujours on reconnaît l'œuvre de la foudre. Quelquefois elle produit sur divers points du même corps des effets divers: ainsi, dans un arbre, elle brûle les parties les plus sèches, rompt et perfore les plus solides et les plus dures, enlève l'écorce du dehors, déchire et met en pièces l'écorce intérieure, et enfin froisse et crispe les feuilles. Elle congèle le vin, et fond le fer et le cuivre.

LIII. Une chose étrange, c'est que le vin gelé par la foudre, et revenu à son premier état, est un breuvage mortel ou qui rend fou. En me demandant compte de ce phénomène, voici l'idée qui s'est offerte à moi. Il y a dans la foudre quelque chose de vénéneux, dont vraisemblablement il demeure des miasmes dans le liquide condensé et congelé, qui, en effet, ne pourrait se solidifier si quelque élément de cohésion ne s'y ajoutait. L'huile, d'ailleurs, et tous les parfums touchés de la foudre, exhalent une odeur repoussante. Ce qui fait voir que ce feu si subtil, dont la direction est contre nature, renferme un principe pestilentiel, qui tue non-seulement par le choc, mais par la simple exhalation. Enfin, partout où la foudre tombe, il est constant qu'elle y laisse une odeur de soufre; et cette odeur naturellement forte, respirée en abondance, peut causer le délire. Nous reprendrons à loisir l'examen de ces faits. Peut-être tiendrons-nous à prouver combien la théorie qu'on en a faite découle immédiatement de cette philosophie, mère des arts, qui la première a cherché les causes, observé les effets, et, ce qui est bien préférable à l'inspection de la foudre, rapproché les résultats des principes.

LIV. Je reviens à l'opinion de Posidonius. De la terre et des corps terrestres s'exhalent des vapeurs, les unes humides, les autres sèches et semblables à la fumée : celles-ci alimentent les foudres, et celles-là les pluies. Les émanations sèches et fumeuses qui montent dans l'atmosphère ne se laissent pas enfermer dans les nuages, et brisent leurs barrières; de là le bruit auquel on donne le nom de tonnerre. Dans l'air même il est des molécules qui s'atténuent et qui, par là, se dessèchent et s'échauffent. Retenues captives, elles cherchent de même à fuir et se dégagent avec fracas. L'explosion est tantôt générale et accompagnée d'une violente détonation, tantôt partielle et moins sensible. C'est l'air ainsi modifié qui fait jaillir la foudre, soit en déchirant les nuages, soit en les traversant. Mais le tourbillonnement de l'air emprisonné dans la nue est la cause la plus puissante d'inflammation.

nonnunquam sine injuria transit. Cum lapide ferroque, et durissimis quibusque, confligit; quia viam necesse est per illa impetu quærat. Itaque facit viam qua effugiat; teneris et rarioribus parcit, quanquam et flammis opportuna videantur, quia transitu patente minus sævit. Loculis itaque, ut dixi, integris, pecunia quæ in his fuerat, conflata reperitur; quia ignis tenuissimus per occulta foramina transcurrit. Quidquid autem in tigno solidum invenit, ut contumax vincit. Non uno autem, ut dixi, modo sævit; sed quid quæque vis fecerit, ex ipso genere injuriæ intelligis, et fulmen opere cognoscis. Interdum in eadem materia, multa diversa ejusdem vis fulminis facit; sicut in arbore, quod aridissimum est, urit; quod solidissimum et durissimum est, terebrat et frangit; summos cortices dissipat, interiores libros interioris arboris rumpit ac scindit, folia pertundit ac stringit; vinum gelat, ferrum et æs fundit.

LIII. Illud est mirum, quod vinum fulmine gelatum, quum ad priorem habitum redit, potum aut exanimat, aut dementes facit. Quare id accidat quærenti mihi, illud occurrit. Inest fulmini vis pestifera. Ex hoc aliquem remanere spiritum in eo humore quem coegit gelavitque, verisimile est. Nec enim alligari potuisset, nisi aliquod illi esset additum vinculum. Præterea olei quoque, et omnis unguenti, teter post fulmen odor est. Ex quo apparet, inesse quamdam subtilissimo igni, et contra naturam acto, pestilentem potentiam, quo non tantum icta cadunt, sed etiam afflata. Præterea quocunque decidit fulmen, ibi odorem sulphuris esse certum est; qui quia natura gravis est, sæpius haustus alienat. Sed ad hoc vacui revertemur. Fortasse enim libebit ostendere, quantum omnia ista a philosophia artium parente fluxere. Illa primum et quæsivit causas rerum, et observavit effectus; et quod fulminis inspectione longe melius est, initiis rerum exitus contulit.

LIV. Nunc ad opinionem Posidonii revertar. E terra terrenisque omnibus pars humida efflatur, pars sicca et fumida. Remanet hæc, fulminibus alimentum est; illa imbribus. Quidquid in aera sicci fumosique pervenit, id includi se nubibus non fert, sed rumpit claudentia. Inde est sonus, quem nos tonitruum vocamus. In ipso quoque aere quidquid attenuatur, simul siccatur et calet. Hoc quoque si inclusum est, æque fugam quærit, et cum sono evadit. Et modo universam eruptionem facit, eoque vehementius intonat; modo per partes et minutatim. Ergo tonitrua hic spiritus exprimit, dum aut rumpit nubes, aut pervolat. Volutatio autem spiritus, in nube conclusi, valentissimum est accendendi genus.

LV. Le tonnerre n'est autre chose que le son produit par un air desséché ; ce qui n'a lieu que de deux manières, par frottement ou par explosion. La collision des nuages, dit Posidonius, produit aussi ce genre de détonation ; mais elle n'est pas complète, parce que ce ne sont pas de grandes masses qui se heurtent, mais des parties détachées. Les corps mous ne retentissent que s'ils se choquent contre des corps durs; ainsi les flots ne s'entendent que lorsqu'ils se brisent sur la place. Objectera-t-on que le feu plongé dans l'eau siffle en s'éteignant? Quand j'admettrais ce fait, il serait pour moi; car ce n'est pas le feu qui rend un son, c'est l'air qui s'échappe de l'eau où s'éteint le feu. En vous accordant que le feu naisse et s'éteigne dans les nuages, toujours naît-il de l'air et du frottement. Quoi! dit-on, ne se peut-il pas qu'une de ces étoiles filantes dont vous avez parlé, tombe dans un nuage et s'y éteigne? Supposons que ce fait puisse quelquefois avoir lieu ; mais c'est une cause naturelle et constante que nous cherchons ici, et non une cause rare et fortuite. Si je convenais qu'il est vrai, comme vous le dites, qu'on voit parfois, après le tonnerre, étinceler des feux semblables aux étoiles qui volent obliquement et paraissent tomber du ciel, il s'ensuivrait que le tonnerre aurait été produit non par ces feux, mais en même temps que ces feux. Selon Clidémus, l'éclair n'est qu'une vaine apparence ; ce n'est pas un feu : telle est, dit-il, la lueur que pendant la nuit le mouvement des rames produit sur la mer. Ces deux cas sont différents : cette lueur paraît pénétrer la substance même de l'eau ; mais celle qui se forme dans l'atmosphère, en jaillit et s'en échappe.

LVI. Héraclite compare l'éclair à ce premier effort du feu qui s'allume dans nos foyers, à cette flamme incertaine qui tantôt meurt, tantôt se relève. Les anciens nommaient les éclairs *fulgetra* ; nous disons *tonitrua* au pluriel; ils employaient le singulier *tonitruum* ou *tonum*. Je trouve cette dernière expression dans Cæcinna, auteur élégant, qui aurait eu un nom dans l'éloquence, si la gloire de Cicéron n'eût étouffé la sienne. Notons aussi que, dans le verbe qui exprime l'éruption hors des nues d'une clarté subite, les anciens faisaient brève la syllabe du milieu, que nous faisons longue. Nous disons *fulgēre*, comme *splendēre*. Ils disaient *fulgĕre*.

LVII. Mais vous voulez savoir mon opinion à moi : car je n'ai encore fait que tenir la plume pour consigner celles d'autrui. Je dirai donc : L'éclair est une lumière soudaine qui brille au loin ; il a lieu quand l'air des nuages se raréfie et se convertit en un feu qui n'a pas la force de jaillir plus loin. Vous n'êtes pas surpris, je pense, que le mouvement raréfie l'air, et qu'ainsi raréfié il s'enflamme. Ainsi se liquéfie le plomb lancé par la fronde ; le frottement de l'air le fait fondre comme ferait le feu. Les foudres sont plus fréquentes en été, parce que l'atmosphère est plus chaude, et que l'inflammation est plus prompte quand le frottement a lieu contre des corps échauffés. Le mode de formation est le même pour l'éclair, qui ne fait que luire, et pour la foudre, qui porte coup ; seulement l'éclair a moins de force, il est moins nourri ; enfin, pour m'expliquer en peu de mots, la foudre, c'est l'éclair

LV. Tonitrua nihil aliud sunt, quam sicci aeris sonitus, qui fieri, nisi dum aut terit, aut rumpitur, non potest. Et si collidantur, inquit, nubes inter se, fit is quem desideras ictus, sed non universus. Neque enim tota totis concurrunt, sed partibus partes. Nec sonant mollia, nisi illisa duris sint. Itaque non auditur fluctus, nisi impactus. Ignis, inquit, missus in aquam, sonat, dum exstinguitur. Puta ita esse; pro me est. Non enim ignis tunc sonum efficit, sed spiritus per exstinguentia effugiens. Ut dem tibi, et fieri ignem in nube et exstingui, e spiritu nascitur et attritu. Quid ergo? inquit ; non potest aliqua ex his transcurrentibus stellis incidere in nubem, et exstingui? Existimemus posse aliquando et hoc fieri. Nunc naturalem causam quærimus et assiduam, non raram et fortuitam. Puta me confiteri verum esse, quod dicis, aliquando post tonitrua emicare ignes, stellis transversis et cadentibus similes. Non ob hoc tonitrua facta sunt, sed quum hoc fieret, tonitrua facta sunt. Clidemus ait, fulgurationem speciem inanem esse, non ignem. Sic enim per noctem splendorem motu remorum videri. Dissimile est exemplum; illic enim splendor intra ipsam aquam apparet; hic qui fit in aere, erumpit et exsilit.

LVI. Heraclitus existimat fulgurationem esse velut apud nos incipientium ignium conatus, et primum flammam incertam, modo intereuntem, modo resurgentem. Hæc antiqui fulgetra dicebant ; tonitrua nos pluraliter dicimus. Antiqui aut tonitruum dixerunt, aut tonum. Hoc apud Cæcinnam invenio, jucundum virum, qui habuisset aliquod in eloquentia nomen, nisi illum Ciceronis umbra pressisset. Etiamnunc illo verbo utebantur Antiqui correpto, quo nos, producta una syllaba, utimur. Dicimus enim ut splendēre, sic fulgēre. At illis ad significandum hanc e nubibus subitæ lucis eruptionem mos erat, media syllaba correpta, ut dicerent fulgĕre.

LVII. Quid ipse existimem, quæris? Adhuc enim alienis opinionibus accommodavi manum. Dicam : Fulgurat, quum repentinum late lumen emicuit. Id evenit, ubi in ignem extenuatis nubibus aer vertitur, nec vires, quibus longius prosiliat, invenit. Non miraris, puto, si aera aut motus extenuat, aut extenuatio incendit. Sic liquescit excussa glans funda, et attritu aeris velut igne distillat. Ideo æstate plurima fiunt fulmina, quia plurimum calidi est. Facilius autem attritu calidiore ignis exsistit. Eode modo fit fulgor qui tantum splendet, et fulmen

avec plus d'intensité. Lors donc que les éléments chauds et fumeux, émanés de la terre, se sont absorbés dans les nuages et ont longtemps roulé dans leur sein, ils finissent par s'échapper; et, s'ils manquent de force, ils ne donnent qu'une simple lumière; mais si l'éclair a trouvé plus d'aliments et s'est enflammé avec plus de violence, ce n'est point un feu qui apparaît, c'est la foudre qui tombe.

LVIII. Quelques auteurs sont persuadés qu'après sa chute elle remonte; d'autres, qu'elle reste sur le sol quand elle est surchargée d'aliments et n'a pu porter qu'un faible coup. Mais d'où vient que la foudre apparaît si brusquement, et que son feu n'est pas plus durable et plus continu? Parce que c'est la chose du monde la plus rapide qui est en mouvement; c'est tout d'un trait qu'elle brise les nues et enflamme l'atmosphère. Puis la flamme s'éteint en même temps que le mouvement cesse: car l'air ne forme pas des courants assez suivis pour que l'incendie se propage; et une fois allumé par la violence même de ses mouvements, il ne fait d'effort que pour s'échapper. Dès qu'il a pu fuir et que la lutte a cessé, la même impulsion tantôt le pousse jusqu'à terre, tantôt le dissémine, selon que la force de dépression est plus ou moins grande. Pourquoi la foudre se dirige-t-elle obliquement? Parce qu'elle se forme d'un courant d'air, et que ce courant suit une ligne oblique et tortueuse; or, comme la tendance naturelle du feu est de monter, quand quelque obstacle l'abaisse et le comprime, il prend l'inclinaison oblique. Quelquefois ces deux tendances se neutralisent, et tour à tour le feu s'élève et redescend. Enfin, pourquoi la cime des montagnes est-elle si souvent foudroyée? C'est qu'elle avoisine les nuages, et que dans sa chute le feu du ciel doit les rencontrer.

LIX. Je vois d'ici ce que vous désirez dès longtemps et avec impatience. « Je tiendrais plus, dites-vous, à ne pas redouter la foudre qu'à la bien connaître. Enseignez à d'autres comment elle se forme. Otez-moi les craintes qu'elle m'inspire, avant de m'expliquer sa nature. » Je viens à votre appel; car à tout ce qu'on fait ou dit doit se mêler quelque utile leçon: Quand nous sondons les secrets de la nature, quand nous traitons des choses divines, songeons à notre âme pour l'affranchir de ses faiblesses et peu à peu la fortifier : je le dis pour les savants eux-mêmes dont l'unique but est l'étude; et que ce ne soit pas pour éviter les coups du sort, car de tous côtés les traits volent sur nous; que ce soit pour souffrir avec courage et résignation. Nous pouvons être invincibles, nous ne pouvons être inattaquables, et pourtant j'ai parfois l'espoir que nous le pourrions. Comment cela? dites-vous. Méprisez la mort; et tout ce qui mène à la mort vous le mépriserez du même coup : les guerres, les naufrages, les morsures de bêtes féroces, les édifices dont la masse s'écroule tout à coup. Que peuvent faire de pis tous ces accidents, que de séparer l'âme du corps, séparation dont ne nous sauve nulle précaution, dont nulle prospérité n'exempte, que nulle puissance ne rend impossible? Le sort dispense inégalement tout le reste; la mort nous appelle tous, est égale pour tous. Qu'on ait les dieux contraires ou propices, il faut mourir : prenons courage de

quod mittitur. Sed illi levior vis, alimentique est minus. Et, ut breviter dicam quod sentio : Fulmen est fulgur intentum. Ergo ubi calidi fumidique natura, emissa terris, in nubes incidit, et diu in illarum sinu volutata est, novissime erumpit. Et quia vires non habet, splendor est. At ubi fulgura plus habuere materiæ, et majore impetu arserunt, non apparent tantum, sed decidunt.

LVIII. Quidam utique existimant fulmen reverti : quidam subsidere, ubi alimenta prægravaverunt, et fulmen ictu languidiore delatum est. At quare fulmen subitum apparet, nec continuatur assiduus ignis? Quia celerrimi motus est; simul et nubes rumpit, et aera incendit. Deinde desinit flamma quiescente motu. Non enim est assiduus spiritus cursus, ut ignis possit extendi, sed quoties fortius ipsa jactatione se accendit, fugiendi impetum capit. Deinde quum evasit, et pugna desiit, ex eadem causa modo usque ad terram profertur, modo dissolvitur, si minore vi depressus est. Quare oblique fertur? Quia spiritu constat. Spiritus obliquus est, flexuosusque. Et quia natura ignem sursum vocat, injuria deorsum premit, incipit obliquus esse. Interdum dum neutra vis alteri cedit, et ignis in superiora nititur, et in inferiora deprimitur. Quare frequenter cacumina montium feriuntur? Quia opposita sunt nubibus, et e cælo cadentibus per hæc transeundum est.

LIX. Intelligo quid jam dudum desideres, quid efflagites. Malo, inquis, fulmina non timere, quam nosse. Itaque alios doce, quemadmodum fiant. Ego mihi metum illorum excuti volo, quam naturam indicari. Sequar quo vocas; omnibus enim rebus, omnibusque sermonibus aliquid salutare miscendum est. Quum imus per occulta naturæ, quum divina tractamus, vindicandus est a malis suis animus, ac subinde firmandus; quod etiam eruditis, et hoc unum agentibus, necessarium est : non ut effugiamus ictus rerum; undique enim tela in nos jaciuntur; sed ut fortiter constanterque patiamur. Invicti esse possumus, inconcussi non possumus; quanquam interim spes subit, inconcussos quoque esse nos posse. Quemadmodum, inquis? Contemne mortem; et omnia quæ ad mortem ducunt, contempta sunt; sive illa bella sint, sive naufragia, seu morsus ferarum, seu ruinarum subito lapsu procidentium pondera. Numquid amplius facere possunt, quam ut corpus ab anima resolvant? Hæc nulla diligentia evitat, nulla felicitas donat, nulla potentia evin-

notre désespoir même. Les animaux les plus lâches, que la nature a créés pour la fuite, quand toute issue leur est fermée, tentent le combat malgré leur impuissance. Il n'est point de plus terrible ennemi que celui qui doit son audace à l'impossibilité d'échapper; la nécessité provoque toujours des efforts plus irrésistibles que la valeur seule. Il se surpasse, ou du moins il reste l'égal de lui-même, l'homme de cœur qui voit tout perdu. Campés en présence de la mort, tenons-nous pour trahis, et nous le sommes : oui, Lucilius, nous lui sommes tous promis. Tout ce peuple que vous voyez, tout ce que vous imaginez d'hommes vivants sur ce globe, sera tout à l'heure rappelé par la nature et poussé dans la tombe; certain de son sort, on n'est incertain que du jour, et c'est au même terme que tôt ou tard il faut venir. Or, n'est-ce pas le comble de la pusillanimité et de la démence, que de solliciter avec tant d'instance un moment de répit? Ne mépriseriez-vous pas l'homme qui, au milieu de gens condamnés à mort comme lui, demanderait comme une grâce de tendre la gorge le dernier? Ainsi nous faisons tous; nous regardons comme un grand avantage de mourir plus tard. La peine capitale a été décernée contre tous, et décernée bien équitablement. Car, et telle est la grande consolation de qui va subir l'arrêt fatal, ceux dont la cause est la même ont le même sort. Livrés au bourreau par le juge ou le magistrat, nous le suivrions sans résistance, et nous présenterions la tête; où est la différence, dès que nous allons à la mort, que ce soit de force ou de gré?

Quelle folie, ô homme! et quel oubli de ta fragilité, si tu ne crains la mort que lorsqu'il tonne! Ton existence tient donc au sommeil de la foudre! Tu es sûr de vivre si tu lui échappes! Mais le fer, mais la pierre, mais la fièvre vont t'attaquer. Non, la foudre n'est pas le plus grand, mais bien le plus étourdissant des périls. Tu seras sans doute iniquement traité, si l'incalculable célérité de ta mort t'en dérobe le sentiment, si ton trépas est expié, si, même en expirant, tu n'es pas inutile au monde, si tu deviens pour lui le signe de quelque grand événement! Te voilà iniquement traité d'être enseveli avec la foudre! Mais tu trembles au fracas du ciel, un vain nuage te fait tressaillir; chaque fois que brille un éclair, tu te meurs. Eh bien! quoi? trouves-tu plus beau de mourir de peur que d'un coup de foudre? Ah! n'en sois que plus intrépide quand les cieux te menacent; et le monde dût-il s'embraser de toutes parts, songe que de cette masse immense tu n'as vraiment rien à perdre. Que si tu penses que c'est contre toi que s'apprête ce bouleversement de l'atmosphère, cette lutte des éléments; si c'est à cause de toi que les nuages amoncelés s'entrechoquent et retentissent; si c'est pour ta perte que jaillissent ces irrésistibles carreaux, accepte du moins comme consolation l'idée que ta mort mérite tout cet appareil. Mais cette idée même ne viendra pas à temps pour toi; de tels coups font grâce de la peur. Entre autres avantages, la foudre a celui de prévenir ton attente. L'explosion n'épouvante qu'après qu'on y a échappé.

---

cit. Alia varia sorte disponuntur : mors omnes æque vocat. Iratis diis propitiisque moriendum est; animus ex ipsa desperatione sumatur. Ignavissima animalia, quæ natura ad fugam genuit, ubi exitus non patet, tentant fugam corpore imbelli. Nullus perniciosior hostis est, quam quem audacem angustiæ faciunt; longeque violentius semper ex necessitate, quam ex virtute corruitur. Majora, aut certe paria conatur animus magnus ac perditus. Cogitemus nos, quantum ad mortem, proditos esse; et sumus. Ita est, Lucili. Omnes reservamur ad mortem. Totum hunc quem vides populum, quos usquam cogitas esse, cito natura revocabit et condet; nec de re, sed de die queritur. Eodem citius tardiusve veniendum est. Quid ergo? Non tibi timidissimus omnium videtur, et insipientissimus, qui magno ambitu rogat moram mortis? Nonne contemneres eum, qui inter perituros constitutus, beneficii loco peteret, ut ultimus cervicem præberet? Idem facimus. Magno æstimamus mori tardius. In omnes constitutum est capitale supplicium, et quidem constitutione justissima. Nam, quod maximum solet esse solatium extrema passuris, quorum eadem causa, sors eadem est. Sequeremur traditi a judice aut magistratu, et carnifici nostro præstaremus obsequium; quid inter-

est, utrum ad mortem jussi eamus, an ultronei! O te dementem, et oblitum fragilitatis tuæ, si tunc mortem times, quum tonat! Itane salus tua in hoc vertitur? Vives, si fulmen effugeris? Petet te gladius, petet lapis, petet febris. Non maximum ex periculis, sed speciosissimum fulmen est. Mole scilicet erit actum tecum, si sensum mortis tuæ celeritas infinita prævenerit, si mors tua procurabitur, si ne tunc quidem quum exspiras, supervacuus, sed alicujus magnæ rei signum es. Male scilicet tecum agitur, si cum fulmine conderis. Sed pavescis ad cœli fragorem, et ad inane nubium trepidas, et quoties aliquid effulsit, exspiras. Quid ergo? honestius judicas dejectione animi perire quam fulmine? Eo itaque fortior adversus cœli minas surge, et quum mundus undique exarserit, cogita te nihil habere de tanta mole perdendum. Quod si tibi parari credis illam cœli confusionem, illam tempestatum discordiam, si propter te ingestæ illisæque nubes strepunt, si in tuum exitium tanta vis ignium excutitur; at tu solatii loco numera tanti esse mortem tuam! Sed non erit huic cogitationi locus. Casus iste donat metum. Est inter cetera quoque hoc commodum ejus, quod exspectationem tuam antecedit. Nemo unquam fulmen timuit, nisi qui effugit.

LIVRE TROISIÈME.

PRÉFACE.

Je n'ignore pas, mon excellent ami, de quel vaste édifice je pose les fondements, à mon âge, moi qui veux parcourir le cercle de l'univers, et découvrir les principes des choses et leurs secrets, pour les porter à la connaissance des hommes. Quand pourrai-je mettre à fin tant de recherches, réunir tant de faits épars, pénétrer tant de mystères? La vieillesse est là qui me presse et me reproche les années sacrifiées à de vaines études; nouveau motif pour me hâter et pour réparer par le travail les lacunes d'une vie mal occupée. Joignons la nuit au jour, retranchons des soins inutiles; laissons là le souci d'un patrimoine trop éloigné de son maître; que l'esprit soit tout à lui-même et à sa propre étude, et qu'au moment où la fuite de l'âge est le plus rapide, nos regards se reportent du moins sur nous. Eh bien! oui : telle sera ma tâche assidue, et je saurai mesurer chaque jour la brièveté du temps. Tout ce que j'ai perdu peut se regagner par l'emploi sévère du présent. Le plus fidèle ami du bien, c'est l'homme que le repentir y ramène. Volontiers, m'écrierai-je avec un illustre poëte :

Un noble but m'enflamme, et pour mon œuvre immense
Je n'ai que peu de jours.....

Ainsi parlerais-je, même adolescent ou jeune encore; car il n'est si long avenir qui ne soit trop court pour de si grandes choses. Mais cette carrière sérieuse, difficile, infinie, c'est après le midi de ma vie que je l'ai abordée. Faisons ce qu'on fait en voyage; parti trop tard, on rachète le délai par la vitesse. Usons de diligence, et ce travail déjà si grand, qui restera inachevé peut-être, poursuivons-le sans donner notre âge pour excuse. Mon âme s'agrandit en présence de son entreprise gigantesque; elle envisage ce qu'elle doit faire encore, et non ce qui lui reste de vie. Des hommes se sont consumés à écrire l'histoire des rois étrangers, à raconter les maux que les peuples ont faits ou soufferts tour à tour. Combien n'est-il pas plus sage d'étouffer ses propres passions, que de raconter à la postérité celles des autres? Combien ne vaut-il pas mieux célébrer les œuvres de la divinité, que les brigandages d'un Philippe, d'un Alexandre et de leurs pareils, fameux par la ruine des nations, fléaux non moins funestes à l'humanité que ce déluge qui couvrit toutes les plaines, que cet embrasement général où périrent la plupart des êtres vivants? On sait nous dire comment Annibal a franchi les Alpes; comment il a porté en Italie une guerre imprévue, que les malheurs de l'Espagne rendaient encore plus redoutable; comment, acharné contre les Romains, après ses revers, après la ruine de Carthage, il erra de cour en cour, s'offrant pour général, demandant une armée et ne cessant, malgré sa vieillesse, de nous chercher la guerre dans tous les coins du monde; comme s'il eût pu se résigner à vivre sans patrie, mais non sans ennemis. Ah! plutôt enquérons-nous de ce qui doit se faire, au lieu de ce qui s'est fait, et enseignons aux hommes qui livrent leur sort à la fortune,

LIBER TERTIUS.

PRÆFATIO.

Non præterit me, Lucili virorum optime, quam magnarum rerum fundamenta ponam senex, qui mundum circuire constitui, et causas secretaque ejus eruere, atque aliis noscenda prodere. Quando tam multa consequar, tam sparsa colligam, tam occulta perspiciam? Premit a tergo senectus, et objicit annos inter vana studia consumtos; tanto magis urgeamus, et damna ætatis male exemtæ labor sarciat. Nox ad diem accedat; occupationes recidantur: patrimonii longe a domino jacentis cura solvatur; sibi totus animus vacet, et ad contemplationem sui saltem in ipso fugæ impetu respiciat! Faciet, ac sibi instabit, et quotidie brevitatem temporis metietur. Quidquid amissum est, id diligenti usu præsentis vitæ recolliget. Fidelissimus est ad honesta ex pœnitentia transitus. Libet mihi exclamare illum poetæ inclyti versum :

Tollimus ingentes animos, at maxima parvo
Tempore molimur.

Hoc dicerem, si puer juvenisve molirer. Nullum enim non tam magnis rebus tempus angustum est. Nunc vero ad rem seriam, gravem, immensam, post meridianas horas accessimus. Faciamus quod in itinere fieri solet. Qui tardius exierunt, velocitate pensant moram. Festinemus, et opus nescio an superabile, magnum certe, sine ætatis excusatione tractemus. Crescit animus, quoties cœpti magnitudinem attendit, et cogitat, quantum proposito, non quantum sibi supersit. Consumsere se quidam, dum acta regum externorum componunt, quæque passi invicem ausique sunt populi. Quanto satius est sua mala exstinguere, quam aliena posteris tradere? Quanto potius deorum opera celebrare, quam Philippi aut Alexandri latrocinia, ceterorumque, qui exitio gentium clari, non minores fuere pestes mortalium, quam inundatio, qua planum omne perfusum est, quam conflagratio, qua magna pars animantium exaruit? Quemadmodum Hannibal superaverit Alpes, scribunt; quemadmodum confirmatum Hispaniæ cladibus bellum Italiæ inopinatus intulerit; fractisque rebus etiam post Carthaginem perinax, reges pererraverit, contra Romanos ducem se promittens, exercitum petens; quemadmodum non desierit senex omnibus angulis bellum quærere. Adeo sine patria esse pati poterat, sine hoste non poterat. Quanto satius, quid faciendum sit, quam quid factum sit, quæ-

qu'il n'y a rien de stable dans ses dons, que tous s'échappent plus légers que les vents. Car elle ne sait point se fixer, elle se plait à verser les maux sur les biens, à confondre les ris et les larmes. Que personne donc ne se fie à la prospérité; que personne ne se décourage dans le malheur; triste ou riant, le sort a ses retours. Pourquoi tant d'allégresse? La puissance qui te porte si haut, tu ne sais pas où elle te laissera. Elle ne s'arrêtera pas à ton gré, mais au sien. Pourquoi cet abattement? Te voilà au fond de l'abime, c'est l'heure de te relever. De l'adversité on passe à de meilleurs destins, et du but désiré à un état moins doux. Il faut que ta pensée envisage ces vicissitudes communes et aux moindres maisons qu'un rien fait tomber ou s'élever, et aux maisons souveraines. On a vu des trônes sortis de la poussière dominer les maîtres dont ils relevaient d'abord, et d'antiques empires s'écrouler dans l'éclat même de leur gloire. Qui pourrait compter les puissances brisées les unes par les autres? Dans le même moment Dieu fait surgir celles-ci et abaisse celles-là, et ce n'est pas doucement qu'elles descendent; il les jette à bas de toute leur hauteur, sans qu'il reste d'elles un débris. Grands spectacles, pour nous qui sommes si petits! Car c'est souvent notre petitesse, plutôt que la nature des choses, qui nous les fait juger grandes. Qu'y a-t-il de grand ici-bas? Est-ce de couvrir les mers de ses flottes, de planter ses drapeaux sur les bords de la mer Rouge, et, quand la terre manque à nos dévastations, d'errer sur l'Océan à la recherche de plages inconnues? Non : c'est avoir vu tout ce monde par les yeux de l'esprit, et avoir remporté le plus beau triomphe, le triomphe sur ses vices. On ne saurait nombrer les hommes qui se sont rendus maîtres de villes, de nations entières; mais combien peu l'ont été d'eux-mêmes! Qu'y a-t-il de grand ici-bas? C'est d'élever son âme au-dessus des menaces et des promesses de la fortune; c'est de ne rien voir à espérer d'elle qui soit digne de nous. Qu'a-t-elle, en effet, qu'on doive souhaiter, quand, du spectacle des choses célestes, nos regards retombant sur la terre, n'y trouvent plus que ténèbres, comme quand on passe d'un clair soleil à la sombre nuit des cachots? Ce qu'il y a de grand, c'est une âme ferme et sereine dans l'adversité, qui accepte tous les événements comme si elle les eût désirés; et ne devrait-on pas les désirer, en effet, si l'on savait que tout arrive par les décrets de Dieu? Pleurer, se plaindre, gémir, c'est être rebelle. Ce qu'il y a de grand, c'est que cette âme, forte et inébranlable aux revers, repousse les voluptés, et même les combatte à outrance; qu'elle ne recherche ni ne fuie le péril; qu'elle sache se faire son destin sans l'attendre; qu'elle marche au-devant des biens comme des maux, sans trouble et sans inquiétude, et que, ni l'orageuse, ni la riante fortune ne la déconcerte! Ce qu'il y a de grand, c'est de fermer son cœur aux mauvaises pensées, de lever au ciel des mains pures; c'est, au lieu d'aspirer à des biens qui, pour aller jusqu'à vous, doivent être donnés ou perdus par d'autres, prétendre au seul trésor que nul ne vous disputera, la sagesse, quant à tous ces avantages, si fort prisés des mortels, il faut les regarder, si le hasard vous les apporte, comme devant s'échapper par où ils sont venus! Ce qu'il y a de grand, c'est

---

rere, ac docere eos, qui sua permisere fortunæ, nihil stabile ab illa datum esse, ejus omnia fluere aura mobilius? Nescit enim quiescere, gaudet lætis tristia sustinere, et utraque miscere. Itaque in secundis nemo confidat, in adversis nemo deficiat; alternæ sunt vices rerum. Quid exsultas? Ista quibus veheris in summum, nescis ubi te relictura sint; habebunt suum, non tuum, finem. Quid jaces? Ad imum delatus es; nunc est resurgendi locus. In melius adversa, in deterius optata flectuntur. Ista concipienda est animo varietas, non privatarum tantum domuum, quas levis casus impellit, sed etiam publicarum. Regna ex infimo coorta supra imperantes constiterunt. Vetera imperia in ipso flore cecidere. Iniri non potest numerus, quam multa ab aliis fracta sint : nunc cum maxime Deus alia exaltat, alia submittit, nec molliter ponit, sed ex fastigio suo nullas habitura reliquias jactat. Magna ista, quia parvi sumus, credimus. Multis rebus non ex natura sua, sed ex humilitate nostra, magnitudo est Quid præcipuum in rebus humanis est? Non classibus maria complesse, nec in Rubri maris litore signa fixisse, nec, deficiente terra, ad injurias aliorum errasse in Oceano, ignota quærentem; sed animo omne vidisse, et qua nulla est major victoria, vitia domuisse. Innumerabiles sunt, qui urbes, qui populos habuere in potestate; paucissimi, qui se. Quid est præcipuum? Erigere animum supra minas et promissa fortunæ, nihil dignum putare quod speres. Quid enim habet dignum, quod concupiscas? qui a divinorum conversatione quoties ad humana recideris, non aliter caligabis, quam quorum oculi in densam umbram ex claro sole rediere. Quid est præcipuum? Posse læto animo adversa tolerare; quidquid acciderit, sic ferre, quasi tibi volueris accidere. Debuisses enim velle, si scisses omnia ex decreto Dei fieri. Flere, queri, ingemere, desciscere est. Quid est præcipuum? Animus contra calamitates fortis et contumax, luxuriæ non adversus tantum, sed et infestus, nec avidus periculi nec fugax, qui sciat fortunam non expectare, sed facere, et adversus utramque intrepidus inconfususque prodire, nec illius tumultu, nec hujus fulgore percussus. Quid est præcipuum? non admittere in animum mala consilia, puras ad cœlum manus tollere; nullum petere bonum, quod ut ad te transeat, aliquis dare debet, aliquis amittere; optare, quod sine adversario optatur, bonam mentem; cetera magno æstimata mortalibus, etiamsi quis

de voir. tomber à ses pieds les traits du sort; c'est de se souvenir qu'on est homme; c'est, si l'on est heureux, de se dire qu'on ne le sera pas longtemps; malheureux, qu'on ne l'est plus dès qu'on croit ne pas l'être ! Ce qu'il y a de grand, c'est d'avoir son âme sur le bord des lèvres et prête à partir; on est libre alors non par droit de cité, mais par droit de nature. Etre libre, c'est n'être plus esclave de soi ; c'est avoir fui cette servitude de tout instant, qui n'admet point de résistance, qui pèse sur nous nuit et jour, sans trêve ni relâche. Qui est esclave de soi subit le plus rude de tous les jougs ; mais le secouer est facile : qu'on ne se fasse plus à soi-même mille demandes; qu'on ne se paie plus de son propre mérite ; qu'on se représente et sa condition d'homme et son âge, fût-on des plus jeunes; qu'on se dise : Pourquoi tant de folies, tant de fatigues, tant de sueurs? Pourquoi bouleverser le sol, assiéger le forum? J'ai besoin de si peu, et pour si peu de temps ! Voilà à quoi nous aidera l'étude de la nature qui, nous arrachant d'abord aux objets indignes de nous, donne ensuite à l'âme cette grandeur, cette élévation dont elle a besoin, et la soustrait à l'empire du corps. Et puis, l'intelligence exercée à sonder les mystères des choses ne dégénérera pas dans des questions plus simples. Or, quoi de plus simple que ces règles salutaires où l'homme puise des armes contre sa perversité, contre sa folie, qu'il condamne et ne peut quitter.

I. Parlons maintenant des eaux, et cherchons comment elles se forment. Soit, comme le dit Ovide,

Qu'une source limpide en flots d'argent s'épanche;

ou, comme dit Virgile,

Que des monts mugissants
Neuf sources à la fois lancent leurs flots puissants,
Mer grondante, qui presse une campagne immense.

ou, comme je le trouve dans vos écrits mêmes, mon cher Junior,

Qu'un fleuve de l'Élide en Sicile soit né ;

par quel moyen ces eaux sont-elles fournies à la terre ? Où tant de fleuves immenses alimentent-ils jour et nuit leur cours? Pourquoi quelques-uns grossissent-ils en hiver; pourquoi d'autres s'enflent-ils à l'époque où le plus grand nombre baisse? En attendant, nous mettrons le Nil hors de ligne, vu qu'il est d'une nature spéciale et exceptionnelle; nous ajournerons ce qui le concerne, pour traiter en détail des eaux ordinaires, tant froides que chaudes, et à l'occasion de ces dernières, nous chercherons si elles ont une chaleur naturelle ou acquise. Nous nous occuperons aussi de celles qu'ont rendues célèbres ou leur saveur ou une vertu quelconque. Car il en est qui soulagent les yeux, d'autres les nerfs; il en est qui guérissent radicalement des maux invétérés et dont les médecins désespéraient; quelques-unes cicatrisent les ulcères; celles-ci, prises en boisson, fortifient les organes intérieurs et adoucissent les affections du poumon et des autres viscères; celles-là arrêtent les hémorrhagies ; elles sont aussi variées dans leurs effets que dans leurs saveurs.

II. Les eaux sont toutes ou stagnantes ou cou-

---

domum casus attulerit, sic intueri, quasi exitura, qua venerint. Quid est præcipuum? Altos supra fortuita spiritus attollere : hominis meminisse, ut, sive felix eris, scias hoc non futurum diu ; sive infelix, scias hoc te non esse, si non putes. Quid est præcipuum? in primis labris animam habere. Hæc res efficit non e jure Quiritium liberum, sed e jure naturæ. Liber autem est, qui servitutem effugit sui. Hæc est assidua servitus, et ineluctabilis, et per diem ac noctem æqualiter premens, sine intervallo, sine commeatu. Sibi servire, gravissima servitus est, quam discutere facile est, si desieris multa te poscere, si desieris tibi referre mercedem, si ante oculos et naturam tuam posueris et ætatem, licet prima sit; ac tibi ipse dixeris : Quid insanio ? quid anhelo ? quid sudo? quid terram verso? quid forum viso? Nec multo opus est, nec diu. — Ad hoc proderit nobis inspicere rerum naturam; primo discedemus a sordidis, deinde animum ipsum, quo magno summoque opus est, seducemus a corpore. Deinde in occultis exercitata subtilitas non erit in aperto deterior. Nihil autem est apertius his salutaribus, quæ contra nequitiam nostram furoremque discuntur, quæ damnamus, nec ponimus.

I. Quæramus ergo de aquis, et investigemus qua ratione fiant : sive, ut ait Ovidius,

Fons erat illimis nitidis argenteus undis :

sive, ut ait Virgilius,

Unde per ora novem vasto cum murmure montis
It mare præruptum, et pelago premit arva sonanti :

sive, ut apud te, Junior carissime, invenio,

Elœus Siculis de fontibus exsilit amnis;

quæ ratio aquas subministret ; quomodo tot flumina ingentia per diem noctemque decurrant; quare alia hibernis aquis intumescant, alia in defectu ceterorum amnium crescant. Nilum interim seponamus a turba, propriæ naturæ et singularis : illi diem suum dabimus : nunc vulgares aquas prosequemur, tam frigidas quam calentes. In quibus quærendum erit, utrum calidæ nascantur, an flant. De ceteris quoque nobis disseremus, quas insignes aut sapor aut aliqua reddit utilitas. Quædam enim oculos, quædam nervos juvant, quædam inveterata et desperata a medicis vitia percurant. Quædam medentur ulceribus, quædam interiora fovent potu, et pulmonis ac viscerum querelas levant. Quædam supprimunt sanguinem; tam varius singulis usus, quam gustus est.

II. Aut stant omnes aquæ, aut fluunt; aut colliguntur, aut varias habent venas. Aliæ sunt dulces, aliæ variæ,

rantes; réunies par masses, ou distribuées en filets. On en voit de douces; on en voit de toutes sortes : il s'en rencontre d'âcres, de salées, d'amères et de médicinales; dans ces dernières nous rangeons les sulfureuses, les ferrugineuses, les alumineuses : la saveur indique la propriété. Elles ont encore de nombreuses différences, qu'on reconnaît au toucher : elles sont froides ou chaudes; au poids : elles sont pesantes ou légères; à la couleur : elles sont pures ou troubles, ou azurées, ou transparentes; enfin, à la salubrité : elles sont saines, salutaires, ou mortelles, ou pétrifiables. Il y en a d'extrêmement légères; il y en a de grasses; les unes sont nourrissantes, les autres passent sans soutenir le corps; d'autres procurent la fécondité.

III. Ce qui rend l'eau stagnante ou courante, c'est la disposition des lieux : elle coule sur les plans inclinés; en plaine, elle s'arrête immobile ; quelquefois le vent la pousse devant lui; il y a alors contrainte plutôt qu'écoulement. Les amas d'eau proviennent des pluies; les cours naturels naissent des sources. Rien n'empêche cependant que les deux phénomènes aient lieu sur le même point; témoin le lac Fucin, où se déchargent tous les ruisseaux qui coulent des montagnes circonvoisines. Mais il recèle aussi dans son bassin des sources abondantes; c'est pourquoi, quand les torrents de l'hiver s'y jettent, son aspect ne change pas.

IV. Examinons en premier lieu comment la terre peut fournir à l'entretien continuel des fleuves, et d'où sort une telle quantité d'eaux. On s'étonne que les fleuves ne grossissent pas sensiblement les mers; il ne faut pas moins s'étonner que tous ces écoulements n'appauvrissent pas sensiblement la terre. D'où vient que ses réservoirs secrets regorgent au point de toujours couler et de suppléer incessamment à ses pertes? La raison que nous donnerons pour les fleuves s'appliquera, quelle qu'elle soit, aux ruisseaux et aux fontaines.

V. Quelques auteurs prétendent que la terre réabsorbe toutes les eaux qu'elle épanche; et que, si la mer ne grossit jamais, c'est qu'au lieu de s'assimiler les courants qui s'y jettent, elle les restitue aussitôt. D'invisibles conduits les ramènent sous terre; on les a vus venir, ils s'en retournent secrètement; les eaux de la mer se filtrent pendant ce trajet; à force d'être agitées dans les sinuosités sans nombre de la terre, elles déposent leur amertume, et à travers les couches si variées du sol se dépouillent de leur saveur désagréable, pour se changer en eau tout-à-fait pure.

VI. D'autres estiment que la terre ne rend par les fleuves que les eaux fournies par les pluies; et ils apportent comme preuve la rareté des fleuves dans les pays où il pleut rarement. L'aridité des déserts de l'Éthiopie, et le petit nombre de sources qu'offre l'intérieur de l'Afrique, ils l'attribuent à la nature dévorante du climat, où l'été règne presque toujours. De là ces mornes plaines de sables, sans arbres, sans culture, à peine arrosées de loin à loin par des pluies que le sol absorbe aussitôt. On sait, au contraire, que la Germanie, la Gaule, et, après ces deux contrées, l'Italie, abondent en ruisseaux et en fleuves, parce que le

asperæ quippe interveniunt, falsæ amaræque aut medicatæ : ex quibus sulphuratas dicimus, ferratas, aluminosas. Indicat vim sapor. Habent præterea multa discrimina. Primum tactus; frigidæ calidæque sunt : deinde ponderis; leves et graves sunt : deinde coloris; puræ sunt et turbidæ, cæruleæ, lucidæ : deinde salubritatis; sunt enim salubres et utiles, sunt mortiferæ, sunt quæ cogantur in lapidem. Quædam tenues, quædam pingues; quædam alunt, quædam sine ulla bibentis ope transeunt, quædam haustæ fœcunditatem afferunt.

III. Ut stet aqua, aut fluat, loci positio efficit; in devexo fluit, in plano continetur et stagnat, et aliquando in adversum spiritu impellitur; tunc cogitur, non fluit. Colligitur ex imbribus; ex suo fonte nativa est. Nihil tamen prohibet eodem loco aquam colligi et nasci; quod in Fucino videmus in quem montis circumjecti, quicquid fudit, fluvii derivantur. Sed et magnæ latentesque in ipso venæ sunt; itaque etiam quum hiberni defluxere torrentes, faciem suam servat.

IV. Primum ergo quæramus, quomodo ad continuandos fluminum cursus terra sufficiat, unde tantum aquarum exeat. Miramur quod accessionem fluminum maria non sentiant. Æque mirandum est quod detrimenta exeuntium terra non sentit. Quid est quod illam sic impleverit, ut præbere tantum ex recondito possit, ac subinde sic suppleat? Quamcunque rationem reddiderimus de flumine, eadem erit rivorum ac fontium.

V. Quidam judicant, terram, quidquid aquarum emisit, rursus accipere, et ob hoc maria non crescere, quia quod influxit, non in suum vertunt, sed protinus reddunt. Occulto enim itinere subit terras, et palam venit, secreto revertitur, colaturque in transitu mare; quod per multiplices anfractus terrarum verberatum, amaritudinem ponit, et pravitatem saporis in tanta soli varietate exuit, et in sinceram aquam transit.

VI. Quidam existimant, quidquid ex imbribus terra concipit, in flumina rursus emitti. Et hoc argumenti loco ponunt, quod paucissima flumina sunt in his locis, in quibus rarus est imber. Ideo siccas esse aiunt Æthiopiæ solitudines, paucosque inveniri in interiore Africa fontes, quia fervida cœli natura sit, et pæne semper æstiva. Squallidæ itaque sine arbore, sine cultore arenæ jacent, raris imbribus sparsæ, quos statim combibunt. At contra constat, Germaniam Galliamque, et proxime ab his Ita-

climat dont elles jouissent est humide, et que l'été même n'y est pas privé de pluies.

VII. Vous voyez qu'à cette opinion on peut objecter bien des choses. D'abord, en ma qualité de vigneron qui sait son métier, je puis vous assurer que la pluie, si grande qu'elle soit, ne mouille jamais la terre à plus de dix pieds de profondeur. Toute l'eau est bue par la première couche, et ne descend point plus bas. Comment pourrait-elle alimenter des fleuves, cette pluie qui n'imbibe que la superficie du sol? Elle est en majeure partie entraînée dans la mer par le canal des fleuves. Bien peu en est absorbé par la terre, qui ne la garde pas; car ou la terre est altérée, et elle boit tout ce qui tombe, ou elle est saturée, et elle ne reçoit pas au-delà de ce qu'elle désirait. C'est pourquoi les premières pluies ne font pas grossir les rivières; la terre, trop sèche, attirant tout à elle. Comment d'ailleurs expliquer ces eaux qui s'échappent en fleuves des rochers et des montagnes? Quel tribut reçoivent-elles des pluies qui coulent le long de ces rocs dépouillés, sans trouver de terre qui les retienne? Ajoutez que des puits creusés dans les lieux les plus secs, à deux ou trois cents pieds, rencontrent d'abondantes veines d'eau à cette profondeur où la pluie ne pénètre point; preuve que ce ne sont pas là des eaux tombées du ciel, ou des amas stagnants, mais ce qu'on appelle vulgairement des eaux vives. L'opinion que je combats se réfute aussi par cette réflexion, que des sources jaillissent du sommet de certaines montagnes, sources évidemment poussées par une force d'ascension, ou nées sur le lieu même, puisque toute eau pluviale s'écoule bien plus bas.

VIII. Selon d'autres, de même qu'à la surface du globe s'étendent de vastes marais, de grands lacs navigables, et que d'immenses espaces sont envahis par les mers qui couvrent tous les lieux bas; de même l'intérieur de la terre est rempli d'eaux douces, stagnantes, comme nous voyons l'Océan et ses golfes, mais relativement plus considérables, les cavités souterraines étant plus profondes que celles de la mer. De ces inépuisables masses sortent nos grands cours d'eau. Doit-on s'étonner que la terre ne se sente pas appauvrie par ces fleuves, quand la mer ne s'en trouve pas enrichie?

IX. D'autres adoptent cette explication-ci, et disent : L'intérieur de la terre renferme des cavités profondes et beaucoup d'air qui, nécessairement, se refroidit dans l'ombre épaisse qui le comprime; cet air inerte et sans mouvement, ne pouvant plus maintenir son principe, finit par se convertir en eau. De même qu'au-dessus de nos têtes, de l'air ainsi modifié naît la pluie; de même se forment sous terre les fleuves et les rivières. L'air ne peut longtemps demeurer immobile et peser sur l'atmosphère; il est de temps à autre raréfié par le soleil, ou dilaté par les vents; aussi y a-t-il de longs intervalles d'une pluie à une autre. Quelle que soit la cause qui agisse sur l'air souterrain pour le changer en eau, elle agit sans cesse : c'est la perpétuité de l'ombre, la permanence du froid, l'inertie et la densité de cet air; les sources et les fleuves ne cesseront donc pas d'être alimentés.

---

liam, abundare rivis et fluminibus, quia cœlo humido utuntur, et ne æstas quidem imbribus caret.

VII. Adversus hæc multa dici posse vides. Primum ego tibi vinearum diligens fossor affirmo, nullam pluviam esse tam magnam, quæ terram ultra decem pedes in altitudinem madefaciat. Omnis humor intra primam crustam consumitur, nec in inferiora descendit. Quomodo ergo potest imber suggerere amnibus vires, qui summam humum tingit? Pars major ejus per fluminum alveos in mare aufertur. Exiguum est quod sorbet terra, nec id servat. Aut enim arida est, et absumit quidquid in se fusum est; aut satiata, si quid supra desiderium cecidit, excludit. Et ideo primis imbribus non augentur amnes, quia totos in se sitiens terra trahit. Quid, quod quædam flumina erumpunt saxis et montibus? His quid conferent pluviæ, quæ per nudas rupes deferuntur, nec habent terram cui insideant? Adjice, quod in siccissimis locis putei in altum acti, per ducenum aut trecenum pedum spatia, inveniunt aquarum uberes venas, in ea altitudine, in quam aqua non penetret; ut scias illic non cœlestem esse nec collectitium humorem, sed quod dici solet, vivam aquam. Illo quoque argumento hæc opinio refellitur, quod quidam fontes in summo montis cacumine redundant. Apparet ergo, illos sursum agi, aut ibi concipi, quum omnis aqua pluvialis decurrat.

VIII. Quidam existimant, quemadmodum in exteriore parte terrarum vastæ paludes jacent, magni et navigabiles lacus, quemadmodum ingenti spatio terræ maria porrecta sunt, infusa vallibus, sic interiora terrarum abundare aquis dulcibus, nec minus illas stagnare, quam apud nos Oceanum, et sinus ejus : immo eo latius, quo plus terra in altum patet. Ergo ex illa profunda copia isti amnes egeruntur; quos quid miraris si terra detractos non sentiat, quum adjectos maria non sentiant?

IX. Quibusdam hæc placet causa. Aiunt habere terram intra se cavos recessus, et multum spiritus, qui necessario frigescit, umbra gravi pressus. Deinde piger et immotus, in aquam, quum se desiit ferre, convertitur. Quemadmodum supra nos mutatio aeris imbrem facit, ita infra terras flumen aut rivum agit. Supra nos stare non potest segnis diu et gravis : aliquando enim sole tenuatur, aliquando ventis expanditur. Itaque intervalla magna imbribus sunt. Sub terra vero quidquid est, quod illum in aquam convertat, idem semper est, umbra perpetua, frigus æternum, inexercitata densitas : semper ergo præbebit fonti aut flumini causas. — Placet nobis terram esse

La terre, suivant nous, est susceptible de transmutation. Tout ce qu'elle exhale, n'ayant pas pris naissance dans un air libre, tend à s'épaissir et à se convertir promptement en eau.

X. Telle est la première cause de la formation des eaux dans l'intérieur du globe. Ajoutez que tous les éléments naissent les uns des autres : l'eau se change en air, et l'air en eau ; le feu se forme de l'air, et l'air du feu. Pourquoi la terre ne serait-elle pas de même produite par l'eau, et l'eau par la terre? Si la terre peut se convertir en air et en feu, à plus forte raison peut-elle se changer en eau. La terre et l'eau sont homogènes, toutes deux pesantes, denses, et reléguées dans la région inférieure du monde. L'eau produit de la terre, pourquoi la terre ne produirait-elle pas de l'eau? — Mais les fleuves sont si considérables! — Si grands que vous les trouviez, voyez aussi de quel grand corps ils sortent. Vous êtes surpris que les fleuves, qui ne cessent de couler, et quelques-uns rapidement, trouvent, pour s'alimenter, une eau toujours nouvelle et toujours prête. Et pourquoi n'êtes-vous pas surpris que l'air, malgré les vents qui le poussent dans toutes ses parties, non-seulement ne s'épuise pas, mais coule jour et nuit avec le même volume? Et pourtant il ne court pas comme les fleuves dans un canal déterminé ; il embrasse dans son vaste essor l'espace immense des cieux. Pourquoi n'êtes-vous pas surpris qu'il survienne toujours de nouvelles vagues après les vagues sans nombre qui se sont brisées sur la grève? Ce qui revient sur soi-même ne s'épuise pas. Tous les éléments sont soumis à ces retours alternatifs. Les pertes de l'un vont toutes enrichir l'autre ; et la nature semble tenir ses différentes parties dans la balance, de peur que l'équilibre une fois troublé, l'univers ne tombe dans le chaos. Toutes se retrouvent dans chacune. Non-seulement l'air se change en feu, mais il n'existe jamais sans feu : ôtez-lui la chaleur, il devient concret, immobile et solide. L'air passe à l'état d'eau ; et jamais il n'existe sans ce liquide. La terre se convertit en air et en eau ; mais elle n'est jamais sans eau, non plus que sans air. Et ces transmutations sont d'autant plus faciles, que l'élément à naître est déjà mêlé au premier. Ainsi la terre contient de l'eau, et elle la fait sortir ; elle renferme de l'air, que l'ombre et le froid condensent et font se résoudre en eau ; elle-même est liquéfiable ; ce sont ses propres ressources qu'elle met en œuvre.

XI. « Mais, direz-vous, si les causes d'où proviennent les fleuves et les sources sont permanentes, pourquoi ces cours d'eau tarissent-ils parfois? Pourquoi se montrent-ils dans des endroits où l'on n'en voyait point? » Souvent un tremblement de terre dérange leurs directions ; un éboulement leur coupe le passage, les force, en les retenant, à se chercher une issue nouvelle, qu'ils s'ouvrent par une irruption sur un point quelconque ; ou bien la secousse même du sol les transporte ailleurs. Il arrive souvent en ce pays que des rivières, qui ne retrouvent plus leur lit, refluent d'abord et ensuite se fraient une route pour remplacer celle qu'elles ont perdue. Ce phénomène, dit Théophraste, eut lieu au mont Coryque, où, après un tremblement de terre, on vit jaillir des sources jusqu'alors inconnues. On fait encore intervenir d'autres causes accidentelles qu'on sup-

mutabilem. Hoc quoque quidquid efflavit, quia non aere libero concipitur, crassescit, et protinus in humorem convertitur.

X. Habes primam aquarum sub terra nascentium causam. Adjicias etiam licet, quod fiant omnia ex omnibus. Ex aqua aer; ex aere aqua; ignis ex aere; ex igne aer. Quare ergo non terra fiat ex aqua, et ex terra aqua? quæ si in alia mutabilis est, et in aquam : immo maxime in hanc. Utraque cognata res est, utraque gravis, utraque densa, utraque in extremum mundi compulsa. Ex aqua terra fit. Cur non aqua fiat e terra? At magna flumina sunt. Quum videris quanta sunt, rursus ex quanto prodeant, aspice. Miraris, quum labantur assidue, quædam vero concitata rapiantur, quæ præsto sit illis semper aqua nova? Quid si mireris, quod quum venti totum aera impellant, non deficit spiritus, sed per dies noctesque æqualiter fluit, nec, ut flumina, certo alveo fertur, sed per vastum cœli spatium lato impetu vadit? Quid si ullam undam superesse mireris, quæ superveniat tot fluctibus fractis? Nihil deficit quod in se redit. Omnium elementorum alterni recursus sunt. Quidquid alteri perit, in alterum transit. Et natura partes suas velut in ponderibus constitutas examinat, ne portionum æquitate turbata, mundus præponderet. Omnia in omnibus sunt. Non tantum aer in ignem transit, sed nunquam sine igne est. Detrahe illi calorem; rigescet, stabit, durabitur. Transit aer in humorem ; sed nihilominus non sine humore. Et aera et aquam facit terra; sed non magis unquam sine aqua est, quam sine aere. Et ideo facilior invicem transitus est, quia illis, in quæ transeundum est, jam mixta est. Habet ergo terra humorem; hunc exprimit. Habet aera; hunc umbra hiberni frigoris densat, ut faciat humorem. Ipsa quoque mutabilis est in humorem; natura sua utitur.

XI. « Quid ergo? inquis, si perpetuæ sunt causæ, quibus flumina oriuntur, ac fontes, quare aliquando siccantur, aliquando quibus non fuere locis exeunt? » Sæpe motu terrarum itinera turbantur, et ruina interscindit aquas, quæ retentæ novos exitus quærunt, et aliquo impetu faciunt, aut ipsius quassatione terræ aliunde alio transferuntur. Apud nos evenire solet, ut amisso canali suo flumina primum refundantur, deinde quia perdiderunt viam, faciant. Hoc accidisse ait Theophrastus in Coryco monte, in quo post terrarum tremorem nova via

pose capables de faire jaillir des sources, ou de détourner et de faire varier leur cours. Le mont Hémus était jadis dépourvu d'eau; mais une peuplade gauloise, assiégée par Cassandre, s'étant retranchée sur cette montagne, dont elle abattit les forêts, on découvrit de l'eau en abondance, que, sans doute, les arbres absorbaient pour s'en alimenter. Ces arbres coupés, l'eau qu'ils ne consommaient plus parut à la surface du sol. Le même auteur dit qu'une découverte semblable se fit aux environs de Magnésie. Mais, n'en déplaise à Théophraste, j'oserai dire que le fait n'est pas vraisemblable; car les lieux les plus ombragés sont communément les plus riches en eau; ce qui n'arriverait pas, si les arbres absorbaient les eaux : or, ceux-ci s'alimentent de l'humidité qui imbibe la couche supérieure du sol, tandis que la source des fleuves est dans des couches intérieures, trop profondes pour que les racines des arbres y puissent atteindre. Ensuite, les arbres coupés n'en ont que plus besoin d'eau; il leur en faut non seulement pour vivre, mais encore pour prendre une nouvelle croissance. Théophraste rapporte encore qu'aux environs d'Arcadia, ville de Crète, qui n'existe plus, les lacs et les sources tarirent, parce qu'on cessa de cultiver le territoire après la destruction de la ville; quand les cultivateurs revinrent, les eaux reparurent. Il donne pour cause de ce dessèchement le resserrement du sol, qui s'était durci, et qui, n'étant plus remué, ne pouvait plus donner passage aux pluies. Pourquoi donc voyons-nous des sources nombreuses aux lieux les plus déserts? Il y a beaucoup plus de terrains cultivés à cause de leurs eaux, que de terrains où l'eau n'est venue qu'avec la culture. Ce n'est pas de l'eau pluviale qui roule en fleuves immenses, navigables dès leur source; ce qui le prouve, c'est que l'été comme l'hiver leur source verse la même quantité d'eau. La pluie peut former un torrent, et non pas ces fleuves qui coulent entre leurs rives d'un cours égal et soutenu ; elle ne les forme pas, mais elle les grossit.

XII. Reprenons la chose de plus haut, si bon vous semble, et vous verrez que rien ne vous embarrassera plus si vous examinez de près la véritable origine des fleuves. Un fleuve est le produit d'un volume d'eau qui s'épanche sans interruption. Or, si vous me demandez comment se forme cette eau, je vous demanderai, moi, comment se forme l'air ou la terre? S'il existe quatre éléments, vous ne pouvez demander d'où vient l'eau, puisqu'elle est un des quatre éléments. Pourquoi s'étonner qu'une portion si considérable de la nature puisse fournir à des écoulements perpétuels? De même que l'air, qui est aussi l'un des quatre éléments, produit les vents et les orages, de même l'eau produit les ruisseaux et les fleuves. Si le vent est un cours d'air, le fleuve est un cours d'eau. J'attribue à l'eau assez de puissance, quand je dis : C'est un élément. Vous comprenez que ce qui vient d'une pareille source ne saurait tarir.

XIII. L'eau, dit Thalès, est le plus puissant des éléments, le premier en date, celui par qui tout a pris vie. Nous pensons comme Thalès, au moins sur le dernier point. En effet, nous prétendons que le feu doit s'emparer du monde entier

fontium emersit. Sed et alios quoque casus intervenire quidam opinantur, qui aliter evocent aquas, aut a cursu suo dejiciant, atque avertant. Fuit aliquando aquarum inops Hæmus; sed quum Gallorum gens a Cassandro obsessa in illum se contulisset, et silvas cecidisset, ingens aquarum copia apparuit, quas videlicet in alimentum suum nemora ducebant; quibus excisis, humor, qui desiit in arbusta consumi, superfusus est. Idem ait et circa Magnesiam accidisse. Sed pace Theophrasti dixisse liceat, non hoc est simile veri; quia fere aquosissima sunt quæcumque umbrosissima. Quod non eveniret, si aquas arbusta siccarent, quibus alimentum ex proximo est; fluminum vero vis ex intimo manat, unde radicibus evagari licet. Deinde succisæ arbores plus humoris desiderant. Non enim tantum id quo vivant, sed et id quo crescant, trahunt. Idem ait, circa Arcadiam, quæ urbs in Creta insula fuit, fontes et lacus substitisse, quia desierit coli terra, diruta urbe; postea vero quam cultores receperit, aquas quoque recepisse. Causam siccitatis hanc ponit, quod obduruerit constricta tellus, nec potuerit imbres inagitata transmittere. Quomodo ergo plurimos videmus in locis desertissimis fontes? Plura denique invenimus, quæ propter aquas coli cœperunt, quam quæ aquas habere cœperint, quia colebantur. Non enim esse pluvialem hanc aquam, quæ vastissima flumina a fonte statim, magnis apta navigiis defert, ex hoc intelligas licet, quod per hiemem æstatemque par est a capite dejectus. Pluvia potest facere torrentem ; non potest autem æquali inter ripas suas tenore labentem aquam : non faciunt imbres, sed incitant.

XII. Paulo repetamus hoc altius, si videtur; et scies non habere quod quæras, quum ad veram amnium originem accesseris. Flumen nempe fecit copia cujusque aquæ perennis. Ergo si quæris a me, quomodo aqua fiat, interrogabo invicem, quomodo aer fiat, aut terra. Si rerum elementa sunt quatuor, non potes interrogare unde aqua sit : quarta enim pars est naturæ. Quid ergo miraris, si rerum naturæ portio tam magna potest ex se semper aliquid effundere? Quomodo aer, et ipse quarta pars mundi, ventos et auras movet, sic aqua rivos et flumina. Ventus est fluens aer, et flumen est fluens aqua. Satis multum illi virium dedi, quum dixi, elementum est. Intelligis, quod ab illo proficiscitur, non posse deficere.

XIII. Aqua, ait Thales, valentissimum elementum est; hoc fuisse primum putat, ex hoc surrexisse omnia. Sed et nos quoque aut in eadem sententia, aut in ultima

et convertir tout en sa propre substance, puis s'évaporer, s'affaisser, s'éteindre et ne rien laisser autre chose dans la nature que l'eau; qu'en un mot l'eau recèle l'espoir du monde futur. Ainsi périra par le feu cette création dont l'eau redeviendra le principe. Etes-vous surpris que des fleuves sortent incessamment d'un élément qui a tenu lieu de tout, et duquel tout est sorti? Quand les éléments furent séparés les uns des autres, l'eau fut réduite au quart de l'univers, et placée de manière à suffire à l'écoulement des fleuves, des ruisseaux, des fontaines. Mais voici une idée absurde de ce même Thalès. Il dit que la terre est soutenue par l'eau dans laquelle elle vogue comme un navire; qu'à la mobilité d'un tel support sont dues les fluctuations qu'on appelle tremblements de terre. Ce ne sera donc pas merveille qu'il y ait assez d'eau pour alimenter les fleuves, si tout le globe est dans l'eau. Ce système grossier et suranné n'est que risible; vous ne sauriez admettre que l'eau pénètre notre globe par ses interstices, et que la cale est entr'ouverte.

XIV. Les Égyptiens reconnaissent quatre éléments; puis ils les divisent chacun en mâle et femelle. L'air mâle est le vent; l'air femelle est celui qui est nébuleux et stagnant. L'eau de la mer est mâle; toutes les autres sont femelles. Le feu mâle c'est celui qui brûle et flamboie; la partie lumineuse et inoffensive est la femelle. Les portions résistantes de la terre s'appellent mâles : tels sont les rochers et les pierres; ils qualifient de terre femelle celle qui se prête à la culture.

XV. Il n'y a qu'une mer, et elle existe depuis l'origine des choses; elle a ses conduits, qui donnent lieu à ses courants et à son flux. L'eau douce a, comme la mer, d'immenses canaux souterrains qu'aucun fleuve n'épuisera. Le secret de ses ressources nous échappe; elle ne jette au dehors que son superflu. J'admets quelques-unes de ces assertions; mais voici ce que je pense en outre. Il me semble que la nature a organisé le globe comme le corps humain, qui a ses veines et ses artères pour contenir, les unes le sang, les autres l'air; de même la terre a des canaux différents pour l'air et pour l'eau qui circulent en elle. La conformité est si grande entre la masse terrestre et le corps humain, que nos ancêtres même en ont tiré l'expression de veines d'eau. Mais comme le sang n'est pas le seul fluide qui soit en nous, comme il s'y trouve bien d'autres humeurs toutes diverses, les unes essentielles à la vie, les autres viciées, d'autres plus épaisses, telles que dans le crâne, la cervelle; dans les os, la moelle; puis les mucosités, la salive, les larmes, et ce liquide lubrifiant qui rend plus prompt et plus souple le jeu des articulations; ainsi la terre renferme plusieurs variétés d'humeurs, dont quelques-unes en mûrissant se durcissent. De là tout ce qui est terre métallique, d'où la cupidité tire l'or et l'argent; de là tous les liquides qui se convertissent en pierre. En certains lieux, la terre détrempée avec l'eau se liquéfie et se change en bitume ou autres substances analogues. Ainsi se forment les eaux selon les lois et l'ordre naturels. Au reste, ces

sumus. Dicimus enim ignem esse, qui occupet mundum, et in se cuncta convertat. Hunc evanidum considere, et nihil relinqui aliud in rerum natura, igne restincto, quam humorem; in hoc futuri mundi spem latere. Ita ignis exitus mundi est, humor primordium. Miraris amnes ex hoc posse exire semper, qui pro omnibus fuit, et ex quo sunt omnia? Hic humor in diductione rerum ad quartas redactus est, sic positus, ut fluminibus edendis sufficere, ut rivis, ut fontibus posset. Quæ sequitur, Thaletis inepta sententia est. Ait enim, terrarum orbem aqua sustineri, et vehi more navigii, mobilitateque ejus fluctuare, tunc quum dicitur tremere. Non est ergo mirum, si abundat humor ad flumina fundenda, quum mundus in humore sit totus. Hanc veterem et rudem sententiam explode. Nec est quod credas, in hunc orbem aquam subire per rimas et facere sentinam.

XIV. Ægyptii quatuor elementa fecere; deinde ex singulis bina, marem et feminam. Aerem marem judicant, qua ventus est; feminam qua nebulosus et iners. Aquam virilem vocant mare, muliebrem omnem aliam. Ignem virilem vocant masculum, qua ardet flamma ; et feminam, qua lucet innoxius tactu. Terram fortiorem marem vocant, saxa cautesque : feminæ nomen assignant huic tractabili ad culturam.

XV. Mare unum est, ab initio scilicet ita constitutum; habet suas venas, quibus impellitur atque æstuat. Quomodo maris, sic et hujus aquæ mitioris vasta in occulto via est, quam nullius fluminis cursus exhauriet. Abdita est virium ejus ratio. Tantum ex illa, quantum superfluum fit, emittitur. Quædam ex istis sunt, quibus assentire possumus; sed hoc amplius censeo. Placet natura regi terram : et quidem ad nostrorum corporum exemplar, in quibus et venæ sunt et arteriæ : illæ sanguinis, hæ spiritus receptacula. In terra quoque sunt alia itinera, per quæ aqua; et alia, per quæ spiritus currit · adeoque illam ad similitudinem humanorum corporum natura formavit, ut majores quoque nostri aquarum appellaverint venas. Sed quemadmodum in nobis non tantum sanguis est, sed multa genera humoris, alia necessarii, alia corrupti, ac paulo pinguioris, in capite cerebrum, in ossibus medullæ, muci, salivæque et lacrymæ, et quiddam additum articulis, per quod citius flectantur ex lubrico; sic in terra quoque sunt humoris genera complura, quædam quæ matura durentur. Hinc est omnis metallorum humus, ex quibus aurum argentumque petit avaritia; et quæ in lapidem ex liquore vertuntur. In quibusdam vero locis terra humorque liquescit, sicut bitumen, et cetera huic similia. Hæc et causa aquarum, secundum legem na-

humeurs, comme celles de nos corps, sont sujettes à se vicier : un choc, une secousse quelconque, l'épuisement du sol, le froid, le chaud, en altéreront la nature; ou le soufre, en s'y mêlant, les congèlera plus ou moins promptement. Dans le corps humain, une fois la veine ouverte, le sang coule jusqu'à ce qu'il soit épuisé, ou que l'incision soit fermée, ou que le sang rétrograde par quelque autre cause. De même les veines de la terre une fois déchirées et ouvertes, il en sort des ruisseaux ou des fleuves, selon la grandeur de l'orifice et les moyens d'écoulement. Tantôt il survient un obstacle qui tarit la source; tantôt la déchirure se cicatrise pour ainsi dire et ferme l'issue qu'elle offrait; d'autres fois la terre, que nous avons dite être transmuable, cesse de fournir des matières propres à se liquéfier; d'autres fois aussi les pertes se réparent ou par des forces naturelles, ou par des secours venus d'ailleurs; car souvent un endroit vide, placé à côté d'un endroit plein, attire à soi le liquide; et souvent la terre, portée à changer d'état, se fond et se résout en eau. Il s'opère sous la terre le même phénomène que dans les nuées : l'air s'épaissit, et dès lors, trop pesant pour ne pas changer de nature, il devient eau. Souvent encore les gouttelettes éparses d'un fluide délié se rassemblent, comme la rosée, et se réunissent dans un réservoir commun. Les fontainiers donnent le nom de sueur à ces gouttes que fait sortir la pression du terrain, ou que fait transpirer la chaleur. Mais ces faibles écoulements formeront tout au plus une source. Il faut des causes puissantes et de vastes réservoirs pour engendrer un fleuve. Il sort paisible, si l'eau n'est entraînée que par son propre poids; impétueux et déjà bruyant, si l'eau est chassée par l'air qui s'y trouve mêlé.

XVI. Mais d'où vient que certaines fontaines sont pleines six heures durant, et à sec pendant six autres heures? Il serait superflu d'énumérer tous les fleuves qui grossissent dans certains mois, et le reste du temps n'ont que très-peu d'eau, ou de chercher les causes de chaque phénomène, quand la même peut s'appliquer à tous. De même que la fièvre quarte a ses heures réglées, la goutte ses époques fixes, les menstrues, si rien ne les arrête, leurs retours périodiques, et que l'enfant naît au mois où il est attendu; de même les eaux ont leurs intervalles pour disparaître et pour se représenter. Ces intervalles sont parfois plus courts, et dès lors plus sensibles; parfois plus longs, mais toujours réguliers. Faut-il s'en étonner, quand on voit l'ordre de l'univers et la marche invariable de la nature? Jamais l'hiver ne se trompe d'époque; l'été ramène ses chaleurs au temps prescrit; l'automne et le printemps les remplacent tous deux à leur tour; et le solstice et l'équinoxe reviennent à jour fixe. La nature régit le monde souterrain par des lois moins connues de nous, mais non moins constantes. Il faut admettre pour l'intérieur du globe tout ce qu'on voit à la surface. Là aussi sont de vastes cavernes, des abîmes immenses, et de larges vallées creusées sous des montagnes suspendues. Là sont des

---

turæ voluntatemque nascentium. Ceterum ut in nostris corporibus, ita in illa sæpe humores vitia concipiunt; aut ictus, aut quassatio aliqua, aut loci senium, aut frigus, aut æstus, corrupere naturam; et sulphuratio contraxit humorem, qui modo diuturnus est, modo brevis. Ergo ut in corporibus nostris sanguis, quum percussa vena est, tamdiu manat, donec omnis effluxit, aut donec venæ scissura subsedit, atque interclusit, vel aliqua alia causa retro dedit sanguinem : ita in terra, solutis ac patefactis venis, rivus aut flumen effunditur. Interest, quantum aperta sit vena, quomodo consumta aqua sit. Modo exsiccatur aliquo impedimento, modo coit velut in cicatricem, comprimitque quam fecerat viam : modo illa vis terræ, quam esse mutabilem diximus, desinit posse alimenta in humorem convertere : aliquando autem exhausta replentur, modo per se viribus recollectis, modo aliunde translatis. Sæpe enim inania apposita plenis humorem in se attrahunt. Sæpe transire facilis in aliud ipsa terra in tabem resolvitur, et humescit. Idem evenit sub terra, quod in nubibus, ut spisseque, graviorque quam ut manere in natura sua possit, gignat humorem. Sæpe colligitur roris modo, tenuis et dispersus liquor, qui ex multis in unum locis confluit. Sudorem aquileges vocant, quia guttæ quædam vel pressura loci eliduntur, vel æstu evocantur. Hæc tenuis unda vix fonti sufficit. At ex magnis causis, magnisque conceptibus excidunt amnes; nonnunquam leviter, si aqua pondere suo se tantum detulit; nonnunquam vehementer et cum sono suo, si illam spiritus intermixtus ejecit.

XVI. Sed quare quidam fontes senis horis pleni, senisque sicci sunt? Supervacuum est nominare singula flumina, quæ certis mensibus magna, certis angusta sunt, et occasionem singulis quærere, quum possint eamdem causam omnibus reddere. Quemadmodum quartana ad horam venit, quemadmodum podagra ad tempus respondet, quemadmodum purgatio, si nihil obstitit, statum diem servat, quemadmodum præsto est ad mensem suum partus; sic aquæ intervalla habent, quibus se recipiant, et quibus reddant. Quædam autem intervalla minora sunt, et ideo notabilia; quædam majora, nec minus certa. Et quid hoc mirum est, quum videas ordinem rerum et naturam per constituta procedere? Hiems nunquam aberravit. Æstus suo tempore incanduit. Autumni, verisque, ut solet, facta mutatio est. Tam solstitium, quam æquinoctium, suos dies retulit. Sunt et sub terra minus nota nobis jura naturæ, sed non minus certa. Crede infra, quidquid vides supra. Sunt et illic specus vasti, sunt ingentes recessus, et spatia suspensis hinc et inde montibus laxa. Sunt abrupti in infinitum hiatus, qui sæpe illapsas urbes receperunt, et ingentem in alto ruinam condide-

gouffres béants et sans fond, où souvent s'engloutirent des villes entières, où d'énormes débris sont profondément ensevelis. Ces cavités sont pleines d'air, car le vide n'existe pas, et des étangs occupent leur ténébreuse étendue. Il y naît aussi des animaux, mais pesants et informes, à cause de l'air épais et sombre où ils sont conçus, et des eaux stagnantes où ils vivent : la plupart sont aveugles, comme les taupes et les rats souterrains qui n'ont pas d'yeux, parce qu'ils leur seraient inutiles. Enfin Théophraste affirme qu'en certains pays on tire de terre des poissons.

XVII. Ici mille objections vous seront suggérées par l'invraisemblance du fait que poliment vous vous bornerez à traiter de fable : comment croire qu'on aille à la pêche sans filets, sans hameçons, la pioche à la main? Il ne manque plus, direz-vous, que d'aller chasser dans la mer. Mais pourquoi les poissons ne passeraient-ils pas sur notre élément? Ne passons-nous pas sur le leur? Ce ne sera qu'un échange. Le phénomène vous étonne! Et tout ce que fait le luxe n'est-il pas bien plus incroyable, alors qu'il imite ou qu'il surpasse la nature? Les poissons nagent dans la salle du festin; on les prend sous la table même pour les y servir l'instant d'après. Le mulet n'est pas assez frais, s'il ne meurt dans la main du convive. On présente les mulets dans des vases de verre, on observe quelle est leur couleur dans leur agonie, par quelles nombreuses nuances les fait passer cette lutte de la vie qui s'éteint; d'autres fois on les fait mourir dans le *garum*, et on les confit tout vivants. Après quoi on traite de fable l'existence des poissons souterrains, qui s'ex-

hument et ne se pêchent pas. N'est-il pas plus invraisemblable que des poissons nagent dans la sauce, qu'on tue au milieu d'un service ceux mêmes qu'on ne veut pas servir, qu'on se délecte longtemps de les voir mourir, et qu'on rassasie ses yeux avant son palais?

XVIII. Souffrez que j'oublie un instant mon sujet pour m'élever contre la sensualité du siècle. Rien de plus beau, dit-on, qu'un mulet expirant. Dans cette lutte, où son dernier souffle s'exhale, il se colore d'un rouge vif, qui peu après vient à pâlir : quelle succession ménagée de nuances, et que de fois ses teintes changent entre la vie et la mort! Elle a été longue, la léthargie où sommeillait le génie des cuisines! Qu'il s'est éveillé tard, et que tard il s'est aperçu des restrictions qui le sevraient de tant de délices! Un si grand, un si merveilleux spectacle avait fait jusque-là le plaisir des seuls pêcheurs. Qu'ai-je besoin d'un poisson tout cuit, qui ne vit plus? Qu'il meure dans l'assaisonnement même. Nous admirions jadis qu'il y eût des gens assez difficiles pour ne pas toucher à un poisson qui ne fût du jour même, et, comme ils disent, qui ne sentit encore la mer. Aussi l'amenait-on en grande hâte, et les porteurs de marée, qui accouraient hors d'haleine et avec de grands cris, voyaient tout s'écarter devant eux. Où n'a-t-on pas poussé le raffinement? Le poisson d'aujourd'hui, s'il a cessé de vivre, est déjà gâté pour eux. — C'est aujourd'hui qu'on l'a pêché. — Je ne saurais me fier à vous sur un point de cette importance. Je ne dois en croire que moi-même : qu'on l'apporte ici; qu'il meure sous mes yeux. Le palais de nos gourmets est devenu si dé-

runt. Hæc spiritu plena sunt, nihil enim usquam inane est, et stagna obsessa tenebris et locis amplis. Animalia quoque illis innascuntur, sed tarda et informia : ut in aere cæco pinguique concepta, et in aquis torpentibus si u ; pleraque ex his cæca, ut talpæ et subterranei mures, quibus deest lumen, quia supervacuum est. Inde ut Theophrastus affirmat, pisces quibusdam locis eruuntur.

XVII. Multa hoc loco tibi in mentem veniunt, quæ urbane in re incredibili fabulam dicas; non cum retibus aliquem, aut cum hamis, sed cum dolabra ire piscatum. Exspecto ut aliquis in mari venetur. Quid est autem, quare pisces in terram non transeant, si nos maria transimus? Permutabimus sedes. Hoc miraris accidere; quanto incredibiliora sunt opera luxuriæ, quoties naturam aut mentitur, aut vincit? In cubili natant pisces, et sub ipsa mensa capitur, qui statim transferatur in mensam. Parum videtur recens mullus, nisi qui in convivæ manu moritur. Vitreis ollis inclusi offeruntur, et observatur morientium color, quem in multas mutationes mors luctante spiritu vertit; alios necant in garo, et condiunt vivos. Hi sunt qui fabulas putant, piscem vivere posse sub terra, et effodi, non capi! Quam incredibile illis videretur, si

audirent natare in garo piscem, nec cœnæ causa occisum esse super cœnam, quum multum in deliciis fuit, et oculos, antequam gulam, pavit!

XVIII. Permitte mihi, quæstione seposita, castigare luxuriam! Nihil est, inquit, mullo exspirante formosius. Ipsa colluctatione animam efflanti rubor primum, deinde pallor suffunditur; quam æque variatur et in ceteras facies inter vitam et mortem coloris! Est vacatio longa somniculosæ inertisque luxuriæ. Qua sero expressa, sero circumscribi et fraudari tanto bono sensit! Hoc adhuc tanto spectaculo et tam pulchro piscatores fruebantur. Quo coctum piscem? quo exanimem? in ipso ferculo exspiret. Mirabamur tantum in illis esse fastidium, ut nollent attingere nisi eodem die captum piscem, qui, ut aiunt, saperet ipsum mare. Ideo cursu advehebatur, ideo gerulis cum anhelitu et clamore properantibus dabatur via. Quo pervenere deliciæ? Jam pro putrido his est piscis hodie occisus. Hodie eductus est. Nescio de re magna tibi credere. Ipse oportet mihi credam; hic afferatur, coram me animam agat! Ad hunc fastum pervenere ventres delicatorum, ut gustare non possint piscem, nisi quem in ipso convivio natantem palpitantemque viderint.

licat, qu'ils ne peuvent goûter le poisson s'ils ne l'ont vu dans le repas même nager et palpiter. Tout ce que gagne de nouvelles ressources un luxe bientôt à bout d'inventions, est prodigué en combinaisons chaque jour plus subtiles, en élégances plus extravagantes, dédaigneux qu'on est des recettes connues. On nous disait hier : Rien de meilleur qu'un mulet de rocher ; on nous dit aujourd'hui : Rien de plus charmant qu'un mulet qui expire. Passez-moi le bocal ; que je l'y voie tressaillir et palpiter. Après un long et pompeux éloge, on le tire de ce vivier de cristal ; alors quelque fin connaisseur en fait la démonstration : voyez comme il s'allume d'un pourpre éclatant, plus vif que le plus beau carmin ; voyez ces veines qui courent le long de ses flancs ; voyez : ne croiriez-vous pas ce ventre ensanglanté ; et ce reflet d'azur qui a brillé comme l'éclair ! Le voilà qui se raidit, qui devient pâle ; toutes ses couleurs n'en font plus qu'une seule. Pas un de ces spectateurs n'assiste à l'agonie d'un ami ; pas un n'a la force de voir la mort d'un père, cette mort qu'il a souhaitée. Combien peu suivent jusqu'au bûcher le corps d'un parent ! On délaisse un frère, un proche à sa dernière heure ; et à la mort d'un mulet on accourt en foule. Est-il, en effet, une plus belle chose ? Non, je ne puis m'empêcher de hasarder quelquefois des termes qui pourraient paraître impropres : on n'a pas assez, pour l'orgie, des dents, du ventre et de la bouche ; on est encore gourmand par les yeux.

XIX. Mais pour revenir à mon texte, voici une preuve que la terre nous cache de grands amas d'eau, fertiles en poissons immondes. Que cette eau vienne à sortir de la terre, elle apporte avec elle une foule prodigieuse d'animaux repoussants à l'œil comme au goût, et funestes à qui s'en nourrit. Il est certain que dans la Carie, aux environs de la ville d'Hydisse, on vit se former tout à coup un amas d'eau souterraine, et que tous ceux qui goûtèrent des poissons amenés par ce nouveau fleuve à la face du ciel jusqu'alors inconnu pour eux, en moururent. Qu'on ne s'en étonne pas : c'étaient des masses de chair alourdies et tuméfiées par un long repos ; privés d'ailleurs d'exercice, et engraissés dans les ténèbres, ces poissons avaient manqué de cette lumière d'où vient toute salubrité. Ce qui indique que des poissons peuvent naître sous terre et à cette profondeur, c'est qu'il naît des anguilles dans des trous creusés dans la vase, et que le même défaut d'exercice les rend d'autant plus lourdes à digérer, que les retraites où elles se cachent sont plus profondes. La terre renferme donc, et des veines d'eau dont la réunion peut former des fleuves, et en outre des rivières immenses, dont les unes poursuivent leur cours invisible jusqu'au golfe qui les absorbe ; le reste se décharge dans quelque lac. Personne n'ignore qu'il existe des lacs sans fond. Que conclurai-je de là ? Qu'évidemment les grands cours d'eau ont un réservoir permanent, dont les limites sont aussi peu calculables que la durée des fleuves et des fontaines ?

XX. Mais pourquoi les eaux n'ont-elles pas la même saveur ? Cela vient de quatre causes. D'abord, du sol qu'elles traversent ; ensuite de la conversion de ce même sol en eau ; puis de l'air qui aura subi pareille transformation ; enfin de l'al-

---

Quantum ad solertiam luxuriæ pereuntis accedit, tanto subtilius quotidie et elegantius aliquid excogitat furor, usitata contemnens. Illa audiebamus : Nihil esse melius saxatili mullo. At nunc audimus : Nihil est moriente formosius. Da mihi in manus vas vitreum, in quo exsultet, in quo trepidet. Ubi multum diuque laudatus est, ex illo perlucido vivario extrahitur ; tunc ut quisque peritior est, monstrat. Vide quomodo exarserit rubor, omni acrior minio ; vide quas per latera venas agat ; ecce sanguineum putes ventrem ; quam lividum quiddam, cæruleumque sub ipso tempore effulsit ! jam porrigitur et pallet, et in unum colorem componitur ! Ex his nemo morienti amico assidet, nemo videre mortem patris sui sustinet, quam optavit. Quotusquisque funus domesticum ad rogum prosequitur ? Fratrum propinquorumque extrema hora deseritur ; ad mortem mulli concurritur. Nihil enim est illo formosius. Non tempero mihi, quin utar interdum temerariis verbis, et proprietatis modum excedam ; non sunt ad popinam dentibus, et ventre, et ore contenti ; oculis quoque gulosi sunt.

XIX. Sed ut ad propositum revertar, accipe argumentum ; magnam vim aquarum in subterraneis occuli, fertilem fœdorum situ piscium. Si quando erupit, affert secum immensam animalium turbam, horridam adspici, et turpem ac noxiam gustu. Certe quum in Caria circa Hydissum urbem talis exsiluisset unda, periere quicunque illos ederant pisces, quos ignoto ante eum diem cælo novus amnis ostendit. Nec id mirum. Erant enim pinguia, et differta, ut ex longo otio, corpora ; ceterum inexercitata, et in tenebris saginata, et lucis expertia, ex qua salubritas ducitur. Nasci autem posse pisces in illo terrarum profundo, sit indicium, quod anguillæ longae latebrosis locis nascuntur, gravis et ipse cibus ob ignaviam, utique si altitudo illas luti penitus abscondit. Habet ergo non tantum venas aquarum terra, ex quibus corrivatis flumina effici possunt, sed et amnes magnitudinis vastæ ; quorum aliis semper in occulto cursus est, donec aliquo sinu devorentur ; alii sub aliquo lacu emergunt. Jam quis ignorat esse quædam stagna sine fundo ? Quorsum hoc pertinet ? Ut appareat, hanc magnis amnibus æternam esse materiam, cujus non tanguntur extrema, sicut fluminum et fontium.

XX. At quare aquis sapor varius ? propter quatuor causas. Ex solo prima est, per quod feruntur. Secunda

tération produite souvent par des corps étrangers. Voilà les causes qui donnent aux eaux leurs saveurs diverses, leurs vertus médicinales, leur odeur forte, leurs exhalaisons mortelles, leur légèreté ou leur pesanteur, leur chaleur ou leur froid de glace. Elles se modifient selon qu'elles passent sur un sol saturé de soufre, de nitre ou de bitume. L'eau viciée de la sorte est une boisson qui peut donner la mort. Tel est ce fleuve des Cicones dont l'eau, selon Ovide,

Pétrifie en passant l'estomac qu'elle arrose;
Le marbre enduit bientôt tout ce qu'on y dépose.

Ce fleuve contient une substance et un limon de nature telle, qu'il solidifie et durcit les corps. Le sable de Pouzzole devient pierre au contact de l'eau; ainsi, par un effet contraire, l'eau de ce fleuve, en touchant un corps solide, s'y attache et s'y colle; et tout objet qu'on jette dans ce lac n'en est retiré qu'à l'état de pierre; transformation qui s'opère en quelques endroits de l'Italie, où une branche, une feuille plongée dans l'eau se change, au bout de quelques jours, en une pierre formée par le limon qui se dépose autour de ce corps, et y adhère insensiblement. La chose vous paraîtra moins étrange si vous réfléchissez que l'Albula et presque toutes les eaux sulfureuses enduisent d'une couche solide leurs canaux et leurs rives. Il y a une propriété analogue dans ces lacs dont l'eau, au dire du même poète,

De qui s'y désaltère égare la pensée,
Ou clot d'un lourd sommeil sa paupière affaissée.

Elle agit comme le vin, mais avec plus de force.

De même que l'ivresse, tant qu'elle n'est pas dissipée, est une démence, ou une pesanteur extrême qui jette dans l'assoupissement; de même ces eaux sulfureuses, imprégnées d'un air nuisible et vénéneux, exaltent l'homme jusqu'au délire, ou le frappent de léthargie. Les eaux du Lynceste ont cette maligne influence :

Quiconque en a trop bu tout aussitôt chancelle;
On dirait que le vin a troublé sa cervelle.

XXI. Il y a des cavernes sur lesquelles on ne peut pencher la tête sans mourir; les miasmes sont si prompts, qu'ils tuent les oiseaux qui volent par-dessus. Tel est l'air, tel est le lieu d'où s'échappent ces eaux qui donnent la mort. Si la nature pestilentielle de l'air et du sol a moins d'énergie, sa malignité est moindre; elle se borne à attaquer les nerfs et à y produire l'engourdissement de l'ivresse. Je ne m'étonne pas que le sol et l'air corrompent l'eau et lui communiquent quelque chose des lieux d'où elle vient et de ceux qu'elle a traversés. La saveur des herbages se retrouve dans le lait; et le vin, devenu vinaigre, garde encore sa force. Il n'est point de substance qui ne représente quelque trace de ce qui l'a produite.

XXII. Il y a une autre espèce d'eaux que nous croyons aussi anciennes que le monde : s'il est éternel, elles ont toujours existé; s'il a eu un commencement, elles sont contemporaines de la grande création. Et ces eaux, quelles sont-elles? L'Océan et les mers méditerranées qui en sortent. Selon quelques philosophes, les fleuves aussi, dont on ne peut expliquer la nature, datent de la

---

ex eodem, si mutatione ejus nascitur. Tertia ex spiritu, qui in aquam transfiguratus est. Quarta ex vitio, quod sæpe concipiunt corruptæ per injuriam. Hæ causæ saporem dant aquis varium; hæ medicatam potentiam; hæ gravem spiritum, odoremque pestiferum; hæ levitatem gravitatemque, aut calorem, aut nimium rigorem. Interest, utrum per loca sulphure, an nitro, an bitumine plena transeant. Hac ratione corruptæ, cum vitæ periculo bibuntur. Hinc illud, de quo Ovidius ait :

Flumen habent Cicones, quod potum saxea reddit
Viscera, quod tactis inducit marmora rebus.

Medicatum est, et ejus naturæ habet limum, ut corpora et agglutinet et induret. Quemadmodum Puteolanus pulvis, si aquam attigit, saxum est; sic e contrario, hæc aqua si solidum tetigit, hæret et affligitur. Inde est, quod res abjectæ in eumdem lacum lapideæ subinde extrahuntur. Quod in Italia quibusdam locis evenit, sive virgam, sive frondem demerseris, lapidem post paucos dies extrahis. Circumfunditur enim corpori limus, alliniturque paulatim. Hoc minus videbitur tibi mirum, si notaveris, Albulam, et fere sulphuratam aquam, circa canales suos rivosque durari. Aliquam harum habent causam illi lacus, quos quisquis faucibus hausit, ut idem poeta ait:

Aut furit, aut patitur mirum gravitate soporem.

Similem habet vim mero, sed vehementiorem. Nam quemadmodum ebrietas, donec exsiccetur, dementia est, et nimia gravitate defertur in somnum; sic aquæ hujus sulphurea vis habet quoddam acrius ex aere noxio virus, quod mentem aut in furorem movet, aut sopore opprimit. Hoc habet mali et Lyncestius amnis :

Quem quicunque parum moderato gutture traxit,
Haud aliter titubat, quam si mera vina bibisset.

XXI. In quosdam specus qui despexere, moriuntur; tam velox malum est, ut transvolantes aves dejiciat; talis est aer, talis locus, ex quo letalis aqua destillat. Quod si remissior fuerit aeris et loci pestis, ipsa quoque temperatior noxa, nihil amplius quam tentat nervos, velut ebrietate torpentes. Nec miror, si locus atque aer quas inficit, similesque regionibus reddit, per quas, et ex quibus veniunt. Pabuli sapor apparet in lacte, et vini vis exsistit etiam in aceto; nulla res est, quæ non ejus a quo nascitur notas reddat.

XXII. Aliud est etiam aquarum genus, quod nobis placet cœpisse cum mundo. Sive ille æternus est, hoc quoque fuit semper; sive initium aliquod est illi, hoc cum toto dispositum est. Quid sit hoc, quæris? Oceanus, et quodcunque ex illo mare terras interluit. Judicant quidam flumina quoque, quorum inenarrabilis na-

naissance même du monde; tels sont l'Ister, le Nil, immenses cours d'eau, trop remarquables pour qu'on puisse leur donner la même origine qu'aux autres.

XXIII. Telle est la division des eaux, établie par quelques auteurs. Après cela ils appellent célestes les eaux que les nuages épanchent du haut des airs; dans les eaux terrestres ils distinguent celles que je nommerai surnageantes et qui glissent à la surface du sol, puis celles qui se cachent sous terre, et dont nous avons rendu compte.

XXIV. D'où vient qu'il existe des eaux chaudes, et quelquefois même tellement bouillantes, qu'on ne peut en faire usage qu'après les avoir laissées évaporer à l'air libre, ou en les tempérant par un mélange d'eau froide? On donne de ce fait plusieurs explications. Selon Empédocle, les feux, qu'en maint endroit la terre couve et recèle, échauffent l'eau qui traverse les couches au-dessous desquelles ils sont placés. On fabrique tous les jours des serpentins, des cylindres, des vases de diverses formes, dans l'intérieur desquels on ajuste des tuyaux de cuivre fort minces qui vont en pente et forment plusieurs contours, et par ce moyen l'eau, se repliant plusieurs fois au-dessus du même feu, parcourt assez d'espace pour s'échauffer au passage. Elle est entrée froide, elle sort brûlante. Empédocle estime que la même chose a lieu sous terre; et il n'aura pas tort dans l'opinion de ceux qui savent échauffer leurs bains sans feu. Dans un local où la chaleur est déjà grande, on introduit un air brûlant qui, par les canaux où il circule, agit, comme ferait la présence du feu même, sur les murs et les ustensiles du bain. Ainsi, de froide qu'elle était, toute l'eau devient chaude, et l'évaporation ne lui ôte pas sa saveur propre, parce qu'elle coule enfermée.

D'autres pensent que les eaux, en sortant ou en entrant dans des lieux remplis de soufre, empruntent leur chaleur à la matière même sur laquelle elles coulent, ce qu'attestent l'odeur même et le goût de ces eaux; elles ont acquis les qualités de la substance qui les a échauffées. Que la chose ne vous étonne point: l'eau qu'on jette sur de la chaux vive ne bouillonne-t-elle pas?

XXV. Il y a des eaux mortelles qui ne se trahissent ni au goût, ni à l'odorat. Près de Nonacris, en Arcadie, une source, appelée Styx par les habitants, trompe les étrangers en ce qu'elle n'a ni aspect ni odeur suspecte; ainsi, les préparations des habiles empoisonneurs ne se révèlent que par l'homicide. Cette eau, en un instant, donne la mort; et il n'y a pas de remède possible, parce qu'elle se coagule aussitôt qu'on la boit; elle se prend, comme le plâtre mouillé, et colle les viscères. En Thessalie, auprès de Tempé, se trouve une eau dangereuse, qu'évitent les animaux et le bétail de toute espèce; elle passe à travers le fer et l'airain: elle possède une telle force, qu'elle amollit les corps les plus durs; aucun arbre ne peut s'en nourrir, et elle fait mourir le gazon. Certains fleuves ont aussi des propriétés merveilleuses: quelques-uns donnent une autre teinte à la laine des brebis qui y boivent; en peu de temps les toisons noires deviennent blanches, et les blanches en ressortent noires. Il y a en Béotie deux fleuves qui produisent ce double effet: l'un est par ce motif appelé *Mélas* (noir); et tous deux sortent

tura est, cum ipso mundo traxisse principia, ut Istrum, ut Nilum, vastos amnes, magisque insignes, quam ut dici possit, eamdem illis originem, quam ceteris esse.

XXIII. Hæc est ergo aquarum divisio, ut quibusdam videtur. Post illam cœlestes, quas ex superioribus nubila ejiciunt. Ex terrenis aliæ sunt, ut ita dicam, supernatantes, quæ in summa humo repunt; aliæ abditæ, quarum reddita est ratio.

XXIV. Quare quædam aquæ caleant, quædam etiam ferveant in tantum, ut non possint esse usui, nisi aut in aperto evanuere, aut mixtura frigidæ intepuere, plures causæ redduntur. Empedocles existimat ignibus, quos multis locis terra opertos tegit, aquam calescere, si subjecti sunt solo, per quod aquis transcursus est. Facere solemus dracones et miliaria et complures formas, in quibus aere tenui fistulas struimus, per declive circumdatas; ut sæpe eumdem ignem ambiens aqua per tantum fluat spatii, quantum efficiendo calori sat est. Frigida itaque intrat, effluit calida. Idem sub terra Empedocles existimat fieri; quem non falli credent ii, quibus balnearia sine igne calefiunt. Spiritus in illa fervens loco æstuanti infunditur. Hic per rivos lapsus, non aliter quam igne subdito, parietes et vasa balnei calefacit. Omnis denique frigida transitu mutatur in calidam, nec trahit saporem evaporatio, quia clausa perlabitur. Quidam existimant, per loca sulphure plena exeuntes vel introeuntes aquas, calorem beneficio materiæ, per quam fluunt, trahere: quod ipso odore gustuque testantur. Reddunt enim qualitatem ejus, qua caluerunt, materiæ. Quod ne accidere mireris, vivæ calci aquam infunde, fervebit.

XXV. Quædam aquæ mortiferæ sunt, nec odore notabiles, nec sapore. Circa Nonacrin in Arcadia Styx appellata ab incolis, advenas fallit, quia non facie, non odore suspecta est; qualia sunt magnorum artificum venena, quæ deprehendi nisi morte non possunt. Hæc autem, de qua paulo ante retuli, aqua, summa celeritate corrumpit, nec remedio locus est, quia protinus hausta duratur; nec aliter quam gypsum sub humore constringitur, et alligat viscera. Est autem noxia aqua in Thessalia circa Tempe, quam et feræ et pecus omne devitat: per ferrum et æs exit: tanta vis illi inest, etiam dura molliendi: nec arbusta quidem ulla alit, et herbas necat. Quibusdam fluminibus vis inest mira. Alia enim sunt, quæ pota inficiunt greges ovium, intraque breve tempus,

du même lac avec une vertu opposée. On voit aussi en Macedoine, au rapport de Théophraste, un fleuve où l'on amène les brebis dont on veut que la toison prenne la couleur blanche ; quand elles ont bu quelque temps de cette eau, leur laine est changée comme au sortir d'une teinture. Si c'est de la laine noire que l'on veut, on a tout prêt un teinturier gratuit : on mène le troupeau aux bords du Pénée. Je vois dans des auteurs modernes qu'un fleuve de Galatie produit ce même effet sur tous les quadrupèdes ; qu'un autre, en Cappadoce, n'agit que sur les chevaux, dont il parsème le poil de taches blanches. Il y a des lacs dont l'eau soutient ceux qui ne savent pas nager ; le fait est notoire. On voyait, en Sicile, et l'on voit encore en Syrie, un lac où les briques surnagent et où les corps pesants ne peuvent s'enfoncer. La raison en est palpable : pesez un corps quelconque, et comparez-en le poids avec celui de l'eau, pourvu que les volumes soient les mêmes ; si l'eau pèse davantage, elle supportera le corps plus léger qu'elle, et l'élèvera à une hauteur proportionnée à la légèreté de l'objet ; s'il est plus pesant, au contraire, il descendra. Si l'eau et le corps comparés sont de poids égaux, il ne plongera ni ne montera ; il se nivellera avec l'eau, flottant, à la vérité, mais presque enfoncé et ne dépassant pas la surface. Voilà pourquoi on voit flotter des poutres, les unes presque entièrement élevées sur l'eau, les autres à demi-submergées, d'autres en équilibre avec le liquide. En effet, quand le corps et l'eau sont d'égale pesanteur, aucun des deux ne cède à l'autre ; le corps est-il plus pesant, il s'enfonce, plus léger, il surnage. Or, sa pesanteur et sa légèreté peuvent s'apprécier, non par nos mesures, mais par le poids comparatif du liquide qui doit le porter. Lors donc que l'eau est plus pesante qu'un homme ou qu'une pierre, elle empêche la submersion du corps qui ne peut vaincre la résistance qu'elle oppose. Il arrive ainsi que, dans certains lacs, les pierres mêmes ne peuvent aller à fond. Je parle de pierres dures et compactes ; car il en est beaucoup de poreuses et de légères qui, en Lydie, forment des îles flottantes, à en croire Théophraste. J'ai vu moi-même une île de ce genre à Cutilies : il en existe une sur le lac de Vadimon, et une autre sur celui de Staton. L'île de Cutilies est plantée d'arbres et produit de l'herbe, et cependant l'eau la soutient : elle est poussée çà et là, je ne dis pas par le vent seulement, mais par la moindre brise ; ni jour ni nuit elle ne demeure stationnaire, tant elle est mobile au plus léger souffle ! Cela tient à deux causes : à la pesanteur d'une eau chargée de matières étrangères, et à la nature d'un sol qui se déplace facilement, n'étant point d'une matière compacte, bien qu'il nourrisse des arbres. Peut-être cette île n'est-elle qu'un amas de troncs d'arbres légers et de feuilles semées sur le lac qu'une humeur glutineuse aura réunis. Les pierres mêmes qu'on peut y trouver sont poreuses et perméables, pareilles aux concrétions que l'eau forme en se durcissant, surtout aux bords des sources médicinales, où les immondices des eaux sont rapprochées et consolidées par l'écume. Un

quæ fuere nigræ, albam ferunt lanam; quæ albæ venerant, nigræ abeunt. Hoc etiam in Bœotia amnes duo efficiunt; quorum alteri ab effectu Melas nomen est : uterque ex eodem lacu exeunt, diversa facturi. In Macedonia quoque, ut ait Theophrastus, est flumen, ad quod qui facere albas oves volunt, adducunt. Quod ut diutius potavere, non aliter quam infecta mutantur. At si illis lana opus fuerit pulla, paratus gratuitus infector est : ad Peneum eumdem gregem appellunt. Auctores novos habeo, esse in Galatia flumen, quod idem in omnibus efficiat : esse in Cappadocia, quo poto equis, nec ulli præterea animali, color mutatur, et spargitur albo cutis. Quosdam lacus esse, qui nandi imperitos ferant, notum est. Erat in Sicilia, est adhuc in Syria stagnum in quo natant lateres, et mergi projecta non possunt, licet gravia sint. Hujus rei palam causa est. Quamcumque vis rem expende, et contra aquam statue, dummodo utriusque par sit modus; si aqua gravior est, leviorem rem, quam ipsa est, feret, et tanto supra se extollet, quanto erit levior; graviora descendent. At si aquæ, et ejus rei quam contra pensabis, par pondus erit ; nec pessum ibit, nec exstabit, sed æquabitur aquæ; et natabit quidem, ac pæne mersa, ac nulla eminens parte. Hoc est cur quædam ligna supra aquam pæne tota efferantur, quædam ad medium submersa sint, quædam ad æquilibrium aquæ descendant. Namque quum utriusque pondus par est, neutraque res alteri cedit, graviora descendunt, leviora gestantur. Grave autem et leve est, non æstimatione nostra, sed comparatione ejus quo vehi debet. Itaque ubi aqua gravior est hominis corpore, aut saxi, non sinit id quo non vincitur, mergi. Sic evenit, ut in quibusdam stagnis ne lapides quidem pessum eant; de solidis et duris loquor. Sunt enim multi pumicosi et leves, ex quibus quæ constant insulæ, in Lydia natant. Theophrastus est auctor. Ipse ad Cutilias natantem insulam vidi. Alia in Vadimonis lacu vehitur, alia in lacu Statoniensi. Cutiliarum insula et arbores habet, et herbas nutrit, tamen aqua sustinetur : et in hanc atque illam partem non tantum vento impellitur, sed et aura. Nec unquam illi per diem et noctem in uno loco statio est : adeo movetur levi flatu. Huic duplex causa est. Aquæ gravitas medicatæ, et ob hoc ponderosæ; et ipsius insulæ materia vectabilis, quæ non est corporis solidi, quamvis arbores alat. Fortasse enim leves truncos, frondesque in lacu sparsas, pinguis humor apprehendit, ac vinxit. Itaque etiamsi qua in illa saxa sunt, invenies exesa et fistulosa : qualia sunt quæ duratus humor efficit, utique circa medicatorum fontium rivos; quæ ubi purgamenta aquarum coaluc-

assemblage de cette nature, où il existe de l'air et du vide, a nécessairement peu de poids. Il est des choses dont on ne peut rendre compte : pourquoi, par exemple, l'eau du Nil rend-elle les femmes fécondes au point que celles mêmes dont une longue stérilité a fermé le sein, deviennent capables de concevoir? Pourquoi certaines eaux, en Lycie, ont-elles pour effet de maintenir le germe, et sont-elles visitées par les femmes sujettes à l'avortement? Pour moi, ces idées populaires me semblent peu réfléchies. On a cru que certaines eaux donnaient la gale, la lèpre, parsemaient de taches le corps de ceux qui en buvaient ou qui s'y lavaient : inconvénient qu'on attribue à l'eau de rosée. Qui ne croirait que ce sont les eaux les plus pesantes qui forment le cristal? Or, c'est tout le contraire ; il est le produit des eaux les plus légères qui, par leur légèreté même, se congèlent le plus facilement. Le mode de sa formation est indiqué par le nom même que les Grecs lui donnent : le mot κρύσταλλος rappelle, en effet, et le minéral diaphane, et la glace dont on croit qu'il se forme. L'eau du ciel, ne contenant presque point de molécules terreuses, une fois durcie, se condense de plus en plus par la continuité du froid, jusqu'à ce que, totalement dégagée d'air, elle se comprime tout entière sur elle-même; alors, ce qui était eau, devient pierre.

XXVI. Il y a des fleuves qui grossissent en été, comme le Nil, dont nous expliquerons ailleurs les phénomènes. Théophraste affirme que, dans le Pont, certains fleuves ont leur crue à cette époque.

On donne quatre raisons de ces singularités : ou bien la terre alors est plus disposée à se changer en eau ; ou bien il tombe vers les sources des pluies qui, par des conduits souterrains et inaperçus, s'en vont alimenter ces fleuves; ou bien leur embouchure est plus fréquemment battue par des vents qui refoulent leurs flots et arrêtent leur courant, lequel paraît grossir parce qu'il ne s'écoule plus. La quatrième raison est que les astres, dans certains mois, font sentir davantage aux fleuves leur action absorbante, tandis qu'à d'autres époques, étant plus éloignés, ils attirent et consument moins d'eau. Ainsi, ce qui auparavant se perdait produit une espèce de crue. On voit des fleuves qui tombent dans un gouffre où ils disparaissent aux regards; on en voit d'autres diminuer graduellement, puis se perdre, et à quelque intervalle reparaître et reprendre leur nom et leur cours. Cela s'explique clairement; ils trouvent sous terre des cavités, et l'eau se porte naturellement dans les lieux les plus bas et où des vides l'appellent. Reçus dans ces lits nouveaux, ils y suivent leur cours invisible; mais, dès qu'un corps solide vient leur faire obstacle, ils le brisent sur le point qui résiste le moins à leur passage, et coulent de nouveau à la face du ciel.

Tel le Lycus longtemps dans la terre englouti,
Sous un ciel étranger renaît loin de sa source,
Tel, perdu dans un gouffre et caché dans sa course.
L'Erasin reparaît dans les plaines d'Argos.

Il en est de même du Tigre en Orient; la terre l'absorbe, et il se fait chercher longtemps; ce n'est

---

runt, ex spuma solidantur. Necessario leve est, quod ex ventoso inanique concretum est. Quorumdam causa non potest reddi, quare aqua Nilotica fœcundiores feminas faciat, adeo ut quarumdam viscera longa sterilitate præclusa, ad conceptum relaxaverit; quare quædam in Lycia aquæ conceptum feminarum custodiant, quas solent petere, quibus parum tenax vulva est. Quod ad me attinet, pono ista inter temere vulgata. Creditum est, quasdam aquas scabiem afferre corporibus, quasdam vitiliginem, et fœdam ex albo varietatem, sive infusa sive pota sit ; quod vitium dicunt habere aquam ex rore collectam. Quis non gravissimas esse aquas credat, quæ in crystallum coeunt? Contra autem est; tenuissimis enim hoc evenit, quas frigus ob ipsam tenuitatem facillime gelat. Unde autem fiat ejusmodi lapis, apud Græcos ex ipso nomine apparet : κρύσταλλον enim appellant æque hunc perlucidum lapidem, quam illum glaciem, ex qua fieri lapis creditur. Aqua enim cœlestis minimum in se terreni habens quum induruit, longioris frigoris pertinacia spissatur magis ac magis; donec omni aere excluso in se tota compressa est, et humor qui fuerat, lapis effectus est.

XXVI. Æstate quædam flumina augentur, ut Nilus; cuius alias ratio reddetur. Theophrastus est auctor, in Ponto quoque quosdam amnes crescere tempore æstivo : quatuor autem esse judicant causas. Aut quia tunc maxime in humorem mutabilis terra est; aut quia majores in remoto imbres sunt, quorum aqua per secretos cuniculos reddita, tacite suffunditur. Tertia, si crebrioribus ventis ostium cæditur, et reverberatur fluctu, amnis restitit : qui crescere videtur, quia non effunditur. Quarta ratio est siderum. Hæc enim quibusdam mensibus magis urgent, et exhauriunt flumina; quum longius recesserunt, minus consumunt atque trahunt. Itaque quod impendio solebat, id incremento accedit. Quædam flumina palam in aliquem specum decidunt, et sic ex oculis auferuntur; quædam consumuntur paulatim, et intercidunt : eadem ex intervallo revertuntur, recipiuntque nomen et cursum. Causa manifesta est, sub terra vacat locus. Omnis autem humor natura ad inferius et ad inane defertur. Illo itaque recepta flumina cursus egere secreto; sed quum primum aliquid solidi, quod obstaret, occurrit, perrupta parte, quæ minus ad exitum repugnabat, repetiere cursum suum.

Sic ubi terreno Lycus est epotus hiatu
Exsistit procul hinc, alioque renascitur ore ;
Sic modo combibitur, tacito modo gurgite lapsus
Redditur Argolicis ingens Erasinus in undis.

Idem et in Oriente Tigris facit: absorbetur, et desidera-

qu'à une distance considérable, et on ne doute pas alors que ce ne soit le même fleuve, qu'on le voit sortir de l'abîme. Certaines sources rejettent, à des époques fixes, les immondices qu'elles contenaient ; c'est ce qui arrive à l'Aréthuse en Sicile, tous les cinq ans, au temps des jeux olympiques. De là l'opinion que l'Alphée pénètre sous la mer de l'Achaïe jusqu'en Sicile, et ne sort de terre que sur le rivage de Syracuse ; et que, pour cette raison, durant les jours olympiques, il y apporte les excréments des victimes qui ont été jetés dans son courant. Ce cours de l'Alphée, mon cher Lucilius, vous l'avez mentionné dans un poëme, vous et Virgile, quand il s'adresse à Aréthuse :

> Qu'ainsi jamais Doris aux bords siciliens
> N'ose à tes flots mêler l'amertume des siens.

Dans la Chersonèse de Rhodes se trouve une fontaine qui, après qu'on l'a vue longtemps pure, se trouble et élève du fond à la surface quantité d'immondices, dont elle ne cesse de se dégager jusqu'à ce qu'elle soit devenue tout à fait claire et limpide. D'autres fontaines se débarrassent, par le même moyen, non-seulement de la vase, mais des feuilles, des tessons et de toute matière putréfiée qui y séjournait. La mer fait partout de même ; car il est dans sa nature de rejeter sur ses rivages toute sécrétion et toute impureté ; néanmoins, sur certaines plages ce travail est périodique. Aux environs de Messine et de Myles, elle vomit, en bouillonnant, et comme dans des accès de fièvre, une sorte de fumier d'une odeur infecte ; de là la fable a fait de cette île les étables des bœufs du Soleil. Il est en ce genre des faits difficiles à expliquer, surtout lorsque les périodes sont mal observées et incertaines. On ne saurait donc en donner une raison directe et spéciale ; mais, en général, on peut dire que toute eau stagnante et immobile se purge naturellement. Car, pour les eaux courantes, les impuretés n'y peuvent séjourner ; le mouvement seul entraîne et chasse tout au loin. Celles qui ne se débarrassent point de cette manière ont un flux plus ou moins considérable. La mer élève du fond de ses abîmes des cadavres, des végétaux, des objets semblables à des débris de naufrage ; et ces purgations s'opèrent non-seulement quand la tempête bouleverse les flots, mais par le calme le plus profond.

XXVII. Mais ici je me sens invité à rechercher comment, quand viendra le jour fatal du déluge, la plus grande partie de la terre sera submergée. L'Océan avec toute sa masse et la mer extérieure se soulèveront-ils contre nous ? Tombera-t-il des torrents de pluies sans fin ; ou, sans laisser place à l'été, sera-ce un hiver opiniâtre qui brisera les cataractes du ciel, et en précipitera une énorme quantité d'eaux ; ou les fleuves jailliront-ils plus vastes du sein de la terre, qui ouvrira des réservoirs inconnus ; ou plutôt, au lieu d'une seule cause à un si terrible événement, tout n'y concourra-t-il pas, et la chute des pluies, et la crue des fleuves, et les mers chassées de leurs lits pour nous envahir ? Tous les fléaux ne marcheront-ils pas de front à l'anéantissement de la race humaine ? Oui, certes ; rien n'est difficile à la nature, quand surtout elle a hâte de se détruire elle-même. S'agit-il de créer, elle est avare de ses

tus diu, tandem longe remoto loco, non tamen dubius an idem sit, emergit. Quidam fontes certo tempore purgamenta ejectant ; ut Arethusa in Sicilia, quinta quaque æstate per Olympia. Inde opinio est, Alphæon ex Achaia eo usque penetrare, et agere sub mare cursum, nec ante quam in Syracusano litore emergere. Ideoque iis diebus quibus Olympia sunt, victimarum stercus secundo traditum flumini illic redundare. Hoc et a te traditum est in poemate, Lucili carissime, et a Virgilio, qui alloquitur Arethusam :

> Sic tibi, cum fluctus subterlabere Sicanos,
> Doris amara suam non intermisceat undam.

Est in Chersoneso Rhodiorum fons, qui post magnum intervallum temporis, fœda quædam turbidus ex intimo fundat, donec liberatus eliquatusque est. Hoc quibusdam locis fontes faciunt, ut non tantum lutum, sed folia, testasque, et quidquid putre jacult, expellant ; ubique autem facit mare ; cui hæc natura est, ut omne immundum stercorosumque litoribus impingat. Quædam vero partes maris id certis temporibus faciunt ; ut circa Messanam et Mylas fimo quiddam simile, turbulentum in litus mare profert, fervetque et æstuat, non sine odore fœdo. Unde illic stabulare Solis boves, fabula est. Sed difficilis ratio est quorumdam ; utique ubi tempus ejus rei, de qua quæritur, inobservatum et incertum est. Itaque proxima quidem inveniri et vicina non potest causa, ceterum publica est illa : Omnis aquarum stantium clausarumque natura se purgat. Nam in his quibus cursus est, non possunt vitia consistere, quæ sua vis defert et exportat. Illæ quæ non emittunt quidquid insedit, magis minusve æstuant. Mare vero cadavera, stramentaque, et naufragorum reliquiis similia, ex intimo trahit, nec tantum tempestate fluctuque, sed tranquillum quoque placidumque purgatur.

XXVII. Sed monet me locus, ut quæram, quum fatalis dies diluvii venerit, quemadmodum magna pars terrarum undis obruatur. Utrum Oceani viribus flat, et externum in nos pelagus exsurgat ; an crebri sine intermissione imbres ; et, elisa æstate, hiems pertinax immensam vim aquarum ruptis nubibus deruat ; an flumina tellus largius fundat, aperiatque fontes novos ; aut non si una tanto malo causa, sed omnis ratio consentiat, et simul imbres cadant, flumina increscant, maria sedibus suis excita percurrant, et omnia uno agmine ad exitium humani generis incumbant. Ita est. Nihil difficile est na-

secours, et ne les dispense que par d'insensibles progrès; c'est brusquement qu'elle brise son œuvre, elle y apporte toute sa force. Que de temps ne faut-il pas pour que le fœtus, une fois conçu, se maintienne jusqu'à l'enfantement! Que de peines pour élever cet âge si tendre! que de soins pour le nourrir, pour conduire ses frêles organes jusqu'à l'adolescence! Et comme un rien défait tout l'ouvrage! Il faut un âge d'homme pour bâtir une ville, une heure pour la ruiner; un moment va réduire en cendre une forêt d'un siècle. D'immenses ressorts soutiennent et font agir l'ensemble des choses, qui peut se rompre et crouler d'un seul coup. Que la nature vienne à fausser le moindre de ses ressorts, c'en est assez pour que tout périsse. Lors donc qu'arrivera l'inévitable catastrophe, la destinée fera surgir mille causes à la fois : une telle révolution n'aurait pas lieu sans un bouleversement général du monde, comme pensent certains philosophes, et Fabianus est du nombre. D'abord tombent des pluies excessives; plus de soleil aux cieux, qu'assombrissent les nuages et un brouillard permanent, sorti d'humides et épaisses ténèbres qu'aucun vent ne vient éclaircir. Dès lors le grain se corrompt dans la terre; les moissons amaigries ne poussent que de stériles épis. Tout ce que sème l'homme se dénature, et l'herbe des marais croît sur toute la campagne; bientôt le mal atteint des végétaux plus puissants. Détaché de ses racines, l'arbre entraîne la vigne dans sa chute; aucun arbrisseau ne tient plus à un sol fluide et sans consistance, où déjà les gazons, les riants pâturages périssent par l'excès des eaux. La famine vient sévir : la main se porte sur les aliments de nos premiers pères; on secoue l'yeuse, le chêne, et les arbres dont les racines implantées dans la masse pierreuse des montagnes ont résisté à l'inondation. Les maisons chancellent rongées par l'eau qui pénètre jusqu'en leurs fondements affaissés, et qui fait de la terre un marais; en vain veut-on étayer les édifices qui s'écroulent, tout appui ne peut que glisser où il porte, et sur ce sol boueux rien n'est ferme. Cependant les nuages s'entassent sur les nuages; les neiges, amoncelées par les siècles, se fondent en torrents, se précipitent du haut des montagnes, arrachent les forêts déjà ébranlées, et roulent des quartiers de rochers qui n'ont plus de lien. Le fléau emporte pêle-mêle troupeaux et métairies, et, de l'humble cabane qu'il enlève en passant, il s'élance et court au hasard attaquer des masses plus solides. Il entraîne les villes et les habitants prisonniers dans leurs murs, incertains s'ils doivent plus redouter ou la mort sous des ruines, ou la mort sous les ondes; double calamité qui les menace à la fois! Bientôt l'inondation, accrue des torrents voisins qu'elle absorbe, va çà et là ravager les plaines, tant qu'enfin, chargée des immenses débris des nations, elle triomphe et domine au loin. A leur tour les fleuves que la nature a faits les plus vastes, grossis outre mesure par les pluies, ont franchi leurs rives. Qu'on se figure le Rhône, le Rhin, le Danube, qui, sans quitter leur lit, sont déjà des torrents, qu'on se les figure débordés, et déchirant le sol pour se créer de nouveaux rivages en dehors de leur cours. Quel impétueux

---

turæ, utique ubi in finem sui properat. Ad originem rerum parce utitur viribus, dispensatque se incrementis fallentibus; subito ad ruinam toto impetu venit. Quam longo tempore opus est, ut conceptus ad puerperium perduret infaus, quantis laboribus tener educatur? quam diligenti nutrimento obnoxium novissime corpus adolescit? at quam nullo negotio solvitur? Urbes constituit ætas; hora dissolvit. Momento fit cinis, diu silva. Magna tutela stant ac vigent omnia; cito ac repente dissiliunt. Quidquid ex hoc statu rerum natura flexerit, in exitium mortalium satis. Ergo quum affuerit illa necessitas temporis, multa simul fata causas movent; nec sine concussione mundi tanta mutatio est, ut quidam putant, inter quos Fabianus est. Primo immodici cadunt imbres, et sine ullis solibus triste nubilo cœlum est; nebulaque continua, et ex humido spissa caligo, nunquam exsiccantibus ventis. Inde vitium satis, et segetum sine fruge surgentium marcor. Tunc corruptis quæ feruntur manu, palustris omnibus campis herba succrescit; mox injuriam et validiora sensere. Solutis quippe radicibus, arbusta procumbunt et vitis; atque omne virgultum non tenetur solo, quod molle fluidumque est; jam nec gramina aut pabula læta aquis sustinet. Fame laboratur, et manus ad antiqua alimenta porrigitur; quare ilex et quercus excutitur, et quæcumque in his arduis arbor commissura astricta lapidum stetit. Labant ac madent tecta, et in imum usque receptis aquis fundamenta desidunt, ac tota humus stagnat, frustra titubantium fulcra tentantur. Omne enim fundamentum in lubrico figitur, et lutosa humo nihil stabile est. Postquam magis magisque nimbi ingruunt, et congestæ seculis tabuerunt nives, devolutus torrens altissimis montibus rapit silvas male hærentes, et saxa revolutis remissa compagibus rotat. Abluit villas, et intermixtos ovium greges devehit; vulsisque minoribus tectis, quæ in transitu abduxit, tandem in majora violentus oberrat. Urbes, et implicitos trahit mœnibus suis populos, ruinam an naufragium querantur, incertos; adeo simul, et quod opprimeret, et quod mergeret, venit. Auctus deinde processu aliquo in se torrentibus raptis plana passim populatur. Novissime ruina magna gentium clarus onustusque diffunditur. Flumina vero suapte natura vasta, et tempestatibus rapta, alveos reliquerunt. Quid ut esse Rhodanum, quid putas Rhenum, atque Danubium, quibus torrens etiam in canali suo cursus est, quum superfusi novas sibi fecere ripas, ac scissa humo simul excessere alveo? Quanta cum præcipitatione vol-

développement, quand le Rhin, répandu dans les campagnes, plus large et non moins rapide, accumule ses flots comme dans le plus étroit canal! quand le Danube vient battre, non plus le pied ni le flanc des montagnes, mais leur cime, charriant des quartiers énormes de monts, des rocs abattus, de vastes promontoires arrachés de leur base chancelante et détachés du continent; lorsqu'enfin, ne trouvant plus d'issue, car il se les est toutes fermées, il se replie circulairement sur lui-même et engloutit, dans le même gouffre, une immense étendue de terres et de cités!

Cependant les pluies continuent, le ciel épaissit ses vapeurs, les causes de destruction s'accroissent les unes par les autres. Le brouillard devient nuit, nuit d'horreur et d'effroi, coupée par intervalles d'une clarté sinistre; car la foudre ne cesse de luire; les tempêtes bouleversent la mer qui, pour la première fois, grossie par les fleuves qui s'y jettent, et à l'étroit dans son lit, cherche à reculer ses bords. Elle n'est plus contenue par ses limites, mais par les torrents qui lui font obstacle et refoulent ses vagues en arrière; puis eux-mêmes, en grande partie, refluent comme arrêtés à une embouchure trop resserrée, et donnent à la plaine l'aspect d'un lac immense. Tout ce que la vue peut embrasser est assiégé par les eaux. Toute colline a disparu sous l'onde à une énorme profondeur; les sommets seuls des plus hautes montagnes sont encore guéables. Là se sont réfugiés les hommes avec leurs enfants, leurs femmes, leurs troupeaux qu'ils chassent devant eux. Plus de communications pour ces malheureux, plus de rapports d'une cime à l'autre; l'eau a tout couvert sous leurs pieds. Ainsi se tient attaché aux sommités du globe ce qui reste du genre humain; heureux encore dans cette extrémité d'être passé de l'épouvante à une stupeur morne; la surprise n'a pas laissé place à l'effroi; la douleur même n'est plus possible; car elle perd sa force dès qu'on souffre au-delà de ce qu'on peut sentir. On voit donc s'élever, comme des îles, des pointes de montagnes qui forment de nouvelles Cyclades, suivant l'heureuse expression de ce poëte si ingénieux, qui ajoute, avec une magnificence digne du tableau :

Tout était mer; la mer n'avait plus de rivages.

Mais le noble entraînement de son génie et du sujet devait-il aboutir à ces puériles niaiseries :

Au milieu des brebis nageait avec les loups
Le terrible lion désormais sans courroux?

C'est être peu sobre d'esprit que d'oser en faire sur ce globe que dévore l'abîme. Il était grand le poëte, il rendait bien cette immense scène de bouleversement, quand il disait :

Les fleuves déchaînés roulent sur les campagnes...
Sous le gouffre écumant les tours chancellent, tombent.

Tout cela était beau, s'il ne se fût pas occupé de ce que faisaient les brebis et les loups. Nage-t-on dans un déluge qui emporte tout à la fois? Et la même impétuosité qui entraîne les animaux ne les engloutit-elle pas? Vous avez conçu, comme vous le deviez, l'image imposante de ce globe enseveli sous l'eau, du ciel même croulant sur la terre : soutenez ce ton : vous saurez ce qu'il convient de

vuntur, ubi per campestria fluens Rhenus, ne spatio quidem languidus, sed latissimis velut per angustum aquas implet? Quumque Danubius non jam radices nec media montium stringit, sed juga ipsa sollicitat, ferens secum madefacta montium latera, rupesque dejectas, et magnarum promontoria regionum, quæ fundamentis laborantibus a continente recesserunt? Deinde non invenies exitum, omnia enim sibi ipse præcluserat, in orbem redit, ingentemque terrarum ambitum atque urbium uno vortice involvit. Interim permanent imbres, fit cœlum gravius, ac sic diu malum ex malo colligit. Quod olim fuerat nubilum, nox est, et quidem horrida et terribilis, intercursu luminis diri; crebra enim micant fulmina, procellæ quatiunt mare : tunc primum auctum fluminum accessu, et sibi angustum, jam promovet litus; non continetur suis finibus, sed prohibent exire torrentes, aguntque fluctus retro : pars tamen major, ut maligno ostio retenta, restagnat, et agros in formam unius lacus redigit. Jam omnia, quæ prospici possunt, aquis obsidentur. Omnis tumulus in profundo latet, et immensa ubique altitudo est; tantum in summis montium jugis vada sunt. In ea excelsissima cum liberis conjugibusque fugere, actis ante se gregibus; diremtum inter miseros commercium ac transitus; quoniam quidquid submissius erat, id unda complevit. Editissimis quibusque adhærebant reliquiæ generis humani; quibus in extrema perductis, hoc unum solatio fuit, quod transierat in stuporem metus, non vacabat timere mirantibus; ne dolor quidem habebat locum. Quippe vim suam perdit in eo qui ultra sensum mali miser est. Ergo insularum modo eminent montes, et sparsas Cycladas augent, ut ait ille poetarum ingeniosissimus egregie, sicut illud pro magnitudine rei dixit :

Omnia pontus erant; deerant quoque litora ponti

nisi tantum impetu ingenii et materiæ ad pueriles ineptias reduxisset.

Nat lupus inter oves, fulvos vehit unda leone.

Non est res satis sobria, lascivire devorato orbe terrarum. Dixit ingentia, et tantæ confusionis imaginem cepit, quum dixit :

Exspatiata ruunt per apertos flumina campos...
. . . . . Pressæque labant sub gurgite turres.

Magnifice hoc, si non curavit, quid oves et lupi faciant. Natari autem in diluvio et in illa rapina potest ? aut non eodem impetu pecus omne, quo raptum erat, mersum est? Concepisti imaginem quantam debebas, obrutis omnibus terris, cœlo ipso in terram ruente : perfer : scis

dire si vous songez que c'est tout un monde qui se noie. — Revenons maintenant à notre sujet.

XXVIII. Quelques personnes pensent que des pluies excessives peuvent dévaster le globe, mais non le submerger; qu'il faut de grands coups contre une si grande masse; que la pluie peut gâter les moissons, la grêle abattre les fruits, et les ruisseaux grossir les fleuves, mais qu'ils rentrent bientôt dans leurs lits. La mer se déplacera, assurent quelques autres : telle est la cause qui amènera la grande catastrophe; il n'y a ni torrents, ni pluies, ni fleuves déchaînés, capables de produire un si vaste naufrage. Quand l'heure de la destruction est venue, quand le renouvellement du genre humain est résolu, les eaux du ciel tombent sans interruption et par torrents qui ne s'arrêtent plus : je l'accorde; les aquilons, tous les vents qui dessèchent ont cessé; les autans multiplient les nuages, et les pluies, et les fleuves.

..... Le mal, hélas ! incessamment s'augmente ;
Ces moissons, des mortels et l'espoir et l'amour,
Ces travaux d'une année ont péri sans retour.

Or, il s'agit non plus de nuire à la terre, mais de l'engloutir. Ce n'est là qu'une espèce de prélude, après lequel enfin les mers s'élèvent à une hauteur extraordinaire, et portent leurs flots au-dessus du niveau qu'ils atteignent par les plus grandes tempêtes. Puis les vents les chassent devant eux, et roulent d'immenses nappes d'eau qui vont se briser loin des anciens rivages. Lorsque la mer a reculé ses bords et s'est fixée sur un sol étranger, présentant la dévastation de plus près, un courant violent s'élance du fond de l'abîme. L'eau est en effet aussi abondante que l'air et que l'éther, et plus abondante encore dans les profondeurs où l'œil ne pénètre pas. Une fois mise en mouvement, non par le flux, mais par le destin, dont le flux n'est que l'instrument, elle se gonfle, elle se développe de plus en plus, et pousse toujours devant elle. Enfin, dans ses bonds prodigieux, elle dépasse ce que l'homme regardait comme d'inaccessibles abris. Et c'est pour l'eau chose facile; sa hauteur serait celle du globe, si l'on tenait compte des points où elle est le plus élevée. Le niveau des mers s'égalise, comme aussi le niveau général des terres. Partout les lieux creux et plans sont les plus bas. Or, c'est cela même qui régularise la rondeur du globe, dont font partie les mers elles-mêmes, et elles contribuent pour leur part à l'inclinaison de la sphère. Mais, de même que dans la campagne les pentes graduées échappent à la vue, de même les courbures de la mer sont inaperçues, et toute la surface visible paraît plane, quoiqu'étant de niveau avec le continent. Aussi, pour déborder, n'a-t-elle pas besoin d'un énorme exhaussement; il lui suffit, pour couvrir un niveau que le sien égale, de s'élever quelque peu; et ce n'est pas aux bords, mais au large où le liquide est amoncelé, que le flux commence. Ainsi, tout comme la marée équinoxiale, dans le temps de la conjonction du soleil et de la lune, est plus forte que toutes les autres, de même celle-ci, envoyée pour envahir la terre, l'emporte sur les plus grandes marées ordinaires, entraîne plus d'eaux avec elle; et ce n'est qu'après avoir dépassé la cime des monts qu'elle

---

quid deceat, si cogitaveris orbem terrarum natare. Nunc ad propositum revertamur.

XXVIII. Sunt qui existiment, immodicis imbribus vexari terras posse, non obrui. Magno impetu magna ferienda sunt. Faciet pluvia segetes malas, fructum grando decutiet; intumescent rivis flumina, sed resident. Quibusdam placet moveri mare, et illinc causam tantæ cladis arcessi. Non potest torrentium, aut imbrium, aut fluminum injuria fieri tam grande naufragium. Ubi instat illa pernicies, mutarique genus humanum placuit, fluere ussiduos imbres, et non esse modum pluviis concesserim, suppressis aquilonibus, et flatu sicciore; austris nubes et imbres et amnes abundare.

. . . . . Sed adhuc in damno profectum est.
Sternuntur segetes, et deplorata colonis
Vota jacent, longique perit labor irritus anni.

Non lædi debent terræ, sed abscondi. Denique quum per ista prolusum est, crescunt maria, sed super solitum, et fluctum ultra extremum tempestatis maximæ vestigium mittunt. Deinde a tergo ventis urgentibus, ingens æquor evolvunt, quod longe a conspectu interioris litoris frangitur. Deinde ubi litus his prolatum est, et pelagus in alieno constitit, velut admoto malo cominus procurrit æstus ex imo recessu maris. Nam ut aeris, ut ætheris, sic hujus elementi larga materia est, multoque in abdito plenior. Hæc satis mota, non æstu, nam æstus fati ministerium est, attollit vasto sinu fretum, agitque ante se. Deinde in miram altitudinem erigitur, et illis tutis hominum receptaculis superest. Nec id aquis arduum est, quoniam æquo terris fastigio ascenderent, si quis excelsa perlibret. Maria paria sunt. Nam par undique sibi ipsa tellus est. Cava et plana undique inferiora sunt. Sed istis adeo in rotundum orbis æquatus est, in parte autem ejus et maria sunt, quæ in unius æqualitatem pilæ coeunt. Sed quemadmodum campos intuentem, quæ paulatim devexa sint, fallunt, sic non intelligimus curvaturas maris, et videtur planum quidquid apparet; at illud æquale terris est. Ideoque ut effluat, non magna mole se tollet; dum satis est illi, ut supra paria veniat, leviter exsurgere; nec a litore ubi inferius est, sed a medio, ubi ille cumulus est, defluit. Ergo ut solet æstus æquinoctialis, sub ipsum lunæ solisque coitum, omnibus aliis major undare; sic hic qui ad occupandas terras mittitur, solitis maximisque violentior, plus aquarum trahit; nec antequam supra cacumina eorum, quos perfusurus est,

doit couvrir, qu'enfin elle rétrograde. Sur certains points, la marée s'avance jusqu'à cent milles, sans dommage et d'un cours régulier ; car alors c'est avec mesure qu'elle croît et décroît tour à tour. Au jour du déluge, ni lois, ni frein n'arrêtent ses élans. Quelles raisons à cela? dites-vous. Les mêmes qu'à la future conflagration du monde. Le déluge d'eau ou de feu arrive lorsqu'il plaît à Dieu de créer un monde meilleur et d'en finir avec l'ancien. L'eau et le feu soumettent la terre à leurs lois; ils sont agents de vie et instruments de mort. Lors donc que le renouvellement de toutes choses sera résolu, ou la mer, ou des flammes dévorantes seront déchaînées sur nos têtes, selon le mode de destruction qui sera choisi.

XXIX. D'autres y joignent les commotions du globe qui entr'ouvrent le sol et découvrent des sources nouvelles d'où jaillissent des fleuves, tels qu'en doivent vomir des réservoirs jusqu'alors intacts. Bérose, traducteur de Bélus, attribue ces révolutions aux astres, et d'une manière si affirmative, qu'il fixe l'époque de la conflagration et du déluge. Le globe, dit-il, prendra feu quand tous les astres, qui ont maintenant des cours si divers, se réuniront sous le Cancer, et se placeront de telle sorte les uns sous les autres, qu'une ligne droite pourrait traverser tous leurs centres. Le déluge aura lieu quand toutes ces constellations seront rassemblées de même sous le Capricorne. Le premier de ces signes régit le solstice d'hiver ; et l'autre, le solstice d'été. Leur influence à tous deux est grande, puisqu'ils déterminent les deux principaux changements de l'année. J'admets aussi cette double cause ; car il en est plus d'une à un tel événement ; mais je crois devoir y ajouter celle que les stoïciens font intervenir dans la conflagration du monde. Que l'univers soit une âme, ou un corps gouverné par la nature, comme les arbres et les plantes, tout ce qu'il doit opérer ou subir, depuis son premier jusqu'à son dernier jour, entre d'avance dans sa constitution, comme en un germe est enfermé tout le futur développement de l'homme. Le principe de la barbe et des cheveux blancs se trouve chez l'enfant qui n'est pas né encore ; il y a là en petit l'invisible ébauche de tout l'homme et de ses âges successifs. Ainsi, dans l'enfantement du monde, outre le soleil, et la lune, et les révolutions des astres, et la reproduction des animaux, était déposé le principe de tous les changements terrestres, et aussi de ce déluge qui, de même que l'hiver et l'été, est appelé par la loi de l'univers. Il aura donc lieu non par les pluies seulement, mais aussi par les pluies; non par l'irruption de la mer, mais entre autres choses par cette irruption ; non par la commotion du globe, mais par cette commotion aussi. Tout viendra en aide à la nature, pour que les décrets de cette nature s'exécutent. Mais la plus puissante cause de submersion sera fournie par la terre contre elle-même ; la terre, avons-nous-dit, est transmuable et se résout en eau. Lors donc qu'aura lui le jour suprême de l'humanité, que les parties du grand tout devront se dissoudre ou s'anéantir complètement pour renaître complètes, neuves, purifiées de telle sorte qu'il ne reste plus aucune influence corruptrice, il se formera plus d'eau qu'on n'en aura vu jusqu'alors. Aujourd'hui les éléments sont répartis

montium crevit, devolvitur, Per centena millia quibusdam locis æstus excurrit innoxius, et ordinem servat. Ad mensuram enim crescit, iterumque decrescit. At illo tempore solutus legibus, sine modo fertur. Qua ratione: inquis. Eadem, qua conflagratio futura est. Utrumque fit, quum Deo visum ordiri meliora, vetera finiri. Aqua et ignis terrenis dominantur. Ex his ortus, et ex his interitus est. Ergo quandoque placuere res novæ mundo, sic in nos mare emittitur desuper, ut fervor ignis, quum aliud genus exitii placuit.

XXIX. Quidam existimant terram quoque concuti, et dirupto solo nova fluminum capita detegere, quæ amplius ut e pleno profundant. Berosus, qui Belum interpretatus est, ait cursu ista siderum fieri ; et adeo quidem affirmat, ut conflagrationi atque diluvio tempus assignet; arsura enim terrena contendit, quando omnia sidera, quæ nunc diversos agunt cursus, in Cancrum convenerint, ita sub eodem posita vestigio, ut recta linea exire per orbes omnium possit; inundationem futuram, quum eadem siderum turba in Capricornum convenerit. Illic solstitium, hic bruma conficitur. Magnæ potentiæ signa; quando in ipsa mutatione anni momenta sunt. Et istas ego receperim causas ; neque enim ex uno est tanta pernicies; et illam quæ in conflagratione nostris placet, huc quoque transferendam puto, sive anima est mundus, sive corpus, natura gubernante, ut arbores, ut sata, ab initio ejus usque ad exitum quidquid facere, quidquid pati debeat, inclusum est ; ut in semine omnis futuri ratio hominis comprehensa est. Et legem barbæ et canorum nondum natus infans habet; totius enim corporis, et sequentis ætatis in parvo occultoque lineamenta sunt. Sic origo mundi, non minus solem et lunam, et vices siderum, et animalium ortus, quam quibus mutarentur terrena, continuit. In his fuit inundatio, quæ non secus quam hiems, quam æstas, lege mundi venit. Itaque non pluvia istud fiet, sed pluvia quoque; non incursu maris, sed maris quoque incursu; non terræ motu, sed terræ quoque motu. Omnia adjuvabunt naturam, ut natura constituta peragantur. Maximam tamen causam, ad se inundandam, terra ipsa præstabit; quam diximus esse mutabilem, et solvi in humorem. Ergo quandoque erit terminus rebus humanis; quum partes ejus interire debuerint, aborive funditus totæ, ut de integro totæ rudes innoxiæque generentur, nec supersit in deteriora

dans une juste proportion. Il faut que l'un d'eux se trouve en excès, pour que l'équilibre du monde soit troublé. C'est l'eau qui sera en excès; maintenant elle ne peut qu'envelopper la terre et non la submerger. Tout accroissement devra donc la pousser à un envahissement. Il faudra que la terre cède à un élément devenu plus fort qu'elle. Elle commencera par s'amollir, puis se détrempera, se délaiera et ne cessera de couler sous forme liquide. Alors, de dessous les montagnes ébranlées, surgiront des fleuves qui fuiront ensuite sourdement par mille crevasses. Partout le sol rendra les eaux qu'il couvre; du sommet des montagnes jailliront des sources; et de même que la corruption s'étend à des chairs saines, et que les parties voisines d'un ulcère finissent par s'ulcérer, de proche en proche, les terres en dissolution feront tout dissoudre autour d'elles, puis l'eau sortira par filets, par courants; et des rochers entr'ouverts de toutes parts, des torrents se précipiteront dans le sein des mers qui, toutes, n'en formeront plus qu'une seule. Il n'y aura plus d'Adriatique, de détroit de Sicile, de Charybde, de Scylla; la nouvelle mer absorbera toutes ces illustrations mythologiques; et cet Océan, aujourd'hui limite et ceinture du monde, en occupera le centre. Que dirai-je enfin? L'hiver envahira les mois consacrés aux autres saisons; il n'y aura plus d'été, et les astres qui dessèchent la terre perdront leur activité et leur chaleur. Elles périront toutes, ces dénominations de mer Rouge et de mer Caspienne, de golfe d'Ambracie et de Crète, de Pont et de Propontide : toute distinction disparaîtra. Alors sera confondu ce plan de la nature qui faisait du globe diverses parties. Ni remparts, ni tours ne protégeront plus personne; il n'y aura d'asile ni dans les temples, ni dans les hautes citadelles; l'onde y devancera les fuyards et les balaiera du sommet des tours. Elle fondra par masses de l'occident; elle fondra de l'orient; en un jour elle aura enseveli le genre humain. Tout ce que la fortune a mis tant de temps et de complaisance à édifier, tout ce qu'elle a fait de supérieur au reste du monde, tout ce qu'il y a de plus fameux et de plus beau, grandes nations, grands royaumes, elle abimera tout.

XXX. Rien, je le répète, n'est difficile à la nature, quand surtout ce sont choses primitivement décrétées par elle, et que ce n'est pas brusquement qu'elle s'y porte, mais après maint avertissement. Dès le premier jour du monde, quand, pour former l'ordre actuel, tout se dégageait de l'informe chaos, l'époque de la submersion du globe fut fixée; et de peur que la tâche ne fût trop difficile pour les mers, si elle était toute nouvelle, elles y préludent depuis longtemps. Ne voyez-vous pas comme le flot heurte le rivage et semble vouloir le franchir? Ne voyez-vous pas la marée aller au-delà de ses limites, et mener l'Océan à la conquête du monde? Ne voyez-vous pas cette lutte incessante des eaux contre leurs barrières? Mais pourquoi tant redouter ces irruptions bruyantes, et cette mer, et ces débordements de fleuves si impétueux? Où la nature n'a-t-elle point placé de l'eau pour nous assaillir de toutes parts quand elle voudra? N'est-il pas vrai qu'en fouil-

---

magister; plus humoris, quam semper fuit, fiet. Nunc enim elementa ad id, quod debetur, pensa sunt. Aliquid oportet alteri accedat, ut quæ libramento stant, inæqualitas turbet; accedet humori. Nunc enim habet quo ambiat terras, non quo obruat. Quidquid illi accesserit, necesse est in alienum locum exundet. Undæ ergo et terra non minus debet, ut validiori infirma succumbat. Incipiet ergo putrescere, dehinc laxata ire in humorem, et assidua tabe defluere. Tunc exsilient sub montibus flumina, ipsosque impetu quatient; inde aura tacita manabunt. Solum omne aquas reddet; summi scaturient montes, quemadmodum in morbum transeunt sana, et ulceri vicina consentiunt; ut quæque proxima terris fluentibus fuerint, eluentur, stillabunt, et deinde current, et hiante pluribus locis saxo, per fretum salient, et maria inter se component. Nihil erunt Hadriatici, nihil Siculi æquoris fauces, nihil Charybdis, nihil Scylla. Omnes novum mare fabulas obruet, et hic qui terras cingit Oceanus extremas, veniet in medium. Quid ergo est? nihilominus tenebit alienos menses hiems, æstas prohibebitur, et quodcunque terras sidus exsiccat, compresso ardore cessabit. Peribunt tot nomina, Caspium et Rubrum mare, Ambracii et Cretici sinus, Propontis et Pontus. Peribit omne discrimen. Confundetur quidquid in suas partes natura digessit. Non muri quemquam, non turres tuebuntur. Non proderunt templa supplicibus, nec urbium summa; quippe fugientes unda præveniet, et ex ipsis arcibus deferet. Alia ab occasu, alia ab oriente concurrent; unus humanum genus condet dies. Quidquid tam longa fortunæ indulgentia excoluit, quidquid supra ceteros extulit, nobilia pariter atque ornata, magnarumque gentium regna pessumdabit.

XXX. Sunt omnia, ut dixi, facilia naturæ; utique quæ a primo facere constituit; ad quæ non subito, sed ex denuntiato venit. Jam autem a primo die mundi, quum in hunc habitum ex informi unitate discederent, quando mergerentur terrena, decretum est; et ne sit quandoque velut in novo opere dura molitio, olim ad hæc maria se exercent. Non vides, ut fluctus in litora, tanquam exiturus, incurrat? Non vides, ut æstus fines suos transeat, et in possessionem terrarum mare inducat? Non vides, ut illi perpetua cum claustris suis pugna sit? Quis porro istinc, unde tantum tumultum vides, metus est e mari, et magno impetu erumpentibus fluviis? Ubi non humorem natura disposuit, ut undique nos, quum voluisset, aggredi posset? Mentior, nisi eruentibus terram humor

tant la terre, c'est de l'eau qu'on rencontre? Toutes les fois que la cupidité, ou toute autre cause nous porte à creuser profondément le sol, les travaux cessent par la présence de l'eau. Ajoutez qu'il y a dans l'intérieur du globe des lacs immenses, et plus d'une mer enfouie, et plus d'un fleuve qui coule sous nos pieds. Sur tous les points donc abonderont les éléments du déluge, puisqu'il y a des eaux qui coulent dans le sein de la terre, sans compter celles dont elle est entourée : longtemps contenues, elles triompheront enfin et réuniront les fleuves aux fleuves, les lacs aux lacs. La mer souterraine emplira les bassins des sources dont elle fera d'immenses gouffres béants. De même que notre corps peut s'épuiser par un flux continuel, et nos forces se perdre par une transpiration excessive, la terre se liquéfiera, et, quand nulle autre cause n'y contribuerait, elle trouvera en elle-même de quoi se submerger. Je conçois ainsi le concours de toutes les grandes masses d'eaux, et la destruction ne sera pas longue à s'accomplir. L'harmonie du monde sera troublée et détruite, dès qu'une fois la nature se relâchera de sa surveillance tutélaire ; soudain, de la surface et de l'intérieur de la terre, d'en haut et d'en bas les eaux feront irruption. Rien de si violent, de si immodéré dans sa fougue, de si terrible à ce qui lui résiste, qu'un immense volume d'eau. Usant de toute sa liberté, et puisque ainsi le voudra la nature, l'eau couvrira ce qu'elle sépare et environne maintenant. Comme le feu qui éclate en plusieurs endroits se confond bientôt en un vaste incendie, tant les flammes ont hâte de se réunir; ainsi, en un moment, les mers débordées n'en feront plus qu'une seule. Mais la licence des ondes ne sera pas éternelle. Après avoir consommé l'anéantissement du genre humain et des bêtes farouches dont l'homme avait pris les mœurs, la terre réabsorbera ses eaux ; la nature commandera aux mers de rester immobiles, ou d'enfermer dans leurs limites leurs flots en fureur; chassé de nos domaines, l'Océan sera refoulé dans ses profondeurs, et l'ancien ordre rétabli. Il y aura une seconde création de tous les animaux; la terre reverra l'homme, ignorant le mal et né sous de meilleurs auspices. Mais son innocence ne durera pas plus que l'enfance du monde nouveau. La perversité gagne bientôt les âmes ; la vertu est difficile à trouver; il faut un maître, un guide, pour aller à elle ; le vice s'apprend même sans précepteur.

LIVRE QUATRIÈME.

PRÉFACE.

Vous aimez donc, à en juger d'après vos lettres, sage Lucilius, et la Sicile, et le loisir que vous laisse votre emploi de gouverneur. Vous les aimerez toujours, si vous voulez vous tenir dans les limites de cette charge, si vous songez que vous êtes le ministre du prince, et non le prince lui-même. Ainsi ferez-vous, je n'en doute pas. Je sais combien vous êtes étranger à l'ambition, et ami de la retraite et des lettres. Que ceux-là regrettent le tourbillon des affaires et du monde, qui ne peuvent se souffrir eux-mêmes. Vous, au contraire, vous êtes si

---

occurrit, et quoties nos avaritia aut defodit, aut aliqua causa penetrare altius cogit, eruendi finis unda est. Adjice nunc, quod immanes sunt in abdito lacus, et multum maris conditi, multum fluminum per operta labentium. Undique ergo erunt causæ diluvio, quum aliæ aquæ subinfluunt terras, aliæ circumfluunt, quæ diu coercitæ vincent, et amnes amnibus jungent, paludibus stagna. Omnium tunc mare ora fontium implebit, et majore hiatu solvet. Quemadmodum corpora nostra ad egestum venter exhaurit, quemadmodum eunt in sudorem vires; ita tellus liquefiet, et aliis causis quiescentibus, intra se, quo mergatur, inveniet. Sic magna omnia coitura crediderim. Nec erit longa mora exitii. Tentatur divelliturque concordia, quum semel aliquid ex hac idonea diligentia remiserit mundus ; statim undique ex aperto, ex abdito, superne, ab imo, aquarum fiet irruptio. Nihil est tam violentum et incontinens sui, tam contumax, infestumque retinentibus, quam magna vis undæ; utetur libertate permissa, et jubente natura, quæ scindit circuitque, complebit. Ut ignis diversis locis ortus, cito miscet incendium, flammis coire properantibus ; sic momento redundantia maria se committent. Nec ea semper licentia undis erit; sed peracto exitio generis humani, exstinctisque pariter feris, in quarum homines ingenia transierant, iterum aquas terra sorbebit; natura pelagus stare, aut intra terminos suos furere coget; et rejectus e nostris sedibus, in sua secreta pelletur Oceanus; et antiquus ordo revocabitur. Omne ex integro animal generabitur, dabiturque terris homo inscius scelerum, et melioribus auspiciis natus. Sed illis quoque innocentia non durabit, nisi dum novi sunt. Cito nequitia subrepit ; virtus difficilis inventu est, rectorem ducemque desiderat. Etiam sine magistro vitia discuntur.

LIBER QUARTUS.

PRÆFATIO.

Delectat te, quemadmodum scribis, Lucili virorum optime, Sicilia, et officium procurationis otiosæ. Delectabit, si continere id intra fines suos volueris, nec efficere imperium, quod est procuratio. Facturum te hoc, non dubito. Scio quam sis ambitioni alienus, quam familiaris otio et literis. Turbam rerum hominumque desiderent, qui se pati nesciunt ! Tibi tecum optime con

bien avec vous! Je ne m'étonne pas que peu d'hommes aient ce bonheur : nous sommes nos propres tyrans, nos persécuteurs; malheureux tantôt de nous trop aimer, tantôt du dégoût de notre être; tour à tour l'esprit enflé d'un déplorable orgueil, ou tendu par la cupidité; nous laissant aller aux plaisirs ou nous consumant d'inquiétudes; et, pour comble de misère, jamais seuls avec nous-mêmes. Nécessairement, dans une demeure habitée par tant de vices, il y a lutte perpétuelle. Faites donc, cher Lucilius, ce que vous avez coutume de faire. Séparez-vous, tant que vous pourrez, de la foule; et ne prêtez pas le flanc aux adulateurs; ils sont adroits à circonvenir les grands; vous aurez le dessous avec eux, si bien en garde que vous soyez. Croyez-moi, vous laisser flatter, c'est vous livrer à la trahison. Tel est l'attrait naturel de la flatterie : même lorsqu'on la rejette, elle plaît; longtemps exclue, elle finit par se faire admettre; car elle va jusqu'à nous faire un mérite de ce que nous ne voulons pas d'elle, et les affronts même ne peuvent la décourager. On ne peut croire ce que je vais dire, et pourtant cela est vrai : Chacun de nous est surtout vulnérable à l'endroit qu'on attaque en lui; peut-être, en effet, ne l'attaque-t-on que parce qu'il est vulnérable. Armez-vous donc bien, mais sachez qu'il vous est impossible d'être à l'épreuve des blessures. Eussiez-vous tout prévu, vous serez frappé au défaut de vos armes. L'un emploiera l'adulation avec déguisement et sobriété; l'autre ouvertement, en face, affectant une bonhomie brusque, comme si c'était franchise de sa part et non pas artifice. Plancus, le plus grand maître en ce genre avant Vitellius, disait qu'il ne faut ni mystère, ni dissimulation dans la flatterie. Elle perd ses avances, disait-il, si elle les cache : heureux le flatteur qu'on prend sur le fait; plus heureux celui qu'on réprimande, qu'on force à rougir. Un personnage tel que vous doit s'attendre à rencontrer bien des Plancus; et le remède à un si grand mal n'est pas de refuser la louange. Crispus Passiénus, l'homme le plus subtil en toutes choses que j'aie connu, notamment dans l'appréciation et la cure des vices, disait souvent : « Nous mettons la porte entre nous et la flatterie, nous ne la fermons pas. Nous agissons avec elle comme avec une maîtresse. On aime que celle-ci pousse la porte, on est ravi qu'elle l'ait forcée. » Démétrius, philosophe du premier ordre, disait, il m'en souvient, à un fils d'affranchi puissant : « J'aurais, pour m'enrichir, une méthode aisée, le jour où je me repentirais d'être homme de bien. Je ne vous cacherai pas ma recette; j'enseignerais à ceux qui ont besoin d'amasser, comment, sans s'exposer aux risques de la mer, ni aux difficultés d'achat et de vente, sans tenter les profits peu sûrs de l'agriculture, ni ceux moins sûrs encore du barreau, ils trouveront moyen de faire fortune facilement, gaiment même, et de charmer les hommes en les dépouillant. Toi, par exemple, je jurerais que tu es plus grand que Fidus Annæus, et qu'Apollonius Pycta, quoique ta taille soit aussi ramassée que celle d'un Thrace aux prises avec un Thrace. Je dirai qu'on n'est pas plus libéral que toi, et je ne mentirai point; on peut se figurer que tu donnes aux gens tout ce que tu ne leur prends pas. »

Oui, mon cher Junior, plus la flatterie est à

venit. Nec mirum paucis istud contingere; imperiosi nobis ipsis et molesti sumus; modo amore nostri, modo tædio laboramus; infelicem animum nunc superbia inflamus, nunc cupiditate distendimus; alias voluptate laxamus, alias sollicitudine exurimus. Quod est miserrimum, nunquam sumus singuli. Necesse est itaque assidua utamur, in tam magno vitiorum contubernio, rixa. Fac ergo, mi Lucili, quod facere consuesti. A turba, quantum potes, te separa, nec adulatoribus latus præbeas; artifices sunt ad captandos superiores. Par illis, etiamsi bene caveris, non eris. Mihi crede, proditioni, si capteris, ipse te trades. Habent hoc in se naturale blanditiæ; etiam quum exclusæ, rejiciuntur, placent; sæpe exclusæ, novissime recipiuntur. Hoc enim ipsum imputant, quod repelluntur, et subigi ne contumelia quidem possunt. Incredibile est, quod dicturus sum, sed tamen verum. Ea maxime quisque patet, qua petitur. Fortasse enim ideo, quia patet, petitur. Sic ergo formare, ut scias non posse te consequi, ut sis impenetrabilis; quum omnia caveris, per ornamenta feriet. Alius adulatione clam utetur, parce; alius ex aperto, palam, rusticitate simulata, quasi simplicitas illa, non ars sit. Plancus artifex ante Vitellium maximus, aiebat non esse occulte, nec ex dissimulato blandiendum. Perit, inquit, procari, si latet. Plurimum adulator, quum deprehensus est, proficit; plus etiamnunc, si objurgatus est, si erubuit. Futuros multos in persona tua Plancos cogita; et hoc non esse remedium tanti mali, nolle laudari. Crispus Passienus, quo ego nil cognovi subtilius in omnibus rebus, maxime in distinguendis et curandis vitiis, sæpe dicebat, « adulationi nos opponere, non claudere ostium, et quidem sic, quemadmodum opponi amicæ solet, quæ si impulit, grata est; gratior, si effregit. » Demetrium egregium virum memini dicere cuidam libertino potenti, facilem sibi esse ad divitias viam, quo die pœnituisset bonæ mentis. « Nec invidebo, inquit, vobis hanc artem, sed docebo eos quibus quæsito opus est, quemadmodum non dubiam fortunam maris, non emendi vendendique litem subeant, non incertam fidem ruris, incertiorem fori tentent, quemadmodum non solum facili, sed etiam hilari via pecuniam faciant, gaudentesque dispolient. Te, inquit, longiorem Fido Annæo jurabo, et Apollonio Pycta, quamvis staturam habeas Threcis cum Threce compositi. Hominem quidem non esse ullum liberaliorem, non mentiar, quum possis videri

découvert, plus elle est hardie; plus elle s'est endurci le front et a fait rougir celui des autres, plus son triomphe est prompt. Car on en est venu à ce point d'extravagance, que qui nous loue modérément nous paraît envieux. Je vous ai dit souvent que Gallion mon frère, lui qu'on aime encore trop peu quand on l'aime autant qu'on peut aimer, était étranger aux autres vices et avait de plus la flatterie en horreur; vous l'avez attaqué sur tous les points. D'abord vous avez admiré son génie, le plus beau génie du siècle, fait pour le ciel, disiez-vous, et non pour un profane vulgaire : cet éloge l'a fait reculer. Vous avez voulu louer cette modération qui met entre les richesses et lui une distance telle, qu'il ne semble ni en jouir ni les condamner : dès l'abord il vous a coupé la parole. Vous vantiez son affabilité, le charme et la simplicité de ses manières, qui ravissent ceux mêmes auxquels il ne prend pas garde, et obligent, sans qu'il lui en coûte, jusqu'à ceux qu'il ne voit qu'en passant; car jamais mortel n'a su plaire à un seul autant qu'il plaît à tous; et cela avec un naturel si heureux et si entraînant, que rien chez lui ne sent l'art ni l'affectation. Chacun se laisse attribuer volontiers un mérite publiquement reconnu; eh bien! ici encore il résista à vos cajoleries, et vous vous écriâtes : « J'ai trouvé un homme invincible à des séductions auxquelles tout homme ouvre son cœur. » Vous avouâtes que sa prudence et sa persévérance à éviter un mal inévitable vous émerveillaient d'autant plus, que vous comptiez le trouver accessible à des éloges qui, bien que faits pour chatouiller l'oreille, n'étaient que des vérités. Mais il n'y vit qu'une raison de plus pour les repousser : car c'est toujours à l'aide du vrai que le mensonge attaque la vérité. Toutefois, ne soyez pas mécontent de vous, comme un acteur qui aurait mal joué son rôle, et comme si Gallion s'était douté de la comédie et du piège; il ne vous a pas découvert, il vous a repoussé. C'est pour vous un exemple à suivre. Quand quelque flatteur s'approchera de vous, dites-lui : « Mon ami, ces compliments, qui passent d'un magistrat à l'autre avec les licteurs, portez-les à quelqu'un qui, prêt à vous payer de la même monnaie, veuille vous écouter jusqu'au bout. Moi, je ne veux pas duper, et je ne veux pas être dupe; vos éloges me tenteraient, si vous n'en donniez aussi aux méchants. » Mais qu'est-il besoin de descendre si bas, que les flatteurs puissent se mesurer de près avec vous. Qu'un long intervalle vous sépare d'eux. Quand vous souhaiterez de francs éloges, pourquoi les devriez-vous à autrui? Louez-vous vous-même; dites : « Je me suis voué aux études libérales, quoique la pauvreté me conseillât d'autres partis, et appelât mon génie à des travaux dont le prix ne se fait pas attendre. Je me suis livré à la poésie, sans espoir de récompense, et aux salutaires méditations de la philosophie. J'ai fait voir que la vertu peut entrer dans tous les cœurs; j'ai triomphé des entraves de ma naissance, et mesurant ma grandeur non sur ma fortune, mais sur la hauteur de mon âme, je me suis vu l'égal des plus grands. Mon affection pour Gétulicus ne m'a point fait trahir Caligula; Messala et Narcisse, longtemps ennemis de Rome avant de l'être l'un

---

omnibus donasse, quidquid dereliquisti. » Ita est, mi Junior, quo apertior est adulatio, quo improbior, quo magis frontem suam perfricuit, occidit alienam, hoc citius expugnat. Eo enim jam dementiæ venimus, ut qui parce adulatur, pro maligno sit. Solebam tibi dicere, Gallionem fratrem meum, quem nemo non parum amat, etiam qui amare plus non potest, alia vitia non nosse, hoc etiam odisse; ab omni illum parte tentasti. Ingenium suspicere cœpisti, omnium maximum et dignissimum, quod consecrari malles, quam conteri; pedes abstulit. Frugalitatem laudare cœpisti, qua sic a nummis resiluit, ut illos nec habere nec damnare videatur; prima statim verba præcidit. Cœpisti mirari comitatem et incompositam suavitatem, quæ illos quoque, quos transit, abducit, gratuitum etiam in obvios meritum. Nemo enim mortalium uni tam dulcis est, quam hic omnibus; quum interim tanta naturalis boni vis est, uti artem simulationemque non redoleat. Nemo non imputari sibi bonitatem publicam patitur; hoc quoque loco blanditiis tuis restitit, ut exclamares, invenisse te inexpugnabilem virum adversus insidias, quas nemo non in sinum recipit. Eo quidem magis hanc ejus prudentiam, et in evitando inevitabili malo pertinaciam te suspicere confessus es, quia speraveras posse apertis auribus recipi, quamvis blanda diceres, quia vera dicebas. Sed eo magis intellexit obstandum. Semper enim falsis a vero petitur veritas. Nolo tamen tibi displiceas, quasi male egeris mimum, et quasi ille aliquid jocorum aut doli suspicatus sit. Non deprehendit te, sed repulit. Ad hoc exemplar componere. Quum quis ad te adulator accesserit, dicito : «Vis tu ista verba, quæ jam ab alio magistratu ad alium cum lictoribus transeunt, ferre ad aliquem, qui paria facturus, vult quidquid dixeris, audire? Ego nec decipere volo, nec decipi possum. Laudari me a vobis, nisi laudaretis etiam malos, vellem. » Quid autem necesse est in hoc descendere, ut te petere cominus possint? Longum inter vos intervallum fit. Quum cupieris bene laudari, quare hoc ulli debeas? Ipse te lauda. Dic : « Liberalibus me studiis tradidi, quanquam paupertas alia suaderet, et ingenium eo abduceret, ubi præsens studii pretium est. Ad gratuita carmina deflexi me, et ad salutare philosophiæ studium contuli. Ostendi in omne pectus cadere virtutem; et eluctatus natalium angustiis, nec sorte me, sed animo mensus, par maximis steti. Non mihi amicitia Gætulici Caii fidem eripuit; non in aliorum personam infeliciter amatorum, Messala et Narcissus, diu publici hostes, antequam sui

de l'autre, n'ont pu détruire mon dévoûment à d'autres personnages qu'il était funeste d'aimer. J'ai offert ma tête pour garder ma foi. Pas une parole qui ne pût sortir d'une conscience pure ne m'a été arrachée. J'ai tout craint pour mes amis, je n'ai craint pour moi que de les avoir trop peu aimés. D'indignes pleurs n'ont point coulé de mes yeux ; je n'ai embrassé en suppliant les mains de personne. Je n'ai rien fait de messéant à un homme de bien, à un homme de cœur. Plus grand que mes périls, prêt à marcher au devant de ceux qui me menaçaient, j'ai su gré à la fortune d'avoir voulu éprouver quel prix j'attachais à ma parole. C'était une chose trop grande pour qu'elle me coûtât peu. La balance ne me tint pas longtemps incertain ; car les deux poids n'étaient pas égaux : valait-il mieux sacrifier ma vie à l'honneur, ou l'honneur à ma vie ? Je ne me jetai pas d'un élan aveugle dans la résolution extrême qui devait m'arracher à la fureur des puissants du jour. Je voyais autour de Caligula des tortures, des brasiers ardents. Je savais que dès longtemps, sous ce monstre, on en était réduit à regarder la mort comme une grâce. Cependant je ne me suis point courbé sur la pointe d'un glaive, ni élancé, bouche béante, dans la mer, de peur qu'on ne crût que je ne savais mourir que pour mes amis. Ajoutez que jamais les présents n'ont pu corrompre votre âme, et que, dans cette lutte si générale de cupidité, jamais vos mains ne se sont tendues vers le lucre. Ajoutez votre frugalité, la modestie de vos paroles, vos égards pour vos inférieurs, votre respect pour vos supérieurs. Et puis, demandez-vous si le détail de tous ces mérites est vrai ou faux : s'il est vrai, vous aurez été loué devant un précieux témoin ; s'il est faux, l'ironie n'aura été entendue de personne. Moi-même, maintenant, on pourrait croire que je veux vous capter ou vous éprouver. Pensez-en ce qu'il vous plaira, et commencez par moi à craindre tout le monde. Méditez ce vers de Virgile :

Plus de foi nulle part...

ou ceux-ci d'Ovide :

La cruelle Erinnys règne au loin sur la terre ;
Tout mortel semble au crime engagé par serment..

ou cette parole de Ménandre (car est-il un beau génie qui, sur ce point, ne se soit ému, pour maudire ce fatal concert du genre humain qui le pousse au mal ?) : « Nous sommes méchants, tous tant que nous sommes, » s'écrie le poëte qui jette ce mot sur la scène avec une rudesse campagnarde. Il n'est ni vieillard qu'il excepte, ni enfant, ni femme, ni homme ; il dit plus : ce n'est pas individuellement, ni en petit nombre, c'est en masse qu'on ourdit le crime. Il faut donc fuir, se recueillir en soi, ou plutôt encore se sauver de soi-même. Je veux tenter, bien que la mer nous sépare, de vous rendre un service ; vous êtes peu sûr de votre route ; que je vous prenne la main pour vous guider vers un meilleur but ; et, pour que vous ne sentiez point votre isolement, je causerai d'ici avec vous. Nous serons réunis par la meilleure partie de notre être : nous nous donnerons mutuellement des conseils que le visage de l'auditeur ne modifiera point. Je vous mènerai loin de votre Sicile, pour vous empêcher d'ajouter grande foi aux histoires et de venir à vous complaire en vous-

propositum meum potuerunt evertere. Cervicem pro fide apposui. Nullum verbum mihi quod non salva conscientia procederet, excussum est. Pro amicis omnia timui, pro me nihil ; nisi me parum bonus amicus fuissem. Non mihi muliebres fluxere lacrymæ, non e manibus ullius supplex pependi. Nihil indecorum nec bono, nec viro feci. Periculis meis major, paratus ire in ea quæ minabantur, egi gratias fortunæ, quod experiri voluisset quanti æstimarem fidem. Non debebat mihi parvo res tanta constare. Nec examinavit me quidem diu ; neque enim paria pendebant, utrum satius esset me perire pro fide, an fidem pro me. Non præcipiti impetu in ultimum consilium, quo me eriperem furori potentium, niisi. Videbam apud Caium tormenta, videbam ignes. Sciebam olim sub illo in eum statum res humanas decidisse, ut inter misericordiæ opera haberetur, occidi. Non tamen ferro incubui, nec in mare aperto ore desilui, ne viderer pro fide tantum mori posse. » Adjice nunc invictum muneribus animum, et in tanto avaritiæ certamine nunquam suppositam manum lucro. Adjice nunc victus parcimoniam, sermonis modestiam, adversus minores humanitatem, adversus majores reverentiam. Post hoc ipse te consule, verane an falsa memoraveris. Si vera sunt, coram magno teste laudatus es ; si falsa, sine teste derisus es. Possum et ipse nunc videri te aut captare, aut experiri. Utrum libet crede, et omnes timere a me incipe. Virgilianum illud exsequere :

Nusquam tuta fides . . . . .

aut Ovidianum :

. . . . Qua terra patet, fera regnat Erinnys.
In facinus jurasse putes. . . . .

aut illud Menandri (quis enim non in hoc magnitudinem ingenii sui concitavit, detestatus consensum humani generis, tendentis ad vitia ?) Omnes, ait, malos vivere ; et in scenam, velut rusticus, poeta prosiluit. Non senem excipit, non puerum, non feminam, non virum ; et adjicit, non singulos peccare, nec paucos, sed jam scelus esse contextum. Fugiendum ergo, et in se redeundum est, immo etiam a se recedendum. Hoc tibi, etsi dividimur mari, præstare tentabo, ut dubium viæ, injecta manu, ad meliora perducam. Et ne solitudinem sentias, hinc tecum miscebo sermones. Erimus una, qua parte optimi sumus ; dabimus invicem consilia, et ex vultu audientis pendentem longe te ab ista provincia abducam,

même chaque fois que vous vous diriez : Je la tiens sous mon autorité, cette province qui soutint le choc et brisa les armées des deux plus grandes cités du monde, alors qu'entre Rome et Carthage elle demeurait le prix d'une lutte gigantesque; alors qu'elle vit les forces de quatre généraux romains, c'est-à-dire de tout l'empire, réunies sur un seul champ de bataille; alors qu'elle ajouta encore à la haute fortune de Pompée, qu'elle fatigua celle de César, fit passer ailleurs celle de Lépide, et changea celle de tous les partis : témoin de ce prodigieux spectacle, où les mortels ont pu clairement voir avec quelle rapidité on glisse du faîte au plus bas degré, et par quelle variété de moyens la fortune détruit l'édifice de la grandeur. Car la Sicile a vu, dans le même temps, Pompée et Lépide précipités, par une catastrophe différente, de la plus haute élévation dans l'abîme, Pompée fuyant l'armée d'un rival, Lépide sa propre armée.

I. Je veux vous enlever tout à fait à ces souvenirs, et bien que la Sicile possède en elle et autour d'elle nombre de merveilles, je passerai sous silence tout ce qui est relatif à cette province, et reporterai vos réflexions sur un autre point. Je vais m'occuper avec vous d'une question que je n'ai point voulu traiter au livre précédent, savoir, pourquoi le Nil croît si fortement en été. Des philosophes ont écrit que le Danube est de même nature que ce fleuve, parce que leur source, à tous deux, est inconnue, et qu'ils sont plus forts l'été que l'hiver. Chacun de ces points a été reconnu faux : on a découvert que la source du Danube est en Germanie; et s'il commence à croître en été, c'est quand le Nil reste encore enfermé dans son lit, dès les premières chaleurs, lorsque le soleil, plus vif à la fin du printemps, amollit les neiges qu'il a fondues avant que le gonflement du Nil soit sensible. Pendant le reste de l'été il diminue, revient à ses proportions d'hiver, et tombe même au-dessous.

II. Mais le Nil grossit avant le lever de la canicule au milieu de l'été, jusqu'après l'équinoxe. Ce fleuve, le plus noble de ceux que la nature étale aux yeux de l'homme, elle a voulu qu'il inondât l'Égypte à l'époque où la terre, brûlée par le soleil, absorbe plus profondément ses eaux, et doit en retenir assez pour suffire à la sécheresse du reste de l'année. Car, dans ces régions qui s'étendent vers l'Éthiopie, les pluies sont nulles ou rares, et ne profitent point à un sol qui n'est point accoutumé à recevoir les eaux du ciel. Tout l'espoir de l'Égypte, vous le savez, est dans le Nil. L'année est stérile ou abondante, selon qu'il a été avare ou libéral de ses eaux. Jamais le laboureur ne consulte l'état du ciel. Mais pourquoi ne pas faire de la poésie avec vous qui êtes poëte, et ne pas vous citer votre cher Ovide, qui dit :

Les champs n'implorent point Jupiter pluvieux?

Si l'on pouvait découvrir où le Nil commence à croître, les causes de son accroissement seraient trouvées. Tout ce qu'on sait, c'est qu'après s'être égaré dans d'immenses solitudes où il forme de vastes marais, et se partage entre vingt peuples, il rassemble d'abord autour de Philé ses flots er-

---

ne forte magnam historiis esse fidem credas, et placere tibi incipias, quoties cogitaveris; hanc ego habeo sub meo jure provinciam, quæ maximarum urbium exercitus et sustinuit et fregit, quum inter Carthaginem et Romam ingentis belli pretium jacuit, quum quatuor Romanorum principum, id est, totius imperii vires contractas in unum locum vidit, altamque Pompeii fortunam crexit, Cæsaris fatigavit, Lepidi transtulit, omniumque cepit; quæ illi ingenti spectaculo interfuit, ex quo liquere mortalibus posset, quam velox foret ad imum lapsus ex summo, quamque diversa via magnam potentiam fortuna destrueret. Uno enim tempore vidit Pompeium Lepidumque, ex maximo fastigio aliter ad extrema dejectos, quum Pompeius alienum exercitum fugeret, Lepidus suum.

I. Itaque ut totum mente abducam, quamvis multa habeat Sicilia in se, circaque se mirabilia, omnes interim provinciæ tuæ quæstiones prætereo, et in diversum cogitationes tuas abstraham. Quæram enim tecum id quod libro superiore distuli : Quid ita Nilus æstivis mensibus abundet. Cui Danubium similem natura philosophi tradiderunt, quod et fontis ignoti, et æstate quam hieme major sit. Utrumque apparuit falsum. Nam et caput ejus in Germania esse comperimus; et æstate quidem incipit crescere, sed adhuc manente intra mensuram suam Nilo, primis caloribus, quum sol vehementior inter extrema veris nives emollit, quas ante consumit, quam intumescere Nilus incipiat. Reliquo vero æstatis minuitur, et ad hibernam magnitudinem redit, atque ex ea dimittitur.

II. At Nilus ante ortum Caniculæ augetur mediis æstibus, ultra æquinoctium. Hunc nobilissimum amnem natura extulit ante humani generis oculos, et ita disposuit, ut eo tempore inundaret Ægyptum, quo maxime usta fervoribus terra undam altius traheret, tantum hausura, quantum siccitati annuæ sufficere possit. Nam in ea parte, quæ in Æthiopiam vergit, aut nulli imbres sunt, aut rari, et qui insuetam aquis cœlestibus terram non adjuvent. Unam, ut scis, Ægyptus in hoc spem suam habet. Proinde aut sterilis annus, aut fertilis est, prout ille magnus influit, aut parcior. Nemo aratorum adspicit cœlum. Quare non cum poeta meo jocor, et illi Ovidium suum impingo, qui ait :

..... Nec pluvio supplicat herba Jovi?

Unde crescere incipiat, si comprehendi posset, causæ quoque incrementi invenirentur. Nunc vero magnas solitudines pervagatus, et in paludes diffusus, gentibus

rants et vagabonds. Philé est une île d'accès difficile, escarpée de toutes parts. Elle a pour ceinture deux rivières qui, à leur confluent, deviennent le Nil, et portent ce nom. Le Nil entoure toute la ville : alors plus large qu'impétueux, il ne fait que sortir de l'Éthiopie et des sables à travers lesquels passe le commerce de la mer des Indes. Puis il rencontre les Cataractes, lieu fameux par la grandeur du spectacle dont on y jouit. Là, en face de rochers aigus et ouverts sur plusieurs points, le Nil, irrité, soulève toutes ses forces ; brisé par les masses qu'il rencontre, il lutte dans d'étroits défilés ; vainqueur ou repoussé, sa violence reste la même. Alors, pour la première fois, se courrouce son onde arrivée d'abord sans fracas et d'un cours paisible; fougueuse, elle se précipite en torrent par ces passages resserrés, elle n'est plus semblable à elle-même : jusque-là, en effet, elle coule trouble et fangeuse. Mais une fois engagée dans ces gorges rocailleuses, elle écume et prend une teinte qui ne vient pas de sa nature, mais de celle de ce lieu où elle passe difficilement. Enfin, il triomphe des obstacles ; mais tout à coup le sol l'abandonne, il tombe d'une hauteur immense, et fait au loin retentir de sa chute les contrées d'alentour. Une colonie fondée en ces lieux sauvages, ne pouvant supporter ce fracas étourdissant et continuel, s'en alla chercher ailleurs un séjour plus calme. Parmi les merveilles du Nil, on m'a cité l'incroyable témérité des indigènes. Ils montent à deux de petits batelets, l'un pour conduire, l'autre pour rejeter l'eau. Puis, longtemps ballottés par la rapidité furieuse du Nil et par ses contre-courants, ils gagnent enfin ses étroits canaux entre des rocs rapprochés qu'ils évitent; ils glissent emportés avec le fleuve tout entier, gouvernent le canot dans sa chute, et, au grand effroi des spectateurs, plongent la tête en bas : on croit que c'en est fait d'eux, qu'ils sont ensevelis, abîmés sous l'effroyable masse, lorsqu'ils reparaissent bien loin de la cataracte, fendant l'onde comme des traits lancés par une machine de guerre. La cataracte ne les noie pas, elle ne fait que les rendre à une onde aplanie. Le premier accroissement du Nil se manifeste aux bords de cette île de Philé dont je viens de parler. Un faible intervalle la sépare d'un rocher qui divise le fleuve, et que les Grecs nomment ἄβατον et où nul, excepté les prêtres, ne met le pied : c'est là que la crue commence à devenir sensible. Puis, à une longue distance, surgissent deux écueils, appelés dans le pays *veines du Nil*, d'où sort une grande quantité d'eau, pas assez grande, toutefois, pour couvrir l'Égypte. Ce sont des bouches où, lors du sacrifice annuel, les prêtres jettent l'offrande publique, et les gouverneurs des présents en or. Depuis cet endroit, le Nil, visiblement plus fort, s'avance sur un lit profondément creusé, et ne peut s'étendre en largeur, encaissé qu'il est par des montagnes. Mais libre enfin près de Memphis, et s'égarant dans les campagnes, il se divise en plusieurs rivières ; et par des canaux artificiels, qui dispensent aux riverains telle quantité d'eau qu'ils veulent, il court se répandre sur toute l'Égypte. D'abord disséminé, il ne forme bientôt plus qu'une vaste nappe

sparsus, circa Philas primum ex vago et errante colligitur. Philæ insula est aspera et undique præripta; duobus in unum coituris amnibus cingitur, qui Nilo mutantur, et ejus nomen ferunt. Urbem totam complectitur hanc Nilus, magnus magis quam violentus, egressus Æthiopiam, arenasque, per quas iter ad commercia Indici maris est, prælabitur. Excipiunt eum Cataractæ, nobilis insigni spectaculo locus. Ibi per arduas excisasque pluribus locis rupes Nilus insurgit, et vires suas concitat. Frangitur enim occurrentibus saxis, et per angusta eluctatus, ubicunque vincit, aut vincitur, fluctuat; et illic excitatis primum aquis, quas, sine tumultu, leni alveo duxerat, violentus, et torrens per malignos transitus prosilit, dissimilis sibi. Quippe ad id lutosus et turbidus fluit. At ubi in scopulos faucium intravit, spumat; et illi non ex natura sua, sed ex injuria loci color est. Tandemque eluctatus obstantia, in vastam altitudinem subito destitutus cadit, cum ingenti circumjacentium regionum strepitu. Quem perferre gens ibi asperis collocata non potuit, obtusis assiduo fragore auribus, et ob hoc sedibus translati sunt. Inter miracula fluminis incredibilem incolarum audaciam accepi. Bini parvula navigia conscendunt, quorum alter navem regit, alter exhaurit. Deinde multum inter rapidam insaniam Nili, et reciprocos fluctus voluntati, tandem tenuissimos canales tenent, per quos angusta rupium effugiunt; et cum toto flumine effusi, navigium rucus manu temperant, magnoque spectantium metu in caput nixi, quum jam adploraveris, mersosque atque obrutos tanta mole credideris, longe ab eo, in quem occiderant, loco navigant, tormenti modo missi. Nec mergit cadens unda, sed planis aquis tradit. Primum incrementum Nili circa insulam quam modo retuli, Philas, noscitur. Exiguo ab hac spatio petra dividitur, ἄβατον Græci vocant; nec illam ulli, nisi antistites calcant; illa primum saxa auctum fluminis sentiunt. Post magnum deinde spatium duo eminent scopuli; Nili venas vocant incolæ ; ex quibus magna vis funditur, non tamen quanta operire posset Ægyptum. In hæc ora stipem sacerdotes, et aurea dona præfecti, quum solenne venit sacrum, jaciunt. Huic jam manifestus novarum virium Nilus, alto ac profundo alveo fertur, ne in latitudinem excedat, objectu montium pressus. Circa Memphim demum liber, et per campestria vagus, in plura scinditur flumina, manuque caualibus factis, ut sit modus in derivantium potestate, per totam discurrit Ægyptum. Initio diducitur, deinde continuatis aquis in faciem lati ac turbidi maris stagnat; cursum illi violen-

QUESTIONS NATURELLES.

semblable à une mer bourbeuse et stagnante : la violence de son cours est paralysée par l'étendue des contrées qu'il couvre ; car il embrasse à droite et à gauche le pays tout entier. Plus le Nil s'élève, plus on a d'espoir pour la récolte de l'année. C'est un calcul qui ne trompe pas l'agriculteur, tant la hauteur du fleuve est l'exacte mesure de la fertilité qu'il apporte! Il vient sur ce sol sablonneux et altéré répandre son onde et une terre nouvelle. Comme, en effet, ses flots sont troubles, il en dépose tout le limon aux endroits qui se fendent de sécheresse : tout ce qu'il porte avec soi d'engrais, il en enduit les parties arides, et profite aux campagnes de deux manières ; il les arrose et il les fume. Tout ce qu'il ne visite pas demeure stérile et désolé. Une crue excessive est pourtant nuisible. Le Nil a de plus cette vertu merveilleuse que, différent des autres rivières qui délaient et creusent les entrailles du sol, lui, malgré sa masse si supérieure loin de ronger, ni d'enlever quoi que ce soit, il ajoute aux ressources du terrain, et son moindre bienfait est de le détremper; car le limon qu'il y verse désaltère les sables et leur donne de la cohérence ; et l'Égypte lui doit non-seulement la fertilité de ses terres, mais ses terres mêmes. C'est un spectacle magnifique, que le débordement du Nil sur les campagnes. La plaine en est couverte, les vallées ont disparu, les villes sortent de l'eau comme des îles. Les habitants du milieu des terres ne communiquent plus qu'en bateau ; et moins elles voient de leur territoire, plus la joie des populations est grande. Lors même que le Nil se tient renfermé dans ses rives, il se décharge dans la mer par sept embouchures dont chacune est une mer ; et il ne laisse pas d'étendre une foule de rameaux sans nom sur l'une et l'autre de ses rives. Il nourrit des monstres qui ne sont ni moins gros, ni moins redoutables que ceux de la mer. On peut juger de son importance par ce fait, que d'énormes animaux trouvent dans son sein une pâture et un parcours suffisants. Balbillus, cet excellent homme, d'une instruction si rare en tout genre de littérature, dit avoir vu, pendant sa préfecture d'Égypte, à la bouche héracléotique du Nil, la plus large des sept, des dauphins venant de la mer, et des crocodiles menant du fleuve à leur rencontre une troupe des leurs qui livrèrent aux dauphins une sorte de combat en règle : les crocodiles furent vaincus par ces pacifiques adversaires, dont la morsure est inoffensive. Les crocodiles ont toute la région dorsale dure et impénétrable à la dent même d'animaux plus forts qu'eux; mais le ventre est mou et tendre. Les dauphins, en plongeant, le leur perçaient avec la scie qu'ils portent saillante sur le dos, et les éventraient en remontant vivement à la surface de l'onde. Beaucoup de crocodiles ayant été décousus de la sorte, le reste n'osa tenir et se sauva. Cet animal fuit devant un ennemi hardi; il est plein d'audace quand on le craint. Les Tentyrites en triomphent, non par une vertu particulière de leur race, mais par le mépris qu'ils en font, et par la témérité. Ils le poursuivent intrépidement; ils lui jettent, dans sa fuite, un licou et le tirent à eux ; beaucoup de ces hommes périssent pour avoir manqué de présence d'esprit dans l'attaque. Le Nil, autrefois, roulait une onde salée comme celle de la mer, au rapport de Théophraste. Il est

tiamque eripit latitudo regionum, in quas extenditur, dextra lævaque totam amplexus Ægyptum. Quantum crevit Nilus, tantum spei in annum est. Nec computatio fallit agricolam; adeo ad mensuram fluminis respondet, quam fertilem facit Nilus. Is arenoso et sitienti solo et aquam inducit et terram. Nam quum turbulentus fluat, omnem in siccis atque hiantibus locis fæcem relinquit, et quidquid pingue secum tulit, arentibus locis allinit; juvatque agros duabus ex causis, et quod inundat, et quod oblimat. Ita quidquid non adit, sterile ac squalidum jacet. Si crevit super debitum, nocuit. Mira æque natura fluminis, quod quum ceteri amnes abluant terras et eviscerent, Nilus tanto ceteris major, adeo nihil exedit, nec abradit, ut contra adjiciat vires, minimumque in eo sit quod solum temperet. Illato enim limo, arenas saturat ac jungit. Debetque illi Ægyptus non tantum fertilitatem terrarum, sed ipsas. Illa facies pulcherrima est, quum jam se in agros Nilus ingessit. Latent campi, opertæque sunt valles; oppida insularum modo exstant. Nullum in mediterraneis, nisi per navigia commercium est. Majorque est lætitia gentibus, quo minus terrarum suarum vident. Sic quoque quum se ripis continet Nilus, per septena ostia in mare emittitur; quodcunque elegeris ex his, mare est.

Multos nihilominus ignobiles ramos in aliud atque aliud litus porrigit. Ceterum belluas, marinis vel magnitudine vel noxa pares, educat. Et ex eo quantus sit, æstimari potest, quod ingentia animalia, et pabulo sufficienti, et ad vagandum loco, continet. Balbillus, virorum optimus, in omni literarum genere rarissimus, auctor est, quum ipse præfectus obtineret Ægyptum, Heracleotico ostio Nili, quod est maximum, spectaculo sibi fuisse delphinorum a mari occurrentium, et crocodilorum a flumine adversum agmen agentium, velut pro partibus prælium; crocodilos ab animalibus placidis morsuque innoxiis victos. His superior pars corporis dura et impenetrabilis est etiam majorum animalium dentibus, at inferior mollis ac tenera ; hanc delphini spinis, quas dorso eminentes gerunt, submersi vulnerabant, et in adversum enixi dividebant. Recisis hoc modo pluribus, ceteri velut acie versa refugerunt ; fugax animal audaci, audacissimum timido. Nec illos Tentyritæ generis aut sanguinis proprietate superant, sed contemtu et temeritate. Ultro enim insequuntur, fugientesque injecto trahunt laqueo ; plerique pereunt, quibus minus præsens animus ad persequendum fuit. Nilum aliquando marinam aquam detulisse, Theophrastus est auctor. Biennio continuo, regnante Cleopa-

constant que deux années de suite, la dixième et la onzième du règne de Cléopâtre, le Nil ne déborda point, ce qui prophétisait, dit-on, la chute de deux puissances : Antoine et Cléopâtre virent en effet crouler la leur. Dans des siècles plus reculés, le Nil fut neuf ans sans sortir de son lit, à ce que prétend Callimaque. Abordons maintenant l'examen des causes qui font croître le Nil en été, et commençons par les plus vieux auteurs. Anaxagore attribue cette crue à la fonte des neiges qui, des montagnes de l'Éthiopie, descendent jusqu'au Nil. Ce fut l'opinion de toute l'antiquité. Eschyle, Sophocle, Euripide énoncent le même fait; mais une foule de raisons en font ressortir la fausseté. D'abord, ce qui prouve que l'Éthiopie est un climat brûlant, c'est le teint noir et brûlé de ceux qui l'habitent, et les demeures que les Troglodytes se creusent sous terre. Les pierres y brûlent comme au sortir du feu, non-seulement à midi, mais jusque vers le déclin du jour; le sable est comme embrasé, et le pied de l'homme ne saurait s'y tenir; l'argent se sépare du plomb; les soudures des statues se détachent; toutes les dorures ou argentures disparaissent. L'auster, qui souffle de ce point, est le plus chaud des vents. Les animaux qui se cachent au temps froid ne disparaissent là en aucun temps. Même en hiver, les serpents restent à la surface du sol, en plein air. A Alexandrie, déjà fort éloignée de ces excessives chaleurs, il ne tombe pas de neige; et même plus haut on ne voit point de pluie. Comment donc une contrée où il règne de si grandes chaleurs, aurait-elle des neiges qui durassent tout l'été? S'y trouvât-il même des montagnes pour les recevoir, elles n'en recevraient jamais plus que le Caucase ou les montagnes de la Thrace. Or, les fleuves de ces montagnes grossissent au printemps et au début de l'été, mais bientôt baissent au-dessous du niveau d'hiver. En effet, les pluies du printemps commencent la fonte des neiges, que les premières chaleurs achèvent de faire disparaître. Ni le Rhin, ni le Rhône, ni le Danube, ni le Caïstre ne sont sujets à cet inconvénient, ni ne grossissent l'été, quoiqu'il y ait de très-hautes neiges sur les cimes du septentrion. Le Phase et le Borysthène auraient aussi leurs crues d'été, si, malgré les chaleurs, les neiges pouvaient grossir leur cours. Et puis, si telle était la cause des crues du Nil, c'est au commencement de l'été qu'il coulerait à plein canal; car alors les neiges conservées jusque-là sont en plus grande quantité, et c'est la couche la moins dure qui fond. La crue du Nil, pendant quatre mois, est toujours la même. A en croire Thalès, les vents étésiens repoussent le Nil à sa descente dans la mer, et suspendent son cours en le faisant refluer vers ses embouchures. Ainsi refoulé, il revient sur lui-même, sans pour cela grossir; mais l'issue lui étant barrée, il s'arrête, et bientôt s'ouvre, partout où il le peut, le passage qui lui est refusé. Euthymène, de Marseille, en parle comme témoin : « J'ai navigué, dit-il, sur la mer Atlantique. Elle cause le débordement du Nil, tant que les vents étésiens se soutiennent; car c'est leur souffle qui alors pousse cette mer hors de son lit. Dès qu'ils tombent, la mer aussi redevient

tra, non ascendisse, decimo regni anno et undecimo, constat. Significatam aiunt duobus rerum potientibus defectionem. Antonii enim Cleopatræque defecit imperium. Per novem annos non ascendisse Nilum superioribus seculis, Callimachus est auctor. Sed nunc ad inspiciendas causas, propter quas æstate Nilus crescat, accedam, et ab antiquissimis incipiam. Anaxagoras ait, ex Æthiopiæ jugis solutas nives ad Nilum usque decurrere. In eadem opinione omnis vetustas fuit. Hoc Æschylus, Sophocles, Euripides, tradunt. Sed falsum esse, argumentis plurimis patet. Primo Æthiopiam ferventissimam esse indicat hominum adustus color, et Troglodytæ, quibus subterraneæ domus sunt. Saxa velut igni fervescunt, non tantum medio, sed inclinato quoque die; ardens pulvis, nec humani vestigii patiens; argentum replumbatur; signorum coagmenta solvuntur; nullum materiæ superadornatæ manet operimentum. Auster quoque, qui ex illo tractu venit, ventorum calidissimus est. Nullum ex his animalibus, quæ latent bruma, unquam reconditur. Etiam per hiemem in summo et aperto serpens est. Alexandria quoque longe ab hujusmodi immodicis caloribus est posita; nives non cadunt, superiora pluvia carent. Quemadmodum ergo regio tantis subjecta fervoribus duraturas per totam æstatem nives recipit? Quas sane aliqui montes illic quoque excipiant; nunquam magis quam Alpes, quam Thraciæ juga aut Caucasus. Atqui horum montium flumina vere et prima æstate intumescunt, deinde hibernis minora sunt. Quippe vernis temporibus imbres nivem diluunt; reliquias ejus primus calor dissipat. Nec Rhenus, nec Rhodanus, nec Ister, nec Caystrus subjacent malo; æstate proveniunt. Altissimæ sunt et in illis septentrionalibus jugis nives. Phasis quoque per id tempus et Borysthenes cresceret, si nives flumina possent contra æstatem magna producere. Præterea si natura attolleret Nilum, æstate prima plenissimus flueret. Tunc enim maximæ et integræ adhuc nives, ex mollissimoque tabes est. Nilus autem per menses quatuor liquitur, et illi æqualis accessio est. Si Thaleti credis, Etesiæ descendenti Nilo resistunt, et cursus ejus acto contra ostia mari sustinent; ita reverberatus in se recurrit; nec crescit, sed exitu prohibitus resistit, et quacunque mox potuit, inconcessus erumpit. Euthymenes Massiliensis testimonium dicit : « Navigavi, inquit, Atlanticum mare. Inde Nilus fluit major, quamdiu Etesiæ tempus observant; tunc enim ejicitur mare instantibus ventis. Quum resederint, et pelagus conquiescit, minorque descendens inde vis Nilo est. Ce-

calme, et le Nil rencontre moins d'obstacles à son embouchure. Du reste, l'eau de cette mer est douce, et nourrit des animaux semblables à ceux du Nil. » Mais pourquoi, si les vents étésiens font enfler le Nil, sa crue commence-t-elle avant la saison de ces vents, et dure-t-elle encore après? D'ailleurs le fleuve ne grossit pas à mesure qu'ils soufflent plus violemment. Son plus ou moins de fougue n'est point réglé sur celle des vents étésiens, ce qui aurait lieu, si leur influence le faisait hausser. Et puis ils battent la côte égyptienne, le Nil descend à leur rencontre : il faudrait qu'il vînt du même point qu'eux, si son accroissement était leur ouvrage. De plus, il sortirait pur et azuré de la mer, et non pas trouble comme il est. Ajoutez que le témoignage d'Euthymène est réfuté par une foule d'autres. Le mensonge pouvait se donner carrière, quand les plages étrangères étaient inconnues ; on pouvait de là nous envoyer des fables. A présent, la Mer Extérieure est côtoyée sur toutes ses rives par des trafiquants dont pas un ne raconte qu'aujourd'hui le Nil soit azuré ou que l'eau de la mer soit douce. La nature elle-même repousse cette idée ; car les parties les plus douces et les plus légères de l'eau sont pompées par le soleil. Et encore pourquoi le Nil ne croît-il pas en hiver? Alors aussi la mer peut être agitée par des vents quelque peu plus forts que les étésiens, qui sont modérés. Si le mouvement venait de l'Atlantique, il couvrirait tout d'un coup l'Égypte : or l'inondation est graduelle. OEnopide de Chio, dit que l'hiver la chaleur est concentrée sous terre; ce qui fait que les cavernes sont chaudes, que l'eau des puits est plus tiède, et qu'ainsi les veines de la terre sont desséchées par cette chaleur interne. Mais, dans les autres pays, les pluies font enfler les rivières. Le Nil, qu'aucune pluie n'alimente, diminue l'hiver et augmente pendant l'été, temps où la terre redevient froide à l'intérieur et les sources fraîches. Si cette cause était la vraie, tous les fleuves devraient grossir, et tous les puits hausser pendant l'été ; outre cela, la chaleur n'augmente pas, l'hiver, dans l'intérieur de la terre. L'eau, les cavernes, les puits semblent plus chauds, parce que l'atmosphère rigoureuse du dehors n'y pénètre pas. Ainsi ce n'est pas qu'ils soient chauds, c'est seulement qu'ils excluent le froid. La même cause les rend froids en été, parce que l'air échauffé, qui en est loin, ne saurait passer jusque-là. Selon Diogène d'Apollonie, le soleil pompe l'humidité ; la terre desséchée la reprend à la mer et aux autres eaux. Or, il ne peut se faire qu'une terre soit sèche et l'autre humide ; car toutes les parties du globe sont criblées de pores et perméables. Les terrains secs empruntent aux humides. Si la terre ne recevait rien, elle ne serait que poussière. Le soleil attire donc les eaux ; mais les régions où elles se portent sont surtout les régions méridionales. La terre, desséchée, attire alors à elle plus d'humidité ; tout comme dans les lampes, l'huile afflue où elle se consume, ainsi l'eau se rejette vers les lieux où une forte chaleur et un sol altéré l'appellent. Or, d'où est-elle tirée ? Des points où règne un éternel hiver, du septentrion, où elle surabonde. C'est pourquoi le Pont-Euxin se décharge incessamment dans la Mer Inférieure avec tant de rapidité, non pas, comme les autres mers,

---

terum dulcis maris sapor est, et similes Niloticis belluæ. » Quare ergo, si Nilum Etesiae provocant, et ante illos incipit incrementum ejus, et post eos durat? Præterea non fit major, quo illi flavere vehementius. Nec remittitur incitaturque, prout illis impetus fuit ; quod fieret, si illorum viribus cresceret. Quid, quod Etesiae litus Ægyptium verberant, et contra illos Nilus descendit, inde venturus, unde illi, si origo ab illis esset? Præterea ex mari purus et cæruleus efflueret, non ut nunc turbidus venit. Adde, quod testimonium ejus testium turba coarguitur. Tunc erat mendacio locus, quum ignota essent externa. Licebat illis fabulas mittere. Nunc vero tota Exteri Maris ora mercatorum navibus stringitur ; quorum nemo narrat nunc cæruleum Nilum, aut mare saporis alterius, quod et natura credi vetat ; quia dulcissimum quodque et levissimum sol trahit. Præterea quare hieme non crescit ? et tunc potest ventis concitari mare, aliquando quidem majoribus. Nam Etesiae temperati sunt. Quod si e mari ferretur Atlantico, semel oppleret Ægyptum. At nunc per gradus crescit. OEnopides Chius ait, hieme calorem sub terris contineri ; ideo et specus calidos esse, et tepidiorem puteis aquam ; itaque venas interno calore siccari. Sed in aliis terris augentur imbribus flumina. Nilum, quia nullo imbre adjuvetur, tenuari, deinde crescere per æstatem ; quo tempore frigent interiora terrarum, et redit rigor fontibus. Quod si verum esset, æstate flumina crescerent, omnesque putei æstate abundarent. Deinde non calorem hieme sub terris esse majorem. Sicca ab humidis sumunt aliquando. Nisi aliquid terra acciperet, exaruisset. Ergo undas sol trahit ; sed ex his, quæ premunt, maxime hæc meridiana sunt. Terra quum exaruit, plus ad se humoris adducit ; ut in lucernis oleum illo fluit, ubi exuritur ; sic aqua illo incumbit, quo vis caloris et terræ æstuantis arcessit. Unde ergo trahitur? ex illis scilicet partibus semper hibernis, septemtrionalibus, unde exundat. Ob hoc Pontus in Infernum Mare assidue fluit rapi-

par flux et reflux, mais par une pente toujours la même, et comme un torrent. Si elle ne suivait cette route, et par là ne rendait à telle partie ce qui lui manque, et ne soulageait telle autre de ce qu'elle a de trop, dès longtemps tout serait ou desséché ou inondé. Je voudrais demander à Diogène pourquoi, si la mer et tous ses affluents passent les uns dans les autres, les fleuves ne sont pas partout plus grands en été? Le soleil alors brûle l'Égypte avec plus de force; voilà pourquoi le Nil s'élève. Mais ailleurs aussi les rivières grossissent quelque peu. Ensuite, pourquoi y a-t-il des contrées privées d'eau, puisque toutes l'attirent des autres contrées, et l'attirent d'autant plus qu'elles sont plus échauffées? Enfin, pourquoi l'eau du Nil est-elle douce, si elle vient de la mer? Car il n'en est point de plus douce au goût que celle de ce fleuve.

III. Si je vous affirmais que la grêle se forme dans l'air, de même que 'a glace parmi nous, par la congélation d'une nuée entière, ce serait par trop de témérité. Rangez-moi donc dans la classe de ces témoins secondaires qui disent : Je ne l'ai pas vu, certes, mais je l'ai ouï dire. Ou encore, je ferai ce que font les historiens : ceux-ci, quand ils ont, sur nombre de faits, menti tout à leur aise, en citent quelqu'un dont ils ne répondent pas, ajoutant qu'ils renvoient le lecteur aux sources. Si donc vous êtes peu disposé à me croire, Posidonius s'offrira pour garant tant de ce que j'ai dit ci-dessus que de ce qui va suivre. Il affirmera, comme s'il y eût été, que la grêle provient de nuées pleines d'eau, ou même déjà changées en eau. Pourquoi les grêlons sont-ils de forme ronde? Vous pouvez le savoir sans maître, si vous observez qu'une goutte d'eau s'arrondit toujours sur elle-même. Cela se voit sur les miroirs qui retiennent l'humidité de l'haleine, sur les vases mouillés, et sur toute surface polie. Voyez même les feuilles des arbres ou des herbes : les gouttes qui s'y arrêtent y demeurent en globules.

Quoi de plus dur qu'un roc? quoi de plus mou que l'onde
Qui laisse au dur rocher une empreinte profonde?

ou, comme a dit un autre poëte :

L'eau qui tombe goutte à goutte
Creuse le plus dur rocher.

Et ce creux est sphérique. D'où l'on peut juger que l'eau qui le produit est sphérique aussi, et se fait une place selon sa forme et sa figure. Au reste, il se peut, quand les grêlons ne seraient pas tels, que dans leur chute ils s'arrondissent, et que, précipités à travers tant de couches d'un air condensé, le frottement les façonne en boules, et d'une manière égale. Cela ne saurait avoir lieu pour la neige; elle est trop peu consistante, trop dilatée, et ne tombe pas d'une grande hauteur, mais se forme non loin de la terre. Elle ne traverse pas dans les airs un long intervalle; elle se détache d'un point très-rapproché. Mais pourquoi ne prendrais-je pas la même liberté qu'Anaxagore? car c'est entre philosophes surtout qu'il doit y avoir égalité de droits. La grêle n'est que de la glace suspendue; la neige est une congélation flottante, de la nature des gelées blanches. Nous avons déjà dit qu'il y a, entre la gelée blanche et

---

dus, non ut cetera maria, alternatis ultro citro æstibus, in unam partem semper pronus et torrens. Quod nisi faceret, hisque itineribus, quod cuique deest, redderetur, quod cuique superest, emitteretur, aut siccata essent omnia, aut inundata. » — Interrogare Diogenem libet, quare, quum pontus et amnes cuncti invicem commeent, non omnibus locis æstate majora sunt flumina? Ægyptum sol magis percoquit : itaque Nilus magis crescit. Sed in ceteris quoque terris aliqua fluminibus fit adjectio. Deinde quare ulla pars terræ sine humore est, quum omnis ad se ex aliis regionibus trahit, eoque magis, quo calidior est? Deinde quare Nilus dulcis est, si illi e mari unda est? Nec enim ulli fluminum dulcior gustus.

III. Grandinem hoc modo fieri si[tibi affirmavero quo apud nos glacies fit, gelata nube tota, nimis audacem rem fecero. Itaque ex his me testibus numero secundæ notæ, qui vidisse quidem se negant, sed audisse. Aut quod historici faciunt, et ipse faciam. Illi quum multa mentiti sunt ad arbitrium suum, unam aliquam rem nolunt spondere, sed adjiciunt : Penes auctores fides erit. Ergo si mihi parum credis, Posidonius tibi auctoritatem promittet, tam in illo quod præteriit, quam in hoc quod secuturum est. Grandinem enim fieri ex nube aquosa, et jam in humorem versa, sic affirmabit, tanquam interfuerit. Quare autem rotunda sit grando, etiam sine magistro scire potes, quum adnotaveris stillicidium omne conglomerari. Quod et in speculis apparet, quæ humorem halitu colligunt, et in poculis sparsis, aliaque omni lævitate; nam et in herbarum vel arborum foliis, si quæ guttæ adhæserunt, in rotundum jacent.

Quid magis est saxo durum? quid mollius unda?
Dura tamen molli saxa cavantur aqua.

aut, ut alius poeta ait

Stillicidi casus lapidem cavat;

et hæc ipsa excavatio rotunda fit. Ex quo apparet, illud huic quoque simile esse quod cavat. Locum enim sibi ad formam et habitum suum exsculpit. Præterea potest, etiamsi non fuerit grando talis, quum defertur, corrotundari, et toties per spatium aeris densi devoluta æquabiliter atque in orbem teri. Quod nix pati non potest; quia non est tam solida, immo quia tam fusa est, et non per magnam altitudinem cadit, sed circa terras initium ejus est. Ita non longius illi per aera, sed ex proximo lapsus est. Quare non et ego idem mihi permittam, quod Anaxagoras, quum inter nullos magis quam inter philosophos esse debeat æqua libertas? Grando nihil aliud est quam suspensa glacies. Nix, in pruina pendens congela-

la glace, entre la neige et la grêle, la même différence qu'entre l'eau et la rosée.

IV. Le problème ainsi résolu, je pourrais me croire quitte; mais je vous ferai bonne mesure; et, puisque j'ai commencé à vous ennuyer, je ne vous ferai grâce d'aucune des difficultés de la matière. Or, on se demande pourquoi, en hiver, il neige et ne grêle pas; et pourquoi, au printemps, quand les grands froids sont passés, il tombe de la grêle. Car, au risque de me laisser tromper pour votre instruction, la vérité me persuade aisément, moi crédule, qui vais jusqu'à me prêter à ces légers mensonges, assez forts pour vous fermer la bouche, mais qui ne le sont pas assez pour vous crever les yeux. En hiver l'air est pris par le froid, et dès lors ne tourne pas encore en eau, mais en neige, comme se rapprochant plus de ce dernier état. Avec le printemps, l'air commence à se dilater davantage, et l'atmosphère, plus chaude, produit de plus grosses gouttes. C'est pourquoi, comme dit notre Virgile:

..... Quand le printemps vient nous verser ses pluies,

la transmutation de l'air est plus active, car il se dégage et se détend de toutes parts, et la saison même l'y décide. Aussi les pluies sont-elles alors plus fortes et plus abondantes que continues. Celles de l'hiver sont plus lentes et plus menues; ainsi l'on voit par intervalles tomber de rares et faibles gouttes mêlées de neige. Nous appelons temps neigeux les jours où le froid est intense et le ciel sombre. D'ailleurs, quand l'aquilon souffle et règne dans l'atmosphère, il ne tombe que de fines pluies; par le vent du midi elles sont plus obstinées et les gouttes plus grosses.

V. Voici une assertion de nos stoïciens que je n'ose ni citer, parce qu'elle me semble peu soutenable, ni passer sous silence. Car, où est le mal de tenter quelquefois l'indulgence de son juge? Et certes, vouloir peser, balance en main, toutes les preuves, serait se condamner au silence. Il est si peu d'opinions sans contradicteur! Lors même qu'elles triomphent, on n'est pas sans lutte. Les stoïciens disent que tout ce qu'il y a de glaces accumulées vers la Scythie, le Pont et les plages septentrionales, se fond au printemps; qu'alors les fleuves gelés reprennent leur cours, et que les neiges descendent en eau des montagnes. Il est donc à croire que de là partent des courants d'air froid qui se mêlent à l'atmosphère du printemps. Ils ajoutent à cela une chose, dont je ne songe pas à faire l'expérience, et je vous conseillerais aussi de ne pas la faire vous-même, si vous aviez envie de vous assurer de la vérité. Ils disent que les pieds se refroidissent moins à fouler une neige ferme et durcie, qu'une neige ramollie par le dégel. Donc, s'ils ne mentent pas, tout le froid produit dans les régions du nord par la neige en dissolution et les glaçons qui se brisent, vient saisir et condenser l'air tiède et déjà humide des contrées du midi. Voilà comment ce qui devait être pluie devient grêle sous l'influence du froid.

VI. Je ne puis me défendre de vous exposer toutes les folies de nos amis. N'affirment-ils pas que certains observateurs savent prédire, d'après les nuages, quand il y aura grêle, et qu'ils ont pu l'apprendre par expérience, en remarquant la

---

tio. Illud enim jam diximus, quod inter aquam et rorem interest, hoc inter pruinam et glaciem, nec non inter nivem et grandinem interesse.

IV. Poteram me, peracta quæstione, dimittere; sed bene emensum dabo; et quoniam cœpi tibi molestus esse, quidquid in hoc loco quæritur, dicam. Quæritur autem, quare hieme ningat, non grandinet; et vere jam frigore infracto, grando cadat. Nam ut fallar tibi, verum mihi quidem persuadetur, qui me usque ad mendacia hæc leviora, in quibus os præcidi, non oculi erui solent, credulum præsto. Hieme aer riget; et ideo nondum in aquam vertitur, sed in nivem, cui aer propior est. Quum ver cœpit, major inclinatio aeris sequitur, et calidiore cœlo majora fiunt stillicidia. Ideo, ut ait Virgilius noster,

..... quum ruit imbriferum ver,

vehementior immutatio est aeris, undique patefacti et solventis se, ipso tepore adjuvante. Ob hoc nimbi graves magis vastique quam pertinaces deferuntur. Bruma lentas pluvias habet et tenues; quales sæpe solent intervenire, quum pluvia rara et minuta nivem quoque admixtam habet. Dicimus nivalem diem, quum altum frigus, et triste cœlum est. Præterea aquilone flante, et suum cœlum habente, minutæ pluviæ sunt; Austro imber improbior est, et guttæ pleniores sunt.

V. Rem a nostris positam nec dicere audeo, quia infirma videtur, nec præterire. Quid enim mali est, aliquid et faciliori judici scribere? Immo si omnia argumenta ad obrussam cœperimus exigere, silentium indicetur. Pauca enim admodum sunt sine adversario. Cetera etiam si vincunt, litigant. Aiunt, quidquid circa Scythiam et Pontum et septentrionalem plagam glaciatum et adstrictum est, vere relaxari; tunc flumina gelata discedere, tunc obrutos montes nivem solvere. Credibile est ergo, frigidos spiritus inde fieri, et verno cœlo remisceri. Illud quoque adjiciunt, quod nec sum expertus, nec experiri cogito. Tu quoque, censeo, si volueris verum exquirere, nivem ita cave experiaris. Minus algere aiunt pedes eorum, qui fixam et duram nivem calcant, quam eorum, qui teneram et labefactam. Ergo, si non mentiuntur, quidquid ex illis septentrionalibus locis, nive disturbata nive, et glacie frangente se fertur, id meridianæ partis tepentem jam humidumque aera alligat, et perstringit. Itaque quum pluvia futura erat, grando fit, injuria frigoris.

VI. Non tempero mihi, quo minus omnes nostrorum

couleur de ceux qui étaient toujours suivis de grêle? Un fait incroyable, c'est qu'à Cléone il y avait des préposés publics, nommés *chalazophylaces* ou observateurs de la grêle. Au signal qu'ils donnaient de l'approche du fléau, que pensez-vous que faisaient les gens? qu'ils couraient prendre des manteaux ou des couvertures? Non: chacun, selon ses moyens, immolait soit un agneau, soit un poulet; et soudain, après avoir goûté quelque peu de sang, la nuée glissait plus loin. Vous riez? Vous allez rire plus encore. Ceux qui n'avaient ni agneau, ni poulet, se tiraient du sang à eux-mêmes, pour épargner la dépense. N'allez pas croire que les nuages fussent trop avides ou cruels: on ne faisait que se piquer le doigt d'un stylet bien affilé; telle était toute la libation. Et la grêle ne se détournait pas moins du champ de l'homme qui faisait cette humble offrande que de celui qui l'avait conjurée par de plus riches sacrifices.

VII. D'où vient cela? demandent quelques personnes. Les unes, comme il convient aux vrais sages, disent qu'il est impossible à qui que ce soit de faire un pacte avec la grêle et de se racheter de l'orage par de légères offrandes, bien que les dieux mêmes se laissent vaincre par des présents. Les autres supposent dans le sang une vertu particulière qui détourne les nuages et les repousse. Mais comment y aurait-il dans ce peu de sang une vertu assez forte pour pénétrer si haut et agir sur les nuages? N'était-il pas bien plus simple de dire: Mensonge et fable que cela! Mais à Cléone, on rendait des jugements contre ceux qui étaient chargés de prévoir l'orage, lorsque, par leur négligence, les vignes avaient pâti, ou que les moissons étaient couchées par terre. Et, chez nous, les douze Tables ont prévu le cas où quelqu'un frapperait d'un charme les récoltes d'autrui. Nos grossiers ancêtres croyaient que les pluies s'attiraient et se repoussaient par des enchantements, toutes choses si visiblement impossibles, qu'il n'est besoin, pour s'en convaincre, d'entrer dans l'école d'aucun philosophe.

VIII. Je n'ajouterai plus qu'une chose, à laquelle vous adhérerez et applaudirez volontiers. On dit que la neige se forme dans la partie de l'atmosphère qui avoisine la terre, vu que cette partie est plus chaude, par trois motifs. D'abord, toute évaporation de la terre, ayant en soi beaucoup de molécules ignées et sèches, est d'autant plus chaude qu'elle est plus récente. Ensuite, les rayons du soleil sont répercutés par la terre et se replient sur eux-mêmes. Cette réflexion échauffe tout ce qui est près de la terre, et y envoie d'autant plus de calorique, que le soleil s'y fait doublement sentir. En troisième lieu, les hautes régions sont plus exposées aux vents, tandis que les plus basses sont plus à l'abri.

IX. Joignez à cela un raisonnement de Démocrite : « Plus un corps est solide, plus il reçoit vite la chaleur, et plus longtemps il la conserve. » Mettez au soleil un vase d'airain, un de verre et un d'argent, la chaleur se communiquera plus vite au premier et y restera plus longtemps. Voici, en outre, les raisons de ce philosophe pour croire

---

ineptias proferam. Quosdam peritos observandarum nubium esse affirmant, et prædicere, quum grando futura sit, et hoc intelligere usu ipso, quum colorem nubium notassent, quam grando toties insequebatur. Illud incredibile, Cleonis fuisse publice præpositos χαλαζοφύλακας, speculatores futuræ grandinis. Hi quum signum dedissent, adesse jam grandinem, quid exspectas? ut homines ad penulas discurrerent, aut ad scorteas? Immo pro se quisque alius agnum immolabat, alius pullum. Protinus autem illæ nubes alio declinabant, quum aliquid gustassent sanguinis. Hoc rides? Accipe, quod rideas magis. Si quis nec agnum nec pullum habebat, quod sine damno fieri poterat, manus sibi afferebat. Et ne tu avidas aut crudeles existimes nubes, digitum suum bene acuto graphio pungebat, et hoc sanguine litabat. Nec minus ab hujus agello grando se avertebat, quam ab illo, in quo majoribus hostiis exorata erat.

VII. Rationem hujus rei quidam quærunt. Alteri, ut homines sapientissimos decet, negant posse fieri, ut cum grandine aliquis paciscatur, et tempestates munusculis redimat, quamvis munera etiam deos vincant. Alteri suspicari ipsos aiunt, esse in ipso sanguine vim quamdam potentem avertendæ nubis, ac repellendæ. Sed quomodo in tam exiguo sanguine potest esse vis tanta, ut in altum penetret, et eam sentiant nubes? Quanto expeditius erat dicere, mendacium et fabula est? At Cleonæ judicia redibant in illos, quibus delegata erat cura providendæ tempestatis; quod negligentia eorum vineæ vapulassent, aut segetes procidissent. Et apud nos in duodecim tabulis cavetur, ne quis alienos fructus excantassit. Rudis adhuc antiquitas credebat et attrahi imbres cantibus, et repelli; quorum nihil posse fieri, tam palam est, ut hujus rei causa nullius philosophi schola intranda sit.

VIII. Unam rem adhuc adjiciam, et favere ac plaudere te juvabit. Aiunt nivem in ea parte aeris fieri, quæ prope terras est; hanc enim plus habere caloris ex tribus causis. Una, quod omnis terrarum evaporatio, quum multum intra se fervidi aridique habeat, hoc est calidior, quo recentior. Altera, quod radii solis a terra resiliunt, et in se recurrunt. Horum duplicatio proxima quæque a terris calefacit, quæ ideo plus habent teporis, quia solem bis sentiunt. Tertia causa est, quod magis superiora perflantur; at quæcunque depressa sunt, minus ventis verberantur.

IX. Accedit his ratio Democriti. Omne corpus quo solidius est, hoc calorem citius concipit, et diutius servat. Itaque si in sole posueris æneum vas et vitreum et argenteum, æneo citius calor accedet, diutius hærebit. Adjice

qu'il en est ainsi : les corps plus durs, plus compactes, plus denses que les autres, ont nécessairement, dit-il, les pores plus petits, et l'air y pénètre moins. Par conséquent, de même que les petites étuves et les petites baignoires s'échauffent plus promptement, ainsi ces cavités secrètes et imperceptibles à l'œil sentent plus rapidement la chaleur, et, grâce à leurs étroites proportions, sont moins promptes à rendre ce qu'elles ont reçu.

X. Ce long préliminaire nous amène à la question. Plus l'air est proche de la terre, plus il est dense. De même que dans l'eau et dans tout liquide la lie est au fond, ainsi les parties de l'air les plus denses se précipitent en bas. Or, on vient de prouver que les matières les plus compactes et les plus massives gardent le plus fidèlement la chaleur qu'elles ont contractée; mais, plus l'air est élevé et loin des grossières émanations du sol, plus il est pur et sans mélange. Il ne retient donc pas la chaleur du soleil ; mais il la laisse passer comme à travers le vide, et par là même s'échauffe moins.

XI. Cependant quelques-uns disent que la cime des montagnes doit être d'autant plus chaude qu'elle est plus près du soleil. C'est s'abuser, ce me semble, que de croire que l'Apennin, les Alpes et les autres montagnes connues par leur extraordinaire hauteur, soient assez élevées pour se ressentir du voisinage du soleil. Elles sont élevées relativement à nous ; mais, comparées à l'ensemble du globe, leur petitesse à toutes est frappante. Elles peuvent se surpasser les unes les autres; mais rien n'est assez haut dans le monde pour que la grandeur même la plus colossale marque dans la comparaison du tout. Si cela n'était, nous ne définirions pas le globe une immense boule. Un ballon a pour forme distinctive une rondeur à peu près égale en tous sens, comme celle que peut avoir une balle à jouer. Ses fentes et ses coutures n'y font pas grand'chose, et n'empêchent pas de dire qu'elle est également ronde partout. Tout comme sur ce ballon ces solutions n'altèrent nullement la forme sphérique, ainsi, sur la surface entière du globe, les proportions des plus hautes montagnes ne sont rien, quand on les compare à l'ensemble. Ceux qui diraient qu'une haute montagne recevant de plus près le soleil, en est d'autant plus chaude, n'ont qu'à dire aussi qu'un homme d'une taille élevée doit avoir plus tôt chaud qu'un homme de petite taille, et plus tôt chaud à la tête qu'aux pieds. Mais quiconque mesurera le monde à sa vraie mesure, et réfléchira que la terre n'est qu'un point dans l'espace, concevra qu'il ne peut y avoir à sa surface d'éminence telle, qu'elle sente davantage l'action des corps célestes, comme s'en approchant de plus près. Ces montagnes si hautes à nos yeux, ces sommets encombrés de neiges éternelles, n'en sont pas moins au plus bas du monde : sans doute elles sont plus près du soleil qu'une plaine ou une vallée, mais de la même façon qu'un cheveu est plus gros qu'un cheveu, un arbre qu'un arbre, et une montagne qu'une autre montagne. Car alors on pourrait dire aussi que tel arbre est plus voisin du ciel que tel autre ; ce qui n'est pas, parce qu'il ne peut y avoir de grandes différences entre de petites choses, à moins qu'on ne les compare entre elles.

deinde, quare hoc existimet fieri. His, inquit, corporibus quæ duriora, et pressiora densioraque sunt, necesse est minora foramina esse, et tenuiorem in singulis spiritum. Sequitur ut quemadmodum minora balnearia et minora miliaria citius calefiunt, sic hæc foramina occulta et oculos effugientia, et celerius fervorem sentiant, et propter easdem angustias quidquid receperunt, tardius reddant.

X. Hæc longe preparata ad id perducunt, de quo nunc quæritur. Omnis aer quo propior est terris, hoc crassior. Quemadmodum in aqua et in omni humore fæx ima est, ita in aere spississima quæque desidunt. Jam autem probatum est, omnia quo crassioris solidiorisque materiæ sunt, hoc fidelius custodire calorem receptum; sed quo editior est aer, et quo longius a terrarum colluvie recessit, hoc sincerior puriorque est. Itaque solem non retinet, sed velut per inane transmittit ; ideo minus calefit.

XI. Contra autem quidam aiunt, cacumina montium hoc calidiora esse debere, quo soli propiora sunt. Qui mihi videntur errare, quod Apenninum, et Alpes, et alios notos ob eximiam altitudinem montes in tantum putant crescere, ut illorum magnitudo sentire solis viciniam possit. Excelsa sunt ista, quamdiu nobis comparantur ; at vero ubi universum respexeris, manifesta est omnium humilitas. Inter se vincuntur, et vincunt. Ceterum in tantum nihil attollitur, ut collatione totius nulla sit vel maximis portio : quod nisi esset, non diceremus, totum orbem terrarum pilam esse. Pilæ proprietas est, cum æqualitate quadam rotunditas; æqualitatem autem hanc accipe, quam vides in lusoria pila. Non multum illi commissuræ et rimæ earum nocent, quo minus par sibi ab omni parte dicatur. Quomodo in hac pila, nihil illa intervalla officiunt ad speciem rotundi, sic nec in universo quidem orbe terrarum editi montes, quorum altitudo totius mundi collatione consumitur. Qui dicit altiorem montem, quia solem propius excipiat, magis calere debere; idem dicere potest, longiorem hominem citius quam pusillum debere calefieri, et citius caput ejus quam pedes. At quisquis mundum mensura sua æstimaverit, et terram cogitaverit tenere puncti locum, intelliget nihil in illa posse ita eminere, ut cœlestia magis sentiat, velut in propinquum illis accesserit. Montes isti quos suspicimus, et vertices æterna nive obsessi, nihilominus in imo sunt : et propius quidem soli est mons, quam campus aut vallis ; sed sic, quo modo est pilus pilo crassior, arbor arbore, et mons monte major esse dicitur. Isto enim modo et arbor alia magis quam alia dicetur vicina cœlo : quod falsum est ; quia inter pusilla non potest esse magnum dis-

30.

Quand on prend l'immensité pour point de comparaison, il n'importe de combien l'une des choses comparées est plus grande que l'autre; car la différence fût-elle considérable, elle n'est toujours qu'entre deux atômes.

XII. Mais, pour revenir à mon sujet, les raisons qui précèdent ont fait presque généralement croire que la neige se forme dans la partie de l'air la plus proche de la terre, et que ses molécules sont moins fortement unies que celles de la grêle, parce que la condensation de la neige est produite par un froid moins grand. En effet, cette partie de l'air est trop froide pour tourner en eau et en pluie; mais elle ne l'est pas assez pour se durcir en grêle. Ce froid moyen, qui n'a point trop d'intensité, produit la neige par la coagulation de l'eau.

XIII. Pourquoi, direz-vous, poursuivre si péniblement ces recherches frivoles qui jamais ne rendent l'homme plus instruit ni meilleur? Vous dites comment la neige se forme : il serait bien plus utile de nous dire pourquoi on ne devrait pas acheter de neige. C'est vouloir que je fasse le procès au luxe, procès de tous les jours et sans résultat. Plaidons toutefois, et dût le luxe l'emporter, que ce ne soit pas sans combat ni résistance de notre part. Mais quoi! pensez-vous que l'observation de la nature ne conduise pas au but que vous me proposez? Quand nous cherchons comment se forme la neige, quand nous disons qu'elle est de même nature que les gelées blanches, et qu'elle contient plus d'air que d'eau, n'est-ce pas, dites-moi, reprocher aux voluptueux et les faire rougir d'acheter de l'eau, puisque c'est même moins que de l'eau qu'ils achètent? Pour nous, étudions plutôt comment se forme la neige, que comment elle se conserve, puisque, non contents de transvaser dans des amphores des vins centenaires et de les classer selon leur saveur et leur âge, nous avons trouvé moyen de condenser la neige pour lui faire défier l'été et pour la défendre, dans nos glacières, contre les ardeurs de la saison. Qu'avons-nous gagné à cet artifice? De transformer en marchandise l'eau qu'on avait pour rien. On a regret que l'air, que le soleil ne puisse s'acheter, que ce jour qu'on respire arrive même aux hommes de plaisir et aux riches naturellement et sans frais. Malheureux que nous sommes! Il est quelque chose que la nature laisse en commun au genre humain! Ce qu'elle fait couler à la portée de tous, pour que tous y puisent la vie, ce qu'elle prodigue si largement, si libéralement pour l'usage tant de l'homme que des bêtes féroces, des oiseaux et des animaux les moins industrieux, la mollesse, ingénieuse à ses dépens, en fait une chose vénale. Tant il est vrai que rien ne lui plaît s'il ne coûte. Sous un seul rapport les riches descendaient au niveau de la foule ; et le plus pauvre n'était pas inférieur à l'homme que son opulence embarrasse. On imagina de rendre l'eau elle-même un objet de luxe. Comment sommes-nous arrivés à ne trouver aucune eau fluide assez fraîche? Le voici. Tant que l'estomac reste sain, et s'accommode de choses salubres, tant qu'on le satisfait sans le surcharger, les boissons naturelles lui suffisent. Mais quand, grâce à des indigestions quo-

---

crimen nisi dum inter se comparantur. Ubi ad collationem immensi corporis ventum est, nihil interest, quanto alterum altero sit majus; quia etiamsi magno discrimine, tamen minima vincuntur.

XII. Sed ut ad propositum revertar, propter has quas retuli causas, plerisque placuit, in ea parte aeris nivem concipi, quæ vicina terris est ; et deo minus alligari, quia minore frigore coit. Nam vicinus aer et plus habet frigoris, quam ut in aquam et imbrem transeat, et minus, quam ut duretur in grandinem. Hoc medio frigore non nimis intento nives fiunt coactis aquis.

XIII. Quid istas, inquis, ineptias, quibus nec literatior fit quisquam, nec melior, tam operose persequeris? Quomodo fiant nives, dicis, quum multo magis ad nos dici a te pertineat, quare emendæ non sint nives. Jubes me cum luxuria litigare. Quotidianum istud et sine effectu jurgium est. Litigemus tamen : etiamsi superior futura est, pugnantes ac reluctantes vincat. Quid porro? Hanc ipsam inspectionem naturæ nihil judicas ad id, quod vis, conferre? quum quærimus, Quomodo nix fiat, et dicimus illam pruinæ similem habere naturam, plus illi spiritus quam aquæ inesse, non putas exprobrari illis, quum emere aquam turpe sit, si nec aquam quidem emunt? Nos vero quæramus potius, quomodo fiant nives, quam quomodo serventur : quoniam non contenti vina diffundere veterana, et per sapores ætatesque disponere, invenimus quomodo stiparemus nivem, ut ea æstatem evinceret, et contra anni fervorem defenderetur loci frigore. Quid hac diligentia consecuti sumus? Nempe ut gratuitam mercemur aquam. Nobis dolet, quod spiritum, quod solem emere non possumus, quod hic aer etiam delicatis divitibusque ex facili nec emtus venit. O quam nobis male est, quod quidquam a rerum natura in medio relictum est! Hoc quod illa fluere et patere omnibus voluit, cujus haustum vitæ publicum fecit, hoc quod tam homini, quam feris avibusque, et inertissimis animalibus, in usum large ac beate profudit, contra se ingeniosa luxuria redegit ad pretium. Adeo nihil potest illi placere, nisi carum! Unum hoc erat, quod divites in æquum turbæ deduceret, quo non possent antecedere pauperrimum. Illi cui divitiæ molestæ sunt, excogitatum est, quemadmodum etiam aqua caperet luxuriam. Unde ad hoc perventum sit, ut nulla nobis aqua satis frigida videretur quæ flueret, dicam. Quamdiu sanus et salubris cibi capax stomachus est, impleturque, non premitur, naturalibus fomentis contentus est. Ubi quotidianis cruditatibus non temporis æstus, sed suos sentit, ubi ebrietas continua visceribus insedit, et præcordia bile, in quam vertitur,

QUESTIONS NATURELLES. 469

tidiennes, il se sent altéré, non par l'ardeur de la saison, mais par un feu interne; lorsqu'une ivresse non interrompue s'est fixée dans ses viscères, s'est tournée en bile qui dévore les entrailles, il faut bien chercher quelque chose pour éteindre cette ardeur que l'eau redouble encore et qui s'accroît par les remèdes mêmes. Voilà pourquoi l'on boit de la neige non-seulement en été, mais au cœur de l'hiver. Quel serait le motif de ce goût bizarre, sinon un mal intérieur, des organes ruinés par trop de jouissances, et qui, sans avoir jamais eu un seul intervalle de relâche, étaient fatigués de dîners succédant à des soupers prolongés jusqu'au jour; des organes déjà distendus par le grand nombre et la variété des mets, et que des orgies nouvelles achevaient d'accabler? Bientôt ces actes continuels d'intempérance font que ce qu'auparavant l'estomac digérait, il le repousse, et sa soif de rafraîchissement toujours plus énergique s'en allume davantage. On a beau entourer la salle du festin de draperies et de pierres spéculaires, triompher de l'hiver à force de feu, l'estomac défaillant, et que sa propre ardeur consume, n'en cherche pas moins quelque chose qui le réveille. Tout comme on jette de l'eau fraîche sur l'homme évanoui et privé de sentiment pour le faire revenir à lui; ainsi des entrailles engourdies par de longs excès restent insensibles à tout, si un froid pénétrant ne les saisit et ne les brûle. De là vient, je le répète, que la neige ne leur suffit plus, et qu'ils demandent de la glace, comme plus consistante, et par là concentrant mieux le froid. On la fait fondre dans l'eau qu'on y verse à plusieurs reprises; et ce n'est pas le dessus des glacières qu'on prend, mais, pour que le froid ait plus d'énergie et de persistance, on extrait les morceaux du fond. Aussi, n'est-elle pas toujours du même prix; l'eau non-seulement a ses vendeurs, mais, ô honte! elle a aussi des taux qui varient. Les Lacédémoniens chassèrent de leur ville les parfumeurs, et leur enjoignirent de passer au plus tôt la frontière, les accusant de perdre l'huile. Qu'auraient-ils fait, s'ils avaient vu des magasins de neige dont on fait provision, et tant de bêtes de somme occupées à transporter cette eau, dont la teinte et la saveur se dénaturent dans la paille qui la conserve? Et pourtant, qu'il est aisé de satisfaire la soif naturelle! Mais rien peut-il émouvoir un palais blasé, endurci par des mets qui le brûlent? Par la même raison qu'il ne trouve rien d'assez frais, rien n'est assez chaud pour lui. Des champignons brûlants, trempés à la hâte dans leur sauce, sont engloutis fumants encore, pour être refroidis à l'instant par des boissons saturées de neige. Oui, vous verrez les hommes les plus frêles, enveloppés du palliolum et du capuchon, pâles et maladifs, non-seulement boire, mais manger la neige et la faire tomber par morceaux dans leurs coupes, de peur qu'elle ne tiédisse entre chaque rasade. Est-ce là une simple soif, dites-moi? Non, c'est une fièvre d'autant plus violente, que ni le pouls, ni la chaleur de la peau ne la trahissent. C'est le cœur même que consume cette mollesse, mal indomptable, qui, à force de délicatesse et de langueur, nous endurcit jusqu'à nous rendre la souffrance facile. Ne voyez-vous pas que tout perd sa force par l'habitude? Aussi cette neige même, dans laquelle vous nagez, pour ainsi

---

torret, aliquid necessario quæritur, quo æstus ille frangatur, qui ipsis aquis incalescit, remediis incitat vitium. Itaque non æstate tantum, sed et media hieme nivem hac causa bibunt. Quæ hujus rei causa est, nisi intestinum malum, et luxu corrupta præcordia, quibus nullum intervallum unquam quo interquiescerent, datum est, sed prandia cœnis usque in lucem perductis ingesta sunt, et distentos copia ferculorum ac varietate commissatio altius mersit? Deinde nunquam intermissa intemperantia, quidquid ante decoxerat, efferavit, et in desiderium semper novi rigoris accendit. Itaque quamvis cœnationem velis ac specularibus muniant, et igne multo doment hiemem, nihilominus stomachus ille solutus, et æstu suo languidus, quærit aliquid quo erigatur. Nam sicut animo relictos stupentesque frigida spargimus, ut ad sensum sui redeant: ita viscera istorum vitiis torpentia nihil sentiunt, nisi frigore illa vehementiore perusseris. Inde est, inquam, quod nec nive contenti sunt, sed glaciem, velut certior illi ex solido rigor sit, exquirunt, ac sæpe repetitis aquis diluunt; quæ non a summo tollitur, sed ut vim majorem habeat, et pertinacius frigus, ex abdito effoditur. Itaque ne unum quidem est pretium; sed habet institores aqua, et annonam, proh pudor! variam. Unguentarios Lacedæmonii urbe expulerunt, et propere cedere finibus suis jusserunt, quia oleum disperderent. Quid illi fecissent, si vidissent reponendæ nivis officinas, et tot jumenta portandæ aquæ deservientia, cujus colorem saporemque paleis, quibus custodiunt, inquinant? At dii boni, quam facile est exstinguere sitim sanam! Sed quid sentire possunt emortuæ fauces, et occallatæ cibis ardentibus? Quemadmodum nihil illis satis frigidum, sic nihil satis calidum est. Sed ardentes boletos, et raptim condimento suo mersatos, demittunt pæne fumantes, quos deinde restinguant nivatis potionibus. Videbis, inquam, quosdam graciles, et palliolo focalique circumdatos, pallentes et ægros, non sorbere solum nivem, sed etiam esse, et frusta ejus in scyphos suos dejicere, ne inter ipsam bibendi moram tepescant. Sitim istam esse putas? Febris est: et quidem eo acrior! quod non tactu venarum, nec in cutem effuso calore deprehenditur. Sed cor ipsum excoquit luxuria, invictum malum, et ex molli fluidoque durum atque patiens. Non intelligis, omnia consuetudine vim suam perdere? Itaque nix ista, in qua etiamnunc natatis, eo pervenit usu, et quotidiana stomachi servitute, ut aquæ lo-

dire, est arrivée, par l'usage et grâce à la docilité journalière de vos estomacs, à faire l'effet de l'eau. Cherchez-leur encore quelque substance plus glacée ; car ce n'est déjà plus rien qu'un stimulant si familier.

LIVRE CINQUIÈME.

1. Le vent est un courant d'air. Selon quelques-uns, c'est l'air qui prend cours sur un point. Cette définition semble plus exacte, parce que l'air n'est jamais tellement immobile qu'il n'éprouve quelque agitation. Ainsi l'on dit que la mer est tranquille, quand elle n'est que légèrement émue et qu'elle ne se porte pas tout d'un côté. Lors donc que vous lisez :

Quand la mer et les vents sommeillaient...

dites-vous bien qu'il s'agit de flots, non pas tout à fait immobiles, mais faiblement soulevés ; et que l'on nomme calme l'état d'une mer qui ne se meut pas plus fort dans un sens que dans l'autre. Il faut en dire autant de l'air, qui n'est jamais sans mouvement, même à l'état paisible ; et vous allez le concevoir. Quand le soleil s'insinue dans quelque lieu fermé, nous voyons des corpuscules déliés se porter à sa rencontre, monter, descendre, s'entre-choquer de mille manières. Ce serait donc donner une définition imparfaite, que de dire : Les flots sont une agitation de la mer, car cette agitation existe même lorsque la mer est tranquille. Pour parler exactement, il faut dire : Les flots sont une agitation de la mer poussée en un sens. De même, dans la question actuelle, on échappe aux contradictions, si l'on dit : Le vent est un air qui prend cours sur un point ; ou un cours d'air impétueux, ou un effort de l'air vers un seul côté, ou un de ses élans plus fort que de coutume. Je sais ce qu'on peut répondre en faveur de la première définition : qu'est-il besoin d'ajouter que c'est sur un point qu'il prend cours ? Nécessairement ce qui court, court sur un point quelconque. Nul ne dit que l'eau court, quand elle se meut sur elle-même ; c'est quand elle se porte quelque part. Il peut donc y avoir mouvement, sans qu'il y ait cours ; et en revanche, il ne peut y avoir cours qui ne tende quelque part. Si cette brève définition est à l'abri de la critique, employons-la ; si l'on y veut plus de scrupule, ne lésinons pas sur un mot dont l'addition préviendrait toute chicane. Venons maintenant à la chose même ; c'est assez discuter sur les termes.

II. Démocrite dit que le vent se forme lorsque dans un vide étroit se trouvent réunis un grand nombre de corpuscules, qu'il appelle atômes ; l'air, au contraire, est calme et paisible, lorsque dans un vide considérable ces corpuscules sont peu nombreux. Dans une place, dans une rue, tant qu'il y a peu de monde, on circule sans embarras ; mais si la foule se presse en un passage étroit, les gens qui se renversent les uns sur les autres se prennent de querelle ; ainsi, dans l'atmosphère qui nous environne, qu'un espace exigu soit rempli d'un grand nombre d'atômes, il faudra qu'ils

---

cum obtineat. Aliquid adhuc quærite illi frigidius, quia pro nihilo est familiaris rigor!

LIBER QUINTUS

I. Ventus est fluens aer. Quidam ita definierunt : ventus est aer fluens in unam partem. Hæc definitio videtur diligentior ; quia nunquam aer tam immobilis est, ut non in aliqua sit agitatione. Sic tranquillum mare dicitur, quum leviter commovetur, nec in unam partem inclinatur. Itaque si legeris,

Quum placidum ventis staret mare.....

scito illud non stare, sed succuti leviter ; et dici tranquillum, quia nec huc nec illo impetum capiat. Idem et de aere judicandum est, non esse unquam immobilem, etiamsi quietus sit. Quod ex hoc intelligas licet. Quum sol in aliquem clausum locum infusus est, videmus corpuscula minima in adversum ferri, alia sursum, alia deorsum, varie concursantia. Ergo parum diligenter comprehendet quod vult, qui dixerit : Fluctus est maris agitatio ; quia tranquillum quoque agitatur. At ille abunde sibi caverit, cujus hæc definitio fuerit : Fluctus est maris in unam partem agitatio. Sic in hac quoque re, de qua cum maxime quærimus, non circumscribetur, quia ita se gesserit, ut dicat : Ventus est fluens aer in unam partem ; aut, Ventus aer est fluens impetu, aut vis aeris in unam partem euntis, aut cursus aeris aliquo concitatior. Scio quid responderi pro definitione altera possit. Quid necesse est adjicere te, in unam partem fluens aer? Utique enim quod fluit, in unam partem fluit. Nemo aquam fluere dicit, si tantum intra se movetur, sed si aliquo fertur. Potest ergo aliquid moveri, et non fluere ; at e contrario non potest fluere, nisi in unam partem. Sed sive hæc brevitas satis a calumnia tuta est, hac utamur ; sive aliquis circumspectior est, verbo non parcat, cujus adjectio cavillationem omnem poterit excludere. Nunc ad ipsam rem accedamus, quoniam satis de formula disputatum est.

II. Democritus ait, quum in angusto inani multa sunt corpuscula, quæ ille atomos vocat, sequi ventum. At contra, quietum et placidum aeris statum esse, quum in multo inani pauca sunt corpuscula. Nam quemadmodum in foro aut vico quamdiu paucitas est, sine tumultu ambulatur ; ubi turba in angustum concurrit, aliorum in alios incidentium rixa sit : sic in hoc quo circumdati

tombent l'un sur l'autre, qu'ils se poussent et repoussent, qu'ils s'entrelacent et se compriment. De là se produit le vent, lorsque ces corps qui luttaient entre eux commencent à céder et à fuir après une longue fluctuation. Dans un espace considérable, où nageront quelques atômes, il n'y aura ni choc, ni impulsion.

III. Cette théorie est fausse, et ce qui le prouve, c'est que parfois il n'y a pas le moindre vent quand l'air est tout chargé de nuages. Alors pourtant il y a plus de corps pressés et à l'étroit, ce qui produit l'épaisseur et la pesanteur des nuages. Ajoutez qu'au-dessus des fleuves et des lacs s'élèvent fréquemment des brouillards dus à l'agglomération de corpuscules condensés, sans que pour cela il y ait du vent. Quelquefois même le brouillard est assez épais pour dérober la vue des objets voisins; ce qui n'aurait pas lieu sans l'entassement d'une multitude d'atômes dans un lieu étroit. Jamais pourtant il n'y a moins de vent que par un temps nébuleux; et même, ce qui combat encore la doctrine opposée, le soleil, au matin, dissout, en se montrant, les vapeurs humides qui épaississent l'air. Alors le vent se lève, après que la masse de ces corpuscules, enfin dégagée, se résout et se dissémine.

IV. Comment donc se forment les vents? Car vous ne niez pas qu'ils se forment. De plus d'une manière. Tantôt c'est la terre elle-même qui exhale et chasse à grands flots l'air de son sein; tantôt, lorsqu'une grande et continuelle évaporation a poussé de bas en haut ces exhalaisons, c'est de leur modification et de leur mélange avec l'air que naît le vent. Car je ne puis me résoudre ni à admettre ni à taire cette idée, que, tout comme, dans le corps humain, la digestion donne lieu à des vents qui offensent vivement l'odorat, et dont nos entrailles se débarrassent tantôt bruyamment, tantôt en silence; de même cet immense corps de la nature enfante des vents lorsqu'il digère. Estimons-nous heureux que ses digestions soient toujours bonnes : autrement nous aurions à craindre de plus graves inconvénients. Ne serait-il pas plus vrai de dire que de toutes les parties du globe il s'élève incessamment des masses de corpuscules qui, d'abord agglomérés, puis raréfiés peu à peu par l'action du soleil, exigent, comme tout corps comprimé qui se dilate, un espace plus considérable, et donnent naissance au vent?

V. Eh quoi! n'y aurait-il, selon vous, d'autre cause des vents que les évaporations de la terre et des eaux qui, après avoir pesé sur l'atmosphère, se séparent impétueusement, et, de compactes qu'elles étaient, venant à se raréfier, s'étendent nécessairement plus au large? J'admets aussi cette cause. Mais une autre beaucoup plus vraie et la plus puissante, c'est que l'air a naturellement la propriété de se mouvoir, qu'il n'emprunte point d'ailleurs, mais qui est en lui tout comme mainte autre faculté. Pouvez-vous croire que l'homme ait reçu la puissance de se mouvoir, et que l'air seul demeure inerte et incapable de mouvement? L'eau n'a-t-elle pas le sien, même en l'absence de tout

---

sumus spatio, quum exiguum locum multa corpora impleverint, necesse est alia aliis incidant, et impellantur ac repellantur, impliceturque et comprimantur, ex quibus nascitur ventus, quum illa quæ colluctabantur, incubuere, et diu fluctuata ac dubia inclinavere se. At ubi in magna laxitate corpora pauca versantur, nec arietare possunt, nec impelli.

III. Hoc falsum esse, vel ex eo colligas licet, quod tunc interim minime ventus est, quum aer nubilo gravis est. Atqui tunc plurima corpora se in angustum contulere, et inde spissatarum nubium gravitas est. Adjice nunc, quod circa flumina et lacus frequens nebula est, arctatis congestisque corporibus, nec tamen ventus est. Interdum vero tanta caligo effunditur, ut conspectum in vicino stantium eripiat; quod non eveniret, nisi in parvum locum corpora se multa compellerent. Atqui nullum tempus magis, quam nebulosum, caret vento. Adjice nunc, quod e contrario venit, ut sol matutinus aera spissum et humidum ortu suo tenuet. Tunc surgit aura, quum datum est laxamentum corporibus, et stipatio illorum ac turba resoluta est.

IV. Quomodo, inquis, ergo venti fiunt, quos non negas fieri? Non uno modo. Alias enim terra ipsa magnam vim aeris ejicit, et ex abdito spirat; alias quum magna et continua ex imo evaporatio in altum egit quæ emiserat, immutatio ipsa halitus mixti in ventum vertitur. Illud enim nec ut credam, mihi persuaderi potest, nec ut taceam : quomodo in nostris corporibus ex cibo fit inflatio, quæ non sine magna narium injuria emittitur, et ventrem interdum cum sono exonerat, interdum secretius; sic putant et hanc magnum rerum naturam alimenta mutantem emittere spiritum. Bene nobiscum agitur, quod semper concoquit; alioquin immundius aliquid timeremus. Numquid ergo hoc verius est, dicere, multa ex omni parte terrarum et assidua ferri corpuscula; quæ, quum coacervata sint, deinde extenuari sole cœperint, quia omne quod in angusto dilatatur, spatium majus desiderat, ventus exsistit?

V. Quid ergo? hanc solam esse causam venti existimas, aquarum terrarumque evaporationes? Ex his gravitatem aeris fieri, deinde solvi impetu, quum quæ densa stent, ut est necesse, extenuata nitantur in ampliorem locum? Ego vero et hanc judico. Ceterum illa est longe verior causa, valentiorque, habere aera naturalem vim movendi se; nec aliunde concipere, sed inesse illi ut aliarum rerum, ita hujus potentiam. An hoc existimas, nobis quidem datas vires esse, quibus nos moveremus, aera autem inertem et inagitabilem relictum esse? quum aqua motum suum habeat, etiam ventis quiescentibus; nec enim aliter animalia edere posset. Muscum quoque in-

vent? Autrement elle ne produirait aucun être animé. Ne voyons-nous pas la mousse naître dans son sein, et des végétaux flotter à sa surface?

VI. Il y a donc un principe vital dans l'eau : que dis-je dans l'eau? Le feu, par qui tout se consume, est lui-même créateur, et, chose invraisemblable, qui pourtant est vraie, certains animaux lui doivent naissance. Il faut donc que l'air possède une vertu analogue; et c'est pourquoi tantôt il se condense, tantôt se dilate et se purifie; d'autres fois, il rapproche ses parties, puis il les sépare et les dissémine. Il y a donc entre l'air et le vent la même différence qu'entre un lac et un fleuve. Quelquefois le soleil lui seul produit le vent, en raréfiant l'air épaissi, qui perd, pour s'étendre, sa densité et sa cohésion.

VII. Nous avons parlé des vents en général; entrons maintenant dans le détail. Peut-être découvrirons-nous comment ils se forment, si nous découvrons quand et où ils prennent leur origine. Examinons d'abord ceux qui soufflent avant l'aurore et qui viennent des fleuves, des vallées, ou des golfes. Tous ces vents n'ont point de persistance, ils tombent dès que le soleil a pris de la force, et ne montent qu'à peu de distance de la terre. Ces sortes de vents commencent au printemps et ne durent pas au-delà de l'été; ils viennent surtout des lieux où il y a beaucoup d'eau et beaucoup de montagnes. Bien que l'eau abonde dans les pays de plaine, ils manquent d'air, je veux dire de cet air qui peut s'appeler vent.

VIII. Comment donc se forme ce vent que les Grecs nomment *Encolpia*. Toutes les exhalaisons des marais et des fleuves (et elles sont aussi abondantes que continues) alimentent le soleil pendant le jour; la nuit, elles cessent d'être pompées et renfermées dans les montagnes, elles se concentrent sur le même point. Quand l'espace est rempli et ne peut plus les contenir, elles s'échappent par où elles peuvent, et se portent toutes du même côté; de là naît le vent. Le vent fait donc effort où il trouve une issue plus libre et une capacité plus grande pour recevoir tout cet amas de vapeurs. La preuve de ce fait, c'est que durant la première partie de la nuit il n'y a pas de vent; parce que c'est alors que commencent à s'entasser ces vapeurs qui regorgent déjà vers le point du jour, et cherchent un écoulement pour se décharger; elles se portent du côté où s'offre le plus de vides et où s'ouvre un champ vaste et libre. Le soleil levant les stimule encore davantage en frappant cette atmosphère froide. Car, avant même qu'il paraisse, sa lumière agit déjà; ses rayons n'ont pas encore frappé l'air, que déjà la lumière qui le précède le provoque et l'irrite. Mais quand il se montre lui-même, il attire en haut une partie de ces émanations, et dissout l'autre par sa chaleur. Aussi ces courants d'air ne sauraient-ils durer plus tard que l'aurore; toute leur force tombe en présence du soleil; les plus violents s'allanguissent vers le milieu du jour, et jamais ne se prolongent au-delà de midi. Les autres sont plus faibles, moins continus, et toujours en raison des causes plus ou moins puissantes qui les engendrent.

IX. Pourquoi les vents de cette espèce ont-ils

---

nasci aquis, et herbosa quædam videmus, summo innatantia.

VI. Est ergo aliquid in aqua vitale. De aqua dico? Ignis qui omnia consumit, quædam etiam creat; et quod videri non potest simile veri, sed tamen verum est animalia igne generari. Habet ergo aliquam vim talem aer, et ideo modo spissat se, modo expandit et purgat; alias contrahit, alias diducit, ac differt. Hoc ergo interest inter aera et ventum, quod inter lacum et flumen. Aliquando per se ipse sol causa venti est, fundens rigentem aera, et ex denso coactoque explicans.

VII. In universum de ventis diximus; nunc viritim incipiemus illos excutere. Fortasse apparebit quemadmodum flant, si apparuerit, quando et unde procedant. Primum ergo antelucanos flatus inspiciamus, qui aut ex fluminibus, aut ex convallibus, aut ex aliquo sinu feruntur. Nullus ex his pertinax est, sed cadit fortiore jam sole; nec fertur ultra terrarum adspectum. Hoc ventorum genus incipit vere, nec ultra æstatem durat. Et inde maxime venit, ubi aquarum plurimum et montium est. Plana licet abundent aquis, tamen carent aura; hæc dico, quæ pro vento valet.

VIII. Quomodo ergo talis flatus concipitur, quem Græci ἐγκολπίαν vocant? Quidquid ex se paludes et flumina emittunt, id autem et multum est, et assiduum, per diem solis alimentum est; nocte non exhauritur, sed montibus inclusum, in unam regionem colligitur. Quum illam implevit, et jam se non capit, sed exprimitur aliquo, et in unam partem procedit; hic ventus est. Itaque eo incumbit, quo liberior exitus invitat, et loci laxitas, in quam coacervata incurrant. Hujus rei argumentum est, quod prima noctis parte non spirat. Incipit enim fieri tunc illa collectio, quæ circa lucem jam plena est, et onerata quærit quo defluat; et eo potissimum exit, ubi plurimum vacui est, et magna ac patens area. Adjicit autem ei stimulos ortus solis, feriens gelidum aera. Nam etiam antequam appareat, lumine ipso valet; et nondum quidem aera radiis impellit, jam tamen lacessit et irritat, luce præmissa. Nam quum ipse processit, alia superius rapiuntur, alia diffunduntur tepore. Ideo non ultra matutinum illis datur fluere; omnis illorum vis conspectu solis exstinguitur; etiamsi violentiores flavere, circa medium tamen diem relanguescunt; nec unquam usque in meridiem aura producitur. Alia autem imbecillior ac brevior est, prout valentioribus minoribusve collecta causis est.

IX. Quare tamen tales venti vere et æstate validiores

plus de force au printemps et en été ; car ils sont très-faibles le reste de l'année et ne peuvent enfler les voiles? C'est que le printemps est une saison humide, et que la grande quantité des eaux et des lieux que sature et arrose l'humidité naturelle de l'atmosphère augmente les évaporations. Mais pourquoi soufflent-ils de même l'été? Parce qu'après le coucher du soleil la chaleur du jour dure encore et subsiste une grande partie de la nuit : elle facilite la sortie des vapeurs, et attire puissamment toutes les émissions spontanées de la terre ; après quoi la force lui manque pour les consumer. Ainsi la durée des émanations et des exhalaisons du sol et des eaux est plus longue que dans les temps ordinaires : or, le soleil, à son lever, produit du vent non-seulement par sa chaleur, mais encore par la percussion. Car la lumière qui, comme je l'ai dit, précède le soleil, n'échauffe pas encore l'atmosphère, elle la frappe seulement. Ainsi frappé, l'air s'écoule latéralement. Je ne saurais pourtant accorder que la lumière soit par elle-même sans chaleur, puisque c'est la chaleur qui la produit. Peu-être n'a-t-elle pas autant de chaleur que son action le ferait croire ; elle n'en fait pas moins son effet, en divisant, en atténuant les vapeurs condensées. Les lieux mêmes que la nature jalouse a faits inaccessibles au soleil, sont du moins réchauffés par une lumière louche et sombre, et sont moins froids de jour que de nuit. D'ailleurs la chaleur a pour effet naturel de chasser, de repousser loin d'elle les brouillards. Le soleil doit donc en faire autant ; d'où quelques-uns se sont figuré que le vent part du même point que le soleil ; opinion évidemment fausse, puisque le vent porte les vaisseaux de tous côtés, et qu'on navigue à pleines voiles vers l'orient ; ce qui n'aurait pas lieu, si le vent venait du côté du soleil.

X. Les vents étésiens, dont on veut tirer un argument, ne prouvent guère ce qu'on avance. Exposons cette opinion avant de donner les motifs qui nous la font rejeter. Les vents étésiens, dit-on, ne soufflent pas en hiver ; les jours alors étant trop courts, le soleil disparaît avant que le froid soit vaincu ; les neiges peuvent s'amonceler et durcir. Ces vents ne commencent qu'en été, lorsque les jours deviennent plus longs et que le soleil nous darde des rayons perpendiculairement. Il est donc vraisemblable que les neiges, frappées d'une chaleur plus pénétrante, exhalent plus d'humidité, et qu'à son tour la terre, débarrassée de cette enveloppe, respire plus librement. Il se dégage donc de la partie nord de l'atmosphère plus de corpuscules, qui refluent dans les régions basses et chaudes. De là l'essor des vents étésiens ; et s'ils commencent dès le solstice et ne tiennent pas au-delà du lever de la canicule, c'est que déjà une grande partie des émanations septentrionales a été refoulée vers nous ; au lieu que, quand le soleil changeant de direction, est plus perpendiculaire sur nos têtes, il attire à lui une partie de l'atmosphère et repousse l'autre. C'est ainsi que l'haleine des vents étésiens tempère l'été, et nous protège contre la chaleur accablante des mois les plus brûlants.

XI. Maintenant, comme je l'ai promis, expliquons pourquoi ces vents ne sont d'aucun secours et ne fournissent aucune preuve à la cause de mes

sunt? Levissimi enim cetera parte anni, nec qui vela impleant, surgunt. Quia ver aquosius est, et ex plurimis aquis, locisve ob humidam cœli naturam saturis et redundantibus, major evaporatio est. At quare æstate profunditur? Quia post occasum solis remanet diurnus calor, et magna noctis parte perdurat; qui evocat exeuntia, ac vehementius trahit, quidquid ex his sponte reddi solet; deinde non tantum habet virium, ut quod evocavit, absumat. Ob hoc diutius corpuscula, emanare solita et efflari, terra ex se atque humor emittit. Facit autem ventum sol ortus, non calore tantum, sed etiam ictu. Lux enim, ut dixi, quæ solem antecedit, nondum aera calefacit, sed percutit tantum ; percussus autem in latus cedit. Quanquam ego ne illud quidem concesserim, lucem ipsam sine calore esse, quum ex calore fiat. Non habet forsitan tantum teporis, quantum actu appareat. Opus tamen suum facit, et densa diducit ac tenuat. Præterea loca, quæ aliqua iniquitate naturæ ita clausa sunt, ut solem accipere non possint, illa quoque nubila et tristi luce calefiunt, et per diem minus quam noctibus rigent. Etiamnunc natura calor omnis abigit nebulas, et a se repellit. Ergo sol quoque idem facit. Et ideo quibusdam videtur, inde flatus esse, unde sol. Hoc falsum esse ex eo apparet, quod aura in omnem partem vehit, et contra ortum plenis ventis navigatur. Quod non eveniret, si semper ventus ferretur a sole.

X. Etesiæ quoque, qui in argumentum a quibusdam advocantur, non nimis proposito adjuvant. Dicam primum quid illis placeat; deinde, cur displiceat mihi. Etesiæ, inquiunt, hieme non sunt; quia brevissimis diebus sol desinit, priusquam frigus evincatur. Itaque nives et ponuntur et durantur. Æstate incipiunt flare, quum et longius extenditur dies, et recti in nos radii diriguntur. Veri ergo simile est, concussas calore magno nives plus humidi efflare. Item terras exoneratas nive, retectasque spirare liberius. Itaque plura ex septentrionali parte cœli corpora exire, et in hæc loca, quæ submissiora ac tepidiora sunt, deferri. Sic impetum Etesias sumere ; et ob hoc a solstitio illis initium est, ultraque ortum Caniculæ non valent ; quia jam multum e frigida cœli parte in hanc egestum est. At sol mutato cursu in nostram rectior tenditur ; et alteram partem aeris attrahit, aliam vero impellit. Sic ille Etesiarum flatus æstatem frangit ; et mensium ferventissimorum gravitate defendit.

XI. Nunc, quod promisi, dicendum est, quare Etesiæ illos non adjuvent, nec quidquam huic conferant causæ.

adversaires. Nous disons que l'aurore éveille le souffle du vent, qui baisse sitôt que l'air a été touché du soleil : or, les gens de mer nomment les Étésiens dormeurs et paresseux, attendu, comme dit Gallion, qu'ils ne sauraient se lever matin, et qu'ils ne font acte de présence qu'à l'heure où les vents les plus opiniâtres ont cessé ; ce qui n'arriverait pas, si le soleil les absorbait comme les autres. Ajoutez que, s'ils avaient pour cause la longueur du jour et sa durée, ils devraient souffler avant le solstice, temps où les jours sont le plus longs et la fonte des neiges le plus active ; car, au mois de juillet, la terre est tout à fait découverte, ou du moins fort peu d'endroits sont encore cachés sous la neige.

XII. Certains vents sortent de nuages qui crèvent et se dissolvent en s'abaissant ; les Grecs les appellent *Ecnéphies*. Voici, je pense, le mode de leur formation : l'évaporation terrestre jette dans les airs quantité de corpuscules hétérogènes et d'inégales dimensions, les uns secs, les autres humides. Quand toutes ces matières antipathiques et qui luttent entre elles sont réunies en un même ensemble, il est vraisemblable qu'il se forme des nuages creux, entre lesquels s'établissent des intervalles cylindriques, étroits comme le tuyau d'une flûte. Dans ces intervalles est enfermé un air subtil, qui aspire à s'étendre plus au large sitôt que le frottement d'un passage trop resserré l'échauffe et augmente son volume ; alors il déchire son enveloppe, il s'échappe : c'est un vent rapide, orageux presque toujours, vu la hauteur dont il descend et l'énergie que sa chute lui donne. Car il n'est pas libre et à l'aise ; il est contraint, il lutte et s'ouvre de force une route. D'ordinaire cette fureur dure peu. Comme il a brisé les nuages qui lui servaient de retraite et de prison, il arrive avec impétuosité, accompagné quelquefois du tonnerre et de la foudre. Ces sortes de vents sont beaucoup plus forts et durent davantage, quand ils absorbent dans leur cours d'autres vents issus des mêmes causes, et que plusieurs n'en font qu'un seul. Ainsi, les torrents n'ont qu'une grandeur médiocre tant qu'ils courent isolés ; mais, grossis par la jonction d'un grand nombre d'autres eaux, ils deviennent plus considérables que des fleuves réglés qui coulent toujours. On peut croire qu'il en est de même des ouragans : ils durent peu, tant qu'ils soufflent seuls ; mais dès qu'ils ont associé leurs forces, et que l'air, chassé de plusieurs points de l'atmosphère, se ramasse sur un seul, ils y gagnent plus de fougue et de persistance.

XIII. Un nuage qui se dissout produit donc du vent ; or, il se dissout de plusieurs manières : ce globe de vapeurs est crevé quelquefois par les efforts d'un air enfermé qui cherche à sortir, quelquefois par la chaleur du soleil, ou par celle que déterminent le choc et le frottement de masses énormes. Nous pouvons, si vous le voulez, examiner ici comment se forment les tourbillons. Tant qu'un fleuve coule sans obstacle, son cours est uniforme et en droite ligne. S'il rencontre un rocher qui s'avance du rivage dans son lit, ses eaux rebroussent faute de passage, et se replient circulairement. Elles tournent ainsi et s'absorbent d'elles-

---

Dicimus autem luce auram incitari, tandem subsidere, quum illam sol attigit. Atqui Etesiæ ob hoc somniculosi a nautis, et delicati vocantur, quod, ut ait Gallio, mane nesciunt surgere : eo tempore incipiunt prodire, quo ne pertinax quidem aura est ; quod non accideret, si ut auras, ita illos sol comminueret. Adjice nunc, quod si causa illis flatus est spatium diei ac longitudo, etiam ante solstitium flarent, quum longissimi dies sunt, et cum maxime nives tabescunt. Julio enim mense jam despoliata sunt omnia, aut certe admodum pauca jacent adhuc sub nive.

XII. Sunt quædam genera ventorum, quæ ruptæ nubes et in pronum solutæ emittunt. Hos Græci ventos ἐκνεφίας vocant. Qui hoc, ut puto, modo fiunt. Quum magna inæqualitas ac dissimilitudo corporum, quæ vapor terrenus emittit, in sublime eat, et alia ex his corporibus sicca sint, alia humida ; ex tanta discordia corporum inter se pugnantium, quum in unum conglobata sunt, verisimile est quasdam cavas effici nubes, et intervalla inter illas relinqui fistulosa, et in modum tibiæ angusta. His intervallis tenuis includitur spiritus, qui majus desiderat spatium, quum everberatus cursu parum libero incaluit ; et ob hoc amplior fit, sciniditque cingentia, et erumpit in ventum, qui fere procellosus est, quia superne demittitur, et in nos cadit vehemens et acer ; quod non fusus, nec per apertum venit, sed laborat, et iter sibi vi ac pugna parat. Hic fere brevis flatus est. Quia receptacula nubium per quæ ferebatur, ac munimenta perrumpit ; ideo tumultuosus venit aliquando non sine igne ac sono cœli. Hi venti multo majores diuturnioresque sunt, si alios quoque flatus ex eadem causa ruentes in se abstulere, et in unum confluxere plures ; sicut torrentes modicæ magnitudinis eunt, quamdiu separatis suus cursus est ; quum vero plures in se aquas convertere, fluminum justorum ac perennium magnitudinem excedunt. Idem credibile est fieri et in procellis, ut sint breves quamdiu singulæ sunt ; ubi vero sociavere vires, et ex pluribus cœli partibus elisus spiritus eodem se contulit, et impetus illis accedit, et mora.

XIII. Facit ergo ventum resoluta nubes ; quæ pluribus modis solvitur. Nonnunquam conglobationem illam spiritus rumpit inclusi et in exitum nitentis luctatio ; nonnunquam calor, quem modo sol fecit, modo ipsa arietatio magnorum inter se corporum et attritus. Hoc loco, si tibi videtur, quæri potest, cur turbo flat. Evenire in fluminibus solet, ut, quamdiu sine impedimento feruntur, simplex et rectum illis iter sit ; ubi incurrere in aliquod saxum ad latus ripæ prominens, retorqueantur, et in orbem aquas sine exitu flectant, ita ut circumlatæ in

mêmes de manière à former un tourbillon. De même le vent, tant que rien ne le contrarie, pousse ses efforts droit devant lui. Repoussé par quelque promontoire, ou resserré par le rapprochement de deux montagnes dans un canal étroit, il se roule sur lui-même à plusieurs reprises, et forme un tourbillon semblable à ceux qu'on voit dans les fleuves, comme nous venons de le dire. Ce vent donc, mû circulairement, qui tourne sans cesse autour du même centre, et s'irrite par son propre tournoiement, s'appelle tourbillon. Avec plus de fougue et plus de durée dans sa circonvolution, il s'enflamme et devient ce que les Grecs nomment *prester* : c'est le tourbillon de feu. Ces tourbillons sont presque aussi dangereux que le vent qui s'échappe des nuages ; ils emportent les agrès des vaisseaux, et soulèvent les navires mêmes dans les airs. Il y a des vents qui en engendrent d'autres tout différents, et qu'ils poussent au hasard dans l'air, selon des directions tout autres que celles qu'ils affectent eux-mêmes. Et, à ce propos, une réflexion se présente à moi. De même que la goutte d'eau qui déjà penche et va tomber, ne tombe toutefois que lorsque plusieurs s'ajoutent à elle et la renforcent d'un poids, qui enfin la détache et la précipite ; de même, tant que les mouvements de l'air sont légers et répartis sur plusieurs points, il n'y a pas encore de vent ; le vent ne commence qu'à l'instant où toutes ces tendances partielles se confondent en un seul essor. Le souffle et le vent ne diffèrent que du plus au moins. Un souffle considérable s'appelle vent ; le souffle proprement dit est un léger écoulement d'air.

XIV. Reprenons ce que j'ai dit primitivement. Il y a des vents qui sortent des cavernes et des retraites intérieures du globe. Le globe n'est point solide et plein jusqu'en ses profondeurs ; il est creux en grande partie,

Et suspendu sur de sombres abîmes.

Quelques-unes de ces cavités sont absolument vides et sans eau. Bien que nulle clarté n'y laisse voir les modifications de l'air, je crois pouvoir dire que dans ces ténèbres séjournent des nuages et des brouillards. Car ceux qui sont au-dessus de la terre n'existent pas, parce qu'on les voit ; on les voit parce qu'ils existent. Les nuages souterrains n'en existent donc pas moins, pour être invisibles. Vous devez savoir que sous terre il existe des fleuves semblables aux nôtres : les uns coulent paisiblement ; les autres roulent et se précipitent avec fracas sur des rochers. Vous m'accorderez aussi, n'est-ce pas, l'existence de lacs souterrains, d'eaux stagnantes et privées d'issue? Si tout cela existe, nécessairement l'air, dans ces cavités, se charge d'exhalaisons qui, pesant sur les couches inférieures, donnent naissance au vent par cette pression même. Il faut donc reconnaître que les nuages souterrains alimentent des vents qui couvent dans l'obscurité, et qui, après avoir amassé assez de forces, renversent l'obstacle qu'oppose le terrain, ou s'emparent de quelque passage ouvert à leur fuite, pour s'élancer sur notre globe par ces voies caverneuses. Il est en outre manifeste que la terre enferme dans son sein d'énormes quantités de soufre et d'autres substances également inflammables. Le vent qui s'y engouffre pour

---

se sorbeantur, et vorticem efficiant. Sic ventus, quamdiu nihil obstitit, vires suas effundit. Ubi aliquo promontorio repercussus est, aut vi locorum coeuntium in canalem devexum tenuemque collectus; sæpius in se volutatur, similemque illis, quas diximus converti, aquis facit vorticem. Hic ventus circumactus, et eumdem ambiens locum, et se ipsa vertigine concitans, turbo est. Qui si pugnacior est, ac diutius volutatur, inflammatur, et efficit quem πρηστήρα Græci vocant. Hic est igneus turbo. Ili fere omnia pericula venti erupti de nubibus produnt, quibus armamenta rapiantur, et totæ naves in sublime tollan'ur. Etiamnunc quidam venti diversos ex se generant, et impulsum aera in alias quoque partes, quam in quas inclinavere, dispergunt. Illud quoque dicam, quod mihi occurrit, quemadmodum stillicidia, quamvis jam inclinent se et labantur, nondum tamen effecere lapsum, sed ubi plura coiere et turba vires dedit, tunc fluere et ire dicuntur : sic quamdiu leves sunt aeris motus, agitati pluribus locis, nondum ventus est; tunc esse incipit, quum omnes illos miscuit, et in unum impetum contulit. Spiritum a vento modus separat; vehementior enim spiritus ventus est; invicem spiritus leviter fluens aer.

XIV. Repetam nunc quod in primo dixeram, edi e specu ventos, recessuque interiore terrarum. Non tota solido contextu terra in imum usque fundatur, sed multis partibus cava,

. . . . . . et cæcis suspensa latebris.

Alicubi habet inania sine humore. Ibi etiamsi nulla lux discrimen aeris monstrat, dicam tamen nubes nebulasque in obscuro consistere. Nam ne hæ quidem supra terras, quia videntur, sunt : sed quia sunt, videntur. Illic quoque nihilominus ob id sunt, quod non videntur. Flumina illic scias licet, nostris paria, sublabi : alia leviter ducta, alia in confragosis locis præcipitando sonantia. Quid ergo, non illud æque dabis, esse aliquos et sub terra lacus, et quasdam aquas sine exitu stagnare? Quæ si ista sunt, necesse est et illud, aera onerari, oneratumque incumbere, et ventum propulsum suo concitare. Ex illis ergo subterraneis nubibus sciemus nutriri inter obscura flatus, quum tantum virium fecerint, quanto aut terræ obstantia auferant, aut aliquod apertum ad hos efflatus iter occupent, et per hanc cavernam in nostras sedes efferantur. Illud vero manifestum est, magnam esse sub terris vim sulphuris, et aliorum non

trouver une issue doit, par le seul frottement, allumer la flamme. Bientôt l'incendie gagne au loin ; l'air même qui était sans action se dilate, s'agite et cherche à se faire jour, avec un frémissement terrible et des efforts impétueux. Mais je traiterai ceci avec plus de détail quand il s'agira des tremblements de terre.

XV. Permettez-moi ici de vous raconter une anecdote. Au rapport d'Asclépiodote, Philippe fit descendre un jour nombre d'ouvriers dans une ancienne mine, depuis longtemps abandonnée, pour en explorer les richesses et la situation, et voir si l'avidité de ses aïeux avait laissé quelque chose à leur postérité. Les ouvriers descendirent avec une provision de flambeaux pour plusieurs jours. Ils découvrirent, après une longue et fatigante route, des fleuves immenses, de vastes réservoirs d'eaux dormantes, pareils à nos lacs, et au-dessus desquels la terre, loin de s'affaisser, se prolongeait en voûte, spectacle qui les remplit d'effroi. J'ai lu ce récit avec un bien vif intérêt. J'ai vu par là que les vices de notre siècle ne sont pas d'hier, mais remontent, par une déplorable tradition, aux temps les plus reculés ; et que ce n'est pas de nos jours seulement que l'avidité, fouillant le sein de la terre et les veines des rochers, y chercha des trésors que leurs ténèbres nous cachaient mal. Nos ancêtres aussi, dont nous célébrons les louanges, dont nous gémissons d'avoir dégénéré, ont, dans la soif de s'enrichir, coupé des montagnes : ils ont vu l'or sous leurs pieds et la mort sur leurs têtes. Avant le Macédonien Philippe, il s'est trouvé des rois qui, poursuivant l'or jusque dans les plus profonds abîmes, et renonçant à l'air libre, s'enfonçaient dans ces gouffres où n'arrive plus rien qui distingue le jour de la nuit, et laissaient loin derrière eux la lumière. Quel était donc ce grand espoir ? Quelle impérieuse nécessité a courbé si bas l'homme, fait pour regarder les cieux ? Qui l'a pu enfouir et plonger au sein même et dans les entrailles du globe pour en exhumer l'or, l'or aussi dangereux à poursuivre qu'à posséder ? C'est pour de l'or qu'il a creusé ces longues galeries, qu'il a rampé dans les boues autour d'une proie incertaine, qu'il a oublié le soleil, oublié cette belle nature dont il s'exilait ! Sur quel cadavre la terre pèse-t-elle autant que sur ces malheureux jetés par l'impitoyable avarice sous ces masses gigantesques, déshérités du ciel, ensevelis dans les profondeurs qui recèlent ce poison fatal ? Ils ont osé descendre au milieu d'un ordre de choses si nouveau pour eux, sous ces terres suspendues et qui menaçaient leurs têtes ; et les vents qui soufflaient au loin dans le vide, ces effrayantes sources dont les eaux ne coulaient pour personne, cette épaisse et éternelle nuit, ils ont bravé tout cela, et ils craignent encore les enfers !

XVI. Mais je reviens à la question qui m'occupe. Quatre vents se partagent les quatre points du ciel, le levant, le couchant, le midi et le septentrion. Tous les autres, qu'on appelle de tant de noms divers, se rattachent à ces vents principaux.

L'Eurus oriental régna sur l'Arabie ;
L'impétueux Borée envahit la Scythie ;

---

minus ignem alentium. Per hæc loca quum se, exitum quærens, spiritus torsit, accendat flammam ipso affrictu necesse est. Deinde flammis latius fusis, etiamsi quid ignavi aeris erat, extenuatum moveri, et viam cum fremitu vasto, atque impetu quærere. Sed hoc diligentius persequar, quum quæram de motibus terræ.

XV. Nunc mihi permitte narrare fabulam. Asclepiodotus auctor est, demissos quam plurimos a Philippo in metallum antiquum olim destitutum, ut explorarent quæ ubertas ejus esset, qui status, an aliquid futuris reliquisset vetus avaritia; descendisse illos cum multo lumine, et multos duraturo dies; deinde longa via fatigatos, vidisse flumina ingentia, et conceptus aquarum inertium vastos, pares nostris, nec compressos quidem terra superimminente, sed liberæ laxitatis, non sine horrore visos. Cum magna hæc legi voluptate; intellexi enim seculum nostrum, non novis vitiis, sed jam inde antiquitus tradita laborare; nec nostra ætate primum avaritiam, venas terrarum lapidumque rimatam, in tenebris male abstrusa quæsisse. Illi quoque majores nostri, quos celebramus laudibus, quibus dissimiles querimur nos esse, spe ducti montes ceciderunt, et supra lucrum sub ruina steterunt. Ante Philippum Macedonem reges fuere, qui pecuniam in altissimis usque latebris sequerentur, et relicto spiritu libero in illos se demitterent specus, in quos nullum noctium dierumque perveniret discrimen, et a tergo lucem relinquerent. Quæ tanta spes fuit ? Quæ tanta necessitas hominem ad sidera erectum incurvavit, et defodit, et in fundum telluris intimæ mersit, ut erueret aurum, non minore periculo quærendum, quam possidendum ? Propter hoc cuniculos egit, et circa prædam lutulentam incertamque reptavit, oblitus dierum, oblitus naturæ melioris, a qua se avertit. Nulli ergo mortuo terra tam gravis est, quam istis, supra quos avaritia urgens terrarum pondus injecit, quibus abstulit cœlum, quos in imo, ubi illud malum virus latitat, infodit. Illo descendere ausi sunt, ubi novam rerum positionem, terrarumque pendentium habitus, ventosque per cœlum inane experirentur, et aquarum nulli fluentium horridos fontes, et altam perpetuamque noctem. Deinde quum ista fecerint, inferos metuunt !

XVI. Sed ut ad id, de quo agitur, revertar, venti quatuor sunt, in ortum, occasum, meridiem, septentrionemque divisi. Ceteri, quos variis nominibus appellamus, his applicantur.

Eurus ad auroram Nabathæaque regna recessit,

Les bords où le soleil éteint ses derniers feux
Échurent à Zéphyre, et l'Autan nébuleux
Souffla sur le midi la pluie et les orages.

Ou, pour les énumérer en moins de mots, faites ce qui n'est nullement faisable : réunissez-les en une seule tempête :

L'Eurus et le Notus, l'Africus orageux,
Tous s'élancent...

Et le quatrième aussi, quoiqu'il ne fût pas de la mêlée, l'aquilon. D'autres comptent douze vents : ils subdivisent en trois chacune des quatre parties du ciel, et adjoignent à chaque vent deux subalternes. C'est la théorie du judicieux Varron ; et cet ordre est rationnel. Car le soleil ne se lève ni ne se couche pas toujours aux mêmes points. A l'équinoxe, qui a lieu deux fois l'an, son lever ou son coucher n'est pas le même qu'au solstice d'hiver ou au solstice d'été. Le vent qui souffle de l'orient équinoxial s'appelle en notre langue *Subsolanus*, et en grec *Apheliotès*. De l'orient d'hiver souffle l'Eurus, qui, chez nous, est Vulturne. Tite-Live lui donne ce nom dans le récit de cette bataille funeste aux Romains, où Annibal sut mettre notre armée en face tout à la fois du soleil levant et du Vulturne, et nous vainquit, ayant pour auxiliaires le vent et ces rayons dont l'éclat éblouissait les yeux de ses adversaires. Varron aussi se sert du mot Vulturne. Mais *Eurus* a déjà obtenu droit de cité, et ne se produit plus dans notre idiome à titre d'étranger. De l'orient solstitial nous arrive le *Cæcias* des Grecs, qui, chez nous, n'a point de nom. L'occident équinoxial nous envoie le Favonius que ceux mêmes qui ne savent pas le grec vous diront s'appeler Zéphyre. L'occident solstitial enfante le Corus, nommé par quelques-uns Argestes, ce qui ne me semble pas juste ; car le Corus est un vent violent, qui n'a qu'une seule direction ; tandis que l'Argestes est ordinairement doux, et se fait sentir à ceux qui vont comme à ceux qui reviennent. De l'occident d'hiver vient l'Africus, vent furieux et rapide que les Grecs ont nommé *Lips*. Dans le flanc septentrional du monde, du tiers le plus élevé souffle l'aquilon ; du tiers qu'occupe le milieu, le septentrion ; et du tiers le plus bas, le Thracius, pour lequel nous n'avons pas de nom. Au midi se forment l'Euro-Notus, le Notus, en latin Auster, et le Libo-Notus, qui est aussi sans nom parmi nous.

XVII. J'adopte cette division en douze vents ; non qu'il y en ait partout autant, car l'inclinaison du terrain en exclut souvent quelques-uns ; mais parce qu'il n'y en a nulle part davantage. Ainsi, quand nous disons qu'il y a six cas, ce n'est pas que chaque nom en ait six, c'est parce qu'aucun n'en reçoit plus de six. Ceux qui ont reconnu douze vents se sont fondés sur la division analogue du ciel. En effet, le ciel est partagé en cinq zones, dont le centre passe par l'axe du monde. Il y a la zone septentrionale, la solstitiale, l'équinoxiale, la brumale et la zone opposée à la septentrionale. On en ajoute une sixième qui sépare la région supérieure du ciel de la région inférieure. Car, comme vous savez, toujours une

Persidaque, et radiis juga subdita matutinis.
Vesper et occiduo quæ litora sole tepescunt,
Proxima sunt Zephiro. Scythiam septemque triones
Horrifer invasit Boreas. Contraria tellus
Nubibus assiduis, pluvioque madescit ab Austro.

Vel, si brevius illos complecti mavis, in unam tempestatem, quod fieri nullo modo potest, congregentur.

Una Eurusque Notusque ruunt, creberque procellis
Africus,

et qui locum in illa rixa non habuit, Aquilo. Quidam illos duodecim faciunt. Quatuor enim cœli partes in ternas dividunt, et singulis ventis binos suffectos dant. Hac arte Varro, vir diligens, illos ordinat ; nec sine causa. Non enim eodem semper loco sol oritur, aut occidit. Sed alius est ortus occasusque æquinoctialis ; bis autem æquinoxium est, alius hibernus. Qui surgit ab oriente æquinoctiali, subsolanus apud nos dicitur : Græci illum ἀφηλιώτην vocant. Ab oriente hiberno Eurus exit ; quem nostri vocavere Vulturnum. Et Livius hoc illum nomine appellat, in illa pugna Romanis parum prospera, in qua Hannibal et contra solem orientem exercitum nostrum, et contra ventum constituit ; quum venti adjutorio ac fulgoris præstringentis oculos hostium vicit. Varro quoque hoc nomen usurpat. Sed et Eurus jam civitate donatus est, et nostro sermoni non tanquam alienus intervenit. Ab oriente solstitiali excitatum, Græci καικίαν appellant : apud nos sine nomine est. Æquinoctialis occidens Favonium mittit, quem Zephyrum esse dicent tibi, etiam qui græce nesciunt loqui. A solstitiali occidente Corus venit, qui apud quosdam Argestes dicitur. Mihi non videtur : quia Cori violenta vis est, et in unam partem rapax ; Argestes fere mollis est, et tam euntibus communis, quam redeuntibus. Ab occidente hiberno Africus furibundus et ruens, apud Græcos Λίψ dicitur. A septentrionali latere summus est Aquilo, medius Septentrio, imus Thrascias. Huic deest apud nos vocabulum. A meridiano axe Euronotus est ; deinde Notus, latine Auster ; deinde Libonotus, qui apud nos sine nomine est.

XVII. Placet autem duodecim ventos esse ; non quia ubique tot sint, quosdam enim inclinatio terrarum excludit, sed quoniam plures nusquam sunt. Sic casus sex dicimus ; non quia omne nomen sex recipit, sed quia nullum plures quam sex. Qui duodecim ventos esse dixerunt, hoc secuti sunt, totidem ventorum esse, quot cœli discrimina. Cœlum enim dividitur in circulos quinque, qui per mundi cardines eunt. Est septentrionalis, est solstitialis, est æquinoctialis, est brumalis, est contrarius septentrionali. His sextus accedit, qui superiorem partem mundi ab inferiore secernit. Ut scis enim, dimidia pars mundi semper supra, dimidia infra est. Hanc

moitié du monde est sur notre tête, et l'autre sous nos pieds. Or, cette ligne, qui passe entre la portion visible et la portion invisible, les Grecs l'ont appelée *horizon*; les Romains, *finitor* ou *finiens*. Il faut joindre à ce cercle le méridien, qui coupe l'horizon à angles droits. De ces cercles, quelques-uns courent transversalement et coupent les autres par leur rencontre. Par une suite nécessaire, les divisions du ciel égalent en nombre ces coupures. Donc l'horizon, ou cercle finiteur, en coupant les cinq cercles dont je viens de parler, forme dix portions, dont cinq à l'ouest, et cinq à l'est. Le méridien, qui coupe aussi l'horizon, donne deux régions de plus. Ainsi, l'atmosphère admet douze divisions, et fournit même nombre de vents. Quelques-uns sont particuliers à certaines contrées, et ne vont pas plus loin, ou ne se portent que dans le voisinage. Ceux-là ne s'élancent point des parties latérales du monde. L'Atabulus tourmente l'Apulie, l'Iapis la Calabre, le Sciron Athènes, le Catégis la Pamphylie, le Circius la Gaule. Bien que ce dernier renverse même des édifices, les habitants lui rendent grâces; ils croient lui devoir la salubrité de leur ciel. Ce qu'il y a de sûr, c'est qu'Auguste, pendant son séjour en Gaule, lui voua un temple qu'il bâtit en effet. Je ne finirais pas si je voulais nommer tous les vents; car il n'est presqu'aucun pays qui ne voie quelque vent naître dans son territoire et mourir dans ses environs.

XVIII. Parmi tant d'autres créations de la Providence, celle-ci donc mérite bien l'admiration d'un observateur; car ce n'est pas dans un but unique qu'elle a imaginé et disposé les vents sur tous les points du globe. Ce fut d'abord pour empêcher l'air de croupir et pour lui donner, par une agitation perpétuelle, cette propriété vitale, indispensable à tout ce qui respire. Ce fut aussi pour envoyer à la terre les eaux du ciel, et prévenir en même temps leur trop grande abondance. Tantôt, en effet, ils entassent les nuages, tantôt ils les disséminent, afin de répartir les pluies sur tous les climats. L'Auster les pousse sur l'Italie; l'Aquilon les refoule en Afrique; les vents étésiens ne les laissent pas séjourner sur nos têtes. Ces mêmes vents, à la même époque, versent sur l'Inde et l'Éthiopie des torrents continuels. Ajouterais-je que les récoltes seraient perdues pour l'homme, si le souffle de l'air ne détachait la paille superflue du grain à conserver, s'il n'aidait au développement de l'épi et ne donnait au froment la force de rompre l'enveloppe qui le cache et que les laboureurs appellent follicule? N'est-ce pas par le secours des vents que tous les peuples communiquent entre eux, et que se réunissent des races qu'avaient séparées les distances? Immense bienfait de la nature, si l'homme, dans sa démence, ne s'en faisait un instrument de ruine! Ce que Tite-Live et tant d'autres ont dit de Jules César, qu'on ne sait lequel aurait mieux valu pour la république qu'il eût ou n'eût pas existé, on peut aussi l'appliquer aux vents, tant leur utilité, leur nécessité même sont plus que compensées par tout ce que les hommes, dans leur démence, savent en tirer pour leur ruine. Mais le bien ne

---

lineam, quæ inter aperta et occulta est, Græci ὁρίζοντα vocant; nostri finitorem dixere, alii finientem. Adjiciendus est ad hunc meridianus circulus, qui horizonta rectis angulis secat. Ex his quidam circuli in transversa currunt, et alios interventu suo scindunt. Necesse autem est, tot aeris discrimina esse, quot partes. Ergo horizon sive finiens circulus quinque illos orbes, quos modo dixi fieri, secat, et efficit decem partes, quinque ab ortu, quinque ab occasu. Meridianus circulus, qui in horizonta incurrit, regiones duas adjicit. Sic duodecim aer discrimina accipit, et totidem facit ventos. Quidam sunt quorumdam locorum proprii, qui non transmittunt, sed in proximum ferunt. Non est illis a latere universi mundi impetus. Atabulus Apuliam infestat, Calabriam Japyx, Athenas Sciron, Pamphyliam Catægis, Galliam Circius; cui ædificia quassanti, tamen incolæ gratias agunt, tanquam salubritatem cœli sui debeant ei. Divus certe Augustus templum illi, quum in Gallia moraretur, et vovit et fecit. Infinitum est, si singulos velim persequi. Nulla enim propemodum regio est, quæ non habeat aliquem flatum ex se nascentem, et circa se cadentem.

XVIII. Inter cetera itaque Providentiæ opera hoc quoque aliquis, ut dignum admiratione, suspexerit. Non enim ex una causa ventos, aut invenit, aut per diversa disposuit; sed primum ut aera non sinerent pigrescere, sed assidua vexatione utilem redderent, vitalemque tracturis. Deinde ut imbres terris subministrarent, iidemque nimios compescerent. Nam modo adducunt nubes, modo diducunt, ut per totum orbem pluviæ dividi possent. In Italiam Auster impellit, Aquilo in Africam rejicit: Etesiæ non patiuntur apud nos nubes consistere. Iidem totam Indiam et Æthiopiam continuis per id tempus aquis irrigant. Quid, quod fruges percipi non possunt, nisi flatu supervacua admixta servandis ventilarentur, nisi esset quod segetem excitaret, et latentem frugem, ruptis velamentis suis, quæ folliculos agricolæ vocant, adaperiret? Quid, quod omnibus inter se populis commercium dedit, et gentes dissipatas locis miscuit? ingens naturæ beneficium, si illud in injuriam suam non vertat hominum furor! Nunc quod de Cæsare majore vulgo dictatum est, et a Tito Livio positum, in incerto esse, utrum illum magis nasci reipublicæ profuerit, an non nasci; dici etiam de ventis potest: adeo quidquid ex illis utile et necessarium est, non potest his repensari, quæ in perniciem suam generis humani dementia excogitat. Sed non ideo non sunt ista natura sua bona, si vitio male utentium nocent. Nimirum in hoc Providentia, ac dispositor ille mundi Deus, aera ventis exercendum dedit, et illos

change pas de nature, par la faute de ceux qui en abusent pour nuire. Certes, lorsque la Providence, lorsque Dieu, ce grand ordonnateur du monde, a livré l'atmosphère aux vents qui ont soufflé de tous les points, afin que rien ne dépérit faute de mouvement ; ce n'était pas pour que des flottes, remplies d'armes et de soldats, bordassent presque tous nos rivages et allassent sur l'Océan ou par-delà l'Océan nous chercher un ennemi. Quelle frénésie donc nous transporte et nous enseigne cette tactique de destruction mutuelle ? Nous volons à toutes voiles au-devant des batailles, et nous cherchons le péril qui mène à des périls nouveaux. Nous affrontons l'incertaine fortune, la fureur de ces tempêtes qu'il n'est pas donné à la puissance humaine de vaincre, et une mort sans sépulture. La paix même vaudrait-elle qu'on la poursuivît par des voies si hasardeuses ! Nous, cependant, échappés à tant d'invisibles écueils, aux piéges des bas-fonds semés sous nos pas, à ces caps redoutés contre lesquels les vents poussent les navigateurs, à ces ténèbres qui voilent le jour, à ces affreuses nuits plus sombres encore et que la foudre seule éclaire, à ces tourbillons qui brisent en éclats les navires, quel fruit retirerons-nous de tant de peines et d'effroi ? Fatigués de tant de maux, quel sera le port qui nous accueillera ? La guerre, un rivage hérissé d'ennemis, des nations à massacrer et qui entraîneront en grande partie le vainqueur dans leur ruine, d'antiques cités à livrer aux flammes. Pourquoi ces peuples levés en masse, ces armées que nous mettons sur pied, que nous rangeons en bataille au milieu des flots ? Pourquoi fatiguons-nous les mers ? La terre, sans doute, n'est point assez spacieuse pour nous égorger. La fortune nous traite avec trop de tendresse ; elle nous donne des corps trop robustes, une santé trop florissante ! Le destin ne nous décime pas assez brusquement, et chacun peut fixer à son aise la mesure d'années qu'il veut vivre, et arriver doucement à la vieillesse ! C'est donc sur la mer qu'il nous faut aller, qu'il faut provoquer le destin trop lent à nous atteindre. Malheureux ! que cherchez-vous ? La mort ? elle est partout. Elle vous arrachera même de votre lit : que du moins elle vous en arrache innocents ; elle vous saisira jusqu'en vos foyers : mais qu'elle ne vous saisisse pas méditant le crime. Comment appeler autrement que frénésie ce besoin de promener la destruction, de se ruer furieux sur des inconnus, de tout dévaster sur son passage, sans y être provoqué, et, comme la bête féroce, d'égorger sans haïr ? Celle-ci, du moins, ne mord jamais que pour se venger ou assouvir sa faim ; mais nous, prodigues du sang d'autrui et du nôtre, nous labourons les mers, nous les couvrons de flottes, nous livrons notre vie aux orages, nous implorons des vents favorables, et ces vents favorables sont ceux qui nous mènent au carnage. Race criminelle, jusqu'où nos crimes nous ont-ils emportés ? Le continent était trop peu pour nos fureurs. Ainsi, cet extravagant roi de Perse envahit la Grèce, que son armée inonde, mais qu'elle ne peut vaincre. Ainsi Alexandre, qui a franchi la Bactriane et les Indes, veut connaître ce qui existe par-delà la grande mer, et s'indigne que le monde ait pour lui des limites. Ainsi la cupidité fait de Crassus la victime des Parthes ; rien

---

ab omni parte, ne quid esset situ squalidum, effudit ; non ut nos classes partem freti occupaturas compleremus milite armato, et hostem in mari aut post mare inquireremus. Quæ nos dementia exagitat, et in mutuum componit exitium ? Vela ventis damus bellum petituri, et periclitamur periculi causa. Incertam fortunam experimur, vim tempestatum nulla ope humana superabilem, mortem sine spe sepulturæ. Non erat tanti, si ad pacem per ista veheremur. Nunc autem quum evaserimus tot scopulos latentes, et insidias vadosi maris ; quum effugerimus procellosos desuper montes, in quos præceps navigantes ventus impingit ; quum involutos nubilo dies, et nimbis ac tonitruis horrendas noctes, quum turbinibus divulsa navigia : quis erit hujus laboris ac metus fructus ? quis nos fessos tot malis portus excipiet ? Bellum scilicet, et obvius in litore hostis, et trucidandæ gentes tracturæ magna ex parte victorem, et antiquarum urbium flamma. Quid in arma cogimus populos ? quid exercitus scribimus, directuros aciem in mediis fluctibus ? quid maria inquietamus ? Parum videlicet ad mortes nostras terra late patet ! Nimis delicate fortuna nos tractat ; nimis dura dedit nobis corpora, felicem valetudinem ! Non depopulatur nos casus incurrens ; emetiri cuique annos suos ex commodo licet, et ad senectutem decurrere ! Itaque eamus in pelagus, et vocemus in nos fata cessantia. Miseri, quid quæritis ? mortem, quæ ubique superest ? Petet illa vos et ex lectulo ; sed utique innocentes petat : occupabit vos in vestra domo ; sed occupet nullum molientes malum. Hoc vero quid aliud quis dixerit, quam insaniam, circumferre pericula, et ruere in ignotos iratum, sine injuria occurrentia devastantem, ac ferarum more occidere, quem non oderis ? Illis tamen in ultionem, aut ex fame morsus est ; nos sine ulla parcimonia nostri alienique sanguinis, movemus maria, et navigia deducimus ; salutem committimus fluctibus, secundos optamus ventos, quorum felicitas est ad bella perferri. Quousque nos malos mala nostra rapuere ? Parum est, intra orbem suum furere. Sic Persarum rex stolidissimus in Græciam trajicit, quam exercitus non vicit, quum impleverit. Sic Alexander ulterior Bactris et Indis volet quærere, quid sit ultra magnum mare, et indignabitur aliquid esse ultimum sibi. Sic Parthis avaritia Crassum dabit. Non horrebit revocantis diras tribuni, non tempestates longissimi maris, non circa Euphratem præsaga fulmina, et deos resisten-

ne l'émeut; ni les imprécations du tribun qui le rappelle, ni les tempêtes d'une si longue traversée, ni les foudres prophétiques qui grondent vers l'Euphrate, ni les dieux qui le repoussent. En vain éclate le courroux des hommes et des dieux; il faut marcher au pays de l'or. On n'aurait donc pas tort de dire que la nature eût mieux fait pour nous d'enchaîner le souffle des vents, de couper court à tant de courses insensées, et d'obliger chacun à demeurer sur le sol natal. N'y gagnât-on rien de plus, on ne porterait malheur qu'à soi et aux siens. Mais non : on n'a pas assez des malheurs domestiques; on veut aussi aller pâtir à l'étranger. Il n'est point de terre si lointaine qui ne puisse envoyer quelque part les maux qu'elle éprouve. Qui peut me dire si aujourd'hui le chef de quelque grand peuple inconnu, enflé des faveurs de la fortune, n'aspire pas à porter ses armes au-delà de ses frontières et n'équipe pas des flottes dans un but mystérieux? Qui peut me dire si tel ou tel vent ne va pas m'apporter la guerre? Quel grand pas vers la paix du monde, si les mers nous eussent été closes! Cependant, je le dis encore, nous ne pouvons nous plaindre du divin auteur de notre être, quand nous dénaturons ses bienfaits par un usage contraire à ses desseins. Il nous a donné les vents pour maintenir la température du ciel et de la terre, pour attirer ou repousser les pluies, pour pouvoir nourrir les moissons et les fruits des arbres; l'agitation même qu'ils produisent hâte, entre autres causes, la maturité; ils font monter la sève que le mouvement empêche de croupir. Il nous a donné les vents pour découvrir ce qui est au-delà des mers; car quel être ignorant que l'homme, et qu'il aurait peu d'expérience des choses, s'il était renfermé dans les limites du sol natal! Il nous a donné les vents pour que les avantages de chaque contrée du globe devinssent communs à toutes, et non pour transporter des légions, de la cavalerie, les armes les plus meurtrières de chaque peuple. A estimer les dons de la nature par l'usage pervers qu'on en fait, nous n'avons rien reçu que pour notre mal. A qui profite le don de la vue, de la parole? Pour qui la vie n'est-elle pas un tourment? Trouvez une chose tellement utile sous tous les aspects, que le crime n'en puisse faire une arme nuisible. Les vents aussi, la nature les avait créés dans la pensée qu'ils seraient un bien : nous en avons fait tout le contraire. Tous nous mènent vers quelque fléau. Les motifs de mettre à la voile ne sont pas les mêmes pour chacun de nous : nul n'en a de légitimes; divers stimulants nous excitent à tenter les hasards de la route; mais toujours est-ce pour satisfaire quelque vice. Platon dit ce mot remarquable, et nous finirons par son témoignage : « Ce sont des riens, que l'homme achète au prix de sa vie. » Oh! oui, mon cher Lucilius, si vous êtes bon juge de la folie des hommes, c'est-à-dire de la nôtre (car le même tourbillon nous emporte), combien ne devez-vous pas rire à nous voir amasser, dans le but de vivre, ce à quoi nous dépensons notre vie!

LIVRE SIXIÈME.

I. Pompeii, ville considérable de la Campanie, qu'avoisinent d'un côté le cap de Sorrente, et

tes. Per hominum deorumque iras ad aurum ibitur. Ergo non immerito quis dixerit, rerum naturam melius acturam fuisse nobiscum, si ventos flare vetuisset, et inhibito discursu furentium, in sua quemque terra stare jussisset. Si nihil aliud, certe suo quisque tantum ac suorum malo nasceretur. Nunc parum mihi domestica, externis quoque laborandum est. Nulla terra tam longe remota est, quæ non emittere aliquo suum malum possit. Unde scio, an nunc aliquis magnæ gentis in abdito dominus, fortunæ indulgentia tumens, non contineat intra terminos arma, an paret classes ignota molicus? Unde scio, hic mihi, an ille ventus bellum invehet? Magna pars erat pacis humanæ, maria præcludi. Non tamen, ut paulo ante dicebam, queri possumus de auctore nostri Deo, si beneficia ejus corrumpimus, et ut essent contraria, efficimus. Dedit ille ventos ad custodiendam cœli terrarumque temperiem, ad evocandas supprimendasque aquas, ad alendos satorum atque arborum fructus; quos ad maturitatem cum aliis causis adducit ipsa jactatio, attrahens cibum in summa, et ne torpeant, movens. Dedit ventos, ad ulteriora noscenda : fuisset enim imperitum animal, et sine magna experientia rerum homo, si circumscriberetur natalis soli fine. Dedit ventos, ut commoda cujusque regionis fierent communia; non ut legiones equitemque gestarent, nec ut perniciosa gentium arma transveherent. Si beneficia naturæ utentium pravitate perpendimus, nihil non nostro malo accepimus. Cui videre expedit? cui loqui? Cui non vita tormentum est? Nihil invenies tam manifestæ utilitatis, quod non in contrarium transferat culpa. Sic ventos quoque natura bono futuros invenerat; ipsi illos contrarios fecimus. Omnes in aliquod nos malum ducunt. Non eadem est his et illis causa solvendi; sed justa nulli; diversis enim irritamentis ad tentandum iter impellimur. Utique alicui vitio navigatur. Egregie Plato dicit, qui nobis circa exitum jam testium loco dandus est : minima esse quæ homines emant vita. Immo, Lucili carissime, si bene furorem illorum æstimaveris, id est, nostrum, in eadem enim turba volutamur, magis ridebis, quum cogitaveris, vitæ parari, in quæ vita consumitur.

LIBER SEXTUS.

I. Pompeios, celebrem Campaniæ urbem, in quam ab altera parte Surrentinum Stabianumque litus, ab altera

Stabies, et de l'autre le rivage d'Herculanum, entre lesquels la mer s'est creusé un golfe riant, fut abîmée, nous le savons, par un tremblement de terre dont souffrirent tous les alentours; et cela, Lucilius, en hiver, saison privilégiée contre ces sortes de périls, au dire habituel de nos pères. Cette catastrophe eut lieu le jour des nones de février, sous le consulat de Régulus et de Virginius. La Campanie, qui n'avait jamais été sans alarme, bien qu'elle fût restée sans atteinte et n'eût payé au fléau d'autre tribut que la peur, se vit cette fois cruellement dévastée. Outre Pompéii, Herculanum fut en partie détruite, et ce qui en reste n'est pas bien assuré. La colonie de Nucérie, plus respectée, n'est pas sans avoir à se plaindre. A Naples, beaucoup de maisons particulières, mais point d'édifices publics, ont péri; l'épouvantable désastre n'a fait que l'effleurer. Des villas qui couvrent la montagne, quelques-unes ont tremblé, et n'ont point souffert. On ajoute qu'un troupeau de six cents moutons perdit la vie, que des statues se fendirent, et qu'après l'événement on vit errer des hommes devenus fous et furieux. L'étude de ces phénomènes et de leurs causes entre dans le plan de mon ouvrage, comme partie nécessaire, et j'y trouve l'à-propos d'un fait contemporain. Cherchons donc à rassurer les esprits effrayés, et guérissons l'homme d'une immense terreur. Car où verrons-nous quelque sécurité, quand la terre même s'ébranle et que ses parties les plus solides s'affaissent, quand la seule base inébranlable et fixe qui soutient et affermit tout le reste, s'agite comme une mer; quand le sol perd l'avantage qui lui est propre, l'immobilité?

Où nos craintes pourront-elles cesser? Où nos personnes trouveront-elles un refuge? Où fuirons-nous, dans notre épouvante, si le danger naît sous nos pas, si les entrailles du globe nous l'envoient? Au premier craquement qui annonce qu'une maison va crouler, tous ses habitants prennent l'alarme, se précipitent dehors et abandonnent leurs pénates pour se fier à la voie publique. Mais quel asile s'offre à nos yeux, quelle ressource, si c'est le monde qui menace ruine; si ce qui nous protége et nous porte, ce sur quoi les villes sont assises, si le centre et le fondement de l'univers, comme ont dit quelques-uns, s'entr'ouvre et chancelle? Que trouver, je ne dis pas qui vous secoure, mais qui vous console, quand la peur n'a plus même où fuir? Quel rempart assez ferme, en un mot, pour nous défendre et se défendre soi-même? A la guerre, un mur me protége; des forteresses hautes et escarpées arrêteront, par la difficulté de l'accès, les plus nombreuses armées. Contre la tempête, j'ai l'abri du port; que les nuées crèvent sur nos têtes et vomissent sans fin des torrents de pluie, mon toit la repoussera; l'incendie ne me poursuit pas dans ma fuite; et lorsque le ciel tonne et menace, des souterrains, des cavernes profondes me mettent à couvert. Le feu du ciel ne traverse point la terre; il est rebroussé par le plus mince obstacle du sol. En temps de peste, on peut changer de séjour. Point de fléau qu'on ne puisse éviter. Jamais la foudre n'a dévoré des nations entières; une atmosphère empoisonnée dépeuple une ville, mais ne la fait pas disparaître. Le fléau dont je parle s'étend bien plus loin; rien ne lui échappe, il est insatiable,

---

Herculanense convenlunt, marcque ex aperto reductum amœno sinu cingunt, desedisse terræ motu, vexatis quæcumque adjacebant regionibus, Lucili virorum optime, audivimus; et quidem diebus hibernis, quos vacare a tali periculo majores nostri solebant promittere. Nonis Febr. fuit motus hic, Regulo et Virginio consulibus, qui Campaniam nunquam securam hujus mali, indemnem tamen, et toties defunctam metu, magna strage vastavit. Nam et Herculanensis oppidi pars ruit, dubieque stant etiam quæ relicta sunt. Et Nucerinorum colonia, ut sine clade, ita non sine querela est. Neapolis quoque privatim multa, publice nihil amisit, leviter ingenti malo perstricta. Villæ vero præruptæ passim sine injuria tremuere. Adjiciunt his sexcentarum ovium gregem exanimatum, et divisas statuas; motæ post hoc mentis aliquos atque impotentes sui errasse. Quorum ut causas excutiamus, et propositi operis contextus exigit, et ipse in hoc tempus congruens casus. Quærenda sunt trepidis solatia, et demendus ingens timor. Quid enim cuiquam satis tutum videri potest, si mundus ipse concutitur, et partes ejus solidissimæ labant? Si, quod unum immobile est in illo fixumque, ut cuncta in se intenta sustineat, fluctuat; si quod proprium habet terra, perdidit, stare; ubi tandem resident metus nostri? Quod corpora receptaculum invenient? quo solicita confugient, si ab imo metus nascitur, et funditus trahitur? Consternatio omnium est, ubi tecta crepuere, et ruina signum dedit; tunc præceps quisque se proripit, et penates suos deserit, ac se publico credit. Quam latebram prospicimus, quod auxilium, si orbis ipse ruinas agitet? si hoc, quod nos tuetur ac sustinet, supra quod urbes sitæ sunt, quod fundamentum quidam orbis esse dixerunt, discedit ac titubat? Quid tibi esse non dico auxilii, sed solatii potest, ubi timor fugam perdidit? Quid est, inquam, satis munitum? quid ad tutelam alterius ac sui firmum? Hostem muro repellam; præruptæ altitudinis castella vel magnos exercitus difficultate aditus morabuntur. A tempestate nos vindicant portus; nimborum vim effusam, et sine fine cadentes aquas tecta propellunt; fugientes non sequitur incendium; adversus tonitrua et minas cœli, subterraneæ domus, et defossi in altum specus, remedia sunt. Ignis ille cœlestis non transverberat terram, sed exiguo ejus objectu retunditur. In pestilentia mutare sedes licet. Nullum malum sine effugio est. Nunquam fulmina populos perusserunt. Pestilens cœ-

il compte par masses ses victimes. Ce ne sont point quelques maisons, quelques familles, ou une ville seulement qu'il absorbe ; c'est toute une race d'hommes, toute une contrée qu'il détruit, qu'il étouffe sous les ruines, ou ensevelit dans des abîmes sans fond. Il ne laisse pas de trace qui révèle que ce qui n'est plus a du moins été, et sur les villes les plus fameuses s'étend un nouveau sol, sans nul vestige de ce qu'elles furent. Bien des gens craignent plus que tout autre ce genre de trépas qui engloutit l'homme avec sa demeure et qui l'efface vivant encore du nombre des vivants, comme si tout mode de destruction n'aboutissait pas au même terme. Et c'est où se manifeste surtout la justice de la nature : au jour fatal, notre sort à tous est le même. Qu'importe donc que ce soit une pierre qui me frappe, ou toute une montagne qui m'écrase ; qu'une maison fonde et s'écroule sur moi, et que j'expire sous ses seuls débris, suffoqué par sa seule poussière, ou que le globe entier s'affaisse sur ma tête ; que mon dernier soupir s'exhale à l'air libre et au clair soleil, ou dans l'immense gouffre du sol entr'ouvert ; que je descende seul dans ses profondeurs, ou qu'un nombreux cortége de peuples y tombe avec moi ! Que gagnerais-je à mourir avec plus ou moins de fracas ? C'est toujours et partout la mort. Armons-nous donc de courage contre une catastrophe qui ne peut s'éviter, ni se prévoir. N'écoutons plus ces émigrés de la Campanie, qui, après son désastre, lui ont dit adieu, et qui jurent de n'y jamais remettre le pied. Qui leur garantira que tel ou tel autre sol porte sur de plus solides fondements ? Soumis tous aux mêmes chances, les lieux qui n'ont pas encore été ébranlés ne sont pas inébranlables. Celui, peut-être, que vous foulez en toute sécurité, va s'entr'ouvrir cette nuit, ou même avant la fin du jour. D'où savez-vous si vous ne serez pas dans des conditions plus favorables sur une terre où le destin a déjà épuisé ses rigueurs, et qui attend l'avenir, forte de ses propres débris ? Car ce serait erreur de croire une région quelconque exempte et à couvert de ce péril. Toutes subissent pareille loi. La nature n'a rien enfanté d'immuable. Tel lieu croulera aujourd'hui, tel autre plus tard. Et comme parmi les édifices d'une grande ville on étaie tantôt celui-ci, tantôt celui-là, ainsi successivement chaque portion du globe penche vers sa ruine. Tyr a été tristement célèbre par ses écroulements. L'Asie perdit à la fois douze de ses villes. Ce fléau mystérieux, qui parcourt le monde, frappa, l'an dernier, l'Achaïe et la Macédoine, comme tout à l'heure la Campanie. La destruction fait sa ronde, et ce qu'elle oublie quelque temps, elle sait le retrouver. Ici ses attaques sont rares, là elles sont fréquentes ; mais elle n'excepte, elle n'épargne rien. Ce n'est pas nous seulement, éphémères et frêles créatures, mais les villes aussi, les rivages, le voisinage des mers et les mers elles-mêmes qui lui obéissent. Et nous nous promettons de la fortune des biens durables ; et la prospérité, qui de toutes les choses humaines est la plus prompte à s'envoler, nous la rêvons pour nous stable et immobile ! Nous nous flattons qu'elle sera complète et sans fin, et ne songeons pas que

lum exhausit urbes, non abstulit. Hoc malum latissime patet, inevitabile, avidum, publice noxium. Non enim domos solum, aut familias, aut urbes singulas haurit, sed gentes totas, regionesque subvertit ; et modo ruinis operit, modo in altam voraginem condit ; ac ne id quidem relinquit, ex quo appareat, quod non est, saltem fuisse ; sed supra nobilissimas urbes, sine ullo vestigio prioris habitus, solum extenditur. Nec desunt qui hoc genus mortis magis timeant, quo in abruptum cum sedibus suis eunt, et e vivorum numero vivi auferuntur, tanquam non omne fatum ad eumdem terminum veniat. Hoc habet inter cetera justitiæ suæ natura præcipuum, quod quum ad exitum ventum est, omnes in æquo sumus. Nihil itaque interest, utrum me lapis unus elidat, an monte toto premar ; utrum supra me domus unius onus veniat, et sub exiguo ejus tumulo ac pulvere exspirem ; an totus caput meum terrarum orbis abscondat ; in luce hunc et in aperto spiritum reddam, an in vasto terrarum debiscentium sinu ; solus in illud profundum, an cum magno comitatu populorum concidentium ferar. Nihil interest mea, quantus circa mortem meam tumultus sit ; ipsa ubique tantumdem est. Proinde magnum sumamus animum adversus istam cladem, quæ nec evitari, nec provideri potest. Desinamus audire istos, qui Campaniæ renuntia-vere, quique post hunc casum emigraverunt, negantque se ipsos unquam ipsam regionem accessuros ! Quis enim illis promittet melioribus fundamentis hoc aut illud solum stare ? Omnia ejusdem sortis sunt, et, si nondum mota, tamen mobilia ; hunc fortasse in quo securius consistis locum, hæc nox, aut hic ante noctem dies scindet. Unde scies, an melior eorum locorum conditio sit, in quibus jam vires suas fortuna consumsit, an quæ in futuram ruinam suam fulta sunt ? Erramus enim, si ullam terrarum partem exceptam immunemque ab hoc periculo credimus. Omnes sub eadem jacent lege. Nihil ita, ut immobile esset, natura concepit. Alia temporibus aliis cadunt. Et quemadmodum in urbibus magnis, nunc hæc domus, nunc illa suspenditur ; ita in hoc orbe terrarum nunc hæc pars facit vitium, nunc illa. Tyros aliquando infamis ruinis fuit. Asia duodecim urbes simul perdidit. Anno priore Achaiam et Macedoniam quæcumque est ista vis mali, quæ incurrit, nunc Campaniam læsit. Circuit fatum, et si quid diu præteriit, repetit. Quædam rarius solicitat, sæpius quædam. Nihil immune esse et innoxium sinit. Non homines tantum, qui brevis et caduca res nascimur ; urbes oræque terrarum et litora, et ipsum mare in servitutem fati venit. Nos tamen nobis permansura promittimus bona fortunæ, et felicitatem, cujus ex omnibus re-

cette terre même où nous marchons n'est pas solide. Car le sol de la Campanie, de Tyr, de l'Achaïe, n'est pas le seul qui ait ce défaut de cohésion, et que mainte cause puisse désunir; toute la terre est de même : l'ensemble demeure, les parties croulent successivement.

II. Mais que fais-je? J'avais promis de rassurer contre le péril, et je signale partout des sujets d'alarme. J'annonce que rien dans la nature n'est éternellement calme : tout peut périr et donner la mort. Eh bien! cela même est un motif de me rassurer, motif le plus puissant de tous; car enfin, dès qu'un mal est inévitable, le craindre est une folie. La raison guérit les sages de la peur; les autres doivent au désespoir leur profonde sécurité. C'est pour le genre humain, croyez-moi, que s'est dit le mot adressé à ces hommes qui, pris tout à coup entre l'incendie et l'ennemi, restaient frappés de stupeur :

Le salut des vaincus est de n'en plus attendre.

Voulez-vous ne plus craindre rien, songez que vous avez tout à craindre. Jetez les yeux autour de vous : qu'il faut peu de chose pour vous emporter! Ni le manger, ni le boire, ni la veille, ni le sommeil ne sont salutaires que dans une certaine mesure. Ne sentez-vous pas que nos corps chétifs ne sont que faiblesse et fragilité, et que le moindre effort les détruit? Ne faut-il donc rien moins, pour qu'il y ait chance de mort, que des tremblements de terre, des disparitions du sol, la formation soudaine des abîmes? C'est prendre une haute idée de son être, que de craindre plus que tout le reste la foudre, les secousses du globe et ses déchirements : ayons la conscience du peu que nous sommes, et redoutons plutôt la pituite. Sommes-nous donc si heureusement nés, nous a-t-on donné des membres si robustes et une taille si haute, que nous ne puissions périr si le monde ne s'ébranle, si le ciel ne lance son tonnerre, si la terre ne s'entr'ouvre sous nos pas? Un mal à l'ongle, je ne dis pas à l'ongle tout entier, mais la plus petite déchirure suffit pour nous abattre; et je craindrais les tremblements de terre, moi qu'un flegme peut étouffer! Je tremblerais que la mer ne sortît de son lit; que le flux, plus impétueux que de coutume, ne poussât une plus grande masse d'eau sur la côte, quand on a vu des hommes suffoqués par un breuvage avalé de travers! Insensés, que la mer épouvante, vous savez qu'une goutte d'eau peut vous faire périr! La grande consolation de la mort est dans la nécessité même de mourir, et rien n'affermit contre tous ces accidents qui nous menacent du dehors comme l'idée des dangers sans nombre qui couvent dans notre propre sein. Qu'y a-t-il de moins sage que de défaillir au bruit du tonnerre; que d'aller rampant sous la terre pour se dérober à ses coups; que d'appréhender l'ébranlement ou la chute soudaine des montagnes, les irruptions de la mer rejetée hors de ses limites, quand la mort est partout présente et menace de toutes parts, quand le plus imperceptible atome suffirait pour perdre le genre humain? Loin que ces catastrophes doivent nous consterner, loin de les croire en elles-mêmes plus terribles qu'une fin ordinaire, tout au contraire, puisqu'il faut

bus humanis velocissima est levitas, habituram in aliquo pondus æternum moram credimus! Perpetua sibi omnia promittentibus in mentem non venit, id ipsum, supra quod stamus, stabile non esse. Neque enim Campaniæ istud, neque Tyri, nec Achaiæ, sed omnis soli vitium est, male cohærere, et ex causis pluribus resolvi; et summa manere, partibus ruere.

II. Quid ago? Solatium adversus pericula dare promiseram; ecce undique timenda denuntio. Nego quidquam esse quietis æternæ, quod perire possit, et perdere. Ego vero hoc ipsum solatii loco pono, et quidem valentissimi, quandoquidem sine remedio timor stultus est. Ratio terrorem prudentibus excutit; imperitis fit magna ex desperatione securitas. Hoc itaque generi humano dictum puta, quod illis subita captivitate inter ignes et hostem stupentibus dictum est,

Una salus victis, nullam sperare salutem.

Si vultis nihil timere, cogitate omnia esse timenda; circumspicite quam levibus causis discutiamur. Non cibus nobis, non humor, non vigilia, non somnus, sine mensura quadam, salubria sunt. Jam intelligitis nugatoria nos esse corpuscula, et imbecilla, fluida, non magna molitione perdenda. Sine dubio id unum periculi satis esset, quod tremunt terræ, quod subito dissipantur, ac superposita diducunt. Magni se æstimat, qui fulmina et motus terrarum hiatusque formidat; vult ille imbecillitatis suæ sibi conscius timere pituitam? Ita videlicet nati sumus, tam felicia sortiti membra, et in hanc magnitudinem crevimus, et ob hoc nisi mundi partibus motis, nisi cœlum intonuerit, nisi terra subsederit, perire non possumus! Unguiculi nos, et ne totius quidem dolor, sed aliqua a latere ejus scissura conficit; et ego timeam terras trementes, quem crassior saliva suffocat? Ego extimescam emotum sedibus suis mare, et ne æstus, majore quam solet cursu, plus aquarum trahens superveniat; quum quosdam strangulaverit potio, male lapsa per fauces! Quam stultum est mare horrere, quum scias stillicidio perire te posse! Nullum est majus solatium mortis, quam ipsa mortalitas; nullum autem omnium istorum quæ extrinsecus terrent, quam quod innumerabilia pericula ipso sinu sunt. Quid enim dementius, quam ad tonitrua succidere, et sub terram correpere fulminum metu? Quid stultius, quam timere nutationem aut subitos montium lapsus, irruptiones maris extra litus ejecti, quum mors ubique præsto sit, et undique occurrat; nihilque sit tam

31.

sortir de la vie, et que notre âme un jour nous quittera, soyons fiers de périr dans ces grandes crises de la nature. Il faut mourir dans tel ou tel lieu, plus tôt ou plus tard. Cette terre, dût-elle demeurer ferme, ne rien perdre de ses limites, n'être bouleversée par aucun fléau, elle n'en sera pas moins un jour sur ma tête. Qu'importe donc qu'on la jette sur moi, ou qu'elle s'y jette d'elle-même? que, déchirés par je ne sais quelle puissance irrésistible et fatale, ses flancs se crèvent et me précipitent dans d'immenses profondeurs; qu'est-ce à dire? La mort est-elle plus douce à sa surface? Qu'ai-je à me plaindre, si la nature ne veut pas que je repose dans un lieu sans renom, si elle me fait une tombe d'un de ses débris? C'est une noble pensée que celle de Vagellius dans ce passage bien connu :

S'il faut tomber,

dit-il,

je veux tomber des cieux.

Nous pouvons dire comme lui : S'il faut tomber, tombons alors que le globe s'ébranle; non que des désastres publics soient choses désirables, mais parce qu'un grand motif de se résigner à la mort, c'est de voir que la terre elle-même est périssable.

III. Il est bon aussi de se convaincre que les dieux n'opèrent aucune de ces révolutions; que ce n'est point leur courroux qui ébranle le ciel ou la terre. Ces phénomènes ont des causes plus immédiates, et leurs ravages ne sont l'effet d'aucune volonté; ce sont, comme dans le corps humain, des effets de quelques vices désorganisateurs, et lorsqu'elle paraît faire souffrir, c'est la matière qui souffre. Mais, dans l'ignorance où nous sommes de la vérité, tout nous épouvante; et la rareté de l'événement augmente nos terreurs. Des accidents habituels frappent moins; l'insolite effraie plus que tout le reste. Or, qui rend un fait insolite pour l'homme? C'est qu'il voit la nature par d'autres yeux que ceux de la raison; c'est qu'il songe, non à ce que peut cette nature, mais à ce qu'elle a fait. Ainsi, nous sommes punis de notre irréflexion par la peur que nous donnent des faits tout nouveaux, ce nous semble, et qui sont seulement inaccoutumés. Et, en effet, n'est-il pas vrai qu'une religieuse terreur saisit les esprits et la multitude surtout, quand le soleil, ou même la lune, dont les éclipses sont plus fréquentes, nous dérobent tout ou partie de leur disque? C'est pis encore lorsque des flammes traversent obliquement le ciel; lorsqu'on voit une partie de l'atmosphère en feu, ou des astres chevelus, ou plusieurs soleils à la fois, ou des étoiles en plein jour, ou des feux soudains qui volent dans l'espace avec une longue traînée de lumière. On tremble alors et l'on s'étonne; or, cette crainte venant d'ignorance, que coûterait-il de s'instruire pour ne plus craindre? Combien il vaudrait mieux s'enquérir des causes, et diriger sur ce point toutes les forces de notre attention? Il n'est rien à quoi l'esprit puisse, je ne dis pas se prêter, mais se dévouer plus dignement.

IV. Cherchons donc quelles causes agitent la terre jusqu'en ses fondements et secouent cette masse si pesante; quelle est cette force, plus puis-

exiguum, quod non in perniciem generis humani satis valeat? Adeo non debent nos ista confundere, tanquam plus in se mali habeant, quam vulgaris mors; ut contra, quum sit necessarium e vita exire, et aliquando emittere animam, majore perire ratione juvet. Necesse est mori ubicumque, quandoque. Stet licet ista humus, et se teneat suis finibus, nec ulla jactetur injuria; supra me quandoque erit. Interest ergo, illam ego mihi, an ipsa se mihi imponat? Diducitur ingenti potentia nescio cujus mali; rumpitur, et me in immensam altitudinem abducit. Quid porro? Mors levior in plano est? Quid habeo quod querar, si rerum natura non vult me jacere in ignobili loco? si mihi injicit sui partem? Egregie vero Vagellius meus in illo inclyto carmine :

Si cadendum est,

inquit,

mihi, cœlo cecidisse velim.

Idem licet dicere: Si cadendum est, cadam orbe concusso · non quia fas sit optare publicam cladem, sed quia ingens mortis solatium est, terram quoque videre mortalem

III. Illud quoque proderit præsumere animo, nihil horum deos facere, nec ira numinum aut cœlum converti, aut terram. Suas ista causas habent; nec ex imperio sæviunt, sed ex quibusdam vitiis, ut corpora nostra, turbantur; et tunc, quum facere videntur injuriam, accipiunt. Nobis autem ignorantibus verum omnia terribilia sunt, utpote quorum metum raritas auget. Levius accidunt familiaria; ex insolito formido est major. Quare autem quidquam nobis insolitum est? quia naturam oculis, non ratione comprehendimus; nec cogitamus, quid illa facere possit, sed tantum, quid fecerit. Damus itaque hujus negligentiæ pœnas, tanquam novis territi, quum illa non sint nova, sed insolita. Quid ergo? Non religionem incutit mentibus, et quidem publice, sive deficere sol visus est, sive luna, cujus obscuratio frequentior, aut parte sui, aut tota, delituit? Longeque magis illæ actæ in transversum faces, et cœli magna pars ardens, et crinita sidera, et plures solis orbes, et stellæ per diem visæ, subitique transcursus ignium, multam post se lucem trahentium? Nihil horum sine timore miramur; et quum timendi sit causa nescire, non est tanti scire, ne timeas? Quanto satius est, causas inquirere, et quidem toto in hoc intentum animo? Neque enim illo quidquam inveniri dignius potest, cui non tantum commodet, sed impendat.

IV. Quæramus ergo, quid sit quod terram ab infimo moveat, quid tanti molem ponderis impellat, quid sit

sante que le globe, qui en fait crouler les immenses supports ; pourquoi la terre tantôt tremble, tantôt s'affaisse sur elle-même, tantôt se disjoint et se morcelle ; pourquoi les intervalles de ses écroulements sont quelquefois longs, quelquefois brusques et rapprochés ; pourquoi elle engloutit des fleuves renommés pour leur grandeur, ou en fait sortir de nouveaux de son sein ; pourquoi elle ouvre de nouvelles sources d'eau chaude, ou en refroidit d'anciennes ; pourquoi des feux jaillissent des montagnes ou des rochers par des cratères jadis inconnus ; tandis que des volcans fameux pendant des siècles viennent à s'éteindre. Que de prodiges accompagnent les tremblements de terre ! Ils changent la face des lieux, déplacent des montagnes, exhaussent des plaines, comblent des vallées, font surgir du fond des mers de nouvelles îles. Les causes de ces révolutions méritent, certes, d'être approfondies. — Mais, direz-vous, que m'en reviendra-t-il ? Un avantage au-dessus duquel il n'est rien, la connaissance de la nature. Ces sortes de recherches, si utiles d'ailleurs, ont pour l'homme tout l'intérêt du merveilleux ; c'est moins le profit que l'admiration qui l'attire. Commençons donc l'étude de ces mystères auxquels il m'est si doux d'être initié, que bien qu'ayant déjà publié dans ma jeunesse un livre sur les *tremblements de terre*, j'ai voulu m'essayer encore une fois, et voir si l'âge m'a fait gagner en science ou du moins en sagacité.

V. La cause qui fait trembler la terre est due, selon les uns, à l'eau ; selon d'autres, au feu ; d'autres nomment la terre elle-même ; d'autres l'air ; quelques-uns admettent le concours de plusieurs de ces causes ; il en est qui les admettent toutes. Enfin, on a dit qu'évidemment c'était l'une d'elles : mais laquelle ? On n'en était pas sûr. Passons en revue chacun de ces systèmes ; ceux des anciens, je dois le dire avant tout, sont peu exacts et pour ainsi dire informes. Ils erraient encore autour de la vérité. Tout était nouveau pour eux qui n'allaient d'abord qu'à tâtons ; on a poli leurs grossières idées, et si quelques découvertes ont été faites par nous, c'est à eux néanmoins que l'honneur en doit revenir. Il a fallu des esprits élevés pour écarter le voile qui couvre la nature, et, sans s'arrêter à ce qu'elle montre aux yeux, sonder jusqu'en ses entrailles et descendre dans les secrets des dieux. C'est avoir beaucoup aidé aux découvertes que de les avoir crues possibles. Écoutons donc les anciens avec indulgence ; rien n'est complet dès son début. Et cela n'est pas vrai seulement de la question qui nous occupe, si importante et si obscure, que même, après de nombreux travaux, chaque siècle aura encore sa part d'explorations à faire ; mais toujours et en quoi que ce soit les commencements sont loin de la perfection.

VI. Que l'eau soit cause des tremblements de terre, c'est ce que disent divers auteurs et avec divers arguments. Thalès de Milet estime que le globe entier a pour support une masse d'eaux sur laquelle il flotte, et qu'on peut appeler Océan ou grande mer, ou élément jusqu'ici de nature simple, l'élément humide. Cette eau, dit-il, soutient la terre, immense navire qui pèse sur le liquide qu'il comprime. Il est superflu d'exposer les mo-

---

illa valentius, quid tantum onus vi sua labefactet ; cur modo tremat, modo laxata subsidat, nunc in partes divisa discedat ; et alias intervallum ruinæ suæ diu servet, alias cito comprimat ; nunc amnes magnitudinis notæ convertat introrsus, nunc novos exprimat ; aperiat aliquando aquarum calentium venas, aliquando refrigeret ; ignesque nonnunquam per aliquod ignotum antea montis aut rupis foramen emittat, aliquando notos et per secula nobiles comprimat. Mille miracula movet, faciemque mutat locis, et defert montes, subrigit plana, valles extuberat, novas in profundo insulas erigit. Hæc ex quibus causis accidant, digna res est excuti. Quod, inquis, erit pret'ium operæ ? quod nullum majus est, nosse naturam. Neque enim quidquam habet in se hujus materiæ tractatio pulchrius, quum multa habeat futura usui, quam quod hominem magnificentia sui delinet, nec mercede, sed miraculo colitur. Inspiciamus ergo, quid sit, propter quod accidant hæc ; quorum est adeo mihi dulcis inspectio, ut quamvis aliquando de motu terrarum volumen juvenis ediderim, tamen tentare me voluerim, et experiri, an ætas aliquid nobis aut ad scientiam, aut certe ad diligentiam adjecerit.

V. Causam, qua terra concutitur, alii in aqua esse, alii in ignibus, alii in ipsa terra, alii in spiritu putavere ; alii in pluribus, alii in omnibus his. Quidam liquere ipsis aliquam ex istis causam esse dixerunt ; sed non liquere, quæ esset. Nunc singula persequamur. Illud ante omnia mihi dicendum est, opiniones veteres parum exactas esse, et rudes. Circa verum adhuc errabatur. Nova omnia erant primo tentantibus, post eadem illa limata sunt ; et si quid inventum est, illis nihilominus referri debet acceptum. Magni animi res fuit, rerum naturæ latebras dimovere, nec contentum exteriori ejus conspectu, introspicere, et in deorum secreta descendere. Plurimum ad inveniendum contulit, qui speravit posse reperiri. Cum excusatione itaque veteres audiendi sunt. Nulla res consummata est, dum incipit. Nec in hac tantum re omnium maxima atque involutissima, in qua etiam quum multum actum erit, omnis tamen ætas quod agat inveniet ; sed in omni alio negotio longe semper a perfecto fuere principia.

VI. In aqua causam esse, nec ab uno dictum est, nec uno modo. Thales Milesius totam terram subjecto judicat humore portari et innatare ; sive illud Oceanum vocas, sive magnum mare, sive alterius naturæ simplicem adhuc aquam et humidum elementum. Hac, inquit, unda sustinetur orbis, velut aliquod grande navigium et grave his

tifs qui font croire à Thalès que la partie de l'univers la plus pesante ne saurait porter sur une substance aussi ténue et aussi fugace que l'air : il ne s'agit pas maintenant de l'assiette du globe, mais de ses secousses. Thalès apporte en preuve de son opinion, que presque toujours les grandes secousses font jaillir des sources nouvelles, comme il arrive dans les navires qui, lorsqu'ils penchent et s'inclinent sur le flanc, sont envahis par l'eau ; toujours, s'il y a surcharge, l'eau vient couvrir le bâtiment, ou du moins s'élève à droite et à gauche plus que de coutume. Il ne faut pas de longs discours pour prouver que ce système est faux. Si la terre était soutenue par l'eau, elle tremblerait quelquefois dans toute sa masse et toujours serait en mouvement ; ce ne serait pas son agitation qui étonnerait, mais son repos. Elle s'ébranlerait tout entière, non partiellement ; car ce n'est jamais la moitié seulement d'un navire qui est battue des flots. Or, nous voyons que les tremblements de terre ne sont pas universels, mais partiels. Comment serait-il possible qu'un corps porté tout entier par l'eau ne fût pas agité tout entier, quand ce fluide est agité? — Mais d'où viennent les eaux qu'on a vues jaillir ? — D'abord, souvent la terre tremble, sans qu'il en sorte de nouvelles eaux. Ensuite, si telle était la cause de ces éruptions, elles n'auraient lieu qu'autour des flancs du globe ; ce que nous voyons arriver sur les fleuves et en mer : l'exhaussement de l'onde, à mesure que s'enfonce le navire, se fait voir surtout aux flancs du bâtiment. Enfin l'éruption dont on parle ne serait pas si minime, et comme une voie d'eau qui s'infiltre par une fente légère, l'inondation serait immense et proportionnée à l'abîme infini sur lequel flotterait le monde.

VII. D'autres, en attribuant à l'eau les tremblements de terre, les expliquent autrement. La terre, disent-ils, est traversée en tous sens de cours d'eau de plus d'une espèce. Tels sont, entre autres, quelques grands fleuves constamment navigables même sans le secours des pluies. Ici le Nil, qui roule en été d'énormes masses d'eaux ; là, coulant entre le monde romain et ses ennemis, le Danube et le Rhin : l'un qui arrête les incursions du Sarmate et forme la limite de l'Europe et de l'Asie ; l'autre qui contient cette race germanique si avide de guerre. Ajoutez l'immensité de certains lacs, des étangs entourés de peuplades qui entre elles ne se connaissent pas, des marais inaccessibles aux navires, et que ne peuvent pas même traverser ceux qui en habitent les bords. Et puis tant de fontaines, tant de sources mystérieuses qui vomissent des fleuves comme à l'improviste. Enfin tous ces torrents impétueux, formés pour un moment, et dont le déploiement est d'autant plus prompt qu'il dure moins. Toutes ces eaux se retrouvent sous terre de même nature et de même aspect. Là aussi, les unes sont emportées dans un vaste cours et retombent en cataractes ; d'autres, plus languissantes, s'étendent sur des lits moins profonds et suivent une pente douce et paisible. Il faut, sans contredit, que de vastes réservoirs les alimentent, et qu'il y en ait de stagnantes en plus d'un lieu. On croira, sans longs

aquis, quas premit. Supervacuum est reddere causas, propter quas existimat, gravissimam partem mundi non posse spiritu tam tenui fugacique gestari; non enim nunc de situ terrarum, sed de motu agitur. Illud argumenti loco ponit, aquas esse in causa, quibus hic orbis agitatur; quod in omni majore motu erumpunt fere novi fontes : sicut in navigiis quoque evenit, ut si inclinata sunt et abiere in latus, aquam sorbeant, quæ in omni onere eorum quæ vehit, si immodice depressa sunt, aut superfunditur, aut certe dextra sinistraque solito magis surgit. Hanc opinionem falsam esse, non est diu colligendum. Nam si terram aqua sustineret, et ea aliquando concuteretur; semper moveretur, nec agitari illam miraremur, sed manere. Tum tota concuteretur, non ex parte ; nunquam enim navis dimidia jactatur; nunc vero non terrarum universarum, sed ex parte motus est. Quomodo ergo fieri potest, ut quod totum vehitur, totum non agitetur, si eo quo vehitur, agitatum est? At quare aquæ erumpunt? Primum omnium sæpe tremuit terra, et nihil humoris novi fluxit. Deinde, si ex hac causa unda prorumperet, a lateribus terræ circumfunderetur; sicut in fluminibus ac mari videmus accidere, ut incrementum aquarum, quoties navigia desidunt, in luteribus maxime apparet. Ad ultimum non tam exigua fieret quam dicit eruptio, nec velut per rimam sentina subreperet, sed fieret ingens inundatio, ut ex infinito liquore, et ferente universa.

VII. Quidam motum terrarum aquæ imputavere; sed non ex eadem causa. Per omnem, inquiunt, terram multa aquarum genera decurrunt. Alicubi perpetui amnes, quorum navigabilis etiam sine adjutorio imbrium magnitudo est. Hinc Nilus per æstatem ingentes aquas invehit; hinc qui medius inter pacata et hostilia fluit, Danubius ac Rhenus, alter Sarmaticos impetus cohibens, et Europam Asiamque disterminans; alter Germanos, avidam gentem belli, repellens. Adjice nunc patentissimos lacus, et stagna populis inter se ignotis circumdata, et ineluctabiles navigio paludes, nec ipsis quidem inter se pervias, quibus incoluntur. Deinde tot fontes, tot capita fluminum, subitos, et ex occulto amnes vomentia. Tot deinde ad tempus collectos torrentium impetus, quorum vires quam repentinæ, tam breves. Omnis hæc aquarum, etiam intra terram, natura faciesque est. Illic quoque aliæ vasto cursu deferuntur, et in præceps volutæ cadunt ; aliæ languidiores in vadis refunduntur, et leniter ac quiete fluunt. Quis autem neget, vastis illas receptaculis concipi, et cessare multis inertes locis? Non est diu probandum, ibi

raisonnements, que les eaux abondent là où sont toutes les eaux du globe. Car comment suffirait-il à produire tant de rivières, sans l'inépuisable réserve d'où il les tire? S'il en est ainsi, n'est-il pas inévitable que quelquefois l'un de ces fleuves déborde, abandonne ses rives, et frappe d'un choc violent ce qui lui fait obstacle? Il y aura alors ébranlement dans la partie de la terre que le fleuve aura frappée, et qu'il ne cessera de battre jusqu'à ce qu'il décroisse. Il peut se faire qu'un fort courant d'eau mine quelque canton et en emporte des débris, dont l'écroulement fasse trembler les couches supérieures. Enfin, c'est être trop esclave de ses yeux et ne pas porter au-delà sa pensée, que de ne pas admettre qu'il y ait dans les profondeurs de la terre toute une mer immense. Je ne vois point quel obstacle empêcherait que ces cavités eussent aussi leurs rivages, leurs secrets canaux aboutissant à une mer aussi spacieuse que les nôtres, et peut-être plus spacieuse, la surface du sol devant se partager entre les eaux et une foule d'êtres vivants; au lieu que l'intérieur, dépourvu d'habitants, laisse aux eaux une place plus libre. Pourquoi alors n'auraient-elles pas leurs fluctuations et ne seraient-elles pas agitées par les vents qu'engendre tout vide souterrain et toute espèce d'air? Il se peut donc qu'une tempête plus forte que de coutume soulève violemment quelque partie du sol. N'a-t-on pas vu souvent, assaillis tout à coup par la mer, des lieux éloignés de ses rivages, et des villas, qui la regardaient au loin, submergées par les flots qu'auparavant on y entendait à peine? La mer souterraine peut de même faire des incursions, qui n'ont point lieu sans que la surface du globe soit ébranlée.

VIII. Je ne crois pas que vous hésitiez longtemps à admettre des fleuves souterrains et une mer intérieure : car d'où s'élanceraient ces eaux qui montent jusqu'à nous, si la terre n'en renfermait les sources? Quand vous voyez le Tigre, interrompu au milieu de sa course, se dessécher et disparaître non tout entier, mais peu à peu et par des pentes insensibles, qui finissent par se réduire à rien, où pensez-vous qu'il aille, sinon dans les profondeurs de la terre, lorsque d'ailleurs vous le voyez bientôt reparaître tout aussi fort qu'auparavant? Ne voyez-vous pas aussi l'Alphée, tant célébré par les poëtes, se perdre en Achaïe, et, après avoir traversé la mer, se remontrer en Sicile sous le riant aspect de la fontaine Aréthuse? Ignorez-vous que dans les systèmes qui expliquent le débordement du Nil en été, il en est un qui le fait venir de la terre même, et qui attribue la crue du fleuve non aux eaux du ciel, mais aux eaux intérieures? J'ai entendu dire à deux centurions que l'empereur Néron, passionné pour toutes les belles choses et surtout pour la vérité, avait envoyé à la recherche des sources du Nil; qu'ayant parcouru une longue route, favorisés par le roi d'Éthiopie et recommandés aux princes voisins, ils voulurent pénétrer plus avant et arrivèrent à d'immenses marais. Les indigènes, ajoutaient-ils, ne savent pas quel en est le terme, et il faut désespérer de le savoir, tant les herbages y sont entremêlés à l'eau, tant cette eau est peu guéable et impraticable aux navires. Une petite barque,

multas aquas esse, ubi omnes sunt. Neque enim sufficeret tellus ad tot flumina edenda, nisi ex reposito multoque funderet. Si hoc verum est, necesse est aliquando illic amnis excrescat, et relictis ripis violentus in obstantia incurrat. Sic fiet motus alicujus partis, in quam flumen impetum dedit, et quam, donec decrescat, verberabit. Potest fieri, ut aliquam regionem rivus affluens exedat, ac secum trahat aliquam molem; qua lapsa, superposita quatiantur. Jam vero nimis oculis permittit, nec ultra illos scit producere animum, qui non credit esse in abscondito terræ sinus maris vasti. Nec enim video, quid prohibeat vel obstet, quo minus illic habeatur aliquod etiam in abscondito litus, et per occultos aditus receptum mare, quod illic quoque tantumdem loci tenet, aut fortassis hoc amplius, quod superiora cum tot animalibus erant dividenda; abstrusa enim, et sine possessore deserta, liberius undis vacant. Quas quis vetat illic fluctuare, et ventis, quos omne intervallum terrarum, et omnis aer creat, impelli? Potest ergo major solito exorta tempestas aliquam partem terrarum impulsam vehementius movere. Nam apud nos quoque multa, quæ procul a mari fuerant, subito ejus accessu vapulavere; et villas in conspectu collocatas, fluctus qui longe audiebatur, invasit. Illic quoque potest accedere pelagus infernum; quorum neutrum fit sine motu superstantium.

VIII. Non quidem existimo diu te hæsitaturum, an credas esse subterraneos amnes et mare absconditum. Unde enim ista prorumpunt, unde ad nos veniunt, nisi quod origo humoris inclusa est? Age, quum vides interruptum Tigrim in medio itineris siccari, et non universum averti, sed paulatim, non apparentibus damnis, minui primum, deinde consumi; quo illum putas abire nisi in obscura terrarum; utique quum videas emergere iterum, non minorem eo, qui prior fluxerat? Quid quum vides Alpheum, celebratum poetis, in Achaia mergi, et in Sicilia rursus transjecto mari effundere amœnissimum fontem Arethusam? Nescis autem, inter opiniones, quibus narratur Nili æstiva inundatio, et hanc esse, a terra illum erumpere, et augeri non supernis aquis, sed ex intimo redditis? Ego quidem centuriones duos, quos Nero Cæsar, ut aliarum virtutum, ita veritatis in primis amantissimus, ad investigandum caput Nili miserat, audivi narrantes, longum illos iter peregisse, quum a rege Æthiopiæ instructi auxilio, commendatique proximis regibus, penetrassent ad ulteriora. Equidem, aiebant, pervenimus ad immensas paludes, quarum exitum nec incolæ noverant, nec sperare quisquam potest, ita implicitæ aquis herbæ sunt, et aquæ nec pediti eluctabiles,

avec un seul homme, est tout ce que peut porter un marais fangeux et embarrassé de plantes. Là, me dit l'un des centurions, nous vîmes deux rochers d'où tombait un énorme cours d'eau. Que ce soit la source ou un affluent du Nil, qu'il naisse en ce lieu ou ne fasse qu'y reparaître après une course souterraine ; quoi que ce soit enfin, douterez-vous que cette eau ne vienne d'un de ces grands lacs dont j'ai parlé ? Il faut que la terre renferme en maint endroit beaucoup d'eaux éparses, qu'elle réunit en un bassin commun, pour faire jaillir des courants si impétueux.

IX. D'autres, qui attribuent les tremblements de terre au feu, varient sur le mode d'action. Anaxagore est particulièrement de cette opinion, et croit que la cause des orages est aussi celle des tremblements de terre, c'est-à-dire qu'un vent enfermé sous terre vient à en briser l'air épais et condensé en nuages, aussi violemment que sont brisées les nuées du ciel ; et que de cette collision de nuages, de ce choc de l'air contre lui-même s'échappent des feux soudains. Ces feux, heurtant tout ce qui s'offre à eux, cherchent une issue, écartent tout obstacle, jusqu'à ce que, resserrés dans un étroit passage, ils trouvent une route pour s'échapper à l'air libre, ou s'en ouvrent une par la violence et la destruction. Ceux qui expliquent autrement le même phénomène disent que ces feux, épars en plus d'un endroit, consument tout ce qui les avoisine, et que, si les parties consumées tombent, leur chute entraîne tout ce qui perd en elles son appui, nul support nouveau ne s'offrant pour arrêter l'écroulement. Alors s'ouvrent des gouffres béants, de vastes abîmes, ou, après avoir branlé longtemps, le sol se rasseoit sur les parties demeurées fermes. C'est ce que nous voyons arriver dans nos villes, quand un incendie en consume quelques édifices ; les poutres une fois brûlées, ou les supports de la toiture rongés par le feu, le faîte s'abîme après avoir balancé longtemps ; l'ébranlement, les oscillations ne cessent que lorsqu'il rencontre un point d'appui.

X. Anaximène voit dans la terre elle-même la cause de ses tremblements : selon lui, elle ne reçoit du dehors aucune impulsion ; mais dans son sein tombent les débris détachés d'elle-même, dissous par l'eau, ou rongés par le feu, ou emportés par un souffle violent, et à défaut même de ces trois causes, les causes internes de déchirement et de destruction ne manquent pas. Tout en effet s'écroule avec le temps, et rien n'est à l'abri de la vieillesse, qui mine peu à peu les corps les plus solides et les plus robustes. Tout comme, dans les vieux édifices, il est des portions qui tombent, même sans aucun choc, quand la force ne fait plus équilibre au poids ; ainsi, dans cette charpente de tout le globe, il arrive à certaines parties de se dissoudre de vétusté, et d'ébranler par leur chute ce qui est au-dessus d'elles, d'abord en se détachant, car aucun corps considérable ne se détache d'un autre sans le mettre en mouvement ; ensuite, lorsqu'elles se précipitent en rebondissant sur le sol, comme une balle qu'on voit rejaillir, repoussée chaque fois qu'elle tombe, et reprendre chaque fois un nouvel élan, si ces débris tombent dans une eau stagnante,

---

nec navigio, quod nisi parvum et unius capax, limosa et obsita palus non ferat. Ibi, inquit, vidimus duas petras, ex quibus ingens vis fluminis excidebat. Sed sive caput illa, sive accessio est Nili, sive tunc nascitur, sive in terras ex priore recepta cursu redit, nonne tu credis illam, quidquid est, ex magno terrarum lacu ascendere ? Habeant enim oportet pluribus locis sparsum humorem, et in imo coactum, ut eructare tanto impetu possint.

IX. Ignem causam motus quidam, et quidem non eamdem judicant. Imprimis Anaxagoras, qui existimat, simili pæne ex causa et aera concuti, et terram, quum in inferiore parte spiritus crassum aera, et in nubes coactum, eadem vi, qua apud nos quoque nubila frangi solent, rumpit, et ignis ex hoc collisu nubium cursuque elisi aeris emicuit. Hic ipse in obvia incurrit, exitum quærens ac divellit repugnantia ; donec per angusta aut nactus est viam exeundi ad cœlum, aut vi atque injuria facit. Alii in igne causam quidem esse, sed non ob hoc judicant ; sed quia pluribus obvius locis ardeat, et proxima quæque consumat. Quæ si quando exesa ceciderint, tunc sequi motum earum partium, quæ subjectis adminiculis destitutæ labant, donec corruere : nullo occurrente, quod onus exciperet. Tunc chasmata, tunc hiatus vasti aperiuntur ; aut quum diu dubitaverunt, super ea se, quæ supersunt stantque, componunt. Hoc apud nos quoque videmus accidere ; quoties incendio pars civitatis laborat ; quum exustæ trabes sunt, aut corrupta quæ superioribus firmamentum dabant : tunc diu agitata fastigia concidunt, et tam diu differuntur atque incerta sunt, donec in solido resederunt.

X. Anaximenes ait, terram ipsam sibi esse causam motus, nec extrinsecus incurrere quod illam impellat ; sed intra ipsam et ex ipsa quasdam partes ejus decidere, quas aut humor solverit, aut ignis exederit, aut spiritus violentia excusserit. Sed his quoque cessantibus non deesse, propter quod aliquid abscedat aut revellatur. Nam primum omnia vetustate labuntur, nec quidquam totum a senectute est. Hæc solida quoque et magni roboris carpit. Itaque quemadmodum in ædificiis veteribus quædam non percussa tamen decidunt, quum plus ponderis habuere quam virium ; ita in hoc universo terræ corpore evenit, ut partes ejus vetustate solvantur, solutæ cadant, et tremorem superioribus afferant ; primum quum abscedunt, nihil enim utique magnum sine motu ejus, cui hæsit, abscinditur, deinde quum deciderunt, solido exceptæ resiliant, pilæ more, quæ quum cecidit, exsultat, ac sæpius pellitur, toties a solo in novum impetum missa. Si vero in stagnantibus aquis delata sunt, hic ipse casus vi

leur chute doit ébranler tous les lieux voisins par la secousse que donne aux eaux un énorme poids tombant tout à coup d'une grande hauteur.

XI. Certains philosophes, tout en expliquant les tremblements de terre par le feu, lui assignent un autre rôle. Ce feu, qui bouillonne en plusieurs endroits, exhale nécessairement des torrents de vapeurs qui n'ont pas d'issue et qui dilatent fortement l'air; quand ils agissent avec plus d'énergie, ils renversent les obstacles; moins véhéments, ils ne peuvent qu'ébranler le sol. Nous voyons l'eau bouillonner sur le feu. Ce que nos foyers produisent sur ce peu de liquide dans une étroite chaudière, ne doutons pas que le vaste et ardent foyer souterrain ne le produise avec plus de force sur de grandes masses d'eaux. Alors la vapeur de ces eaux bouillonnantes secoue vivement tout ce qu'elle frappe.

XII. Mais l'air est le mobile qu'admettent les plus nombreuses et les plus grandes autorités. Archélaüs, très-versé dans l'antiquité, s'exprime ainsi : Les vents s'engouffrent dans les cavités de la terre; là, quand tout l'espace est rempli, et l'air aussi condensé qu'il peut l'être, le nouvel air qui survient foule et comprime le premier, et de ses coups redoublés il le resserre, puis bientôt le disperse en désordre. L'air, qui cherche à se faire place, écarte tous les obstacles et s'efforce de briser ses barrières; ainsi arrivent les tremblements de terre, par la lutte de l'air impatient de s'échapper. Ces commotions ont pour avant-coureur un air calme et que rien n'agite, parce que la force, qui d'ordinaire déchaîne les vents, est concentrée dans les cavités souterraines. Naguère,

en effet, lors du tremblement de la Campanie, bien qu'on fût en hiver, l'atmosphère, quelques jours avant, fut constamment tranquille. Qu'est-ce à dire? La terre n'a-t-elle jamais tremblé pendant que le vent soufflait? Du moins il est rare que deux vents soufflent à la fois. La chose pourtant est possible et s'est vue : si nous admettons, et s'il est constant que le phénomène est produit par l'action simultanée de deux vents, pourquoi l'un n'agiterait-il pas l'air supérieur, et l'autre l'air souterrain?

XIII. On peut compter parmi les partisans de cette opinion, Aristote et son disciple Théophraste, dont le style, sans être divin comme le trouvaient les Grecs, a de la douceur et une élégance qui ne sent point le travail. Voici ce que l'un et l'autre pensent : Il sort toujours de la terre des vapeurs tantôt sèches, tantôt mêlées d'humidité. Celles-ci, sorties du sein du globe, et s'élevant autant qu'elles le peuvent, lorsqu'elles ne trouvent plus à monter davantage, rétrogradent et se replient sur elles-mêmes; et comme la lutte des deux courants d'air opposés repousse violemment les obstacles, soit que les vents se trouvent renfermés, soit qu'ils fassent effort pour s'échapper par un étroit passage, elle cause les tremblements et le fracas qui les accompagne. De la même école est Straton, lequel a cultivé spécialement et exploré cette branche de la philosophie qui a pour objet la nature. Voici comment il se prononce : Le froid et le chaud se contrarient toujours et ne peuvent demeurer ensemble; le froid passe à l'endroit que le calorique abandonne; et réciproquement la chaleur revient quand le froid est chassé. Ceci est incontestable :

---

cina concutit fluctu, quem subitum vastumque illisum ex alto pondus ejicit.

XI. Quidam ignibus quidem assignant hunc tremorem, sed aliter. Nam quum pluribus locis ferveant, necesse est ingentem vaporem sine exitu volvant, qui vi sua spiritum intendit, et si acrius institit, opposita diffundit ; si vero remissior fuit, nihil amplius quam movet. Videmus aquam spumare, igne subjecto. Quod in hac aqua facit inclusa et angusta, multo magis illum facere credamus, quum violentus ac vastus ingentes aquas excitat. Tunc ille vaporatione inundantium aquarum, quidquid pulsaverit, agitat.

XII. Spiritum esse qui moveat, et plurimis et maximis auctoribus placet. Archelaus, antiquitatis diligens, ait ita : Venti in concava terrarum deferuntur; deinde ubi am omnia spatia plena sunt, et in quantum aer potuit, densatus est, is qui supervenit spiritus, priorem premit et elidit, ac frequentibus plagis primo cogit, deinde perturbat. Tunc ille quaerens locum, omnes angustias dimovet, et claustra sua conatur effringere. Sic evenit, ut terrae, spiritu luctante, et fugam quaerente, moveantur. Itaque quum terrae motus futurus est, praecedit aeris tranquillitas et quies; videlicet, quia vis spiritus, quae

concitare ventos solet, in inferna sede detinetur. Nunc quoque quum hic motus in Campania fuit, quamvis biberno tempore, tamen quietus per superiores dies a caelo aer stetit. Quid ergo? Nunquam flante vento terra concussa est? Admodum raro duo flavere simul venti. Fieri tamen et potest, et solet : quod si recipimus, et constat duos ventos rem simul gerere, quidni accidere possit, ut alter superiorem aera agitet, alter inferum?

XIII. In hac sententia licet ponas Aristotelem, et discipulum ejus Theophrastum, non, ut Graecis visum est, divini, tamen et dulcis eloquii virum, et nitidi sine labore. Quid utrique placeat, exponam. Semper aliqua evaporatio est a terra, quae modo arida est, modo humido mixta. Haec ab infimo edita, et in quantum potuit, elata, quum ulteriorem locum in quem exeat non habet, retro fertur, atque in se revolvitur; dumque rixa spiritus reciprocantis jactat obstantia, et sive interclusus, sive per angusta enisus est, motum ac tumultum ciet. Strato ex eadem schola est, qui hanc partem philosophiae maxime coluit, et rerum naturae inquisitor fuit. Hujus tale decretum est : frigidum et calidum semper in contraria abeunt, et una esse non possunt : eo frigidum confluit, unde vis calida discessit, et invicem ibi calidum est, unde

quant à l'antipathie des deux principes, je la prouve ainsi. En hiver, quand le froid règne sur la terre, les puits, les cavernes, tous les lieux souterrains sont chauds, parce que la chaleur s'y est réfugiée, cédant au froid l'empire du dehors; quand cette chaleur s'est enfoncée sous terre aussi avant qu'elle a pu, elle devient d'autant plus active qu'elle est plus concentrée. S'il en survient une nouvelle, celle-ci, forcément associée à la première, la comprime et lui fait quitter la place. En revanche, même chose a lieu si une couche de froid plus puissante pénètre dans les cavernes. Toute la chaleur qu'elles recélaient se retire, se resserre et s'échappe impétueusement; ces deux natures ennemies ne pouvant ni faire alliance, ni séjourner en même lieu. Ainsi mise en fuite et faisant tous ses efforts pour sortir, la chaleur écarte et brise ce qui l'environne; voilà pourquoi, avant les commotions terrestres, on entend les mugissements de ces courants d'air déchaînés dans les entrailles du globe. Et l'on n'entendrait pas sous ses pieds, comme dit Virgile :

Le sol au loin mugir et les monts chanceler,

si ce n'était l'œuvre des vents. D'ailleurs, ces luttes ont leurs alternatives; ce n'est pas toujours la chaleur qui se concentre et fait explosion. Le froid recule et fait retraite, pour triompher bientôt à son tour; suivant ces alternatives et ces retours divers, qui chaque fois font sortir le vent, la terre est ébranlée.

XIV. D'autres estiment aussi que l'air seul produit ces commotions, mais qu'il les produit autrement que ne le veut Aristote. Voici leur explication : Notre corps est arrosé par le sang et par l'air qui court dans ses canaux particuliers. Quelques-uns de ces conduits sont plus étroits que les autres, et l'air ne fait qu'y circuler; mais nous avons des réservoirs plus grands où il s'amasse, et de là se répand dans les autres parties. De même la terre, ce vaste corps, est pénétrée par les eaux qui lui tiennent lieu de sang, et par les vents qui en sont comme le souffle vital. Ces deux fluides tantôt courent ensemble, tantôt s'arrêtent en même temps. Or, dans le corps humain, tant que dure l'état de santé, le mouvement des veines a lieu sans trouble et régulièrement; mais au moindre accident, la fréquence du pouls, les soupirs, les étouffements annoncent la souffrance et la fatigue : ainsi la terre, dans son état naturel, reste immobile. Quelque désordre survient-il; alors, comme un corps malade, elle s'agite; ce souffle, qui circulait doucement, chassé avec plus d'énergie, fouette les veines où il court, mais non pas comme le disent ceux dont j'ai parlé ci-dessus, et qui croient la terre un être vivant. Car alors cet être frissonnerait également dans toute son étendue, puisque chez l'homme la fièvre n'agite pas telle partie moins que telle autre, mais les envahit toutes avec une égale violence. Vous voyez qu'il doit s'infiltrer dans la terre quelque souffle de l'air ambiant, et que, tant qu'il trouve une libre sortie, il circule sans dommage; mais s'il rencontre un obstacle, si quelque barrière l'arrête, sur-

frigus expulsum est. Hoc quod dico verum est; sed utrumque in contrarium agi, ex hoc tibi apparet. Hiberno tempore, quum supra terram frigus est, calent putei, nec minus specus, atque omnes sub terra recessus; quia eo se calor contulit, superiora possidenti frigori cedens; qui quum in inferiora pervenit, et eo se quantum poterat ingessit, quo densior, hoc validior est; huic alius supervenit, cui necessario congregatus ille jam et in angustum pressus, loco cedit. Idem e contrario evenit, quum vis major frigidi illata in cavernis est. Quidquid illic calidi latet, frigori cedens abit in angustum, et magno impetu agitur; quia non patitur utriusque natura concordiam, nec in uno moram. Fugiens ergo, et omni modo cupiens excedere, proxima quæque remolitur ac jactat. Ideoque antequam terra moveatur, solet mugitus audiri, ventis in abdito tumultuantibus; nec enim aliter posset, ut ait noster Virgilius :

Sub pedibus mugire solum, et juga celsa moveri,

nisi hoc esset ventorum opus. Vices deinde hujus pugnæ sunt; desinit calidi congregatio, ac rursus eruptio. Tunc frigida compescuntur et succedunt, mox futura potentiora. Dum ergo alterna vis cursat, et ultro citroque spiritus commeat, concutitur.

XIV. Sunt qui existimant, spiritu quidem, et nulla alia ratione tremere terram, sed ex alia causa, quam Aristoteli placuit. Quid sit quod ab his dicatur, audi. Corpus nostrum et sanguine irrigatur, et spiritu, qui per sua itinera discurrit. Habemus autem quædam angustiora animæ receptacula, per quæ nihil amplius quam meat; quædam patentiora, in quibus colligitur, et unde dividitur in partes. Sic hoc totum terrarum omnium corpus, et aquis, quæ vicem sanguinis tenent, et ventis, quos nihil aliud quis, quam animam vocaverit, pervium est. Hæc duo alicubi concurrunt, alicubi consistunt. Sed quemadmodum in corpore nostro, dum bona valetudo est, venarum quoque imperturbata mobilitas modum servat; ubi aliquid adversi est, micat crebrius, et suspiria atque anhelitus laborantis ac fessi signa sunt; ita terræ quoque, dum illis positio naturalis est, inconcussa manent. Quum aliquid peccatur, tunc velut ægri corporis motus est, spiritu illo, qui modestius perfluebat, icto vehementius, et quassante venas suas; nec, ut illi paulo ante dicebant, quibus animal placet esse terram; nam si hoc est quemadmodum animal, tota vexationem parem sentiet. Neque enim in nobis febris alias partes moratius impellit, sed per omnes pari æqualitate discurrit. Vide ergo, numquid intret in illam spiritus ex circumfuso aere; qui quamdiu habet exitum, sine injuria labitur; si offendit aliquid, et incidit quod viam claudat, tunc oneratur

chargé du poids de l'air qui le presse par derrière, il fuit avec effort par quelque ouverture, et avec d'autant plus de rapidité qu'il est plus comprimé. Ceci ne peut avoir lieu sans lutte, ni la lutte sans ébranlement. Mais si l'air ne trouve pas même d'ouverture pour s'échapper, il se roule avec fureur sur lui-même, et s'agite en tous sens, il renverse, il déchire. Puissant, malgré sa ténuité, il pénètre dans les lieux les plus embarrassés, il disjoint et divise tous les corps où il s'introduit. Alors la terre tremble; car ou elle s'ouvre pour lui donner passage, ou, après lui avoir fait place, dépourvue de base, elle s'éboule dans le gouffre dont elle l'a fait sortir.

XV. Suivant une autre opinion, la terre est criblée de pores ; elle a non-seulement ses canaux primitifs, qui lui furent originairement donnés comme autant de soupiraux, mais encore une quantité d'autres que le hasard y a pratiqués. L'eau a entraîné la terre qui couvrait certains points ; les torrents en ont rongé d'autres ; ailleurs, de grandes chaleurs ont fait fendre le sol. C'est par ces interstices qu'entre le vent ; s'il se trouve enfermé et poussé plus avant par la mer souterraine, si le flot ne lui permet pas de rétrograder, alors ne pouvant ni s'échapper, ni remonter, il tourbillonne, et comme il ne peut suivre la ligne droite, sa direction naturelle, il fait effort contre les voûtes de la cavité, et frappe en tous sens la terre qui le comprime.

XVI. Énonçons encore un point que la plupart des auteurs soutiennent, et qui, peut-être, partagera les esprits. Il est évident que la terre n'est point dépourvue d'air; et je ne parle pas seulement de cet air qui la rend consistante, qui rapproche ses molécules, et qui se trouve jusque dans les pierres et les cadavres, mais d'un air vital, végétatif, qui alimente tout à sa surface. Autrement, comment pourrait-elle infuser la vie à tant d'arbustes, à tant de graines, qui sans air n'existeraient pas ? Comment suffirait-elle à l'entretien de tant de racines qui plongent de mille manières dans son sein, les unes presqu'à sa surface, les autres à de grandes profondeurs, si elle n'avait en elle des flots de cet air générateur d'où naissent tant d'êtres variés qui le respirent et qui lui doivent leur nourriture et leur croissance? Ce ne sont encore là que de légers arguments. Ce ciel tout entier, que circonscrit le feu subtil de l'éther, partie la plus élevée du monde, toutes ces étoiles dont le nombre est incalculable, tout ce chœur céleste, et, sans parler des autres astres, ce soleil qui poursuit son cours si près de nous et qui surpasse plus d'une fois notre globe en grosseur, tous tirent leurs aliments de la terre et se partagent les vapeurs qu'elle exhale, seule pâture qui les entretienne. Car ils ne se nourrissent pas d'autre chose. Or, la terre ne pourrait suffire à des corps si nombreux et si vastes et plus considérables qu'elle-même, si elle n'était remplie d'un air vivifiant qui, nuit et jour, s'échappe de tous ses pores. Il est impossible qu'il ne lui en reste pas beaucoup, malgré l'immense déperdition qu'elle éprouve, et il faut que ce qui sort d'elle se reproduise incessamment. Car elle n'aurait pas de quoi fournir sans fin à l'entretien de tous ces corps célestes, sans la transmutation continuelle et réciproque des éléments. Mais il faut en outre que

---

primo infundente se a tergo aere. Deinde per aliquam rimam maligne fugit, et hoc acrius fertur, quo angustius. Id sine pugna non potest fieri, nec pugna sine motu. At si nec rimam quidem per quam effluat invenit, conglobatus ille furit, et huc atque illo circumagitur, aliaque dejicit, alia intercidit; quum tenuissimus, idemque fortissimus, et irrepat quamvis in obstructa, et quidquid intravit, vi sua diducat et dissipet; tunc terra jactatur. Aut enim datura vento locum discedit; aut quum dedit, in ipsam, qua illum emisit, cavernam fundamento spoliata considit.

XV. Quidam ita existimant. Terra multis locis perforata est, nec tantum primos illos aditus habet, quos velut spiramenta ab initio sui recepit, sed multos illic casus imposuit. Alicubi deduxit, quidquid superne terreni erat, aqua; alia torrentes exedere, illa æstibus magnis dirupta patuere. Per hæc intervalla intrat spiritus, quem si inclusit mare, et altius adegit, nec fluctus retro abire permisit, tunc ille, exitu simul redituque præcluso, volutatur. Et quia in rectum non potest tendere, quod illi naturale est, in sublime se intendit, et terram prementem diverberat.

XVI. Etiamnunc dicendum est, quod plerisque auctoribus placet, et in quod fortasse fiet discessio. Non esse terram sine spiritu, palam est. Non tantum illo dico, quo se tenet, ac partes sui jungit, qui inest etiam saxis mortuisque corporibus; sed illo dico vitali, et vegeto, et alente omnia. Hunc nisi haberet, quomodo tot arbustis spiritum infunderet, non aliunde viventibus, et tot satis? Quemadmodum tam diversas radices, aliter atque aliter in se mersas foveret, quasdam summa receptas parte, quasdam altius tractas, nisi multum haberet animæ, tam multa, tam varia generantis, et haustu atque alimento suo educantis? Levibus adhuc argumentis ago. Totum hoc cœlum, quod igneus æther, mundi summa pars, claudit, omnes hæ stellæ, quarum iniri non potest numerus, omnis hic cœlestium cœtus, et, ut alia prætereàm, hic tam prope a nobis agens cursum sol, omni terrarum ambitu non semel major, alimentum ex terreno trahunt, et inter se partiuntur, nec ullo alio scilicet, quam halitu terrarum sustinentur. Hoc illis alimentum, hic passus est. Non posset autem tam multa, tantaque, et seipsa majora, terra nutrire, nisi plena esset animæ, quam per diem et noctem ab omnibus partibus suis fundit. Fieri enim non potest, ut non multum illi supersit, ex qua tantum petitur ac sumitur; et ad tempus quidem, quod exeat.

ret air abonde dans la terre, qu'elle en soit remplie, qu'elle ait des réservoirs où elle puise. Il n'est donc pas douteux que la terre ne cache dans ses interstices des gaz en grand nombre, et que l'air qui s'y introduit n'occupe de sombres et vastes cavités. S'il en est ainsi, il arrive nécessairement que de fréquentes commotions troublent cette masse toute pleine de ce qu'il y a de plus mobile au monde. Car, et ce ne sera un paradoxe pour personne, de tous les éléments, l'air est le plus ennemi du repos, le plus inconstant, le plus disposé à l'agitation.

XVII. Il s'ensuit donc qu'il agit selon sa nature, et que, toujours prêt à se mouvoir, il met quelquefois en mouvement ce qui l'avoisine. Et quand? C'est lorsqu'il est arrêté dans son cours. Tant que rien ne l'en empêche, il coule paisiblement; est-il repoussé ou retenu, il devient furieux et brise ses barrières; on peut le comparer

A l'Araxe indigné contre un pont qui l'outrage,

et qui, tant que son lit est libre et ouvert, développe paisiblement ses eaux. Mais si la main de l'homme ou le hasard a jeté sur son passage des rochers qui le resserrent, alors il se ralentit pour mieux se précipiter; et plus il a d'obstacles devant lui, plus il trouve de force pour les vaincre. Toute cette eau, en effet, qui survient par-derrière et qui s'amoncèle sur elle-même, cédant enfin sous son propre poids, devient une masse destructive qui se précipite au loin avec ses digues entraînées. Il en est de même de l'air. Plus il est puissant et délié, plus il court avec rapidité, et écarte violemment les obstacles : de là un ébranlement de la partie du globe sous laquelle la lutte a lieu. Ce qui prouve que cela est vrai, c'est que souvent, après une commotion, quand il y a eu déchirement du sol, des vents s'en échappent pendant plusieurs jours, comme la tradition le rapporte du tremblement de terre de Chalcis. Asclépiodote, disciple de Posidonius, en parle dans son livre des *Questions naturelles*. On trouve aussi dans d'autres auteurs que la terre s'étant ouverte en un endroit, il en sortit assez longtemps un courant d'air qui évidemment s'était frayé le passage par lequel il débouchait.

XVIII. La grande cause des tremblements de terre est donc l'air, naturellement rapide et mobile. Tant qu'il ne reçoit aucune impulsion, et qu'il reste dans un espace libre, il y repose inoffensif et ne tourmente pas ce qui l'avoisine. Si un moteur accidentel le trouble, le repousse, le comprime, il ne fait encore que céder et vaguer au hasard. Mais si tout moyen de fuir lui est enlevé, et si tout lui fait obstacle, alors

Il ébranle les monts,
Et mugit furieux dans ses noires prisons....

que longtemps il ébranle, et qu'il finit par briser et faire voler en éclats, d'autant plus terrible que la résistance est plus forte et la lutte plus longue. Enfin, quand il a longtemps parcouru les lieux où il est enfermé et dont il n'a pu s'évader, il rebrousse vers le point même d'où vient la pression, et s'infiltre par des fentes cachées que les secousses

---

nascitur. Nec enim esset perennis illi copia suffecturi in tot cœlestia spiritus, nisi invicem ista excurrerent, et in aliud alia solverentur. Sed tamen necesse est abundet ac plena sit, et ex condito proferat. Non est ergo dubium, quin multum spiritus interlateat, et cæca sub terra spatia aer latus obtineat. Quod si verum est, necesse est id sæpe moveatur, quod re mobilissima plenum est. Numquid enim dubium esse potest cuiquam, quin nihil sit tam inquietum quam aer, et tam versabile et agitatione gaudens?

XVII. Sequitur ergo, ut naturam suam exerceat, et quod semper moveri vult, aliquando et alia moveat. Id quando fit? Quando illi cursus interdicitus est. Nam quamdiu non impeditur, placide fluit; quum offenditur et retinetur, insanit, et moras suas abrumpit, non aliter quam ille

. . . . Pontem indignatus Araxes.

Quamdiu illi facilis et liber est alveus, primas quasque aquas explicat. Ubi saxa manu vel casu illata pressore venientem, tunc impetum mora quærit; et quo plura opposita sunt, plus invenit virium. Omnis enim illa unda quæ a tergo supervenit, et in se crescit, quum onus suum sustinere non potuit, vim ruina parat, et prona cum ipsis quæ objacebant fugit. Idem spiritu fit: qui quo valentior agiliorque est, eo citius rapitur, et vehementius septus omnes disturbat. Ex quo motus fit scilicet ejus partis, sub qua pugnatum est. Quod dicitur, verum esse ex illo probatur; sæpe enim quum terræ motus fuit, si modo pars ejus aliqua dirupta est, inde ventus per multos dies fluxit; ut traditur factum eo terræ motu, quo Chalcis laboravit; quod apud Asclepiodotum invenies, auditorem Posidonii, in his ipsis quæstionum naturalium causis. Invenies et apud alios auctores, hiasse uno loco terram, et inde non exiguo tempore spirasse ventum; qui scilicet illud iter ipse sibi fecerat, per quod ferebatur.

XVIII. Maxima ergo causa est, propter quam terra moveatur, spiritus natura citus, et locum e loco mutans. Hic quamdiu non impellitur, et in vacanti spatio latet, jacet innoxius, nec circumjectis molestus est. Ubi illum extrinsecus superveniens causa sollicitat, compellitque et in arctum agit, scilicet adhuc cedit tantum, et vagatur. Ubi erepta discedendi facultas est, et undique obsistitur, tunc

. . . . . magno cum murmure montis
Circum claustra fremit, ...

quæ diu pulsata convellit ac jactat; eo acrior, quo cum valentiore mora luctatus est. Deinde quum circa perlustravit omne quo tenebatur, nec potuit evadere, inde quo maxime impactus est, resilit; et aut per occulta dividitur, ipso terræ motu raritate facta, aut per novum

ont formées dans le sol, ou s'élance au dehors par une brèche nouvelle. Ainsi, rien ne peut contenir une telle force; point de lien qui enchaîne le vent; il rompt toutes les barrières, il emporte tous les fardeaux, il se glisse dans d'étroites fissures, qu'il sait agrandir pour se mettre à l'aise; c'est une nature indomptable, une puissance que la résistance courrouce, et qui reprend toujours ses droits. Oui, le vent est une chose invincible, et il n'est prison au monde

<small>Qui tienne sous le frein de lois assez puissantes
Les vents séditieux, les tempêtes bruyantes.</small>

Sans doute la poésie, par ce mot de prison, a voulu entendre ce lieu souterrain qui les cache et qui les recèle. Mais elle n'a point vu que ce qui est enfermé n'est point encore un vent, et que ce qui est vent ne peut pas être enfermé. L'air captif est calme et stagnant; le vent est toujours en fuite. Ici se présente un nouvel argument, qui prouve que les tremblements de terre sont produits par l'air. C'est que nos corps mêmes ne frissonnent que si quelque désordre en agite l'air intérieur, condensé par la crainte, ou allangui par l'âge, ou engourdi dans les veines, ou glacé par le froid, ou dérangé dans son cours aux approches de la fièvre. Tant qu'il circule sans accident, tant qu'il suit sa marche ordinaire, le corps ne tremble point; mais si une cause quelconque vient embarrasser ses fonctions, alors il ne suffit plus à soutenir ce qu'il maintenait par sa vigueur, et il rompt, en fléchissant, tout l'équilibre qui résultait de son état normal.

XIX. Écoutons, il le faut bien, ce que Métrodore de Chio énonce comme un arrêt. Car je ne me permets pas d'omettre même les opinions que je n'admets point : il est plus sage de les exposer toutes, et mieux vaut condamner ce qu'on désapprouve que de n'en point parler. Or, que dit-il? Que tout comme la voix d'un chanteur enfermé dans un tonneau en parcourt la totalité, en fait vibrer et résonner les parois, et quoique poussée légèrement, ne laisse pas, par sa circonvallation, d'ébranler avec frémissement le vaisseau où elle est captive; ainsi les spacieuses cavernes qui s'enfoncent sous le sol contiennent de l'air qui, frappé par l'air supérieur, les ébranle de même que ces vaisseaux dont je viens de parler et dont la voix d'un chanteur fait résonner les vides.

XX. Venons à ceux qui admettent à la fois toutes les causes ci-dessus énoncées, ou du moins plusieurs d'entre elles. Démocrite en admet plusieurs. Il dit que les tremblements de terre sont dus quelquefois à l'air, quelquefois à l'eau, quelquefois à tous deux; et il explique ainsi son idée : Il y a dans la terre des cavités où affluent de grandes masses d'eaux; de ces eaux, les unes sont plus légères et plus fluides que les autres; repoussées par la chute de quelque corps pesant, elles vont heurter la terre et l'agitent. Car cette fluctuation des eaux ne peut avoir lieu sans un mouvement du corps frappé? Ce que nous disions tout à l'heure de l'air doit se dire pareillement de l'eau accumulée dans un lieu trop étroit pour la contenir; elle pèse sur quelque point, et s'ouvre une route

---

<small>vulnus emicuit. Ita ejus vis tanta non potest cohiberi, nec ventum tenet ulla compages; solvit enim quodcumque vinculum, et omne onus fert secum, infususque per minima laxamentum superat, indomita naturæ potentia liber, utique concitatus, sibi jus suum vindicat. Spiritus vero invicta res est; nihil enim erit quod

Luctantes ventos, tempestatesque sonoras
Imperio premat; ac vinclis et carcere frænet.

Sine dubio poetæ hunc voluerant videri carcerem, in quo sub terra clausi laterent. Sed hoc non intellexerunt, nec id quod clausum est, esse adhuc ventum; nec id quod ventus est, posse jam claudi. Nam quod in clauso est, quiescit, et aeris statio est; omnis in fuga ventus est. Etiamnunc et illud accedit his argumentis, per quod appareat, motum effici spiritu, quod corpora quoque nostra non aliter tremunt, quam si spiritum aliqua causa conturbat; cum timore contractus est, cum senectute languescit, et venis torpentibus marcet, cum frigore inhibetur, aut sub accessionem cursu suo dejicitur. Nam quamdiu sine injuria perfluit, et ex more procedit, nullus est tremor corpori; quum aliquid occurrit quod inhibeat ejus officium, tunc parum potens perferendis his quæ suo vigore tenebat, deficiens concutit quidquid integer tuerat.

XIX. Metrodorum Chium necesse est audiamus, quod vult sententiæ loco dicentem. Non enim permitto mihi nec eas quidem opiniones præterire, quas improbo; quum satius sit omnium copiam fieri, et quæ improbamus, damnare potius, quam præterire. Quid ergo dicit? Quomodo in dolio cantantis vox illa per totum cum quadam discussione percurrit ac resonat, et tam leviter mota, tamen circuit, non sine tactu ejus tumultuque, quo inclusa est; sic speluncarum sub terra pendentium vastitas habet aera suum; quem simul alius superne incidens percussit, agitat non aliter quam illa, de quibus paulo ante retuli, inania indito clamore sonuerunt.

XX. Veniamus nunc ad eos, qui omnia ista quæ retuli, in causa esse dixerunt, aut ex his plura. Democritus plura putat. Ait enim, motum aliquando spiritu fieri, aliquando aqua, aliquando utroque; et id hoc modo prosequitur. Aliqua pars terræ concava est, et in hanc aquæ magna vis confluit. Ex hac est aliquid tenue, et ceteris liquidius. Hoc quum superveniente gravitate rejectum est, terris illiditur, et illas movet. Nec enim fluctuari potest sine motu ejus, in quod impingitur. Etiamnunc quod modo de spiritu dicebamus, de aqua quoque dicendum est. Ubi in unum locum congesta est, et capere se desiit, aliquo incumbit, et primo viam pondere aperit, deinde impetu. Nec enim exire nisi per devexum potest, diu in</small>

tant par son poids que par son impétuosité ; longtemps captive, elle ne peut trouver d'issue que par une pente, ni tomber directement sans une certaine force ou sans ébranlement des parties à travers lesquelles et sur lesquelles elle tombe. Mais si, lorsqu'elle commence à fuir, un obstacle l'arrête et la fait se replier forcément sur elle-même, elle est rebroussée vers la terre qu'elle rencontre et donne une secousse aux endroits les moins bien assis. Parfois aussi la terre s'affaisse plus ou moins profondément, selon qu'elle est pénétrée par l'eau et que ses fondements mêmes sont minés ; alors une pression plus forte s'exerce sur le côté où le poids des eaux se fait le plus sentir. D'autres fois c'est le vent qui pousse les eaux, et qui, déchaîné avec violence, ébranle la partie de la terre contre laquelle il lance les ondes amoncelées. Souvent, engouffré dans les canaux intérieurs du globe, d'où il cherche à fuir, il agite tous les alentours : car la terre est perméable aux vents, fluide trop subtil pour pouvoir être repoussé, et trop puissant pour qu'elle résiste à son action vive et rapide. Épicure admet la possibilité de toutes ces causes, et en propose plusieurs autres : il blâme ceux qui se prononcent pour une seule, vu qu'il est téméraire de donner comme certain ce qui ne peut être qu'une conjecture. L'eau, dit-il, peut ébranler la terre, en la détrempant et en rongeant certaines parties qui deviennent trop faibles pour servir de bases comme auparavant. Le tremblement peut être produit par l'action de l'air intérieur, dans lequel l'introduction de l'air extérieur porte le trouble. Peut-être l'écroulement de quelque masse venant à refouler l'air, cause-t-il la commotion. Peut être le globe est-il en quelques endroits soutenu par des colonnes et des piliers qui, entamés et fléchissants, font chanceler la masse qu'ils supportent. Peut-être un vent brûlant, converti en flamme et analogue à la foudre, fait-il en courant un immense abattis de ce qui lui résiste. Peut-être des eaux marécageuses et dormantes, soulevées par le vent, ébranlent-elles la terre par leur choc ou par l'agitation de l'air que ce mouvement accroît et porte de bas en haut. Au reste, il n'est aucune de ces causes qui paraisse à Épicure plus efficace que le vent.

XXI. Nous aussi, nous croyons que l'air seul peut produire de tels efforts ; car il n'est rien dans la nature qui soit plus puissant, plus énergique ; et sans air les principes les plus actifs perdent toute leur force. C'est lui qui anime le feu ; sans lui les eaux croupissent ; elles ne doivent leur fougue qu'à l'impulsion de ce souffle, qui emporte de grands espaces de terre, élève des montagnes nouvelles, et crée au milieu des mers des îles qu'on n'y avait jamais vues. Theré, Therasia, et cette île contemporaine que nous avons vue naître dans la mer Égée, peut-on douter que ce ne soit ce même souffle qui les ait produites à la lumière ? Il y a deux espèces de tremblements, selon Posidonius : chacun a son nom particulier. L'un est une secousse qui agite la terre par ondulations ; l'autre, une inclinaison qui la penche latéralement comme un navire. Je crois qu'il en est une troisième, justement et spécialement désignée par nos pères sous le nom de tremblement, et qui

clusa ; nec in directum cadere moderate, aut sine concussione eorum, per quæ et in quæ cadit. Si vero, quum jam rapi cœperit, aliquo loco substitit, et illa vis fluminis in se revoluta est, in occurrentem terram repellitur, et illam, qua parte maxime pendet, exagitat. Præterea aliquando madefacta tellus, liquore penitus accepto altius sidit, et fundus ipse vitiatur ; tunc ea pars premitur, in quam maxime aquarum vergentium pondus inclinat. Spiritus vero nonnunquam impellit undas ; et si vehementius institit, eam scilicet terræ partem movet, in quam coactas aquas intulit. Nonnunquam in terrena itinera conjectus, et exitum quærens, movet omnia ; terra autem penetrabilis ventis est, et spiritus subtilior est, quam ut possit excludi, et vehementior, quam ut sustineri concitatus ac rapidus. Omnes istas esse posse causas Epicurus ait, plures que alias tentat ; et alios, qui aliquid unum ex istis esse affirmaverunt, corripit, quum sit arduum, de iis quæ conjectura sequenda sunt, aliquid certi promittere. Ergo, ut ait, potest terram movere aqua, si partes aliquas eluit, et abrasit, quibus desiit posse extenuatis sustineri, quod integris ferebatur. Potest terram movere impressio spiritus. Fortasse enim aer extrinsecus alio intrante aere agitatur. Fortasse aliqua parte subito decidente percutitur, et inde motum capit. Fortasse aliqua parte terræ velut columnis quibusdam ac pilis sustinetur ; quibus vitiatis ac recedentibus, tremit pondus impositum. Fortasse calida vis spiritus in ignem versa, et fulmini similis, cum magna strage obstantium fertur. Fortasse palustres et jacentes aquas aliquis flatus impellit, et inde aut ictus terram quatit, aut spiritus agitatio, ipso motu crescens, et se incitans, ab imo in summa usque perfertur : nullam tamen illi placet causam motus esse majorem, quam spiritum.

XXI. Nobis quoque placet, hunc spiritum esse, qui tanta possit conari, quo nihil est in rerum natura potentius, nihil acrius, sine quo nec illa quidem, quæ vehementissima sunt, valent. Ignem spiritus concitat ; aquæ, si ventum detrahas, inertes sunt. Tunc demum impetum sumunt, quum illas agit flatus ; qui potest dissipare magna spatia terrarum, et novos montes subjectos extollere, et insulas non ante visas in medio mari ponere. Theren, et Therasiam, et hanc nostræ ætatis insulam, spectantibus nobis in Ægæo mari enatam, quis dubitat quin in lucem spiritus vexerit ? Duo genera sunt, ut Posidonio placet, quibus movetur terra : utrique nomen est proprium. Altera succussio est, quum terra quatitur, et sursum ac deorsum movetur : altera inclinatio, qua in latera nutat navigii more. Ego et tertium illud existimo, quod nostro

diffère des deux autres. Car alors il n'y a ni secousse étendue, ni inclinaison; il y a vibration. Ce cas est le moins nuisible, comme aussi la secousse l'est beaucoup moins que l'inclinaison. En effet, s'il ne survenait promptement un mouvement opposé, qui redressât la partie inclinée, un vaste écroulement s'ensuivrait. Les trois mouvements diffèrent entre eux, en raison de leurs causes diverses.

XXII. Parlons d'abord du mouvement de secousse. Qu'une longue file de chariots s'avance pesamment chargée, et que les roues tombent lourdement dans des ornières, vous sentez la secousse imprimée au sol. Asclépiodote rapporte que la chute d'un rocher énorme détaché du flanc d'une montagne fit écrouler par le contre-coup des édifices voisins. Il peut se faire de même sous terre qu'une roche détachée tombe bruyamment de tout son poids dans les cavités qu'elle dominait, avec une force proportionnée à sa masse et à son élévation. Et ainsi la voûte de la vallée souterraine doit trembler tout entière. Vraisemblablement la chute de ces rochers est déterminée d'abord par leur poids, et ensuite par les fleuves qui roulent au-dessus, et dont l'action permanente ronge le lien des pierres, en emporte chaque jour quelques parties, l'eau écorchant pour ainsi dire la peau qui la contient. Cette action continuée pendant des siècles et ce perpétuel frottement minent le rocher, qui cesse de pouvoir soutenir son fardeau. Alors s'écroulent des masses d'une pesanteur immense; alors le rocher se précipite, et, rebondissant après sa chute, ébranle tout ce qu'il frappe.

Le fracas l'accompagne et tout croule avec lui,

comme dit Virgile. Voilà comme je conçois la cause du mouvement de secousse. Passons au second mouvement.

XXIII. La terre est un corps poreux et plein de vides. L'air circule dans ces vides, et quand il en est entré plus qu'ils n'en laissent sortir, cet air captif ébranle la terre. Cette cause est admise par beaucoup d'auteurs, comme je viens de vous le dire, si tant est que la foule des témoignages fasse autorité pour vous. C'est aussi l'opinion de Callisthène, homme bien digne d'estime ; car il eut l'âme élevée, et ne voulut point souffrir les extravagances de son roi. Sa mort sera pour Alexandre une tache éternelle, que ni d'autres vertus, ni des guerres toujours heureuses n'effaceront jamais. Chaque fois qu'on dira : Que de milliers de Perses sont tombés sous ses coups! on répondra : Et Callisthène aussi. Chaque fois qu'on dira : Il a fait mourir Darius, Darius le grand roi ; et Callisthène aussi, répondra-t-on. Chaque fois qu'on dira : Il a tout vaincu jusqu'aux bords de l'Océan ; il l'a même envahi avec les premières flottes qu'aient vues ses ondes; il a étendu son empire d'un coin de la Thrace aux bornes de l'Orient; on répondra : Mais il a tué Callisthène. Eût-il surpassé en renommée tous les capitaines et rois de l'antiquité, il n'a rien fait qui efface le crime d'avoir tué Callisthène. Callisthène, dans l'ouvrage où il a décrit la submersion d'Hélice et de Buris, la catastrophe qui jeta ces

vocabulo signatum est; non enim sine causa tremorem terræ dixere majores, qui utrique dissimilis est; nam nec succutiuntur tunc omnia, nec inclinantur, sed vibrantur. Res minime in hujusmodi casu noxia, sicut longe perniciosior est inclinatio concussione. Nam nisi celeriter et ex altera parte properabit motus, qui inclinata restituat, ruina necessario sequitur. Quum dissimiles ii motus inter se sint, causæ quoque eorum diversæ sunt.

XXII. Prius ergo de motu quatiente dicamus. Si quando magna onera per vices vehiculorum plurium tracta sunt, et rotæ majore nisu in salebras inciderunt, terram concuti senties. Asclepiodotus tradit, quum petra e latere montis abrupta cecidisset, ædificia vicina tremore collapsa sunt. Idem sub terris fieri potest, ut ex his quæ impendent rupibus aliqua resoluta, magno pondere ac sono in subjacentem cavernam cadat, eo vehementius, quo aut plus ponderis venit, aut altius. Et sic commovetur omne tectum cavatæ vallis. Nec tantum pondere suo abscindi saxa credibile est, sed quum flumina supra ferantur, assiduus humor commissuras lapidis extenuat, et quotidie his ad quæ religatus est aufert, et illam, ut ita dicam, cutem qua continetur, abradit. Deinde longa per ævum diminutio usque eo infirmat illa, quæ quotidie attenuat trivi, ut desi esse oneri ferendo. Tunc saxa vasti ponderis decidunt, tunc illa præcipitata rupes, quidquid ab imo repercussit, non passura consistere,

. . . sonitu venit, et ruere omnia visa repente...

ut ait Virgilius noster. Hujus motus succutientis terras hæc erit causa. Ad alteram transeo.

XXIII. Rara terræ natura est, multumque habens vacui; per has raritates spiritus fertur; qui ubi major influxit, nec emittitur, concutit terram. Hæc placet et aliis, ut paulo ante retuli, causa, si quid apud te profecturum testium turba est. Hanc etiam Callisthenes probat, non contemtus vir. Fuit enim illi nobile ingenium, et furibundi regis impatiens. Hoc est Alexandri crimen æternum, quod nulla virtus, nulla bellorum felicitas redimet. Nam quoties quis dixerit : Occidit Persarum multa millia; opponetur, et Callisthenem. Quoties dictum erit : Occidit Darium, penes quem tunc magnum regnum erat; opponetur, et Callisthenem. Quoties dictum erit : Omnia Oceano tenus vicit; ipsum quoque tentavit novis classibus, et imperium ex angulo Thraciæ usque ad Orientis terminos protulit; dicetur, sed Callisthenem occidit. Omnia licet antiqua ducum regumque exempla transierit, ex his quæ fecit, nihil tam magnum erit, quam scelus Callisthenis. Hic Callisthenes in libris, quibus descripsit

villes dans la mer ou la mer sur ces villes, en donne la cause que nous avons dite plus haut. L'air pénètre dans la terre par des ouvertures cachées, et sous la mer comme ailleurs; lorsqu'ensuite les conduits par où il est descendu viennent à se boucher, et que par-derrière la résistance de l'eau lui interdit le retour, il se porte çà et là, et, dans ses luttes contre lui-même, il ébranle la terre. Aussi les lieux voisins de la mer sont ils les plus sujets aux commotions; et de là fut attribué à Neptune le pouvoir d'ébranler la mer. Ceux qui connaissent les premiers éléments de la littérature grecque, savent que ce dieu y est surnommé *Sisichthon*.

XXIV. J'admets aussi que l'air est la cause de ce fléau; mais je contesterai sur son mode d'introduction dans le sein de la terre. Est-ce par des pores déliés et invisibles, ou par des conduits plus grands, plus ouverts? Vient-il du fond de la terre ou de la surface? Ce dernier point est inadmissible. La peau même chez l'homme refuse passage à l'air; il n'entre que par l'organe qui l'aspire, et ne peut séjourner que dans les parties qui ont de la capacité. Ce n'est pas au milieu des nerfs et des muscles, c'est dans les viscères et dans un large réservoir intérieur qu'il se loge. On peut soupçonner qu'il en est ainsi de la terre, parce que le mouvement part, non de sa surface ou d'une couche voisine de sa surface, mais du fond même de ses entrailles. Ce qui le prouve, c'est que les mers les plus profondes en sont agitées, sans doute par l'ébranlement des parties qui leur servent de lit. Il est donc vraisemblable que le tremblement vient des profondeurs du globe, où l'air s'engouffre dans d'immenses cavités. Mais, dira-t-on, comme le froid nous fait frissonner et trembler, l'air extérieur ne produit-il pas la même impression sur la terre? La chose n'est nullement possible; il faudrait que la terre fût sensible au froid, pour qu'il lui arrivât, comme à nous, de frissonner sous l'influence de l'air extérieur. Que la terre éprouve quelque chose d'analogue à ce qui arrive à l'homme, mais par une cause différente, je l'accorde. La force qui la bouleverse doit être placée à une plus grande profondeur; et l'argument le plus fort qu'on en puisse donner, c'est que dans ces véhémentes commotions qui entr'ouvrent le sol et que suivent d'immenses écroulements, des villes entières sont parfois dévorées par le gouffre qui les ensevelit. Thucydide raconte que vers l'époque de la guerre du Péloponèse l'île d'Atalante fut totalement ou du moins en grande partie détruite. Sidon eut le même sort, s'il faut en croire Posidonius. Et il n'est pas besoin ici d'autorités : nous savons, par nos propres souvenirs, que des convulsions intestines du globe et de vastes déchirements ont séparé des lieux voisins et anéanti des campagnes. Je vais dire ce qui, selon moi, doit se passer dans ces catastrophes.

XXV. Lorsque l'air, engouffré dans une vaste cavité de la terre qu'il remplit, commence à s'agiter et à chercher une issue, il frappe à maintes reprises les parois qui le tiennent caché, et au-dessus desquelles des villes quelquefois sont assises. Tantôt les secousses sont telles, que les édifices placés à la surface du sol en sont renversés; souvent, plus puissantes encore, elles font crouler

quemadmodum Helice Burisque mersæ sunt, quis illas casus in mare, vel in illas mare immiserit, dicit id quod in priore parte dictum est. Spiritus intrat terram per occulta foramina, quemadmodum ubique, ita et sub mari. Deinde quum est obstructus ille trames, per quem descenderat, reditum autem illi a tergo resistens aqua abstulit, huc et illuc fertur, et sibi ipse occurrens terram labefactat. Ideo frequentissime mari opposita vexantur, et inde Neptuno hæc assignata est maris movendi potentia. Quisquis primas literas Græcorum didicit, scit illum apud eos Σεισίχθωνα vocari.

XXIV. Spiritum esse hujus mali causam, et ipse consentio; de illo disputabo, quomodo intret hic spiritus : utrum per tenuia foramina, nec oculis comprehensibilia; an per majora ac potentiora; et utrum ab imo, an etiam per summa terrarum. Hoc incredibile est. Nam in nostris quoque corporibus cutis spiritum respuit; nec est illi introitus, nisi per quem trahitur; nec consistere quidem a nobis receptus potest, nisi in laxiore corporis parte. Non enim inter nervos pulpasve, sed in visceribus et patulo interioris partis recessu commoratur. Idem de terra suspicari licet, vel ex hoc, quod motus non in summo terræ, circave summa est, sed subter et ab imo. Hujus indicium est, quod altitudinis profundæ maria jactantur, motis scilicet his, supra quæ fusa sunt. Ergo verisimile est, terram ex alto moveri, et illic spiritum in cavernis ingentibus concipi. Immo, inquit, ceu quum frigore inhorruimus, tremor sequitur, sic terras quoque spiritus extrinsecus accidens quassat. Quod nullo modo potest fieri. Algere enim debet, ut idem illi accidat, quod nobis, quos externa causa in horrorem agit. Accidere autem terræ simile quiddam nostræ affectionis, sed non ex simili causa, concesserim. Illam interior et altior injuria debet impellere; cujus rei argumentum vel maximum hoc potest esse, quod quum vehementi motu adapertum ingenti ruina solum est, totas nonnunquam urbes et recipit hiatus ille, et abscondit. Thucydides ait, circa Peloponesiaci belli tempus, Atalantam insulam aut totam, aut certe maxima ex parte suppressam. Idem Sidoni accidisse, Posidonio crede. Nec ad hoc testibus opus est. Meminimus enim terris interno motu divulsis, loca disjecta et campos interisse. Quod jam dicam, quemadmodum existimem fieri.

XXV. Quum spiritus magnum et vacuum terrarum locum penitus opplevit, cœpitque rixari, et de exitu cogitare, latera ipsa intra quæ latet, sæpius percutit, supra quæ urbes interdum sitæ sunt : hæc nonnunquam adeo concutiuntur, ut ædificia superposita procumbant;

ces mêmes parois qui supportent toute l'immense voûte, et avec elles ensevelissent des villes entières dans des profondeurs inconnues. La tradition, si vous voulez y croire, prétend que jadis l'Ossa et l'Olympe ne faisaient qu'un, mais qu'un tremblement de terre les sépara, et d'une montagne immense en forma deux ; que c'est alors qu'on vit jaillir le Pénée, lequel mit à sec les marais qui rendaient malsain l'air de la Thessalie, et entraîna les eaux qui croupissaient faute d'écoulement. L'origine du Ladon, qui coule entre Élis et Mégalopolis, date d'un tremblement de terre. Que prouvent ces faits ? Que de vastes cavernes (c'est bien le nom qui convient aux cavités souterraines) servent à l'air de réceptacle; autrement les secousses embrasseraient de bien plus grands espaces, et plusieurs pays seraient ébranlés du même coup. Mais elles ne se font sentir que dans des limites fort restreintes, et jamais au-delà de deux cents milles. Le tremblement dont le monde entier vient de parler n'a point dépassé la Campanie. Ajouterai-je que, quand Chalcis tremblait, Thèbes restait immobile ? Quand la ville d'Ægium était bouleversée, Patras, qui en est si voisine, ne le sut que par ouï-dire. L'immense secousse qui effaça du sol Hélice et Buris s'arrêta en-deçà d'Ægium. Il est donc évident que le mouvement ne se prolonge qu'à proportion de l'étendue du vide souterrain.

XXVI. Je pourrais appuyer cette assertion de l'autorité d'hommes dignes de foi, lesquels nous disent qu'il n'y a jamais eu en Égypte de tremblements de terre. La raison qu'ils en donnent, c'est que le pays est tout entier formé de limon. En effet, s'il faut en croire Homère, Pharos était éloignée du continent de tout l'espace que peut franchir en un jour un vaisseau voguant à pleines voiles; elle fait maintenant partie de ce continent. Les eaux bourbeuses du Nil, chargées d'une vase épaisse qu'elles déposent incessamment sur le sol ancien, l'ont toujours accru par ces alluvions annuelles. Aussi ce terrain, gras et limoneux, n'offre-t-il aucun interstice; devenu compacte à mesure que la vase se desséchait, il a pris la consistance d'un ciment massif par l'agglutination de ses molécules, sans qu'aucun vide s'y pût former, puisque toujours aux parties sèches venaient s'ajouter des matières liquides et molles. Cependant l'Égypte tremble, aussi bien que Délos, en dépit de Virgile, qui veut

Qu'immobile, elle brave et les vents et les flots.

Les philosophes aussi, race crédule, en avaient dit autant, sur la foi de Pindare. Thucydide prétend que, jusque-là toujours immobile, elle trembla vers le temps de la guerre du Péloponèse. Callisthène parle d'une autre secousse à une époque différente. Parmi les nombreux prodiges, dit-il, qui annoncèrent la destruction d'Hélice et de Buris, les plus frappants furent une immense colonne de feu, et la secousse que ressentit Délos. Selon lui, cette île est difficile à ébranler, parce que, outre les flots qui la supportent, elle a pour bases des roches poreuses et des pierres perméables qui

---

nonnunquam in tantum, ut parietes quibus fertur omne tegimen cavi, decidant in illum subtervacantem locum, totæque urbes in immensam altitudinem vergant. Si velis credere, aiunt, aliquando Ossam Olympo cohæsisse, deinde terrarum motu recessisse, et scissam unius magnitudinem montis in duas partes; tunc effugisse Peneum, qui paludes quibus laborabat Thessalia, siccavit, abductis in se quæ sine exitu stagnaverant aquis. Ladon flumen inter Elim et Megalopolin medius est, quem terrarum motus effudit. Per hoc quid probo? In laxos specus, quid enim aliud appellem loca vacua sub terris? spiritum convenire. Quod nisi esset, magna terrarum spatia commoverentur, et una multa titubarent. Nunc exiguæ partes laborant, nec unquam per ducenta milliaria motus extenditur. Ecce hic qui implevit fabulis orbem, non transcendit Campaniam. Quid dicam, aiunt, quum Chalcis tremuit, Thebas stetisse? quum laboravit Ægium, tam propinquas illi Patras de motu solum audisse? Illa vasta concussio, quæ duas suppressit urbes Helicen et Burin, citra Ægium constitit. Apparet ergo, in tantum spatium motum protendere, quantum illa sub terris vacantis loci inanitas pateat.

XXVI. Poteram ad hoc probandum abuti auctoritate magnorum virorum, qui Ægyptum nunquam tremuisse tradunt. Rationem autem hujus rei hanc reddunt, quod ex limo tota concreverit. Tantum enim, si Homero fides est, aberat a continenti Pharos, quantum navis diurno cursu metiri plenis lata velis potest; sed continenti admota est. Turbidus enim defluens Nilus, multumque secum limum trahens, et eum subinde apponens prioribus terris, Ægyptum annuo incremento semper ultra tulit. Inde pinguis et limosi soli est, nec ulla intervalla in se habet, sed crevit in solidum arescente limo; cujus pressa erat et sedens structura, quum partes glutinarentur, nec quidquam inane intervenire poterat, quum solido liquidum ac molle semper accederet. Sed movetur et Ægyptus et Delos, quam Virgilius stare jussit,

Immotamque coli dedit, et comtemnere ventos.

Hanc philosophi quoque, credula natio, dixerunt non moveri, auctore Pindaro. Thucydides ait, antea quidem immotam fuisse, sed circa Peloponesiacum bellum tremuisse. Callisthenes et alio tempore ait hoc accidisse. Inter multa, inquit, prodigia, quibus denuntiata est duarum urbium Helices et Buris eversio, fuere maxime notabilia, columna ignis immensi, et Delos agitata. Quam ideo stabilem videri vult, quia mari imposita, habeat concavas rupes et saxa pervia, quæ dent deprehenso aeri

laissent s'échapper l'air qui s'y engage. Il ajoute que, par la même raison, le sol des îles est plus assuré, et les villes d'autant plus à l'abri des secousses, qu'elles sont plus voisines de la mer. Assertion fausse, comme ont pu le voir Herculanum et Pompéï. Toutes les côtes, au reste, sont sujettes aux tremblements de terre. Témoin Paphos, renversée plus d'une fois, et la fameuse Nicopolis, pour qui c'était un fléau familier. Cypre, qu'environne une mer profonde, n'en est pas exempte, non plus que Tyr elle-même, quoique baignée par les flots. Telles sont à peu près toutes les causes que l'on assigne aux tremblements de terre.

XXVII. Cependant on cite, du désastre de la Campanie, certaines particularités dont il faut rendre raison. Un troupeau de six cents moutons a, dit-on, péri sur le territoire de Pompeï. Il ne faut pas croire que ces animaux soient morts de peur. Nous avons dit qu'ordinairement les grands tremblements de terre sont suivis d'une sorte de peste, ce qui n'est pas étonnant, car le sein de la terre recèle plus d'un principe de mort. D'ailleurs l'air même, qui s'y corrompt, soit par l'action de la terre, soit par sa propre stagnation dans ces éternelles ténèbres qui le glacent, est funeste aux êtres qui le respirent; ou, vicié par l'action délétère des feux intérieurs, lorsqu'il sort des lieux où il croupit depuis si longtemps, il souille et dénature notre atmosphère pure et transparente, et le fluide inaccoutumé qu'on respire alors apporte avec soi des maladies d'une espèce nouvelle. Et puis, l'intérieur de la terre renferme aussi des eaux dangereuses et pestilentielles, parce que jamais aucun mouvement ne les agite, et que l'air libre ne les bat jamais. Épaissies par le brouillard pesant et continuel qui les couvre, elles ne contiennent que des miasmes contagieux et funestes à l'homme. L'air aussi qui s'y trouve mêlé et qui séjourne dans ces marais ne s'en échappe pas sans répandre au loin son poison et sans tuer ceux qui boivent de ces eaux. Les troupeaux, naturellement sujets aux épidémies, sont atteints d'autant plus vite, qu'ils sont plus avides; ils vivent bien plus que nous à ciel ouvert et font un fréquent usage de l'eau, plus malfaisante alors que l'air lui-même. Les moutons, dont la constitution est plus délicate et qui ont la tête plus voisine du sol, ont dû être atteints à l'instant; et la chose est simple : ils respiraient l'exhalaison presque à son foyer. Elle eût été fatale à l'homme même, si elle fût sortie avec plus d'abondance; mais la grande masse d'air pur dut la neutraliser, avant qu'elle s'élevât à portée de la respiration humaine.

XXVIII. Que la terre renferme beaucoup de principes mortels, c'est ce que prouve l'abondance des poisons qui, sans qu'on les ait semés, naissent spontanément; car elle a en elle les germes des plantes nuisibles comme des plantes utiles. Et sur plusieurs points de l'Italie ne s'exhale-t-il pas, par certaines ouvertures, une vapeur pestilentielle que ni l'homme, ni les animaux ne respirent impunément? Les oiseaux mêmes qui traversent ces miasmes, avant qu'un air plus pur en ait diminué l'influence, tombent au milieu de leur vol; leur corps devient livide, et leur cou se gonfle comme s'ils eussent été étranglés. Tant que cette vapeur, retenue dans la terre, ne fuit que par d'étroites fissures, son action se borne à tuer ceux qui bais-

reditum. Ob hoc etiam insulas esse certioris soli, urbesque eo tutiores, quo propius ad mare accesserunt. Falsa hæc esse Pompeii et Herculaneum sensere. Adjice nunc quod omnis ora maris obnoxia est motibus. Sic Paphos non semel corruit; sic nobilis et huic jam familiaris malo Nicopolis. Cyprum ambit altum mare, et agitatur. Tyros et ipsa tam movetur, quam diluitur. — Hæ fere causæ redduntur, propter quas tremit terra.

XXVII. Quædam tamen propria in hoc Campano motu accidisse narrantur, quorum ratio reddenda est. Aiunt enim sexcentarum ovium gregem exanimatum in Pompeiana regione. Non est quare hoc putes oribus illis timore accidisse. Diximus solere post magnos terrarum motus pestilentiam fieri. Nec id mirum est, multa enim mortifera in alto latent. At aer ipse, qui vel terrarum culpa vel pigritia, et æterna nocte torpescit, gravis haurientibus est; vel corruptus internorum ignium vitio, quum est longo situ emissus, purum que liquidamque maculat ac polluit, insuetumque ducentibus spiritum affert nova genera morborum. Quid, quod aquæ quoque inutiles pestilentesque in abdito latent, ut quas nunquam unas exerceat, nunquam aura liberior everberet? Crassæ itaque, et gravi caligine sempiternaque tectæ, nihil nisi pestiferum in se et corporibus nostris contrarium habent. Aer quoque qui admixtus est illis, quique inter illas paludes jacet, quum emersit, late vitium suum spargit, et haurientes necat. Facilius autem pecora sentiunt, in quæ pestilentia incurrere solet, quo avidiora sunt; aperto cœlo plurimum utuntur, et aquis, quarum maxima in pestilentia culpa est. Oves vero mollioris naturæ, quo propiora terris ferunt capita, correptas esse non miror, quum afflatus diri aeris circa ipsum humum exceperint. Nocuisset ille et hominibus, si major exiisset; sed illum copia aeris sinceri exstinxit, antequam ut ab homine posset trahi, surgeret.

XXVIII. Multa autem terras habere mortifera, vel ex hoc intellige, quod tot venena nascuntur, non manu sparsa, sed sponte; solo scilicet habente, ut boni, ita mali semina. Quid, quod pluribus Italiæ locis per quædam foramina pestilens exhalatur vapor, quem non homini ducere, non feræ tutum est ? Aves quoque si in illum inciderint, antequam cœlo meliore leniatur, in ipso volatu cadunt, liventque corpora, et non aliter quam per vim elisæ fauces tument. Hic spiritus quamdiu terris continetur, tenui foramine fluens, non plus potentiæ ha-

sent la tête sur la source ou qui l'approchent de trop près. Mais quand, pendant des siècles, renfermée dans d'affreuses ténèbres, elle s'est viciée de plus en plus et a redoublé de malignité avec le temps, son état de stagnation la rend plus funeste encore. Trouve-t-elle une issue, se dégage-t-elle de cette glaçante et éternelle prison, de cette infernale nuit, notre atmosphère en est infectée; car les substances pures cèdent aux substances corrompues. L'air salubre alors cesse de l'être. De là cette continuité de morts subites et ces maladies aussi monstrueuses dans leur genre qu'extraordinaires par leurs causes. Cette calamité est plus ou moins longue, selon l'intensité du poison, et le fléau ne disparaît qu'après que ces lourds miasmes se sont disséminés au loin, délayés par les vents.

XXIX. Quant aux hommes qui errèrent dans les campagnes comme hors de sens et frappés de vertige, ce fut un effet de la peur, laquelle suffit pour égarer la raison, quand elle connaît encore des bornes et n'est inspirée que par un sentiment d'intérêt personnel. Mais, quand l'alarme est générale, au milieu de villes croulantes, de peuples écrasés, au milieu des convulsions du sol, faut-il s'étonner qu'elle trouble des esprits sans ressource entre la douleur et l'épouvante? Il n'est pas facile, dans les grandes catastrophes, de garder toute sa raison. Alors la plupart des âmes faibles arrivent à un point de terreur qui les jette hors d'elles-mêmes. Jamais la terreur ne vient sans ôter quelque chose à l'intelligence; c'est une sorte de délire; mais il y a des hommes qui reviennent bientôt à eux, tandis que d'autres, plus vivement affectés, arrivent à la démence. C'est pour cela que, dans les batailles, beaucoup d'hommes errent en insensés; et nulle part on ne trouve plus de prophètes qu'aux lieux où la terreur se mêle à la superstition pour frapper les esprits. Qu'une statue se fende, je ne m'en étonne pas, quand des montagnes, comme je l'ai dit, se séparent, quand le sol se déchire jusqu'en ses abîmes.

> Cette terre arrachée, à grand bruit s'écroulant,
> (Tant sa longue vieillesse a pu changer le monde!)
> Dans ses flancs entr'ouverts reçut la mer profonde
> Et Neptune baigna de ses flots resserrés
> Les villes et les champs désormais séparés.

Vous voyez des contrées entières arrachées de leurs bases, et la mer partager des montagnes qui se joignaient jadis; vous voyez des villes même et des nations se séparer, lorsqu'une partie du globe s'ébranle spontanément, ou qu'un souffle impétueux a poussé la mer sur quelque point; effets d'une puissance aussi prodigieuse que celle de la nature entière. Quoique cette puissance n'agisse que sur une partie du globe, elle emprunte la force du grand tout. Ainsi la mer a arraché les Espagnes du continent africain; ainsi, l'inondation célébrée par de grands poëtes a retranché la Sicile de l'Italie. Mais les forces qui partent du centre de la terre ont quelque chose de plus irrésistible; elles sont d'autant plus énergiques qu'elles sont gênées dans leur action. Mais c'est assez parler des vastes effets et des merveilleux phénomènes que présentent les tremblements de terre.

XXX. Pourquoi donc s'étonner de voir éclater

---

bet, quam ut despectantia et ultro sibi illata conficiat. Ubi per secula conditis tenebris ac tristitia loci crevit in vitium, ipsa ingravescit mora; pejor, quo segnior. Quum autem exitum nactus est, æternum illud umbrosæ frigoris malum, et infernam noctem solvit, ac regionis nostræ aera infuscat. Vincuntur enim meliora pejoribus. Tunc etiam ille spiritus purior transit in noxium. Inde subitæ continuæque mortes, et monstrosa genera morborum, ut ex novis orta causis. Brevis aut longa clades est, prout vitia valuere. Nec prius pestilentia desinit, quam spiritum illum gravem exercuit laxitas cœli, ventorumque jactatio.

XXIX. Nam quod aliquot, insanis attonitisque similes, discurrere fecit metus, qui exeutit mentes, ubi privatus ac modicus est; qui, ubi publice terret, ubi cadunt urbes, populi opprimuntur, terra concutitur, quid mirum est animos inter dolorem et metum destitutos aberrasse? Non est facile inter magna mala non desipere. Itaque lenissima fere ingenia in tantum venere formidinis, ut sibi exciderent. Nemo quidem sine aliqua jactura sanitatis expavit; similisque furenti, quisquis timet; sed alios cito timor sibi reddit, alios vehementius perturbat, et in dementiam transfert. Inde inter bella erravere lymphatici; nec usquam plura exempla vaticinantium invenies, quam ubi formido mentes religione mixta percussit. Statuam divisam non miror, quum dixerim montes a montibus recessisse, et ipsum diruptum esse ab imo solum.

> Hæc loca, vi quondam et vasta convulsa ruina
> Tantum ævi longinqua valet mutare vetustas,
> Dissiluisse ferunt, quum protinus utraque tellus
> Una foret, venit medio vi pontus, et undis
> Hesperium Siculo latus abscidit, arvaque et urbes
> Litore diductas, angusto interluit æstu.

Vides totas regiones a suis sedibus revelli, et trans mare jacere, quod in confinio fuerat; vides et urbium fieri gentiumque discidium, quum pars naturæ concita est de se, vel aliquo mare, ignis, spiritus impegit; quorum mira, ut ex toto, vis est. Quamvis enim parte sæviat, mundi tamen viribus sævit. Sic et Hispanias a contextu Africæ mare eripuit. Sic hac inundatione, quam poetarum maximi celebrant, ab Italia Sicilia resecta est. Aliquanto autem plus impetus habent, quæ ex infimo veniunt. Acriora enim sunt, quibus nisus est per angusta. Quantas res ii terrarum tremores, quamque mira spectacula ediderint, satis dictum est.

XXX. Cur ergo aliquis ad hoc stupet, quod æs unius

une statue dont le bronze n'était point massif, mais creux et mince, et dans laquelle peut-être l'air s'était enfermé pour chercher ensuite une issue? Qui ne sait que, par les tremblements du sol, des édifices se sont fendus diagonalement, puis rejoints; que souvent d'autres, mal assis sur leurs bases, ou bâtis trop négligemment et de peu de consistance, se sont raffermis? Que si alors des murs, des maisons entières peuvent se fendre, si l'on voit tomber les pans les plus solides des tours, et chanceler les fondements de vastes ouvrages, est-ce un fait bien digne de remarque qu'une statue se soit divisée en deux parties égales de la tête aux pieds? Mais pourquoi le tremblement a-t-il duré plusieurs jours? La Campanie a éprouvé des secousses non interrompues, moins fortes sans doute qu'au commencement, mais désastreuses, parce que des édifices, déjà ébranlés et chancelants, n'avaient pas besoin, pour tomber, d'une secousse violente; le moindre mouvement suffisait. C'est que tout l'air n'était pas encore sorti, mais continuait de s'agiter, bien que la plus grande partie se fût échappée.

XXXI. A tous les arguments qui démontrent que l'air produit les tremblements de terre, on peut, sans hésiter, joindre celui-ci : Après une violente secousse, qui a maltraité des villes, des contrées entières, la secousse subséquente ne saurait être aussi forte; à cette première en succèdent de moindres, parce que déjà le courant de l'air s'est fait passage. Ce qui peut en rester n'a plus la même puissance ; il n'est plus besoin de lutte; l'issue est trouvée ; l'air n'a qu'à suivre la voie qu'il s'est ouverte dans sa première et plus forte explosion. Je crois devoir rapporter ici la remarque d'un savant des plus dignes de foi, qui était au bain lors du tremblement de terre de Campanie. Il affirmait avoir vu les carreaux qui pavaient le sol du bain se séparer les uns des autres, puis se rapprocher ; l'eau se montrait dans les interstices au moment de la séparation, puis se refoulait en bouillonnant quand le rapprochement avait lieu. J'ai ouï dire, par le même, qu'il avait vu les corps mous éprouver des secousses plus fréquentes, mais plus douces que les corps naturellement durs.

XXXII. Voilà, mon cher Lucilius, ce qu'on peut dire des causes des tremblements de terre. Parlons des moyens de nous affermir contre la terreur qu'ils inspirent : il importe plus à l'homme de grandir en courage qu'en science; mais l'un ne va pas sans l'autre. Car la force ne vient à l'âme que par la science, que par l'étude réfléchie de la nature. Quel homme, en effet, ne se sentira rassuré et fortifié par ce désastre même contre tous les autres désastres? Pourquoi redouterai-je un homme, une bête sauvage, une flèche ou une lance? Il y a bien d'autres périls qui m'attendent. La foudre, ce globe même, tous les éléments nous menacent. Portons à la mort un généreux défi, soit qu'elle mène de front contre nous un immense appareil, soit qu'elle nous apporte une fin vulgaire et de tous les jours. Qu'importe avec quelles terreurs elle se présente, ou quel vaste cortège elle traîne contre nous? Ce qu'elle veut de nous

statuæ, ne solidum quidem, sed concavum ac tenue, diruptum est, quum fortasse in illud se spiritus, quærens fugam, incluserit? Illud vero quis nescit? Diductis ædificia augulis vidimus moveri, iterumque componi. Quædam vero parum aptata positu suo, et a fabris negligentius solutiusque composita, terræ motus sæpius agitata compegit. Quod si totos parietes et totas findit domos, et latera magnarum turrium, quæ solida sunt, scindit, et pilas operibus subditas dissipat; quid est, quare quisquam dignum adnotari putet, sectam esse æqualiter ab imo ad caput in partes duas statuam? Quare tamen per plures dies motus fuit? Non desiit enim assidue tremere Campania, clementius quidem, sed ingenti damno, quia pressa et quassa quatiebat; quibus ad cadendum male stantibus, non erat impelli, sed agitari. Nondum videlicet spiritus omnis exierat, sed adhuc omissa parte majore oberrabat.

XXXI. Inter argumenta quibus probatur spiritu ista fieri, non est quod dubites et hoc ponere. Quum maximus editus tremor est, quo in urbes terrasque sævitum est, non potest par illi subsequi alius, sed post maximum leves motus sunt, quia vehementius exitum ventis luctantibus fecit. Reliquiæ deinde residui spiritus non idem possunt, nec illis pugna opus est; quum jam viam invenerint, sequanturque eam qua prima vis ac maxima evasit. Hoc quoque dignum memoria judico, ab eruditissimo et gravissimo viro cognitum; forte enim quum hoc evenit, lavabatur. Vidisse se affirmabat in balneo tessellas, quibus solum erat stratum, alteram ab altera separari, iterumque committi; et aquam modo recipi in commissuras, pavimento recedente; modo, compresso, bullire et elidi. Eumdem audivi narrantem, vidisse se, molles materias mollius crebriusque tremere, quam natura duras.

XXXII. Hæc, Lucili virorum optime, quantum ad ipsas causas. Illa nunc quæ ad confirmationem animorum pertinent, quos magis refert nostra fortiores fieri, quam doctiores! Sed alterum sine altero non fit. Non enim aliunde animo venit robur, quam a bonis artibus, quam a contemplatione naturæ. Quem enim non hic ipse casus adversus omnes firmaverit et erexerit? Quid est enim, cur ego hominem aut feram, quid est, cur sagittam aut lanceam tremam? majora me pericula exspectant. Fulminibus et terris, et magnis naturæ partibus petimur. Ingenti itaque animo mors provocanda est, sive nos æquo vastoque impetu aggreditur, sive quotidiano et vulgari exitu : nihil refert, quam minax veniat, quantumque sit, quod in nos trahat; quod a nobis petit, minimum est. Hoc senectus a nobis ablatura est, hoc auriculæ dolor, hoc in nobis humoris corrupti abundantia, hoc cibus pa-

n'est rien. Ce rien, la vieillesse, un mal d'oreille, quelque peu d'humeur viciée, un mets antipathique à l'estomac, une égratignure au pied peuvent nous l'enlever. C'est peu de chose que la vie de l'homme; mais c'est beaucoup de savoir la mépriser. Qui méprise la vie, verra sans trembler les mers bouleversées, quand elles seraient battues de tous les vents, quand un flux extraordinaire, amené par quelque grande révolution, ferait de toute la terre un océan. Il verra sans pâlir l'horrible et menaçant tableau d'un ciel qui vomirait la foudre, et dont la voûte brisée anéantirait sous ses feux toute la race humaine, et lui le premier. Il verra sans pâlir se rompre la charpente du globe entr'ouvert sous ses pieds. L'empire même des morts se découvrit-il à ses yeux, sur le bord de l'abîme, il demeurera ferme et debout; peut-être même, puisqu'il y devra tomber, se précipitera-t-il. Que m'importe la grandeur de l'instrument de ma mort? La mort elle-même n'est pas si grand'chose. Si donc nous voulons vivre heureux et n'être en proie ni à la crainte des dieux, ni à celle des hommes ou des choses, et regarder en dédain les vaines promesses de la fortune, comme ses puériles menaces; si nous voulons couler des jours tranquilles et le disputer aux immortels mêmes en félicité, tenons toujours notre âme prête à partir. Si des pièges nous sont dressés, si des maladies, si les glaives ennemis, si le fracas de tout un quartier qui s'écroule, si la ruine du globe ou un déluge de feux embrassant cités et campagnes dans une même destruction, si l'un ou l'autre de ces fléaux menace ou demande notre vie, qu'il la prenne. Qu'ai-je à faire, sinon de réconforter mon âme au départ, de la congédier avec de bons auspices, de lui souhaiter courage et bonheur, de lui dire : N'hésite point à payer ta dette. Elle n'est point douteuse; l'époque seule du paiement l'était. Tu fais ce que tu devais faire tôt ou tard. Point de supplications, point de crainte; ne recule pas, comme si tu allais au devant du malheur. La nature, dont tu es fille, t'appelle en une meilleure et plus sûre patrie. Là, point de sol qui tremble; point de vents qui fassent retentir les nues de leurs luttes bruyantes; point d'incendies qui dévorent des villes, des régions entières; point de naufrages qui engloutissent toute une flotte; point d'armées où, suivant des drapeaux contraires, des milliers d'hommes s'acharnent avec une même furie à leur mutuelle destruction; point de ces pestes qui entassent sur un bûcher commun les peuples pêle-mêle expirants. La mort est peu de chose : que craignons-nous? Si c'est un grand mal, mieux vaut qu'il nous frappe une fois, que s'il planait sans cesse sur nos têtes. Craindrai-je donc de périr, quand la terre elle-même périt avant moi; quand le globe, qui fait trembler toutes choses, tremble le premier, et ne me porte atteinte qu'à ses propres dépens? Hélice et Buris ont été totalement englouties par la mer, et je craindrais pour ma chétive et unique personne! Des vaisseaux cinglent sur deux villes, sur deux villes que nous connaissons, dont l'histoire a gardé et nous a transmis le souvenir. Combien d'autres cités submergées ailleurs! Que de peuples sur lesquels la terre ou les flots se sont refermés! Et je ne voudrais pas de fin pour moi, quand je sais que je dois finir, que dis-je? quand

rum obsequens stomacho, hoc pes leviter offensus. Pusilla res est hominis anima; sed ingens res est contemtus animæ. Hanc qui contemserit, securus videbit maria turbari; etiamsi illa omnes excitaverint venti, etiamsi æstus, aliqua perturbatione mundi, totum in terras verterit oceanum. Securus adspiciet fulminantis cœli trucem et horridam faciem; frangatur licet cœlum, et ignes suos in exitium omnium, in primis suum, misceat. Securus adspiciet ruptis compagibus dehiscens solum. Illa licet inferorum regna retegantur, stabit super illam voraginem intrepidus; et fortasse quo debet cadere, desiliet. Quid ad me, quam sint magna quibus pereo? Ipsum perire non est magnum. Proinde si volumus esse felices, si nec hominum, nec deorum, nec rerum timore vexari, si despicere Fortunam supervacua promittentem, levia minitantem, si volumus tranquille degere, et ipsis Diis de felicitate controversiam facere, anima in expedito sit habenda. Sive illam insidiæ, sive morbi petent, sive hostium gladii, sive insularum cadentium fragor, sive ipsarum ruina terrarum, sive vasta vis ignium, urbes agrosque pari clade complexa, qui volet, illam accipiat. Quid aliud debeo, quam exeuntem hortari, et cum bonis omnibus emittere : Vade fortiter, vade feliciter? Nihil dubitaveris reddere. Non de re, sed de tempore est quæstio. Facis quod quandoque faciendum est. Nec rogaveris, nec timueris, nec te velut in aliquod malum exiturum tuleris retro. Rerum natura te, quæ genuit, exspectat, et locus melior ac tutior. Illic non tremunt terræ, nec inter se venti cum magno nubium fragore concurrunt, non incendia regiones urbesque vastant, non naufragiorum totas classes sorbentium metus est, non arma contrariis dispositis vexillis, et in mutuam perniciem multorum millium par furor, non pestilentia, et ardentes promiscue communes populis cadentibus rogi. Istud leve est : quid timemus? Grave est : potius semel incidat, quam semper impendeat. Ego autem perire timeam, quum terra ante me pereat, quum ista quatiantur quæ quatiunt, et in injuriam nostram non sine sua veniunt? Helicen Burinque totas mare accepit; ego de uno corpusculo timeam? Supra oppida duo navigatur; duo autem, quæ novimus, quæ in nostram notitiam memoria literis servata perduxit. Quam multa alia aliis locis mersa sunt? quot populos aut terra, aut intra se mare inclusit? Ego recusem mei finem, quum sciam me sine fine non esse? Imm.

je sais que tout a sa fin ! ce qui n'est pour l'homme qu'un dernier soupir, m'effraierait ! Fortifiez-vous donc le plus que vous pourrez, Lucilius, contre la crainte de la mort ; sentiment qui nous rapetisse, qui, pour ménager notre vie, la trouble et l'empoisonne, qui nous exagère les périls des tremblements de terre et de la foudre. Tous ces périls, vous les braverez avec constance, si vous songez qu'entre la plus courte et la plus longue vie la différence est nulle. Nous n'y perdons que quelques heures. Admettez que ce soient des jours, que ce soient des mois, que ce soient des années, nous ne perdons que ce qu'il eût toujours fallu perdre. Qu'importe, dites-moi, que j'arrive ou non à ce temps perdu ? Le temps fuit; malgré toute notre avidité à le saisir, il nous échappe. Ni l'avenir n'est à moi, ni le passé. Je flotte suspendu sur un point mobile de la durée : et encore c'est beaucoup que d'être si peu de temps. Qu'elle est ingénieuse la réponse de Lælius à l'homme qui disait : J'ai soixante ans ! — Parlez-vous des soixante ans que vous n'avez plus, reprit le sage ? Nous ne sentons pas que la vie est de nature insaisissable, et que le temps n'est pas fait pour l'homme ; nous ne le sentons pas, nous qui ne comptons que les années déjà perdues. Gravons dans nos âmes et ne cessons de répéter cet avertissement : il faut mourir ! Quand ? Peu nous importe. La mort est la loi de la nature, le tribut et le devoir des mortels, le remède enfin de tous maux. Vous la souhaiterez quelque jour, vous tous qui en avez peur. Oui, Lucilius, laissez là tout le reste, et appliquez-vous uniquement à ne pas craindre ce mot : la mort. Rendez-vous-la familière à force d'y penser, de sorte qu'au besoin vous soyez prêt à courir au-devant d'elle.

LIVRE SEPTIÈME.

I. Il n'est point de mortel si apathique, si stupide, si appesanti vers la terre, dont l'âme tout entière ne s'échauffe et ne s'élève jusqu'aux divines demeures, alors surtout que quelque nouveau phénomène apparaît dans les cieux. Car, tant que les phénomènes journaliers suivent leur cours, l'habitude du spectacle en dérobe la grandeur. Tel est l'homme en effet : quelque admirable que soit ce qu'il voit tous les jours, il n'en est pas frappé, tandis que les faits les plus indifférents, dès qu'ils sortent de l'ordre accoutumé, le captivent et l'intéressent. Les astres qui peuplent cette immense voûte, dont ils relèvent la magnificence, n'attirent pas l'attention des peuples ; mais qu'il s'y produise quelque chose d'extraordinaire, tous les regards sont fixés sur le ciel. Le soleil n'a de spectateur que lorsqu'il vient à s'éclipser. On n'observe la lune qu'au moment où elle subit pareille crise. Alors les cités poussent un cri d'alarme, alors une vaine superstition agite tous les cœurs. Combien n'est-il pas plus merveilleux de voir le soleil parcourir autant de degrés qu'il fait naître de jours, ce soleil qui, dans son tour, enferme l'année ; qui, après le solstice, fait décroître les jours en rétrogradant, et dans sa marche toujours plus oblique laisse aux nuits plus d'espace ; qui efface la clarté des astres ; qui, tant de

---

quum sciam omnia esse finita ? Ego ultimum suspirium timeam ? Quantum potes itaque, ipse te cohortare, Lucili, contra metum mortis. Hic est qui nos humiles facit ; hic est qui ipsam vitam, cui parcit, inquietat ac perdit. Hic omnia ista dilatat, terrarum motus, et fulmina. Quæ omnia feres constanter, si cogitaveris nihil interesse inter exiguum tempus et longum. Horæ sunt quas perdimus. Puta dies esse, puta menses, puta annos ; perdimus illos nempe perituros. Quid, oro te, refert, nunc perveniam ad illos ? fluit tempus, et avidissimos sui deserit. 'Nec quod futurum est meum est, nec quod fuit. In puncto fugientis temporis pendeo ; et magni est, modicum fuisse. Eleganter Lælius ille sapiens dicenti cuidam, Sexaginta annos habeo : Hos, inquit, dicis sexaginta, quos non habes ? Ne ex hoc quidem intelligimus incomprehensibilis vitæ conditionem et sortem temporis semper alieni, quod annos annumeramus amissos. Hoc affigamus animo, hoc nobis subinde dicamus : Moriendum est. Quando ? Quid tua ? Mors naturæ lex est, mors tributum officiumque mortalium, malorumque omnium remedium est. Optabit illam, quisquis timet. Omnibus omissis, hoc unum, Lucili, meditare, ne mortis nomen reformides ; effice illam tibi cogitatione multa familiarem, ut, si ita tulerit, possis illi vel obviam exire.

LIBER SEPTIMUS.

I. Nemo usque eo tardus, et hebes, et demissus in terram est, ut ad divina non erigatur, ac tota mente consurgat ; utique ubi novum aliquod e cœlo miraculum fulsit. Nam quamdiu solita decurrunt, magnitudinem rerum consuetudo subducit. Ita enim compositi sumus, ut nos quotidiana, etiamsi admiratione digna sunt, transeant ; contra minimarum quoque rerum, si insolitæ prodierunt, spectaculum dulce fiat. Hic itaque cœtus astrorum, quibus immensi corporis pulchritudo distinguitur, populum non convocat. At quum aliquid ex more mutatum est, omnium vultus in cœlo est. Sol spectatorem, nisi quum deficit, non habet. Nemo observat lunam, nisi laborantem. Tunc urbes conclamant, tunc pro se quisque superstitione vana trepidat. Quanto illa majora sunt, quod sol totidem, ut ita dicam, gradus, quot dies habet ; et annum circuitu suo claudit ; quod a solstitio ad minuendos dies vertitur, quod a solstitio statum inclinat ; et dat spatium noctibus ; quod sidera abscondit ; quod

fois plus grand que la terre, ne la consume point, mais la réchauffe par sa chaleur, qu'il dispense tour à tour plus intense et plus faible; qui n'illumine ou n'obscurcit jamais le disque de la lune que lorsqu'elle lui fait face! Et tout cela n'est point remarqué, tant que l'harmonie ne s'interrompt point. Survient-il quelque trouble, quelque apparition inaccoutumée, on regarde, on interroge, on provoque l'attention des autres. Tant il est dans notre nature d'admirer le nouveau plutôt que le grand! Même chose a lieu pour les comètes. S'il apparaît de ces corps de flamme d'une forme rare et insolite, chacun veut savoir ce que c'est; on oublie tout le reste pour s'informer du nouveau venu; on ne sait s'il faut admirer ou trembler : car on ne manque pas de gens qui sèment la frayeur et qui tirent de là d'effrayants présages. Aussi l'on s'enquiert, on brûle de savoir si c'est un prodige ou seulement un astre. Il n'est point, selon moi, de recherche plus noble, de science plus utile que celle qui révèle la nature des étoiles et des corps célestes; y a-t-il là, comme nous devons en croire nos yeux, une flamme concentrée d'où émanent lumière et chaleur; ou bien, au lieu de globes enflammés, sont-ce des corps solides et terreux qui, roulant dans des plages ignées, en reçoivent une couleur d'emprunt, une clarté dont le foyer n'est pas en eux? Cette opinion fut celle de grands esprits qui regardèrent les astres comme des substances dures et compactes qui s'alimentent de feux étrangers. La flamme toute seule, disent-ils, se dissiperait, si elle n'était retenue par un corps qu'elle retient à son tour ; un globe de lumière qui n'adhérerait pas à un corps stable par lui-même serait bientôt dispersé par le tourbillon du monde.

II. Avant d'entrer dans cette recherche, il sera bon de se demander si les comètes sont de même nature que les astres. Elles ont avec eux des points de ressemblance, tels que le lever, le coucher, et aussi la forme extérieure, sauf la diffusion et le prolongement de leurs rayons; du reste, même feu, même éclat. Si donc tous les astres sont des corps terrestres, elles le seront pareillement. S'ils ne sont qu'une flamme pure, qui subsiste six mois durant et résiste à la rapide révolution du monde, les comètes peuvent être aussi formées d'une substance déliée, que la rotation perpétuelle des cieux ne saurait dissoudre. Il ne sera pas hors de propos non plus de rechercher si le monde tourne autour de la terre immobile, ou si c'est la terre qui tourne et le monde qui reste fixe. Des philosophes ont dit, en effet, que c'est nous que la nature emporte à notre insu; que ce n'est pas le ciel, mais bien notre globe qui se lève et qui se couche. C'est une question digne de toute notre attention, que celle de savoir quelle situation est la nôtre : si notre demeure est stationnaire ou douée du plus rapide mouvement; si Dieu fait rouler l'univers autour de nous, ou nous autour de l'univers. Il faudrait aussi avoir le tableau de toutes les comètes qui apparurent avant nous : car leur rareté empêche de saisir la loi de leur course, et de s'assurer si leur marche est périodique, si un ordre constant les ramène au jour marqué. Or, l'observation de ces corps célestes est de date ré-

---

terras, quum tanto major sit illis, non urit, sed calorem suum intentionibus ac remissionibus temperando fovet ; quod lunam nunquam implet, nisi adversam sibi, nec obscurat. Hæc tamen non annotamus, quamdiu ordo servatur. Si quid turbatum est, aut præter consuetudinem emicuit, spectamus, interrogamus, ostendimus. Adeo naturale est, magis nova, quam magna mirari. Idem in *cometis* fit. Si rarus et insolitæ figuræ ignis apparuit, nemo non scire quid sit, cupit; et oblitus aliorum, de adventitio quærit; ignarus, utrum debeat mirari, an timere. Non enim desunt qui terrent, qui significationes ejus graves prædicent. Sciscitantur itaque, et cognoscere volunt, prodigium sit, an sidus. At mehercules non aliud quis aut magnificentius quæsierit, aut didicerit utilius, quam de stellarum siderumque natura: utrum flamma contracta, quod et visus noster affirmat, et ipsum ab aliis fluens lumen, et calor inde descendens; an non sint flammei orbes, sed solida quædam terrenaque corpora, quæ per igneos tractus labentia inde splendorem trahant, coloremque, non de suo clara. In qua opinione magni fuere viri, qui sidera crediderunt ex duro concreta, et ignem alienum pascentia. Nam per se, inquiunt, flamma diffugeret, nisi aliquid haberet quod teneret, et a quo teneretur; conglobatamque nec stabili inditam corpori profecto jam mundus turbine suo dissipasset.

II. Ad hæc investiganda proderit quærere, num cometæ ejus conditionis sint, cujus superiora. Videntur enim cum illis quædam habere communia, ortus et occasus, ipsam quoque, quamvis spargantur et longius exeant, faciem; æque enim ignei splendidique sunt. Itaque si omnia terrena sidera sunt, his quoque eadem sors erit. Si vero nihil aliud sunt quam purus ignis, manentque mensibus senis, nec illos conversio mundi solvit et velocitas; illa quoque possunt et tenui constare materia, nec hoc discuti assiduo cœli circumactu. Illo quoque pertinebit hoc excussisse, ut sciamus, utrum mundus terra stante circumeat, an mundo stante terra vertatur. Fuerunt enim qui dicerent, nos esse, quos rerum natura nescientes ferat, nec cœli motu fieri ortus et occasus, ipsos oriri et occidere. Digna res est contemplatione, ut sciamus, in quo rerum statu simus; pigerrimam sortiti an velocissimam sedem; circa nos Deus omnia, an nos agat. Necessarium est autem, veteres ortus cometarum habere collectos. Deprehendi enim propter raritatem eorum cursus adhuc non potest, nec explorari, an vices servent, et illos ad suum diem certus ordo producat.

cente et ne s'est introduite que depuis peu dans la Grèce.

III. Démocrite, le plus sagace des philosophes anciens, soupçonne qu'il y a plus d'étoiles errantes qu'on ne croit : mais il n'en fixe pas le nombre, et ne les nomme point ; le cours des cinq planètes n'était pas même alors déterminé. Eudoxe, le premier, a transporté cette théorie d'Égypte dans la Grèce : toutefois il ne dit rien des comètes ; d'où il résulte que les Égyptiens mêmes, le peuple le plus curieux d'astronomie, avaient peu approfondi cette partie de la science. Plus tard, Conon, observateur aussi des plus exacts, consigna les éclipses de soleil qu'avaient notées les Égyptiens, mais ne fit aucune mention des comètes, qu'il n'eût point omises, s'il eût trouvé chez eux la moindre notion sur ce point. Seulement, deux savants qui disent avoir étudié chez les Chaldéens, Épigène et Apollonius de Myndes, ce dernier si habile astrologue, diffèrent entre eux sur ce même sujet. Selon Apollonius, les comètes sont mises par les Chaldéens au nombre des étoiles errantes, et ils connaissent leurs cours ; Épigène, au contraire, dit qu'ils n'ont rien d'arrêté sur les comètes, mais qu'ils les prennent pour des corps qu'enflamme un tourbillon d'air violemment roule sur lui-même.

IV. Commençons, si vous le voulez bien, par exposer le système d'Épigène et par le réfuter. Saturne est, selon lui, la planète qui influe le plus sur les mouvements des corps célestes. Lorsqu'il pèse sur les signes voisins de Mars, ou qu'il entre dans le voisinage de la lune, ou en conjonction avec le soleil, sa nature froide et orageuse condense l'air et le roule en globe sur plusieurs points ; s'il absorbe ensuite les rayons solaires, le tonnerre gronde et l'éclair luit. Si Mars concourt à son action, la foudre éclate. Outre cela, dit-il, les éléments de la foudre ne sont pas les mêmes que ceux des éclairs : l'évaporation des eaux et de tous les corps humides ne produit dans le ciel que des lueurs menaçantes, qui restent sans effet ; mais plus chaudes et plus sèches, les exhalaisons que la terre envoie font jaillir la foudre. Les poutres, les torches, qui ne diffèrent entre elles que par le volume, ne se forment pas autrement. Lorsqu'un de ces globes d'air, que nous appelons tourbillons, s'est chargé de particules à la fois humides et terrestres, quelque part qu'il se porte, il offre l'aspect d'une flamme étendue ; et l'apparition dure autant que subsiste cette masse d'air saturée d'éléments humides et terrestres.

V. Réfutons d'abord la dernière de ces erreurs, et disons qu'il est faux que les poutres et les torches soient produites par des tourbillons. Le tourbillon ne se forme et ne court que dans le voisinage de la terre : aussi déracine-t-il les arbustes et dépouille-t-il le sol partout où il se jette, emportant quelquefois les forêts et les maisons ; presque toujours plus bas que les nuages, jamais du moins il ne s'élève au-dessus. C'est dans une partie plus élevée du ciel que paraissent les poutres, et jamais on ne les voit entre la terre et les nuages. De plus, le tourbillon est toujours plus rapide que les nuages et il est lancé circulairement ; en-

---

Nova hæc cœlestium observatio est, et nuper in Græciam invecta.

III. Democritus quoque, subtilissimus antiquorum omnium, suspicari ait se, plures stellas esse, quæ currant; sed nec numerum illarum posuit, nec nomina, nondum comprehensis quinque siderum cursibus. Eudoxus primus ab Ægypto hos motus in Græciam transtulit. Hic tamen de cometis nihil dicit. Ex quo apparet, ne apud Ægyptios quidem, quibus major cœli cura fuit, hanc partem elaboratam. Conon postea diligens et ipse inquisitor, defectiones quidem solis servatas ab Ægyptiis collegit, nullam autem mentionem fecit cometarum; non prætermissurus, si quid explorati apud illos comperisset. Duo certe, qui apud Chaldæos studuisse se dicunt, Epigenes et Apollonius Myndius, peritissimus inspiciendorum natalium, inter se dissident. Hic enim ait, cometas in numero stellarum errantium poni a Chaldæis, tenerique cursus eorum. Epigenes contra ait, Chaldæos nihil de cometis habere comprehensi, sed videri illos accendi turbine quodam aeris concitati et intorti.

IV. Primum ergo, si tibi videtur, opiniones hujus ponamus, ac refellamus. Huic videtur plurimum virium habere ad omnes sublimium motus stella Saturni. Hæc quum proxima signa Marti premit, aut in lunæ viciniam transit, aut in solis incidit radios, natura ventosa et frigida contrahit pluribus locis aera, conglobatque. Deinde si radios Solis assumsit, tonat, fulguratque. Si Martem quoque consentientem habet, fulminat. Præterea, inquit, aliam materiam habent fulmina, aliam fulgurationes. Aquarum enim et omnis humidi evaporatio splendores tantum cœli citra ictum minaces movet; illa autem calidior sicciorque terrarum exhalatio fulmina extundit. Trabes vero et faces, quæ nullo alio inter se quam magnitudine distant, hoc modo fiunt. Quum humida terrenaque in se globus aliquis aeris clausit, quem turbinem dicimus, quacunque fertur, præbet speciem ignis extenti, quæ tam diu durat, quamdiu mansit aeris illa complexio, humidi intra se terrenique multum vehens.

V. Ut a proximis mendaciis incipiam, falsum est, faces et trabes exprimi turbine. Turbo enim circa terras concipitur ac fertur. Ideoque arbusta radicitus vellit, et quocunque incubuit, solum nudat; silvas interim et tecta corripiens, inferior fere nubibus, utique nunquam altior. At contra trabes editior cœli pars ostentat. Ita nunquam nubibus obstiterunt. Præterea turbo omni nube velocior rapitur, et in orbem vertitur. Super ista velociter des-

fin, il cesse brusquement et crève par sa violence même. Les poutres ni les torches ne traversent pas le ciel d'un horizon à l'autre ; elles stationnent et brillent toujours sur le même point. Charimandre, dans son traité des comètes, dit qu'Anaxagore vit dans le ciel une lumière considérable et extraordinaire, de la dimension d'une grosse poutre, et que le météore dura plusieurs jours. Une flamme allongée, d'un aspect semblable, au rapport de Callisthène, précéda la submersion d'Hélice et de Buris. Aristote prétend que ce n'était pas une poutre, mais une comète, dont au reste, vu l'extrême chaleur de la saison, les feux disséminés n'avaient pas frappé les regards; mais que plus tard la température radoucie laissa la comète paraître ce qu'elle était. Cette apparition, remarquable sous plus d'un rapport, l'est surtout en ceci, qu'aussitôt après la mer couvrit ces deux villes. Aristote regardait-il cette poutre, ainsi que toutes les autres, comme des comètes? Mais il y a cette différence que la flamme des poutres est continue, et celle des comètes éparpillée. Les poutres brillent d'une flamme égale, sans solution de continuité, sans affaiblissement, seulement plus concentrée vers les extrémités. Telle était, d'après Callisthène, celle dont je viens de parler.

VI. Il y a, dit Épigène, deux espèces de comètes. Les unes projettent en tous sens une flamme vive, et ne changent point de place ; les autres ne jettent que d'un côté une flamme éparse comme une chevelure, et passent au milieu des étoiles ; de cette espèce furent les deux comètes que notre siècle a vues. Les premières sont hérissées dans leur contour d'une sorte de crinière ; immobiles, elles avoisinent la terre et sont produites par les mêmes causes que les poutres et les torches, par les modifications d'un air épais qui s'imprègne des émanations humides et sèches de notre globe. Ainsi le vent, comprimé dans des lieux étroits, peut enflammer l'air supérieur, s'il est riche d'éléments inflammables ; il peut ensuite repousser de ce centre lumineux l'air voisin, qui rendrait fluide et ralentirait le globe de feu; enfin, le lendemain et les jours suivants, il peut s'élever encore pour enflammer les mêmes points. Nous voyons, en effet, les vents plusieurs jours de suite renaître aux mêmes heures. Les pluies et les autres météores orageux ont aussi leurs retours périodiques. En un mot, pour énoncer sommairement la théorie d'Épigène, il croit ces comètes formées d'une manière analogue à l'explosion de feux qu'amène un tourbillon. La seule différence est que les tourbillons viennent fondre des régions supérieures sur le globe, au lieu que les comètes s'élèvent du globe vers ces mêmes régions.

VII. On fait contre ce système plusieurs objections. D'abord, si le vent était ici cause agissante, il venterait toujours à l'apparition des comètes ; or, elles se montrent par le temps le plus calme. Ensuite, si le vent leur donnait naissance, elles disparaîtraient à la chute du vent; si elles commençaient avec lui, elles s'accroîtraient de même ; elles auraient d'autant plus d'éclat qu'il aurait plus de violence. A quoi j'ajouterais encore que le vent agit sur plusieurs points de l'atmosphère, et que les comètes ne se montrent qu'en une seule région; à une certaine élévation le vent n'arrive plus, et l'on voit des comètes bien au-delà du domaine des vents. Épigène passe ensuite à l'espèce de comètes qui, dit-il, ressemblent plus spécialement aux étoiles, qui ont un mouvement et dépassent la ligne des constellations. Il leur attribue la même origine qu'à ses comètes inférieures, à cela près que les exhalaisons terrestres qui les forment sont surtout composées de parties sèches qui tendent naturellement à s'élever, et sont poussées par l'aquilon vers les régions supérieures du ciel. Mais si l'aquilon les poussait, elles iraient toujours vers le midi, qui est la direction de ce vent. Or, leurs tendances sont toutes diverses; les unes se portent à l'orient, les autres au couchant, toutes suivent une courbe que le vent ne leur imprimerait pas. Enfin, si c'était l'aquilon qui les fît monter de la terre dans les cieux, les comètes ne se lèveraient jamais par d'autres vents; et c'est le contraire qui a lieu.

VIII. Réfutons maintenant la seconde raison dont Épigène s'appuie : car il en donne deux. Tout ce que la terre exhale de sec et d'humide doit, une fois réuni, par l'incompatibilité même des principes, rouler l'air en tourbillon. Ce vent fougueux, mû circulairement, enflamme tout ce qu'il ramasse dans sa course et le fait monter dans les airs. L'éclat du feu qu'il fait jaillir dure autant que ce feu peut s'alimenter, et tombe dès qu'il ne le peut plus. Raisonner ainsi ce n'est pas voir combien la marche des tourbillons diffère de celle des comètes. Ceux-ci, dans leur rapide violence, sont plus impétueux que les vents mêmes; les comètes se meuvent tranquillement, de manière à nous dérober ce qu'elles traversent d'espace en un jour et une nuit. D'ailleurs, la marche du tourbillon est vagabonde, sujette à mille écarts et, selon l'expression de Salluste, capricieuse; celle des comètes est régulière et suit une route bien précise. Qui pourrait croire que la lune, que les cinq planètes soient emportées par le vent, ou roulées par un tourbillon? Personne, je pense. Pourquoi? parce qu'elles ne sont pas désordonnées, irrégulières dans leur cours. Disons la même chose des comètes. Rien de confus, ni de tumultueux dans leur allure, rien qui fasse augurer qu'elle soit déterminée par des causes irrégulières et inconstantes. Et puis, quand ces tourbillons seraient assez forts pour s'emparer des émanations humides et terrestres et les lancer de la terre jusqu'au ciel, ils ne les élèveraient pas au-dessus de la lune : toute leur action s'arrête aux nuages. Or, nous voyons les comètes rouler au plus haut de cieux, parmi les étoiles. Il n'est donc pas vraisemblable qu'un tourbillon se soutienne jusqu'à une hauteur aussi considérable; car, plus il est fort, plus tôt il tend à s'affaisser.

IX. Ainsi, qu'Épigène choisisse : avec une force médiocre, le tourbillon ne pourra s'élever si haut; violent et impétueux, il sera plus prompt à se briser. Que dit-il encore? Que si les comètes inférieures ne montent pas davantage, c'est parce qu'elles ont plus de parties terrestres. C'est leur pesanteur qui les retient près de terre. Cependant, il faut bien que les autres comètes, plus durables et plus élevées, soient plus riches de matière; elles ne luiraient pas si longtemps si elles ne trouvaient plus d'aliments. Je disais tout à l'heure

---

lit, cometes in uno loco apparet; ventus in sublime non pervenit, cometæ autem visuntur supra quam ventis ire licet. Transit deinde ad illos, quos ait certiorem habere stellarum speciem, qui et procedunt, et signa prætereunt. Hos ait ex iisdem causis fieri, quibus illos, quos dixit humiliores; hoc tantum interesse, quod terrarum exhalationes multa secum arida ferentes, celsiorem petant partem, et in editiora cœli aquilone pellantur. Deinde si illos aquilo propelleret, ad meridiem semper agerentur, quo ventus hic nititur. Atqui varie concurrunt, alii in ortum, alii in occasum, omnes in flexum; quod iter non daret ventus. Deinde si aquilonis illos impetus a terris in altum levaret aliis ventis non orirentur cometæ; atqui oriuntur.

VIII. Illam nunc rationem ejus, utraque enim utitur, refellamus. Quidquid humidi aridique terra efflavit, quum in unum coit, ipsa discordia corporum, spiritum versat in turbinem. Tunc illa vis venti circumeuntis quidquid intra se comprehendit, cursu suo accendit, et levat in altum; ac tam diu manet splendor ignis expressi, quamdiu alimenta sufficiunt; quibus desinentibus, et ipse subsidit. Qui hoc dicit, non notat, qualis sit turbinum cursus, et qualis cometarum. Illorum rapidus ac violentus, et ipsis ventis citatior est; cometarum lenis, et qui,

per diem et noctem quantum transierint, abscondat. Deinde turbinum motus vagus est et disjectus, et, ut Sallustii utar verbo, verticosus; cometarum autem compositus, et destinatum iter carpens. Num quis nostrum crederet, aut lunam, aut quinque sidera rapi vento, aut turbine rotari? Non, ut puto. Quare? quia non est illis perturbatus et impotens cursus. Ad cometas idem transferamus. Non confuse nec tumultuose eunt, ut aliquis credat illos causis turbulentis et inconstantibus pelli. Deinde etiamsi vertices isti comprehendere terrena humidaque, et ex humili in altum exprimere possent : non tamen supra lunam efferrent. Omnis illis usque in nubilum vis est. Cometas autem immixtos stellis videmus per superiora labentes. Ergo verisimile non est, in tantum spatium perseverare turbinem; qui quo major est, maturius corrumpitur.

IX. Utrumlibet itaque eligat; aut vis levis tam alte pervenire non poterit, aut magna et concitata citius ipsa se franget. Præterea humiliores illi cometæ ob hoc, ut putant, non exeunt altius, quia plus terreni habent. Gravitas illos sua in proximo tenet. Atqui necesse est, his cometis diuturnioribus et celsioribus plenior materia sit. Neque enim diutius apparerent, nisi majoribus nutrimen-

qu'un tourbillon ne peut subsister longtemps ni monter au-dessus de la lune et au niveau des étoiles. C'est qu'un tourbillon n'est formé que par la lutte de plusieurs vents; lutte qui ne peut être longue. Quand des courants d'air, incertains et sans direction fixe, ont tourné en cercle quelques instants, l'un d'eux finit par prédominer. Jamais les grandes tempêtes ne durent; plus l'orage est fort, plus il passe vite. C'est quand les vents ont atteint leur plus haut point d'intensité, qu'ils perdent toute leur violence, et par cette impétuosité même ils tendent forcément à s'éteindre. Aussi, jamais n'a-t-on vu de tourbillons durer tout un jour, ni même toute une heure. Leur rapidité étonne; leur courte durée n'étonne pas moins. Ajoutez que leur véhémence et leur célérité sont plus sensibles sur la terre et dans son voisinage; en s'élevant ils s'étendent, se relâchent et se dissipent. Enfin, quand ils atteindraient même la région des astres, le mouvement qui emporte tous ces grands corps les décomposerait. Quoi de plus rapide, en effet, que cette révolution du monde? Elle dissiperait l'effort de tous les vents coalisés, la solide et massive charpente de ce globe; que ferait-elle donc de quelques molécules d'air roulées en tourbillons?

X. Au reste, ces feux, élevés dans l'éther par un tourbillon, n'y subsisteraient qu'avec le tourbillon même. Or, quoi de moins admissible que la longue durée d'un tourbillon? Un mouvement est détruit par un mouvement contraire, et l'éther est soumis à ce mouvement de rotation qui emporte le ciel,

Qui lance et fait tourner les astres dans l'espace.

En accordant même quelque durée aux tourbillons, contre toute possibilité, que dira-t-on des comètes qui se montrent six mois de suite? Ensuite il faudrait qu'il y eût deux mouvements en même lieu: l'un permanent, de nature divine, et poursuivant son œuvre sans relâche; l'autre, nouveau, accidentel, imprimé par un tourbillon. Nécessairement ils se feront mutuellement obstacle. Or, les révolutions de la lune et des planètes qui roulent au-dessus d'elle sont irrévocables; jamais d'hésitation ni de cesse, jamais rien qui nous donne à croire qu'elles rencontrent quelque empêchement. Il n'est pas croyable qu'un tourbillon, c'est-à-dire le plus violent, le plus désordonné des orages, arrive jusqu'au milieu des astres, et se rue à travers ces rangs si paisibles, si harmonieux. Admettons-nous que des circonvolutions d'un tourbillon il puisse naître du feu, et que ce feu, lancé jusque dans les cieux, nous offre incontestablement l'aspect d'un astre allongé? Au moins cette flamme devrait-elle, ce me semble, avoir la forme de ce qui la produit: or, la forme d'un tourbillon est ronde; il tournoie sur place, comme ferait une colonne sur son axe; la flamme qu'il porterait dans ses flancs devrait donc être modelée sur lui. Mais la flamme des comètes est longue, éparse et nullement cylindrique.

XI. Laissons Épigène, et procédons à l'examen des autres opinions. Mais, avant de les exposer, rappelons-nous que les comètes ne se montrent pas dans une seule région du ciel, ni dans le cercle du zodiaque exclusivement; elles paraissent au

---

tis sustinerentur. Dicebam modo, non posse diu vorticem permanere, nec supra lunam, aut usque in stellarum locum crescere. Nempe efficit turbinem plurium ventorum inter ipsos luctatio. Hæc diu non potest esse. Nam quum vagus et incertus spiritus convolutatus est, novissime uni vis omnium cedit. Nulla autem tempestas magna perdurat. Procellæ quanto plus habent virium, tanto minus temporis. Venti quum ad summum venerunt, remittuntur omni violentia. Necesse est ista concitatione in exilium sui tendant. Nemo itaque turbinem toto die vidit, ne hora quidem. Mira velocitas ejus, et mira brevitas est. Præterea violentius celeriusque in terra circaque eam volvitur; quo celsior, eo solutior, laxiorque est, et ob hoc diffunditur. Adjice nunc, quod etiamsi in summum pertenderet, ubi sideribus iter est, utique ab eo motu, qui universum trahit, solveretur. Quid enim est illa conversione mundi citatius? hac omnium ventorum in unum conjecta vis dissiparetur, et terræ solida fortisque compages, nedum particula aeris torti.

X. Præterea in alto manere non potest ignis turbine illatus, nisi ipse quoque permaneret turbo. Quid porro tam incredibile est, quam in turbine longior mora? Utique motus motu contrario vincitur; habet enim suam locus ille vertiginem, quæ rapit cœlum,

Sideraque alta trahit, celerique volumine torquet.

Et ut det eis aliquam advocationem, quod fieri nullo modo potest; quid de his cometis dicetur, qui senis mensibus apparuerunt? Deinde duo debent esse motus eodem loco; alter ille divinus et assiduus, suum sine intermissione peragens opus; alter novus et recens, et turbine illatus. Necesse est ergo alter alteri impedimento sit. Atqui lunaris illa orbita, ceterorumque supra lunam meantium motus irrevocabilis est; nec hæsitat usquam, nec resistit, nec dat ullam nobis suspicionem objectæ sibi moræ. Fidem non habet, turbinem, violentissimum et perturbatissimum tempestatis genus, in medios siderum ordines pervenire, et inter disposita ac tranquilla versari. Credamus ignem circumacto turbine accendi, et hunc expulsum in sublime, præbere nobis opinionem speciemque sideris longi? At, puto, tale esse debet, quale est id quod ignem efficit. Turbinis autem rotunda facies est. In eodem enim vestigio versatur, et columnæ modo circumagentis se volvitur. Ergo ignem quoque qui inclusus est, similem esse illi oportet. Atqui longus est, et disjectus, minimeque similis in orbem coacto.

XI. Epigenem relinquamus, et aliorum opiniones persequamur. Quas antequam exponere incipiam, illud in

levant tout comme au couchant ; mais le plus souvent vers le nord. Leur forme est variable ; car, quoique les Grecs en aient fait trois catégories : l'une, dont la flamme pend comme une barbe ; l'autre, qui s'entoure d'une sorte de chevelure ; la troisième, qui projette devant elle un cône de lumière ; toutes cependant sont de la même famille, et portent justement le nom de comètes. Mais, comme elles n'apparaissent qu'à de longs intervalles, il est difficile de les comparer entre elles. Durant même leur apparition, les spectateurs ne sont point d'accord sur leurs caractères ; mais, selon qu'on a la vue plus perçante ou plus faible, on les dit plus brillantes ou plus rouges, on juge leur chevelure plus ramassée sur le corps de l'astre, ou plus saillante sur les côtés. Au reste, qu'il y ait entre elles quelques différences ou qu'il n'y en ait aucune, il faut nécessairement que toutes les comètes soient produites par les mêmes causes. Le seul fait bien constant, au sujet des comètes, c'est que leur apparition est insolite, leur forme étrange, et qu'elles trainent autour d'elles une flamme échevelée. Quelques anciens se sont arrêtés à cette explication-ci : Quand deux étoiles errantes se rencontrent, leurs lumières, confondues en une seule, offrent l'aspect d'un astre allongé ; ce phénomène doit se produire non-seulement par le contact, mais par l'approche même des deux corps. Car alors, l'intervalle qui les sépare, étant illuminé et enflammé par toutes deux, doit figurer une longue traînée de feu.

XII. A cela nous répondrons que le nombre de ces étoiles mobiles est déterminé, et que toutes paraissent alors même que la comète se montre : il est donc manifeste que ce n'est pas leur jonction qui produit cet astre, lequel a son existence propre et indépendante. Souvent même une planète passe sous l'orbite d'une autre plus élevée, par exemple, Jupiter sous Saturne, Vénus ou Mercure sous Mars, qui est alors perpendiculairement au-dessus, sans que de ces rapprochements résulte la formation d'une comète, ce qui, sans cela, aurait lieu chaque année ; car tous les ans il se rencontre quelques planètes dans le même signe du zodiaque. S'il suffisait, pour produire une comète, qu'une étoile passât sur une autre étoile, la comète ne durerait qu'un instant, le passage des planètes étant des plus rapides. C'est aussi pourquoi toute éclipse est si courte ; les astres se séparent aussi vite qu'ils se sont rapprochés. Nous voyons le soleil et la lune se dégager en quelques instants des ténèbres qui les obscurcissent : combien les étoiles, si petites comparativement, doivent-elles être promptes à se séparer ! Cependant des comètes durent jusqu'à six mois ; ce qui n'arriverait pas, si elles étaient produites par l'union de deux planètes, puisque celles-ci ne peuvent rester longtemps unies, et qu'elles doivent suivre incessamment la loi de vitesse qui les régit. Ces planètes d'ailleurs, qui nous semblent voisines entre elles, sont séparées par d'immenses intervalles. Comment les feux d'une de ces étoiles pourraient-ils se porter jusqu'à l'autre, de manière à les faire paraître réunies, malgré tout l'es-

---

primis præsumendum est, cometas non in una parte cœli adspici, nec in signifero tantum orbe, sed tam in ortu quam in occasu, frequentissime tamen circa septentrionem. Forma eis non est una. Quamvis enim Græci discrimina fecerint eorum quibus in morem barbæ flamma dependet, et eorum qui undique circa se velut comam spargunt, et eorum quibus fusus quidem est ignis, sed in verticem tendens ; tamen omnes isti ejusdem notæ sunt, cometæque recte dicuntur. Quorum quum post longum tempus appareant formæ, inter se eos comparare difficile est. Illo ipso tempore, quo apparent, inter spectantes de habitu illorum non convenit ; sed prout cuique acrior acies aut hebetior, ita dicit aut lucidiorem esse aut rubicundiorem, et crines aut in interiora deductos, aut in latera divisos. Sed sive sint aliquæ differentiæ illorum, sive non sint, eadem fiant ratione necesse est cometæ. Illud unum constare debet, præter solitum adspici novam sideris faciem, circa se dissipatum ignem trahentis. Quibusdam antiquorum hæc placet ratio : Quum ex stellis errantibus altera se alteri applicuit, confuso in unum duarum lumine, faciem longioris sideris reddi. Nec hoc tunc tantum evenit, quum stella stellam attigit, sed etiam quum appropinquavit. Intervallum enim, quod inter duas est, illustratur ab utraque, inflammaturque, et longum ignem efficit.

XII. His illud respondebimus, certum esse numerum stellarum mobilium. Solere autem eodem tempore et has apparere, et cometen. Ex quo manifestum fit, non illarum coitu fieri cometen, sed proprium et sui juris esse. Etiamnunc frequenter stella sub altioris stellæ vestigium venit ; et Saturnus aliquando supra Jovem est, et Mars Venerem aut Mercurium recta linea despicit ; nec tamen propter hunc cursum, quum alter alterum subit, cometes fit ; alioquin annis omnibus fieret ; omnibus enim aliquæ stellæ in eodem signo simul sunt. Si cometam faceret stella stellæ superveniens, momento esse desineret. Summa enim velocitas transeuntium est. Ideo omnis siderum defectio brevis est ; quia cito illas idem cursus, qui admoverat, abstrahit. Videmus solem et lunam intra exiguum tempus, quum obscurari cœperint, liberari ; quanto celerior debet fieri in stellis digressio, tanto minoribus ? Atqui cometæ senis mensibus manent ; quod non accideret, si duarum stellarum conventu gignerentur. Illæ enim diu cohærere non possunt, et necesse est, ut illas lex celeritatis suæ semper agat. Præterea ista nobis vicina videntur, ceterum intervallis ingentibus dissident. Quomodo ergo potest altera stella usque ad alteram stellam ignem mittere, ita ut utraque juncta videatur, quum sint ingenti regione diductæ ? Stellarum, inquis, duarum lumen miscetur, et præbet unius speciem. Nempe sic,

pace qui les tient respectivement éloignées ? La lumière de deux étoiles, dites-vous, se confond sous une même apparence, de même que les nuages rougissent quand le soleil les frappe, de même que le crépuscule et l'aurore prennent une teinte dorée, ou que l'iris, en présence du même astre, réfléchit tour à tour des couleurs diverses. Mais, d'abord, tous ces effets sont dus à une cause très-active; c'est le soleil qui produit ces teintes enflammées. Les planètes n'ont pas même puissance; et d'ailleurs, tous ces phénomènes n'arrivent que dans le voisinage de la terre, au-dessous de la lune. La région supérieure est pure, sans mélange qui l'altère, et a toujours sa couleur propre. Et si pareil phénomène s'y manifestait, il n'aurait pas de durée, il disparaîtrait bien vite, comme ces couronnes qui se forment autour du soleil et de la lune, et qui s'effacent presque aussitôt. L'arc-en-ciel même ne dure guère, et si la lumière de deux planètes pouvait remplir l'espace intermédiaire entre elles, elle ne serait pas moins prompte à se dissiper, ou du moins ne subsisterait pas aussi longtemps que les comètes. Les planètes décrivent leurs révolutions dans le zodiaque, et l'on voit des comètes sur tous les points : l'époque de leur apparition n'est pas plus fixe que les limites tracées à leur orbite.

XIII. Artémidore répond que les cinq planètes connues sont les seules observées, mais non pas les seules existantes; qu'il nous en échappe une foule innombrable, soit que l'obscurité de leur lumière nous les cache, soit que la position de leur orbite ne nous permette de les voir que quand elles en touchent le point extrême. Il intervient donc, selon lui, des étoiles nouvelles qui confondent leur lumière avec celle des étoiles fixes, et projettent une masse de flammes plus considérable que celle des étoiles ordinaires. De tous les mensonges d'Artémidore, celui-ci est le plus léger; car sa théorie du monde n'est, d'un bout à l'autre, qu'une fable absurde. A l'en croire, la région supérieure du ciel est solide, et résistante comme le serait un toit; c'est une voûte profonde et épaisse, qui n'est autre chose qu'un amas d'atomes condensés; la couche suivante n'est formée que de feux, et elle est si compacte qu'elle ne peut ni se dissiper ni s'altérer. Elle offre néanmoins des soupiraux, et comme des fenêtres par lesquelles pénètrent les feux de la partie extérieure du monde, non pas toutefois en si grande quantité qu'ils en puissent troubler la partie intérieure, de laquelle ils remontent au-dessus du ciel. Ceux qui paraissent contre l'ordre accoutumé proviennent de ce foyer extérieur. Réfuter de telles choses serait donner des coups en l'air, et s'escrimer contre les vents.

XIV. Je voudrais pourtant que ce philosophe, qui a fait au ciel un plancher si ferme, m'expliquât pourquoi nous devons croire à l'épaisseur dont il nous parle. Quelle puissance a porté si haut ces masses si compactes, et les y retient? Des éléments si massifs sont nécessairement d'un grand poids. Or, comment des corps pesants restent-ils au plus haut des cieux? Comment cette masse ne descend-elle pas, ne se brise-t-elle pas par son poids? Car il ne peut se faire que ces blocs énormes, arrangés par Artémidore, demeurent suspendus et n'aient qu'un fluide léger pour appui. On ne dira même pas que certains liens les retien-

---

quemadmodum rubicunda fit nubes solis incursu, quemadmodum vespertina aut matutina flavescunt, quemadmodum arcus alterne nec nisi sole pingitur. Hæc omnia primum magna vi efficiuntur. Sol enim est, qui ista succendit. Stellarum non est eadem potentia. Deinde nihil horum, nisi infra lunam in terrarum vicinia nascitur. Superiora pura et sincera sunt, et coloris sui semper. Præterea si quid tale accideret, non haberet moram, sed extingueretur cito; sicut coronæ, quæ solem lunamve cingunt, intra brevissimum spatium exolescunt. Nec arcus quidem diu perseverat. Si quid esset tale, quo medium inter duas stellas spatium confunderetur, æque cito dilaberetur. Utique non in tantum maneret, quantum morari cometæ solent. Stellis intra signiferum cursus est, hunc gyrum premunt; at cometæ ubique cernuntur. Non magis certum est illis tempus quo appareant, quam locus ullus, ultra quem non exeant.

XIII. Adversus hoc ab Artemidoro illa dicuntur, non has tantum stellas quinque discurrere, sed solas observatas esse. Ceterum innumerabiles ferri per occultum, aut propter obscuritatem luminis nobis ignotas, aut propter circulorum positionem talem, ut tunc demum, quum ad extrema eorum venere, visantur. Ergo intercurrunt quædam stellæ, ut ait, nobis novæ, quæ lumen suum cum stantibus misceant, et majorem quam stellis mos est, porrigant ignem. Hoc ex his quæ mentitur, levissimum est; tota ejus narratio mundi mendacium impudens est. Nam si illi credimus, summa cœli ora solidissima est, in modum tecti durata, et alti crassique corporis, quod atomi congestæ coacervatæque fecerunt. Huic proxima superficies est ignea, ita compacta, ut solvi vitiarique non possit. Habet tamen spiramenta quædam et quasi fenestras, per quas ex parte exteriore mundi influant ignes, non tam magni, ut interiora conturbent. Rursus ex modo in exteriora labuntur. Itaque hæc quæ præter consuetudinem apparent, influxerunt ex illa ultra mundum jacenti materia. Solvere ista quid aliud est, quam manum exercere, et in ventum jactare brachia?

XIV. Velim tamen mihi dicat iste, qui mundo tam firma lacunaria imposuit, quid sit quare credamus illi tantam esse crassitudinem cœli. Quid fuit, quod illo tam solida corpora adduceret, et ibi detineret? Deinde quod tantæ crassitudinis est, necesse est et magni ponderis sit. Quomodo ergo in summo manent gravia? Quomodo illa

nent extérieurement et empêchent leur chute, ni qu'entre eux et nous il y ait des supports sur lesquels ils pèsent et s'étaient. On n'osera pas dire non plus que le monde est emporté dans l'espace, et qu'il tombe éternellement sans qu'il y paraisse, grâce à la continuité même de sa chute, qui n'a pas de terme où elle puisse aboutir. C'est ce qu'on a dit de la terre, faute de pouvoir expliquer comment cette masse demeurerait fixe au milieu des airs. Elle tombe éternellement, dit-on; mais on ne s'aperçoit pas de sa chute, parce qu'elle s'opère dans l'immensité. Qui vous autorise ensuite à conclure que le nombre des planètes n'est pas borné à cinq ; qu'il y en a une foule d'autres, et sur une foule de points? Si vous n'avez pour le conclure aucun argument plausible, pourquoi ne dirait-on pas aussi que toutes les étoiles sont errantes ou qu'aucune ne l'est? Enfin, toute cette multitude d'astres vagabonds vous est d'une faible ressource ; car, plus il y en aura, plus leurs rencontres seront fréquentes : or, les comètes sont rares, et c'est pour cela qu'elles étonnent toujours. D'ailleurs, le témoignage de tous les siècles s'élève contre vous; car tous ont observé l'apparition de ces astres et en ont transmis l'histoire à la postérité.

XV. Après la mort de Démétrius, roi de Syrie, père de Démétrius et d'Antiochus, peu de temps avant la guerre d'Achaïe, brilla une comète aussi grande que le soleil. Son disque était rouge et enflammé, sa lumière assez éclatante pour triompher de la nuit. Insensiblement elle diminua de grandeur, son éclat s'affaiblit ; enfin, elle disparut totalement. Combien a-t-il donc fallu d'étoiles réunies pour former un si grand corps? L'assemblage de mille astres de cette espèce n'égalerait pas la grosseur du soleil. Sous le règne d'Attalus, on vit une comète, petite d'abord, qui ensuite s'éleva, s'étendit, s'avança jusqu'à l'équateur, et grossit au point d'égaler, par son immense étendue, cette plage du ciel qu'on nomme *Voie lactée*. Combien encore n'a-t-il pas fallu d'étoiles errantes pour remplir d'un feu continu un si grand espace du ciel?

XVI. Maintenant que j'ai réfuté les preuves, je vais combattre les témoins. Je n'aurai pas grand'peine à dépouiller Euphorus de son autorité ; il n'est qu'historien. Or, parmi les historiens il en est qui cherchent à se donner du relief en rapportant des faits incroyables; et, comme leur lecteur s'endormirait sur des événements trop communs, ils le réveillent par des prodiges. D'autres sont crédules, d'autres négligents. Quelques-uns se laissent prendre au mensonge, quelques autres y trouvent du charme ; ceux-ci le recherchent, ceux-là ne savent pas l'éviter. C'est le défaut du genre : ces écrivains croient que leurs ouvrages ne peuvent être goûtés ni devenir populaires, si le mensonge ne les assaisonne. Éphorus, l'un des moins consciencieux, est souvent trompé, souvent aussi trompeur. Cette comète, par exemple, qui fut observée par tout le monde, comme la cause occasionnelle d'une grande catastrophe, la submersion d'Hélice et de Buris, il prétend qu'elle se sépara en deux étoiles, et il est le seul qui l'ait

---

moles non descendit, et se onere suo frangit? Fieri enim non potest, ut tanta vis ponderis, quantam ille substituit, pendeat, et levibus innixa sit. Nec illud quidem potest dici, extrinsecus aliqua esse retinacula, quibus cadere prohibeatur. Nec rursus de medio aliquid esse oppositi, quod imminens corpus excipiat ac fulciat. Illud etiamnunc nemo dicere audebit, mundum ferri per immensum, et cadere quidem, sed non apparere, an cadat; quia præcipitatio ejus æterna est, nihil habens novissimum, in quod incurrat. Hoc quidam de terra dixerunt, quum rationem nullam invenirent, propter quam pondus in aere staret. Fertur, inquiunt, semper ; sed non apparet, an cadat, quia infinitum est in quod cadit. Quid est deinde quo probes, non quinque tantum stellas moveri, sed multas esse, et in multis mundi regionibus? Aut si hoc sine ullo probabili argumento; licet respondere, quid est, quare non aliquis aut omnes stellas moveri, aut nullam dicat? Præterea nihil te adjuvat ista stellarum passim euntium turba. Nam quo plures fuerint, sæpius in alias incident; rari autem Cometæ, et ob hoc mirabiles sunt. Quid, quod testimonium dicet contra te omnis ætas, quæ talium stellarum exorius et annotavit, et posteris tradidit?

XV. Post mortem Demetrii Syriæ regis, cujus Demetrius et Antiochus liberi fuere, paulo ante Achaicum bellum, Cometes effulsit non minor sole. Primo igneus ac rubicundus orbis fuit, clarumque lumen emittens, quanto vinceret noctem. Deinde paulatim magnitudo ejus districta est, et evanuit claritas. Novissime autem totus intercidit. Quot ergo coire stellas oportet, ut tantum corpus efficiant? Mille in unum licet congreges, nunquam hunc habitum solis æquabunt. Attalo regnante, initio Cometes apparuit modicus. Deinde sustulit se diffuditque, et usque in æquinoctialem circulum venit, ita ut illam plagam cœli, cui lactea nomen est, in immensum extentus æquaret. Quot ergo convenisse debent erraticæ, ut tam longum cœli tractum occuparent igne continuo?

XVI. Contra argumentum dictum est; contra testes dicendum est. Nec magna molitione detrahenda est auctoritas Ephoro; historicus est. Quidam incredibilium relatu commendationem parant, et lectorem aliud acturum, si per quotidiana duceretur, miraculo excitant. Quidam creduli, quidam negligentes sunt; quibusdam mendacium obrepit, quibusdam placet. Illi non evitant, hi appetunt. Et hoc in commune de tota natione ; quæ approbari opus suum, et fieri populare non putet posse, nisi illud mendacio aspersit. Ephorus vero non religiosissimæ fidei, sæpe decipitur, sæpe decipit. Sicut hic Cometen, qui omnium mortalium oculis custoditus est, quia ingentis rei traxit eventus, quum Helicem et Burin ortu suo merserit, ait illum discessisse in duas stellas : quod præter

dit. En effet, qui aurait pu saisir le moment de cette séparation, de ce fractionnement de la comète en deux parties ? Et comment, si quelqu'un la vit se dédoubler, n'a-t-on pu la voir se former de deux étoiles ? Pourquoi Éphorus n'a-t-il pas ajouté les noms de ces deux étoiles, puisqu'elles devaient faire partie des cinq planètes ?

XVII. Apollonius de Myndes est d'une autre opinion. Selon lui, les comètes ne sont pas des assemblages de planètes ; mais une foule de comètes sont des planètes réelles. Ce ne sont point, dit-il, des images trompeuses, des feux qui grossissent par le rapprochement de deux astres ; ce sont des astres particuliers, tel qu'est le soleil ou la lune. Leur forme n'est point précisément ronde, elle se développe et s'étend en longueur. Du reste, leur orbite n'est pas visible ; ils traversent les plus hautes régions du ciel, et ne deviennent apparents qu'au plus bas de leur cours. Ne croyons pas que la comète qu'on vit sous Claude est la même que celle qui parut sous Auguste, ni que celle qui s'est montrée sous Néron, et qui a réhabilité les comètes, ait ressemblé à celle qui, après le meurtre de Jules César, durant les jeux de Vénus Génitrix, s'éleva sur l'horizon vers la onzième heure du jour. Les comètes sont en grand nombre et de plus d'une sorte ; leur dimension diffère, leur couleur varie ; les unes sont rouges, sans éclat ; les autres blanches et brillantes d'une pure lumière ; d'autres présentent une flamme mélangée d'éléments peu subtils, et s'environnent de vapeurs fumeuses. Quelques-unes sont d'un rouge de sang, menaçant présage de celui qui sera bientôt répandu. Leur lumière augmente et décroît comme celle des autres astres qui jettent plus d'éclat, qui paraissent plus grands à mesure qu'ils s'approchent de nous, plus petits et moins lumineux lorsqu'ils rétrogradent et s'éloignent.

XVIII. On répond facilement à tout cela, qu'il n'en est pas des comètes comme des autres astres. Du premier jour où elles paraissent, elles ont toute leur grosseur. Or, elles devraient s'accroître en s'approchant de nous, et cependant leur premier aspect ne change pas, jusqu'à ce qu'elles commencent à s'éteindre. D'ailleurs on peut dire contre Apollonius ce qu'on dit contre les auteurs précités : si les comètes étaient des astres vagabonds, elles ne rouleraient pas en dehors du zodiaque, dans lequel tous les astres font leur révolution. Jamais étoile ne paraît au travers d'une autre, et la vue de l'homme ne peut percer le centre d'un astre, pour voir au-delà quelque astre plus élevé. Or, on découvre à travers les comètes, comme à travers un nuage, les objets ultérieurs : les comètes ne sont donc point des astres, mais des feux légers et irréguliers.

XIX. Zénon, notre maître, estime que ce sont des étoiles dont les rayons convergent et s'entremêlent, et que de cette réunion de lumières résulte une étoile allongée. Partant de là, quelques philosophes pensent que les comètes n'existent réellement pas ; que ce sont des apparences produites par la réflexion des astres voisins, ou par leur rencontre et leur cohérence. D'autres admettent leur réalité, mais pensent qu'elles ont leur cours particulier, et qu'après certaines périodes

---

illum nemo tradidit. Quis enim posset observare illud momentum, quo Cometes solutus, et in duas partes redactus est ? Quomodo autem, si est qui viderit Cometen in duas dirimi, nemo vidit fieri ex duabus ? Quare autem non adjecit, in quas stellas divisus sit, quum aliqua ex quinque stellis esse debuerit ?

XVII. Apollonius Myndius in diversa opinione est. Ait enim, Cometen non unum ex multis erraticis effici, sed multos Cometas erraticos esse. Non est, inquit, species falsa, nec duarum stellarum confinio ignis extentus ; sed et proprium sidus Cometes est, sicut solis aut lunæ. Talis forma est, non in rotundum restricta, sed procerior, et in longum producta. Ceterum os illi palam cursus ; altiora mundi secat ; et tunc demum apparet, quum in imum cursus sui venit. Nec est quod putemus, eumdem visum esse sub Claudio, quem sub Augusto vidimus ; nec hunc qui sub Nerone Cæsare apparuit, et Cometis detraxit infamiam, illi similem fuisse, qui post necem divi Julii, Veneris ludis Genitricis, circa undecimam horam diei emersit. Multi variique sunt, dispares magnitudine, dissimiles colore ; aliis rubor est sine ulla luce ; aliis candor, et purum liquidumque lumen ; aliis flamma, et hæc non sincera, nec tenuis, sed multum circa se volvens fumidi ardoris. Cruenti quidam, minaces, qui omen post se futuri sanguinis ferunt ; ht minuunt augentque lumen suum, quemadmodum alia sidera, quæ clariora, quum descendere, sunt, majoraque ex loco propiore visuntur ; minora, quum redeunt, et obscuriora, quia abducunt se longius.

XVIII. Adversus hoc protinus respondetur, non idem accidere in Cometis, quod in ceteris. Cometæ enim quo primum die apparuerint, maximi sunt. Atqui deberent crescere, quo propius accederent. Nunc autem manet illis prima facies, donec incipiant exstingui. Deinde quod adversus priores, etiam adversus hunc dicitur : si erraret cometes, essetque sidus, intra signiferi terminos moveretur, intra quos omne sidus cursus suos colligit. Nunquam apparet stella per stellam. Acies nostra non potest per medium sidus exire, ut per illud superiora prospiciat. Per Cometen autem non aliter quam per nubem ulteriora cernuntur ; ex quo apparet, illum non esse sidus, sed levem ignem ac tumultuarium.

XIX. Zeno noster in illa sententia est : congruere judicat stellas, et radios inter se committere ; hac societate luminis existere imaginem stellæ longioris. Ergo quidam nullos esse Cometas existimant, sed speciem illorum per repercussionem vicinorum siderum, aut per conjunctionem cohærentium reddi. Quidam aiunt esse quidem, sed

elles reparaissent aux yeux des hommes. D'autres enfin, qui sur le premier point pensent de même, leur refusent le nom d'astres, vu qu'elles se dissipent, ne durent que peu de temps et s'évaporent très-vite.

XX. Presque tous ceux de notre école sont de cette opinion, qui leur semble ne pas répugner à la vérité. Et en effet, nous voyons au plus haut des airs s'allumer des feux de toute espèce; tantôt le ciel s'embrase; tantôt

Fuit en longs traits d'argent l'étoile blanchissante;

tantôt des torches courent dans l'espace avec de larges sillons de feu. La foudre même, malgré sa prodigieuse rapidité, qui nous fait passer en un clin d'œil de l'éblouissement aux ténèbres, qu'est-elle, sinon un feu dû à l'air froissé, un feu qui jaillit d'une forte collision atmosphérique? Aussi n'est-ce qu'une flamme sans durée, qui s'élance et qui passe, et qui cesse d'être à l'instant même. Les autres feux subsistent plus longtemps, et ne se dissipent point que l'aliment qui les nourrissait ne soit entièrement consumé. A cette classe appartiennent les prodiges décrits par Posidonius, les colonnes, les boucliers ardents, et d'autres flammes remarquables par leur étrangeté, auxquelles on ne prendrait pas garde, si ce n'était autant d'exceptions à l'ordre et à la loi de la nature. Chacun s'étonne à ces apparitions d'un feu subit au haut des airs, soit qu'il ne fasse que briller et disparaître, soit que, produit par la compression de l'air qui s'enflamme, il prenne une consistance dont on s'émerveille. Et enfin, ne voit-on pas quelquefois l'éther, en se refoulant sur lui-même, creuser une vaste cavité lumineuse? On pourrait s'écrier : Qu'est cela ?

Je vois les cieux tout à coup s'entr'ouvrir,
Leurs étoiles tomber dans l'espace.......

et souvent ces phénomènes, sans attendre la nuit, ont brillé en plein jour. Mais c'est pour une autre raison que paraissent à un moment si peu fait pour eux, ces astres dont l'existence est constante, alors même qu'on ne les voit point. Beaucoup de comètes sont invisibles, parce que les rayons du soleil les effacent. Posidonius rapporte que pendant les éclipses de cet astre on a vu paraître une comète qu'il cachait par son voisinage. Souvent, après le coucher du soleil, on voit près de son disque des feux épars; c'est que le corps même de la comète, noyé dans la lumière du soleil, ne peut se distinguer, tandis que sa chevelure est en dehors des rayons.

XXI. Ainsi nos stoïciens pensent que les comètes, comme les torches, les trompettes, les poutres et les autres météores proviennent, d'un air condensé. C'est pourquoi les comètes apparaissent plus fréquemment au nord, parce que l'air stagnant y abonde. Mais pourquoi la comète marche-t-elle, au lieu de rester immobile? Le voici. Elle est comme le feu, qui suit toujours ce qui l'alimente; et bien qu'elle tende aux régions supérieures, la matière inflammable venant à lui manquer, il faut qu'elle rétrograde et descende. Dans l'air même elle n'incline point à droite ou à gauche, car elle n'a point de route réglée, elle se porte lentement où l'attire la veine de l'élément qui la nourrit : ce n'est pas une étoile qui marche,

habere cursus suos, et post certa lustra in conspectum mortalium exire. Quidam esse quidem, sed non quibus siderum nomen imponas; quia dilabuntur, nec diu durant, et exigui temporis mora dissipantur.

XX. In hac sententia sunt plerique nostrorum; nec id putant veritati repugnare. Videmus enim, in sublimi varia ignium concipi genera, et modo cœlum ardere, modo

Longos a tergo flammarum albescere tractus,

modo faces cum igne vasto rapi. Jam ipsa fulmina, etsi velocitate mira, simul et perstringunt aciem, et remittunt, ignes sunt aeris triti, et impetu inter se majore collisi. Ideo non resistunt quidem, sed expressi fluunt, et protinus pereunt. Alii vero ignes diu manent; nec ante discedunt, quam consumtum est omne, quo pascebantur, alimentum. Hoc loco sunt illa a Posidonio scripta miracula, columnae, clypeique flagrantes, aliæque insigni novitate flammæ; quæ non adverterent animos, si ex consuetudine et lege decurrerent. Ad hæc stupent omnes, quæ repentinum ignem ex alto efferunt, sive emicuit aliquid et fugit, sive compresso aere et in ardorem coacto, loco miraculi stetit. Quid ergo? Non aliquando lacuna cedentis retro ætheris patuit, et vastum in concavo lumen ? Exclamare posses : Quid est hoc !

. . . . medium video discedere cœlum .
Palantesque polo stellas. . . . .

quæ aliquando non exspectata nocte fulserunt, et per medium eruperunt diem. Sed alia hujus rei ratio est, quare alieno tempore apparent in aere, quas esse, etiam latentes, constat. Multos Cometas non videmus, quod obscurantur radiis solis; quo deficiente, quemdam Cometarum apparuisse, quem sol vicinus obtexerat, Posidonius tradit. Sæpe autem quum occidit sol, sparsi ignes non procul ab eo videntur. Videlicet ipsa stella sole perfunditur, et ideo adspici non potest; comæ autem radios solis effugiunt.

XXI. Placet ergo nostris, Cometas, sicut faces, sicut tubas, trabesque, et alia ostenta cœli, denso aere creari. Ideo circa septentrionem frequentissime apparent, quia illic plurimum est aeris pigri. Quare ergo non stat Cometes, sed procedit? Dicam. Ignium modo alimentum suum sequitur; quamvis enim illi ad superiora nisus est, tamen deficiente materia retroiens ipse descendit. In aere quoque non dexteram lævamque premit partem. Nulla

c'est un feu qui s'alimente. Pourquoi donc ses apparitions sont-elles longues ; pourquoi ne s'évapore-t-elle pas plus tôt? En effet, six mois durant s'est montrée celle que nous avons vue sous l'heureux empire de Néron, et qui tournait en sens inverse de celle qui parut sous Claude. Car, partie du septentrion et s'élevant vers le midi, elle gagna l'orient en s'obscurcissant toujours davantage ; l'autre, venue du même point, avec tendance vers l'occident, tourna au midi où elle disparut. C'est que la première, nourrie d'éléments plus humides et plus propres à la combustion, les suivit toujours ; la seconde fut favorisée par une région plus féconde et plus substantielle. Les comètes se dirigent donc où les attire leur aliment, et non dans une voie prescrite. Les circonstances ont été différentes pour les deux que nous avons observées, puisque l'une se portait à droite, l'autre à gauche. Or, le mouvement de toutes les planètes a lieu du même côté, c'est-à-dire en un sens contraire au mouvement des cieux. Les cieux roulent de l'est à l'ouest ; les planètes vont de l'ouest à l'est. Aussi ont-elles deux mouvements, celui qui leur est propre, et celui qui les emporte avec tout le ciel.

XXII. Je ne pense pas comme nos stoïciens. Selon moi, la comète n'est pas un feu qui s'allume subitement ; je la range parmi les créations éternelles de la nature. D'abord, tout météore dure peu ; il est fugace et prompt à changer comme l'élément qui l'a produit. Comment rien de permanent pourrait-il naître de l'air, qui ne demeure jamais le même, qui est toujours fluide et n'a de calme que passagèrement? En moins de rien il passe d'un état à un autre : tantôt pluvieux, tantôt serein, tantôt à l'état intermédiaire. Les nuages qui se forment si souvent dans l'air, dans lesquels il se condense pour se résoudre en pluie, tantôt s'agglomèrent, tantôt se disséminent, mais ne sont jamais sans mouvement. Il est impossible qu'un feu permanent s'établisse en un corps si fugace, et s'y tienne avec autant de ténacité que ceux que la nature a fixés pour toujours. D'ailleurs, si la comète était inséparable de son aliment, elle descendrait toujours. Car l'air est d'autant plus épais qu'il est plus voisin de la terre : or, jamais les comètes ne descendent si bas et n'approchent de notre sol. Enfin, le feu va où sa nature le mène, c'est-à-dire en haut ; ou bien il se porte où l'entraîne la matière à laquelle il s'attache et dont il se nourrit.

XXIII. Les feux célestes ordinaires n'ont point une route tortueuse ; il n'appartient qu'aux astres de décrire des courbes. D'anciennes comètes en ont-elles décrit? Je l'ignore ; mais de notre temps deux l'ont fait. Ensuite tout feu qu'une cause temporaire allume s'éteint promptement. Ainsi les torches ne luisent qu'en passant ; ainsi la foudre n'a de force que pour un seul coup ; ainsi les étoiles filantes ou tombantes ne font que traverser l'air qu'elles sillonnent. Jamais feu n'a de durée, si son foyer n'est en lui-même ; je parle de ces feux divins, de ces éternels flambeaux du monde, qui sont ses membres et ses ouvrages. Mais ceux-ci accomplissent une tâche, fournissent une carrière, gardent un ordre constant et sont toujours les mêmes. D'un jour à l'autre on les verrait croître

---

enim illi via est ; sed qua illum vena pabuli sui duxit, illo repit, nec ut stella procedit, sed ut ignis pascitur. Quare ergo per longum tempus apparet, et non cito exstinguitur? Sex enim mensibus hic, quem nos Neronis principatu lætissimo vidimus, spectandum se præbuit, in diversum illi Claudiano circumactus. Ille enim a Septentrione in verticem surgens, Orientem petiit semper obscurior ; hic ab eadem parte cœpit, sed in Occidentem tendens, ad meridiem flexit, et ibi se subduxit oculis. Videlicet ille humidiora habuit, et aptiora ignibus, quæ prosecutus est ; huic rursus uberior fuit et plenior regio. Huc itaque descendunt, invitante materia, non itinere. Quod apparet duobus, quos spectavimus, fuisse diversum ; quum hic in dextrum motus sit, ille in sinistrum. Omnibus autem stellis in eamdem partem cursus est, id est, contrarius mundo. Hic enim ab ortu volvitur in occasum ; illæ ab occasu in ortum eunt. Et ob hoc duplex his motus est : ille quo eunt, et hic quo auferuntur.

XXII. Ego nostris non assentior. Non enim existimo Cometen subitaneum ignem, sed inter æterna opera naturæ. Primum quæcumque aer creat, brevia sunt. Nascuntur enim in re fugaci et mutabili. Quomodo potest enim in aere aliquid idem diu permanere, quum ipse aer nunquam idem maneat? Fluit semper, et brevis illi quies est. Intra exiguum momentum in alium, quam in quo fuerat, statum vertitur. Nunc pluvius, nunc serenus, nunc inter utrumque varius ; nubesque illi familiarissimæ, in quas coit, et ex quibus solvitur, modo congregantur, modo digeruntur, nunquam immotæ jacent. Fieri non potest, ut ignis certus in corpore vago sedeat, et ita pertinaciter hæreat, quam quem natura, ne unquam excuteretur, aptavit. Deinde si alimento suo hæreret, semper descenderet. Eo enim crassior aer est, quo terris propior : nunquam Cometes in imum usque demittitur, neque appropinquat solo. Etiamnunc ignis aut it quo illum natura sua ducit, id est, sursum ; aut eo quo trahit materia, cui adhæsit, et quam depascitur.

XXIII. Nullis ignibus ordinariis et cœlestibus iter flexum est. Sideris proprium est, ducere orbem. Atqui hoc an Cometæ alii fecerint, nescio ; duo nostra ætate fecerunt. Deinde omne quod causa temporalis accendit, cito intercidit. Sic faces ardent, dum transeunt ; sic fulmina in unum valent ictum ; sic quæ transversæ dicuntur stellæ et cadentes, prærvolant et secant aera. Nullis ignibus nisi in sua mora est ; illis dico divinis, quos habet mundus æternos, quia partes ejus sunt, et opera. Hi

ou décroître, si leur flamme était d'emprunt et leur cause instantanée. Cette flamme serait moindre ou plus grande, selon le plus ou le moins d'aliments qu'elle aurait. Je viens de dire qu'une flamme produite par l'altération de l'air n'a point de durée; j'ajouterai même qu'elle n'en a aucune, qu'elle ne peut se maintenir en aucune façon. Car les torches, la foudre, les étoiles filantes, tous les feux que l'air exprime de son sein, ne peuvent que fuir dans l'espace, et on ne les voit que tomber. La comète a sa région propre; aussi n'en est-elle pas expulsée si vite; elle achève son cours; elle ne s'éteint pas, elle s'éloigne de la portée de nos yeux. Si c'était une planète, dira-t-on, elle roulerait dans le zodiaque. — Mais qui peut assigner aux astres une limite exclusive, emprisonner et tenir à l'étroit ces êtres divins? Ces planètes mêmes, qui seules vous semblent se mouvoir, parcourent des orbites différentes les unes des autres. Pourquoi n'y aurait-il pas des astres qui suivraient des routes particulières et fort éloignées de celles des planètes? Pourquoi quelque région du ciel serait-elle inaccessible? Que si l'on veut absolument que toute planète touche le zodiaque, la comète peut avoir un cercle assez large pour y coïncider en quelque partie, ce qui est non pas nécessaire, mais possible.

XXIV. Voyez s'il n'est pas plus digne de la grandeur du monde céleste de le diviser en des milliers de routes diverses, que d'admettre un seul sentier battu et de faire du reste un morne désert. Croirez-vous que dans cette immense et magnifique architecture, parmi ces astres innombrables qui décorent et diversifient le tableau des nuits, qui ne laissent jamais l'atmosphère vide et sans action, cinq étoiles seules aient leur mouvement libre, tandis que les autres restent là, peuple immobile et stationnaire? Si maintenant l'on me demande d'où vient qu'on n'a pas observé le cours des comètes, comme celui des étoiles errantes, je répondrai qu'il est mille choses dont nous admettons l'existence, tout en ignorant leur manière d'être. Que nous ayons une âme dont la voix souveraine tantôt nous excite, tantôt nous rappelle, tout le monde l'avoue; mais cette âme quelle est-elle? Quel est ce chef, ce régulateur de nous-mêmes? Nul ne nous l'expliquera, pas plus qu'il ne nous indiquera où il siége. L'un dit : C'est un souffle; l'autre répond : C'est une harmonie; celui-ci le nomme une force divine, une parcelle de la divinité; celui-là l'appelle un air éminemment subtil; cet autre, une puissance immatérielle. Il s'en trouve qui la font consister dans le sang, dans la chaleur vitale. Tant elle est incapable de voir clair aux choses extérieures, cette âme qui en est encore à se chercher elle-même!

XXV. Pourquoi donc s'étonner que les comètes, ces rares apparitions célestes, ne soient point encore pour nous astreintes à des lois fixes, et que l'on ne connaisse ni d'où viennent, ni où s'arrêtent ces corps dont les retours n'ont lieu qu'à d'immenses intervalles? Il ne s'est pas écoulé quinze siècles depuis que

La Grèce par leur nom a compté les étoiles.

Aujourd'hui encore, que de peuples ne connaissent

---

autem aliquid agunt, et vadunt, et tenorem suum servant, paresque sunt. Nam alternis diebus majores minoresve fierent, si ignis esset collectitius, et ex aliqua causa repentinus. Minor enim esset ac major, prout plenius aleretur aut malignius. Dicebam modo, nihil diuturnum esse, quod exarsit aeris vitio; nunc amplius adjicio: morari ac stare nullo modo potest. Nam et fax et fulmen et stella transcurrens, et quisquis alius est ignis ex aere expressus, in fuga est; nec apparet, nisi dum cadit. Cometes habet suam sedem; et ideo non cito expellitur, sed emetitur spatium suum; nec exstinguitur, sed excedit. Si erratica, inquit, stella esset, in signifero esset. Quis unum stellis limitem ponit? Quis in angustum divina compellit? Nempe hæc ipsa sidera, quæ sola moveri credis, alios et alios circulos habent. Quare ergo non aliqua sint, quæ in proprium iter et ab istis remotum secesserint? Quid est, quare in aliqua parte cœlum pervium non sit? Quod si judicas, non posse ullam stellam nisi signiferum attingere, Cometes potest sic latum habere circulum, ut in hunc tamen parte aliqua sui incidat; quod fieri non est necessarium, sed potest.

XXIV. Vide ne hoc magis deceat magnitudinem mundi, ut in multa itinera divisus sit, nec hanc unam deterat semitam, ceteris partibus torpeat. Credis autem in hoc maximo et pulcherrimo corpore, inter innumerabiles stellas, quæ noctem decore vario distinguunt, quæ aera minime vacuum et inertem esse patiuntur, quinque solas esse, quibus exercere se liceat, ceteras stare, fixum et immobilem populum? Si quis hoc loco me interrogaverit: quare ergo non quemadmodum quinque stellarum, ita harum observatus est cursus? huic ego respondebo. Multa sunt quæ esse concedimus; qualia sint, ignoramus. Habere nos animum, cujus imperio et impellimur, et revocamur, omnes fatebuntur; quid tamen sit animus ille rector dominusque nostri, non magis tibi quisquam expediet, quam ubi sit. Alius illum dicet esse spiritum, alius concentum quemdam, alius vim divinam et Dei partem, alius tenuissimum aerem, alius incorporalem potentiam. Non deerit qui sanguinem dicat, qui calorem. Adeo animo non potest liquere de ceteris rebus, ut adhuc ipse se quærat.

XXV. Quid ergo miramur, Cometas, tam rarum mundi spectaculum, nondum teneri legibus certis; nec initia illorum finesque notescere, quorum ex ingentibus intervallis recursus est? Nondum sunt anni mille quingenti, ex quo Græcia

. . . . . stellis numeros et nomina fecit.

le ciel que de vue, et ne savent pas pourquoi la lune s'éclipse et se couvre d'ombre! Nous-mêmes nous n'avons que depuis peu un système arrêté sur ce point. Le temps viendra où ce qui est mystère pour nous sera éclairci par le laps des ans et les études accumulées des siècles. Pour de si grandes recherches, la vie d'un homme ne suffit pas, fût-elle toute consacrée à l'inspection du ciel. Qu'est-ce donc, quand de ce peu d'années nous faisons deux parts si inégales entre l'étude et de vils plaisirs? Ce n'est donc que successivement et à la longue que ces phénomènes seront dévoilés. Le temps viendra où nos descendants s'étonneront que nous ayons ignoré des choses si simples. Ces cinq planètes qui assiégent nos yeux, qui se présentent sur tant de points et forcent notre curiosité, nous ne connaissons que d'hier leur lever du matin et du soir, leurs stations, le moment où elles s'avancent en ligne directe, la cause qui les fait revenir sur leurs pas. Les émersions de Jupiter, son coucher, sa marche rétrograde, ainsi a-t-on appelé son mouvement de retraite, ne nous sont familiers que depuis peu d'années. Il s'est trouvé des philosophes pour nous dire : C'est une erreur de croire qu'il y ait des étoiles qui suspendent ou détournent leur cours. Les corps célestes ne peuvent ni être stationnaires, ni dévier : tous vont en avant, tous obéissent à leur direction primitive. Leur course cessera le jour où ils cesseront d'être. L'éternelle création est soumise à des mouvements irrévocables; si jamais ils s'arrêtent, c'est qu'il surviendra des obstacles que la marche égale et régulière du monde rend jusqu'ici impuissants.

XXVI. Pourquoi donc y a-t-il des astres qui semblent rebrousser chemin? C'est la rencontre du soleil qui leur donne une apparence de lenteur; c'est la nature de leurs orbites et des cercles dispersés de telle sorte qu'en certains moments il y a illusion d'optique. Ainsi les vaisseaux, lors même qu'ils vont à pleines voiles, semblent immobiles. Il naitra quelque jour un homme qui démontrera dans quelle partie du ciel errent les comètes; pourquoi elles marchent si fort à l'écart des autres planètes; quelle est leur grandeur, leur nature. Contentons-nous de ce qui a été trouvé jusqu'ici; que nos neveux aient aussi leur part de vérité à découvrir. Les étoiles, dit-on, ne sont pas transparentes, et la vue perce à travers les comètes. Si cela est, ce n'est point à travers le corps de la comète, dont la flamme est dense et substantielle; c'est à travers la traînée de lumière rare et éparse en forme de chevelure qui entoure la comète. C'est dans les intervalles du feu, et non à travers le feu même, que vous voyez. Toute étoile est ronde, dit-on encore, les comètes sont allongées; évidemment ce ne sont pas des étoiles. Mais qui vous accordera que les comètes ont la forme alongée? Elles ont naturellement, comme les autres astres, la forme sphérique; mais leur lumière se projette au loin. De même que le soleil darde ses rayons au loin et au large, et cependant présente une forme autre que celle de ses flots lumineux; ainsi le noyau des comètes est rond, mais leur lumière nous apparaît plus longue que celle des autres étoiles.

XXVII. Pourquoi cela? dites-vous. — Dites-moi d'abord vous-même pourquoi la lune réfléchit une lumière si différente de celle du soleil, quand

Multæque hodie sunt gentes, quæ tantum facie noverint cœlum, quæ nondum sciant cur luna deficiat, quare obumbretur. Hoc apud nos quoque nuper ratio ad certum perduxit. Veniet tempus, quo ista quæ nunc latent, in lucem dies extrahat, et longioris ævi diligentia. Ad inquisitionem tantorum ætas una non sufficit, ut tota cœlo vacet. Quid, quod tam paucos annos inter studia ac vitia non æqua portione dividimus? Itaque per successiones istas longas explicabuntur. Veniet tempus quo posteri nostri tam aperta nos nescisse mirentur. Harum quinque stellarum, quæ se ingerunt nobis, quæ alio atque alio occurrentes loco, curiosos nos esse cogunt, qui matutini vespertinique ortus sint, quæ stationes, quando in rectum ferantur, quare agantur retro, modo cœpimus scire. Utrum emergeret Jupiter, an occideret, an retrogradus esset, nam hoc illi nomen imposuere cedenti, ante paucos annos didicimus. Inventi sunt qui nobis dicerent : Erratis, qui ullam stellam aut supprimere cursum judicatis, aut vertere. Prodeunt omnia ; ut semel missa sunt, vadunt. Idem erit illis cursus, qui sui finis. Opus hoc æternum irrevocabiles habet motus: qui si quando constiterint, alia ex adverso incident, quæ nunc tenor et æqualitas servat.

XXVI. Quid est ergo, cur aliqua redire videantur? Solis occursus speciem illis tarditatis imponit, et natura viarum circulorumque sic positorum, ut certo tempore intuentes fallant. Sic naves, quamvis plenis velis eant, videntur tamen stare. Erit qui demonstret aliquando, in quibus Cometæ partibus errent, cur tam seducti a ceteris eant, quanti qualesque sint. Contenti simus inventis; aliquid veritati et posteri conferant. Per stellas, inquit, ulteriora non cernimus, per Cometas aciem transmittimus. Primum si fit istud, non in ea parte fit, qua sidus ipsum est spissi ac solidi ignis, sed qua rarus splendor excurrit, et in crines dispergitur. Per intervalla ignium, non per ipsos vides. Stellæ, inquit, omnes rotundæ sunt, Cometæ porrecti ; ex quo apparet, stellas non esse. Quis enim tibi concedet, Cometas longos esse? Quorum natura quidem, ut ceterorum siderum, globus est, ceterum fulgor extenditur. Quemadmodum sol radios suos longe lateque dimittit, ceterum ipsi alia est forma, alia ei quod ex ipso fluit lumini; sic Cometarum corpus ipsum corrotundatur, splendor autem longior quam ceterorum siderum apparet.

XXVII. Quare? inquis. Dic tu mihi prius, quare luna dissimillimum soli lumen accipiat, quum accipiat a sole?

c'est du soleil qu'elle la reçoit? Pourquoi est-elle tantôt rouge, tantôt pâle? Pourquoi devient-elle livide et sombre, quand la vue du soleil lui est dérobée? Dites-moi pourquoi les étoiles diffèrent toutes de forme entre elles d'abord, mais surtout avec le soleil. Comme rien n'empêche que tous ces corps soient des astres, bien que dissemblables, qui empêcherait que les comètes fussent éternelles et de même nature qu'eux, malgré la différence de leur aspect? Car enfin, le ciel même, à le bien considérer, ne se compose-t-il pas de parties diverses? D'où vient que le soleil est toujours ardent dans le signe du Lion, et qu'alors il dessèche et brûle la terre; tandis que dans le Verseau il rend l'hiver plus intense et enchaîne les fleuves d'une barrière de glace? Les deux signes pourtant sont de même espèce, quoique leurs effets et leur nature soient fort opposés. Le Bélier se lève en fort peu de temps; la Balance est des plus tardives; et ces deux signes n'en sont pas moins de même nature, malgré la vélocité de l'un et la lenteur de l'autre. Ne voyez-vous pas combien les éléments sont opposés entre eux? Ils sont pesants ou légers, froids ou chauds, humides ou secs. Toute l'harmonie de l'univers résulte de ces discordances. Vous niez que la comète soit un astre, parce que sa forme ne répond pas à votre forme-modèle et n'est pas celle des autres. Mais considérez combien l'astre qui n'achève son cours qu'en trente ans ressemble peu à celui qui en une année a fini le sien. La nature n'a pas jeté tous ses ouvrages dans un moule uniforme; elle est fière de sa variété même. Elle a fait tel astre plus grand, tel autre plus rapide; celui-ci a plus de puissance; l'action de celui-là est plus modérée; quelques-uns, mis par elle hors de ligne, marchent isolés et avec plus d'éclat; les autres composent la foule. C'est méconnaître les ressources de la nature, que de croire qu'elle ne peut jamais que ce qu'elle fait habituellement. Elle ne montre pas souvent des comètes; elle leur a assigné un lieu à part, des périodes différentes, des mouvements tout autres que ceux des planètes. Elle a voulu rehausser la grandeur de son œuvre par ces apparitions, trop belles pour qu'on les croie fortuites, soit qu'on ait égard à leur dimension, soit qu'on s'arrête à leur éclat plus ardent et plus vif que celui des autres étoiles. Leur aspect a ceci de remarquable et d'exceptionnel, qu'au lieu d'être enfermée et condensée dans un disque étroit, la comète se déploie librement et embrasse à elle seule l'espace d'un grand nombre d'étoiles.

XXVIII. Aristote dit que les comètes présagent des tempêtes, des vents violents, de grandes pluies. Pourquoi, en effet, ne pas croire qu'un astre puisse être un pronostic? Ce n'est pas sans doute un signe de tempête, comme il y a signe de pluie lorsqu'une lampe

Se couvre en pétillant de noirs flocons de mousse;

ou comme il y a indice de gros temps quand l'oiseau des mers

Parcourt en se jouant les rivages déserts;
Ou lorsque le héron, les ailes étendues,
De ses marais s'élance et se perd dans les nues.

C'est un pronostic général, comme l'est celui de

---

quare modo rubeat, modo palleat? quare lividus illi et ater color sit, quum a conspectu solis excluditur? Dic mihi, quare omnes stellæ inter se dissimilem habeant aliquatenus faciem, diversissimam soli? Quomodo nihil prohibet, ista sidera esse, quamvis similia non sint; ita nihil prohibet, Cometas æternos esse et sortis ejusdem, cujus cetera, etiamsi faciem illis non habent similem. Quid porro? mundus ipse, si consideres illum, nonne ex diversis compositus est? Quid est quare in Leone semper sol ardeat, et terras æstibus torreat; in Aquario adstringat hiemen, flumina gelu claudat? Et hoc tamen et illud sidus ejusdem conditionis est, quum effectu et natura dissimile sit. Intra brevissimum tempus Aries extollitur, Libra tardissime jungitur; et tamen hoc sidus et illud ejusdem naturæ est; quum illud exiguo tempore adscendat, hoc diu proferatur. Non vides, quam contraria inter se elementa sint? gravia et levia sunt, frigida et calida, humida et sicca. Tota hujus mundi concordia ex discordibus constat. Negas Cometen stellam esse, quia forma ejus non respondeat ad exemplar, nec sit ceteris similis. Vides enim, quam simillima sit illa, quæ tricesimo anno revertitur ad locum suum, huic quæ intra annum revisit sedem suam? Non ad unam natura formam opus suum præstat, sed ipsa varietate se jactat. Alia majora, alia velociora aliis fecit; alia validiora, alia temperatiora: quædam autem eduxit a turba, ut singula et conspicua procederent; quædam in gregem misit. Ignorat naturæ potentiam, qui illi non putat aliquando licere nisi quod sæpius facit. Cometas non frequenter ostendit, attribuit illis alium locum, alia tempora, dissimiles ceteris motus. Voluit et his magnitudinem operis sui colere, quorum formosior facies est, quam ut fortuitam putes, sive amplitudinem eorum consideres, sive fulgorem, qui major est ardentiorque quam ceteris. Facies vero habet insigne quiddam et singulare, non in angustum conjecta et recta, sed dimissa liberius, et multarum stellarum amplexa regionem.

XXVIII. Aristoteles ait, Cometas significare tempestatem, et ventorum intemperantiam atque imbrium. Quid ergo? non judicas sidus esse, quod futura denuntiat? Non enim sic hoc tempestatis signum est, quomodo futuræ pluviæ,

Scintillare oleum, et putres concrescere fungos,

aut quomodo indicium est sævituri maris, si marinæ

In sicco ludunt fulicæ; notasque paludes
Deserit, atque altam supra volat ardea nubem.

sed sic, quomodo æquinoctium in calorem frigusque flec-

l'équinoxe, qui vient changer la température en chaud ou en froid, comme ce que prédisent les Chaldéens, de la bonne ou mauvaise étoile sous laquelle on naît. Cela est si vrai, que ce n'est pas pour le moment même qu'une comète annonce les vents et la pluie, comme l'ajoute Aristote ; c'est l'année entière qu'elle rend suspecte. Évidemment donc, les pronostics de la comète ne lui viennent pas d'éléments voisins d'elle et pour une époque immédiate ; elle les tire de plus loin ; ils tiennent aux lois mystérieuses du ciel. Celle qui apparut sous le consulat de Paterculus et de Vopiscus réalisa ce qu'en avaient prédit Aristote et Théophraste : partout régnèrent de violentes et continuelles tempêtes ; et, en Achaïe comme en Macédoine, des villes furent renversées par des tremblements de terre. La lenteur des comètes, au dire d'Aristote, prouve leur pesanteur et qu'elles recèlent beaucoup de parties terrestres ; leur marche aussi le prouve ; car elles se dirigent presque toujours vers les poles.

XXIX. Ces deux arguments sont faux. Réfutons d'abord le premier. La lenteur de la marche serait une preuve de pesanteur ! Et pourquoi ? Saturne, celle de toutes les planètes qui achève le plus lentement sa carrière, est donc la plus pesante. Or, ce qui prouve sa légèreté, c'est qu'elle est plus élevée que toutes les autres. Mais, dites-vous, elle décrit un plus grand cercle ; sa vitesse n'est pas moindre, mais sa course est plus longue. Songez que j'en puis dire autant des comètes, quand même leur marche serait plus lente, ce qui est contraire à la vérité. La dernière comète a parcouru, en six mois, la moitié du ciel ; la précédente a mis moins de temps à disparaître. Mais, dit-on encore, elles sont pesantes, puisqu'elles descendent. D'abord, ce n'est point descendre que se mouvoir circulairement ; ensuite la dernière comète, partie du nord, s'est avancée par l'occident vers le midi, et c'est à force de s'élever qu'elle s'est dérobée à nos yeux. L'autre, la Claudienne, fut d'abord vue au septentrion, et ne cessa de monter perpendiculairement jusqu'à ce qu'elle disparut. Voilà, sur les comètes, tout ce que je sache d'intéressant pour moi ou pour les autres. Suis-je dans le vrai ? C'est à ceux qui le connaissent à en juger. Pour nous, nous ne pouvons rien que chercher à tâtons, que cheminer dans l'ombre et par conjecture, sans être sûrs de trouver juste, comme aussi sans désespérer.

XXX. Aristote a dit admirablement : Ne soyons jamais plus circonspects que lorsque nous parlons des dieux. Si nous entrons dans les temples avec recueillement, si nous n'approchons d'un sacrifice que les yeux baissés et la toge ramenée sur la poitrine, si tout alors, dans notre maintien, témoigne de notre respect ; combien plus de retenue ne doit-on pas s'imposer quand on discute sur les astres, les planètes, la nature des dieux, pour n'avancer rien de téméraire ou d'irrévérencieux, ne pas affirmer ce qu'on ne sait point, ni mentir à la vérité que l'on sait ! Faut-il s'étonner qu'on découvre si lentement ce qui est si profondément caché ! Panætius et ceux qui veulent faire croire que les comètes ne sont pas des astres ordinaires, et qu'elles n'en ont que la fausse apparence, ont

tentis anni, quomodo illa quæ Chaldæi canunt, quid stella nascentibus triste lætumve constituat. Hoc ut scias ita esse, non statim Cometes ortus ventos et pluvias minatur, ut Aristoteles ait, sed annum totum suspectum facit. Ex quo apparet, illum non ex proximo, quæ in proximum daret, signa traxisse, sed habere reposita et compressa legibus mundi. Fecit is Cometes, qui Paterculo et Vopisco consulibus apparuit, quæ ab Aristotele Theophrastoque sunt prædicta. Fuerunt enim maximæ et continuæ tempestates ubique. At in Achaia, Macedoniaque, urbes terrarum motibus prorutæ sunt. Tarditas, inquit, illorum argumentum est, graviores esse, multumque in se habere terreni ; ipsi præterea cursus ; fere enim compelluntur in cardines.

XXIX. Utrumque falsum est. De priore dicam prius. Quid ? quæ tardius feruntur, gravia sunt ? Quid ergo ? Stella Saturni, quæ ex omnibus iter suum lentissime efficit, gravis est. Atqui levitatis argumentum habet, quod super ceteras est. Sed majore, inquis, ambitu circuit, nec tardius it quam ceteræ, sed longius. Succurrat tibi, idem me de Cometis posse dicere, etiamsi segnior illis cursus sit. Sed mendacium est, ire eos tardius. Nam intra sextum mensem dimidiam cœli partem transcurrit hic proximus ; prior intra pauciores menses recepit se. Sed quia graves sunt, inferius deferuntur. Primum non defertur, quod circumfertur. Deinde hic proximus a Septentrione motus sui initium fecit, et per Occidentem in Meridiana pervenit, erigensque suum cursum obliturit. Alter ille Claudianus a Septentrione primum visus, non desiit in rectum assidue celsior ferri, donec excessit. Hæc sunt quæ aut alios movere ad Cometas pertinentia, aut me. Quæ an vera sint, discutiant, quibus est scientia veri. Nobis rimari illa et conjectura ire in occulto tantum licet, nec cum fiducia inveniendi, nec sine spe.

XXX. Egregie Aristoteles ait, nunquam nos verecundiores esse debere, quam quum de diis agitur. Si intramus templa compositi, si ad sacrificium accessuri vultum submittimus, togam adducimus, si in omne argumentum modestiæ fingimur ; quanto hoc magis facere debemus, quum de sideribus, de stellis, de deorum natura disputamus, ne quid temere, ne quid impudenter, aut ignorantes affirmemus, aut scientes mentiamur ? Nec miremur tam tarde erui, quæ tam alto jacent. Panætio, et his qui videri volunt Cometen non esse ordinarium sidus, sed falsam sideris faciem, diligenter tractatum est, an æque omnis pars anni edendis Cometis satis apta sit ; an omnia

soigneusement examiné si toutes les saisons sont également propres à ces apparitions; si toute région du ciel peut en engendrer; si elles peuvent se former partout où elles peuvent se porter, et autres questions qui s'évanouissent toutes, si, comme je le dis, les comètes ne sont pas des embrasements fortuits; si elles entrent dans la constitution même du ciel, qui les montre rarement et nous dérobe leurs évolutions. Combien d'autres corps roulent en secret dans l'espace, et ne se lèvent jamais pour les yeux de l'homme! Dieu, en effet, n'a pas tout fait pour nous. Quelle faible portion de ce vaste ensemble est accordée à nos regards! L'arbitre, le créateur de tant de prodiges, le fondateur de ce grand tout dont il s'est fait le centre; ce Dieu, la plus belle et la plus noble partie de son ouvrage, se dérobe lui-même à nos yeux; il n'est visible qu'à la pensée.

XXXI. Bien d'autres puissances, voisines de l'être suprême par leur nature et leur pouvoir, nous sont inconnues, ou peut-être, merveille encore plus grande, échappent à nos yeux à force de les éblouir, soit parce que des substances si ténues deviennent imperceptibles à la vue de l'homme, soit parce que leur majestueuse sainteté se cache dans une retraite profonde pour gouverner leur empire, c'est-à-dire elles-mêmes, et ne laisser d'accès qu'à l'âme. Quel est cet être sans lequel rien n'existe? Nous ne pouvons le savoir, et nous sommes surpris de ne connaître qu'imparfaitement quelques points lumineux, nous à qui échappe ce dieu qui, dans l'univers, tient la plus grande place! Que d'animaux nous ne connaissons que depuis le siècle actuel! Combien d'autres, inconnus de nous, seront découverts par les races futures! Que de conquêtes pour les âges à venir, quand notre mémoire même ne sera plus! Que serait le monde, s'il n'enfermait cette grande énigme que le monde entier doit chercher? Il est des mystères religieux qui ne se révèlent pas en un jour. Éleusis réserve des secrets pour ceux qui la viennent revoir. Ainsi, la nature ne se manifeste pas toute au premier abord. Nous nous croyons initiés, et nous sommes encore aux portes du temple. Ses merveilles ne se découvrent pas indistinctement et à tout mortel; elles sont reculées et enfermées au fond du sanctuaire. Ce siècle en verra quelques-unes; d'autres seront pour l'âge qui va nous remplacer. Quand donc ces connaissances arriveront-elles à l'homme? Les grandes découvertes sont lentes, surtout lorsque les efforts languissent. Il n'est qu'une chose où nous tendons de toutes les forces de notre âme, et nous n'y atteignons pas encore: c'est d'être le plus corrompus qu'il soit possible. Nos vices sont encore en progrès. Le luxe trouve à se passionner de nouvelles folies; la débauche invente contre elle-même de nouveaux outrages; la vie de délices qui dissout et consume tout l'homme trouve à enchérir sur ces raffinements homicides. Nous n'avons pas assez fait abdication de virilité. Ce qui nous reste d'habitudes mâles disparait sous le luisant et le poli de nos corps. Nous avons vaincu les femmes en toilette; le fard des courtisanes, que nos dames romaines se sont interdit, nous, Romains, l'avons adopté. On affecte des attitudes molles, une allure de femme, un pas indécis; on ne marche plus, on se laisse aller. Des anneaux parent nos

cœli regio idonea, in qua creentur; an quacumque ire, ibi etiam concipi possint; et cetera, quæ universa tolluntur, quum dico illos fortuitos non esse ignes, sed intextos mundo, quos non frequenter educit, sed in occulto movet. Quam multa præter hos per secretum eunt, nunquam humanis oculis orientia? Neque enim omnia Deus homini fecit. Quota pars operis tanti nobis committitur? Ipse qui ea tractat, qui condidit, qui totum hoc fundavit, deditque circa se, majorque est pars operis sui, ac melior, effugit oculos, cogitatione visendus est.

XXXI. Multa præterea cognata numini summo, et vicinam sortita potentiam, obscura sunt. Aut fortasse, quod magis mireris, oculos nostros et implent et effugiunt: sive illis tanta subtilitas est, quantam consequi acies humana non possit; sive in sanctiore secessu majestas tanta delituit, et regnum suum, id est, se, regit, nec ulli aditum dat, nisi animo. Quid sit hoc, sine quo nil est, scire non possumus; et miramur, si quos igniculos parum novimus, quum maxima pars mundi Deus lateat? Quam multa animalia hoc primum cognovimus seculo, et quidem multa venientis ævi populus ignota nobis sciet. Multa seculis tunc futuris, quum memoria nostri exoleverit, reservantur. Pusilla res mundus est, nisi in illo quod quærat omnis mundus habeat. Non semel quædam sacra traduntur. Eleusin servat, quod ostendat revisentibus. Rerum natura sacra sua non simul tradit. Initiatos nos credimus; in vestibulo ejus hæremus. Illa arcana non promiscue nec omnibus patent; reducta et in interiore sacrario clausa sunt. Ex quibus aliud hæc ætas, aliud quæ post nos subibit, dispiciet. Quando ergo ista in notitiam nostram perducentur? Tarde magna proveniunt; utique si labor cessat. In quod unum toto agimur animo, nondum perfecimus, ut pessimi essemus. Adhuc in processu vitia sunt. Invenit luxuria aliquid novi, in quod insaniat. Invenit impudicitia novam contumeliam sibi. Invenit deliciarum dissolutio et tabes aliquid tenerius mollius que, quo pereat. Nondum satis robur omne projecimus. Adhuc quidquid est boni moris, exstinguimus lævitate et politura corporum. Muliebres munditias antecessimus, colores meretricios, matronis quidem non induendos, viri sumimus. Tenero et molli ingressu suspendimus gradum; non ambulamus, sed incedimus. Exornamus annulis digitos; in omni articulo gemma disponitur. Quotidie comminiscimur, per quæ virilitati fiat injuria, aut traducatur.

doigts; sur chaque phalange brille une pierre précieuse. Tous les jours nous imaginons de nouveaux moyens de dégrader notre sexe ou de le travestir, ne pouvant le dépouiller : l'un livre au fer ce qui le fait homme; l'autre cherche l'asile déshonoré du cirque, se loue pour mourir, et s'arme pour devenir infâme. L'indigent même est libre de satisfaire ses goûts monstrueux.

XXXII. Vous êtes surpris que la science n'ait pas encore achevé son œuvre ! L'immoralité n'a pas acquis tout son développement. Elle ne fait que de naître, et tous pourtant nous lui vouons nos soins ; nos yeux, nos mains se font ses ministres. Mais la science, quels amis a-t-elle ? qui la croit digne de mieux que d'un coup-d'œil en passant ? Et la philosophie, les arts libéraux, quels qu'ils soient, leur donne-t-on d'autres moments que ceux que laisse l'intervalle des jeux ou une journée pluvieuse, d'autres moments que les moments perdus ? Aussi, les branches de la grande famille philosophique s'éteignent-elles faute de rejetons. Les deux académies, l'ancienne et la moderne, n'ont plus de pontife qui les continue. Chez qui puiser la tradition et la doctrine pyrrhoniennes ? L'illustre mais impopulaire école de Pythagore n'a point trouvé de représentant. Celle des Sextius, qui la renouvelait avec une vigueur toute romaine, suivie à sa naissance avec enthousiasme, est déjà morte. En revanche, que de soins et d'efforts pour que le nom du moindre pantomime ne puisse périr ! Elle revit dans leurs successeurs la noble race de Pylade et de Bathylle ; pour ce genre de sciences il y a force disciples, force maîtres. Chaque maison n'est plus qu'un bruyant théâtre de danses où figurent les deux sexes. Le mari et la femme se disputent chacun leur partenaire. Le front usé par le masque mimique, on court ensuite aux lieux de prostitution. Pour la philosophie, nul n'en a souci. Aussi, bien loin que l'on découvre ce qui a pu échapper aux investigations de nos pères, la plupart de leurs découvertes meurent dans l'oubli. Et pourtant, ô dieux ! quand nous y vouerions toutes nos facultés; quand notre jeunesse, tempérante, en ferait son unique étude; les pères, le texte de leurs leçons; les fils, l'objet de leurs travaux, à peine arriverions-nous au fond de cet abîme où dort la vérité, qu'aujourd'hui notre indolente main ne cherche qu'à la surface du sol.

quia non potest exui. Alius genitalia excidit, alius in obscœnam partem ludi fugit, et locatus ad mortem, infamiæ armatur. Egenus etiam, in quo morbum suum exerceat, legit.

XXXII. Miraris, si nondum sapientia omne opus suum implevit? Nondum tota se nequitia protulit. Adhuc nascitur, et huic omnes operam damus; huic oculi nostri, huic manus serviunt. Ad sapientiam quis accedit? quis dignam judicat, nisi quam in transitu noverit? Quis philosophiam, aut ullum liberale respicit studium, nisi quum ludi intercalantur, quum aliquis pluvius intervenit dies, quem perdere licet? Itaque tot familiæ philosophorum sine successore deficiunt. Academici et veteres et minores nullum antistitem reliquerunt. Quis est qui tradat præcepta Pyrrhonis? Pythagorica illa invidiosa turbæ schola præceptorem non invenit. Sextiorum nova et Romani roboris secta, inter initia sua, quum magno impetu cœpisset, exstincta est. At quanta cura laboratur, ne cujuslibet pantomimi nomen intercidat? Stat per successores Pyladis et Bathylli domus; harum artium multi discipuli sunt, multique doctores. Privatim urbe tota sonat pulpitum. In hoc viri, in hoc feminæ tripudiant. Mares inter se uxoresque contendunt, uter det latus illis. Deinde sub persona quum diu trita frons est, transitur ad ganeam. Philosophiæ nulla cura est. Itaque adeo nihil invenitur ex his quæ parum investigata antiqui reliquerunt, ut multa quæ inventa erant, obliterentur. At mehercules si hoc totis membris premeremus, si in hoc juventus sobria incumberet, hoc majores docerent, hoc minores addiscerent, vix ad fundum veniretur, in quo veritas posita est, quam nunc in summa terra et levi manu quærimus.

FRAGMENTS.

FRAGMENTS TIRÉS DE LACTANCE.

I. Ne comprends-tu pas l'autorité et la majesté de ton juge? Régulateur de notre globe, Dieu du ciel et de tous les autres dieux, de lui relèvent ces puissances célestes qui se partagent nos adorations et notre culte.

II. Alors qu'il jetait les premiers fondements de son édifice merveilleux, et qu'il ébauchait cette œuvre, la plus vaste et la plus parfaite que la nature ait connue, il voulut que chaque chose marchât sous son chef, et bien que lui-même s'incorporât à tout l'ensemble de son empire, le dieu se créa aussi des ministres.

III. Notre origine se rattache à quelque chose qui est hors de nous. Et notre pensée se reporte à un être à qui nous sommes redevables de ce qu'il y a en nous de meilleur. Nous tenons d'un autre notre naissance, tout ce que nous sommes : Dieu n'est l'œuvre que de lui-même.

IV. D'où vient donc que Jupiter, si incontinent chez les poëtes, a cessé de procréer des enfants? Est-il devenu sexagénaire, et la loi Papia l'a-t-elle soumis à l'infibulation? A-t-il obtenu le privilége de n'avoir que trois enfants? Ou lui est-il venu enfin à l'esprit qu'il faut s'attendre à recevoir des autres ce qu'on a fait à autrui ; et craint-il qu'on ne le traite comme lui-même a traité Saturne?

V. Ils vénèrent les simulacres des dieux, ils les supplient même le genou en terre, ils les adorent ; ils se tiennent tout un jour assis ou debout devant ces images ; ils leur jettent de l'argent, leur immolent des victimes, prodiguent à ces œuvres de l'homme le culte le plus passionné ; et l'ouvrier qui les a fabriquées, ils le méprisent.

VI. Nous ne sommes pas deux fois enfants, comme on a coutume de le dire ; nous le sommes toujours. Mais il y a cette différence, que nos enjeux sont plus forts.

VII. Ne louerons-nous donc point Dieu parce

FRAGMENTA.

I. Non intelligis, inquit, auctoritatem ac majestatem judicis tui? Rector is orbis terrarum, cœlique et deorum omnium Deus, a quo ista numina, quæ singula adoramus et colimus, suspensa sunt.

XII. Hic, quum prima fundamenta molis pulcherrimæ jaceret, et hoc ordiretur, quo neque majus quidquam novit natura, nec melius, ut omnia sub ducibus suis irent, quamvis ipse per totum se corpus intenderat, tamen ministros regni sui deos genuit.

III. Nos aliunde pendemus. Itaque ad aliquem respicimus, cui, quod est optimum in nobis, debeamus. Alius nos edidit, alius instruxit : Deus ipse se fecit.

IV. Quid ergo est, quare apud poetas sallacissimus Jupiter desierit liberos tollere? Utrum sexagenarius factus est, et illi lex Papia fibulam imposuit? an impetravit jus trium liberorum? an tandem illi venit in mentem, ab alio exspectes, alteri quod feceris? et timet, ne quis sibi faciat, quod ipse Saturno?

V. Simulacra deorum venerantur; illis supplicant genu posito; illa adorant; illis per totum assident diem, aut adstant; illis stipitem jaciunt, victimas cædunt; et quum hæc tantopere suspiciant, fabros qui illa fecere, contemnunt.

VI. Non bis pueri sumus (ut vulgo dicitur), sed semper. Verum hoc interest, quod majora nos ludimus.

VII. Ergo, Deum non laudabimus, cui naturalis est

que sa vertu est dans sa nature? En effet, il ne l'a apprise de personne. Oui vraiment, nous le louerons; car bien que sa vertu soit dans sa nature, c'est lui qui se l'est donnée, puisque sa nature c'est Dieu lui-même.

VIII. La philosophie n'est autre chose qu'une règle morale de conduite, ou bien la science de vivre honnêtement, ou l'art d'ordonner moralement sa vie. Nous ne nous tromperons point en disant que la philosophie est la loi qui nous fait bien et honnêtement vivre; et qui la définirait la règle de la vie, lui restituerait son vrai nom.

IX. La plupart des philosophes sont des hommes tels, que leurs belles paroles tournent à leur propre honte; à les ouïr pérorer contre l'avarice, la débauche, l'ambition, on dirait que c'est eux-mêmes qu'ils dénoncent, tant rejaillissent sur eux les traits qu'ils lancent sur la société. Il convient de les comparer à ces charlatans dont l'enseigne annonce des remèdes, et dont les tiroirs sont pleins de poisons. Il est de ces philosophes que ne retient même pas la honte de leurs vices, et qui se forgent des apologies pour pallier leur turpitude, pour paraître même pécher honnêtement.

X. Le sage fera quelquefois ce qu'il n'approuvera point, si c'est un moyen d'arriver à un plus noble but; il ne renoncera pas aux principes du bien, mais il les accommodera au temps; et ce que d'autres exploitent au profit de leur morgue ou de leurs plaisirs, il le fera servir au bien commun.

XI. Tout ce que font les voluptueux, les ignorants, le sage le fera aussi, mais non de la même manière ni dans les mêmes vues.

XII. Il n'y a pas encore mille ans que les principes de la sagesse sont connus.

XIII. La plus haute vertu à leurs yeux, c'est un grand courage; et ces mêmes hommes tiennent pour frénétique celui qui méprise la mort, ce qui révèle en eux une profonde perversité.

XIV. L'homme vraiment honorable n'est pas celui que la pourpre ou le bandeau royal et une escorte de licteurs distinguent entre tous : c'est celui qui, sans être inférieur à aucune situation, voit la mort à ses côtés sans en être troublé comme d'une chose qui lui semblerait nouvelle; c'est celui qui, soit qu'il lui faille livrer aux tortures toutes les parties de son corps, ou recevoir dans la bouche un tison ardent, ou étendre ses bras sur un gibet, songe alors non à ses souffrances, mais au moyen de les bien supporter.

XV. Il est grand, quel qu'il soit, et plus grand qu'on ne le saurait concevoir, ce Dieu au culte duquel nous consacrons notre vie; c'est son suffrage qu'il nous faut mériter. Car il ne sert de rien que notre conscience soit fermée à tous les regards; elle est ouverte à Dieu.

XVI. Que fais-tu? Que machines-tu? Que caches-tu? Ton surveillant te suit. Tu en as eu d'autres qu'un voyage, que la mort, que la maladie t'enlevèrent; celui-ci reste à tes côtés, et jamais il ne te manquera. Pourquoi choisir un lieu reculé, éloigner les témoins? Crois-tu donc avoir réussi à te soustraire aux yeux de tous? Insensé! que te sert de n'avoir pas de confidents? N'as-tu pas ta conscience?

XVII. Ne sauriez-vous concevoir un Dieu dont la grandeur égale la mansuétude, un Dieu véné-

virtus? Nec enim illam didicit ex ullo. Immo laudabimus; quamvis enim naturalis illi sit, sibi illam dedit, quoniam Deus ipse natura est.

VIII. Philosophia nihil aliud est, quam recta vivendi ratio; vel honeste vivendi scientia; vel ars recte vitæ agendæ. Non errabimus, si dixerimus, philosophiam esse legem bene honesteque vivendi. Et qui dixerit illam regulam vitæ, suum illi nomen reddiderit.

IX. Plerique philosophorum tales sunt, ut sint diserti in convicium suum; quos si audias in avaritiam, in libidinem, in ambitionem perorantes, professionis indicium putes; adeo redundant in ipsos maledicta in publicam missa; quos non aliter intueri debes, quam medicos, quorum tituli remedia habent, pyxides venena.

X. Faciet sapiens, etiam quæ non probabit, ut etiam ad majora transitum inveniat; nec relinquet bonos mores, sed tempori aptabit; et quibus alii utuntur in gloriam, aut voluptatem, utetur agendæ rei causa.

XI. Omnia quæ luxuriosi faciunt, quæque imperiti, faciet et sapiens, sed non eodem modo, eodemque proposito.

XII. Nondum sunt, mille anni, ex quo initia sapientiæ nota sunt.

XIII. Summa virtus illis videtur magnus animus; et iidem eum, qui contemnit mortem, pro furioso habent; quod est utique summæ perversitatis.

XIV. Hic est ille homo honestus, non apice, purpurave, non lictorum insignis ministerio, sed nulla re minor; qui quum mortem in vicino videt, non sic perturbatur, tanquam rem novam viderit; qui, sive toto corpore tormenta patienda sunt, sive flamma ore recipienda est, sive extendendæ per patibulum manus, non quærit quid patiatur, sed quam bene. Qui autem Deum colit, hæc patitur, nec timet.

XV. Magnum, nescio quid, majusque quam cogitari potest, numen est; cui vivendo operam damus, huic nos approbemus. Nihil prodest inclusam esse conscientiam; patemus Deo.

XVI. Quid agis? quid machinaris? quid abscondis? Custos te tuus sequitur. Alium tibi peregrinatio subduxit, alium mors, alium valetudo; hæret hic, quo carere nunquam potes. Quid locum abditum legis, et arbitros removes? Putas tibi contigisse, ut oculos omnium effugias? Demens, quid tibi prodest non habere conscium, habenti conscientiam?

XVII. Vultisne vos deum cogitare? magnum et pla-

rable par sa douce majesté, ami de l'homme, toujours présent à ses côtés, et qui demande non point des victimes ni des flots de sang pour hommage (quel plaisir, en effet, de voir égorger d'innocents animaux), mais une âme pure, mais des intentions droites et vertueuses. Il n'a pas besoin qu'on lui construise des temples, en élevant à une grande hauteur des masses de pierres ; c'est dans son cœur que chacun doit lui consacrer un sanctuaire.

XVIII. La première enfance de Rome se passa sous le roi Romulus, qui fut son père et commença pour ainsi dire son éducation. Le second âge a été sous les rois suivants ; elle grandit et se forma à l'abri de leurs nombreux réglements et de leurs institutions. Mais quand Tarquin régna, Rome, adulte déjà, devint impatiente de la servitude, rejeta le joug d'une orgueilleuse domination, et aima mieux obéir aux lois qu'à la volonté d'un seul. Son adolescence finit avec les guerres puniques ; alors ses forces avaient pris tout leur développement, et elle entrait dans la jeunesse. Carthage, en effet, ayant cessé d'être, après lui avoir longtemps disputé l'empire, Rome étendit en tous lieux, sur terre et sur mer, ses puissantes mains, tant qu'enfin, rois et peuples réunis tous sous son commandement, et la guerre ne lui offrant plus de théâtre, elle fit de ses forces un funeste usage en les tournant à sa propre ruine De là date sa vieillesse, alors que déchirée de guerres civiles, en proie à des convulsions intestines, elle tombe de nouveau sous le régime d'un chef unique, et rétrograde vers l'enfance. Après la perte de cette liberté que, sur les pas et à la voix de Brutus, elle avait su défendre, sa décrépitude devint telle, qu'elle sembla ne plus pouvoir se soutenir qu'en cherchant quelque appui dans la tutelle des gouvernants.

FRAGMENTS TIRÉS DE SAINT JÉROME.

I. Mieux lui eût valu cependant que cet événement eût servi à glorifier en elle une chasteté incontestée, plutôt qu'à la justifier des soupçons.

II. L'amour de la beauté physique est un oubli de la raison, qui touche à la folie, une faiblesse dégradante qui ne sied nullement à une âme saine, qui trouble le jugement, paralyse les sentiments nobles et généreux, et des hautes spéculations de l'esprit nous ravale aux pensées les plus basses ; il nous rend grondeurs, irascibles, téméraires, impérieux jusqu'à la dureté, ou servilement flatteurs, inutiles à tous, et à l'amour même. Car l'insatiable passion de jouir qui le dévore lui fait perdre presque tout le temps en soupçons, en larmes, en plaintes éternelles ; il se fait haïr, et finit par se prendre en haine à son tour.

III. Sénèque rapporte encore qu'il a connu un homme distingué qui, lorsqu'il avait à sortir, entourait d'un voile à plusieurs replis le sein de sa femme, et ne pouvait rester même l'espace d'une heure privé de sa présence : ni la femme, ni le mari ne prenaient aucun breuvage que l'au-

---

cidum, et majestate leni verendum ; amicum, et semper in proximo ; non immolationibus et sanguine multo colendum ; quæ enim ex trucidatione immerentium voluptas est ? sed mente pura, bono honestoque proposito. Non templa illi, congestis in altitudinem saxis, struenda sunt ; in suo cuique consecrandus est pectore.

XVIII. Primam enim dixit infantiam sub rege Romulo fuisse, a quo et genita, et quasi educata sit Roma ; deinde pueritiam sub ceteris regibus, a quibus et aucta sit, et disciplinis pluribus institutisque formata ; at vero Tarquinio regnante, quum jam quasi adulta esse cœpisset, servitium non tulisse, et rejecto superbæ dominationis jugo, maluisse legibus obtemperare, quam regibus ; quumque esset adolescentia ejus fine Punici belli terminata, tum denique confirmatis viribus cœpisse juvenescere. Sublata enim Carthagine, quæ tam diu æmula imperii fuit, manus suas in totum orbem terra marique porrexit ; donec regibus cunctis et nationibus imperio subjugatis, quum jam bellorum materia deficeret, viribus suis male uteretur, quibus ipsa confecit. Hæc fuit prima ejus senectus, quum bellis lacerata civilibus, atque intestino malo pressa, rursus ad regimen singularis imperii recidit, quasi ad alteram infantiam revoluta. Amissa enim libertate, quam Bruto duce et auctore defenderat, ita consenuit, tanquam sustentare se ipsa non valeret, nisi adminiculo regentium niteretur.

B. HIERONYMUS ADVERSUS JOVINIANUM LIBRO PRIMO.

I. Melius tamen, cum illa esset actum, si hoc quod evenit, ornamentum potius exploratæ fuisset pudicitiæ, quam dubiæ patrocinium.

II. Amor formæ oblivio est, et insaniæ proximus, fœdum minimeque conveniens animo sospiti vitium ; turbat consilia, altos et generosos spiritus frangit, a magnis cogitationibus ad humillimas detrahit ; querulos, iracundos, temerarios, duro imperiosos, serviliter blandos, omnibus inutiles, ipsi novissime amori, facit. Nam quum fruendi cupiditate insatiabili flagrat, plura tempora suspicionibus, lacrymis, conquestionibus perdit, odium sui facit, et ipse novissime sibi odio est.

III. Refert præterea Seneca, cognovisse se quemdam ornatum hominem, qui exiturus in publicum, fascia uxoris pectus colligabat, et ne puncto quidem horæ præsentia ejus carere poterat ; potionemque nullam, nisi alterius tactam labris, vir et uxor hauriebant ; alia deinceps

tre ne l'eût touché de ses lèvres; faisant du reste mille autres extravagances où éclatait l'aveugle violence d'une passion sans frein.

IV. Car que dire des citoyens pauvres, dont la plupart ne se déterminent à prendre le nom de mari que pour éluder les lois portées contre le célibat? Comment peut-il régler les mœurs de sa compagne, et lui prescrire la chasteté, et maintenir l'autorité maritale, celui qui dans sa femme a pris un maître?

non minus inepta facientes, in quæ improvida vis ardentis affectus erumpebat.

IV. Nam quid de viris pauperibus dicam? quorum in nomen mariti, ad eludendas leges quæ contra cœlibes sunt, pars magna conducitur. Quomodo potest regere mores, et præcipere castitatem, et mariti auctoritatem tueri, cui nupsit?

ÉPITRES A LUCILIUS.

ÉPITRE PREMIÈRE.

Que le temps est précieux, et qu'il en faut être bon ménager.

Faites en sorte, mon cher Lucile, que vous soyez à vous-même ; et ménagez le temps que l'on a coutume de vous ravir, ou de vous dérober, ou que vous-même laissez échapper. Croyez que c'est une vérité, qu'il y a des heures que l'on nous emporte, d'autres que l'on nous soustrait, et d'autres enfin qui s'écoulent insensiblement ; mais la plus honteuse de toutes ces pertes est celle qui arrive par notre négligence. Si vous y prenez garde, vous trouverez qu'il se passe beaucoup de la vie à mal faire, davantage à ne rien faire, et tout à faire autre chose que ce qu'on devrait faire. Où voit-on une personne qui sache estimer le temps et la valeur d'une journée, et qui considère que chaque jour il approche de sa fin ? Voici ce qui nous trompe ; nous regardons la mort comme si elle était loin de nous ; bien qu'en effet la plus grande partie en soit déjà passée ; car le temps qui s'est écoulé jusqu'à cette heure appartient à la mort. Continuez donc ce que vous m'écrivez que vous faites ; tenez compte de toutes les heures, afin qu'ayant profité du temps présent, vous ayez moins besoin de l'avenir. La vie se consume devant toutes nos remises. En vérité, il n'y a rien qui soit tant à nous que le temps, et l'on peut dire que tout le reste n'est point à nous. C'est la seule chose dont la nature nous a mis en possession, qui toutefois est si légère et si glissante, que le premier venu nous le peut ôter. Les hommes ont cette fantaisie, qu'ils se tiennent obligés pour des bagatelles qu'on leur a accordées, et comptent pour rien le temps qu'on leur a donné, qui est pourtant une chose que les plus reconnaissants ne sauraient payer.

Vous me demanderez peut-être ce que je fais,

EPISTOLA I.

DE TEMPORIS USU.

Ita fac, mi Lucili, vindica te tibi, et tempus, quod adhuc aut auferebatur, aut subripiebatur, aut excidebat, collige et serva. Persuade tibi hoc, sic esse ut scribo : quædam tempora eripiuntur nobis, quædam subducuntur, quædam effluunt. Turpissima tamen est jactura, quæ per negligentiam fit ; et, si volueris attendere, maxima pars vitæ elabitur male agentibus, magna nihil agentibus, tota vita aliud agentibus. Quem mihi dabis, qui aliquod pretium tempori ponat ? qui diem æstimet ? qui intelligat se quotidie mori ? In hoc enim fallimur, quod mortem prospicimus ; magna pars ejus jam præteriit ; quidquid ætatis retro est mors tenet. Fac ergo, mi Lucili, quod facere te scribis ; omnes horas complectere : sic fiet, ut minus ex crastino pendeas, si hodierno manum injeceris. Dum differtur vita, transcurrit. Omnia, mi Lucili, aliena sunt ; tempus tantum nostrum est. In hujus rei unius fugacis ac lubricæ possessionem natura nos misit, ex qua expellit quicumque vult ; et tanta stultitia mortalium est, ut, quæ minima et vilissima sunt, certe reparabilia, imputari sibi, quum impetravere, patiantur ; nemo se judicet quidquam debere, qui tempus accepit ; quum interim hoc unum est, quod ne gratus quidem potest reddere. Interrogabis fortasse,

moi qui vous donne ces avis ; je vous avouerai que je fais comme ces gens qui vivent dans le luxe, mais avec quelque économie. Je tiens registre de ma dépense ; je ne dirai pas que je ne perds rien, mais au moins dirai-je combien je perds : en un mot, je rendrai raison de ma pauvreté. Il m'arrive aussi, comme à ceux qui sont tombés en disette, sans qu'il y ait de leur faute : tout le monde les excuse, et personne ne les soulage. Mais quoi ! je n'estime pas pauvre celui qui se contente du peu qui lui reste. J'aime mieux pourtant que vous conserviez ce que vous avez et que vous commenciez de bonne heure ; car, suivant l'ancien proverbe, il est bien tard d'épargner le vin lorsqu'il est à la lie. Pour ce qui reste au fond du vaisseau, outre que c'est peu de chose, encore est-ce le plus mauvais.

ÉPITRE II.

Il ne faut pas lire toute sorte de livres : il suffit de lire les bons. — Le pauvre n'est pas celui qui a peu de chose, mais celui qui désire plus que ce qu'il a.

Ce que vous m'écrivez et ce que l'on me dit de vous, me fait bien espérer de vous : vous ne courez point, vous ne changez point continuellement de lieux ; cette agitation n'appartient qu'à un esprit malade. Il me semble que la meilleure marque d'un esprit bien fait, c'est de pouvoir s'arrêter et demeurer avec soi-même. Mais prenez garde que dans cette lecture que vous faites de plusieurs auteurs et de toutes sortes de livres, il n'y ait quelque chose de vague et de trop léger. Il faut s'attacher, et se nourrir de leur esprit, si nous en voulons tirer quelque chose qui demeure au fond de notre âme. Qui est partout, n'est nulle part. Ceux qui ne s'arrêtent à aucun auteur, et qui passent légèrement sur les matières, sont semblables aux voyageurs, lesquels se font beaucoup d'hôtes et point d'amis. La viande prise et rendue presque en même temps ne sert de rien pour la nourriture du corps ; rien n'est si contraire à la guérison que de changer souvent de remèdes. La plaie ne se ferme point tant qu'on y essaie divers médicaments ; un arbre ne prend point racine s'il est souvent transplanté, et il n'y a rien dans la nature de si salutaire qui puisse servir quand il ne fait que passer.

Car enfin, la multitude des livres dissipe les forces de l'esprit : c'est pourquoi, comme on n'en peut pas lire autant qu'on en peut avoir, il suffit d'en avoir autant qu'on en peut lire. — Mais, direz-vous, je veux lire tantôt celui-ci, tantôt celui-là. — C'est la marque d'un estomac dégoûté de vouloir tâter de plusieurs viandes, qui, par leurs qualités différentes, corrompent plutôt qu'elles ne nourrissent. Lisez donc toujours des auteurs approuvés, et, s'il vous arrive d'en lire d'autres, reprenez les premiers. Faites chaque jour quelque fonds contre la mort, contre la pauvreté et contre les autres misères de la vie. Quand vous aurez parcouru beaucoup de choses, choisissez-en une pour la bien digérer ce jour-là.

Pour moi, j'en use ainsi, et je m'arrête d'ordinaire à quelque point, entre plusieurs que j'ai

---

quid ego faciam, qui tibi ista præcipio? Fatebor ingenue; quod apud luxuriosum, sed diligentem, evenit; ratio mihi constat impensæ. Non possum dicere, nihil perdere; sed quid perdam, et quare, et quemadmodum, dicam: causas paupertatis meæ reddam. Sed evenit mihi, quod plerisque non suo vitio ad inopiam redactis ; omnes ignoscunt, nemo succurrit. Quid ergo est? Non puto pauperem, cui, quantulumcumque superest, sat est. Tu tamen malo serves tua; et bono tempore incipies. Nam, ut visum est majoribus nostris, sera parcimonia in fundo est. Non enim tantum minimum in imo, sed pessimum remanet. Vale.

EPISTOLA II.
DE ITINERIBUS ET DE LECTIONE.

Ex his quæ mihi scribis, et ex his quæ audio, bonam spem de te concipio; non discurris, nec locorum mutationibus inquietaris. Ægri animi ista jactatio est. Primum argumentum compositæ mentis existimo, posse consistere, et secum morari. Illud autem vide, ne ista lectio auctorum multorum et omnis generis voluminum habeat aliquid vagum et instabile. Certis ingeniis immorari et innutriri oportet, si velis aliquid trahere, quod in animo fideliter sedeat. Nusquam est, qui ubique est. Vitam in peregrinatione exigentibus hoc evenit, ut multa hospitia habeant, nullas amicitias. Idem accidere necesse est his, qui nullius se ingenio familiariter applicant, sed omnia cursim et properantes transmittunt. Non prodest cibus, nec corpori accedit, qui statim sumptus emittitur. Nihil æque sanitatem impedit, quam remediorum crebra mutatio. Non venit vulnus ad cicatricem, in quo medicamenta tentantur; non convalescit planta, quæ sæpe transfertur; nihil tam utile est, ut in transitu prosit. Distringit librorum multitudo. Itaque quum legere non possis quantum habueris, satis est habere quantum legas. — Sed modo, inquis, hunc librum evolvere volo, modo illum. — Fastidientis stomachi est multa degustare ; quæ ubi varia sunt et diversa, inquinant, non alunt. Probatos itaque semper lege; et, si quando ad alios diverti libuerit, ad priores redi. Aliquid quotidie adversus paupertatem, aliquid adversus mortem auxilii compara, nec minus adversus cæteras pestes; et quum multa percurreris, unum excerpe, quod illo die concoquas. Hoc ipse quoque facio; ex pluribus, quæ legi, aliquid apprehendo. Hodiernum hoc est, quod apud Epi-

lus. Voici ce que j'ai trouvé aujourd'hui chez Épicure : car j'entre quelquefois dans le parti contraire, non pas comme transfuge, mais comme espion. « C'est, dit-il, une chose fort honnête qu'une pauvreté gaie et contente; » mais si elle est contente, elle n'est pas pauvreté, car celui qui s'accommode avec la pauvreté est riche en effet; et on doit estimer pauvre, non celui qui a peu de chose, mais celui qui en désire davantage. Qu'importe d'avoir beaucoup d'argent, de grains, de troupeaux et de rentes, si l'on convoite le bien d'autrui, et si l'on considère plus ce que l'on voudrait posséder que ce que l'on possède? Voulez-vous savoir les bornes que l'on doit mettre aux richesses? La première est d'avoir le nécessaire, et la seconde ce qui suffit. Adieu.

ÉPITRE III.

Il est bon de délibérer avant que de faire un ami; mais, quand on l'a fait, on ne lui doit rien cacher.

Vous me mandez que vous avez donné des lettres à notre ami pour me les rendre ; puis vous m'avertissez de ne lui rien communiquer de ce qui vous touche, parce que vous avez coutume d'en user ainsi. Vous l'avez, dans une même lettre, avoué et désavoué pour votre ami; partant, il est à croire que vous avez suivi l'usage, et que vous l'avez appelé votre ami de la manière que nous qualifions gens de bien tous ceux qui briguent les dignités, et que nous appelons monsieur celui que nous avons à la rencontre, quand son nom ne se présente pas. Passe pour cela ; mais si vous tenez pour ami une personne en qui vous n'avez pas autant de confiance qu'en vous-même, vous vous trompez lourdement, et vous ne connaissez guère ce que c'est qu'une amitié véritable.

Examinez toutes choses avec votre ami ; mais examinez votre ami avant toutes choses : avant le choix on peut tout discuter; quand il est fait, on doit tout croire. Il y a des gens qui, par un ordre renversé et contre les préceptes de Théophraste, examinent après avoir aimé, et cessent d'aimer lorsqu'ils ont examiné.

Songez longtemps si vous devez prendre un tel pour ami ; quand vous l'aurez résolu, recevez-le à cœur ouvert, et lui parlez avec autant de confiance qu'à vous-même. Vivez pourtant de telle façon que vous ne fassiez rien que vous ne puissiez dire même à votre ennemi ; mais, hormis de certaines choses que la bienséance a rendues secrètes, vous devez faire part à votre ami de toutes vos pensées et de toutes vos affaires. Vous le rendrez fidèle, si vous croyez qu'il le soit; outre que l'on donne envie de tromper en craignant d'être trompé, et qu'il semble qu'on met en droit de commettre une faute celui que l'on soupçonne d'être capable de la faire.

Qu'est ce donc qui me peut obliger à retenir mes paroles en présence de mon ami? Pourquoi ne croirais-je pas que je suis seul quand je suis avec lui? Certaines gens disent à tout le monde ce qu'ils ne devraient confier qu'à leurs amis, et déchargent ce qui les presse dans le sein du premier qui se rencontre ; d'autres, au contraire, se cacheraient volontiers à eux-mêmes, et n'oseraient se découvrir à leurs meilleurs amis ; ils resserrent

---

curum nactus sum (soleo enim et in aliena castra transire, non tanquam transfuga, sed tanquam explorator) : « Honesta, inquit, res est, læta paupertas. » Illa vero non est paupertas, si læta est. Non qui parum habet, sed qui plus cupit, pauper est. Quid enim refert, quantum illi in arca, quantum in horreis jaceat, quantum pascat aut fœneret, si alieno imminet, si non adquisita, sed adquirenda computat? Quis sit divitiarum modus, quæris? Primus, habere quod necesse est; proximus, quod sat est. Vale.

EPISTOLA III.
DE ELIGENDIS AMICIS.

Epistolas ad me perferendas tradidisti, ut scribis, amico tuo. Deinde admones me, ne omnia cum eo ad te pertinentia communicem, quia non soleas ne ipse quidem id facere. Ita eadem epistola illum et dixisti amicum, et negasti. Itaque sic priore illo verbo, quasi publico, usus es, et sic illum amicum vocasti, quomodo omnes candidatos bonos viros dicimus; quomodo obvios, si nomen non succurrit, dominos salutamus. Hac abierit! Sed si aliquem amicum existimas, cui non tantumdem credis, quantum tibi, vehementer erras, et non satis nosti vim veræ amicitiæ. Tu vero omnia cum amico delibera, sed de ipso prius. Post amicitiam credendum est, ante amicitiam judicandum. Isti vero præpostero officia permiscent, qui contra præcepta Theophrasti, quum amaverunt, judicant, et non amant, quum judicaverunt. Diu cogita, an tibi in amicitiam aliquis recipiendus sit; quum placuerit fieri, toto illum pectore admitte ; tam audacter cum illo loquere, quam tecum. Tu quidem ita vive, ut nihil tibi committas, nisi quod committere etiam inimico tuo possis ; sed, quia interveniunt quædam, quæ consuetudo fecit arcana, cum amico omnes curas, omnes cogitationes tuas misce. Fidelem si putaveris, facies. Nam quidam fallere docuerunt, dum timent falli; et aliis jus peccandi suspicando fecerunt. Quid? quare ergo ulla verba coram amico meo retraham? quid est, quare me coram illo non putem solum? Quidam, quæ tantum amicis committenda sunt, obviis narrant, et in quaslibet aures, quidquid illos urit, exonerant; quidam rursus etiam carissimorum conscientiam reformidant, et, si possent, ne sibi quidem credituri, interius premunt omne secretum. Neutrum faciendum est; utrumque enim

leur secret au dedans. Il faut éviter ces deux extrémités; car ce sont deux défauts, de se fier à tout le monde, et de ne se fier à personne; mais l'un est plus honnête, et l'autre plus sûr.

De même on blâmerait également deux personnes, dont l'une serait toujours en action, et l'autre toujours en repos ; car cette industrie qui éclate parmi le tumulte n'est, à vrai dire, que la saillie d'un esprit inquiet; et ce repos, qui ne peut souffrir aucune agitation, est plutôt une lâcheté ou une langueur. Vous retiendrez donc ce que j'ai lu dans Pomponius : « Il y a des gens qui se sont si fort enfoncés dans l'obscurité, que tout ce qui est au jour leur paraît trouble : » Enfin, il faut prendre ces deux choses alternativement, le travail quand on s'est reposé, et le repos quand on a travaillé. Si vous consultez la nature, elle vous dira qu'elle a fait le jour et la nuit.

ÉPITRE IV.

La véritable joie consiste dans le réglement des passions. — La vie ne peut être tranquille sans le mépris de la mort.

Continuez comme vous avez commencé, et hâtez-vous tant que vous pourrez, afin que vous jouissiez plus longtemps du plaisir de voir vos passions adoucies et réglées. Vous en jouirez même au moment que vous les adoucirez et que vous les réglerez; mais c'est bien un autre plaisir de se contempler soi-même affranchi de la corruption ordinaire des hommes. Vous souvient-il de la joie que vous reçûtes, lorsqu'ayant quitté l'habit d'adolescent vous prîtes la robe virile, et que vous fûtes introduit dans le barreau? Je vous en promets une plus grande lorsqu'ayant perdu la faiblesse des enfants, vous aurez acquis la force des hommes sages. Car il est vrai que nous ne sommes plus enfants ; mais nous retenons encore quelque chose de l'enfance; et ce qui est de pire, nous avons l'autorité des vieillards avec les défauts des enfants, et des enfants au berceau : ceux-là s'effraient de peu de chose, ceux-ci de ce qui n'est pas, et nous de tous les deux.

Appliquez cela maintenant, et vous connaîtrez qu'il y a de certaines choses qui sont d'autant moins à craindre qu'elles nous ôtent beaucoup de sujets de craindre. Le mal n'est jamais grand quand c'est le dernier qui doit arriver. La mort vient à vous ; véritablement elle serait à appréhender si elle pouvait subsister avec vous. Mais il faut qu'elle ne vienne pas, ou qu'elle passe. Il est difficile, me direz-vous, d'accoutumer son esprit au mépris de la vie. — Ne voyez-vous pas qu'on l'abandonne tous les jours pour des bagatelles? Un amant se pend devant la porte de sa maîtresse ; un serviteur se précipite du haut d'une maison, ne pouvant supporter plus longtemps la mauvaise humeur de son maître ; un autre se donne de l'épée dans le ventre, pour ne pas retourner au lieu d'où il s'était échappé. Ne croyez-vous pas que la vertu puisse faire ce que fait une forte appréhension? Personne ne peut avoir une vie tranquille, qui se met trop en peine de l'avoir longue, et qui compte entre ses biens le nombre des consuls qu'il a vus.

Faites souvent réflexion sur toutes ces choses,

---

vitium est, et omnibus credere, et nulli ; sed alterum honestius dixerim vitium, alterum tutius. Sic utrosque reprehendas, et eos qui semper inquieti sunt, et eos qui semper quiescunt. Nam illa, tumultu gaudens, non est industria, sed exagitatæ mentis concursatio ; et hæc non est quies, quæ motum omnem molestiam judicat, sed dissolutio et languor. Itaque hoc quod apud Pomponium legi, animo mandabitur : « Quidam adeo in latebras refugerunt, ut putent in turbido esse quidquid in luce est.» Inter se ista miscenda sunt ; et quiescenti agendum, et agenti quiescendum est. Cum rerum natura delibera ; illa dicet tibi, et diem fecisse et noctem. Vale.

EPISTOLA IV.

DE MORTIS METU.

Persevera ut cœpisti, et quantum potes propera, quo diutius frui emendato animo et composito possis. Frueris quidem etiam dum emendas, etiam dum componis ; alia tamen illa voluptas est quæ percipitur ex contemplatione mentis ab omni labe puræ et splendidæ. Tenes utique memoria, quantum senseris gaudium, quum, prætexta posita, sumpsisti virilem togam, et in forum deductus es : majus exspecta, quum puerilem animum deposueris, et te in viros philosophia transcripserit. Adhuc enim non pueritia, sed, quod est gravius, puerilitas remanet. Et hoc quidem pejus est, quod auctoritatem habemus senum, vitia puerorum ; nec puerorum tantum, sed infantium ; illi levia, hi falsa formidant ; nos utraque. Proflce modo ; intelliges, quædam ideo minus timenda, quia multum metus afferunt. Nullum magnum, quod extremum est. Mors ad te venit? timenda erat, si tecum esse posset : necesse est, aut non perveniat, aut transeat. — Difficile est, inquis, animum perducere ad contemptionem animæ. — Non vides, quam ex frivolis causis contemnatur? Alius ante amicæ fores laqueo pependit ; alius se præcipitavit e tecto, ne dominum stomachantem diutius audiret ; alius, ne reduceretur e fuga, ferrum adegit in viscera. Non putas virtutem hoc effecturam, quod effecit nimia formido? Nulli potest secura vita contingere, qui de producenda nimis cogitat, qui inter magna bona multos consules numerat. Hoc quotidie meditare, ut possis æquo animo vitam relinquere,

pour vous disposer à quitter librement la vie, que la plupart embrassent de la même façon que ceux qui sont entraînés par les eaux d'un torrent s'attachent aux ronces et aux épines. Il y en a beaucoup qui sont flottants entre la crainte de la mort et les déplaisirs de la vie. Ils ne voudraient point vivre, mais ils ne savent pas mourir. Faites-vous une vie contente, en quittant l'appréhension que vous avez de la perdre. Le bien n'accommode point celui qui le possède, s'il n'est résolu de le perdre quand il faudra. Or, il n'y a rien qui se puisse perdre plus doucement que ce qui ne peut être regretté lorsqu'il est perdu. Vous devez donc vous endurcir et vous animer contre tous les accidents qui pourraient arriver, même aux plus grands. N'a-t-on pas vu un pupille et un eunuque décider de la vie de Pompée; un particulier cruel et insolent de celle de Crassus? Caïus César contraignit Lépidus de présenter sa tête à Dexter, maréchal-de-camp; il donna la sienne à Chéréas, son assassin. La fortune n'a jamais mis personne en état de ne point appréhender ce qu'elle lui avait permis de faire à d'autres. Défiez-vous de la tranquillité présente; la mer se change en un moment, les vaisseaux se perdent à l'endroit même où un peu auparavant ils s'étaient joués. Songez qu'un voleur ou un ennemi peut vous surprendre et vous couper la gorge. Mais, sans chercher d'autre puissance, il n'y a point de serviteur qui n'ait votre vie et votre mort entre ses mains. Je vous assure que quiconque néglige sa vie est maître de la vôtre. Si vous rappelez les exemples de ceux qui sont péris par des surprises ou par des violences domestiques, vous trouverez que la haine des serviteurs en a fait mourir autant que la colère des princes. Qu'importe donc si celui que vous craignez est puissant, puisque chacun l'est assez pour faire ce que vous craignez? Peut-être, si vous tombiez entre les mains des ennemis, le vainqueur vous ferait conduire à la mort; mais c'est où vous allez. Pourquoi vous flattez-vous, feignant de n'avoir pas compris jusqu'à présent ce que vous faites il y a si longtemps? Car je vous assure que vous allez à la mort depuis le jour de votre naissance. Il faut donc entretenir notre esprit de toutes ces considérations, si nous voulons arriver doucement à cette dernière heure qui jette du trouble dans tous les moments de la vie.

Mais pour finir cette lettre, je veux vous donner ce que je viens de cueillir dans le champ d'autrui, et qui m'a semblé parfaitement beau. « La pauvreté qui est conforme à la loi de la nature est une grande opulence. » Savez-vous en quoi cette loi consiste? C'est de nous garantir de la faim, de la soif et du froid. Pour éviter ces choses, il n'est pas nécessaire de se rendre assidu à la porte des grands, ni de s'exposer à leur mépris sourcilleux ou à leur civilité négligente. On n'a pas besoin de passer les mers, ni de suivre les armées. Le nécessaire est facile à trouver; il est exposé devant nous; on ne travaille que pour le superflu; c'est cela qui nous fait user nos robes dans le barreau, qui fait blanchir nos cheveux à la guerre, et qui nous fait passer dans les pays étrangers. Nous avons en notre pouvoir ce qui nous suffit.

---

quam multi sic complectuntur et tenent, quomodo, qui aqua torrente rapiuntur, spinas et aspera. Plerique inter mortis metum, et vitæ tormenta, miseri fluctuant; et vivere nolunt, et mori nesciunt. Fac itaque tibi jucundam vitam, omnem pro illa sollicitudinem deponendo. Nullum bonum adjuvat habentem, nisi ad cujus amissionem præparatus est animus. Nullius autem rei facilior amissio est, quam quæ desiderari amissa non potest. Ergo adversus omnia, quæ incidere possunt etiam potentissimis, adhortare te et indura. De Pompeii capite pupillus et spado tulere sententiam; de Crasso crudelis et insolens Parthus. Caius Cæsar jussit Lepidum Dextro tribuno præbere cervicem; ipse Chæreæ præstitit. Neminem eo fortuna provexit, ut non tantum illi minaretur, quantum permiserat. Noli huic tranquillitati confidere. Momento mare evertitur; eodem die, ubi luserunt navigia, sorbentur. Cogita, posse et latronem et hostem admovere jugulo tuo gladium; ut potestas major absit, nemo non servus habet in te vitæ necisque arbitrium. Ita dico: quisquis vitam suam contempsit, tuæ dominus est. Recognosce exemplum eorum, qui domesticis insidiis perierunt, aut aperta vi, aut dolo; intelliges non pauciores servorum ira cecidisse, quam regum. Quid ad te itaque, quam potens sit quem times, quum id, propter quod times, nemo non possit? At, si forte in manus hostium incideris, victor te duci jubebit! — Eo nempe quo duceris. Quid te ipse decipis, et hoc nunc primum, quod olim patiebaris, intelligis? Ita dico: ex quo natus es, duceris. Hæc et hujusmodi versanda in animo sunt, si volumus illam ultimam horam placidi exspectare, cujus metus omnes alias inquietas facit.

Sed ut finem epistolæ imponam, accipe quod mihi hodierno die placuit (et hoc quoque ex alienis hortulis sumptum est): « Magnæ divitiæ sunt, lege naturæ composita paupertas. » Lex autem illa naturæ scis quos nobis terminos statuat? Non esurire, non sitire, non algere. Ut famem sitimque depellas, non est necesse superbis assidere liminibus, nec supercilium grave et contumeliosam etiam humanitatem pati; non est necesse maria tentare, nec sequi castra. Parabile est quod natura desiderat, et appositum; ad supervacua sudatur. Illa sunt quæ togam conterunt, quæ nos senescere sub tentorio cogunt, quæ in aliena littora impingunt. Ad manum est, quod satis est. Cui cum paupertate bene convenit, dives est. Vale.

ÉPITRE V.

Il faut éviter la singularité et se conformer à la coutume.

Je me réjouis de l'assiduité que vous apportez à l'étude, et du soin que vous prenez de vous rendre tous les jours plus homme de bien, préférablement à toute autre affaire. Je ne vous exhorte pas seulement, je vous prie encore de continuer; mais je vous donne avis de ne pas faire comme ceux qui, par un motif de vanité plutôt que de vertu, affectent certaines choses qui sont extraordinaires, soit en leurs habits, soit en leur façon de vivre; fuyez tout ce qui conduit à l'ambition par des voies obliques, comme un extérieur désagréable, des cheveux trop longs, une barbe négligée, l'aversion contre l'argent, un lit posé contre terre. Le seul nom de philosophe est assez choquant, encore même qu'il se rencontre en la personne d'un honnête homme; que sera-ce si nous venons à nous séquestrer de la coutume des autres hommes? Faisons donc que le dehors s'accommode à l'esprit du peuple, et que le dedans ne lui ressemble point. Que nos habits ne soient ni splendides, ni vilains; n'ayons point de vaisselle d'or ciselée, mais ne nous imaginons pas que ce soit une marque de tempérance de n'avoir ni or ni argent en notre vaisselle. Faisons seulement que notre vie soit meilleure, mais non pas tout autre que celle du peuple; autrement nous éloignerons de nous tous ceux que nous désirons corriger, et ferons si bien qu'ils ne voudront nous imiter en rien, de peur d'être obligés de nous imiter en tout. La philosophie se propose avant toutes choses de former le sens commun et de régler les devoirs de la vie et de la conversation; nous nous en bannirons si nous faisons profession de vivre autrement que les autres.

Prenons donc garde que ce qui nous doit rendre considérables ne nous rende ridicules et odieux; il est certain que notre principale intention est de vivre selon la nature; mais il est contre la nature d'affliger son corps, de mépriser une propreté qui ne coûte rien, de se plaire dans l'ordure, et de se repaître de viandes qui donnent du dégoût et de l'horreur. Comme il y a du luxe à rechercher les choses délicates, il y a aussi de la folie à s'abstenir de celles qui sont communes et qui ne coûtent guère. La philosophie nous oblige à la frugalité et non pas à la souffrance. Or, il peut y avoir une frugalité avec quelque politesse; et ce tempérament me plaît.

Que notre vie se maintienne entre les bonnes mœurs et la coutume publique; que tout le monde l'admire, mais que chacun la connaisse. Et quoi donc, nous pourra-t-on dire, ferons-nous tout ce que les autres font? N'y aura-t-il point de différence entre eux et nous? Oui, beaucoup; il faut que l'on connaisse que nous sommes au-dessus du commun, quand on nous aura considérés de près, et que celui qui sera entré dans notre chambre admire davantage notre personne que notre ameublement. Oh! que celui-là est grand qui se sert de vaisselle de terre comme si c'était de la vaisselle d'argent! Mais celui-ci n'est pas moindre qui se sert de vaisselle d'argent comme si c'était de la vaisselle de terre. En vérité, c'est une imbécillité d'esprit de ne pouvoir supporter les richesses.

EPISTOLA V.

DE PHILOSOPHIÆ OSTENTATIONE ET DE VERA PHILOSOPHIA.

Quod pertinaciter studes, et omnibus omissis hoc unum agis, ut te meliorem quotidie facias, et probo et gaudeo; nec tantum hortor, ut perseveres, sed etiam rogo. Illud autem te admoneo, ne eorum more, qui non proficere, sed conspici cupiunt, facias aliqua, quæ in habitu tuo, aut genere vitæ notabilia sint. Asperum cultum, et intonsum caput, et negligentiorem barbam, et indictum argento odium, et cubile humi positum, et quidquid illud ambitionem perversa via sequitur, evita. Satis ipsum nomen philosophiæ, etiam si modeste tractetur, invidiosum est; quid, si nos hominum consuetudini cœperimus excerpere? Intus omnia dissimilia sint; frons nostra populo conveniat. Non splendeat toga; ne sordeat quidem. Non habeamus argentum, in quod solidi auri cælatura descenderit; sed non putemus frugalitatis indicium, auro argentoque caruisse. Id agamus, ut meliorem vitam sequamur, quam vulgus, non ut contrariam; alioquin, quos emendari volumus, fugamus a nobis, et avertimus. Illud quoque efficimus, ut nihil imitari velint nostri, dum timent ne imitanda sint omnia. Hunc primum philosophia promittit, sensum communem, humanitatem, et congregationem; a qua professione dissimilitudo nos separabit. Videamus, ne ista per quæ admirationem parare volumus, ridicula et odiosa sint. Nempe propositum nostrum est, secundum naturam vivere. Hoc contra naturam est, torquere corpus suum, et faciles odisse munditias, et squalorem appetere, et cibis non tantum vilibus uti, sed tetris et horridis. Quemadmodum desiderare delicatas res, luxuriæ est; ita usitatas et non magno parabiles fugere, dementiæ. Frugalitatem exigit philosophia, non pœnam; potest autem esse non incompta frugalitas. Hic mihi modus placet. Temperetur vita inter bonos mores et publicos; suspiciant omnes vitam nostram, sed et agnoscant. — Quid ergo? eadem faciemus, quæ cæteri? nihil inter nos et illos intererit? — Plurimum! Dissimiles esse nos vulgo sciat qui inspexerit propius. Qui domum intraverit, nos potius miretur, quam supellectilem nostram. Magnus ille est, qui fictilibus sic utitur, quemadmodum argento; nec ille minor est, qui sic argento utitur, quemadmodum fictilibus. Infirmi animi est, pati non posse divitias.

Sed, ut hujus quoque diei lucellum tecum communicem, apud Hecatonem nostrum inveni, cupiditatum fi-

Mais, pour vous faire part du profit que j'ai fait aujourd'hui, j'ai trouvé dans notre Hécaton que la fin des désirs sert de remède à la crainte. « Tu cesseras, dit-il, de craindre, si tu cesses d'espérer. » Vous me direz : Comment des choses si différentes peuvent-elles se trouver ensemble? Cela est ainsi, mon cher Lucile : quoiqu'elles semblent séparées, elles sont pourtant jointes ensemble. Comme une même chaîne lie le captif et le soldat qui le garde ; ainsi ces deux choses, qui sont si dissemblables, marchent d'un même pas. La crainte suit l'espérance, et je ne m'en étonne pas; car l'une et l'autre procèdent d'un esprit qui est en suspens et dans l'attente d'un événement incertain. La principale cause vient de ce que nous n'arrêtons pas nos pensées aux choses qui sont présentes; mais nous les étendons à celles qui sont encore éloignées. Voilà comme la prévoyance, qui est un avantage particulier de la condition humaine, est tournée à son préjudice. Les bêtes fuient le péril qu'elles voient devant leurs yeux; l'ayant évité, elles demeurent en repos ; mais nous sommes tourmentés du futur et du passé; les biens qui nous sont donnés par la nature nous sont nuisibles ; car la mémoire nous ramène le sentiment de la crainte, et la prévoyance le va quérir bien loin. Enfin, il n'y a personne qui s'afflige seulement du mal présent.

ÉPITRE VI.

C'est une disposition pour s'amender que de connaître ses défauts. — La conversation instruit mieux que les préceptes.

Je m'aperçois, cher Lucile, que non-seulement je deviens meilleur, mais que je me transforme pour ainsi dire. Ce n'est pas que je me promette qu'il ne refluera rien chez moi qui doive être changé. Pourquoi n'y aurait-il pas quantité de choses à corriger, à retrancher ou à perfectionner? C'est une preuve de l'amendement de notre vie, que d'en connaître les défauts, lesquels nous ne remarquions pas auparavant. L'on congratule certains malades, lorsqu'ils commencent à sentir leur mal. Je voudrais bien vous communiquer ce changement si soudain qui s'est fait en moi ; je croirais alors être parfaitement assuré de cette amitié véritable qui est entre nous, que l'espérance, la crainte, ni l'intérêt ne sauraient altérer ; de cette amitié, dis-je, avec laquelle les hommes meurent, et pour laquelle ils se sacrifient. Je vous en nommerai beaucoup qui n'ont pas manqué d'amis, mais seulement d'amitié ; cela, toutefois, ne peut arriver entre personnes qu'une même inclination associe à la recherche de la vertu. Mais pourquoi cela ne se peut-il ? parce qu'ils savent bien que toutes choses sont communes entre eux, et principalement les adversités.

Vous ne sauriez vous imaginer combien je fais de profit chaque jour. Faites-nous part, direz-vous, des moyens que vous avez trouvés si efficaces. J'en ferais volontiers une transfusion dans votre âme, s'il m'était possible ; car je ne prends plaisir à apprendre quelque chose que pour l'enseigner aux autres. En vérité, rien ne me satisfera jamais, quelque excellent et salutaire qu'il soit, si je ne le puis savoir que pour moi. Je refuserais même la sagesse si elle m'était offerte à condition de la tenir cachée et de ne la communiquer à personne. La possession du bien est insi-

---

nem etiam ad timoris remedia proficere. «Desines, inquit, timere, si sperare desieris. » Dices : Quomodo ista tam diversa pariter sunt? Ita est, mi Lucili; quum videantur dissidere, conjuncta sunt. Quemadmodum eadem catena et custodiam et militem copulat; sic ista, quæ tam dissimilia sunt, pariter incedunt. Spem metus sequitur. Nec miror ista sic ire; utrumque pendentis animi est, utrumque futuri exspectatione sollicitum. Maxima autem utriusque causa est, quod non ad præsentia aptamur, sed cogitationes in longinqua præmittimus. Itaque providentia, maximum bonum conditionis humanæ, in malum versa est. Feræ pericula, quæ vident, fugiunt; quum effugere, securæ sunt; nos et venturo torquemur, et præterito. Multa bona nostra nobis nocent; timoris enim tormentum memoria reducit, providentia anticipat. Nemo tantum præsentibus miser est. Vale.

EPISTOLA VI.
DE VERA AMICITIA.

Intelligo, Lucili, non emendari me tantum, sed transfigurari. Nec hoc promitto jam aut spero, nihil in me superesse, quod mutandum sit. Quidni multa habeam, quæ debeant colligi, quæ extenuari, quæ attolli? Et hoc ipsum argumentum est in melius translati animi, quod vitia sua, quæ adhuc ignorabat, videt. Quibusdam ægris gratulatio fit, quum ipsi ægros se esse senserunt. Cuperem itaque tecum communicare tam subitam mutationem mei : tunc amicitiæ nostræ certiorem fiduciam habere cœpissem ; illius veræ, quam non spes, non timor, non utilitatis suæ cura divellit; illius, quam qua homines moriuntur, pro qua moriuntur. Multos tibi dabo, non qui amico, sed amicitia caruerunt. Hoc non potest accidere, quum animos in societatem honesta cupiendi par voluntas trahit. Quidni non possit? Sciunt enim ipsos omnia habere communia, et quidem magis adversa. Concipere animo non potes, quantum momenti afferre mihi singulos dies videam.

Mitte, inquis, et nobis ista, quæ tam efficacia expertus es! Ego vero omnia in te cupio transfundere, et in hoc aliquid gaudeo discere, ut doceam; nec me ulla res delectabit, licet sit eximia et salutaris, quam mihi uni scripturus sum. Si cum hac exceptione detur sapientia, ut illam

pide sans un compagnon. Je vous enverrai donc ces livres d'où j'ai tiré ces moyens, et j'y ferai des notes, afin que vous ne perdiez point le temps à chercher ce qu'il y a de bon, et que vous trouviez incontinent les endroits que j'approuve et que j'admire.

Toutefois la vive voix et la conversation vous profiteraient plus que la lecture; il faut voir la chose devant soi : premièrement, parce que les hommes prennent ordinairement plus de créance en leurs yeux qu'en leurs oreilles; secondement, parce que le chemin est plus court par les exemples que par les préceptes. Cléanthe n'eût pas bien compris le sentiment de Zénon pour avoir été seulement son auditeur; il avait vécu avec lui, il avait pénétré dans ses secrets; il avait observé s'il vivait selon ses maximes. Platon et Aristote, et tous les philosophes qui se sont partagés en diverses sectes, ont plus appris des mœurs que de la doctrine de Socrate. Ces grands hommes, Métrodore, Hermarchus et Polyænus, se sont formés dans la conversation d'Épicure, et non pas dans son école. Je ne vous fais point cette exhortation afin que vous profitiez pour vous seul, mais afin que vous profitiez encore pour autrui; car, par ce moyen, nous nous rendrons utiles l'un à l'autre.

Cependant, pour m'acquitter de la rente que je vous dois, je vous veux dire ce qui m'a plu aujourd'hui dans Hécaton. « Vous demandez, dit-il, quel profit j'ai fait ; je commence à m'être ami. » Il a sans doute beaucoup profité, il ne sera jamais seul. Sachez que quiconque est ami à soi-même, l'est à tous les hommes.

ÉPITRE VII

Les compagnies et les spectacles insinuent facilement le vice.

Vous me demandez ce que vous devez principalement éviter. Ce sont les grandes compagnies; je n'y trouve point encore de sûreté pour vous. J'avoue mon faible; jamais je n'en reviens tel que j'y étais entré; il y a toujours quelque mouvement, que j'avais assoupi, qui se réveille, ou quelque pensée que j'avais bannie, qui revient; ce qui arrive aux malades affaiblis de longue main, que l'on ne saurait porter dehors sans leur faire tort, nous arrive aussi, à nous autres de qui les esprits se rétablissent d'une longue maladie. La conversation d'un grand nombre de personnes nous est contraire; on rencontre toujours quelqu'un qui favorise le vice, qui nous l'imprime ou qui nous l'insinue; et plus il y a de gens, plus il y a de périls. Mais rien n'est si préjudiciable aux bonnes mœurs que de s'arrêter longtemps aux spectacles publics, parce que le plaisir qu'on y reçoit fait couler le vice plus aisément; que voulez-vous que je vous dise? Oui, je reviens plus avare, plus ambitieux et plus inhumain que je n'étais, pour avoir été parmi des hommes.

Je me suis rencontré à un spectacle qui se donnait à midi, où je pensais entendre quelques bons mots, et voir des jeux et quelque divertissement pour récréer les yeux, rebutés du sang humain que l'on venait de répandre; mais, au contraire, les combats qui avaient précédé n'étaient que des actions de miséricorde. Il n'y a plus de jeux; ce

---

inclusam teneam nec enuntiem, rejiciam. Nullius boni, sine socio, jucunda possessio est. Mittam itaque ipsos tibi libros; et, ne multum operæ impendias dum passim profutura sectaris, imponam notas, ut ad ipsa protinus, quæ probo et miror, accedas. Plus tamen tibi et viva vox et convictus, quam oratio, proderit. In rem præsentem venias oportet; primum, quia homines amplius oculis quam uribus credunt; deinde, quia longum iter est per præcepta, breve et efficax per exempla. Zenonem Cleanthes non expressisset, si eum tantummodo audisset. Vitæ ejus interfuit, secreta perspexit, observavit illum, an ex formula sua viveret. Plato, et Aristoteles, et omnis in diversum itura sapientium turba, plus ex moribus quam ex verbis Socratis traxit. Metrodorum, et Hermarchum, et Polyænum, magnos viros non schola Epicuri, sed contubernium, fecit. Nec in hoc te arcesso tantum, ut proficias, sed ut prosis : plurimum enim alter alteri conferemus.

Interim, quoniam diurnam tibi mercedulam debeo, quid me hodie apud Hecatonem delectaverit, dicam. « Quæris, inquit, quid profecerim? Amicus esse mihi. » Multum profecit; nunquam erit solus. Scito hunc amicum omnibus esse. Vale.

EPISTOLA VII.

FUGIENDA EST TURBA.

Quid tibi vitandum præcipue existimes quæris. — Turbam! Nondum illi tuto committeris. Ego certe confitebor imbecillitatem meam. Nunquam mores, quos extuli, refero; aliquid ex eo, quod composui, turbatur; aliquid ex his, quæ fugavi, redit. Quod ægris evenit, quos longa imbecillitas usque eo affecit, ut nusquam sine offensa proferantur, hoc accidit nobis, quorum animi ex longo morbo reficiuntur. Inimica est multorum conversatio. Nemo non aliquod nobis vitium aut commendat, aut imprimit, aut nescientibus allinit. Utique quo major est populus, cui miscemur, hoc periculi plus est. Nihil vero tam damnosum bonis moribus, quam in aliquo spectaculo desidere; tunc enim per voluptatem facilius vitia subrepunt. Quid me existimas dicere? Avarior redeo, ambitiosior, luxuriosior, immo vero crudelior et inhumanior, quia inter homines fui. Casu in meridianum spectaculum incidi, lusos exspectans, et sales, et aliquid laxamenti, quo hominum oculi ab humano cruore acquiescant. Contra

n'est que massacre ; les combattants sont à nu, et ne portent point de coup à faux. C'est un divertissement que bien des gens préfèrent à celui des gladiateurs qui sont appariés et choisis ; et pourquoi, selon leurs goûts, ne les préféreraient-ils pas ? Il n'y a point de casque ni de bouclier pour arrêter l'épée; car, à quoi servent, disent-ils, ces cuirasses ? A quoi bon toute cette escrime? Cela ne fait que retarder la mort. Au matin, on expose les hommes aux lions, aux ours; à midi, on ramène devant leurs spectateurs ceux qui ont tué de ces bêtes, et on les fait combattre entre eux. Quand l'un a dépêché son compagnon, on l'arrête pour être expédié par un autre. L'affaire se termine par le fer et par le feu, et le sort des combattants est toujours la mort. Cela se fait tandis que le champ n'est pas occupé. Après tout, quelqu'un de ces gens-là avait fait un vol, et méritait d'être pendu. Quelque autre avait commis un homicide, et méritait d'être puni. Mais toi, misérable, qu'as-tu fait? et qui t'oblige d'assister à un si cruel spectacle, où l'on crie : Frappe, brûle, tue? Pourquoi celui-là va-t-il si lâchement contre l'épée? Pourquoi tue-t-il avec si peu de hardiesse? Pourquoi meurt-il avec si peu de résolution ? — On les bat pour les faire combattre; et, comme leurs corps sont exposés et tout nus, ils portent et reçoivent en même temps tous les coups qu'ils se donnent. Le spectacle est-il cessé, on égorge des hommes afin qu'on ne reste pas sans rien faire. Mais ne savez-vous pas que les mauvais exemples retombent sur ceux qui en sont les auteurs ? Vous devez rendre grâces aux dieux immortels de ce que vous enseignez la cruauté à un prince qui ne la saurait apprendre.

Il ne faut pas laisser parmi ces grandes assemblées une âme tendre qui n'est pas encore confirmée dans le bien. On se range volontiers du côté du grand nombre. Socrate, Caton et Lélie eussent peut-être changé de mœurs, s'ils eussent vu quantité de personnes avoir des sentiments opposés aux leurs; tant il est véritable qu'il n'y a personne (particulièrement lorsque nous formons notre esprit) qui puisse résister à l'effort des vices qui viennent si bien accompagnés. Un seul exemple d'amour ou d'impureté fait beaucoup de mal; un homme délicat, avec lequel nous mangeons ordinairement, est capable de nous amollir et de nous énerver peu à peu ; un voisin riche irrite notre convoitise, et un compagnon de mauvaise vie communique son venin à une âme simple et candide. Que pensez-vous donc qu'il arrive à ceux que le public s'efforce de pervertir? Il est nécessaire que vous imitiez ou que vous haïssiez. Il faut toutefois éviter l'un et l'autre; car on ne doit pas se conformer aux méchants, à cause qu'ils sont en grand nombre; ni se rendre ennemi de ce grand nombre, à cause qu'il ne vous ressemble pas.

Retirez-vous donc dans vous-même autant que vous pourrez ; recherchez ceux qui peuvent vous rendre meilleur, et recevez aussi ceux que vous pourrez rendre meilleurs; cela est réciproque; les hommes apprennent lorsqu'ils enseignent. Il ne faut pas toutefois, pour faire montre de votre esprit, vous produire partout et faire des leçons publiques. Je vous le permettrais, si vos sentiments s'accordaient avec ceux du peuple; mais il n'y a personne qui vous puisse entendre, hormis

---

est; quidquid ante pugnatum est, misericordia fuit. Nunc, omissis nugis, mera homicidia sunt; nihil habent quo tegantur; ad ictum totis corporibus expositi, nunquam frustra manum mittunt. Hoc plerique ordinariis paribus et postulatitiis præferunt. Quidni præferant? non galea, non scuto repellitur ferrum. Quo munimenta? quo artes? Omnia ista mortis moræ sunt. Mane leonibus et ursis homines, meridie spectatoribus suis objiciuntur. Interfectores interfecturis jubentur objici ; et victorem in aliam detinent cædem. Exitus pugnantium mors est; ferro et igne res geritur. Hæc fiunt, dum vacat arena. — Sed latrocinium fecit aliquis? quid ergo? meruit ut suspendatur. Occidit hominem ! qui occidit, ille meruit ut hoc pateretur.—Tu quid meruisti miser ? ut hoc spectes. « Occide, verbera, ure! Quare tam timide incurrit in ferrum? quare parum audacter occidit? quare parum libenter moritur? » — Plagis agitur in vulnera, ut mutuos ictus nudis et obviis pectoribus excipiant. — « Intermissum est spectaculum; interim jugulentur homines, ne nihil agatur. »

Age, ne hoc quidem intelligitis, mala exempla in eos redundare qui faciunt? Agite Diis immortalibus gratias,
quod eum docetis esse crudelem, qui non potest discere. Subducendus populo est tener animus, et parum tenax recti : facile transitur ad plures. Socrati, et Catoni, et Lælio excutere morem suum dissimilis multitudo potuisset; adeo nemo nostrum qui, quum maxime concinnamus ingenium, ferre impetum vitiorum tam magno comitatu venientium potest. Unum exemplum luxuriæ aut avaritiæ multum mali facit : convictor delicatus paulatim enervat et mollit; vicinus dives cupiditatem irritat; malignus comes quamvis candido et simplici rubiginem suam adfricuit : quid tu accidere his moribus credis, in quos publico factus est impetus? Necesse est aut imiteris, aut oderis. Utrumque autem devitandum est; ne vel similis malis fias, quia multi sunt; neve inimicus multis, quia dissimiles sunt. Recede in te ipse quantum potes; cum his versare, qui te meliorem facturi sunt; illos admitte, quos tu potes facere meliores! Mutuo ista fiunt; et homines, dum docent, discunt. Non est ergo quod te gloria publicandi ingenii producat in medium, ut recitare istis velis, aut disputare ; quod facere te vellem, si haberes isti populo idoneam mercem. Nemo est, qui intelligere te possit. Aliquis fortasse unus aut alter incidet : et hic ipse

peut-être un ou deux, et encore serez-vous obligé de les former et de les rendre capables de vous entendre. Pourquoi donc, direz-vous, ai-je appris toutes ces choses ? N'en ayez point de regret; vous n'avez pas perdu votre peine, car vous les avez apprises pour vous.

Mais, afin qu'on ne m'impute pas de n'avoir rien appris aujourd'hui pour moi seul, je vous communiquerai trois sentences parfaitement belles, que j'ai rencontrées presque sur notre sujet, dont l'une paiera la dette de ce jour, et les deux autres vous seront données par avance. Démocrite dit : « Je compte un homme seul pour tout un peuple, et tout un peuple pour un homme seul. » Celui-là, quel qu'il fût (car on n'en sait pas l'auteur), répondit aussi fort à propos à ceux qui lui demandaient à quoi servirait ce raffinement si exquis de son art, vu que fort peu de gens le pourraient connaître : « C'est assez de peu de gens; c'est assez d'un seul; ce serait même assez quand il n'y aurait personne. »

Ce dernier trait-ci est excellent. Épicure, écrivant à un de ses compagnons d'étude : « Les choses que j'écris, dit-il, ne sont pas pour tout le monde, elles ne sont que pour toi seul; car nous sommes l'un à l'autre un assez ample théâtre. » Il faut imprimer ces paroles dans votre mémoire, mon cher Lucile, afin que vous méprisiez ce chatouillement de l'applaudissement qui vient d'un grand nombre de personnes. Beaucoup de gens vous estiment. Eh bien ! sans vous en savoir tant de gré et vous croire si accompli, faites servir tout cela à perfectionner de plus en plus votre intérieur.

ÉPITRE VIII.

Il ne faut pas demeurer oisif dans la retraite.—Les biens de fortune ne sont pas à nous.

—Vous me dites que je vous conseille d'éviter les compagnies, de vous retirer, et de vous contenter du témoignage de votre conscience ; et vous demandez que sont devenus nos préceptes qui recommandent si fort de mourir dans l'action.—Eh quoi ! pensez-vous que je demeure toujours assis ? Je ne me suis caché et renfermé que pour être utile à tout le monde ; il n'y a point de jour que je ne travaille ; je donne une partie de la nuit à l'étude ; je tiens mes yeux sur l'ouvrage, tout appesantis et fatigués de veilles, et je ne dors que quand je ne puis plus m'empêcher de dormir. Je me suis retiré non-seulement des hommes, mais encore des affaires, et particulièrement des miennes. Je travaille pour la postérité. J'écris des choses qui lui puissent servir. Je mets sur le papier de salutaires avis, comme l'on y met des compositions de bons remèdes. J'en ai reconnu les effets par l'application que j'en ai faite sur mon mal, lequel, bien qu'il ne soit pas entièrement guéri, au moins n'augmente-t-il pas. Je montre aux autres le droit chemin que j'ai connu trop tard, et après m'être lassé en courant de côté et d'autre. Je crie à haute voix : Fuyez tout ce que le peuple estime, tout ce que le hasard donne, et tenez pour suspects tous les présents de la fortune ; c'est ainsi que l'on trompe les poissons et les autres animaux par la douceur de quelque amorce. Croyez-vous que ce soient des présents de la fortune ? Ce ne sont que

---

formandus tibi erit, instituendusque ad intellectum tui. — « Cui ergo ista didici ? » — Non est quod timeas ne operam perdideris ; tibi didicisti.

Sed ne mihi soli hodie didicerim, communicabo tecum quæ occurrerunt mihi egregie dicta circa eumdem fere sensum tria ; ex quibus unum hæc epistola in debitum solvet, duo in antecessum accipe. Democritus ait : « Unus mihi pro populo est, et populus pro uno. » Bene et ille, quisquis fuit (ambigitur enim de auctore), quum quæreretur ab illo, quo tanta diligentia artis spectaret ad paucissimos perventuræ : « Satis sunt, inquit, mihi pauci, satis est unus, satis est nullus. » Egregie hoc tertium Epicurus, quum uni ex consortibus studiorum suorum scriberet : « Hæc, inquit, ego non multis, sed tibi ; satis enim magnum alter alteri theatrum sumus. » Ista, mi Lucili, condenda in animum sunt, ut contemnas voluptatem ex plurium assensione venientem. Multi te laudant. Et quid habes cur placeas tibi, si is es quem intelligunt multi ? Introrsus bona tua spectent. Vale.

EPISTOLA VIII.

CUI REI SAPIENS OPERAM IMPENDERE DEBEAT.

« Tu me, inquis, vitare turbam jubes, secedere, et conscientia esse contentum ! Ubi illa præcepta vestra, quæ imperant in actu mori ? » — Quid ? ego tibi videor interim sedere ? In hoc me recondidi, et fores clausi, ut prodesse pluribus possim. Nullus mihi per otium dies exit ; partem noctium studiis vindico ; non vaco somno, sed succumbo ; et oculos, vigilia fatigatos cadentesque, in opere detineo. Secessi non tantum ab hominibus, sed etiam a rebus, et primum a meis. Posterorum negotium ago ; illis aliqua, quæ possint prodesse, conscribo ; salutares admonitiones, velut medicamentorum utilium compositiones, litteris mando ; esse illas efficaces in meis ulceribus expertus, quæ, etiamsi persanata non sunt, serpere desierunt. Rectum iter, quod sero cognovi et lassus errando, aliis monstro. Clamo : « Vitate quæcumque vulgo placent, quæ casus attribuit ! ad omne fortuitum bonum suspiciosi pavidique subsistite ! Et fera, et piscis, spe aliqua oblectante decipitur. Munera ista fortunæ putatis ? in-

des piéges. Quiconque veut vivre en sûreté, qu'il évite autant qu'il pourra des bienfaits si engageants; car, en les pensant prendre, il se trouve que nous sommes pris. Ce chemin conduit à un précipice, et une vie si éclatante finit ordinairement par une chute funeste. D'ailleurs on ne peut plus s'arrêter quand la prospérité commence à vous emporter. Tenez-vous ferme, ou retirez-vous; car si vous en usez ainsi, la fortune pourra bien vous donner quelque secousse, mais elle ne vous renversera pas.

Gardez ce régime de vivre qui est fort salutaire. Donnez seulement à votre corps ce qui suffit pour se bien porter. Il faut le traiter un peu rudement, de peur qu'il ne soit pas assez soumis à l'esprit. Ne mangez que pour apaiser la faim, et ne buvez que pour éteindre la soif. Ne cherchez dans votre habit qu'à vous défendre du froid, ni en votre logement qu'à vous mettre à couvert des injures de la saison. Il est indifférent que votre maison soit bâtie de gazons ou de marbre; un homme est aussi bien sous une couverture de chaume que sous un lambris doré; et l'on ne doit point faire état des embellissements qui sont superflus. Songez qu'il n'y a rien en vous de considérable que l'esprit, lequel étant grand, tout lui doit paraître petit. Si je m'entretiens de ces pensées et que je les transmette à la postérité, ne vous semble-t-il pas que je fais beaucoup plus de fruit que d'aller plaider une cause, que d'apposer mon cachet à quelque testament, ou de prêter ma voix et ma main, dans le sénat, à un ami qui briguera quelque charge? Croyez-moi, ceux que l'on pense être à ne rien faire, sont ceux qui quelquefois font les plus grandes choses; ils traitent en même temps de ce qui regarde les dieux et les hommes.

Mais il faut finir, et payer quelque chose pour cette lettre, comme j'ai de coutume; ce ne sera pas du mien. Revoyons encore Épicure, dont voici une parole que j'ai lue aujourd'hui. « Il faut servir la philosophie pour jouir d'une véritable liberté: » Elle ne diffère point à nous affranchir, et ne remet pas de jour à autre ceux qui arrêtent ce bienfait d'elle; car c'est être libre en effet que de servir la philosophie. Vous me demanderez peut-être pourquoi je rapporte tant de sentences plutôt d'Épicure que de nos gens. Mais pourquoi croyez-vous que les paroles d'Épicure ne soient pas publiques? Combien les poëtes disent-ils de choses qui ont été ou qui seront dites par les philosophes! Je ne parle point des poëtes tragiques, ni de nos pièces romaines, qui tiennent de la comédie et de la tragédie. Combien y a-t-il de beaux vers dans la bouche des bouffons! Combien de bonnes choses, dont Publius est l'auteur, qui mériteraient d'être récitées, non pas devant la canaille, mais devant des gens de qualité! Je veux vous rapporter un de ses vers qui regarde la philosophie et cette partie que nous venons de toucher. Il dit que les choses fortuites ne doivent pas être comptées comme à nous:

Nous ne nous devons point l'effet de nos souhaits.

Je me souviens de vous en avoir ouï dire un, qui me semble meilleur et plus concis:

Ne comptons point à nous les présents du hasard.

---

sidiæ sunt. Quisquis vestrum tutam agere vitam volet, quantum plurimum potest, ista viscata beneficia devitet; in quibus hoc quoque miserrimi fallimur: habere nos putamus, hæremus. In præcipitia cursus iste deducit; hujus eminentis vitæ exitus, cadere est. Deinde ne resistere quidem licet, quum cœpit transversos agere felicitas. Aut saltem rectis, aut semel ruere! Non vertit fortuna, sed cernulat et allidit. Hanc ergo sanam et salubrem formam vitæ tenete, ut corpori tantum indulgeatis, quantum bonæ valetudini satis est. Durius tractandum est, ne animo male pareat; cibus famem sedet, potio sitim exstinguat, vestis arceat frigus, domus munimentum sit adversus infesta corpori. Hanc utrum cespes erexerit, an varius lapis gentis alienæ, nihil interest; scitote tam bene hominem culmo, quam auro tegi. Contemnite omnia, quæ supervacuus labor velut ornamentum ac decus ponit. Cogitate, nihil præter animum esse mirabile, cui magno nihil magnum est! »

Si hæc mecum, si cum posteris loquor, non videor tibi plus prodesse, quam quum ad vadimonium advocatus descenderem, aut tabulis testamenti annulum imprimerem, aut in senatu candidato vocem et manum commodarem? Mihi crede: qui nihil agere videntur, majora agunt; humana divinaque simul tractant. Sed jam finis faciendus est, et aliquid, ut institui, pro hac epistola dependendum. Id non de meo fiet; adhuc Epicurum replicamus, cujus hanc vocem hodierno die legi: « Philosophiæ servias oportet, ut tibi contingat vera libertas. » Non differtur in diem, qui se illi subjecit et tradidit. Statim circumagitur: hoc enim ipsum, philosophiæ servire, libertas est. Potest fieri, ut me interroges, quare ab Epicuro tam multa bene dicta referam potius, quam nostrorum? Quid est tamen, quare tu istas Epicuri voces putes esse, non publicas? Quam multa poetæ dicunt, quæ philosophis aut dicta sunt, aut dicenda! Non attingam tragicos, aut togatas nostras (habent enim hæ quoque aliquid severitatis, et sunt inter comœdias et tragœdias mediæ): quantum disertissimorum versuum inter mimos jacet! quam multa Publii, non excalceatis, sed cothurnatis dicenda sunt! Unum versum ejus, qui ad philosophiam pertinet, et ad hanc partem quæ modo fuit in manibus, referam, quo negat fortuita in nostris habenda:

Alienum est omne, quidquid optando venit.

Hunc versum a te dici non paulo melius et adstrictius memini:

Je n'en veux pas omettre un autre qui vient encore de vous, et qui est de même force :

On peut ravir le bien que l'on a pu donner.

Ce n'est pas pour vous payer de votre propre bien, que j'ai dit cela. Adieu.

ÉPITRE IX.

Quoique le sage se suffise à lui-même, il est bien aise d'avoir un ami, sans trop s'affliger quand il le perd.

Vous voulez savoir si Épicure a raison de blâmer, dans une certaine épître, ceux qui disent que le sage est content de lui, et par conséquent qu'il n'a que faire d'amis. C'est ce qu'Épicure objecte à Stilpon et à tous ceux qui sont du sentiment que le souverain bien consiste en l'impassibilité. Nous tomberons dans l'équivoque, si nous voulons interpréter précisément le mot grec ἀπάθεια par celui d'impatience ; car on pourra entendre le contraire de ce que nous voulons dire, et quoique nous voulions signifier celui qui n'est touché d'aucun mal, il semblera que c'est celui qui ne peut supporter aucun mal. Voyez donc s'il ne sera pas mieux dit une âme invulnérable, ou une âme qui est au-dessus de toute souffrance. Voici la différence qui est entre ces philosophes et nous. Notre sage surmonte à la vérité toute sorte d'incommodités, mais il les sent, et le leur ne les sent pas. Ce que nous avons de commun ensemble, c'est que le sage trouve tout en lui, et qu'il est toutefois bien aise d'avoir un ami, un voisin et un compagnon. Considérez qu'il faut bien qu'il se suffise à lui-même, puisqu'il a encore assez d'une partie de lui-même. Si dans une maladie ou dans un combat il perd une main, si quelque disgrâce lui ôte un œil, il sera satisfait de ce qui lui restera, et ne sera pas moins content dans un corps estropié, qu'il l'était dans un corps entier. Il ne désire point ce qui lui manque, mais véritablement il aimerait mieux qu'il ne lui manquât aucune chose : ainsi le sage est content de lui-même ; non pas qu'il veuille être sans amis, c'est assez qu'il le puisse être ; et quand je dis qu'il le puisse être, j'entends qu'il souffre sans émotion la perte d'un ami : car il ne sera jamais sans ami, puisqu'il est en son pouvoir de réparer bientôt cette perte. Comme Phidias, s'il avait perdu une statue, en ferait bientôt une autre ; ainsi celui qui sait faire des amitiés, peut substituer facilement un ami pour un autre qu'il a perdu. Vous êtes en peine comment il pourra faire si tôt un ami ; je vous le dirai, si nous tombons d'accord que cela m'acquitte présentement de ce que je dois pour cette lettre.

Hécaton dit : « Je vous apprendrai un secret pour vous faire aimer sans herbe et sans charme. Aimez, si vous voulez que l'on vous aime. » C'est un grand plaisir que de faire de nouvelles amitiés et de jouir des anciennes. C'est à peu près la différence qu'il y a entre deux laboureurs, dont l'un sème, et l'autre recueille. Le philosophe Attalus avait coutume de dire : « qu'il y avait plus de plaisir de faire un ami que de l'avoir fait, comme il est plus doux à un peintre de faire un tableau que de l'avoir fait. » Car cet attachement qu'il a à son ou-

---

Non est tuum, fortuna quod fecit tuum.

Illud etiamnunc melius dictum a te non præteribo :

Dari bonum quod potuit, auferri potest.

Hoc non imputo in solutum, de tuo tibi. Vale.

EPISTOLA IX.

DE SAPIENTIS AMICITIA.

An merito reprehendat in quadam epistola Epicurus eos, qui dicunt sapientem se ipso esse contentum, et propter hoc amico non indigere, desideras scire. Hoc objicitur Stilponi ab Epicuro, et his quibus summum bonum visum est animus impatiens. In ambiguitatem incidendum est, si exprimere ἀπάθεια uno verbo cito voluerimus, et impatientiam dicere. Poterit enim contrarium ei, quod significare volumus, intelligi. Nos eum volumus dicere, qui respuit omnis mali sensum : accipietur is, qui nullum ferre possit malum. Vide ergo, num satius sit, aut invulnerabilem animum dicere, aut animum extra omnem patientiam positum. Hoc inter nos et illos interest : noster sapiens vincit quidem incommodum omne, sed sentit; illorum, ne sentit quidem. Illud nobis et illis commune est, sapientem se ipso esse contentum ; sed tamen et amicum habere vult, et vicinum, et contubernalem, quamvis sibi ipse sufficiat. Vide quam sit se contentus; aliquando sui parte contentus est, si illi manum aut morbus aut hostis exciderit. Si quis oculum casu excusserit, reliquiæ illi suæ satisfacient; et erit imminuto corpore et amputato tam lætus, quam integro fuit. Sed, quæ sibi desunt, non desiderat; non deesse mavult. Ita sapiens se contentus est, non ut velit esse sine amico, sed ut possit; et hoc, quod dico, possit, tale est : amissum æquo animo fert. Sine amico quidem nunquam erit; in sua potestate habet, quam cito reparet. Quomodo, si perdiderit Phidias statuam, protinus alteram faciet ; sic et hic, faciendarum amicitiarum artifex, substituet alium in locum amissi. Quæris, quomodo amicum cito facturus sit? dicam ; si illud mihi tecum convenerit, ut statim tibi solvam quod debeo, et quantum ad hanc epistolam, paria faciamus. Hecaton ait : « Ego tibi monstrabo amatorium sine medicamento, sine herba, sine ullius veneficæ carmine. Si vis amari, ama ! » Habet autem non tantum amicitiæ usus, veteris et certæ, magnam voluptatem, sed etiam initium et comparatio novæ. Quod interest inter metentem agricolam, et serentem, hoc inter eum qui paravit amicum, et qui parat. Attalus philosophus dicere solebat : « Jucundius esse amicum facere, quam habere,

vrage le charme dans le travail ; mais quand il est achevé, il jouit à la vérité du fruit de son art, mais il jouissait de l'art même quand il travaillait. Les enfants rendent plus de services quand ils sont grands ; mais ils donnent plus de plaisir quand ils sont petits. Revenons maintenant à notre propos.

Le sage, quoiqu'il se contente de lui-même, est toutefois bien aise d'avoir un ami, quand ce ne serait que pour exercer l'amitié, et faire qu'une si grande vertu ne demeure pas oisive. Ce n'est pas pour la raison dont parle Épicure dans cette épître, afin qu'il ait un ami près de soi quand il sera malade, un ami qui l'assiste dans la captivité ou dans l'indigence ; mais afin qu'il ait une personne, laquelle il puisse soulager dans la maladie, et délivrer de la captivité. Celui qui se considère en contractant une amitié, ne fait rien qui vaille ; il finira comme il a commencé. Il a fait un ami pour en être assisté dans les fers ; et lui, sitôt qu'il entendra le bruit de la chaîne, il se retirera. Voilà ce que le peuple appelle des amitiés du temps. L'ami que l'on a choisi par intérêt, sera agréable autant de temps qu'il sera utile. C'est pourquoi vous voyez une foule d'amis auprès des gens qui sont en fortune, et d'une étrange solitude chez ceux qui n'ont pas le vent en poupe. De là vient que les amis se retirent dans les occasions où l'on en doit faire épreuve, et que l'on voit tant de mauvais exemples de personnes qui abandonnent leurs amis par crainte, et d'autres qui les trahissent par lâcheté. Aussi faut-il que la fin ait du rapport avec le commencement. Celui qui a commencé d'être ami parce que cela lui était expédient, ne refusera pas l'avantage qui lui sera offert au préjudice de l'amitié, s'il estime qu'il y ait un plus grand avantage que l'amitié même. Pour quelle raison fais-je donc un ami ? Afin que j'aie une personne pour qui je puisse mourir, que j'accompagne dans l'exil, et que je défende de la mort aux dépens de ma propre vie. Cette amitié dont vous nous donnez l'idée, n'est autre chose qu'un trafic où l'on considère ses commodités et le profit qu'on y pourrait faire.

Sans doute, l'amour a quelque chose qui ressemble à l'amitié ; vous le pourriez appeler une amitié violente. Y a-t-il quelqu'un qui devienne amoureux pour le profit, pour l'ambition ou pour la gloire ? L'amour, cette passion qui de soi néglige toute autre chose, engage l'esprit à la recherche de la beauté, sans autre motif que l'espérance de s'en faire aimer. Quoi donc ! Une cause plus honnête produira-t-elle une affection qui soit infâme ? Il ne s'agit pas, dites-vous maintenant, de savoir si l'on doit désirer l'amitié à cause d'elle-même, ou pour quelqu'autre sujet ; car, si on la doit désirer à cause d'elle-même, celui qui trouve son contentement en soi, s'en peut approcher comme d'une chose parfaitement belle, sans espérance d'aucun profit, et sans craindre les caprices de la fortune. Celui-là dégrade l'amitié de sa noblesse, qui la recherche pour s'en servir au besoin.

Beaucoup de gens, mon cher Lucile, entendent fort mal ces paroles : Le sage est content de soi-même. Ils l'éloignent de toutes choses, et le renferment dans sa peau ; mais il faut distinguer cela, et savoir l'essence et l'étendue de ces mots : Le

---

quomodo artifici jucundius pingere est, quam pinxisse. » Illa in opere suo occupata sollicitudo ingens oblectamentum habet in ipsa occupatione. Non æque delectatur, qui ab opere perfecto removit manum ; jam fructu artis suæ fruitur ; ipsa fruebatur arte, quum pingeret. Fructuosior est adolescentia liberorum, sed infantia dulcior.

Nunc ad propositum revertamur. Sapiens, etiam si contentus est se, tamen habere amicum vult ; si ob nihil aliud, ut exerceat amicitiam, ne tam magna virtus jaceat ; non ob hoc, quod Epicurus dicebat in hac ipsa epistola, « ut habeat qui sibi ægro assideat, succurrat in vincula conjecto vel inopi ; « sed ut habeat aliquem, cui ipse ægro assideat, quem ipsum circumventum hostili custodia liberet. Qui se spectat, et propter hoc ad amicitiam venit, male cogitat ; quemadmodum cœpit, sic desinet. Paravit amicum, adversus vincula laturum opem ; quum primum crepuerit catena, discedet. Hæ sunt amicitiæ, quas temporarias populus appellat. Qui causa utilitatis assumptus est, tamdiu placebit, quamdiu utilis fuerit. Hac re florentes amicorum turba circumsedit : circa eversos solitudo est ; et inde amici fugiunt, ubi probantur. Hac re ista tot nefaria exempla sunt, aliorum metu relinquentium, aliorum metu prodentium. Necesse est initia inter se et exitus congruant. Qui amicus esse cœpit, quia expedit, placebit ei aliquod pretium contra amicitiam, si ullum in illa placet præter ipsam. In quid amicum paro ? ut habeam pro quo mori possim, ut habeam quem in exilium sequar, cujus me morti et opponam et impendam. Ista, quam tu describis, negotiatio est, non amicitia ; quæ ad commodum accedit, quæ, quid consecutura sit, spectat. Non dubie aliquid habet simile amicitiæ affectus amantium : possis dicere, illam esse insanam amicitiam. Numquid ergo quisquam amat lucri causa ? numquid ambitionis aut gloriæ ? Ipse per se amor, omnium aliarum rerum negligens, animos in cupiditatem formæ, non sine spe mutuæ caritatis, accendit. Quid ergo, ex honestiore causa coit turpis affectus ? — « Non agitur, inquis, nunc hoc, an amicitia propter se, an propter aliud sit expetenda ; nam si propter se ipsam expetenda est, potest ad illam accedere, qui se ipso contentus est. » — Quomodo ergo ad illam accedit ? quomodo ad rem pulcherrimam, non lucro captus, nec varietate fortunæ perterritus. Detrahit amicitiæ majestatem suam, qui illam parat ad bonos casus. Se contentus est sapiens.

Hoc, mi Lucili, plerique perperam interpretantur ; sapientem undique submovent, et intra cutem suam co-

sage est content de soi; non pour vivre, mais pour vivre heureusement. Car pour celui-là, il a besoin de beaucoup de choses, et pour celui-ci, il n'a besoin que d'un esprit ferme et droit qui méprise la fortune. Je vous veux encore donner la distinction de Chrysippe. Il dit que le sage ne manque de rien, et pourtant qu'il a besoin de plusieurs choses : au contraire, le sot n'a besoin de rien, car il ne sait user d'aucune chose, mais il manque de tout ; le sage a besoin de mains et d'yeux, et de beaucoup d'autres choses qui semblent nécessaires à notre usage. Néanmoins il ne manque de rien; car ce mot de manquer emporte nécessité. Or, il n'y a rien qui soit nécessaire au sage. De tout cela je conclus que le sage est content de soi; mais qu'en même temps il a besoin d'amis, et voudrait en avoir un grand nombre. Ce n'est pas pour vivre heureusement; car il le peut faire même sans amis. Le souverain bien ne va point chercher du secours au dehors, il règne chez soi, il procède entièrement de soi; car, s'il procédait tant soit peu d'ailleurs, il commencerait à être sujet à la fortune. Mais voulez-vous savoir quelle sera la vie du sage s'il se trouve abandonné, sans amis, dans une étroite prison ou parmi des peuples étrangers, s'il est arrêté dans un voyage de long cours, ou jeté sur quelque rivage désert? Elle sera semblable à celle de Jupiter, lequel, lorsque le monde et les dieux retournent dans l'ancien chaos, et que la nature cesse d'agir pour un peu de temps, trouve sa satisfaction dans ses pensées. C'est à peu près ce que fait le sage; il se retire dans soi-même, il se tient compagnie. Tant qu'il lui est permis de conduire ses affaires à sa discrétion, il est content de soi, et n'a besoin de personne : il épouse une femme, il a des enfants, quoiqu'il pût vivre content sans cela. Si ce lui était toutefois une nécessité absolue de vivre seul, il aimerait mieux ne vivre pas; il s'engage dans l'amitié par une pure inclination, sans aucune prétention d'utilité; car il est de l'amitié comme d'autres choses qui sont agréables à notre goût, et nous aimons la compagnie comme nous haïssons la solitude; le même instinct qui concilie l'homme avec l'homme, nous inspire le désir de faire des amis : néanmoins, quoique le sage aime extrêmement ses amis, qu'il en fasse autant d'état et souvent plus que de soi, il fera consister tout son contentement dans lui-même.

Il dira ce que dit Stilpon, lequel Épicure raille dans une certaine épître. Ce philosophe, après la prise de sa ville natale, après la perte de sa femme et de ses enfants, s'étant retiré de l'incendie général, seul et toutefois heureux, répondit à Démétrius Poliorcète, qui lui demandait s'il n'avait rien perdu : Tous mes biens sont avec moi. O l'homme fort et généreux ! Il a triomphé de la victoire de son ennemi; car, en disant : Je n'ai rien perdu, il l'a fait douter s'il l'avait vaincu. Tous mes biens sont avec moi, c'est-à-dire la justice, la vertu, la prudence, la tempérance, et cette belle résolution de ne pas estimer bien celui qui peut être ôté.

Nous admirons certains animaux qui passent au travers des flammes, sans en être atteints : cet homme n'est-il pas plus admirable, qui, parmi

---

gunt. Distinguendum est autem, quid et quatenus vox ista promittat. Se contentus est sapiens, ad beate vivendum. Ad hoc enim multis illi rebus opus est; ad illud tantum animo sano, et erecto, et despiciente fortunam. Volo tibi Chrysippi quoque distinctionem indicare. Ait, « sapientem nulla re indigere, et tamen multis illi rebus opus esse : contra stulto nulla re opus est; nulla enim re scit uti, sed omnibus eget. » Sapienti et manibus, et oculis, et multis ad quotidianum usum necessariis opus est ; eget nulla re : egere enim, necessitatis est; nihil necesse sapienti est. Ergo, quamvis se ipso contentus sit, amicis illi opus est; hos cupit habere quam plurimos; non ut beate vivat, vivet enim etiam sine amicis beate. Summum bonum extrinsecus instrumenta non quaerit; domi colitur; ex se totum est. Incipit fortunae esse subjectus, si quam partem sui foris quaerit. Qualis tamen futura est vita sapientis, si sine amicis relinquatur in custodiam conjectus, vel in aliqua gente aliena destitutus, vel in navigatione longa retentus, aut in desertum littus ejectus? Qualis est Jovis, quum resoluto mundo, et Diis in unum confusis, paulisper cessante natura, acquiescit sibi, cogitationibus suis traditus! Tale quiddam sapiens facit; in se recondittur; secum est. Quamdiu quidem illi licet suo arbitrio res suas ordinare, se contentus est : et ducit uxorem, se contentus; et liberos tollit, se contentus; et tamen non vivet, si fuerit sine homine victurus. Ad amicitiam fert illum nulla utilitas sua, sed naturalis irritatio. Nam, ut aliarum nobis rerum innata dulcedo est, sic amicitiae. Quomodo solitudo in odium est, et appetitio societatis quomodo homini natura conciliat; sic inest huic quoque rei stimulus, qui nos amicitiarum appetentes faciat. Nihilominus, quum sit amicorum amantissimus, quum illos sibi comparet, saepe praeferat, omne intra se bonum terminabit, et dicet quod Stilpon ille dixit, quem Epicuri epistola insequitur. Hic enim, capta patria, amissis liberis, amissa uxore, quum ex incendio publico solus, et tamen beatus exiret, interroganti Demetrio, cui cognomen ab exitio urbium Poliorcetes fuit : « Numquid perdidisset? omnia, inquit, bona mea mecum sunt! » Ecce vir, fortis ac strenuus! ipsam hostis sui victoriam vicit. Nihil, inquit, perdidi : dubitare illum coegit an vicisset. Omnia mea mecum sunt : justitia, virtus, prudentia, hoc ipsum, nihil bonum putare quod eripi possit. Miramur animalia quaedam, quae per medios ignes sine noxa corporum transeunt : quanto hic mirabilior vir, qui per ferrum et ruinas et ignes, illaesus

le fer, le pillage et le feu, s'est retiré sans avoir reçu de perte? Vous voyez comme il est plus facile de vaincre tout un peuple qu'un homme seul. Le stoïcien parle de même que Stilpon; il emporte aussi bien que lui ses biens entiers au milieu des villes brûlées; car, étant content de soi-même, il borne là sa félicité. Mais ne vous imaginez pas qu'il n'y ait que nous qui ayons en la bouche des paroles si généreuses. Épicure même, qui reprend Stilpon, en a dit de semblables, lesquelles vous prendrez, s'il vous plaît, en bonne part, quoiqu'il ne doive rien pour ce jour. Quiconque, dit-il, ne trouve point ses biens assez amples, il est misérable, quoiqu'il possède toute la terre. Ou si vous aimez mieux (car il faut s'attacher au sens et non aux paroles), celui qui ne se croit pas heureux est misérable, quoiqu'il commande à tout le monde. Mais afin que vous sachiez que ces sentiments sont communs, et que la nature les dicte à toutes sortes de personnes, vous trouverez chez le poëte comique :

Il ne trouve d'heureux que ceux qui pensent l'être.

Car, qu'importe quel soit votre état, si vous n'en êtes pas satisfait? Et quoi donc, à votre compte, si ce riche infâme, et cet autre qui a un si grand nombre de valets, mais qui a encore plus de maîtres, disent qu'ils sont heureux, le seront-ils en effet pour cela? Il faut considérer, non ce qu'ils disent, mais ce qu'ils pensent; non ce qu'ils pensent un jour, mais ce qu'ils pensent continuellement. Ne craignez pas qu'une vertu si excellente vienne entre les mains de personnes si indignes; il n'y a que le sage qui soit satisfait de soi; tous les sots ont du dégoût d'eux-mêmes.

ÉPITRE X.

La solitude n'est propre que pour le sage. — De quelle manière on doit parler à Dieu et vivre avec tous les hommes. — Il faut se proposer quelque homme d'honneur pour témoin de toutes ses actions.

Oui, je ne m'en dédis point, fuyez les grandes compagnies, fuyez aussi les petites; fuyez même la conversation d'un homme seul; je ne vois personne avec qui vous puissiez communiquer; et regardez où va ma pensée et l'estime que je fais de vous. J'aime mieux vous laisser en votre disposition. On dit que Cratès, qui était disciple de Stilpon, duquel je viens de parler, ayant rencontré un jeune homme qui se promenait à l'écart, lui demanda ce qu'il faisait là tout seul : « Je m'entretiens, dit-il, avec moi-même; » à quoi Cratès répliqua : « Prenez bien garde que vous ne soyez en mauvaise compagnie. »

On tient ordinairement compagnie à une personne affligée, ou qui est dans la crainte de quelque événement fâcheux, et l'on ne doit pas laisser un esprit léger sur sa bonne foi, de peur qu'il ne fasse un mauvais usage de sa solitude : car c'est alors qu'il roule de mauvaises pensées, et qu'il bâtit des desseins au préjudice d'autrui et de lui-même; c'est alors qu'il range en bataille ses passions, et qu'il pousse dehors tout ce que la crainte ou la pudeur lui faisait tenir caché; enfin c'est alors que sa témérité s'emporte, que sa convoitise s'irrite, et que sa colère s'échauffe : il jouit par ce

et indemnis evasit! Vides, quanto facilius sit totam gentem, quam unum virum vincere? Hæc vox illi communis est cum Stoico : æque et hic intacta bona per concrematas urbes fert. Se enim ipse contentus est; hoc felicitatem suam fine designat. Ne existimes nos solos generosa verba jactare : et ipse Stilponis objurgator Epicurus, similem illi vocem emisit; quam tu boni consule, etiamsi hunc diem jam expunxi. « Si cui, inquit, sua non videntur amplissima, licet totius mundi dominus sit, tamen miser est. » Vel, si hoc modo tibi melius enuntiari videtur (id enim agendum, ut non verbis serviamus, sed sensibus) : « Miser est, qui se non beatissimum judicat, licet imperet mundo. » Ut scias autem hos sensus esse communes, natura scilicet dictante, apud Comicum invenies :

Non est beatus, esse se qui non putat.

Quid enim refert qualis status tuus sit, si tibi videtur malus? — Quid ergo? inquis, si beatum se dixerit ille turpiter dives, et ille multorum dominus, sed plurium servus : beatus sua sententia fiet? — Non, quid dicat, sed quid sentiat, refert; nec, quid uno die sentiat, sed quid adsidue. Non est autem quod verearis, ne ad indignum res tanta perveniat. Nisi sapienti, sua non placent : omnis stultitia laborat fastidio sui. Vale.

EPISTOLA X.
DE SOLITUDINIS UTILITATE.

Sic est! non muto sententiam : fuge multitudinem, fuge paucitatem, fuge etiam unum. Non habeo cum quo te communicatum velim. Et vide quod judicium meum habeas; audeo te tibi credere. Crates, ut aiunt, hujus ipsius Stilponis auditor, cujus mentionem priore epistola feci, quum vidisset adolescentulum secreto ambulantem, interrogavit, « quid illic solus faceret? — Mecum, inquit, loquor. — Cui Crates : Cave, inquit, rogo, et diligenter attende ne cum homine malo loquaris! » Lugentem timentemque custodire solemus, ne solitudine male utatur : nemo est ex imprudentibus qui relinqui sibi debeat. Tunc mala consilia agitant; tunc aut aliis, aut ipsis futura pericula struunt; tunc cupiditates improbas ordinant; tunc quidquid aut metu, aut pudore celabat, animus exponit; tunc audaciam acuit, libidinem irritat, iracundiam instigat. Denique, quod unum solitudo habet commodum,

moyen du seul avantage qui se trouve dans la solitude, de ne rien confier à personne, et de ne craindre aucun témoin, puisqu'il se découvre et se trahit lui-même.

Considérez donc combien j'espère de vous, mais combien je m'en promets. (Car, espérer se dit d'un bien incertain.) Je ne trouve personne avec qui j'aime mieux que vous conversiez qu'avec vous : je repasse dans ma mémoire les choses que vous avez dites avec tant de force et de générosité, je m'en réjouis, et je dis en moi-même : Cela ne vient pas du bout des lèvres, mais du fond du cœur; cet homme-ci n'est pas du commun, il regarde ce qui est salutaire.

Parlez et vivez toujours de même ; prenez garde que rien ne vous fasse baisser le cœur ; quand vous remercierez les dieux du bon succès de vos prières, ne craignez point de les fatiguer par d'autres ; faites-leur encore celles-ci, demandez-leur le bon sens, la santé de l'esprit et celle du corps ; pourquoi ne feriez-vous pas souvent ces prières ? Vous pouvez demander hardiment à Dieu quand vous ne lui demanderez rien du bien d'autrui.

Mais afin que, selon ma coutume, j'accompagne cette lettre d'un petit présent, je vous donne ce que j'ai lu chez Athénodorus : croyez que vous serez libre de toute convoitise, lorsque vous viendrez à ce point de ne rien demander à Dieu, que vous ne lui puissiez demander en public. Mais que les hommes d'aujourd'hui sont fous ! Ils font aux dieux des prières qui sont honteuses; aussi les font-ils tout bas; si quelqu'un prête l'oreille, ils se taisent incontinent : Ainsi ils disent à Dieu ce qu'ils ne voudraient pas dire à un homme ; faites donc que l'on ne soit pas contraint de vous dire : Vivez avec les hommes comme si Dieu vous regardait, et parlez à Dieu comme si les hommes vous écoutaient.

ÉPITRE XI.

Que l'art ne saurait corriger les défauts qui viennent du tempérament, et que les grands personnages sont sujets à rougir.

Je me suis entretenu avec votre ami, qui m'a paru de bon naturel, et le discours qu'il m'a tenu d'abord m'a fait connaître combien il a de cœur, d'esprit et de capacité : car, quoiqu'il m'ait parlé par occasion seulement et sans aucune préparation, il a pourtant donné un essai de ce qu'il pourra faire un jour. Quand il est venu à se remettre, à peine a-t-il pu se défaire de la rougeur qui couvrait son visage, tant elle était grande : c'est toutefois une bonne marque dans un jeune homme, laquelle, à mon avis, pourra bien lui demeurer après qu'il sera guéri de tous ses défauts, quelque assurance et quelque sagesse qu'il puisse acquérir: car il n'y a point de sagesse qui puisse nous délivrer des défauts naturels du corps et de l'esprit. L'art peut bien les amoindrir, mais non pas les effacer. Il y a des gens fort résolus, qui ne sauraient parler en public, sans se mettre en sueur comme s'ils étaient déjà las et bien échauffés. Il y en a d'autres à qui les genoux tremblent quand ils veulent parler ; à d'autres les dents s'entre-choquent, la langue bégaie et les lèvres s'embarrassent. On ne se défait de tout cela ni par l'accoutumance ni par l'art ; la nature veut témoigner son

nihil ulli committere, non timere indicem, perit stulto : ipse se prodit. Vide itaque quid de te sperem, immo quid spondeam mihi (spes enim incerti boni nomen est): non invenio cum quo te malim esse, quam tecum. Repeto memoria, quam magno animo quædam verba projeceris, quam roboris plena. Gratulatus sum protinus mihi, et dixi : non a summis labris ista venerunt; habent hæ voces fundamentum! iste homo non est unus e populo ; ad salutem spectat! Sic loquere, sic vive : vide ne te ulla res deprimat. Votorum tuorum veterum licet Diis gratiam facias, alia de integro suspice : roga bonam mentem, bonam valetudinem animi, deinde tunc corporis. Quidni tu ista vota sæpe facias ? Audacter Deum roga : nihil illum de alieno rogaturus es. — Sed ut more meo cum aliquo munusculo epistolam mittam, verum est, quod apud Athenodorum inveni : « Tunc scito esse te omnibus cupiditatibus solutum, quum eo perveneris, ut nihil Deum roges, nisi quod rogare possis palam ! » Nunc enim quanta dementia est hominum ! turpissima vota Diis insusurrant : si quis admoverit aurem, conticescent; et quod scire hominem nolunt, Deo narrant. Vide ergo ne hoc præcipi salubriter possit : sic vive cum hominibus, tanquam Deus videat : sic loquere cum Deo, tanquam homines audiant. Vale.

EPISTOLA XI.

QUID VALEAT SAPIENTIA AD EMENDANDA VITIA.

Locutus est mecum amicus tuus bonæ indolis, in quo quantum esset animi, quantum ingenii, quantum jam etiam profectus, sermo primus ostendit. Dedit nobis gustum, ad quem respondebit : non enim ex præparato locutus est, sed subito deprehensus. Ubi se colligebat, verecundiam, bonum in adolescente signum, vix potuit excutere : adeo illi ex alto suffusus est rubor. Hic illum, quantum suspicor, etiam quum se confirmaverit et omnibus vitiis exuerit, sapientem quoque sequetur. Nulla enim sapientia naturalia corporis, aut animi vitia ponuntur : quidquid infixum et ingenitum est, lenitur arte, non vincitur. Quibusdam etiam constantissimis in conspectu populi sudor erumpit, non aliter quam fatigatis et æstuantibus solet : quibusdam tremunt genua dicturis; quorumdam dentes colliduntur, lingua titubat, labra concurrunt. Hæc nec disciplina, nec usus unquam excutit ; sed natura

pouvoir, et faire connaître aux plus robustes ce qu'ils ont de plus faible; la rougeur est de ce nombre, elle surprend aussi les personnes d'autorité.

Il est vrai que cette faiblesse paraît davantage dans les jeunes gens, qui ont le sang plus chaud et le cuir plus délicat; mais elle ne laisse pas de passer jusqu'aux vieillards. Il y en a qui ne sont jamais plus à craindre que lorsqu'ils rougissent, comme s'ils avaient jeté toute leur honte. Sylla était extrêmement violent lorsque le sang lui était monté au visage. Il n'y avait rien de plus facile à émouvoir que le visage de Pompée; souvent il rougissait dans les compagnies particulières, souvent aussi dans les assemblées publiques. Je me souviens que Fabianus rougit étant produit pour témoin dans le sénat; et cette pudeur fut trouvée merveilleusement bienséante : cela lui arriva non par faiblesse d'esprit, mais pour la nouveauté du sujet, qui fait quelquefois que, sans demeurer interdit, on ne laisse pas d'être ému quand la nature y est disposée; car, comme il y a des personnes qui ont le sang tempéré, il y en a d'autres qui l'ont si vif et si subtil, qu'il monte incontinent au visage.

C'est ce que toute la sagesse ne saurait empêcher, ainsi que j'ai déjà dit; autrement elle serait maîtresse de la nature. Les choses qui viennent de la naissance ou du tempérament demeurent encore après que l'esprit a bien travaillé pour se former; il est autant impossible de les chasser que de les faire venir. Les comédiens, qui imitent toutes les passions, qui représentent si naïvement la crainte et la tristesse, se servent de ces gestes-ci pour exprimer la honte : ils baissent la tête, ils affaiblissent leur parole, ils tiennent leurs yeux arrêtés contre terre, et toutefois ils ne sauraient se faire rougir, parce que cela ne peut être provoqué ni empêché. La sagesse ne peut rien promettre ni rien faire contre ces sortes de maux; ils sont indépendants, ils viennent et se retirent suivant le caprice.

Il est temps de mettre fin à cette lettre; mais je veux qu'elle vous soit utile et salutaire, et que vous l'imprimiez bien avant dans votre esprit. Il faut se proposer quelque homme de bien, et l'avoir toujours devant les yeux, afin de vivre comme s'il était présent, et de faire toutes choses comme s'il nous regardait. C'est, mon cher Lucile, ce qu'Épicure a recommandé; il nous a donné le pédagogue et cet observateur avec raison; car on ne ferait guère de mauvaises actions si l'on avait un témoin quand on va les faire.

Il est bon que l'esprit se représente une personne pour laquelle il ait des respects, et dont la considération rende même son secret et ses pensées plus honnêtes. Oh! que j'estime heureux celui de qui le regard ou le souvenir est capable d'arrêter le vice d'autrui! Heureux encore celui qui peut révérer une personne de telle sorte, qu'à son souvenir il se contienne dans son devoir! Qui peut exercer ce respect méritera bientôt d'être respecté. Proposez-vous donc Caton, et s'il vous semble trop austère, prenez Lélius, qui est un esprit plus doux; enfin, choisissez celui dont la vie et les discours vous auront plu davantage; et vous faisant un portrait de son esprit et de son visage, montrez-le-vous dans toutes les occasions, soit pour conseil, soit pour exemple. On a besoin, je le répète, d'une personne sur qui nos mœurs se ré-

---

vim suam exercet, et illo vitio sui etiam robustissimos admonet. Inter hæc esse et ruborem scio, qui gravissimis quoque viris subitus affunditur. Magis quidem in juvenibus apparet, quibus et plus caloris est, et tenera frons; nihilo minus veteranos et senes tangit. Quidam nunquam magis, quam quum erubuerint, timendi sunt; quasi omnem verecundiam effuderint. Sulla tunc erat violentissimus, quum faciem ejus sanguis invaserat. Nihil erat mollius ore Pompeii; nunquam non coram pluribus rubuit, utique in concionibus. Fabianum, quum in senatum testis esset inductus, erubuisse memini; et hic illum mire pudor decuit. Non accidit hoc ab infirmitate mentis, sed a novitate rei, quæ inexercitatos etiamsi non concutit, movet naturali in hoc facilitate corporis pronos: nam, ut quidam boni sanguinis sunt, ita quidam incitati et mobilis, et cito in os prodeuntis. Hæc, ut dixi, nulla sapientia abigit; alioquin haberet rerum naturam sub imperio, si omnia eraderet vitia. Quæcumque attribuit conditio nascendi et corporis temperatura, quum multum se diuque animus composuerit, hærebunt. Nihil horum vetari potest, non magis quam accersi. Artifices scenici, qui imitantur affectus, qui metum et trepidationem exprimunt, qui tristitiam repræsentant, hoc indicio imitantur verecundiam : dejiciunt vultum, verba submittunt, figunt in terram oculos et deprimunt; ruborem sibi exprimere non possunt; nec prohibetur hic, nec adducitur. Nihil adversus hæc sapientia promittit, nihil proficit; sui juris sunt; injussa veniunt, injussa discedunt. — Jam clausulam epistola poscit. Accipe equidem utilem et salutarem, quam te affigere animo volo : « aliquis vir bonus nobis eligendus est, ac semper ante oculos habendus, ut sic tanquam illo spectante vivamus, et omnia tanquam illo vidente faciamus. » Hoc, mi Lucili, Epicurus præcepit : custodem nobis et pædagogum dedit; nec immerito. Magna pars peccatorum tollitur, si peccatori testis assistit. Aliquem habeat animus, quem vereatur, cujus auctoritate etiam secretum suum sanctius faciat. O felicem illum, qui non præsens tantum, sed etiam cogitatus emendat! O felicem, qui sic aliquem vereri potest, ut ad memoriam quoque ejus se componat, atque ordinet. Qui sic aliquem vereri potest, cito erit verendus. Elige itaque Catonem; si hic tibi videtur nimis rigidus, elige remissioris animi virum Lælium; elige eum, cujus tibi placuit et vita, et oratio, et ipse animum ante se ferens vultus : illum tibi

glent. Sans une règle vous ne sauriez corriger ce qui n'est pas droit.

ÉPITRE XII.

Que la vieillesse a ses avantages. — Qu'il faut être à toute heure disposé à la mort.

De quel côté que je me tourne, je vois des preuves de mon vieil âge. J'étais venu en ma maison des champs, et je me plaignais de la dépense que l'on avait faite pour rétablir un vieux bâtiment. Le concierge me répondit qu'il n'y avait point de sa négligence, mais que la maison était vieille. C'est moi pourtant qui ai fait bâtir cette maison. Que m'arrivera-t-il donc si les pierres de mon âge sont déjà gâtées? M'étant fâché contre lui, je pris la première occasion qui se présenta pour crier. Je vois bien, lui dis-je, que l'on n'a pas soin de ces platanes; ils n'ont point de feuilles, ils sont tout pleins de nœuds et leurs branches toutes tortues; voyez comme le pied est noir et vilain; cela n'arriverait pas si on bêchait à l'entour et si on les arrosait. Alors, il me protesta qu'il faisait tout ce qu'il pouvait, et n'omettait aucune chose; mais que les arbres étaient vieux; cependant je les ai plantés et en ai vu la première feuille; ce qui soit dit entre nous. Après cela, m'étant tourné vers la porte : « Qui est, dis-je, ce vieillard décrépit? On a eu raison de l'avoir mis auprès de la porte; car je le mettrai bientôt dehors. Où l'as-tu trouvé? Quel plaisir prends-tu d'amener ici un mort étranger?» Lui, aussitôt : « Ne me connaissez-vous pas, dit-il; je suis le fils de Philosistus, votre receveur; je suis ce Félicio qui était autrefois votre favori, à qui vous aviez coutume d'apporter de petites images. — Ce bonhomme radote, dis-je; quelle apparence qu'il ait été mon mignon? les dents lui tombent. » Enfin, j'ai cette obligation à ma maison, qu'elle m'a fait voir partout des marques de ma vieillesse.

Mais il faut chérir cette vieillesse, car elle est pleine de satisfaction quand on en sait bien user. Les pommes ne sont bonnes que lorsqu'elles commencent à passer : la beauté de l'enfance paraît sur sa fin. Ceux qui aiment le vin prennent grand plaisir au dernier coup qu'ils boivent, à ce coup qui les plonge dans l'ivresse et qui les noie. Ce qu'il y a de plus exquis dans les plaisirs de l'homme est réservé pour la fin. L'âge avancé et qui n'est pas encore décrépit, est bien agréable, et je crois même que celui qui est venu à l'extrémité a ses plaisirs; au moins cela lui tient lieu de plaisir, de n'en avoir plus besoin. Qu'il est doux d'avoir chassé ces mouvements impétueux! Cela est fâcheux, direz-vous, d'avoir toujours la mort devant les yeux; mais les jeunes gens la doivent avoir présente aussi bien que les vieillards; car nous ne sommes pas appelés à tour de rôle.

D'ailleurs, il n'y a personne si âgé qui n'ait raison de se promettre encore un jour. Or, un jour est un degré de la vie, qui est composée de plusieurs parties, et qui contient divers cercles, les moindres enfermés dans les plus grands : il y en a un qui embrasse et environne tous les autres; celui-là s'étend depuis le jour de la naissance jusqu'au jour de la mort : il y en a un autre qui borne

semper ostende, vel custodem, vel exemplum. Opus est, inquam, aliquo, ad quem mores nostri se ipsi exigant. Nisi ad regulam, prava non corriges. Vale.

EPISTOLA XII.
DE SENECTUTIS COMMODIS, ET MORTE ULTRO APPETITA.

Quocumque me verti, argumenta senectutis meæ video. Veneram in suburbanum meum, et querebar de impensis ædificii dilabentis : ait villicus mihi, non esse negligentiæ suæ vitium; omnia se facere, sed villam veterem esse. Hæc villa inter manus meas crevit; quid mihi futurum est, si tam putrida sunt ætatis meæ saxa? Iratus illi, proximam stomachandi occasionem arripio. Apparet, inquam, has platanos negligi : nullas habent frondes! quam nodosi sunt et retorridi rami! quam tristes et squalidi trunci! hoc non accideret, si quis has circumfoderet, si irrigaret! Jurat per Genium meum, se omnia facere, in nulla re cessare curam suam; sed illas vetulas esse. — Quod inter nos sit, ego illas posueram, ego illarum primum videram folium. — Conversus ad januam : « Quis est, inquam, iste decrepitus, et merito ad ostium admotus? foras enim spectat. Unde istunc nactus es? quid te delectavit, alienum mortuum tollere?» At ille : «Non cognoscis me? inquit : ego sum Felicio, cui solebas sigillaria afferre; ego sum Philosisti villici filius, deliciolum tuum. — Profecto, inquam, iste delirat! Pupulus etiam delicium meum factus est? Prorsus potest fieri : dentes illi quum maxime cadunt! »

Debeo hoc suburbano meo, quod mihi senectus mea, quocumque adverteram, apparuit. Complectamur illam, et amemus : plena est voluptatis, si illa scias uti. Gratissima sunt poma, quum fugiunt; pueritiæ maximus in exitu decor est; deditos vino potio extrema delectat, illa quæ mergit, quæ ebrietati summam manum impouit. Quod in se jucundissimum omnis voluptas habet, in finem sui differt. Jucundissima est ætas devexa jam, non tamen præceps : et illam quoque in extrema regula stantem judico habere suas voluptates; aut hoc ipsum succedit in locum voluptatum, nullis egere. Quam dulce est, cupiditates fatigasse ac reliquisse! — « Molestum est, inquis, mortem ante oculos habere! » — Primum ista tam seni ante oculos debet esse, quam juveni; non enim citamur ex censu; deinde nemo tam senex est, ut improbe unum diem speret. Unus autem dies, gradus vitæ est : tota ætas partibus constat, et orbes habet circumductos majores minoribus. Est aliquis, qui omnes complectatur et cingat; hic pertinet a natali ad diem extremum : est alter, qui annos adolescentiæ excludit; est qui totam pue-

l'adolescence, un autre qui enferme l'enfance ; puis il y a l'an qui contient en soi tous les temps de la multiplication, desquels la vie est composée. Le mois a un cercle plus étroit ; celui du jour l'est beaucoup davantage ; mais il va aussi du commencement à la fin, et de l'orient à l'occident. C'est pourquoi Héraclite, surnommé le Ténébreux à cause de l'obscurité de ses discours, dit qu'un jour est pareil à tous les autres ; ce que l'on a interprété diversement. Les uns disent qu'il est pareil en heures, ils ne mentent pas ; car, si le jour est un temps de vingt-quatre heures, il est nécessaire que tous les jours soient pareils, parce que la nuit gagne ce que le jour perd ; les autres disent qu'un jour est semblable à tous les temps ; car il n'y a rien dans un long espace de temps que vous ne trouviez dans un seul jour, savoir : la lumière et la nuit, et cette vicissitude alternative du monde. Cela se reconnaît mieux par la nuit, qui est tantôt plus courte et tantôt plus longue ; c'est pourquoi il faut disposer chaque jour comme s'il devait assembler tous les autres, et faire la conclusion de notre vie.

Pacuvius, celui qui usait de la Syrie comme de son patrimoine, se faisait inhumer chaque jour ; car s'étant enseveli dans le vin, en ce festin qu'il avait fait préparer comme pour honorer ses funérailles, on le portait de la table dans une chambre, et parmi les gémissements d'une troupe de garçons prostitués, on chantait en musique : *Il a vécu, il a vécu!* Ce qu'il a fait par débauche, faisons-le par raison ; et quand nous nous irons coucher, disons gaîment :

J'ai parcouru les ans marqués par mes destins.

Si Dieu nous donne le lendemain, recevons-le avec joie ; celui-là est heureux et sait jouir de la vie, qui attend le lendemain sans inquiétude. Quiconque dit : J'ai vécu, il profite du jour qui vient après.

—Mais il est temps de finir cette lettre.—Quoi! direz-vous, viendra-t-elle sans quelque régal?— Ne vous mettez point en peine, elle portera quelque chose avec soi. Mais que dis-je, quelque chose, je dis beaucoup de choses ; car, qu'y a-t-il de plus excellent que ce mot que je lui donne pour vous porter? « C'est un grand mal de vivre en nécessité ; mais il n'y a aucune nécessité de vivre en nécessité. » Pourquoi n'y en a-t-il point? Il y a de toutes parts des chemins courts et aisés, qui sont ouverts à la liberté. Remercions Dieu de ce que l'on ne peut retenir personne dans le monde ; il est permis de braver la nécessité. Vous me direz : «Mais Épicure a dit cela ; pourquoi prenez-vous ce qui appartient à autrui? » J'ai droit sur toutes les vérités, et je continuerai de vous alléguer Épicure, afin que les gens qui considèrent, non pas ce qui a été dit, mais seulement celui qui l'a dit, sachent que ce qui est bon est commun à tout le monde.

ÉPITRE XIII.

Que l'on peut connaître ses forces sans s'être éprouvés contre la fortune. — Que notre mal n'est le plus souvent que dans l'opinion.

Je sais que vous avez beaucoup de courage ; car, avant que je vous donnasse des avis salutaires pour surmonter les adversités, vous vous promettiez assez de vous-même contre les assauts de la fortune; vous vous en devez promettre davantage à présent que vous êtes venu aux prises avec la fortune, et que vous avez éprouvé vos forces, dont on ne peut jamais s'assurer qu'après avoir vu les difficultés élevées de toutes parts, et le péril tout proche. C'est ainsi que l'on éprouve un bon courage qui n'est pas pour fléchir sous la puissance d'autrui. Un athlète qui n'a point encore été battu ne saurait apporter une grande résolution au combat : cela n'appartient qu'à celui qui a versé son sang, à qui on a cassé les dents; qui, étant jeté par terre, a soutenu son ennemi sur son corps, et qui, sans perdre courage, s'est relevé plus animé qu'auparavant, et s'en revient au combat, enflé d'espérance.

Pour continuer la comparaison, la fortune a eu souvent le dessus; mais, bien loin de vous rendre, vous vous êtes dérobé de dessous elle, et vous vous êtes présenté plus fier qu'auparavant; car la vertu prend de nouvelles forces quand elle est attaquée; néanmoins, munissez-vous, s'il vous plaît, de quelques secours que je veux vous donner. Il y a, mon cher Lucile, plus de choses qui nous font peur, qu'il n'y en a qui nous font mal, et nous sommes plus souvent malades par opinion qu'en effet. Je ne vous parle point avec une élévation stoïcienne, mais d'un ton plus bas; car nous disons que toutes ces choses qui tirent des pleurs et des gémissements sont légères et dignes de mépris. Laissant à part toutes ces paroles magnifiques, mais véritables (ô dieux, vous le savez), je vous conseille seulement de ne vous point faire malheureux avant le temps; car ce que vous craignez comme tout prêt à venir, ne viendra peut-être jamais; au moins est-il certain qu'il n'est pas encore venu. Il y a des choses qui nous tourmentent plus qu'elles ne doivent, et d'autres encore qui nous tourmentent sans qu'elles le doivent. Ou nous augmentons notre mal, ou nous le faisons, ou nous le prévenons. Ne parlons point du premier, parce que c'est une matière contentieuse, et que nous avons là-dessus un procès indécis; car, ce que je dirai léger, vous l'appellerez insupportable. Je sais qu'il y en a qui rient parmi les fouets, et d'autres qui pleurent pour un soufflet; nous verrons ensuite si le pouvoir de ces choses-là consiste en leur force, ou en notre faiblesse.

Je vous demande seulement que, lorsque vos amis seront auprès de vous, qui vous diront que vous êtes malheureux, vous fassiez réflexion, non sur ce que vous entendrez, mais sur ce que vous sentirez; que vous consultiez votre patience, et que vous vous demandiez à vous-même, qui êtes bien instruit de vos affaires : Qu'y a-t-il donc? Pourquoi ces gens-ci se viennent-ils condouloir avec moi? Qu'y a-t-il qui les fait trembler en m'approchant? Craignent-ils que mon malheur ne soit contagieux, et qu'il ne passe jusqu'aux autres? Interrogez-vous vous-même. Est-ce quelque chose de si dangereux? Le bruit n'est-il point plus grand que le mal? N'est-ce point sans raison que je me tourmente, que je m'attriste, et que j'appelle mal ce qui ne l'est pas? Comment, dites-vous, connaîtrai-je si ce qui m'afflige est un mal imaginaire ou véritable? En voici la règle. Nous sommes tourmentés par les choses présentes ou futures, ou par

tis adversus fortunam placebas tibi; et multo magis, postquam cum illa conseruisti manum, viresque expertus es tuas, quæ nunquam certam dare fiduciam sui possunt, nisi quum multæ difficultates hinc et illinc apparuerunt, aliquando vero et propius accesserunt. Sic verus ille animus, et in alienum non venturus arbitrium, probatur; hæc ejus obrussa est. Non potest athleta magnos spiritus ad certamen afferre, qui nunquam suggillatus est. Ille, qui vidit sanguinem suum, cujus dentes crepuerunt sub pugno; ille, qui supplantatus adversarium toto tulit corpore, nec projecit animum projectus; qui, quoties cecidit, contumacior resurrexit; cum magna spe descendit ad pugnam. Ergo, ut similitudinem istam prosequar, sæpe jam fortuna supra te fuit; nec tamen tradidisti te, sed subsiluisti, et acrior constitisti; multum enim adjicit sibi virtus lacessita. Tamen, si tibi videtur, accipe a me auxilia, quibus munire te possis. Plura sunt, Lucili, quæ nos terrent, quam quæ premunt; et sæpius opinione, quam re, laboramus. Non loquor tecum Stoica lingua, sed hac summissiori. Nos enim dicimus, omnia ista quæ gemitus mugitusque exprimunt, levia esse, et contemnenda. Omittamus hæc magna verba, sed, Dii boni ! vera.

Illud tibi præcipio, ne sis miser ante tempus; quum illa, quæ velut imminentia expavisti, fortasse nunquam ventura sint, certe nondum venerint. Quædam ergo nos magis torqueat, quam debent; quædam ante torquent, quam debent; quædam torquent, quum omnino non debeant. Aut augemus dolorem, aut fingimus, aut præcipimus. Primum illud, quia res in controversia est, et litem contestatam habemus, in præsentia differatur. Quod ego leve dixero, tu gravissimum esse contendes; scio alios inter flagella ridere, alios gemere sub colapho. Postea videbimus, utrum ista suis viribus valeant, an imbecillitate nostra; illud præsta mihi, ut, quoties circumsteterint qui tibi te miserum esse persuadeant, non, quid audias, sed quid sentias, cogites; et cum patientia tua delibores; ac te ipse interroges, qui tua optime nosti, quid est quare isti me complorent? quid est quod trepident, quod contagium quoque mei timeant, quasi transilire calamitas possit? Est aliquid istic mali? an res ista magis infamis est, quam mali? Ipse te interroga; numquid sine causa crucior, et mœreo, et, quod non est, malum facio?

Quomodo, inquis, intelligam, vana sint, an vera, quibus angor?—Accipe hujus rei regulam! Aut præsenti-

toutes deux ensemble. Il est aisé de juger des choses présentes, si votre corps est en liberté, s'il est sain, si on ne lui a point fait de mal; nous verrons ensuite les choses futures; il n'en est pas question aujourd'hui. — Mais, direz-vous, elles arriveront.

Premièrement, considérez s'il y a des conjectures infaillibles du mal qui doit arriver; car souvent nous sommes travaillés de soupçons, et trompés par les faux bruits qui perdent quelquefois des armées, et à plus forte raison des particuliers. Il en va ainsi, mon cher Lucile. Nous nous rendons incontinent à l'opinion, nous n'examinons point les choses qui nous font craindre; mais nous tremblons et nous tournons le dos comme ces soldats qui abandonnent leur camp, effrayés de la poussière que des bestiaux courants ont émue, ou d'une fausse nouvelle qui s'est répandue sans qu'on en sache l'auteur. Je ne sais pourquoi les choses fausses étonnent davantage que les véritables, sinon parce que celles-ci ont leur mesure et leur être déterminé, et que celles-là qui sont incertaines dépendent de notre esprit qui y met du plus ou du moins, comme bon lui semble. De là vient qu'il n'y a point de craintes si dangereuses que ce qu'on appelle terreurs paniques; car, si les autres craintes sont sans raison, celles-ci sont encore sans connaissance. Examinons donc l'affaire exactement.

Il est vraisemblable qu'il arrivera quelque mal? Cela ne conclut pas qu'il soit vrai. Combien de choses, que l'on n'attendait pas, sont-elles arrivées? et combien de choses, que l'on attendait, n'ont-elles point eu d'événement? Mais je veux que le mal arrive, à quoi sert de l'anticiper? Il vous tourmentera assez tôt quand il sera venu : cependant espérez mieux. Que gagnerai-je? Du temps. Il pourra survenir beaucoup de choses qui arrêteront ou détourneront le péril prochain. On a vu des gens se sauver par un incendie; d'autres tomber doucement à terre avec les ruines d'un bâtiment. N'a-t-on pas vu aussi quelquefois détourner l'épée de dessus la tête qu'elle allait abattre, et le condamné survivre à son bourreau? La mauvaise fortune a de la légèreté aussi bien que la bonne; peut-être sera-t-il, peut-être ne sera-t-il pas; tandis qu'il n'est pas, espérez mieux. Assez souvent, sans aucune apparence de mal, l'esprit se forme des illusions en interprétant sinistrement un mot ambigu, ou il grossit l'injure de la personne offensée; considérant, non pas jusqu'où monte sa colère, mais jusqu'où elle peut monter. Certainement on n'aurait pas raison d'aimer la vie, et la misère des hommes serait extrême, s'il fallait craindre tout le mal qui se peut faire. Servez-vous ici de votre prudence, et chassez par force d'esprit la crainte même la mieux fondée; sinon, sauvez un défaut par un autre; modérez la crainte par l'espérance. Il n'y a rien de si certain parmi les choses que nous craignons, qu'il ne soit encore plus certain que les choses que nous craignons s'adoucissent souvent, comme celles que nous espérons s'évanouissent. Examinez donc votre crainte et votre espérance, et quand vous les trouverez l'une et l'autre incertaine, croyez ce que vous aimerez le mieux. Si vous avez plus de sujet de craindre, penchez toutefois de

---

bus torquemur, aut futuris, aut utrisque. De præsentibus facile est judicium. Si corpus tuum liberum est, sanum est, nec ullus ex injuria dolor est; videbimus quid futurum sit; hodie nihil negotii habet. At enim futurum est! Primum dispice, an certa argumenta sint venturi mali, plerumque enim suspicionibus laboramus; et illudit nobis illa, quæ conficere bellum solet, fama, multo autem magis singulos conficit. Ita est, mi Lucili. Cito accedimus opinioni; non coarguimus illa, quæ nos in metum adducunt, nec excutimus; sed trepidamus, et sic vertimus terga, quemadmodum illi, quos pulvis motus fuga pecorum exuit castris, aut quos aliqua fabula sine auctore sparsa conterruit. Nescio quomodo, magis vana perturbant; vera enim modum suum habent; quidquid ex incerto venit, conjecturæ et paventis animi licentiæ traditur. Nulli itaque tam perniciosi, tam irrevocabiles, quam lymphatici metus sunt; cæteri enim sine ratione, hi sine mente sunt. Inquiramus itaque in rem diligenter. Verisimile est, aliquid futurum mali? non statim verum est. Quam multa non exspectata venerunt! quam multa exspectata nunquam compararunt! Etiam si futurum est, quid juvat dolori suo occurrere? Satis cito dolebis, quum venerit; interim tibi meliora promitte. Quid facies lucri? tempus! Multa intervenient, quibus vicinum periculum, ut prope admotum, aut subsistat, aut desinat, aut in alienum caput transeat. Incendium ad fugam patuit; quosdam molliter ruina deposuit; aliquando gladius ab ipsa cervice revocatus est; aliquis carnifici suo superstes fuit. Habet etiam mala fortuna levitatem. Fortasse erit; fortasse non erit; interim non est; meliora propone. Nonnunquam nullis apparentibus signis, quæ mali aliquid pronuntient, animus sibi falsas imagines fingit, aut verbum aliquod dubiæ significationis detorquet in pejus, aut majorem sibi offensam proponit alicujus, quam est; et cogitat, non quam iratus ille sit, sed quantum liceat irato Nulla autem causa vitæ esset, nullus miserarum modus, si timeretur quantum potest. Hic prudentia prosit, hic robore animi evidentem quoque metum respue; si minus, vitio vitium repelle, spe metum tempera. Nihil tam certum est ex his quæ timentur, ut non certius sit, et formidata subsidere, et sperata decipere. Ergo et spem ac metum examina, et, quoties incerta erunt omnia, tibi fave; crede quod mavis. Si plures habebis sententias metus, nihilominus in hanc partem potius inclina, et perturbare te desine. Ac subinde hoc in animo volve, majorem partem mortalium, quum illi nec sit quidquam mali,

l'autre côté, et cessez de vous travailler. Ensuite représentez-vous que la plupart des hommes se tourmentent et s'agitent, quoiqu'ils ne sentent point de mal, et qu'il soit certain qu'il ne leur en doit pas arriver. Personne ne se retient, lorsqu'il est une fois ébranlé, et ne prend soin de régler sa crainte sur ce qui est effectivement vrai. Personne ne dit : C'est un imposteur, il l'a inventé, ou il l'a cru légèrement. Nous nous abandonnons aux premiers rapports; nous appréhendons ce qui est douteux, comme s'il était certain; nous ne gardons aucune mesure; du scrupule nous passons incontinent à la crainte. J'ai honte de vous parler de la sorte, et de vous vouloir guérir avec de si petits remèdes. Si quelqu'un dit : Peut-être cela n'arrivera-t-il pas ; dites : Mais quand il arriverait ? Nous verrons s'il arrivera, et ce sera peut-être pour mon avantage ; en tout cas ma mort fera honneur à ma vie. Le poison a fait la grandeur de Socrate ; si vous ôtiez à Caton le poignard qui lui conserva la liberté, vous lui retrancheriez une grande partie de sa gloire. Je suis trop longtemps à vous exhorter, vu que vous n'avez besoin que d'être averti.

Je ne force point votre inclination, car je sais que vous êtes né pour les choses dont je vous entretiens. Servez-vous-en donc pour cultiver et accroître ces beaux talents que vous possédez.

Mais je ne puis finir cette lettre sans y mettre le cachet, c'est-à-dire sans lui donner quelque parole de conséquence à vous porter. « Le sot, outre tous ses défauts, a encore celui-ci, de commencer toujours à vivre. » Pesez ce que cela signifie, mon cher Lucile, et vous comprendrez combien est honteuse la légèreté de ces gens qui changent tous les jours de façons de vivre, et qui trament de nouveaux desseins sur la fin de leurs jours. Représentez-vous chaque homme en particulier ; vous trouverez des vieillards qui songent encore aux honneurs, aux charges, au trafic et aux voyages lointains ; mais qu'y a-t-il de plus honteux qu'un vieillard qui commence à vivre ? Je ne déclarerais point l'auteur de cette sentence, si elle n'était des plus particulières et des moins communes d'Épicure et de celles que je me suis donné le pouvoir de m'approprier.

ÉPITRE XIV.

Qu'il faut aimer son corps, mais sans préjudice de son honneur. — Que l'on ne doit point se commettre avec les grands, ni se mêler dans le désordre des affaires.

J'avoue que nous aimons naturellement notre corps, et que nous devons le traiter avec quelque indulgence, parce que nous en sommes les tuteurs, mais non pas les esclaves ; car, quiconque se rend sujet à son corps, et lui rapporte tous ses soins, se charge sans doute d'une grande servitude. Conduisons-nous donc comme sachant que nous ne devons pas vivre pour le corps, mais que nous ne pouvons pas vivre sans le corps. En effet, quand on l'aime trop, on se trouve agité de crainte, embarrassé de soins, et exposé à mille déplaisirs. Qui chérit trop sa personne ne considère guère l'honnêteté et la bienséance. Je veux bien que l'on en prenne tout le soin possible ; mais à condition de l'abandonner au feu, lorsque la raison, l'honneur et la foi le demanderont. Cependant évitons autant que nous pourrons, non-seulement

---

nec pro certo futurum sit, æstuare ac discurrere. Nemo enim resistit sibi, quum cœpit impelli; nec timorem suum redigit ad verum. Nemo dicit: vanus auctor est, vanus est; aut finxit, aut credidit! Damus nos referentibus; expavescimus dubia pro certis; non servamus modum rerum; statim in timorem venit scrupulus.

Pudet me ibi sic tecum loqui, et tam levibus te remediis focillare. Alius dicat : fortasse non veniet! tu dic : quid porro, si veniet? videbimus uter vincat! fortasse pro me veniet, et mors ista vitam honestabit. Cicuta magnum Socratem confecit; Catoni gladium assertorem libertatis extorque, magnam partem detraxeris gloriæ. Nimium de te cohortor, quum tibi admonitione magis, quam exhortatione opus sit. Non in diversum te a natura tua ducimus ; natus es ad ista quæ dicimus. Eo magis bonum tuum auge, et exorna. Sed jam finem epistolæ faciam, si illi signum suum impressero, id est, aliquam magnificam vocem perferendam ad te mandavero. « Inter cætera mala hoc quoque habet stultitia, semper incipit vivere. » Considera quid vox ista significet, Lucili virorum optime, et intelliges, quam fœda sit hominum levitas, quotidie nova vitæ fundamenta ponentium, novas spes etiam in exitu inchoantium. Circumspice tecum singulos; occurrent tibi senes, qui se quum maxime ad ambitionem, ad peregrinationes, ad negotiandum parent. Quid est turpius, quam senex vivere incipiens ! Non adjicerem auctorem huic voci, nisi esset secretior, nec inter vulgata Epicuri dicta, quæ mihi et laudare, et adoptare permisi. Vale.

EPISTOLA XIV.
QUOMODO CORPORI CONSULENDUM.

Fateor insitam esse nobis corporis nostri caritatem; fateor nos hujus gerere tutelam; non nego indulgendum illi; serviendum nego. Multis enim serviet, qui corpori servit, qui pro illo nimium timet, qui ad illud omnia refert. Sic gerere nos debemus, non tanquam propter corpus vivere debeamus, sed tanquam non possimus sine corpore. Hujus nos nimius amor timoribus inquietat, sollicitudinibus onerat, contumeliis objicit. Honestum ei vile est, cui corpus nimis carum est. Agatur ejus diligentissime cura; ita tamen, ut, quum exiget ratio, quum dignitas, quum fides, mittendum in ignes sit. Nihilominus, quantum possumus, evitemus incommoda quoque,

les dangers, mais encore les incommodités; et tâchons de nous mettre en sûreté par les moyens que nous jugerons plus propres pour nous garantir des choses que nous avons à craindre, qui sont de trois sortes, si je ne me trompe; savoir : la pauvreté, les maladies et l'oppression des personnes puissantes; mais la dernière de ces choses est celle qui nous ébranle davantage, parce qu'elle vient accompagnée de bruit et de tumulte. Les deux autres sont des maux naturels qui se glissent doucement, et qui ne frappent ni les yeux ni les oreilles; mais l'oppression se produit avec appareil, elle est environnée de couteaux, de feux, de chaînes, et suivie d'une troupe de bêtes farouches, toutes prêtes à déchirer les entrailles de ceux qui leur seront exposés. Représentez-vous en cet endroit une prison, des croix, des chevalets, des ongles de fer, un pieu qui traverse le milieu du corps et qui sort par la bouche; des membres tirés à quatre chevaux; une chemise trempée dans le soufre, et tout ce que la cruauté a inventé d'ailleurs. Il ne se faut pas étonner si l'on conçoit une forte appréhension de ces choses dont l'appareil et la diversité sont si terribles; car, comme le bourreau augmente la crainte du supplice par le nombre des instruments qu'il expose aux yeux du condamné (en sorte que cette montre affreuse abat souvent celui que la patience aurait fait résister), ainsi, entre les choses qui agissent sur nos esprits, celles-là ont plus de force qui ont plus d'apparence et d'extérieur. Il y a des maux qui ne sont pas moindres, je veux dire la faim, la soif, les ulcères intérieurs, et la fièvre qui brûle les entrailles; mais ils sont cachés, et n'ont rien à faire voir qui menace et qui donne de l'effroi; les autres maux sont comme ces grandes armées à qui tout cède à la vue de leur appareil.

C'est pourquoi il faut prendre garde de n'offenser personne. Quelquefois c'est le peuple que nous devons redouter. Quelquefois ce sont ceux qui ont crédit dans le sénat, si le gouvernement est ainsi disposé. Quelquefois ce sont les particuliers qui ont reçu l'autorité du peuple, pour l'exercer sur le peuple même. Il est bien difficile d'avoir tous ces gens-là pour amis; c'est assez de ne les avoir pas pour ennemis. Par cette raison, le sage ne se doit pas attirer la haine des personnes puissantes; au contraire, il la doit éviter comme un écueil. Quand vous allez en Sicile, il faut passer le détroit. Un pilote téméraire ne se mettra guère en peine si le vent du midi souffle; c'est pourtant celui qui agite cette mer, et y excite des orages; il ne se retirera pas à côté vers le bord, mais il s'avancera jusqu'où Charybde roule des flots impétueux. Un autre, plus avisé, demandera à ceux qui connaissent les lieux d'où vient cette agitation, quel signe donnent l'air et les nuages, et il prendra sa route bien loin de cet endroit fameux par tant de naufrages. Le sage tient la même conduite, il évite les puissances qui lui pourraient nuire, avec cette précaution, qu'il ne paraît pas avoir dessein de les éviter; car, notre sûreté consiste en partie à ne pas fuir ouvertement, parce qu'il semble que l'on condamne tout ce que l'on fuit.

Il faut donc user de circonspection, pour nous mettre à couvert du peuple. Premièrement, ne lui demandons rien pour les choses qui peuvent

non tantum pericula; et in tutum nos reducamus, excogitantes subinde, quibus possint timenda depelli. Quorum tria, ni fallor, genera sunt : timetur inopia, timentur morbi, timentur quæ per vim potentioris eveniunt. Ex his omnibus nihil nos magis concutit, quam quod ex aliena potentia impendet; magno enim strepitu et tumultu venit. Naturalia mala quæ retuli, inopia atque morbi, silentio subeunt, nec oculis, nec auribus quidquam terroris incutiunt; ingens alterius mali pompa est; ferrum circa se habet, et ignes, et catenas, et turbam ferarum, quam in viscera immittat humana. Cogita hoc loco carcerem, et cruces, et equuleos, et uncum, et adactum per medium hominem, qui per os emergeret, stipitem, et distracta in diversum actis curribus membra; illam tunicam, alimentis ignium et illitam et textam; quidquid aliud, præter hæc, commenta sævitia est. Non est itaque mirum, si maximus hujus rei timor est, cujus et varietas magna, et apparatus terribilis est. Nam quemadmodum plus agit tortor, quo plura instrumenta doloris exposuit (specie enim vincuntur, qui patientiæ restitissent); ita ex his, quæ animos nostros subigunt et domant, plus proficiunt quæ habent quod ostendant. Illæ pestes non minus graves sunt, famem dico, et sitim, et præcordiorum suspirationes, et febres viscera ipsa torrentes; sed latent, nihil habent quod intentent, quod præferant; hæc, ut magna bella, aspectu paratuque vicerunt.

Demus itaque operam, abstineamus offensis. Interdum populus est, quem timere debeamus; interdum, si ea civitatis disciplina est, ut plurima per senatum transigantur, gratiosi in eo viri; interdum singuli, quibus potestas populi, et in populum, data est. Hos omnes amicos habere, operosum est; satis est, inimicos non habere. Itaque sapiens nunquam potentium iras provocabit; immo declinabit, non aliter quam in navigando procellam. Quum peteres Siciliam, trajecisti fretum. Temerarius gubernator contempsit austri minas (ille est enim, qui Siculum pelagus exasperet, et in vortices cogat); non sinistrum petiit littus, sed id, quo propior Charybdis maria convolvit; at ille cautior peritos locorum rogat, qui æstus sit, quæ signa dent nubes; et longe ab illa regione vorticibus infami cursum tenet. Idem facit sapiens : nocituram potentiam vitat, hoc primum cavens, ne vitare videatur. Pars enim securitatis et in hoc est, non ex professo eam petere; quia, quæ quis fugit, damnat. Circumspiciendum ergo nobis est, quomodo a vulgo tuti esse possimus. Primum nihil idem concupiscamus; rixa est inter

35.

exciter des débats et nous attirer des compétiteurs. Après cela, n'ayons rien qui puisse faire la fortune de celui qui nous le voudrait ravir; qu'il n'y ait pas même grand butin à faire en nous dépouillant. Il y a peu de gens qui versent le sang pour le sang seulement, et l'on rencontre plus d'avares que d'ennemis; le voleur laisse passer celui qui n'a rien à perdre, et le pauvre marche en paix dans un chemin couvert de soldats. Il faut ensuite éviter trois choses, suivant l'ancienne maxime : la haine, l'envie et le mépris. La sagesse seule en peut enseigner la méthode, car c'est un tempérament assez difficile. Il y a danger que, craignant l'envie, on ne tombe dans le mépris, et que ne voulant pas nous élever au-dessus des autres, nous ne leur fassions voir qu'ils peuvent nous mettre sous leurs pieds : d'autre part, beaucoup de gens sont obligés de craindre, parce qu'il y a sujet de les craindre; assurons-nous de tous côtés; il n'est pas moins dangereux d'être méprisé que d'être envié. Il faut donc avoir recours à la philosophie : cette étude est en vénération, non-seulement aux gens de bien, mais encore à ceux qui ne sont pas tout à fait perdus. L'éloquence du barreau et tout ce qui sert à persuader les peuples a toujours une partie adverse; mais la philosophie, qui est tranquille et qui ne se mêle que de ses affaires, n'est jamais méprisée, puisque tous les arts et les sciences lui rendent honneur, même chez les peuples les plus barbares. Le vice n'aura jamais tant de crédit, et la conspiration qu'il a jurée contre la vertu ne sera jamais assez forte pour empêcher que le nom de la philosophie ne demeure vénérable et sacré; mais enfin il en faut user avec modestie et avec prudence.

Quoi ! me direz-vous, vous semble-t-il que Marcus Caton philosophât comme il faut, de prétendre empêcher par son avis la guerre civile de se jeter au milieu de deux princes armés et furieux, et tandis que les uns se déclaraient contre Pompée, et les autres contre César, de les choquer tous les deux ensemble? On pourrait douter que le sage fit bien de prendre part au gouvernement de la république dans un temps de confusion.

Que prétendez-vous, Caton? Il ne s'agit plus à présent de la liberté, il y a longtemps qu'elle est perdue; on demande seulement si Pompée ou César sera le maître; quel intérêt prenez-vous dans ce différend? Rien ne vous regarde ici, on veut faire choix d'un maître. Que vous importe qui demeure le vainqueur? Celui qui succombera aurait bien pu, à la vérité, devenir plus méchant; mais celui qui demeurera victorieux n'en sera pas meilleur.

J'ai parlé des derniers temps de Caton; mais dans les temps précédents les conseils d'un homme si sage, qui voulait prévenir la ruine de la république, ne furent point écoutés; il ne cessa de crier et de faire des harangues inutiles, tandis que porté sur les mains du peuple et tout couvert de l'ordure qui lui avait été jetée, on le tirait hors de la place, ou qu'on le traînait du sénat dans la prison. Mais nous verrons bientôt si le sage doit s'employer quand il n'y a nulle apparence de succès; cependant je vous propose pour exemple ces grands personnages, lesquels étant exclus des affaires publiques, se sont retirés pour

competitores. Deinde nihil habeamus quod cum magno emolumento insidiantis eripi possit; quam minimum sit in corpore tuo spoliorum. Nemo ad humanum sanguinem propter ipsum venit, aut admodum pauci; plures computant, quam oderunt; nudum latro transmittit; etiam in obsessa via pauperi pax est. Tria deinde, ex præceptione veteri, præstanda sunt ut vitentur; odium, invidia, contemptus. Quomodo hoc fiat, sapientia sola monstrabit. Difficile enim temperamentum est; verendumque, ne in contemptum nos invidiæ timor transferat; ne, dum calcare nolumus, videamur posse calcari; multis timendi attulit causas, timeri posse. Undique nos reducamus; non minus contemni, quam suspici, nocet.

Ad philosophiam ergo confugiendum est; hæ litteræ, non dico apud bonos, sed apud mediocriter malos, infularum loco sunt. Nam forensis eloquentia, et quæcumque alia populum movet, adversarios habet; hæc, quieta et sui negotii, contemni non potest; cui ab omnibus artibus apud pessimos, honor est. Nunquam in tantum convalescet nequitia, nunquam sic contra virtutes conjurabitur, ut non philosophiæ nomen venerabile et sacrum maneat. Cæterum philosophia ipsa tranquille modesteque tractanda est. — Quid ergo? inquis, videtur tibi Marcus Cato modesta philosophari, qui bellum civile sententia sua reprimit? qui furentium principum armis medius intervenit? qui aliis Pompeium offendentibus, aliis Cæsarem, simul lacessit duos ? — Potest aliquis disputare, an illo tempore capessenda fuerit sapienti respublica. Quid tibi vis, Marce Cato? jam non agitur de libertate; olim pessumdata est! Quæritur utrum Cæsar, an Pompeius possideat rempublicam. Quid tibi cum ista contentione? nullæ partes tuæ sunt. Dominus eligitur; quid tua, uter vincat? Potest melior vincere; non potest non pejor esse, qui vicerit! Ultimas partes attigi Catonis; sed ne priores quidem anni fuerunt, qui sapientem in illam rapinam reipublicæ admitterent. Quid aliud quam vociferatus est Cato, et misit irritas voces, quum modo per populi levatus manus, et obrutus sputis, et portandus extra forum raheretur, modo e senatu in carcerem duceretur? Sed postea videbimus, an sapienti opera perdenda sit; interim ad hos te Stoicos voco, qui a republica exclusi, secesserunt ad colendam vitam, et humano generi jura condenda, sine ulla potentioris offensa. Non conturbabit sapiens publicos mores, nec populum in se vitæ novitate convertet. Quid ergo? utique erit tutus, qui hoc propositum sequetur? Promittere tibi hoc non magis possum,

mener une vie privée et donner des lois à tous les hommes sans choquer ceux qui avaient le pouvoir en main. Le sage ne va point contre les coutumes établies, et ne s'attire point la haine du peuple par la singularité de sa conduite. Quoi donc ! Celui qui suivra cet avis, sera-t-il en sûreté? C'est de quoi l'on n'oserait vous répondre, non plus qu'on ne saurait promettre la santé à un homme sobre; et toutefois la sobriété fait qu'on se porte bien. Il périt quelquefois un vaisseau dans le port; mais que pensez-vous qu'il arrive en pleine mer? Combien celui qui n'est pas en sûreté, vivant en repos, serait-il plus exposé s'il se jetait dans les affaires et dans l'embarras! Les bons périssent quelquefois; qui en doute? Mais cela est plus ordinaire aux méchants. On ne laisse pas d'être bon escrimeur pour avoir reçu quelques coups dans la garde de son épée. Enfin, le sage considère en toutes choses ce qu'il entreprend, et non pas ce qu'il en aviendra. Nous sommes maîtres de nos entreprises; la fortune ordonne du succès : à la vérité, je ne me soumettrai jamais à ses jugements. Vous me direz qu'elle donne souvent du chagrin et des traverses : il est vrai; mais on ne condamne pas le voleur au même temps qu'il fait le coup.

Je m'imagine présentement que vous tendez la main pour recevoir la paie ordinaire ; je vous la veux payer en or; et puisque je parle de la possession de ce métal, il faut que vous appreniez la manière de vous en servir utilement et avec plaisir. « Celui-là jouit parfaitement des richesses, qui n'a nullement besoin de richesses. » Vous me demanderez le nom de l'auteur ; c'est Épicure, Métrodore, ou quelque autre de la même secte. Jugez de ma bonté, puisque je fais ainsi valoir les sentiments d'autrui. Mais qu'importe qui l'ait dit? Il est dit pour tout le monde. Qui a besoin de richesses a peur de les perdre; or, la jouissance d'un bien qui donne du soin ne satisfait point le propriétaire; il veut toujours l'augmenter, et tandis qu'il songe à l'accroître, il ne pense pas à en jouir : il se rend compte à lui-même, il plaide, il feuillette son journal, et de maître il devient procureur de sa maison.

ÉPITRE XV.

Il est plus nécessaire d'exercer l'esprit que le corps. — Les biens de fortune ne sauraient remplir nos amitiés.

C'était la coutume des anciens, qui s'observait encore de mon temps, de mettre au commencement d'une lettre : Si vous vous portez bien, tout va bien. Nous pouvons dire avec autant de raison : Si vous philosophez, tout va bien ; car enfin, c'est par là qu'on se porte bien, autrement l'esprit est malade. Le corps même, quoiqu'il soit robuste, ne l'est qu'à la manière des furieux et des frénétiques. C'est pourquoi ayez un soin particulier de conserver cette santé; puis vous pourvoirez à l'autre, qui ne vous coûtera pas beaucoup, si vous voulez vous bien porter. Car je trouve, mon cher Lucile, que c'est une sotte occupation et fort indécente à un homme de lettres d'exercer ses bras, de se grossir le cou et de s'affermir les reins; vous avez beau vous engraisser et fortifier vos membres, vous ne serez jamais si gros qu'un bœuf; outre que l'embonpoint étouffe l'esprit et le rend pesant. C'est pourquoi resserrez tant que vous pourrez votre corps, et donnez le

---

quam in homine temperanti bonam valetudinem; et tamen facit temperantia bonam valetudinem. Periit aliqua navis in portu; sed quid tu accidere in medio mari credis? Quanto huic periculum paratius foret, multa agenti molientique, cui ne otium quidem tutum est? Pereunt aliquando innocentes; quis negat? nocentes tamen sæpius. Ars ei constat, qui per ornamenta percussus est. Denique consilium, rerum omnium sapiens, non exitum, spectat. Initia in potestate nostra sunt; de eventu Fortuna judicat, cui de me sententiam non do. At aliquid vexationis afferet, aliquid adversi! Non dominatur latro, quum occidit.

Nunc ad quotidianam stipem manum porrigis. Aurea te stipe implebo; et quia facta est auri mentio, accipe quemadmodum usus fructusque ejus tibi esse gratior possit. « Is maxime divitiis fruitur, qui minime divitiis indiget. » — Ede, inquis, auctorem. — Ut scias quam benigni simus, propositum est aliena laudare; Epicuri est, aut Metrodori, aut alicujus ex illa officina. Et quid interest, quis dixerit? omnibus dixit. Qui eget divitiis, timet pro illis; nemo autem sollicito bono fruitur; adjicere illis aliquid studet; dum de incremento cogitat, oblitus est usus; rationes accipit, forum conterit, kalendarium versat, fit ex domino procurator. Vale.

EPISTOLA XV.
DE CORPORIS EXERCITATIONIBUS.

Mos antiquis fuit, usque ad meam servatus ætatem, primis epistolæ verbis adjicere : « Si vales, bene est; ego valeo. » Recte et nos dicimus : Si philosopharis, bene est. Valere enim hoc demum est; sine hoc æger est animus. Corpus quoque, etiam si magnas habet vires, non aliter quam furiosi aut phrenetici validum est. Ergo hanc præcipue valetudinem cura; deinde et illam secundam, quæ non magno tibi constabit, si volueris bene valere. Stulta est enim, mi Lucili, et minime conveniens litterato viro, occupatio exercendi lacertos, et dilatandi cervicem, ac latera firmandi. Quum tibi feliciter sagina cesserit, et tori creverint; nec vires unquam opimi bovis, nec pondus æquabis. Adjice nunc, quod majore corporis sarcina animus eliditur, et minus agilis est. Itaque, quam

large à votre esprit. Ceux qui s'adonnent à ces exercices violents s'engagent à beaucoup d'incommodités, car en premier lieu, le grand travail, en épuisant les esprits, rend l'homme incapable d'une forte application et d'une étude sérieuse, et puis le poids des viandes lui rend la conception plus tardive. Vous voyez encore des esclaves qui montrent les exercices, gens de mauvaise vie, qui ne font rien que boire et s'oindre d'huile, et qui croient avoir bien employé la journée quand ils ont bien sué, et puis avalé quantité de vin au lieu de la sueur qu'ils ont rendue. C'est une vie de malade que de boire et de suer continuellement. Il y a des exercices courts et aisés qui délient le corps, et n'emportent guère de temps, ce qu'il faut considérer avant toutes choses. Par exemple la course, le mouvement des mains chargées de quelque poids, le saut en l'air ou par bas, ou celui qui se fait à la mode des Saliens, ou, pour parler plus librement, le saut du foulon ; choisissez celui qu'il vous plaira de ces exercices, l'usage vous le rendra facile.

Mais quoi que vous fassiez, revenez bientôt du corps à l'esprit, et l'exercez le jour et la nuit. Il n'y a pas grand'peine à l'entretenir ; le froid, le chaud, ni même la vieillesse ne vous empêchera pas de cultiver un bien qui devient meilleur plus il vieillit. Ce n'est pas que je veuille que vous soyez continuellement attaché sur un livre ou sur vos tablettes ; il faut donner à l'esprit quelque repos qui le récrée et ne l'énerve pas. Il est bon de se faire porter en litière ; cela remue le corps, et n'empêche pas l'étude ; car vous y pouvez lire, dicter, parler et écouter. La promenade fait la même chose. Vous ne devez pas aussi négliger l'exercice de votre voix ; mais je ne puis approuver que vous l'éleviez avec de certains tons, et que vous l'abaissiez ensuite. Si vous voulez encore apprendre à marcher, vous ferez venir de ces gens à qui la nécessité a fait inventer des règles pour cela ; vous en trouverez qui compasseront vos pas, qui observeront les morceaux que vous mangerez, et qui prendront autant de licence que votre patience leur en donnera. Quoi ! faut-il d'abord parler en criant et en faisant effort ? Il est si naturel de s'émouvoir petit à petit, que les plaideurs mêmes ne crient qu'après avoir parlé doucement ; il n'y a personne qui implore le secours et la foi des Quirites dès le commencement d'une cause. C'est pourquoi suivez le mouvement de votre esprit, en reprenant le vice tantôt plus impétueusement, et tantôt plus lentement, selon que votre voix et votre poumon se trouveront disposés ; mais, quand vous reprendrez haleine, prenez garde que votre voix s'abaisse doucement, et qu'elle ne tombe pas tout à coup ; il faut qu'elle se ressente des qualités de celui qui la gouverne, et qu'elle ne s'adoucisse pas d'une manière inepte et grossière ; car il ne s'agit pas d'exercer notre voix, mais de nous exercer avec notre voix.

Je ne vous ai pas déchargé de peu d'affaires, en vous donnant tous ces avis ; je veux joindre à cette grâce un présent qui ne vous déplaira pas. Voici un beau précepte. « La vie des fous est chagrine, agitée de crainte et tout embarrassée de l'avenir. » Vous me demandez qui a dit cela ? C'est celui que je vous ai nommé ci-devant. Maintenant quelle est, à votre avis, cette vie des fous ? Est-ce

---

tum potes, circumscribe corpus tuum, et animo locum laxa ! Multa sequuntur incommoda huic deditos curæ ; primum exercitationes, quarum labor spiritum exhaurit, et inhabilem intentioni ac studiis acrioribus reddit; deinde copia ciborum subtilitas impeditur. Accedunt pessimæ notæ mancipia in magisterium recepta, homines inter oleum et vinum occupati ; quibus ad votum dies actus est, si bene desudaverunt, si in locum ejus quod effluxit, multum potionis altius in jejunio iturae regesserunt. Bibere et sudare, vita cardiaci est. Sunt exercitationes et faciles et breves, quæ corpus et sine mora laxent, et tempori parcant, cujus præcipua ratio habenda est. Cursus, et cum aliquo pondere manus motæ, et saltus, vel ille qui corpus in altum levat, vel ille qui in longum mittit, vel ille, ut ita dicam, saliaris, aut, ut contumeliosius dicam, fullonius. Quod libet ex his elige ; usu fit facile. Quidquid facies, cito redi a corpore ad animum ; illum noctibus ac diebus exerce ; labore modico alitur ille. Hanc exercitationem non frigus, non æstus impediet, ne senectus quidem. Id bonum cura, quod vetustate fit melius. Neque ego te jubeo semper imminere libro, aut pugillaribus ; dandum est aliquod intervallum animo ; ita tamen ut non resolvatur, sed remittatur. Gestatio et corpus concutit, et studio non officit; possis legere, possis dictare, possis loqui, possis audire; quorum nihil ne ambulatio quidem vetat fieri. Nec tu intentionem vocis contempseris; quam veto te per gradus et certos modos attollere, deinde deprimere. Quod si velis dein, quemadmodum ambules, discere, admitte istos, quos nova artificia docuit fames; erit qui gradus tuos temperet, et buccas et dentes observet, et in tantum procedat, in quantum ejus audaciam patientiæ credulitate produxeris. Quid ergo? a clamore protinus et a summa contentione vox tua incipiet? Usque eo naturale est, paulatim incitari, ut litigantes quoque a sermone incipiant, ad vociferationem transeant; nemo statim Quiritium fidem implorat. Ergo utcumque impetus tibi animi suaserit, modo vehementius in vices convicium, modo lentius, prout vox quoque te hortabitur et latus. Modesta, quum receperis illam revocarisque, descendat, non decidat; moderatoris sui temperamentum habeat, nec hoc indocto et rustico more desæviat. Non enim id agimus, ut exerceatur vox, sed ut exerceat.

Detraxi tibi non pusillum negotium ; mercedula et unus gradus ad hæc beneficia accedet. Ecce insigne præceptum

celle de Baba et d'Ixion? Non, je vous assure, c'est celle que nous menons, nous autres qu'une aveugle convoitise porte à la recherche de quantité de choses plus capables de nous nuire que de nous rassasier, nous qui serions déjà satisfaits, si quelque chose nous pouvait suffire, nous qui ne considérons pas combien il est doux de ne rien demander, et combien il est magnifique de vivre de ce qui suffit sans dépendre de la fortune. Souvenez-vous donc, mon cher Lucile, de tant de biens que vous avez acquis, et, au lieu de regarder combien de personnes il y a au-dessus de vous, songez combien il y en a au-dessous, si vous voulez rendre ce que vous devez aux dieux et à votre condition. Considérez tant de gens que vous avez passés. Mais que vous souciez-vous des autres, puisque vous vous êtes passé vous-même? Mettez une borne que vous ne puissiez outrepasser quand vous en auriez envie; ils s'en iront un jour ces biens si dangereux, et qu'il vaut mieux attendre que posséder. S'ils avaient quelque chose de solide, on verrait au moins quelque personne qui serait rassasiée; mais ils ne font qu'irriter la soif de celui qui en goûte; et l'appareil du festin est ordinairement ce qui donne de l'appétit. Après tout, pourquoi veux-je avoir plutôt obligation à la fortune de me donner ce qui roule dans le hasard, qu'à moi-même de ne le pas demander? Mais pourquoi le demander à moins que d'avoir oublié la fragilité des choses humaines? Amasserai-je? à quel dessein? Travaillerai-je? Voici le dernier jour de ma vie; en tout cas il n'est pas éloigné du dernier.

ÉPITRE XVI.

La sagesse rend l'homme heureux, et le dispose à obéir aux ordres de la Providence.

Je crois que vous savez, mon cher Lucile, que l'on ne peut vivre heureusement, non pas même commodément, sans l'étude de la sagesse; que la vie est heureuse quand on a fait cette acquisition, qu'elle est même assez douce aussitôt qu'on y a fait quelque progrès. — Mais il y faut penser souvent, afin de vous affermir dans cette connaissance, et de vous l'imprimer plus fortement. Il est sans doute plus difficile de garder une bonne résolution que de la prendre, et vous devez fortifier votre âme par une étude continuelle, jusqu'à ce que vous ayez fait une bonne habitude de ce qui n'est encore qu'une bonne volonté. Au reste, je vois bien que vous avez beaucoup profité, sans que vous m'en assuriez par tant de paroles. Je sais d'où procède ce que vous écrivez : il n'est ni contrefait, ni fardé; je dirai toutefois ce que j'en pense. J'espère bien de vous; mais je n'ose pas encore m'en assurer : je vous conseille de faire la même chose; car il n'est pas à propos que vous preniez si tôt confiance en vous-même. Examinez-vous, sondez-vous auparavant, prenez garde, sur toutes choses, si ce profit que vous avez fait n'est pas plutôt pour la philosophie que pour les mœurs.

La philosophie n'est pas une pièce de montre, destinée pour le peuple; elle s'arrête seulement aux choses et non aux paroles; on ne la prend pas pour se divertir durant quelque journée, ou pour se désennuyer quand on est de loisir. Elle forme

« Stulti vita ingrata est, trepida, tota in futurum fertur. » — Quis hæc, inquis, dicit? — Idem qui supra. Quam tu nunc vitam dici existimas stultam? Babæ et Ixionis? Non ita est; nostra dicitur, quos cæca cupiditas in nocitura, certe nunquam satiatura, præcipitat; quibus, si quid satis esse posset, fuisset; qui non cogitamus, quam jucundum sit, nihil poscere; quam magnificum sit, plenum esse, nec ex fortuna pendere. Subinde itaque, Lucili, quam multa sis consequutus, recordare; quum adspexeris quot te antecedant, cogita quot sequantur. Si vis gratus esse adversus Deos et adversus vitam tuam, cogita quam multos antecesseris. Quid tibi cum cæteris? te ipse antecessisti! Finem constitue, quem transire ne possis quidem, si velis; discedent aliquando ista insidiosa bona, et sperantibus meliora, quam assequutis. Si quid in illis esset solidi, aliquando et implerent; nunc haurientium sitim concitant. Mutantur speciosi apparatus; et, quod futuri temporis incerta sors volvit, quare potius a fortuna impetrem, ut det, quam a me, ne petam? Quare autem petam, oblitus fragilitatis humanæ? congeram in quid laborem? Ecce hic dies ultimus est! ut non sit, prope ab ultimo est! Vale.

EPISTOLA XVI.

DE UTILITATE PHILOSOPHIÆ.

Liquere hoc tibi, Lucili, scio, neminem posse beate vivere, ne tolerabiliter quidem, sine sapientiæ studio; et beatam vitam perfecta sapientia effici, cæterum tolerabilem etiam inchoata. Sed hoc, quod liquet, firmandum et altius quotidiana meditatione figendum est. Plus operis est in eo, ut proposita custodias, quam ut honesta proponas. Perseverandum est, et assiduo studio robur addendum, donec bona mens sit, quod bona voluntas est. Itaque tibi apud me pluribus verbis haud affirmandum, nec tam longis; intelligo, multum te profecisse. Quæ scribis, unde veniant scio; non sunt ficta, nec colorata. Dicam tamen quid sentiam; jam de te spem habeo, nondum fiduciam. Tu quoque idem facias, volo; non est quod tibi cito et facile credas; excute te, et varie scrutare, et observa! Illud ante omnia vide, utrum in philosophia, an in ipsa vita profeceris. Non est philosophia populare artificium, nec ostentationi paratum; non in verbis, sed in rebus est. Nec in hoc adhibetur, ut cum aliqua oblectatione consumatur dies, ut dematur otio nausea; animum

l'esprit, ordonne la vie, règle les actions, montre ce qu'il faut faire et ce qu'on ne doit pas faire; elle tient le gouvernail et conduit le vaisseau dans les passages dangereux. Sans elle personne n'est en sûreté; il arrive à toute heure une infinité de choses où l'on a besoin de conseil, et c'est ce qu'elle vous donnera. Mais (dira quelqu'un) à quoi me servira ma philosophie, s'il y a une destinée? Si Dieu gouverne toutes choses, ou si le hasard en est le maître (car les événements certains ne peuvent être changés, et l'on ne sait qu'opposer contre les incertains); à quoi, dis-je, me servira la philosophie, si Dieu a prévenu mon dessein et a ordonné ce que je ferai, ou si la fortune ne me donne pas le loisir de délibérer?

Que cela soit vrai en tout ou en partie, je raisonne ainsi, mon cher Lucile. Soit que la destinée nous lie par une nécessité immuable, soit que Dieu, comme arbitre de l'univers, ordonne de toutes choses, soit que le hasard roule et conduise aveuglément les affaires humaines, il est certain que la philosophie nous assistera toujours; elle nous exhortera de nous soumettre volontairement à Dieu, de résister constamment à la fortune, de suivre les ordres de la Providence, et de supporter les coups du hasard. Mais je ne veux pas examiner présentement ce qui demeure en notre pouvoir, soit que la Providence nous gouverne, ou que le destin nous entraîne, ou que les accidents subits se rendent maîtres de notre liberté. Je reviens donc à mon sujet, et je vous avertis de ne pas laisser refroidir la chaleur de vos bonnes intentions; affermissez-les et faites-les passer en habitude.

Mais, si je connais bien votre humeur, vous regardez dès le commencement de cette lettre le fruit qu'elle vous doit apporter; examinez-la bien, et vous le trouverez : ne vous étonnez pas si je vous fais encore libéralité du bien d'autrui. Mais pourquoi d'autrui, si je puis m'approprier tout ce qui a été bien dit par un autre, comme cette sentence d'Épicure! « Si vous vivez selon la nature, vous ne serez jamais pauvre; si vous vivez selon l'opinion, vous ne serez jamais riche. La nature demande peu de choses; l'opinion en veut une infinité. Que l'on assemble dans votre maison toutes les richesses qu'un grand nombre de personnes ont possédées; que la fortune vous donne plus d'argent que n'en eut jamais un particulier; qu'elle vous habille de pourpre et qu'elle vous loge dans ses palais lambrissés d'or et pavés de marbre, enfin que vous ayez des richesses sur la tête et sous les pieds; qu'elle y ajoute des statues, des peintures et tout ce que les arts ont jamais fait pour contenter le luxe; tout cela ne servira qu'à vous en faire souhaiter davantage. Les désirs de la nature sont bornés; ceux de l'opinion ne savent où s'arrêter, car l'erreur n'a point de terme certain. Celui qui tient le droit chemin vient à son but, celui qui s'égare n'y arrive jamais. Retirez-vous donc des vanités, et quand vous voudrez savoir si ce que vous désirez est selon la nature, voyez s'il peut s'arrêter en quelque endroit; car il ne sera point naturel si, s'étant fort avancé, il veut encore aller plus loin.

format et fabricat, vitam disponit, actiones regit, agenda et omittenda demonstrat, sedet ad gubernaculum, et per ancipitia fluctuantium dirigit cursum. Sine hac nemo securus est; innumerabilia accidunt singulis horis, quæ consilium exigant, quod ab hac petendum est. — Dicet aliquis : « Quid mihi prodest philosophia, si fatum est? quid prodest, si Deus rector est? quid prodest, si casus imperat? Nam et mutari certa non possunt, et nihil præparari potest adversus incerta; si aut consilium meum Deus occupavit, decrevitque quid facerem, aut consilio meo nihil fortuna permittit. » — Quidquid est ex his, Lucili, vel si omnia hæc sunt, philosophandum est; sive nos inexorabili lege fata constringunt, sive arbiter Deus universi cuncta disposuit, sive casus res humanas sine ordine impellit et jactat, philosophia nos tueri debet. Hæc adhortabitur, ut Deo libenter pareamus, ut fortunæ contumaciter resistamus; hæc docebit, ut Deum sequaris, feras casum. Sed non est nunc in hanc disputationem transeundum, quid sit juris nostri, si Providentia in imperio est, aut si fatorum series illigatos trahit, aut si repentina ac subita dominantur; illo nunc revertor, ut te moneam et exhorter, ne patiaris impetum animi tui delabi et refrigescere. Contine illum, et constitue, ut habitus fiat quod est impetus.

Jam ab initio, si bene te novi, circumspicis ecquid hæc epistola munusculi attulerit? excute illam, et invenies. Non est quod mireris animum meum; adhuc de alieno liberalis sum. Quare autem alienum dixi? quidquid bene dictum est ab ullo, meum est. Sic quoque quod ab Epicuro dictum est : « Si ad naturam vives, nunquam eris pauper; si ad opinionem, nunquam eris dives. » Exiguum natura desiderat, opinio immensum. Congeratur in te quidquid multi locupletes possederant; ultra privatum pecuniæ modum fortuna te provehat, auro tegat, purpura vestiat; eo deliciarum opumque perducat, ut terram marmoribus abscondas; non tantum habere tibi liceat, sed calcare divitias; accedant statuæ et picturæ, et quidquid ars ulla luxuriæ elaboravit; majora cupere ab his disces. Naturalia desideria finita sunt; ex falsa opinione nascentia, ubi desinant, non habent; nullus enim terminus falso est. Via eunti aliquid extremum est; error immensus est. Retrahe ergo te a vanis! et quum voles scire, quod petis utrum naturalem habeat, an cæcam cupiditatem, considera an possit alicubi consistere. Si longe progresso semper aliquid longius restat, scito id naturale non esse. Vale.

ÉPITRE XVII.

Il faut acquérir la sagesse par préférence à tous les autres biens. — Les richesses peuvent bien changer les misères, et ne peuvent pas les finir.

Quittez toute sorte d'occupations, si vous êtes sage, mais plutôt afin que vous le deveniez; suivez le chemin de la vertu à grands pas et de toutes vos forces, et s'il y a quelque chose qui vous arrête, il faut vous en défaire ou le rompre. « Mais, me direz-vous, le soin de ma maison me retient, je la veux établir en sorte que je puisse subsister sans rien faire, afin que n'étant point incommodé, je ne sois incommode à personne. » Quand vous parlez ainsi, il semble que vous ne compreniez pas assez la force et l'étendue du bien que vous prétendez. Vous entendez à la vérité le principal de l'affaire, et combien la philosophie est utile; mais vous ne pénétrez pas encore dans le détail, et ne connaissez pas combien nous en tirons de secours en toutes choses, et de quelle manière (pour user des termes de Cicéron) « elle nous assiste dans les grandes affaires et nous sert encore dans les petites. » Consultez-la, si vous me croyez : elle vous dira que vous ne vous amusiez pas à compter ce que vous avez de biens, car vous ne prétendez par là qu'éviter la pauvreté; mais à quel propos, s'il est vrai qu'on la doit désirer, et que les richesses ont fait obstacle à beaucoup de gens qui se voulaient appliquer à la philosophie?

La pauvreté, au contraire, est toujours libre et tranquille. Quand la trompette sonne, elle sait bien que ce n'est point pour elle; si elle entend l'alarme, elle regarde par où elle sortira, et non pas ce qu'elle emportera. S'il faut aller sur mer, on n'entend point de bruit au port, et le rivage n'est point embarrassé de son équipage; on ne la voit point environnée d'une troupe de valets, pour la nourriture desquels tout ce qui est dans un pays peut à peine suffire. Il est aisé de rassasier plusieurs personnes quand leur estomac est bien réglé, et ne demande autre chose que de se remplir. Il coûte peu pour contenter la faim, et beaucoup pour satisfaire le dégoût. Il suffit à la pauvreté d'apaiser la nécessité qui est pressante. Pourquoi donc refusez-vous sa compagnie, puisque même le riche, quand il est de bon sens, suit son exemple? Si vous voulez vaquer à l'étude, il faut être pauvre, ou du moins semblable à celui qui est pauvre; car, pour étudier avec profit, il faut de la sobriété, qui est une pauvreté volontaire.

Ne dites donc plus pour excuse: «Je n'en ai point encore assez; si je puis amasser tant de biens, alors je me donnerai entièrement à la philosophie. » Et cependant il n'y a rien que vous devriez acquérir plus tôt que ce que vous voulez acquérir le dernier : c'est par là qu'il faut commencer. «Je veux, dites-vous, amasser auparavant de quoi vivre. » Apprenez, en même temps, comment il faut amasser. Ce qui vous peut empêcher de bien vivre ne saurait vous empêcher de bien mourir. La pauvreté, ni la disette, ne vous doivent point détourner de la philosophie; elle mérite bien que l'on endure pour elle la faim que l'on souffrirait dans un siége, pour ne pas tomber entre les mains d'un ennemi victorieux, puisqu'elle vous promet une liberté perpétuelle, et que vous

EPISTOLA XVII.

SINE MORA AMPLEXANDAM ESSE PHILOSOPHIAM : PAUPERTATEM ESSE BONUM.

Projice omnia ista, si sapis, immo ut sapias; et ad bonam mentem magno cursu ac totis viribus tende. Si quid est quo teneris, aut expedi, aut incide. — « Moratur, inquis, me res familiaris! sic illam disponere volo, ut sufficere nihil agenti possit; ne aut paupertas mihi oneri sit, aut ego alicui. » — Quum hoc dicis, non videris vim ac potentiam ejus, de quo cogitas, boni nosse; et summam quidem rei pervides, quantum philosophia prosit; partes autem nondum satis subtiliter dispicis, necdum scis, quantum ubique nos adjuvet, quemadmodum et « in maximis, ut Ciceronis utar verbo, opituletur, et in minima descendat. » Mihi crede, advoca illam in consilium! suadebit tibi, ne ad calculos sedeas. Nempe hoc quæris, et hoc ista dilatione vis consequi, ne tibi paupertas timenda sit. Quid si appetenda est? Multis ad philosophandum obstitere divitiæ; paupertas expedita est, secura est. Quum classicum cecinit, scit non se peti; quum aliqua conclamatio est, quomodo exeat, non quid efferat, quærit. Si navigandum est, non strepunt portus, nec unius comitatu inquieta sunt littora; non circumstat illum turba servorum, ad quos pascendos transmarinarum regionum est optanda fertilitas. Facile est pascere paucos ventres, et bene institutos, et nihil aliud desiderantes, quam impleri. Parvo fames constat, magno fastidium. Paupertas contenta est desideriis instantibus satisfacere.

Quid est ergo quare ut hanc recuses contubernalem, cujus mores sanus dives imitatur? Si vis vacare animo, aut pauper sis, aut pauperi similis. Non potest studium salutare fieri sine frugalitatis cura; frugalitas autem, paupertas voluntaria est. Tolle itaque istas excusationes : « Quantum sat est, nondum habeo; si ad illam summam pervenero, tunc me totum philosophiæ dabo. » Atqui nihil prius, quam hoc, parandum est, quod tu differs et post cætera paras; ab hoc incipiendum est. « Parare, inquis, unde vivam, volo. » — Simul et parare disce! Si quid te vetat bene vivere, bene mori non vetat. Non est quod nos paupertas a philosophia revocet, ne egestas quidem. Toleranda est enim ad hoc properantibus vel fames, quam toleravere quidam in obsidionibus. Et quod aliud erat illius patientiæ præmium, quam in arbitrium non cadere victoris? quanto majus est, quo promittitur perpetua libertas, nullius nec hominis

n'aurez rien à craindre du côté des hommes, ni du côté de Dieu. Après tout, il en faut venir là, quand on devrait mourir de faim. Si des armées entières ont souffert une disette générale de toutes choses, ont vécu d'herbes et de racines dans une faim qui faisait horreur ; et tout cela (le croirez-vous!) afin de conquérir un royaume pour autrui ; se trouvera-t-il quelqu'un qui ne veuille pas souffrir la pauvreté afin de délivrer son âme de la tyrannie des passions?

Il n'y a donc rien que l'on doive acquérir préférablement, et l'on peut s'embarquer sans aucunes provisions pour la conquête de la sagesse. Je vois votre pensée. Après que vous aurez tout, vous voudrez avoir encore la sagesse, qui sera le dernier acquêt de votre vie, et une espèce de supplément. Mais si vous avez du bien, commencez à philosopher ; car qui vous a dit que vous n'en avez pas trop? Si vous n'avez rien, il faut rechercher ce bien-là avant tous les autres. « Oui, mais je manquerai de ce qui m'est nécessaire. » En premier lieu, il ne vous manquera pas, puisque la nature demande fort peu de choses, et que le sage sait s'y accommoder. Mais s'il tombe dans la dernière nécessité, il est en son pouvoir de s'en délivrer bientôt et de n'être plus à charge à lui-même ; que s'il a fort peu de chose pour subsister, il s'en consolera, et, sans se mettre en peine que du nécessaire, il pourvoira doucement à son vivre et à ses habits, se moquant de l'embarras des riches et de l'empressement de ceux qui courent après les richesses ; il se dira d'un visage tranquille et riant : Pourquoi, mon ami, différes-tu si longtemps à travailler pour toi-même? Attendras-tu le profit de quelque argent prêté, ou de quelque marchandise achetée, ou qu'un riche vieillard te fasse son héritier, si tu peux te faire riche dès à présent? La sagesse tient lieu de toutes sortes de biens, elle les donne même quand elle les fait mépriser. Mais cela est bon pour d'autres, car à votre regard on peut dire que vous approchez davantage de ceux que l'on appelle riches ; fermez votre bourse, elle n'est que trop pleine ; car il n'y en a point où l'on ne trouve ce qui suffit.

Si je ne vous avais point gâté, je pourrais ici finir ma lettre ; mais comme il n'est pas permis de saluer le roi des Parthes sans un présent à la main, on ne saurait aussi prendre congé de vous qu'il n'en coûte quelque chose. Que sera-ce donc? Je le veux emprunter d'Épicure. « Il y a bien des gens qui ne trouvent pas la fin, mais plutôt le changement de leur misère dans les richesses qu'ils ont acquises. » Je ne m'en étonne pas ; car le défaut ne vient pas des choses, mais des personnes ; c'est pourquoi les richesses leur sont à charge aussi bien que la pauvreté.

Il n'importe pas que vous couchiez un malade dans un lit d'or ou de bois, car sa maladie le suivra partout ; ainsi il est indifférent qu'un esprit malsain soit parmi les richesses ou dans la pauvreté, puisque son mal demeurera toujours attaché à sa personne.

ÉPITRE XVIII.

Il est bon quelquefois de pratiquer la pauvreté volontaire. — Celui qui méprise les richesses est digne de Dieu.

Voici le mois de décembre, et le temps où la

---

nec Dei timor! Equidem vel esurienti ad ista veniendum est. Perpessi sunt exercitus inopiam omnium rerum, vixerunt herbarum radicibus, et dictu fœdis tulerunt famem. Hæc omnia passi sunt pro regno (quo magis mireris) alieno ; dubitabit aliquis ferre paupertatem, ut animum furoribus liberet? Non est ergo prius acquirendum ; licet ad philosophiam etiam sine viatico pervenire. Ita est ; quum omnia habueris, tunc habere et sapientiam voles ; hæc erit ultimum vitæ instrumentum, et, ut ita dicam, additamentum. Tu vero, sive aliquid habes, jam philosophare (unde enim scis an jam non nimis habeas?), sive nihil, hoc prius quære, quam quidquam. « At necessaria deerunt! » Primum deesse non poterunt, quia natura minimum petit ; naturæ autem se sapiens accommodat. Sed, si necessitates ultima inciderint, jamdudum exsiliet e vita, et molestus sibi esse desinet. Si vero exiguum fuerit et angustum quo possit vita produci, id boni consulet, nec ultra necessaria sollicitus aut anxius, ventri et scapulis suum reddet, et occupationes divitum, concursationesque ad divitias euntium, securus lætusque ridebit, ac dicet : Quid in longum ipse te differs? exspectabisne fœnoris quæstum, aut ex merce compendium, aut tabulas beati senis, quum fieri possis statim dives? Repræsentat opes sapientia ; quas, cuicumque fecit supervacuas, dedit. Hæc ad alios pertinent ; tu locupletibus propior es. Sæculum muta, nimis habes ; id est omni sæculo quod sat est.

Poteram hoc loco epistolam claudere, nisi te male instituissem. Reges Parthos non potest quisquam salutare sine munere ; tibi valedicere non licet gratis. Quid istic? ab Epicuro mutuum sumam. « Multis, parasse divitias, non finis miseriarum fuit, sed mutatio. » Nec me miror : non est enim in rebus vitium, sed in ipso animo. Illud, quod paupertatem gravem fecerat, et divitias graves fecit. Quemadmodum nihil differt, utrum ægrum in ligneo lecto an in aureo colloces ; quocumque illum transtuleris, morbum suum secum transferet : sic nihil refert, utrum animus æger in divitiis an in paupertate ponatur ; malum illum suum sequitur. Vale.

EPISTOLA XVIII.
DE OBLECTATIONIBUS SAPIENTIS.

December est mensis : quum maxime civitas sudat ; jus

ville s'échauffe davantage dans la débauche ; elle est universelle, et comme de droit public ; on fait partout du bruit et de grands préparatifs, comme si les Saturnales étaient autre chose que les jours ouvriers ; il y a toutefois si peu de différence, que celui qui a dit que décembre ne durait autrefois qu'un mois, et qu'il dure à présent toute l'année, me semble avoir bien rencontré. Si je vous avais ici, je conférerais volontiers avec vous de ce que nous devons faire ; si nous vivrons à l'ordinaire, ou si, pour ne pas paraître ennemis de la coutume, nous quitterons la robe et nous nous réjouirons comme les autres ; car nous changeons d'habits présentement aux jours de récréation, comme on faisait autrefois lorsque la république était en trouble ou en tristesse. Si je connais votre esprit, vous en userez comme un amiable compositeur, qui voudrait qu'en cette occasion l'on ne fût pas entièrement conforme, ni aussi entièrement contraire à la populace, si ce n'est peut-être que l'on doit se retenir et se priver des plaisirs en un temps où tout le monde s'y jette à corps perdu. L'esprit ne saurait mieux connaître sa fermeté que quand il ne trouve rien qui soit capable de le porter, ni de l'entraîner dans la dissolution. Il faut, à la vérité, de la vertu, pour garder la sobriété, tandis que le peuple se plonge dans le vin ; aussi faut-il beaucoup de conduite pour faire ce que font les autres, mais d'une manière plus honnête, sans se distinguer et se retirer à part, et sans se mêler aussi avec toute sorte de personnes. Ne peut-on pas se réjouir sans passer jusqu'au débordement ?

Au reste, j'ai tant d'envie d'éprouver la force de votre âme, que je vous conseille, suivant l'avis de ces grands personnages, de prendre quelques jours pour être nourri et vêtu grossièrement, afin que vous puissiez dire : N'est-ce que cela de quoi j'avais tant de peur ? Il faut, dans la tranquillité, se préparer aux choses fâcheuses, et, durant les faveurs de la fortune, se munir contre ses injures. Le soldat, durant la paix, s'exerce à la course, darde le javelot, et se lasse à des travaux inutiles, afin de pouvoir fournir au nécessaire. Pour ne se point étonner dans l'occasion, il se faut éprouver auparavant ; c'est ce qu'ont fait plusieurs personnes considérables qui se sont soumises à la disette et à une pauvreté volontaire durant quelques jours de chaque mois, afin de n'être jamais surpris de ce qu'ils avaient si souvent pratiqué. Ne vous imaginez pas que je veuille vous obliger seulement à ne pas faire si bonne chère, à passer dans l'appartement des pauvres, et à embrasser les fausses abstinences que les riches ont inventées pour guérir leur dégoût ; je prétends que vous n'aurez qu'une paillasse, qu'un hoqueton de bure avec du pain dur et bis : faites cela trois ou quatre jours, et quelquefois davantage, afin que ce ne soit pas un jeu, mais une véritable épreuve.

Vous ne sauriez croire, mon cher Lucile, combien vous serez content lorsque vous verrez que pour deux oboles vous serez rassasié, et que vous n'aurez pas besoin du secours de la fortune, puisque sa malignité ne peut empêcher que vous n'ayez le nécessaire. Mais ne vous imaginez pas alors avoir fait quelque chose de fort grand ; car vous n'aurez rien fait qu'une infinité de pauvres et d'esclaves ne fassent tous les jours. Sachez-vous gré seulement de l'avoir fait sans y être forcé ; il vous

---

luxuriæ publice datum est ; ingenti apparatu sonant omnia ; tanquam quidquam inter Saturnalia intersit et dies rerum agendarum. Adeo nihil interest, ut videatur mihi non errasse qui dixit, olim mensem decembrem fuisse, nunc annum. Si te hic haberem, libenter tecum conferrem quid existimares esse faciendum : utrum nihil ex quotidiana consuetudine movendum ; an, ne dissidere videremur cum publicis moribus, et hilarius coenandum, et exuendam togam. Nam, quod fieri nisi in tumultu et tristi tempore civitatis non solebat, voluptatis causa, ac festorum dierum, vestem mutavimus. Si te bene novi, arbitri partibus functus, nec per omnia nos similes esse pileatæ turbæ voluisses, nec per omnia dissimiles ; nisi forte his maxime diebus animo imperandum est, ut tunc voluptatibus solus abstineat, quum in illas omnis turba procubuit. Certissimum argumentum firmitatis suæ capit, si ad blanda et in luxuriam trahentia nec it, nec abducitur. Hoc multo fortius est, ebrio ac vomitante populo siccum ac sobrium esse ; illud temperatius, non excerpere se, nec insignire, nec misceri omnibus ; et eadem, sed non eodem modo, facere ; licet enim sine luxuria agere festum diem. Cæterum adeo mihi placet tentare animi tui firmitatem, ut ex præcepto magnorum virorum tibi quoque præcipiam ; interponas aliquot dies, quibus, contentus minimo ac vilissimo cibo, dura atque horrida veste, dicas tibi : Hoc est quod timebatur ? In ipsa securitate animus ad difficilia se præparet, et contra injurias fortunæ inter beneficia firmetur. Miles in media pace decurrit sine ullo hoste, vallum jacit, et supervacuo labore lassatur, ut sufficere necessario possit. Quem in ipsa re trepidare nolueris, ante rem exerceas. Hoc secuti sunt qui omnibus mensibus paupertatem imitati, prope ad inopiam accesserunt, ne unquam expavescerent quod sæpe didicissent. Non est nunc quod existimes me dicere Timoneas coenas, et pauperum cellas, et quidquid aliud est, per quod luxuria divitiarum tædio ludit. Grabatus ille verus sit, et sagum, et panis durus ac sordidus. Hoc triduo et quatriduo fer, interdum pluribus diebus ; ut non lusus sit, sed experimentum. Tunc, mihi crede, Lucili, exsultabis, dipondio satur, et intelliges ad securitatem non opus esse fortuna ; hoc enim, quod necessitati sat est, debet etiam irata. Non est tamen quare tu multum tibi facere videaris ; facies enim quod multa millia servorum, multa millia pauperum faciunt. Illo nomine te

sera aussi facile de souffrir cela toujours que de l'essayer quelquefois. Exerçons-nous-y, et de peur que la fortune ne nous prenne au dépourvu, rendons-nous la pauvreté familière; nous serons riches avec moins d'appréhension quand nous saurons que ce n'est pas un si grand mal que d'être pauvre. Épicure, ce grand maître de la volupté, avait de certains jours où il ne se rassasiait qu'à demi, pour voir si cela pouvait diminuer cette grande et parfaite volupté qu'il recherchait, pour voir combien elle diminuait et si la chose méritait que l'on s'en tourmentât beaucoup. C'est ce qu'il dit dans les lettres qu'il écrivit à Polyænus durant le gouvernement de Charinus, où il se vante qu'il se rassasiait pour moins d'un sou, et que Métrodore, qui n'était pas encore si sobre, le dépensait entier. Vous aurez peut-être de la peine à croire qu'il y ait de quoi contenter l'appétit dans ces sortes de repas : il y a même de la volupté, non pas une volupté vaine et passagère, qui ait besoin d'être entretenue, mais une satisfaction solide et assurée; car il n'y a pas grand plaisir à boire de l'eau et à manger du pain d'orge; mais c'est une extrême commodité de s'en pouvoir contenter et de s'être réduit à des choses que la fortune la plus contraire ne vous saurait ôter. On vit plus largement dans la prison, et l'on traite mieux les criminels qui sont réservés pour le dernier supplice. Oui, mais quelle grandeur d'âme d'embrasser volontairement ce que l'on ne souffrirait pas même si l'on était réduit aux plus malheureuses extrémités! Cela s'appelle prévenir les insultes, et émousser les traits de la fortune. Commencez donc, mon cher Lucile, à suivre une si louable coutume, et choisissez quelques jours pour vous mettre en retraite et pour vous apprivoiser avec l'indigence; établissez une bonne correspondance avec la pauvreté.

Soyez digne des dieux par le mépris de l'or.

Il n'y a que celui qui méprise les richesses, qui soit digne de celui qui les a créées; je ne vous défends pas d'en avoir, mais je veux que vous les possédiez sans inquiétude. Vous y réussirez si vous vous persuadez que vous ne laisserez pas de vivre heureux sans elles, et si vous les regardez toujours comme si elles étaient prêtes à vous quitter.

Mais il est temps de fermer cette lettre. Vous m'allez dire : Acquittez auparavant ce que vous devez. Je l'assignerai sur Épicure; ce sera lui qui le paiera. « L'excès de la colère trouble le sens. » Vous devez savoir combien cette sentence est véritable, puisque vous avez des valets et des ennemis. Car cette passion qui vient d'amour aussi bien que de haine s'échauffe contre toute sorte de personnes, et non moins parmi les divertissements que dans les occupations sérieuses : c'est pourquoi l'on ne doit pas regarder l'importance du sujet, mais plutôt la disposition de l'esprit qui en est touché; de même qu'il n'importe pas combien le feu soit grand, mais seulement sur quelle matière il tombe : car il y a des choses si solides, qu'elles sont impénétrables au plus grand feu; d'autres, au contraire, en sont si susceptibles, qu'une seule étincelle y peut causer un grand embrasement. Oui, je dis, cher Lucile, que l'excès de la colère ne se

---

suspice, quod facies non coactus, quod tam facile erit tibi illud pati semper, quam aliquando experiri. Exerceamur ad palum! et, ne imparatos fortuna deprehendat, flat nobis paupertas familiaris! Securius divites erimus, si scierimus quam non sit grave pauperes esse. Certos habebat dies ille magister voluptatis Epicurus, quibus maligne famem exstingueret, visurus an aliquid deesset ex plena et consummata voluptate, vel quantum deesset, et an dignum, quod quis magno labore pensaret; hoc certe in his *Epistolis* ait, quas scripsit, Charino magistratu, *ad Polyœnum*. Et quidem gloriatur, « non toto asse pasci; Metrodorum, qui nondum tantum profecerit, toto. » Hoc tu in victu saturitatem putas esse? et voluptas est! voluptas autem non illa levis et fugax, et subinde reficienda, sed stabilis et certa. Non enim jucunda res est aqua et polenta, aut frustum hordeacei panis; sed summa voluptas est, posse capere etiam ex his voluptatem, et ad id se deduxisse, quod eripere nulla fortunæ iniquitas possit. Liberiora sunt alimenta carceris; sepositos ad capitale supplicium non tam anguste, qui occisurus est, pascit. Quanta est animi magnitudo, ad id sua sponte descendere, quod ne ad extrema quidem decretis timendum sit! hoc est præoccupare tela Fortunæ. Incipe ergo, mi Lucili, sequi horum consuetudinem; et aliquos dies destina, quibus secedas a tuis rebus, minimoque te facias familiarem; incipe cum paupertate habere commercium !

Aude, hospes, contemnere opes, et te quoque dignum Finge Deo!

Nemo alius est Deo dignus, quam qui opes contempsit. Quarum possessionem tibi non interdico ; sed efficere volo, ut illas intrepide possideas; quod uno consequeris modo, si te etiam sine illis beate victurum persuaseris tibi; si illas tanquam exituras semper aspexeris.

Sed jam incipiamus epistolam complicare. — « Prius, inquis, redde quod debes. » Delegabo te ad Epicurum; ab illo fiet numeratio. « Immodica ira gignit insaniam. » Hoc quam verum sit, necesse scias, quum habueris et servum et inimicum. In omnes personas hic exardescit affectus ; tam ex amore nascitur, quam ex odio ; non minus inter seria, quam inter lusus et jocos. Nec interest, ex quam magna causa nascatur, sed in qualem perveniat animum. Sic ignis non refert quam magnus, sed quo incidat; nam etiam maximum solida non receperunt; rursus arida, et corripi facilia, scintillam quoque fovent usque in incendium. Ita est, mi Lucili, ingentis iræ exitus,

termine que par la fureur : il faut donc éviter la colère, non tant pour garder la modération, que pour conserver le bon sens.

ÉPITRE XIX.

Que l'on ne peut acquérir la sagesse qu'il n'en coûte quelque chose. — Pour faire des amis, il faut donner avec discernement, et non pas à l'aventure.

J'ai bien de la joie lorsque je reçois de vos lettres ; car elles me répondent à présent de ce qu'elles m'avaient autrefois fait espérer de vous. Continuez, je vous prie et je vous en conjure ; car saurais-je demander quelque chose de meilleur à mon ami, que ce que je voudrais demander pour lui ? Sauvez-vous, s'il y a moyen, de l'embarras des affaires ; nous avons assez perdu de temps durant la jeunesse ; commençons à nous recueillir dans l'arrière-saison : quel blâme en pouvons-nous recevoir ? Si nous avons vécu parmi le trouble, mourons dans la tranquillité. Ce n'est pas que je vous conseille de vous rendre fameux par l'oisiveté, puisqu'il n'en faut faire ni vanité, ni mystère, je ne prétends pas aussi vous engager dans la solitude et dans la retraite, en vous exagérant la corruption des hommes. Faites seulement, si votre repos paraît, qu'il n'éclate pas. C'est affaire à ceux qui peuvent disposer de leurs personnes, de délibérer s'ils veulent passer leur vie dans l'obscurité ; mais cela ne vous est pas libre : votre génie, vos écrits, et tant d'illustres amis vous ont trop fait connaître ; et quand vous affecteriez de vous cacher, la lumière de vos belles actions, étant inséparable de votre personne, vous découvrirait assez. Vous pouvez toutefois vous mettre en repos sans que personne le trouve mauvais, et sans que vous en ayez aucun remords ; car que laisserez-vous dont vous puissiez avoir regret ? Des clients ? Il n'y en a pas un qui s'attache à vous, pour en dire la vérité ; c'est plutôt à quelque avantage qu'il y rencontre. Des amis ? on recherchait autrefois l'amitié, et à présent on ne considère que l'intérêt. Mais peut-être que certains vieillards vous effaceront de leur testament quand ils ne vous verront plus, et que des gens qui étaient assidus en votre logis iront faire leur cour ailleurs. Que voulez-vous ? Il est malaisé qu'une chose qui vaut beaucoup ne coûte guère : voyez si vous aimez mieux vous abandonner vous-même que quelque pièce de ce qui vous appartient. Plût à Dieu que vous fussiez demeuré dans l'état de votre naissance, et que la fortune ne vous eût point si fort élevé ! Mais la prospérité, les gouvernements et les emplois, avec les espérances qui les accompagnent, vous ont bien empêché d'envisager les douceurs d'une vie paisible et tranquille ; vous aurez encore de plus grandes charges, et celles-là vous en attireront d'autres ; mais quelle en sera la fin ? Qu'attendez-vous pour vous reposer ? D'avoir tout ce que vous désirez ? Jamais ce temps-là ne viendra.

Mais disons que les causes qui produisent les passions ont un enchaînement pareil à celles qui font le destin ; les unes tirent leur origine de la fin des autres. En vérité, vous êtes engagé dans un genre de vie qui vous tiendra toujours esclave ; secouez le joug ; il vaudrait mieux, pour ainsi dire, avoir une fois le cou rompu, que de l'avoir

---

furor est; et ideo ira vitanda est, non moderationis causa, sed sanitatis. Vale.

EPISTOLA XIX.
QUÆ SINT QUIETIS COMMODA

Exsulto quoties epistolas tuas accipio; implent enim me bona spe; et jam non promittunt de te, sed spondent. Ita fac! oro atque obsecro; quid enim habeo melius, quod amicum rogem, quam quod pro ipso rogaturus sum? Si potes, subduc te istis occupationibus, si minus, eripe. Satis multum temporis sparsimus; incipiamus in senectute vasa colligere. Numquid invidiosum est? in freto viximus, moriamur in portu. Neque ego suaserim tibi nomen ex otio petere, quod nec jactare debes, nec abscondere. Nunquam enim usque eo te abigam, generis humani furore damnato, ut latebram tibi aliquam parari et oblivionem velim; id age, ut otium tuum non emineat, sed appareat. Deinde videbunt de isto quibus integra sunt et prima consilia, an velint vitam per obscurum transmittere. Tibi liberum non est; in medium te protulit ingenii vigor, scriptorum elegantia, claræ et nobiles amicitiæ; jam notitia te invasit; ut in extrema mergaris, ac penitus recondaris, tamen priora monstrabunt. Tenebras habere non potes; sequetur, quocumque fugeris, multum pristinæ lucis. Quietem potes vindicare, sine ullius odio, sine desiderio aut morsu animi tui. Quid enim relinques, quod invitus relictum a te possis cogitare? Clientes? quorum nemo te ipsum sequitur, sed aliquid ex te! Amicos? olim amicitia petebatur, nunc præda ! Mutabunt testamenta destituti senes; migrabit ad aliud limen salutator; non potest parvo res magna constare. Æstima utrum te relinquere, an aliquid ex tuis malis. Utinam quidem tibi senescere contigisset intra natalium tuorum modum, nec te in altum fortuna misisset! Tulit te longe a conspectu vitæ salubris rapida felicitas, provincia et procuratio, et quidquid ab istis promittitur; majora deinde officia te excipient, et ex aliis alia. Quis exitus erit? Quid expectas donec desinas? Habere quod cupias? Nunquam erit tempus. Qualem dicimus esse seriem causarum, ex quibus nectitur fatum, talem et cupiditatum; altera ex fine alterius nascitur. In eam demissus es vitam, quæ nunquam tibi miseriarum terminum ac servitutis ipsa factura sit. Subduc cervicem jugo tritam; semel illam incidi, quam semper premi, satius est. Si te ad privata

toujours chargé. Si vous vous remettez dans la vie privée, tout vous semblera plus petit, mais il vous satisfera pleinement ; au lieu qu'une infinité de choses que l'on vous apporte de toutes parts ne sauraient vous contenter en l'état où vous êtes. Préférerez-vous l'abondance qui ne remplit pas à la disette qui rassasie ? La prospérité est avide et sujette à l'avidité d'autrui ; et tandis que rien ne vous suffira, à peine aussi suffirez-vous aux autres. Mais comment, direz-vous, en sortirai-je ? Comme vous pourrez. Considérez combien de choses vous avez entreprises pour acquérir de l'honneur et des richesses : il faut aussi entreprendre quelque chose pour se mettre en repos, ou bien se résoudre à finir sa vie dans le tracas des affaires et dans le tumulte des charges publiques, agité de flots et de nouveautés continuelles que l'adresse de votre esprit ni la douceur de votre naturel ne sauraient éviter. Mais à quoi sert de vous mettre en repos ? Votre fortune ne le permet pas. Que sera-ce donc si vous la poussez plus loin ? Cet accroissement ne fera que multiplier les sujets de vos craintes. Je veux, en cet endroit, vous rapporter un bon mot de Mécénas ; il en a justifié la vérité par sa propre expérience. « La grande hauteur, dit-il, s'étonne d'elle-même. » Vous me demandez en quel livre il l'a dit : c'est en celui qui est intitulé *Prométhée*. Il a entendu dire que la grande hauteur étonne ceux qui s'y voient élevés ; y a-t-il grandeur dans le monde qui mérite que l'on fasse une si étrange confession ? C'était un homme d'esprit, lequel, sans doute, aurait laissé une belle idée de l'éloquence romaine, si les richesses ne l'eussent point énervé, ou plutôt efféminé à la manière des eunuques. Vous aurez un pareil sort si vous ne pliez les voiles, et que vous ne veniez de bonne heure en terre ferme, comme il le voulut faire, mais trop tard.

Je pourrais, avec cette sentence de Mécénas, m'acquitter de ce que je vous dois ; mais, si je vous connais bien, vous me ferez un procès, et ne voudrez pas être payé en monnaie neuve, encore que de bon aloi. Ainsi, il faut que j'en emprunte d'autre chez Épicure. « Vous devez, dit-il, prendre garde avec qui il vous faudra boire et manger, avant que de voir ce que vous boirez et mangerez ; car, de se repaître de viandes sans la compagnie d'un ami, c'est une vie de lion et de loup. » Mais cela ne vous arrivera pas si vous ne faites retraite ; car vous verrez manger à votre table tous ceux que l'intendant de votre maison aura choisis entre les gens qui viennent vous faire la cour. Ce n'est point dans une salle que l'on trouve des amis ; ce n'est point à la table qu'on les éprouve. Le plus grand malheur d'un homme qui a de grands emplois et de grands biens, c'est de tenir pour ses amis ceux auxquels il n'est pas ami, s'imaginant que les grâces qu'il leur fait ont assez de force pour gagner leur amitié, quoiqu'il y ait certains esprits lesquels aiment d'autant moins qu'ils se sentent plus obligés. Une petite somme prêtée vous rend un homme redevable, une grosse vous le rend ennemi. Quoi donc ! les bienfaits ne servent-ils de rien pour acquérir des amis ? Oui, ils servent si vous avez pu choisir des personnes dignes de les recevoir ; si vous avez donné avec discernement et non pas à l'aventure. C'est pourquoi, tandis que vous formez votre conduite, suivez l'avis des sages, et ne regardez pas tant le don que vous faites que la main qui le reçoit.

---

retuleris, minora erunt omnia, sed affatim implebunt ; at nunc plurima et undique ingesta non satiant. Utrum autem mavis, ex inopia saturitatem, an in copia famem ? Et avida felicitas est, et alienae aviditati exposita. Quamdiu tibi satis nihil fuerit, ipse aliis non eris. « Quomodo, inquis, exibo ? » Utcumque ! Cogita, quam multa temere pro pecunia, quam multa laboriose pro honore tentaveris ; aliquid et pro otio audendum est, aut, in ista sollicitudine procurationum et deinde urbanorum officiorum, senescendum in tumultu ac semper novis fluctibus, quos effugere nulla modestia, nulla vitae quiete continget. Quid enim ad rem pertinet, an tu quiescere velis ? fortuna tua non vult. Quid si illi etiam nunc permiseris crescere ? quantum ad successum accesserit, accedet ad metum. Volo tibi hoc loco referre dictum Maecenatis, vera in ipso equuleo elocuti : « Ipsa enim altitudo attonat summa. » Si quaeris, in quo libro dixerit ? in eo qui *Prometheus* inscribitur. Hoc voluit dicere : « Attonita habet summa. » Est ergo tanti ulla potentia, ut sit tibi tam ebrius sermo ? Ingeniosus vir ille fuit, magnum exemplum Romanae eloquentiae daturus, nisi illum enervasset felicitas, immo castrasset. Hic te exitus manet, nisi jam contrahes vela, nisi (quod ille sero voluit) terram leges.

Poteram tecum hac Maecenatis sententia parem facere rationem ; sed movebis mihi controversiam, si te novi, nec voles, quod debeo, nisi in aspero et probo accipere. Ut se res habet, ab Epicuro versura facienda est. « Ante, inquit, circumspiciendum est, cum quibus edas et bibas. Nam, sine amico visceratio, leonis ac lupi vita est. » Hoc non continget tibi ; nisi secesseris ; alioquin habebis convivas, quos ex turba salutantium nomenclator digesserit. Errat autem qui amicum in atrio quaerit, in convivio probat. Nullum habet majus malum occupatus homo, et bonis suis obsessus, quam quod amicos sibi putat, quibus ipse non est ; quod beneficia sua efficacia judicat ad conciliandos amicos, quum quidam, quo plus debent, magis oderint. Leve aes alienum debitorem facit, grave inimicum. — « Quid ergo, beneficia non parant amicitias ? » — Parant, si accepturos licuit eligere ; si collocata, non sparsa sunt. Itaque, dum incipis esse mentis tuae, interim hoc consilio sapientium utere, ut magis ad rem existimes pertinere, quis, quam quid acceperit. Vale.

EPITRE XX.

Qu'il faut que nos actions s'accordent avec nos paroles. — Que la plupart des hommes ne savent ce qu'ils veulent qu'au moment qu'ils le veulent.

Si vous vous portez bien, et que vous jugiez qu'un jour vous pourrez être à vous-même, j'ai grand sujet de me réjouir ; car je tiendrai à gloire de vous pouvoir arracher de ce lieu, où vous êtes toujours flottant sans aucune espérance d'en sortir. Mais ce que je désire, mon cher Lucile, est que vous fassiez descendre l'amour de la sagesse dans le fond de votre cœur, et que vous reconnaissiez le progrès que vous aurez faits, non par des discours ou des écrits étudiés, mais par la fermeté de votre âme, et par l'affaiblissement de vos passions. Vérifiez vos paroles par les effets ; il ne s'agit pas ici du devoir d'un déclamateur qui veut persuader une assemblée, ni de celui d'un sophiste qui prétend seulement divertir de jeunes fainéants en discourant agréablement sur différentes matières. La philosophie enseigne à faire, non à parler ; elle veut que chacun vive à la manière qu'elle prescrit, que nos paroles et nos actions se rapportent, et qu'il n'y ait point en cela de bigarrures ; c'est un des plus grands avantages et la principale marque de la sagesse, quand les actions conviennent avec les paroles, et que l'on voit un homme toujours égal à soi-même. Qui pourra faire cela ? Peu de gens à la vérité ; il s'en trouve pourtant quelques-uns ; j'avoue que la chose est difficile ; aussi, je ne dis pas que le sage doive marcher toujours d'un même pas, mais bien par un même chemin. Prenez donc garde si votre habit répond à votre logement, si vous êtes magnifique en votre personne, et trop ménager en votre train ; s'il y a de la frugalité en votre table, et du luxe en vos bâtiments. Prescrivez-vous une fois une règle de vie, et la suivez le reste de vos jours. Il y en a qui sont resserrés dans leurs maisons, et qui se mettent au large quand ils sont dehors ; cette inégalité est un défaut qui marque un esprit vacillant, dont la conduite n'est pas encore assurée.

Mais je vous veux dire d'où vient cette légèreté, et cette contrariété d'actions et de volontés : c'est que personne ne se propose un but arrêté, et, si l'on s'en propose quelqu'un, on ne s'y arrête pas, mais on passe par-dessus, on le quitte, on y retourne, embrassant quelquefois ce qu'on avait auparavant condamné. C'est pourquoi, sans rechercher les anciennes définitions de la sagesse, je me contenterai de celle-ci, qui s'étend à toutes les conditions de la vie humaine. En quoi consiste la sagesse ? à vouloir toujours une même chose ou à la rejeter toujours. Je n'y ajoute point cette condition, pourvu que la chose que vous vouliez soit juste, parce qu'il n'y a rien qui puisse toujours plaire s'il n'est juste. Ainsi vous voyez que la plupart des hommes ne savent ce qu'ils veulent qu'au moment qu'ils le veulent, et que personne n'est certain de ce qu'il doit vouloir ou ne vouloir pas. On change tous les jours de sentiment, on passe même dans celui qui est opposé. Aussi, la vie de beaucoup de gens n'est, à vrai dire, qu'un badinage. Achevez donc ce que vous avez commencé ; vous arriverez peut-être au

EPISTOLA XX.

DE HOMINUM INCONSTANTIA.

Si vales, et te dignum putas qui aliquando fias tuus, gaudeo : mea enim gloria erit, si te istinc, ubi sine spe exeundi fluctuaris, extraxero. Illuc autem te, mi Lucili, rogo atque hortor, ut philosophiam in præcordia ima demittas, et experimentum profectus tui capias non oratione, nec scripto, sed animi firmitate, et cupiditatum diminutione. Verba rebus proba : aliud propositum est declamantibus et assensionem coronæ captantibus ; aliud his qui juvenum et otiosorum aures disputatione varia ac volubili detinent. Facere docet philosophia, non dicere ; et hoc exigit, ut ad legem suam quisque vivat, ne orationi vita dissentiat, ut ipsa inter se vita unius, sine actionum dissensione, coloris sit. Maximum hoc est et officium sapientiæ, et indicium, ut verbis opera concordent, ut ipse ubique par sibi idemque sit. Quis hoc præstabit ? Pauci ; aliqui tamen. Est difficile hoc ; nec hoc dico, sapientem uno semper iturum gradu, sed una via. Observa itaque, numquid vestis tua domusque dissentiant, numquid in te liberalis sis, in tuos sordidus ; numquid cœnes frugaliter, ædificies luxuriose. Unam semel, ad quam vivas, regulam prende, et ad hanc omnem vitam tuam exæqua. Quidam se domi contrahunt, dilatant foris et extendunt. Vitium est hæc diversitas, et signum vacillantis animi, ac nondum habentis tenorem suum. Etiam nunc dicam, unde sit ista inconstantia, et dissimilitudo rerum consiliorumque. Nemo proponit sibi quid velit ; nec, si proposuit, perseverat in eo, sed transilit ; nec tantum mutat, sed redit, et in ea, quæ deseruit ac damnavit, revolvitur.

Itaque ut relinquam definitiones sapientiæ veteres, et totum complectar humanæ vitæ modum, hac possum contentus esse : Quid est sapientia ? Semper idem velle atque idem nolle ; licet illam exceptiunculam non adjicias, ut rectum sit quod velis ; non potest enim cuiquam idem semper placere, nisi rectum. Nesciunt ergo homines quid velint, illo momento, quo volunt ; in totum, nulli velle aut nolle decretum est. Variatur quotidie judicium, et in contrarium vertitur, ac plerisque agitur vita per lusum. Preme ergo quod cœpisti, et fortasse perduceris aut ad summum, aut eo, quod summum nondum esse solus intelligas. — « Quid fiet, inquis, huic turbæ familiarum ? » — Turba ista quum a te pasci desierit, ipsa se pascet

plus haut degré, au moins, à tel degré que vous seul pourrez connaître que ce n'est pas encore le plus haut. Mais que deviendra, me direz-vous, ce grand nombre de domestiques? Quand vous ne les nourrirez plus, ils se nourriront eux-mêmes; à l'égard des autres, la diminution de votre bien vous fera connaître ce que vous n'aurez pu apprendre par vos bienfaits; car vos véritables amis demeureront auprès de vous, et ceux qui suivaient votre fortune plutôt que votre personne, se retireront. La pauvreté n'est-elle pas agréable en ce qu'elle vous découvre ceux qui sont effectivement vos amis? Quand viendra le jour que personne ne mentira plus pour vous faire honneur?

N'ayez donc point d'autre pensée, d'autre soin, ni d'autre désir que de trouver le fond de votre satisfaction et de votre bonheur en vous-même; peut-il y avoir une félicité qui approche davantage de celle de Dieu? Mettez-vous si bas que vous ne puissiez tomber; et afin que vous le fassiez plus volontiers, j'appliquerai à ce propos la sentence qui doit finir cette lettre. Épicure me la fournira de bon cœur, quand vous devriez en être jaloux. « Vos paroles assurément auront plus d'autorité, quand elles seront prononcées sur un lit de paille et dans un habit de bure, car elles seront dites et vérifiées en même temps. » Pour moi, j'écoute plus volontiers notre Démétrius, quand il parle presque tout ou couché sur une paillasse; car il n'est pas alors précepteur, mais plutôt témoin de la vérité. Quoi donc! ne peut-on pas mépriser les richesses que l'on possède? Pourquoi non? J'estime qu'un homme doué d'une belle âme les voyant autour de soi, et ne sachant comment elles lui sont venues, en sourit, et entend dire qu'elles lui appartiennent, sans que lui-même s'en aperçoive. C'est beaucoup de ne pas se laisser corrompre par la compagnie des richesses; celui-là est grand, à mon avis, qui demeure pauvre au milieu de l'abondance; mais je trouve cet autre plus en sûreté qui est effectivement pauvre et ne possède rien. Vous me direz peut-être : Je ne sais si celui que vous nous figurez pourrait supporter la pauvreté si elle lui arrivait; et moi, qui sers d'interprète à Épicure, je doute aussi si cet autre, qui est effectivement pauvre, pourrait mépriser les richesses si elles lui arrivaient: c'est pourquoi il faut examiner le fond de leur âme; si l'un est satisfait de sa pauvreté, et si l'autre a de l'indifférence pour ses richesses; autrement, la paillasse et la bure seraient une assez mauvaise preuve de la vertu d'une personne, puisqu'il faut savoir si cette personne s'accommode à cet état par nécessité ou par choix.

Au reste, un homme de bon sens ne doit point courir après les incommodités comme étant des choses excellentes, mais bien s'y préparer comme étant faciles à supporter; elles sont faciles en effet, mon cher Lucile; elles sont même agréables quand on s'en approche, après les avoir longtemps méditées; car on y trouve de la sûreté; sans quoi nul état ne nous peut satisfaire. C'est pourquoi j'estime qu'il est à propos de choisir quelques jours pour nous disposer à la véritable pauvreté par la pratique de la pauvreté volontaire, ainsi qu'ont fait ces grands personnages dont je vous ai ci-devant écrit, ce qui est d'autant plus nécessaire en ce temps où les délices ont causé tant de relâchement que les moindres incommodités vous semblent insupportables. Il vaut mieux toutefois pi-

---

aut quod tu beneficio tu non potes scire, paupertatis scies. Illa veros certosque amicos retinebit; discedet quisquis non te, sed aliud sequebatur. Non est autem vel ob hoc unum amanda paupertas, quod, a quibus ameris, ostendet? O quando ille veniet dies, quo nemo in honorem tuum mentiatur! Huc ergo cogitationes tuæ tendant, hoc cura, hoc opta, omnia alia vota Deo remissurus, ut contentus sis temetipso et ex te nascentibus bonis. Quæ potest esse felicitas propior? Redige te ad parva, ex quibus cadere non possis! idque ut libentius facias, ad hoc pertinebit tributum epistolæ hujus, quod statim conferam. Invideas licet, etiam nunc libenter pro me dependet Epicurus. « Magnificentior, mihi crede, sermo tuus in grabato videbitur et in panno; non enim dicentur tantum illa, sed probabuntur. » Ego certe aliter audio quæ dicit Demetrius noster, quum illum vidi nudum (quanto minus quam in stramentis!) incubantem : non præceptor veri, sed testis est. — « Quid ergo? non licet divitias in sinu positas contemnere? » Quidni liceat? Et ille ingentis animi est, qui illas, circumfusas sibi, multum diuque miratus quod ad se venerint, ridet, suasque audit magis esse quam sentit. Multum est, non corrumpi divitiarum contubernio : magnus ille, qui in divitiis pauper est : sed securior qui caret divitiis. — Nescio, inquis, quomodo paupertatem iste laturus sit, si, in illam inciderit. — Nec scio ego, Epicuri an æmulus iste pauper contempturus sit divitias, si in illas inciderit. Itaque in utroque mens æstimanda est, inspiciendumque, an ille paupertati indulgeat, an hic divitiis non indulgeat. Alioquin leve argumentum est bonæ voluntatis, grabatus, aut pannus; nisi apparuit aliquem illa non necessitate pati, sed malle. Cæterum magnæ indolis est, ad ista non properare tanquam ad meliora, sed præparare tanquam ad facilia. Et sunt, Lucili, facilia; quum vero multo ante meditatus accesseris, jucunda quoque. Inest enim illis, sine qua nihil est jucundum, securitas. Necessarium ergo judico id, quod tibi scripsi magnos viros sæpe fecisse, aliquos dies interponere, quibus nos imaginaria paupertate exerceamus ad veram; quod eo magis faciendum est, quod deliciis permadulmus, et omnia dura ac difficilia judicamus. Potius excitandus e somno, et vellicandus est animus, admonendusque naturam nobis mi-

quer et réveiller notre esprit, en lui représentant que la nature n'a ordonné que bien peu de chose pour notre subsistance. Personne ne vient riche dans le monde; il est enjoint à tous ceux qui y entrent de se contenter d'un peu de lait et d'un peu de linge; et cependant, après de si petits commencements, des royaumes entiers ne nous suffisent pas.

ÉPITRE XXI.

Que les bons auteurs peuvent immortaliser le nom de leurs amis. — Contre ceux qui interprètent mal la doctrine d'Épicure.

Croyez-vous n'avoir à faire qu'avec ceux dont vous m'écrivez? Vous avez beaucoup plus à faire avec vous-même, puisque vous vous tourmentez continuellement; vous n'êtes pas bien certain de ce que vous voulez; vous savez mieux louer la vertu que vous ne savez la suivre; vous voyez bien où réside la félicité; mais vous n'avez pas le courage de vous y acheminer. Comme vous ne connaissez pas, peut-être, ce qui vous en empêche, il faut que je vous le dise : vous estimez beaucoup ce que vous quitterez alors; et dans le même temps que vous vous représentez la tranquillité dont vous jouirez, vous êtes sans doute arrêté par l'éclat de la vie que vous menez, comme si vous deviez tomber dans un état obscur et sordide; vous vous trompez, mon cher Lucile, il faut monter pour y arriver. Votre vie est différente de l'autre, comme la splendeur l'est de la lumière; car celle-ci éclaire de son propre fonds, et l'autre brille d'une clarté empruntée; mais, comme la vie où vous êtes n'a qu'un éclat de répercussion, il ne faut pas s'étonner si, quelqu'un venant à se mettre entre deux, elle demeure couverte d'ombre, au lieu que celle où vous aspirez conserve toujours la clarté qui lui est naturelle.

Les lettres, assurément, vous rendront illustre et fameux. Je vous veux rapporter un exemple d'Épicure, lequel, écrivant à Idomeneus, homme chargé de grands emplois et ministre d'un prince fort absolu, et voulant l'attirer du poste éclatant où il était à la profession d'une gloire véritable et assurée, lui dit : « Si vous êtes touché de la réputation et de l'honneur, mes lettres vous feront plus connaître que toutes les grandeurs que vous recherchez et qui vous font rechercher. » A votre avis, a-t-il dit la vérité? Qui connaîtrait présentement Idomeneus, si Épicure n'en avait parlé dans ses lettres? Tous les grands seigneurs, les satrapes et le roi même, duquel Idomeneus tirait son éclat, sont ensevelis dans la poussière et dans l'oubli! Les épîtres de Cicéron font encore subsister le nom d'Atticus. Ses grandes alliances lui auraient peu servi, et les noms d'Agrippa, son gendre, de Tibère, père de son gendre, et de Drusus César, son arrière-neveu, n'auraient pas conservé le sien, si Cicéron ne l'avait fait connaître à la postérité. Il se fera après nous un prodigieux amas de siècles, il y aura peu de beaux-esprits qui demeureront la tête levée, et qui pourront se défendre longtemps contre l'oubli, avant que de tomber dans la condition des autres. Ce qu'Épicure put promettre à son ami, je vous le promets, mon cher Lucile. J'ai quelque crédit auprès de la postérité, je puis choisir des personnes,

nimum constituisse. Nemo nascitur dives; quisquis exit in lucem, jussus est lacte et panno esse contentus. Ab his initiis nos regna non capiunt. Vale.

EPISTOLA XXI.

DE VERA PHILOSOPHI GLORIA.

Cum istis tibi esse negotium judicas, de quibus scripseras? Maximum negotium tecum habes; tu tibi molestus es; quid velis nescis; melius probas honesta, quam sequeris; vides, ubi sit posita felicitas, sed ad illam pervenire non audes. Quid sit autem quod te impediat, quia parum ipse dispicis, dicam. Magna esse hæc existimas, quæ relicturus es; et, quum proposuisti tibi illam securitatem, ad quam transiturus es, retinet te hujus vitæ, a qua recessurus es, fulgor, tanquam in sordida et obscura casurum. Erras, Lucili; ex hac vita ad illam ascenditur. Quod interest inter splendorem et lucem, quum hæc certam originem habeat ac suam, ille niteat alieno; hoc inter hanc vitam et illam. Hæc fulgore extrinsecus veniente percussa est, crassam illi statim umbram faciet quisquis obstiterit; illa suo lumine illustris est. Studia te tua clarum et nobilem efficient. Exemplum Epicuri referam. Quum Idomeneo scriberet, et illum a vita speciosa ad fidelem stabilemque gloriam revocaret, rigidæ tunc potentiæ ministrum, et magna tractantem : « Si gloria, inquit, tangeris, notiorem epistolæ meæ te facient, quam omnia ista quæ colis, et propter quæ coleris. » Numquid ergo mentitus est? Quis Idomenea nosset, nisi Epicurus illum suis litteris incidisset? Omnes illos megistanas et satrapas, et regem ipsum, ex quo Idomenei titulus petebatur, oblivio alta suppressit. Nomen Attici perire Ciceronis epistolæ non sinunt; nihil illi profuisset gener Agrippa, et Tiberius progener, et Drusus Cæsar pronepos; inter tam magna nomina taceretur, nisi Cicero illum applicuisset. Profunda supra nos altitudo temporis veniet; pauca ingenia caput exserent, et, idem quandoque silentium obitura, oblivioni resistent, ac se diu vindicabunt. Quod Epicurus amico suo potuit promittere, hoc tibi promitto, Lucili. Habebo apud posteros gratiam, possum mecum duratura nomina educere. Virgilius noster duobus memoriam æternam promisit, et præstat :

et les faire durer autant que moi; notre Virgile avait promis d'en rendre deux immortels, comme il a fait :

Couple heureux, si mes vers sont des ans respectés,
Vos noms ne mourront point, par ma muse chantés.
Je les ferai durer tant que la destinée
Rendra Rome soumise aux descendants d'Énée,
Tant que ceux de son sang, par leurs honneurs divers,
Règneront sur ces murs, ces murs sur l'univers.

Tous ceux que la fortune a élevés, et qui ont eu part à la puissance des souverains, ont été en crédit, et leurs maisons ont été fréquentées tant que leurs maîtres ont subsisté; mais la mémoire s'en est abolie aussitôt que ces princes sont disparus; au contraire, l'estime des beaux-esprits augmente après leur mort, et passe jusqu'aux personnes qui ont eu quelque liaison avec eux.

Mais, afin que l'on ne m'impute pas d'avoir produit Idomeneus dans cette lettre, sans sujet, je veux l'achever à ses dépens. Épicure lui écrivit ce beau mot pour le dissuader d'enrichir Pythoclès par les moyens ordinaires, voulant qu'il en prît de plus assurés : «Si vous voulez, dit-il, que Pythoclès devienne riche, il ne faut pas augmenter ses trésors, mais il faut diminuer sa convoitise.» Cette sentence est trop claire pour avoir besoin d'interprétation, et trop étendue pour souffrir un commentaire. Mais ne croyez pas que cela ait été dit pour les richesses seulement, vous le pourrez appliquer à tout ce qu'il vous plaira. Si vous voulez rendre Pythoclès vertueux, vous direz qu'il ne faut point accroître ses honneurs, mais diminuer cette même convoitise : si vous voulez que Pythoclès vive dans une satisfaction continuelle, vous direz encore qu'il ne faut pas augmenter ses voluptés, mais diminuer ses désirs. Enfin, si vous voulez que sa vie soit longue, vous direz qu'il ne sert de rien d'augmenter le nombre de ses années, mais qu'il est nécessaire de diminuer celui de ses passions.

Ne vous imaginez pas que ces sentiments soient particuliers à Épicure, ils sont communs à tout le monde. Pour moi, je tiens qu'il faut faire dans la philosophie ce qui se fait ordinairement dans le sénat : lorsqu'un sénateur, en opinant, a dit quelque chose qui me plaît, je le prie de diviser son avis, et je m'y range quant à ce chef. Je rapporte volontiers les discours d'Épicure, afin de convaincre ces gens mal intentionnés, qui cherchent dans cet auteur de quoi prétexter leurs débauches, pour leur montrer qu'ils doivent bien vivre en quelque lieu qu'ils aillent. Quand ils seront entrés dans ses jardins, et qu'ils y verront cette inscription : « Passant, vous serez bien logé céans; on n'y connaît point de plus grand bien que la volupté; » vous trouverez le concierge de cette maison tout disposé à vous recevoir; il est humain, il est honnête, il vous régalera d'un gâteau et vous donnera de l'eau largement; il vous dira ensuite : « Hé bien ! n'avez-vous pas été bien traité? Dans ces jardins, dis-je, on ne provoque point l'appétit, mais on le contente; on n'irrite point la soif par des breuvages délicieux, mais on l'apaise par un remède qui est naturel et qui ne coûte rien. » Avec cette volupté, je suis parvenu à la vieillesse.

Je prétends vous parler seulement des désirs qui n'écoutent point de raison, et qu'il faut satisfaire en leur accordant quelque chose; car pour ces appétits extraordinaires, qui ne sont pas si

---

Fortunati ambo! si quid mea carmina possunt,
Nulla dies unquam memori vos eximet ævo,
Dum domus Æneæ Capitoli immobile saxum
Accolet, imperiumque pater Romanus habebit.

Quoscumque in medium fortuna protulit, quicumque membra ac partes alienæ potentiæ fuerant, horum gratia viguit, domus frequentata est, dum ipsi steterunt; post ipsos cito memoria defecit. Ingeniorum crescit dignatio; nec ipsis tantum honor habetur, sed, quidquid illorum memoriæ adhæsit, excipitur.

Ne gratis Idomeneus in epistolam meam venerit, ipse eam de suo redimet. Ad hunc Epicurus illam nobilem sententiam scripsit, qua hortatur, ut Pythoclea locupletem non publica, nec ancipiti via faciat. « Si vis, inquit, Pythoclea divitem facere, non pecuniæ adjiciendum, sed cupiditati detrahendum est. » Et apertior ista sententia est, quam ut interpretanda sit, et disertior, quam ut adjuvanda. Hoc unum te admoneo, ne istud tantum existimes de divitiis dictum; quocumque transtuleris, idem poterit: si vis Pythoclea honestum facere, non honoribus adjiciendum est, sed cupiditatibus detrahendum; si vis Pythoclea esse in perpetua voluptate, non voluptatibus adjiciendum est, sed cupiditatibus detrahendum; si vis Pythoclea senem facere, et implere vitam, non annis adjiciendum est, sed cupiditatibus detrahendum. Has voces non est quod Epicuri esse judices; publicæ sunt. Quod fieri in senatu solet, faciendum ego in philosophia quoque existimo; quum censuit aliquis quod ex parte mihi placeat, jubeo illum dividere sententiam, et sequor pro eo quod probo. Eo libentius Epicuri egregia dicta commemoro, ut istis, qui ad illa confugiunt spe mala inducti, qui velamentum ipsos vitiorum suorum habituros existimant, probem, quocumque ierint, honeste esse vivendum. Quum adierint istos hortulos, et inscriptum hortulis : « Hospes, hic bene manebis, hic summum bonum voluptas est! » paratus erit istius domicilii custos, hospitalis, humanus, et te polenta excipiet, et aquam quoque large ministrabit, et dicet : « Ecquid bene acceptus es? Non irritant, inquit, hi hortuli famem, sed exstinguunt, nec majorem ipsis potionibus sitim faciunt, non annis adjiciendum et gratuito remedio sedant. » In hac voluptate consenui. De his tecum desideriis loquor, quæ consolationem non

pressants et que l'on peut adoucir ou retrancher, je vous dirai que ce sont des délicatesses qui ne sont point naturelles, ni nécessaires, auxquelles, par conséquent, vous ne devez rien. Si vous leur accordez quelque chose, cela dépend de votre volonté. Mais le ventre n'écoute point de remontrances : il demande, il crie sans cesse ; ce n'est pas toutefois un créancier fort rigoureux, il se contente de peu de chose, pourvu que vous lui fournissiez ce que vous lui devez seulement, non pas tout ce que vous pourriez lui donner.

ÉPITRE XXII.

Le sage doit se retirer de l'embarras des affaires. — La plupart sortent de la vie comme s'ils y venaient d'entrer.

Vous voyez bien qu'il faut vous défaire de ces occupations éclatantes et toutefois pernicieuses ; mais vous demandez comment vous pourrez en venir à bout. Il y a des choses que l'on ne peut enseigner si l'on n'est présent. Le médecin ne saurait prescrire de loin à son malade les heures qu'il doit manger ou se mettre dans le bain, il faut qu'il lui tâte le pouls. Le vieux proverbe dit que le gladiateur prend conseil sur-le-champ; le visage de son ennemi, le mouvement de sa main, et le branle de son corps l'avertissent de ce qu'il a à faire. On peut bien ordonner et écrire ce que l'on doit et que l'on a coutume de faire en général, et ces sortes d'instructions sont autant pour la postérité que pour les personnes absentes; mais il est impossible d'avertir de loin quand et de quelle manière on doit agir; il faut prendre avis dans les affaires mêmes. Ce n'est pas assez d'être présent, si l'on n'est encore vigilant pour épier l'occasion. Observez-la donc bien, et, si elle se présente, saisissez-vous-en, et faites tous vos efforts pour vous retirer de l'embarras des affaires. Cependant, écoutez, s'il vous plaît, mon sentiment sur cette matière. J'estime qu'il vous faut renoncer à la vie, ou mener une autre vie ; il y a toujours un tempérament à garder, savoir : de dénouer doucement plutôt que de rompre avec éclat les liens où vous vous êtes empêtré; mais, si vous ne pouvez autrement, ouvrez-vous un passage à la liberté; il n'y a personne si timide qui n'aimât mieux tomber une fois que d'être toujours suspendu. Cependant, prenez garde surtout de ne vous point engager davantage. Contentez-vous des affaires que vous avez embrassées, ou (pour parler à votre gré) que vous avez rencontrées. Vous ne devez donc pas aller plus avant, sinon vous n'aurez plus d'excuse, et, outre cela, vous ferez voir que votre engagement est volontaire. Car ce discours, qui est ordinairement en la bouche des hommes, est très-faux : « Je n'ai pu faire autrement ; quand je ne l'aurais pas voulu faire, la nécessité m'y aurait forcé. » Personne n'est obligé de courir après la prospérité ; c'est quelque chose de s'arrêter, et de ne pas presser la fortune qui nous emporte, quoique volontairement. Mais, enfin, ne trouvez-vous point mauvais que je me mêle de vous donner conseil, et que j'y appelle de plus habiles gens que moi, de qui j'ai coutume de prendre les avis ? J'ai là une lettre d'Épicure à Idomeneus, touchant cette matière ; il le prie « de se retirer le plus vite qu'il lui sera possible, avant qu'il arrive une force

recipiunt, quibus dandum est aliquid, ut desinant. Nam de illis extraordinariis, quæ licet differre, licet castigare et opprimere, hoc unum commonefaciam : Ista voluptas naturalis est, non necessaria ; huic nihil debes; si quid impendis, voluntarium est. Venter præcepta non audit ; poscit, adpellat; non est tamen molestus creditor; parvo dimittitur, si modo das illi quod debes, non quod potes. Vale.

EPISTOLA XXII.

DE DANDIS MONITIS. — DE FUGIENDIS NEGOTIIS.

Jam intelligis educendum esse te ex istis occupationibus speciosis et malis ; sed, quomodo id consequi possis, quæris. — Quædam non nisi a præsente monstrantur. Non potest medicus per epistolas cibi aut balnei tempus eligere; vena tangenda est. Vetus proverbium est, « gladiatorem in arena capere consilium : » aliquid adversarii vultus, aliquid manus mota, aliquid ipsa inclinatio corporis, intuentem monet. Quid fieri soleat, quid oporteat, in universum et mandari potest et scribi ; tale consilium non tantum absentibus, etiam posteris datur; illud alterum, quando fieri debeat, aut quemadmodum, ex longinquo nemo suadebit ; cum rebus ipsis deliberandum est. Non tantum præsentis, sed vigilantis est, occasionem observare properantem. Itaque hanc circumspice; hanc, si videris, prende, et toto impetu, totis viribus id age, ut te istis officiis exuas. Et quidem quam sententiam feram attende ; confer, aut ex ista vita tibi, aut e vita exeundum. Sed idem illud existimo, leni eundum via, ut, quod male implicuisti, solvas potius quam abrumpas; dummodo, si alia solvendi ratio non erit, vel abrumpas. Nemo tam timidus est, ut malit semper pendere, quam semel cadere. Interim, quod primum est, impedire te noli ; contentus esto negotiis, in quæ descendisti, vel, quod videri mavis, incidisti. Non est quod ad ulteriora nitaris; aut perdes excusationem, et apparebit te non incidisse. Ista enim quæ dici solent, falsa sunt : « Non potui aliter ! quid, si nollem, necesse erat ! » Nulli necesse est felicitatem cursu sequi ; est aliquid, etiam si non repugnare, subsistere, nec instare fortunæ ferenti.

Numquid offenderis, si in consilium non venio tantum, sed advoco equidem prudentiores quam ipse sum, ad quos soleo deferre, si quid delibero ? Epicuri epistolam ad hanc rem pertinentem lege, Idomeneo quæ scribitur ; quam

supérieure qui lui en ôte la liberté. Il ajoute toutefois « qu'il ne faut rien entreprendre, que le temps et l'occasion ne soient propres ; mais il faut sortir, dit-il, aussitôt que ce temps-là sera venu. » Il ne permet pas même à celui qui médite sa retraite, de s'endormir ; il lui fait espérer un favorable succès dans les plus grandes difficultés, pourvu qu'il n'agisse point avant le temps, mais qu'il agisse quand il sera temps.

Vous demanderez peut-être maintenant l'avis des stoïciens ; il n'y a pas lieu de les faire passer auprès de vous pour des gens remplis de témérité, car ils sont, je vous assure, plus prudents que hardis. Vous vous imaginez peut-être qu'on va vous les faire parler de cette sorte : « Il est honteux d'abandonner sa charge ; rendez-vous maître de l'emploi que vous avez pris ; un homme de cœur ne fuit point le travail ; au contraire, il s'anime davantage par les difficultés qu'il rencontre. » Il est vrai que l'on vous tiendrait ce langage, s'il était question de vous exhorter à la persévérance dans une occasion où vous seriez obligé par honneur de faire ou de souffrir quelque chose ; autrement, un homme de bien ne doit pas se consumer dans un travail qui n'est pas honnête ; ni demeurer dans le tracas, par la seule inclination qu'il a pour les affaires. S'il se trouve embarqué dans les grands emplois, ne vous imaginez pas qu'il en veuille toujours souffrir les agitations ; car, quand il aura reconnu les détroits et les périls dans lesquels il se verra engagé, il reculera un pas en arrière, et, sans tourner le dos, il fera doucement sa retraite et se mettra en sûreté. Il vous sera aisé, mon cher Lucile, de vous défaire des emplois, si vous méprisez les avantages qui les accompagnent ; c'est ce qui nous attache et nous retient ordinairement. Quoi ! direz-vous, abandonnerai-je de si grandes espérances ? Quitterai-je au temps de la moisson ? Marcherai-je sans compagnie ? Ma litière demeurera-t-elle sans escorte, et ma maison sans officiers, ni courtisans ? Voilà ce que les hommes ont de la peine d'abandonner, aimant le fruit de l'esclavage qui leur est en horreur ; ils se plaignent de l'ambition comme ils feraient d'une maîtresse ; mais si vous pénétrez dans le fond de leurs pensées, ce n'est point par haine, c'est plutôt par chagrin. Examinez un peu ces gens qui décrient les choses qu'ils ont ardemment désirées, et qui parlent avec tant d'indifférence des biens dont ils ne pourraient supporter la moindre perte. Vous trouverez qu'ils s'attachent avec complaisance à tout ce qu'ils témoignent leur être à charge.

Il en va ainsi, mon cher Lucile, il y a plus d'esclaves volontaires que de forcés. Mais je vois bien que c'est tout de bon que vous aimez la liberté et que vous avez dessein de vous affranchir. Vous demandez seulement conseil, afin que vous le puissiez faire sans en avoir jamais de regret. Mais n'est-ce pas assez que la secte entière des stoïciens approuvera votre résolution ? Les Zénons et les Chrysippes vous donneront toujours des conseils pleins de modération, sincères et raisonnables ; mais si vous vous arrêtez à voir ce que vous emporterez, et quelle provision d'argent vous pourrez faire avant que de vous retirer, vous ne vous retirerez jamais : on ne se sauve guère à la nage, étant chargé de hardes. Passez donc à une meilleure vie sous la faveur des dieux, qui ne

rogat, ut, « quantum potest, fugiat et properet, antequam aliqua vis major interveniat, et auferat libertatem recedendi. » Idem tamen subjicit, « nihil esse tentandum, nisi quum apte potuerit tempestiveque tentari ; sed, quum illud tempus captatum diu venerit, exsiliendum ait. » Dormitare de fuga cogitantem vetat, et sperat salutarem etiam ex difficillimis exitum, si nec properemus ante tempus, nec cessemus in tempore. Puto, nunc et stoicam sententiam quæris. Non est quod quisquam temeritatis illos apud te infamet ; cautiores quam fortiores, sunt. Exspectas forsitan, ut tibi hæc dicantur : « Turpe est cedere oneri ; luctare cum officio quod semel recepisti ! Non est vir fortis et strenuus, qui laborem fugit, nisi crescit illi animus ipsa rerum difficultate. » Dicentur tibi ista : « Si operæ pretium habebit perseverantia ; si nihil indignum bono viro faciendum patiendumve erit : » alioquin sordido se et contumelioso labore non conteret, nec in negotiis negotii causa erit. Ne illud quidem quod existimas facturum eum, faciet, ut, ambitiosis rebus implicitus, earum semper æstus ferat. Sed quum viderit brevia, in quibus volutatur, incerta, ancipitia, referet pedem, nec vertet terga, sed sensim recedet in tutum. Facile est autem, mi Lucili, occupationes evadere, si occupationum pretia contempseris. Illa sunt, quæ nos morantur et detinent. — « Quid ergo ? tam magnas spes relinquam ? ab ipsa messe discedam ? nudum erit latus ? incomitata lectica ? atrium vacuum ? » — Ab his ergo inviti homines recedunt ; et mercedem miseriarum amant, ipsas exsecrantur. Sic de ambitione, quomodo de amica, queruntur ; id est, si verum affectum eorum inspicias, non oderunt, sed litigant. Excute istos, qui, quæ cupiere, deplorant, et de earum rerum loquuntur fuga, quibus carere non possunt ; videbis voluntariam esse illis in eo moram, quod ægre ferre ipsos et miseros loquuntur. Ita est, Lucili, paucos servitus, plures servitutem tenent. Sed, si deponere illam in animo est, et libertas bona fide placuit, in hoc autem unum advocationem petis, ut sine perpetua sollicitudine id tibi facere contingat ; quidni tota te cohors stoicorum probatura sit ? Omnes Zenones et Chrysippi moderata et honesta et vera suadebunt. Sed, si propter hoc tergiversaris, ut circumspicias, quantum feras tecum, et quam magna pecunia instruas otium ; nunquam exitum invenies. Nemo cum sarcinis enatat. Emerge ad meliorem vitam, propitiis Diis ! sed non sic, quomodo

vous traiteront pas comme ceux auxquels ils accordent des grâces qui leur sont funestes, n'ayant pu refuser ce qu'on leur demandait avec importunité.

Je mettais le cachet à cette lettre; mais il la faut ouvrir pour y joindre le présent ordinaire, je veux dire une sentence aussi éloquente que véritable, tirée d'Épicure; car je fais volontiers honneur à l'ouvrage d'autrui : « La plupart sortent de la vie comme s'ils y venaient d'entrer. » Choisissez qui vous voudrez, jeunes, vieux, de moyen âge, vous trouverez qu'ils craignent tous également la mort, et ne savent ce que c'est que la vie. Personne n'a encore rien de fait, car on remet tout à l'avenir. Ce qui me plaît dans cette sentence, c'est qu'on reproche aux vieillards qu'ils sont encore enfants. « Personne, dit Épicure, ne sort de la vie autrement qu'il y est entré. » Cela est faux en quelque façon, car nous mourons plus méchants que nous ne sommes nés; c'est par notre faute, il n'en faut rien imputer à la nature; elle aurait raison de se plaindre et de dire : Qu'est-ce que cela? Je vous ai mis au monde sans désirs, sans craintes, sans superstition, sans infidélité et sans tous ces désordres qui règnent parmi vous; sortez-en tels que vous y êtes entrés. En vérité, celui-là possède le fond de la sagesse, qui peut mourir avec autant d'assurance qu'il est né; mais nous tremblons à la vue du péril, notre courage s'abat, notre couleur change, nous laissons couler des larmes inutiles. Y a-t-il rien de plus honteux que d'avoir peur, lorsque l'on est près d'entrer en un lieu de sûreté? Cela vient de ce que

nous ne trouvons point en nous à la fin de la vie les bonnes œuvres que nous voudrions avoir faites. Car alors il n'en demeure pas la moindre partie en notre puissance, elle est passée, elle est écoulée. Personne n'a soin de bien vivre, mais seulement de vivre longtemps, quoique tout le monde puisse bien vivre, et que personne ne puisse vivre longtemps.

ÉPITRE XXIII.

En quoi consiste la véritable joie. — La volupté tombe par une pente naturelle dans la douleur.

N'attendez pas que je vous écrive que l'hiver a été doux et court; que le printemps est fâcheux et nous donne du froid hors de saison; ni d'autres bagatelles que débitent ordinairement ceux qui ne cherchent que des paroles : mais je vous écrirai des choses qui pourront vous être utiles aussi bien qu'à moi; ce que je ne saurais faire qu'en vous exhortant à la vertu. Vous demanderez peut-être quel en est le fondement : c'est de ne point se réjouir pour des choses vaines et légères; et ce n'en est pas seulement le fondement, c'en est aussi le comble. Car celui-là est monté au plus haut degré, qui sait de quoi il se doit réjouir, et qui ne fait point dépendre son bonheur du pouvoir d'autrui. On est dans un état inquiet et incertain, quand on est ému par l'espérance de quelque bien, quoique la conquête en soit facile et que le succès n'ait jamais manqué. Apprenez donc, mon cher Lucile, avant toutes choses, de quoi vous devez vous réjouir. Vous croirez peut-être que je

---

sitis propitii sunt, quibus bono ac benigno vultu mala magnifica tribuerunt, ad hoc unum excusati, quod ista, quæ urunt, quæ excruciant, optantibus data sunt.

Jam imprimebam epistolæ signum; resolvenda est, ut cum solemni ad te munusculo veniat, et aliquam magnificam vocem ferat secum; et occurrit mihi, ecce, nescio utrum verior, an eloquentior — cujus ? inquis — Epicuri (adhuc enim alienas sarcinas adorno) : « Nemo non ita exit e vita, tanquam modo intraverit. » Quemcumque vis occupa, adolescentem, senem, medium; invenies æque timidum mortis, æque inscium vitæ. Nemo quidquam habet facti; in futurum enim nostra distulimus. Nihil me magis in ista voce delectat, quam quod exprobratur senibus infantia : « Nemo, inquit, aliter, quam quomodo natus est, exit e vita. » Falsum est! Pejores morimur, quam nascimur. Nostrum istud, non naturæ, vitium est. Illa de nobis conqueri debet, et dicere : Quid hoc est? sine cupiditatibus vos genui, sine timoribus, sine superstitione, sine perfidia, cæterisque pestibus; quales intrastis, exite! Percepit sapientiam, si quis tam securus moritur, quam nascitur. Nunc vero trepidamus, quum periculum accessit; non animus nobis, non color constat; lacrymæ nihil profuturæ cadunt. Quid est turpius, quam

in ipso limine securitatis esse sollicitum? Causa autem hæc est, quod inanes omnium bonorum sumus, vitæ desiderio laboramus. Non enim apud nos pars ejus ulla subsedit; transmissa est, et effluxit. Nemo quam bene vivat, sed quam diu, curat; quum omnibus possit contingere, ut bene vivant, ut diu, nulli. Vale.

EPISTOLA XXIII.

IN PHILOSOPHIA VERAS ESSE VOLUPTATES.

Putas me tibi scripturum, quam humane nobiscum hiems egerit, quæ et remissa fuit, et brevis; quam malignum ver sit, quam præposterum frigus, et alias ineptias verbo quærentium. Ego vero aliquid, quod et mihi, et tibi prodesse possit, scribam. Quid autem id erit, nisi ut te exhorter ad bonam mentem? Hujus fundamentum quod sit, quæris? Ne gaudeas vanis! Fundamentum hoc esse dixi; culmen est. Ad summum pervenit, qui scit quo gaudeat, qui felicitatem suam in aliena potestate non posuit. Sollicitus est et incertus sui, quem spes aliqua proritat, licet ad manum sit, licet non ex difficili petatur, licet nunquam illum sperata deceperint. Hoc ante omnia fac, mi Lucili : disce gaudere! Existimas nunc me de-

vais vous retrancher beaucoup de plaisirs par la soustraction que je prétends faire des choses fortuites, et de toutes les espérances dont naissent les plus douces satisfactions de la vie; au contraire, je prétends vous maintenir dans une satisfaction continuelle; je veux même vous la rendre familière et domestique pour ainsi dire; ce qui arrivera si vous la portez au dedans de vous. Les autres joies ne descendent point jusqu'au cœur; elles s'arrêtent seulement sur le front, parce qu'elles sont superficielles et légères; à moins qu'on ne veuille dire qu'il suffit de rire pour être content. Mais il faut avoir pour cela l'esprit libre, ferme et au-dessus de toutes choses. Enfin, soyez persuadé que la véritable joie a toujours quelque chose de sévère. Quoi! pensez-vous qu'on puisse, avec un visage ouvert et un œil riant (comme parlent nos délicats), mépriser la mort, accepter la pauvreté, tenir en bride la volupté, et se résoudre à supporter la douleur? Celui qui roule ces pensées dans son esprit a certainement beaucoup de joie, quoiqu'elle ne chatouille guère les sens. Je veux vous mettre en possession de cette joie; elle ne vous manquera jamais, quand vous en aurez trouvé une fois la source. Les métaux communs sont proches de la superficie de la terre; ceux qui sont précieux ne se trouvent que dans le fond, et se montrent à mesure que l'on fouille plus avant. Les choses qui sont agréables au commun des hommes n'apportent qu'un plaisir fort léger, et le bien qui vient de dehors n'est appuyé sur aucun fondement : celui dont je vous parle, et où je veux vous conduire, est solide, et se fait connaître principalement au dedans.

Enfin, mon cher Lucile, faites une chose qui peut vous rendre heureux; ne vous arrêtez point aux apparences extérieures, ni aux promesses d'autrui; cherchez le vrai bien et jouissez en paix de ce qui est à vous. Mais, quand je dis ce qui est à vous, j'entends de votre personne, et de la meilleure partie de vous-même; car vous m'avouerez que ce corps chétif (sans lequel pourtant on ne peut rien), bien qu'il soit quelque chose de nécessaire, est fort peu considérable; il nous fournit de faux plaisirs, qui sont de peu de durée et sujets au repentir, lesquels, si on n'y apporte beaucoup de modération, passent souvent dans l'extrémité qui leur est opposée. Car il est certain que la volupté se précipite d'une pente naturelle dans la douleur, si vous ne la retenez, et l'on se retient assez rarement dans les choses que l'on croit être bonnes. En un mot il n'y a que l'avidité du vrai bien qui soit sûre et hors de péril. Si vous me demandez ce que c'est et ce qui le produit : je vous répondrai que c'est la bonne conscience, les intentions droites, les actions vertueuses, le mépris des choses fortuites, avec un genre de vie tranquille et toujours égal. Car est-il possible que ces gens qui, ayant embrassé un dessein, se jettent volontairement ou sont poussés par quelque hasard dans un autre, demeurent dans un état certain et arrêté, puisqu'ils sont toujours agités et irrésolus? Il y a peu de personnes qui se conduisent par conseil dans leurs mœurs et dans leurs affaires; tous les autres vont au courant de l'eau, comme les choses qui flottent sur les rivières. Vous en verrez une partie portée doucement sur une eau dormante; l'autre, poussée par une vague impétueuse qui, venant à se ralentir, les met infailliblement auprès du rivage; l'autre, enfin,

trahere tibi multas voluptates, qui fortuita submoveo, qui spes, dulcissima oblectamenta, devitandas existimo? Immo contra! nolo tibi unquam deesse lætitiam. Volo illam tibi domi nasci; nascetur, si modo intra te ipsum sit. Cæteræ hilaritates non implent pectus; frontem remittunt, leves sunt; nisi forte tu judicas eum gaudere, qui ridet. Animus debet esse alacer et fidens, et super omnia erectus. Mihi crede, res severa est verum gaudium. An tu existimas quemquam soluto vultu, et, ut isti delicati loquuntur, hilari oculo, mortem contemnere? paupertati domum aperire? voluptates tenere sub fræno? meditari dolorum patientiam? Hæc qui apud se versat, in magno gaudio est, sed parum blando. In hujus gaudii possessione esse te volo; nunquam deficiet, quum semel, unde petatur, inveneris. Levium metallorum fructus in summo est; illa opulentissima sunt, quorum in alto latet vena, assidue plenius responsura fodienti. Hæc, quibus delectatur vulgus, tenuem habent ac perfusoriam voluptatem; et, quodcumque invectitium gaudium est, fundamento caret; hoc, de quo loquor, ad quod te conor perducere, solidum est, et quod plus pateat introrsus. Fac, oro te, Lucili carissime, quod unum potest te præstare felicem; disjice et conculca ista quæ extrinsecus splendent, quæ tibi promittuntur ab alio; ad verum bonum specta, et de tuo gaude. — Quid est autem hoc, de tuo? — Te ipso, et tui optima parte. Corpusculum quoque, etiam si nihil fieri sine illo potest, magis necessariam rem crede, quam magnam; vanas suggerit voluptates, breves, pœnitendas, ac, nisi magna moderatione temperentur, in contrarium abituras. Ita dico; in præcipiti est voluptas, ad dolorem vergit, nisi modum teneat; modum autem tenere in eo difficile est, quod bonum esse credideris. Veri boni aviditas tuta est. Quid sit istud, interrogas, aut unde subeat? Dicam : Ex bona conscientia, ex honestis consiliis, ex rectis actionibus, ex contemptu fortuitorum, ex placido vitæ et continuo tenore unam prementis viam. Nam illi, qui ex aliis propositis in alia transiliunt, aut ne transiliunt quidem, sed casu quodam transmittuntur, quomodo habere quidquam certum mansurumve possunt, suspensi et vagi? Pauci sunt, qui consilio se suaque disponant; cæteri eorum more, quæ fluminibus innatant, non eunt, sed feruntur. Ex quibus alia lenior unda detinuit, ac mollius vexit; alia vehementior rapuit; alia proximæ ripæ, cursu languescente, depo-

est entraînée dans la mer par la rapidité des flots. C'est pourquoi il faut déterminer une fois ce que nous voulons faire, et nous y arrêter fixement.

Mais voici l'endroit où il faut payer ce que je dois; je le puis faire avec une parole de votre Épicure : « Cela est ennuyeux de commencer tous les jours à vivre; » ou si vous trouvez cette expression-ci meilleure : « Ceux-là ignorent comme il faut vivre, qui commencent tous les jours à vivre. » Pourquoi cela? direz-vous (car cette parole a besoin d'explication); c'est à cause que la vie est toujours imparfaite à leur égard; et il ne se rencontre aucun temps où ils aient fait ce qu'il faut faire une fois au moins, qui est de se préparer à la mort. Nous devons pourtant nous persuader que nous avons assez vécu; mais cela n'entre point dans l'esprit de celui qui pense toujours être au commencement de sa vie. Ne vous imaginez pas que ce soit le défaut de peu de personnes; c'est celui presque de tout le monde. Les uns commencent à vivre lorsqu'il faut cesser de vivre; si vous en êtes surpris, je vous dirai encore qu'il y en a qui cessent de vivre avant que d'avoir commencé à vivre.

ÉPITRE XXIV.

Qu'il ne faut point se rendre malheureux avant le temps. — On doit séparer les disgrâces de la fortune des circonstances extérieures qui les accompagnent.

Vous m'écrivez que vous êtes en peine de l'événement d'un procès qu'un ennemi vous a suscité, croyant que je vous conseillerai d'avoir d'autres pensées, et de vous flatter d'une meilleure espérance : car, que sert-il de hâter le mal, d'anticiper les disgrâces que l'on souffre assez à tempe lorsqu'elles sont venues, et de troubler le présent par la crainte de l'avenir? En vérité, c'est une folie de se rendre présentement malheureux parce qu'on doit l'être un jour; mais je veux vous mettre en repos par d'autres raisons.

Pour vous affranchir de toute inquiétude, imaginez-vous que tout ce que vous craignez vous arrivera, puis réglez votre crainte à proportion du mal. Quand vous l'aurez bien considéré, vous trouverez assurément que le sujet de votre appréhension sera de peu d'importance ou de peu de durée. Il serait bien facile d'apporter des exemples pour vous fortifier; il n'y a point de siècle qui n'en ait produit; on ne saurait même repasser dans sa mémoire les affaires domestiques ou étrangères, que l'on ne rencontre des âmes d'une grandeur héroïque, soit par nature ou par étude. Vous saurait-il arriver pis en perdant votre procès que d'être envoyé en exil ou en prison? Que peut-on craindre pour le corps davantage que de le perdre? Examinez toutes ces choses, et vous trouverez qu'il y a tant de gens qui les ont méprisées, qu'il est plus aisé de nommer ces personnages que de les choisir. Rutilius reçut sa condamnation sans y trouver rien à redire, sinon que la justice avait été mal rendue. Métellus porta constamment son exil. Rutilius s'y soumit volontairement. L'un voulut bien revenir pour l'utilité de la république, et l'autre ne voulut pas demeurer pour les prières de Sylla, à qui, toutefois, on n'osait rien refuser en ce temps-là. Socrate discourut sur plusieurs questions durant sa prison; il n'en voulut point

suit; alia torrens impetus in mare ejicit. Ideo constituendum est, quid velimus, et in eo perseverandum.

Hic est locus solvendi æris alieni. Possum enim vocem tibi Epicuri tui reddere, et hanc epistolam liberare : « Molestum est, semper vitam inchoare; » aut (si hoc modo magis sensus potest exprimi) : « Male vivunt qui semper vivere incipiunt. » — Quare? inquis; desiderat enim explanationem ista vox. — Quia semper illis imperfecta vita est. Non potest autem stare paratus ad mortem, qui modo incipit vivere. Id agendum est, ut satis vixerimus; nemo hoc putat, qui orditur quum maxime vitam. Non est quod existimes, paucos esse hos; propemodum omnes sunt. Quidam vivere tunc incipiunt, quum desinendum est. Si hoc judicas mirum, adjiciam quod magis admireris; quidam ante vivere desierunt, quam inciperent. Vale.

EPISTOLA XXIV.
DE FUTURI METU : DE MORTE.

Sollicitum te esse scribis de judicii eventu, quod tibi furor inimici denuntiat; et existimas me suasurum ut meliora tibi ipse proponas, et acquiescas spei blandæ. Quid enim necesse est mala arcessere, et, satis cito patienda quum venerint, præsumere, ac præsens tempus futuri metu perdere? Est sine dubio stultum, quia quandoque sis futurus miser, esse jam miserum; sed ego alia te ad securitatem via ducam. Si vis omnem sollicitudinem exuere, quidquid vereris ne eveniat, eventurum utique propone; et, quodcumque est illud malum, tecum ipse metire, ac timorem tuum taxa; intelliges profecto, aut non magnum, aut non longum esse, quod metuis. Nec diu exempla, quibus confirmeris, colligenda sunt; omnis illa ætas tulit. In quamcumque partem rerum, vel civilium, vel externarum, memoriam miseris, occurrent tibi ingenia aut profectus, aut impetus magni. Num quid accidere tibi, si damnaris, potest durius, quam ut mittaris in exsilium? ut ducaris in carcerem? num quid ultra quidquam timendum est ulli, quam ut uratur? quam ut pereat? Singula ista constitue, et contemptores eorum cita; qui non quærendi, sed eligendi sunt. Damnationem suam Rutilius sic tulit, tanquam nihil illi molestum aliud esset, quam quod male judicaretur. Exsilium Metellus fortiter tulit, Rutilius etiam libenter; alter, ut rediret, reipublicæ præstitit; alter reditum suum Sullæ negavit, cui nihil tunc negabatur. In carcere Socrates disputavit, et exire (quum essent qui promitterent fugam) noluit;

sortir, quoiqu'on offrît de le sauver ; c'était afin d'ôter aux hommes, par son exemple, la crainte des deux plus grands maux qui soient au monde, j'entends la mort et la prison. Mucius porta sa main dans le feu ; c'est une grande peine que d'être brûlé, mais c'en est encore une plus grande de se brûler soi-même. Vous voyez néanmoins un soldat, sans aucuns préceptes contre la mort et contre la douleur, et par le seul effort d'une résolution militaire, venger sur sa personne la faute d'une entreprise mal exécutée ; il regarda froidement sa main qui distillait dans la flamme en présence de Porsenna, et ne la retira, toute fondue et décharnée qu'elle était, qu'après que le feu fut ôté par l'ordre de son ennemi. Il pouvait bien faire quelque chose avec plus de succès ; mais il ne pouvait rien faire avec plus de force. Voyez comme la vertu est plus diligente à prévenir les peines, que n'est la cruauté à les ordonner. Porsenna pardonna plus facilement à Mucius de l'avoir voulu tuer, que Mucius ne se pardonna de l'avoir manqué.

Vous me direz : « On n'entend autre chose dans les écoles que ces sortes d'histoires, et vous, Sénèque, vous ne manquerez pas, lorsque l'on viendra à parler du mépris de la mort, de me citer Caton. » Pourquoi ne le citerais-je pas? Il prit, en sa dernière nuit, un livre de Platon, qu'il lut, ayant un poignard sous son chevet (car il avait fait provision de ces deux instruments, afin que dans l'extrémité il se servît de l'un pour se disposer à la mort, et de l'autre pour se la donner), et, après avoir mis tel ordre aux affaires que le mauvais état où elles étaient réduites le pouvait permettre, il crut qu'il devait faire en sorte que personne n'eût la gloire d'avoir tué ou d'avoir sauvé Caton ; c'est pourquoi, tirant son poignard, qui n'avait point encore été souillé de sang : « Tu n'as, dit-il, rien gagné, ô Fortune ! en t'opposant à tous mes desseins ; je n'ai point combattu jusqu'ici pour ma liberté, mais pour celle de ma patrie ; et ce que j'ai fait avec tant d'application n'a point été pour me rendre libre, mais plutôt pour vivre avec des personnes libres. Puis donc que toutes choses sont à présent déplorées, il est temps de mettre Caton en lieu d'assurance. » Après ces paroles il se fit une plaie mortelle, et quoique les médecins, étant accourus, l'eussent bandée, et qu'il se trouvât avec moins de sang et de force, son courage ne diminua pas ; car alors, animé contre lui-même, aussi bien que contre César, il enfonça les mains dans sa plaie, et l'ayant déchirée, il arracha plutôt qu'il ne rendit cette âme généreuse, qui ne fléchit jamais sous une puissance étrangère.

Je ne ramasse point ces exemples pour exercer mon esprit, mais pour fortifier le vôtre contre ce qui paraît le plus terrible dans le monde. Mais je crois qu'il me sera plus aisé de vous persuader si je vous fais voir que, outre ces grands hommes qui ont méprisé ce passage si court de la vie à la mort, il s'est encore trouvé des gens, quoique faibles d'ailleurs, qui ont égalé en ce point le courage des plus généreux. Témoin ce Scipion, beau-père du grand Pompée, lequel ayant été reporté sur la côte d'Afrique par un vent contraire, et voyant son vaisseau pris par les ennemis, se perça de son épée. Et comme l'on demandait où était le général, il répondit : Le général est bien. Cette pa-

remansitque, ut duarum rerum gravissimarum hominibus metum demeret, mortis et carceris. Mucius ignibus manum imposuit. Acerbum est uri; quanto acerbius, si id te faciente patiaris? Vides hominem non eruditum, nec ullis præceptis contra mortem aut dolorem subornatum, militari tantum robore instructum, pœnas a se irriti conatus exigentem ! spectator distillantis in hostili foculo dextræ stetit, nec ante removit nudis ossibus fluentem manum, quam illi ab hoste subducta est. Facere aliquid in illis castris felicius potuit, nihil fortius. Vide quanto acrior sit ad occupanda pericula virtus, quam crudelitas ad irroganda. Facilius Porsenna Mucio ignovit, quod voluerat occidere, quam sibi Mucius, quod non occidere.

Decantatæ, inquis, in omnibus scholis fabulæ istæ sunt ! Tuum mihi, quum ad contemnendam mortem ventum fuerit, Catonem narrabis ? — Quidni ego narrem ultima illa nocte Platonis librum legentem, posito ad caput gladio? Duo hæc in rebus extremis instrumenta prospexerat, alterum, ut vellet mori, alterum, ut posset. Compositis ergo rebus, utcumque componi fractæ atque ultimæ poterant, id agendum existimavit, ne cui Catonem aut occidere liceret, aut servare contingeret ; et, stricto gladio, quem usque in illum diem ab omni cæde purum servaverat : « Nihil, inquit, egisti, Fortuna, omnibus conatibus meis obstando ! non pro mea adhuc, sed pro patriæ libertate pugnavi ! nec agebam tanta pertinacia, ut, liber, sed ut inter liberos viverem ; nunc, quoniam deploratæ sunt res humani generis, Cato deducatur in tutum. » Impressit deinde mortiferum corpori vulnus. Quo obligato a medicis, quum minus sanguinis haberet, minus virium, animi idem ; jam non tantum Cæsari, sed sibi iratus, nudas in vulnus manus egit, et generosum illum contemptoremque omnis potentiæ spiritum non emisit, sed ejecit.

Non in hoc exempla nunc congero, ut ingenium exerceam, sed ut te adversus id, quod maxime terribile videtur, exhorter. Facilius autem exhortabor, si ostendero, non fortes tantum viros hoc momentum efflandæ animæ contempsisse, sed quosdam, ad alia ignavos, in hac re æquasse animum fortissimorum, sicut illum Cn. Pompeii socerum Scipionem, qui, contrario in Africam vento relatus, quum teneri navem suam vidisset ab hostibus, ferro se transverberavit, et quærentibus ubi imperator esset : Imperator, inquit, se bene habet. Vox hæc illum parem majoribus fecit, et fatalem Scipionibus in Africa

role seule le rendit égal à ses ancêtres, et fit que la gloire des Scipion, qui était fatale à l'Afrique, ne fut point interrompue. C'était beaucoup de dompter Carthage, mais c'était encore plus de vaincre la mort, en disant : Le général est bien. Un général, qui commandait à Caton en personne, pouvait-il mourir plus dignement? Je ne veux point vous renvoyer à l'histoire, ni vous ramener tous ceux qui, dans les siècles passés, ont méprisé la mort, lesquels sont en grand nombre. Considérez seulement le temps où nous vivons, que l'on accuse de lenteur et de mollesse; vous y trouverez pourtant des gens de toutes sortes d'âges et de qualités, qui ont accourci leurs disgrâces par la mort. En vérité, mon cher Lucile, il n'y a point de raison de craindre la mort, puisqu'il n'est rien de plus avantageux. Ne vous inquiétez donc pas des menaces de votre ennemi, et quoique votre conscience vous mette en sûreté, néanmoins, parce qu'il y a bien des choses que l'on met en considération hors le fond d'une affaire, espérez que l'on vous conservera la justice, et résolvez-vous en même temps de souffrir l'injustice.

Souvenez-vous principalement de séparer les choses du bruit qu'elles font, et de les considérer seulement en elles-mêmes; vous trouverez qu'elles n'ont rien de terrible que la peur qu'on en a. Ce qui arrive aux enfants, nous arrive aussi à nous qui sommes leurs aînés; ceux qu'ils aiment, et avec lesquels ils ont accoutumé de jouer, leur font peur s'ils se présentent masqués : il faut voir les choses à découvert aussi bien que l'on voit les hommes, et les considérer dans leur visage naturel. A quoi sert de me montrer des bourreaux, des couteaux et des brasiers, qui vous environnent? Otez cet appareil dont vous épouvantez les faibles; ce n'est que la mort dont mon valet et ma servante se sont moqués ces jours passés. Que sert-il encore d'exposer à mes yeux des fouets, des chevalets et des outils inventés pour tourmenter certaines parties, avec mille autres instruments propres à faire mourir un homme par pièces? Détournez toutes ces machines qui donnent de l'effroi; faites cesser les plaintes, les gémissements et l'horreur des cris entrecoupés par l'effort de la torture; ce ne sera plus qu'une douleur, dont un goutteux ne se met pas en peine ; qu'un gourmand, qui a mauvais estomac, supporte au milieu de la bonne chère, et qu'une jeune femme souffre d'ordinaire dans son premier accouchement. Elle sera légère, si je la puis souffrir; elle sera courte, si je ne la puis supporter.

Repassez dans votre esprit ce que vous avez si souvent ouï dire, et ce que vous avez dit vous-même si souvent; faites voir par les effets si vous l'avez entendu et si vous l'avez dit comme vous le deviez, car certainement il est honteux (ce qu'on nous reproche d'ordinaire) de parler en philosophe et de ne point agir en philosophe. Quoi! ne saviez-vous pas encore que vous êtes sujet à la mort, à l'exil et à la douleur? Vous êtes né sous cette condition. Regardons tout ce qui peut arriver, comme s'il devait arriver. Mais je m'assure que vous avez déjà fait ce que je vous conseille de faire; je vous avertis seulement de ne point plonger votre esprit dans le chagrin, de peur qu'il ne se trouve appesanti et moins vigoureux, lorsque vous le voudrez relever ; faites-le passer de votre affaire

---

gloriam non est interrumpi passa. Multum fuit, Carthaginem vincere ; sed amplius, mortem. Imperator, inquit, se bene habet! An aliter debebat imperator, et quidem Catonis, mori? Non revoco te ad historias, nec ex omnibus sæculis contemptores mortis, qui sunt plurimi, colligo; respice ad hæc nostra tempora, de quorum languore ac deliciis querimur; omnis ordinis homines succurrent, omnis fortunæ, omnis ætatis, qui mala sua morte præciderunt. Mihi crede, Lucili, adeo mors timenda non est, ut beneficio ejus nihil timendum sit. Securus itaque inimici minas audi; et, quamvis conscientia tibi tua fiduciam faciat, tamen, quia multa extra causam valent, et, quod æquissimum est, spera, et ad id te, quod est iniquissimum, compara. Illud autem ante omnia memento, demere rebus tumultum, ac videre quid in quaque re sit; scies nihil esse in istis terribile, nisi ipsum timorem. Quod vides accidere pueris, hoc nobis quoque, majusculis pueris, evenit; illi, quos amant, quibus assueverunt, cum quibus ludunt, si personatos vident, expavescunt. Non hominibus tantum, sed et rebus persona demenda est, et reddenda facies sua. Quid mihi gladios et ignes ostendis, et turbam carnificum circa te frementem? Tolle istam pompam, sub qua lates, et stultos territas! Mors est, quam nuper servus meus, quam ancilla contempsit. Quid tu rursus mihi flagella et equuleos magno apparatu explicas? quid singulis articulis singula machinamenta, quibus extorqueantur, aptata, et mille alia instrumenta excarnificandi particulatim hominis? Pone ista, quæ nos obstupefaciunt; jube conticescere gemitus et exclamationes, et vocum inter lacerationem elisarum acerbitatem. Nempe dolor est, quem podagricus ille contemnit, quem stomachicus ille in ipsis deliciis perfert, quem in puerperio puella perpetitur. Levis est, si ferre possum; brevis est, si ferre non possum.

Hæc in animo voluta, quæ sæpe audisti, sæpe dixisti; sed, an vere audieris, an vere dixeris, effectu proba! hoc enim turpissimum est, quod nobis objici solet, verba nos philosophiæ, non opera tractare. Quid tu? nunc primum tibi mortem imminere scisti, nunc exsilium, nunc dolorem? In hæc natus es! Quidquid fieri potest, quasi futurum cogitemus; quod facere te moneo, scio certe fecisse. Nunc admoneo, ut animum tuum non mergas in istam sollicitudinem; hebetabitur enim, et minus habebit vigoris, quum exsurgendum erit. Abduc illum a privata

particulière à celle qui est générale ; et dites que vous avez un petit corps mortel et fragile, qui peut être tourmenté, non-seulement par la persécution d'un ennemi ou d'une puissance supérieure, mais encore par la volupté même, qui se change quelquefois en douleur. Les viandes donnent des crudités, le vin engourdit les nerfs et cause le tremblement, la luxure débilite les pieds, les mains et toutes les jointures. Que sera-ce, si je deviens pauvre ? J'aurai bien des compagnons. Si je suis banni ? Je me persuaderai d'être né dans le lieu de mon exil. Si je suis dans les liens ? Qu'est-ce que cela ? Suis-je libre, étant lié à mon corps, qui est naturellement pesant ? Si je meurs, je dirai : Je ne puis plus être malade, ni captif, et je ne pourrai plus mourir.

Je ne suis pas si impertinent que de répéter en cet endroit la chanson d'Épicure, et de dire que la crainte des enfers est une superstition ; qu'Ixion n'est pas occupé à tourner une roue, ni Sisyphe à pousser une pierre contre mont ; et qu'il est impossible que les entrailles d'une même personne soient dévorées et renaissent chaque jour. Il ne s'en rencontre point qui soient si fort enfants que de craindre le Cerbère, et d'avoir peur des ténèbres et de ces fantômes qui paraissent sous des os nus et décharnés. La mort nous réduit au néant, ou nous transporte en un autre lieu ; l'état de ceux qui sont transportés devient meilleur, puisqu'ils sont déchargés de leur fardeau. Pour ceux qui sont réduits au néant, il n'en reste rien ; ainsi ils sont également incapables de bien et de mal. Permettez-moi de vous rapporter ici un vers de votre façon, après vous avoir dit que vous l'avez écrit, non pour les autres, mais pour vous-même. S'il est honteux de dire une chose, et d'en penser une autre, il l'est encore davantage d'écrire une chose et d'en croire une autre. Je me souviens de vous avoir ouï quelquefois raisonner sur cette matière, que nous ne tombons point subitement entre les mains de la mort, mais que nous y arrivons petit à petit : nous mourons tous les jours, parce que nous perdons tous les jours une portion de notre vie, laquelle même diminue lorsque nous croissons. Le temps de l'enfance est évanoui, nous avons passé celui de l'adolescence et de la jeunesse ; en un mot, tout le temps qui s'est écoulé jusqu'au jour d'hier est perdu pour nous, et ce jour même où nous sommes sera partagé entre la vie et la mort. Comme la dernière goutte ne vide pas une bouteille, mais bien toutes celles qui en sont sorties auparavant ; de même, ce n'est pas la dernière heure qui fait la mort, mais celle qui l'accomplit ; nous y arrivons alors, mais il y avait longtemps que nous y allions. Lorsque vous discouriez de ces choses avec votre éloquence ordinaire, vous me parûtes toujours grand ; mais je ne trouvai rien de plus ferme que ces paroles que vous prêtâtes à la vérité :

Nous mourons tous les jours ; mais on n'appelle mort
Que celle enfin qui vient terminer notre sort.

J'aime mieux que vous lisiez votre ouvrage que ma lettre, car vous verrez par là que la mort que nous craignons n'est pas la seule qu'il y ait : ce n'est que la dernière. Mais je vois ce que vous attendez ; vous voulez savoir de quoi j'accompagnerai cette lettre, si c'est de quelque parole géné-

causa ad publicam ; dic mortale tibi et fragile corpusculum esse, cui non ex injuria tantum aut ex potentioris viribus denuntiabitur dolor : ipsæ in tormenta voluptates vertuntur. Epulæ cruditatem afferunt ; ebrietates nervorum torporem tremoremque ; libidines pedum, manuum, articulorum omnium depravationes. Pauper fiam ? inter plures ero. Exsul fiam ? ibi me natum putabo, quo mittar. Alligabor ? quid enim ? nunc solutus sum ? ad hoc me natura grave corporis mei pondus adstrinxit. Moriar ? hoc dicis, desinam ægrotare posse, desinam alligari posse, desinam mori posse. Non sum tam ineptus, ut epicuream cantilenam hoc loco persequar, et dicam, vanos esse inferorum metus ; nec Ixionem rota volvi ; nec saxum humeris Sisyphi trudi in adversum ; nec ullius viscera et renasci posse quotidie, et carpi. Nemo tam puer est, ut Cerberum timeat, et tenebras, et larvalem habitum nudis ossibus cohærentium. Mors nos aut consumit, aut emittit. Emissis meliora restant, onere detracto ; consumptis nihil restat, bona pariter malaque submota sunt. Permitte mihi hoc loco referre versum tuum, si prius admonuero, ut te judices non aliis scripsisse ista, sed etiam tibi. Turpe est aliud loqui, aliud sentire ; quanto turpius, aliud scribere, aliud sentire ? Memini te illum locum aliquando tractasse, non repente nos in mortem incidere, sed minutatim procedere. Quotidie morimur, quotidie enim demitur aliqua pars vitæ ; et tunc quoque, quum crescimus, vita decrescit. Infantiam amisimus, deinde pueritiam, deinde adolescentiam ; usque ad hesternum, quidquid transiit temporis, periit ; hunc ipsum, quem agimus, diem cum morte dividimus. Quemadmodum clepsydram non extremum stillicidium exhaurit, sed quidquid ante defluxit ; sic ultima hora, qua esse desinimus, non sola mortem facit, sed sola consummat. Tunc ad illam pervenimus, sed diu venimus. Hæc quum descripsisses, quo soles ore, semper quidem magnus, nunquam tamen acrior quam ubi veritati commodas verba, dixisti :

Mors non una venit ; sed, quæ rapit, ultima mors est.

Malo te legas, quam epistolam meam ; apparebit enim tibi hanc, quam timemus, mortem extremam esse, non solam.

Video quo spectes ; quæris quid huic epistolæ infulserim, quod dictum alicujus animosum, quod præceptum utile ? Ex hac ipsa materia quæ in manibus fuit, mittetur

reuse et hardie, prononcée par quelque grand personnage, ou de quelque avis salutaire ; il faut tirer cet avis du sujet même que nous traitons. Épicure blâme également ceux qui souhaitent la mort et ceux qui la craignent : « Il est, dit-il, bien ridicule de rechercher la mort pour le dégoût de la vie, lorsque la vie que vous avez menée vous oblige à rechercher la mort. » Il dit encore en un autre endroit : « Est-il rien de plus impertinent que de souhaiter la mort, pour s'être fait une vie malheureuse par la crainte de la mort? » À quoi on peut ajouter ceci, qui est à peu près de même sens : « Que l'imprudence, ou plutôt la folie des hommes est telle, qu'il y en a que la crainte de la mort réduit enfin à vouloir mourir. » Vous ne trouverez aucun de ces raisonnements qui ne dispose votre esprit à supporter sans chagrin la vie ou la mort : car il nous faut prendre garde de ne pas trop aimer, ni aussi de ne pas trop haïr la vie ; et quand la raison nous oblige de la quitter, il ne le faut pas faire légèrement et avec précipitation. Un homme généreux et sage ne doit pas se dérober de la vie, mais en sortir honnêtement : surtout il faut éviter cette envie passionnée de mourir, qui est tombée autrefois dans l'esprit de beaucoup de gens ; car il est certain, mon cher Lucile, que l'âme se porte quelquefois aveuglément au désir de la mort, ainsi qu'à d'autres objets, et que cela est arrivé tantôt à d'honnêtes gens et tantôt à des lâches. Ceux-là méprisaient la vie, ceux-ci en étaient incommodés ; il y en a plusieurs aussi qui, lassés de faire et de voir toujours les mêmes choses, prennent du dégoût de la vie, sans toutefois en avoir de l'aversion. C'est à quoi la philosophie nous porte insensiblement, lorsque nous disons : « Quoi! toujours les mêmes choses? Dormir, se réveiller, avoir faim, se rassasier, avoir froid, avoir chaud? Bref, toutes les choses du monde n'ont point de fin : elles se fuient, elles se suivent, et sont liées les unes aux autres par un enchaînement qui recommence sans cesse. La nuit chasse le jour, puis le jour chasse la nuit ; l'été se termine dans l'automne, l'automne finit dans l'hiver, et l'hiver dans le printemps. Tout passe pour revenir après ; je ne vois et je ne fais rien de nouveau. » Il arrive quelquefois que l'on se dégoûte de cela ; c'est pourquoi plusieurs estiment que, s'il n'est point fâcheux, il est au moins superflu de vivre longtemps.

ÉPITRE XXV.

On se peut toujours amender, tandis que l'on a honte de mal faire. — Pour bien vivre, il faut être censeur de soi-même.

Pour ce qui est de nos deux amis, il les faut traiter d'une manière bien différente ; car il faut réformer les défauts de l'un, et détruire ceux de l'autre : je suis résolu d'en user fort librement, et je n'aimerais pas le premier, si je ne le persécutais. — Quoi donc, direz-vous, pensez-vous remettre en tutelle un pupille de quarante ans? Considérez qu'il est dans un âge dur et incapable de réformation ; car il n'y a que les choses tendres qu'on puisse redresser. — Je ne sais si j'y gagnerai quelque chose ; mais j'aime mieux ne pas réussir que de manquer à ce que je dois ; d'ailleurs, il ne faut pas désespérer de la guérison des

aliquid. Objurgat Epicurus non minus eos, qui mortem concupiscunt, quam eos, qui timent, et ait : « Ridiculum est currere ad mortem tædio vitæ ; quum genere vitæ, ut currendum ad mortem esset, effeceris. » Item alio loco dicit : « Quid tam ridiculum, quam appetere mortem, quum vitam inquietam tibi feceris metu mortis? » His adjicias et illud ejusdem notæ licet : « Tantam hominum imprudentiam esse, immo dementiam, ut quidam timore mortis cogantur ad mortem. » Quidquid horum tractaveris, confirmabis animum, vel ad mortis, vel ad vitæ patientiam. Ad utrumque enim movendi ac firmandi sumus, et ne nimis amemus vitam, et ne nimis oderimus. Etiam quum ratio suadet finire, non temere, nec cum procursu capiendus est impetus. Vir fortis ac sapiens non fugere debet e vita, sed exire. Et ante omnia ille quoque vitetur affectus, qui multos occupavit, libido moriendi. Est enim, mi Lucili, ut ad alia, sic etiam ad moriendum inconsulta animi inclinatio, quæ sæpe generosos atque acerrimæ indolis viros corripit, sæpe ignavos jacentesque ; illi contemnunt vitam, hi gravantur. Quosdam subit eadem faciendi videndique satietas, et vitæ non odium, sed fastidium, in quod prolabimur ipsa impellente philosophia, dum dicimus : « Quousque eadem? Nempe expergiscar, dormiam, satiabor, esuriam, algebo, æstuabo ; nullius rei finis est, sed in orbem nexa sunt omnia ; fugiunt ac sequuntur. Diem nox premit, dies noctem, æstas in autumnum desinit, autumno hiems instat, quæ vero compescitur ; omnia sic transeunt, ut revertantur ; nihil novi facio, nihil novi video ; fit aliquando et hujus rei nausea? » Multi sunt qui non acerbum judicent vivere, sed supervacuum. Vale.

EPISTOLA XXV.

DE SOLITUDINIS PERICULIS, DE PAUPERTATIS COMMODIS.

Quod ad duos amicos nostros pertinet, diversa via eundum est ; alterius enim vitia emendanda, alterius frangenda sunt. Utar libertate tota ; non amo illum, nisi offendero. — Quid ergo? inquis, quadragenarium pupillum cogitas sub tutela tua continere? Respice ætatem ejus jam duram et intractabilem ; non potest reformari ; tenera finguntur. — An profecturus sim nescio ; malo successum mihi, quam fidem, deesse. Nec desperaveris, etiam diutinos ægros posse sanari, si contra intemperantiam ste-

maux invétérés, si vous arrêtez l'intempérance du malade, et le forcez de faire et de souffrir beaucoup de choses qui peuvent ne lui pas plaire. Ce n'est pas que je me tienne fort assuré de notre autre ami, sinon que je vois qu'il rougit encore de faire mal; il faut avoir soin d'entretenir cette pudeur, car tant qu'elle subsiste dans une personne, il y a toujours lieu d'en bien espérer. Je crois qu'il faudra agir plus doucement avec ce vieux pécheur, de peur qu'il ne perde l'espérance de sa guérison, et je ne crois pas qu'on puisse l'entreprendre dans un temps plus propre que celui-ci, tandis qu'il est tranquille et qu'il paraît tout réformé. Cette intermission, toutefois, qui a trompé bien des gens, ne me trompera pas; car, comme je sais que ses défauts ne sont point guéris, mais seulement endormis, je m'attends bien qu'ils reviendront avec plus de violence qu'auparavant. Quoi qu'il en arrive, j'emploierai volontiers mon temps pour ce sujet, et je verrai si l'on peut y faire quelque chose ou non.

Pour vous, soyez toujours ferme et généreux, et commencez à plier bagage. Souvenez-vous que si nous suivons la loi de nature, il n'y a presque rien qui nous soit nécessaire parmi les choses que nous possédons. Les richesses sont exposées à tout le monde ; car ce de quoi nous avons besoin se donne gratuitement ou pour peu de chose ; mais, comme il ne consiste qu'en du pain et de l'eau, il ne se voit presque personne qui en soit indigent, « et celui qui peut borner là ses désirs, a droit de prétendre au souverain bonheur, concurremment avec Jupiter, » comme disait fort bien Épicure.

Je veux finir cette lettre par un de ses avis « Faites, dit-il, toutes choses comme si quelqu'un vous regardait. » Il est sans doute très-utile d'avoir quelqu'un auprès de soi, que vous regardiez comme s'il était présent à toutes vos pensées ; mais il est beaucoup plus honorable de vivre comme si vous étiez en la présence de quelque homme de probité. Je serai content, pourvu que vous fassiez toutes choses comme si quelqu'un vous voyait. La solitude ne vous inspire que du mal. Quand vous serez venu au point d'avoir du respect pour vous-même, alors vous pourrez congédier votre contrôleur; cependant conduisez-vous sous l'autorité de quelques personnes considérables, comme de Caton, de Scipion, de Lélius, ou de quelque autre dont l'idée soit capable d'arrêter la licence des plus abandonnés. Quand vous aurez fait cela, et que vous commencerez à avoir quelque considération pour votre personne, je vous permettrai ce que conseille Épicure, quand il dit : « Retirez-vous en vous-même, surtout lorsque vous serez obligé de vous trouver en compagnie. » Il ne faut pas que vous soyez semblable à cette multitude; c'est pourquoi il y aurait du péril à sortir de vous-même. Considérez tous ces gens-là que vous voyez ; il n'y en a pas un qui ne fût mieux avec un autre qu'avec soi. Oui, je le répète, retirez-vous en vous-même, lorsque vous serez obligé de vous trouver en compagnie, pourvu toutefois que vous soyez homme de bien, pacifique et modéré; autrement, produisez-vous partout, sortez de vous-même, vous ne sauriez être en plus mauvaise compagnie.

---

teris, si multa invitos et facere coegeris et pati. Ne de altero quidem satis fiduciæ habeo; excepto eo, quod adhuc peccare erubescit. Nutriendus est hic pudor; qui quamdiu in animo ejus duraverit, aliquis erit bonæ spei locus. Cum hoc veterano parcius agendum puto, ne in desperationem sui veniat; nec ullum tempus aggrediendi fuit melius, quam hoc, dum interquiescit, dum emendato similis est. Aliis hæc intermissio ejus imposuit; mihi verba non dat; exspecto cum magno fenore vitia reditura, quæ nunc scio cessare, non deesse. Impendam huic rei dies, et, utrum possit aliquid agi, an non possit, experiar. Tu nobis te, ut facis, fortem præsta, et sarcinas contrahe. Nihil ex his, quæ habemus, necessarium est. Ad legem naturæ revertamur; divitiæ paratæ sunt. Aut gratuitum est, quo egemus, aut vile. Panem et aquam natura desiderat. « nemo ad hæc pauper est; » intra quæ quisquis desiderium suum clusit, cum ipso Jove de felicitate contendat, » ut ait Epicurus, cujus aliquam vocem huic epistolæ involvam. « Sic fac, inquit, omnia, tanquam spectet Epicurus ! » Prodest sine dubio, custodem sibi imposuisse, et habere quem respicias, quem interesse cogitationibus tuis judices. Hoc quidem longe magnificentius est, sic vivere tanquam sub alicujus boni viri, ac semper præsentis, oculis ; sed ego etiam hoc contentus sum, ut sic facias quæcumque facies, tanquam spectet aliquis. Omnia nobis mala solitudo persuadet. Quum jam profeceris tantum, ut sit tibi etiam tui reverentia, licebit dimittas pædagogum ; interim aliquorum te auctoritate custodi. Aut Cato ille sit, aut Scipio, aut Lælius, aut cujus interventu perditi quoque homines vitia supprimerent; dum te efficis eum, cum quo peccare non audeas. Quum hoc effeceris, et aliqua cœperit apud te tui esse dignatio, incipiam tibi permittere ; quod idem suadet Epicurus : « Tunc præcipue in te ipse secede, quum esse cogeris in turba. » Dissimilem te fieri multis oportet. Dum tibi tutum sit ad te recedere, circumspice singulos ; nemo est, cui non satius sit cum quolibet esse, quam secum. « Tunc præcipue in te ipse secede, quum esse cogeris in turba. » si bonus vir.es, si quietus, si temperans; alioquin in turbam tibi a te recedendum est; istic male viro propius es. Vale.

ÉPITRE XXVI.

C'est à la mort que la vertu se reconnaît.

Je vous disais, il n'y a pas longtemps, que j'entrais dans la vieillesse ; je crains présentement que je ne l'aie passée : ce nom ne convient plus à mon âge plein de langueur et non pas impuissant. Vous pouvez donc me compter entre les personnes décrépites et les gens qui touchent à leur fin. Je vous avoue pourtant que je me sais bon gré de ce que je ne sens la vieillesse que dans le corps, et non pas dans l'esprit ; il n'y a que le vice et ce qui servait au vice qui se soit affaibli chez moi ; l'esprit est encore vigoureux et se réjouit de n'avoir plus tant de commerce avec le corps. Comme il se voit déchargé d'une bonne partie de son fardeau, il soutient qu'il n'est pas vieux, et qu'il n'est que dans sa fleur ; il faut le croire et le laisser jouir de son avantage. Mais il est bon d'examiner ce que la philosophie et ce que l'âge a contribué à la modération de mes passions, comme aussi ce que je ne puis faire, si je puis faire encore quelque chose que je ne veuille pas faire ; car, s'il y a quelque chose que je ne puisse pas faire, je ne me fâche point de cette impuissance, parce que l'on ne se doit pas plaindre qu'une chose qui doit finir soit arrivée à son terme. « Mais, direz-vous, cela est bien fâcheux de se voir diminuer, et, pour parler ainsi, de se voir fondre ; car nous ne sommes pas poussés et renversés tout d'un coup ; chaque jour nous mine et altère quelque chose de nos forces. » Quoi peut-on mieux finir que d'arriver doucement à la fin par la défaillance de la nature ? Ce n'est pas que ce soit un grand mal d'être poussé subitement hors de la vie ; mais il est toujours plus agréable d'en sortir doucement.

Pour moi, je vous avoue que je m'observe, et je me parle comme si j'allais être mis à l'épreuve, et que ce dernier jour qui doit juger de tous les autres fût tout proche. Je dis à part moi : « Tout ce que nous avons témoigné jusqu'ici par nos paroles ou par nos actions n'est encore rien ; ce ne sont que des talents d'esprit légers et trompeurs. Je verrai à la mort le profit que j'aurai fait ; c'est pourquoi je me prépare sérieusement à ce jour-là, auquel je pourrai juger, sans nulle obscurité, si j'ai eu la vertu sur les lèvres ou dans le cœur, et si tant de paroles hardies que j'ai dites contre la fortune n'étaient point des productions de la vanité et de la dissimulation. Ne t'arrête point à l'opinion que les hommes ont de toi, qui est toujours fort incertaine ; ne t'arrête point encore à tes études ; examine toute ta vie, et tu trouveras qu'il n'y a que la mort seule qui puisse juger de ce que tu es. Oui, je le dis, les disputes, les doctes conversations, et les discours empruntés des sages de l'antiquité, ne sont pas une preuve de la force de l'âme ; les plus timides parlent quelquefois hardiment ; on connaîtra par quel ressort tu auras agi, lorsque tu rendras l'esprit : j'accepte volontiers cette condition, je n'appréhende point ce jugement. » Voilà ce que je me dis à moi-même ; imaginez-vous que c'est à vous que je le dis : vous êtes jeune, mais qu'importe ? La mort ne compte point les années, vous ne savez où elle vous attend : c'est pourquoi attendez-la partout.

EPISTOLA XXVI.

SENECTUTIS LAUDES.

Modo dicebam tibi, in conspectu esse me senectutis ; jam vereor ne senectutem post me reliquerim. Aliud jam his annis, certe huic corpori, vocabulum convenit ; quoniam quidem senectus lassæ ætatis, non fractæ, nomen est. Inter decrepitos me numera et extrema tangentes. Gratias tamen mihi apud te ago ; non sentio in animo ætatis injuriam, quum sentiam in corpore ; tantum vitia et vitiorum ministeria senuerunt. Viget animus, et gaudet non multum sibi esse cum corpore ; magnam partem oneris sui posuit ; exsultat, et mihi facit controversiam de senectute ; hunc ait esse florem suum. Credamus illi ; bono suo utatur!

Ire in cogitationem juvat, et dispicere, quid ex hac tranquillitate et modestia morum sapientiæ debeam, quid ætati ; et diligenter excutere, quæ non possim facere ; quæ nolim, posse habiturus. Atqui si nolim quidquid non possum, non posse me gaudeo. Quæ enim querela est, quod incommodum, si, quod debet desinere, deficit ? —Incommodum summum est, inquis, minui et deperire ; et, ut proprie dicam, liquescere. Non enim subito impulsi ac prostrati sumus ; carpimur ; singuli dies aliquid subtrahunt viribus. — Et quis exitus est melior, quam in finem suum, natura solvente, dilabi ? non quia aliquid mali est citus et e vita repentinus excessus ; sed quia lenis hæc via est, subduci. Ego certe velut appropinquet experimentum, et ille laturus sententiam de omnibus annis meis dies venerit, ita me observo et alloquor : « Nihil est enim, inquam, adhuc, quod aut rebus, aut verbis exhibuimus. Levia sunt ista et fallacia pignora animi, multisque involuta lenociniis ; quid profecerim, morti creditarus sum. Non timide itaque componor ad illum diem, quo, remotis strophis ac fucis, de me judicaturus sum, utrum loquar fortia, an sentiam ; numquid simulatio fuerit et mimus, quidquid contra fortunam jactavi verborum contumacium. Remove existimationem hominum ! dubia semper est, et in partem utramque dividitur. Remove studia tota vita tractata ? mors de te pronuntiatura est. Ita dico ; disputationes, et litterata colloquia, et ex præceptis sapientium verba collecta, et eruditus sermo, non ostendunt verum robur animi ; est enim oratio etiam timidissimis audax. Quid egeris, tunc apparebit, quum animam ages. Accipio conditionem, non reformido judicium. » — Hæc mecum loquor ; sed tecum quoque me loquutum puta. Juvenior es ? quid refert ? non **dinume**-

Je voulais finir, et j'étais près de fermer cette lettre; mais je me suis souvenu qu'il fallait en payer le port. Quand je ne vous dirais pas où je le veux emprunter, vous savez bien de quelle bourse je me sers ordinairement. Attendez encore un peu; je le trouverai dans ma bibliothèque; cependant Épicure me le prêtera. «Voyez, dit-il, lequel est le plus commode, ou que la mort vienne à nous, ou que nous allions à elle.» Voici le sens; c'est une belle chose d'apprendre à mourir. Vous croirez possible qu'il n'est guère nécessaire d'apprendre une chose dont on ne se peut servir qu'une seule fois; c'est pour cela qu'il y faut penser; car il faut toujours étudier ce que l'on ne peut s'assurer de bien savoir. Pensez à la mort; quiconque dit cela vous porte à penser à la liberté. Celui qui sait mourir ne sait plus servir : s'il n'est au-dessus, il est au moins au-delà de toutes les puissances. Qu'est-ce que les chaînes et les prisons peuvent contre lui, puisqu'il a toujours une porte libre? Il n'y a qu'une chaîne qui nous tient captifs, c'est l'amour de la vie, lequel il ne faut pas éteindre, mais seulement modérer, afin que dans le besoin rien ne nous empêche de faire de bonne heure ce que nous devons faire quelque jour.

ÉPITRE XXVII.

Il est honteux à un vieillard d'avoir encore les désirs d'un enfant.—Dans l'étude de la sagesse on n'agit point par procureur.

Vos lettres me disent que je vous instruis après m'être instruit et corrigé moi-même, et que c'est pour cela que je m'applique à réformer les autres. Je ne suis pas si impertinent que de me vanter de guérir les autres, tandis que je suis malade, mais, me trouvant couché dans une même infirmerie, je parle avec vous du mal qui nous est commun; je vous fais part des remèdes que je sais. Écoutez-moi donc, comme parlant à moi-même, et vous faisant part de mon secret. Je me dis en votre présence et je crie à mes oreilles : Compte les années, et tu seras honteux de désirer les mêmes choses que tu désirais étant encore enfant; donne-toi cette satisfaction de voir mourir les vices avant toi; quitte ces infâmes plaisirs qui coûtent si cher, car les passés incommodent autant que ceux qui sont à venir, comme les crimes laissent toujours de l'inquiétude, quoiqu'ils n'aient pas été découverts lorsqu'ils ont été commis; c'est ainsi que les plaisirs déshonnêtes donnent du regret après qu'on s'en est rassasié; ils ne sont ni solides ni fidèles; ils te quitteront, quand ils ne te feraient point d'autre mal. Cherche plutôt quelque bien qui ait de la stabilité.

Mais il n'y en a point, hormis celui que l'âme trouve au dedans de soi. La vertu seule est capable de donner une satisfaction solide et perpétuelle; s'il arrive quelque obstacle, il en est comme des nuages qui passent sous le soleil, et n'éteignent jamais sa clarté. Quand verrons-nous le jour qui nous fera jouir de cette satisfaction? On ne cesse de la demander, mais on ne se hâte point de l'acquérir; il y a bien encore à travailler, il faut veiller et s'y appliquer en personne; car en cette af-

rantur anni. Incertum est, quo te loco mors exspectet; itaque tu illam omni loco exspecta.

Desinere jam volebam, et manus spectabat ad clausulam; sed conficienda sunt sacra, et huic epistolæ viaticum dandum est. Puta me non dicere, unde sumpturus sim mutuum; scis cujus arca utar. Exspecta pusillum et de domo fiet numeratio; interim commodavit Epicurus, qui ait : « Meditare mortem, vel si commodius sit transire ad nos, vel nos ad eam. » Hic patet sensus; egregia res est, mortem condiscere. Supervacuum forsitan putas id discere, quo semel utendum est? hoc est ipsum, quare meditari debeamus; semper discendum est, quod, an sciamus, experiri non possumus. Meditare mortem! Qui hoc dicit, meditari libertatem jubet. Qui mori didicit, servire dedidicit; supra omnem potentiam est, certe extra omnem. Quid ad illum carcer, et custodia, et claustra? liberum ostium habet! Una est catena, quæ nos alligatos tenet, amor vitæ; qui, ut non est abjiciendus, ita minuendus est; ut, si quando res exiget, nihil nos detineat, nec impediat, quo minus parati simus, quod quandoque faciendum est, statim facere. Vale.

EPISTOLA XXVII.
NULLAM NISI IN VIRTUTE VERAM VOLUPTATEM.

Tu me, inquis, mones! Jam enim te ipse monuisti, jam correxisti? ideo aliorum emendationi vacas?—Non sum tam improbus, ut curationes æger obeam; sed, tanquam in eodem valetudinario jaceam, de communi malo tecum colloquor, et remedia communico. Sic itaque me audi tanquam mecum loquar; in secretum te meum admitto, et, te adhibito, mecum exigo. Clamo mihi ipse : Numera annos tuos; et pudebit eadem velle, quæ volueras puer, eadem parare. Hoc denique tibi citra diem mortis præsta; moriantur ante te vitia! Dimitte istas voluptates turbidas, magno luendas : non venturæ tantum, sed præteritæ nocent. Quemadmodum, scelera etiam si non sint deprehensa quum fierent, sollicitudo non cum ipsis abiit; ita improbarum voluptatum, etiam post ipsas, pœnitentia est. Non sunt solidæ, non sunt fideles; etiam si non nocent, fugiunt. Aliquod potius bonum mansurum circumspice; nullum autem est, nisi quod animus ex se sibi invenit. Sola virtus præstat gaudium perpetuum, securum; si quid obstat, nubium modo intervenit, quæ infra feruntur, nec unquam diem vincunt. Quando ad hoc gaudium pervenire continget? Non quidem cessatur adhuc, sed festinatur. Multum restat operis, in quod ipse necesse est vigiliam, ipse laborem tuum impendas, si effici cupis. Delegationem res ista non recipit. Aliud litterarum genus adjutorium admittit. Calvisius Sabinus memoria nostra fuit dives; et patrimonium habebat libertini,

faire ou n'agit point par procureur; dans un autre genre d'étude, on peut recevoir quelques secours.

Calvisius Sabinus, qui vivait de notre temps, était un homme riche qui avait un fort grand et fort ample patrimoine. Je ne vis jamais une personne puissante plus inepte : il avait la mémoire si malheureuse, qu'il oubliait tantôt le nom d'Ulysse, tantôt celui d'Achille et tantôt celui de Priam, quoiqu'il les connût comme nous connaissons les maîtres qui nous enseignent; jamais truchement ne déchira plus cruellement les noms, qu'il faisait ceux des Troyens et des Grecs. Il voulait néanmoins passer pour savant, et voici l'expédient dont il s'avisa. Il acheta bien cher deux esclaves, l'un pour apprendre Homère par cœur, et l'autre pour apprendre Hésiode; il en acheta neuf autres, à chacun desquels il fit apprendre un poëme lyrique. Ne vous étonnez pas s'ils lui coûtèrent beaucoup, parce qu'il ne les trouva pas instruits, mais il les fit instruire. Après qu'il eut composé cette troupe, il commença à persécuter les gens qui mangeaient à sa table; il avait à ses pieds ceux qui lui suggéraient les vers qu'il désirait; mais le plus souvent il demeurait à moitié. Enfin, Satellius Quadratus, aussi grand railleur qu'il était grand écornifleur, lui conseilla d'avoir des valets pour ramasser les paroles qu'il laissait tomber; mais Calvisius lui ayant dit que chacun de ces esclaves lui coûtait deux mille écus, il lui répondit : Vous auriez eu autant de bibliothèques à meilleur marché. Cet homme pourtant avait toujours la fantaisie de croire qu'il savait tout ce que ses domestiques savaient. Le même Satellius lui proposa un jour de s'exercer à la lutte, quoiqu'il le vît pâle, maigre et languissant; mais Calvisius lui ayant répondu : « Comment le pourrai-je faire? A peine me puis-je soutenir; » il lui repartit : « Ne dites pas cela, je vous prie; ne voyez-vous pas combien vous avez de valets qui sont forts et robustes? » Après tout, l'esprit de vertu et de probité ne se prête ni ne s'achète. Je crois même que, s'il y en avait à vendre, personne n'en voudrait acheter; mais pour l'esprit de fourberie, on ne débite autre chose tous les jours.

Il est temps que je paie ce que je dois, et que je prenne congé de vous. « La pauvreté qui s'accommode à la loi de nature tient lieu de richesses. » C'est ce qu'Épicure dit souvent, tantôt d'une manière et tantôt d'une autre; mais on ne saurait trop dire une chose que l'on n'apprend jamais assez. Il y a des gens à qui il ne faut que proposer les bons avis, et d'autres à qui l'on a peine de les mettre dans la tête.

ÉPITRE XXVIII.

Les voyages ne guérissent point les maladies de l'âme. — C'est déjà quelque amendement que de reconnaître sa faute.

Vous croyez qu'il est nouveau, et qu'il n'est arrivé qu'à vous seul, d'avoir fait un long voyage et traversé divers pays sans avoir pu dissiper votre tristesse et votre chagrin ; il vous faut changer d'esprit et non pas de lieu. Quoique vous passiez les mers, et que la terre et les villes se reculent loin de vous, comme parle notre Virgile, vos passions vous suivront partout où vous irez. Socrate répondit à celui qui lui faisait la même plainte :

et ingenium. Nunquam vidi hominem beatum indecentius. Huic memoria tam mala erat, ut illi nomen modo Ulyssis excideret, modo Achillis, modo Priami, quos tam bene noverat, quam paedagogos nostros novimus. Nemo vetulus nomenclator, qui nomina non reddit, sed imponit, tam perperam tribus, quam ille Trojanos et Achivos, persalutabat. Nihilominus eruditus volebat videri. Hanc itaque compendiariam excogitavit ; magna summa emit servos, unum qui Homerum teneret, alterum qui Hesiodum ; novem praeterea Lyricis singulos assignavit. Magno emisse illum non est quod mireris; non invenerat; faciendos locavit. Postquam haec familia illi comparata est, cœpit convivas suos inquietare. Habebat ad pedes hos, a quibus subinde quum peteret versus quos referret, saepe in medio verbo excideret. Suasit illi Satellius Quadratus, stultorum divitum arrosor, et (quod sequitur) arrisor, et, quod duobus his adjunctius est, derisor, ut grammaticos haberet analectas. Quum dixisset Sabinus, centenis millibus sibi constare singulos servos : Minoris, inquit, totidem scrinia emisses ! Ille tamen in ea opinione erat, ut putaret se scire quod quisquam in domo sua sciret. Idem Satellius illum hortari cœpit, ut luctaretur ; hominem aegrum, pallidum, gracilem. Quum Sabinus respondisset : Et quomodo possum? vix vivo! Noli, obsecro te, inquit, istud dicere! non vides, quam multos servos valentissimos habeas ? — Bona mens nec commodatur, nec emitur; et puto, si venalis esset, non haberet emptorem ; at mala quotidie emitur.

Sed accipe jam quod debeo, et vale. « Divitiae sunt, ad legem naturae compositae paupertas. » Hoc saepe dicit Epicurus, aliter atque aliter ; sed nunquam nimis dicitur, quod nunquam satis discitur. Quibusdam remedia monstranda, quibusdam inculcanda sunt. Vale.

EPISTOLA XXVIII.

INUTILES ESSE AD SANANDAM MENTEM PEREGRINATIONES.

Hoc tibi soli putas accidisse, et admiraris quasi rem novam, quod peregrinatione tam longa, et tot locorum varietatibus, non discussisti tristitiam gravitatemque mentis. Animum debes mutare, non cœlum! Licet vastum trajeceris mare, licet, ut ait Virgilius noster,

.... Terraeque urbesque recedant ;

sequentur te, quocumque perveneris, vitia. Hoc idem

« Vous étonnez vous que vous ne profitiez pas de vos voyages, puisque vous vous portez en tous les endroits où vous allez? » La même raison qui vous a fait voyager vous travaille encore. De quoi vous peut servir le changement des lieux, et la connaissance que vous acquérez des villes et des provinces? Tout cela n'est qu'une agitation inutile, et si vous demandez pourquoi toutes ces courses demeurent sans fruit, c'est que vous les faites en votre compagnie. Il faut décharger votre esprit de tout ce qui lui pèse; autrement vous ne trouverez point de lieu qui vous puisse être agréable. Imaginez-vous que vous êtes en l'état de cette prêtresse que notre Virgile représente tout agitée et remplie d'un esprit étranger :

Elle s'agite et cherche à se voir délivrée
De la divinité chez elle renfermée.

Vous allez çà et là pour vous soulager de ce poids que l'agitation rend encore plus incommode. Comme la charge d'un vaisseau presse moins quand on ne la remue pas, aussi met-elle plus tôt à fond le côté sur lequel on la jette, quand on ne la remue pas également. Tout ce que vous faites vous est préjudiciable; le mouvement même vous est contraire, car vous remuez un malade. Mais, quand vous serez guéri de ce mal, toutes sortes de lieux vous seront agréables. Quand vous seriez relégué au bout du monde, ou confiné dans le fond de la Barbarie, vous vous trouveriez bien partout où vous feriez votre demeure; cela dépend plus de l'hôte que de la maison ; aussi ne doit-on attacher son affection en aucun endroit. Il faut vivre dans cette persuasion, que nous ne sommes pas nés pour être fixés dans un petit coin de terre, et que tout le monde est notre pays. Si vous conceviez bien cela, vous ne seriez pas surpris de voir que l'ennui vous faisant partir d'un pays, vous n'êtes pas plus satisfait dans un autre où vous arrivez; car le premier ne vous aurait pas déplu, si vous étiez bien persuadé que vous êtes de tout pays. Ce n'est pas voyager, c'est marcher à l'aventure et changer seulement de lieu, puisque, ne cherchant qu'à vivre à votre aise, vous le pouvez faire partout. Y a-t-il un lieu moins tranquille que le barreau? Cependant on y peut vivre en repos quand on y est attaché; ce n'est pas que celui qui peut disposer de sa personne ne doive fuir le voisinage et la vue même du barreau; car, comme des lieux malsains peuvent altérer une santé vigoureuse, il y a aussi des choses peu salutaires qui peuvent corrompre des esprits qui ne sont pas encore confirmés dans le bien. Je n'approuve point ces gens qui se jettent au milieu des flots et qui, se plaisant dans le tumulte, combattent nécessairement parmi les affaires et les difficultés. Un honnête homme prendra patience, mais il ne choisira pas ce genre de vie, et préférera toujours la paix à la guerre; autrement il ne servirait guère d'avoir dompté ses passions, si l'on était obligé de combattre encore celles des autres. Vous me direz que trente tyrans ont attaqué Socrate, et ne l'ont point abattu: mais qu'importe combien il y ait de maîtres? Il n'y a qu'une servitude, et celui qui l'a une fois surmontée est libre au milieu de cent maîtres.

Il est temps de finir ma lettre; mais il faut au-

quærenti cuidam Socrates ait : « Quid miraris, nihil tibi peregrinationes prodesse, quum te circumferas? » Premit te eadem causa, quæ expulit. Quid terrarum juvare novitas potest? quid cognitio urbium, aut locorum? in irritum cedit ista jactatio. Quæris, quare te fuga ista non adjuvet? Tecum fugis. Onus animi deponendum est; non ante tibi ullus placebit locus. Talem nunc esse habitum tuum cogita, qualem Virgilius noster vatis inducit jam concitatæ et instigatæ, multumque habentis in se spiritus non sui :

Bacchatur vates, magnum si pectore possit
Excussisse Deum.

Vadis huc illuc, ut excutias insidens pondus, quod ipsa jactatione incommodius fit; sicut in navi onera immota minus urgent; inæqualiter convoluta citius eam partem, in quam incubuere, demergunt. Quidquid facis, contra te facis, et motu ipso noces tibi; ægrum enim concutis. At, quum istud exemeris malum, omnis mutatio loci jucunda fiet. In ultimas expellaris terras licebit; in quolibet barbariæ angulo collocaris, hospitalis tibi illa qualiscumque ædes erit. Magis, quis veneris, quam quo, interest; et ideo nulli loco addicere debemus animum. Cum hac persuasione vivendum est : Non sum uni angulo natus; patria mea totus hic mundus est. Quid si liqueret tibi, non admiraberis nil adjuvari te regionum varietatibus, in quas subinde priorum tædio migras; prima enim quæque placuisset, si omnem tuam crederes. Nunc non peregrinaris, sed erras, et ageris, ac locum ex loco mutas; quum illud, quod quæris : Bene vivere, omni loco positum sit. Num quid tam turbidum fieri potest, quam forum? ibi quoque licet quiete vivere, si necesse sit. Sed, si liceat disponere se, conspectum quoque et viciniam fori procul fugiam : nam ut loca gravia etiam firmissimam valetudinem tentant, ita bonæ quoque menti, necdum adhuc perfectæ et convalescenti, sunt aliqua parum salubria. Dissentio ab his, qui in fluctus medios eunt, et, tumultuosam probantes vitam, quotidie cum difficultatibus rerum magno animo colluctantur. Sapiens feret ista, non eliget; et malet in pace esse, quam in pugna. Non multum prodest vitia sua projecisse, si cum alienis rixandum est. — Triginta, inquis, tyranni Socratem circumsteterunt; nec potuerunt animum ejus infringere. — Quid interest, quot domini sint? servitus una est; hac qui contempsit, in quantalibet turba dominantium liber est.

Tempus est desinere, sed si prius portorium solvero,

paravant en payer le port. « C'est déjà quelque amendement de reconnaître sa faute. » Épicure, ce me semble, a dit cela fort à propos : car celui qui ne reconnaît point sa faute ne la veut pas corriger. En effet, il faut se surprendre et se convaincre soi-même avant que de se pouvoir réformer. Il y en a qui font gloire de leurs imperfections; pensez-vous que ces gens-là songent à guérir un mal qui passe dans leur esprit pour une vertu? C'est pourquoi je vous conseille de vous reprendre et de veiller sur vous. Soyez votre accusateur, puis votre juge; demandez-vous grâce quelquefois, et, s'il est besoin, imposez-vous quelque peine.

ÉPITRE XXIX.

Il faut reprendre le vice, même quand il est endurci. — Celui qui aime la vertu ne peut être aimé du peuple.

Vous me demandez des nouvelles de Marcellinus notre ami, et vous voulez savoir ce qu'il fait. Il vient rarement chez moi, et je n'en sais point d'autre raison, sinon qu'il ne prend pas plaisir à entendre la vérité. Il est en sûreté de ce côté-là; car on ne la doit dire qu'à celui qui la veut bien entendre. C'est pour cela qu'on ne demeure pas d'accord que Diogène et les autres philosophes Cyniques aient bien fait d'instruire, comme ils faisaient, sans garder aucune bienséance, tous ceux qu'ils rencontraient par les rues; car, que sera-ce si vous vous adressez à des gens qui sont sourds ou muets? Mais pourquoi, direz-vous, épargnerai-je mes paroles? elles ne me coûtent rien. Je ne puis pas savoir si je gagnerai quelque chose auprès de celui que j'instruis; mais je sais bien que je ferai profit à quelqu'un si j'en instruis beaucoup. Il faut jeter la main partout; il est impossible que, sondant à beaucoup d'endroits, on ne rencontre quelquefois. C'est, mon cher Lucile, ce que je n'estime pas qu'un homme d'honneur doive faire, parce que son autorité se perd et n'a plus assez de force pour corriger ceux qui s'y seraient soumis auparavant. Un archer doit donner d'ordinaire dans le blanc; il peut bien le manquer parfois. L'art ne doit point opérer par hasard, et, comme la sagesse est un art, elle doit aussi prendre le certain, et faire choix de ceux qui sont capables de profiter de ses avis, en abandonnant les autres dont elle n'espère rien. Ce n'est pas qu'il faille les abandonner si tôt; au contraire, on doit employer les derniers remèdes quand ils sont dans ce malheureux état. Après tout, je ne désespère pas de notre Marcellinus; on le peut encore sauver, pourvu qu'on lui prête bientôt la main; mais il y a danger qu'il n'entraîne celui qui la lui prêtera, à cause de la rapidité de son esprit, qui se porte déjà fortement au mal. Je veux bien courir ce hasard, et je suis résolu de lui faire connaître tous ses défauts.

Je m'attends qu'il en usera à son ordinaire, et qu'il dira des plaisanteries et des contes à faire rire des gens qui voudraient pleurer. Il raillera premièrement de lui, puis de moi, et préviendra tout ce que je lui voudrai dire. Il fera l'examen de toutes nos sectes, et me trouvera des philosophes pensionnaires des princes, sujets à des maîtresses et au vin. Il me fera voir l'un à la cour, l'autre en adultère, et l'autre au cabaret. Il ne man-

« Initium est salutis notitia peccati. » Egregie mihi hoc dixisse videtur Epicurus; nam qui peccare se nescit, corrigi non vult; deprehendas te oportet, antequam emendes. Quidam vitiis gloriantur. Tu existimas, aliquid de remedio cogitare, qui mala sua virtutum loco numerant? Ideo, quantum potes, te ipse coargue! inquire in te; accusatoris primum partibus fungere, deinde judicis, novissime deprecatoris; aliquando te offende! Vale.

EPISTOLA XXIX.
DE INOPPORTUNIS MONITIS.

De Marcellino nostro quæris, et vis scire quid agat. Raro ad nos venit, nulla alia ex causa, quam quod audire verum timet. A quo periculo jam abest; nulli enim nisi auditurio dicendum est. Ideo de Diogene, nec minus de aliis Cynicis, qui libertate promiscua usi sunt et obvios monuerunt, dubitari solet, an hoc facere debuerint. Quid enim, si quis surdos objurget, aut natura morbove mutos? — Quare, inquis, verbis parcam? gratuita sunt. Non possum scire an ei profuturus sim, quem admoneo; illud scio, alicui me profuturum, si multos admonuero. Spargenda manus est; non potest fieri, ut non aliquando succedat multa tentanti. — Hoc, mi Lucili, non existimo magno viro faciendum : diluitur ejus auctoritas, nec habet apud eos satis ponderis, quos posset minus obsolefacta corrigere. Sagittarius non aliquando ferire debet, sed aliquando deerrare. Non est ars, quæ ad effectum casu venit. Sapientia ars est; certum petat; eligat profecturos; ab his quos desperavit, recedat; non tamen cito relinquat, et in ipsa desperatione extrema remedia tentet. Marcellinum nostrum ego nondum despero. Etiamnunc servari potest, sed si cito illi manus porrigitur. Est quidem periculum, ne porrigentem trahat; magna in illo ingenii vis est, sed jam tendentis in pravum. Nihilominus adibo hoc periculum, et audebo illi mala sua ostendere. Faciet quod solet; advocabit illas facetias, quæ risum evocare lugentibus possunt; et in se primum, deinde in nos jocabitur; omnia, quæ dicturus sum, occupabit. Scrutabitur scholas nostras, et objiciet philosophis congiaria, amicas, gulam; ostendet mihi alium in adulterio, alium in popina, alium in aula; ostendet mihi lepidum philosophum Aristonem, qui in gestatione disserebat; hoc enim

quera pas de me citer Ariston, ce philosophe galant, qui ne discourait jamais que lorsqu'on le portait dans sa litière; car c'était le temps qu'il avait choisi pour débiter sa doctrine; ce qui donna sujet à Scaurus de répondre à celui qui lui demandait de quelle secte il était. Au moins n'est-il pas péripatéticien. Julius Græcinus encore, homme de mérite, pressé de dire quel sentiment il avait de ce philosophe, répondit : Je ne puis vous le dire ; car je ne sais point ce qu'il fait sur ce siége branlant; — comme si on lui eût parlé d'un cocher. Après cela, Marcellinus m'amènera une troupe de charlatans, qui auraient mieux fait de renoncer à la philosophie que de la débiter mercenairement. Je suis pourtant résolu de souffrir toutes ses injures; s'il me fait rire, je pourrai bien le faire pleurer. Que s'il continue de railler et de rire, je me consolerai, comme on fait dans les autres maux, de ce qu'en perdant la raison, il soit au moins devenu un fou plaisant. Mais la gaîté de telles gens ne dure pas longtemps; car, si vous y prenez garde, vous les verrez rire et s'affliger avec excès, presqu'en même temps. J'ai envie de l'entreprendre, et de lui faire voir qu'il valait beaucoup mieux, lorsqu'il était moins estimé de beaucoup de gens. J'arrêterai au moins ses vices, si je ne les arrache tout-à-fait. Je leur donnerai quelque intermission; et, à force d'intermission, on guérit enfin : c'est même une espèce de guérison, dans les graves maladies, que la suspension du mal.

Tandis donc que je me préparerai contre lui, vous qui avez déjà des forces, qui connaissez le progrès que vous avez fait, et qui pouvez juger de là jusqu'où vous pouvez monter, réglez vos passions, relevez votre esprit, tenez ferme contre tout ce qui donne de la crainte, et ne considérez pas le nombre de ceux qui vous paraissent formidables. Ne tiendriez-vous pas pour un fou celui qui craindrait de rencontrer une troupe d'ennemis dans un lieu où l'on ne peut passer que l'un après l'autre? Tout le monde peut bien vous menacer de la mort, mais tout le monde n'est pas en pouvoir de vous la donner; car la nature a voulu que, comme il n'y a qu'une seule personne qui vous a donné la vie, il n'y en ait aussi qu'une qui vous la puisse ôter.

Au reste, si vous étiez un peu généreux, vous me remettriez la dette de ce jour; toutefois je la veux payer, et ne rien retenir du bien d'autrui. Je n'ai jamais prétendu de plaire au peuple, il n'approuve pas les choses que je sais, et je ne sais pas celles qu'il approuve. Qui dit cela, me demanderez-vous? comme si vous ne saviez pas à qui je le fais dire; c'est Épicure. Mais les philosophes de toutes les sectes vous chanteront la même chose : Péripatéticiens, Académiciens, Stoïciens, Cyniques. Car, comment voulez-vous que celui qui aime la vertu soit aimé du peuple? La faveur du peuple ne s'acquiert que par de mauvais moyens. Il faut vous rendre semblable à lui; autrement, il ne vous connaîtra pas, et vous ne pourrez lui être agréable. Mais il importe plus que vous connaissiez quel vous êtes, que de vous faire savoir aux autres. On ne peut gagner l'amitié des gens de basse condition que par des actions ravalées. De quoi servira, me direz-vous, cette philosophie que l'on élève si haut, et que l'on préfère à tous les arts et à toute sorte de biens? Ce

---

ad edendas operas tempus exceperat. De cujus secta quum quæreretur Scaurus, ait : Utique Peripateticus non est! De eodem quum consuleretur Julius Græcinus, vir egregius, quid sentiret : Non possum, inquit, tibi dicere; nescio enim quid de gradu faciat! tanquam de essedario interrogaretur. Hos mihi circulatores, qui philosophiam honestius neglexissent, quam vendunt, in faciem ingeret. Constitui tamen contumelias perpeti. Moveat ille mihi risum; ego fortasse illi lacrymas movebo; aut, si ridere perseverabit, gaudebo, tanquam in malis, quod illi genus insaniæ hilare contigerit. Sed non est illa hilaritas longa : observa; videbis eosdem intra exiguum tempus acerrime ridere, et acerrime rabere. Propositum est aggredi illum, et ostendere quanto pluris fuerit, quum multis minoris videretur. Vitia ejus, etiam si non excidero, inhibebo; non desinent, sed intermittent; forsitan autem et desinent, si intermittendi consuetudinem fecerint. Non est hoc ipsum fastidiendum, quoniam quidem graviter affectis sanitatis loco est bona remissio. Dum me illi paro, tu interim, qui potes, qui intelligis, unde, quo evaseris, et ex eo suspicaris quousque sis evasurus, compone mores tuos, attolle animum, adversus formidata consiste; numerare eos noli, qui tibi metum faciunt. Nonne videatur stultus, si quis multitudinem eo loco timeat, per quem transitus singulis est? Æque ad tuam mortem multis aditus non est, licet illam multi minentur. Sic istud natura disposuit; spiritum tibi tam unus eripiet, quam unus dedit.

Si pudorem haberes, ultimam mihi pensionem remisisses; sed ne ego quidem me sordide geram in fenore æris alieni, et tibi, quod debeo, impingam. « Nunquam volui populo placere; nam, quæ ego scio, non probat populus; quæ probat populus, ego nescio. » — Quis hoc? inquis. — Tanquam nescias, cui imperem ! Epicurus. Sed idem hoc omnes tibi ex omni domo conclamabunt, Peripatetici, Academici, Stoici, Cynici. Quis enim placere potest populo, cui placet virtus? Malis artibus popularis favor quæritur; similem te illis facias oportet; non probabunt, nisi agnoverint. Multo autem ad rem magis pertinet, qualis tibi videaris, quam qualis aliis. Conciliari, nisi turpi ratione, amor turpium non potest. Quid ergo illa laudata, et omnibus præferenda artibus rebusque philosophia præstabit? Scilicet, ut malis tibi placere, quam populo; ut æstimes judicia, non numeres; ut sine metu

sera d'avoir plus soin de vous plaire que de plaire au peuple; de peser et de ne pas compter les jugements quand vous les examinerez; de vivre sans craindre le reproche des dieux ni des hommes; enfin, de surmonter les adversités ou de savoir les terminer. Au reste, si je vous vois élevé par les suffrages du peuple ; si vous entrez dans les spectacles au bruit des acclamations, des applaudissements et des instruments de bateleurs; si les femmes et les enfants chantent vos louanges par les rues; ne trouvez pas étrange que j'aie pitié de vous, sachant, comme je fais, par quelle voie on obtient ces faveurs.

ÉPITRE XXX.

La vieillesse n'a point de ressource contre la mort. — Il n'y a que le sage qui sache bien mourir.

Le bonhomme Bassus Aufidius, que je vis ces jours passés, est tout cassé, et fait ce qu'il peut pour se défendre contre la vieillesse; mais il est si courbé sous le poids de ses années, que je ne crois pas qu'il se puisse jamais redresser. Vous savez qu'il a toujours eu un corps infirme et fort maigre, et qu'il l'a conservé ou plutôt raccommodé fort longtemps par sa façon de vivre; le voilà enfin tombé tout à coup. Comme dans un navire qui fait eau on peut bien boucher une fente ou deux, mais s'il y en a beaucoup on ne peut plus sauver le vaisseau ; de même, on peut bien soutenir pour quelque temps la faiblesse d'un vieux corps; mais, lorsqu'il vient à se relâcher, comme font les vieux bâtiments, et que l'on voit tomber un endroit, tandis que l'on en étaie un autre, il est temps de regarder par où l'on pourra sortir. Néanmoins notre Bassus a toujours l'esprit gai, et cela par un privilége de la philosophie, qui rend un homme ferme dans un corps infirme, heureux et content aux approches de la mort, et capable de se soutenir dans la défaillance même. Un bon pilote ne laisse pas de voguer quand les voiles sont en pièces ; et, après que tout l'équipage est rompu, il rajuste encore quelques pièces du débris pour achever sa course. C'est ce que fait Bassus; car il voit arriver sa fin avec tant de tranquillité, que vous le blâmeriez s'il regardait ainsi la fin d'une autre personne.

C'est une chose importante, mon cher Lucile, et que l'on n'apprend qu'avec beaucoup de temps et beaucoup de peine, de savoir partir sans regret quand la source de la vie est épuisée, et qu'on a atteint l'heure inévitable. Les autres genres de mort sont mêlés d'espérance : la maladie cesse, un embrasement s'éteint, la chute d'un bâtiment peut mettre doucement à terre ceux qu'elle devait écraser; la mer jette quelquefois des gens sur le rivage au même état qu'elle les avait engloutis. Un soldat retient aussi quelquefois son épée lorsqu'il est près d'en percer son ennemi; mais la vieillesse ne laisse point d'espérance à celui qu'elle conduit à la mort, car rien ne s'y peut opposer. Il est vrai qu'il n'y a point de genre de mort qui soit plus doux, il n'y en a point aussi de plus long. A voir notre Bassus, il semble qu'il se soit couché dans le tombeau, et que, survivant à soi-même, il assiste à ses funérailles, et regarde indifféremment la dissolution de sa machine. Car il nous dit beaucoup de choses de la mort, et tâche de nous persuader que, s'il y a quelque chose de fâcheux dans cette affaire, on ne le doit pas imputer à la

deorum hominumque vivas; ut aut vincas mala, aut finias. Cæterum, si te videro celebrem secundis vocibus vulgi; si, intrante te, clamor et plausus pantomimica ornamenta obstrepuerint; si tota civitate feminæ te puerique laudaverint; quidni ego tui miserear, quum sciam, quæ via ad istum favorem ferat? Vale.

EPISTOLA XXX.

EXSPECTANDAM ESSE ÆQUO ANIMO MORTEM, EXEMPLO BASSI ALLATO.

Bassum Aufidium, virum optimum, vidi quassum, ætati obluctantem; sed jam plus illum degravat, quam quod possit attolli; magno senectus et universo pondere incubuit. Scis illum semper infirmi corporis et exsucci fuisse; diu illud continuit, et, ut verius dicam, concinnavit; subito defecit. Quemadmodum in nave quæ sentinam trahit, uni rimæ aut alteri obsistitur; ubi plurimis locis laxari cœpit et cedere, succurri non potest navigio dehiscenti: ita in senili corpore aliquatenus imbecillitas sustineri et fulciri potest; ubi, tanquam in putri ædificio, omnis junctura diducitur, et, dum alia excipitur, alia discinditur, circumspiciendum est quomodo exeas. Bassus tamen noster alacer animo est. Hoc philosophia præstat; in conspectu mortis hilarem, in quocumque corporis habitu fortem lætumque; nec deficientem, quamvis deficiatur. Magnus gubernator et scisso navigat velo, et, si exarmatur, tamen reliquias navigii aptat ad cursum. Hoc facit Bassus noster, et eo animo vultuque finem suum spectat, quod alienum spectare, nimis securi putares. Magna res est hæc, Lucili, et diu discenda, quum adventat hora illa inevitabilis, æquo animo abire. Alia genera mortis spei mixta sunt. Desinit morbus; incendium exstinguitur; ruina, quos videbatur oppressura, deposuit; mare, quos hauserat, vi eadem, qua sorbebat, ejecit incolumes; gladium miles ab ipsa perituri cerv'ce revocavit; nil habet quod speret, quem senectus ducit ad mortem; huic uni intercedi non potest. Nullo genere homines mollius moriuntur, sed nec diutius. Bassus noster videbatur mihi prosequi se et componere, et vivere tanquam superstes sibi, et sapienter ferre desiderium sui. Nam de morte

mort, mais a celui qui meurt, et que l'on ne souffre pas plus de mal au temps de la mort qu'après la mort même; que c'est une égale folie d'appréhender ce que l'on ne sentira pas, et de craindre ce que l'on ne souffrira jamais. — Est-il possible de s'imaginer que l'on sentira une chose qui fera que l'on ne pourra rien sentir? Partant, conclut-il, la mort est tellement exempte de mal, qu'elle est exempte même de la crainte si on la prend comme il faut. Je sais bien que toutes ces choses ont été dites et se diront encore souvent; mais quand je les ai lues ou que je les ai entendues de la bouche de ceux qui en discouraient, et qui blâmaient la crainte du mal lorsqu'ils en étaient encore éloignés, je n'en ai point été touché comme lorsque j'ai ouï ce vieux philosophe parler de la mort, de laquelle il était si proche.

Pour vous dire franchement ce que j'en pense, je crois que l'on est plus ferme dans l'agonie que dans les approches de la mort qui ne sont pas si voisines; car, lorsqu'il n'y a plus lieu d'espérer, et qu'elle se montre à découvert, elle inspire aux plus faibles la résolution de souffrir ce qu'ils ne sauraient éviter. C'est la raison pourquoi nous voyons que le gladiateur qui avait paru timide dans le combat, s'abandonne à son ennemi qui l'a terrassé, et prête la gorge à son épée. Mais la mort qui est voisine et qui vient lentement demande une fermeté de cœur étudiée, laquelle est assez rare, et ne se rencontre qu'en la personne du sage. C'est pourquoi j'écoutais volontiers Bassus comme un juge expert de la mort, et qui en connaissait d'autant mieux la nature, qu'il l'avait envisagée de plus près. Je crois, pour en dire la vérité, que vous auriez encore plus de foi pour une personne qui serait ressuscitée, et qui vous assurerait, par sa propre expérience, qu'il n'y a point de mal dans la mort; cependant vous pouvez savoir le trouble qu'elle apporte quand elle arrive par la bouche de ceux qui se sont trouvés près d'elle, qui l'ont vue venir et qui l'ont reçue.

Bassus est de ce nombre; il ne veut pas que nous y soyons trompés, et dit qu'il y a aussi peu de raison à craindre la mort que de craindre la vieillesse; car, comme la vieillesse succède à l'âge viril, ainsi la mort succède à la vieillesse. Celui qui ne veut pas mourir semble n'avoir pas voulu vivre, parce que la vie ne lui a été accordée qu'à condition de mourir. C'est donc folie de s'en effrayer, puisque l'on ne doit craindre que ce qui est incertain, et que l'on doit attendre ce qui est certain. La mort est d'une nécessité invincible et égale à tout le monde. Qui pourrait se plaindre d'une loi qui n'excepte personne? L'égalité fait la principale partie de l'équité. Mais il n'est pas besoin de plaider ici la cause de la nature, et de dire qu'elle n'a point voulu que notre condition fût autre que la sienne; elle défait tout ce qu'elle a fait, et refait tout ce qu'elle a défait. Cependant, si la vieillesse détache doucement une personne, et la met sans violence hors de la vie, cette personne doit remercier les dieux de l'avoir conduite au centre du repos, qui est si nécessaire après un si long travail.

Vous en voyez qui souhaitent la mort avec plus de passion que d'autres ne demandent la vie. Je

multa loquitur, et id agit sedulo, ut nobis persuadeat, « si quid incommodi aut metus in hoc negotio est, morientis vitium esse, non mortis; nec magis in ipsa quidquam esse molestiæ, quam post ipsam. Tam demens autem est qui timet quod non est passurus, quam qui timet quod non est sensurus. An quisquam hoc futurum credit, ut, per quam nihil sentitur, ea sentiatur? Ergo, inquit, mors adeo extra omne malum est, ut sit extra omnem malorum metum. »

Hæc ego scio et sæpe dicta, et sæpe dicenda; sed neque, quum legerem, æque mihi profuerunt, neque, quum audirem, his dicentibus, qui negabant timenda, a quorum metu aberant. Hic vero plurimum apud me auctoritatis habuit, quum loqueretur de morte vicina. Dicam etiam quid sentiam; puto, fortiorem eum esse qui in ipsa morte est, quam qui circa mortem. Mors enim admota etiam imperitis animum dedit non vitandi inevitabilia. Sic gladiator, tota pugna timidissimus, jugulum adversario præstat, et errantem gladium sibi attemperat. At illa, quæ in propinquo est, utique ventura, desiderat lentam animi firmitatem; quæ est rarior, nec potest, nisi a sapiente, præstari. Libentissime itaque illum audiebam, quasi ferentem de morte sententiam, et qualis esset ejus natura, velut propius inspectæ, indicantem. Plus, ut puto, fidei haberet apud te, plus ponderis, si qu's revixisset, et in morte nihil mali esse narraret expertus. Accessus mortis quam perturbationem afferat, optime hi tibi dicent, qui secundum illam steterunt, qui venientem et viderunt, et receperunt. Inter hos Bassum licet numeres, qui nos decipi noluit; is ait, tam stultum esse, qui mortem timeat, quam qui senectutem. Nam quemadmodum senectus adolescentiam sequitur, ita mors senectutem. Vivere noluit, qui mori non vult. Vita enim cum exceptione mortis data est; ad hanc itur. Quam ideo timere dementis est; quia certa exspectantur, dubia metuuntur. Mors necessitatem habet æquam et invictam. Quis queri potest, in ea conditione se esse, in qua nemo non est? Prima autem pars est æquitatis, æqualitas. Sed nunc supervacuum est, naturæ causam agere, quæ non aliam voluit legem nostram esse, quam suam. Quidquid composuit, resolvit; et, quidquid resolvit, componit iterum. Jam vero si cui contigit, ut illum senectus leniter emitteret, non repente avulsum vitæ, sed minutatim subductum; nonne ille agere gratias Diis omnibus debet, quod satiatus ad requiem homini necessarium, lasso gratam, perductus est? Vides quosdam optantes mortem, et quidem magis, quam rogari solet vita. Nescio utros existimem majorem nobis animum dare, qui deposcunt mor-

ne sais qui des deux témoigne plus de courage, ou celui qui demande la mort, ou bien celui qui l'attend avec tranquillité; parce que l'un arrive quelquefois par un mouvement subit de rage et de dépit, et l'autre ne se fait que par la délibération d'un jugement rassis. Il s'en trouve bien qui courent à la mort en colère, mais on n'en voit point qui la reçoivent d'un visage gai, excepté celui qui s'y est préparé de longue main. J'avoue donc que j'ai visité fréquemment ce bonhomme pour plusieurs raisons; mais particulièrement afin de voir si je le trouverais toujours de même, et si la vigueur de son esprit ne diminuerait point avec les forces de son corps; mais, au contraire, je la voyais augmenter comme on voit paraître la joie de ces cavaliers lorsqu'ils courent la septième carrière et qu'ils sont près de recevoir le prix. Il disait, suivant l'opinion d'Épicure : « En premier lieu, qu'il se persuadait que dans les derniers soupirs on ne sent point de mal; que s'il en sentait, il s'en consolerait parce qu'il serait court, puisque les grandes douleurs ne peuvent pas être longues. Au reste, que si la séparation de l'âme et du corps se faisait avec douleur, ce lui serait un grand soulagement de penser qu'il n'en pourrait plus souffrir d'autre; mais qu'il savait que l'âme des vieillards était sur le bord des lèvres et se détachait du corps sans beaucoup de violence; que, comme le feu qui s'est pris à une matière solide ne s'éteint qu'avec beaucoup d'eau, et quelquefois avec la ruine du sujet; aussi, celui qui ne trouve point de nourriture s'apaise et s'amortit de lui-même. » Je vous avoue, mon cher Lucile, que j'entends volontiers ces propos; non pas qu'ils me soient nouveaux, mais à cause que je suis sur le point d'en faire l'expérience. Quoi donc! n'ai-je jamais vu personne s'arracher la vie? Oui, certes, j'en ai vu beaucoup et je les ai considérés; mais je fais plus d'état de ceux qui, sans haïr la vie, vont doucement à la mort, et qui la reçoivent sans l'avoir appelée. Il disait encore « que c'est par notre faute qu'il arrive que la mort nous trouble quand nous la croyons proche de nous; car de qui n'est-elle pas proche, puisqu'elle peut arriver en tous lieux et à tous moments? Quand nous prévoyons quelque sujet qui nous peut causer la mort, considérons combien il y en a d'autres qui sont plus proches de nous et que nous ne craignons pas. » Un tel menaçait son ennemi de le faire périr; la colique l'a prévenu et ne lui a rien laissé à faire. Enfin, si nous voulons examiner les sujets de nos appréhensions, nous trouverons que ce n'est rien moins que ce qu'il nous semble. Nous ne craignons point la mort, mais seulement l'idée de la mort; car nous en sommes toujours également proches. S'il fallait craindre la mort, il la faudrait craindre sans cesse; car, quel temps est exempt de son pouvoir? Au reste, je crains que vous ne haïssiez plus que la mort des lettres qui sont si longues; c'est pourquoi je finirai en vous disant qu'il faut penser toujours à la mort pour ne la craindre jamais.

ÉPITRE XXXI.

La voix du peuple, ni les vœux de nos amis ne nous donnent point la sagesse. — Elle vient du travail qui perfectionne la raison et rend l'homme heureux.

Je reconnais mon ami Lucile, il commence à

---

tem, au qui hilares eam quietique opperiuntur; quoniam illud ex rabie interdum ac repentina indignatione fit, hæc ex judicio certo tranquillitas est. Venit aliquis ad mortem iratus morti; venientem nemo hilaris excipit, nisi qui se ad illam diu composuerat. Fateor ergo, ad hominem mihi carum ex pluribus me causis frequentius venisse, ut scirem an illum toties eumdem invenirem; numquid cum corporis viribus minueretur animi vigor; qui sic crescebat illi, quomodo manifestior notari solet agitatorum lætitia, quum septimo spatio palmæ appropinquant. Dicebat quidem ille, Epicuri præceptis obsequens : « Primum sperare se, nullum dolorem esse in illo extremo anhelitu; si tamen esset, habere aliquantulum in ipsa brevitate solatii; nullum dolorem longum esse, qui magnus est. Cæterum succursurum sibi etiam in ipsa distractione animæ corporisque, si cum cruciatu id fieret, post illum dolorem se dolere non posse. Non dubitare autem se, quin senilis anima in primis labris esset, ne magna vi distraheretur a corpore. Ignis, qui valentem materiam occupavit, aqua et interdum ruina extinguendus est; ille, qui alimentis deficitur, sua sponte subsidit. » Libenter hæc, mi Lucili, audio, non tanquam nova, sed tanquam in rem præsentem perductus. Quid ergo? non multos spectavi abrumpentes vitam? Ego vero vidi; sed plus momenti apud me habent, qui ad mortem veniunt sine odio vitæ, et admittunt illam, non attrahunt. « Illud quidem, aiebat, tormentum nostra nos sentire opera, quod tunc trepidamus, quum prope a nobis esse credimus mortem. A quo enim prope non est, parata omnibus locis omnibusque momentis? Sed consideremus, inquit, tunc, quum aliqua causa moriendi videtur accedere, quanto aliæ propiores sint, quæ non timentur. » Hostis alicui mortem minabatur; hanc cruditas occupavit. Si distinguere voluerimus causas metus nostri, inveniemus alias esse, alias videri. Non mortem timemus, sed cogitationem mortis; ab ipsa enim semper tantumdem absumus. Ita, si timenda mors est, semper timenda est; quod enim morti tempus exemptum est?

Sed vereri debeo, ne tam longas epistolas pejus, quam mortem, oderis; itaque finem faciam. Tu tamen mortem, ut nunquam timeas, semper cogita. Vale.

EPISTOLA XXXI.

DE CONTEMNENDA VULGI EXISTIMATIONE.

Agnosco Lucilium meum : incipit, quem promiserat

se rendre tel qu'il avait promis. Suivez, je vous prie, ce beau feu avec lequel vous vous portiez à la vertu, méprisant la faveur populaire. Je ne demande point que vous deveniez plus grand ni meilleur que vous vous l'êtes proposé. Les fondements que vous en avez jetés occupent bien de la place ; achevez seulement ce que vous avez entrepris, et exécutez vos bonnes résolutions. Vous serez parfaitement sage si vous bouchez vos oreilles, non pas comme Ulysse obligea ses compagnons de faire, mais avec quelque chose de plus ferme et de plus épais ; car la voix qu'ils craignaient était douce à la vérité, mais elle n'était pas publique ; outre que celle que vous avez à craindre ne vient pas d'un seul endroit, mais de tous les coins de l'univers. Ne vous arrêtez donc pas dans une contrée, ni même dans ces villes qui vous seront suspectes de mollesse et de débauche ; rendez-vous sourd à la voix de vos meilleurs amis. Ils souhaitent d'ordinaire des choses fort mauvaises à bonne intention ; et, pour devenir heureux, il n'y a qu'à prier les dieux que les choses que vos amis souhaitent n'arrivent pas. Ce ne sont pas des biens, que les avantages dont ils veulent vous combler ; car il n'y a qu'un seul bien qui fait le bonheur de la vie, savoir : de s'assurer de soi-même ; mais on ne le peut acquérir qu'en n'appréhendant point le travail, et le mettant au rang des choses qui ne sont ni bonnes ni mauvaises. Car il est impossible qu'une même chose soit tantôt bonne et tantôt mauvaise, tantôt aisée et tantôt fâcheuse. Le travail, de soi et seulement en tant que travail, n'est pas une chose absolument bonne.

Qu'y a-t-il donc de bon? C'est de ne point appréhender ce même travail. Ainsi, j'aurais tort de blâmer ceux qui travaillent; au contraire, j'admire ceux qui s'occupent à des choses honnêtes, et je les estime d'autant plus qu'ils s'y attachent ; je leur crie : Prenez courage, et franchissez la carrière tout d'une haleine si vous pouvez : le travail nourrit les âmes généreuses.

Il n'y a point d'apparence que vous formiez votre établissement sur les desseins que vos parents ont autrefois projetés, et, après avoir passé dans de grandes affaires, il vous serait honteux d'importuner les dieux par vos demandes. Qu'est-il besoin de faire des vœux? Rendez-vous heureux vous-même ; vous le serez pourvu que vous soyez persuadé qu'il n'y a rien de bon sans vertu, et que le vice accompagne toujours ce qui est déshonnête. Comme il n'y a rien d'éclatant sans lumière, ni rien d'obscur sans ténèbres, rien de chaud sans feu, ni rien de froid sans air; de même les choses sont honnêtes ou infâmes, selon l'alliance qu'elles ont avec la vertu ou avec le vice. En quoi donc consiste le bien? A bien connaître les choses, et le mal à ne les connaître point. De là vient que l'homme prudent et avisé les reçoit ou les rejette selon la conjoncture des temps; mais il les reçoit sans admiration, et les rejette sans crainte, quand il a l'âme forte et généreuse. Je n'entends point que vous ayez le courage abattu, et ce n'est point assez de ne pas refuser le travail, il le faut chercher. Mais quel est, direz-vous, le travail qu'on appelle inutile et superflu? C'est celui dont le sujet est ravalé. Il n'est pas mauvais absolument,

exhibere! Sequere illum impetum animi, quo ad optima quæque, calcatis popularibus bonis, ibas! Non desidero majorem melioremque te fieri, quam moliebaris. Fundamenta tua multum loci occupaverunt : tantum effice, quantum conatus es ; et illa, quæ tecum in animo tulisti, tracta. Ad summam, sapiens cris, si cluseris aures ; quibus ceram parum est obdere, firmiore spissamento opus est, quam in sociis usum Ulyssem ferunt. Illa vox, quæ timebatur, erat blanda, non tamen publica : at hæc, quæ timenda est, non ex uno scopulo, sed ex omni terrarum parte circumsonat. Prætervehere itaque non unum locum insidiosa voluptate suspectum, sed omnes urbes; surdum te amantissimis tui præsta. Bono animo male precantur : et, si esse vis felix, Deos ora, ne quid tibi ex his, quæ dotantur, eveniat. Non sunt ista bona, quæ in te isti volunt congeri ; unum bonum est, quod beatæ vitæ causa et firmamentum est, sibi fidere. Hoc autem contingere non potest, nisi contemptus est labor, et in eorum numero habitus, quæ neque bona sunt, neque mala. Fieri enim non potest, ut una res modo mala sit, modo bona ; modo levis et perferenda, modo expavescenda. Labor bonum non est : quid ergo est bonum? Laboris contemptio. Itaque, in vanum operosos culpaverim; rursus, ad honesta nitentes, quanto magis incubuerint, minusque sibi vinci ac strigare permiserint, admirabor, et clamabo : Tanto melior surge, et inspira ; et clivum istum uno, si potes, spiritu exsupera ! Generosos animos labor nutrit. Non est ergo quod ex illo vetere voto parentum tuorum eligas, quid contingere tibi velis, quid optes : et, in totum, jam per maxima acto viro turpe est etiamnunc Deos fatigare. Quid votis opus est? fac te ipse felicem : facies autem, si intellexeris bona esse, quibus admixta virtus est; turpia, quibus malitia conjuncta est. Quemadmodum sine mixtura lucis nihil splendidum est ; nihil atrum, nisi quod tenebras habet, aut aliquid in se traxit obscuri ; quemadmodum sine adjutorio ignis nihil calidum est, nihil sine aere frigidum : ita honesta et turpia virtutis ac malitiæ societas efficit.

Quid ergo est bonum? Rerum scientia. Quid malum est? Rerum imperitia. Ille prudens atque artifex, pro tempore, quæque repellet, aut eliget. Sed nec, quæ repellit, timet ; nec miratur, quæ eligit ; si modo magnus illi et invictus animus est. Submitti te ac deprimi veto : laborem si non recuses, parum est : posce! — Quis ergo, inquis, labor frivolus et supervacuus est? — Quem humiles causæ vocaverunt. Non est malus ; non magis quam

et a quelque chose de louable, aussi bien que celui qui s'emploie aux belles choses, parce qu'il témoigne de la patience d'un esprit qui s'anime contre les difficultés, et se dit : Pourquoi demeurer oisif? Un homme de cœur n'appréhende point la peine; il faut qu'il aille deçà et delà, et qu'il perfectionne sa vertu en menant un train de vie toujours égal.

Cela ne se peut faire sans une connaissance parfaite des choses, et sans cet art qui nous apprend tout ce qui concerne les dieux et les hommes. C'est là le souverain bien; si vous le possédez, vous commencez à être compagnon des dieux, vous n'êtes plus leur suppliant. Comment, me direz-vous, peut-on arriver à ce point? Il n'est pas besoin de traverser l'Apennin ni l'Olympe, les déserts de Candavie, ni les dangers de Scylla et de Charybde, lesquels vous avez pourtant tous essuyés à l'occasion d'un petit emploi; le chemin est sûr et aisé, la nature vous a pourvu de tout ce qui est nécessaire pour le parcourir. Ce qu'elle vous a donné, si vous ne le négligez point, vous fera marcher de pair avec Dieu ; mais ce ne sera point l'argent qui vous rendra pareil à lui, ni les habits somptueux, car Dieu est tout nu : ni encore la réputation répandue parmi les peuples; personne ne connaît Dieu; plusieurs même en parlent mal et impunément ; ni enfin les esclaves qui portent votre litière aux champs et par la ville; Dieu, tout grand et tout puissant qu'il est, porte toutes choses dans sa main. La beauté non plus, ni la force du corps ne vous sauraient rendre heureux; car elles sont sujettes à la vieillesse.

Il faut donc chercher quelque chose qui ne se corrompe point, à quoi rien ne fasse obstacle, et qui soit le meilleur de tous les souhaits que l'on puisse faire. Qu'est-ce que cela? C'est l'esprit; mais j'entends un esprit droit, bon et courageux. Doit-on l'appeler autrement qu'un Dieu logé dans un corps humain? Cet esprit se peut rencontrer dans un affranchi et dans un esclave aussi bien que dans un chevalier romain. Qu'est-ce qu'un chevalier romain? Qu'est-ce qu'un affranchi et un esclave? Ce sont des noms que l'injustice a introduits dans le monde. On peut s'élever au ciel, de l'endroit de la terre le moins connu. Élevez-vous donc maintenant, et formez en vous une image digne de Dieu. Ce ne sera point avec de l'or et de l'argent, car ce sont des matières dont on ne peut faire un portrait qui lui ressemble. Souvenez-vous que les dieux étaient faits de terre, au temps qu'ils étaient si propices aux hommes.

ÉPITRE XXXII.

Que la vie étant si courte, on doit commencer de bonne heure à la régler.

Je m'informe de vos nouvelles, et je demande à tous ceux qui viennent de vos quartiers ce que vous faites, en quel lieu et avec qui vous demeurez. Vous ne sauriez m'en faire accroire; car je suis toujours avec vous. Vivez donc comme étant persuadé que je puis entendre, même voir toutes vos actions. Si vous me demandez ce qui me plaît davantage de ce que l'on me rapporte de vous; c'est que l'on ne m'en dit rien, à cause que la plu-

ille, qui pulchris rebus impenditur : quoniam animi est ipsa tolerantia, quæ se ad dura et aspera hortatur, et dicit : quid cessas? non est viri, timere sudorem! Huic et illud accedat, ut perfecta virtus sit, æqualitas ac tenor vitæ per omnia consonans sibi : quod non potest esse, nisi rerum scientia contingat, et ars, per quam divina et humana noscantur. Hoc est summum bonum; quod si occupas, incipis Deorum socius esse, non supplex. — Quomodo, inquis, isto pervenitur? — Non per Peninum Graiumve montem, nec per deserta Candaviæ; nec Syrtes tibi, nec Scylla aut Charybdis, adeundæ sunt; quæ tamen omnia transisti procuratiunculæ pretio. Tutum iter est, jucundum est, ad quod natura te instruxit. Dedit tibi illa, quæ si non deserueris, par Deo surges. Parem autem te Deo pecunia non faciet; Deus nihil habet : prætexta non faciet; Deus nudus est : fama non faciet, nec ostentatio tui, et in populos nominis dimissa notitia : nemo novit Deum, multi de illo male existimant, et impune : non turba servorum, lecticam tuam per itinera urbana ac peregrina portantium; Deum ille maximus potentissimusque ipse vehit omnia. Ne forma quidem, et vires, beatum te facere possunt : nihil horum patitur vetustatem. Quærendum est, quod non fiat in dies deterius, cui non possit obstari. Quid hoc est? Animus; sed hic rectus, bonus, magnus. Quid aliud voces hunc, quam Deum in humano corpore hospitantem? Hic animus tam in equitem romanum, quam in libertinum, quam in servum, potest cadere. Quid est eques romanus, aut libertinus, aut servus? Nomina, ex ambitione, aut ex injuria nata. Subsilire in cœlum ex angulo licet : exsurge modo !
. . . . Et te quoque dignum
 Finge deo ! . . . .
Finges autem, non auro, non argento : non potest ex hac materia imago Deo exprimi similis : cogita, illos quum propitii essent, fictiles fuisse. Vale.

EPISTOLA XXXII.

HORTATUR AD PHILOSOPHIAM.

Inquiro in te, et ab omnibus sciscitor, qui ex ista regione veniunt, quid agas, ubi et cum quibus moreris. Verba dare non potes : tecum sum. Sic vive, tanquam, quid facias, auditurus sim, immo tanquam visurus. Quæris, quid me maxime ex his quæ de te audio, delectet?

part de ceux que j'interroge ne savent ce que vous faites. Il est bon de ne pas converser avec des gens qui ont des sentiments et des inclinations contraires aux nôtres. Ce n'est pas que je ne sois assuré que l'on ne saurait vous changer, et que vous demeurerez ferme dans votre résolution, quoique vous soyez sollicité par une foule de gens qui vous obsèdent.

Qu'y a-t-il donc? Je ne crains point qu'ils vous pervertissent, j'appréhende seulement qu'ils ne vous détournent; car, en vérité, on fait grand tort à celui que l'on amuse, vu que la vie est si courte, et que nous l'abrégeons encore par notre légèreté, commençant à vivre d'une manière, et après d'une autre; ainsi nous déchirons, pour ainsi dire, notre vie, et la coupons par morceaux. Hâtez-vous donc, mon cher Lucile, et songez combien vous vous presseriez si vous aviez l'ennemi à dos, et si vous craigniez que la cavalerie ne vînt courir sur les fuyards. C'est pourtant ce qui se fait : ou vous poursuit, hâtez-vous, sauvez-vous, mettez-vous en sûreté; puis considérez que c'est une belle chose d'achever sa vie avant la mort, et de voir ensuite écouler le reste de ses jours avec tranquillité, car la plus longue vie n'est pas la plus heureuse. Hé! quand verrez-vous ce temps auquel vous saurez que vous n'aurez plus besoin du temps, et que, sans vous soucier du lendemain, vous demeurerez paisible et dans une pleine satiété de la vie?

Voulez-vous savoir d'où vient que les hommes sont si avides du futur? C'est que personne n'est encore acquis à soi-même. Je sais bien que vos parents vous ont souhaité des choses bien différentes de celles-ci; aussi fais-je pour vous des vœux bien contraires; je vous souhaite un mépris généreux de toutes les choses dont il vous ont souhaité l'abondance : leurs souhaits ruineraient beaucoup de personnes pour vous enrichir; car ce qu'ils vous donneraient, il faudrait l'ôter à d'autres. Je souhaite seulement que vous vous possédiez, et que votre esprit, après une longue agitation de pensées vagues, s'arrête enfin et demeure fixe; que vous soyez satisfait de vous-même, et que, connaissant les véritables biens (qu'il suffit de connaître pour les posséder), vous n'ayez pas besoin d'un plus grand nombre d'années. Enfin, celui-là est au-dessus de toutes les nécessités, franc et libre, qui vit encore après avoir achevé sa vie.

ÉPITRE XXXIII.

Que les livres des Stoïciens sont tous remplis de belles sentences. — Qu'il est honteux de réciter toujours les sentiments d'autrui, et de ne produire jamais les siens.

Vous désirez que j'insère dans ces lettres quelques paroles de nos fameux auteurs, comme j'ai fait dans les précédentes. Ils ne se sont pas amusés à des fleurettes; leur style est mâle et plein de force. Sachez qu'il y a de l'inégalité dès le moment que ce qui est élevé se fait remarquer. On ne s'étonne point de voir un grand arbre quand toute la forêt est de pareille hauteur. Les poëtes et les historiens sont remplis de semblables discours. Aussi ne veux-je pas que vous croyiez qu'ils appartiennent à Épicure; ils sont au public et à nous en particulier; mais on les remarque dans cet au-

Quod nihil audio; quod plerique ex his, quos interrogo, nesciunt quid agas. Hoc est salutare, non conversari dissimilibus et diversa cupientibus. Habeo quidem fiduciam, non posse te detorqueri, mansurumque in proposito, etiam si sollicitantium turba circumeat. Quid ergo est? non timeo ne mutent te; timeo ne impediant. Multum autem nocet etiam qui moratur; utique in tanta brevitate vitæ, quam breviorem inconstantia facimus, aliud ejus subinde atque aliud facientes initium. Diducimus illam in particulas ac lanciamus. Propera ergo, Lucili carissime, et cogita, quantum additurus celeritati fueris, si a tergo hostis instaret, si equitem adventare suspicareris ac fugientium premere vestigia. Fit hoc; premeris : accelera, et evade! perduc te in tutum; et subinde considera, quam pulchra res sit consummare vitam ante mortem, deinde exspectare securum reliquam temporis sui partem; inniti sibi, in possessione beatæ vitæ positum; quæ beatior non fit, si longior. O quando videbis illud tempus, quo scies tempus ad te non pertinere! quo tranquillus placidusque eris, et crastini negligens, et in summa tui satietate! Vis scire, quid sit, quod faciat homines avidos futuri? Nemo sibi contigit. Optaverunt utique tibi alia parentes tui : sed ego contra, omnium tibi eorum contemptum opto, quorum illi copiam. Vota illorum multos compilant, ut te locupletent : quidquid ad te transferunt, alicui detrahendum est. Opto tibi tui facultatem, ut vagis cogitationibus agitata mens tandem resistat, et certa sit; ut placeat sibi, et, intellectis veris bonis (quæ, simul intellecta sunt, possidentur), ætatis adjectione non egeat. Ille demum necessitates supergressus est, et exauctoratus ac liber, qui vivit vita peracta. Vale.

EPISTOLA XXXIII.

DE SENTENTIIS PHILOSOPHICIS.

Desideras his quoque epistolis, sicut prioribus, adscribi aliquas voces nostrorum procerum. Non fuerunt circa flosculos occupati; totus contextus illorum virilis est : inæqualitatem scias esse, ubi quæ eminent sunt notabilia. Non est admirationi una arbor, ubi in eamdem altitudinem tota silva surrexit. Ejusmodi vocibus referta sunt carmina, refertæ historiæ. Itaque nolo illas Epicuri esse existimes; publicæ sunt, et maxime nostræ. Sed illi

teur, d'autant plus qu'ils y sont rares et moins attendus, et qu'il est assez surprenant qu'un homme qui fait profession de mollesse dise quelque chose de fort. C'est ainsi qu'en jugent la plupart.

Pour moi, j'aime Épicure homme de vertu, tout fourré qu'il est contre la mauvaise saison. La valeur, l'industrie, et l'inclination pour la guerre se rencontrent aussi bien chez les Perses, qui portent de longs habits, que chez les peuples qui portent les chausses retroussées. Il ne faut donc pas que vous me demandiez des sentences triées et choisies; car on peut choisir dans les autres livres; mais, dans les nôtres, tout y est également fort. Aussi n'avons-nous point de montre pour tromper les marchands, qui ne trouveront rien quand ils seront entrés dans la boutique. Nous leur permettons de prendre des échantillons de tout ce qui leur plaît. Pensez-vous que nous voulions détacher quelques sentences d'un si grand nombre que nous en avons? A qui les attribuerons-nous? à Zénon, à Cléanthe, à Chrysippus, à Panætius, ou à Posidonius? Nous n'avons point de tuteur, chacun jouit de ses droits. Chez les autres, tout ce que dit Hermachus ou Métrodorus se rapporte au chef de la secte. Tout ce qui se traite dans leur école, c'est sous les auspices et sous l'autorité du maître; nous ne saurions, comme j'ai déjà dit, rien détacher d'un si grand amas de choses toutes égales, quand nous le voudrions faire.

Le pauvre seulement doit compter son troupeau.

Dans tous les endroits où vous jetterez les yeux, vous y trouverez toujours quelque chose qui pourrait être admiré si le reste n'était point semblable. C'est pourquoi, défaites-vous de cette pensée, que vous puissiez goûter par extrait les esprits de ces grands personnages; il les faut voir en leur entier, il les faut tâter de tous côtés. Leurs ouvrages, qui portent le caractère de leurs esprits, sont tissus de telle manière que vous n'en sauriez rien détacher sans les détruire; je veux bien que vous considériez chaque membre en particulier, pourvu que ce soit dans le sujet entier. Une femme n'est point estimée belle pour avoir la jambe ou le bras bien fait, mais lorsque, sans considérer aucune des parties, il se forme une idée avantageuse de tout le corps. Si toutefois vous le désirez, j'agirai plus libéralement avec vous, et je vous donnerai à pleines mains. Il y a quantité de bonnes choses répandues dans nos livres; il n'y a qu'à prendre, il ne faut point choisir; elles ne tombent point par gouttes, elles coulent en abondance et sans interruption. Ce qui me fait croire qu'elles seraient fort utiles aux personnes qui se font instruire; car on retient plus aisément ce qui est borné et mesuré à la manière d'un vers. C'est pour cela que nous faisons apprendre aux enfants des sentences, et ce que les Grecs appellent *apophthegmes*, parce que leur esprit les embrasse facilement et ne peut aller plus avant. Mais il est honteux à un homme fait de chercher de beaux mots, de s'attacher à certaines phrases qui sont communes, et de ne se faire considérer que par sa mémoire. Qu'il se soutienne de soi-même, qu'il dise et ne récite pas; car il n'est pas honnête à un vieillard

---

magis annotantur, quia raræ interim interveniunt, quia inexspectatæ, quia mirum est fortiter aliquid dici ab homine mollitiam professo. Ita enim plerique judicant : apud me est Epicurus et fortis, licet manuleatus sit. Fortitudo, et industria, et ad bellum prompta mens, tam in Persas, quam in alte cinctos, cadit. Non est ergo quod exigas excerpta et repetita; continuum est apud nostros, quidquid apud alios excerpitur. Non habemus itaque ista oculiferia; nec emptorem decipimus, nihil inventurum, quum intraverit, præter illa quæ in fronte suspensa sunt. Ipsis permittimus, unde velint sumere exemplaria. Puta nos velle singulares sententias ex turba separare : cui illas assignabimus? Zenoni, an Cleanthi, an Chrysippo, an Panætio, an Posidonio? Non sumus sub rege; sibi quisque se vindicat : apud istos, quidquid dicit Hermachus, quidquid Metrodorus, ad unum refertur. Omnia, quæ quisquam in illo contubernio locutus est, unius ductu et auspiciis dicta sunt. Non possumus, inquam, licet tentemus, educere aliquid ex tanta rerum æqualium multitudine.

Pauperis est numerare pecus.

Quocumque miseris oculum, id tibi occurret quod cuinere posset, nisi inter paria legeretur.

Quare depone istam spem, posse te summatim degustare ingenia maximorum virorum; tota tibi incipienda sunt, tota tractanda. Res geritur, et per lineamenta sua ingenii opus nectitur, ex quo nihil subduci sine ruina potest. Nec recuso, quo minus singula membra, dummodo in ipso homine, considereres. Non est formosa, cujus crus laudatur aut brachium; sed illa, cujus universa facies admirationem partibus singulis abstulit. Si tamen exegeris, non tam mendice tecum agam, sed plena manu fiet. Ingens eorum turba est, passim jacentium; sumenda erunt, non colligenda. Non enim excidunt, sed fluunt : perpetua et inter se connexa sunt. Nec dubito, quin multum conferant rudibus adhuc, et extrinsecus auscultantibus. Facilius enim singula insidunt circumscripta, et carminis modo inclusa. Ideo pueris et sententias ediscendas damus, et has quas Græci *chrias* vocant, quia complecti illas puerilis animus potest, qui plus adhuc non capit certi profectus. Viro captare flosculos turpe est, et fulcire se notissimis ac paucissimis vocibus, et memoria stare. Sibi jam innitatur; dicat ista, non teneat. Turpe est enim seni, aut prospicienti senectutem, ex commentario sapere. Hoc Zenon dixit : tu quid? Hoc Cleanthes; tu quid? Quousque sub alio moveris? et impera, et

ou à un homme avancé dans l'âge, de parler par tablettes. Zénon a dit ceci, Cléanthe cela. Et vous, que je sache ce que vous dites, jusqu'à quand vous laisserez-vous conduire par un autre? Parlez et produisez quelque chose de votre cru? C'est ce qui me fait croire que ces gens qui sont toujours interprètes et jamais auteurs, et qui se couvrent de l'ombre d'autrui, ne sont guère hardis, puisqu'ils n'osent faire une fois ce qu'ils ont étudié si longtemps. Ils n'apprennent que pour exercer leur mémoire. Autre chose est de se souvenir, et autre chose est de savoir : se souvenir, c'est garder ce qui a été mis dans sa mémoire; savoir, au contraire, c'est s'approprier une chose, n'avoir plus besoin de patron, ni de regarder son maître. Zénon et Cléanthe disent cela. Mettez, je vous prie, quelque différence entre vous et votre livre; apprendrez-vous toujours? Il est temps que vous enseigniez. Qu'ai-je à faire d'écouter ce que je puis lire quand il me plaira?

Vous me direz, la vive voix fait beaucoup : non pas celle qui ne fait que rapporter les paroles d'autrui, comme ferait un greffier; joint que ces tutelles suivent leurs auteurs en des opinions qui ne sont plus à la mode, ou bien en des choses que l'on cherche encore. Ainsi, l'on ne trouvera jamais rien si l'on se contente de ce qui a été trouvé; d'ailleurs, celui qui suit un autre, ne suit rien, ne trouve rien, mais plutôt ne cherche rien. Quoi donc! ne marcherai-je point sur les traces des anciens? Pour moi, je me servirai de leur route; mais si j'en trouve une plus courte, je la prendrai. Tous ceux qui ont remué des questions avant nous, ne sont pas nos maîtres, mais seulement nos guides. La vérité est exposée à tout le monde : personne ne s'en est encore emparé; il en reste encore assez pour ceux qui viendront après nous.

ÉPITRE XXXIV.

L'homme de bien est celui duquel les paroles et les actions s'accordent ensemble.

Je me réjouis, je me porte mieux, et je me réchauffe, nonobstant ma vieillesse, toutes les fois que je reconnais par vos lettres et par votre conduite, combien vous vous surpassez vous-même, après avoir, il y a longtemps, surpassé les autres. Si le jardinier prend plaisir à voir le fruit de l'arbre qu'il a planté; et le berger, celui du troupeau qu'il conduit; s'il n'y a personne qui ne s'intéresse à voir croître l'enfant qu'il nourrit; que pensez-vous qu'il arrive à ceux qui ont cultivé des esprits et qui les ont formés tout tendres, lorsqu'ils les voient parvenus de bonne heure à leur maturité?

Je vous avoue pour être à moi; vous êtes mon ouvrage. Aussitôt que je reconnus votre bon naturel, j'y mis la main; je vous exhortai, je vous pressai, et ne vous laissai point marcher lentement. Ensuite je vous excitai comme je fais encore à présent; mais c'est en courant dans la lice d'où vous m'exhortez réciproquement par votre exemple. Vous me direz : Que désirez-vous davantage? J'avoue que c'est beaucoup; car il en va des ouvrages de l'esprit comme des autres que l'on tient à demi faits quand ils sont bien commencés. Il est vrai que c'est une partie de la bonté de vouloir être bon. Mais savez-vous qui j'appelle bon?

---

dic, quod memoriæ tradatur; aliquid et de tuo profer! Omnes itaque istos, nunquam auctores, semper interpretes, sub aliena umbra latentes, nihil existimo habere generosi, nunquam ausos aliquando facere, quod diu didicerant. Memoriam in alienis exercuerunt; aliud autem est meminisse, aliud scire. Meminisse, est rem commissam memoriæ custodire; at contra scire, est sua facere quæque, nec ab exemplari pendere et toties respicere ad magistrum. Hoc dixit Zeno, hoc Cleanthes. Aliquid intersit inter te, et librum! quousque disces? jam et præcipe. Quid est, quare audiam, quod legere possum? — Multum, inquis, viva vox facit. — Non quidem hæc, quæ alienis verbis commodatur, et actuarii vice fungitur. Adjice nunc, quod isti, qui nunquam tutolæ suæ fiunt, primum in ea re sequuntur priores, in qua nemo non a priore descivit; deinde in ea re sequuntur, quæ adhuc quæritur; nunquam autem invenietur, si contenti fuerimus inventis. Præterea, qui alium sequitur, nihil invenit, immo nec quærit. — Quid ergo? non ibo per priorum vestigia? — Ego vero utar via vetere; sed si propiorem planioremque invenero, hanc muniam. Qui ante nos ista moverunt, non domini nostri, sed duces sunt. Patet omnibus veritas, nondum est occupata : multum ex illa etiam futuris relictum est. Vale.

EPISTOLA XXXIV.

GRATULATIO ET HORTATIO AD PERGENDUM.

Cresco et exsulto, et discussa senectute recalesco quoties ex his, quæ agis et scribis, intelligo, quantum to ipse (nam turbam olim reliqueras) supergrederis. Si agricolam arbor ad fructum perducta delectat; si pastor ex fetu gregis sui capit voluptatem; si alumnum suum nemo aliter intuetur, quam ut adolescentiam illius suam judicet : quid evenire credis his, qui ingenia educaverunt, et, quæ tenera formaverunt, adulta subito vident? Adsero te mihi : meum opus es. Ego quum vidissem indolem tuam, injeci manum, exhortatus sum, addidi stimulos, nec lente ire passus sum, sed subinde incitavi : et nunc idem facio, sed jam currentem hortor, et invicem hortantem. — Quid aliud, inquis, adhuc volo? — In hoc plurimum est. Nam sic quomodo principia totius operis dimidium occupare dicuntur, ita res animo constat : itaque pars magna bonitatis est, velle fieri bonum.

C'est un homme parfait et accompli, que la violence et la nécessité ne sauraient rendre mauvais. Je prévois que vous serez tel si vous continuez, et si vous faites en sorte que toutes vos paroles et vos actions s'accordent ensemble, et soient comme frappées à un même coin. L'esprit n'est pas bien droit quand les actions se trouvent toujours opposées.

ÉPITRE XXXV.

Il n'y a que le sage qui soit véritablement ami.

Lorsque je vous prie avec tant d'empressement de vaquer à l'étude, je fais mon affaire : je veux avoir un ami ; ce qui ne me peut arriver, si vous ne travaillez à vous former comme vous avez commencé ; car, encore que vous m'aimiez présentement, il ne s'ensuit pas pour cela que vous soyez mon ami. Quoi donc? sont-ce des choses différentes? Oui, voire dissemblables ; car celui qui est ami, aime ; mais celui qui aime n'est pas toujours ami ; c'est pourquoi l'amitié est toujours utile, et l'amour, au contraire, est nuisible quelquefois. Quand il n'y aurait point d'autre raison, faites profit dans l'étude de la sagesse, afin seulement que vous appreniez à aimer. Hâtez-vous donc, tandis que ce profit est pour moi, de peur qu'il n'arrive déjà que vous ayez appris pour un autre ; j'en reçois déjà le fruit par avance, quand je m'imagine que nous serons unis de cœur comme de sentiments, et que je recouvrerai dans votre âge, quoiqu'assez proche du mien, tout ce que les années m'ont ôté de vigueur et de force. Mais je veux jouir de ce bien en effet. La joie que nous recevons de nos amis qui sont absents est légère et passe incontinent ; mais le plaisir que nous donnent leur vue, leur présence et leur conversation, a quelque chose de vif et d'animé, particulièrement si c'est une personne qui ait les qualités telles que nous les désirons.

Faites donc que je reçoive un riche présent en votre personne, quand vous viendrez ici. Et afin que vous ne perdiez point de temps, songez que je suis vieux et que vous êtes mortel ; hâtez-vous de venir avec moi, mais soyez premièrement avec vous ; profitez, et surtout soyez ferme dans vos résolutions. Quand vous voudrez éprouver si vous avez fait quelque profit, voyez si vous voulez aujourd'hui ce que vous vouliez hier ; ce changement de volonté est la marque d'un esprit flottant, qui se laisse conduire au gré du vent. Ce qui est fixe et bien fondé ne branle point : cette fermeté se trouve pleine et entière dans le sage ; elle n'est pas si grande en celui qui n'est pas si parfait. Mais en quoi différent-ils? Celui-ci est ému, il branle, mais il ne sort pas de son assiette, et l'autre ne sent pas la moindre émotion.

ÉPITRE XXXVI.

La jeunesse est la saison d'apprendre. — L'exercice du sage est le mépris de la mort. — Tout meurt, et rien ne périt dans le monde.

Exhortez votre ami à mépriser courageusement les gens qui lui reprochent de s'être plongé dans l'oisiveté, et d'avoir préféré le repos aux charges,

---

Scis quem bonum dicam? perfectum, absolutum, quem malum facere nulla vis, nulla necessitas possit. Hunc in te prospicio, si perseveraveris et incubueris, et id egeris, ut omnia facta dictaque tua inter se congruant ac respondeant sibi, et una forma percussa sint. Non est hujusmodi animus in recto, cujus acta discordant. Vale.

EPISTOLA XXXV.

NON NISI INTER BONOS AMICITIA.

Quum te tam valde rogo ut studeas, meum negotium ago. Habere amicum volo ; quod contingere mihi, nisi pergas, ut cœpisti, excolere te, non potest ; nunc enim amas me ; amicus non es. — Quid ergo? hæc inter se diversa sunt? — Immo dissimilia! Qui amicus est, amat ; qui amat, non utique amicus est. Itaque amicitia semper prodest ; amor aliquando etiam nocet. Si nihil aliud, ob hoc profice, ut amare discas. Festina ergo, dum mihi proficis ; ne istud alteri didiceris. Ego quidem percipio jam fructum, quum mihi fingo, uno nos animo futuros, et, quidquid ætati meæ vigoris abscessit, id ad me ex tua, quanquam non multum abest, rediturum ; sed tamen re quoque ipsa esse lætus volo. Venit ad nos ex his, quos amamus, etiam absentibus, gaudium ; sed id leve et evanidum. Conspectus, et præsentia, et conversatio aliquid habet vivæ voluptatis ; utique si non tantum, quem velis, sed qualem velis, videas. Affer itaque te mihi, ingens munus! et, quo magis instes, cogita te mortalem esse, me senem. Propera ad me ; sed ad te prius! Proflce, et ante omnia hoc cura, ut constes tibi. Quoties experiri voles an aliquid actum sit, observa an eadem hodie velis, quæ heri. Mutatio voluntatis indicat animum nutare, alinbi atque aliubi, apparere, prout tulit ventus. Non vagatur, quod fixum atque fundatum est. Istud sapienti perfecto contingit, aliquatenus et proficienti provectoque. — Quid ergo interest? — Hic commovetur quidem, non tamen transit, sed suo loco nutat ; ille ne commovetur quidem.

EPISTOLA XXXVI.

QUAM SIT COMMODA QUIES : DE VOTIS VULGI : DE CONTEMNENDA MORTE.

Amicum tuum hortare, ut istos magno animo contemnat, qui illum objurgant quod umbram et otium petierit, quod dignitatem suam destituerit, et, quum plus conse-

qu'il a quittées, lorsqu'il pouvait monter plus haut, il leur fera voir chaque jour comme il a bien fait. Ceux qui sont les objets de l'envie ne subsistent pas longtemps : les uns tombent, les autres sont écrasés. La prospérité est une chose inquiète et turbulente; elle se tourmente, elle se trouble la cervelle de toutes les manières. Elle inspire aux uns le désir de l'autorité, aux autres l'inclination au plaisir; elle enfle ceux-ci, elle amollit et énerve ceux-là. Mais il y a des gens qui la portent bien? Oui, comme il y en a qui portent bien le vin : ce qui fait qu'on ne doit point s'imaginer que celui-là est heureux, qui est environné d'un grand nombre de personnes qui abordent chez lui à peu près comme à une fontaine; ils en troublent enfin et en tarissent les eaux; ils se plaignent que c'est un fainéant, qui ne s'amuse qu'à des bagatelles. Ne savez-vous pas qu'il y a des gens qui disent et qui signent des choses toutes contraires? Ils appelaient votre ami heureux auparavant; mais l'était-il en effet? Je ne me soucie pas même que quelques-uns le trouvent d'un esprit trop rude et sévère. Ariston disait « qu'il aimait mieux un jeune homme sérieux, qu'un autre qui fût gai et plaisant ; que le vin qui est rude au commencement devient bon avec le temps ; mais que celui qui a de l'agrément dès la cuve ne peut pas se garder. » Souffrez qu'ils l'appellent mélancolique et ennemi de son avancement; cette mélancolie tournera à bien dans son vieil âge, pourvu qu'il continue d'aimer la vertu, et de s'appliquer à l'étude, non pas de ces choses qu'il suffit de savoir superficiellement, mais de celles qu'il faut posséder à fond. C'est à présent le temps d'apprendre. Quoi donc? n'est-il pas toujours saison d'apprendre? Non; car, comme il est honnête d'étudier en tout temps, il ne l'est pas aussi de se faire instruire en tout âge. Il ferait beau voir un vieillard apprendre l'alphabet ; il faut apprendre étant jeune, pour s'en servir étant vieux.

Vous ferez donc une action qui vous sera très-utile, si vous rendez votre ami homme de bien. Ce sont là des biens qu'il est aussi bon de donner que de recevoir, non pas comme ceux qui sont sous le pouvoir de la fortune. Après tout, il n'est plus libre, il a donné sa parole. Il est moins honteux de manquer à son créancier que de ne pas répondre à l'espérance que l'on a donnée. Pour payer ses dettes, le marchand a besoin d'une heureuse navigation ; le laboureur, de la fertilité de la terre et de la faveur du ciel; mais pour l'autre, il n'a besoin que de sa volonté, sur laquelle la fortune n'a point de pouvoir. Qu'il la dispose en sorte qu'il puisse acquérir cette tranquillité, et se revêtir de cet esprit qui ne sent point s'il a perdu ou s'il a gagné ; qui demeure en même assiette quelque événement qu'aient les affaires; qui se trouve toujours au-dessus des biens qui lui arrivent, et ne descend point plus bas, quand la fortune les reprend ou lui en ôte une partie; qui tirerait de l'arc dès son enfance chez les Parthes, et lancerait le javelot dès son bas âge, s'il était né en Allemagne; qui eût appris à monter à cheval et à combattre de près s'il fût né au temps de nos pères; ce sont toutes choses que la discipline du pays oblige de savoir. A quoi faut-il donc que celui-ci pense et s'exerce? A mépriser la mort, qui

qui pos*et, prætulerit quietem omnibus. Quam utiliter suum negotium gesserit, quotidie illis ostendet. Hi, quibus invide ur, non desinunt transire; alii elidentur, alii cadent. Res est inquieta felicitas : ipsa se exagitat, movet cerebrum, non uno genere. Alios in aliud irritat; hos in potentiam, illos in luxuriam ; hos inflat, illos mollit, et totos resolvit. — At bene aliquis illam fert? — Sic, quo modo vinum. It quæ non est quod tibi isti persuadeant, eum esse felicem, qui a multis obsidetur : sic ad illum, quemadmodum ad lacum, concurritur ; quem, qui exhauriunt, et turbant. — Nugatorium et inertem vocant. Scis, quosdam perverse loqui, et significare contraria. Felicem vocabant : quid ergo, erat? Ne illius quidem curo, quod quibusdam nimis horridi animi videtur et tetrici. Ariston aiebat : « Malle se adolescentem tristem, quam hilarem et amabilem turbæ. Vinum enim bonum fieri, quod recens durum et asperum visum est; non pati ætatem, quod in dolio placuit. » Sine eum tristem appellent, et inimicum processibus suis ; bene se dabit in vetustate ipsa tristitia. Perseveret modo colere virtutem, perbibere liberalia studia ; non illa, quibus perfundi satis est, sed hæc, quibus tingendus est animus. Hoc est discendi tempus. — Quid ergo? aliquid est, quo non sit discendum? — Minime! sed quemadmodum omnibus annis studere honestum est, ita non omnibus institui. Turpis et ridicula res est elementarius senex : juveni parandum, seni utendum est. Facies ergo rem utilissimam tibi, si illum quam optimum feceris. Hæc aiunt beneficia esse expectanda tribuendaque, non dubie primæ sortis, quæ tam dare prodest quam accipere. Denique nihil illi jam liberi est : spopondit ! minus autem turpe est creditori, quam spei bonæ, decoquere. Ad illud æs alienum solvendum, opus est negotianti navigatione prospera, agrum colenti ubertate ejus quam colit terræ, et cœli favore; ille, quod debet, sola potest voluntate persolvere. In mores fortuna jus non habet. Hos disponat, ut quam tranquillissimus ille animus ad perfectum veniat; qui nec ablatum sibi quidquam sentit, nec adjectum, sed in eodem habitu est, quomodocumque res cedunt; cui sive aggeruntur vulgaria bona, supra res suas eminet; sive aliquid ex istis vel omnia casus excussit, minor non fit. Si in Parthia natus esset, arcum infans statim tenderet; si in Germania, protinus puer tenerum hastile vibraret; si avorum nostrorum temporibus fuisset, equitare, et hostem cominus percutere didicisset.

est une bonne défense contre toutes sortes d'attaques et d'ennemis. Car personne ne doute qu'elle n'ait en soi quelque chose de terrible qui effarouche les hommes à qui la nature a insinué l'amour de leur être; autrement il ne serait pas nécessaire de se préparer et de s'animer à une chose que nous ferions par instinct, comme de se porter à sa conservation. Personne ne s'exerce, afin que dans une nécessité il puisse coucher sur des roses; mais on s'endurcit afin que la foi ne cède point aux tourments, afin que, s'il est nécessaire, ou puisse passer la nuit dans la tranchée, même blessé et tout debout, sans s'appuyer sur ses armes, de peur d'être surpris du sommeil.

La mort n'a rien d'incommode en soi; car ce qui donne de l'incommodité doit avoir de l'existence. Que si tu as tant envie de vivre, songe que rien ne périt de tout ce qui disparaît à nos yeux; il retourne dans le sein de la nature pour en sortir encore bientôt. Tout finit, mais rien ne périt. La mort, que nous craignons et rebutons si fort, fait cesser la vie pour un temps, mais elle ne l'ôte pas; un jour viendra qui nous remettra dans le monde où bien des gens ne voudraient pas rentrer, s'ils se souvenaient d'y être venus. Mais je vous montrerai ci-après plus exactement que tout ce qui semble périr ne fait que changer. On doit donc s'en aller sans regret, quand on s'en va pour revenir. Considérez la vicissitude des choses, vous trouverez que rien ne s'anéantit dans le monde, mais tombe et se relève successivement. L'été s'en va, mais une autre année le ramène; l'hiver est passé, mais la saison le ramènera aussi; la nuit cache le soleil, mais le jour la chassera bientôt. Tout le cours des étoiles n'est qu'un passage et un retour qui se fait alternativement sur les mêmes routes; une partie du ciel se lève continuellement, l'autre s'abaisse. Je veux finir en ajoutant que les enfants et les fous ne craignent point la mort, et qu'il est bien honteux que l'on n'acquière point par la raison l'assurance que donne la folie.

ÉPITRE XXXVI.

Ce n'est pas un exercice aisé de se rendre homme de bien. — Tout nous sera soumis, si nous nous soumettons à la raison.

Vous avez promis de vous rendre homme de bien, c'est un grand engagement à le devenir. Vous en avez fait serment : l'on vous flatte, si l'on vous dit que c'est un exercice doux et aisé ; je ne veux pas que l'on vous trompe. Ce serment si honnête que vous avez fait, n'est point différent, quant aux paroles, de cet autre si infâme que prêtent ces gens qui se louent pour les spectacles, et qui boivent et mangent ce qu'ils doivent payer de leur sang bientôt après. On leur fait jurer qu'ils endureront malgré eux les fouets et le fer, et on vous demande que vous souffriez toutes choses volontairement. Il leur est permis de mettre les armes bas et de demander grâce au peuple, mais cela vous est interdit. Il vous faut mourir debout et victorieux. Que sert-il de gagner quelques jours ou quelques années? Nous venons au monde pour

Hæc singulis disciplina gentis suæ suadet, et imperat. Quid huic ergo meditandum est? quod adversus omnia tela quod adversus omne hostium genus bene facit : mortem contemnere! Quæ quin habeat aliquid in se terribile, ut ad mos nostros quos in amorem sui natura formavit offendat, nemo dubitat: nec enim opus esset in id comparari et acui, in quod instinctu quodam voluntario iremus, sicut feruntur omnes ad conservationem sui. Nemo discit, ut, si necesse fuerit, æquo animo in rosa jaceat : sed in hoc duratur, ut tormentis non submittat fidem ; ut, si fuerit, stans, etiam aliquando saucius, pro vallo pervigilet, et ne pilo quidem incumbat, quia solet obrepere interim somnus in aliquod adminiculum reclinatis. Mors nullum habet incommodum : esse enim debet aliquid, cujus sit incommodum. Quod si tanta cupiditas te longioris ævi tenet, cogita, nihil eorum quæ ab oculis abeunt, et in rerum naturam, ex qua prodierunt, ac mox processura sunt, reconduntur, consumi. Desinunt ista, non pereunt. Et mors, quam pertimescimus ac recusamus, intermittit vitam, non eripit : veniet iterum, qui nos in lucem reponat, dies; quem multi recusarent, nisi oblitos reduceret. Sed postea diligentius docebo, omnia, quæ videntur perire, mutari. Æquo animo debet rediturus exire. Observa orbem rerum in se remeantium ; videbis nihil in hoc mundo exstingui, sed vicibus descendere, ac surgere. Æstas abit, sed alter illam annus adducit; hiems cecidit, referent illam sui menses; solem nox obruit, sed ipsam statim dies abiget. Stellarum iste decursus, quidquid prætcrit, repetit; pars cœli levatur assidue, pars mergitur. Denique finem faciam, si hoc unum adjecero, nec infantes, nec pueros, nec mente lapsos, timere mortem ; et esse turpissimum, si eam securitatem nobis ratio non præstat, ad quam stultitia perducit. Vale.

EPISTOLA XXXVII.

DE FORTITUDINE QUAM SUPPEDITAT PHILOSOPHIA.

Quod maximum vinculum est ad bonam mentem, promisisti; virum bonum. Sacramento rogatus es. Deridebi t, si quis tibi dixerit, mollem esse militiam et facilem; nolo te decipi. Eadem honestissimi hujus et illius turpissimi auctoramenti verba sunt, uri, vinciri, ferroque necari. Ab his, qui manus arenæ locant, et edunt ac bibunt quæ per sanguinem reddant, cavetur, ut ista vel inviti patiantur; a te, ut volens libensque patiaris. Illis licet arma submittere, misericordiam populi tentare ; te neque submittes, nec vitam rogabis; recto tibi invictoque moriendum est. Quid porro prodest, paucos dies aut annos lucri facere? sine missione nascimur. — Quomodo ergo,

combattre sans relâche. Comment, direz-vous, me sauverai-je? Vous ne pouvez éviter la nécessité, vous la pouvez bien surmonter. Il faut se faire un chemin, et la philosophie vous montrera ce chemin ; suivez-le, si vous voulez être en sûreté, vivre heureux, et surtout libre; vous ne sauriez l'être autrement. En vérité, le vice est une chose basse, vilaine, servile et sujette à beaucoup de passions très-cruelles. La sagesse vous délivrera de ces tyrans fâcheux qui règnent quelquefois l'un après l'autre, quelquefois tous ensemble. Il n'y a qu'un chemin pour y arriver; il est droit ; vous ne sauriez vous égarer, marchez avec assurance.

Si vous voulez que toutes choses vous soient soumises, soumettez-vous premièrement à la raison; vous conduirez les autres, si la raison vous conduit ; elle vous apprendra ce que vous devez entreprendre, et comment vous le pouvez exécuter; vous ne ferez rien par hasard. On ne trouve personne qui sache comment il a commencé à vouloir ce qu'il veut; c'est par instinct qu'il s'y est engagé, et non point par raison. La fortune nous rencontre aussi souvent que nous la rencontrons. Cela est honteux de se laisser emporter, et de ne se pas conduire. Quelle faiblesse à celui qui se voit entraîné par le torrent des affaires, de demander : Comment suis-je venu ici?

ÉPITRE XXXVIII.
La conversation instruit mieux que la dispute.

C'est avec raison que vous désirez que les lettres soient fréquentes entre nous. Un discours que l'on verse dans l'âme comme par goutte profite beaucoup, et ces disputes qui se font avec appareil, en présence du peuple, ont trop de bruit, et n'ont point assez de familiarité. Il est certain que la philosophie donne de bons conseils ; mais personne ne donne conseil en criant. Il est pourtant à propos d'user quelquefois de cette manière de harangues, lorsqu'il est question de pousser une personne qui est encore irrésolue; mais quand il ne s'agit que de l'instruire et non pas de l'obliger à apprendre, on doit, ce me semble, employer des paroles plus douces, afin qu'elles entrent et demeurent plus facilement.

Il n'en faut pas beaucoup, pourvu qu'elles soient efficaces ; à peu près comme la semence, laquelle, quoique petite, étant jetée dans un lieu bien disposé, étend sa force, et fait des productions d'une grandeur étonnante. La raison en fait de même, elle est petite en apparence, elle croît dans l'action. On dit peu de paroles ; mais quand elles sont bien reçues, elles germent et se fortifient merveilleusement. Je dis encore qu'il arrive aux maîtres comme à la semence ; ils font beaucoup avec des préceptes fort courts, pourvu, comme j'ai dit, qu'ils soient reçus dans un esprit qui les embrasse et qui s'en nourrisse. Il en produira beaucoup d'autres à son tour, et rendra avec usure ce qu'il aura reçu.

ÉPITRE XXXIX.
Les richesses médiocres sont préférables à celles qui sont excessives. — L'habitude au plaisir rend nécessaires les choses qui étaient superflues.

Je vous enverrai les mémoires que vous me de-

inquis, me expediam? — Effugere non potes necessitates; potes vincere. Fiat via! et hanc tibi viam dabit philosophia. Ad hanc te confer, si vis salvus esse, si securus, si beatus; denique si vis esse, quod est maximum, liber. Hoc contingere aliter non potest. Humilis res est stultitia, abjecta, sordida, servilis, multis affectibus et sævissimis subjecta. Hos tam graves dominos, interdum alternis imperantes, interdum pariter, dimittit a te sapientia, quæ sola libertas est. Una ad hanc fert via, et quidem recta; non aberrabis; vade certo gradu! Si vis omnia tibi subjicere, te subjice rationi! Multos reges, si ratio te rexerit. Ab illa disces, quid et quemadmodum aggredi debeas : non incides rebus. Neminem mihi dabis, qui sciat, quomodo, quod vult, cœperit velle : non consilio adductus ullo, sed impetu impactus est. Non minus sæpe fortuna in nos incurrit, quam nos in illam. Turpe est non ire, sed ferri, et subito, in medio turbine rerum stupentem, quærere : Huc ego quemadmodum veni? Vale.

EPISTOLA XXXVIII.
LAUDAT BREVES SERMONES.

Merito exigis, ut hoc inter nos epistolarum commercium frequentemus. Plurimum proficit sermo, qui minutatim irrepit animo : disputationes præparatæ et effusæ, audiente populo, plus habent strepitus, minus familiaritatis. Philosophia bonum consilium est; consilium nemo clare dat. Aliquando utendum est et illis, ut ita dicam, concionibus, ubi, qui dubitat, impellendus est : ubi vero non hoc agendum est, ut velit discere, sed ut discat, ad hæc submissiora verba veniendum est. Facilius intrant et hærent; nec enim multis opus est, sed efficacibus. Seminis modo spargenda sunt; quod, quamvis sit exiguum, quum occupavit idoneum locum, vires suas explicat, et ex minimo in maximos auctus diffunditur. Idem facit ratio; non late patet, si aspicias; in opere crescit. Pauca sunt quæ dicuntur; sed si illa animus bene exceperit, convalescunt et exsurgunt. Eadem est, inquam, præceptorum conditio, quæ seminum; multum efficiunt, etsi angusta sunt; tantum, ut dixi, idonea mens rapiat illa et in se trahat. Multa invicem et ipsa generabit, et plus reddet, quam acceperit. Vale.

EPISTOLA XXXIX.
DE INCOMMODIS BONÆ FORTUNÆ.

Commentarios, quos desideras, diligenter ordinatos et

mandez, et je les ferai autant succincts et polis qu'il me sera possible. Mais voyez si un discours fait à l'ordinaire ne vous profiterait pas davantage que ce qu'on appelle présentement un abrégé, et que l'on appelait un sommaire au temps que l'on parlait bon latin. Le dernier est plus propre pour celui qui apprend, et le premier pour celui qui sait déjà; car l'un fournit des préceptes, et l'autre les remet seulement en mémoire. Mais ne vous mettez pas en peine de celui que vous me devez demander; puisque j'ai dessein de vous donner l'un et l'autre, je serai clair à mon ordinaire; il est certain que l'on n'est pas entendu quand on a besoin d'être expliqué. Cependant vous avez quantité d'auteurs dont les écrits me semblent assez confus, et vous le verrez si vous lisez la liste des philosophes. Ce sera un sujet de vous réveiller, et connaissant combien d'honnêtes gens ont travaillé pour vous, vous aurez envie d'être de ce nombre. Une âme généreuse a cela de propre qu'elle se laisse facilement porter aux choses honnêtes, et ce qui est sordide et ravalé ne touche point un esprit sublime.

Nous sentons que l'idée que nous concevons des grandes choses nous attire et nous élève. Comme la flamme monte droit en hauteur, et ne peut ramper, ni se reposer; ainsi notre esprit étant tenu, paraît d'autant plus actif et violent qu'il est prompt de son naturel. Mais heureux celui qui sait bien employer cette impétuosité; il se peut mettre hors du pouvoir de la fortune, se modérant dans la prospérité, se consolant dans l'adversité, et méprisant beaucoup de choses que tout le monde admire. C'est le propre d'un grand cœur de mépriser les grandes richesses, et de préférer les médiocres à celles qui sont excessives; car les premières sont toujours utiles, et les autres peuvent être nuisibles à cause de leur superfluité. C'est ainsi que l'abondance couche les grains par terre, que les branches rompent étant trop chargées de fruits, et que la trop grande fécondité ne saurait venir en maturité. Il en arrive de même à ces gens qui ne sauraient porter l'excès de leur prospérité, et qui s'en servent non-seulement au préjudice d'autrui, mais encore à leur dommage.

Se trouve-t-il des ennemis plus cruels que sont les plaisirs, au regard de certaines gens? Vous pouvez, à la vérité, excuser l'intempérance de ces gens par cette seule raison, qu'ils expient par leurs souffrances le mal qu'ils se sont procuré : ils méritent bien cette punition; car la cupidité tombe dans l'excès sitôt qu'elle a passé les bornes de la nature, laquelle a son étendue réglée, au lieu que le luxe est sans terme et sans fin. Les choses nécessaires se mesurent par l'utilité qu'elles apportent; mais quelle mesure prendrez-vous pour les superfluités? Ces gens-là se plongent tellement dans les plaisirs, que s'en étant fait une habitude, ils ne s'en peuvent plus passer, malheureux en cela, que ce qui leur était auparavant superflu leur devient enfin nécessaire. C'est pourquoi je dis qu'ils sont dans l'esclavage, et non pas dans la jouissance des voluptés, puisqu'ils ont pour leurs maux quelque sentiment de tendresse, ce qui est le plus grand de tous les maux. Car enfin, le malheur est extrême lorsque les choses déshonnêtes sont non-seulement les sources de nos plaisirs, mais encore les objets de notre complai-

---

in angustum coactos, ego vero componam; sed vide ne plus profectura sit ratio ordinaria, quam hæc, quæ nunc vulgo breviarium dicitur; olim, quum latine loqueremur, summarium vocabatur. Illa res discenti magis necessaria est, hæc scienti : illa enim docet, hæc admonet. Sed utriusque rei tibi copiam faciam. Tu a me non est quod illum aut illum exigas; qui notorem dat, ignotus est. Scribam ergo quod vis, sed meo more. Interim multos habes, quorum scripta nescio an satis ordinent. Sume in manus Indicem Philosophorum; hæc ipsa res expergisci te coget, si videris quam multi tibi laboraverint : concupisces et ipse ex illis unus esse. Habet enim hoc optimum in se generosus animus, quod concitatur ad honesta. Neminem excelsi ingenii virum humilia delectant et sordida; magnarum rerum species ad se vocat, et extollit. Quemadmodum flamma surgit in rectum, jacere ac deprimi non potest, non magis quam quiescere; ita noster animus in motu est, eo mobilior et actuosior, quo vehementior fuerit. Sed felix, qui ad meliora hunc impetum dedit! ponet se extra jus ditionemque fortunæ; secunda temperabit, adversa comminuet, et aliis admiranda despiciet. Magni animi est magna contemnere, ac mediocria malle quam nimia; illa enim utilia vitaliaque sunt; at hæc, eo quod superfluunt, nocent. Sic segetem nimia sternit ubertas; sic rami onere franguntur; sic ad maturitatem non pervenit nimia fecunditas. Idem animis quoque evenit, quos immoderata felicitas rumpit; qua non tantum in aliorum injuriam, sed etiam in suam, utuntur. Quis hostis in quemquam tam contumeliosus fuit, quam in quosdam voluptates suæ sunt? quorum impotentiæ atque insanæ libidini ob hoc unum possis ignoscere, quod, quæ fecere, patiuntur. Nec immerito hic illos furor vexat; necesse est in immensum exeat cupiditas, quæ naturalem modum transiit. Illa enim habet suum finem; inania et ex libidine orta sine termino sunt. Necessaria metitur utilitas; supervacua quo redigis? Voluptatibus itaque se mergunt, quibus in consuetudinem adductis carere non possunt : et ob hoc miserrimi sunt, quod eo pervenerunt, ut illis, quæ supervacua fuerant, facta sint necessaria. Serviunt itaque voluptatibus, non fruuntur; et mala sua (quod malorum ultimum est) amant. Tunc autem consummata est infelicitas, ubi turpia non solum delectant, sed etiam placent; et desinit esse remedio locus, ubi, quæ fuerant vitia, mores sunt. Vale.

sance; et le mal est sans remède depuis qu'une fois les vices sont passés en habitude.

ÉPITRE XL.

Les lettres rendent les amis présents. — Il est plus honnête de parler lentement.

Je vous remercie de ce que vous m'écrivez souvent, car c'est le seul moyen que vous avez de vous rendre présent à mes yeux; aussi ne reçois-je jamais de vos lettres, que nous ne soyons incontinent ensemble. Si nous aimons les portraits de nos amis, parce qu'ils les rappellent dans notre souvenir, et charment d'un faux plaisir l'ennui que nous avons de leur absence, combien devons-nous chérir les lettres qui nous en apportent des traits et des marques véritables! Car ce qu'il y a de plus doux dans leur conversation, leur main nous le fait reconnaître sur le papier.

Vous me mandez que l'on vous a dit que le philosophe Sérapion étant autrefois débarqué sur la côte où vous êtes, faisait de grands discours, et précipitait ses paroles, parce qu'il se présentait tant de choses à son imagination, qu'une seule voix ne les pouvait produire. Je n'approuve point cette manière en un philosophe, de qui la parole doit être aussi réglée que la vie. Or, il est certain que tout ce qui se hâte et se précipite n'est pas bien réglé. Vous voyez aussi, dans Homère, que cette parole impétueuse qui s'épanche dru et menu comme la neige, est donnée à un orateur, et l'on en fait couler une autre plus douce que le miel de la bouche d'un vieillard. Croyez donc que cette éloquence rapide et féconde convient mieux à celui qui veut surprendre ses auditeurs, qu'à celui qui traite de quelque affaire importante, et qui fait profession d'enseigner les autres. Pour moi, je ne la veux ni trop lente, ni trop brusque; je ne veux point qu'elle m'ennuie, ni qu'elle m'étourdisse; tant il est vrai qu'un discours lent rend l'auditeur moins attentif et le lasse même par sa pesanteur : ce n'est pas toutefois que ce qui est attendu s'imprime plus aisément que ce qui passe si vite. Enfin, si les maîtres doivent donner des préceptes à leurs disciples, une chose qui s'enfuit n'est pas proprement donnée : joint qu'un discours qui recherche la vérité doit être simple et sans ornement. Ceux qui se font en public n'ont rien de véritable; leur but est seulement d'émouvoir l'assemblée, et d'enlever la créance d'un peuple ignorant; ils ne permettent pas qu'on les examine, car ils s'évanouissent incontinent. Comment peuvent-ils modérer les autres, puisqu'ils ne sauraient se modérer eux-mêmes? Que sera-ce, si j'ajoute que ce qui se dit pour la réformation des mœurs doit passer jusqu'au cœur? Les remèdes ne profitent point s'ils ne séjournent quelque temps; outre que ces sortes de discours ont toujours beaucoup de pompe et de vanité, et font plus de bruit que de fruit.

J'ai besoin d'adoucir ce qui m'épouvante, de retenir ce qui m'échauffe, d'examiner ce qui me trompe, enfin, de me guérir de l'amour et de l'avarice; y a-t-il rien de tout cela qui se puisse faire subitement? Où est le médecin qui guérit ses malades en passant? D'ailleurs ce bruit de paroles proférées tumultuairement et sans choix ne chatouille guère les oreilles; il en est de même de certaines choses que l'on croyait impossibles,

EPISTOLA XL.
QUÆ DECEAT PHILOSOPHUM ELOQUENTIA.

Quod frequenter mihi scribis, gratias ago; nam quo uno modo potes, te mihi ostendis. Nunquam epistolam tuam accipio, ut non protinus una simus. Si imagines nobis amicorum absentium jucundæ sunt, quæ memoriam renovant, et desiderium absentiæ falso atque inani solatio levant; quanto jucundiores sunt litteræ, quæ vera amici absentis vestigia, veras notas afferunt! Nam, quod in conspectu dulcissimum est, id amici manus epistolæ impressa præstat, agnoscere.

Audisse te, scribis, Serapionem philosophum, quum istuc applicuisset, solere magno cursu verba convolvere, quæ non effundit, immo premit et urget; plura enim veniunt, quam quibus una vox sufficiat. Hoc non probo in philosopho, cujus pronuntiatio quoque, sicut vita, debet esse composita; nihil autem ordinatum est, quod præcipitatur et properat. Itaque oratio illa apud Homerum concitata, et sine intermissione in morem nivis supervenians, oratori data est; at lenis et melle dulcior seni profluit. Sic itaque habe, istam vim dicendi rapidam atque abundantem aptiorem esse circulanti, quam agenti rem magnam ac seriam docentique. Æque stillare illam nolo, quam currere; nec extendat aures, nec obruat. Nam illa quoque inopia et exilitas minus intentum auditorem habet, tædio interruptæ tarditatis; facilius tamen insidit quod exspectatur, quam quod prætervolat. Denique tradere homines discipulis præcepta dicuntur; non traditur, quod fugit. Adjice nunc, quod, quæ veritati operam dat oratio, incomposita debet esse et simplex. Hæc popularis nihil habet veri : movere vult turbam, et inconsultas aures impetu rapere; tractandam se non præbet; aufertur. Quomodo autem regere potest, quæ regi non potest? Quid, quod hæc oratio, quæ sanandis mentibus adhibetur, descendere in nos debet? remedia non prosunt, nisi immorentur. Multum præterea habet inanitatis et vani : plus sonat, quam valet. Lenienda sunt quæ me exterrent, comdescenda quæ irritant, discutienda quæ fallunt; inhibenda luxuria, corripienda avaritia. Quid horum raptim potest fieri? quis medicus in transitu curat ægros? Quid, quod ne voluptatem quidem ullam habet talis verborum

c'est assez de les avoir vues une fois, il suffit aussi d'avoir ouï un seul discours de ces grands parleurs. Que peut-on apprendre ou imiter, même que peut-on juger de ces gens qui parlent avec tant d'embarras et de précipitation, et qui ne sauraient s'arrêter? Comme ceux qui courent contrebas ne se peuvent retenir et sont emportés plus loin qu'ils ne veulent par le branle de leur corps; ainsi ce babil, étant une fois ému, ne saurait plus s'apaiser. Il fait déshonneur à la philosophie, qui doit fonder et ne pas jeter ses paroles en l'air; elle doit procéder avec ordre et mesure. Eh quoi! ne s'échauffera-t-elle jamais? Pourquoi non? mais elle conservera sa gravité, qui se perd ordinairement dans la violence et l'emportement. Je veux bien que le discours ait de la force, pourvu qu'il ait de la modération; que ce soit un flux continuel, et non pas un torrent.

A peine pourrais-je souffrir qu'un orateur s'annonçât avec tant de promptitude et de précipitation : car comment un juge qui ne serait pas fait au barreau le pourra-t-il suivre, particulièrement lorsque la vanité ou sa verve l'emporteront? Qu'il ne se presse donc pas, et qu'il n'en débite qu'autant que les auditeurs en pourront recevoir. Ainsi vous ferez bien si vous ne voyez point ces gens qui ont plus de soin de parler beaucoup que de bien parler : suivez plutôt la manière de P. Vinicius, si l'occasion vous oblige de parler. On demandait un jour comment il parlait; Asellius répondit : En traînant. Car Géminus Varus avait dit auparavant : « Je ne sais pourquoi vous estimez cet homme éloquent, il ne saurait dire trois mots de suite. » Un autre le voyant arracher ses paroles, et les prononcer comme s'il les eût dictées, lui dit : «Parlez, ou ne parlez plus.» Cette lenteur vaut encore mieux que la rapidité de Hatérius, laquelle me semble bien contraire au jugement : c'était le plus fameux orateur de son temps, qui jamais n'hésitait, et jamais ne faisait de pause. Il enfilait un discours d'une traite, depuis le commencement jusqu'à la fin.

J'avoue pourtant qu'il y a des manières qui conviennent mieux à certaines nations qu'à d'autres. Cette licence pouvait être tolérée parmi les Grecs. Pour nous autres, lorsque nous écrivons, nous mettons des points entre nos mots, et notre Cicéron, père de l'éloquence romaine, marchait pour ainsi dire à pas réglés dans ses harangues. Le langage romain a du faste, il connaît son mérite, et veut se faire entendre à loisir. Fabius, personnage insigne pour sa probité, pour sa science, et (ce que je mets au troisième rang) pour son éloquence, plaidait aisément, et non pas vite; de sorte que l'on pouvait dire que c'était une facilité plutôt qu'une rapidité. Je n'exige point cette facilité; mais je la souhaite à un homme judicieux, afin que son discours passe sans hésiter, quoiqu'il importe moins qu'il soit coulant que bien prononcé.

Mais, ce qui m'oblige davantage à vous donner de l'aversion pour ce défaut, c'est que vous n'y sauriez tomber sans perdre toute honte. Car il faut n'avoir point de front et ne se vouloir pas écouter soi-même pour parler si brusquement, et dire des choses que l'on voudrait après n'avoir pas dites. Je vous le répète, c'est un défaut qui vous

sine delectu ruentium strepitus? Sed, ut pleraque, quæ fieri posse non crederes, cognovisse satis est; ita istos, qui verba exercuerunt, abunde est semel audisse. Quid enim quis discere, quid imitari velit? quid de eorum animo judicet, quorum oratio perturbata et immissa est, nec potest reprimi? Quemadmodum per proclive currentium, non ubi visum est, gradus sistitur; sed incitato corporis pondere se rapit, ac longius, quam voluit, effertur, sic ista dicendi celeritas nec in sua potestate est, nec satis decora philosophiæ, quæ ponere debet verba, non projicere, et pedetentim procedere. — Quid ergo? non aliquando et insurget? — Quidni? sed salva dignitate morum, quam violenta ista et nimia vis exuit. Habeat vires magnas, moderatas tamen; perennis sit unda, non torrens. Vix oratori permiserim talem dicendi velocitatem, irrevocabilem, ac sine lege vadentem. Quemadmodum enim judex subsequi poterit, aliquando etiam imperitus et rudis? Tum quoque, quum illum aut ostentatio abstulerit, aut affectus impetus sui, tantum festinet atque ingerat, quantum aures pati possunt.

Recte ergo facies, si non videris istos, qui, quantum dicant, non quemadmodum, quærunt; et ipse malueris, si necesse est, vel P. Vinicium dicere. — Qui itaque? Quum quæreretur quomodo P. Vinicius diceret, Asellius ait : « Tractim. » Nam Geminus Varus ait : « Quomodo istum disertum dicatis, nescio; tria verba non potest jungere. » — Quidni malis tu sic dicere, quomodo Vinicius? Aliquis tam insulsus intervenerit, quam qui illi singula verba vellenti, tanquam dictaret, non diceret, ait : « Dic, vel nunquam dicas. » Nam Q. Haterii cursum, suis temporibus oratoris celeberrimi, longe abesse ab homine sano volo. Nunquam dubitavit, nunquam intermisit; semel incipiebat, semel desinebat. Quædam tamen et nationibus puto magis aut minus convenire. In Græcis hanc licentiam tuleris; nos, etiam quum scribimus, interpungere assuevimus. Cicero quoque noster, a quo Romana eloquentia exsiluit, gradarius fuit. Romanus sermo magis se circumspicit, et æstimat, præbetque æstimandum. Fabianus, vir egregius et vita, et scientia, et (quod post ista est) eloquentia quoque, disputabat expedite magis, quam concitate; ut posses dicere, facilitatem esse illam, non celeritatem. Hanc ego in viro sapiente recipio; non exigo, ut oratio ejus sine impedimento exeat; proferatur tamen malo, quam profluat. Eo autem magis te deterreo ab isto morbo, quod non potest tibi res ista contingere aliter, quam si te pudere desierit. Perfricea frontem oportet, et te ipse non audias; multa enim inobservatus ille cursus feret, quæ reprehendere velis. Non

jetterait dans l'impudence, et qui, d'ailleurs, veut que l'on s'exerce tous les jours, et que l'on ait plus de soin des paroles que de la matière : mais, quand vous les auriez à commandement, et que sans peine elles vous couleraient de la bouche, il ne faudrait pas laisser de les modérer; car il ne sied pas moins à un honnête homme de parler doucement, que de marcher avec modestie. Enfin, pour tout réduire en un mot, je vous conseille de parler lentement.

ÉPITRE XLI.

Dieu réside au-dedans de l'homme. — Les forêts, les fleuves et tous les ouvrages de la nature nous font sentir qu'il y a un Dieu.

Vous faites fort bien et utilement pour vous, si vous persistez dans le chemin de la vertu, comme vous me le mandez; il serait impertinent de le souhaiter, puisque vous pouvez obtenir de vous-même cette vertu. Il ne faut point lever les mains vers le ciel, ni prier le sacristain qu'il vous laisse approcher de l'idole, afin que vous puissiez lui parler à l'oreille; car Dieu est près de vous; il est avec vous, il est au-dedans de vous. Oui, mon cher Lucile, je vous dis qu'il réside au-dedans de nous un esprit saint, qui observe et qui garde comme un dépôt le bien et le mal que nous faisons; il nous traite selon que nous l'avons traité. Sans ce Dieu, personne n'est homme de bien; sans son secours, personne ne se pourrait mettre hors du pouvoir de la fortune. Il donne des conseils hardis et courageux. Il y a certainement un dieu dans tous les gens de bien; mais quel est ce Dieu ? Nul ne le peut dire.

Si vous passez dans une forêt peuplée de vieux arbres d'une hauteur extraordinaire, dont les branches, étendues les unes sur les autres, vous dérobent la vue du ciel, l'excessive grandeur de cette forêt, le silence du lieu, et cette ombre si vaste et si épaisse au milieu d'une campagne, vous font connaître qu'il y a un Dieu. Si vous voyez une grotte creusée sans art, et par les mains de la nature, qu'avec des pierres entr'ouvertes et toutes mangées soutient une montagne suspendue, vous êtes aussitôt touché de quelque sentiment de religion. On a de la vénération pour les sources des grands fleuves ; on dresse des autels à l'endroit où certaines rivières sortent subitement hors de terre; on rend du culte aux fontaines d'eaux chaudes; il y a des étangs consacrés à cause de l'obscurité ou de la profondeur de leurs eaux. Si vous remarquez un homme intrépide dans les dangers, invincible aux plaisirs, heureux dans l'adversité, tranquille au milieu de la tempête, et qui voit les hommes au-dessous de lui, et les dieux à ses côtés, n'aurez-vous point quelque vénération pour lui? Ne direz-vous pas : Cela est trop grand et trop relevé pour croire que rien de semblable se puisse trouver dans un si petit corps? Une force divine lui est venue d'en haut, et c'est une puissance toute céleste qui fait agir cette âme si modérée, qui passe légèrement sur toutes choses, comme lui étant inférieures, et qui méprise celles que nous craignons ou que nous désirons. Une chose si grande ne pourrait subsister sans

potest, inquam, tibi contingere res ista, salva verecundia. Præterea exercitatione opus est quotidiana, et a rebus studium transferendum est ad verba. Hæc autem, etiam si aderunt, et poterunt sine ullo tuo labore decurrere, tamen temperanda sunt; nam quemadmodum sapienti viro incessus modestior convenit, ita oratio pressa, non audax. Summa ergo summarum hæc erit : tardiloquum te esse jubeo. Vale.

EPISTOLA XLI.
DEUM IN VIRO BONO SEDERE.

Facis rem optimam, et tibi salutarem, si, ut scribis, perseveras ire ad bonam mentem; quam stultum est optare, quum possis a te impetrare. Non sunt ad cœlum elevandæ manus, nec exorandus ædituus, ut nos ad aurem simulacri, quasi magis exaudiri possimus, admittat; prope est a te Deus, tecum est, intus est ! Ita dico, Lucili ; sacer intra nos spiritus sedet, malorum bonorumque nostrorum observator et custos; hic, prout a nobis tractatus est, ita nos ipse tractat. Bonus vir sine Deo nemo est. An potest aliquis supra fortunam, nisi ab illo adjutus, exsurgere? Ille dat consilia magnifica et erecta. In unoquoque virorum bonorum

(Quis Deus, incertum est) habitat Deus.

Si tibi occurrit vetustis arboribus et solitam altitudinem egressis frequens lucus, et conspectum cœli densitate ramorum aliorum alios protegentium submovens; illa proceritas silvæ et secretum loci, et admiratio umbræ, in aperto tam densæ atque continuæ, fidem tibi numinis facit. Et, si quis specus saxis penitus exesis montem suspenderit, non manu factus, sed naturalibus causis in tantam laxitatem excavatus, animum tuum quadam religionis suspicione percutiet. Magnorum fluminum capita veneramur ; subita ex abdito vasti amnis eruptio aras habet; coluntur aquarum calentium fontes; et stagna quædam vel opacitas, vel immensa altitudo sacravit. Si hominem videris interritum periculis, intactum cupiditatibus, inter adversa felicem, in mediis tempestatibus placidum, ex superiore loco homines videntem, ex æquo Deos, non subibit te ejus veneratio? non dices : Ista res major est altiorque, quam ut credi similis huic, in quo est, corpusculo possit? Vis istuc divina descendit. Animum excellentem, moderatum, omnia tanquam minora transeuntem, quidquid timemus optamusque ridentem, cœlestis potentia agitat. Non potest res tanta sine adminiculo Numinis stare; itaque majore sui parte illic est, unde descendit.

l'assistance de quelque divinité. C'est pourquoi elle tient par sa meilleure partie au lieu d'où elle est descendue. Comme les rayons du soleil touchent bien la terre, mais ne quittent point le lieu d'où ils sont envoyés; de même cette âme grande et sainte, qui n'est envoyée ici-bas que pour nous montrer de plus près les choses divines, converse, à la vérité, avec nous; mais elle demeure attachée au lieu de son origine; c'est d'où elle relève; c'est où elle jette ses regards, et où elle aspire. Cependant elle est parmi nous comme la plus excellente chose que nous ayons.

Mais quelle est cette grande âme? Celle qui ne reluit que par ses bonnes qualités; car y a-t-il rien de plus inepte que de louer un homme de ce qui n'est pas en lui, ou d'admirer ce qui peut en un moment passer entre les mains d'un autre? Le frein doré ne rend pas le cheval meilleur. Ce lion, tout sauvage et plein de vigueur, paraît bien mieux ce qu'il est, que cet autre qui se laisse manier et dorer le crin après avoir été réduit par la lassitude à souffrir des ornements; car le premier, avec sa férocité naturelle et son poil hérissé qui lui sert de parure; celui-là, dis-je, de qui la beauté consiste à faire trembler ceux qui le regardent, est préférable à ce dernier, qui est adouci et paré autrement. On ne se doit priver de ce qui est à soi. Nous estimons une vigne chargée de fruits lorsqu'elle fait ployer les échalas qui la soutiennent; lui préférera-t-on une autre vigne qui aura les feuilles et les raisins dorés? La fertilité est la vertu propre de la vigne: l'on ne doit aussi estimer un homme que de ce qui est en lui. Il a un beau train et une belle maison, il a beaucoup de terres, il a beaucoup de rentes; rien de tout cela n'est en lui, mais autour de lui; louez ce qui ne lui peut être donné ni ravi, qui est le propre bien de l'homme.

Si vous demandez ce que c'est, je vous dirai que c'est une âme en qui la raison est parfaite. Car l'homme est un animal raisonnable; son bien est au plus haut degré lorsqu'il a accompli ce pour quoi il est né. Mais qu'est-ce que cette raison exige de lui? Une chose très-aisée, savoir, de vivre selon sa nature: toutefois l'erreur commune la rend difficile; car nous nous poussons l'un l'autre dans le vice. Comment donc pourrait-on arrêter ceux que tout le monde entraîne et que personne ne retient?

ÉPITRE XLII.

On ne devient pas subitement homme de bien. — Le manque de pouvoir couvre les vices de beaucoup de gens.

Cet homme vous a déjà fait accroire qu'il est homme de bien; mais je ne puis comprendre qu'on se fasse si vite homme de bien. Savez-vous de quel homme de bien j'entends parler maintenant? C'est de celui qu'on appelle ainsi communément, non pas de cet autre qui ne se voit peut-être que comme le phénix, en cinq cents ans une fois. Aussi ne faut-il pas s'étonner si les grandes choses ne s'engendrent que par intervalles; le hasard produit fréquemment celles qui sont médiocres et communes; mais la rareté distingue toujours celles qui sont excellentes. Cet homme assurément est encore fort étonné de l'état qu'il présume avoir

---

Quemadmodum radii solis contingunt quidem terram, sed ibi sunt, unde mittuntur; sic animus magnus et sacer, et in hoc demissus, ut propius divina nossemus, conversatur quidem nobiscum, sed hæret origini suæ; illinc pendet; illuc spectat ac nititur; nostris tanquam melior interest. Quis est ergo hic? animus qui nullo bono nisi suo nititur.

Quid enim est stultius, quam in homine aliena laudare? quid eo dementius, qui ea miratur, quæ ad alium transferri protinus possint? Non faciunt meliorem equum aurei fræni. Aliter leo aurata juba mittitur, dum contractatur, et ad patientiam recipiendi ornamenta cogitur fatigatus; aliter incultus, integri spiritus. Hic scilicet impetu acer, qualem illum natura esse voluit, speciosus ex horrido, cujus hic decor est non sine timore aspici, præfertur illi languido et bracteato. Nemo gloriari nisi suo debet. Vitem laudamus, si fructu palmites onerat, si ipsa ad terram, pondere eorum quæ tulit, adminicula deducit. Num quis huic illam præferret vitem, cui aureæ uvæ, aurea folia dependent? Propria virtus est in vite fertilitas; in homine quoque id laudandum est, quod ipsius est. Familiam formosam habet, et domum pulchram; multum serit, multum fœnerat; nihil horum in ipso est, sed circa ipsum. Lauda in illo quod nec eripi potest, nec dari; quod proprium hominis est. Quæris, quid sit? Animus, et ratio in animo perfecta! Rationale enim animal est homo; consummatur itaque bonum ejus, si id implevit, cui nascitur. Quid est autem, quod ab illo ratio hæc exigit? Rem facillimam; secundum naturam suam vivere! sed hanc difficilem facit communis insania; in vitia alter alterum trudimus! quomodo autem revocari ad salutem possunt, quos nemo retinet, populus impellit? Vale.

EPISTOLA XLII.

RARISSIMOS ESSE VIROS BONOS.

Jam tibi iste persuasit, virum se bonum esse? Atqui vir bonus tam cito nec fieri potest, nec intelligi. Scis quem nunc virum bonum dicam? hujus secundæ notæ! nam ille alter fortasse, tanquam phœnix, semel anno quingentesimo nascitur; nec est mirum, ex intervallo magna generari. Mediocria, et in turbam nascentia, sæpe fortuna producit; eximia vero ipsa raritate commendat. Sed isto multum adhuc abest ab eo quod profitetur et, si sciret

acquis, et s'il savait ce que c'est qu'un homme de bien, il croirait qu'il ne l'est pas encore; peut-être n'espérerait-il pas de l'être jamais.

Vous me direz qu'il mésestime les méchants; c'est ce que font aussi les méchants, dont la plus grande peine est de se voir condamnés par leurs compagnons et par eux-mêmes. Vous direz encore qu'il a de l'aversion contre ces gens subitement élevés, qui usent insolemment de leur pouvoir : il en serait capable s'il avait la même autorité. La faiblesse couvre les vices de quantité de personnes qui ne seraient pas moins violents s'ils avaient la force en main, que ceux dont la prospérité met les défauts en évidence. Il ne leur manque que les moyens de produire leurs injustices. C'est ainsi que l'on peut manier un serpent en sûreté lorsqu'il est gelé de froid; le venin ne lui manque pas, mais il est engourdi. Ce qui empêche que la plupart ne poussent leur cruauté, leur ambition et leur convoitise aussi loin que les plus méchants, c'est que leur fortune ne le permet pas. Vous trouverez qu'ils auront les mêmes inclinations, si vous leur donnez le même pouvoir.

Il vous souvient bien que, lorsque vous m'assuriez qu'un certain esprit, volage et léger, était entièrement à vous, je vous dis que vous le teniez non par le pied, mais par le bout de l'aile; je me trompais toutefois, car c'était par la plume, qu'il a quittée, et s'en est envolé. Vous savez les tours qu'il vous a joués depuis, et ce qu'il a entrepris contre vous, qui sans doute seraient retombés sur lui. Il ne considérait pas qu'il courait à sa ruine en voulant perdre les autres, et qu'il aurait succombé sous le faix des choses qu'il demandait, quoiqu'elles lui parussent fort inutiles. C'est pourquoi, dans les desseins que nous embrassons avec chaleur, nous devons considérer qu'il n'y a nul avantage quelquefois pour nous, ou même qu'il s'y rencontre du désavantage. Car il y a des choses qui nous sont inutiles, d'autres qui ne méritent pas la peine de les acquérir; mais nous n'examinons pas ces dernières, et nous croyons avoir pour rien ce qui nous coûte bien cher. C'est en cela que paraît notre peu de jugement, que nous croyons n'acheter que ce que nous payons en argent; et nous réputons gratuit ce que nous payons de notre soin et de notre travail. En un mot, ce que nous ne voudrions pas acheter s'il fallait donner notre maison ou une belle métairie, nous sommes prêts à l'acquérir avec peine et danger, et par la perte de notre honneur, de notre temps et de notre liberté. Tant il est vrai qu'il n'y a rien dont l'homme fasse si bon marché que de sa peine.

Faisons donc en toutes nos affaires ce que nous avons coutume de pratiquer lorsque nous entrons dans la boutique d'un marchand; cachons le prix de ce que nous voulons avoir. Il arrive souvent qu'on paie bien cher ce qui ne coûte rien. Je pourrais vous marquer beaucoup de choses qui nous ont ôté la liberté après les avoir acquises ou acceptées; nous serions encore à nous si elles n'étaient point à nous. Faites donc ces réflexions en vous-même, aux occasions qui s'offriront de faire du profit, ou de souffrir quelque perte. Dites : Le bien doit périr quelque jour puisqu'il est venu fortuitement; je vivrai aussi content sans cela, que j'ai fait auparavant. En effet, si vous l'avez possédé

---

quid esset vir bonus, nondum esse se crederet, fortasse etiam fieri posse desperaret. — At male existimat de malis! — Hoc etiam mali faciunt; nec ulla major poena nequitiæ est, quam quod sibi ac suis displicet. — At odit eos qui subita et magna potentia impotenter utuntur! — Idem faciet, quum idem poterit. Multorum, quia imbecillia sunt, latent vitia; non minus ausura, quum illis vires suæ placuerint, quam illa, quæ jam felicitas aperuit. Instrumenta illis explicandæ nequitiæ desunt. Sic tuto serpens etiam pestifera tractatur, dum riget frigore; non desunt tunc illi venena, sed torpent. Multorum crudelitas, et ambitio, et luxuria, ut paria pessimis audeat, fortunæ favore deficitur. Eadem velle eos cognosces; da posse, quantum volunt. Meministi, quum quemdam affirmares esse in tua potestate, dixisse me, volaticum esse ac levem; et te non pedem ejus tenere, sed pennam? Mentitus sum; pluma tenebatur, quam remisit, et fugit. Scis quos postea tibi exhibuerit ludos, quam multa in caput suum casura tentaverit? Non videbat se per aliorum pericula in suum ruere; non cogitabat quam onerosa essent quæ petebat, etiamsi supervacua non essent.

Hoc itaque in his, quæ affectamus, ad quæ labore magno contendimus, inspicere debemus, aut nihil in illis commodi esse, aut plus incommodi. Quædam supervacua sunt; quædam tanti non sunt. Sed hæc non providemus; et gratuita nobis videntur, quæ carissime constant. Ex eo licet stupor noster appareat, quod ea sola putamus emi, pro quibus pecuniam solvimus; et gratuita vocamus, pro quibus nos ipsos impendimus. Quæ emere nollemus, si domus nobis nostra pro illis esset danda, si amœnum aliquod fructuosumve prædium; ad ea paratissimi sumus pervenire cum sollicitudine, cum periculo, cum jactura pudoris, et libertatis, et temporis. Adeo nihil est cuique se vilius! Idem itaque in omnibus consiliis rebusque faciamus, quod solemus facere, quoties ad institorem alicujus mercis accessimus; videamus, hoc, quod concupiscimus, quanti deferatur. Sæpe maximum pretium est, pro quo nullum datur. Multa possum tibi ostendere, quæ, acquisita acceptaque, libertatem nobis extorserunt; nostri essemus, si ista nostra non essent.

Hæc ergo tecum ipse versa, non solum ubi de incremento agetur, sed etiam ubi de jactura. Hoc periturum est? nempe adventitium fuit; tam facile sine isto vives, quam vixisti. Si diu illud habuisti, perdis postquam satia-

longtemps, vous le perdez quand vous en êtes soûl; s'il n'y a pas longtemps, vous le perdez avant que d'y être accoutumé. Si vous avez moins de biens, vous aurez moins de crédit, vous aurez moins de soins; si vous avez moins de crédit, vous aurez moins d'envieux. Considérez bien toutes les choses dont la perte nous tire des larmes et nous trouble le sens; vous trouverez que ce qui nous afflige n'est pas tant ce que nous perdons que ce que nous croyons avoir perdu. Personne ne sent la perte que dans son imagination. Celui qui se possède ne peut rien perdre, mais il y en a bien peu qui se sachent posséder.

ÉPITRE XLIII.

Il faut vivre en particulier comme l'on ferait en public.

Vous me demandez comment j'ai su et qui m'a pu dire votre dessein, que vous n'avez découvert à personne? C'est le bruit commun, qui est bien savant. Eh quoi! direz-vous, mon nom est-il assez considérable pour pouvoir faire du bruit? Il ne faut pas que vous vous mesuriez sur ce lieu-ci, mais sur celui où vous êtes. Tout ce qui surpasse en grandeur ce qui est proche de soi, n'est grand qu'au lieu où il le surpasse; car la grandeur n'a rien de limité; la comparaison l'élève ou l'abaisse. Un vaisseau, qui paraît grand sur une rivière, serait fort petit en pleine mer. Un gouvernail, qui est grand pour un navire, serait petit pour un autre. Vous êtes grand au lieu où vous commandez, quoi que vous en puissiez dire; on demande et on sait tout ce que vous faites, ce qu'on vous sert, comment vous avez passé la nuit. Cela vous doit obliger à vivre plus régulièrement. Vous aurez raison de vous estimer heureux lorsque vous pourrez vivre en public, et que votre maison ne servira qu'à vous couvrir contre la saison, et non pas à vous cacher; quoique la plupart s'imaginent que les maisons sont faites plutôt pour la commodité des vices que pour la sûreté des personnes. Je vais vous dire une chose qui vous fera juger de la corruption de nos mœurs. A peine trouverez-vous un homme qui puisse vivre à porte ouverte. Ce n'est point par faste, mais par précaution que l'on a établi des portiers; car nous vivons de manière que c'est être surpris que d'être vu sans avoir été averti. Mais que sert-il de se cacher et d'éviter les yeux et les oreilles des hommes? Une bonne conscience est bien aise de paraître en public; une mauvaise porte son trouble et sa défiance jusque dans le désert. Si vos actions sont honnêtes, que tout le monde les sache; si elles sont vicieuses, qu'importe que personne ne les sache, puisque vous les savez? Oh! que vous êtes malheureux si vous méprisez un tel témoin!

ÉPITRE XLIV.

La philosophie ne considère point l'extraction. — La noblesse vient de la vertu.

Vous vous faites encore petit, et vous dites que la nature ni la fortune ne vous ont pas traité favorablement; mais c'est à tort, puisqu'il est en votre pouvoir de vous tirer de la populace et de monter au plus haut degré de la félicité. La philo-

---

tus es; si non diu, perdis antequam assuescas. Pecuniam minorem habebis? nempe et molestiam; gratiam minorem? nempe et invidiam. Circumspice ista, quæ nos agunt in insaniam, quæ cum plurimis lacrymis amittimus; scies non damnum in his molestum esse, sed opinionem damni. Nemo illa perisse sentit, sed cogitat. Qui se habet, nihil perdidit; sed quotocuique habere se contigit? Vale.

EPISTOLA XLIII.

SAPIENTI SEMPER VIVENDUM QUASI PALAM ESSET.

Quomodo hoc ad me pervenerit, quæris; quis mihi id te cogitare narraverit, quod tu nulli narraveras? — Is, qui scit plurimum: Rumor. — Quid ergo? inquis; tantus sum, ut possim excitare rumorem? — Non est quod te ad hunc locum respiciens metiaris; ad istum respice, in quo moraris. Quidquid inter vicina eminet, magnum est illic, ubi eminet. Nam magnitudo habet modum certum; comparatio illam aut tollit, aut deprimit. Navis, quæ in flumine magna est, in mari parvula est; gubernaculum, quod alteri navi magnum est, alteri exiguum est. Tu nunc in provincia, licet contemnas ipse te, magnus es; quid agas, quemadmodum cœnes, quemadmodum dormias, quæritur, scitur. Eo tibi diligentius vivendum est. Tunc autem felicem esse te judica, quum poteris in publico vivere, quum te parietes tui tegent, non abscondent; quos plerumque circumdatos nobis judicamus, non ut tutius vivamus, sed ut peccemus occultius. Rem dicam, ex qua mores existimes nostros; vix quemquam invenies, qui possit aperto ostio vivere. Janitores conscientia nostra, non superbia, opposuit. Sic vivimus, ut deprehendi sit subito aspici. Quid autem prodest recondere se, et oculos hominum auresque vitare? Bona conscientia turbam advocat; mala etiam in solitudine anxia atque sollicita est. Si honesta sunt quæ facis, omnes sciant; si turpia, quid refert neminem scire, quum tu scias? O te miserum, si contemnis hunc testem! Vale.

EPISTOLA XLIV.

VERAM IN PHILOSOPHIA NOBILITATEM.

Iterum tu mihi te pusillum facis, et dicis, malignius tecum egisse naturam prius, deinde fortunam; quum possis eximere te vulgo, et ad felicitatem omnium maximam emergere! Si quid est aliud in philosophia boni

sophie, entre autres choses, a cela de bon, qu'elle ne prend point garde à l'extraction : car tous les hommes, si l'on remonte à la première origine, se trouveront issus des dieux. Vous êtes chevalier romain, votre mérite vous a élevé à ce degré d'honneur. Chacun n'a pas, comme vous, sa place dans les spectacles publics; toute sorte de gens n'ont point entrée dans le sénat; ceux mêmes qui s'engagent dans les travaux et les périls de la guerre sont choisis et enrôlés d'une manière assez dédaigneuse; mais la vertu reçoit tout le monde à bras ouverts, et n'a point d'égard à la noblesse. La philosophie aussi ne choisit et ne rebute personne; sa lumière se communique généralement à tous. Socrate n'était point gentilhomme; Cléanthe tirait de l'eau et arrosait les jardins; Platon n'était point noble, mais la philosophie l'ennoblit. Pourquoi n'espérez-vous pas de pouvoir être un jour égal à eux? Tous ces grands personnages seront vos ancêtres, si vous vous montrez digne d'eux; vous le serez, en effet, si vous vous persuadez que personne ne peut vous surpasser en noblesse. Car nous avons tous un nombre égal de prédécesseurs; et il n'y a personne aujourd'hui dont l'origine ne soit hors de toute mémoire. Platon dit qu'il n'y a point de roi qui ne soit sorti d'un esclave, ni d'esclave qui ne soit issu d'un roi. Le temps confond les extractions par divers changements, et la fortune les élève ou les abaisse selon son caprice.

Qui pourrait donc être appelé noble? Celui qui, de sa nature, est enclin à la vertu; c'est ce qu'il faut considérer uniquement; autrement, si vous avez recours à l'ancienneté, vous trouverez qu'il n'y a personne qui ne sorte d'une tige avant laquelle il n'y avait rien. Depuis la naissance du monde, une longue suite de générations, tantôt illustres et tantôt obscures, nous a amenés jusqu'à ce jour. Un vestibule rempli de portraits enfumés ne fait point l'homme noble. Personne n'a vécu pour nous faire honneur, et ce qui s'est fait avant nous ne nous appartient pas. C'est la disposition de l'âme qui rend l'homme noble, puisque, de quelque condition qu'il soit, elle peut l'élever au-dessus de la fortune.

Imaginez-vous que vous n'êtes point chevalier romain, mais simple affranchi; vous aurez cet avantage d'être seul libre parmi beaucoup de personnes nobles. Comment cela, direz-vous? — Si vous ne faites point de discernement des biens et des maux, suivant l'opinion du peuple. Il faut considérer, non leur origine, mais leur fin. S'il se trouve quelque chose qui puisse rendre la vie heureuse, on le peut à bon droit appeler bien; car il ne saurait dégénérer en mal. Mais d'où procède cette erreur? C'est que tous ceux qui cherchent la félicité de la vie prennent les moyens pour la fin, et fuient cette félicité lorsqu'ils courent après. Car, quoiqu'elle consiste principalement en une tranquillité solide et en une fermeté immuable, ils amassent toutefois des sujets d'inquiétude, et, ne pouvant porter cette charge, ils sont contraints de la traîner durant le cours d'une vie pleine de traverses. Ainsi ils s'éloignent toujours du repos qu'ils souhaitent, et plus ils travaillent, plus ils se font d'obstacles et reculent en arrière, comme il arrive à ceux qui sont dans un labyrinthe : plus ils cheminent, plus ils s'embarrassent.

---

hoc est, quod stemma non inspicit. Omnes, si ad originem primam revocantur, a diis sunt. Eques Romanus es, et ad hunc ordinem tua te perduxit industria; at mehercules multis quatuordecim clausi sunt. Non omnes curia admittit; castra quoque, quos ad laborem et periculum recipiant, fastidiose legunt. Bona mens omnibus patet; omnes ad hoc sumus nobiles. Nec rejicit quemquam philosophia, nec eligit; omnibus lucet. Patricius Socrates non fuit; Cleanthes aquam traxit, et rigando hortulo locavit manus; Platonem non accepit nobilem philosophia, sed fecit. Quid est, quare desperes, his te posse fieri parem? Omnes hi majores tui sunt, si te illis geris dignum; geres autem, si hoc protinus tibi persuaseris, a nullo te nobilitate superari. Omnibus nobis totidem ante nos sunt; nullius non origo ultra memoriam jacet. Plato ait : « Neminem regem non ex servis esse oriundum, neminem non servum ex regibus. » Omnia ista longa varietas miscuit, et sursum deorsum fortuna versavit. Quis est generosus? ad virtutem bene a natura compositus. Hoc unum intuendum est! alioquin, si ad vetera revocas, nemo non inde est, ante quod nihil est. A primo mundi ortu, usque in hoc tempus, perduxit nos ex splendidis sordidisque alternata series. Non facit nobilem atrium plenum fumosis imaginibus. Nemo in nostram gloriam vixit; nec, quod ante nos fuit, nostrum est. Animus facit nobilem; cui ex quacumque conditione supra fortunam licet surgere. Puta itaque te non esse equitem Romanum, sed libertinum; potes hoc consequi, ut solus sis liber inter ingenuos. — Quomodo? inquis. — Si mala bonaque non populo auctore distinxeris. Intuendum est, non unde veniant, sed quo eant. Si quid est, quod beatam vitam potest facere, id bonum est suo jure; depravari enim in malum non potest. Quid est ergo in quo erratur, quum omnes beatam vitam optent? quod instrumenta ejus pro ipsa habent, et illam, dum petunt, fugiunt. Nam, quum summa beatæ vitæ sit solida securitas et ejus inconcussa fiducia, sollicitudinis colligunt causas, et per insidiosum iter vitæ non tantum ferunt sarcinas, sed trahunt. Ita longius ab effectu ejus quod petunt, semper abscedunt, et, quo plus operæ impenderunt, hoc se magis impediunt, et feruntur retro. Quod evenit in labyrintho properantibus : ipsa illos velocitas implicat. Vale.

ÉPITRE XLV.

On perd trop de temps dans la chicane de l'école. — Il est plus dangereux d'être trompé par les choses que par les paroles.

Vous vous plaignez que vous avez disette de livres au lieu où vous êtes. Il importe plus d'en avoir de bons que d'en avoir beaucoup ; car la lecture d'un livre particulier est profitable, et celle de plusieurs livres n'est simplement que divertissante. Celui qui veut arriver au lieu qu'il s'est proposé doit suivre un même chemin, sans en tenir plusieurs ; car ce serait plutôt s'égarer que cheminer. Vous me direz : « J'aimerais mieux que vous me donnassiez des livres que des conseils. » Pour moi, je suis prêt à vous envoyer tous les livres que j'ai, même à vider ma bibliothèque. Je me rendrais aussi très-volontiers auprès de vous, et j'entreprendrais ce voyage, nonobstant ma vieillesse, sans appréhender le détroit fabuleux de Scylla, ni le gouffre de Charybde, si je ne savais que le temps de votre commission finira bientôt. Je passerais de grand cœur le trajet à voile, même à la nage, pour pouvoir vous embrasser, et pour apprendre, par votre conversation, combien votre âme s'est fortifiée.

Au reste, je ne présume pas être éloquent parce que vous me demandez mes livres, comme je ne croirais pas être beau si vous demandiez mon portrait. Je sais que cela se fait par bonté et non pas par estime, et que si c'est par estime, vous avez été surpris par votre bonté. Mais, quels que soient mes livres soient, je vous prie de les lire comme venant d'un homme qui cherche opiniâtrément la vérité, laquelle il n'a pas encore trouvée ; car je ne me suis assujetti à personne, et je ne m'autorise du nom de personne. Ce n'est pas que je ne défère beaucoup au sentiment de ces grands personnages ; mais je donne aussi quelque chose au mien. Car ils nous ont laissé à chercher des choses qu'ils n'ont pas trouvées, et possible, eussent-ils trouvé les nécessaires, s'ils ne se fussent point amusés aux inutiles. Ils ont consumé beaucoup de temps dans la chicane des mots, et des disputes capricieuses qui ne consistent qu'en de vaines subtilités. Nous formons des difficultés, et nous choisissons des paroles à double sens, puis nous en donnons la solution, comme si nous avions de la vie de reste et que nous fussions déjà comme il faut mourir. Nous devons appliquer tout notre esprit à nous mettre dans un état à ne plus être trompés par les choses ; les paroles n'importent guère. Qu'ai-je à faire que vous me distinguiez des termes équivoques, dont personne n'a jamais été embarrassé que dans la dispute ? Les choses nous trompent : faites-en le discernement ; nous prenons le bien pour le mal, nous désirons le contraire de ce que nous désirions auparavant, nos vœux se combattent, nos desseins sont opposés. Combien la flatterie ressemble-t-elle à l'amitié ? Elle ne l'imite pas seulement, elle la passe encore, et descend dans le cœur par les oreilles, qui lui sont toujours ouvertes, se rendant agréable par la blessure même qu'elle fait.

Apprenez-moi à démêler cette fausse ressemblance. Un ennemi flatteur vient à moi sous l'apparence d'un véritable ami ; les vices s'insinuent sous le nom des vertus ; la témérité se couvre du

---

EPISTOLA XLV.

DE VANA DIALECTICORUM SUBTILITATE.

Librorum istic inopiam esse quereris. Non refert quam multos, sed quam bonos habeas ; lectio certa prodest, varia delectat : Qui, quo destinavit, pervenire vult, unam sequatur viam., non per multas vagetur ; non ire istud, sed errare est. — Vellem, inquis, magis libros mihi quam consilium dares. — Ego vero quoscumque habeo, mittere paratus sum, et totum horreum excutere ; me quoque isto, si possem, transferrem, et, nisi mature ad finem officii sperarem impetraturum, hanc senilem expeditionem indixissem mihi ; nec me Charybdis, et Scylla, et fabulosum istud fretum deterrere potuissent. Transnatassem ista, non solum trajecissem, dummodo te complecti possem, et præsens æstimare quantum animo crevisses.

Cæterum quod libros meos tibi mitti desideras, non magis ideo me disertum puto, quam formosum putarem, si imaginem meam peteres. Indulgentiæ scio istud esse, non judicii ; et, si modo judicii est, indulgentia tibi imposuit. Sed qualescumque sunt, tu illos sic lege, tanquam verum quæram, adhuc non sciam, et contumaciter quæram. Non enim me cuiquam emancipavi ; nullius nomen fero ; multum magnorum virorum judicio credo, aliquid et meo vindico. Nam illi quoque non inventa, sed quærenda nobis reliquerunt ; et invenissent forsitan necessaria, nisi et supervacua quæsissent. Multum illis temporis verborum cavillatio eripuit ; captiosæ disputationes, quæ acumen irritum exercent. Nectimus nodos, et ambiguam significationem verbis illigamus, ac deinde dissolvimus. Tantum nobis vacat ? Jam vivere, jam mori scimus ? Tota illo mente pergendum est, ubi provideri debet, ne res nos, non verba, decipiant. Quid mihi vocum similitudines distinguis, quibus nemo unquam, nisi dum disputat, captus est ? Res fallunt : illas discerne ! Pro bonis mala amplectimur ; optamus contra id quod optavimus ; pugnant vota nostra cum votis, consilia cum consiliis. Adulatio quam similis est amicitiæ ! non imitatur tantum illam, sed vincit, et præteriit ; apertis et propitiis auribus recipitur, et in præcordia ima descendit ; eo ipso gratioso, quo lædit. Doce, quemadmodum hanc similitudinem dignoscere possim ! Venit ad me pro amico blandus inimicus ; vitia nobis sub virtutum nomine obrepunt ; temeritas

titre de la force; la paresse passe pour modération, la timidité pour prudence. C'est en ces choses-là qu'il est dangereux de se tromper; il y faut imprimer certaines marques pour les pouvoir reconnaître. Après tout, un homme à qui on demanderait s'il a des cornes ne serait pas si fou que de se tâter au front, ni assez stupide pour ne pas savoir qu'il n'a point ce que vous lui attribuez par la subtilité d'un argument. Ces choses-là trompent innocemment, comme font les gobelets et les boutons des bateleurs, où l'on prend plaisir d'être trompé; mais faites-moi comprendre comment cela se fait, je perds aussitôt l'envie de le faire. J'en dis autant de ces arguments captieux; car, quel autre nom puis-je donner à ces sophismes? Il n'y a point de bien à les savoir, ni de mal à ne les savoir pas.

Si vous avez donc envie d'éclaircir l'ambiguïté des mots, dites-nous que celui-là n'est pas heureux, que le peuple appelle heureux pour avoir amassé beaucoup d'argent; mais bien cet autre qui a tout son bien renfermé dans lui, qui a l'âme grande et élevée, qui foule aux pieds tout ce que le monde admire, qui ne voit personne contre qui il se voulût changer, qui n'estime l'homme que par les qualités qui le rendent digne de porter ce nom, qui n'a point d'autre précepteur que la nature, qui se conforme à ses lois, et vit comme elle l'ordonne, à qui la puissance ne peut rien ôter, qui convertit le mal en bien, ferme dans ses jugements, immuable, intrépide, qui peut bien être ému et non pas troublé par la violence, sur qui enfin la fortune, après avoir décoché ses traits les plus dangereux, ne fait qu'une légère égratignure, et encore assez rarement. Car tous ces autres traits, dont elle renverse le commun des hommes, sautent comme la grêle qui tombe sur les toits, se casse et se fond sans faire mal à ceux qui sont dessous. Pourquoi m'arrêtez-vous avec ces paralogismes que vous qualifiez vous-même du nom de mensonges, de quoi on a composé tant de livres? Voilà la vie que je mène avec tout le monde, et où je trouve tant de fausseté; reprenez-la, et, si vous êtes si subtil, convainquez-moi, remettez-moi dans le chemin de la vérité. Cette vie commune estime nécessaires les choses dont la plupart sont superflues; celles mêmes qui ne le sont pas n'ont rien qui puisse contribuer à rendre un homme heureux et content. Car il ne s'ensuit pas que tout ce qui est nécessaire soit aussitôt bon. Ce serait trop ravaler ce nom de bien, de le donner à du pain, à du potage, à toutes les autres choses sans lesquelles on ne peut vivre. Mais ce qui est bien est toujours nécessaire, quoique ce qui est nécessaire ne soit pas bien en même temps, parce qu'il y a des choses viles et abjectes qui cependant sont nécessaires.

Je ne crois pas qu'il y ait personne qui connaisse si peu la dignité du bien, qu'il voulût l'abaisser jusqu'à des choses qui ne peuvent servir qu'un jour. Quoi donc! n'aimerez-vous pas mieux appliquer vos soins pour faire connaître à tout le monde qu'on emploie beaucoup de temps à acquérir ce qui est véritablement superflu, et que bien des gens ont passé leur vie en cherchant les moyens de la passer? Considérez tous les hommes, soit en gros ou en détail, il n'y en a pas un seul de qui la vie ne regarde au lendemain. Demandez-vous ce qu'il y a de mal en cela? Il y en a à l'infini;

---

sub titulo fortitudinis latet; moderatio vocatur ignavia; pro cauto timidus accipitur. In his magno periculo erramus : his certas notas imprime! Cæterum, qui interrogatur, *an cornua habeat*, non est tam stultus, ut frontem suam tentet; nec rursus tam ineptus aut hebes, ut nesciat, si tu illi subtilissima collectione persuaseris. Sic ista sine noxa decipiunt, quomodo præstigiatorum acetabula et calculi, in quibus fallacia ipsa delectat; effice ut, quomodo fiat, intelligam; perdidi usum. Idem de istis captionibus dico; quo enim nomine potius *sophismata* appellem? nec ignoranti nocent, nec scientem juvant. Si vis utique verborum ambiguitates diducere, hoc nos doce, beatum non eum esse, quem vulgus appellat, ad quem pecunia magna confluxit; sed illum, cui bonum omne in animo est, erectum, et excelsum, et mirabilia calcantem; qui neminem videt, cum quo se commutatum velit; qui hominem ea sola parte æstimat, qua homo est; qui natura magistra utitur, ad illius leges componitur, sic vivit quomodo illa præscripsit; cui bona sua nulla vis excutit; qui mala in bonum convertit, certus judicii, inconcussus, intrepidus; quem aliqua vis movet, nulla perturbat; quem fortuna, quum quod habuit telum nocentissimum vi maxima intorsit, pungit, non vulnerat, et hoc raro. Nam cætera ejus tela, quibus genus humanum debellatur, grandinis more dissultant, quæ, incussa tectis, sine ullo habitatoris incommodo crepitat ac solvitur. Quid me detines in eo, quem tu ipse *pseudomenon* appellas, de quo tantum librorum compositum est? Ecce tota mihi vita mentitur : hanc coargue! hanc ad verum, si acutus es, redige! Necessaria judicat, quorum magna pars supervacua est; etiam, quæ non est supervacua, nihil in se momenti habet in hoc, ut possit fortunatum beatumque præstare. Non enim statim bonum est, si quid necessarium est; aut projicimus *bonum*, si hoc nomen pani aut polentæ damus, et cæteris sine quibus vita non ducitur. Quod bonum est, utique necessarium est : quod necessarium est, non utique bonum est; quoniam quidem necessaria sunt quædam, eadem vilissima. Nemo usque eo dignitatem boni ignorat, ut illud ad hæc in diem utilia demittat. Quid ergo? non eo potius curam transferes, ut ostendas omnibus, magno temporis impendio quæri supervacua; et multos transisse vitam, dum vitæ instrumenta conquirunt? Recognosce singulos, considera universos; nullius non vita spectat in crastinum. Quid in hoc

car ils ne vivent pas; mais ils regardent comment ils vivront, et remettent tout à l'avenir. Quand nous y prendrions garde de près, la vie ne laisserait pas de s'enfuir; mais, parce que nous n'y songeons pas, elle s'envole comme si nous n'y avions pas de part, et, se consumant chaque jour, elle se termine enfin au dernier. Mais, pour ne point passer les bornes d'une lettre, qui ne doit pas charger la main de celui qui la lit, je remettrai à un autre jour cette dispute contre les dialecticiens chicaneurs, qui nient le pour et le contre, et sont toujours prêts à dire: Ce n'est pas ceci, ce n'est pas cela.

ÉPITRE XLVI.

Quand on veut écrire, il faut choisir une matière ample et fertile.

J'ai reçu le livre que vous m'aviez promis, et, l'ayant ouvert pour en faire l'essai, et le lire après à ma commodité, il me plut et m'engagea d'aller plus avant. C'est vous marquer assez l'estime que j'en dois faire, que de vous dire que je l'ai trouvé court, encore que par la grosseur on puisse juger qu'il n'est ni de votre temps ni du mien, Car on le prendrait d'abord pour un ouvrage de Tite-Live ou d'Épicure. Enfin, il me charma de telle façon, que, sans pouvoir différer d'un moment, je le lus entier. La nuit venait, la faim me pressait, la pluie me menaçait, et avec cela je ne laissai pas d'en venir à bout. J'y ai trouvé non-seulement du plaisir, mais encore de la joie. Combien l'auteur a-t-il d'esprit et de force! Je dirais combien d'impétuosité, s'il entrecoupait quelquefois, et si, s'arrêtant, il s'élevait ensuite par intervalles! Mais son caractère n'est pas tant d'être impétueux que d'avoir un mouvement réglé; de ne dire rien que de mâle, que de fort, et, pour ainsi dire, que de saint, où, toutefois, la douceur et la délicatesse se trouvent mêlées fort adroitement et fort à propos. Il est grand, il est droit; mais je veux que vous sachiez que son sujet y a contribué quelque chose. C'est pourquoi l'on doit toujours choisir une matière ample et fertile, afin qu'elle puisse remplir et émouvoir l'esprit de l'auteur. Je vous écrirai plus au long de votre livre quand je l'aurai revu; car, pour le présent, je n'en saurais juger que comme si je l'avais ouï lire, et non pas comme l'ayant lu moi-même. Permettez-moi de l'examiner, je vous en dirai la vérité. Oh! que vous êtes heureux de n'avoir rien qui puisse obliger personne de vous mentir de loin, si ce n'est que l'on ment encore par habitude quand on n'a plus sujet de mentir!

ÉPITRE XLVII.

Il faut traiter honnêtement vos serviteurs.

J'ai été bien aise d'apprendre, par ceux qui viennent de votre part, que vous vivez familièrement avec vos serviteurs; cela est digne d'un homme sage et savant comme vous êtes. On dira: Quoi? ce sont des esclaves; mais ils sont hommes, ils sont nos domestiques. Ce sont des esclaves; mais ce sont des amis respectueux, et ce sont nos compagnons, si vous considérez que nous sommes également sujets au pouvoir de la fortune. C'est pourquoi je me ris de ceux qui tiennent qu'il

---

sit mali, quæris? Infinitum! non enim vivunt, sed victuri sunt; omnia differunt. Etiam si attenderemus, tamen uos vita præcurreret; nunc vero cunctantes, quasi aliena, transcurrit, et ultimo die finitur, omni perit. Sed ne epistolæ modum excedam, quæ non debet sinistram manum legentis implere, in alium diem hanc litem cum dialecticis differam, nimium subtilibus, et hoc solum curantibus, non et hoc. Vale.

EPISTOLA XLVI.

DE LIBRO LUCILII, PHILOSOPHICO UT VIDETUR, JUDICAT, LAUDATQUE EUM.

Librum tuum, quem mihi promiseras, accepi, et, tanquam lecturus ex commodo, adaperui ac tantum degustare volui. Deinde blanditus est ipse, ut procederem longius; qui quam disertus fuerit, ex hoc intelligas licet; brevis mihi visus est, quum esset nec mei, nec tui corporis, sed qui primo aspectu aut T. Livii, aut Epicuri posset videri; tanta autem dulcedine me tenuit ac traxit, ut illum sine ulla dilatione perlegerim. Sol me invitabat, fames admonebat, nubes minabantur; tamen exhausi totum. Non tantum delectatus, sed gavisus sum. Quid ingenii iste habuit, quid animi! dicerem, quid impetus! si interquievisset, si intervallo surrexisset. Nunc non fuit impetus, sed tenor; compositio virilis et sancta. Nihilominus interveniebat dulce illud, et loco lene. Grandis, erectus es; hoc te volo tenere, sic ire. Fecit aliquid et materia; ideo eligenda est fertilis, quæ capiat ingenium, quæ incitet. De libro tuo plura scribam, quum illum retractavero; nunc parum mihi sedet judicium, tanquam audierim illa, non legerim. Sine me et inquirere. Non est quod verearis; verum audies. O te hominem felicem, quod nihil habes, propter quod quisquam tibi tam longe mentiatur! nisi quod jam, etiam ubi causa sublata est, mentimur consuetudinis causa. Vale.

EPISTOLA XLVII.

CLEMENTER HABENDOS ESSE SERVOS.

Libenter ex his, qui a te veniunt, cognovi, familiariter te cum servis tuis vivere; hoc prudentiam tuam, hoc eruditionem decet. Servi sunt? immo homines. Servi sunt? immo contubernales. Servi sunt? immo humiles amici. Servi sunt? immo conservi, si cogitaveris tantumdem in utrosque licere fortunæ. Itaque rideo istos qui

n'est pas honnête de manger avec les personnes qui vous servent. Pourquoi en use-t-on ainsi? si ce n'est par faste et à cause que la coutume veut que le maître, lorsqu'il mange, soit investi d'une troupe de valets qui sont debout? Tandis qu'il se farcit le ventre, qu'il lui donne plus de charge qu'il n'en peut porter, ces malheureux valets n'oseraient remuer les lèvres ni dire un mot. On fait faire silence à coups de bâton ; s'il arrive à quelqu'un de tousser, d'éternuer, ou de faire un hoquet, il en est aussitôt châtié. Ils demeurent toute une nuit sans manger et sans parler ; cela fait qu'ils parlent mal de leur maître, à cause qu'ils n'osent parler en sa présence. Mais autrefois les serviteurs, qui n'avaient point la bouche fermée, et à qui l'on permettait de parler en présence de leurs maîtres, et de raisonner avec eux, s'exposaient librement à tous les périls, et donnaient leur tête pour sauver celle de leur maître ; ils parlaient durant le repas ; mais ils ne disaient mot dans la torture. On se sert encore d'un proverbe qui conduit à une pareille arrogance et à un pur faste : autant de valets, autant d'ennemis. Ils ne sont pas nos ennemis, mais nous faisons qu'ils le deviennent. Je ne parle point de l'inhumanité dont nous usons en leur endroit, les traitant comme des bêtes, et non pas comme des hommes. Je dirai seulement que, quand nous sommes à table, l'un marche sur les crachats, l'autre, tout courbé, amasse ce que des gens pleins de vin ont laissé tomber à terre; l'autre coupe le gibier et le met en pièces, trouvant adroitement la jointure des ailes et des cuisses. Malheureux de ne vivre que pour couper des viandes ; plus malheureux encore celui qui enseigne un tel métier pour la volupté, que celui qui l'apprend par nécessité. Un autre qui sert à boire, ajusté comme une femme, dispute contre son âge, et tâche de rappeler sa jeunesse en se rasant ou s'arrachant le poil. Ce misérable est contraint de veiller toute la nuit, et de la partager entre la brutalité et l'ivrognerie de son maître. Un autre, qui a charge d'observer les conviés, demeure là planté sur ses pieds pour voir ceux qui auront su mieux flatter, causer et boire, afin de les inviter le lendemain.

Joignez-y maintenant les écuyers de cuisine qui savent parfaitement le goût de leur maître, ce qui lui peut exciter l'appétit, ce qui lui réjouit la vue, de quoi il commence à se lasser, ce qu'il lui faut donner de nouveau pour empêcher son dégoût, enfin, ce qu'il mangera bien ce jour-là. Il n'a garde d'admettre à sa table ces sortes d'officiers, et il se croirait dégradé de noblesse s'il avait mangé avec un de ses serviteurs. Les dieux font justice à ces gens-là quand ils leur donnent des maîtres qui ont été leurs valets. J'ai vu le maître de Calliste, qui lui avait autrefois attaché l'écriteau, et qui l'avait exposé en vente parmi ses esclaves de rebut, demeurer debout à la porte de ce même Calliste, tandis qu'on faisait entrer les autres. Ce serviteur, qui avait été mis au premier rang où le crieur commence ses publications, lui rendit bien la pareille en ne l'estimant pas digne de l'entrée de sa maison. Le maître avait vendu Calliste ; mais il en fut bien puni par Calliste.

turpe existimant cum servo suo cœnare : quare? nisi quia superbissima consuetudo cœnanti domino stantium servorum turbam circumdedit. Est ille plus quam capit, et ingenti aviditate onerat distentum ventrem, ac desuetum jam ventris officio, ut majore opera omnia egerat, quam ingessit ; at infelicibus servis movere labra ne in hoc quidem, ut loquantur, licet. Virga murmur omne compescitur ; et ne fortuita quidem verberibus excepta sunt, tussis, sternutamenta, singultus ; magno malo ulla voce interpellatum silentium luitur; nocte tota jejuni mutique perstant. Sic fit, ut isti de domino loquantur, quibus coram domino loqui non licet. At illi, quibus non tantum coram dominis, sed cum ipsis erat sermo, quorum os non consuebatur, parati erant pro domino porrigere cervicem, periculum imminens in caput suum avertere. In conviviis loquebantur, sed in tormentis tacebant. Deinde ejusdem arrogantiæ proverbium jactatur : « Totidem esse hostes, quot servos. » Non habemus illos hostes, sed facimus. Alia interim crudelia et inhumana prætereo, quod ne tanquam hominibus quidem, sed tanquam jumentis abutimur, quod, quum ad cœnandum discubuimus, alius sputa detergit, alius reliquias temulentorum subditas colligit, alius pretiosas aves scindit, et, per pectus et clunes certis ductibus circumferens eruditam manum, in frusta excutit. Infelix, qui huic uni rei vivit, ut altilia decenter secet, nisi quod miserior est, qui hoc voluptatis causa docet, quam qui necessitatis discit. Alius, vini minister, in muliebrem modum ornatus, cum ætate luctatur, non potest effugere pueritiam, retrahitur, jamque militari habitu, glaber, retritis pilis, aut penitus evulsis, tota nocte pervigilat, quam inter ebrietatem domini ac libidinem dividit, et in cubiculo vir, in convivio puer est. Alius, cui convivarum censura permissa est, perstat infelix, et exspectat, quos adulatio, et intemperantia aut gulæ, aut linguæ, revocet in crastinum. Adjice obsonatores, quibus dominici palati notitia subtilis est ; qui sciunt, cujus rei illum sapor excitet, cujus delectet aspectus, cujus novitate nauseabundus erigi possit, quid jam ipsa satietate fastidiat, quid illo die esuriat. Cum his cœnare non sustinet, et majestatis suæ diminutionem putat, ad eamdem mensam cum servo suo accedere. Dii melius ! quot ex istis dominos habent ! Stare ante limen Callisti dominum suum vidi, et eum, qui illi impegerat titulum, qui inter ridicula mancipia produxerat, aliis intrantibus excludi. Retulit illi gratiam servus, ille in primam decuriam conjectus, in qua vocem præco experitur ; et ipse illum invicem apologavit, et ipse non judicavit domo sua dignum. Dominus Callistum vendidit ; sed domino quam multa Callistus !

Ne songes-tu pas que celui que tu appelles ton esclave tire son origine d'une semblable semence, qu'il jouit du même ciel, qu'il respire le même air, qu'il vit et meurt de même que toi? Tu le peux voir aussitôt libre qu'il te peut voir esclave. En la défaite de Varus combien la fortune renversa-t-elle de jeunes gens sortis de bonne maison, qui s'étaient enrôlés pour mériter le degré de sénateur! Elle en fit : l'un berger, l'autre portier. Après cela, méprisez, si vous voulez, une personne réduite à la condition où vous pouvez tomber. Je ne veux point me jeter dans un champ qui serait trop vaste, et traiter de l'usage que l'on doit faire des serviteurs, envers lesquels certainement nous nous montrons trop arrogants, injurieux et cruels: je dirai pourtant mon avis en deux mots. Vivez avec votre inférieur comme vous voudriez que votre supérieur vécût avec vous. Toutes les fois que vous songerez combien de pouvoir vous avez sur votre serviteur, songez aussi que votre maître en a autant sur vous. — Mais, direz-vous, je n'ai point de maître. — Vous êtes encore jeune, vous en aurez peut-être quelque jour. Ne savez-vous point à quel âge Hécube, Crésus, la mère de Darius, Platon et Diogène furent esclaves? Vivez doucement avec votre serviteur, parlez, conférez et mangez avec lui. C'est ici où toute la troupe des délicats s'écriera contre moi : Il n'y a rien, diront-ils, de plus bas, ni de plus vilain que cela. Mais il serait aisé de surprendre ces messieurs baisant les mains des esclaves d'autrui. Vous ne considérez pas que les anciens, pour retrancher tout sujet de haine contre les maîtres, et de mépris envers les serviteurs, ont appelé les maîtres pères de famille, et les serviteurs domestiques ; ce qui s'observe encore dans les représentations de théâtre. Ils instituèrent aussi un jour de fête, durant lequel les serviteurs mangeaient avec leurs maîtres, recevaient les honneurs et ordonnaient de toutes choses, estimant que leur maison était une petite république. — Quoi donc! faut-il que je fasse asseoir tous mes serviteurs à ma table? — Non plus que vous n'y admettez pas toutes les personnes libres; mais il n'en faut pas exclure les serviteurs qui sont en de bas emplois, comme un muletier et un charretier ; car on les doit considérer par leurs mœurs et non par leurs ministères.

Chacun forme ses mœurs comme il lui plaît ; mais c'est le hasard qui donne les conditions. Les uns seront à votre table, parce qu'ils en sont dignes, et les autres afin qu'ils s'en rendent dignes. Car, s'ils ont contracté quelque chose de servile dans la conversation de leurs égaux, ils le perdront en mangeant avec des personnes plus honnêtes. Il ne faut pas croire, mon cher Lucile, qu'on ne puisse trouver un ami qu'à la cour et au barreau. Si vous y prenez garde, vous en trouverez aussi à la maison. Souvent une bonne matière demeure faute d'être employée. Essayez-la, éprouvez-la. Un homme qui veut acheter un cheval serait malavisé de ne le pas examiner, mais de regarder seulement sa selle et sa bride. Celui-là aussi serait très-impertinent, qui jugerait d'un homme par son habit ou par sa condition, qui est une espèce de robe dont il est revêtu. Mais c'est un esclave. Il est peut-être libre par la grandeur

---

Vis tu cogitare, istum quem servum tuum vocas, ex iisdem seminibus ortum, eodem frui cœlo, æque spirare, æque vivere, æque mori? Tam tu illum videre ingenuum potes, quam ille te servum. Variana clade multos splendidissime natos senatorium per militiam auspicantes gradum, fortuna depressit : alium ex illis pastorem, alium custodem casæ fecit. Contemne nunc ejus fortunæ hominem, in quam transire, dum contemnis, potes. Nolo in ingentem me locum immittere, et de usu servorum disputare; in quos superbissimi, crudelissimi, et contumeliosissimi sumus. Hæc tamen præcepti mei summa est : « Sic cum inferiore vivas, quemadmodum tecum superiorem velles vivere. » Quoties in mentem venerit, quantum tibi in servum liceat, veniat in mentem, tantumdem in te domino tuo licere. — At ego, inquis, nullum habeo dominum. — Bona ætas est! forsitan habebis. Nescis qua ætate Hæcuba servire cœperit, qua Crœsus, qua Darii mater, qua Plato, qua Diogenes? Vive cum servo clementer ; comitem quoque, et in sermonem illum admitte, et in consilium, et in convictum.

Hoc loco acclamabit mihi tota manus delicatorum : Nihil hac re humilius, nihil turpius! — Hos ego eosdem deprendam, alienorum servorum osculantes manum. Ne illud quidem videtis, quam omnem invidiam majores nostri dominis, omnem contumeliam servis detraxerint? Dominum *patrem familiæ* appellaverunt ; servos (quod etiam in mimis adhuc durat) familiares. Instituerunt diem festum, non quo solo cum servis domini vescerentur, sed quo utique honores illis in domo gerere, jus dicere permiserunt, et domum pusillam rempublicam esse judicaverunt. — Quid ergo? omnes servos admovebo mensæ meæ ? — Non magis quam omnes liberos. Erras, si existimas me quosdam, quasi sordidioris operæ, rejecturum, ut puta illum mulionem, et illum bubulcum ; non ministeriis illos æstimabo, sed moribus. Sibi quisque dat mores, ministeria casus assignat. Quidam cœnent tecum, quia digni sunt, quidam, ut sint. Si quid enim in illis ex sordida conversatione servile est, honestiorum convictus excutiet. Non est, mi Lucili, quod amicum tantum in foro et in curia quæras; si diligenter attenderis, et domi invenies. Sæpe bona materia cessat sine artifice : tenta, et experire. Quemadmodum stultus est, qui, equum empturus, non ipsum inspicit, sed stratum ejus ac frænos; sic stultissimus est, qui hominem aut ex veste, aut ex conditione, quæ vestis modo nobis circumdata est, æstimat. Servus est! sed fortasse liber animo. Servus est! hoc ill

de son âme. Mais c'est un esclave; n'y aura-t-il que lui seul à qui ce nom soit préjudiciable? Car qui ne l'est pas? L'un est sujet aux femmes, l'autre à l'argent, l'autre à l'ambition, et tout le monde à la crainte. Je vous produirai un homme consulaire, qui est esclave d'une vieille; un autre, encore très-opulent, soumis à une servante. Je vous ferai voir des jeunes gens d'illustre maison, qui sont valets de comédiens; il n'y a point de servitude plus honteuse que celle qui est volontaire.

Que ces délicats n'empêchent donc pas que vous ne soyez toujours de belle humeur avec vos serviteurs, et que vous n'usiez honnêtement de votre autorité; faites qu'ils vous honorent plus qu'ils ne vous craignent. On m'objectera peut-être que je veux mettre les esclaves en liberté, et dégrader les maîtres de leur supériorité, à cause de ce que j'ai dit : Faites qu'ils vous honorent plus qu'ils ne vous craignent. On dira : N'honoreront-ils leurs maîtres que comme les clients honorent leurs patrons, et comme ceux qui vont donner le bonjour aux grands? Celui qui ferait une telle objection ne prendrait pas garde que, puisqu'il suffit à Dieu d'être honoré et aimé, ce doit être assez pour les maîtres; car l'amour ne peut compatir avec la crainte.

J'estime donc que vous faites parfaitement bien de ne vous point faire craindre par vos serviteurs, et de ne les corriger que par la parole. Il y a bien des fautes que l'on peut reprendre sans frapper : ce qui nous choque ne nous blesse pas toujours. Mais les délices nous ont jetés dans une humeur si violente, que toutes les choses qui ne se font pas à notre fantaisie nous mettent en colère. Nous faisons comme les rois qui, sans considérer leur puissance et la faiblesse des autres hommes, s'échauffent et se vengent quelquefois comme si on les avait offensés; de quoi la grandeur de leur fortune les garantit assez. Ils le savent bien ; mais ils se plaignent pour avoir un prétexte de faire l'injure qu'ils prétendent avoir reçue. Je ne vous tiendrai pas plus longtemps, car vous n'avez pas besoin d'être exhorté. Les gens de bien ont cela de particulier qu'ils se plaisent et demeurent toujours dans une même assiette. Les méchants, au contraire, sont légers; ils changent et passent souvent d'un état à l'autre, quoiqu'il ne soit pas meilleur.

ÉPITRE XLVIII

Les amis doivent vivre en communauté d'intérêts. — Il ne faut pas s'arrêter aux subtilités des sophistes.

Je ferai ci-après réponse à votre lettre, que j'ai reçue en chemin, qui est aussi longue que le chemin même. Il faut que je me retire en particulier, et que j'avise à ce que je dois vous conseiller. Car vous-même, qui me demandez conseil, vous avez songé longtemps si vous me le demanderiez; à plus forte raison dois-je y penser, puisqu'il faut plus de temps pour résoudre une question que pour la proposer, particulièrement lorsque les intérêts se rencontrent différents ou contraires. Cependant je parle dans le sentiment d'Épicure, et dis que ce qui vous est utile me l'est aussi. Car je ne serais pas votre ami, si je ne faisais mon affaire de tout ce qui vous touche. L'amitié établit entre nous une société de toutes choses; les succès bons ou mauvais ne sont point

---

nocebit? ostende quis non sit. Alius libidini servit, alius avaritiæ, alius ambitioni; omnes timori. Dabo consularem aniculæ servientem, dabo ancillulæ divitem; ostendam nobilissimos juvenes mancipia pantomimorum. Nulla servitus turpior est, quam voluntaria. Quare non est quod fastidiosi isti te deterreant, quo minus servis tuis hilarem te præstes, et non superbe superiorem. Colant potius te, quam timeant.

Dicet nunc aliquis, me vocare ad pileum servos, et dominos de fastigio suo dejicere, quod dixi, colant potius dominum, quam timeant; ita, inquam, prorsus colant tanquam clientes, tanquam salutatores. — Hoc qui dixerit, obliviscetur, id dominis parum non esse, quod Deo satis est, qui colitur et amatur. Non potest amor cum timore misceri. Rectissime ergo te facere judico, quod timeri a servis tuis non vis, quod verborum castigatione uteris. Verberibus muta admonentur. Non, quidquid nos offendit, et lædit; sed ad rabiem nos cogunt venire deliciæ, ut, quidquid non ex voluntate respondit, iram evocet. Regum nobis induimus animos; nam illi quoque, obliti et virium suarum, et imbecillitatis alienæ, sic excandescunt, sic sæviunt, quasi injuriam acceperint; a cujus rei periculo illos fortunæ suæ magnitudo tutissimos præstat. Nec hoc ignorant, sed occasionem nocendi captant quærendo; acceperunt injuriam, ut facerent. Diutius te morari nolo, non est enim tibi exhortatione opus. Hoc habent inter cætera boni mores, placent sibi, permanent; levis est malitia, sæpe mutatur; non in melius, sed in aliud. Vale.

EPISTOLA XLVIII.

DE FUTILITATE SOPHISTICARUM DISPUTATIONUM.

Ad epistolam, quam mihi ex itinere misisti, tam longam, quam ipsum iter fuit, postea rescribam. Seducere me debeo, et, quid suadeam, circumspicere. Nam tu quoque, qui consulis, diu, an consuleres, cogitasti ; quanto magis hoc mihi faciendum est, quum longiore mora opus sit, ut solvas quæstionem, quam ut proponas? utique, quum aliud tibi expediat, aliud mihi. Iterum ego tanquam Epicurus loquor? Mihi vero idem expedit, quod tibi; aut non sum amicus, nisi, quidquid agitur ad te pertinens, meum est. Consortium rerum omnium inter nos facit amicitia; nec secundi quidquam singulis est, nec

particuliers ; nous vivons en communauté ; et celui-là ne se peut pas dire heureux qui ne considère que soi-même, et qui rapporte toutes choses à son intérêt. Il faut que vous viviez pour autrui, si vous voulez vivre pour vous-même. Cette sainte société qui lie tous les hommes ensemble, et qui nous montre qu'il y a un droit commun de toutes les nations, doit être observée religieusement, d'autant plus qu'elle sert à entretenir l'amitié particulière dont je parlais. Car celui qui aura beaucoup de choses communes avec un autre homme, les aura toutes avec son ami.

J'aimerais mieux, mon cher Lucile, que ces docteurs, qui sont si subtils, m'instruisissent de mes devoirs envers mon ami, ou envers un autre homme, que de me dire en combien de sortes on peut appeler un ami, et combien de significations peut recevoir ce mot d'homme. Je vois que la sagesse et la folie tiennent des chemins bien différents ; lequel voulez-vous que je suive ? Quel parti me conseillez-vous de prendre ? La sagesse considère tous les hommes comme étant ses amis, la folie ne considère pas même ses amis comme étant des hommes. La sagesse se fait des amis pour leur rendre service, la folie se fait des amis pour en tirer des services. Vous détournez les paroles de leur sens, et vous vous amusez à couper des syllabes, comme si, faute de savoir former des questions raffinées, et tirer une fausse conclusion d'un principe véritable, je ne pouvais discerner ce que je dois fuir d'avec ce que je dois désirer. J'ai honte qu'à l'âge où nous sommes nous badinions ainsi dans une matière si sérieuse. Le rat est une syllabe ; or, le rat mange le fromage : donc la syllabe mange le fromage. Supposé que je ne puisse pas démêler cela, quel mal ou quelle incommodité m'en arrivera-t-il ? Est-il à craindre que je ne prenne quelquefois des syllabes dans la ratière, ou que la syllabe ne mange le fromage, à moins que je n'y prenne garde ? Cet argument, peut-être, sera plus subtil : le rat est une syllabe ; mais la syllabe ne mange point le fromage : donc le rat ne mange point le fromage. O sottises puériles ! Faut-il, pour les apprendre, se froncer le sourcil et se laisser croître la barbe ? Faut-il les enseigner avec un visage pâle et mélancolique ?

Voulez-vous savoir ce que la philosophie promet à tout le genre humain ? de bons avis. L'un est pressé de la pauvreté ; l'autre est tourmenté par ses richesses ou par celles d'autrui ; celui-ci se dépite contre sa mauvaise fortune ; celui-là voudrait bien se dégager des embarras qu'apporte la prospérité ; qui se plaint des hommes, qui des dieux. Pourquoi me proposez-vous ces bagatelles ? Vous avez promis du secours à ceux qui ont fait naufrage, qui sont captifs, malades, pauvres, et qui sont près de porter leur tête sur un échafaud ; où vous égarez-vous ? Que faites-vous ? Cet homme tremble, avec lequel vous vous jouez ainsi par des syllogismes. Si vous avez plus d'éloquence que les autres, employez-la pour soulager des affligés qui voient la mort si prochaine. On vous tend les mains de toutes parts. Ceux qui se sont perdus, et ceux qui craignent de se perdre par leur mauvaise conduite implorent votre assistance ; vous êtes tout leur espoir et leur asile ; ils demandent que vous les retiriez d'un si grand embarras, et que, pour redresser leurs égare-

---

adversi : in commune vivitur. Nec potest quisquam beate degere, qui se tantum intuetur, qui omnia ad utilitates suas convertit ; alteri vivas oportet, si vis tibi vivere. Hæc societas diligenter et sancte observata, quæ nos omnes omnibus miscet, et judicat aliquod esse commune jus generis humani, plurimum ad illam quoque, de qua loquebar, interiorem societatem amicitiæ colendam proficit. Omnia enim cum amico communia habebit, qui multa cum homine.

Hoc, Lucili, virorum optime, mihi ab istis subtilibus præcipi malo, quid amico præstare debeam, quid homini, quam quot modis amicus dicatur, et homo quam multa significet. In diversum, ecce, sapientia et stultitia discedunt : cui accedo ? in utram ire partem jubes ? Illi homo pro amico est, huic amicus est pro homine : ille amicum sibi parat, hic se amico. Tu mihi verba distorques, et syllabas digeris. Scilicet, nisi interrogationes vaferrimas struxero, et conclusione falsa a vero nascens mendacium astrinxero, non potero a fugiendis petenda secernere ! Pudet me, in re tam seria senes ludimus. « Mus syllaba est ; mus autem caseum rodit : syllaba ergo caseum rodit. » Puta nunc, me istud non posse solvere ; quod mihi ex ista inscientia periculi imminet ? quod incommodum ? Sine dubio verendum est, ne quando in muscipula syllabas capiam, aut ne quando, si negligentior fuero, caseum liber comedat. Nisi forte illa acutior est collectio : « Mus syllaba est ; syllaba autem caseum non rodit : mus ergo caseum non rodit. » O pueriles ineptiæ ! in hoc supercilia subduximus ? in hoc barbam demisimus ? hoc est quod tristes docemus et pallidi ?

Vis scire, quid philosophia promittat generi humano ? Consilium ! Alium mors vocat ; alium paupertas urit ; alium divitiæ vel alienæ torquent, vel suæ ; ille malam fortunam horret, hic se felicitati suæ subducere cupit ; hunc homines male habent, illum Dii. Quid mihi lusoria ista componis ? non est jocandi locus : ad miseros advocatus es. Opem laturum te naufragis, captis, ægris, egentibus, intentæ securi subjectum præstantibus caput, pollicitus es : quo diverteris ? quid agis ? Hic, cum quo ludis, timet. Succurre, quidquid loquenti, respondent in pœnis omnes. Undique ad te manus tendunt, perditæ vitæ perituræque auxilium aliquod implorant ; in te spes opesque sunt ; rogant, ut ex tanta illos volutatione extrahas, ut disjectis et errantibus clarum veritatis lumen ostendas.

ments, vous leur montriez le flambeau de la vérité. Apprenez-leur ce que la nature a rendu nécessaire, et ce qui est superflu, combien ses lois sont aisées, et la vie de ceux qui les suivent agréable et libre ; au contraire, combien est grand le chagrin et la peine de tous ceux qui défèrent plus à l'opinion qu'à la nature ; en un mot, ce qui peut éteindre ou modérer leurs passions. Encore si ces disputes étaient seulement inutiles ; mais elles sont nuisibles ; je vous le ferai voir clairement quand il vous plaira, et qu'un naturel généreux et fort s'altère et s'affaiblit dans l'exercice de ces vaines subtilités.

J'aurais honte de dire comment ils préparent ceux qui ont à combattre contre la fortune, et quelles armes ils leur donnent. Voilà bien le moyen d'acquérir le souverain bien ! On ne trouve chez eux que des exceptions et des chicanes qui seraient même infâmes en la personne d'un plaideur. Car, que faites-vous autre chose, quand vous trompez à escient ceux que vous interrogez, que de leur faire croire qu'ils sont convaincus par les formes? Mais, comme le préteur relève des formalités, aussi la philosophie remet en entier ceux que vous avez surpris. Pourquoi, après m'avoir promis si solennellement que vous feriez en sorte que le brillant de l'or, ni la lueur d'une épée ne me causerait aucune émotion, et que je mépriserais hardiment tout ce qui est désiré ou redouté des hommes, vous réduisez-vous aux éléments de la grammaire ? Que dites-vous ? Est-ce ainsi que l'on monte au ciel ? Car la philosophie me promet de me rendre pareil à Dieu : je suis invité, je suis venu pour ce sujet, tenez votre promesse. C'est pourquoi, mon cher Lucile, défaites-vous de ces exceptions et de ces prescriptions de sophistes. La bonté doit être simple et ouverte. Quand il nous resterait encore beaucoup de temps à vivre, il faudrait le ménager pour apprendre les choses nécessaires ; et maintenant qu'il nous en reste si peu, n'est-ce pas une folie d'apprendre des choses qui sont inutiles ?

ÉPITRE XLIX.

La vie est courte, le temps passe vite. — Il est honteux d'en consumer une partie en questions inutiles.

C'est être, à mon avis, bien négligent, mon cher Lucile, que de ne se pas souvenir d'un ami, si la rencontre de quelque pays ne le remet en mémoire. Ce n'est pas que les lieux où nous avons conversé avec les personnes que nous aimons ne réveillent quelquefois le désir que nous avions de les revoir ; car le souvenir n'en était pas perdu, il n'était qu'endormi. De même que quand on pleure un défunt, la douleur que le temps avait adoucie se renouvelle à la vue de son serviteur, de sa robe ou de sa maison ; vous ne sauriez croire combien la campagne de Rome, et surtout Naples, où j'ai vu vos amis les Pompée, a renouvelé le chagrin que j'ai de ne vous plus voir. Vous êtes pourtant toujours présent à mes yeux, et dans l'état où je vous laissai quand je partis d'auprès de vous. Je vous vois encore baigné de vos larmes, et cédant aux transports de votre affection que vous tâchiez de retenir ; il me semble qu'il n'y a rien

---

Dic, quid natura necessarium fecerit, quid supervacuum; quam faciles leges posuerit; quam jucunda sit vita, quam expedita, illam sequentibus; quam acerba et implicita eorum, qui opinioni plus quam naturæ crediderunt; si prius docueris, quæ partem malorum levatura sunt, quid istorum cupiditates demat, quid temperet. Utinam tantum non prodessent ! nocent. Hoc tibi, quum voles, manifestissimum faciam, et comminui et debilitari generosam indolem in istas argutias conjectam. Pudet dicere, contra fortunam militaturis quæ porrigant tela, quemadmodum illos subornent. Hac ad summum bonum itur? Per istud philosophiæ sunt nigræ et turpes infamesque, etiam ad album sedentibus, exceptiones. Quid enim aliud agitis, quum eum, quem interrogatis, scientes in fraudem inducitis, quam ut formula cecidisse videatur? Sed quemadmodum illos Prætor, sic hos philosophia in integrum restituit. Quid disceditis ab ingentibus promissis, et, grandia locuti, « effecturos vos, ut non magis auri fulgor, quam gladii, perstringat oculos meos ; ut ingenti constantia, et quod omnes optant, qui omnes timent, calcem, » ad grammaticorum elementa descenditis? Quid dicitis? Sic itur ad astra. — Hoc est enim quod philosophia mihi promittit, ut parem Deo faciat ; ad hoc invitatus sum, ad hoc veni; fidem præsta !

Quantum potes ergo, mi Lucili, reduc te ab istis exceptionibus et præscriptionibus philosophorum. Aperta decent et simplicia bonitatem. Etiamsi multum superesset ætatis, parce jam dispensandum erat, ut sufficeret necessariis : nunc quæ dementia est, supervacua discere in tanta temporis egestate? Vale.

EPISTOLA XLIX.

DE BREVITATE VITÆ : IDEO NUGIS ABSTINENDUM.

Est quidem, mi Lucili, supinus et negligens, qui in amici memoriam ab aliqua regione admonitus reducitur ; tamen repositum in animo nostro desiderium loca interdum familiaria evocant; nec exstinctam memoriam reddunt, sed quiescentem irritant ; sicut dolorem lugentium, etiam si mitigatus est tempore, aut servuli familiaris admissio, aut vestis, aut domus renovat. Ecce Campania, et maxime Neapolis, ad Pompeiorum tuorum conspectum, incredibile est, quam recens desiderium tui fecerit. Totus mihi in oculis es, quum maxime a te discedo ; video lacrymas combibentem, et affectibus tuis inter ipsam coercitionem excutientibus non satis resistentem. Modo amisisse te videor.

Quid enim non *modo* est, si recorderis? modo apud

que je vous ai perdu. Mais ce rien, de quoi ne se peut-il pas dire? S'il vous en souvient, il n'y a rien que j'étais tout jeune à l'école de Sotion le philosophe; il n'y a rien que je plaidais au barreau; il n'y a rien que j'ai cessé de le faire; il n'y a rien que je suis hors d'état de le pouvoir faire.

Le temps passe infiniment vite; on s'en aperçoit mieux quand on regarde derrière soi; car le présent échappe à ceux qui le veulent considérer, tant sa fuite est légère. Voulez-vous en savoir la raison? C'est que tous les temps qui sont passés se réduisent en un même lieu, et sont joints ensemble; on les comprend d'une seule idée; ensuite tout s'abîme dans l'oubli! D'ailleurs, une chose si courte ne peut pas avoir de longs intervalles. Notre vie ne dure qu'un moment, et encore moins qu'un moment; mais la nature, en divisant ce moment, lui a donné l'apparence d'une plus longue durée. Elle en a fait l'enfance, l'adolescence, l'âge viril, et de celui qui tombe dans la vieillesse, elle en a fait la vieillesse même. Combien de degrés en un si petit espace! J'étais naguère en votre compagnie, et toutefois ce naguère-là fait une bonne portion de notre vie; songeons qu'étant si courte, elle ne peut pas avoir une fin bien éloignée. Il ne me semblait pas autrefois que le temps passât si vite; je reconnais à présent que sa précipitation est incroyable, ou parce que je sens approcher mon terme, ou parce que je commence à prendre garde au temps que je perds, et à le compter. C'est ce qui me donne plus d'indignation contre ces gens qui prodiguent, en des choses subtiles, la meilleure partie du temps qui ne suffirait pas quand il serait employé tout entier pour les choses nécessaires.

Cicéron disait que quand on doublerait le temps de sa vie, il n'en aurait pas assez pour lire les poètes lyriques. On en peut dire autant des auteurs de dialectique; mais ceux-ci sont refrognés et sérieux, s'imaginant faire quelque chose de considérable; les autres font seulement profession de badiner. Je ne dis pas qu'on ne les regarde, pourvu qu'on les regarde seulement, et qu'on les salue de loin, afin que l'on ne nous trompe point en nous faisant accroire qu'ils ont quelque chose de bon que tout le monde ne connaît pas. Pourquoi se tourmenter sur une question, lorsqu'il y a plus d'esprit à la négliger qu'à la résoudre? Celui qui est en repos et qui peut partir à sa commodité, a loisir de chercher ses menues hardes; mais quand on a l'ennemi à dos et qu'il faut déloger à la hâte, on laisse, par nécessité, beaucoup de choses en arrière, qu'on aurait ramassées à son aise durant la paix. Je n'ai pas le temps d'éplucher des mots à double sens, ni d'éprouver, par ces bagatelles, la subtilité de mon esprit.

Combien de gens armés courent sur les remparts.
Et combien à la porte on voit luire de dards!

Il faut que je me dispose à entendre sans peur le bruit de guerre qui éclate de tous côtés. Je passerais pour insensé, si, tandis que les femmes et les vieillards portent des pierres pour réparer la brèche, tandis que la jeunesse demeure sous les armes, attendant ou demandant l'ordre pour faire une sortie, tandis que les ennemis s'avancent pour forcer la porte, et que la terre, toute percée de mines, tremble sous les pieds; si, dis-je, je demeurais assis, et proposais des questions de cette nature. Ce que vous n'avez pas perdu, vous l'avez;

Sotionem philosophum puer sedi; modo causas agere cœpi; modo desii velle agere; modo desii posse. Infinita est velocitas temporis, quæ magis apparet respicientibus. Nam ad præsentia intentos fallit; adeo præcipitis fugæ transitus levis est. Causam hujus rei quæris? quidquid temporis transiit, eodem loco est; pariter aspicitur, una jacet; omnia inde in profundum cadunt. Et alioqui non possunt longa intervalla esse in ea re, quæ tota brevis est. Punctum est, quod vivimus, et adhuc puncto minus; sed hoc minimum specie quadam longioris spatii natura divisit. Aliud ex hoc infantiam fecit, aliud pueritiam, aliud adolescentiam, aliud inclinationem quamdam ab adolescentia ad senectutem, aliud ipsam senectutem. In quam angusto quot gradus posuit! Modo te prosecutus sum; et tamen hoc modo ætatis nostræ bona portio est, cujus brevitatem aliquando futuram cogitemus. Non solebat mihi tam velox tempus videri; nunc incredibilis cursus apparet; sive quia admoveri lineas sentio, sive quia attendere cœpi et computare damnum meum.

Eo magis utique indignor, aliquos ex hoc tempore (quod sufficere ne ad necessaria quidem potest, etiamsi custoditum diligentissime fuerit), in supervacua majorem partem erogare. « Negat Cicero, si duplicetur sibi ætas, habiturum se tempus quo legat Lyricos. » Eodem loco Dialecticos. Tristius inepti sunt; illi ex professo lasciviunt; hi agere se ipsos aliquid existimant. Nec ego nego prospicienda ista; sed prospicienda tantum, et a limine salutanda, in hoc unum, ne verba nobis dentur, et aliquid in illis esse magni ac secreti boni judicemus. Quid te torques et maceras in ea quæstione, quam subtilius est contempsisse, quam solvere? Securi est, et ex commodo migrantis, minuta conquirere; quum hostis instat a tergo, et movere se jussus est miles, excutit necessitas quidquid pax otiosa collegerat. Non vacat mihi verba dubie cadentia consectari, et vafritiam in illis meam experiri.

Aspice, qui cœant populi, quæ mœnia clausis
Ferrum acuant portis!...

Magno mihi animo strepitus iste belli circumsonantis exaudiendus est. Demens omnibus merito viderer, si, quum saxa in munimentum murorum senes feminæque congererent, quum juventus intra portas armata signum eruptionis exspectaret, aut posceret; quum hostilia in portis

or, vous n'avez point perdu de cornes : donc vous avez des cornes. Vous pourriez avec autant de raison dire que j'aurais perdu l'esprit, si je m'occupais à ces sortes de rêveries, à présent que je suis assiégé, et que je n'ai point de rempart qui me sépare de mon ennemi ; au contraire, tout ce qui me peut nuire est au-dedans de moi, je n'ai pas le loisir de m'arrêter à ces sornettes, j'ai une affaire importante sur les bras.

Que ferai-je ? La mort me talonne, la vie me quitte, donnez-moi quelque expédient pour faire que je ne fuie point la mort, et que la vie ne s'enfuie point de moi. Inspirez-moi du courage pour surmonter les difficultés, et de la patience pour supporter les maux inévitables. Étendez la brièveté de mes jours; faites-moi voir que le bonheur de la vie ne consiste pas en sa durée, mais en son usage ; qu'il se peut faire, que même il arrive souvent que celui qui a longuement vécu n'a guère vécu. Dites-moi, lorsque j'irai coucher : Peut-être ne vous lèverez-vous jamais. Dites-moi, lorsque je serai levé : Peut-être ne vous coucherez-vous jamais ; lorsque je sortirai du logis : Peut-être n'y reviendrez-vous plus ; et quand je serai revenu : Peut-être n'en sortirez-vous plus. Vous vous trompez si vous croyez que c'est sur l'eau que la vie se trouve plus proche de la mort; elle en est aussi proche ailleurs : j'avoue que la mort ne se montre pas ailleurs de si près ; mais elle n'est pas plus éloignée.

Chassez ces ténèbres, puis vous m'imprimerez plus aisément ce que je suis disposé d'entendre. La nature nous a rendus dociles et nous a donné une raison, qui est imparfaite à la vérité, mais qui peut être conduite à sa perfection. Parlez-moi de la justice, de la piété, de la sobriété et de la continence : j'arriverai plus aisément où je veux aller, si vous ne me détournez point. Car, comme dit le poëte tragique, les paroles de la vérité sont simples et sans fard, il ne faut point les embarrasser. Certainement il n'y a rien qui convienne moins à une âme qui se propose de grands desseins, que ces subtilités qui tiennent de la ruse et de la finesse.

ÉPITRE L.

Nous imputons ordinairement nos défauts à des causes étrangères. — La vertu est naturelle à l'homme : il se peut corriger en tout âge.

J'ai reçu votre dernière lettre plusieurs mois après que vous me l'avez envoyée. C'est la raison pourquoi j'ai cru qu'il serait inutile de demander à celui qui me l'a rendue ce que vous faisiez ; car il aurait bonne mémoire s'il s'en souvenait. Je crois, toutefois, que vous vivez présentement de telle sorte, que je puis savoir ce que vous faites en quelque endroit que vous soyez. Car, que feriez-vous autre chose, sinon de vous rendre tous les jours plus vertueux, de corriger quelques-unes de vos erreurs, et de reconnaître que les défauts que vous imputez aux choses viennent de vous-même ? Il y a de ces défauts que nous attribuons à certains lieux et à certains temps ; mais ils nous suivront toujours en quelque lieu que nous allions.

---

tela vibrarent, et ipsum solum subfossionibus et cuniculis tremeret; sederem otiosus et ejusmodi quæstiunculas ponens : « Quod non perdidisti, habes ; cornua autem non perdidisti ; cornua ergo habes ; » aliaque ad exemplum hujus acutæ delirationis concinnata. Atqui æque licet demens tibi videar, si istis impendero operam ; et nunc obsideor. Tunc tamen periculum mihi obsesso externum immineret ; murus me ab hoste secerneret : nunc mortifera mecum sunt. Non vaco ad istas ineptias ; ingens negotium in manibus est. Quid agam ? mors me sequitur, fugit vita ; adversus hæc me doce aliquid ! effice ut ego mortem non fugiam, vita me non effugiat. Exhortare adversus difficilia, de æquanimitate adversus inevitabilia ; angustias temporis mei laxa ; doce, non esse positum bonum vitæ in spatio ejus, sed in usu ; posse fieri, immo sæpissime fieri, ut, qui diu vixit, parum vixerit. Dic mihi dormituro : Potes non expergisci ; dic experrecto : Potes non dormire amplius ; dic exeunti : Potes non reverti ; dic redeunti : Potes non exire. Erras, si in navigatione tantum existimas minimum esse, quo a morte vita diducitur ; in omni loco æque tenue intervallum est. Non ubique se mors tam prope ostendit ; ubique tam prope est. Has tenebras discute ; et facilius ea trades, ad quæ præparatus sum. Dociles natura nos edidit, et rationem dedit imperfectam, sed quæ perfici posset. De justitia mihi, de pietate disputa, de frugalitate, de pudicitia utraque, et illa, cui alieni corporis abstinentia est, et hæc, cui sui cura. Si me nolueris per devia ducere, facilius ad id, quo tendo, perveniam. Nam ut ille ait Tragicus : « Veritatis simplex oratio est, » ideoque illam implicare non oportet : nec enim quidquam minus convenit, quam subdola ista calliditas, animis concntibus magna. Vale.

EPISTOLA L.

PLEROSQUE SUA VITIA NON VIDERE ; QUÆ SI VIDEAMUS, NUN-
QUAM DESPERANDA SANATIO EST.

Epistolam tuam accepi post multos menses, quam miseras ; supervacuum itaque putavi, ab eo, qui afferebat, quid ageres, quærere. Valde enim bonæ memoriæ est, si meminit ; et tamen spero, sic te jam vivere, ut ubicumque eris, sciam quid agas. Quid enim aliud agas, quam ut meliorem te ipse quotidie facias, ut aliquid ex erroribus ponas, ut intelligas tua vitia esse, quæ putas rerum ? Quædam enim locis et temporibus ascribimus ; at illa, quocumque transierimus, secutura sunt. Η rpasten,

Vous savez qu'Harpaste, qui est la folle de ma femme, est demeurée dans ma maison comme une charge héréditaire; car j'ai naturellement grande aversion pour ces sortes de monstres. Si je désire avoir un fou pour me faire rire, il ne le faut pas chercher loin de moi; je ris de moi-même. Cette folle a perdu subitement la vue; et je veux vous rapporter, à ce propos, une chose que vous aurez peine à croire, et qui est pourtant véritable. Elle ne sait pas qu'elle est aveugle, elle croit que c'est la maison qui est obscure, et prie son gouverneur de l'en faire déloger. Sachez que ce défaut, qui nous donne matière de rire, nous est commun avec cette folle. Personne ne croit être avare ni ambitieux. Les aveugles prennent un guide; mais nous voulons errer sans guide, disant : Je ne suis point ambitieux, mais personne ne peut vivre à Rome autrement; je ne suis point prodigue, mais la ville oblige à faire beaucoup de dépense; ce n'est point ma faute si je suis colère et si ma vie n'est point encore réglée, c'est la jeunesse qui fait cela. Pourquoi nous tromper ainsi nous-mêmes? Notre mal n'est point hors de nous, il est au dedans de nous et dans le fond de notre cœur; et notre guérison est d'autant plus difficile que nous ne connaissons pas si nous sommes en effet malades.

Quand nous commencerions à cette heure à nous faire traiter, combien de temps faudrait-il pour chasser tant de maladies et d'indispositions? Mais nous ne cherchons pas seulement un médecin; il trouverait, sans doute, moins de difficultés s'il était appelé au commencement de la maladie; des âmes encore tendres suivraient celui qui leur montrerait le droit chemin. Car on n'a peine à remettre dans le train de la nature que ceux qui l'ont entièrement abandonné. Nous avons honte d'apprendre à devenir gens de bien; mais, ô dieux! y a-t-il de la honte à chercher un maître pour cela? Il ne faut pas espérer qu'un si grand bien tombe par hasard entre nos mains; il ne s'acquiert que par le travail, lequel, certainement, ne sera pas grand, pourvu que nous ayons soin, comme j'ai dit, de former et de régler nos mœurs, avant qu'elles soient endurcies au mal. Quand elles le seraient même, je n'en désespérerais pas; il n'y a rien dont on ne vienne à bout avec une application sérieuse et un travail opiniâtre. On redresse des chênes qui sont courbés; on remet au niveau, par le moyen de la chaleur, des poutres qui ne sont pas droites, et on leur donne une forme nouvelle pour les faire servir à notre usage. Combien est-il plus aisé de plier notre âme, qui est plus obéissante que les liqueurs mêmes! Car, qu'est-elle, sinon un esprit disposé d'une certaine manière? Or, il est clair que l'esprit est d'autant plus flexible, qu'il est moins épais que pas une autre matière.

C'est pourquoi, mon cher Lucile, il n'y a rien à désespérer, quoique vous voyiez une personne engagée dans le vice, et possédée de ses passions depuis un long temps. La perfection ne vient jamais avant le défaut; nous sommes tous malheureusement préoccupés. Il nous faut oublier les vices avant que d'apprendre les vertus : mais, ce qui doit nous animer davantage à la réformation de nos mœurs, c'est qu'un tel bien, étant une fois acquis, se conserve toujours. La vertu ne s'oublie jamais; les vices qui lui sont contraires viennent

---

uxoris meæ fatuam, scis hereditarium onus in domo mea remansisse; ipse enim aversissimus ab istis prodigiis sum : si quando fatuo delectari volo, non est mihi longe quærendus : me rideo. Hæc fatua subito desiit videre. Incredibilem tibi narro rem, sed veram : nescit esse se cæcam; subinde pædagogum suum rogat, ut migret; ait domum nigram et tenebrosam esse. Hoc, quod in illa ridemus, omnibus nobis accidere, liqueat tibi. Nemo se avarum esse intelligit, nemo cupidum. Cæci tamen ducem quærunt; nos sine duce erramus, et dicimus : Non ego ambitiosus sum, sed nemo aliter Romæ potest vivere! Non ego sumptuosus sum, sed Urbs ipsa magnas impensas exigit! Non est meum vitium, quod iracundus sum, quod nondum constitui certum genus vitæ; adolescentia hæc facit!

Quid nos decipimus? non est extrinsecus malum nostrum; intra nos est, in visceribus ipsis sedet. Et ideo difficulter ad sanitatem pervenimus, quia nos ægrotare nescimus. Si curari cœperimus, quando tot morbos, tantasve ægritudines discutiemus ? Nunc vero ne quærimus quidem medicum; qui minus negotii haberet, si adhiberetur ad recens vitium : sequerentur teneri et rudes animi recta monstrantem. Nemo difficulter ad naturam reducitur, nisi qui ab illa defecit. Erubescimus discere bonam mentem : at, mehercules, si turpe est magistrum hujus rei quærere, illud desperandum est, posse nobis casu tantum bonum influere : laborandum est! Et, ut verum dicam, ne labor quidem magnus est, si modo, ut dixi, ante animum nostrum formare inceperimus et recorrigere, quam induerscat pravitas ejus. Sed nec induratam despero : nihil est quod non expugnet pertinax opera, et intenta ac diligens cura. Robora in rectum, quamvis flexa, revocabis; curvatas trabes calor explicat, et, aliter natæ, in id finguntur, quod usus noster exigit. Quanto facilius animus accipit formam, flexibilis, et omni humore obsequentior! Quid enim est aliud animus, quam quodam modo se habens spiritus? Vides autem tanto spiritum esse faciliorem omni alia materia, quanto tenuior est. Illud, mi Lucili, non est quod te impediat, quo minus de nobis bene speres, quod malitia jam nos tenet, quod diu in possessione nostri est. Ad neminem ante bona mens venit, quam mala; omnes præoccupati sumus. Virtutes discere est vitia dediscere. Sed eo majore animo ad emendationem nostri debemus

dans une terre étrangère, d'où l'on peut facilement les arracher. Il est certain que les choses qui croissent dans un fonds qui leur est naturel y demeurent fixes et arrêtées. La vertu est selon notre nature; les vices lui sont opposés et ennemis. Mais, comme les vertus qui sont entrées dans une âme n'en sortent plus, et qu'il est aisé de les conserver, il est aussi très-difficile de faire les premiers pas pour les rechercher; car un esprit faible et languissant craint ordinairement ce qu'il n'a pas éprouvé. C'est la raison pourquoi il faut s'obliger à commencer une fois. En vérité, la médecine n'est point amère, elle plaît à mesure qu'elle guérit. Les autres remèdes ne donnent du plaisir qu'après la guérison; mais la philosophie plaît et guérit en même temps.

ÉPITRE LI.

La qualité du pays où l'on demeure peut amollir ou affermir le courage.

Vous voyez le mont Gibel, cette fameuse montagne de Sicile (comme chacun la peut voir au lieu où vous êtes); je ne sais pourquoi Messala l'appelle unique, et Valgius aussi (car je l'ai lu chez l'un et chez l'autre), vu qu'il y a beaucoup de lieux hauts et bas qui jettent du feu; cela, toutefois, se voit plus souvent aux endroits élevés, à cause que le feu se porte naturellement en haut. Pour moi, je suis satisfait de Bayes autant que je le puis être; j'en partis le jour d'après que j'y fus arrivé; car c'est un lieu dont le séjour est dangereux à cause qu'il a certaines qualités naturelles que les délicats ont mises en réputation.

Quoi donc? faut-il attacher sa haine à quelque lieu particulier? Non pas; mais comme une sorte d'habit sied mieux à un honnête homme que ne ferait un autre, et que, sans haïr aucune couleur, il choisira celle qu'il estime plus séante à une personne qui fait profession de modestie, il se trouve aussi des lieux que le sage doit éviter comme ennemis des bonnes mœurs. C'est pourquoi celui qui voudra faire retraite ne s'avisera jamais d'aller demeurer à Canope, bien que cette ville-là n'empêche personne de vivre dans l'ordre. Il n'ira pas même à Bayes, parce que c'est la retraite des vices. C'est là où l'impureté se donne le plus de licence, comme si le lieu obligeait à quelque dissolution. C'est pourquoi nous devons choisir une demeure qui soit aussi favorable à la bonté des mœurs qu'à la santé du corps. Comme je ne voudrais pas me loger dans une place patibulaire, aussi ne pourrai-je pas demeurer dans des tavernes et des cabarets. Qu'est-il nécessaire de voir à tous moments des ivrognes qui courent sur le bord d'un lac? Des gens qui font bonne chère sur des barques? Des concerts de musique qui retentissent de toutes parts, et tous les excès que la débauche la plus effrénée peut commettre et peut étaler aux yeux des hommes? Nous devons avoir soin d'éloigner de nous tout ce qui peut nous porter au vice, d'endurcir notre âme, et de lui cacher les amorces que les voluptés lui présentent. Annibal perdit sa force et son courage dans un quartier d'hiver, et ce grand homme, que les neiges et les difficul-

---

accedere, quod semel traditi nobis boni perpetua possessio est. Non dediscitur virtus. Contraria enim mala in alieno hærent; ideo expelli et exturbari possunt : fideliter sedent, quæ in locum suum veniunt. Virtus secundum naturam est; vitia inimica et infesta sunt. Sed quemadmodum virtutes receptæ exire non possunt, facilisque earum tutela est; ita initium ad illas eundi arduum; quia hoc primum imbecillæ mentis atque ægræ est, formidare inexperta. Itaque cogenda est mens, ut incipiat. Deinde non est acerba medicina; protinus enim delectat, dum sanat. Aliorum remediorum post sanitatem voluptas est : Philosophia pariter et salutaris et dulcis est. Vale.

EPISTOLA LI.

ELIGENDUM ESSE SAPIENTI APTUM QUO VIVAT LOCUM.

Quomodo quisque potest, mi Lucili! Tu istic habes Ætnam, illum nobilissimum Siciliæ montem : quem quare dixerit Messala unicum, sive Valgius (apud utrumque enim legi), non reperio; quum plurima loca evomant ignem non tantum edita (quod crebrius evenit, videlicet quia ignis in altissimum effertur), sed etiam jacentia. Nos, utcumque possumus, contenti sumus Baiis, quas postero die, quam attigeram, reliqui; locum ob hoc devitandum quum habeat quasdam naturales dotes, quia sibi illum celebrandum luxuria desumpsit.

Quid ergo? ulli loco indicendum est odium? Minime! sed quemadmodum alia vestis sapienti ac probo viro magis convenit quam aliqua, nec ullum colorem ille odit, sed aliquem putat parum aptum esse frugalitatem professo ; sic regio quoque est, quam sapiens vir, aut ad sapientiam tendens, declinet, tanquam alienam bonis moribus. Itaque de secessu cogitans, nunquam Canopum eliget, quamvis neminem Canopus esse frugi vetet, ne Baias quidem. Diversorium vitiorum esse cœperunt; illic sibi plurimum luxuria permittit; illic, tanquam aliqua licentia debeatur loco, magis solvitur. Non tantum corpori, sed etiam moribus salubrem locum eligere debemus. Quemadmodum inter tortores habitare nolim, sic ne inter popinas quidem. Videre ebrios per littora errantes, et comessationes navigantium, et symphoniarum cantibus strepentes lacus, et alia, quæ, velut soluta legibus, luxuria non tantum peccat, sed publicat, quid necesse est? Id agere debemus, ut irritamenta vitiorum quam longissime profugiamus. Indurandus est animus, et a blandimentis voluptatum procul abstrahendus. Una Hannibalem hiberna solverunt; et indomitum illum nivibus atque Alpibus virum enervaverunt fomenta Campaniæ.

ÉPITRES A LUCILIUS.

tés des Alpes n'avaient pu dompter, fut abattu par les délices de Capoue : il avait vaincu par les armes, mais il fut vaincu par les vices.

Nous sommes obligés à faire la guerre aussi bien que lui, et une sorte de guerre qui n'a ni trève ni repos ; c'est contre les plaisirs, lesquels, comme vous voyez, se sont emparés des plus fières âmes. Si l'on considère la grandeur de cette entreprise, on verra bien qu'il ne faut pas agir par manière d'acquit. Qu'ai-je à faire de ces bains d'eaux chaudes, ni de ces étuves sèches qui épuisent le corps par la sueur? Ne suons qu'à force de travail. Si nous faisions ce que fit Annibal, et que nous prissions nos plaisirs durant une suspension d'armes ou d'affaires, il n'y a personne qui ne blâmât justement une telle conduite ; elle serait dangereuse à celui même qui aurait achevé la défaite de ses ennemis, à plus forte raison à celui qui l'a seulement commencée. Nous devons prendre moins de licence que les soldats d'Annibal : il y a plus de péril à succomber, et plus de travail à tenir ferme. La fortune me fait la guerre ; je ne veux point lui obéir, ni recevoir le joug qu'elle me veut imposer. Au contraire, je le veux secouer, ce qui demande plus de force et de courage. Il ne faut donc pas être délicat, car, si je cède au plaisir, il faut céder ensuite à la douleur, au travail et à la pauvreté. L'ambition et la colère voudront usurper la même autorité, et je serai partagé, ou plutôt déchiré entre mille passions différentes. D'un autre côté, on me propose la liberté, laquelle on ne peut acquérir sans travail. Voulez-vous savoir quelle est cette liberté? C'est de se rendre indépendant de toutes choses,
de la nécessité, des accidents, et de combattre la fortune tête à tête. Quand je verrai qu'elle aura davantage de pouvoir, alors je ferai qu'elle n'en aura plus : lui voudrais-je obéir ayant la mort en ma disposition ?

Il est bien à propos qu'une personne qui a de telles pensées fasse choix de quelque lieu honnête et sain : car il est certain qu'une demeure trop délicieuse amollit le courage, et que la qualité d'un pays peut corrompre ou diminuer les forces. Un cheval qui s'est endurci la corne en des chemins ferrés marche à son aise en tous endroits ; mais un autre que l'on a engraissé dans des marais se foule incontinent. Les plus robustes soldats viennent des montagnes, les lâches et les délicats naissent dans les villes et dans nos maisons. Il ne faut pas craindre que des mains qui ont manié la charrue refusent les travaux de la guerre ; mais tous ces fardés et ces polis perdront courage dès qu'ils se verront couverts de poussière. Tant il est vrai qu'une éducation un peu austère affermit l'âme et la rend capable des grandes entreprises !

Il était plus honnête à Scipion de demeurer à Linterne qu'à Bayes durant son exil. Il ne fallait pas que sa chute fût reçue si mollement. Ceux mêmes qui, par la destinée du peuple romain, s'emparèrent les premiers de la souveraine puissance, je veux dire Marius, Pompée et César, firent aussi bâtir des maisons dans le pays de Bayes; mais ils les placèrent sur le sommet des montagnes. Cette assiette semblait avoir quelque chose de militaire pour découvrir aisément tous les lieux d'alentour. Si vous en considérez le plan et la structure, vous trouverez que ce sont des forte-

---

Armis vicit, vitiis victus est. Nobis quoque militandum est; et quidem genere militiæ, quo nunquam quies, nunquam otium datur. Debellandæ sunt in primis voluptates; quæ, ut vides, sæva quoque ad se ingenia rapuerunt. Si quis sibi proposuerit, quantum operis aggressus sit, sciet nihil delicate, nihil molliter esse faciendum. Quid mihi cum istis calentibus stagnis? quid cum sudatoriis, in quæ siccus vapor corpora exhausturis includitur? Omnis sudor per laborem exeat. Si faceremus quod fecit Hannibal, ut interrupto cursu rerum, omissoque bello, fovendis corporibus operam daremus, nemo non intempestivam desidiam, victori quoque, nedum vincenti, periculosam, merito reprehenderet. Minus nobis, quam illis Punica signa sequentibus, licet: plus periculi restat cedentibus, plus operis etiam perseverantibus. Fortuna mecum bella gerit; non sum imperata facturus; jugum non recipio; immo, quod majore virtute faciendum est, excutio. Non est emolliendus animus. Si voluptati cessero, cedendum est dolori, cedendum labori, cedendum est paupertati; idem sibi in me juris esse volet et ambitio, et ira; inter tot affectus distrahar, immo discerpar. Libertas proposita est: ad hoc præmium laboratur. Quæ sit libertas, quæris? Nulli rei servire, nulli necessitati, nullis casibus; fortunam in æquum deducere. Quo die illa me intellexero plus posse, nil poterit. Ego illam feram, quum in manu mors sit?

His cogitationibus intentum loca seria sanctaque eligere oportet. Effeminat animos amœnitas nimia; nec dubie aliquid ad corrumpendum vigorem potest regio. Quamlibet viam jumenta patiuntur, quorum durata in aspero ungula est; in molli palustrique pascuo saginata cito subteruntur : et fortior miles ex confragoso venit; segnis est urbanus et verna. Nullum laborem recusant manus, quæ ad arma ab aratro transferuntur : in primo deficit pulvere ille unctus et nitidus. Severior loci disciplina firmat ingenium, aptumque magnis conatibus reddit. Liternis honestius Scipio, quam Baiis exsulabat; ruina ejus non est tam molliter collocanda. Illi quoque, ad quos primos fortuna Romani populi publicas opes transtulit, C. Marius et Cn. Pompeius et Cæsar, exstruxerunt quidem villas in regione Baiana, sed illas imposuerunt summis jugis montium. Videbatur hoc magis militare, ex edito speculari late longeque subjecta. Aspice quam positionem elegerint, quibus ædificia excitaverint locis, et qualia; scies non vil-

resses et non pas des maisons. Croyez-vous que Caton se soit jamais arrêté en sa maison des champs pour compter les femmes débauchées qui se promenaient sur l'eau, pour voir tant de sortes de barques peintes de diverses couleurs, et les roses qui flottaient sur le lac, ou pour entendre les sales chansons qui s'y récitaient toutes les nuits? N'eût-il pas mieux aimé coucher dans la tranchée que de passer une nuit de la sorte? Qui est l'homme de cœur qui n'aimât mieux qu'une trompette l'éveillât qu'un concert de musique?

Mais c'est assez parler contre Bayes, quoiqu'on ne puisse jamais assez parler contre les vices. Je vous prie, mon cher Lucile, de leur faire la guerre sans fin et sans relâche, car ils n'ont aussi ni fin ni relâche. Défaites-vous de tout ce qui vous ronge le cœur, et si vous ne le pouvez autrement, arrachez-vous le cœur même; surtout chassez les voluptés et ayez-les en horreur autant que ces assassins que les Égyptiens appellent Philètes ou Baiseurs; ils embrassent les passants afin de les étrangler.

ÉPITRE LII.

L'irrésolution procède d'ignorance. — Tous les vices ont des caractères extérieurs qui les manifestent.

Qu'est-ce, cher Lucile, qui nous tire d'un côté, quand nous voulons aller d'un autre, et qui nous fait avancer quand nous voulons reculer; qui lutte contre notre âme et l'empêche de fixer ses volontés? Nous sommes toujours flottants entre diverses pensées ; nous ne voulons rien librement, absolument, et en tout temps. C'est, dites-vous, la folie ou l'opinion qui n'a rien de certain, et à qui rien ne saurait plaire longtemps. Mais quand et comment nous en pourrons-nous délivrer? Personne n'a la force de s'en retirer tout seul; il est besoin que quelqu'un lui prête la main et l'en dégage.

Épicure dit qu'il y a des gens qui se sont mis en quête de la vérité, et qui se sont aplani les chemins sans être aidés de personne; d'autres qui veulent être aidés, et qui ne sauraient marcher s'ils ne voient aller quelqu'un devant eux, mais qui savent bien suivre. Il estime davantage ceux qui, par un beau génie, se sont produits eux-mêmes. Le philosophe Métrodore est du second ordre. Car, quoique ce fût un excellent esprit, il n'était pas de ce premier rang, non plus que nous qui serons assez heureux, si nous avons place dans le second; aussi, ne doit-on pas mésestimer une personne qui peut se sauver par le secours d'autrui, car c'est beaucoup de se vouloir sauver. Il y a encore une autre sorte de personnes qui ne sont pas à mépriser, lesquelles on peut pousser et amener par force à la vertu. Mais ce n'est pas assez de les conduire, il faut encore, pour ainsi dire, leur faire violence; c'est ici la troisième classe. Si vous en voulez un exemple, Épicure vous produira Hermachus. Il félicite l'un et admire l'autre; car, quoiqu'ils soient tous deux arrivés à une même fin, il est toutefois plus glorieux d'avoir fait la même chose dans un sujet plus dif-

---

las esse, sed castra. Habitaturum tu putas unquam fuisse in micca Catonem, ut præternavigantes adulteras dinumeraret, et tot aspiceret genera cymbarum variis coloribus picta, et fluitantem toto lacu rosam, ut audiret canentium nocturna convicia? nonne manere ille intra vallum maluisset, quam unam noctem inter talia duxisse? Quidni malit, quisquis vir est, somnum suum classico, quam symphonia, rumpi?—Sos satis diu cum Baiis litigavimus, nunquam satis cum vitiis; quæ, oro te, mi Lucili, persequere sine modo, sine fine; nam illis quoque nec finis est, nec modus. Projice quæcumque cor tuum laniant; quæ si aliter extrahi nequirent, cor ipsum cum illis revellendum erat. Voluptates præcipue exturba, et invisissimas habe : latronum more, quos Philetas Ægyptii vocant, in hoc nos amplectuntur, ut strangulent. Vale.

EPISTOLA LII.

OMNES SAPIENTIAM AFFECTANTES INDIGERE ADJUTORIO : BONUM DUCEM ELIGENDUM.

Quid est hoc, Lucili, quod nos alio tendentes alio trahit, et eo, unde recedere cupimus, impellit? quid colluctatur cum animo nostro, nec permittit nobis quidquam semel velle? Fluctuamus inter varia consilia; nihil libere volumus, nihil absolute, nihil semper. — Stultitia, inquis, est, cui nihil constat, nihil diu placet.—Sed quomodo nos, aut quando, ab illa revellemus? Nemo per se satis valet, ut emergat: oportet manum aliquis porrigat, aliquis educat. Quosdam ait Epicurus ad veritatem sine ullius adjutorio contendere : ex his se; fecisse sibi ipsum viam, hos maxime laudat, quibus ex impetus fuit, qui se ipsi protulerunt : quosdam indigere ope aliena; non ituros, si nemo præcesserit, sed bene secuturos ;ex his Metrodorum ait esse. Egregium hoc quoque, sed secundæ sortis, ingenium. Nos ex illa prima nota non sumus; bene nobiscum agitur, si in secundam recipimur : ne hunc quidem contempseris hominem, qui alieno beneficio esse salvus potest; et hoc multum est, velle servari. Præter hæc adhuc invenies aliud genus hominum, ne ipsum quidem fastidiendum, eorum, qui cogi ad rectum compellique possunt; quibus non duce tantum opus sit, sed adjutore, et (ut ita dicam) coactore. Hic tertius color est. Si quæris hujus exemplar, Hermachum ait Epicurus talem fuisse. Itaque alteri magis gratulatur, alterum magis suspicit. Quamvis enim ad eumdem finem uterque pervenerit, tamen major est laus, idem effecisse in difficiliore materia. Puta enim duo ædificia excitata esse, ambo paria, æque excelsa atque magnifica : alterum, puta, area accepit;

ficile. Supposez que deux maisons aient été bâties de pareille hauteur et avec une égale magnificence, l'une, sur un terrain ferme et solide, où l'ouvrage a paru et s'est élevé en peu de temps; l'autre, dans un lieu glissant et marécageux, où l'on n'a trouvé la terre ferme, pour y poser les fondements, qu'après un long travail; on voit en l'une le bâtiment entier; une bonne partie de l'autre et la plus difficile est cachée. De même il y a des esprits qui sont vifs et aisés, d'autres qu'il faut (comme l'on dit) forger à coups de main, et leur donner les premiers fondements. C'est pourquoi je dis que ceux-là sont plus heureux qui n'ont point trouvé de difficulté dans eux-mêmes, et ces autres plus obligés à leurs soins, d'être parvenus à la sagesse en forçant la malignité de leur naturel.

Sachez que nous sommes de ces derniers, et que l'on nous a mis dans un chemin difficile et fâcheux; nous y rencontrons partout des obstacles; combattons donc, et prenons l'assistance de quelqu'un. De qui? me demanderez-vous. Il n'importe, de celui-ci ou de celui-là; mais à condition de retourner à ces premiers qui n'ont plus rien à faire, soit anciens ou modernes, car ils nous peuvent également aider. Au regard des modernes, évitons, s'il est possible, ces grands parleurs qui débitent force lieux communs, et qui manquent de sincérité. Mais faisons choix de ces personnes qui enseignent par leur exemple, qui montrent ce qu'il faut faire en le faisant eux-mêmes, qui ne font jamais ce qu'ils ont une fois condamné, et que l'on admire davantage à les voir qu'à les entendre.

Je n'empêche pas pour cela que vous n'alliez entendre ceux qui ont coutume de donner entrée au peuple, et de discourir en public, non par vanité, mais à dessein de s'amender eux-mêmes en corrigeant les autres. Car y a-t-il rien de plus honteux à la philosophie que de rechercher ainsi les applaudissements? Le malade s'amuse-t-il à louer le chirurgien, tandis qu'il lui fait des incisions? Taisez-vous, écoutez, et laissez-vous panser; vous avez beau faire des exclamations, je ne les prendrai que pour des cris qui vous échappent lorsqu'on vient à toucher votre mal. Voulez-vous montrer que c'est la grandeur des choses qui vous émeut et qui vous rend actif? Je le veux bien, et que vous disiez même votre sentiment sur ce que vous trouverez de meilleur. Pythagore obligeait ses disciples à un silence de cinq années. Croyez-vous qu'il leur fût permis de parler et de faire des éloges dès le premier jour? Mais quelle faiblesse à un philosophe de se réjouir des applaudissements que lui donnent des ignorants au sortir de son audience? Quelle satisfaction peut-il recevoir de gens auxquels il n'en saurait donner? Fabianus, autrefois, discourait devant le peuple; mais on l'écoutait modestement. Il est vrai que l'on s'écriait quelquefois; mais on y était excité par la sublimité de ses pensées, et non par la fluidité de son discours, ni par la douce cadence de ses périodes. Il est pourtant permis quelquefois de donner des louanges; mais il est juste de mettre quelque différence entre les applaudissements du théâtre et ceux des écoles.

Si l'on y prend garde, toutes les choses du monde ont certaines marques qui les font connaitre, et l'on peut juger des mœurs d'une personne

---

illic protinus opus crevit: alterum fundamenta laxa habet, in mollem ac fluidam humum missa, multumque laboris exhaustum est, dum pervenitur ad solidum. Apparet in altero quidquid factum est; alterius magna pars et difficilior latet. Quædam ingenia facilia et expedita; quædam manu, quod aiunt, facienda sunt, et in fundamentis suis occupanda. Itaque ego illum feliciorem dixerim, qui nihil negotii secum habuerit; hunc quidem de se melius meruisse, qui malignitatem naturæ suæ vicit, et ad sapientiam se non perduxit, sed extraxit. Hoc durum et laboriosum ingenium nobis datum scias licet; imus per obstantia. Itaque pugnemus, aliquorum invocemus auxilium!

Quem, inquis, invocabo? hunc, aut illum? — Tu vero etiam ad priores revertere, qui vacant; adjuvare nos possunt non tantum qui sunt, sed et qui fuerunt. Ex his autem, qui sunt, eligamus non eos, qui verba magna celeritate præcipitant, et communes locos volvunt, et in privato circulantur; sed eos, qui vitam docent, qui, quum dixerint quid faciendum sit, probant faciendo; qui docent quid vitandum sit, nec unquam in eo, quod fugiendum dixerint, deprehendantur. Eum elige adjutorem, quem magis admireris quum videris, quam quum audieris. Nec ideo te prohibuerim hos quoque audire, quibus admittere populum ac disserere consuetudo est; si modo hoc proposito in turbam prodeunt, ut meliores fiant, faciantque meliores; si non ambitionis hoc causa exercent. Quid enim turpius philosophia captante clamores? Numquid æger laudat medicum secantem? Tacete, favete, et præbete vos curationi: etiam si exclamaveritis, non aliter audiam, quam si ad tactum vitiorum vestrorum ingemiscatis. Testari vultis attendere vos, moverique magnitudine rerum? sane liceat! Ut quidem judicetis, et feratis de meliore suffragium, quidni non permittam? Apud Pythagoram discipulis quinque annis tacendum erat; numquid ergo existimas, statim illis et loqui et laudare licuisse? Quanta autem dementia ejus est, quem clamores imperitorum hilarem ex auditorio dimittunt? Quid lætaris, quod ab hominibus his laudaris, quos non potes ipse laudare? Disserebat populo Fabianus; sed audiebatur modeste: erumpebat interdum magnus clamor laudantium, sed quem rerum magnitudo evocaverat, non sonus inoffensæ ac molliter orationis elapsæ. Intersit aliquid inter clamorem theatri, et scholæ: est aliqua et laudandi licentia. Omnium rerum, si observentur, indicia sunt,

par ses moindres actions. On connaît un impudique à son port, au mouvement de ses mains et de ses yeux; à un doigt porté à la tête d'un certain air, quelquefois à une seule réponse. On connaît un méchant homme à son rire, un fou à son visage et à sa contenance ; car tous ces gens-là ont des caractères particuliers qui les découvrent. Enfin, l'on connaît ce que vaut un philosophe, si l'on considère la manière dont on le loue. Car vous voyez de tous côtés des auditeurs qui battent des mains devant lui, tandis qu'il parle ; et au-dessus une foule de gens qui le regardent et qui l'admirent. Mais si vous y prenez garde, on ne le loue pas, on se moque plutôt de lui. Laissons ces acclamations pour les sciences qui veulent donner du plaisir au peuple, et faisons révérer la philosophie. Il faut néanmoins permettre quelquefois aux jeunes gens de suivre le mouvement de leur esprit; mais cela n'arrivera que lorsqu'ils ne pourront plus garder le silence. Cette sorte de louange sert pour échauffer les auditeurs et pour animer la jeunesse, que l'on doit émouvoir plutôt par la dignité de la matière que par l'artifice des paroles; autrement, l'éloquence serait nuisible, parce qu'on la rechercherait toute seule, et non pas les choses qu'elle enseignerait. Je n'en dirai pas davantage pour le présent, car cela serait trop long, et demanderait un discours à part ; savoir comment on doit parler au peuple, et comment il doit écouter. Certainement on a fait grand tort à la philosophie quand on l'a ainsi prostituée au public; mais elle pourra un jour être enseignée dans les cabinets, lorsqu'elle aura trouvé des ministres désintéressés, et non pas des marchands qui en trafiquent.

ÉPITRE LIII.

Les maladies de l'âme sont différentes de celles du corps ; car plus elles sont grandes, moins on les sent. — La philosophie demande l'homme tout entier, et, l'approchant de Dieu, elle le met au-dessus de la fortune.

Que ne peut-on pas me persuader, après m'avoir fait consentir à me mettre sur la mer? Elle était calme lorsque je m'embarquai; mais l'air était chargé de nuages fort épais, qui ont coutume de se résoudre en pluie ou en vent. Quoique le temps fût assez incertain, je crus, toutefois, que je pourrais échapper, vu le peu de chemin qu'il y a de Naples à Pouzzoles. Et, pour y arriver plus tôt, je tirai droit en haute mer vers Nesida, évitant, par ce moyen, toutes les rades et les détours. Quand je fus avancé de telle sorte qu'il n'y avait pas plus de chemin à passer outre, qu'à retourner, le calme, qui m'avait engagé, se changea ; la tempête n'était pas encore formée, mais la mer commençait à s'émouvoir et le flot devenait déjà plus fréquent. Je priai le patron qu'il me mît à terre en quelque endroit; il me répondit que ces rives-là étaient difficiles et de mauvais abord, et que dans le gros temps il ne craignait rien tant que la terre. J'étais si tourmenté, que je ne songeais point au péril ; car j'avais une envie de vomir, sans effet, causée par une bile émue qui ne pouvait se décharger. Je pressai donc le maître du vaisseau, et je l'obligeai, qu'il voulût ou non, de me mener vers

et argumentum morum ex minimis quoque licet capere. Impudicum et incessus ostendit, et manus mota, et unum interdum responsum, et relatus ad caput digitus, et flexus oculorum; improbum interdum risus; insanum vultus habitusque demonstrat. Illa enim in apertum per notas exeunt. Qualis quisque sit, scies, si, quemadmodum laudet, aspexeris. Hinc atque illinc philosopho manus auditor intentat, et super ipsum caput mirantium turba consistit. Non laudatur ille nunc, si intelligis, sed conclamatur. Relinquantur istæ voces illis artibus, quæ propositum habent populo placere : philosophia adoretur. Permittendum erit aliquando juvenibus sequi impetum animi; tunc autem, quum hoc ex impetu facient, quum silentium sibi imperare non poterunt. Talis laudatio aliquid exhortationis affert ipsis audientibus, et animos adolescentium exstimulat. Ad rem commoveantur, non ad verba composita : alioqui nocet illis eloquentia, si non rerum cupiditatem facit, sed sui. Differam hoc in præsentia ; desiderat enim propriam et longam exsecutionem, quemadmodum populo disserendum, quid sibi apud populum permittendum sit, quid populo apud se. Damnum quidem fecisse philosophiam non erit dubium, postquam prostituta est : sed potest in penetralibus suis ostendi, si modo non institorem, sed antistitem nacta est. Vale.

EPISTOLA LIII.

PLEROSQUE VITIORUM SUORUM IGNAROS ESSE, QUÆ PHILOSOPHIA ET OSTENDIT ET SANAT.

Quid non potest mihi persuaderi, cui persuasum est ut navigarem? Solvi mari languido; erat sine dubio cœlum grave sordidis nubibus, quæ fere aut in aquam, aut in ventum resolvuntur; sed putavi tam pauca millia a Parthenope tua usque Puteolos subripi posse, quamvis dubio et impendente cœlo. Itaque, quo celerius evaderem, protinus per altum ad Nesida direxi, præcisurus omnes sinus. Quum jam eo processissem, ut mea nihil interesset, utrum irem, an redirem ; primum æqualitas illa, quæ me corruperat, periit : nondum erat tempestas, sed jam inclinatio maris, ac subinde crebrior fluctus. Cœpi gubernatorem rogare, ut me in aliquo littore exponeret. Aiebat ille, aspera esse et importuosa, nec quidquam se æque in tempestate timere, quam terram. Pejus autem vexabar, quam ut mihi periculum succurreret; nausea enim me, segnis hæc, et sine exitu, torquebat, quæ bilem movet, nec effundit. Institi itaque gubernatori, et illum, vellet nollet, coegi petere littus. Cujus ut viciniam

ÉPITRES A LUCILIUS.

le bord. Quand je m'en vis assez proche, je n'attendis pas qu'on fît rien de ce que dit Virgile, ni que l'on tournât la proue vers terre, ni que l'on jetât l'ancre en mer; mais, me ressouvenant de ce que j'avais fait autrefois, je me jetai dans l'eau, étant ceint d'une mante velue comme si j'eusse voulu prendre un bain d'eau froide. Combien pensez-vous que j'aie souffert en traversant des rochers, en cherchant ou en me faisant un chemin? Je connus bien alors que les mariniers avaient raison de craindre la terre; car je souffris des maux incroyables, jusqu'à ne pouvoir plus me porter moi-même. Ne vous imaginez pas que la mer fût si contraire à Ulysse qu'il fît naufrage en tous les endroits; au moins il avait l'avantage de vomir facilement. Pour moi, si jamais je m'embarque, je souhaite de n'arriver que vingt ans après où je voudrai aller.

Après que mon estomac fut un peu remis (car vous savez que ce mal ne cesse pas aussitôt qu'on est hors de la mer), et que l'on m'eut oint tout le corps, je commençai à penser en moi-même combien nous oublions facilement nos défauts même corporels qui se présentent à toute heure, à plus forte raison ceux de l'âme, qui sont d'autant plus grands qu'ils sont plus cachés. Une légère émotion nous peut tromper; mais, si elle augmente et que la fièvre y mette le feu, il n'y a point d'homme si dur et si patient qui ne l'avoue. On a mal aux pieds, on sent comme des points dans les jointures; on dissimule encore, et l'on feint de s'être donné une entorse ou de s'être foulé dans quelque exercice violent; jusque-là le mal est douteux, et l'on ne sait quel nom lui donner. Mais, quand il est descendu aux talons, on est bien contraint d'avouer que c'est la goutte. Tout le contraire arrive dans les maladies de l'âme : plus elles sont grandes, moins on les sent. Ne vous en étonnez pas, mon cher Lucile. Car celui qui dort légèrement songe quelquefois, et, en dormant, il s'imagine dormir en effet; mais un profond sommeil plonge l'âme si avant, qu'elle demeure sans fonction. Savez-vous pourquoi personne n'avoue ses défauts? C'est parce qu'il y est encore engagé. Il faut être éveillé pour conter ses songes, et c'est un signe d'un esprit sain que de confesser ses fautes.

Éveillons-nous donc, afin que nous puissions connaître nos erreurs; mais il n'y a que la philosophie qui nous puisse éveiller. Elle seule est capable de dissiper ce sommeil profond et léthargique où nous nous trouvons plongés. Donnez-vous tout entier à cette maîtresse; vous vous rendrez digne d'elle, comme elle est digne de vous. Embrassez-vous l'un l'autre, et refusez ouvertement votre affection à tout autre chose; il ne faut pas philosopher par manière d'acquit. Si vous étiez malade, vous quitteriez le soin du ménage, vous oublieriez les affaires du barreau, et vous ne voudriez pas aller plaider une cause pour quelque personne que ce fût : vous ne songeriez qu'à vous guérir. Quoi donc? ne ferez-vous pas maintenant la même chose? Quittez toutes ces occupations, et travaillez à la réformation de vos mœurs. On n'y réussit guère quand l'on est embarrassé d'affaires. La philosophie est une souveraine qui dispose du

---

attigimus, non exspecto, ut quidquam ex præceptis Virgilii fiat,

        Obvertant pelago proras..
aut
        Ancora de prora jaciatur....

sed, memor artificii mei, vetus frigidæ cultor, mitto me in mare, quomodo psychrolutam decet, gausapatus. Quæ putas me passum, dum per aspera erepo, dum viam quæro, dum facio? Intellexi non immerito nautis terram timeri. Incredibilia sunt quæ tulerim, quum me ferre non possem. Illud scito, Ulyssem non fuisse tam irato mari natum, ut ubique naufragia faceret: nauseator erat. Et ego, quocumque navigare debuero, vicesimo anno perveniam.

Ut primum stomachum, quem scis cum mari nauseam effugere, collegi, ut corpus unctione recreavi, hoc cœpi mecum cogitare, quanta nos vitiorum nostrorum sequeretur oblivio, etiam corporalium, quæ subinde admonent sui; nedum illorum, quæ eo magis latent, quo majora sunt. Levis aliquem motiuncula decipit; sed quum crevit, et vera febris exarsit, etiam duro et perpessitio confessionem exprimit. Pedes dolent, articuli punctiunculas sentiunt; adhuc dissimulamus; et aut talum extorsisse dicimus, aut in exercitatione aliqua laborasse. Dubio et incipiente morbo, quæritur nomen; qui ubi jam talaria cœpit intendere, et utrosque pedes fecit dexteros, necesse est podagram fateri. Contra evenit in iis morbis, quibus afficiuntur animi; quo quis pejus se habet, minus sentit. Non est quod mireris, Lucili carissime. Nam qui leviter dormit, et species secundum quietem capit, aliquando dormire se dormiens cogitat : gravis sopor etiam somnia exstinguit, animumque altius mergit, quam ut uti ullo intellectu sinat. Quare vitia sua nemo confitetur? Quia etiamnunc in illis est. Somnium narrare, vigilantis est; et vitia sua confiteri, sanitatis indicium est. Expergiscamur ergo, ut errores nostros coarguere possimus ; sola autem nos Philosophia excitabit, sola somnum excutiet gravem. Illi te totum dedica! dignus illa es; illa digna te est. Ite in complexum alter alterius; omnibus aliis rebus te nega, fortiter, aperte! Non est quod precario philosopheris. Si æger esses, curam intermisisses rei familiaris, et forensia tibi negotia excidissent, nec quemquam tanti putares, cui advocatus in remissione descenderes; toto animo id ageres, ut quam primum morbo liberareris. Quid ergo? non et nunc idem facies? Omnia impedimenta dimitte, et vaca bonæ menti; nemo ad illam pervenit occupatus.

Exercet Philosophia regnum suum; dat tempus, non

temps; mais on ne le partage point avec elle. Ce n'est point un ouvrage que l'on puisse remettre à sa commodité. C'est une maîtresse qui est toujours présente et qui commande de vive voix.

Alexandre répondit à une ville qui offrait de lui abandonner moitié de son territoire et de tous ses biens : « Je suis venu en Asie, non pas pour recevoir ce que vous me donneriez, mais afin que vous eussiez ce que je voudrais vous laisser. » La philosophie dit la même chose à toutes sortes de personnes : « Je ne veux point du temps que vous pouvez avoir de reste, mais vous aurez celui que je vous accorderai. » Donnez-lui donc tous vos soins, attachez-vous auprès d'elle, faites-lui la cour, et mettez un grand intervalle entre vous et le reste des hommes. Vous irez bien loin devant eux, et vous suivrez les dieux de fort près. Voulez-vous savoir la différence qu'il y a entre eux et vous? C'est qu'ils vivront plus longtemps que vous. Mais le sage est aussi content de la durée de sa vie, que Dieu l'est de son éternité; et c'est le propre d'un bon ouvrier de tout enfermer dans un petit espace. Il y a encore une chose en quoi le sage a quelque avantage sur Dieu : c'est qu'il possède la sagesse par acquisition, et Dieu ne la possède que par nature. Voilà une chose bien excellente d'avoir la faiblesse d'un homme et la tranquillité d'un Dieu ! Vous ne sauriez croire combien la philosophie est un fort rempart contre tous les assauts de la fortune. Elle est ferme et solide, il n'y a point de trait qui la puisse entamer. Elle rompt les coups les plus légers en leur présentant le sein, et renvoie les autres contre ceux mêmes qui les ont tirés.

ÉPITRE LIV.

Il parle d'une courte haleine, à quoi il était sujet; et, par un faux raisonnement, il tâche de prouver qu'il n'y a nul sentiment après la mort.

La maladie avait fait une assez longue trêve avec moi; mais elle m'a repris tout d'un coup. C'est avec raison que vous me demanderez quelle sorte de maladie; car il n'y en a point que je ne croie avoir éprouvée. Il y en a, toutefois, une à laquelle je suis plus sujet; je ne sais pourquoi je la nommerais *asthme*, qui est un mot grec, puisque je la puis appeler proprement courte haleine : elle ne dure pas, et son effort, qui vient comme un orage, se passe en moins d'une heure; car, qui pourrait être longtemps à expirer? Je crois avoir eu ma part de tous les maux les plus dangereux; mais je n'en ai point trouvé de si fâcheux que celui-là; parce que d'avoir les autres, quels qu'ils soient, ce n'est, après tout, qu'être malade; mais d'avoir l'asthme, c'est rendre l'esprit. C'est pourquoi les médecins l'appellent une méditation de la mort. Ce manque de respiration fait à la fin ce qu'il a plusieurs fois essayé. Ne croyez pas aussi que je me réjouisse en vous écrivant ceci, comme si j'étais échappé; si je prenais cette cessation pour une entière guérison, je serais aussi ridicule que celui qui penserait avoir gagné son procès pour avoir obtenu un délai.

Durant ma suffocation, je n'ai pas laissé de me consoler par des pensées douces et fortes. Qu'est-ce que cela? disais-je en moi-même; la mort me met bien souvent à l'épreuve; qu'elle fasse ce qu'il

accipit. Non est res subseciva : ordinaria est; domina est; adest et jubet. Alexander cuidam civitati, partem agrorum et dimidium rerum omnium promittenti : « Eo, inquit, proposito in Asiam veni, non ut id acciperem quod dedissetis, sed ut id haberetis, quod reliquissem. » Idem Philosophia rebus omnibus : « Non sum hoc tempus acceptura, quod vobis superfuerit; sed id habebitis, quod ipsa erogavero. » Totam huc converte mentem, huic asside, hanc cole; ingens intervallum inter te et cæteros fiat! Omnes mortales multo antecedes, non multo te Dii antecedent. — Quid inter te et illos interfuturum sit, quæris? — Diutius erunt. At, mehercules, magni artificis est clusisse totum in exiguo. Tantum sapienti sua, quantum Deo omnis ætas patet. Est aliquid, quo sapiens antecedat Deum : ille beneficio naturæ non timet, suo sapiens. Ecce res magna, habere imbecillitatem hominis, securitatem Dei! Incredibilis Philosophiæ vis est ad omnem fortuitam vim retundendam. Nullum telum in corpore ejus sedet; munita est et solida : quædam defatigat, et velut levia tela laxo sinu eludit; quædam discutit, et in eum usque, qui miserat, respuit. Vale.

EPISTOLA LIV.

SE SUSPIRIO AFFECTUM ESSE, JAMQUE MORTI ESSE PROPINQUIOREM EIQUE OMNINO PARATUM.

Longum mihi commeatum dederat mala valetudo; repente me invasit. — Quo genere? inquis. — Prorsus merito interrogas; adeo nullum mihi ignotum est. Uni tamen morbo quasi assignatus sum, quem quare græco nomine appellem, nescio; satis enim apte dici *suspirium* potest. Brevis autem valde, et procellæ similis, est impetus; intra horam fere desinit. Quis enim diu exspirat? Omnia corporis aut incommoda, aut pericula, per me transierunt; nullum mihi videtur molestius. Quidni? aliud enim, quidquid est, ægrotare est; hoc, animam agere. Itaque medici hanc *meditationem mortis* vocant. Facit enim aliquando spiritus ille, quod sæpe conatus est.

Hilarem me putas hæc tibi scribere, quia effugi? Si hoc fine quasi bona valetudine delector, tam ridicule facio, quam ille, quisquis vicisse se putat, quum vadimonium distulit. Ego vero et in ipsa suffocatione non desii cogitationibus lætis ac fortibus acquiescere. Quid hoc, inquam, est? tam sæpe mors experitur me? faciat! At ego illam diu expertus sum. — Quando? inquis. — An-

lui plaira, il y a longtemps que je la connais. Mais quand? me demanderez-vous : avant que je fusse né; car, n'être point, c'est être mort : je sais maintenant ce que c'est. Il en sera de même après moi, qu'il en a été devant moi. S'il y a quelque douleur après qu'on sera parti du monde, il faut qu'il y en ait eu avant que l'on y soit entré. Mais nous n'en sentions point alors. Dites-moi, je vous prie, ne serait-ce pas une grande sottise de s'imaginer qu'un flambeau soit en pire état quand il s'éteint, qu'il n'était avant qu'il fût allumé? Il en est de même de nous; nous sommes allumés, puis éteints. J'avoue que dans cet intervalle nous souffrons quelque chose; mais devant et après on ne doit rien craindre. Notre erreur, si je ne me trompe, mon cher Lucile, vient de ce que nous considérons uniquement que la mort nous suivra, sans nous représenter qu'elle ne suivra que comme elle a précédé. Tout ce qui est devant nous tient lieu de mort à notre égard ; car, qu'importe-t-il de ne point commencer, ou de cesser d'être, puisque l'un et l'autre se réduit à un même état, c'est-à-dire de n'être point?

Je m'entretiens toujours de ces réflexions secrètes; car j'avais perdu l'usage de la parole; cependant cette suffocation, étant dégénérée en une difficulté de respirer, me donna plus de relâche; elle s'alentit, et enfin se dissipa. Mais, quoiqu'elle soit cessée, je n'ai pas encore la respiration bien libre, je sens quelque chose qui la retient et la retarde. Que je respire comme je pourrai, pourvu que je ne soupire point dans l'âme. Mais je vous donne parole que je ne tremblerai point lorsque je me verrai à l'extrémité; j'y suis tout préparé,

et je ne me soucie pas quand ce jour arrivera. Je ne me propose point pour exemple; car on ne doit imiter et louer que celui qui n'a point regret de mourir, quoiqu'il ait du plaisir à vivre. En effet, quel honneur y a-t-il de sortir lorsqu'on est chassé? Il y en a, toutefois, en cette rencontre. On me chasse, à la vérité ; mais c'est comme si je sortais volontairement. C'est pourquoi le sage n'est jamais chassé ; car ce mot veut dire être jeté hors d'un lieu d'où l'on ne veut point sortir. Mais le sage ne fait rien malgré lui; il prévient la nécessité, et veut ce qu'elle le forcerait de vouloir.

ÉPITRE LV.

La délicatesse nous interdit enfin l'usage des parties que nous avons laissées longtemps inutiles. — La solitude sert quelquefois de prétexte à la fainéantise.

Je me suis fait porter en chaise et j'en reviens aussi fatigué que si j'avais autant cheminé que j'ai été assis. C'est une peine que d'être porté longtemps, et peut-être d'autant plus grande qu'elle est contre la nature, qui nous a donné des pieds pour marcher, ainsi que des yeux pour voir. Mais les délices nous ont affaiblis, et nous nous trouvons hors d'état de pouvoir faire ce que pendant un longtemps nous n'avons pas voulu faire. Il m'était nécessaire de prendre de l'exercice pour dissiper une bile qui s'était épanchée dans ma gorge, et pour soulager ma respiration qui était incommodée. Quoi que c'en soit, je me suis bien trouvé de cette agitation ; c'est ce qui m'a obligé de me faire porter plus longtemps, convié d'ailleurs par la beauté du rivage qui s'étend depuis

---

tequam nascerer. Mors est, non esse; id quod ante fuit : sed, id quale sit, jam scio; hoc erit post me, quod ante me fuit. Si quid in hac re tormenti est, necesse est et fuisse, antequam prodiremus in lucem : atqui nullam sensimus tunc vexationem. Rogo, non stultissimum dicas, si quis existimet lucernæ pejus esse, quum exstincta est, quam antequam accenditur? Nos quoque et accendimur, et exstinguimur; medio illo tempore aliquid patimur : utrimque vero alta securitas est. In hoc enim, mi Lucili, nisi fallor, erramus, quod mortem judicamus sequi; quum illa et præcesserit, et secutura sit. Quidquid ante nos fuit, mors est. Quid enim refert, utrum non incipias, an desinas? quum utriusque rei hic sit effectus, non esse.

His et hujusmodi exhortationibus (tacitis scilicet, nam verbis locus non erat), alloqui me non desii; deinde paulatim suspirium illud, quod esse jam anhelitus cœperat, intervalla majora fecit, et retardatum est, ac remansit. Nec adhuc, quamvis desierit, ex natura fluit spiritus : sentio hæsitationem quamdam ejus et moram. Quomodo volet! dummodo non ex animo suspirem. Hoc tibi de me recipe ; non trepidabo ad extrema; jam præparatus sum;

nihil cogito de die toto. Illum lauda et imitare, quem non piget mori, quum juvet vivere. Quæ enim virtus est, quum ejiciaris, exire? Tamen est et hic virtus : ejicior quidem, sed tanquam exeam. Et ideo nunquam ejicitur Sapiens : quia ejici est inde expelli, unde invitus recedas. Nihil invitus facit Sapiens ; necessitatem effugit, quia vult quod coactura est. Vale.

EPISTOLA LV.

DE VATIÆ VILLA : DE BONO MALOQUE OTIO.

A gestatione quum maxime venio; non minus fatigatus sum, quam si tantum ambulassem, quantum sedi. Labor est enim et diu ferri, ac nescio an eo major, quia contra naturam est, quæ pedes dedit, ut per nos ambularemus; et oculos, ut per nos videremus. Debilitatem nobis indixere deliciæ; et quod diu noluimus, posse desivimus. Mihi tamen necessarium erat concutere corpus; ut, sive bilis insederat faucibus, discuteretur; sive ipse ex aliqua causa spiritus densior erat, extenuaret illum jactatio ; quam profuisse mihi sensi. Ideo diutius vehi perseveravi, invitante ipso littore, quod inter Cumas et Servilii Vatiæ

Cumes jusqu'à la maison de Servilius Vatia, comme une langue de terre; car il est clos de la mer d'un côté, et d'un lac de l'autre. Ce rivage était plus ferme que de coutume, à cause d'un orage qui était arrivé un peu auparavant. Car vous savez que le flot, quand il est fréquent et poussé de force, rend le bord de l'eau uni, au lieu qu'il devient inégal durant un long calme, l'humidité qui lie le sable venant à se dessécher.

Je commençai, selon ma coutume, à regarder à l'entour si je ne trouverais rien dont je pusse tirer quelque profit. J'arrêtai mes yeux sur une maison qui appartenait autrefois à Vatia. Cet homme riche et prétorien, qui n'était connu que par son oisiveté, s'y retira durant sa vieillesse, et cela seul le faisait estimer heureux ; de façon qu'autant de fois qu'on voyait périr les amis d'Asinius Gallus, aussi bien que ceux qui avaient haï ou aimé Séjan, car la diversité des temps fit qu'il fut également dangereux d'avoir servi ou offensé ce dernier, tout le monde s'écriait : « O Vatia! il n'y a que vous qui sachiez vivre. » Mais en vérité il savait mieux se cacher qu'il ne savait vivre. Il y a grande différence entre le repos et la fainéantise. Pour moi, je ne passais jamais devant cette maison lorsque Vatia vivait encore, que je ne disse : « Ci-gît Vatia. » Cela fait bien voir, mon cher Lucile, que la philosophie est quelque chose de si saint et de si vénérable, que l'on estime même ce qui en porte une fausse ressemblance. Le vulgaire, séduit par l'apparence, se persuade qu'un homme oisif est incontinent tranquille et content, et qu'il vit à soi-même, quoique rien de tout cela ne puisse convenir qu'à l'homme sage. Car, en premier lieu,

il sait bien vivre, et comme il ne se soucie de rien, il sait vivre à soi. En vérité, ce lâche qui fuit le monde et les affaires, et qui s'est banni de la société des hommes à cause du mauvais succès de ses convoitises, qui ne saurait voir la félicité des autres, et qui s'est enfermé dans un cachot comme un animal timide et paresseux ; ce lâche, dis-je, ne vit point pour soi. Mais, ce qui est honteux, il vit pour son ventre, pour le sommeil et pour l'impudicité. Quoique l'on ne vive pour personne, il ne s'ensuit pas que l'on vive pour soi ; mais c'est une si belle chose de demeurer ferme dans une résolution que l'on a prise une fois, que la paresse même acquiert de l'autorité, quand elle est persévérante.

Pour la maison, je ne saurais vous en rien dire de certain, car je n'en ai vu que le dehors. Il y a deux grottes de pareille largeur, faites à la main, avec beaucoup de dépense, dont l'une n'est jamais éclairée du soleil, l'autre en est brûlée jusqu'au soir. On voit un ruisseau qui coule en forme de canal entre deux rangs de platanes, et qui se va décharger dans la mer et dans le lac d'Achéron ; il fournit du poisson en abondance ; car l'on n'y pêche point tandis que la mer est libre ; mais on y a recours aussitôt qu'il fait quelque orage. Ce qu'il y a de plus commode en cette maison, c'est que Bayes est derrière son enclos, et qu'elle jouit de ses délices sans avoir part à ses incommodités. Voilà ce que j'ai trouvé de plus recommandable. Mais je crois que c'est une demeure propre à toutes saisons, car elle est exposée au vent du couchant, qu'on appelle Favonius, et le reçoit si à propos qu'elle l'ôte à Bayes. Vatia avait

villam curvatur; et hinc mari, illinc lacu, velut angustum iter, cluditur. Erat enim a recenti tempestate maris spissum. Fluctus autem illud, ut scis, frequens et concitatus exæquat; longior tranquillitas solvit, quum arenis, quæ humore alligantur, succus abcessit. Ex consuetudine tamen mea circumspicere cœpi, an aliquid illic invenirem, quod mihi posset bono esse; et direxi oculos in villam, quæ aliquando Vatiæ fuit. In hac ille prætorius dives, nulla alia re quam otio notus, consenuit, et ob hoc unum felix habebatur. Nam quoties aliquos amicitia Asinii Galli, quoties Sejani odium, deinde amor merserat (æque enim offendisse illum, quam amasse, periculosum fuit); exclamabant homines : « O Vatia, solus scis vivere! » At ille latere sciebat, non vivere.

Multum autem interest, utrum vita tua otiosa sit, an ignava. Nunquam aliter hanc villam Vatia vivo præteribam, quam ut dicerem : « Vatia hic situs est. » Sed adeo, mi Lucili, Philosophia sacrum quiddam est, et venerabile, ut etiam, si quid illi simile est, mendacio placeat. Otiosum enim hominem, seductum existimat vulgus, et securum, et se contentum, sibique viventem ; quorum nihil ulli contingere, nisi sapienti, potest. Ille quidem, nulla re sollicitus, scit sibi vivere; ille enim, quod est primum, scit vivere. Nam qui res et homines fugit, quem cupiditatum suarum infelicitas relegavit ; qui alios feliciores videre non potuit ; qui, velut timidum atque iners animal, metu obltuit; ille sibi non vivit, sed, quod est turpissimum, ventri, somno, libidini. Non continuo sibi vivit, qui nemini. Adeo tamen magna res est constantia, et in proposito suo perseverantia, ut habeat auctoritatem inertia quoque pertinax.

De ipsa villa nihil possum tibi certi scribere; frontem enim ejus tantum novi, et exposita, quæ ostendit etiam transeuntibus. Speluncæ sunt duæ magni operis, cuivis laxo atrio pares, manu factæ; quarum altera solem non recipit, altera usque in occidentem tenet. Platanona medius rivus, et a mari, et ab Acherusio lacu receptus, Euripi modo dividit ; alendis piscibus, etiam si assiduo exhauriatur, sufficiens. Sed illi, quum mare patet, parcitur: quum tempestas piscatoribus dedit ferias, manus ad parata porrigitur. Hoc tamen est commodissimum in villa, quod Baias trans parietem habet: incommodis illarum caret, voluptatibus fruitur. Has laudes ejus ipse novi : esse illam totius anni credo. Occurrit enim Favo-

eu raison de choisir ce lieu pour y passer doucement sa vieillesse. Il est pourtant vrai que la disposition du lieu ne contribue pas beaucoup à la tranquillité; c'est l'esprit qui donne le goût à toutes choses. J'en ai vu qui trouvaient du chagrin en de fort belles maisons, et des affaires au milieu de la solitude.

Ne dites donc pas que ce qui empêche que vous ne soyez à votre aise, c'est que vous n'êtes pas dans la Campanie. Mais pourquoi n'y êtes-vous pas ? Envoyez vos pensées jusqu'ici. Il nous est permis de converser avec nos amis absents, autant de fois et aussi longtemps que nous le voulons. L'on peut dire que nous jouissons plus amplement de ce plaisir lorsque nous en sommes éloignés. Leur présence émousse notre appétit; et parce que nous parlons et que nous nous promenons assez souvent ensemble, nous ne songeons plus à eux lorsque nous en sommes séparés. Nous ne devons donc pas nous inquiéter pour l'absence de nos amis, puisqu'il n'y a personne qui ne s'en éloigne à son gré, lors même qu'ils sont présents. Si vous considérez en premier lieu les nuits que nous passons sans leur compagnie, puis les emplois différents, les études particulières et les promenades que nous faisons en nos métairies, vous trouverez que les voyages de nos amis ne nous dérobent que fort peu de temps. Il faut les loger dans notre cœur, qui n'est jamais absent, et qui voit tous les jours ce qu'il désire. Je veux donc que vous étudiiez avec moi, que vous mangiez avec moi, et que vous vous promeniez avec moi. Nous serions bien à l'étroit, si nous ne pouvions envoyer nos pensées aux lieux où nous voulons. Je vous vois, mon cher Lucile, je vous entends. Je suis tellement avec vous, que, lorsque je commence à vous écrire, je m'imagine que je vais faire un billet et non pas une lettre.

ÉPITRE LVI.

Le bruit du dehors est facile à supporter, quand nos passions n'éclatent point au dedans.

Que je meure si le silence est si nécessaire pour étudier, comme on se l'imagine. Je suis logé dans un lieu où l'on tient des étuves, et j'entends du bruit de tous côtés. Représentez-vous toutes les sortes de voix qui peuvent affliger les oreilles. Quand les plus robustes s'exercent en jetant leurs mains chargées de plomb, j'entends leurs gémissements; et quand ils viennent à reprendre leur haleine, j'entends encore leurs sifflements et leurs respirations forcées. S'il se rencontre un étuviste maladroit, qui ne sache pas bien frotter, j'entends le coup de sa main sonner différemment sur les épaules, selon qu'il la pose ouverte ou fermée. Mais, s'il arrive que celui qui garde les balles graissées ne trouve point son compte, tout est perdu. Ajoutez maintenant des gueux qui balaient les ordures, ou qui sont surpris dans quelque friponnerie, et ces gens qui prennent plaisir à faire retentir leur voix dans le bain. Joignez-y encore ceux qui font sonner l'eau en se jetant tout d'un saut dans la cuve. Après tous ces gens-là, qui au moins n'ont rien de désagréable en la voix, représentez-vous un misérable barbier qui, pour se

---

nio, et illum adeo excipit, ut Baiis neget. Non stulte videtur elegisse hunc locum Vatia, in quem otium suum, pigrum jam et senile, conferret.

Sed non multum ad tranquillitatem locus confert; animus est, qui sibi omnia commendet. Vidi ego in villa hilari et amœna mœstos; vidi in media solitudine occupatis similes. Quare non est quod existimes, ideo parum bene compositum esse te, quod in Campania non es. Quare autem non es? Huc usque cogitationes tuas mitte! Conversari cum amicis absentibus licet; et quidem quoties velis, quamdiu velis. Magis hac voluptate, quæ maxima est, fruimur, dum absumus. Præsentia enim nos delicatos facit; et, quia aliquando una loquimur, ambulamus, considemus, quum seducti sumus, nihil de his, quos modo vidimus, cogitamus. Et ideo æquo animo ferre debemus absentiam, quia nemo non multum etiam præsentibus abest. Pone hic primum noctes separatas; deinde occupationes utriusque diversas; deinde studia secreta, suburbanas profectiones : videbis non multum esse, quod nobis peregrinatio eripiat. Amicus animo possidendus est : hic autem nunquam abest; quemcumque vult, quotidie videt. Itaque mecum stude, mecum cœna, mecum ambula. In angusto viveremus, si quidquam esset cogitationibus clausum. Video te, mi Lucili; quum maxime audio : adeo tecum sum, ut dubitem, an incipiam non epistolas, sed codicillos tibi scribere. Vale.

EPISTOLA LVI.

UBIQUE SAPIENTEM TRANQUILLUM ESSE ET STUDIIS VACARE, CONTRA, MALUM UBIQUE ESSE INQUIETUM.

Peream, si est tam necessarium, quam videtur, silentium in studia seposito. Ecce varius clamor undique me circumsonat; supra ipsum balneum habito. Propone nunc tibi omnia genera vocum, quæ in odium possunt aures adducere : quum fortiores exercentur, et manus plumbo graves jactant, quum aut laborant, aut laborantem imitantur, gemitus audio; quoties retentum spiritum remiserunt, sibilos et acerbissimas respirationes : quum in aliptem inertem et hac plebeia unctione contentum incidi, audio crepitum illisæ manus humeris; quæ, prout plana pervenit, aut concava, ita sonum mutat. Si vero pilicrepus supervenerit et numerare cœperit pilas, actum est. Adjice nunc scordalum, et furem deprehensum, et illum, cui vox sua in balneo placet. Adjice nunc eos, qui in piscinam cum ingenti impulsæ aquæ sono saliunt. Præ-

faire remarquer, pousse une voix grêle et perçante, sans se taire jamais qu'il n'en fasse crier un autre auquel il arrache le poil des aisselles. Vous entendez ensuite le bruit des pâtissiers, des rôtisseurs et des cabaretiers, qui crient chacun leurs denrées avec des cris tout différents. Vous direz que je suis de fer, et que je suis sourd, si j'ai la tête entière parmi tout ce tintamarre, vu que notre Chrysippe se mourait d'ennui d'entendre les compliments de ceux qui venaient le saluer tous les jours. Mais certainement je ne me soucie non plus de ce bruit que d'un flot qui gronde, ou d'une eau que l'on jette de haut en bas.

Quoique l'on dise que certains peuples, ne pouvant supporter le bruit des cataractes du Nil, ont transporté leurs villes ailleurs, il me semble que la voix interrompt plus que le bruit; car elle détourne l'esprit, et celui-ci ne fait que frapper ou remplir les oreilles. Entre les choses qui font du bruit sans me détourner, je mets les carrosses qui passent dans la rue, le maréchal qui loge chez moi, le serrurier mon voisin, et cet ouvrier qui demeure auprès de la place, où les jeunes gens s'exercent à la course, lorsqu'il essaie ses trompettes et ses hautbois, et qu'il crie plutôt qu'il ne chante. Le bruit qui cesse parfois me semble plus importun que celui qui continue toujours. Mais je me suis tellement endurci à tout cela que j'entendrais un comite crier après des forçats pour les faire bien ramer, sans en être ému. Je contrains mon esprit de se prêter attention, et de ne se point distraire ailleurs. Qu'on fasse au dehors tant de bruit que l'on voudra, pourvu que le désir et la crainte, l'avarice et le luxe n'excitent point de tumulte chez moi. Car à quoi sert le silence du dehors, si vos passions éclatent au dedans?

> La nuit avait partout répandu ses pavots
> Et donnait aux humains un paisible repos

Cela est faux, car il n'y a point de repos que celui qui se trouve établi par la raison. La nuit nous ramène nos déplaisirs au lieu de les chasser, et ne fait que changer nos soucis. Ceux qui dorment sont d'ordinaire aussi troublés dans leurs songes qu'ils l'ont été durant leurs veilles. La vraie tranquillité ne se trouve que dans une bonne conscience.

Considérez un homme riche et délicat: il faut imposer silence à toute la maison, afin de le faire dormir; tous les valets se taisent, et ceux qui s'en doivent approcher tiennent le pied suspendu et le posent doucement à terre. Il se tourne de côté et d'autre pour prendre un peu de sommeil parmi ses inquiétudes, et se plaint d'avoir ouï remuer quelqu'un, lorsque personne ne branle. Qui est la cause de cela? C'est son esprit qui lui fait du bruit. Il faut l'apaiser, il faut arrêter ses mouvements. Ne vous imaginez pas qu'il soit tranquille pour voir son corps couché mollement dans un lit. Souvent le repos cause de l'inquiétude; c'est pourquoi il faut agir et nous occuper à quelque exercice honnête, toutes les fois que la fainéantise, qui se lasse d'elle-même, nous porte à quelque chose de mauvais. Les grands capitaines font travailler leurs soldats et les engagent en de

---

ter istos, quorum, si nihil aliud, rectæ voces sunt, alipilum cogita, tenuem et stridulam vocem, quo sit notabilior, subinde exprimentem; nec unquam tacentem, nisi dum vellit alas, et alium pro se clamare cogit. Jam libarii varias exclamationes, et botularium, et crustularium, et omnes popinarum institores, mercem sua quadam et insignita modulatione vendentes.

O te, inquis, ferreum aut surdum, cui mens inter clamores tam varios, tam dissonos, constat, quum Crispum nostrum assidua salutatio perducat ad mortem! At, mehercules, ego istum fremitum non magis curo, quam fluctum, aut dejectum aquæ; quamvis audiam, cuidam genti hanc unam fuisse causam urbem suam transferendi, quia fragorem Nili cadentis ferre non potuit. Magis mihi vox avocare videtur, quam crepitus. Illa enim animum abducit, hic tantum aures implet ac verberat. In his, quæ me sine avocatione circumstrepunt, essedas transcurrentes pono, et fabrum inquilinum, et ferrarium vicinum, aut hunc, qui ad Metam sudantem tubulas experitur et tibias, nec cantat, sed exclamat. Etiam molestior est mihi sonus, qui intermittitur subinde, quam qui continuatur. Sed jam sic me ad omnia ista duravi, ut audire vel pausarium possim, voce acerbissima remigibus modos dantem. Animum enim cogo sibi intentum esse, nec avocari ad externa. Omnia licet foris resonent, dum intus nihil tumultus sit, dum inter se non rixentur cupiditas et timor, dum avaritia luxuriaque non dissideat, nec altera alteram vexet. Nam quid prodest totius regionis silentium, si affectus fremunt?

Omnia noctis erant placida composta quiete.

Falsum est! nulla placida quies est, nisi quam ratio composuit: nox exhibet molestiam, non tollit; et sollicitudines mutat. Nam dormientium quoque insomnia tam turbulenta sunt, quam dies. Illa tranquillitas vera est, in quam bona mens explicatur. Aspice illum, cui somnus laxæ domus silentio quæritur; cujus aures ne quis agitet sonus, omnis servorum turba conticuit; et suspensum accedentium propius vestigium ponitur. Huc nempe versatur atque illuc, somnum inter ægritudines levem captans; quæ non audit, audisse se queritur. Quid in causa putas esse? Animus illi obstrepit; hic placandus est, hujus compescenda est seditio; quem non est quod existimes placidum, si jacet corpus. Interdum quies inquieta est. Et ideo ad rerum actus excitandi, ac tractatione bonarum artium occupandi sumus, quoties nos male habet inertia sui impatiens. Magni imperatores, quum male parere militem vident, aliquo labore compescunt, et ex-

longues expéditions, quand ils n'y trouvent pas assez d'obéissance. Ceux qui ont des affaires n'ont pas le loisir de songer aux divertissements; il n'est point de remède plus sûr que l'occupation, pour chasser les vices qui procèdent de l'oisiveté.

Souvent on croit que nous nous sommes retirés par un dégoût des affaires, ou pour ne pouvoir plus demeurer dans un lieu malheureux et triste; mais cette solitude, où la crainte et le chagrin nous ont poussés, réveille quelquefois notre ambition, laquelle n'était pas éteinte, mais plutôt fatiguée et rebutée des mauvais succès. Je dis la même chose du luxe : il semble que nous l'ayons quitté quelquefois; mais il nous sollicite encore après que nous avons fait ouvertement profession de frugalité; et au milieu de l'épargne, il recherche, avec d'autant plus d'ardeur qu'il croit être mieux caché, les voluptés qu'il avait laissées et non pas condamnées. Les vices sont moins dangereux quand ils se manifestent. Les maladies mêmes tendent à la guérison, quand leur malignité se produit au dehors. Sachez aussi que l'avarice, l'ambition et les autres passions de l'esprit humain sont fort à craindre, lorsqu'elles s'arrêtent comme si elles étaient réduites et corrigées. Nous paraissons tranquilles, et cependant nous ne le sommes pas. Car, si nous avons fait la retraite de bonne foi, si nous avons renoncé de bon cœur à la pompe et à l'éclat, comme je disais auparavant, rien ne troublera notre solitude; il n'y aura point de voix d'hommes, ni de chants d'oiseaux qui puissent interrompre des pensées qui seront bonnes, solides et réglées. C'est la marque d'un esprit léger et qui n'est pas assez recueilli, que d'ouvrir l'oreille aussitôt qu'on entend du bruit : il faut qu'il y ait quelque souci ou quelque crainte au dedans qui le rende ainsi curieux, comme dit notre Virgile :

> Moi qui n'étais ému ni des armes lancées,
> Ni des Grecs m'entourant de phalanges pressées,
> Je tremble maintenant, et crains au moindre bruit
> Pour celui que je porte et celle qui me suit.

Ce premier-là, que nous avons dit être à l'épreuve des traits que l'on décoche sur lui, qui n'a point de peur des piques croisées et comme liées ensemble, qui ne s'étonne point des ruines d'une ville que l'on sape, est véritablement sage; mais cet autre qui craint de perdre ses richesses, qui s'épouvante à toute rencontre, qui prend une seule voix pour une grande rumeur, et qui s'abat au moindre bruit, est un sot qui manque d'expérience; c'est son argent qui le fait ainsi trembler. Choisissez celui qu'il vous plaira d'entre les riches qui portent et qui font mener après eux tant de choses précieuses, vous trouverez qu'il sera toujours en crainte. Sachez donc que vous serez en parfaite tranquillité quand tous ces cris ne vous toucheront plus, et qu'il n'y aura plus de voix flatteuse ou menaçante qui puisse mettre votre âme hors de son assiette.—Quoi donc? ne vaut-il pas mieux être exempt de cette incommodité?—J'en demeure d'accord, c'est pour cela que je veux déloger d'ici; mais j'ai été bien aise de faire cette épreuve, et de me donner un tel exercice. A quoi bon souffrir plus longtemps, si Ulysse trouva pour ses compagnons un remède si facile contre les Sirènes?

---

peditionibus detinent. Nunquam vacat lascivire districtis; nihilque tam certum est, quam otii vitia negotio discuti. Sæpe videmur tædio rerum civilium, et infelicis atque ingratæ stationis pœnitentia, secessisse : tamen in illa latebra, in quam nos timor et lassitudo conjecit, interdum recrudescit ambitio. Non enim excisa desiit, sed fatigata, aut etiam abjecta, rebus parum sibi cedentibus. Idem de luxuria dico, quæ videtur aliquando cessisse; deinde frugalitatem professos sollicitat, atque in media parcimonia voluptates non damnatas, sed relictas, petit; et quidem eo vehementius, quo occultius. Omnia enim vitia in aperto leviora sunt; morbi quoque tunc ad sanitatem inclinant, quum ex abdito erumpunt, ac vim suam proferunt. Et avaritiam itaque, et ambitionem, et cætera mala mentis humanæ, tunc perniciosissima scias esse, quum simulata sanitate subsidunt. Otiosi videmur, et non sumus. Nam si bona fide sumus, si receptui cecinimus, si speciosa contempsimus, ut paulo ante dicebam, nulla res nos avocabit, nullus hominum aviumque concentus interrumpet cogitationes bonas solidasque, et jam certas. Leve illud est ingenium, nec se adhuc reduxit introrsus, quod ad vocem et accidentia erigitur. Habet intus aliquid sollicitudinis, et concepti pavoris, quod illum curiosum facit; ut ait Virgilius noster :

> Et me, quem dudum non ulla injecta movebant
> Tela, nec adverso glomerati ex agmine Graii,
> Nunc omnes terrent auræ, sonus excitat omnis
> Suspensum, et pariter comitique onerique timentem.

Prior ille sapiens est, quem non tela vibrantia, non arietata inter se arma agminis densi, non urbis impulsæ fragor territat; hic alter imperitus est, rebus suis timet ad omnem crepitum expavescens, quem una quælibet vox pro fremitu accepta dejecit, quem motus levissimi exanimant. Timidum illum sarcinæ faciunt. Quemcumque ex istis felicibus elegeris, multa trahentibus, multa portantibus, videbis illum

. . . . . . .Comitique onerique timentem.

Tunc ergo te scito esse compositum, quum ad te nullus clamor pertinebit; quum te nulla vox tibi excutiet, non si blandietur, non si minabitur, non si inani sono varia circumstrepet.—Quid ergo? non aliquanto commodius est, carere convicio?—Fateor. Itaque ego ex hoc loco migrabo : experiri et exercere me volui. Quid necesse est diutius torqueri, quum tam facile remedium Ulysses sociis etiam adversus Sirenas invenerit? Vale.

ÉPITRE LVII.

Il y a des faiblesses naturelles que la raison ne saurait vaincre.

Voulant partir de Bayes, pour m'en retourner à Naples, je me laissai volontiers persuader que la mer n'était pas bonne, pour ne pas m'embarquer une seconde fois; mais les chemins étaient si sales et si mouillés, que je puis dire que je suis venu par eau. Je souffris toute cette journée le sort des athlètes; car, après avoir été bien arrosés, nous eûmes de la poussière abondamment dans la grotte de Naples. Cette sorte de prison est extrêmement longue, et son entrée est si obscure, qu'il faut voir, non pas à travers les ténèbres, mais les ténèbres mêmes. De plus, quand il y aurait quelque lumière dans ce lieu, elle serait offusquée par la poussière, qui est une chose importune et fâcheuse, même à découvert, à plus forte raison dans une cave, où s'étant élevée comme un tourbillon, et ne pouvant sortir par aucune ouverture, elle retombe sur ceux qui l'ont émue. Ainsi nous avons souffert ensemble deux incommodités bien contraires, ayant eu en même jour et en même chemin la boue et la poussière. Cette obscurité, toutefois, me donna sujet de rêver; car je sentis mon esprit frappé d'une émotion, sans peur toutefois, par l'horreur et par la nouveauté d'une chose si extraordinaire.

Je ne vous parle pas maintenant de moi, qui suis bien éloigné de la médiocrité, et plus encore de la perfection; mais je vous assure qu'un homme résolu, sur lequel la fortune n'a plus de pouvoir, en aurait été touché; sa couleur se serait changée. Car il y a des choses, mon cher Lucile, que la vertu ne saurait empêcher. C'est par là que la nature fait connaître au sage qu'il est sujet à la mort. Aussi le verrez-vous froncer le sourcil à la rencontre d'un objet fâcheux, frémir aux accidents imprévus, et se troubler, lorsque d'une hauteur escarpée il regarde un lieu bien profond. Ce n'est pas la crainte qui fait tout cela, c'est une disposition naturelle que la raison ne saurait corriger. De là vient qu'il y a des gens courageux et toujours prêts à verser leur sang, qui ne sauraient voir celui des autres. Les uns s'évanouissent en voyant panser une plaie, quand elle est nouvelle et qu'elle saigne encore; les autres, quand elle est vieille et pleine de matière; il y en a même qui s'effraient plus de la lueur d'une épée qu'ils ne font du coup. Je sentis, comme je vous ai dit, une certaine émotion, qui fut toutefois sans trouble.

Mais aussitôt que nous revîmes le jour, nous entrâmes dans une allégresse que nous n'attendions pas. Alors je commençai à faire ce raisonnement en moi-même : que l'on craint certaines choses plus ou moins, assez mal à propos, puisqu'elles se réduisent toutes à une même fin. Car, qu'importe que ce soit une montagne ou une tour qui vous accable? C'est tout un. Vous en trouverez pourtant qui craindraient davantage la dernière de ces ruines, quoique l'une et l'autre soient également mortelles; tant il est vrai que la crainte considère moins l'effet que la manière dont il arrive. Ne vous imaginez pas que je parle comme les stoïciens, qui tiennent que l'âme d'une personne accablée sous un si grand poids, ne trouvant point de passage libre, se dissipe aussitôt dans le corps. Bien loin de dire cela je crois que ceux

EPISTOLA LVII.

PRIMOS ANIMI MOTUS VEL SAPIENTIS IN POTESTATE NON ESSE.

Quum a Baiis deberem Neapolim repetere, facile credidi tempestatem esse, ne iterum navem experirer : sed tantum luti tota via fuit, ut possem videri nihilominus navigasse. Totum athletarum fatum mihi illo die perpetiendum fuit : a ceromate nos haphe excepit in crypta Neapolitana. Nihil illo carcere longius; nihil illis faucibus obscurius, quæ nobis præstant, non ut per tenebras videamus, sed ut ipsas. Cæterum etiam si locus haberet lucem, pulvis auferret, in aperto quoque res gravis et molesta; quid illic, ubi in se volutatur, et, quum sine ullo spiramento sit inclusus, in ipsos, a quibus excitatus est, recidit? Duo incommoda inter se contraria simul pertulimus : eadem via, eodem die, et luto et pulvere laboravimus.

Aliquid tamen mihi illa obscuritas, quod cogitarem, dedit; sensi quemdam ictum animi, et sine metu mutationem, quam insolitæ rei novitas simul ac fœditas fecerat. Non de me nunc tecum loquor, qui multum ab homine tolerabili, nedum a perfecto absum; sed de illo, in quem jus fortuna perdidit : hujus quoque ferietur animus, mutabitur color. Quædam enim, mi Lucili, nulla effugere virtus potest; admonet illam natura mortalitatis suæ. Itaque et vultum adducet ad tristitiam, et inhorrescet ad subita; et caligabit, si vastam altitudinem, in crepidine ejus constitutus, despexerit. Non est hic timor, sed naturalis affectio inexpugnabilis rationi. Itaque fortes quidam, et paratissimi fundere suum sanguinem, alienum videre non possunt : quidam ad vulneris novi, quidam ad veteris et purulenti tractationem inspectionemque succidunt ac linquuntur animo; alii gladium facilius recipiunt, quam vident. Sensi ergo, ut dicebam, quamdam non quidem perturbationem, sed mutationem; rursus, ad primum conspectum redditæ lucis, alacritas incogitata rediit et injussa. Illud deinde mecum loqui cœpi, quam inepte quædam magis ac minus timeremus, quum omnium idem finis esset. Quid enim interest, utrum supra aliquem vigiliarium ruat, an mons? Nihil invenies; erunt tamen qui hanc ruinam magis timeant, quamvis utraque mortifera æque sit. Adeo non effectus, sed efficientia timor spectat.

Nunc me putas de Stoicis dicere, qui existimant animam hominis magno pondere extriti permanere non posse, et statim spargi, quia non fuerit illi exitus liber? — Ego vero non facio; qui hoc dicunt, videntur mihi

qui le disent se trompent lourdement. Comme on ne saurait abattre la flamme, parce qu'elle se retire incontinent autour de ce qui la presse; comme l'air n'est point blessé ni entamé du coup qu'il reçoit, parce qu'il se répand autour du sujet auquel il a fait place; ainsi l'âme, qui est une substance très-déliée, ne peut être ni retenue ni froissée dans le corps; mais par le moyen de la subtilité, elle passe au travers de tout ce qui la presse. De même encore que la foudre, après avoir rempli d'éclairs et ravagé tout une maison, se retire par un petit trou; ainsi l'âme, qui est plus subtile que le feu, s'échappe au travers de toutes les parties du corps. C'est pourquoi l'on demande si elle est immortelle. Mais tenez pour certain que si l'âme vit après le corps, elle ne peut périr en aucune manière, ne périssant point avec lui. Ce qui est immortel l'est sans aucune exception, et rien ne peut nuire à ce qui est éternel.

ÉPITRE LVIII.

De la disette de la langue latine. — La division des êtres avec l'explication des idées de Platon. — Que l'on peut prolonger sa vie par le moyen de la tempérance; mais qu'il est permis de retrancher cette même vie quand elle est à charge.

Je n'ai jamais mieux reconnu que j'ai fait aujourd'hui le besoin ou plutôt la disette que nous avons de quantité de mots. Comme nous parlions de Platon, par occasion, il s'est rencontré mille choses qui avaient besoin de noms, et qui, toutefois, n'en avaient point; d'autres encore, qui en avaient eu autrefois, mais qui les avaient perdus, parce que l'on s'en était dégoûté. Est-il possible d'avoir du dégoût dans l'indigence? Il y a une sorte de mouche qui pique les bestiaux et qui les fait courir par les montagnes : les Grecs l'appellent *œstros*, et les anciens Latins l'appelaient *asilus*. Vous en devez croire Virgile :

> Auprès du mont Alburne et du bois de Siler,
> On voit par escadrons un insecte voler.
> Il est craint des troupeaux ; au seul bruit de son aile,
> Ils semblent agités d'une fureur nouvelle :
> Tout s'enfuit aux forêts sans prendre aucun repos.
> Le nom de cet insecte chez les Grecs est Œstros,
> Asilus parmi nous.

Je pense qu'il voulait dire que ce mot était hors d'usage. Et, pour ne point vous tenir en suspens, on se servait autrefois de quelques mots simples comme *cernere ferro*.

> Stupet ipse Latinus
> Ingentes, genitos diversis partibus orbis,
> Inter se coiisse viros, et cernere ferro.

C'est ce que nous disons maintenant *decernere*, l'usage du mot simple étant perdu. Les anciens disaient encore *si jusso* au lieu de *si jussero*. Le même Virgile en sera témoin :

> Cætera, qua jusso, mecum manus inferat arma.

Je ne fais pas maintenant cette recherche pour vous montrer combien j'ai perdu de temps dans l'étude de la grammaire; mais, pour vous faire connaître combien il y a de mots dans Ennius et dans Attius, qui sont vieux et moisis, puisqu'il s'en trouve dans Virgile, lequel on lit tous les jours, qui sont à présent hors d'usage. Mais à quoi tend, direz-vous, cet avant-propos? Je ne vous le celerai point, c'est afin de pouvoir dire ce mot *essentia*, pour signifier essence, sans bles-

---

errare. Quemadmodum flamma non potest opprimi (nam circa id diffugit, quo urgetur); quemadmodum aer verbere aut ictu, non læditur, ne scinditur quidem, sed circa id, cui cessit, refunditur : sic animus, qui ex tenuissimo constat, deprehendi non potest, nec intra corpus affligi ; sed beneficio subtilitatis suæ, per ipsa, quibus premitur, erumpit. Quomodo fulmini, etiam quum latissime percussit ac fulsit, per exiguum foramen est reditus, sic animo, qui adhuc tenuior est igne, per omne corpus fuga est. Itaque de illo quærendum est, an possit immortalis esse. Hoc quidem certum habe; si superstes est corpori, propter illud nullo genere mori posse, propter quod non perit ; quoniam nulla immortalitas cum exceptione est, nec quidquam noxium æterno est. Vale.

EPISTOLA LVIII.
EXPLICAT QUOMODO OMNIA QUÆ SUNT PLATO DIVISERIT.

Quanta verborum nobis paupertas, imo egestas sit, nunquam magis quam hodierno die intellexi. Mille res inciderunt, quum forte de Platone loqueremur, quæ nomina desiderarent, nec haberent ; quædam vero, quum habuissent, fastidio nostro perdidissent. Quis autem ferat in egestate fastidium? Hunc, quem Græci œstron vocant, pecora peragentem et totis saltibus dissipantem, *asilum* nostri vocabant. Hoc Virgilio licet credas :

> Est lucum Silari juxta ilicibusque virentem
> Plurimus Alburnum volitans, cui nomen asilo
> Romanum est, œstrum Graii vertere vocantes;
> Asper, acerba sonans ; quo tota exterrita silvis
> Diffugiunt armenta......

Puto intelligi istud verbum interisse. Ne te longe differam, quædam simplicia in usu erant, sicut *cernere ferro inter se* dicebantur. Idem Virgilius hoc probabit tibi :

> Stupet ipse Latinus,
> Ingentes, genitos diversis partibus orbis,
> Inter se coiisse viros, et cernere ferro ....

quod nunc decernere dicimus ; simplicis verbi usus amissus est. Dicebant antiqui, *si jusso*, id est, si jussero. Hoc nolo mihi credas, sed fideli Virgilio :

> Cætera, qua jusso, mecum manus inferat arma.

Non id ago nunc hac diligentia, ut ostendam, quantum tempus apud Grammaticum perdiderim ; sed ut ex hoc intelligas, quantum apud Ennium et Attium verborum situs occupaverit ; quum apud hunc quoque, qui quotidie excutitur, aliqua nobis subducta sint.

ser vos oreilles. Sinon, je ne laisserai pas de le dire, en dussiez-vous être fâché. J'ai un bon garant de ce mot, c'est Cicéron. Si vous en voulez un plus récent, je vous produirai Fabianus, élégant et disert orateur, qui parle avec la netteté que notre délicatesse demande aujourd'hui. Car le moyen, mon cher Lucile, de pouvoir tourner autrement οὐσία, ce mot grec si nécessaire, qui contient la nature et le fondement des choses? Permettez-moi donc d'en user, à condition que je vous promets de ne pas abuser de la liberté que vous m'aurez accordée. Peut-être me contenterai-je seulement de l'avoir obtenue. Mais de quoi me servira votre facilité, puisque je ne puis exprimer en vrai latin ce qui me donne sujet de faire ce reproche à notre langue? Vous en blâmerez bien plus la disette, quand vous saurez qu'il y a une syllabe grecque que je ne saurais tourner. Voulez-vous savoir quelle elle est? C'est τὸ ὄν: vous direz que j'ai peu d'esprit de ne pas voir qu'il est aisé de la traduire ainsi : *Ce qui est*. Mais j'y trouve beaucoup de différence ; car je suis obligé de mettre un verbe pour un nom. Toutefois, s'il est nécessaire, je dirai : Ce qui est.

Notre ami, qui est un homme fort savant, me disait aujourd'hui que Platon donne à ce mot six différentes significations : je vous les expliquerai toutes après que je vous aurai montré qu'en l'ordre des choses il y a ce qu'on appelle genre. Il nous faut premièrement chercher ce genre duquel dépendent toutes les espèces, qui comprend toutes choses, et duquel procèdent toutes les divisions. Nous le trouverons si nous allons en remontant.

L'homme est une espèce, comme dit Aristote ; le cheval est une espèce ; le chien est encore une espèce. Donc il faut chercher quelque chose de commun à ces espèces, et qui, comme un lien, les embrasse et les tienne toutes sous soi. Mais, quel est-il ? C'est l'animal. Donc l'animal commence d'être le genre de ce que j'ai rapporté, savoir, de l'homme, du cheval et du chien. Mais il y a des choses qui ont une âme, et ne sont point animaux. Car on veut que les arbres et les plantes aient une âme, ce qui fait que nous disons qu'ils vivent et qu'ils meurent. Donc les choses animées seront dans un rang au-dessus, puisque les animaux et les plantes sont contenus sous cette forme. Il y a encore des choses qui n'ont point d'âme, comme les pierres ; partant il y a quelque chose encore au-dessus des choses animées, savoir, le corps. Maintenant je diviserai le corps en ce qui est animé et ce qui est inanimé. Car il y a quelque chose au-dessus du corps, puisque nous disons qu'il y a des choses corporelles, et d'autres qui sont incorporelles. Mais quel est le principe d'où nous tirerons cela? C'est ce que nous venons de nommer assez improprement, Ce qui est. Par ce moyen, il sera divisé en espèces ; de sorte que nous dirons : Ce qui est, est ou corporel ou incorporel. C'est donc là le premier, le plus ancien et le plus général de tous les genres. Les autres sont bien genres, mais ils sont subalternes : comme l'homme est un genre, parce qu'il contient en soi plusieurs espèces de nations, les Grecs, les Romains, les Parthes ; et de couleurs, les blancs, les noirs, les roux ; il contient encore les particu-

---

Quid, inquis, sibi ista vult præparatio? quo spectat? — Non celabo te : cupio, si fieri potest propitiis auribus tuis, *Essentiam* dicere; sin minus, dicam et iratis. Ciceronem auctorem hujus verbi habeo, puto locupletem : si recentiorem quæris, Fabianum, disertum et elegantem, orationis, etiam ad nostrum fastidium, nitidæ. Quid enim fiet, mi Lucili? quomodo dicetur οὐσία, res necessaria, naturam continens, fundamentum omnium? Rogo itaque, permittas mihi hoc verbo uti; nihilominus dabo operam, ut jus a te datum parcissime exerceam; fortasse contentus ero mihi licere. Quid proderit facilitas tua, quum ecce id nullo modo latine exprimere possim, propter quod linguæ nostræ convicium feci?

Magis damnabis angustias Romanas, si scieris unam syllabam esse, quam mutare non possim. — Quæ hæc sit, quæris? — τὸ ὄν. Duri tibi videor ingenii : in medio positum posse sic transferri, ut dicam : *Quod est*. Sed multum interesse video ; cogor verbum pro vocabulo ponere; sed ita necesse est, ponam : Quod est. Sex modis hoc a Platone dici amicus noster, homo eruditissimus, hodierno die dicebat. Omnes tibi exponam, si ante indicavero, esse aliquid genus, esse et speciem. Nunc enim genus illud primum quærimus, ex quo cæteræ species suspensæ sunt : a quo nascitur omnis divisio, quo universa comprehensa sunt. Invenietur autem, si cœperimus singula retro legere; sic enim perducemur ad primum. Homo species est, ut Aristoteles ait; equus species est; canis species; ergo commune aliquid quærendum est his omnibus vinculum, quod illa complectatur, et sub se habeat. Hoc quid est? Animal. Ergo genus esse cœpit omnium horum, quæ modo retuli, hominis, equi, canis, animal. Sed sunt quædam, quæ animam habent, nec sunt animalia : placet enim, satis et arbustis animam inesse ; itaque et vivere illa, et mori dicimus. Ergo animantia superiorem tenebunt locum, quia et animalia in hac forma sunt, et sata. Quædam anima carent, ut saxa; itaque erit aliquid animantibus antiquius, corpus; hoc sic dividam, ut dicam, corpora omnia, aut animata esse, aut inanima. Etiamnum est aliquid superius, quam corpus; dicimus enim quædam corporalia esse, quædam incorporalia. Quid ergo erit ex quo hæc diducantur? illud, cui nomen modo parum proprium imposuimus, Quod est. Sic enim in species secabitur, ut dicamus, Quod est, aut corporale est, aut incorporale. Hoc ergo genus est primum et antiquissimum, et, ut ita dicam, generale; cætera, genera quidem sunt, sed specialia ; tanquam homo genus est; habet enim in se nationum species : Græcos, Romanos, Parthos; colorum : albos, nigros,

liers, Caton, Cicéron, Lucrèce. C'est pourquoi, en tant qu'il contient plusieurs choses sous soi, il est genre; en tant qu'il est contenu sous un autre, il est espèce : car ce genre, qui est général, n'a rien au-dessus de soi; il est le principe des choses, tout est sous lui. Les stoïciens veulent mettre encore au-dessus un genre plus universel, duquel je traiterai aussitôt que j'aurai montré que ce genre, duquel je viens de parler, est mis, à bon droit, le premier, parce qu'il enferme et comprend toutes choses. Je divise donc ce qui est, en espèces; en corporel et en incorporel; il n'y en a point de troisième. Comment divisé-je le corps? Je dis : Ou il est animé, ou il est inanimé. Après, comment divisé-je ce qui est animé. Je dis : Il y a des choses qui ont esprit et âme, et d'autres choses qui n'ont qu'une âme; ou bien de la sorte : Il y a des choses qui ont mouvement, qui marchent et qui avancent, et d'autres qui sont attachées à la terre, sont nourries par leurs racines et prennent accroissement. Ensuite, en quelles espèces divisé-je les animaux? Je dis : Ou ils sont mortels, ou ils sont immortels. C'est le premier genre, au sentiment de quelques stoïciens; je vais vous exposer leur raison. Il y a, disent-ils, des choses qui existent dans la nature, et d'autres qui n'y existent pas. Entre celles qui n'ont point d'existence sont les Centaures, les Géants et tout ce que a produit l'imagination, lui donnant quelque forme, quoiqu'il n'ait point de substance.

Je reviens maintenant à ce que je vous ai promis; savoir, comment Platon divise toutes les choses qui sont dans la nature en six classes. Ce premier être que nous appelons *Ce qui est*, ne tombe point sous la vue, sous l'attouchement, ni sous aucun autre sens; car, ce qui est qualifié genre ne subsiste que par la pensée, comme l'homme en général n'est point aperçu des yeux, mais bien le particulier; par exemple, Cicéron et Caton. On ne voit point l'animal, mais on l'imagine. On voit, toutefois, son espèce, comme le cheval et le chien. Le second des êtres, Platon le met dans un degré éminent qui surpasse toutes choses; il dit qu'il est l'être par excellence, comme l'on dit communément, le poète : car, quoique ce nom convienne à tous ceux qui font des vers, si est-ce que chez les Grecs il dénote particulièrement Homère. Mais quel est cet être? C'est Dieu, qui est plus grand et plus puissant que toutes choses. Le troisième genre est des choses à qui proprement il appartient d'être. Elles sont sans nombre; mais elles ne sont pas perceptibles à nos yeux. Demandez-vous ce que c'est? C'est un meuble propre à l'usage de Platon, qu'il appelle Idées, de quoi toutes choses sont faites, et sur quoi ces choses sont formées; elles sont immortelles, immuables, inviolables. Écoutez maintenant ce que c'est qu'Idée, au moins comme Platon l'entend. Idée est un exemplaire éternel de toutes les choses qui se font dans la nature. J'expliquerai cette définition, afin de vous la rendre plus claire. Je veux faire votre portrait, je vous ai pour exemplaire de ma peinture, d'où mon esprit tire quelque trait qu'il met dans son ouvrage. Ainsi, ce visage, qui m'instruit et que je tâche d'imiter,

flavos; habet singulos : Catonem, Ciceronem, Lucretium. Itaque qua multa continet, in genus cadit; qua sub alio est, in speciem. Illud genus, Quod est, generale, supra se nihil habet. Initium rerum est : omnia sub illo sunt.

Stoici volunt superponere huic etiam aliud genus magis principale : de quo statim dicam, si prius illud genus, de quo locutus sum, merito primum poni docuero, quum sit rerum omnium capax. Quod est, in has species divido, ut sint corporalia, aut incorporalia. Nihil tertium est. Corpus quomodo divido? Ut dicam : aut animantia sunt, aut inanima. Rursus animantia quemadmodum divido? Ut dicam : quædam animum habent, quædam tantum animam; aut sic : quædam impetum habent, incedunt, transeunt; quædam, solo affixa, radicibus aluntur et crescunt. Rursus animalia in quas species seco? Aut mortalia sunt, aut immortalia. Primum genus Stoicis quibusdam videtur, Quiddam. Quare videatur, subjiciam. In rerum, inquiunt, natura quædam sunt, quædam non sunt. Et hæc autem, quæ non sunt, rerum natura complectitur, quæ animo succurrunt, tanquam Centauri, Gigantes, et quidquid aliud, falsa cogitatione formatum, habere aliquam imaginem cœpit, quamvis non habeat substantiam.

Nunc ad id quod tibi promisi, revertor; quomodo, quæcumque sunt, in sex modos Plato partiatur. Primum illud, Quod est, nec visu, nec tactu, nec ullo sensu comprehenditur, cogitabile est. Quod generaliter est, tanquam homo generalis, sub oculos non venit, sed specialis venit, ut Cicero et Cato. Animal non videtur, sed cogitatur : videtur autem species ejus, equus, et canis. Secundum ex his, quæ sunt, ponit Plato, quod eminet et exsuperat omnia. Hoc, ait, per excellentiam esse, ut poeta communiter dicitur; omnibus enim versus facientibus hoc nomen est; sed jam apud Græcos in unius notam cessit. Homerum intelligas, quum audieris Poetam. Quid ergo hoc est? Deus; scilicet major ac potentior cunctis. Tertium genus est eorum, quæ proprie sunt : innumerabilia hæc sunt, sed extra nostrum posita conspectum. — Quæ sunt, interrogas? — Propria Platonis supellex est. Ideas vocat, ex quibus omnia, quæcumque videmus, fiunt, et ad quas cuncta formantur. Hæ immortales, immutabiles, inviolabiles sunt. Quid sit idea, id est, quid Platoni esse videatur, audi : « Idea est eorum, quæ natura fiunt, exemplar æternum. » Adjiciam definitioni interpretationem, quo tibi res apertior fiat. Volo imaginem tuam facere; exemplar picturæ te habeo, ex quo capit aliquem habitum mens, quem operi suo im-

est une idée. La nature a une infinité de ces exemplaires, sur lesquels elle forme tout ce qu'elle doit produire, comme ceux sur lesquels sont formés les hommes, les poissons, les arbres. Le quatrième genre est εἶδος. Il faut vous rendre attentif pour savoir ce que c'est que de cet εἶδος, et que vous imputiez à Platon, et non pas à moi, la difficulté que vous y trouverez; mais les choses subtiles donnent toujours de la peine. Je me servais tout présentement du portrait que faisait un peintre. Quand il voulait, avec ses couleurs, représenter Virgile, il le regardait; le visage de Virgile était l'idée du peintre et l'exemplaire de son ouvrage. Ce qu'il a tiré de ce visage, et qu'il a mis dans son ouvrage, est cet εἶδος dont nous parlons. Voulez-vous savoir quelle différence il s'y rencontre? L'un est l'exemplaire, et l'autre est la figure tirée de l'exemplaire et appliquée à l'ouvrage. L'ouvrier imite l'un, et il fait l'autre. La statue a une tête, c'est ce qu'il appelle εἶδος. L'exemplaire a aussi une tête sur laquelle l'ouvrier, arrêtant ses yeux, a formé la statue; c'est ce qu'il appelle Idée. Voulez-vous encore une autre distinction? Εἶδος est dans l'ouvrage, et l'idée est hors de l'ouvrage, et même avant l'ouvrage. Le cinquième genre est des choses qui sont communément dans la nature; cela commence à nous regarder. Il y comprend les hommes, les bêtes et toutes les autres choses. Le sixième genre est des choses qui semblent être, comme le vide, comme le temps.

Platon ne met point ce que nous voyons et ce que nous touchons au nombre des choses qui sont véritablement, parce qu'elles changent, et sont dans un accroissement ou dans un déchet continuel. Personne de nous n'est le même en sa vieillesse qu'il était en sa jeunesse; ni le même aujourd'hui qu'il était hier; nos corps s'écoulent comme les rivières. Ce que vous voyez s'enfuit avec le temps, et rien ne demeure. Moi-même, pendant que je vous dis que toutes ces choses changent, je suis déjà changé. C'est ce qu'Héraclite entend, quand il dit que nous ne nous baignons pas deux fois dans une même rivière. Le nom est demeuré, mais l'eau est passée. Cela se remarque mieux dans les rivières qu'en l'homme; mais, pourtant, nous ne passons pas moins vite. Ce qui fait que je m'étonne de notre folie, d'aimer tant une chose aussi changeante que le corps, et de craindre de mourir un jour, vu que chaque moment fait mourir en nous notre état précédent. Pourquoi craignez-vous que ce qui se fait tous les jours ne se fasse une fois? Je ne parle que de l'homme, qui est une matière fragile et caduque, sujette à toute sorte d'accidents; mais le monde, qui est une chose éternelle et que l'on ne peut détruire, change aussi, et ne demeure point en même état; car, encore qu'il ait en soi toutes les choses qu'il a eues de tout temps, il les a d'une autre manière qu'il ne les a eues; son ordre est changé. — A quoi me servira, direz-vous, cette subtilité? — A rien. Mais, comme un graveur qui a tenu sa vue longtemps attachée sur son ouvrage, la détourne ailleurs pour le délasser et la récréer, nous devons aussi donner quelque relâche à notre esprit, et le remettre par quelque divertissement; mais il ne faut pas que ce divertissement soit sans

---

ponat. Ita illa, quæ me docet et instruit, facies, a qua petitur imitatio, idea est. Talia ergo exemplaria infinita habet natura rerum, hominum, piscium, arborum; ad quæ, quodcumque fieri ab illa debet, exprimitur. Quartum locum habet εἶδος. Quid sit hoc εἶδος, attendas oportet; et Platoni imputes, non mihi, hanc rerum difficultatem; nulla est autem sine difficultate subtilitas. Paulo ante pictoris imagine utebar; ille, quum reddere Virgilium coloribus vellet, ipsum intuebatur; idea erat Virgilii facies, futuri operis exemplar; ex hac quod artifex trahit, et operi suo imposuit, εἶδος est. — Quid intersit, quæris? Alterum exemplar est, alterum forma ab exemplari sumpta et operi imposita. Alteram artifex imitatur, alteram facit. Habet aliquam faciem statua : hæc est εἶδος. Habet aliquam faciem exemplar ipsum, quod intuens opifex statuam figuravit: hæc idea est. Etiamnunc aliam desideras distinctionem? Idos in opere est; idea extra opus : nec tantum extra opus est, sed ante opus. Quintum genus est eorum, quæ communiter sunt; hæc incipiunt ad nos pertinere; hic sunt omnia, homines, pecora, res. Sextum genus eorum est, quæ quasi sunt: tanquam inane, tanquam tempus.

Quæcumque videmus ac tangimus, Plato in illis non numerat, quæ esse proprie putat. Fluunt enim, et in assidua diminutione atque adjectione sunt. Nemo nostrum idem est in senectute, qui fuit juvenis; nemo est mane, qui fuit pridie. Corpora nostra rapiuntur fluminum more; quidquid vides, currit cum tempore; nihil ex his, quæ videmus, manet. Ego ipse, dum loquor mutari ista, mutatus sum. Hoc est quod ait Heraclitus : « In idem flumen bis non descendimus. » Manet idem fluminis nomen; aqua transmissa est. Hoc in amne manifestius est, quam in homine : sed nos quoque non minus velox cursus prætervehit; et ideo admiror dementiam nostram, quod tantopere amamus rem fugacissimam, corpus, timemusque ne quando moriamur, quum omne momentum mors prioris habitus sit. Vis tu non timere, ne semel fiat quod quotidie fit? De homine dixi, fluida materia et caduca, et omnibus obnoxia causis : mundus quoque, æterna res et invicta, mutatur, nec idem manet. Quamvis enim omnia in se habeat, quæ habuit; aliter habet, quam habuit : ordinem mutat.

Quid, inquis, ista subtilitas mihi proderit?— Si me interrogas, nihil. Sed quemadmodum ille cælator oculos diu intentos ac fatigatos remittit atque evocat, et, ut dici solet, pascit; sic nos animum aliquando debemus relaxare, et quibusdam oblectamentis reficere. Sed ipsa oblectamenta opera sint; ex his quoque, si observaveris,

quelque sorte d'occupation, parce que, si vous y prenez garde, il vous fournira une matière dont vous pourrez tirer du profit.

C'est ce que j'ai coutume de faire, mon cher Lucile; car je ne m'applique à rien de si éloigné de la philosophie, que je ne tâche d'en tirer quelque chose qui puisse me la rendre utile. Voulez-vous savoir ce que je tirerai des choses dont nous venons de traiter, qui sont éloignées de la réformation des mœurs, comme quoi les idées de Platon me peuvent rendre meilleur, ce qui pourra servir à comprimer mes passions? C'est cela même que dit Platon, que tout ce qui tombe sous les sens, qui nous charme et qui nous échauffe à sa poursuite, n'est pas du nombre des choses qui sont véritablement. Tout cela est donc imaginaire, et revêtu seulement de quelque apparence qui ne dure qu'un temps. Rien n'est permanent et solide; et cependant nous le désirons comme s'il devait toujours durer, ou que nous le dussions toujours posséder. Imbéciles et lâches que nous sommes, nous nous arrêtons à tout.

Portons notre esprit aux choses qui sont éternelles, élevons-nous en haut pour contempler et pour admirer ces exemplaires et ces formes de tous les êtres, et Dieu, qui est au milieu, préservant par là de la mort ce qu'il n'a pu faire immortel, à cause que la matière n'y était pas disposée, et réparant par sa science le défaut des choses qu'il a créées. Car tout ce qui se voit dans le monde subsiste, non parce qu'il est éternel, mais parce qu'il est conservé par le soin de celui qui le gouverne. Les choses immortelles n'ont pas besoin de protection; les mortelles sont maintenues par l'auteur qui les a faites, et qui, par sa vertu, soutient la fragilité de leur matière. Méprisez-les donc, puisqu'elles ne sont pas si précieuses, qu'on ne doute encore si elles sont effectivement. Faisons en même temps cette réflexion que voici : Que si Dieu, par sa providence, conserve le monde qui est mortel comme nous, nous pouvons aussi, par la nôtre, prolonger la durée de ce faible corps, en lui retranchant les voluptés qui font périr la plupart des hommes. Platon, duquel nous parlions naguère, est arrivé à la vieillesse par la tempérance. Il avait naturellement le corps fort et robuste, comme le témoigne son nom, qui marquait la largeur de sa poitrine; mais les voyages sur mer et les dangers qu'il avait essuyés avaient bien diminué ses forces. Toutefois, la sobriété, l'usage modéré de toutes les choses qui excitent nos désirs, et le soin qu'il prit de se conserver, le conduisirent à une longue vieillesse, malgré beaucoup d'obstacles. Car vous savez, comme je crois, qu'il mourut à l'âge de quatre-vingt-un ans, précisément, et à pareil jour qu'il était né. Pour ce sujet, les Mages qui se rencontrèrent lors à Athènes lui offrirent des sacrifices après sa mort, estimant qu'il était au-dessus de la condition des hommes pour avoir accompli le nombre le plus parfait de tous, et avoir vécu neuf fois neuf années. Je crois qu'il ne se fût guère soucié du sacrifice, ni qu'il eût manqué quelques jours au compte. Il est certain que la sobriété peut fort bien protéger la vie, qui est une chose, à mon avis, que l'on ne doit ni désirer ni refuser. Il est doux de demeurer longtemps avec soi, quand on s'en est rendu la jouissance agréable.

---

sumes quod possit fieri salutare. Hoc ego, mi Lucili, soleo facere : ex omni vacatione, etiamsi a philosophia longissime aversa est, eruere aliquid conor et utile efficere. Quid de istis capiam, quæ modo tractavimus, remotis a reformatione morum ? quomodo meliorem me facere ideæ Platonicæ possunt? quid ex istis traham, quod cupiditates meas comprimat? Vel hoc ipsum, quod omnia ista quæ sensibus serviunt, quæ nos accendunt et irritant, negat Plato ex his esse, quæ vere sint. Ergo ista imaginaria sunt, et ad tempus aliquam faciem ferunt: nihil horum stabile, nec solidum est. Et nos tamen cupimus tanquam aut semper futura, aut semper habituri. Imbecilli fluidique, per intervalla consistimus. Mittamus animum ad illa quæ æterna sunt! miremur in sublimi volitantes rerum omnium formas, Deumque inter illa versantem, et hoc providentem, quemadmodum, quæ immortalia facere non potuit, quia materia prohibebat, defendat a morte, ac ratione vitium corporis vincat! Manent enim cuncta, non quia æterna sunt, sed quia defenduntur cura regentis. Immortalia tutore non egent : hæc conservat artifex, fragilitatem materiæ vi sua vincens. Contemnamus omnia, quæ adeo pretiosa non sunt, ut, an sint omnino, dubium sit. Illud simul cogitemus : si mundum ipsum, non minus mortalem quam nos sumus, Providentia periculis eximit, potest tamen aliquatenus nostra quoque providentia prorogare huic corpusculo moram, et voluptates, quibus pars major perit, potuerimus regere et coercere. Plato ipse ad senectutem se diligentia pertulit. Erat quidem corpus validum ac forte sortitus, et illi nomen latitudo pectoris fecerat; sed navigationes ac pericula multum detraxerant viribus; parcimonia tamen, et eorum, quæ aviditatem evocant, modus, et diligens sui tutela, produxit illum ad senectutem, multis prohibentibus causis. Nam hoc scis, puto, Platoni diligentiæ suæ beneficio contigisse, quod natali suo decessit, et annum unum atque octogesimum implevit sine ulla deductione. Ideo Magi, qui forte Athenis erant, immolaverunt defuncto, amplioris fuisse sortis quam humanæ rati, quia consummasset perfectissimum numerum, quem novem novies multiplicata componunt. Non dubito, quin paratus esset paucos dies ex ista summa et sacrificium remittere. Potest frugalitas producere senectutem; quam ut non puto concupiscendam, ita ne recusandam quidem. Jucundum est, esse secum quam diu-

A cette occasion, nous dirons notre avis; savoir, s'il est bon de fuir l'extrémité de la vieillesse, et d'avancer sa fin sans attendre qu'elle arrive. Celui qui attend lâchement la mort ne diffère guère de celui qui la craint; et c'est être bien ivrogne, lorsque l'on a bu le vin, de boire encore la lie. Mais c'est une question de savoir si cette dernière portion de la vie en est la lie, ou le plus pur, particulièrement quand le corps n'est point usé et que l'esprit et les sens prêtent leur secours ordinaire aux fonctions de l'âme. Car il y a grande différence entre une longue vie et une longue mort. Mais, si le corps devient inutile à toute sorte d'emplois, pourquoi ne pas délivrer l'âme qui souffre en sa compagnie, et de bonne heure, de peur qu'on ne le puisse plus faire lorsqu'il sera temps de le faire? D'ailleurs, comme il y a plus de danger à vivre misérablement qu'à mourir bientôt, je tiens pour mal avisé celui qui ne voudrait pas quitter quelques jours pour se garantir d'un si grand inconvénient.

Il s'en trouve bien peu qui soient arrivés à la mort par une longue vieillesse sans aucune altération ni déchet en leurs personnes. Mais il y en a beaucoup à qui la vie est demeurée sans en pouvoir user. Pourquoi donc estimerez-vous que ce soit une cruauté d'en retrancher quelque portion, sachant bien qu'elle doit finir un jour? Ne m'écoutez point avec répugnance, comme si l'affaire vous regardait désormais; mais observez ce que je vais dire. Pour moi, je ne fausserai point compagnie à la vieillesse, pourvu qu'elle me laisse en mon entier, j'entends de la meilleure partie de moi-même. Mais si elle vient à ébranler mon esprit, à altérer ses fonctions, s'il ne me reste qu'une âme destituée de raison, je délogerai de cette maison, la voyant ruinée et prête à tomber. Tant qu'une maladie se pourra guérir, et ne donnera point d'atteinte à mon esprit, je ne me ferai point de violence, non plus que pour m'exempter de la douleur; car c'est lâcheté que de mourir de la sorte : mais si je sais que je doive souffrir perpétuellement, je me tirerai de la vie, non pas à cause de la douleur, mais à cause de l'incommodité qu'elle m'apporterait dans les actions de la vie. En effet, j'estime lâche celui qui meurt de peur de souffrir, et sot celui qui vit pour souffrir. Mais je m'emporte bien loin dans cette matière, qui fournirait de quoi discourir un jour entier. Vous me direz comment pourrait mettre fin à sa vie un homme qui ne la saurait mettre à une lettre? Je vous dis donc adieu, ce que vous lirez plus volontiers, je m'assure, que des discours de la mort.

ÉPITRE LIX.

De la manière que l'on doit écrire. — Que nous demeurons dans l'erreur parce que nous ne cherchons point la vérité, et que nous croyons les flatteurs qui nous donnent des qualités que nous n'avons pas.

J'ai lu votre lettre avec beaucoup de volupté; permettez-moi d'user des termes ordinaires, et ne les rapportez pas à la signification stoïque. Nous croyons que la volupté est un vice. Je veux qu'il soit ainsi; néanmoins nous avons coutume de nous servir de ce mot pour signifier l'allégresse de notre esprit. Je sais bien encore que la volupté

---

tissime, quum quis se dignum, quo frueretur, effecit.
Itaque de isto feremus sententiam, an oportet fastidire senectutis extrema, et finem non opperiri, sed manu facere. Prope est a timente, qui fatum segnis exspectat; sicut ille ultra modum deditus vino est, qui amphoram exsiccat, et fæcem quoque exsorbet. De hoc tamen quæremus, pars summa vitæ, utrum ea fæx sit, an liquidissimum ac purissimum quiddam; si modo mens sine injuria est, et integri sensus animum juvant, nec defectum et præmortuum corpus est. Plurimum enim refert, vitam aliquis extendat, an mortem. At, si inutile ministeriis ac corpus, quidni oporteat educere animum laborantem? Et fortasse paulo ante, quam debet, faciendum est; ne, quum fieri debeat, facere non possis; et, quum majus periculum sit male vivendi, quam cito moriendi, stultus est qui non exigui temporis mercede magnæ rei aleam redimit. Paucos longissima senectus ad mortem sine injuria pertulit; multis iners vita sine usu jacuit sui. Quanto deinde crudelius judicas, aliquid ex vita perdidisse, quamvis finienda? Noli me invitus audire, tanquam ad te jam pertineat ista sententia; sed, quid dicam, æstima. Non reliquam senectutem, si me totum mihi reservabit; totum autem ab illa parte meliore; at, si cœperit concutere mentem, si partes ejus convellere, si mihi non vitam reliquerit, sed animum; prosiliam ex ædificio putrido ac ruenti. Morbum morte non fugiam, duntaxat sanabili nec officientem animo; non afferam mihi manus propter dolorem; sic mori vinci est. Hunc tamen si sciero perpetuo mihi esse patiendum, exibo, non propter ipsum, sed quia impedimento mihi futurus est ad omne propter quod vivitur. Imbecillus est et ignavus, qui propter dolorem moritur; stultus, qui doloris causa vivit. Sed in longum exeo : est præterea materia, quæ ducere diem possit. Et quomodo finem vitæ imponere poterit, qui epistolæ non potest? Vale ergo : quod libentius quam mortes meras lecturus es. Vale.

EPISTOLA LIX.

VOLUPTATIS ET GAUDII DISCRIMEN. — DE HUMANA STULTITIA.

Magnam ex epistola tua percepi voluptatem : permitte enim mihi uti verbis publicis, nec illa ad significationem stoicam revoca. Vitium esse voluptatem credimus. Sit sane : ponere tamen illam solemus ad demonstrandam animi hilarem affectionem. Scio, inquam, et voluptatem (si ad nostrum album verba dirigimus) rem infamem

(si nous prenons ce mot à la rigueur de nos maximes) est une chose infâme, quoique la joie appartienne à l'homme sage; car c'est l'élévation d'une âme assurée sur ses biens et sur ses propres forces. Toutefois, nous disons ordinairement que nous avons reçu beaucoup de joie du consulat de notre ami, de son mariage ou de l'accouchement de sa femme; quoique ces choses, bien loin d'être des sujets de joie, soient bien souvent des commencements de déplaisir et de tristesse. Mais la joie a cela de propre qu'elle ne cesse point, et ne se tourne jamais du parti contraire. Ainsi, quand notre Virgile dit : *et les mauvaises joies de l'âme*, il parle disertement à la vérité; mais il ne parle pas juste, parce qu'il n'y a point de mauvaises joies. Il a donné ce nom aux voluptés, et a bien exprimé ce qu'il voulait dire, savoir, que les hommes se réjouissaient de leur mal. Néanmoins, je n'ai pas dit sans raison que j'ai lu votre lettre avec beaucoup de volupté; car, encore qu'un ignorant se réjouisse pour une juste occasion, je ne laisse pas d'appeler ce mouvement qu'il ne peut retenir, et qui se portera bientôt à d'autres sujets, du nom de volupté, laquelle il a conçue par l'opinion d'un faux bien, sans discernement ni mesure.

Mais, pour revenir à notre sujet, prenez la peine d'entendre ce qui m'a plu dans votre lettre. Vous avez les paroles à commandement; votre discours ne vous emporte pas plus loin que vous n'aviez dessein d'aller. Il s'en voit beaucoup qui, rencontrant un beau mot, s'engagent à écrire ce qu'ils ne voulaient pas écrire. Cela ne vous arrive jamais; car tout y est bien lié et fort propre au sujet. Vous dites autant que vous voulez, et vous laissez à entendre plus que vous ne dites; ce qui témoigne quelque chose de plus grand, et nous montre que votre esprit n'a rien de vide ni d'enflé. J'y trouve pourtant des métaphores; mais elles ne sont ni désagréables, ni trop hardies, puisqu'elles ont déjà paru dans le monde. J'y trouve aussi des comparaisons, desquelles, si l'on nous voulait interdire l'usage et les laisser aux poètes, ce serait faute d'avoir lu les anciens auteurs. Ils ne cherchaient pas encore de l'applaudissement par l'éloquence; ils parlaient avec simplicité, et seulement pour se faire entendre; néanmoins leurs écrits sont tous remplis de comparaisons. Pour moi, j'estime qu'elles sont nécessaires, non pour la raison qui les rend si familières aux poètes, mais afin que, soulageant notre faiblesse, elles fassent voir la chose comme présente aux yeux de l'auditeur.

En lisant Sextius, homme véhément, qui philosophe en langue grecque à la manière romaine, j'ai admiré une comparaison qu'il fait d'une armée qui marche en ordre carré pour faire tête à l'ennemi de tous côtés. Que le sage, dit-il, fasse de même, qu'il répande ses vertus de toutes parts, afin qu'en quelque endroit qu'on le puisse attaquer, la défense soit toute prête, et que l'on exécute sans confusion les ordres du commandant. Il dit encore que ce qui se pratique par les grands capitaines, qui disposent leurs troupes en sorte qu'elles entendent en même temps le commandement qui leur est fait, nous est d'autant plus nécessaire, que dans la guerre l'on craint souvent

---

esse; et gaudium, nisi sapienti, non contingere; est enim animi elatio, suis bonis viribusque fidentis. Vulgo tamen sic loquimur, ut dicamus, magnum gaudium nos ex illius consulatu, aut ex nuptiis, aut ex partu uxoris percepisse; quæ adeo non sunt gaudia, ut sæpe initia futuræ tristitiæ sint: gaudio autem junctum est non desinere, nec in contraria verti. Itaque quum dicit Virgilius noster, « Et mala mentis gaudia; » diserte quidem dicit, sed parum proprie; nullum enim malum gaudium est. Voluptatibus hoc nomen imposuit, et quod voluit, expressit; significavit enim homines malo suo lætos. Tamen ego non immerito dixerim, cepisse me magnam ex epistola tua voluptatem: quamvis enim ex honesta causa imperitus homo gaudeat, tamen affectum ejus impotentem, et in diversa statim inclinaturum, voluptatem voco, opinione falsi boni motam, immoderatam et immodicam.

Sed, ut ad propositum revertar, audi quid me in epistola tua delectaverit. Habes verba in potestate; non effert te oratio, nec longius, quam destinasti, trahit. Multi sunt, qui ad id, quod non proposuerant scribere, alicujus verbi placentis decore vocentur; quod tibi non evenit; pressa sunt omnia, et rei aptata. Loqueris quantum vis, et plus significas quam loqueris. Hoc majoris rei indicium est: apparet animum quoque nihil habere supervacui, nihil tumidi. Invenio nunc translationes verborum, ut non temerarias, ita non indecoras: itaque periculum sui fecerint. Invenio imagines; quibus si quis nos uti vetat, et poëtis illas solis judicat esse concessas, neminem mihi videtur ex antiquis legisse, apud quos nondum captabatur plausibilis oratio. Illi, qui simpliciter et demonstrandæ rei causa eloquebantur, parabolis referti sunt; quas existimo necessarias, non ex eadem causa qua poetis, sed ut imbecillitatis nostræ adminicula sint, et ut discentem et audientem in rem præsentem adducant.

Sextium ecce quum maxime lego, virum acrem, græcis verbis, romanis moribus philosophantem. Movit me imago ab illo posita: Ire quadrato agmine exercitum, ubi hostis ab omni parte suspectus est, pugnæ paratum. Idem, inquit, sapiens facere debet; omnes virtutes suas undique expandat, ut ubicumque infesti aliquid orietur, illic parata præsidia sint, et ad nutum regentis sine tumultu respondeant. Quod in exercitibus his, quos imperatores magni ordinant, fieri videmus, ut imperium ducis simul omnes copiæ sentiant, sic dispositæ, ut signum ab uno datum, peditem simul equitemque percurrat; hoc aliquanto magis necessarium esse nobis Sextius ait. Illi

l'ennemi sans sujet, et que le lieu qui semblait le plus suspect se trouve quelquefois le plus assuré. La folie n'est jamais tranquille ; elle craint d'en haut et d'en bas ; les deux flancs la battent ; elle voit des périls devant et derrière ; elle tremble à toute occasion ; elle est toujours sans défense, elle a peur même du secours qui lui vient. Mais le sage est prêt à tous assauts, et quand la pauvreté, la perte de ses proches, le mépris et la douleur le viendront attaquer, il ne lâchera point le pied ; au contraire, on le verra marcher sans peur, et combattre généreusement au milieu de ces traverses.

En vérité, il y a beaucoup de choses qui nous tiennent attachés, beaucoup qui altèrent nos forces. Nous avons longtemps croupi dans le vice. Il est malaisé de nous nettoyer ; car nous sommes plus sales au dedans qu'au dehors. Mais je demande une chose que je considère souvent en moi-même, pourquoi nous demeurons si opiniâtrément dans l'erreur ? C'est premièrement que nous ne la repoussons pas avec courage, et que nous ne cherchons pas la vérité de toutes nos forces. De plus, nous n'avons pas assez de créance pour les choses que les sages ont trouvées ; nous ne voulons point approfondir tant de belles connaissances ; nous nous contentons de passer légèrement par-dessus. Mais aussi comment pourrait se fortifier contre le vice un homme qui n'y travaille qu'autant de temps qu'il n'est point occupé dans le vice ? Personne de nous n'a pénétré au fond ; nous avons pris seulement la superficie, et nous croyons que c'est assez, voire trop, d'avoir donné quelques heures à la philosophie parmi nos autres emplois.

Le plus grand obstacle que nous ayons, c'est que si l'on nous appelle gens de bien, prudents et justes, nous le croyons aussitôt, et nous en avons de la complaisance pour nous-mêmes. Nous ne sommes pas contents d'une médiocre louange ; tout ce que la flatterie la plus effrontée nous présente, nous le recevons comme s'il nous était dû. Quand on dit que nous sommes parfaitement bons et sages, nous en demeurons comme d'accord, quoique nous sachions que c'est un mensonge, et nous avons tant d'amour pour nous, que nous voulons être loués pour des choses toutes contraires à celles que nous faisons. Si nous sommes cruels, concussionnaires ou débauchés, nous sommes bien aises d'entendre dire que nous sommes doux, libéraux, et continents. De là vient que nous ne voulons point nous changer, parce que nous croyons être fort gens de bien. Alexandre, lorsqu'il courait dans les Indes, ruinant des peuples qui étaient à peine connus de leurs voisins, fut blessé d'un coup de flèche en allant reconnaître le faible d'une place qu'il tenait assiégée. Il ne laissa pas de continuer ; mais comme, le sang étant étanché, la douleur de sa plaie augmenta, et que sa cuisse, qui avait été suspendue sur son cheval, vint à s'engourdir, il fut contraint de s'arrêter, et dit : « Tout le monde m'assure que je suis fils de Jupiter ; mais cette blessure me fait bien voir que je suis un homme. » Faisons la même chose, chacun selon notre condition. Quand les flatteurs nous voudront infatuer, disons-leur : Vous me faites entendre que je suis prudent ; je vois pourtant que je désire beaucoup de choses qui me sont inutiles et qui me pourraient nuire si je les avais. Je ne sais pas encore combien

enim sæpe hostem timuere sine causa ; tutissimumque illis iter, quod suspectissimum, fuit. Nihil stultitia pacatum habet; tam superne illi metus est, quam infra ; utrumque trepidat latus : sequuntur pericula, et occurrunt ; ad omnia pavet ; imparata est, et ipsis terretur auxiliis. Sapiens autem, ad omnem incursum munitus est et intentus : non si paupertas, non si luctus, non si ignominia, non si dolor impetum faciat, pedem referet. Interritus et contra illa ibit, et inter illa. Nos multa alligant, multa debilitant ; diu in istis vitiis jacuimus ; elui difficile est : non enim inquinati sumus, sed infecti.

Ne ab alia imagine ad aliam transeamus, hoc quæram, quod mecum sæpe dispicio, quid ita nos stultitia tam pertinaciter teneat ? Primo, quia non fortiter illam repellimus, nec toto ad salutem impetu nitimur ; deinde, quia illa, quæ a sapientibus viris reperta sunt, non satis credimus, nec apertis pectoribus haurimus, leviterque tam magnæ rei insistimus. Quemadmodum autem potest aliquis, quantum satis sit, adversus vitia discere, qui, quantum a vitiis vacat, discit ? Nemo nostrum in altum descendit ; summa tantum decerpsimus ; et exiguum temporis impendisse philosophiæ, satis abundeque occupatis fuit. Illud præcipue impedit, quod cito nobis placemus. Si invenimus, qui nos bonos viros dicat, qui prudentes, qui sanctos, agnoscimus. Nec sumus modica laudatione contenti : quidquid in adulatio sine pudore congessit, tanquam debitum prendimus ; optimos nos esse, sapientissimos, affirmantibus assentimur, quum sciamus illos multa mentiri ; adeoque indulgemus nobis, ut laudari velimus in id, cui contraria quum maxime facimus. Mitissimum ille se in ipsis suppliciis audit, in rapinis liberalissimum, in ebrietatibus ac libidinibus temperantissimum. Sequitur itaque, ut ideo mutari nolimus, quia nos optimos esse credimus. Alexander quum jam in India vagaretur, et gentes, ne finitimis quidem satis notas, bello vastaret, in obsidione cujusdam urbis, dum circuit muros et imbecillissima mœnium quærit, sagitta ictus, diu persedere et incœpta agere perseveravit. Deinde quum, represso sanguine, sicci vulneris dolor cresceret, et crus suspensum equo paulatim obtorpuisset, coactus abstistere : « Omnes, inquit, jurant esse me Jovis filium ; sed vulnus hoc hominem me clamat. » Idem nos faciamus ; quum pro sua quemque portione adulatio infatuat, dicamus : Vos quidem me dicitis prudentem esse ; ego autem video, quam multa inutilia concupiscam, nocitura optem ; ne hoc quidem intelligo, quod animalibus satietas monstrat, quis

je dois boire et manger, ni quelle est la portée de mon estomac, et cependant les bêtes connaissent la portée du leur aussitôt qu'elles sont rassasiées.

Mais je vais vous faire voir comment vous pourrez connaître que vous n'êtes pas sage. Celui-là est sage qui, rempli de joie, tranquille et assuré, vit ainsi que font les dieux. Examinez-vous maintenant. Si vous n'êtes jamais troublé de tristesse, inquiété d'espérances; si votre âme est jour et nuit dans une même assiette, élevée et satisfaite d'elle-même; assurez-vous que vous êtes venu au plus haut point de la félicité humaine. Mais si vous cherchez les voluptés de toutes parts, sachez que vous êtes autant éloigné de la sagesse que de la joie. Vous désirez celle-ci avec empressement; mais ne croyez pas que vous la puissiez posséder dans la compagnie des richesses. Vous la cherchez encore parmi les honneurs, c'est-à-dire parmi les soucis et les épines, et ce que vous souhaitez, pour en tirer de la satisfaction, est ce qui fait le sujet ordinaire de tous les déplaisirs. Tout le monde prétend à la joie; mais personne ne sait où l'on doit puiser celle qui est permanente et solide. L'un croit la trouver dans le luxe et dans les festins; l'autre, dans l'ambition et dans la foule des clients qui le suivent; celui-ci, dans l'entretien d'une maîtresse; celui-là, dans l'ostentation de son savoir des belles-lettres, qui ne guérissent de rien. Tous ces plaisirs passagers et trompeurs traitent ces gens-là à peu près comme fait l'ivresse, qui change la gaîté d'une heure en un regret qui dure longtemps; ou bien comme fait l'applaudissement et la faveur du peuple, que l'on acquiert avec bien de la peine, et qu'il faut payer ensuite avec beaucoup de soucis.

Tenez donc pour certain que c'est en effet de la sagesse d'avoir une joie toujours égale. L'esprit du sage est en pareil état qu'est le monde au dessus de la lune. Il y fait toujours beau temps. Vous avez donc raison de souhaiter la sagesse, puisque le sage n'est jamais sans joie. Mais cette joie ne prend naissance que dans une âme qui sait bien qu'elle a de la vertu. Il n'y a que l'homme constant, juste et modéré, qui puisse avoir de la joie. Quoi donc! direz-vous, les fous et les méchants ne se réjouissent-ils point? Non pas autrement que font les lions quand ils ont trouvé quelque proie. Quand ces gens-là sont las de boire et de faire la débauche, qu'ils ont passé la nuit parmi le vin, et qu'ils commencent à rendre les ragoûts délicieux dont ils chargent leur estomac, ils s'écrient alors, et récitent d'un ton mélancolique ces paroles de Virgile :

> Car vous savez que cette nuit dernière
> En faux plaisirs se passa tout entière.

Les débauchés passent chaque nuit en de fausses joies, comme si c'était la dernière de leur vie. Mais cette joie, qui accompagne les dieux et ceux qui les imitent, n'est jamais interrompue et jamais ne cesse; elle cesserait si elle était empruntée d'ailleurs; aussi n'est-ce point une grâce qui vienne de personne, ni qui dépende d'autrui. La fortune ne saurait ôter ce qu'elle n'a point donné.

---

cibo debeat esse, quis potioni modus; quantum capiam, adhuc nescio.

Jam docebo, quemadmodum intelligas te non esse sapientem. Sapiens ille plenus est gaudio, hilaris, et placidus, inconcussus; cum Diis ex pari vivit. Nunc ipse te consule. Si nunquam mœstus es, nulla spes animum tuum futuri exspectatione sollicitat, si per dies noctesque par et æqualis animi tenor erecti et placentis sibi est, pervenisti ad humani boni summam. Sed si appetis voluptates, et undique, et omnes, scito, tantum tibi ex sapientia, quantum ex gaudio, deesse. Ad hoc cupis pervenire; sed erras, qui inter divitias illuc te venturum esse speras; inter honores gaudium, inter sollicitudines quæris. Ista, quæ sic petis, tanquam datura lætitiam ac voluptatem, causæ dolorum sunt. Omnes, inquam, illi tendunt ad gaudium, sed, unde stabile magnumque consequantur, ignorant. Ille ex conviviis et luxuria; ille ex ambitione, et circumfusa clientium turba; ille ex amica, alius ex studiorum liberalium vana ostentatione, et nihil sanantibus litteris. Omnes istos oblectamenta fallacia et brevia decipiunt; sicut ebrietas, quæ unius horæ hilarem insaniam longi temporis tædio pensat; sicut plausus et acclamationis secundæ favor, qui magna sollicitudine et partus est,

et expiandus. Hoc ergo cogita, hanc esse sapientiæ effectum, gaudii æqualitatem. Talis est Sapientis animus, qualis mundus super lunam; semper illic serenum est. Habes ergo, quare velis sapiens esse; quia nunquam sine gaudio est. Gaudium hoc non nascitur, nisi ex virtutum conscientia. Non potest gaudere, nisi fortis, nisi justus, nisi temperans. — Quid ergo? inquis; stulti ac mali non gaudent? — Non magis, quam prædam nacti leones. Quum fatigaverunt se vino et libidinibus; quum illos nox inter vina defecit, quum voluptates, angusto corpori ultra quam capiebat ingestæ, suppurare cœperunt; tunc exclamant miseri Virgilianum illum versum :

> Namque ut supremam falsa inter gaudia noctem
> Egerimus, nosti.

Omnem luxuriosi noctem inter falsa gaudia, et quidem tanquam supremam, agunt. Illud gaudium, quod Deos Deorumque æmulos sequitur, non interrumpitur, non desinit : desineret, si sumptum esset aliunde; quia non est alieni muneris, ne arbitrii quidem alieni est. Quod non dedit fortuna, non eripit. Vale.

ÉPITRE LX.

Que les souhaits de nos parents nous sont contraires. — Que l'on doit mettre au rang des bêtes les hommes qui les surpassent en avidité.

Je me plains, je crie, je me fâche, de ce que vous désirez encore ce que votre nourrice, votre gouverneur et votre mère vous ont autrefois souhaité. Quoi! vous ne savez pas le mal qu'ils vous ont souhaité! Oh! que les vœux de ceux qui nous aiment nous sont contraires! et ce d'autant plus que le succès en a été plus heureux. Je commence à ne me point étonner si toutes sortes de maux nous suivent dès notre enfance; nous sommes élevés parmi les imprécations de nos parents.

Puissent les dieux quelque jour recevoir de nous un culte désintéressé. Leur demanderons-nous toujours quelque chose, comme si nous n'avions pas de quoi nous nourrir? Tiendrons-nous toujours les campagnes couvertes de nos blés, et tant de peuples occupés à les moissonner? Verra-t-on toujours quantité de navires, chargés de froment, venir de diverses mers pour la provision d'une seule table? Un bœuf se nourrit dans un pâturage de peu d'arpents, une seule forêt suffit à plusieurs éléphants; et il faut la terre et la mer pour nourrir un seul homme. Quoi donc! la nature, en nous donnant un si petit corps, nous a-t-elle donné un ventre si insatiable, afin qu'il surpasse l'avidité des plus gros animaux et des plus gourmands? Nullement. Que pensez-vous qu'il faille à la nature? Elle se contente de peu de chose. Ce n'est pas la faim, mais c'est l'ambition qui nous oblige à faire tant de dépense. Voilà pourquoi, comme dit Salluste, il faut mettre au rang des bêtes ces hommes qui sont si sujets à leur ventre. Il y en a même qui ne méritent pas d'être mis au rang des bêtes, mais au rang des morts. C'est vivre, en effet, que d'user de sa vie; mais ceux qui se cachent et qui sont ensevelis dans la fainéantise, on peut dire qu'ils demeurent dans leur maison comme dans leur tombeau. On peut mettre au frontispice cette inscription sur le marbre : Un tel est mort avant la fin de sa vie.

ÉPITRE LXI.

Pour jouir de la vie il faut être toujours prêt de la quitter. — Il est plus nécessaire de faire ses préparatifs pour la mort que de faire ses provisions pour la vie.

Ne désirons plus ce que nous avons désiré autrefois. Pour moi, je prends garde de ne pas souhaiter, à présent que je suis vieux, les mêmes choses que je souhaitais lorsque j'étais jeune. C'est à quoi j'emploie les jours et les nuits. Mon étude et ma pensée sont de mettre fin à mes désordres passés. Je tâche de faire en sorte qu'un jour me tienne lieu de toute ma vie; je ne le prends pas pour le dernier, mais je le considère comme s'il le pouvait être. Je vous écris présentement dans cette disposition d'esprit, que si la mort m'appelle tandis que j'ai la plume à la main, je suis tout prêt à partir. Ce qui fait que je jouis de la vie, c'est que je ne me soucie pas de la quitter. Je songeais à bien vivre avant que je fusse vieux; maintenant que je le suis, je songe à bien mourir. Or, c'est bien mourir que de mourir sans regret.

EPISTOLA LX.

CONTEMNENDA ESSE QUÆ VULGUS CUPIT.

Queror, litigo, irascor. Etiam nunc optas quod tibi optavit nutrix tua, aut pædagogus, aut mater? Nondum intelligis, quantum mali optaverint? O quam inimica nobis sunt vota nostrorum! eo quidem inimiciora, quo cessere felicius. Jam non admiror, si omnia nos a prima pueritia mala sequuntur; inter exsecrationes parentum crevimus. Exaudiant quoque Dii nostram pro nobis vocem gratuitam. Quousque poscemus aliquid Deos, quasi nondum ipsi alere nos possimus? Quamdiu sationibus implebimus magnarum urbium campos? quamdiu nobis populus metet? quamdiu unius mensæ strumentum multa navigia, et quidem non ex uno mari, subvehent? Taurus paucissimorum jugerum pascuo impletur; una silva elephantis pluribus sufficit; homo et terra pascitur, et mari. Quid ergo? tam insatiabilem nobis natura alvum dedit, quum tam modica corpora dedisset, ut vastissimorum edacissimorumque animalium aviditatem vinceremus? Minime! Quantulum est enim quod naturæ datur? parvo illa dimittitur. Non fames nobis ventris nostri magno constat, sed ambitio. Hos itaque, ut ait Sallustius, ventri obedientes, animalium loco numeremus, non hominum : quosdam vero ne animalium quidem, sed mortuorum. Vivit is qui multis usui est. Vivit is, qui se utitur. Qui vero latitant et torpent, sic in domo sunt, quomodo in conditivo. Horum licet in limine ipso nomen marmori inscribas : mortem suam antecesserunt. Vale.

EPISTOLA LXI.

SE PARATUM ESSE MORTI.

Desinamus, quod voluimus, velle. Ego certe id ago senex, ne eadem velle videar quæ puer volui. In hoc unum eunt dies, in hoc noctes; hoc opus meum est, hæc cogitatio, imponere veteribus malis finem. Id ago, ut mihi instar totius vitæ sit dies. Nec mehercules tanquam ultimum rapio; sed sic illum aspicio, tanquam esse vel ultimus possit. Hoc animo tibi hanc epistolam scribo, tanquam quum maxime scribentem mors evocatura sit. Paratus exire sum, et ideo fruor vita; quia, quamdiu futurum hoc sit, minimi pendo. Ante senectutem curavi, ut bene

Prenez garde de ne faire jamais rien malgré vous; car, ce qui doit être arrivera infailliblement, et la nécessité se fait sentir à celui qui résiste, non pas à celui qui consent. C'est pourquoi je vous dis qu'en se soumettant volontairement à ce qui est commandé, l'on évite ce qu'il y a de plus rude dans la servitude, qui est de faire ce qu'on ne voudrait pas. Celui qui fait ce qui lui est commandé, n'est pas malheureux; mais bien celui qui le fait contre son gré. Disposons donc notre esprit à prendre en gré tout ce qui arrivera, et surtout que la pensée de notre fin ne nous afflige point. Il faut faire ses préparatifs pour la mort avant que de songer aux provisions pour la vie. Il se trouve assez de celles-ci, et c'est ce qui excite nos avidités; car il nous semble, et il nous semblera toujours, qu'il nous manque quelque chose. Mais, quand il faut se persuader que l'on a assez vécu, cela ne dépend point des jours ni des années, mais seulement de l'esprit. Pour moi, mon cher Lucile, j'ai vécu assez longtemps, j'en suis satisfait, et j'attends la mort.

ÉPITRE LXII.

Les affaires n'empêchent point d'étudier. — Le moyen le plus facile d'acquérir des richesses c'est de les mépriser.

Ceux qui veulent faire croire que la quantité des affaires les empêche d'étudier, ne disent point la vérité. Ils font les occupés plus qu'ils ne le sont, et s'embarrassent d'eux-mêmes. Pour moi, mon cher Lucile, je suis de loisir, et partout où je me trouve, je suis toujours à moi; car je ne m'abandonne pas, mais je me prête seulement aux affaires, et je ne cherche point les occasions de perdre du temps. En quelque lieu que je m'arrête, j'y entretiens mes pensées, et je roule dans mon esprit quelque chose qui me puisse être utile. Quand je suis avec mes amis, je ne suis pas pourtant absent de moi-même. Je ne m'arrête pas avec ceux que je vois par l'occasion du temps ou des affaires; mais j'envoie mon esprit en la conversation de quelque homme vertueux, en quelque lieu et en quelque siècle qu'il ait été.

Je porte d'ordinaire avec moi Démétrius. C'est le meilleur homme qui fut jamais. Je laisse à part ces gens vêtus d'écarlate, pour m'entretenir avec lui, tout nu et délabré qu'il est; et je l'admire. Pourquoi ne l'admirerais-je pas? Je vois qu'en cet état rien ne lui manque. On peut bien tout mépriser, mais on ne saurait tout avoir. La plus courte voie pour avoir des richesses, c'est de les mépriser. Mais notre Démétrius vit d'une manière qu'on dirait qu'il ne les méprise pas seulement, mais qu'il les a abandonnées aux autres.

ÉPITRE LXIII.

Il est bienséant de donner quelques larmes à la perte d'un ami. — Mais il est ridicule de le pleurer éternellement.

Vous êtes fâché de la mort de Flaccus, votre ami; je ne vous conseille pas de l'être plus que de raison. Je vous demanderais bien de ne l'être point du tout, sachant que c'est le meilleur. Mais, qui est capable d'une telle constance, hormis celui qui s'est affranchi du pouvoir de la fortune? Encore

viverem; in senectute, ut bene moriar : bene autem mori est libenter mori. Da operam, ne quid unquam invitus facias! Quidquid futurum est, necesse futurum est repugnanti; in volentem necessitas non est. Ita dico : qui imperia libens excipit, partem acerbissimam servitutis effugit, facere quod nolit. Non, qui jussus aliquid facit, miser est; sed qui invitus facit. Itaque sic animum componamus, ut, quidquid res exiget, id velimus : et in primis finem nostri sine tristitia cogitemus. Ante ad mortem, quam ad vitam, præparandi sumus. Satis instructa vita est; sed nos instrumentorum ejus avidi sumus: deesse nobis aliquid videtur, et semper videbitur. Ut satis vixerimus, nec anni, nec dies facient, sed animus. Vixi, Lucili carissime, quantum satis erat; mortem plenus exspecto. Vale.

EPISTOLA LXII.
DE TEMPORIS USU.

Mentiuntur, qui sibi obstare ad studia liberalia turbam negotiorum videri volunt; simulant occupationes et augent, et ipsi se occupant. Vaco, mi Lucili, vaco; et, ubicumque sum, ibi meus sum. Rebus enim non me trado, sed commodo; nec consector perdendi temporis causas. Et, quocumque constiti loco, ibi cogitationes meas tracto, et aliquid in animo salutare verso. Quum me amicis dedi, non tamen mihi abduco; nec cum illis moror, quibus me tempus aliquod congregavit, aut causa ex officio nata civili; sed cum optimo quoque sum : ad illos, in quocumque loco, in quocumque sæculo fuerint, animum meum mitto. Demetrium, virorum optimum, mecum circumfero; et, relictis conchyliatis, cum illo seminudo loquor, illum admiror. Quidni admirer? vidi nihil ei deesse. Contemnere omnia aliquis potest; omnia habere nemo potest. Brevissima ad divitias, per contemptum divitiarum, via est. Demetrius autem noster sic vivit, non tanquam contempserit omnia, sed tanquam aliis habenda permiserit. Vale.

EPISTOLA LXIII.
NON IMMODICE DEFLENDOS ESSE AMICOS.

Moleste fers decessisse Flaccum, amicum tuum; plus tamen æquo dolere te nolo. Illud, ut non doleas, vix audebo exigere; et esse melius scio. Sed cui ista firmitas

cela le toucherait-il ; mais il ne passerait pas plus avant. Pour nous autres, il y a lieu d'excuser nos larmes, quand elles ne sont point excessives, et que nous tâchons de les retenir ; car, dans la perte d'un ami, il n'est pas honnête d'avoir les yeux secs, ni aussi toujours pleurants. Il est bon de jeter quelques larmes, mais non pas de se fondre en pleurs. Ne croyez pas que je sois sévère en votre endroit, puisque le premier des poëtes grecs ne permet pas de pleurer plus d'un jour, ayant dit que Niobé eut soin de manger le jour même qu'elle perdit ses enfants.

Voulez-vous savoir d'où procèdent ces torrents de pleurs et toutes ces lamentations? C'est que nous prétendons d'en tirer la preuve du regret que nous avons, et de faire paraître plus de douleur au dehors que nous n'en avons au dedans ; car il n'y en a pas un seul qui soit toujours triste dans le cœur. O malheureuse folie! on croit se faire honneur en paraissant affligé. — Quoi! direz-vous, faut-il que j'oublie incontinent mon ami ? — Le souvenir que vous en aurez ne sera pas long, s'il ne dure pas davantage que votre douleur. Car, tout refrogné que vous êtes, il est certain que le moindre sujet qui se présentera par hasard est capable de vous faire rire. Il n'est pas besoin, pour cela, de la longueur du temps, qui sait adoucir toute sorte de regrets et tarir les larmes les plus fécondes. Cessez seulement d'observer votre contenance, et aussitôt ce fantôme de tristesse disparaîtra. Vous conservez maintenant votre douleur, qui ne laisse pas de s'adoucir, quelque soin que vous en preniez, et qui finira d'autant plus vite qu'elle se trouvera plus violente. Faisons donc en sorte que le souvenir des amis que nous avons perdus nous soit toujours agréable. On ne se réfléchit pas volontiers sur un objet qui donne de la peine. Mais, s'il est impossible de se remettre sans chagrin le nom des personnes que nous avons aimées durant leur vie, faisons que ce chagrin ne soit pas sans quelque plaisir.

Attalus disait autrefois que le souvenir que nous avons de nos amis, après leur mort, nous plaît à peu près comme fait l'amertume dans le vin vieux, ou comme certaines pommes qui sont aigres et douces. Laissons passer quelque temps, l'amertume se dissipera, et le plaisir nous demeurera tout pur. Si nous en croyons Attalus, c'est une espèce de miel et de ragoût, que de songer que nos amis sont en vie et en bon état ; mais il dit que le souvenir de ceux qui sont morts n'a point de satisfaction qui ne soit mêlée de quelque aigreur. Or, qui n'avouera pas que les choses aigres réjouissent l'estomac? Pour moi, je ne suis pas de son avis. Le souvenir des amis que j'ai perdus m'est toujours agréable et doux ; car je les ai possédés, sachant bien que je les devais perdre, et je les ai perdus comme si je les possédais encore.

Faites donc, mon cher Lucile, en cette rencontre, ce qui convient à une personne raisonnable comme vous l'êtes. Ne parlez point indignement d'un si beau présent que vous fait la nature. Il est vrai qu'elle vous l'a ôté ; mais elle vous l'avait donné. Cela nous devrait rendre avides de la conversation de nos amis, de ne pas savoir combien de temps nous en pourrons jouir. En effet, si nous considérons combien de fois nous les avons quittés, à l'occasion de quelque voyage ; combien de jours

---

animi continget, nisi jam multum supra fortunam elato ? Illum quoque ista res vellicabit : sed tantum vellicabit. Nobis autem ignosci potest prolapsis ad lacrimas, si non nimiæ decurrerunt, si ipsi illas repressimus. Nec sicci sint oculi amisso amico, nec fluant : lacrimandum est, non plorandum. Duram tibi legem videor ponere? quum poetarum Græcorum maximus jus flendi dederit in unum duntaxat diem ; quum dixerit, « etiam Nioben de cibo cogitasse. » Quæris, unde sint lamentationes, unde immodici fletus? Per lacrimas argumenta desiderii quærimus ; et dolorem non sequimur, sed ostendimus. Nemo tristis sibi est. O infelicem stultitiam ! est aliqua et doloris ambitio. — Quid ergo ? inquis ; obliviscar amici? — Brevem illi apud te memoriam promittis, si cum dolore mansura est. Jam istam frontem ad risum quælibet fortuita res transfert ; non differo in longius tempus, quo desiderium omne mulcetur, quo etiam acerrimi luctus residunt. Quum primum te observare desieris, imago ista tristitiæ discedet : nunc ipse custodis dolorem tuum ; sed custodienti quoque elabitur, eoque citius quo est acrior, desinit. Id agamus, ut jucunda fiat nobis amissorum recordatio : nemo libenter ad id redit, quod non sine tormento cogitaturus est. Si tamen istud fleri necesse est, ut cum aliquo nobis morsu amissorum, quos amavimus, nomen occurrat, hic quoque morsus habet suam voluptatem. Nam, ut dicere solebat Attalus noster : « Sic amicorum defunctorum memoria jucunda est, quomodo poma quædam sunt suaviter aspera, quomodo in vino nimis veteri ipsa nos amaritudo delectat ; quum vero intervenit spatium, omne, quod angebat, exstinguitur, et pura ad nos voluptas venit. » Si illi credimus : « Amicos incolumes cogitare, melle ac placenta frui est ; eorum, qui fuerunt, retractatio, non sine acerbitate quadam juvat. Quis autem negaverit, hæc acria quoque, et habentia austeritatis aliquid, stomachum excitare ? » Ego non idem sentio ; mihi amicorum defunctorum cogitatio dulcis ac blanda est. Habui enim illos, tanquam amissurus ; amisi, tanquam habeam.

Fac ergo, mi Lucili, quod æquitatem tuam decet ; desine beneficium fortunæ male interpretari ! Abstulit, sed dedit. Ideo amicis avide fruamur, quia, quandiu contingere hoc possit, incertum est. Cogitemus, quam sæpe

nous avons passés sans les voir lorsque nous demeurions en même lieu, nous trouverons que nous avons perdu plus de temps hors de leur compagnie, durant qu'ils vivaient, que nous n'en perdrons à présent qu'ils sont morts.

Mais peut-on supporter ces gens qui se désolent dans la mort de leurs amis, après les avoir négligés durant leur vie? Ils ne sauraient les aimer que quand ils les ont perdus; c'est pour cela qu'ils font éclater leurs regrets, craignant qu'on ne doute de leur affection, de laquelle ils s'avisent bien tard de donner des marques. Au reste, si nous avons d'autres amis, nous leur faisons tort, témoignant qu'ils ne valent pas assez pour nous consoler de celui que la mort nous a fait perdre. Si nous n'en avons point, nous avons plus à nous plaindre de nous que de la fortune, parce qu'elle ne nous a ôté qu'un seul ami, et que nous n'avons pas eu soin d'en acquérir d'autres. Outre qu'il est à croire que celui qui n'a pu aimer plus d'une personne n'en a point aimé du tout. Un homme qui, se voyant dépouillé de son habit, aimerait mieux se plaindre que de chercher quelque chose pour se couvrir les épaules et se parer du froid, ne vous semblerait-il pas un grand fou? Celui que vous aimiez est mort, cherchez-en un autre que vous puissiez aimer; car il vaut mieux remplacer un ami que de le pleurer éternellement.

Je sais bien que ce que je vais dire est assez commun; je n'omettrai pas pourtant de le dire, quoique tout le monde l'ait dit. Le temps finit la douleur que la raison n'avait pu guérir. Il est, toutefois, bien honteux à un homme de jugement de finir son deuil parce qu'il est las d'être en deuil. Je vous conseille de quitter la douleur avant qu'elle vous quitte, et de cesser de faire ce que vous ne sauriez faire longtemps, quand même vous le voudriez. Nos anciens ont donné aux femmes une année pour pleurer, non pas afin qu'elles pleurassent si longtemps, mais de peur qu'elles ne pleurassent plus longtemps. Il n'y a point de terme prescrit pour les hommes, parce qu'il n'y en a point d'honnête pour eux. Entre toutes ces femmes que l'on a eu peine de retirer du bûcher ardent, et d'arracher de dessus les corps de leurs maris défunts, donnez-m'en une seule qui ait pu pleurer un mois entier? Croyez-moi, il n'y a rien dont on se rebute plus tôt que de la tristesse : il est vrai que lorsqu'elle est récente, on tâche de la consoler; mais, quand elle est trop longue, on la tourne en ridicule. Ce n'est pas sans sujet, car elle est d'ordinaire ou feinte ou déraisonnable.

Je vous parle ainsi, moi qui ai pleuré avec tant d'excès Annæus Sérénus, mon cher ami, que l'on me met, à mon grand regret, entre les exemples de ceux qui ont été surmontés par la douleur. Je condamne à présent mon erreur, voyant qu'elle procédait de ce que je n'avais jamais pensé qu'il pouvait mourir devant moi. Je considérais seulement qu'il était jeune et beaucoup moins âgé que je n'étais, comme si la mort gardait quelque ordre quand elle nous mène au tombeau. Souvenons-nous donc que nous et nos amis sommes tous mortels. Je devais dire alors : Sérénus, à la vérité, est plus jeune que moi; qu'importe? Il peut mourir devant moi, quoiqu'il doive mourir après moi.

---

illos reliqueritmus in aliquam peregrinationem longinquam exituri; quam sæpe, eodem morantes loco, non viderimus; intelligemus, plus nos temporis in vivis perdidisse. Feras autem hos, qui, quum negligentissime amicos habeant, miserrime lugent, nec amant quemquam, nisi quum perdiderunt? ideoque tunc effusius mœrent, quia vereantur ne dubium sit, an amaverint; sera indicia affectus sui quærunt. Si habemus alios amicos, male de his et meremur, et existimamus, quia parum valent in unius elati solatium; si non habemus, majorem ipsi nobis injuriam fecimus, quam a fortuna accepimus. Illa unum abstulit; nos quemcumque non fecimus. Deinde ne unum quidem nimis amavit, qui plus quam unum amare non potuit. Si quis despoliatus, amissa unica tunica, complorare se malit, quam circumspicere, quomodo frigus effugiat, et aliquid inveniat quo tegat scapulas; nonne tibi videatur stultissimus? Quem amabas, extulisti; quære quem ames! satius est amicum reparare, quam flere. Scio pertritum jam hoc esse, quod adjecturus sum; non ideo tamen prætermittam, quia ab omnibus dictum est. Finem dolendi etiam qui consilio non fecerat, tempore invenit; turpissimum autem est in homine prudenti remedium mœroris, lassitudo mœrendi. Malo relinquas dolorem, quam ab illo relinquaris : et quam primum id facere desiste, quod, etiamsi voles, diu facere non poteris. Annum feminis ad lugendum constituere majores; non ut tam diu lugerent, sed ne diutius : viris nullum legitimum tempus est, quia nullum honestum. Quam tamen mihi ex illis mulierculis dabis, vix retractis a rogo, vix a cadavere revulsis, cui lacrimæ in totum mensem duraverint? Nulla res citius venit in odium, quam dolor : qui receus, consolatorem invenit, et aliquos ad se adducit; inveteratus vero deridetur. Nec immerito : aut enim simulatus, aut stultus est.

Hæc tibi scribo, is qui Annæum Serenum, carissimum mihi, tam immodice flevi, ut, quod minime velim, inter exempla sim eorum quos dolor vicit. Hodie tamen factum meum damno, et intelligo maximam mihi causam sic lugendi fuisse, quod nunquam cogitaveram, mori eum ante me posse. Hoc unum mihi occurrebat, minorem esse, et multo minorem; tanquam ordinem fata servarent! Itaque assidue cogitemus, tam de nostra, quam omnium, quos diligimus, mortalitate. Tunc ego dicere debui : Minor est Serenus meus; quid ad rem pertinet? post me mori debet, sed ante me potest. Quia non feci, imparatum subito fortuna percussit. Nunc cogito, omnia

Pour n'avoir pas fait cette réflexion, la fortune m'abattit tout d'un coup, m'ayant trouvé au dépourvu. Maintenant je considère que toutes choses sont sujettes à la mort, sans aucune distinction d'âge ni de temps; tout ce qui peut arriver quelquefois peut arriver aujourd'hui. Songeons donc, mon cher Lucile, que nous irons bientôt où nous nous plaignons que notre ami soit allé, et peut-être (si ce que nous disent les sages est véritable et qu'il y ait quelque lieu qui nous reçoive après la mort) que celui que nous croyons perdu n'a fait que passer devant.

ÉPITRE LXIV.

Les bons livres nous animent à la vertu. — Il faut révérer les anciens comme les précepteurs du genre humain.

Vous fûtes hier avec nous. Vous auriez sujet de vous plaindre si vous n'y aviez été qu'hier seulement; c'est ce qui m'a fait être avec nous; car avec moi vous y êtes toujours. Il était survenu quelques-uns de mes amis, qui avaient fait grossir la fumée de ma cuisine, non pas comme celle de ces maisons où l'on fait bonne chère, et qui effraient quelquefois ceux qui veillent durant la nuit; mais toutefois assez pour faire connaître qu'il m'était venu des hôtes. Nous eûmes divers entretiens, comme il arrive à ceux qui sont à table, où l'on passe ordinairement d'un discours à un autre, sans jamais venir à la conclusion. Enfin on lut le livre de Q. Sextius le père, qui est, à mon avis, un grand personnage, et de la secte stoïque, quoiqu'on n'en demeure pas universel-

lement d'accord. Bon Dieu! qu'il a de vigueur! combien de force et de courage! C'est ce que vous ne rencontrerez pas dans tous les philosophes. Car ils n'ont, pour la plupart, que le titre de grand; tout le reste est faible et languissant. Ils enseignent, ils disputent, ils chicanent assez; mais ils n'inspirent pas le courage, parce qu'ils en sont dépourvus. Quand vous lirez Sextius, vous direz sans doute : Il est animé, il est vigoureux, il est libre, il est au-dessus de l'homme. Il me renvoie toujours plein d'une haute assurance. Pour moi, je vous avoue qu'en quelque disposition que je me trouve quand je le lis, je défierais volontiers tous les accidents, et m'offrirais à combattre la fortune. En un mot, j'entre dans l'esprit de celui-là que le poëte introduit cherchant l'occasion de s'éprouver et de montrer sa valeur :

Il voudrait rencontrer un sanglier, un lion.

Je voudrais de même trouver quelque obstacle pour le surmonter, ou quelqu'autre sujet pour exercer ma patience : car Sextius a encore cela d'excellent, qu'il vous montre la grandeur du souverain bien, sans vous ôter l'espérance de le pouvoir acquérir. Il vous fait voir qu'il est en un lieu fort élevé, mais qui n'est pas inaccessible à ceux qui s'y veulent acheminer. C'est ainsi que la vertu excite en même temps l'admiration de sa beauté et l'espérance de sa conquête. Certainement je donne beaucoup de temps à la contemplation de la sagesse. Je la regarde à peu près comme je fais le monde, lequel je considère tous les jours comme si j'y étais nouvellement venu. Je révère toutes ses inventions, et ceux qui les ont trouvées. J'en use comme d'un patrimoine commun; c'est un

---

et mortalia esse, et incerta lege mortalia. Hodie fieri potest, quidquid unquam potest. Cogitemus ergo, Lucili carissime, cito nos eo perventuros, quo illum pervenisse moeremus. Et fortasse (si modo sapientium vera fama est, recipitque nos locus aliquis) quem putamus perisse, præmissus est. Vale.

EPISTOLA LXIV.
Q. SEXTII ET VETERUM SAPIENTIUM LAUDATIO.

Fuisti heri nobiscum. Potes queri, si heri tantum; ideo adjeci, nobiscum : mecum enim semper es. Intervenerant quidam amici, propter quos major fumus floreret : non hic, qui erumpere ex lautorum culinis et terrere vigiles solet ; sed hic modicus, qui hospites venisse significet. Varius nobis sermo fuit, ut in convivio, nullam rem usque ad exitum adduceres, sed aliunde alio transiliens. Lectus est deinde liber Quinti Sextii patris; magni, si quid mihi credis, viri, et, licet neget, Stoici. Quantus in illo, Dii boni, vigor est, quantum animi! Hoc non in omnibus philosophis invenies. Quorumdam scripta clarum habent tantum nomen, cætera exsanguia

sunt. Instituunt, disputant, cavillantur : non faciunt animum, quia non habent. Quum legeris Sextium, dices : Vivit, viget, liber est, supra hominem est, dimittit me plenum ingentis fiduciæ. In quacumque positione mentis sim, quum hunc lego, fatebor tibi, libet omnes casus provocare, libet exclamare : Quid cessas, Fortuna? congredere i paratum vides. Illius animum induo, qui quærit ubi se experiatur, ubi virtutem suam ostendat,

Spumantemque dari pecora inter inertia votis
Optat aprum, aut fulvum descendere monte leonem.

Libet aliquid habere quod vincam, cujus patientia exercear. Nam hoc quoque egregium Sextius habet, quod et ostendet tibi beatæ vitæ magnitudinem, et desperationem ejus non faciet. Scies esse illam in excelso, sed volenti penetrabilem. Hoc idem virtus tibi ipsa præstabit, ut illam admireris, et tamen speres. Mihi certe multum auferre temporis solet contemplatio ipsa sapientiæ : non aliter illam intueor obstupefactus, quam ipsum interim mundum, quem sæpe tanquam spectator novus video.

Veneror itaque inventa Sapientiæ inventoresque : adire, tanquam multorum hereditatem, juvat. Mihi ista

travail fait pour moi; c'est un acquêt qui m'appartient. Mais imitons le bon père de famille; augmentons le bien qui nous a été laissé, afin que ce patrimoine se trouve plus ample entre les mains de nos successeurs. Il reste encore beaucoup d'ouvrage, et il en restera toujours beaucoup. Ceux qui viendront après mille siècles pourront encore y ajouter; et quand même les anciens auraient tout trouvé, c'est toujours quelque chose de nouveau de savoir faire l'usage et l'application de ce que les autres ont trouvé.

Supposez que l'on nous ait laissé des remèdes pour guérir les yeux; il n'est pas nécessaire que j'en aille chercher d'autres, mais il faut savoir appliquer ceux-ci suivant la nature du mal et l'opportunité du temps : l'un apaise la démangeaison des yeux, l'autre diminue l'épaisseur des paupières; l'un détourne la fluxion, l'autre fortifie la vue ; il faut que vous prépariez ces remèdes, que vous en régliez la dose, et que vous les donniez quand il sera temps. De même, les anciens ont trouvé les remèdes qui sont propres pour les maladies de l'âme. Mais c'est à nous de chercher quand et comment il les faut appliquer. Ceux qui nous ont précédés ont beaucoup fait, mais ils n'ont pas tout achevé.

On les doit toutefois admirer et les révérer comme dieux. Pourquoi ne garderions-nous pas les portraits de ces grands hommes, et n'honorerions-nous pas le jour de leur naissance, afin de nous exciter à la vertu? Ne les nommons jamais sans quelque éloge ; car le respect que nous devons à nos précepteurs, nous le devons aussi à ces précepteurs du genre humain, qui nous ont découvert les sources de tant de choses utiles. Si nous rencontrons un préteur, un consul, nous lui rendons toutes les marques d'honneur, nous descendons de cheval, nous nous découvrons, nous nous retirons du chemin. Et, quand les deux Catons, le sage Lélie, Socrate, Platon, Zénon et Cléanthe se présenteront à nos esprits, les recevrons-nous sans leur rendre quelque vénération particulière? Pour moi, je les révère extrêmement, et je n'entends point citer les noms de ces grands personnages, que je ne me lève toujours pour leur faire honneur.

ÉPITRE LXV.

Du nombre des causes suivant les anciens philosophes. — Que la contemplation de l'univers élève et contente l'esprit, pourvu que l'on ne la réduise point à des questions vaines et frivoles.

Hier je partageai la journée avec ma maladie : elle prit le matin, et me laissa l'après-dinée, où je commençai d'essayer par la lecture les forces de mon esprit. Voyant qu'il l'avait bien reçue, je lui permis quelque chose de plus ; je me mis à écrire, et certainement avec plus d'application que je ne fais d'ordinaire quand je travaille sur une matière difficile et que je veux emporter. Mais il survint quelques-uns de mes amis qui me forcèrent de tout quitter, me blâmant comme un malade qui aurait fait quelque excès. De sorte que, au lieu d'écrire, je fus obligé de parler dans la conversation que nous eûmes ensuite. Je ne vous en rapporterai que ce qui regarde la contestation qui arriva entre nous, dont vous fûtes choisi pour arbitre, et où vous trouverez peut-être plus de difficultés que vous ne pensez.

---

acquisita, mihi ista laborata sunt. Sed agamus bonum patremfamilias; faciamus ampliora quæ accepimus : major ista hereditas a me ad posteros transeat. Multum adhuc restat operis, multumque restabit; nec ulli nato post mille sæcula præcludetur occasio aliquid adhuc adjiciendi. Sed, etiamsi omnia a veteribus inventa sunt, hoc semper novum erit, usus, et inventorum ab aliis scientia ac dispositio. Puta relicta nobis medicamenta, quibus sanarentur oculi : non opus est mihi alia quærere ; sed hæc tamen morbis et temporibus aptanda sunt. Hoc asperitas oculorum colleuatur; hoc palpebrarum crassitudo tenuatur; hoc vis subita et humor avertitur; hoc acuetur visus. Teras ista oportet, et eligas tempus; adhibeas singulis modum. Animi remedia inventa sunt ab antiquis : quo modo autem admoveantur, aut quando, nostri operis est quærere. Multum egerunt qui ante nos fuerunt; sed non peregerunt : suspiciendi tamen sunt, et ritu Deorum colendi. Quidni ego magnorum virorum et imagines habeam incitamenta animi, et natales celebrem? Quidni ego illos honoris causa semper appellem? Quam venerationem præceptoribus meis debeo, eamdem illis præceptoribus generis humani; a quibus tanti boni initia fluxerunt. Si consulem videro, aut prætorem, omnia, quibus honor haberi honori solet, faciam? equo desiliam, caput adaperiam, semita cedam? Quid ergo? Marcum Catonem utrumque, et Lælium sapientem, et Socratem cum Platone, et Zenonem Cleanthemque, in animum meum sine dignatione summa recipiam? Ego vero illos veneror, et tantis nominibus semper assurgo. Vale.

EPISTOLA LXV.

OPINIONES PLATONIS, ARISTOTELIS ET STOICORUM DE CAUSA. HIS COGITATIONIBUS ANIMUM ATTOLLI AD SUBLIMIA.

Hesternum diem divisi cum mala valetudine . antemeridianum illa sibi vindicavit, postmeridiano mihi cessit. Itaque lectione primum tentavi animum; deinde, quum hanc recepisset, plus illi imperare ausus sum, imo permittere. Aliquid scripsi, et quidem intentius quam soleo, dum cum materia difficili contendi, et vinci nolo ; donec intervenerunt amici, qui mihi vim afferrent, et tanquam ægrum intemperantem coercerent. In locum stili sermo successit : ex quo eam partem ad te perferam, quæ in lite est. Te arbitrum addiximus : plus negotii habes, quam existimas. Triplex causa est.

Dicunt, ut scis, Stoici nostri, « duo esse in rerum na-

Il y a trois opinions différentes touchant les causes. Nos stoïciens disent, comme vous savez, qu'il y a deux choses dans la nature, dont tout a été produit, savoir : la cause et la matière. La matière est toujours oisive, elle est prête à tout recevoir ; elle demeurera inutile si personne ne la remue. La cause, c'est-à-dire l'intelligence, forme la matière, et la tourne comme elle veut. Elle en fait divers ouvrages. Il y doit donc avoir ce de quoi quelque chose est fait, et ce qui l'a fait; celui-ci est la cause; celui-là est la matière. Tout art est une imitation de la nature, et, par cette raison, ce que j'ai dit de ses ouvrages en général, se peut appliquer à ce que les hommes font en particulier. Dans une statue, par exemple, il y a eu la matière qui était disposée à recevoir de l'ouvrier la façon, et l'ouvrier qui a donné une forme à cette matière. Ainsi, dans une statue, le cuivre est la matière, et l'ouvrier est la cause. Il en va de même de toutes les choses ; elles sont composées de ce qui est fait et de ce qui fait.

Les stoïciens n'admettent qu'une seule cause, savoir, ce qui fait. Aristote est d'avis que la cause peut être prise en trois manières. La première cause, dit-il, c'est la matière, sans laquelle rien ne se peut faire. La seconde est l'ouvrier. La troisième est la forme qui est donnée à l'ouvrage, comme à la statue; c'est ce qu'Aristote appelle εἶδος. Il y en a encore, dit-il, une quatrième, qui se joint avec les autres, c'est l'intention de l'ouvrage. Je vais vous expliquer ce que c'est. Le cuivre est la première cause de la statue; car elle n'aurait jamais été faite s'il n'y avait eu auparavant ce de quoi elle a été taillée ou jetée en fonte.

La seconde cause est l'ouvrier; car le cuivre n'aurait pas été façonné et mis en statue, si de savantes mains n'y avaient travaillé. La troisième cause est la forme; car cette statue ne s'appellerait pas Doryphore ou Diadumène, si on ne lui en avait donné le visage. La quatrième cause est l'intention pour laquelle on l'a faite; car, sans cela, la statue n'aurait pas été faite. Mais qu'est-ce que cette intention? C'est ce qui a excité l'ouvrier à la faire; c'est l'argent, s'il a travaillé en intention de vendre la statue; la gloire, s'il a travaillé pour sa réputation; la piété, s'il a eu l'intention de la donner pour l'ornement de quelque temple : c'est donc une cause pour laquelle une chose est faite. Car n'estimez-vous pas qu'il faut compter, entre les causes d'un ouvrage, celle sans laquelle l'ouvrage n'aurait pas été fait? A toutes ces causes, Platon en ajoute une cinquième, qu'il appelle idée; c'est l'exemplaire sur quoi l'ouvrier, jetant la vue, fait ce qu'il avait intention de faire. Il n'importe pas qu'il ait cet exemple au dehors pour y porter les yeux, ou au dedans pour réfléchir sur l'imagination qu'il en a conçue. Dieu contient en soi tous ces exemplaires avec le nombre et la manière de toutes les choses qu'il doit faire. Il est plein de ces figures que le même Platon appelle immortelles, immuables, infatigables, qui ne se peuvent épuiser. C'est pourquoi les hommes périssent; mais l'humanité, qui est l'exemplaire sur lequel ils ont été formés, subsiste et ne souffre rien, tandis que ces hommes particuliers sont malades et finissent par la mort. Il y a donc cinq causes suivant l'opinion de Platon : celle de quoi, celle par qui, celle comme quoi, celle sur quoi, celle pourquoi ; en-

---

tura, ex quibus omnia fiant, Causam et Materiam. » Materia jacet iners, res ad omnia parata; cessatura, si nemo moveat. Causa autem, id est, ratio, materiam format, et, quocumque vult, versat; ex illa varia opera producit. Esse ergo debet, unde aliquid fiat, deinde a quo fiat : hoc causa est, illud materia. Omnis ars naturæ imitatio est; itaque, quod de universo dicebam, ad hæc transfer quæ ab homine facienda sunt. Statua et materiam habuit, quæ pateretur artificem ; et artificem, qui materiæ daret faciem. Ergo, in statua, materia æs fuit, causa opifex. Eadem conditio rerum omnium est : ex eo constant, quod fit; et ex eo, quod facit. Stoicis placet, « unam causam esse, id quod facit. » Aristoteles putat, causam tribus modis dici. « Prima, inquit, causa est ipsa materia, sine qua nihil potest effici : secunda, opifex ; tertia est forma, quæ unicuique operi imponitur, tanquam statuæ : » nam hanc Aristoteles idos vocat. « Quarta quoque, inquit, his accedit, propositum totius operis. » Quid sit hoc, aperiam. Æs prima statuæ causa est : nunquam enim facta esset, nisi fuisset id, ex quo funderetur ducereturve. Secunda causa artifex est : non potuisset enim æs illud in habitum statuæ figurari, nisi accessissent peritæ manus. Tertia causa est forma : neque enim statua ista Doryphoros aut Diadumenos vocaretur, nisi hæc illi esset impressa facies. Quarta causa est faciendi propositum ; nam nisi hoc fuisset, facta non esset. Quid est propositum ? Quod invitavit artificem, quod ille secutus fecit. Vel pecunia est hoc, si venditurus fabricavit; vel gloria, si laboravit in nomen; vel religio, si donum templo paravit. Ergo et hæc causa est, propter quam fit. An non putas inter causas facti operis esse numerandum, quo remoto factum non esset? His quintam Plato adjicit, exemplar, quam ipse ideam vocat; hoc est enim, ad quod respiciens artifex id, quod destinabat, effecit. Nihil autem ad rem pertinet, utrum foris habeat exemplar, ad quod referat oculos ; an intus, quod sibi ipse concepit et posuit. Hæc exemplaria rerum omnium Deus intra se habet; numerosque universorum, quæ agenda sunt, et modos, mente complexus est : plenus his figuris est, quas Plato ideas appellat immortales, immutabiles, infatigabiles. Itaque homines quidem pereunt; ipsa autem humanitas, ad quem homo effingitur, permanet; et, hominibus laborantibus, intereuntibus, illa nihil patitur. » Quinque ergo causæ sunt, » ut Plato dicit : « id ex quo, id a quo, id in quo, id ad quod, id propter quod : novissime id quod ex his est. » Tanquam in statua

EPITRES A LUCILIUS.

fin, ce qui provient de toutes ces causes. Comme, dans la statue dont nous parlions, celle de quoi est le cuivre, celle par qui est l'ouvrier, celle comme quoi est la forme qui lui est donnée, celle sur quoi est l'exemplaire que l'ouvrier imite, celle pourquoi est l'intention de l'ouvrier, ce qui provient de tout cela est la statue.

Le monde, comme dit Platon, a toutes ces causes; Dieu en est l'ouvrier; ce de quoi il est fait, est la matière; la forme, c'est l'ordre et la disposition qu'il y a mise; l'exemplaire est l'entendement de Dieu, sur lequel il a fait ce grand ouvrage; la cause pourquoi il l'a fait, est sa bonté. Il est bon, il a fait tout bon; car celui qui est bon n'a point de répugnance à rien qui soit bon; c'est pourquoi il l'a fait le meilleur qu'il lui a été possible. C'est à vous, maintenant, à prononcer et à déclarer celui qui vous semble avoir dit quelque chose de vraisemblable, non pas de certain; car cela est autant au-dessus de nous que la vérité même.

Je dirai cependant que cette multitude de causes, qu'introduisent Platon et Aristote, comprend trop ou trop peu; car, s'ils prennent pour causes de ce qui est fait les choses sans lesquelles il n'aurait pas été fait, ils en ont mis trop peu; ils devaient y mettre encore le temps, puisque rien ne se peut faire sans le temps. Il fallait ajouter le lieu; car on ne peut faire une chose sans qu'il y ait un lieu pour la faire. On en peut dire autant du mouvement : car sans lui rien ne se fait, rien ne se détruit; on ne peut exercer aucun art; il ne se peut faire aucune mutation sans mouvement. Mais nous cherchons maintenant une cause première et générale, laquelle doit être simple, puisque la matière est simple. Nous demandons ce que c'est que cette cause. C'est une intelligence qui agit, c'est-à-dire Dieu. Ainsi, celles que je viens de rapporter ne sont point proprement causes, chacune à son regard; mais elles dépendent toutes d'une seule; savoir, de celle qui agit. Vous dites que la forme est une cause; mais c'est l'ouvrier qui la donne à son ouvrage, duquel elle est une partie, et non pas la cause; de même l'exemplaire n'est pas la cause, mais un instrument nécessaire à la cause, comme le ciseau et la lime sont nécessaires à l'ouvrier; car, sans cela, l'art ne saurait rien exécuter; ils ne sont pas pourtant des parties ou des causes de l'art. Ces deux philosophes disent encore que l'intention de l'ouvrier est une cause; si c'est une cause, elle n'est pas une cause efficiente, mais seulement accessoire. Or, toutes ces causes sont sans nombre, et nous en cherchons une qui soit générale. Quand ils ont dit que le monde et tout ce parfait ouvrage que nous voyons est cette cause, ils ont oublié leur subtilité ordinaire, car il y a grande différence entre l'ouvrage et la cause de l'ouvrage. Enfin, donnez votre jugement, ou, comme il est plus expédient en ces sortes de matières, dites que vous ne voyez pas encore assez clair, et renvoyez-nous à une autre fois.

Vous me direz : Quel plaisir prenez-vous à perdre le temps en des questions qui ne vous sauraient guérir de la moindre de vos passions? Je songe premièrement à ce qui peut établir le repos de mon âme, et, après que je me suis bien examiné, je considère ce grand univers. Mais ne croyez pas

loqui cœpimus) id ex quo, æs est; id a quo, artifex est; id in quo, forma est, quæ aptatur illi; id ad quod, exemplar est, quod imitatur is qui facit; id propter quod, facientis propositum est; id quod ex istis est, ipsa statua est. « Hæc omnia mundus quoque, ut ait Plato, habet : facientem; hic Deus est : ex quo fit; hæc materia est : formam; hic est habitus et ordo mundi quem videmus : exemplar, scilicet ad quod Deus hanc magnitudinem operis pulcherrimi fecit : propositum, propter quod fecit. » Quæris, quod sit propositum Deo? Bonitas est. Ita certe Plato ait : « Quæ Deo faciendi mundum causa fuit? Bonus est; bono nulla cujusquam boni invidia est. Fecit itaque quam optimum potuit. »

Fer ergo judex sententiam, et pronuntia, quis tibi videatur verisimillimum dicere, non quis verissimum dicat; id enim tam supra nos est, quam ipsa veritas. Hæc, quæ ab Aristotele et Platone ponitur, turba causarum, aut nimium multa, aut nimium pauca comprehendit. Nam si, quocumque remoto quid effici non potest, id causam judicant esse faciendi, pauca dixerunt. Ponant inter causas tempus; nihil sine tempore potest fieri : ponant locum; si non fuerit ubi fiat aliquid, ne fiet quidem : ponant motum; nil sine hoc nec fit, nec perit; nulla sine motu ars, nulla mutatio est. Sed nos nunc primam et generalem causam quærimus : hæc simplex esse debet; nam et materia simplex est. Quærimus, quæ sit causa, ratio scilicet faciens : ista enim, quæcumque retulistis, non sunt multæ et singulæ causæ, sed ex una pendent, ex ea quæ faciet. Formam dicis causam esse? Hanc imponit artifex operi : pars causæ est, non causa. Exemplar quoque non est causa; sed instrumentum, causæ necessarium. Sic necessarium est exemplar artifici, quomodo scalprum, quomodo lima; sine his procedere ars non potest : non tamen hæ partes artis, aut causæ sunt. Propositum, inquit, artificis, propter quod ad faciendum aliquid accedit, causa est. Ut sit causa, non est efficiens causa, sed superveniens. Hæ autem innumerabiles sunt : nos de causa quærimus generalissima. Illud vero non pro solita ipsis subtilitate dixerunt, totum mundum, et consummatum opus, causam esse : multum enim interest inter opus et causam operis.

Aut fer sententiam, aut (quod facilius in ejusmodi rebus est) nega tibi liquere et nos reverti jube. — Quid te, inquis, delectat, tempus inter ista conterere, quæ tibi nullum affectum eripiunt, nullam cupiditatem abigunt? — Ego quidem priora illa ago ac tracto, quibus pacatur

que ce temps-là soit perdu ; car ces méditations, pourvu qu'elles ne soient pas ainsi divisées et réduites en questions frivoles, élèvent et contentent l'esprit, lequel, se sentant pressé de la matière, n'aspire qu'à se mettre au large et à retourner au lieu de son origine. Le corps lui est un supplice et un poids qui le retient attaché, si la philosophie ne le vient soulager en lui découvrant les secrets de la nature, et le faisant passer de la terre au ciel. C'est ainsi qu'il se met en liberté, et que, s'étant dérobé de sa garde, il se va récréer dans le ciel. De même que les artisans qui ont longtemps travaillé sur un ouvrage délicat, dans un lieu sombre, sortent, et vont se promener au grand jour dans une place publique, afin de réjouir leur vue qui est fatiguée ; ainsi l'esprit qui est enfermé dans cette obscure et triste demeure, prend l'essor quand il le peut, et va se reposer dans la contemplation des effets de la nature.

Le sage et celui qui aspire à la sagesse, quoiqu'il soit attaché à son corps, ne laisse pas de s'en détacher quelquefois par la meilleure partie, et d'élever en haut toutes ses pensées. Il croit, comme s'il y était obligé par serment, que le temps qu'il demeure ici-bas lui est donné de grâce, et, sans avoir de l'amour non plus que du dégoût pour la vie, il s'accommode aux choses de la terre, sachant bien qu'on lui en réserve de meilleures autre part. Me défendrez-vous de considérer ce qu'il y a dans l'univers? Voulez-vous, en me détachant du grand tout, me renfermer dans la partie que j'habite? Ne pourrai-je point rechercher quels sont les principes de toutes choses? qui les a formées? qui a séparé et mis en ordre ce qui était auparavant confondu dans une masse brute et immobile? Ne m'informerai-je point qui est l'architecte de ce monde? Comment une si vaste étendue se trouve si bien rangée? Qui a ramassé ce qui était épars, et distingué ce qui était pêle-mêle? Qui a donné des figures différentes aux choses qui étaient cachées sous la difformité de la matière? D'où procède cette grande clarté qui fait le jour ; si c'est le feu, ou quelque chose de plus luisant que le feu? Ne saurai-je point d'où je suis venu? Si je verrai ces choses-là une seule fois ou plusieurs? Où je dois aller en partant d'ici? Où l'âme sera reçue étant affranchie de la servitude du corps? Voulez-vous m'empêcher de m'élever au ciel? c'est-à-dire, voulez-vous que je vive la tête baissée contre terre? Je suis de trop bon lieu ; je suis destiné à des choses trop grandes, pour me rendre esclave de mon corps; je ne le regarde que comme une prison dont je suis environné. C'est pourquoi je le présente à la fortune pour arrêter ses traits, et je n'en laisse passer un seul jusqu'à moi, chez qui rien n'est susceptible d'injure, que ce misérable logis; mais l'âme qui l'habite est franche et libre. Jamais cette chair ne me soumettra à la crainte ni à la dissimulation, qui est indigne d'un homme de bien. Jamais je ne commettrai un mensonge en sa faveur ; je romprai notre société quand bon me semblera ; et cependant, quoique nous soyons liés ensemble, il n'y aura point d'égalité entre nous, et l'âme prendra l'autorité tout entière. Le mépris

animus; et me prius scrutor, deinde hunc mundum. Ne hoc quidem tempus, ut existimas, perdo. Ista enim omnia, si non concidantur, nec in hanc subtilitatem inutilem distrahantur, attollunt et levant animum, qui, gravi sarcina pressus, explicari cupit, et reverti ad illa, quorum fuit. Nam corpus hoc animi pondus ac pœna est : premente illo urgetur; in vinculis est; nisi accessit Philosophia, et illum respirare rerum naturæ jussit spectaculo, et a terrenis ad divina dimisit. Hæc libertas ejus est, hæc evagatio; subducit interim se custodiæ, in qua tenetur, et cœlo reficitur. Quemadmodum artifices ex alicujus rei subtilioris inspectione, quæ intentione oculos defatigat, si malignum et precarium lumen habent, in publicum prodeunt, et in aliqua regione ad populi otium dedicata oculos libera luce delectant ; sic animus in hoc tristi et obscuro domicilio clusus, quoties potest, apertum petit, et in rerum naturæ contemplatione requiescit. Sapiens assectatorque sapientiæ adhæret quidem in corpore suo; sed optima sui parte abest, et cogitationes suas ad sublimia intendit; velut sacramento rogatus, hoc, quod vivit, stipendium putat; et ita formatus est, ut illi nec amor vitæ, nec odium sit; patiturque mortalia, quamvis sciat ampliora superesse. Interdicis mihi inspectionem rerum naturæ, ac toto abductum redigis in partem? Ego non quæram, quæ sint initia universorum? quis rerum formator? quis omnia in unum mersa, et materia inerti convoluta discreverit? Non quæram, quis sit istius artifex mundi? qua ratione tanta magnitudo in legem et ordinem venerit? quis sparsa collegerit, confusa distinxerit, in una deformitate jacentibus faciem diviserit? unde lux tanta fundatur? ignis sit, an aliquid igne lucidius? Ego ista non quæram? ego nesciam, unde descenderim? semel hæc mihi videnda sint, an sæpe nascendum? quo hinc iturus sim? quæ sedes exspectent animam, solutam legibus servitutis humanæ? Vetas me cœlo interesse, id est, jubes me vivere capite demisso? Major sum, et ad majora genitus, quam ut mancipium sim mei corporis; quod equidem non aliter adspicio, quam vinculum aliquod libertati meæ circumdatum. Hoc itaque oppono fortunæ, in quo resistat; nec per illud ad me ullum transire vulnus sino. Quidquid in me potest injuriam pati, hoc est : in hoc obnoxio domicilio animus liber habitat. Nunquam me caro ista compellet ad metum, nunquam ad indignam bono simulationem : nunquam in honorem hujus corpusculi mentiar. Quum visum erit, distraham cum illo societatem : et nunc tamen, dum hærenius, non erimus æquis partibus socii; animus ad se omne jus ducet. Contemptus corporis sui, certa libertas est.

de notre corps est la véritable liberté. Mais, pour revenir à mon propos, ce qui sert beaucoup à cette liberté est la contemplation dont je parlais tout à l'heure; savoir, que tout est composé de Dieu et de la matière; que Dieu gouverne tous les êtres qui sont répandus autour de lui, et le suivent comme leur maître et leur conducteur. Or, Dieu, qui agit sur la matière est plus puissant que la matière qui reçoit l'action de Dieu. Le rang que Dieu tient dans le monde, notre âme le doit tenir dans l'homme : la matière est au regard de Dieu ce que le corps est au nôtre. Il faut donc que le pire obéisse au meilleur, que nous soyons fermes contre les accidents; que nous n'appréhendions point les injures, les violences, la prison, ni la pauvreté. Qu'est-ce que la mort? ou elle est une fin, ou bien un passage. Je ne crains point de n'être plus; car c'est de même que si je n'avais jamais été; ni de passer aussi, parce qu'il m'est incommode d'être si étroitement logé.

ÉPITRE LXVI.

Que l'on voit quelquefois de grands esprits logés en des corps infirmes.—Que tous les biens sont égaux, quoique leur nature et leurs objets soient différents.

Je vis dernièrement Claranus, mon compagnon d'école, après un intervalle de plusieurs années. Vous savez déjà (et vous n'attendez pas que je vous le dise) qu'il est vieux; mais il a encore l'esprit sain et vigoureux, et qui ne cède point à l'infirmité de son corps. En vérité, la nature a eu grand tort d'avoir si mal logé un si bel esprit, si ce n'est pour nous faire voir qu'une âme généreuse et contente peut être enveloppée d'un étui défectueux. Il a néanmoins surmonté tous ces obstacles, et, par le mépris qu'il a fait de soi-même, il s'est appris à mépriser toutes choses. Celui-là s'est trompé (à mon avis) qui a dit :

La beauté rend toujours la vertu plus aimable.

Car celle-ci n'a pas besoin de parure, elle trouve en soi son plus grand ornement. Elle honore, et, pour ainsi dire, elle consacre son corps. Après tout, quand je considère notre Claranus, il me semble beau et aussi droit de corps que d'esprit. Un grand homme peut sortir d'une petite maison, et une grande âme peut se rencontrer dans un corps petit et difforme; ce qui me fait croire que la nature produit de telles personnes, afin que l'on connaisse que la vertu peut naître partout. S'il lui avait été possible de produire les âmes toutes nues, elle l'aurait fait sans doute; mais elle a fait davantage; car elle a mis au monde certaines gens qui sont embarrassés de leur corps, et ne laissent pas d'agir, nonobstant les incommodités qu'ils en reçoivent. Il semble que Claranus ait été fait exprès pour nous apprendre que l'âme n'est point souillée par la difformité du corps, mais que le corps reçoit du lustre par la beauté de l'âme. Quoique nous ayons passé fort peu de jours ensemble, nous avons eu toutefois beaucoup d'entretiens, lesquels je mettrai par écrit, et vous les enverrai ci-après.

Le premier jour, on demanda comment les biens pouvaient être égaux, leur nature étant différente et de trois sortes. Nos philosophes veulent qu'il y en ait du premier ordre, comme la joie, la paix,

---

Ut ad propositum revertar : huic libertati multum confert et illa, de qua modo loquebamur, inspectio. Nempe universa ex materia et ex Deo constant : Deus ista temperat, quæ circumfusa rectorem sequuntur et ducem. Potentius autem est ac pretiosius quod facit, quod est Deus, quam materia, patiens Dei. Quem in hoc mundo locum Deus obtinet, hunc in homine animus : quod est illic materia, id in nobis corpus est. Serviant ergo deteriora melioribus; fortes simus adversus fortuita; non contremiscamus injurias, non vulnera, non vincula, non egestatem. Mors quidem aut finis est, aut transitus. Nec desinere timeo; idem est enim, quod non cœpisse : nec transire; quia nusquam tam anguste ero. Vale.

EPISTOLA LXVI.

BONA ÆQUALIA ESSE : VIRTUTES ÆQUALES ESSE.

Claranum condiscipulum meum vidi post multos annos; uon, puto, expectas ut adjiciam, senem; sed mehercules viridem animo ac vigentem, et cum corpusculo suo colluctantem. Inique enim se natura gessit, et talem animum male collocavit : aut fortasse voluit hoc ipsum nobis ostendere, posse ingenium fortissimum ac beatissimum sub qualibet cute latere. Vicit tamen omnia impedimenta; et ad cætera contemnenda a contemptu sui corporis venit. Errare mihi visus est qui dixit :

Gratior est pulchro veniens in corpore virtus.

Nec enim ullo honestamento eget; ipsa magnum sui decus est, et corpus suum consecrat. Certe Claranum nostrum cœpi intueri : formosus mihi videtur, et tam rectus corpore, quam est animo. Potest ex casa vir magnus exire; potest ex deformi humilique corpusculo formosus animus ac magnus. Quosdam itaque mihi videtur in hoc tales natura generare, ut approbet virtutem omni loco nasci. Si posset per se nudos edere animos, fecisset; nunc, quod amplius est, facit; quosdam enim edit corporibus impeditos, sed nihilo minus perrumpentes obstantia. Claranus mihi videtur in exemplar editus, ut scire possemus, non deformitate corporis fœdari animum, sed pulchritudine animi corpus ornari.

Quamvis autem paucissimos una fecerimus dies, tamen multi nobis sermones fuerunt, quos subinde egeram et ad te permittam. Hoc primo die quæsitum est :

et le salut de la patrie ; d'autres, du second ordre, qui sont attachés à des sujets tristes et fâcheux, comme la patience dans les tourments, la constance dans une forte maladie. Nous désirons absolument ceux-là ; mais nous ne demandons ceux-ci que par occasion, et quand nous en avons besoin. Il y a encore des biens du troisième ordre, comme un port modeste et bien réglé, un extérieur de prud'homie, le geste et les manières d'un homme judicieux. Comment ces choses peuvent-elles être pareilles, puisque nous aimons les unes et que nous appréhendons les autres? Pour les bien distinguer, il faut les rapporter au premier bien, et considérer ce que c'est. C'est une âme qui ne regarde que la vérité, qui sait ce qu'il faut désirer et ce qu'il faut éviter ; qui estime les choses suivant leur valeur, et non suivant leur réputation ; qui, jetant ses regards sur tout l'univers, considère attentivement tout ce qui s'y passe ; qui veille sur ses pensées et sur ses actions, également forte et grande, invincible à la douleur et au plaisir ; pareille en l'une et l'autre fortune ; qui est au-dessus de tous les accidents ; en qui la beauté se trouve accompagnée de la grâce, et la santé de la vigueur ; ferme, intrépide, que la violence ne saurait abattre, qui ne s'élève ni ne s'abaisse pour aucune chose qui arrive. La vertu est faite de la sorte ; voilà son portrait, si vous la regardez d'une seule vue, quand elle se montre à découvert. Mais il y en a plusieurs espèces, qui s'étendent à tous les états et à toutes les actions de la vie, sans qu'elle en devienne ni plus grande, ni plus petite.

Le souverain bien ne saurait déchoir, ni la vertu marcher en arrière. Elle prend seulement diverses qualités, suivant la nature des actions qu'elle exerce ; elle imprime sa ressemblance et son caractère à tout ce qu'elle touche ; elle relève les actions et les amitiés des particuliers ; elle honore des familles entières, quand elle y a pris habitude ; tout ce qu'elle touche devient aimable, éclatant et merveilleux entre ses mains. C'est pourquoi sa force et sa grandeur ne peuvent monter plus haut, puisque l'extrême grandeur est incapable d'accroissement. Aussi ne trouverez-vous rien qui soit plus droit que ce qui est droit ; ni rien de plus tempéré que ce qui est tempéré. Toute vertu a sa mesure et ses bornes. La constance ne saurait aller plus avant, non plus que la vérité, l'assurance et la bonne foi. Que pourrait-on ajouter à ce qui est parfait? Rien, ou bien il n'était pas parfait. Il en est de même de la vertu, à qui nécessairement il manquerait quelque chose si l'on pouvait y ajouter. Ce qui est honnête ne reçoit point d'augmentation ; car il est le but et la fin de tout ce que je viens de dire. Ne mettez-vous pas en même rang ce qui est bienséant, ou juste, ou légitime? Tout cela est renfermé en de certaines bornes qui ne se peuvent étendre. C'est une marque d'imperfection, que d'être susceptible d'accroissement ; le bien, de quelque sorte qu'il soit, se réduit toujours aux mêmes termes. Le bien public et le particulier sont liés ensemble, et ne se peuvent non plus séparer que l'honnête et le désirable. Les vertus sont donc pareilles entre elles, aussi bien que leurs actions et les hommes qui les produisent.

Les vertus des plantes et des animaux, qui sont

« Quomodo possint paria bona esse, si triplex eorum conditio est. » Quædam, ut nostris videtur, prima bona sunt ; tanquam gaudium, pax, salus patriæ. Quædam secunda, in materia infelici expressa ; tanquam tormentorum patientia, et in morbo gravi temperantia. Illa bona directo optamus nobis ; hæc, si necesse erit. Sunt adhuc tertia ; tanquam modestus incessus, et compositus ac probus vultus, et conveniens prudenti viro gestus. Quomodo ista inter se paria esse possunt, quum alia optanda sint, alia aversanda? Si volumus ista distinguere, ad primum bonum revertamur, et consideremus, id quale sit. Animus intuens vera, peritus fugiendorum ac petendorum ; non ex opinione, sed ex natura, pretia rebus imponens ; toti se inserens mundo, et in omnes ejus actus contemplationem suam mittens, cogitationibus actionibusque intentus, ex æquo magnus ac vehemens, asperis blandisque pariter invictus, neutri se fortunæ submittens, supra omnia quæ contingunt acciduntque eminens, pulcherrimus cum decore, cum viribus sanus ac siccus, imperturbatus, intrepidus, quem nulla vis frangat, quem nec attollant fortuita, nec deprimant : talis animus Virtus est ; hæc ejus est facies, si sub unum veniat aspectum, et semel tota se ostendat. Cæterum multæ ejus species sunt, quæ pro vitæ varietate et pro actionibus explicantur ; nec minor fit aut major ipsa. Decrescere enim summum bonum non potest, nec virtuti ire retro licet : sed in alias atque alias qualitates convertitur ; ad rerum, quas actura est, habitum figurata. Quidquid attigit, in similitudinem sui adducit et tingit : actiones, amicitias, interdum domos totas, quas intravit disposuitque, condecorat : quidquid tractavit, id amabile, conspicuum, mirabile fecit. Itaque vis ejus et magnitudo ultra non potest surgere, quando incrementum maximo non est. Nihil invenies rectius recto, non magis quam verius vero, quam temperato temperatius.

Omnis in modo est virtus ; modus certa mensura est. Constantia non habet quo procedat, non magis quam fiducia, aut veritas, aut fides. Quid accedere perfecto potest? nihil ; aut perfectum non erat, cui accessit : ergo ne virtuti quidem ; cui si quid adjici potest, defuit. Honestum quoque nullam accessionem recipit ; honestum est enim propter ista quæ retuli. Quid porro decorum, et justum, et legitimum? non ejusdem esse formæ putas, certis terminis comprehensum? Crescere posse, imperfectæ rei signum est : bonum omne in easdem cadit leges ; juncta

mortelles, fragiles, incertaines et caduques, tantôt s'élèvent et tantôt s'abaissent; ce qui fait qu'on ne saurait les estimer pour un même prix. Mais il n'y a qu'une seule règle qui conduit les vertus humaines ; parce qu'il n'y a qu'une seule raison qui est droite et simple. Il ne se trouve rien de plus divin que ce qui est divin, ni de plus céleste que ce qui est céleste. Les choses mortelles montent, déchéent, augmentent, dépérissent, se remplissent, se vident, et cette vicissitude produit l'inégalité qui se trouve entre elles. Les choses divines sont toutes d'une même condition et d'une même nature. Or, cette raison, dont je parle, n'est autre chose qu'une portion de la divinité, enfermée dans le corps de l'homme. Si la raison est divine et qu'il n'y ait rien de bon sans la raison, il faut que ce qui est bon soit divin. Or, il n'y a pas de différence entre les choses divines ; il n'y en a donc point aussi entre les bonnes. Ainsi vous voyez que la joie et la constance dans les tourments sont deux vertus pareilles ; car il se rencontre en l'une et en l'autre une même grandeur d'âme, hormis qu'elle est oisive et relâchée en celle-là ! raide et opiniâtre en celle-ci. Quoi, ne croyez-vous pas que la vertu soit pareille en celui qui force hardiment une place, et en celui qui la défend avec courage et patience? Si Scipion est glorieux pour avoir enfermé Numance et l'avoir serrée de si près, qu'il contraignit les assiégés, qu'il ne pouvait vaincre, de se perdre eux-mêmes; les Numantins le sont aussi, qui, sachant bien que rien n'est fermé quand le passage de la mort est ouvert, expirèrent courageusement entre les bras de la liberté. Tout le reste est de la même sorte : comme la tranquillité, la sincérité, la liberté, la constance, la patience, la persévérance ; car il n'y a qu'une vertu qui leur sert d'appui, et qui tient l'âme droite et invariable.

Quoi donc! n'y a-t-il point de différence entre la joie et la patience invincible dans les douleurs? Non, quant à la vertu; mais beaucoup, quant au sujet où l'une et l'autre sont employées; car on voit d'un côté de la récréation d'esprit qui est naturelle, et de l'autre, de la douleur qui est contraire à la nature. Ce sont des moyens, à la vérité, fort différents; mais la vertu s'y trouve toute pareille; elle ne change pas avec la matière; celle qui est difficile et fâcheuse ne la rend pas moindre, comme celle qui est agréable et plaisante ne la rend pas meilleure. Il est donc nécessaire que ces deux biens soient égaux, puisque de deux hommes sages, l'un ne saurait se mieux comporter dans la joie, ni l'autre dans les souffrances. Or, est-il que deux choses sont égales, quand elles sont telles que l'on ne peut rien faire de mieux. Si ce qui est étranger et détaché de la vertu la pouvait augmenter ou diminuer, il est certain qu'une même chose ne pourrait être bonne et honnête tout ensemble; cela étant, il n'y aurait plus rien d'honnête dans le monde. Pourquoi? Je vais vous le dire : parce que rien n'est honnête quand on le fait malgré soi; il doit être volontaire. Si l'on y apporte de la paresse, de la répugnance, de l'irrésolution et de la crainte, l'action perd aussitôt ce qu'elle a de meilleur, qui est d'être faite avec plaisir. Ce qui n'est pas libre, ne peut être hon-

---

est privata et publica utilitas, tam mehercules, quam inseparabile est laudandum petendumque. Ergo virtutes inter se pares sunt, et opera virtutum, et omnes homines, quibus illæ contigere. Satorum vero animaliumque virtutes, quum mortales sint, fragiles quoque caducæque sunt et incertæ; exsiliunt, residuntque, et ideo non eodem pretio æstimantur. Una inducitur humanis virtibus regula; una enim est ratio recta, simplexque. Nihil est divino divinius, cœlesti cœlestius. Mortalia minuuntur, cadunt, deteruntur; crescunt, exhauriuntur, implentur. Itaque illis in tam incerta sorte inæqualitas est; divinorum una natura est. Ratio autem nihil aliud est, quam in corpus humanum pars divini spiritus mersa. Si ratio divina est, nullum autem bonum sine ratione est; bonum omne divinum est ; nullum porro inter divina discrimen est; ergo nec inter bona. Paria itaque sunt et gaudium, et fortis atque obstinata tormentorum perpessio; in utroque enim eadem est animi magnitudo, in altero remissa et laxa, in altero pugnax et intenta. Quid ? tu non putas, parem esse Virtutem ejus qui fortiter hostium mœnia expugnat, et ejus qui obsidionem patientissime sustinet? Et magnus Scipio, qui Numantiam cludit et comprimit, cogitque invictas manus in exitium ipsas suum verti; et magnus ille obsessorum animus, qui scit non esse clusum, cui mors aperta est, et in complexu libertatis expirat. Æque reliqua quoque inter se paria sunt, tranquillitas, simplicitas, liberalitas, constantia, æquanimitas, tolerantia; omnibus enim istis una Virtus subest, quæ animum rectum et indeclinabilem præstat.

Quid ergo? nihil interest inter gaudium, et dolorum inflexibilem patientiam? Nihil, quantum ad ipsas virtutes; plurimum inter illa, in quibus virtus utraque ostenditur : in altero enim naturalis est animi remissio ac laxitas; in altero, contra naturam dolor. Itaque media sunt hæc, quæ plurimum intervalli recipiunt; virtus in utroque par est. Virtutem materia non mutat; nec pejorem facit dura et difficilis, nec meliorem hilaris et læta : necesse est ergo æqualia sint bona utraque. Nec hic potest se melius in hoc gaudio gerere, nec ille melius in illis cruciatibus : duo autem, quibus nihil fieri melius potest, paria sunt. Nam, si quæ extra virtutem posita sunt, aut minuere illam aut augere possunt, desinit unum bonum esse quod honestum est. Si hoc concesseris, omne honestum periit. Quare? dicam : quia nihil honestum est, quod ab invito, quod a coacto fit. Omne honestum voluntarium est : admisce illi pigritiam, querelam, tergiversa-

nête. Celui qui craint n'est pas libre. Tout ce qui est honnête est toujours assuré et tranquille. Si l'on refuse une chose, si l'on s'en plaint, si l'on y trouve du mal, aussitôt le trouble et la discorde se jettent dans l'âme; l'apparence de la justice la tire d'un côté, la crainte du mal la rappelle de l'autre. C'est pourquoi celui qui veut faire quelque chose de vertueux, s'il rencontre des obstacles, il ne doit point les prendre pour des maux, mais seulement pour des incommodités. L'honnête n'est jamais contraint ni forcé; il est pur et sans mélange d'aucun mal.

Je sais que l'on me pourra dire en cet endroit : Vous voulez nous persuader qu'il est égal de se réjouir, ou de souffrir la torture, et de lasser la cruauté des bourreaux sans dire un seul mot. Je pourrais répondre, avec Épicure, que le sage, s'il était brûlé dans le taureau de Phalaris, s'écrierait : Le tourment est doux, il ne vient pas jusqu'à moi. Vous étonnez-vous donc que je dise qu'il est égal d'être assis à table, ou d'être debout dans la gêne, quand on la souffre avec courage? Vu qu'Épicure avance une chose bien plus étrange, qu'il est doux d'être tourmenté. Mais je dis qu'il y a grande différence entre la joie et la douleur. Si l'on m'en donne le choix, il est certain que je prendrai l'une, et que je regretterai l'autre; la première est naturelle; l'autre est contre nature; tandis qu'on les regarde de la sorte, on trouve un grand intervalle qui les sépare; mais quand on les rapporte à la vertu, elles sont toutes deux pareilles, tant celle qui chemine sur des roses, que celle qui marche sur des épines. On ne considère point la douleur, les traverses et toutes les afflictions, parce que la vertu les surmonte et les efface par sa grandeur, comme le soleil offusque les étoiles par sa lumière; et les incommodités, quand elles se rencontrent avec la vertu, n'y paraissent pas davantage que la pluie qui tombe dans la mer.

Mais, afin que vous sachiez qu'il en va de la sorte, il faut que vous croyiez qu'un homme de bien se portera toujours avec empressement à tout ce qui est honnête. Qu'il y ait des feux et des bourreaux préparés pour l'arrêter, il poursuivra son dessein, considérant plutôt ce qu'il doit faire que ce qu'il doit souffrir. Il se jettera dans une occasion d'honneur, comme il ferait entre les bras d'un homme de bien, et l'estimera avantageuse, sûre et favorable. Ainsi vous voyez que cette occasion, quoique triste et fâcheuse, tiendra chez lui le même lieu que tiendrait un homme de bien, encore qu'il fût pauvre, banni et malade! Sus donc, mettez d'un côté un homme de bien, comblé de richesses, et de l'autre un homme qui n'ait aucun de ces biens extérieurs, mais qui possède toutes choses en soi : vous trouverez qu'ils seront tous deux également bons, encore que leur fortune soit fort inégale. Il faut, comme j'ai déjà dit, juger des choses comme des hommes. La vertu est également louable dans un corps vigoureux et libre et dans un corps infirme et captif. Pourtant votre vertu ne méritera pas plus d'honneur, si la fortune vous a conservé le corps entier, que si vous étiez estropié de quelque membre; autrement ce serait estimer le maître

tionem, metum; quod habet in se optimum, perdidit, sibi placere. Non potest honestum esse, quod non est liberum : nam quod timet, servit. Honestum omne securum est, tranquillum est; si recusat aliquid, si complorat, si malum judicat, perturbationem recepit, et in magna discordia volutabur. Hinc enim species recti vocat; illinc suspicio mali retrahit. Itaque qui honeste aliquid facturus est, quidquid opponitur, id, etiam si incommodum putat, malum non putet, velit, libens faciat. Omne honestum injussum inoactumque est, sincerum, et nulli malo mixtum.

Scio quid mihi responderi hoc loco possit : Hoc nobis persuadere conaris, nihil interesse, utrum aliquis in gaudio sit, an in equuleo jaceat, ac tortorem suum lasset. — Poteram respondere : « Epicurus quoque ait, sapientem, si in Phalaridis tauro peruratur, exclamaturum : Dulce est, et ad me nil pertinet. » Quid miraris, si ego paria bona dico, unius in convivio jacentis, alterius inter tormenta fortissime stantis? quum, quod incredibilius est, dicat Epicurus, dulces esse tortores. Hoc respondeo, plurimum interesse inter gaudium et dolorem. Si quaeratur electio, alterum petam, alterum vitabo : illud secundum naturam est, hoc contra. Quamdiu sic aestimantur, magno inter se dissident spatio : quum ad virtutem ventum est, utraque par est, et quae per laeta procedit, et quae per tristia. Nullum habet momentum vexatio, et dolor, et quidquid aliud incommodi est; virtute enim obruitur. Quemadmodum minuta lumina claritas solis obscurat; sic dolores, molestias, injurias, virtus magnitudine sua elidit atque opprimit; et quocumque affulsit, ibi, quidquid sine illa apparet, exstinguitur; nec magis ullam portionem habent incommoda, quum in virtutem inciderint, quam in mari nimbus.

Hoc ut scias ita esse, ad omne pulchrum vir bonus sine ulla cunctatione procurret : stet illic licet carnifex, stet tortor atque ignis, perseverabit; nec quid passurus, sed quid facturus sit, aspiciet, et se honestae rei tanquam bono viro credet : utilem illam sibi judicabit, tutam, prosperam. Eumdem locum habebit apud illum honesta res, sed tristis atque aspera, quem vir bonus, pauper, aut exsul, ac pallidus. Agedum pone ex alia parte virum bonum, divitiis abundantem; ex altera nihil habentem, sed in se omnia : uterque aeque vir erit bonus, etiam si fortuna dispari utetur. Idem, ut dixi, in rebus judicium est, quod in hominibus : aeque laudabilis est virtus in corpore valido ac libero posita, quam in morbido ac vincto. Ergo tuam quoque virtutem non magis laudabis, si corpus illibatum fortuna praestiterit, quam si ex aliqua

par l'habit de son valet ; car toutes les choses qui sont soumises au pouvoir du hasard sont serviles, caduques et périssables, comme l'argent, le corps, les honneurs. Au contraire, les œuvres de la vertu sont libres et immuables; elles ne sont pas de plus grand prix, quand la fortune les favorise, ni de moindre aussi quand le malheur les persécute.

Ce qu'est le désir au regard des choses, l'amitié l'est au regard des hommes. Je crois que vous n'aimeriez pas davantage un homme de bien, riche, que pauvre ; ni puissant et robuste, que chétif et languissant. Par cette raison, vous ne devez pas désirer davantage une chose plaisante et douce, qu'une autre qui serait pénible et laborieuse. Autrement, de deux hommes également vertueux, vous aimeriez mieux celui qui sera propre et parfumé, que celui qui sera borgne ou boiteux. Enfin, vous deviendrez si délicat, que de deux hommes également justes et prudents, vous préférerez celui qui aura la perruque bien frisée à celui qui aura la tête chauve. Quand la vertu se trouve égale entre deux personnes, on ne regarde point d'ailleurs ce qu'elles ont d'inégal. Elle fait le capital, le reste n'est qu'accessoire. Qui serait le père si injuste, lequel aimerait davantage un enfant bien constitué qu'un autre qui serait valétudinaire, celui qui aurait la taille grande que celui qui l'aurait petite ? Les bêtes ne mettent point de distinction entre leurs petits ; elles leur prêtent également la nourriture. Ulysse se retira dans les rochers d'Ithaque avec autant d'empressement qu'Agamemnon dans la ville fameuse de Mycènes : car personne n'aime sa patrie à cause qu'elle est grande, mais à cause qu'elle est sa patrie. Vous me direz : A quoi tend tout cela ? A vous faire connaître que la vertu regarde tous ses ouvrages comme ses propres enfants, et qu'elle les aime tous également ; mais un peu plus ceux qui sont engagés dans la peine. Et comme un père a plus de penchant pour celui dont l'infirmité lui donne de la compassion, aussi la vertu, quoiqu'elle aime également ses ouvrages, prend un soin particulier de ceux qu'elle voit affligés et persécutés. Pourquoi un bien n'est-il pas plus grand que l'autre ? Parce qu'il n'y a rien de plus propre que ce qui est propre ; rien de plus plein que ce qui est plein ; vous ne sauriez dire : Ceci est plus pareil que cela. Partant, il n'y a rien de plus honnête que ce qui est honnête. Que si la nature de toutes les vertus est pareille, les trois genres de bien sont aussi pareils. Ainsi, je dis qu'il est égal de se réjouir avec modération, ou de souffrir avec modération ; car la joie ne l'emporte point au-dessus de cette constance, qui l'empêche de gémir sous la main du bourreau. Le premier est un bien qui attire nos souhaits. Le second est un bien qui mérite nos admirations. Ils sont pourtant tous deux égaux, parce que l'incommodité qui s'y rencontre est comme absorbée dans la grandeur du bien qui en résulte. Celui qui les estime inégaux ne veut point envisager la vertu, mais seulement les choses extérieures. Les biens véritables sont tous d'une même mesure et d'un même poids ; ceux qui sont faux ont beaucoup de vide. De là vient que ce qui paraissait à l'œil grand et beau n'est

---

parte mutilatum . alioqui hoc erit, ex servorum habitu dominum æstimare. Omnia enim ista, in quæ dominium casus exercet, serva sunt, pecunia, et corpus, et honores; imbecilla, fluida, mortalia, possessiones incertæ. Illa rursus libera et invicta, opera virtutis : quæ non ideo magis appetenda sunt, si benignius a fortuna tractantur; nec minus, si aliqua iniquitate rerum premuntur. Quod amicitia in hominibus est, hoc in rebus appetitio. Non, puto, magis amares virum bonum locupletem, quam pauperem, nec robustum et lacertosum, quam gracilem, et languidi corporis; ergo ne rem quidem magis appetes hilarem et pacatam, quam distractam et operosam. At si hodie magis diliges, ex duobus æque bonis viris, nitidum et unctum, quam pulverulentum et horrentem; deinde huc usque pervenies, ut magis diligas integrum omnibus membris et illæsum, quam debilem aut luscum : paulatim fastidium tuum illo usque procedet, ut ex duobus æque justis ac prudentibus, comatum et crispulum malis, quam recalvum. Ubi par est in utroque virtus, non comparet aliarum rerum inæqualitas; omnia enim alia non partes, sed accessiones sunt. Nam quis tam iniquam censuram inter suos agit, ut filium sanum, quam ægrum, magis diligat ? procerumve et excelsum, quam brevem aut modicum ? Fœtus suos non distinguunt feræ, et se in alimentum pariter omnium sternunt; aves ex æquo partiuntur cibos. Ulysses ad Ithacæ suæ saxa sic properat, quemadmodum Agamemnon ad Mycenarum nobiles muros. Nemo enim patriam, quia magna est, amat, sed quia sua. — Quorsus hæc pertinent ? — Ut scias, virtutem omnia opera, velut fœtus suos, iisdem oculis intueri, æque indulgere omnibus, et quidem impensius, laborantibus : quoniam quidem etiam parentum amor magis in ea, quorum miseretur, inclinatur. Virtus quoque opera sua, quæ videt affici et premi, non magis amat, sed, parentum bonorum more, magis complectitur ac fovet. — Quare non est ullum bonum altero majus? — Quia non est quidquam apto aptius, quia plano nihil est planius. Non potes dicere, hoc magis par esse alicui, quam illud : ergo nec honesto honestius quidquam est.

Quod si par omnium virtutum natura est, tria genera bonorum in æquo sunt. Ita dico : in æquo est moderate gaudere, et moderate dolere ; lætitia illa non vincit hanc animi firmitatem sub tortore gemitus devorantem. Illa bona optabilia sunt ; hæc mirabilia : utraque nihilominus paria ; quia quidquid incommodi est, velamento majoris boni tegitur. Quisquis hæc imparia judicat, ab ipsis virtutibus avertit oculos, et exteriora circumspicit. Bona vera idem pendunt, idem patent; illa falsa multum habent vani-

plus le même quand on vient à le mettre dans la balance.

Il est certain, mon cher Lucile, que tout ce que la raison autorise est solide et immuable. Elle met l'âme dans une ferme assiette, et l'élève à un degré d'où elle ne descend jamais. Mais ce qui est approuvé et qui passe pour bon dans l'opinion du vulgaire, ne sert que pour entêter ceux qui se repaissent de fumées. Les choses que le vulgaire prend pour des maux jettent la frayeur dans l'esprit, de la même façon que l'imagination du péril effarouche les bêtes. C'est donc sans sujet que l'âme s'épanouit ou se resserre, puisqu'il n'y a rien en tout cela qui soit digne de joie ni de crainte. Aussi n'y a-t-il que la raison qui soit ferme et immuable dans ses sentiments, parce qu'elle commande et n'obéit point aux sens. La raison est égale à la raison, comme une chose droite à une droite; la vertu est donc égale à la vertu, puisqu'elle n'est autre chose qu'une droite raison. Toutes les vertus sont des raisons droites : telle qu'est la raison, telles sont les actions. Elles sont donc toutes égales : si elles sont droites, elles sont égales ; car étant semblables à la raison, elles sont aussi semblables entre elles. J'entends, en ce qu'elles ont de juste et d'honnête; elles peuvent être d'ailleurs beaucoup différentes, selon la diversité de la matière, qui sera tantôt plus ample, et quelquefois moins ; tantôt plus importante, tantôt plus commune ; qui regardera quelquefois le général, et quelquefois le particulier. Mais ce qu'il y a de bon en tout cela est égal, comme tous les gens de bien le sont entre eux, nonobstant la différence de leur âge, l'un étant plus jeune, l'autre plus vieux ; de leurs corps, l'un étant beau, l'autre difforme; de leur fortune, l'un étant riche, l'autre pauvre ; l'un en crédit et connu des grands et des petits ; l'autre rampant et inconnu presque à tout le monde. Ils sont toutefois égaux, en tant qu'ils sont tous gens de bien.

Les sens ne sauraient juger des biens ni des maux ; ils ne connaissent pas ce qui est utile, non plus que ce qui est inutile ; ils ne prononcent que sur la matière qui est présente; et comme ils ne pénètrent point dans l'avenir, et ne réfléchissent point sur le passé, ils ne prévoient pas aussi la suite des événements. C'est de là, toutefois, que dépend l'ordre des choses, et l'uniformité de la vie, qui tend à la perfection. Il n'y a donc que la raison qui sache juger des biens et des maux. Elle ne fait point d'état de ce qui est hors de l'homme. Les choses qui ne sont ni bonnes ni mauvaises lui paraissent de fort petits avantages. Elle renferme tout le bien dans l'âme. Au reste, il y a des biens principaux qu'elle se propose de dessein formé, comme la victoire, de sages enfants, le salut de la patrie; d'autres subalternes, qui ne paraissent que dans l'adversité, comme de souffrir patiemment l'exil ou une grande maladie : il y en a encore d'une moyenne espèce, qui ne sont ni conformes ni contraires à la nature, comme de marcher modestement, d'être assis de bonne grâce; car il n'est pas moins selon la nature d'être assis que d'être debout et de marcher. Les premiers et les seconds sont bien différents ; car il est selon la nature de se réjouir de la bonne conduite de ses enfants, et du salut de sa patrie; et contre la nature, de souffrir les tourments, d'endurer la

---

Itaque speciosa, et magna contra visentibus, quum ad pondus revocata sunt, fallunt.

Ita est, mi Lucili, quidquid vera ratio commendat, solidum et æternum est, firmat animum, attollitque, semper futurum in excelso : illa, quæ temere laudantur, et vulgi sententia bona sunt, inflant inanibus lætos. Rursus ea, quæ timentur tanquam mala, injiciunt formidinem mentibus, et illas non aliter, quam animalia species periculi, agitant. Utraque ergo res sine causa animum et diffundit, et mordet ; nec illa gaudio, nec hæc metu digna est. Sola ratio immutabilis et judicii tenax est; non enim servit, sed imperat sensibus. Ratio rationi par est, sicut rectum recto; ergo et virtus virtuti : virtus non aliud quam recta ratio est. Omnes virtutes rationes sunt : si rationes sunt; rectæ sunt, si rectæ sunt, et pares sunt. Qualis ratio est, tales et actiones sunt; ergo omnes pares sunt ; nam quum similes rationi sint, similes et inter se sunt. Pares autem actiones inter se esse dico, quia rectæ sunt et honestæ : cæterum magna habebunt discrimina, variante materia; quæ modo latior est, modo angustior, modo illustris, modo ignobilis, modo ad multos pertinens, modo ad paucos. In omnibus tamen istis id, quod optimum est, par est; honestæ sunt. Tanquam viri boni omnes pares sunt, quia boni sunt : sed habent differentias ætatis, alius senior est, alius junior : habent corporis; alius formosus, alius deformis est : habent fortunæ ; ille dives, hic pauper est ; ille gratiosus, potens, urbibus notus et populis ; ignotus hic plerisque, et obscurus. Sed per illud, quod boni sunt, pares sunt.

De bonis ac malis sensus non judicat : quid utile sit, quid inutile, ignorat. Non potest ferre sententiam, nisi in rem præsentem perductus est, nec futuri providus est, nec præteriti memor; quid sit consequens, nescit. Ex hoc autem rerum ordo seriesque contexitur, et unitas vitæ per rectum itura. Ratio ergo arbitra est bonorum ac malorum; aliena et externa pro vilibus habet, et ea quæ neque bona sunt, neque mala, accessiones minimas ac levissimas judicat : omne illi bonum in animo est. Cæterum bona quædam prima existimat, ad quæ ex proposito venit, tanquam victoriam, bonos liberos, salutem patriæ ; quædam secunda, quæ non apparent nisi in rebus adversis; tanquam æquo animo pati morbum magnum, exsilium : quædam media, quæ nihilo magis secundum naturam sunt, quam contra naturam; tanquam prudenter

ÉPITRES A LUCILIUS.

soif sans se plaindre, tandis que la fièvre vous brûle les entrailles. Quoi donc! y a-t-il quelque bien contre la nature? Nullement; mais le sujet où ce bien-là se rencontre est quelquefois contraire à la nature. Il est, toutefois, selon la nature de conserver la fermeté de son âme parmi toutes les souffrances. Et pour m'expliquer en peu de mots, je dis que la matière du bien est quelquefois contre la nature; mais le bien n'y est jamais, parce qu'il est accompagné de la raison, qui suit toujours la nature. Qu'est-ce donc que la raison? C'est une imitation de la nature. Quel est le souverain bien de l'homme? De se conduire selon l'intention de la nature.

Vous me direz : On ne peut douter qu'une paix qui n'a jamais été troublée ne soit plus heureuse que celle qui a coûté beaucoup de sang ; qu'une santé qui n'a point été altérée ne soit plus avantageuse que celle qui s'est rétablie à force de remèdes, après une longue et dangereuse maladie : de même que c'est un plus grand bien de se réjouir que d'être réduit à souffrir le tranchant des couteaux et l'activité du feu.—Nullement. Car les choses fortuites ont beaucoup de différence entre elles, quand on les considère par l'utilité des personnes qui les reçoivent. Les gens de bien n'ont qu'une même intention, qui est de s'accommoder à la nature. Cela est égal en tous. Lorsqu'on suit un avis qui a été proposé dans le sénat, on ne saurait dire : Celui-ci le suit davantage que celui-là ; car tout le monde tombe dans un même sentiment. J'en dis de même des vertus : elles suivent toutes la nature. J'en dis de même des biens : ils suivent tous la nature. L'un est mort jeune, l'autre vieux ; un autre encore dans l'enfance, ayant à peine vu la lumière. Ils étaient tous également mortels, et quoique la mort ait permis que l'un ait avancé dans l'âge, elle a enlevé les deux autres ; le premier au milieu de sa fleur, et l'autre dès le jour de sa naissance. Celui-ci est mort en mangeant ; celui-là en dormant ; un autre dans les embrassements d'une maîtresse. Opposez à ces gens-là tous ceux qui sont péris par le fer, par la morsure des serpents, par des ruines subites, ou par de longues convulsions qui leur ont donné la gêne à plusieurs reprises. J'avoue que l'on peut dire que la fin des uns est meilleure, et celle des autres plus mauvaise. Mais la mort est pareille en tous ; elle vient par divers chemins ; mais elle n'arrive qu'à un même point. Il n'y a point de mort qui soit plus grande ni plus petite. Elle n'a qu'une même mesure, qui est de finir la vie. J'en dis de même de tous les biens. Celui-ci consiste en des plaisirs tout purs; celui-là, en des sujets tristes et fâcheux. Cet homme a bien ménagé la faveur de la fortune. Cet autre en a su dompter la violence et la malice. Ils sont tous deux également bons, quoique le premier ait marché dans un chemin tout uni, et que l'autre ait passé sur la pointe des cailloux et des rochers. Tous ces biens se réduisent à une même fin. Ils sont bons ; ils sont louables. Ils suivent la vertu

ambulare, composite sedere. Non enim minus secundum naturam est, sedere, quam aut stare, aut ambulare. Duo illa bona superiora diversa sunt; prima enim secundum naturam sunt, gaudere liberorum pietate, patriæ incolumitate; secunda contra naturam sunt, fortiter obstare tormentis, et sitim perpeti morbo urente præcordia. — Quid ergo? aliquid contra naturam bonum est?—Minime! sed id aliquando contra naturam est, in quo bonum illud exsistit : vulnerari enim, et subjecto igne tabescere, et adversa valetudine affligi, contra naturam est; sed inter ista servare animum infatigabilem, secundum naturam est. Et ut, quod volo, exprimam breviter, materia boni aliquando contra naturam est, bonum nunquam; quoniam bonum sine ratione nullum est, sequitur autem ratio naturam. Quid est ergo ratio? Naturæ imitatio. Quod est summum hominis bonum? Ex naturæ voluntate se gerere.

Non est, inquit, dubium, quin felicior pax sit nunquam lacessita, quam multo reparata sanguine. Non est dubium, inquit, quin felicior res sit inconcussa valetudo, quam ex gravibus morbis et extrema minitantibus in tutum vi quadam et patientia educta. Eodem modo non erit dubium, quin majus bonum sit gaudium, quam obnixus animus ad perpetiendos cruciatus vulnerum aut ignium.— Minime! Illa enim, quæ fortuita sunt, plurimum discriminis recipiunt; æstimantur enim utilitate sumentium. Bonorum unum propositum est, consentire naturæ : hoc contingere, in omnibus par est. Quum alicujus senatus sententiam sequitur, non potest dici : Ille magis assentitur, quam ille; ab omnibus in eamdem sententiam itur. Idem de virtutibus dico; omnes naturæ assentiuntur: idem de bonis dico; omnia naturæ assentiuntur. Alter adolescens decessit, alter senex, aliquis præter hos infans, cui nihil amplius contigit, quam prospicere vitam : omnes hi æque fuere mortales, etiam si mors aliorum longius vitam passa est procedere, aliorum in medio flore præcidit, aliorum interrupit ipsa principia. Alius inter cœnandum solutus est; alterius continuata mors somno est; aliquem concubitus exstinxit. His oppone ferro transfossos, aut exanimatos serpentum morsu, aut fractos ruina, aut per longam nervorum contractionem extortos minutatim : aliquorum melior dici, aliquorum pejor potest exitus; mors quidem omnium par est. Per quæ venit, diversa sunt; id, in quod desinunt, unum est. Mors nulla major, aut minor est; habet enim eumdem in omnibus modum, finisse vitam. Idem tibi de bonis dico; hoc bonum inter meras voluptates est; hoc inter tristia et acerba; illud fortunæ indulgentiam rexit; hoc violentiam domuit : utrumque æque bonum est, quamvis illud plana emolliverit, hoc aspera. Idem finis omnium est : bona sunt, laudanda sunt, virtutem rationemque comitantur; Virtus æquat inter se quidquid agnoscit.

et la raison. La vertu rend égal tout ce qui porte son caractère.

Il ne faut pas vous étonner que nous tenions ces maximes. Épicure même dit qu'il y a deux sortes de biens qui composent ce qu'on appelle le souverain bien : un corps sans douleur, et une âme sans trouble. Ces biens ne croissent jamais, parce qu'ils sont pleins. Car que pourrait-on ajouter à ce qui est plein ? Le corps ne sent point de douleur; que peut-on ajouter à cette indolence? L'âme est paisible et assurée. Que peut-on ajouter à cette tranquillité? Comme l'air qui est net et purgé des moindres nuages ne peut recevoir une plus grande clarté; ainsi l'homme qui prend soin de son corps et de son âme, pour en composer sa félicité, se trouve dans un état parfait et au comble de ses désirs, lorsque son âme est sans agitation, et son corps sans douleur. S'il lui arrive quelques satisfactions du dehors, elles n'augmentent pas son bonheur; mais, pour ainsi dire, elles l'assaisonnent, elles l'égaient. Car ce bien que la nature désire si fort se réduit à la paix du corps et de l'âme. Je vous donnerai encore une autre division des biens; elle est d'Épicure, et toute semblable à la nôtre. Il dit qu'il y a des biens auxquels il donnerait la préférence, comme le repos du corps sans aucune incommodité, et la paix de l'esprit satisfait de ses propres biens. Il y en a d'autres, lesquels il approuve et loue, dont toutefois il se passerait volontiers, comme la patience dans les douleurs et les maladies, dont je parlais tantôt. Épicure, au dernier et plus fortuné jour de sa vie, ressentit des douleurs si violentes en la vessie et dans le ventre, qu'il avait tout ulcéré, que rien ne s'y pouvait ajouter. Il disait néanmoins que ce jour-là lui semblait heureux : ce que personne n'a droit de dire, s'il n'est en possession du souverain bien.

Vous voyez donc qu'il y a des biens, au sentiment même d'Épicure, dont on se passerait volontiers, qu'il faut pourtant embrasser et comparer aux plus grands, quand la raison le veut. Aussi ne peut-on nier que ce qui a fait la conclusion d'une si heureuse vie, et qui a été préconisé par les dernières paroles d'Épicure, ne soit un bien du premier degré. Permettez-moi, mon cher Lucile, de dire encore quelque chose de plus hardi. S'il pouvait y avoir des biens plus grands les uns que les autres, je préférerais ceux qui sont tristes et sévères à ceux qui sont doux et délicats. Il y a plus d'honneur à surmonter les choses difficiles, qu'à conduire celles qui sont favorables. Je sais bien qu'une même force d'esprit nous fait bien user de la prospérité, et porter constamment l'adversité. Un soldat qui a couché hardiment dans la tranchée, sans que l'ennemi l'ait attaqué, peut être aussi courageux qu'un autre qui, après avoir eu les jarrets coupés, a combattu sur les genoux, et n'a point quitté les armes. Mais il n'y a que ceux qui reviennent du combat tout pleins de sang, à qui l'on dit : Croissez toujours en vertu. J'estime aussi davantage ces biens laborieux qui consistent dans l'action, et qui sont toujours aux prises avec la fortune. Ne préférerai-je pas la main de Mucius rôtie et mutilée à celle du plus vaillant homme, quoique saine et entière? Il demeura ferme et dé-

---

Nec est quare hoc inter nostra placita mireris. Apud Epicurum duo bona sunt, ex quibus summum illud beatumque componitur : ut corpus sine dolore sit, animus sine perturbatione. Hæc bona non crescunt, si plena sunt : quo enim crescet quod plenum est? Dolore corpus caret; quid ad hanc accedere indolentiam potest ? Animus constat sibi, et placidus est; quid accedere ad hanc tranquillitatem potest? Quemadmodum serenitas cœli non recipit majorem adhuc claritatem, in sincerissimum nitorem repurgata; sic hominis, corpus animumque curantis, et bonum suum ex utroque nectentis, perfectus est status, et summam voti sui invenit, si nec æstus animo est, nec dolor corpori. Si qua extra blandimenta contingunt, non augent summum bonum; sed, ut ita dicam, condiunt et oblectant : absolutum enim illud humanæ naturæ bonum, corporis et animi pace contentum est. Dabo apud Epicurum tibi etiam nunc simillimam huic nostræ divisionem bonorum. Alia enim sunt apud illum, quæ mallit contingere sibi, ut corporis quietem, ab omni incommodo liberam, et animi remissionem, bonorum suorum contemplatione gaudentis : alia sunt, quæ, quamvis nolit accidere, nihilominus et laudat et comprobat : tanquam illam, quam paulo ante dicebam, malæ valetudinis et dolorum gravissimorum perpessionem, in qua Epicurus fuit illo summo ac fortunatissimo die suo. Ait enim : « Se vesicæ et exulcerati ventris tormenta tolerare, ulteriorem doloris accessionem non recipientia; esse nihilominus sibi illum beatum diem. » Beatum autem agere, nisi qui est in summo bono, non potest. Ergo et apud Epicurum sunt hæc bona, quæ malles non experiri; sed, quia ita res tulit, et amplexanda, et laudanda, et exæquanda summis sunt. Non potest dici, hoc non esse par maximis bonum, quod beatæ vitæ clausulam imposuit, cui Epicurus extrema voce gratias egit.

Permitte mihi, Lucili, virorum optime, aliquid audacius dicere : si ulla bona majora esse aliis possent, hæc ego, quæ tristia videntur, mollibus illis et delicatis prætulissem. Majus est enim perfringere difficilia, quam læta moderari. Eadem ratione fit, scio, ut aliquis felicitatem bene, et ut calamitatem fortiter ferat. Æque esse fortis potest, qui pro vallo securus excubuit, nullis hostibus castra tentantibus; et qui, succisis poplitibus, in genua se excepit, nec arma dimisit. Macte virtute esto! sanguinolentis et ex acie redeuntibus dicitur. Itaque hæc magis laudaverim bona exercitata et fortia, et cum fortuna rixata. Ego cur dubitem, quin magis laudem truncam

bout, méprisant le feu et ses ennemis, et regarda sa main qui distillait sur les charbons, jusqu'à ce que Porsenna, qui prenait plaisir à sa peine, devint envieux de sa gloire, et fit ôter le feu malgré lui. Pourquoi ne mettrai-je pas ce bien au premier rang? Pourquoi ne le préférerai-je pas à ces autres qui sont tranquilles et inconnus aux traits de la fortune, avec d'autant plus de raison qu'il est plus rare de vaincre son ennemi avec une main rôtie qu'avec une main armée?

Quoi! me dira-t-on, souhaiteriez-vous un bien de la sorte?—Pourquoi non? Il n'y a personne qui puisse faire une chose s'il n'a la force de la désirer. Ferai-je mieux de donner mes pieds à laver à un bardache, et mes mains à une femme, ou à un eunuque pour les rendre souples? Pourquoi n'estimerai-je pas Mucius beaucoup plus heureux, qui mit sa main dans le feu, comme s'il l'eût présentée à quelqu'un pour la nettoyer? Il répara bien le coup qu'il avait manqué; car il mit fin à la guerre, quoique manchot et désarmé, et vainquit deux rois avec une main estropiée

ÉPITRE LXVII.

Que la vertu étant un bien désirable, il s'ensuit que la patience dans les tourments est un bien que l'on doit désirer.

Pour commencer par les entretiens les plus ordinaires, le printemps se faisait déjà sentir; mais en s'avançant vers l'été, il s'est refroidi dans le temps qu'il se devait échauffer. On ne s'en peut pas assurer encore, car il retombe souvent dans l'hiver. Mais, pour vous montrer qu'il est encore incertain, vous saurez que je ne m'expose point au grand air que je ne sois muni contre la froidure. C'est ce que vous appelez n'avoir ni chaud ni froid. Je vous l'avoue, mon cher Lucile, c'est bien assez d'avoir la froideur de mon âge. A peine puis-je le dégeler au milieu de l'été, et j'en passe la plus grande partie sur des matelas. Je rends grâces à la vieillesse de m'avoir ainsi attaché au lit. Pourquoi ne la remercierais-je pas, puisque je ne puis plus faire ce que je devrais ne plus vouloir? Au reste, je m'entretiens souvent avec mes livres. Si quelquefois je reçois de vos lettres, il me semble que je suis avec vous; et quand je vous écris, je m'imagine que je réponds à vos paroles. C'est pourquoi je veux agiter avec vous la question que vous me proposez, et que nous examinions ensemble tout ce qui en dépend.

Vous me demandez si toute sorte de bien est désirable. Si c'est un bien, dites-vous, de souffrir la torture, le feu et les maladies avec patience et courage, il s'ensuit que ces choses sont désirables. Néanmoins, vous ne voyez rien en tout cela qui soit à désirer, et vous ne connaissez personne qui ait jamais acquitté les vœux qu'il avait faits pour être battu de verges, tourmenté par la goutte ou étendu sur le chevalet. Distinguez toutes ces choses, mon cher Lucile, et vous trouverez ce qu'il y a de désirable. Pour moi, je serai toujours bien aise d'être loin des tourments; mais, si je suis obligé de les souffrir, je souhaiterai de m'y comporter en homme d'honneur et de courage. Je voudrais bien qu'il n'arrivât point de guerre;

---

illam et retorridam manum Mucii, quam cujuslibet fortissimi salvam? Stetit hostium flammarumque contemptor, et manum suam in hostili foculo distillantem perspectavit; donec Porsenna, cujus pœnæ favebat, gloriæ invidit, et ignem invito eripi jussit. Hoc bonum quidni inter prima numerem, tantoque majus putem, quam illa secura et intentata fortunæ, quanto rarius est, hostem amissa manu vicisse, quam armata?—Quid ergo? inquis : hoc bonum tibi optabis?—Quidni? hoc enim, nisi qui potest et optare, non potest facere. An potius optem, ut malaxandos articulos exoletis meis porrigam? ut muliercula, aut aliquis in mulierculam ex viro versus, digitulos meos ducat? Quidni ego feliciorem putem Mucium, qui sic tractavit ignem, quam si illam manum tractatori præstitisset? In integrum restituit quidquid erraverat : confecit bellum inermis ac mancus, et illa manu trunca reges duos vicit. Vale.

EPISTOLA LXVII.

QUIDQUID BONUM EST, OPTABILE ESSE.

Ut a communibus initium faciam, ver aperire se cœpit : sed, jam inclinatum in æstatem, quo tempore calere debebat, intepuit; nec adhuc illi fides est; sæpe enim in hiemem revolvitur. Vis scire, quam dubium adhuc sit? nondum me committo frigidæ meræ, adhuc rigorem ejus infringo.—Hoc est, inquis, nec calidum, nec frigidum pati.—Ita est, mi Lucili : jam ætas mea contenta est suo frigore; vix media regelatur æstate. Itaque major pars in vestimentis degitur. Ago gratias senectuti, quod me lectulo affixit. Quidni gratias illi hoc nomine agam? quidquid debebam nolle, non possum. Cum libellis mihi plurimus sermo est. Si quando interveniunt epistolæ tuæ, tecum esse mihi videor, et sic afficior animo, tanquam tibi non rescribam, sed respondeam. Itaque et de hoc, quod quæris, quasi colloquar tecum, quale sit, una scrutabimur.

Quæris, an omne bonum optabile sit? « Si bonum est, inquis, fortiter torqueri, et magno animo uri, et patienter ægrotare, sequitur ut ista optabilia sint : nihil autem video ex istis voto dignum. Neminem certe adhucscio eo nomine votum solvisse, quod flagellis cæsus esset, aut podagra distortus, aut equuleo longior factus. » —Distingue, mi Lucili, ista; et intelliges, esse in his aliquid optandum. Tormenta abesse a me velim; sed, si sustinenda fuerint, ut me in illis fortiter, honeste, animose geram, optabo. Quidni ego ma-

mais, si elle arrive, je souhaiterai de pouvoir supporter avec générosité les coups, la faim, et toutes les incommodités qui suivent la guerre. Je ne suis pas si fou que de souhaiter d'être malade; mais, s'il le faut être, je souhaiterai de ne rien faire par intempérance ou par mollesse. Ainsi, ce ne sont pas les incommodités qui sont à désirer; mais plutôt la vertu, qui fait souffrir doucement les incommodités. Il y en a des nôtres qui tiennent qu'il ne faut ni désirer ni rejeter la patience dans les adversités, parce qu'il n'y a que le bien pur et tranquille qui doive être l'objet de nos désirs. Ce n'est pas là mon avis. Pourquoi? parce que, premièrement, il est impossible qu'une chose soit bonne, et qu'elle ne soit point désirable. En second lieu, si la vertu est désirable et qu'il n'y ait point de bien sans vertu, il s'ensuit que tout bien est désirable. Enfin, si la patience dans les tourments n'est point désirable, je le demande, la force n'est-elle pas à souhaiter? Or, est-il qu'elle méprise et défie les périls; sa plus belle et sa plus admirable fonction étant de ne point céder aux feux, d'aller au-devant des coups, et quelquefois même de présenter la poitrine pour les recevoir. Si la force est désirable, la patience dans les tourments l'est aussi, car c'est une partie de la force. Distinguez donc tout cela comme je vous l'ai dit; il n'y aura plus rien qui vous abuse. Ce qui est à désirer n'est pas de souffrir les tourments (qui a jamais fait un tel souhait?); mais de les souffrir constamment. Je ne désire précisément que ce en quoi consiste la vertu. Il y a des vœux limités, quand ils sont faits pour des sujets particuliers, et d'autres généraux, quand ils enferment plusieurs autres vœux. Par exemple, je désire mener une vie honnête. Or est-il que cette vie est composée de différentes actions. On y rencontre le tonneau de Régulus, la plaie de Caton déchirée de ses propres mains, l'exil de Rutilius, la coupe empoisonnée de Socrate, qui le transféra de la prison dans le ciel. Ainsi, lorsque j'ai désiré une vie honnête, j'ai désiré en même temps toutes les choses sans lesquelles il est quelquefois impossible de vivre avec honneur.

> O mille fois heureux
> Le sort de ces Troyens hardis et généreux,
> Qui, défendant les murs de leur chère patrie,
> Aux yeux de leurs parents immolèrent leur vie.

Qu'importe que vous souhaitiez cela à quelqu'un, ou que vous confessiez qu'il est désirable? Décius se dévoua pour la république, et, poussant son cheval, alla chercher la mort au milieu des ennemis. Le fils ensuite, imitant la vertu de son père, après avoir proféré certaines paroles consacrées à cette action, qui étaient assez connues de leur famille, courut tête baissée contre un gros bataillon qu'il voyait devant lui, à dessein de s'immoler à la colère des dieux, estimant qu'une si belle mort était à désirer. Après cela, doutez-vous que ce ne soit un grand avantage de mourir glorieux en faisant quelque action vertueuse? Quand un homme souffre les tourments sans s'impatienter, il met d'ordinaire toutes les vertus en usage, quoique la patience y éclate particulièrement. En premier lieu, on y trouve la force, de qui la patience, la souffrance et la tolé-

---

lim non incidere bellum? sed, si inciderit, ut vulnera, ut famem, et omnia, quæ bellorum necessitas affert, generose feram, optabo. Non sum tam demens, ut ægrotare cupiam; sed, si ægrotandum fuerit, ut nihil intemperanter, nihil effeminate faciam, optabo. Ita non incommoda optabilia sunt, sed virtus, qua perferuntur incommoda. Quidam ex nostris existimant, tormentorum fortem tolerantiam non esse optabilem, sed ne abominandam quidem; quia volo purum bonum peti debet, et tranquillum, et extra molestiam positum. Ego dissentio. Quare? primum, quia fieri non potest, ut aliqua res bona quidem sit, sed optabilis non sit : deinde, si virtus optabilis est, nullum autem sine virtute bonum, et omne bonum optabile est. Deinde, etiam si tormentorum fortis patientia optabilis non est, etiam nunc interrogo : nunne fortitudo optabilis est? Atqui pericula contemnit et provocat : pulcherrima pars ejus, maximeque mirabilis, illa est, non cedere ignibus; obviam ire vulneribus; interdum tela ne vitare quidem, sed pectore excipere. Si fortitudo optabilis est, et tormenta patienter ferre optabile est : hoc enim fortitudinis pars est.

Sed separa ista, ut dixi; nihil erit quod tibi faciat errorem. Non enim pati tormenta optabile est, sed pati fortiter. Illud opto, fortiter; quod est virtus. — Quis tamen unquam hoc sibi optabit? — Quædam vota aperta et professa sunt, quum particulatim fiunt; quædam latent, quum uno voto multa comprehensa sunt. Tanquam opto mihi vitam honestam; vita autem honesta actionibus variis constat ; in hac est Reguli arca, Catonis scissum manu sua vulnus, Rutilii exsilium, calix venenatus, qui Socratem transtulit e carcere in cœlum. Ita, quum optavi mihi vitam honestam, et hæc optavi, sine quibus interdum honesta non potest esse.

> . . . . O terque quaterque beati
> Queis, ante ora patrum, Trojæ sub mœnibus altis
> Contigit oppetere!. . . . .

Quid interest optes hoc alicui, an optabile fuisse fatearis? Decius se pro republica devovit, et in medios hostes concitato equo, mortem petens, irruit. Alter post hunc, paternæ virtutis æmulus, conceptis solemnibus ac jam familiaribus verbis, in aciem confertissimam incurrit, de hoc sollicitus tantum, ut litaret, optabilem rem putans bonam mortem. Dubitas ergo, an optimum sit, memorabilem mori, et in aliquo opere virtutis?

Quum aliquis tormenta fortiter patitur, omnibus virtutibus utitur. Fortasse una in promptu sit, et maxime

rance ne sont que des branches. On y remarque la prudence, sans laquelle on ne saurait prendre un bon conseil, et qui persuade de supporter doucement ce que l'on ne peut éviter. On y voit encore la constance, que rien ne saurait ébranler, et qui demeure ferme en son propos, malgré tous les efforts de la violence. Enfin, la compagnie des vertus qui sont inséparables s'y rencontre.

Tout ce qui se fait d'honnête se fait par une seule vertu, mais de l'avis des autres qui sont assemblées. Or, ce qui est approuvé de toutes les vertus, quoiqu'il semble n'être fait que pour une seule, est à souhaiter. Quoi! pensez-vous qu'il ne faille désirer que les choses qui viennent parmi les plaisirs et le repos, et que l'on reçoit avec des marques de réjouissance. Sachez qu'il y a des plaisirs accompagnés de tristesse, et des fêtes que l'on célèbre, non par des applaudissements, mais seulement par des vénérations publiques. Ne croyez-vous pas que ce fut ce qui fit souhaiter à Régulus de retourner à Carthage? Entrez dans les sentiments d'un homme généreux. Écartez-vous un peu des opinions populaires. Prenez l'idée que vous devez avoir d'une si belle et si magnifique vertu, laquelle il ne faut point honorer en lui présentant des fleurs, mais en versant la sueur et le sang. Considérez Caton, qui porte ses mains toutes pures sur sa poitrine vénérable, et qui élargit ses plaies, qui ne lui semblent pas assez profondes. Lequel des deux lui direz-vous: Je vous plains, ou je vous loue? Cela me fait souvenir de notre Démétrius, qui dit qu'une vie paisible, et qui n'est point traversée de la fortune, est une mer morte.

Que de n'avoir rien qui vous réveille ou qui vous échauffe, rien qui mette la fermeté de votre âme à l'épreuve, que de croupir, dis-je, dans une oisiveté continuelle, ce n'est pas tranquillité, mais plutôt langueur. Attalus le stoïcien disait d'ordinaire qu'il aimait mieux que la fortune l'employât à la guerre qu'à la cuisine. Je souffre, mais constamment. A la bonne heure. Je meurs, mais constamment. A la bonne heure. Écoutez Épicure; il ajoutera: Et cela me semble doux. Pour moi, je ne me servirai point de termes si délicats pour exprimer une chose honnête et si austère. On me brûle, il est vrai; mais je demeure invincible. Pourquoi ne doit-on point désirer, non pas d'être brûlé, mais de n'être point vaincu? En vérité, il n'y a rien de plus excellent que la vertu; tout ce qui se fait par ses ordres est toujours bon et digne de nos désirs.

ÉPITRE LXVIII.

Qu'il ne faut point affecter la solitude par vanité. — Que l'on doit remédier aux imperfections de l'âme avec autant de soin qu'aux infirmités du corps.

J'approuve votre résolution. Cachez-vous dans un lieu de repos; mais cachez aussi votre repos. Si vous ne le pouvez suivant les maximes des Stoïciens, vous le pouvez au moins suivant leurs exemples; mais vous le pouvez suivant leurs maximes. Je vous le montrerai quand il vous plaira. Nous n'employons pas le sage au gouvernement de toute sorte de républiques, sans relâche et sans fin; et, quand nous lui avons donné une république digne de lui, je veux dire le monde, nous n'esti-

---

appareat, patientia: cæterum illic est fortitudo; cujus patientia et perpessio et tolerantia rami sunt: illic est prudentia, sine qua nullum initur consilium, quæ suadet, quod effugere non possis, quam fortissime ferre: illic est constantia; quæ dejici loco non potest, et propositum nulla vi extorquente dimittit: illic est individuus ille comitatus virtutum. Quidquid honeste fit, una virtus facit, sed ex consilii sententia; quod autem ab omnibus virtutibus comprobatur, etiamsi ab una fieri videtur, optabile est.

Quid? tu existimas ea tantum optabilia esse, quæ per voluptatem et, ut ad Pœnos perveniret? Indue magni viri animum, et ab opinionibus vulgi secede paulisper; cape, quantam debes, virtutis pulcherrimæ ac magnificentissimæ speciem, quæ nobis non thure, nec sertis, sed sudore et sanguine colenda est! Aspice M. Catonem, sacro illi pectori purissimas manus admoventem, et vulnera parum demissa laxantem! Utrum tandem illi dicturus es: Vellem, quæ velles! et, Moleste fero! an: Feliciter, quod agis! Hoc loco mihi Demetrius noster occurrit, qui vitam securam et sine ullis fortunæ occursionibus mare mortuum vocat. Nihil habere ad quod exciteris, ad quod te concites, cujus denuntiatione et incursu firmitatem animi tui tentes, sed in otio inconcusso jacere, non est tranquillitas; malacia est. Attalus Stoicus dicere solebat: « Malo me fortuna in castris suis, quam in deliciis habeat. Torqueor; sed fortiter: bene est! Occidor; sed fortiter: bene est!» Audi Epicurum, dicet: Et dulce est. Ego tam honestæ rei ac severæ nunquam molle nomen imponam. Uror, sed invictus. Quidni optabile sit, non quod urit me ignis, sed quod non vincit? Nihil est virtute præstantius; nihil pulchrius: et bonum est, et optabile, quidquid ex hujus geritur imperio. Vale.

EPISTOLA LXVIII.

OTIUM COMMENDAT, ET QUALE ESSE DEBEAT, DOCET.

Consilio tuo accedo: absconde te in otio; sed et ipsum otium absconde. Hoc te facturum, Stoicorum, etiamsi non præcepto, at exemplo licet scias: sed ex præcepto quoque facies; et tibi, quum voles, approbabis. Nec ad omnem rempublicam mittimus, nec semper, nec sine ullo fine: præterea, quum sapienti rempublicam ipsa

mons pas qu'il en soit dehors quand il est dans la retraite. Au contraire, nous croyons qu'il est passé d'un petit coin de terre en des lieux plus spacieux; et que, s'étant élevé dans le ciel, il reconnaît qu'il était assis bien bas, quand il était monté sur le tribunal. Je vous le dis en secret; jamais le sage n'est plus dans l'action que quand les choses divines et humaines sont présentes devant lui. Je reviens maintenant au conseil que je vous ai donné: Il ne faut pas dire que c'est pour philosopher que vous vous retirez, mais plutôt que c'est par indisposition ou par lassitude.

En vérité, c'est une sotte ambition que de faire gloire de ne rien faire. Il y a certains animaux qui effacent leurs traces près de leur gîte, de peur qu'on ne les trouve. Vous devez en faire de même; car vous ne manquerez pas de gens qui vous iront chercher, et qui vous suivront partout. On passe par-dessus ce qui est exposé; mais on cherche curieusement ce qui est caché. Le voleur a plus d'envie de ce qu'il trouve clos et scellé, et, après avoir rompu des portes fermées, il passe, sans s'arrêter aux lieux qui sont ouverts. C'est aussi l'esprit du peuple, et de tous les ignorants, de vouloir pénétrer dans les secrets d'autrui. C'est pourquoi il est bon de ne rien faire par vanité. Or, c'est une espèce de vanité de se tenir trop caché et d'affecter la retraite et la solitude. Celui-ci, dit-on, s'est caché à Tarente; celui-là s'est enfermé dans Naples; cet autre, depuis plusieurs années, n'a point passé le seuil de sa porte. On appelle tout le monde à soi, quand on fait parler de sa retraite.

Si vous vous retirez, que ce soit pour parler à vous, et non pas pour faire parler de vous. Mais, que vous direz-vous? Ce que les hommes disent volontiers des autres. Dites du mal de vous à vous-même. Accoutumez-vous à dire la vérité et à l'entendre. Mais attachez-vous particulièrement à ce que vous trouverez de plus imparfait en vous. Chacun connaît les infirmités de son corps; c'est pourquoi celui-ci soulage son estomac par le vomissement; celui-là l'entretient en mangeant peu et souvent; un autre purge et décharge son corps par la diète. Ceux qui sont sujets à la goutte s'abstiennent du vin et du bain; et, négligeant tout le reste, ils vont au-devant du mal qui les incommode. Il y a aussi dans notre âme certaines parties qui sont comme des sources d'imperfections, desquelles il faut prendre beaucoup de soin. Que fais-je durant mon repos? Je panse mon ulcère. Si j'avais un pied enflé, une main froissée et toute noire, ou bien les nerfs de la jambe secs et retirés, vous me permettriez de m'aller reposer en quelque lieu et de panser mon mal. J'ai un mal beaucoup plus grand et que je ne saurais vous montrer : c'est un amas de mauvaises humeurs, et un abcès que j'ai dans l'intérieur.

Je ne veux pas que vous me flattiez, ni que vous disiez : « Oh! le grand personnage! il a méprisé toutes choses; et, après avoir condamné les erreurs du monde, il s'en est échappé. » Je n'ai condamné que moi seul, et l'on ne doit pas me venir voir pour profiter dans ma conversation; l'on se trompe si l'on prétend en tirer quelque avantage. Il n'y a ici ni malade, ni médecin; j'aime mieux que vous disiez, quand vous serez sorti : «Je croyais

---

dignam dedimus, id est, mundum, non est extra rempublicam, etiam si secesserit. Imo fortasse, relicto uno angulo, in majora atque ampliora transit; et cœlo impositus, intelligit, quum sellam aut tribunal ascenderet, quam humili loco sederit. Depono hoc apud te, nunquam plus agere sapientem, quam quum in conspectum ejus divina atque humana venerunt.

Nunc ad illud revertor, quod suadere tibi cœperam, ut otium tuum ignotum sit. Non est, quod inscribas tibi Philosophiam atque otium; aliud proposito tuo nomen impone; valetudinem, et imbecillitatem vocato, et desidiam. Gloriari otio, iners ambitio est. Animalia quædam, ne inveniri possint, vestigia sua circa ipsum cubile confundunt; idem tibi faciendum est; alioqui non deerunt, qui persequantur. Multi aperta transeunt, condita et abstrusa rimantur; furem signata sollicitant. Vile videtur, quidquid patet; aperta effractarius præterit. Hos mores habet populus, hos imperitissimus quisque; in secreta irrumpere cupit. Optimum itaque est, non jactare otium suum; jactandi autem genus est, nimis latere, et a conspectu hominum secedere. Ille Tarentum se abdidit; ille Neapoli inclusus est; ille multis annis non transiit domus suæ limen. Convocat turbam, quisquis otio suo aliquam fabulam imposuit.

Quum secesseris, non est agendum hoc, ut de te homines loquantur, sed ut ipse loquaris tecum. Quid autem loqueris? quod homines de aliis libentissime faciunt; de te apud te male existima : assuesces et dicere verum, et audire. Id autem maxime tracta, quod in te esse infirmissimum senties. Nota habet sui quisque corporis vitia; itaque alius vomitu levat stomachum; alius frequenti cibo fulcit; alius interposito jejunio corpus exhaurit et purgat. Hi, quorum pedes dolor repetit, aut vino aut balneo abstinent : in cætera negligentes, huic, a quo sæpe infestantur occurrunt. Sic in animo nostro sunt quasi causariæ partes, quibus adhibenda curatio est. Quid in otio facio? Ulcus meum curo. Si ostenderem tibi pedem turgidum, lividam manum, aut contracti cruris aridos nervos, permitteres mihi uno loco jacere, et fovere morbum meum : majus malum est hoc, quod non possum tibi ostendere. In pectore tumor, collectio, et vomica est. Nolo laudes, nolo dicas : O magnum virum! contempsit omnia, et damnatis humanæ vitæ furoribus fugit! Nihil damnavi, nisi me. Non est, quod proficiendi causa venire ad me velis. Erras, qui hinc aliquid auxilii speras : non medicus, sed æger hic habitat. Malo illa, quum discesseris, dicas : Ego istum beatum hominem putabam, et eruditum; erexeram aures : destitutus sum, nihil vidi,

que cet homme-là fût heureux et savant; je dressais les oreilles; mais j'ai été trompé. Je n'ai rien vu ni ouï qui m'ait plu, rien qui m'ait donné envie d'y retourner. » Si vous avez cette opinion de moi, je ne suis pas mal; car j'aime mieux que ma retraite vous donne de la compassion que de l'envie. Vous me direz : « Mais vous ne voyez pas, Sénèque, qu'en me conseillant le repos, vous parlez en épicurien. » J'avoue que je vous conseille le repos, mais c'est pour y faire des choses qui valent mieux que tout ce que vous avez quitté. Car, faire la cour aux grands, tenir registre des vieillards qui n'ont point d'enfants, acquérir de la réputation au barreau, ce sont choses sujettes à l'envie, et, pour dire le vrai, qui ne sont pas fort honnêtes. Celui-ci est plus estimé que moi parmi les gens de robe; celui-là est plus considéré à cause de ses charges et de ses appointements; cet autre est suivi d'un plus grand nombre de clients. Je ne saurais prétendre à une faveur ni à une suite pareilles; mais je me soucie fort peu que les hommes me surpassent, pourvu que je surmonte la fortune. Plût aux dieux que vous eussiez pris, il y a longtemps, une telle résolution, et que nous n'eussions pas attendu, pour parler de la félicité de la vie, que nous fussions près de la quitter !

Ne différons donc pas davantage, puisque nous connaissons aujourd'hui par expérience, comme nous aurions cru alors par raison, qu'il y a dans le monde beaucoup de choses superflues et ridicules. Faisons ce que font d'ordinaire ceux qui sont partis trop tard. Hâtons-nous, afin de regagner le temps; notre âge est bien propre à cette étude, ses bouillons sont apaisés; il a lassé les vices que le feu de la jeunesse rendait incorrigibles; il n'aura pas grand'peine à les dompter. Mais, à quoi me servira, direz-vous, ce que j'apprends dans le temps qu'il faut partir? Pour partir plus homme de bien. Cependant, ne vous imaginez pas qu'il y ait une saison plus propre pour acquérir la sagesse, que celle où l'esprit, s'étant adouci par diverses épreuves, et dans le tracas des affaires, vient recevoir des avis salutaires avec des passions dociles et mitigées. C'est le vrai temps de posséder un si grand bien; et l'on peut dire que quiconque se fait sage en vieillesse, l'est par le bénéfice de ses années.

ÉPITRE LXIX.

Il n'y a point de vice qui ne promette quelque récompense. — Il faut travailler sérieusement à la réformation de ses mœurs, et prendre la mort pour sujet de méditation.

Je n'approuve pas que vous changiez si souvent de lieux, et que vous ne fassiez que passer de l'un à l'autre. Toutes ces allées et venues sont la marque d'un esprit qui n'est pas arrêté. Vous ne sauriez établir votre repos, si vous ne cessez de courir et de jeter les yeux deçà et delà. Si vous voulez retenir votre esprit, il faut premièrement que vous arrêtiez votre corps; et vous verrez que ce remède vous profitera, si vous continuez à vous en servir. Il ne faut pas abandonner cette tranquillité que vous avez choisie, ni discontinuer ce train de vie si opposé à celui que vous meniez auparavant. Donnez le loisir à vos yeux de se déprendre de toutes les choses qui les charmaient, et à vos oreilles de s'accoutumer à de meilleurs entretiens que ceux qu'elles entendaient auparavant. Toutes les fois que vous irez en campagne, vous

nihil audivi, quod concupiscerem, ad quod reverterer. Si hoc sentis, si hoc loqueris, aliquid profectum est. Malo ignoscas otio meo, quam invideas.

Otium, inquis, Seneca, commendas mihi? ad Epicureas voces dilaberis! — Otium tibi commendo, in quo majora agas et pulchriora, quam quae reliquisti. Pulsare superbas potentiorum fores, digerere in litteram senes orbos, plurimum in foro posse, invidiosa potentia ac brevis est, et, si verum aestimes, sordida. Ille me gratia forensi longe antecedit; ille stipendiis militaribus, et quaesita per haec dignitate; ille clientum turba. Cujus turbae par esse non possum, plus habet gratiae. Est tanti ab hominibus vinci, dum a me fortuna vincatur? Utinam quidem hoc propositum sequi olim fuisset animus tibi? Utinam de vita beata non in conspectu mortis ageremus! Sed nunc quoque moramur? Multa enim, quae supervacua esse et inimica creditur fuimus rationi, nunc experientiae credimus. Quod facere solent, qui serius exeunt et volunt tempus celeritate reparare, calcar addamus! Haec aetas optime facit ad haec studia; jam despumavit; jam vitia primo fervore adolescentiae indomita lassavit; non multum superest, ut exstinguat. — Et quando, inquis, tibi proderit istud, quod in exitu discis, aut in quam rem? — In hanc, ut excam melior! Non est tamen quod existimes, ullam aetatem aptiorem esse ad bonam mentem, quam quae se multis experimentis, longa ac frequenti rerum patientia, domuit; quae ad salutaria, mitigatis affectibus, venit. Hoc est hujus boni tempus; quisquis senex ad sapientiam pervenit, annis pervenit. Vale.

EPISTOLA LXIX.

SAPIENTIAE NOCERE FREQUENTES PEREGRINATIONES.

Mutare te loca, et in alium de alio transire, nolo. Primum, quia tam frequens migratio instabilis animi est. Coalescere otio non potest, nisi desiit circumspicere et errare. Ut animum possis continere, primum corporis tui fugam siste; deinde plurimum remedia continuata proficiunt: interrumpenda non est quies et vitae prioris oblivio. Sine dedisceres oculos tuos; sine aures assuescere sanioribus verbis. Quoties processeris, in ipso transitu aliqua, quae renovent cupiditates tuas, tibi occurrent.

ne manquerez pas de trouver quelque chose qui réveillera votre passion. Mais, comme celui qui veut se défaire de l'amour doit éviter tout ce qui lui peut ramener le souvenir de la personne qu'il aime (car rien ne se renouvelle si aisément que cette passion); de même celui qui veut oublier les choses qu'il a désirées avec ardeur, doit détourner ses yeux et ses oreilles des objets qu'il a quittés. L'affection change bientôt de parti; car, de quelque côté qu'elle se tourne, elle verra toujours quelque utilité présente dans l'engagement qu'elle voudra prendre. Aussi, n'y a-t-il point de défaut qui n'ait quelque chose qui le récompense. L'avarice promet de l'argent; l'impudicité, des plaisirs; l'ambition, des charges, de la faveur, de l'autorité, et tout ce qui en dépend. Ainsi, vous voyez que les vices vous sollicitent par la récompense : mais il faut vivre sans affecter de si funestes avantages. Si l'on peut à peine, durant tout un siècle, réduire et mettre sous le joug des vices qui se sont fortifiés par une longue licence; que peut-on faire durant le peu de temps que nous vivons, si nous n'y travaillons que par intervalle? Ne savez-vous pas qu'il faut des veilles et des applications assidues pour amener une chose, quelle qu'elle soit, à sa perfection?

Si vous me voulez croire, vous prendrez la mort pour sujet de vos méditations et de vos exercices, afin que vous puissiez l'attendre sans crainte, même la prévenir par raison si vous y êtes obligé. Il importe peu qu'elle vienne à nous, ou que nous allions à elle. Je vous réponds que ce mot, qui est ordinairement en la bouche des ignorants, est faux, qu'il est honorable de mourir de sa mort naturelle. Songez aussi que personne ne meurt qu'à son heure. Vous ne perdez rien de votre temps, car celui que vous laissez n'est pas à vous.

ÉPITRE LXX.

Que c'est un avantage non pas de vivre, mais de bien vivre. — De là, suivant l'erreur du paganisme, il conclut qu'il est permis de se procurer la mort quand elle est plus avantageuse que la vie. — Il en rapporte plusieurs exemples.

J'ai rendu visite aux Pompées, vos bons amis, qu'il y a longtemps que je n'avais vus. Ils m'ont fort parlé de mon jeune temps, et m'ont si bien représenté les actions que j'y avais faites, qu'il me semblait que je venais de les faire, et que j'étais en état d'en faire encore autant. Nos jours, mon cher Lucile, vont en arrière, et comme à ceux qui vont sur mer,

Le rivage, les champs et les villes reculent;

de même, dans le cours du temps qui est si rapide, nous voyons écouler premièrement l'enfance; après, la jeunesse; puis, cet intervalle qui aboutit à la vieillesse; ensuite, les meilleures années de la vieillesse même; et enfin, nous apercevons le terme fatal où vient finir tout le genre humain. Nous le prenons pour un écueil, insensés que nous sommes! mais c'est un port que nous ne devons jamais fuir, et que nous pouvons désirer quelquefois. Ceux qui y sont portés dès leurs premières années ne s'en doivent non plus plaindre que le pilote qui aurait bientôt achevé sa course. Car, comme vous savez, il y a des vents faibles et doux qui vous retiennent en mer, et vous rendent le calme ennuyeux; d'autres qui sont impétueux, et qui vous portent bien vite où vous devez arriver.

Quemadmodum ei, qui amorem exuere conatur, evitanda est omnis admonitio dilecti corporis (nihil enim facilius quam amor recrudescit); ita, qui deponere vult desideria rerum omnium, quarum cupiditate flagravit, et oculos et aures ab his, quæ reliquit, avertat. Cito rebellat affectus : quocumque se verterit, pretium aliquod præsens occupationis suæ aspiciet. Nullum sine auctoramento malum est. Avaritia pecuniam promittit; luxuria multas ac varias voluptates; ambitio purpuram et plausum, et ex hoc potentiam et quidquid potentia potest. Mercede te vitia sollicitant; hic tibi gratis vivendum est. Vix effici toto sæculo potest, ut vitia, tam longa licentia tumida, subigantur et jugum accipiant; nedum, si tam breve tempus intervallo discidimus. Unamquamlibet rem vix ad perfectum perducit assidua vigilia et intentio. Si me quidem velis audire, hoc meditare : exerce te, ut mortem et excipias, et, si ita res suadebit, arcessas. Interest nihil, illa ad nos veniat, an ad illam nos. Illud imperitissimi cujusque verbum falsum esse ipse tibi persuade : « Bella res est, mori sua morte. » Illud præterea tecum licet cogites : Nemo nisi suo die moritur. Nihil perdis ex tuo tempore : nam quod relinquis, alienum est. Vale.

EPISTOLA LXX.

DE MORTE ULTRO APPETENDA.

Post longum intervallum Pompeios tuos vidi : in conspectum adolescentiæ meæ reductus sum. Quidquid illic juvenis feceram, videbar mihi facere adhuc posse, et paulo ante fecisse. Prænavigavimus, Lucili, vitam; et, quemadmodum in mari, ut ait Virgilius noster,

. . . . Terræque urbesque recedunt;

sic, in hoc cursu rapidissimi temporis, primum pueritiam abscondimus, deinde adolescentiam, deinde quidquid est illud inter juvenem et senem medium, in utriusque confinio positum, deinde ipsius senectutis optimos annos; novissime incipit ostendi publicus finis generis humani. Scopulum esse illum putamus, dementissimi : portus est, aliquando petendus, nunquam recusandus; in quem si quis intra primos annos delatus est, non magis queri debet, quam qui cito navigavit. Alium enim,

Imaginez-vous qu'il en est de même à notre égard ; la vie mène les uns promptement (quoiqu'ils n'en aient point d'envie) au lieu où tout le monde doit arriver. Elle conduit les autres tout secs et maigres jusqu'à la vieillesse, qui, comme vous savez, n'est pas toujours à souhaiter ; car ce n'est pas un avantage de vivre, mais de bien vivre. C'est pourquoi le sage vit autant qu'il doit, et non autant qu'il peut. Il considère ce qu'il fera, en quel lieu, de quelle manière, et avec quelles personnes il vivra. Il regarde plutôt combien la vie sera honnête, que combien elle sera longue. S'il arrive beaucoup de choses fâcheuses qui troublent son repos, il se donne congé, et n'attend pas à l'extrémité. Mais, aussitôt que la fortune lui est suspecte, il observe diligemment s'il n'est pas temps de quitter la vie. Il croit qu'il est indifférent si c'est lui ou quelque autre qui soit l'auteur de sa fin ; si c'est plus tôt ou plus tard, il ne s'afflige pas comme s'il avait à faire une grande perte. On ne saurait guère perdre d'une eau qui ne vient que par gouttes. Il n'importe pas de mourir tôt ou tard, mais il importe beaucoup de mourir bien ou mal. Or, bien mourir, c'est éviter le danger de vivre mal. C'est pourquoi je tiens pour efféminée la réponse de ce Rhodien, lequel, étant enfermé dans une fosse où un tyran le faisait mourir comme une bête sauvage, dit à celui qui lui conseillait de s'abstenir de manger : « L'homme peut tout espérer tandis qu'il peut respirer. » Quand cela serait vrai, il ne faut pas acheter la vie à tout prix. Il n'y a rien, pour grand et pour assuré qu'il soit, que je voulusse acheter par une action qui rendît un témoignage honteux de ma faiblesse. M'arrêterai-je plutôt à considérer que la fortune peut tout pour une personne qui est en vie, qu'à penser qu'elle ne peut rien sur une personne qui sait mourir ? Quelquefois, pourtant, quoique la mort soit instante, et que l'arrêt en soit déjà prononcé, le sage ne prêtera pas les mains à son supplice ; car c'est une folie de se faire mourir de crainte de mourir. Voici venir celui qui vous doit expédier : attendez. Pourquoi le prévenez-vous ? Pourquoi vous chargez-vous d'une commission si cruelle ? Enviez-vous l'honneur qu'on fait à votre bourreau, ou voulez-vous épargner sa peine ?

Socrate pouvait finir sa vie par l'abstinence, et mourir plutôt par la faim que par le poison. Il passa néanmoins trente jours en prison dans l'attente de la mort : non pas qu'il eût cette pensée, qu'il n'y a rien qui ne se puisse faire, et qu'il pouvait arriver divers changements durant un si long espace ; mais pour satisfaire aux lois et pour donner Socrate mourant à la conversation de ses amis. Il aurait été ridicule de mépriser la mort et de craindre le poison. Drusus Libon était un jeune homme de grande naissance, mais de médiocre esprit, qui avait des prétentions plus hautes que personne de ce temps-là, et qu'il n'aurait pas eues dans un autre siècle. Après qu'on l'eut reporté malade dans une litière, du sénat dans sa maison, comme si l'on eût fait ses funérailles, mais sans beaucoup d'appareil (car tous ses parents et ses domestiques l'avaient abandonné lâchement, le considérant comme déjà mort, quoiqu'il ne fût pas encore condamné) ; il tint conseil

---

ut scis, venti segnes ludunt ac detinent, et tranquillitatis lentissimæ tædio lassant ; alium pertinax flatus celerrime perfert. Idem evenire nobis puta ; alios vita velocissime adduxit quo veniendum erat etiam cunctantibus, alios maceravit et coxit ; quæ, ut scis, non semper retinenda est ; non enim vivere bonum est, sed bene vivere. Itaque sapiens vivit quantum debet, non quantum potest. Videbit, ubi victurus sit, cum quibus, quomodo, quid acturus ; cogitat semper, qualis vita, non quanta sit. Si multa occurrunt molesta et tranquillitatem turbantia, emittit se ; nec hoc tantum in necessitate ultima facit ; sed quum primum illi cœperit suspecta esse fortuna, diligenter circumspicit, numquid illo die desinendum sit. Nihil existimat sua referre, faciat finem, an accipiat ; tardius fiat, an citius, non tanquam de magno detrimento timet. Nemo multum ex stillicidio potest perdere. Citius mori, an tardius, ad rem non pertinet ; bene mori, an male, ad rem pertinet. Bene autem mori, est effugere male vivendi periculum. Itaque effeminatissimam vocem illius Rhodii existimo, qui, quum in caveam conjectus esset a tyranno, et tanquam ferum aliquod animal aleretur, suadenti cuidam ut abstineret cibo : « Omnia, inquit, homini, dum vivit, speranda sunt. » Ut sit hoc verum, non omni pretio vita emenda est. Quædam licet magna, licet certa sint, tamen ad illa turpi infirmitatis confessione non veniam. Ego cogitem, in eo, qui vivit, omnia posse fortunam, potius quam cogitem, in eo qui scit mori nihil posse fortunam ?

Aliquando tamen, etiam si certa mors instabit, et destinatum sibi supplicium sciet, non commodabit pœnæ suæ manum. Stultitia est, timore mortis mori. Venit qui occidat : expecta ! Quid occupas ? Quare suscipis alienæ crudelitatis procurationem ? utrum invides carnifici tuo, an parcis ? Socrates potuit abstinentia finire vitam, et inedia potius, quam veneno, mori ; triginta tamen dies in carcere et in exspectatione mortis exegit ; non hoc animo, tanquam omnia fieri possent, tanquam multas spes tam longum tempus reciperet ; sed ut præberet se legibus, ut fruendum amicis extremum Socratem daret. Quid erat stultius, quam mortem contemnere, venenum timere ? Scribonia, gravis femina, amita Drusi Libonis fuit, adolescentis tam stolidi, quam nobilis, majora sperantis, quam aut illo sæculo quisquam sperare poterat, aut ipse ullo. Quum æger a senatu in lectica relatus esset, non sane frequentibus exsequiis (omnes enim necessarii deseruerant impie, jam non reum, sed funus), habere cœpit consilium, utrum consciscerct sibi mortem, an exspectaret. Cui Scribonia : Quid te, inquit, delectat alienum

s'il devait se donner la mort ou bien l'attendre. Scribonia, sa tante, femme d'esprit, lui dit : Quel plaisir prenez-vous à faire l'affaire d'autrui? Il ne la crut pas, il se fit mourir et eut raison; car, s'il avait vécu encore trois ou quatre jours, il aurait fait l'affaire d'autrui, en laissant sa mort au pouvoir de ses ennemis. C'est pourquoi vous ne sauriez définir en général s'il est bon de prévenir la mort, ou de l'attendre quand elle nous est ordonnée par une puissance étrangère. Car il y a diverses raisons qui vous font pencher d'un côté ou d'un autre. Mais si une mort est accompagnée de tourments, et que l'autre soit plus douce et plus facile, pourquoi ne pas prendre la dernière ? Comme je voudrais choisir le meilleur vaisseau pour m'embarquer, la maison la plus commode pour me loger, je choisirai aussi la plus douce mort pour sortir de la vie. D'ailleurs, autant qu'il est incertain que la vie la plus longue soit la meilleure, autant est-il certain que la mort la plus longue est la pire. Il n'y a point d'occasion où nous devions plus satisfaire notre esprit que dans le choix de la mort. Qu'il sorte par où il voudra, soit par le fer, par la corde ou par le poison. Qu'il se dépêche et qu'il rompe ses liens. Si nous devons contenter les autres dans la manière de vivre, nous n'avons que nous seuls à contenter dans la manière de mourir. La mort qui nous sera la moins désagréable sera toujours la meilleure. Que ces pensées sont ridicules! L'un dira que je me suis comporté avec peu de constance ; l'autre, avec trop de témérité ; un autre encore, qu'il y avait un genre de mort plus courageux. Songez que vous avez à prendre une résolution où le bruit et l'opinion des hommes n'aient point de part. Songez seulement de vous mettre bientôt hors du pouvoir de la fortune ; autrement, vous trouverez des gens qui parleront mal de votre action, même entre ceux qui font profession de philosophie ; qui diront que l'on ne doit point s'arracher la vie, qu'il n'est pas permis d'être meurtrier de soi-même, et qu'il faut attendre le terme que la nature nous a prescrit. Mais qui dit cela ne prend pas garde qu'il ferme la porte à la liberté. La Providence n'a rien fait de mieux, à mon gré, que d'avoir donné plusieurs issues à la vie, ne lui ayant donné qu'une seule entrée. Voulez-vous que j'attende que les douleurs d'une maladie, ou la cruauté d'un ennemi m'aient entièrement consumé, quand je puis m'affranchir de tous les tourments et de toutes les adversités ? Nous ne saurions nous plaindre de la vie pour une chose : c'est qu'elle ne retient personne malgré soi. La condition des hommes est bien avantageuse, puisque personne n'est misérable que par sa faute. Vous plaît-il de vivre? Vivez. Ne vous plaît-il pas? Vous pouvez retourner d'où vous êtes venu. Vous vous êtes souvent fait tirer du sang pour soulager une douleur de tête. On ouvre la veine pour décharger le corps ; il n'est pas besoin de faire une large plaie dans sa poitrine ; il ne faut qu'un poinçon pour ouvrir le passage à cette grande liberté, et ce repos ne coûte qu'un moment. Qui nous rend donc si timides et si paresseux ? C'est que personne ne songe qu'il faudra un jour déloger d'ici. De même que l'on ne quitte pas un logis, quoiqu'incommode, quand on s'y est accoutumé par une longue demeure. Voulez-vous vous rendre libre en ce qui regarde votre corps? Demeurez

---

negotium agere? Non persuasit illi; manus sibi attulit, nec sine causa : nam, post diem tertium aut quartum inimici moriturus arbitrio, si vivit, alienum negotium agit.

Non possis itaque de re in universum pronuntiare, quum mortem vis externa denuntiat, occupanda sit, an exspectanda : multa enim sunt, quæ in utramque partem trahere possunt. Si altera mors cum tormento, altera simplex et facilis est, quidni huic injicienda sit manus ? Quemadmodum navim eligam, navigaturus, et domum, habitaturus ; ita mortis genus, qua sim exiturus e vita. Præterea quemadmodum non utique melior est longior vita, sic pejor utique mors longior. In nulla re magis, quam in morte, morem animo gerere debemus : exeat, qua impetum cepit ; sive ferrum appetit, sive laqueum, sive aliquam potionem venas occupantem, pergat, et vincula servitutis abrumpat ! Vitam et aliis approbare quisque debet, mortem sibi. Optima est, quæ placet.

Stulte hæc cogitantur. Aliquis dicet, me parum fortiter fecisse ; aliquis, nimis temere ; aliquis, fuisse aliquod genus mortis animosius. — Vis tu cogitare, id in manibus esse consilium, ad quod fama non pertinet ? Hoc unum intuere, ut te fortunæ quam celerrime eripias : alioqui aderunt, qui de facto tuo male existiment. Invenies etiam professos sapientiam, qui vim afferendam vitæ suæ negent, et nefas judicent, ipsum interemptorem sui fieri : exspectandum esse exitum, quem natura decrevit. Hoc qui dicit non videt se libertatis viam cludere. Nil melius æterna lex fecit, quam quod unum introitum nobis ad vitam dedit, exitus multos. Ego exspectem vel morbi crudelitatem vel hominis, quum possim per media exire tormenta, et adversa discutere? Hoc est unum, cur de vita non possumus queri : neminem tenet. Bono loco res humanæ sunt, quod nemo nisi vitio suo miser est. Placet? vive ! Non placet ? licet eo reverti unde venisti ! Ut dolorem capitis levares, sanguinem sæpe misisti ; ad extenuandum corpus vena percutitur : non opus est vasto vulnere dividere præcordia; scalpello aperitur ad illam magnam libertatem via, et puncto securitas constat.

Quid ergo est, quod nos facit pigros inertesque? Nemo nostrum cogitat, quandoque sibi ex hoc domicilio excundum. Sic veteres inquilinos indulgentia loci et consuetudo, etiam inter injurias, detinet. Vis adversus hoc corpus liber esse? Tanquam migraturus habita ! propone

chez lui comme étant certain que vous en délogerez. Souvenez-vous qu'il faudra quitter un jour sa compagnie; vous serez plus résolu quand il faudra partir. Mais comment penser à sa fin, quand on convoite toutes choses sans fin? Cependant il n'y a rien dont la méditation soit si nécessaire, les autres exercices pouvant demeurer inutiles et superflus. Nous serons préparés contre la pauvreté; mais nos richesses nous demeureront. Nous nous serons fortifiés dans le mépris, dans la douleur; mais la bonne constitution de notre corps mettra chez nous cette vertu hors d'usage. Nous nous serons résolus à supporter doucement la perte de nos amis; mais la fortune fera qu'ils vivront plus que nous. Il n'y a que cette vertu dont l'usage nous sera nécessaire un jour.

Ne vous imaginez pas qu'il n'y ait que les grands hommes de l'antiquité qui aient pu briser les liens de la servitude humaine; qu'il n'appartenait qu'à Caton d'arracher de ses propres mains sa vie que le poignard ne lui avait pas ôtée. Il y a des gens de la dernière condition qui, par l'effort de leur courage, se sont mis en pleine liberté; et voyant qu'ils ne pouvaient prendre la mort commodément, ni choisir des instruments à leur gré pour se la procurer, ils se sont saisis de tout ce qu'ils ont rencontré; et des choses qui, de leur nature, n'étaient point offensives, ils s'en sont fait des armes. Dernièrement, au lieu destiné pour le combat des bêtes, un Allemand, qui était commandé pour le spectacle du matin, se retira, sous prétexte d'aller décharger son ventre; car il n'allait point ailleurs sans garde, et ayant pris une éponge attachée à un morceau de bois, qui servait à se nettoyer, il se la fourra si avant dans la bouche, que le passage de la respiration étant fermé, il s'étouffa sur-le-champ. C'était braver la mort avec un peu de saleté et d'indécence, je l'avoue : mais qu'y a-t-il de plus sot que de faire le délicat quand il est question de mourir? O le courageux personnage, et qui méritait bien d'avoir le choix de sa destinée! Qu'il se fût bravement servi du poignard; qu'il se fût hardiment précipité dans un gouffre, ou du haut d'une roche! Se voyant abandonné de tous côtés, il sut bien trouver la manière et l'instrument de sa mort, afin que vous sachiez que pour mourir il n'y a point d'autre difficulté que de le vouloir. Que chacun parle à sa fantaisie d'une action si vigoureuse, pourvu que l'on avoue que la plus vilaine mort est préférable à la plus éclatante servitude. Mais puisque j'ai commencé à me servir de ces sortes d'exemples, je veux continuer, afin que chacun s'anime, voyant que la mort a été méprisée par des gens qui étaient dans le dernier mépris.

Nous croyons que les Caton, les Scipion et les autres dont on nous parle ordinairement avec tant d'avantage, sont hors de toute imitation. Mais je vous veux montrer que cette vertu a été aussi familière à ces misérables que l'on forçait de combattre contre les bêtes, qu'à ces capitaines qui commandaient durant nos guerres civiles. Un autre encore, depuis peu, que des gardes menaient dans une charrette, pour combattre au spectacle du matin, feignant de sommeiller, laissa tomber sa tête si bas qu'elle fut engagée dans les rais, et

---

tibi, quandoque hoc contubernio carendum! fortior eris ad necessitatem exeundi. Sed quemadmodum suus finis veniet in mentem omnia sine fine concupiscentibus? Nullius rei meditatio tam necessaria est : alia enim exercentur fortasse in supervacuum. Adversus paupertatem præparatus est animus? permansere divitiæ. Ad contemptum nos doloris armavimus? nunquam a nobis exiget hujus virtutis experimentum integri ac sani felicitas corporis. Ut fortiter amissorum pateremur desideria, præcepimus nobis? omnes quos amabamus, superstites fortuna servavit. Hujus unius rei usum qui exigat dies, veniet.

Non est quod existimes, magnis tantum viris hoc robur fuisse, quo servitutis humanæ claustra perruperent. Non est quod judices hoc fieri, nisi a Catone, non posse, qui, quam ferro non emiserat animam, manu extraxit, quum vilissimæ sortis homines ingenti impetu in tutum evaserint; quumque commodo mori non licuisset, nec ad arbitrium suum instrumenta mortis eligere, obvia quæque rapuerunt, et, quæ natura non erant noxia, vi sua tela fecerunt. Nuper, in ludo bestiariorum, unus e Germanis, quum ad matutina spectacula pararetur, necessit ad exonerandum corpus; nullum aliud illi dabatur sine custode secretum; ibi lignum id, quod ad emundanda obscœna adhærente spongia positum est, totum in gulam farsit, et vi præclusis faucibus spiritum elisit. — Hoc fuit morti contumeliam facere! — Ita prorsus. — Parum munde, et parum decenter! — Quid est stultius quam fastidiose mori? O virum fortem! o dignum, cui fati daretur electio! quam fortiter ille gladio usus esset! quam animose in profundam se altitudinem maris aut abscisæ rupis immisisset! Undique destitutus, invenit quemadmodum et mortem sibi deberet et telum; ut scias ad moriendum nihil aliud in mora esse, quam velle. Existimetur de facto hominis acerrimi, ut cuique visum erit; dum hoc constet præferendam esse spurcissimam mortem servituti mundissimæ. Quoniam cœpi sordidis uti exemplis, perseverabo; plus enim a se quisque exiget, si viderit hanc rem etiam a contemptissimis posse contemni. Catones, Scipionesque, et alios, quos audire cum admiratione consuevimus, supra imitationem positos putamus; jam ego istam virtutem habere tam multa exempla in ludo bestiario, quam in ducibus belli civilis, ostendam. Quum adveheretur nuper inter custodias quidam ad matutinum spectaculum missus, tanquam somno premente nutaret, caput usque eo demisit, donec radiis insereret, et tamdiu se in sedili suo tenuit, donec cervicem

se tint ferme sur son siège jusqu'à ce que le tour de la roue lui rompit le cou, se sauvant ainsi du supplice par le même instrument qui l'y conduisait.

Rien ne saurait arrêter celui qui veut sortir ou s'échapper. La nature nous a mis dans un lieu tout ouvert; quand la nécessité le permet, cherchez un passage aisé. Si vous en trouvez plusieurs en votre disposition, choisissez celui que vous jugerez plus propre à vous mettre en repos. Mais si l'occasion vous paraît difficile, prenez la première qui se présentera, comme étant la meilleure, quoiqu'elle soit extraordinaire et inouïe. On a toujours assez d'industrie quand on a assez de courage pour chercher la mort. Vous voyez comme des esclaves du plus bas étage, quand ils sont pressés par la crainte de la douleur, éveillent leur esprit et trompent la vigilance de leurs gardes. C'est être galant homme que de se condamner à la mort et de savoir après la rencontrer. Je vous ai promis plusieurs exemples de pareilles actions. Au second spectacle du combat naval, un barbare se perça la gorge de la même lance qu'on lui avait donnée pour combattre ceux qui lui seraient présentés. « Pourquoi, dit-il, ne m'exempterais-je pas de tant de tourments et d'ignominies? Qu'ai-je plus à attendre, me trouvant les armes à la main?» Ce spectacle fut d'autant plus beau qu'il est plus honnête d'apprendre à mourir qu'à tuer. Quoi donc! ceux qui, par une longue méditation et par la raison qui est maîtresse de toutes choses, se sont préparés et munis contre de semblables accidents, auront-ils moins de résolution que ces infâmes et ces scélérats? Cette raison nous apprend que la mort vient par divers chemins; mais qu'elle n'arrive qu'à un même point. Or, il n'importe pas quelle route on ait tenue, quand on est arrivé. Elle nous conseille aussi de mourir sans douleur, s'il nous est permis; sinon, de faire du mieux que nous pourrons, et de prendre hardiment tout ce qui se présentera pour nous donner la mort. Il est honteux, je l'avoue, de vivre de ce que l'on dérobe; mais il est glorieux de mourir en se saisissant de la première chose que l'on rencontre.

ÉPITRE LXXI.

Le souverain bien consiste en ce qui est honnête. — Il se rencontre même dans les tourments quand la vertu les rend honnêtes.

Vous me consultez assez souvent sur vos affaires, sans prendre garde qu'il y a un long trajet de mer entre vous et moi; et que le conseil dépendant en partie de la conjoncture du temps, il faut qu'il arrive quelquefois qu'un avis contraire serait meilleur que celui que je vous donne à l'heure que vous le recevez. Le conseil se doit ajuster à la disposition des affaires; mais, comme elles roulent et ne marchent pas, il faut aussi que le conseil soit pris sur l'heure; et, pour mieux faire encore, sur-le-champ. Or, je vous veux montrer comme il le faut prendre. Quand vous voudrez savoir ce que vous devez ou fuir ou désirer, rapportez-le au souverain bien, et au dessein de la vie que vous avez embrassée; car toutes nos actions y doivent être conformes, et l'on ne saurait se bien conduire en particulier, si l'on ne s'est premièrement proposé quelque but en général. Quoique l'on ait

---

circumactu rotæ frangeret; eodem vehiculo, quo ad pœnam ferebatur, pœnam effugit.

Nihil obstat erumpere et exire cupienti. In aperto nos natura custodit; cui permittit necessitas sua, circumspiciat exitum mollem; cui ad manum plura sunt, per quæ sese asserat, is delectum agat, et, qua potissimum liberetur, consideret; cui difficilis occasio est, is proximam quamque pro optima arripiat, sit licet inaudita, sit nova. Non deerit ad mortem ingenium, cui non defuerit animus. Vides quemadmodum extrema quoque mancipia, ubi illis stimulos adegit dolor, excitentur et intentissimas custodias fallant? Ille vir magnus est, qui mortem sibi non tantum imperavit, sed invenit. Ex eodem tibi munere plura exempla promisi. Secundo naumachiæ spectaculo unus e barbaris lanceam, quam in adversarios acceperat, totam jugulo suo mersit. « Quare, inquit, non omne tormentum, omne ludibrium jamdudum effugio? quare ego mortem armatus exspecto?» Tanto hoc speciosius spectaculum fuit, quanto honestius mori discunt homines, quam occidere. Quid ergo? quod animi perditi noxiique habent, non habebunt illi, quos adversus hos casus instruxit longa meditatio, et magistra rerum omnium ratio? Illa nos docet, fati varios esse accessus, finem eumdem: nihil autem interesse, unde incipiat, quod venit eodem. Illa monet ut, si licet, moriaris sine dolore; sin autem non, quemadmodum potes, et quidquid obvenerit ad vim afferendam tibi invadas. Injuriosum est rapto vivere; at contra pulcherrimum mori rapto. Vale.

EPISTOLA LXXI.

UNUM BONUM, HONESTUM : OMNIA BONA PARIA ESSE.

Subinde me de rebus singulis consulis, oblitus vasto nos mari dividi. Quum magna pars consilii sit in tempore, necesse est evenire ut de quibusdam rebus tunc ad te perferatur sententia mea, quum jam contraria potior est. Consilia enim rebus aptantur : res nostræ feruntur, imo volvuntur. Ergo consilium sub die nasci debet; et hoc quoque tardum est nimis; sub manu, quod aiunt, nascatur. Quemadmodum autem inveniatur, ostendam. Quoties quid fugiendum sit, aut quid petendum voles scire, ad summum bonum et propositum totius vitæ tuæ respice; illi enim consentire debet quidquid agimus. Non disponet singula, nisi cui jam vitæ suæ summa proposita est. Nemo,

des couleurs toutes prêtes, on ne fera jamais un portrait qui ressemble, si l'on ne sait ce que l'on veut peindre. Nous manquons en cela, que chacun délibère assez des parties de la vie, mais personne ne délibère jamais du total. L'archer doit savoir ce qu'il veut frapper, et ensuite bien dresser sa flèche et gouverner sa main. Nos conseils sont égarés, parce qu'ils n'ont point de but certain ; et l'on n'a point de vent propre quand on ne sait à quel port on veut arriver. En vérité, il faut que le hasard ait bien du pouvoir sur notre conduite, puisque nous vivons à l'aventure. Il y a certaines gens qui savent des choses qu'ils ne pensent pas savoir, comme il nous arrive quelquefois de demander ceux qui sont auprès de nous. C'est ainsi que nous ne connaissons pas le souverain bien qui est tout proche de nous. Vous pouvez toutefois apprendre ce que c'est sans un long circuit de paroles. Il faut, pour ainsi dire, vous le montrer au doigt ; car, à quoi sert de le diviser en tant de branches, puisque l'on peut dire tout d'un coup : Le souverain bien est tout ce qui est honnête, et, ce qui vous surprendra davantage : Il n'y a de véritable bien que ce qui est honnête ; tous les autres sont faux et bâtards. Si vous concevez une fois cette vérité, et que vous soyez passionné pour la vertu (car ce n'est pas assez d'en être amoureux), tout ce qu'elle accompagnera vous semblera heureux et favorable, quelque opinion qu'en aient les autres. Vous ne trouverez rien d'affreux dans la torture, demeurant plus ferme que celui qui vous la donnera ; ni dans la maladie, ne cédant point à sa violence, et n'en accusant point la fortune. Enfin, tout ce qui paraît un mal aux yeux des autres s'adoucira et deviendra un bien pour vous, si, vous mettant au-dessus de cela, vous êtes bien persuadé qu'il n'est point de bien qui ne soit honnête, et que toutes les incommodités ont droit de prendre le nom de biens, quand la vertu les rend honnêtes. La plupart croient que nous promettons davantage que la condition de l'homme ne peut admettre. Ils ont raison, s'ils ne regardent que le corps ; mais qu'ils considèrent l'âme, je m'assure qu'ils mesureront la force de l'homme par celle de Dieu même. Relevez vos pensées, mon cher Lucile ; méprisez les vaines subtilités de ces philosophes qui réduisent une science si magnifique à l'intelligence de quelques syllabes, sans prendre garde qu'ils fatiguent et ravalent l'esprit de leurs auditeurs, en leur enseignant des choses si petites et si basses. Imitez ces grands hommes qui les ont trouvées, et non pas ces pédants qui en font des leçons en public, et qui feront croire à la fin que la philosophie donne plus de peine qu'elle ne vaut. Suivez-les, si j'ai quelque crédit auprès de vous. Socrate, qui a renfermé toute la philosophie dans la morale, dit que la plus haute sagesse est de savoir distinguer les biens et les maux. Pour être heureux, dit-il, permettez que l'on vous tienne pour un fou. Permettez que l'on vous chante des injures. Il est certain que vous ne souffrirez rien si la vertu est avec vous. Si vous voulez être heureux et homme de bien en effet, endurez que l'on vous méprise. Mais personne n'en peut venir là, s'il n'a cette opinion que tous les biens sont égaux ; car il n'y a point de bien qui ne soit honnête, et ce qui est honnête est égal en tous les sujets où il se rencon-

quamvis paratos habeat colores, similitudinem reddet, nisi jam constet quid velit pingere. Ideo peccamus, quia de partibus vitæ omnes deliberamus, de tota nemo deliberat. Scire debet quid petat ille, qui sagittam vult mittere ; et tunc dirigere ac moderari manu telum. Errant consilia nostra, quia non habent quo dirigantur. Ignoranti quem portum petat nullus suus ventus est. Necesse est multum in vita nostra casus possit, quia vivimus casu. Quibusdam autem evenit, ut, quædam scire se, nesciant. Quemadmodum quærimus sæpe eos, cum quibus stamus, ita plerumque finem summi boni ignoramus appositum. Nec multis verbis, nec circuitu longo, quod sit summum bonum, colligas ; digito, ut ita dicam, demonstrandum est, nec in multa spargendum. Quid enim ad rem pertinet, in particulas illud diducere ? quum possis dicere : « Summum bonum est, quod honestum est ; » et, quod magis admireris : « Unum bonum est, quod honestum est ; » cætera falsa et adultera bona sunt. Hoc si persuaseris tibi, et virtutem adamaveris (amare enim parum est), quidquid illa contigerit, id tibi, qualecumque aliis videbitur, faustum felixque erit ; et torqueri, si modo jacueris ipso torquente securior ; et ægrotare, si non maledixeris fortunæ, si non cesseris morbo. Omnia denique, quæ ceteris videntur mala, et mansuescent, et in bonum abibunt, si super illa emineveris. Hoc liqueat, nihil esse bonum, nisi honestum ; et omnia incommoda suo jure bona vocabuntur, quæ modo virtus honestaverit. Multis videmur majora promittere, quam recipit humana conditio. Non immerito : ad corpus enim respiciunt. Revertantur ad animum ! jam hominem Deo metientur.

Erige te, Lucili, virorum optime, et relinque istum ludum litterarium philosophorum, qui rem magnificentissimam ad syllabas vocant ; qui animum minuta docendo demittunt et conterunt ; fies similis illis, qui invenerunt ista, non qui docent, et id agunt, ut philosophia potius difficilis, quam magna, videatur. Socrates, qui totam philosophiam revocavit ad mores, et hanc summam dixit esse sapientiam, bona malaque distinguere. Sequere, inquam, illos, si qua apud te habeo auctoritatis, ut sis beatus ; et si alicui stultum videri sine. Quisquis volet, tibi contumeliam faciat et injuriam : tu tamen nihil patieris, si modo tecum erit virtus. Si vis, inquam, beatus esse, si fide bona vir bonus, sine contemnat te aliquis. Hoc nemo præstabit, nisi qui omnia bona exæquaverit ;

tre. Quoi! est-il égal que Caton soit admis à la préture, ou qu'il en soit exclus? Qu'il soit victorieux ou qu'il soit vaincu dans la bataille de Pharsale? Ce bien, de demeurer invincible après la défaite de son parti, était-il pareil à cet autre bien de retourner victorieux en son pays pour lui procurer la paix? Mais, pourquoi ne serait-il point pareil? Car c'est une même vertu qui surmonte la mauvaise fortune et qui règle la bonne : et cette vertu ne se peut faire ni plus grande ni plus petite; car elle ne saurait changer sa taille. Mais Pompée sera battu. Tous ces grands hommes qui lui servaient de prétexte pour témoigner qu'il défendait les intérêts de la république, et cette avant-garde composée de sénateurs portant les armes, périra dans un seul combat. La ruine d'un si grand empire jettera des éclats par tout l'univers; il en tombera sur l'Égypte, sur l'Afrique et sur l'Espagne; même cette misérable république n'en sera pas quitte pour être ruinée une fois. Arrive tout ce qui pourra : que Juba ne se puisse sauver par la connaissance du pays, ni par la valeur de ses fidèles sujets; que les habitants d'Utique, lassés des malheurs de la guerre, manquent à la foi qu'ils avaient jurée; que Scipion soit abandonné de la fortune qui avait toujours suivi ceux de son nom dans l'Afrique; il y a longtemps que Caton a donné ordre que rien ne le puisse blesser. Mais il est vaincu, me direz-vous : mettez cela au nombre de ses disgrâces, et soyez certain qu'il ne se fâchera non plus de n'avoir pas remporté la victoire, que de n'avoir pas obtenu la préture. Il joua le jour même qu'il en fut exclus; il lut durant la nuit

qu'il devait mourir. Il se soucia aussi peu de perdre la vie que la préture, s'étant résolu de souffrir tout ce qui lui pourrait arriver. Pourquoi donc se tourmenterait-il de ce changement de la république, sachant bien que rien n'est exempt de la vicissitude, ni le ciel, ni la terre, non pas même l'assemblage de ce grand univers, quoiqu'il soit conduit par la main de Dieu? Les choses ne demeureront pas toujours dans l'ordre où nous les voyons; un jour viendra qui changera leur état et leur route. Il y a un temps limité pour leur commencement, leur progrès et leur fin. Tout ce que nous voyons rouler sur nos têtes, et cette base si solide qui soutient nos pieds, s'altère tous les jours, et perdra enfin son existence; il n'y a rien qui n'ait sa vieillesse. La nature conduit toutes choses en même lieu, mais par des intervalles inégaux. Ce qui est maintenant ne sera plus un jour; il ne sera pas anéanti, mais il sera détruit. Nous prenons cette destruction pour un anéantissement, parce que nous ne regardons que ce qui est proche de nous, et que notre esprit, qui est engagé dans la matière, ne saurait jeter sa vue plus loin; autrement, et s'il était persuadé que tout meurt et revit alternativement; que ce qui est fait se défait, puis se refait; et qu'en cela l'industrie de ce grand ouvrier est perpétuellement occupée, il verrait sa fin et celle des siens avec moins de trouble. C'est pourquoi Caton, se représentant tous les siècles, dira : Que le genre humain, présent et à venir, est condamné à la mort. On demandera un jour que seront devenues ces grandes villes qui ont en main la puissance

quia nec bonum sine honesto est, et honestum in omnibus par est.

Quid ergo? nihil interest inter præturam Catonis, et repulsam? nihil interest, utrum Pharsalica acie Cato vincatur, an vincat? hoc ejus bonum, quo victis partibus non potest vinci, par erat illi bono, quo victor rediret in patriam, et componeret pacem?—Quidni par sit? Eadem enim virtute et mala fortuna vincitur, et ordinatur bona : virtus autem non potest major aut minor fieri; unius staturæ est. — Sed Cn. Pompeius amittet exercitum; sed illud pulcherrimum reipublicæ prætextum, optimates, et, prima acies Pompeianarum partium, Senatus ferens arma, uno prœlio profligabuntur; et tam magni ruina imperii in totum dissiliet orbem; aliqua pars ejus in Ægypto, aliqua in Africa, aliqua in Hispania cadet; ne hoc quidem miseræ reipublicæ contingat, semel ruere! — Omnia licet fiant! Jubam in regno suo non locorum notitia adjuvet, non popularium pro rege suo virtus obstinatissima; Uticensium quoque fides, malis fracta, deficiat, et Scipionem in Africa nominis sui fortuna destituat; olim provisum est, ne quid Cato detrimenti caperet. — Victus est tamen! — Et hoc numera inter repulsas Catonis : tam magno animo feret, aliquid sibi ad victoriam, quam ad præturam, obstitisse. Quo die repulsus est, lu-

sit; qua nocte periturus fuit, legit : eodem loco habuit, prætura et vita excidere; omnia, quæ acciderunt, ferenda esse persuaserat sibi. Quidni ille mutationem reipublicæ forti et æquo pateretur animo? Quid enim mutationis periculo exceptum? non terra, non cœlum, non totus hic rerum omnium contextus, quamvis Deo agente ducatur. Non semper tenebit hunc ordinem; sed illum ex hoc cursu aliquis dies dejiciet. Certis eunt cuncta temporibus; nasci debent, crescere, exstingui. Quæcumque supra nos vides currere, et hæc, quibus innixti atque impositi sumus veluti solidissimis, carpentur ac desinent. Nulli non senectus sua est; inæqualibus ista spatiis eodem natura dimittit. Quidquid est, non erit; nec peribit, sed resolvetur. Nobis solvi, perire est. Proxima enim intuemur : ad ulteriora non prospicit mens hebes, et quæ se corpori addixit; alioqui fortius finem sui suorumque pateretur, si speraret omnia illa sic in vitam mortemque per vices ire, et composita dissolvi, dissoluta componi; in hoc opere æternam artem cuncta temperantis Dei verti. Itaque, ut Cato, quum ævum animo percurrerit, dicet : « Omne humanum genus, quodque est, quodque erit, morte damnatum est; omnes, quæ usquam rerum potiuntur, urbes, quæque alienorum imperiorum magna sunt decora, ubi fuerint, aliquando quæretur, et vario exit i

souveraine, et tant de merveilles qui paraissent aujourd'hui dans les pays étrangers ; car il est certain que tout cela périra, soit par la guerre, soit par la paix qui dégénère d'ordinaire en fainéantise, ou par le luxe qui consume les plus grandes richesses. Toutes ces campagnes si fertiles seront un jour inondées de la mer qui rompra subitement ses digues, ou deviendront un abîme spacieux, la terre qui les couvrait s'étant ouverte et fendue. Pourquoi me fâcherais-je si je ne préviens que de quelques moments la destinée commune de tout l'univers? Un esprit bien fait doit obéir à Dieu, et souffrir sans répugnance tout ce que la loi générale ordonne. Car, ou il passera dans une meilleure vie, demeurant dans un lieu plus clair et plus tranquille en la compagnie des choses divines, ou du moins, sans ressentir aucune incommodité, il retournera dans le sein de la nature, et s'ira rejoindre à la masse d'où il est sorti. Ainsi vous voyez qu'au jugement de Caton, une honnête vie n'est pas un plus grand bien qu'une honnête mort; car la vertu ne croît ni ne diminue ; ce qui a fait dire à Socrate que la vérité et la vertu étaient une même chose; car, comme la vérité ne croît point, la vertu ne croît point aussi ; elle a toutes ses dimensions; elle est pleine. Ne vous étonnez donc pas si tous les biens sont égaux, soit qu'ils viennent par notre choix, ou bien par quelque accident; car, si vous n'admettez point cette égalité, et que vous mettiez la constance dans les tourments au rang des moindres biens, vous la mettrez bientôt au rang des maux. Vous direz que Socrate était malheureux dans la prison, aussi bien que Caton, lorsqu'il déchirait ses plaies avec plus de courage qu'il ne les avait faites. Vous en direz autant de Régulus, en le voyant traité si cruellement, pour avoir tenu sa parole, même à ses ennemis. C'est pourtant ce que pas un de ces délicats n'a encore osé dire; car ils tiennent qu'il n'était pas malheureux, quoiqu'ils ne demeurent pas d'accord qu'il fût heureux. Les Académiques avouent que l'on peut être heureux parmi les tourments, mais non pas entièrement et de tout point. Ce que l'on ne doit point admettre; car celui qui est heureux est au comble du bien, et ne voit point d'autre bien au-dessus, pourvu qu'il soit accompagné de la vertu, qui le rendra ferme dans les adversités, sain et entier quoiqu'on lui démembre le corps. Oui, je le dis, sain et entier; car je parle d'une vertu courageuse et sublime, qui s'échauffe contre tout ce qui la pique. Ne doutez point que la sagesse ne vous inspire la même hardiesse que font paraître les jeunes gens qui méprisent tous les périls, quand ils sont une fois touchés du désir de l'honneur, et qu'elle ne vous persuade qu'il n'y a point de bien que ce qui est honnête. C'est une chose qu'on ne peut rendre plus lâche ni plus tendue, non plus que la règle qui s'applique à tout ce que l'on veut rendre droit; vous ne la sauriez si peu courber, qu'incontinent l'ouvrage n'y participe. J'en dis de même de la vertu; elle est droite, elle ne plie point; elle est raide, on ne la saurait bander, pour ainsi dire, davantage; elle juge de toutes choses, rien ne juge d'elle. Si l'on ne peut pas la rendre plus droite, il s'ensuit que les choses qu'elle fait ne sont pas plus droites les unes que les autres; car, pour lui être conformes, il est besoin aussi qu'elles soient pareilles entre elles. Quoi !

genere tollentur : alias destruent bella; alias desidia paxque ad inertiam versa consumet, et, magnis opibus exitiosa res, luxus. Omnes hos fertiles campos repentina maris inundatio abscondet, aut in subitam cavernam considentis soli lapsus abducet. Quid est ergo, quare indigner aut doleam, si exiguo momento publica fata præcedo? » Magnus animus Deo pareat, et, quidquid lex universi jubet, sine cunctatione patiatur. Aut in meliorem emittitur vitam, lucidius tranquilliusque inter divina mansurus, aut certe, sine ullo futurus incommodo, suæ naturæ remiscebitur, et revertetur in totum. Non est ergo M. Catonis majus bonum honesta vita, quam mors honesta ; quoniam non intenditur virtus. « Idem esse, dicebat Socrates, veritatem et virtutem : » quomodo illa non crescit, sic ne virtus quidem : habet numeros suos, plena est.

Non est itaque quod mireris paria esse bona, et quæ ex proposito sumenda sunt, et quæ si ita res tulit. Nam si hanc inæqualitatem receperis, et fortiter torqueri in minoribus bonis numeres, numerabis etiam in malis : et infelicem Socratem dices in carcere; infelicem Catonem, vulnera sua animosius, quam fecerat, retractantem; calamitosissimum omnium Regulum, fidei pœnas etiam hostibus servatæ pendentem. Atqui nemo hæc dicere, ne ex mollissimis quidem, ausus est : negant enim illum esse beatum, sed tamen negant miserum. Academici veteres beatum quidem esse etiam inter hos cruciatus fatentur, sed non ad perfectum, nec ad plenum : quod nullo modo potest recipi. Nisi beatus est, in summo bono non est. Quod summum bonum est, supra se gradum non habet, si modo illi virtus inest, si illam adversa non minuunt, si manet etiam comminuto corpore incolumis. Manet autem : virtutem enim intelligo animosam et excelsam, quam incitat quidquid infestat. Hunc animum, quem sæpe induunt generosæ indolis juvenes, quos alicujus honestæ rei pulchritudo percussit, ut omnia fortuita contemnant, profecto sapientia infundet et tradet : persuadebit unum bonum esse, quod honestum ; hoc nec remitti, nec intendi posse; non magis, quam regulam, ex qua rectum probari solet, flectes. Quidquid ex illa mutaveris, injuria est recti. Idem ergo de virtute dicemus : et hæc recta est; flexuram non recipit : rigidari quidem potest, amplius intendi non potest. Hæc de omnibus rebus judicat, de hac nulla. Si rectior ipsa non potest fieri, nec, quæ ab illa quidem fiunt, alia aliis rectiora sunt : huic enim necesse est respondeant : ita paria sunt.

direz-vous, sont-ce choses pareilles d'être assis à table et d'être assis sur le chevalet? Cela vous semble-t-il étrange? Vous serez bien plus surpris quand je vous dirai que c'est un mal d'être assis à table, et un bien d'être assis sur le chevalet, si l'un se fait avec honte et l'autre avec honneur. Ce n'est pas la matière, mais la vertu qui rend ces choses bonnes ou mauvaises. Partout où elle se rencontre, tout est d'une mesure et d'un prix. Il me semble que je vois me sauter aux yeux ces gens qui mesurent tout le monde à leur aune, à cause que je dis qu'il y a égalité de biens entre celui qui supporte courageusement l'adversité, et celui qui se conduit sagement dans la prospérité ; entre celui qui triomphe et celui qui est traîné devant le char du vainqueur, sans perdre la fermeté de son courage ; car ils ne croient pas qu'on puisse faire ce qu'ils ne sauraient faire, jugeant ainsi de la vertu des autres par leur faiblesse. Pourquoi vous étonnez-vous que ce soit un bien d'être lié, blessé, tué, brûlé? Où est quelquefois bien aise. La sobriété est une gêne au gourmand, et le travail un supplice au fainéant. Le délicat plaint un homme qui aime l'action, et le paresseux un homme qui aime l'étude. C'est ainsi que tout ce qui est au-dessus de nos forces nous paraît dur et insupportable, sans faire réflexion qu'il y en a beaucoup à qui le plus grand supplice serait de ne point boire de vin, ou de se lever matin. Cela n'est pas difficile de sa nature ; mais nous sommes lâches et imbéciles. Il faut un esprit relevé pour juger des choses relevées ; autrement nous leur imputerons le défaut qui vient de nous. C'est la raison pourquoi un bâton droit, plongé dans l'eau, paraît tortu ou rompu ; tant il est important de considérer non-seulement ce que l'on regarde, mais de quelle manière on le regarde. Il faut avouer que notre esprit s'éblouit lorsqu'il veut envisager fixement la vérité. Amenez-moi un jeune homme qui ait de l'esprit, et qui ne soit point encore prévenu des opinions populaires ; je m'assure qu'il sera d'avis qu'un homme qui porte courageusement le faix des adversités, est plus heureux que celui qui est au-dessus de la fortune. Ce n'est pas une chose bien rare de ne point chanceler quand on n'est point agité ; mais c'est un sujet d'étonnement de voir un homme s'élever où les autres s'abaissent, et se tenir debout où les autres tombent par terre. Quel mal y a-t-il dans les tourments, et dans tout ce que nous appelons adversité? C'est, à mon avis, quand il arrive que l'âme plie, se courbe et tombe sous le faix. Mais rien de tout cela ne peut arriver au sage ; il demeure droit, quelque charge qu'on lui donne ; rien ne diminue son courage, rien ne le rebute pour fâcheux qu'il soit. Il ne se plaint jamais que ce qui pouvait tomber sur un autre soit tombé sur lui ; car il connaît ses forces, et sait bien qu'elles sont suffisantes pour la charge. Je ne prétends pas le séparer du nombre des autres hommes, ni lui ôter le sentiment des douleurs comme à quelque roche endurcie. Je sais bien qu'il est composé de deux parties : l'une irraisonnable, qui sent les roues, les feux et les douleurs ; l'autre raisonnable, qui est ferme dans ses résolutions, intrépide et inflexible. C'est en cette partie-là que réside le souverain

Quid ergo? inquis; jacere in convivio, et torqueri, paria sunt?—Hoc mirum videtur tibi? Illud licet magis admireris : jacere in convivio, malum est ; torqueri in equuleo, bonum est ; si illud turpiter, hoc honeste fit. Bona ista aut mala non efficit materia, sed virtus : hæc ubicumque apparuit, omnia ejusdem mensuræ ac pretii sunt. In oculos nunc mihi manus intentat ille, qui omnium animum æstimat ex suo, quod dicam paria bona esse, adversa fortiter portantis, et prospera honeste judicantis ; quod dicam paria bona esse, ejus qui triumphat, et ejus qui ante currum vehitur invictus animo. Non putant enim fieri, quidquid facere non possunt ; ex infirmitate sua de virtute ferunt sententiam. Quid miraris, si uri, vulnerari, occidi, alligari juvat, aliquando etiam libet? Luxurioso frugalitas pœna est ; pigro supplicii loco labor est ; delicatis miseria est industria ; desidioso studere torqueri est : eodem modo hæc, ad quæ omnes imbecilli sumus, dura atque intoleranda credimus, obliti, quam multis tormentum sit vino carere, aut prima luce excitari. Non ista difficilia sunt natura, sed nos fluidi et enerves. Magno animo de rebus magnis judicandum est ; alioqui videbitur illarum vitium esse quod nostrum est. Sic quædam rectissima, quum in aquam demissa sunt, speciem curvi præfractique visentibus reddunt. Non tantum quid videas, sed quemadmodum, refert : animus noster ad vera perspicienda caligat. Da mihi adolescentem incorruptum, et ingenio vegetum ; dicet fortunatiorem sibi videri, qui omnia rerum adversarum onera rigida cervice sustollit, qui supra fortunam extat. Non mirum est, in tranquillitate non concuti ; illud mirare, ibi extolli aliquem, ubi omnes deprimuntur ; ibi stare, ubi omnes jacent. Quid est in tormentis, quid est in aliis, quæ adversa appellamus, mali? hoc, ut opinor, succidere mentem, et incurvari, et succumbere ; quorum nihil sapienti viro potest evenire. Stat rectus sub quolibet pondere ; nulla illum res minorem facit ; nihil illi eorum, quæ ferenda sunt, displicet. Nam, quidquid cadere in hominem potest, in se cecidisse non queritur. Vires suas novit ; scit se esse oneri ferendo.

Non educo sapientem ex hominum numero ; nec dolores ab illo, sicut ab aliqua rupe nullum sensum admittente, submoveo. Memini ex duabus illum partibus esse compositum : altera est irrationalis ; hæc mordetur, uritur, dolet : altera rationalis ; hæc inconcussas opiniones habet, intrepida est, et indomita. In hac positum est summum illud hominis bonum : antequam impleatur,

bien, lequel n'étant point encore assez établi, l'âme est toujours incertaine et flottante ; mais quand il est une fois parfait et accompli, elle demeure dans une assiette ferme et immuable. C'est pourquoi celui qui s'est mis dans le chemin de la vertu, et qui veut monter au plus haut degré, quand il approchera de la perfection qu'il n'a pas encore atteinte, il s'arrêtera quelquefois, et relâchera ses efforts, d'autant qu'il n'a pas surmonté les difficultés, et qu'il est encore dans un pas glissant et douteux ; mais celui qui est heureux, et de qui la vertu est accomplie, n'est jamais plus satisfait de soi-même que lorsqu'il s'est éprouvé. S'il se présente quelque action périlleuse où il y ait de l'honneur à acquérir, il la reçoit et l'embrasse, aimant mieux qu'on dise qu'il est homme de bien, que de dire qu'il est heureux. Je viens maintenant au point où vous m'attendez, afin que vous ne pensiez pas que la vertu dont je parle soit au-delà des forces de la nature. Le sage tremblera, sentira les douleurs, et pâlira ; car tous ces mouvements appartiennent au corps. Où est donc la source de la misère et le véritable mal ? C'est quand l'âme, troublée par toutes ces choses, est contrainte d'avouer qu'elle est esclave du corps, et d'avoir regret de sa faiblesse ; car il est certain que le sage peut vaincre la fortune par sa vertu. Mais il y en a beaucoup qui font profession de sagesse, qui prennent l'épouvante quelquefois bien légèrement. Nous avons tort en cette rencontre d'exiger autant de celui qui est initié seulement que de celui qui est consommé dans la sagesse. Je me conseille bien de faire ce que je loue, mais je n'en suis pas encore persuadé ; et quand bien même je le serais, je n'ai point encore assez d'expérience ni d'exercice pour aller au-devant de tous les dangers. Comme la laine prend la teinture de certaines couleurs du premier coup, et ne prend les autres qu'après y avoir été plusieurs fois trempée et recuite, ainsi il est des sciences que l'on peut pratiquer sitôt qu'on les a apprises. Mais, quant à celle-ci, à moins que de descendre et de séjourner longtemps au fond de l'âme, elle ne saurait lui donner sa couleur ; elle l'en abreuve seulement, sans y produire l'effet qu'on en attendait. On peut enseigner en peu de temps, et en peu de paroles, qu'il n'y a qu'un seul bien, qui est la vertu, et qu'il n'y en a point d'autre que la vertu, laquelle a son siège dans la meilleure partie de nous-mêmes, qui est la raison. Qu'est-ce donc que cette vertu ? C'est un discernement juste et certain qui donne le mouvement à l'âme, et qui lui fait voir à nu toutes les vaines apparences qui échauffent nos passions. Ayant ce discernement, on demeurera d'accord que toutes les choses qui procèdent de la vertu sont bonnes et pareilles entre elles. Les biens corporels sont, à la vérité, des biens au regard du corps ; mais ils ne le sont pas universellement. Ils auront bien quelque prix ; mais ils n'auront jamais aucune dignité qui les accompagne. Aussi seront-ils fort inégaux entre eux, les uns étant plus grands, les autres plus petits. J'avoue même qu'il y a de grandes différences entre ceux qui cultivent la sagesse. Car les uns sont si avancés qu'ils osent déjà lever les yeux pour regarder la fortune, non pas fixement, car ils seraient éblouis de son éclat ; mais les autres qui sont montés au plus haut degré, ont l'assurance de se présenter pour

incerta mentis volutatio est ; quum vero perfectum est, immota illa stabilitas est. Itaque inchoatus, et ad summa procedens, cultorque virtutis, etiam si appropinquat perfecto bono, sed ei nondum summam manum imposuit, ibi interim cessabit, et remittet aliquid ex intentione mentis : nondum enim incerta transgressus est ; etiam nunc versatur in lubrico. Beatus vero, et virtutis exactæ, tunc se maxime amat, quum fortissime expertus est ; et metuenda cæteris, si alicujus honesti officii pretia sunt, non tantum fert, sed amplexatur, multoque audire mavult : « Tanto melior, quam tanto felicior. »
Venio nunc illo, quo me vocat exspectatio tua. Ne extra rerum naturam vagari virtus nostra videatur, et tremet sapiens, et dolebit, et expallescet ; hi enim omnes corporis sensus sunt. Ubi ergo calamitas ? ubi illud malum verum est ? Illic scilicet, si ista animum detrahunt, si ad confessionem servitutis adducunt, si illi pœnitentiam sui faciunt. Sapiens quidem vincit virtute fortunam ; at multi professi sapientiam levissimis nonnunquam minis exterriti sunt ! Hoc loco vitium nostrum est, qui, quod dicitur de sapiente, exigimus et a proficiente. Suadeo adhuc mihi ista quæ laudo, nondum persuadeo ; etiam si per- suasissem, nondum tam parata haberem aut tam exercitata, ut ad omnes casus procurrerent. Quemadmodum lana quosdam colores semel ducit, quosdam, nisi sæpius macerata et recocta, non perbibit ; sic alias disciplinas ingenia, quum accepere, protinus præstant ; hæc, nisi alte descendit, et diu sedit, et animum non coloravit, sed infecit, nihil ex his, quæ promiserat, præstat. Cito hoc potest tradi, et paucissimis verbis : « Unum bonum esse virtutem, nullum certe sine virtute ; et ipsam virtutem in parte nostri meliore, id est, rationali, positam. » Quid erit hæc virtus ? judicium verum et immotum ; ab hoc enim impetus venient mentis ; ab hoc omnes species, quæ impetum movent, redigentur ad liquidum. Huic judicio consentaneum erit, omnia, quæ virtute contacta sunt, et bona judicare, et inter se paria. Corporum autem bona corporibus quidem bona sunt ; sed in totum non sunt bona. His pretium quidem erit aliquod, cæterum dignitas nulla erit ; magnis inter se intervallis distabunt ; alia majora, alia minora erunt. Et in ipsis sapientiam sectantibus magna discrimina esse, fateamur necesse est. Alius jam in tantum profecit, ut contra fortunam audeat attollere oculos, sed non pertinaciter ; cedunt enim nimio

la combattre tête à tête. Quand les choses demeurent imparfaites, il est de nécessité qu'elles penchent, qu'elles déchéent, et qu'enfin elles tombent par terre: elles déchéeront sans doute si l'on ne s'efforce toujours d'aller en avant; car, aussitôt qu'on se relâche, il faut reculer, et l'on ne se retrouve plus où l'on en était demeuré.

Continuons donc et hâtons-nous; car il reste encore plus de chemin à faire que nous n'en avons fait. Toutefois, c'est déjà beaucoup d'avance que de se vouloir avancer. Pour moi, je puis répondre que je le désire, et que je le désire de tout mon cœur. Je vois de votre côté que vous y êtes porté, et que vous avez une forte inclination pour les belles choses. Dépêchons-nous, la vie nous sera utile pour ce dessein; autrement elle ne sera qu'un retardement honteux qu'on aura sujet de nous reprocher, si nous croupissons dans l'ordure. Faisons en sorte que le temps qui nous reste soit tout à nous. Mais cela ne se peut faire si, premièrement, nous ne sommes à nous. Quand sera-ce que je me verrai en état de mépriser l'une et l'autre fortune? Quand sera-ce, qu'ayant dompté et assujetti toutes mes passions, je pourrai dire : J'ai vaincu? Voulez-vous savoir qui j'aurai vaincu? Ce ne seront point les Perses, ni les Mèdes, ni tout ce qu'il y a de peuples belliqueux au-delà des Daces; mais ce sera l'avarice, l'ambition, et la crainte de la mort, qui a vaincu ceux qui ont vaincu le monde.

ÉPITRE LXXII.

Que l'étude de la sagesse doit être préférée à toute autre occupation. — Que la joie du sage se forme au-dedans, et ne peut être troublée par ce qui vient du dehors.

J'avais appris ce que vous me demandez, et y aurais fort bien répondu; mais j'ai oublié la chose; il y a si longtemps que je n'ai exercé ma mémoire, qu'elle a peine à me suivre quand j'ai besoin d'elle. Je vois bien qu'il m'est arrivé, comme aux livres moisis, d'avoir les feuillets collés; c'est pourquoi il faut déplier notre esprit, et remuer de temps en temps ce que nous y avons mis en dépôt, afin qu'il soit tout prêt quand nous voudrons nous en servir. Mais comme cela demande beaucoup de soin et d'application, il le faut remettre à un autre temps. Ce sera aussitôt que je pourrai faire quelque séjour un peu long en un même endroit; car il y a des choses que l'on peut écrire dans un carrosse, et d'autres qui demandent le lit, le repos et la retraite. Ce n'est pas qu'il ne faille faire quelque chose aux jours mêmes que l'on est occupé. Car il nous surviendra toujours de nouvelles occupations. Nous les semons, et une seule nous en produit beaucoup d'autres; outre que nous sommes accoutumés à nous donner des délais en disant : Lorsque j'aurai achevé cette affaire, je m'appliquerai tout de bon; ou si je puis accommoder ce fâcheux procès, je ne veux plus faire autre chose qu'étudier. Il ne faut pas attendre pour philosopher que vous soyez de loisir. On

splendore præstricti : alius in tantum, ut possit cum illa conferre vultum; si jam pervenit ad summum, et fiduciæ plenus est. Imperfecta necesse est labent, et modo prodeant, modo sublabantur, aut succidant. Sublabentur autem, nisi ire et niti perseveraverint; si quidquam ex studio et fideli intentione laxaverint, retro eumdem est. Nemo profectum ibi invenit, ubi reliquerat.

Instemus itaque, et perseveremus! Plus quam profligavimus, restat; sed magna pars est profectus, velle proficere. Hujus rei conscius mihi sum : volo, et tota mente volo. Te quoque instinctum esse, et magno ad pulcherrima properare impetu, video. Properemus! ita demum vita beneficium erit; alioqui mora est, et quidem turpis inter fœda versantibus. Id agamus, ut nostrum omne tempus sit : non erit autem, nisi prius nos nostri esse cœperimus. Quando continget contemnere utramque fortunam? quando continget omnibus oppressis affectibus, et sub arbitrium adductis, hanc vocem emittere : Vici! — Quem vicerim, quæris? — Non Persas, nec extrema Medorum, nec si quid ultra Dahas bellicosum jacet; sed avaritiam, sed ambitionem, sed metum mortis, qui victores gentium vicit. Vale.

EPISTOLA LXXII.

OMNIA ESSE RELINQUENDA AD AMPLEXANDAM PHILOSOPHIAM.

Quod quæris a me, liquebat mihi, quum rem ediscerem, per se : sed diu non retentavi memoriam meam; itaque non facile me sequitur. Quod evenit libris situ cohærentibus, hoc evenisse mihi sentio; explicandus est animus, et, quæcumque apud illum deposita sunt, subinde excuti debent, ut parata sint quoties usus exegerit. Ergo hoc in præsentia differamus; multum enim operæ, multum diligentiæ poscit. Quum primum longiorem eodem loco speravero moram, tunc istud in manus sumam. Quædam enim sunt, quæ possis et in cisio scribere; quædam lectum, et otium, et secretum desiderant. Nihilominus his quoque occupatis diebus agatur aliquid, et quidem totis : nunquam enim non succedent occupationes novæ; serimus illas : itaque ex una exeunt plures; deinde ipsi nobis dilationem damus. « Quum hoc peregero, toto animo incumbam; et, si hanc rem molestam composuero, studio me dabo. » — Non, quum vacaveris, philosophandum est : omnia alia negligenda sunt, ut huic assideamus; cui nullum tempus satis magnum est

doit négliger toute autre occupation pour s'attacher à cette science, à laquelle tout notre temps ne suffit pas, quand même nous l'emploierions depuis l'enfance jusqu'à l'extrémité de la plus longue vieillesse. Dans cette sorte d'étude, autant vaut cesser que de prendre du repos ; car vous ne demeurez pas où vous venez de quitter ; mais vous retournez où vous avez commencé, comme fait une corde bandée quand elle vient à se rompre.

Il faut résister aux occupations, et les éloigner de nous, plutôt que de les développer. Il n'y a point de temps qui ne soit propre à une étude si salutaire ; mais la plupart n'étudient pas les choses qu'il est bon que l'on étudie. Il pourra bien survenir quelque empêchement ; cela ne détournera point le sage qui se maintient gai et dans une liberté d'esprit en toute sorte de rencontres : ceux qui ne sont pas encore en un état si parfait sont quelquefois traversés dans leur joie ; celle du sage n'est jamais interrompue pour chose qui puisse arriver. Elle est égale et tranquille en tout temps et en tout lieu ; car elle ne dépend point d'autrui, et n'attend point la faveur de la fortune ni celle de qui que ce soit. La félicité, dis-je, est domestique au sage que je vous propose ; elle naît chez lui, et n'en sort point comme elle n'y est point entrée. Il arrive quelquefois des accidents au dehors qui le font souvenir qu'il est mortel ; mais cela est si léger, qu'il ne fait qu'effleurer la peau. Il peut, dis-je, recevoir quelques incommodités ; mais ce qui fait son principal bien demeure fixe et immuable. Les incommodités dont je parle sont comme ces pustules et ces clous qui viennent sur un corps robuste ; il n'y a point de mal au dedans.

Je trouve une même différence entre celui qui est dans la possession et celui qui est dans la poursuite de la sagesse, qu'entre un homme qui se porte bien et un autre qui relève d'une longue et dangereuse maladie, lequel pense être quitte de sa vie, quand il n'a plus que de légers accès. Celui-ci, s'il n'y prend garde, ressentira parfois des pesanteurs, et retombera insensiblement dans son mal ; mais le sage ne peut retomber en sa maladie, ni tomber même dans une autre. La santé du corps ne dure qu'un temps ; et le médecin qui l'a rendue ne la peut pas conserver, puisqu'on le rappelle une autre fois pour voir le malade qu'il avait guéri. L'esprit s'est-il guéri une fois ? c'est pour toujours. Voulez-vous savoir comment vous connaîtrez qu'il est guéri ? S'il est content de soi-même ; s'il y met son assurance ; s'il sait que tout ce que les hommes désirent avec plus d'ardeur, s'il sait, dis-je, que les faveurs qui se demandent et s'accordent dans le monde, ne peuvent rien contribuer à la véritable félicité. Car une chose à laquelle on peut ajouter n'est point parfaite ; celle à quoi on ne peut ôter est perpétuellement telle. Qui veut avoir une joie de durée la cherche au dedans de soi. Tout ce que le commun des hommes poursuit avec tant d'empressement s'écoule çà et là ; car la fortune ne donne rien en propriété. Ce n'est pas que ces biens étrangers ne puissent apporter quelque satisfaction, étant conduits et réglés par la raison qui sait donner du goût aux choses qui n'en ont point, lorsqu'elles sont prises avec trop d'avidité.

Attalus se servait ordinairement de cette comparaison : « Vous voyez quelquefois un chien qui

---

etiam si a pueritia usque ad longissimos humani ævi terminos vita producatur. Non multum refert, utrum omittas philosophiam, an intermittas : non enim, ubi interrupta est, manet ; sed, eorum more, quæ intenta dissiliunt, usque ad initia sua recurrit, quod a continuatione discessit.

Resistendum est occupationibus, nec explicandæ, sed summovendæ sunt. Tempus quidem nullum parum est idoneum studio salutari : atqui multi inter illa non student, propter quæ studendum est. — Incidet quod impediat ; — non equidem eum, cujus animus in omni negotio lætus atque alacer est : imperfectis adhuc interscinditur lætitia ; sapientis vero contexitur gaudium, nulla rumpitur causa, nulla fortuna ; semper et ubique tranquillum est. Non enim ex alieno pendet, nec favorem fortunæ, aut hominis, exspectat. Domestica illi felicitas est : exiret ex animo, si intraret ; ibi nascitur. Aliquando extrinsecus, quo admoneatur mortalitatis, intervenit ; sed id leve, et quod summam cutem stringat. Aliquo, inquam, incommodo afflatur : maximum ejus bonum est fixum. Ita dico, extrinsecus aliqua sunt incommoda ; velut in corpore interdum robusto solidoque eruptiones quædam pustularum et ulcuscula, nullum in alto malum est. Hoc, inquam, interest inter consummatæ sapientiæ virum, et alium procedentis, quod inter sanum, et ex morbo gravi ac diutino emergentis, cui sanitatis loco est levior accessio. Hic, nisi attendit, subinde gravatur, et in eamdem revolvitur : sapiens recidere non potest, ne incidere quidem amplius. Corpori enim ad tempus bona valetudo est ; quam medicus, etiam si reddidit, non præstat : sæpe ad eumdem, qui advocaverat, excitatur. Sapientis animus semel in totum sanatus est. Dicam quomodo intelligas sanum : si se ipse contentus est ; si confidit sibi ; si scit, omnia vota mortalium, omnia beneficia quæ dantur petunturque, nullum in beata vita habere momentum. Nam cui aliquid accedere potest, id imperfectum est : cui aliquid abscedere potest, id imperpetuum est : cujus perpetua futura lætitia est, is suo gaudent. Omnia autem, quibus vulgus inhiat, ultro citroque fluunt : nihil dat fortuna mancipio ; sed hæc quoque fortuita tunc delectant, quum illa ratio temperavit ac miscuit. Hæc est quæ etiam externa commendat, quorum avidis usus ingratus est.

Solebat Attalus hac imagine uti : « Vidisti aliquando canem missa a domino frusta panis aut carnis aperto ore

reçoit dans sa gueule des morceaux de pain ou de chair que son maitre lui jette ; il les avale incontinent tout entiers, afin de présenter encore la gueule pour en recevoir d'autres. C'est ce qui nous arrive, quand nous avalons sans goûter ce que la fortune nous envoie, après l'avoir longtemps attendu, et que nous demeurons attentifs et béants pour en attraper encore autant. » Le sage n'en use pas de la sorte, parce qu'il est toujours plein, et si quelque bien lui arrive, il le reçoit et le garde sans émotion, jouissant continuellement d'une joie toute pure et qui lui est particulière. Celui qui est éloigné de la perfection, quoiqu'il ait déjà fait quelques progrès, et qu'il ait de bonnes intentions, est encore sujet à diverses secousses qui le portent haut et bas, tantôt vers le ciel, tantôt vers la terre. Les ignorants, qui n'ont nulle expérience, bronchent à tous moments, et tombent enfin dans ce vaste chaos dont parle Épicure. Il y en a encore d'une troisième sorte, qui sont tout proches de la sagesse, et ne l'ont pas encore atteinte ; mais ils l'ont devant les yeux, et peuvent, pour ainsi dire, la prendre par le poing. Ceux-là ne chancellent ni ne glissent. Ils ne sont pas encore à terre ; mais ils sont déjà dans le port. Puis donc qu'il se trouve une si grande différence entre les premiers et les derniers, et que ceux du milieu même sont encore dans l'agitation et au hasard de retomber, et de se voir en pire état qu'ils n'étaient auparavant, ne nous chargeons point d'affaires, fermons-leur la porte ; car, si elles entrent une fois, elles en attireront d'autres après elles. Arrêtons-les dès l'abord. Leur commencement ne sera jamais meilleur que leur fin.

ÉPITRE LXXIII.

Que le sage obéit aux lois, et révère les magistrats qui ont soin de la tranquillité publique. — Que l'âme ne peut être bonne si Dieu n'est avec elle.

C'est une erreur, à mon avis, de croire que ceux qui font profession de la philosophie sont rebelles aux lois, réfractaires aux magistrats, et qu'ils méprisent les rois et tous ceux qui ont part à l'administration de l'État. Au contraire, je n'en vois point de plus soumis ni de plus reconnaissants. Et c'est avec raison ; car, comme ils ont plus d'intérêt que les autres à la tranquillité publique, qui leur donne moyen de s'employer à la vertu, il est à croire qu'ils honorent comme leurs pères les auteurs d'un si grand bien ; et plus sans doute que ne font ces personnes inquiètes et vénales, à qui les princes ne sauraient tant faire de grâces qu'ils ne croient qu'on leur en doit davantage, leur avidité croissant à mesure qu'on s'efforce de la remplir. Qui songe à recevoir encore a déjà oublié ce qu'il a reçu ; et le plus grand défaut de la convoitise, c'est qu'elle est toujours ingrate. Ajoutez à cela que tous ceux qui sont dans le maniement des affaires regardent plutôt combien il y en a devant eux, que combien il y en a derrière ; et qu'un seul, qui les précède, leur donne plus de chagrin qu'un grand nombre qu'ils ont passé ne leur donne de plaisir. L'ambition a cela de mal, qu'elle ne regarde jamais derrière soi. Elle est inconstante et légère, aussi bien que toute sorte de convoitises, parce qu'elle commence par la fin. Mais un homme sincère et candide, qui a quitté la cour, les charges et les affaires pour se

captantem? quidquid excepit, protinus integrum devorat, et semper ad spem futuri hiat. Idem evenit nobis : quidquid exspectantibus fortuna projecit, id sine ulla voluptate demittimus, statim ad rapinam alterius erecti et attenti. » Hoc sapienti non evenit; plenus est : etiam si quid obvenit, secure excipit, ac reponit; lætitia fruitur maxima, continua, sua. Habet aliquis bonam voluntatem, habet profectum, sed cui multum desit a summo? hic deprimitur alternis, et extollitur, ac modo in cœlum allevatur, modo defertur ad terram. Impediis ac rudibus nullus præcipitationis finis est; in Epicuream illud chaos decidunt inane, sine termino. Est adhuc genus tertium, eorum qui sapientiæ alludunt : quam n n quidem contigerunt, in conspectu tamen, et, ut ita dicam, sub ictu habent : hi non concutiuntur; ne defluunt quidem ; nondum in sicco, jam in portu sunt. Ergo, quum tum magna sint inter summos imosque discrimina ; quum medios quoque sequatur fructus suus, sequatur ingens periculum ad deteriora redeundi, non debemus occupationibus indulgere. Excludendæ sunt; si semel intraverint, in locum suum alias substituent. Principiis illarum obstemus! Melius non incipient, quam desinent. Vale.

EPISTOLA LXXIII.

IMMERITO PHILOSOPHOS SEDITIOSÆ MENTIS ARGUI.

Errare mihi videntur, qui existimant philosophiæ fideliter deditos contumaces esse ac refractarios, et contemptores magistratuum ac regum, eorumve, per quos publica administrantur. E contrario enim, nulli adversus illos gratiores sunt; nec immerito : nullis enim plus præstant, quam quibus frui tranquillo otio licet. Itaque hi, quibus altum ad propositum bene vivendi confert securitas publica, necesse est auctorem hujus boni ut parentem colant; multo quidem magis, quam illi inquieti et in medio positi, qui multa principibus debent, sed multa et imputant; quibus nunquam tam plene occurrere ulla liberalitas potest, ut cupiditates illorum, quæ crescunt dum implentur, exsatiet. Quisquis autem de accipiendo cogitat, oblitus accepti est; nec ullum habet malum cupiditas majus, quam quod ingrata est. Adjice nunc, quod nemo eorum, qui in republica versantur, quos vincat, sed a quibus vincatur, aspicit; et illis non tam jucundum est, mul os post se videre, quam grave, aliquem ante se. Habet hoc vitium omnis ambitio : non respicit. Nec ambitio tantum instabilis est, verum cupiditas omnis,

donner à de meilleurs emplois, aime ceux par le soin desquels il peut y vaquer en sûreté, et leur rend en son cœur un témoignage de gratitude, reconnaissant qu'il leur est obligé d'un tel avantage, quoiqu'ils n'y pensent pas. Comme il a du respect pour ses maîtres, par l'instruction desquels il s'est dépouillé des vices, il en a aussi pour ceux sous la protection desquels il peut exercer les vertus. Un roi, direz-vous, en protège bien d'autres que celui-ci par sa puissance. Qui vous le nie? Mais, comme entre des gens qui sont arrivés au port, ceux qui ont amené plus de choses précieuses se sentent plus obligés à Neptune; et que le marchand acquitte son vœu de meilleur courage que ne fait le passager; que même entre les marchands, ceux qui apportent des parfums et des drogues qui se vendent au poids de l'or font des offrandes plus libérales que ceux qui n'ont que des marchandises communes, et quelques denrées propres à charger le fond d'un vaisseau; ainsi, le bénéfice de la paix, quoiqu'il s'étende généralement à tout le monde, se fait pourtant mieux sentir à ceux qui en font un meilleur usage. Il y a bien de ces messieurs les petits collets qui ont plus de travail et d'embarras pendant la tranquillité publique qu'ils n'en trouveraient dans la guerre. Pensez-vous que ceux qui ne se servent de la paix que pour se plonger dans le vin, dans la lubricité et dans les autres vices (qu'il faudrait exterminer, dût-on rappeler les combats et les contradictions); pensez-vous, dis-je, qu'ils soient autant obligés à cette paix que les gens de bien qui l'emploient en des actions vertueuses, si ce n'est que vous estimiez le sage assez injuste pour ne se pas sentir obligé en particulier des faveurs qui sont générales? Je ne laisse pas d'être obligé au Soleil et à la Lune, quoique ces astres ne luisent pas pour moi seul. Je dois remercier les saisons de l'année, et ce Dieu qui les gouverne, quoique je sache que ce bel ordre n'y a pas été mis pour ma seule considération. L'avarice insensée des hommes distingue la possession d'avec la propriété, et ne tient à soi que ce qu'on possède en particulier. Mais le sage n'estime rien plus à soi, que ce qu'il a en commun avec tout le genre humain : car il ne serait pas commun, si chaque particulier n'y avait sa part; étant certain que la moindre portion en une chose qui est commune suffit pour établir une société. Il faut considérer d'ailleurs que ces grands et véritables biens ne se partagent point, en sorte que chacun en ait une petite portion; chacun les reçoit tout entiers. Aux libéralités des princes, aux funérailles des grands, et en d'autres pareilles occasions, les viandes se distribuent à la main, et se divisent par pièces; mais les biens indivisibles, la paix et la liberté, se donnent tout entiers au particulier aussi bien qu'au général. C'est pourquoi le sage considère qui le fait jouir de ces biens, qui l'exempte de porter les armes, d'aller en sentinelle, de veiller sur le rempart, et de payer tant d'impositions qu'engendre la guerre; puis il en rend grâces à ceux qui ont le gouvernement en main. Une des principales maximes du sage est de bien recevoir un bienfait et de le bien rendre ; c'est quelquefois le rendre que de l'avouer; il avouera toujours

quia incipit semper a fine. At ille vir sincerus ac purus, qui reliquit et curiam, et forum, et omnem administrationem reipublicæ, ut ad ampliora secederet, diligit eos, per quos hoc ei facere tuto licet, solumque illis gratuitum testimonium reddit, et magnam rem nescientibus debet. Quemadmodum præceptores suos veneratur ac suspicit, quorum beneficio illis invius exiit; sic et hos, sub quorum tutela positus exercet artes bonas. — Verum alios quoque rex viribus suis protegit. — Quis negat? Sed quemadmodum Neptuno plus debere se judicat, ex his qui eadem tranquillitate usi sunt, qui plura et pretiosiora illo mari vexit; et animosius a mercatore, quam a vectore, solvitur votum; et ex ipsis mercatoribus effusius gratus est, qui odores ac purpuras, et auro pensanda portabat, quam qui vilissima quæque, et saburræ loco futura, congesserat : sic hujus pacis beneficium, ad omnes pertinentis, altius ad eos pervenit, qui illa bene utuntur. Multi enim sunt ex his togatis, quibus pax operosior bello est. An idem existimas pro pace debere eos, qui illam ebrietati aut libidini impendunt, aut aliis vitiis, quæ vel bello rumpenda sunt? Nisi forte tam iniquum putas esse sapientem, ut nihil viritim se debere pro communibus bonis judicet. Soli lunæque plurimum debeo, et non uni mihi oriuntur; anno, temperantique annum Deo, privatim obligatus sum, quamvis nihil in meum honorem descripta sint. Stulta avaritia mortalium possessionem proprietatemque discernit, nec quidquam suum credit esse, quod publicum est; at ille sapiens nihil judicat suum magis, quam cujus illi cum humano genere consortium est. Nec enim essent ista communia, nisi pars illorum pertineret ad singulos : suum efficit, etiam quod ex minima portione commune est.

Adjice nunc, quod magna et vera bona non sic dividuntur, ut exiguum in singulos cadat ; ad unumquemque tota perveniunt. Ex congiario tantum ferunt homines, quantum in capita promissum est; epulum et visceratio, et si quid aliud capitur manu, discedit in partes : at hæc individua bona, pax et libertas, tam omnium tota quam singulorum sunt. Cogitat itaque sapiens, per quem sibi horum usus fructusque contingat; per quem non ad arma illum, nec ad servandas vigilias, nec ad tuenda mœnia et multiplex belli tributum, publica necessitas vocet; agitatque gubernatori suo gratias. Hoc docet philosophia præcipue, bene debere beneficia, bene solvere : interdum autem solutio est ipsa confessio. Confitebitur ergo multum se debere ei, cujus administratione ac providen-

qu'il est obligé à celui qui, par sa prudence et par sa bonne administration, le fait jouir d'un profond repos, et le rend maître de son temps, sans être diverti aux occupations publiques.

> C'est un Dieu, Mélibée, à qui nous devons tous
> Le bonheur de la paix et d'un repos si doux.
> Je le tiendrai toujours pour un Dieu.....

Si l'on est si fort obligé à l'auteur de ce repos dont voici le plus grand avantage :

> C'est lui qui me permet de mener dans nos plaines
> Ces bœufs et ces troupeaux, ces moutons porte-laines;
> C'est par lui que je joue au pied de cet ormeau
> Les chansons qu'il me plaît dessus mon chalumeau;

combien estimerons-nous cet autre repos dont on jouit en la compagnie des dieux? Je vous le dis tout de bon, mon cher Lucile, je vous veux mener au ciel par un chemin bien court. Sextius avait coutume de dire qu'un homme de bien était autant que Jupiter. A la vérité, Jupiter a de quoi faire largesse aux hommes; mais entre deux hommes de bien, le plus riche n'est pas meilleur que l'autre. Non plus que de deux pilotes qui entendent également bien la navigation, vous ne direz pas que celui qui a le plus beau vaisseau soit le plus habile. Qu'a Jupiter par-dessus l'homme de bien? C'est d'être bon plus longtemps que lui. Le sage ne s'en estime pas moins, pour voir ses vertus renfermées dans un espace plus étroit. Comme de deux sages celui qui est mort le plus âgé n'est pas plus heureux que celui de qui la vertu n'a pas régné si longtemps, Dieu tout de même a bien sur le sage l'avantage de la durée, mais non pas celui de la félicité. La vertu, pour être plus longue, n'en est pas plus grande. Il est vrai que tout appartient à Jupiter; mais il en a donné la possession aux autres. La seule jouissance qu'il en a, c'est d'être cause que tout le monde en jouit. Le sage n'est pas moins aise que lui de voir entre les mains des autres tous ces biens après quoi l'on court : il n'en fait pas plus d'estime que Jupiter; mais il a l'avantage en cela que Jupiter n'en peut pas user, et que le sage peut et ne veut pas en user. Suivons donc Sextius qui nous montre un si beau chemin, et qui crie de loin : « C'est par ici que l'on monte au ciel; c'est par la frugalité, c'est par la tempérance, c'est par la force et par la constance. » Les dieux ne dédaignent et ne haïssent personne. Ils reçoivent tout le monde, et prêtent même la main à ceux qui veulent monter. Vous semble-t-il si étrange que l'homme aille trouver les dieux? Dieu vient bien trouver les hommes, et, qui plus est, faire sa demeure chez eux. L'âme ne peut être bonne, si Dieu n'est avec elle. Il y a des semences divines répandues dans le cœur des hommes, lesquelles, étant bien cultivées, poussent un germe semblable à notre origine; mais étant négligées, elles perdent entièrement leur vertu; et comme si elles avaient été jetées dans une terre stérile et marécageuse, au lieu de grain, elles ne produisent que de méchantes herbes.

ÉPITRE LXXIV.

Qu'il n'y a point d'autre bien que ce qui est honnête ; et que si le bien consistait dans les richesses, dans la bonne chère et dans la compagnie des femmes, l'homme serait plus heureux que Dieu qui n'a pas l'usage de ces choses-là.

Votre lettre m'a donné du plaisir et m'a tiré de la langueur où j'étais; elle a aussi réveillé ma mé-

---

tia contingit illi pingue otium, et arbitrium sui temporis, et imperturbata publicis occupationibus quies.

> O Melibœe, Deus nobis hæc otia fecit !
> Namque erit ille mihi semper Deus........

Si illa quoque otia multum auctori suo debent, quorum munus hoc maximum est :

> Ille meas errare boves (ut cernis) et ipsum
> Ludere, quæ vellem, calamo permisit agresti :

quanti æstimamus hoc otium, quod inter Deos agitur, quod Deos facit? Ita dico, Lucili; et te in cœlum compendiario voco. Solebat Sextius dicere, « Jovem plus non posse, quam bonum virum. » Plura Jupiter habet, quæ præstet hominibus; sed inter duos bonos non est melior, qui locupletior : non magis, quam inter duos, quibus par scientia regendi gubernaculum est, meliorem dixeris, cui majus speciosiusque navigium est. Jupiter quo antecedit virum bonum? Diutius bonus est. Sapiens nihilo se minoris æstimat, quod virtutes ejus spatio breviore cluduntur. Quemadmodum ex duobus sapientibus, qui senior decessit, non est beatior eo, cujus intra pauciores annos terminata virtus est; sic Deus non vincit sapientem felicitate, etiam si vincit ætate. Non est virtus major, quæ longior. Jupiter omnia habet; sed nempe aliis tradidit habenda. Ad ipsum hic unus usus pertinet, quod utendi omnibus causa est : sapiens tam æquo animo omnia apud alios videt contemnitque, quam Jupiter, et hoc se magis suspicit, quod Jupiter uti illis non potest, sapiens non vult. Credamus itaque Sextio monstranti pulcherrimum iter et clamanti : « Hac itur ad astra ! hac, secundum frugalitatem; hac, secundum temperantiam; hac, secundum fortitudinem! » Non sunt Dii fastidiosi, non invidi; admittunt, et ascendentibus manum porrigunt. Miraris hominem ad Deos ire? Deus ad homines venit; imo, quod propius est, in homines venit. Nulla sine Deo mens bona est. Semina in corporibus humanis divina dispersa sunt; quæ si bonus cultor excipit, similia origini prodeunt; et paria his, ex quibus orta sunt, surgunt : si malus, non aliter quam humus sterilis ac palustris, necat, ac deinde creat purgamenta pro frugibus. Vale.

EPISTOLA LXXIV.
NIHIL BONUM ESSE, NISI HONESTUM.

Epistola tua delectavit me, et marcentem excitavit;

moire, qui commence à devenir tardive et paresseuse. Pourquoi, mon cher Lucile, ne croirez-vous pas que c'est un grand secret pour vivre heureux, que de se persuader qu'il n'y a point d'autre bien que ce qui est honnête? Il est certain qu'un homme qui renferme toutes les sortes de biens dans ce qui est honnête, est heureux en son âme; et que celui qui s'imagine qu'il y a d'autres biens, se met à la discrétion de la fortune et de la puissance d'autrui. Tantôt il s'affligera d'avoir perdu ses enfants; tantôt il sera chagrin de les voir malades; tantôt il s'attristera de leur mauvaise conduite et des affronts qu'ils auront reçus. Vous verrez celui-ci passionné pour la femme d'autrui; l'autre, jaloux de la sienne. Quelqu'un viendra qui se tourmentera pour avoir manqué une charge qu'il briguait. Il s'en trouvera un autre qui se plaindra de la peine attachée à la sienne. Mais ce qui fait le plus grand nombre de misérables, est la crainte de la mort qui nous menace, et qui peut venir de tous côtés; c'est pourquoi ils jettent les yeux çà et là, et tournent la tête au moindre bruit comme s'ils étaient en pays ennemi. En effet, si l'on ne chasse cette crainte par la raison, on est contraint de vivre dans un tremblement perpétuel. Il s'en présentera d'autres qui auront été bannis et privés de tous leurs biens; d'autres seront pauvres au milieu des richesses, qui est la pauvreté la plus fâcheuse; d'autres auront fait naufrage ou une perte considérable. On en verra d'autres que la haine du peuple ou l'envie (qui est un écueil dangereux pour les gens de bien) aura renversés lorsqu'ils y pensaient le moins, comme un orage qui s'élève durant le calme, ou comme un coup de foudre qui fait même trembler les lieux circonvoisins. Car, comme en cette occasion celui qui était proche du feu n'est pas moins étonné que celui qui en a été frappé; de même, dans les accidents causés par la violence, l'oppression d'un seul fait la crainte de tous les autres, qui ne souffrent pas moins, voyant qu'ils sont exposés à en souffrir autant. Chacun s'émeut quand il voit arriver quelque disgrâce subite à un autre. Les oiseaux s'écartent quand ils entendent le vent d'une fronde, et nous tremblons non-seulement au coup, mais au bruit même qui le précède.

Il est donc impossible d'être heureux, si l'on n'est guéri de cette faiblesse: car il n'y a rien d'heureux que ce qui est intrépide, et l'on ne vit point à son aise parmi la défiance. Quiconque s'engage en des occasions qui dépendent du hasard, s'apprête bien des sujets d'inquiétude et de trouble. Il n'y a qu'une seule voie de se mettre en sûreté: c'est de mépriser les biens de fortune, et de mettre son contentement dans la vertu. Celui qui croit qu'il y a quelque chose de meilleur, ou quelque autre bien dans le monde, tend volontiers la main pour recevoir ce que la fortune lui voudra jeter. Imaginez-vous que la fortune fait des jeux publics, et qu'elle jette, parmi les gens qui sont assemblés, des honneurs, des richesses et de la faveur; une partie se rompt entre les mains de ceux qui se battent dans le pillage; une autre se partage de mauvaise foi entre ceux qui s'étaient associés; une autre a coûté bien cher à ceux qui l'ont amassée; une autre est tombée sur ceux qui n'y songeaient pas; une autre s'est échappée par le trop d'ardeur qu'on avait de l'attraper; une au-

---

memoriam quoque meam, quæ jam mihi segnis ac lenta est, evocavit. Quidni tu, mi Lucili, maximum putes instrumentum beatæ vitæ hanc persuasionem, « unum bonum esse, quod honestum est? » Nam, qui alia bona judicat, in fortunæ venit potestatem, alieni arbitrii fit; qui omne bonum honesto circumscripsit, intra se felix est. Hic amissis liberis mœstus, hic sollicitus ægris, hic turpibus et aliquam passis infamiam tristis; illum videbis alienæ uxoris amore cruciari, illum suæ: non deerit, quem repulsa distorqueat; erunt, quos ipse honor vexet. Illa vero maxima ex omni mortalium populo turba miserorum, quam exspectatio mortis exagitat undique impendens: nihil enim est, unde non subeat. Itaque ut in hostili regione versantibus, huc et illuc circumspiciendum est, et ad omnem strepitum circumagenda cervix. Nisi hic timor e pectore ejectus est, palpitantibus præcordiis vivitur. Occurrent acti in exsilium, et evoluti bonis; occurrent, quod genus egestatis gravissimum est, in divitiis inopes; occurrent naufragi, similiave naufragis passi, quos aut popularis ira, aut invidia, perniciosum optimis telum, inopinantes securosque disjecit, procellæ more, quæ in ipsa sereni fiducia solet emergere, aut fulminis subiti, ad cujus ictum etiam vicina tremuerunt. Nam ut illic, quisquis ab igne propior stetit, percusso similis obstupuit; sic in his per aliquam vim accidentibus, unum calamitas opprimit, cæteros metus, paremque passis tristitiam facit, pati posse. Omnium animos mala aliena ac repentina sollicitant. Quemadmodum aves etiam inanis fundæ sonus territat; ita nos non ad ictum tantum exagitamur, sed ad crepitum.

Non potest ergo quisquam beatus esse, qui huic se opinioni credidit; non enim beatum est, nisi quod intrepidum: inter suspecta male vivitur. Quisquis se multum fortuitis dedit, ingentem sibi materiam perturbationis et inexplicabilem fecit: una hæc via est ad tuta vadenti, et externa despicere, et honesto contentum esse. Nam qui aliquid virtute melius putat, aut ullum præter illam bonum, ad hæc quæ a fortuna sparguntur sinum expandit, et sollicitus missilia ejus exspectat. Hanc imaginem animo tuo propone, ludos facere fortunam, et in hunc mortalium cœtum honores, divitias, gratiam excutere: quorum alia inter diripientium manus scissa sunt; alia infida societate divisa; alia magno detrimento eorum, in quos devenerant, prensa: ex quibus quædam aliud agen-

tre enfin a été arrachée des mains de celui qui l'avait prise avec trop d'avidité. De tous ceux qui ont profité dans ce pillage, il n'y en a pas un seul qui s'en soit réjoui longtemps. De là vient que les plus avisés, dès qu'ils voient apporter ces sortes de présents, quittent le théâtre, sachant bien que ce qui ne vaut guère coûte quelquefois beaucoup. On n'en vient point aux mains avec celui qui se retire. On ne frappe point celui qui s'en va, et l'on ne se bat qu'autour du butin. Il nous en arrive tous les jours autant pour les grâces que la fortune distribue : nous nous échauffons, nous nous empressons, nous voudrions avoir plus de deux mains; nous regardons tantôt l'un, tantôt l'autre ; il nous semble que ce que nous désirons ne vient pas assez vite, quoique nous sachions qu'il ne peut arriver qu'à fort peu de personnes parmi un nombre infini. Nous voudrions sauter en l'air pour le prendre lorsqu'il tombe. Nous avons un plaisir secret d'avoir attrapé quelque chose que d'autres ont manqué. Si notre attente n'est surpassée, il est certain que pour bien peu de profit nous souffrons beaucoup d'incommodités. Retirons-nous donc de ces assemblées, et faisons place à ceux qui se jettent sur les distributions; laissons-les regarder en suspens ces biens que l'on tient en l'air.

Quiconque veut être heureux, il ne faut pas qu'il s'imagine qu'il y ait un autre bien que ce qui est honnête; car s'il croit qu'il y en ait quelque autre, il a mauvaise opinion de la providence divine, puisqu'il arrive beaucoup de malheurs aux gens de bien, et que tout ce qu'elle nous donne est peu de chose et de peu de durée si on le compare à celle de l'u-nivers. De là vient que nous sommes des interprètes méconnaissants des grâces que Dieu nous fait. Nous nous plaignons qu'il nous arrive rarement des biens ; qu'ils sont trop modiques; qu'ils sont incertains; qu'ils sont périssables et qu'ils périront certainement. Cela fait que nous ne voulons ni vivre ni mourir. Nous déplorons la vie, et nous appréhendons la mort; nous sommes toujours irrésolus, et l'état le plus heureux ne nous saurait satisfaire. Ce défaut procède de ce que nous sommes encore éloignés de ce bien suprême et infini où il faut que la volonté s'arrête, puisqu'il n'y a rien au-delà de l'infini. Voulez-vous savoir pourquoi la vertu n'a besoin de rien? C'est parce qu'elle se contente de ce qui est présent, et ne désire point ce qui est à venir. Tout lui est grand, parce que tout lui suffit. Si l'on s'écarte de ces sentiments-là, il n'y a plus de piété ni de foi, parce que pour les pratiquer il se faut résoudre à souffrir beaucoup de ces choses qu'on appelle maux, et à consumer quantité de celles que l'on met au rang des biens. Il n'y aura plus aussi de valeur, parce qu'il la faut faire connaître en payant de sa personne; ni de magnanimité, parce qu'elle ne peut éclater qu'en foulant aux pieds tout ce que le vulgaire adore. Enfin, il ne faut plus parler de bienfait ni de gratitude, car nous les estimerons des corvées s'il n'y a rien qui nous soit plus précieux que de faire notre devoir.

Mais, sans m'arrêter davantage à toutes ces raisons, ou ce qu'on appelle bien ne l'est pas, ou l'homme est plus heureux que Dieu qui n'a pas l'usage des richesses, de la bonne chère, de la compagnie des femmes, ni de tout ce qui fait le plaisir et le divertissement de l'homme. Il faut

---

tibus inciderunt; quædam, quia nimia captabantur, amissa, et, dum avide rapiuntur, expulsa sunt. Nulli vero, etiam cui rapina feliciter cessit, gaudium rapti duravit in posterum. Itaque prudentissimus quisque, quum primum induci videt manuscula, a theatro fugit, et scit magno parva constare. Nemo manum conserit cum recedente, nemo exeuntem ferit: circa præmium rixa est. Idem in his evenit, quæ fortuna desuper jactat. Æstuamus miseri, distringimur, multas habere cupimus manus; modo in illam respicimus : nimis tarde mitti videntur, quæ cupiditates nostras irritant, ad paucos perventura, exspectata omnibus. Ire obviam cadentibus cupimus; gaudemus, si quid invasimus, invadendique alios spes vana delusit : vilem prædam magno aliquo incommodo luimus, aut inde fallimur. Secedamus itaque ab istis ludis, et demus raptoribus locum ! illi spectent bona ista pendentia, et ipsi magis pendeant.

Quicumque beatus esse constituit, unum esse bonum putet, quod honestum est. Nam si ullum aliud existimat, primum male de providentia judicat; quia multa incommoda justis viris accidunt, et quia, quidquid nobis dedit, breve est et exiguum, si compares mundi totius ævo. Ex hac deploratione nascitur, ut ingrati divinorum interpretes simus. Querimur quod non semper, quod et pauca nobis, et incerta, et abitura contingant. Inde est quod nec vivere, nec mori volumus : vitæ nos odium tenet, timor mortis. Nutat omne consilium; nec implere nos ulla felicitas potest. Causa autem est, quod non pervenimus ad illud bonum immensum et insuperabile, ubi necesse est resistat voluntas nostra, quia ultra summum non est locus. — Quæris quare virtus nullo egeat ? — Præsentibus gaudet; non concupiscit absentia; nihil non illi magnum est, quia satis. Ab hoc discede judicio; non pietas constabit, non fides. Multa utramque præstare cupienti patienda sunt ex his quæ mala vocantur; multa impendenda ex his quibus indulgemus tanquam bonis. Perit fortitudo, quæ periculum facere debet sui : perit magnanimitas, quæ non potest eminere, nisi omnia velut minuta contempserit, quæ pro maximis vulgus optat ; perit gratia, et relatio gratiæ æstimatur labor, si quidquam pretiosius fide novimus, si non optima spectamus.

Sed, ut illa prætereas, aut ista bona sunt quæ vocantur, aut homo felicior Deo est, quoniam quidem quæ parata nobis sunt, non habet in usu Deus; nec enim libido

donc conclure que Dieu a faute de biens (ce que l'on ne saurait croire), ou que ceux dont il a faute ne sont pas des véritables biens. Ajoutez à cela que la plupart de ces prétendus biens se trouvent plus amples et plus parfaits dans les animaux que dans les hommes. Ils mangent avec plus d'avidité et d'appétit. Ils ne se lassent pas sitôt dans leurs accouplements; ils ont des forces plus grandes et moins sujettes aux infirmités. Il s'ensuit donc qu'ils sont beaucoup plus heureux que les hommes, mais principalement à cause qu'ils vivent sans malice et sans fraude, que leurs voluptés sont plus grandes et plus faciles, ne leur donnant aucun sujet de crainte ni de repentir. Jugez donc s'il y a de l'apparence de faire passer pour un bien ce que l'homme peut avoir à l'exclusion de Dieu. Logeons dans l'âme le souverain bien; il s'avilirait, sans doute, si de la meilleure partie qui soit en nous, nous le transférions en la plus basse, je veux dire dans les sens que les brutes ont plus certains et plus délicats que nous ne les avons.

Ce n'est pas dans la chair qu'il faut établir notre félicité; car les biens que la raison nous apporte sont solides et perpétuels; ils ne peuvent périr ni même déchoir ou diminuer. Tous les autres ne sont biens que par opinion; ils portent le nom du vrai bien, mais ils n'en ont pas les propriétés. Qu'on les appelle donc commodités, ou revenus, suivant la signification de notre langue; considérons qu'ils ne sont que des accessoires, et non pas des parties de nous-mêmes; permettons qu'ils demeurent chez nous, mais n'oublions pas qu'ils sont hors de nous; mettons-les au rang des choses les plus basses, et qui ne méritent pas qu'on s'en fasse honneur. Y a-t-il rien de plus impertinent que de se glorifier d'un ouvrage que l'on n'a pas fait? Que tout cela soit auprès de nous, mais qu'il n'y soit pas attaché, de peur que, s'il vient à se détacher, il ne nous enlève la peau. Servons-nous-en modestement et sans vanité, comme d'un dépôt, lequel nous devons rendre un jour. On n'en jouit pas longtemps quand on en jouit inconsidérément; car la prospérité se précipite d'elle-même si elle ne se retient. Ces biens inconstants et légers sur lesquels elle s'appuie l'abandonnent bien vite; mais quand ils lui tiendraient compagnie, ce ne serait que pour lui donner du chagrin. Il y en a peu de qui la prospérité finisse doucement et sans faire éclat; tous les autres tombent par la ruine des choses qui les soutenaient, et cela même qui les avait portés en haut, sert pour les tirer en bas. Il faut donc en user avec prudence et modération. Le désordre dissipe facilement les richesses, et les plus grandes ne durent pas longtemps si la raison n'en prend le soin et la conduite. Vous en trouverez la preuve dans le malheur de quantité de villes qui ont été renversées au plus haut point de leur domination, et qui ont perdu par le luxe ce que la vertu leur avait acquis. Il se faut munir contre ces accidents; mais comme il n'y a point de rempart qui puisse tenir contre la fortune, fortifions-nous en dedans : si cet endroit est en sûreté, on peut bien attaquer l'homme, mais on ne le saurait prendre. Voulez-vous savoir quelle est cette fortification? Qu'il ne se fâche jamais pour chose qui lui arrive, et qu'il se représente que les mauvais événements servent

---

ad illum, nec epularum lautitia, nec opes, nec quidquam ex his hominem inescantibus, et vili voluptate ducentibus, pertinet. Ergo aut credibile est, bona Deo deesse; aut hoc ipsum argumentum est, bona non esse, quæ Deo desunt. Adjice quod multa, quæ bona videri volunt, animalibus, quam homini, pleniora contingunt. Illa cibo avidius utuntur; venere non æque fatigantur; virium illis major est et æquabilior firmitas : sequitur ut multo feliciora sint homine. Nam sine nequitia, sine fraudibus degunt; fruuntur voluptatibus, quas et magis capiunt, et ex facili, sine ullo pudoris aut pœnitentiæ metu. Considera tu itaque, an id bonum vocandum sit, quo Deus ab homine vincitur. Summum bonum in animo contineamus; obsolescit si ab optima nostri parte ad pessimam transit, et transfertur ad sensus, qui agiliores sunt animalibus mutis. Non est summa felicitas nostræ in carne ponenda.

Bona illa sunt vera, quæ ratio dat, solida ac sempiterna; quæ cadere non possunt, non decrescere quidem aut minui : cætera opinione bona sunt; et nomen quidem habent commune cum veris, proprietas in illis boni non est. Itaque commoda vocentur, et, ut nostra lingua loquar, producta : cæterum sciamus, mancipia nostra esse, non partes; et sint apud nos, sed ita, ut meminerimus extra nos esse. Etiamsi apud nos sint, inter subjecta numerentur et humilia, propter quæ nemo se attollere debeat. Quid enim stultius quam aliquem eo sibi placere, quod ipse non fecit? Omnia ista nobis accedant, non hæreant; ut, si abducentur, sine ulla nostri laceratione discedant. Utamur illis, non gloriemur; et utamur parce, tanquam depositis apud nos, et abituris. Quisquis illa sine ratione possedit, non diu tenuit : ipsa enim se felicitas, nisi temperatur, premit. Si fugacissimis bonis credidit, cito deseritur; et, ut non deseratur, affligitur. Paucis prosperam felicitatem mollire licuit : cæteri cum bis, inter quæ eminuere, labuntur; et illos degravant ipsa quæ extulerant. Ideo adhibeatur prudentia, quæ modum illis ac parcimoniam imponat; quoniam quidem licentia opes suas præcipitat atque urget, nec unquam immodica durarunt, nisi illa moderatrix ratio compescuit. Hoc multarum tibi urbium ostendet eventus, quarum in ipso flore luxuriosa imperia ceciderunt, et, quidquid virtute partum erat, intemperantia corrupit. Adversus hos casus muniendi sumus. Nullus autem contra fortunam inexpugnabilis murus est : intus instruamur ! Si illa pars tuta est, pulsari homo potest, capi non potest. — Quod sit hoc instrumentum, scire desideras? — Nihil indigne-

à la conservation de l'univers, et qu'on les peut compter entre les choses qui font le train et la variété du monde. Voulons tout ce que Dieu voudra; sachons-nous gré de ne pouvoir être abattus par les adversités ; de tenir la fortune sous nos pieds, et de savoir adoucir par la raison, qui est plus forte que toute autre chose, les disgrâces, les douleurs et les injures. Aimons la raison : son amour nous servira de bouclier pour soutenir les plus rudes assauts. Les bêtes sauvages que la raison ne saurait dompter à cause de leur férocité naturelle, poussées de l'amour de leurs petits, se jettent au travers des pieux et des dards. Quelquefois les jeunes courages pour aller à la gloire passent au milieu des couteaux et des brasiers. Il s'en voit qui courent à la mort pour des sujets qui n'ont que l'ombre et l'apparence de la vertu ; mais comme la raison a plus de force et de constance que tout cela, elle surmontera aussi avec plus de vigueur la crainte et le danger.

Vous ne gagnez rien, dira quelqu'un, pour nier qu'il y ait d'autre bien que ce qui est honnête ; et cela ne vous garantira pas des assauts de la fortune. Vous avouez que c'est un bien d'avoir de sages enfants, un père et une mère vertueux, et d'être établi dans une ville où règnent les bonnes mœurs. Mais si votre ville est assiégée, si vos enfants meurent, si votre père et votre mère sont prisonniers de guerre, vous ne pouvez voir tout cela sans trouble. Je m'en vais rapporter ce que l'on a coutume de répondre pour nous. Je dirai ensuite ce que je crois que l'on y peut ajouter. Il y a certaines choses lesquelles ne nous quittent jamais sans nous laisser des incommodités, comme la santé altérée nous laisse la maladie. Quand nous avons perdu les yeux nous devenons aveugles; quand l'on nous a coupé une jambe nous devenons infirmes et boiteux. Le même inconvénient ne se rencontre pas dans les choses que j'ai ci-devant proposées : car, pour avoir perdu un bon ami, tout le monde ne me devient pas infidèle; pour avoir perdu de bons enfants, l'impiété ne s'arme point aussitôt contre moi ; et puis je ne perds point mon ami ni mes enfants, je ne perds que leurs corps. Mais le bien ne se peut perdre s'il ne se change en mal, ce que la nature ne souffre point, parce que la vertu et tout ce qu'elle produit est exempt de corruption et de changement. D'ailleurs, si vous avez perdu des amis ou des enfants dont vous étiez content, il y a moyen de les remplacer. Demandez-vous comment? Par la vertu même qui les avait faits gens de bien, et qui ne permet pas que rien demeure vide en sa présence, puisqu'elle remplit notre âme, et que nous tenant lieu de toutes choses, elle nous ôte le regret de celles que nous avions perdues. Elle est l'origine et la force de tous les biens. Qu'importe que l'eau du ruisseau soit épuisée ou perdue, si la source demeure en son entier? Par la même raison que vous ne direz pas qu'un homme soit plus juste, mieux réglé, plus prudent, ni plus honnête pour avoir ses enfants en vie que pour les avoir perdus, vous ne devez pas dire aussi qu'il en soit dans une condition plus heureuse. Il en est de même des amis ; leur nombre ou plus grand ou plus petit ne nous rend ni plus sages, ni moins honnêtes gens, ni par-

tur sibi accidere; sciatque, illa ipsa, quibus lædi videtur, ad conservationem universi pertinere, et ex his esse, quæ cursum mundi officiumque consumant. Placeat homini quidquid Deo placuit ; ob hoc se ipsum suaque miretur, quod non potest vinci, quod mala ipsa sub se tenet ; quod ratione, qua valentius nihil est, casum doloremque et injuriam subigit. Ama rationem : hujus te amor contra durissima armabit. Feras catulorum amor in venabula impingit, feritasque et inconsultus impetus præstat indomitas : juvenilia nonnunquam ingenia cupido gloriæ in contemptum tam ferri, quam ignium, misit; species quosdam atque umbra virtutis in mortem voluntariam trudit. Quanto his omnibus fortior ratio est, quanto constantior, tanto vehementior per metus ipsos et pericula exibit.

Nihil agitis, inquit, quod negatis ullum esse aliud honesto bonum! non faciet vos hæc munitio tutos a fortuna et immunes. Dicitis enim inter bona esse liberos pios, et bene moratam patriam, et parentes bonos. Horum pericula non potestis spectare securi ; perturbabit vos obsidio patriæ, liberorum mors, parentum servitus. — Quid adversus hos pro nobis responderi soleat, ponam ; deinde tunc adjiciam, quid præterea respondendum putem. Alia conditio est in his, quæ ablata in locum suum aliquid incommodi substituunt : tanquam bona valetudo vitiata in malam transfertur ; acies oculorum exstincta cæcitate nos afficit; non tantum velocitas periit poplitibus incisis, sed debilitas pro illa subit. Hoc non est periculum in his, quæ paulo ante retulimus. Quare? si amicum bonum amisi, non est mihi pro illo perfidia patienda ; nec, si bonos liberos extuli, in illorum locum impietas succedit. Deinde non amicorum ille aut liberorum interitus, sed corporum est. Bonum autem uno modo perit, si in malum transit; quod natura non patitur, quia omnis virtus et opus omne virtutis incorruptum manet. Deinde, etiamsi amici perierunt, etiamsi probati respondentesque voto patris liberi ; est quod illorum expleat locum. — Quid sit, quæris, quod illos quoque bonos fecerat ? — virtus. Hæc nihil vacare patitur loci ; totum animum tenet, desiderium omnium tollit ; sola satis est, omnium enim bonorum vis et origo in ipsa est. Quid refert an aqua decurrens intercipiatur atque abeat, si fons, ex quo fluxerat, salvus est? Non dices vitam justiorem salvis liberis, quam amissis, nec ordinatiorem, nec prudentiorem, nec honestiorem : ergo ne meliorem quidem. Non facit collectio amicorum sapientiorem, non facit stultiorem detractio :

conséquent plus heureux, ni plus misérable. Tant que la vertu demeure entière, il n'y a point de perte qui se puisse faire sentir. Hé quoi ! un homme qui se voit environné de quantité d'amis et d'enfants n'est-il pas plus heureux qu'un autre? Pourquoi le serait-il? Le souverain bien ne peut croître ni diminuer; il demeure toujours en même état. De quelque manière que la fortune en use avec cette personne, soit en prolongeant ses jours, soit en les abrégeant, la mesure du souverain bien demeure égale, quoique celle de ses années soit différente. Lorsque vous faites deux cercles, l'un grand, l'autre petit, la figure n'est pas différente; il n'y a que la circonférence; quoique l'un demeure et que l'autre soit effacé et recouvert de poussière, il est vrai de dire qu'ils ont été tous deux d'une même figure. Ce qui est droit et juste ne s'estime ni par la grandeur, ni par le nombre, ni par le temps ; on ne le peut étendre ni raccourcir. Réduisez la vie d'un honnête homme à l'espace d'un jour, si vous voulez : elle n'en sera pas moins honnête. Quelquefois la vertu se met au large; elle gouverne des royaumes, des villes et des provinces; elle donne des lois ; elle règle les devoirs entre les amis, les enfants et les proches; quelquefois elle est renfermée dans des bornes plus étroites, et se trouve occupée parmi la pauvreté, l'exil et la perte des enfants; néanmoins elle ne perd rien de sa grandeur, quoique du comble des honneurs elle descende à une vie privée, qu'elle change la pourpre en bure, que du gouvernement d'un État entier elle se remette à la conduite d'une chétive maison ; et qu'enfin chassée de toute la terre, elle n'ait plus de retraite qu'au-dedans d'elle-même. Tout cela n'affaiblit point son courage, sa prudence, ni sa justice. Ainsi elle se trouve toujours également heureuse; car son bonheur qui est stable, grand et tranquille, et qui vient de la connaissance des choses divines et humaines, réside au fond de l'âme. Voici maintenant ce que je voudrais répondre : le sage ne s'affaiblit point de la perte de ses enfants ni de ses amis; car il supporte leur mort avec autant de résolution qu'il attend la sienne ; il ne craint pas davantage celle-ci qu'il ne regrette celle-là. Comme la vertu consiste dans une parfaite convenance, toutes ses actions ont du rapport et de la correspondance avec elle. Mais cette correspondance manquerait si l'âme, qui doit être élevée, se laissait abattre par la douleur, étant certain que ce qui se fait avec étonnement, avec chagrin et avec lenteur, est déshonnête, au lieu que ce qui est honnête est toujours assuré, libre et prêt pour agir. Quoi ! ne sera-t-il point, dans cet état, un homme sujet à quelque espèce de trouble? sa couleur ne changera-t-elle point? son visage ne sera-t-il point ému? ne sentira-t-il point quelque frisson, et ces autres mouvements que la nature excite sans le consentement de la raison? Je n'en doute point ; mais il demeurera toujours persuadé que toutes ces pertes ne sont point un mal, et qu'elles n'ont rien qui soit capable d'ébranler un esprit bien ferme. Tout ce qu'il faudra faire, il le fera d'un air hardi et délibéré, car il n'appartient qu'aux malhabiles de faire les choses à regret, et d'avoir le corps en un endroit et le cœur en l'autre, se laissant ainsi par-

---

ergo nec beatiorem, aut miseriorem. Quamdiu virtus salva fuerit, non senties quid abcesserit.

Quid ergo? non est beatior et amicorum et liberorum turba succinctus? — Quidni non sit? Summum enim bonum nec infringitur, nec augetur; in suo modo permanet, utcumque fortuna se gessit : sive illi senectus longa contigit, sive citra senectutem finitus est, eadem mensura summi boni est, quamvis ætatis diversa sit. Utrum majorem an minorem circulum scribas, ad spatium ejus pertinet, non ad formam : licet alter diu manserit, alterum statim obduxeris, et in eum, in quo scriptus est, pulverem solveris, in eadem uterque forma fuit. Quod rectum est, nec magnitudine æstimatur, nec numero, nec tempore; non magis produci, quam contrahi potest. Honestam vitam ex centum annorum numero in quantum voles corripe, et in unum diem coge; æque honesta est. Modo latius virtus funditur : regna, urbes, provincias temperat, fert leges, colit amicitias, inter propinquos liberosque dispensat officia; modo arcto fine circumdatur paupertatis, exsilii, orbitatis : non tamen minor est, si ex altiore fastigio in privatum, ex regio in humilem subducitur, ex publico et spatioso jure in angustias domus vel anguli coit. Æque magna est, etiamsi in se recessit, undique exclusa ; nihilominus enim magni spiritus est et erecti, exactæ prudentiæ, indeclinabilis justitiæ. Ergo æque beata est : beatum enim illud uno loco positum est, in ipsa mente; stabile, grande tranquillum; quod sine scientia divinorum humanorumque non potest effici.

Sequitur illud, quod me responsurum esse dicebam. Non affligitur sapiens liberorum amissione, non amicorum ; eodem enim animo fert illorum mortem, quo suam exspectat : non magis hanc timet, quam illam dolet. Virtus enim convenientia constat; omnia opera ejus cum ipsa concordant et congruunt : hæc concordia perit, si animus, quem excelsum esse oportuit, luctu aut desiderio submittitur. Inhonesta est omnis trepidatio, et sollicitudo, et in ullo actu pigritia. Honestum enim securum et expeditum est, interritum est, in procinctu stat. — Quid ergo? Non aliquid perturbationi simile patietur? Non et color ejus mutabitur, et vultus agitabitur, et artus refrigescent, et quidquid aliud non ex imperio animi, sed inconsulto quodam naturæ impetu geritur? — Fateor : sed manebit illi persuasio eadem, nihil illorum malum esse, nec dignum ad quod mens sana deficiat. Omnia, quæ facienda erunt, audacter facit et prompte. Hoc enim stultitiæ proprium quis non dixerit, ignave et contumaciter

tager par des mouvements tout contraires. Comme ils se voient méprisés pour les actions dont ils espéraient de la gloire, ils ne trouvent plus de goût à faire ce qu'ils estiment glorieux. S'ils craignent quelque disgrâce, ils ne sont pas moins tourmentés durant qu'ils l'attendent, que si elle était arrivée, et l'appréhension leur fait souffrir par avance ce qu'ils appréhendent de souffrir. Comme il y a des signes qui précèdent les maladies du corps, soit une débilité de nerfs, des lassitudes sans que l'on ait travaillé, des bâillements ou des frissons qui courent dans les membres; de même il y a des maux qui ébranlent un esprit faible avant que de l'abattre ; il les prévient par de vaines réflexions, et tombe avant qu'il soit temps de tomber. Mais qu'y a-t-il de plus ridicule que de se tourmenter de l'avenir, d'anticiper les misères, et de les aller quérir bien loin, au lieu de les éloigner, s'il ne vous est pas possible de les chasser? Voulez-vous voir comme personne ne doit se mettre en peine de l'avenir? Que l'on vous dise qu'après cinquante ans d'ici vous souffrirez quelque supplice; vous ne vous en tourmenterez point dès à présent, si ce n'est que vous vouliez sauter par-dessus ce grand intervalle, et vous jeter mal à propos dans une affliction qui ne doit arriver que longtemps après. Il en est ainsi de ces esprits qui se plaisent en leurs maladies, et qui cherchent des occasions de s'affliger. Les maux passés leur donnent de la tristesse; mais le passé est absent aussi bien que le futur ; nous ne sentons ni l'un ni l'autre. Il ne doit donc pas y avoir de douleur, s'il n'y a point de sentiment.

EPITRE LXXV.

Que c'est bien parler que de dire ce que l'on pense. — Que dans l'étude de la sagesse il y a trois classes. — Qu'il y a différence entre les maladies et les affections de l'âme.

Vous vous plaignez de la négligence de mon style dans les lettres que je vous écris; mais un discours peut-il être recherché sans être fardé? Je vous écris tout de même que je vous parlerais si nous étions ensemble dans le cabinet ou à la promenade, et j'y apporte aussi peu de soin et aussi peu d'ornement. J'aimerais mieux , s'il était possible, vous montrer mes sentiments que de vous les dire , et si j'avais à les soutenir devant vous, je ne hausserais point ma voix , je ne battrais ni des pieds ni des mains, et je laisserais tout cela pour les orateurs. Il me suffirait de vous faire entendre ce que je pense, mais d'une manière ni trop élevée ni trop basse; et je tâcherais de vous persuader que je ne dis rien qui ne soit dans mon cœur aussi bien que dans ma bouche. Un homme ne baise pas ses enfants comme sa maîtresse. Ce baiser-là, toutefois, n'est pas si fort indifférent qu'il n'y paraisse de l'affection. Je ne saurais aussi approuver que l'on traite des choses si relevées avec des paroles sèches et rampantes. La philosophie n'a pas renoncé au bel esprit; mais il ne faut pas employer trop de temps à la politesse du langage. N'ayons point d'autre intention que de dire ce que nous pensons, et de penser ce que nous disons. Que notre vie soit d'accord avec nos paroles. Un homme tient sa promesse , s'il se

---

facere quæ faciat; et alio corpus impellere, alio animum, distrahique inter diversissimos motus? Jam propter illa ipsa , quibus extollit se miraturque, contempta est; et ne illa quidem, quibus gloriatur, libenter facit. Si vero aliquod timetur malum, eo perinde, dum exspectat, quasi venisset urgetur; et, quidquid ne patiatur timet, jam metu patitur. Quemadmodum in corporibus infirmis languorem signa præcurrunt; quædam enim segnitia nervis est, et sine labore ullo lassitudo, et oscitatio, et horror membra percurrens : sic infirmus animus, multo ante, quam opprimatur malis, quatitur ; præsumit illa, et ante tempus cadit. Quid autem dementius, quam angi futuris, nec se tormento reservare, sed accersere sibi miserias et admovere, quas differre optimum est, si discutere non possis? Vis scire, futuro neminem debere torqueri? Quicumque audierit, post quinquagesimum annum sibi patienda supplicia, non perturbatur, nisi si medium spatium transilierit, et se in illam sæculo post futuram sollicitudinem immiserit. Eodem modo fit, ut animos libenter ægros, et captantes causas doloris, vetera atque obliterata contristent. Et quæ præterierunt, et quæ futura sunt, insunt; neutra sentimus. Non est autem, nisi ex eo quod sentias, dolor. Vale.

EPISTOLA LXXV.

PHILOSOPHIAM NON VERBA CAPTARE, ANIMOS CURARE.

Minus tibi accuratas a me epistolas mitti quereris. — Quis enim accurate loquitur, nisi qui vult putide loqui? Qualis sermo meus esset, si una sederemus, aut ambularemus , illaboratus et facilis; tales esse epistolas meas volo, quæ nihil habeant accersitum, nec fictum. Si fieri posset, quid sentiam, ostendere, quam loqui, mallem. Etiam, si disputarem , nec supploderem pedem , nec manu jactarem , nec attollerem vocem : sed ista oratoribus reliquissem , contentus sensus meos ad te pertulisse, quos nec exornassem , nec abjecissem. Hoc unum plane tibi approbare vellem, omnia me illa sentire quæ dicerem; nec tantum sentire, sed amare. Aliter homines amicam, aliter liberos osculantur; tamen in hoc quoque amplexu, tam sancto et moderato, satis apparet affectus. Non, mehercules, jejuna esse et arida volo, quæ de rebus tam magnis dicentur; neque enim philosophia ingenio renuntiat, multum tamen operæ impendi verbis non oportet. Hæc sit propositi nostri summa : quod sentimus, loquamur; quod loquimur, sentiamus; concordet sermo cum vita. Ille promissum suum implevit, qui, et quum vides

trouve le même quand on le voit que quand on l'entend. Nous verrons quel il est et combien il vaut, après que nous aurons vu s'il est toujours un. Ne cherchons point tant l'agrément que le fruit dans nos discours. Que si les belles paroles se présentent d'elles-mêmes, ou qu'elles ne coûtent guère, recevons-les pour faire comprendre les belles matières, et non pas pour nous en faire honneur. Les autres sciences sont toutes pour l'esprit. Celle-ci est toute pour les affaires de l'âme. Un malade ne se soucie point que son médecin sache bien parler, mais qu'il sache bien guérir. Si toutefois il se rencontre qu'en le guérissant il discoure agréablement des remèdes qui lui sont propres, il l'écoutera volontiers; mais il ne se réjouira pas d'avoir un médecin qui parle bien. C'est tout de même que si un pilote était bel homme. Vous pourriez dire à ce médecin : Pourquoi me chatouillez-vous les oreilles? Pourquoi me voulez-vous charmer? Il s'agit bien ici d'autre chose. Il est question de m'appliquer le fer et le feu, ou de m'ordonner la diète. Je vous ai mandé pour cela ; vous avez à traiter un mal invétéré et fâcheux, et vous n'avez pas moins d'affaire qu'un médecin en temps de peste. Je vous dirai aussi : Vous amusez-vous à des paroles? Si vous croyez savoir assez les choses, divertissez-vous, réjouissez-vous, à la bonne heure. Mais quand sera-ce que vous imprimerez si fort dans votre âme ce que vous aurez appris, qu'il ne s'efface jamais? Quand sera-ce que vous en ferez l'épreuve? Car ce n'est pas assez d'avoir mis ces belles connaissances comme d'autres choses dans sa mémoire, il faut encore les mettre en pratique, puisque l'on se rend heureux en les exerçant, et non pas en les acquérant. Mais quoi ! n'y a-t-il point de degrés? Arrive-t-on tout d'un coup à la sagesse? Il s'en faut bien à mon avis; car celui qui commence est encore au nombre des ignorants, quoiqu'il y ait déjà un grand espace entre eux. Il y a même une grande différence entre ceux qui commencent. On les divise ordinairement en trois ordres : les premiers sont ceux qui ne sont pas encore parvenus à la sagesse, et qui sont seulement logés auprès d'elle; mais ce qui est près est encore dehors. Demandez-vous qui sont ces gens-là? Ce sont ceux qui ont quitté leurs vices et leurs mauvaises inclinations, qui ont appris ce qu'ils doivent embrasser ; mais ils n'ont pas encore éprouvé leurs forces, et ne se servent pas de leur avantage; ils sont toutefois hors de danger de retomber ou de reculer; mais ils ne le connaissent pas, et, comme je crois vous avoir écrit dans quelqu'une de mes lettres, ils ne savent pas qu'ils sont savants; ils se voient déjà en possession de leurs biens, mais ils n'osent s'y fier. Quelques-uns disent qu'à la vérité ils sont guéris des maladies de l'âme, mais non pas des affections qui les tiennent encore sur le penchant du vice, dont personne ne se peut dire libre qu'il ne l'ait entièrement chassé; à quoi l'on ne réussit jamais, si l'on n'a mis auparavant la sagesse en sa place. Je vous ai marqué assez souvent la différence qu'il y a entre les maladies et les affections de l'âme; je veux encore vous en faire souvenir. Les maladies sont des vices invétérés et endurcis, comme l'avarice et la trop

---

illum, et quum audias, idem est. Videbimus qualis sit, quantus sit : unus sit. Non delectent verba nostra, sed prosint. Si tamen contingere eloquentia non sollicito potest, si aut parata est, aut parvo constat; adsit; et res pulcherrimas prosequatur. Sit talis, ut res potius, quam se, ostendat. Aliæ artes ad ingenium totæ pertinent; hic animi negotium agitur. Non quærit æger medicum eloquentem, sed sanantem; sed si ita competit, ut idem ille, qui sanare potest, compte de his, quæ facienda sunt, disserat, boni consulet. Non tamen erit, quare gratuletur sibi, quod inciderit in medicum etiam disertum : hoc enim tale est, quare si peritus gubernator etiam formosus est. Quid aures meas scalpis? quid oblectas? aliud agitur : urendus, secandus, abstinendus sum : ad hæc adhibitus es; curare debes morbum veterem, gravem, publicum : tantum negotii habes, quantum in pestilentia medicus. Circa verba occupatus es? jamdudum gaude, si sufficis rebus. Quando multa disces? quando quæ didiceris, affiges tibi, ita ut excidere non possint? quando illa experieris? Non enim, ut cætera, memoriæ tradidisse satis est; in opere tentanda sunt. Non est beatus qui scit illa, sed qui facit.

Quid ergo? infra illum nulli gradus sunt, statim a sapientia præceps est? — Non, ut existimo : nam qui proficit, in numero quidem stultorum est, magno tamen intervallo ab illis diducitur; inter ipsos quoque proficientes sunt magna discrimina. In tres classes, ut quibusdam placet, dividuntur. Primi sunt, qui sapientiam nondum habent, sed jam in vicinia ejus constiterunt. Tamen, etiam quod prope est, extra est. — Qui sint hi, quæris ? — Qui omnes jam affectus ac vitia posuerunt; quæ erant complectenda, didicerunt : sed illis adhuc inexperta fiducia est; bonum suum nondum in usu habent. Jam tamen in illa, quæ fugerunt, decidere non possunt; jam ibi sunt, unde non est retro lapsus; sed hoc illis de se nondum liquet : quod in quadam epistola scripsisse me memini, scire illos nescimut. Jam contigit illis bono suo frui, nondum confidere. Quidam hoc proficientium genus, de quo locutus sum, ita complectuntur, ut illos dicant jam effugisse morbos animi, affectus nondum, et adhuc in lubrico stare; quia nemo sit extra periculum malitiæ, nisi qui totam eam excussit : nemo autem illam excussit, nisi qui pro illa sapientiam assumpsit.

Quid inter morbos animi intersit et affectus, sæpe jam dixi, nunc quoque te admonebo. Morbi sunt inveterata vitia, et dura; ut avaritia, ut ambitio nimia : hæc quum

grande ambition, qui, s'étant emparées de l'âme, sont devenues ses bourreaux perpétuels. Pour le dire en un mot, cette maladie est une opinion déréglée qui fait désirer ardemment des choses qui ne le méritent pas : ou, si vous aimez mieux, c'est une trop grande avidité de ce qui ne doit pas être recherché avec empressement, ou qui ne le doit point être du tout; ou bien, enfin, c'est une haute estime des choses dont on doit faire peu de cas, ou que l'on doit mépriser. Les affections sont des mouvements désordonnés, subits et violents, qui, s'étant rendus fréquents et n'ayant point été corrigés, dégénèrent en maladie, comme une fluxion qui ne dure pas fait la toux, et, quand elle continue longtemps, elle produit enfin la phthisie. De là vient que ceux qui sont bien avancés et qui approchent de la perfection sont exempts des maladies de l'âme; mais ils sont encore sujets aux affections. Le second ordre comprend ceux qui se sont guéris des maladies et des affections de l'âme; mais leur santé n'est pas encore bien affermie, parce qu'ils peuvent retomber. Le troisième regarde ceux qui sont affranchis de beaucoup de vices et bien grands, mais non pas de tous. L'un s'est défait de l'avarice; mais il sent encore la colère. L'autre a quitté les femmes, mais il poursuit encore les hommes. L'autre ne désire plus, mais il craint encore, et, dans sa crainte, il se montre assez ferme en certaines occasions, et paraît lâche en d'autres. Il méprise la mort, et appréhende la douleur. Songeons un peu à ce troisième ordre. Nous ne serons pas malheureux, si nous y sommes admis. Pour entrer dans le second, il faut être heureusement né, et se donner à l'étude avec une extrême application d'esprit. Mais, après tout, ce troisième rang n'est point à mépriser. Considérez combien de méchancetés se font devant vos yeux, et qu'il n'y a plus de crime si énorme dont ce siècle ne fournisse quelque exemple. Voyez le progrès que le vice fait tous les jours, et les désordres qui se commettent aussi bien en public qu'en secret. Vous trouverez que nous ne serons point mal, si nous ne sommes pas du nombre des plus méchants. — Mais, direz-vous, je prétends monter plus haut. — Je le souhaite, et pour vous et pour moi ; mais c'est une chose que je n'oserais me promettre ; car nous sommes préoccupés, et nous voulons suivre la vertu tandis que nous sommes engagés dans le vice. En vérité, j'ai honte de le dire, nous ne songeons à la vertu que quand nous n'avons rien à faire. Mais quelle récompense nous attend, si nous pouvons nous dépêtrer une fois de ces occupations et de ces maux embarrassants où nous sommes attachés? Il n'y aura plus de convoitise qui nous emporte, ni de crainte qui nous inquiète. Nous ne serons plus agités de frayeurs, ni corrompus par les voluptés. Nous n'appréhenderons plus les approches de la mort, ni la colère des dieux. Nous connaîtrons alors que la mort n'est point un mal, et que les dieux ne peuvent être mauvais; que c'est une imperfection de faire du mal, aussi bien que d'en pouvoir souffrir ; que si nous passons un jour de ce lieu plein d'ordures dans ces belles et sublimes demeures, nous y trouverons des choses excellentes et toujours agréables qui nous y attendent, jouissant d'une tranquillité d'esprit et d'une liberté dégagée de

---

semel animum ceperunt, implicuerunt, et perpetua ejus mala esse cœperunt. Ut breviter finiam, morbus est judicium in pravo pertinax, tanquam valde expetenda sint, quæ leviter expetenda sunt: vel, si mavis, ita finiamus : nimis imminere leviter petendis, vel ex toto non petendis, aut in magno pretio habere in aliquo habenda, vel in nullo. Affectus sunt motus animi improbabiles, subiti et concitati; qui, frequentes neglectique, fecere morbum : sicut distillatio una, nec adhuc in morem adducta, tussim facit; assidua et vetus, phthisin. Itaque, qui plurimum profecere, extra morbos sunt; affectus adhuc sentiunt, perfecto proximi. — Secundum genus est eorum, qui et maxima animi mala et affectus deposuerunt, sed ita, ut non sit illis securitatis suæ certa possessio; possunt enim in eadem relabi. — Tertium illud genus, extra multa et magna vitia est, sed non extra omnia: effugit avaritiam, sed iram adhuc sentit; jam non sollicitatur libidine, etiamnunc ambitione; jam non concupiscit, sed adhuc timet, et in ipso metu ad quædam satis firmus est, quibusdam cedit; mortem contemnit, dolorem reformidat.

De hoc loco aliquid cogitemus. Bene nobiscum agetur, si in hunc admittimur numerum. Magna felicitate naturæ, magnaque et assidua intentione studii, secundus occupatur gradus : sed ne hic quidem contemnendus est color tertius. Cogita, quantum circa te videas malorum; adspice quam nullum sit nefas sine exemplo, quantum quotidie nequitia proficiat, quantum publice privatimque peccetur : intelliges satis nos consequi, si inter pessimos non sumus. — Ego vero, inquis, spero me posse et amplioris ordinis fieri. — Optaverim hoc nobis magis, quam promiserim. Præoccupati sumus; ad virtutem contendimus, inter vitia districti : pudet dicere, honesta colimus quantum vacat. At quam grande præmium nos exspectat, si occupationes nostras, et mala tenacissima, abrumpimus? Non cupiditas, non timor nos pellet; inagitati terroribus, incorrupti voluptatibus, nec mortem horrebimus, nec Deos; sciemus mortem malum non esse, Deos malos non esse. Tam imbecillum est, quod nocet, quam cui nocetur : optima vi noxia carent. Exspectant nos, si ex hac aliquando fæce in illud evadimus sublime et excelsum, tranquillitas animi, et, expulsis erroribus, absoluta libertas. — Quæris quæ sit ista? — Non homines timere, non Deos, nec turpia velle, nec nimia; in se

ÉPITRES A LUCILIUS.

toute sorte d'erreurs. Demandez-vous ce que c'est? C'est de ne point appréhender les reproches des hommes, ni des dieux; de ne point désirer des choses superflues ou déshonnêtes, et d'avoir un pouvoir absolu sur ses passions : car c'est un bien qui ne se peut assez estimer, que d'être à soi.

ÉPITRE LXXVI.

Qu'en tout âge il est saison d'apprendre.— Il prouve encore qu'il n'y a point d'autre bien que ce qui est honnête.— Que, pour connaître ce qu'un homme vaut, il ne faut considérer que son âme.

Vous me déclarez que vous ne serez plus mon ami, si je ne vous mande ce que je fais tous les jours. Voyez comme j'agis de bonne foi avec vous. Je ne veux pas vous céler que je vais encore à l'école, et qu'il y a cinq jours que je vais entendre un philosophe qui fait leçon depuis les huit heures. Il est bien temps, me direz-vous. Pourquoi n'est-il plus temps? Quelle folie plus grande que de ne pas vouloir apprendre, parce qu'il y a longtemps que l'on n'a rien appris?—Quoi donc! voulez-vous que je fasse ce que font les jeunes cadets?—En vérité, j'en suis quitte à bon marché, si l'on n'a que ce reproche à faire à ma vieillesse. On est admis à tout âge en cette école-là. Passons-y le reste de nos jours. Rendons-nous-y aussi assidus que si nous étions encore jeunes. Quoi! tout vieux que je suis, j'irai au théâtre, je me ferai porter au Cirque; je me trouverai à tous les combats de gladiateurs, et j'aurai honte d'aller entendre un philosophe! Tant que l'on est ignorant, ou, comme dit le proverbe, tant que l'on vit, il est encore

saison d'apprendre. Il n'y a rien qui se rapporte mieux à cette maxime, qu'il faut apprendre à vivre autant de temps que l'on a à vivre. Je ne laisse pas d'enseigner aussi quelque chose dans ce lieu-là. Le voulez-vous savoir? C'est qu'un homme, quelque vieux qu'il soit, doit toujours apprendre. Au reste, j'ai honte de la conduite de la plupart des hommes. Pour aller à cette école, qui se tient au logis de Métronacte, il faut passer, comme vous savez, devant le théâtre des Napolitains. Il est toujours plein de monde qui n'y va que pour ouïr des joueurs de hautbois, et pour juger qui est le meilleur. Il y a encore un joueur de flûte grec, et un trompette qui ont grande assemblée. Mais ce lieu où l'on apprend à devenir homme de bien est fort mal rempli, et l'on appelle sots et fainéants ceux qui le fréquentent, comme gens incapables de faire rien de bon. Pour moi, je ne me fâcherai point quand on me raillera pour un tel sujet; car il faut écouter froidement les brocards des ignorants, et mépriser le mépris, quand on veut acquérir la vertu. Courage donc, mon cher Lucile! hâtez-vous, afin qu'il ne vous arrive pas comme à moi d'aller à l'école quand vous serez vieux. Vous y êtes d'autant plus obligé que vous avez entrepris une chose qu'à peine pourrez-vous bien savoir, quand vous seriez longtemps vieux. Vous n'y avancerez qu'autant que vous y apporterez d'application. Personne n'est encore devenu sage par hasard. L'argent pourra bien vous venir sans peine. Les honneurs et les charges vous seront peut-être présentés sans que vous les recherchiez; mais la vertu ne vous arrivera jamais qu'après beaucoup de peine et de travail. Mais faut-il

---

ipsum habere maximam potestatem. Inæstimabile bonum est, suum fieri. Vale.

EPISTOLA LXXVI.

SE QUANQUAM SENEM ADHUC DISCERE. — ITERUM NIL BONUM, NISI HONESTUM, PROBAT.

Inimicitias mihi denuntias, si quidquam ex his, quæ quotidie facio, ignoraveris. Vide quam simpliciter tecum vivam : hæc quoque tibi committam. Philosophum audio; et quidem quintum jam diem habeo, ex quo in scholam eo, et ab octava disputantem audio. — Bona, inquis, ætate !—Quidni bona? quid autem stultius est, quam, quia diu non didiceris, non discere? — Quid ergo? idem faciam, quod trossuli et juvenes? — Bene mecum agitur, si hoc unum senectutem meam dedecet. Omnis ætatis homines hæc schola admittit : in hoc senes eamus, ut juvenes sequantur. In theatrum senex ibo, et in circum deferar, et nullum par sine me depugnabit? Ad philosophum ire erubescam! Tamdiu discendum est, quamdiu nescias, si proverbio credimus, quamdiu vivas. Nec ulli hoc rei magis convenit, quam huic; tamdiu discendum

est quemadmodum vivas, quamdiu vivas. Ego tamen illic aliquid et doceo. — Quæris quid doceam? — Etiam seni esse discendum. Pudet autem me generis humani, quoties scholam intravi. Præter ipsum theatrum Neapolitanorum, ut scis, transeundum est Metronactis petentibus domum. Illud quidem fartum est; et ingenti studio, quis sit pythaules bonus, judicatur : habet tubicen quoque Græcus et præco concursum. At in illo loco, in quo vir bonus quæritur, in quo vir bonus discitur, paucissimi sedent : et hi plerisque videntur nihil boni negotii habere quod agant; inepti et inertes vocantur. — Mihi contingat iste derisus : æquo animo audienda sunt imperitorum convicia, et ad honesta vadenti contemnendus est ipse contemptus.

Perge, Lucili, et propera, ne tibi accidat, quod mihi, ut senex discas : imo ideo magis propera, quoniam id nunc aggressus es quod perdiscere vix senex possis. — Quantum, inquis, proficiam? Quantum tentaveris. Quid exspectas? nulli sapere casu obtigit. Pecunia veniet ultro; honor offeretur; gratia ac dignitas fortasse ingeretur tibi : virtus in te non incidet : ne levi quidem opera aut parvo labore cognoscitur; sed est tanti laborare, om-

plaindre sa peine pour gagner en même temps toute sorte de biens? Car il n'y a point d'autre bien que ce qui est honnête, et vous ne trouverez rien de solide ni d'assuré dans ceux que l'opinion des hommes a mis en crédit. Je vous veux dire pourquoi il n'y a point d'autre bien que ce qui est honnête : et parce que vous croyez que je ne m'en suis pas acquitté dans ma dernière lettre, et que j'ai plutôt loué que prouvé cette proposition, je réduirai en peu de paroles ce que j'en ai dit.

Chaque chose a quelque bien en soi qui lui est particulier. On estime la vigne pour sa fécondité ; le vin, pour son goût ; le cerf, à cause de sa vitesse ; un cheval qui a l'échine forte, à cause qu'il est propre à porter des charges. On considère le nez dans le chien, s'il doit détourner la bête ; la vitesse, s'il la doit chasser ; et la hardiesse, s'il doit l'attaquer et l'abattre. En un mot, ce qu'il y a de meilleur en chaque chose, est ce à quoi elle est née, et ce qui la fait estimer. Qu'est-ce qu'il y a de meilleur en l'homme? C'est la raison, puisque par elle il surpasse les animaux et s'approche des dieux. La raison donc est le bien propre de l'homme; ses autres qualités lui sont communes avec les animaux et avec les plantes. Mais il est fort ; les lions le sont aussi : il est beau ; les paons le sont aussi : il est vite ; les chevaux le sont aussi. Je ne veux pas dire qu'il leur est inférieur en toutes ces choses ; car je ne cherche pas ce qu'il a de plus grand, mais ce qu'il a qui lui soit particulier. Vous me direz : Il a un corps ; les arbres en ont aussi : il a un appétit et un mouvement volontaire ; les bêtes et les vermisseaux en ont aussi : il a une voix ; les chiens en ont une bien plus claire, les aigles l'ont plus perçante, les bœufs plus forte, les rossignols plus douce et plus flexible. Mais enfin qu'y a-t-il de particulier en l'homme? La raison. C'est elle qui rend sa félicité accomplie, quand elle est droite et parfaite. Si donc une chose qui est arrivée à la perfection du bien qui est en elle est digne de louange comme ayant rempli la fin pour laquelle la nature l'a produite, l'homme qui a conduit à la perfection son bien particulier, qui est la raison, est digne aussi de louange, étant parvenu au but auquel la nature l'avait destiné. Cette raison parfaite est appelée *Vertu*, ou, si vous voulez, *ce qui est honnête*. Ainsi, le bien qui est en l'homme, est le bien qui appartient à l'homme seul ; car nous ne demandons pas présentement : Qu'est-ce que le bien, mais : Quel est le bien de l'homme? Si l'homme n'en a point d'autre que la raison, il est certain qu'elle est son seul et unique bien, qui vaut mieux que tous les autres. Quand on voit un homme, s'il est méchant, on le blâme aussitôt ; mais, s'il est homme de bien, on en fait estime. C'est donc une chose propre et particulière à l'homme, qui fait qu'on le blâme ou qu'on l'estime.

Je suis persuadé que vous ne doutez pas que cela ne soit un bien ; mais vous doutez qu'il n'y en ait point d'autre. Si un homme, reconnu pour méchant, avait tous les autres biens, la santé, les richesses, la noblesse, et grand nombre de clients, vous le mépriseriez sans doute. Si, au contraire, vous en voyiez un autre qui fût en estime de probité, mais dépourvu d'argent, de noblesse et de clients, vous ne laisseriez pas d'en faire état. C'est donc l'unique bien de l'homme, puisque le pos-

---

nia bona semel occupaturo. Unum est enim bonum, quod honestum; in illis nihil invenies veri, nihil certi, quæcumque famæ placent.

Quare hoc unum sit bonum, quod honestum, dicam : quoniam me parum exsecutum priore epistola judicas, magisque hanc rem tibi laudatam quam probatam putas ; et in arctum, quæ dicta sunt, contraham. Omnia suo bono constant : vitem fertilitas commendat et sapor vini, velocitas cervum. — Quare fortia dorso jumenta sint quæris? — Quia eorum hic unus est usus, sarcinam ferre. In cane sagacitas prima est, si investigare debet feras; cursus, si consequi; audacia, si mordere et invadere. Id in quoque optimum esse debet, cui nascitur, quo censetur. In homine optimum quid est? Ratio : hæc antecedit animalia, Deos sequitur. Ratio ergo perfecta, proprium hominis bonum est; cætera illi cum animalibus satisque communia sunt. Valet? et leones. Formosus est? et pavones. Velox est? et equi. Non dico, in his omnibus vincitur. Non quæro quid in se maximum habeat, sed quid suum. Corpus habet? et arbores. Habet impetum ac motum voluntarium? et bestiæ, et vermes. Habet vocem? sed quanto clariorem canes, acutiorem aquilæ, graviorem tauri, dulciorem mobilioremque luscinii! Quid in homine proprium? Ratio! Hæc, recta et consummata, felicitatem hominis implevit. Ergo, si omnis res, quum bonum suum perfecit, laudabilis est, et ad finem naturæ suæ pervenit; homini autem suum bonum ratio est : si hanc perfecit, laudabilis est, et finem naturæ suæ attigit. Hæc ratio perfecta *Virtus* vocatur; eademque *Honestum* est. Id itaque unum bonum est in homine, quod unum hominis est; nunc enim non quærimus quid sit bonum, sed quod sit hominis bonum. Si nullum aliud est hominis quam Ratio, hæc erit unum ejus bonum, sed pensandum cum omnibus. Si sit aliquis malus, puto improbabitur; si bonus, puto probabitur : id ergo in homine primum solumque est, quo et probatur et improbatur.

Non dubitas an hoc sit Bonum; dubitas an solum Bonum sit. Si quis omnia alia habeat, valetudinem, divitias, imagines multas, frequens atrium, sed malus ex confesso sit, improbabis illum. Item, si quis nihil quidem illorum, quæ retuli, habeat, deficiatur pecunia, clientum turba, nobilitate, et avorum proavorumque serie, sed ex confesso bonus sit, probabis illum. Ergo hoc unum est Bo-

sédant il est estimé, quoique destitué des autres, et que, en étant privé, il est méprisé et rebuté, encore qu'il jouisse de tout ce qui reste de bien dans le monde. Il faut juger des hommes comme des autres choses. On dit un bon vaisseau, non quand il est peint de riches couleurs, qu'il a le bec doré ou argenté, les chambres enrichies d'ivoire, et qu'il est chargé des trésors et de l'équipage d'un prince ; mais s'il est ferme et bien étoffé, s'il ne fait point eau, s'il peut résister aux coups de mer, s'il est aisé à manier, s'il est vite, et s'il prend bien le vent. Vous ne direz pas qu'une épée soit bonne pour être attachée à un baudrier doré, et pour avoir un fourreau garni de pierreries ; mais pour avoir le tranchant bien affilé, et une pointe qui perce tout. On ne demande pas si une règle est belle, mais si elle est droite. On estime toutes les choses par rapport à la fin qui leur est propre. Ainsi, l'on ne considère point en l'homme combien il a de terres, de rentes et de clients, s'il mange assis sur de riches tapis, s'il boit dans le cristal ou dans le vermeil doré, mais seulement s'il est homme de bien. Or, il est homme de bien si sa raison est droite et conforme à la volonté de sa nature. C'est ce qui s'appelle vertu ; c'est ce qui est honnête et l'unique bien de l'homme : car, comme il n'y a que la raison qui rende l'homme parfait, il n'y a aussi que la raison parfaite qui rende l'homme heureux. Or, l'on doit estimer que le seul bien de l'homme est celui qui, seul, produit sa félicité. De là vient que nous appelons bien tout ce qui procède de la vertu, c'est-à-dire toutes ses actions. Mais elle est tellement un bien, qu'il n'y a point de bien sans elle. Si tout le bien réside dans l'âme, il s'ensuit que tout ce qui l'affermit et la rehausse est un bien. Or, il est certain que la vertu donne à l'âme plus de force, d'élévation et d'étendue ; car les choses qui chatouillent les sens l'abaissent et la corrompent ; et lorsqu'elles semblent la vouloir élever, elles la précipitent dans l'orgueil et la vanité. L'âme donc n'a point d'autre bien que ce qui la rend meilleure. La considération de ce qui est honnête et de ce qui ne l'est pas fait toute la conduite de notre vie. C'est par là qu'on se détermine à faire ou à ne faire pas. Je vais vous expliquer ce que c'est. Un homme de bien fera toujours ce qu'il croira pouvoir faire avec honneur, quoiqu'il paraisse difficile, encore même qu'il lui soit préjudiciable et dangereux. Au contraire, il ne fera jamais ce qu'il ne jugera pas honnête, quoiqu'il lui doive apporter de l'argent, du plaisir et de l'autorité. La crainte ne le détournera point d'une entreprise honnête, comme l'espérance ne l'engagera point dans une mauvaise action. Si donc l'homme de bien règle ses actions par ces deux motifs, de suivre ce qui est honnête, et de fuir ce qui est deshonnête, il n'y a point d'autre bien que la vertu, ni d'autre mal que le vice ; et s'il n'y a que la vertu qui ne puisse être altérée, et qui demeure toujours en état, il est vrai de dire qu'il n'y a point d'autre bien que la vertu, puisque rien ne peut faire qu'elle ne soit pas un bien. La sagesse n'est point au hasard de changer ;

num hominis : qui habet, etiam si aliis destituitur, laudandus est ; quod qui non habet, in omnium aliorum copia damnatur ac rejicitur. Quæ conditio rerum, eadem et hominum est. Navis bona dicitur, non quæ pretiosis coloribus picta est, nec cui argenteum aut aureum rostrum est, nec cujus tutela ebore cælata est, nec quæ fiscis ac opibus regiis pressa est ; sed stabilis, et firma, et juncturis aquam excludentibus spissa, ad ferendum incursum maris solida, gubernaculo parens, velox, et non sentiens ventum. Gladium bonum dices, non cui auratus est balteus, nec cujus vagina gemmis distinguitur ; sed cui et ad secandum subtilis acies est, et mucro munimentum omne rupturus. Regula, non quam formosa, sed quam recta sit, quæritur. Eo quidque laudatur, cui comparatur, quod illi proprium est. Ergo in homine quoque nihil ad rem pertinet, quantum aret, quantum fœneret, a quam multis salutetur, quam pretioso incumbat lecto, quam perlucido poculo bibat ; sed quam bonus sit : bonus autem est, si ratio explicita et recta est, et ad naturæ suæ voluntatem accommodata. Hæc vocatur *Virtus* : hoc est *Honestum*, et unicum hominis Bonum. Nam quum sola Ratio perficiat hominem, sola Ratio perfecta beatum facit : hoc autem unum hominis Bonum est, quo uno beatus efficitur.

Dicimus et illa bona esse, quæ a Virtute profecta contactaque sunt, id est, opera ejus omnia. Sed ideo unum ipsa bonum est, quia nullum sine illa est. Si omne in animo bonum est, quidquid illum confirmat, extollit, amplificat, bonum est ; validiorem autem animum, excelsiorem, et ampliorem, facit Virtus. Nam cætera, quæ cupiditates nostras irritant, deprimunt quoque animum et labefaciunt ; et, quum videntur attollere, inflant, ac multa vanitate deludunt. Ergo unum id bonum est, quo melior animus efficitur. Omnes actiones totius vitæ honesti ac turpis respectu temperantur ; ad hæc faciendi et non faciendi ratio dirigitur. Quid sit hoc dicam. Vir bonus, quod honeste se facturum putaverit, faciet, etiam si laboriosum erit ; faciet, etiam si damnosum erit ; faciet, etiam si periculosum erit ; rursus, quod turpe erit, non faciet, etiam si pecuniam afferet, etiam si voluptatem, etiam si potentiam. Ab honesto nulla re deterrebitur, ad turpia nulla spe invitabitur. Ergo, si honestum utique secuturus est, turpe utique vitaturus, et in omni actu vitæ spectaturus hæc duo, nullum aliud bonum quam honestum, nec aliud malum quam turpe ; si una indepravata Virtus est, et sola permanet tenoris sui, unum est bonum virtus : cui jam accidere, ne sit bonum, non potest ; mutationis periculum effugit. Stultitia ad sapientiam erepit ; sapientia in stultitiam non revolvitur.

Dixi, si forte meministi, concupita vulgo et formidata

elle ne peut être ôtée ni retomber dans l'erreur.

Je vous ai dit, si vous vous en souvenez, que bien des gens ont autrefois méprisé, par caprice, des choses que l'on désire ou que l'on craint communément. On a vu l'un mettre sa main dans le feu; un autre rire dans la torture; un autre ne pas jeter une larme à la mort de ses enfants; un autre aller résolument au-devant de la mort; enfin, combien de gens cherchent-ils les périls pour contenter leur amour, leur colère ou leur avarice ! Que si un peu d'opiniâtreté, poussée de je ne sais quel motif, est capable de telles actions, que ne peut pas la vertu qui n'agit point par caprice, et de qui la force est toujours égale ! Il s'ensuit donc que ce qui est méprisé quelquefois des sots, et toujours des sages, n'est ni bon ni mauvais, et qu'il n'y a point d'autre bien que la vertu qui marche fièrement, et la tête levée, entre la bonne et la mauvaise fortune, dédaignant les caresses de l'une, et méprisant les menaces de l'autre. Si vous vous laissez infatuer une fois de cette opinion, qu'il y a quelque autre bien que ce qui est honnête, vous détruisez en même temps toutes les vertus; car on n'en pourra plus acquérir sans regarder quelque chose qui soit hors d'elle; ce qui répugne à la raison, de qui la vertu procède et, à la vérité, qui est toujours compagne de la raison. Or, toute opinion qui est contraire à la vérité est fausse; de plus, il faut que vous demeuriez d'accord qu'un homme de bien révère parfaitement les dieux. Par cette raison, il supportera doucement tout ce qui lui arrivera, sachant que la providence divine, qui conduit toutes choses, l'a ainsi ordonné. S'il fait cela, il ne croira point qu'il y ait d'autre bien que ce qui est honnête. En quoi sont compris tous ses devoirs, d'obéir aux dieux, de ne se point échauffer dans les accidents imprévus, de ne point déplorer son malheur, de se soumettre au destin, et de faire ce qu'il ordonne. Après tout, s'il y avait quelque autre bien que ce qui est honnête, nous serions tourmentés d'un désir insatiable de la vie, et de toutes les choses qui la rendent commode, ce qui serait insupportable et irait à l'infini. Il n'y a donc point d'autre bien, puisqu'il faut le répéter, que ce qui est honnête; car il est toujours réglé.

Nous avons déjà dit que la condition de l'homme serait plus heureuse que celle des dieux, si l'argent, les honneurs, et les autres choses qui ne sont point à l'usage des dieux étaient de véritables biens. Disons maintenant que si les âmes subsistent encore après la dissolution de leurs corps, elles seront sans doute dans un état plus heureux qu'elles n'étaient auparavant. Mais, si les biens dont nous jouissons par le moyen du corps étaient vrais biens, nous serions de pire condition après en être sortis, et il arriverait que la prison serait plus avantageuse que la liberté; ce qui est contre toute apparence. J'ai encore dit ci-devant que si ce qui est commun à l'homme et aux animaux était un bien, il s'ensuivrait que les animaux seraient capables de la vraie félicité; ce qui est absolument impossible. Il faut souffrir toutes choses pour ce qui est honnête; ce qu'il ne faudrait pas faire, s'il y avait quelque autre bien que la vertu.

Quoique j'aie traité cette matière plus au long dans ma lettre précédente, j'ai bien voulu la retoucher, et je la vais raccourcir dans celle-ci.

---

inconsulto impetu plerosque calcasse. Inventus est, qui flammis imponeret manum; cujus risum non interrumperet tortor; qui in funere liberorum lacrimam non mitteret; qui morti intrepidus occurreret; amor, ira, cupiditas, pericula depoposcerunt. Quod potest brevis obstinatio animi, aliquo stimulo excitata, quanto magis Virtus, quæ non ex impetu, nec subito, sed æqualiter valet; cui perpetuum robur est? Sequitur ut, quæ ab inconsultis sæpe contemnuntur, a sapientibus semper, ea nec bona sint, nec mala. Unum potius ipsa Virtus est, quæ inter hanc fortunam et illam superba incedit, cum magno utriusque contemptu.

Si hanc opinionem receperis, aliquid bonum esse præter honestum, nulla non virtus laborabit; nulla enim obtineri poterit, si quidquam extra se respexerit. Quod si est, rationi repugnat, ex qua virtutes sunt; et veritati, quæ sine ratione non est: quæcumque autem opinio veritati repugnat, falsa est. Virum bonum concedas necesse est summæ pietatis erga Deos esse; itaque, quidquid illi acciderit, æquo animo sustinebit; sciet enim, id accidisse lege divina, qua universa procedunt. Quod si est, unum illi bonum erit, quod honestum; in hoc enim positum est et parere Diis, nec excandescere ad subita, nec deplorare sortem suam; sed patienter excipere fatum, et facere imperata. Si enim ullum aliud est bonum quam honestum, sequetur nos aviditas vitæ, aviditas rerum vitam instruentium; quod est intolerabile, infinitum, vagum. Solum ergo Bonum est Honestum; cui modus est. Diximus hominum, futuram feliciorem vitam quam Deorum, si ea bona sunt, quorum nullus Diis usus est; tanquam pecunia, et honores. Adjice nunc, quod, si modo solutæ corporibus animæ manent, felicior illis status restat, quam est, dum mersantur in corpore. Atqui, si ista bona sunt, quibus per corpora utimur, emissis erit pejus; quod contra fidem est, feliciores esse liberis et in universum datis clusas et obsessas. Illud quoque dixeram, si bona sunt ea, quæ tam homini contingunt quam mutis animalibus, et muta animalia beatam vitam actura : quod fieri nullo modo potest. Omnia pro Honesto patienda sunt; quod non erat faciendum, si esset ullum aliud bonum, quam Honestum.

Hæc, quamvis latius exsecutus essem priore epistola, constrinxi, et breviter percurri. Nunquam autem vera tibi opinio talis videbitur, nisi animum alleves, et te ipse

Au reste, sachez que vous n'entrerez jamais dans ces sentiments, à moins que vous n'éleviez votre esprit et que vous ne vous demandiez si en cas qu'il fallût mourir pour votre patrie et sauver la vie de vos concitoyens par la perte de la vôtre, vous donneriez sans peine, et même volontairement, votre tête. Si vous le pouvez faire, il faut conclure qu'il n'y a point d'autre bien, puisque vous laissez toutes choses pour l'acquérir. Voyez quelle force et quelle étendue a le bien honnête: vous mourrez pour la république au même temps que vous en aurez pris la résolution, quoique vous ne l'exécutiez pas aussitôt. Quelquefois une belle action donne bien de la joie en peu de temps; et quoique le fruit qui en provient ne passe point jusqu'aux morts qui en sont les auteurs, si est-ce qu'ils en ont joui par avance : car, quand un homme d'honneur et de courage se représente que la liberté de sa patrie et le salut de tout un pays est le prix de sa mort, il ne faut point douter que ce ne lui soit un plaisir bien doux, et qu'il ne goûte déjà le succès de son action. Celui même qui se verra privé de la joie que donne l'exécution d'une grande entreprise, quand elle réussit, ne laissera point d'aller à grands pas à la mort, se contentant d'avoir fait ce que l'honneur et la piété désiraient de lui. Proposez-lui maintenant ce qui le pourra détourner. Dites-lui : On aura bientôt oublié ce que vous aurez fait, vous obligerez des gens qui n'en auront guère de reconnaissance ; il vous répondra : Tout cela n'a rien de commun avec mon action; je la considère toute seule, et je sais bien qu'elle est honnête. C'est pourquoi je suis résolu d'aller en quelque lieu qu'elle m'appelle. Ainsi vous voyez qu'il n'y a point d'autre bien que ce qui est honnête, puisqu'il se fait sentir, non-seulement à un homme d'éminente vertu, mais encore à tout autre qui sera généreux et bien né.

En vérité, tous les autres biens sont de légère considération et de courte durée. De là vient qu'on les possède avec inquiétude, quoique la fortune les ait donnés à pleines mains ; ils sont naturellement pesants; ils chargent leurs maîtres, et quelquefois ils les accablent. Tous ces gens que vous voyez porter la pourpre ne sont pas plus heureux que ceux qui, dans les comédies, portent le sceptre et le manteau royal. Ils se promènent devant le peuple, étant chaussés à l'avantage. Mais sont-ils sortis du théâtre, on les déchausse aussitôt, et ils reprennent leur première taille. Vous n'en trouverez pas un de tous ceux que les richesses et les charges ont mis sur la tête des autres, qui soit grand en effet. Pourquoi donc vous semblent-ils grands? C'est que vous ajoutez la mesure de la base à celle de la statue. Un nain sera toujours petit, quoiqu'on le mette au sommet d'une montagne; et un colosse toujours grand, quand on le mettrait au fond d'un puits. Voici notre erreur et ce qui nous trompe d'ordinaire : nous n'estimons pas la personne seule; nous estimons encore ses habits et son équipage. Mais quand vous voudrez savoir au vrai la valeur de quelqu'un, regardez-le tout nu; dépouillez-le de ses richesses, de ses charges et des autres avantages dont la fortune l'a paré; détachez-le même de son corps, et considérez son âme; voyez ce que c'est, et si elle est grande de son fonds ou de celui d'autrui. S'il re-

---

interroges : si res exegerit, ut pro patria moriaris, et salutem omnium civium tua redimas, an porrecturus sis cervicem, non tantum patienter, sed etiam libenter? Si hoc facturus es, nullum aliud bonum est : omnia relinquis, ut hoc habeas. Vide quanta vis Honesti sit. Pro republica morieris, etiam si statim facturus hoc eris, quum scieris tibi esse faciendum. Interdum ex re pulcherrima magnum gaudium, etiam tempore exiguo ac brevi, capitur, et, quamvis fructus operis peracti nullus ad defunctum exemplumque rebus humanis pertineat, ipsa tamen contemplatio futuri operis juvat; et vir fortis ac justus, quum mortis suæ pretia ante se posuit, libertatem patriæ, salutem omnium, pro quibus dependit animam, in summa voluptate est, et periculo suo fruitur. Sed ille quoque, cui etiam hoc gaudium eripitur, quod tractatio operis maximum et ultimum præstat, nihil cunctatus desiliet in mortem, facere recte pieque contentus. Oppone etiam nunc illi multa, quæ dehortentur. Dic : Factum tuum matura sequetur oblivio, et parum grata existimatio civium; respondebit tibi : Ista omnia extra opus meum sunt, ego ipsum contemplor : hoc esse honestum scio; itaque, quocumque ducit ac vocat, venio.

Hoc ergo unum Bonum est, quod non tantum perfectus animus, sed generosus quoque et indolis bonæ sentit; cætera levia sunt, mutabilia. Itaque sollicite possidentur: etiam si favente fortuna in unum congesta sunt, dominis suis incumbunt gravia, et illos semper premunt, aliquando et elidunt. Nemo ex istis, quos purpuratos vides, felix est, non magis, quam ex illis, quibus sceptrum et chlamydem in scena fabulæ assignant : quum, præsente populo, elati incesserunt et cothurnati, simul exierunt, excalceantur, et ad staturam suam redeunt. Nemo istorum, quos divitiæ honoresque in altiore fastigio ponunt, magnus est. Quare ergo magnus videtur? Cum basi illum sua metiris! Non est magnus pumilio, licet in monte constiterit; colossus magnitudinem suam servabit, etiam si steterit in puteo. Hoc laboramus errore, sic nobis imponitur, quod neminem æstimamus eo quod est, sed adjicimus illi et ea, quibus adornatus est. Atqui quum volues veram hominis æstimationem inire, et scire qualis sit, nudum inspice. Ponat patrimonium, ponat honores, et alia fortunæ mendacia, corpus ipsum exuat : animum intueri, qualis quantusque sit, alieno, an suo, magnus. Si rectis oculis gladios micantes videt, et si scit, sua nihil

garde sans s'effrayer des épées nues tirées contre lui, et s'il croit qu'il lui est indifférent de rendre l'esprit par la bouche ou par la gorge, dites qu'il est heureux. Dites-le encore, s'il ne perd point sa contenance lorsqu'on lui prononcera l'arrêt de son supplice, ou qu'on lui fera savoir quelques-unes de ces disgrâces que peut causer le hasard ou la tyrannie, comme la prison, l'exil et les autres choses qui troublent par de vaines frayeurs l'imagination des hommes ; et s'il dit :

> O Vierge, je suis fait dès longtemps aux travaux,
> Je n'en trouverai point les visages nouveaux :
> Je me suis des malheurs une image tracée,
> Et je les ai déjà vaincus par ma pensée.

« C'est un avis que vous me donnez aujourd'hui ; il y a longtemps que je me l'étais donné. J'ai disposé l'homme à souffrir tout ce qui est de la condition de l'homme. » Certainement un coup n'est pas si rude quand il est prévu. Mais les sots qui s'abandonnent à la discrétion de la fortune sont toujours surpris et étonnés quand le mal se présente ; d'où vient que chez ces sortes de gens la nouveauté fait la plus grande partie de leur mal ; ce qu'on reconnaît en ce qu'ils le prennent en gré quand ils y sont accoutumés. C'est par cette raison que le sage se rend familiers les maux qui sont à venir, et qu'il adoucit par une longue méditation ce que les autres ne sauraient amoindrir que par une longue souffrance. Nous entendons quelquefois dire à des ignorants : Je ne savais pas que cela me pût encore arriver. Mais le sage sait que tout lui peut arriver, et quelque malheur qui lui arrive, il peut dire : Je le savais bien.

ÉPITRE LXXVII.

Que personne ne veut mourir, quoiqu'on sache que c'est une nécessité. — Que l'on ne doit point considérer la durée, mais bien la fin de la vie.

Si vous êtes en santé, tout va bien. Nous avons aujourd'hui découvert en mer les navires d'Alexandrie, qui ont coutume de venir devant pour donner avis de l'arrivée de la flotte. On les appelle les *Messagères*. La province que nous appelons Campanie est toujours bien aise de les voir. Tous les habitants de Pouzzol accourent au port, et reconnaissent les vaisseaux d'Alexandrie à la forme de leurs voiles, entre une infinité d'autres ; car il n'y a qu'eux qui puissent retenir le bourset que l'on met au plus haut du vaisseau ; étant une chose certaine que c'est le haut de la voile qui lui donne la chasse. C'est pourquoi, quand le vent est trop violent, on baisse l'antenne, parce qu'il n'est pas si fort quand il donne par bas. Aussitôt qu'ils ont abordé à l'île de Caprée et à ce cap

> Où Pallas sur un roc toujours battu des vents
> Va voir de loin les mers,

on oblige tous les autres vaisseaux de se contenter d'une voile ; mais on laisse le bourset à ceux d'Alexandrie, pour les distinguer. Parmi tout ce monde qui courait au bord de la mer, je fus satisfait de ma paresse, qui m'empêcha d'aller quérir en diligence les lettres que j'attendais, et de témoigner de l'empressement pour savoir des nouvelles des affaires que j'ai en ce pays-là ; car il y a longtemps qu'il ne se fait plus ni gain ni

interesse, utrum anima per os, an per jugulum exeat, beatum voca : si, quum illi denuntiata sunt corporis tormenta, et quæ casu veniunt, et quæ potentioris injuria, si vincula, et exsilia, et vanas humanarum formidines mentium securus audit, et dicit :

> . . . . Non ulla laborum,
> O Virgo, nova mi facies inopinave surgit :
> Omnia præcepi, atque animo mecum ante peregi.

« Tu hodie ista denuntias, ego semper denuntiavi mihi, et hominem paravi ad humana. » Præcogitati mali mollis ictus venit. At stultis et fortunæ credentibus omnis videtur nova rerum et inopinata facies : magna autem pars est apud imperitos mali novitas. Hoc ut scias, ea quæ putaverunt aspera, fortius, quum assuevere, patiuntur. Ideo sapiens as uescit futuris malis, et, quæ alii diu patiendo levia faciunt, hic levia facit diu cogitando. Audimus aliquando voces imperitorum, dicentium : Sciebam hoc mihi restare ! Sapiens scit sibi omnia restare ! quidquid factum est, dicit : Sciebam. Vale.

EPISTOLA LXXVII.

DE CLASSE ALEXANDRINA. — DE MORTE MARCELLINI.

Subito hodie nobis Alexandrinæ naves apparuerunt, quæ præmitti solent et nuntiare secuturæ classis adventum ; *tabellarias* vocant. Gratus illarum Campaniæ aspectus est ; omnis in pilis Puteolorum turba consistit, et ex ipso genere velorum Alexandrinas, quamvis in magna turba navium, intelligit ; solis enim licet siparum intendere, quod in alto omnes habent naves. Nulla enim res æque adjuvat cursum, quam summa pars veli ; illinc maxime navis urgetur. Itaque, quoties ventus increbuit, majorque est quam expedit, antenna submittitur ; minus habet virium flatus ex humili. Quum intravere Capreas et promontorium ex quo

> Alta procelloso speculatur vertice Pallas,

cæteræ velo jubentur esse contentæ, siparum Alexandrinarum insigne est.

In hoc omnium discursu properantium ad littus magnam ex pigritia mea sensi voluptatem, quod, epistolas meorum accepturus, non properavi scire, quis illic esset rerum mearum status, quid afferent. Olim jam nec perit

perte pour moi. C'est un sentiment qu'il faudrait toujours que j'eusse, quand même je ne serais pas si vieux ; mais à présent je le dois avoir plus que jamais, puisque j'ai plus de biscuit que je n'ai de chemin à faire, et que rien ne m'oblige à le faire tout entier. Le voyage sera imparfait, à la vérité, si vous n'allez pas jusqu'au lieu où vous prétendiez ; mais la vie sera parfaite, si elle est honorable ; vos années seront complètes, si vous les finissez bien, et l'on peut quelquefois les finir avec courage en des occasions qui ne sont pas fort considérables ; aussi bien celles qui nous retiennent dans la vie ne le sont guère. Tullius Marcellinus, que vous avez connu, était un jeune homme doux et qui devint vieux de bonne heure ; se voyant travaillé d'une longue et fâcheuse maladie qui n'était pas incurable, mais qui le rendait esclave des médecins, il assembla plusieurs de ses amis pour délibérer s'il avancerait sa mort. Chacun opinait selon le penchant de son humeur : le timide lui donnait le conseil qu'il aurait pris pour lui-même, et le flatteur disait ce qu'il jugeait qui lui pourrait plaire. Un stoïcien de nos amis, galant homme, et, pour lui donner le titre qu'il mérite, grand et courageux personnage, lui parla, à mon avis, fort à propos. Voici comme il s'y prit. « Ne vous tourmentez pas, mon cher Marcellinus, comme si vous aviez à délibérer d'une grande affaire. Ce n'est pas si grande chose que de vivre, puisque tous vos valets et tous les animaux vivent aussi bien que vous ; mais c'est beaucoup que de mourir avec prudence et avec courage. Songez combien il y a longtemps que vous faites la même chose, que vous mangez, que vous dormez, et que vous prenez vos plaisirs ; c'est toujours à recommencer. Un homme dégoûté de la vie peut aussi facilement se résoudre à la mort que le plus constant ou le plus misérable. » Marcellinus n'avait pas besoin d'être excité, mais seulement d'être aidé ; ses serviteurs ne voulaient pas lui obéir. Notre ami commença à leur ôter la peur, en leur disant que les domestiques ne couraient fortune que lorsqu'il était incertain si la mort de leur maître avait été volontaire, et qu'en cette autre occasion ils ne seraient pas moins coupables pour l'avoir empêché de mourir que s'ils l'avaient fait mourir. Ensuite il dit à Marcellinus que l'humanité voulait qu'à la fin de la vie on laissât quelque chose à ceux qui nous avaient assistés de leur ministère ; de même qu'après le repas on distribue les viandes qui sont restées à ceux qui les ont servies. Marcellinus était facile et donnait volontiers du sien. Aussi donna-t-il quelque petite somme d'argent à chacun de ses serviteurs, et, voyant qu'ils se fondaient en larmes, il tâcha de les consoler. Il n'eut pas besoin d'employer le fer, ni de répandre son sang ; il demeura seulement trois jours sans manger, et fit mettre un lit dans sa chambre ; puis on y apporta une cuvette, où il demeura assez longuement, y faisant souvent verser de l'eau chaude. Par ce moyen, il perdit ses forces petit à petit, non sans quelque plaisir, disait-il, comme est celui qui accompagne un léger évanouissement ; de quoi j'ai quelque expérience pour m'être autrefois trouvé dans cet état.

Je vous ai fait ce conte, qui peut-être ne vous

quidquam mihi, nec acquiritur. Hoc, etiam si senex non essem, fuerat sentiendum ; nunc vero multo magis, quia, quantumcumque haberem, tamen plus jam mihi superesset viatici, quam viæ ; præsertim quum eam viam simus ingressi, quam peragere non est necesse. Iter imperfectum erit, si in media parte, aut citra petitum locum steteris ; vita non est imperfecta, si honesta est. Ubicumque desines, si bene disinis, tota est. Sæpe autem et fortiter desinendum est, et non ex maximis causis : nam nec maximæ sunt, quæ nos tenent.

Tullius Marcellinus, quem optime noveras, adolescens quietus et cito senex, morbo, et non insanabili, correptus, sed longo et molesto, et multa imperante, cœpit deliberare de morte. Convocavit complures amicos : unusquisque, aut quia timidus erat, id illi suadebat, quod sibi suasisset ; aut quia adulator et blandus, id consilium dabat, quod deliberanti gratius fore suspicabatur. Amicus noster Stoicus, homo egregius, et, ut verbis illum quibus laudari dignus est laudem, vir fortis ac strenuus, videtur mihi optime illum cohortatus. Sic enim cœpit : « Noli, mi Marcelline, torqueri, tanquam de re magna deliberes ! Non est res magna vivere ; omnes servi tui vivunt, omnia animalia : magnum est honeste mori, prudenter, fortiter. Cogita quamdiu jam idem facias : cibus, somnus, libido ; per hunc circulum curritur. Mori velle non tantum prudens et fortis, aut miser, sed etiam fastidiosus potest. » Non opus erat suasore illi, sed adjutore : servi parere nolebant. Primum detraxit illis metum, et indicavit, tunc familiam periculum adire, quum incertum esset, an mors domini voluntaria fuisset ; alioqui tam mali exempli esset occidere dominum, quam prohibere. Deinde ipsum Marcellinum admonuit, non esse inhumanum, quemadmodum cœna peracta reliquiæ circumstantibus dividuntur, sic peracta vita aliquid porrigi his, qui totius vitæ ministri fuissent. Erat Marcellinus facilis animi, et liberalis, etiam quum de suo fieret : minutas itaque summulas distribuit flentibus servis, et illos ultro consolatus est. Non fuit illi opus ferro, non sanguine : triduo abstinuit, et in ipso cubiculo poni tabernaculum jussit. Solium deinde illatum est, in quo diu jacuit ; et, calda subinde suffusa, paulatim defecit, ut aiebat, non sine quadam voluptate, quam afferre solet lenis dissolutio, non inexperta nobis, quos aliquando liquor animus.

In fabellam excessi, non ingratam tibi ; exitum enim amici tui cognosces, non difficilem, nec miserum. Quam-

déplaira pas, voyant que la fin de votre ami a été si aisée et si tranquille; car, quoiqu'il se soit donné la mort, il est toutefois parti si doucement que l'on peut dire qu'il s'est dérobé à la vie. Mais je ne prétends pas que cet exemple soit tout à fait inutile. La nécessité oblige quelquefois d'avoir recours à de semblables; car, bien souvent, nous devrions mourir et nous ne le voulons pas; souvent aussi nous mourons et nous ne le voudrions pas. Tout le monde sait que l'on doit mourir un jour; et toutefois il n'y a personne qui ne recule, qui ne tremble et qui ne pleure aux approches de la mort. Ne diriez-vous pas qu'un homme aurait perdu l'esprit, qui s'affligerait de n'être pas venu au monde il y a mille ans? Je n'estime pas moins fou celui qui pleure de ce que dans mille ans il ne sera plus en vie. Cela est égal, vous ne serez plus, vous n'avez pas été; ces deux temps ne sont point à vous; vous êtes renfermé dans un point, lequel s'il vous était permis d'étendre, quelle étendue lui pourriez-vous donner? Pourquoi pleurez-vous? Que désirez-vous? Vous perdez votre peine.

   Croyez-vous qu'une voix à prier obstinée
   Change l'ordre des dieux et de la destinée ?

Il est fixe et arrêté; c'est un décret éternel qui l'a établi; vous irez où toutes choses vont. Pourquoi vous en étonnez-vous? Vous êtes né sous cette loi. Votre père, votre mère et vos ancêtres y ont obéi. Tous ceux qui sont venus devant vous l'ont soufferte, et ceux qui viendront après vous n'en seront pas exempts. Il y a un ordre invincible et invariable qui enveloppe et entraîne toutes choses. O que vous aurez de suivants après votre mort! ô que vous aurez de compagnons! Vous se-

riez, ce me semble, plus hardi si vous en voyiez beaucoup d'autres mourir avec vous; mais, au moment que vous appréhendez de mourir, il y a une infinité d'hommes et d'animaux qui meurent en différentes manières. Eh quoi! ne songiez-vous pas que vous arriveriez un jour au lieu où vous alliez tous les jours? Il n'y a point de chemin qui n'ait quelque bout. Vous vous imaginez que je vais vous citer des exemples de ces grands personnages de l'antiquité; je ne veux produire que des enfants.

On dit qu'un jeune garçon de Lacédémone, étant prisonnier de guerre, criait en son langage dorique : Je ne servirai point! Il tint sa parole; car, au même temps qu'on lui commanda d'apporter un pot de chambre, il se cassa la tête contre un mur. Peut-on se résoudre à la servitude, ayant la liberté si proche de soi? N'aimeriez-vous pas mieux que votre fils mourût de la sorte que de le voir vieillir dans la fainéantise? Après tout, quand vous ne voudriez pas suivre, on vous traînerait : faites de vous-même ce qu'on vous forcerait de faire. N'aurez-vous pas autant de courage qu'un enfant, pour dire : Je ne servirai point? Malheureux que vous êtes, n'êtes-vous pas esclave des hommes, des affaires et de votre vie? Car la vie est une servitude quand on n'a pas le courage de la pouvoir terminer. Qu'avez-vous encore à attendre? Vous avez épuisé tous les plaisirs qui vous retiennent attaché; il n'y en a plus de nouveaux pour vous, ni même qui ne vous donnent du dégoût. Vous connaissez parfaitement la sève du vin et de la malvoisie. Qu'importe-t-il qu'il vous en passe encore cent ou mille barils dans le ventre?

vis enim mortem sibi consciverit, tamen mollissime excessit, et vita elapsus est. Sed ne inutilis quidem hæc fabella fuerit : sæpe enim talia exempla necessitas exigit. Sæpe debemus mori, nec volumus : morimur, nec volumus. Nemo tam imperitus est, ut nesciat quandoque moriendum; tamen quum prope accessit, tergiversatur, tremit, plorat. Nonne tibi videbitur stultissimus omnium, qui fleverit, quod ante annos mille non vixerat? Æque stultus est, qui flet, quod post annos mille non vivet? Hæc paria sunt : non eris, nec fuisti. Utrumque tempus alienum est. In hoc punctum conjectus es, quod, ut extendas, quousque extendes? Quid fles? quid optas? perdis operam!

   Desine fata Deum flecti sperare precando.

Rata et fixa sunt, et magna atque æterna necessitate ducuntur. Eo ibis, quo omnia eunt. Quid tibi novum est? Ad hanc legem natus es; hoc patri tuo accidit, hoc matri, hoc majoribus, hoc omnibus ante te, hoc omnibus post te. Series invicta, et nulla mutabilis ope, illigat ac trahit cuncta. Quantus te populus mortuorum præcessit! quantus moriturorum sequetur! quantus comitabitur!

Fortior, ut opinor, esses, si multa millia tibi commorerentur. Atqui multa millia hominum et animalium hoc ipso momento, quo tu mori dubitas, animam variis generibus emittunt. Tu autem non putabas te aliquando ad id perventurum, ad quod semper ibas? Nullum sine exitu iter est.

Exempla nunc magnorum virorum me tibi judicas relaturum? puerorum referam. Lacon ille memoriæ traditur impubes adhuc, qui captus clamabat: Non serviam! sua illa dorica lingua; et verbis fidem imposuit. Ut primum jussus est fungi servili et contumelioso ministerio, (afferre enim vas obscœnum jubebatur), illisum parieti caput rupit. Tam prope libertas est! et servit aliquis? Ita non sic perire filium tuum malles, quam per inertiam senem fleri? Quid ergo est, cur perturberis, si mori fortiter etiam puerile est? Puta nolle te sequi, duceris. Fac tui juris, quod alieni est. Non sumes pueri spiritum? ut dicas : Non servio! Infelix, servis hominibus, servis rebus, servis vitæ. Nam vita, si moriendi virtus abest, servitus est. Et quid habes, propter quod expectes? Voluptates, quæ te morantur ac retinent, consumpsisti : nulla tibi nova est; nulla non jam odiosa ipsa satietate. Quis

Ce n'est toujours que le même sac. Vous savez quel goût ont les huîtres et les autres mets friands. Enfin, votre luxe n'a rien réservé qui puisse vous donner de l'envie. Voilà pourtant les choses dont vous avez peine de vous détacher. Car, que peut-il y avoir, d'ailleurs, que vous ayez regret de quitter? vos amis? votre patrie? Mais l'estimez-vous à ce point, que pour sa considération vous en voulussiez souper plus tard? Vous éteindriez volontiers le soleil, s'il vous était possible; car, qu'avez-vous jamais fait qui soit digne d'être mis au jour? Avouez que ce n'est point pour l'amour du sénat, des affaires, ni du monde, que vous tardez à vous résoudre à la mort; il vous fâche de laisser le marché et la boucherie où quelquefois vous ne laissez rien. Vous avez peur de la mort, et cependant vous la défiez si hardiment au milieu de la débauche. Vous voulez vivre et craignez de mourir. Mais, sans mentir, la vie que vous menez, n'est-elle pas une mort?

César, passant par la rue, un prisonnier, qui avait une vieille barbe qui lui pendait jusque sur la poitrine, le pria qu'on le fît mourir. Il lui répondit: « Quoi! penses-tu être encore en vie? » C'est ce qu'il faut dire à ceux à qui la mort serait utile. Vous avez peur de mourir? Eh quoi! pensez-vous être en vie? — Mais je veux vivre, dira quelqu'un, parce qu'il y a bien des choses que je fais avec honneur; et j'abandonne avec regret des devoirs dont je m'acquitte, ce me semble, assez fidèlement. — Et ne savez-vous pas que c'est un des devoirs de la vie que de mourir? Vous n'aurez point pour cela omis tous les autres; car on ne vous en a pas prescrit un nombre que vous soyez obligé de rendre complet. Votre vie sera assez longue; car si vous m'allez parler de la durée de l'univers, la vie de Nestor se trouverait courte, aussi bien que celle de Statilia, qui fit graver sur sa tombe qu'elle avait vécu quatre-vingt-dix-neuf ans. Voyez comme une vieille se glorifie d'avoir vécu longtemps. N'eût-elle pas été insupportable s'il lui fût arrivé d'attendre la centième année, et de faire un siècle entier? Il en va de notre vie comme d'une comédie: on ne regarde pas si elle a été longue, mais si elle a été bien représentée. Il n'importe en quel lieu vous finissiez; finissez où vous voudrez, pourvu que vous fassiez une bonne fin.

ÉPITRE LXXVIII.

Que le mépris de la mort est un remède à tous les maux. — Que toutes choses dépendent de l'opinion, et qu'elle est la mesure des biens et des maux.

J'apprends que vous êtes sujet à des fluxions assez fréquentes, qui sont suivies de petits frissons. J'en suis d'autant plus fâché que je connais ces sortes de maux pour les avoir ressentis autrefois. Je n'en tenais point de compte au commencement, parce que la jeunesse me faisait supporter les incommodités et résister fortement aux maladies; mais il faut céder dans la suite. J'en vins jusque là que mon corps, pour ainsi dire, se fondait en eau. Comme je me vis réduit à la dernière maigreur, il me prit souvent envie de me donner la mort; mais le grand âge de mon père, qui m'aimait beaucoup, me retint, considérant qu'il avait autant de raison de me regretter, que j'en avais

---

sit mulsi, quis vini sapor, scis : nihil interest, centum per vesicam tuam, an mille amphoræ transeant : saccus es. Quid sapiat ostreum, quid mullus, optime nosti; nihil tibi luxuria tua in futuros annos reservavit intactum. Atqui hæc sunt, a quibus invitus divelleris. Quid est aliud quod tibi eripi doleas? Amicos, et patriam? Tanti enim illam putas, ut tardius cœnes? solem quoque, si posses, exstingueres? Quid enim unquam fecisti luce dignum? Confitere, non curiæ te, non fori, non ipsius rerum naturæ desiderio, tardiorem ad moriendum fieri : invitus relinquis macellum, in quo nihil reliquisti. Mortem times; at quomodo illam in media oblectatione contemnis? Vivere vis : scis enim? Mori times : quid porro? ista vita non mors est? Cæsar quum illum transeuntem per Latinam viam unus ex custodiarum agmine, demissa usque in pectus vetere barba, rogaret mortem : « Nunc enim, inquit, vivis? » Hoc istis respondendum est, quibus succursura mors est: « Mori times? nunc enim vivis? » — Sed ego, inquit, vivere volo, qui multa honeste facio: invitus relinquo officia vitæ, quibus fideliter et industrie fungor. — Quid? tu nescis unum esse ex vitæ officiis, et mori? Nullum officium relinquis; non enim certus numerus, quem debeas explere, finitur. Nulla vita est non brevis: nam si ad naturam rerum respexeris, etiam Nestori et Statiliæ brevis est, quæ inscribi monumento suo jussit annis se nonaginta novem vixisse. Vides aniculam gloriari senectute longa : quis illam ferre potuisset, si contigisset centesimum implere? Quomodo fabula, sic vita : non, quam diu, sed quam bene acta sit, refert. Nihil ad rem pertinet, quo loco desinas. Quocumque voles, desine : tantum bonam clausulam impone! Vale.

EPISTOLA LXXVIII.

NON TIMENDOS ESSE MORBOS.

Vexari te distillationibus crebris ac febriculis, quæ longas distillationes et in consuetudinem adductas sequuntur, eo molestius mihi est, quia expertus sum hoc genus valetudinis; quod inter initia contempsi. Poterat adhuc adolescentia injurias ferre, et se adversus morbos contumaciter gerere; deinde succubui, et eo perductus sum, ut ipse distillarem, ad summam maciem deductus. Sæpe impetum cepi abrumpendæ vitæ; patris me indulgentissimi senectus retinuit. Cogitavi enim, non quam fortiter

de vouloir mourir. Cela me fit résoudre à consentir de rester encore dans le monde; car il faut quelquefois du courage pour une pareille résolution. Je vous ferai connaître ce qui me soulagea, après vous avoir dit que les pensées dont je m'entretenais me servirent de médecine; n'y ayant rien de plus certain que les exercices honnêtes tiennent lieu de remèdes, et que ce qui fortifie l'esprit est utile au corps. Ce fut donc l'étude qui me guérit, et je rends grâces à la philosophie de m'avoir rétabli en santé; je lui suis redevable de la vie. Mes amis contribuèrent aussi beaucoup à ma guérison, par leurs consolations, leurs assiduités et leurs entretiens. Il faut que vous le sachiez, mon cher Lucile, qu'il n'y a rien qui soulage tant un malade, et qui lui ôte si aisément les pensées et l'appréhension de la mort, que les visites et les assistances de ses amis. Je m'imaginais que je ne mourrais pas, puisque je les laissais encore en vie; que si je ne vivais plus dans leur compagnie, je vivrais au moins dans leur souvenir; que je ne rendrais pas l'esprit, mais que je le déposerais seulement entre leurs mains. Cela me fit résoudre de m'aider et de prendre patience; car on est bien malheureux lorsque, ayant quitté la pensée de mourir, on ne saurait encore prendre la résolution de vivre.

Usez donc de ces remèdes; puis votre médecin réglera vos promenades et vos exercices. Il vous dira qu'il ne faut pas demeurer sans rien faire, quoique la maladie vous jette dans cette inclination; qu'il faut lire tout haut pour exercer votre respiration, qui n'est pas libre; qu'il faut vous faire porter sur l'eau, afin d'agiter doucement votre corps. Il ordonnera de quelles viandes vous mangerez; quand il vous faudra boire du vin, afin de rappeler vos forces; quand il faudra le quitter, de peur qu'il n'irrite votre toux. Pour moi, je n'ai qu'un remède à vous donner, qui servira pour votre maladie présente, et pour tous les maux qui vous pourront attaquer durant le cours de votre vie. Méprisez la mort, il n'y a pas de tristesse quand nous n'avons plus de crainte.

Nous trouvons dans les maladies trois choses fâcheuses, l'appréhension de la mort, les douleurs du corps, et la suspension de tous les plaisirs. Nous avons assez parlé de la mort. Je n'en veux plus rien dire, sinon que ce n'est pas la maladie qui nous fait peur, c'est la nature. On a vu des gens dont la mort a été retardée parce qu'ils étaient malades, et qui se sont sauvés parce qu'on pensait qu'ils allaient mourir. Vous mourrez par la raison que vous vivez, et non parce que vous êtes malade. Pour être guéri, en serez-vous quitte? Vous aurez bien échappé la maladie, mais non pas la mort. Venons à la seconde incommodité. La maladie a de grandes douleurs; oui; mais elle a de bons intervalles qui les adoucissent; car, quand la douleur est parvenue à l'extrémité, elle est à sa fin. L'on ne peut souffrir beaucoup, et souffrir longtemps; la nature, qui est indulgente, a eu soin que la douleur fût courte, ou facile à supporter. Les plus grandes douleurs s'attachent aux parties du corps les plus maigres; d'où vient que les nerfs, les jointures, et tout ce qui est moins charnu souffre extraordinairement, lorsque

---

ego mori possem, sed quam ille fortiter desiderare non posset. Itaque imperavi mihi ut viverem; aliquando enim et vivere, fortiter facere est. Quæ mihi tunc fuerint solatio dicam, si prius hoc dixero, hæc ipsa, quibus acquiescebam, medicinæ vim habuisse. In remedium cedunt honesta solatia: et, quidquid animum erexit, etiam corpori prodest. Studia mihi nostra saluti fuerunt: Philosophiæ acceptum fero, quod surrexi, quod convalui; illi vitam debeo, et nihil illi minus debeo. Multum mihi contulerunt ad bonam valetudinem amici, quorum adhortationibus, vigiliis, sermonibus allevabar. Nihil æque, Lucili, virorum optime, ægrum reficit atque adjuvat, quam amicorum affectus; nihil æque exspectationem mortis ac metum subripit. Non judicabam me, quum illos superstites relinquerem, mori; putabam, inquam, me victurum, non cum illis, sed per illos; non effundere spiritum mihi videbar, sed tradere. Hæc mihi dederunt voluntatem adjuvandi me, et patiendi omne tormentum; alioqui miserrimum est, quum animum moriendi projeceris, non habere vivendi.

Ad hæc ergo remedia te confer! Medicus tibi, quantum ambules, quantum exercearis, monstrabit; ne indulgeas otio, ad quod vergit iners valetudo; ut legas clarius, et spiritum, cujus iter ac receptaculum laborat, exerceas; ut naviges, et viscera molli jactatione concutias; quibus cibis utaris, vinum quando virium causa advoces, quando intermittas, ne irritet et asperet tussim. Ego tibi illud præcipio, quod non tantum hujus morbi sed totius vitæ remedium est: contemne mortem! Nihil triste est, quum hujus metum effugimus.

Tria hæc in omni morbo gravia sunt: metus mortis, dolor corporis, intermissio voluptatum. De morte satis dictum est: hoc unum dicam, non morbi hunc esse, sed naturæ metum. Multorum mortem distulit morbus; et saluti illis fuit videri perire. Morieris, non quia ægrotas, sed quia vivis. Ista te res et sanatum manet; quum convalueris, non mortem, sed valetudinem effugies. Ad illud nunc proprium incommodum revertamur. Magnos cruciatus habet morbus. Sed hos tolerabiles intervalla faciunt; nam summi doloris intentio invenit finem. Nemo potest valde dolere et diu; sic nos amantissima nostri natura disposuit, ut dolorem aut tolerabilem, aut brevem faceret. Maximi dolores in macerrimis consistunt corporis partibus: nervi, articulique, et quidquid aliud exile est, acerrime sævit, quum in arcto vitia concepit. Sed cito hæ partes obstupescunt, et ipso dolore sensum dolo-

l'humeur vicieuse s'y est une fois renfermée. Mais ces parties-là sont bientôt engourdies, et perdent le sentiment de la douleur, par l'excès de la douleur même ; soit que les esprits, ne trouvant plus de passage, s'altèrent et n'aient plus cette vigueur qui donne le sentiment, ou que l'humeur corrompue, n'ayant point de voie pour se décharger, s'étouffe elle-même, et rende insensibles les parties qu'elle a occupées. C'est la raison pourquoi les gouttes des pieds et des mains, et les douleurs des vertèbres s'apaisent, lorsque les parties qui étaient travaillées sont endormies. De tous ces maux, il n'y a que les premières pointes qui nous tourmentent ; mais elles s'émoussent par la durée, et se terminent par un engourdissement. La douleur des dents, des yeux et des oreilles, aussi bien que celle de la tête, est la plus grande qui soit, parce qu'elle se forme en des parties qui sont fort étroites ; mais, plus elle est violente, plus tôt aussi change-t-elle, dégénérant en stupeur. Ainsi, l'on a cette consolation dans les douleurs extrêmes, qu'elles deviennent insensibles lorsqu'elles sont trop sensibles.

Mais le désavantage qu'ont les ignorants dans leurs incommodités, c'est qu'ils sont trop attachés à leur corps, et ne sont pas accoutumés à chercher leur satisfaction dans leur esprit ; au lieu qu'un homme sage et prudent sait détacher son esprit de son corps, et converse le plus souvent avec cette partie divine, n'ayant de commerce avec l'autre qui est inférieure, et qui se plaint sans cesse, qu'autant que la nécessité le requiert. — Mais il est fâcheux, direz-vous, d'être privé de ses plaisirs ordinaires, de s'abstenir de boire et de manger, quand on a faim et quand on a soif. — Cela,

d'abord, nous est difficile, je l'avoue ; mais, dans la suite, nous avons du dégoût pour les mêmes choses qui nous causaient de l'avidité, les parties qui l'excitaient venant à s'affaiblir et à s'abattre. De là vient qu'on ne peut souffrir ce que l'on désirait auparavant, et que l'on perd enfin toute sorte d'appétits. Or il n'est point fâcheux d'être privé d'une chose que l'on ne désire plus. D'ailleurs, il est certain qu'il n'y a point de douleur sans intermission, ou sans rémission, et que l'on ne puisse prévenir ou arrêter par quelques remèdes. Car tous les maux, et principalement ceux qui nous sont familiers, ont des signes avant-coureurs de leur venue. Vous les supporterez aisément si vous ne vous souciez point de ce qui en pourra arriver. Donnez-vous de garde de les rendre plus cuisants par des plaintes superflues. La douleur ne sera pas grande, pourvu que l'opinion n'y ajoute point. Au contraire, si vous prenez courage, et que vous disiez en vous-même : Ce n'est rien, ou, en tout cas : C'est bien peu de chose, ayons patience ; elle cessera bientôt. Vous l'adoucirez même en vous figurant qu'elle est douce à supporter.

Toutes choses dépendent de l'opinion. Elle mesure non-seulement l'ambition, mais encore le luxe et l'avarice. C'est elle aussi qui mesure nos afflictions ; car nous ne sommes misérables qu'autant que nous le croyons être. Au reste, il faut nous défaire de ces plaintes frivoles des douleurs qui sont passées, et de ces paroles si ordinaires : « Jamais personne ne fut si mal ; quels tourments et quels maux n'ai-je point soufferts ! Personne ne croyait que j'en pusse relever ; combien de fois ai-je été pleuré de mes proches et abandonné des médecins ! Ceux qui sont à la torture n'endurent

---

ris amittunt ; sive quia spiritus, naturali prohibitus cursu et mutatus in pejus, vim suam, qua viget admonetque nos, perdit ; sive quia corruptus humor, quum desiit habere quo confluat, ipse se elidit ; et his, quæ nimis implevit, excutit sensum. Sic podagra et chiragra, et omnis vertebrarum dolor nervorumque, interquiescit, quum illa, quæ torquebat, hebetavit : omnium istorum prima verminatio vexat, impetus mora exstinguitur ; et finis dolendi est, obtorpuisse. Dentium, oculorum, aurium dolor ob hoc ipsum acutissimus est, quod inter angusta corporis nascitur ; non minus, mehercules, quam capitis ipsius : sed si incitatior est, in alienationem soporemque convertitur. Hoc itaque solatium vasti doloris est, quod necesse est desinas illum sentire, si nimis senseris. Illud autem est, quod imperitos in vexatione corporis male habet : non assueverunt animo esse intenti ; multum illis cum corpore fuit. Ideo vir magnus ac prudens animum deducit a corpore, et multum cum meliore et divina parte versatur ; cum hac querula ac fragili, quantum necesse est. — Sed molestum est, inquit, carere assuetis voluptatibus, abstinere cibo, sitire, esurire ! — Hæc prima

abstinentia gravia sunt ; deinde cupiditas relanguescit, ipsis, per quæ cupimus, fatigatis ac deficientibus. Inde morosus est stomachus ; inde, quorum fuit aviditas, odium est ; desideria ipsa moriuntur. Non est autem acerbum carere eo, quod cupere desieris. Adjice, quod nullus non intermittitur dolor, aut certe remittitur. Adjice, quod licet et cavere venturum, et obsistere imminenti remediis ; nullus enim non signa præmittit, utique qui ex solito revertitur. Tolerabilis est morbi patientia, si contempseris ultimum minatur.

Noli mala tua facere tibi ipsi graviora, et te querelis onerare. Levis est dolor, si nihil illi opinio adjecerit : contra, si exhortari te cœperis, ac dicere : Nihil est ; aut certe : Exiguum est ; duremus ! jam desinet : levem illum, dum putas, facies. Omnia ex opinione suspensa sunt ; non ambitio tantum ad illam respicit, et luxuria, et avaritia ; ad opinionem dolemus. Tam miser est quisque, quam credidit. Detrahendas præteritorum dolorum conquestiones puto, et illa verba : « Nulli unquam fuit pejus. Quos cruciatus, quanta mala pertuli ! nemo me surrecturum putavit. Quoties deploratus sum a meis, quo-

point tant de mal. » Je veux que tout cela soit vrai, mais il n'est plus. A quoi sert de ramener les maux qui sont passés, et de vouloir être misérable parce que vous l'avez été? Il n'y a personne qui soit fidèle à soi-même dans cette rencontre, et qui ne fasse son mal plus grand qu'il n'est. Le récit même que l'on en fait donne quelque plaisir; car il est naturel de se réjouir de la fin de sa douleur. Il faut donc retrancher ces deux choses : la crainte de l'avenir et le souvenir des maux passés; celui-ci ne nous touche plus, l'autre ne nous touche pas encore. Lorsqu'un homme se trouvera engagé dans la peine et les difficultés, qu'il dise :

Endurons tous ces maux; peut-être à l'avenir
Nous sera-t-il bien doux de nous en souvenir !

Qu'il emploie tout son courage pour combattre la douleur. Il sera vaincu, s'il se relâche; mais il vaincra s'il se raidit. C'est ce que font la plupart des gens en ce temps-ci; ils attirent sur eux la ruine qu'ils devraient arrêter. Car, si vous y prenez garde, un fardeau qui penche et qui pousse, si vous venez à vous retirer, vous suivra et vous accablera; mais si vous tenez ferme et que vous résistiez, vous le repousserez. Voyez combien de coups les athlètes s'accoutument à recevoir sur le visage et sur le reste du corps pour le seul désir de la gloire. Ils souffrent toutes ces choses, non à cause qu'ils combattent, mais afin qu'ils sachent combattre; l'exercice même leur est un tourment. Tâchons donc de surmonter aussi toute sorte de difficultés; notre récompense ne sera point une couronne, une palme, ni une trompette qui fera faire silence pour ouïr les éloges qui nous seront donnés; mais ce sera la vertu, la constance, et une tranquillité d'esprit qui durera toujours, si nous pouvons une fois terrasser la fortune. Oui, mais je sens une grande douleur. — Comment ne la sentiriez-vous pas, puisque vous n'avez pas le courage de la supporter? La douleur fait comme l'ennemi dans la guerre; elle accable ceux qui lui cèdent et ne se défendent pas. — Mais, direz-vous, elle est bien pesante. — Quoi! sommes-nous forts afin de ne porter que des choses qui soient légères? Qu'aimez-vous mieux, ou que la maladie soit longue, ou qu'elle soit violente et courte? Si elle est longue, elle aura des intervalles qui vous donneront loisir de vous refaire, et, après un long temps, elle sera forcée de vous quitter; si elle est courte, il arrivera l'une ou l'autre de ces deux choses, vous verrez bientôt sa fin ou la vôtre. Qu'importe si c'est elle ou moi qui s'en aille, puisque d'une manière ou d'une autre je ne sentirai plus de mal? Il sera bon aussi de se détacher de la douleur, et de divertir son esprit à d'autres pensées. Faites réflexion sur ce que vous avez fait de bon et de vertueux durant votre vie, considérez-en les plus belles parties. Que votre mémoire rappelle ces grandes actions que vous avez autrefois admirées; les hommes généreux qui ont triomphé de la douleur ne manqueront pas de se présenter à vous. Vous verrez celui-là qui ne discontinuait point de lire tandis qu'on lui coupait les veines des jambes, et cet autre encore, qui ne s'empêcha point de rire, quoique le bourreau, s'en étant irrité, rendît son supplice plus cruel.

Quoi donc ! si l'on a vaincu la douleur en riant,

ties a medicis relictus ! In equuleum impositi non sic distrahuntur. » Etiamsi sunt vera ista, transierunt. Quid juvat præteritos dolores retractare, et miserum esse, quia fueris? Quid, quod nemo non multum malis suis adjicit, et sibi ipse mentitur? Deinde, quod acerbum fuit, retulisse jucundum est : naturale est mali sui fine gaudere. Circumcidenda ergo duo sunt, et futuri timor, et veteris incommodi memoria : hoc ad me jam non pertinet, illud nondum. In ipsis positus difficultatibus dicat :

..... Forsan et hæc olim meminisse juvabit !

Toto contra illum pugnet animo : vincetur, si cesserit ; vincet, si se contra dolorem suum intenderit. Nunc hoc plerique faciunt, attrahunt in se ruinam, cui obstandum est. Istud, quod premit, quod impendet, quod urget, si subducere te coeperis, sequetur, et gravius incumbet; si contra steteris, et obniti volueris, repelletur. Athletæ quantum plagarum ore, quantum toto corpore excipiunt ! ferunt tamen omne tormentum, gloriæ cupiditate; nec tantum, quia pugnant, ista patiuntur, sed ut pugnent : exercitatio ipsa tormentum est. Nos quoque evincamus omnia, quorum præmium non corona, nec palma est, nec tubicen præðicationi nominis nostri silentium faciens; sed virtus, et firmitas animi, et pax in cæterum parta, si semel in aliquo certamine debellata fortuna est.

Dolorem gravem sentio ! — Quid ergo? non sentis, si illum muliebriter tuleris? Quemadmodum perniciosior est hostis fugientibus, sic omne fortuitum incommodum magis instat cedenti et averso. — Sed grave est ! — Quid? nos ad hoc fortes sumus, ut levia portemus ? Utrum vis longum esse morbum, an coarctatum et brevem? Si longus est, habet intercapedinem, dat refectioni locum; multum temporis donat : necesse est ut exsurgat et desinat. Brevis morbus ac præceps alterutrum faciet, aut exstinguetur, aut exstinguet. Quid autem interest, non sit, an non sim ? in utroque finis dolendi est. Illud quoque proderit, ad alias cogitationes avertere animum, et a dolore discedere. Cogita, quid honeste, quid fortiter feceris; bonas partes tecum ipse tracta : memoriam in ea, quæ maxime miratus es, sparge. Tunc tibi fortissimus quisque, et victor doloris, occurrat : ille, qui, dum varices exsecandas præberet, legere librum perseveravit; ille, qui non desiit ridere, quum, hoc ipsum irati, tortores omnia instrumenta crudelitatis experirentur. Non vincetur dolor ratione, qui victus est risu? Quidquid vis nunc licet dicas, distillationes, et vim continuæ tussis ege-

ne pourra-t-on pas la vaincre en raisonnant? Dites maintenant tout ce qu'il vous plaira de vos fluxions, de cette toux continuelle qui vous fait jeter le sang, de la fièvre et de la soif qui vous brûlent les entrailles, des gouttes qui vous disloquent les jointures et qui vous tordent les membres : ce n'est rien au prix de la flamme, de la gêne, des lames ardentes, et de tout ce qu'on applique sur les plaies quand elles sont enflées, pour en renouveler la douleur. Cependant il s'est trouvé des gens qui ont souffert tout cela sans se plaindre; mais, bien plus, sans demander un moment de relâche, sans vouloir répondre au juge qui les interrogeait, et de plus encore, qui en ont ri de bon cœur. Après cela, n'aurez-vous pas la force de vous moquer de la douleur?

Mais, direz-vous, ma maladie m'empêche de faire quoi que ce soit, et me rend incapable de toutes mes fonctions. — Votre maladie est dans le corps, et non pas dans l'esprit; elle pourrait bien incommoder les jambes d'un voyageur, et les mains d'un artisan; mais, si vous avez accoutumé de vous servir de votre esprit, vous donnerez conseil, vous enseignerez, vous écouterez, vous apprendrez, vous ferez des questions, vous rappellerez vos idées. Pensez-vous ne rien faire quand vous prenez patience dans votre mal? Vous faites voir qu'on le peut vaincre, ou du moins qu'on le peut supporter. La vertu, je vous assure, ne laisse pas d'agir, quoique couchée sur un grabat : ce n'est pas seulement dans les armes et dans un combat que l'on juge d'un courage vigoureux et intrépide; on le reconnaît encore à la manière des habits. Vous avez de quoi vous occuper : luttez avec la maladie; si elle n'emporte rien, si vous ne lui accordez rien mal à propos, vous donnerez une preuve illustre de votre constance. — Oh que ce serait une belle occasion d'acquérir de la gloire, si l'on venait regarder de près ce que nous faisons lorsque nous sommes malades! — Soyez vous-même votre censeur, donnez-vous la louange que vous aurez méritée.

Outre cela, il y a deux sortes de plaisirs. Je sais bien que la maladie empêche ceux du corps, mais elle ne les ôte pas entièrement; au contraire, pour en parler sainement, elle les excite. Il y a plus de plaisir à boire quand on a bien soif, et à manger lorsque l'on est affamé. On prend avec une plus grande avidité tout ce que l'on trouve après une longue abstinence. Quant aux plaisirs de l'esprit, qui certainement sont plus grands et plus solides que ceux du corps, il n'y a point de médecin qui les défende à un malade. Quiconque les suit et les sait goûter ne s'arrête point au chatouillement des sens. Le pauvre malade! Pourquoi? Parce qu'il ne boit point à la neige; parce qu'il ne rafraîchit point de nouveau le vin qui est dans son verre, en rompant de la glace par-dessus; parce qu'on n'ouvre point sur sa table des huîtres de Lucrin fraîchement venues, et qu'au temps de son souper on n'entend point un bruit confus d'officiers de cuisine qui servent les ragoûts avec les réchauds; car, de peur que la viande ne se refroidisse, et que le palais, qui s'est endurci par la débauche, ne la trouve pas assez chaude, le luxe s'est avisé de cette invention, que la cuisine doit suivre la table. Le pauvre malade! Il ne mangera qu'autant qu'il pourra digérer, il ne verra point un sanglier étendu devant lui, que l'on rebute désormais comme une viande trop commune. On ne lui présentera point dans un bassin des estomacs de perdrix et d'autres oiseaux, que l'on ne sert point entiers de peur de

---

rentem viscerum partes, et febrem præcordia ipsa torrentem, et sitim, et artus in diversum articulis exeuntibus tortos; plus est flamma, et equuleus, et lamina, et vulneribus ipsis intumescentibus, quod illa renovaret et altius urgeret, ferrum impressum. Inter hæc tamen aliquis non gemuit : parum est; non rogavit : parum est; non respondit : parum est; risit, et quidem ex animo. Vis tu post hæc dolorem deridere?

Sed nihil, inquit, agere sinit morbus, qui me omnibus abduxit officiis. — Corpus tuum valetudo tenet, non et animum. Itaque cursoris moratur pedes, sutoris ac fabri manus impediet. Si animus tibi esse in usu solet, suadebis, docebis, audies, disces, quæres, recordaberis. Quid porro? nihil agere te credis, si temperans æger sis? Ostendes, morbum posse superari, vel certe sustineri. Est, mihi crede, virtuti etiam in lectulo locus. Non tantum arma et acies dant argumenta alacris animi indomitique terroribus : et in vestimentis vir fortis apparet. Habes quod agas : bene luctare cum morbo : si nihil te coegerit, si nihil exoraverit, insigne prodis exemplum.

— O quam magna erat gloriæ materia, si spectaremur ægri! — Ipse te specta; ipse te lauda!

Præterea duo sunt genera voluptatum : corporales morbus inhibet, non tamen tollit; imo, si verum æstimes, incitat. Magis juvat bibere sitientem; gratior est esurienti cibus; quidquid ex abstinentia contigit, avidius excipitur. Illas vero animi voluptates, quæ majores certioresque sunt, nemo medicus ægro negat; has quisquis sequitur et bene intelligit, omnia sensuum blandimenta contemnit. O infelicem ægrum! Quare? quia non vino nivem diluit; quia non rigorem potionis suæ, quam capaci scypho miscuit, renovat fracta insuper glacie; quia non ostrea illi Lucrina in ipsa mensa aperiuntur; quia non circa cœnationem ejus tumultus coquorum est, ipsos cum obsoniis focos transferentium. Hoc enim jam luxuria commenta est : ne quis intepescat cibus, neu palato jam calloso parum ferveat, cœnam culina prosequitur. O infelicem ægrum! Edet quantum concoquat; non jacebit in conspectu aper, ut vilis caro, a mensa relegatus; nec in repositorio ejus pectora avium (totas enim videre fas-

donner du dégoût. Quel mal lui fait-on? Il soupera comme un malade, afin de souper après comme un homme qui se porte bien. Enfin, nous nous accoutumerons facilement aux bouillons, à l'eau chaude et à tout ce qui paraît insupportable aux délicats et à ceux qui sont plus malades d'esprit que de corps, pourvu que nous n'ayons plus d'aversion pour la mort.

Nous n'en aurons plus, en effet, si nous connaissons quelle est la fin des gens de bien et quelle est celle des méchants. Par ce moyen, nous n'aurons plus d'ennui de la vie, ni de crainte de la mort. Car la vie ne saurait déplaire à un homme qui s'occupe en la contemplation de tant de choses si belles et si hautes, mais bien à celui qui languit dans la fainéantise. Si nous examinons la nature de toutes choses, la vérité nous tiendra toujours en haleine, car il n'y a que l'erreur et le mensonge qui donnent enfin du dégoût. Au contraire, si la mort vient, si elle nous appelle, quoique ce soit avant le temps, et qu'elle nous arrête au milieu du chemin, le profit que nous avions à faire est fait il y a longtemps. Nous connaissons la plus grande partie de la nature, nous savons que la longueur du temps ne fait point croître la vertu, et que l'on trouve toujours la vie trop courte lorsqu'on la mesure par les faux plaisirs qui sont infinis et sans bornes. Consolez-vous par toutes ces pensées, dans l'espérance que, tandis que nous nous écrirons, il se présentera quelque occasion de nous revoir. Ce ne sera pas pour si peu de temps, que nous ne le rendions assez long par l'adresse d'en savoir bien user. Car, comme dit Posidonius, une journée d'un homme savant a plus d'étendue que toute la vie d'un ignorant. Cependant demeurez ferme dans cette résolution de ne point céder aux disgrâces, et de ne pas vous fier aux faveurs de la fortune. Représentez-vous tous ses changements et tous ses caprices, comme si elle devait faire à votre égard tout ce qui est en son pouvoir; car ce qui a été longtemps attendu trouble moins quand il arrive.

ÉPITRE LXXIX.

Il prie son ami, qui était en Sicile, d'aller voir le mont Gibel, et de faire la description de cette fameuse montagne.—Que la gloire qui est l'ombre de la vertu accompagne les gens de mérite durant leur vie, ou les suit après leur mort.

J'attends de vos lettres pour savoir ce que vous avez vu de nouveau en faisant le tour de la Sicile, et particulièrement ce qu'il y a de plus certain touchant la Charybde; car je sais fort bien que Scylla est un rocher que ceux qui vont en mer n'appréhendent pas beaucoup. Pour la Charybde, je serais bien aise que l'on me dît si elle a du rapport avec tous les contes que l'on en fait. Si vous y avez pris garde (comme la chose le mérite bien), dites-nous si c'est de tout vent, ou d'un seul, que procède le tournoiement de ses eaux; s'il est vrai que ce qu'il engloutit, après avoir été porté bien loin sous les flots, se retrouve enfin sur le rivage auprès de Taormino. Si vous me rendez bon compte de tout cela, j'oserai bien vous supplier de vouloir, pour l'amour de moi, visiter le mont Gibel, que l'on dit qui se consume et s'abaisse petit à petit, à cause que les matelots le découvraient autrefois de plus loin qu'ils ne font à pré-

---

tidium est) congesta ponentur! Quid tibi mali factum est? cœnabis tanquam æger, imo aliquando tanquam sanus.

Sed omnia ista facile perferemus, sorbitionem, aquam calidam, et quidquid aliud intolerabile videtur delicatis et luxu fluentibus, magisque animo quam corpore morbidis : tantum mortem desinamus horrere. Desinemus autem, si fines bonorum ac malorum cognoverimus; ita demum nec vita tædio erit, nec mors timori. Vitam enim occupare satietas sui non potest, tot res varias, magnas, divinas percensentem : in odium illam sui adducere solet iners otium. Rerum naturam peragranti nunquam in fastidium veritas veniet; falsa satiabunt. Rursus, si mors accedit et vocat, licet immatura sit, licet mediam præcidat ætatem, perceptus longissime fructus est : cognita est illi ex magna parte natura; scit tempore honesta non crescere. His necesse est videri omnem vitam brevem, qui illam voluptatibus vanis, et ideo infinitis, metiuntur.

His te cogitationibus recrea, et interim epistolis nostris vacando. Veniet aliquod tempus, quod nos iterum jungat ac misceat : quantulumlibet sit illud, longum faciet scientia utendi. Nam, ut Posidonius ait, « unus dies hominum eruditorum plus patet, quam imperitis longissima ætas. » Interim hoc tene, hoc morde : adversis non succumbere, lætis non credere, omnem fortunæ licentiam in oculis habere, tanquam, quidquid potest facere, factura sit. Quidquid exspectatum est diu, levius accedit. Vale.

EPISTOLA LXXIX.

DE CHARYBDI, SCYLLA ET ÆTNA. — SAPIENTES INTER SE PARES ESSE.

Exspecto epistolas tuas, quibus indices mihi, circumitus Siciliæ totius quid tibi novi ostenderit, et omnia de ipsa Charybdi certiora. Nam Scyllam saxum esse, et quidem non terribile navigantibus, optime scio; Charybdis an respondeat fabulis, perscribi mihi desidero. Et, si forte observaveris (dignum est autem, quod observes), fac nos certiores, utrum uno tantum vento agatur in vortices, an omnis tempestas æque mare illud contorqueat; et an verum sit, quidquid illo freti turbine arreptum est, per multa millia trahi conditum, et circa Tauromenitanum littus emergere. Si hæc mihi perscripseris, tunc tibi audebo mandare, ut in honorem meum Ætnam quoque ascendas; quam consumi, et sensim subsidere, ex

sent. Cela peut procéder non pas de l'abaissement de cette montagne, mais plutôt de la diminution du feu, qui, s'élevant avec moins de violence et d'étendue, la fumée aussi, qui n'est plus si grosse, ne parait pas si fort durant le jour. L'un et l'autre me semble assez croyable, et qu'une montagne qui est incessamment dévorée par les flammes diminue chaque jour, et qu'un feu qui ne s'est pas allumé de soi-même, mais qui s'est engendré dans quelque abîme souterrain, tirant sa nourriture d'ailleurs que de la montagne, qui ne lui fournit que le passage, ne demeure pas toujours en même état.

En Lycie, il y a un quartier fort connu, que les habitants du pays appellent Éphestion. La terre y est percée en plusieurs endroits, et environnée d'un feu qui ne fait point de mal; aussi les champs y sont fleuris et pleins d'herbes, parce que les flammes n'ont qu'une lueur faible qui éclaire et ne brûle point. Mais réservons cela pour en raisonner, lorsque vous m'aurez fait savoir combien l'ouverture de la montagne est éloignée de ces neiges qui ne craignent point le voisinage du feu, et que l'été même ne saurait fondre. Vous ne devez pas m'imputer la peine que vous aurez dans cette occasion, car je suis sûr que vous l'auriez prise de vous-même pour satisfaire votre curiosité, et pour nous donner la description de cette montagne si fameuse par les écrits de tous les poëtes, puisque Virgile, qui semblait avoir épuisé cette matière, n'a pu empêcher qu'Ovide ne l'ait encore traitée, et qu'après ces deux grands hommes, Severus Cornelius a bien osé dire ce qu'il en pensait. Ils y ont tous assez bien réussi; et les premiers, à mon avis, bien loin d'avoir retranché, ont plutôt fait connaître aux autres ce qui s'en pouvait dire; car il y a grande différence de travailler sur un sujet achevé, ou sur un autre qui n'est qu'ébauché; celui-ci s'étend tous les jours, les premières inventions n'empêchent point les dernières; en outre, la condition de ceux qui viennent les derniers est plus avantageuse, ils trouvent les paroles toutes prêtes, lesquelles, si on les changeait, donneraient assurément des idées toutes nouvelles. Ils ont droit de s'en servir parce qu'elles sont devenues publiques, et les jurisconsultes tiennent que ce qui est public ne peut passer en propriété par aucune possession.

Ou je ne vous connais pas, ou le mont Gibel vous fait venir l'eau à la bouche. Vous avez envie d'en dire quelque chose de bien fort, et qui ne le cédera point à ce que les autres en ont ci-devant écrit. Je sais que votre modestie ne s'en promet pas davantage, et que vous avez tant de vénération pour les anciens, que vous affaibliriez volontiers les forces de votre esprit, de crainte de les surpasser. La sagesse, entre autres choses, a cela de bon, que personne ne peut être devancé par un autre, sinon durant le chemin. Quand l'on est venu jusqu'au bout, tout est égal : on ne saurait plus croître; on demeure fixe. Le soleil devient-il plus grand? La lune allonge-t-elle sa carrière? La mer n'augmente pas; le monde va toujours d'un même train; les choses qui sont venues au point de leur grandeur ne haussent plus. Tous ceux qui se trouveront sages se trouveront égaux et sem-

hoc colligunt quidam, quod aliquando longius navigantibus solebat ostendi. Potest hoc accidere, non quia montis altitudo descendit, sed quia ignis evanuit et minus vehemens ac largus effertur; ob eamdem causam fumo quoque per diem segnior. Neutrum autem incredibile est, nec montem, qui devoretur quotidie, minui, nec ignem non manere eumdem : qui non ipse ex se est, sed in aliqua inferna valle conceptus exaestuat, et aliis pascitur; in ipso monte non alimentum habet, sed viam. In Lycia regio notissima est, Hephaestion incolae vocant, foratum pluribus locis solum, quod sine ulla nascentium damno ignis innoxius circumit. Laeta itaque regio est, et herbida, nil flammis adurentibus, sed tantum vi remissa ac languida refulgentibus.

Sed reservemus ista, tunc quaesituri, quum tu mihi scripseris, quantum ab ipso ore montis nives absint, quas ne aestas quidem solvit, adeo tutae sunt ab igne vicino. Non est autem quod istam curam imputes mihi : morbo enim tuo daturus eras, etiamsi nemo quidem mandaret tibi, donec Aetnam describas in tuo carmine : nec pudor obstet ne hunc solemnem omnibus poetis locum attingas; quem quominus Ovidius tractaret, nihil obstitit quod jam Virgilius impleverat : ne Severum quidem Cornelium uterque deterruit. Omnibus praeterea feliciter hic locus se dedit; et qui praecesserant, non praeripuisse mihi videntur quae dici poterant, sed aperuisse. Sed multum interest, utrum ad consumptam materiam, an ad subactam accedas; crescit in dies, et inventuris inventa non obstant. Praeterea, conditio optima est ultimi; parata verba invenit, quae aliter instructa novam faciem habent; nec illis manus injicit, tanquam alienis, sunt enim publica : jurisconsulti negant, quidquam publicum usucapi. Aut ego te non novi, aut Aetna tibi salivam movet. Jam cupis grande aliquid, et par prioribus, scribere. Plus enim sperare modestia tibi tua non permittit; quae tanta in te est, ut videaris mihi retracturus ingenii tui vires, si vincendi periculum sit : tanta tibi priorum reverentia est.

Inter caetera, hoc habet boni sapientia : nemo ab altero potest vinci, nisi dum ascenditur; quum ad summum perveneris, paria sunt; non est incremento locus; statur. Numquid sol magnitudini suae adjicit? numquid ultra, quam solet, luna procedit? maria non crescunt; mundus eumdem habitum ac modum servat. Extollere se, quae justam magnitudinem implevere, non possunt. Quicumque fuerint sapientes, pares erunt et aequales; habebit unusquisque ex his proprias dotes; alius erit affabilior, alius expeditior, alius promptior in eloquendo, alius facundior; illud, de quo agitur, quod beatum facit, aequale

44.

blables. Ce n'est pas que chacun d'eux ne puisse avoir quelque talent particulier; l'un sera plus agissant, l'autre plus affable; l'un aura plus de facilité de s'exprimer, l'autre sera plus éloquent; mais le principal avantage qui rend l'homme heureux sera égal en tous. Je ne sais si votre Etna peut déchoir et se ruiner, ni si l'activité d'un feu continuel peut consumer le haut de cette montagne que l'on découvre de si loin dans la mer; mais je sais fort bien qu'il n'y a ni feu ni ruine qui puisse abaisser la vertu. C'est la seule de toutes les grandeurs qui ne peut avancer ni reculer; elle demeure toujours en état comme celle des choses célestes.

Tâchons donc de l'acquérir; nous avons déjà beaucoup fait; toutefois, à dire le vrai, nous avons fait peu de chose, car ce n'est pas être bon que de l'être seulement plus que les méchants. Y aurait-il sujet de se glorifier d'avoir de bons yeux pour apercevoir une lueur trouble, et pour entrevoir le jour parmi des brouillards épais? Car, quoique l'on se contentât d'être hors des ténèbres, on ne jouirait pas encore du plaisir de la clarté. Notre âme aura sujet de se réjouir, lorsqu'étant sortie de ces ténèbres où elle est enveloppée, elle verra toutes choses, non plus au travers d'un voile, mais au grand-jour et à découvert; et lorsqu'étant retournée en sa patrie, elle aura repris la place qui lui appartient par la condition de sa naissance. Son origine l'appelle en haut; mais elle y montera avant que de sortir de cette prison, pourvu qu'elle se décharge des vices, et que, devenue pure et légère, elle s'élève à la contemplation des choses divines. C'est ce que nous avons à faire, mon cher Lucile; c'est à quoi nous devons employer toutes nos forces. Quand peu de gens le sauraient, quand même personne n'en verrait rien, la gloire, qui est attachée à la vertu, comme si elle était son ombre, nous accompagnera malgré que nous en ayons. Mais comme notre ombre marche tantôt devant nous et tantôt derrière, de même la gloire nous devance quelquefois, quelquefois elle nous suit, et se rend d'autant plus grande qu'elle est tardive, parce que l'envie s'est retirée et ne fait plus d'opposition à sa lumière.

Combien de temps Démocrite a-t-il passé pour un fou? La réputation de Socrate eut peine à s'établir. Rome ignora fort longtemps ce que valait Caton; elle le méprisa, et ne le connut que lorsqu'elle le perdit. La vertu de Rutilius serait demeurée cachée, sans l'injustice qu'on lui fit; la persécution lui donna de l'éclat. N'en remercia-t-il pas sa destinée? N'eut-il pas de l'estime pour son bannissement? Je parle de ceux que la fortune a rendus fameux par leurs malheurs. Mais combien y en a-t-il de qui la science ou la vertu n'a été connue qu'après leur mort? Combien y en a-t-il que la gloire, qui les avait abandonnés pendant leur vie, a tirés du tombeau, pour en faire des personnages illustres? Vous voyez qu'aujourd'hui les ignorants aussi bien que les savants admirent Épicure; il était voisin d'Athènes, et toutefois on ne l'y connaissait pas. D'où vient que longtemps après la mort de Métrodore, parlant dans une certaine lettre, avec quelque tendresse, de l'amitié qui avait été entre eux, il dit, sur la fin, que, parmi les contentements qu'ils avaient goûtés ensemble, ils avaient eu ce bonheur, que la Grèce, qui était si savante, bien loin de les connaître, n'avait pas seulement ouï parler d'eux. Cela a-t-il empêché,

---

erit in omnibus. An Ætna tua possit sublabi et in se ruere; an hoc excelsum cacumen, et compiscuum per vasti maris spatia, detrahat assidua vis ignium, nescio : Virtutem non flamma, non ruina, inferius adducet. Hæc una majestas deprimi nescit; nec proferri ultra, nec referri potest. Sic hujus, ut cælestium, statuta magnitudo est. Ad hanc nos conemur educere! Jam multum operis effecti est : imo, si verum fateri volo, non multum. Nec enmi bonitas est, pessimis esse meliorem. Quis oculis glorietur, qui suspicetur diem, qui sol per caliginem splendet? Licet contentus interim sit effugisse tenebras, adhuc non fruitur bono lucis. Tunc animus noster habebit quod gratuletur sibi, quum, emissus his tenebris, in quibus volutatur, non tenui visu clara prospexerit, sed totum diem admiserit, et cælo redditus suo fuerit; quum receperit locum quem occupavit sorte nascendi. Sursum illum vocant initia sua. Erit autem illic etiam antequam hac custodia exsolvatur, quum vitia disjecerit, purusque ac levis in cogitationes divinas emicuerit.

Hoc nos agere, Lucili carissime, in hoc ire impetu totu. licet pauci sciant, licet nemo, juvat. Gloria umbra virtutis est; etiam invita comitabitur. Sed quemadmodum aliquando umbra antecedit, aliquando sequitur, vel a tergo est : ita gloria aliquando ante nos est, visendamque se præbet; aliquando in averso est; majorque, quo serior, ubi invidia secessit. Quamdiu videbatur furere Democritus? Vix recepit Socratem fama. Quamdiu Catonem civitas ignoravit? respuit, nec intellexit, nisi quum perdidit. Rutilii innocentia ac virtus lateret, nisi accepisset injuriam; dum violatur, effulsit. Numquid non sorti suæ gratias egit, et exsilium suum complexus est? De his loquor, quos illustravit fortuna, dum vexat. Quam multorum profectus in notitiam evasere post ipsos! quam multos fama non excepit, sed eruit! Vides, Epicurum quantopere non tantum eruditiores, sed hæc quoque imperitorum turba miretur. Hic ignotus ipsis Athenis fuit, circa quas deliteuerat. Multis itaque jam annis Metrodoro suo superstes, in quadam epistola, quum amicitiam suam et Metrodori grata commemoratione cecinisset, hoc novissime adjecit : « Nihil sibi et Metrodoro inter bona tanta nocuisse, quod ipsos illa nobilis Græcia non ignotos solum habuisset, sed pæne inauditos. » Numquid ergo non post-

dis-je, qu'on n'ait trouvé ce grand personnage quand il n'était plus? Sa doctrine n'a-t-elle pas fait grand bruit? Métrodore avoue aussi, dans une de ses lettres, qu'Épicure et lui n'ont point éclaté dans le monde, mais qu'il se promet qu'après leur mort ils auront grande réputation ainsi que ceux qui voudront embrasser leurs opinions.

La vertu n'est point cachée, et, si elle l'est, cela ne lui fait point de tort; il vient toujours un temps qui la manifeste et qui la venge de la malignité de son siècle. Un homme qui ne regarde que ceux de son temps n'est pas né pour beaucoup de monde : il viendra après nous une infinité de peuples et d'années; c'est là qu'il faut jeter la vue. Quand nos contemporains se tairaient de nous par envie, il en viendra d'autres qui, sans faveur et sans passion, nous rendront justice. Si la vertu peut tirer quelque récompense de la gloire, elle n'en sera point frustrée; car, encore que les discours qui se font de nous après la mort ne nous touchent point, la postérité ne laissera pas de nous honorer, et de parler souvent de nous, sans que nous le sentions. Enfin, on ne trouvera personne envers qui la vertu n'ait été fort reconnaissante durant sa vie ou après sa mort, pourvu qu'il l'ait suivie de bonne foi, et que sans se parer ni se déguiser il se soit trouvé le même étant surpris qu'étant averti. La dissimulation ne sert de rien; c'est un visage fardé qui trompe peu de personnes. La vérité est partout semblable à elle-même. Les fausses apparences n'ont rien de certain ni de solide. Aussi n'est-il rien de plus mince que le mensonge : on voit à travers, si on le regarde de près.

ÉPITRE LXXX.

Que l'on a moins de soin d'exercer l'esprit que le corps. — Que la véritable liberté se peut acquérir, mais ne se saurait donner.

Je suis à moi, ce jourd'hui, mais ce n'est pas moi que j'en dois remercier, c'est plutôt le jeu du ballon; grâce à lui, je suis délivré des importuns. Personne n'entre dans mon logis, personne ne divertit mes pensées, et cela les rend plus fortes et plus hardies. Je n'entends point frapper si souvent à ma porte; il ne faut point détourner le châssis qui est à l'entrée de ma chambre; je puis aller seul, comme un homme qui marche sans guide et qui suit le chemin qu'il s'est frayé. Quoi! ne suis-je pas les traces de ceux qui y ont marché avant moi? Oui; mais je me donne la liberté d'y ajouter quelque chose de mon invention, d'y laisser ou d'y changer ce que je trouve à propos; j'approuve leurs opinions, mais je ne les épouse pas. J'ai beaucoup dit, lorsque je me suis promis un jour de silence et de solitude. Voilà de grands cris qu'on fait dans la place où l'on s'exerce à la course; ils n'enlèvent point mon esprit, mais ils l'obligent à faire cette réflexion, qu'il y a beaucoup de gens qui exercent leur corps, et bien peu qui exercent leur esprit; que l'on court en foule à des spectacles, où il n'y a ni sûreté ni profit, tandis que les écoles où l'on enseigne la vertu et les bonnes mœurs deviennent désertes et abandonnées; et que l'âme de ces gens, dont on admire les bras et les épaules, ne répond guère à la force de leur corps. Je considère encore en moi-même que, si l'exercice peut réduire le corps à souffrir

---

ea, quam esse desierat, inventus est? numquid non opinio ejus emicuit? Hoc Metrodorus quoque in quadam epistola confitetur « se et Epicurum non satis eminuisse; sed post, se et Epicurum magnum paratumque nomen habituros, et qui voluissent per eadem ire vestigia. » — Nulla virtus latet; et latuisse, non ipsius est damnum. Veniet, qui conditam, et sæculi sui malignitate compressam, dies publicet. Paucis natus est qui populum ætatis suæ cogitat. Multa annorum millia, multa populorum supervenient; ad illa respice! Etiamsi omnibus tecum viventibus silentium livor indixerit, venient qui sine offensa, sine gratia, judicent. Si quod est pretium virtutis ex fama, nec hoc interit. Ad nos quidem nihil pertinebit posterorum sermo; tamen etiam non sentientes colet ac frequentabit. Nulli non Virtus, et vivo et mortuo, retulit gratiam; si modo illam bona sequutus est fide, si se non exornavit et pinxit, sed idem fuit, sive ex denuntiato videbatur, sive imparatus ac subito. Nihil simulatio proficit : paucis imponit leviter extrinsecus inducta facies; veritas in omnem sui partem semper eadem est. Quæ decipiunt, nihil habent solidi. Tenue est mendacium; perlucet, si diligenter inspexeris. Vale.

EPISTOLA LXXX.

QUAM COMMODA SIT PAUPERTAS.

Hodierno die non tantum meo beneficio mihi vaco, sed spectaculi, quod omnes molestos ad sphæromachiam avocavit. Nemo irrumpit, nemo cogitationem meam impediet, quæ hac ipsa fiducia procedit audacius. Non crepuit subinde ostium, non allevabitur velum, licebit uno vadere, quod magis necessarium est per se euntidi et asam sequenti viam. Non ergo sequor priores? Facio; sed permitto mihi et invenire aliquid, et mutare, et relinquere. Non servio illis, sed assentio.

Magnum tamen verbum dixi, qui mihi silentium promittebam, et sine interpellatione secretum; ecce ingens clamor ex stadio profertur, et me non excutit mihi, sed in hujus ipsius rei contentionem transfert. Cogito mecum, quam multi corpora exerceant, ingenia quam pauci; quantus ad spectaculum non fidele et lusorium fiat concursus, quanta sit circa artes bonas solitudo; quam imbecilli animo sint, quorum lacertos humerosque miramur. Illud maxime revolvo mecum : si corpus perduci exercitatione ad hanc patientiam potest, qua et pugnos

des coups de poing et de pied de tous ceux qui se présentent, et à passer un jour entier au grand soleil, couvert de poussière et de sang, il est plus aisé de fortifier l'esprit, en sorte qu'il reçoive les coups de la fortune sans se troubler, et que, se voyant abattu et foulé aux pieds, il ait encore le courage de se relever. Le corps a besoin de quantité de choses pour se rendre fort; mais l'esprit s'affermit, se nourrit et s'exerce de lui-même. Il faut que le corps mange et boive beaucoup, qu'il se frotte d'huile, qu'il s'exerce continuellement; mais la vertu s'acquiert sans faire aucune dépense. Vous avez donc vous-même tout ce qui peut vous rendre vertueux. De quoi avez-vous besoin pour cela? Seulement de le vouloir être.

Mais, que pouvez-vous vouloir de meilleur que de vous affranchir de la servitude, qui est insupportable à tout le monde, et dont les plus malheureux esclaves, qui sont nés dans cette condition ravalée, tâchent de se défaire par toute sorte de moyens? Ils donnent pour cela tout ce qu'ils ont épargné à force de jeûner. Ne voudrez-vous pas acquérir la liberté à quelque prix que ce soit, vous qui croyez être né libre? Pourquoi jetez-vous les yeux sur votre coffre? On ne la saurait acheter, et c'est en vain qu'on emploie ce nom de liberté dans les contrats, puisque ceux qui la vendent ne l'ont point, ni par conséquent ceux qui l'achètent. C'est à vous de vous la donner; il la faut demander à vous-même. Commencez par vous défaire de la crainte de la mort, c'est le premier joug qui nous est imposé; défaites-vous ensuite de l'appréhension de la pauvreté, et pour vous faire connaître que ce n'est point un mal, comme chacun se l'imagine, comparez ensemble le visage d'un pauvre et d'un riche. Vous trouverez que le pauvre rit plus souvent et plus franchement; il n'a point de souci au fond du cœur; s'il lui arrive quelque chagrin, cela passe vite comme un léger nuage. Mais ceux que l'on appelle heureux n'ont qu'une joie apparente, ou une tristesse qui suppure par les plaisirs, et qui est d'autant plus fâcheuse, qu'ils sont obligés, le plus souvent, de la tenir secrète, et de faire mine d'être contents, tandis qu'ils souffrent mille déplaisirs qui leur rongent le cœur. Je ne saurais mieux représenter les divers états de la vie humaine, et ces mauvais personnages que nous y jouons, que par cette comparaison dont je me sers assez souvent; c'est d'un comédien, qui, marchant fièrement sur le théâtre, et regardant vers le ciel, dit:

Je commande à la Grèce, et Pélops m'a donné
Tout ce vaste pays de mers environné,
Qui va de l'Hellespont à l'isthme de Corinthe.

Ce n'est pourtant qu'un valet à cinq boisseaux de grain et douze sous par mois. Et cet autre, si superbe, qui, tout furieux et plein de fanfaronnade, dit:

Arrête, Ménélas, ou ce bras, comme un foudre,
Tombant dessus ton corps, te va réduire en poudre.

C'est un misérable, qui n'a que sa paie par jour, et qui couche dans un grenier de louage. Vous en pouvez dire autant de tous ces délicats qui marchent dans des carrosses et des litières, sur la tête des autres hommes; leur félicité est masquée; dépouillez-les de leurs ornements, vous vous en moquerez. Quand vous voulez acheter un cheval,

---

pariter et calces non unius hominis ferat, qua solem ardentissimum in ferventissimo pulvere sustinens aliquis, et sanguine suo madens, diem ducat; quanto facilius animus corroborari possit, ut fortunæ ictus invictus excipiat, ut projectus, ut conculcatus exsurgat? Corpus enim multis eget rebus, ut valeat; animus ex se crescit, se ipse alit, se exercet. Illi multo cibo, multa potione opus est, multo oleo, longa denique opera; tibi continget virtus sine apparatu, sine impensa. Quidquid facere te potest bonum, tecum est. Quid tibi opus est ut sis bonus? Velle! Quid autem melius potes velle, quam eripere te huic servituti, quæ omnes premit; quam mancipia quoque conditionis extremæ, et in his sordibus nata, omni modo exuere conantur! Peculium suum, quod comparaverunt ventre fraudato, pro capite numerant; tu non concupisces quanticumque ad libertatem pervenire, qui in illa te putas natum? Quid ad arcam tuam respicis? emi non potest. Itaque in tabellas vanum conjicitur nomen libertatis; quam nec qui emerunt habent, nec qui vendiderunt. Tibi des oportet istud bonum, a te petas. Libera te primum metu mortis; illa nobis primum jugum imponit; deinde metu paupertatis. Si vis scire quam nihil in illa mali sit, compara inter se pauperum et divitum vultus.

Sæpius pauper et fidelius ridet; nulla sollicitudo in alto est; etiamsi qua incidit cura, velut nubes levis transit. Horum, qui felices vocantur, hilaritas ficta est, aut gravis et suppurata tristitia; eo quidem gravior, quia interdum non licet palam esse miseros, sed inter ærumnas, cor ipsum exedentes, necesse est agere felicem. Sæpius hoc exemplo mihi utendum est; nec enim ullo efficacius exprimitur hic humanæ vitæ mimus, qui nobis partes has, quas male agamus, assignat. Ille qui in scena elatus incedit, et hæc resupinus dicit:

En impero Argis! regna mihi liquit Pelops,
Qua Ponto ab Helles atque ab Ionio mari
Urgetur Isthmos;

servus est; quinque modios accipit, et quinque denarios Ille qui superbus, atque impotens, et fiducia virium tumidus ait:

Quod nisi quieris, Menelae, hac dextra occides!

diurnum accipit, in centunculo dormit. Idem de istis licet omnibus dicas, quos, supra capita hominum supraque turbam, delicatos lectica suspendit; omnium istorum personata felicitas est. Contemnes illos, si despoliaveris. Equum empturus, solvi jubes stratum; detrahis vesti-

vous lui faites ôter la selle ; vous faites quitter les habits à un esclave pour connaître s'il n'a point de défaut, et cependant vous osez juger du mérite d'un homme que vous voyez couvert de clinquant. Il y a des marchands d'esclaves qui ont accoutumé de cacher en eux tout ce qui peut choquer la vue, ce qui fait qu'on se défie quand ils sont ajustés ; n'est-il pas vrai que, si vous leur voyiez une jambe ou un bras bandé, vous les feriez aussitôt délier, et vous voudriez voir tout le corps à découvert? Voyez-vous ce roi des Scythes ou des Sarmates qui a le diadème sur le front? Si vous voulez le bien connaître, et savoir son prix véritable, dépouillez-le de ce bandeau, vous trouverez là-dessous bien des vices et de la sottise. Mais, sans parler des autres, si vous voulez vous examiner, mettez à part votre argent, vos maisons, vos charges, puis regardez ce que vous êtes au dedans, et ne vous en rapportez pas à ce que les autres vous en disent.

ÉPITRE LXXXI.

Que l'on ne doit pas s'abstenir de bien faire de peur de trouver un ingrat. — Que l'on n'est pas quitte pour avoir rendu le bienfait. — Qu'il est dangereux d'obliger extrêmement une personne.

Vous vous plaignez d'avoir rencontré un ingrat. Si c'est le premier, vous en devez remercier la fortune ou votre prudence ; mais, en cette occasion, la prudence ne vous servira qu'à vous empêcher d'être bienfaisant, si, pour éviter l'ingratitude, vous ne faites jamais plaisir à personne ; ainsi, de peur qu'un bienfait ne périsse entre les mains d'autrui, vous le laisserez périr entre les vôtres. Il vaut mieux qu'il soit mal reconnu que d'être omis. On ne laisse pas de semer après une mauvaise récolte ; il arrive souvent que la fertilité d'une année récompense la stérilité des autres ; et il y a tant de plaisir à trouver un homme reconnaissant, qu'il faut hasarder de faire un ingrat. Personne n'a la main si heureuse à distribuer les grâces, qu'il n'y soit souvent trompé ; perdez-en plusieurs, il y en aura enfin une qui profitera. On s'embarque encore après le naufrage ; on ne laisse pas de prêter après une banqueroute. En vérité, on serait bientôt réduit à ne rien faire, s'il fallait abandonner tout ce qui ne réussit pas ; au contraire, cela vous doit engager à bien faire, car, pour venir à bout d'une chose incertaine, il la faut tenter plus d'une fois.

Mais j'ai assez discouru sur cette matière dans les livres des Bienfaits. Il vaut mieux agiter une question qui n'a pas été, ce me semble, assez éclaircie jusqu'à présent. Je demande donc si celui qui m'a fait plaisir, et m'a depuis offensé, me décharge de l'obligation que je lui avais, par quelque sorte de compensation. Ajoutez-y, si vous voulez, qu'il m'ait fait plus de mal qu'il ne m'avait fait de bien. Si vous consultez un juge de rigueur, il mettra les parties hors de cour, et dira que, encore que l'offense soit plus grande, il faut oublier cet excès en considération du bienfait. Il est vrai qu'il a plus offensé qu'il n'a servi ; mais il avait servi avant qu'il eût offensé. Au reste, c'est une chose trop claire et qui ne mérite point d'avertissement, qu'il faut prendre garde s'il a fait plaisir de bon cœur, s'il a été contraint de vous offenser ; car le bienfait et l'offense consistent dans

---

menta venalibus, ne qua vitia corporis lateant : hominem involutum æstimas? Mangones, quidquid est quod displiceat, aliquo lenocinio abscondunt ; itaque ementibus ornamenta ipsa suspecta sunt : sive crus alligatum, sive brachium aspiceres, nudari juberes, et ipsum tibi corpus ostendi. Vides illum Scythiæ Sarmatiæve regem, insigni capitis decorum? si vis illum æstimare, tolum scire qualis sit, fasciam solve ! multum mali sub illa latet. Quid de aliis loquor ? si perpendere te voles, sepone pecuniam, domum, dignitatem ; intus te ipse considera. Nunc, qualis sis, aliis credis. Vale.

EPISTOLA LXXXI.

AN GRATI ESSE DEBEAMUS IN ILLUM QUI, POSTQUAM BENEFICIUM CONTULERAT, NOCUIT ?

Quereris incidisse te in hominem ingratum. — Si hoc nunc primum, age aut fortunæ, aut diligentiæ tuæ gratias. Sed nihil facere hoc loco diligentia potest, nisi te malignum : nam, si hoc periculum vitare volueris, non dabis beneficia : ita, ne apud alium pereant, apud te peribunt. Non respondeant potius, quam non dentur : et post malam segetem serendum est. Sæpe, quidquid pe- rierat assidua infelicis soli sterilitate, unius anni restituit ubertas. Est tanti, ut gratum invenias, experiri et ingratos. Nemo habet tam certam in beneficiis manum, ut non sæpe fallatur : aberrent, ut aliquando hæreant. Post naufragium maria tentantur ; fœneratorem non fugat a foro coactor. Cito inerti otio vita torpebit, si relinquendum est quidquid offendit. Te vero benigniorem hæc ipsa res faciat ; nam cujus rei eventus incertus est, id, ut aliquando procedat, sæpe tentandum est.

Sed de isto satis multa in his libris loquuti sumus, qui de Beneficiis inscribuntur ; illud magis quærendum videtur, quod non satis, ut existimo, explicatum est ; an is, qui profuit nobis, si postea nocuit, paria fecerit, et nos debito solverit? Adjice, si vis, et illud : Multo plus postea nocuit, quam ante profuerat. Si rectam illam rigidi judicis sententiam quæris, alterum ab altero absolvet, et dicet : Quamvis injuriæ præponderent, tamen beneficiis donetur, quod ex injuria superest. Plus nocuit? sed prius profuit ! itaque habeatur et temporis ratio. Jam illa manifestiora sunt, quam ut admoneri debeas, quærendum esse, quam libenter profuerit, quam invitus nocuerit ; quoniam animo et beneficia et injuriæ constant. Nolui be-

la volonté. Quelquefois on n'a pas dessein de faire plaisir, mais on y est induit par honte ou par importunité, ou par l'espérance du retour ; nous devons recevoir les choses avec le même esprit qu'on nous les donne, et ne pas regarder la valeur du présent, mais celle de la volonté. Laissons cet examen à part ; demeurons d'accord que c'était un bienfait, et que ce qui l'a excédé est une injure ; un homme de bien se trompera volontairement dans son compte en augmentant le bienfait, et en diminuant l'injure. Un autre juge plus doux (comme je le voudrais être) dira qu'il faut oublier l'injure, et se souvenir du plaisir. Je sais bien que c'est un devoir de la justice de rendre à chacun ce qui lui appartient ; au bienfait, la reconnaissance ; à l'injure, la revanche, ou du moins le ressentiment. Mais cela se doit entendre lorsque l'un vous a fait plaisir, et que l'autre vous a fait injure ; car, si c'est la même personne, le plaisir efface l'injure ; joint que, s'il faut pardonner à celui qui ne nous a jamais obligé, nous devons quelque chose de plus que le pardon à celui qui ne nous a offensé qu'après nous avoir obligé. Je ne mets point l'un et l'autre à même prix : au contraire, je donne beaucoup plus de poids au bienfait qu'à l'injure ; mais tout le monde ne sait pas rendre un bienfait. Un ignorant ou un homme de néant pourra bien se revancher d'un bienfait qu'il aura reçu, particulièrement quand il sera tout nouveau ; mais il ne saura pas l'obligation qui lui en demeure. Un sot encore, s'il est de bonne volonté, ne rendra pas autant qu'il doit, ou le rendra en un temps ou en un lieu qui ne conviendra point ; il jettera à l'aventure, et ne saura pas témoigner sa reconnaissance à propos.

Il faut avouer qu'il y a des mots merveilleusement propres pour exprimer certaines choses, et que le vieux langage nous les fait connaître par des signes efficaces qui marquent ce que nous avons à faire. Voici comme l'on parle d'ordinaire en latin : *Ille illi gratiam retulit*. Ce dernier mot veut dire, rendre volontairement ce que l'on doit à celui duquel on l'a reçu. Il n'y a que le sage qui soit capable de s'en acquitter, et de mettre un juste prix à toutes choses ; il considérera le plaisir qu'il aura reçu, et de qui il l'aura reçu, le temps, le lieu, la manière. Voilà pourquoi nous disons qu'il n'y a proprement que le sage qui sache reconnaître un bienfait, comme il n'y a que lui qui le sache conférer, parce qu'il est plus aisé de donner, qu'un autre ne l'est de recevoir. Quelqu'un pourra dire que j'avance ici des choses qui sont contre l'opinion commune, ce que les Grecs appellent paradoxes, et que, s'il est vrai qu'il n'y a que le sage qui sache reconnaître un bienfait, il n'y a donc que lui qui sache payer à un créancier ce qu'il lui doit, et à un marchand le prix de ce qu'on lui a vendu. Mais, afin que l'on n'impute rien aux Stoïciens, sachez qu'Épicure dit la même chose ; au moins Métrodore dit qu'il n'y a que le sage qui sache rendre un bienfait. Il s'étonne ensuite que nous disions qu'il n'y a que le sage qui sache aimer et qui mérite le nom d'ami : comme si ce n'était pas une action d'amour et d'amitié

neficium dare : victus sum aut verecundia, aut instantis pertinacia, aut spe. Eo animo quidque debetur, quo datur ; nec, quantum sit, sed a quali profectum voluntate, perpenditur. Nunc conjectura tollatur. Et illud beneficium fuit ; et hoc, quod modum beneficii prioris excessit, injuria est. Vir bonus utrosque calculos sic ponit, ut se ipse circumscribat ; beneficio adjicit, injuriæ demit : alter ille remissior judex, quem esse me malo, injuriæ oblivisci debebit, officii meminisse. — Hoc certe, inquit, justitiæ convenit, suum cuique reddere, beneficio gratiam, injuriæ talionem, aut certe malam gratiam. — Verum erit istud, quum alius injuriam fecerit, alius beneficium dederit : nam, si idem est, beneficio vis injuriæ extinguitur. Nam cui, etiamsi merita non antecessissent, oportebat ignosci, post beneficia lædenti plus quam venia debetur. Non pono utrique par pretium : pluris æstimo beneficium, quam injuriam. Non omnes grati debere sciunt beneficium : potest etiam imprudens, et rudis, et unus e turba, utique dum prope est ab accepto ; ignorat autem, quantum debeat : uni Sapienti notum est, quanti res quæque taxanda sit. Nam ille, de quo loquebar modo, stultus, etiamsi bonæ voluntatis sit, aut minus quam debet, aut tempore, aut, quo non debet, loco reddit ; id quod referendum est, effundit atque abjicit.

Mira in quibusdam rebus verborum proprietas est ; et consuetudo sermonis antiqui quædam efficacissimis, et officii docentibus notis signat. Sic certe solemus loqui : « Ille illi gratiam retulit. » Referre, est ultro, quod debeas, afferre. Non dicimus gratiam reddidit : reddunt enim, et qui reposcuntur, et qui inviti, et qui ubilibet, et qui per alium. Non dicimus reposuit beneficium, aut solvit : nullum nobis placuit, quod æri alieno convenit, verbum. Referre, est ad eum, a quo acceperis, ferre : hæc vox significat voluntariam relationem : qui retulit, ipse se appellavit. Sapiens omnia examinabit secum : quantum acceperit, a quo, quando, ubi, quemadmodum. Itaque negamus, quemquam scire gratiam referre, nisi sapientem : non magis quam beneficium dare quisquam scit, nisi sapiens ; hic scilicet, qui magis dato gaudet, quam alius accepto.

Hoc aliquis inter illa numerat, quæ videmur inopinata omnibus dicere (παράδοξα Græci vocant), et ait : Nemo ergo scit præter sapientem referre gratiam ? ergo nec, quod debet creditori suo, reponere quisquam scit alius ? nec, quum emit aliquam rem, pretium venditori persolvere ? — Ne nobis fiat invidia, scito idem dicere Epicurum. Metrodorus certe ait, « solum sapientem referre gratiam scire. » Deinde idem admiratur, quum dicimus : « Solus sapiens scit amare ; solus sapiens amicus est. » Atqui et amoris, et amicitiæ pars est, referre gratiam ;

que de reconnaître un bienfait, de quoi plus de gens sont capables que de la véritable amitié. Il s'étonne encore que nous disions que la foi ne se trouve que dans le sage, comme s'il ne le disait pas lui-même. Mais est-ce avoir de la bonne foi que de ne pas vouloir rendre un bienfait?

Que l'on cesse donc de nous décrier, comme si nous mettions en avant des choses qui fussent hors de toute créance. Que l'on apprenne que le sage seul possède la vertu en effet, et que le vulgaire n'en a que l'ombre et les apparences. Il est vrai qu'il n'y a que le sage qui sache s'acquitter d'un bienfait; mais que les autres s'en acquittent comme ils pourront, et qu'ils montrent qu'ils manquent plutôt de science que de volonté; car on n'apprend à personne à vouloir. Le sage fera examen de toutes choses, parce que le temps, le lieu et le motif peuvent rendre un même bienfait plus ou moins considérable. Il arrive quelquefois que cent écus donnés à propos font plus de bien que tout l'argent que l'on aurait versé à pleines mains dans un autre temps; car il y a différence entre donner, ou secourir, agrandir ou sauver; souvent ce que l'on donne est peu de chose, mais la suite en est importante. Quelle distinction mettez-vous entre recevoir d'autrui afin de donner, ou bien retirer d'autrui pour donner encore? Mais, sans rebattre des difficultés que nous avons assez curieusement examinées, si l'on vient à balancer un bienfait contre une injure, un homme de bien doit, en gardant l'équité, pencher toujours du côté du bienfait. Dans ces occasions, il doit principalement mettre en considération la qualité des personnes.

Vous m'avez obligé en la personne de mon serviteur; vous m'avez conservé mon fils; mais vous m'avez ôté mon père. Il observera ensuite les autres circonstances, comme il se fait quand on met deux choses en comparaison; et s'il ne s'en faut guère de l'un à l'autre, il dissimulera. Que si la différence se trouve grande, il pardonnera s'il le peut faire sans blesser la piété, ni sa foi, je veux dire si l'injure ne touche que lui seul. En un mot, il se rendra facile dans cet échange. Il voudra bien qu'on lui compte plus qu'il ne doit; il aura regret de s'acquitter d'un bienfait par compensation d'une injure; il aura plus de penchant à se trouver redevable et à se vouloir acquitter.

C'est un défaut d'aimer mieux recevoir que rendre un bienfait. Comme l'on s'acquitte plus volontiers que l'on n'emprunte, on doit être aussi plus aise de se décharger d'une obligation que de s'en charger. Les ingrats se trompent en ceci, qu'encore qu'ils rendent à leurs créanciers quelque chose au-delà du principal, ils ne croient pas qu'un bienfait doive porter du profit; et cependant on en doit l'intérêt, puisqu'il faut rendre d'autant plus que l'on tarde à le rendre. Car c'est une ingratitude de ne rendre qu'autant que l'on a reçu. Cela doit entrer en ligne de compte quand on compare la recette avec la mise. Enfin, il faut faire tout ce qui nous est possible pour augmenter notre gratitude. C'est un bien qui est tout à nous, et d'une autre manière que n'est la justice, laquelle, au sentiment du vulgaire, ne regarde que l'intérêt d'autrui. La meilleure partie du bienfait retourne à son auteur, qui se fait du bien lorsqu'il en fait à un autre.

imo hoc magis vulgare est, et in plures cadit, quam vera amicitia. Deinde idem admiratur, quod dicimus, « fidem nisi in sapiente non esse; » tanquam non ipse idem dicat. An tibi videtur fidem habere, qui referre gratiam nescit. Desinant itaque infamare nos, tanquam incredibilia jactantes; et sciant, apud Sapientem esse ipsa honesta, apud vulgum simulacra rerum honestarum et effigies. Nemo referre gratiam scit, nisi sapiens : stultus quoque, utcumque sit et quemadmodum potest, referat; scientia illi potius, quam voluntas desit. Velle non discitur. Sapiens inter se omnia comparabit : majus enim aut minus fit (quamvis idem sit) tempore, loco, causa. Sæpe enim hoc non potuere divitiæ in domum infusæ, quod opportune dati mille denarii. Multum enim interest, donaveris, an succurreris; servaverit illum tua liberalitas, an instruxerit. Sæpe, quod datur, exiguum est; quod sequitur ex eo, magnum. Quantum autem existimas interesse, utrum aliquis ex arca, quod præstaret, sumpserit, an beneficium acceperit, ut daret?

Sed ne in eadem, quæ satis scrutati sumus, revolvamur; in hac comparatione beneficii et injuriæ vir bonus judicabit quidem, quod erit æquissimum; sed beneficio favebit : in hanc erit partem proclivior. Plurimum autem momenti persona solet afferre in rebus ejusmodi. Dedisti mihi beneficium in servo; injuriam fecisti in patre; servasti mihi filium, sed patrem abstulisti. Alia deinceps, per quæ procedit omnis collatio, prosequetur : et, si pusillum erit, quod intersit, dissimulabit; etiam, si multum fuerit, sed si id donari salva pietate ac fide poterit, remittet, id est, si ad ipsum tota pertinebit injuria. Summa rei hæc est : facilis erit in commutando; patietur plus imputari sibi. Invitus beneficium per compensationem injuriæ solvet : in hanc partem inclinabit, huc verget, ut cupiat debere gratiam, cupiat referre. Errat enim, si quis beneficium accipit libentius, quam reddit. Quanto hilarior est qui solvit quam qui mutuatur, tanto debet lætior esse qui se maximo ære alieno accepti beneficii exonerat, quam qui quum maxime obligatur. Nam in hoc quoque falluntur ingrati, quod creditori quidem, præter sortem, extra ordinem numerant; beneficiorum autem usum esse gratuitum putant. Et illa crescunt mora; tantoque plus solvendum est, quanto tardius. Ingratus est, qui beneficium reddit sine usura. Itaque hujus quoque rei habebitur ratio, quum conferentur accepta et expensa.

Omnia facienda sunt, ut quam gratissimi simus; nostrum enim hoc bonum est : quemadmodum justitia non est, ut vulgo creditur, ad alios pertinens; maxima pars ejus in se redit. Nemo non, quum alteri prodest, sibi

Je n'entends pas qu'on prête assistance après qu'on l'aura reçue, et que l'on protège après avoir été protégé, à cause que le bon exemple profite, comme le mauvais nuit d'ordinaire à celui qui en est l'auteur, et que l'on ne plaint point une personne qui, en faisant une injure, a montré le chemin de la lui rendre. Mais j'entends que l'on prévienne et qu'on oblige sans autre vue, parce que toutes les vertus ont leur récompense en elles-mêmes. On ne les exerce pas pour le bien; le salaire d'une bonne action est de l'avoir faite. Je serai reconnaissant non pas afin qu'un autre se porte plus aisément à m'obliger, voyant que je suis d'humeur à m'en ressentir, mais pour faire une action qui me semble belle et très-agréable. Je serai reconnaissant, non parce qu'il est expédient de l'être, mais parce que j'y prends plaisir; et pour vous le témoigner, si je ne puis être reconnaissant sans paraître ingrat, si je ne puis rendre un bienfait, qu'on ne croie que je fasse une injure, je prendrai de bon cœur le parti de la vertu au péril de ma réputation. Car enfin, personne, à mon avis, ne peut avoir plus d'estime et d'affection pour la vertu, que celui qui, pour se conserver la qualité d'homme de bien, se résout d'en perdre la réputation. J'ai donc eu raison de dire que la gratitude vous était plus avantageuse qu'à votre bienfaiteur : car il ne reçoit que ce qu'il avait donné, ce qui est assez vulgaire et commun; mais vous faites une action qui n'appartient qu'à une âme qui est dans un état très-heureux, de vous être montré reconnaissant.

Si le vice rend les hommes misérables, si la vertu fait tout leur bonheur, et que la gratitude soit une vertu, pour une chose vulgaire que vous avez rendue, vous en gagnerez une autre qui est d'un prix inestimable. C'est l'habitude de reconnaître un bienfait qui ne se forme que dans un esprit bien né et vraiment divin. Une disposition contraire est toujours accompagnée de disgrâces et de déplaisirs. Il n'y a point d'ingrat qui ne devienne misérable ; mais je ne lui donne point de temps, il l'est déjà. Empêchons-nous donc d'être ingrats, non pour l'intérêt d'autrui, mais pour le nôtre. Ce qu'il y a de moins dangereux dans une mauvaise action rejaillit sur les autres ; mais le plus noir, et, pour ainsi dire, le plus épais demeure chez nous pour nous tourmenter. C'est ce qui a fait dire à Attalus que la malice avale la plus grande partie de son venin. Les serpents qui jettent leur venin sur autrui n'en sont point incommodés. Celui-ci n'est pas de même ; il est pernicieux à ceux qui le portent. L'ingrat se tourmente, il se travaille; et parce qu'il faut rendre les grâces qu'il a reçues, il les hait et les mésestime. Au contraire, il exagère et grossit les injures. Mais qu'y a-t-il de plus malheureux qu'un homme qui oublie les bienfaits et qui se ressouvient des injures? La sagesse, par une conduite opposée, vante toujours les grâces qu'elle reçoit ; elle se les rend considérables, et prend plaisir d'en parler souvent. Les ingrats n'ont qu'un seul plaisir, qui est bien court : c'est au moment qu'ils reçoivent le bienfait; au lieu que le sage s'en réjouit longtemps et toute sa vie. Sa satisfaction n'est pas de recevoir, mais d'avoir reçu, ce qui est perpétuel et dure toujours. Si on lui fait quelque insulte, il n'en tient point de compte, l'oublie même, non,

profuit. Non eo nomine dico, quod volet adjuvare adjutus, protegere defensus, quod bonum exemplum circuitu ad facientem revertitur ; sicut mala exempla recidunt in auctores, nec ulla miseratio contingit his qui patiuntur injurias, quas posse fieri, faciendo docuerunt : sed quod virtutum omnium pretium in ipsis est. Non enim exercentur ad præmium : recte facti, fecisse merces est. Gratus sum, non ut alius mihi libentius præstet, priori irritatus exemplo, sed ut rem jucundissimam ac pulcherrimam faciam. Gratus sum, non quia expedit, sed quia juvat. Hoc ut scias ita esse : si gratum esse non licebit, nisi ut videar ingratus ; si reddere beneficium non aliter quam per speciem injuriæ potero ; æquissimo animo ad honestum consilium, per mediam infamiam, tendam. Nemo mihi videtur pluris æstimare virtutem, nemo illi magis esse devotus, quam qui boni viri famam perdidit, ne conscientiam perderet. Itaque, ut dixi, majore tuo, quam alterius bono, gratus es. Illi enim vulgaris et quotidiana res contigit, recipere quod dederat ; tibi magna, et ex beatissimo animi statu profecta, gratum fuisse. Nam si malitia miseros facit, virtus beatos, gratum autem esse virtus est, rem usitatam reddidisti, inæstimabilem con-sequutus es, conscientiam grati; quæ, nisi in animum divinum fortunatumque, non pervenit.

In contrarium autem huic affectum summa infelicitas urget. Nemo, si ingratus est, non miser erit : non differe illum, statim miser est. Itaque ingrati esse vitemus, non aliena causa, sed nostra. Minimum ex nequitia levissimumque ad alios redundat; quod pessimum ex illa est, et (ut ita dicam) spississimum, domi remanet, et premit habentem : quemadmodum Attalus noster dicere solebat : « Malitia ipsa maximam partem veneni sui bibit. » Illud venenum, quod serpentes in alienam perniciem proferunt, sine sua continent, non est huic simile ; hoc habentibus pessimum est. Torquet ingratus se, et macerat ; odit quæ accepit, quia redditurus est, et extenuat ; injurias vero dilatat atque auget. Quid autem eo miserius, cui beneficia excidunt, hærent injuriæ? At contra sapientia exornat omne beneficium ac sibi ipsa commendat, et se assidua ejus commemoratione delectat. Malis una voluptas est, et hæc brevis, dum accipiunt beneficia ; ex quibus sapienti longum gaudium manet ac perenne. Non enim illum accipere, sed accepisse delectat ; quod immortale est et assiduum. Illa contemnit, quibus læsus est,

par négligence, mais volontairement. Il ne prend jamais les choses au pis. Il n'impute à personne les mauvais événements, et croit que c'est la faute de la fortune plutôt que celle des hommes. Il n'interprète point sinistrement ni les paroles ni les mines; au contraire, il adoucit, par une explication favorable, ce qu'il y pourrait avoir de choquant, et ne se souvient pas plutôt de l'offense que du bienfait. Il s'arrête autant qu'il lui est possible aux premières et meilleures impressions qu'il trouve dans sa mémoire, et ne change point de volonté pour les personnes qui l'ont obligé, si elles ne l'ont desservi beaucoup davantage, et qu'il n'y ait un péril évident de le vouloir dissimuler. Alors encore, il se montre tel qu'il était avant l'obligation effacée par une plus grande injure : car, quand l'offense ne surpasse point le bienfait, il lui reste encore de l'amitié. Comme le criminel est absous quand le nombre des voix est égal, et que dans les choses douteuses l'humanité veut que l'on penche toujours du côté le plus doux ; ainsi le sage, quand l'injure se trouve pareille au plaisir, voit bien qu'il est quitte, mais il voudrait ne le pas être, et ressemble à ceux qui veulent payer leurs dettes nonobstant une décharge.

Or, l'on ne peut être véritablement reconnaissant, à moins que de mépriser ces sortes de biens qui font la folie la plus ordinaire des hommes. Quelquefois, pour rendre un bienfait, vous serez obligé d'aller en exil, de verser votre sang, de perdre votre fortune, de souffrir quelque déchet en votre honneur, et de voir votre réputation exposée à de faux bruits ; tant il est vrai que la gratitude est une chose qui coûte cher. Il n'y a rien que nous estimions davantage qu'un bienfait tandis que nous le sollicitons, ni que nous estimions moins après que nous l'avons reçu. Voulez-vous savoir ce qui nous fait oublier un plaisir ? C'est l'envie d'en recevoir un autre ; nous ne songeons plus à ce que nous avons obtenu, mais à ce que nous voulons obtenir. En vérité, les richesses, les honneurs, l'autorité, et toutes les choses qui n'ont autre valeur que celle que nous leur donnons, nous détournent du chemin de la vertu. Nous ne les savons pas estimer, parce que nous écoutons plutôt le bruit commun que la voix de la nature. Elles n'ont rien qui nous attire que la coutume que nous avons de les admirer. On ne les estime pas à cause qu'elles sont désirables; mais on les désire à cause qu'elles sont estimées. Et comme l'erreur des particuliers a fait autrefois l'erreur générale, aujourd'hui l'erreur générale fait celle des particuliers. Mais puisqu'en cela nous suivons l'opinion commune, suivons-la de même en ce point-ci, qu'il n'y a rien de plus honnête que la reconnaissance; c'est ce que toutes les villes et les nations les plus barbares publient à haute voix ; c'est de quoi les bons et les méchants demeurent d'accord ensemble. Vous en trouverez qui aimeront les plaisirs, d'autres qui préféreront le travail ; l'un dira que la douleur est un grand mal, l'autre tiendra que ce n'est pas même une incommodité; celui-ci dira que l'on ne peut être heureux sans être riche; celui-là vous assurera que les richesses sont cause de la perte du genre humain, et qu'il n'est point d'homme plus riche que celui à qui la fortune ne saurait rien donner. Parmi tant de divers sentiments, tout le monde,

---

nec obliviscitur per negligentiam, sed volens. Non vertit omnia in pejus, nec quærit cui imputet casum, et peccata hominum ad fortunam potius refert. Non calumniatur verba, nec vultus; quidquid accidit, benigne interpretando levat; non offensæ potius, quam beneficii meminit. Quantum potest, in priore ac meliore se memoria detinet; nec mutat animum adversus bene meritos, nisi multum male facta præcedunt, et manifestum etiam conniventi discrimen est : tunc quoque in hoc duntaxat, ut talis sit post majorem injuriam, qualis ante beneficium. Nam quum beneficio par est injuria, aliquid in animo benevolentiæ remanet. Quemadmodum reus sententiis paribus absolvitur, et semper, quidquid dubium est, humanitas inclinat in melius ; sic animus sapientis, ubi paria maleficiis merita sunt, desinet quidem debere, sed non desinet velle debere ; et hoc facit, quod qui post tabulas novas solvunt.

Nemo autem gratus esse potest, nisi contempserit ista, propter quæ vulgus insanit. Si referre vis gratiam, et in exsilium eundum est, et effundendus sanguis, et suscipienda egestas, et ipsa innocentia sæpe maculanda, indignisque objicienda rumoribus. Non parvo sibi constat homo gratus. Nihil carius æstimamus, quam beneficium quamdiu petimus ; nihil vilius, quum accepimus. Quæris quid sit, quod oblivionem acceptorum nobis faciat? Cupiditas accipiendorum. Cogitamus, non quid impetratum, sed quid impetrandum sit. Abstrahunt a recto divitiæ, honores, potentia, et cætera, quæ opinione nostra cara sunt, pretio suo vilia. Nescimus æstimare res de quibus non cum fama, sed cum rerum natura deliberandum est. Nihil habent ista magnificum, quo mentes in se nostras trahant, præter hoc, quod mirari illa consuevimus. Non enim, quia concupiscenda sunt, laudantur; sed concupiscuntur, quia laudata sunt : et, quum singulorum error publicum fecerit, singulorum errorem facit publicus. Sed quemadmodum illa credimus, sic et hoc fidei populi credamus, nihil esse grato animo honestius. Omnes hoc urbes, omnes etiam ex barbaris regionibus gentes conclamabunt; in hoc bonis malisque conveniet. Erunt qui voluptates laudent ; erunt qui labores malint ; erunt qui dolorem maximum malum dicant; erunt qui ne malum quidem appellent. Divitias aliquis ad summum bonum admittet; alius illas dicet malo humanæ vitæ repertas; nihil esse eo locupletius, cui, quod donet, fortuna non invenit. In tanta judiciorum diversitate, referendam bene merentibus gratiam, omnes uno tibi, quod aiunt,

d'une commune voix, vous dira qu'il faut rendre le plaisir. Les plus discordants s'accordent en ce point, et cependant nous ne laissons pas de rendre le mal pour le bien. Ce qui arrive principalement quand l'obligation est si grande qu'on ne saurait s'en acquitter. D'où vient qu'il est dangereux d'obliger beaucoup une personne; car ayant honte de ne rendre point, elle voudrait, pour être quitte, que celui qui l'a obligée ne fût plus au monde. Gardez, je vous prie, ce que je vous ai donné; je ne le demande pas, je ne vous parle point de me le rendre. Que je sois au moins en sûreté après vous avoir fait du bien. Certainement il n'y a point de si forte haine que celle d'un homme qui est honteux d'avoir outragé celui qui l'avait obligé.

ÉPITRE LXXXII.

Que l'on ne peut conserver le repos sans le secours de la philosophie. — Que la vertu rend glorieuses les choses qui sont indifférentes. — Que les arguments des sophistes sont propres pour surprendre et non pour persuader.

Je commence à n'être plus en peine de vous; mais vous me dites : Qui vous en a répondu? C'est une caution qui n'a jamais trompé personne; j'entends votre esprit qui est devenu passionné de la vertu. La meilleure partie de vous-même est en sûreté. Je sais bien que la fortune peut encore vous faire injure; mais l'importance est que vous ne sauriez plus vous en faire. Suivez votre chemin et continuez cette vie douce que vous avez commencée, pourvu qu'il n'y ait point de mollesse; car j'aimerais mieux être mal; prenez ce mot de mal au sens que le peuple a accoutumé de lui donner, c'est-à-dire vivre avec incommodité et avec peine. Quand on parle de la vie des personnes que l'on n'aime pas, on dit d'ordinaire : Il vit mollement, pour dire il ne vaut rien; car l'esprit s'affaiblit insensiblement dans le repos et se relâche dans l'oisiveté. Ne serait-il pas plus honnête à un homme de cœur de s'endurcir à la fatigue? Outre que les délicats appréhendent toujours la mort, quoique leur vie en ait toute la ressemblance; mais il y a grande différence de se reposer ou de s'ensevelir. Vous me direz :—Ne vaut-il pas mieux se reposer de quelque manière que ce soit, que d'être continuellement agité par le tracas des affaires? — Il est également dangereux que les nerfs se retirent ou qu'ils se relâchent; et l'on est aussi bien mort quand on est étouffé par les parfums que quand on est traîné dans la fange.

Le repos sans l'étude est une espèce de mort qui met un homme tout vivant au tombeau. Car enfin de quoi sert-il de se retirer puisque nos inquiétudes passent les mers avec nous? Quel autre y a-t-il de si reculé où la crainte de la mort ne trouve entrée? Quelle vie si sûre et si tranquille qui ne soit troublée par la douleur? En quelque lieu que tu te caches, les maux de la vie humaine viendront te donner l'alarme; car il y a bien des choses autour de nous qui nous séduisent ou qui nous traversent. Il y en a bien au-dedans qui se soulèvent au milieu même de la solitude. Il nous faut munir de philosophie : c'est un rempart que la fortune avec toutes ses machines ne saurait abattre. Un homme en quittant les affaires se met hors de toute sorte d'atteinte : son élévation le

---

ore affirmabunt; in hoc tam discors turba consentiet, quum interim injurias pro beneficiis reddimus. Et prima causa est, cur quis ingratus sit, si satis gratus esse non potuit. Eo perductus est furor, ut periculosissima res sit beneficia in aliquem magno conferre : nam, quia putat turpe non reddere, non vult esse, cui reddat. Tibi habe, quod accepisti; non repeto, non exigo : profuisse tutum sit. Nullum est odium perniciosius, quam ex beneficii violati pudore. Vale.

EPISTOLA LXXXII.

CONTRA MOLLITIEM; DEINDE CONTRA DIALECTICORUM ARGUTIAS.

Desii jam de te esse sollicitus. — Quem, inquis, Deorum sponsorem accepisti? — Eum scilicet, qui neminem fallit, animum recti ac boni amatorem. In tuto pars tui melior est. Potest fortuna tibi injuriam facere : quod ad rem magis pertinet, non timeo ne tu facias tibi. I qua cœpisti : et in isto te vitæ habitu compone, placide, non molliter. Male mihi esse malo, quam molliter. Male nunc sic accipe, quemadmodum a populo solet dici, dure, aspere, laboriose Audire solemus sic quorumdam vitam laudari, quibus invidetur : Molliter vivit! hoc dicunt, malus est! Paulatim enim effeminatur animus, atque in similitudinem otii sui et pigritiæ, in qua jacet, solvitur. Quid ergo? viro non vel obrigescere satius est? Deinde delicati timent mortem, cui vitam suam fecere similem. Multum interest inter otium, et conditivum. — Quid ergo? inquis : non satius est vel sic jacere, quam istis officiorum vorticibus volutari? — Utraque res letalis est, et contractio, et torpor. Puto, æque, qui in odoribus jacet, mortuus est, quam qui rapitur unco. Otium sine litteris mors est, et hominis vivi sepultura. Quid denique prodest secessisse? tanquam non trans maria nos sollicitudinum causæ prosequantur. Quæ latebra est, in quam non intret metus mortis? quæ tam munita, et in altum subducta vitæ quies, quam non dolor territet? Quocumque te abdideris, mala humana circumstrepent. Multa extra sunt, quæ circumeunt nos, quo aut fallant, aut urgeant; multa intus, quæ in media solitudine exæstuant.

Philosophia circumdanda est, inexpugnabilis murus, quem fortuna multis machinis lacessitum non transit. Insuperabili loco stat animus, qui externa deseruit, et arce

garantit, et il voit tomber sous ses pieds les traits qu'on lui décoche. La fortune n'a pas les mains si longues que nous pensons; elle n'attrape que ceux qui s'approchent trop près d'elle. Retirons-nous-en donc le plus loin que nous pourrons; mais nous avons besoin pour cela de la connaissance de nous-mêmes et de celle de la nature. Il faut savoir où nous devons aller, d'où nous sommes sortis, ce qui est bon, ce qui est mauvais, ce que l'on doit rechercher, ce que l'on doit éviter; quelle est cette raison qui fait le discernement des choses qui sont à désirer ou à fuir, qui fait adoucir la crainte et modérer la cupidité.

Il y en a qui se vantent de venir à bout de tout cela, sans le secours de la philosophie; mais quand ils sont mis à l'épreuve par quelque disgrâce, ils sont contraints d'avouer leur faiblesse, mais trop tard. Quand le bourreau leur prend la main, quand la mort se présente à eux, il n'y a plus de constance ni de fermeté. On leur pourrait dire : Il vous était bien aisé de défier le mal tandis qu'il était loin de vous. Voici cette douleur que vous disiez qui était si facile à supporter; voici cette mort contre laquelle vous parliez avec tant de courage; on entend claquer les fouets, on voit reluire le coutelas :

C'est à ce coup qu'il faut être sans peur,
Et faire voir de la force et du cœur.

Ce sera par une continuelle méditation que vous acquerrez cette fermeté; ce sera par l'exercice de l'esprit et non point par le choix des paroles; ce sera enfin par une préparation sérieuse à la mort. Ne vous imaginez pas que ces vaines futilités, par lesquelles on prouve que la mort n'est point un mal, vous puissent rendre plus résolu. Je ne saurais, mon cher Lucile, m'empêcher en cet endroit de rire des sottises des Grecs, que je n'ai pas encore oubliées quoique je les improuve extrêmement. Voici l'argument que fit Zénon : « Il n'y a point de mal qui soit glorieux ; or, est-il que la mort est glorieuse : pourtant la mort n'est point un mal. » Vous m'avez fait grand plaisir; je ne crains plus rien : après cela, je suis prêt à mettre la tête sur le bloc. Mais enfin ne voulez-vous pas parler plus sérieusement ? prétendez-vous faire rire un homme qui va mourir? En vérité, je ne saurais vous dire qui serait le plus impertinent, ou celui qui penserait ôter la crainte de la mort par un tel argument, ou celui qui en chercherait la solution, comme s'il en valait la peine. Le même Zénon fait encore un argument opposé à celui-ci, qu'il tire de ce que nous mettons la mort entre les choses indifférentes que les Grecs appellent ἀδιάφορα. « Il n'y a point, dit-il, de chose différente qui soit glorieuse ; mais la mort est glorieuse : donc la mort n'est pas indifférente. » Vous voyez bien la surprise de cet argument. La mort de soi n'est pas glorieuse, mais il est glorieux de mourir avec constance. Et quand il dit qu'il n'y a point de chose indifférente qui soit glorieuse, je l'accorde; mais je dis en même temps que rien n'est glorieux qu'il n'agisse sur les choses indifférentes; et voici comment : j'appelle choses indifférentes celles qui ne sont ni bonnes ni mauvaises, comme la maladie, la douleur, la pauvreté, l'exil, la mort : rien de tout cela n'est glorieux de soi, mais il n'y a rien qui le soit sans cela. On ne loue point la pauvreté, mais celui qui ne plie point, et

---

se sua vindicat : infra illum omne telum cadit. Non habet, ut putamus, fortuna longas manus; neminem occupat, nisi hærentem sibi. Itaque, quantum possumus, ab illa resiliamus ; quod sola præstabit sui naturæque cognitio. Sciat quo iturus sit, unde ortus; quod illi bonum, quod malum sit; quid petat, quid devitet; quæ sit illa ratio, quæ appetenda ac fugienda discernat, qua cupiditatum mansuescit insania, timorum sævitia compescitur. Hæc quidam putant ipsos, etiam sine philosophia, repressisse : sed, quum securos aliquis casus expertus est, exprimitur sera confessio; magna verba exciderunt, quum tortor poposcit manum, quum mors propius accessit. Possis illi dicere : Facile provocabas mala absentia ; ecce dolor, quem tolerabilem esse dicebas ! ecce mors, quam contra multa animose loquutus es! sonant flagella, gladius micat :

Nunc animis opus, Ænea, nunc pectore firmo!

Faciet autem illud firmum assidua meditatio, si non verba exercueris, sed animum; si contra mortem te præparaveris, adversus quam non exhortabitur, nec attollet, qui cavillationibus tibi persuadere tentaverit, mortem malum non esse. Libet enim, Lucili, virorum optime, ridere ineptias Græcas, quas nondum, quamvis mirer, excussi. Zenon noster hac collectione utitur : « Nullum malum gloriosum est; mors autem gloriosa est; mors ergo non est malum. » Profecisti ! liberatus sum metu; post hæc non dubitabo porrigere cervicem! Non vis severius loqui, nec morituro risum movere ? Non mehercule facile tibi dixerim, utrum ineptior fuerit, qui se hac interrogatione judicavit mortis metum extinguere, an qui hoc, tanquam ad rem pertineret, conatus est solvere. Nam et ipse interrogationem contrariam opposuit, ex eo natam, quod mortem inter indifferentia ponimus, quæ ἀδιάφορα Græci vocant. « Nihil, inquit, indifferens gloriosum est : mors autem gloriosum est : ergo mors non est indifferens. » Hæc interrogatio vides ubi obrepat. Mors non est gloriosa; fortiter mori gloriosum est : et, quum dicit « indifferens nihil gloriosum est, » concedo tibi ita, ut dicam, nihil gloriosum esse, nisi circa indifferentia. Tanquam indifferentia esse dico (id est, nec bona, nec mala) morbum, dolorem, paupertatem, exsilium, mortem. Nihil horum per se gloriosum est, nihil tamen sine his : laudatur enim non paupertas, sed quem

qui ne se laisse point abattre sous la pauvreté. On ne loue pas la pauvreté, mais celui qui ne s'en afflige pas. On ne loue pas la douleur, mais celui de qui elle ne saurait rien arracher. On ne loue point la mort, mais celui de qui elle a retiré l'âme sans l'avoir troublée.

Toutes ces choses-là, d'elles-mêmes, ne sont ni honnêtes ni glorieuses ; mais la vertu les rend telles quand elle en fait le sujet de ses exercices. Elles sont en lieu mitoyen, il dépend de la vertu ou du vice de les tirer d'un côté ou de l'autre. La mort qui fut glorieuse en Caton, fut vilaine et honteuse en Brutus ; je parle de ce Brutus, lequel, à dessein d'éloigner sa mort, se retira pour décharger son ventre. Mais, comme on l'eut rappelé, et qu'on lui eut commandé de tendre le cou : « Que ne puis-je vivre, dit-il, aussi aisément que je le tendrai! » Peu s'en fallut qu'il n'ajoutât : « Quand ce serait sous Antoine. » Quelle folie de vouloir fuir quand on ne peut plus reculer! Oh! que cet homme-là mériterait qu'on l'abandonnât à une vie infâme! Mais je commençais à vous dire : Supposé que la mort ne soit ni un bien ni un mal, Caton, toutefois, la rendit glorieuse, et Brutus, déshonnête. Tout ce qui n'a point d'éclat par soi-même devient beau, quand il plaît à la vertu de s'y joindre. Nous disons qu'une chambre est claire, et cependant elle est obscure quand il est nuit; le jour lui donne la clarté, la nuit la lui dérobe. Ainsi, toutes les choses que nous appelons indifférentes, comme les richesses, la santé, la beauté, les sceptres; et au contraire, la mort, l'exil, la maladie, les douleurs, et tout ce que nous craignons plus ou moins, reçoit le nom de bien ou de mal suivant l'usage qu'en fait la vertu ou le vice. Un fer, de soi-même, n'est ni chaud ni froid; il s'échauffe s'il est mis dans le fourneau; il se refroidit s'il est plongé dans l'eau ; la mort est honnête par le moyen de ce qui est honnête, c'est-à-dire de la vertu, et d'une âme qui méprise tout ce qui est hors de soi.

Il y a encore, mon cher Lucile, de grandes distinctions à faire entre les choses que nous appelons indifférentes. Car la mort n'est pas indifférente comme il l'est de porter les cheveux courts ou longs. Elle est du nombre des choses qui ne sont point mauvaises, mais qui en ont toutes les apparences. Nous avons un amour de nous-mêmes et un désir de conserver notre être, que la nature a gravé dans le fond de nos cœurs; nous en appréhendons la destruction, parce qu'il semble qu'elle nous ravit beaucoup de bien, et qu'elle nous prive des commodités auxquelles nous étions accoutumés. Ce qui nous donne encore de l'horreur de la mort, est que nous connaissons les lieux où nous habitons, et qu'on ne saurait nous rien dire de ceux où nous devons aller. Or, nous concevons aisément de l'aversion de ce qui nous est inconnu ; il y faut ajouter cette appréhension naturelle que nous avons des ténèbres où nous croyons que la mort nous doit conduire. De sorte qu'encore que la mort soit indifférente de soi, elle n'est pas toutefois du nombre des choses que l'on peut facilement mépriser. Il faut accoutumer l'esprit par un long exercice à souffrir ses approches et son arrivée. Certainement on devrait mépriser la mort plus qu'on ne fait, mais l'on nous en fait trop accroire. Tous les beaux-esprits ont pris à tâche de

---

non submittit, non incurvat; laudatur non exsilium, sed qui hoc non doluit; laudatur non dolor, sed ille, quem nihil coegit dolor; nemo mortem laudat, sed eum, cui mors ante abstulit animum, quam conturbavit. Omnia ista per se non sunt honesta, nec gloriosa; sed, quidquid ex illis virtus adiit tractavitque, honestum et gloriosum facit. Illa in medio posita sunt; interest, utrum malitia illis, an virtus, manum admoverit. Mors enim illa, quæ in Catone gloriosa est, in Bruto statim turpis est et erubescenda. Hic est enim Brutus, qui, quum periturus mortis moras quæreret, ad exonerandum ventrem secessit, et, evocatus ad mortem jussusque præbere cervicem: Præbebo, inquit, ita vivam! Quæ dementia est fugere, quum retro ire non possis? Præbebo, inquit, ita vivam! pæne adjecit, vel sub Antonio! O hominem dignum, qui vitæ dederetur !

Sed, ut cœperam dicere, vides ipsam mortem nec malum esse, nec bonum : Cato illa honestissime usus est, turpissime Brutus. Omnis res, quod non habuit decus, virtute addita sumit. Cubiculum lucidum dicimus; hoc idem obscurissimum est nocte: dies illi lucem infundit, nox eripit. Sic ista, quæ a nobis indifferentia ac media dicuntur, divitiis, viribus, formæ, honoribus, regno, et contra, morti, exsilio, malæ valetudini, doloribus, quæque alia aut minus aut magis pertimuimus, aut malitia aut virtus dat boni vel mali nomen. Massa per se nec calida, nec frigida est : in fornacem conjecta concaluit; in aquam remissa refrixit. Mors honesta est per illud, quod honestum est; id est virtus, et animus externa contemnens.

Est et horum, Lucili, quæ appellamus media grande discrimen. Non enim sic mors indifferens est, quomodo utrum capillos pares habeas, necne: mors inter illa est, quæ mala quidem non sunt, tamen habent mali speciem. Sui amor est, et permanendi conservandique se insita voluntas, atque aspernatio dissolutionis; quia videtur multa nobis bona eripere, et nos ex hac, cui assuevimus, rerum copia educere. Illa quoque res morti nos alienat, quod hæc jam novimus; illa, ad quæ transituri sumus, nescimus qualia sint, et horremus ignota. Naturalis præterea tenebrarum metus est, in quas adductura mors creditur. Itaque etiam si indifferens mors est, non tamen inter ea est quæ facile neglegi possint : magna exercitatione durandus est animus, ut conspectum ejus accessumque patiatur. Mors contemni debet magis, quam solet : multa enim de illa credimus, multorum ingeniis cer-

la décrier; ils en ont fait des portraits affreux, et nous ont laissé des descriptions terribles de ces prisons infernales, et de ces pays toujours couverts de ténèbres où cet infâme portier

> Couché parmi des os, en des cavernes sombres,
> Par d'éternels abois épouvante les ombres.

Mais, quand on nous ferait voir que ce ne sont que fables, et que les morts n'ont plus rien à craindre, nous ne serions pas encore en repos; car nous craignons autant d'être dans les lieux souterrains que de n'être plus. N'est-ce donc pas une action glorieuse et qui demande toute la force de l'esprit humain, de mourir sans crainte et sans regret parmi tant de fausses persuasions dont nous sommes prévenus de longue main? Mais on ne l'entreprendra jamais si l'on croit que la mort fait un mal : on le pourra faire si l'on estime que ce soit une chose indifférente. Notre nature ne se porte pas volontiers à ce qui lui paraît rude et fâcheux; elle ne s'en approche que lentement et à regret. Or, une action qui est forcée ne peut être glorieuse, puisque la vertu ne fait rien par contrainte. Joint que pour faire quelque chose d'honnête, il est besoin d'y apporter toute la présence et l'application de son esprit, sans y avoir la moindre répugnance. Mais, quand on va trouver ce mal, c'est pour en prévenir un plus grand, ou pour obtenir un bien qui mérite qu'on l'achète de quelque incommodité. En cette conjoncture, l'on se trouve partagé en des sentiments contraires; l'un nous porte à l'exécution de ce que nous avons arrêté; l'autre nous en retire en nous représentant les difficultés et les dangers qu'il y a, de sorte que nous demeurons en suspens. Où cela se rencontre, il ne faut plus prétendre de gloire; car la vertu commence et achève d'un même train ce qu'elle a une fois résolu; la difficulté ne l'embarrasse jamais; on peut hardiment lui dire :

> Ne cède point aux maux, va contre eux, ne crains rien :
> Suis ton sort en tous lieux; il te conduira bien.

Nous n'irons point contre les maux si nous croyons que ce soient des maux en effet; il faut donc nous défaire de cette pensée, qui est capable de ralentir notre ardeur, et de nous faire hésiter lorsqu'il faut marcher à grands pas. Les Stoïciens veulent que l'argument de Zénon soit véritable, et que celui qu'on lui oppose soit faux. Pour moi, je ne réduis point cette matière à la chicane de la dialectique, ni à ces subtilités si fort décriées. Au contraire, je serais d'avis que l'on exterminât toutes ces sortes d'arguments, qui font accorder autre chose que l'on ne croit pas, des demandes qui donnent à connaître à celui qu'on interroge qu'on le peut surprendre. Il faut procéder plus sincèrement pour trouver la vérité, et plus vigoureusement pour chasser la crainte. Si je voulais démêler et éclaircir tout ce qu'ils ont embarrassé, ce serait pour persuader, et non pas pour tromper personne. Comment voulez-vous qu'un général exhorte des troupes qui vont combattre et sacrifier leur vie pour le salut de leurs femmes et de leurs enfants? Je vous donne l'exemple des Fabiens, qui se chargèrent, dans leur maison, de toute la guerre de la république. Je vous propose encore ces braves Lacédémoniens qui furent mis pour défendre le passage des Thermopyles, sans espérance de

---

tatum est ad augendam ejus infamiam; descriptus est carcer infernus, et perpetua nocte oppressa regio, in qua ingens janitor Orci,

> Ossa super recubans antro semesa cruento,
> Æternum latrans exsangues territat umbras.

Sed, etiam quum persuaseris istas fabulas esse, nec quidquam defunctis superesse quod timeant, subit alius metus : æque enim timent, ne apud inferos sint, quam ne nusquam. His adversantibus, quæ nobis offundit longa persuasio, fortiter pati mortem quidni gloriosum sit, et inter maxima opera mentis humanæ? Quæ nunquam ad virtutem exsurget, si mortem malum esse crediderit; exsurget, si putabit indifferens esse. Non recipit rerum natura, ut aliquis magno animo accedat ad id quod malum judicat; pigre veniet et cunctanter : non est autem gloriosum, quod ab invito et tergiversante fit. Nihil facit virtus, quia necesse est. Adjice nunc, quod nihil honeste fit, nisi cui totus animus incubuit atque affuit, cui nulla parte sui repugnavit. Ubi autem ad malum acceditur, aut pejorem metu, aut spe bonorum, ad quæ pervenire tanti sit devorata unius mali patientia; dissident inter se judicia facientis : hinc est quod jubeat proposita perfi- cere, illinc quod retrahat et ab re suspecta ac periculosa fugiat : igitur in diversa distrahitur. Si hoc est, perit gloria. Virtus enim concordi animo decreta peragit; non timet quod facit.

> Tu ne cede malis, sed contra audentior ito
> Qua tua te fortuna sinet!

Non ibis audentior, si mala illa esse credideris. Eximendum hoc e pectore est : alioquin hæsitabit impetum moratura suspicio; trudetur in id quod invadendum est.

Nostri quidem videri volunt Zenonis interrogationem veram esse, fallacem autem alteram et falsam, quæ illi opponitur. Ego non redigo ista ad legem dialecticam, et ad illos artificii veternosissimi nodos : totum genus istud exturbandum judico, quo circumscribi se, qui interrogatur, existimat, et ad confessionem perducius aliud respondet, aliud putat. Pro veritate simplicius agendum est; contra metum fortius. Hæc ipsa, quæ volvuntur ab illis, solvere malim et expandere, ut persuadeam, non ut impugnam In aciem educturus exercitum, pro conjugibus ac liberis mortem obituram, quomodo exhortabitur? Do tibi Fabios, totum reipublicæ bellum in unam transferentes domum. Laconas tibi ostendo, in ipsis

vaincre ni de pouvoir échapper; il était assuré qu'ils y mourraient. Que leur eussiez-vous dit pour les animer à recevoir sur leurs bras les ruines qui devaient accabler toute leur nation, et abandonner plutôt leur vie que leur poste? Vous leur eussiez dit peut-être qu'une chose mauvaise n'est point glorieuse, que la mort est glorieuse, et partant que la mort n'est point mauvaise. O la belle harangue! Après cela y a-t-il personne qui craigne de passer au travers des ennemis et qui ne veuille mourir en combattant? Mais Léonidas leur parla bien avec une autre force. « Dînez, dit-il, mes compagnons, comme si vous deviez souper en l'autre monde. » Ils n'en mangèrent pas moins vite, la viande ne leur tomba point des mains, et ne leur demeura point entre les dents; ils allèrent gaîment à ce dîner et à ce souper. Que dites-vous de ce capitaine romain, lequel envoyant des soldats au travers de l'armée ennemie pour se saisir d'un poste avantageux, leur parla de la sorte: « Il faut aller là, mes compagnons: il n'est pas si nécessaire d'en revenir. »

Vous voyez comme les paroles de la vertu sont simples et absolues. Où est l'homme que nos subtilités aient rendu plus ferme et plus courageux? Elles amollissent le cœur, elles le resserrent, et le ravalent à des bagatelles épineuses, lorsqu'il faut lui donner le large et le porter à quelque chose de grand. Ce n'est point à trois cents soldats; mais c'est à tout le monde qu'il faut ôter la crainte de la mort. Comment vous y prendrez-vous? Comment ferez-vous voir que la mort n'est pas un mal? Renverserez-vous une opinion qui a des siècles pour garants, et qui s'insinue dès l'enfance? Quel remède y trouverez-vous? Que direz-vous à la faiblesse des hommes? Par quels raisonnements pourrez-vous les échauffer en sorte qu'ils se jettent au milieu des périls? Par quelle éloquence détruirez-vous cette crainte qui est si universelle? Par quelle force d'esprit pourrez-vous convertir tous les peuples de la terre, qui sont persuadés du contraire de ce que vous dites? Vous ajustez des paroles ambiguës, et vous me voulez attraper par la conséquence de plusieurs petites demandes. Songez qu'il faut de fortes armes pour abattre de grands monstres. Ce fut en vain que l'on attaqua à coups de dards et de frondes ce cruel serpent qui infectait toute l'Afrique, et que les légions romaines appréhendaient plus que les ennemis mêmes. Le serpent Python était invulnérable; et parce que la dureté de sa peau, qui répondait à l'énorme grandeur de son corps, repoussait le fer, et tout ce qu'on lui jetait, il fallut des meules pour l'assommer. Et vous dardez des fœtus contre la mort! Vous attendez un lion avec une alène. Ce que vous dites a de la pointe véritablement, mais un épi en a davantage. Enfin, il y a des choses si déliées qu'elles n'ont point de force et qu'on ne peut s'en servir.

ÉPITRE LXXXIII.

Que Dieu connait toutes choses, et qu'il est présent dans notre âme. — Description de l'ivrognerie et de ses défauts.

Vous voulez que je vous rende compte de ce que je fais tous les jours et toute la journée. Vous avez bonne opinion de moi, si vous croyez que je

---

Thermopylarum angustiis positos: nec victoriam sperant, nec reditum; ille locus illis sepulcrum futurus est. Quemadmodum exhortaris, ut totius gentis ruinam objectis corporibus excipiant, et vita potius, quam loco, cedant? Dices? « Quod malum est, gloriosum non est; mors gloriosa est; mors ergo non malum. » O efficacem concionem! Quis post hanc dubitet se infestis ingerere mucronibus, et stans mori? At ille Leonidas quam fortiter illos allocutus est! « Sic, inquit, commilitones, prandete, tanquam apud inferos cœnaturi! » Non in ore crevit cibus, non haesit in faucibus, non elapsus est manibus; alacres illi et ad prandium promiserunt, et ad cœnam. Quid? Dux ille Romanus, qui ad occupandum locum milites missos, quum per ingentem hostium exercitum ituri essent, sic allocutus est: « Ire, commilitones, illo necesse est, unde redire non necesse. » Vides quam simplex et imperiosa virtus sit. Quem mortalium circumscriptiones vestræ fortiorem facere, quem erectiorem possunt? Frangunt animum, qui nunquam minus contrahendus est, et in minuta ac spinosa cogendus, quam quum aliquid grande componitur. Non trecentis, sed omnibus mortalibus mortis timor detrahi debet. Quomodo illos doces, malum non esse? quomodo opiniones totius ævi, quibus protinus infantia imbuitur, evinces? Quod auxilium invenies? Quid dices imbecillitati humanæ? Quid dices, quo inflammati in media pericula irruant? Qua oratione hunc timendi consensum, quibus ingenii viribus, obnixam contra te persuasionem humani generis avertes? Verba mihi captiosa componis, et interrogatiunculas nectis? Magnis telis magna portenta feriuntur. Serpentem illam in Africa sævam, et romanis legionibus bello ipso terribiliorem, frustra sagittis fundisque petierunt; ne pilo quidem vulnerabilis erat, quum ingens magnitudo, pro vastitate corporis solida, ferrum, et quidquid humanæ torserant manus, rejiceret: molaribus demum fracta saxis est. Et adversus mortem tutam minuta jacularis? subula leonem excipis? Acuta sunt ista quæ dicis: nihil est acutius arista. Quædam inutilia et inefficacia ipsa subtilitas reddit. Vale.

EPISTOLA LXXXIII.

DEUM INSPICERE HOMINUM ANIMOS. — REVERTITUR AD STOICORUM ARGUTIAS, PRÆSERTIM DE EBRIETATE.

Singulos dies tibi meos, et quidem totos, indicari jubes. Bene de me judicas, si nihil esse in illis putas, quod

ne fais rien que je voulusse vous cacher. Il est vrai qu'il faut régler notre vie comme si tout le monde la regardait, et nos pensées comme si l'on pouvait pénétrer au fond de notre cœur ; et on le peut aussi. Car, que sert-il de se dérober à la connaissance des hommes, puisque Dieu connaît toutes choses, qu'il est présent dans notre âme, et qu'il se trouve au milieu de nos pensées ? Je dis qu'il s'y trouve, parce qu'il s'en retire quelquefois. Je satisferai donc à ce que vous désirez, et vous écrirai volontiers ce que je fais, de la manière que je le fais. A ce dessein je veux m'observer en toutes mes actions, et, qui plus est, en faire la revue tous les jours. Ce qui nous perd, c'est que personne ne fait réflexion sur sa vie. Nous pensons quelquefois à ce que nous voulons faire, mais jamais à ce que nous avons fait. Et, toutefois, le conseil de l'avenir se doit tirer de la considération du passé. Tout ce que je vous puis dire pour le présent, c'est que la journée a été entièrement à moi. On ne m'en a rien dérobé ; je l'ai passée tantôt dans le lit, tantôt dans la lecture ; je n'en ai guère employé à l'exercice du corps. Cela, grâce à ma vieillesse, ne me coûte pas beaucoup, car je suis las dès que je me suis un peu remué. Mais quoi ! les plus forts finissent ainsi leurs exercices.

Voulez-vous savoir qui sont mes compagnons ? Je n'en ai qu'un : c'est Earinus, qui est le plus aimable enfant du monde, comme vous le savez. Mais il va bientôt changer : j'en cherche déjà quelqu'un qui soit un peu plus jeune. Il dit que nous avons l'un et l'autre une même maladie, car les dents lui tombent, et à moi aussi. J'ai peine à l'atteindre quand il court, et dans peu de jours je ne pourrai plus le suivre. Voyez ce que fait l'exercice quand il est continué : deux personnes qui tiennent des chemins opposés se trouvent en peu de temps bien éloignées ; il monte en même temps que je descends, et vous savez que l'un le fait bien plus vite que l'autre ; je me trompe, car, en l'âge où je suis, on tombe plutôt qu'on ne descend. Voulez-vous savoir ce qui est arrivé de notre combat d'aujourd'hui ? C'est ce qui n'arrive guère à deux coureurs. Nous nous sommes trouvés en même temps au bout de la carrière. Après m'être ainsi exercé, ou pour mieux dire lassé, je me suis mis dans l'eau froide ; car je l'appelle ainsi quand elle n'est guère chaude. Moi, qui étais autrefois un si grand baigneur ; qui, le premier jour de janvier, me jetais dans des canaux pleins d'eau, et qui commençais l'année par me plonger dans la fontaine nommée la Vierge, aussi bien que par lire, écrire, et dire quelque chose de nouveau, je me suis premièrement réduit à l'eau du Tibre, et, depuis, à celle de la cuvette, que je laisse tiédir au soleil, quand je me sens fort et que je ne fais point de façon, ce qui approche assez de la chaleur du bain. Je mange ensuite du pain sec, et dîne sans table. Après un tel repas, il n'est pas besoin de laver les mains. Je dors fort peu : vous savez ma coutume ; mon somme est fort court ; je ne fais que reposer, et je me contente d'être quelque temps sans veiller. Quelquefois je connais bien que j'ai dormi, quelquefois il me le semble. Voici les cris du Cirque qui s'élèvent tout d'un coup, et qui viennent frapper mes oreilles. Ils ne me font point perdre ma pensée, ils ne la divertissent pas seulement ; je supporte facilement le bruit ; ces

---

abscondam. Sic certe vivendum est, tanquam in conspectu vivamus ; sic cogitandum, tanquam aliquis in pectus intimum inspicere possit. Et potest ! Quid enim prodest ab homine aliquid esse secretum ? nihil Deo clusum est : interest animis nostris, et cogitationibus mediis intervenit. Sic, intervenit, dico ? tanquam aliquando discedat ! Faciam ergo quod jubes, et, quid agam, et quo ordine, libenter tibi scribam. Observabo me protinus ; et, quod est utilissimum, diem meum recognoscam. Hoc nos pessimos facit, quod nemo vitam suam respicit. Quid facturi simus, cogitamus, et id raro ; quid fecerimus, non cogitamus : atqui consilium futuri ex præterito venit. Hodiernus dies solidus est ; nemo ex illo quidquam mihi eripuit ; totus inter stratum lectionemque divisus est ; minimum exercitationi corporis datum. Et hoc nomine ago gratias senectuti : non magno mihi constat ; cum me movi, lassus sum : hic autem exercitationis, etiam fortissimis, finis est. Progymnastas meos quæris ? unus mihi sufficit Earinus, puer, ut scis, amabilis : sed mutabitur. Jam aliquem teneriorem quæro. Hic quidem ait, nos eamdem crisim habere, quia utrique dentes cadunt ; sed jam vix illum assequor currentem, et intra paucissimos dies non potero : vide quid exercitatio quotidiana proficiat. Cito magnum intervallum fit inter duos itinere diverso euntes : eodem tempore ille ascendit, ego descendo ; nec ignoras, quanto ex his velocius alterum fiat. Mentitus sum : jam enim ætas nostra non descendit, sed cadit. Quomodo tamen hodiernum certamen nobis cesserit, quæris ? quod raro cursoribus evenit, hieran fecimus. Ab hac fatigatione magis, quam exercitatione, in frigidam descendi : hoc apud me vocatur parum calda. Ille tantus Psychrolutes, qui kalendis januariis Euripum salutabam, qui anno novo, quemadmodum legere, scribere, dicere aliquid, sic auspicabar in Virginem desilire. primum ad Tiberim transtuli castra, deinde ad hoc solium, quod, quum fortissimus sum, et omnia bona fide fiunt, sol temperat. Non multum mihi ad balneum superest. Panis deinde siccus, et sine mensa prandium, post quod non sunt lavandæ manus. Dormio minimum. Consuetudinem meam nosti : brevissimo somno utor, et quasi interjungo. Satis est mihi vigilare desiisse ; aliquando dormisse me nescio, aliquando suspicor. — Ecce Circensium obstrepit clamor ; subita aliqua et universa voce feriuntur aures meæ, nec cogitationem meam excutiunt, nec interrumpunt quidem. Fremitum patientissime fero ; multæ voces, et in unum confusæ, pro fluctu mihi sunt

voix confuses ne me touchent non plus que font les vagues qui s'entre-choquent, les arbres qui sont battus du vent, ni toute autre chose qui fait du bruit sans savoir ce qu'elle fait.

Mais je vous veux dire à quoi je pensais; je continuais une réflexion que je fis hier. A quoi ont songé ces anciens qui étaient si sages, de nous avoir laissé, dans les sujets les plus importants, des preuves si faibles et si obscures, qu'encore qu'elles soient fondées sur la vérité, elles ont, néanmoins, toutes les apparences du mensonge? Zénon, grand personnage, et l'auteur de cette sainte et courageuse secte, voulant nous détourner de l'ivrognerie, et prouver qu'un homme de bien ne s'enivre point, fait cet argument: Personne ne confie son secret à un ivrogne, mais on le confie à un homme de bien; partant un homme de bien n'est point ivrogne. Voyez comme on peut tourner en ridicule cet argument par un autre semblable, car il suffit d'en produire un entre plusieurs : Personne ne dit son secret à un homme qui dort; on le dit à un homme de bien; par conséquent un homme de bien ne dort point. Posidonius défend la cause de notre Zénon, et n'allègue qu'un seul moyen, lequel, à mon avis, n'est pas recevable. Il dit que le mot d'ivrogne se prend en deux façons : l'une, quand un homme est plein de vin, et qu'il a perdu le jugement; l'autre, quand il a coutume de s'enivrer, et qu'il est sujet à ce vice; que Zénon entend parler de ce dernier qui a coutume de s'enivrer, et non pas de cet autre qui est ivre en effet, car on se garderait bien de lui dire un secret que le vin lui ferait révéler. Ce que je maintiens faux, car cette première proposition ne se peut entendre que de celui qui est ivre, et non de celui qui le doit être; et vous m'avouerez qu'il y a une grande différence entre un homme qui est ivre et un ivrogne. Il se peut faire que celui qui est ivre ne l'a jamais été, et n'est pas sujet à cette imperfection, et que l'ivrogne n'est pas souvent ivre. C'est pourquoi j'entends ce mot d'ivre par la chose qu'il signifie d'ordinaire, avec d'autant plus de raison qu'il est employé par un homme très-exact, et qui examine ce que valent les paroles. De plus, si Zénon l'a entendu de la sorte, et s'il a voulu que nous l'entendissions comme lui, on peut dire qu'il a voulu tromper tout le monde par l'ambiguïté des mots, ce qui ne se doit pas faire quand on recherche la vérité. Mais je veux qu'il l'ait entendu dans le sens que lui donne Posidonius, la conséquence qu'on en tire est fausse; savoir, que l'on ne confie point un secret à un homme qui a coutume de s'enivrer. Songez à combien de soldats, qui n'étaient pas fort sobres, un général, un maréchal de camp, un capitaine, ont donné des ordres qu'il fallait tenir secrets.

Dans la conspiration qui fut faite contre Caïus César, j'entends celui qui se rendit maître de la république après avoir défait Pompée, on s'en fia autant à Tillius Cimber qu'à C. Cassius. Celui-ci, toute sa vie, n'avait bu que de l'eau, et Tillius Cimber était fort sujet au vin et grand parleur; de quoi il prit occasion de dire, en se raillant lui-même : « Comment supporterais-je un maître, moi qui ne puis supporter le vin? » Que chacun rappelle maintenant en sa mémoire ceux qui sont connus pour avoir su garder le secret, et n'avoir pas su

---

aut vento silvam verberante, et cæteris sine intellectu sonantibus.

Quid ergo est, nunc cui animum adjecerim? Dicam. Superest ex hesterno mihi cogitatio, quid sibi voluerint prudentissimi viri, qui rerum maximarum probationes levissimas et perplexas fecerunt; quæ, ut sint veræ, mendacio tamen similes sunt. Vult nos ab ebrietate deterrere Zenon, vir maximus, hujus sectæ fortissimæ ac sanctissimæ conditor. Audi ergo quemadmodum colligat, virum bonum non futurum ebrium : « Ebrio secretum sermonem nemo committit; viro autem bono committit; ergo vir bonus ebrius non erit. » Quemadmodum opposita interrogatione simili derideatur, attende : satis enim est, unam ponere ex multis : Dormienti nemo secretum sermonem committit; viro bono autem committit; ergo vir bonus non dormit. Quo uno modo potest, Posidonius Zenonis nostri causam agit; sed ne sic quidem, ut existimo, agi potest. Ait enim, « ebrium duobus modis dici : altero, quum aliquis vino gravis est et impos sui; altero, si solet ebrius fieri, et huic obnoxius vitio est. Hunc a Zenone dici, qui soleat fieri ebrius, non qui sit; huic autem neminem commissurum arcana, quæ per vinum eloqui possit. » Quod est falsum. Prima enim illa interrogatio complectitur eum, qui est ebrius, non eum qui futurus est. Plurimum enim interesse concedes inter ebrium et ebriosum : potest et qui ebrius est, tunc primum esse, nec habere hoc vitium ; et qui ebriosus est, sæpe extra ebrietatem esse. Itaque id intelligo, quod significari verbo isto solet; præsertim quum ab homine diligentiam professo ponatur et verba examinante. Adjice nunc, quod, si hoc intellexit Zenon, et nos intelligere voluit, ambiguitate verbi quæsivit locum fraudi; quod faciendum non est, ubi veritas quæritur. Sed sane hoc senserit; quod sequitur, falsum est, si, qui soleat ebrius fieri, non committi sermonem secretum. Cogita enim, quam multis militibus, non semper sobriis, et imperator, et tribunus, et centurio, tacenda mandaverit. De illa C. Cæsaris cæde (illius dico, qui superato Pompeio rempublicam tenuit) tam creditum est Tillio Cimbro, quam C. Cassio : Cassius tota vita aquam bibit; Tillius Cimber et nimius erat in vino, et scordalus. In hanc rem jocatus est ipse : « Ego, inquit, quemquam feram, qui vinum ferre non possum? » Sibi quisque nunc nominet eos, quibus scit et vinum male credi, et sermonem bene; unum tamen exemplum, quod

ÉPITRES A LUCILIUS.

garder le vin : je n'en veux rapporter qu'un seul exemple, qui se présente à mon esprit, afin que la mémoire ne s'en perde pas (car il est bon de se fournir de grands exemples pour la conduite de la vie, afin de ne les aller pas toujours chercher dans l'antiquité). Depuis que L. Piso fut fait gouverneur de Rome, pour avoir bu deux jours entiers, il s'y accoutuma si bien, qu'il passait à la table la meilleure partie de la nuit, et dormait jusqu'à midi, car il n'était pas jour chez lui avant cette heure. Il s'acquittait, néanmoins, fort exactement de sa charge. Auguste lui donna aussi des ordres secrets, quand il l'honora du commandement de la Thrace, laquelle il réduisit entièrement. Tibère ensuite, allant en la Campanie, et laissant les affaires de la ville en un état qui lui donnait de l'inquiétude et du chagrin, parce qu'à mon avis il s'était bien trouvé de l'ivrognerie de Pison, donna le gouvernement de Rome à Cossus, homme sage et modéré, mais qui s'abandonnait tellement au vin, qu'étant un jour venu au sénat, au sortir d'un festin, il se mit à dormir si profondément, qu'il fallut le reporter chez lui, sans le pouvoir réveiller. Tibère ne laissa pas de lui écrire plusieurs billets de sa main, desquels il ne se fiait pas à ses plus fidèles ministres; et l'on ne dit pas qu'il ait jamais révélé le secret d'aucune affaire, soit publique ou particulière. Laissons donc crier tous ces gens qui disent que l'esprit n'est pas maître de soi lorsque le vin lui commande ; que, comme le vin qui bout dans les tonneaux rompt souvent les cercles, et tire en haut, par sa chaleur, tout ce qui était au fond; ainsi, quand il vient à bouillir dans les hommes, il en tire et met en évidence tout ce qu'il y avait de plus caché; en un mot, que ceux qui sont pleins de vin ne sauraient retenir leurs viandes ni leurs secrets, et qu'ils découvrent aussi bien leurs affaires que celles d'autrui. Bien que cela se voie assez ordinairement, il nous arrive souvent aussi de prendre conseil, en des occasions importantes, des personnes que nous savons qui aiment à boire.

Ainsi, ce qu'on allègue pour la défense de Zénon, qui dit que l'on ne confie point un secret à un homme qui a coutume de s'enivrer, n'est pas fondé sur la vérité. Ne vaudrait-il pas mieux blâmer ouvertement l'ivrognerie, et découvrir tous ses défauts ? Les gens du commun s'en peuvent donner de garde; à plus forte raison une personne vertueuse et sage qui se contente d'apaiser sa soif, et qui, dans une occasion de réjouissance, que l'on pousse un peu trop loin, sait s'arrêter où il faut pour conserver sa raison. Nous verrons après si le sage peut être troublé par l'excès du vin, et réduit à faire ce que les autres font quand ils sont ivres : cependant qu'est-il besoin de tels syllogismes pour nous prouver qu'un homme de bien ne doit pas s'enivrer? Dites seulement qu'il est honteux d'en prendre plus qu'on n'en saurait garder, et de ne pas savoir la mesure de son estomac; que dans l'ivresse on fait des choses qui font rougir de honte quand elle est passée. Dites qu'elle n'est autre chose qu'une fureur volontaire. N'est-il pas vrai que, si l'ivresse durait plusieurs jours, vous ne douteriez pas que ce ne fût une véritable fureur ? Rapportez l'exemple d'Alexandre de Macédoine, qui tua Clitus, son plus cher et plus fidèle serviteur, dans la chaleur de la débauche, et qui se voulait tuer lui-même, après avoir reconnu l'énormité de son crime, comme certainement il le

---

occurrit mihi, referam, ne intercidat : instruenda est enim vita exemplis illustribus; non semper confugiamus ad vetera. L. Piso, Urbis custos, ebrius, ex quo semel factus est, fuit : majorem partem noctis in convivio exigebat; usque in horam sextam fere dormiebat : hoc ejus erat matutinum. Officium tamen suum, quo tutela Urbis continebatur, diligentissime administravit. Huic et divus Augustus dedit secreta mandata, quum illum præponeret Thraciæ, quam perdomuit ; et Tiberius, proficiscens in Campaniam, quum multa in Urbe et suspecta relinqueret et invisa. Puto, quia illi bene cesserat Pisonis ebrietas, postea Cossum fecit urbis præfectum, virum gravem, moderatum, sed mersum vino et madentem; adeo ut ex senatu aliquando, in quem e convivio venerat, oppressus inexcitabili somno, tolleretur. Huic tamen Tiberius multa sua manu scripsit, quæ committenda ne ministris quidem suis judicabat. Nullum Cosso aut privatum secretum, aut publicum elapsum est. Itaque declamationes istæ de medio removeamus : « Non est animus in sua potestate, ebrietate devinctus : quemadmodum musto dolia ipsa rumpuntur, et omne quod in imo jacet, in summam partem vis caloris ejectat; sic vino exæstuante, quidquid in imo jacet abditum, effertur, et prodit in medium : onerati mero quemadmodum non continent cibum, vino redundante, ita ne secretum quidem ; quod suum alienumque est, pariter effundunt. » — Sed quamvis hoc soleat accidere, ita et illud solet, ut cum his, quos sciamus libentius bibere, de rebus necessariis deliberemus. Falsum est ergo hoc, quod patrocinii loco ponitur, ei qui soleat ebrius fieri, non dari tacitum.

Quanto satius est, aperte accusare ebrietatem, et vitia ejus exponere ? quæ etiam tolerabilis homo vitaverit, nedum perfectus ac sapiens, cui satis est sitim exstinguere, qui, etiam si quando hortata est hilaritas, aliena causa producta longius, tamen citra ebrietatem resistit. Nam de illo videbimus, an sapientis animus nimio vino turbetur, et faciat ebrius solita. Interim, si hoc colligere vis, « virum bonum non debere ebrium fieri, » cur syllogismis agis ? Dic, quam turpe sit, plus sibi ingerere quam capiat, et stomachi sui non nosse mensuram; quam multa ebrii faciant, quibus sobrii erubescant; nihil aliud esse ebrietatem, quam voluntariam insaniam. Extende in plu-

45.

devait faire. Il n'y a point de défaut que l'ivresse ne découvre et qu'elle n'augmente, parce qu'elle chasse la honte qui s'oppose à tous les mauvais desseins. Il y en a plus qui s'abstiennent des choses défendues par honte que par délibération. Quand une fois la chaleur du vin s'est emparée de l'esprit, elle pousse dehors tout ce qu'il y avait de mauvais, car l'ivresse ne fait pas le vice, mais elle le découvre. C'est alors que le voluptueux donne à ses sens tout ce qu'ils lui demandent, sans attendre la commodité du lieu, ni garder aucune bienséance, et que l'impudique publie et vante ses ordures. C'est alors que l'indiscret ne saurait contenir ni sa langue, ni ses mains; que l'insolent devient plus fier, le cruel plus violent, et l'envieux plus malin. Enfin, c'est alors que tous les vices éclatent et se manifestent ouvertement. Ajoutez à cela qu'on ne se connaît plus, que l'on ne parle qu'en bégayant, que l'on a les yeux égarés, les pieds chancelants, la tête embarrassée, et que l'on croit voir tourner la chambre, comme si quelque tourbillon faisait mouvoir la maison. Quand le vin bout et fait gonfler les intestins, il produit des douleurs d'estomac et des coliques, et toutefois il est plus supportable quand il agit, que lorsqu'il est corrompu par le dormir; car, en la place de l'ivresse, il demeure des crudités et un dégoût général de toutes choses.

Représentez-vous combien de désordres a causés l'ivrognerie, quand elle s'est rendue publique. Elle a livré des nations hardies et belliqueuses entre les mains de leurs ennemis; elle a ouvert les portes des villes qui s'étaient courageusement défendues durant plusieurs années; elle a réduit sous le pouvoir d'autrui des peuples opiniâtres et passionnément jaloux de leur liberté; elle a dompté, sans coup férir, des gens que l'on n'avait pu forcer en donnant des batailles. Alexandre, de qui je parlais tout à l'heure, après tant de voyages, tant de combats, et tant de fleuves inconnus et de mers passés, malgré les incommodités de plusieurs hivers, revint sain et sauf; mais l'excès de boire et cette fatale coupe d'Hercule le mirent au tombeau. Quelle gloire y a-t-il d'avoir un ventre qui tient beaucoup? Après que tu auras emporté la palme, et que tes compagnons, dormant ou vomissant par terre, ne pourront plus te faire raison; quand tu seras demeuré seul sur tes pieds, ayant surmonté tous les autres par une générosité magnifique, et que l'on avouera qu'il n'y en avait point qui pût porter tant de vin que toi, ne sera-t-il pas vrai qu'un tonneau en porte encore davantage? Quelle autre chose a perdu Marc-Antoine (grand personnage d'ailleurs et bel-esprit), que l'ivrognerie et l'amour de Cléopâtre, qui n'était pas moins dangereux que l'amour du vin? Il lui fit prendre les mœurs et les imperfections étrangères, lui mit les armes à la main contre la république, le rendit inférieur à ses ennemis, et si cruel, que, encore qu'on lui apportât sur la table les têtes des principaux de Rome, et que parmi les viandes qu'on lui servait avec une magnificence royale, il reconnût le visage et les mains de ceux qu'il avait proscrits, tout plein de vin qu'il était, il ne laissait pas d'être altéré de sang. Quand il aurait commis à jeun une action si barbare, il n'aurait pas laissé d'y apporter tout ce qui la pouvait rendre insupportable; à plus forte raison, étant faite

---

res dies illum ebrii habitum, numquid de furore dubitabis? nunc quoque non est minor, sed brevior. Refer Alexandri Macedonis exemplum, qui Clitum, carissimum sibi ac fidelissimum, inter epulas transfodit; et intellecto facinore, mori voluit, certe meruit. Omne vitium ebrietas et incendit, et detegit; obstantem malis conatibus verecundiam removet. Plures enim pudore peccandi, quam bona voluntate, prohibitis abstinent. Ubi possedit animum nimia vis vini, quidquid mali latebat, emergit. Non facit ebrietas vitia, sed protrahit: tunc libidinosus ne cubiculum quidem exspectat, sed cupiditatibus suis, quantum petierint, sine dilatione permittit; tunc impudicus morbum confitetur ac publicat; tunc petulans non linguam, non manum continet. Crescit insolenti superbia, crudelitas sævo, malignitas livido; omne vitium laxatur et prodit. Adjice illam ignorationem sui; dubia et parum explanata verba; incertos oculos; gradum errantem; vertiginem capitis; tecta ipsa mobilia, velut aliquo turbine circumagente totam domum; stomachi tormenta, quum effervescit merum, ac viscera ipsa distendit. Tunc tamen utcumque tolerabile est, dum illi vis sua est: quid, quum somno vitiatur, et quæ ebrietas fuit, cruditas facta est? Cogita quas clades ediderit publica ebrietas. Hæc acerrimas gentes bellicosasque hostibus tradidit; hæc multorum annorum pertinaci bello defensa mœnia patefecit; hæc contumacissimos, et jugum recusantes, in alienum egit arbitrium; hæc invictos acie mero domuit. Alexandrum, cujus modo feci mentionem, tot itinera, tot prælia, tot hiemes, per quas, victa temporum locorumque difficultate, transierat, tot flumina ex ignoto cadentia, tot maria, tutum dimiserunt; intemperantia bibendi, et ille Herculaneus ac fatalis scyphus condidit. Quæ gloria est, capere multum? Quum penes te palma fuerit, et propinationes tuas strati somno ac vomitantes recusaverint; quum superstes toti convivio fueris; quum omnes viceris virtute magnifica, et nemo tam vini capax fuerit; vinceris a dolio. M. Antonium, magnum virum et ingenii nobilis, quæ alia res perdidit, et in externos mores ac vitia non romana transjecit, quam ebrietas, nec minor vino Cleopatræ amor? Hæc illum res hostem reipublicæ, hæc hostibus suis imparem reddidit; hæc crudelem fecit, quum capita principum civitatis cœnanti referrentur; quum inter apparatissimas epulas luxusque regales ora ac manus proscriptorum recognosceret; quum vino gravis, sitiret tamen sanguinem. Intolerabile erat, quod ebrius flebat; quanto intolerabilius, quod hæc

en ce malheureux état où la cruauté se mêle ordinairement, parce que le vin altère et trouble l'esprit. Comme les longues maladies débilitent les yeux, en sorte qu'ils ne peuvent plus supporter le moindre rayon de soleil ; ainsi l'ivrognerie affaiblit tellement notre raison, que, n'étant pas à nous le plus souvent, les vices qui se sont enracinés durant cette frénésie conservent leur force après que celle du vin, qui les a produits, est dissipée.

Dites donc ce qu'il faut dire pour montrer que le sage ne doit point s'enivrer ; faites voir la difformité et les incommodités de ce vice par ses effets et non par vos raisonnements, ce qui est très-facile. Prouvez que toutes ces choses, que nous appelons voluptés, sont des supplices quand elles ont passé les bornes de la raison. Car, si vous prétendez nous faire accroire que le sage peut s'enivrer sans se brouiller ni perdre sa contenance ordinaire, il vous sera permis de dire qu'il peut encore prendre du poison sans mourir, de l'opium sans dormir, de l'ellébore sans dévoiement ; mais si ses pieds chancellent, si sa langue s'entre-coupe, que sert-il de soutenir qu'il est ivre en quelque façon, et qu'en quelque façon il ne l'est pas ?

ÉPITRE LXXXIV.

Que pour bien étudier il faut lire, puis recueillir, puis nous former un esprit de tout cela. — Il faut digérer ce que nous avons lu de même que ce que nous avons mangé, si nous voulons qu'il nous profite.

Je crois que ces petits voyages que je fais pour réveiller ma paresse sont propres aussi pour ma santé et pour mes études. Pour ma santé, vous le voyez, car l'amour des lettres m'ayant fait négliger les exercices du corps, je ne puis plus en prendre sans le ministère d'autrui. Pour mes études, je vais vous le dire. J'ai quitté la lecture : je crois pourtant qu'elle m'est nécessaire ; premièrement, pour ne pas me croire entièrement dans mes opinions, et puis afin qu'ayant vu ce que les autres ont inventé j'en puisse juger, et inventer quelque chose à mon tour ; d'ailleurs la lecture nourrit l'esprit, et quand il est fatigué de l'étude, la lecture le délasse par l'étude même. Mais il ne faut pas toujours écrire, ni toujours lire ; le premier serait ennuyeux et épuiserait nos forces, et le dernier les relâcherait. Il faut les prendre alternativement, et tempérer l'un par l'autre, en sorte que la plume fasse un corps de ce que la lecture a recueilli en divers endroits. Nous devons imiter en cela les abeilles, qui volent de tous côtés pour sucer sur les fleurs ce qui est propre à faire leur miel, puis le rapportent dans leurs ruches et le rangent par rayons, et, comme dit notre Virgile :

> Elles sucent le miel, volant de fleur en fleur,
> Et mettent par rayons cette douce liqueur.

On ne sait pas bien si le suc qu'elles ont tiré des fleurs devient miel incontinent après, ou si c'est le mélange et la propriété de leur haleine qui le fait passer en cette nature. Il y en a qui tiennent qu'elles n'ont pas l'adresse de faire le miel, mais seulement de l'amasser. On dit qu'aux Indes il se trouve du miel dans les feuilles des roseaux, soit qu'il procède de la rosée ou d'une humeur

---

ipsa ebrietate faciebat? Fere vinolentiam crudelitas sequitur : violatur enim exasperaturque sanitas mentis. Quemadmodum difficiles faciunt oculos diutini morbi, etiam ad minimam radii solis offensionem ; ita ebrietates continuæ efferant animos. Nam quum sæpe apud se non sint, consuetudine insaniæ durata vitia, vino concepta, etiam sine illo valent.

Dic ergo, quare sapiens non debeat ebrius fieri ; deformitatem rei et importunitatem ostende rebus, non verbis ; quod facillimum est. Proba, istas quæ voluptates vocantur, ubi transcenderint modum, pœnas esse. Nam, si illud argumentaberis, sapientem multo vino inebriari, et retinere rectum tenorem, etiamsi temulentus sit ; licet colligas, nec veneno poto moriturum, nec sopore sumpto dormiturum, nec elleboro accepto, quidquid in visceribus hærebit, ejecturum dejecturumque. Sed, si tentantur pedes, lingua non constat, quid est, quare illum existimes in parte sobrium esse, in parte ebrium? Vale.

EPISTOLA LXXXIV.

ALTERNIS LEGENDUM ET SCRIBENDUM ; QUIS FRUCTUS E LECTIONE SIT COLLIGENDUS.

Itinera ista, quæ segnitiem mihi excutiunt, et valetudini meæ prodesse judico et studiis. Quare valetudinem adjuvant, vides : quum pigrum me et negligentem corporis litterarum amor faciat, aliena opera exerceo. Studio quare prosint, indicabo. A lectionibus non recessi. Sunt autem, ut existimo, necessariæ ; primum, ne sim me uno contentus ; deinde, ut, quum ab aliis quæsita cognovero, tum de inventis judicem, et cogitem de inveniendis. Alit lectio ingenium, et studio fatigatum, non sine studio tamen reficit. Nec scribere tantum, nec tantum legere debemus : altera res contristabit, et vires exhauriet ; de stilo dico ; altera solvet ac diluet. Invicem hoc et illo commeandum est, et alterum altero temperandum ; ut, quidquid lectione collectum est, stilus redigat in corpus. Apes, ut aiunt, debemus imitari ; quæ vagantur, et flores ad mel faciendum idoneos carpunt ; deinde, quidquid attulere, disponunt ac per favos digerunt ; et, ut Virgilius noster ait ,

> .... Liquentia mella
> Stipant, et dulci distendunt nectare cellas.

De illis non satis constat, utrum succum ex floribus ducant, qui protinus mel sit ; an, quæ collegerunt, in hunc saporem mixtura quadam et proprietate spiritus sui mutent. Quibusdam enim placet, non faciendi mellis scien-

douce et grasse qui nourrit cette plante; que nous avons des herbes qui ont la même vertu, mais qui est plus resserrée, laquelle ce petit animal sait altérer par l'instinct et par la propriété de sa nature. D'autres sont d'avis qu'elles confisent les parties les plus délicates qu'elles ont tirées des feuilles et des fleurs, et les changent en miel par une disposition qui leur est naturelle, et qui, comme un levain, unit et lie ensemble des choses toutes différentes. Mais, pour ne point nous écarter de notre sujet, nous devons, dis-je, imiter les abeilles, et mettre séparément ce que nous avons recueilli de diverses lectures (car il se conservera mieux étant ainsi séparé); puis confondre ces sucs différents, et leur donner, par notre industrie, un goût composé de tout cela, en sorte que, bien qu'on s'aperçoive de ce qui a été pris ailleurs, on voit bien toutefois que ce n'est pas la même chose. C'est ce que fait tous les jours la nature dans notre corps : les aliments que nous avons pris ne sont qu'une charge incommode tant qu'ils demeurent entiers et conservent leurs qualités dans notre estomac; mais, sitôt qu'ils sont altérés et changés par la chaleur naturelle, ils deviennent notre sang et nous donnent de la vigueur. Faisons la même chose de ce qui sert à la nourriture de notre esprit. Ne permettons pas qu'il demeure en son entier, parce qu'il ne serait pas à nous; mais ayons soin de le mâcher et de le digérer. Autrement, il ne passera point dans notre âme, et demeurera seulement dans notre mémoire. Embrassons ces beaux sentiments, formons-en les nôtres, afin que de plusieurs choses il ne s'en fasse qu'une seule, comme de plusieurs nombres il ne s'en fait qu'un lorsque diverses petites sommes sont jointes ensemble. Mais cachons avec industrie ce que nous avons emprunté, et ne faisons paraitre que ce qui est à nous. Si l'on reconnait dans vos ouvrages quelques traits d'un auteur que vous estimiez particulièrement, que ce soit une ressemblance de fils, et non pas le portrait; car un portrait est une chose morte.

Quoi donc! ne connaîtra-t-on pas de qui j'imite le style, de qui je prends les pensées et la façon d'argumenter? Je crois même que l'on ne s'apercevra pas si c'est d'un habile homme, car il n'a pas imprimé sa marque à toutes ces choses qu'il a tirées des uns et des autres, en sorte qu'elles soient toujours conformes. Vous savez combien il y a de voix en un chœur de musique, et toutefois elles ne forment toutes ensemble qu'un son : l'une est haute, l'autre basse, et l'autre moyenne; il y a des hommes et des femmes; on y mêle des flûtes; on peut bien entendre toutes ces voix ensemble, mais on ne les saurait distinguer. Je parle de ces chœurs de musique qui étaient connus à nos anciens philosophes; car il y a aujourd'hui plus de chantres dans nos banquets qu'il n'y avait autrefois de spectateurs dans les théâtres. Quand toutes les avenues sont bordées de chanteurs, que le bas du théâtre est environné de trompettes, et que les galeries retentissent de flûtes, de hautbois, et de toutes sortes d'instruments, il se fait une agréable symphonie de tous ces tons différents. Je veux

tiam esse illis, sed colligendi. Aiunt inveniri apud Indos mel in arundinum foliis, quod aut ros illius cœli, aut ipsius arundinis humor dulcis et pinguior gignat; in nostris quoque herbis vim eamdem, sed minus manifestam et notabilem poni. quam prosequatur et contrahat animal huic rei genitum. Quidam existimant, conditura et dispositione in hanc qualitatem verti, quæ ex tenerrimis virentium florentiumque decerpserint : non sine quodam, ut ita dicam, fermento, quo in unum diversa coalescant.

Sed, ne ad aliud, quam de quo agitur, abducar, nos quoque apes debemus imitari; et, quæcumque ex diversa lectione congessimus, separare : melius enim distincta servantur : deinde, adhibita ingenii nostri cura et facultate, in unum saporem varia illa libamenta confundere; ut, etiam si apparuerit, unde sumptum sit, aliud tamen esse, quam unde sumptum est, appareat : quod in corpore nostro videmus sine ulla opera nostra facere naturam. Alimenta, quæ accepimus, quamdiu in sua qualitate perdurant et solida innatant stomacho, onera sunt; at quum ex eo, quod erant, mutata sunt, tunc demum in vires et in sanguinem transeunt. Idem in his, quibus aluntur ingenia, præstemus; ut, quæcumque hausimus, non patiamur integra esse, nec aliena. Concoquamus illa : alioqui in memoriam ibunt, non in ingenium. Assentiamur illis fideliter, et nostra faciamus, ut unum quiddam fiat ex multis; sicut unus numerus fit ex singulis, quum minores summas et dissidentes computatio una comprehendit. Hoc faciat animus noster : omnia, quibus est adjutus, abscondat; ipsum tantum ostendat, quod effecit. Etiam si cujus in te comparebit similitudo, quem admiratio tibi altius fixerit; similem esse te volo quomodo filium, non quomodo imaginem : imago res mortua est. Quid ergo? non intelligetur, cujus imiteris orationem? cujus argumentationem? cujus sententias? Puto aliquando ne intelligi quidem posse; si magni viri ingenium omnibus, quæ ex quo voluit exemplari adstruxit, formam imprimit impressit, ut in unitatem illa competant. Non vides, quam multorum vocibus chorus constet? unus tamen ex omnibus sonus redditur; aliqua illic acuta est, aliqua gravis, aliqua media; accedunt viris feminæ, interponuntur tibiæ; singulorum illic latent voces, omnium apparent. De choro dico, quem veteres philosophi noverant. In commissionibus nostris plus cantorum est, quam in theatris olim spectatorum fuit : quum omnes vias ordo canentium implevit, et cavea æneatoribus cincta est, et ex pulpito omne tibiarum genus organorumque consonuit, fit concentus ex dissonis. Talem animum esse nostrum volo, ut multæ in illo artes, multa præcepta sint, multarum ætatum exempla, sed in unum conspirata.

Quomodo, inquis, hoc effici poterit?—Assidua inten-

que nous mettions notre âme dans une semblable disposition, qu'elle ait beaucoup de connaissances, de préceptes et d'exemples des siècles passés, et que tout cela conspire à une même fin. Mais comment cela se pourra-t-il faire? me direz-vous. — En veillant continuellement sur notre conduite et ne faisant rien que par le conseil de la raison. Elle vous dira : « Laissez ces choses après quoi tout le monde court; laissez ces richesses avec le danger qu'il y a de les perdre, et la peine qui se trouve à les conserver; laissez les voluptés du corps et de l'esprit, elles ne font qu'amollir et énerver; laissez l'ambition, ce n'est qu'enflure, que vanité et que fumée. Elle n'a point de bornes; ceux qui la devancent lui sont une occasion de chagrin, et ceux qui la suivent, d'ombrage. Elle est tourmentée de deux envies, car vous savez quelle misère c'est d'être envieux et d'être envié.

Voyez-vous les maisons des grands, et leurs portes, où l'on se bat pour être des premiers à leur lever? Il faut souffrir beaucoup d'indignités pour y entrer, et plus encore quand on y est entré. Fuyez ces grands escaliers et ces vestibules élevés et suspendus; vous ne sauriez marcher en assurance en des lieux si hauts et si glissants. Retirez-vous plutôt vers la sagesse pour obtenir des biens qui sont aussi amples que tranquilles. Ceux qui éclatent aux yeux des hommes, et qui ne sont grands que par la comparaison des choses les plus basses, ne s'acquièrent qu'avec peine et difficulté, car le chemin qui conduit aux honneurs est âpre et raboteux; mais, si vous voulez monter sur cette éminence, dont la fortune ne saurait approcher, vous verrez sous vos pieds des choses que l'on estime infiniment élevées, et, outre cela, vous arriverez au fait par un chemin court et aisé.

ÉPITRE LXXXV.

Il prouve que la vertu seule peut rendre la vie heureuse.
— Que le sage doit être exempt de toutes sortes de passions.

Je vous avais épargné, et j'avais omis les difficultés qui restaient à expliquer, voulant seulement vous donner quelque échantillon des raisonnements que font nos Stoïciens pour prouver qu'il n'y a que la vertu qui puisse rendre la vie parfaitement heureuse; mais vous désirez que je ramasse tous les arguments que l'on a trouvés au sujet de notre doctrine, et, pour le faire, ce n'est pas assez d'une lettre, il faudrait un livre entier. J'ai dit tant de fois que ces sortes d'arguments ne me plaisent point; car, sans mentir, j'ai honte de me présenter à un combat que j'entreprends pour l'intérêt des dieux et des hommes, n'étant armé que d'une pointe d'aiguille.

« Celui qui est prudent est aussi tempérant ; qui est tempérant est constant ; qui est constant est sans trouble ; qui est sans trouble est sans tristesse ; qui est sans tristesse est heureux ; par conséquent, l'homme prudent est heureux, et la prudence suffit pour établir la félicité de la vie. » Quelques péripatéticiens, pour répondre à cet argument, disent que ces mots de constant, sans trouble et sans tristesse, se doivent entendre quand on se trouble rarement et peu, et non pas jamais, comme pareillement quand on n'est point sujet à la tristesse, et qu'on ne s'y abandonne pas

---

tione; si nihil egerimus, nisi ratione suadente. Hanc si audire volueris, dicet tibi : « Relinque ista jamdudum, ad quæ discurritur! relinque divitias, aut periculum possidentium, aut onus! reliquue corporis atque animi voluptates! molliunt et enervant : relinque ambitum! tumida res est, vana, ventosa; nullum habet terminum; tam sollicita est ne quem ante se videat, quam ne post se aliqum ; laborat invidia, et quidem duplici : vides autem, quam miser sit, si is, cui invidetur, invidet. Intueris illas potentium domos, illa tumultuosa rixa salutantium limina? multum habent contumeliarum, ut intres; plus, uum intraveris. Præteri istos gradus divitum et magno aggestu suspensa vestibula : non in prærupto tantum istic stabis, sed in lubrico. Huc potius te, ad sapientiam, dirige; tranquillissimasque res ejus, et simul amplissimas, pete! Quæcumque videntur eminere in rebus humanis, quamvis pusilla sint, et comparatione humillimorum existent, per difficiles tamen et arduos tramites adeuntur. Confragosa in fastigium dignitatis via est. At si conscendere hunc verticem libet, cui se fortuna submisit, omnia quidem sub te, quæ pro excelsissimis habentur, aspicies, sed tamen venies ad summa per planum. » Vale.

EPISTOLA LXXXV.
NE MODERATOS QUIDEM AFFECTUS IN SAPIENTE TOLERANDOS.

Peperceram tibi, et quidquid nodosi adhuc supererat, prætereram, contentus quasi gustum tibi dare eorum, quæ a nostris dicuntur, ut probetur « Virtus ad explendam beatam vitam sola satis efficax. » Jubes me, quidquid est interrogationum aut nostrarum, aut ad traductionem nostram excogitatarum, comprendere : quod si facere voluero, non erit epistola, sed liber. Illud toties testor, hoc me argumentorum genere non delectari. Pudet in aciem descendere, pro Diis hominibusque susceptam, subula armatum.

« Qui prudens est, et temperans est ; qui temperans est, et constans; qui constans est, et imperturbatus est ; qui imperturbatus est, sine tristitia est; qui sine tristitia est, beatus est : ergo prudens beatus est, et prudentia ad beatam vitam satis est. » Huic collectioni hoc modo Peripateticorum quidam respondent, ut imperturbatum, et constantem, et sine tristitia, sic interpretentur, tanquam imperturbatus dicatur, qui raro perturbatur et modice, non qui nunquam : item sine tristitia eum dici

trop fort; car ce serait ne pas être homme que d'être exempt de tristesse; que le sage n'est point abattu par la tristesse, mais qu'il en est touché. Ils allèguent encore d'autres raisons conformes à l'opinion de leur secte, qui n'ôte point ces passions, mais qui les modère. Dites-moi quel avantage aurait le sage d'être un peu plus fort que ceux qui sont les plus imbéciles, plus gai que les plus tristes, plus modéré que les plus dissolus, et plus élevé que les plus abjects; comme si un bon coureur admirait sa vitesse en se comparant aux infirmes et aux boiteux, non à cette amazone qui, au rapport de Virgile,

> Eût couru sur les eaux, couru sur les moissons,
> Sans plier les épis, ni mouiller les talons.

La vitesse doit être considérée en elle-même et non par rapport à ceux qui sont lents. Direz-vous qu'un homme se porte bien quand il n'a que peu de fièvre? Pour n'être pas fort malade on ne peut pas dire qu'on soit en santé. Le sage, disent-ils, est sans trouble, comme nous disons de certains fruits qu'ils sont sans noyau, quoiqu'ils en aient en effet, mais à cause qu'ils l'ont plus petit que les autres. Ce qui est faux, car je ne prétends pas que ce soit un retranchement de quelques défauts qui arrive à l'homme de bien, mais une exemption de tous les vices; il n'en faut ni petits ni grands: car, s'il y en a de petits, ils croîtront, et cependant ils incommoderont; une grande cataracte perd entièrement la vue, une petite ne laisse pas de la troubler. Si vous admettez quelques passions dans le sage, la raison, se trouvant trop faible, sera sans doute entraînée par leur violence, vu que vous lui donnez à combattre non pas une seule passion, mais une troupe de passions jointes ensemble. Un nombre de gens, quoique faibles, vient à bout de l'homme le plus fort. Il aime l'argent, mais sans empressement; il a de l'ambition, mais elle n'est pas violente; il se met en colère, mais il s'apaise bientôt; il est inconstant et variable, mais il ne change pas de volonté à tous moments; il aime les femmes, mais il n'en perd pas la raison. En vérité, il vaut mieux avoir un vice tout entier que d'avoir un peu tous les vices.

D'ailleurs, il ne faut pas considérer si la passion est forte; car, en quelque degré qu'elle soit, elle ne se laisse point conduire, elle ne reçoit point de conseil, non plus que les animaux, soit sauvages ou domestiques, qui, de leur nature, sont incapables d'écouter la raison. Les tigres et les lions ne perdent jamais leur férocité naturelle; ils la quittent quelquefois pour la reprendre lorsque vous y penserez le moins. Jamais les vices ne s'apprivoisent de bonne foi; car enfin, si la raison l'emporte, ils ne prendront point racine; mais s'ils l'ont prise malgré elle, il est certain qu'ils la conserveront de même. Il est plus aisé de les empêcher de naître que de les empêcher de croître. Cette médiocrité dans les passions est donc fausse, inutile, et aussi ridicule que si nous disions qu'il ne faut être que médiocrement fou ou médiocrement malade. Ce tempérament n'appartient qu'à la vertu; le vice en est incapable: on fera donc

aiunt, qui non est obnoxius tristitiæ, nec frequens niminusve in hoc vitio: illud enim humanam naturam negare, alicujus animum immunem esse tristitia; sapientem non vinci mœrore, cæterum tangi: — et cætera in hunc modum, sectæ suæ respondentia. Non hi tollunt affectus, sed temperant. Quantulum autem sapienti damus, si imbecillissimis fortior est, et mœstissimis lætior, et effrænatissimis moderatior, et humillimis major? Quid? si miretur velocitatem suam laudans, ad claudos debilesque respiciens?

> Illa vel intactæ segetis per summa volaret
> Gramina, nec cursu teneras læsisset aristas;
> Vel mare per medium, fluctu suspensa tumenti,
> Ferret iter, celeres nec tingeret æquore plantas.

Hæc est pernicitas per se æstimata, non quæ tardissimorum collatione laudatur. Quid, si sanum voces leviter febricitantem? non est bona valetudo mediocritas morbi.

Sic, inquit, sapiens imperturbatus dicitur, quomodo apyrina dicuntur, non quibus nulla inest duritia granorum, sed quibus minor. — Falsum est. Non enim deminutionem malorum in bono viro intelligo, sed vacationem: nulla debent esse; non parva: nam si ulla sunt, crescent, et interim impedient. Quomodo oculos major et perfecta suffusio excæcat, sic modica turbat. Si das aliquos affectus sapienti, impar illis erit ratio, et velut torrente quodam auferetur; præsertim quum illi non unum affectum, sed universum affectuum cœtum relinquis, cum quo colluctetur. Sed omnis plus potest quamvis mediocrium turba, quam posset unius magni violentia. Habet pecuniæ cupiditatem, sed modicam; habet ambitionem, sed non concitatam; habet iracundiam, sed placabilem; habet inconstantiam, sed minus vagam ac mobilem; habet libidinem, sed non insanam. Melius cum illo ageretur, qui unum vitium integrum haberet, quam cum eo, qui leviora quidem, sed omnia. Deinde nihil interest, quam magnus sit affectus; quantuscumque est, parere nescit, consilium non accipit. Quemadmodum rationi nullum animal obtemperat, non ferum, non domesticum et mite (natura enim illorum est surda suadenti); sic non sequuntur, non audiunt affectus, quantulicumque sint. Tigres, leonesque nunquam feritatem exuunt, aliquando submittunt; et, quum minime exspectaveris, exasperatur torvitas mitigata: nunquam bona fide vitia mansuescunt. Deinde, si ratio proficit, ne incipient quidem affectus: si invita ratione cœperint, invita perseverabunt. Facilius est enim initia illorum prohibere, quam impetum regere.

Falsa est itaque ista mediocritas et inutilis, eodem loco habenda, quo, si quis diceret, modice insaniendum, modice ægrotandum. Sola Virtus habet, non recipiunt

mieux de l'arracher que de le vouloir régler. Croyez-vous que dans ces vices invétérés, que nous appelons les maladies de l'âme, comme l'avarice, la cruauté, la fureur et l'impiété, il y ait quelque modération? Il n'y en a pas davantage dans les passions, puisque de celles-ci on passe jusqu'aux autres. De plus, si vous donnez entrée à la tristesse, à la crainte, à la convoitise, et aux autres déréglements, vous n'aurez plus de pouvoir sur eux. Pourquoi? parce que les objets qui les excitent sont hors de vous, et les font croître à proportion de leur grandeur. Ainsi la crainte sera plus grande si on en regarde le sujet plus attentivement ou de plus près; le désir plus ardent, plus la chose prétendue paraîtra grande et magnifique. Si nous ne pouvons empêcher qu'il y ait des passions au dedans de nous, nous ne pourrons pas aussi empêcher qu'elles ne s'y fortifient; leur ayant permis d'y prendre naissance, il faudra souffrir qu'elles y reçoivent de l'accroissement, selon la grandeur des causes qui les auront produites. Joint qu'encore qu'elles soient petites au commencement, elles ne manqueront point de s'étendre avec le temps; le naturel des choses mauvaises étant de ne point garder de mesure. Les maladies, pour petites qu'elles soient en leur commencement, ne laissent pas de devenir grandes dans la suite : quelquefois même il ne faut qu'un léger accès de fièvre pour abattre un corps mal disposé. Mais quelle fantaisie de s'imaginer que nous puissions donner des bornes à des choses dont le commencement est hors de notre pouvoir? Aurais-je plus de force pour procurer leur fin, que je n'en ai eu pour empêcher leur naissance, s'il est vrai qu'il est plus aisé d'exclure une personne qui veut entrer que de la faire sortir quand elle est une fois entrée?

Il y en a qui se servent de cette distinction : un homme peut être tempérant et prudent par la disposition de son âme, qui ne le sera pas toutefois par l'événement; car il ne sentira point d'émotion, de tristesse ni de crainte au dedans, mais il y surviendra au dehors des sujets qui lui causeront du trouble et du chagrin. C'est ce qu'on appelle n'être pas emporté, mais s'emporter quelquefois; ou plutôt n'avoir pas le vice de la timidité, mais en avoir la passion. Si vous admettez cette passion, la peur fréquente dégénère en timidité; et la colère, trouvant entrée dans votre âme, renversera bientôt l'inclination que vous aviez à la paix et à la douceur. Et puis si l'on n'est point exempt de la peur, et que l'on considère encore ce qui vient du dehors, quand il sera question de passer au travers des feux et des dards pour la défense de la patrie, des lois et de la liberté, le corps s'avancera lentement, mais l'esprit songera à la retraite, qui est une sorte de dissension où le sage ne tombe jamais.

Il faut encore prendre garde de confondre deux choses que l'on doit prouver séparément : la première, qu'il n'y a point d'autre bien que ce qui est honnête; la seconde, que la vertu seule peut rendre la vie heureuse. S'il est vrai qu'il n'y a point d'autre bien que ce qui est honnête, tout le monde demeure d'accord que la vertu suffit d'elle-même pour vivre heureusement. Mais, quoique la seule vertu puisse rendre l'homme heureux, il ne

---

animi mala, temperamentum : facilius sustuleris illa, quam rexeris. Numquid dubium est, quin vitia mentis humanæ inveterata et dura, quæ morbos vocamus, immoderata sint; ut avaritia, ut crudelitas, ut impotentia, impietas? Ergo immoderati sunt et affectus; ab his enim ad illa transitur. Deinde, si das aliquid juris tristitiæ, timori, cupiditati, cæterisque motibus pravis, non erunt in nostra potestate. Quare? quia extra nos sunt, quibus irritantur. Itaque crescent, prout magnas habuerint minoresve causas, quibus concitentur. Major erit timor, si plus, quo exterreatur, aut propius aspexerit; acrior cupiditas, quo illam amplioris rei spes evocaverit. Si in nostra potestate non est an sint affectus; ab illud quidem est, quanti sint : si ipsis permisisti incipere, cum causis suis crescent, tantique erunt, quanti fient. Adjice nunc, quod ista, quamvis exigua sint, in majus excedunt : nunquam perniciosa servant modum. Quamvis levia initia morborum serpunt, et ægra corpora minima interdum mergit accessio. Illud vero cujus dementiæ est, credere, quarum rerum extra nostrum arbitrium posita principia sunt, earum nostri esse arbitrii terminos? Quomodo ad id finiendum satis valeo, ad quod prohibendum parum valui, quum facilius sit excludere, quam admissa comprimere?

Quidam ita distinxerunt, ut dicerent : « Temperans ac prudens positione quidem mentis et habitu tranquillus est, eventu non est. Nam, quantum ad habitum mentis suæ, non perturbatur, nec contristatur, nec timet; sed multæ extrinsecus causæ incidunt, quæ illi perturbationem afferant. » Tale est quod volunt dicere; iracundum quidem illum non esse, irasci tamen aliquando; et timidum quidem non esse, timere tamen aliquando; id est, vitio timoris carere, affectu non carere. Quod si recipitur, usu frequenti timor transibit in vitium; et ira in animum admissa habitum illum ira carentis animi relexet. Præterea, si non contemnit venientes extrinsecus causas, et aliquid timet; quum fortiter eundum erit adversus tela, ignes, pro patria, legibus, libertate; cunctanter exibit, et animo recedente. Non cadit autem in sapientem hæc diversitas mentis.

Illud præterea judico observandum, ne duo, quæ separatim probanda sunt, misceamus. Per se enim colligitur, unum bonum esse, quod honestum; per se rursus, ad vitam beatam satis esse virtutem. Si unum bonum est, quod honestum, omnes concedant ad beate vivendum sufficere virtutem : e contrario non remittetur, si beatum sola virtus facit, unum bonum esse quod honestum

s'ensuit pas qu'il n'y ait point d'autre bien que ce qui est honnête. Xénocrate et Speusippe tiennent qu'il n'y a que la vertu qui puisse produire la félicité; mais ils ne demeurent pas d'accord qu'il n'y ait point d'autre bien que ce qui est honnête. Épicure dit aussi que celui qui possède la vertu est heureux; mais que cela seul ne suffit pas pour vivre heureusement; car il y faut joindre la volupté qui procède de la vertu, et qui n'est pas la vertu même, distinction bien inepte, à mon avis; car le même auteur dit ailleurs qu'il n'y a point de vertu qui ne soit accompagnée de quelque plaisir. Ainsi la vertu suffit d'elle-même, puisqu'elle est toujours jointe au plaisir, et qu'elle n'est point sans lui, quand même elle est toute seule. Or, c'est une absurdité de dire que l'on sera heureux en possédant seulement la vertu; mais qu'on ne le sera pas entièrement. Je ne vois pas comme cela se peut faire; car la félicité est un bien parfait, à qui l'on ne peut rien ajouter. Cela étant, la félicité doit aussi être parfaite et accomplie.

S'il est vrai qu'il n'y a rien de plus grand ni de meilleur que la vie des dieux, la vie heureuse étant toute divine, il s'ensuit qu'elle est au point le plus éminent où elle puisse monter. D'ailleurs, si la vie heureuse n'a besoin de rien, et que toute vie qui est heureuse soit parfaite, elle sera en même temps heureuse, et parfaitement heureuse. Pouvez-vous douter que la vie heureuse ne soit le souverain bien? Elle est donc souverainement heureuse, puisqu'elle est le souverain bien. Comme on ne peut rien ajouter au comble d'une mesure, car il n'y a rien au-delà; on ne peut aussi rien ajouter à la vie heureuse qui est au comble de tous les biens. Que si vous faites l'un plus heureux que l'autre, vous mettrez une infinité de degrés dans le souverain bien, quoiqu'il n'y ait rien qui soit au-dessus lui. Et si l'un est moins heureux que l'autre, il s'ensuit que le premier souhaitera de passer dans un état plus heureux que le sien; et cependant un homme heureux ne trouve rien de préférable à sa condition. Prenez quel parti vous voudrez; il est également incroyable qu'il y ait rien dans le monde qu'un homme heureux aimât mieux être que ce qu'il est, ou qu'il ne désire pas ce qui est meilleur que ce qu'il possède; car, d'autant plus qu'il a de connaissances, il se portera avec plus d'ardeur à la conquête d'un bien qu'il estimera plus grand que tous les autres. Mais comment peut être heureux celui qui fait encore des souhaits, même qui en doit faire? Je vous veux dire d'où vient cette erreur.

On ne sait pas qu'il n'y a qu'une vie heureuse, et que c'est sa qualité, non pas sa grandeur, qui la met dans un état le plus avantageux qu'il y ait. De là vient qu'il est indifférent qu'elle soit longue ou courte, large ou étroite, répandue en plusieurs endroits, ou resserrée dans un petit coin de terre. Quand on l'estime par le nombre, la mesure et les parties, on lui ôte ce qu'elle a de plus excellent, qui consiste en sa plénitude. La fin, par exemple, de manger et de boire est le rassasiement. Mais celui-ci mange plus que l'autre? Qu'importe, puisqu'ils sont tous deux rassasiés? L'un boit plus, l'autre moins? Qu'importe, puisqu'ils n'ont plus de soif ni l'un ni l'autre? Celui-ci a plus vécu que celui-là? Il n'importe pas, puisque la différence de leurs années n'a pas empêché que l'un ne se

---

est. Xenocrates et Speusippus putant « beatum vel sola virtute fieri posse; non tamen unum bonum esse, quod honestum est. » Epicurus quoque judicat, « quum virtutem habeat, beatum esse; sed ipsam virtutem non satis esse ad beatam vitam, quia beatum efficiat voluptas, quæ ex virtute est, non ipsa virtus. » — Inepta distinctio! Idem enim negat, « unquam virtutem esse sine voluptate. » Ita, si ei juncta semper est atque inseparabilis, et sola satis est : habet enim secum voluptatem, sine qua non est, etiam quum sola est. Illud autem absurdum est, quod dicitur, beatum quidem futurum vel sola virtute, non futurum autem perfecte beatum : quod quemadmodum fieri possit, non reperio. Beata enim vita bonum in se perfectum habet, inexsuperabile : quod si est, perfecte beata est. Si Deorum vita nihil habet majus aut melius; beata autem vita divina est; nihil habet, in quod amplius possit attolli. Præterea, si beata vita nullius est indigens, omnis beata vita perfecta est, eademque est et beata, et beatissima. Numquid dubitas, quin beata vita summum bonum sit? ergo, si summum bonum habet, summe beata est. Quemadmodum summum bonum adjectionem non recipit; (quid enim supra summum erit?) ita ne beata quidem vita, quæ sine summo bono non est. Quod si aliquem magis beatum induxeris, induces et multo magis innumerabilia discrimina summi boni; quum summum bonum intelligam, quod supra se gradum non habet. Si est aliquis minus beatus, quam alius, sequitur, ut hic alterius vitam beatioris magis concupiscat, quam suam. Beatus autem nihil suæ præfert. Utrumlibet ex his incredibile est : aut aliquid beato restare, quod esse, quam quod est, malit; aut id illum non malle, quod illo melius est. Utique enim, quo prudentior est, hoc magis se ad id, quod est optimum, extendet, et id omni modo consequi cupiet. Quomodo autem beatus est, qui cupere etiamnunc potest, imo qui debet?

Dicam quid sit, ex quo veniat hic error. Nesciunt, beatam vitam unam esse. In optimo illam statu ponit qualitas sua, non magnitudo. Itaque in æquo est longa, et brevis; diffusa, et angustior; in multa loca, multasque partes distributa, et in unum coacta. Qui illam numero æstimat, et mensura, et partibus; id illi quod habet eximium, eripit. Quid autem est in beata vita eximium? quod plena est. Finis, ut puto, edendi bibendique satietas est. Hic plus edit, ille minus; quid refert? uterque jam satur est : hic plus bibit, ille minus; quid refert? uterque non sitit : hic pluribus annis vixit, hic paucieri-

soit rendu heureux aussi bien que l'autre. Celui que tu appelles moins heureux n'est pas heureux en effet; car cet état ne souffre point de diminution, comme il ne reçoit point d'accroissement. Qui est constant est sans crainte, qui est sans crainte est sans tristesse, qui est sans tristesse est heureux. C'est l'argument ordinaire de nos Stoïciens. Voici comme on tâche d'y répondre.

On dit que nous faisons passer pour maxime indubitable une proposition qui est fausse, ou du moins controversée, savoir, que l'homme constant est sans crainte. — Quoi donc! disent-ils, l'homme constant ne craindra point les maux qui vont tomber sur sa tête?—Cela n'appartient qu'à un fou et un insensé. Il pourra bien modérer sa crainte, mais non pas s'en exempter.—Ceux qui raisonnent de la sorte retombent toujours dans le même abus, et prennent les défauts, quand ils sont petits, ou moindres que d'autres, pour des vertus; car celui qui craint plus rarement et moins que les autres, n'est pas sans défaut, mais il en souffre moins de peine. — Oui; mais j'estime fort celui qui ne craint point le mal qui le menace de près. —Vous avez raison, si c'est un mal en effet; mais s'il sait que ce n'est point un mal, et qu'on ne doit nommer ainsi que ce qui est déshonnête, il doit regarder le péril avec assurance, et mépriser tout ce que les autres craignent. Au contraire, s'il n'appartient qu'à un fou de ne point craindre le mal, il est vrai de dire qu'on en aura d'autant plus de crainte qu'on aura plus de jugement. — Mais, selon votre opinion, dira quelqu'un, l'homme constant se doit exposer aux périls.—Nullement; il les évitera, mais il ne les appréhendera point; la précaution lui est permise et non pas la peur. —Quoi! ne craindra-t-il pas la mort, les chaînes, les feux et toutes les insultes de la fortune?—Point du tout, car il sait bien que toutes ces choses ne sont point des maux en effet, mais seulement en apparence. Il les regarde comme de vaines frayeurs de l'esprit humain. Représentez-lui la captivité, les fouets, les liens, la pauvreté, la contorsion des membres, soit par supplice ou par maladie, et tout ce que vous sauriez figurer de plus affreux; il mettra tout cela au nombre des terreurs paniques, qui ne font peur qu'aux esprits faibles et timides. Après tout, pouvez-vous réputer mal ce que nous embrassons quelquefois volontairement? Voulez-vous savoir ce que c'est que le mal? C'est de céder aux accidents qui portent le nom de maux, et leur soumettre sa liberté pour laquelle on doit tout souffrir. Mais il ne faut plus parler de liberté, si nous ne méprisons toutes ces choses qui nous rendent esclaves. On ne serait pas si fort en doute des devoirs d'un homme courageux, si l'on savait ce que c'est que magnanimité. Ce n'est pas une témérité inconsidérée, un fol amour des périls, et un désir des choses que tout le monde craint; mais c'est un juste discernement de ce qui est mal et de ce qui ne l'est pas. La magnanimité a grand soin de sa conservation, et ne laisse pas de souffrir doucement les choses qui ne sont mauvaises qu'en apparence. Quoi! si l'on présente le couteau à la gorge d'un homme courageux, si on le taille tantôt en un endroit, tantôt dans un autre, s'il sent les boyaux à nu dans son ventre tout ouvert; si, pour lui rendre les tourments plus sensibles, on les redouble par intervalle, si l'on fait couler le

---

bus; nihil interest, si tam illum multi anni beatum fecerunt, quam hunc pauci. Ille, quem tu minus beatum vocas, non est beatus : non potest nomen imminui.

« Qui fortis est, sine timore est; qui sine timore est, sine tristitia est; qui sine tristitia est, beatus est. » Nostrorum hæc interrogatio est. Adversus hanc sic respondere conantur : Falsam nos rem et controversiosam pro confessa vindicare; eum, qui fortis est, sine timore esse. Quid ergo? inquit, fortis imminentia mala non timebit? Istud dementis alienatique, non fortis, est. Ille vero, inquit, moderatissime timet; sed in totum extra metum non est. — Qui hæc dicunt, rursus in idem revolvuntur, ut illa virtutum loco sint minora vitia. Nam qui timet quidem, sed rarius et minus, non caret malitia, sed leviore vexatur.—At enim dementem puto, qui mala imminentia non extimescit. — Verum est, quod dicis, si mala sunt; sed si scit, mala illa non esse, ac tantum turpitudinem malum judicat; debebit secure pericula aspicere, et aliis timenda contemnere : aut, si stulti et amentis est, mala non timere, quo quis prudentior est, hoc timebit magis.—Ut vobis, inquit, videtur, præbebit se periculis fortis. — Minime! non timebit illa, sed vitabit : cautio illum decet, timor non decet. — Quid ergo? inquit : mortem, vincula, ignes, alia tela fortunæ, non timebit? — Non! scit enim, illa non esse mala, sed videri; omnia ista humanæ vitæ formidines putat. Describe captivitatem, verbera, catenas, egestatem, et membrorum lacerationes, vel per morbum, vel per injuriam, et quidquid aliud attuleris; inter lymphaticos metus numerat. Ista timidis timenda sunt. An id existimas malum, ad quod aliquando nobis nostra sponte veniendum est?

Quæris, quid sit malum? — Cedere his, quæ mala vocantur, et illis libertatem suam dedere, pro qua cuncta patienda sunt. Perit libertas, nisi illa contemnimus, quæ nobis jugum imponunt. Non dubitarent, quid conveniret forti viro, si scirent, quid esset fortitudo. Non est enim inconsulta temeritas, nec periculorum amor, nec formidabilium appetitio; scientia est distinguendi, quid sit malum, et quid non sit. Diligentissima in tutela sui fortitudo est, et eadem patientissima eorum, quibus falsa species malorum est. — Quid ergo? si ferrum intentatur cervicibus viri fortis; si pars subinde alia atque alia suffoditur; si viscera sua in sinu sua vidit; si ex intervallo, quo magis tormenta sentiat, repetitur, et per assiccata viscera

sang tout chaud sur les plaies quand elles sont desséchées, direz-vous que cet homme-là est sans crainte et sans douleur? — J'avance qu'il n'est pas sans douleur, parce que la vertu n'ôte point le sentiment; mais elle est sans crainte et regarde froidement et de haut en bas les plaies qu'on lui a faites. Savez-vous en quel état est son esprit? en celui où il était lorsqu'il exhortait l'un de ses amis à prendre patience dans sa maladie. Enfin, ce qui est mal est nuisible, ce qui est nuisible nous rend plus mauvais; la douleur et la pauvreté ne nous rendent pas plus mauvais; par conséquent ce ne sont point des maux. On répond que la première proposition est fausse; car ce qui est nuisible à une chose ne la rend pas toujours plus mauvaise. Par exemple, la tempête et l'orage sont nuisibles à un pilote, et toutefois ne le rendent pas plus mauvais. Quelques Stoïciens répliquent que la tempête et l'orage rendent le pilote plus mauvais, en ce qu'ils rompent ses desseins et l'empêchent de tenir la route qu'il s'était proposée. Il n'est pas pour cela plus mauvais pilote, mais seulement plus malheureux ouvrier; à quoi le philosophe péripatéticien fait cette repartie: la pauvreté, la douleur, et les autres choses semblables, rendront le sage plus mauvais; car, sans lui ôter la vertu, elles se contenteront d'en empêcher les opérations. Cela serait bon si les conditions du pilote et du sage n'étaient pas différentes. Car celui-ci, dans la conduite de sa vie, se propose de faire bien tout ce qu'il doit faire, et non pas de venir à bout de tout ce qu'il voudra faire; mais le pilote a résolu d'amener son navire au port. Les arts sont des ministres qui doivent faire ce qu'ils promettent; la sagesse est leur maîtresse et leur souveraine; les arts servent à la vie, la sagesse les gouverne.

Pour moi, je voudrais répondre autrement, et dire que la tempête ne diminue rien de l'art du pilote, ni de l'exercice qu'il en fait; qu'il ne s'est pas engagé à rendre votre voyage heureux, mais à vous bien servir et à gouverner le vaisseau selon les règles de son art, en quoi son adresse paraît davantage lorsqu'il trouve plus d'obstacles et d'accidents fâcheux. Un pilote qui peut dire: Neptune, tu ne feras jamais périr ce vaisseau que tout droit, sait bien son métier; la tempête n'empêche pas qu'il ne fasse son devoir, mais elle en arrête le succès. —Quoi!—direz-vous, ce qui éloigne le pilote du port, qui rend ses efforts inutiles, qui le renvoie d'où il est venu, qui le retarde et qui démâte son vaisseau, ne lui est-il point nuisible? — Oui bien, en qualité de voyageur, mais non pas en qualité de pilote; et bien loin d'être nuisible à son art, cela le relève et lui donne de l'éclat; car tout le monde est pilote quand la mer est bonne, dit le proverbe; ce sont des incommodités qui regardent la navigation et non celui qui en est le chef. En tant que chef, un pilote a deux qualités, l'une de passager, qui lui est commune avec tous ceux qui sont embarqués dans le même vaisseau, l'autre de pilote, qui lui est particulière. La tempête l'incommode en qualité de passager et non pas de pilote. De plus, le métier de pilote est le bien de tous ceux qu'il conduit, comme la science du médecin est le bien de tous ceux qu'il traite. La sagesse est un bien commun, elle ne l'est pas moins à ceux qui l'écoutent qu'à celui qui la possède. Je veux qu'on puisse dire que la tempête nuit au pi-

---

recens dimittitur sanguis; non timere istum tu dices, non dolere? — Iste vero dolet; sensum enim hominis nulla exuit virtus: sed non timet: invitus ex alto dolores suos spectat. Quæris, quis tunc animus illi sit? Qui ægrum amicum adhortantibus.

Quod malum est, nocet; quod nocet, deteriorem facit; dolor et paupertas deteriorem non faciunt: ergo mala non sunt.— « Falsum est, inquit, quod proponitis: non enim, si quid nocet, etiam deteriorem facit. Tempestas et procella nocet gubernatori, non tamen illum deteriorem facit. » — Quidam Stoici ita adversus hoc respondent: Deteriorem fieri gubernatorem tempestate ac procella, quia non possit id, quod proposuit, efficere, nec tenere cursum suum: deteriorem illum in arte sua non fieri, in opere fieri. Quibus Peripateticus: Ergo, inquit, et sapientem deteriorem faciet paupertas, dolor, et quidquid aliud tale fuerit: virtutem enim illi non eripiet, sed opera ejus impediet. Hoc recte diceretur, nisi dissimilis esset gubernatoris conditio, et sapientis. Huic enim propositum est, in vita agenda non utique, quod tentat, efficere, sed omnia recte facere; gubernatori propositum est utique navem in portum perducere. Artes ministræ sunt; præstare debent quod promittunt; sapientia domina rectrixque est. Artes serviunt vitæ, sapientia imperat. Ego aliter respondendum judico: nec artem gubernatoris deteriorem ulla tempestate fieri, nec ipsam administrationem artis. Gubernator tibi non felicitatem promisit, sed utilem operam, et navis regendæ scientiam: hæc eo magis apparet, quo illi magis aliqua fortuita vis obstitit. Qui hoc potuit dicere: « Neptune, nunquam hanc navem, nisi rectam! » arti satisfecit: tempestas non opus gubernatoris impedit, sed successum.—Quid ergo? inquit, non nocet gubernatori ea res, quæ illum tenere portum vetat? quæ conatus ejus irritos efficit? quæ aut refert illum, aut detinet et exarmat? —Non tanquam gubernatori, sed tanquam naviganti nocet. Alioqui gubernatoris artem adeo non impedit, ut ostendat; tranquillo enim, ut aiunt, quilibet gubernator est. Navigio ila obsunt; non rectori ejus, qua rector est. Duas personas habet gubernator: alteram communem cum omnibus, qui eamdem conscenderunt navem, in qua ipse quoque vector est; alteram propriam, qua gubernator est. Tempestas tanquam vectori nocet, non tanquam gubernatori. Deinde gubernatoris ars alienum bonum est; ad eos, quos vehit,

lote, parce qu'elle l'empêche de rendre le service qu'il a promis. Mais la pauvreté, la douleur et les autres bourrasques de la vie, ne nuisent point au sage, parce qu'elles ne l'empêchent point d'agir, sinon au regard d'autrui. Il est toujours occupé en lui-même, et principalement quand la fortune le vient choquer. C'est le propre office de la sagesse qu'il exerce alors comme un bien qui lui est commun avec le reste des hommes. Il ne laisse pas d'être utile aux autres, quoiqu'il soit nécessiteux ; car si, dans cet état, il n'enseigne pas comme il faut gouverner une république, il montre au moins, par son exemple, comme il faut se gouverner dans la pauvreté; son emploi s'étend à tous les sujets de la vie. Il n'y a rien dans le monde qui ne soit de sa juridiction, car il agit sur cela même qui l'empêche d'agir ailleurs. Il est propre à tous événements, et sait ménager les bons et surmonter les mauvais; et, comme il n'a que la vertu pour objet, il ne considère point la matière qui lui doit servir d'exercice, soit prospérité, soit adversité. De là vient que la pauvreté, la douleur, et tout ce qui jette ordinairement les ignorants dans la consternation, n'interdit point ses fonctions. Pensez-vous que les maux l'incommodent? Nullement, il sait les mettre en œuvre. Phidias savait faire des statues de bronze aussi bien que d'ivoire. Si vous lui eussiez présenté du marbre ou quelque autre matière plus commune, il en eût fait tout ce qui s'en pouvait faire de meilleur. Le sage tout de même fera connaître sa vertu en quelque condition qu'il se trouve, dans les richesses ou dans la pauvreté, dans son pays ou en exil, capitaine ou soldat, sain ou malade; en un mot, il fera quelque chose de bon de telle fortune que vous lui donnerez. Il y a des gens qui savent si bien dompter les animaux les plus terribles et les plus cruels, qu'après leur avoir fait perdre leur férocité naturelle, ils se les rendent encore familiers et les font loger avec eux. Vous verrez le maître d'un lion lui mettre la main dans la gueule, le gouverneur d'un tigre le baiser diverses fois, un bateleur éthiopien commander à un éléphant de se mettre à genoux et de marcher sur la corde. Le sage sait de même apprivoiser les maux ; car, aussitôt que la douleur, la pauvreté, l'ignominie, la prison, l'exil, et toutes les autres choses qui nous font horreur, sont tombées entre ses mains, elles deviennent légères et supportables.

ÉPITRE LXXXVI.

Louange de Scipion, avec la description de sa maison de campagne. — Il compare les bains des anciens avec ceux de son temps. — La manière de transplanter les arbres et la vigne.

Je vous écris de la maison de Scipion l'Africain, après avoir adoré son ombre au pied de l'autel sous lequel je crois que ce grand personnage est enterré. Pour son âme, je suis persuadé qu'elle est retournée au ciel, d'où elle était venue, non point pour avoir commandé de grandes armées (car Cambyse le furieux, de qui la témérité fut si heureuse, a fait la même chose), mais pour son

pertinet; quomodo medici ars ad eos, quos curat. Sapientia commune bonum est, et eorum, cum quibus vivit, et proprium ipsius. Itaque gubernatori fortasse noceatur; cujus ministerium, aliis promissum, tempestate impeditur : Sapienti non nocetur a paupertate, non a dolore, non ab aliis tempestatibus vitæ. Non enim prohibentur opera ejus omnia, sed tantum ad alios pertinentia : ipse semper in actu est et in effectu; tunc maximus, quum illi fortuna se opposuit : tunc ipsius sapientiæ negotium agit, quam diximus et alienum bonum esse, et suum.

Præterea, ne aliis quidem tunc prodesse prohibetur, quum illum aliquæ necessitates premunt. Propter paupertatem prohibetur docere, quemadmodum tractanda respublica sit; at illud docet, quemadmodum tractanda sit paupertas; per totam vitam opus ejus extenditur. Ita nulla fortuna, nulla res, actus sapientis excludit : id enim ipsum agit, quo alia agere prohibetur. Ad utrosque casus aptus est, bonorum rector, et malorum victor. Sic, inquam, se exercuit, ut virtutem tam in secundis, quam in adversis, exhiberet; nec materiam ejus, sed ipsam intueretur. Itaque nec paupertas illum, nec dolor, nec quidquam aliud, quod imperitos avertit et præcipites agit, prohibet. Tu illum premi putas malis? Utitur. Non ex ebore tantum Phidias sciebat facere simulacra ; faciebat ex ære : si marmor illi, si adhuc viliorem materiam obtulisses, fecisset, quale ex illa fieri optimum posset. Sic sapiens virtutem, si licebit, in divitiis explicabit; si minus, in paupertate ; si poterit, in patria; si minus, in exsilio ; si poterit, imperator; si minus, miles; si poterit, integer; si minus, debilis. Quamcumque fortunam acceperit, aliquid ex illa memorabile efficiet. Certi sunt domitores ferarum, qui sævissima animalia, et ad occursum expavefacientia hominem, cogunt pati jugum; nec asperitatem excussisse contenti, usque in contubernium mitigant. Leonibus magister manum insertat; osculatur tigrin suus custos; elephantem minimus Æthiops jubet subsidere in genua, et ambulare per funem. Sic sapiens artifex est domandi mala. Dolor, egestas, ignominia, carcer, exsilium, ubique horrenda, quum ad hunc pervenere, mansueta sunt. Vale.

EPISTOLA LXXXVI.

DE VILLA AFRICANI EJUSQUE BALNEO : DE OLEIS SERENDIS.

In ipsa Scipionis Africani villa jacens hæc tibi scribo, adoratis manibus ejus et ara, quam sepulcrum esse tanti viri suspicor. Animum quidem ejus in cœlum, ex quo erat, redisse persuadeo mihi ; non quia magnos exercitus duxit (hos enim et Cambyses furiosus, ac furore feliciter

insigne modération, et pour sa piété qui éclata davantage quand il se retira de sa patrie, que lorsqu'il la défendit. « Puisqu'il faut que Scipion sorte de Rome, afin que la liberté y demeure sans ombrage, je veux, dit-il, obéir aux lois; je ne prétends point de privilége contre mes concitoyens; je suis bien aise que ma patrie jouisse du bien que je lui ai procuré. J'ai été la cause de sa liberté, j'en serai encore l'exemple. Je m'en vais, puisque ma présence et ma grandeur lui sont suspectes. » Qui n'admirerait une âme si élevée? Il se bannit volontairement, et par ce moyen déchargea la ville d'un fardeau qui l'incommodait. Car les choses en étaient venues à ce point, qu'il fallait que la liberté l'emportât sur Scipion, ou Scipion sur la liberté : ni l'un ni l'autre n'était juste; c'est pourquoi il se soumit aux lois, et se retira à Literne, afin de faire voir que la république chassait celui-là même qui avait chassé Annibal.

J'ai vu cette maison, qui est bâtie de pierres de taille, flanquée de deux tours, et accompagnée d'un bois fermé de murs. Il y a une citerne sous les bâtiments et sous les jardins, qui pourrait fournir une armée, une étuve fort étroite et mal éclairée, comme on les faisait au temps passé; car nos anciens ne croyaient pas qu'elles pussent être chaudes si elles n'étaient obscures. Je prends plaisir à considérer la manière de vivre de Scipion, par rapport à la nôtre d'aujourd'hui. Je dis : C'est en ce coin-là que ce grand capitaine, qui fut autrefois la terreur de Carthage, à qui Rome est obligée de n'avoir été prise qu'une fois, se venait laver au retour de la charrue; car il labourait la terre comme on faisait en ce temps-là. Il demeurait sous cette chétive couverture, il marchait sur ce pavé si mal propre. Qui se contenterait maintenant de telles étuves? On se croit misérable et mal ajusté, si dans les parois des lieux où l'on se baigne l'on ne voit éclater des pièces de marbre d'Alexandrie, marquetées d'une pierre de Numidie, et taillées en rond; si l'on ne voit régner à l'entour une ceinture d'autres pierres de diverses couleurs, artistement travaillées, qui font une espèce de peinture; si la voûte n'est cachée sous le verre; si des cuvettes, où l'on entre après avoir bien sué, n'ont le bord de pierre thasienne, que l'on ne voyait autrefois que dans les temples; et si les robinets qui versent l'eau ne sont d'argent. Je ne parle encore que des étuves du peuple; que sera-ce quand je viendrai à celles des affranchis, que je dirai combien il y a de statues, combien de colonnes qui ne portent rien, et qui sont posées seulement pour l'ornement et pour la magnificence? Quelle quantité d'eau tombe d'un degré sur l'autre, en guise de cascades, avec un bruit surprenant? Nous sommes venus à ce point de délicatesse, que nous ne voulons plus marcher que sur des pierres précieuses. Dans ces bains de Scipion, au lieu de fenêtres, il n'y a que des fentes taillées dans le mur pour recevoir le jour sans affaiblir le bâtiment. Mais à présent, si les étuves ne sont ouvertes, et disposées de manière qu'elles aient le soleil toute la journée, si l'on ne se hâle en se lavant, et si de la cuvette on ne voit à découvert la campagne et la mer, l'on dit que ce sont des tanières ou des grottes. Ainsi, des choses qui ont

---

usus, habuit), sed ob egregiam moderationem pietatemque, magis in illo admirabilem, quum reliquit patriam, quam quum defendit. Aut Scipio Romæ deesse debebat, aut Roma libertati. « Nihil, inquit, volo derogare legibus, nihil institutis ; æquum inter omnes cives jus sit ; utere sine me beneficio meo, patria ! causa tibi libertatis fui, ero et argumentum. Exeo, si plus, quam tibi expedit, crevi. » —Quidni ego admirer hanc magnitudinem animi, qua in exsilium voluntarium secessit, et civitatem exoneravit? Eo perducta res erat, ut aut libertas Scipioni, aut Scipio libertati faceret injuriam. Neutrum fas erat : itaque dedit locum legibus, et se Liternum recepit, tam suum exsilium reipublicæ imputaturus, quam Hannibal.

Vidi villam structam lapide quadrato; murum circumdatum silvæ; turres quoque in propugnaculum villæ utrimque subrectas; cisternam ædificiis ac viridibus subditam, quæ sufficere in usum vel exercitus posset; balneolum angustum, tenebricosum, ex consuetudine antiqua : non videbatur majoribus nostris caldum, nisi obscurum. Magna ergo me voluptas subiit, contemplantem mores Scipionis ac nostros. In hoc angulo ille Carthaginis horror, cui Roma debet, quod tantum semel capta est, abluebat corpus laboribus rusticis fessum; exercebat enim opere se, terramque (ut mos fuit priscis) ipse subigebat. Sub hoc ille tecto tam sordido stetit; hoc illum pavimentum tam vile sustinuit ! At nunc quis est, qui sic lavari sustineat? Pauper sibi videtur ac sordidus, nisi parietes magnis et pretiosis orbibus refulserunt; nisi Alexandrina marmora Numidicis crustis distincta sunt ; nisi illis undique operosa et in picturæ modum variata circumlitio prætexitur; nisi vitro absconditur camera ; nisi Thasius lapis, quondam rarum in aliquo spectaculum templo, piscinas nostras circumdedit; in quas multa sudatione corpora exinanita demittimus ; nisi aquam argentea epistomia fuderunt. Et adhuc plebeias fistulas loquor; quid, quum ad balnea libertinorum pervenero? Quantum statuarum, quantum columnarum est nihil sustinentium, sed in ornamentum positarum, impensæ causa! Quantum aquarum per gradus cum fragore labentium ! Eo deliciarum pervenimus, ut nisi gemmas calcare nolimus. In hoc balneo Scipionis minime sunt, rimæ magis, quam fenestræ, muro lapideo exsectæ, sine injuria munimenti lumen admitterent : at nunc blattaria vocant balnea, si qua non ita aptata sunt, ut totius diei solem fenestris amplissimis recipiant; nisi et lavantur simul et colorantur, nisi ex solio agros et maria prospiciunt. Itaque, quæ concursum et admirationem habuerant quum dedicarentur, in antiquorum numerum rejiciuntur, quum

attiré les yeux et l'admiration de tout le monde, au temps qu'elles ont été faites, ne passent plus que pour des antiquailles, quand il plaît au luxe d'inventer quelque nouveauté et d'abolir ce qu'il avait introduit. Autrefois il y avait peu de bains, et l'on n'y voyait aucun ornement; car à quoi bon enrichir une chose qui ne doit coûter qu'un liard, qui a été inventée pour la santé et non pour le plaisir? On n'y versait pas de l'eau nouvelle, et celle qui était chaude n'y sourdait pas d'une fontaine. On ne se souciait pas aussi qu'elle fût si claire parce qu'elle ne servait que pour décrasser. Mais, ô dieux! qu'il y avait de plaisir d'entrer dans ces bains obscurs, qui n'étaient enduits que de plâtre, sachant que Caton, Fabius-Maximus, ou quelqu'un des Cornéliens y avait trempé la main pour en régler la chaleur! Car alors ces édiles, de quelque maison qu'ils fussent, avaient charge d'entrer dans ces lieux publics, afin de les faire tenir nettement, et de donner à l'eau une température commode et salubre, non pas comme celle d'aujourd'hui, qui est tellement chaude que, pour punir un esclave qui aurait fait quelque mauvaise action, ce serait assez de le jeter dedans. Pour moi, je ne saurais plus distinguer si le bain est chaud ou s'il brûle. Cependant nos délicats se raillent de la simplicité grossière de Scipion, qui ne savait pas éclairer ses étuves par de grands châssis de verre, se rôtir au grand jour et faire la digestion dans le bain. O le pauvre homme! disent-ils, il ne savait pas vivre. Il est vrai qu'il se lavait quelquefois dans de l'eau trouble, qui n'était guère de la boue, quand il avait plu un peu fort; il n'attendait pas qu'elle fût reposée, cela lui était presque indifférent; car il y venait pour ôter la crasse de la sueur, et non pas celle des parfums. Ne croyez-vous pas que ces messieurs diront encore : Pour moi, je ne porte point d'envie à Scipion; c'était en effet une vie de banni, que de prendre le bain de la sorte; encore, afin que vous le sachiez, il ne le prenait pas tous les jours; car au rapport de ceux qui ont écrit des mœurs et coutumes de nos anciens, ils lavaient tous les jours leurs bras et leurs jambes pour les nettoyer de l'ordure qu'ils avaient contractée dans le travail. Mais, pour le reste du corps, ils ne le lavaient qu'une fois la semaine. Quelqu'un pourra dire en cet endroit : « Ils étaient donc bien sales? Que pensez-vous qu'ils sentissent? Ils sentaient l'homme, la poussière et le fer. » Depuis que les bains sont si propres, les hommes sont devenus plus sales. Aussi, quand Horace veut représenter un infâme qui se plonge en toutes sortes de délices, que dit-il? Rutille sent le musc. Si Rufille vivait aujourd'hui, et qu'il n'eût point d'autre parfum, il vaudrait autant qu'il sentît le bouc, et on le confondrait assurément avec ce vilain Gorgonius, que le même Horace lui oppose. Ce n'est plus rien de prendre du parfum, si on ne le renouvelle deux ou trois fois par jour, de peur qu'il ne se dissipe à l'air. Que direz-vous qu'ils s'en glorifient comme s'ils étaient nés tout parfumés?

Si cet entretien vous semble trop mélancolique, prenez-vous-en au village où je suis. J'y appris d'Ægialus, qui est maintenant le maître de cette maison et fort intelligent dans le ménage, qu'un arbre, si vieux qu'il soit, se peut transplanter. C'est un secret qu'il est nécessaire de savoir pour

---

aliquid novi luxuria commenta est, quo ipsa se obrueret. At olim et pauca erant balnea, nec ullo cultu exornata : cur enim ornaretur res quadrantaria, et in usum, non oblectamentum, reperta? Non suffundebatur aqua, nec recens semper velut ex calido fonte currebat; nec referre credebant, in quam perlucida sordes deponerent. Sed, Dii boni, quam juvat illa balnea intrare obscura, et gregali tectorio inducta, quæ scires Catonem tibi ædilem, aut Fabium Maximum, aut ex Corneliis aliquem, manu sua temperasse? Nam hoc quoque nobilissimi ædiles fungebantur officio, intrandi ea loca, quæ populum receptabant, exigendique munditias, et utilem ac salutarem temperaturam; non hanc quæ nuper inventa est, similis incendio, adeo quidem, ut convictum in aliquo scelere servum vivum lavari oporteat. Nihil mihi videtur jam interesse, ardeat balneum, an caleat. Quantæ nunc aliqui rusticitatis damnant Scipionem, quod non in caldarium suum latis specularibus admiserat! quod non in multa luce decoquebatur, et exspectabat ut in balneo coqueretur! O hominem calamitosum! nesciit vivere! Non saccata aqua lavabatur, sed sæpe turbida, et, quum plueret vehementius, pæne lutulenta! Nec multum ejus intererat, an sic lavaretur; veniebat enim, ut sudorem illic ablueret; non ut unguentum. Quas nunc quorumdam futuras voces credis? « Non invideo Scipioni : vere in exsilio vixit, qui sic lavabatur. » Imo, si scias, non quotidie lavabatur! Nam, ut aiunt qui priscos mores Urbis tradiderunt, brachia et crura quotidie abluebant, quæ scilicet sordes opere collegerant : cæterum toti nundinis lavabantur. Hoc loco dicet aliquis : « Liquet immundissimos fuisse. Quid putas illos oluisse? » Militiam, laborem, virum! Postquam munda balnea inventa sunt, spurciores sunt. Descripturus infamem et nimis notabilem deliciis Horatius Flaccus, quid ait?

Pastillos Rufillus olet!..........

Dares nunc Rufillum; perinde esset, ac si hircum oleret et Gorgonii loco esset, quem idem Horatius Rufillo opposuit. Parum est, sumere unguentum, ni bis die terque renovetur, ne evanescat in corpore. Quid, quod iidem hoc odore, tanquam suo gloriantur?

Hæc si tibi nimium tristia videbuntur, villæ imputabis; in qua didici ab Ægialo, diligentissimo patrefamiliæ (is enim hujus agri nunc possessor est), quamvis vetus

nous autres vieillards qui ne plantons jamais d'oliviers que pour l'utilité d'autrui. Je puis dire que j'ai vu des vergers d'arbres fruitiers de trois ou quatre ans, ainsi transplantés, rapporter des fruits l'automne suivant; vous trouverez aussi du couvert sous cet arbre,

Dont l'ombre est réservée aux arrière-neveux,

comme parle Virgile, qui a dit bien des choses avec plus de grâce que de vérité, et a eu plus de soin de divertir le lecteur que d'instruire le laboureur. J'en passerai plusieurs exemples pour m'arrêter à celui que j'ai été obligé de condamner aujourd'hui :

Il faut semer en mars la fève et le sainfoin ;
Si vous voulez du mil, prenez le même soin.

Voyez s'il a raison de dire qu'il faut semer en même temps les fèves et le mil, et en la saison du printemps. Nous sommes sur la fin du mois de juin, et cependant j'ai vu en même jour cueillir des fèves et semer du mil.

Je reviens à nos oliviers que j'ai vu transplanter en deux façons. On prend la tige des arbres déjà grands, on leur coupe les branches à un pied près du tronc avec les racines dont on ne laisse que la crosse, laquelle on trempe dans du fumier bien pourri, puis on la met dans la fosse. Après cela on jette de la terre par-dessus, on la presse, on la foule en marchant à l'entour; car il n'y a rien de meilleur, à ce qu'ils disent, pour empêcher que le froid et le vent n'y entrent, et que l'arbre ne soit ébranlé. Par ce moyen, les racines venant à naître, prennent terre à leur aise; autrement, la moindre agitation serait capable de les arracher, étant encore toutes tendres, et ne se pouvant maintenir d'elles-mêmes. Mais on râcle un peu de la crosse avant que de la recouvrir, parce que de ces endroits, qui ont été ainsi écorchés, il en sort de nouvelles racines. Au reste, il ne faut pas que la tige sorte plus de trois ou quatre pieds hors de terre, afin que l'arbre pousse d'en bas, et qu'il ne demeure point sec et flétri, comme sont les vieux oliviers. L'autre manière de transplanter, c'est de prendre des scions un peu forts, qui n'aient pas l'écorce dure comme sont ceux des jeunes arbres, et de les planter ainsi que je viens de dire. Ils ne viennent pas si vite; mais le bois n'en est jamais ridé ni galeux, parce qu'il procède d'un plan tout nouveau.

J'ai vu encore transplanter une vieille vigne. Il faut, s'il est possible, conserver jusqu'aux moindres cheveux de ses racines, quand on les arrache, puis la coucher et l'étendre au large, afin que le corps même jette des racines. J'en vois qui ont été plantées en février, et même après la fin de mars, qui sont si bien reprises qu'elles se sont déjà liées au-delà de leur ormeau. Mais on dit que tous ces arbres à haute tige veulent être arrosés d'eau de citerne. Si cela est bon, nous avons la pluie à commandement. Je ne vous en veux pas apprendre davantage, de peur que, comme Ægialus m'a donné occasion de le contredire, je ne vous donne aussi matière de disputer contre moi.

―――

arbustum posse transferri. Hoc nobis senibus discere necessarium est, quorum nemo non olivetum alteri ponit; quod vidi illum arborum trimum aut quadrimum fastidiendi fructus autumno deponere. Te quoque proteget illa, quæ

Tarda venit, seris factura nepotibus umbram,

ut ait Virgilius noster, qui non, quid verissime, sed quid decentissime diceretur, aspexit; nec agricolas docere voluit, sed legentes delectare. Nam (ut omnia alia transcam) hoc, quod mihi hodie necesse fuit deprehendere, adscribam :

Vere fabis satio est : tunc te quoque, medica, putres.
Accipiunt sulci, et milio venit annua cura.

An uno tempore ista ponenda sint, et an utriusque verna sit satio, hinc æstimes licet. Junius mensis est, quo tibi scribo, jam proclivus in Julium ; eodem die vidi fabam metentes, milium serentes.

Ad olivetum revertor, quod vidi duobus modis depositum. Magnarum arborum truncos, circumcisis ramis et ad unum redactis pedem, cum rapo suo transtulit, amputatis radicibus, relicto tantum capite ipso, ex quo illæ pependerant. Hoc fimo tinctum in scrobem demisit: deinde terram non aggessit tantum, sed calcavit et pressit. Negat quidquam esse hac, ut ait, spissatione efficacius; videlicet frigus excludit et ventum : minus præterea movetur; et ab hoc nascentes radices prodire patitur, ac solum apprehendere, quas necesse est coreas adhuc, et precario hærentes, levis quoque revellat agitatio. Parum autem arboris, antequam obruat, radit. Ex omni enim materia quæ nudata est, ut ait, exeunt radices novæ. Non plures autem super terram eminere debet truncus, quam tres aut quatuor pedes; statim enim ab imo vestietur, nec magna pars, quemadmodum in olivetis veteribus, arida et retorrida erit. Alter ponendi modus hic fuit : ramos fortes, nec corticis duri, quales esse novellarum arborum solent, eodem genere deposuit. Hi paulo tardius surgunt; sed, quum tanquam a planta processerint, nihil habent in se aut horridum aut triste. Illud etiam nunc vidi, vitem ex arbusto suo annosam transferri : hujus capillamenta quoque, si fieri potest, colligenda sunt; deinde liberalius sternenda vitis, ut etiam ex corpore radicescat. Et vidi non tantum mense Februario positas; sed jam Martio exacto tenent et complexæ sunt non suas ulmos. Omnes autem istas arbores, quæ, ut ita dicam, grandiscopiæ sunt, ait aqua adjuvanda cisternina : quæ si prodest, habemus pluviam in nostra potestate. Plura te docere non cogito; ne, quemadmodum Ægialus noster me sibi adversarium paravit, sic ego parem te mihi. Vale.

ÉPITRE LXXXVII.

Que l'on doit estimer un homme pour son mérite et non pour sa fortune. — Il prouve encore, par de nouvelles raisons, que le reste suffit pour rendre la vie heureuse.

J'ai fait naufrage avant que d'être embarqué. Je ne vous dirai point comment cela est arrivé, de peur que vous ne le mettiez au rang des paradoxes stoïques. Ce n'est pas qu'il y en ait un seul qui soit faux, ni si étrange qu'il parait d'abord, comme je vous le ferai voir quand il vous plaira, et peut-être quand il ne vous plaira pas. Cependant sachez que j'ai appris, en mon voyage, que nous avons beaucoup de choses superflues, et que nous pourrions facilement mépriser par la raison, puisque nous les perdons quelquefois sans nous en apercevoir. Il y a déja deux jours que nous demeurons ensemble, Maxime et moi, avec toutes les satisfactions possibles, n'ayant de serviteurs que ce qu'un coche en a pu emmener, ni d'équipage que ce que nous avons apporté sur nous. Mon matelas est à terre, et moi sur mon matelas. De deux manteaux, l'un sert de couverture et l'autre de courtepointe. Il n'y a rien à retrancher de notre dîner, il est prêt en moins d'une heure. Mais, comme je ne suis jamais sans figues, non plus que sans tablettes, elles me servent de viande quand j'ai du pain, et de pain quand je n'ai point de viande. Elles me ramènent chaque jour l'an nouveau, lequel je tâche de me rendre heureux et favorable par de bonnes pensées, et par l'étude de cette fermeté qui n'est jamais plus grande que lorsqu'elle s'est dépouillée des choses étrangères; qu'elle s'est rendue tranquille en bannissant la crainte, et riche en étouffant la convoitise.

Je suis venu dans un carrosse de village : les mules ne vivent que de ce qu'elles trouvent par les chemins; le muletier est nu-pieds, et pourtant ce n'est pas à cause de l'été. J'ai peine à me résoudre d'avouer que ce soit mon carrosse; j'ai encore de la honte de bien faire; car je rougis malgré moi quand je rencontre quelque train plus propre que le mien. C'est un témoignage certain que je ne suis pas encore bien affermi dans les sentiments que j'approuve et que je révère. Qui est honteux d'avoir un méchant carrosse, serait glorieux s'il en avait un bon. Je ne suis pas encore bien avant, puisque je n'ose pas faire voir ma frugalité, et que je me mets en peine de ce que diront les passants. Bien loin de crier à tous les hommes : « Vous êtes des fous, vous vous trompez, vous admirez des choses superflues, vous n'estimez personne pour son propre mérite. Vous savez bien compter ce qu'un homme a vaillant. Si vous voulez prêter de l'argent ou faire plaisir à quelqu'un (car on ne le fait pas sans y avoir bien pensé), vous dites : — Il a beaucoup de biens, mais il doit beaucoup; il a une belle maison, mais il l'a achetée de l'argent d'autrui; il n'y a personne qui ait un train plus leste, mais il n'acquitte point ses dettes; il ne lui resterait rien s'il avait payé ses créanciers. — Vous devriez en user ainsi de tout le reste et considérer ce que chacun a de bien qui lui soit propre ». Vous croyez que cet homme est riche parce qu'il a de la vaisselle d'or qui le suit quand il va en campagne, parce qu'il fait labou-

EPISTOLA LXXXVII.

DE FRUGALITATE ET LUXU : AN DIVITIÆ BONUM SINT?

Naufragium, antequam navem ascenderem, feci : quomodo acciderit, non adjicio, ne et hoc putes inter Stoica paradoxa ponendum ; quorum nullum esse falsum, nec tam mirabile, quam prima facie videtur, quum volueris approbabo, imo etiam si nolueris. Interim hoc me iter docuit, quam multa haberemus supervacua, et quam facili judicio possemus deponere, quæ, si quando necessitas abstulit, non sentimus ablata. Cum paucissimis servis, quos unum capere vehiculum potuit, sine ullis rebus, nisi quæ corpore nostro continebantur, ego et Maximus meus biduum jam beatissimum agimus. Culcita in terra jacet, ego in culcita. Ex duabus penulis, altera stragulum, altera opertorium facta est. De prandio nihil detrahi potuit : paratum fuit non magna hora, nusquam sine caricis, nusquam sine pugillaribus. Illæ, si panem habeo, pro pulmentario sunt; si non, pro pane; quotidie mihi annum novum faciunt; quem ego faustum et felicem reddo bonis cogitationibus, et animi magnitudine; qui nunquam major est, quam ubi aliena seposuit, et fecit sibi pacem, nihil timendo; fecit sibi divitias, nihil concupiscendo. Vehiculum, in quo positus sum, rusticum est. Mulæ, vivere se, ambulando testantur; mulio excalceatus, non propter æstatem. Vix a me obtineo, ut hoc vehiculum velim videri meum : durat adhuc perversa recti verecundia. Quoties in aliquem comitatum lautiorem incidimus, invitus erubesco; quod argumentum est, ista, quæ probo, quæ laudo, nondum habere certam fidem et immobilem. Qui sordido vehiculo erubescit, pretioso gloriabitur. Parum adhuc profeci; nondum audeo frugalitatem palam ferre; etiam nunc curo opiniones viatorum.

Contra totius generis humani opiniones mittenda vox erat : « Insanitis, erratis, stupetis ad supervacua, neminem æstimatis suo! Quum ad patrimonium ventum est, diligentissimi computatores, sic rationem ponitis singulorum, quibus aut pecuniam credituri estis, aut beneficia (nam hæc quoque jam expensa fertis) : « Late possidet, sed multum debet; habet domum formosam, sed alienis nummis paratam; familiam nemo cito speciosiorem producet, sed nominibus non respondet; si creditoribus solverit, nihil illi supererit. » Idem in reliquis quoque facere debebatis, excutere quantum proprii quisque habeat! » Divitem illum putas, quia aurea supellex etiam in via eum sequitur; quia in omnibus provinciis arat; quis

rer en toutes les provinces, parce qu'il a un gros registre de rentes, et qu'il possède plus de terres auprès de Rome qu'il n'en faudrait pour attirer l'envie dans les déserts de la Pouille. Après que vous aurez tout dit, il est pauvre. — Et pourquoi? — Parce qu'il doit. — Combien? demanderez-vous. — Tout ce qu'il a. Si ce n'est que vous prétendiez qu'il y ait différence de devoir à un homme ou à la fortune. Que lui servent ses mules si grasses et toutes pareilles? Que lui servent ses carrosses dorés?

> Les chevaux sont couverts de housses d'écarlate,
> Où l'or semé de fleurs et de perles éclate;
> Ils ont des colliers d'or sous la gorge pendants,
> Et des mors d'or massif qui sonnent sous leurs dents.

Tout cela ne rend point le maître ni les chevaux meilleurs. Caton le censeur (de qui la naissance ne fut pas moins avantageuse au peuple romain, que celle de Scipion; l'un ayant combattu contre ses vices, et l'autre contre ses ennemis) montait ordinairement sur un hongre, et y attachait un sac où étaient ses besognes. Qu'il y aurait eu de plaisir à le voir rencontrer quelqu'un de nos fanfarons qui marchent à grand équipage, avec des coureurs et des barbes qui font voler la poussière de tous côtés! Il est sans doute qu'on aurait trouvé celui-ci plus propre et mieux accompagné que Caton; mais, avec tout ce bel appareil, vous auriez peut-être vu un homme endetté de telle sorte, qu'il aurait songé à prendre parti parmi les gladiateurs. Il était bien glorieux à ce siècle-là qu'un général, qui avait eu les honneurs du triomphe et la dignité de censeur, et, ce qui est plus que tout cela, qu'un Caton se contentât de moitié d'un cheval; car sa valise, qui était derrière sa selle, occupait l'autre moitié. Sans mentir, ne préféreriez-vous pas ce cheval-là, que Caton pansait lui-même, à tous ces guilledins, ces barbes et ces haquenées? Je sais bien que ce sujet m'emporterait trop loin, si je ne m'arrêtais moi-même, après vous avoir dit que celui qui a inventé ce nom de train s'est bien douté qu'il deviendrait un jour si embarrassant, qu'il le faudrait traîner comme l'on fait aujourd'hui.

Je veux maintenant vous apporter encore quelques arguments, par lesquels nous prouvons que la vertu suffit pour rendre la vie heureuse. Ce qui est bon fait les hommes bons; car ce qu'il y a de bon dans la musique fait les bons musiciens; les choses fortuites ne font point l'homme bon. Par conséquent, elles ne sont pas bonnes. Les Péripatéticiens répondent que la première proposition est fausse; car ce qui est bon ne fait pas toujours les hommes bons. Il peut y avoir dans la musique quelque chose de bon, comme la corde, la flûte, ou quelque autre instrument propre à l'harmonie; mais rien de tout cela ne fait le musicien. Nous leur répliquons qu'ils n'entendent pas ces mots : *Rendre bon le musicien* : car ce n'est pas l'instrument qui opère cet effet, mais c'est l'art même, auquel s'il se rencontre quelque chose de bon, il sera sans doute le bon musicien. Je m'en vais vous l'éclaircir encore davantage. Ce qui est bon en l'art de la musique se dit en deux façons : l'une, quand il sert à l'action du musicien; l'autre, quand il sert à son art. La corde, la flûte et les autres instruments regardent l'action et non point

---

magnus kalendarii liber volvitur; quia tantum suburbani agri possidet, quantum invidiose in desertis Apuliæ possideret. Quum omnia dixeris, pauper est. — Quare? — Quia debet. — Quantum? inquis. — Omnia. Nisi forte judices interesse, utrum aliquis ab homine, an a fortuna mutuum sumpserit. Quid ad rem pertinent mulæ saginatæ, unius omnes coloris? quid ista vehicula cælata?

> ... Instrati ostro alipedes, pictisque tapetis;
> Aurea pectoribus demissa monilia pendent;
> Tecti auro, fulvum mandunt sub dentibus aurum.

Ista nec dominum meliorem possunt facere, nec mulam. M. Cato Censorius (quem tum reipublicæ fuit nasci, quam Scipionem; alter enim cum hostibus nostris bellum, alter cum moribus gessit) canterio vehebatur, et hippoperis quidem impositis, ut secum utilia portaret. O quam cuperem illi nunc occurrere aliquem ex his trossulis in via divitibus, cursores et Numidas et multum ante se pulveris agentem! Hic sine dubio cultior comitatiorque, quam M. Cato, videretur; hic, qui inter illos apparatus delicatus quummaxime dubitat, utrum se ad gladium locet, an ad cultrum. O quantum erat sæculi decus, imperatorem triumphalem, censorium, et, quod super omnia hæc est, Catonem, uno caballo esse contentum, et ne toto quidem! partem enim sarcinæ, ab utroque latere dependentes, occupabant. Ita non omnibus obesis mannis, et asturconibus, et tollutariis præferres unicum illum equum, ab ipso Catone defrictum?

Video non futurum finem in ista materia ullum, nisi quem ipse mihi fecero. Hic itaque conticescam, quantum ad ista; quæ sine dubio talia divinavit futura, qualia nunc sunt, qui primus appellavit impedimenta. Nunc volo paucissimas adhuc interrogationes nostrorum tibi reddere, ad virtutem pertinentes, quam satisfacere vitæ beatæ contendimus. « Quod bonum est, bonos facit; nam et in arte musica, quod bonum est, facit musicum : fortuita bonum non faciunt; ergo non sunt bona. » — Adversus hoc sic respondent Peripatetici, ut, quod primum proponimus, falsum esse dicant. « Ab eo, inquiunt, quod est bonum, non utique fiunt boni. In musica est aliquod bonum, tanquam tibia, aut chorda, aut organum aliquod aptatum ad usus canendi; nihil tamen horum facit musicum. » — Hic respondebimus : Non intelligitis quomodo posuerimus, « quod bonum est in musica. » Non enim id dicimus, quod instruit musicum, sed quod facit : tu ad supellectilem artis, non ad artem venis. Si quid autem in ipsa arte musica bonum est, id utique musicum faciet. Etiamnunc facere id planius volo. Bonum in

l'art; car, sans cela, le musicien ne laisse pas de savoir la musique; mais peut-être qu'il ne s'en pourrait pas servir. Il n'en va pas de même dans l'homme; car tout ce qui lui est bon le doit être pareillement à sa vie. Ce qui peut arriver au dernier de tous les hommes ne peut être estimé bien. Les richesses peuvent arriver à un homme qui fait un trafic infâme, et à un bourreau; elles ne sont donc pas des biens. Cela est encore faux, répondent-ils. Car, dans l'art de grammairien, de médecin et de pilote, nous voyons que les biens tombent entre les mains de gens du plus bas étage. Je l'avoue; mais ces arts ne font point profession de magnanimité; ils ne relèvent pas l'esprit, et ne lui inspirent pas le mépris de tout ce qui est fortuit et qui dépend du hasard. La vertu, au contraire, rehausse l'éclat de l'homme, et le met au-dessus de ce que tout le monde adore; il n'a point de désir ni de crainte pour toutes ces choses à qui l'opinion a donné le nom de biens ou de maux.

Chélidon, un des mignons de Cléopâtre, possédait de grands biens. En ces derniers temps, Natalis, de qui la langue n'était pas moins sale que dangereuse, eut beaucoup de successions durant sa vie, et beaucoup d'héritiers après sa mort. Quoi donc! fut-ce lui qui déshonora les richesses, ou les richesses qui le déshonorèrent? Il est vrai qu'elles tombent quelquefois entre les mains de certaines personnes, comme un écu dans la boue. La vertu est d'un ordre supérieur, son estime est fondée sur sa propre valeur. Elle ne prendra jamais pour des biens les richesses, de quelque manière qu'elles lui arrivent. Or, la profession de médecin ou de pilote ne défend pas l'estime et l'admiration des richesses; aussi peut-on, sans être homme de bien, embrasser ces conditions, comme on prendrait celle de cuisinier. Mais vous ne direz pas que ce soit un homme du commun qui possède une chose qui n'est pas commune. Nous sommes d'ordinaire tels que ce que nous possédons. Le panier ne vaut que ce qu'il contient, on se donne même par-dessus. Le prix d'un sac n'est pas le sac, mais le compte de l'argent qui est dedans. Il en est de même de ceux qui sont les opulents: ils ne sont que des accessoires de leurs richesses. D'où vient, pensez-vous, la grandeur du sage? De la grandeur de son âme. Il est donc vrai que ce qui peut arriver aux personnes les plus viles ne doit pas être appelé bien. Aussi ne dirai-je jamais que l'insolence soit un bien, puisqu'elle se rencontre dans la puce et dans la cigale. Je ne dirai pas encore que ce soit un bien que d'être toujours en repos, et de n'avoir rien qui nous fâche. Y a-t-il rien au monde qui soit plus en repos qu'un ver? Voulez-vous savoir ce qui fait un homme sage? C'est ce qui le fait un dieu. Car il faut demeurer d'accord que c'est quelque chose de divin, de céleste et de magnifique. Le véritable bien ne se rend pas si commun; toutes sortes de personnes n'en sont pas susceptibles.

Considérez du sol la nature secrète,
Ce qu'une terre veut, ce que l'autre rejette.
Ce fonds est propre au blé; cette côte au raisin;
L'herbe profite ici; là, le mil et le lin;

---

arte musica duobus modis dicitur: altero, quo effectus musici adjuvatur; altero, quo ars. Ad effectum pertinent instrumenta, tibiæ, et organa, et chordæ; ad artem ipsam non pertinent. Est enim artifex etiam sine istis; uti forsitan non potest arte. Hoc non est æque duplex in homine: idem enim bonum et hominis, et vitæ.

« Quod contemptissimo cuique contingere ac turpissimo potest, bonum non est: opes autem et lenoni, et lanistæ contingunt: ergo non sunt bona. » — Falsum est, inquiunt, quod proponitis. Nam et in grammatica, et in arte medendi, aut gubernandi, videmus humillimis quibusque bona contingere. — Sed istæ artes non sunt magnitudinem animi professæ, non consurgunt in altum, nec fortuita fastidiunt. Virtus extollit hominem, et supra cara mortalibus collocat: nec ea, quæ bona, nec ea, quæ mala vocantur, aut cupit nimis, aut expavescit. Chelidon, unus ex Cleopatræ mollibus, patrimonium grande possedit. Nuper Natalis, tam improbæ linguæ, quam impuræ, in cujus ore feminæ purgabantur, et multorum heres fuit, et multos habuit heredes. Quid ergo? utrum illum pecunia impurum effecit, an ipse pecuniam inspuravit? quæ sic in quosdam homines, quomodo denarius in cloacam cadit. Virtus super ista consistit; suo ære censetur; nihil ex istis quomodolibet incurrentibus bonum judicat. Medicina, et gubernatio, non intercidit sibi ac suis admirationem talium rerum. Qui non est vir bonus, potest nihilominus medicus esse; potest gubernator, potest grammaticus, tam mehercules, quam coquus. Cui contingit habere non quælibet, hunc non quemlibet dixeris. Qualia quisque habet, talis est. Fiscus tanti est, quantum habet; imo in accessionem ejus venit quod habet. Quis pleno sacculo ullum pretium ponit, nisi quod pecuniæ in eo conditæ numerus effecit? Idem evenit magnorum dominis patrimoniorum; accessiones illorum et appendices sunt. Quare ergo sapiens magnus est? quia magnum animum habet. Verum est ergo, « quod contemptissimo cuique contingit, bonum non esse. » Itaque indolentiam nunquam bonum dicam: habet illam cicada, habet pulex. Ne quietem quidem, et molestia vacare bonum dicam: quid est otiosius verme?

Quæris, quæ res sapientem faciat? — Quæ Deum. Des oportet illi divinum aliquid, cœleste, magnificum. Non in omnes bonum cadit, nec quemlibet possessorem patitur. Vide,

Et quid quæque ferat regio, et quid quæque recuset.
Hic segetes, illic veniunt felicius uvæ;
Arborei fœtus alibi, atque injussa virescunt

Les arbres et les fruits croissent ailleurs sans peine.
En ces lieux le safran du mont Tmole s'amène;
On doit l'ivoire à l'Inde, aux Sabéens l'encens,
Aux Cabyles le fer.

Toutes ces choses ont été distribuées par climats, afin que les besoins réciproques des hommes rendissent le commerce nécessaire entre eux. Le souverain bien a aussi un fond qui lui est propre; ce n'est pas celui qui produit l'ivoire et le fer. Mais, si vous le voulez savoir, c'est l'âme pure et sainte, laquelle, autrement, ne serait pas capable de concevoir un Dieu. Le bien n'est point un effet du mal; les richesses sont un effet de l'avarice; par conséquent les richesses ne sont point de véritables biens. Il n'est pas vrai, disent-ils, que le bien ne puisse être un effet du mal; car, du larcin et du sacrilége il en vient quelquefois de l'argent, et la raison pourquoi le sacrilége est estimé mauvais, c'est qu'il produit plus de mal que de bien, le profit qu'il apporte étant ordinairement plein d'appréhension, d'inquiétude et de travail d'esprit et de corps. Quiconque dit cela est obligé d'avouer que, comme le sacrilége est mauvais à cause qu'il produit beaucoup de maux, de même il est aucunement bon, parce qu'il produit quelque sorte de bien. Mais y a-t-il rien de plus horrible que de mettre le sacrilége, le vol et l'adultère au nombre des biens? Et cependant nous nous laissons persuader cette opinion. Combien en voyons-nous qui n'ont point de honte de leurs voleries, qui font vanité de leurs adultères? Car on met en justice les petits sacriléges, on porte les grands en triomphe. De plus, si le sacrilége est aucunement bon, il sera pareillement honnête, et l'on pourra dire que nous aurons fait une bonne action; ce qui ne peut entrer en la pensée des plus scélérats. Par conséquent, le bien ne peut être un effet du mal. Car si, comme ils disent, le sacrilége n'est mauvais qu'à cause qu'il apporte beaucoup de mal, remettez-lui la peine, promettez-lui l'impunité, rien ne l'empêchera plus d'être entièrement bon; et cependant le plus grand supplice d'un crime se trouve en lui-même. Vous vous trompez si vous croyez qu'un méchant homme ne soit puni que lorsqu'il est dans les fers ou entre les mains du bourreau; il l'est aussitôt que le crime est commis, et souvent même en le commettant.

Vous voyez donc que le bien ne saurait procéder du mal, non plus qu'une figue, d'un olivier. La plante répond à la semence; ce qui est bon ne peut dégénérer. Comme ce qui est honnête ne vient point de ce qui est infâme, ce qui est bon ne vient point aussi de ce qui est mauvais; car le bon et l'honnête sont une même chose. Quelques-uns de notre secte répondent de la sorte. Supposons que l'argent soit bon, de quelque part qu'il vienne; néanmoins l'argent qui procède d'un sacrilége ne tient rien du sacrilége. Ceci vous le fera mieux entendre. Il y a de l'or et une vipère dans le même pot: si vous en ôtez l'or, parce qu'il y a une vipère dedans, le pot ne vous donne pas l'or à cause qu'il a une vipère, mais il vous donne l'or ayant aussi une vipère. C'est ainsi que l'on reçoit du profit du sacrilége, non pas à cause que le sacrilége, de soi, est infâme et criminel, mais parce qu'il contient en soi du profit: comme dans ce pot, ce qu'il y avait de mauvais, c'est la vipère, et non pas l'or; aussi, dans le sacrilége, c'est le crime et non pas le profit. A quoi l'on réplique que ces deux choses n'ont rien de semblable · car je puis

Gramina. Nonne vides, croceos ut Tmolus odores,
India mittit ebur, molles sua thura Sabæi?
At Chalybes nudi ferrum. . . . .

Ista in regiones descripta sunt, ut necessarium mortalibus esset inter ipsos commercium, si invicem alius aliquid ab alio peteret. Summum illud bonum habet et ipsum suam sedem; non nascitur ubi ebur, nec ubi ferrum. Quis sit summi boni locus, quæris? Animus! Hic, nisi purus ac sanctus est, Deum non capit.

« Bonum ex malo non fit: divitiæ autem fiunt ex avaritia: divitiæ ergo non sunt bonum. » — Non est, inquit, verum, bonum ex malo non nasci, ex sacrilegio enim et furto pecunia nascitur. Itaque malum quidem est sacrilegium et furtum; sed ideo, quia plura mala facit, quam bona: dat enim lucrum, sed cum metu, sollicitudine, tormentis et animi et corporis. — Quisquis hoc dicit, necesse est recipiat, sacrilegium sicut malum sit, quia multa mala facit, ita bonum quoque ex aliqua parte esse, quia aliquid boni facit: quo quid fieri portentosius potest? Quanquam, sacrilegium, furtum et adulterium inter bona haberi, prorsus persuasimus. Quam multi furto non erubescunt, quam multi adulterio gloriantur? Nam sacrilegia minuta puniuntur, magna in triumphis feruntur. Adjice nunc, quod sacrilegium, si omnino ex aliqua parte bonum est, etiam honestum erit, et recte factum vocabitur; nostra enim actio est : quod nullius mortalium cogitatio recipit. Ergo bona nasci ex malo non possunt. Nam si, ut dicitis, ob hoc unum sacrilegium malum est, quia multum mali affert; si remiseritis illi supplicia, si securitatem spoponderitis, ex toto bonum erit. Atqui maximum scelerum supplicium in ipsis est. Erras, inquam, si illa ad carnificem aut ad carcerem differs : statim puniuntur quum facta sunt, imo dum fiunt. Non nascitur itaque ex malo bonum, non magis quam ficus ex olea. Ad semen nata respondent : bona degenerare non possunt. Quemadmodum ex turpi honestum non nascitur, ita ne ex malo quidem bonum : nam idem est honestum et bonum. — Quidam ex nostris adversus hoc sic respondent: « Putemus pecuniam bonum esse, undecumque sumptam; non tamen ideo ex sacrilegio pecunia est, etiam si ex sacrilegio sumitur. » Hoc sic intellige. In eadem urna et aurum est, et vipera : si aurum ex urna sustuleris, quia

prendre l'or sans la vipère ; mais je ne saurais faire cet autre profit sans commettre un sacrilége, parce que l'un est inséparable de l'autre. Ce que nous ne pouvons acquérir sans beaucoup de mal n'est pas bon ; nous souffrons beaucoup de mal pour acquérir des richesses : partant les richesses ne sont pas bonnes. On répond que cette proposition se peut entendre en deux manières : la première, que nous souffrons beaucoup de mal pour acquérir des richesses, ce qui arrive aussi lorsque nous voulons acquérir la vertu ; car un homme qui va étudier en pays étranger peut faire quelquefois naufrage, et tomber entre les mains des corsaires. La seconde manière, que ce qui ne se peut acquérir sans beaucoup de mal n'est pas bon, est une proposition d'où il ne s'ensuit pas que les richesses ou les voluptés causent absolument le mal ; ou bien, si les richesses nous y font tomber, bien loin d'être bonnes, elles sont absolument mauvaises ; et toutefois vous vous contentez de dire seulement qu'elles ne sont pas bonnes. Vous avouez encore qu'elles sont de quelque usage, et vous les mettez entre les commodités de la vie ; mais, par la même raison, elles ne sont plus commodes, puisque, par leur moyen, nous souffrons tant d'incommodités. D'autres font encore cette réponse. C'est un abus d'imputer aux richesses les incommodités que nous souffrons. Elles ne font de mal à personne. S'il nous arrive du mal, c'est par notre imprudence ou par la malice d'autrui. L'épée de soi ne tue personne ; mais elle est seulement l'instrument de celui qui en veut tuer un autre. Aussi, les richesses ne vous font point de mal, quoique l'on vous en fasse à cause de vos richesses.

Posidonius, à mon avis, a mieux rencontré quand il a dit que les richesses causent le mal, non parce qu'elles le font, mais parce qu'elles donnent occasion de le faire. Car il y a une cause efficiente ou prochaine du mal, et une autre antécédente et plus éloignée, qui est celle que nous attribuons aux richesses. Elles enflent le courage, elles engendrent l'orgueil, elles attirent l'envie, et nous rendent si déraisonnables que nous affectons quelquefois la réputation d'avoir de l'argent, quoiqu'elle soit dangereuse. Or, le véritable bien doit être sans défaut : il est pur, il ne corrompt point l'esprit, il le relève et l'étend ; mais il ne l'enfle pas. Le véritable bien donne de l'assurance, les richesses donnent de l'audace ; le véritable bien inspire de la générosité, les richesses inspirent de l'insolence, qui n'est qu'une fausse générosité. Vous me direz : — De la façon que vous parlez des richesses, bien loin d'être bonnes, il se trouvera qu'elles sont mauvaises. — Elles le seraient en effet, si, comme j'ai dit, elles produisaient le mal par elles-mêmes ; si elles avaient en elles une cause efficiente du mal, au lieu qu'elles n'en ont qu'une cause précédente, qui ne laisse pas d'émouvoir et d'altérer la convoitise. Les richesses ont une apparence qui ressemble si fort au bien, que la plupart s'y laissent tromper ; tout ainsi que la vertu même semble enfermer la cause antécédente de

---

illic et vipera est, non ideo (inquam) mihi urna aurum dat, quia viperam habet; sed aurum dat, quum et viperam habeat. Eodem modo lex sacrilegio lucrum fit; non quia turpe et sceleratum est sacrilegium, sed quia et lucrum habet. Quemadmodum in illa urna vipera malum est, non aurum, quod cum vipera jacet; sic in sacrilegio malum est scelus, non lucrum. A quibus dissentio: dissimillima utriusque rei conditio est. Illic aurum possum sine vipera tollere; hic lucrum sine sacrilegio facere non possum. Lucrum istud non est appositum sceleri, sed immixtum.

« Quod dum consequi volumus, in multa mala incidimus, id bonum non est : dum divitias autem consequi volumus, in multa mala incidimus : ergo divitiæ bonum non sunt. » — Duas, inquit, significationes habet propositio vestra : unam, « dum divitias consequi volumus, in multa nos mala incidere ; » in multa autem mala incidimus et dum virtutem consequi volumus. Aliquis, dum navigat studii causa, naufragium fecit; aliquis captus est. Altera significatio talis est : « Per quod in multa incidimus, bonum non est. » Huic propositioni non erit consequens, per divitias nos, aut per voluptates, in mala incidere : aut, si per divitias in multa mala incidimus, non tantum bonum divitiæ non sunt, sed malum sunt. Vos autem tantum illas dicitis bonum non esse. Præterea, inquit, conceditis divitias habere aliquid usus : inter commoda illas numeratis. Atqui eadem ratione ne commodum quidem erunt ; per illas enim multa nobis incommoda eveniunt. — His quidam hoc respondent : Erratis, qui incommoda divitiis imputatis. Illæ neminem lædunt : aut nocet sua cuique stultitia, aut aliena nequitia; sic, quemadmodum gladius, qui neminem occidit, occidentis telum est. Non ideo divitiæ tibi nocent, si propter divitias tibi noceatur. Posidonius (ut ego existimo) melius, qui ait, « divitias esse causam malorum, non quia ipsæ faciant aliquid, sed quia facturos irritant. » Alia est enim causa efficiens, quæ protinus necesse est noceat; alia præcedens : hanc præcedentem causam divitiæ habent. Inflant animos, superbiam pariunt, invidiam contrahunt, et usque eo mentem alienant, ut fama pecuniæ nos, etiam nocitura, delectet. Bona autem omni carere culpa decet : pura sunt, non corrumpunt animos, non sollicitant ; extollunt quidem et dilatant, sed sine tumore. Quæ bona sunt, fiduciam faciunt; divitiæ audaciam : quæ bona sunt, magnitudinem animi dant; divitiæ insolentiam. Nihil autem aliud est insolentia, quam species magnitudinis falsa. — Isto modo, inquit, etiam malum sunt divitiæ, non tantum bonum non sunt. — Essent malum, si per se nocerent; si, ut dixi, haberent efficientem causam : nunc præcedentem habent, et quidem non irritantem tantum animos, sed attrahentem. Speciem enim boni ostendunt verisimilem, ac plerisque credibilem. Habet

l'envie qui ne manque jamais de s'attacher aux sages et aux gens de bien. Mais elle n'a rien en soi qui donne lieu à cette cause ; au contraire, l'éclat qu'elle jette aux yeux des hommes est capable de les porter à l'amour et à l'admiration de sa beauté. Posidonius dit qu'il faut argumenter de la sorte : Ce qui ne donne à l'âme aucune grandeur, assurance, ni fermeté, n'est pas un bien ; mais les richesses, la santé et les choses semblables ne donnent rien de tout cela ; elles ne sont donc pas des biens. Il presse encore davantage cet argument : Ce qui ne donne à l'âme aucune grandeur, assurance, ni fermeté, et qui, au contraire, lui apporte l'insolence, la vanité et l'orgueil, est mauvais ; les choses fortuites font tout cela : elles sont donc mauvaises ; et cette raison, dit-il, fait voir que ce ne sont pas même des commodités. La nature des commodités est différente de celle des biens. Une chose peut être appelée commode quand elle est plus utile que fâcheuse ; mais, pour être bonne, elle doit être toute pure, et n'avoir rien en soi de nuisible ; car ce qui est plus utile que nuisible n'est pas bien ; mais ce qui est simplement utile. Ainsi les commodités sont pour toutes sortes de personnes, quoique imparfaites et ignorantes, même pour les animaux. Ce n'est pas qu'il ne s'y puisse rencontrer de l'incommodité mêlée ; mais nous appelons une chose commode quand elle est telle en sa plus grande partie ; le véritable bien est réservé pour le sage, et n'y doit point avoir de mélange.

Prenons courage, il n'y a plus qu'un nœud à délier ; mais c'est un nœud gordien. De ce qui est mauvais on n'en saurait rien faire de bon ; plusieurs pauvretés peuvent faire une richesse : partant les richesses ne sont pas bonnes. Cet argument n'est pas avoué de notre secte. Il est de la fabrique des Péripatéticiens qui le proposent et y répondent en même temps. Posidonius dit que ce sophisme, qui a tant fait de bruit dans les écoles de dialectique, est ainsi réfuté par Antipater. Ce mot de pauvreté ne dit rien de positif ; mais plutôt quelque chose de négatif que les Grecs appellent στέρησιν ; ainsi ce nom lui est donné non pour avoir, mais pour n'avoir pas. C'est pourquoi, comme de plusieurs vides on ne saurait rien remplir, vous ne sauriez aussi faire un homme riche de plusieurs pauvretés ; il faut quelque chose de plus réel et de plus solide. Vous prenez, dit-il, la pauvreté autrement qu'il ne faut. La pauvreté ne consiste point à avoir peu de chose, mais à n'avoir pas beaucoup de choses ; on n'est pas pauvre de ce que l'on a, mais de ce que l'on n'a pas. Je me ferais mieux entendre si ἀνυπαρξία était un mot latin. C'est ainsi que l'appelle Antipater. Pour moi, je voudrais dire qu'être pauvre, c'est posséder peu de chose. Nous examinerons, quelque jour que nous serons bien de loisir, quelle est la substance des richesses et de la pauvreté. Nous verrons alors s'il ne vaudrait pas mieux adoucir la rigueur de la pauvreté et abattre l'orgueil des richesses, que de disputer du nom comme si la chose était déjà jugée.

Posons le cas que nous soyons appelés à une assemblée où l'on propose une loi pour exterminer les richesses ; oserons-nous produire de tels ar-

---

virtus quoque præcedentem causam ad invidiam ; multis enim propter sapientiam, multis propter justitiam invidetur : sed nec ex se hanc causam habet, nec verisimilem. Contra enim verisimilior illa species hominum animis objicitur a virtute, quæ illos in amorem et admirationem vocet. Posidonius sic interrogandum ait : « Quæ neque magnitudinem animo dant, nec fiduciam, nec securitatem, non sunt bona : divitiæ autem, et bona valetudo, et similia his, nihil horum faciunt : ergo non sunt bona. » Hanc interrogationem magis etiamnunc hoc modo intendit : « Quæ neque magnitudinem animo dant, nec fiduciam, nec securitatem, contra autem insolentiam, tumorem, arrogantiam creant, mala sunt : a fortuitis autem in hæc impellimur : ergo non sunt bona. » — Hac, inquit, ratione ne commoda quidem ista erunt. — Alia est commodorum conditio, alia bonorum. Commodum est, quod plus usus habet quam molestiæ ; bonum sincerum esse debet, et ab omni parte innoxium. Non est id bonum, quod plus prodest, sed quod tantum prodest. Præterea commodum et ad animalia pertinet, et ad imperfectos homines, et ad stultos. Itaque potest in eo esse incommodum mixtum ; sed commodum dicitur, a majore sua parte æstimatum. Bonum ad unum sapientem pertinet ; inviolatum esse oportet.

Bonum animum habe ! Unus tibi nodus, sed Herculaneus, restat. « Ex malis bonum non fit : ex multis paupertatibus divitiæ fiunt ; ergo divitiæ bonum non sunt. » — Hanc interrogationem nostri non agnoscunt : Peripatetici et fingunt illam, et solvunt. Ait autem Posidonius, hoc sophisma, per omnes dialecticorum scholas jactatum, sic ab Antipatro refelli. « Paupertas non per possessionem dicitur ; sed per detractionem, vel, ut antiqui dixerunt, per orbationem (Græci κατὰ στέρησιν dicunt) : non, quod habeat, dicta, sed quod non habeat. Itaque ex multis inanibus nihil impleri potest ; divitias multæ res faciunt, non multæ inopiæ. Aliter, inquit, quam debes, paupertatem intelligis. Paupertas est, non quæ pauca possidet, sed quæ multa non possidet. Ita non ab eo dicitur, quod habet ; sed ab eo, quod ei deest. » Facilius, quod volo, exprimerem, si latinum verbum esset, quod ἀνυπαρξία significatur. Hanc paupertati Antipater assignat. — Ego non video, quid aliud sit paupertas, quam parvi possessio. De isto videbimus, si quando valde vacabit, quæ sit divitiarum, quæ paupertatis substantia : sed tunc quoque considerabimus, numquid satius sit paupertatem permulcere, divitiis demere supercilium, quam litigare de verbis, quasi jam de rebus judicatum sit. Putemus nos ad concionem vocatos. Lex de abolendis divi-

guments, soit pour l'affirmative soit pour la négative? Ou plutôt ne forcerons-nous point, par ces belles raisons-ci, le peuple romain d'honorer et d'embrasser la pauvreté, comme ayant été le fondement et la cause principale de son empire? de se défier des richesses, et de se souvenir qu'il les a trouvées chez les peuples qu'il a vaincus; qu'elles ont introduit les brigues, les corruptions et les séditions dans cette ville auparavant si sainte et si retenue; que le luxe déploie avec trop de faste le butin qu'on a fait sur les nations étrangères; que si un peuple seul a pu dépouiller toutes ces nations, il sera plus aisé à toutes les nations de dépouiller un seul peuple? C'est ainsi qu'il faut persuader les esprits : c'est par de bonnes raisons qu'il faut combattre le vice, et non par des arguments captieux. Si nous ne pouvons parler généreusement, au moins parlons clairement.

ÉPITRE LXXXVIII.

Que les arts libéraux ne peuvent faire un homme de bien, et que sans eux on peut acquérir la sagesse.

Vous désirez savoir ce qui me semble des arts libéraux. Je ne puis estimer ni mettre au rang des bonnes choses une profession qui n'a pour objet que le gain et l'argent. C'est un métier de gens qui se donnent à louage, et qui peut servir à préparer l'esprit, pourvu qu'il ne l'arrête pas : car il ne s'y faut appliquer qu'autant de temps qu'on n'est point capable de plus grandes choses. Ce sont des essais, non point des ouvrages. Vous voyez bien qu'on les a nommés arts libéraux parce qu'ils conviennent à un homme libre; mais il n'y a qu'un art qu'on doive appeler libéral, et qui fasse l'homme libre : c'est l'étude de la sagesse, laquelle étude est si relevée et si généreuse, que toutes les autres occupations sont basses et puériles en comparaison. En effet, pouvez-vous croire qu'il y ait quelque chose de bon dans ces exercices dont vous savez que les maîtres sont des infâmes et des scélérats? Nous ne devrions point les apprendre, mais il serait à souhaiter de les avoir appris. On demande quelquefois si les arts libéraux peuvent faire un homme de bien. Loin de le faire, ils ne le prétendent pas seulement, et c'est une chose dont ils ne se mettent point en peine. La grammaire s'attache à la diction : quand elle se veut égayer, elle passe à l'histoire; elle étend ses bornes au plus loin quand elle va jusqu'à la poésie. Qu'y a-t-il en tout cela qui enseigne le chemin de la vertu? Le compte des syllabes, le choix des mots, la tradition des fables, et la mesure des vers, sont-ce des remèdes contre la crainte, l'avarice et l'impudicité? Venons maintenant à la géométrie et à la musique ; vous n'y trouverez point de règles pour vous empêcher de désirer ou de craindre. Et cependant qui ne sait cela ne sait rien. Il faut voir si leurs professeurs enseignent la vertu ou non. S'ils ne l'enseignent pas, ils n'ont garde de la donner; s'ils l'enseignent, ce sont des philosophes.

Si vous voulez savoir que ce n'est pas pour la vertu qu'ils tiennent école, remarquez combien leurs leçons sont différentes entre elles; ce qui n'arriverait pas s'ils enseignaient une même chose. Ils tâcheront, possible, de vous persuader que leur Homère était philosophe ; mais avec des raisons

---

tiis fertur : his interrogationibus suasuri aut dissuasuri sumus? his effecturi, ut populus romanus paupertatem, fundamentum et causam imperii sui, requirat ac laudet; divitias autem suas timeat? ut cogitet, has se apud victos reperisse; hinc ambitum, et largitiones, et tumultus, in urbem sanctissimam temperantissimamque irrupisse; nimis luxuriose ostentari gentium spolia; quod unus populus eripuerit omnibus, facilius ab omnibus uni eripi posse. — Hæc satius est suadere; et expugnare affectus, non circumscribere. Si possumus, fortius loquamur : si minus, apertius. Vale.

EPISTOLA LXXXVIII.

ARTES LIBERALES IN BONIS NON ESSE, NIHIL AD VIRTUTEM CONFERRE.

De liberalibus studiis quid sentiam, scire desideras. — Nullum suspicio, nullum in bonis numero, quod æs exit. Meritoria artificia sunt; hactenus utilia, si præparent ingenium, non detineant. Tamdiu enim istis immorandum est, quamdiu nihil animus agere majus potest; rudimenta sunt nostra, non opera. Quare liberalia studia dicta sint, vides : quia homine libero digna sunt. Cæterum unum studium vere liberale est, quod liberum facit; hoc sapientiæ, sublime, forte, magnanimum : cætera pusilla et puerilia sunt. An tu quidquam in istis esse credis boni, quorum professores turpissimos omnium ac flagitiosissimos cernis? Non discere debemus ista, sed didicisse.

Quidam illud de liberalibus studiis quærendum judicaverunt, an virum bonum facerent. Ne promittunt quidem, nec hujus rei scientiam affectant. Grammaticus circa curam sermonis versatur; et, si latius evagari vult, circa historias; jam, ut longissime fines suos proferat, circa carmina. Quid horum ad virtutem viam sternit? syllabarum enarratio, et verborum diligentia, et fabularum memoria, et versuum lex ac modificatio? Quid ex his metum demit, cupiditatem eximit, libidinem frænat? Ad geometriam transeamus, et ad musicam : nihil apud illas invenies, quod vetet timere, vetet cupere. Quisquis hæc ignorat, alia frustra scit.

Videndum utrum doceant isti virtutem, an non : si non docent, ne tradunt quidem; si docent, philosophi sunt. Vis scire, quam non ad docendam virtutem consederint? Aspice quam dissimilia inter se omnium studia sint : at-

qui vous feront connaître qu'il ne l'était pas. Car tantôt ils le font Stoïcien, méprisant les voluptés, n'estimant que la vertu, et la préférant à l'immortalité; tantôt Épicurien, louant le bonheur d'un peuple, qui, jouissant de la paix, passe sa vie parmi les chansons et les festins; tantôt Péripatéticien, établissant trois sortes de biens; tantôt Académique, croyant qu'il n'y a rien de certain. On voit par là qu'il n'était d'aucune secte, puisqu'il tenait les opinions de toutes les sectes qui sont entièrement contraires. Accordons-leur, puisqu'ils le veulent, qu'Homère ait été philosophe; mais il était sage avant qu'il se mêlât de faire des vers. Il faut donc apprendre les choses qui l'ont rendu sage. Il importe aussi peu de savoir qui était le plus vieux d'Homère ou d'Hésiode, que si Hécube était plus jeune qu'Hélène, et pourquoi son visage se passa si vite. A quoi sert, je vous prie, de rechercher l'âge de Patrocle et d'Achille? Vous avez plus de soin de savoir où Ulysse fut si longtemps égaré, que de mettre fin à vos égarements. Je n'ai pas le loisir d'entendre si ce fut entre l'Italie et la Sicile, ou si la tempête le jeta en des pays inconnus; car il n'y a pas d'apparence qu'il fût si longtemps vagabond dans un si petit espace. La tempête de nos passions nous tourmente tous les jours, notre malice nous engage dans toutes les disgrâces d'Ulysse. Nous n'avons point faute de beautés qui sollicitent nos yeux; nous n'avons que trop d'ennemis. D'un côté nous voyons des monstres affreux et affamés du sang humain. De l'autre, nous entendons des douceurs qui charment nos oreilles. Plus loin, nous voyons des naufrages et des malheurs différents. Enseignez-moi comme je dois aimer ma patrie, ma femme et mon père, et m'exposer à tous les périls pour m'acquitter d'un devoir si honnête. A quoi bon nous enquérir si Pénélope fut impudique? si elle trompa les hommes de son temps? si elle se doutait bien qu'Ulysse n'était pas loin avant qu'elle le reconnût. Enseignez-moi ce que c'est que la pudicité, les avantages qu'elle apporte, si elle consiste dans le corps ou dans l'esprit.

Je passe à la musique. Vous m'apprenez comme des voix hautes et des voix basses s'accordent ensemble, comme des cordes qui ont des sons tous différents font une belle harmonie; faites plutôt que je sache accorder mes passions, et réduire la bizarrerie de mes volontés. Vous me montrez quels sont les tons lugubres; apprenez-moi plutôt à ne pas jeter un soupir dans les plus grandes adversités.

La géométrie enseigne à mesurer de grands fonds de terre; qu'elle m'apprenne seulement à mesurer ce qu'il m'en faut pour vivre. L'arithmétique m'apprend à compter et à prêter la main à l'avarice; qu'elle m'apprenne plutôt que tous ces comptes ne servent à rien; que pour avoir des biens qui lassent ceux qui tiennent registre, on n'en est pas plus heureux; que nous avons beaucoup de superflu, et que nous serions malheureux si nous étions obligés de compter nous-mêmes tout le bien que nous avons. Que me sert de savoir diviser un champ en petites parties, si je ne sais pas le partager avec mon frère? Que me sert

---

qui similitudo esset idem docentium. Nisi forte tibi Homerum philosophum fuisse persuadent ; quum his ipsis, quibus colligunt, negent. Nam modo Stoicum illum faciunt virtutem solam probantem, et voluptates refugientem, et ab honesto ne immortalitatis quidem pretio recedentem ; modo Epicureum, laudantem statum quietæ civitatis, et inter convivia cantusque vitam exigentis; modo Peripateticum, bonorum tria genera inducentem ; modo Academicum, incerta omnia dicentem. Apparet nihil horum esse in illo, quia omnia sunt : ista enim inter se dissident. Demus illis Homerum philosophum fuisse. Nempe sapiens factus est, antequam carmina ulla cognosceret : ergo illa dicamus, quæ Homerum fecere sapientem. Hoc quidem me quærere, utrum major ætate fuerit Homerus, an Hesiodus, non magis ad rem pertinet, quam scire, an minor Hecuba fuerit, quam Helena, et quare tam male tulerit ætatem. Quid, inquam, annos Patrocli et Achillis inquirere ad rem existimas pertinere? Quæris, Ulysses ubi erraverit, potius, quam efficias, ne nos semper erremus? Non vacat audire utrum inter Italiam et Siciliam jactatus sit, an extra notum nobis orbem: neque enim potuit in tam angusto error esse tam longus. Tempestates nos animi quotidie jactant, et nequitia in omnia Ulyssis mala impellit. Non deest forma, quæ sollicitet oculos, non hostis; hinc monstra effera et humano cruore gaudentia ; hinc insidiosa blandimenta aurium ; hinc naufragia, et tot varietates malorum. Hoc me doce, quomodo patriam amem, quomodo uxorem, quomodo patrem, quomodo ad hæc tam honesta vel naufragus navigem ! Quid inquiris, an Penelope impudica fuerit, an verba sæculo suo dederit? an Ulyssem illum esse, quem videbat, antequam sciret, suspicata sit? Doce me, quid sit pudicitia, et quantum in ea bonum; in corpore, an in animo posita sit?

Ad musicam transeo. Doces me, quomodo inter se acutæ ac graves voces consonent, quomodo nervorum disparem reddentium sonum flat concordia : fac potius, quomodo animus secum meus consonet, non consilia mea discrepent! Monstras mihi, qui sint modi flebiles : monstra potius, quomodo inter adversa non emittam flebilem vocem !

Metiri me geometria docet latifundia : potius doceat quomodo metiar quantum homini sit satis ! Numerare docet me arithmetica, et avaritiæ commodare digitos : potius doceat, nihil ad rem pertinere istas computationes; non esse feliciorem, cujus patrimonium tabularios lassat ; imo, quam supervacua possideat qui infelicissimus futurus est, si, quantum habeat, per se computare cogatur. Quid mihi prodest, scire agellum in partes dividere, si nescio cum fratre dividere? Quid prodest, colli-

ÉPITRES A LUCILIUS.

de savoir réduire promptement tous les pieds d'un morceau de terre, et d'y comprendre les fractions et le redondant de la toise, si je m'attriste pour peu qu'un voisin puissant empiète sur mon héritage? Vous m'enseignez comme j'éviterai de perdre un seul pied de terre, et moi je veux apprendre à perdre la pièce entière sans me fâcher. — On me prend, direz-vous, un héritage qui vient de mon père et de mon grand-père. — Savez-vous qui le possédait avant votre père et votre grand-père? Pouvez-vous dire, non pas à quel homme, mais à quel peuple il appartenait? Vous y êtes venu comme fermier et non comme seigneur; vous direz : De qui, fermier?— C'est de votre héritier, si vous êtes assez heureux pour le lui laisser. Les jurisconsultes disent que l'on ne peut prescrire pour une longue jouissance ce qui est public; ce que vous possédez est public; il est commun à tout le genre humain. O la belle science! Vous savez mesurer les choses rondes et réduire au carré toutes sortes de figures. Vous connaissez la distance qui est entre les étoiles; il n'y a rien dont vous ne puissiez prendre la mesure; si vous êtes si bon géomètre, mesurez un peu l'esprit de l'homme; dites-nous combien il est grand, ou combien il est petit. Vous savez quelle est la ligne droite; à quoi bon cela si vous ne connaissez la droiture des actions de la vie? Il est temps que je m'adresse à ceux qui se vantent de connaître tous les mouvements du ciel:

Où Saturne commence et finit sa carrière,
Quels tours Mercure fait dans sa course légère.

Que me servira de savoir cela? pour me donner de l'inquiétude quand Saturne et Mars se trouveront opposés, ou quand Mercure en son couchant sera regardé de Saturne? J'aime mieux apprendre qu'en quelque endroit qu'ils soient, ils sont toujours favorables et ne changent point de nature; que le destin les fait reculer incessamment, et les fait retourner en de certaines saisons par un ordre qui est immuable et éternel; qu'ils font agir les causes naturelles, ou qu'ils font connaître leurs effets. Mais soit qu'ils produisent tout ce qui arrive dans le monde, de quoi me servira la connaissance d'une chose qu'il m'est impossible de changer; soit qu'ils l'annoncent seulement, que gagnerai-je de prévenir ce que je ne puis éviter? Que vous le sachiez ou que vous ne le sachiez pas, il faut qu'il arrive.

Observe le coucher pour n'être point séduit
Par la sérénité d'une trompeuse nuit.

Voilà une excellente précaution pour n'être pas surpris. Mais ce lendemain ne pourra-t-il pas vous tromper, puisque nous sommes trompés quand il nous arrive quelque chose que nous n'attendions pas? Pour moi, je ne sais point ce qui arrivera; mais je sais bien ce qui peut arriver. Je ne me flatte de rien, j'attends tout. Si la fortune m'en quitte quelque chose, je le prends en gré. Quand j'ai une heure de trêve je suis trompé, encore ne le suis-je pas; car, comme je sais que tout peut arriver, je sais aussi que tout peut n'arriver pas. J'espère le bien, étant près de recevoir le mal.

Au reste, il faut que vous m'excusiez si j'abandonne l'opinion commune, ne pouvant mettre au nombre des arts libéraux, les peintres, les sculpteurs, les tailleurs de marbres, ni les autres mi-

---

gere subtiliter pedes jugeri, et comprehendere etiam si quid decempedam effugit, si tristem me facit vicinus potens et aliquid ex meo abradens? Docet me, quomodo nihil perdam ex finibus meis : at ego doceri volo, quomodo totos hilaris amittam. — Paterno agro, inquit, et avito expellor.— Quid? ante avum tuum quis istum agrum tenuit? Cujus, non dico hominis, sed populi fuerit, expedire potes? Non dominus isto, sed colonus intrasti. Cujus colonus es? si bene tecum agitur, heredis. Negant jurisconsulti quidquam publicum usucapi : publicum est hoc quod tenes; quod tuum dicis, publicum est, et quidem generis humani. O egregiam artem! scis rotunda metiri ; in quadratum redigis quamcumque acceperis formam; intervalla siderum dicis; nihil est quod in mensuram tuam non cadat. Si artifex es, metire hominis animum! dic quam magnus sit, dic quam pusillus sit. Scis, quæ recta sit linea : quid tibi prodest, si, quid in vita rectum sit, ignoras?

Venio nunc ad illum, qui cœlestium notitia gloriatur :

Frigida Saturni sese quo stella receptet,
Quos ignis cœli Cyllenius erret in orbes.

Hoc scire quid proderit? ut sollicitus sim, quum Saturnus et Mars ex contrario stabunt, aut quum Mercurius vespertinum faciet occasum vidente Saturno ? Potius hoc discam, ubicumque sunt ista, propitia esse, non posse mutari. Agit illa continuus ordo fatorum et inevitabilis cursus; per statutas vices remeant. — Effectus rerum omnium aut movent, aut notant! — Sed sive, quidquid evenit, faciunt; quid immutabilis rei notitia proficiet? sive significant; quid refert providere, quod effugere non possis? Scias ista, nescias, fient.

Si vero solem ad rapidum stellasque sequentes
Ordine respicies, nunquam te crastina fallet
Hora, nec insidiis noctis capiere serenæ.

Satis abundeque provisum est, ut ab insidiis tutus essem. Numquid me crastina non fallit hora? fallit enim, quod nescient evenit. Ego, quid futurum sit, nescio ; quid fieri possit, scio. Ex hoc nihil desperabo; totum exspecto : si quid remittitur, boni consulo. Fallit me hora, si parcit; sed ne sic quidem fallit. Nam quemadmodum scio omnia accidere posse, sic scio et non utique casura. Itaque secunda exspecto; malis paratus sum.

In illo feras me necesse est non per præscriptum euntem. Non enim adducor, ut in numerum liberalium ar-

nistres du luxe et de la profusion. J'en exclus aussi les lutteurs et tous les exercices qui sentent l'huile et la poussière; autrement, il y faudrait encore admettre les parfumeurs, les cuisiniers, et tous ces gens de qui l'industrie n'est occupée que pour nos plaisirs. Car, dites-moi, je vous prie, qu'y a-t-il de libéral (pour user de ce mot) dans ce qui peut servir à ces gourmands qui se font vomir à jeûn, de qui le corps est aussi gras et poli que l'esprit est maigre et enrouillé? Croyons-nous que ce soient là des occupations honnêtes pour la jeunesse d'aujourd'hui? Vu que nos ancêtres ne faisaient rien enseigner à leurs enfants, qu'il ne fallût apprendre debout, comme de lancer le javelot, monter à cheval, escrimer du bâton, tirer des armes; mais aucune de ces choses n'est capable d'enseigner et d'entretenir la vertu. Car, à quoi sert-il de bien manier un cheval, d'en savoir régler les allures, si on se laisse emporter à des passions effrénées? A quoi sert-il de vaincre tous ses compagnons à la lutte ou à coups de main, si on se laisse surmonter par la colère? Quoi donc! est-ce que les arts libéraux ne nous profitent de rien? — Ils sont bons à d'autres choses; mais ils ne contribuent en rien à la vertu. Ces métiers même, qui consistent en travail manuel, sont inutiles à son égard, quoiqu'ils apportent beaucoup de commodités à la vie. Pourquoi donc faisons-nous apprendre les arts libéraux à nos enfants? Ce n'est pas que ces mêmes arts puissent donner la vertu; mais ils préparent l'âme à la recevoir. Comme la première connaissance qu'on leur donne de l'alphabet ne leur enseigne pas les arts libéraux, mais les dispose à les pouvoir apprendre; ainsi les arts libéraux n'enseignent pas la vertu, mais ils rendent l'esprit capable de l'acquérir.

Il y a des arts de quatre sortes, dit Posidonius: les uns sont mécaniques et vulgaires, les autres pour le plaisir; il y en a pour l'instruction de la jeunesse, et enfin de libéraux : les mécaniques appartiennent aux artisans qui travaillent pour les besoins et les commodités de la vie, et où l'on ne recherche ni l'honneur ni l'éclat. Les arts destinés pour le plaisir n'ont pour objet que la satisfaction des yeux et des oreilles. Vous pouvez mettre en ce rang ces ingénieurs qui font sortir et marcher des corps artificiels, qui élèvent doucement des sièges en l'air, et qui vous donnent d'autres plaisirs surprenants, en vous faisant voir tantôt des choses jointes ensemble, qui se séparent; d'autres qui étaient séparées, qui s'approchent et se joignent, et d'autres encore qui, étant plus élevées, baissent petit à petit, et se retirent en elles-mêmes. Cela frappe les yeux du peuple, qui admire tout ce qu'il voit de nouveau, parce qu'il n'en connait pas la cause. Les arts qui regardent l'instruction de la jeunesse ont quelque chose d'honnête, et sont ceux que les Grecs appellent ἐγκυκλίους, et nous autres, libéraux. Mais, à vrai dire, il n'y a de sciences libérales, ou plutôt libres, que celles qui sont occupées à la vertu. Comme il y a, dit-il, une partie de la philosophie qui est naturelle, l'autre morale, et l'autre logique ou rationnelle, aussi tous les arts libéraux prétendent y trouver chacun leur place. Quand on vient aux questions naturelles, on s'arrête aux décisions de la géométrie :

tium pictores recipiam, non magis quam statuarios, aut marmorarios, aut cæteros luxuriæ ministros. Æque luctatores, et totam oleo ac luto constantem scientiam, expello ex his studiis liberalibus; aut et unguentarios recipiam, et coquos, et cæteros voluptatibus nostris ingenia accommodantes sua. Quid enim, oro te, liberale habent isti jejuni vomitores, quorum corpora in sagina, animi in macie et veterno sunt? An liberale studium istud esse juventuti nostræ credimus, quam majores nostri rectam exercuerunt hastilia jacere, sudem torquere, equum agitare, arma tractare? Nihil liberos suos docebant, quod discendum esset jacentibus. Sed nec hæ artes, nec illæ, docent aluntve virtutem. Quid enim prodest equum regere, et cursum ejus fræno temperare, affectibus effrænatissimis abstrahi? Quid prodest multos vincere luctatione vel cæstu, ab iracundia vinci?

Quid ergo? nihil liberalia nobis conferunt studia? — Ad alia multum, ad virtutem nihil ! Nam et hæ viles ex professo artes, quæ manu constant ad instrumenta vitæ plurimum conferunt, tamen ad virtutem non pertinent. Quare ergo liberalibus studiis filios erudimus? Non quia virtutem dare possunt, sed quia animum ad accipiendam virtutem præparant. Quemadmodum prima illa, ut antiqui vocabant, litteratura, per quam pueris elementa traduntur, non docet liberales artes, sed mox præcipiendis locum parat; sic liberales artes non perducunt animum ad virtutem, sed expediunt. « Quatuor ait esse Posidonius artium genera : sunt vulgares et sordidæ, sunt ludicræ, sunt pueriles, sunt liberales. » Vulgares opificum, quæ manu constant, et ad instruendam vitam occupatæ sunt; in quibus nulla decoris, nulla honesti simulatio est. Ludicræ sunt, quæ ad voluptatem oculorum atque aurium tendunt. His annumeres licet machinatores; qui pegmata per se surgentia excogitant, et tabulata tacite in sublime crescentia, et alias ex inopinato varietates, aut dehiscentibus, quæ cohærebant; aut his, quæ distabant, sua sponte coeuntibus; aut his, quæ eminebant, paulatim in se residentibus : his imperitorum feriuntur oculi, omnia subita (quia causas non novere) mirantium. Pueriles sunt, et aliquid habentes liberalibus simile, hæ artes quas ἐγκυκλίους Græci, nostri liberales vocant. Solæ autem liberales sunt, imo, ut dicam verius, liberæ, quibus curæ virtus est.

Quemadmodum, inquit, est aliqua pars philosophiæ naturalis, est aliqua moralis, est aliqua rationalis; sic et hæc quoque liberalium artium turba locum sibi in phi-

elle est donc une de ses parties, puisqu'elle lui aide. Mais on répond qu'il y a bien des choses qui nous aident, qui pourtant ne sont point parties de nous : et qui, si elles l'étaient, ne pourraient pas nous aider. La viande aide au corps de l'homme, et toutefois elle n'en fait pas une partie. Nous demeurons d'accord que la géométrie nous rend quelque service, et qu'elle est nécessaire à la philosophie, comme l'est à son égard l'ouvrier qui lui fournit les instruments ; mais, comme il n'est point membre de la géométrie, elle ne l'est pas aussi de la philosophie. D'ailleurs, elles ont chacune leur fin et leurs objets particuliers. Le philosophe recherche et connaît les principes des choses naturelles. Le géomètre se contente d'en supputer le nombre et d'en prendre la mesure. Le philosophe sait de quoi les corps célestes sont composés, leur nature et leurs influences. Le mathématicien connaît, par ses observations, les tours et les retours qu'ils font, leurs élévations, leurs déclinaisons, et pourquoi il semble quelquefois qu'ils s'arrêtent, quoique les choses célestes ne s'arrêtent jamais. Le philosophe sait encore ce qui produit la représentation d'un objet dans le miroir. Le géomètre vous dira la distance qu'il doit y avoir entre l'objet et la représentation, et de quelle manière chaque forme de miroir représentera son objet. Le philosophe vous prouvera que le soleil est grand. Le mathématicien vous fera connaître quelle est sa grandeur. Mais, comme il procède par usage et par routine, il aura besoin que vous lui accordiez quelques principes. Mais une science n'est pas souveraine et absolue, qui n'a point de fondement que par souffrance. La philosophie ne demande rien à autrui. Tout son ouvrage est de sa façon. Les mathématiques sont superficielles ; elles bâtissent sur le fond d'autrui ; elles empruntent des principes pour aller en avant. Si d'elles-mêmes elles pouvaient parvenir à la vérité, et comprendre la nature de l'univers, je dirais qu'elles seraient de grande utilité pour examiner les choses célestes, et par là donner à notre esprit des ouvertures à d'autres connaissances. Mais il n'y a que la science du bien et du mal, qui puisse mettre l'âme dans un état de perfection, et cette science ne se rencontre que dans la philosophie, car il n'y a qu'elle qui traite du bien et du mal.

Voulez-vous parcourir toutes les vertus en détail ? La générosité, qui méprise les dangers, et qui affronte ces choses terribles qui abattent l'esprit des hommes, se trouve-t-elle fortifiée par les arts libéraux ? La foi, sans doute, est l'hôtesse la plus sainte qui puisse loger dans le cœur humain ; car il n'y a point de nécessité ni de profit assez grand pour la corrompre et l'induire à tromper. Brûlez, dit-elle, frappez, tuez, si vous voulez, je ne révélerai rien, et plus fortement vous me tourmenterez pour arracher mon secret, plus soigneusement je le garderai. Les arts libéraux peuvent-ils fournir de telles résolutions ? La tempérance commande sur les voluptés ; elle bannit les unes, elle admet les autres, en les réduisant aux termes de la raison. Elle ne s'en approche jamais pour l'amour d'elles-mêmes, mais pour une fin plus relevée. Elle sait que la meilleure règle qu'il y ait dans l'usage des choses qui nous plaisent, est d'en prendre autant que permet la raison, et non pas selon

losophia vindicat. Quum ventum est ad naturales quæstiones, geometriæ testimonio statur. Ergo, quam adjuvat, pars ejus est.—Multa adjuvant nos, nec ideo partes nostræ sunt; imo, si partes essent, non adjuvarent. Cibus adjutorium corporis est, non tamen pars est. Aliquid nobis præstat geometriæ ministerium. Sic philosophiæ necessaria est, quomodo ipsi faber : sed nec hic geometriæ pars est, nec illa philosophiæ. Præterea utraque fines suos habet. Sapiens enim causas naturalium et quærit, et novit, quorum numeros mensurasque geometer persequitur et supputat. Qua ratione constent cœlestia, quæ illis sit vis, quæve natura, sapiens scit : cursus et recursus, et quasdam observationes, per quas descendunt et allevantur, ac speciem interdum stantium præbent, quum cœlestibus stare non liceat, colligit mathematicus. Quæ causa in speculo imagines exprimat, sciet sapiens : illud tibi geometer potest dicere, quantum abesse debeat corpus ab imagine, et qualis forma speculi, quales imagines reddat. Magnum esse solem philosophus probabit; quantus sit, mathematicus ; qui usu quodam et exercitatione procedit : sed, ut procedat, impetranda illi quædam principia sunt. Non est autem ars sui juris, cui precarium fundamentum est. Philosophia nil ab alio petit, totum opus a solo excitat. Mathematica, ut ita dicam, superficiaria est, in alieno ædificat; accipit prima, quorum beneficio ad ulteriora perveniat : si per se iret ad verum, si totius mundi naturam posset comprehendere, dicerem multum collaturam mentibus nostris, quæ tractatu cœlestium crescunt trahuntque aliquid ex alto.

Una re consummatur animus, scientia bonorum ac malorum immutabili, quæ soli philosophiæ competit . nulla autem ars alia de bonis ac malis quærit. Singulas lubet circumire virtutes. Fortitudo contemptrix timendorum est ; terribilia, et sub jugum libertatem nostram mittentia, despicit, provocat, frangit : numquid ergo hanc liberalia studia corroborant ? Fides sanctissimum humani pectoris bonum est, nulla necessitate ad fallendum cogitur, nullo corrumpitur præmio. Ure, inquit, cæde, occide ; non prodam : sed, quo magis secreta quæret dolor, hoc illa altius condam ! Numquid liberalia studia hos animos facere possunt ? Temperantia voluptatibus imperat ; alias odit atque abigit, alias dispensat, et ad sanum modum redigit, nec unquam ad illas propter ipsas venit. Scit optimum esse modum cupitorum, non

notre envie. L'humanité, en nous défendant l'avarice et le mépris de nos égaux, nous rend affables et faciles à tout le monde, soit en nos paroles, soit en nos actions; elle prend part dans le mal d'autrui, et de tous les biens qu'elle possède, elle estime principalement celui dont elle peut obliger quelqu'un. Toutes ces belles qualités viennent-elles des arts libéraux? Aussi peu que la simplicité, la modestie, la frugalité; aussi peu que la clémence qui épargne le sang d'autrui comme le sien, et qui sait qu'un homme ne doit point être prodigue de la vie d'un autre homme.

Vous me direz :—Mais, puisque vous tenez qu'on ne saurait parvenir à la vertu sans les arts libéraux, comment n'avouez-vous pas qu'ils lui servent de quelque chose? — Vous en pouvez dire autant du manger, car sans lui on ne parvient pas à la vertu, et cependant le manger n'a aucun rapport à la vertu. Le bois ne contribue en rien à l'existence d'un navire; toutefois il ne se fait point de navire sans bois. Ne vous imaginez pas, dis-je, qu'une chose sans laquelle on n'en saurait faire une autre, aide à la faire. On peut encore dire qu'il est possible d'arriver à la sagesse sans les arts libéraux; car, quoique l'on doive apprendre la sagesse, si est-ce qu'on ne l'apprend point par les arts libéraux. Pourquoi croirais-je qu'un homme ne peut être sage s'il n'est savant, puisque la sagesse ne consiste point dans la science? Elle donne le fond des choses et non pas la superficie des paroles. Je doute même s'il n'est pas meilleur que la mémoire n'ait rien d'ailleurs sur quoi elle se puisse appuyer. La sagesse est ample et spacieuse, il lui faut laisser la place libre. Elle doit traiter des choses divines et humaines, du passé, de l'avenir, de ce qui est éternel ou périssable, du temps, qui est une matière dont vous savez que l'on fait tant de questions. Car on demande premièrement si le temps, de soi, est quelque chose, s'il y a eu quelque chose devant le temps, si le temps a commencé avec le monde, et parce qu'il y avait quelque chose devant le monde, si le temps l'a précédé. On fait encore une infinité de questions sur le sujet de l'âme : d'où elle est? Quelle elle est? Quand son être commence; quand il finit; si elle passe d'un lieu en un autre; si elle change de demeure et prend plusieurs autres formes; si elle n'est enfermée qu'une fois, et si, quand elle est sortie, elle se promène librement par tout l'univers; si elle est un corps ou non; ce qu'elle fera quand elle ne pourra plus rien faire par notre moyen; comment elle usera de sa liberté quand elle sera délivrée de cette prison; si elle oubliera les choses passées, et si elle commencera à se connaître, lorsqu'étant séparée du corps, elle se sera retirée dans le ciel? Quelque partie des choses divines et humaines que vous entrepreniez, les matières qui sont à rechercher et à savoir se trouvent en si grand nombre, qu'elles sont capables de vous lasser. Pour loger à l'aise tant de choses si grandes, il faut mettre hors de la mémoire tout ce qu'il y a d'inutile et de superflu. La vertu ne veut point être serrée. Il faut que tout le reste sorte, et que la place lui demeure libre.

Vous me direz :—On est bien aise de savoir plusieurs choses.—Oui; mais il n'en faut retenir qu'au-

---

quantum velis, sed quantum debeas, sumere. Humanitas vetat superbum esse adversus socios, vetat avarum; verbis, rebus, affectibus, comem se facilemque omnibus præstat; nullum alienum malum putat; bonum autem suum ideo maxime, quod alicui bono futurum est, amat. Numquid liberalia studia hos mores præcipiunt? Non magis quam simplicitatem, quam modestiam ac moderationem; non magis quam frugalitatem ac parcimoniam; non magis quam clementiam, quæ alieno sanguini tanquam suo parcit, et scit homini non esse homine prodige utendum.

Quum dicatis, inquit, sine liberalibus studiis ad virtutem non perveniri, quemadmodum negatis illa nihil conferre virtuti. — Quia nec sine cibo ad virtutem pervenitur, cibus tamen ad virtutem non pertinet. Ligna nihil navi conferunt, quamvis non fiat navis nisi ex lignis. Non est, inquam, cur aliquid putes ejus adjutorio fieri, sine quo non potest fieri. Potest quidem etiam illud dici, sine liberalibus studiis veniri ad sapientiam posse; quamvis enim virtus discenda sit, tamen non per hæc discitur. Quid est autem, quare existimem, non futurum sapientem eum, qui litteras nescit, quum sapientia non sit in litteris? Res tradit, non verba : et nescio, an certior memoria sit, quæ nullum extra se subsidium ha-

bet. Magna et spatiosa res est, sapientia : vacuo illi loco opus est : de divinis humanisque discendum est, de præteritis, de futuris, de caducis, de æternis, de tempore; de quo uno vide quam multa quærantur! Primum, an ipsum sit aliquid? deinde, an aliquid ante tempus sit sine tempore? cum mundo cœperit? an etiam ante mundum, quia fuerit aliquid, fuerit et tempus? Innumerabiles quæstiones sunt de animo tantum; unde sit? qualis sit? quando esse incipiat? quamdiu sit? aliunde alio transeat, et domicilia mutet, ad alias animalium formas aliusque conjectus? an non amplius quam semel serviat, et emissus vagetur in toto? utrum corpus sit, an non sit? quid sit facturus, quum per nos aliquid facere desierit? quomodo libertate sua usurus, quum ex hac effugerit cavea? an oblivisceatur priorum, et illic nosse se incipiat, postquam de corpore abductus in sublime secessit? Quamcumque partem rerum humanarum divinarumque comprehenderis, ingenti copia quærendorum ac discendorum fatigaberis. Hæc, tam multa, tam magna, ut habere possint liberum hospitium, supervacua ex animo tollenda sunt. Non dabit se in has angustias virtus; laxum spatium res magna desiderat. Expellantur omnia! totum pectus illi vacet!

« At enim delectat artium notitia multarum. »—Tantum

tant qu'on en a besoin. Si vous blâmez une personne qui achèterait quantité de meubles précieux, plutôt pour s'en parer que pour s'en servir, que penserez-vous de celui qui embarrasse son esprit de beaucoup de sciences qui lui sont inutiles? C'est une espèce d'intempérance que de vouloir plus savoir qu'il ne faut; joint que cette sorte d'application aux arts libéraux ne fait que des importuns, des babillards, des indiscrets et des présomptueux qui négligent d'apprendre ce qui leur est utile, parce qu'ils ont appris ce qui leur est inutile. On dit que Didymus le grammairien composa quatre mille volumes; je l'estimerais misérable, s'il avait lu seulement tant de choses inutiles. On dispute, dans ces livres, de quel pays était Homère, qui était véritablement la mère d'Énée; si Anacréon aimait mieux les femmes que le vin; si Sapho était une abandonnée; et beaucoup d'autres bagatelles qu'il vaudrait mieux avoir oubliées que de les savoir. Et puis dites que la vie est courte. Mais, si nous venions à examiner nos Stoïciens, je vous y montrerais bien des choses à retrancher. En vérité, il y a bien du temps perdu et des auditeurs lassés avant qu'on s'écrie : O le savant homme! Contentons-nous de ce titre qui fait moins de bruit : O l'homme de bien! En va-t-il ainsi? Faut-il que j'aille feuilleter les annales de toutes les nations? Que je recherche qui le premier a fait des vers? Que je compte l'intervalle qui a été entre Orphée et Homère, quoique je n'aie point les fastes de ces temps-là? Que je regratte sur les corrections d'Aristarque, qui censura les poëmes d'autrui? Que j'use toute ma vie après des syllabes? Demeurerai-je toujours dans la poussière de la géométrie? Ai-je tellement oublié ce précepte si salutaire qui nous ordonne d'épargner le temps, que, pour savoir des choses inutiles, il faille que j'ignore les nécessaires? Appion le grammairien, qui, du temps de Caligula, se fit porter par toute la Grèce, et fut honoré du nom d'Homère en plusieurs villes, disait qu'Homère, après avoir achevé l'Iliade et l'Odyssée, avait ajouté à son ouvrage un commencement qui comprenait toute la guerre de Troie. Pour preuve, il apportait le premier vers, où tout exprès il avait mis deux lettres contenant le nombre de ses livres. Quand on veut savoir beaucoup de choses, on ne s'empêche pas aisément d'en savoir de telles. Voyez maintenant combien de temps les maladies vous emportent, combien vous en donnez aux affaires publiques et aux domestiques, combien au sommeil et aux autres nécessités de la vie. Enfin, mesurez la durée de vos jours : vous trouverez qu'elle ne suffit pas pour tant d'occupations; je veux parler des arts libéraux.

Les philosophes même, combien ont-ils de choses superflues et éloignées de tout usage? Ils s'amusent aussi à la distinction des syllabes, aux propriétés des conjonctions et des prépositions, par je ne sais quelle jalousie qu'ils ont contre les grammairiens et les géomètres; de sorte qu'ils ont transporté en leur science tout ce qu'il y avait de superflu en celle de ces gens-là. De là vient qu'ils savent aujourd'hui plus régulièrement parler que vivre. Considérez, je vous prie, combien la trop grande subtilité est pernicieuse, et comme

---

itaque ex illis retineamus, quantum est necessarium. An tu existimas reprehendendum, qui supervacua usu sibi comparat, et pretiosarum rerum pompam in domo explicat; non putas eum, qui occupatus est in supervacua litterarum supellectile? Plus scire velle, quam sit satis, intemperantiæ genus est. Quid? quod ista liberalium artium consectatio molestos, verbosos, intempestivos, sibi placentes facit, et ideo non discentes necessaria, quia supervacua didicerunt. Quatuor millia librorum Didymus grammaticus scripsit; miser, si tam multa supervacua legisset! In his libris de patria Homeri quæritur, in his de Æneæ matre vera; in his, libidinosior Anacreon, an ebriosior vixerit? in his, an Sapho publica fuerit? et alia, quæ erant dediscenda, si scires. I nunc, et longam esse vitam nega! Sed ad nostros quoque quum perveneris, ostendam multa securibus recidenda. Magno impendio temporum, magna alienarum aurium molestia, laudatio hæc constat, O hominem litteratum! Simus hoc titulo rusticiore contenti, O virum bonum! Itane est? annales evolvam omnium gentium, et, quis primus carmina scripserit, quæram; quantum temporis inter Orphea intersit et Homerum, quum fastos non habeam, computabo; et Aristarchi ineptias, quibus aliena carmina compinxit, recognoscam; et ætatem in syllabis conteram? Itane in geometriæ pulvere hærebo? Adeo mihi præceptum illud salutare excidit, tempori parce! Hæc sciam? et quid ignorem? Appion grammaticus, qui sub C. Cæsare tota circulatus est Græcia, et in nomen Homeri ab omnibus civitatibus adoptatus, aiebat, « Homerum, utraque materia consummata, et Odyssea, et Iliade, principium adjecisse operi suo, quo bellum Trojanum complexus est: » hujus rei argumentum afferebat, « quod duas litteras in primo versu posuisset ex industria, librorum suorum numerum continentes. » -- Talia sciat oportet, qui multa vult scire.

Non vis cogitare, quantum temporis tibi auferat mala valetudo, quantum occupatio publica, quantum occupatio privata, quantum occupatio quotidiana, quantum somnus? Metire ætatem tuam! tam multa non capit. De liberalibus studiis loquor; philosophi quantum habent supervacui? quantum ab usu recedentis? Ipsi quoque ad syllabarum distinctiones, et conjunctionum ac præpositionum proprietates descenderunt, et invidere grammaticis, invidere geometris. Quidquid in illorum artibus supervacuum erat, transtulere in suam. Sic effectum est, ut diligentius scirent loqui, quam vivere. Audi, quantum

elle est contraire à la vérité. Protagoras disait que l'on peut disputer de toutes choses également de part et d'autre, et de cela même, si l'on peut disputer de toutes choses ; Nausiphanes, que de ce qui semble être, il n'y a rien dont l'être soit plus certain que le non-être ; Parmenides, qu'il n'est rien généralement de tout ce que nous voyons. Zénon Éléates vide toutes ces difficultés en disant qu'il n'y a rien. Ce sont à peu près les opinions des Pyrrhoniens, des Mégariques, des Érétriques et des Académiques, qui ont introduit une nouvelle science de ne rien savoir. Il faut mettre, à mon avis, tout ce fatras au rang d'une infinité de choses inutiles qu'enseignent les arts libéraux. Ceux-ci me donnent une science qui ne me peut de rien servir. Ceux-là m'ôtent l'espérance de savoir jamais rien. Encore vaut-il mieux savoir les choses inutiles que de ne rien savoir. Les uns ne nous éclairent pas pour chercher la vérité ; mais les autres nous crèvent les yeux. Si j'en crois Protagoras, il n'y a rien dans le monde, que le doute; si Nausiphanes, ce qu'il y a de certain, c'est qu'il n'y a rien de certain; si Parmenides, il n'y a qu'une chose ; si Zénon, il n'y a rien du tout. Qu'est-ce donc que nous sommes? Que sont toutes ces choses qui nous environnent, qui nous nourrissent et qui nous soutiennent? Tout ce qui est dans la nature demeurerait-il une ombre vaine et trompeuse? J'aurais assez de peine à vous dire à qui je veux plus de mal, ou à ceux qui veulent que nous ne sachions rien, ou à ces autres qui ne nous laissent pas cette commodité de ne rien savoir.

ÉPITRE LXXXIX.

Quelle différence il y a entre la sagesse et la philosophie — Plusieurs définitions de la sagesse. — Plusieurs divisions et subdivisions de la philosophie.

Vous me demandez une chose qui est utile, même nécessaire à celui qui prétend à la sagesse, que je divise la philosophie, et que je la distribue en plusieurs membres; car on connaît plus facilement le tout par ses parties. Je voudrais que, comme la face de l'univers se présente tout d'un coup à nos yeux, il nous fût aussi facile d'envisager d'un seul regard toute la philosophie. Ce spectacle, qui a bien du rapport à celui de l'univers, ravirait tous les hommes en admiration, et leur ferait abandonner ce qui leur semble grand, parce qu'ils ne connaissent pas ce qui l'est en effet. Mais, puisque cela ne se peut faire, il nous la faut considérer de la même façon que nous contemplons les secrets du monde. Il est certain que l'esprit du sage en comprend toute l'étendue, et qu'il la pénètre avec autant de promptitude que nos yeux découvrent le ciel. Mais pour nous, à qui il faut débrouiller les matières, et de qui la vue ne porte pas loin, il est bon de nous montrer chaque chose en détail, n'étant pas capables de les comprendre toutes en gros. Je ferai donc ce que vous désirez de moi. Et je diviserai la philosophie en parties, non point en morceaux, étant plus utile de la partager en membres, que de la couper en des portions si menues ; car ce qui est trop petit est aussi difficile à comprendre que ce qui est trop grand. On divise un peuple par tribus, et une ar-

mali faciat nimia subtilitas, et quam infesta veritati sit! Protagoras ait, « de omni re in utramque partem disputari posse ex æquo, et de hac ipsa, an omnis res in utramque partem disputabilis sit. » Nausiphanes, ait, « ex his, quæ videntur esse, nihil magis esse, quam non esse. » Parmenides ait, « ex his, quæ videntur, nihil esse ab uno diversum. » Zenon Eleates omnia negotia de negotio dejecit : ait, nihil esse. Circa eadem fere Pyrrhonii versantur, et Megarici, et Eretrici, et Academici, qui novam induxerunt scientiam, nihil scire. Hæc omnia in illum supervacuum studiorum liberalium gregem conjice. Illi mihi non profuturam scientiam tradunt; hi spem omnis scientiæ eripiunt : satius est supervacua scire, quam nihil. Illi non præferunt lumen, per quod acies dirigatur ad verum; hi oculos mihi effodiunt. Si Protagoræ credo, nihil in rerum natura est, nisi dubium ; si Nausiphani, hoc unum certum est nihil esse certi ; si Parmenidi, nihil est præter unum; si Zenoni, ne unum quidem. Quid ergo nos sumus? quid ista, quæ nos circumstant, alunt, sustinent? Tota rerum natura umbra est, aut inanis, aut fallax. Non facile dixerim, utrum magis irascar illis, qui nos nihil scire voluerunt; an illis, qui ne hoc quidem nobis reliquerunt, nihil scire. Vale.

EPISTOLA LXXXIX.

PHILOSOPHIÆ DIVISIO : DE LUXU ET AVARITIA SUÆ ÆTATIS.

Rem utilem desideras, et ad sapientiam properanti utique necessariam, dividi philosophiam, et ingens corpus ejus in membra disponi. Facilius enim per partes in cognitionem totius adducimur. Utinam quidem, quemadmodum universa mundi facies in conspectum venit, ita philosophia tota nobis posset occurrere; simillimum mundo spectaculum! Profecto enim omnes mortales in admirationem sui raperet, relictis his, quæ nunc magna, magnorum ignorantia, credimus. Sed, quia contingere hoc non potest, sic erit a nobis aspicienda, quemadmodum mundi secreta cernuntur. Sapientis quidem animus totam molem ejus amplectitur, nec minus illam velociter obit, quam cœlum acies nostra : nobis autem, quibus perrumpenda caligo est, et quorum visus in proximo deficit, singula quæque ostendi facilius possunt, universi nondum capacibus. Faciam ergo quod exigis, et philosophiam in partes, non in frusta, dividam : dividi enim illam, non concidi, utile est; nam comprehendere, quemadmodum maxima, ita minima, difficile est. Describitur in tribus populus, in centurias exercitus. Quidquid in

mée par compagnies. Quand une chose est venue à quelque excès de grandeur, on la connaît mieux étant mise en parties, pourvu (comme j'ai dit) qu'elles ne soient point infinies ni trop petites. Il y a pareil inconvénient à trop diviser qu'à ne point diviser, et c'est une espèce de confusion que de réduire une chose en poussière.

Je dirai donc premièrement, puisque vous le souhaitez, en quoi la sagesse diffère de la philosophie. La sagesse est le bien le plus parfait de l'esprit humain. La philosophie est l'amour et la recherche de la sagesse. Celle-ci montre le chemin pour arriver à l'autre; ce nom de philosophie montre assez ce que c'est. Quelques-uns, pour définir la sagesse, ont dit que c'est la science des choses divines et humaines; d'autres, que c'est la science des choses divines et humaines et de leurs causes. Cette addition me semble superflue, parce que les causes sont parties de ces choses. On lui a donné plusieurs autres définitions, en l'appelant tantôt une étude de la vertu, tantôt une étude pour la réformation de l'âme, et quelquefois une recherche amoureuse de la droite raison. Mais quoi qu'il en soit, on demeure comme d'accord qu'il y a différence entre la philosophie et la sagesse, étant impossible que ce qui désire soit ce qui est désiré. Comme nous faisons distinction de l'avarice et de l'argent, l'une convoitant, l'autre étant convoité, nous en faisons aussi de la philosophie et de la sagesse, parce que celle-ci est l'effet et la récompense de l'autre; l'une va, l'autre l'attend. La sagesse est ce que les Grecs appellent σοφίαν.

Ce nom était autrefois en usage chez les Romains, comme l'est aujourd'hui celui de philosophie. Cela se voit dans nos anciennes comédies, et sur le tombeau de Dossennus, qui porte cette inscription : *Passant, arrête-toi, et lis la Sophie de Dossennus.* Quelques Stoïciens ont cru qu'encore que la philosophie soit une étude de la vertu, où l'une recherche, et l'autre est recherchée, toutefois on ne les pouvait séparer; car il ne peut y avoir de philosophie sans vertu, ni de vertu sans philosophie. Si la philosophie est une étude de la vertu, c'est par le moyen de la vertu : que si la vertu ne peut être sans l'amour de soi-même, l'amour de la vertu ne peut être aussi sans la vertu même. Ce n'est pas comme ceux qui tirent au blanc, l'archer est en un endroit, et le but en un autre; ni comme les chemins qui conduisent aux villes et qui en sont en dehors. On arrive à la vertu par la vertu même; il est donc vrai que la vertu et la philosophie sont liées ensemble.

La plupart des meilleurs auteurs ont divisé la philosophie en trois parties : morale, naturelle, logique ou rationnelle. La première règle la volonté; la seconde recherche les secrets de la nature; et la troisième examine la propriété et la liaison des paroles avec la forme des arguments pour empêcher que le faux ne passe pour vrai. Ce n'est pas qu'il ne s'en soit trouvé qui lui ont donné plus ou moins de parties. Quelques Péripatéticiens en ont ajouté une quatrième, qui est la politique, parce qu'elle demande un exercice particulier, et qu'elle travaille sur une autre matière. D'autres

---

majus crevit, facilius agnoscitur, si discessit in partes; quas, ut dixi, innumerabiles esse et parvulas non oportet. Idem enim vitii habet nimia, quod nulla divisio; simile confuso est, quidquid usque in pulverem sectum est.

Primum itaque, sicut videtur, tibi dicam, inter sapientiam et philosophiam quid intersit. Sapientia perfectum bonum est mentis humanæ, philosophia sapientiæ amor est et affectatio. Hæc ostendit, quo illa pervenit. Philosophia unde dicta sit, apparet; ipso enim nomine fatetur. Quidam sapientiam ita finierunt, ut dicerent eam « divinorum et humanorum scientiam. » Quidam ita : « Sapientia est, nosse divina et humana, et horum causas. » Supervacua mihi videtur hæc adjectio, quia causæ divinorum humanorumque partes sunt. Philosophiam quoque fuerunt qui aliter atque aliter finirent : alii studium illam virtutis esse dixerunt; alii studium corrigendæ mentis; a quibusdam dicta est appetitio rectæ rationis. Illud quasi constitit, aliquid inter philosophiam et sapientiam interesse : neque enim fieri potest, ut idem sit quod affectatur, et quod affectat. Quomodo multum inter avaritiam et pecuniam interest, quum illa cupiat, hæc concupiscatur; sic inter philosophiam et sapientiam. Hæc enim illius effectus et præmium est; illa venit, ad hanc itur. Sapientia est, quam Græci σοφίαν vocant. Hoc verbo Romani quoque utebantur, sicut philosophia nunc quoque utuntur. Quod et togatæ tibi antiquæ probabunt, et inscriptus Dossenni monumento titulus :

Hospes resiste, et sophiam Dosenni leges.

Quidam ex nostris, quamvis philosophia studium virtutis esset, et hæc peteretur, illa peteret, tamen non putaverunt illas distrahi posse : nam nec philosophia sine virtute est, nec sine philosophia virtus est. Philosophia studium virtutis est, sed per ipsam virtutem; nec virtus autem esse sine studio sui potest, nec virtutis studium sine ipsa. Non enim, quemadmodum in his, qui aliquid ex distanti loco ferire conantur, alibi est qui petit, alibi quod petitur; nec, quemadmodum itinera, quæ ad urbes perducunt, extra ipsas sunt. Ad virtutem venitur per ipsam. Cohærent ergo inter se philosophia virtusque.

Philosophiæ tres partes esse dixerunt et maximi et plurimi auctores : moralem, naturalem et rationalem. Prima componit animum; secunda rerum naturam scrutatur; tertia proprietates verborum exigit, et structuram, et argumentationes, ne pro vero falsa subrepant. Cæterum inventi sunt, et qui in pauciora philosophiam, et qui in plura diduxerunt. Quidam ex Peripateticis quartam partem adjecerunt, civilem; quia propriam quamdam exercitationem desideret, et circa aliam materiam occupata sit. Quidam adjecerunt his partem, quam Græci οἰκονο-

ont encore ajouté cette partie que les Grecs appellent économique, qui consiste en la science de bien gouverner une famille. D'autres, enfin, ont voulu mettre à part l'endroit qui traite des divers genres de vie. Mais tout cela se trouve compris dans la morale. Les Épicuriens n'ont admis que deux parties dans la philosophie, la naturelle et la morale, rejetant par ce moyen la logique. Mais comme ils se sont vus obligés de distinguer ce qui était ambigu, et de découvrir le faux caché sous l'apparence du vrai, ils ont introduit une troisième partie qu'ils appellent du jugement et de la règle qui tient lieu de rationnelle. Ils disent, toutefois, que ce n'est qu'un surcroît de la naturelle. Les Cyrénaïques ont retranché la naturelle et la rationnelle, et se sont contentés de la morale. Mais, à l'exemple des autres, ils rétablissent ce qu'ils ont supprimé; car en divisant le monde en cinq parties, il s'en trouve une qui traite de ce qu'il faut fuir ou désirer, une autre des passions, une troisième des actions, une quatrième des causes, et une cinquième des arguments. Les causes appartiennent à la naturelle, les arguments à la logique ou rationnelle, et les actions à la morale. Ariston, natif de Chio, est d'avis que la naturelle et la rationnelle sont superflues, même contraires. Il n'a laissé que la morale. Encore l'a-t-il estropiée par le retranchement qu'il a fait du traité des avertissements, disant que c'était le fait d'un pédagogue et non d'un philosophe, comme si le philosophe n'était autre chose qu'un pédagogue du genre humain.

Puis donc que la philosophie est divisée en trois, parlons premièrement de la morale, laquelle on a encore subdivisée en trois. La première, qui considère le mérite de chaque chose et qui lui donne ce qui lui appartient, est d'une grande utilité. Car qu'y a-t-il de si nécessaire que de mettre le prix à toutes choses? La seconde traite des passions; la troisième, des actions. Car il faut, premièrement, savoir ce qu'une chose vaut; secondement, la désirer avec ordre et modération; en troisième lieu, accorder son désir avec son action de telle sorte que vous ne soyez jamais contraire à vous-même. Si l'un des trois vient à manquer, tout est en désordre. Car à quoi sert de bien savoir la valeur de toutes choses, si vous les désirez trop ardemment? Que sert encore d'avoir réglé ses désirs et de s'être rendu maître de ses passions si, venant à l'action, on prend mal ses mesures soit pour le temps, le lieu et la manière? Car ce sont qualités bien différentes, de connaître le mérite des choses, de bien prendre l'occasion, et de modérer son ardeur afin de se porter et de ne se pas précipiter dans une entreprise. Tout est bien d'accord quand l'action suit l'affection, laquelle est plus lente ou plus vive selon le mérite de l'objet qu'on prétend. La philosophie naturelle se divise en choses corporelles et incorporelles dont il y a encore d'autres degrés; premièrement des choses qui engendrent, et puis de celles qui sont engendrées. Or les éléments sont engendrés, et le traité qui en parle est simple suivant l'opinion de quelques-uns; les autres se divisent en la matière, en la cause qui meut toutes choses, et en éléments. Il reste à vous faire la division de la philosophie

μικήν vocant, administrandæ rei familiaris scientiam. Quidam et de generibus vitæ locum separaverunt. Nihil autem horum non in illa parte morali reperietur. Epicurei duas partes philosophiæ putaverunt esse, naturalem atque moralem; rationalem removerunt. Deinde, quum ipsis rebus cogerentur ambigua secernere, falsa sub specie veri latentia coarguere, ipsi quoque locum, quem de Judicio et Regula appellant, alio nomine rationalem induxerunt; sed eum accessionem esse naturalis partis existimant. Cyrenaici naturalia cum rationalibus sustulerunt, et contenti fuerunt moralibus : sed hi quoque, quæ removent, aliter inducunt. In quinque enim partes moralia dividunt, ut una sit de fugiendis et expetendis, altera de affectibus, tertia de actionibus, quarta de causis, quinta de argumentis. Causæ rerum ex naturali parte sunt; argumenta ex rationali; actiones ex morali. Ariston Chius, « non tantum supervacuas esse, dixit, naturalem et rationalem, sed etiam contrarias : « moralem quoque, quam solam reliquerat, circumcidit. Nam eum locum, qui monitiones continet, sustulit, et pædagogi esse dixit, non philosophi; tanquam quidquam aliud sit sapiens, quam humani generis pædagogus.

Ergo, quum tripartita sit philosophia, moralem ejus partem primum incipiamus disponere. Quam in tria rursus dividi placuit; ut prima esset inspectio suum cuique distribuens, et æstimans quanto quidque dignum sit; maxime utilis : quid enim est tam necessarium, quam pretia rebus imponere? secunda, de impetu; tertia, de actionibus. Primum enim est, ut, quanti quidque sit, judices : secundum, ut impetum ad illa capias ordinatum temperatumque : tertium, ut inter impetum tuum, actionemque conveniat, ut in omnibus istis tibi ipse consentias. Quidquid ex his tribus defuerit, turbat et cætera. Quid enim prodest, intus æstimata habere omnia, si sis impetu nimius? quid prodest, impetus repressisse, et habere cupiditates in tua potestate, si in ipsa rerum actione tempora ignores; nec scias, quando quidque, et ubi, et quemadmodum agi debeat? Aliud est enim, dignitates et pretia rerum nosse, aliud articulos, aliud impetus refrænare, et ad agenda ire, non ruere. Tunc ergo vita sibi concors est, ubi actio non destituit impetum, impetus ex dignitate rei cujusque concipitur; proinde remissus acriorque, prout illa digna est peti.

Naturalis pars philosophiæ in duo scinditur : corporalia, et incorporalia. Utraque dividuntur in suos, ut ita dicam, gradus. Corporum locus in hos : in ea quæ faciunt, et quæ ex his gignuntur : gignuntur autem elementa. Ipse elementi locus, ut quidam putant, sim-

rationnelle ou logique. Tout discours est continu, ou bien il est entrecoupé d'interrogations et de réponses; on donne au premier le nom de rhétorique, et à l'autre celui de dialectique. La rhétorique a soin des paroles, de leur sens et de leur ordre. La dialectique se divise en paroles et en significations, c'est-à-dire aux sujets dont on traite et aux termes dont on les exprime. Il se tire de là un enchaînement de subdivisions qui est ennuyeux et qui m'oblige de finir en cet endroit.

Il suffit de toucher les principes des choses.

Autrement, si je voulais rediviser les parties des parties, j'en ferais un volume entier. Ce n'est pas, mon cher Lucile, que je veuille vous détourner de lire tout cela, pourvu que vous rapportiez ce que vous lirez au règlement de vos mœurs. Réveillez ce qui est languissant chez vous, remettez ce qui est relâché, domptez ce qu'il y a de rebelle, et soyez le persécuteur, non-seulement de vos passions, mais encore de celles d'autrui. Quand on vous demandera : Direz-vous toujours les mêmes choses? répondez que vous les direz aussi longtemps que vous aurez les mêmes défauts. Vous voulez que le remède cesse avant le mal; c'est ce qui m'oblige de parler, et, parce que vous le trouvez mauvais, je continuerai. C'est une marque que la médecine a profité, lorsqu'un corps qui était stupéfié se plaint aussitôt qu'on le touche. Je vous donnerai de bons avis, malgré que vous en ayez. Vous n'aurez pas toujours des flatteurs à vos oreilles, et parce que vous ne voulez pas écouter la vérité en particulier, il vous la faut dire en publie. Ne cesserez-vous jamais d'étendre les bornes de votre domaine? Un pays qui nourrissait autrefois tout un peuple est trop petit pour vous. Vous n'êtes pas content de labourer des provinces entières. Vous voulez encore que les grands fleuves passent sur vos terres, et que les rivières qui servent de bornes à des nations considérables vous appartiennent entièrement depuis leur source jusqu'à leur embouchure. Et cela vous semblerait peu de chose si vos possessions n'environnaient les mers; si vous n'aviez des receveurs qui commandent comme les rois au-delà de l'Adriatique, de l'Ionique et de l'Égée; si vous n'aviez des îles qui furent autrefois la demeure de plusieurs grands capitaines, dont, toutefois, vous ne faites guère d'état. Mettez-vous au large tant qu'il vous plaira. Que ce qui faisait autrefois un royaume ne soit qu'une de vos métairies; prenez tout ce que vous pourrez, il en restera encore davantage que vous n'en aurez pris.

Je viens maintenant à vous autres, qui étendez votre luxe aussi loin que ceux-là font leur avarice. Dites-moi, n'y aura-t-il jamais de lac sur lequel vous n'ayez quelque maison, ni de rivière qui ne soit bordée de vos châteaux? Partout où il se rencontre des fontaines d'eaux chaudes, vous y faites bâtir des maisons de plaisir. Dès que la mer vient à se courber et à faire coude en quelque endroit, l'envie vous prend d'y bâtir; et, ne voulant point d'autre terrain que celui que fournit l'industrie, vous faites reculer les eaux pour y poser des fondements. Je veux que l'on voie partout l'éclat de vos bâtiments, tantôt sur les montagnes, pour

---

plex est; ut quidam, in materiam, et causam omnia moventem, et elementa, dividitur. — Superest ut rationalem partem philosophiæ dividamus. Omnis oratio aut continua est, aut inter respondentem et interrogantem discissa. Hanc διαλεκτικήν, illam ῥητορικήν placuit vocari. Hæc verba curat, et sensus, et ordinem. Διαλεκτική in duas partes dividitur, in verba et significationes; id est, in res, quæ dicuntur, et vocabula, quibus dicuntur. Ingens deinde sequitur utriusque divisio. Itaque hoc loco finem faciam,

..... Et summa sequar fastigia rerum ;

alioqui, si voluero facere partium partes, quæstionum liber fiet.

Hæc, Lucili, virorum optime, quominus legas non deterreo; dummodo, quidquid legeris, ad mores statim referas. Illos compesce, marcentia in te excita, soluta constringe, contumacia doma, cupiditates tuas publicasque, quantum potes, vexa; et istis dicentibus : Quousque eadem? responde : « Ego debebam dicere : Quousque eadem peccabitis? Remedia ante vultis, quam vitia desinere : ego vero eo magis dicam, et, quia recusatis, perseverabo. Tunc incipit medicina proficere, ubi in corpore alienato dolorem tactus expressit. Dicam etiam invitis profutura. Aliquando aliqua ad vos non blanda vox veniat; et, quia verum singuli audire non vultis, publice audite. Quousque fines possessionum propagabitis? ager uni domino, qui populum cepit, angustus est. Quousque arationes vestras porrigetis, ne provinciarum quidem satione contenti circumscribere prædiorum modum? Illustrium fluminum per privatam decursus est, et amnes magni, magnarumque gentium termini, usque ad ostium a fonte vestri sunt. Hoc quoque parum est, nisi latifundiis vestris maria cinxistis; nisi trans Hadriam et Ionium Ægæumque vester villicus regnet; nisi insulæ, ducum domicilia magnorum, inter vilissima rerum numerentur. Quam vultis late possidete; sit fundus, quod aliquando imperium vocabatur; facite vestrum quidquid potestis? — dum plus sit alieni. Nunc vobiscum loquor, quorum æque spatiose luxuria, quam illorum avaritia, diffunditur. Vobis dico : Quousque nullus erit lacus, cui non villarum vestrarum fastigia immineant; nullum flumen, cujus non ripas ædificia vestra prætexant? Ubicumque scatebunt aquarum calentium venæ, ibi nova diversoria luxuriæ excitabuntur. Ubicumque in aliquem sinum littus curvabitur, vos protinus fundamenta jacietis;

découvrir un grand espace de terre et de mer, tantôt dans la plaine où vous élevez des tours à la hauteur des montagnes; après que vous aurez construit beaucoup de châteaux et de grands palais, vous n'aurez à loger qu'un corps, et encore bien petit. A quoi servent toutes ces chambres puisque vous ne couchez que dans une seule? Les lieux où vous n'êtes pas ne sont point à vous. Enfin, je m'adresse à vous autres gourmands, qui faites fouiller par toutes les mers et les terres, pour satisfaire et remplir votre ventre, qui faites la guerre à tous les animaux, avec des hameçons, des piéges et des filets, sans leur donner nulle trève, si ce n'est lorsque vous en êtes dégoûtés. Dites-moi combien peu votre bouche, lassée du plaisir, goûte-t-elle toutes ces viandes qui ont passé par tant de mains, avant que de vous être servies? Combien peu votre estomac, rempli de crudités, peut-il recevoir de cette bête que l'on a prise avec tant de peine et de hasard, et de ces huitres qui sont venues de si loin. Malheureux? qui ne connaissez pas que vous avez plus d'avidité que de ventre. Dites cela aux autres, mon cher Lucile, afin qu'en le disant, vous l'entendiez vous-même aussi; écrivez-le, afin que vous le puissiez lire après l'avoir écrit. Rapportez toutes choses à la correction des mœurs et à l'adoucissement des passions; étudiez, non pour être plus savant que les autres, mais pour être meilleur.

ÉPITRE XC.

Que la philosophie a établi la piété et la justice. — Les premiers hommes vivaient en communauté de biens, et les sages étaient les rois de ce temps-là. — Il combat l'opinion de Posidonius qui attribue à la philosophie l'invention des arts mécaniques.

Qui peut douter, mon cher Lucile, que la vie ne soit une grâce des dieux, et la vie pleine de sagesse et de vertu, une faveur de la philosophie? Ainsi, la vie des vertueux et des sages est préférable à la vie commune. Nous serions plus obligés à la philosophie qu'aux dieux, si les dieux mêmes n'étaient auteurs de la philosophie, et n'avaient rendu tout le monde capable de l'acquérir; car, si la chose eût été vulgaire, et que nous fussions tous nés prudents, la sagesse aurait perdu le plus grand avantage qu'elle ait; je veux dire de n'être pas du nombre des choses fortuites. Ce qu'elle a d'excellent et de magnifique, c'est qu'elle ne vient point du hasard, que chacun la tient de soi-même, et n'en est obligé à personne. Qu'y aurait-il tant à admirer dans la philosophie, si c'était une chose qui se pût donner par gratification? Toute son application consiste à trouver la vérité des choses divines et humaines. La justice, la piété, la religion, et toutes les autres vertus qui sont liées et jointes ensemble, ne l'abandonnent jamais; c'est elle qui a établi le culte des dieux et l'amitié entre les hommes, qui nous a appris que les dieux sont maîtres du monde, et que les hommes y doivent vivre en communauté; ce qui s'est observé durant quelques siècles et jusqu'au temps que l'avarice, rompant cette sainte société, rendit pau-

---

nec contenti solo, nisi quod manu feceritis, maria agetis introrsus. Omnibus licet locis tecta vestra resplendeant, alicubi imposita montibus, in vastum terrarum marisque prospectum, alicubi ex plano in altitudinem montium educta; quum multa ædificaveritis, quum ingentia, tamen et singula corpora estis, et parvula. Quid prosunt multa cubicula? in uno jacetis. Non est vestrum, ubicumque non estis. Ad vos deinde transeo, quorum profunda et insatiabilis gula hinc maria scrutatur, hinc terras. Alia hamis, alia laqueis, alia retium variis generibus cum magno labore persequimur; nullis animalibus, nisi ex fastidio, pax est. Quantulum enim ex istis epulis, quæ per tot comparatis manus, fesso voluptatibus ore libatis? Quantulum ex ista fera, periculose capta, dominus crudius ac nauseans gustat? Quantulum ex tot conchyliis, tam longe advectis, per istum stomachum inexplebilem labitur? Infelices etiam, quod non intelligitis, majorem vos famem habere, quam ventrem! » — Hæc aliis dic, ut, dum dicis, audias ipse; scribe, ut, dum scribis, legas; omnia ad mores, et ad sedandam rabiem affectuum referas. Stude, ut non plus aliquid scias, sed ut melius. Vale.

EPISTOLA XC.

LAUS PHILOSOPHIÆ : AD ILLAM SOLIUS ANIMI CURAM PERTINERE.

Quis dubitare, mi Lucili, potest, quin Deorum immortalium munus sit, quod vivimus? philosophiæ, quod bene vivimus? itaque tanto plus huic nos debere, quam Diis, quanto majus beneficium est bona vita, quam vita? Pro certo deberetur, nisi ipsam Dii philosophiam tribuissent; cujus scientiam nulli dederunt, facultatem omnibus. Nam si hanc quoque bonum vulgare fecissent, et prudentes nasceremur; sapientia, quod in se optimum habet, perdidisset; inter fortuita esset. Nunc enim hoc in illa pretiosum atque magnificum est, quod non obvenit, quod illam sibi quisque debet, quod non ab alio petitur. Quid haberes quod in philosophia suspiceres, si beneficiaria res esset? Hujus opus unum est, de divinis humanisque verum invenire; ab hac numquam recedit justitia, pietas, religio, et omnis alius comitatus virtutum consertarum, et inter se cohærentium. Hæc docuit colere divina, humana diligere, et penes Deos imperium esse, inter homines consortium, quod aliquandiu inviolatum mansit, antequam societatem avaritia distraxit, et pau-

vres ceux-là mêmes qu'elle avait le plus enrichis; car ils perdirent la possession des choses dont ils avaient affecté la propriété. Les premiers hommes, et ceux qui leur succédèrent, n'étant point encore corrompus, suivaient simplement la nature; elle leur servait de conduite et de loi; ils se laissaient gouverner par celui qu'ils jugeaient le plus homme de bien; car il est naturel que le commandement passe entre les mains de celui qui vaut le mieux. Les animaux prennent pour conducteur celui d'entre eux qui est le plus grand ou le plus fort. Vous ne verrez point un taureau faible et petit marcher à la tête du troupeau, mais bien celui qui a le plus grand corps et la plus large encolure. Entre les éléphants, le plus grand conduit les autres; entre les hommes, le meilleur est estimé le plus grand. Ils faisaient choix d'un gouverneur par les bonnes qualités de son âme, et ces peuples vivaient heureux et contents, parce que, pour être le plus puissant, il fallait être le meilleur.

Celui-là peut tout ce qu'il veut, qui pense qu'il ne peut que ce qu'il doit. C'est pourquoi Posidonius estime que les sages étaient les rois de ce temps-là, qu'on appelait le siècle d'or. Ils empêchaient les violences et défendaient les plus faibles de l'oppression des plus forts. Ils persuadaient ou dissuadaient suivant les occasions, et faisaient connaître ce qui était utile ou préjudiciable; ils pourvoyaient, par leur prudence, aux besoins de ceux qui leur étaient soumis; ils les garantissaient des périls par leur valeur, et, par leur libéralité, ils les comblaient de biens. Ce n'était pas régner alors que de commander; c'était exercer une charge.

Ils ne tournaient jamais leur force contre ceux de qui ils l'avaient reçue. Personne n'avait intention ni sujet de malfaire; car, si l'on savait bien commander, l'on savait aussi bien obéir; et la plus forte menace que le prince faisait à ceux qui n'étaient pas assez soumis, c'était de quitter le commandement. Mais après que le vice, s'étant mis en crédit, eut changé les royaumes en tyrannies, on eut besoin de lois, qui furent données par les sages au commencement. Solon en donna aux Athéniens, et fut mis parmi les sages de ce temps-là, lesquels, au nombre de sept, se faisaient distinguer entre les autres. Si Lycurgue fût venu au même siècle, il aurait été le huitième. Les lois de Zaleucus et de Charondas sont en grande réputation. Ce ne fut pas dans le barreau ni dans les consultations, mais dans l'école silencieuse de Pythagore, qu'ils apprirent le droit, pour s'en servir après au règlement de la Sicile, qui était alors florissante, et des villes que les Grecs tenaient en Italie.

Jusqu'ici je suis de l'avis de Posidonius; mais je ne lui saurais accorder que la philosophie ait inventé tous ces métiers qui sont nécessaires aux commodités de la vie. C'est faire trop d'honneur aux arts mécaniques. « Comme elle vit, dit-il, les premiers hommes épars de tous côtés, les uns retirés en des cabanes, les autres dans les creux de quelques arbres, de quelques rochers, elle leur apprit à bâtir des maisons. » Pour moi, j'estime que ces bâtiments qui ont tant d'étages, qu'une ville en est offusquée, sont aussi peu de l'invention de la philosophie que les viviers et les réservoirs où

---

pertatis causa etiam his, quos fecit locupletissimos, fuit. Desierunt enim omnia possidere, dum volunt propria. Sed primi mortalium, quique ex his geniti naturam incorrupti sequebantur, eamdem habebant et ducem, et legem, commissi melioris arbitrio. Naturæ est enim, potioribus deteriora submittere. Mutis quidem gregibus aut maxima corpora præsunt, aut vehementissima. Non præcedit armenta degener taurus, sed qui magnitudine ac toris cæteros mares vicit; elephantorum gregem excellentissimus ducit; inter homines pro maximo est optimum. Animo itaque rector eligebatur; ideoque summa felicitas erat gentium, in quibus non poterat potentior esse, nisi melior. Tantum enim, quantum vult, potest, qui se, nisi quod debet, non putat posse.

Illo ergo sæculo, quod aureum perhibent, penes sapientes fuisse regnum Posidonius judicat. Hi continebant manus, et infirmiores a validioribus tuebantur; suadebant, dissuadebantque, et utilia atque inutilia monstrabant. Horum prudentia, ne quid deesset suis, providebat; fortitudo arcebat pericula; beneficentia augebat ornabatque subjectos. Officium erat imperare, non regnum. Nemo, quantum posset adversus eos, experiebatur, per quos cœperat posse; nec erat cuiquam aut animus in injuriam, aut causa; quum bene imperanti bene pareretur, nihilque rex majus minari male parentibus posset, quam ut abiret e regno. Sed postquam, subrepentibus vitiis, in tyrannidem regna conversa sunt, opus esse cœpit legibus, quas et ipsas inter initia tulere sapientes. Solon, qui Athenas æquo jure fundavit, inter septem ævi sapientia notus: Lycurgum si eadem ætas tulisset, sacro illi numero accessisset octavum: Zaleuci leges Charondæque laudantur. Hi non in foro, nec in consultorum atrio, sed in Pythagoræ tacito illo sanctoque secessu didicerunt jura, quæ florenti tunc Siciliæ et per Italiam Græciæ ponerent.

Hactenus Posidonio assentio: artes quidem a philosophia inventas, quibus in quotidiano usu vita utitur, non concesserim; nec illi fabricæ asseram gloriam. « Illa, inquit, sparsos, et aut cavis tectos, aut aliqua rupe suffossa, aut exesæ arboris trunco, docuit tecta moliri. » Ego vero philosophiam judico non magis excogitasse has machinationes tectorum supra tecta surgentium, et urbium urbes prementium, quam vivaria piscium in hoc clusa, ut tempestatum pericula non adiret gula, et, quamvis acerrime pelago sæviente, haberet luxuria portus suos, in quibus distinctos piscium greges saginaret.

les poissons sont enfermés et nourris chacun selon leur espèce, afin que le luxe y puisse pêcher comme dans un port, durant l'orage et la tempête. Quoi! la philosophie a-t-elle enseigné aux hommes à avoir des clefs et des serrures. N'était-ce pas appeler l'avarice dans le monde? Pouvez-vous croire qu'elle ait introduit ces voûtes suspendues et si dangereuses, puisqu'il était aisé de se retirer en des lieux plus assurés et bâtis par les mains de la nature? Croyez-moi, ce siècle si fortuné n'avait point d'architectes. L'invention du bois carré et de la scie, dont on coupe également une poutre, est venue avec le luxe.

On fendait autrefois le bois avec des coins.

On ne faisait point encore de salles pour les festins; on ne voyait point amener, sur des chariots qui font trembler les rues, des pins et des sapins, pour en faire des lambris dorés. Des pieux fourchus, plantés d'un bout à l'autre, soutenaient une cabane couverte de branches et de feuillages fort épais, à qui l'on donnait de la pente pour faire écouler les eaux des plus grandes pluies; ils étaient là-dedans en sûreté. La liberté était logée sous le chaume, comme la servitude l'est aujourd'hui parmi l'or et le marbre. Je ne m'accorde pas encore avec Posidonius, en ce qu'il tient que les sages ont inventé les outils des artisans; car, de cette manière, il pourrait dire encore que ce fut par leur invention

Qu'on commença d'user de piéges et de rets,
Et de placer des chiens sur le bord des forêts.

Ce sont choses que l'industrie des hommes a produites, et non pas la sagesse. Je ne conviens pas aussi qu'elle ait trouvé le cuivre et le fer, pour avoir vu que, par l'embrasement d'une forêt, la terre faisait couler des veines d'un métal fondu. Tout cela s'est trouvé par les gens qui se mêlaient de ces métiers. Il ne me semble pas encore que ce soit une question si difficile que l'a dit Posidonius, savoir, qui a été le premier en usage, des tenailles ou du marteau. C'est quelqu'un qui avait de l'expérience et de la vivacité, non pas un fort grand génie, qui a inventé l'un et l'autre, et généralement toutes les choses qu'il faut chercher le dos courbé et les yeux tournés vers la terre. Le sage a toujours vécu fort simplement. Vous voyez même qu'au siècle où nous sommes il fait le moindre embarras. Mais, dites-moi, je vous prie, lequel admirez-vous davantage, ou de Dédale, qui inventa la scie, ou de Diogène, qui couchait plié en deux dans un tonneau, et qui, voyant un jeune garçon qui buvait dans le creux de sa main, tira aussitôt la tasse qu'il portait dans sa poche et la cassa, disant : Je suis bien fou d'avoir porté si longtemps un meuble si superflu? Enfin lequel estimez-vous aujourd'hui le plus sage, de celui qui a trouvé le moyen de tirer ce safran et de le faire monter en haut par des tuyaux cachés, d'emplir et vider des canaux presqu'en un moment, d'ajuster les lambris des salles de telle manière qu'ils prennent, quand on veut, de nouvelles formes, et que l'on voit changer les planches autant de fois que les services; ou de celui qui apprend aux autres et à

Quid ais? Philosophia docuit homines habere clavem et seram? Et quid aliud erat, avaritiæ signum dare? Philosophia hæc cum tanto habitantium periculo imminentia tecta suspendit? Parum enim erat fortuitis tegi, et sine arte et difficultate naturale sibi invenire aliquod receptaculum! Mihi crede, felix illud sæculum ante ἀρχιτέκτονας fuit. Ista nata sunt jam nascente luxuria, in quadratum tigna decidere, et serra per designata currente, certa manu trabem scindere.

Nam primi cuneis scindebant fissile lignum.

Non enim tecta cœnationi, epulum recepturæ, parabantur; nec in hunc usum pinus aut abies deferebatur longo vehiculorum ordine, vicis intrementibus, ut ex illa lacunaria auro gravia penderent. Furcæ utrimque suspensæ fulciebant casam : spissatis ramalibus, ac fronde congesta et in proclive disposita, decursus imbribus, quamvis magnis, erat. Sub his tectis habitavere securi. Culmus liberos texit; sub marmore atque auro servitus habitat. In illo quoque dissentio a Posidonio, quod « ferramenta fabrilia excogitata a sapientibus viris judicat. » Isto enim modo dicat licet sapientes, per quos

Tunc laqueis captare feras, et fallere visco
Inventum, et magnos canibus circumdare saltus.

Omnia enim ista sagacitas hominum, non sapientia invenit. In hoc quoque dissentio, « sapientes fuisse, qui ferri metalla et æris invenerint, quum incendio silvarum adusta tellus in summo venas jacentes liquefactas fudisset. » Ista tales inveniunt, quales colunt. Ne illa quidem tam subtilis quæstio mihi videtur, quam Posidonio : « Utrum malleus in usu esse prius, an forcipes cœperint. » Utraque invenit aliquis exercitati ingenii, acuti, non magni, nec elati; et quidquid aliud corpore incurvato, et animo humum spectante, quærendum est. Sapiens facili victu fuit. Quidni? quum hoc quoque sæculo esse quam expeditissimus cupiat.

Quomodo, oro te, convenit, ut et Diogenem mireris, et Dædalum? Uter ex his sapiens tibi videtur? qui serram commentus est? an ille, qui, quum vidisset puerum cava manu bibentem aquam, fregit protinus exemptum e perula calicem, hac objurgatione sui : « Quamdiu homo stultus supervacuas sarcinulas habui? » qui se complicuit in dolio, et in eo cubitavit? Hodie utrum tandem sapientiorem putas, qui invenit quemadmodum in immensam altitudinem crocum latentibus fistulis exprimat; seu Euripos subito aquarum impetu implet aut siccat, et versatilia cœnationum laquearia ita coagmentat, ut subinde alia facies atque alia succedat, et toties tecta, quoties fercula mutentur? an eum, qui et aliis et sibi hoc monstrat quam nihil nobis natura durum ac difficile imperaverit? posse nos

soi-même que la nature ne nous a rien ordonné de dur ni de difficile, que nous pouvons être logés sans avoir des tailleurs de marbre; être vêtus sans avoir commerce aux pays d'où viennent les soies; être fournis de tout ce qui nous est nécessaire, si nous nous contentons de ce que la terre a mis à découvert, et que par ce moyen nous aurons aussi peu affaire d'un cuisinier que d'un soldat? Certainement ces hommes-là étaient sages, ou fort approchant des sages qui s'embarrassaient si peu des nécessités du corps.

Il faut peu de soin pour le nécessaire, mais beaucoup de peine pour le délicieux et le superflu. On n'a pas besoin d'artisans lorsqu'on suit la nature. Elle n'a pas voulu que nous fussions occupés pour les choses qu'elle a rendues nécessaires. Elle nous en a pourvus. Oui; mais quel moyen de supporter le froid quand on est tout nu? Quoi! les peaux de tant de bêtes ne sont-elles pas suffisantes pour vous en mettre à couvert? N'y a-t-il pas des peuples qui se couvrent d'écorces d'arbres, et d'autres qui se font des habits de plumes d'oiseaux? La plupart des Scythes d'aujourd'hui ne sont-ils pas vêtus de fourrures de renards et de martres qui sont douces sous la main, et que le vent ne saurait percer? Vous me répondrez:—Nous avons besoin d'ombrages épais pour nous défendre des ardeurs du soleil. — Quoi! ces bonnes gens ne faisaient-ils pas des trous en de certains lieux, que l'injure du temps ou quelque autre accident a depuis cavés et réduits en grottes? Quoi! ne faisaient-ils pas des claies d'osier, qu'ils enduisaient de terre détrempée et couvraient de chaume et de fougère, où ils passaient l'hiver à leur aise, la pluie s'écoulant par les endroits qui avaient le plus de pente? Quoi! ces Africains qui sont proche des Syrtes ne demeurent-ils pas sous terre? Il n'y a point d'autre abri capable de les garantir de la chaleur, qui est extrême, que la terre même, et encore toute brûlante. La nature ne nous a pas été si ennemie, qu'ayant rendu la vie aisée à tous les animaux, elle ait voulu que l'homme seul ne pût vivre sans tant de métiers et tant d'artifices; elle ne nous a point obligés à tout cela, ni même à rechercher avec peine de quoi entretenir notre vie. Nous avons trouvé toutes choses prêtes quand nous sommes venus au monde; mais le dégoût de la facilité nous les a rendues toutes difficiles. Les maisons, les vêtements, les viandes et les autres nécessités du corps, dont nous faisons maintenant notre principale affaire, se rencontraient partout dans ces premiers siècles; toutes ces choses ne coûtaient rien, et se pouvaient recouvrer sans beaucoup de peine, car personne n'en prenait que selon sa nécessité. Nous y avons mis le prix et la cherté qui en rendent l'acquisition difficile. La nature nous fournit elle-même tout ce qu'elle nous demande; le luxe, s'en étant éloigné, l'excite contre elle tous les jours, et croissant de siècle en siècle, il prête son industrie pour entretenir les autres vices. Il a commencé à désirer des choses superflues, puis des choses contraires; à la fin, il a soumis l'âme aux volontés du corps. Tous ces métiers qui font tant de bruit dans les villes, et qui nous éveillent si matin, ne travaillent que pour le service du corps. Ce qu'on ne lui donnait

habitare sine marmorario ac fabro; posse nos vestitos esse sine commercio Serum; posse nos habere usibus nostris necessaria, si contenti fuerimus his, quæ terra posuit in summo. Quem si audire humanum genus voluerit, tam supervacuum sciet sibi coquum esse, quam militem. Illi sapientes fuerunt, aut certe sapientibus similes, quibus expedita erat tutela corporis. Simplici cura constant necessaria; in delicias laboratur. Non desiderabis artifices, si sequeris naturam: illa noluit esse districtos; ad quæcumque nos cogebat; instruxit. Frigus intolerabile est corpori nudo. Quid ergo? non pelles ferarum et aliorum animalium a frigore satis abundeque defendere queunt? non corticibus arborum pleræque gentes tegunt corpora? non avium plumæ in usum vestis conseruntur? non hodieque magna Scytharum pars tergis vulpium induitur ac murium, quæ tactu mollia et impenetrabilia ventis sunt?—Opus est tamen calorem solis æstivi umbra crassiore propellere. — Quid ergo? non vetustas multa abdidit loca, quæ vel injuria temporis, vel alio quolibet casu excavata in specum recesserunt? Quid ergo? non quamlibet virgeam cratem texuerunt manu, et vili oblinierunt luto, deinde stipula aliisque silvestribus operuere fastigium, et, pluviis per devexa labentibus, hiemem transiere securi? Quid ergo? non in defosso latent Syrticæ gentes? quibus propter nimios solis ardores nullum tegumentum satis repellendis caloribus solidum est, nisi ipsa arens humus.

Non fuit tam inimica natura, ut, quum omnibus aliis animalibus facilem actum vitæ daret, homo solus non posset sine tot artibus vivere. Nihil horum ab illa nobis imperatum est, nihil ægre quærendum, ut possit vita produci. Ad parata nati sumus: nos omnia nobis difficilia facilium fastidio fecimus. Tecta tegumentaque, et fomenta corporum, et cibi, et quæ nunc ingens negotium facta sunt, obvia erant, et gratuita, et opera levi parabilia; modus enim omnium, prout postulabat necessitas, erat: nos ista pretiosa, nos mira, nos magnis multisque conquirenda artibus fecimus. Sufficit ad id natura, quod poscit. A natura luxuria descivit, quæ quotidie se ipsa incitat, et tot sæculis crescit, et ingenio adjuvat vitia. Primo supervacua cœpit concupiscere, inde contraria, novissime animum corpori addixit, et illius deservire libidini jussit. Omnes istæ artes, quibus aut excitatur civitas aut strepit, corporis negotium gerunt; cui omnia olim tanquam servo præstabantur, nunc tanquam domino parantur. Itaque hinc textorum, hinc fabrorum officinæ sunt, hinc odores

autrefois que comme à un esclave, on le lui apprête aujourd'hui comme à un seigneur. C'est ce qui a érigé toutes ces boutiques de brodeurs, de parfumeurs, d'orfèvres, et ces écoles de danse et de musique. Ce n'est plus la mode de borner ses désirs par la nécessité. C'est être grossier et misérable de se contenter de ce qui suffit. On ne saurait croire, mon cher Lucile, combien la douceur des paroles a de force pour éloigner les plus grands hommes de la connaissance de la vérité. Posidonius, l'un de ceux qui, à mon avis, ont le plus mérité de la philosophie, après avoir décrit comme on tire le fil, comme on le retord, comme la toile se tient en état par le moyen des poids qu'on y attache, comme le peigne serre la trame qui a passé avec la navette, dit que les sages ont inventé le métier de tisserand, ne se souvenant pas que l'on a trouvé depuis une méthode plus subtile.

Entre deux rangs de fils sur le métier tendus,
La navette en courant entrelace la trame,
Puis le peigne aussitôt en serre les tissus.

S'il eût vu les toiles de ce temps-ci, dont on fait des voiles si clairs qu'ils ne sauraient couvrir le corps, ni même cacher les nudités, il aurait été bien surpris. Il parle ensuite du labourage, et fait une description élégante des deux premières façons que l'on donne à la terre pour la rendre meuble, afin que le grain y prenne plus facilement racine, de la semence qu'on y jette, et des mauvaises herbes que l'on arrache, de peur qu'elles n'étouffent le grain. Il est encore d'avis que tout cela vient de l'invention des sages, comme si les laboureurs ne trouvaient pas tous les jours quelque chose de nouveau pour augmenter la fertilité des terres. Après leur avoir attribué tous ces métiers, il leur donne encore celui de meunier; car il raconte comme, suivant les traces de la nature, ils ont commencé à faire du pain; qu'ils ont remarqué que les dents, en se rencontrant, brisaient, par leur dureté, les aliments que l'on mettait dans la bouche, que la langue leur rapportait ce qui s'en était échappé, et que tout, étant détrempé par la salive, descendait aisément par la gorge dans l'estomac où il était cuit comme dans un pot, et passait enfin en notre substance : que sur ce modèle ils mirent deux pierres dures l'une sur l'autre, comme sont les dents, et que, tournant celle de dessus sur celle de dessous qui demeurait fixe, ils brisèrent les grains qui étaient entre deux, et les réduisirent en farine; ils détrempèrent cette farine avec de l'eau, et en la maniant et retournant plusieurs fois, ils en firent la pâte qu'ils mirent cuire d'abord sous des cendres chaudes, puis sur des briques échauffées, dont ensuite ils s'avisèrent de bâtir des fours de diverses façons pour lui donner le feu si âpre qu'ils voudraient. Il ne s'en faut guère qu'il n'ait fait les sages inventeurs du métier de savetier. J'avoue que c'est la raison qui a trouvé tout cela, mais non pas la principale et sublime raison. Ce sont simplement inventions d'hommes, et non de ceux qu'on appelle sages, de même que les vaisseaux qui nous servent à passer les mers et les rivières, par le moyen des voiles qui prennent le

coquentium, hinc molles corporis motus docentium, mollesque cantus et infractos. Recessit enim ille naturalis modus, desideria ope necessaria finiens : jam rusticitatis et miseriæ est velle quantum sat est.

Incredibile est, mi Lucili, quam facile etiam magnos viros dulcedo orationis abducat a vero. Ecce Posidonius, (ut mea fert opinio, ex his qui plurimum philosophiæ contulerunt), dum vult describere primum quemadmodum alia torqueantur fila, alia ex molli solutoque ducantur; deinde, quemadmodum tela suspensis ponderibus rectum tamen extendat, quemadmodum subtemen insertum, quod duritiam utrimque comprimentis tramæ remolliat, spatha coire cogatur et jungi; textrini quoque artem a sapientibus dixit inventam, oblitus, postea repertum hoc subtilius genus, in quo

Tela jugo juncta est, stamen secernit arundo;
Inseritur medium radiis subtemen acutis,
Quod lato feriunt insecti pectine dentes.

Quid si contigisset illi addere has nostri temporis telas, quibus vestis nihil celatura conficitur, in qua non dico nullum corpori auxilium, sed nullum pudori est? Transit deinde ad agricolas, nec minus facunde describit proscissum aratro solum, et iteratum quo solutior terra facilius pateat radicibus, tunc sparsa semina, et collectas manu herbas, ne quid fortuitum et agreste succrescat, quod necet segetem. Hoc quoque opus ait esse sapientium; tanquam non nunc quoque plurima cultores agrorum nova inveniant, per quæ fertilitas augeatur. Deinde non est contentus his artibus, sed in pistrinum sapientem submittit. Narrat enim, quemadmodum, rerum naturam imitatus, panem cœperit facere : « Receptas, inquit, in os fruges concurrens inter se duritia dentium frangit, et, quidquid excidit, ad easdem dentes lingua refertur; tunc vero miscetur, ut facilius per fauces lubricas transeat; quum pervenit in ventrem, aqualiculi fervore concoquitur; tunc demum corpori accedit. Hoc aliquis secutus exemplar, lapidem asperum aspero imposuit, ad similitudinem dentium, quorum pars immobilis motum alterius exspectat; deinde utriusque attritu grana franguntur, et sæpius regeruntur, donec ad minutiam frequenter trita redigantur. Tunc farinam aqua sparsit, et assidua tractatione perdomuit, finxitque panem, quem primo cinis calidus et fervens testa percoxit; deinde furni paulatim reperti, et alia genera, quorum fervor serviret arbitrio. » — Non multum abfuit, quin sutrinum quoque inventum a sapientibus diceret.

Omnia ista ratio quidem, sed non recta ratio, commenta est. Hominis enim, non sapientis, inventa sunt; tam mehercules, quam navigia, quibus amnes, quibusque maria transivimus, aptatis ad excipiendum ventorum

vent, et du gouvernail qui est attaché derrière, qui en règle le cours. L'exemple en est venu des poissons qui se conduisent par la queue, dont le mouvement les porte promptement de côté et d'autre. Le sage, dit Posidonius, est auteur de toutes ces inventions; mais, parce qu'elles étaient au-dessous de lui, il en a laissé l'exercice à des gens de moindre considération. Pour moi, je tiens que tous ces métiers n'ont point d'autres inventeurs que ceux-là mêmes qui les ont pratiqués jusqu'à présent. N'a-t-on pas trouvé de nos jours quelque chose de nouveau, comme l'usage des vitres qui transmettent la lumière par un corps transparent; les étuves suspendues, et les tuyaux enchâssés dans les parois pour échauffer également une chambre par haut et par bas? Que dirai-je des marbres que l'on voit éclater dans les temples et dans les maisons, de ces masses de pierres rondes et polies qui forment des portiques capables de mettre à couvert un peuple entier? de ces notes qui recueillent une harangue quelque vite qu'on la puisse prononcer, en sorte que la diligence de la main égale la promptitude de la langue? Ce sont toutes inventions de nos plus malheureux esclaves.

La sagesse se porte bien plus haut. C'est elle qui dresse les âmes, et non pas les mains. Voulez-vous savoir de quoi elle se mêle, et ce qu'elle a mis au jour? Ce n'est point la danse ni le son de la flûte, ou de la trompette, non plus que la science des armes et de la guerre. Elle n'entreprend rien qui ne soit utile; elle porte tout le monde à la paix et à la concorde. Elle ne forge point, dis-je, des outils pour l'usage des artisans. Ce serait la ravaler bien bas. Vous voyez que c'est elle qui gouverne la vie, et qu'ainsi les métiers qui servent à la vie relèvent de son domaine. Au reste, elle se propose la félicité pour objet; elle nous y conduit, elle nous en ouvre le chemin, elle fait connaître ce qui est mal en effet et ce qui ne l'est que par opinion. Elle chasse la vanité et met en sa place une grandeur solide. Elle montre la différence qu'il y a entre l'illustre et l'orgueilleux, et fait voir ce que c'est du monde et ce qu'elle est elle-même. Elle enseigne ce qui est des dieux, des enfers, des lares et des génies; quelle est la nature des âmes immortelles qui tiennent le second rang après les dieux; leur séjour, leurs occupations, leurs désirs et leur puissance. Voilà comme l'on est initié pour avoir entrée, non dans un mystère particulier, mais dans le temple des dieux, qui est le monde, duquel elle présente toutes les faces et les images aux yeux de notre esprit, ceux de notre corps étant trop faibles pour les contempler. Après cela elle revient aux principales choses. Elle parle de cet esprit éternel qui anime l'univers, et de la vertu des semences qui donne une même figure à tout ce qui est d'une même espèce. Ensuite elle recherche la nature de l'âme, son origine, son siége, sa durée, et comment elle est répandue dans les membres. Des choses corporelles elle passe aux intellectuelles, et fait l'examen de la vérité et de ses conjectures, même des doutes qui se présentent touchant la vie et la mort, parce qu'en l'une et en l'autre on a confondu le vrai avec le faux.

---

necet sagittam. Hoc quoque cupio eas sapientiam impetum velis, et additis a tergo gubernaculis, quae huc atque illuc cursum navigii torqueant : exemplum a piscibus tractum est, qui cauda reguntur, et levi ejus in utrumque momento velocitatem suam flectunt. « Omnia, inquit, hæc sapiens quidem invenit, sed minora, quam ut ipse tractaret, sordidioribus ministris dedit. » Imo non ab aliis excogitata ista sunt, quam a quibus hodieque curantur. Quædam nostra demum prodiisse memoria scimus : ut speculariorum usum, perlucente testa clarum transmittentium lumen; ut suspensuras balneorum, et impressos parietibus tubos, per quos circumfunderetur calor, qui ima simul ac summa foveret æqualiter. Quid loquar marmora, quibus templa, quibus domus fulgent? Quid lapideas moles in rotundum ac leve formatæ, quibus porticus et capacia populorum tecta suscipimus? Quid verborum notas, quibus quamvis citata excipitur oratio, et celeritatem linguæ manus sequitur? Vilissimorum mancipiorum ista commenta sunt; sapientia altius sedet, nec manus edocet, animorum magistra est. Vis scire, quid illa eruerit, quid effecerit? Non dedecoros corporis motus, nec varios per tubam ac tibiam cantus, quibus exceptus spiritus, aut in exitu, aut in transitu, formatur in vocem; non arma, nec muros, nec bella : utilia molitur, paci favet, et genus humanum ad concordiam vocat. Non est, inquam, instrumentorum ad usus necessarios opifex. Quid illi tam parvula assignas? Artificem vides vitæ. Alias quidem artes sub dominio habet; nam cui vita, illi vitæ quoque ornamenta serviunt : ceterum ad beatum statum tendit; illo ducit, illo vias aperit. Quæ sint mala, quæ videantur, ostendit; vanitatem exuit mentibus, dat magnitudinem solidam, inflatam vero, et ex inani speciosam reprimit; nec ignorari sinit, inter magna quid intersit et tumida : totius naturæ notitiam, ac suæ, tradit. Quid sint Dii, qualesque, declarat; quid inferi, quid lares et genii; quid in secundam numinum formam animæ perpetitæ, ubi consistant, quid agant, quid possint, quid velint. Hæc ejus initiamenta sunt, per quæ non municipale sacrum, sed ingens Deorum omnium templum, mundus ipse, reseratur; cujus vera simulacra, verasque facies cernendas mentibus protulit; nam ad spectacula tam magna hebes visus est. Ad initia deinde rerum redit, æternamque rationem toti inditam, et vim omnium seminum singula proprie figurantem. Tum de animo cœpit inquirere, unde esset, ubi, quamdiu, in quot membra divisus. Deinde a corporibus se ad incorporalia transtulit, veritatemque et argumenta ejus excussit : post hæc, quemadmodum discernerentur vitæ ac necis ambigua; in utraque enim falsa veris immixta sunt.

Le sage, dis-je, n'a point abandonné ni délaissé tous les arts et les métiers, comme le croit Posidonius; il ne s'y est pas même arrêté; car aurait-il estimé digne de son invention ce qu'il n'estimait pas digne d'un perpétuel usage? Il n'aurait pas pris une chose pour la quitter. Il dit qu'Anacharsis inventa la roue du potier, sur le tour de laquelle se forme la vaisselle de terre. Et parce que, dans Homère, il est parlé d'une roue de potier, il veut que le vers soit faux pour sauver sa fable. Je ne veux pas contester qu'Anacharsis n'en fût l'auteur; mais si ce fut lui, j'avoue qu'un sage fut l'inventeur de cette roue, mais non comme sage; car il y a bien des choses que les sages font en qualité d'hommes et non en qualité de sages. Supposons qu'un sage soit bon coureur; il passera tout le monde à la course, parce qu'il est bon coureur, non parce qu'il est sage. Je voudrais montrer à Posidonius quelque faiseur de verres, qui, de son souffle seul, donne à un verre des tours et des façons que la plus adroite main aurait peine d'imiter; et cependant cela s'est trouvé depuis qu'il ne se trouve plus de sages. Il dit encore que l'on croit que Démocrite est l'inventeur des arcades, où plusieurs pierres courbées et penchant en bas se lient ensemble par la clef que l'on met au milieu. Je puis assurer que cela est faux; car il y avait certainement avant Démocrite des ponts et des portes dont le dessus est ordinairement courbé; mais on a oublié de dire que Démocrite a trouvé la manière de polir l'ivoire, de convertir des cailloux recuits en émeraudes, et que, par cette méthode, on donne encore aujourd'hui telle couleur que l'on veut aux pierres qui sont propres à cuire. Je veux que le sage ait inventé cela; il ne l'a pas fait en qualité de sage, étant certain qu'il fait beaucoup d'ouvrages que des gens sans esprit font aussi bien que lui, et quelquefois avec plus d'adresse et d'expérience.

Voulez-vous savoir ce que les sages ont recherché, et ce qu'ils ont mis en lumière? Premièrement, la connaissance de la nature, telle qu'elle est dans la vérité, ne l'ayant point considérée, comme les autres animaux, avec des yeux qui ne sauraient pénétrer dans les choses divines. En second lieu, ils ont donné des lois à la vie humaine, qu'ils ont étendues généralement à toutes choses. Ils nous ont amenés à la connaissance des dieux et à l'obéissance que nous leur devons; ils nous ont appris qu'il faut recevoir tout ce qui arrive comme s'il nous était ordonné. Ils nous ont défendu de déférer aux fausses opinions, nous ont découvert la juste valeur de chaque chose, ont condamné les voluptés sujettes au repentir, et mis en honneur les biens qui n'apportent jamais de dégoût, montrant à tout le monde que c'est une grande prospérité que de n'avoir pas besoin de plaisirs, et une haute puissance que de régner sur soi-même. Je ne parle pas de cette philosophie qui a chassé les dieux hors du monde, les citoyens hors de leur ville, et qui a attaché la vertu au plaisir; mais de celle qui ne connaît point d'autre bien que ce qui est honnête, qui ne peut être corrompue par les faveurs des hommes, non plus que par les présents de la fortune, et de qui le prix et la grandeur consistent à ne pouvoir être surprise de ces choses que l'on appelle précieuses et grandes. Pour moi, je ne saurais croire que la philosophie fût en ce

---

Non abduxit, inquam, se, ut Posidonio videtur, ab istis artibus sapiens, sed ad illas omnino non venit. Nihil enim dignum inventu judicasset, quod non erat dignum perpetuo usu judicaturus; ponenda non sumeret. — « Anacharsis, inquit, invenit rotam figuli, cujus circuitu vasa formantur. » Deinde, quia apud Homerum invenitur figuli rota, mavult videri versus falsos esse, quam fabulam. Ego nec Anacharsin auctorem hujus rei fuisse contendo; et, si fuit, sapiens quidem hoc invenit, sed non tanquam sapiens; sicut multa sapientes faciunt, qua homines sunt, non qua sapientes. Puta velocissimum esse sapientem: cursu omnes anteibit, qua velox est, non qua sapiens. Cuperem Posidonio aliquem vitriarium ostendere, qui spiritu vitrum in habitus plurimos format, qui vix diligenti manu effingerentur. Hæc inventa sunt, postquam sapientem invenire desivimus. — « Democritus, inquit, invenisse dicitur fornicem, ut lapidum curvatura paulatim inclinatorum medio saxo alligaretur. » — Hoc dicam falsum esse. Necesse est enim, ante Democritum et pontes et portas fuisse, quarum fere summa curvantur. Excidit porro vobis, eumdem Democritum invenisse, quemadmodum ebur molliretur, quemadmodum decoctus calculus in smaragdum converteretur, qua hodieque coctura inventi lapides in hoc utiles colorantur. Ista sapiens licet invenerit, non, qua sapiens erat, invenit : multa enim facit, quæ ab imprudentissimis aut æque fieri vidimus, aut peritius, aut exercitatius.

Quid sapiens investigaverit, quid in lucem protraxerit, quæris? Primum rerum naturam; quam non, ut cætera animalia, oculis secutus est, tardis ad divina. Deinde vitæ legem; quam ad universa direxit: nec nosse tantum, sed sequi Deos docuit, et accidentia non aliter excipere, quam imperata. Vetuit parere opinionibus falsis, et, quanti quidque esset, vera æstimatione perpendit : damnavit mixtas pœnitentiæ voluptates, et bona semper placitura laudavit; et palam fecit, felicissimum esse, cui felicitate non opus est ; potentissimum esse, qui se habet in potestate. Non de ea philosophia loquor, quæ civem extra patriam posuit, extra mundum Deos, quæ virtutem donavit voluptati; sed de illa, quæ nullum bonum putat, nisi quod honestum est; quæ nec hominis, nec fortunæ muneribus deleniri potest; cujus hoc pretium est, non posse pretio capi.

Hanc philosophiam fuisse illo rudi sæculo, quo adhuc

siècle grossier où les métiers étaient encore cachés, et où l'on ne s'apercevait de l'utilité des choses que par l'usage qu'on en faisait ; ni qu'en cet âge fortuné où les présents de la nature étaient exposés à tout le monde, avant que l'avarice et le luxe eussent rompu la société des hommes pour les faire courir au pillage, il se rencontrât des hommes sages, quoiqu'ils fissent ce que font les sages. On ne saurait mettre la condition des hommes dans un état plus avantageux qu'elle n'était alors. Et, quand Dieu nous permettrait de réformer le monde et de donner des lois à toutes les nations, nous n'en donnerions point d'autres que celles qui s'observaient en ce temps-là, où l'on n'avait pas encore labouré la terre.

Un homme était tenu pour injuste et méchant,
S'il plantait une borne ou divisait un champ.
Les biens étaient communs, et la terre féconde
Donnait tout à foison dans l'enfance du monde.

Était-il rien de plus heureux que ces hommes-là ? Ils jouissaient en commun des biens de la nature, qui leur servait de mère, et dont la protection suffisait pour assurer la possession des richesses publiques. Ne puis-je pas dire qu'ils étaient parfaitement riches, puisqu'il ne s'y trouvait pas un seul pauvre ? Mais l'avarice vint troubler ce bel ordre, et voulant séquestrer et s'approprier quelque chose, elle mit tout en la puissance d'autrui ; si bien que, d'une vaste étendue étant réduite à un petit coin de terre, et ayant tout perdu pour en avoir désiré beaucoup, elle introduisit la pauvreté dans le monde, où elle était inconnue auparavant. Quoi que nous fassions aujourd'hui pour réparer cette perte ; que nous joignions une pièce de terre à une autre, soit par achat ou par usurpation sur notre voisin ; que nous donnions à notre domaine l'étendue d'une province entière, et que nous appelions une métairie le chemin de plusieurs journées que nous faisons sur nos terres, nous ne reviendrons jamais en l'état où nous étions. Nous avons beaucoup, au lieu que nous avions tout. La terre même était plus fertile quand elle n'était point labourée, et se montrait libérale envers les peuples qui ne lui ravissaient jamais rien par injustice. Si la nature produisait quelque chose en secret, on était aussi aise de le montrer que de l'avoir trouvé. Jamais l'un n'avait trop, ni l'autre trop peu, parce que tout se partageait comme entre frères. Le plus fort n'avait point encore mis la main sur le plus faible ; l'avare n'avait point caché ce qui pouvait servir aux nécessiteux. On avait autant de soin d'autrui que de soi-même. On n'entendait point le bruit des armes. On ne répandait point le sang des hommes, et l'on n'en voulait qu'aux bêtes sauvages. Ceux qui s'étaient retirés dans les forêts pour se mettre à l'abri du soleil, ou dans des loges couvertes de feuillages pour se parer de l'hiver ou de la pluie, passaient doucement les nuits sans soupirer, et reposaient mollement sur la dure, au lieu que le souci nous agite incessamment, et nous fait trouver des épines au milieu de nos lits d'écarlate. Ils n'avaient point sur leurs têtes des lambris ciselés et dorés ; mais, étant couchés à découvert, ils voyaient marcher les étoiles et rouler doucement cette grande machine, qui est le plus beau spectacle de la nuit. Ils

---

artificia deerant et ipso usu discebantur utilia, non credo : sicut ante, fortunato tempore, quum in medio jacerent beneficia naturæ promiscue utenda, antequam avaritia atque luxuria dissociavere mortales, et ad rapinam ex consortio discurrere, non erant illi sapientes viri, etiamsi faciebant facienda sapientibus. Statum quidem generis humani non alium quisquam suspexerit magis ; nec, si cui permittat Deus terrena formare et dare gentibus mores, aliud probaverit, quam quod apud illos fuisse memoratur, apud quos

. . . . . Nulli subigebant arva coloni.
Nec signare quidem aut partiri limite campum
Fas erat : in medium quærebant ; ipsaque tellus
Omnia liberius, nullo poscente, ferebat.

Quid hominum illo genere felicius ? In commune rerum natura fruebantur ; sufficiebat illa, ut parens, in tutelam omnium : hæc erat publicarum opum secura possessio. Quidni ego illud locupletissimum mortalium genus dixerim, in quo pauperem invenire non posses ? Irrupit in res optime positas avaritia, et, dum seducere aliquid cupit atque in suum vertere, omnia fecit aliena et in angustum ex immenso redacta : paupertatem intulit, et, multa concupiscendo, omnia amisit. Licet itaque velit nunc concurrere, et reparare quod perdidit ; licet agros agris adjiciat, vicinum vel pretio pellat æris, vel injuria ; licet in provinciarum spatium rura dilatet, et possessionem vocet per sua longam peregrinationem ; nulla nos finium propagatio eo reducet, unde discessimus. Quum omnia fecerimus, multum habebimus ; universum habebamus. Terra ipsa fertilior erat illaborata, et in usus populorum non diripientium larga. Quidquid natura protulerat, id non minus invenisse, quam inventum monstrare alteri, voluptas erat ; nec ulli aut superare poterat, aut deesse ; inter concordes dividebatur. Nondum valentior imposuerat infirmiori manum ; nondum avarus, abscondendo quod sibi jaceret, alium necessariis quoque excluserat : par erat alterius, ac sui, cura. Arma cessabant, incruentæque humano sanguine manus odium omne in feras verterant. Illi, quos aliquod nemus densum a sole protexerat, qui adversus sævitiam hiemis aut imbris vili receptaculo tuti sub fronde vivebant, placidas transigebant sine suspirio noctes. Sollicitudo nos in nostra purpura versat et acerrimis excitat stimulis : at quam mollem somnum illis dura tellus dabat ! Non impendebant cælata laquearia, sed in aperto jacentes sidera superlabebantur et insigne spectaculum noctium,

avaient en vue, à toute heure, ces grands palais, et prenaient plaisir à voir des astres tomber sous l'horizon, et d'autres y remonter et se lever de dessus la terre. N'était-il pas plus avantageux de contempler toutes ces merveilles en pleine campagne que d'être renfermé comme nous sommes dans nos maisons peintes et dorées où nous tremblons et sommes prêts à nous enfuir au moindre bruit que fait le plancher ou le bois de quelque tableau? Ils n'avaient pas de maisons spacieuses comme des villes, mais l'air y passait librement. Ils prenaient l'ombre sous les arbres et sous les rochers, et se bâtissaient, leurs propres mains, des cabanes auprès des fontaines qui coulaient sans artifice au milieu des prés toujours beaux et verts. C'étaient là des logis tels que la nature les demande, où ils pouvaient demeurer sans crainte, exempts des inquiétudes que nos maisons nous donnent aujourd'hui.

Mais, bien que leur vie fût innocente, on ne peut pas dire qu'ils fussent sages, parce que ce nom est affecté au plus grand de tous les emplois qui soient dans le monde. Ce n'est pas que je ne croie que c'étaient de grandes âmes, car elles sortaient fraîchement de la main des dieux ; étant certain que le monde, en sa jeunesse, produisait les choses meilleures qu'elles n'ont été depuis. Mais, quoiqu'ils eussent la nature la plus forte et la mieux disposée au travail, leurs esprits pourtant n'étaient pas encore affinés comme ils le sont aujourd'hui ; car, à proprement parler, la vertu n'est point entièrement un don de nature : il faut de l'art pour se faire homme de bien. Ces bonnes gens n'allaient point chercher l'or et l'argent, ni les pierres précieuses au fond de la terre, et, bien loin de faire mourir un homme de sang-froid pour le seul plaisir de la vue, ils pardonnaient même aux animaux. Leurs habits n'étaient point bigarrés de diverses couleurs, et l'or n'entrait point dans les ouvrages, car il n'était pas encore sorti des mines. Qu'étaient-ils donc? Ils étaient innocents par l'ignorance du mal. Or, ce sont choses bien différentes de ne vouloir point ou de ne savoir point mal faire; ils n'avaient pas le fonds de la justice, de la prudence, de la tempérance, et de la force; mais leur vie austère et grossière avait quelque chose en l'extérieur qui ressemblait à ces vertus-là. Il ne faut pas s'imaginer que la vertu loge dans une âme si elle n'est instruite, et disposée à la perfection par un exercice continuel. Nous sommes nés sans elle, et cependant, nous sommes venus pour elle, et le meilleur naturel du monde n'a point de vertu, s'il ne la reçoit par l'instruction d'autrui.

ÉPITRE XCI.

Il déplore l'incendie de la ville de Lyon. — Qu'il faut se soumettre à la loi du monde.

Libéralis, notre bon ami, est fort triste de la nouvelle qu'il a reçue de l'incendie de la ville de Lyon. Cet accident est capable de toucher une personne qui serait indifférente, à plus forte raison un homme qui aime bien son pays. Cela l'oblige d'avoir recours à la constance dont il s'était muni contre les disgrâces qu'il avait jugé lui pou-

mundus in præceps agebatur, silentio tantum opus ducens. Tam interdiu illis, quam noctu, patebant prospectus hujus pulcherrimæ domus ; libebat intueri signa, ex media cœli parte vergentia, rursus ex occulto alia surgentia. Quidni juvaret vagari inter tam late sparsa miracula? At vos ad omnem tectorum pavetis sonum, et, inter picturas vestras si quid increpuit, fugitis attoniti. Non habebant domos instar urbium. Spiritus, ac liber inter aperta perflatus, et levis umbra rupis aut arboris, et perlucidi fontes, rivique non opere, nec fistula, nec ullo coacto itinere obsolefacti, sed sponte currentes, et prata sine arte formosa ; inter hæc agreste domicilium rustica positum manu. Hæc erat secundum naturam domus ; in qua libebat habitare, nec ipsam, nec pro ipsa, timentem : nunc magna pars nostri metus tecta sunt.

Sed, quamvis egregia illis vita fuerit et carens fraude, non fuere sapientes, quando hoc jam in opere maximo nomen est. Non tamen negaverim fuisse alti spiritus viros, et, ut ita dicam, a diis recentes : neque enim dubium est quin meliora mundus nondum effœtus ediderit. Quemadmodum autem omnibus indoles fortior fuit, et ad labores paratior, ita non erant ingenia omnibus consummata. Non enim dat natura virtutem : ars est homimem fieri. Illi quidem non aurum, nec argentum, nec perlucidos lapides in ima terrarum fæce quærebant, parcebantque adhuc etiam mutis animalibus : tantum aberat, ut homo hominem, non iratus, non timens, tantum spectaturus, occideret. Nondum vestis illis erat picta, nondum texebatur aurum ; adhuc nec eruebatur. Quid ergo? ignorantia rerum innocentes erant : multum autem interest, utrum peccare aliquis nolit, an nesciat. Deerat illis justitia, deerat prudentia, deerat temperantia ac fortitudo. Omnibus his virtutibus habebat similia quædam rudis vita : virtus non contingit animo, nisi instituto ac edocto, et ad summum assidua exercitatione perducto. Ad hoc quidem, sed sine hoc, nascimur : et in optimis quoque, antequam erudias, virtutis materia, non virtus est. Vale.

EPISTOLA XCI.

DE INCENDIO LUGDUNI : INDE, DE MORTE COGITATIONES.

Liberalis noster nunc tristis est, nuntiato incendio, quo Lugdunensis colonia exusta est. Movere hic casus quemlibet posset, nedum hominem patriæ suæ amantissimum. Quæ res effecit ut firmitatem animi sui quærat, quam videlicet ad ea, quæ timeri posse putabat, exer-

ÉPITRES A LUCILIUS.

voir arriver. Mais je ne m'étonne pas qu'il n'ait point prévu un malheur si inopiné, puisqu'il est sans exemple. Car on a bien vu des villes gâtées par le feu, mais non pas entièrement détruites et perdues. Dans celles même que l'ennemi veut brûler, le feu n'est jamais si bien allumé qu'il ne s'éteigne en quelques endroits, et supposé qu'on le rallume, il ne fait point un dégât si universel, qu'il ne laisse rien au fer à détruire. Les tremblements de terre ne sont pas pour l'ordinaire si violents qu'ils renversent une ville tout entière; et l'on n'a jamais vu de si grand incendie qu'il ne laissât de la matière pour un autre. Une seule nuit a mis par terre une infinité de palais capables d'embellir autant de villes; et au milieu de la paix on a vu arriver ce qu'on n'aurait pas appréhendé dans les plus grands désordres de la guerre. Le croira-t-on? Pendant la paix, et la tranquillité régnant par toute la terre, on demande qu'est devenue Lyon, cette ville que l'on montrait comme l'honneur des Gaules. Dans les malheurs publics, la fortune donne ordinairement le loisir de craindre ce qui doit arriver; et les grandes choses ne périssent guère qu'avec quelque espace de temps; mais cet embrasement a fait voir que ce qui était le soir une grande ville, le lendemain n'était plus rien; car elle s'est perdue en moins de temps que je n'en mets à vous le conter.

Tout cela abat le courage de notre Libéralis, qui, d'ailleurs, est assez ferme et résolu; mais il le faut excuser. Ce qu'on n'attendait point est plus difficile à supporter; car la surprise rend les afflictions plus pesantes; et l'on peut dire que le sentiment de la plupart des hommes se mesure à leur étonnement; c'est pourquoi nous devons tous prévoir et considérer, non tout ce qui arrive d'ordinaire, mais généralement tout ce qui peut arriver. Qu'y a-t-il que la fortune ne puisse ôter au plus puissant, quand il lui plaît? Y a-t-il rien de si éclatant qu'elle ne puisse effacer? Quelle chose lui est impossible? Elle ne vient pas toujours par un même chemin : tantôt elle nous combat par nos propres mains; tantôt, se contentant de ses forces, elle nous suscite des disgrâces dont nous ne voyons point l'auteur; elle se sert de toutes les occasions et fait naître nos douleurs de nos plaisirs mêmes. La guerre nous vient trouver au milieu de la paix, et le secours que nous avions appelé pour notre sûreté devient le sujet de notre défiance. Ainsi d'un ami on se fait un ennemi, d'un compagnon un adversaire. Les beaux jours de l'été nous produisent des orages qui sont plus à craindre que tous les frimas de l'hiver. Nos biens nous sont enlevés sans qu'aucune personne y touche, et quand il n'y aurait point d'autre sujet, l'excès de notre félicité devient la cause de notre ruine. Le plus sobre tombe malade, le plus robuste devient étique. Le plus innocent est condamné, et le plus solitaire emporté par une sédition. La fortune choisit quelquefois des moyens tout nouveaux pour faire sentir son pouvoir à ceux qui l'avaient oublié. Elle jette par terre en un seul jour des ouvrages que le travail des hommes, joint à la faveur du ciel, n'avaient pu élever que par la succession de plusieurs années. Les malheurs viennent en

---

cuit. Hoc vero tam inopinatum malum, et pæne inauditum, non miror si sine metu fuit, quum esset sine exemplo : multas enim civitates incendium vexavit, nullam abstulit. Nam etiam ubi hostili manu in tecta ignis immissus est, multis locis deficit; et, quamvis subinde excitetur, raro tamen sic cuncta depascitur, ut nihil ferro relinquat. Terrarum quoque vix unquam tam gravis et perniciosus fuit motus, ut tota oppida everteret. Nunquam denique tam infestum ulli exarsit incendium, ut nihil alteri superesset incendio. Tot pulcherrima opera, quæ singula illustrare urbes singulas possent, una nox stravit; et in tanta pace, quantum ne bello quidem timeri potest, accidit. Quis hoc credat? ubique armis quiescentibus, quum toto orbe terrarum diffusa securitas sit, Lugdunum, quod ostendebatur in Gallia, quæritur! Omnibus fortuna, quos publice afflixit, quod passuri erant timere permisit; nulla res magna non aliquod habuit ruinæ suæ spatium : in hac, una nox interfuit inter urbem maximam et nullam. Denique diutius illam tibi perisse, quam periit, narro. Hæc omnia Liberalis nostri affectum inclinant, dum adversus sua firmum et erectum. Nec sine causa concussus est : inexspectata plus aggravant; novitas adjicit calamitatibus pondus : nec quisquam mortalium non magis, quod etiam miratus est, doluit.

Ideo nihil nobis improvisum esse debet. In omnia præmittendus est animus, cogitandumque, non quidquid solet, sed quidquid potest fieri. Quid enim est, quod non fortuna, quum voluit, ex florentissimo detrahat? Quod non eo magis aggrediatur et quatiat, quo speciosius fulget? Quid illi arduum, quidve difficile est? Non una via semper, ne tota quidem, incurrit. Modo nostras in nos manus advocat; modo, suis contenta viribus, invenit pericula sine auctore. Nullum tempus exceptum est, in ipsis voluptatibus causæ doloris oriuntur. Bellum in media pace consurgit, et auxilia securitatis in metum transeunt; ex amico inimicus, hostis ex socio. In subitas tempestates, hibernisque majores, agitur æstiva tranquillitas. Sine hoste patimur hostilia; et cladis causa, si alia deficiunt, nimia sibi felicitas invenit. Invadit temperantissimos morbus, validissimos phthisis, innocentissimos pœna, secretissimos tumultus. Eligit aliquid novi casus, per quod velut oblitus vires suas ingerat. Quidquid longa series multis laboribus, multa Deum indulgentia struit, id unus dies spargit ac dissipat. Longam moram dedit malis properantibus, qui diem dixit : hora, momen-

poste, et celui qui a dit qu'il ne faut qu'un jour, une heure ou un moment pour renverser le plus grand empire du monde, a donné encore trop de temps. Ce serait quelque consolation pour notre faiblesse, si les choses pouvaient être aussi promptement rétablies qu'elles sont détruites. Mais au contraire leur accroissement est lent, et leur ruine est précipitée. Il n'est rien de public ni même de particulier qui demeure toujours en état; les villes ont leur destinée aussi bien que les hommes. La frayeur nous vient saisir au milieu de la tranquillité, et le mal, sans nous avoir menacés, nous surprend quelquefois du côté que nous craignons le moins. On voit des royaumes, que les guerres intestines et étrangères n'avaient pu ruiner, se perdre d'eux-mêmes. Combien compterez-vous de villes qui aient été longtemps heureuses? Il faut donc penser que tout peut arriver, et se résoudre à tout souffrir : exils, supplices, maladies, naufrages. Représentez-vous qu'un malheur peut vous ôter votre patrie, ou vous ôter à votre patrie, peut vous reléguer en quelque pays désert, et faire une solitude du lieu même où l'on était étouffé par la presse. Mettez-vous devant les yeux la condition des hommes, et considérez, non les événements ordinaires, mais ceux qui sont les plus fâcheux, afin de ne les pas trouver étranges quand ils se présenteront, et de n'en être pas surpris ni accablé. Il faut envisager la fortune revêtue de toute sa puissance. Combien de fois a-t-on vu des villes, dans l'Asie et dans l'Achaïe, renversées par un seul tremblement de terre? Combien en Syrie, en Macédoine et en Chypre? Enfin, combien de fois l'île de Paphos s'est-elle abîmée dans elle-même? Il nous vient des avis de villes entièrement perdues, et nous qui les recevons, quelle partie pensons-nous faire de tout l'univers? Tenons donc ferme contre ces accidents, car souvent il arrive que le bruit est plus grand que le mal.

Voilà cette ville brûlée, qui était si riche, et qui était l'ornement de toute la province, quoiqu'elle n'occupât qu'une médiocre montagne. Le temps effacera aussi toutes celles qui sont aujourd'hui si fameuses et si magnifiques. Ne voyez-vous pas que les fondements des plus grandes cités d'Achaïe sont entièrement ruinés et qu'il n'est pas resté le moindre vestige qui marque qu'elles aient autrefois été? Ce n'est pas seulement aux ouvrages des hommes que le temps en veut; il abaisse même le sommet des montagnes, et abîme sous terre des régions tout entières. Il y a des lieux couverts d'eau qui étaient autrefois bien éloignés de la mer. Le feu a détruit des coteaux sur lesquels on le voyait reluire; il a abaissé jusqu'au sable du rivage des hauteurs et des élévations qui réjouissaient les passagers. Puisque les ouvrages de la nature sont ainsi maltraités, nous ne devons pas nous plaindre de la ruine des villes. Rien n'est debout que pour tomber un jour. Toutes choses doivent prendre fin, soit que des vents souterrains viennent à faire crever les lieux qui les tenaient enfermés, soit que des torrents impétueux entraînent tout ce qui s'opposait à leur cours; soit que la violence des flammes s'ouvre un passage en rompant les liaisons de la terre; soit que le temps, à qui rien ne résiste, les mine insensiblement, ou que l'intem-

tumque temporis, evertendis imperiis suffecere. Esset aliquod imbecillitatis nostræ solatium rerumque nostrarum, si tam tarde perirent cuncta, quam fiunt; nunc incrementa lente exeunt, festinatur in damnum. Nihil privatim, nihil publice stabile est; tam hominum, quam urbium, fata volvuntur. Inter placidissima terror exsistit; nihilque extra tumultuantibus causis, mala, unde minime exspectabantur, erumpunt. Quæ domesticis bellis steterant regna, quæ externis, impellente nullo ruunt. Quotaquæque felicitatem civitas pertulit?

Cogitanda ergo sunt omnia, et animus adversus ea, quæ possunt evenire, firmandus. Exsilia, tormenta, bella, morbos, naufragia meditare! Potest de patriæ, potest patriam tibi casus eripere; potest te in solitudinem abjicere, potest hoc ipsum, in quo turba suffocatur, fieri solitudo. Tota ante oculos sortis humanæ conditio ponatur; nec, quantum frequenter evenit, sed quantum plurimum potest evenire, præsumamus animo, si nolumus opprimi, nec ullis inusitatis velut novis obstupefieri. In plenum cogitanda fortuna est. Quoties Asiæ, quoties Achaïæ urbes uno tremore ceciderunt? Quot oppida in Syria? quot in Macedonia devorata sunt? Cyprum quoties vastavit hæc clades? quoties in se Paphus corruit? Frequenter nobis nuntiati sunt totarum urbium interitus, et nos, inter quos frequenter ista nuntiantur, quota pars omnium sumus? Consurgamus itaque adversus fortuita: et, quidquid inciderit, sciamus non esse tam magnum, quam rumore jactetur. Civitas arsit opulenta, ornamentumque provinciarum, quibus et inserta erat, et excepta; uni tantum imposita, et huic non altissimo, monti. Omnium istarum civitatum, quas nunc magnificas ac nobiles audis, vestigia quoque tempus eradet. Non vides quemadmodum in Achaïa clarissimarum urbium jam fundamenta consumpta sint, nec quidquam, exstet ex quo appareat illas saltem fuisse? Non tantum manu facta labuntur: non tantum humana arte atque industria posita vertit dies; juga montium diffluunt; totæ desedere regiones opertæ sunt fluctibus, quæ procul a conspectu maris stabant; vastavit ignis colles per quos relucebat, erosit et quondam altissimos vertices, solatia navigantium; ac speculas ad humile deduxit. Ipsius naturæ opera vexantur; et ideo æquo animo ferre debemus urbium excidia. Casuræ exstant; omnes hic exitus manet : sive interna vis, flatusque præclusi violentia, pondus, sub quo tenentur, excusserint; sive torrentium in abdito vastior obstantia effregerit; sive flammarum violentia

périe de l'air contraigne des peuples à quitter leurs demeures qui se consument ensuite et périssent par la pourriture. Je me rendrais ennuyeux, si je voulais raconter toutes les routes que tiennent les destinées. Une chose, sais-je bien, c'est que les ouvrages des mortels ne sont point immortels et que tout ce que nous voyons doit périr un jour.

Voilà de quoi je console notre ami Liberalis, qui, sans mentir, est merveilleusement entêté de l'amour de sa patrie. Possible est-elle tombée pour se relever quelque jour plus belle que jamais. Une disgrâce assez souvent est la cause d'une grande fortune. Nous avons vu périr des choses qu'on a depuis rétablies avec avantage. Timagène, cet ennemi de la prospérité de Rome, disait qu'il était fâché des incendies qui y arrivaient, parce qu'il savait bien que l'on construirait quelque jour de plus beaux édifices que ceux qui avaient été brûlés. Je m'assure aussi qu'en cette ville-là chacun s'efforcera de rebâtir des maisons plus spacieuses et plus solides que celles perdues. Dieu veuille que ce soit pour longtemps et sous une destinée plus favorable; car il n'y a que cent ans que cette colonie fut établie, qui n'est pas la plus longue durée de la vie d'un homme. La commodité de son assiette l'avait rendue fort peuplée, quoiqu'elle eût souffert de rudes secousses en ce peu de temps. Formons donc notre esprit à la connaissance de notre condition, et disposons-nous à la patience, sachant qu'il n'y a rien que la fortune n'ose entreprendre. Elle n'a pas moins de pouvoir sur les empires que sur les empereurs, ni sur les villes que sur les habitants. Il ne s'en faut point tourmenter, ce sont les lois de ce monde dans lequel nous avons à vivre. Vous plaît-il? demeurez-y. Ne vous plaît-il pas? sortez-en par où vous voudrez. Vous pourriez-vous fâcher s'il y avait quelque ordonnance particulière contre vous. Mais si c'est une nécessité générale qui oblige tous les grands et les petits, réconciliez-vous avec le destin qui dispose absolument de toutes choses. Il n'y a pas sujet de vous distinguer par l'inégalité des tombeaux, puisque la cendre des uns est comme celle des autres. Si notre naissance est différente, notre mort est toujours semblable. J'en dis autant des villes que des habitants. Rome a été prise aussi bien qu'Ardée. Ce législateur universel n'a distingué les noms et les familles que pour le temps de cette vie. Mais quand nous sommes arrivés à la fin : « Va-t'en, dit-il, ambition! il n'y a qu'une loi pour tous ceux qui sont sur la terre. » La nécessité de souffrir n'admet point de privilége; l'un n'y est pas plus sujet que l'autre, ni plus assuré de ce qu'il deviendra le lendemain. Le pauvre Alexandre de Macédoine commençait à apprendre la géométrie qui devait lui faire connaître combien la terre était petite, dont pourtant il n'avait occupé qu'une petite portion. Je l'appelle pauvre parce qu'il sut bientôt après que c'était à faux qu'on lui avait donné le surnom de Grand. Car qui le peut être dans un si petit espace? Ce qu'on lui montrait était subtil et demandait plus d'application que l'on n'en pouvait attendre d'un furieux qui envoyait toutes ses pensées au-delà des mers. Il dit à son maître : « Enseignez-moi des

compaginem soli ruperit; sive vetustas, a qua nihil tutum est, expugnaverit minutatim; sive gravitas cœli ejecerit populos, et situs deserta corruperit. Enumerare omnes fatorum vias, longum est. Hoc unum scio : omnia mortalium opera mortalitate damnata sunt; inter peritura vivimus.

Haec ergo atque ejusmodi solatia admoveo Liberali nostro, incredibili quodam patriæ suæ amore flagranti; quæ fortasse consumpta est, ut in melius excitaretur. Sæpe majori fortunæ locum fecit injuria: multa ceciderunt, ut altius surgerent, et in majus. Timagenes, felicitati Urbis inimicus, aiebat, Romæ sibi incendia ob hoc unum dolori esse, quod sciret meliora resurrectura, quam arsissent. In hac quoque urbe verisimile est certaturos omnes esse, ut majora certioraque, quam amisere, restituant. Sint utinam diuturna, et melioribus auspiciis in ævum longius condita! Nam huic coloniæ ab origine sua centesimus annus est, ætas ne homini quidem extrema. A Planco deducta, in hac frequentium, loci opportunitate, convaluit: quæ tamen gravissimos casus intra spatium humanæ pertulit senectutis.

Itaque formetur animus ad intellectum patientiamque sortis suæ, et sciat nihil inausum esse fortunæ; adversus imperia illam idem habere juris, quod adversus imperantes; adversus urbes idem posse, quod adversus homines. Nihil horum indignandum est : in eum intravimus mundum, in quo bis legibus vivitur. Placet? pare! non placet? quacumque vis, exi! Indignare, si quid in te iniqui proprie constitutum est; sed si hæc summos imosque necessitas alligat, in gratiam cum fato revertere, a quo omnia resolvuntur. Non est quod nos tumulis metiaris, et bis monumentis, quæ viam disparia prætexunt; æquat omnes cinis : impares nascimur, pares morimur. Idem de urbibus, quod de urbium incolis dico : tam Ardea capta, quam Roma est. Conditor ille juris humani non natalibus nos, nec nominum claritate, distinxit, nisi dum sumus. Ubi vero ad finem mortalium ventum est : « Discede, inquit, ambitio! omnium quæ terram premunt, sirempslex esto. » Ad omnia patienda pares sumus : nemo altero fragilior est, nemo in crastinum sui certior. Alexander Macedonum rex discere geometriam cœperat; infelix! sciturus quam pusilla terra esset, ex qua minimum occupaverat : ita dico, infelix, ob hoc, quod intelligere debeat falsum se gerere cognomen; quis enim esse magnus in pusillo potest? Erant illa quæ tradebantur, subtilia, et diligenti intentione discenda : non quæ percipere posset vesanus homo, et trans oceanum cogitationes suas mittens.

choses qui soient plus aisées. » A quoi l'autre répondit : « Je ne les saurais rendre plus aisées pour vous que pour un autre. » Imaginez-vous que la nature vous dit : « Les choses dont vous vous plaignez sont égales pour tout le monde, je ne saurais les rendre plus faciles, mais vous pouvez les adoucir si vous voulez. » Comment? Par la patience. Il faut que vous souffriez la douleur, la faim, la soif, la vieillesse ; et, si vous restez plus longtemps sur terre, vous ne pouvez éviter d'être malade, de perdre beaucoup de choses, et de perdre enfin la vie. Mais vous ne devez pas écouter ce qu'on viendra souffler à vos oreilles ; car, dans tous les maux que je viens de dire, il n'y a rien qui soit mauvais, dur ou insupportable, et l'on ne craint que parce qu'on s'accorde au sentiment des autres. Vous appréhendez de mourir, de la manière que vous appréhendez qu'on ne parle mal de vous. Mais n'est-ce pas être fou de d'appréhender des paroles. Démétrius disait, à ce propos, qu'il faisait aussi peu d'état de ce qui sortait de la bouche des ignorants que de ce qui sortait de leur ventre. « Que m'importe, disait-il, qu'ils fassent du bruit par une partie ou par une autre? Quelle folie de craindre d'être diffamé par des infâmes! » Comme vous n'avez pas raison de craindre des paroles, vous n'en avez pas aussi de craindre d'autres choses que vous ne craindriez pas si l'opinion commune ne vous y engageait. Si un faux bruit ne peut faire préjudice à un honnête homme, il ne doit pas aussi mettre la mort en mauvaise estime auprès de vous. Il y a longtemps qu'on lui veut du mal ; mais pas un de tous ceux qui l'accusent ne l'a encore éprouvée ; et l'on peut dire

que c'est témérité de condamner ce qu'on ne connaît pas. Cependant, vous savez qu'elle est utile à bien des gens, qu'elle tire les uns des douleurs et de la disette, et qu'elle exempte les autres des soucis et des supplices. Car nous ne sommes sous le pouvoir de personne, tandis que la mort est en notre pouvoir.

ÉPITRE XCII.

Que la félicité de l'homme consiste dans la raison, quand celle-ci est parfaite. — Que le souverain bonheur est incapable d'accroissement et de déchet.

Je crois qu'il demeure pour constant, entre nous, que l'on ne recherche les biens extérieurs que pour la commodité du corps, et que l'on ne prend soin du corps que pour la considération de l'âme ; que l'âme a des parties inférieures qui servent au mouvement et à la nourriture, et qu'elle contient en soi le raisonnable et l'irraisonnable ; celui-ci dépendant de l'autre, auquel tout se rapporte comme à son principe qui ne relève point d'ailleurs. La raison divine et éternelle est au-dessus de toutes choses, et n'est sujette à quoi que ce soit. La nôtre doit avoir le même avantage, puisqu'elle en tire son origine. Si nous sommes d'accord de cela, il faut que nous convenions aussi que notre félicité consiste en ce point de posséder une raison qui soit parfaite. C'est elle seule qui soutient le courage, qui tient bon contre la fortune, et qui maintient celui qui la conserve, en quelque état que se trouvent ses affaires. Il n'est point de bien que celui qui ne peut diminuer, ni d'homme heureux que celui qui ne descend jamais et qui se tient debout sur la tête des autres,

---

« Facilia, inquit, me doce! » — Cui præceptor : « Ista, inquit, omnibus eadem sunt, æque difficilia. » — Hoc puta rerum naturam dicere : « Ista, de quibus quereris, omnibus eadem sunt ; nulli dari faciliora possunt ; sed, quisquis volet, sibi ipsi illa reddet faciliora. » Quomodo? Æquanimitate. Et doleas oportet, et sitias, et esurias, et senescas, si tibi longior contigerit inter homines mora, et ægrotes, et perdas aliquid, et pereas. Non est tamen quod istis, qui te circumstrepunt, credas ; nihil horum malum est, nihil intolerabile, aut durum. Ex consensu istis metus est : sic mortem times, quomodo famam. Quid autem stultius homine verba metuente? Eleganter Demetrius noster solet dicere, « eodem loco sibi esse voces imperitorum, quo ventre redditos crepitus. Quid enim, inquit, mea refert, sursum isti an deorsum sonent? » — Quanta dementia est, vereri ne infameris ab infamibus? Quemadmodum famam extimuistis sine causa, sic et illa, quæ nunquam timeretis, nisi fama jussisset. Num quid detrimenti faceret vir bonus iniquis rumoribus sparsus? Ne morti quidem hoc apud nos nocet : et hæc malam auditionem habet. Nemo eorum, qui illam accusant, expertus est : interim temeritas

est, damnare quod nescias. At illud scis, quam multis utilis sit, quam multos liberet tormentis, egestate, querelis, suppliciis, tædio. Non sumus in ullius potestate, quum mors in nostra potestate sit. Vale.

EPISTOLA XCII.

IN EPICUREOS INVEHITUR : NIHIL VOLUPTATEM AD BEATITUDINEM CONFERRE.

Puto, inter me teque conveniet, externa corpori acquiri, corpus in honorem animi coli ; in animo esse partes ministras, per quas movemur alimurque, propter ipsum principale nobis datas. In hoc principali est aliquid irrationale, est et rationale. Illud huic servit ; hoc unum est, quod alio non refertur, sed omnia ad se perfert. Nam illa quoque divina ratio omnibus præposita est, ipsa sub nullo est ; et hæc autem nostra eadem est, quæ ex illa est. Si de hoc inter nos convenit, sequitur ut de illo quoque conveniat, in hoc uno positam esse beatam vitam, ut in nobis ratio perfecta sit. Hæc enim sola non submittit animum ; stat contra fortunam ; in quolibet rerum habitu securos servat. Id autem unum bonum est, quod nunquam defringitur. Is est, inquam, beatus,

sans autre appui que ses forces; car, lorsqu'on est soutenu par autrui, on peut facilement tomber.

Si nous avons d'autres pensées, nous commencerons à donner notre estime à toutes les choses qui sont étrangères; mais qui voudrait s'assurer sur la fortune, et se priser de ce qui n'est pas soi? Qu'est-ce que la vie heureuse? C'est une assiette assurée et une tranquillité perpétuelle. Nous l'obtiendrons par la magnanimité et par la constance qui n'abandonne point les sentimens qu'elle a pris une fois. Mais comment acquérir ces vertus? En connaissant nettement la vérité, en gardant l'ordre et la bienséance en toutes sortes d'actions que l'on fera avec un esprit de douceur et d'équité qui ne considérera que la raison, et qui fera naître partout l'amour aussi bien que l'admiration. Et, pour vous le dire en peu de paroles, l'âme du sage doit être telle que celle qui conviendrait à un dieu. Que peut souhaiter un homme qui possède tout ce qui est honnête; car si ce qui n'est point honnête peut contribuer pour quelque chose à sa félicité, il est vrai de dire qu'il fait partie de la félicité même, puisqu'elle ne serait pas sans lui. Or y a-t-il rien de plus honteux que de faire consister le bonheur de l'âme raisonnable en des choses qui n'ont point de raison? Il y en a pourtant qui tiennent que le souverain bien peut croître comme n'étant pas entier et accompli lorsque la fortune lui est contraire.

Antipater, l'un des principaux auteurs de cette opinion, dit que les biens extérieurs doivent être de quelque considération, mais fort légère. Voyez si un homme serait raisonnable de faire allumer la chandelle, n'étant pas content de la lumière du soleil. Et de quoi peut servir une étincelle auprès d'une grande clarté? Si vous n'êtes pas content de ce qui est honnête, vous voudrez infailliblement y joindre la tranquillité que les Grecs appellent ἀοχλησίαν ou la volupté. La première de ces deux choses s'y rencontre en quelque façon; car l'esprit, étant exempt de chagrin, regarde librement l'univers, et rien ne le peut détourner de la contemplation de la nature. Pour l'autre, c'est un bien infâme et brutal, et ce serait joindre l'irraisonnable au raisonnable, et le déshonneur à l'honnêteté. Est-ce que le chatouillement du corps peut hausser le mérite de la vie? Direz-vous que l'esprit est content, pourvu que l'appétit le soit? Mettrez-vous au rang, je ne dis pas des grands personnages, mais seulement des hommes ordinaires, des gens qui établissent leur félicité dans les ragoûts, dans la musique et dans les parfums? Il faut les effacer du nombre de ces illustres animaux, qui tiennent le second rang après les dieux, et mettre parmi les brutes ces bêtes qui ne sont nées que pour la pâture.

La partie irraisonnable de l'âme se divise en deux autres. La première est courageuse, ambitieuse, violente et pleine de passions héroïques; l'autre est basse, languissante et attachée aux voluptés. On a délaissé cette emportée, qui toutefois est meilleure et plus digne d'un homme de cœur, et l'on a cru que l'autre, toute lâche et rampante qu'elle est, était plus nécessaire à la vie heureuse. On lui a même assujetti la raison, et par ce moyen on a rendu la félicité du plus noble

---

quem nulla res minorem facit; tenet summa, et ne ulli quidem, nisi sibi, est innixus : nam qui aliquo auxilio sustinetur, potest cadere. Si aliter est, incipient multum in nobis valere non nostra. Quis autem vult constare fortuna, aut quis se prudens ob aliena miratur? Quid est beata vita? securitas et perpetua tranquillitas. Hanc dabit animi magnitudo; dabit constantia bene judicati tenax. Ad hæc quomodo pervenitur? si veritas tota perspecta est; si servatus est in rebus agendis ordo, modus, decor, innoxia voluntas ac benigna, intenta rationi, nec unquam ab illa recedens, amabilis simul, mirabilisque. Denique, ut breviter tibi formulam scribam, talis animus esse sapientis viri debet, qualis Deum deceat. Quid potest desiderare is, cui omnia honesta contingunt? Nam si possunt aliquid non honesta conferre ad optimum statum, in his erit beata vita sine quibus non est. Et quid stultius, turpiusve quam bonum rationalis animi ex irrationalibus nectere!

Quidam tamen augeri summum bonum judicant, quia parum plenum sit, fortuitis repugnantibus. Antipater quoque, inter magnos sectæ hujus auctores, « aliquid se tribuere dixit externis, sed exiguum admodum. » Vides autem quale sit, die non esse contentum, nisi aliquis igniculus alluxerit? Quod potest in hac claritate solis habere scintilla momentum? Si non es sola honestate contentus, necesse est aut quietem adjici velis, quam ἀοχλησίαν vocant Græci, aut voluptatem. Horum alterum utcumque recipi potest; vacat enim animus molestia, liber ad inspectum universi, nihilque illum avocat a contemplatione naturæ: alterum illud, voluptas, bonum pecoris est. Adjicimus rationali irrationale, honesto inhonestum. Magnam voluptatem facit titillatio corporis: quid ergo dubitatis dicere, bene esse homini, si palato bene est? Et hunc tu, non dico inter viros numeras, sed inter homines, cujus summum bonum saporibus, et coloribus, et sonis constat? Excedat ex hoc animalium numero pulcherrimo, ac Diis secundo; mutis aggregetur, animal pabulo lætum! Irrationalis pars animi duas habet partes : alteram animosam, ambitiosam, impotentem, positam in affectionibus; alteram humilem, languidam, voluptatibus deditam. Illam effrenatam, meliorem tamen, certe fortiorem ac digniorem viro, reliquerunt; hanc necessariam beatæ vitæ putaverunt, innervem et abjectam. Huic rationem servire jusserunt, et fecerunt animalis generosissimi bonum, demissum et ignobile; præterea mixtum, portentosumque, et ex diversis ac male

des animaux vile et déshonnête. On en a fait ensuite un corps monstrueux, à qui l'on a donné les membres de divers animaux, et comme dit notre Virgile, parlant de Scylle :

> Son visage est de femme, et jusqu'à la ceinture
> Elle en a la beauté et toute la figure.
> Le reste, plein d'écaille, est d'un monstre marin :
> Elle a ventre de loup et finit en dauphin.

Vous voyez que l'on a joint à cette Scylle des animaux sauvages, horribles, prompts et légers; mais de quels monstres n'a-t-on point composé le sage? La principale partie de l'homme est la vertu, à qui l'on a joint une chair inutile et fragile, qui ne sert, comme dit Posidonius, qu'à recevoir les viandes. Cette vertu toute divine se termine en lubricité; car on a attaché un animal lâche et paresseux à ses parties supérieures qui sont vénérables et célestes. Ce repos, à la vérité, dont l'âme jouissait auparavant, ne lui apportait rien; mais il éloignait tous les empêchements qui la pouvaient embarrasser. La volupté, au contraire, amollit d'elle-même, et abat toutes les forces. Où peut-on trouver un assemblage de corps si différents? On joint le lâche au généreux, le ridicule au sérieux, et le dissolu à ce qu'il y a de plus saint. Quoi! direz-vous, si la santé, le repos et l'indolence ne peuvent pas nuire à la vertu, ne les désirez-vous pas? — Pourquoi non? Je les désirerai non comme des biens, mais comme des choses qui sont selon la nature, et que je prends pour ce qu'elles valent. Quel bien donc se trouvera-t-il en tout cela? Celui d'avoir choisi à propos; car quand je prends un habit selon ma condition, quand je marche et quand je mange comme je le dois, l'habit, le marcher et le manger ne sont pas des biens, mais l'intention que j'ai de garder la bienséance en toute occasion est un véritable bien. Je dis davantage : on doit désirer un habit honnête, car l'homme de sa nature est un animal net et poli. Ainsi le bien ne consiste pas dans l'habit, mais dans le choix de l'habit, parce que c'est l'action qui est honnête, et non la matière. Ce que j'ai dit de l'habit, croyez que je le dis du corps, dont la nature a enveloppé l'âme comme d'une robe : qui s'est jamais avisé d'estimer l'habit par le coffre? Le fourreau ne rend l'épée ni bonne ni mauvaise; j'en dirai autant du corps. S'il dépend de mon choix, je prendrai de la santé et des forces. Le bien qui en résultera viendra de mon choix, et non des choses que j'aurai choisies.

Ils avouent que le sage est heureux; mais ils prétendent qu'il ne peut parvenir au souverain bien s'il n'est assisté des commodités naturelles. Ainsi l'homme vertueux ne peut être misérable; mais il ne peut être parfaitement heureux, s'il est destitué des biens de la nature, comme de la santé et de la force du corps. Vous accordez ce qui paraît le moins croyable, qu'un homme ne soit pas malheureux, et même qu'il soit heureux dans les grandes et continuelles douleurs, et vous niez ce qui a plus d'apparence, qu'il soit parfaitement heureux. Car si la vertu a le pouvoir d'empêcher qu'un homme ne soit misérable, elle aura bien celui de le rendre parfaitement heureux, puisqu'il

congruentibus membris. Nam, ut ait Virgilius noster, in Scylla,

> Prima hominis facies; et pulchro pectore virgo
> Pube tenus; postrema immani corpore pistrix,
> Delphinum caudas utero commissa luporum.

Huic tamen Scyllæ fera animalia juncta sunt, horrenda, velocia : at isti sapientiam ex quibusnam composuere portentis? « Prima hominis pars est ipsa virtus : huic committitur inutilis caro, et fluida, et receptandis tantum cibis habilis, » ut ait Posidonius. Virtus illa divina in lubricum desinit, et superioribus partibus venerandis atque cœlestibus animal iners ac marcidum attexitur. Illa, utcumque alta, quies nihil quidem ipsa præstabat animo, sed impedimenta removebat; voluptas ultro dissolvit, et omne robur emollit. Quæ invenietur tam discors inter se junctura corporum ? Fortissimæ rei inertissima adstruitur; severissimæ parum seria; sanctissimæ intemperans usque ad incesta.

Quid ergo, inquit, si virtutem nihil impeditura sit bona valetudo, et quies, et dolorum vacatio; non petes illas? — Quidni petam! non quia bona sunt, sed quia secundum naturam sunt, et quia bono a me judicio sumentur. Quo erit tunc in illis bonum? hoc unum, bene eligi. Nam quum vestem, qualem decet, sumo, quum ambulo ut oportet, quum cœno quemadmodum debeo, non cœna, aut ambulatio, aut vestis bona sunt; sed meum in his propositum, servantis in quaque re rationi convenientem modum. Etiam nunc adjiciam : munitæ vestis electio appetenda est homini; natura enim homo mundum et elegans animal est. Itaque non est bonum per se munda vestis, sed mundæ vestis electio; quia non in re bonum est, sed in electione, qua actiones nostræ honestæ sunt, non ipsa quæ aguntur. Quod de veste dixi, idem me dicere de corpore existima. Nam hoc quoque natura, ut quamdam vestem, animo circumdedit; velamentum ejus est. Quis autem unquam vestimenta æstimavit arcula? Nec bonum, nec malum vagina gladium fecit. Ergo de corpore quoque idem tibi respondeo; sumpturum quidem me, si detur electio, et sanitatem et vires; bonum autem futurum judicium de illis meum, non ipsa.

« Est quidem, inquit, sapiens beatus; summum tamen illud bonum non consequitur, nisi illi et naturalia instrumenta respondeant. Ita miser quidem esse, qui virtutem habet, non potest : beatissimus autem non est, qui naturalibus bonis destituitur, ut valetudine, ut membrorum integritate. » — Quod incredibilius videtur, id concedis, aliquem in maximis et continuis doloribus non esse miserum, esse etiam beatum; quod levius est, negas, beatissimum esse. Atqui, si potest virtus efficere, ne mi-

y a moins d'intervalle entre l'heureux et le très-heureux, qu'entre le misérable et l'heureux. Quoi ? ce qui aura tiré un homme de la misère pour le mettre au nombre des heureux, ne pourra-t-il pas ajouter ce qui lui manque pour être très-heureux ? Perdra-t-il sa force lorsqu'il n'aura plus qu'un pas à faire ? Il y a dans la vie des commodités et des incommodités ; elles sont les unes et les autres hors de nous, puisqu'un homme de bien n'est point misérable, quoiqu'il soit accablé de toutes sortes d'incommodités ; pourquoi donc ne sera-t-il pas très-heureux, encore qu'il soit privé de quelques commodités? Comme le poids des incommodités ne le réduit point à la condition des misérables, de même le manque de quelques commodités ne le fera point déchoir d'un bonheur entier et parfait : il se trouvera aussi parfaitement heureux, sans aucunes commodités, qu'il ne sera point misérable au milieu de toutes ces incommodités. Son bien ne pourrait-il pas lui être ôté, s'il pouvait être diminué? Je disais auparavant qu'une chandelle ne pouvait augmenter la clarté du soleil ; car sa splendeur offusque toute autre lumière.

Mais ils répondent : Il y a des choses qui font obstacle au soleil. Sa force et sa lumière demeurent pourtant tout entières ; et quoiqu'il y ait un corps interposé qui nous empêche de le voir, il ne laisse pas de travailler et de continuer sa course. Quand il luit au travers d'un nuage, il n'a pas moins de lumière ni de vitesse qu'au temps le plus serein ; car ce sont choses bien différentes de s'opposer, et d'empêcher en effet. C'est de la sorte que ce qui s'oppose à la vertu ne lui fait point de préjudice. Elle n'en est pas moins claire, encore qu'elle brille moins. Nous ne la voyons pas peut-être dans toute son étendue, ni dans son éclat ordinaire ; toutefois elle demeure la même en soi, et comme un soleil obscurci, elle exerce en secret l'activité de sa puissance. Nous connaissons par là que les afflictions, les pertes et les disgrâces ne font pas plus d'impression sur la vertu, que les nuages n'en font sur le soleil. Si quelqu'un dit que le sage, dont le corps n'est pas bien sain, n'est heureux ni misérable, il se trompe, en mettant au même rang les vertus et les choses fortuites, et donnant pareil avantage à ce qui est honnête et à ce qui ne l'est pas. Y a-t-il rien de plus indigne et de plus honteux que de mettre en comparaison les choses qui méritent de la vénération avec celles dont on ne fait point d'état? La foi, la justice, la piété, la force et la prudence sont des vertus que l'on doit révérer. Au contraire, la force du corps et des bras, la bonté des dents sont des avantages fort peu considérables, et qui se rencontrent plus complets dans les personnes de moindre condition. De plus, si le sage, de qui le corps est malsain, n'est ni heureux ni misérable, et qu'on le laisse dans un état mitoyen, on ne doit ni fuir ni désirer la vie dont il jouit. Mais quelle absurdité de dire que la vie du sage ne soit point à désirer? Et qui pourra croire qu'il y a une sorte de vie que l'on ne doit ni fuir ni désirer ? D'ailleurs, puisque les incommodités du corps ne rendent point un homme misérable, elles permettent donc qu'il soit heureux ; car ce qui n'a pas assez de force pour nous jeter dans un plus mauvais état n'en a pas davantage pour nous exclure d'un meilleur. Ils

ser aliquis sit, facilius efficiet, ut beatissimus sit : minus enim intervalli a beato ad beatissimum restat, quam a misero ad beatum. An, quæ res tantum valet, ut ereptum calamitatibus inter beatos locet, non potest adjicere quod superest, ut beatissimum faciat? In summo deficit clivo? Commoda sunt in vita, et incommoda ; utraque extra nos. Si non est miser vir bonus, quamvis omnibus prematur incommodis ; quomodo non est beatissimus, si aliquibus commodis deficitur ? Nam quemadmodum incommodorum onere usque ad miserum non deprimitur, sic commodorum inopia non dejucitur a beatissimo ; sed tam sine commodis beatissimus est, quam non est sub incommodis miser : aut potest illi eripi bonum suum, si potest minui. Paulo ante dicebam, igniculum nihil conferre lumini solis ; claritate enim ejus, quidquid sine illo luceret, absconditur. — « Sed quædam, inquit, soli quoque obstant. » — At solis vis et lux integra est, etiam inter opposita ; et, quamvis aliquid interjaceat, quod nos prohibeat ejus aspectu, in opere est, cursu suo fertur. Quoties inter nubila luxit, non est sereno minor, ne tardior quidem ; quoniam multum interest, utrum aliquid obstet tantum, an impediat. Eodem modo virtuti opposita nihil detrahunt. Non est minor, sed minus fulget : nobis forsitan non æque apparet ac nitet ; sibi eadem est, et, more solis obscuri, in occulto vim suam exercet. Hoc itaque adversus virtutem possunt calamitates, et damna, et injuriæ, quod adversus solem potest nebula.

Invenitur qui dicat, sapientem corpore parum prospero usum, nec miserum esse, nec beatum. Hic quoque fallitur : exæquat enim fortuita virtutibus, et tantumdem tribuit honestis, quantum honestate carentibus. Quid autem fœdius, quid indignius, quam comparare veneranda contemptis? Veneranda enim sunt, justitia, pietas, fides, fortitudo, prudentia : e contrario vilia sunt, quæ sæpe contingunt pleniora vilissimis, crus solidum, et lacertus, et dentes, et horum sanitas firmitasque. Deinde si sapiens, cui corpus molestum est, nec miser habebitur, nec beatus, sed medio relinquetur ; vita quoque ejus nec appetenda erit, nec fugienda. Quid autem tam absurdum, quam sapientis vitam appetendam non esse ? aut quid tam extra fidem, quam esse aliquam vitam nec appetendam, nec fugiendam? Deinde, si damna corporis miserum non faciunt, beatum esse patiuntur. Nam quibus potentia non est in pejorem transferendi

répondent : Nous savons qu'il y a du chaud et du froid, et que le tiède est entre deux : de même l'un est heureux, l'autre misérable, et un autre ne sera ni heureux ni misérable. Je veux ruiner cette comparaison qu'on nous objecte. Si, dans ce qui est tiède, je viens à mettre plus de froid, il deviendra froid; si je veux y verser plus de chaud, enfin il deviendra chaud. Mais à l'égard de cet homme qui n'est ni heureux ni misérable, on a beau ajouter des misères, il ne sera pas misérable, comme vous en demeurez d'accord : partant, cette comparaison ne vaut rien. Enfin, je vous présente un homme qui n'est ni heureux ni malheureux : je veux qu'il devienne aveugle, il n'est point misérable; qu'il devienne malade, il n'est point misérable; qu'il soit tourmenté de douleurs fortes et continuelles, il n'est point misérable. Puisque tant de maux n'ont pu donc le jeter dans la misère, ils ne pourront pas le tirer hors de la félicité. Si le sage, étant heureux, ne peut devenir misérable, comme vous l'avouez, il ne peut pas n'être point heureux. Pourquoi voulez-vous qu'un homme qui a commencé à choir s'arrête en quelque endroit? Ce qui l'empêche de rouler en bas, le retient en haut. Quoi? le cours d'une vie heureuse ne peut-il pas être interrompu? Il ne peut pas même être retenu ni altéré; ce qui fait que la vertu suffit d'elle-même pour rendre la vie complète. Quoi? dira-t-on, le sage qui a vécu longtemps sans être persécuté par les douleurs n'est-il pas plus heureux qu'un autre qui s'est vu souventes fois aux prises avec la mauvaise fortune? Répondez-moi, en est-il de meilleur et de plus vertueux? S'il ne l'est pas, il n'est pas aussi plus heureux. Il faudrait que sa vie fût plus sainte pour être plus heureuse; mais si elle ne peut être plus sainte, elle ne saurait aussi être plus heureuse. La vertu ne reçoit point d'accroissement, ni par conséquent la vie heureuse qui procède de la vertu. Cette vertu est un si grand bien, qu'elle ne considère point ces petits accidents de la briéveté de la vie, de la douleur et des incommodités du corps; car, pour la volupté, elle ne mérite pas seulement qu'elle la regarde. Quel est le principal avantage de la vertu? C'est de n'avoir pas le soin de l'avenir, et de ne pas compter ses jours. L'usage de ces biens éternels qui l'accompagnent se trouve complet en quelque espace de temps que ce soit. Cela semble incroyable et au-dessus de la nature, parce que nous mesurons sa puissance à notre faiblesse, et que nous donnons à nos défauts le nom des vertus.

N'est-il pas aussi peu croyable qu'un homme s'écrie, dans le plus fort des tourments : Je suis heureux! Cette parole pourtant s'est fait entendre dans l'école même de la volupté. Voici le dernier et le plus heureux jour de ma vie, disait Épicure, tourmenté qu'il était d'une rétention d'urine, et d'un ulcère incurable qu'il avait dans les intestins. Pourquoi les amateurs de la vertu ne croiront-ils pas des choses dont les sectateurs de la volupté fournissent des exemples? Ces gens, quoique délicats et sans cœur, tiennent que le sage, au milieu des afflictions et des douleurs, n'est ni misérable ni heureux, ce qui est incroyable et a moins de vraisemblance. Car si la vertu est une

---

statum, ne interpellandi quidem optimum. — « Frigidum, inquit, aliquid, et calidum novimus; inter utrumque tepidum est : sic aliquis beatus est, aliquis miser; aliquis nec miser, nec beatus. » — Volo hanc contra nos positam imaginem excutere. Si tepido illi plus frigidi ingessero, fiet frigidum; si plus calidi affudero, fiet novissime calidum At huic, nec misero nec beato, quantumcumque ad miserias adjecero, miser non erit, quemadmodum dicitis; ergo imago ista dissimilis est. Deinde trado tibi hominem nec miserum nec beatum : huic adjicio cæcitatem, non fit miser; adjicio debilitatem, non fit miser; adjicio dolores continuos et graves, miser non fit. Quem tam multa mala in miseram vitam non transferunt, ne ex beata quidem educunt. Si non potest, ut dicitis, sapiens ex beato in miserum decidere, non potest in non beatum. Quare enim, qui illa cœpit, alicubi subsistat? Quæ res illum non patitur ad imum devolvi, retinet in summo. Quidni non possit beata vita rescindi? Ne re itti quidem potest : et ideo virtus ad illam per se ipsa satis est. — « Quid ergo? inquit, sapiens non est beatior, qui diutius vixit, quem nullus avocavit dolor, quam ille, qui cum mala fortuna semper luctatus est? »
— Responde mihi : Numquid et melior est, et honestior? Si hæc non sunt, ne beatior quidem est. Rectius vivat oportet, ut beatius vivat : si rectius non potest, ne beatius quidem. Non intenditur virtus; ergo ne beata quidem vita, quæ ex virtute est. Virtus enim tantum bonum est, ut istas accessiones minutas non sentiat, brevitatem ævi, et dolorem, et corporis varias offensiones. Nam voluptas non est digna, ad quam respiciat. Quid est in virtute præcipuum? futuro non indigere, nec dies suos computare : in quantulo libet tempore bona æterna consummat.

Incredibilia nobis hæc videntur, et supra humanam naturam excurrentia : majestatem enim ejus ex nostra imbecillitate metimur, et vitiis nostris nomen virtutis imponimus. Quid porro, non æque incredibile videtur, aliquem in summis cruciatibus positum, dicere : Beatus sum? Atqui hæc vox in ipsa officina voluptatis audita est. Beatissimum, inquit, hunc et ultimum diem ago, Epicurus, quum illum hinc urinæ difficultas torqueret, et insanabilis exulcerati dolor ventris. Quare ergo incredibilia ista sint apud eos, qui virtutem colunt; quum apud eos quoque reperiantur, apud quos voluptas imperavit? Hi quoque degeneres, et humilimæ mentis, aiunt in summis doloribus, in summis calamitatibus, sapientem nec miserum futurum, nec beatum. Atqui hoc quoque

fois jetée hors de son trône, pourquoi ne tombera-t-elle pas jusqu'à terre? Elle doit rendre un homme heureux, ou si elle est frustrée de son intention, elle n'empêchera point qu'il ne devienne misérable. Tant qu'elle garde son assiette, elle est invincible; mais il faut qu'elle demeure debout ou qu'elle tombe à bas. La vertu et la félicité, disent-ils, n'appartiennent qu'aux dieux immortels; nous n'en avons que l'ombre et l'apparence. Nous pouvons bien en approcher, mais nous n'y arrivons jamais. Quant à la raison, elle est commune aux dieux et aux hommes. Elle est parfaite chez les dieux, et le pourrait être chez les hommes. Mais la corruption de nos mœurs nous ôte l'espérance d'un si grand avantage. Il est vrai que l'homme qui n'est point affermi dans le bien, de qui les opinions et les voluptés sont incertaines et changeantes, qui cherche la satisfaction des yeux et des oreilles, et qui souhaite la santé et la disposition du corps toujours égales durant le cours d'une longue vie; cet homme, dis-je, qui n'est que du second ordre, peut vivre honnêtement et sans reproche. Cependant, comme il est imparfait, il a toujours des faiblesses qui le font pencher vers le mal; or, ce penchant est encore éloigné du bien; aussi n'est-il pas encore bon, mais il tâche à le devenir. Cependant on peut dire que celui auquel il manque quelque chose pour être bon est encore mauvais; mais celui-là est égal aux dieux

Qui dans le fond du cœur a la vertu présente.

Il aspire vers le ciel, se souvenant de son origine, et que c'est un louable effort de remonter au lieu duquel on est descendu. Pourquoi ne croirez-vous pas qu'il a quelque chose de divin, puisqu'il est une portion de la divinité? Ce grand tout qui vous environne est un, c'est Dieu; nous sommes ses compagnons et ses membres; notre âme est capable de le recevoir, et de s'élever jusqu'à lui, si elle n'était retenue par le vice. Comme la taille de notre corps est droite et regarde vers le ciel, notre âme a les mêmes inclinations, et s'étend si loin qu'il lui plaît. La nature l'a formée pour avoir les mêmes sentiments qu'ont les dieux, et pour user de ses forces dans toute l'étendue de leur activité; car elle aurait eu bien de la peine à monter au ciel, si le secours d'autrui lui avait été nécessaire. Elle y retourne, quand elle marche hardiment par ce chemin que la nature lui a frayé, méprisant les biens extérieurs, et regardant l'or et l'argent comme des sujets dignes de la prison où ils étaient enfermés, sans être touchée de leur éclat qui éblouit les ignorants, et qui les empêche de regarder le ciel, depuis que l'avarice a exposé ces métaux sur la terre. Elle sait, dis-je, que les véritables richesses ne sont point aux lieux où l'on en fait amas, et qu'il vaut mieux remplir son âme que son coffre. Il faut la rendre maîtresse de toutes choses, la mettre en possession de tout ce qui est dans la nature, en sorte que l'orient et l'occident soient les seules bornes de son domaine; afin que, jouissant de l'univers, en la manière que font les dieux, elle regarde de haut en bas ces riches affamés, qui n'ont pas tant de joie pour les biens qu'ils possèdent, qu'ils ont de tristesse et de ja-

---

incredibile est, imo incredibilius. Non video enim, quomodo non in infimum agatur e fastigio suo dejecta virtus. Aut beatum præstare debet; aut, si ab hoc depulsa est, non prohibebit fieri miserum. Stans non potest mitti: aut vincatur oportet, aut vincat. — « Diis, inquit, immortalibus solis et virtus, et beata vita contigit; nobis umbra quædam illorum bonorum et similitudo: accedimus ad illa, non pervenimus. » — Ratio vero Diis hominibusque communis est: hæc in illis consummata est, in nobis consummabilis. Sed ad desperationem nos vitia nostra perducunt. Nam ille alter secundus est ut aliquis parum constans et custodiens optima, cujus judicium labat etiamnunc et incertum est. Desiderat oculorum atque aurium sensum, bonam valetudinem, et non fœdum aspectum corporis, et habitu manentem suo, ætatis præterea longius spatium; per hanc potest non pœnitenda agitare? Imperfecto viro huic malitiæ vis quædam inest: quia animum habet mobilem, ad prava illum agit hærens malitia, et ea agitata abest de bono. Non est adhuc bonus, sed in bonum fingitur; cuicumque autem deest aliquid ad bonum, malus est:

Sed, si cui virtus animusque in corpore præsens, hic Deos æquat; illo tendit, originis suæ memor. Nemo improbe eo conatur ascendere, unde descenderat. Quid autem, cur non existimes in eo divini aliquid existere, qui Dei pars est? Totum hoc, quo continemur, et unum est, et Deus: et socii sumus ejus, et membra. Capax est noster animus; perfertur illo, si vitia non deprimant. Quemadmodum corporum nostrorum habitus erigitur, et spectat in cœlum: ita animus, cui, in quantum vult, licet porrigi, in hoc a natura rerum formatus est, ut paria Diis velit, et sic utatur suis viribus, ac se in spatium suum extendat. Non aliena via ad summa nititur; magnus erat labor. ire in cœlum: redit! in hoc iter natus est. Vadit audacter, contemptor omnium; nec ad pecuniam respicit: aurum argentumque, illis, in quibus jacuere, tenebris dignissima, non ab hoc æstimat splendore, quo imperitorum verberant oculos, sed a vetere cœno, ex quo illa secrevit cupiditas nostra et effodit. Scit, inquam, aliubi positas esse divitias, quam quo geruntur; animum impleri debere, non arcam. Hunc imponere dominio rerum omnium licet, hunc in possessionem rerum naturæ inducere, ut sua orientis occidentisque fine finiat, Deorumque ritu cuncta possideat; quum opibus suis divites superne despiciat, quorum nemo, tam suo lætus est, quam tristis alieno. Quum se in hanc

48.

lousie pour ceux qu'ils voient entre les mains d'autrui. Quand elle est dans un état si élevé, elle considère son corps comme une charge nécessaire, et lui donne des soins, non par son amour, n'ayant garde de se soumettre à celui qu'elle doit gouverner. Qui est sujet à son corps n'est jamais libre; car, sans parler des autres maîtres que l'on s'attire en le servant, son empire de soi est bizarre et importun. Tantôt elle le quitte librement, tantôt elle en sort avec courage, ne se mettant guère en peine de ce qu'il deviendra après. Comme nous ne faisons point de compte des poils qu'on nous a coupés, ainsi, cette âme toute divine, voulant sortir du corps, ne se soucie pas où on le mette, qu'il soit couvert de terre, qu'il soit consumé par le feu, qu'il soit jeté à la voirie, que les bêtes le dévorent, ou que les oiseaux le déchirent,

Ou qu'on donne ce corps en proie aux chiens de mer.

Elle ne s'en soucie pas davantage, que fait un enfant des peaux qu'il apporte en venant au monde. Est-il à croire que n'ayant point appréhendé la violence durant la vie, elle la puisse appréhender après la mort? Elle dit : Je ne crains point les dents des crochets, ni que mon corps soit ignominieusement traîné et déchiré; tout cela ne paraîtra horrible qu'à ceux qui le verront. Pour moi, je n'exige de personne les derniers devoirs, ni que l'on prenne soin de mes funérailles. La nature a pourvu que personne ne demeurât sans sépulture. Le temps ensevelit ceux que la cruauté jette au milieu des champs. Mécénas dit élégamment :

Sans souci du tombeau je sais que la nature
Aux corps abandonnés donne la sépulture.

Imaginez-vous que c'est un soldat qui a dit ce beau mot; car il avait l'âme grande et vigoureuse, s'il ne l'eût amollie par les délices de la cour.

ÉPITRE XCIII.

Qu'on a toujours assez vécu quand on a acquis la sagesse.

Je n'ai pas trouvé assez de justice dans la lettre que vous m'avez écrite, touchant la mort de Métronacte le philosophe, où vous vous plaignez de ce qu'il n'a pas vécu le temps qu'il pouvait et qu'il devait vivre. Vous en avez de reste dans toutes les actions et les affaires que vous faites, et vous en manquez comme les autres en cette occasion. On en trouve assez qui sont équitables envers les hommes, mais peu qui le soient envers les dieux. Nous déclamons tous les jours contre le destin. Pourquoi celui-ci a-t-il été moissonné dans sa fleur? Pourquoi celui-là ne meurt-il pas? Pourquoi la vieillesse, qui lui est à charge, et à tous ceux qui le voient, dure-t-elle si longtemps? Dites-moi, je vous prie, lequel estimez-vous plus raisonnable, ou que vous obéissiez à la nature, ou que la nature vous obéisse. Que vous importe de partir un peu plus tôt d'un lieu où vous devez partir un jour. Le soin que nous devons avoir n'est pas de vivre longuement, mais de vivre assez; car, l'un dépend du destin, et l'autre de notre conduite. La vie est toujours longue quand elle est complète. Or, elle est complète quand l'âme

sublimitatem tulit, corporis quoque, velut oneris necessarii, non amator, sed procurator est; nec se illi, cui impositus est, subjicit. Nemo liber est, qui corpori servit. Nam, ut alios dominos, quos nimia pro illo sollicitudo invenit, transeas, ipsius morosum imperium delicatumque est. Ab hoc, modo æquo animo exit, modo magno prosilit; nec, quia deinde reliquiis ejus futurus sit exitus, quærit. Sed, ut ex barba capillos detonsos negligimus, ita ille divinus animus egressurus hominem, quo receptaculum suum conferatur, ignis illud exurat, an terra contegat, an feræ distrahant, non magis ad se judicat pertinere, quam secundas ad editum infantem. Utrum projectum aves differant, an consumatur

.... canibus data præda marinis.

quid ad illum? Qui tunc quoque, quum inter homines est, nullas minas timet; ullasne timebit post mortem minas eorum, quibus usque ad mortem timeri parum est? Non conterret, inquit, me nec uncus, nec projecti ad contumeliam cadaveris laceratio, fœda visuris. Neminem de supremo officio rogo; nulli reliquias meas commendo : ne quis insepultus esset, rerum natura prospexit. Quem sævitia projecerit, dies condet. Diserte Mæcenas ait :

Nec tumulum curo; sepelit natura relictos!

Alte cinctum putes dixisse : habuit enim ingenium et grande et virile, nisi illud secum discinxisset. Vale.

EPISTOLA XCIII.

VITAM NON EX SPATIO, SED EX ACTU METIENDAM.

In epistola, qua de morte Metronactis philosophi querebaris, tanquam et potuisset diutius vivere, et debuisset, æquitatem tuam desideravi; quæ tibi in omni persona, in omni negotio superest, in una re deest, in qua omnibus. Multos inveni æquos adversus homines; adversus Deos neminem. Objurgamus quotidie fatum : Quare ille in medio cursu raptus est? Quare ille non rapitur? Quare senectutem et sibi et aliis gravem extendit? Utrum, obsecro te, æquius judicas, te naturæ, an tibi parere naturam? Quid autem interest, quam cito exeas, unde utique exeundum est? Non ut diu vivamus, curandum est, sed ut satis. Nam, ut diu vivas, fato opus est; ut satis, animo. Longa est vita, si plena est : impletur autem, quum animus sibi bonum suum reddidit, et ad se potestatem sui transtulit. Quid illum octoginta anni juvant per

s'est acquis le bien auquel elle était destinée, et s'est rendue maîtresse de sa conduite. De quoi servent à cet homme les quatre-vingts ans qu'il a passés dans la fainéantise? Il n'a pas vécu ce temps-là, il est demeuré seulement en vie; il n'est pas mort tard, il est mort seulement longuement. Il a vécu quatre-vingts ans; mais il faut voir de quel jour vous comptez le temps de sa mort. Au contraire, celui-ci est mort tout jeune; mais il a rempli tous les devoirs de bon citoyen, de bon fils et de bon ami; il s'est acquitté de toutes obligations. Quoique son âge ne soit pas avancé, sa vie est achevée. Le premier a vécu quatre-vingts ans; dites plutôt, il a duré quatre-vingts ans; si ce n'est que vous disiez qu'il a vécu comme on dit que les arbres vivent.

Faisons en sorte, mon cher Lucile, que notre vie soit comme les choses précieuses, qui ont plus de poids que d'étendue; mesurons-la par nos actions, et non par le temps. Voulez-vous savoir en quoi diffère cet homme vigoureux qui est monté au souverain bien, après avoir éprouvé toutes les disgrâces de la condition humaine; de cet autre, qui s'est chargé de quantité d'années? L'un vit après sa mort, et l'autre est mort avant qu'il mourût. Honorons donc et croyons heureux celui qui a bien employé le peu de temps qui lui a été donné; car il a reconnu et suivi la lumière de la vérité. Il s'est distingué de la populace, il a témoigné sa force et sa vigueur durant sa vie. Quelquefois il a eu de beaux jours; quelquefois aussi il a vu éclater parmi le trouble les impressions d'une mauvaise étoile. Pourquoi voulez-vous savoir combien il a vécu? Il a assez vécu pour passer jusqu'à la postérité, et pour rendre sa mémoire considérable. Ce n'est pas que je voulusse refuser une longue vie, quoique je tienne qu'elle ne serait pas moins heureuse quand elle serait plus courte. Car je ne compte pas sur le dernier jour que l'amour de la vie me peut promettre, sachant qu'il n'y en a pas un qui ne puisse être le dernier. Pourquoi me demandez-vous si je suis encore jeune, et combien d'années je puis avoir? Il n'importe pas, j'ai les miennes. Comme un homme peut être bien fait dans une taille médiocre, la vie se peut aussi trouver pleine et entière dans une médiocre durée. L'âge doit être mis au rang des choses étrangères. Il ne dépend pas de moi de vivre longtemps, mais il est en mon pouvoir d'être homme de bien autant de temps que je vivrai. Demandez-moi seulement que je ne passe pas mes jours dans l'obscurité, et que j'occupe ma vie sans la laisser écouler inutilement.

Voulez-vous savoir quelle est la plus longue étendue de la vie? C'est de vivre jusqu'à ce qu'on ait acquis la sagesse. Qui a fait cette conquête peut dire qu'il a bien fourni sa carrière, quoiqu'elle n'ait pas été des plus longues. Qu'il se glorifie hardiment. Qu'il remercie les dieux, et s'en sache gré, aussi bien qu'à la nature, d'avoir été dans le monde; il le peut avec raison; car il a rendu sa vie meilleure qu'il ne l'avait reçue, il a donné le modèle d'un homme de bien, il en a fait voir la dignité et la grandeur. Si on eût prolongé le terme de sa vie, elle aurait été, sans doute, uniforme et semblable à la précédente. Combien peu de temps vivons-nous? et cependant nous voulons avoir la connaissance de toutes choses. Nous savons quels sont les commencements dont la nature

---

inertiam exacti? Non vixit iste, sed in vita moratus est; nec sero mortuus est, sed diu. Octoginta annis vixit! Interest, mortem ejus ex quo die numeres. — At ille obiit viridis!—Sed officia boni civis, boni amici, boni filii, executus est; in nulla parte cessavit. Licet ejus ætas imperfecta sit, vita perfecta est. Octoginta annis vixit! Imo octoginta annis fuit! nisi forte sic vixisse eum dicis, quomodo dicuntur arbores vivere. Obsecro te, Lucili, hoc agamus, ut, quemadmodum pretiosa rerum, sic vita nostra non pateat multum, sed multum pendat. Actu illam metiamur, non tempore. Vis scire, quid inter hunc intersit vegetum contemptoremque fortunæ, functum omnibus vitæ humanæ stipendiis, atque in summum bonum ejus evectum; et illum, cui multi anni transmissi sunt? Alter post mortem quoque est; alter ante mortem periit. Laudemus itaque, et in numero felicium reponamus eum, cui, quantulumcumque temporis contigit, bene collocatum est. Vidit enim veram lucem, non fuit unus e multis: et vixit, et viguit; aliquando sereno usus est; aliquando, ut solet, validi sideris fulgor per nubila emicuit. Quid quæris quamdiu vixerit? Vixit: ad posteros usque transsilivit et se in memoriam dedit.

Nec ideo mihi plures annos accedere recusaverim; nihil tamen mihi ad beatam vitam defuisse dicam, si spatium ejus inciditur. Non enim ad eum diem me aptavi, quem ultimum mihi spes avida promiserat; sed nullum non tanquam ultimum aspexi. Quid me interrogas quando natus sim? An inter juniores adhuc censear? Habeo meum. Quemadmodum in minore corporis habitu potest homo esse perfectus; sic et in minore temporis modo potest vita esse perfecta. Ætas inter externa est. Quamdiu sim, alienum est: quamdiu vero sum, vir bonus ut sim, meum est. Hoc a me exige, ne velut per tenebras ævum ignobile emetiar; ut agam vitam, non ut prætervehar.

Quæris, quod sit amplissimum vitæ spatium? Usque ad sapientiam vivere? Qui ad illam pervenit, attigit non longissimum finem, sed maximum. Ille vero glorietur audacter, et Diis agat gratias; interque eos sibi et rerum naturæ imputet, quod fuit. Merito enim imputabit; meliorem illi vitam reddidit, quam accepit. Exemplar boni viri posuit; qualis quantusque esset, ostendit: si quid adjecisset, fuisset simile præterito. Et tamen, quousque vivimus? Omnium rerum cognitione fruiti sumus. Scimus a quibus principiis natura se attollat; quemadmo-

s'élève si haut, comme elle règle le monde, comme elle rappelle les saisons et les années, comme elle a ramassé tout ce qui était épars, et s'est donnée elle-même pour l'objet de sa fin. Nous savons que les astres roulent par l'impétuosité qui leur est naturelle, et que, la terre exceptée, toutes choses sont emportées par la rapidité d'un mouvement continuel. Nous savons comme la lune devance le soleil, et pourquoi, étant plus lente, elle le laisse derrière elle, quoiqu'il soit beaucoup plus vite ; comme elle reçoit et perd ensuite sa lumière, ce qui fait la nuit et ce qui ramène le jour. Mais il faut monter aux cieux, d'où l'on verra tout cela de plus près. Cette espérance, dit le sage, et la pensée que j'ai que le chemin m'est ouvert pour retourner en la compagnie des dieux, ne me fera point partir avec plus de résolution ; j'ai mérité l'honneur d'y être admis ; je me suis déjà trouvé dans leur conversation, leur ayant souvent adressé mes pensées, et reçu celles qu'ils m'ont envoyées. Mais, quand je serais emporté de ce monde sans qu'il restât rien de moi ; quand il ne resterait rien de l'homme après sa mort, je n'en sortirai pas de celui-ci avec moins de résolution, quoique je ne dusse passer en aucun autre. Oui ; mais il n'a pas vécu autant d'années qu'il pouvait vivre. Ne savez-vous pas qu'il y a de petits livres qui sont néanmoins utiles et fort estimés. Vous savez que l'on ne fait point de cas des annales de Tanusius, et comment on les appelle. Il y a des gens dont la vie est longue à peu près comme ces annales. Croyez-vous qu'un gladiateur soit plus heureux d'être tué sur la fin qu'au milieu du spectacle, et qu'il s'en puisse trouver quelqu'un si passionné de la vie, qu'il aimât mieux être égorgé au lieu où l'on enterre les morts, que de mourir dans le champ du combat? Nous passons les uns devant les autres avec fort peu d'intervalle. La mort n'épargne personne ; celui qui tue suit de bien près celui qu'il a tué. Ce n'est qu'un moment qui nous met si fort en peine. Qu'importe combien de temps nous évitions ce que nous ne pouvons absolument éviter?

ÉPITRE XCIV.

Si les instructions générales de la philosophie valent mieux que des préceptes particuliers pour la conduite de la vie. — De la force des sentences et de la nécessité des lois.

Il y en a qui, de toute la philosophie, n'estiment que cette partie qui traite des devoirs de chacun en particulier, sans instruire l'homme en général ; qui prescrit au mari comment il doit se comporter envers sa femme ; au père, comment il doit élever ses enfants ; au maître, comment il doit traiter ses serviteurs. Ils négligent les autres parties, les croyant fort inutiles ; comme si l'on pouvait régler la vie en détail sans l'avoir auparavant connue en gros. Ariston, le stoïcien, est d'un autre avis ; car il dit que cette partie-là est légère et superficielle, parce qu'elle ne va point jusqu'au cœur ; mais que celle qui n'est point chargée de préceptes est de grande utilité ; les maximes de la philosophie étant les règles infaillibles du souverain bien, lesquelles il suffit de savoir pour se prescrire ce que l'on doit faire en toute rencontre, comme celui qui apprend à tirer de l'arc vise

dum ordinet mundum ; per quas vices annum revocet ; quemadmodum omnia, quæ usquam erunt, clauserit, et seipsam finem sui fecerit. Scimus, sidera impetu suo vadere ; præter terram nihil stare, cætera continua velocitate decurrere. Scimus, quemadmodum solem luna prætereat ; quare tardior velociorem post se relinquat ; quomodo lumen accipiat, aut perdat ; quæ causa inducat noctem, quæ reducat diem. Illuc eundum est, ubi ista propius aspicias. — Nec hac spe, inquit sapiens, illo fortius exeo, quod patere mihi ad deos meos iter judico. Merui quidem admitti, et jam inter illos fui ; animumque illo meum misi, et ad me illi suum miserant. Sed tolli me de medio puta, et post mortem nihil ex homine restare ; æque magnum animum habeo, etiam si nusquam transiturus excedo. — Non tam multis vixit annis, quam potuit! — Et paucorum versuum liber est, et quidem laudandus, atque utilis. Annales Tanusii scis quam ponderosi sint, et quid vocentur. Hoc est vita quorumdam longa, quod Tanusii sequitur Annales. Numquid feliciorem judicas eum, qui summo die muneris, quam eum, qui medio occiditur? Numquid aliquem tam stulte cupidum esse vitæ putas, ut jugulari in spoliario, quam in arena malit? Non majore spatio alter alterum præcedimus. Mors per omnes it : qui occidit, consequitur occisum. Minimum est, de quo sollicitissime agitur. Quid autem ad rem pertinet, quamdiu vites quod evitare non possis? Vale.

EPISTOLA XCIV.

AN UTILIA SINT SPECIALIA DE OFFICIIS PRÆCEPTA?

Eam partem philosophiæ, quæ dat propria cuique persona præcepta, nec in universum componit hominem ; sed marito suadet, quomodo se gerat adversus uxorem, patri, quomodo educet liberos ; domino, quomodo servos regat, quidam solam receperunt, cæteras quasi extra utilitatem nostram vagantes reliquerunt ; tanquam quis possit de parte suadere, nisi qui summam prius totius vitæ complexus est. Sed Aristo Stoicus e contrario hanc partem levem existimat, et quæ non descendat in pectus usque. Ad illam habentem præcepta plurimum ait proficere ipsa decreta philosophiæ constituendamque summi boni ; quam qui bene intellexit ac didicit, quid in quaque re faciendum sit, sibi ipse præcepit : Quemadmodum, qui ja-

droit au lieu qu'il se propose, et forme sa main à bien décocher le trait; quand il a acquis cette adresse par la discipline et par l'exercice, il s'en sert après en tout autre endroit qu'il lui plaît. De même, quand on est instruit de tous les genres de vie, on n'a pas besoin de préceptes particuliers pour vivre comme l'on doit avec sa femme et avec ses enfants. Cléanthe avoue que cette partie-là est utile; mais il dit qu'elle est sans force, si elle n'en tire de sa source et si elle n'a connaissance des axiomes et des principales vérités de la philosophie. De là naissent deux questions, savoir, si cette partie-là est utile ou inutile, et si elle suffit, seule, pour faire un homme de bien; c'est-à-dire si elle est superflue ou si elle rend toutes les autres superflues. Ceux qui tiennent que cette partie est superflue raisonnent de cette sorte.

Quand il y a quelque incommodité qui empêche la vue, il la faut ôter, autrement ce serait perdre son temps que de dire : Vous marcherez ainsi, étendant la main de ce côté-là. De même, quand il y a quelques ténèbres dans l'esprit, qui l'empêchent de connaître précisément son devoir et son application, ce n'est rien faire que de dire : Vous vivrez de la sorte avec votre père et avec votre femme; car les préceptes ne serviront de rien tant que l'esprit sera offusqué de l'erreur; mais, si on la dissipe, alors nous verrons clairement ce que nous devons à chacun. De procéder autrement, c'est enseigner à un malade ce qu'il doit faire quand il sera guéri, et ne le pas guérir ; à un pauvre, de faire les actions d'un riche. Et comment le pourra-t-il s'il demeure toujours pauvre? Et à un affamé, ce qu'il doit faire quand il sera rassasié. Otez-lui plutôt la faim qui le ronge jusque dans les os. Je vous dirai la même chose de tous les vices, lesquels il faut exterminer avant que de donner des préceptes dont leur présence rend l'exécution toujours impossible, si vous ne chassez les fausses opinions dont nous sommes prévenus. L'avare ne comprendra jamais comment il faut user de l'argent, ni le poltron comme il faut mépriser les dangers. Il est préalable de faire voir que l'argent n'est ni bon, ni mauvais, et que tous les riches sont misérables; que les choses que tout le monde craint ne sont pas si fort à appréhender qu'on le dit, non plus que la douleur ni la mort; que dans la mort, qui de soi est inévitable, il y a cette consolation qu'elle ne revient jamais; que dans la douleur on peut avoir la fermeté de l'esprit, qui sait adoucir, par la raison, ce qu'il souffre avec résolution ; que la douleur a cela de bon que, si elle est grande, elle ne dure pas, et si elle dure, elle n'est pas grande; qu'il faut supporter avec courage tout ce que la nécessité nous ordonne. Quand, par ces maximes, vous avez fait connaître à un homme quelle est sa condition, et que la félicité consiste à vivre selon la nature et non selon la volupté; quand vous lui aurez insinué l'amour de la vertu comme le bien unique qu'il doit rechercher, et la haine du vice comme le seul mal qu'il doit éviter; tout le reste, comme richesses, honneurs, santé, force, puissance, étant choses indifférentes qu'il ne faut compter parmi les

---

culari discit, destinatum locum captat, et manum format ad dirigenda quæ mittit; quum hanc vim ex disciplina et exercitatione perceperit, quocumque vult, illa utitur (didicit enim non hoc aut illud ferire, sed quodcumque voluerit) : sic, qui se ad totam vitam instruxit, non desiderat particulatim admoneri, doctus in totum; non enim quomodo cum uxore aut cum filio viveret, sed quomodo bene viveret : in hoc est et quomodo cum uxore ac liberis vivat. Cleanthes utilem quidem judicat et hanc partem, sed imbecillam, nisi ab universo fluit, nisi decreta ipsa philosophiæ et capita cognovit.

In duas ergo quæstiones locus iste dividitur : Utrum utilis, an inutilis sit; et an solus virum bonum possit efficere; id est, utrum supervacuus sit, an omnes faciat supervacuos. Qui hanc partem videri volunt supervacuam, hoc aiunt : Si quid oculis oppositum moratur aciem, removendum est : illo quidem objecto operam perdidit, qui præcepit : « Sic ambulabis, illo manum porriges! » Eodem modo, ubi aliqua res obcæcat animum, et ad officiorum dispiciendum ordinem impedit, nihil agit, qui præcepit : « Sic vives cum patre, sic cum uxore. » « Nihil enim proficient præcepta, quamdiu menti error offusus est : si ille discutitur, apparebit quid cuique debeatur officio. Alioquin doces illum, quid sano faciendum sit, non efficis sanum. Pauperi, ut agat divitem, monstras; hoc quomodo manente paupertate fieri potest? Ostendis esurienti, quid tanquam satur faciat; fixam potius medullis famem detrahe. Idem tibi de omnibus vitiis dico : ipsa removenda sunt; non præcipiendum, quod fieri illis manentibus non potest. Nisi opiniones falsas, quibus laboramus, expuleris, nec avarus, quomodo pecunia utendum sit, exaudiet; nec timidus, quomodo periculosa contemnat. Efficias oportet, ut sciat, pecuniam nec bonum, nec malum esse; ostendas illi miserrimos divites; efficias, ut, quidquid publice expavimus, sciat non esse tam timendum quam fama circumfert, nec dolere quoque, nec mori. Sæpe in morte, quam pati lex est, magnum esse solatium, quod ad neminem redit; in dolore pro remedio futuram obstinationem animi, qui levius sibi facit quidquid contumaciter passus est. Optimam doloris esse naturam, quod non potest, nec, qui extenditur, magnus esse; nec, qui est magnus, extendi. Omnia fortiter excipienda, quæ nobis mundi necessitas imperat. His decretis quum illum in conspectum suæ conditionis adduxeris, et cognoverit beatam esse vitam, non quæ secundum voluptatem est, sed secundum naturam ; quum virtutem unicum bonum hominis adamaverit, turpitudinem solum malum fugerit; reliqua omnia, divitias, honores, bonam valetudinem, vires, imperia, scierit esse mediam partem, nec bonis annumerandam, nec ma-

biens, ni parmi les maux, il n'aura pas besoin d'un précepteur qui lui dise à tout propos : Marchez ou mangez de la sorte. Ceci convient à un homme, cela à une femme; telle chose à celui qui est marié, et telle autre à celui qui ne l'est pas.

Les gens qui donnent si soigneusement ces avis ne sauraient les pratiquer eux-mêmes. Le pédagogue les donne à son disciple, la grand'mère à son petit-fils; et vous verrez un docteur sujet à la colère dire hautement qu'il ne faut point se mettre en colère. En effet, si vous entrez dans les écoles publiques, vous trouverez que les questions dont les philosophes disputent avec tant de gravité sont des leçons que l'on fait aux petits enfants. Après tout, vous voulez enseigner des choses évidentes ou douteuses; si elles sont évidentes, il n'est pas besoin de les enseigner; si elles sont douteuses, on ne vous en croira pas. Il est donc inutile de rien enseigner. Voici comme il le faut entendre : Si vous enseignez une chose qui soit obscure et ambiguë, il la faut appuyer par des preuves. Si vous donnez des preuves, elles valent mieux que ce que vous enseignez, et sont suffisantes d'elles-mêmes. Vivez ainsi avec votre ami, ainsi avec votre compatriote, ainsi avec votre compagnon. Pourquoi? Parce qu'il est juste. Je trouve tout cela dans le traité de la Justice. J'y apprends que l'équité est désirable d'elle-même; qu'on ne la doit point exercer par crainte, ni par intérêt, et que toute autre considération que de cette vertu est injuste. Quand je suis imbu et bien persuadé de cela, qu'ai-je à faire des préceptes qui instruisent un homme de ce qu'il sait? Il ne sert de rien de donner des préceptes à celui qui les sait bien, et il sert de peu d'en donner à celui qui ne les sait pas : car il doit comprendre non-seulement ce qu'on lui enseigne, mais la raison pourquoi on le lui enseigne. Je vous demande si ces préceptes sont nécessaires à ceux qui sont bien persuadés de la nature des biens et des maux, ou à ceux qui en sont mal persuadés. Ceux-ci ne vous écouteront pas, ayant les oreilles battues de l'opinion contraire. Les autres, qui discernent exactement ce qui est à fuir ou à désirer, savent ce qu'ils doivent faire sans que vous leur disiez rien. Par conséquent, on peut retrancher cette partie de la philosophie.

Il y a deux sources d'où procèdent nos manquements. Ou notre âme a une malice contractée par les mauvaises opinions, ou elle a une pente à les embrasser, qui la corrompt et l'emporte à la première occasion. C'est pourquoi nous devons la guérir si elle est malade et engagée dans le vice, ou, si elle est portée au mal, prévenir les effets de ses mauvaises inclinations. Or est-il que les règles de la philosophie font l'un et l'autre. Il s'ensuit donc que toutes ces sortes de préceptes particuliers ne servent de rien. D'ailleurs, s'il fallait donner des préceptes à chacun, ce ne serait jamais fait; car il en faudrait donner d'une façon à un marchand, d'une autre à un laboureur, d'une autre à un homme d'affaires, d'une autre à un homme de cour, d'une autre à celui qui veut faire amitié avec ses égaux, et d'une autre à celui qui veut s'unir avec ses inférieurs. Dans la condition du mariage, il faudrait prescrire comment un homme doit vivre, soit avec une fille, soit avec une veuve qu'il aura épousée; comment avec une

---

lis : monitorem non desiderabit ad singula, qui dicat : « Sic incede, sic cœna ! Hoc viro, hoc feminæ, hoc marito, hoc cælibi convenit! » Ista enim qui diligentissime monent, ipsi facere non possunt. Hæc pædagogus puero, hæc avia nepoti præcipit; et, irascendum non esse, magister iracundissimus disputat. Si ludum litterarium intraveris, scies ista, quæ ingenti supercilio philosophi jactant, in puerili esse præscripto.

Utrum deinde manifesta, an dubia præcipies? Non desiderant manifesta monitorem; præcipienti dubia non creditur : supervacuum erit præcipere. Id adeo sic disce. Si id mones, quod obscurum est et ambiguum, probationibus adjuvandum erit : si probaturus es, illa per quæ probas plus valent, satisque per se sunt. « Sic amico utere, sic cive, sic socio! — Quare? — quia justum est. » Omnia ista mihi de justitia locus tradit. Illic invenio æquitatem per se expetendam, nec metu nos ad illam cogi, nec mercede conduci; non esse justum, cui quidquam in hac virtute placet, præter ipsam. Hæc quum persuasi mihi et perbibi, quid ista præcepta proficiunt, quæ eruditum docent? Præcepta dare scienti, supervacuum est; nescienti, parum. Audire enim debet, non tantum quid sibi præcipiatur, sed etiam quare. Utrum, inquam, veras opiniones habenti de bonis malisque sunt necessaria, an non habenti? Qui non habet, nihil a te adjuvabitur; aures ejus contraria monitionibus tuis fama possedit : qui habet exactum judicium de fugiendis petendisque, scit quid sibi faciendum sit, etiam te tacente. Tota ergo pars ista philosophiæ submoveri potest.

Duo sunt, propter quæ delinquimus; aut inest animo pravis opinionibus malitia contracta; aut, etiamsi non est falsis occupatus, ad falsa proclivis est, et cito, specie quo non oportet trahente, corrumpitur. Itaque debemus aut percurare mentem ægram, et vitiis liberare; aut vacantem quidem, sed ad pejora pronam, præoccupare. Utrumque decreta philosophiæ faciunt : ergo tale præcipiendi genus nil agit.

Præterea, si præcepta singulis damus, incomprehensibile opus est. Alia enim dare debemus fœneranti, alia colenti agrum, alia negotianti; alia regum amicitias sequenti; alia pares, alia inferiores amaturo. In matrimonio præcipies, quomodo vivat cum uxore aliquis, quam virginem duxit, quomodo cum ea, quæ alicujus ante matrimonium experta est, quemadmodum cum locuplete;

femme qui lui aura apporté de grands biens ; comment avec une autre qui ne lui aura rien apporté. Ne mettez-vous donc point de différence entre une femme stérile et une féconde, entre une vieille et une jeune, entre une mère et une marâtre? Il est impossible de rapporter toutes les espèces qui se peuvent présenter; et, toutefois, elles demandent chacune leur conduite particulière. Or, les règles de la philosophie sont courtes, et comprennent toutes choses en général; joint encore que les préceptes de la sagesse doivent être certains et limités; ceux qui sont vagues et indéfinis ne lui appartiennent point, parce qu'elle connaît l'étendue et les bornes de toutes choses. Il faut donc supprimer cette partie, qui consiste en préceptes, puisqu'elle ne peut donner à tous ce qu'elle ne promet qu'à peu de personnes ; mais la sagesse s'étend à tout le monde. Entre la folie du peuple et celle que traitent des médecins, il n'y point d'autre différence, sinon que l'une vient de fausses opinions, et l'autre d'hommes corrompus. La première est une maladie de l'âme, et la dernière une maladie du corps. Si quelqu'un voulait enseigner à un furieux comme il doit parler, comme il doit marcher, comme il doit se comporter en public et en particulier, il serait plus fou que celui auquel il ferait des leçons. Il faut premièrement corriger l'humeur atrabilaire, et chasser la cause de la fureur. On doit faire la même chose pour la fureur de l'âme, il la faut amortir; autrement tous les bons avis ne seront que des paroles en l'air. Voilà tout ce que dit Ariston. A quoi nous répondons par articles.

Premièrement, quand il allègue que s'il y a quelque chose qui incommode l'œil et qui l'empêche de voir, il le faut ôter, je demeure d'accord que l'œil n'a pas besoin de préceptes pour voir, mais bien de remèdes pour nettoyer la vue et lever l'obstacle qui retarde ses fonctions; par ce moyen on rétablit aisément la faculté de voir, qui procède de la nature. Mais la nature n'enseigne pas ce que chacun doit faire dans sa condition. De plus, celui à qui on a ôté la cataracte ne peut aussitôt rendre à un autre la vue qu'il a recouvrée; mais celui qu'on a retiré du vice peut en même temps en retirer les autres. L'œil n'a pas besoin d'exhortation ni de conseil pour connaître les couleurs; il distingue le blanc du noir, sans que personne ne l'en avertisse. L'âme, au contraire, ne peut, sans beaucoup de préceptes, savoir ce qu'elle doit faire dans la vie : outre que le médecin, après avoir guéri les yeux, donne encore des avis et des précautions : vous ne devez pas, dit-il, tout d'un coup vous exposer au grand jour, il faut commencer par les lieux sombres, puis passer en d'autres plus éclairés, et s'accoutumer petit à petit à supporter une clarté tout entière. Il ne faut point étudier après le repas, ni se servir de ses yeux quand ils sont humides et enflés; il faut éviter que le vent et le froid ne donnent sur le visage, et quantité d'autres choses qui ne sont pas moins nécessaires que les médicaments; car la médecine joint le conseil aux remèdes.

Il dit, en second lieu, que l'erreur est la cause de tous les vices; les précepteurs ne l'ôtent pas, puisqu'ils ne combattent point les fausses opinions que nous avions touchant les biens et les maux. Je demeure d'accord que les préceptes, d'eux-

---

quemadmodum cum indotata. An non putas aliquid esse discriminis inter sterilem et fœcundam, inter provectiorem et puellam, inter matrem et novercam? Omnes species complecti non possumus : atqui singulæ propria exigunt. Leges autem philosophiæ breves sunt, et omnia alligant. Adjice nunc, quod sapientiæ præcepta finita esse debent, et certa : si qua finiri non possunt, extra sapientiam sunt; sapientia rerum terminos novit. Ergo ista præceptiva pars submovenda est : quia, quod paucis promittit, præstare omnibus non potest : sapientia autem omnes tenet. Inter insaniam publicam, et hanc, quæ medicis traditur, nihil interest : nisi quod hæc morbo laborat, illa opinionibus falsis. Altera causas furoris traxit ex valetudine; altera, animi mala valetudo est. Si quis furioso præcepta det, quomodo loqui debeat, quomodo procedere, quomodo in publico se gerere, quomodo in privato, erit ipso, quem monebit, insanior : scilicet bilis nigra curanda est, et ipsa furoris causa removenda. Idem in hoc alio animi furore faciendum est : ipse discuti debet; alioquin abibunt in vanum monentium verba.

Hæc ab Aristone dicuntur. — Cui respondebimus ad singula. Primum adversus illud, quod ait, « si quid obstat oculo et impedit visum, debere removeri. » Fateor, huic non esse opus præceptis ad videndum, sed remedio quo purgetur acies, et officientem sibi moram effugiat. Natura enim videmus; cui usum sui reddit, qui removit obstantia. Quid autem cuique debeatur officio, natura non docet. Deinde cujus curata suffusio est, is non protinus, quum visum recipit, aliis quoque reddere : malitia liberatus et liberat. Non opus est exhortatione, ne consilio quidem, ut colorum proprietates oculus intelligat; a nigro album, etiam nullo monente, distinguet : multis contra præceptis eget animus, ut videat, quid agendum sit in vita. Quanquam oculis quoque ægros medicus non tantum curat, sed etiam monet. Non est, inquit, quod protinus imbecillam aciem committas improbo lumini; a tenebris primum ad umbrosa procede, deinde plus aude, et paulatim claram lucem pati assuesce : non est quod post cibum studeas; non est quod plenis oculis ac tumentibus imperes; afflatum et vim frigoris in os occurrentem evita. Alia ejusmodi, quæ non minus quam medicamenta proficiunt, adjicit remediis medicina consilia. — « Error, inquit, est causa peccandi; hunc nobis præcepta non detrahunt: nec expugnant opiniones de bonis

mêmes, n'ont pas assez de force pour détruire une fausse persuasion dont l'âme est prévenue; mais il ne s'ensuit pas qu'ils ne puissent servir, étant joints avec d'autres remèdes. Car, premièrement, ils rafraîchissent la mémoire, puisqu'ils vous font considérer, nettement et en détail, ces choses que vous ne voyez que confusément quand vous les regardez en gros. Autrement, l'on pourrait dire que toutes les consolations et les exhortations sont inutiles; mais elles ne le sont pas, ni par conséquent les préceptes. Il dit ensuite que c'est une sottise d'ordonner à un malade ce qu'il doit faire, comme s'il se portait bien ; et qu'il faut le guérir auparavant, sans quoi tous les avis ne servent de rien. Quoi! les sains et les malades n'ont-ils pas quelque chose de commun, sur quoi l'on puisse leur donner conseil? par exemple, de ne pas manger trop avidement et de ne se point lasser. Il y a aussi des préceptes qui sont communs aux pauvres et aux riches. Mais, réplique-t-il, guérissez l'avarice; par ce moyen vous n'aurez plus d'avis à donner ni au pauvre ni au riche, la convoitise de l'un et de l'autre étant apaisée. Quoi ! ce ne sont pas choses différentes, de ne point désirer de l'argent, et d'en savoir bien user? Les avares le convoitent sans mesure, et ceux qui ne le sont pas peuvent n'en pas connaître le bon usage.

Il dit encore : Otez les erreurs et les fausses opinions, les préceptes se trouveront inutiles. Cela est faux; car, supposez que l'avarice se soit élargie, que le luxe se soit retranché, que la témérité se soit arrêtée, que la paresse se soit éveillée, faut-il apprendre ce que nous avons à faire et de quelle manière nous devons agir quand nous sommes affranchis du vice. Mais, dit-il, les conseils ne feront point d'impression sur les vices endurcis. Je réponds qu'encore que la médecine ne guérisse point les maux incurables, on ne laisse pas d'y avoir recours; les uns pour être guéris, les autres pour être soulagés. La philosophie même, avec toutes ses forces, ne pourrait pas déraciner un ulcère invétéré dans le fond de l'âme ; mais, si elle ne peut tout guérir, il ne s'en suit pas qu'elle ne guérisse rien. Il ajoute : Que sert-il de montrer ce qui est évident? De beaucoup; car, quelquefois, nous savons une chose, mais nous n'y faisons point de réflexion. En ces cas, les préceptes avertissent et n'enseignent pas. Ils réveillent seulement la mémoire et l'empêchent qu'elle n'oublie. Nous passons souvent sans considérer des choses qui sont exposées à nos yeux. Souvent aussi notre esprit ne veut pas s'y arrêter. Il est donc à propos de lui faire voir ce qu'il connaît fort bien, et cet avertissement est une espèce d'exhortation.

Je veux, en cet endroit, rapporter ce que Calvus dit un jour à Vatinius : Vous savez qu'il s'est fait une forte brigue, et chacun sait que vous le savez. Vous savez qu'il faut être religieux dans l'observation de l'amitié, mais vous ne l'êtes pas. Vous savez que c'est un vice d'exiger de sa femme la chasteté, et de corrompre celle d'autrui; que comme elle ne doit point avoir de commerce avec un adultère, vous n'en devez point avoir aussi avec une concubine, et toutefois vous ne le faites pas. C'est pourquoi il faut de temps en temps vous remettre ces vérités dans la mémoire. Ce n'est pas assez de les avoir en dépôt, il faut les avoir à la main ; ce qui nous est salutaire doit être souvent

---

ac malis falsas. » Concedo, per se efficacia præcepta non esse ad evertendam pravam animi persuasionem ; sed non ideo, ne aliis quidem adjecta, proficiunt? Primum memoriam renovant; deinde, quæ in universo confusius videbantur, in partes divisa diligentius considerantur. Aut tu isto modo licet et consolationes dicas supervacuas, et exhortationes : atqui non sunt supervacuæ; ergo ne monitiones quidem. — « Stultum est, inquit, præcipere ægro, quid facere tanquam sanus debeat, quum restituenda sanitas sit, sine qua irrita sunt præcepta. » Quid, quod habent ægri quædam sanique communia, de quibus admonendi sunt? tanquam ne avide cibos appetant, ut lassitudinem vitent. Habent quædam præcepta communia pauper et dives. — « Sana, inquit, avaritiam, et nihil habebis quod admoneas aut pauperem, aut divitem, si cupiditas utriusque considet. » Quid quod aliud est, non concupiscere pecuniam; aliud, uti pecunia scire? cujus avari modum ignorant, etiam non avari usum.— « Tolle, inquit, errores; supervacua præcepta sunt. » Falsum est! puta enim avaritiam relaxatam; puta adstrictam esse luxuriam, temeritati frænos injectos, ignaviæ subditum calcar : etiam remotis vitiis, quid, et quemadmodum debeamus facere, discendum est. — « Nihil, inquit, efficient monitiones, admotæ gravibus vitiis. » Ne medicina quidem morbos insanabiles vincit; tamen adhibetur aliis in remedium, aliis in levamentum. Ne ipsa quidem universæ philosophiæ vis, licet tota in hoc vires suas advocet, duram jam et veterem animis extrahet pestem ; sed non ideo nihil sanat, quia non omnia. — « Quid prodest, inquit, aperta monstrare? » Plurimum! interdum enim scimus, nec attendimus. Non docet admonitio, sed advertit, sed excitat, sed memoriam continet, nec patitur elabi. Pleraque ante oculos posita transimus; admonere, genus adhortandi est. Sæpe animus etiam aperta dissimulat; ingerenda est itaque illi notitia rerum notissimarum. Illa hoc loco in Vatinium Calvi repetenda sententia est : « Factum esse ambitum, scitis; et, hoc vos scire, omnes sciunt. » Scis amicitias sancte colendas esse ; sed non facis : scis improbum esse qui ab uxore pudicitiam exigit, ipse alienarum corruptor uxorum : scis ut illi nil cum adultero, sic tibi nil esse debere cum pellice; et non facis. Itaque subinde reducendus es ad memoriam : non enim reposita illa esse oportet, sed in promptu. Quæcumque salutaria sunt, sæpe agitari debent, sæpe ver-

ÉPITRES A LUCILIUS.

manié et retourné, afin qu'il nous soit familier et tout prêt; joint que par ce moyen, ce qui était manifeste devient encore plus évident.

Il objecte encore : Si vos préceptes sont douteux, vous en devez apporter les preuves. Ainsi, les preuves seront utiles, et non les préceptes. Mais souvent on s'en rapporte à la seule autorité sans preuve, comme l'on défère aux décisions des jurisconsultes, quoiqu'ils n'en rendent point de raison. De plus, ces préceptes d'eux-mêmes ont beaucoup de poids, particulièrement s'ils sont mis en vers, ou qu'on en forme des sentences en prose, comme ces deux de Caton : *Achète le nécessaire et non pas le superflu. Le superflu est cher, encore qu'il ne coûte qu'une maille.* Ces oracles de l'antiquité ou autres semblables : *Ménage le temps. Connais-toi toi-même.* Et quand on vous alléguera ces vers-ci, en demanderez vous la raison ?

> Aux plus grands maux, l'oubli sert de remède.
> Soyez hardi, la fortune vous aide.
> Au paresseux tout fait de l'embarras.

Ces sentences n'ont pas besoin d'être persuadées : elles pénètrent dans l'âme et produisent du fruit, par la seule force de la nature; car il y a des semences de vertu répandues dans toutes les âmes, qui se réveillent par les avertissements. Comme une étincelle s'enflamme par un petit souffle, la vertu se produit au même temps qu'on la touche. D'ailleurs, nous avons dans l'esprit certaines connaissances qui ne sont pas bien présentes; mais nous commençons de les avoir à commandement aussitôt qu'on nous en parle. Il y a aussi des choses éparses en divers endroits, qu'un homme, faute d'exercice, ne pourrait pas joindre et lier ensemble. Il faut donc les assembler, afin qu'elles aient plus de force, et que l'esprit en reçoive plus de soulagement. Ou bien, si les préceptes ne profitent de rien, il ne faut plus parler d'instruction, et l'on doit se contenter de la seule nature.

Ceux qui raisonnent de l'autre sorte ne considèrent pas que l'un a l'esprit agissant et sublime, l'autre l'a tardif et stupide; et que les préceptes entretenant la force de l'entendement, lui donnent de nouvelles connaissances, par le moyen desquelles il corrige ses erreurs. Mais, si quelqu'un, dit Ariston, ne sait point les maximes générales, de quoi lui serviront ces préceptes particuliers, étant engagé dans le vice? Ils lui serviront à s'en dégager; car son bon naturel n'est pas détruit, il n'est qu'altéré, et encore tâche-t-il de se rétablir en combattant contre le vice. Mais, s'il rencontre quelque appui par le secours des préceptes, il se remet en état, pourvu que la corruption ne l'ait pas entièrement gâté; car, en ce cas, tous les efforts de la philosophie ne le rétabliraient pas. Quelle différence y a-t-il entre les préceptes et les axiomes de la philosophie, sinon que ceux-ci sont généraux, et que ceux-là sont particuliers ? Mais ils donnent tous deux des conseils et des avertissements, les uns en gros, et les autres en détail. Si quelqu'un, dit-il, a de bonnes et d'honnêtes maximes, il n'a pas besoin de préceptes. Je vous le nie, car, quoiqu'il soit instruit de ce qu'il doit faire, il ne sait pas encore comme il doit s'y prendre, parce que

---

sari; ut non tantum nota sint nobis, sed etiam parata. Adjice nunc, quod aperta quoque apertiora fieri solent. — « Si dubia sunt, inquit, quæ præcipis, probationes adjicere debebis : ergo illæ, non præcepta, proficient. » —Quid quod, etiam sine probationibus, ipsa monentis auctoritas prodest? sic quomodo jurisconsultorum valent responsa, etiamsi ratio non redditur. Præterea ipsa, quæ præcipiuntur, per se multum habent ponderis, utique si aut carmini intexta sunt, aut prosa oratione in sententiam coarctata; sicut illa Catoniana, « Emas, non quod opus est, sed quod necesse est. Quod non opus est, asse carum est. » Qualia quoque sunt illa, aut reddita oraculo, aut similia : « Tempori parce! Te nosce! » Numquid rationem exiges, quum tibi aliquis hos dixerit versus ?

> Injuriarum remedium est oblivio.
> Audentes fortuna juvat.
> ..... piger ipse sibi obstat.

Advocatum ista non quærunt; affectus ipsos tangunt, et natura vim suam exercente proficiant. Omnium honestarum rerum semina animi gerunt, quæ admonitione excitantur; non aliter quam scintilla, flatu levi adjuta, ignem suum explicat. Erigitur virtus, quum tacta est et impulsa. Præterea quædam sunt quidem in animo, sed parum prompta; quæ incipiunt in expedito esse, quum dicta sunt.

Quædam diversis locis jacent sparsa, quæ contrahere inexercitata mens non potest. Itaque in unum conferenda sunt, et jungenda, ut plus valeant, animumque magis allevent. Aut, si præcepta nihil adjuvant, omnis institutio tollenda est; ipsa natura contenti esse debemus. Hoc qui dicunt, non vident, alium ingenii esse mobilis et erecti, alium tardi et hebetis, utique alium alio ingeniosiorem. Ingenii vis præceptis alitur et crescit, novasque persuasiones adjicit innatis, et depravata corrigit.

« Si quis, inquit, non habet recta decreta, quid illum admonitiones juvabunt vitiis obligatum ? » Hoc scilicet, ut illis liberetur. Non enim exstincta in illo indoles naturalis est, sed obscurata, et oppressa : sic quoque tentat resurgere, et contra prava nititur : nacta vero præsidium et adjuta præceptis, convalescit; si tamen illam diutina pestis non infecit, nec enecuit; hanc enim ne disciplina quidem philosophiæ, toto impetu suo connisa, restituet. Quid enim interest inter decreta philosophiæ et præcepta, nisi quod illa generalia præcepta sunt, hæc specialia? Utraque res præcipit : sed altera in totum, particulatim altera. — « Si quis, inquit, recta habet et honesta decreta, hic ex supervacuo monetur. » Minime! nam hic quoque doctus quidem est facere, quæ debet; sed hæc non satis perspicit. Non enim tantum affectibus impedimur,

ce n'est pas tant la passion qui nous empêche de faire ce bien, que la difficulté de trouver la manière pour bien faire ce que chaque chose demande. Nous avons quelquefois l'âme fort bien disposée; mais elle est paresseuse et n'a pas assez d'expérience pour savoir le procédé qu'il faut tenir; et c'est ce que les préceptes nous enseignent. Ariston ajoute encore que si vous ôtez les fausses opinions qui se sont introduites, touchant les biens et les maux, et que vous établissiez celles qui sont véritables, les préceptes n'auront plus rien à faire. J'avoue que c'est un moyen de bien régler l'esprit, mais il ne suffit pas ; car, quoique l'on ait prouvé par de bons arguments quels sont les biens, et quels sont les maux, les préceptes ne laissent pas d'avoir leur emploi particulier. La prudence et la justice ne consistent qu'en devoirs, et ces devoirs sont conduits et réglés par les préceptes. De plus, le discernement que nous faisons des biens et des maux se reconnaît par l'exercice des devoirs, à quoi les préceptes nous engagent; ils conspirent tous deux à même fin, et les uns ne peuvent aller devant, que les autres ne les suivent. Cet ordre, qu'ils se gardent entre eux, fait bien voir que les maximes vont toujours devant. Mais il y a, dit-il, une infinité de préceptes : cela est faux ; car, pour ce qui concerne les choses importantes ou nécessaires, ils ne sont pas infinis. Ils ont bien quelques légères différences qui regardent le temps, le lieu et les personnes; encore leur donne-t-on certaines règles générales. On ne peut, dit-il, guérir la folie par préceptes, ni par conséquent le vice. Ce sont choses toutes dissemblables ; car, en chassant la folie, vous guérissez entièrement l'esprit; mais, en bannissant les fausses opinions, vous ne faites pas succéder en leur place le juste discernement des choses qu'il est bon de faire ; et quand cela serait, les préceptes serviraient encore à fortifier en votre âme les bons sentiments que vous auriez, touchant le bien et le mal. Il est encore faux que les préceptes ne servent de rien auprès des insensés ; car, quoique ces préceptes ne produisent aucun fait séparément, il est certain qu'ils contribuent à la guérison des fous ; j'entends de ceux qui ont le sens égaré et non entièrement perdu, puisque les menaces et le châtiment sont capables de les retenir.

Les lois (dit encore Ariston) ne nous font pas faire ce que nous devons. Mais que sont-elles autre chose que des préceptes menaçants, qui ne sauraient persuader à cause qu'ils commandent? Les préceptes, au contraire, ne forcent personne, et cependant ils gagnent la volonté. Les lois vous détournent du crime; les préceptes vous exhortent à votre devoir, joint que les lois sont utiles aux bonnes mœurs, quand elles instruisent en même temps qu'elles commandent. Je ne suis pas du sentiment de Posidonius, et je n'approuve pas les prologues qui sont à la tête des lois de Platon; car la loi doit être courte, afin que le peuple la puisse facilement retenir comme un oracle venu du ciel. Qu'elle ordonne, et qu'elle ne conteste point. Il n'y a rien de plus sot ni de plus impertinent, à mon avis, qu'une loi qui fait un préambule. Commande; dis seulement ce que tu veux que je fasse ; il n'est pas question d'apprendre, mais d'obéir. Elles sont utiles, sans doute, puisque vous verrez que les villes qui ont de mauvaises lois ont ordinairement de

---

quo minus probanda faciamus, sed imperitia inveniendi quid quæque res exigat. Habemus interdum compositum animum, sed residem, et inexercitatum ad inveniendam officiorum viam, quam admonitio demonstrat. — « Expelle, inquit, falsas opiniones de bonis et malis, in locum autem earum veras repone; et nihil habebit admonitio quod agat. » Ordinatur sine dubio ista ratione animus, sed non ista tantum. Nam quamvis argumentis collectum sit, quæ bona, quæ mala sint; nihilominus habent præcepta partes suas : et prudentia, et justitia officiis constant; officia præceptis disponuntur. Præterea ipsum de bonis malisque judicium confirmatur officiorum exsecutione, ad quam præcepta perducunt. Utraque enim inter se consentiunt, nec illa possunt præcedere, ut non hæc sequantur; et hæc ordinem sequuntur suum : unde apparet illa præcedere. — Infinita, inquit, præcepta sunt.» Falsum est! Nam de maximis ac necessariis rebus non sunt infinita; tenues autem differentias habent, quas exigunt tempora, loca, personæ. Sed his quoque dantur præcepta generalia. — « Nemo, inquit, præceptis curat insaniam; ergo ne malitiam quidem. » Dissimile est! Nam si insaniam sustuleris, sanitas reddita est : si falsas opiniones exclusimus, non statim sequitur dispectus rerum agendarum : ut sequatur tamen admonitio corroborabit rectam de bonis malisque sententiam. Illud quoque falsum est, nihil apud insanos proficere præcepta : nam quemadmodum sola non prosunt, sic curationem adjuvant; et denuntiatio, et castigatio insanos coercuit. De illis insanis nunc loquor, quibus mens mota est, non erepta.

« Leges, inquit, ut faciamus quod oportet non efficiunt : et quid aliud sunt, quam minis mixta præcepta ? » — Primum omnium, ob hoc illæ non persuadent, quia minantur; at hæc non cogunt, sed exorant. Deinde leges a scelere deterrent; præcepta in officium adhortantur. His adjice, quod leges quoque proficiunt ad bonos mores ; utique si non tantum imperant, sed docent. In hac re dissentio a Posidonio; qui : « Non probo quod Platonis legibus adjecta principia sunt : legem enim brevem esse oportet, quo facilius ab imperitis teneatur. Velut emissa divinitus vox sit, jubeat, non disputet. Nihil videtur mihi frigidius, nihil ineptius, quam lex cum prologo. Mone, dic, quid me velis fecisse ! non disco, sed pareo. » Proficiunt vero : itaque malis moribus uti videbis civitates usas malis legibus — « At non apud omnes proficiunt. »

mauvaises mœurs. Oui; mais elles ne sont pas utiles à tout le monde. La philosophie ne l'est pas aussi, et toutefois elle n'est pas moins nécessaire pour former l'esprit; car, qu'est-elle autre chose que la loi de la vie? Mais, quand les lois ne serviraient de rien, il ne s'en suivrait pas que les préceptes fussent inutiles; autrement vous pourriez mettre au même rang les consolations, les exhortations, les louanges et les répréhensions, qui toutes sont des espèces de préceptes qui conduisent l'âme à sa perfection. En vérité, il n'y a rien qui inspire des sentiments d'honneur, ni qui redresse un esprit qui a de la pente au mal, comme la conversation des gens de bien. C'est une manière de précepte qui descend doucement dans l'âme, que d'en être souventes fois écouté ou regardé. La rencontre même d'un homme sage nous contente, et son silence nous peut instruire. Il n'est pas si aisé de dire comment cela profite, que de connaître qu'il a profité.

Il y a, dit Phédon, de petites bêtes qui piquent sans qu'on le sente, tant leur action est délicate et subtile. On ne s'en aperçoit que par l'enflure de la partie, où même il ne paraît aucune piqûre. C'est ce qui arrive en la fréquentation des personnes sages. On ne sait comment, ni quand elle profite, mais on s'aperçoit bien qu'elle a profité? Vous me direz à quoi tend tout cela? A vous faire connaître que les bons préceptes, quand on les rencontre souvent, pour ainsi parler, sont aussi utiles que les bons exemples. Pythagore dit que ceux qui entrent dans les temples et qui regardent de près les images des dieux, ou qui attendent la réponse de quelque oracle, prennent une nouvelle disposition d'esprit. Peut-on douter que les ignorants même ne soient touchés sensiblement de certains préceptes, comme sont ces paroles courtes et officieuses:

—*Rien de trop. L'avare ne gagne jamais assez. Attends-toi à la pareille.* Cela frappe tellement, que personne n'oserait en douter, ni même demander pourquoi; tant la vérité a de force pour se faire recevoir, et même sans la raison. Si le respect peut retenir les esprits et arrêter les vices, pourquoi les préceptes n'auront-ils pas le même pouvoir? Si la réprimande cause de la honte, pourquoi un avertissement, donné comme un simple précepte, n'aura-t-il pas le même effet? Il devrait être plus efficace et mieux reçu, puisque la raison le soutient, et qu'il fait voir ce qu'il est bon de faire, avec le profit qui en peut résulter. Si le commandement peut être utile, la remontrance le peut être aussi. On divise la vertu en deux parties : en la contemplation de la vérité, et en l'action. L'instruction nous dresse à la contemplation, la remontrance nous porte à l'action : une bonne action, en exerçant la vertu, fait connaître en même temps son mérite : si celui qui l'entreprend a besoin d'être persuadé, il aura pareillement besoin d'être admonesté. Partant, si la bonne action est nécessaire à la vertu, et que la remontrance soit la cause de la bonne action, la remontrance sera aussi nécessaire à la vertu.

Il y a deux choses qui fortifient grandement

Ne philosophia quidem, nec ideo inutilis et formandis animis inefficax est : quid autem philosophia, nisi vitæ lex est? Sed, putemus non proficere leges; non ideo sequitur, ut ne monitiones quidem proficiant : aut sic et consolationes nega proficere, dissuasionesque, et adhortationes, et objurgationes, et laudationes. Omnia ista monitionum genera sunt; per ista ad perfectum animi statum pervenitur. Nulla res magis animis honesta induit, dubiosque et in pravum inclinabiles revocat ad rectum, quam bonorum virorum conversatio. Paulatim enim descendit in pectora, et vim præcepti obtinet, frequenter adspici, frequenter audiri. Occursus mehercules ipse sapientium juvat; et est aliquid, quod ex magno viro vel tacente proficias. Nec tibi facile dixerim quemadmodum prosit, sicut illud intelligo, profuisse. « Minuta quædam, ut ait Phædo, animalia, quum mordent, non sentiuntur; adeo tenuis illis et fallens in periculum vis est : tumor indicat morsum, et in ipso tumore nullum vulnus apparet. » Idem tibi in conversatione virorum sapientium eveniet : non deprehendes quemadmodum, aut quando tibi prosit; profuisse deprehendes. » — Quorsus, inquis, hoc pertinet?—Æque præcepta bona, si sæpe tecum sint, profutura, quam bona exempla. Pythagoras ait, « alium animum fieri intrantibus templum, Deorumque simulacra ex vicino cernentibus, et alicujus oraculi operientibus vocem. »

Quis autem negaverit, ictu quibusdam præceptis efficaciter etiam imperitissimos? velut his brevissimis vocibus, sed multum habentibus ponderis :

...... Nihil nimis!
Avarus animus nullo satiatur lucro.
Ab alio exspectes, alteri quod feceris.

Hæc cum ictu quodam audimus, nec ulli licet dubitare, aut interrogare : quare? Adeo, etiam sine ratione, ipsa veritas ducit. Si reverentia frænat animos ac vitia compescit, cur non et admonitio idem possit? Si imponit pudorem castigatio, cur admonitio non faciat, etiam si nudis præceptis utitur? Illa vero efficacior est, et altius penetrat, quæ adjuvat ratione quod præcipit, quæ adjicit quare quidque faciendum sit, et quis facientem obedientemque præceptis fructus exspectet. Si imperio proficitur, et admonitione : atqui proficitur imperio; ergo et admonitione. In duas partes virtus dividitur, in contemplationem veri, et actionem : contemplationem institutio tradit, actionem admonitio. Virtutem et exercet, et ostendit recta actio; acturo autem si prodest qui suadet, et, qui monet, proderit. Ergo si recta actio virtuti necessaria est, rectæ autem actiones admonitio demonstrat; et admonitio necessaria est. Duæ res plurimum roboris animo dant, fides veri, et fiducia : utramque admonitio facit. Nam et

notre âme : la foi qu'on ajoute à la vérité, et la confiance qu'on a en elle ; par conséquent, les avertissements produisent l'un et l'autre ; car ils ont crédit sur nous, et par ce moyen, l'âme conçoit de beaux sentiments, et se remplit de confiance. Les avis ne sont donc pas inutiles. M. Agrippa, homme de grand cœur, et qui, de tous ceux qui se rendirent fameux et puissants dans toutes les guerres civiles, fut le seul que le peuple estima heureux, avait coutume de dire qu'il était bien obligé à cette sentence : *La concorde agrandit les petites choses, et la discorde abat les grandes;* que cela l'avait fait bon frère et bon ami. Si ces sortes de sentences, s'étant insinuées familièrement dans une âme, sont capables de l'instruire et de la former, pourquoi cette partie de la philosophie, qui ne consiste qu'en de pareilles sentences, n'aura-t-elle pas le même pouvoir ? Toute la philosophie consiste en discipline ou en actions ; car il faut apprendre, puis pratiquer ce qu'on a appris. Cela étant ainsi, il est aisé de voir qu'outre les décrets de la sagesse, les préceptes sont encore utiles, servant comme de lois pour tenir vos passions en bride. La philosophie, dit Ariston, se divise en science et en habitude; car, pour l'avoir apprise, et savoir ce qu'il faut faire et ce qu'il faut éviter, on n'est pas encore sage, si l'âme ne se transforme en ce qu'elle a appris. Or, cette troisième manière d'enseigner tient des maximes générales et de l'habitude ; c'est pourquoi elle est inutile à la vertu, les deux autres étant suffisantes. Ainsi la consolation se trouverait superflue, comme aussi l'exhortation, la persuasion et la dispute, parce qu'elles dépendent et font partie de l'une et de l'autre. Mais, quoique toutes ces choses proviennent de l'habitude de l'âme, si est-ce que la meilleure habitude de l'âme se forme des maximes et des préceptes. Davantage, ce que vous alléguez n'appartient qu'à un homme parfait qui est déjà monté au comble de la félicité, où l'on n'arrive que bien tard. Cependant il est expédient de montrer le chemin à celui qui commence à profiter et à régler sa conduite. La sagesse toute seule le peut bien faire quand elle est venue à ce point, que l'âme ne peut plus être ébranlée, ni portée ailleurs qu'à la vertu ; mais, pour les âmes qui sont plus faibles, il est nécessaire que quelqu'un marche devant elles, et qu'il leur dise : Vous ferez ceci, ou vous éviterez cela. De plus, si un homme attend qu'il sache de lui-même ce qu'il pourra faire de meilleur, il demeurera cependant dans l'erreur qui l'empêchera d'arriver à ce point de félicité, d'être content de soi-même. Il faut donc le conduire tandis qu'il commence à se pouvoir conduire. Les enfants apprennent par règles; on leur tient les doigts et on les conduit sur les traces des lettres qu'on leur a figurées. On leur donne ensuite un modèle afin de l'imiter et de réformer là-dessus le défaut de leur caractère. C'est ainsi que l'on aide et soulage notre esprit, quand on l'instruit par règles. Voilà les raisons que l'on apporte pour prouver que cette partie de la philosophie qui concerne les préceptes n'est point superflue. On demande ensuite si elle suffit pour rendre seule un homme sage? C'est une question que nous traiterons quelque jour.

creditur illi ; et, quum creditum est, magnos animus spiritus concipit ac fiducia impletur : ergo admonitio non est supervacua. M. Agrippa, vir ingentis animi, qui solus ex his, quos civilia bella claros potentesque fecerunt, felix in publicum fuit, dicere solebat, multum se huic debere sententiæ : « Nam concordia parvæ res crescunt, discordia maximæ dilabuntur. » Hac se, aiebat, et fratrem, et amicum optimum factum. Si ejusmodi sententiæ, familiariter in animum receptæ, formant eum ; cur non hæc pars philosophiæ, quæ talibus sententiis constat, idem possit? Pars virtutis disciplina constat, pars exercitatione : et discas oportet, et, quod didicisti, agendo confirmes. Quod si ita est, non tantum scita sapientiæ prosunt, sed etiam præcepta ; quæ affectus nostros velut edicto coercent, et alligant.

« Philosophia, inquit, dividitur in hæc, scientiam, et habitum animi. Illam qui didicit, et facienda ac vitanda percepit, nondum sapiens est, nisi in ea, quæ didicit, animus ejus transfiguratus est. Tertia ista pars præcipiendi, ex utroque, et ex decretis, et ex habitu : itaque supervacua est ad implendam virtutem, quum duo illa sufficiant. » Isto ergo modo et consolatio supervacua est, nam hæc quoque ex utroque est ; et adhortatio, et suasio, et ipsa argumentatio ; nam et hæc ab habitu animi composito validique proficiscitur. Sed quamvis ista ex optimo habitu animi veniant, optimus animi habitus et fucit illa, et ex illis ipse fit. Deinde istud, quod dicis, jam perfecti viri est, ac summam consecuti felicitatis humanæ. Ad hæc autem tarde pervenitur ; interim etiam imperfecto, sed proficienti, demonstranda est in rebus agendis via. Hanc forsitan etiam sine admonitione dabit sibi ipsa sapientia ; quæ jam eo perduxit animum, ut moveri nequeat, nisi in rectum : imbellicioribus quidem ingeniis necessarium est aliquem præire, « Hoc vitabis, hoc facies. » Præterea, si exspectat tempus, quo per se sciat, quod optimum factu sit ; interim errabit, et errando impedietur, quo minus ad illud perveniat, quo possit se esse contentus : regi ergo debet, dum incipit posse se regere. Pueri ad præscriptum discunt ; digiti illorum tenentur, et aliena manu per litterarum simulacra ducuntur; deinde imitari jubentur proposita, et ad illa reformare chirographum : sic animus noster, dum eruditur ad præscriptum, juvatur.

Hæc sunt per quæ probatur, hanc philosophiæ partem supervacuam non esse. Quæritur deinde, an ad faciendum sapientem sola sufficiat. Huic quæstioni suum diem

Cependant, laissant tous les arguments à part, ne voyez-vous pas que nous avons besoin de quelqu'un qui nous donne des préceptes contraires aux instructions du peuple. Le peuple ne dit pas un mot qui ne nous porte préjudice; ses vœux et ses imprécations nous sont également nuisibles; car celles-ci nous engendrent de fausses craintes, et les autres, en formant pour nous de bons souhaits, nous donnent de mauvaises leçons, puisqu'ils nous renvoient à des biens incertains et fort éloignés, quoique nous puissions trouver la félicité chez nous. Il ne nous est pas libre, dis-je, d'aller le droit chemin; nos parents nous entraînent dans le mal, nos serviteurs mêmes nous y poussent; les fautes ne sont plus personnelles, on communique ses erreurs, et l'on reçoit celles d'autrui. De là vient que les vices de tout un peuple se rencontrent dans chaque particulier, parce que le peuple les lui a inspirés. On apprend le mal, puis on l'enseigne, et en ramassant tout ce que chacun savait de plus mauvais, on en a formé cette grande corruption que nous voyons aujourd'hui. Il est donc expédient d'avoir quelqu'un qui nous tire quelquefois l'oreille, qui chasse les opinions vulgaires, et qui s'oppose à ce que le peuple approuve. C'est une erreur de croire que les vices soient nés avec nous, ils sont venus depuis; on les a introduits chez nous. Corrigeons donc par de fréquentes remontrances, ces opinions qui font tant de bruit à nos oreilles; et sachons que la nature ne nous a donné aucune pente vers le vice; elle nous a fait naître innocents et libres, et n'a rien exposé à nos yeux qui pût irriter notre avarice. Au contraire, elle a mis l'or et l'argent sous nos pieds, afin que nous foulassions ce qui fait souvent le sujet de l'oppression que nous souffrons; elle a dressé notre visage vers le ciel, afin que, regardant en haut, nous vissions ce qu'elle avait fait de merveilleux et de magnifique : le lever, le coucher des étoiles, le mouvement rapide de l'univers, qui nous découvre durant le jour les beautés de la terre, et les brillants du ciel durant la nuit; le cours des astres, qui semble tardif, si on le compare à celui du globe, et très-rapide, si on considère les grands espaces qu'ils traversent avec une diligence toujours égale; les éclipses de soleil et de lune, quand ils se trouvent opposés, et tant d'autres choses dignes d'admiration, soit qu'elles arrivent par un ordre réglé, ou par quelque cause fortuite; comme ces longues traînées de feu que l'on voit la nuit; les éclairs qui sortent du ciel entr'ouvert, sans faire de bruit ni de dégât; les colonnes, les poutres et diverses autres figures enflammées. La nature a placé tout cela au-dessus de nous; mais elle a caché sous terre l'or et l'argent, aussi bien que le fer dont nous nous servons contre nous-mêmes, pour la considération de ces deux métaux. La nature, dis-je, n'a pas jugé qu'ils fussent bien entre nos mains. Mais nous les avons mis au jour pour être la matière de nos différents et les instruments de toutes nos disgrâces, après avoir tiré de dessus la masse de terre qui les couvrait. Nous nous sommes livrés au pouvoir de la fortune, et n'avons point de honte de mettre parmi nous au plus haut lieu ce qui occupait le plus bas. Voulez-vous savoir que ce n'est qu'un faux éclat qui éblouit vos yeux? Y a-t-il rien de plus sale et de plus brut que

dabimus : interim, omissis argumentis, nonne apparet opus esse nobis aliquo advocato, qui contra populi præcepta præcipiat? Nulla ad aures nostras vox impune perfertur : nocent, qui optant; nocent, qui exsecrantur : nam et horum imprecatio falsos nobis metus inserit, et illorum amor male docet bene optando. Mittit enim nos ad longinqua bona, et incerta et errantia, quum possimus felicitatem domo promere. Non licet, inquam, ire recta via : trahunt in pravum parentes, trahunt servi; nemo errat uni sibi, sed dementiam spargit in proximos, accipitque invicem. Et ideo in singulis vitia populorum sunt, quia illa populus dedit. Dum facit quisque pejorem, factus est : didicit deteriora, deinde docuit; effectaque est ingens illa nequitia, congesto in unum, quod cuique pessimum scitur. Sit ergo aliquis custos, et aurem subinde pervellat, abigatque rumores, et reclamet populis laudantibus. Erras enim, si existimas nobiscum vitia nasci : supervenerunt, ingesta sunt. Itaque monitionibus crebris convicia, quæ nos circumsonant, repellantur. Nulli nos vitio natura conciliat; integros ac liberos genuit. Nihil, quo avaritiam nostram irritaret, posuit in aperto; pedibus aurum et argentum subjecit; calcandumque ac premendum dedit quidquid est, propter quod calcamur ac premimur. Illa vultus nostros erexit ad cœlum, et, quidquid magnificum mirumque fecerat, videri a suspicientibus voluit; ortus occasusque, et properantis mundi volubilem cursum, interdiu terrena aperientem, noctu cœlestia; tardos siderum incessus, si compares toti, citatissimos, si cogites quanta spatia nunquam intermissa velocitate circumeant; defectus solis ac lunæ, invicem obstantium; alia deinceps digna miratu, sive per ordinem subeunt, sive subitis causis mota prosiliunt, ut nocturni ignium tractus, et sine ullo ictu sonitusque fulgores cœli fatiscentis, columnæque ac trabes, et varia simulacra flammarum. Hæc supra nos itura disposit : aurum quidem et argentum, et propter ista nunquam pacem agens ferrum, quasi male nobis committeretur, abscondit. Nos in lucem, propter quæ pugnaremus, extulimus; nos et causas periculorum nostrorum, et instrumenta, disjecto terrarum pondere, eruimus; nos fortunæ mala nostra tradidimus, nec erubescimus summa apud nos haberi, quæ fuerant ima terrarum. Vis scire, quam fal-

ces métaux tant qu'ils demeurent enfoncés dans le limon? Quand on les tire des mines obscures et profondes, et qu'on les sépare de leurs excréments, il ne se peut rien voir de plus difforme. Enfin, si vous considérez les ouvriers qui purgent cette nature de terre stérile et vilaine, vous verrez comme ils sont barbouillés et crasseux ; et toutefois l'ordure s'attache plus à l'esprit qu'au corps, et ceux qui les possèdent sont ordinairement plus vilains que ceux qui les préparent.

Il est donc nécessaire d'appeler auprès de nous une personne de bon sens, qui nous instruise, et qui, parmi le tumulte du mensonge, fasse couler dans nos oreilles quelque parole de vérité. Mais quelle sera cette parole? Celle qui pourra être salutaire à un homme étourdi du bruit importun que fait partout l'ambition, et qui vous dira : Vous n'avez pas sujet de porter envie à ces gens que le peuple qualifie du titre de grands et d'heureux. Il ne faut pas que la faveur du peuple vous mette hors de l'assiette d'une âme ferme et bien réglée. Il ne faut pas que ce consul, revêtu de pourpre et précédé de satellites portant les faisceaux, vous donne du dégoût de votre tranquillité, ni que vous estimiez plus heureux celui auquel on fait élargir le passage, que celui qu'on en fait retirer. Si vous voulez exercer une autorité qui vous soit utile et qui n'incommode personne, faites retirer les vices. Il se trouve assez de gens qui brûlent des villes, qui abattent des forteresses que le temps ne pouvait détruire, et qu'on n'avait pu prendre durant les siècles précédents ; qui élèvent des terres à la hauteur des tours, et qui renversent les plus hautes murailles avec des béliers et d'autres machines. Il s'en trouve, dis-je, assez qui mettent en fuite et mènent battent des armées entières, et qui, souillés du sang des peuples qu'ils ont subjugués, pressent jusqu'aux mers les plus reculées ; mais ils sont esclaves de l'ambition, avant que d'être maîtres de leurs ennemis. Personne ne leur résiste quand ils se présentent, comme ils n'ont point résisté à l'orgueil et à la cruauté, quand ils les ont attaqués. Ils sont tourmentés dans le temps même qu'on les voit tourmenter les autres.

Ce malheureux Alexandre était possédé d'une manie enragée de ruiner des peuples, et cette fureur le portait en des pays étrangers et en des terres inconnues. Croyez-vous que ce prince fût sage, lequel, après avoir saccagé la Grèce, où il avait appris le brigandage, ravit à chacun ce qu'il avait de meilleur, força Lacédémone de se soumettre, et Athènes de se taire. Non content de la ruine de tant de villes, que Philippe avait prises ou achetées, il en alla détruire d'autres en d'autres pays, et porta ses armes par toute la terre, sa cruauté ne se pouvant assouvir et faisant, comme une bête farouche, plus de carnage qu'il n'en fallait pour contenter sa faim. Il avait déjà uni plusieurs royaumes ensemble. Les Grecs et les Perses n'avaient qu'un même maître ; les sujets de Darius, devenus libres par sa mort, s'étaient soumis à son empire, et toutefois il veut forcer la nature et passer au-delà des mers et du soleil levant ; fâché de borner ses conquêtes dans les traces que Hercule et que Bacchus avaient laissées de leurs victoires. Il veut courir parce qu'il ne peut s'arrêter, non plus qu'une pierre qui, jetée contre le

---

sus oculos tuos deceperit fulgor? nihil est istis, quamdiu mersa et involuta cœno suo jacent, fœdius, nihil obscurius. Quidni? quando per longissimorum cuniculorum tenebras extrahuntur, nihil est illis, dum fiunt et a fæce sua separantur, informius. Denique ipsos opifices intuere per quorum manus sterile terræ genus et informe perpurgatur ; videbis, quanta fuligine oblinantur. Atqui ista magis inquinant animos, quam corpora; et in possessore eorum, quam in artifice, plus sordium est.

Necessarium itaque est admoneri, et habere aliquem advocatum bonæ mentis, et in tanto fremitu tumultuque falsorum unam denique audire vocem. Quæ erit illa vox? Ea scilicet, quæ tibi tantis clamoribus ambitiosis exsurdato, salubria insusurret verba ; quæ dicat : « Non est, quod invideas istis, quos magnos felicesque populus vocat ; non est, quod tibi compositæ mentis habitum et sanitatem plausus excutiat ; non est, quod tibi tranquillitatis tuæ fastidium faciat ille, sub illis fascibus, purpura cultus ; non est, quod feliciorem eum judices cui subrovetur, quam te, quem lictor semita dejicit. Si vis exercere tibi utile, nulli autem grave imperium, submove vitia. »

Multi inveniuntur, qui ignem inferant urbibus, qui inexpugabilia sæculis, et per aliquot ætates tuta, prosternant ; qui æquum arcibus aggerem attollant, et muros in miram altitudinem eductos arietibus ac machinis quassent ; multi sunt, qui ante se agant agmina, et tergis hostium graves instent, et ad mare magnum perfusi cæde gentium veniant : sed hi quoque, ut vincerent hostem, cupiditate victi sunt. Nemo illis venientibus restitit ; sed nec ipsi ambitioni crudelitatique restiterant : tunc, quum agere visi sunt alios, agebantur. Agebat infelicem Alexandrum furor aliena vastandi, et ad ignota mittebat. An tu putas sanum, qui a Græciæ primum cladibus in qua eruditus est, incipit? qui, quod cuique optimum est, eripit ; Lacedæmona servire jubet, Athenas tacere ; non contentus tot civitatum strage, quas aut vicerat Philippus, aut emerat, alias alio loco projicit, et toto orbe arma circumfert ; nec subsistit usquam lassa crudelitas, immanium ferarum modo, quæ plus, quam exigit fames, mordent? Jam in unum regnum multa regna conjecit, jam Græci Persæque eumdem timent ; jam etiam a Dario liberæ nationes jugum accipiunt : it tamen ultra Oceanum solemque ; indignatur ab Herculis Liberique vestigiis victoriam flectere ; ipsi naturæ vim parat. Non ille ire vult,

bas ne cesse d'aller jusqu'à ce qu'elle soit au fond. Ce ne fut ni la vertu ni la raison qui fit entreprendre à Pompée des guerres étrangères et domestiques; mais l'amour d'une fausse grandeur le porta tantôt en Espagne pour combattre Sertorius, tantôt sur la mer pour donner la chasse aux pirates. C'étaient là les prétextes qu'il prenait pour se continuer le commandement. Que pensez-vous qui l'attirât en Afrique, au septentrion, contre Mithridate, en Arménie et dans tous les coins de l'Asie? Une vaste ambition de s'élever, ne s'estimant pas assez grand, lorsque tout le monde s'étonnait de sa grandeur. Qu'est-ce qui causa le malheur de C. César, et en même temps celui de la république? La gloire, l'ambition, et un désir effréné d'être au-dessus de tous les autres. Il ne put souffrir une seule personne devant lui, quoique Rome en souffrît deux au-dessus d'elle. Que dites-vous de C. Marius, qui ne fut consul qu'une fois, car il usurpa les autres consulats? Vous imaginerez-vous que ce fut par des motifs de vertu qu'il s'engagea en tant de périls, lorsqu'il combattait contre les Teutons et les Cimbres, ou qu'il poursuivait Jugurtha dans les déserts de l'Afrique? Marius conduisait son armée, et l'ambition conduisait Marius. Ces conquérants troublaient tout le monde, et étaient eux-mêmes troublés, comme ces tourbillons qui font tourner tout ce qu'ils rencontrent, et tournent aussi eux-mêmes, courant avec d'autant plus d'impétuosité qu'ils sont moins capables de se retenir. De là vient qu'après avoir fait du mal à bien des gens, ils ressentent enfin la violence dont ils s'étaient servis contre les autres. Ne croyez pas qu'on puisse se rendre heureux par le malheur d'autrui. Enfin, il faut oublier tous ces exemples que l'on met devant nos yeux et dans nos oreilles, et vider notre cœur des mauvais discours qu'on lui a insinués. Il faut rétablir la vertu dans ce lieu qu'on lui a usurpé, afin qu'elle détruise le mensonge qui nous plaît beaucoup plus que la vérité; qu'elle nous sépare du peuple auquel nous donnons trop de créance, et qu'elle nous remette en possession des saines opinions. Car c'est le propre de la sagesse de retourner en son naturel et de reprendre l'état d'où l'erreur publique l'avait chassée. C'est aussi un commencement de guérison d'avoir quitté les précepteurs de la folie et de s'être éloigné de tous ces gens qui se gâtent les uns les autres.

Mais afin que vous sachiez que je dis vrai, considérez un peu comme chacun vit autrement en particulier qu'il ne fait en public. Je crois bien que la solitude n'inspire point l'innocence, et que les champs n'enseignent point la frugalité; mais les vices cessent dès qu'ils n'ont plus de spectateurs, leur fin principale étant de paraître et d'être regardés. Qui est celui qui met un habit d'écarlate pour ne le montrer à personne? Qui se fait servir en vaisselle d'or, quand il mange en secret? Et qui, s'étant couché à l'ombre de quelque arbre, dans un champ, voudrait y étaler ses plus beaux meubles? Personne n'est magnifique pour contenter ses yeux ou ceux de quelques personnes familières; mais on étend le luxe et l'appareil suivant le nombre et la qualité des gens qui les regardent. C'est pourquoi les témoins et les ad-

---

sed non potest stare; non aliter, quam in præceps dejecta pondera, quibus eundi finis est, jacuisse. Ne Cn. quidem Pompeio externa bella ac domestica virtus aut ratio suadebat, sed insanus amor magnitudinis falsæ. Modo in Hispaniam et Sertoriana arma, modo ad colligendos piratas ac maria pacanda vadebat : hæ prætexebantur causæ ac continuandam potentiam. Quid illum in Africam, quid in septemtrionem, quid in Mithridatem, et Armeniam, et omnes Asiæ angulos traxit? infinita scilicet cupido crescendi, quum sibi uni parum magnus videretur. Quid C. Cæsarem in sua fata, pariter ac publica, immisit? gloria et ambitio, et nullus supra cæteros eminendi modus. Unum ante se ferre non potuit, quum respublica supra se duos ferret. Quid, tu C. Marium semel consulem (unum enim consulatum accepit, cæteros rapuit), quum Teutonos Cimbrosque concideret, quum Jugurtham per Africæ deserta sequeretur, tot pericula putas appetisse virtutis instinctu? Marius exercitum, Marium ambitio ducebat. Isti, quum omnia concuterent, concutiebantur, turbinum more, qui rapta convolvunt, sed ipsi ante volvuntur, et ob hoc majore impetu incurrunt, quia nullum illis sui regimen est. Ideoque, quum multis fuerunt malo, pestiferam illam vim, qua plerisque nocuerunt, ipsi quoque sentiunt. Non est, quod credas, quemquam fieri aliena infelicitate felicem.

Omnia ista exempla, quæ oculis atque auribus nostris ingeruntur, retexenda sunt, et plenum malis sermonibus pectus exhauriendum. Inducenda in occupatum locum virtus; quæ mendacia et contra verum placentia exstirpet, quæ nos a populo, cui nimis credimus, separet, ac sinceris opinionibus reddat. Hoc est enim sapientia, in naturam converti et eo restitui, unde publicus error expulerit. Magna pars sanitatis est, hortatores insaniæ reliquisse, ex ex isto coetu invicem noxio procul abiisse. Hoc ut esse verum scias, aspice, quanto aliter unusquisque populo vivat, aliter sibi. Non est per se magistra innocentiæ solitudo, nec frugalitatem docent rura; sed ubi testis ac spectator abscessit, vitia subsidunt, quorum monstrari et conspici fructus est. Quis eam, quam nulli ostenderet, induit purpuram? Quis posuit secretam in auro dapem? Quis, sub alicujus arboris rusticæ projectu umbra, luxuriæ suæ pompam solus explicuit? Nemo oculis suis lautus est, ne paucorum quidem et familiarium; sed apparatum vitiorum suorum pro modo turbæ spectantis expandit. Ita est: irritamentum est omnium in quæ insanimus, admirator et conscius. Ne concupiscamus efficies,

mirateurs de nos folles dépenses sont les sujets qui nous provoquent à les faire. Empêchez que nous ne les fassions voir, vous empêcherez que nous n'ayons envie de les faire; l'ambition, le luxe et l'orgueil ne demandent que le théâtre. Pour les guérir, il les faut cacher. Ainsi, si nous sommes engagés dans le tumulte des villes, ayons auprès de nous quelque personne qui nous conseillera, et qui rabaissera l'estime que l'on fait des grandes possessions, par les louanges qu'il donnera à celui qui est riche de peu, et qui mesure le bien par la nécessité de l'usage; qui vantera le repos que l'on emploie à l'étude et le plaisir qu'il y a de se retirer des occupations étrangères pour s'attacher à son devoir, contre l'opinion de ceux qui élèvent si haut le pouvoir des grands et la faveur du peuple; qui fera connaître que ces hommes, qui sont heureux au jugement du peuple, tremblent sur le faîte de leur grandeur qui les étonne, et qu'ils ont des sentiments de leur condition bien différents de ceux qu'en ont les autres. Car ce que l'on estime une élévation leur paraît un précipice qui les trouble et les effraie autant de fois qu'ils regardent la profondeur du lieu qu'ils occupent. Comme ils considèrent les différentes manières dont ils peuvent tomber d'un poste si élevé, ce qu'ils avaient recherché avec tant de passion leur fait peur, et leur félicité, qui les rend incommodes à tout le monde, leur devient insupportable. C'est alors qu'ils estiment le repos et la liberté, qu'ils haïssent l'éclat, et qu'ils méditent leur retraite tandis que leur prospérité dure encore. C'est alors qu'ils philosophent par crainte, et que, dans une fortune chancelante, ils prennent des résolutions assurées. Car il est certain que l'adversité rétablit la raison que la prospérité nous avait ôtée, comme si la bonne fortune et le bon sens étaient des choses incompatibles.

ÉPITRE XCV.

Que les préceptes seuls, sans les maximes générales de la philosophie ne peuvent rendre la vie heureuse. — La médecine a multiplié les remèdes à mesure que l'intempérance a multiplié les maladies.

Vous désirez que j'exécute présentement ce que j'avais remis à un autre jour, et que je vous dise si cette partie de la philosophie qui concerne les préceptes, et laquelle les Grecs appellent παραινετικήν suffit pour la perfection de la sagesse. Je sais bien que vous ne seriez pas fâché quand je m'en excuserais; mais je vous confirme ma promesse encore plus efficacement, et je ne veux pas que la parole que je vous ai donnée demeure sans effet. Souvenez-vous de ne plus demander ce que vous ne voudrez pas obtenir; car nous demandons quelquefois avec empressement des choses que nous refuserions si elles nous étaient offertes. Que ce soit légèreté ou flatterie, c'est de quoi on nous doit punir en nous accordant notre demande. Quelquefois nous faisons semblant de vouloir ce que nous ne voulons pas. Un homme apportera une longue histoire écrite en lettres menues, et pliée délicatement, lequel, après l'avoir lue presque entière, dira : Je cesserai si vous voulez. On répond aussitôt. Lisez! lisez! et ce sont des gens qui voudraient déjà qu'il se tût. Nous demandons aussi quelquefois une chose, et nous en disons une autre. Nous ne disons pas même la vérité quand nous prions

---

si ne ostendamus, effeceris. Ambitio, et luxuria, et impotentia, scenam desiderant; sanabis ista, si absconderis. Itaque, si in medio urbium fremitu collocati sumus, stet ad latus monitor, et contra laudatores ingentium patrimoniorum laudet parvo divitem, et usu opes metientem. Contra illos, qui gratiam ac potentiam attollunt, otium ipse suspiciat traditum litteris, et animum ab externis ad sua reversum. Ostendat ex constitutione vulgi beatos, in isto invidioso fastigio suo trementes et attonitos, longeque aliam de se opinionem habentes, quam ab aliis habetur. Nam, quæ aliis excelsa videntur, ipsis præruptra sunt. Itaque exanimantur, et trepidant, quoties despexerunt in illud magnitudinis suæ præceps. Cogitant enim varios casus, et in sublimi maxime lubricos : tunc appetita formidant, et, quæ illos graves aliis reddit, gravior ipsis felicitas incubat : tunc laudant otium lene et sui juris; odio est fulgor, et fuga a rebus adhuc stantibus quæritur : tunc demum videas philosophantes metu, et ægræ fortunæ sana consilia. Nam, quasi ista inter se contraria sint, bona fortuna, et mens bona; ita melius in malis sapimus; secunda rectum auferunt. Vale.

EPISTOLA XCV.

SOLIS PRÆCEPTIS VIRTUTEM NON GIGNI POSSE : NECESSARIA ESSE DECRETA.

Petis a me, ut id, quod in diem suum dixeram debere differri, representem, et scribam tibi, « an hæc pars philosophiæ, quam Græci παραινετικήν vocant, nos præceptivam dicimus, satis sit ad consummandam sapientiam. » — Scio te in bonam partem accepturum, si negavero. Eo magis promitto, et verbum publicum perire non patior : « Postea noli rogare, quod impetrare nolueris. » Interdum enim obnixe petimus id, quod recusaremus, si quis offerret. Hæc sive levitas est, sive vernilitas, punienda est promittendi facilitate. Multa videri volumus velle, sed nolumus. Recitator historiam ingentem attulit, minutissime scriptam, arctissime plicatam, et, magna parte perlecta : « Desinam, inquit, si vultis. » Acclamatur : « Recita, recita ! » ab his, qui illum obmutescere illico cupiunt. Sæpe aliud volumus, aliud optamus, et verum ne diis quidem dicimus : sed dii aut non exau-

les dieux, aussi ne nous exaucent-ils pas, et ils ont pitié de notre faiblesse. Pour moi, je n'en aurai point à votre égard, et je me veux venger de vous par une longue lettre, laquelle si vous lisez à regret, dites en vous-mêmes : Je me suis attiré cet ennui. Comparez-vous à ces maris qui épousent, après une longue recherche, des femmes qui les font enrager ; à ces avares, qui sont tourmentés par les richesses qu'ils ont amassées avec beaucoup de peine ; à ces ambitieux, que les honneurs acquis par leur industrie fatiguent par mille importunités, et à ceux enfin qui se font les auteurs de leurs propres disgrâces.

Mais, pour commencer sans d'autre préambule : La vie heureuse, disent-ils, consiste dans les actions vertueuses. Or, les préceptes conduisent aux actions vertueuses. Ils suffisent donc pour rendre la vie heureuse. Toutefois, ces préceptes ne conduisent pas toujours aux actions vertueuses, mais seulement lorsque l'esprit est docile et qu'il n'est point prévenu de mauvaises opinions. De plus, quoique l'on fasse bien, on ne sait pas précisément que l'on fait bien ; car, si l'on n'est pas de longue main instruit et dressé par la raison, on ne saurait observer toutes les circonstances nécessaires, et connaitre en quel temps, avec qui et comment on doit agir. C'est pourquoi l'on ne se porte pas aux choses honnêtes d'une volonté absolue et invariable, mais l'on regarde autour de soi, et l'on hésite. Si les actions honnêtes, disent-ils, viennent des préceptes, les préceptes suffisent pour rendre la vie heureuse. Or, l'un est vrai ; l'autre, par conséquent, l'est aussi. Nous répondons que les actions honnêtes procèdent des maximes générales aussi bien que des préceptes. Ils répliquent : Si les autres arts se contentent de leurs préceptes, la sagesse se doit aussi contenter des siens, car elle est l'art qui conduit la vie. Or, est-il que l'on fait un pilote en lui disant : Remue ainsi le gouvernail, abaisse ainsi la voile, prends de cette façon le bon vent, évite, de celle-ci, le vent contraire, reçois-le ainsi quand il n'est ni contraire ni favorable ? Les préceptes forment de même les autres artisans. Pourquoi donc ceux qui enseignent l'art de bien vivre ne feront-ils pas la même chose ? — Tous ces arts ne s'appliquent qu'à certains instruments qui servent à la vie, et non pas à toute la vie en général. De là vient que divers accidents les peuvent retarder, comme l'espérance, le désir et la crainte. Mais l'art qui fait profession de conduire la vie ne peut être diverti de son exercice pour quelque chose qui arrive, puisqu'il sait lever les difficultés et détourner tous les obstacles. Voulez-vous voir comme cet art est différent de tous les autres ? Dans les autres on excuse plus aisément une faute qui se fait volontairement, que si c'était par hasard ; en celui-ci c'est un grand crime que de faillir volontairement : comme, par exemple, un grammairien n'aura pas honte de faire un solécisme, s'il le fait de dessein formé ; il en rougira, s'il le fait par ignorance. Un médecin qui ne connait pas que son malade s'en va mourir est plus en faute, quant à son art, que s'il faisait semblant de n'en rien connaitre. Mais, en cet art de bien vivre, les fautes volontaires sont les plus honteuses ; joint que la plupart des arts, et surtout les arts libéraux, ont non-seulement leurs préceptes, mais encore leurs rè-

---

diunt, aut miserentur. Ego me, omissa misericordia, vindicabo, et tibi ingentem epistolam impingam ; quam tu si invitus leges, dicito : Ego mihi hoc contraxi ! teque inter illos numera, quos uxor, magno ducta ambitu, torquet ; inter illos, quos divitiæ, per summum acquisitæ sudorem, male habent ; inter illos, quos honores, nulla non arte atque opera petiti, discruciant ; et cæteros malorum suorum compotes.

Sed ut, omisso principio, rem ipsam aggrediar : « Beata, inquiunt, vita constat ex actionibus rectis ; ad actiones rectas præcepta perducunt : ergo ad beatam vitam præcepta sufficiunt. » — Non semper ad actiones rectas præcepta perducunt, sed quum obsequens ingenium est : aliquando frustra admoventur, si animum opiniones obsident pravæ. Deinde, etiam si recte faciunt, nesciunt facere se recte. Non potest enim quisquam, nisi ab initio formatus et tota ratione compositus ; omnes exsequi numeros, ut sciat, quando oporteat, et in quantum, et cum quo, et quemadmodum. Quare non poterit toto animo ad honesta conari, ne constanter quidem, aut libenter ; sed respiciet, sed hæsitabit. — « Si honesta, inquit, actio ex præceptis venit, ad beatam vitam præcepta abunda sunt : atqui est illud : ergo et hoc. » — His respondemus : actiones honestas et præceptis fieri, non tantum præceptis.

« Si aliæ, inquit, artes contentæ sunt præceptis, contenta erit et sapientia ; nam et hæc ars vitæ est. Atqui gubernatorem facit ille, qui præcipit : Sic move gubernaculum, sic vela submitte, sic secundo vento utere, sic adverso resiste, sic dubium communemque tibi vindica. Alios quoque artifices præcepta confirmant : ergo in hoc idem poterunt artifices vivendi. » — Omnes istæ artes circa instrumenta vitæ occupatæ sunt, non circa totam vitam. Itaque multa illas inhibent extrinsecus, et impediunt : spes, cupiditas, timor. At hæc, quæ artem vitæ professa est, nulla re, quo minus se exerceat, vetari potest : discutit enim impedimenta, et tractat obstantia. Vis scire quam dissimilis sit aliarum artium conditio, et hujus ? In illis excusatius est, voluntate peccare, quam casu ; in hac, maxima culpa est, sponte delinquere. Quod dico, tale est. Grammaticus non erubescet solœcismo, si sciens fecit ; erubescet, si nesciens. Medicus ; si deficere ægrum non intelligit, quantum ad artem magis peccat, quam si se intelligere dissimulat. At in hac arte vivendi, turpior voluntaria culpa est. Adjice nunc, quod artes

gles générales. C'est pourquoi, dans la médecine, il y a une secte d'Hippocrate, une autre d'Asclépiade, et encore une autre de Thémison. D'ailleurs, il n'y a point de science contemplative sans maximes générales, que les Grecs appellent δογμάτα et nous *axiomes*, comme l'on en trouve dans la géométrie et dans l'astronomie. Or, la philosophie est contemplative et active, elle passe de la spéculation à l'action ; et vous vous trompez si vous croyez qu'elle ne propose que des occupations vulgaires. Elle aspire bien plus haut. J'examine, dit-elle, tout le monde ; je ne puis m'arrêter dans la compagnie des hommes pour les persuader ou dissuader par mes conseils. Je suis appelée à des choses plus grandes et plus relevées.

> J'examine d'abord les dieux, les éléments ;
> Combien grands sont les cieux, quels sont leurs mouve-
> D'où la nature fait et nourrit toutes choses ; [ments ;
> Leur fin et leur retour, et leurs métamorphoses,

comme dit Lucrèce. Il s'ensuit donc que la philosophie, étant contemplative, doit avoir ses maximes générales. Mais quoi ! Ne sait-on pas que personne ne fera jamais bien les choses, s'il n'est instruit par la raison à remplir parfaitement tous ses devoirs, ce qui n'arrivera pas à un homme qui n'a pour conduite que les préceptes qu'il a reçus : car ce qui se donne par parcelles est toujours faible, et, pour ainsi dire, ne saurait prendre racine. Mais les maximes établissent et conservent notre tranquillité ; elles embrassent toute la vie et la nature de toutes choses. Il y a la même différence entre les maximes et les préceptes de la philosophie qu'entre les éléments et les corps. Les corps dépendent des éléments, et les éléments sont la cause efficiente des corps et de toute autre chose. La sagesse des anciens, dit-on, enseignait seulement ce qu'il fallait faire ou ne pas faire, et les hommes alors étaient beaucoup meilleurs ; car depuis qu'ils sont devenus savants, ils ont cessé d'être bons, leur vertu simple et ingénue s'étant changée en une science obscure et subtile, qui apprend à disputer plutôt qu'à bien vivre. J'avoue, comme vous le dites, que cette sagesse des anciens fut, au commencement, rude et grossière, ainsi que tous les autres arts qui se sont polis et subtilisés par succession de temps ; mais, comme le vice n'était pas monté si haut, et ne s'était pas étendu si largement, il n'était pas encore besoin de puissants remèdes. Un petit remède pouvait guérir de petits défauts ; mais il faut maintenant que les préservatifs soient d'autant plus forts que la contagion du mal est plus dangereuse. La médecine, autrefois, ne consistait qu'en la connaissance de quelques herbes propres pour arrêter le sang, ou pour consolider les plaies ; elle est venue ensuite à cette multiplicité de remèdes que nous avons. Il ne faut pas s'étonner si elle avait moins d'occupations lorsque les corps étaient encore fermes et robustes, et qu'ils étaient nourris de viandes communes, sans artifice ni déguisements ; mais, depuis qu'on les est allé chercher plutôt pour irriter l'appétit que pour le contenter, on a inventé en même temps une infinité de sauces pour exciter la gourmandise ; de sorte que ce qui servait autrefois

---

quoque pleræque, imo ex omnibus liberalissimæ, habent decreta sua, non tantum præcepta, sicut medicina. Itaque alia est Hippocratis secta, alia Asclepiadis, alia Themisonis. Præterea nulla ars contemplativa sine decretis suis est, quæ Græci vocant δογματα, nobis vel decreta licet appellare, vel scita, vel placita ; quæ in geometria et in astronomia invenies. Philosophia autem et contemplativa est, et activa ; spectat simul, agitque. Erras enim, si illam putas tantum terrestres operas promittere ; altius spirat. Totum, inquit, mundum scrutor, nec me intra contubernium mortale contineo, suadere vobis, ac dissuadere contenta ; magna me vocant, supraque vos posita :

> Nam tibi de summa cœli ratione, Deumque,
> Disserere incipiam, et rerum primordia pandam ;
> Unde omnis natura creet res, auctet, alatque,
> Quoque eadem rursus natura perempta resolvat,

ut ait Lucretius. Sequitur ergo, ut, quum contemplativa sit, habeat decreta sua. Quid ? quod facienda quoque nemo rite obibit, nisi is, cui ratio erit tradita, qua in quaque re omnes officiorum numeros exsequi possit ; quos non servabit, qui in rem præcepta acceperit, non in omne. Imbecilla sunt per se, et, ut ita dicam, sine radice, quæ partibus dantur. Decreta sunt, quæ muniant, quæ securitatem nostram tranquillitatemque tueantur, quæ totam vitam, totamque rerum naturam simul contineant. Hoc interest inter decreta philosophiæ et præcepta, quod inter elementa, et membra : hæc ex illis dependent ; illa et horum causæ sunt et omnium.

« Antiqua, inquit, sapientia nihil aliud, quam facienda ac vitanda, præcepit ; et tunc longe meliores erant viri : postquam docti prodierunt, boni desunt. Simplex enim illa et aperta virtus in obscuram et solertem scientiam versa est, docemurque disputare, non vivere. » — Fuit sine dubio, ut dicitis, vetus illa sapientia, quum maxime nascens, rudis ; non minus, quam cæteræ artes, quarum in processu subtilitas crevit. Sed ne opus quidem adhuc erat remediis diligentibus. Nondum in tantum nequitia surrexerat, nec tam late se sparserat : poterant vitiis simplicibus obstare remedia simplicia. Nunc necesse est tanto operosiora esse munimenta, quanto valentiora sunt quibus petimur. Medicina quondam paucarum fuit scientia herbarum, quibus sisteretur fluens sanguis, vulnera coirent : paulatim deinde in hanc pervenit tam multiplicem varietatem. Nec est mirum, tunc illam minus negotii habuisse, firmis adhuc solidisque corporibus, et facili cibo, nec per artem voluptatemque corrupto : qui postquam cœpit non ad tollendam, sed ad irritandam famem

de nourriture à des gens affamés n'est plus à présent qu'une charge à des estomacs gorgés et remplis. De là procède la pâleur du visage, le tremblement des nerfs affaiblis par le vin, et la maigreur de tout le corps que les crudités rendent plus difficile à rétablir que ne ferait la faim. De là vient aussi la débilité des pieds, un chancellement perpétuel qui ressemble à la marche des ivrognes, des fluxions universelles, et des enflures d'estomac pour l'avoir chargé de plus qu'il ne peut porter. De là naissent encore des effusions de bile, la couleur jaunâtre, la sécheresse des membres, l'endurcissement des jointures, le retirement des doigts, l'engourdissement et le tressaillement des nerfs. Que dirai-je des étourdissements et des vertiges, des incommodités qui arrivent aux yeux et aux oreilles, et des ulcères qui se forment dans toutes les parties qui servent à la décharge du corps? Combien de fièvres de diverses sortes, les unes violentes, les autres languides, et les autres qui causent un frisson et un tremblement horrible de tous les membres! Enfin, il serait difficile de rapporter toutes les maladies qui sont données pour supplice à la dissolution. Les premiers hommes s'en étaient affranchis, parce que, ne s'étant point encore plongés dans les délices, ils savaient se commander et se servir d'eux-mêmes. Ils endurcissaient leur corps par un honnête travail, et quand ils étaient las de courir, de chasser ou de labourer la terre, ils venaient prendre leur repas, qui n'aurait pas contenté leur goût, si la faim ne l'eût assaisonné. C'est pourquoi ils n'avaient pas besoin de tant de drogues, de ferrements, et de boîtes. Leurs maladies, qui venaient de causes légères, ne pouvaient être que légères. Mais aujourd'hui la multitude des mets produit la multitude des maladies, et l'on ne peut concevoir combien de choses fait passer dans la bouche d'un seul homme cette insatiable gourmandise qui épuise les terres et les mers. Il faut, par nécessité, que tant de choses si diverses se combattent entre elles, et que leurs qualités opposées rendent la digestion mauvaise. On ne doit donc pas s'étonner si les viandes différentes engendrent des maladies différentes, et si des matières, qui sont de contraire nature, se trouvant pressées dans un même lieu, regorgent quelquefois au-dehors. Ainsi l'on peut dire que nous avons autant de sortes de maladies que nous mangeons de sortes de viandes.

Le plus grand des médecins et l'auteur de cette science a dit que les femmes ne devenaient point chauves et n'avaient jamais la goutte aux pieds; et, toutefois, les cheveux leur tombent à présent et les pieds leur font mal. Ce n'est pas le tempérament des femmes, c'est leur façon de vivre qui est changée; car, en prenant la licence des hommes, elles ont pris aussi leurs incommodités. Elles veillent et boivent comme eux; elles leur font même des défis à l'huile et au vin; elles poussent la crapule aussi loin qu'eux, et remesurent, par le vomissement, le vin qu'elles ont pris dans la débauche. Elles mangent aussi de la neige pour apaiser le feu de leur estomac. Quant à l'impudicité, elles ne veulent pas même céder l'action qui ne leur appartient pas. Que le ciel les confonde d'avoir frayé le chemin à ce crime qui renverse

---

quæri, et inventæ sunt mille conditur, quibus aviditas excitaretur: quæ desiderantibus alimenta erant, onera sunt plenis. Inde pallor, et nervorum vino madentium tremor, et miserabilior ex cruditatibus, quam ex fame, macies; inde incerti labantium pedes, et semper, qualis in ipsa ebrietate, titubatio; inde in totam cutem humor admissus, distentusque venter, dum male assuescit plus capere, quam poterat; inde suffusio luridæ bilis, et decolor vultus, tabesque in se putrescentium, et retorridi digiti articulis obrigescentibus, nervorumque sine sensu jacentium torpor, aut palpitatio corporum sine intermissione vibrantium. Quid capitis vertigines dicam? Quid oculorum auriumque tormenta, et cerebri exæstuantis verminationes; et omnia, per quæ exoneramur, internis ulceribus affecta? Innumerabilia præterea febrium genera, aliarum impetu sævientium, aliarum tenui peste repentium, aliarum cum horrore et multa membrorum quassatione venientium? Quid alios referam innumerabiles morbos, supplicia luxuriæ? Immunes erant ab istis malis, qui nondum se deliciis solverant, qui sibi imperabant, sibi ministrabant. Corpora opere ac vero labore durabant, aut cursu defatigati, aut venatu, aut tellure versata. Excipiebat illos cibus, qui, nisi esurientibus, placere non posset. Itaque nihil opus erat tam magna mediocrum supellectile, nec tot ferramentis, atque pyxidibus. Simplex erat ex causa simplici valetudo; multos morbos multa fercula fecerunt. Vide, quantum rerum per unam gulam transiturarum permisceat luxuria, terrarum marisque vastatrix! Necesse est itaque inter se tam diversa dissideant, et hausta male digerantur, aliis alio nitentibus. Nec mirum, quod inconstans variusque ex discordi cibo morbus est, et illa ex contrariis naturæ partibus in eumdem compulsa redundant. Inde tam multo ægrotamus genere, quam vivimus. Maximus ille medicorum, et hujus scientiæ conditor, « feminis nec capillos defluere, dixit, nec pedes laborare. » Atqui et capillis destituuntur, et pedibus ægræ sunt. Non mutata feminarum natura, sed vita est: nam quum virorum licentiam æquaverint, corporum quoque virilium incommoda æquarunt. Non minus pervigilant, non minus potant, et oleo et mero viros provocant; æque invitis ingesta visceribus per os reddunt, et vinum omne vomitu remetiuntur; æque nivem rodunt, solatium stomachi æstuantis. Libidini vero ne maribus quidem cedunt: pati natæ (dii illas deæque male perdant!) adeo perversum commentæ genus impudicitiæ, viros ineunt. Quid ergo mirandum est,

l'ordre de la nature. N'est-il pas étonnant que le plus grand médecin du monde et le plus versé dans les connaissances de la nature se trouve menteur, y ayant aujourd'hui tant de femmes goutteuses et chauves? Elles ont perdu, par leur débauche, le privilége de leur sexe; et, parce qu'elles ont quitté la retenue des femmes, elles sont devenues sujettes aux maladies des hommes. Les médecins, autrefois, ne donnaient pas si souvent de la viande et du vin pour fortifier le pouls. Ils ne savaient pas vider le mauvais sang et guérir une longue maladie par les bains ou par les sueurs. Ils ne faisaient point de ligatures aux bras et aux jambes pour attirer aux extrémités la force du mal, qui était enfermée au-dedans. Il ne fallait pas se mettre en peine de tant de sortes de remèdes, y ayant si peu de maladies. Mais, aujourd'hui, combien de maux et d'indispositions! C'est l'intérêt que nous payons de tous les plaisirs que nous avons pris avec excès et sans raison. Vous étonnez-vous qu'il y ait tant de maladies? comptez combien vous avez de cuisiniers. Toutes sortes d'études cessent. Les professeurs des arts libéraux n'ont que fort peu d'auditeurs : les écoles de rhétorique et de philosophie sont presque vides; mais les cuisines de ces prodigues sont bien remplies. Combien y voyez-vous de jeunes gens occupés? Je ne parle point de ces malheureux esclaves, réservés pour la chambre à d'autres emplois, quand le festin est achevé. Je ne dis rien de ces troupeaux de jeunes garçons, rangés suivant leur pays et leur teint, afin qu'on les trouve également frais, que leur premier poil soit tout pareil, que leurs cheveux se ressemblent, et que les frisés ne se mêlent point avec ceux qui ne le sont pas. Je passe sous silence tous ces boulangers et pâtissiers, et ces officiers qui servent sur table aussitôt que le signal en est donné. Bons dieux! combien de gens sont occupés pour le ventre d'un seul homme! Ne croyez-vous pas que ces champignons, que j'appelle un poison délicieux, engendrent des incommodités secrètes, quoique leur malignité n'éclate point sur l'heure? Ne croyez-vous pas qu'en été la neige dessèche et durcisse le foie? Pensez-vous que les huîtres, dont la chair est baveuse et nourrie de fange, ne nous laissent pas quelque pesanteur? Que cette sauce si rare, appelée *garum*, qui se fait du sang pourri de quelques méchants poissons, ne blesse point les entrailles par son âcrimonie salée. Estimez-vous que cette corruption, que l'on avale toute brûlante, se puisse éteindre dans l'estomac sans lui faire mal? Quel dégoût n'a-t-on pas de soi-même lorsque les crudités et les indigestions reviennent à la bouche! Car il faut que vous sachiez que ces sortes d'aliments se pourrissent et ne se digèrent point.

Cela me fait souvenir du plat si fameux d'Ésope, où ce prodige, qui courait à sa ruine, avait mis tout ce que les plus dépensiers et les plus splendides avaient coutume de manger en un jour. Il y avait des nacres, des surmulets désossés, avec quantité d'huîtres entrecoupées de cancres marins. On se lasse de manger chaque viande à part; on veut confondre tous les goûts ensemble, et faire sur la table ce qui se doit faire dans l'estomac; nous verrons bientôt que l'on servira les viandes toutes mâchées. N'est-ce pas déjà quelque chose qui en approche qu'un cuisinier ôte les écailles et

---

maximum medicorum, ac naturæ peritissimum, in mendacio prendi, quum tot feminæ podagricæ calvæque sint? Beneficium sexus suis vitiis perdiderunt; et, quia feminam exuerunt, damnatæ sunt morbis virilibus. Antiqui medici nesciebant dare cibum sæpius, et vino fulcire venas cadentes; nesciebant sanguinem mittere, et diutinam ægrotationem balneo sudoribusque laxare; nesciebant, crurum vinculo brachiorumque, latentem vim, et in medio sedentem, ad extrema revocare. Non erat necesse, circumspicere multa auxiliorum genera, quum essent periculorum paucissima. Nunc vero quam longe processerunt mala valetudinis? Has usuras voluptatum pendimus, ultra modum fasque concupitarum. Innumerabiles esse morbos non miraberis; coquos numera. Cessat omne studium; et liberalia professi, sine ulla frequentia, desertis angulis præsident. In rhetorum ac philosophorum scholis solitudo est; at quam celebres culinæ sunt! Quanta circa nepotum focos juventus premit! Transeo puerorum infelicium greges, quos, post transacta convivia, aliæ cubiculi contumeliæ exspectant. Transeo agmina exoletorum, per nationes coloresque descripta, ut eadem omnibus levitas sit, eadem primæ mensura lanuginis, eadem species capillorum; ne quis, cui rectior est coma, crispulis misceatur. Transeo pistorum turbam, transeo ministratorum, per quos signo dato ad inferendam cœnam discurritur. Dii boni, quantum hominum unus venter exercet! Quid? tu illos boletos, voluptarium venenum, nihil occulti operis judicas facere, etiam si præsentanei non fuerunt? Quid tu illam æstivam nivem non putas callum jecinoribus obducere? Quid? illa ostrea, inertissimam carnem cœno saginatam, nihil existimas limosæ gravitatis inferre? Quid? illud Sociorum garum, pretiosam malorum piscium saniem, non credis urere salsa tabe præcordia? Quid illa purulenta, et quæ tantum non ex ipso igne in ora transferuntur, judicas sine noxa in ipsis visceribus exstingui? Quam fœdi itaque pestilentesque ructus sunt! Quantum fastidium sui, exhalantibus crapulam veterem! Scias putrescere sumpta, non concoqui. Memini fuisse quondam in sermone nobilem patinam, in quam, quidquid apud lautos solet diem ducere, properans in damnum suum popina congesserat: veneriæ spondilique, et ostrea eatenus circumcisa, qua eduntur, intervenientibus distinguebantur echinis; totam districti sine ullis ossibus mulli constraverant. Piget jam

les os, et qu'il ne laisse rien à faire aux dents? Ce serait trop de peine d'aller goûter de tous les plats, qu'on met tout ensemble dans un bassin et à une même sauce. Pourquoi porterais-je la main sur une seule chose? J'aime mieux qu'il y en ait plusieurs ensemble, et que ce qu'on pourrait diviser en plusieurs mets se trouve uni et ramassé en un seul. Ceux qui disent que ces profusions se font par vanité et pour acquérir de la réputation doivent savoir qu'on se soucie moins de la montre et de l'apparence que de l'estime des connaisseurs qui savent ce que les choses valent. On met ensemble et à une même sauce tout ce qu'on servait autrefois séparément. On mêle et on cuit les huîtres avec des cancres de mer, et les nacres avec des surmulets, et tout cela est confus et brouillé comme les matières qui se rendent par le vomissement. De toutes ces viandes, ainsi mélangées, il naît une infinité de maladies différentes et compliquées, contre lesquelles la médecine a été obligée de s'armer par plusieurs sortes de remèdes et de régimes. J'en dis de même à l'égard de la philosophie. Elle était autrefois plus simple, lorsque les vices étaient plus légers et plus faciles à guérir. Mais, aujourd'hui, il faut qu'elle emploie toutes ses forces contre un renversement si général de toute la morale. Encore si l'on pouvait chasser le mal par ce remède. Mais les crimes ne sont plus particuliers, ils sont devenus publics. L'on punit le meurtre qu'un homme fait ; et que dira-t-on des guerres et de ces massacres que nous appelons glorieux parce qu'ils détruisent des nations entières? Il est vrai que l'avarice et la cruauté n'ont point de bornes ; mais elles sont moins pernicieuses et moins barbares quand elles s'exercent comme à la dérobée par les mains de quelques particuliers. On commet des crimes par arrêt du sénat et par ordonnance du peuple, et l'on commande au public ce que l'on défend aux particuliers. Ce qui serait puni de mort étant fait en secret, reçoit des louanges quand il est fait aux yeux de tout le monde. N'est-il pas honteux que les hommes, dont le naturel a été créé si doux, se plaisent à verser le sang les uns des autres ; qu'ils entreprennent des guerres et les transmettent à leurs successeurs, vu que les animaux vivent en paix, quoique sauvages et destitués de raison? Ces débordements si puissants et si étendus ont rendu la philosophie plus longue et plus difficile, et l'ont obligée de ramasser autant de force qu'il en était venu à ses ennemis. Il était aisé de reprendre ceux qui buvaient un peu trop, ou qui cherchaient les viandes délicates. Il n'y avait pas grand peine à remettre dans la sobriété des gens qui ne s'en étaient guère écartés.

Maintenant, pour chasser le mal qui nous oppresse,
Il nous faut employer la force avec l'adresse.

On cherche la volupté de toutes parts ; il n'y a point de vice qui se contienne dans ses bornes. La profusion se convertit en avarice ; on a oublié l'honnêteté naturelle ; on ne trouve rien de honteux pourvu qu'il soit utile. L'homme qui porte le caractère de la vérité, l'homme, dis-je, est maintenant égorgé par le plaisir et par le divertissement : autrefois on se faisait scrupule de l'instruire à attaquer et à se défendre ; mais aujourd'hui on

---

esse singula ; coguntur in unum sapores ; in cœna fit, quod fieri debet saturo in ventre : exspecto jam ut manducata ponantur. Quantulo autem hoc minus est, testas excerpere atque ossa, et dentium opera coquum fungi ? Grave est luxuriari per singula : omnia semel, et in eumdem saporem versa, ponantur. Quare ego ad unam rem manum porrigam ? plura veniant simul ; multorum ferculorum ornamenta eoeant et cohæreant. Sciant protinus hi, qui jactationem ex istis peti et gloriam aiebant, non ostendi ista, sed conscientiæ dari. Pariter sint, quæ disponi solent, uno jure perfusa : nihil intersit : ostrea, echini, spondyli, mulli, perturbati concoctique ponantur. — Non esset confusior vomentium cibus. Quomodo ista perplexa sunt, sic ex istis non singulares morbi nascuntur, sed inexplicabiles, diversi, multiformes : adversus quos et medicina armare se cœpit multigeneribus observationibus.

Idem tibi de philosophia dico. Fuit aliquando simplicior inter minora peccantes, et levi quoque cura remediabiles : adversus tantam morum eversionem omnia conanda sunt. Et utinam sic denique lues ista vindicetur ! Non privatim solum, sed publice furimus. Homicidia compescimus et singulas cædes : quid bella, et occisarum gentium gloriosum scelus ? Non avaritia, non crudelitas modum novit. Et ista, quamdiu furtim et a singulis fiunt, minus noxia minusque monstrosa sunt : ex senatusconsultis plebisque scitis sæva exercentur, et publice jubentur vetita privatim. Quæ clam commissa capite luerent, jam, quia paludati fecere, laudamus. Non pudet homines, mitissimum genus, gaudere sanguine alterno, et bella gerere, gerendaque liberis tradere, quum inter se etiam mutis ac feris pax sit. Adversus tam potentem explicitumque late furorem operosior philosophia facta est, et tantum sibi virium sumpsit, quantum his, adversus quæ parabatur, accesserat. Expeditum erat, objurgare indulgentes mero, et petentes delicatiorem cibum ; non erat animus ad frugalitatem magna vi reducendus, a qua paululum discesserat.

Nunc manibus rapidis opus est, nunc arte magistra.

Voluptas ex omni parte quæritur ; nullum intra se manet vitium. In avaritiam luxuria præceps est : honesti oblivio invasit ; nihil turpe est, cujus placet pretium. Homo, sacra res homini, jam per lusum et jocum occiditur ; et, quem erudiri ad inferenda accipiendaque vul-

le produit devant le peuple sans armes et nu, parce que c'est un beau spectacle de le voir déchirer. Dans cette corruption de mœurs on a besoin de quelque remède plus fort qu'à l'ordinaire pour guérir un mal invétéré; il se faut donc servir des maximes générales, afin d'arracher entièrement la créance des fausses opinions. Si nous y joignons les préceptes, les consolations et les exhortations, nous les rendrons efficaces; autrement elles ne serviraient de rien. Si nous voulons délivrer les captifs et retirer du vice ceux qui y sont engagés, il faut leur apprendre ce que c'est que le bien et le mal. Ils sauront que toutes choses, hormis la vertu, changent de nom, et qu'elles deviennent tantôt bonnes et tantôt mauvaises. Comme dans la guerre, le premier engagement du soldat est le serment qu'il prête de suivre son drapeau et de ne point déserter, après quoi il obéit aisément à tout ce qu'on lui commande; de même il faut d'abord insinuer la vertu dans le cœur de ceux que l'on veut conduire à la vie bienheureuse, afin qu'ils l'aiment et la révèrent avec quelque sorte de superstition, qu'ils se plaisent avec elle, et ne veuillent point vivre sans elle. Quoi ! n'en a-t-on pas vu qui sont devenus gens de bien sans ces instructions si subtiles, et qui ont fait de grands progrès dans la vertu par la seule observation des préceptes? J'en demeure d'accord, mais il faut attribuer cela à leur bon naturel, qui n'a pas laissé échapper les avis salutaires qu'on leur donnait. Comme les dieux n'ont jamais appris la vertu, parce qu'elle leur est essentielle, et que c'est une partie de leur nature d'être bons, de même il y a des hommes si bien nés qu'ils apprennent en peu de temps les choses que l'on enseigne d'ordinaire, et embrassent le bien aussitôt qu'ils en entendent parler. Ce sont des âmes avides de vertu et fécondes d'elles-mêmes; mais, pour ces esprits stupides et hébétés ou qui sont engourdis par de mauvaises habitudes, il faut avoir soin de leur ôter la rouille.

Au reste, comme par les maximes de la philosophie on conduit plus tôt à la perfection ceux qui sont portés au bien, en les retirant des fausses opinions, je veux vous faire voir combien ces maximes sont nécessaires. Nous sommes tous prévenus de certaines persuasions qui nous rendent paresseux en certaines choses, et impétueux en d'autres. Comment retenir cette impétuosité, comment réveiller cette paresse à moins que de détruire les causes qui les engendrent, qui sont la fausse admiration et la fausse crainte? Tandis que ces passions vous possèdent, vous avez beau dire que vous devez assister votre père, vos enfants, vos amis et vos hôtes; l'avarice vous retiendra quand vous le voudrez faire. Sachez, tant qu'il vous plaira, qu'il faut combattre pour sa patrie, la crainte vous en détournera. Sachez qu'il faut s'employer et suer jusqu'à la dernière goutte pour le service de vos amis, les délices vous empêcheront de le faire. Sachez que l'on ne saurait faire une plus grande injure à une femme mariée que d'entretenir une concubine, l'incontinence vous poussera à commettre ce désordre. Il est donc inutile de donner des préceptes, si l'on ne lève auparavant ces obstacles qui en peuvent arrêter l'exé-

nera nefas erat, is jam nudus inermisque producitur; satisque spectaculi ex homine, mors est.

In hac ergo morum perversitate desideratur solito vehementius aliquid, quod mala inveterata discutiat; decretis agendum est, ut revellatur penitus falsorum recepta persuasio. His si adjunxerimus præcepta, consolationes, adhortationes, poterunt valere; per se inefficaces sunt. Si volumus habere obligatos, et malis, quibus jam tenentur, avellere; discant, quid malum, quid bonum sit; sciant, omnia, præter virtutem, mutare nomen, modo mala fieri, modo bona. Quemadmodum primum militiæ vinculum est religio, et signorum amor, et deserendi nefas; tunc deinde facile cætera exiguntur mandanturque jusjurandum adactis : ita in his, quos velis ad beatam vitam perducere, prima fundamenta jacienda sunt, et insinuanda virtus. Hujus quadam superstitione teneantur; hanc ament; cum hac vivere velint, sine hac nolint.

Quid ergo! non quidam sine institutione subtili evaserunt probi, magnosque profectus assecuti sunt, dum nudis tantum præceptis obsequuntur ? — Fateor : sed felix illis ingenium fuit, et salutaria in transitu rapuit. Nam, ut dii immortales nullam didicere virtutem, cum omni editi et pars naturæ eorum est, bonos esse; ita quidam ex hominibus, egregiam sortiti indolem, in ea, quæ tradi solent, perveniunt sine longo magisterio; et honesta complexi sunt, quum primum audiere; unde ista tam rapacia virtutis ingenia, vel eu se fertilia. At illis aut hebetibus et obtusis, aut mala consuetudine obsessis, diu rubigo animorum effricanda est. Cæterum, ut illos in bonum pronos citius educit ad summa, et hos imbecilliores adjuvabit, malisque opinionibus extrahet, qui illis philosophiæ placita tradiderit; quæ quam sint necessaria, scilicet videas. Quædam insident nobis, quæ nos ad alia pigros, ad alia temerarios faciunt. Nec hæc audacia reprimi potest, nec illa inertia suscitari, nisi causæ eorum eximantur, falsa admiratio, et falsa formido. Hæc nos quamdiu possident, dicas licet : « Hoc patri præstare debes, hoc liberis, hoc amicis, hoc hospitibus. » Tentantem avaritia relinebit; sciet pro patria pugnandum esse; dissuadebit timor ; sciet pro amicis desudandum esse ad extremum usque sudorem; sed deliciæ vetabunt : sciet in uxorem gravissimum esse genus injuriæ pellicem; sed illum libido in contraria impingit. Nihil ergo proderit dare præcepta nisi prius amoveris obstantia præceptis; non magis, quam proderit arma in conspectu posuisse propiusque

cution, aussi bien que de présenter ou mettre des armes auprès d'une personne qui ne voudrait pas y porter les mains pour s'en servir. Il faut donc mettre l'âme en liberté, avant que de lui donner des préceptes. Supposons qu'un homme fasse ce qu'il doit, il ne le fera pas toujours, et ne le fera pas également, parce qu'il ne sait pas pourquoi il le fait; il pourra faire quelque chose de bien par hasard ou par routine, mais il n'aura pas la règle en main pour dresser son action et pour savoir si elle est droite. Celui qui n'est bon que par hasard ne peut pas répondre qu'il le sera toujours. De plus, les préceptes vous apprendront peut-être à faire ce que vous devez, mais non pas à le faire comme vous le devez, sans quoi ils ne sauraient vous conduire à la vertu. Vous direz : Je fais ce que je dois. Je l'accorde; mais c'est peu de chose, parce que le mérite n'est pas tant en l'action qu'en la manière de la faire.

Qu'y a-t-il de plus criminel que de manger en un repas le revenu d'une année d'un chevalier romain? Qu'y a-t-il qui mérite davantage la répréhension du censeur que ces folles dépenses que l'on donne, comme parlent ces débauchés, à son inclination et à son plaisir? Cependant il y a de bons ménagers qui ont mis cinquante mille écus en un festin fait en l'honneur des dieux. Ainsi l'on voit qu'une même dépense est condamnée quand elle est faite pour le plaisir, et n'est point blâmée quand elle est faite par raison. Car, en ces occasions, on considère plus un légitime sujet de dépense que le plaisir de la bonne chère. On avait envoyé à Tibère un surmulet d'une prodigieuse grandeur (pourquoi ne dirais-je pas combien il pesait, afin d'en donner envie aux gourmands?) on dit qu'il pesait cinquante livres : il commanda qu'on le portât vendre au marché. Mes amis, dit-il, je suis le plus trompé du monde si Apicius ou Octavius n'achètent ce poisson. La chose réussit au-delà de ce qu'il en avait espéré; ils le marchandèrent, et enchérirent l'un sur l'autre. Octavius l'emporta, et fut loué de ses compagnons, pour avoir acheté quatre cents livres un poisson que César avait fait vendre, et qu'Apicius n'avait osé acheter. Cette dépense était honteuse en la personne d'Octavius ; elle ne l'était pas au regard de celui qui avait premièrement acheté le poisson pour l'envoyer à César. Je ne voudrais pas pourtant le disculper, mais enfin il l'avait trouvé si beau qu'il l'avait jugé digne d'être présenté à l'empereur. Si quelqu'un demeure auprès de son ami malade, je le loue; mais s'il fait cela pour l'espérance de quelque legs, c'est un vautour qui attend la charogne. Une même action est tantôt honnête et tantôt deshonnête; il faut voir pourquoi et comment elle a été faite. Or, toutes choses se feront avec approbation, si nous nous attachons à l'honnêteté, et que nous croyons qu'il n'y a point d'autre bien dans le monde. Tout le reste n'est bien que pour un jour; il faut donc embrasser une opinion ou un sentiment qui regarde toute la vie : et c'est ce que j'appelle maxime. Tel que sera ce sentiment, telles seront aussi les pensées et les actions, et par conséquent toute la vie. Quand on veut régler le temps on ne s'arrête guère aux parties.

M. Brutus, dans le livre qu'il a intitulé *des Devoirs*, donne quantité de préceptes aux pères, aux

---

admovisse, nisi usuræ manus expediuntur. Ut ad præcepta, quæ damus, possit animus ire, solvendus est. Putemus aliquem facere quod oportet; non faciet assidue, non faciet æqualiter : nesciet enim quare faciat. Aliqua vel casu, vel exercitatione, exibunt recta; sed non erit in manu regula, ad quam exigantur, cui credat, recta esse quæ fecit. Non promittet se talem in perpetuum, qui casu bonus est.

Deinde, præstabunt tibi fortasse præcepta, ut quod oportet facias ; non præstabunt ut, quemadmodum oportet : et, si hoc non præstant, ad virtutem non perducunt. Faciet quod oportet monitus; concedo : sed id parum est, quoniam quidem non in facto laus est, sed in eo, quemadmodum fiat. Quid est cœna sumptuosa flagitiosius, et equestrem censum consumente? Quid tam dignum censoria nota, si quis, ut isti ganeones loquuntur, sibi hoc et genio suo præstet? et toties tamen sestertio aditiales cœnæ frugalissimis viris constiterunt. Eadem res, si gulæ datur, turpis est; si honori, reprehensionem effugit. Non enim luxuria, sed impensa solemnis est. Mullum ingentis formæ (quare autem non pondus adjicio, et aliquorum gulam irrito ? quatuor pondo et ad selibram fuisse niebant) Tiberius Cæsar, missum sibi, quum in macellum deferri et venire jussisset : « Amici, inquit, omnia me fallunt, nisi istum mullum aut Apicius emerit, aut P. Octavius. » Ultra spem illi conjectura processit : licitati sunt; vicit Octavius, et ingentem consecutus est inter suos gloriam, quum quinque sestertiis emisset piscem, quem Cæsar vendiderat, ne Apicius quidem emerat. Numerare tantum Octavio fuit turpe : nam ille, qui emerat, ut Tiberio mitteret (quanquam illum quoque reprehenderim, admiratus est rem, qua putavit Cæsarem dignum. Amico ægro aliquis assidet ; probamus : at, hoc si hereditatis causa facit, vultur est, cadaver exspectat.

Eadem aut turpia sunt, aut honesta : refert quare aut quemadmodum fiant. Omnia autem honeste fient, si honesto nos addixerimus, idque unum in rebus humanis bonum judicaverimus, quæque ex eo sunt. Cætera, in diem bona sunt. Ergo infigi debet persuasio ad totam pertinens vitam; hoc est, quod *decretum* voco. Qualis hæc persuasio fuerit, talia erunt, quæ agentur, quæ cogitabuntur : qualia autem hæc fuerint, talis vita erit. In particulas suasisse, totum ordinanti parum est. M. Brutus in eo libro, quem περὶ Καθήκοντος inscripsit, dat multa

enfants et aux frères; mais personne ne les saurait bien accomplir s'il n'a quelque but auquel il les rapporte. Il faut donc nous proposer le souverain bien pour notre fin, et tourner de ce côté-là toutes nos actions et toutes nos paroles, comme ceux qui sont en mer dressent leur navigation sur quelque étoile. La vie est incertaine et vague, si elle n'a point de but arrêté. Mais, pour s'en proposer quelqu'un, les maximes sont nécessaires. Vous m'avouerez (comme je pense) qu'il n'y a rien de plus vilain qu'un homme, lequel, toujours craintif, chancelant et douteux, avance tantôt le pied et le retire tantôt. Cela nous arrivera en toutes rencontres, si l'on ne nous arrache ce qui nous retient et nous empêche d'agir de toutes nos forces. On enseigne communément comme il faut adorer les dieux. Mais défendons d'allumer les lampes aux jours de fête, parce que les dieux n'ont pas besoin d'être éclairés, et que les hommes n'aiment pas à sentir la fumée. Abolissons cette coutume d'aller saluer les images des dieux au matin, et de s'asseoir aux portes de leurs temples; ces sortes d'honneurs ne plaisent qu'à l'ambition des hommes; on honore Dieu en le connaissant. Défendons de porter des linges et des vases à Jupiter, et de tenir le miroir devant Junon. Dieu n'a que faire de personne pour le servir. N'est-ce pas lui qui sert tout le genre humain et qui prête son assistance en tous lieux et à tout le monde? On a beau savoir comme on se doit comporter dans les sacrifices, comme il faut s'éloigner de toutes superstitions; jamais on n'en sera suffisamment instruit, si l'on ne comprend, comme on doit, la grandeur de Dieu, qu'il possède tout, qu'il donne tout, et que ses libéralités sont gratuites. Qu'est-ce qui porte les dieux à nous faire du bien? C'est leur nature. Si quelqu'un pense qu'ils aient volonté de nous nuire, il se trompe. Ils n'en sont point capables, car ils ne sauraient faire ni recevoir aucune injure, puisque offenser et être offensé sont deux choses réciproques. Cette excellente et suprême nature n'a point rendu dangereux ces esprits divins qu'elle a affranchis de tout danger. En un mot, le premier culte des dieux c'est de croire qu'il y a des dieux. Il faut ensuite reconnaître leur majesté et leur bonté, sans laquelle il n'y a point de majesté; il faut savoir que ce sont eux qui gouvernent le monde, qui conduisent toutes choses, comme étant de leur domaine, qui prennent soin du genre humain et quelquefois des particuliers. Ils ne font point de mal, ils n'en reçoivent point aussi. Cependant ils reprennent, châtient, et ordonnent quelquefois des peines qui portent l'apparence du mal; mais, voulez-vous avoir les dieux propices? Soyez homme de bien. C'est les honorer que les imiter.

Voici une autre question : Comment il faut vivre avec les hommes. Que faisons-nous? Quels préceptes donnons-nous? De ne point verser de sang humain? C'est peu de chose de ne point nuire à celui que nous devrions aider. O la belle louange à un homme d'être doux envers un autre homme! Lui enseignerons-nous à tendre la main à celui qui a fait naufrage; à montrer le chemin à celui qui est égaré, et à partager son pain avec un homme qui meurt de faim? Pourquoi m'amu-

præcepta et parentibus et liberis et fratribus : hæc nemo faciet, quemadmodum debet, nisi habuerit, quo referat. Proponamus oportet finem summi boni, ad quem nitamur, ad quem omne factum nostrum dictumque respiciat; veluti navigantibus ad aliquod sidus dirigendus est cursus. Vita sine proposito vaga est. Quod si utique proponendum est, incipiunt necessaria esse decreta. Illud, ut puto, concedes, nihil esse turpius dubio et incerto ac timido, pedem modo referente, modo producente. Hoc in omnibus rebus accidet nobis, nisi eximantur, quæ reprehendunt animos ac detinent, perconarique totos vetant.

Quomodo sint dii colendi, solet præcipi. Accendere aliquem lucernas sabbatis prohibeamus; quoniam nec lumine Dii egent, et ne homines quidem delectantur fuligine. Vetemus salutationibus matutinis fungi, et foribus assidere templorum : humana ambitio istis officiis capitur; Deum colit, qui novit. Vetemus lintea et strigiles Jovi ferre, et speculum tenere Junoni : non quærit ministros Deus; quidni? ipse humano generi ministrat; ubique et omnibus præsto est. Audiat licet quem modum servare in sacrificiis debeat, quam procul resilire a modestis superstitionibus : nunquam satis profectum erit, nisi, qualem debet, Deum mente conceperit, omnia habentem, omnia tribuentem, beneficium gratis dantem. Quæ causa est diis benefaciendi? Natura. Errat, si quis putat illos nocere nolle : non possunt; nec accipere injuriam queunt, nec facere. Lædere etenim lædique, conjunctum est. Summa illa ac pulcherrima omnium natura quos periculo exemit, ne periculosos quidem fecit. Primus est deorum cultus, deos credere; deinde, reddere illis majestatem suam, reddere bonitatem, sine qua nulla majestas est; scire, illos esse qui præsident mundo, qui universa vi sua temperant, qui humani generis tutelam gerunt, interdum curiosi singulorum. Hi nec dant malum, nec habent : cæterum castigant quosdam, et coercent, et irrogant pœnas, et aliquando specie boni puniunt. Vis deos propitiare? bonus esto! Satis illos coluit, quisquis imitatus est.

Ecce altera quæstio, quomodo hominibus sit utendum. Quid agimus? Quæ damus præcepta? Ut parcamus sanguini humano? Quantulum est ei non nocere, cui debeas prodesse! Magna scilicet laus est, si homo mansuetus homini est! Præcipiemus ut naufrago manum porrigat, erranti viam monstret, cum esuriente panem suum dividat? Quando omnia, quæ præstanda sunt ac vitanda, dicam

serais-je a déduire tout ce qu'il faut faire ou éviter, puisqu'en peu de mots je puis enseigner tous les devoirs de l'homme en cette forme. Ce monde, que tu vois qui enferme les choses divines et les choses humaines, n'est qu'un. Nous sommes les membres de ce grand corps. La nature nous a rendus tous parents en nous engendrant d'une même matière et pour une même fin. Elle nous a inspiré un amour mutuel et nous a tous rendus sociables. C'est elle qui a établi la justice et l'équité ; selon ses constitutions, c'est un plus grand mal de faire une injure que d'en recevoir; c'est par son ordre que les mains doivent être toujours prêtes à donner secours. Ayons ce vers dans la bouche et dans le cœur :

Je suis homme et ne tiens rien d'humain hors de moi.

Nous sommes nés pour vivre en commun ; notre société est une voûte de pierres liées ensemble, qui tomberaient si l'une ne soutenait l'autre. Après avoir parlé de nos devoirs envers les dieux et envers les hommes, voyons comment il faut user des choses. C'est en vain que nous avons parlé des préceptes, si premièrement nous ne savons quels sentiments nous devons avoir de chaque chose, comme de la pauvreté, des richesses, de la gloire, de l'infamie, de la patrie, de l'exil. Jugeons de tout cela en particulier sans nous arrêter à l'opinion commune ; voyons ce que c'est, sans demander comment il s'appelle. Mais passons aux vertus. On nous dira que nous devons faire état de la prudence, embrasser la constance, aimer la tempérance, et nous rendre, s'il est possible, la justice plus familière que les autres vertus. Mais ce n'est rien faire si nous ne savons ce que c'est que vertu ; s'il n'y en a qu'une seule ou plusieurs ; si elles sont séparées ou jointes ensemble ; si, lorsqu'on en possède une, on possède aussi les autres ; quelle différence elles ont entre elles. Il n'est pas nécessaire qu'un artisan s'informe de tout ce qui regarde son art, qu'il sache quand il a commencé, non plus qu'un baladin connaisse l'origine de la danse. Tous ces arts savent assez ce qu'ils sont ; il ne leur manque rien, parce qu'ils ne s'étendent pas au-delà de la vie. Mais la vertu est obligée à la connaissance d'elle-même, et de toute autre chose. Il faut l'apprendre premièrement, pour apprendre ensuite quelle volonté nous devons avoir. Car l'action ne sera pas juste, si la volonté ne l'est pas aussi, puisque c'est elle qui produit l'action ; et cette volonté ne sera pas juste, si l'habitude de l'âme, d'où elle procède, n'est pas juste ; enfin, l'habitude de l'âme ne sera point parfaite, si elle ne connaît bien toutes les règles de la vie, si elle ne juge sainement de toutes choses, et si elle ne les réduit à leur juste valeur.

La tranquillité n'est que pour ceux qui se sont affermis en des sentiments certains et immuables; les autres quittent, puis se remettent, flottant toujours entre l'appétit et le dégoût, parce qu'ils se conduisent par l'opinion du peuple, qui est un guide fort incertain. Pour vouloir toujours une même chose, il faut vouloir ce qui est véritable. Mais, pour le connaître, on a besoin des maximes générales de la philosophie, qui contiennent tout ce qui regarde la vie, les choses bonnes et les mauvaises, les honnêtes, les deshonnêtes, les jus-

quum possim breviter hanc illi formulam humani officii tradere : « Omne hoc, quod vides, quo divina atque humana conclusa sunt, unum est : membra sumus corporis magni. Natura nos cognatos edidit, quum ex iisdem et in eadem gigneret. Hæc nobis amorem indidit mutuum, et sociabiles fecit ; illa æquum justumque composuit : ex illius constitutione miserius est nocere, quam lædi ; ex illius imperio paratæ sunt juvantis manus. Iste versus et in pectore, et in ore sit :

Homo sum, humani nihil a me alienum puto. »

Habeamus! In commune nati sumus. Societas nostra lapidum fornicationi simillima est; quæ casura, nisi invicem obstarent, hoc ipso sustinetur.

Post deos hominesque, dispiciamus quomodo rebus sit utendum. In supervacuum præcepta jactavimus, nisi illud præcesserit, qualem de quacumque re habere debeamus opinionem, de paupertate, de divitiis, de gloria, de ignominia, de patria, de exsilio. Æstimemus singula, fama remota ; et quæramus, quid sint, non quid vocentur.

Ad virtutes transeamus. Præcipiet aliquis, ut prudentiam magni æstimemus, ut fortitudinem complectamur; temperantiam amemus; justitiam, si fieri potest, propiu etiam, quam cæteras, nobis applicemus. Sed nihil agetur, si ignoramus quid sit virtus; una sit, an plures ; separatæ, an innexæ ; an, qui unam habet, et cæteras habeat; quo inter se differant. Non est necesse fabro de fabrica quærere, quod ejus initium, quis usus sit ; non magis quam pantomimo, de arte saltandi. Omnes istæ artes se sciunt, nihil deest ; non enim ad totam pertinent vitam. Virtus et aliorum scientia est, et sui. Discendum de ipsa est, ut ipsa discatur. Actio recta non erit, nisi recta fuerit voluntas : ab hac enim est actio. Rursus, voluntas non erit recta, nisi habitus animi rectus fuerit : ab hoc enim est voluntas. Habitus porro animi non erit in optimo, nisi totius vitæ leges perceperit, et, quid de quoque judicandum sit, exegerit ; nisi res ad verum redegerit. Non contingit tranquillitas, nisi immutabile certumque judicium adeptis : cæteri decidunt subinde, et reponuntur, et inter missa appetitaque alternis fluctuantur. Causa usque jactationis est, quod nihil liquet incertissimo regimine utentibus, fama. Si vis eadem semper velle, vera oportet velis. Ad verum sine decretis non pervenitur ; continet vitam. Bona et mala, honesta et tur-

tes et les injustes, la piété, l'impiété, les vertus et l'usage des vertus, les commodités, la réputation, les charges, la santé, les forces, la beauté, et la subtilité des sens. Tout cela veut être estimé selon sa valeur, pour savoir le compte que l'on en doit faire. Mais on estime certaines choses plus qu'elles ne valent, et l'on s'y trompe si fort que celles qu'on prise davantage, comme les richesses, la faveur, l'autorité, ne méritent pas d'être estimées une obole. Vous n'en sauriez connaître la valeur, si vous ne regardez la règle qui les compare et les estime entre elles. Comme les feuilles ne peuvent demeurer vertes, si elles ne sont attachées à une branche d'où elles tirent leur nourriture, de même les préceptes étant seuls perdent leur force, car ils veulent être soutenus. Davantage, ceux qui rejettent les maximes générales, ne prennent pas garde qu'ils les établissent en voulant les ruiner. Car que disent-ils en effet? Que les préceptes instruisent assez de quelle manière on doit vivre, et que partant les maximes, c'est-à-dire les dogmes de la sagesse sont superflus. Mais ce discours même est un dogme, comme si je disais maintenant qu'il faut quitter les préceptes et s'attacher seulement aux maximes générales, je donnerais un précepte en disant qu'il faut quitter les préceptes. Il y a des choses qui ont besoin des avis de la philosophie, d'autres de ses preuves, et d'autres encore qui sont tellement embarrassées, qu'à peine les peut-on éclaircir avec beaucoup de travail et de subtilité. Si les preuves sont nécessaires, les maximes le sont aussi, parce qu'elles établissent la vérité par la force des preuves. Il se trouve des choses qui sont en évidence, d'autres qui sont obscures. Les évidentes tombent sous les sens, les obscures sont hors de leur portée. Comme la raison n'est pas occupée aux choses évidentes, et que son principal emploi est en celles qui sont obscures, il faut apporter des preuves pour éclaircir ces obscurités, ce qu'il est impossible de faire sans les maximes. Ces maximes sont nécessaires. Ce qui fait en nous le sens commun, fait aussi le sens parfait, savoir : la connaissance des choses qui sont certaines, sans laquelle notre esprit est toujours flottant. Par conséquent, les règles générales sont nécessaires, puisqu'elles arrêtent et fixent nos opinions. Enfin, quand nous avertissons quelqu'un de considérer son ami comme soi-même, et de penser que son ennemi peut devenir son ami, afin d'exciter son amour et de modérer sa haine, nous ajoutons ordinairement que cela est juste et honnête. Or, est-il que la raison sur laquelle les maximes sont établies comprend tout ce qui est juste et honnête; partant la raison est nécessaire, sans laquelle rien ne peut être juste ni honnête. Mais il faut joindre l'un et l'autre ensemble, car les branches ne peuvent vivre sans la racine, et la racine se conserve parce qu'elle produit au-dehors. Chacun sait combien les mains sont nécessaires; on voit manifestement le service qu'elles nous rendent; le cœur, toutefois, dont les mains reçoivent la vie, la force et le mouvement, est caché. J'en puis dire autant des préceptes; ils sont évidents; mais les maximes de la sagesse sont cachées. Comme il n'y a que ceux qui sont initiés

---

pia, justa et injusta, pia et impia, virtutes ususque virtutum, rerum commodarum possessio, existimatio ac dignitas, valetudo, vires, forma, sagacitas sensuum; hæc omnia æstimatorem desiderant. Scire liceat, quanti quidque in censum deferendum sit. Falleris enim, et pluris quædam, quam sunt, putas; adeoque falleris, ut, quæ maxima inter nos habentur, divitiæ, gratia, potentia, sestertio nummo æstimanda sint. Hoc nescies, nisi constitutionem ipsam, qua ista inter se æstimantur, inspexeris. Quemadmodum folia virere per se non possunt; ramum desiderant, cui inhæreant, ex quo trahant succum: sic ista præcepta, si sola sunt, marcent; infigi volunt sectæ.

Præterea, non intelligunt hi, qui decreta tollunt, eo ipso confirmari illa, quo tolluntur. Quid enim dicunt? præceptis vitam satis explicari; superflua esse decreta sapientiæ, id est, dogmata. Atqui hoc ipsum, quod dicunt, decretum est : tum, hercules, quam, si nunc ego dicerem, recedendum esse a præceptis velut supervacuis, utendum esse decretis, in hæc sola studium conferendum, hoc ipso, quo negarem curanda esse præcepta, præciperem. Quædam admonitionem in philosophia desiderant, quædam probationem, et quidem multa, quia involuta sunt, vixque summa diligentia ac summa subtilitate aperiuntur. Si probationes necessariæ sunt, necessaria sunt decreta, quæ veritatem argumentis colligunt. Quædam aperta sunt, quædam obscura. Aperta, quæ sensu comprehenduntur, quæ memoria; obscura, quæ extra hæc sunt. Ratio autem non impletur manifestis; major ejus pars pulchriorque in occultis est. Occulta probationem exigunt, probatio non sine decretis est : necessaria ergo decreta sunt. Quæ res communem sensum facit, eadem perfectum, certa rerum persuasio, sine qua si omnia in animo natant, necessaria sunt decreta, quæ dant animis inflexibile judicium. Denique quum monemus aliquem, ut amicum eodem habeat loco, quo se; ut ex inimico cogitet fieri posse amicum; in illo amorem incitet, in hoc moderetur odium; adjicimus : « justum est et honestum. » Justum autem honestumque decretorum nostrorum continet ratio; ergo hæc necessaria est, sine qua nec illa sunt.

Sed utraque jungamus : namque et sine radice inutiles rami sunt; et ipsæ radices his, quæ genuere, adjuvantur. Quantum utilitatis manus habeant, nescire nulli licet; aperte juvant : cor, illud quo manus vivunt, ex quo impetum sumunt, quo moventur, latet. Idem dicere de præceptis possum : aperta sunt ; decreta vero sapientiæ in abdito. Sicut sanctiora sacrorum tantum initiati sciunt,

dans les mystères qui en sachent les secrets, de même l'on ne communique les vérités cachées qu'aux personnes qui ont entrée dans le sanctuaire de la philosophie; mais toutes sortes de gens ont connaissance des préceptes et de semblables intructions.

Posidonius estime non-seulement que les préceptes sont nécessaires, mais que la persuasion, la consolation et l'exhortation le sont aussi. Il y a ajouté encore la recherche des causes que nous pouvons appeler étymologie, puisque les grammairiens, qui sont les maîtres de la langue latine, autorisent, par leur exemple, l'usage de ce mot. Il dit que la description de chaque vertu en particulier serait fort utile. C'est l'éthologie de Posidonius; d'autres l'appellent caractère, c'est-à-dire la marque essentielle d'une vertu ou d'un vice qui fait connaître la différence qu'il y a entre les choses qui se ressemblent. Cela a le même effet que les préceptes; car en donnant des préceptes l'on dit : Vous ferez cela si vous voulez être tempérant; en faisant une description, l'on dit : Le tempérant fait ceci, il s'abstient de cela. Savez-vous en quoi ils diffèrent? L'un donne des préceptes de vertus, l'autre en présente le modèle. Ces descriptions, à mon avis, ou ces représentations sont fort utiles; car si nous proposons des choses dignes de louange, il se trouvera des gens pour les imiter. Vous croyez qu'il vous sera utile d'apprendre toutes les marques auxquelles on connaît un bon cheval, afin que vous ne soyez pas trompé quand vous en voudrez acheter un, ou que vous ne perdiez pas votre peine en faisant un mauvais choix : combien est-il plus avantageux de connaître les marques d'une belle âme, lesquelles on peut prendre sur autrui, et puis se les appliquer.

Un coursier généreux, bien fait, d'illustre race,
Des fleuves menaçants tente l'onde et la passe;
Il craint peu les dangers, moins encore le bruit;
Aime à faire un passage à quiconque le suit :
Va partant le premier, encourage la troupe.
Il a tête de cerf, larges flancs, large croupe,
Crins longs, corps en bon point; la trompette lui plaît;
Impatient du frein, inquiet, sans arrêt,
L'oreille lui raidit, il bat du pied la terre,
Ronfle et ne semble plus respirer que la guerre.

Virgile fait, sans y penser, la peinture de l'homme de cœur. Pour moi, je ne ferais pas un autre portrait d'un grand personnage, si j'avais à représenter Caton, qui, parmi le tumulte des guerres civiles, ne s'effraya jamais, qui, pour les prévenir, alla le premier attaquer les armées qui s'étaient avancées jusqu'aux Alpes; je ne lui donnerais pas un autre visage, ni une autre contenance. On ne pourrait pousser une affaire plus avant que fit ce grand homme, lequel s'éleva en même temps contre César et contre Pompée, tandis que tout le monde se partageait en faveur de l'un ou de l'autre; il les défia tous deux et fit voir que la république n'était pas entièrement abandonnée. Ce serait peu de chose pour Caton, de dire de lui : Il ne craint point les faux bruits; car il ne s'en étonna point, encore qu'ils fussent véritables et tout proches; il osa bien dire en présence

---

ita in philosophia arcana illa admissis receptisque in sacra ostenduntur; at præcepta, et alia ejusmodi, profanis quoque nota sunt.

Posidonius non tantum præceptionem (nihil enim nos hoc verbo uti prohibet), sed etiam suasionem, et consolationem, et exhortationem necessariam judicat. His adjicit causarum inquisitionem, etymologiam; quam quare dicere nos non audeamus, quum grammatici, custodes latini sermonis, suo jure ita appellent, non video. Ait utilem futuram et descriptionem cujusque virtutis : hanc Posidonius ethologiam vocat; quidam characterismon appellant, signa cujusque virtutis ac vitii et notas reddentem, quibus inter se similia discriminentur. Hæc res eamdem vim habet, quam præcipere. Nam, qui præcipit, dicit : Illa facies, si voles temperans esse. Qui describit, ait : Temperans est, qui illa facit, qui illis abstinet. Quæris, quid intersit? alter præcepta virtutis dat, alter exemplar. Descriptiones has, et (ut publicanorum utar verbo) iconismos, ex usu esse confiteor. Proponamus laudanda : invenietur imitator. Putas utile, dari tibi argumenta, per quæ intelligas nobilem equum, ne fallaris empturus, ne operam perdas in ignavo? Quanto hoc utilius est, excellentis animi notas nosse, quas ex alio in se transferre permittitur?

Continuo pecoris generosi pullus in arvis
Altius ingreditur, et mollia crura reponit :
Primus et ire viam, et fluvios tentare minaces
Audet, et ignoto sese committere ponti;
Nec vanos horret strepitus : illi ardua cervix,
Argutumque caput, brevis alvus, obesaque terga
Luxuriatque toris animosum pectus....
...... Tum, si qua sonum procul arma dedere,
Stare loco nescit, micat auribus, et tremit artus,
Collectumque premens volvit sub naribus ignem.

Dum aliud agit Virgilius noster, descripsit virum fortem : ego certe non aliam imaginem magno viro dederim. Sit mihi Cato exprimendus, inter fragores bellorum civilium impavidus, et primus incessens admotos jam exercitus Alpibus, civilique se bello ferens obvium; non alium illi assignaverim vultum, non alium habitum. Altius certe nemo ingredi potuit, quam qui simul contra Cæsarem Pompeiumque se sustulit, et, aliis Cæsarianas opes, aliis Pompeianas sibi foventibus, utrumque provocavit, ostenditque aliquas esse et reipublicæ partes. Nam parum est in Catone, dicere :

Nec vanos horret strepitus....

Quidni? quum veros vicinosque non horreat; quum contra decem legiones, et gallica auxilia, et mixta barba-

de dix légions et des troupes auxiliaires des Gaulois et des Barbares, que la république ne devait point perdre cœur, et qu'il fallait tenter toutes choses pour éviter la servitude, laquelle, en tous cas, serait plus honnête, étant un ouvrage de la fortune, que si elle était volontaire. Combien de vigueur et de courage; combien de fermeté dans ce grand homme, tandis que tout le monde tremble de peur. Il sait qu'il est le seul de qui la condition ne court point de risque. Que l'on ne demande pas si Caton est libre, mais s'il est avec des personnes libres; de là vient qu'il ne craint ni le péril ni les armes.

Après que j'ai admiré la constance d'un si grand personnage qui ne s'ébranla jamais devant les ruines publiques, je prends plaisir à dire :

On voit dans ses regards une brillante ardeur,
Et dans ses mouvements la fierté de son cœur.

Certainement il serait de grande utilité de raconter quelquefois quels ont été les hommes vertueux, même de représenter les traits de leur visage. Il faudrait parler de cette généreuse plaie de Caton, qui lui ôta la vie en lui conservant la liberté; de la sagesse de Lélie et de l'amitié qui fut entre lui et Scipion; des beaux faits de l'autre Caton, tant de la ville que de dehors; des tables que Tubéron fit couvrir de peaux de boucs au lieu de tapis, et de la vaisselle de terre qu'il fit servir au festin qui fut célébré devant le temple de Jupiter? N'était-ce pas consacrer la pauvreté dans le Capitole. Quand je n'aurais que cette action pour le mettre au rang des Caton, ne serait-ce pas assez? Ce fut une censure publique qu'il fit, et non un festin. Que les ambitieux connaissent peu en quoi consiste la gloire, et par quels moyens on la peut acquérir! Rome vit ce jour-là les meubles de plusieurs citoyens, et n'admira que ceux de Tubéron. Leurs vases d'or et d'argent ont été brûlés et refondus mille fois depuis; mais la vaisselle de terre durera dans tous les siècles.

ÉPITRE XCVI.

Il ne faut pas seulement obéir, mais encore consentir à la volonté de Dieu. — La vie de l'homme est une guerre continuelle.

Vous vous fâchez, vous vous plaignez d'une chose sans prendre garde que tout le mal qu'il y a n'est qu'à cause que vous vous fâchez et que vous vous plaignez. Si vous en demandez mon sentiment, je ne pense pas qu'il y ait rien de fâcheux pour un homme de courage, si ce n'est qu'il croie qu'il y a dans le monde quelque chose de fâcheux. Car, qui ne peut supporter le moindre inconvénient, devient bientôt insupportable à soi-même. Suis-je malade? C'est une ordonnance du destin. Mes esclaves sont-ils morts? Mes créanciers me tourmentent-ils? Ma maison est-elle tombée? M'arrive-t-il des pertes, des blessures, des traverses, des appréhensions? Cela est assez fréquent dans le monde, ce n'est pas grand cas, cela me devait arriver, c'est le ciel qui ordonne ainsi, non pas le hasard. Si vous me croyez quand je vous découvre mon cœur, voici comme je me comporte dans toutes les rencontres fâcheuses. Je consens plutôt que je n'obéis à la volonté de Dieu.

---

rica arma civilibus, vocem liberam mittat, et rempublicam hortetur, ne pro libertate decidat, sed omnia experiatur, honestius in servitutem casura, quam itura? Quantum in illo vigoris ac spiritus, quantum in publica trepidatione fiduciæ est! Scit se unum esse, de cujus statu non agatur; non enim quæri an liber Cato, sed an inter liberos sit. Inde periculorum gladiorumque contemptus. Libet admirantem invictam constantiam viri, inter publicas ruinas non labantis, dicere :

Luxuriatque toris animosum pectus...

Prodent non tantum, quales esse soleant boni viri, dicere, formamque eorum et lineamenta deducere; sed, quales fuerint, narrare, et exponere Catonis illud ultimum ac fortissimum vulnus, per quod libertas emisit animam; Lælii sapientiam, et cum suo Scipione concordiam; alterius Catonis domi forisque egregia facta; Tuberonis ligneos lectulos, quum in publicum sternerent, hædinasque pro stragulis pelles, et ante ipsius Jovis cellam apposita conviviis vasa fictilia. Quid aliud est, paupertatem in Capitolio consecrare? Ut nullum aliud factum ejus habeam, quo illum Catonibus inseram, hoc parum credimus? Censura fuit illa, non cœna. O quam ignorant homines cupidi gloriæ, quid illa sit, aut quemadmodum petenda! Illo die populus romanus multorum supellectilem spectavit, unius miratus est. Omnium illorum aurum argentumque fractum est, et millies conflatum; at omnibus sæculis Tuberonis fictilia durabunt. Vale.

EPISTOLA XCVI.

OMNIA PATIENTER FERENDA.

Tamen tu indignaris aliquid, aut quereris; et non intelligis, nihil esse in istis mali, nisi hoc unum, quod indignaris, et quereris? — Si me interrogas, nihil puto viro miserum, nisi aliquid esse in rerum natura quod putet miserum. Non feram me, quo die aliquid ferre non potero. Male valeo? Pars fati est. Familia decubuit? Fœnus offendit? Domus crepuit? Damna, vulnera, labores, metus incurrerunt? Solet fieri. Hoc parum est; debuit fieri. Decernuntur ista, non accidunt. Si quid credis mihi intimos affectus meos tibi quum maxime detego; in omnibus, quæ adversa videntur et dura, sic formatus sum : non pareo Deo, sed assentior; ex animo illum, non quia

Je le suis de bon cœur, et non point par force. Il ne m'arrivera jamais rien que je reçoive avec un visage triste et renfrogné. Il n'y aura point de tribut que je ne paie volontiers; car toutes nos afflictions et nos craintes sont les tributs de notre vie. C'est de quoi, mon cher Lucile, il ne faut prétendre ni demander aucun privilége. Vous sentez des douleurs dans la vessie; vous ne prenez plus de plaisir à manger; vous vous voyez diminuer tous les jours. Je passe plus avant : vous avez peur de perdre la vie; quoi! ne saviez-vous pas que vous souhaitiez tout cela, quand vous souhaitiez de vieillir. Tous ces inconvénients se rencontrent dans le cours d'une longue vie, comme la poudre, la pluie et la boue dans un long voyage. Oui, mais je souhaiterais de vivre sans aucune de ces incommodités. Une parole si lâche est indigne d'un homme de courage; voyez comme vous recevrez le souhait que je fais pour vous du plus tendre et du plus ferme de mon cœur. Que les dieux vous préservent des caresses de la fortune. Demandez-vous un peu si vous aimeriez mieux vivre au cabaret qu'à l'armée, si vous en aviez le choix. Car notre vie, mon cher Lucile, est une guerre continuelle; d'où vient que les hommes qui se tourmentent, qui courent çà et là au travers de mille difficultés, qui conduisent des entreprises militaires avec beaucoup de dangers, sont estimés des gens de cœur, et portent le titre de colonels et de généraux d'armées ; mais ceux qui vivent mollement dans le sein de la paix, tandis que les autres travaillent, ne passent que pour de vils animaux qui trouvent leur sûreté dans le mépris que tout le monde fait d'eux.

ÉPITRE XCVII.

Que les siècles passés n'étaient pas moins vicieux que ceux qui leur ont succédé. — Le crime peut bien être hors de péril, mais non hors d'appréhension.

Vous vous trompez, mon cher Lucile, si vous croyez que la dissolution, le mépris de la vertu, et les autres défauts que chacun reproche à son siècle, soient le vice de celui-ci. Ces défauts viennent des hommes et non pas des temps; car vous n'en trouverez point qui n'aient été noircis de crimes. Et si vous venez à les examiner en particulier (j'ai honte de le dire), vous verrez que la licence ne fut jamais plus grande qu'au temps de Caton. Pourrait-on croire que l'on agit par argent dans ce procès où Clodius était accusé d'un adultère, commis avec la femme de César, durant le sacrifice qui se faisait pour le salut du peuple, et dont l'entrée était tellement interdite aux hommes que l'on couvrait même les représentations des animaux du sexe masculin? On compta de l'argent aux juges, et, ce qui est encore plus vilain, on leur prostitua des dames de la ville, et des jeunes hommes de bonne maison; tellement que l'on peut dire que l'absolution fut plus noire que le crime. Clodius, accusé d'adultère, fit un partage d'adultères entre les sénateurs, et ne fut assuré de son salut qu'après avoir rendu ses juges coupables comme lui. Voilà ce qui se passa, dans cette affaire où Caton avait déposé comme témoin. Je veux rapporter les paroles mêmes de Cicéron, parce que la chose est difficile à croire : « Clodius les fit venir, et leur fit force promesses; il leur

---

necesse est, sequor. Nihil unquam mihi incidet, quod tristis excipiam, quod malo vultu : nullum tributum invitus conferam. Omnia autem, ad quæ gemimus, quæ expavescimus, tributa vitæ sunt. Horum, mi Lucili, nec speraveris immunitatem, nec petieris. Vesicæ te dolor inquietavit; epulæ fuerunt parum dulces; detrimenta continua; propius accedam : de capite timuisti. Quid tu, nesciebas hæc te optare, quum optares senectutem? Omnia ista in longa vita sunt, quomodo in longa via et pulvis et lutum et pluvia. — Sed volebam vivere, carere tamen incommodis omnibus! — Tam effeminata vox virum dedecet. Videris, quemadmodum hoc votum meum excipias; ego illud magno animo, non tantum bono facio; neque dii, neque deæ faciant, ut te fortuna in deliciis habeat ! Ipse te interroga, si quis potestatem tibi Deus faciat, utrum velis vivere in macello, an in castris. Atqui, vivere, Lucili, militare est. Itaque hi, qui jactantur, et per operosa atque ardua sursum ac deorsum eunt, et expeditiones periculosissimas obeunt, fortes viri sunt, primoresque castrorum; isti, quos putida quies, aliis laborantibus, molliter habet, turturillæ sunt, tuti contumeliæ causa. Vale.

EPISTOLA XCVII.

ET NUNC ET OLIM FUISSE MALOS : DE VI CONSCIENTIÆ.

Erras, mi Lucili, si existimas nostri sæculi esse vitium luxuriam et negligentiam boni moris, et alia, quæ objecit suis quisque temporibus. Hominum sunt ista, non temporum; nulla ætas vacavit a culpa. Et, si æstimare licentiam cujusque sæculi incipias, pudet dicere, nunquam apertius, quam coram Catone, peccatum est. Credat aliquis pecuniam esse versatam in eo judicio, in quo reus erat Clodius ob id adulterium, quod cum Cæsaris uxore in aperto commiserat, violatis religionibus ejus sacrificii, quod pro populo fieri dicitur, sic submotis extra conspectum omnibus viris, ut picturæ quoque masculorum animalium contegantur? Atqui dati judicibus nummi sunt; et, quod hac etiamnunc pactione turpius est, stupra insuper matronarum et adolescentulorum nobilium stillarii loco exacta sunt. Minus crimine, quam absolutione, peccatum est. Adulterii reus adulteria divisit, nec ante fuit de salute securus, quam similes sui judices suos reddidit. Hæc in eo judicio facta sunt, in quo, si nihil aliud, Cato testimonium dixerat. Ipsa ponam verba Ciceronis,

garantit la parole, il les paya. Mais, ô dieux! le crime détestable! Il y a des juges à qui l'on fit passer la nuit entière avec de certaines dames, et à qui l'on produisit des garçons de bonne famille pour surcroît de récompense. « Je ne m'arrête pas à l'argent qui fut donné; ce que l'on y ajouta est bien plus considérable. Voulez-vous la femme de ce jaloux? je vous la donnerai. Voulez-vous celle de ce riche? je vous ferai coucher avec elle. Condamnez après cela l'adultère, lorsque vous l'aurez commis. Je vous ferai venir cette belle que vous aimez. Je vous promets une nuit de cette autre; avant qu'il soit peu, vous verrez l'effet de ma parole : dans trois jours. »

Certainement il y a plus de mal à distribuer les adultères qu'à les commettre en effet. L'un témoigne la passion, l'autre le peu d'estime que l'on a pour une femme. Ces bons juges avaient demandé des gardes que le sénat leur avait accordés. Mais cela n'était point nécessaire, s'ils n'avaient point l'intention de condamner; c'est pourquoi Catulus, voyant que Clodius était absous, leur dit fort à propos : « Pourquoi demandiez-vous des gardes? Était-ce de peur qu'on n'enlevât votre argent? » Cependant on vit échapper Clodius, qui fut adultère devant l'accusation, et prostitueur durant le procès, ayant commis plus de crimes pour se faire absoudre, qu'il n'en avait fait pour être condamné. A-t-on jamais vu des mœurs plus dépravées que celles de ce temps-là, où l'impureté s'était débordée jusque dans les sacrifices et dans les tribunaux; où durant la procédure extraordinaire qui se faisait par arrêt du sénat, l'on commettait des crimes plus énormes que celui dont il s'agissait? La question était si un homme pouvait être en sûreté après un adultère; et l'on trouva que sans adultère il ne pouvait être en sûreté. Tout cela se passa à la vue de Pompée et de César, de Cicéron et de Caton; de ce Caton, dis-je, durant la magistrature duquel le peuple n'osa demander la permission de célébrer les jeux de Flore, où des filles débauchées paraissaient toutes nues. Pensez-vous qu'en ce temps-là les regards des hommes fussent plus sévères que leurs jugements? Tout cela s'est fait et se fera encore; car la licence des villes peut bien être arrêtée pour quelque temps par la discipline et par la crainte; mais elle ne cessera jamais d'ellemême. Il ne faut donc pas imaginer que l'impudicité ait à présent plus de licence, et les lois moins d'autorité. Car la jeunesse d'aujourd'hui est plus sage que celle de ce temps-là, auquel le coupable niait l'adultère devant ses juges, et les juges le confessaient devant le coupable; auquel on jouissait d'une femme pour juger une cause; auquel Clodius, ayant gagné la faveur des juges par les mêmes crimes dont il était accusé, pratiquait des marchés de cette nature tandis qu'on lui faisait son procès. Le croira-t-on, il fut absous d'un adultère par le moyen de plusieurs adultères

Il y aura des Clodius en tout temps; mais il ne se trouvera pas toujours des Catons. Nous nous portons facilement au mal, parce que nous ne manquons jamais de guides, ni de compagnons, et que d'ailleurs le mal même se produit assez sans guide et sans compagnon. Le chemin du vice ne va pas seulement en pente, il tombe en précipice. Et

---

quia res fidem excedit (Epistolarum ad Atticum libro I) : « Accessivit ad se, promisit, intercessit, dedit. Jam vero, o dii boni! rem perditam! etiam noctes certarum mulierum, atque adolescentulorum nobilium introductiones, nonnullis judicibus pro mercedis cumulo fuerunt. » — Non vacat de pretio queri, plus in accessionibus fuit. Vis severi illius uxorem? dabo illam. Vis divitis? hujus quoque tibi præstabo concubitum. Adulterium nisi feceris, damna. Illa formosa, quam desideras, veniet; illius tibi noctem promitto, nec differo : intra comperendinationem fides promissi mei exstabit. Plus est distribuere adulteria, quam facere : illud est, matribus familiæ denuntiare; hoc, illudere. Ii judices Clodiani a senatu petierant præsidium, quod non erat, nisi damnaturis, necessarium, et impetraverant. Itaque eleganter illis Catulus, absoluto reo : « Quid vos, inquit, præsidium a nobis petebatis? an, ne nummi vobis eriperentur? » Inter hos tamen jocos, impune tulit ante judicium adulter, in judicio leno; qui damnationem pejus effugit, quam meruit. Quidquam fuisse corruptius illis moribus credis, quibus libido non sacris inhiberi, non judiciis poterat; quibus in ea ipsa quæstione, quæ extra ordinem senatusconsulto exercebatur, plus, quam quærebatur, admissum est?

Quærebatur, an post adulterium aliquis posset tutus esse; apparuit, sine adulterio tutum esse non posse. Hoc inter Pompeium et Cæsarem, inter Ciceronem Catonemque commissum est; Catonem, inquam, illum, quo sedente populus negatur permisisse sibi postulare Florales jocos nudandarum meretricum. Credis spectasse tunc severius homines, quam judicasse? Et fient, et facta ista sunt : et licentia urbium, aliquando disciplina metuque, nunquam sponte, considet. Non est itaque quod credas, nunc plurimum libidini permissum esse, legibus minimum. Longe enim frugalior hæc juventus, quam illa, est, quum reus adulterium apud judices negaret, judices apud reum confiterentur, quum stuprum committeretur rei judicandæ causa; quum Clodius iisdem vitiis gratiosus, quibus nocens, conciliaturas exerceret in ipsa causæ dictione. Credat hoc quisquam? qui damnabatur uno adulterio, absolutus est multis!

Omne tempus Clodios, non omne Catones feret. Ad deteriora faciles sumus, quia nec dux potest, nec comes deesse : et res etiam ipsa sine duce, sine comite, procedit; non pronum iter est tantum ad vitia, sed præceps. Et, quod plerosque inemendabiles facit, omnium aliarum artium peccata artificibus pudori sunt, offenduntque

ce qui fait que la plupart des hommes ne se corrigent point, c'est qu'au lieu que les fautes qui se commettent dans tous les métiers font déshonneur et préjudice aux artisans, celles qui se font dans le réglement de la vie leur apportent quelque plaisir. Le pilote ne prend pas plaisir de voir périr son vaisseau, le médecin de voir porter son malade en terre, ni l'avocat de perdre la cause de sa partie par sa faute; mais, au contraire, tout le monde se plait dans son erreur et dans son vice. L'un se plait dans l'adultère, et s'échauffe davantage par les difficultés qu'il y rencontre; l'autre, dans la fourberie ou dans le larcin, sans trouver dans ces crimes rien qui lui déplaise que le mauvais succès. Tout cela vient d'une mauvaise habitude. Mais, afin que vous sachiez que les âmes les plus dépravées ont quelque sentiment du bien, et qu'elles n'ignorent pas tant ce qui est déshonnête qu'elles négligent de l'éviter, considérez que tout le monde cache ses crimes, et, bien qu'on profite de leur succès, on a soin de les tenir couverts; au contraire, une bonne conscience se produit au-dehors, et cherche la lumière, tandis que le vice se cache et craint même les ténèbres. C'est pourquoi Épicure dit, à mon avis fort à propos, que le méchant peut bien se cacher, mais qu'il ne se croit jamais bien caché, ou, si vous l'aimez mieux, de cette manière : Il est inutile au méchant qu'il se cache, puisque cela ne le peut assurer. Il faut donc dire que les scélérats peuvent être hors de péril, mais non pas hors d'appréhension. Je ne crois pas que cela soit contraire à l'opinion de notre secte, étant expliqué de la sorte. Pourquoi? parce que la première et la plus grande peine d'un crime, c'est de l'avoir commis; car, quoique la fortune le favorise et le protége, jamais il ne demeure impuni, le châtiment du péché se trouvant dans le péché même. Il est encore suivi d'un second supplice, qui est une crainte continuelle et une défiance de sa propre sûreté; pourquoi aussi voudrions-nous l'exempter de cette punition et ne pas le laisser en suspens? Il ne faut pas être du sentiment d'Épicure, qui n'admet point dans la nature d'idée de justice, et qui dit qu'il faut éviter le crime, parce que, autrement, on ne peut éviter la crainte, qui en est la suite. Mais il faut le croire quand il dit que les mauvaises actions sont punies par la conscience qui, tourmentée d'une perpétuelle inquiétude, ne saurait prendre créance en ceux qui lui répondent de sa sûreté. C'est l'argument dont se sert Épicure pour vous montrer que nous abhorrons naturellement le crime, parce qu'il n'y a point de criminel qui ne craigne, lors même qu'il est en sûreté. La fortune peut bien le garantir du mal, mais non pas de la peur. Pourquoi? parce que nous portons en nous-mêmes une aversion des choses que la nature a condamnées. De là vient que ceux qui sont cachés ne se croient jamais bien cachés, parce que leur conscience les accuse et leur fait voir ce qu'ils sont, joint que le propre des méchants, c'est de trembler toujours. En vérité, comme il y a quantité de crimes qui échappent à la connaissance des juges, et qui évitent les peines qui leur sont ordonnées par les lois, ce serait un grand malheur, si les scélérats ne sentaient pas aussitôt ce supplice naturel et pressant, si la crainte ne prenait pas dans leurs âmes la place du repentir.

deerrantem; vitæ peccata delectant. Non gaudet navigio gubernator everso; non gaudet ægro medicus elato; non gaudet orator, si patroni culpa reus cecidit : at contra, omnibus crimen suum voluptati est. Lætatur ille adulterio, in quod irritatus est ipsa difficultate; lætatur ille circumscriptione furtoque; nec ante illi culpa, quam culpæ fortuna, displicuit. Id prava consuetudine evenit. Alioquin, ut scias subesse animis, etiam in pessima abductis, boni sensum, nec ignorari turpe, sed negligi; omnes peccata dissimulant, et, quamvis feliciter cesserint, fructu illorum utuntur, ipsa subducunt. At bona conscientia prodire vult et conspici; ipsas nequitia tenebras timet. Eleganter itaque ab Epicuro dictum puto : « Potest nocenti contingere ut lateat, latendi fides non potest : » aut, si hoc modo melius hunc explicari posse judicas sensum : Ideo non prodest latere peccantibus, quia latendi etiam si felicitatem habent, fiduciam non habent. Ita est tuta scelera esse possunt, secura non possunt.

Hoc ego repugnare sectæ nostræ, si sic expediatur, non judico. Quare? quia prima illa et maxima peccantium est pœna, peccasse ; nec ullum scelus, licet illud fortuna exornet muneribus suis, licet tueatur ac vindicet, impunitum est, quoniam sceleris in scelere supplicium est. Sed nihilominus et hæ illam secundæ pœnæ premunt ac sequuntur, timere semper, et expavescere, et securitati diffidere. Quare ego huic supplicio nequitiam liberem? Quare non semper illam in suspenso relinquam? Illic dissentiamus cum Epicuro, ubi dicit : « Nihil justum esse natura, et crimina vitanda esse, quia vitari metus non possit. » Illic consentiamus, mala facinora conscientia flagellari, et plurimum illi tormentorum esse, eo quod perpetua illam sollicitudo urget ac verberat, quod sponsoribus securitatis suæ non potest credere. Hoc enim ipsum argumentum est, Epicure, natura nos a scelere abhorrere, quod nulli non etiam inter tuta timor est. Multos fortuna liberat pœna, metu neminem. Quare? nisi quia infixa nobis ejus rei aversatio est, quam natura damnavit? Ideo nunquam fides latendi fit etiam latentibus, quia coarguit illos conscientia, et ipsos sibi ostendit. Proprium autem est nocentium trepidare. Male de nobis actum erat, quod multa scelera legem et judicem effugiunt et scripta supplicia, nisi illa naturalia et gravia de præsentibus solverent, et in locum patientiæ timor cederet. Vale.

EPITRE LCVIII

L'âme est plus puissante que la fortune, et se fait une vie heureuse ou misérable. — On jouit encore des biens que l'on a perdus, quand on se souvient de l'utilité qu'on en a reçue.

Ne vous imaginez pas qu'un homme puisse être heureux tandis que sa félicité le tient en suspens. C'est s'appuyer sur un roseau, que de se réjouir d'un bien fortuit. La joie qui vient de dehors sortira comme elle est entrée; mais celle qui se forme au-dedans est solide et fidèle; elle croît et se soutient jusqu'à la fin de la vie. Tout ce que le peuple admire sont des biens de peu de durée. Quoi! ne peut-on pas en user avec plaisir? Qui vous le nie? pourvu qu'ils dépendent de nous et que nous ne dépendions point d'eux. Les choses que donne la fortune ne sont bonnes qu'autant qu'on se possède en les possédant, et que l'on n'est pas incommodé par les commodités. Ceux-là se trompent, mon cher Lucile, qui croient que la fortune nous donne quelque chose de bon ou de mauvais. Elle nous donne souvent la matière dont nous pouvons faire quelque chose de bon ou de mauvais. L'âme est plus puissante que la fortune; elle conduit les affaires comme il lui plaît, et se fait une vie heureuse ou misérable. Si elle est mauvaise, elle tourne tout en mal, même les choses qui étaient bonnes en apparence; si elle est bonne et innocente, elle corrige la malignité de la fortune, elle adoucit, par la patience, les événements fâcheux, et reçoit agréablement ceux qui sont favorables. Mais, quoiqu'elle soit prudente, qu'elle fasse toutes choses avec jugement, et qu'elle n'entreprenne rien au-delà de ses forces, elle ne jouira jamais de ce bien parfait et consommé qui est au-dessus des menaces de la fortune, si elle ne demeure ferme contre la variété des accidents.

Examinez-vous sans vous flatter, ou bien, examinez les autres, car on juge plus librement des affaires d'autrui, vous sentirez et vous avouerez qu'il n'y a rien qui soit utile en toutes ces choses que l'on désire si fort, si vous ne vous préparez contre le caprice du hasard, et la légèreté de la fortune; si vous ne dites sans murmurer, quand il vous arrivera quelque perte : *Les dieux en ont autrement ordonné.* Ou plutôt, dites ce mot qui me semble bien plus fort et plus propre pour rassurer votre esprit : *Que les dieux m'envoient quelque chose de meilleur.* Quand on est ainsi disposé, on ne peut être surpris, et l'on se met en cette disposition, quand on considère tout ce que peut la vicissitude, avant que d'en sentir les effets; quand on jouit de son bien, de sa femme et de ses enfants, comme si on les devait perdre un jour, et n'être pas plus malheureux pour les avoir perdus. Un esprit qui s'inquiète de l'avenir est misérable, et celui qui se met en peine de savoir s'il jouira de ses satisfactions jusqu'à la fin de ses jours, est malheureux avant son malheur. Il n'aura jamais de repos, et la crainte d'un mal à venir lui fera perdre la jouissance d'un bien présent. Or, il est égal de regretter une chose que l'on a perdue, ou de craindre de la perdre. Ce n'est pas que je vous conseille d'être négligent; au contraire, évitez ce qui est à craindre, et don-

EPISTOLA XCVIII.

BONIS EXTERNIS NON CONFIDENDUM.

Nunquam credideris felicem quemquam ex felicitate suspensum! Fragilibus innititur, qui adventitio lætus est: exibit gaudium, quod intravit. At illud ex se ortum fidele firmumque est, et crescit, et ad extremum usque prosequitur; cætera, quorum admiratio est vulgo, in diem bona sunt. — Quid ergo? non usui ac voluptati esse possunt? — Quis negat? sed ita, si illa ex nobis pendent, non ex illis nos. Omnia quæ fortunam intuentur, ita fructifera ac jucunda fluunt, si qui habet illa, se quoque habet, nec in rerum suarum potestate est. Errant enim, Lucili, qui aut boni aliquid nobis, aut mali judicant tribuere fortunam : materiam dat bonorum ac malorum, et initia rerum apud nos in malum bonumve exiturarum. Valentior enim omni fortuna animus est; in utramque partem ipse res suas ducit, beatæque ac miseræ vitæ sibi causa est. Malus omnia in malum vertit, etiam quæ cum specie optimi venerant; rectus atque integer corrigit prava fortunæ, et dura atque aspera ferendi scientia mollit; idemque et secunda grate excipit modesteque, et adversa constanter ac fortiter. Qui licet prudens sit, licet exacto faciat cuncta judicio, licet nihil supra vires suas tentet, non continget illi bonum illud integrum, et extra minas positum, nisi certus adversus incerta est. Sive alios observare volueris (liberius enim inter aliena judicium est), sive te ipsum, favore seposito, et senties hoc, et confiteberis, nihil ex his optabilibus et caris utile esse, nisi te contra evitatem casus, rerumque casum sequentium, instruxeris; nisi illud frequenter, et sine querela, inter singula damna dixeris : diis aliter visum est. Imo, mehercules, ut carmen fortius ac justius repetam, quo animum tuum magis fulcias, hoc dicito, quoties cogitabas aliter, quam cogitabas, evenerit : dii melius. Sic composito nihil accidet. Sic autem componetur, si, quid humanarum rerum varietas possit, cogitaverit, antequam senserit; si et liberos, et conjugem, atque patrimonium sic habuerit, tanquam non utique semper habiturus, et tanquam non futurus ob hoc miserior, si habere desierit. Calamitosus est animus futuri anxius, et ante miserias miser, qui sollicitus est, ut ea, quibus delectatur, ad extremum usque permaneant. Nullo enim tempore conquiescet; et exspectatione venturi præsentia, quibus frui poterat, amittet. In æquo est autem amissio rei, et timor amittendæ.

nez ordre à tout ce qui peut être prévenu par bon conseil. Prévoyez de loin et détournez, si vous pouvez, ce qui vous peut nuire, avant qu'il arrive. Ce sera un grand avantage en telles occasions de demeurer ferme et résolu à tout souffrir. Car, pour éluder la fortune, il la faut supporter doucement ; elle n'excite point de trouble dans une âme qui est tranquille.

Il n'est rien de plus impertinent ni de plus misérable que d'appréhender toujours. Quelle folie d'anticiper son malheur ! Enfin, pour dire en un mot ce qui me semble de ces personnes actives qui se tourmentent sans cesse, elles sont aussi impatientes devant le mal que dans le mal. Celui-là s'afflige plus qu'il ne doit, lequel s'afflige plus tôt qu'il ne doit. Car la même faiblesse, qui fait qu'il ne saurait attendre le mal, empêche qu'il ne le puisse bien connaître ; son impatience lui fait imaginer un bonheur perpétuel, et se promet que les bons succès lui dureront toujours, même qu'ils croîtront avec le temps ; et, sans le souvenir de la révolution fatale des choses humaines, il prétend pouvoir fixer la légèreté de la fortune. C'est pourquoi j'estime que Métrodore a bien rencontré dans une lettre de consolation qu'il écrit à sa sœur, sur la mort d'un fils dont on attendait beaucoup. « Tous les biens, dit-il, sont mortels, qui appartiennent à des créatures mortelles. » Il parle de ces biens après lesquels tout le monde court ; car le bien véritable ne meurt jamais ; la sagesse et la vertu sont un bien certain et éternel ; c'est le seul avantage immortel qui arrive aux humains. Au reste, ils sont si aveugles et songent si peu où ils sont chaque jour qu'ils s'étonnent, quand ils perdent quelque chose, quoiqu'ils sachent qu'ils perdront tout en un jour. Tous les biens dont on vous dit le maître sont chez vous, mais ils ne sont pas à vous ; car il n'y a rien de stable pour celui qui est infirme, d'éternel pour celui qui est fragile. Il est nécessaire ou que les choses périssent ou que nous les perdions, et ce nous serait une consolation (si nous le savions bien prendre) de perdre, sans aucun regret, un bien qui est destiné à périr.

Quel remède trouverons-nous donc à toutes ces pertes ? C'est de se souvenir des biens que nous avons perdus, et de ne pas oublier le fruit et l'utilité que nous en avons reçus. On peut bien nous empêcher d'avoir, non pas d'avoir eu. C'est être ingrat que de n'avoir point de reconnaissance d'un bienfait quand on l'a perdu. La fortune, à la vérité, nous ôte la chose, mais elle nous en laisse le fruit que nous perdons par l'injustice de nos regrets. Dites en vous-mêmes : entre toutes les choses qui paraissent si affreuses, il n'y en a point qui soient invincibles ; elles ont été déjà vaincues plusieurs fois. Mucius a surmonté le feu, Régulus les tourments, Socrate le poison, Rutilius l'exil, et Caton la mort. Surmontons aussi quelque chose à notre tour. De plus, les biens qui, par une apparence de félicité, attirent les désirs du vulgaire, ont été souvent méprisés par de grands personnages. Fabricius, étant dictateur, refusa les richesses et les condamna étant censeur. Tubéron, estimant que la pauvreté était honorable pour lui, même pour le Capitole, se servit de vaisselle de terre dans ce festin public où il montra que l'homme

---

Nec ideo præcipio tibi negligentiam. Tu vero metuenda declina ; quidquid consilio prospici potest, prospice ; quodcumque læsurum est, multo ante, quam accidat, speculare et averte. In hoc ipsum tibi plurimum conferet fiducia, et ad tolerandum omnino obfirmata mens. Potest fortunam cavere, qui potest ferre ; certe in tranquillo non tumultuatur. Nihil est nec miserius nec stultius, quam prætimere. Quæ ista dementia est, malum suum antecedere ? Denique, ut breviter includam quod sentio, et istos satagios, ac sibi molestos describam tibi : tam intemperantes in ipsis miseriis sunt, quam sunt ante illas. Plus dolet quam necesse est, qui ante dolet quam necesse sit. Eadem enim infirmitate dolorem non æstimat, qua non exspectat. Eadem intemperantia fingit sibi perpetuam felicitatem suam, fingit sibi crescere debere quæcumque contigerunt, non tantum durare ; et, oblitus hujus pilauri, quo humana jactantur, sibi uni fortuitorum constantiam spondet. Egregie itaque videtur mihi Metrodorus dixisse in ea epistola, qua sororem, amisso optimæ indolis filio, alloquitur : « Mortale est omne mortalium bonum ! » De his loquitur bonis, ad quæ concurritur : nam illud verum bonum non moritur, certum est sempiternumque, sapientia et virtus : hoc unum contingit immortale mortalibus. Cæterum tam improbi sunt, tamque obliti quo eant, quo illos singuli dies turbent, ut mirentur aliquid ipsos amittere, amissuri uno die omnia. Quidquid est, cui dominus inscriberis, apud te est, tuum non est ; nihil firmum infirmo, nihil fragili æternum et invictum est. Tam necesse est perire quam perdere ; et hoc ipsum, si intelligimus, solatium est, æquo animo perdere, quod periturum est.

Quid ergo adversus has amissiones auxilii invenimus ? —Hoc, ut memoria teneamus amissa, nec cum ipsis fructum excidere patiamur, quem ex illis percepimus. Habere eripitur ; habuisse nunquam. Peringratus est, qui, quum amisit, pro accepto nihil debet. Rem nobis eripit casus ; usum fructumque apud nos reliquit, quem nos iniquitate desiderii perdidimus. Dic tibi : « Existis, quæ terribilia videntur, nihil est invictum. Singula vicere jam multi : ignem Mucius ; crucem Regulus ; venenum Socrates ; exsilium Rutilius ; mortem ferro adactam Cato : et nos vincamus aliquid ! Rursus ista, quæ, ut speciosa et felicia, trahunt vulgum, a multis et sæpe contempta sunt. Fabricius divitias imperator rejecit, censor notavit ; Tubero paupertatem et se dignam et Capitolio judicavit, quum, fictilibus in publica cœna usus, ostendit, debere

50.

devait se contenter de ce qui servait même à l'usage des dieux. Sextius le père refusa des honneurs, et, quoiqu'il fût né pour gouverner un jour la république, il ne voulut point accepter la dignité de sénateur que Jules César lui présentait, sachant bien que ce qui se pouvait donner se pouvait aussi ôter. Faisons à notre égard quelque chose de pareil et de bonne grâce; faisons qu'on nous cite parmi ces beaux exemples. Pourquoi manquons-nous de cœur? Pourquoi perdons-nous l'espérance? Tout ce qui s'est fait autrefois peut encore se faire aujourd'hui. Purifions notre âme et suivons ce que nous dicte la nature; car celui qui s'en écarte devient esclave de la cupidité, de la crainte et de la fortune.

Le sage, dans les incommodités de la vieillesse, ne considère la vie que pour l'amour de ceux auxquels il peut être encore utile ; c'est une grâce qu'il leur fait que de ne pas mourir plutôt. Un autre que lui aurait déjà mis fin à toutes ses peines ; mais il croit, en cet état, qu'il n'est pas moins honteux de recourir à la mort que de la fuir. Quoi ! si cela lui est conseillé, ne partira-t-il pas ? Pourquoi non ? s'il voit qu'il ne soit plus utile à personne et qu'il n'ait plus rien à faire que de souffrir. Voici, mon cher Lucile, ce qu'on appelle apprendre la philosophie par la pratique, s'exercer à la connaissance de la vérité, et mettre à l'épreuve la résolution que peut avoir un homme contre la mort et contre la douleur, quand l'une approche et quand l'autre est venue. On ne saurait mieux apprendre ce que l'on doit faire que quand on le fait. Nous n'avons fait autre chose jusqu'ici que disputer si l'on peut résister à la douleur, et si la présence de la mort n'est point capable d'abattre les plus grands courages : qu'est-il besoin de tant de paroles? Venons à l'expérience ; vous trouverez que la mort ne fortifie point le sage contre la douleur, et que la douleur ne l'assure point contre la mort. Il se fie sur ses forces contre ces deux ennemis ; car ce n'est point l'espérance de la mort qui le fait souffrir doucement, ni l'ennui de la douleur qui le fait mourir librement ; il supporte l'un et attend l'autre.

ÉPITRE XCIX.

Il reproche à un de ses amis le peu de constance qu'il a témoignée à la mort de son fils en bas âge, et montre, par de solides raisons, qu'on ne doit point s'affliger en pareilles occasions.

Je vous ai envoyé la lettre que j'écrivis à Marulle, qui témoigna peu de constance à la mort de son fils qu'il perdit encore au berceau. Je n'y ai pas usé du style qui m'était nécessaire, ne croyant pas devoir flatter un homme qui méritait plus d'être repris que d'être consolé. J'avoue qu'il faut avoir un peu d'indulgence pour un affligé qui est encore étourdi du coup qu'il a reçu, lui permettant de se décharger, du moins de pousser les premiers soupirs. Mais pour ceux qui se mettent en tête de verser des pleurs, il les faut arrêter d'abord et leur apprendre qu'il y a quelquefois des larmes indécentes et ridicules. Vous attendez des consolations, vous ne recevrez que des reproches.

his hominem esse contentum, quibus dii etiamnunc uterentur. Honores repulit pater Sextius, qui, ita natus ut rempublicam deberet capessere, latum clavum, divo Julio dante, non recepit ; intelligebat enim, quod dari posset, et eripi posse. Nos quoque aliquid ipsi faciamus animose ! Simus inter exempla! Quare deficimus? Quare desperamus? Quidquid fieri potuit, potest. Nos modo purgemus animum, sequamurque naturam; a qua aberranti cupiendum timendumque est, et fortuitis serviendum. Licet reverti in viam, licet in integrum restitui. Restituamur, ut possimus dolores, quocumque modo corpus invaserint, perferre, et fortunæ dicere : « Cum viro tibi negotium est ; quære quem vincas ! »

His sermonibus, et his similibus, lenitur illa vis ulceris, quam opto mehercules mitigari, et aut sanari, aut stare et cum ipso senescere. Sed securus de illo sum : de nostro damno agitur, quibus senex egregius eripitur. Nam ipse vitæ plenus est, cui adjici nihil desiderat sua causa, sed eorum quibus utilis est. Liberaliter facit, quod vivit. Alius jam hos cruciatus finisset: hic tam turpe putat mortem fugere, quam ad mortem confugere. — Quid ergo? non, si suadebit res, exibit? — Quidni exeat, si nemo jam uti eo poterit? si nihil aliud, quam dolori operam dabit? Hoc est, mi Lucili, philosophiam in opere discere, et ad verum exerceri : videre quid homo prudens animi habeat contra mortem, contra dolorem, quum illa accedat, hic premat. Quid faciendum sit, a faciente discendum est. Adhuc argumentis actum est, an posset aliquis dolori resistere, an mors magnos quoque animos admota submitteret. Quid opus est verbis? In rem præsentem eamus ! Nec mors illum contra dolorem facit fortiorem, nec dolor contra mortem : contra utrumque sibi fidit ; nec spe mortis patientius dolet, nec tædio doloris libentius moritur : hunc fert, illam exspectat. Vale.

EPISTOLA XCIX.

CONSOLATORIA IN MORTE FILII ; NON INDULGENDUM DOLORI.

Epistolam, quam scripsi Marullo, quum filium parvulum amisisset, et diceretur molliter ferre, misi tibi. In qua non sum solitum morem secutus, nec putavi leniter illum debere tractari, quum objurgatione esset quam solatio dignior. Afflicto enim, et magnum vulnus male ferenti, paulisper cedendum est : exsatiet se, aut certe primum impetum effudat. Hi, qui sibi lugere sumpserunt, protinus castigentur, et discant, quasdam etiam lacrimarum ineptias esse.

« Solatia exspectas? convicia accipe. Tam molliter tu

Si vous supportez la mort d'un enfant avec tant d'impatience, que feriez-vous, si vous aviez perdu un ami? Il vous est mort un fils si jeune que vous ne pouviez encore vous en rien promettre. Ce n'est qu'un petit espace de temps perdu. Certainement nous cherchons des raisons pour nous affliger, et nous voulons nous plaindre injustement de la fortune, comme si elle ne pouvait pas nous donner matière de nous plaindre avec justice. Je vous croyais assez résolu pour supporter de véritables afflictions, à plus forte raison pour souffrir ces petites disgrâces, dont les hommes ne témoignent du ressentiment que pour se conformer à la coutume. Si vous aviez perdu un ami (qui est la plus grande de toutes les pertes), il faudrait vous mettre dans cette disposition d'être plus satisfait de l'avoir eu que fâché de l'avoir perdu. Mais la plupart comptent pour rien les avantages et les plaisirs passés. La douleur a ce défaut qu'étant inutile elle est encore ingrate. Pensez-vous que vous ayez perdu votre peine d'avoir joui d'un tel ami? Tant d'années, tant de conversations familières, tant de communications secrètes n'ont-elles de rien servi? Vous mettez l'amitié au tombeau avec votre ami. Pourquoi regrettez-vous de l'avoir perdu, s'il vous est inutile de l'avoir possédé?

Je vous assure qu'une bonne partie de ceux que nous avons aimés nous demeure après que le destin les a retirés. Le temps qui est passé est à nous, et je ne vois rien dont nous soyons plus assurés que de ce qui a été. L'espérance de l'avenir nous rend ingrats des biens que nous avons reçus, comme si ce que nous attendons de favorable ne devait pas être bientôt mis au rang des choses passées. C'est borner de bien près la jouissance des biens, de ne considérer que ceux qui sont présents. Les futurs et les passés peuvent satisfaire également: les uns par l'espérance, les autres par le souvenir. Les premiers sont incertains et peuvent ne pas arriver; mais les derniers ne peuvent pas n'avoir point été. Quelle folie est-ce donc d'abandonner le certain? Réjouissons-nous des biens qui sont tombés en nos mains, pourvu que nous ayons su les retenir, et qu'ils ne se soient pas échappés entre nos doigts. Il y a une infinité d'exemples de pères qui ont perdu des enfants en bas âge, sans jeter une seule larme, et qui sont rentrés au sénat, ou qui ont fait quelqu'autre fonction après les avoir mis au tombeau. Cela n'est pas sans raison. Car, en premier lieu, il est superflu de s'attrister, quand la tristesse ne sert de rien. Et puis, il n'est pas juste de se plaindre d'un malheur qui est tombé sur une personne, et qui pend encore sur la tête de tous les autres. De plus, c'est une folie de se plaindre quand il y a si peu de distance entre celui qui est mort et celui qui le regrette. C'est pourquoi nous devons être d'autant moins touchés que nous suivons de plus près les personnes que nous avons perdues. Considérez la vitesse du temps; regardez aussi combien est courte la carrière où nous courons à toute bride. Prenez garde que tout le genre humain, qui tend à une même fin, n'est séparé que par de petits intervalles, lors même qu'ils paraissent bien grands. Celui que vous pensez être perdu est allé seulement devant. Puisque nous avons un même chemin à faire, n'est-il pas indigne à un sage de pleurer celui qui est parti plus tôt que nous? Ou

---

fers mortem filii? Quid faceres, si amicum perdidisses? Decessit filius incertæ spei, parvulus: pusillum temporis periit. Causas doloris conquirimus, et de fortuna etiam iniquo queri volumus, quasi non sit justas querendi causas præbitura. At, mehercules, satis mihi jam videbaris animi habere, etiam adversus solida mala, nedum ad istas umbras malorum, quibus ingemiscunt homines moris causa. Quod damnorum omnium maximum est, si amicum perdidisses, danda opera erat, ut magis gauderes quod habueras, quam mœreres quod amiseras. Sed plerique non computant, quanta præceperit; quantum gavisi sint. Hoc habet inter reliqua mali dolor iste: non supervacuus tantum, sed ingratus est. Ergo, quod habuisti talem amicum, periit opera? Tot annis, tanta conjunctione vitæ, tam familiari studiorum societate, nihil actum est? Cum amico effers amicitiam? Et quid doles amisisse, si habuisse non prodest? Mihi crede, magna pars ex his, quos amavimus, licet ipsos casus abstulerit, apud nos manet. Nostrum est, quod præteriit, tempus; nec quidquam est loco tutiore, quam quod fuit. Ingrati adversus præcepta, spe futuri, sumus; quasi non, quod futurum est, si modo successerit nobis, cito in præterita transiturum sit Anguste fructus rerum determinat, qui tantum præsentibus lætus est: et futura et præterita delectant; hæc exspectatione; illa, memoria: sed alterum pendet, et non fieri potest; alterum non potest non fuisse. Quis ergo furor est, certissimo excidere? Acquiescamus his, quæ jam hausimus; si modo non perforato animo hauriebamus, et transmittente quidquid acceperat.

» Innumerabilia sunt exempla eorum, qui liberos juvenes sine lacrimis extulerint; qui in senatum, aut in aliquod publicum officium, a rogo redierint, et statim aliud egerint. Nec immerito: nam, primum, supervacuum est dolere, si nihil dolendo proficias; deinde, iniquum est queri de eo, quod uni accidit, omnibus restat. Deinde, desiderii stulta conquestio est, ubi minimum interest inter amissum et desiderantem: eo itaque æquiore animo esse debemus, quod, quos amisimus, sequimur. Respice celeritatem rapidissimi temporis; cogita brevitatem hujus spatii, per quod citatissimi currimus; observa hunc comitatum generis humani, eodem tendentis, minimis intervallis distinctum, etiam ubi maxima videntur: quem putas perisse, præmissus est. Quid autem dementius quam, quum idem tibi iter emetiendum sit, flere eum, qui antecessit? Flet aliquis factum, quod non ignoravit futurum! aut, si mortem in homine non cogitavit, sibi impo-

pleure d'une chose qui est faite, et que l'on savait bien qui se ferait; que si l'on a cru que l'homme ne dût point mourir, on s'est trompé lourdement. On a regret qu'une chose soit terminée, quoique l'on ait dit souvent qu'il était impossible de l'empêcher; car, se plaindre que son ami soit mort, c'est se plaindre qu'il ait été homme. Nous sommes tous liés à un même sort. Qui est venu au monde ne peut se dispenser d'en sortir ; l'espace peut être différent, mais la fin est toujours égale. Le temps qui coule entre le premier jour et le dernier est incertain et variable; car si vous considérez la misère de la vie, il est long, et même pour un enfant; si vous en regardez la durée, il est court même pour un vieillard. Il n'y a rien dans la nature qui ne s'écoule et qui ne change plus vite que les saisons. Toutes choses sont agitées et transformées en leurs contraires, par le pouvoir de la fortune; et dans une si générale révolution l'homme ne trouve rien de certain que la mort. On se plaint toutefois de cela seul qui ne trompe jamais personne.

Mais il est mort étant encore tout jeune. Je ne veux pas dire que l'on est plus heureux de mourir bientôt. Voyons seulement le peu d'avantage qu'un vieillard a sur un enfant. Concevez bien la vaste étendue du temps, et comparez à son immensité ce qu'on appelle l'âge de l'homme, vous trouverez que ce que nous souhaitons et que ce que nous tâchons de prolonger est bien peu de chose. Combien en donne-t-on aux soucis, aux douleurs, aux impatiences, aux maladies, à la crainte et à l'imbécillité de l'enfance? Le dormir en emporte la moitié. Joignez-y les travaux, les afflictions et les dangers, vous verrez que l'on ne vit guère même quand on vit longtemps. Mais qui n'avouera pas que ce ne soit une grâce de pouvoir retourner bientôt au lieu de son origine, et d'avoir fourni sa carrière avant que d'être las et fatigué? La vie, de soi, n'est ni bonne ni mauvaise, elle donne lieu seulement de faire le bien ou le mal. Cet enfant n'a donc perdu que cette liberté qui tourne le plus souvent à notre dommage. Il pouvait être prudent et modeste, et votre éducation pouvait le former dans les bonnes mœurs. Mais (ce qui était fort à craindre) il pouvait être semblable à beaucoup d'autres. Si vous considérez ces jeunes gens de bonne maison, que la débauche a réduits à servir aux spectacles; si vous regardez encore ces infâmes qui se prêtent l'un à l'autre pour exercer leurs impudicités, qui ne sauraient passer un jour sans s'enivrer ou sans commettre quelque insigne méchanceté, vous avouerez qu'il y avait plus à craindre qu'à espérer. Vous ne devez donc pas aller chercher des raisons pour vous affliger, ni vouloir augmenter une peine légère par un ressentiment affecté. Je ne demande point que vous fassiez un grand effort, et n'ai pas si mauvaise opinion de vous que vous ayez besoin de toute votre vertu pour cela. Ce n'est pas une douleur, ce n'est qu'une piqûre, et toutefois vous en faites une douleur. Vous auriez fait sans doute un grand progrès dans la philosophie, si vous regrettiez tout de bon un enfant que son père connaissait moins que sa nourrice! Quoi ! est-ce que je veux vous rendre insensible et vous persuader de marcher tête levée dans la cérémonie des funérailles sans permettre que votre cœur

suit. Flet aliquis factum, quod aiebat non posse non fieri ! Quisquis aliquem queritur mortuum esse, queritur hominem fuisse. Omnes eadem conditio devinxit : cui nasci contigit, mori restat. Intervallis distinguimur, exitu æquamur. Hoc, quod inter primum diem et ultimum jacet, varium incertumque est : si molestias æstimas, etiam puero longum; si velocitatem, etiam seni angustum. Nihil non lubricum et fallax, et omni tempestate mobilius. Jactantur cuncta, et in contrarium transeunt, jubente fortuna; et in tanta volutatione rerum humanarum nihil cuiquam, nisi mors, certum est. Tamen de eo queruntur omnes, in quo uno nemo decipitur.

« Sed puer decessit! — Nondum dico, melius agi cum eo qui vita defungitur : ad eum transeamus qui consenuit; quantulo vincit infantem? Propone temporis profundi vastitatem , et universum complectere; deinde hoc, quod ætatem vocamus humanam, compara immenso: videbis quam exiguum sit, quod optamus, quod extendimus. Ex hoc quantum lacrimæ, quantum sollicitudines occupant? Quantum mors, antequam veniat, optata? Quantum valetudo, quantum timor, quantum teneri aut rudes, aut inutiles anni ? Dimidium ex hoc edormitur Adjice labores, luctus, pericula; et intelliges, etiam in longissima vita minimum esse quod vivitur. Sed quis tibi concedat, non melius se habere eum, cui cito reverti licet, cui ante lassitudinem peractum est iter? Vita nec bonum nec malum est; boni est ac mali locus est. Ita nihil ille perdidit, nisi aleam in damnum certiorem. Potuit evadere modestus et prudens; potuit sub cura tua in meliora formari : sed (quod justius timetur) potuit fieri pluribus similis. Aspice illos juvenes, quos ex nobilissimis domibus in arenam luxuria projicit; aspice illos, qui suam alienamque libidinem exercent, mutuo impudici; quorum nullus sine ebrietate, nullus sine aliquo insigni flagitio dies exit : plus timeri quam sperari potuisse, manifestum erit. Non debes itaque causas doloris arcessere, nec levia incommoda indignando cumulare. Non hortor, ut nitaris, et surgas : non tam male de te judico, ut hic adversus hoc totam putem virtutem advocandam. Non est dolor iste, sed morsus : tu illum dolorem facis. Sine dubio multum philosophia profecit, si puerum, nutrici adhuc quam patri notiorem, animo forti desideras !

« Quid nunc ergo duritiam suadeo, et in funere ipso rigere vultum volo, et animum ne contrahi quidem pa-

en soit touché? Nullement. C'est inhumanité, non pas vertu, de voir porter ses parents au tombeau avec les mêmes yeux qu'on les voyait en vie, et de n'être pas ému lorsque l'on vient à se séparer de ses amis. Mais, supposé que je le défende, il y a des choses qu'on ne saurait empêcher. Les larmes tombent quoiqu'on les retienne, et soulagent le cœur qui est oppressé. Que faire donc? Permettons qu'elles tombent, mais ne l'exigeons pas. Qu'elles coulent tant qu'elles voudront de l'affection et non pas de la coutume. Il ne faut rien ajouter à la tristesse; on ne doit point la régler par l'exemple d'autrui. L'ostentation de la douleur est plus incommode que la douleur même. Combien en trouverez-vous qui soient tristes dans le cœur? Ils crient plus haut quand on les entend. Ils sont tranquilles, ils ne disent mot quand ils sont seuls; mais, s'ils voient venir quelqu'un, ils se remettent à pleurer, ils se tirent les cheveux; ils souhaitent la mort, ils se jettent à bas du lit, ce qu'ils pouvaient faire plus librement quand personne ne les en empêchait : tant il est vrai que la douleur ne peut durer, quand elle n'a point de témoins ! D'ailleurs, nous avons ce défaut de nous régler, en toutes rencontres, sur la pluralité, et ce qu'on a coutume de faire plutôt que ce qu'il faut faire. Nous quittons la nature pour suivre le peuple, qui est un mauvais guide, aussi léger en ceci qu'en tout le reste. Voit-il un homme résolu dans son deuil, il dit que c'est un cruel et un barbare. En voit-il un autre couché par terre, embrassant le corps du défunt, il dit que c'est un lâche et un efféminé. C'est pourquoi il faut mesurer les choses par la raison.

Au reste, il n'y a rien de plus impertinent que de vouloir acquérir la réputation par la tristesse, et de chercher l'approbation à ses larmes. Pour moi, j'estime qu'il y en a qui doivent être permises à l'homme sage, et d'autres qui ne dépendent pas de sa volonté. J'en ferai voir la différence. Lorsque nous recevons la nouvelle d'une mort qui nous touche, ou que nous embrassons le corps d'un ami décédé, que l'on va consumer par le feu, la nature nous force de verser des larmes, parce que les esprits émus par la douleur remuent tout le corps, et pressant l'humeur dont tous les yeux sont environnés, ils la font sortir au dehors et distiller en pleurs. Ces larmes tombent de force, sans que nous les puissions retenir. Il y en a d'autres que nous laissons échapper, lorsqu'on nous parle des personnes que nous avons perdues, ou quand il nous souvient de leur conversation, de leurs entretiens et de leurs bons offices. Il y a quelque douceur dans cette tristesse qui relâche et humecte les yeux comme dans la joie. Nous donnons passage aux unes, les autres se le font malgré nous. On n'a donc pas raison de répandre ni de retenir ses larmes, par la considération des personnes présentes, puisqu'en ces occasions il n'y a rien de plus honteux que de feindre. Il faut les laisser couler naturellement, ce qui se peut faire en demeurant paisible et tranquille. On a vu souvent pleurer le sage sans rien perdre de son autorité, et avec un tempérament si juste, que ses larmes avaient quelque chose d'humain et de grand. On peut, dis-je, obéir à la nature, en conservant sa dignité. J'ai vu des gens d'honneur aux funérailles de leurs parents, portant leur affliction

tior? Minime! Inhumanitas est ista, non virtus, funera suorum iisdem oculis, quibus ipsos, videre, nec commoveri ad primam familiarium divulsionem. Puta autem me vetare; quædam sunt sui juris : excidunt etiam retinentibus lacrimæ, et animum profusæ levant. Quid ergo est? Permittamus illis cadere, non imperemus : fluat quantum affectus ejecerit, non quantum poscet imitatio. Nihil vero mœrori adjiciamus, nec illum ad alienum augeamus exemplum. Plus ostentatio doloris exigit, quam dolor : quotusquisque sibi tristis est? Clarius, quum audiuntur, gemunt; et, taciti quietique dum secretum est, quum aliquos videre, in fletus novos excitantur. Tunc capiti suo manus ingerunt; quod potuerant facere, nullo prohibente, liberius; tunc mortem comprecantur sibi; tunc lectulo devolvuntur. Sine spectatore cessat dolor. Sequitur nos, ut in aliis rebus, ita in hac quoque, hoc vitium, ad plurium exempla componi; nec, quid oporteat, sed quid soleat, aspicere. A natura discedimus : populo nos damus, nullius rei bono auctori, et in hac re, sicut in omnibus, inconstantissimo. Videt aliquem fortem in luctu suo, impium vocat, et efferatum : videt aliquem collabentem, et corpori affusum; effeminatum

ait, et enervem. Omnia itaque ad rationem revocanda sunt.

« Stultius vero nihil est, quam famam captare tristitiæ, et lacrimas approbare; quas judico sapienti viro alias permissas cadere, alias vi sua latas. Dicam quid intersit. Quum primus nos nuntius acerbi funeris perculit; quum tenemus corpus e complexu nostro in ignem transiturum; lacrimas naturalis necessitas exprimit; et spiritus, ictu doloris impulsus, quemadmodum totum corpus quatit, ita oculos, quibus adjacentem humorem perpremit et expellit. Hæ lacrimæ per elisionem cadunt nolentibus nobis. Aliæ sunt, quibus exitum damus, quum memoria eorum, quos amisimus, retractatur; et inest quiddam dulce tristitiæ, quum occurrunt sermones eorum jucundi, conversatio hilaris, officiosa pietas : tunc oculi, velut in gaudio, relaxantur. His indulgemus; illis vincimur. Non est itaque, quod lacrimas propter circumstantem assidentemque aut contineas, aut exprimas : nec cessant, nec fluunt unquam tam turpiter, quam finguntur. Eant sua sponte; ire autem possunt placidis atque compositis. Sæpe, salva sapientis auctoritate, fluxerunt; tanto temperamento, ut illis nec humanitas, nec dignitas deesset. Licet, inquam, naturæ obsequi,

empreinte sur leur visage, qui, sans affecter aucune tristesse étudiée, ne témoignaient au dehors que ce qu'ils sentaient au dedans. Il y a quelque bienséance dans la tristesse que le sage est obligé de garder, et la médiocrité est nécessaire dans les pleurs comme en toute autre chose. Les douleurs des ignorants sont excessives, aussi bien que leurs joies.

Il faut souffrir doucement ce qu'on ne peut éviter. Quand la pensée vous viendra que ce n'était encore qu'un enfant, pensez aussi qu'il était né comme les autres hommes, de qui les jours sont incertains, et que la fortune ne conduit pas toujours jusqu'à la vieillesse, les laissant souvent en chemin. Au reste, parlez souvent de lui, et vous le remettez en mémoire autant qu'il est possible. Vous le ferez fréquemment, si vous le faites sans chagrin ; car si l'on fuit la conversation d'un homme naturellement triste, on ne peut pas se plaire avec la tristesse effective. S'il vous a dit quelque chose de tendre, s'il a fait autrefois quelque gentillesse où vous avez pris plaisir, répétez ces choses, et assurez hardiment qu'il aurait répondu à tout ce que l'affection paternelle vous en avait fait espérer. C'est une espèce de cruauté d'oublier ses proches, d'ensevelir leur mémoire avec leur corps, de pleurer beaucoup et de ne s'en souvenir guère. C'est ainsi que les oiseaux aiment leurs petits ; leur amour, qui était violent et insensé, s'éteint aussitôt qu'ils les ont perdus. Cela ne convient pas à un homme sage, de qui le souvenir doit durer plus longtemps que le deuil. Pour moi, je ne saurais approuver ce que dit Métrodore : Qu'il y a certains plaisirs qui ont de l'alliance avec la tristesse, et que c'est le temps de les pouvoir goûter. Je rapporte ses mêmes paroles, et je vois déjà ce que vous en jugerez. Car, qu'y a-t-il de moins honnête que de chercher le plaisir dans le deuil, même de se servir du deuil pour trouver le plaisir ? Ce sont ces gens-là qui nous accusent de trop de rigueur, et qui décrient nos maximes comme trop austères, à cause que nous disons qu'il ne faut point recevoir la douleur, ou qu'il la faut chasser bien vite. Mais lequel des deux vous semble le plus incroyable ou le plus inhumain, de ne sentir point la douleur après la perte d'un ami, ou de chercher le plaisir dans la douleur même. Ce que nous enseignons est honnête : qu'il ne faut point s'abandonner à la douleur, lorsque l'affection fait sortir, et pour ainsi dire, éclore de nos yeux quelques larmes. Mais pourquoi dites-vous qu'il faut mêler le plaisir avec la douleur? C'est ainsi que nous apaisons les jeunes garçons avec un morceau de tartre, et les jeunes enfants en leur donnant la mamelle. Vous ne voulez pas même suspendre l'usage du plaisir, tandis que votre fils brûle sur le bûcher, ou que votre ami est aux abois de la mort ; mais vous cherchez encore à chatouiller votre chagrin. Lequel est plus honnête, ou d'éloigner la douleur de votre corps, ou de joindre le plaisir avec la douleur? Je dis non-seulement le joindre, mais le rechercher encore au fort de la douleur. Y a-t-il quelque plaisir qui ressemble à la tristesse? Il nous est permis de tenir cette opinion, et non pas à vous qui croyez qu'il n'y a point d'autre bien dans la vie que le plaisir,

gravitate servata. Vidi ego in funere suorum verendos, in quorum ore amor eminebat, remota omni lugentium scena. Nihil erat, nisi quod veris dabatur affectibus. Est aliquis et dolendi decor : hic sapienti servandus est ; et, quemadmodum in cæteris rebus, ita et in lacrimis aliquid sat est. Imprudentium, ut gaudia, sic dolores exundavere. Æquo animo excipe necessaria. Quid incredibile, quid novum evenit ? Quam multis quum maxime funus locatur! Quam multis vitalia emuntur! quam multi post luctum tuum lugent!

Quoties cogitaveris puerum fuisse, cogita et hominem; cui nihil certi promittitur, quem fortuna non utique perducit ad senectutem, unde visum est, dimittit. Cæterum frequenter de illo loquere, et memoriam ejus, quantum potes, celebra ; quæ ad te sæpius revertetur, si erit sine acerbitate ventura. Nemo enim libenter tristi conversatur, nedum tristitiæ. Si quos sermones ejus, si quos quamvis parvuli jocos cum voluptate audieras, sæpius repete : potuisse illum implere spes tuas, quas paterna mente conceperas, audacter affirma. Oblivisci quidem suorum, ac memoriam cum corporibus efferre, et effusissime flere, meminisse parcissime, inhumani animi est. Sic aves, sic feræ suos diligunt fœtus ; quarum concitatus est amor, et pæne rabidus, sed cum amissis totus exstinguitur. Hoc prudentem virum non decet : meminisse perseveret, lugere desinit.

» Illud nullo modo probo, quod ait Metrodorus, « esse » aliquam cognatam tristitiæ voluptatem ; hanc esse cap- » tandam in ejusmodi tempore. » Ipsa Metrodori verba subscripsi. Μητροδώρου Ἐπιστολῶν πρός τόν ἀδελφὴν ἑ Ἔστιν γάρ τίς [λυπηγουγγενοῆ] ἠδονή, ἣν κυνηγετεῖν κατα τοῦτον τόν καιρον. De quibus non dubito quid sis sensurus. Quid enim turpius, quam captare in ipso luctu voluptatem, imo per luctum ; et inter lacrimas quoque, quod juvet, quærere? Hi sunt qui nobis objiciunt nimium rigorem et infamant præcepta nostra duritia, quod dicamus dolorem aut admittendum in animum non esse, aut cito expellendum. Utrum tandem est aut incredibilius, aut inhumanius, non sentire amisso amico dolorem, an voluptatem in ipso dolore aucupari? Nos quod præcipimus, honestum est : quum aliquid lacrimarum affectus effuderit, et, ut ita dicam, despumaverit, non esse tradendum animum dolori. Quid tu dicis? miscendam ipsi dolori voluptatem ? Sic consolamur crustulo pueros, sic infantium fletum infuso lacte compescimus. Ne illo quidem tempore, quo filius ardet, aut amicus exspirat, cessare pateris voluptatem! sed ipsum vis titilare mœrorem. Utrum honestius dolor ab animo submovetur, an voluptas ad dolorem quo-

ni d'autre mal que la douleur. Quelle alliance peut-il y avoir entre le bien et le mal? Mais supposez qu'il y en ait, c'est maintenant qu'il la faut découvrir, et savoir si la douleur a quelque chose en soi d'agréable et de doux. Il y a des remèdes qui sont salutaires à certaines parties du corps, lesquels il ne serait pas honnête d'appliquer en d'autres, et la situation de la plaie rend quelquefois indécent ce qui serait utile et ne serait pas déshonnête à un autre endroit. N'avez-vous pas de honte de vouloir chasser le deuil par le plaisir? Il faut employer un remède plus austère. Dites plutôt que celui qui est mort ne sent point de mal; car, s'il en sent, il n'est pas mort. Il n'y a rien, dis-je, qui puisse blesser un homme qui n'est plus; il serait encore, si quelque chose le pouvait blesser.

Croyez-vous qu'il soit malheureux, parce qu'il n'est plus, ou parce qu'il est encore quelque part? Il est certain que ce n'est pas à cause qu'il n'est plus, car quel sentiment peut avoir celui qui n'est plus? Ni à cause qu'il est encore quelque part, parce qu'il a évité ce qu'il y a de plus fâcheux en la mort, qui est de n'être plus.

Disons donc à celui qui pleure et regrette un enfant mort en son bas âge : nous sommes tous égaux, jeunes et vieux, quant au terme de notre vie, si on le compare à la durée de l'univers; car notre portion de cette immense durée est moindre que la plus petite partie qu'on se puisse imaginer, qui ne laisse pas de faire une partie de son tout. En vérité, le temps que nous vivons n'est presque rien, et cependant notre erreur l'accroît et lui donne une vaste étendue. Je vous écris ceci, non pas que je croie que vous attendiez de moi un remède qui viendrait si tard (car je sais bien que vous ne verrez rien dans cette lettre que je ne vous aie dit autrefois), mais pour vous faire reproche de vous être oublié vous-même durant quelques jours. C'est aussi pour vous exhorter à tenir bon contre la fortune, et à regarder ses traits, non pas comme s'ils pouvaient tomber sur vous, mais encore comme s'ils devaient être décochés contre vous.

ÉPITRE C.

Il parle des livres de Fabianus et des différentes manières d'écrire de son temps.

Vous me mandez que vous avez lu avec empressement les livres que Fabianus Papirius a composés des mœurs civiles; mais qu'ils ne répondent pas à l'opinion que vous en aviez conçue. Vous blâmez ensuite sa façon d'écrire, ne vous souvenant pas que c'est un philosophe qui en est l'auteur. Je veux qu'il soit ainsi que vous le dites, et que ses paroles soient abondantes, mais vagues. Cela ne laisse pas d'avoir de la grâce, et un discours qui coule doucement a quelque beauté qui lui est particulière. Car il est important, à mon avis, qu'il coule et ne saute pas.

Il y a même de la différence en ce que je vais dire : Je trouve en Fabianus plutôt un flux qu'un débordement de paroles; elles sont fécondes, mais sans aucun désordre, quoique avec quelque rapidité. Cela fait voir clairement qu'elles ne sont ni étudiées ni travaillées, et qu'elles sont entière-

que admittitur? admittitur, dico? captatur, et quidem ex ipso : « Est aliqua, inquit, voluptas cognata tristitiæ. » — Illud nobis licet dicere; vobis quidem non licet. Unum bonum nostis, voluptatem; unum malum, dolorem. Quæ potest inter bonum et malum esse cognatio? Sed puta esse; nunc potissimum eruitur? et ipsum dolorem scrutamur, an aliquid habeat jucundum circa se et voluptarium? Quædam remedia, aliis partibus corporis salutaria, velut fœda et indecora, adhiberi aliis nequeunt; et, quod aliubi prodesset sine damno verecundiæ, id fit honestum loco vulneris. Non te pudet luctum voluptate sanare! Severius ista plaga curanda est. Illud potius admone, nullum mali sensum ad eum, qui periit, pervenire; nam si pervenit, non periit. Nulla, inquam, eum res lædit, qui nullus est; vivit, si læditur. Utrum putas illi male esse, quod nullus est? an, quod est adhuc aliquis? Atqui nec ex eo potest ei tormentum esse, quod non est : quis enim nullius sensus est? nec ex eo, quod est; effugit enim maximum mortis incommodum, non esse. Illud quoque dicamus ei, qui deflet ac desiderat in ætate prima raptum : Omnes, quantum ad brevitatem ævi, si universo comparas, et juvenes et senes, in æquo sumus. Minus enim ad nos ex omni ætate venit, quam quod minimum esse quis dixerit; quoniam quidem minimum, aliqua pars est; hoc, quod vivimus, proximum nihilo est : et tamen (o dementiam nostram!) late disponitur.

Hæc tibi scripsi, non tanquam exspectaturus esses remedium a me tam serum : liquet enim mihi, te locutum tecum quidquid lecturus es : sed ut castigarem illam exiguam moram, qua a te recessisti, et in reliquum adhortarer, contra fortunam tolleres animos, et omnia ejus tela, non tanquam possent venire, sed tanquam utique essent ventura, prospiceres. » Vale.

EPISTOLA C.

DE PAPIRIO FABIANO PHILOSOPHO JUDICIUM, EJUSQUE SCRIPTIS.

Fabiani Papirii libros, qui inscribuntur Civilium, legisse te cupidissime scribis, sed non respondisse exspectationi tuæ : deinde, oblitus de philosopho agi, compositionem ejus accusas. — Puta esse, quod dicis, et effundi verba, non fingi : primum, habet ista res suam gratiam; et est decor proprius orationis leniter lapsæ. Multum enim interesse existimo, utrum exciderit, an fluxerit. Nunc in hoc quoque, quod dicturus sum, ingens differentia est. Fabianus mihi non effundere videtur orationem, sed fundere : adeo larga est, et sine perturbatione, non sine cursu tamen, veniens. Illud plane fatetur et præfert, non

ment de lui. Aussi a-t-il plus soin des mœurs que des paroles, et ce qu'il écrit est pour instruire les âmes, et non pour chatouiller les oreilles.

D'ailleurs, vous n'auriez pas eu le loisir de faire toutes ces observations lorsqu'il parlait; son discours, en gros, vous aurait ravi: mais ce qui plaît étant animé par l'action, d'ordinaire a moins de grâce quand il est mis sur le papier. C'est toujours beaucoup d'avoir su plaire à la première vue, quoiqu'à revoir les choses de plus près on y puisse trouver à redire. Enfin, si vous me demandez mon sentiment, j'estime plus celui qui a emporté l'approbation que celui qui l'a méritée. Je sais bien que ce dernier est plus assuré du succès, et qu'il peut se promettre plus hardiment le suffrage de la postérité. Après tout, un discours trop recherché ne convient pas à un philosophe. Comment se montrera-t-il constant et résolu? Comment fera-t-il épreuve de ses forces s'il craint de dire un mot impropre? Le style de Fabianus n'était pas négligé, mais il était ferme, et vous n'y trouverez rien de bas. Les paroles sont choisies et ne sont point affectées. Elles sont notées, et ne sont point placées contre leur ordre naturel à la manière de ce temps. Encore qu'elles soient populaires et familières, elles ne laissent pas d'être relevées. Elles expriment des sentiments honnêtes et magnifiques, qui ne sont point serrés comme une sentence, et qui vont plus loin. Nous examinerons ce qui n'est pas assez raccourci, ce qui est d'une belle construction, et ce qui n'a pas la politesse d'aujourd'hui.

Quand vous aurez tout considéré, vous n'y trouverez rien de vide. Quoiqu'il n'y ait point de marbres de diverses couleurs, de canaux, de ces appartements qu'on appelle la chambre du pauvre, ni rien de ce que le luxe, qui ne se contente pas des ornements ordinaires, y pourrait ajouter; toutefois, comme on le dit communément, la maison est belle, joint que l'on n'est pas d'accord quel style est le meilleur. Les uns veulent qu'il soit mâle, sans toutefois être négligé. Les autres le demandent si austère, que s'il se rencontre quelque endroit qui soit plus doux que le reste, ils le changent tout exprès, et coupent les périodes de peur qu'elles ne finissent au lieu où on les attend. Lisez Cicéron, vous verrez que son style est égal, mesuré, poli, doux et délicat, sans être lâche. Au contraire, celui de Pollion a du sel et de la pointe; il saute et vous laisse lorsque vous y pensez le moins. En un mot, tout finit doucement chez Cicéron, et tout tombe brusquement chez Pollion, si vous en exceptez peu de choses qui sont dites d'une même manière et dressées sur un même modèle. Vous dites encore que tout vous semble bas dans Fabianus; mais je n'y aperçois point ce défaut. Ce qu'il dit n'est point rampant; il est naturel et d'une suite douce et tempérée; il est uni et non pas ravalé. Il n'a pas, à la vérité, cette véhémence que vous demandez en l'orateur, ni ces pointes et ces surprises agréables des sentences. Mais voyez le corps du discours; il est beau, quoiqu'il ne soit point fardé. Vous me direz que son discours n'a rien de grand. Donnez-m'en un que vous puissiez mettre au-dessus de lui. Si vous me nommez Cicéron, qui a fait presque autant de livres que Fabianus sur le sujet de la philosophie, je vous l'accorderai; mais une chose

---

esse tractatam, nec diu tortam. Sed ita ut vis, esse credamus: mores ille, non verba composuit, et animis scripsit ista, non auribus. Præterea, ipso dicente non vacasset tibi partes intueri, adeo te summa rapuisset: et fere, quæ impetu placent, minus præstant ad manum relata. Sed illud quoque multum est, primo aspectu oculos occupasse; etiam si contemplatio diligens inventura est quod arguat. Si me interrogas, major ille est, qui judicium abstulit, quam qui meruit: et scio hunc tutiorem esse; scio audacius sibi de futuro promittere.

Oratio sollicita philosophum non decet. Ubi tandem erit fortis et constans, ubi periculum sui faciet, qui timet verbis? Fabianus non erat negligens in oratione, sed securus. Itaque nihil invenies sordidum: electa verba sunt, non captata, nec hujus sæculi more contra naturam suam positæ et inversa; splendida tamen, quamvis sumantur e medio: sensus honestos et magnificos habes, non coactos in sententiam, sed latius dictos. Videbimus quod parum recisum sit, quod parum structum; quod non hujus recentis politurae: quum circumspexeris omnia, nullas videbis angustias inanes. Desit sane varietas marmorum, et concisura aquarum cubiculis interfluentium, et pauperis cella, et quidquid aliud luxuria, non contenta decore simplici, miscet: quod dici solet, domus recta est. Adjice nunc, quod de compositione non constat. Quidam illam volunt esse ex horrido comptam; quidam usque eo aspera gaudent, ut etiam, quæ mollius casus explicuit, ex industria dissipent, et clausulas abrumpant, ne ad exspectatum respondeant. Lege Ciceronem: compositio ejus una est; pedem curvat lenta, et sine infamia mollis. At contra, Pollionis Asinii salebrosa, et exiliens, et, ubi minime exspectes, relictura. Denique, omnia apud Ciceronem desinunt, apud Pollionem cadunt; exceptis paucissimis, quæ ad certum modum, et ad unum exemplar, adstricta sunt. Humilia præterea tibi videri dicis omnia, et parum erecta; quo vitio carere eum judico. Non sunt enim humilia illa, sed placida, et ad animi tenorem quietum compositumque formata; nec depressa, sed plana. Deest illis oratorius vigor, stimulique, quos quæris, et subiti ictus sententiarum; sed totum corpus (videris quam sit comptum) honestum est. Non habet oratio ejus, sed debet dignitatem. Affer, quem Fabiano possis præponere. Dic Ciceronem, cujus libri ad philosophiam pertinentes pæne totidem sunt, quot Fa-

n'est pas petite pour être moindre que la plus grande. Si vous me proposez Asinius Pollion, j'en demeurerai d'accord, après vous avoir répondu que c'est exceller dans un métier si difficile que de n'en voir que deux devant soi. Amenez-moi encore Livius (car il a composé des dialogues qui sont autant pour la philosophie que pour l'histoire; il a même fait des livres exprès de la philosophie), je lui donnerai aussi la préséance. Mais considérez combien de personnes sont précédées de celui qui n'est précédé que de trois, et des trois plus éloquents hommes du monde.

Vous me direz : Il ne remplit pas tous les caractères; son discours n'est pas fort, quoiqu'il soit élevé; il n'est ni impétueux, ni rapide, quoiqu'il se répande librement; il est pur et n'est pas assez clair. Vous voudriez, dites-vous, que l'on invectivât contre le vice, que l'on parlât hardiment contre les dangers, superbement contre la fortune, et aigrement contre l'ambition; que l'on blâmât la profusion, que l'on exterminât l'impudicité, que l'on abattît la tyrannie; que le langage de l'orateur fût véhément, celui du tragique élevé, et celui du comique vulgaire. Mais voulez-vous qu'un philosophe s'arrête à si peu de chose, j'entends à des paroles, lui qui s'attache seulement à la grandeur des choses, et que l'éloquence accompagne partout, comme son ombre, sans qu'il y pense? Ce qu'il écrira, sans doute, ne sera pas toujours exact ni bien lié, chaque mot ne réveillera pas. Je l'avoue : il dira même beaucoup de choses qui ne porteront point coup, et quelquefois tout son discours passera sans que personne en soit touché. Mais vous trouverez partout beaucoup de lumières et de grands espaces qui ne seront point ennuyeux. Enfin, il vous fera connaître qu'il est persuadé de tout ce qu'il écrit. Vous verrez que son dessein n'est pas de vous plaire, mais de vous montrer ce qu'il lui plaît. Il ne cherche point de louanges, tout est pour le profit et pour les bons sentiments. Il me semble que ses écrits sont de cette nature-là, quoique je ne m'en souvienne pas bien et qu'il ne m'en reste qu'une idée en gros, telle qu'on la peut avoir d'une chose dont on a eu connaissance autrefois. Quand je l'allais entendre j'en jugeais de cette sorte, et que ses discours, quoiqu'ils ne fussent pas de cette extrême vigueur et solidité, avaient assez de force pour animer un jeune homme bien né à le suivre sans lui ôter l'espérance d'en venir à bout. Cette sorte d'exhortation me paraît très-efficace; car on rebute la jeunesse quand, après lui avoir donné envie d'imiter un beau modèle, on lui en fait perdre l'espérance. Au reste, il était abondant en paroles, et son discours, en général, sans louer autrement chacune de ses parties, était magnifique.

ÉPITRE CI.

Qu'il est ridicule de faire de longs projets, vu l'incertitude et la brièveté de notre vie. — Qu'il faut se défaire du fol amour de la vie, et considérer chaque jour comme s'il était une vie entière.

Il n'est jour qui ne nous fasse connaître notre néant, et qui ne nous avertisse de notre fragilité, par quelque occasion qui nous oblige de songer à la mort lorsque nous faisons des projets pour une éternité. Vous me demanderez ce que veut dire ce

---

biani : cedam; sed non statim pusillum est, si quid maximo minus est. Dic Asinium Pollionem : cedam, et respondeamus : In re tanta eminere est, post duos esse. Nomina adhuc T. Livium : scripsit enim et dialogos, quos non magis philosophiæ annumerare possis, quam historiæ, et ex professo philosophiam continentes libros. Huic quoque dabo locum; vide tamen, quam multos antecedat, qui a tribus vincitur, et tribus eloquentissimis.

Sed non præstat omnia; non est fortis oratio ejus, quamvis elata sit; non est violenta, nec torrens, quamvis effusa sit; non est perspicua, sed pura. Desideras, inquis, contra vitia aliquid aspere dici, contra pericula animose, contra fortunam superbe, contra ambitionem contumeliose : volo luxuriam objurgari, libidinem traduci, impotentiam frangi; sit aliquid oratorie acre, tragice grande, comice exile. — Vi illum assidere puellæ rei, verbis? ille rerum se magnitudini addixit; eloquentiam, velut umbram, non hoc agens, contrahit. Non erunt sine dubio singula circumspecta, nec in se collecta, nec omne verbum excitabit ac punget, fateor : exibunt multa, nec ferient, et interdum otiosa præterlabetur oratio : sed multum erit in omnibus lucis, et ingens sine tædio spatium. Denique illud præstabit, ut liqueat tibi, illum sensisse quæ scripsit. Intelliges hoc actum, ut tu scires, quid illi placeret; non ut ille placeret tibi. Ad profectum omnia tendunt, ad bonam mentem; non quæritur plausus. Talia esse scripta ejus non dubio, etiamsi magis reminiscor, quam teneo; hæretque mihi color eorum, non ex recenti conversatione familiariter, sed summatim, ut solet ex vetere notitia. Quum audirem certe illum, talia mihi videbantur : non solida, sed plena; quæ adolescentem indolis bonæ attollerent, et ad imitationem sui evocarent, sine desperatione vincendi : quæ mihi adhortatio videtur efficacissima; deterret enim, cui imitandi cupiditatem fecit, spem abstulit. Cæterum verbis abundabat; sine commendatione partium singularum, in universum magnificus. Vale.

EPISTOLA CI.
DE MORTE SENECIONIS.

Omnis dies, omnis hora, quam nihil sumus, ostendit, et aliquo argumento recenti admonet fragilitatis oblitos; tum æterna meditatos respicere cogit ad mortem. — Quid sibi istud principium velit, quæris? Senecionem

commencement : Vous avez connu Sénécion Corneille, chevalier romain, qui vivait splendidement et faisait volontiers plaisir. Il s'était élevé de la poussière et montait déjà bien vite à la grandeur; car elle croît plus aisément qu'elle ne commence, et l'argent qui tire un homme de la pauvreté est ordinairement long et difficile à gagner. Ce Sénécion aimait passionnément les richesses, à quoi il était porté par deux raisons, par l'adresse qu'il avait à les acquérir, et par la science de les conserver, l'une desquelles, toute seule, était capable de le rendre puissant. Cet homme, grand économe, et qui n'avait pas moins de soin de son bien que de sa personne, m'étant venu voir le matin, selon sa coutume, demeura tout le jour auprès de son ami qui était malade et désespéré des médecins; et, après avoir soupé gaîment, fut surpris d'une forte esquinancie qui lui serra tellement la gorge qu'à peine put-il vivre jusqu'au point du jour. Il mourut en peu d'heures, après avoir rendu à ceux qui le visitaient tous les devoirs et toutes les civilités qu'on aurait pu désirer d'un homme en bonne santé. Ainsi, celui qui faisait rouler l'argent sur mer et sur terre, et qui, pour profiter des bonnes occasions, s'était intéressé dans les fermes publiques, fut enlevé lorsque ses affaires étaient en bon état, et que l'argent lui venait de toutes parts.

Et puis allez planter la vigne et l'olivier.

Quelle folie de vouloir disposer tout le temps de notre vie, puisque nous ne sommes pas maîtres du lendemain. O la sottise de tramer de longs desseins! J'achèterai, je bâtirai, je tirerai profit, j'exercerai des charges, et, après que je serai las de travailler, je me donnerai du repos dans ma vieillesse. En vérité, tout est incertain, même aux plus heureux.

Personne ne se peut assurer de l'avenir; cela même que nous tenons nous échappe des mains. Un coup de mer vient en un instant rompre la corde qui nous soutenait; le temps court par un chemin qui est réglé, mais qui nous est inconnu. Que me sert qu'il soit certain au regard de la nature, s'il est incertain pour moi? Nous proposons des voyages de long cours sur les mers étrangères, d'aller à la guerre et d'obtenir des récompenses qui n'arriveront que bien tard. Nous recherchons des emplois et prétendons nous élever d'une charge à l'autre, et cependant la mort est à nos trousses; mais parce que l'on n'y pense jamais que lorsqu'on la voit chez autrui, la nature nous avertit assez souvent que nous sommes mortels, par des exemples funestes qui, toutefois, ne nous touchent qu'autant de temps qu'ils nous étonnent. Quelle sottise de s'étonner qu'il arrive en un temps ce qui peut arriver en tout autre! Le terme de notre vie est fixé par un arrêt immuable du destin, sans que personne sache combien il est proche. Disposons donc notre âme comme si ce jour était le dernier. N'attendons point davantage; soyons prêts tous les jours de rendre à la vie ce qu'elle nous a prêté. Le plus grand défaut que j'y trouve, c'est qu'elle est toujours imparfaite, et qu'il y a quelque partie qui n'est pas achevée. Qui a mis la dernière main à sa vie n'a plus besoin de temps:

Cornelium, equitem Romanum splendidum et officiosum noveras : ex tenui principio se ipse promoverat, et jam illi declivis erat cursus ad cætera. Facilius enim crescit dignitas, quam incipit. Pecunia quoque circa paupertatem plurimam moram habet, dum ex illa erepat. Hic etiam Senecio divitiis imminebat, ad quas illum duæ res ducebant efficacissimæ, et quærendi, et custodiendi scientia; quarum vel altera locupletem facere potuisset. Hic homo summæ frugalitatis, non minus patrimonii quam corporis diligens, quum me ex consuetudine mane vidisset; quum per totum diem amico graviter affecto, et sine spe jacenti, usque in noctem assedisset; quum hilaris cœnasset; genere valetudinis præcipiti arreptus, angina, vix compressum arctatis faucibus spiritum traxit in lucem. Intra paucissimas ergo horas, postquam omnibus erat sani ac valentis officiis functus, decessit. Ille, qui et terra et mari pecuniam agitabat; qui ad publica quoque, nullum reliqueris inexpertum genus quæstus, accesserat; in ipso actu bene cedentium rerum, in ipso procurrentis pecuniæ impetu, raptus est.

Insere nunc, Melibœe, pirus; pone ordine. vites!

Quam stultum est, ætatem disponere ne crastini quidem dominum! O quanta dementia est spes longas incohantium! — Emam, ædificabo, credam, exigam, honores geram ; tum demum lassam et plenam senectutem in otium referam. — Omnia, mihi crede, etiam felicibus dubia sunt; nihil sibi quisquam de futuro debet promittere; id quoque, quod tenetur, per manus exit; et ipsam quam premimus, horam casus incidit. Volvitur tempus, rata quidem lege, sed per obscurum: quid autem ad me, an naturæ certum sit, quod mihi incertum est? Navigationes longas, et pererratis littoribus alienis, seros in patriam reditus proponimus, militiam, et castrensium laborum tarda manupretia, procurationes, officiorumque per officia processus; quum interim ad latus mors est ; quæ quoniam nunquam cogitatur, nisi aliena, subinde nobis ingeruntur mortalitatis exempla, non diutius, quam dum miramur, hæsura. Quid autem stultius, quam mirari, id ullo die factum, quod omni potest fieri? Stat quidem terminus nobis, ubi illum inexorabilis fatorum necessitas fixit; sed nemo scit nostrum, quam prope versetur.

Sic itaque formemus animum, tanquam ad extrema ventum sit; nihil differamus, quotidie cum vita paria faciamus. Maximum vitæ vitium est, quod imperfecta semper est, quod in aliud ex alio differtur. Qui quotidie vitæ suæ summam manum imposuit, non indiget tempore. Ex

c'est de ce besoin que procède la crainte de l'avenir qui nous ronge l'âme.

La misère est extrême, d'être toujours en doute de ce qui peut arriver, et l'on ne saurait concevoir le trouble dont un esprit irrésolu se trouve agité. Comment donc se garantir de cette perplexité? Par un seul moyen, qui est de ne point étendre, mais de bien ramasser le temps de sa vie; car celui qui ne profite point du présent demeure en suspens de l'avenir. Mais, lorsque je me suis acquitté de ce que je me devais, mon esprit étant persuadé qu'un jour et un siècle ne diffèrent en rien, il regarde froidement la suite des jours et des affaires, et se rit de la vicissitude des temps. Comment serait-il si troublé par des accidents variables et légers, s'il demeure ferme contre les choses qui n'ont point de stabilité?

C'est pourquoi, mon cher Lucile, hâtez-vous de vivre et faites état qu'autant de jours vous sont autant de vies. Qui peut se mettre dans cette disposition d'esprit, et considérer chaque jour comme si c'était une vie entière, est en parfaite assurance. Ceux, au contraire, qui se promettent de longues années, laissent échapper le présent et tombent dans un amour passionné de la vie, et dans une crainte épouvantable de la mort, qui est la source de toutes les misères. C'est ce qui a donné lieu au souhait infâme de Mécénas, qui se soumet à toutes les infirmités, à la mutilation de ses membres, et aux supplices les plus rigoureux, pourvu que sa vie lui soit prolongée.

Qu'on me rende manchot, cul de jatte, impotent;
Qu'on ne me laisse aucune dent :
Je me consolerai; c'est assez que je vive.

Il désire le plus grand mal qui lui pourrait arriver, et demande un long supplice, comme il demanderait une longue vie. Je l'estimerais le plus lâche de tous les hommes, s'il voulait vivre jusqu'à ce qu'il fût mené au gibet. Et toutefois il dit : Estropiez-moi, je le veux, pourvu que vous laissiez la vie à ce corps tout rompu et brisé. Attachez-le, déchirez-le, donnez-lui la gêne. La vie est-elle un si grand prix, qu'on veuille bander ses plaies, demeurer suspendu et déchiré en un poteau, pour retarder la fin de son supplice, qui est toutefois ce que le supplice a de meilleur. Vaut-il mieux conserver sa vie pour la perdre plus d'une fois? Que doit-on souhaiter à un homme si lâche? Que les dieux lui accordent ce qu'il demande. Que veulent dire ces vers si efféminés, cette crainte et ce pacte si extravagant? Faut-il mendier si honteusement quelques jours de vie? Ne voyez-vous pas que c'est pour lui que Virgile a dit autrefois :

Est-ce un si grand malheur que de perdre la vie?

Il souhaite les maux les plus extrêmes, et veut prolonger ses souffrances. Que prétend-il gagner par là? Une plus longue vie. Mais quelle vie est-ce là? C'est une mort étendue. Se peut-il trouver un homme qui aime mieux sécher dans les tourments, perdre ses membres l'un après l'autre, et répandre son âme, pour ainsi dire goutte à goutte que de la rendre d'un seul coup? S'en trouvera-t-il un seul qui, se voyant attaché à ce bois mal-

---

hac autem indigentia timor nascitur, et cupiditas futuri, exedens animum. Nihil est miserius dubitatione venientium, quorsus evadant. Quantum sit illud, quod restat, aut quale, non collecta mens inexplicabili formidine agitatur. Quo modo effugiemus hanc volutationem? uno, si vita nostra non prominebit, si in se colligetur : ille enim ex futuro suspenditur, cui irritum est præsens. Ubi vero, quidquid mihi debui, redditum est, ubi stabilita mens scit nihil interesse inter diem et sæculum; quidquid deinceps dierum rerumque venturum est, ex alto prospicit, et cum multo risu seriem temporum cogitat. Quid enim varietas mobilitasque casuum perturbabit, si certus sis adversus incerta? Ideo propera, Lucili mi, vivere; et singulos dies, singulas vitas puta. Qui hoc modo se aptavit; cui vita sua quotidie fuit tota; securus. In spe viventibus, proximum quodque tempus elabitur, subitque aviditas, et miserrimus, ac miserrima omnia efficiens, metus mortis. Inde illud Mæcenatis turpissimum votum, quo et debilitatem non recusat, et deformitatem, et novissime acutam crucem, dummodo inter hæc mala spiritus prorogetur :

Debilem facito manu,
Debilem pede, coxa;
Tuber adstrue gibberum,
Lubricos quate dentes:

Vita dum superest, bene est!
Hanc mihi, vel acuta
Si sedeam cruce, sustine.

Quod miserrimum erat, si incidisset, optatur; et tanquam vita petitur supplicii mora. Contemptissimum putarem, si vivere vellet usque ad crucem. Tu vero, inquit, me debilites licet, dum spiritus in corpore fracto et inutili maneat; depraves licet, dum monstroso et distorto temporis aliquid accedat; suffigas licet, et acutam sessuro crucem subdas : est tanti, vulnus suum premere, et patibulo pendere districtum, dum differat, id quod est in malis optimum, supplicii finem : est tanti, habere animam, ut agam! — Quid huic optes, nisi Deos faciles? Quid sibi vult ista carminis effeminati turpitudo? Quid timoris dementissimi pactio? Quid tam fœda vitæ mendicatio? Cui putes unquam recitasse Virgilium,

Usque adeone mori miserum est?

Optat ultima malorum, et, quæ pati gravissimum est, extendi ac sustineri cupit : qua mercede? scilicet vitæ longioris. Quod autem vivere est, diu mori? Invenitur aliquis, qui malit inter supplicia tabescere, et perire membratim, et toties per stillicidia amittere animam, quam semel exhalare? Invenitur qui velit adactus ad illud infelix lignum, jam debilis, jam pravus, et in fœdum

heureux, tout faible et froissé de coups, la poitrine et les épaules pleines de sales contusions, qui, outre la gêne, aura plusieurs raisons de souhaiter la mort, veuille prolonger sa vie, qui doit prolonger ses tourments? Après cela, dites, si vous voulez, que la nécessité de mourir n'est pas une grande faveur de la nature. Il y en a néanmoins qui sont tout prêts de faire encore des pactions plus infâmes : de trahir leurs amis et de prostituer leurs enfants, afin de jouir plus longtemps de la lumière du jour, témoin de leurs crimes. Il faut se dépouiller de ce fol amour de la vie et savoir qu'il n'importe pas quand on souffrira ce que l'on doit souffrir un jour. Il importe de bien vivre, non pas de vivre longtemps, et souvent le bien vivre consiste à ne pas vivre longtemps.

ÉPITRE CII.

Si la réputation qui nous suit après la mort est un bien. — Quelques discours touchant l'immortalité de l'âme.

Votre lettre m'a fait autant de déplaisir que si elle m'avait réveillé au milieu d'un songe agréable; car, bien que ce ne soit qu'une illusion, elle a toutefois un plaisir effectif et réel. J'étais attaché à une pensée douce et sérieuse, que j'aurais poussée plus avant, si je n'en avais été empêché. Je voulais examiner, mais plutôt me persuader l'immortalité de l'âme; car je défère beaucoup à l'opinion de ces grands hommes qui nous promettent mieux qu'ils ne nous prouvent une chose si agréable. Je me laissais aller à une si grande espérance, je me dégoûtais déjà de moi-même, et je faisais peu d'état du reste de mes vieux jours, ayant à passer dans cette immense durée et dans la possession de tous les temps, lorsque votre lettre me fut apportée, m'éveilla et me fit perdre un si beau songe. Je le reprendrai, s'il vous plaît, après que je vous aurai satisfait et que je me serai acquitté.

Vous me dites que dans ma première lettre je n'ai pas entièrement expliqué la question, savoir: si la gloire qui nous suit après la mort est un bien (comme le tiennent nos stoïciens), et que je n'ai pas répondu à cet argument que l'on nous fait : Il ne se produit aucun bien des choses qui sont distantes et séparées; or, celui-ci vient des choses distantes et séparées. Ce que vous demandez, mon cher Lucile, appartient à la même question; mais il est d'un autre lieu, c'est pourquoi je l'avais remis à un autre temps, avec quelques autres choses de même nature. Car il y a, comme vous savez, des matières de dialectique qui sont mêlées avec celles de la morale; ce qui m'a obligé de traiter séparément ce qui regarde les mœurs : par exemple, si c'était folie d'étendre ses soins au delà de la mort. Si nos biens périssent avec nous, s'il n'en reste rien à celui qui n'est plus, et si nous pouvons ressentir quelque fruit de ce qui nous arrivera un jour, avant même que nous le puissions goûter. Mais comme toutes ces choses dépendent de la morale, je les ai mises en leur lieu. J'ai mis aussi à part ce que les dialecticiens disent contre cette opinion. Cependant, puisque vous voulez le tout ensemble, je vous exposerai

---

scapularum ac pectoris tuber elisus, cui multæ moriendi causæ etiam citra crucem fuerant, trahere animam tormenta tracturam? Nega nunc magnum beneficium esse naturæ, quod necesse est mori. Multi pejora adhuc pacisci parati sunt; etiam amicum prodere, ut diutius vivant, et liberos ad stuprum manu sua tradere, ut contingat lucem videre, tot consciam scelerum. Excutienda vitæ cupido est, discendumque, nihil interesse, quando patiaris quod quandoque patiendum est. Quam bene vivas refert, non quamdiu; sæpe autem in hoc est bene, ne diu. Vale.

EPISTOLA CII.

CLARITATEM POST MORTEM BONUM ESSE.

Quomodo molestus est jucundum somnium videnti, qui excitat (aufert enim voluptatem, etiamsi falsam, effectum tamen veræ habentem) : sic epistola tua mihi fecit injuriam; revocavit enim me, cogitationi aptæ traditum, et iturum, si licuisset, ulterius. Juvabat de æternitate animarum quærere, imo mehercules credere : credebam enim me facile opinionibus magnorum virorum, rem gratissimam promittentium magis, quam probantium. Dabam me spei tantæ : jam eram fastidio mihi; jam reliquias ætatis infractæ contemnebam, in immensum illud tempus, et in possessionem omnis ævi transiturus, quum subito experrectus sum epistola tua accepta, et tam bellum somnium perdidi. Quod repetam, si te dimisero, et redimam.

Negat me epistola prima totam quæstionem explicuisse, in qua probare conabar id, quod nostris placet, « claritatem, quæ post mortem contingit, bonum esse. » Id enim me non solvisse, quod opponitur nobis : Nullum, inquiunt, bonum ex distantibus; hoc autem ex distantibus constat. — Quod interrogas, mi Lucili, ejusdem quæstionis est, loci alterius; et ideo non hoc tantum, sed alia quoque eodem pertinentia, distuleram. Quædam enim, ut scis, moralibus rationalia immixta sunt. Itaque illam partem rectam, et ad mores pertinentem, tractavi : Numquid stultum sit ac supervacuum, ultra extremum diem curas transmittere? an cadant bona nostra nobiscum, nihilque sit ejus, qui nullus est? an ex eo, quod, quum erit, sensuri non sumus, antequam sit, aliquis fructus percipi, aut peti possit? Hæc omnia ad mores spectant; itaque suo loco posita sunt. At quæ a dialecticis contra hanc opinionem dicuntur, segreganda fuerunt, et ideo seposita sunt. Nunc, quia omnia exigis, omnia, quæ dicunt, persequar; deinde singulis occurram.

Nisi aliquid prædixero, intelligi non poterunt, quæ

ce qu'ils disent en gros, puis j'y répondrai en détail; mais parce que l'on ne pourrait pas entendre ce que je veux réfuter, il est besoin que j'avance quelques propositions.

Il y a des corps qui sont continus, comme l'homme; d'autres qui sont composés, comme un navire, une maison, et généralement toutes les choses dont les parties sont jointes ensemble par quelque liaison; d'autres qui sont formés de parties distantes et séparées, comme une armée, un peuple, un sénat; car ceux qui composent les corps sont unis ensemble par l'observance des mêmes lois, ou par l'exercice des mêmes fonctions; mais ils sont distincts et séparés par la singularité de leurs personnes. Je dis encore que nous ne croyons pas que ce qui consiste en choses distinctes et divisées puisse être appelé bien; car un bien ne doit avoir qu'un esprit et une raison principale qui le régisse et qui le soutienne; si vous en désirez la preuve, elle est évidente d'elle-même. Cela présupposé : « Vous soutenez, disent-ils, que le bien ne procède pas des choses qui sont distantes, mais la gloire ne procède que de l'estime des gens de bien; car, de même qu'une seule bouche ne produit pas l'estime ni l'infamie, aussi l'approbation d'un seul homme de bien ne saurait établir la gloire; cela demande le consentement de plusieurs grandes et illustres personnes qui sont distantes et séparées; par conséquent la gloire n'est pas un bien. La gloire, disent-ils encore, est une louange que plusieurs gens de bien donnent à un homme vertueux; cette louange est un discours, et un discours est une voix qui signifie quelque chose; mais cette voix, quoiqu'elle procède de gens de bien, n'est pourtant pas un bien. Car tout ce que fait un homme de bien n'est pas toujours un bien; il siffle, il frappe des mains, et ceux qui admirent toutes ses actions ne diront pas que cela soit un bien, non plus que quand il tousse ou qu'il éternue; la gloire n'est donc pas un bien. Au fond, dites-nous si ce bien appartient à celui qui loue ou à celui qui est loué. Si vous dites qu'il appartient à celui qui loue, cela est aussi ridicule que si vous disiez que la santé d'autrui fût la mienne. Mais c'est une honnête action de louer ceux qui le méritent. Aussi, cette action est un bien qui appartient à celui qui loue, et non à celui qui est loué; c'est de quoi il était question.» Maintenant je veux répondre, en passant, à chacune de ces objections.

Premièrement, on demande encore aujourd'hui si le bien se peut former de choses distantes, et l'on est partagé sur ce différend. En second lieu, la bonne réputation n'a pas besoin de la multitude des suffrages; elle peut être contente de l'estime d'un seul homme de bien, qui est capable de porter jugement de tous les autres. Quoi donc, me répondra-t-on, l'estime d'un seul homme ou le blâme d'un méchant esprit produira-t-il la bonne réputation ou l'infamie, c'est-à-dire une gloire répandue en divers lieux, qui ne se forme que par le sentiment unanime de plusieurs personnes? Je dis que la considération d'une seule personne est quelquefois bien différente de celle de plusieurs autres. Pourquoi? Parce que si un homme de bien a bonne opinion de moi, cela m'est autant que si tous les gens de bien avaient le même sentiment. Ils l'auraient en effet, s'ils

refellentur. Quid est, quod prædicere velim? Quædam continua esse corpora, ut hominem; quædam esse composita, ut navem, domum, omnia denique quorum diversæ partes junctura in unum coactæ sunt; quædam ex distantibus, quorum adhuc membra separata sunt, tanquam exercitus, populus, senatus : illi enim, per quos ista corpora efficiuntur, jure non est bonum. Quid est, quod etiam nunc prædicere velim? Nullum bonum putamus esse, quod ex distantibus constat : uno enim spiritu unum bonum contineri ac regi debet, unum esse unius boni principale. Hoc, si quando desideraveris, per se probatur; interim ponendum fuit, quia in nos nostra tela mittuntur.

« Dicitis, inquit, nullum bonum ex distantibus esse; claritas autem ista, bonorum virorum secunda opinio est. Nam quomodo fama non est unius sermo, nec infamia unius mala existimatio; sic nec claritas, uni bono placuisse. Consentire in hoc plures insignes et spectabiles viri debent, ut claritas sit. Hæc autem ex judiciis plurium efficietur, id est, distantium : ergo non est bonum. Claritas, inquit, laus est a bonis bono reddita; laus oratio; oratio vox est, aliquid significans; vox autem, licet bonorum virorum sit, bonum non est. Nec enim, quidquid vir bonus facit, bonum est : nam et plaudit, et sibilat; sed nec plausum quisquam, nec sibilum, licet omnia ejus admiretur et laudet, bonum dicit; non magis quam sternutamentum, aut tussim. Ergo claritas bonum non est. Ad summam, dicite nobis, utrum laudantis, an laudati bonum sit? Si laudantis bonum esse dicitis, tam ridiculam rem facitis, quam si affirmetis meum esse, quod alius bene valeat. Sed laudare dignos, honesta actio est : ita laudantis bonum est, cujus actio est; non nostrum, qui laudamur : atqui hoc quærebatur. »

Respondebo nunc singulis cursim. Primum, an sit aliquod ex distantibus bonum, etiam nunc quæritur; et pars utraque sententias habet. Deinde, claritas non desiderat multa suffragia; potest et unius boni viri judicio esse contenta : nam omnes bonos bonus unus judicat. — « Quid ergo? inquit, et fama erit unius hominis existimatio, et infamia unius malignus sermo? Gloriam quoque, inquit, latius fusam intelligo; consensum enim multorum exigit.»

— Diversa horum conditio est, et illius. Quare? quia, si de me bene vir bonus sentit, eodem loco sum, quo, si omnes boni idem sentirent; omnes enim, si me cogno-

me connaissaient, le jugement des personnes qui ne sauraient disconvenir, se trouvant toujours semblable. Ainsi c'est autant que si tous y consentaient, parce qu'ils ne pourraient pas avoir une autre opinion. Oui, mais pour la gloire et pour la réputation une seule voix ne suffit pas : je le dis encore; parmi ces personnes-là, l'avis d'un seul vaut autant que celui de tous les autres, parce qu'ils le suivraient infailliblement, si on leur demandait leur sentiment. Mais, parmi le commun des hommes, les opinions ne sont pas moins différentes que sont les inclinations. Tout est incertain, léger et suspect. Pensez-vous qu'ils puissent être tous d'un même sentiment, s'il ne s'en trouve pas un qui en ait un fixé et arrêté ? Ceux-là aiment la vérité de qui la force est toujours égale aussi bien que le visage; ceux-ci s'abandonnent à la fausseté, qui n'a jamais de conformité ni de consistance.

Mais, disent-ils, la louange n'est autre chose qu'une voix; or, la voix n'est pas un bien. En disant que la réputation est une louange que les gens de bien rendent à la vertu, ils n'en rapportent pas cette louange à la voix, mais à l'opinion; car quoiqu'un homme de bien juge un autre digne de louange, sans dire mot, il le loue assez. D'ailleurs il y a différence entre louange et louer; celui-ci a besoin de la voix : d'où vient que l'on ne dit pas la louange funèbre, mais l'oraison funèbre, qui ne consiste qu'en un discours ou en un éloge? Quand nous disons que quelqu'un est digne de louange, nous ne lui promettons pas les paroles, mais plutôt le jugement favorable des hommes. Par conséquent, la louange peut procéder d'une personne qui ne dit mot, et qui loue un homme de bien dans son cœur. et puis, comme je l'ai dit, la louange se rapporte à l'opinion, et non aux paroles qui la manifestent. C'est louer un homme, en effet, que de croire qu'il doit être loué. Quand ce tragique dit que c'est une chose magnifique d'être loué lui-même par un homme qui est loué, il entend par un homme qui est digne de louange. Quand le poète ancien dit aussi : La louange nourrit les arts, il ne dit pas louer les arts, car ce serait les corrompre. Il est certain qu'il n'y a rien qui ait tant altéré l'éloquence et les autres sciences qui sont destinées pour l'oreille, que les applaudissements et les acclamations populaires. Il est bien vrai que la renommée demande le secours de la voix; mais l'estime se peut acquérir sans ce secours, et n'a besoin que du jugement. Elle demeure en son entier, soit qu'on parle contre elle, soit que l'on n'en dise rien. Je vous veux dire en quoi l'estime diffère de la gloire La gloire vient du jugement de plusieurs personnes, et l'estime de l'opinion des gens de bien seulement. A qui, demandent-ils, appartiendra cette estime, c'est-à-dire la louange que les bons donnent aux bons? Est-ce à ceux qui sont loués, ou à ceux qui louent? Je réponds : C'est aux uns et aux autres. A moi, premièrement, qui suis loué, et qui, aimant naturellement tous les hommes, me réjouis d'avoir fait du bien et d'avoir trouvé des personnes reconnaissantes de mes bonnes actions. C'est le bien d'autrui d'être reconnaissant, mais c'est aussi le mien; car je suis de cette humeur, que j'estime le bien d'autrui comme le mien propre, particulièrement celui qu'on reçoit par mon

verint, idem sentient. Par illis idemque judicium est; æque vero insistitur ab his, qui dissidere non possunt. Ita pro eo est, ac si omnes idem sentiant, quia aliud sentire non possunt. Ad gloriam non satis unius opinio. Illic idem potest unius sententia, quod omnium; quia omnium, si perrogetur, una erit; hic diversa dissimilium judicia sunt, dissimiles affectus; dubia omnia invenias, levia, suspecta. Putas tu posse unam omnium esse sententiam? non est unius una sententia. Illi placet verum; veritatis una vis, una facies est; apud hos falsa sunt, quibus assentiuntur. Nunquam autem falsis constantia est; variantur et dissident. — « Sed laus, inquit, nihil aliud quam vox est : vox autem bonum non est. » — Quum dicant, claritatem esse laudem bonorum, a bonis redditam; jam non ad vocem referunt, sed ad sententiam. Licet enim vir bonus taceat, sed aliquem judicet dignum laude esse, laudatus est. Præterea, aliud est laus, aliud laudatio : hæc et vocem exigit : itaque nemo dicit laudem funebrem, sed laudationem, cujus officium oratione constat. Quum dicimus aliquem laude dignum, non verba illi benigna hominum, sed judicia promittimus. Ergo laus etiam taciti est bene sentientis, ac bonum virum apud se laudantis. Deinde, ut dixi, ad animum refertur laus, non ad verba, quæ conceptam laudem egerunt, et in notitiam plurium emittunt. Laudat, qui laudandum esse judicat. Quum Tragicus ille apud nos ait, « Magnificum esse laudari a laudato viro; » laude digno, ait. Et quum æque antiquus poeta ait,

. . . . . . Laus alit artes;

non laudationem dicit, quæ corrumpit artes : nihil enim æque et eloquentiam, et omne aliud studium auribus deditum vitiavit, quam popularis assensio. Fama vocem utique desiderat, claritas non : potest enim citra vocem contingere, contenta judicio; plena est, non tantum inter tacentes, sed etiam inter reclamantes. Quid intersit inter claritatem et gloriam, dicam. Gloria multorum judiciis constat, claritas bonorum.

« Cujus, inquit, bonum est claritas, id est, laus bono a bonis reddita? utrum laudati, an laudantis? » — Utriusque : meum, qui laudor; quia natura me amantem omnium genuit, et bene fecisse gaudeo, et gratos me invenisse virtutum interpretes lætor. Hoc plurium bonum est, quod grati sunt; sed et meum. Ita enim animo com-

moyen. Voilà le bien de ceux qui louent; car c'est une action de vertu, et toute action de vertu est un bien. Cela ne leur serait pas arrivé, si je ne m'étais mis dans cet état : ainsi, c'est un bien de part et d'autre, d'être loué pour son mérite, comme c'est un avantage de bien juger, tant au regard de celui qui juge que de celui qui profite du jugement. Doutez-vous que la justice ne soit un bien tant pour celui qui la rend que pour celui auquel elle est rendue? Or, il y a de la justice à louer celui qui le mérite; c'est donc un bien commun à l'un et à l'autre. Nous avons suffisamment répondu à ces chicaneurs; mais notre intention n'a pas été de débiter des subtilités et de tirer la philosophie de son trône, pour la jeter dans ces détroits. Il vaut bien mieux aller le droit chemin, que de s'engager dans ces labyrinthes, d'où l'on a bien de la peine à se développer. Car, en vérité, toutes ces disputes ne sont autre chose que des jeux de personnes qui se veulent adroitement surprendre. Montrez-nous plutôt combien il est naturel à l'homme de porter ses pensées jusqu'à l'infini. L'esprit de l'homme est quelque chose de grand et de généreux qui ne souffre point d'autres bornes que celles qui sont communes avec Dieu; il ne reconnait pour sa patrie aucun endroit ici-bas, soit Éphèse, Alexandrie ou quelque autre lieu plus spacieux ou plus habité. Sa véritable patrie est l'enceinte de tout cet univers, et cette voûte qui enferme les mers et les terres, où l'air unit, sans le confondre, ce qui est mortel avec ce qui est divin, ou tant d'intelligences sont rangées pour y exercer leurs fonctions. De plus, il ne veut pas qu'on lui donne un terme si court : tous les âges, dit-il, m'appartiennent. Il n'y a point de siècle fermé pour les grands génies, ni de temps impénétrable à la pensée. Le jour étant venu qui doit séparer ce qu'il y a chez moi de mortel et de divin, je laisserai ce corps où je l'ai trouvé, et je m'en retournerai en la compagnie des dieux. Je n'en suis pas à cette heure entièrement privé, je suis seulement retenu par la pesanteur de la matière. Ce séjour mortel est comme un prélude d'une meilleure et d'une plus longue vie. Comme le sein de notre mère nous retient neuf mois enfermés, afin de nous préparer non pour lui, mais pour le lieu où il nous envoie lorsque nous sommes capables de respirer l'air de et demeurer à découvert, ainsi, depuis le bas âge jusqu'à la vieillesse, nous demeurons dans le sein de la nature pour être enfantés à une autre vie et à un état plus avantageux qui nous attend. Nous ne pouvons encore souffrir le ciel ni ses brillants, qu'à une longue distance. Regardez donc sans peur cette heure fatale, qui est la dernière du corps, et non point la dernière de l'âme. Considérez tous les biens qui vous environnent comme les biens d'une hôtellerie où vous passez; il faut déloger, et la nature fouille ceux qui sortent, comme ceux qui y entrent. Il n'est pas permis d'en emporter davantage que l'on en a apporté. Il en faut même quitter une bonne partie. Ou vous ôtera cette peau dont vous êtes couvert; on vous ôtera cette chair et ce sang qui se répand dans tous vos membres; enfin, l'on

positus sum, ut aliorum bonum meum judicem; utique eorum, quibus ipse sum boni causa. Est istud laudantium bonum; virtute enim geritur ; omnis autem virtutis actio bonum est. Hoc contingere illis non potuisset, nisi ego talis essem. Itaque utriusque bonum est, merito laudari; tam mehercule, quam bene judicasse, judicantis bonum est, et ejus, secundum quem judicatum est. Numquid dubitas quin justitia et habentis bonum sit, et ejus, cui debitum solvit? Merentem laudare justitia est : ergo utriusque bonum est.

Cavillatoribus istis abunde responderimus. Sed non debet hoc nobis esse propositum, arguta disserere, et philosophiam in has angustias ex sua majestate detrahere. Quanto satius est, ire aperta via et recta, quam sibi ipsi flexus disponere, quos cum magna molestia debeas relegere? Neque enim quidquam aliud istæ disputationes sunt, quam inter se perite captantium lusus. Dic potius, quam naturale sit, in immensum mentem suam extendere. Magna et generosa res est humanus animus; nullos sibi poni, nisi communes et cum Deo, terminos patitur. Primum, humilem non accipit patriam Ephesum aut Alexandriam, aut si quod est etiamnunc frequentius incolis, lætius tectis solum. Patria est illi quodcumque suprema et universa circuitu suo cingit; hoc omne convexum, intra quod jacent maria cum terris; intra quod aer, humanis divina secernens, etiam conjungit; in quo disposita tot numina in actus suos excubant. Deinde, arctam ætatem sibi dari non sinit; omnes, inquit, anni mei sunt; nullum sæculum magnis ingeniis clusum est, nullum non cogitationi pervium tempus. Quum venerit dies ille, qui mixtum hoc divini humanique secernat, corpus hic, ubi inveni, relinquam; ipse me diis reddam. Nec nunc sine illis sum, sed gravi terrenoque detineor carcere. Per has mortalis ævi moras illi meliori vitæ longiorique proluditur. Quemadmodum novem mensibus tenet nos maternus uterus, et præparat non sibi, sed illi loco, in quem videmur emitti, jam idonei spiritum trahere, et in aperto durare, sic per hoc spatium, quod ab infantia patet in senectutem, in alium naturæ maturescimus partum. Alia origo nos expectat, alius rerum status. Nondum cœlum, nisi ex intervallo, pati possumus.

Proinde intrepidus horam illam decretoriam prospice; non est animo suprema, sed corpori. Quidquid circa te jacet rerum, tanquam hospitalis loci sarcinas specta; transeundum est. Excutit redeuntem natura, sicut intrantem. Non licet plus efferre, quam intuleris; imo etiam ex eo, quod ad vitam attulisti, pars magna ponenda est. Detrahetur tibi hæc circumjecta, novissimum velamentum tui, cutis; detrahetur caro et suffusus sanguis discurrensque per totum; detrahentur ossa nervique, firmamenta

vous ôtera jusqu'aux os et aux nerfs qui soutiennent les parties qui ont moins de consistance et de fermeté.

Ce jour, que vous appréhendez comme le dernier de votre vie, est celui de votre naissance pour l'éternité. Laissez cette charge; que tardez-vous comme si vous n'étiez pas déjà sorti d'un corps où vous avez demeuré caché? Vous hésitez, vous reculez; ce fut aussi avec de grands efforts que votre mère vous poussa dehors. Vous soupirez, vous pleurez. Quand vous naquites, vous pleuriez aussi; mais on vous le devait pardonner, car vous n'aviez encore nulle expérience. Étant sorti des entrailles de votre mère où vous étiez comme dans une étuve, vous fûtes exposé à un plus grand air; vous fûtes manié et froissé par des mains dures et grossières. Et tout tendre et ignorant que vous étiez, vous demeurâtes étonné parmi des choses que vous ne connaissiez pas. Maintenant vous ne devez pas trouver étrange d'être séparé de ce dont vous faisiez auparavant une partie. Laissez librement des membres qui ne vous servent plus de rien. Abandonnez ce corps, où vous n'habitez que depuis peu de temps. Mais il sera déchiré, écrasé, anéanti; de quoi vous fâchez-vous? Il en arrive ainsi d'ordinaire, on jette les peaux qui enveloppent les enfants quand ils viennent au monde. Pourquoi les aimez-vous comme si elles vous appartenaient? Parce que peut-être vous en êtes couvert? Un jour viendra qui vous ôtera cette couverture, et vous retirera de ce ventre vilain et infect où vous êtes logé. Cependant, échappez autant que vous le pourrez; défaites-vous de tout ce qui n'est point nécessaire, et commencez à prendre des pensées plus relevées. Les secrets de la nature vous seront un jour révélés. Les ténèbres seront dissipées, et la lumière vous environnera de tous côtés. Imaginez-vous quelle clarté produiront tant d'astres, qui mêleront leurs lumières ensemble. Il n'y aura point de nuage qui trouble la sérénité. Le ciel sera partout également lumineux, puisque le jour et la nuit ne sont faits que pour la terre. Vous direz alors que vous avez vécu dans les ténèbres, voyant la lumière toute pleine que vous regardez maintenant et que vous admirez de loin par les fenêtres obscures de vos yeux. Que direz-vous de cette clarté divine quand vous la pénétrerez dans sa source?

Cette pensée doit éloigner de notre âme tout ce qui est bas, sordide et criminel; elle nous dit que les dieux sont témoins de toutes nos actions; que nous devons rechercher leur approbation, nous préparer pour le ciel, nous proposer une éternité. Quand on est bien persuadé, on voit les armées en bataille, on entend les menaces sans crainte et sans émotion. Pourquoi un homme, qui espère de mourir, ne serait-il pas exempt de toute appréhension, vu même que celui qui croit que l'âme ne dure qu'autant de temps qu'elle remue dans le corps, et qu'elle s'évanouit aussitôt qu'elle en est détachée, fait tout ce qu'il peut pour se rendre utile et considérable après sa mort? Car, quoiqu'on ne le voie plus, toutefois

    La vertu du héros, sa naissance et sa gloire
    Se viennent présenter souvent à la mémoire.

Si vous considérez le profit qu'apportent les bons exemples, vous trouverez que le souvenir des grands hommes n'est pas moins utile que leur présence.

---

fluidorum ac labentium. Dies iste, quem tanquam extremum reformidas, æterni natalis est. Depone onus! quid cunctaris, tanquam non prius quoque, relicto, in quo latebas, corpore exieris? Hæres, reluctaris; tunc quoque magno nisu matris expulsus es. Gemis, ploras; et hoc ipsum flere nascentis est. Sed tunc debebat ignosci; rudis et imperitus omnium veneras; ex maternorum viscerum calido mollique fomento emissum afflavit aura liberior, deinde offendit duræ manus tactus; tenerque adhuc, et nullius rei gnarus, obstupuisti inter ignota. Nunc tibi non est novum, separari ab eo, cujus ante pars fueris; æquo animo membra jam supervacua dimitte, et istud corpus inhabitatum diu pone. Scindetur, obruetur, abolebitur. Quid contristaris? ita solet fieri! pereunt sæpe velamenta nascentium. Quid ista sic diligis, quasi tua? Istis opertus es? Veniet, qui te revelet, dies, et ex contubernio fœdi atque olidi ventris educat.

Hinc nunc quoque tu, quantum potes, subvola; carisque etiam ac necessariis cohære, ut alienus. Jam hinc altius aliquid sublimiusque meditare. Aliquando naturæ tibi arcana retegentur, discutietur ista caligo, et lux undique clara percutiet. Imaginare tecum, quantus ille sit fulgor, tot sideribus inter se lumen miscentibus. Nulla serenum umbra turbabit; æqualiter splendebit omne cœli latus; dies et nox aeris infimi vices sunt. Tunc in tenebris vixisse te dices, quum totam lucem totus aspexeris, quam nunc, per angustissimas oculorum vias, obscure intueris, et tamen admiraris illam jam procul. Quid tibi videbitur divina lux, quum illam suo loco videris? Hæc cogitatio nihil sordidum animo subsidere sinit, nihil humile, nihil crudele. Deos rerum omnium esse testes ait; illis nos approbari, illis in futurum parari jubet, et æternitatem proponere, quam qui mente concepit, nullos horret exercitus, non terretur tuba, nullis ad timorem minis agitur. Quidni non timeat, qui mori sperat? si is quoque, qui animum tamdiu judicat manere quamdiu retinetur corporis vinculo, solutum statim spargi, id agit, ut etiam post mortem utilis esse possit. Quamvis enim ipse ereptus sit oculis, tamen

    Multa viri virtus animo, multusque recursat
    Gentis honos.

Cogita, quantum nobis exempla bona prosint; scies magnorum virorum, non minus quam præsentiam, esse utilem memoriam. Vale.

ÉPITRE CIII.

Qu'un homme à tous moments a sujet de se défier d'un autre homme. — Qu'il ne faut point se prévaloir du nom de la philosophie, ni s'éloigner des coutumes qui sont reçues.

Pourquoi prenez-vous garde de si près à ce qui peut vous arriver et qui peut aussi ne vous arriver pas, comme l'incendie ou la chute d'une maison, et d'autres accidents qui viennent purement du hasard? Défiez-vous plutôt et tâchez de vous préserver de ceux qui tâchent de vous surprendre. Ces malheurs sont assez rares, quoique très-fâcheux, de faire naufrage ou d'être renversé dans quelque choc; mais à tout moment un homme est en danger d'être surpris par un autre homme : c'est ce que vous devez considérer attentivement et vous tenir toujours sur vos gardes, n'y ayant point de mal dans le monde qui soit plus fréquent, plus opiniâtre, ni qui se glisse plus tôt. L'orage gronde avant qu'il éclate; un bâtiment menace de sa chute avant qu'il tombe; la fumée paraît avant le feu; mais le mal qui vient de l'homme est prompt et subit; plus il s'approche plus on a soin de le cacher. Vous vous trompez si vous prenez confiance en l'extérieur de tous ceux qui se présentent à vous; ils ont le visage d'homme et le cœur de bêtes sauvages, si ce n'est que le premier effort de celles-ci est plus dangereux à ceux qu'elles rencontrent; mais elles ne font jamais de mal que la faim ou la crainte ne les y oblige. Au contraire, un homme prend plaisir à faire périr un autre homme. Toutefois, en considérant le danger qu'il y a du côté de l'homme, pensez aussi aux devoirs et aux obligations de l'homme, l'un pour n'être pas offensé, et l'autre pour n'offenser personne. Réjouissez-vous du bien d'autrui, et soyez fâché de son malheur. Souvenez-vous de ce que vous devez faire et de ce que vous devez éviter. Que gagnerez-vous en vivant de la sorte? que l'on ne vous trompera pas au moins, si vous ne pouvez empêcher qu'on vous fasse du mal. Mais retirez-vous, autant que vous le pourrez, à l'abri de la philosophie; elle vous conservera dans son sein. Vous serez en repos dans son sanctuaire et plus assuré qu'en tout autre lieu. On ne s'entre-choque que quand on passe dans un même endroit. Il ne faut pas pourtant tirer vanité de cette même philosophie. Bien des gens, pour s'en être glorifiés avec insolence, sont tombés en de grands périls. Servez-vous-en pour corriger vos défauts, et non pas pour blâmer ceux d'autrui. Ne vous éloignez point des coutumes qui sont publiques, et vivez de sorte que l'on ne croie pas que vous voulez condamner tout ce que vous ne faites pas. On peut être sage sans montrer du faste et sans attirer l'envie.

ÉPITRE CIV.

Que c'est une marque de bonté de vouloir bien conserver sa vie pour la considération de ses amis. — Les voyages amusent les hommes et ne les changent pas. — Pour se maintenir en liberté il faut mépriser les voluptés et les richesses.

Je m'en suis fui en ma maison de Nomentan : savez-vous pourquoi? C'était afin de quitter la ville, ou plutôt pour me défaire de la fièvre qui m'avait attrapé. Je fis aussitôt mettre les chevaux au carrosse, et je voulus partir, quoique Pauline,

EPISTOLA CIII.
HOMINI AB HOMINE PRÆCIPUE CAVENDUM.

Quid ista circumspicis, quæ tibi possunt fortasse evenire, sed possunt et non evenire? incidentium dico ruinam. Aliqua nobis incidunt, non insidiantur : illa potius vide, illa devita, quæ nos observant, quæ captant. Rariores sunt casus, etiamsi graves, naufragium facere, vehiculo everti; ab homine homini quotidianum periculum. Adversus hoc te expedi, hoc intentis oculis intuere; nullum est malum frequentius, nullum pertinacius, nullum blandius. Tempestas minatur, antequam surgat; crepant ædificia, antequam corruant; præuntiat fumus incendium : subita est ex homine pernicies, et eo diligentius tegitur, quo propius accedit. Erras, si istorum, tibi qui occurrunt, vultibus credis : hominum effigies habent, animos ferarum, nisi quod illarum perniciosior est primus incursus : quos transiere, non quærunt; non quam enim illas ad nocendum, nisi necessitas, injicit. Hæ aut fame, aut timore coguntur ad pugnam : homini perdere hominem libet. Tu tamen ita cogita quod ex homine periculum sit, ut cogites quod sit hominis officium. Alterum intuere, ne lædaris; alterum, ne lædas. Commodis omnium lætaris, movearis incommodis; et memineris quæ præstare debeas, quæ cavere. Sic vivendo quid consequeris? non, ut ne noceant; sed ne fallant. Quantum potes autem, in philosophiam secede; illa te sinu suo proteget; in hujus sacrario eris aut tutus, aut tutior. Non arietant inter se, nisi in eodem ambulantes. Quid autem? ipsam philosophiam non debebis jactare; multis fuit periculi causa, insolenter tractata et contumaciter. Tibi vitia detrahat, non aliis exprobret; nec abhorreat a publicis moribus; nec hoc agat, ut, quidquid non facit, damnare videatur. Licet sapere sine pompa, sine invidia. Vale.

EPISTOLA CIV.
DE INVALETUDINE SUA, ET CARITATE IN SE UXORIS : ANIMI MALA PEREGRINATIONE NON SANARI : CUM PRISCIS ET MAGNIS VIRIS VIVENDUM.

In Nomentanum meum fugi, — quid putas? urbem? — imo febrem, et quidem subrepentem. Jam manum mihi injecerat; protinus itaque parari vehiculum jussi, Paulina mea retinente. Medicus initia esse dicebat, motis

ma femme, fit effort pour me retenir, et que le médecin jugeât, par l'émotion de mon pouls, qui était plus fréquent qu'à l'ordinaire, que c'était le commencement de l'accès. Il me vint à la bouche que j'avais ouï dire autrefois à Galion, lequel, au premier assaut d'une fièvre qui le surprit en Achaïe, se remit en mer, criant tout haut que c'était la maladie du lieu et non pas la sienne. Je dis cela à Pauline qui, avec empressement, me recommandait le soin de ma santé. Car, comme je sais que son salut est attaché au mien, je commence à prendre soin de ma conservation, afin de procurer la sienne, perdant ainsi l'avantage de ma vieillesse, qui m'a endurci à beaucoup d'incommodités. Je m'imagine que dans la peau de ce vieillard il y a un jeune homme que l'on veut ménager; c'est pourquoi, comme je ne puis exiger qu'elle ait pour moi plus d'amour et de tendresse, elle exige que j'aie pour moi-même plus d'indulgence et de précaution. Certainement il faut considérer les affections honnêtes, et, quelque raison qui nous presse de sortir de la vie, il y faut demeurer pour le service de nos amis, quand ce serait avec une peine extrême, puisqu'il est du devoir d'un honnête homme de vivre, non pas autant qu'il lui sera agréable, mais autant qu'il est expédient. Celui qui n'estime point assez sa femme ou son ami pour rester en vie et quitter la résolution d'en sortir, est, à mon avis, bien délicat. Il faut que l'homme ait le pouvoir sur soi de ne point rechercher la mort pour son soulagement, et, s'il a commencé, qu'il s'en départe pour la considération de ses amis. C'est une action de grand courage de vouloir retourner à la vie pour l'amour d'autrui, et l'on en trouve assez d'exemples en ces grands hommes de l'antiquité. C'est aussi une marque de bonté fort considérable de se conserver avec plus de soin dans la vieillesse, voyant l'avantage qu'en reçoivent les personnes qui nous aiment et que nous aimons, quoique la plus grande commodité de cet âge soit d'user de sa vie avec plus d'assurance et de liberté. D'ailleurs c'est un assez grand plaisir de se voir tellement chéri de sa femme que l'on soit obligé de s'en aimer davantage. Ainsi, l'on peut dire que Pauline ne craint qu'à cause de moi, et que je ne crains pour moi qu'à cause de Pauline; mais vous voulez savoir quel a été le succès de mon voyage.

Dès que je fus hors du mauvais air de la ville et de la fumée des cuisines, qui, lorsqu'on les nettoie, jettent avec la poussière cette puante vapeur qu'elles tenaient enfermée, je sentis du changement en ma personne. Combien croyez-vous que mes forces augmentèrent, lorsque j'eus atteint le vignoble? Quand je fus entré dans la plaine, je commençai à manger et me trouvai remis. Cette langueur de mauvais augure, qui paraissait sur mon visage, cessa entièrement, et je commence déjà à étudier à bon escient. Ce n'est pas que le lieu serve de beaucoup à cela, si l'esprit, qui peut être en secret parmi le tracas des affaires, n'a soin de se recueillir. Un homme qui fait choix des pays et qui cherche curieusement son repos, trouvera partout des occasions qui l'empêcheront. On dit que Socrate répondit à celui qui se plaignait de ne s'être point amendé dans ses voyages : « Ce n'est pas sans raison qu'il en est ainsi arrivé, parce que vous vous faisiez compagnie. » O! qu'il serait avan-

---

venis, et incertis, et naturalem turbantibus modum. Exire perseveravi. Illud mihi in ore erat domini mei Gallionis, qui, quum in Achaia febrem habere cœpisset, protinus navem ascendit, clamitans non corporis esse, sed loci morbum. Hoc ego Paulinæ meæ dixi, quæ mihi valetudinem meam commendat. Nam, quum sciam spiritum illius in meo verti, incipio, ut illi consulam, mihi consulere; et, quum me fortiorem senectus ad multa reddiderit, hoc beneficium ætatis amitto. Venit enim mihi in mentem, in hoc sene et adolescentem esse, cui parcitur. Itaque, quoniam ego ab illa impetro, ut me fortius amet, impetrat illa a me, ut me diligentius amem. Indulgendum est enim honestis affectibus; et interdum, etiam si premunt causæ, spiritus in honorem suorum vel cum tormento revocandus, et in ipso ore retinendus est; quum bono viro vivendum sit, non quamdiu juvat, sed quamdiu oportet. Ille, qui non uxorem, non amicum tanti putat, ut diutius in vita commoretur, qui perseverat mori, delicatus est. Hoc quoque imperet sibi animus, ubi utilitas suorum exigit; nec tantum, si vult mori, sed si cœpit, intermittat, et suis se commodet. Ingentis animi est, aliena causa ad vitam reverti; quod magni viri sæpe fecerunt. Sed hoc quoque summæ humanitatis existimo, senectutem suam, cujus maximus fructus est securior sui tutela, et vitæ usus animosior, attentius conservare, si scias alicui tuorum esse dulce, utile, optabile. Habet præterea in se non mediocre ista res gaudium et mercedem : quid enim jucundius, quam uxori tam carum esse, ut propter hoc tibi carior fias? Potest itaque Paulina mea non tantum suum mihi timorem imputare, sed etiam meum.

Quæris ergo, quomodo mihi consilium profectionis cesserit?—Ut primum gravitatem urbis excessi, et illum odorem culinarum fumantium, quæ motæ, quidquid pestiferi vaporis obruerant, cum pulvere effundunt, protinus mutatam valetudinem sensi. Quantum deinde adjectum putas viribus, postquam vineas attigi? In pascuum emissus, cibum meum invasi. Repetivi ergo jam me : non permansit marcor ille corporis dubii et male cogitantis : incipio toto animo studere. Non multum ad hoc locus confert, nisi se sibi præstet animus, qui secretum, et in occupationibus mediis, si volet, habebit. At ille, qui regiones eligit, et otium captat, ubique, quo distringatur, inveniet. Nam Socratem querenti cuidam, quod ni-

tageux à bien des gens de se pouvoir quitter quelquefois, car ils ne font que s'inquiéter, s'effrayer et se corrompre eux-mêmes ! A quoi sert de traverser les mers et de passer de ville en ville? si vous voulez vous défaire des passions qui vous tourmentent, il faut changer de vie et non pas de lieu. Allez-vous-en à Athènes, allez à Rhodes, choisissez telle demeure que vous voudrez, il vous importe peu de quelle manière on y vive si vous y vivez à la vôtre. Vous mettrez toujours le souverain bien dans les richesses, et vous serez réellement affligé d'une pauvreté qui ne sera qu'imaginaire. Car, encore que vous possédiez de grands biens, si vous voyez quelqu'un qui en possède davantage, vous croirez qu'il vous manque ce que l'autre aura de plus. Si vous mettez la félicité dans les honneurs, vous serez fâché que celui-ci soit consul pour la première fois, et que l'autre le soit pour la seconde; vous aurez du chagrin toutes les fois que vous verrez le nom de quelque personne écrit dans les fastes. Vous serez si ambitieux que vous ne penserez avoir personne après vous. Si vous voyez quelqu'un qui vous précède, vous estimerez que la mort est un grand mal, encore qu'il n'y en ait point d'autre que la peur que l'on en a avant qu'elle arrive; vous vous effrayerez non-seulement du péril, mais encore du moindre soupçon; vous serez perpétuellement agité de vaines terreurs. Que vous servira

    D'avoir dans le combat écarté seul la presse
      Et traversé toute la Grèce ?

La paix même vous fournira des sujets de crainte, et votre esprit, étant une fois consterné, ne prendra plus de confiance aux choses les plus assurées ; car cette habitude de craindre sans aucun discernement nous met hors d'état de nous défendre on fuit le mal, on ne l'évite pas. Au contraire, on est plus exposé aux coups quand on leur tourne le dos. Vous estimerez encore que c'est un grand mal, et inconsolable de perdre quelqu'un de vos amis ; cependant c'est la même chose que si vous pleuriez en voyant tomber les feuilles des arbres qui servaient d'ornement à votre maison. Tout ce qui vous plaît ressemble à une verdure. La fortune en détachera quelque chose de jour à autre. Mais, comme on se console aisément de la chute des feuilles, parce qu'elles renaissent, on en doit user de même dans la perte des amis où l'on mettait le plaisir de la vie, parce qu'ils se peuvent remplacer, quoiqu'ils ne puissent renaître. Vous me direz : Ce ne sont pas les mêmes. Vous ne serez pas aussi le même que vous étiez; car vous changez à toute heure, voire à tout moment; cela se fait secrètement, et l'on ne s'en aperçoit pas en soi-même, comme l'on fait en beaucoup d'autres qui sont enlevés tout d'un coup; mais pour nous c'est un détachement qui se fait insensiblement et comme à la dérobée. Ne ferez-vous jamais de réflexion sur cela? Ne mettrez-vous point l'appareil sur le mal? Vous attirerez-vous toujours des sujets d'inquiétude en espérant tantôt une chose, puis en désespérant d'une autre ? Si vous êtes sage, vous mêlerez l'un avec l'autre, l'espérance avec le désespoir, et le désespoir avec l'espérance. A quoi trouvons-nous que les voyages aient encore profité? Voit-on qu'ils modèrent la convoitise et les voluptés, qu'ils répriment les fougues de la colère, ou qu'ils arrêtent la violence de

---

hil sibi peregrinationes profuissent, respondisse ferunt : « Non immerito hoc tibi evenit ! tecum enim peregrinaharis. » O quam bene cum quibusdam ageretur, si a se aberrarent ! Nunc primum se ipsos sollicitant, corrumpunt, territant.

Quid prodest mare trajicere, et urbes mutare? Si vis ista, quibus urgeris, effugere, non aliubi sis oportet, sed alius. Puta venisse te Athenas, puta Rhodon ; elige arbitrio tuo civitatem : quid ad rem pertinet, quos illa mores habeat? tuos afferes. Divitias judicabis bonum : torquebit te paupertas, et, quod est miserrimum, falsa; quamvis enim multum possideas, tamen, quia aliquis plus habet, tanto tibi videberis deficit, quanto vinceris. Honores judicas bonum : male te habebit ille consul factus; ille etiam refectus; invidebis quoties aliquem in fastis sæpius legeris. Tantus erit ambitionis furor, ut nemo tibi post te videatur, si aliquis ante te fuerit. Maximum malum judicabis mortem; quum in illa nihil sit mali, nisi, quod ante ipsam est, timeri. Exterrebunt te non tantum pericula, sed suspiciones; vanis semper agitaberis. Quid enim proderit,

. . . . Evasisse tot urbes
Argolicas, mediosque fugam tenuisse per hostes ?

Ipsa pax timores subministrabit; ne tutis quidem habebitur fides, consternata semel mente; quæ ubi consuetudinem pavoris improvidi fecit, et jam ad tutelam salutis suæ inhabilis est. Non enim vitat, sed fugit; magis autem periculis patemus aversi. Gravissimum judicabis malum, aliquem ex his, quos amabis, amittere ; quum interim hoc tam ineptum erit, quam flere quod arboribus amœnis et domum tuam ornantibus decidant folia. Quidquid te delectat, æque tibi, ut vides eas, dum virent. Utique alium alio die casus excutiet : sed, quemadmodum frondium jactura facilis est, quia renascuntur, sic istorum, quos amas, quosque oblectamento vitæ putas esse, damnum; quia reparantur, etiamsi non renascantur. — Sed non erunt iidem. — Ne tu quidem idem eris ! Omnis dies, omnis hora te mutat ; sed in aliis rapina facilius apparet; hic latet, quia non ex aperto fit. Alii auferuntur; at ipsi nobis, furto subducimur Horum nihil cogitabis, nec remedia vulneribus oppones, sed ipse tibi seres sollicitudinum causas, alia sperando, alia desperando. Si sapis, alterum alteri misceas; nec speraveris sine desperatione, nec desperaveris sine spe.

Quid per se peregrinatio prodesse cuiquam potuit? Non voluptates illa temperavit; non cupiditates refrænavit; non iras repressit, non indomitos amoris impetus fregit;

l'amour? Enfin, ils ne guérissent aucune des maladies de l'âme; ils ne chassent point l'erreur; ils ne donnent pas le bon sens, mais ils amusent l'homme un peu de temps par la nouveauté des choses qu'ils lui présentent, comme un enfant qui admire tout ce qu'il n'a jamais vu. Au reste, cette agitation rend l'inconstance naturelle de l'esprit humain plus inquiète et plus légère. De là vient qu'ils ont plus souvent envie de quitter un lieu qu'ils n'en avaient eu de le voir, et que, comme des oiseaux passagers, ils s'en retournent plus vite qu'ils n'étaient venus. Les voyages peuvent bien vous donner la connaissance des nations, vous faire voir des montagnes d'une forme extraordinaire, des campagnes d'une étendue prodigieuse, des vallons arrosés d'eaux qui ne tarissent jamais, les propriétés naturelles de quelque fleuve, comme le Nil se déborde en été, comme le Tigre se dérobe à la vue, cachant ses eaux sous la terre pour les reproduire plus loin; comme le Méandre (qui donne de l'exercice à tous les poëtes) fait une infinité de coudes, et venant quelquefois se rapprocher au lieu de rentrer dans son lit, se détourne d'un autre côté. Mais, au reste, tout cela ne vous rendra ni meilleur ni plus sage.

Il faut donc s'appliquer à l'étude et converser avec les auteurs de la sagesse, afin d'apprendre ce qu'ils ont trouvé, et de chercher ce qui n'est pas encore découvert; c'est par ce moyen que l'on peut tirer l'âme de servitude, et la mettre en liberté. Tant que vous ne saurez pas ce qu'il faut fuir, ce qu'il faut désirer, ce qui est nécessaire ou superflu, ce qui est juste ou honnête, vos voyages ne seront que des égarements qui ne vous apporteront aucun profit. Car vous voyagerez avec vos passions qui vous suivront partout; et plût aux dieux qu'elles vous suivissent seulement, car elles seraient plus loin de vous; mais vous les portez dans le cœur, c'est pourquoi elles vous tourmentent et vous incommodent en tous lieux. En vérité ce sont les remèdes et non pas les lieux qui guérissent les maladies. Un homme s'est-il rompu la cuisse ou disloqué quelque jointure, il ne se met point en carrosse ou dans un vaisseau, mais il appelle un chirurgien pour réunir l'une et remettre l'autre dans sa situation naturelle. Quoi ! pensez-vous que le changement de lieux puisse rétablir une âme qui est rompue et disloquée en tant d'endroits? Le mal est trop grand pour être guéri en se faisant porter d'un lieu en un autre. Les voyages ne sauraient faire un médecin, ni un avocat; car les sciences ne s'apprennent point en courant. Quoi donc! la plus grande de toutes, qui est la sagesse, se rencontre-t-elle sur les chemins? Croyez-moi, il n'y a point de chemin qui conduise hors de la colère, de la convoitise et de la crainte, ou, s'il y en avait, tout le monde accourrait en foule. Ces maladies vous tourmenteront allant par mer et par terre, tant que vous porterez les causes au-dedans de vous. Ne vous étonnez pas si la fuite de votre pays ne vous sert de rien : ce que vous fuyez est avec vous; corrigez-vous donc, soulagez-vous de votre fardeau; du moins, donnez des bornes raisonnables à vos désirs, et purgez votre âme de méchanceté. Si vous voulez voyager gaîment, vous devez guérir le mal de votre compagnon, l'avarice

nulla denique animo mala eduxit; non judicium dedit; non discussit errorem : sed, ut puerum ignota mirantem, ad breve tempus rerum aliqua novitate detinuit. Cæterum inconstantiam mentis, quæ quum maxime ægra est, lacessit, mobiliorem levioremque reddit ipsa jactatio. Itaque, quæ petierant cupidissime loca, cupidius deserunt; et avium modo transvolant, citiusque, quam venerant, abeunt. Peregrinatio notitiam dabit gentium, novas tibi montium formas ostendet, inusitata spatia camporum, et irriguas perennibus aquis valles, et alicujus fluminis sub observatione naturam; sive, ut Nilus, æstivo incremento tumet; sive, ut Tigris, eripitur ex oculis, et acto per occulta cursu, integræ magnitudini redditur; sive, ut Mæander, poetarum omnium exercitatio et ludus, implicatur crebris anfractibus, et sæpe in vicinum alveo suo admotus, antequam sibi influat, flectitur : ceterum neque meliorem faciet, neque saniorem. Inter studia versandum est et inter auctores sapientiæ, ut quæsita discamus, nondum inventa quæramus. Sic eximendus animus ex miserrima servitute in libertatem asseritur. Quamdiu quidem nescieris, quid fugiendum, quid petendum, quid necessarium, quid supervacuum, quid justum, quid honestum sit, non erit hoc peregrinari, sed errare. Nul- lam tibi opem feret iste discursus : peregrinaris enim cum affectibus tuis, et mala te tua sequuntur. Utinam quidem sequerentur! longius abessent : nunc fers illa, non ducis. Itaque ubique te premunt, et paribus incommodis urunt. Medicina ægro, non regio, quærenda est. Fregit aliquis crus, aut extorsit articulum : non vehiculum navemque conscendit, sed advocat medicum, ut fracta pars jungatur, ut luxata in locum reponatur. Quid ergo? animum, tot locis fractum et extortum, credis locorum mutatione posse sanari? Majus est istud malum, quam ut gestatione curetur. Peregrinatio non facit medicum, non oratorem; nulla ars loco discitur : quid ergo? sapientia, rerum omnium maxima, in itinere colligitur? Nullum mihi crede, iter est, quod te extra cupiditates, extra iras, extra metus sistat : aut, si quod esset, agmine facto gens illuc humana pergeret. Tamdiu ista urgebunt mala, macerabuntque per terras ac maria vagum, quamdiu malorum gestaris causas.

Fugam tibi non prodesse miraris? tecum sunt, quæ fugis. Te igitur emenda! Onera tibi detrahe, et desideria intra saltem modum contine! Omnem ex animo erade nequitiam! Si vis peregrinationes habere jucundas, tuum comitem sana! Hærebit tibi avaritia, quamdiu avaro sor-

ne vous quittera jamais tandis que vous serez avec un avaricieux, ni la superbe tandis que vous serez avec un orgueilleux; vous ne perdrez point l'esprit de cruauté en la compagnie d'un bourreau; la fréquentation d'un adultère ne fera qu'échauffer votre convoitise. Enfin, si vous voulez quitter le vice, il faut vous éloigner des mauvais exemples. L'avare, l'impudique, le cruel, et le fourbe, qui seraient fort à appréhender s'ils étaient proche de vous, sont au-dedans de vous. Allez donc chercher de plus honnêtes gens. Approchez-vous des Caton, des Lélie, des Tubéron. Si vous aimez encore la compagnie des Grecs, entretenez-vous avec Socrate et avec Zénon : le premier vous apprendra comme il faut mourir, et l'autre à mourir avant qu'il soit nécessaire. Conversez avec Chrysippe et Posidonius : ils vous donneront la connaissance des choses divines et humaines; non contents que vous sachiez bien dire et charmer les auditeurs par votre éloquence, ils vous obligeront de passer à l'action, de fortifier votre âme, et de vous raidir contre les menaces. Car la vie, qui est une mer toujours agitée, n'a qu'un port qui est de mépriser ce qui peut avenir, de se tenir ferme dans son assiette, de ne se point soustraire aux attaques de la fortune, mais de recevoir tous ses traits avec un visage assuré. La nature nous a faits magnanimes : comme elle a donné à certains animaux la férocité, à d'autres la finesse, à d'autres la timidité, elle nous a donné un esprit glorieux et élevé, qui se soucie plus de vivre avec honneur qu'avec sûreté. Semblable à l'univers, lequel il imite et suit autant que les forces le lui permettent, il se produit volontiers. Il est bien aise qu'on le loue et qu'on le regarde ; il est le maître de toutes choses; il est au-dessus de toutes choses. C'est pourquoi il ne saurait se soumettre et ne trouve rien de si dur et de si pesant que cela le fasse plier sous le faix.

Le travail et la mort sont horribles à voir :

ils ne le sont pas si on les regarde de front et à découvert. Il y a bien des choses qui nous avaient effrayé la nuit et dont nous rions quand il est jour.

Le travail et la mort sont horribles à voir.

Notre Virgile a dit fort à propos qu'ils sont horribles à voir, c'est-à-dire qu'ils le sont en apparence et non en effet. Sont-ils, dis-je, si affreux que les portraits qu'en fait la renommée? Comment, mon cher Lucile, un homme qui est généreux peut-il craindre le travail, et, sachant qu'il est mortel, peut-il appréhender la mort? Cela me fait souvenir de ceux qui croient impossible tout ce qu'ils ne sauraient faire, et qui disent que nous avançons des choses qui surpassent les forces de la nature. J'ai bien meilleure opinion d'eux; car je crois qu'ils le peuvent faire, mais qu'ils ne le veulent pas. Enfin, qui est celui qui l'a jamais entrepris qui n'en soit venu à bout, et qui n'y ait trouvé de la facilité lorsqu'il s'est engagé dans l'action ? Ce n'est pas la difficulté qui fait que l'on n'ose pas, mais c'est de n'oser pas que vient toute la difficulté. Si vous en voulez un exemple, considérez Socrate, ce vieillard si patient, qui éprouva toutes sortes de persécutions ; invincible à la faim et à la pauvreté que sa famille lui rendait onéreuse;

---

didoque convixeris; hærebit tumor, quamdiu cum superbo conversaberis; nunquam sævitiam in tortoris contubernio pones; incendent libidines tuas adulterorum sodalitia. Si velis vitiis exui, longe a vitiorum exemplis recedendum est. Avarus, corruptor, sævus, fraudulentus, multum nocituri, si prope a te fuissent, intra te sunt. Ad meliores transi! Cum Catonibus vive, cum Lælio, cum Tuberone; quod si convivere etiam Græcis juvat, cum Socrate, cum Zenone versare. Alter te docebit mori, si necesse erit, alter, antequam necesse erit. Vive cum Chrysippo, cum Posidonio. Hi tibi tradent divinorum humanorumque notitiam : hi jubebunt in opere esse, nec tantum scite loqui, et in oblectationem audientium verba jactare, sed animum indurare, et adversus minas erigere. Unus est enim hujus vitæ fluctuantis et turbidæ portus, eventura contemnere, stare fideuter, apertum; tela fortunæ adverso pectore excipere, non latitantem, nec tergiversantem. Magnanimos nos natura produxit; et, ut quibusdam animalibus ferum dedit, quibusdam sub dolum, quibusdam pavidum, ita nobis gloriosum et excelsum spiritum, quærentem ubi honestissime, non ubi tutissime vivat; similimum mundo, quem, quantum mortalibus passibus licet, sequitur æmulaturque. Profert se, laudari et adspici credit. Dominus omnium est, supra omnia est : itaque nulli se rei submittit; nihil illi videtur grave, nihil quod virum incurvet.

Terribiles visu formæ, letumque laboresque :

minime quidem, si quis rectis oculis intueri illa possit, et tenebras perrumpere. Multa, per noctem habita terrori, dies vertit ad risum.

Terribiles visu formæ, letumque laboresque,

egregie Virgilius noster. Non re dixit terribiles esse, sed visu; id est, videri, non esse. Quid, inquam, in istis est tam formidabile, quam fama vulgavit? Quid est, obsecro te, Lucili, cur timeat laborem vir, mortem homo? Toties mihi occurrunt isti, qui non putant fieri posse quidquid facere non possunt, et aiunt nos loqui majora, quam quæ natura humana sustineat. At quanto ego de illis melius existimo? Ipsi quoque hæc possunt facere, sed nolunt. Denique, quem unquam ista destituere tentantem? cui non faciliora apparuere in actu? Non quia difficilia sunt, non audemus; sed, quia non audemus, difficilia sunt. Si tamen exemplum desideratis, accipite Socratem, perpessitium senem, per omnia aspera jactatum; invictum tamen et paupertate, quam graviorem illi domestica onera faciebant, et laboribus, quos militares quoque pertulit, et quibus ille domi est exercitus, sive

invincible aux travaux militaires et aux peines domestiques, soit pour les mœurs de sa femme insolente et criarde, ou pour le libertinage de ses enfants qui étaient indociles et ressemblaient davantage à leur mère qu'à leur père. Il vécut presque toujours dans la guerre ou sous la tyrannie, et la liberté lui fut plus cruelle que la guerre et la tyrannie même. La guerre dura vingt ans, et la ville fut ensuite abandonnée à la licence de trente tyrans, plusieurs desquels étaient ses ennemis. Sa condamnation fut enfin chargée de crimes atroces : car on l'accusait d'avoir attaqué la religion et corrompu la jeunesse en la soulevant contre les dieux et contre leur patrie : cela fut suivi de la prison et du poison. Mais rien ne fut capable d'altérer l'âme de Socrate, pas même d'altérer la couleur de son visage. Il conserva jusqu'au dernier jour de sa vie cette gloire merveilleuse et singulière d'égalité. Personne ne le vit jamais plus gai ni plus triste une fois que l'autre ; il fut toujours égal dans les inégalités de la fortune. Voulez-vous encore un exemple ? Voyez le dernier Caton, contre lequel la fortune se montra plus cruelle et plus opiniâtre. Elle s'opposa partout à ses desseins; elle lui fut même contraire en sa mort; mais il fit voir qu'un homme de cœur peut vivre ou mourir indépendamment de la fortune. Il passa toute sa vie dans les guerres civiles ou dans des temps dangereux, lorsqu'elles commençaient à s'allumer. De sorte qu'on peut dire qu'il n'a pas moins vécu dans la servitude que Socrate, si ce n'est que vous pensiez que Pompée, César et Crassus se fussent associés pour maintenir la liberté. Personne, toutefois, ne vit jamais changer Caton, quoique la république changeât tant de fois. Il se trouva le même en toutes sortes d'états, étant préteur, étant exclu du consulat, dans les accusations, dans les gouvernements, dans les assemblées, à l'armée, et en sa mort. Enfin, durant la consternation de la république, qui voyait d'un côté César, appuyé de six légions aguerries, et de l'autre Pompée, qui avait tant de troupes auxiliaires, il se trouva tout seul égal à ce nombre d'ennemis. Tout le monde s'étant engagé, les uns avec César, les autres avec Pompée, Caton forma un parti de lui seul et de la république. Si vous vous représentez la disposition de ce temps-là, vous verrez d'un côté le peuple et la canaille portés au changement, et de l'autre les sénateurs et les chevaliers, et tous les honnêtes gens de la ville, n'étant resté au milieu que la république et Caton. Vous serez surpris lorsque vous verrez

Le fier Agamemnon, Priam le sourcilleux,
Et le vaillant Achille, ennemi de tous deux.

Caton blâme César et Pompée, et tâche de les désarmer. Voici le jugement qu'il porte contre tous les deux. Il se résout à la mort, si César demeure le maître, et à l'exil, si c'est Pompée. Qu'avait à craindre, je vous prie, un homme, lequel, soit qu'il fût vainqueur ou qu'il fût vaincu, s'était déjà condamné à tout ce que les ennemis les plus irrités eussent pu ordonner contre lui? Aussi, mourut-il suivant l'arrêt qu'il en avait prononcé. Ne voyez-vous pas en cet exemple que les hommes peuvent supporter le travail ? Il conduisit une armée dans les déserts d'Afrique, mar-

---

uxorem ejus spectes moribus feram, lingua petulantem; sive liberos indociles, et matri quam patri similiores. Sic fere aut in bello fuit, aut in tyrannide, aut in libertate bellis ac tyrannis sæviore. Viginti et septem annis pugnatum est; post finita arma, triginta tyrannis noxæ dedita est civitas, ex quibus plerique inimici erant. Novissima damnatio est sub gravissimis nominibus impleta : objecta est et religionum violatio, et juventutis corruptela, quam immittere in Deos, in patres, in rempublicam dictus est; post hæc carcer, et venenum. Hæc usque eo animum Socratis non moverunt, ut ne vultum quidem moverint. Illam mirabilem laudem, et singularem, usque ad extremum servavit : nec hilariorem quisquam, nec tristiorem Socratem vidit; æqualis fuit in tanta inæqualitate fortunæ.

Vis alterum exemplum? Accipe hunc M. Catonem recentiorem, cum quo et infestius fortuna egit, et pertinacius. Cui quum omnibus locis obstitisset, novissime et in morte; ostendit tamen virum fortem posse invita fortuna vivere, invita mori. Tota illi ætas aut in armis est exacta civilibus, aut in ætate concipiente jam civile bellum. Et hinc licet dicas non minus, quam Socratem, in servitute vixisse; nisi forte Cn. Pompeium, et Cæsarem, et Crassum putas libertatis socios fuisse. Nemo mutatum Catonem, toties mutata republica, vidit : eumdem se in omni statu præstitit, in prætura, in repulsa, in accusatione, in provincia, in concione, in exercitu, in morte. Denique in illa reipublicæ trepidatione, quum illinc Cæsar esset decem legionibus pugnacissimis subnixus, totque exterarum gentium præsidiis, hinc Cn. Pompeius, satis unus adversus omnia; quum alii ad Cæsarem inclinarent, alii ad Pompeium; solus Cato fecit aliquas et reipublicæ partes. Si animo complecti volueris illius imaginem temporis, videbis illinc plebem et omnem erectum ad res novas vulgum; hinc optimates, et equestrem ordinem, quidquid erat in civitate sancti et electi; duos in medio relictos rempublicam et Catonem. Miraberis, inquam, quum animadverteris,

Atridem, Priamumque, et sævum ambobus Achillem :

utrumque enim improbat, utrumque exarmat. Hanc fert de utroque sententiam : ait « se, si Cæsar vicerit, moriturum; si Pompeius, exsulaturum. » Quid habeat quod timeret, qui ea sibi et victo, et victori constituerat, quæ constituta esse ab hostibus iratissimis poterant? Periit itaque ex decreto suo. Vides, posse homines laborem

chant toujours à pied. Ne voyez-vous pas qu'on peut endurer la soif? Il se retira sans bagage, par des montagnes arides, avec les débris de ses troupes ; il souffrit la disette d'eau sans quitter sa cuirasse; et s'il se rencontrait quelque fontaine, il buvait toujours le dernier. Ne voyez-vous pas que l'on peut tenir l'honneur au-dessous de soi, aussi bien que l'ignominie? Il joua au ballon dans la place le même jour qu'on lui refusa le consulat. Ne voyez-vous pas que l'on peut ne pas appréhender la puissance des grands? Il choqua tout d'un coup César et Pompée, dans un temps auquel personne n'osait désobliger l'un que pour gagner la faveur de l'autre. Ne voyez-vous pas, enfin, que l'on peut mépriser également la mort et l'exil? Il se résolut de quitter la vie ou son pays, et de faire cependant la guerre.

Nous pouvons donc montrer autant de courage en de pareilles rencontres, pourvu que nous voulions nous soustraire à la servitude. Mais avant toutes choses, il faut fuir les voluptés. Elles nous énervent, elles nous amollissent, elles exigent une infinité de choses que l'on ne doit attendre que de la fortune. Il faut ensuite mépriser les richesses qui sont le prix et le fruit de la servitude. Il faut encore quitter l'or et l'argent, et tout ce qui embarrasse les maisons opulentes. Après tout, vous ne pouvez avoir la liberté qu'elle ne vous coûte quelque chose ; et, si vous l'estimez beaucoup, vous devez faire peu d'état de tout le reste.

ÉPITRE CV.

Pour vivre en sûreté, il faut éviter l'éclat et ne faire mal à personne.

Je vous veux dire ce qu'il faut faire pour vivre en assurance, mais à condition que vous le recevrez comme un régime que je vous donnerais pour conserver votre santé dans le pays d'Ardée. Si vous prenez garde à ce qui pousse un homme à la ruine d'un autre, c'est l'espérance, l'envie, la haine, la crainte et le mépris. Mais ce dernier est si peu de chose, qu'il tient quelquefois lieu de remède. Il est vrai qu'on foule aux pieds celui qu'on méprise, mais ce n'est qu'en passant, et l'on ne s'amuse guère à persécuter un homme dont on ne fait point d'état. Dans un combat, l'on s'attache à ce qui fait tête, et l'on passe ce qui est renversé. Le véritable moyen d'éluder l'espérance et les prétentions des méchants, c'est de ne posséder rien qui, par son éclat, puisse échauffer leur cupidité; car tout ce qui brille se fait désirer, encore même qu'il ne soit pas bien connu. Pour se parer de l'envie, il faut se tenir couvert, ne point vanter ses richesses, mais s'en réjouir dans son cœur : quant à la haine qui procède du ressentiment, on l'évitera facilement, si l'on n'offense personne sans sujet. C'est une conduite que le sens commun vous dictera ; car bien des gens se sont mal trouvés d'avoir fait le contraire. Il se rencontre assez de personnes qui ont des haines et qui n'ont point d'ennemis. Mais la douceur de votre esprit et la médiocrité de votre fortune empêcheront que vous ne soyez haï ni redouté, d'au-

---

pati : per medias Africæ solitudines pedes duxit exercitum. Vides, posse tolerare sitim : et in collibus arentibus, sine ullis impedimentis, victi exercitus reliquias trahens, inopiam humoris loricatus tulit; et, quoties aquæ fuerat occasio, novissimus bibit. Vides, honorem et notam posse contemni : eodem, quo repulsus est, die in comitio pila lusit. Vides posse non timeri potentiam superiorum : et Pompeium, et Cæsarem, quorum nemo alterum offendere audebat, nisi ut alterum demereretur, simul provocavit. Vides, tam mortem posse contemni quam exsilium : et exsilium sibi indixit, et mortem, et interim bellum. Possumus itaque adversus ista tantum habere animi, libeat modo subducere jugo collum. In primis autem respuendæ sunt voluptates : enervant, et effeminant, et multum petunt : multum autem a fortuna petendum est. Deinde spernendæ opes : auctoramenta sunt servitutum. Aurum et argentum, et quidquid aliud felices domos onerat, relinquatur : non potest gratis constare libertas. Hanc si magno existimas, omnia parvo æstimanda sunt. Vale.

EPISTOLA CV.
QUID VITAM SECURAM FACIAT.

Quæ observanda tibi sint, ut tutior vivas, dicam. Tu tamen sic audias censeo ista præcepta, quomodo, si tibi præciperem, qua ratione bonam valetudinem in Ardeatino tuereris. Considera, quæ sint, quæ hominem in perniciem hominis instigent : invenies spem, invidiam, odium, metum, contemptum. Ex omnibus istis adeo levissimum est contemptus, ut multi in illo, remedii causa, delituerint. Quem quis contempsit, calcat sine dubio, sed transit. Nemo homini contempto pertinaciter, nemo diligenter nocet. Etiam in acie jacens præteritur; cum stante pugnatur. Spem improborum vitabis, si nihil habueris quod cupiditatem alienam et improbam irritet, si nihil insigne possederis. Concupiscuntur enim insignia, etiamsi parum nota sunt. Sic vero invidiam effugies, si te non ingesseris oculis, si bona tua non jactaveris, si scieris in sinu gaudere. Odium autem ex offensa hoc vitabis, neminem lacessendo gratuito; a quo te sensus communis tuebitur. Fuit enim hoc multis periculosum : quidam odium habuerunt, nec inimicum. Illud, ne timearis, præstabit tibi et fortunæ mediocritas, et ingenii lenitas. Eum esse te

tant plus que l'on saura qu'il n'est pas fort dangereux de vous choquer. Réconciliez-vous aisément et de bonne foi ; car c'est une chose fâcheuse d'être craint au dedans et au dehors de ses serviteurs et des personnes libres. Il n'y a si petit qui ne puisse nuire, outre que celui qui est craint a sujet de craindre, et que personne ne peut se rendre en même temps redoutable et assuré. Quant au mépris, celui qui voudra bien l'endurer lui donnera de telles bornes qu'il lui plaira, ne pouvant être méprisé qu'à cause qu'il le voudra bien être, non pas à cause qu'il l'aura mérité. Le mépris, dis-je, a des incommodités que l'on peut éviter par adresse et par l'amitié de ceux qui ont du pouvoir auprès des grands. Il est bon d'y avoir de l'accès et non pas de l'engagement, de peur que le remède ne soit plus fâcheux que le mal. Ce n'est pas qu'il ne soit meilleur de vivre en repos, et de s'entretenir moins avec autrui qu'avec soi-même. La conversation a je ne sais quelle douceur qui nous flatte et tire dehors notre secret, à peu près comme fait l'amour et le vin. Celui qui l'a ouï ne s'en saurait taire, ni se contenter de dire simplement ce qu'il a ouï. S'il ne cèle point la chose, il ne célera point aussi l'auteur, car il trouvera toujours quelqu'un à qui il confiera ce qu'on lui aura confié : supposé qu'il retienne sa langue et qu'il n'en parle qu'à un seul, c'est comme s'il le disait à tout un peuple ; ainsi, ce qui était un secret devient incontinent un bruit de ville. Croyez-moi, une bonne partie de notre repos et de notre tranquillité consiste à ne point faire de mal. Les méchants mènent une vie pleine de trouble et de confusion ; ils ont autant de peur qu'ils font de mal, et leur esprit n'est jamais en paix. Ils tremblent après une mauvaise action ; ils demeurent en suspens, leur conscience ne leur permettant point de faire autre chose, et les obligeant de se réfléchir incessamment sur leur crime. Qui s'attend d'être puni l'est déjà, et qui l'a mérité s'y attend toujours. Un méchant homme peut bien être en lieu de sûreté, mais il n'est jamais en assurance ; car, quoiqu'on ne le voie pas, il s'imagine qu'on peut le voir ; il est agité dans le sommeil, et si l'on parle d'un crime, il jette aussitôt la vue sur le sien ; il lui semble que sa faute ne saurait jamais trouver d'asile.

ÉPITRE CVI.

Si le bien est un corps. — Nous avons pour les sciences la même avidité que pour toutes les autres choses.

Si je n'ai pas fait sitôt réponse à vos lettres, ce ne sont pas les affaires qui m'en ont empêché. N'attendez pas de moi ces sortes d'excuses, car je suis toujours de loisir, et chacun l'est aussi s'il le veut. Les affaires ne suivent point les hommes, mais les hommes vont au-devant des affaires, s'imaginant que c'est un grand avantage que d'être occupé. Qui m'a donc empêché de satisfaire sur-le-champ à ce que vous me demandiez? C'est que cela entrait dans le corps de mon ouvrage ; car vous savez que j'ai dessein d'écrire la philosophie morale, et d'éclaircir toutes les questions qui en dépendent. Voilà pourquoi je doutais si je devais attendre que cette matière vînt en son ordre, ou si je devais la traiter par avance. Enfin, j'ai cru qu'il n'était pas honnête de retenir davantage un

homines sciant, quem offendere sine periculo possint : reconciliatio tua et facilis sit, et certa. Timeri autem tam domi molestum est, quam foris; tam a servis, quam a liberis. Nulli non ad nocendum satis virium est. Adjice nunc, quod, qui timetur, timet : nemo potuit terribilis esse secure. Contemptus superest; cujus modum in sua potestate habet, qui illum sibi adjunxit; qui contemnitur quia voluit, non quia meruit. Hujus incommodum et artes bonæ discutiunt, et amicitiæ eorum, qui apud aliquem potentem potentes sunt : quibus applicari expedit, non implicari; ne pluris remedium, quam periculum, constet. Nihil tamen æque proderit, quam quiescere, et minimum cum aliis loqui, plurimum secum. Est quædam dulcedo sermonis, quæ irrepit, et blanditur ; et, non aliter quam ebrietas aut amor, secreta producit. Nemo, quod audierit, tacebit; nemo quantum audierit, loquetur. Qui rem non tacuerit, non tacebit auctorem. Habet unusquisque aliquem, qui tantum credat, quantum ipsi creditum est : ut garrulitatem suam custodiat, et contentus sit unius auribus, populum faciet : sic, quod modo secretum erat, rumor est. Securitatis magna portio est, nihil inique facere. Confusam vitam et perturbatam in-potentes agunt; tantum metuunt, quantum nocent; nec ullo tempore vacant. Trepidant enim, quum fecerunt; hærent; conscientia aliud agere non patitur, ac subinde respondere ad se cogit. Dat pœnas, quisquis exspectat : quisquis autem meruit, exspectat. Tutum aliqua res in mala conscientia præstat, nulla securum. Putat enim se, etiam si non deprehenditur, posse deprehendi ; et inter somnos moveatur; et, quoties alicujus scelus loquitur, de suo cogitat. Non satis illi obliteratum videtur, non satis tectum. Nocens habuit aliquando latendi fortunam; nunquam fiduciam. Vale.

EPISTOLA CVI.
AN BONUM SIT CORPUS.

Tardius rescribo ad epistolas tuas ; non quia districtus occupationibus sum : hanc excusationem cave audias : vaco; et omnes vacant, qui volunt. Neminem res sequuntur ; ipsi illas amplexantur, et argumentum esse felicitatis occupationem putant. Quid ergo fuit, quare non protinus rescriberem ei, de quo quærebas? Veniebat in contextum operis mei ; scis enim, me moralem philosophiam velle complecti, et omnes ad eam pertinentes quæstiones

homme qui venait de si loin. Je détacherai donc de la suite de plusieurs discours ce que vous désirez de moi, et s'il se rencontre quelque chose de semblable, je vous l'enverrai sans que vous me le demandiez.

Mais savez-vous ce que c'est? Ce sont des choses qui apportent plus de plaisir que de profit, comme la question que vous me proposez, savoir si le bien est un corps? C'est un corps, car il agit, étant vrai que ce qui agit est un corps. Or, le bien excite l'âme, la forme et la soutient en quelque manière : partant, comme ce qui est propre au corps et le bien même du corps est corporel, celui de l'esprit doit être aussi corporel; car il est un corps. Ainsi il faut que le bien de l'homme soit un corps, puisqu'il est corporel. Je me tromperais, si je disais que ce qui le nourrit et qui conserve ou rétablit sa santé n'est pas un corps, par conséquent son bien est un corps. Je ne crois pas que vous doutiez que les passions, comme la colère, l'amour, la tristesse ne soient des corps; mais c'est remuer une difficulté dont il ne s'agit pas présentement. Si vous en doutez, prenez garde si elles nous changent le visage; si elles nous rident le front, si elles égaient l'extérieur, si elles font quelquefois rougir, quelquefois pâlir. Quoi donc? pensez-vous que des impressions si manifestes se puissent faire sur un corps, que par un autre corps. Or, si les passions sont des corps, les maladies de l'âme, l'avarice, la cruauté, les vices endurcis et incorrigibles, la malice et toutes ses espèces, comme l'envie et la superbe le sont aussi. Il en est de même des biens. Premièrement, par la raison des contraires, et puis par les mêmes indices qu'ils vous donneront. Ne voyez-vous pas le feu que la magnanimité fait éclater dans les yeux; la contention d'esprit que cause la prudence; la modestie et la tranquillité qu'engendre le respect; l'air content ou rechigné que donne la joie ou la tristesse? Il faut donc que ce qui change la couleur et la disposition du corps avec tant de pouvoir et d'empire, soit aussi un corps. Or, toutes ces vertus, dont je viens de parler, sont biens. Partant, ce qui vient d'elles l'est aussi. Peut-on douter qu'une chose qui peut être touchée par une autre ne soit un corps? Car, comme dit Lucrèce :

Le corps seul peut toucher, et peut être touché.

Toutes ces choses que j'ai rapportées ne pourraient pas changer le corps, si elles ne le touchaient; il s'ensuit donc qu'elles sont corps. Il faut aussi que ce qui a la force d'émouvoir, de contraindre, de retenir et de commander soit corps. Mais quoi, dira-t-on que la crainte ne retient pas? Que la hardiesse n'émeut pas? Que le courage ne pousse point? Que la modération ne ralentit point? Que la joie n'élève point le cœur? Que la tristesse ne l'abat point? Car enfin, tout ce que nous faisons, c'est par instinct du vice ou de la vertu. Or, ce qui commande ou fait violence au corps est corps; le bien du corps est corporel. Le bien de l'homme est le bien du corps, partant, il est corporel.

Après vous avoir obéi en ce que vous désiriez de moi, il est temps que je me dise, comme je

---

explicare. Itaque dubitavi, utrum differrem te, an, donec suus isti rei veniret locus, jus tibi extra ordinem dicerem : humanius visum est, tam longe venientem non detinere. Itaque et hoc ex illa serie rerum cohærentium excerpam, et si qua erunt hujusmodi, non quærenti tibi ultro mittam. Quæ sint hæc, interrogas? Quæ scire magis juvat, quam prodest; sicut hoc, de quo quæris : An bonum corpus sit?

Bonum facit; prodest enim : quod facit, corpus est. Bonum agitat animum, et quodammodo format et continet : quæ propria sunt corporis. Quæ corporis bona sunt, corpora sunt; ergo et quæ animi sunt; nam et hic corpus est. Bonum hominis necesse est corpus sit, quum ipse sit corporalis. Mentior, nisi et quæ alunt illud, et quæ valetudinem ejus vel custodiunt, vel restituunt, corpora sunt : ergo et bonum ejus, corpus est. Non puto te dubitaturum an affectus corpora sint (ut aliud quoque, de quo non quæris, insuliciam), tanquam ira, amor, tristitia : si dubitas, vide an vultum nobis mutent, an frontem adstringant, an faciem diffundant, an ruborem evocent, an fugent sanguinem. Quid ergo? tam manifestas corpori notas credis imprimi, nisi a corpore? Si affectus corpora sunt; et morbi animorum, avaritia, crudelitas, indurata vitia, et in statum inemendabilem adducta : ergo et ma- litia, et species ejus omnes, malignitas, invidia, superbia : ergo et bona, primum, quia contraria istis sunt; deinde, quia eadem tibi indicia præstabunt. An non vides, quantum oculis det vigorem fortitudo, quantam intentionem prudentia? quantam modestiam et quietem reverentia? quantam serenitatem lætitia? quantum rigorem severitas? quantum remissionem veritas? Corpora ergo sunt, quæ colorem habitumque corporum mutant, quæ in illis regnum suum exercent. Omnes autem, quas retuli, virtutes, bona sunt, et quidquid ex illis est. Numquid est dubium, an id, quod quid tangi potest, corpus sit?

Tangere enim et tangi, nisi corpus, nulla potest res,

ut ait Lucretius : omnia autem ista, quæ dixi, non mutarent corpus, nisi tangerent; ergo corpora sunt. Etiamnunc, cui tanta vis est, ut impellat, et cogat, et retineat, et jubeat, corpus est. Quid ergo? non timor retinet? non audacia impellit? non fortitudo immittit et impetum dat? non moderatio refrænat ac revocat? non gaudium extollit? non tristitia adducit? Denique, quidquid facimus, aut malitiæ, aut virtutis gerimus imperio : quod imperat corpori, corpus est, quod vim corpori affert, corpus. Bonum corporis corporale est; bonum hominis, et corporis bonum est : itaque corporale est.

prévois que vous le direz, que c'est jouer aux échecs et perdre son temps en vaines subtilités. Cela fait l'homme docte et ne le saurait faire vertueux. La sagesse assurément est quelque chose de plus ouvert et de plus simple; il n'est pas besoin de tant de lettres pour l'acquérir; mais nous prodiguons la philosophie en choses superflues, de même que les autres biens. Et nous avons pour les sciences la même avidité que pour tout ce qui est dans la nature; nous étudions, mais c'est pour paraître dans l'école, et non pour régler notre vie.

ÉPITRE CVII.

Les disgrâces prévues sont moins sensibles. — Il faut suivre sans murmure les ordres de Dieu.

Qu'est devenue votre prudence? Qu'avez-vous fait de ce juste discernement et de cette grandeur d'âme que vous avez toujours montrée? Vous fâchez-vous pour si peu de chose? Vos esclaves ont pris le temps que vous étiez occupé pour s'enfuir. Si ces amis familiers vous ont trompé (car je ne veux pas leur ôter ce titre qu'Épicure leur a donné), croyez-vous être diminué en biens pour n'avoir plus auprès de vous des gens qui vous rongeaient et qui vous rendaient plus souvent de mauvaise humeur? En cela, je ne vois rien d'extraordinaire, et qu'on ne doive attendre. Je trouve même qu'il serait aussi ridicule de s'en mettre en colère que de se plaindre pour de l'eau ou de la boue qui serait rejaillie sur vous en passant dans la rue; la vie ressemble au bain, au peuple et au chemin. Elle est sujette à des mutations et à de mauvaises rencontres. Il ne faut pas être délicat pour vivre dans le monde. Vous êtes entré dans une longue carrière, où par nécessité vous choquerez, vous heurterez et vous tomberez. Vous y serez las et fatigué, vous vous écrierez : O mort! Enfin, vous viendrez au bout; mais vous laisserez votre compagnon en un endroit, et vous perdrez votre ami en un autre. Vous ne sauriez achever un chemin si raboteux sans faire de pareilles rencontres; il faut donc se préparer à tout cela, et se souvenir que l'on est venu

Où demeurent, le deuil, le souci, la tristesse,
La mourante langueur et la froide vieillesse.

Voilà ce qui accompagne ordinairement la vie; on le peut bien mépriser, mais on ne saurait l'éviter. Vous le mépriserez, si vous y pensez souvent, et si vous prévoyez de loin ce qui peut advenir. Car on se présente avec plus de courage quand on est disposé de longue main, et l'on résiste plus facilement au mal quand on l'a prévu. Au contraire, lorsque nous sommes surpris, les moindres accidents nous épouvantent et nous troublent. Nous devons donc faire en sorte que rien ne nous soit inopiné; et parce que la nouveauté rend les disgrâces plus sensibles, ces continuelles réflexions empêcheront que vous ne soyez apprenti en aucune sorte de mal. Vos esclaves vous ont quitté; mais d'autres ont volé leurs maîtres, les ont accusés, les ont assassinés, les ont trahis, les ont empoisonnés. Vous ne sauriez rien dire qui ne soit déjà arrivé. Nous sommes en proie à une infinité de maux; les uns sont enracinés au dedans de nous, les autres nous

---

Quoniam, ut voluisti, morem gessi tibi, nunc ipse dicam mihi, quod dicturum esse te video. Latrunculis ludimus; in supervacuis subtilitas teritur; non faciunt bonos ista, sed doctos. Apertior res est sapere, imo simplicior. Paucis est ad mentem bonam uti litteris. Sed nos, ut cætera in supervacuum diffundimus, ita philosophiam ipsam. Quemadmodum omnium rerum, sic litterarum quoque intemperantia laboramus : non vitæ, sed scholæ discimus. Vale.

EPISTOLA CVII.

FIRMANDUM ESSE ANIMUM CONTRA FORTUITA ET NECESSARIA.

Ubi illa prudentia tua? ubi in dispiciendis rebus subtilitas? ubi magnitudo? Tam pusilla res te angit! Servi occupationes tuas occasionem fugæ putaverunt. Si amici deciperent (habeant enim sane nomen, quod illis noster Epicurus imposuit, et vocentur), quota pars abesset omnibus rebus tuis? Desunt illi, qui et operam tuam conterebant, et te aliis molestum esse credebant. Nihil horum insolitum, nihil inexpectatum est. Offendi rebus istis, tam ridiculum est, quam queri quod spargaris in publico, aut inquineris in luto. Eadem vitæ conditio est, quæ balnei, turbæ, itineris : quædam in te mittentur, quædam incident. Non est delicata res, vivere. Longam viam ingressus es : et labores oportet, et arietes, et cadas, et lasseris, et exclames : o mors! Id est, mentiaris. Alio loco comitem relinques, alio efferes, alio timebis. Per ejusmodi offensas emetiendum est confragosum hoc iter. Mori me vult? Præparetur animus contra omnia : sciat se venisse ubi tonat fulmen; sciat venisse se ubi

Luctus et ultrices posuere cubilia Curæ,
Pallentesque habitant Morbi, tristisque Senectus.

In hoc contubernio vita degenda est. Effugere ista non potes, contemnere potes : contemnes autem, si sæpe cogitaveris, et futura præsumpseris. Nemo non fortius ad id, cui se diu composuerat, accessit; et duris quoque, si præmeditata erant, obstitit. At contra imparatus, etiam levissima expavit. Id agendum est, ne quid nobis inopinatum sit; et, quia omnia novitate graviora sunt, hoc cogitatio assidua præstabit, ut nulli sic malo tiro. Servi me reliquerunt! Alium compilaverunt, alium accusaverunt, alium occiderunt, alium prodiderunt, alium calcaverunt, alium veneno, alium criminatione petierunt. Quidquid dixeris, multis accidit. Deinceps, quæ multa et varia sunt, in nos diriguntur. Quædam in nos fixa sunt, quædam vibrant, et, quum maxime veniunt, quædam in alios perventura, nos stringunt. Nihil mire-

viennent du dehors, et ceux mêmes qui sont destinés pour autrui nous donnent souvent des atteintes. Ne nous étonnons point des choses pour lesquelles nous sommes nés ; nous n'avons pas sujet de nous en plaindre, puisqu'elles sont égales pour tout le monde. Oui, je dis qu'elles sont égales ; car celui qui les évite montre bien, en les évitant, qu'il les pouvait souffrir. Or, la loi est égale quand elle est faite pour tous en général, quoiqu'elle ne soit pas exercée sur tous en particulier. Résolvons nous donc à la patience, et payons sans répugnance le tribut de notre mortalité. Quand l'hiver amène le froid, il faut trembler. Quand l'été produit les chaleurs, il faut suer. Quand l'intempérie de l'air altère la santé, il faut être malade. Nous rencontrons en chemin une bête sauvage, et quelquefois un homme qui est plus dangereux que toutes les bêtes sauvages. Nous perdrons une chose par l'eau, une autre par le feu. Il n'est pas en notre pouvoir de rien changer, mais seulement de nous mettre dans une disposition d'esprit digne d'un homme d'honneur, pour s'accommoder à la nature, et supporter avec courage toutes sortes d'événements. Cette nature gouverne le monde que nous voyons par des mutations continuelles. Après la pluie vient le beau temps ; après le calme, la mer se trouble ; les vents règnent l'un après l'autre ; le jour succède à la nuit. Quand une partie du ciel s'abaisse, l'autre se lève, et l'on peut dire que la perpétuité des choses ne consiste qu'en leurs contrariétés. Notre esprit doit s'accoutumer et obéir à cette loi, sans accuser la nature, croyant que tout ce qui arrive devait ainsi arriver. Car il est bon de souffrir ce que l'on ne saurait corriger, et de suivre sans murmure les ordres de Dieu, qui est auteur de tous les événements. Ce serait un mauvais soldat, qui suivrait son capitaine en pleurant. Recevons donc ses commandements avec promptitude et allégresse : suivons le cours de ce grand monde, qui traîne avec lui notre destinée, et parlons à Jupiter qui conduit la machine de la manière que Cléanthe lui parle, avec ces beaux vers que je tournerai en notre langue, à l'exemple de Cicéron, personnage très-éloquent. S'ils vous agréent, à la bonne heure, sinon, vous vous souviendrez que je marche sur les pas de Cicéron.

Père de l'univers, dominateur des cieux,
Mène-moi, je te suis à toute heure, en tous lieux ;
Rien ne peut arrêter ta volonté fatale :
Que l'on résiste ou non, ta puissance est égale.
Ou tu fais obéir ou de force ou de gré ;
Les âmes des mutins te suivent enchaînées ;
Que sert-il de lutter contre ses destinées ?
Le sage en est conduit, le rebelle entraîné.

Parlons et vivons de telle sorte que le destin nous trouve toujours prêts à le suivre. Une belle âme s'abandonne à la volonté de Dieu ; au contraire, un cœur lâche lui résiste, et censurant l'ordre de l'univers, il a plus soin de corriger la nature que de réformer sa vie.

ÉPITRE CVIII.

Que la philosophie s'apprend aussi bien dans la conversation que dans les livres.—Qu'il faut reporter toute notre lecture à la vie heureuse.

La question que vous me demandez est touchant ces choses qu'il faut savoir seulement afin de pou-

mur eorum, ad quæ nati sumus ; quæ ideo nulli querenda, quia paria sunt omnibus. Ita dico, paria sunt ; nam etiam, quod effugit aliquis, pati potuit : æquum autem jus est, non quo omnes usi sunt, sed quod omnibus latum est. Imperetur æquitas animo ; et sine querela mortalitatis tributa pendamus. Hiems frigora adducit ; algendum est : æstas calores refert ; æstuandum est : intemperies cæli valetudinem tentat ; ægrotandum est. Et fera nobis aliquo loco occurret, et homo perniciosior feris omnibus. Aliud aqua, aliud ignis eripiet. Hanc rerum conditionem mutare non possumus. Illud possumus, magnum sumere animum et viro bono dignum, quo fortiter fortuita patiamur, et naturæ consentiamus. Natura autem hoc, quod vides, regnum mutationibus temperat. Nubilo serena succedunt ; turbantur maria, quum quieverunt ; flant invicem venti ; noctem dies sequitur ; pars cœli consurgit, pars mergitur ; contrariis rerum æternitas constat. Ad hanc legem animus noster aptandus est : hanc sequatur, huic pareat ; et quæcumque flunt, debuisse fieri putet, nec velit objurgare naturam.

Optimum est, pati quod emendare non possis ; et Deum, quo auctore cuncta proveniunt, sine murmuratione comitari. Malus miles est, qui imperatorem gemens sequitur. Quare impigri atque alacres excipiamus imperia, nec deseramus hunc operis pulcherrimi cursum, cui quidquid patimur intextum est ; et sic alloquamur Jovem, cujus gubernaculo moles ista dirigitur, quemadmodum Cleanthes noster versibus disertissimis alloquitur ; quos mihi in nostrum sermonem mutare permittitur, Ciceronis, disertissimi viri, exemplo. Si placuerint, boni consules ; si displicuerint, scies me in hoc sequutum Ciceronis exemplum.

Duc me, parens, celsique dominator poli,
Quocumque placuit : nulla parendi mora est ;
Adsum impiger. Fac nolle, comitabor gemens,
Malusque patiar, quod pati licuit bono.
Ducunt volentem fata, nolentem trahunt.

Sic vivamus, sic loquamur ! paratos nos inveniat atque impigros fatum ! Hic est magnus animus, qui se Deo tradidit : at contra ille pusillus et degener, qui obluctatur, et de ordine mundi male existimat, et emendare mavult Deos, quam se. Vale.

EPISTOLA CVIII.

QUOMODO AUDIENDI SINT PHILOSOPHI.

Id, de quo quæris, ex his est, quæ scire, tantum eo,

voir dire qu'on les sait. Néanmoins, puisque vous me pressez, et que vous ne voulez pas attendre les livres où je traite par ordre de tout ce qui appartient à la philosophie morale, je vais vous satisfaire présentement. Trouvez bon que je vous dise auparavant comme quoi vous devez régler cette avidité d'apprendre que vous avez, de peur qu'elle ne s'embarrasse d'elle-même. Il ne faut point en prendre çà et là, ni se jeter tout d'un coup sur toutes sortes de choses; par le moyen des parties, on vient à la connaissance du tout. On doit mesurer la charge avec ses forces, n'embrassant point davantage qu'on ne peut porter. Prenez-en, non pas autant que vous en voudrez, mais autant que vous en pourrez contenir. Or, vous en prendrez autant que vous voudrez, si vous avez l'âme bien disposée; car plus elle reçoit, plus elle étend sa capacité.

Je me souviens qu'Attalus nous en parlait ainsi, lorsque nous étions en son école avec tant d'assiduité, que nous y venions les premiers et n'en sortions que les derniers. Nous lui proposions même des questions durant la promenade, auxquelles il répondait si volontiers, que souventes fois il nous prévenait. Il faut (disait-il) que le maître et le disciple n'aient qu'une même intention : l'un, de se rendre utile; l'autre, d'en profiter. Celui qui fréquente les écoles de philosophie doit remporter chaque jour quelque profit, et s'en retourner ou plus sain ou mieux disposé à le devenir. Il ne faut pas douter que cela ne lui arrive; car la philosophie a cet avantage qu'elle est utile dans la conversation aussi bien que dans l'étude. Celui qui va au soleil se hâle, quoiqu'il n'y songe pas; et qui entre dans la boutique d'un parfumeur, sent le musc pour peu qu'il s'y arrête. Aussi, est-il impossible que ceux qui conversent avec un philosophe n'en remportent quelque fruit, fussent-ils dans la dernière négligence. Remarquez que je dis négligence et non répugnance.—Quoi! n'en avons-nous pas connu qui, ayant fréquenté la philosophie durant plusieurs années, n'en ont pas pris la moindre teinture? Oui, j'en ai connu, et ce sont des gens que j'aime mieux appeler domestiques que disciples des philosophes.

Les uns viennent pour écouter, et non pour apprendre, comme nous allons à la comédie pour le plaisir d'entendre quelque beau discours, quelque charmante voix ou quelque histoire facétieuse. Vous trouverez que la plupart de tels auditeurs ne se rendent à l'école d'un philosophe que comme en un lieu de divertissement. Leur intention n'est pas d'y laisser quelques défauts et d'y prendre quelque beau modèle pour régler leur vie, mais bien de se faire chatouiller les oreilles. Il y en a pourtant qui y apportent des tablettes, non pour marquer la substance des choses, mais seulement pour recueillir des paroles et les débiter à d'autres qui n'en feront pas plus de profit. Les uns se laissent émouvoir par un discours magnifique et pompeux, et entrent dans les passions de celui qui leur parle, montrant sur le visage l'allégresse qu'ils ont dans le cœur, à peu près comme ces prêtres de Cybèle qui se mettent en furie au son de la flûte. Les autres sont ravis par la beauté des choses et non par le son des paroles.

ut scias, pertinet. Sed nihilominus, quia pertinet et properas, nec vis exspectare libros, quos quum maxime ordino, continentes totam moralem philosophiæ partem statim expediam. Illud tamen prius scribam, quemadmodum tibi ista cupiditas discendi, qua flagrare te video, dirigenda sit, ne ipsa se impediat. Nec passim carpenda sunt, nec avide invadenda universa : per partes pervenitur ad totum. Aptari onus viribus debet; nec plus occupari, quam cui sufficere possimus. Non, quantum vis, sed quantum capis, hauriendum est. Bonum tantum habe animum; capies, quantum voles. Quo plus recipit animus, hoc se magis laxat. Hæc nobis præcipere Attalum memini, quum scholam ejus obsideremus, et primi veniremus, et novissimi exiremus, ambulantem quoque illum ad aliquas disputationes evocaremus, non tantum paratum discentibus, sed obvium. « Idem, inquit, et docenti, et discenti debet esse propositum : ut ille prodesse velit, hic proficere. » Qui ad philosophum venit, quotidie aliquid secum boni ferat, aut sanior domum redeat, aut sanabilior. Redibit autem : ea enim philosophiæ vis est, ut non solum studentes, sed etiam conversantes juvet. Qui in solem venit, licet non in hoc venerit, colorabitur; qui in unguentaria taberna resederunt, et paulo diutius commorati sunt, odorem secum loci ferunt; et, qui apud philosophum fuerunt, traxerint aliquid necesse est, quod prodesset etiam negligentibus. Attende, quid dicam : negligentibus; non, repugnantibus.

Quid ergo? non novimus quosdam, qui multis apud philosophum annis perseverint, et ne colorem quidem duxerint? — Quidni noverim? pertinacissimos quidem, et assiduos; quos ego non discipulos philosophorum, sed inquilinos, voco. Quidam veniunt, ut audiant, non ut discant; sicut in theatrum voluptatis causa, ad delectandas aures oratione, vel voce, vel fabulis, ducimur. Magnam hanc auditorum partem videbis, cui philosophi schola diversorium otii sit. Non id agunt, ut aliqua illo vitia deponant; ut aliquam legem vitæ accipiant, qua mores suos exigant; sed ut oblectamento aurium perfruantur. Aliqui tamen et cum pugillaribus veniunt; non ut res excipiant, sed ut verba, quæ tam sine profectu alieno dicant, quam sine suo audiunt. Quidam ad magnificas voces excitantur, et transeunt in affectum dicentium, alacres vultu et animo; nec aliter concitantur, quam solent Phrygii tibicinis sono semiviri, et ex imperio furentes. Rapit illos instigatque rerum pulchritudo, non verborum inanium sonitus. Si quid acriter contra mortem dictum est, si quid contra fortunam contumaciter, juvat protinus, quæ audias, facere. Afficiuntur illis : et sunt quales jubentur,

Si l'on parle d'affronter la mort et de résister à la fortune, ils sont prêts à faire tout ce que vous leur dites. Ils sont touchés au dedans et prennent telle forme que vous leur donnez, pourvu que cette impression demeure et que le vice de la coutume, qui rebute tout ce qui est honnête, n'éteigne pas cette belle ardeur. Enfin, vous en trouvez bien peu qui portent jusqu'au logis les sentiments et la résolution qu'ils avaient pris. Il est bien aisé de porter son auditeur à l'amour de ce qui est juste; car la nature a répandu dans toutes les âmes des semences de vertu qui se réveillent lorsqu'on vient à les remuer. Ne voyez-vous pas comme on se récrie sur les théâtres, toutes les fois qu'il se dit quelque chose qui est approuvé et reconnu pour véritable par un consentement public?

S'il manque à l'indigent, l'avare se plaint tout.

Un mesquin applaudit toujours à ces vers, et se réjouit du reproche que l'on fait à son vice. Ne croyez-vous pas que cela serait plus fort, s'il était dit par un philosophe qui mêlât des vers avec des préceptes salutaires, pour les insinuer plus efficacement dans l'âme des ignorants? Car comme disait Cléanthe : Tout ainsi que notre souffle rend un son plus clair, passant par le col étroit d'une trompette, et sortant par une plus large ouverture, de même la mesure étroite d'un vers donne a nos pensées plus d'effet qu'elles n'en auraient eu sans cela. Ce que l'on avait écouté négligemment et sans aucune émotion, étant dit en prose, cela même entre dans l'âme comme s'il y était poussé aussitôt qu'on lui a prêté des nombres. On dit beaucoup de choses touchant le mépris de l'argent, et on fait de grands discours pour persuader aux hommes que leurs richesses consistent en la grandeur de leur âme, et non de leur patrimoine; qu'on peut appeler riche celui lequel s'accommodant à sa pauvreté se rend opulent avec peu de chose; mais cela fait plus d'impression sur les esprits, lorsqu'il est exprimé en langue poétique.

Qui sait vivre de peu n'a disette de rien.

Aussitôt que nous entendons cela ou quelque chose de semblable, nous sommes obligés de reconnaître la vérité; et ceux mêmes qui n'ont jamais assez de bien admirent ces sentiments, les approuvent et déclarent la guerre à l'argent. Quand vous les verrez dans cette disposition, pressez et poussez-les avec vigueur, rebattez souvent les mêmes choses, sans vous amuser à des arguments captieux et à des subtilités inutiles. Parlez tout de bon contre l'avarice et contre le luxe. Si vous voyez que vous fassiez quelque profit et que vous entriez dans le cœur de vos auditeurs, poursuivez avec plus d'effort. Vous ne sauriez croire le fruit que fait un discours qui s'attache au remède, et qui n'a pour but que le bien de ceux qui l'écoutent. Il est certain qu'il est plus aisé de porter les âmes qui sont encore tendres à l'amour de ce qui est juste et honnête; car la vérité s'empare incontinent d'un esprit qui est docile et légèrement imbu des fausses opinions, pourvu qu'elle rencontre un ministre qui la sache insinuer adroitement. Pour moi, lorsque j'entendais discourir Attalus contre les désordres, les erreurs et les maux de la vie, j'avais quelquefois compassion du

---

si illa animo forma permaneat, si non impetum insignem protinus populus, honesti dissuasor, excipiat. Pauci illam quam conceperant mentem domum perferre potuerunt.

Facile est, auditorem concitare ad cupidinem recti : omnibus enim natura fundamenta dedit, semenque virtutum; omnes ad omnia ista nati sumus; quum irritator accessit, tunc illa animi bona, velut sopita, excitantur. Non vides quemadmodum theatra consonent, quoties aliqua dicta sunt, quæ publice agnoscimus, et consensu vera esse testamur?

Desunt inopiæ multa, avaritiæ omnia.
In nullum avarus bonus est, in se pessimus

Ad hos versus ille sordidissimus plaudit, et vitiis suis fieri convicium gaudet. Quanto magis hoc judicas evenire, quum à philosopho ista dicuntur; quum salutaribus præceptis versus inseruntur, efficacius eadem illa demissuri in animum imperitorum ? « Nam, ut dicebat Cleanthes, quemadmodum spiritus noster clariorem sonum reddit, quum illum tuba, per longi canalis angustias tractum, potentiorem novissimo exitu effudit; sic sensus nostros clariores carminis arcta necessitas efficit. » Eadem negligentius audiuntur, minusque percutiunt, quamdiu soluta oratione dicuntur; ubi accessere numeri et egregium sensum adstrinxere certi pedes, eadem illa sententia, velut lacerto excussa, torquetur. De contemptu pecuniæ multa dicuntur, et longissimis orationibus hoc præcipitur ut homines in animo, non in patrimonio, putent esse divitias; eum esse locupletem, qui paupertati suæ aptatus est, et parvo se divitem fecit. Magis tamen feriuntur animi, quum carmina ejusmodi dicta sunt :

Is minimo eget mortalis qui minimum cupit.
Quod vult, habet, qui velle quod satis est potest.

Quum hæc atque ejusmodi audimus, ad confessionem veritatis adducimur. Illi enim, quibus nihil satis est, admirantur, acclamant, odium pecuniæ indicunt. Hunc illorum affectum quum videris, urge, hoc preme, hoc onera, relictis ambiguitatibus, et syllogismis, et cavillationibus, et cæteris acuminis irriti ludicris. Dic in avaritiam, dic in luxuriam : quum profecisse te videris, et animos audientium affeceris, insta vehementius. Verisimile non est, quantum proficiat talis oratio, remedio intenta, et tota in bonum audientium versa. Facillime enim tenera conciliantur ingenia ad honesti rectique amorem; et adhuc docilibus leviterque corruptis injicit manum veritas, si advocatum idoneum nacta est.

Ego certe, quum Attalum audirem, in vitia, in erro-

genre humain, et je croyais ce philosophe au-dessus de tout ce qu'il y a de grand dans le monde. Il se donnait le titre de roi, mais c'était, à mon avis, quelque chose de plus que régner de pouvoir reprendre tous ceux qui régnaient. Quand il se mettait à louer le pauvre, et qu'il montrait que tout ce qui ne servait point à notre usage, était un poids inutile et incommode à celui qui le portait, j'ai souvent désiré de sortir pauvre de son école. Mais, quand il entreprenait de blâmer les voluptés et de louer la continence, il me prenait envie de régler ma bouche et de retrancher tous les plaisirs illicites ou superflus.

De tous ces préceptes, que j'avais embrassés avec ardeur, il m'en est demeuré quelque chose que j'ai observé encore depuis que je me suis retiré dans la ville. C'est, mon cher Lucile, ce qui m'a fait renoncer aux huîtres et aux champignons pour toute ma vie. Car ce ne sont pas des viandes, mais plutôt des délicatesses qui provoquent à manger des gens qui sont déjà rassasiés et qui se chargent l'estomac de plus qu'il ne saurait porter. Mais, comme elles s'avalent facilement, on les rend aussi sans beaucoup de peine. C'est ce qui m'a fait abstenir des parfums pour toujours, parce que le corps ne sent jamais mieux que quand il ne sent rien. C'est encore ce qui m'a fait quitter le vin et le bain pour le reste de mes jours, et qui m'a persuadé que c'était une délicatesse inutile de se dessécher le corps par des sueurs artificielles. Quant aux autres habitudes que j'avais quittées, elles sont revenues. J'en use toutefois avec une modération qui approche fort de l'abstinence, et que je trouve plus difficile, étant moins aisé de se retrancher en certaines choses que de s'en priver entièrement. Puisque je vous ai déjà fait connaître comme j'avais plus d'ardeur pour la philosophie lorsque j'étais jeune que je n'en ai présentement que je suis vieux, je veux bien vous dire comme Socion m'engagea dans l'affection que je pris pour Pythagore. Il m'enseignait pourquoi il s'abstint de la chair des animaux, pourquoi Sextius le fit ensuite; l'un et l'autre en avaient différentes raisons, toutes fort belles. Celui-ci disait que les hommes avaient d'autres aliments sans se nourrir de sang, et que l'on s'accoutumait à la cruauté en prenant plaisir à dévorer les viandes. Il ajoutait qu'on ne pouvait trop retrancher la matière du luxe, et que la diversité des aliments était ennemie du corps et contraire à la santé. Quant à Pythagore, il disait que toutes les choses avaient de l'alliance entre elles, et que, par une communication réciproque, elles passaient en plusieurs et diverses formes. Si vous l'en croyez, l'âme ne meurt point et ne cesse de subsister que fort peu de temps, tandis qu'elle entre dans un autre corps. Nous verrons quelque jour comme, après un long intervalle et plusieurs domiciles changés, elle retourne dans l'homme. Cependant il a imprimé l'horreur du crime et du parricide; car il se pourrait faire qu'un homme, sans y penser, persécuterait l'âme de son père, et qu'il blesserait ou déchirerait un corps où l'âme de quelqu'un de ses parents serait logée.

Socion, après m'avoir exposé cette doctrine qu'il avait appuyée de beaucoup d'arguments : « ne croyez-vous pas, me dit-il, que les âmes sont dis-

---

res, in mala vitæ perorantem, sæpe misertus sum generis humani, et illum sublimem altioremque humano fastigio credidi. Ipse regem se esse dicebat : sed plus quam regnare mihi videbatur, cui liceret censuram agere regnantium. Quum vero commendare paupertatem cœperat, et ostendere, quam, quidquid usum excederet, pondus esset supervacuum et grave ferenti, sæpe exire e schola pauperi libuit. Quum cœperat voluptates nostras traducere, laudare castum corpus, sobriam mensam, puram mentem, non tantum ab illicitis voluptatibus, sed etiam supervacuis; libebat circumscribere gulam et ventrem. Inde mihi quædam permansere, Lucili; magno enim in omnia inceptu veneram : deinde, ad civitatis vitam reductus, ex bene cœptis pauca servavi. Inde ostreis boletisque in omnem vitam renuntiatum est; nec enim cibi, sed oblectamenta sunt, ad edendum saturos cogentia; quod gratissimum est edacibus, et se ultra, quam capiunt, farcientibus, facile descensura, facile reditura. Inde in omnem vitam unguento abstinemus; quoniam optimus odor in corpore est nullus. Inde vino carens stomachus. Inde in omnem vitam balneum fugimus; decoquere corpus, atque exinanire sudoribus, inutile simul delicatumque credidimus. Cætera projecta redierunt; ita tamen, ut, quorum abstinentiam interrupi, modum servem, et quidem abstinentiæ proximiorem, nescio an difficiliorem; quoniam quædam abscinduntur facilius animo, quam temperantur.

Quoniam cœpi tibi exponere, quanto majori impetu ad philosophiam juvenis accesserim, quam senex pergam, non pudebit fateri, quem mihi amorem Pythagoræ injecerit Sotion. Dicebat, quare ille animalibus abstinuisset, quare postea Sextius. Dissimilis utrique causa erat, sed utrique magnifica. Hic hominem satis alimentorum citra sanguinem esse credebat; et crudelitatis consuetudinem fieri, ubi in voluptatem esset adducta laceratio. Adjiciebat, contrahendam materiam esse luxuriæ; colligebat, bonæ valetudini contraria esse alimenta varia, et nostris aliena corporibus. At Pythagoras omnium inter omnia cognationem esse dicebat, et aliorum commercium in alias atque alias formas transeuntium. Nulla (si illi credas) anima interit, nec cessat quidem, nisi tempore exiguo, dum in aliud corpus transfunditur. Videbimus, per quas temporum vices, et quando, pererratis pluribus domiciliis, in hominem revertatur. Interim sceleris hominibus ac parricidii metum fecit, quum possint in parentis animam inscii incurrere, et ferro morsuve violare, si in quo cognatus aliquis spiritus hospitaretur. Hæc quum exposuisset Sotion, et implesset argumentis suis : « Non

tribuées successivement en plusieurs corps, et que ce qui s'appelle mort n'est qu'un passage à une autre demeure? Ne croyez-vous pas que l'âme d'un homme qui fut autrefois est maintenant logée dans ces animaux qui sont sur terre ou sous les eaux? Que rien ne périt en ce monde, et qu'il ne fait que changer de lieu? Que les âmes et les bêtes roulent aussi bien que les corps célestes dans des cercles réglés? C'est ce que de grands personnages ont cru. Cependant, suspendez votre jugement, et laissez les choses en leur entier. Car si cette opinion est véritable, c'est une chose innocente de s'être abstenu de la chair des animaux; si elle est fausse, c'est une action de sobriété. Que perdez-vous en croyant cela, puisqu'on ne vous ôte que la nourriture des lions et des vautours? Étant persuadé par ces raisons, je commençai de m'abstenir de la chair des bêtes, et une seule année m'en rendit l'habitude aussi douce que facile; il me semblait que j'en avais l'esprit plus éveillé; mais je ne voudrais pas assurer aujourd'hui que cela fût vrai. Voulez-vous savoir comme je cessai? J'étais encore jeune sous l'empire de Tibère César, lorsqu'on recherchait les religions étrangères, et que l'on prenait pour une marque de superstition l'abstinence qu'aucuns faisaient de certaines viandes. Mon père, non qu'il eût peur d'aucune recherche, mais par une pure aversion qu'il avait de la philosophie, me fit reprendre ma première coutume, et n'eut pas beaucoup de peine à me persuader de faire meilleure chère qu'auparavant.

Attalus estimait beaucoup un matelas qui n'enfonçait point sous le corps. Le mien, tout vieux que je suis, est de cette sorte; il ne paraît point que j'aie couché dessus. Je vous ai fait ce récit pour vous faire voir avec quelle ardeur les jeunes gens se portent au bien quand quelqu'un les y excite. En quoi, toutefois, il peut y avoir de la faute des maîtres, qui enseignent à disputer, et non pas à bien vivre, aussi bien que des écoliers, qui viennent plutôt à dessein de se polir que de s'amender. De sorte que la philosophie est dégénérée en philologie, et l'amour de la sagesse en l'amour des sciences et des lettres. C'est pourquoi il importe beaucoup de dresser son intention quand on entreprend quelque chose. Par exemple, celui qui veut être grammairien ne lit pas ce beau vers de Virgile :

Le temps fuit, et jamais ne se peut rappeler,

pour savoir qu'il faut être vigilant, et que si nous n'usons de diligence, nous demeurerons derrière; que le temps passe et nous fait passer bien vite; que nous sommes emportés sans y prendre garde; que nous remettons toutes choses à l'avenir, et que nous nous endormons sur le bord d'un précipice; mais il le lit pour apprendre que quand Virgile parle de la vitesse du temps, il use de ce mot : *Il fuit*.

La plus belle saison fuit toujours la première;
Puis la foule des maux amène le chagrin,
Puis la triste vieillesse, et puis l'heure dernière
Au malheur des mortels met la dernière main.

Celui qui veut être philosophe rapporte ces mêmes vers à la fin qu'il prétend; il voit que jamais Virgile ne dit : Le temps va; mais qu'il fuit, qui est

credis, inquit, animas in alia corpora atque alia describi? et migrationem esse, quod dicimus mortem? Non credis, in his pecudibus, ferisve, aut aqua mersis, illum quondam hominis animum morari? Non credis, nihil perire in hoc mundo, sed mutare regionem? nec tantum cœlestia per certos circuitus verti, sed animalia quoque per vices ire, et animos per ordinem agi? Magni ista crediderunt viri. Itaque judicium quidem tuum sustine; cæterum omnia tibi integra serva. Si vera sunt ista, abstinuisse animalibus innocentia est; si falsa, frugalitas est. Quod istic crudelitatis tuæ damnum est? Alimenta tibi leonum et vulturum eripio. »

His instinctus, abstinere animalibus cœpi; et, anno peracto, non tantum facilis erat mihi consuetudo, sed dulcis. Agiliorem mihi animum esse credebam; nec tibi hodie affirmaverim, an fuerit. Quæris, quomodo desierim? In Tiberii Cæsaris principatum juventæ tempus inciderat : alienigena tum sacra movebantur, et inter argumenta superstitionis ponebatur quorumdam animalium abstinentia. Patre itaque meo rogante, qui calumniam timebat, non philosophiam oderat ad pristinam consuetudinem redii; nec difficulter mihi, ut inciperem melius cœnare, persuasit. Laudare solebat Attalus culcitum, quæ resisteret corpori : tali utor etiam senex, in qua vestigium apparere non possit.

Hæc retuli, ut probarem tibi, quam vehementer haberent tirunculi impetus primos ad optima quæque, si quis exhortaretur illos, si quis impelleret. Sed aliquid præcipientium vitio peccatur, qui nos docent disputare, non vivere; aliquid discentium, qui propositum afferunt ad præceptores suos, non animum excolendi, sed ingenium. Itaque, quæ philosophia fuit, facta philologia est. Multum autem ad rem pertinet, quo proposito ad quamque rem accedas. Qui grammaticus futurus, Virgilium scrutatur, non hoc animo legit illud egregium,

.... Fugit irreparabile tempus :

vigilandum est! nisi properamus, relinquemur; agit nos, agiturque velox dies; inscii rapimur; omnia in futurum disponimus, et inter præcipitia lenti sumus : sed ut observet, quoties Virgilius de celeritate temporum dicit, hoc uti verbo illum, fugit.

Optima quæque dies miseris mortalibus ævi
Prima fugit: subeunt morbi, tristisque senectus,
Et labor; et duræ rapit inclementia mortis.

Ille, qui ad philosophiam spectat, hæc eadem, quo de

la manière d'aller la plus vite, et qu'il dit aussi que les plus heureux jours de notre vie nous sont ravis les premiers. Pourquoi donc ne nous pressons-nous pas, afin d'égaler, par notre diligence, la rapidité d'une chose si légère? Le meilleur passe devant, le pire demeure toujours le dernier; et, comme dans un tonneau, le plus pur sort le premier, et ce qui est trouble demeure au fond, ainsi, la plus belle saison de notre vie passe la première; nous donnons la meilleure à autrui, et ne nous réservons que la lie. Que cela demeure gravé dans notre âme comme s'il avait été prononcé par l'oracle :

La plus belle saison fuit toujours la première.

Pourquoi la plus belle? Parce que ce qui reste est fort incertain. Pourquoi sont-ce nos plus heureux jours? Parce que, étant jeunes, nous pouvons apprendre et tourner au bien notre esprit, qui est encore flexible et maniable; parce que cet âge est propre à la fatigue, propre à cultiver l'esprit par l'étude et à exercer le corps par le travail. Ce qui reste est languissant et plus proche de sa fin. Travaillons donc de bon cœur; et, quittant tout ce qui nous peut détourner, tâchons d'éviter ce reproche de n'avoir connu la vitesse du temps, que l'on ne peut arrêter, qu'après nous être vus demeurer derrière. Que chaque jour nous soit aussi agréable que s'il était le premier et le plus heureux de notre vie, et faisons-en notre profit; il faut se saisir d'une chose qui s'enfuit. Celui qui lit ces vers avec les yeux d'un grammairien ne songe pas que les plus heureux jours sont les premiers, à cause que les maladies viennent ensuite, que la vieillesse s'avance à grands pas et se montre sur la tête de ceux qui pensent être encore jeunes; mais il dit que Virgile met toujours ensemble les maladies et la vieillesse. Certainement ce n'est pas sans raison, car la vieillesse est une maladie incurable. Il l'a encore, dit-il, appeléo triste :

Puis vient la maladie et la triste vieillesse.

Il ne faut pas s'étonner si d'une même matière chacun tire ce qui sert à l'étude qu'il s'est proposée. Dans un même champ, le bœuf cherche l'herbe, le chien le lièvre, et la cigogne le serpent.

Quand un philosophe d'un côté, un orateur et un grammairien de l'autre, prennent en main les livres de la république que Cicéron a composés, chacun fait ses remarques particulières. Le philosophe s'étonne que l'on ait pu dire tant de choses contre la justice. L'orateur observe qu'il y a eu deux rois à Rome, dont l'un n'avait point de père, et l'autre n'avait point de mère; car on est eu doute de la mère de Servius, et on ne nomme point le père d'Ancus; on l'appelle ordinairement le petit-fils de Numa. De plus, il remarque que celui auquel nous donnons, avec les historiens, le nom de dictateur, était appelé anciennement maître du peuple; cela se voit encore dans les livres des augures, qui rendent témoignage que le nom de maître des chevaliers vient de là. Il remarque encore que Romulus est mort durant une éclipse de soleil; qu'il y avait autrefois appel des

---

bet, adducit. Nunquam Virgilius, inquit, dies dicit ire, sed fugere, quod currendi genus concitatissimum est; « et optimos quosque primos rapi » : quid ergo cessamus nos ipsi concitare, ut velocitatem rapidissimæ rei possimus æquare? Meliora prætervolant, deteriora succedunt. Quemadmodum ex amphora primum, quod est sincerissimum, effluit, gravissimum quodque turbidumque subsidit; sic in ætate nostra, quod optimum, in primo est. Id exhauriri in aliis potius patimur, ut nobis fæcem reservemus. Inhæreat istud animo, et, tanquam missum oraculo, placeat:

Optima quæque dies, miseris mortalibus ævi
Prima fugit.

Quare optima ? quia, quod restat, incertum est. Quare optima ? quia juvenes possumus discere, possumus facilem animum, et adhuc tractabilem, ad meliora convertere; quia hoc tempus idoneum est laboribus, idoneum agitandis per studia ingeniis, et exercendis per opera corporibus. Quod superest, segnius et languidius est, et propius a fine. Itaque toto hoc agamus animo, et omissis ad quæ divertimur, in rem unam laboremus, ne hanc temporis pernicissimi celeritatem, quam retinere non possumus, relicti demum intelligamus. Primus quisque, tanquam optimus, dies placeat, et redigatur in nostrum. Quod fugit, occupandum est. Hoc non cogitat ille, qui grammatici oculis carmen istud legit, ideo « optimum quemque primum esse diem, » quia subeunt morbi, quia senectus premit, et adhuc adolescentiam cogitantibus supra caput est : sed ait, Virgilium semper una ponere « morbos et senectutem. » Non, mehercules, immerito; senectus enim insanabilis morbus est. Præterea, inquit, hoc senectuti cognomen posuit, tristem illam vocat :

.... Subeunt morbi, tristisque senectus.

Non est quod mireris, ex eadem materia suis quemque studiis apta colligere. In eodem prato bos herbam quærit, canis leporem, ciconia lacertam. Quum Ciceronis libros de republica prendit hinc philologus aliquis, hinc grammaticus, hinc philosophiæ deditus ; alius alio curam suam mittit. Philosophus admiratur, « contra justitiam dici tam multa » potuisse. Quum ad hanc eamdem lectionem philologus accessit, hoc subnotat : « Duos romanos reges esse, quorum alter patrem non habet, alter matrem : » nam de Servii matre dubitatur : « Anci pater nullus ; Numæ nepos dicitur. Præterea notat, « eum, quem nos dictatorem dicimus et in historiis ita nominari legimus, apud antiquos magistrum populi vocatum. » Hodieque id exstat in Auguralibus libris ; et testimonium est, quod, qui ab illo nominatur, « Magister equitum » est. Æque notat, « Romulum periisse solis defectione :

rois au peuple. Fénestella croit aussi que cela se trouve vérifié par les livres des pontifes. Quand le grammairien entreprend d'expliquer ces livres-là, il met, premièrement, dans ses observations, que Cicéron dit *reapse* pour *reipsa*, qu'il dit aussi *sepse* pour *seipse*. Ensuite il passe aux mots que l'usage du temps a changés, comme en cet endroit où Cicéron dit : Ce bout de la carrière; ce que nous appelons aujourd'hui *cretam*, qui signifie borne, les anciens l'appelaient *calcem*, qui veut dire le talon ou le bout du pied. Après, il fait un recueil des vers d'Ennius, et principalement de ceux qu'il a écrits de Scipion l'Africain :

> A qui jamais l'ami ni l'ennemi
> N'a pu payer le bienfait qu'à demi.

Par là il reconnaît que ce mot *opera*, qui veut dire labeur, signifiait, au temps passé, *auxilium*, qui veut dire secours ou bienfait; car il dit que l'ami ni l'ennemi n'a pu rendre à Scipion le bienfait qu'il en avait reçu. Il s'estime encore heureux d'avoir trouvé pourquoi Virgile s'est avisé de dire :

> Sur lui tonne du ciel la grande et vaste porte.

Il dit qu'Ennius l'a emprunté d'Homère, et Virgile d'Ennius. On voit encore cette épigramme d'Ennius dans ces mêmes livres que Cicéron a écrits de la république :

> Si quelqu'un peut entrer dans le séjour des dieux,
> La vaste porte des cieux
> A moi seul s'ouvrira.

Mais, de peur que, sans y penser, je ne fasse moi-même l'orateur et le grammairien, je vous avertis que tout ce que nous entendons ou lisons chez les philosophes se doit rapporter au dessein que nous avons de parvenir à la vie heureuse. Ne nous attachons point à certains mots vieux ni à des métaphores et à des façons de parler qui sont mauvaises. Recevons plutôt des avis salutaires et des paroles pleines de force et de courage pour les convertir en des effets. Apprenons de manière que ce qui n'était qu'un discours devienne ensuite une action. Certainement je ne connais point de gens qui fassent plus de tort à la société civile que ceux qui ont appris la philosophie comme un métier, et qui vivent autrement qu'ils n'enseignent qu'on doit vivre; car, étant sujets à tous les vices qu'ils condamnent, ils portent partout où ils se trouvent l'exemple d'une discipline inutile. Un précepteur de cette sorte ne me servirait pas davantage qu'un pilote sujet au vin qui rendrait gorge durant la tempête. C'est alors qu'il faut tenir ferme le gouvernail, malgré les secousses des flots; qu'il faut lutter contre la mer et abaisser les voiles que les vents s'efforcent d'enlever. En quoi me peut aider un capitaine de navire étonné et vomissant? Or, il n'y a point de navire si fort agité de la tempête que notre vie. Il n'est donc pas question de bien parler, mais de bien conduire. Tout ce que l'on dit et ce que l'on étale devant le peuple est emprunté d'autrui. Platon l'a dit, Zénon l'a dit, Chrysippe, Posidonius, et un nombre incroyable de pareilles gens. S'ils veulent montrer qu'ils sont à eux, qu'ils fassent ce qu'ils disent. Après

provocationem ad populum etiam a regibus fuisse : « id ita in pontificalibus libris aliqui putant, et Fenestella. Eosdem libros quum grammaticus explicuit, primum verba prisca, reapse dici a Cicerone, id est, reipsa, in commentarium refert; nec minus sepse, id est, seipse. Deinde transit ad ea, quæ consuetudo sæculi mutavit; tanquam ait Cicero, « Quoniam sumus ab ipsa calce ejus interpellatione revocati » hanc, quam nunc in circo *cretam* vocamus, calcem antiqui dicebant. Deinde Ennianos colligit versus, et in primis illos de Africano scriptos :

> .... Cui nemo civis neque hostis
> Quivit pro factis reddere operæ pretium.

Ex eo se ait intelligere, apud antiquos non tantum auxilium significasse operam, sed opera : ait enim, neminem potuisse Scipioni, neque civem, neque hostem, reddere operæ pretium. Felicem deinde se putat, quod invenerit, unde visum sit Virgilio dicere :

> .... Quem super ingens
> Porta tonat cæli. ....

Ennium hoc ait Homero subripuisse; Ennio Virgilium. Esse enim apud Ciceronem in his ipsis de republica hoc epigramma Ennii :

> Si fas endo plagas cœlestum ascendere cuiquam ;
> Mi soli cœli maxima porta patet.

Sed ne et ipse, dum aliud ago, in philologum aut grammaticum delabar, illud admoneo, auditionem philosophorum lectionemque ad propositum beatæ vitæ trahendam : non ut verba prisca aut ficta captemus, et translationes improbas figurasque dicendi, sed ut profutura præcepta, et magnificas voces, et animosas, quæ mox in rem transferantur. Sic ista discamus, ut, quæ fuerunt verba, sint opera. Nullos autem pejus mereri de omnibus mortalibus judico, quam qui philosophiam, velut aliquod artificium venale, didicerunt; qui aliter vivunt, quam vivendum esse præcipiunt. Exempla enim seipsos inutilis disciplinæ circumferunt, nulli non vitio, quod insequuntur, obnoxii. Non magis mihi potest quisquam talis prodesse præceptor, quam gubernator in tempestate nauseabundus. Tenendum est, rapiente fluctu, gubernaculum, luctandum cum ipso mari, eripienda sunt vento vela : quid me potest adjuvare rector navigii attonitus et vomitans? Quanto majore putas vitam tempestate jactari, quam ullam ratem? Non est loquendum, sed gubernandum. Omnia, quæ dicunt, quæ turba audiente jactant, aliena sunt. Dixit illa Plato, dixit Zenon, dixit Chrysippus, et Posidonius, et ingens agmen tot ac talium. Quomodo probare possint sua esse, monstrabo : faciant, quæ dixerint.

Quoniam, quæ volueram ad te proferre, jam dixi,

m'être expliqué de ce que j'avais à vous dire, je vous réserve une lettre tout entière pour satisfaire à ce que vous désirez de moi, de peur que votre esprit, étant déjà fatigué, ne se rebute d'une matière difficile, qui demande des oreilles attentives et curieuses.

ÉPITRE CIX.

Si le sage est utile au sage. — Qu'il faut négliger la subtilité des questions inutiles pour s'attacher à l'étude de la vertu.

Vous voulez savoir si le sage est utile au sage. Nous disons que le sage est rempli de toutes sortes de biens et au comble de ses désirs. On demande donc si quelqu'un pourrait être utile à un homme qui possède le souverain bien. Il est certain que deux hommes de bien sont utiles l'un à l'autre, parce que vivant ensemble dans l'exercice continuel de leurs vertus, ils se maintiennent dans l'état de la sagesse qu'ils ont acquise; ils désirent tous deux avoir un compagnon avec qui ils puissent discourir et conférer. Ceux qui savent lutter s'exercent entre eux et se tiennent en haleine. Le musicien s'excite en la compagnie d'un autre musicien, et comme le sage s'excite de lui-même, il sera aussi excité par un autre sage; car il est nécessaire que sa vertu soit dans l'action. Mais encore, quelle utilité le sage apportera-t-il au sage? Il lui donnera du cœur et lui fera connaître les occasions de faire quelque bonne action. De plus, il lui communiquera ses pensées et lui apprendra ce qu'il aura trouvé de nouveau; car il y aura toujours quelque découverte à faire, et du champ pour exercer les esprits. Le méchant nuit au méchant; il le rend encore plus mauvais, en irritant sa colère et sa crainte, en flattant son chagrin, et en approuvant ses plaisirs. Aussi les méchants sont-ils perdus depuis que leurs vices se sont mêlés ensemble, et que leur malice s'étant assemblée a formé comme un corps. Ainsi, par la raison des contraires, un homme de bien doit être utile à un homme de bien. De quelle manière, direz-vous? Il se réjouira, il le confirmera dans son assurance, et leur satisfaction s'augmentera par la réflexion qu'ils feront sur leur tranquillité mutuelle. De plus, il lui donnera la connaissance de certaines choses; car le sage ne sait pas tout, et quand il le saurait, il y a des chemins plus courts qu'on lui pourrait montrer pour conduire ses desseins avec moins de peine. Le sage se rendra utile non-seulement par ses forces, mais encore par celles de celui même qu'il voudra aider. Ce n'est pas que, demeurant tout seul, il n'agisse selon toute sa capacité; il ira son train; mais c'est aider un homme, que de l'animer pendant sa course. Partant, vous voyez que le sage est utile au sage et encore à soi-même.

Vous me direz : Si vous ôtez à l'un ses forces et ses bonnes qualités, l'autre ne fera plus rien. Ainsi vous pourriez dire que le miel n'a point de douceur; car celui qui en mange doit avoir la langue et le palais disposés à ce goût pour le trouver bon et n'en être pas offensé, comme font quelques malades qui le trouvent amer. Il faut, en un mot, qu'ils soient tous deux en tel état que l'un puisse apporter de l'utilité, et que l'autre la puisse recevoir. Mais on réplique : Il est aussi peu possible de profiter à un homme qui possède le souverain

---

mine desiderio tuo satisfaciam, et in alteram epistolam integrum, quod exegeras, transferam; ne ad rem spinosam, et auribus erectis curiosisque audiendam, lassus accedas. Vale.

EPISTOLA CIX.

AN SAPIENS SAPIENTI, ET QUOMODO, PROSIT.

An « sapiens sapienti prosit, » scire desideras. — Dicimus, plenum omni bono esse sapientem et summa adeptum : quomodo prodesse aliquis possit summum habenti bonum, quæritur. Prosunt inter se boni; exercent enim virtutes, et sapientiam in suo statu continent : desiderat uterque aliquem, cum quo conferat, cum quo quærat. Peritos luctandi usus exercet; musicum, qui paria didicit, monet. Opus est et sapienti agitatione virtutum : ita, quemadmodum ipse se movet, sic movetur ab alio sapiente. Quid sapiens sapienti proderit? Impetum illi dabit, occasiones actionum honestarum commonstrabit. Præter hæc, aliquas cogitationes suas exprimet; docebit, quæ invenerit. Semper enim etiam sapienti restabit quod inveniat, et quo animus ejus excurrat. Malus malo nocet; facit quoque pejorem iram, metus incitando, tristitiæ assentiendo, voluptates laudando : et tunc maxime laborant mali, ubi plurimum vitia miscuere, et in uoam collata nequitia est. Ergo, ex contrario, bonus bono proderit. — Quomodo? inquis. — Gaudium illi afferet, fiduciam confirmabit, ex conspectu mutuæ tranquillitatis crescet utriusque lætitia. Præterea quarumdam illi rerum scientiam tradet : non enim omnia sapiens scit; etiam si sciret, breviores vias rerum aliquis excogitare posset, et has indicare, per quas facilius totum opus circumfertur. Proderit sapienti sapiens, non suis viribus, sed ipsius quem adjuvat. Potest quidem ille, etiam relictus sibi, explicare partes suas; utetur propria velocitate : sed nihilominus adjuvat etiam currentem hortator. Non prodest sapienti sapiens, sed sibi ipse : hoc scias. Detrahe illi vim propriam, et ille nihil agit. Uno modo dicas licet, non esse in melle dulcedinem : nam ipse ille, qui est, debet ita aptatus lingua palatoque esse ad hujusmodi gustum, ut ille talis sapor eum capiat, non offendat : sunt enim quidam, quibus morbi vitio mel amarum videatur. Oportet utrumque talem esse, ut et ille prodesse possit, et hic profuturo idonea materia sit.

« In summum, inquit, producto calorem calefieri su-

bien, que d'échauffer une chose qui a atteint le dernier degré de chaleur. Quand un laboureur est fourni de tous ses ustensiles, en va-t-il demander à un autre? Un soldat bien armé cherche-t-il encore des armes quand il marche au combat? Le sage ne le fait pas aussi, car il est suffisamment pourvu et muni contre tous les accidents de la vie. Quant à ce que vous dites, que ce qui est au dernier degré de chaleur n'a point besoin qu'on l'échauffe davantage, parce qu'il contient en soi toute sa chaleur, à cela je réponds : Qu'il y a grande différence entre ces choses que l'on compare ensemble. Premièrement, la chaleur est toujours une, mais l'utilité est diverse. De plus, la chaleur, pour être chaude, n'a pas besoin qu'on y ajoute de la chaleur; mais le sage ne se peut maintenir dans les bonnes habitudes qu'il s'est acquises, s'il ne communique avec quelques amis qui lui ressemblent. Joint que toutes les vertus ont de l'inclination à s'unir et à se lier ensemble, ce qui fait qu'une personne qui aime les bonnes qualités de son compagnon, et qui lui fait goûter les siennes, est toujours utile. Les choses qui ont du rapport à notre humeur nous plaisent particulièrement, lorsqu'elles sont honnêtes et capables de donner et de recevoir de l'approbation. Car enfin, il n'y a que le sage qui ait l'adresse de mouvoir l'esprit du sage, comme il n'y a que l'homme qui puisse mouvoir l'esprit de l'homme qui est raisonnable. Mais parce qu'il faut avoir de la raison pour pouvoir donner du mouvement à la raison ordinaire, aussi, pour mouvoir la raison parfaite, il faut avoir une raison qui soit parfaite.

On dit que ces choses-là sont utiles, qui nous fournissent les moyens nécessaires ou commodes à l'usage de la vie, comme l'argent, le crédit et la protection. En quoi peut-on dire qu'un fou est quelquefois utile à un honnête homme? Mais être utile s'entend exciter une âme aux choses qui sont selon la nature, ou par sa propre force, ou par celle de la personne que l'on excite ; ce que l'on ne peut faire sans y trouver de l'avantage, puisqu'en exerçant la vertu d'autrui, on exerce aussi la sienne, supposé même que l'on en veuille exclure le souverain bien ou ce qui le peut produire. Vous trouverez encore d'autres occasions où les sages sont utiles les uns aux autres : car il est bien doux à un sage de rencontrer un autre sage, étant certain qu'un homme de bien aime naturellement ce qui est bon, et qu'il s'y attache comme à soi-même. Mais pour appuyer cet argument, je suis obligé de passer de cette question à une autre.

On demande si le sage, voulant prendre quelque résolution, doit appeler du conseil ; ce qu'il est contraint de faire par nécessité dans les affaires civiles et domestiques que je pourrais appeler temporelles et passagères. En telles occasions, il a besoin du conseil d'autrui, comme il aurait besoin d'un médecin, d'un pilote, d'un avocat, ou d'un procureur. Il est donc vrai que le sage est quelquefois utile au sage par le conseil qu'il lui donne: il le sera de même dans ces matières grandes et sublimes, comme j'ai déjà dit, lorsque, dans une conférence particulière, il lui communiquera son esprit et ses pensées. D'ailleurs, il est naturel de chérir ses amis et de se réjouir du succès de leurs actions comme si c'étaient les nôtres : si nous en

---

pervacuum est ; et in summum perducto bonum supervacuus est qui prosit. Numquid instructus omnibus rebus agricola, ab alio instrui quærit ? Numquid armatus miles quantum in aciem exituro satis est, amplius arma desiderat? Ergo nec sapiens : satis enim vitæ instructus, satis armatus est. » — Ad hæc respondeo : et, qui in summo calore, illi opus est adjecto calore, ut summum teneat, — Sed ipse se, inquit, calor continet. — Primum multum interest inter ista, quæ comparas. Calor enim unus est; prodesse varium est. Deinde calor non adjuvatur adjectione caloris, ut caleat : Sapiens non potest in habitu suæ mentis stare, nisi amicos aliquos similes sui admisit, cum quibus virtutes suas communicet. Adjice nunc, quod omnibus inter se virtutibus amicitia est. Itaque prodest, qui virtutes alicujus pares suis amat, amandasque invicem præstat. Similia delectant; utique ubi honesta sunt, et probare ac probari sciunt. Etiamnunc, sapientis animum perite movere nemo alius potest, quam sapiens; sicut hominem movere rationaliter non potest, nisi homo. Quomodo ergo ad rationem movendam ratione opus est; sic, ut moveatur ratio perfecta, opus est ratione perfecta. Prodesse dicuntur et qui media nobis largiuntur, pecuniam, gratiam, incolumitatem, alia in usus vitæ cara aut necessaria ; in his dicetur etiam stultus prodesse sapienti. Prodesse autem est, animum secundum naturam movere virtute sua, ut ejus qui movebitur. Hoc non sine ipsius quoque, qui proderit, bono fiet : necesse est enim, alienam virtutem exercendo exerceat et suam. Sed, ut removeas ista, quæ aut summa bona sunt, aut summorum efficientia, nihilominus prodesse inter se sapientes possunt. Invenire enim sapientem, sapienti per se res exspectanda est : quia natura bonum omne carum est bono; et sic quisque consiliatur bono, quemadmodum sibi.

Necesse est ex hac quæstione, argumenti causa, in alteram transeam. Quæritur enim, « an deliberaturus sit sapiens? an in consilium aliquem advocaturus ? » quod facere illi necessarium est, quum ad hæc civilia et domestica venitur, et, ut ita dicam, mortalia. In his sic illi opus est alieno consilio, quomodo medico, quomodo gubernatore, quomodo advocato, et litis ordinatore. Proderit ergo sapiens aliquando sapienti ; suadebit enim. Sed in illis quoque magnis ac divinis, ut diximus, communiter honesta tractando, et animos cogitationesque miscendo utilis erit. Præterea secundum naturam est amicos complecti, et amicorum actu, ut suo proprioque, lætari

usions autrement, la vertu qui se perfectionne par l'exercice, s'éteindrait bientôt dans nos âmes. Elle veut qu'on règle bien le présent, que l'on pourvoie à l'avenir et que l'on délibère avec application d'esprit. Il est sans doute que celui qui appellera du conseil, se démettra plus facilement de toutes choses; il doit donc prendre un homme sage, ou qui soit fort avancé dans la sagesse, pour l'assister utilement de sa prudence dans les délibérations qu'ils formeront ensemble. Car on dit que les hommes voient ordinairement plus clair dans les affaires d'autrui que dans les leurs; ce qui arrive particulièrement à ceux qui se laissent aveugler de l'amour-propre, et qui perdent le discernement de ce qui leur est utile à la vue du péril. Ils commencent à bien raisonner, quand ils sont rassurés et que rien ne les trouble plus. Ce n'est pas qu'il n'y ait des choses que les sages remarquent mieux en autrui qu'en eux-mêmes. Outre tous ces avantages, le sage trouvera encore en la compagnie du sage cette satisfaction qui est douce et fort honnête, d'avoir les mêmes inclinations et les mêmes antipathies en toutes choses. C'est pourquoi ils agiront toujours de concert dans l'exécution de leurs bons desseins.

Je me suis acquitté, mon cher Lucile, de ce que vous m'aviez demandé, quoique j'en aie traité dans la suite des livres que j'ai composés de la philosophie morale. Mais souvenez-vous de ce que je vous ai dit souvent, qu'en tout cela nous ne cherchons qu'à exercer la subtilité de nos esprits. Je reviens toujours à ce point. De quoi me sert cela? Me rendra-t-il plus constant, plus juste et plus modéré? Je ne suis pas en état de prendre de l'exercice; j'ai encore besoin de médecin. Pourquoi m'enseignez-vous une science qui est absolument inutile? Vous m'aviez promis de grandes choses et je n'en vois que de petites; vous m'aviez promis que je demeurerais intrépide quand je me verrais environné d'épées et le poignard sous la gorge. Vous disiez que je ne m'étonnerais pas quand je verrais des feux allumés autour de moi, et mon vaisseau emporté bien loin par la violence d'une tempête subite. Faites donc que je n'aie plus d'estime pour les plaisirs ni pour la gloire. Vous m'apprendrez à résoudre ce qui est difficile, à distinguer ce qui est ambigu, à éclaircir ce qui est obscur, après que vous m'aurez appris ce qui est nécessaire.

ÉPITRE CX.

Que le plus grand malheur d'un homme est de n'avoir point la paix avec soi-même. — Que nous craignons, sans examiner ce que nous craignons.

Je vous salue de la maison de Nomentan, et vous souhaite le repos d'une bonne conscience, c'est-à-dire que les dieux vous soient propices et favorables, comme ils le sont à qui s'est rendu propice à soi-même. Laissons à part l'opinion de quelques-uns qui croient que chacun de nous a un dieu pour pédagogue, mais un dieu du dernier ordre, et tiré du peuple des dieux, comme parle Ovide. Souvenez-vous pourtant que nos anciens, qui ont vécu dans cette persuasion, étaient de la secte Stoïque; car ils ont assigné à chacun de nous un Génie ou une Junon. Nous verrons quelque jour si les dieux ont assez de loisir pour

---

Nam, nisi hoc fecerimus, ne virtus quidem nobis permanebit, quæ exercendo se usu valet. Virtus autem suadet præsentia bene collocare, in futurum consulere, deliberare, et intendere animum : facilius intendet explicabitque, qui aliquem sibi assumpserit. Quærit itaque aut perfectum virum, aut proficientem, vicinumque perfecto. Proderit autem ille perfectus, si consilium communi prudentia juverit. Aiunt homines plus in alieno negotio videre, quam in suo ; hoc illis evenit, quos amor sui excæcat, quibusque dispectum utilitatis timor in periculis excutit. Incipiet sapere securior, et extra metum positus. Sed nihilominus quædam sunt, quæ etiam sapientes in alio, quam in se, diligentius vident. Præterea illud dulcissimum honestissimumque, idem velle atque idem nolle, sapiens sapienti præstabit : egregium opus pari jugo ducet.

Persolvi, quod exegeras, quanquam in ordine rerum erat, quas moralis philosophiæ voluminibus complectimur. Cogita, quod soleo frequenter tibi dicere, in istis nos nihil aliud, quam acumen, exercere. Toties enim illo revertor : Quid ista me res juvat? fortiorem faciet, justiorem, temperantiorem? Nondum exerceri vacat ; adhuc medico mihi opus est. Quid me doces scientiam inutilem? Magna promisisti; exigua video. Dicebas intrepidum fore, etiam si circa me gladii micarent, etiam si mucro tangeret jugulum; dicebas securum fore, etiam si circa me flagrarent incendia, etiam si subitus turbo toto navem meam mari raperet. Hoc mihi præsta interim, ut voluptatem, ut gloriam contemnam; postea docebis implicita solvere, ambigua distinguere, obscura perspicere : nunc doce quod necesse est. Vale.

EPISTOLA CX.

VANA OPTARI, VANA TIMERI : REMEDIUM A PHILOSOPHIA PETENDUM.

Ex Nomentano meo te saluto, et jubeo habere mentem bonam, hoc est, propitios deos omnes ; quos habet placatos et faventes, quisquis sibi se propitiavit. Sepone in præsentia, quæ quibusdam placent : Unicuique nostrum pædagogum dari Deum, non quidem ordinarium, sed hunc inferioris notæ, ex eorum numero quos Ovidius ait de plebe deos. Ita tamen hoc seponas volo, ut memineris, majores nostros, qui crediderunt, Stoicos fuisse; singulis enim et Genium et Junonem dederunt. Postea videbimus, an tantum diis vacet, ut privatorum negotia

prendre soin des affaires des particuliers : cependant, soit qu'un dieu, soit que le hasard nous gouverne, sachez que le plus grand malheur que vous puissiez souhaiter à un homme, c'est de n'avoir pas la paix avec soi-même. Il n'est pas besoin d'implorer la colère des dieux contre un méchant homme qui mérite d'être châtié; ils lui sont contraires, je vous assure, quoiqu'il semble quelquefois qu'ils prennent plaisir à l'élever. Prenez garde de bien près et considérez ce que les choses sont en effet et non pas en apparence, vous trouverez qu'il nous arrive plus de mal par les bons que par les mauvais succès. Combien de fois a-t-on vu qu'une grande disgrâce a été la cause et le commencement d'une grande fortune? Combien de fois une nouvelle élévation, reçue avec beaucoup de joie, a-t-elle ouvert un précipice, et fait tomber subitement de son poste celui qui semble y être fixé?

Au reste, cette chute n'aurait rien de mauvais si vous considériez le terme au-delà duquel la nature ne pousse personne. Il est proche ce terme où toutes choses aboutissent; il est proche, tant à l'égard du riche, qui est chassé de ce monde-ci, que du misérable qui en est délivré; mais nos craintes l'éloignent et nos espérances l'étendent. C'est pourquoi, si vous êtes sage, vous mesurerez toutes choses par la condition des hommes; et vous retrancherez, par ce moyen, la matière de vos joies aussi bien que celle de vos craintes. Mais pourquoi veux-je restreindre ce mal, puisque personne n'a sujet de rien craindre? Ce sont toutes choses vaines et fantastiques, qui nous émeuvent et qui nous étonnent. Personne n'a encore examiné ce qu'il y avait de véritable, et l'un fait passer sa crainte dans l'esprit de l'autre. Personne, dis-je, n'a encore osé s'approcher de ce qui le troublait pour connaître précisément la nature et la raison de sa crainte. De là vient que l'on donne créance à un fantôme vain, parce que sa fausseté n'a point été découverte. Arrêtons seulement nos yeux, et nous verrons bientôt que l'on craint des choses qui ne durent qu'un moment, ou qui sont incertaines, et quelquefois hors d'aucun péril. Le désordre de nos esprits est tel que le représente Lucrèce :

L'homme a peur en plein jour comme un enfant la nuit.

Quoi! ne sommes-nous pas plus fous que les petits enfants d'avoir peur en plein jour? Mais vous vous trompez, Lucrèce, nous nous sommes faits partout des ténèbres. Nous ne voyons rien du tout, ni ce qui nous est nuisible, ni ce qui nous est profitable; nous ne faisons que courir durant toute notre vie sans nous arrêter jamais, et sans prendre garde où nous mettons le pied. Jugez quelle folie c'est de courir quand on ne voit goutte; ce qui fait qu'il nous faut revenir de plus loin; car, ne sachant pas où nous allons, nous ne laissons pas de nous avancer brusquement vers la fin que nous nous sommes proposée.

Mais il y a un moyen de recouvrer la clarté si nous voulons, c'est en acquérant une connaissance parfaite des choses divines et humaines, en les repassant dans notre esprit, en examinant ce qui est bon, ce qui est mauvais, ce qui en porte

procurarent; interim illud scito, sive assignati sumus, sive neglecti et fortunae dati, nulli te posse imprecari quidquam gravius, quam si imprecatus fueris, ut se habeat iratum. Sed non est, quare cuiquam, quem poena putaveris dignum, optes, ut infestos deos habeat; habet, inquam, etiam si videtur eorum cura et favore produci. Adhibe diligentiam tuam, et intuere, quid sint res nostrae, non quid vocentur; et scies plura mala contingere nobis, quam accidere. Quoties enim felicitatis et causa et initium fuit, quod calamitas vocabatur? Quoties magna gratulatione excepta res gradum sibi struxit in praeceps, et aliquem jam eminentem allevavit etiamnunc, tanquam ibi adhuc staret, unde tuto caderet? Sed ipsum illud cadere non habet in se mali quidquam, si exitum spectes, ultra quem natura neminem dejecit. Prope est rerum omnium terminus : prope est, inquam, et illud, unde felix ejicitur, et illud, unde infelix emittitur. Nos utraque extendimus; et longa, spe ac metu, facimus.

Sed, si sapis, omnia humana conditione metire : simul, et quod gaudes, et quod times, contrahe. Est autem tanti, nihil diu gaudere, ne quid diu timeas. — Sed quare istuc malum astringo? — Non est, quod quidquam timendum putes. Vana sunt ista, quae nos movent, quae attonitos habent. Nemo nostrum, quid veri esset, excussit; sed metum alter alteri tradidit. Nemo ausus est ad id, quo perturbabatur, accedere, et naturam ac bonum timoris sui nosse. Itaque res falsa et inanis habet adhuc fidem, quia non coarguitur. Tanti putemus oculos intendere; jam apparebit, quam brevia, quam incerta, quam tuta timeantur. Talis est animorum nostrorum confusio, qualis Lucretio visa est :

Nam veluti pueri trepidant, atque omnia caecis
In tenebris metuunt; ita nos in luce timemus.

Quid ergo? Non omni puero stultiores sumus, qui in luce timemus? Sed falsum est, Lucreti, non timemus in luce! omnia nobis fecimus tenebras; nihil videmus, nec quid noceat, nec quid expediat; tota vita incursitamus; nec ob hoc resistimus, aut circumspectius pedem ponimus. Vides autem, quam sit furiosa res, in tenebris impetus. At, mehercules, id agimus, ut longius revocandi simus; et, quum ignoremus quo feramur, velociter tamen illo, quo intendimus, ire perseveramus.

Sed lucescere, si velimus, potest. Uno autem modo potest, si quis hanc humanorum divinorumque notitiam scientiamque acceperit; si illa se non perfuderit, sed infecerit; si eadem, quamvis sciat, retractaverit, et ad se saepe retulerit; si quaesierit, quae sint bona, quae mala,

le nom à faux, et en recherchant toutes les choses qui concernent la vertu, le vice et l'ordre de la Providence. L'esprit humain a trop de vivacité pour se renfermer dans ces bornes. Il veut encore voir au-delà du monde; il veut en savoir l'origine et le terme; il veut connaître à quelle fin les corps supérieurs roulent avec tant de vitesse. Mais nous l'avons détourné de ces hautes contemplations pour l'attacher à des objets ravalés et déshonnêtes, et pour le soumettre à l'avenir, afin que, négligeant le monde et les dieux qui le gouvernent, il cherchât dans les veines de la terre les occasions de sa perte, pour ne s'être pas contenté de ce que la terre avait devant ses yeux. Car enfin, Dieu, qui est notre père commun, a mis proche de nous tout ce qui pouvait servir à notre bien. Il l'a donné volontiers sans attendre que nous le cherchassions. Mais ce qui nous pouvait nuire il l'a caché bien avant dans la terre. Nous ne pouvons nous plaindre que de nous-mêmes. Nous avons tiré dehors ce qui pouvait causer notre perte, malgré la nature, qui l'avait soigneusement caché. Nous avons abandonné notre âme à la volupté, quoique le moindre penchant qu'on puisse avoir pour elle soit un commencement de toutes sortes de maux. Nous l'avons ensuite engagée dans l'ambition, dans le désir de la gloire, et d'autres semblables vanités. Qu'est-ce donc que je vous conseille maintenant de faire? Rien de nouveau; car ce ne sont point de nouvelles maladies où il faille inventer des remèdes. Examinez seulement en vous-même ce qui est nécessaire et ce qui est superflu : vous trouverez partout ce qui est nécessaire; mais il vous faudra chercher le superflu à tous moments et avec tous vos soins.

Au reste, il ne faut pas que vous vous estimiez beaucoup pour mépriser les lits dorés et les meubles enrichis de pierreries; car, quelle vertu y a-t-il à mépriser ce qui est superflu? Vous pourrez vous admirer lorsque vous ne ferez plus d'état des choses nécessaires. Ce n'est rien de grand en votre personne que de pouvoir vivre sans un appareil royal et sans désirer des sangliers du poids de mille livres, des langues de phénicoptères, et tant d'autres extravagances du luxe, qui ne veut plus qu'on lui serve les animaux entiers, mais seulement ce qu'il en trouve de meilleur et de plus friand. Vous pourrez encore vous admirer, lorsque vous ne refuserez pas le pain bis, que vous croirez que l'herbe n'est pas faite seulement pour les bêtes, et qu'elle sert encore à l'homme dans la nécessité; quand vous saurez que les extrémités des arbres peuvent remplir un ventre affamé; au lieu que nous les garnissons de choses précieuses, comme s'il les pouvait conserver longtemps. Il le faut remplir sans choix, car qu'importe quelle chose on lui donne, puisque aussi bien perdra-t-il ce qu'on lui donnera? Vous prenez plaisir à voir servir par ordre ce que l'on a pris avec beaucoup de peine sur la terre et dans la mer. L'un vous semble meilleur quand il est mangé tout frais; l'autre quand il a été nourri et qu'il crève de graisse. Vous aimez l'odeur et la fumée que l'on donne aux viandes par artifice. Mais, quoiqu'elles soient bien apprêtées et diversement assaisonnées, elles auront toutes un même goût aussitôt qu'elles seront entrées dans votre estomac.

Je me souviens qu'Attalus se faisait admirer

---

quibus hoc falso sit nomen adscriptum; si quæsierit de honestis, de turpibus, de providentia. Nec intra hæc humani ingenii sagacitas sistitur: prospicere et ultra mundum libet, quo feratur, unde surrexerit, in quem exitum tanta rerum velocitas properet. Ab hac divina contemplatione abductum animum in sordida et humilia pertraximus, ut avaritiæ serviret, ut, relicto mundo terminisque ejus, et dominis cuncta versantibus, terram rimaretur, et quæreret, quid ex illa mali effoderet, non contentus oblatis. Quidquid nobis bono futurum erat, Deus et parens noster in proximo posuit. Non exspectavit inquisitionem nostram, sed ultro dedit : nocitura altissime pressit. Nihil nisi de nobis queri possumus : ea, quibus perimus, nolente rerum natura et abscondente, protulimus. Addiximus animum voluptati; cui indulgere initium omnium malorum est. Tradidimus ambitioni et famæ, cæteris, æque vanis et inanibus.

Quid ergo nunc te hortor ut facias? Nihil novi; nec enim novis malis remedia quæruntur : sed hoc primum, ut tecum ipse dispicias, quid sit necessarium, quid supervacuum. Necessaria tibi ubique occurrent : supervacua et semper, et toto animo, quærenda sunt. Non est autem quod te nimis laudes, si contempseris aureos lectos, et gemmeam supellectilem : quæ est enim virtus, supervacua contemnere? Tunc te admirare, quum contempseris necessaria. Non magnam rem facis, quod vivere sine regio apparatu potes; quod non desideras milliarios apros, nec linguas phœnicopterorum, et alia portenta luxuriæ, jam tota animalia fastidientis, et certa membra ex singulis eligentis. Tunc te admirabor, si non contempseris etiam sordidum panem; si tibi persuaseris, herbas, ubi necesse est, non pecori tantum, sed homini, nasci; si scieris, cacumina arborum explementum esse ventris; in quem sic pretiosa congerimus, tanquam recepta servantem. Sine fastidio implendus est. Quid enim ad rem pertinet, quid accipiat, perditurus quidquid acceperit? Delectant te disposita, quæ terra marique capiuntur; alia eo gratiora, si recentia perferuntur ad mensam; alia, si, diu pasta et coacta pinguescere, fluunt, ac vix saginam continent suam. Delectat te nitor horum, arte quæsitus. At, mehercules, ista sollicite scrutata varieque condita, quum subierint ventrem, una atque eadem fœditas occupabit. Vis ciborum voluptatem contemnere? exitum specta.

Attalum memini cum magna admiratione omnium hæc

d'un chacun quand il disait que les richesses l'avaient longtemps abusé. J'étais, disait-il, surpris de leur éclat partout où je les rencontrais ; je m'imaginais que ce que je ne voyais pas n'était pas moindre que ce qui me paraissait. Mais je vis, un jour de cérémonie, toutes les richesses de Rome étalées, l'or et l'argent gravé, et, ce qui est encore plus précieux, des peintures exquises, et des vestes qui venaient de pays fort éloignés. On voyait, d'un côté, quantité de jeunes esclaves fort beaux et fort propres ; d'autre, un grand nombre de femmes et tout ce que pouvait la fortune d'un grand empire qui faisait comme une revue de ses richesses et de sa puissance. Mais, à quoi sert tout cela, dis-je à part moi, sinon pour exciter la convoitise des hommes, qui n'est que trop échauffée d'elle-même ? Que veut dire cet argent que l'on fait voir avec tant de pompe ? Est-ce pour apprendre l'avarice que l'on s'assemble de la sorte ? Pour moi, je suis assuré que je m'en retourne avec moins de convoitise que je n'en avais apporté. Je méprise les richesses, non parce qu'elles sont superflues, mais parce qu'elles sont peu de chose. Avez-vous remarqué que la montre de cette magnificence, quoiqu'elle marchât lentement et dans un bel ordre, a passé en peu d'heures. Faut-il que ce qui n'a pu nous occuper un jour entier nous tienne occupés tout le temps de notre vie ? » Puis il ajoutait : « Tout cela semblait aussi peu nécessaire aux propriétaires qui le possédaient, qu'aux spectateurs qui le voyaient passer. C'est pourquoi, quand quelque chose de pareil vient me frapper la vue, quand je vois une maison superbement meublée, une troupe d'esclaves bien vêtus, et une litière conduite par des porteurs bien faits ; je dis en moi-même : Qu'est-ce que tu admires ? De quoi t'étonnes-tu ? Ce n'est qu'une vaine pompe ; ce sont des choses que l'on montre, et dont on ne jouit pas ; elles passent, tandis qu'elles plaisent. Cherche plutôt les véritables richesses. Apprends à te contenter de peu et prononce courageusement cette parole : Pourvu que j'aie du pain et de l'eau, je veux contester de la félicité contre Jupiter. Mais, de grâce, contestons-la-lui sans cela ; car, si c'est une chose honteuse de faire consister le souverain bien en l'or et en l'argent, il n'est guère plus honnête de le faire consister en du pain et de l'eau. Mais, que ferai-je si cela vient à manquer ? Etes-vous en peine d'un remède à votre disette ? Souvenez-vous que la faim terminera bientôt votre faim en vous délivrant de la vie. Autrement, que vous importe si c'est pour beaucoup ou pour peu de chose que vous soyez contraint de servir ; ou, combien de choses la fortune vous dénie, puisque le pain et l'eau même dont vous avez besoin sont en la disposition d'autrui. Or, celui-là n'est pas libre, contre qui la fortune peut quelque chose, mais celui contre qui elle ne peut rien ; ainsi, vous ne devez rien désirer, si vous voulez porter le défi à Jupiter qui ne désire rien. » Voilà ce qu'Attalus nous disait et que la nature dit à tout le monde. Si vous y faites souvent réflexion, cela est capable de vous rendre heureux en effet, et non point en apparence, à votre jugement même, et non pas à l'opinion d'autrui.

---

dicere : « Diu mihi, inquit, imposuere divitiæ : stupebam, ubi aliquid ex illis alio atque alio loco fulserat existimabam similia esse, quæ laterent, bis, quæ ostenderentur. Sed in quodam apparatu vidi totas opes urbis, cælatas et auro et argento, et bis quæ pretium auri argentique vicerunt ; exquisitos colores, et vestes, ultra non tantum nostrum, sed ultra finem hostium advectas : hinc puerorum perspicuos cultu atque forma greges, hinc feminarum ; et alia, quæ, res suas recognoscens, summi imperii fortuna protulerat. Quid hoc est, inquam, aliud, quam irritare cupiditates hominum per se incitatas ? Quid sibi vult ista pecuniæ pompa ? Ad discendam avaritiam convenimus. At, mehercules, minus cupiditatis istinc effero, quam attuleram. Contempsi divitias, non, quia supervacuæ, sed quia pusillæ sunt. Vidistine quam intra paucas horas ille ordo, quamvis lentus dispositusque, transierit ? Hoc totam vitam nostram occupabit, quod totum diem occupare non potuit ? Accessit illud quoque : tam supervacuæ mihi visæ sunt habentibus, quam fuerunt spectantibus. Hoc itaque ipse mihi dico, quoties tale aliquid præstrinxerit oculos meos, quoties occurrit domus splendida, cohors culta servorum, lectica formosis imposita calonibus : « Quid miraris ? quid stupes ? Pompa est ! Ostenduntur istæ res, non possidentur ; et, dum placent, transeunt. Ad veras potius te converte divitias, disce parvo esse contentus ; et illam vocem magnus atque animosus exclama : Habemus aquam, habemus polentam ; Jovi ipsi de felicitate controversiam faciamus ! » — Faciamus, oro te, etiam si ista defuerint ! Turpe est, beatam vitam in auro et argento reponere : æque turpe, in aqua et polenta. — Quid ergo faciam, si ista non fuerint ? — Quæris, quod sit remedium inopiæ ? Famem fames finit. Alioquin, quid interest, magna sint, an exigua, quæ servire te cogunt ? Quid refert, quantum sit, quod tibi possit negare fortuna ? Hæc ipsa aqua et polenta in alienum arbitrium cadit ; liber est autem non in quem parum licet fortunæ, sed in quem nihil. Ita est ! nihil desiderare oportet, si vis Jovem provocare nihil desiderantem. » — Hæc nobis Attalus dixit : natura dixit omnibus. Quæ si voles frequenter cogitare, id ages, ut sis felix, non ut videaris ; et ut tibi videaris, non aliis. Vale.

ÉPITRE CXI.

De la différence qui se trouve entre un sophiste et un véritable philosophe.

Vous me demanderez comment on appellerait en latin un sophisme. Plusieurs ont tâché de lui assigner un nom ; mais il ne lui en est point demeuré. Peut-être que, comme la chose n'était point en usage ni reçue parmi nous, on en a aussi rejeté le nom. Celui, toutefois, que Cicéron lui a donné, est assez juste. Il l'appelle *cavillatio* ou chicane ; un homme qui s'y attache pourra bien proposer de subtiles et de jolies questions, mais elles ne serviront de rien pour les mœurs ; car on n'en devient ni plus constant, ni plus modéré, ni plus parfait. Au lieu que celui qui s'applique à la philosophie pour corriger ses défauts relève son courage, se rend assuré, invincible, et paraît plus grand à tous ceux qui s'en approchent ; ce qui arrive aux grandes montagnes, lesquelles on trouve moins hautes quand on les regarde de loin, et fort élevées quand on en est près. Il arrive ainsi, mon cher Lucile, à un véritable philosophe qui procède par des raisons solides, et non par des arguments captieux ; il est debout sur un lieu éminent, toujours grand et admirable ; mais d'une véritable grandeur. Il ne s'élève point sur ses pieds, et ne marche point sur le bout des doigts, comme font ceux qui veulent paraître plus grands qu'ils ne sont. Il est content de sa grandeur propre. Pourquoi ne le serait-il pas, puisqu'il est crû jusqu'au point où la fortune ne saurait plus atteindre ? Il est donc au-dessus des choses humaines, puisqu'il est égal et toujours le même en quelque état qu'il se trouve, soit que sa vie coule doucement ou qu'elle soit traversée de disgrâces et de difficultés.

Ces subtilités, dont je viens de parler, ne sauraient produire une telle constance que celle-là. L'esprit s'en joue, mais il n'en profite pas ; elles décrédident et ravalent la philosophie ; ce n'est pas que je vous défende d'en user quelquefois, pourvu que ce soit lorsque vous aurez du temps à perdre. Elles ont toutefois cela de mauvais que, s'étant insinuées avec quelque douceur, elles engagent et arrêtent l'esprit par le faux éclat d'une doctrine délicate. Cependant il y a tant de choses importantes qui demandent notre application, et tout le temps de la vie suffit à peine pour apprendre seulement à la mépriser. Quoi donc, pour la bien conduire, me direz-vous, c'est un second ouvrage qui vient ensuite. Il est vrai, car jamais personne n'a bien conduit sa vie qu'il ne l'ait méprisée auparavant.

ÉPITRE CXII.

Qu'il est malaisé de redresser et de corriger les longues et les mauvaises habitudes.

Je voudrais certainement que l'on pût dresser et former votre ami comme vous le désirez. Mais il est désormais bien endurci, ou plutôt (ce qui est encore plus fâcheux) bien amolli et gâté par ses longues et mauvaises habitudes. Je veux vous donner un exemple tiré d'un exercice où je m'occupe quelquefois. Toutes les sortes de vignes ne sont pas bonnes à greffer ; car celle qui sera vieille et affamée, celle qui sera faible et trop menue ne

EPISTOLA CXI.
SOPHISMATIBUS VERAM OPPONIT PHILOSOPHIAM.

Quid vocentur latine sophismata, quæsisti a me. — Multi tentaverunt illis nomen imponere, nullum hæsit ; videlicet, quia res ipsa non recipiebatur a nobis, nec in usu erat, nomini quoque repugnatum est. Aptissimum tamen videtur mihi, quo Cicero usus est : cavillationes vocat; quibus quisquis se tradidit, quæstiunculas quidem vafras nectit, cæterum ad vitam nihil proficit, neque fortior fit, neque temperantior, neque elatior. At ille, qui philosophiam in remedium suum exercuit, ingens fit animo, plenus fiduciæ, inexsuperabilis, et major adeunti. Quod in magnis evenit montibus, quorum proceritas minus apparet longe intuentibus ; quum accesseris, tunc manifestum fit, quam in arduo summa sint : talis est, mi Lucili, verus, et rebus, non artificiis, philosophus. In edito stat, admirabilis, celsus, magnitudinis veræ. Non exsurgit in plantas, nec summis ambulat digitis, eorum more, qui mendacio staturam adjuvant, longioresque, quam sunt, videri volunt: contentus est magnitudine sua. Quidni contentus sit eo usque crevisse, quo manum fortuna non porrigit ? Ergo et supra humana est, et per sibi in omni statu rerum ; sive secundo cursu vita procedit, sive fluctuatur per adversa ac difficilia. Hanc constantiam cavillationes istæ, de quibus paulo ante loquebar, præstare non possunt. Ludit istis animus, non proficit; et philosophiam a fastigio suo deducit in planum. Nec te prohibuerim aliquando ista agere ; sed tunc, quum voles nihil agere. Hoc tamen habent in se pessimum : dulcedinem quamdam sui faciunt, et animum specie subtilitatis inductum tenent, ac morantur ; quum tanta rerum moles vocet, quum vix tota vita sufficiat, ut hoc unum discas, vitam contemnere. — Quid regere ? inquis. — Secundum opus est : nam nemo illam bene rexit, nisi qui contempserat. Vale.

EPISTOLA CXII.
DESPERAT DE QUODAM LUCILII AMICO REFORMANDO, VETERE ANNORUM ET VITIORUM, VITIS EXEMPLO ALLATO.

Cupio, mehercules, amicum tuum formari, ut desideras, et institui : sed valde durus capitur; imo potius, quod est molestius, valde mollis capitur, et consuetudine mala ac diutina fractus. Volo tibi ex nostro artificio exemplum referre. Non quælibet insitionem vitis patitur : si vetus et exesa est, si infirma gracilisque, aut non reci-

recevra point la greffe, ou ne la pourra point nourrir; ainsi elle ne prendra point ses qualités en sa nature. C'est pourquoi nous avons coutume de la couper hors de terre, afin que si elle ne reprend la première fois, on puisse tenter encore la fortune, et la greffer dans la terre une seconde. Celui que vous me recommandez par votre lettre n'a plus de force ni de vigueur; il s'est abandonné aux vices qui l'ont tellement flétri et endurci, qu'il ne peut plus recevoir la raison, la cultiver ni la nourrir.

Oui, mais c'est une chose qu'il souhaite. N'en croyez rien, je ne veux pas dire qu'il vous ment; il pense en avoir envie, il est dégoûté du luxe, mais il le rappellera bientôt. Il dit qu'il est rebuté de sa manière de vivre. Je n'en doute pas; car qui n'en serait rebuté? Voilà comme quoi les hommes ont en même temps de l'amour et de l'aversion pour leur vie. Attendons donc à porter notre jugement, qu'il nous ait fait voir que le luxe lui est en horreur; car, pour le présent, il n'y a entre eux qu'un peu de mésintelligence.

ÉPITRE CXIII.

Si les vertus sont des êtres animés. — Il faut cultiver la vertu sans en espérer de récompense.

Vous voulez que je vous mande mon sentiment touchant cette question qui est agitée parmi les Stoïciens : Si la justice, la constance, la prudence et les autres vertus sont des animaux. Ces subtilités, mon cher Lucile, font croire à tout le monde que nous exerçons nos esprits en choses vaines, et que nous employons notre loisir en des questions qui n'apportent aucune utilité. Je ferai toutefois ce que vous désirez, et je vous exposerai ce qu'en pensent nos philosophes, après vous avoir dit que je suis de contraire avis. Vous saurez donc que ce qui a mu les anciens à faire cette question, est qu'il est certain que l'âme est animal, puisqu'elle fait que nous sommes animaux, et que les animaux en ont tiré leur nom. Or, la vertu n'est autre chose qu'une âme disposée d'une certaine manière. Elle est donc animal. De plus la vertu agit : or, on ne peut agir sans mouvement ; si la vertu a du mouvement, lequel ne compte qu'à l'animal, elle est donc animal ; mais si la vertu est animal, elle contient en soi la vertu même. Pourquoi non, puisqu'elle se possède elle-même. Comme le sage fait toutes choses pour la vertu, ainsi la vertu les fait par elle-même. Par conséquent, disent-ils, tous les arts, toutes nos connaissances et nos pensées sont animaux. Il s'ensuit encore que plusieurs milliers d'animaux sont logés dans la petite capacité de notre cœur, et que nous sommes chacun plusieurs animaux, ou que nous contenons plusieurs animaux.

Voulez-vous savoir quelle réponse on fait à cela ? Supposé que chacune de ces choses-là soit animal, ce ne serait point pourtant plusieurs animaux. Pourquoi ? Je vous le dirai, pourvu que vous m'écoutiez avec toute la subtilité de votre esprit et toute votre attention. Tous les animaux doivent avoir chacun leur substance particulière. Mais toutes ces choses-là n'ont qu'une seule âme : c'est pourquoi elles peuvent bien être des choses singulières, et non pas plusieurs choses en même temps. Par exemple, je suis animal et homme,

piet surculum, aut non alet, nec applicabit sibi, nec in qualitatem ejus naturamque transibit. Itaque solemus supra terram præcidere, ut, si non responderit, tentari possit secunda fortuna, et iterum repetita infra terram inseratur. Hic, de quo scribis et mandas, non habet vires : indulsit vitiis ; simul et emarcuit, et induruit. Non potest recipere rationem, non potest nutrire. — At cupit ipse. — Noli credere ! Non dico illum mentiri tibi, putat se cupere. Stomachum illi fecit luxuria ; cito tamen cum illa redibit in gratiam. — Sed dicit se offendi vita sua. — Non negaverim : quis enim non offenditur ? Homines vitam suam et amant simul, et oderunt. Tunc itaque de illo feremus sententiam, quum fidem nobis fecerit, invisam jam sibi esse luxuriam : nunc illis male convenit. Vale.

EPISTOLA CXIII.

AN VIRTUTES SINT ANIMALIA : HAS SPERNENDAS ESSE DISPUTATIONES.

Desideras tibi scribi a me, quid sentiam de hoc quæstione jactata apud nostros : « An justitia, an fortitudo, prudentia, cæteræque virtutes, animalia sint ? » — Hac subtilitate efficimus, Lucili carissime, ut exercere ingenium inter irrita videamur, et disputationibus nihil pro futuris otium terere. Faciam, quod desideras ; et, quid nostris videatur, exponam. Sed me in alia esse sententia profiteor. Puto quædam esse, quæ deceant phæcasiatum palliatumque. Quæ sint ergo, quæ antiquos moverint, dicam.

« Animum constat animal esse, quum ipse efficiat ut simus animalia, et quum ab illo animalia nomen hoc traxerint ; virtus autem nihil aliud est, quam animus quodammodo se habens : ergo animal est. Deinde : virtus agit aliquid ; agi autem nihil sine impetu potest ; si impetum habet, qui nulli est nisi animalis, animal est. — Si animal est, inquit, virtus ; habet ipsa virtutem. — Quidni habeat se ipsam ? Quomodo sapiens omnia per virtutem gerit, sic virtus per se. — Ergo, inquit, et omnes artes animalia sunt, et omnia, quæ cogitamus, quæque mente complectimur. Sequitur ut multa millia animalium habitent in his angustiis pectoris, et singuli multa simus animalia, aut multa habeamus animalia. Quæris, quid adversus istuc respondeatur ? Unaquæque ex istis res animal erit, multa animalia non erunt. Quare ? Dicam, si mihi accommodaveris subtilitatem et intentionem tuam. Singula animalia singulas debent habere substantias ; ista omnia unum animum habent : itaque singula esse possunt,

vous ne direz pas que je suis deux choses. Pourquoi? Parce qu'elles ne sont pas séparées; ainsi je dis que pour être deux, l'un doit être séparé de l'autre. Tout ce qui est un, quoique de diverses pièces, tombe sur une même nature; et partant il est un. Mon âme est animal, et je suis un animal : nous ne sommes pas toutefois deux animaux. Pourquoi? Parce que mon âme est une partie de moi-même, et que l'on ne compte pour un que ce qui subsiste par soi. Mais, lorsqu'il est membre de quelque chose, il ne peut être une autre chose. Pourquoi? Je vais vous le dire. C'est parce que pour être quelque autre chose, il faut être à soi, propre à soi, tout à soi, parfait en soi. Je vous ai déjà déclaré que j'étais d'un autre sentiment; car si cela avait lieu, non-seulement les vertus seraient animaux, mais les vices et les passions qui leur sont opposées, comme la colère, la crainte, la tristesse et le soupçon le seraient aussi. Cela s'étendrait encore bien plus loin. Toutes les opinions, toutes les pensées seraient animaux, ce qu'on ne doit nullement admettre; car tout ce que l'homme fait n'est pas homme. Qu'est-ce, dira-t-on, que la justice? C'est une qualité particulière de l'âme. Partant, si l'âme est animal, la justice l'est aussi. Nullement, car ce n'est qu'une habitude et une certaine disposition de l'âme. Une même âme peut se changer en diverses figures; mais elle ne devient pas un différent animal autant de fois qu'elle fait de différentes actions, et ce qu'elle fait n'est point aussi animal.

Si la justice, la constance et les autres vertus sont animaux, cessent-elles de l'être quelquefois pour recommencer de l'être, ou le sont-elles toujours? Il est certain que les vertus ne perdent point leur être. Il faut donc qu'il y ait un grand nombre, voire une infinité d'animaux logés dans l'âme. Ils répondent qu'il n'y en a pas un grand nombre, parce qu'ils sont tous liés et attachés ensemble, comme membres et parties d'un tout. Ainsi nous nous figurons l'âme comme une hydre qui a plusieurs têtes; chacune d'elle combat à part et peut nuire d'elle-même. Et toutefois il n'y a aucune de ces têtes qui ne soit un animal, mais bien une tête de l'hydre qui ne fait qu'un seul animal. Personne, en parlant de la Chimère, ne dira que le lion ou le dragon soit cet animal; ils n'en sont que les parties; mais les parties ne sont point des animaux. Qui vous oblige donc de conclure que la justice soit animal? Elle agit, disent-ils, et apporte du profit. Or, est-il que tout ce qui agit et apporte du profit à du mouvement, et que tout ce qui a du mouvement est animal; cela serait vrai, si ce mouvement venait d'elle-même; mais il est emprunté et vient de l'âme. Tout animal demeure jusqu'à la mort ce qu'il était au commencement. L'homme ne cesse point d'être homme qu'il ne soit mort; il en est de même du cheval et du chien, car ils ne sauraient se transformer en autre chose. La justice, c'est-à-dire l'âme qui est douée d'une certaine qualité est animal. Je le veux croire. La constance encore, c'est-à-dire l'âme qui a cette qualité est animal; quelle âme entendez-vous? Celle qui était justice, un peu auparavant arrêtée dans ce premier animal, ne peut passer dans un autre animal, étant obligée de rester dans

multa esse non possunt. Ego et animal sum et homo, non tamen duo esse nos dices. Quare? Quia separati debent esse; ita dico, alter ab altero debet esse diductus, ut duo sint. Quidquid in uno multiplex est, sub unam naturam cadit : itaque unum est. Et animus meus animal est, et ego animal sum; duo tamen non sumus. Quare? quia animus mei pars est. Tunc aliquid per se numerabitur, quum per se stabit; ubi vero alterius membrum erit, non poterit videri aliud. Quare? Dicam : quia, quod aliud est, suum oportet esse, et proprium, et totum, et intra se absolutum. »

Ego in alia esse me sententia professus sum. Non enim tantum virtutes animalia erunt, si hoc recipitur; sed opposita quoque illis vitia et affectus, tanquam ira, timor, luctus, suspicio. Ultra res ista procedet; omnes sententiæ, omnes cogitationes animalia erunt; quod nullo modo recipiendum est. Non enim, quidquid ab homine fit, homo est. — Justitia qui est? inquit. Animus quodammodo se habens. Itaque, si animus animal est, et justitia. — Minime! hæc enim habitus animi est, et quædam vis. Idem animus in varias figuras convertitur, et non toties animal aliud est, quoties aliud facit; nec illud, quod fit ab animo, animal est. Si justitia animal est, si fortitudo, si cæteræ virtutes; utrum desinunt animalia esse subinde, ac rursus incipiunt, an semper sunt? Desinere virtutes non possunt. Ergo multa animalia, imo innumerabilia in hoc animo versantur. — Non sunt, inquit, multa; quia ex uno religata sunt, et partes unius ac membra sunt. — Talem ergo faciem animi nobis proponimus, qualis est hydræ, multa habentis capita, quorum unumquodque per se pugnat, per se nocet. Atqui nullum ex illis capitibus animal est, sed animalis caput; cæterum ipsa unum animal est. Nemo in Chimæra leonem animal esse dixit, aut draconem; hæ partes erant ejus; partes autem non sunt animalia. Quid est, quo colligas, justitiam animal esse? — Agit, inquit, aliquid, et prodest; quod autem agit aliquid, et prodest, impetum habet; quod autem impetum habet, animal est. — Verum est, si suum impetum habet; suum autem non habet, sed animi. Omne animal, donec moriatur, id est, quod cœpit; homo, donec moriatur, homo est; equus, equus; canis, canis : transire in aliud non potest. Justitia, id est, animus quodammodo se habens, animal est! Credamus. Deinde, animal est fortitudo, id est, animus quodammodo se habens! Quis animus! ille qui modo justitia erat? Tenetur in priore animali; in aliud animal transire ei non

ÉPITRES A LUCILIUS.

celui où elle s'est premièrement logée. D'ailleurs, une seule âme ne peut être à deux animaux, moins encore à plusieurs. Mais si la justice, la constance, la tempérance et les autres vertus sont des animaux, comment n'auront-elles qu'une seule âme ! Il faut que chacune d'elle ait son âme ou elles ne sont point animaux. Car un seul corps ne peut appartenir à plusieurs animaux, comme ils en demeurent d'accord. Quel est donc le corps de la justice? C'est l'âme. Quel est le corps de la constance? C'est encore l'âme. Mais un même corps ne peut pas être à deux animaux. Une même âme, disent-ils, prend l'habitude de la justice, de la constance, de la tempérance. Cela se pourrait faire, si la justice était dans une âme en un temps et la constance en un autre, ou si la tempérance ne se rencontrait jamais avec la constance; mais les vertus sont ordinairement toutes ensemble. Comment donc feront-elles autant d'animaux, n'y ayant qu'une seule âme qui ne peut faire qu'un seul animal? Enfin, il n'y a point d'animal qui soit partie d'un autre animal. Or, la justice est une partie de l'âme, elle n'est donc pas un animal.

Mais c'est se tourmenter inutilement d'une chose dont personne ne doute; et il y a plus de raison de se fâcher qu'on la mette en dispute que d'en vouloir disputer. Pour connaître qu'un animal n'est point partie d'un autre animal, regardez tous les corps qui sont dans le monde, ils ont chacun leur couleur, leur figure et leur grandeur particulière. Entre les raisons qui font admirer l'industrie de ce divin architecte, celle-ci me paraît bien considérable, que de tant d'ouvrages qu'il fait il n'y en a point qui se ressemblent, et que les choses qui nous paraissent semblables se trouvent fort différentes quand vous venez à les confronter ensemble. Il a fait tant de sortes de feuilles, et cependant il n'y en a point qui n'ait sa marque particulière. Il a fait tant d'animaux, et toutefois ils ne se ressemblent point les uns aux autres. Il y a toujours quelque différence; il a voulu que les choses qui sont particulières fussent aussi différentes et inégales. Or, vous dites que toutes les vertus sont égales ; elles ne sont donc pas des animaux. Il n'y a point d'animal qui n'agisse de soi-même. Or, la vertu ne fait rien d'elle-même, mais par le moyen de l'homme. Tous les animaux sont raisonnables comme les hommes, comme les dieux, ou irraisonnables comme les bêtes. Il est certain que les vertus sont raisonnables, mais elles ne sont ni hommes ni dieux ; elles ne sont donc point animaux. Il n'y a point d'animal raisonnable qui fasse rien qu'il ne soit premièrement excité par quelque objet ; il s'y porte ensuite, puis le consentement qu'il y donne pousse plus avant cette première motion. Je vais vous dire en quoi consiste ce consentement.

Quand je vois qu'il faut que je marche, alors je me résous à marcher. Quand je me suis proposé et que je trouve à propos de m'arrêter, alors je m'arrête; mais cette sorte de consentement ou d'approbation ne se rencontre point dans la vertu ; car imaginez-vous que la prudence soit animal, comment donnera-t-elle son consentement ? Si vous dites : Il faut que je marche ; c'est la nature qui fait cela ; car la prudence, qui donne le conseil, non pour soi, mais pour l'utilité de celui qui

---

licet : in eo illi, in quo primum esse cœpit, perseverandum est. Præterea, unus animus duorum esse animalium non potest, multo minus plurium. Si justitia, fortitudo, temperantia, cæteræque virtutes animalia sunt ; quomodo unum animum habebunt? Singulos habeant oportet, aut non sunt animalia. Non potest unum corpus plurium animalium esse ; hoc et ipsi fatentur. Justitiæ quod est corpus? auimus. Quid? fortitudinis quod est corpus? idem animus. Atqui unum corpus esse duorum animalium non potest. — Sed idem animus, inquit, justitiæ hubitum induit, et fortitudinis, et temperantiæ. —Hoc fieri posset, si, quo tempore justitia est, fortitudo non esset; quo tempore fortitudo est, temperantia non esset. Nunc vero omnes virtutes simul sunt. Ita quomodo singula erunt animalia, quum unus animus sit, qui plus, quam unum animal, non potest facere? Denique nullum animal pars est alterius animalis ; justitia autem pars est animi : non est ergo animal.

Videor mihi in re confessa perdere operam. Magis enim indignandum de isto, quam disputandum est. Nullum animal alterius pars est. Circumspice omnium corpora ; nulli non et color proprius est, et figura sua, et magnitudo. Inter cætera, propter quæ mirabile divini artificis ingenium est, hoc quoque existimo esse, quod in tanta copia rerum nunquam in idem incidit : etiam, quæ similia videntur, quum contuleris, diversa sunt. Tot fecit genera foliorum, nullum non sua proprietate signatum : tot animalia ; nulli magnitudo cum altero convenit, utique aliquid interest. Exegit a se, ut, quæ alia erant, et dissimilia essent, et imparia. Virtutes omnes, ut dicitis, pares sunt ; ergo non sunt animalia. Nullum non animal per se aliquid agit ; virtus autem per se nihil agit, sed cum homine. Omnia animalia aut rationalia sunt, ut homines, ut dii ; aut irrationalia, ut feræ, ut pecora : virtutes utique rationales sunt; atqui nec homines sunt, nec dii : ergo non sunt animalia. Omne rationale animal nihil agit, nisi primum specie alicujus rei irritatum est, deinde impetum cepit. deinde assensio confirmavit hunc impetum. Quid sit assensio, dicam. Oportet me ambulare : tunc demum ambulo, quum hoc mihi dixi, et approbavi hanc opinionem meam. Oportet me sedere ; tunc demum sedeo. Hæc assensio in virtute non est. Puta enim prudentiam esse ; quomodo assentietur « Oportet me ambulare? » Hoc natura non recipit : pru-

la possède, ne peut ni marcher ni s'arrêter. Elle ne peut donc donner aucun consentement. Or, ce qui n'en est point capable n'est point animal raisonnable; et si la vertu était animal, elle serait sans doute un animal raisonnable. Or, elle n'est pas un animal raisonnable. Elle ne peut donc pas être animal. Si la vertu était animal, le bien serait animal, puisque le bien consiste dans la vertu, comme nos stoïciens en demeurent d'accord. On dit : C'est bien fait de défendre son père ; c'est bien fait d'opiner sagement et de juger juridiquement, partant ces deux bonnes actions sont animaux. Enfin, l'on en viendra à un tel point d'extravagance, que l'on ne pourra plus s'empêcher d'en rire. On dira encore : C'est bien fait de se taire à propos, et de faire un bon repas ; par conséquent, le silence et le manger sont animaux.

J'avoue que je me laisse chatouiller, et que je me fais un divertissement de ces subtilités impertinentes. Disons encore : Si la justice et la constance sont animaux, il est certain que ce sont animaux terrestres ; mais tout animal terrestre est sujet au froid, à la faim, à la soif ; il s'ensuit donc que la justice peut être morfondue, la constance affamée, et la clémence altérée. Ne puis-je pas demander à ces philosophes quelle figure ont ces animaux ? si c'est d'un homme, ou d'un cheval, ou d'une bête sauvage ? S'ils leur donnent une figure ronde, comme celle que l'on donne à Dieu, j'aurai droit de demander encore si l'avarice, si la folie, si la vanité, si l'ambition sont rondes, puisque ce sont animaux. S'ils les font rondes, aussi bien que les autres, je leur demanderai si une promenade, faite avec raison, est animal ou non. Il faut qu'ils en demeurent d'accord nécessairement, et qu'ensuite ils disent que la promenade est un animal qui a la figure ronde. Mais ne vous imaginez pas que je sois le premier d'entre nos stoïciens qui parle selon son sens et sans l'autorité d'autrui. Cléanthe et Chrysippe ne conviennent pas ensemble de ce que c'est que la promenade. Cléanthe dit que c'est un mouvement qui vient de l'âme, et qui s'étend jusqu'aux pieds. Chrysippe est d'avis que c'est l'âme même qui se remue. Pourquoi donc n'usera-t-on pas de sa lumière naturelle, à l'exemple du même Chrysippe, pour se moquer de tous ces animaux que le monde pourrait à peine contenir. Ils répondent : « Quoique les vertus soient animaux, elles ne sont point, toutefois, plusieurs animaux ; et, comme une seule personne peut être poëte et orateur, de même les vertus sont animaux, et ne sont pas pourtant plusieurs animaux. On voit encore qu'une même âme est juste, prudente et courageuse pour avoir en soi des dispositions capables de toutes ces vertus. » Ainsi il n'y a plus de question entre nous ; nous voilà d'accord ; car j'avoue que l'âme est animal ; je verrai après quelles conséquences j'en dois tirer. Cependant je dénie que les actions de l'âme soient animaux ; car, s'il y a du bien dans un discours fait avec prudence, tout bien étant animal, on doit dire que la parole est animal. S'il y a du bien dans un vers, tout bien étant animal, on doit dire que la parole est animal. Ainsi, ce vers :

Je chante un héros et la guerre,

dentia enim ei, cujus est, prospicit, non sibi. Nam nec ambulare potest, nec sedere ; ergo assensionem non habet : quod assensionem non habet, rationale animal non est. Virtus si animal est, rationale est : rationale autem non est ; ergo nec animal. Si virtus animal est ; virtus autem bonum omne est : omne bonum animal est. Hoc nostri fatentur. Patrem servare, bonum est ; et sententiam prudenter in senatu dicere, bonum est ; et juste decernere, bonum est ; ergo et patrem servare animal est ; et prudenter sententiam dicere, animal est. Eo usque res excedet, ut risum tenere non possis. Prudenter tacere, bonum est ; cænare bene, bonum est ; ita et tacere et cænare animal est !

Ego, mehercules, titillare non desinam, et ludos mihi ex istis subtilitatis ineptiis facere. Justitia et fortitudo, si animalia sunt, certe terrestria sunt. Omne animal terrestre alget, esurit, sitit ; ergo justitia alget, fortitudo esurit, sitit clementia. Quid porro ? non interrogabo illos, quam figuram habeant ista animalia ? hominis, an equi, an feræ ? Si rotundam illis, qualem Deo, dederint formam, quæram, an avaritia, et luxuria, et dementia æque rotundæ sint ? sunt enim et ipsæ animalia. Si has quoque corrotundaverint, etiamnunc interrogabo, an prudens ambulatio animal sit. Necesse est confiteantur ; deinde dicant, ambulationem animal esse, et quidem rotundum. Ne putes autem, me primum ex nostris, non ex præscripto loqui, sed meæ sententiæ esse ; inter Cleanthem et discipulum ejus Chrysippum, non convenit, quid sit ambulatio. Cleanthes ait, spiritum esse a principali usque in pedes permissum ; Chrysippus, ipsum principale. Quid est ergo, cur non ipsius Chrysippi exemplo sibi quisque se vindicet, et ista tot animalia, quot mundus ipse non potest capere, derideat ?

Non sunt, inquit, virtutes multa animalia, et tamen animalia sunt. Nam, quemadmodum aliquis et poeta est, et orator, et tamen unus ; sic virtutes istæ animalia sunt, sed multa non sunt. Idem est animus, et animus justus, et prudens, et fortis ; ad singulas virtutes quodammodo se habens. — Sublata est quæstio ; convenit nobis. Nam et ego interim fateor, animum animal esse ; postea visurus, quam de ista re sententiam feram : actiones ejus animalia esse nego. Alioquin et omnia verba erunt animalia, et omnes versus. Nam, si prudens sermo bonum est, bonum autem omne animal est ; sermo ergo animal est. Prudens versus, bonum est ; bonum autem omne animal est : versus ergo animal est. Ita,

Arma virumque cano.

est un animal, et l'on ne peut pas dire qu'il soit rond, car il a six pieds.

En vérité, tout cela n'est qu'un enchaînement de sottises, et je n'en puis plus de rire, lorsque je me présente qu'il faille qu'un barbarisme, un solécisme et un syllogisme soient des animaux, et que je leur donne, comme un peintre, un visage et des traits qui leur conviennent, et cependant nous disputons de ces bagatelles d'un air sourcilleux et d'une mine renfrognée. Je ne saurais m'écrier, en cet endroit, avec Cécilian : O les tristes impertinences ! car elles sont risibles. Que ne traitons-nous plutôt de quelque matière qui nous soit utile et salutaire ? Que ne cherchons-nous la vertu et les moyens de la pouvoir acquérir. Ne tâchez point à me persuader que la constance soit animal ; mais faites-moi concevoir que, sans elle, nul animal ne peut être heureux, que l'on ne peut s'affermir contre les événements de la fortune qu'en les adoucissant par la pensée avant qu'ils se présentent. Qu'est-ce que la constance ? C'est un rempart à la faiblesse humaine qu'on ne saurait abattre ; et celui qui s'en pourra couvrir demeurera ferme contre les assauts de cette vie ; car il se défendra par ses forces et de ses propres armes.

Je veux ici vous rapporter ce qu'en dit Posidonius : « Ne vous imaginez pas que vous puissiez jamais être assuré avec les armes de la fortune ; il faut la combattre avec les vôtres ; tout ce qui est fortuit ne vous saurait armer contre elle. Aussi voit-on que nous sommes bien armés contre nos ennemis, et toujours nus et désarmés contre la fortune. Alexandre ravageait et faisait fuir devant lui les Perses, les Hyrcaniens, les Indiens et tous les autres peuples qui habitaient l'Orient, jusqu'à la mer océane ; mais, ayant tué l'un de ses amis et perdu l'autre, il fuyait la clarté du jour, pleurant tantôt son crime, et tantôt son malheur. De sorte que le vainqueur de tant de rois et de tant de nations se trouva vaincu par la colère et par la tristesse ; car il avait pris plus de soin de se rendre maître de toutes choses que de ses passions. Oh ! que la folie des hommes est grande de vouloir étendre leur domination au-delà des mers, et de se croire heureux pour avoir conquis, à main armée, une infinité de provinces. Ils voudraient encore en ajouter d'autres, ne sachant pas que c'est un grand empire, dont chacun peut faire la conquête, que de régner sur soi-même.

Qu'ils m'apprennent combien la justice est une chose excellente et divine, qui ne regarde que l'utilité d'autrui, et ne désire autre chose que de servir à tout le monde ; qu'elle ne fait rien par ambition, ni par vanité, mais pour se plaire à elle-même. Surtout que chacun se persuade et dise en soi-même : Il faut que je sois juste sans en espérer aucune récompense. Je veux qu'on dise encore : Je suis obligé de cultiver cette belle vertu sans aucune considération de mes intérêts particuliers. Car, en faisant une action de justice, on ne doit prétendre autre chose que d'être juste. Souvenez-vous de ce que je vous disais un peu auparavant : Il ne sert de rien que beaucoup de personnes sachent que vous êtes juste. Qui fait publier sa vertu ne travaille pas pour la vertu, mais pour la gloire. Vous ne voulez être juste que pour en recevoir de l'honneur ; cependant je vous assure

animal est ; quod non possunt rotundum dicere, quum sex pedes habeat. — Textorium, inquis, totum mehercules istud est, quod quum maxime agitur. Dissilio risu, quum mihi propono, solœcismum animal esse, et barbarismum, et syllogismum, et aptas illis facies, tanquam pictor, assigno.

Hæc disputamus, attractis superciliis, fronte rugosa. Non possum hoc loco dicere illud Cæcilianum : « O tristes ineptias ! » — Ridiculæ sunt. Quin itaque potius aliquid utile nobis ac salutare tractamus, et quærimus, quomodo ad virtutes venire possimus, quæ nos ad illas via adducat. Doce me, non an fortitudo animal sit ; sed nullum animal felix esse sine fortitudine, nisi contra fortuita convaluit, et omnes casus, antequam exciperet, meditando prædomuit. Quid est fortitudo ? munimentum humanæ imbecillitatis inexpugnabile ; quod qui circumdedit sibi, securus in hac vitæ obsidione perdurat : utitur enim suis viribus, suis telis. Hoc loco tibi Posidonii nostri referre sententiam volo : « Non est, quod unquam fortuna armis putes esse te tutum : tuis pugna contra ipsam. Fortuna non armat. Itaque contra hostes instructi, contra ipsam inermes sunt. » Alexander quidem Persas, et Hyrcanos et Indos, et quidquid gentium usque in Oceanum extendit Oriens, vastabat, fugabatque ; sed ipse, modo occiso amico, modo amisso, jacebat in tenebris, alias scelus, alias desiderium suum mœrens : victor tot regum atque populorum, iræ tristitiæque succubuit ; id enim egerat, ut omnia potius haberet in potestate, quam affectus. O quam magnis homines teneatur erroribus, qui jus dominandi trans maria cupiunt permittere ; felicissimosque se judicant, si multas per milites provincias obtinent, et novas veteribus adjungunt ; ignari, quod sit illud ingens, parque Diis, regnum ! Imperare sibi, maximum imperium est. Doceat me, quam sacra res sit justitia, alienum bonum spectans, nihil ex se petens, nisi usum sui. Nihil sit illi cum ambitione famaque ; s bi placeat ! Hoc ante omnia sibi quisque persuadeat : Me justum esse gratis oportet ! Parum est ! adhuc illud persuadeat sibi : Me in hanc pulcherrimam virtutem ultro etiam impendere juvet ; tota cogitatio a privatis commodis quam longissime aversa sit ! Non est, quod spectes, quod sit justæ rei præmium majus, quam justam esse. Illud adhuc tibi affige, quod paulo ante dicebam : Nihil ad rem pertinere, quam multi æquitatem tuam noverint. Qui virtu

que souvent il faut être juste aux dépens de sa réputation. Alors, si vous le savez bien prendre, le mauvais bruit qui procédera d'une bonne action vous donnera un plaisir secret.

ÉPITRE CXIV.

Le langage des hommes a d'ordinaire du rapport à leurs mœurs. — Le corps étant affaibli par les délices devient incapable de l'usage des plaisirs.

Vous me demandez d'où vient qu'en de certains temps la manière de parler s'est corrompue, et comment les esprits se sont portés à ces défauts de s'expliquer tantôt avec des paroles enflées, et tantôt avec des paroles douces et languissantes, comme si l'on disait une chanson; pourquoi, quelquefois, on a estimé les discours hardis et qui n'avaient rien de vraisemblable, et quelquefois ceux qui étaient coupés et sentencieux, qui donnaient plus à deviner qu'à entendre; pourquoi, enfin, il s'est vu un siècle où l'on usait de métaphores indifféremment et sans aucune discrétion. C'est ce que l'on dit souvent et qui est passé en proverbe chez les Grecs : On a toujours parlé comme on a vécu. Mais, comme les actions de chaque particulier suivent ses paroles, il arrive quelquefois que la façon de parler se rapporte à la façon de vivre que le public a mise en usage. Lorsqu'une ville s'est relâchée de la discipline et s'est jetée dans les délices, vous le connaissez par la mollesse du langage, non de deux ou trois particuliers, mais du général qui l'aura reçue et approuvée. L'esprit et l'âme ne prennent point de différentes teintures. Si l'âme est saine, paisible et tempérante, l'esprit sera sérieux et retenu; si l'une est corrompue, l'autre est incontinent infecté. Ne voyez-vous pas que quand l'âme est languissante on traîne le corps et on porte lâchement les pieds? Quand elle est efféminée, sa mollesse se reconnaît à la marche. Si elle est prompte et vigoureuse on hâte le pas. Si elle est en fureur, ou si elle entre en colère (ce qui approche de la fureur), le mouvement du corps se trouble, on s'emporte, on ne marche pas. Ne croyez-vous pas que ces choses arrivent à l'esprit, d'autant plus qu'il est tout pénétré de l'âme qui le forme et qui lui donne la loi.

On sait comme Mécénas a vécu sans qu'il soit besoin de le dire; on sait quelles étaient ses délicatesses et ses promenades, comme il affectait de se montrer et de faire éclater ses vices. Eh quoi! son discours n'était-il pas aussi mou que sa personne? ses paroles n'étaient-elles pas aussi pompeuses que ses habits, sa suite, sa maison et sa femme? C'était, en vérité, un grand génie, s'il eût suivi le droit chemin, et s'il n'eût pas évité de se faire entendre par une manière de parler qui se ressentait de sa mollesse; c'est pourquoi vous trouverez son langage embarrassé, licencieux, vague, comme d'un homme qui est ivre. Quand vous lirez les discours de Mécénas, ne vous souviendra-t-il pas que c'est celui qui avait coutume de marcher dans la ville sans ceinture, et qui donnait le mot du guet en cet état quand il commandait dans Rome en l'absence de César? Que c'est celui qui, rendant la justice et haranguant le peuple, avait la tête enveloppée d'un manteau à l'exception des oreilles, en la manière qu'on repré-

---

tem suam publicari vult, non virtuti laborat, sed gloriæ. Non vis esse justus sine gloria? At, mehercules, sæpe justus esse debebis cum infamia. Et tunc, si sapis, mala opinio bene parta delectat. Vale.

EPISTOLA CXIV.

ELOQUENTIÆ CORRUPTELAM E CORRUPTIS MORIBUS ORTAM ESSE.

Quare quibusdam temporibus provenerit corrupti generis oratio, quæris; et quomodo in quædam vitia inclinatio ingeniorum facta sit, ut aliquando inflata explicatio vigeret, aliquando infracta, et in morem cantici ducta? Quare alias sensus audaces, et fidem egressi, placuerint; alias abruptæ sententiæ, et suspiciosæ, in quibus plus intelligendum esset, quam audiendum? Quare aliqua ætas fuerit, quæ translationis jure uteretur inverecunde? — Hoc, quod audire vulgo soles, quod apud Græcos in proverbium cessit : « Talis hominibus fuit oratio, qualis vita. » Quemadmodum autem uniuscujusque actio dicenti similis est, sic genus dicendi aliquando imitatur publicos mores. Si disciplina civitatis laboravit, et se in delicias dedit, argumentum est luxuriæ publicæ, orationis lascivia : si modo non in uno aut in altero fuit, sed approbata est et recepta. Non potest alius esse ingenio, alius animo color. Si ille sanus est, si compositus, gravis, temperans; ingenium quoque siccum ac sobrium est : illo vitiato, hoc quoque afflatur. Non vides, si animus elanguit, trahi membra, et pigre moveri pedes? si ille effeminatus est, in ipso incessu apparere mollitiem? sit ille acer est et ferox, concitari gradum? si furit, aut, quod furori simile est, irascitur, turbatum esse corporis motum, nec ire, sed ferri? Quanto hoc magis accidere ingenio putas, quod totum animo permixtum est? ab illo fingitur, illi paret, inde legem petit.

Quomodo Mæcenas vixerit, notius est, quam ut narrari nunc debeat; quomodo ambulaverit, quam delicatus fuerit, quam cupierit videri, quam vitia sua latere noluerit. Quid ergo? non oratio ejus æque soluta est, quam ipse discinctus? non tam insignita illius verba sunt, quam cultus, quam comitatus, quam domus, quam uxor? Magni vir ingenii fuerat, si illud egisset via rectiore, si non vitasset intelligi, si non etiam in oratione diffluret. Videbis itaque eloquentiam ebrii hominis, involutam, et errantem, et licentiæ plenam. Mæcenas, de cultu suo. Quid turpius, Amne silvisque ripa comantibus vides ut alveum

sente le riche fugitif dans la comédie? Celui qui, au fort des guerres civiles, lorsque toute la ville était en rumeur et en armes, marchait par la rue, suivi de deux eunuques plus hommes toutefois que lui? Celui qui épousa mille femmes et n'en eut jamais qu'une? La construction bizarre de ses paroles négligées et si contraires à l'usage, faisait assez voir la singularité et la dépravation de ses mœurs. Il ne laisse pas de s'acquérir la réputation d'un esprit fort doux, n'ayant jamais répandu le sang, ni commis la moindre violence, et l'on peut dire que la licence était la seule marque de son autorité; mais il ternit cette gloire par la dissolution de son langage extravagant et monstrueux, qui fit juger que c'était mollesse et non pas douceur. A voir les ambages de son discours, le détour de ses paroles, et leur sens quelquefois sublime, mais le plus souvent énervé, il n'y a personne qui ne croie que l'excès de son bonheur lui avait fait tourner la tête; ce qui arrive ordinairement par le vice du siècle, ou par le défaut de la personne.

Nous voyons aussi que quand les richesses ont introduit le luxe en quelque endroit, on devient plus curieux en habits, on cherche de beaux ameublements, puis on a soin de se loger au large, de revêtir de marbre les appartements, et de marbre d'outre-mer; de dorer leurs couvertures, et de faire correspondre la propreté du pavé à l'éclat du lambris. De là on vient à la magnificence de la table; et pour lors on cherche à se signaler par quelque nouveauté, en renversant l'ordre accoutumé, en servant à l'entrée ce qu'on donnait auparavant à l'issue, et à l'issue ce qu'on donnait à l'entrée. Quand l'esprit s'est dégoûté des choses qui sont ordinaires, il affecte ensuite de parler d'une nouvelle façon, il rappelle de vieux mots et les met en usage. Il en invente de son caprice; il en prend de son autorité d'une langue inconnue; il croit que tout ce qui est à la mode donne de l'ornement, comme les métaphores hardies et fréquentes. Il y a même des gens qui entre-coupent le sens et qui s'imaginent avoir bonne grâce de cacher leurs pensées et de tenir l'auditeur en suspens. D'autres, la font durer et l'étendent trop au long. Il y en a qui ne tombent pas dans ces défauts, que tout homme qui se propose quelque chose de considérable doit éviter; mais ils font voir qu'ils y ont beaucoup de pente. C'est pourquoi partout où vous verrez que l'on aimera ce langage corrompu, ne doutez pas que les mœurs n'y soient dépravées.

Comme le luxe des festins et des habits est une marque de la débauche d'une ville, la licence du langage, quand elle est fréquente, l'est aussi du relâchement des esprits. Il ne faut pas vous étonner que cette corruption soit reçue parmi les gens du commun et qu'elle passe jusqu'aux personnes de qualité; car ils ont les mêmes sentiments et ne sont différents qu'en leurs habits. Étonnez-vous plutôt qu'on ait de l'estime pour les choses qui sont vicieuses et pour le vice même. Cela s'est fait de tout temps. L'on a toujours eu de l'indulgence pour les beaux esprits. Citez-moi lequel vous voudrez de ces grands hommes qui nous ont pré-

lintribus arent, versoque vado remittant hortos. — Quid? si quis feminæ cirro crispatæ labris columbatur, incipitque suspirans, ut cervice laxa feratur new more. — Tyranni irremediabilis factio rimantur epulis, lagenaque tentant domos, et sœpe mortem exigunt. — Genium festo vix suo testem, tenuisve Cereris fila, et crepacem molam, focum mater aut uxor investiunt.» —Non statim, quum hæc legeris, hoc tibi occurret, hunc esse, qui solutis tunicis in Urbe semper incesserit? (nam, etiam quum absentis Cæsaris partibus fungeretur, signum a discincto petebatur:) hunc esse, qui in tribunali, in rostris, in omni publico cœtu, sic apparuerit, ut pallio velaretur caput, exclusis utrimque auribus, non aliter, quam in Mimo divite fugitivi solent? hunc esse, cui tunc maxime civilibus bellis strepentibus, et sollicita urbe et armata, comitatus hic fuerit in publico, spadones duo, magis tamen viri quam ipse? hunc esse, qui uxorem millies duxit, quum unam habuerit? Hæc verba tam improbe structa, tam negligenter abjecta, tam contra consuetudinem omnium posita, ostendunt, mores quoque non minus novos et pravos et singulares fuisse. Maxima laus illi tribuitur mansuetudinis: pepercit gladio, sanguine abstinuit; nec ulla alia re, quid posset, quam licentia ostendit. Hanc ipsam laudem suam corrupit istis orationis portentosissimæ deliciis: apparet enim mollem fuisse, non mitem. Hoc istæ ambages compositionis, hoc verba transversa, hoc sensus, magni quidem sæpe, sed enervati dum exeunt, cuivis manifestum facient, motum illi felicitate nimia caput; quod vitium hominis interdum esse, interdum temporis, solet.

Ubi luxuriam late felicitas fudit, luxus primum corporum esse diligentior incipit: deinde supellectili laboratur; deinde in ipsas domos impenditur cura, ut in laxitatem ruris excurrant, ut parietes advectis trans mari marmoribus fulgeant, ut tecta varientur auro, ut lacunaribus pavimentorum respondeat nitor; deinde ad cœnas lautitia transfertur, et illic commendatio ex novitate et soliti ordinis commutatione captatur, ut ea, quæ includere cœnam solent, prima ponantur, ut, quæ advenientibus dabantur, exeuntibus dentur. Quum assuevit animus fastidire quæ ex more sunt, et illi pro sordidis solita sunt, etiam in oratione, quod novum est, quærit: et modo antiqua verba atque exoleta revocat ac profert; modo fingit ignota, ac deflectit; modo hoc, quod nuper increbuit, pro cultu habetur, audax translatio ac frequens. Sunt, qui sensus præcidant, et hinc gratiam sperent, si sententia pependerit, et audienti suspicionem sui fecerit: sunt, qui illos detineant et porrigant. Sunt, non usque ad vitium accedant (necesse est enim hoc facere aliquid grande tentanti), sed qui ipsum vitium ament. Itaque

cédés, je vous dirai ce que son siècle lui a pardonné, et ce que l'on en a dissimulé à la postérité. Je vous en nommerai plusieurs à qui leurs défauts n'ont point été préjudiciables, et quelques-uns encore à qui ils ont été avantageux. Oui, je vous en nommerai des plus illustres, qui étaient les merveilles de leur temps, les écrits desquels il faudrait effacer entièrement, si l'on voulait les corriger. C'est ainsi que le mauvais se mêle de telle sorte avec le bon, qu'il l'entraîne. Joint que la façon de parler n'a jamais de règle certaine, et que l'usage d'un pays qui ne demeure pas longtemps en même état, la change souvent. Bien des gens vont puiser des mots dans l'antiquité; ils parlent le langage des douze tables; Gracchus, Crassus et Curion leur semblent trop nouveaux et trop polis; ils remontent jusqu'à Appius et à Corruncanus. D'autres, au contraire, pour ne vouloir rien dire qui ne soit usité et reçu, tombent dans un style bas et rampant. L'un et l'autre ne vaut rien, et je blâmerais celui qui ne voudrait user que de locutions poétiques et pompeuses, comme celui qui s'abstiendrait des termes nécessaires et usités; le premier pour être trop orné, le dernier pour être trop négligé; celui-là pour s'être fait raser jusqu'au poil des jarrets, et celui-ci pour n'avoir pas même nettoyé celui des aisselles.

Venons maintenant à la composition. Combien de sortes s'en trouve-t-il où je puis dire que l'on fait des fautes? Les uns la veulent dure et austère; ils en ôtent tout exprès ce qu'il y a de doux, afin que les liaisons soient plus rudes, s'imaginant qu'elle est forte et virile, quand elle frappe l'oreille par son inégalité. Les autres la veulent si douce, que ce n'est plus une composition, mais une chanson, tant elle nous chatouille. Que dirai-je de celles-là, où les paroles sont si étendues qu'elles ont peine de se renfermer dans les bornes d'une période. Que dirai-je de cette autre, qui est telle qu'était celle de Cicéron, lente en son commencement, douce en sa fin; qui garde toujours son pas et sa mesure? Au regard des sentences, on les mésestime non-seulement quand elles sont basses, puériles ou trop hardies, mais encore quand elles sont fleuries, molles ou vaines, faisant plus de bruit que de fruit. C'est d'ordinaire celui qui est le maître de l'éloquence de son temps qui introduit ces défauts, les autres les imitent et se les transmettent de main en main. De là vient qu'au temps que Salluste florissait, les sentiments concis, les paroles qui tombaient tout court, et la brièveté, quoique obscure, étaient en vogue. Aronce, ce grand ennemi du luxe, qui a composé l'histoire de la guerre de Carthage, fut sectateur de Salluste, et suivit sa manière d'écrire. Il y a dans Salluste : Il fit des troupes avec de l'argent, pour dire il leva des troupes avec de l'argent. Cette façon de parler a semblé si belle à Aronce, qu'il l'a mise dans toutes les pages de son livre. Il dit en certain endroit : Les nôtres ont fait fuite ; en un autre : Hiéron, roi de Syracuse, fit la guerre; en un autre : La nouvelle en étant venue, fit rendre aux Romains les habitants de Panorme. En voilà un échantillon ; mais tout son livre en est plein. De

---

ubicumque videris orationem corruptam placere, ibi mores quoque a recto descivisse non erit dubium. Quomodo conviviorum luxuria, quomodo vestium, ægræ civitatis indicia sunt; sic orationis licentia, si modo frequens est, ostendit animos quoque, a quibus verba exeunt, procidisse.

Mirari quidem non debes, corrupta excipi non tantum a corpore sordidiore, sed ab hac quoque turba cultiore; togis enim inter se isti, non judiciis, distant. Hoc magis mirari potes, quod non tantum vitiosa, sed vitia laudentur. Nam illud semper factum est : nullum sine venia placuit ingenium. Da mihi, quemcumque vis, magni nominis virum; dicam, quid illi ætas sua ignoverit, quid in illo sciens dissimulaverit. Multos tibi dabo, quibus vitia non nocuerint; quosdam, quibus profuerint. Dabo, inquam, maximæ famæ et inter miranda propositos; quos si quis corrigit, delet; sic enim vitia virtutibus immixta sunt, ut illas secum tractura sint. Adjice nunc, quod oratio certam regulam non habet. Consuetudo illam civitatis, quæ nunquam in eodem diu stetit, versat. Multi ex alieno sæculo petunt verba; duodecim Tabulas loquuntur; Gracchus illis, et Crassus, et Curio, nimis culti et recentes sunt; ad Appium usque et ad Coruncanum redeunt. Quidam contra, dum nihil nisi tritum et usitatum volunt, in sordes incidunt. Utrumque diverso genere corruptum est, tam mehercules, quam si vellent splendidis uti, ac sonantibus, et poeticis, necessaria, et in usu posita, vitare : tam hunc dicam peccare, quam illum. Alter se plus justo colit, alter plus justo negligit; ille et crura, hic ne alas quidem, vellit.

Ad compositionem transeamus. Quot genera tibi in hac dabo, quibus peccetur? Quidam præfractam et asperam probant; disturbant de industria, si quid placidius effluxit; nolunt sine salebra esse juncturam; virilem putant et fortem, quæ aurem inæqualitate percutiat. Quorumdam non est compositio, modulatio est; adeo blanditur, et molliter labitur. Quid de illa loquar, in qua verba differuntur, et, diu exspectata, vix ad clausulas redeunt? Quid de illa in exitu lenta, qualis Ciceronis est, devexa, et molliter desinens; nec aliter, quam solet, ad morem suum pedemque respondens? Non tantum in genere sententiarum vitium est, si aut pusillæ sunt et pueriles, aut improbæ, et plus ausæ, quam pudore salvo licet; sed si floridæ sunt et dulces; si in vanum exeunt, et, sine effectu, nihil amplius quam sonant.

Hæc vitia unus aliquis inducit, sub quo tunc eloquentia est : cæteri imitantur, et alter alteri tradunt. Sic Sallustio vigente, amputatæ sententiæ, et verba ante exspectatum cadentia, et obscura brevitas, fuere pro cultu. Arruntius, vir raræ frugalitatis, qui historias belli Punici

sorte que cette phrase, qui est rare chez Salluste, se rencontre souvent et presque partout dans Aronce. En voici la raison : C'est que l'un la prenait quand elle se présentait, et que l'autre l'allait chercher quand il s'en voulait servir.

Vous voyez par là ce qui arrive quand on se propose des défauts pour exemples. Salluste a dit : *Aquis hiemantibus*, pour signifier que les eaux étaient bien froides. Aronce, au premier livre de la guerre de Carthage, n'a pas manqué de dire : *Repente hiemavit tempestas*, pour exprimer que la tempête était soudain devenue bien grande. En un autre endroit : *Totus hiemavit annus*, voulant dire qu'il avait fait froid toute l'année. Puis en un autre lieu : *Inde sexaginta onerarias leves, præter militem et necessarios nautarum, hiemante Aquilone misit*. Pour dire au fort du vent, il envoya soixante vaisseaux de charge, outre les soldats et la chiourme. Enfin, il ne cesse d'employer ce mot à tout propos. Salluste a dit encore en certain lieu : *Inter arma civilia æqui bonique famas petit*. Il cherche dans la guerre civile des réputations d'un homme de bien, au lieu de la réputation au singulier. Aronce ne s'est pu empêcher de mettre aussitôt dans son premier livre : *Ingentes esse famas de Regulo*. Les réputations (au lieu de la réputation) de Régulus étaient grandes. Ainsi, vous voyez que ces sortes de défauts qui viennent d'imitation ne sont point des marques de relâchement ou de corruption ; car on ne saurait connaître l'inclination d'une personne que par les choses qui lui sont propres et naturelles. Si un homme est colère, son expression sera violente ;

s'il est ému, elle sera plus pressée ; s'il est voluptueux, elle sera molle et languissante. Le langage de Mécénas et de tous ceux qui s'écartent du chemin ordinaire par dessein et non par hasard, ressemble, à mon avis, à ces gens qui se tirent des poils de la barbe, ou qui se l'arrachent entièrement ; qui se rasent le dessus et le dessous des lèvres, et laissent croître le reste ; qui prennent des manteaux de couleur bizarre et des habits délabrés, ne voulant rien faire qui puisse échapper à la vue des hommes. Ils les provoquent et les obligent de se tourner vers eux ; ils ne se soucient pas qu'on les blâme, pourvu qu'on les regarde. Cela vient d'une mauvaise source : car, comme dans le vin, la langue ne bégaie point que la raison ne soit premièrement altérée, de même cette manière de s'énoncer que l'on peut appeler une ivresse d'esprit, ne plait jamais à personne que l'âme ne soit chancelante ou troublée. C'est pourquoi il faut avoir grand soin de cette âme, puisque c'est d'elle que nous tenons le sens, la parole, la contenance et le marcher. Tant qu'elle sera saine et vigoureuse, le langage sera ferme et assuré ; mais si elle se laisse une fois abattre, on verra aussi tout le reste tomber en ruine.

Les lois n'ont de pouvoir qu'autant que le roi vit.

Notre esprit est un roi ; tandis qu'il demeure entier, tout obéit et fait son devoir ; s'il vient à chanceler tant soit peu, en même temps tout va en décadence. Car aussitôt qu'il s'est soumis à la volupté, ses talents et ses actions s'affaiblissent ; tous ses efforts sont languissants et sans vigueur.

---

scripsit, fuit Sallustianus, et in illud genus nitens. Est apud Sallustium : « Exercitum argento fecit, » id est, pecunia paravit. Hoc Arruntius amare cœpit ; posuit illud omnibus paginis. Dicit quodam loco : Fugam nostri fecere. » Alio loco : « Hiero, rex Syracusanorum, bellum fecit. » Et alio loco : « Quæ audita Panormitanos dedere Romanis fecere. » Gustum tibi dare volui : totus his contexitur liber. Quæ apud Sallustium rara fuerunt, apud hunc crebra sunt et pæne continua ; nec sine causa : ille enim in hæc incidebat, at hic illa quærebat. Vides autem, quid sequatur, ubi alicui vitium pro exemplo est. Dixit Sallustius : « aquis hiemantibus. » Arruntius in primo libro belli Punici ait : « repente hiemavit tempestas. » Et alio loco, quum dicere vellet, frigidum annum fuisse, ait : « totus hiemavit annus. » Et alio loco : « Inde sexaginta onerarias, leves, præter militem et necessarios nautarum, hiemante aquilone misit. » Non desinit omnibus locis hoc verbum infulcire. Quodam loco dicit Sallustius : « Inter arma civilia æqui bonique famas petit. » Arruntius non temperavit, quo minus primo statim libro poneret : « ingentes esse famas de Regulo. »

Hæc ergo et ejusmodi vitia, quæ alicui impressit imitatio, non sunt indicia luxuriæ nec animi corrupti : propria enim esse debent, et ex ipso nata, ex quibus tu æstimes alicujus affectus. Iracundi hominis iracunda oratio est ; commoti nimis, incitata ; delicati, tenera et fluxa. Quod vides istos sequi, qui aut vellunt barbam, aut, intervellunt ; qui labra pressius tondent et abradunt, servata et submissa cætera parte ; qui lacernas coloris improbi sumunt, qui perlucentem togam ; qui nolunt facere quidquam, quod hominum oculis transire liceat ; irritant illos, et in se advertunt ; volunt vel reprehendi, dum conspici : talis est oratio Mæcenatis, omniumque aliorum, qui non casu errant, sed scientes volentesque.

Hoc a magno animi malo oritur. Quomodo in vino non ante lingua titubat, quam mens cessit oneri, et inclinata vel perdita est : ita ista oratio (quid aliud quam ebrietas ?) nulli molesta est, nisi animus labat. Ideo ille curetur : ab illo sensus, ab illo verba exeunt ; ab illo nobis est habitus, vultus, incessus. Illo sano ac valente, oratio quoque robusta, fortis, virilis est : si ille procubuit, et cætera ruinam sequuntur.

...... Rege incolumi, mens omnibus una est ;
Amisso, rupere fidem.

Rex noster est animus : hoc incolumi, cætera manent in officio, parent, obtemperant : quum ille paululum vacillavit, simul dubitant. Quum vero cessit voluptati, artes

Puisque je me suis servi de cette comparaison, je la veux continuer encore. Notre esprit est tantôt un roi et tantôt un tyran. Il est un roi, quand il considère ce qui est honnête, quand il prend soin du corps qui a été mis en sa garde, et qu'il ne lui commande rien qui soit bas et honteux ; mais s'il est violent, avare, voluptueux, il acquiert cet infâme et cruel nom de tyran. Alors il est sollicité par les passions les plus fortes, avec quelque plaisir au commencement, comme celui que reçoit le peuple dans les festins publics, où, s'étant gorgé de viandes, il s'amuse après à manier ce qu'il ne saurait plus avaler ; aussi, quand la débauche a ruiné les forces de ce voluptueux, et que les délices ont pénétré dans ses nerfs et dans la moelle de ses os, il se contente de voir les choses de l'usage desquelles il s'est privé par sa trop grande avidité. Dans cet état, il se rend ministre et témoin des voluptés d'autrui ; mais il n'est pas si satisfait d'avoir en abondance tout ce qui peut chatouiller les sens, qu'il est chagrin de ne pouvoir faire passer dans son ventre tous ces mets délicieux, ni se mêler parmi ce troupeau de garçons et de femmes, et de voir que la faiblesse de son corps fait cesser une grande partie de sa félicité.

N'est-ce pas une manie, mon cher Lucile, que personne ne songe qu'il est mortel, infirme, et qu'on n'est, après tout, qu'un seul homme? Voyez-vous dans nos cuisines ces gens qui courent après tant de feux ? Pouvez-vous croire que ce soit pour un seul ventre qu'on apprête à manger avec tant de bruit? Regardez nos caves remplies des vendanges de plusieurs siècles : pouvez-vous croire que ce soit pour un seul ventre que l'on ait resserré les vins de tant de provinces et de tant de feuilles? Regardez combien de milliers d'hommes labourent la terre, et en combien d'endroits. Pouvez-vous croire que ce soit pour un seul ventre qu'il faille semer en Sicile et en Afrique? Certainement nous aurions plus de santé et moins de cupidité, si chacun se voulait contenter de ce qu'il faut pour un seul, et mesurer son estomac qui ne peut pas contenir beaucoup ni le garder longtemps. Mais rien ne vous inspirera mieux la tempérance et la sobriété que de penser souvent à la briéveté et à l'incertitude de la vie. Enfin, quoi que vous fassiez, songez à la mort.

ÉPITRE CXV.

Que le discours est le miroir de l'âme. — Que l'âme d'un homme de bien a des beautés surprenantes. — Que l'on a donné trop de crédit à l'or et à l'argent.

Je n'approuve pas, mon cher Lucile, que vous soyez si scrupuleux touchant les paroles et la manière d'écrire. J'ai de quoi mieux occuper vos soins. Avisez à ce que vous voudrez écrire, et non comment vous le pouvez écrire. Tâchez plutôt à le bien concevoir qu'à le bien débiter, afin que vous puissiez vous l'approprier et le mieux imprimer dans votre cœur. Quand vous verrez qu'un homme a le discours poli et affecté, sachez que son esprit s'attache encore à d'autres bagatelles. Une grande âme s'exprime avec moins de délica-

---

quoque ejus actusque marcent, et omnis ex languido fluxoque conatus est.

Quoniam hac similitudine usus sum, perseverabo. Animus noster modo rex est, modo tyrannus : rex, quum honesta intuetur, salutem commissi sibi corporis curat, et nihil illi imperat turpe, nihil sordidum ; ubi vero impotens, cupidus, delicatus est, transit in nomen detestabile ac dirum, et fit tyrannus. Tunc illum excipiunt affectus impotentes, et instant ; qui initio quidem gaudent, ut solet populus largitione nocitura frustra plenus, et, quæ non potest haurire, contrectat. Quum vero magis ac magis vires morbus exedit, et in medullas nervosque descendere deliciæ ; conspectu eorum, quibus se nimia aviditate inutilem reddidit, lætus, pro suis voluptatibus habet spectaculum alienarum, subministrator libidinum testisque, quarum usum sibi ingerendo abstulit : nec illi tam gratum est abundare jucundis, quam acerbum, quod non omnem illum apparatum per gulam ventremque transmittit, quod non cum omni exoletorum feminarumque turba convolutatur, mœretque, quod magna pars suæ felicitatis, exclusa corporis angustiis, cessat. Numquid enim, mi Lucili, in hoc furor non est, quod nemo nostrum mortalem se cogitat? quod nemo imbecillum? imo in illo, quod nemo nostrum unum esse se cogitat? Aspice culinas nostras, et concursantes inter tot ignes coquos : unum videri putas ventrem, cui tanto tumultu comparatur cibus! Adspice veterana nostra, et plena multorum sæculorum vindemiis horrea : unum putas videri ventrem, cui tot consulum regionumque vina clauduntur? Adspice, quot locis vertatur terra, quot millia colonorum arent, fodiant ; unum videri putas ventrem, cui et in Sicilia, et in Africa seritur? Sani erimus, et modica concupiscemus, si unusquisque se numeret, et metiatur simul corpus, sciat quam nec multum capere, nec diu possit. Nihil tamen æque tibi profuerit ad temperantiam omnium rerum, quam frequens cogitatio brevis ævi, et hujus incerti. Quidquid facies, respice ad mortem. Vale.

EPISTOLA CXV.

DESCRIBIT VIRTUTIS PULCHRITUDINEM : INDE IN AMOREM DIVITIARUM.

Nimis anxium esse te circa verba et compositionem, mi Lucili, nolo : habeo majora quæ cures. Quære, quid scribas, non quemadmodum ; et hoc ipsum, non ut scribas, sed ut sentias ; ut illa, quæ senseris, magis applices tibi, et veluti signes. Cujuscumque orationem videris sollicitam et politam, scito animum quoque non minus esse pusillis occupatum. Magnus ille remissius loquitur et securius : quæcumque dicit, plus habent fiduciæ, quam curæ

tasse et plus de force. Tout ce qu'elle dit est plus ferme et moins étudié. Vous connaissez quantité de jeunes gens tout parfumés, qui ont la barbe et la perruque bien faites ; mais n'en attendez rien de ferme et de généreux. On peut dire que le discours est le miroir de l'âme. Quand il est ajusté, fardé et travaillé, il fait voir que l'âme n'est pas sincère, et qu'elle a quelque chose de faible. La trop grande politesse ne sied pas à un homme. S'il nous était permis de pénétrer dans l'âme d'un homme de bien, ô que nous y verrions de beauté, de pureté et de tranquillité! Nous verrions éclater d'un côté la justice, de l'autre la force, et dans un autre endroit la tempérance et la prudence. Nous y verrions encore reluire la sobriété, la continence, la patience, la franchise, l'affabilité et (qui le pourrait croire?) l'humanité, qui est une qualité assez rare en l'homme. D'ailleurs, ô bons dieux ! combien la prévoyance, la magnificence et la grandeur de courage lui donneraient-elles de crédit et de gravité ! Combien verrait-on de grâce et de majesté saintes ensemble ! Personne ne croirait cette âme digne d'amour, qui ne la jugeât aussi digne d'adoration. Oui, si quelqu'un voyait cette face, qui est plus auguste et plus éclatante que tout ce qui paraît dans l'univers, ne s'arrêterait-il pas tout étonné comme à la rencontre d'une divinité, la priant de lui permettre de la regarder; puis, attiré par sa douceur, ne lui rendrait-il pas ses adorations; et, après avoir longtemps contemplé sa grandeur extraordinaire et ses yeux étincelants d'une douce et vive clarté, ne lui dirait-il pas avec un profond respect, ces paroles de notre Virgile :

Comment t'appellerai-je, en te rendant hommage,
Princesse? Car ton port, ta voix et ton visage
N'ont rien qui ne paraisse au-dessus des humains;
Mais, quelle que tu sois, soulage nos chagrins.

Elle les chassera sans doute si vous les voulez honorer. Mais pour lui rendre honneur, il n'est pas besoin de sacrifier des bœufs engraissés, d'appendre à ses autels des vases d'or et d'argent, ni de lui présenter des offrandes; il suffit d'avoir l'intention droite et bonne. En vérité (comme je disais), tout le monde l'aimerait passionnément, s'il était permis de la voir. Car il y a maintenant beaucoup de choses qui nous en empêchent, soit en nous éblouissant par leur éclat, ou en nous aveuglant par leur obscurité. Mais comme l'on nettoie et l'on affine la vue du corps par certains remèdes, nous pouvons aussi soulager celle de l'esprit, afin qu'il puisse envisager et reconnaître la vertu, quoiqu'enfoncée dans un corps et cachée sous la pauvreté, la bassesse et l'infamie. Nous verrions, dis-je, la beauté de cette âme au travers de ses haillons. Nous verrions aussi la malice et la lâcheté d'une âme chagrine, nonobstant le faux brillant des honneurs et des richesses qui éblouissent ceux qui les regardent. C'est alors que nous connaîtrions que nous sommes admirateurs de bagatelles, ne plus, ne moins que des enfants qui estiment tout ce qui leur sert de jouet; car ils courront plutôt après de petits bijoux qu'après leurs pères et leurs parents. Quelle différence.

Nosti complures juvenes, barba et coma nitidos, de capsula totos ; nihil ab illis speraveris forte, nihil solidum. Oratio vultus animi est : si circumtonsa est, et fucata, et manufacta, ostendit illum quoque non esse sincerum, et habere aliquid facti. Non est ornamentum virile concinnitas.

Si nobis animum boni viri liceret inspicere, o quam pulchram faciem, quam sanctam, quam ex magnifico placidoque fulgentem videremus; hinc justitia, illinc fortitudine, hinc temperantia prudentiae lucentibus ! Præter has, frugalitas, et continentia, et tolerantia, et liberalitas comitasque, et (quis credat?) in homine rarum humanitas bonum, splendorem illi suum affunderent! Tum providentia, tum elegantia, et ex istis magnanimitas eminentissima, quantum, Dii boni, decoris illi, quantum ponderis gravitatisque adderent! quanta esset cum gratia auctoritas! Nemo illam amabilem, qui non simul venerabilem, diceret. Si quis viderit hanc faciem, altiorem fulgentioremque quam cerni inter humana consuevit, nonne, velut numinis occursu, obstupefactus resistat, et, ut fas sit vidisse, tacitus precetur? Tum, evocante ipsa vultus benignitate, productus adoret ac supplicet, et diu contemplatus multum exstantem, supraque mensuram solitorum inter nos aspici elatam, oculis, mite quiddam, sed nihilominus vivido igne flagrantibus; tunc deinde illam Virgilii nostri vocem verens atque attonitus, emittat :

O ! quam te memorem, virgo ? namque haud tibi vultus.
Mortalis, nec vox hominem sonat. O Dea certe !
Sis felix, nostrumque leves quæcumque laborem !

Aderit, levabitque, si colere eam voluerimus. Colitur autem, non taurorum opimis corporibus contrucidatis, nec auro argentoque suspenso, nec in thesauros stipe infusa; sed pia et recta voluntate.

Nemo, inquam, non amore ejus arderet, si nobis illam videre contingeret : nunc enim multa obstrigillant, et aciem nostram aut splendore nimio repercutiunt, aut obscuritate retinent. Sed si, quemadmodum visus oculorum quibusdam medicamentis acui solet et repurgari, sic nos aciem animi liberare impedimentis voluerimus, poterimus perspicere virtutem, etiam obrutam corpore, etiam paupertate opposita, etiam humilitate et infamia objacentibus; cernemus, inquam, pulchritudinem illam, quamvis sordido obtectam. Rursus æque malitiam et ærumnosi animi veternum perspiciemus, quamvis multos circa divitiarum radiantium splendor impediat, et intuentem hinc honorum, illinc magnarum potestatum, falsa lux verberet. Tunc intelligere nobis licebit, quam contemnenda miremur, simillimi pueris, quibus omne ludicrum in pretio est. Parentibus quippe, nec minus fratribus,

a-t-il donc entre eux et nous, comme dit Ariston, sinon que notre folie, qui s'attache à des tableaux et à des statues, est de plus grands frais que la leur : car ils se divertissent avec de petits cailloux bigarrés qu'ils amassent sur le rivage, et nous, nous ne prenons plaisir qu'à de grandes colonnes marquetées que nous faisons venir d'Égypte ou des déserts d'Afrique, pour soutenir quelque portique ou quelque salon capable de recevoir tout un peuple dans un festin public. Nous admirons des murs incrustés de marbre, quoique nous sachions ce qui est dessous. Nous sommes bien aises de tromper nos yeux. Mais quand nous dorons nos cabinets, que faisons-nous autre chose que de prendre plaisir au mensonge? car nous savons qu'il n'y a que du bois là-dessous.

Au reste, ce ne sont pas seulement les murs et les lambris que l'on enrichit par dehors. La félicité même des grands que vous voyez marcher la tête levée, n'est couverte que d'une feuille de clinquant. Levez-la, et vous verrez combien il y a de misère cachée sous une écorce si légère. La même chose qui a fait tant de juges et de magistrats, est celle aussi qui arrête tous les juges et les magistrats, je veux dire l'argent; car depuis qu'il est devenu en crédit, le véritable honneur a perdu ce qu'il avait de crédit. Nous sommes devenus marchands, nous achetons, nous nous vendons les uns aux autres; nous demandons non quelle est la chose, mais quel en est le prix. Nous sommes tantôt bons et tantôt méchants. Nous tenons le bon parti, tant qu'il y a quelque chose à profiter, tout prêts d'embrasser le mauvais, si l'on fait notre condition meilleure. En vérité, nos pères ont eu grand tort de mettre l'or et l'argent en si haute estime; le désir que nous en avons conçu dans le bas âge, s'est accru avec nous. D'ailleurs, les peuples, qui sont contraires en toutes autres choses, se sont accordés en celle-ci; ils admirent l'or, ils le souhaitent à leurs enfants, ils le consacrent à leurs dieux, comme une marque signalée de leur reconnaissance. Enfin, l'on en est venu à ce point que la pauvreté passe aujourd'hui pour un opprobre et une malédiction, méprisée des riches, et haïe des pauvres mêmes. Et puis les poëtes ne manqueront pas d'échauffer tous les jours notre convoitise, par les éloges qu'ils donnent aux richesses, les appelant l'honneur et l'ornement de la vie; ils croient, en effet, que les dieux n'ont rien de meilleur, et que c'est le plus beau présent qu'ils puissent faire aux hommes.

Le palais du soleil, porté sur cent colonnes,
Était tout brillant d'or.

Voyez son char :

Il avait l'essieu d'or et le timon aussi :
Les rays étaient d'argent.

En un mot, pour marquer le siècle le plus heureux, ils l'appellent le siècle d'or. Il se trouve même dans les poëmes tragiques assez de personnes qui, pour de l'argent, abandonnent leur conscience, leur honneur et leur vie.

Que je passe pour fourbe, homme injuste et sans foi
Je m'en soucierai peu, tant que j'aurai de quoi.
Citoyens, c'est l'or seul qui met le prix aux hommes.
Accumulez sans fin, mettez sommes sur sommes,
Vous serez honorés. On dit, a-t-il du bien?

præferunt parvo ære empta monilia. « Quid ergo inter nos et illos interest, ut Ariston ait, nisi quod nos circa tabulas et statuas insanimus, carius inepti ? » Illos reperti in littore calculi læves, et aliquid habentes varietatis, delectant; nos ingentium maculæ columnarum; sive ex Ægyptiis arenis, sive ex Africæ solitudinibus advectæ, porticum aliquam vel capacem populi cœnationem ferunt. Miramur parietes tenui marmore inductos; quum sciamus, quale sit quod absconditur, oculis nostris imponimus. Et, quum auro tecta perfudimus, quid aliud quam mendacio gaudemus? scimus enim sub illo auro fœda ligna latitare. Nec tantum parietibus aut laquearibus ornamentum tenue prætenditur; omnium istorum, quos incedere altos vides, bracteata felicitas est. Inspice, et scies, sub ista tenui membrana dignitatis, quantum mali jaceat.

Hæc ipsa res, quæ tot magistratus, tot judices detinet, quæ et magistratus et judices facit, pecunia, ex quo in honore esse cœpit, verus rerum honor cecidit : mercatoresque et venales invicem facti, quærimus, non quale sit quidque, sed quanti. Ad mercedem pii sumus, ad mercedem impii. Honesta, quamdiu aliqua illis spes inest, sequimur; in contrarium transituri, si plus scelera promittent. Admirationem nobis parentes auri argentique fecerunt; et teneris infusa cupiditas altius sedit, crevitque nobiscum. Deinde totus populus, in alia discors, in hoc convenit; hoc suspiciunt, hoc suis optant, hoc diis, velut rerum humanarum maximum, quum grati videri volunt, consecrant. Denique eo mores redacti sunt, ut paupertas maledicto probroque sit, contempta divitibus, invisa pauperibus. Accedunt deinde carmina poetarum, quæ affectibus nostris facem subdant, quibus divitiæ, velut unicum vitæ decus ornamentumque, laudantur. Nihil illis melius nec dare videntur dii immortales posse, nec habere.

Regia Solis erat sublimibus alta columnis,
Clara micante auro.

Ejusdem currum aspice :

Aureus axis erat, temo aureus, aureæ summæ
Curvatura rotæ, radiorum argenteus ordo.

Denique, quod optimum videri volunt sæculum, aureum appellant. Nec apud græcos tragicos desunt, qui lucro innocentiam, salutem, opinionem bonam mutent.

Sine me vocari pessimum ut dives vocer.
An dives, omnes quærimus; nemo, an bonus.
Non quare, et unde; quid habeas, tantum rogant.
Ubique tanti quisque, quantum habuit, fuit.
Quid habere nobis turpe sit, quæris? Nihil.

L'on ne demande pas d'où, ni par quel moyen.
Il n'est point d'infamie à l'indigence égale ;
Arrivons, s'il se peut, à notre heure fatale,
Étendus sur la pourpre, et non dans un grabat :
Toute vie est cruelle en ce dernier état.
L'opulence adoucit la mort la plus terrible.
Qu'aux nœuds du parentage un autre soit sensible ;
Pour moi, j'enferme tout au fond de mon trésor.
Si les yeux de Vénus brillent autant que l'or,
Je ne m'étonne pas qu'on la dise si belle,
Que tout lui sacrifie, et soupire pour elle,
Qu'ainsi que les mortels, les Dieux soient ses amants, etc.

Ces derniers vers ayant été récités dans la tragédie d'Euripide, tout le monde se leva pour chasser l'acteur et le poëte. Alors Euripide parut sur le théâtre, qui supplia l'assemblée de se donner patience et d'attendre la fin que ferait cet admirateur passionné des richesses. En effet, Bellérophon, dans cette pièce, est puni du supplice que tous les avares souffrent durant leur vie : car il n'y a point d'avarice sans peine, étant elle-même une peine assez grande. Combien demande-t-elle de travaux et de larmes ! Combien de chagrins, tandis qu'on désire du bien ! Combien de misères après l'avoir acquis ! Ajoutez à cela tous les soins continuels desquels on est travaillé, à proportion de ce que l'on possède, étant certain qu'on a plus de peine à jouir des richesses que l'on en a pour les amasser. Combien s'afflige-t-on lorsque les pertes arrivent ! On les estime toujours plus grandes qu'elles ne sont ; mais, supposé que l'on ne perde rien, on croit toujours perdre ce que l'on ne gagne pas. Vous me direz : On appelle cet homme heureux, et chacun voudrait bien en avoir autant ; j'en demeure d'accord. Quoi donc ? Croyez-vous qu'il y ait une pire condition que d'être en même temps misérable et envié ? Je voudrais que ceux qui aiment tant les richesses et les charges, prissent conseil des riches et des ambitieux qui possèdent les premières dignités ; je suis assuré qu'ils en perdraient bientôt l'envie. Cependant ces gens-là feront encore de nouveaux projets, après avoir condamné ceux qu'ils ont faits autrefois, parce que l'on n'est jamais satisfait de son bonheur, quoiqu'il arrive sans se faire attendre. On blâme le conseil et le procédé qu'on a suivi, on préfère toujours ce qu'on a omis à ce qu'on a fait. Mais la philosophie vous donnera cet avantage que j'estime merveilleusement, c'est que jamais vous ne vous plaindrez de vous-même. Après tout, des paroles bien agencées, et un discours bien coulant, ne vous conduiront pas à cette félicité solide que nulles adversités ne sauraient ébranler. Que l'on s'exprime comme l'on voudra, pourvu que l'âme demeure ferme dans son assiette et dans ses bons sentiments, pourvu qu'elle se satisfasse des choses qui ne peuvent satisfaire les autres, pourvu qu'elle ne juge du progrès qu'elle aura fait que par l'amendement de sa vie, et qu'elle n'estime son savoir qu'autant que ses cupidités et ses craintes se trouveront diminuées.

ÉPITRE CXVI.

S'il vaut mieux avoir des passions faibles que de n'en avoir point du tout.

On a souvent demandé s'il est meilleur d'avoir des passions faibles et légères que de n'en avoir point du tout. Nos Stoïciens les bannissent absolument. Les Péripatéticiens les admettent pourvu

---

Aut dives opto vivere, aut pauper mori.
Bene moritur, qui moritur dum lucrum facit.
Pecunia ingens generis humani bonum,
Cui non voluptas matris, aut blandæ potest
Par esse prolis, non sacer meritis parens.
Tam dulce si quid Veneris in vultu micat,
Merito illa amores cælitum atque hominum movet.

Quum hi novissimi versus in tragœdia Euripidis pronuntiati essent, totus populus ad ejiciendum et actorem et carmen consurrexit uno impetu ; donec Euripides in medium ipse prosiluit, petens, ut exspectarent, viderentque, quem admirator auri exitum faceret. Dabat in illa fabula pœnas Bellerophontes, quas in sua quisque dat. Nulla enim avaritia sine pœna est, quamvis satis sit ipsa pœnarum. O quantum lacrimarum, o quantum laborum exigit ! Quam misera desideratis, quam misera partis est ! Adjice quotidianas sollicitudines, quæ pro modo habendi quemque discruciant. Majore tormento pecunia possidetur, quam quæritur. Quantum damnis ingemiscunt, quæ et magna incidunt, et videntur majora ! Denique, ut nihil illis fortuna detrahat, quidquid non acquiritur, damnum est. — At felicem illum homines, et divitem vocant, et consequi optant, quantum ille possidet. — Fateor. Quid ergo ? tu ullos esse conditionis pejoris existimas, quam qui habent et miseriam, et invidiam ? Utinam, qui divitias optaturi essent, cum divitibus deliberarent ! utinam, honores petituri, cum ambitiosis et summum adeptis dignitatis statum ! profecto vota mutassent ; quum interim illi nova suspiciunt, quum priora damnaverint. Nemo enim est, cui felicitas sua, etiam si cursu venit, satisfaciat. Queruntur et de consiliis, et de processibus suis ; maluntque semper quæ reliquerunt.

Itaque hoc tibi philosophia præstabit, quo equidem nihil majus existimo : nunquam te pœnitebit tui. Ad hanc tam solidam felicitatem, quam tempestas nulla concutiat, non perducent te apte verba contexta, et oratio fluens leniter. Eant, ut volent ; dum animo compositio sua constet, dum sit magnus et opinionum securus, et ob ipsa, quæ aliis displicent, sibi placens ; qui profectum suum vita æstimet, et tantum scire se judicet, quantum non cupit, quantum non timet. Vale.

EPISTOLA CXVI.

OMNINO EXPELLENDOS ESSE AFFECTUS.

« Utrum satius sit, modicos habere affectus, an nullos, » sæpe quæsitum est. Nostri illos expellunt. Peripa-

qu'elles soient modérées. Pour moi, je ne vois pas comment une maladie, pour être médiocre, peut être salutaire. Ne craignez point de perdre, je ne vous ôterai rien de ce que vous ne voudriez pas avoir perdu. Au contraire, je veux avoir de la complaisance pour tout ce que vous désirez, et que vous jugez être utile, nécessaire ou commode à la vie ; j'en ôterai seulement les défauts dont vous voulez bien qu'elle soit accompagnée. Car, en vous défendant de désirer, je vous permettrai en même temps de vouloir, afin que vous agissiez hardiment, avec plus de certitude et avec plus de plaisir par conséquent. Pourquoi non? Je dis que vous goûterez mieux le plaisir si vous en êtes le maître, que si vous en étiez l'esclave. Il est si naturel (me direz-vous) de s'affliger de la perte d'un ami! laissez couler des larmes qui sont si légitimes : il est naturel encore d'avoir soin de l'estime des hommes et d'être fâché qu'elle nous soit désavantageuse; pourquoi m'ôterez-vous cette crainte si honnête d'être en mauvaise réputation ?

En vérité, il n'y eut jamais de vice sans excuse. Il n'y en a point qui ne soit, au commencement, timide et facile à vaincre; mais c'est par là qu'il se donne de l'étendue. Si vous lui laissez prendre racine, vous ne l'arracherez pas quand vous voudrez. Toute passion est faible dans sa naissance; elle s'échauffe dès sa sortie, et se fortifie dans son progrès. Il est plus facile de la rebuter quand elle se présente, que de la chasser quand elle est entrée. Qui doute que toutes les passions ne viennent d'une même source? La nature nous a chargés du soin de notre corps; si nous le traitons trop délicatement, c'est un vice. La nature a mis du plaisir dans toutes les choses qui nous sont nécessaires, non pour les faire rechercher, mais pour nous engager aux actions sans lesquelles nous ne pourrions vivre. Quand on goûte le plaisir pour la seule considération de la volupté, ce n'est plus que dissolution et débauche. Arrêtons donc les passions quand elles veulent entrer ; car, comme j'ai dit, elles entrent plus aisément qu'elles ne sortent. Laissez aller, direz-vous, ma douleur et mon appréhension jusqu'à certain point. Mais ce point s'étendra bien loin, et ne finira pas où vous voudrez. Un homme sage n'est pas obligé de veiller sur soi ; car il arrête sa tristesse et son plaisir quand bon lui semble. A nous, qui ne pouvons pas nous retirer si facilement, il est bon de ne pas si fort avancer. Panétius, à mon avis, répondit bien à propos à un jeune homme qui lui demandait si le sage devait aimer : « Nous parlerons du sage une autre fois, dit-il. Cependant il nous faut garder, vous et moi, qui sommes bien éloignés de cet état, de tomber entre les mains d'une passion si inquiète et si furieuse, qui ne tient compte de soi et qui se donne entièrement à autrui. » Car, si l'objet que nous aimons nous regarde, nous sommes attirés par sa douceur; s'il nous méprise, nous sommes échauffés par son orgueil. Ainsi, en amour, et la facilité et la difficulté sont également préjudiciables. La facilité nous engage, la difficulté nous irrite; c'est pourquoi, connaissant comme nous faisons notre faiblesse, vivons en paix, ne nous commettons point avec les femmes, ni avec les flatteurs, ni avec le vin, ni avec les plaisirs.

Ce que Panétius a dit de l'amour, je le dis de

felici temperant. Ego non video, quomodo salubris esse aut utilis possit ulla mediocritas morbi. Noli timere! nihil eorum, quæ tibi non vis negari, eripio; facilem me, indulgentemque præbebo rebus, ad quas tendis, et quas aut necessarias vitæ, aut utiles, aut jucundas putas : detraham vitium. Nam quum tibi cupere interdixero, velle permittam; ut eadem illa intrepidus facias, ut certiore consilio, ut voluptates ipsas magis sentias. Quidni ad te magis perventuræ sint, si illis imperabis, quam si servies ?

Sed naturale est, inquis, ut desiderio amici torquear; da jus lacrimis tam juste cadentibus. Naturale est opinionibus hominum tangi, et adversis contristari : quare mihi non permittas hunc tam honestum malæ opinionis metum ? — Nullum est vitium sine patrocinio; nulli non initium verecundum est et exorabile : sed ab hoc latius funditur. Non obtinebis, ut desinat, si incipere permiseris. Imbecillus est primo omnis affectus; deinde ipse se concitat, et vires, dum procedit, parat : excluditur facilius. quam expellitur. Quis negat, omnes affectus a quodam quasi naturali fluere principio? Curam nobis nostri natura mandavit; sed, huic ubi nimium indulseris, vitium est. Voluptatem natura necessariis rebus admiscuit, non ut illam peteremus, sed ut ea, sine quibus non possumus vivere, gratiora nobis illius faceret accessio : si suo veniat jure, luxuria est. Ergo intrantibus resistamus, quia facilius, ut dixi, non recipiuntur, quam exeunt. — Aliquatenus, inquis, dolere, aliquatenus timere permitte! — Sed illud aliquatenus longe producitur; nec, ubi vis, accipit finem. Sapienti, non sollicite custodire se, tutum est ; et lacrimas suas et voluptates, ubi volet, sistet : nobis, quia non est regredi facile, optimum est omnino non progredi. Eleganter mihi videtur Panætius respondisse adolescenti cuidam quærenti : An sapiens amaturus esset? « De sapiente, inquit, videbimus : mihi et tibi, qui adhuc a sapiente longe absumus, non est committendum ut incidamus in rem commotam, impotentem, alteri emancipatam, vilem sibi. Sive enim nos respicit, humanitate ejus irritamur; sive contempsit, superbia accendimur. Æque facilitas amoris, quam difficultas nocet : facilitate capimur, cum difficultate certamus. Itaque, conscii nobis imbecillitatis nostræ, quiescamus. Nec vino infirmum animum committamus, nec formæ, nec adulationi, nec ullis rebus blande trahentibus. »

Quod Panætius de amore quærenti respondit, hoc ego

toutes les passions : évitons, tant que nous pourrons, un pas si glissant; nous ne sommes pas trop fermes sur le sec. Vous m'arrêterez, sans doute, en cet endroit par ce reproche ordinaire que l'on fait aux stoïciens : Vous promettez de trop grandes choses, et vous en ordonnez de trop dures. Nous sommes de chétives créatures qui ne pouvons pas nous priver de tout. Nous pleurerons, mais fort peu; nous désirerons, mais modérément; nous nous mettrons en colère, mais nous nous apaiserons aussitôt.—Savez-vous pourquoi nous ne pouvons faire ce que vous nous demandez? c'est parce que nous nous défions de nous, et que nous ne croyons pas le pouvoir faire. Mais il y a une autre chose, c'est que nous défendons les vices que nous chérissons, aimant mieux les excuser que de les abandonner. La nature a donné à l'homme assez de forces; si nous les voulons ramasser et les employer pour notre instruction, où nous nous imaginons qu'elles tendent; ce n'est que faute de vouloir; mais on s'excuse de ne pouvoir.

ÉPITRE CXVII.

Si la sagesse est un bien, et si ce n'est pas un bien d'être sage. — Que l'on a grand tort de perdre la vie en des questions inutiles, vu que la vie est si courte.

Vous m'attirez, et à vous aussi, beaucoup d'affaires; et vous me jetez, sans y penser, dans un grand embarras, en me proposant des questions où je ne saurais quitter le parti des stoïciens sans les offenser, ni suivre leurs opinions sans trahir ma conscience. Vous me demandez si cet axiome des stoïciens est véritable : « Que la sagesse est un bien, mais que ce n'est pas un bien d'être sage. » Je vous exposerai, premièrement, le sentiment des stoïciens, puisque je vous déclarerai le mien. Nos stoïciens tiennent que ce qui est bien est corps, à cause que ce qui est bien agit, et que ce qui agit est corps. Tout ce qui est bien apporte du profit; il faut faire quelque chose pour avoir du profit. Or, ce qui fait quelque chose est corps. Et, comme ils disent que la sagesse est un bien, ils sont obligés de dire aussi qu'elle est un corps. Mais être sage, disent-ils, n'est pas de même : cela est incorporel, et survient à une autre chose, c'est-à-dire à la sagesse; c'est pourquoi il ne fait rien et ne profite de rien; aussi, quand ils disent : C'est un bien d'être sage; ils rapportent cela à son principe, qui est la sagesse.

Écoutez ce qu'on leur répond, avant que je me retire, et que je me range en un autre parti. A votre compte, leur dit-on, ce ne serait pas un bien de vivre heureux : Il faut qu'ils répondent soit de gré ou de force, que la vie heureuse est un bien, et que vivre heureux n'est pas un bien. On fait encore cette objection à nos stoïciens : « Voulez-vous être sage? » C'est donc une chose qu'on doit désirer. Or, ce que l'on doit désirer est un bien. Ils sont contraints d'altérer les paroles et d'ajouter une syllabe devant ce mot désirer; et, quoiqu'elle ne s'accommode pas à notre langue, je l'ajouterai pourtant si vous me le permettez. « On doit, disent-ils, désirer, *expetere*, ce qui est bien, et *adexpetere*, ce qui survient au bien. Quand nous avons obtenu ce bien, nous ne dési-

de omnibus affectibus dico. Quantum possumus, nos a lubrico recedamus; in sicco quoque parum fortiter stamus. — Occurres hoc loco mihi illa publica contra Stoicos voce : « Nimis magna promittitis, nimis dura præcipitis ! Nos homunciones sumus, omnia nobis negare non possumus : dolebimus, sed parum ; concupiscemus, sed temperate ; irascemur, sed placabimur. » — Scis, quare non possumus ista ? quia, nos posse, non credimus. Imo, mehercules, aliud est in re ! Vitia nostra, quia amamus, defendimus ; et malumus excusare illa, quam excutere. Satis natura homini dedit roboris, si illo utamur, si vires nostras colligamus, ac totas pro nobis, certe non contra nos, concitemus. Nolle in causa est ; non posse prætenditur. Vale.

EPISTOLA CXVII.

AN, QUUM SAPIENTIA BONUM SIT, ETIAM SAPERE.

Multum mihi negotii concinnabis, et, dum nescis, in magnam me litem ac molestiam impinges, qui mihi tales quæstiunculas ponis, in quibus ego nec dissentire a nostris, salva gratia, nec consentire, salva conscientia, possum. — Quæris, an verum sit, quod Stoicis placet : « Sapientiam bonum esse, sapere bonum non esse. » — Primum exponam, quid Stoicis videatur; deinde tunc dicere sententiam audebo. Placet nostris, quod bonum est, corpus esse ; quia, quod bonum est, facit : quidquid facit, corpus est. Quod bonum est, prodest ; faciat autem aliquid oportet, ut prosit : si facit, corpus est. Sapientiam bonum esse dicunt ; sequitur, ut necesse sit illam corporalem esse dicere. At sapere non putant ejusdem conditionis esse incorporale est, et accidens alteri, id est, sapientiæ : itaque nec facit quidquam, nec prodest. — Quid ergo ? inquiunt ; non dicimus, bonum est sapere ? — Dicimus, referentes ad id, ex quo pendet, id est, ad ipsam sapientiam.

Adversus hos quid ab aliis respondeatur, audi, antequam ego incipio secedere, et in alia parte considere. — Isto modo, inquiunt, nec beate vivere bonum est. — Velint nolint, respondendum est, beatam vitam bonum esse, beate vivere bonum non esse. Etiamnunc nostris illud quoque opponitur : Vultis sapere : ergo expetenda res est, sapere : si expetenda res est, bonum est. — Coguntur nostri verba torquere, et unam syllabam expetendo interponere, quam sermo noster inseri non sinit. Ego illam, si pateris, adjungam. Expetendum est, inquiunt, quod bonum est : expetibile quod nobis contingit : quum bonum consecuti sumus, non petitur tanquam bonum,

rons pas l'autre comme bien, mais comme il survient à celui que nous avions désiré. » Pour moi, je ne suis point de ce sentiment, et je crois que nos stoïciens l'ont embrassé inutilement, parce qu'ils demeurent encore engagés dans la première proposition, joint qu'il ne leur est pas loisible de changer les termes. Nous déférons ordinairement beaucoup à la commune opinion des hommes, et c'est chez nous une grande présomption de vérité que tout le monde croie une même chose. Par exemple, nous concluons qu'il y a des dieux, parce que, outre les autres preuves, cette créance est gravée dans le cœur de tous les hommes, et qu'il n'y a point de peuples si barbares ni si dépravés qui ne soient persuadés qu'il y a quelque divinité. Quand nous raisonnons de l'éternité des âmes, nous donnons beaucoup d'autorité au consentement des hommes qui craignent et qui révèrent les dieux souterrains. Je me veux servir de cette croyance publique. Vous ne trouverez personne qui ne croie que la sagesse est un bien, et que ce ne soit aussi un bien d'être sage. Je ne ferai pas pourtant ce que les gladiateurs abattus sous leurs ennemis ont coutume de faire, je n'implorerai pas l'assistance du peuple; je veux me servir de mes armes. Ce qui survient à quelque chose est-il dehors ou dedans cette chose-là? S'il est dedans, il est corps comme la chose même où il survient; car rien ne peut survenir qu'il ne touche en quelque endroit. Or, ce qui touche est corps. S'il est dehors, il s'en est éloigné depuis qu'il est arrivé; ce qui s'éloigne a mouvement, et ce qui a mouvement est corps. Vous croyez peut-être que je vais dire que la course n'est autre chose que courir, la chaleur autre chose qu'avoir chaud, ni la lueur autre chose que reluire. Je demeure d'accord que ce sont choses différentes, mais non pas de condition différente. Si la santé est chose indifférente, il sera aussi indifférent d'être sain. Si la beauté est chose indifférente, il sera aussi indifférent d'être beau. Si la justice est un bien, ce sera un bien d'être juste. Si la laideur est un mal, ce sera aussi un mal d'être laid. De même que si la chassie est un mal, c'est aussi un mal d'être chassieux. Sachez que l'un ne peut être sans l'autre. Ce qui a de la sagesse est sage, et ce qui est sage a de la sagesse. Il y a si peu de raisons de douter que l'un soit de même nature que l'autre, qu'il semble à quelques-uns qu'ils sont une seule et même chose. Mais, puisque tout est bien, ou mal, ou chose indifférente, nous appelons indifférent tout ce qui peut arriver tout aussi bien à un méchant qu'à un homme de bien, comme l'argent, la beauté, la noblesse. Mais il ne peut arriver qu'à un homme de bien d'être sage; par conséquent ce n'est pas une chose indifférente : mais ce qui ne peut arriver à un méchant homme, n'est pas mauvais; il s'ensuit donc qu'il est bon. Or l'on ne peut être sage sans être homme de bien. C'est un accident, disent-ils, qui arrive à la sagesse. Ce que vous appelez être sage, fait-il la sagesse ou la reçoit-il? Qu'il la fasse ou qu'il la reçoive, il est toujours un corps; car ce qui fait et ce qui est fait est corps; s'il est corps, il est bien. Ainsi, ce qui lui manquait pour être bien, est qu'il n'avait point de corps.

sed petito bono accedit. — Ego non idem sentio, et nostros judico in hoc descendere, quia jam primo vinculo tenentur, et mutare illis formulam non licet.

Multum dare solemus præsumptioni omnium hominum, et apud nos veritatis argumentum est, aliquid omnibus videri : tanquam, deos esse, inter alia hoc colligimus, quod omnibus insita de diis opinio est, nec ulla gens usquam est adeo extra leges moresque projecta, ut non aliquos deos credat. Quum de animarum æternitate disserimus, non leve momentum apud nos habet consensus hominum, aut timentium inferos, aut colentium. Utor hac publica persuasione; neminem invenies, qui non putet et sapientiam bonum, et bonum sapere.

Non faciam, quod victi solent, ut provocem ad populum : nostris incipiamus armis confligere. Quod accidit alicui, utrum extra id, cui accidit, est; an in eo, cui accidit? Si in eo est, cui accidit, tam corpus est, quam illud, cui accidit. Nihil enim accidere sine tactu potest; quod tangit, corpus est. Si extra est, posteaquam acciderat, recessit; quod recessit, motum habet; quod motum habet, corpus est. Speras me dicturum, non esse aliud cursum, aliud currere; nec aliud calorem, aliud calere; nec aliud lucem, aliud lucere. Concedo ista alia esse, sed non sortis alterius. Si valetudo indifferens est, bene valere indifferens est. Si forma indifferens est; et formosum esse. Si justitia bonum est, et justum esse bonum est. Si turpitudo malum est, et turpem esse malum est : tam, mehercules, quam, si lippitudo malum est, lippire quoque malum est. Hoc ut scias, neutrum esse sine altero potest. Qui sapit, sapiens est; qui sapiens est, sapit. Adeo non potest dubitari, an, quale illud sit, tale hoc sit, ut quibusdam utrumque unum videatur atque idem. Sed illud libenter quæsierim : quum omnia aut bona sint, aut mala, aut indifferentia; sapere in quo numero sit? Bonum negant esse; malum utique non est : sequitur, ut medium sit. Id autem medium atque indifferens vocamus, quod tam malo contingere, quam bono, possit : tanquam pecunia, forma, nobilitas. Hoc, ut sapiat, contingere nisi bono non potest : ergo indifferens non est. Atqui ne malum quidem est, quod contingere malo non potest : ergo bonum est. Quod, nisi bonus, non habet, bonum est; sapere non nisi bonus habet : ergo bonum est. — Accidens est, inquit, sapientiæ. — Hoc ergo quod vocas sapere, utrum facit sapientiam, an patitur? Sive facit illud, sive patitur, utroque modo corpus est. Nam, et quod fit, et quod facit, corpus est : si corpus est, bonum est : unum enim deerat illi, quo minus bonum esset, quod incorporale erat.

Les péripatéticiens tiennent que la sagesse et être sage ne diffèrent en rien, et que l'un se trouve dans l'autre. Car, pensez-vous que quelqu'un puisse être sage s'il n'a de la sagesse, ni qu'il puisse avoir de la sagesse s'il n'est sage? Les vieux dialecticiens y ont apporté une distinction qui est passée jusqu'aux stoïciens. Je vous dirai ce que c'est. Autre chose est un champ, et autre chose d'avoir un champ. Pourquoi cela? Parce que avoir un champ regarde celui qui l'a, et non point le champ. Aussi, autre chose est la sagesse, et autre chose est d'être sage. Je crois que vous m'accorderez bien que celui qui possède et ce qui est possédé sont deux choses différentes. La sagesse est possédée; celui qui est sage la possède. La sagesse est, pour ainsi dire, l'âme même qui est montée au comble de la perfection ; car c'est la science de bien vivre. Qu'est-ce que être sage? Je ne puis pas dire que c'est une âme parfaite, mais plutôt ce qui survient à celui qui a l'âme parfaite; ainsi, l'un est l'âme, même bien disposée; l'autre, c'est de l'avoir ainsi disposée. Les corps, disent-ils, ont premièrement leurs natures, comme voilà un homme, voilà un cheval. Ces natures sont accompagnées du mouvement de leurs âmes qui montrent qu'elles sont un corps. Ce mouvement-là a quelque chose qui lui est propre et séparé du corps. Comme quand je vois Caton qui se promène, le sens me montre cela et l'âme le croit; c'est le corps que je vois sur lequel j'ai jeté mes yeux et ma pensée, et je dis après Caton se promène; ce n'est pas le corps dont je parle maintenant, mais c'est quelque chose que je dis du corps, que les uns appellent énonciation, et les autres prédicament. Ainsi, quand nous disons la sagesse, nous entendons quelque chose qui n'a point de corps. Quand nous disons : Il est sage, nous parlons d'un corps. Mais il y a grande différence de dire l'un et de parler de l'autre. Imaginons-nous que ces deux choses soient présentes (car je n'en veux pas dire encore mon avis), qu'est-ce qui empêche que l'une ne soit autre chose que l'autre, et néanmoins qu'elle ne soit bonne? Vous disiez, naguère, qu'autre chose est un champ, et autre chose d'avoir un champ. Pourquoi ne serait-il pas vrai, puisque celui qui possède est d'une nature, et celui qui est possédé est d'une autre? l'un est un homme, l'autre est de la terre. Mais, en l'espèce dont il s'agit, celui qui possède la sagesse et la sagesse qui est possédée sont tous deux de même nature. De plus, en cet autre exemple, ce qui est possédé est une chose, et celui qui en possède en est une autre. Mais, en celui-ci, ce qui est possédé et celui qui possède est une même chose. On possède un champ par titre, et la sagesse par la nature; celui-là se peut vendre ou donner, celle-ci ne quitte point son hôte. On ne doit pas compter ensemble deux choses qui sont dissemblables. J'avais commencé à dire que ce peuvent être deux choses, et néanmoins l'une et l'autre bonnes. Vous demeurez aussi d'accord que le sage et la sagesse sont deux choses, et que l'une et l'autre est bonne. Rien n'empêche donc que la sagesse et sa possession ne soient deux aussi, ayant l'une et l'autre le caractère de la bonté. Je désire la sagesse seulement afin que je sois sage.

Peripateticis placet, nihil interesse inter sapientiam et sapere, quum in utrolibet eorum et alterum sit. Numquid enim quemquam existimas sapere, nisi qui sapientiam habet? Numquid quemquam, qui sapiat, non putas habere sapientiam? Dialectici veteres ista distinguunt : ab illis divisio usque ad Stoicos venit. Qualis sit hæc, dicam. Aliud est ager, aliud agrum habere : quidni? quum habere agrum ad habentem, non ad agrum pertineat. Sic aliud est sapientia, aliud sapere. Puto concedes duo esse hæc, id quod habetur, et eum qui habet : habetur sapientia; habet, qui sapit. Sapientia est mens perfecta, vel ad summum optimumque perducta ; ars enim vitæ est. Sapere quid est? Non possum dicere, mens perfecta; sed id, quod contingit perfectam mentem habenti. Ita alterum est, mens bona : alterum, quasi habere mentem bonam. Sunt, inquit, naturæ corporum; tanquam, hic homo est, hic equus : has deinde sequuntur motus animorum enuntiativi corporum. Hi habent proprium quiddam, et a corporibus seductum : tanquam, video Catonem ambulantem; hoc sensus ostendit, animus credit. Corpus est, quod video, cui et oculos et animum intendi. Dico deinde, Cato ambulat. Non corpus, inquit, est, quod nunc loquor; sed enuntiativum quiddam de corpore, quod alii effatum vocant, alii enuntiatum, alii dictum. Sic, quum dicimus sapientiam, corporale quiddam intelligimus : quum dicimus, sapit, de corpore loquimur. Plurimum autem interest, utrum illum dicas, an de illo.

Putemus in præsentia, ista duo esse : nondum enim, quid mihi videatur, pronuntio : quid prohibet, quo minus aliud quidem sit, sed nihilo minus bonum? Dicebas paulo ante, aliud esse agrum; aliud, habere agrum. Quidni? in alia enim natura est, qui habet ; in alia, quod habetur : illa terra est, hic homo est. At in hoc, de quo agitur, ejusdem naturæ sunt utraque, et qui habet sapientiam, et ipsa, quæ habetur. Præterea illic aliud est, quod habetur; alius, qui habet; hic in eodem est, et quod habetur, et qui habet. Ager jure possidetur ; sapientia natura ; illæ abalienari potest et alteri tradi ; hæc non discedit a domino. Non est itaque, quod compares inter se dissimilia. Cæperam dicere, posse ista duo esse, et tamen utraque bona : tanquam et sapientia, et sapiens duo sunt, et utrumque bonum esse concedis. Quomodo nihil obstat, quo minus et sapientia bonum sit, et habens sapientiam; sic nihil obstat, quo minus et sapientia bonum sit, et habere sapientiam ; id est, sapere. Ego in hoc volo sapiens esse, ut sapiam. Quid ergo? non est id bonum,

Quoi donc? ce dernier n'est-il pas bon sans lequel le premier ne serait pas bon? Vous dites qu'il ne faudrait point recevoir la sagesse si on nous en défendait l'usage. Quel est l'usage de la sagesse, sinon d'être sage? C'est ce qu'elle a de plus précieux, sans quoi elle serait absolument inutile. Si la gêne est mauvaise, il est mauvais d'être gêné; cela est si vrai qu'elle ne serait pas mauvaise si vous ôtiez ce qui la suit. La sagesse est l'état d'une âme parfaite. Etre sage c'est l'usage d'une âme qui est parfaite. Comment voulez-vous que l'usage de la sagesse ne soit pas bon, puisque sans cet usage la sagesse ne serait pas bonne? Je vous demande si l'on doit désirer la sagesse, vous en demeurez d'accord. Je vous demande si l'on doit désirer l'usage de la sagesse, vous l'accorderez aussi, car vous dites que vous ne la recevriez pas, si l'on vous en défendait l'usage. Ce qu'on doit désirer est bon; être sage c'est user de la sagesse, comme parler c'est user de l'éloquence, et voir est user de la vue; par conséquent, être sage, c'est faire usage de la sagesse. Or, l'usage de la sagesse est à désirer. Il est donc à désirer d'être sage; mais, s'il est à désirer, c'est un bien.

Il y a longtemps que je me fais ce reproche que j'imite ces philosophes en les voulant accuser, et que j'emploie inutilement des paroles pour vérifier une chose si claire. Car, qui peut douter que si le chaud est mauvais, il ne soit aussi mauvais d'avoir chaud? si le froid est mauvais, qu'il ne soit mauvais d'avoir froid? si la vie est un bien, que c'est un bien aussi de vivre. Mais toutes ces questions n'occupent que le dehors de la sagesse, et n'entrent point dans son fort où nous devons nous réfugier. Que si nous voulons quelquefois prendre le large, nous y trouverons de beaux et grands promenoirs. Nous irons rechercher la nature des dieux; de quoi se nourrissent les astres; le cours différent des étoiles; si nos corps suivent leurs mouvements, et si leurs influences font naître et agir nos inclinations; si ce qu'on appelle hasard est attaché à certaine loi, et s'il n'y a rien dans le monde qui soit fortuit et téméraire. Je sais bien que tout cela ne forme pas les mœurs, mais il récrée l'esprit et l'élève à la grandeur des choses dont on l'entretient. Au contraire, ces autres questions le ravalent et l'affaiblissent au lieu de l'affiner. Mais, je vous prie, pourquoi se donner tant de peine après une chose qui peut être fausse, et qui sans doute est inutile, vu qu'on la pourrait employer en des sujets plus utiles et plus considérables? De quoi me servira de savoir si la sagesse est une chose, et si être sage en est une autre; si celle-là est bonne, si celle-ci ne l'est pas? Je ne laisserai pas d'agir témérairement; ayez la sagesse et que je sois sage, nous serons tous deux égaux. Faites mieux, montrez-moi le chemin pour y parvenir. Dites-moi ce que je dois fuir et ce que je dois désirer, par quel moyen je pourrai guérir mes faiblesses, et rejeter bien loin tous ces désirs impétueux qui m'emportent et me font aller de travers; comment je pourrai soutenir tant de disgrâces, et me défaire des maux qui s'attachent sur moi, et de ceux auxquels je me suis volontairement attaché. Montrez-moi comme je dois supporter l'affliction sans verser des larmes, et la félicité sans faire pleurer personne; comment je

sine quo nec illud bonum est? Vos certe dicitis, sapientiam, si sine usu detur, accipiendam non esse. Quis est usus sapientiæ? Sapere: hoc est in illa pretiosissimum; quo detracto, supervacua fit. Si tormenta mala sunt, torqueri malum est; adeo quidem, ut illa non sint mala, si, quod sequitur, detraxeris. Sapientia habitus perfectæ mentis est; sapere, usus perfectæ mentis. Quomodo potest usus ejus bonum non esse, quæ sine usu bonum non est? Interrogo te, an sapientia expetenda sit? fateris. Interrogo, an usus sapientiæ expetendus sit? fateris: negas enim te illam recepturum, si uti ea prohibearis. Quod expetendum est, bonum est. Sapere, sapientiæ usus est; quomodo eloquentiæ, eloqui; quomodo oculorum, videre: ergo sapere, sapientiæ usus est. Usus autem sapientiæ expetendus est; sapere ergo expetendum est: si expetendum est, bonum est.—Olim ipse me damno, qui illos imitor, dum accuso, et verba apertæ rei impendo. Cui enim dubium potest esse, quin, si æstus malum est, et æstuare malum sit? si algor malum est, malum sit algere? si vita bonum est, et vivere bonum sit?

Omnia ista, circa sapientiam, non in ipsa, sunt; at nobis in ipsa commorandum est. Etiam, si quid evagari libet, amplos habet illa spatiososque secessus. De deorum natura quæramus; de siderum alimentis, de his tam variis stellarum discursibus: an ad illarum motus nostra moveantur; an corporibus omnium animisque illinc impetus veniat; an et hæc, quæ fortuita dicuntur, certa lege constricta sint, nihilque in hoc mundo repentinum, aut expers ordinis, volutetur? Ista jam a formatione morum recesserunt; sed levant animum, et ad ipsarum, quas tractant, rerum magnitudinem attollunt. Hæc vero, de quibus paulo ante dicebam, minuunt, et deprimunt; nec, ut putas, exacuunt, sed extenuant. Obsecro vos, curam necessariam curam, majoribus melioribusque debitam, in re, nescio an falsa, certe inutili, terimus? Quid mihi profuturum est scire, an aliud sit sapientia, aliud sapere? quid mihi profuturum est scire, illud bonum esse, hoc non esse? Temere me geram, subibo hujus voti aleam: tibi sapientia, mihi sapere contingat! pares erimus. Potius id age, ut mihi viam monstres, qua ad ista perveniam. Dic, quid vitare debeam, quid appetere; quibus animum labantem studiis firmem; quemadmodum, quæ me ex transverso ferunt aguntque, procul a me repellam; quomodo par esse tot malis possim; quomodo istas calamitates removeam, quæ ad me irruperunt; quomodo illas, ad quas ego irrupi. Doce, quomodo feram ærumnam sine gemitu meo, felicitatem sine alieno; quomodo ultimum ac necessarium vitæ terminum non

pourrai sortir de la vie sans attendre l'heure nécessaire et fatale.

Je ne trouve rien de plus sot que de souhaiter la mort. Car, si vous voulez vivre, pourquoi souhaiter la mort? Si vous voulez mourir, pourquoi demander aux dieux ce qu'ils vous ont donné en venant au monde? Car il vous a été ordonné de mourir une fois; mais il vous est libre de mourir quand vous voudrez; l'un est de nécessité, l'autre de volonté. Je lus, ces jours passés, un fort mauvais commencement d'un assez bon livre, et d'un homme qui, assurément, parle bien. Oui, dit-il, puissé-je mourir bientôt! Sot que tu es, tu désires une chose qui est entre tes mains. Peut-être qu'en prononçant ces paroles tu es devenu vieux. Autrement, qu'est-ce qui te retarde? Personne ne te retient; sors par où tu voudras. Choisis dans la nature l'issue qui te plaira davantage. Ces éléments, dont le monde est composé, l'eau, la terre et l'air sont des chemins à la mort aussi bien que des causes de la vie. Oui, puissé-je mourir bientôt! Ce bientôt quand veux-tu qu'il arrive? Quel terme lui donnes-tu? Il peut arriver plus tôt que tu ne voudras. En vérité, ce sont paroles d'une âme faible qui, par ce serment, demande grâce. Celui-là ne veut pas mourir qui souhaite de mourir. Demande aux dieux la vie et la santé. Si tu veux mourir, c'est un des fruits de la mort que de ne la pouvoir plus souhaiter. C'est de cela, mon cher Lucile, qu'il faut traiter et s'instruire, non pas agiter de vaines questions avec des subtilités inutiles. Voilà ce qu'on appelle sagesse; voilà ce qu'on appelle être sage. La fortune t'a proposé tant de questions et de difficultés, tu n'as pu encore les résoudre, et maintenant tu t'amuses à badiner. Cela n'est-il pas beau de te voir battre le vent de ton épée quand le signal du combat est donné? Laisse là le fleuret, il faut ici de bonnes armes. Dis-moi le moyen de garantir mon âme de la tristesse et de la crainte, comme quoi je pourrai la décharger du poids de ses convoitises secrètes. La sagesse est un bien, je te le confesse; mais être sage n'est plus un bien, et qu'ainsi ne soit, je veux nier qu'il soit bon d'être sage, afin de tourner en ridicule toute cette étude, qui n'est occupée qu'à des bagatelles.

Que dirais-tu si tu savais que l'on demande encore si la sagesse qui est à venir est un bien? Mais quel doute y a-t-il, je te prie, que les greniers ne sentent point encore la moisson prochaine, et que l'enfance, dans son imbécillité, ne sente pas la force et la vigueur de l'adolescence où elle doit arriver? Cependant la santé future soulage aussi peu le malade que le repas à venir délasse un homme tandis qu'il court ou qu'il combat. Qui ne sait que ce qui est à venir n'est pas un bien, par cette seule raison qu'il est à venir? Car ce qui est bien est en même temps profitable, n'y ayant que les choses présentes qui puissent profiter. Si le bien ne profite, il n'est pas encore; s'il profite, il est déjà. Je serai sage quelque jour; ce sera un bien quand je le serai, cependant il n'est pas. Une chose doit être premièrement, puis on voit ce qu'elle est. Comment, je vous prie, ce qu'elle n'est pas encore serait-il déjà bon? Puis-je mieux vous prouver qu'une chose n'est

exspectem, sed ipsemet, quum visum erit, profugiam. Nihil mihi videtur turpius, quam optare mortem. Nam si vis vivere, quid optas mori? sive non vis, quid deos rogas quod tibi nascenti dederunt? Nam, ut quandoque moriaris, etiam invito positum est; ut quum voles, in tua manu est. Alterum tibi necesse est; alterum licet. Turpissimum his diebus principium diserti mehercules viri legi : « Ita, inquit, quamprimum moriar! » Homo demens! optas rem tuam : « Ita quamprimum moriar! » Fortasse inter has voces senex factus es : alioqui, quid in mora es? nemo te tenet; evade, qua visum est! elige quamlibet rerum naturæ partem, quam tibi præbere exitum jubeas! Hæc nempe sunt et elementa, quibus hic mundus administratur, aqua, terra, spiritus : omnia ista tam causæ vivendi sunt, quam viæ mortis. « Ita quamprimum moriar! » Quamprimum istud, quod esse vis? quem illi diem ponis? citius fieri, quam optas, potest. Imbecillæ mentis ista sunt verba, et hac detestatione misericordiam captantis. Non vult mori, qui optat. Deos vitam et salutem roga; si mori placuit, hic mortis est fructus, optare desinere.

Hæc, mi Lucili, tractemus; his formemus animum! Hæc est sapientia, hoc est sapere; non, disputatiunculis inanibus subtilitatem vanissimam agitare. Tot quæstiones fortuna tibi posuit : nondum illas solvisti; jam cavillaris. Quam stultum est, quum signum pugnæ acceperis, ventilare! Remove ista lusoria arma; decretoriis opus est. Dic, qua ratione nulla animum tristitia, nulla formido perturbet; qua ratione hoc secretarum cupiditatum pondus effundam. Agatur aliquid! — « Sapientia bonum est, sapere non est bonum. » Sic fit, ut negemus sapere, ut hoc totum studium derideatur, tanquam operatum supervacuis.

Quid, si scires etiam illud quæri, « an bonum sit futura sapientia? » Quid enim dubii est, oro te, an nec messem futuram jam sentiant horrea, nec futuram adolescentiam pueritia viribus aut ullo robore intelligat? Ægro interim nihil ventura sanitas prodest; non magis, quam currentem luctantemque post multos seculorum menses otium reficit. Quis nescit hoc ipso non esse bonum id, quod futurum est, quia futurum est? Nam, quod bonum est, utique prodest : nisi præsentia, prodesse non possunt. Si non prodest, bonum non est; si prodest, jam est. Futurus sum sapiens: hoc bonum erit, quum fuero; interim non est. Prius aliquid esse debet, deinde quale esse. Quomodo, oro te, quod adhuc nihil est, jam bonum

pas qu'en vous disant qu'elle sera ; car il paraît qu'elle n'est pas venue, puisqu'elle est à venir. Le printemps doit venir, je sais donc que nous sommes en hiver; l'été doit venir, je sais donc que l'été n'est pas encore venu ; et la meilleure preuve qu'une chose n'est pas encore présente, c'est qu'elle est à venir. Je serai sage un jour, je l'espère, cependant je ne le suis pas encore ; car je ne saurais être en même temps dans la possession et dans la privation de ce bien. Ces deux extrémités ne se peuvent joindre, non plus que le bien et le mal ne se peuvent rencontrer ensemble dans une même personne.

Passons légèrement sur ces sornettes ingénieuses, pour nous arrêter aux choses qui nous peuvent apporter quelque utilité. Celui qui va quérir une sage-femme pour délivrer sa fille qui est en travail, ne s'amuse pas à lire l'affiche qui marque l'ordre des jeux publics. Celui qui court pour éteindre le feu de la maison qui brûle, ne s'arrête pas à un échiquier pour voir comment il pourra sauver une pièce qui est enfermée. Mais, ô dieux ! on vous annonce des malheurs de toutes parts, tantôt l'incendie de votre maison, le péril qui menace vos enfants ; tantôt le siège de votre patrie, et la déprédation de vos biens, sans parler des naufrages, des tremblements de terre, et de tout ce qui fait le sujet de nos craintes. Parmi tous ces embarras, vous vous amusez à des choses qui ne servent qu'à récréer l'esprit. Vous demandez quelle différence il y a entre la sagesse et être sage. Vous faites des nœuds et les défaites, tandis que vous voyez tant de disgrâces prêtes à tomber sur votre tête ! La nature ne nous a pas été si libérale du temps, que nous en puissions perdre quelque partie. Et voyez, je vous prie, combien en perdent les plus diligents. Nos maladies nous en dérobent aussi bien que celles de nos parents; nos affaires particulières ou celles du public nous tiennent occupés. Le sommeil emporte moitié de notre vie. Pourquoi donc employer en vain la plus grande partie d'un temps si court et si rapide? Disons encore que l'esprit cherche plutôt à se récréer qu'à se guérir ; il se fait un divertissement de la philosophie, au lieu de la prendre comme un remède. Je ne sais point la différence qui est entre la sagesse et être sage ; mais je sais bien qu'il ne m'importe pas de le savoir ou de ne le savoir pas. Car, enfin, dites-moi, quand j'aurai appris cela, serai-je sage ? Pourquoi donc m'arrêtez-vous plutôt sur les termes que sur les effets? Rendez-moi plus généreux. Rendez-moi plus assuré. Faites que je tienne tête à la fortune; faites que je la surmonte. Mais je la surmonterai, si je mets en pratique tout ce que j'aurai appris.

ÉPITRE CXVIII.

Qu'il est plus honnête et plus sûr de ne rien demander à la fortune.—Les définitions du bien, et en quoi il consiste.

Vous voulez que je vous écrive plus souvent. Si nous venions à compte, je m'assure que vous n'auriez pas de quoi payer. Nous étions convenus que vous écririez le premier, et que je vous ferais réponse. Mais je ne ferai pas le difficile, et comme

est? Quomodo autem tibi magis vis probari, non esse aliquid, quam si dixero, futurum est? Nondum enim venisse apparet, quod venit. Ver secuturum est ; scio nunc hiemem esse : æstas secutura est, scio æstatem non esse. Maximum argumentum habeo nondum præsentis, futurum esse. Sapiam, spero; sed interim non sapio: si illud bonum haberem, jam hoc carerem malo. Futurum est, ut sapiam : ex hoc licet, nondum sapere me, intelligas. Non possum simul et in illo bono, et in hoc malo esse. Duo ista non coeunt, nec apud eumdem sunt una, bonum et malum.

Transcurramus solertissimas nugas, et ad illa, quæ nobis aliquam opem sunt latura, properemus. Nemo, qui obstetricem parturienti filiæ sollicitus accersit, edictum et ludorum ordinem perlegit : nemo, qui ad incendium domus suæ currit, tabulam latruncularam perspicit, ut sciat, quomodo alligatus exeat calculus. At mehercules omnia tibi undique nuntiantur; et incendium domus, et periculum liberorum, et obsidium patriæ, et bonorum direptio : adjice istis naufragia, motusque terrarum, et quidquid aliud timeri potest. Inter ista districtus, rebus nihil aliud quam animum oblectantibus, vacas? quid inter sapientiam, et sapere intersit, inquiris? nodos nectis ac solvis, tanta mole impendente capiti tuo? Non tam benignum ac liberale tempus natura nobis dedit, ut aliquid ex illo vacet perdere ! Et vide, quam multa etiam diligentissimis pereant. Aliud valetudo sua cuique abstulit, aliud suorum ; aliud necessaria negotia, aliud publica occupaverunt ; vitam nobiscum dividit somnus. Ex hoc tempore, tam angusto et rapido, et nos auferente, quid juvat majorem partem mittere in vanum? Adjice nunc, quod assuescit animus delectare se potius, quam sanare ; et philosophiam oblectamentum facere, quum remedium sit. Inter sapientiam et sapere quid intersit, nescio : scio mea non interesse, sciam ista, an nesciam. Dic mihi : quum, quid inter sapientiam et sapere intersit, didicero, sapiam? Cur ergo potius inter vocabula me sapientiæ detines, quam inter opera? Fac me fortiorem, fac securiorem, fac fortunæ parem, fac superiorem ! Possum autem superior esse, si isto direxero omne quod disco. Vale.

EPISTOLA CXVIII.

QUID SIT BONUM.

Exigis a me frequentiores epistolas. Rationes conferamus: solvendo non eris. Convenerat quidem, ut tua priora essent ; tu scriberes, ego rescriberem. Sed non ero difficilis : bene credi tibi scio ; itaque in antecessum dabo

je sais qu'il y a sûreté à vous prêter, je vous veux faire cette avance. Je ne ferai pas toutefois ce que Cicéron, ce fameux orateur, ordonnait à Atticus, voulant qu'il lui écrivît tout ce qui lui viendrait dans l'esprit, s'il n'avait rien à lui écrire. Pour moi, la matière ne manquera jamais, quand même je me voudrais abstenir de celle dont les lettres de Cicéron sont toutes pleines; savoir : Qui sont ceux qui briguent les charges, soit par leur crédit ou par l'autorité de leurs amis? Qui demande le consulat ouvertement? Qui sous la faveur de César? Qui sous celle de Pompée? Combien Cécilius est un cruel usurier, de qui les parents mêmes ne sauraient tirer un denier qu'à douze pour cent! Il vaut mieux nous entretenir de nos défauts que de ceux d'autrui, nous examiner et considérer les brigues que nous faisons pour une infinité de choses, et ne donner notre suffrage à personne. En vérité, mon cher Lucile, il est plus honnête, plus libre, et plus sûr de ne rien demander, et de ne point paraître quand la fortune tient ses états. Quel plaisir y a-t-il, lorsque le peuple est assemblé, lorsque ceux qui briguent les charges, caressent leurs amis, celui-ci promettant de l'argent, celui-là faisant parler les cautions; un autre baisant les mains de gens auxquels il ne laisserait pas toucher les siennes, s'il avait ce qu'il prétend, et que tout le monde est en suspens, attendant ce que dira le crieur public; quel plaisir, dis-je, y a-t-il d'être debout à regarder cette foire où l'on n'a rien à acheter ni à vendre? Qu'il est plus doux de voir sans aucune prétention, non pas seulement les assemblées où se font les préteurs et les consuls, mais cette multitude infinie dont les uns demandent les charges annuelles, les autres, des dignités perpétuelles; les uns, la victoire et le triomphe; les autres, des richesses; les uns, des mariages avantageux et une belle lignée; les autres, de la protection pour eux et pour leurs enfants! Quelle grandeur d'âme, d'être seul qui ne demande rien, qui ne prie personne, et qui puisse dire : Fortune, je n'ai rien à démêler avec toi! Je ne veux point relever de ton pouvoir! Je sais que tu rejettes les Catons, et que tu favorises les Vatiniens : je ne te demande rien. Cela s'appelle braver la fortune, et la dépouiller de son autorité.

Voilà de quoi nous devons nous écrire, mon cher Lucile, et parler incessamment d'une matière qu'on ne saurait épuiser, voyant tant de milliers d'hommes qui s'inquiètent pour acquérir de mauvaises choses par de mauvais moyens, et qui demandent ce qu'ils refuseront ou mépriseront incontinent après. Car, enfin, qui s'est jamais contenté de ce qu'on lui a donné, et qui lui paraissait bien ample, tandis qu'il le désirait? Les richesses n'excitent point l'avidité, comme on se l'imagine; mais elles sont si peu de chose qu'elles ne sauraient rassasier personne. Vous les croyez bien élevées, parce que vous en êtes éloigné; mais elles sont basses aux yeux de ceux qui les possèdent. Je me trompe fort, s'ils ne voudraient encore monter plus haut. Car ce que tu crois être le sommet, n'est pour eux qu'un degré. Certainement les hommes souffrent beaucoup faute de connaître la vérité. Ils recherchent les richesses comme le véritable bien, étant séduits par la commune opinion. Quand ils les ont acquises avec beaucoup de peine, ils connaissent que ce sont de véritables maux, en tout cas, des choses inutiles

---

Nec faciam, quod Cicero, vir disertissimus, facere « Atticum jubet, ut, etiam si rem nullam habebit, quod in buccam venerit, scribat. » Nunquam potest deesse quod scribam, ut omnia illa, quæ Ciceronis implent epistolas, transeam : « quis candidatus laboret; quis alienis, quis suis viribus pugnet; quis consulatum fiducia Cæsaris, quis Pompeii, quis arte petat; quam durus sit fœnerator Cæcilius, a quo minoris centesimis propinqui nummum movere non possint. » Sua satius est mala, quam aliena, tractare; se excutere, et videre, quam multarum rerum candidatus sit, et non suffragari. Hoc est, mi Lucili, egregium, hoc securum ac liberum; nihil petere, et tota fortunæ comitia transire.

Quam putas esse jucundum, tribubus vocatis, quum candidati in templis suis pendeant, et alius nummos pronuntiet, alius per sequestrem agat, alius eorum manus osculis conterat, quibus designatus contingendam manum negaturus est; omnes, attoniti, vocem præconis exspectant; — stare otiosum, et spectare illas nundinas, nec ementem quidquam, nec vendentem? Quanto hic majore gaudio fruitur, qui non prætoria aut consularia comitia securus intuetur, sed magna illa, in quibus alii honores anniversarios petunt, alii perpetuas potestates, alii bellorum eventus prosperos triumphosque, alii divitias, alii matrimonia ac liberos, alii salutem suam suorumque! Quanti animi res est, solum nihil petere, nulli supplicare, et dicere : « Nihil mihi tecum, fortuna! Non facio mei tibi copiam! scio apud te Catones repelli, Vatinios fieri; nihil rogo! » Hoc est privatam facere fortunam. — Licet ergo hæc invicem scribere, et hanc integram semper egerere materiam, circumspicientibus tot millia hominum inquieta; qui, ut aliquid pestiferi consequantur, per mala nituntur in malum, petuntque mox fugienda, aut etiam fastidienda. Cui enim assecuto satis fuit, quod optanti nimium videbatur? Non est, ut existimant homines, avida felicitas, sed pusilla; itaque neminem satiat. Tu ista credis excelsa, quia longe ab illis jaces; ei vero, qui ad illa pervenit, humilia sunt. Mentior, nisi adhuc quærit ascendere : istuc, quod tu summum putas, gradus est. Omnes autem male habet ignorantia veri. Tanquam ad bona feruntur, decepti rumoribus : deinde, mala esse, aut inania, aut minora quam speraverint,

ou moindres qu'ils ne l'avaient espéré. La plupart des hommes admirent ce qui brille de loin, et les choses qui sont grandes passent ordinairement pour bonnes dans l'esprit du vulgaire; mais, de peur que cela ne nous arrive, voyons, je vous prie, qu'est-ce qu'on appelle bien.

On l'a interprété diversement; les uns l'ont défini d'une façon, les autres d'une autre. Quelques-uns le définissent ainsi : C'est ce qui invite nos esprits, c'est ce qui nous appelle à soi. L'on objecte aussitôt : Mais s'il nous appelle pour notre ruine? Car vous savez qu'il y a des maux qui sont flatteurs. Le vrai et le vraisemblable diffèrent en ceci, que le bien est joint avec le vrai; car il ne serait pas bien, s'il n'était vrai. Mais ce qui nous attire et s'insinue dans notre cœur, il n'est que vraisemblable. D'autres ont défini le bien : C'est ce qui se fait désirer, c'est ce qui échauffe l'esprit à sa poursuite. On fait encore la même objection : Il y a bien des choses qui échauffent l'esprit, et qu'il recherche pour sa perte. Ceux-là ont mieux rencontré, à mon avis, qui ont dit : Que le bien est ce qui excite le désir de l'âme, conformément à la nature. Et en effet, le bien n'est à désirer que lorsqu'il commence à être désirable, je veux dire lorsqu'il est honnête, qui est ce que l'on doit parfaitement désirer.

Cet endroit me fait souvenir de vous marquer la différence qui est entre le bien et l'honnête; il y a quelque chose de commun entre eux qui n'en peut être séparé; car rien ne peut être bon s'il n'a quelque chose d'honnête. Le bon aussi est toujours honnête; quelle est donc leur différence?

L'honnête est la perfection du bien qui rend la félicité accomplie, et change en bien tout ce qu'il touche; voici comme je l'entends. Il y a des choses qui ne sont ni bonnes ni mauvaises, comme une charge soit dans la guerre ou dans la justice, une ambassade. Ces choses étant honnêtement administrées, commencent à être bonnes, et ne demeurent plus dans un état indifférent. Le bien s'engendre en la compagnie de l'honnête; mais l'honnête est bien de son naturel. Le bien vient de l'honnête; mais l'honnête est tel de son chef. Ce qui est bon a pu être mauvais; mais ce qui est honnête n'a pu être que bon. D'autres, enfin, ont apporté cette définition : Le bien est tout ce qui est selon la nature. Écoutez bien ce que je dis. Ce qui est bien est selon la nature, mais il ne s'ensuit pas que tout ce qui est selon la nature soit bien; car il y a beaucoup de choses conformes à la nature, qui sont légères et de si petite considération qu'elles ne méritent pas le nom de bien. Or, il n'y a point de bien, pour léger qu'il soit, que l'on doive mépriser; car, tant qu'il est petit et léger, il n'est pas bien, et sitôt qu'il acquiert la nature de bien, il perd la qualité de petit. A quoi donc reconnaît-on qu'une chose soit bonne? si elle est parfaitement selon la nature et que c'est son véritable caractère. Vous avouez encore qu'il y a des choses selon nature, qui, toutefois, ne sont pas des biens : comment se fait-il que les unes soient biens, et que les autres ne le soient pas? Qui leur a donné une marque différente, puisqu'elles ont toutes cela de commun d'être selon la nature? C'est seulement la grandeur.

adepti ac multa passi, vident; majorque pars miratur ex intervallo fallentia, et vulgo magna pro bonis sunt.

Hoc ne nobis quoque eveniat, quæramus, « quid sit bonum! » Varia ejus interpretatio fuit : finivit hoc alius alio modo, alius illud aliter expressit. Quidam ita finiunt : « Bonum est, quod invitat animos, quod ad se vocat. » Huic statim opponitur : Quid? si invitat quidem, sed in perniciem? scis, quam multa mala blanda sint. Verum, et verisimile, inter se differunt ita : quod bonum est, vero jungitur; non est enim bonum, nisi verum est. At, quod invitat ad se et allicefacit, verisimile est : subripit, sollicitat, attrahit. — Quidam ita finierunt : « Bonum est, quod appetitionem sui movet; vel, quod impetum animi tendentis ad se movet. » Et huic idem opponitur : multa enim impetum animi movent, quæ petuntur petentium malo. — Melius illi, qui sic finierunt : « Bonum est, quod ad se impetum animi secundum naturam movet, et ita demum petendum est. Quum cœpit esse expetendum, jam et honestum est; hoc enim est perfecte petendum. Locus ipse me admonet, ut, « quid intersit inter bonum honestumque, » dicam. Aliquid inter se habent mixtum et inseparabile, nec potest bonum esse, nisi cui aliquid honesti inest; et honestum utique bonum est. Quid ergo inter duo interest? Honestum est perfectum bonum, quo beata vita completur, cujus contactu alia quoque bona fluunt. Quod dico, tale est. Sunt quædam neque bona, neque mala : tanquam militia, legatio, jurisdictio. Hæc, quum honeste administrata sunt, bona esse incipiunt, et ex dubio in bonum transeunt. Bonum societate honesti fit; honestum per se bonum est. Bonum ex honesto fluit; honestum ex se est. Quod bonum est, malum esse potuit; quod honestum est, nisi bonum esse non potuit.

Hanc quidam finitionem reddiderunt : « Bonum est, quod secundum naturam est. » Attende quid dicam : quod bonum est, secundum naturam est; non protinus, quod secundum naturam est, etiam bonum est. Multa quidem naturæ consentiunt; sed tam pusilla sunt, ut non conveniat illis boni nomen. Levia enim sunt, et contemnenda; nullum est minimum contemnendum bonum. Nam quamdiu exiguum est, bonum non est; quum bonum esse cœpit, non exiguum est. Unde agnoscitur bonum? si perfecte secundum naturam est. — Fateris, inquis, quod bonum est, secundum naturam esse; hæc ejus proprietas est : fateris, et alia secundum naturam quidem esse, sed bona non esse. Quomodo ergo illud bonum est, quum hæc non sint? quomodo ad aliam proprietatem pervenit, quum utrique præcipuum illud commune sit, secundum

Il n'est pas nouveau que certaines choses se changent en croissant. C'était un enfant, c'est maintenant un homme : la propriété de sa nature est changée ; il est devenu raisonnable, il ne l'était pas auparavant. Il s'en voit encore qui sont non-seulement plus grandes en croissant, mais qui deviennent tout autres. On répond : Quoique l'on devienne plus grand, cela ne fait pas que l'on devienne autre ; il n'importe pas que vous emplissiez de vin une bouteille où un tonneau, car la même propriété de vin demeure en l'un et en l'autre ; une petite quantité de miel ou une plus grande n'a pas de goût différent. Vous nous apportez des exemples bien éloignés de notre question ; car ces choses-là ont une même qualité qui leur demeure toujours, quoiqu'elles augmentent. Sachez qu'il y a des choses qui subsistent toujours dans leur propriété naturelle, quoiqu'elles soient amplifiées dans leur genre, et d'autres qui reçoivent de grands accroissements, et ne changent de nature que par ce dernier degré qu'on y ajoute, qui les fait passer dans une autre condition. Une seule pierre forme la voûte ; j'entends celle qui, étant mise au milieu, serre et lie les deux côtés. Mais pourquoi ce qu'on ajoute le dernier, quoique petit, a-t-il tant d'effet? Ce n'est pas à cause qu'il augmente la chose, mais à cause qu'il la rend pleine et parfaite. Au contraire, il y a des choses qui, dans leurs progrès, perdent leur forme et en prennent une nouvelle. Après que notre esprit a donné de l'étendue à quelque chose, et qu'il s'est lassé en voulant suivre sa grandeur, cela commence à s'appeler infini, parce qu'il est tout autre qu'il n'était lorsqu'il paraissait grand, et néanmoins était fini. De même, nous pensions qu'une matière se pouvait couper quoique difficilement ; enfin, la difficulté croissant, on a trouvé qu'elle ne se pouvait couper. De même encore, ce qui ne se pouvait remuer qu'avec beaucoup de peine, il se trouve enfin qu'on ne le peut plus remuer. Par la même raison, une chose étant seulement selon la nature, indépendamment du bien et du mal, l'accroissement de grandeur lui a donné d'autres propriétés, et l'a rendue bonne.

ÉPITRE CXIX.

Pour devenir bientôt riche il faut emprunter de soi-même. — Le nécessaire est toujours prêt, mais le superflu est difficile à recouvrer.

Quand j'ai trouvé quelque chose, je n'attends pas que vous me disiez : J'y retiens part.—Je le dis pour vous. Voulez-vous savoir ce que j'ai trouvé. Ouvrez la main, il n'y a qu'à prendre. Je vous montrerai comme vous pouvez vous faire riche en peu de temps ; je crois que cela ne vous déplaira pas. Vous aurez raison, car je vous conduirai à une haute fortune, par un chemin bien court ; mais il vous faudra faire quelque emprunt pour établir votre négoce ; vous n'aurez pas besoin d'un courtier qui annonce votre billet ; car j'ai un créancier tout prêt. C'est ce précepte de Caton : *Tu emprunteras de toi-même* ; pour peu que ce soit, il suffira ; s'il y manque quelque chose, nous le prendrons sur nous-mêmes. Car il est indifférent, mon cher Lucile, de n'avoir point une chose, ou de ne la désirer pas ; le point consiste à ne s'en pas mettre en peine. Je ne prétends pas vous obliger à rien refuser à la nature ; elle

---

naturam esse? — Ipsa scilicet magnitudine. Nec hoc novum est, quædam crescendo mutari. Infans fuit, factus est pubes ; alia ejus proprietas fit : ille enim irrationalis est, hic rationalis. Quædam incremento non tantum in majus exeunt, sed in aliud. — Non fit, inquit, aliud, quod majus fit : utrum lagenam an dolium impleas vino, nihil refert ; in utroque proprietas vini est : exiguum mellis pondus, ex magno, sapore non differt. — Diversa ponis exempla : in istis enim eadem qualitas est ; quamvis augeantur, manent. Quædam, amplificata, in suo genere et in sua proprietate perdurant ; quædam, post multa incrementa, ultima demum vertit adjectio ; et novam illis, aliamque, quam in qua fuerunt, conditionem imprimit. Unus lapis fecit fornicem, ille qui latera inclinata cuneavit, et interventu suo vinxit. Summa adjectio quare plurimum facit, vel exigua? Quia non auget, sed implet. Quædam processu priorem exuunt formam et in novam transeunt. Ubi aliquid animus diu protulit, et, magnitudinem ejus sequendo, lassatus est, infinitum cœpit vocari ; quod longe aliud factum est, quam fuit, quum magnum videretur sed finitum. Eodem modo aliquid difficulter secari cogitavimus ; novissime, crescente difficultate, in secabile inventum est. Sic ab eo, quod vix et ægre movebatur, processimus ad immobile. Eadem ratione aliquid secundum naturam fuit ; hoc in aliam proprietatem magnitudo sua transtulit, et bonum fecit. Vale.

EPISTOLA CXIX.

DIVITEM ESSE, QUI CUPIDINIBUS IMPERAT.

Quoties aliquid inveni, non exspecto, donec dicas : in commune!— Ipse mihi dico. Quid sit, quod invenerim, quæris? sinum laxa, merum lucrum est! Docebo, quomodo fieri dives celerrime possis ; quod valde cupis audire, nec immerito : ad maximas te divitias compendiaria ducam. Opus erit tamen tibi creditore ; ut negotiari possis, æs alienum facias oportet : sed nolo per intercessorem mutueris, nolo proxenetæ nomen tuum jactent. Paratum tibi creditorem dabo, Catonianum illum : « A te mutuum sumes. » Quantulumcumque est, satis erit, si, quidquid deerit, id a nobis petierimus. Nihil enim, mi Lucili, interest, utrum non desideres, an habeas. Summa rei in utroque est eadem ; non torqueberis. Nec illud præcipio,

est opiniâtre, elle est absolue, elle demande ce qui lui est dû; mais il faut lui faire voir que ce qu'on lui donne au-delà est volontaire et n'est point du tout nécessaire. Avez-vous faim? il faut manger; la nature ne se soucie pas si le pain est bis ou blanc; elle n'a soin que de remplir le ventre, non pas de le flatter. Avez-vous soif? Il n'importe à la nature si c'est de l'eau puisée dans un étang, ou rafraîchie dans la neige; si on la met dans une coupe d'or, de cristal ou de myrrhe; dans un verre de Tivoli ou dans le creux de la main, pourvu qu'elle étanche la soif. Si vous considérez la fin principale de chaque chose, vous négligerez le superflu. Si vous avez envie de manger, prenez tout ce qui se rencontrera, il vous semblera excellent; car on trouve tout bon quand on a faim.

Voulez-vous donc savoir ce que j'ai trouvé, qui m'a si fort plu et qui me semble si bien dit? Le voici : Le sage est un grand inquisiteur des richesses naturelles. Vous me repaissez, direz-vous, d'une viande creuse. Qu'est-ce que cela? J'avais déjà disposé mes affaires, je regardais dans quel parti j'entrerais, sur quelle mer je trafiquerais et quelle marchandise j'en ferais venir : c'est se moquer des gens de leur prêcher la pauvreté après leur avoir promis des richesses. Quoi, estimez-vous pauvre celui qui n'a faute de rien? Il en est obligé, répondrez-vous, à sa patience, et non pas à la fortune. C'est donc que vous ne le croyez pas riche, à cause qu'il ne peut cesser de l'être? Aimeriez-vous mieux en avoir beaucoup que d'en avoir assez? Sachez que quand on en a beaucoup on en désire encore davantage, qui est une marque que l'on n'en a pas assez. Mais celui qui en a assez est venu au point où le riche n'arrive jamais. Ne sauriez-vous croire que ce soient effectivement des richesses, à cause qu'elles ne font proscrire personne, à cause qu'elles ne provoquent point le fils à empoisonner son père, et la femme son mari? A cause qu'elles sont en sûreté durant la guerre, et en repos durant la paix? A cause qu'il n'y a point de péril à les posséder, ni de difficulté à les gouverner? Est-ce avoir peu de bien que de n'avoir ni froid, ni faim, ni soif? Jupiter même n'en a pas davantage. En vérité, ce n'est pas peu que d'en avoir assez; car quand on n'en a point assez, on en n'a jamais beaucoup.

Alexandre, après avoir vaincu Darius et conquis les Indes, se trouve encore pauvre. Pour s'enrichir, il va chercher des mers inconnues, il jette de nouvelles flottes sur l'Océan, il force, pour ainsi dire, les barrières du monde. Ce qui suffit à la nature ne suffit-il pas à un particulier? Non! Il s'est trouvé un homme, lequel, après avoir tout envahi, désirait encore quelque chose : tant est grand l'aveuglement de nos âmes et l'oubli de notre première condition, quand nous voyons nos affaires avancées. Un prince, qui naguère était à peine possesseur paisible d'un petit coin de terre, n'est pas content d'une conquête de si vaste étendue, à cause qu'il ne trouve plus de pays à son retour pour le subjuguer. Jamais l'argent ne fait un homme riche, au contraire, il augmente d'autant plus son avidité. En voulez-vous savoir la raison?

ut aliquid naturæ neges; contumax est, non potest vinci, suum poscit : sed, ut quidquid naturam excedit, scias precarium esse, non necessarium. Esurio; edendum est : utrum hic panis sit plebeius, an siligineus, ad naturam nihil pertinet. Illa ventrem non delectari vult, sed impleri. Sitio; utrum hæc aqua sit, quam ex lacu proximo excepero, an ea, quam multa nive clusero, ut rigore refrigeretur alieno, ad naturam nihil pertinet. Illa hoc unum jubet, sitim exstingui : utrum sit aureum poculum, an crystallinum, an murrhinum, an Tiburtinus calix, an manus concava, nihil refert. Finem omnium rerum specta; et supervacua dimittes. Fames me appellat : ad proxima quæque porrigatur manus; ipsa mihi commendabit, quodcumque comprehendero. Nihil contemnit esuriens.

Quid sit ergo, quod me delectaverit, quæris. — Videtur mihi egregie dictum : « Sapiens divitiarum naturalium est quæsitor acerrimus. » Inani me, inquis, lance muneras! Quid est istud? Ego jamjam paraveram fiscos; circumspiciebam, in quod me mare negotiaturus immitterem; quod publicum agitarem; quas arcesserem merces. Decipere est istud, docere paupertatem, quum divitias promiseris. — Ita tu pauperem judicas, cui nihil deest? — Suo, inquis, et patientiæ suæ beneficio, non fortunæ. — Ideo ergo illum non judicas divitem, quia divitiæ ejus desinere non possunt? Utrum majus : habere multum, an satis? Qui multum habet, plus cupit; quod est argumentum, nondum illum satis habere : qui satis habet, consecutus est, quod nunquam divitiis contigit, finem. An has ideo non putas esse divitias, quia propter illas nemo proscriptus est? quia propter illas nulli venenum filius, nulli uxor impegit? quia in bello tutæ sunt? quia in pace otiosæ? quia nec habere illas periculosum est, nec operosum disponere? quia parum habet, qui tantum non alget, non esurit, non sitit? Plus Jupiter non habet. Nunquam parum est, quod satis est; et nunquam multum est, quod satis non est. Post Darium et Indos pauper est Alexander Macedo : mentior; quærit, quod suum faciat, scrutatur maria ignota, in Oceanum classes mittit novas, et ipsa, ut ita dicam, mundi claustra perrumpit. Quod naturæ satis est, homini non est! Inventus est, qui concupisceret aliquid post omnia : tanta est cæcitas mentium, et tanta initiorum suorum unicuique, quum processit, oblivio! Ille, modo ignobilis anguli non sine controversia dominus, tacto fine terrarum per suum rediturus orbem, tristis est.

Neminem pecunia divitem fecit : immo contra, nulli non majorem sui cupiditatem incussit. Quæris, quæ sit

C'est que plus on en a, plus on est en état d'en avoir. Après tout, faites venir lequel vous voudrez de ces riches qui sont les Crassus et les Licinius de notre siècle; qu'il apporte ses registres, qu'il compte tout ce qu'il a et tout ce qu'il espère : à mon jugement, il est encore pauvre; au vôtre même, il le peut devenir. Mais celui qui sait s'accommoder aux nécessités de la vie, non-seulement il ne sent plus, mais il n'appréhende pas même la pauvreté. Sachez pourtant qu'il n'est pas fort aisé de se réduire au pied de la nature, car le pauvre dont je vous viens de parler peut avoir quelque chose de superflu. Les richesses attirent les yeux du peuple, et l'on est étonné quand on voit sortir d'une maison beaucoup d'argent comptant, quand le dehors et le dedans est bien doré, quand les domestiques sont propres et bien faits. Tout cela n'est qu'une félicité apparente et extérieure. Celle de l'homme que nous avons soustrait à la puissance du peuple et à la fortune est solide et intérieure. Car au regard de ces gens à qui l'embarras des affaires donne à faux le nom de riches, ils ont les richesses comme on dit que nous avons la fièvre, quoique ce soit elle qui nous tienne; nous pouvons dire de même les richesses les tiennent. Enfin, je n'ai qu'un avis à vous donner, lequel je ne saurais assez recommander : c'est de mesurer toutes choses aux désirs de la nature, laquelle on peut contenter sans qu'il en coûte rien ou fort peu de chose. N'y mêlez point de luxe, et ne vous souciez pas sur quelle table, dans quelle vaisselle, ni par combien d'écuyers votre viande sera servie; la nature ne désire que ce qu'il faut pour manger.

Pour éteindre la soif quand elle est bien ardente
Demandons-nous à boire en un vase de prix?
Et pour rassasier la faim qui nous tourmente
Faut-il n'avoir recours qu'aux mets les plus exquis?

La faim n'a point d'ambition, elle ne cherche qu'à se remplir, et ne se soucie pas de quoi. Mais la gourmandise a cela d'incommode, qu'étant soûle elle tâche de se remettre en appétit, et qu'étant désaltérée elle appelle encore la soif, cherchant plutôt à se farcir le ventre qu'à le remplir. C'est pourquoi Horace a dit fort à propos : Que la soif ne regarde pas dans quel pot ou par quelle main on lui présente à boire. Car si vous croyez qu'il soit de votre honneur que ce soit un beau verre et un échanson bien frisé, vous n'avez pas soif. C'est une des plus grandes faveurs que la nature nous ait faites, que d'avoir ôté le dégoût à la nécessité. On a la liberté du choix dans les choses superflues. Ceci, dit-on, n'a point de grâce, cela me semble grossier, cela choque la vue. Mais ce grand architecte du monde, en réglant notre manière de vivre, a eu soin de notre santé, et non pas de nos délices. Ce qui regarde notre nourriture est tout prêt et facile à prendre; mais ce qui sert à nos délices ne se recouvre qu'avec peine et difficulté. Servons-nous donc d'un présent si considérable que nous avons reçu de la nature, et soyons persuadés qu'elle n'a jamais plus obligé les hommes, que d'avoir fait qu'ils prennent sans dégoût tout ce qu'ils désirent par nécessité.

hujus rei causa? Plus incipit habere posse, qui plus habet. Ad summam, quem voles mihi ex his, quorum nomina cum Crasso Licinioque numerantur, in medium licet protrahas; afferat censum, et, quidquid habet, et quidquid sperat, simul computet : iste, si mihi credis, pauper est; si tibi, potest esse. At hic, qui se ad id, quod natura exigit, composuit, non tantum extra sensum est paupertatis, sed extra metum. Sed, ut scias, quam difficile sit, res suas ad naturalem modum coarctare, hic ipse, quem circa naturam dicimus, quem tu vocas pauperem, habet aliquid et supervacui. At excæcat populum, et in se convertunt opes, si numerati multum ex aliqua domo effertur, si multum auri tecto quoque ejus illinitur, si familia aut corporibus electa, aut spectabilis cultu est? Omnium istorum felicitas in publicum spectat : ille, quem nos et populo et fortunæ subduximus, beatus introrsum est. Nam, quod ad illos pertinet, apud quos falso divitiarum nomen invasit occupata paupertas; sic divitias habent, quomodo habere dicimur febrem, quum illa nos habeat. E contrario dicere solemus, « febris illum tenet : » eodem modo dicendum est, « divitiæ illum tenent. »

Nihil ergo monnisse te malim, quam hoc, quod nemo monetur satis; ut omnia naturalibus desideriis metiaris, quibus aut gratis satisfiat, aut parvo. Tantum miscere vitia desideriis noli. Quæris, quali mensa, quali argento, quam paribus ministeriis et lævibus, afferatur cibus? Nihil, præter cibum, natura desiderat!

Num tibi, quum fauces urit sitis, aurea quæris
Pocula? num, esuriens, fastidis omnia, præter
Pavonem rhombumque?....

Ambitiosa non est fames; contenta desinere est : quo desinat, non nimis curat. Infelicis luxuriæ ista tormenta sunt : quærit, quemadmodum post saturitatem quoque esuriat; quemadmodum non impleat ventrem, sed farciat; quemadmodum sitim, prima potione sedatam, revocet. Egregie itaque Horatius negat ad sitim pertinere, quo poculo aqua, aut quam eleganti manu ministretur. Nam si pertinere ad te judicas, quam crinitus puer, et quam perlucidum tibi poculum porrigat, non sitis. Inter reliqua, hoc nobis præstitit natura præcipuum, quod necessitati fastidium excussit. Recipiunt supervacua dilectum. — Hoc parum decens; illud parum laudatum, oculos hoc meos lædit! — Id actum est ab illo mundi conditore, qui nobis vivendi jura descripsit, ut salvi essemus, non ut delicati. Ad salutem omnia parata sunt, et in promptu : deliciis omnia misere ac sollicite comparantur. Utamur ergo hoc naturæ beneficio, inter magna numerando; et cogitemus, nullo nomine melius illam meruisse de nobis, quam quia, quidquid ex necessitate desideratur, sine fastidio sumitur. Vale.

ÉPITRE CXX

Comment nous est venue la première connaissance du bien et de ce qui est honnête. — Que l'homme n'est presque jamais égal et pareil à soi-même.

Votre lettre s'est étendue sur plusieurs questions; mais elle s'est arrêtée à une seule dont vous me demandez la résolution; savoir : Comment nous est venue la première connaissance de tout ce qui est bon et de ce qui est honnête. Ce sont deux choses différentes chez les autres; mais chez nous, elles ne sont que séparées. Je vais vous dire ce que c'est. Quelques-uns prennent ce qui est bon pour ce qui est utile; mais ils en font si peu de cas qu'ils le ravalent jusqu'aux choses les plus basses, et donnent le nom de bon à l'argent, au vin, à un cheval, à un soulier. Ils appellent honnête tout ce qui concerne les devoirs et les obligations légitimes, comme d'avoir soin de son père dans la vieillesse, d'assister son ami dans sa pauvreté, de bien conduire une armée, de donner un bon avis. Il est vrai que d'une seule chose nous en faisons deux; car rien n'est bon qui ne soit honnête, et ce qui est honnête est pareillement bon. Je crois qu'il est inutile de marquer en quoi ils diffèrent, parce que je l'ai dit souvent. Je dirai donc seulement que nous n'admettons point pour bon ce de quoi l'on peut mal user. Vous savez comme plusieurs font un mauvais usage des richesses, des forces du corps et de la noblesse. Mais je reviens au sujet dont vous voulez que je parle; savoir comment nous est venue la première connaissance de ce qui est bon et de ce qui est honnête.

La nature ne nous l'a pas appris; car elle nous a bien donné quelque semence des sciences, mais non pas les sciences mêmes. Quelques-uns ont dit que cette connaissance nous est venue fortuitement; mais il n'est pas à croire que l'image de la vertu se soit jamais présentée à personne par hasard ou par rencontre. Pour moi, j'estime que cela vient plutôt de l'observation des choses qui sont souvent arrivées, lesquelles, ayant été recueillies et comparées entre elles, notre discernement naturel a jugé ensuite ce qu'elles avaient de bon et d'honnête par analogie et par rapport. Je ne rejette pas ce mot d'analogie, et ne le veux point renvoyer à son origine, puisqu'il a plu à nos grammairiens latins de le naturaliser. Je m'en servirai donc, non comme d'un terme toléré, mais comme d'un terme usité, et vous dirai ce que c'est qu'analogie. Nous avions connu qu'il y avait une santé du corps, nous jugeâmes de là qu'il y avait aussi une santé de l'âme. Nous avions connu qu'il y avait une force du corps, nous jugeâmes ensuite qu'il y avait une force de l'âme. Certaines actions de bonté, de générosité, nous avaient étonnés; nous commençâmes à les admirer comme choses excellentes et parfaites. Il y avait pourtant plusieurs défauts cachés sous la splendeur de quelque belle action. On les dissimule par une inclination naturelle que nous avons d'étendre les choses qui méritent louange; car il n'y a personne qui ne porte une action glorieuse au-delà de la vérité. C'est de tout cela que nous avons tiré l'idée du souverain bien. Fabrice refusa les présents du roi Pyrrhus, et crut que le mépris qu'il faisait de son argent valait mieux que sa couronne. Le médecin de Pyrrhus lui vint offrir d'empoisonner le roi; il l'avertit aussitôt de se donner de garde. Ce fut un même trait de géné-

---

EPISTOLA CXX.

QUOMODO BONI HONESTIQUE NOTITIA AD NOS PERVENERIT.

Epistola tua per plures quæstiunculas vagata est, sed in una constitit, et hanc expediri desiderat : « Quomodo ad nos boni honestique notitia pervenerit? » — Hæc duo apud alios diversa sunt, apud nos tantum divisa. Quid sit hoc, dicam. Bonum putant esse aliqui, quod utile est : itaque hoc et divitiis, et equo, et vino, et calceo nomen imponunt; tanta fit apud illos boni vilitas, et adeo in sordida usque descendit. Honestum putant, cui ratio recti officii constat; tanquam, piæ curatam patris senectutem, adjutam amici paupertatem, fortem expeditionem, prudentem moderatamque sententiam. Ista duo quidem facimus, sed ex uno. Nihil est bonum, nisi quod honestum est; quod honestum est, utique bonum. Supervacuum judico adjicere, quod inter ista discriminis sit, quum sæpe dixerim. Hoc unum dicam, nihil nobis bonum videri, quo quis et male uti potest : vides autem, divitiis, nobilitate, viribus, quam multi male utantur.

Nunc ergo ad id revertor, de quo desideras dici : « Quomodo ad nos prima boni honestique notitia pervenerit. » Hoc nos natura docere non potuit; semina nobis scientiæ dedit, scientiam non dedit. Quidam aiunt, nos in notitiam incidisse; quod est incredibile, virtutis alicui speciem casu occurrisse : nobis videtur observatio collegisse, et rerum sæpe factarum inter se collatio : per analogiam nostri intellectum et honestum et bonum judicant. Hoc verbum quum latini Grammatici civitate donaverint, ego damnandum non puto, nec in civitatem suam redigendum : utar ergo illo, non tantum tanquam recepto, sed tanquam usitato. Quæ sit hæc analogia, dicam. Noveramus corporis sanitatem; ex hac cogitavimus esse aliquam et animi. Noveramus corporis vires; ex his collegimus, esse et animi robur. Aliqua benigna facta, aliqua humana, aliqua fortia, nos obstupefecerant; hæc cœpimus tanquam perfecta mirari. Suberant illis multa vitia, quæ species conspicui alicujus facti fulgorque celabat; hæc dissimulavimus. Natura jubet augere laudanda; nemo non gloriam ultra verum tulit : ex his ergo speciem ingentis traximus, Fabricius Pyrrhi regis aurum repulit; majusque regno judicavit, regias opes posse contemnere. Idem, medico Pyrrhi promittente venenum se regi daturum, monuit Pyrrhum, caveret insidias. Ejusdem animi

rosité de ne se pas laisser vaincre à l'argent, et de ne vouloir pas vaincre par le poison. Nous avons admiré ce grand homme, que les offres faites contre le roi ne purent corrompre, qui conserva les bonnes mœurs et l'innocence au milieu de la guerre (ce qui est assez difficile), qui crut que tout n'était pas permis contre un ennemi déclaré, qui, dans une extrême pauvreté dont il faisait sa gloire, refusa du même visage les richesses et l'empoisonnement. « Jouis, dit-il, Pyrrhus, de la vie que je t'ai conservée, et ne t'offense plus de ce que l'on ne peut pas corrompre Fabrice. » Horatius Coclès fit de son corps une barrière au pont du Tibre, et voulut bien qu'on l'empêchât de rentrer dans Rome, pourvu que l'on coupât le passage aux ennemis. Il soutint leurs efforts jusqu'à ce que le pont fût rompu et qu'il en entendît tomber les ruines. Alors, regardant derrière soi, et voyant sa patrie en sûreté, par le péril dont il s'était chargé, il se jeta dans l'eau en criant : « Vienne après moi qui me voudra poursuivre ! » et, n'ayant pas moins de soin de sauver ses armes que sa personne au travers d'un fleuve si rapide, il en sortit tout armé, et retourna dans la ville avec autant d'assurance que s'il fût rentré par le pont.

Des actions de cette nature nous firent concevoir une idée de la vertu. Et l'on sera, possible, surpris quand je dirai que ce qui était mauvais fit connaître ce qui était honnête, le bon se manifestant par son contraire. Car il y a (comme vous savez) des vices qui approchent des vertus ; il se trouve même dans les plus infâmes quelque apparence de probité. C'est ainsi que le prodigue contrefait le libéral, quoiqu'il y ait une grande différence entre un homme qui sait donner et un autre qui ne saurait rien garder. En effet, il y en a beaucoup, mon cher Lucile, qui jettent à l'aventure, et qui ne donnent pas ; et je ne saurais appeler libéral un homme qui est ennemi de son argent. C'est ainsi encore que la négligence imite la facilité, et la témérité la hardiesse. Cette ressemblance nous obligea de faire des réflexions et de distinguer des choses qui se tenaient de si près, et qui, toutefois, étaient fort éloignées. On considéra la vie de ces grands hommes qui s'étaient rendus illustres par leurs belles actions ; puis on observa ceux qui avaient fait quelque chose de généreux, mais une seule fois. On reconnut que l'un était hardi à la guerre, mais timide au barreau ; que l'autre supportait courageusement la pauvreté, mais lâchement les injures ; on loua l'action, mais on méprisa la personne. Enfin, l'on en vit un autre qui était bienfaisant à ses amis, modéré à l'endroit de ses ennemis, qui conduisait ses affaires et celles du public avec beaucoup de conscience et de probité. On vit qu'il ne manquait pas de patience quand il fallait souffrir, ni de prudence quand il fallait agir ; qu'il versait à pleines mains s'il était besoin de donner, et qu'il se rendait assidu avec une gaieté d'esprit qui diminuait la peine du corps, s'il était besoin de travailler ; de plus, qu'il était toujours le même, toujours pareil en ses actions, homme de bien plutôt par habitude que par dessein, étant si accoutumé à bien faire, qu'il ne pouvait plus mal faire. On reconnut que la vertu était en cet homme-là dans toute sa perfection. Alors on la divisa en plusieurs parties. On dit qu'il fallait réprimer

fuit, auro non vinci, veneno non vinceri. Admirati sumus ingentem virum, quem non regis, non contra regem promissa flexissent, boni exempli tenacem ; quod difficillimum est, in bello innocentem ; qui aliquod esse crederet etiam in hostes nefas ; qui in summa paupertate, quam sibi decus fecerat, non aliter refugit divitias, quam venenum. « Vive, inquit, beneficio meo, Pyrrhe ; et gaude, quod adhuc dolebas, Fabricium non posse corrumpi. » Horatius Cocles solus implevit pontis angustias ; adimique a tergo sibi reditum, dummodo iter hosti auferretur, jussit ; et tam diu restitit prementibus, donec revulsa ingenti ruina tigna sonuerunt. Postquam respexit, et extra periculum esse patriam periculo suo sensit : «. Veniat, si quis vult, inquit, sic euntem sequi ! » deditque se in praeceps ; et non minus sollicitus in illo rapido alveo fluminis, ut armatus, quam ut salvus exiret, retento armorum victricium decore, tam tutus rediit, quam si ponte venisset. Hæc et ejusmodi facta imaginem nobis ostendere virtutis.

Adjiciam, quod mirum fortasse videatur : mala interdum speciem honesti obtulerunt, et optimum ex contrario nituit. Sunt enim, ut scis, virtutibus vitia confinia, et perditis quoque ac turpibus recti similitudo est. Sic mentitur prodigus liberalem ; quum plurimum intersit, utrum quis dare sciat, an servare nesciat. Multi, inquam, sunt, Lucili, qui non donant, sed projiciunt ; non voco ego liberalem, pecuniæ suæ iratum. Imitatur negligentia facilitatem, temeritas fortitudinem. Hæc nos similitudo coegit attendere, et distinguere specie quidem vicina, re autem plurimum inter se dissidentia. Dum observamus eos, quos insignes egregium opus fecerat, cœpimus annotare, quis rem aliquam generoso animo fecisset et magno impetu. Sed semel hunc vidimus in bello fortem, in foro timidum ; animose paupertatem ferentem, humiliter infamiam : factum laudavimus, contempsimus virum. Alium vidimus, adversus amicos benignum, adversus inimicos temperatum, et, publica et privata sancte ac religiose administrantem ; non deesse ei in his quæ toleranda erant, patientiam, in his quæ agenda, prudentiam : vidimus, ubi tribuendum esset, plena manu dantem ; ubi laborandum, pertinacem et obnoxium, et lassitudinem corporis animo sublevantem. Præterea idem erat semper, et in omni actu par sibi ; jam non consilio bonus, sed more eo perductus, ut non tantum recte facere posset, nisi recte, facere non posset. Intelleximus in illo perfectam esse virtutem. Hanc in partes divisimus : oportebat cupiditates refrænari, metus comprimi, facienda provi-

la convoitise, chasser la crainte, prévoir ce qu'on devait faire et distribuer ce qu'on devait rendre à autrui. C'est ce qu'on appela tempérance, force, prudence et justice, et on leur assigna à chacune ses fonctions. A quoi donc avons-nous connu la vertu? A l'ordre qu'elle tient, à sa beauté, à sa fermeté, à l'uniformité de ses actions et à sa grandeur, qui s'élève sur tout ce qu'il y a dans l'univers; c'est par là que l'on a connu cette vie bienheureuse qui coule et se passe agréablement, ne relevant du pouvoir de personne, et cela même comment l'a-t-on connu? Je vais vous le dire.

On a vu que cet homme vertueux et parfait ne murmurait jamais contre la fortune, qu'il ne s'attristait point des événements fâcheux, et que, se réputant citoyen et soldat de cet univers, il supportait toutes sortes de travaux, comme s'ils lui eussent été commandés; qu'il ne s'affligeait point de ce qui lui arrivait, comme d'un mal tombé sur lui par hasard; mais qu'il le recevait comme une chose qui lui est envoyée, disant: Cela, tout amer et fâcheux qu'il est, s'adresse à moi; faisons-en notre devoir. Un tel homme parut grand par nécessité, c'est-à-dire qu'il lui était impossible de ne le pas être, vu que le mal ne le faisait point gémir ni se plaindre de son sort. Il se faisait connaître à tout le monde, comme une lumière qui éclaire dans l'obscurité, et gagnait tous les cœurs par sa douceur et par l'équité qu'il gardait en toutes choses. Il avait une âme enrichie de ces hautes perfections, au-dessus desquelles il n'y a que l'entendement de Dieu, dont une partie s'est écoulée dans le cœur de l'homme. L'homme ne paraît jamais plus divin que lorsqu'il songe qu'il est né pour mourir, et que son corps n'est qu'une hôtellerie qu'il doit quitter aussitôt qu'il est à charge à son hôte. Oui, mon cher Lucile, c'est un témoignage que l'âme vient d'en haut, puisqu'elle estime petit et bas le lieu qu'elle habite, et ne craint point d'en sortir. On sent bien où l'on doit retourner quand on se souvient d'où l'on est venu. Ne voyons-nous pas combien d'incommodités nous tourmentent, et comme ce corps s'accorde mal avec nous? Nous nous plaignons tantôt du ventre et de la tête, tantôt de la gorge et de l'estomac. Quelquefois les nerfs et les pieds nous font douleur; d'autres fois c'est un flux de ventre ou un rhume. En un temps nous avons trop de de sang, en un autre nous n'en avons pas assez. On nous presse d'un côté, puis d'un autre; et enfin, on nous jette dehors. C'est ce qui arrive ordinairement à ceux qui demeurent dans un logis qui ne leur appartient pas. Néanmoins, quoique nous ayons un corps si caduc, nous ne laissons pas de nous proposer des choses éternelles, et prétendons durer aussi longtemps que la vie de l'homme se peut étendre, sans être contents de quelque fortune ou de quelque puissance qui nous arrive. Qu'y a-t-il de plus déraisonnable et de plus impudent? Rien ne suffit à des gens qui doivent mourir et qui meurent en effet; car nous approchons tous les jours de notre fin, et chaque moment nous pousse au lieu où nous devons arriver. Voyez quel est notre aveuglement. Ce que j'ai dit devoir avenir se fait incessamment, et la plus grande partie en est déjà consommée; car le temps que nous

deri, reddenda distribui : comprehendimus temperantiam, fortitudinem, prudentiam, justitiam; et suum cuique dedimus officium.

Ex quo ergo virtutem intelleximus? Ostendit illam nobis ordo ejus, et decor, et constantia, et omnium inter se actionum concordia, et magnitudo super omnia efferens sese. Hinc intellecta est illa beata vita, secundo defluens cursu, arbitrii sui tota. Quomodo ergo hoc ipsum nobis apparuit? Dicam. Nunquam vir ille perfectus adeptusque virtutem, fortunæ maledixit; nunquam accidentia tristia excepit; civem esse se universi et militem credens, labores, velut imperatos, subiit. Quidquid inciderat, non tanquam malum aspernatus est, nec in se casu delatum, sed quasi delegatum sibi. Hoc qualecumque est, inquit, meum est : asperum est, durum est; in hoc ipso navemus operam. Necessario itaque magnus apparuit, qui nunquam magis ingemuit, nunquam de fato suo questus est ; fecit multis intellectum sui; et non aliter, quam in tenebris lumen, effulsit; advertitque in se omnium animos, quum esset placidus et lenis, humanis divinisque rebus pariter æquus. Habebat perfectum animum, ad summam sui adductus, supra quam nihil est, nisi mens Dei, ex qua pars et in hoc pectus mortale defluxit, quod nunquam magis divinum est, quam ubi mortalitatem suam cogitat, et scit, in hoc natum hominem, ut vita defungeretur; nec domum esse hoc corpus, sed hospitium, et quidem breve hospitium, quod relinquendum est, ubi te gravem esse hospiti videas.

Maximum, inquam, mi Lucili, argumentum est animi ab altiore sede venientis, si hæc, in quibus versatur, humilia judicat et angusta; si exire non metuit. Scit enim, quo exiturus sit, qui, unde venerit, meminit. Non videmus, quam multa nos incommoda exagitent, quam male nobis conveniat hoc corpus? Nunc de capite, nunc de ventre, nunc de pectore a faucibus querimur; alias nervi nos, alias pedes vexant; nunc dejectio, nunc distillatio; aliquando superest sanguis, aliquando deest; hinc atque illinc tentamur, et expellimur. Hoc evenire solet in alieno habitantibus. At nos, corpus tam putre sortiti, nihilo minus æterna proponimus; et, in quantum potest ætas humana protendi, tantum spe occupamus; nulla contenti pecunia, nulla potentia. Quid hac re fieri impudentius, quid stultius potest? Nihil satis est morituris, immo morientibus : quotidie enim propius ab ultimo stamus; et illo, unde nobis cadendum est, hora nos omnis impellit. Vide, in quanta cæcitate mens nostra sit! Hoc, quod futurum dico, quum maxime fit; et pars ejus magna jam facta est : nam, quod viximus tempus, eo loco est, quo

avons vécu est déjà au même lieu où il était avant que nous vinssions au monde, et nous avons tort de craindre le dernier jour, puisque chacun des précédents ne contribue pas moins à la fin de notre vie. Le dernier pas où nous tombons ne fait pas notre lassitude, il la fait connaître seulement. Le dernier jour arrive à la mort, tous les autres y vont; elle nous mine, elle ne nous enlève pas. C'est pourquoi une grande âme, qui sait qu'elle est réservée pour une meilleure vie, a soin de se comporter sagement dans ce poste où elle a été placée, sans regarder ce qui est autour d'elle, comme lui appartenant, mais comme des choses empruntées, dont elle use, ainsi que fait un voyageur qui veut gagner pays.

Si nous voyions un homme de cette force, ne jugerions-nous pas qu'il serait d'une nature extraordinaire, principalement s'il faisait paraître, comme j'ai dit, une véritable grandeur? Les qualités qui sont effectives subsistent, les fausses ne durent pas. Il y en a qui sont tantôt des Vatiniens, tantôt des Catons. Un jour il leur semble que Curion n'est pas assez sévère, que Fabius n'est pas assez pauvre, ni Tubéron assez sobre et assez ménager. Un autre jour ils enchérissent sur les richesses de Licinius, sur les festins d'Apicius, et sur les délices de Mécénas. Tout cela fait le caractère le plus certain d'un méchant esprit, qui flotte éternellement entre l'affectation de la vertu et l'amour du vice:

Tantôt deux cents valets paraissent à sa suite,
Puis à dix seulement on la trouve réduite.
Il ne parle tantôt que de grands et de rois
En termes relevés, et compte leurs exploits;
Puis, changeant tout à coup de style et de matière:

Je ne veux rien, dit-il, qu'une simple salière,
Une table à trois pieds, du bureau seulement,
Pour me parer du froid, sans aucun ornement.
A ce bon ménager, si modeste en paroles,
Donnez, si vous voulez, un plein sac de pistoles.
Vous serez étonné, l'oyant ainsi prêcher,
Qu'il n'aura pas la maille avant que se coucher.

Tous ces gens-là sont tels que celui-ci, dont Horace fait le portrait, lequel n'était jamais égal ni pareil à soi-même, tant il avait l'esprit vague et changeant. Ce que j'ai dit de ces gens-là, je le puis dire presque de tout le monde. Il n'y en a point qui ne change de volonté et de résolution chaque jour. Tantôt cet homme d'Horace se résout de prendre une femme, tantôt il veut avoir une concubine; tantôt il tranche du grand seigneur, tantôt il fait tout ce que pourrait faire le valet le plus officieux; tantôt il s'élève jusqu'à se faire haïr, tantôt il s'abaisse jusqu'à se faire mépriser; tantôt il prodigue l'argent, tantôt il pille le monde. Voici à quoi l'on reconnaît principalement un esprit qui manque de conduite. Il paraît d'une façon, et incontinent après d'une autre; et (ce que j'estime plus vilain) il n'est jamais pareil à soi-même. Croyez que c'est une belle chose de ne jouer qu'un seul personnage; mais il n'y a que le sage qui le puisse faire. Nous autres nous prenons diverses formes. Nous paraissons quelquefois sobres et sérieux, quelquefois prodigues et pleins de vanité; nous changeons après de masque et nous prenons un rôle tout contraire à celui que nous avons quitté. Gagnez donc cela sur vous, que tel que vous aurez résolu d'être vous le soyez jusqu'à la fin de vos jours. Faites que si l'on ne peut vous appeler par votre nom, on puisse, à tout le

---

erat, antequam viximus. Erramus autem, qui ultimum timemus diem, quum tantumdem in mortem singuli conferant. Non ille gradus lassitudinem facit, in quo deficimus, sed ille profitetur. Ad mortem dies extremus pervenit, accedit omnis. Carpit nos illa, non corripit.

Ideo magnus animus, conscius sibi melioris naturæ, dat quidem operam, ut in hac statione, qua positus est, honeste se atque industrie gerat: cæterum nihil horum, quæ circa sunt, suum judicat, sed ut commodatis utitur, peregrinus et properans. Quum aliquem hujus videremus constantiæ, quidni subiret nos species non usitatæ indolis; utique, si hanc, ut dixi, magnitudinem veram esse ostendebat æqualitas? Veri tenor permanet, falsa non durant. Quidam alternis Vatinii, alternis Catones sunt: et modo parum illis severus est Curius, parum pauper Fabricius, parum frugi et contentus vilibus Tubero; modo Licinium divitiis, Apicium cœnis, Mæcenatem deliciis provocant. Maximum indicium est malæ mentis, fluctuatio, et inter simulationem virtutum, amoremque vitiorum, assidua jactatio.

..... Habebat sæpe ducentos,
Sæpe decem servos: modo reges atque tetrarchas,
Omnia magna, loquens: modo « Sit mihi mensa tripes, et
Concha salis puri, et toga quæ defendere frigus,
Quamvis crassa, queat! » — Decies centena dedisses
Huic parco, paucis contento; quinque diebus
Nil erat in loculis.....

Omnes isti tales sunt, qualem hunc describit Horatius Flaccus, nunquam eumdem, ne similem quidem sibi; adeo in diversum aberrat. Multos dixi; prope est ut omnes sint. Nemo non quotidie et consilium mutat, et votum : modo uxorem vult habere, modo amicam ; modo regnare vult; modo id agit, ne quis sit officiosior servus : modo dilatat se usque ad invidiam; modo subsidit, et contrahitur infra humilitatem vere jacentium : nunc pecuniam spargit, nunc rapit. Sic maxime coarguitur animus imprudens; alius prodit atque alius, et, quo turpius nihil judico, impar sibi est. Magnam rem puta, unum hominem agere. Præter sapientem autem nemo unum agit: cæteri multiformes sumus. Modo frugi tibi videbimur et graves, modo prodigi et vani. Mutamus subinde personam, et contrariam ei sumimus, quam exuimus. — Hoc ergo a te exige, ut, qualem institueris præstare te, talem usque ad exitum serves. Effice ut possis laudari; si mi-

moins, vous reconnaître. Car de tel que vous vîtes hier, on pourrait demander aujourd'hui, celui-là qui est-il ? tant il est changé !

ÉPITRE CXXI.
Si tous les animaux ont un sentiment de leur constitution naturelle.

Vous gronderez, je m'assure, si je vous rapporte une question qui nous a tenus assez longuement aujourd'hui, et vous vous écrierez : De quoi sert cela pour les mœurs? Mais je vous amènerai Posidonius et Archidémus avec lesquels vous démêlerez ce différend. Vous en jugerez ce qu'il vous plaira, pourvu que vous me permettiez de vous dire que tout ce qui appartient à la morale ne fait pas les bonnes mœurs. Une chose sert à la nourriture de l'homme, une autre à ses exercices, une autre à le divertir. Elles sont toutes à son usage, et cependant toutes ne le rendent pas meilleur : il y a diverses manières de traiter des mœurs. Quelquefois on les corrige et on les règle, quelquefois on recherche leur nature et leur origine. Quand on demande pourquoi la nature a produit l'homme, pourquoi elle lui a donné le commandement sur les animaux, si vous croyez que l'on ne songe plus aux mœurs, vous vous trompez bien fort. Comment saurez-vous quelles mœurs l'homme doit avoir, et ce qui lui est le plus avantageux, si vous ne considérez la nature? Vous saurez ce qu'il faut faire et ce qu'il faut éviter aussitôt que vous aurez appris ce que la nature vous demande. Vous me direz : Je ne veux apprendre qu'à modérer mes désirs et mes craintes.

Otez-moi la superstition ; faites-moi voir que la fortune est inconstante et légère, et qu'il ne faut qu'une syllabe pour la changer en infortune. Je vous donnerai pleine satisfaction, j'exhorterai puissamment à la vertu, j'attaquerai ouvertement le vice; l'on aura beau me reprocher l'excès de mon zèle, je ne cesserai point de persécuter la malice, d'arrêter les passions violentes, de m'opposer aux mauvais désirs, et de retrancher les plaisirs qui doivent se terminer par la douleur. Pourquoi ne le ferais-je pas, puisqu'il est certain que les plus grands maux sont les enfants de nos désirs, et que ce qui nous fait murmurer aujourd'hui vient de ce que nous avons autrefois reçu avec beaucoup de complaisance.

Cependant, permettez-moi d'examiner les choses qui sont un peu éloignées de cette matière. Nous demandions si tous les animaux avaient un sentiment de leur constitution. Il paraît qu'ils ont ce sentiment en ce qu'ils remuent leurs membres avec autant de promptitude et de justesse que s'ils avaient été dressés. En effet, on n'en voit point qui n'aient cette facilité. Un ouvrier manie ses outils habilement. Un pilote conduit sans peine le gouvernail. Un peintre qui a beaucoup de couleurs devant soi pour tirer un portrait, voit bientôt celles dont il a besoin ; il y jette en même temps les yeux et la main. C'est ainsi qu'un animal se sert de son corps comme il veut. Nous sommes étonnés de voir des comédiens, lesquels, avec leurs mains, représentent toutes sortes d'actions, et de leurs gestes suivent la vitesse de leurs paroles. Ce que l'art fait en ceux-ci, la nature le fait dans les animaux. Il n'y en a point qui aient de la peine

---

nus, ut agnosci. De aliquo, quem heri vidisti, merito dici potest : Hic qui est ? Tanta mutatio est. Vale.

EPISTOLA CXXI.
OMNIA ANIMALIA HABERE INTELLECTUM SUI.

Litigabis, ego video, quum tibi hodiernam quæstiunculam, in qua satis diu hæsimus, exposuero : iterum enim clamabis, « Hoc quid ad mores ? » Sed exclama, dum tibi primum alios opponam, cum quibus litiges, Posidonium et Archidemum (hi judicium accipient); deinde dicam, non quidquid morale est, bonos mores facit. Aliud ad hominem alendum pertinet, aliud ad exercendum, aliud ad vestiendum, aliud ad docendum, aliud ad delectandum. Omnia tamen ad hominem pertinent, etiam si non omnia meliorem eum faciunt. Mores alia aliter attingunt. Quædam illos corrigunt et ordinant; quædam naturam eorum et originem scrutantur. Quum quæro, quare hominem natura produxerit, quare prætulerit animalibus cæteris, longe me judicas mores reliquisse? Falsum est! Quomodo enim scies, qui habendi sint, nisi, quid homini sit optimum, inveneris? nisi naturam ejus inspexeris? Tunc demum intelliges, quid faciendum tibi, quid vitandum sit, quum didiceris, quid naturæ tuæ debeas. —

Ego, inquis, volo discere, quomodo minus cupiam, minus timeam : superstitionem mihi excute; doce, leve esse vanumque hoc, quod felicitas dicitur; unam illi syllabam facillime accedere ! — Desiderio tuo satisfaciam, et virtutes exhortabor, et vitia couverberabo; licet aliquis nimium immoderatumque in hac parte me judicet, non desistam persequi nequitiam, et affectus efferatissimos inhibere, et voluptates ituras in dolorem compescere, et votis obstrepere. Quidni ? quum maxima malorum optaverimus, et ex gratulatione natum sit quidquid obloquimur. Interim permitte mihi, ea, quæ paulo videntur remotiora, excutere.

Quærebamus, « An esset omnibus animalibus constitutionis suæ sensus? » Sensum autem esse, ex eo maxime apparet, quod membra apte et expedite movent, non aliter, quam in hoc erudita. Nulli non partium suarum agilitas est. Artifex instrumenta sua tractat ex facili ; rector navis scit gubernaculum flectere; pictor colores, quos ad reddendam similitudinem multos variosque ante se posuit, celerrime denotat, et inter ceram opusque facili vultu ac manu commeat. Sic animal in omnem usum sui mobile. Mirari solemus saltandi peritos, quod in omnem significationem rerum et affectuum parata illorum est

à remuer leurs membres, ni à manier leurs corps. Ils font promptement ce à quoi ils sont destinés, ils viennent au monde avec cette science, ils naissent tout appris et dressés. On objectera : Les animaux remuent leurs membres avec cette adresse, parce qu'ils sentiraient la douleur s'ils les remuaient autrement, ce qui fait voir qu'ils sont forcés et que ce n'est pas leur volonté, mais la crainte de la douleur qui les pousse à mouvoir comme ils le doivent; car un mouvement forcé est toujours lent et tardif; celui qui est volontaire, toujours agile et délibéré. Aussi bien, loin de se mouvoir par la crainte de la douleur, ils se portent à leur mouvement naturel, quoique la douleur les retienne. C'est ainsi qu'un enfant qui veut demeurer debout et se tenir sur les pieds, commence à essayer ses forces; il tombe et se relève autant de fois en pleurant, jusqu'à ce qu'il ait appris avec douleur ce que la nature désire de lui. Il y a des bêtes qui ont l'échine dure, lesquelles, étant couchées sur le dos, se tournent, lèvent leurs pieds et les tordent en l'air jusqu'à ce qu'elles soient remises en leur assiette naturelle. Une tortue qui est renversée ne sent point de douleur, elle est toutefois inquiète, et ne cesse point de se tourmenter qu'elle ne soit sur les pieds. Il est donc vrai que tous les animaux ont un sentiment de leur constitution naturelle, de laquelle procède ce maniement si libre qu'ils ont de tous leurs membres. Et le plus grand signe que nous ayons qu'ils viennent au monde avec cette connaissance, c'est que nous ne voyons point d'animal qui ne sache se servir de tous ses membres.

On m'objectera encore : Cette constitution naturelle (comme vous le dites, vous autres stoïciens) consiste en un certain rapport qu'il y a de l'âme avec le corps. Mais, comment un enfant pourrait-il comprendre une chose si subtile et si embarrassée qu'à peine la pouvez-vous expliquer? Il faudrait que les animaux naquissent tous philosophes pour entendre une définition qu'une partie des plus savants ne saurait concevoir. L'objection serait véritable, si je disais que les animaux entendissent cette définition. Mais la nature la fait mieux concevoir que la parole. C'est pourquoi l'enfant dont je parlais ne sait ce que c'est de constitution naturelle; mais il sait ce que c'est de la sienne. Il ne sait ce que c'est d'un animal; mais il sait bien qu'il est animal. De plus, il connaît sa constitution obscurément et en gros, comme nous connaissons que nous avons une âme. Mais, ce que c'est de cette âme, où elle réside, et d'où elle est venue, nous n'en savons rien. Ainsi, l'on peut dire que tous les animaux sentent leur constitution comme nous sentons que nous avons une âme. Car il faut bien qu'ils sentent ce qui leur fait sentir les autres choses. Il faut bien qu'ils sentent ce qui les conduit et ce qu'ils suivent. Il n'y en a pas un de nous qui ne sache qu'il y a quelque chose qui remue les passions, et qui ne sente quelque effort au-dedans de soi. Il ne sait pourtant ce que c'est que cela, ni d'où il vient. Les animaux ont, à peu près comme les enfants, un sentiment de leur partie supérieure, mais obscur et confus.

Vous dites, me répondrez-vous, que tout animal s'accommode d'abord à sa constitution, et que

manus, et verborum velocitatem gestus assequitur. Quod illis ars præstat, his natura. Nemo ægre molitur artus suos, nemo in usu sui hæsit; ad hoc edita protinus faciunt; cum hac scientia prodeunt, instituta nascuntur. — Ideo, inquit, partes suas animalia apte movent, quia, si aliter moverint, dolorem sensura sunt. — Ita, ut vos dicitis, coguntur; metusque illa in rectum, non voluntas, movet : quod est falsum. Tarda enim sunt, quæ necessitate impelluntur : agilitas sponte motis est. Adeo autem non adigit illa ad hoc doloris timor, ut in naturalem motum, etiam prohibente dolore, nitantur. Sic infans, qui stare meditatur et ferre se assuescit, simul tentare vires suas cœpit, cadit; et cum fletu toties resurgit, donec se per dolorem ad id, quod natura poscit, exercuit. Animalia quædam tergi durioris, inversa, tamdiu se torquent, ac pedes exserunt et obliquant, donec ad locum reponantur. Nullum tormentum sentit supinata testudo : inquieta est tamen desiderio naturalis status; nec ante desinit niti, quatere se, quam in pedes constitit. Ergo omnibus constitutionis suæ sensus est, et inde membrorum tam expedita tractatio : nec ullum majus indicium habemus, cum hac illa ad vivendum venire notitia, quam quod nullum animal ad usum sui rude est.

Constitutio, inquit, est, ut vos dicitis, principale animi, quodam modo se habens erga corpus. » Hoc tam perplexum et subtile, et vobis quoque vix enarrabile, quomodo infans intelligit? Omnia animalia dialectica nasci oporteret, ut istam finitionem, magnæ parti hominum togatorum obscuram, intelligant. — Verum erat, quod opponis, si ego ab animalibus constitutionis finitionem intelligi dicerem, non ipsam constitutionem. Facilius natura intelligitur, quam enarratur. Itaque infans ille, quid sit constitutio, non novit; constitutionem suam novit; et quid sit animal, nescit; animal esse se sentit. Præterea ipsam constitutionem suam crasse intelligit, et summatim, et obscure. Nos quoque. Animum habere nos scimus; quid sit animus, ubi sit, qualis sit, et unde, nescimus. Qualis ad nos pervenit animi nostri sensus, quamvis naturam ejus ignoremus ac sedem, talis ad omnia animalia constitutionis suæ sensus. Necesse est enim id sentiant, per quod alia quoque sentiunt : necesse est ejus sensum habeant, cui parent, a quo reguntur. Nemo non ex nobis intelligit, esse aliquid, quod impetus suos movet; quid sit illud, ignorat : et conatum sibi esse scit; quid sit, aut unde sit, nescit. Sic infantibus quoque, animalibusque, principalis partis suæ sensus est, non satis dilucidus, nec expressus.

Dicitis, inquit, « omne animal primum constitutioni

l'homme, duquel la constitution consiste à être raisonnable, se veut du bien, non point comme animal, mais comme raisonnable; car il se doit aimer par l'âme qui est la partie qui le rend homme. Comment donc un enfant peut-il s'accommoder à une constitution raisonnable, lui qui n'est pas encore raisonnable? Tous les âges ont leur constitution particulière; autre est celle d'un enfant, autre celle d'un jeune homme, autre celle d'un vieillard. Ils s'accommodent tous à la constitution où ils se trouvent. Un enfant n'a point de dents, il se fait à cet état : les dents lui sont-elles venues, il suit encore cet autre état. L'herbe qui doit venir en épis et en grains a une certaine constitution, quand elle est tendre et qu'elle commence à sortir de terre. Elle en a une autre, quand elle grandit et qu'elle est devenue un tuyau délicat, mais assez fort pour se soutenir. Elle en reçoit une autre, quand elle est montée en épi, quand elle jaunit et quand elle durcit, pour être bientôt portée dans la grange. En quelque état qu'elle se trouve, elle s'y forme, elle s'y ajuste. L'âge d'un enfant est autre que celui d'un garçon, et l'âge d'un jeune homme autre que celui d'un vieillard. Je suis, toutefois, le même que j'étais, enfant, garçon, jeune homme. Ce qui fait voir qu'encore que la constitution change l'amour de la constitution telle qu'elle est, est toujours pareil; car la nature ne fait pas que je m'aime comme garçon, jeune homme ou vieillard, mais seulement comme moi-même. Par conséquent, un enfant s'accommode à la constitution qu'il a enfant, non pas à celle qu'il aura lorsqu'il sera jeune homme. En effet, il ne faut pas s'imaginer qu'à cause qu'il doit passer dans un état plus parfait, celui où il se trouve ne soit pas selon sa nature. En premier lieu, l'animal prend soin de soi-même; car il doit y avoir quelque chose à quoi tout le reste se rapporte. Je désire le plaisir; pour qui? Pour moi. J'ai donc soin de moi. Je crains la douleur; pour qui? Pour moi. J'ai donc soin de moi. Si je fais toutes choses pour l'amour de moi, il s'ensuit que je m'aime plus que toutes choses. Cet amour se rencontre dans tous les animaux; il ne leur est pas enseigné, il est né avec eux. La nature nourrit ses productions, elle ne les abandonne pas, et parce que la plus sûre garde est celle qui se fait de plus près, elle a fait chacun gardien de soi-même. De là vient, comme je l'ai déjà dit, que les animaux au sortir du ventre de leur mère, aussitôt qu'ils sont éclos, connaissent ce qui leur est contraire, et se gardent de ce qui leur est nuisible. Ceux mêmes qui sont soumis aux oiseaux de proie craignent leur ombre, quand ils volent au-dessus d'eux. En un mot, il n'y a point d'animal qui ne craigne la mort quand il est entré dans la vie.

Vous me direz : Comment un animal qui vient de naître peut-il avoir connaissance d'une chose qui lui est nuisible ou salutaire? Il faut savoir premièrement s'il connaît, et non comment il connaît. Or, il est évident qu'il connaît, parce qu'il ne ferait pas davantage s'il connaissait. D'où vient que la poule ne craint point l'oie ni le paon, et fuit le milan qui est plus petit, et qu'elle n'a jamais vu. Pourquoi les poussins ont-ils peur du chat et ne craignent-ils point le chien? Tout cela

suæ conciliari; hominis autem constitutionem rationalem esse, et ideo conciliari hominem sibi, non tanquam animali, sed tanquam rationali : ea enim parte sibi carus est homo, qua homo est. » Quomodo ergo infans conciliari constitutioni rationali potest, quum rationalis nondum sit? — Unicuique ætati sua constitutio est; alia infanti, alia puero, alia seni. Omnes ei constitutioni conciliantur, in qua sunt. Infans sine dentibus est; huic constitutioni suæ conciliatur : enati sunt dentes; huic constitutioni conciliatur. Nam et illa herba, quæ in segetem frugemque ventura est, aliam constitutionem habet, tenera, et vix eminens sulco; aliam, quum convaluit, et, molli quidem culmo, sed qui ferat onus suum, constitit; aliam, quum flavescit, et ad aream spectat, et spica ejus induruit : in quamcumque constitutionem venit, eam tuetur, in eam componitur. Alia est ætas infantis, pueri, adolescentis, senis; ego tamen idem sum, qui et infans fui, et puer, et adolescens. Sic, quamvis alia atque alia cuique constitutio sit, conciliatio constitutionis suæ eadem est. Non enim puerum mihi, aut juvenem, aut senem, sed me natura commendat. Ergo infans ei constitutioni suæ conciliatur, quæ tunc infanti est, non quæ futura juveni est. Neque enim, si aliquid illi majus, in quod transeat, restat; non hoc quoque, in quo nascitur, secundum naturam est. Primum sibi ipsi conciliatur animal; debet enim aliquid esse, ad quod alia referantur. Voluptatem peto : cui? mihi! ergo mei curam ago. Dolorem refugio : pro quo? pro me! ergo mei curam ago. Si omnia propter curam mei facio, ante omnia est mei cura. Hæc animalibus inest cunctis; nec inseritur, sed innascitur. Producit fœtus suos natura, non abjicit, et, quia tutela certissima ex proximo est, sibi quisque commissus est. Itaque, ut prioribus epistolis dixi, tenera quoque animalia, ex materno utero, vel quoquo modo effusa, quid sit infestum ipsis protinus norunt, et mortifera devitant; umbram quoque transvolantium reformidant obnoxia avibus rapto viventium. Nullum animal ad vitam prodit sine metu mortis.

Quemadmodum, inquit, editum animal intellectum habere, aut salutaris, aut mortiferæ rei, potest? — Primum quæritur, an intelligat, non quemadmodum intelligat. Esse autem illis intellectum, ex eo apparet, quod nihil amplius, si intellexerint, facient. Quid est, quare pavonem, quare anserem gallina non refugiat, quum tanto minorem, et ne notum quidem sibi, accipitrem? Quare pulli felem timeant, canem non timeant? Apparet,

fait voir qu'ils ont une connaissance de ce qui leur est nuisible, laquelle ne vient point d'expérience ; car ils s'en donnent de garde avant que de l'avoir éprouvé. D'ailleurs, afin que vous ne pensiez pas que cela se fasse par hasard, ils ne craignent que ce qu'ils doivent craindre, et ne l'oublient jamais, ayant toujours un soin égal de se préserver de ce qui les peut endommager. Considérez encore qu'ils ne deviennent pas plus timides avec l'âge ; ce qui montre qu'ils ne font rien par usage, mais pour l'amour naturel de leur conservation. Tout ce que l'usage enseigne est tardif et divers. Ce qui vient de la nature est prompt et pareil en tous.

Si vous voulez pourtant, je vous dirai comment l'animal tâche de connaître ce qui lui est nuisible. Il sent qu'il est fait de chair, c'est pourquoi il connaît ce qui peut couper, brûler ou froisser cette chair; quels sont les animaux qui sont armés pour lui faire la guerre. Il en prend une idée pleine d'horreur et d'aversion, deux choses qui s'entresuivent toujours. Car, dès lors que l'on a soin de sa conservation, on désire ce qui est salutaire et l'on craint ce qui est nuisible. Nous abhorrons naturellement tout ce qui nous est contraire, et nous faisons, sans y penser et sans dessein, ce que la nature nous enseigne. Ne voyez-vous pas l'adresse des abeilles à bâtir leurs ruches, et le bon ordre qu'elles gardent dans le partage du travail? Ne voyez-vous pas la toile de l'araignée, que personne ne saurait imiter ? La difficulté qu'il y a de ranger les filets les uns tout droits pour soutenir l'ouvrage, les autres en rond, qui se courbent et vont en diminuant, afin d'attraper les petites bêtes pour qui ces rets sont tendus. Elles n'apprennent point cet art, elles le possèdent par droit de nature. De là vient qu'on ne voit point un animal plus savant qu'un autre. Vous voyez aussi que les araignées sont toutes pareilles, et que les trous et les angles des rayons de miel sont tous égaux. Ce que l'art enseigne est incertain et inégal; mais ce que la nature nous apprend est toujours de même. Il n'y a rien que la nature ait inspiré plus fortement aux animaux que la défense de leur vie, et la science de la conserver. C'est pourquoi ils commencent à apprendre et à vivre en même temps. Il ne faut donc pas s'étonner s'ils naissent avec les adresses sans lesquelles ils seraient nés en vain : c'est le premier moyen que la nature leur a donné pour entretenir l'amour qu'ils ont de leur vie. Ils ne pourraient pas se conserver, s'ils n'en avaient la volonté. Cela seul n'eût de rien servi; mais sans cela tout le reste eût été inutile. Enfin, vous ne verrez point d'animal qui s'abandonne lui-même ni qui se néglige tant soit peu. Les plus brutaux, et qui sont stupides en toute autre chose, paraissent ingénieux pour ce qui concerne leur vie. Vous verrez même que ceux qui sont incapables de défendre les autres, ne manquent pas à ce qu'ils doivent pour leur conservation.

ÉPITRE CXXII.

Il raille ces gens qui font du jour la nuit, et marque la cause de ce dérèglement.

Les jours commencent à diminuer ; ils sont déjà un peu plus courts; mais ils sont assez longs quand

---

illis inesse nocituri scientiam, non experimento collectam : nam, antequam possint experiri, cavent. Deinde, ne hoc casu existimes fieri, nec metuunt alia quam debent, nec unquam obliviscuntur hujus tutelæ et diligentiæ : æqualis est illis a pernicioso fuga. Præterea, non fiunt timidiora vivendo. Ex quo quidem apparet, non usu illa in hoc pervenire, sed naturali amore salutis suæ. Et tardum est, et varium, quod usus docet : quidquid natura tradit, et æquale omnibus est, et statim. Si tamen exigis, dicam, quomodo omne animal perniciosa intelligere conetur. Sentit se carne constare; itaque quum sentit, quid sit, quo secari caro, quo uri, quo obteri possit, quæ sint animalia armata ad nocendum; horum speciem trahit inimicam et hostilem. Inter se ista conjuncta sunt : simul enim conciliatur saluti suæ quodque, et, quæ juvant, illa petit; læsura formidat. Naturales ad utilia impetus, naturales a contrariis aspernationes sunt; sine ulla cogitatione, quæ hoc dictet, sine consilio fit, quidquid natura præcepit. Non vides, quanta sit subtilitas apibus ad fingenda domicilia? quanta dividui laboris obeundi concordia? Non vides, quam nulli mortalium imitabilis illa aranei textura? quanti operis sit, fila disponere, alia in rectum immissa firmamenti loco, alia in orbem currentia ex denso rara? quam minora animalia, in quorum perniciem illa tenduntur, velut retibus implicata teneantur? Nascitur ars ista, non discitur. Itaque nullum est animal altero doctius. Videbis araneorum pares telas, par in favis angulorum omnium foramen. Incertum est et inæquale, quidquid ars tradit ; ex æquo venit, quod natura distribuit. Hæc nihil magis, quam tutelam sui et ejus peritiam, tradidit ; ideoque etiam simul incipiunt et discere et vivere ; nec est mirum, cum eo nasci illa, sine quo frustra nascerentur. Primum hoc instrumentum illis natura contulit ad permanendum in conciliatione et caritate sui. Non poterant salva esse, nisi vellent : nec hoc per se profuturum erat; sed sine hoc nulla res profuisset. Sed in nullo deprehendes vilitatem sui, ne negligentiam quidem. Tacitis quoque et brutis, quamvis in cætera torpeant, ad vivendum solertia est. Videbis, quæ aliis inutilia sunt, sibi ipsa non deesse. Vale.

EPISTOLA CXXII.
CONTRA EOS QUI NATURAM INVERTUNT.

Detrimentum jam dies sensit : resiluit aliquantulum ;

on se lève pour ainsi dire en même temps que la lumière pour se rendre plus homme de bien, et non pas quand on l'attend dans la seule pensée de sortir de bon matin. N'est-il pas honteux d'être encore au lit quand le soleil est déjà haut, et de ne s'éveiller qu'à midi? Il y en a, toutefois, beaucoup chez qui il ne fait pas jour à cette heure-là. Il y en a d'autres qui renversent l'usage du jour et de la nuit, et qui ne commencent à ouvrir leurs yeux chargés de crapule que quand le jour finit. Il est semblable à ces antipodes dont parle notre Virgile :

Vesper leur apparaît quand nous voyons l'aurore.

Si leur demeure n'est opposée, du moins leur vie est-elle contraire à celle de tous les autres. Il se trouve encore des gens qui sont antipodes aux autres dans une même ville, et qui, comme dit Caton, n'ont jamais vu lever ni coucher le soleil. Croyez-vous qu'ils sachent comment il faut le voir? Ils craignent la mort et s'y plongent tout vivants ; ils sont d'aussi mauvais augure que les oiseaux de nuit. Quoiqu'ils passent les nuits entières dans le vin, dans la bonne chère et dans les parfums, on peut dire qu'ils ne font pas des festins, mais plutôt le banquet de leurs funérailles. On ne rend pourtant que de jour les derniers honneurs aux défunts. En vérité, le jour n'est jamais long pour une personne qui est occupée. Prolongeons donc notre vie, qui consiste principalement en l'action. Retranchons quelque chose de la nuit et le donnons au jour. On tient dans un lieu obscur et sans se mouvoir, les oiseaux que l'on veut engraisser. On voit grossir le corps, et les membres se charger de graisse, aux personnes qui ne font point d'exercice. Aussi, n'y a-t-il rien de plus vilain que le corps de ces gens qui sont, si j'ose dire, consacrés à la nuit. Ils n'ont point d'autre couleur que celle des malades. Ils sont pâles, languissants et portent une chair morte sur un corps vivant. Ce n'est pas encore leur plus grand mal ; car ils ont l'esprit enveloppé de ténèbres, stupide, offusqué, et toutefois amoureux de son aveuglement. Qui a jamais eu des yeux pour ne s'en servir que de nuit? Voulez-vous savoir d'où vient ce dérèglement de haïr la lumière et de ne vouloir vivre que dans les ténèbres? Je vous dirai que tous les vices combattent la nature, et qu'ils sont ennemis de l'ordre et de la raison. La dissolution ne prétend pas seulement quitter le droit chemin, mais s'en écarter de bien loin. Ne vous semble-t-il pas que ces gens-là vivent contre nature, qui boivent à jeun, qui remplissent de vin leurs veines encore vides, et qui ne veulent manger que lorsqu'ils sont ivres? C'est le vice ordinaire des jeunes gens d'aujourd'hui, qui veulent devenir forts. Quand ils sont près d'entrer dans le bain, ils boivent, ou plutôt ils ivrognent avec des gens tout nus, afin de se faire ôter la sueur qu'ils ont attirée par des breuvages chauds et fréquents. De boire après le repas, cela est trop commun, c'est ce que font les gens de campagne qui n'entendent pas le plaisir. Le vin, disent-ils, est bien plus agréable quand il ne nage point sur la viande, et qu'il pénètre libre-

---

ita tamen, ut liberale adhuc spatium sit, si quis cum ipso, ut ita dicam, die surgat, officiosior melior que, quam, si quis illum exspectet, ut luce prima exeat. Turpis, qui alto sole semisomnus jacet, cujus vigilia medio die incipit : et adhuc multis hoc antelucanum est. Sunt, qui officia lucis noctisque perverterint, nec ante diducant oculos hesterna graves crapula, quam appetere nox cœpit. Qualis illorum conditio dicitur, quos natura, ut ait Virgilius, sedibus nostris subditos e contrario posuit,

Nosque ubi primus equis Oriens afflavit anhelis,
Illic sera rubens accendit lumina Vesper :

talis horum contraria omnibus, non regio, sed vita est. Sunt quidam in eadem urbe antipodes, qui, ut M. Cato ait, « nec orientem unquam solem viderunt, nec occidentem. » Hos tu existimas scire, quemadmodum vivendum sit, qui nesciunt quando? Et hi mortem timent, in quam se vivi condiderunt; tam infausti, quam nocturnæ aves sunt! Licet in vino unguentoque tenebras suas exigant; licet epulis, et quidem in multa fercula discretis totum perversæ vigiliæ tempus educant; non convivantur, sed justa sibi faciunt. Mortuis certe interdiu parentatur. At, mehercules, nullus agenti dies longus est. Extendamus vitam! hujus et officium, et argumentum, actus est : circumscribatur nox, et aliquid ex illa in diem transferatur! Aves, quæ conviviis comparantur, ut immotæ facile pinguescant, in obscuro continentur ; ita sine ulla exercitatione jacentibus tumor pigrum corpus invadit, et sub ipsa umbra iners sagina succrescit. Ita istorum corpora, qui se tenebris dicaverunt, fœda visuntur. Quippe suspectior illis, quam morbo pallentibus, color est; languidi et evanidi albent, et in vivis caro morticina est. Hoc tamen minimum in illis malorum dixerim. Quanto plus tenebrarum in animo est? ille in se stupet, ille caligat, invidet cæcis. Quis unquam oculos tenebrarum causa habuit?

Interrogas, quomodo hæc animo pravitas fiat, aversandi diem, et totam vitam in noctem transferendi? — Omnia vitia contra naturam pugnant, omnia debitum ordinem deserunt : hoc est luxuriæ propositum, gaudere perversis ; nec tantum discedere a recto, sed quam longissime abire, deinde etiam e contrario stare. Isti non videntur tibi contra naturam vivere, qui jejuni bibunt, qui vinum recipiunt inanibus venis , et ad cibum ebrii transeunt? Atqui frequens hoc adolescentium vitium est, qui vires excolunt, ut, in ipso pene balnei limine, inter nudos bibant, immo potent ; ut sudorem, quem moverunt potionibus crebris ac ferventibus, subinde distinguant. Post prandium aut cœnam bibere, vulgare est ; hoc patresfamiliæ rustici faciunt, et veræ voluptatis ignari. Merum illud delectat, quod non innatat cibo, quod libere

ment dans les nerfs; l'ivresse est aussi bien plus douce, quand elle ne trouve rien dans l'estomac.

Ne vous semble-t-il pas que c'est vivre contre nature de changer sa robe à celle d'une femme, et de vouloir paraître jeune quand on ne l'est plus? N'est-ce pas vivre contre la nature, de vouloir des roses en hiver, et de faire naître dans le froid le lys qui est une fleur de printemps, en l'arrosant d'eau chaude, et lui donnant certains degrés de chaleur? N'est-ce pas vivre contre nature, de faire des jardins sur le haut des tours, et d'avoir des forêts qui couvrent le faîte des maisons, jetant leurs racines où à peine ils eussent pu élever leur tête? N'est-ce pas vivre contre nature, que de bâtir des étuves dans la mer, et croire que ce n'est pas se baigner délicieusement si le bain n'est battu du flot et de la tempête? Après qu'ils se sont habitués à vouloir toutes choses contre l'ordre de la nature, ils la quittent enfin entièrement. Est-il jour? allons dormir. Tout le monde repose? allons nous exercer, montons en carrosse, ou dînons : le jour approche-t-il, voici le temps de souper. Il ne faut pas faire ce que fait le peuple. Cela est vilain de vivre de même que le commun. Laissons là le jour public, faisons-nous un matin en particulier.

Pour moi, je mets ces gens-là au rang des morts; car est-ce être loin du tombeau, que de vivre à la lueur des torches et des flambeaux? Nous en avons vu plusieurs qui menaient cette sorte de vie dans un même temps. Entre autres,

Attilius Buta, qui avait été préteur, lequel ayant dissipé tout son bien, et déclarant sa pauvreté à Tibère : Vous vous êtes, dit l'empereur, éveillé bien tard. Montanus Julius, poëte assez passable, et connu par l'amitié que Tibère lui témoignait, mais qui se refroidit bientôt, récitait des vers où il mêlait à tout propos le lever et le coucher du soleil; un particulier ennuyé de la longueur de ses récits, dit : Qu'il n'y reviendrait plus. Natta Pinarius répondit : Et moi, pour l'obliger autant qu'il m'est possible, je suis prêt de l'entendre depuis le lever jusqu'au coucher du soleil. Mais après qu'il eut récité ces vers :

Le jour dorait déjà le sommet des montagnes,
Déjà les premiers traits échauffaient les campagnes,
L'hirondelle, cherchant pâture à ses petits,
Sortait, rentrait au nid, attentive à leurs cris;

Varus, chevalier romain, compagnon de L. Vicinius, qui suivait les bonnes tables, où il était bien reçu à cause de la liberté qu'il donnait à sa langue, s'écria : Buta commence maintenant à dormir. Puis quand le poëte vint à dire :

Les bergers ont enfin renfermé leurs troupeaux,
La nuit couvre la terre et s'épand sur les eaux;

le même Varus demanda : Que dit-il? qu'il est nuit? Je m'en vais donc donner le bon jour à Buta. Il n'y avait rien dont on parlât plus que de la vie de cet homme, laquelle était toute extraordinaire et que plusieurs, comme j'ai dit, avaient embrassée. Quelques-uns se portent à cette manière de vivre, non pas qu'ils estiment que la nuit ait quel-

---

penetrat ad nervos; illa ebrietas juvat, quæ in vacuum venit. Non videntur tibi contra naturam vivere, qui commutant cum feminis vestem? Non vivunt contra naturam, qui exspectant, ut pueritia splendeat tempore alieno? Quid fieri crudelius aut miserius potest? nunquam vir erit, ut diu virum pati possit? et, quum illum contumeliæ sexus eripuisse debuerat, ne ætas quidem eripiet? Non vivunt contra naturam, qui hieme concupiscunt rosam? fomentoque aquarum calentium, et calorum apta imitatione, bruma lilium, florem vernum, exprimunt? Non vivunt contra naturam, qui pomaria in summis turribus serunt? quorum silvæ in tectis domorum ac fastigiis nutant, inde ortis radicibus, quo improbe cacumina egissent? Non vivunt contra naturam, qui fundamenta thermarum in mari jaciunt, nec delicate natare ipsi sibi videntur, nisi calentia stagna fluctu ac tempestate feriantur? Quum instituerunt omnia contra naturæ consuetudinem velle, novissime in totum ab illa desciscunt. Lucet; somni tempus est! Quies est! nunc exerceamur, nunc gestemur, nunc prandeamus! Jam lux propius accedit; tempus est cœnæ! Non oportet id facere, quod populus; res sordida est, trita ac vulgari via vivere. Dies publicus relinquatur; proprium nobis ac peculiare mane fiat.

Isti vero mihi defunctorum loco sunt : quantulum enim a funere absunt, et quidem acerbo, qui ad faces et cereos vivunt? Hanc vitam agere eodem tempore multos meminimus, inter quos et Atilium Butam, prætorium; cui post patrimonium ingens consumptum, Tiberius, paupertatem confitenti, « Sero, inquit, experrectus es! » Recitabat Montanus Julius carmen, tolerabilis poeta, et amicitia Tiberii notus, et frigore. Ortus et occasus libentissime inserebat; itaque, quum indignaretur quidam, illum toto die recitasse, et negaret accedendum ad recitationes ejus, Natta Pinarius ait : « Nunquam possum liberalius agere; paratus sum illum audire ab ortu ad occasum. » Quum hos versus recitasset :

Incipit ardentes Phœbus producere flammas,
Spargere se rubicunda dies; jam tristis hirundo
Argutis reditura cibos immittere nidis
Incipit, et molli partitos ore ministrat;

Varus, eques romanus, M. Vinicii comes, cœnarum bonarum assectator, quas improbitate linguæ merebatur, exclamavit : « Incipit Buta dormire! » Deinde, quum subinde recitasset :

Jam sua pastores stabulis armenta locarunt
Jam dare sopitis nox nigra silentia terris
Incipit;

idem Varus inquit : « Quid dicit? jam nox est? ibo, et Butam salutatoe? » Nihil erat notius hac ejus vita in contrarium circumacta; quam, ut dixi, multi eodem tempore egerunt.

Causa autem est ita vivendi quibusdam, non quia ali-

que charme particulier, mais à cause que ce qui est facile ne plait pas, et qu'une mauvaise conscience n'aime pas le jour; joint que ceux qui méprisent ou désirent les choses par la considération du prix qu'elles coûtent, ne font point d'état de la clarté qui ne coûte rien. D'ailleurs ceux qui font de la dépense veulent qu'on parle d'eux durant leur vie; car, si l'on n'en parle point, ils croient avoir perdu leur argent. De là vient qu'ils sont fâchés quand ce qu'ils font n'a point d'éclat et ne fait point de bruit. Il y a bien des gens qui mangent leur bien et qui entretiennent des maîtresses; mais pour se distinguer dans un si grand nombre, il faut faire quelque chose de magnifique et de considérable. Dans une ville qui a tant d'autres occupations, on ne parle point d'une profusion, si elle n'est extraordinaire. Pedo Albinovanus était un homme qui faisait fort bien un conte; je lui ai ouï dire qu'il était logé joignant la maison de Sp. Papinius, l'un de ces hiboux qui fuient la clarté du jour. J'entendais, disait-il, environ les neuf heures du soir le son des coups de fouet, je demandais : Que fait-il? On me disait : C'est qu'il reçoit le compte de sa dépense. J'entendais sur le minuit des cris élevés, je demandais : Qu'est-ce que cela? On me disait : C'est qu'il exerce sa voix. Deux heures après je demandais : Que signifie ce bruit de roues que j'entends? L'on me disait : C'est qu'il va monter en carrosse. Sur le point du jour, on allait et venait; on appelait les valets, les sommeliers, et les cuisiniers faisaient grand bruit. Je demandais ce que c'était? On me disait : Qu'il ne faisait que sortir du bain, et qu'il avait demandé à manger. Mais croyez-vous qu'il demeurât tout le jour à table? Non, je vous assure; il vivait trop mesquinement, et ne perdait rien que la nuit. C'est pourquoi Pédo répondit à ceux qui l'appelaient avare et vilain : Vous pouvez dire encore qu'il ne vit qu'à la lueur d'une lampe. Ne vous étonnez pas, si vous trouvez tant de caractères particuliers dans les vices; ils sont divers et ont une infinité de visages et d'espèces que l'on ne saurait comprendre. La vertu n'a qu'une seule route. Le vice en a plusieurs, et prend souvent de nouveaux détours. Il en est de même de ceux qui suivent la nature; ils sont ouverts, libres et presque semblables; ceux qui s'en éloignent ne se peuvent accorder avec personne, ni même entre eux.

Je crois que la principale cause de cette maladie vient du dégoût qu'ils ont de la vie commune. Comme ils se distinguent des autres par les habits, par la somptuosité des festins et par la propreté de l'équipage, ils s'en veulent aussi séparer par la disposition des temps. Les vices ordinaires ne sont pas pour des gens à qui l'infamie tient lieu de récompense des crimes qu'ils commettent; c'est ce que recherchent tous ces malheureux qui, pour ainsi dire, vivent à rebours. Voilà pourquoi, mon cher Lucile, il faut suivre la manière de vivre que la nature nous a prescrite, et ne s'en point écarter. Ceux qui la suivent, trouvent toutes choses prêtes et faciles; mais ceux qui vont au contraire, font comme ces gens qui rament contre le fil de l'eau.

---

quid existiment noctem ipsam habere jucundius, sed quia nihil juvat obvium, et gravis malæ conscientiæ lux est; et omnia concupiscenti aut contemnenti, prout magno aut parvo empta sunt, fastidio est lumen gratuitum. Præterea luxuriosi vitam suam esse in sermonibus, dum vivunt, volunt : nam, si taceatur, perdere se putant operam. Itaque male habent, quoties faciunt quod excidat fama. Multi bona comedunt, multi amicas habent : ut inter istos nomen invenias, opus est non tantum luxuriosam rem, sed notabilem, facere. In tam occupata civitate, fabulas vulgaris nequitia non invenit. Pedonem Albinovanum narrantem audieramus (erat autem fabulator elegantissimus), habitasse se supra domum Sp. Papinii; is erat ex hac turba lucifugarum. « Audio, inquit, circa horam tertiam noctis, flagellorum sonos; quæro, quid faciat? dicitur rationes accipere. Audio, circa horam sextam noctis, clamorem concitatum; quæro, quid sit? dicitur vocem exercere. Quæro circa octavam horam noctis, quid sibi ille sonus rotarum vellet? gestari dicitur. Circa lucem discurritur, pueri vocantur, cellarii, coqui tumultuantur. Quæro quid sit? dicitur mulsum et alicam poposcisse, a balneo exisse. » — Excedebat, inquit, cœna ejus diem? — Minime! valde enim frugaliter vivebat; nihil consumebat, nisi noctem. Itaque, crebro dicentibus illum quibusdam avarum et sordidum : « Vos, inquit, illum et lychnobium dicetis! »

Non debes admirari, si tantas invenis vitiorum proprietates : varia sunt, et innumerabiles habent facies; comprehendi eorum genera non possunt. Simplex recti cura est, multiplex pravi; et quantumvis novas declinationes capit. Idem moribus evenit : naturam sequentium faciles sunt, soluti sunt, exiguas differentias habent; hi distorti plurimum cum omnibus, et inter se, dissident. Causa tamen præcipua mihi videtur hujus morbi, vitæ communis fastidium. Quomodo cultu se a cæteris distinguunt, quomodo elegantia cœnarum, munditiis vehiculorum; sic volunt separare etiam temporum dispositione. Nolunt solita peccare, quibus peccandi præmium infamia est. Hanc petunt omnes isti, qui, ut ita dicam, retro vivunt. Ideo, Lucili, tenenda nobis via est, quam natura præscripsit, nec ab illa declinandum. Illam sequentibus, omnia facilia et expedita sunt; contra illam nitentibus, non alia vita est, quam contra aquam remigantibus. Vale.

ÉPITRE CXXIII.

Qu'il n'y a rien de fâcheux quand on le sait prendre avec patience. — Les discours des libertins sont plus dangereux que les chants des syrènes.

Je suis arrivé à ma maison d'Alban, assez avant dans la nuit, tout fatigué du chemin qui est plus mauvais qu'il n'est long. Je n'y ai rien trouvé de prêt, que l'appétit que j'avais apporté; c'est pourquoi je me suis mis dans le lit, pour me délasser et prendre en patience la longueur de mon cuisinier et de mon sommelier. Je me représentais qu'il n'y a rien de fâcheux quand on le reçoit doucement, ni rien qui nous puisse déplaire, si nous ne lui prêtons notre chagrin. Mon sommelier n'a-t-il point de pain? mon receveur ou mon concierge en a. Mais c'est de mauvais pain. Un peu de patience, il deviendra bon, et la faim me le fera trouver tendre et blanc, pourvu que je ne mange pas avant qu'elle me l'ordonne. J'attendrai donc, et, par ce moyen, je ne mangerai point que je n'aie de bon pain, ou que je n'aie plus de dégoût du mauvais. Il faut s'accoutumer à se passer de peu; les difficultés des lieux et des temps empêchent souvent les rois et les grands seigneurs, si bien pourvus qu'ils soient, de manger à l'heure ordinaire. Personne ne peut avoir ce qu'il désire; mais tout le monde peut ne point désirer ce qu'il n'a pas, et prendre gaiement ce qui se présente.

En vérité, ce n'est pas une petite commodité d'avoir un ventre obéissant, et qui s'accommode à la disette. Vous ne sauriez croire combien j'ai été aise que ma lassitude se soit passée sans m'être servi d'onctions, du bain et d'autres remèdes que du temps. Ce qui est venu du travail, s'en est allé par le repos, et ce petit repas que j'ai fait m'a semblé meilleur que le plus grand de ces festins publics; car enfin, je me suis éprouvé par une occasion subite, c'est-à-dire véritable et certaine. Quand on s'est préparé et résolu à la patience, on ne connaît pas si bien ce que l'on peut avoir de modération et de fermeté. Nous connaissons mieux, lorsque nous sommes surpris, si nous ne nous sommes point échauffés, ni même émus à la vue de quelque chose de fâcheux; si nous n'avons point passé jusques à la colère et aux plaintes; si nous avons suppléé au défaut de ce qui devait être servi, en ne le désirant plus, ou en considérant que ce qui manquait à notre ordinaire ne manquait pas à notre besoin. On ne s'aperçoit de la superfluité de beaucoup de choses que lorsqu'elles viennent à manquer. Nous nous en servions auparavant, parce que nous les avions, et non parce que nous les devions avoir. Mais, combien avons-nous de choses à cause seulement que d'autres les ont? Une partie de nos désordres vient de ce que nous vivons à l'exemple d'autrui. Ce n'est pas la raison qui nous conduit; c'est la coutume qui nous entraîne. Ce que nous ne voudrions pas faire si peu de personnes le faisaient, nous l'imitons comme étant le plus honnête, lorsque plusieurs commencent de le faire, l'erreur nous tenant lieu de raison quand elle est devenue publique.

On ne voyage point aujourd'hui si l'on n'est accompagné de barbes et de coureurs qui marchent devant; car il serait honteux de n'avoir personne pour faire retirer les passants et pour faire élever

EPISTOLA CXXIII

SIMPLICI VICTUI ASSUESCENDUM : SPERNENDOS VOLUPTATIS LAUDATORES.

Itinere confectus, incommodo magis quam longo, in Albanum meum multa nocte perveni. Nihil habeo paratum, nisi me. Itaque in lectulo lassitudinem pono; hanc coqui ac pistoris moram boni consulo. Mecum enim de hoc ipso loquor, quam nihil sit grave, quod leviter excipias; quam indignandum nihil, nisi quod ipse indignando adstruas. Non habet panem meus pistor : sed habet villicus, sed habet atriensis, sed habet colonus. — Malum panem, inquis. — Exspecta; bonus fiet! etiam illum tenerum tibi et siligineum fames reddet. Ideo non est ante edendum, quam illa imperet. Exspectabo ergo; nec ante edam, quam ut bonum panem habere cœpero, aut malum fastidire desiero. Necessarium est, parvo assuescere. Multæ difficultates locorum, multæ temporum, etiam locupletibus et instructis a nobis optatum prohibentes occurrent. Quidquid vult, habere nemo potest : illud potest, nolle, quod non habet; rebus oblatis hilaris uti. Magna pars libertatis est bene moratus venter et contumeliæ patiens. Æstimari non potest, quantam voluptatem capiam ex eo, quod lassitudo mea sibi ipsa assuescit. Non unctiones, non balneum, non ullum aliud remedium, quam temporis, quæro. Nam, quod labor contraxit, quies tollit. Hæc qualiscumque cœna aditiali jucundior erit. Aliquod enim experimentum animi sumpsi subito : hoc enim est simplicius et verius. Nam ubi se præparavit, et indixit sibi patientiam, non æque apparet, quantum habeat veræ firmitatis : illa sunt certissima argumenta, quæ ex tempore dedit; si non tantum æquus molesta, sed placidus, aspexit; si non excanduit, non litigavit; si, quod dari deberet, ipse sibi, non desiderando, supplevit; et cogitavit, aliquid consuetudini suæ, sibi nihil deesse. Multa, quam supervacua essent, non intelleximus, nisi quum deesse cœperunt. Utebamur enim illis, non quia debebamus, sed quia habebamus. Quam multa autem paramus, quia alii paraverunt, quia apud plerosque sunt! Inter causas malorum nostrorum est, quod vivimus ad exempla; nec ratione componimur, sed consuetudine abducimur. Quod, si pauci facerent, nollemus imitari, quum plures facere cœperunt (quasi honestius sit, quia frequentius), sequimur; et recti apud nos locum tenet error, ubi publicus factus est. Omnes jam sic peregrinantur, ut illos Numidarum præcurrat equitatus, ut ag-

de la poussière, afin que l'on sache qu'il vient un homme de qualité. Tout le monde a déjà des mulets pour porter ses vases de cristal et d'agathe, avec de la vaisselle gravée de la main des meilleurs ouvriers. Il ne serait pas honnête d'avoir des meubles qu'il ne fût pas aisé de rompre en les remuant. On lave de liqueur le visage de ces garçons réservés pour le plaisir, quand ils vont en campagne, de peur que le hâle ou le froid ne gâte leur teint délicat. On trouve même à redire quand les gens de votre suite n'ont rien dans le visage qui mérite ces préservatifs. Il ne faut point prêter l'oreille à tous ces gens-là ; car ce sont eux qui insinuent le vice et qui le portent d'un lieu en un autre. On avoit cru autrefois que les plus dangereux de tous les hommes étaient ceux qui rapportaient les paroles ; mais en voici qui portent les vices de tous côtés. Les entretiens sont fort pernicieux ; car, supposé qu'ils ne blessent pas à l'heure même, ils font couler dans notre cœur un venin qui se fait sentir bientôt après. Comme ceux qui ont ouï un concert de musique, emportent dans leurs oreilles l'harmonie dont ils ont été charmés, qui chasse toute autre pensée et ne leur permet pas de songer à rien de sérieux, ainsi les discours des flatteurs et de ceux qui louent des choses qui ne valent rien, pour peu qu'on les écoute demeurent longtemps dans l'esprit. Il n'est pas aisé d'oublier un entretien qui nous a plû ; il nous fuit, il revient par intervalles dans notre pensée.

C'est pourquoi il faut fermer les oreilles aux méchants dès le moment qu'ils commencent à parler ; car, quand ils ont commencé et qu'ils se voient écoutés, ils deviennent plus hardis et se donnent enfin la liberté de dire que la vertu, la justice et la philosophie sont des noms vains qui font du bruit dans le monde, mais que la seule félicité est de vivre doucement, de faire tout ce que l'on veut, et de jouir de son bien. C'est ce qu'on appelle vivre, et se souvenir que l'on doit mourir. Que les jours s'écoulent et que la vie passe sans qu'on la puisse arrêter. Pourquoi doutons-nous de nous satisfaire et de donner à nos sens toutes les sortes de plaisirs, tandis qu'ils sont capables de les goûter et que notre âge les demande ? Quelle raison de vouloir anticiper, par la sobriété, la rigueur de la mort, et de nous priver présentement des choses qu'elle doit nous ôter un jour ? Vous n'avez pas le plaisir d'une maîtresse, ni d'un garçon qui lui donne de la jalousie ; vous sortez tous les matins à jeun, et vous mangez comme si vous aviez à rendre compte chaque jour de votre dépense ; ce n'est pas vivre que cela, c'est voir vivre les autres. Quelle folie de se refuser toutes choses et d'amasser du bien pour un héritier, afin de s'en faire un ennemi par une succession opulente ! Étant certain qu'il se réjouira de votre mort, d'autant plus qu'il en profitera. Pour ce qui est de ces gens tristes et sourcilleux, qui sont censeurs de la vie d'autrui et ennemis de la leur, que l'on peut appeler pédagogues publics, n'en faites point de compte, et préférez toujours une bonne vie à une bonne réputation. Ces paroles ne sont pas moins à éviter que la voix des sirènes près desquelles Ulysse n'osa passer sans avoir bouché ses oreilles. Elles n'ont pas moins de pouvoir ; elles font ou-

---

men cursorum antecedat : turpe est, nullos esse, qui occurrentes via dejiciant, ut qui, honestum hominem venire magno pulvere ostendant. Omnes jam mulos habent, qui crystallina et murrhina, et cælata magnorum artificum manu, portent : turpe est, videri eas te habere sarcinas totas, quæ tuto concuti possint. Omnium pædagogia oblita facie vehuntur, ne sol, neve frigus, teneram cutem lædat ; turpe est, neminem esse in comitatu puerorum, cujus sana facies medicamentum desideret.

Horum omnium sermo vitandus est ; hi sunt, qui vitia tradunt, et alio aliunde transferunt. Pessimum genus horum hominum videbatur, qui verba gestarent : sunt quidam, qui vitia gestant. Horum sermo multum nocet : nam, etiamsi non statim officit, semina in animo relinquit ; sequiturque nos, etiam quum ab illis discessimus, resurrecturum postea malum. Quemadmodum, qui audierunt symphoniam, ferunt secum in auribus modulationem illam ac dulcedinem cantuum, quæ cogitationes impedit, nec ad seria patitur intendi : sic adulatorum et prava laudantium sermo diutius hæret, quam auditur ; nec facile est, animo dulcem sonum excutere : prosequitur, et durat, et ex intervallo recurrit. Ideo cludendæ sunt aures malis vocibus, et quidem primis : nam quum initium fecerunt admissæque sunt, plus audent. Inde ad hæc pervenitur verba : « Virtus, et philosophia, et justitia, verborum inanium crepitus est : una felicitas est, bene vitæ facere, esse, bibere, libere frui patrimonio : hoc est vivere ; hoc est, se mortalem esse meminisse. Fluunt dies, et irreparabilis vita decurrit : dubitamus ? Quid juvat sapere ; et ætati, non semper voluptates recepturæ, interim, dum potest, dum poscit, ingerere frugalitatem ? ultro mortem præcurrere, et quidquid illa ablatura est, jam sibi interdicere ? Non amicam habes, non puerum, qui amicæ moveat invidiam ; quotidie sobrius prodis ; sic cænas, tanquam ephemeridem pati approbaturus. Non est istud vivere, sed alienæ vitæ interesse. Quanta dementia est, hæredis sui res procurare, et sibi negare omnia, ut tibi ex amico inimicum magna faciat hereditas ! plus enim gaudebit tua morte, quo plus acceperit. Istos tristes et superciliosos, alienæ vitæ censores, suæ hostes, publicos pædagogos, assis ne feceris ! nec dubitaveris, bonam vitam, quam opinionem bonam, malle ! »

Hæ voces non aliter fugiendæ sunt, quam illæ quas Ulysses, nisi alligatus, prætervehi noluit. Idem possunt : abducunt a patria, a parentibus, ab amicis, a virtutibus,

blier les parents, les amis, la vertu, et jettent les hommes dans une vie honteuse et misérable. Il vaut bien mieux suivre le droit chemin et se mettre en état de ne prendre aucun plaisir qu'à ce qui est honnête.

Nous en viendrons à bout si nous considérons que toutes les choses qui nous attirent ou qui nous rebutent sont de deux espèces : celles qui nous attirent sont les richesses, les plaisirs, la beauté, les honneurs et tout ce qui flatte et charme nos sens; celles qui nous rebutent sont la mort, la douleur, l'ignominie, la disette. Il faut donc nous habituer à ne point désirer les unes et à ne point craindre les autres. Soyons-leur toujours contraires; fuyons celles qui nous appelleront, et faisons tête à celles qui nous attaqueront. Ne voyez-vous pas que les postures de ceux qui montent et de ceux qui descendent sont bien différentes? Ceux qui descendent renversent le corps en arrière; ceux qui montent le courbent devant; car de peser sur le devant en descendant, et de se pencher sur le derrière en montant, c'est faire, mon cher Lucile, ce que font tous les gens vicieux; car on va en descendant aux voluptés, et l'on va en montant aux choses dures et difficiles. En l'un il faut pousser le corps, en l'autre il le faut retenir. Croyez-vous que je veuille dire que nos oreilles n'ont à craindre que ces gens qui font des panégyriques de la volupté, et qui impriment l'aversion de la douleur, qui se fait assez appréhender d'elle-même? J'estime qu'il n'est pas moins dangereux d'écouter ces philosophes, lesquels, sous l'autorité de la secte stoïque, font des leçons et des exhortations aux vices; car ils ont coutume de dire qu'il n'y a que le sage qui sache faire l'amour, et que lui seul sait bien boire et faire bonne chère. Il faudrait donc leur demander jusqu'à quel âge on doit aimer les garçons. Mais laissons cela aux Grecs, et prêtons l'oreille à ceux qui nous diront que personne n'est homme de bien par hasard, et qu'il faut apprendre la vertu; que la volupté est une chose basse et méprisable qui nous est commune avec les bêtes; que les dernières et les plus chétives en sont le plus avides; que la gloire n'a rien de fixe et de solide; qu'elle est un vent qui passe; que la pauvreté n'est fâcheuse qu'à ceux qui ne la sauraient pas supporter; que la mort même n'est point un mal; car, de quoi vous plaignez-vous, puisque c'est le droit des gens, et qu'elle égale la condition de tous les hommes? que la superstition est une folle erreur qui craint ce qu'elle doit aimer, et qui offense ce qu'elle révère; car, quelle différence y a-t-il de nier qu'il y ait des dieux ou de les déshonorer? Voilà ce qu'il faut apprendre; mais le bien apprendre : car enfin, la philosophie ne doit pas fournir des excuses au vice, et le malade est hors d'espérance de guérir, quand le médecin lui conseille de faire la débauche.

ÉPITRE CXXIV.

Si nous connaissons le bien par sentiment ou par entendement. — Le bien ne se rencontre que dans un sujet qui a de la raison.

Je puiserai pour vous chez les vieux écrivains,
Écoutez seulement leurs préceptes divins;
Soyez-leur attentif, même aux choses légères,
Rien chez eux n'est léger.

---

et in turpem vitam miseros turpius illidunt. Quanto satius est, rectum sequi limitem, et eo se perducere, ut ea demum sint tibi jucunda, quæ honesta? Quod assequi poterimus, si scierimus duo esse genera rerum, quæ nos aut invitent, aut fugent. Invitant divitiæ, voluptates, forma, ambitio, cætera blanda et arridentia : fugat labor, mors, dolor, ignominia, victus adstrictior. Debemus itaque exerceri, ne hæc timeamus, ne illa cupiamus. In contrarium pugnemus, et ab invitantibus recedamus, adversus petentia concitemur! Non vides, quam diversus sit descendentium habitus et ascendentium? qui per pronum eunt, resupinant corpora; qui in arduum, incumbunt. Nam, si descendas, pondus suum in priorem partem dare; si ascendas, retro abducere, cum vitio, Lucili, consentire est. In voluptates descenditur; in aspera et dura subeundum est : hic impellamus corpora, illic refrænemus.

Hoc nunc me existimas dicere, eos tantum perniciosos esse auribus nostris, qui voluptatem laudant, qui dolores, metus, per se formidabiles res, incutiunt? Illos quoque nocere nobis existimo, qui nos sub specie Stoicæ sectæ hortantur ad vitia. Hoc enim jactant : « Solum sapientem et doctum esse amatorem. Solus aptus ad hanc artem, æque combibendi et conviviandi, sapiens est peritissimus. Quæramus, ad quam usque ætatem juvenes amandi sint. » — Hæc Græcæ consuetudini data sint; nos ad illa potius aures dirigamus : « Nemo est casu bonus; discenda virtus est. Voluptas humilis res et pusilla est, et in nullo habenda pretio, communis cum mutis animalibus, ad quam minima et contemptissima advolant. Gloria vanum et volubile quiddam est, auraque mobilius. Paupertas nulli malum est, nisi repugnanti. Mors malum non est. Quid sit, quæris. Sola jus æquum generis humani. Superstitio error insanus est : amandos timet; quos colit, violat. Quid enim interest, utrum Deos neges, an infames : Hæc discenda sunt, imo ediscenda : non debet excusationes vitio philosophia suggerere. Nullam habet spem salutis æger, quem ad intemperantiam medicus hortatur. Vale.

EPISTOLA CXXIV.

UTRUM SENSU, AN INTELLECTU, COMPREHENDATUR BONUM.

Possum multa tibi veterum præcepta referre,
Ni refugis, tenuesque piget cognoscere curas.

Je sais que vous le voulez bien, et que les questions, si subtiles qu'elles soient, ne vous rebutent pas. Il ne conviendrait pas aussi à la beauté de votre esprit de n'embrasser que des matières importantes; mais, comme je loue votre conduite, qui veut tirer profit de tout et ne peut souffrir les subtilités qui ne produisent rien, je donnerai ordre que cela n'arrive pas. On demande si nous connaissons le bien par le sentiment ou par l'entendement. De là il s'ensuit, comme vous voyez, que les enfants et les bêtes en sont incapables. Tous ceux qui mettent le souverain bien dans la volupté estiment que le bien est une chose sensible; les stoïciens, au contraire, qui le mettent dans l'entendement, disent que le bien est une chose intellectuelle. Si nos sens pouvaient juger du bien, nous ne refuserions jamais le plaisir, car il n'y en a point qui n'ait des attraits et des charmes; et, par une raison contraire, nous ne voudrions jamais sentir la douleur; car il n'y en a point qui ne blesse les sens. De plus, on ne pourrait justement blâmer ceux qui aimeraient trop le plaisir, ou qui craindraient trop la douleur. Or, nous condamnons les gourmands et les impudiques, comme nous méprisons ceux qui n'osent rien entreprendre par la crainte qu'ils ont de la douleur. Et quel mal feraient-ils, je vous prie, d'obéir aux sens, puisqu'ils sont juges du bien et du mal, et que vous avez soumis à leur direction ce qu'il faut faire et ce qu'il faut désirer? Après tout, c'est la raison qui est la maîtresse, et, comme elle détermine ce qui concerne les mœurs, l'honneur et la vertu, elle doit aussi déterminer ce qui est du bien et du mal. Les partisans de cette opinion-là donnent à la partie inférieure l'autorité de juger la supérieure, quand ils permettent aux sens, qui sont plus tardifs en l'homme qu'en aucun autre animal, de définir ce que c'est que du bien. Que serait-ce, si quelqu'un voulait juger des choses les plus menues par l'attouchement, et non par la vue? C'est au moins le sens le plus subtil et le plus capable de connaître le bien et le mal. Ainsi, vous voyez combien celui qui jugerait du bien et du mal par l'attouchement, s'éloignerait de la vérité, et ravalerait la dignité des choses sublimes et divines.

Ils répondent: « Comme toute science doit avoir quelque chose qui soit évident et connu des sens, d'où elle tire son origine et son progrès, de même la vie heureuse a pour fondement et pour commencement les choses qui sont manifestes et sensibles; et vous dites vous-mêmes que la vie heureuse tire son commencement des choses qui sont manifestes. » Nous disons, je l'avoue, que ce qui est selon la nature est heureux, 'se produit au jour et se manifeste incontinent; il s'agit de découvrir ce qui est selon la nature : c'est ce qui arrive à celui qui ne fait que de naître; ainsi, ce ne sera pas le bien consommé; ce sera le commencement du bien. Mais, vous autres, vous donnez à l'enfance la volupté, comme étant le souverain bien, et vous voulez qu'un enfant commence au point où un homme parfait doit enfin arriver. En un mot, vous mettez le sommet de l'arbre où doit être la racine. Si quelqu'un s'avisait de dire qu'un enfant, qui est encore dans le ventre de sa mère,

Non refugis autem, nec ulla te subtilitas abigit : non est elegantiæ tuæ, tantum magna sectari. Sicut hoc, sic et illud probo, quod omnia ad aliquem profectum redigis, et tunc tantum offenderis, ubi summa subtilitate nihil agitur : quod ne nunc quidem fieri laborabo. Quæritur, « Utrum sensu, an intellectu, comprehendatur bonum? » Huic adjunctum est, « in mutis animalibus et infantibus non esse. »

Quicumque voluptatem in summo ponunt, sensibile judicant bonum : nos contra intelligibile, qui illud animo damus. Si de bono sensus judicarent, nullam voluptatem rejiceremus; nulla enim non invitat, nulla non delectat : et, e contrario, nullum dolorem volentes subiremus; nullus enim non offendit sensum. Præterea non essent digni reprehensione, quibus nimium voluptas placet, quibusque summus est doloris timor. Atqui improbamus gulæ ac libidini addictos, et contemnimus illos, qui nihil viriliter ausuri sunt doloris metu. Quid autem peccant, si sensibus, id est, judicibus boni ac mali, parent? his enim tradidistis appetitionis et fugæ arbitrium. Sed videlicet ratio isti rei præposita est, quemadmodum debeat de vita, quemadmodum de virtute, de honesto, sic et de bono maloque, constitui. Nam apud istos vilissimæ parti datur de meliore sententia; ut de bono pronuntiet sensus, obtusa res et hebes, et in homine quam in illis animalibus tardior. Quid? si quis vellet, non oculis, sed tactu, minuta discernere? Subtilior ad hoc nulla acies, quam oculorum est, et intentior, daret bonum malumque dignoscere. Vides in quanta ignorantia veritatis versetur, et quam humi sublimia ac divina projecerit, apud quem de summo bono maloque judicat tactus.

« Quemadmodum, inquit, omnis scientia atque ars aliquid debet habere manifestum, sensuque comprehensum, ex quo oriatur et crescat; sic beata vita fundamentum et initium a manifestis ducit, et ab eo quod sub sensum cadit. Nam et vos a manifestis beatam vitam initium sui capere dicitis. » — Dicimus beata esse, quæ secundum naturam sunt : quid autem secundum naturam sit, palam et protinus apparet, sicut, quid sit integrum. Sed, quod secundum naturam est, quod contigit protinus nato, non dico bonum, sed initium boni. Tu summum bonum, voluptatem, infantiæ donas; ut inde incipiat nascens, quo consummatus homo perveniet. Cacumen radicis loco ponis. Si quis diceret, illum in materno utero latentem, sexus quoque incerti, tenerum, et imperfectum, et informem, jam in aliquo bono esse, aperte videretur errare. Atque

tout tendre, imparfait et informe, sent déjà quelque bien, il se tromperait sans doute. Or, combien peu de différence y a-t-il entre un enfant qui vient de naître et cet autre qui est encore un fardeau caché dans les entrailles de sa mère! L'un et l'autre sont également incapables de l'intelligence du bien et du mal. Car un enfant n'est pas plus susceptible du bien qu'un arbre ou qu'une bête. Mais, pourquoi un arbre ni une bête ne sont-ils pas susceptibles du bien? Parce qu'ils n'ont point la raison. Il en est de même à l'égard d'un enfant qui n'a point encore la raison; quand elle lui sera venue, le sentiment lui viendra en même temps. Il y a des animaux sans raison; il y en a d'autres qui n'ont pas encore la raison. Il y en a d'autres qui ont la raison, mais elle est imparfaite. Ils sont tous incapables du bien, parce qu'il ne vient qu'avec la raison. Quelle différence y a-t-il donc entre eux? C'est que le bien n'arrivera jamais à ce qui est sans raison; ce qui n'est pas raisonnable ne peut pas l'avoir tant qu'il demeurera dans cet état. Ce qui n'est qu'imparfaitement raisonnable peut bien le prétendre; toutefois il ne la pas. Oui, mon cher Lucile, je dis que le bien ne se rencontre point dans tous les corps, ni dans tous les âges. Il est aussi éloigné de l'enfance que le dernier l'est du premier, et la fin du commencement : par conséquent, il ne peut se trouver dans le corps d'un enfant nouvellement formé, non plus, certes, que dans la semence; car, supposé qu'il y ait quelque bien dans un arbre ou dans une plante, il n'en est pas aux premières feuilles qui sortent dehors. S'il y a quelque bien dans le froment, il n'est pas dans l'herbe qui est encore en lait, ni dans le brin qui s'est élevé de terre avec une petite feuille, mais dans le grain lorsqu'il est venu en sa saison et en sa maturité. Comme tout ce qui est dans la nature ne montre ce qu'il a de bon que lorsqu'il est dans la perfection, ainsi le bien qui est dans l'homme ne paraît que quand sa raison est parfaite. Je vous veux dire quel est ce bien-là. C'est une âme droite et libre, qui assujettit toutes choses et ne s'assujettit à rien. L'enfance est si fort éloignée d'un tel bien, que l'adolescence ne le prétend pas, et que la jeunesse même le peut à peine espérer. La vieillesse n'est pas malheureuse si, avec beaucoup de travail, elle arrive au terme où ce bien est manifeste, et se fait mieux comprendre.

Vous avez dit, m'objectera-t-on, qu'il y a quelque bien dans l'arbre et dans la plante; il peut donc y en avoir aussi dans un enfant. Le véritable bien ne se rencontre ni dans les arbres, ni dans les bêtes; car, ce bien qu'on leur attribue est impropre et métaphorique. Qui est-ce donc, me direz-vous? c'est seulement ce qui est propre à la nature de chacun; mais le bien ne loge point dans le corps d'une bête; il appartient à une nature plus parfaite; en un mot, il ne se trouve qu'où est la raison. Voici quatre sortes de natures, savoir : l'arbre, l'animal, l'homme et Dieu. Les deux premiers, qui sont irraisonnables, sont d'une même nature; les deux autres sont de différente nature; l'un étant immortel, et l'autre mortel. Or, le bien qui est en Dieu est parfait en sa nature, et celui qui est en l'homme se perfectionne par le travail. Les autres sont parfaits dans leur nature ; mais ce n'est pas d'une véritable perfec-

---

quantulum interest inter eum, qui quum maxime vitam accipit, et illum, qui maternorum viscerum latens onus est? Uterque, quantum ad intellectum boni ac mali, æque maturus est; et non magis infans adhuc boni capax est, quam arbor, aut mutum aliquod animal. Quare autem bonum in arbore animalique muto non est? quia nec ratio. Ob hoc in infante quoque non est; nam et huic deest. Tunc ad bonum perveniet, quum ad rationem pervenerit.

Est aliquod irrationale animal; est aliquod nondum rationale, est rationale, sed imperfectum. In nullo horum bonum : ratio illud secum affert. Quid ergo inter ista, quæ retuli, distat? In eo, quod irrationale est, nunquam erit bonum : in eo quod nondum rationale est tunc esse bonum non potest : in eo, quod rationale est, sed imperfectum, jam potest esse bonum, sed non est. Ita dico, Lucili : bonum non in quolibet corpore, non in qualibet ætate inveniri ; et tantum abest ab infantia, quantum a primo ultimum, quantum ab initio perfectum : ergo nec in tenero, modo coalescente, corpusculo est. Quidni non sit? non magis quam in semine. Hoc si dicas : « aliquod arboris ac sati bonum novimus : » hoc non est in prima fronde, quæ emissa quum maxime solum rumpit. Est aliquod bonum tritici : hoc nondum est in herba lactente, nec quum foliculo se exserit spica mollis, sed quum frumentum æstas et debita maturitas coxit. Quemadmodum omnis natura bonum suum, nisi consummata, non profert : ita hominis bonum non in homine, nisi quum illi ratio perfecta est. Quod autem hoc bonum? Dicam : liber animus et erectus, alia subjiciens sibi, se nulli. Hoc bonum adeo non recipit infantia, ut pueritia non speret, adolescentia improbe speret. Bene agitur cum senectute, si ad illud longo studio intentoque pervenit, ubi hoc, et bonum, et intelligibile est.

« Dixisti, inquit, aliquod bonum esse arboris, aliquod herbæ : potest ergo aliquod esse et infantis. » — Verum bonum nec in arboribus, nec in mutis animalibus est : hoc, quod in illis bonum est, precario bonum dicitur. — Quod est? inquis. — Hoc, quod secundum naturam cujusque est. Bonum quidem cadere in mutum animal nullo modo potest; felicioris meliorisque naturæ est. Nisi ubi rationi locus est, bonum non est. Quatuor hæ naturæ sunt, arboris, animalis, hominis, Dei. Hæc duo, quæ irrationalia sunt, eamdem naturam habent : illa diversa sunt, quod

tion, puisqu'ils sont privés de raison, et que rien ne peut être parfait s'il n'est selon la nature universelle, qui est raisonnable. Ce qui ne peut posséder la vie heureuse, ne peut pas avoir aussi ce qui fait la vie heureuse. Or, le bien rend la vie heureuse. Par conséquent, le bien ne se rencontre point dans la bête. La bête comprend les choses qui lui sont présentes; elle se souvient des choses qui sont passées, quand il se rencontre quelque chose qui les représente à ses sens. Le cheval se souvient du chemin, lorsqu'on l'a mis dedans; mais, dans l'écurie, il ne s'en souvient nullement, quoiqu'il y ait passé souventes fois. Pour le futur, il est hors de la portée des bêtes. Comment donc ce qui n'a pas la connaissance du temps parfait aura-t-il une nature parfaite? Le temps est composé de trois parties, du passé, du présent et du futur. Le présent, qui est le plus court et qui passe en un instant, a été donné aux bêtes. Quant au passé, ils ne s'en souviennent presque point, à moins que quelque objet présent ne le ramène dans leur imagination. Partant, le bien qui appartient à une nature parfaite, ne peut pas se trouver dans une nature imparfaite; ou s'il y est, c'est de la manière qu'il est dans les plantes.

Ce n'est pas que je veuille nier que les bêtes n'aient de fortes inclinations pour tout ce qui est selon la nature; mais elles sont sans ordre et sans mesure. Or, le bien n'est jamais sans ordre et sans mesure. Quoi! me répondrez-vous, ce qui fait mouvoir les bêtes est-il déréglé et confus? Je dirais qu'il le serait, si leur nature était capable de quelque ordre. Mais il est certain qu'elles suivent le branle que la nature leur donne, et qu'on ne peut appeler déréglé que ce qui peut être quelquefois réglé, ni inquiet que ce qui peut être tranquille, comme nul n'est vicieux qui ne puisse être vertueux. Tel est le mouvement qu'ont les bêtes de leur nature. Enfin, pour ne vous pas tenir plus longtemps, il peut y avoir dans une bête quelque bien, quelque vertu, quelque perfection; mais savez-vous ce que c'est? Ce n'est, à vrai dire, ni bien, ni vertu, ni perfection; car cela ne convient qu'aux hommes seuls, qui savent pourquoi, jusques où, et comment ils doivent agir; ainsi le bien ne se rencontre en aucun sujet, que la raison n'y soit aussi. Vous me demanderez maintenant à quoi sert toute cette dispute, et quel profit vous en pouvez tirer. Je vous le dirai. Elle exerce et subtilise l'esprit en fournissant à son activité une honnête occupation. D'ailleurs, on fait plaisir à un homme de l'arrêter quand il court après le vice. Mais puis-je vous rendre un meilleur office que de vous faire connaître votre bien, et de vous séparer des bêtes, et de vous loger avec Dieu? Pourquoi mettez-vous tant de soin à vous ajuster? Après avoir appelé tout le secours de l'art, vous trouverez des animaux qui seront mieux parés que vous. Pourquoi peignez-vous vos cheveux avec tant de curiosité? Étendez-les, si vous voulez, à la manière des Parthes, nouez-les comme les Allemands, laissez-les aller au gré du vent comme les Scythes. Après tout, il n'y a point de cheval qui n'ait le crin plus épais; et la crinière d'un lion, toute hérissée qu'elle

---

alterum immortale, alterum mortale est. Ex his ergo, unius bonum natura perfecit, Dei scilicet; alterius, cura hominis. Cætera tantum in sua natura perfecta sunt, non vere perfecta; a quibus abest ratio. Hoc enim demum perfectum est, quod secundum universam naturam est perfectum; universa autem natura rationalis est: cætera possunt in suo genere esse perfecta. In quo non potest beata vita esse, nec id potest, quo beata vita efficitur: beata autem vita bonis efficitur; in muto animali non est, quo beata vita efficitur: ergo in muto animali bonum non est.

Mutum animal sensu comprehendit præsentia; præteritorum reminiscitur, quum id incidit, quo sensus admonetur: tanquam equus reminiscitur viæ, quum ad initium ejus admotus est; in stabulo quidem nulla illi viæ, quamvis sæpe calcatæ, memoria est. Tertium vero tempus, id est, futurum, ad muta non pertinet. Quomodo ergo potest eorum videri perfecta natura, quibus usus perfecti temporis non est? Tempus enim tribus partibus constat: præterito, præsente, venturo. Animalibus tantum, quod brevissimum est in transcursu, datum, præsens; præteriti rara memoria est, nec unquam revocatur, nisi præsentium occursu. Non potest ergo perfectæ naturæ bonum in imperfecta esse natura; aut, si natura alia habet hoc, habent et sata. Nec illud nego, ad ea, quæ videntur secundum naturam, magnos esse mutis animalibus impetus et concitatos, sed inordinatos ac turbidos. Nunquam autem aut inordinatum est bonum, aut turbidum. — Quid ergo? inquis: muta animalia perturbate et indisposite moventur? » — Dicerem illa perturbate et indisposite moveri, si natura illorum ordinem caperet; nunc moventur secundum naturam suam. Perturbatum enim id est, quod esse aliquando et non perturbatum potest. Sollicitum est, quod potest esse securum. Nulli vitium est, nisi cui virtus potest esse. Mutis animalibus talis ex natura sua motus est. Sed, ne te diu teneam, erit aliquod bonum in muto animali, erit aliqua virtus, erit aliquid perfectum; sed nec bonum absolute, nec virtus, nec perfectum. Hæc enim rationabilibus solis contingunt, quibus datum est scire, quare, quatenus, quemadmodum. Ita bonum in nullo est, nisi in quo ratio.

Quo nunc pertinet ista disputatio, quæris, et quid animo tuo profutura sit? Dico: et exercet illum, et acuit; et, utique aliquid acturum, occupatione honesta tenet. Prodest autem etiam quod moratur ad prava properantem. Sed et illud dico: nullo modo prodesse possum magis, quam si tibi bonum tuum ostendo, si te a mutis animalibus separo, si cum Deo pono. Quid, inquam, vires corporis alis et exerces? pecudibus istas majores ferisque natura concessit. Quid excolis formam? quum omnia feceris,

est, sera toujours plus belle que votre chevelure. Quand vous aurez appris à courir, vous ne courrez jamais si vite qu'un lièvre. Ne voulez-vous pas quitter le soin de toutes ces choses étrangères, où vous n'excellerez jamais, pour vous appliquer à la recherche de votre bien particulier? Mais, quel est-il? C'est une âme rectifiée, pure et nette, qui s'élève au-dessus de la terre, qui veut imiter Dieu, et qui n'estime point en soi tout ce qui est hors de soi. Quel est donc le bien qui est en vous? Une raison parfaite. Portez-le au plus haut point où elle puisse monter, et croyez-vous heureux, quand vous verrez vos plaisirs naître du fond de votre âme; quand, parmi toutes les choses que les hommes souhaitent avec tant d'avidité, qu'ils ravissent avec tant de violence, et qu'ils conservent avec tant d'inquiétude, vous ne trouverez rien qui soit digne, je ne dis pas de votre choix, mais seulement de votre désir. Au reste, je vous veux donner une règle pour vous mesurer, et pour savoir quand vous serez arrivé à la perfection. Vous posséderez tout votre bien, lorsque vous connaîtrez que ceux que l'on estime heureux, sont en effet très-misérables.

multis animalibus decore vinceris. Quid capillum ingenti diligentia comis? Quum illum vel effuderis more Parthorum, vel Germanorum nodo vinxeris, vel ut Scythæ solent, sparseris; in quolibet equo densior jactabitur juba, horrebit in leonum cervice formosior. Quum te ad velocitatem paraveris, par lepusculo non eris. Vis tu relictis in quibus vinci te necesse est, dum in aliena niteris, ad bonum reverti tuum? Quod est hoc? animus scilicet emendatus ac purus, æmulator Dei, super humana se extollens, nihil extra se sui ponens. Rationale animal es! Quod ergo in te bonum est? perfecta ratio. Hanc tu ad suum finem evoca, in quantum potest plurimum crescere. Tunc beatum esse te judica, quum tibi ex te gaudium omne nascetur, quum in his, quæ homines eripiunt, optant, custodiunt, nihil inveneris, non dico, quod malis, sed quod velis. Brevem tibi formulam dabo, qua te metiaris, qua perfectum esse jam sentias. Bonum tunc habebis tuum, quum intelliges, infelicissimos esse felices. Vale.

NOTES

DES

ÉPITRES A LUCILIUS.

Pour éviter toute circonlocution, et réduire ces notes au strict nécessaire, nous avons rangé sous deux titres les changements, ou les additions à faire pour compléter cette édition. Sont compris sous le titre d'*inexactitude* les passages où Pintrel ne nous a pas paru donner le vrai sens, et sous celui d'*omission*, ceux qu'il a omis de traduire : dans les deux cas, nous citons la phrase latine qui a été mal traduite ou omise, et nous la faisons suivre de notre version propre.

ÉPITRE II, PAGE 526, COL. 2.

Inexactitude. — Certis ingeniis immorari et innutriri oportet. — Il faut faire un choix de certains esprits, et s'y arrêter, se les incorporer.

ÉPITRE IV, PAGE 529, COL. 2.

Omission. — Cui cum paupertate bene convenit, dives est. — Qui s'accommode de la pauvreté est riche.

ÉPITRE IX, PAGE 537, COL. 2.

Omission. — Se contentus est sapiens. — Le sage se suffit à lui-même.

ÉPITRE XI, PAGE 541, COL. 1.

Omission. — Si omnia eraderet vitia. — Si elle déracinait tous les vices.

ÉPITRE XIII, PAGE 544, COL. 2.

Omission. — Quædam ante torquent quam debent. — D'autres qui nous tourmentent plus tôt qu'elles ne doivent.

ÉPITRE XV, PAGE 551, COL. 1.

Inexactitude. — Mutantur speciosi apparatus.

S'il est vrai que cette leçon soit plus conforme aux manuscrits que celle de Ruhkopf, et *invitant speciosi apparatus*, qui est parfaitement traduite par Pintrel, elle a le tort d'être beaucoup moins claire. En nous rangeant aux manuscrits pour le texte, nous demeurons avec Ruhkopf et Pintrel pour le sens.

MÊME ÉPITRE, PAGE 560, COL. 1.

Omission. — Omnia alia vota Deo remissurus. — Tenant quitte la Divinité de tous vos autres vœux.

UNE LIGNE PLUS BAS.

Inexactitude. — Quæ potest esse felicitas propior? — Peut-il y avoir un bonheur qui soit plus à notre portée?

ÉPITRE XXI, PAGE 562, COL. 2.

Inexactitude. — Quidquid illorum memoriæ adhæsit. — Tout ce qui a été lié à leur mémoire.

ÉPITRE XLVII, PAGE 604, COL. 1.

Inexactitude. — Verberibus muta admonentur. — On avertit les brutes avec des coups.

ÉPITRE XLIX, PAGE 608, COL. 1.

Inexactitude. — Tunc tamen periculum mihi obsesso externum immineret. Murus me ab hoste secerneret. — Alors le péril me viendrait, comme aux autres assiégés, du dehors. Un mur me séparerait de l'ennemi.

MÊME PAGE, COL. 2.

Omission. — De pudicitia utraque, et illa, cui alieni corporis abstinentia est, et hac, cui sui cura. — De la double chasteté, celle qui respecte le corps d'autrui et celle qui se respecte soi-même.

ÉPITRE LII, PAGE 612, COL. 2.

Inexactitude. — Ex his se; fecisse sibi ipsum viam. — Il se cite entre autres comme s'étant lui-même frayé le chemin.

MÊME ÉPITRE, PAGE 613, COL. 1.

Inexactitude. — Et in privato circumlantur. — Et qui assemblent la foule en lieu privé.

ÉPÎTRE LIII, PAGE 615, COL. 1.

Omission. — Vetus frigidæ cultor. — Moi qui suis un vieux nageur.

MÊME COLONNE.

Inexactitude. — Quem scis cum mari nauseam effugere. — Qui, comme vous le savez, est guéri de toute nausée sitôt qu'on est à terre.

MÊME PAGE, COL. 2.

Omission. — Et utrosque pedes fecit dexteros. — Et qu'elle a fait des deux pieds deux pieds droits.

MÊME ÉPÎTRE, PAGE 616, COL. 1.

Inexactitude. — Ille beneficio naturæ non timet, suo sapiens. — C'est par le privilége de sa nature que Dieu est exempt de crainte : le sage ne doit qu'à soi de ne pas craindre.

MÊME COLONNE.

Omission. — Et velut levia tela laxo sinu eludit. — Et les pare, ainsi que de légers dards, avec les plis de son manteau.

ÉPÎTRE LXIV, PAGE 626, COL. 1.

Inexactitude. — Et licet neget, stoici. — Et quoiqu'il le nie, stoïcien.

ÉPÎTRE LXXII, PAGE 665, COL. 1.

Omission, sans doute par la faute des imprimeurs de Pintrel. — Au lieu de L'esprit s'est-il guéri une fois. lisez, L'esprit du sage, etc.

ÉPÎTRE LXXIII, PAGE 667, COL. 1.

Inexactitude. — Aut aliis vitiis quæ vel bello rumpenda sunt. — Ou sans les autres vices qu'il faudrait exterminer même par la guerre.

ÉPÎTRE LXXXI, PAGE 696, COL. 1.

Omission. — Non dicimus gratiam reddidit : reddunt enim, et qui reposcuntur, et qui inviti, et qui ubilibet, et qui per alium. Non dicimus reposuit beneficium, aut solvit : nullum nobis placuit, quod æri alieno convenit verbum. Referre, est ad eum a quo acceperis ferre : hæc vox significat voluntariam relationem; qui retulit ipse se appellavit.

Nous ne pouvons nous expliquer une omission si grave que par la raison que la subtilité de ces idées reposant sur des jeux de mots intraduisibles, quand Pintrel s'est vu forcé, soit de ne pas traduire ces nuances, soit de les traduire dans un français mêlé de latin, il s'est abstenu. Peut-être est-ce une omission de l'imprimeur. Quoi qu'il en soit, nous proposons de traduire ainsi ce passage :

Nous ne disons pas : Il a rendu grâce. On rend quand on en est prié, on rend malgré soi, on rend en tout lieu, on rend par intermédiaire. Nous ne disons pas non plus : Il a replacé un bienfait, il l'a payé : tout mot qui fait partie du vocabulaire des dettes nous répugne. Rapporter n'est autre chose que porter à celui de qui on a reçu. Quiconque a rapporté s'est qualifié lui-même.

ÉPÎTRE LXXXIII, PAGE 705, COL. 1.

Inexactitude. — Sic intervenit, dico? tanquam aliquando discedat. — Que dis-je, il y intervient? comme si jamais il en était absent.

ÉPÎTRE XCIII, PAGE 757, COL. 2.

Inexactitude. — Omnium rerum cognitione fruiti sumus. — Nous avons joui de la connaissance de toutes choses.

ÉPÎTRE XCIV, PAGE 764, COL. 2.

Inexactitude. — In hac re dissentio Posidonio, qui : non probo. — Je ne suis pas du sentiment de Posidonius, lequel dit : Je n'approuve pas.

MÊME ÉPÎTRE, PAGE 768, COL. 2.

Inexactitude. — An tu putas sanum, qui a Græciæ primum cladibus, in qua eruditus est, incipit? — Croyez-vous que ce prince fut sage, lequel débuta dans la guerre par les défaites de la Grèce où il avait été élevé?

ÉPÎTRE XCXVIII, PAGE 788, COL. 1.

Omission. — Licet reverti in viam, licet in integrum restitui. Restituamur, ut possimus dolores, quocumque modo corpus invaserint, perferre, et fortunæ dicere : cum viro tibi negotium est; quære quem vincas. His sermonibus, et his similibus, lenitur vis ulceris : quam opto mehercules mitigari, et aut sanari, aut stare et cum ipso senescere. Sed securus de ipso sum : de nostro damno agitur, quibus senex egregius eripitur. — Revenons dans la vraie voie, rétablissons-nous en entier. Rétablissons-nous, afin de pouvoir supporter les douleurs, de quelque manière qu'elles viennent nous frapper, et de pouvoir dire à la fortune : tu as affaire avec un homme; cherche qui tu puisses vaincre.—Par ces propos et d'autres semblables on adoucit cette première vivacité de la blessure : Dieu m'est témoin combien je désire qu'elle se calme, qu'elle se guérisse, ou demeure et vieillisse avec lui; mais je suis assuré sur son compte : c'est de notre danger qu'il s'agit ; cet excellent vieillard en est hors.

Pintrel a omis ce passage, parce qu'il ne se rattache à rien, et qu'il a l'air d'appartenir à une lettre dont on a perdu soit le commencement, soit la fin.

ÉPÎTRE XCIX, PAGE 792, COL. 1.

Omission. — Quid incredibile, quid novum evenit? Quam multis quorum maxime funus locatur? Quam multis vitalia emuntur? Quam multi post luctum tuum lugent? — Qu'est-il arrivé d'incroyable, de nouveau? Combien qui n'ont que des funérailles de louage? Combien pour qui on achète le lit de mort? Combien qui prendront le deuil quand le tien sera fini?

ÉPÎTRE CIII, PAGE 83, COL. 1.

Omission. — Quos transiere, non quærunt. — Elles ne reviennent pas contre ceux qui ne les ont pas arrêtées à leur passage.

ÉPÎTRE CV, PAGE 810, COL. 1.

Omission et inexactitude. — Non satis illi obliteratum videtur, non satis tectum. Nocens habuit aliquando latendi fortunam; nunquam fiduciam. — Il ne lui semble ni assez effacé, ni assez caché. Le coupable a pu réussir par hasard à se dérober aux yeux : jamais à se rassurer.

ÉPÎTRE CVI, PAGE 811, COL. 2.

Inexactitude — Quantum remissionem veritas. —

Pintrel a traduit ce passage d'après une correction des premiers éditeurs de Sénèque, lesquels substituent à *veritas*, qui est la leçon des manuscrits, *hilaritas*, qui est l'opposé naturel de *severitas*. On pourrait traduire *veritas* par la franchise, la sincérité. Cependant nous le proposons avec doute.

ÉPITRE CVII, PAGE 812, COL. 2.

Omission. — Id est mentiaris. — C'est-à-dire que vous mentirez.

Et plus bas :

Sciat se venisse ubi tonat fulmen. — Savoir qu'on est venu là où tonne la foudre.

ÉPITRE CVIII, PAGE 815, COL. 1.

Ce vers n'offre aucun sens, et a sans doute été mal imprimé. Mais fût-il correct, il ne peut pas être donné comme une traduction sérieuse des deux vers cités dans le texte. Nous hasardons cette traduction en vers.

Le pauvre a cent besoins, mais tout manque à l'avare.
L'avare, dur à tous, pour lui-même est barbare.

MÊME PAGE, COL. 2.

Omission. —

Quod vult habet, qui velle quod satis est potest.

Ne pourrait-on pas traduire ce vers par celui-ci ?

Quiconque ne veut rien de trop, a ce qu'il veut.

ÉPITRE CVIII, PAGE 819, COL. 1.

Omission. — Quoniam sumus ab ipsa calce ejus interpellatione revocati. — Puisque son interpellation nous a rappelés des extrêmes limites du sujet.

MÊME PAGE, COL. 2.

Inexactitude. — Rien dans le latin ne justifie la qualification de *sujet au vin* que Pintrel donne au *pilote*. Il s'agit tout simplement d'un pilote qui aurait des nausées en mer.

ÉPITRE CX, PAGE 825, COL. 1.

Inexactitude. — Et aliquem jam eminentem allevavit etiam nunc, tanquam ibi adhuc staret unde tuto caderet. — Et a fait monter d'un nouveau degré un homme déjà très-élevé, comme pour l'ôter d'un rang où la chute pouvait être encore sans péril.

MÊME PAGE, COL. 2.

Inexactitude. — Uno autem modo potest, si quis hanc humanorum divinorumque notitiam scientiamque acceperit; si illa se non perfuderit, sed infecerit; si eadem, quamvis sciat, retractaverit, et ad se sæpe retulerit. — Il n'y a qu'une manière d'y réussir, c'est de recevoir cette connaissance et cette science des choses divines et humaines; c'est non-seulement de s'y plonger, mais de s'en pénétrer tout entier; c'est de repasser les choses mêmes qu'on sait, et d'y ramener souvent son esprit.

MÊME ÉPITRE, PAGE 824, COL. 2, à la fin.

Omission. — Vis ciborum voluptatem contemnere? exitum specta. — Veux-tu mépriser la sensualité dans le manger ? regarde la fin.

ÉPITRE CXIII, PAGE 827, COL. 2.

Omission. — Puto quædam esse, quæ deceant phæcasiatum palliatumque. — Je pense qu'il est certaines opinions qu'il faut laisser à ceux qui portent le manteau et sont chaussés de sandales.

Probablement les stoïciens grecs, qui exagéraient leur secte, et qu'on distinguait à leur *phæcasia*, espèce de chaussure fort mince et fort grossière.

ÉPITRE CXIV, PAGE 833, COL. 1.

Tout le passage relatif au style de Mécène a été omis par Pintrel, sans doute à dessein. En effet, il y a dans ces extraits des poésies de Mécène, je ne sais quelle mignardise cynique et quelle molle recherche d'expressions et de sons que le traducteur le plus habile ne pourrait pas même indiquer. A grand'peine peut-on comprendre le sens de ces vers, dont, à défaut d'une traduction, nous hasardons ici, sans le garantir, le simple mot-à-mot.

Quoi de plus honteux que « ce fleuve et ces forêts frisées par la rive; voyez comme leurs barques sillonnent le courant, et, à chaque coup de rames, laissent les jardins derrière elles ? » — Quoi de plus honteux encore que « cet amant qui fait la colombe avec une femme dont les cheveux frisent naturellement, qui commence par des soupirs, et dont la tête, soutenue à peine par son cou, tombe et se relève incessamment ? » — Les Tyrans, faction implacable, espionnent les grandes familles jusque dans les festins, font parler les cœurs par le vin, et souvent ordonnent la mort des convives. — La mère ou l'épouse s'empresse de parer le génie domestique, lequel se doute à peine qu'on lui fait fête; elle orne le fuseau que tient la petite image de Cérès, le foyer et le gâteau qui pétille sur la flamme.

ÉPITRE CXIV, PAGE 835, COL. 1.

Inexactitude. —

Il s'agit ici de quelques imitations qu'Arruntius, historien des guerres puniques, dont les ouvrages sont perdus, affectait de faire du style de Salluste. Une expression, entre autres, était fort goûtée d'Arruntius; c'est celle-ci : *aquis hiemantibus*. Nous l'avons vainement cherchée dans Salluste. On n'y trouve que *aquis hiemalibus*, qui est fort différent, et n'est nullement affecté. Il s'agit d'une plaine dont les pontes d'hiver avaient fait un marais (JUG., CH. 37.). Dans le Salluste, tel qu'on le lisait au temps de Sénèque, y avait-il *hyemantibus aquis*, c'est-à-dire des pluies orageuses, tempestueuses, dans le sens de l'*atrum hyemat mare* d'Horace? Cela est probable : autrement les critiques de Sénèque n'auraient aucun sens. Nous soumettons aux philologues cette difficulté. Quoi qu'il en soit, *aquis hyemantibus* ne doit pas être traduit comme il l'a été par Pintrel : Que les *eaux étaient bien froides*. Si c'était le vrai sens, il serait impossible de comprendre les imitations d'Arruntius. Il n'est pas non plus exact de traduire le *repente hiemavit tempestas d'Arruntius*, par ces mots : la tempête était devenue bien grande; cela signifierait plutôt que « le temps tourna tout à coup à l'orage », ou « à l'hiver. »

ÉPITRE CXVII, PAGE 845, COL. 1.

Inexactitude. —

La dernière phrase de l'alinéa est obscure et inexacte.

« Agatur aliquod! — Sapientia bonum est; sapere non est bonum. » — Sic ut fit negemus superest, ut hoc totum studium derideatur, tanquam operatum supervacuis. — Venons au fait. « La sagesse est un bien : être sage n'en est pas un! Qu'est-ce à dire! Voilà ce qui fait qu'on nous nie que nous soyons sages, et que toute cette étude est tournée en ridicule, comme une laborieuse inutilité.

ÉPITRE CXXII, PAGE 81, COL. 1.

Omission. —

La chaste plume de Pintrel n'a pas osé transcrire l'allusion suivante à une particularité de mœurs inouïe, et qui fait horreur.

Non vivunt contra naturam qui expectant ut pueritia splendeat tempore alieno? Quid fieri crudelius aut miserius potest? Nunquam vir erit, ut diu virum pati possit?

et quum illum contumeliæ sexus eripuisse debuerat, ne ætas quidem eripiet? — N'est-ce pas vivre contre nature que de vouloir faire durer les fleurs de l'enfance jusqu'en une autre saison? Que se peut-il faire de plus cruel et de plus misérable? Cet enfant ne sera jamais homme pour pouvoir servir plus longtemps aux infâmes plaisirs d'un homme? Lui, que son sexe aurait dû soustraire à l'outrage, n'y échappera pas même en vieillissant?

ÉPITRE CXXIII, PAGE 865, COL. 1.

Pintrel a traduit fort exactement la version proposée par Muret, sans autorité suffisante. La voici :

Qui doloris metum, per se formidabilis rei, incutiunt.

Il faudrait dire selon le texte adopté par nous, et qui est celui de tous les manuscrits :

Ceux qui nous importunent des images de la douleur et de la crainte, choses par elles-mêmes très-formidables.

Si c'est là le sens, il faut avouer qu'il est moins naturel que celui adopté par Pintrel, d'après la version de Muret.

ÉPITRE CXXIV, PAGE 869, COL. 1.

Omission. — Rationale animal es. — Tu es un animal doué de raison.

www.ingramcontent.com/pod-product-compliance
Lightning Source LLC
Chambersburg PA
CBHW070855300426
44113CB00008B/846